Paschke/Graf/Olbrisch
Hamburger Handbuch des Exportrechts

Hamburger Handbuch des Exportrechts

Herausgegeben von

Prof. Dr. Dr. h. c. Marian Paschke
Universität Hamburg

Christian Graf
Handelskammer Hamburg

Arne Olbrisch
Handelskammer Hamburg

2. Auflage 2014

Zitiervorschlag:
Paschke/Graf/Olbrisch/Bearbeiter
ExportR-HdB Abschnitt ... Rn. ...

www.beck.de

ISBN 978 3 406 65261 5

© 2014 Verlag C. H. Beck oHG
Wilhelmstraße 9, 80801 München
Druck und Bindung: Beltz Bad Langensalza GmbH
Neustädter Straße 1–4, 99947 Bad Langensalza

Satz: Druckerei C. H. Beck, Nördlingen
(Adresse wie Verlag)

Gedruckt auf säurefreiem, alterungsbeständigem Papier
(hergestellt aus chlorfrei gebleichtem Zellstoff)

Vorwort

Vorgelegt wird die 2. Auflage des Hamburger Handbuchs zum Recht der Exportwirtschaft. Sie berücksichtigt die seit der 1. Auflage eingetretenen Entwicklungen im Bereich des Exportkaufrechts, der Incoterms und des Transport- und Versicherungsrechts ebenso wie die am 1. September 2013 in Kraft getretenen Änderungen des Außenwirtschaftsgesetzes durch das Gesetz zur Modernisierung des Außenwirtschaftsrechts sowie der novellierten Außenwirtschaftsverordnung. Für die Exportwirtschaft sind dadurch bestimmte Genehmigungserfordernisse entfallen und wichtige Änderungen bei den Straf- und Bußgeldbewährungen erfolgt; ferner wurde nach dem Vorbild des Steuerrechts erstmals auch in das Außenwirtschaftsrecht die „sanktionsbefreiende" Selbstanzeige eingeführt.

Das Handbuch will weiterhin eine Brücke zwischen den Bedürfnissen der Exportwirtschaft und den Anforderungen des Exportrechts schlagen. Es stellt die Rechtslage für den Abschluss und die Durchführung von Exportgeschäften dar und erörtert die sich von der Vertraulichkeitsvereinbarung bis zur Abwicklung des Exportgeschäfts stellenden Rechtsfragen. Es informiert insbesondere über das Recht des Exportkaufvertrags, der begleitenden Zahlungs- und Finanzierungsvereinbarungen, der Speditions- und Transportgeschäfte, der Versicherungsgeschäfte sowie über das Zoll- und Steuerrecht, das Exportwirtschaftsrecht und über die Möglichkeiten der Rechtsdurchsetzung. Ferner beschreibt das Handbuch den Rechtsrahmen der Schiedsgerichtsbarkeit, die vor allem bei Geschäftspartnern außerhalb der EU die wesentliche Rechtsschutzoption ist. Dabei wird auf die Besonderheiten vieler der häufig angerufenen internationalen und regionalen Schiedsgerichtsorganisationen eingegangen. Außerdem werden die Möglichkeiten der Mediation und anderer Konfliktlösungsinstrumente beschrieben, die zunehmende Bedeutung in der internationalen Vertragspraxis gewinnen.

Ausgehend von der in Deutschland geltenden Rechtslage werden in 52 Abschnitten die für die Exportwirtschaft maßgeblichen Regeln des internationalen Einheitsrechts und des internationalen, europäischen und nationalen Vertrags- und Wirtschaftsrechts erläutert. Durchweg werden Vorschläge für die Vertragsgestaltung und Geschäftsabwicklung unterbreitet. Die Erläuterungen des Handbuchs orientieren sich in erster Linie an der für die Exportwirtschaft relevanten Rechtsprechung und Behördenpraxis. Durchgehend werden weiterführende Hinweise auf die einschlägige Rechtslage im In- und Ausland gegeben.

Die Herausgeber danken den engagierten Autorinnen und Autoren für die Bereitschaft, an dem Werk mitzuwirken. Ein besonderer Dank gilt dem Verlag C. H. Beck für die Neugestaltung und verlegerische Betreuung der Neuauflage.

Für Anregung und Kritik sind Herausgeber, Autorinnen und Autoren weiterhin dankbar. Bitte richten Sie diese an die Herausgeber unter:
marian.paschke@jura.uni-hamburg.de,
christian.graf@hk24.de oder
arne.olbrisch@hk24.de.

Hamburg, im Juni 2014   Christian Graf, Arne Olbrisch, Marian Paschke

Bearbeiterverzeichnis

Autor	Abschnitt	Titel
Prof. Dr. Dr. h. c. Marian Paschke	1	Die rechtliche Ordnung und Gestaltung von Exportgeschäften
Prof. Dr. Eckart Brödermann/ Dr. Philipp von Dietze	2	Vertragsmanagement „Vom NDA bis zur Abwicklung des Exportgeschäfts"
Dr. Christoph Hasche	3	Der Exportkaufvertrag
Dr. Kathrin Kim/ Prof. Dr. Dr. h. c. Marian Paschke	4	Allgemeine Geschäftsbedingungen im Exportgeschäft
Prof. Dr. Dr. h. c. Marian Paschke/ Dr. Kathrin Kim	5	Internationale Handelsklauseln und Handelsbräuche
Dr. Justus Jansen	6	Das IPR des Exportrechts
Dr. Wolfgang Deuchler	7	Bartergeschäfte, Countertrade
Dr. Stefan Rindfleisch	8	(Cross-Border) Leasing
Prof. Dr. Ralf Imhof	9	E-Commerce
Dr. Wiebke Baars	10	Gewerbliche Schutzrechte im Exportvertrag
Dr. Axel Freiherr von dem Bussche	11	Lizenzrechte
Bettina Joos	12	Ausgewählte Auslandsgeschäfte (Inkasso, Akkreditiv, Bankgarantie)
Markus Schulz	13	Finanzierungssicherungsgeschäfte
Winfried Furnell	14	Spedition
Dr. Jost Kienzle	15	Seetransport
Dr. Heiko Saur	16	Straßentransport
Prof. Dr. Rainer Freise	17	Eisenbahntransport
Dr. Jan Brinkmann	18	Lufttransport
Dr. Olaf Hartenstein	19	Binnenschifftransport
Kai van Hove	20	Multimodaler Transport
Dr. Jan-Erik Pötschke	21	Gütertransportversicherung
Dr. Dieter Schwampe	22	Seetransportversicherung – Die Haftpflichtversicherung des Seeverkehrs
Dr. Jan Brinkmann	23	Lufttransportversicherung
Erwin Abele	24	Verkehrshaftungsversicherung
Hartmut Garz	25	Risiken im Exportgeschäft
Hartmut Garz	26	Privatwirtschaftliche Ausfuhrkreditversicherungen
Dr. Ingo Junker	27	Exportkreditgarantien der Bundesrepublik Deutschland (Hermesdeckungen)
Prof. Dr. Jörg Philipp Terhechte	28	Der Rechtsrahmen der Welthandelsorganisation (WTO) und der Europäischen Union (EU) für den Export
Dr. Lothar Harings	29	Zollrechtliches Ausfuhrverfahren
Arne Olbrisch	30	Nichtpräferenzielles Ursprungsrecht
Dr. Ulrich Schrömbges	31	Präferenzrecht
Dr. Henning Rüth	32	Umsatzsteuerliche Aspekte des grenzüberschreitenden Waren- und Dienstleistungsverkehr

Bearbeiterverzeichnis

Autor	Abschnitt	Titel
Kay Masorsky	33	Besondere Verbrauchsteuern
Prof. Dr. Günther Strunk	34	Außensteuergesetz, DBA's, Mitarbeiterentsendung, internationale Steuerfragen
Dr. Gerd Schwendinger/ Dr. Tobias Bender	35	Exportbeschränkungen für Dual-Use-Güter, Embargos und Sanktionen
Dr. Gerd Schwendinger/ Dr. Tobias Bender	36	Genehmigungsverfahren, Straf- und Bußgeldvorschriften, innerbetriebliche Exportkontrolle und Vertragsgestaltung
Dr. Tobias Bender	37	Exportbeschränkungen für Waffen, Chemikalien und Abfälle
Cornelia Gädigk	38	Antikorruptionsregeln
Dr. Ulrich Schrömbges	39	Ausfuhrerstattungen
Dr. Jo Aschenbrenner	40	Einführung in die Schiedsgerichtsbarkeit, Mediation und weitere Streitbeilegungsverfahren
Dr. Anna Gregoritza/Dr. Kathrin Kim	41	Internationale Zuständigkeit inländischer Gerichte
Oliver Korte	42	Rechtsgrundlagen und Schiedsvereinbarung
Prof. Dr. Axel Bösch	43	Verfahrensgrundsätze
Christian Graf	44	Verfahrensablauf
Jan Heiner Nedden	45	Schiedsgerichtsbarkeit in Westeuropa
Dr. Dieter Strubenhoff	46	Schiedsgerichte in Osteuropa und Russland
Axel Neelmeier	47	Schiedsgerichte in Asien, insbesondere China
Dr. Inka Hanefeld/ Peter Bowman Rutledge	48	Schiedsgerichte in Nordamerika
Dr. Kathrin Kim	49	Internationale Schiedsgerichtsbarkeit
Dr. Steffen Breßler/ Prof. Dr. Dr. h. c. Marian Paschke	50	Anerkennung und Vollstreckung (ausländischer Titel) in Deutschland
Dr. Nicoletta Kröger	51	Anerkennung und Vollstreckung (deutscher Titel) in anderen Staaten
Dr. Richard Happ	52	Schutz von Vermögenswerten im Ausland

Inhaltsübersicht

	Seite
Vorwort	V
Bearbeiterverzeichnis	VII
Inhaltsverzeichnis	XIII

1. Teil. Grundlagen des Rechts der Exportgeschäfte

1. Kapitel. Exportgeschäfte und „Exportrecht"

Abschnitt 1. Die rechtliche Ordnung und Gestaltung von Exportgeschäften	1

2. Kapitel. Exportgeschäfte und Vertragsmanagement

Abschnitt 2. Vertragsmanagement „Vom NDA bis zur Abwicklung des Exportgeschäfts"	60

2. Teil. Das Vertragsrecht des Exportgeschäfts

3. Kapitel. Das Recht des Exportkaufvertrages

Abschnitt 3. Der Exportkaufvertrag	87
Abschnitt 4. Allgemeine Geschäftsbedingungen (AGB)	116
Abschnitt 5. Internationale Handelsklauseln	156
Abschnitt 6. Das IPR der Verträge des Exportgeschäfts	181

4. Kapitel. Besondere Gestaltungsformen

Abschnitt 7. Bartergeschäfte, Countertrade	201
Abschnitt 8. (Cross-Border) Leasing	219
Abschnitt 9. E-Commerce	243

5. Kapitel. Lizenzwesen

Abschnitt 10. Gewerbliche Schutzrechte im Exportvertrag	264
Abschnitt 11. Lizenzrechte	274

6. Kapitel. Zahlungsverkehr, Finanzierung, Finanzierungssicherung

Abschnitt 12. Ausgewählte Auslandsgeschäfte (Inkasso, Akkreditiv, Bankgarantie)	284
Abschnitt 13. Finanzierungssicherungsgeschäfte	346

7. Kapitel. Logistik/Transport

Abschnitt 14. Spedition	385
Abschnitt 15. Seetransport	411
Abschnitt 16. Straßentransport	439
Abschnitt 17. Eisenbahntransport	465
Abschnitt 18. Lufttransport	490

Inhaltsübersicht

	Seite
Abschnitt 19. Binnenschifftransport	510
Abschnitt 20. Multimodaler Transport	529

8. Kapitel. Versicherung

Abschnitt 21. Gütertransportversicherung	555
Abschnitt 22. Seetransportversicherung	571
Abschnitt 23. Lufttransportversicherung	584
Abschnitt 24. Verkehrshaftungsversicherung	587

9. Kapitel. Deckung von Ausfuhrrisiken

Abschnitt 25. Risiken im Exportgeschäft	610
Abschnitt 26. Privatwirtschaftliche Ausfuhrkreditversicherungen	613
Abschnitt 27. Exportkreditgarantien der Bundesrepublik Deutschland (Hermesdeckungen)	640

3. Teil. Exportwirtschaft (Ausfuhr, Zoll, Steuern)

10. Kapitel. Völker- und europäische Grundlagen des Exportrechts

Abschnitt 28. Der Rechtsrahmen der Welthandelsorganisation (WTO) und der Europäischen Union (EU) für den Export	667

11. Kapitel. Zollrechtliche Aspekte des Exportgeschäfts

Abschnitt 29. Zollrecht, zollrechtliches Ausfuhrverfahren	703
Abschnitt 30. Nichtpräferenzielles Ursprungsrecht	726
Abschnitt 31. Präferenzrecht	750

12. Kapitel. Die Steuern des Exportgeschäfts

Abschnitt 32. Umsatzsteuerliche Aspekte im Waren- und Dienstleistungsverkehr	779
Abschnitt 33. Besondere Verbrauchsteuern	827
Abschnitt 34. Außensteuergesetz, DBA's Mitarbeiterentsendung, internationale Steuerfragen	839

13. Kapitel. Exportkontrolle und Compliance

Abschnitt 35. Exportbeschränkungen für Dual-Use-Güter, Embargos und Sanktionen	877
Abschnitt 36. Genehmigungsverfahren, Straf- und Bußgeldvorschriften, innerbetriebliche Exportkontrolle und Vertragsgestaltung	911
Abschnitt 37. Exportbeschränkungen für Waffen, Chemikalien und Abfälle	934
Abschnitt 38. Antikorruptionsregeln	942

14. Kapitel. Rechtsfragen der Marktordnung

Abschnitt 39. Ausfuhrerstattungen	975

4. Teil. Streitbeilegung

15. Kapitel. Grundlagen der außergerichtlichen und gerichtlichen Streitbeilegung

Abschnitt 40. Einführung in die Schiedsgerichtsbarkeit, Mediation und weitere Konfliktlösungsverfahren	1007

Inhaltsübersicht

16. Kapitel. Staatliche Gerichtsbarkeit

Seite

Abschnitt 41. Internationale Zuständigkeit inländischer Gerichte 1019

17. Kapitel. Schiedsgerichtsbarkeit

Abschnitt 42. Rechtsgrundlagen und Schiedsvereinbarungen 1038
Abschnitt 43. Verfahrensgrundsätze 1048
Abschnitt 44. Verfahrensablauf 1060

18. Kapitel. Ausgewählte Schiedsgerichte

Abschnitt 45. Schiedsgerichte in Deutschland und Westeuropa 1071
Abschnitt 46. Schiedsgerichte in Osteuropa und Russland 1089
Abschnitt 47. Schiedsgerichte in Asien, insbesondere China 1097
Abschnitt 48. Schiedsgerichte in Nordamerika 1107
Abschnitt 49. Internationale Schiedsgerichte 1116

19. Kapitel. Vollstreckung außergerichtlicher und gerichtlicher Titel

Abschnitt 50. Anerkennung und Vollstreckung (ausländischer Titel) in anderen Staaten 1138
Abschnitt 51. Anerkennung und Vollstreckung (deutscher Titel) in anderen Staaten 1155

5. Teil. Anhang

20. Kapitel. Exportgeschäfte und Direktinvestitionen

Abschnitt 52. Schutz von Vermögenswerten im Ausland 1161

Inhaltsverzeichnis

	Seite
Vorwort	V
Bearbeiterverzeichnis	VII
Inhaltsübersicht	IX

1. Teil. Grundlagen des Rechts der Exportgeschäfte

1. Kapitel. Exportgeschäfte und „Exportrecht"

Abschnitt 1. Die rechtliche Ordnung und Gestaltung von Exportgeschäften	1
A. Die rechtliche Ordnung und Gestaltung von Exportgeschäften	2
I. Der Rechtsbegriff des Exportvertrages	3
II. Geschäftseinheit und Vertragsvielfalt	4
III. Grundfragen der Vertragsgestaltung	5
B. Die Ordnung von Exportverträgen durch das deutsche Gesetzesrecht	21
I. Privatrecht	21
II. Öffentliches Recht	37
C. Internationales und ausländisches Recht für Verträge des Exportgeschäfts	38
I. Internationales Einheitsrecht	38
II. UNIDROIT-Grundregeln der internationalen Handelsverträge 2010	41
III. Des Gesetzesrecht in grenzüberschreitenden regionalen Wirtschaftsräumen	42
IV. Globales Exportgeschäftsrecht	43
V. Ausgewähltes ausländisches Gesetzesrecht	45
D. Gegenstände von Exportverträgen	50
I. Warenexport	50
II. Export von Dienstleistungen	51
III. Energieexport	53
IV. Export von Anlagen	53
E. Konzeptionelle Gestaltung von Exportverträgen	55
I. Die Parteien von Exportverträgen	55
II. Einzel- oder Rahmenvertrag	58
III. Individualvertrag oder standardisierter Vertrag	59

2. Kapitel. Exportgeschäfte und Vertragsmanagement

Abschnitt 2. Vertragsmanagement „Vom NDA bis zur Abwicklung des Exportgeschäfts"	60
A. Vertragsanbahnung	61
I. Wirtschaftliches Ziel des Vertrages im Lichte der Unternehmensstrategie	61
II. Interne Organisation des Unternehmens	62
III. Mit wem mache ich das Geschäft?	63
IV. Wirtschaftliche und technische Risiken	64
V. Compliance	67
VI. Budget	69
VII. Zeitplanung	70

Inhaltsverzeichnis

	Seite
B. Vertragsvorbereitung	70
I. Vorgaben, die sich aus der Vertragsanbahnung ergeben	70
II. Bestimmung von Leistungsinhalt	70
III. Instrumentarien der Vertragsverhandlung	71
IV. Funktion und Auswahl des geeigneten rechtlichen Instruments	72
V. Sprache	73
VI. Rechtliche Risiken grenzüberschreitender Geschäfte	74
VII. Dokumentation des Verhandlungsprozesses	78
VIII. Einbindung ausländischer Anwälte	79
C. Vertragsabschluss	81
I. Vertragsverhandlung	81
II. Vertragsunterzeichnung („Signing")	82
D. Organisation der Vertragsdurchführung	83
I. Wissenstransfer zu den operativen Einheiten	83
II. Kontrolle rechtlicher Risiken	84
III. Dokumentation	84
IV. Team	85
V. Management von einer Vielzahl von Exportverträgen	85

2. Teil. Das Vertragsrecht des Exportgeschäfts

3. Kapitel. Das Recht des Exportkaufvertrages

Abschnitt 3. Der Exportkaufvertrag	87
A. Einleitung	88
B. Rahmenverträge	89
I. Einleitung	89
II. Besonderheit: AGB und Rahmenvertrag	89
III. Typische Bestandteile einer Rahmenvereinbarung	90
C. Bedeutung ausgewählter Vertragsklauseln	91
I. Parteien	92
II. Vorbemerkungen	92
III. Definitionen	92
IV. Kaufgegenstand	93
V. Nebenleistungen	93
VI. Preis- und Zahlungsklauseln	93
VII. Vertragsdokumente	94
VIII. Garantien	94
IX. Lieferung, Verpackung, Transport	94
X. Gefahrübergang, Eigentumsübergang	95
XI. Versicherung	95
XII. Untersuchungs- und Rügepflicht	96
XIII. Eigentumsvorbehalt	96
XIV. Mängelhaftung	96
XV. Haftung	98
XVI. Höhere Gewalt	99
XVII. Vertragsstrafe	99
XVIII. Gewerbliche Schutzrechte	100
XIX. Anwendbares Recht, Rechtswahl	100
XX. Gerichtsstand, Schiedsgerichtsklausel	101
XXI. Schriftform	101

	Seite
XXII. Unwirksame Klauseln, Teilunwirksamkeit	102
XXIII. Datum, Unterschriften	102
XXIV. Anlagen zum Vertrag	102
D. Muster eines Exportvertrages	103
I. Gebrauchsanleitung	103
II. Text der Kurzversion	104
III. Text der Langversion	105

Abschnitt 4. Allgemeine Geschäftsbedingungen (AGB) ... 116
  A. Gestaltung von Exportgeschäften durch AGB ... 117
    I. Bestimmung von AGB und typische AGB im Exportgeschäft ... 120
    II. Einbeziehung von AGB ... 135
    III. Inhaltskontrolle ... 141
    IV. Folgen der Nichteinbeziehung und Unwirksamkeit von AGB ... 144
  B. Wirksamkeitsgrenzen ausgewählter Klauseln ... 145

Abschnitt 5. Internationale Handelsklauseln ... 156
  A. Erscheinungsformen und Bedeutung von Handelsklauseln ... 156
    I. Erscheinungsformen ... 156
    II. Rechtlicher Charakter ... 157
    III. Auslegung ... 158
  B. Incoterms ... 158
    I. Allgemeine Grundlagen ... 158
    II. Inhalt der einzelnen Klauseln ... 163
  C. Zahlungs- und Kostenklauseln ... 173
  D. Befreiungs- und Freizeichnungsklauseln ... 175
  E. Sonstige Klauseln ... 177
  F. Handelsbräuche ... 179

Abschnitt 6. Das IPR der Verträge des Exportgeschäfts ... 181
  A. Einführung ... 182
    I. Bedeutung der Rechtswahl für die vertragliche Beziehung ... 182
    II. Rechtsquellen ... 184
  B. Grundsatz der Rechtswahlfreiheit ... 185
    I. Parteiautonomie ... 185
    II. Qualität und Umfang der Rechtswahl ... 186
    III. Ausdrückliche Rechtswahl ... 188
    IV. Stillschweigende Rechtswahl ... 190
    V. Teilrechtswahl ... 191
    VI. Nachträgliche Rechtswahl ... 191
  C. Ermittlung des anwendbaren Rechts bei fehlender Rechtswahl ... 192
    I. Ermittlung des anwendbaren Rechts durch objektive Anknüpfung ... 192
    II. Grundregel der engsten Verbindung ... 192
    III. Grundprinzip der vertragscharakteristischen Leistung ... 192
    IV. Widerlegbarkeit der Rechtsvermutung ... 193
    V. Konkrete Vermutungsregeln der Rom I-VO ... 193
    VI. Güterbeförderungsverträge ... 194
  D. Grenzen der Rechtswahl ... 195
    I. Sachlicher Anwendungsbereich der Rom I-VO ... 195
    II. Geltungsbereich des anzuwendenden Rechts ... 196
    III. Verhältnis zum Einheitsrecht ... 196
    IV. Zwingendes Recht ... 196
    V. Wahl nicht-staatlichen Rechts ... 197

	Seite
E. Gestaltung der Rechtswahl	198
I. „Einfache" Rechtswahlklausel (choice-of-law clause)	198
II. Versteinerungsklausel (freezing clause)	200
III. Optionale/Bedingte Rechtswahlklausel	200
IV. Erweiterte Rechtswahlklauseln	200

4. Kapitel. Besondere Gestaltungsformen

Abschnitt 7. Bartergeschäfte, Countertrade	201
A. Einführung	202
B. Rechtliche Grundlagen	203
I. Tausch	203
II. Ringtausch	204
C. Bartergeschäfte	205
I. Grundformen des Bartering	205
II. Besondere Problembereiche	206
D. Countertrade	210
I. Einführung	210
II. Rechtliche Gestaltung des Countertrading	212
III. Besondere Problembereiche beim Countertrading	215
IV. Praxistipp: Mustervertrag der UN-Economic Commission for Europe	218
Abschnitt 8. (Cross-Border) Leasing	219
A. Grundlagen des Leasings	220
I. Begriffsbestimmung	220
II. Typen des Leasings	220
III. Strukturen des Leasings	222
B. Durchführung eines Leasinggeschäftes	224
I. Typischer Ablauf	224
II. Refinanzierung des Leasinggebers	230
III. Steuer- und bilanzrechtliche Implikationen	231
IV. Zwangsvollstreckung und Insolvenz	231
C. Cross-Border Leasing	234
I. Strukturen des Cross-Border Leasings	234
II. Anwendbares Recht	237
III. Durchführung eines Cross-Border Leasinggeschäfts	240
Abschnitt 9. E-Commerce	243
A. Einführung	244
B. Anwendbares Recht	245
I. Gerichtsort und Multi-State-Verstöße	245
II. Herkunftslandprinzip	245
C. Pflichtangaben	246
I. Angaben zum Anbieter	247
II. Angaben zur Kommunikation	247
III. Angaben zur Aufsichtsbehörde	248
IV. Angaben zu Registern	248
V. Berufsrechtliche Angaben	248
VI. Steuernummer	248
VII. Unternehmen in Liquidation	248
VIII. Zugang zu den Informationen	248

Inhaltsverzeichnis

	Seite
D. Vertragsrecht	249
I. Vertragsschluss	249
II. Beweisführung	254
E. Wettbewerbsrecht	255
I. Anwendbares Recht	255
II. Werbung	255
III. Kundenforen	257
F. Gewerblicher Rechtsschutz und Urheberrecht	257
I. Anwendbares Recht	257
II. Disclaimer	258
III. Handelsplattformen	258
IV. Vertrieb geschützter Gegenstände	258
G. Datenschutz	259
H. Kartellrecht	259
I. Wirkungsprinzip	259
II. Beschränkungen des Internet-Vertriebs	260
III. Handelsplattformen	260
I. Außervertragliche Haftung für Produkte und Viren	261
I. Haftung für fehlerhafte Produkte	261
II. Viren und andere Schadsoftware	261
III. Strafschadensersatz	262
K. Steuer	262
I. Leistungsort	262
II. Elektronische Rechnung	263

5. Kapitel. Lizenzwesen

	Seite
Abschnitt 10. Gewerbliche Schutzrechte im Exportvertrag	264
A. Einführung	264
B. Übersicht Gewerblicher Rechtsschutz und Urheberrecht	265
I. Die einzelnen Schutzrechte	265
II. Ausschließlichkeitsrecht und Verletzungen	268
III. Grundsatz der Erschöpfung	268
C. Der internationale Aspekt von Schutzrechten	269
I. Grundsatz der Territorialität	269
II. Besonderheiten der Europäischen Union und des Europäischen Wirtschaftsraums (EWR)	269
D. Typische Verletzungshandlungen im Export	270
I. Verletzungen durch den Export	270
II. Verletzungen durch Import	270
III. Transit	271
E. Folgen und Risiken einer Schutzrechtsverletzung	271
I. Grenzbeschlagnahme	271
II. Weitere Ansprüche des Schutzrechtinhabers	271
III. Vertragliche Gewährleistungsansprüche des Vertragspartners des Exportgeschäfts	271
F. Risikominimierung und Sicherheitsmaßnahmen des Exporteurs	272
I. Prüfung vor dem Export	272
II. Vertragliche Absicherung mit dem Lieferanten des Exporteurs	272
III. Haftungs- und Gewährleistungsausschluss sowie Freizeichnung im Exportkaufvertrag	272
IV. Sicherung der Schutzrechte des Exporteurs	273

	Seite
Abschnitt 11. Lizenzrechte	274
A. Vorüberlegungen: Lizenzrechte im Export	274
I. Ausreichende eigene Lizenzierung	274
II. Interessenlage des Exporteurs	275
B. Begriffsbestimmung und Vertragstypus	275
C. Der Lizenzgegenstand	276
I. Urheberrecht	276
II. Software	276
III. Marken	277
IV. Geschmacksmuster	277
V. Patente und Gebrauchsmuster	277
VI. Know-how	277
D. Die Lizenzierung	278
I. Lizenzvertrag	278
II. Formerfordernis	278
III. Arten von Lizenzen	279
IV. Beschränkung des Nutzungsrechts	280
E. Rechtsfolgen bei fehlerhafter Lizenzierung	281
I. Unterlassungs- und Schadensersatzansprüche des Rechteinhabers gegen den Vertragspartner	281
II. Gewährleistungsansprüche des Vertragspartners gegen den Exporteur	282
III. Freistellungsklauseln	282

6. Kapitel. Zahlungsverkehr, Finanzierung, Finanzierungssicherung

	Seite
Abschnitt 12. Ausgewählte Auslandsgeschäfte (Inkasso, Akkreditiv, Bankgarantie)	284
A. Inkasso	288
I. Funktion und Beteiligte	288
II. Auftragsverhältnis	289
III. Einziehung des Inkassoerlöses	291
IV. Inkassoerlös	292
B. Garantie	292
I. Funktion, Beteiligte und Erscheinungsformen	292
II. Rechtscharakter und Abgrenzung zur Bürgschaft	293
III. Typischer Inhalt der Garantie	297
IV. Abschluss und Inkrafttreten der Garantie	299
V. Geltendes Recht und Risiko der Einwirkung ausländischen Rechts bei Einschaltung von Zweitbanken	300
VI. Auftragsverhältnis	302
VII. Pflichten der Garantiebank im Auftragsverhältnis	303
VIII. Verpflichtungen des Garantieauftraggebers	305
IX. Rechtsverhältnis zwischen Erstbank und ausländischer Zweitbank im Falle der indirekten Garantie	307
X. Inanspruchnahme der Garantie	308
XI. Auszahlung der Garantie	311
XII. Zahlungsverweigerung und gerichtliche Eilmaßnahmen wegen rechtsmissbräuchlicher Inanspruchnahme	312
XIII. Übertragbarkeit einzelner oder aller Rechte aus der Garantie	315
XIV. Einheitliche Richtlinien für auf Anfordern zahlbare Garantien (ICC Publikation Nr. 458; 758-URDG)	316
C. Akkreditiv	317
I. Funktion, Beteiligte, Formen	317

Inhaltsverzeichnis

	Seite
II. Rechtscharakter des Akkreditivs	322
III. Wesentlicher Inhalt des Akkreditivs	323
IV. Eröffnung und Inkrafttreten des Akkreditivs	327
V. Anwendbares Recht/Internationales Privatrecht	328
VI. Rechtsverhältnisse zwischen Auftraggeber und eröffnender Bank	329
VII. Rechtsverhältnisse zwischen den Beteiligten bei Einschaltung von Zweitbanken	334
VIII. Dokumentenprüfung/Inanspruchnahme	337
IX. Behandlung mangelhafter Dokumente	341
X. Rembours zwischen den Banken	342
XI. Übertragung des Akkreditivs und Abtretung	343
XII. Zahlungsverweigerung und gerichtliche Eilmaßnahmen	343
Abschnitt 13. Finanzierungssicherungsgeschäfte	**346**
A. Einleitung	348
B. Finanzierungsarten	348
I. Ankauf von Exportdokumenten	349
II. Negoziierungskredit	349
III. Kontokorrentkredit	349
IV. Wechseldiskont	349
V. Akzeptkredit	350
VI. Rembourskredit	350
VII. Exportfactoring	350
VIII. Kredit an den Lieferanten	351
IX. Bestellerkredit	351
X. Forfaitierung	351
C. Finanzierungssicherungsgeschäfte	351
I. Überblick	351
II. Forderungsabtretung	354
III. Eigentumsvorbehalt	362
IV. Sicherungsübereignung	366
V. Pfandrecht	371
VI. Bürgschaft	375
VII. Garantie	379
VIII. Schuldbeitritt	380
IX. Patronatserklärung	381
D. Sicherheiten in der Insolvenz	382
I. Belegenheit des Sicherungsgutes im Ausland	382
II. Belegenheit des Sicherungsgutes im Inland	383
E. Zusammenfassung	383

7. Kapitel. Logistik/Transport

	Seite
Abschnitt 14. Spedition	**385**
A. Einführung	386
B. Bestimmung des Vertragstyps	386
C. Der Speditionsvertrag (§§ 453 ff. HGB)	387
I. Der Vertrag	387
II. Vertragspflichten	387
III. Spezielle Speditionsverträge (§§ 458–460 HGB)	390
IV. Haftung	392
V. Pfandrecht (§ 464)	394

	Seite
VI. Zurückbehaltungsrecht (§§ 369 HGB, 273 BGB)	395
VII. Abweichende Vereinbarungen (§ 466)	395
VIII. Verjährung	396
IX. Gerichtsstand	397
D. Der Lagervertrag	397
I. Allgemeines	397
II. Kardinalpflichten des Lagerhalters (§ 467 Abs. 1 HGB)	398
III. Kardinalpflichten des Einlagerers (§ 467 Abs. 2 HGB)	399
IV. Weitere Rechte und Pflichten des Einlagerers	399
V. Weitere Rechte und Pflichten des Lagerhalters	400
VI. Lagerschein (§§ 475c ff. HGB)	400
VII. Haftung	400
VIII. Verjährung	401
IX. Gerichtsstand	401
E. Gemischte oder zusammengesetzte Verträge	401
F. Exkurs: FIATA-Spediteursdokumente	402
I. FBL-FIATA-Multimodal Bill of Lading	402
II. FCR-FIATA Forwarder's Certificate of Receipt (Spediteur-Übernahmebescheinigung)	403
III. FWR-FIATA Warehouse Receipt (Spediteur-Lagerschein)	404
IV. FCT-FIATA Forwarder's Certificate of Transport – (Spediteur-Transportbescheinigung)	404
G. Exkurs: Die Allgemeinen Deutschen Spediteurbedingungen (ADSp)	405
I. AGB-Kontrolle (§§ 305 ff. BGB)	406
II. Zwingendes Recht gem. §§ 449 Abs. 2, 466 Abs. 2 HGB	407
III. Die ADSp-Klauseln – Überblick	407
Abschnitt 15. Seetransport	**411**
A. Die Rechtsquellen des Seetransportrechtes	412
B. Die Arten des Seefrachtvertrages	412
I. Stückgutvertrag	412
II. Reisefrachtvertrag	413
III. Schiffsüberlassungsverträge	414
C. Die am und im Zusammenhang mit dem Seefrachtvertrag beteiligten Personen	416
I. Verfrachter	416
II. Befrachter	417
III. Ablader, benannter Dritter und abladender Dritter	417
IV. Empfänger	418
V. Ausführender Verfrachter	419
D. Konnossement, Seefrachtbrief	421
I. Konnossement	421
II. Seefrachtbrief	426
E. Die Haftung des Verfrachters aus dem Seefrachtvertrag	427
I. Obhutshaftung und Haftung für vermutetes Verschulden	427
II. Besondere Haftungsbefreiungstatbestände	430
III. Decksladung	430
IV. Nautisches Verschulden und Feuer	431
V. Wertersatz, Haftungsbefreiungen, Haftungsbegrenzungen und deren Wegfall	431
VI. Spezielle Haftungstatbestände	433
VII. Haftung für Verzug und sonstige Schäden	434
VIII. Zwingendes und dispositives Recht	435

Inhaltsverzeichnis

	Seite
F. Die seefrachtvertragliche Haftung des Befrachters, des Abladers und Dritter ...	436
G. Schadensanzeige und Verjährung seefrachtrechtlicher Ansprüche	437
I. Schadensanzeige	437
II. Verjährung	438

Abschnitt 16. Straßentransport 439
  A. Einleitung 440
  B. Rechtsgrundlagen 440
     I. Der Ordnungsrahmen für Straßentransporte 440
     II. Die Haftungsordnungen für Straßentransporte 441
  C. Der Vertrag über die Straßengüterbeförderung 443
     I. Vertragsparteien 443
     II. Vertragsabschluss, Vertragsinhalt und Vertragsbeendigung 444
     III. Abgrenzung zu anderen Vertragstypen 445
  D. Transportdokumente 446
     I. Frachtbrief 446
     II. Ladeschein 447
  E. Die Haftung des Frachtführers bei Straßentransporten 447
     I. Grundzüge 447
     II. Haftungszeitraum 448
     III. Haftungstatbestände 448
     IV. Haftungsausschlusstatbestände 450
     V. Umfang der Ersatzpflicht 454
     VI. Haftung für Dritte 462
     VII. Geltendmachung und Durchsetzung von Schadensersatzansprüchen .. 462

Abschnitt 17. Eisenbahntransport 465
  A. Eisenbahn und Exportwirtschaft 466
  B. Ordnungsrahmen 466
     I. Liberalisierung 467
     II. Heutige Abwicklung des Eisenbahnverkehrs 467
     III. Systembedingte Besonderheiten des Eisenbahnverkehrs 469
  C. Transportrechtliche Grundlagen, anwendbares Recht 470
     I. HGB und COTIF/CIM 470
     II. Anwendbares Recht 471
  D. Schwerpunkte des internationalen Eisenbahntransportrechts 473
     I. Verbindlichkeit der CIM 473
     II. Frachtbrief und Beförderungsdokumente 474
     III. Verteilung einzelner Aufgaben 476
     IV. Zahlung der Kosten 477
     V. Lieferfristen 477
     VI. Nachträgliche Verfügungen 478
     VII. Ablieferung des Gutes 479
     VIII. Beförderungs- und Ablieferungshindernisse 479
     IX. Haftung im internationalen Eisenbahnverkehr 480
     X. Mehrheit von Beförderern 485
     XI. Haftung des Beförderers für andere 486
     XII. Geltendmachung von Ansprüchen 486
     XIII. Erlöschen und Verjährung der Ansprüche 488

Abschnitt 18. Lufttransport 490
  A. Montrealer Übereinkommen 491
     I. Anwendungsbereich des MÜ 492

	Seite
II. Die Beteiligten bei der Luftfrachtbeförderung	493
III. Allgemeine Beförderungsbedingungen	495
IV. Beförderungsdokumente	495
V. Haftung des Luftfrachtführers für Güterschäden	496
VI. Multimodaltransport	500
VII. Haftung des Luftfrachtführers für Verspätungsschäden	503
VIII. Die Gehilfenhaftung	504
IX. Sicherung und Geltendmachung von Ansprüchen	504
X. Ausfüllung von Regelungslücken des MÜ	506
B. Warschauer Abkommen	507
I. „Warschauer System"	507
II. Abweichungen zwischen WA 1955 und MÜ	508

Abschnitt 19. Binnenschifftransport ... 510
- A. Bestimmung des Rechtsrahmens ... 510
  - I. Mögliche Vertragsbeziehungen ... 511
  - II. Anwendbares Recht: die Messlatte für Vertrag und AGB ... 512
- B. Internes deutsches Recht ... 515
  - I. Frachtvertrag und „Binnenkonnossement" ... 516
  - II. Große Haverei und IVR-Regeln ... 519
  - III. Globale Haftungsbeschränkungsmöglichkeit des Binnenschiffers ... 520
- C. Budapester Übereinkommen (CMNI) ... 521
  - I. Einleitung und Überblick ... 521
  - II. Pflichten und Haftung des Binnenschifffrachtführers ... 522
  - III. Pflichten und Haftung des Absenders ... 525
  - IV. Haftung des ausführenden Frachtführers ... 526
  - V. Pflichten und Haftung des Empfängers ... 527
- D. Prozessuales ... 527

Abschnitt 20. Multimodaler Transport ... 529
- A. Einleitung ... 530
- B. Internationales Recht ... 531
  - I. Art. 2 CMR ... 531
  - II. Art. 1 § 3 und § 4 CIM 1999 ... 532
  - III. Art. 38 Abs. 1 MÜ, Art. 31 Abs. 1 WA ... 533
  - IV. Art. 18 Abs. 4 MÜ, Art. 18 Abs. 3 WA ... 533
- C. Nationales Recht ... 534
  - I. Anwendbarkeit der §§ 452 ff. HGB ... 535
  - II. Tatbestandsvoraussetzungen des § 452 S. 1 HGB ... 535
  - III. Haftung des Multimodalfrachtführers ... 538
  - IV. Haftung des ausführenden Frachtführers ... 543
  - V. Schadensanzeige und Verjährung, § 452b HGB ... 543
  - VI. Möglichkeiten und Grenzen vertraglicher Haftungsmodifikationen, § 452d HGB ... 545
  - VII. Gerichtsstand ... 549
- D. Der Multimodal-Ladeschein ... 549
  - I. Ladeschein ... 550
  - II. FIATA Multimodal Bill of Lading (FBL) ... 551

8. Kapitel. Versicherung

Abschnitt 21. Gütertransportversicherung ... 555
- A. Sparten der Transportversicherung ... 556
  - I. Art des versicherten Interesses ... 556

Inhaltsverzeichnis

	Seite
II. Abgrenzung nach Transportwegen	557
III. Einteilung nach Versicherungsdauer	558
B. Umfang des Versicherungsschutzes	559
I. Allgemeines zum Umfang der Deckung	559
II. Formen der Versicherungsdeckung	560
C. Gegenstand und Interesse der Versicherung	561
I. Versicherte Gegenstände	561
II. Versichertes Transportinteresse	562
III. Incoterms	562
IV. Haftungsbegrenzungen je nach Transportmittel	563
D. Dauer des Versicherungsschutzes	564
I. Beginn des Versicherungsschutzes	564
II. Ende des Versicherungsschutzes	564
E. Deckungsausschlüsse	564
I. Allgemeines	564
II. Nicht versicherte Gefahren	565
III. Nicht ersatzpflichtige Schäden	565
F. Obliegenheiten des Versicherungsnehmers	566
I. Vor Schadenseintritt	566
II. Im Schadensfall	567
G. Versicherungswert und Maximum	568
I. Versicherungssumme	568
II. Maximum	568
III. Unterversicherung	568
IV. Selbstbehalte	568
V. Abandon des Versicherers	569
H. Versicherung für fremde Rechnung	569
I. Beitragskalkulation	570
Abschnitt 22. Seetransportversicherung	**571**
A. Entwicklungen und Märkte	571
I. Versicherungssparten	571
II. Entwicklung	572
III. Der internationale Markt	572
B. Allgemeine Strukturen der P&I Versicherung	573
I. Deckungsprinzipien	573
II. Direktansprüche und Vorauszahlungsprinzip	573
C. Deckungstatbestände	574
I. Kaskoversicherung als Haftpflichtversicherung	574
II. P&I-Versicherung	578
D. Die Gestellung von Sicherheiten	582
Abschnitt 23. Lufttransportversicherung	**584**
A. Luftfahrt-Güterversicherung	584
I. Abgrenzung zu anderen Transportversicherungen	584
II. Ausprägung der Luftfahrt-Güterversicherung	585
B. Versicherungspflicht des Luftfrachtführers	586
I. Art. 50 MÜ	586
II. Umsetzung in Deutschland	586
Abschnitt 24. Verkehrshaftungsversicherung	**587**
A. Begriff: Verkehrshaftungsversicherungen	588
I. Versicherungslösung für Verkehrsträger	588

Inhaltsverzeichnis

	Seite
II. Haftung und Versicherung	589
III. Versicherungsrechtliche Einordnung	590
IV. Verkehrshaftungsversicherung und Transportwarenversicherung	591
B. Historische Entwicklung	591
I. Speditionsversicherung	591
II. Pflichtversicherung in der BRD	592
III. Unverbindliche Empfehlungen des GDV	593
IV. Sonstige Verkehrshaftungsversicherungen	594
C. Markt der Verkehrshaftungsversicherungen	595
I. Arten der Verkehrshaftungspolicen	595
II. Mehrere Versicherungspolicen	596
III. Einheitliche Versicherungen	596
D. DTV-VHV-Wording	597
I. Konkretisierung des zu versichernden Risiko	597
II. Risikobeschreibung	598
III. Versicherbare Verkehrsverträge eines Verkehrsträgers	598
IV. Vorsorgeversicherung	601
V. Räumlicher Geltungsbereich	601
VI. Versicherte Haftungsgrundlagen	602
VII. Versicherte Güter	602
VIII. Ausschlüsse	603
IX. Obliegenheiten	604
X. Rückgriff	606
XI. Grenzen der Versicherungsleistung	606
XII. Versicherungsprämien	607
XIII. Sanierung und Selbstbehalte	608
E. Zusammenfassung	608

9. Kapitel. Deckung von Ausfuhrrisiken

Abschnitt 25. Risiken im Exportgeschäft	610
A. Vorbemerkung	610
B. Risikoarten	610
I. Wirtschaftliche Risiken	610
II. Rechtliche Risiken	611
III. Politische Risiken	611
IV. Risiken in zeitlicher Hinsicht	611
C. Möglichkeiten der Risikoabsicherung	611
D. Absicherung durch Versicherung	612
I. Hermesbürgschaften	612
II. Private Ausfuhrkreditversicherung	612
Abschnitt 26. Privatwirtschaftliche Ausfuhrkreditversicherungen	613
A. Vorbemerkung	614
B. Die Ausfuhr-(Waren-)Kreditversicherung	614
I. Die Rechtsgrundlagen der Ausfuhrkreditversicherung	615
II. Gegenstand der Ausfuhrkreditversicherung	619
III. Beginn des Versicherungsschutzes	626
IV. Der Versicherungsfall	626
V. Pflichten des Versicherungsnehmers	629
VI. Entschädigung	631
VII. Beendigung des Versicherungsschutzes	632

	Seite
C. Investitionsgüterkreditversicherung	636
I. Rechtsgrundlagen	636
II. Gegenstand der Investitionsgüterkreditversicherung	636
III. Beginn des Versicherungsschutzes	637
IV. Versicherungsfall	637
V. Pflichten des Versicherungsnehmers	638
VI. Entschädigung	638
VII. Beendigung des Versicherungsschutzes	639
D. Checkliste	639

Abschnitt 27. Exportkreditgarantien der Bundesrepublik Deutschland (Hermesdeckungen) ... 640

A. Exportförderung durch Risikoabsicherung	641
I. Überblick	641
II. Rahmenbedingungen für die Exportkreditgarantien	643
B. Absicherungsmöglichkeiten für Exporteure und Banken	647
I. Deckungsschutz für Exporteure	648
II. Deckungsschutz für Banken und Leasinggeber	652
C. Antrags- und Entscheidungsverfahren	654
I. Antrag auf Übernahme einer Hermesdeckung	654
II. Grundsätzliche Stellungnahme und endgültige Entscheidung	655
III. Wahrheitspflicht im Verfahren	655
IV. Entscheidungszuständigkeiten	656
D. Materielle Voraussetzungen für die Deckungsübernahme	656
I. Förderungswürdigkeit	656
II. Risikomäßige Vertretbarkeit	659
III. Üblichkeit der Vertragsbedingungen	660
IV. Haushaltsrecht	660
E. Kosten der Exportkreditgarantien	660
I. Bearbeitungsgebühren	661
II. Deckungsentgelt (Risikobedingtes Entgelt)	661
F. Schadensfall	664
I. Entschädigungsverfahren	664
II. Entschädigungsvoraussetzungen	665
III. Auszahlung der Entschädigung	665

3. Teil. Exportwirtschaft (Ausfuhr, Zoll, Steuern)

10. Kapitel. Völker- und europäische Grundlagen des Exportrechts

Abschnitt 28. Der Rechtsrahmen der Welthandelsorganisation (WTO) und der Europäischen Union (EU) für den Export ... 667

A. Die rechtliche Steuerung des globalen Exports durch das WTO-Recht und das Recht der EU	669
B. Gang der weiteren Überlegungen	671
C. Das WTO-Recht	671
I. Überblick über das WTO-Recht	671
II. Der Rechtsrahmen der WTO für den Export	677
D. EU-Recht	685
I. Überblick über das Unionsrecht	685
II. Der Rechtsrahmen für Exporte innerhalb der Europäischen Union	689

Inhaltsverzeichnis

	Seite
III. Der Rechtsrahmen für Exporte aus der EU in Drittstaaten	694
IV. Der Rechtsrahmen für Importe aus Drittstaaten	697
V. Rechtsschutz im Außenhandel	700
E. Ausblick – Konsolidierung des Exportrechts als Herausforderung des internationalen und supranationalen Rechts	701

11. Kapitel. Zollrechtliche Aspekte des Exportgeschäfts

Abschnitt 29. Zollrecht, zollrechtliches Ausfuhrverfahren — 703

A. Die Bedeutung des Ausfuhrverfahrens	704
I. Zielsetzung und Anwendungsbereich	704
II. Bei der Ausfuhr zu beachtende Vorschriften	707
III. Begriffsklärungen	708
B. Die Verfahrensarten	709
I. Normalverfahren	709
II. Verfahrenserleichterungen/-befreiungen	718
III. Das Ausfuhrverfahren im Hamburger Hafen	723
C. Abgrenzung zu anderen Verfahren/Bestimmungen	723
I. Wiederausfuhr	723
II. Carnet ATA	724
III. Rückwaren	724
D. Sanktionen	724
E. Ausblick auf den Unionszollkodex	725

Abschnitt 30. Nichtpräferenzielles Ursprungsrecht — 726

A. Abgrenzung des nichtpräferenziellen Ursprungs zu anderen Ursprungsbegriffen	727
I. Nichtpräferenzieller Ursprung	727
II. Präferenzieller Ursprung	727
III. Warenmarkierung „Made in …"	728
B. Bedeutung des nichtpräferenziellen Ursprungs	729
C. Multilaterale völkerrechtliche Regelungen	730
I. Weltzollorganisation	730
II. GATT und Welthandelsorganisation	732
D. Rechtsgrundlagen des nichtpräferenziellen Ursprungsrechts in der Europäischen Union	732
I. Überblick über die Rechtsgrundlagen	732
II. Ursprungsregel: Vollständige Gewinnung oder Herstellung	733
III. Ursprungsregel: Letzte wesentliche Be- oder Verarbeitung	735
IV. Umgehungsklausel des Artikels 25 Zollkodex	740
V. Prüfungsschema für den nichtpräferenziellen Ursprung	740
E. Verbindliche Ursprungsauskünfte (vUA)	741
I. Einführung: Bedeutung der vUA	741
II. Rechtsgrundlagen und Antragsverfahren	742
F. Nach dem EU-Zollrecht ausgestellte Ursprungszeugnisse	743
I. Der EG-Vordruck für Ursprungszeugnisse	744
II. Beantragung und Ausstellung von Ursprungszeugnissen	744
III. Rechtscharakter von Ursprungszeugnissen und Rechtsschutz	748
G. Ursprungszeugnis-Formular Anhang 12 Zollkodex-DVO	749

Abschnitt 31. Präferenzrecht — 750

A. Einführung	751

Inhaltsverzeichnis

	Seite
B. Materielles Warenursprungs- und Präferenzrecht	752
I. Einführung	752
II. Gewährung der Präferenz nur bei der Anmeldung zum zollrechtlichen freien Verkehr	756
III. Präferenzeigenschaften: Ursprung/Freiverkehr	756
IV. Präferenzberechtigte Waren/Materielle Ursprungsregeln	757
V. Die vier Grundprinzipien des Präferenzrechts	762
C. Formelles Ursprungsrecht	764
I. Struktur	764
II. Formen der Präferenznachweise	764
III. Ausstellung von Ursprungszeugnissen	769
IV. Vorlage und Anerkennung von Präferenznachweisen	769
V. Nachträgliche Prüfung	770
D. Zollschuldrechtliche Haftungsrisiken für den gemeinschaftsansässigen Einführer	772
I. Vorbemerkung	772
II. Nacherhebung nach Art. 220 Abs. 1 ZK	772
III. Rechtsschutz	773
IV. Erstattung oder Erlass aus Billigkeitsgründen	773
E. Strafrechtliche Haftung	774
I. Vorbemerkungen zu den Steuerstraftaten	774
II. Steuerhinterziehung, § 370 AO	774
III. Besonders schwere Fälle der Zollhinterziehung, §§ 370 Abs. 3, 373 AO	775
IV. Leichtfertige Steuerverkürzung, § 378 AO/Steuergefährdung, § 379 AO	776
V. Urkundsdelikte, §§ 267, 271, 348 StGB	776
F. Zivilrechtliche Haftungsrisiken	776
I. Grundkonstellation	776
II. Zivilrechtliche Beurteilung der Lieferantenkette	776
III. Vertragsgestaltung	777
IV. Checkliste für den Ausführer	778

12. Kapitel. Die Steuern des Exportgeschäfts

	Seite
Abschnitt 32. Umsatzsteuerliche Aspekte im Waren- und Dienstleistungsverkehr	779
A. Allgemeines	780
B. Grundlagen der umsatzsteuerlichen Behandlung von grenzüberschreitenden Warenlieferungen	780
I. Lieferungen in das Drittlandsgebiet (Export)	781
II. Ausfuhrlieferungen im nichtkommerziellen Reiseverkehr	802
III. Innergemeinschaftliche Lieferungen	803
IV. Spezialfall: „Innergemeinschaftliches Dreiecksgeschäft"	818
VI. Versandhandelsregelung	819
VII. „Grenzüberschreitende" Werklieferungen – Lieferort	822
C. Grenzüberschreitende Dienstleistungen	822
I. Generelle Unterscheidung der Dienstleistungen nach Status des Empfängers	822
II. Ausnahmeregelungen	824
Abschnitt 33. Besondere Verbrauchsteuern	827
A. Allgemeines	827
I. Historie	827

XXVII

	Seite
II. Systematik	828
III. Rechtsvorschriften	828
B. Steuergegenstände	829
I. Biersteuergesetz (§ 1 Abs. 2)	829
II. Branntweinmonopolgesetz (§ 130 Abs. 2)	829
III. Kaffeesteuergesetz (§ 2 Nr. 2 ff.)	829
IV. Energiesteuergesetz (§ 1 Abs. 2 und 3)	830
V. Schaumwein- und Zwischenerzeugnissegesetz (§ 1 Abs. 2, § 29 Abs. 2 und 32 Abs. 1)	830
VI. Tabaksteuergesetz	831
VII. Stromsteuergesetz (§ 1 Abs. 1)	831
C. Steuergebiete	831
D. Besteuerungssystematik	831
I. Steueraussetzungsverfahren	831
II. Steuerbefreiungen	834
E. Ausfuhr und Verbringen von verbrauchsteuerpflichtigen Waren	834
I. Innergemeinschaftliches Verbringen verbrauchsteuerpflichtiger Waren	834
II. Ausfuhr verbrauchsteuerpflichtiger Waren	837
Abschnitt 34. Außensteuergesetz	839
A. Bedeutung des Internationalen Steuerrechts bei Outbound-Transaktionen	839
B. Grundlagen des Internationalen Steuerrechts	840
I. Nationales deutsches Steuerrecht	840
II. Abkommensrecht	851
III. Außensteuergesetz	860
C. Ausgewählte Planungs- und Gestaltungsüberlegungen	868
I. Wahl der Ausgestaltungsform des Auslandsengagements	869
II. Aspekte bei Personalentsendungen in international tätigen Unternehmen	873
D. Fazit	876

13. Kapitel. Exportkontrolle und Compliance

Abschnitt 35. Exportbeschränkungen für Dual-Use-Güter, Embargos und Sanktionen	877
A. Zweck und Gegenstand von Exportbeschränkungen	879
B. Handelsbeschränkungen für Dual-Use-Güter	880
I. Anwendbares Recht	880
II. Genehmigungsvorbehalte	881
III. Ausfuhr gelisteter Güter	881
IV. Ausfuhr nicht gelisteter Güter	884
V. Verbringung innerhalb der EU	885
VI. Vermittlungsgeschäfte	886
VII. Technische Unterstützung	886
C. Embargos und Sanktionen	888
I. Länderbezogene Embargos	888
II. Personenbezogene Sanktionen	890
III. Insbesondere: Iran-Embargo	895
IV. Zivilrechtliche Ansprüche des Vertragspartners	908
D. Exkurs: US-(Re-)Exportkontrolle	910
I. Dual-Use-Güter	911
II. Embargos	911

	Seite
III. Personenlisten	912
IV. Kollision mit deutschem/europäischem Recht	912

Abschnitt 36. Genehmigungsverfahren, Straf- und Bußgeldvorschriften, innerbetriebliche Exportkontrolle und Vertragsgestaltung ... 913
    A. Genehmigungsverfahren ... 914
        I. Beteiligte Behörden ... 914
        II. Ausfuhr von Gütern ... 915
        III. Durchfuhr von Gütern ... 920
        IV. Vermittlungstätigkeiten ... 920
        V. Technische Unterstützung ... 921
        VI. Aufzeichnungs- und Aufbewahrungspflichten ... 921
        VII. Besondere Bescheidformen ... 921
    B. Straf- und Bußgeldvorschriften ... 922
    C. Innerbetriebliche Exportkontrolle (Compliance) ... 930
        I. Der Ausfuhrverantwortliche ... 931
        II. Dokumentationspflichten ... 933
    D. Vertragsgestaltung ... 933
        I. Verträge mit Lieferanten oder Zulieferern ... 934
        II. Verträge mit Abnehmern ... 934
        III. Verträge bei Lieferungen in Embargo-Länder ... 935
        IV. Verträge im Vermittlungsverhältnis (Brokering) ... 935

Abschnitt 37. Exportbeschränkungen für Waffen, Chemikalien und Abfälle ... 936
    A. Waffen ... 936
        I. Kriegswaffen ... 936
        II. Sonstige Waffen, Munition und Rüstungsmaterial nach Teil I Abschnitt A AL ... 938
        III. Waffenembargos ... 938
    B. Chemikalien ... 939
        I. Notifizierungsverfahren ... 940
        II. Exportverbote ... 940
        III. Bußgelder und Straftaten ... 940
    C. Abfälle ... 941
        I. Verbringung innerhalb der EU ... 941
        II. Ausfuhr in Drittstaaten ... 942
        III. Zuständigkeit ... 943
        IV. Bußgelder und Straftaten ... 943

Abschnitt 38. Antikorruptionsregeln ... 944
    A. Einleitung ... 945
    B. Grundlagen der Korruptionsstrafbarkeit ... 946
        I. Straftaten im Amt ... 946
        II. Straftaten im Wettbewerb ... 952
        III. Häufige Begleitdelikte ... 955
        IV. Anwendbarkeit des deutschen Strafrechts auf Fälle mit Auslandsbezug ... 959
    C. Internationale Vorgaben ... 960
        I. Protokoll vom 27.9.1996 ... 960
        II. OECD-Übereinkommen vom 17.12.1997 ... 960
        III. Verordnung Nr. 2988/95 des Rates vom 18.12.1995 ... 961
        IV. Strafrechtsübereinkommen über Korruption ... 961
        V. EU-Bestechungsübereinkommen ... 962
        VI. Resolution der Generalversammlung der Vereinten Nationen ... 962

	Seite
D. Umsetzung internationaler Vorgaben in deutsches Recht	962
I. EUBestG	962
II. IntBestG	963
III. § 299 Abs. 3 StGB	965
IV. § 14 StGB	965
V. § 46b StGB	966
E. Umgang mit Situationen in sog. Graubereichen	967
I. „Facilitation (expediting) payments"	967
II. Sozialadäquanz	967
III. Corporate Governance	968
F. Möglichkeiten der Erkenntnisgewinnung	971
I. Mitteilungspflichten	971
II. Durchbrechung des Steuergeheimnisses	972
III. Verdachtsbegründung bei den Ermittlungsbehörden	973
G. Weitere Konsequenzen	973
I. Berufsrechtliche Folgen	973
II. Verfall	974
III. Zivilrechtliche Folgen	974
IV. Mögliche Folgen für betroffene Unternehmen	975

14. Kapitel. Rechtsfragen der Marktordnung

Abschnitt 39. Ausfuhrerstattungen	976
A. Einführung	978
I. Zweck einer Ausfuhrerstattung	978
II. Die Erstattungsbürokratie	979
III. Rechtsgrundlagen	979
IV. Objektive Einstandspflicht des Ausführers/Beweislast	981
B. Warenbezogene Voraussetzungen für die Erstattungsfähigkeit landwirtschaftlicher Erzeugnisse	981
I. Allgemeines	981
II. Tarifierung/Erstattungsnomenklatur	981
III. Gemeinschaftsursprung	982
IV. Gesunde und handelsübliche Qualität	983
V. Nicht-Anhang I-Waren	985
C. Nicht warenbezogene Voraussetzungen für die Erstattungsfähigkeit	986
I. Allgemeines	986
II. Ausfuhrbezogene Erstattungsvoraussetzungen	986
III. Einfuhrbezogene Erstattungsvoraussetzungen	989
D. Die praktische Abwicklung des Ausfuhrverfahrens	993
I. Vorbemerkungen	993
II. Zuständige Ausfuhrzollstelle für Marktordnungswaren	993
III. Das Vorausanmeldeverfahren für Marktordnungswaren	994
IV. Die Tätigkeit der Ausgangszollstelle	994
E. Erstattungsverfahren	994
I. Einleitung	994
II. Die Zahlung der Ausfuhrerstattung im Normalfall	994
F. Rückforderungsverfahren, Art. 49 AEVO	998
I. Einleitung	998
II. Rückforderungstatbestand	998
III. Rechtsfolgen	1000
IV. Vertrauensschutz nach Art. 49 Abs. 4 lit. a AEVO	1000
V. Verjährung des Rückforderungsanspruches	1001

Inhaltsverzeichnis

	Seite
G. Sanktionsverfahren	1002
I. Sanktionen nach Art. 48 AEVO	1002
II. Schwarze Liste	1005

4. Teil. Streitbeilegung

15. Kapitel. Grundlagen der außergerichtlichen und gerichtlichen Streitbeilegung

Abschnitt 40. Einführung in die Schiedsgerichtsbarkeit, Mediation und weitere Konfliktlösungsverfahren	1007
A. Einleitung	1008
B. Streitbeilegungsklauseln in Verträgen	1008
C. Die Wahl des geeigneten Verfahrens	1009
D. Schiedsgerichtsbarkeit	1010
I. Klassische Anwendungsfälle der Schiedsgerichtsbarkeit	1010
II. Grundlagen	1010
III. Vor- und Nachteile der Schiedsgerichtsbarkeit	1011
E. Mediation	1013
I. Klassische Anwendungsfälle der Mediation	1013
II. Grundlagen	1013
III. Vor- und Nachteile der Mediation	1015
F. Weitere Streitbeilegungsverfahren	1015
I. Einleitung	1015
II. Verfahrensarten	1016

16. Kapitel. Staatliche Gerichtsbarkeit

Abschnitt 41. Internationale Zuständigkeit inländischer Gerichte	1019
A. Einleitung	1019
B. Gerichtsstandsvereinbarungen	1021
I. Grundlagen	1021
II. Art. 23 EuGVVO/LugÜ	1022
III. §§ 38, 40 ZPO	1026
C. Gesetzliche Zuständigkeiten	1027
I. Grundlagen	1027
II. Allgemeiner Gerichtsstand	1028
III. Gerichtsstand des Vertrags- bzw. Erfüllungsorts	1028
IV. Gerichtsstand der unerlaubten Handlung	1030
V. Gerichtsstände der Belegenheit	1030
VI. Vermögensgerichtsstand	1031
VII. Weitere besondere Gerichtsstände	1031
VIII. Wahl des Gerichtsstands	1032
D. Rügelose Einlassung	1032
E. Berücksichtigung ausländischer Rechtshängigkeit	1033
F. Zuständigkeit staatlicher Gerichte bei Schiedsverfahren	1034
G. Praktische Hinweise	1035
I. Abschluss einer ausdrücklichen Gerichtsstandsvereinbarung	1035
II. Wahl eines staatlichen Gerichts in Deutschland	1035
III. Empfehlungen für das Drafting	1035
IV. Modell-Gerichtsstandsklauseln	1036

17. Kapitel. Schiedsgerichtsbarkeit

	Seite
Abschnitt 42. Rechtsgrundlagen und Schiedsvereinbarungen	1038
A. Rechtsgrundlagen	1038
I. Schiedsvereinbarungen	1039
II. Schiedsordnungen von Institutionen	1039
III. Internationale Staatsverträge	1039
IV. Nationale Gesetze, insbesondere §§ 1025 ff. ZPO	1040
V. Handelsbräuche	1040
B. Schiedsvereinbarung	1041
I. Rechtsnatur der Schiedsvereinbarung	1041
II. Schiedsfähigkeit	1041
III. Wirkung der Schiedsvereinbarung	1041
IV. Form der Schiedsvereinbarung	1042
V. Die inhaltliche Gestaltung der Schiedsvereinbarung	1043
Abschnitt 43. Verfahrensgrundsätze	1048
A. Einleitung	1048
B. Der Anspruch auf rechtliches Gehör	1049
I. Informationspflicht des Schiedsgerichts	1050
II. Gelegenheit der Parteien zur Stellungnahme	1050
III. Berücksichtigung des Parteivortrages	1051
IV. Weitere Konkretisierungen des Anspruchs auf rechtliches Gehör	1051
V. Möglichkeiten des Verzichts und der Einschränkung des Anspruchs auf rechtliches Gehör	1052
C. Anwaltliche Vertretung	1052
D. Der Dispositionsgrundsatz	1053
E. Objektivität der Schiedsrichter	1054
F. Anspruch auf mündliche Verhandlung	1055
G. Wahrheitspflicht der Parteien	1056
H. Anspruch auf eine Entscheidung nach rechtlichen Regeln	1056
I. Kostenregelung	1057
J. Rechtsfolge bei Verstößen gegen die Verfahrensgrundsätze	1057
Abschnitt 44. Verfahrensablauf	1060
A. Einleitung	1060
B. Beginn des Verfahrens und Bildung des Schiedsgerichts	1061
I. Beginn des Verfahrens	1061
II. Bildung eines Dreier-Schiedsgerichts	1061
III. Berufung eines Einzelschiedsrichters	1062
IV. Parteienmehrheiten	1062
V. Auswahl der Schiedsrichter	1062
VI. Ablehnung von Schiedsrichtern	1063
VII. Untätigkeit oder Verhinderung eines Schiedsrichters	1063
VIII. Schiedsrichtervertrag	1064
IX. Rolle der Schiedsgerichtsinstitutionen	1065
C. Verfahren vor dem Schiedsgericht	1065
I. Allgemeines	1065
II. Entscheidung über die Zuständigkeit des Schiedsgerichts	1065
III. Einstweiliger Rechtsschutz	1066
IV. Säumnisverfahren	1067
D. Abschluss des Verfahrens	1067
I. Schiedsspruch	1067
II. Vergleich („Schiedsspruch mit vereinbartem Wortlaut")	1068

	Seite
III. Sonstige Verfahrensbeendigungen	1068
IV. Kostenentscheidung und Abrechnung	1068
E. Rechtsbehelf gegen einen Schiedsspruch („Aufhebungsantrag")	1068
F. Vollstreckungsverfahren	1069

18. Kapitel. Ausgewählte Schiedsgerichte

Abschnitt 45. Schiedsgerichte in Deutschland und Westeuropa ... 1071

Einleitung	1072
A. Schiedsgerichtsbarkeit in Deutschland	1073
I. Schiedsgerichtsbarkeit in Hamburg	1073
II. Die Deutsche Institution für Schiedsgerichtsbarkeit (DIS)	1076
B. Schiedsgerichtsbarkeit in Österreich	1077
I. Musterschiedsklausel der VIAC	1077
II. Bildung des Schiedsgerichts	1077
III. Besonderheiten des VIAC-Verfahrens	1077
IV. Kosten des VIAC-Verfahrens	1078
C. Schiedsgerichtsbarkeit in der Schweiz	1078
I. Musterschiedsklausel der SCAI	1078
II. Bildung des Schiedsgerichts	1078
III. Besonderheiten des SCAI-Verfahrens	1079
IV. Kosten des SCAI-Verfahrens	1079
D. Schiedsgerichtsbarkeit in Italien	1079
I. Musterschiedsklausel der CAM	1079
II. Bildung des Schiedsgerichts	1080
III. Besonderheiten des CAM-Verfahrens	1080
IV. Kosten des CAM-Verfahrens	1080
E. Schiedsgerichtsbarkeit in Frankreich	1080
I. Centre de Médiation et d'Arbitrage (CMAP)	1081
II. Musterschiedsklausel des CMAP	1081
III. Bildung des Schiedsgerichts	1081
IV. Besonderheiten des CMAP-Verfahrens	1081
V. Kosten des CMAP Verfahrens	1082
F. Schiedsgerichtsbarkeit in Belgien	1082
I. Musterschiedsklausel des CEPANI	1082
II. Bildung des Schiedsgerichts	1082
III. Besonderheiten des CEPANI-Verfahrens	1083
IV. Kosten des CEPANI-Verfahrens	1083
G. Schiedsgerichtsbarkeit in den Niederlanden	1083
I. Musterschiedsklausel des NAI	1083
II. Bildung des Schiedsgerichts	1083
III. Besonderheiten des Verfahrens	1084
IV. Kosten des NAI-Verfahrens	1084
H. Schiedsgerichtsbarkeit in Großbritannien	1084
I. Schiedsgerichtsbarkeit in Dänemark	1085
I. Musterschiedsklausel des DIA	1085
II. Bildung des Schiedsgerichts	1085
III. Besonderheiten des DIA-Verfahrens	1085
IV. Kosten des DIA-Verfahrens	1085
J. Schiedsgerichtsbarkeit in Schweden	1086
I. Musterschiedsklausel der SCC	1086
II. Bildung des Schiedsgerichts	1086

Inhaltsverzeichnis

	Seite
III. Besonderheiten des Verfahrens	1086
IV. Kosten des SCC-Schiedsverfahrens	1087
K. Übersicht: Schiedsinstitutionen in Westeuropa	1087

Abschnitt 46. Schiedsgerichte in Osteuropa und Russland 1089
- A. Stand des Schiedsverfahrensrechts 1089
  - I. Historie 1089
  - II. Aktuell geltendes Recht 1090
- B. Führende Schiedsinstitutionen 1090
  - I. Schiedsinstitutionen 1090
  - II. Ad hoc-Schiedsverfahren 1091
  - III. Nutzungshäufigkeit 1091
- C. Musterschiedsklauseln 1092
  - I. Institutionelle Schiedsklauseln 1092
  - II. Ad hoc Schiedsklauseln 1092
- D. Auswahl von Schiedsrichtern 1092
  - I. Institutionelle Benennungsregeln 1092
  - II. Auswahl und Benennung von ad hoc-Schiedsrichtern 1093
- E. Besonderheiten des Verfahrens im Vergleich zu deutschen Schiedsverfahren ... 1093
  - I. Internationale/nationale Schiedsverfahren 1093
  - II. Schiedsfähigkeit 1094
  - III. Vorläufiger Rechtsschutz bei staatlichen Gerichten 1094
  - IV. Anhängigkeit der Schiedsklage 1094
- F. Kosten des Verfahrens 1095
- G. Vollstreckbarkeit von Schiedssprüchen 1095
  - I. Allgemeines 1095
  - II. Formerfordernisse 1095
  - III. Öffentliche Ordnung 1096

Abschnitt 47. Schiedsgerichte in Asien, insbesondere China 1097
- A. Stand des Schiedsverfahrensrechts 1098
  - I. Historie 1098
  - II. Aktuell geltendes Recht 1099
- B. Führende Schiedsinstitutionen und Statistiken 1099
  - I. Schiedsinstitutionen 1099
  - II. Ad hoc Schiedsverfahren 1100
  - III. Nutzungshäufigkeit 1100
- C. Musterschiedsklauseln 1101
  - I. Institutionelle Schiedsklauseln 1101
  - II. Ad hoc Schiedsklauseln 1102
- D. Auswahl von Schiedsrichtern 1102
  - I. Institutionelle Benennungsregeln 1102
  - II. Auswahl und Benennung von ad hoc Schiedsrichtern 1102
- E. Besonderheiten des Verfahrens im Vergleich zu deutschen Schiedsverfahren ... 1102
  - I. Verfahrensordnung 1102
  - II. Vollständigkeit der Schiedsklage 1102
  - III. Kompetenz-Kompetenz 1103
  - IV. Kompetenz-Rügen 1103
  - V. Schiedsrichterbestellung 1103
  - VI. Zahl der Schiedsrichter 1103
  - VII. Nationalität der Schiedsrichter 1103
  - VIII. Abberufung/Ersetzung von Schiedsrichtern 1103

		Seite
IX.	Verfahrensbevollmächtigte	1103
X.	Verhandlungsgrundsatz	1104
XI.	Verfahrenssprache	1104
XII.	Zeitplan	1104
XIII.	„Memorandum of Issues"	1104
XIV.	Einstweiliger Rechtschutz	1104
XV.	Beweismittel	1104
XVI.	Rechtswahl	1104
XVII.	Überprüfung des Entscheidungsentwurfes	1104
XVIII.	Interpretation des Schiedsspruches	1105
XIX.	Haftungsausschluss	1105
F. Kosten des Verfahrens		1105
I.	Kosten der Schiedsinstitution	1105
II.	Kosten des Schiedsgerichts	1105
III.	Kostenübersicht	1105
G. Vollstreckbarkeit von Schiedssprüchen im In- und Ausland		1106
I.	Vollstreckbarkeit nach UNÜ 1958	1106
II.	Bi- und multilaterale Abkommen	1106
III.	Besonderheiten in China	1106

Abschnitt 48. Schiedsgerichte in Nordamerika ... 1107

A. Stand des Schiedsverfahrensrechts ... 1107
    I. Historie ... 1107
    II. Aktuell geltendes Recht ... 1108
    III. Anstehende Gesetzgebungsreformen ... 1108
B. Führende Schiedsinstitutionen und Statistiken ... 1109
    I. Schiedsinstitutionen ... 1109
    II. Ad-hoc-Schiedsverfahren ... 1109
    III. Nutzungshäufigkeit ... 1110
C. Musterschiedsklauseln ... 1110
    I. Institutionelle Schiedsklauseln ... 1110
    II. Ad-hoc-Schiedsklauseln ... 1110
D. Auswahl von Schiedsrichtern ... 1110
    I. Institutionelle Benennungsregeln ... 1111
    II. Auswahl und Benennung von Ad-hoc-Schiedsrichtern ... 1111
E. Besonderheiten des Verfahrens im Vergleich zu deutschen Schiedsverfahren ... 1112
F. Kosten des Verfahrens ... 1114
G. Vollstreckbarkeit von Schiedssprüchen im In- und Ausland ... 1114

Abschnitt 49. Internationale Schiedsgerichte ... 1116

A. Gegenstand der internationalen Schiedsgerichtsbarkeit ... 1117
    I. Abgrenzung zwischen internationaler privater Schiedsgerichtsbarkeit und völkerrechtlicher Schiedsgerichtsbarkeit ... 1118
    II. Häufige Streitgegenstände bei Exportgeschäften ... 1119
    III. Internationalität von Schiedsgerichtsbarkeit ... 1120
    IV. Gründe für die Verwendung von (inter-)nationalen Schiedsordnungen und deren Regelungsgegenstand ... 1121
B. Internationale institutionelle Schiedsgerichtsbarkeit ... 1122
    I. Supranationale Schiedsinstitutionen und deren internationalen Schiedsordnungen ... 1123
    II. Nationale Schiedsinstitutionen und deren nationalen bzw. internationalen Schiedsordnungen ... 1128

Inhaltsverzeichnis

	Seite
C. Internationale ad hoc Schiedsgerichtsbarkeit	1129
I. United Nations Commission on International Trade Law (UNCITRAL)	1129
II. Besonderheiten der UNCITRAL-Schiedsgerichtsordnung	1130
III. Kosten	1131
IV. Offiziell empfohlene Standardschiedsklausel	1131
V. Kontaktdaten und Internetseite	1132
VI. Weiterführende Literatur	1132
D. Branchenspezifische internationale Schiedsgerichtsbarkeit	1132
I. Warenhandelsschiedsgerichtsbarkeit	1132
II. Maritime Schiedsgerichtsbarkeit	1133
III. Schiedsgerichtsbarkeit im Energiesektor: Streitbeilegung nach dem Energy Charter Treaty (ECT)	1135
IV. Schiedsgerichtsbarkeit bei Finanzgeschäften: P. R. I. M. E. Finance Arbitration Rules	1136
E. Ergänzende Schiedsverfahrensregeln: IBA Rules on the Taking of Evidence in Arbitral Proceedings	1136

19. Kapitel. Vollstreckung außergerichtlicher und gerichtlicher Titel

Abschnitt 50. Anerkennung und Vollstreckung (ausländischer Titel) in anderen Staaten	1138
A. Einführung	1138
B. Titel von staatlichen Gerichten	1140
I. Titel aus europäischen Mitgliedstaaten sowie Staaten des Lugano-Übereinkommens	1140
II. Sonstige ausländische Titel	1144
C. Titel ausländischer Schiedsgerichte	1149
I. Rechtsquellen	1149
Abschnitt 51. Anerkennung und Vollstreckung (deutscher Titel) in anderen Staaten	1155
A. Titel von staatlichen Gerichten	1155
I. Europäische Mitgliedstaaten sowie Staaten des Lugano-Übereinkommens	1155
II. Andere Staaten	1156
B. Titel von Schiedsgerichten	1160

5. Teil. Anhang

20. Kapitel. Exportgeschäfte und Direktinvestitionen

Abschnitt 52. Schutz von Vermögenswerten im Ausland	1161
A. Einführung	1161
B. Investitionsschutz als Schutz gegen politische Risiken	1163
I. Politische Risiken: hoheitliche Beeinträchtigung ausländischer Investitionen	1163
II. Ursachen politischer Risiken	1164
III. Typische Erscheinungsformen des politischen Risikos	1165
IV. Inadäquanz eines nicht-völkerrechtlichen Rechtsschutzes	1167
C. Schutz durch Investitionsschutzabkommen	1168
I. Geographische Reichweite des Schutzes	1168

Inhaltsverzeichnis

	Seite
II. Was ist als Investition geschützt?	1168
III. Wer ist als Investor geschützt?	1169
IV. Wie funktioniert der Schutz?	1170
D. Das International Centre for the Settlement of Investment Disputes (ICSID)	1171
I. Was ist das ICSID	1171
II. Besonderheiten eines ICSID-Verfahrens	1172
III. Voraussetzungen eines Verfahrens	1172
IV. Verfahrensort, -dauer und -kosten	1173

Abkürzungsverzeichnis

aA	andere Ansicht
A.B.A.	American Bar Association
abgedr.	abgedruckt
Abl. EG	Amtsblatt der Europäischen Gemeinschaften
Abs.	Absatz
AcP	Archiv für die civilistische Praxis
ADB	Allgemeine Deutsche Binnen-Transportversicherungs-Bedingungen
ADS	Allgemeine Deutsche Seeversicherungsbedingungen
ADSp	Allgemeine Deutsche Spediteursbedingungen
aE	am Ende
AEO	Authorized Economic Operator
aF	alte Fassung
AFTA	ASEAN Free Trade Area
AFTA ROO	AFTA Rules of Origin
AGB	Allgemeine Geschäftsbedingungen
AHTS	ASEAN Harmonized Tariff System
AKP(-Staaten)	Staaten des afrikanischen, karibischen und pazifischen Raums
AL	Ausfuhrliste
amtl. Begr.	amtliche Begründung
Anh.	Anhang
Anm.	Anmerkung
AnwBl.	Anwaltsblatt
AO	Abgabenordnung
APS	Allgemeines Präferenzsystem der Gemeinschaft zur Förderung der Einfuhren aus Entwicklungsländern
Arb.	Arbitration
Art.	Artikel
ASA	Association Suisse de L'Arbitrage/Schweizerische Vereinigung für Schiedsgerichtsbarkeit
ASA	Allgemeine Software Anmerkung
ASEAN	Association of South East Asian Nations/Vereinigung Südostasiatische Staaten
ATA	Allgemeine Technologie Anmerkung
ATIGA	ASEAN Trade in Good Agreement
ATLAS	Automatisiertes Tarif- und lokales Zollabwicklungssystem
AVR	Archiv des Völkerrechts
AWD	Außenwirtschaftsdienst des Betriebs-Beraters
AWG	Außenwirtschaftsgesetz
AW-Prax	Außenwirtschaftliche Praxis
AWV	Außenwirtschaftsverordnung
BAnz.	Bundesanzeiger
BAFA	Bundesamt für Wirtschaft und Ausfuhrkontrolle
BFD	Bundesfinanzdirektion
BGBl.	Bundesgesetzblatt

Abkürzungsverzeichnis

BMF	....	Bundesministerium der Finanzen
BMJ	....	Bundesjustizministerium
BR-Drs.	....	Bundesrats-Drucksache
BSK	....	Allgemeine Geschäftsbedingungen der Bundesfachgruppe Schwertransporte und Kranarbeiten
BT-Drs.	....	Bundestags-Drucksache
CCZ	....	Corporate Compliance Zeitschrift
CEPT	....	Common Effective Preferential Tariff Scheme
CFACI	....	Deutsch-Französische Industrie- und Handelskammer Paris
CIETAC	....	China International Economic and Trade Arbitration Commission
CIF	....	Cost, Insurance, Freight (Kosten, Versicherung, Fracht)
CIM	....	Convention internationale concernant le transport des marchandises par chemins de fer/Einheitliche Rechtsvorschriften für den Vertrag über die internationale Eisenbahnbeförderung von Gütern
CISG	....	United Nations Convention on Contracts for the International Sales of Goods/Übereinkommen der Vereinten Nationen über Verträge über den internationalen Warenkauf
CMAP	....	Centre de médiation et d'arbitrage de Paris
CMR	....	Convention relative au Contrat de transport international de marchandises par route/Übereinkommen üder den Beförderungsvertrag im internationalen Straßengüterverkehr
CO	....	Certificate Origin
c.o.d.	....	cash on delivery/Lieferung gegen Nachnahme
COTIF	....	Convention relative aux transports internationaux ferroviaires/Übereinkommen über den internationalen Eisenbahnverkehr
CTO	....	Combined Transport Operator/Beförderer im kombinierten Transport
dh	....	das heißt
DIS	....	Deutsche Institution für Schiedsgerichtsbarkeit e.V.
DTI	....	Department of Trade and Industry
DUV	....	Dual-Use-Verordnung
EAG	....	Einheitliches Gesetz über den Abschluss von internationalen Kaufverträgen
ECA	....	Export Credit Agency/staatliche Exportkreditagentur
E.C.E.	....	Economic Commission for Europe/Europäische Wirtschaftskommission der Vereinten Nationen
EDI	....	Electronic Data Interchange
EFTA	....	European Free Trade Association/Europäische Freihandelszone
EG	....	Europäische Gemeinschaft
EGKS	....	Europäische Gemeinschaft für Kohle und Stahl
EKG	....	Einheitliches Gesetz über den internationalen Kauf beweglicher Sachen oder Exportkreditgarantie
EPÜ	....	Europäisches Patentübereinkommen von 1973
ERA	....	ICC Einheitliche Richtlinien und Gebräuche für Dokumenten-Akkreditive
EStG	....	Einkommensteuergesetz
ETL	....	European Transport Law
EU	....	Europäische Union
EuGH	....	Gerichtshof der Europäischen Gemeinschaften

Abkürzungsverzeichnis

EuGVÜ	Europäisches Übereinkommen über die gerichtliche Zuständigkeit und die Vollstreckung gerichtlicher Entscheidungen in Zivil- und Handelssachen
EuGRZ	Europäische GRUNDRECHTE-Zeitschrift
EuR	Europarecht
EUSt	Einfuhrumsatzsteuer
EWG	Europäische Wirtschaftsgemeinschaft
EWR	Europäischer Wirtschaftsraum
ex ship	ab Schiff
EZT	Elektronischer Zolltarif
FAS	free alongside ship (Frei Längsseite Seeschiff, Incoterm)
FOB	free on bord (Frei an Bord, Incoterm)
FTA	Free Trade Area/Agreement
GATT	General Agreement on Tariffs and Trade/Allgemeines Zoll- und Handelsabkommen
GebrMG	Gebrauchsmustergesetz
GMMA	German Maritime Arbitration Association
GPU	Übereinkommen über das Europäische Patent für den gemeinsamen Markt
GROFOR	Deutscher Verband des Großhandels mit Ölen, Fetten und Ölrohstoffen e.V.
GSP	Generalized System of Preferences/Allgemeines Präferenzsystem der Gemeinschaft
GWB	Gesetz gegen Wettbewerbsbeschränkungen
HADDEX	Handbuch der deutschen Exportkontrolle
HK Hamburg	Handelskammer Hamburg
hM	herrschende Meinung
Hs.	Halbsatz
HSC	Harmonized System Code/harmonisiertes System für die Bezeichnung und Codierung von Waren
HZA	Hauptzollamt
ICC	International Chamber of Commerce
ICSID	International Centre for Settlement of Investment Disputes
idF	in der Fassung
idR	in der Regel
IHK	Industrie- und Handelskammer
iHv	in Höhe von
Incoterms	International Commercial Terms
IntBestG	Gesetz zur Bekämpfung internationaler Bestechung
IntHK	Internationale Handelskammer Paris
iS	im Sinne
iSd	im Sinne des
iSv	im Sinne von
iVm	in Verbindung mit
LCIA	London Court of International Arbitration
LMAA	London Maritime Arbitrators Association
Ls.	Leitsatz
Ltd.	Limited

XLI

Abkürzungsverzeichnis

mAnm	mit Anmerkung
MarkenG	Markengesetz
MERCOSUR	Südamerikanische Freihandelszone (Argentinien, Brasilien, Paraguay und Uruguay)
MFN	Most Favoured Nation (Meistbegünstigungsprinzip)
MO	Marktordnung
mwN	mit weiteren Nachweisen
MwSt	Mehrwertsteuer
NAFTA	Nordamerikanische Freihandelszone (USA, Kanada und Mexiko)
NAI	Niederländisches Schiedsgerichtsinstitut
nF	neue Fassung
NJW	Neue Juristische Woche
NZA	Neue Zeitschrift für Arbeitsrecht
NZG	Neue Zeitschrift für Gesellschaftsrecht
oÄ	oder Ähnliches
OECD	Organisation für Wirtschaftliche Zusammenarbeit und Entwicklung
OWiG	Gesetz über Ordnungswidrigkeiten
PatG	Patentgesetz
RGW	Rat für gegenseitige Wirtschaftshilfe
Rn.	Randnummer(n)
RiLi	Richtlinie
Rspr.	Rechtsprechung
SCC	Schiedsgerichtsinstitut der Stockholmer Handelskammer
SCC-Regeln	Schiedsordnung des Schiedsgerichtsinstituts der Stockholmer Handelskammer
SG	Sammelgenehmigung
StGB	Strafgesetzbuch
StPO	Strafprozessordnung
str.	streitig
TARIC	Tarif intégré des Communautés européennes/Integrierter Zolltarif der Gemeinschaft
UCC	Uniform Commercial Code
UCP	Uniform Customs and Practice for Documentary Credits/Einheitliche Richtlinien und Gebräuche für Dokumenten-Akkreditive von der ICC
UN	United Nations/Vereinte Nationen
UNCITRAL	United Nations Commission on International Trade Law
UNIDROIT	Institut International pour l'Unification du Droit Privé
UNILEX	International Case Law
UNO	United Nations Organization
UNÜ	UN-Übereinkommen über die Anerkennung und Vollstreckung ausländischer Schiedssprüche
URC	ICC Uniform Rules for Collections/Einheitliche Richtlinien für Inkassi

Abkürzungsverzeichnis

UrhG	Urheberrechtsgesetz
Urt.	Urteil
USt	Umsatzsteuer
uU	unter Umständen
UWG	Gesetz gegen den unlauteren Wettbewerb
VBGL	Vertragsbedingungen für den Güterkraftverkehr und Logistikunternehmer
VIAC	Internationales Schiedsgericht der Wirtschaftskammer Österreich
VO	Verordnung
VUA	Verbindliche Ursprungsauskunft
VuB	Verbote und Beschränkungen
VVG	Gesetz über den Versicherungsvertrag
VwVfG	Verwaltungsverfahrensgesetz
VZTA	Verbindliche Zolltarifauskunft
WCO	World Customs Organization/Weltzollorganisation
WorldECR	World Export Controls Review
WTO	World Trade Organization/Welthandelsorganisation
zB	zum Beispiel
ZD	Zeitschrift für Datenschutz
ZK	Zollkodex der Gemeinschaft
ZollVG	Zollverwaltungsgesetz
ZPO	Zivilprozessordnung

1. Teil. Grundlagen des Rechts der Exportgeschäfte

1. Kapitel. Exportgeschäfte und „Exportrecht"

Abschnitt 1. Die rechtliche Ordnung und Gestaltung von Exportgeschäften

Übersicht	Rn.
A. Die rechtliche Ordnung und Gestaltung von Exportgeschäften	1
I. Der Rechtsbegriff des Exportvertrages	5
II. Geschäftseinheit und Vertragsvielfalt	8
III. Grundfragen der Vertragsgestaltung	15
1. Autonomie der Handelspartner	15
2. Rechtswahl	20
a) Grundlagen	20
b) Europäisches Kollisionsrecht und Gestaltungsverbote	27
3. Die Wahl des Vertragstypus	29
4. Gestaltung des Vertragsinhalts	35
a) Reduktion der Komplexität des Exportgeschäfts	35
b) Regelungsgegenstände	36
5. Regelungen für die Beendigung des Vertrages	77
a) Arten der Vertragsbeendigung	77
b) Kündigungsfreiheit	85
c) Rechtsfolgen	88
B. Die Ordnung von Exportverträgen durch das deutsche Gesetzesrecht	90
I. Privatrecht	92
1. Recht des Vertragsschlusses	92
a) Vertragsschluss durch Angebot und Annahme	94
b) Vertragsschluss durch Schweigen	102
c) Vertragsschluss und kaufmännisches Bestätigungsschreiben	105
d) Formvorschriften	107
e) Stellvertretung	111
2. Vorstufen des Vertrages	118
a) Absichtserklärungen	119
b) Vorvertrag	127
c) Option	132
3. Vertragsauslegung und Lückenschließung	134
a) Lückenfüllung durch Gesetzesrecht	135
b) Ergänzende Vertragsauslegung	139
4. Haftung für Pflichtverletzung	143
a) Haftung für Pflichtverletzungen vor Vertragsschluss	144
b) Haftung für Pflichtverletzungen nach Vertragsschluss	152
c) Haftungsausschluss	169
5. Deliktsrecht, Produkthaftungsrecht	173
6. Sachenrecht	178
II. Öffentliches Recht	181
C. Internationales und ausländisches Recht für Verträge des Exportgeschäfts	186
I. Internationales Einheitsrecht	188
1. UN-Kaufrechtsübereinkommen (CISG)	188
a) Regelungsinhalt im Überblick	188
b) Bewertung	198
2. Das Übereinkommen über internationales Factoring	201
II. UNIDROIT-Grundregeln der internationalen Handelsverträge 2010	202
III. Des Gesetzesrecht in grenzüberschreitenden regionalen Wirtschaftsräumen	204
IV. Globales Exportgeschäftsrecht	208
1. WTO-Recht	210

1. Teil. Grundlagen des Rechts der Exportgeschäfte

	Rn.
2. Internationales Währungsrecht	212
3. Internationales Investitionsrecht	214
V. Ausgewähltes ausländisches Gesetzesrecht	217
1. England	218
2. USA	229
3. Frankreich	237
4. Schweiz	242
D. Gegenstände von Exportverträgen	248
I. Warenexport	248
II. Export von Dienstleistungen	252
1. Traditionelle Dienstleistungen	252
2. Post und Rundfunk	255
3. Softwareüberlassungs- und Softwareentwicklungsverträge	259
III. Energieexport	261
IV. Export von Anlagen	264
E. Konzeptionelle Gestaltung von Exportverträgen	272
I. Die Parteien von Exportverträgen	273
1. Exportverträge als Handelsgeschäft zwischen privatwirtschaftlichen Unternehmen (b2b-Geschäft)	274
2. Der Exportvertrag als Verbrauchergeschäft (b2c-Geschäft)	275
3. Der Exportvertrag unter Beteiligung des Staates (b2g-Geschäft)	283
II. Einzel- oder Rahmenvertrag	287
III. Individualvertrag oder standardisierter Vertrag	295

Literatur: *v. Bernstorff*, Vertragsgestaltung im Auslandsgeschäft, 6. Aufl. 2007; *ders.* (Hrsg.), Der Exportvertrag, 2. Aufl. 2009; *ders.*, Praxishandbuch Internationale Geschäfte, Loseblatt, Stand: 07/2012; *Brödermann*, Risikomanagement in der internationalen Vertragsgestaltung, NJW 2012, 971; *ders.*, The Impact of the UNIDROIT Principles on the International Contract and Arbitration Practice, Unif. L. Rev. 2011, 579 ff.; *Büter*, Außenhandel, 2. Aufl. 2010; *Döser*, Vertragsgestaltung im internationalen Wirtschaftsrecht, 2001; *Ehrlich/Haas/Zahn*, Zahlung und Zahlungssicherung im Außenhandel, 8. Auflage 2010; *Ferrari* (ed.), Forum Shopping in the International Commercial Arbitration Context, 2013; *Ferrari/Kieninger/Mankowski/Otte/Saenger/Staudinger*, Internationales Vertragsrecht, 2. Aufl. 2012; *Finazzi Agrò* The Impact of the UNIDROIT Principles in International Dispute Resolution in Figures, Unif. L. Rev. 2011, 719 ff.; *dies.*, The Impact of the UNIDROIT Principles in International Dispute Resolution: An Empirical Analysis, Unif. Commercial Code Law Journal 44 (2011), 77 ff.; *Gildeggen/Willburger*, Internationale Handelsgeschäfte, 4. Aufl. 2012; *Herber*, Das Verhältnis der CISG zu anderen Übereinkommen und Rechtsnormen, insbesondere zum Gemeinschaftsrecht der EU, IHR 2004, 89 ff.; *Herdegen*, Internationales Wirtschaftsrecht, 9. Aufl. 2011; *Heussen*, Handbuch Vertragsverhandlung und Vertragsmanagement, 3. Aufl. 2007; *John/Angerbaur*, 100 Antworten auf typische Fragen im Exportgeschäft, 2009; *Herrmann/Weiß/Ohler*, Welthandelsrecht, 2. Aufl. 2007; *Lehr*, Optimierung des Exportgeschäfts, 2. Aufl. 2001; *Murray/Holloway/Timson-Hunt*, Schmitthoff's Export Trade, 12th ed. 2012; *Ostendorf/Kluth*, Internationale Wirtschaftsverträge, 2013; *Pfeiffer*, Handbuch der Handelsgeschäfte, 1999; *Piltz*, Gestaltung von Exportverträgen, RIW 1999, 897 ff.; *ders.*, Gestaltung von Exportverträgen nach der Schuldrechtsreform, IHR 2002, 2 ff.; *Bartels/v. Bernstorff/Chroziel et al.*, Münchener Vertragshandbuch, Band 4: Wirtschaftsrecht III, 7. Auflage 2012; *Piltz*, Praktische Handreichung für die Gestaltung internationaler Verträge, NJW 2012, 3061 ff.; *Reithmann/Martiny*, Internationales Vertragsrecht, 7. Aufl. 2010; *Schlechtriem/Schwentzer*, Kommentar zum Einheitlichen UN-Kaufrecht, 6. Aufl. 2013; *Vogenauer*, Die UNIDROIT Grundregeln der internationalen Handelsverträge 2010, ZEUP 2013, 7 ff.; *Vogenauer/Kleinheisterkamp* (eds.), Commentary on the UNIDROIT Principles of International Commercial Contracts (PICC), 2009; *Wolffgang/Simonsen/Tetje (Hrsg.)*, AWR-Kommentar – Onlinefassung, Kommentar für das gesamte Außenwirtschaftsrecht, 2013.

A. Die rechtliche Ordnung und Gestaltung von Exportgeschäften

1 Exportgeschäfte sind ein Phänomen des Handelsverkehrs im internationalen Wirtschaftsgeschehen. Mit ihnen werden vor allem Waren und Dienstleistungen grenzüberschreitend gehandelt. Exportgeschäfte als wirtschaftliches Phänomen erfordern für ihre rechtliche Verbindlichkeit eine Ordnung und Gestaltung mit den Gestaltungsinstrumenten des Handels- und Wirtschaftsrechts. Das Exportgeschäft und dessen rechtsverbindliche Ordnung sind zweierlei. Allein der ökonomische Geschäftswille der Exportgeschäftsparteien begründet keine Verbindlichkeit des Geschäfts im Rechtssinne. Ob das nach den wirtschaftlichen Vorstellungen gefundene Ergebnis rechtlich verbindlich ist oder wird, ist allein nach recht-

Abschnitt 1. Die rechtliche Ordnung und Gestaltung von Exportgeschäften

lichen Maßstäben zu beurteilen. Ohne den wirtschaftlichen Konsens der Geschäftspartner, ohne dass sich also die Partner des Exportgeschäfts über die geschäftlichen Konditionen der Transaktion verständigt haben, fehlt dem Exportgeschäft seine ökonomische (und rechtliche) Grundlage; der Konsens über die wirtschaftlich-technischen Bedingungen des Exportgeschäfts geht seiner rechtserheblichen Regelung voraus bzw. mit dieser einher.

Über die Rechtsverbindlichkeit von Exportgeschäften entscheiden nicht die Geschäftsparteien; über die rechtliche Verbindlichkeit befindet die Rechtsordnung. Damit Exportgeschäfte rechtliche Verbindlichkeit erlangen, also rechtlich wirksam und damit für die Geschäftspartner einforderbar, erforderlichenfalls einklagbar und vollstreckbar sind, bedürfen sie einer rechtlich verbindlichen Anerkennung durch die Rechtsordnung. Nicht das Exportgeschäft als solches hat rechtliche Verbindlichkeit, sondern seine Ausprägung in den von der Rechtsordnung vorgesehenen Formen und die darin zum Ausdruck kommende Gestaltung. Die staatliche rechtliche Ordnung verschafft dem Exportgeschäft rechtliche Verbindlichkeit und Anerkennung, wenn die dafür vorgesehen Rechtsregeln von den Parteien des Exportgeschäfts beachtet werden. **2**

Das Exportgeschäft ist nicht Gegenstand rechtlicher Ordnung; das ist in Deutschland und Europa nicht anders als in anderen Teilen der Erde. Das Exportgeschäft ist ein Phänomen des Wirtschaftsgeschehens; es findet als solches nirgendwo rechtliche Anerkennung und Verbindlichkeit. Exportgeschäfte weisen in ihrer wirtschaftlichen Struktur und Gestaltung erhebliche Unterschiede auf, die insbesondere mit dem Gegenstand des Vertrages, dem Umfang der betroffenen Interessen, der Vertrautheit der Handelspartner mit der Materie und im Verhältnis zueinander sowie der geografischen Dimension des Geschäfts variieren. Die Rechtsordnung hat dieser Varianz von Exportgeschäften Rechnung zu tragen und differenziert Exportgeschäfte zudem nach ihrer Binnenstruktur, betrachtet und beurteilt sie also in ihren jeweiligen rechtserheblichen, vor allem vertraglichen Einzelelementen je gesondert. Erst das in seine rechtlich erheblichen Elemente gegliederte und ausdifferenzierte (vertrags-)rechtliche Regelungswerk des Exportgeschäfts unterliegt der Beurteilung nach der jeweils einschlägigen rechtlichen Ordnung. **3**

Die bedeutende Aufgabe der Handelspartner (und ihrer Berater) ist es, das von ihnen wirtschaftlich gewollte Exportgeschäft auf eine Weise rechtlich zu gestalten, dass es die Anerkennung durch die staatliche Ordnung nach Maßgabe des jeweils Gesetzesrechts im In- oder Ausland (im Import- oder Exportstaat) findet. Die wohlverstandene Aufgabe des Staates ist es, die Regeln für die die rechtliche Anerkennung der das Exportgeschäft ausmachenden Elemente sachgerecht zu gestalten. Die rechtliche Ordnung durch den nationalen Gesetzgeber wird von den gegebenenfalls zu beachtenden internationalen Regeln beeinflusst. Der gesetzliche Rahmen für Exportgeschäfte ist in den Mitgliedstaaten nach den geltenden Regeln der Welthandelsorganisation (WTO) zu gestalten; diese werden sowohl vom Gedanken des Freihandels als auch der berechtigten mitgliedstaatlichen Interessen bei der Ordnung des Exportgeschäftsrechts geprägt und sind wirtschaftsvölkerrechtlich zu berücksichtigen und zu einem sachgerechten Ausgleich zu bringen.[1] Das staatliche Recht der regionalen Freihandelszonen in Europa, in Asien und im nord-amerikanischen Bereich verfolgt einen ebensolchen Ordnungsansatz.[2] **4**

I. Der Rechtsbegriff des Exportvertrages

So wenig wie der Wirtschaftsverkehr „das" Exportgeschäft kennt,[3] so wenig kennt die Rechtsordnung „den" Exportvertrag. Die vertragsrechtliche Gestaltung des Exportgeschäfts erfolgt in der Regel durch mehrere Verträge, die in der Summe den Komplex des Exportgeschäfts ausmachen. Wenn in der Exportwirtschaft oder auch in der juristischen Literatur von „dem" Exportvertrag die Rede ist, wird dieser Begriff regelmäßig als Synonym oder **5**

---

[1] → Rn. 210 f.
[2] → Rn. 204 ff.
[3] → Rn. 3.

Chiffre für den Exportkaufvertrag verwendet.[4] Damit wird auf den Umstand hingewiesen, dass der Exportkaufvertrag typischerweise im Zentrum des Exportgeschäfts steht. Der Exportkaufvertrag regelt aber typischerweise nur einen Teil der das Exportgeschäft in seiner wirtschaftlichen Gesamtheit und Komplexität ausmachenden Regelungsgegenstände. Die Rechtsordnung kennt und regelt nicht „den" Exportvertrag, sondern sie enthält Regeln und Gestaltungsinstrumente für die das Exportgeschäft insgesamt ausmachenden rechtlichen Einzelelemente, die regelmäßig über den Exportkaufvertrag hinaus auch Vereinbarungen über Finanzierungs-, Transport- und Versicherungsfragen umfassen.

6 Der Exportkaufvertrag ist das Regelungsinstrument, mit dem die zentralen Inhalte des Exportgeschäfts rechtlich gestaltet werden. Selbst bei Liefergeschäften innerhalb eines Konzerns wird ein Kaufvertrag als Grundlage für die Lieferbeziehungen geschlossen. Nur ausnahmsweise hat das Exportgeschäft keine kaufvertragliche Grundlage. Das kann der Fall sein bei der Lieferung zwischen verschiedenen Betrieben eines Unternehmens. Mit einer absatzwirtschaftlichen Rechtsgrundlage aber ohne Vereinbarung eines Kaufvertrages werden Exportgeschäfte gestaltet, die Bartergeschäfte[5] oder Leasinggeschäfte[6] zum Gegenstand haben.

7 Neben dem absatzwirtschaftlichen Teil von Exportgeschäften weisen diese regelmäßig finanzierungs-, beförderungs- sowie versicherungsbezogene Elemente auf. Jeweils werden Verträge geschlossen, die sich nach den beteiligten Vertragspartnern, dem Vertragsgegenstand und den Vertragsinhalten unterscheiden. Die für die Zahlungsverkehrs- und Finanzierungsverträge jeweils einschlägigen Regeln werden in → Kapitel 7, Abschnitt 12f. dargestellt. Sie betreffen den Zahlungsverkehr und die für Exportgeschäfte bedeutsamen Verträge über das Inkasso, das Akkreditiv und die Garantien. Die exportgeschäftstypischen Transportverträge werden in → Kapitel 8, Abschnitt 14ff. dargestellt. Darin werden das Speditionsrecht und die uni- und multimodalen Transportverträge behandelt. Versicherungsverträge in den verschiedensten Ausprägungen begleiten den Transportvertrag. Sie sollen die beim Exportgeschäft in Betracht zu ziehenden Risiken des Gütertransport und der Verkehrshaftung versichern.[7] Für die nicht transportbezogenen Risiken des Exportgeschäfts stehen sowohl privatwirtschaftliche als auch staatliche Deckungsinstrumente zur Verfügung. Der dafür geltende rechtliche Rahmen wird in → Kapitel 10, Abschnitt 27ff. behandelt. Schließlich und nicht zuletzt sind im Exportgeschäft nicht selten gewerbliche Schutzrechte betroffen. Ihre Lizenzierung und die dabei zu beachtenden Rechtsgrundsätze und -regeln werden in → Kapitel 6 Abschnitt 10f. behandelt.

II. Geschäftseinheit und Vertragsvielfalt

8 Die Realisierung des wirtschaftlich einheitlich konzipierten Exportgeschäfts erfordert rechtlich regelmäßig den Abschluss einer Vielzahl von Verträgen. Dabei gehört es zu den zentralen Aufgaben der Vertragsgestaltung und eines guten Vertragsmanagements, die erforderlichen Verträge in einer Weise zu konzipieren, dass die einzelnen Verträge harmonisch aufeinander abgestimmt sind.[8]

9 Notwendiger Weise ist der Gegenstand des Exportkaufvertrages mit dem zu seiner Erfüllung erforderlichen Frachtvertrag zu koordinieren und in Übereinstimmung zu bringen. Mit dem Frachtführer soll der Transport von Waren vereinbart werden, die verkauft wurden, und Gegenstand des Exportkaufvertrages sollen die Waren sein, die auch Gegenstand des Transportvertrages wurden. Die zu beachten Koordinierungsaufgaben sind vielfältig und komplex. Auch die Zahlungs- und Zahlungssicherungsvereinbarung in einem vom Importeur nach der kaufvertraglichen Abrede zu stellenden Akkreditiv ist inhaltlich mit

---

[4] So exemplarisch v. *Bernstorff* (Hrsg.), Der Exportvertrag.
[5] → Abschnitt 7 Rn. 23ff.
[6] → Abschnitt 8.
[7] → Abschnitt 22ff.
[8] → Abschnitt 2.

dem Transport und Versicherungsvertrag abzustimmen, um eine reibungslose Abwicklung des Akkreditivgeschäfts zu gewährleisten. Die Eindeckung der gewünschten Versicherung muss schon aus wirtschaftlichen Gründen sorgfältig mit den Vereinbarung im Kauf- und Transportvertrag abgestimmt werden, damit der Pflichtige nicht mehr Risiken versichert, als von ihm nach den Vereinbarungen zu tragen sind.

Die notwendige Koordinationsleistung ist sowohl eine Frage guten Vertragsmanagements als auch eine Frage sachgerechter Vertragsgestaltung.[9] Die einzelnen Verträge werden je gesondert und mit den jeweiligen Vertragspartnern vereinbart. Dabei ist sicherzustellen, dass nicht einzelne Verträge verbindlich geschlossen werden, ohne dass auch die mit diesem Vertrag zusammenhängenden Verträge verbindlich vereinbart wurden. Dies gilt in zeitlicher und inhaltlicher Hinsicht; die Verträge sollen zeitlich und inhaltlich miteinander und aufeinander abgestimmt sein. 10

Die Gesetzesordnung gewährleistet einen solchen Zusammenhang nur in den Fällen akzessorischer Rechtsgeschäfte. So setzt eine wirksame Verpflichtung aus einem Bürgschaftsvertrag eine zu sichernde Hauptverbindlichkeit notwendig voraus, §§ 765, 767 BGB. Die im Rahmen eines Exportgeschäftsgeschäfts abzuschließenden verschiedenen Verträge weisen eine solche Akzessorietät kraft Gesetzes nicht auf. Der Transportvertrag hängt in seiner Wirksamkeit nicht von der des Kaufvertrages ab und das Zahlungsversprechen im Rahmen eines Akkreditivs ist grundsätzlich auch dann wirksam, wenn die Kaufpreiszahlungsverpflichtung aus welchen Gründen auch immer nicht wirksam begründet wurde.[10] 11

Für die Vertragspraxis bedeutet dies, dass Exporteur und Importeur bereits in der Phase der Vertragsverhandlungen die Modalitäten sämtlicher Verträge mitbedenken und mit den Beteiligten aushandeln sollten. Damit soll inhaltlich sichergestellt werden, dass sämtliche Verträge zueinander passen und aufeinander abgestimmt sind. 12

In zeitlicher Hinsicht wird es kaum möglich sein, alle Verträge in einem Generalzeichnungstermin zeitgleich zustande zu bringen. Dem steht vor allem der dafür erforderliche organisatorische Aufwand entgegen. Möglich ist es aber, den Abschluss des einen Vertrages von dem des anderen in der Weise abhängig zu machen, dass eine entsprechende aufschiebende oder auflösende Bedingung vereinbart wird. Üblich geworden ist eine solche Vertragsgestaltungspraxis allerdings soweit ersichtlich nicht. 13

In der Praxis der vertraglichen Gestaltung von Exportgeschäften sollte möglichst eine rechtlich gesicherte Verknüpfung der Vertragsabschlüsse und der Vertragsinhalte erfolgen. Dies geschieht nicht durchweg verlässlich, selbst dann nicht, wenn die jeweiligen Verträge vielfach in rechtlich nicht verbindlicher Form vorverhandelt und sodann nach Abschluss des Exportkaufvertrages sukzessive geschlossen werden. Bisweilen werden im Laufe der noch andauernden Vertragsverhandlungen Absichtserklärungen abgegeben oder Vorverträge geschlossen.[11] 14

III. Grundfragen der Vertragsgestaltung

1. Autonomie der Handelspartner. Der Staat ermöglicht den Handelspartnern die Gestaltung des Exportgeschäfts regelmäßig durch Verträge. Die Gestaltung des Exportgeschäfts durch Verträge ist deshalb die zentrale Aufgabe der Geschäftspartner des Exportgeschäfts. Zu den Aufgaben der Geschäftspartner gehört es dabei allgemein gesprochen, die Erfordernisse des staatlichen Gesetzesrechts für die wirksame Gestaltung von Verträgen zu berücksichtigen und zu befolgen. Die Geschäftspartner haben insbesondere die Aufgabe, die Vorgaben der Rechtordnung für die Wirksamkeit des Zustandekommens oder die Durchführung von Exportgeschäften zu beachten. Die Beachtung der Anforderungen an die Wirksamkeit der Vertragsgestaltung und die Beachtung der Compliance-Anforderungen 15

---

[9] → Abschnitt 2.
[10] Vgl. zur sog. Abstraktheit des Akkreditivs → Abschnitt 12 Rn. 133 ff.
[11] → Rn. 119 ff.

1. Teil. Grundlagen des Rechts der Exportgeschäfte

gehören deshalb zu den zentralen Aufgaben der Handelspartner bei der Gestaltung ihrer exportwirtschaftlichen Geschäftsbeziehungen.

16 Die Gestaltungsbefugnis der Geschäftspartner des Exportgeschäfts beruht nicht nur in der Bundesrepublik Deutschland und der Europäischen Union auf dem **Grundsatz der Privatautonomie.** Darunter versteht man die verfassungsrechtlich verbürgte Befugnis aller Privatrechtssubjekte, also der natürlichen und juristischen Personen gleichermaßen, ihre Rechtsverhältnisse grundsätzlich autonom, nach den je eigenen Vorstellungen und Bedürfnissen im Rahmen der Rechtsordnung zu regeln. Ihre sachliche Rechtfertigung findet die Privatautonomie darin, dass sie sowohl den Partei- und Verkehrsinteressen dienlich ist, als auch darin, dass sie regelmäßig die Rechtssicherheit befördert und damit eine Grundlage für die Beständigkeit des Exportgeschehens schafft (stat pro ratione voluntas-Grundsatz).

17 Private Autonomie der Exportgeschäftsparteien kommt insbesondere in dem Grundsatz der Vertragsfreiheit zum Ausdruck, der sich seinerseits in den Grundsätzen der Abschlussfreiheit, der Gestaltungsfreiheit und der Beendigungsfreiheit niederschlägt. Die Privatrechtssubjekte sind danach grundsätzlich frei in der Entscheidung, ob und mit wem sie Verträge schließen, wie sie diese gegebenenfalls inhaltlich gestalten und wann sie diese beenden.

18 Die entwickelte, moderne Privatrechtsordnung kennt diese Grundsätze allerdings nicht (mehr) uneingeschränkt an. Die Abschlussfreiheit ist durch einen unter bestimmten Voraussetzungen insbesondere für Unternehmen der Daseinsvorsorge und marktbeherrschende Unternehmen kraft Gesetzes bestehenden Kontrahierungszwang ergänzt worden; der Inhalt von Verträgen unterliegt namentlich bei Einbeziehung Allgemeiner Geschäftsbedingungen einer gesetzlichen Inhaltskontrolle und an die Stelle der Beendigungsfreiheit ist in wichtigen Regelungsbereichen der Grundsatz des Kündigungsschutzes getreten.

19 Die Anforderungen an die Wirksamkeit der Vertragsgestaltung sind rechtlich differenziert geregelt. Die Differenzierungsebenen betreffen letztlich sämtliche Elemente der vertraglichen Gestaltung des Exportgeschäfts; dies sind insbesondere:
- die Regelung über die Wahl der für den Vertrag geltenden Rechtsordnung (sog. Rechtswahl, vgl. Art. 3 Rom I-VO)
- die Wahl der das Exportgeschäft gestaltenden Vertragstypen (Vertragstypenwahl)
- die Regeln über das Zustandekommen von Verträgen (sog. Vertragsabschlussregeln)
- die Regeln für den Inhalt von Verträgen (sog. Vertragsinhaltsregeln)
- die Regeln für die Beendigung von Verträgen (sog. Vertragsbeendigungsregeln).

20 **2. Rechtswahl. a) Grundlagen.** Mit Rechtswahlklauseln wollen die Geschäftspartner des Exportgeschäfts das Vertragsstatut regeln und damit die von ihnen geschlossenen Verträge einer bestimmten staatlichen Ordnung unterstellen. Eine „Entnationalisierung" des Vertrages durch Abwahl aller nationalen Rechte[12] ist grundsätzlich ebenso wenig möglich wie die Wahl von „Cyberlaw" für Verträge im elektronischen Geschäftsverkehr.[13] Im europäischen Rechtskreis bildet dafür die Rom I-Verordnung die maßgebliche vereinheitlichte Rechtsgrundlage.[14] Die vertragliche Regelung des auf den jeweiligen Vertrag anzuwendenden Rechts folgt regelmäßig der Grundüberzeugung, die Risiken der Verträge des Exportgeschäfts[15] möglichst nach der dem Vertragspartner am besten bekannten Rechtsordnung schließen zu wollen. Da diese Grundüberzeugung aber regelmäßig von beiden Vertragsparteien gleichermaßen geteilt wird, führt sie zu unterschiedlichen Vorstellungen über die Wahl des anzuwendenden Rechts.

21 Vor dem Hintergrund der aus der übereinstimmenden Grundüberzeugung gewonnenen divergierenden Vorstellung über die Wahl des anzuwendenden Rechts ergeben sich für die Vertragsgestaltung grundsätzlich vor allem folgende Möglichkeiten für die Rechtswahl:

---

[12] Vgl. *Mankowski* RIW 2005, 492.
[13] Vgl. *Pfeiffer* JuS 2004, 283.
[14] → Abschnitt 6.
[15] → Abschnitt 2 Rn. 69 ff.

Abschnitt 1. Die rechtliche Ordnung und Gestaltung von Exportgeschäften

(1) **Wahl einer „neutralen" Rechtsordnung:** Die Vertragsparteien weichen aus auf die Vereinbarung einer für beide Parteien fremden und insofern neutralen nationalen Rechtsordnung. Die Vereinbarung etwa des schweizerischen Rechts oder des US-amerikanischen Rechts für europäische Geschäftspartner wäre eine solche Lösung. Diese wird insbesondere in Betracht gezogen, wenn beide Vertragsparteien über hinreichende Erfahrungen, Kenntnisse oder Beratungsmöglichkeiten in dieser („fremden") Rechtsordnung verfügen. 22

(2) **Wahl internationalen Einheitsrechts:** Die Vertragspartner verständigen sich auf die Wahl einer international geltenden Einheitsrechtsordnung. Für Exportkaufverträge hat insbesondere die Geltung oder Vereinbarung der Kaufrechtskonvention der Vereinten Nationen (CISG)[16] praktische Bedeutung und weist als internationale Einheitsrechtsordnung manche Vorteile gegenüber der nach den Regeln des IPR anwendbaren nationalen Kaufrechts auf.[17] In seinem internationalen und sachlichen Anwendungsbereich kommt das Internationale Einheitskaufrecht der CISG auch ohne Rechtswahl der Parteien, kraft gesetzlicher Bestimmung in Art. 1 CISG zur Anwendung, wenn seine Geltung nicht im Einzelfall ausgeschlossen ist (opt out-principle). 23

(3) **Durchsetzung einer „Heimatrechtsordnung":** Insbesondere dann, wenn nicht gleich durchsetzungsstarke oder wirtschaftlich vergleichbar aufgestellte Geschäftspartner vertragliche Regeln vereinbaren, wird eine Vertragspartei geneigt sei, die von ihr favorisierte Rechtsordnung, insbesondere ihre „Heimatrechtsordnung" durchzusetzen. 24

(4) Darüber hinaus stellt das Internationale Institut für die Vereinheitlichung des Privatrechts UNIDROIT eine nicht rechtsverbindliche „Privatkodifikation", ein optionales Regelungsinstrument für internationale Handelsgeschäfte zur Verfügung, die von den Parteien des Handelsgeschäfts als keiner spezifisch nationalen Rechtsordnung zugeordnete (und deswegen neutrale) Rechtsgrundlage ihrer Transaktionen genutzt werden kann. Die Principles of International Commercial Contracts 2010 (PICC) sind in deutscher Übersetzung unter dem Titel „Unidroit-Grundregeln der internationalen Handelsverträge 2010" in der ab 2011 geltenden überarbeiteten Fassung veröffentlicht.[18] Sie können zur Anwendung kommen, wenn die Parteien des Handelsgeschäfts dies vereinbart haben. Allerdings wird eine solche Wahl nichtstaatlichen Rechts nach den international-privatrechtlichen Regeln von staatlichen Gerichten nicht als rechtswirksam anerkannt.[19] Der Vorschlag, die Wählbarkeit nichtstaatlicher Regelwerke – wie die PICC – international-privatrechtlich zuzulassen,[20] ist in Art. 3 Abs. 1 ROM I-VO nicht aufgenommen worden.[21] In der Schiedsgerichtsgerichtsbarkeit wird den PICC dagegen regelmäßig die Anerkennung nicht versagt. Schiedsgerichte wenden die PICC auch dann an, wenn die Geschäftsparteien den Vertrag „allgemeinen Rechtsgrundsätzen" oder einer nicht näher bezeichneten „lex mercatoria" unterstellen bzw. eine Rechtswahl nicht getroffen haben.[22] 25

Die Wahl des deutschen Rechts als Grundlage von Handelsgeschäften wird in der Rechtspraxis internationaler Handelsverträge vor allem deswegen in Frage gestellt, weil eine Inhaltskontrolle Allgemeiner Geschäftsbedingungen auch im Bereich von Handelsgeschäften gem. § 310 HGB erfolgt und – insbesondere im Bereich von Haftungsausschluss- 26

---

[16] → dazu Rn. 188 ff.
[17] Vgl. zuletzt *Piltz* NJW 2012, 3061 ff.
[18] Veröffentlicht in ZEuP 2013, 165 ff.
[19] Vgl. *Vogenauer* ZEuP 2013, 7, 10, 16; *Michaels*, in: Vogenauer/Kleinheisterkamp (eds.), Commentary on the UNIDROIT Principles of International Commercial Contracts (PICC), 2009, Preamble I, Rn. 29 ff.
[20] Vgl. EU Kommission, KOM(2005) 650 endg., Art. 3 Abs. 2.
[21] Vgl. dazu und zu späteren Bemühungen um die Wählbarkeit nichtstaatlicher Regelwerke vgl. *Vogenauer* ZEuP 2013, 7 (16).
[22] Vgl. die Nachweise bei *Vogenauer* ZEuP 2013, 7, 10, 16 und *Scherer*, in: Vogenauer/Kleinheisterkamp (eds.), Commentary on the UNIDROIT Principles of International Commercial Contracts (PICC), 2009, Preamble II, Rn. 1 ff.

klauseln – im Vergleich zum schweizerischen oder englischen Recht[23] als zu einschränkend kritisiert wird.[24] Diese vielfach als „Standortnachteil" angesehene[25] AGB-Inhaltskontrolle kann in der Vertragspraxis dadurch vermieden werden, dass die Geltung des deutschen AGB-Rechts im jeweiligen internationalen Handelsvertrag durch Wahl der PICC (bei gleichzeitiger Unterwerfung unter die Schiedsgerichtsbarkeit) ausgeschlossen wird; bei dieser Gestaltung bleibt das deutsche Recht als Reserveordnung jenseits des AGB-Rechts anwendbar.[26]

27 **b) Europäisches Kollisionsrecht und Gestaltungsverbote.** Die Rechtswahl unterliegt den Regeln des Internationalen Privatrechts; auf die dabei zu beachtenden Grundsätze wird an besonderer Stelle dieses Handbuchs eingegangen.[27] Nach Europäischem Kollisionsrecht gilt, dass das (nach subjektiver oder objektiver Anknüpfung) an sich anwendbare Recht von gesondert anzuknüpfenden in- oder ausländischen Eingriffsnormen verdrängt werden kann; ferner kann aufgrund der Wertungen des inländischen ordre public eine Norm unbeachtlich sein, wenn seine Anwendung zu einem mit den wesentlichen Grundsätzen des inländischen Rechts unvereinbaren Ergebnis führen würde.[28] Staatliche Gerichte sind somit nach Maßgabe der lex fori verpflichtet, international zwingende Normen (sog. Eingriffsnormen) ihrer eigenen Rechtsordnung vorrangig vor dem kollisionsrechtlich ermittelten Vertragsstatut anzuwenden. Dementsprechend regelt Art. 9 Abs. 2 Rom I-VO, dass Europäisches Kollisionsrecht die Anwendung der Eingriffsnormen des Rechts des angerufenen Gerichts unberührt lässt. Rechtsvorschriften sind gem. Art. 9 Abs. 1 Rom I-VO als Eingriffsnormen anzusehen, wenn sie einen zwingenden Charakter aufweisen, übergeordneten staatlichen Interessen dienen und vor diesem Hintergrund sowie eines hinreichend starken Inlandsbezugs auch dann zur Anwendung kommen sollen, wenn der Vertrag einer anderen Rechtsordnung unterliegt. Privatrechtliche Vorschriften erfüllen diese Voraussetzungen typischerweise nicht, da sie in erster Linie dem Interessenausgleich der Vertragsparteien dienen. Deshalb stellen beispielsweise die Vorschriften der AGB-Inhaltskontrolle, die dem Individualschutz und nicht einem übergeordneten Allgemeininteresse dienen, keine Eingriffsnormen dar.[29]

28 Art. 9 Abs. 3 Rom I-VO trifft ferner eine Regelung für die Sonderanknüpfung forumsfremder Eingriffsnormen. Sie ist restriktiv gefasst[30] und betrifft vor allem Regeln in folgenden (nachfolgend in alphabetischer Reihenfolge aufgelisteten) Rechtsgebieten:

(1) Außenhandelsrecht: Zu beachten sind danach insbesondere ausländische Handelsverbote und Embargobestimmungen.[31]
(2) Bodenverkehrsrecht: Zu beachten sind insbesondere Genehmigungsvorschriften und öffentlich-rechtliche Verkaufsrechte.[32]
(3) Devisenkontrollrecht. Hierbei geht es insbesondere um die Beachtung der Beschränkungen des internationalen Zahlungs- und Kapitalverkehrs;[33] innerhalb der EU sind

---

[23] Nach Schweizer Recht ist die Inhaltskontrolle von Allgemeinen Geschäftsbedingungen gem. § 8 UWG auf Verbraucherverträge beschränkt (dazu *Wildhaber* SJZ 2011, 537 ff.). Im englischen Recht ist die gesetzliche Grundlage für die Inhaltskontrolle vorformulierter Vertragsbedingungen im *Unfair Contract Terms Act* 1977 (UCTA) auf internationale Lieferverträge sowie sonstige Wirtschaftsverträge, die allein aufgrund einer Rechtswahl dem englischen Recht unterliegen, nicht anwendbar (sec. 26, 27 UCTA).
[24] Vgl. *Vogenauer* ZEuP 2013, 7, 41, *Landbrecht* RIW 2011, 291, 294 und (kritisch) *v. Westphalen* BB 2013, S. 67 ff.; näher zu den Überlegungen zur Reform des AGB-Rechts in Deutschland *Kondring* BB 2013, 73 ff.
[25] Kritisch *v. Westphalen* BB 2013, 67 ff.
[26] Vgl. *Brödermann* Unif. L. Rev. 2011, 579, 604 f.
[27] → Abschnitt 6.
[28] → Abschnitt 6 Rn. 84 ff.
[29] Vgl. *Martiny*, in: Reithmann/Martiny, Rn. 294.
[30] → Abschnitt 6 Rn. 87 ff.
[31] Vgl. *Bittner*, Zivilrechtliche Folgen von Handelsbeschränkungen, ZvglRWiss 93 (1994), 268; *Klein-Beber* RIW 1990, 189; *Ress*, Das Handelsembargo, 2000; *Ziegenhain* RIW 1993, 897 ff.
[32] Vgl. *Freitag*, in Reithmann/Martiny Rn. 566.
[33] Vgl. *Ebke* ZvglRWiss 100 (1999), 365; *Freitag* EWS 1997, 186.

Beschränkungen des Kapital- und Zahlungsverkehrs nach Art. 63 AEUV grundsätzlich unzulässig.[34]

(4) Gewerblicher Rechtsschutz- und Urheberrecht.[35]

(5) Kapitalmarktrecht. Von besonderer Bedeutung im Zusammenhang mit Exportgeschäften sind die Anlegerschutzvorschriften; danach kann beispielsweise der Wertpapiererwerb mit Fremdmitteln besonders reguliert oder verboten sein bzw. dem Anbieter eine besondere Prospekthaftung auferlegt sein.[36]

(6) Kartellrecht. Zu beachten sind insbesondere die Verbotsregeln des Kartellverbots. Es entfaltet Wirkungen sowohl im Horizontalverhältnis von Unternehmen auf gleicher Wirtschaftsstufe als auch im Vertikalverhältnis zwischen Unternehmen auf verschiedenen Wirtschaftsstufen.[37]

(7) Kulturgüterschutzrecht. Danach ist insbesondere die Ausfuhr von Kulturgütern ohne die erforderliche Genehmigung unzulässig.[38]

(8) Schutzregeln zugunsten bestimmter Personengruppen. Danach sind insbesondere zwingende Schutzregeln zugunsten von Arbeitnehmern im Bereich des Arbeits- und Sozialrechts, von Verbrauchern im Bereich des Verbraucherschutzrechts und solche im Bereich des Vertriebsrechts für Handelsvertreter und Vertragshändler zu beachten.

(9) Steuerrecht.[39]

(10) Transportrecht.[40]

(11) Versicherungsrecht.[41]

(12) Zollrecht.[42]

3. Die Wahl des Vertragstypus. Die Wahl des geeigneten Vertragstypus liegt grundsätzlich in der Hand der Vertragsparteien. Auch damit machen die Geschäftsparteien von der ihnen zustehenden Privatautonomie Gebrauch. Die Geschäftsparteien entscheiden danach selbst darüber, nach welchem Vertragstypus sie das Exportgeschäft gestalten und abwickeln wollen. Sie entscheiden nach autonom gebildetem kaufmännischen Willen darüber, ob sie das Exportgeschäft beispielsweise als Kauf- oder Bartergeschäft bzw. als Miet- oder Leasinggeschäft durchführen. **29**

Grenzen der Freiheit der Vertragstypenwahl ergeben sich daraus, dass die Parteien nicht befugt sind, ein Geschäft, das den Grundregeln eines gesetzlich geregelten Vertragstypus entspricht, einem ganz anderen Vertragstypus vertraglich zu unterstellen. Schließen die Exportgeschäftsparteien einen Frachtvertrag, können sie den Regeln des (zwingend) anwendbaren internationalen Frachtrechts nicht dadurch entgehen, dass sie den Vertrag als nichtfrachtvertraglichen Dienstleistungsvertrag bzw. als Transportmittelmietvertrag deklarieren. Die getroffene Vertragstypenwahl würde dem Normbefehl des (zwingenden) völkerrechtlichen Gesetzesrechts widersprechen, einen internationalen Frachtvertrag dem dafür einschlägigen Recht unterstellen zu müssen. **30**

Die Parteien des Exportgeschäfts haben keine uneingeschränkte Autonomie, über die Wahl des Vertragstypus zu befinden. Bringen die Geschäftsparteien einen bestimmten übereinstimmenden Willen zum Ausdruck, der rechtlich in bestimmter Weise zu qualifizieren ist, so folgt die rechtliche Beurteilung diesem objektiv erkennbaren Willen und nicht der subjektiv zum Ausdruck gebrachten (Falsch-)Bezeichnung des Geschäfts. **31**

---

[34] Vgl. *Glaesner* in Schwarze (Hrsg.), EU-Kommentar, 3. Aufl. 2012, Art. 63 AEUV Rn. 16 ff., 28 ff.
[35] → dazu Abschnitt 11.
[36] Vgl. *Freitag*, in: Reithmann/Martiny Rn. 602.
[37] Vgl. *Rehbinder*, in: Immenga/Mestmäcker, Wettbewerbsrecht, § 130 Rn. 326 ff.; *Schnyder*, in MüKo Europäisches und Deutsches Wettbewerbsrecht, 2008, Einl. Rn. 551 ff., 830 ff.
[38] Vgl. *Kohls*, Kulturgüterschutz, 2001; *Pieroth/Kampfmann* NJW 1990, 1385; *Spinellis*, Das Vertrags- und Sachenrecht des internationalen Kunsthandels, 2000.
[39] → Abschnitt 32 ff.
[40] → Abschnitt 14 ff.
[41] → Abschnitt 21 ff.
[42] → Abschnitt 29 ff.

32 Die fehlende Dispositionsbefugnis über die Wahl des Vertragstypus ist bei zwingenden gesetzlichen Regelungen eine Konsequenz des imperativen Normbefehls des Gesetzgebers. Bestehen keine solchen zwingenden Gesetzesregeln ist das nämliche Ergebnis eine Folge des zum Ausdruck objektiv erkennbaren Willens der Geschäftsparteien. Nach den (nicht nur im deutschen Recht geltenden) gesetzlichen Auslegungsregeln für Verträge (§§ 133, 157 BGB) ist der übereinstimmende Wille der Vertragsparteien auch dann maßgeblich, wenn er im Inhalt der Erklärung keinen oder nur einen unvollkommenen (falschen) Ausdruck gefunden hat.[43] Das übereinstimmend Gewollte hat den Vorrang vor einer irrtümlich oder auch absichtlich getroffenen Falschbezeichnung (sog. falsa demonstratio non nocet-Grundsatz).[44]

33 Eine vertragliche Gestaltung der innerhalb des (rechtmäßig) gewählten Vertragstypus geltenden Regeln ist nach dem Grundsatz der Privatautonomie wiederum grundsätzlich zulässig. Es gehört zu den Aufgaben der Geschäftsparteien, innerhalb des Vertragstypus die ihren Interessen entsprechende Vertragsgestaltung zu finden und zu bestimmen. In dem Grundsatz der Gestaltungsfreiheit innerhalb des Vertragstypus kommt die Vertragsinhalts- bzw. -gestaltungsfreiheit der Parteien des Exportgeschäfts zum Ausdruck. Die Parteien des Exportkaufvertrages beispielsweise können den Inhalt der kaufvertraglichen Rechte und Pflichten innerhalb des vom Gesetzgeber belassenen Gestaltungsspielraums frei regeln.[45] In Art. 6 CISG ist diese Befugnis für den Bereich des UN-Kaufvertragsrechts ausdrücklich geregelt worden.

34 Die Mischung von Vertragstypen ist eine weitere Privatautonomiebefugnis der Parteien des Exportgeschäfts. Der (Export-)Kaufvertrag beispielsweise kann deshalb mit Montageverpflichtungen vertraglich kombiniert werden (sog. Vertragstypenkombination).[46] Ebenso zulässig ist die Koppelung von Verträgen mit je eigenen Leistungsverpflichtungen, etwa bei sog. Countertrade- oder Barter-Geschäften (sog. Vertragstypenkoppelung).[47] Zulässig ist auch die sog. Vertragstypenverschmelzung, die beispielsweise bei Leasingverträgen durch die Verschmelzung von Finanzierungs- und Überlassungsverträgen erfolgt.[48]

35 **4. Gestaltung des Vertragsinhalts. a) Reduktion der Komplexität des Exportgeschäfts.** Das Gesetzesrecht für Exportgeschäfte kennt den Vertragstypus „Exportvertrag" nicht. Deshalb verlangt die Rechtsordnung von den Geschäftspartnern, dass sie für die Zwecke der rechtlichen Gestaltung des Exportgeschäfts das wirtschaftlich einheitliche Geschäft in die rechtlich maßgeblichen Vertragstypen aufgliedern und jeden einzelnen Vertrag nach Maßgabe der jeweiligen Bedürfnisse gestalten. Um die wirtschaftlichen Ziele des Exportgeschäfts rechtlich zu gewährleisten, ist regelmäßig zumindest der Abschluss eines Kaufvertrages, eines Finanzierungsvertrages, eines Transportvertrages und eines Versicherungsvertrages erforderlich. Die vertragliche Gestaltung des Exportgeschäfts erweist sich somit als vielfältiges, komplexes Geschehen, das der sorgfältigen Ausdifferenzierung und Koordinierung der abzuschließenden Verträge bedarf. Ein sachgerechtes Vertragsmanagement ist die Voraussetzung für ein möglichst konfliktfreies, die Risiken der Vertragsgestaltung ins Kalkül ziehendes Vorgehen bei der rechtlichen Gestaltung der jeweiligen Einzelverträge aber auch des Vertragskomplexes insgesamt.[49] Zur Bewältigung der Vertragsgestaltungsaufgaben steht eine Reihe von Vertragshandbüchern mit Musterverträgen bereit, auf die nach kritischer Reflektion ihrer Verwendbarkeit für den vorliegenden Einzelfall zurückgegriffen werden kann.[50]

---

[43] Vgl. BGHZ 71, 247; 20, 110.
[44] Vgl. nur Palandt/*Ellenberger*, BGB, § 133 Rn. 8.
[45] Näher zu den Gestaltungsvarianten unter Abschnitt 6 Rn. 27 ff.
[46] Vgl. *BGH* NJW 1998, 3197.
[47] → Abschnitt 7.
[48] → Abschnitt 8.
[49] → Abschnitt 2 Rn. 69 ff.
[50] Vgl. *Schütze/Weipert/Rieder* (Hrsg.), Münchener Vertragshandbuch, Band 4, Wirtschaftsrecht III, 7. Aufl. 2012 (auf der Grundlage des Deutschen Rechts); *Münch/Böhringer/Kasper/Probst*, Schweizer Vertragshand-

b) Regelungsgegenstände. Die inhaltliche Gestaltung der abzuschließenden Verträge hängt maßgeblich von dem jeweiligen Vertragstypus ab. Die dabei zu beachtenden Details werden in den nachfolgenden Abschnitten dargestellt. Verallgemeinernd lässt sich zu den regelungsbedürftigen Fragen der Verträge des Exportgeschäfts feststellen, dass die Geschäftspartner entscheiden und vereinbaren können, ob sie das Exportgeschäft ganz oder teilweise auf der Grundlage von Individualverträgen oder unter Zuhilfenahme von Standardbedingungen für die Einzelverträge ordnen.[51] Sie werden prüfen, ob der Abschluss von Rahmenvereinbarung angezeigt ist, um eine sachgerechte langfristige Geschäftsbeziehung zum Exportgeschäftspartner zu errichten. Konzeption und Gestaltung des jeweiligen Vertrages sollten vor allem die nachfolgend angeführten Regelungsgegenstände zu berücksichtigen. 36

aa) Vertragsbezeichnung. Die Bezeichnung des Vertrages gehört nicht zu seinen konstitutiven Merkmalen, soll aber die rechtliche Einordnung des von den Vertragsparteien Gewollten erleichtern. Die Vertragsbezeichnung ist – wie dargelegt[52] – für die rechtliche Einordnung nicht verbindlich, sie wird aber als Auslegungshilfe dafür herangezogen dienen, welchen Vertragstyp die Parteien wählen wollten. 37

bb) Angabe der Vertragsparteien. Die exakte Bezeichnung der Parteien im Vertrag ist von fundamentaler Bedeutung. Unterschiedliche Auffassungen über den Inhalt und Umfang der vertraglichen Rechte und Pflichten können nur geklärt und durchgesetzt werden, wenn Klarheit über die Vertragspartner besteht. Nachlässigkeiten können zu erheblichen Schwierigkeiten bei der Rechtsdurchsetzung führen. Die genaue Firmierung des Vertragspartners einschließlich seiner Anschrift ist ebenso zu recherchieren wie – zumindest bei Zweifeln – Registerauszüge anzufordern und einzusehen. 38

Zur sorgfältigen Recherche bezüglich der Angaben zur Vertragspartei gehört es, die Vertretungsverhältnisse beim Vertragspartner zu klären. Andernfalls ist nicht gewährleistet, dass die für die Partei handelnde und zeichnende Person, dazu rechtlich befugt ist. Der vereinbarte Vertrag ist unwirksam geschlossen, wenn die handelnde Person über keine Vertretungsmacht verfügt. 39

cc) Vorbemerkungen, Präambel. Zumindest umfangreichere Verträge enthalten nicht selten sog. Vorbemerkungen bzw. eine Präambel. In diesen finden sich Hinweise auf die Hintergründe des Vertrages sowie die allgemeine Interessenlage der Parteien. Sie sind rechtlich nicht geboten, aber doch zu empfehlen, um denjenigen, die nicht unmittelbar an den Vertragsverhandlungen mitgewirkt haben, zentrale Vertragsvorstellungen der Vertragsschließenden zu erläutern. Die in den Vorbemerkungen genannten Inhalte sind den im Regelungsteil des Vertrages festgelegten Vertragspflichten der Parteien vorangestellt und enthalten deswegen regelmäßig selbst keine Vertragspflichten; die Präambelformulierungen können aber ein wichtiges Indiz für die Auslegung des Vertragsinhalts bei Zweifelsfragen sein. Nach deutschem Rechtsverständnis können sich aus einer Präambel Anhaltspunkte für eine ergänzende Vertragsauslegung bzw. für die Geschäftsgrundlage des Vertrages[53] ergeben. Angesichts dieser Rechtswirkungen ist in den Fällen, in denen Vorbemerkungen oder eine Präambel dem Vertrag vorangestellt werden, eine sorgfältige Formulierung geboten. 40

dd) Begriffsdefinitionen. Zahlreiche (insbesondere vom angelsächsischen Rechtskreis geprägte) Verträge enthalten umfangreichere Definitionsklauseln. Mit ihnen soll klargestellt werden, welche Bedeutung die im Vertrag verwendeten Begriffe im Verständnis der Parteien haben sollen. Solche Klauseln sind nicht durchweg geboten und sinnvoll. Unterliegt 41

---

buch, 2007 (auf der Grundlage des Schweizer Rechts); *Anderson/Warner,* Drafting and Negotiating Commercial Contracts, 3rd ed. 2012 (auf der Grundlage des Englischen Rechts); *Stark* (ed.), Negotiating and Drafting Contract Boilerplates, 2003 (auf der Grundlage des US-amerikanischen Rechts); *Bortolotti,* Drafting and Negotiating International Commercial Contracts, 2008 (mit Abdruck von ICC-Musterverträgen).

[51] → Rn. 295 ff.
[52] → Rn. 31.
[53] Vgl. *BGH* NJW 1995, 1425 (1428).

der Vertrag etwa deutschem (oder kontinentaleuropäischem) Recht, sind diese Definitionsklauseln vielfach nicht erforderlich, weil bereits durch den Rückgriff auf einschlägige Begriffe des Gesetzesrechts die wesentlichen Vertragsklauseln hinreichend präzise bestimmt sind. Anderes gilt, wenn die Parteien Vertragsklauseln verwenden, die im Gesetzesrecht keine Entsprechung finden, oder wenn sie vom Gesetzesrecht abweichen wollen. In diesen Fällen wird durch vertragliche Definitionsnormen die vertragsspezifische Bedeutung im Vertrag verwendeter Begriffe für die durch den Vertrag gebundenen Parteien (nicht aber auch für Dritte) verbindlich festgelegt.

42 ee) **Vertragsgegenstand.** Von grundsätzlicher Bedeutung ist die präzise Beschreibung des Vertragsgegenstandes. Nur durch eine solche Angabe wird sich rechtssicher festschreiben lassen, worauf sich die vereinbarten Rechte und Pflichten der Vertragsparteien beziehen. Der Vertragsgegenstand bezeichnet mit anderen Worten den Regelungsbereich des Vertrages; außerhalb des Vertragsgegenstandes kommen Rechte und Pflichten der Vertragsparteien nicht in Betracht. Insofern hat die Festlegung des Vertragsgegenstandes eine unmittelbar rechterhebliche Bedeutung für den Umfang der Pflichten- und Risikotragung der Parteien.

43 **ff) Rechte und Pflichten der Vertragsparteien.** Die entsprechenden Rechte- und Pflichtenklauseln sind elementar zur Bestimmung von Inhalt und Umfang der geschuldeten Leistungen jeder Vertragspartei. Die Angaben sind so präzise wie möglich zu formulieren – und dies möglichst in gegenständlicher, geografischer und zeitlicher Hinsicht. Die Angaben haben sich auch auf solche Rechte und Pflichten zu beziehen, die durch Abschluss weiterer Verträge erforderlichenfalls mit anderen Vertragspartnern zu erbringen sind.

44 Festzulegen sind in erster Linie die Hauptpflichten der Vertragsparteien. Nebenleistungs- und weitere Nebenpflichten, die aus dem einschlägigen Gesetzesrecht häufig nur als generalklauselartige Pflichten abzuleiten sind, sollten gleichfalls im Interesse der Rechtssicherheit in den Vertrag aufgenommen werden. Nicht selten kann die geschuldete Hauptleistung sachgerecht nur erbracht werden, wenn auch bestimmte Nebenpflichten erfüllt werden. Die vertragliche Regelung darüber vermeidet nachträglichen Streit über den Inhalt und Umfang solcher Verpflichtungen.

45 **gg) Preis- und Zahlungsklauseln.** Bei den entgeltlichen Verträgen des Exportgeschäfts ist ohne die Angabe der zu erbringenden Gegenleistung die vertragliche Regelung regelmäßig gar nicht wirksam. Ohne die Einigung über den Preis fehlt eines der sog. essentialia negotii und damit ein zentrales Element der Einigung der Vertragsparteien. Mangels Preisvereinbarung steht der Wirksamkeit des Vertrages regelmäßig ein Hindernis entgegen.

46 Grundsätzlich sind deshalb der Zahlungsbetrag und die Währung zu nennen. Ein möglicherweise bestehendes Währungsrisiko sollte in einer Zahlungsklausel eindeutig geklärt werden. Schweigt der Vertrag hierzu, trägt derjenige das Währungsrisiko, dessen heimische Währung von der Vertragswährung abweicht.

47 Regelungen darüber, wann und wie die geschuldete Geldleistung zu erbringen sind, gehören nicht zu den konstitutiven Elementen der Wirksamkeit des Vertrages. Dennoch empfehlen sich insbesondere vertragliche Abreden zur Fälligkeit der Verpflichtungen. Nach deutschem Recht kann der Gläubiger die Leistung im Zweifel sofort verlangen und der Schuldner sie im Zweifel sofort bewirken, § 271 Abs. 1 BGB. Diese Folge kann durch Vereinbarung von Zahlungsklauseln geändert werden.[54] Damit sollte auch der Zahlungszeitpunkt und der Zahlungsweg etwa durch Angabe einer Kontoverbindung klargestellt werden, ebenso wie die Frage, wer die Kosten des Zahlungsverkehrs trägt. Ferner sollte geregelt werden, ob und unter welchen Voraussetzungen der Schuldner Abzüge von der Zahlung beanspruchen machen kann (zB Skonto) und wer die Kosten des Zahlungsverkehrs trägt.

---

[54] → Abschnitt 5 Rn. 108 ff.

Preisanpassungs- oder Preisgleitklauseln werden vor allem bei Rahmenverträgen in Betracht zu ziehen sein.[55] Nach deutschem Recht sind dabei insbesondere das Indexierungsverbot des Preisklauselgesetzes und die AGB-Kontrolle zu beachten.[56] 48

hh) Vertragsdokumente. Die Vorlage und Übergabe von Dokumenten spielt im Exportgeschäft regelmäßig eine besondere Bedeutung. Um eine sachgerechte Durchführung des Geschäfts zu gewährleisten, ist deshalb – in Abhängigkeit von dem jeweiligen Vertragstypus – die Beibringung und Übergabe der erforderlichen Dokumente zu regeln. Dies können insbesondere sein: Export- oder Importbescheinigungen, Handelsrechnungen, Zertifikate über die Qualität und den gesundheitspolizeiliche sanitären bzw. gesundheitlichen Zustand der Exportware, Zahlungsnachweise, Versicherungspolicen und Transportdokumente. 49

ii) Garantien. Garantien sind im Exportgeschäft in unterschiedlicher Form verbreitet. Generalisierend lässt sich feststellen, dass Garantien vor allem für die Zwecke der Sicherstellung der jeweiligen Leistungspflichten der Parteien vereinbart werden. Ferner werden Garantien zur Verstärkung der Zusage einer bestimmten Warenqualität eingeräumt. Davon zu unterscheiden sind Exportkreditgarantien des Staates,[57] die regelmäßig nicht in die privatrechtlichen Verträge des Exportgeschäfts einfließen. 50

Als Leistungsgarantien, welche die Erfüllung der Verpflichtungen der Vertragsparteien absichern sollen, werden insbesondere vereinbart: 51
- Erfüllungsgarantien
- Gewährleistungsgarantien
- Anzahlungsgarantien.[58]

Ferner werden Garantien als rechtsverbindliche Zusage einer bestimmten Qualität der Exportware gegeben. In der Rechtspraxis werden Beschaffenheits- und Haltbarkeitsgarantien unterschieden. Garantien werden nicht selten als Marketingmaßnahme eingesetzt; in rechtlicher Hinsicht ist jeweils in Betracht zu ziehen, ob sie als rechtsverbindliche Garantien zu einem erhöhten Haftungsrisiko des Garantiegebers führen. „Garantien auf erstes Anfordern" unterliegen nach deutschem Recht einer AGB-Kontrolle,[59] deren Reichweite für den Bereich des internationalen Handelsverkehrs nicht zweifelsfrei ist.[60] 52

jj) Lieferung, Kennzeichnung, Verpackung. Regelmäßig treffen die Parteien von Exportverträgen nähere Regelungen zu den Fragen der Lieferpflicht und der Verpackung. Insbesondere im Exportkaufvertrag sind solche Regelungen geradezu notwendig, um die entsprechenden Verpflichtungen der Parteien festzulegen.[61] 53

Rechtstechnisch erfolgt die Festlegung der entsprechenden Verpflichtungen regelmäßig durch eine Bezugnahme auf die international standardisierten Incoterms der Internationalen Handelskammer ICC. Incoterms legen im Verhältnis der Vertragsparteien, zwischen denen die Geltung der Incoterms vereinbart werden, die sich aus der jeweils verwendeten Klausel folgenden Rechte und Pflichten in rationalisierter Weise (durch Verwendung eines abkürzenden Buchstaben-Codes, zB „fob" oder „cif") verbindlich fest. Diese finden nahezu weltweite Anerkennung und Verwendung; es empfiehlt sich daher, auf Incoterms zurückzugreifen und diese zu vereinbaren.[62] 54

Die Kennzeichnung der Ware stellt für die Abwicklung des Exportgeschäfts und die weitere Verteilung der Ware im Handelsgeschehen ein praktisch wichtiges Erfordernis der 55

---

[55] → Abschnitt 3 Rn. 13 ff.
[56] Vgl. dazu *Hilber* BB 2011, 2691 ff.
[57] Vgl. *Scheibe/Moltrecht/Kuhn*, Garantien und Bürgschaften – Exportkreditgarantien des Bundes und Rechtsverfolgung im Ausland, 2012 sowie Abschnitt 27.
[58] → Abschnitt 12 Rn. 24.
[59] Vgl. BGHZ 150. 299 und *BGH* NJW-RR 2008, 830 (zur Bürgschaft auf erstes Anfordern).
[60] Vgl. insbesondere *Oepen* NJW 2009, 1110.
[61] → Abschnitt 6 Rn. 44.
[62] → Abschnitt 4.

Identifizierung der Ware dar. Die Kennzeichnung der Ware („Etikettierung" bzw. „Labeling") findet deshalb regelmäßig eine nähere Regelung im Vertrag.

56 Entsprechendes gilt für die Verpflichtung zur Verpackung. Die Verpackung hat für den Warenlauf, den Verkauf in der Handelskette und nicht zuletzt zum Schutz vor Transportschäden wichtige Bedeutung. Die Vertragsparteien sollten daher regeln, wer die Verpackung der Ware vorzunehmen bzw. zu besorgen hat, in welcher Weise dies zu geschehen hat sowie wer die Kosten dafür trägt. Da vertragliche Regelung nur im Verhältnis zwischen den jeweiligen Vertragsparteien gültig ist, sind erforderlichenfalls in mehreren Verträge Klauseln zur Verpackungspflicht aufzunehmen und dann aufeinander abzustimmen. Insbesondere im Überseekaufvertrag werden sog. maritime terms vereinbart, mit denen eine Koordination zwischen den Risiken unter dem Kaufvertrag und denen des Transportvertrages hergestellt wird.[63]

57 **kk) Gefahrübergang.** Um Klarheit darüber zu erzielen, welche Vertragspartei zu welchem Zeitpunkt das Risiko trägt, dass die Ware zufällig beschädigt wird oder untergeht, ist die Regelung der Gefahrtragung in den Verträgen zu empfehlen. Sie stellen im Schadensfall die entsprechende Verantwortlichkeit im Verhältnis der Vertragspartei sicher. Sind Incoterms vereinbart, so enthalten diese in der Ziff. A.5 und B.5 Regelungen zur Gefahrtragung mit wichtigen Neuerungen durch die Incoterms 2010.[64]

58 **ll) Versicherung.** Praktisch erhebliche Bedeutung hat die Versicherung der Exportware. Unter Berücksichtigung der jeweiligen Interessenlage im Vertrag regeln die Parteien, welche Partei welche Versicherung einzudecken hat. Hierbei kommt insbesondere eine Regelung über die Transportversicherung[65] in Betracht sowie – insbesondere bei länger andauernden Exportbeziehungen – eine Kreditversicherung. Auch hier ist dafür zu sorgen, dass eine Koordination von Zahlungs- und Lieferterminen einerseits sowie der Versicherungssumme andererseits hergestellt wird.

59 **mm) Haftung, Haftungsausschluss, Haftungsbeschränkung.** Die Haftung für Vertragspflichtverletzungen entspricht den nach dem Vertragsstatut einschlägigen rechtlichen Regeln. Gleichwohl finden sich in den Verträgen des Exportgeschäfts regelmäßig eigenständige Regelungen der Rechtsbehelfe für Fälle der Vertragsverletzung. Nicht immer sind die Fragen einer vertraglichen Regelung zugänglich, insbesondere dann nicht, wenn die einschlägigen gesetzlichen Regelungen – wie etwa im Transport- oder Produkthaftungsrecht – zwingend geregelt sind.[66] Wenn aber eine vertragsindividuelle oder durch Allgemeine Geschäftsbedingungen[67] getroffene Regelung zugelassen ist, sind die Vertragsparteien in der Lage, die jeweilige haftungsrechtliche Verantwortung gegenständlich und dem Umfang nach auf ihren konkreten Bedürfnisse und Erfordernisse hin anzupassen. Nach deutschem Recht sind der Gestaltung im Einzelnen umstrittene Grenzen gesetzt,[68] die in anderen Rechtsordnungen nicht in gleicher Weise bekannt sind.[69]

60 Die Haftung aus Vertrag ist im Exportgeschäftsrecht nach deutschem Rechtsverständnis regelmäßig nur für schuldhaft verursachte Schäden gegeben (§§ 280 ff. BGB). Daneben kann eine gesetzliche Haftung für unverschuldete Umstände in Betracht kommen. Dies ist insbesondere bei der sog. Produkthaftung des Herstellers nach dem in Deutschland und Europa geltenden Produkthaftungsrecht für Fehler des Produkts der Fall. Dabei spielt es keine Rolle, ob der Fehler bei der Konstruktion, bzw. Fabrikation entstanden, infolge unzureichender Instruktion bzw. Produktbeobachtung oder aber durch Mängel der betriebli-

---

[63] → Abschnitt 3 Rn. 42.
[64] Vgl. *Zwilling-Pinna* BB 2010, 2980; näher unter Kap. 4, Abschnitt 5.
[65] → Abschnitt 21.
[66] → zB Kap. 8, Abschnitt 15 Rn. 59 für den Seeverkehr.
[67] → Abschnitt 4 Rn. 134 ff.
[68] Vgl. dazu *Kondring* BB 2013, 73 ff.; aA *v. Westphalen* BB 2013, 67 ff.
[69] Vgl. *Müller/Schilling* BB 2012, 2319 mit Hinweisen auf die Rechtslage in England, der Schweiz, den USA, Japan sowie Spanien und Österreich.

chen Organisation/Qualitätssicherung verursacht worden ist.[70] In den Verträgen des Exportgeschäfts lässt sich diese Haftung nicht vertraglich einschränken. Insofern besteht aber die Möglichkeit, den Regress des Haftpflichtigen gegen den Vorlieferanten zu sichern.[71]

Ebenso wie die Regelung der Voraussetzungen einer Haftungsverantwortung empfiehlt sich eine Regelung der Frage, unter welchen Voraussetzungen die Haftung ausgeschlossen ist, für welche Schadensereignisse oder -umstände somit eine haftungsrechtliche Verantwortung der jeweiligen Vertragspartei ausscheidet. Das deutsche Gesetzesrecht setzt den entsprechenden Regelungsbefugnissen der Vertragsparteien allerdings enge Grenzen, insbesondere soweit solche Vereinbarungen unter Verwendung von Allgemeinen Geschäftsbedingungen getroffen werden.[72] Außerhalb des AGB-Rechts wird die Gestaltungsfreiheit der Parteien auch nach deutschem Recht weniger eingeschränkt. Nicht zugelassen ist gem. § 276 Abs. 3 BGB ein im Voraus vereinbarter Haftungsausschluss oder eine Haftungsbeschränkung im Fall einer vorsätzlich begangenen Pflichtverletzung einer Partei, es sei denn die Vertragsverletzung wurde vorsätzlich durch Erfüllungsgehilfen begangen, § 278 Abs. 1 S. 2 BGB. Ferner sind die zwingenden Regeln des Gesetzesrechts – etwa im Transportrecht – zu beachten. **61**

Insbesondere empfiehlt es sich, eine Haftungsausschlussklausel für die Fälle „höherer Gewalt" (**„force majeure"**) vorzusehen. Besteht nicht schon kraft Gesetzes ein Haftungsausschluss in diesem Fall, kann im Vertrag eine Regelung getroffen werden, nach der ein Fall höherer Gewalt zum Haftungsausschluss führt. Ferner sollte auch geregelt werden, was mit dem Begriff „höhere Gewalt" gemeint ist. Die sich daran anknüpfenden Rechtsfolgen (zB Haftungsausschluss, Rücktrittsrecht usw.) können ebenfalls Gegenstand einer vertraglichen Regelung sein.[73] **62**

nn) Vertragsstrafen, Pauschalschadenersatz. In den Fällen schuldhafter Vertragsverletzung besteht nach allgemeinem gesetzlichem Schadensersatzrecht eine Pflicht zum Schadenersatz. Umfang und Höhe des Schadenersatzes ergeben sich in diesen Fällen ebenfalls aus dem Gesetz (in Deutschland aus §§ 249 ff. BGB). Um die Schwierigkeiten bei der Feststellung des Umfangs und der Höhe des Schadensersatzes zu mindern, empfiehlt es sich aus der Sicht des Geschädigten, den dafür gebotenen Nachweis zu erleichtern. Dafür bieten sich vor allem sog. Vertragsstrafen- bzw. Pauschalschadenersatzklauseln (international auch als sog. pld-Klauseln – penalty or liquidated damages- bezeichnet[74]) an. **63**

Eine Pauschalschadenersatzklausel (auch „Konventionalstrafe" oder „Pönale" genannt) pauschaliert die Höhe des zu zahlenden Schadens. Sie setzt voraus, dass ein zum Schadenersatz verpflichtendes Ereignis vorliegt und der Verletzte einen Schaden erlitten hat; die Höhe des zu leistenden Schadensersatzes wird dann nach Maßgabe der Klausel pauschaliert. Die Vertragsstrafe ist das weiter reichende Regelungsinstrument, weil sie sowohl regelt, unter welchen Voraussetzungen die Ersatzpflicht besteht, unter welchen Voraussetzungen also die Vertragsstrafe fällig ist, als auch die Höhe der Ersatzverpflichtung festlegt. Durch eine Vertragsklausel soll ein Anreiz für die Erfüllung der Hauptverbindlichkeit gesetzt und der Beweis des Schadens entbehrlich gemacht werden. Die Abgrenzung ist nicht nach dem Wortlaut der Klausel sondern nach deren Zweck zu treffen. **64**

Die Pauschalschadenersatz- und die Vertragsstrafenregelung erfordern eine entsprechende vertragliche Vereinbarung. Bei diesen Regelungen sind bestimmte Wirksamkeitsgrenzen zu beachten. Insbesondere darf die Höhe der vereinbarten Vertragsstrafe darf nicht unverhältnismäßig sein, sondern sollte sich an dem üblicherweise durch die Verletzung eintreten- **65**

---

[70] Zur Produkthaftung vgl. Rn. 173 ff.
[71] → Abschnitt 3 Rn. 63.
[72] → Abschnitt 4 Rn. 188.
[73] Ausführlich zu Inhalt und Rechtsfolgen von force majeur-Klauseln *Grün/Schmitz*, in: Ostendorf/Kluth (Hrsg.), Internationale Wirtschaftsverträge, 2012, § 10 (S. 327 ff.); *Plate*, Force Majeure und Hardship in grenzüberschreitenden Langzeitverträgen, 2004; *ders.* RIW 2007, 42 ff.; *Salje* NZG 1998, 161 ff.; *Schwenzer* Vict. U. Well. L. Rev. 2008–2009, 709 ff.
[74] Vgl. *Berger* RIW 1999, 401 ff.

den Schaden orientieren. Sie kann auch in Höhe eines gewissen Prozentsatzes vom Lieferwert festgesetzt werden. Für die Vereinbarung in Allgemeinen Geschäftsbedingungen gelten besondere Wirksamkeitsgrenzen.[75]

66 **oo) Freistellungsvereinbarungen.** Freizeichnungsvereinbarungen sollen typischerweise die begünstigte Vertragspartei (den sog. Freistellungsgläubiger) von drohenden Ansprüche eines Dritten gegen diese Partei dadurch bewahren, dass der Freistellungsschuldner verpflichtet ist, den Freistellungsgläubiger von der Verbindlichkeit zu befreien.[76] In Lieferverträgen wird eine Freistellungsvereinbarung typischerweise des Inhalts getroffen, dass der Lieferant den Besteller von Ansprüchen Dritter auf Grund von Produktmängeln des Liefergegenstandes freizustellen hat. Freistellungsfähige und -typische Ansprüche Dritter sind insbesondere Mangelhaftungsansprüche, Vertragsstrafeansprüche von Kunden des Bestellers oder deliktischer Ansprüche (sog. Produkthaftungsansprüche); miterfasst werden sog. Eventualverbindlichkeiten und damit die Abwehr von unbegründeten Ansprüchen.[77] Der Freistellungsanspruch begründet einen nach § 887 ZPO vollsteckbaren[78] Herstellungsanspruch auf die erfolgreiche Befreiung von einer Verbindlichkeit, bevor der Freistellungsgläubiger an den Drittgläubiger leistet. Inhalt und Modalitäten der Freistellungsverpflichtung werden typischerweise dem Freistellungsschuldner überlassen. Vorformulierte Freistellungsklauseln unterliegen der AGB-Inhaltskontrolle. Unter der Geltung deutschen Rechts[79] ist deshalb zweifelhaft, ob Freistellungsklauseln, die eine verschuldensunabhängige Einstandspflicht des Vertragspartners des Verwenders für Mängel, Schäden oder für nicht aus seinem Einflussbereich stammende Umstände begründen, der Inhaltskontrolle standhalten.[80]

67 **pp) Laufzeitvereinbarungen.** Vereinbarungen über die Laufzeit von Verträgen werden regelmäßig für die Dauerschuldverhältnisse von Rahmenlieferverträgen, Vertriebs- und Kooperationsverträgen oder Lizenzvereinbarungen vorgesehen. Solche Vereinbarungen kommen in zwei Varianten in Betracht: In der Variante mit grundsätzlich nicht begrenzter Vertragslaufzeit werden Kündigungsmöglichkeiten, Kündigungsfristen sowie Formerfordernisse für die Kündigungserklärung vorgesehen. Alternativ kann die Laufzeit des Vertrages befristet und zusätzlich vorgesehen werden, dass sich der auf ein Jahr oder auch länger befristete Vertrag mangels Kündigung vor Ablauf des vereinbarten Zeitraums automatisch verlängert. Zwingende Kündigungsschutzvorschriften des Gesetzesrechts und Wirksamkeitsschranken als Folge der Inhaltskontrolle nach deutschem AGB-Recht[81] sind in beiden Varianten zu berücksichtigen; auch durch eine sukzessive Aneinanderreihung befristeter Verträge (sog. Kettenverträge) können diese Schranken nicht umgangen werden. Letztlich werden sich deshalb die beiden Gestaltungsvarianten in ihren Wirkungen kaum rechtserheblich unterscheiden.

68 **qq) Anwendbares Recht.** Verträge zur Durchführung eines Exportgeschäfts haben regelmäßig grenzüberschreitenden Charakter. Deshalb sollte die Parteien des jeweiligen Vertrages eine Regelung darüber treffen, welches Recht auf den jeweiligen Vertrag anwendbar ist. Die dabei zu beachtenden Gestaltungsgrundsätze werden im Abschnitt zum Internationalen Privatrecht behandelt.[82]

69 **rr) Gerichtsstand, Schiedsgerichtsklausel.** Neben der Frage, welches nationale Recht auf den Vertrag Anwendung findet, ist die Frage zu regeln, welches Gericht über einen etwaigen Streit zwischen den Parteien zu entscheiden hat. Dabei gibt es keine Notwendig-

---

[75] → Abschnitt 4 Rn. 203 f.
[76] Vgl. *Görmer* JuS 2009, 7 ff.; *Muthorst* AcP 209 (2009), 212 ff.; *Ostendorf/Nikolakudi*, in: Ostendorf/Kluth, Internationale Wirtschaftsverträge, § 7.
[77] BGH NJW 2002, 2382; NJW 2011, 479.
[78] Vgl. *Bischoff* ZZP 2007, 237, 242 f.
[79] Zur Klauselpraxis nach anglo-amerikanischem Recht vgl. *Ostendorf/Nikolakudi*, in: Ostendorf/Kluth, Internationale Wirtschaftsverträge, § 7 Rn. 30 ff.
[80] Vgl. *Ayad/Schnell* BB 2011, 1747.
[81] → Abschnitt 4 Rn. 134 ff.
[82] → Abschnitt 6.

keit, dass der Ort des Gerichts und die Nationalität des Rechts überein zu stimmen haben. Trotzdem ist es im Regelfall empfehlenswert, die Rechtswahlklausel und die Gerichtsstandsklausel aufeinander abzustimmen, damit vermeidbare Kosten für eine erforderlich werdende Heranziehung von sachverständigem Expertenwissen für die Klärung der Rechtslage nach der anwendbaren ausländischen Rechtsordnung vermieden werden können. Vereinbaren die Parteien keinen Gerichtsstand, so ist regelmäßig eine Klage bei dem Gericht zu erheben, an dem der Beklagte seinen Wohn- bzw. Geschäftssitz hat. Daneben kommen allerdings andere Gerichtsstände in Betracht.[83] Deshalb laufen die Parteien eines Vertrages zur Durchführung von Exportgeschäften ohne eine vertragliche Gerichtsstandsklausel Gefahr, vor einem auswärtigen Gericht verklagt zu werden.

Schiedsklauseln werden in Verträgen des Exportgeschäfts häufig vereinbart. Dafür sprechen zahlreiche Gründe: Zu nennen sind insbesondere die Schnelligkeit des Verfahrens, die besondere Sachkunde der Schiedsrichter und auch Kostenvorteile.[84] Hinzukommt, dass ausländische Schiedssprüche nach dem New Yorker Übereinkommen über die Anerkennung und Vollstreckung ausländischer Schiedssprüche vom 10. Juni 1958 einfacher als ausländische Urteile zu vollstrecken sind.[85] **70**

ss) Schriftform. Verträge des Exportgeschäfts können grundsätzlich formlos bzw. in jeder beliebigen Form abgeschlossen werden. Auch eine Schriftform ist regelmäßig nicht vorgeschrieben.[86] Da formlose Vereinbarungen und insbesondere mündliche Abreden aber große Unsicherheiten, das Risiko von Missverständnissen und der Beweisbarkeit bergen, empfiehlt es sich, die Verträge schriftlich zu schließen. Nach deutschem Recht ist die Wirkung von Schriftformklauseln dadurch eingeschränkt, dass anerkanntermaßen die Möglichkeit besteht, die vereinbarte Schriftform durch eine nachträgliche mündliche Abrede abzuändern.[87] Eine einfache Schriftformklausel entfaltet deshalb regelmäßig nicht die intendierte rechtliche Wirkung. Anders ist die Rechtslage, wenn die Schriftformklausel auch eine Änderung der Klausel selbst dem Formerfordernis unterwirft (sog. qualifizierte Schriftformklausel).[88] Für formularvertragliche Schriftformvereinbarungen ist nach deutschem Recht allerdings der Vorrang der Individualabrede gem. § 305b BGB zu beachten, so dass sich nachträgliche mündliche Abreden trotz einer AGB-Schriftformklausel durchsetzen. **71**

tt) Salvatorische Klausel, Vollständigkeitsklausel. Mit der sog. salvatorischen Klausel stellen die Parteien klar, dass der geschlossene Vertrag selbst dann gelten soll, wenn einzelne Klauseln unwirksam sind. Ohne diese Klarstellung würde nach deutschem Recht die Regelung des § 139 BGB zur Anwendung kommen, wonach einzelne Klauseln einen Vertrag insgesamt unwirksam machen, wenn davon auszugehen ist, dass die Parteien bei Kenntnis der Unwirksamkeit den Vertrag gar nicht abgeschlossen hätten. Zusätzlich wird regelmäßig in einer sog. Ersetzungsklausel geregelt, dass eine vertragliche Lücke so zu schließen ist, wie es dem mutmaßlichen Willen beider Parteien entspricht. Dabei ist es unbeachtlich, ob die Lücke durch die Unwirksamkeit einer Klausel entsteht oder dadurch, dass man einen bestimmten Sachverhalt versehentlich nicht vertraglich geregelt hat. Nach deutschem Recht gilt nach § 306 Abs. 2 BGB, dass der der Vertrag trotz des Umstandes, dass Allgemeine Geschäftsbedingungen nicht Vertragsbestandteil geworden oder unwirksam sind, im Übrigen wirksam bleibt. Individualvertragliche Erhaltungsklauseln werden von der deutschen Rechtsprechung als rechtswirksam angesehen, aber in dem Sinne eng interpretiert, dass sie grundsätzlich nur eine Umkehr der von § 139 BGB angeordneten Vermutung für die Unwirksamkeit des Restvertrages bewirken soll; danach bleibt es einer Partei grundsätzlich unbenommen, darzulegen (und erforderlichenfalls zu beweisen), dass nach dem Parteiwil- **72**

---

[83] → Abschnitt 41.
[84] → Abschnitt 40.
[85] → Abschnitt 50.
[86] → Rn. 107 ff.
[87] Vgl. *BGH* NJW 2007, 3712 (3713).
[88] Vgl. *BGH* NJW 1976, 1395.

len mit der betroffenen unwirksamen Klausel auch der übrige Vertrag hinfällig sein sollte;[89] eine über die bloße Umkehr der in § 139 BGB geregelten Darlegungs- und Beweislast hinausgehende Wirkung kann aber in der Klausel ausdrücklich vorgesehen werden. Die Rechtslage zu Ersetzungsklauseln in AGB ist nach deutschem Recht noch nicht abschließend geklärt; nach allerdings umstrittener Rechtsauffassung verstoßen Ersetzungsklauseln gegen das Verbot der geltungserhaltenden Reduktion des § 306 Abs. 2 BGB.[90]

73 Vollständigkeitsklauseln sollen sicherstellen, dass das schriftliche Vertragsdokument die getroffenen vertraglichen Abreden vollständig widergibt, so dass andere, insbesondere vor oder bei Vertragsschluss getroffene Abreden unbeachtlich sind. Insofern geben Vollständigkeitsklauseln zunächst die nach deutschem Rechts allerdings ohnehin geltende Beweislastregel wieder, nach der ein schriftlicher Vertrag die Vermutung der Vollständigkeit vertraglicher Absprachen begründet.[91] Zusätzlich soll der Vollständigkeitsklausel die Bedeutung zukommen, die Vollständigkeit der schriftlichen als unwiderlegliche Tatsache festzuschreiben. Während sich eine solche Wirkung nach deutschem Recht individualvertraglich durchaus herstellen lässt, steht das AGB-Recht dem nach § 305b BGB angeordneten Vorrang der Individualabrede, der auch die Existenz von Nebenabreden einschließt,[92] bzw. die Klauselkontrolle gem. § 307 BGB[93] entgegen.

74 **uu) Anhänge, Anlagen.** Technische und örtliche Spezifikation werden dem Vertrag als Anhang oder Anlage beigefügt. Da diese Anlagen und Anhänge der Unterschrift der Parteien nachfolgen, ist sicherzustellen, dass sich der durch die Unterschrift dokumentierte Vertragswille auch auf die Anlagen bezieht. Dies kann insbesondere dadurch erfolgen, dass im Vertragsdokumente vor der Unterschriftenzeile auf die entsprechenden Anhänge und Anlagen verwiesen wird. Dabei ist durch eine exakte Bezeichnung sicherzustellen, welche Anhänge und Anlagen Vertragsbestandteil sind. Für den Fall sich wiedersprechender Vereinbarungen im Hauptvertrag und seinen Anhängen/Anlagen sollte eine Regelung für die vorrangige Geltung des Hauptvertrages getroffen werden.

75 **vv) Datum, Unterschriften.** Der Vertrag ist mit dem Datum des Vertragsschlusses zu versehen. Dieses Datum identifiziert den Vertrag und kann für die Bestimmung des Umfangs der Rechte und Pflichten von Bedeutung sein, insbesondere wenn es zu maßgeblichen Änderungen der Vertragsumstände oder der einschlägigen gesetzlichen Regeln im Laufe der Zeit kommt. Die Unterschrift beider Vertragsparteien wird zum Zeichen des Einverständnisses beider Parteien bzw. deren Vertreter auf den Vertrag gesetzt. Die Unterschriften müssen nicht zeitgleich erfolgen; sie müssen auch nicht am gleichen Ort vorgenommen werden. Entscheidend ist nur, dass der Wille, den Vertrag so abzuschließen, durch die Unterschrift zum Ausdruck kommt. Die Rechtsmacht der unterzeichnenden Personen, die Vertragspartei rechtswirksam zu vertreten, ist nach dem kollisionsrechtlich zu ermittelnden Vollmachtstatut bzw. im Fall einer organschaftlichen Vertretung nach dem Gesellschaftsstatut zu ermitteln.[94]

76 Nicht notwendig ist es, jede einzelne Seite des Vertrages zu paraphieren, solange der Umfang und die Vollständigkeit der Vertragsurkunde auf andere Weise nachweisbar festgestellt werden kann. Dies kann zB durch Paginieren, Klammern oder Binden des Vertragsdokuments gesichert werden. Nach deutschem Recht ist ein Stempeln des Vertrages nicht erforderlich. In einzelnen ausländischen Rechtsordnungen kann dies kraft Gesetzes anders geregelt sein. Deshalb empfiehlt es sich, den Formalien des Vertragsabschlusses (beachte auch behördliche Genehmigungen, Erfordernis der Begleichung von Vertragssteuern) be-

---

[89] Vgl. *BGH* NJW 2010, 1660 (1661); GRUR 2004, 353.
[90] Vgl. Ulmer/Brandner/Hensen/*Schmidt* § 306 BGB Rn. 39; aA *Michalski/Boxberger,* FS Westermann, S. 459, 475 ff.
[91] Vgl. *BGH* NJW 2002, 3164, 3165.
[92] Vgl. Staudinger/*Schlosser* § 305b BGB Rn. 51; MüKoBGB/*Basedow* § 305b Rn. 6.
[93] *v. Westphalen,* Vertragsrecht und AGB-Klauselwerke, 30 Rn. 20.
[94] → Abschnitt 3 Rn. 19 ff.

Abschnitt 1. Die rechtliche Ordnung und Gestaltung von Exportgeschäften

sondere Aufmerksamkeit bei der Vertragsvorbereitung zu schenken, weil mit ihnen regelmäßig unabdingbare Wirksamkeitsvoraussetzungen für den Vertragsschluss betroffen sind.

5. Regelungen für die Beendigung des Vertrages. a) Arten der Vertragsbeendigung. 77
Die Beendigung eines einmal geschlossenen Vertrages ist ebenfalls dem Prinzip der Privatautonomie und dem daraus abzuleitenden Prinzip der Vertragsfreiheit unterstellt. Das bedeutet vor allem, dass die Parteien an einen wirksam geschlossenen Vertrag gebunden sind und ihn während der Vertragslaufzeit nicht willkürlich beenden können („pacta sunt servanda"-Grundsatz). Allerdings haben die Parteien die Freiheit, einen geschlossenen Vertrag einvernehmlich wieder aufzuheben. Die Aufhebung des Vertrages im Konsens ist das Gegenstück zur Eingehung des Vertrages im Konsens.

Neben der von beiden Vertragsparteien konsentierten Vertragsaufhebung kommen die 78 Kündigung und der Rücktritt bzw. der Widerruf als Instrument der Vertragsbeendigung in Betracht. Die Anerkennung der Autonomie jeder Vertragspartei verlangt, dass jeder Vertragsbeteiligte bei unbefristeten Exportverträgen (sog. Dauerschuldverhältnisse) das einseitige Recht haben muss, sich von der Dauerbindung zu lösen. Dementsprechend gibt es im deutschen Gesetzesrecht ein gesetzlich gewährleistetes Recht zur einseitigen Vertragsbeendigung, das Recht zur Kündigung. Das Recht zur sog. ordentlichen Kündigung eines unbefristeten Dauerschuldverhältnisses ist nicht inhaltlich konditioniert, nach dem Gesetzesrecht aber an die Beachtung bestimmter Fristen gebunden.

Darüber hinaus gibt es im deutschen Gesetzesrecht ein Recht zur außerordentlichen 79 einseitigen Beendigung eines Vertragsverhältnisses, das auch bei befristeten Dauerschuldverhältnissen besteht, § 314 BGB. Im Hinblick auf die sich aus der Bindung an den geschlossenen Vertrag ergebenden Erfordernisse ist dieses einseitige Recht zur außerordentlichen Kündigung aber nur gegeben, wenn ein wichtiger Grund für die Kündigung vorliegt. Im anglo-amerikanischen und französischen Recht sind entsprechende Vertragslösungsinstrumente unbekannt. In die PICC 2010 der UNIDROIT[95] sind sie gleichfalls nicht aufgenommen worden.

Der Unterschied der Rechtsbehelfe zur Vertragsbeendigungsvarianten liegt darin, dass 80 die Vertragsaufhebung ein Instrument der konsensualen, aber im Übrigen unkonditionierten Vertragsbeendigung darstellt, während die außerordentliche Kündigung ein einseitiges Recht zur Vertragsbeendigung schafft, das regelmäßig an bestimmte Voraussetzungen gebunden ist.

Das Recht zur Vertragsbeendigung durch Kündigung können die Parteien des Exportge- 81 schäfts vertraglich vereinbaren. Die damit getroffene Vereinbarung stellt das Kündigungsrecht unabhängig von den gesetzlichen Voraussetzungen. Zur privatautonomen Regelungsbefugnis der Vertragsparteien von Exportgeschäften gehört es, dass sie berechtigt sind, Voraussetzung und Folgen des Rechts zur einseitigen Vertragsbeendigung vertraglich zu regeln.

Ein kraft Gesetzes bestehende oder vertraglich vereinbartes Rücktrittsrecht oder Wider- 82 rufsrechts führt ebenfalls zur einseitig herbeigeführten Vertragsbeendigung. Die Besonderheit dieses Instruments der Vertragsbeendigung zeigt sich in den gesetzlichen Rechtsfolgen. Sie sind im deutschen Recht nach §§ 346 ff. BGB darauf gerichtet, den geschlossenen Vertrag vollständig rückabzuwickeln. Die bereits ausgetauschten Leistungen müssen deshalb zurückgewährt werden; für bereits gezogene Nutzungen muss grundsätzlich Wertersatz geleistet werden. Diese im Exportgeschäft wegen des grenzüberschreitenden Leistungsaustauschs regelmäßig wenig interessengerechten Folgen können vertraglich geändert werden.

Der sog. Wegfall der Geschäftsgrundlage („clausula rebus sic stantibus") führt nach ver- 83 breitetem Missverständnis nicht automatisch zur Beendigung des Vertrages. Nach der gesetzlichen Regelung in Deutschland (§ 313 BGB) besteht vielmehr grundsätzlich nur ein Rechtsanspruch auf Vertragsanpassung an die veränderten Umstände, und auch dies nur

---

[95] → Rn. 202 f.

1. Teil. Grundlagen des Rechts der Exportgeschäfte

„soweit einem Teil unter Berücksichtigung aller Umstände des Einzelfalles, insbesondere der vertraglich oder gesetzlichen Risikoverteilung, das Festhalten am unveränderten Vertrag nicht zugemutet werden kann", § 313 Abs. 1 BGB. Nur dann, wenn eine Vertragsanpassung und damit die Fortführung unter den veränderten Umständen im Einzelfall nicht zumutbar sein sollte, kommt gem. § 313 Abs. 3 S. 1 BGB eine Vertragsauflösung als ultima ratio in Betracht; diese ist gegebenenfalls durch eine entsprechende rechtsgestaltende Erklärung zu bewirken. In erster Linie kommen deshalb etwa die Herauf- bzw. Herabsetzung der Verbindlichkeit oder die Änderung der Risikoverteilung zwischen den Parteien als Instrumente der Vertragsanpassung in Betracht.[96]

84 Die Voraussetzungen eines Wegfalls der Geschäftsgrundlage werden von den streitentscheidenden Gerichten, anders als nicht selten nach der Einschätzung des interessierten Vertragspartners, nur zurückhaltend anerkannt. Dabei ist es gleichgültig, ob die Geschäftsgrundlage durch die subjektiven Vorstellungen der Parteien oder durch objektive Umstände geprägt wird. Die deutsche Rechtsprechung verlangt eine schwerwiegende Veränderung dieser Umstände und der betroffenen Partei die unveränderte Vertragserfüllung nicht mehr zugemutet werden kann.[97]

85 **b) Kündigungsfreiheit.** Die kraft Gesetzes bestehende Befugnis zur Kündigung von Verträgen ohne Angabe von Gründen und damit die willkürliche Kündigung ist nur bei unbefristeten Verträgen möglich. Hierin verwirklicht sich der Grundsatz der Parteiautonomie. Die Autonomie der Wirtschaftsverkehrsteilnehmer soll auch dann geschützt werden, wenn sie sich durch Vertrag einer unbefristeten Bindung unterworfen haben. Diese den Grundsatz der Kündigungsfreiheit konkretisierende Befugnis ist für jede Vertragspartei unverzichtbar gewährleistet; sie kann in der Variante der Kündigung aus wichtigem Grund (§ 314 BGB) nach deutschem Recht jedenfalls durch Allgemeine Geschäftsbedingungen nicht wirksam ausgeschlossen werden.[98]

86 Die außerordentliche Kündigung hat eine vergleichbare Zielsetzung. Sie soll gewährleisten, dass dann wenn ein Festhalten am Vertrag nicht mehr zumutbar ist, die Freiheitssicherung sich gegenüber der eingegangenen Vertragsbindung durchsetzen soll. Dies soll selbst dann gewährleistet sein, wenn die vertragliche Bindung zeitlich begrenzt war. Diese Möglichkeit der Freiheitssicherung durch außerordentliche Kündigung besteht nach deutschem Recht nicht uneingeschränkt, sondern nur bei Vorliegen eines wichtigen Grundes. Ein wichtiger Grund ist nach dem Gesetzesrecht (§ 314 BGB) nur gegeben, wenn einer Partei das Festhalten an dem Vertrag unter Abwägung der beiderseitigen Interessen der Vertragsparteien nicht zugemutet werden kann.

87 Die Kündigung ist grundsätzlich nur unter Einhaltung von Fristen möglich. Die Fristbindung ist Ausdruck der Rücksichtnahme auf die Interessen des anderen Vertragspartners, die durch eine fristlose Kündigung regelmäßig missachtet werden. Nur dann, wenn ausnahmsweise ein wichtiger Grund für eine außerordentliche Kündigung vorliegt, kommt eine fristlose Kündigung in Betracht. Dann aber verlangt die gebotene Rücksichtnahme auf die Interessen des Vertragspartners selbst bei der außerordentlichen Kündigung zumindest grundsätzlich, dass der Kündigende dem Kündigungsempfänger Gelegenheit gibt, das beanstandete Verhaltens abzustellen (sog. Abmahnung).

88 **c) Rechtsfolgen.** Durch das Gebrauchmachen von einer Kündigungsbefugnis wird der gekündigte Vertrag nicht unwirksam. Der Vertrag bleibt wirksam, ist aber von den Vertragsparteien zu beenden. Auf die noch ausstehenden Leistungen besteht dann kein Anspruch mehr; eine Verpflichtung zur Erbringung einer Gegenleistung besteht dann ebenfalls nicht mehr.

---

[96] Vgl. BGHZ 132, 332; 109, 229; *BGH* WM 1995, 2073.
[97] Vgl. zu den restriktiv gehandhabten Voraussetzungen BGHZ 133, 321; 128, 238 und Palandt/*Grüneberg*, BGB, § 313 Rn. 18 ff.
[98] *BGH* NJW 1986, 3134; zu den nicht abschließend geklärten Grenzen individualvertraglicher Abdingbarkeit vgl. *BGH* WM 1973, 694.

Abschnitt 1. Die rechtliche Ordnung und Gestaltung von Exportgeschäften

Die bereits ausgetauschten Leistungen müssen im Falle der Kündigung nicht zurückgewährt werden; für bereits gezogene Nutzungen muss grundsätzlich kein Wertersatz geleistet werden. Insofern sind die Vertragsparteien jedoch befugt, ihrer Interessenlage entsprechende abweichende Regelungen zu treffen. 89

B. Die Ordnung von Exportverträgen durch das deutsche Gesetzesrecht

Die Verträge zur Durchführung eines Exportgeschäfts werden ausnahmslos auf der Grundlage nationalen Rechts geschlossen. Dies gilt auch dann, wenn internationale völkerrechtliche Konventionen die Rechtslage prägen, wie dies zB für den Bereich von Exportkaufverträgen durch das UN-Kaufrecht[99] oder für den Bereich des Transportrechts durch die Konventionen für internationale Transportverträge.[100] Völkerrechtliche Konventionen sind für die Parteien von Exportverträgen regelmäßig nur verbindlich, nachdem sie in das nationale Recht inkorporiert worden sind. In Deutschland erfolgt dies durch Ratifikation der völkerrechtlichen Konventionen; diese gelten dann für die Normadressaten in Deutschland als Gesetze im Range von Bundesgesetzen. 90

Exportgeschäftsrelevante Gesetze sind sowohl solche des Privatrechts als auch die des öffentlichen Rechts. Die Vorschriften des Privatrechts regeln vor allem die Fragen des Vertragsrechts, des Deliktsrechts (→ Rn. 173 ff.) und des Sachenrechts (Eigentumsrecht; → Rn. 178 ff.). Die öffentlich-rechtlichen Vorschriften regeln den hoheitlichen, behördlichen Einfluss des Staates auf das Exportgeschäft und die Exportverträge. Sie werden unter dem Begriff „Außenwirtschaftsrecht" rubriziert[101] und betreffen insbesondere bestimmte Import- oder Exportverbote oder behördliche Genehmigungsvorbehalte; ferner regeln sie Förmlichkeiten und Verfahren, handelspolitische Schutzmaßnahmen sowie das Zollrecht.[102] Zentrale Rechtsgrundlage in Deutschland dafür ist das Außenwirtschaftsgesetz nebst der dazu ergangenen Außenwirtschaftsverordnung (AWV), die zum 1.9.2013 umfassend erneuert worden sind und die rechtlichen Rahmenbedingungen für die Einfuhr von Gütern nach und insbesondere die Ausfuhr aus Deutschland modernisiert und etwa durch die Schaffung einer Selbstanzeige im Bereich der Straf- und Bußgeldvorschriften maßgeblich geändert haben.[102a] 91

I. Privatrecht

1. Recht des Vertragsschlusses. Das privatrechtliche Vertragsrecht regelt letztlich umfassend sämtliche mit den Exportverträgen zusammenhängenden Fragen. Während die Vertragsparteien den Inhalt und die Beendigung des Vertrages weitgehend beeinflussen können,[103] regelt das Gesetzesrecht, nach welchen Regeln Verträge zustande kommen. Dabei ist die Frage, welche Privatrechtsordnung für das Zustandekommen von Verträgen des Exportgeschäfts heranzuziehen ist, gem. dem nach internationalem Privatrecht zu bestimmenden sog. Vertragsstatut zu beurteilen.[104] 92

In der deutschen Rechtsordnung kommt neben dem Vertragsschluss durch Erklärung von Angebot und Annahme dem Schweigen unter bestimmten Umständen eine vertragskonstituierende Bedeutung zu, die in anderen Rechtsordnungen nicht bekannt ist. Ebenso besteht gem. deutschem Recht nach Zugang eines sog. kaufmännischen Bestätigungsschreibens die Notwendigkeit, diesem Schreiben zu widersprechen, wenn vermieden wer- 93

---

[99] → Rn. 188 ff.
[100] ZB die CMR; vgl. näher Abschnitt 16 Rn. 8.
[101] Vgl. *Krenzler/Herrmann*, EU-Außenwirtschafts- und Zollrecht, 2012, Einl. Rn. 3.
[102] → dazu Abschnitt 29 ff.
[102a] Vgl. AWG v. 6.6.2013 (BGBl. I, S. 1482) sowie AWV v. 2.8.2013 (BGBl. I, S. 2865); dazu *Niestedt/Trennt* BB 2013, 2115; *Voland* GWR 2013, 264; ferner → Abschnitt 32 ff.
[103] → oben Rn. 29 ff. und 35 ff.
[104] → Abschnitt 6 Rn. 19 ff.

den soll, dass ein Vertrag mit dem Inhalt des Bestätigungsschreibens zustande kommt.[105] In der Verantwortung der Parteien des Exportgeschäfts liegt es ferner, ggf. bestehende Formvorschriften (dazu unter d), Rn. 107 ff.) und die bestehende Regeln über die Vertretungsmacht der den Vertragsschluss herbeiführenden Personen (dazu unter e), Rn. 111 ff.) zu beachten, damit die Wirksamkeit des Vertragsschlusses gewährleistet ist

94 **a) Vertragsschluss durch Angebot und Annahme.** Das für den Vertragsschluss erforderliche Vertragsangebot ist nur dann wirksam, wenn es hinreichend konkret ist. Ohne die Mitteilung sämtlicher wesentlichen Vertragsmerkmale (sog. essentialia negotii) liegt kein wirksames Angebot vor. Erforderlich ist eine genaue Bezeichnung der Vertragsparteien, des Vertragsgegenstandes und des Vertragspreises. Gegenstand und Inhalt des Vertrages müssen so angegeben werden, dass der Geschäftspartner die Annahme durch ein einfaches Ja erklären kann. Für ausreichend wird es erachtet, wenn Gegenstand und Inhalt des Vertrages bestimmbar sind. Insbesondere ist es möglich, dem Annehmenden die Bestimmung einzelner Merkmale des Vertrages dem Geschäftspartner zu überlassen.

95 Ein wirksames Vertragsangebot setzt einen entsprechenden rechtlichen Bindungswillen voraus. Fehlt dieser, liegt allenfalls eine Aufforderung zur Abgabe eines Vertragsangebots (sog. invitation ad offerendum) vor. Kataloge, Zeitungsannoncen, Plakate oder bloße Preislisten stellen eine solche Aufforderung nicht aber ein wirksames Vertragsangebot dar. Die Bindungswirkung des erklärten Angebots kann durch Zusatzklauseln (zB „freibleibend", „unverbindlich") ausgeschlossen oder eingeschränkt werden.[106]

96 Die Annahme des wirksamen Angebots durch den Angebotsempfänger bringt den Vertrag zustande. Dies setzt ebenfalls eine rechtsverbindlich gewollte, mit dem Angebot inhaltlich übereinstimmende Erklärung voraus. Weicht die Annahmeerklärung von dem Angebot ab, gilt sie als Ablehnung des Vertragsschlusses verbunden mit einem neuen Angebot auf Vertragsschluss, dieses Mal abgegeben durch den Geschäftspartner, § 150 Abs. 2 BGB. Ein solcher Fall liegt insbesondere vor, wenn der Empfänger in seine Auftragsbestätigung einen veränderten Preis einsetzt.[107] Ebenso liegt der Fall, wenn der Empfänger seiner Annahmeerklärung eigene Geschäftsbedingungen beifügt.[108]

97 Ein Vertragsschluss auf der Grundlage des iSd § 150 Abs. 2 BGB geänderten Angebots setzt eine Annahme durch den anderen Geschäftspartner voraus. Diese Annahme muss nicht ausdrücklich erklärt werden, sie auch aus den Umständen (konkludent) erkennbar werden, etwa wenn der angebotene Vertragsschluss ausgeführt wird, § 151 BGB.

98 Die Annahme hat nach § 147 BGB fristgerecht zu erfolgen. Dabei ist zunächst eine Fristbestimmung durch den Antragenden zu beachten, § 148 BGB, diese kann sich auch aus den Umständen (konkludent) ergeben, etwa mit dem Hinweis „bereits der Akkreditivbank Instruktionen zu geben".[109] Liegt eine Fristbestimmung nicht vor, ist zu differenzieren: Ein Angebot unter Anwesenden kann nur sofort, also so schnell wie (objektiv) möglich angenommen werden; dies gilt auch bei telefonischen Angeboten, nicht aber bei Angeboten via E-Mail, für welche die Regeln des Angebots unter Abwesenden gelten. Das unter Abwesenden unterbreitete Angebot ist nach § 147 Abs. 2 BGB innerhalb einer den geschäftsüblichen Gepflogenheiten entsprechenden Frist anzunehmen. Deshalb steht das Hinausschieben der Annahme wegen der Einholung notwendiger Auskünfte, der Beschlussfassung durch Gremien oder auch durch saisonbedingte Personalengpässe der Rechtzeitigkeit nicht entgegen. Bei der Bestimmung der Annahmefrist ist darauf Rücksicht zu nehmen, welches Übertragungsmedium der Antragende verwendet hat; auf via Fax übermittelte Angebote beispielsweise ist innerhalb kürzerer Frist als bei per Brief übermitteltem Angebot zu reagieren.

---

[105] → Rn. 102 f.
[106] → Abschnitt 5 Rn. 139.
[107] *BGH* NJW 1983, 1603.
[108] → Abschnitt 4 Rn. 129 ff.
[109] *BGH* Warn 69 Nr. 221.

99 Die verspätete Annahmeerklärung bringt den Vertrag nach deutschem Recht nicht zustande; sie ist aber als neues Vertragsangebot zu behandeln, § 150 BGB. Anders ist die Rechtslage, wenn die Annahmeerklärung rechtzeitig abgegeben wurde, sich aber wegen Unregelmäßigkeiten der Beförderung verzögert. In diesen Fällen gilt die Annahme als rechtzeitig erfolgt, wenn der Empfänger die Beförderungsverzögerungen erkennen konnte und nicht unverzüglich eine Verspätungsanzeige abgibt, § 149 BGB.

100 Solange sich die Parteien erkennbar nicht über den Inhalt des Vertrages vollständig geeinigt haben, ist der Vertrag noch nicht zustande gekommen. Der durch den Hinweis einer Partei, es sei noch eine Regelung über einzelne Vertragspunkte (zB eine Anzahlung oder über Garantieleistungen) zu treffen, offen gelegte Einigungsmangel steht einem wirksamen Vertragsschluss entgegen.[110] Getroffene Vereinbarungen über bestimmte Vertragsteile (sog. Punktation) sind deshalb im Zweifel unverbindlich, § 154 Abs. 1 Satz 2 BGB.

101 Sollte die Parteien nicht bemerkt haben, dass sie sich tatsächlich noch nicht über alle wesentlichen Vertragsinhalte geeinigt haben (sog. versteckter Dissens), hat auch dies grundsätzlich zur Folge, dass der Vertrag nicht zustande gekommen ist. Der Vertrag ist in diesen Fällen nach deutschem Recht nur ausnahmsweise gültig, wenn die Parteien den Vertrag auch ohne die Einigung über den offenen Punkt geschlossen hätten, § 155 BGB. Im Exportgeschäft ist dies von Bedeutung, wenn die Parteien unbemerkt mehrdeutige Begriffe verwenden. Wird beispielsweise der Preis in Dollar angegeben, ohne dass klar ist, welche Landeswährung damit exakt gemeint ist, liegt nur ein Scheinkonsens, nicht aber ein wirksamer Vertragsschluss vor.

102 **b) Vertragsschluss durch Schweigen.** Die Bedeutung des Schweigens im Exportgeschäftsverkehr wird in den verschiedenen Rechtsordnungen sehr unterschiedlich behandelt. Auch insofern hängt die Rechtslage wesentlich davon, ab wie der Sachverhalt des Verhaltens einer Handelspartei internationalprivatrechtlich angeknüpft wird.[111] Grundsätzlich bringt das Schweigen keinen rechtlichen Willen zum Ausdruck; Schweigen auf ein Vertragsangebot im Exportgeschäftsverkehr führt somit grundsätzlich nicht dazu, dass ein Vertrag zustande kommt. Eine dennoch gelieferte Ware muss vom Empfänger nicht bezahlt werden; der Lieferant ist verpflichtet sie auf eigene Kosten zurückzunehmen.

103 Im deutschen Recht hat das Schweigen eines Kaufmanns im Exportgeschehen allerdings unter bestimmten Voraussetzungen eine vertragsbegründende (konstitutive) Wirkung. Dies ist nach § 362 Abs. 1 BGB dann der Fall, wenn „dessen Gewerbebetrieb die Besorgung von Geschäften für andere mit sich bringt" und ihm ein Antrag auf Vertragsschluss von jemandem zugeht, „mit dem er in Geschäftsverbindung steht". Im englischen Recht ist eine solche Regelung weitestgehend unbekannt, während im französischen Recht „silence circonstancié" eine Vertragsannahme bedeuten kann.[112]

104 Die internationalprivatrechtliche Anknüpfung erfolgt in diesen Fällen grundsätzlich nach dem Vertragsstatut, also dem Recht das anzuwenden wäre, wenn der Vertrag wirksam wäre.[113] Unter besonderen Voraussetzungen (vgl. Art. 10 Rom I-VO) wird aus Billigkeitsgründen das Schweigen einer Vertragspartei nach dem Recht des gewöhnlichen Aufenthalts dieser Partei beurteilt.[114] Die Parteien des Exportgeschäfts haben für die Beurteilung des Zustandekommens von Verträgen im Rahmen des Exportgeschäfts diese Regelungen in Betracht zu ziehen.

105 **c) Vertragsschluss und kaufmännisches Bestätigungsschreiben.** Das Schweigen auf ein sog. kaufmännisches Bestätigungsschreiben stellt eine weitere Besonderheit des deutschen Rechts dar. Mit einem kaufmännischen Bestätigungsschreiben wird der Inhalt zuvor vermeintlich geschlossenen Vertrages schriftlich fixiert und dem Geschäftspartner zugesandt.

---

[110] *BGH* NJW 1998, 3196.
[111] → Abschnitt 6 Rn. 28 f.
[112] Vgl. *Marsh,* Comparative Contract Law, 1994, 69.
[113] *Martiny,* in: Reithmann/Martiny Rn. 215.
[114] Vgl. dazu näher *Martiny,* in: Reithmann/Martiny Rn. 215.

Erfolgt durch diesen kein Widerspruch kommt der Vertragsschluss nach einem in Deutschland so anerkannten Handelsbrauch[115] konstitutiv mit dem Inhalt des Bestätigungsschreibens zustande, sofern nicht der Absender wegen bewusster Fehlbestätigung im Einzelfall schutzunwürdig ist.[116] Die Handelsgeschäftspartner werden deshalb die Geltung dieser Grundsätze in ihr Vertragsschlusskalkül einzubeziehen haben. Die Anknüpfung der Grundsätze erfolgt wiederum grundsätzlich nach dem Vertragsstatut.[117] Die deutsche Rechtsprechung unterwirft allerdings die Folgen des Schweigens auf ein Bestätigungsschreiben regelmäßig dem Recht der geschäftlichen Niederlassung dieser Partei.[118]

106 Im Anwendungsbereich des UN-Kaufrechts (CISG; → Rn. 188) haben die Grundsätze des Vertragsschlusses durch Schweigen auf ein kaufmännisches Bestätigungsschreiben keine vergleichbare Bedeutung.[119] Schweigen bedeutet gem. Art. 18 Abs. 1 S. 2 CISG keine Zustimmung. Die Ausnahme in Art. 19 Abs. 2 CISG ist auf die in Abs. 3 genannten Sachverhalte beschränkt.[120]

107 d) Formvorschriften. Zum Grundsatz der Vertragsfreiheit im Exportgeschäftsrecht gehört der Grundsatz der Formfreiheit. Verträge und Rechtsgeschäfte sonstiger Art bedürfen grundsätzlich keiner besonderen Form, weil die Autonomie der Parteien so verstanden wird, dass es ihnen grundsätzlich selbst überlassen wird, für die Dokumentation von rechtserheblichen Erklärungen und deren Beweisbarkeit zu sorgen sowie die zutreffende Einschätzung der Bedeutung eines Vertrages vorzunehmen. Deshalb sind grundsätzlich alle mündlichen und schriftlichen, unmittelbar oder auf technischem Wege übermittelten Erklärungen gleichermaßen erheblich und wirksam. Der Gesetzgeber trägt damit dem Bedürfnis des Wirtschaftsverkehrs Rechnung, der insbesondere die Abwicklungen von Willenserklärungen über das Telefon, das Telefax oder via e-mail oder durch das Internet nutzen möchte, ohne an besondere Formanforderungen gebunden zu sein. Verträge im Exportgeschäft sind deshalb grundsätzlich formlos wirksam.

108 Gesetzliche Ausnahmen bestätigen diese Regel. Diese Ausnahmen rühren typischerweise von den Regelungen des allgemeinen Vertragsrechts her; sie haben deshalb keinen exportgeschäftlichen Hintergrund. Formvorschriften finden sich vor allem im Grundstücks- und Gesellschaftsrecht. Die Gewährleistung der Beweis- und Warnfunktion, die der Gesetzgeber mit besonderen Formvorschriften regelmäßig verfolgt, muss aber insgesamt für jeden Vertragsschluss im Exportgeschäftsverkehr untersucht und ggf. von den Geschäftspartnern beachtet werden. Wegen der Einzelheiten der Erforderlichkeit der Schriftform (§ 126 BGB), der öffentlichen Beglaubigung (§ 129 BGB) sowie der notariellen Beurkundung (§ 128 BGB) nach deutschem Recht wird auf das Spezialschrifttum zu diesen Vorschriften verwiesen.[121] Die qualifizierte elektronische Singnatur ist geeignet, die schriftliche Form zu ersetzen, § 126a BGB.[122]

109 Für die internationalprivatrechtliche Anknüpfung der nationalen Formvorschriften gilt grundsätzlich das Schuldstatut, so dass es auf dasjenige Recht ankommt, „das auf das seinen Gegenstand bildende Rechtsverhältnis anzuwenden ist", Art. 11 Abs. 1 EGBGB. Weithin anerkannt ist aber, dass eine Ausnahme von diesem Grundsatz dann zu machen ist, wenn die Formvorschriften des Rechts des Staates erfüllt sind, in dem es vorgenommen wird.[123]

110 Privatautonomie und Vertragsfreiheit ermöglichen den Exportgeschäftspartnern, vertragliche Formvorschriften (sog. gewillkürte Formvorschriften) zu vereinbaren. Solche Vereinbarungen können insbesondere zum Gegenstand haben, dass die Begründung oder die

---

[115] → Abschnitt 5 Rn. 169.
[116] BGHZ 40, 42 ff.
[117] → Rn. 27 ff. und → Abschnitt 5.
[118] BGHZ 57, 72, 77; vgl. a. *Martiny*, in: Reithmann/Martiny Rn. 218.
[119] Vgl. *Kröll/Hennecke* RabelsZ 2003, 448, 454 ff.
[120] Vgl. *Thamm/Detzer* DB 1997, 213 ff.
[121] Vgl. Palandt/*Ellenberger*, BGB, §§ 125 ff.
[122] Vgl. Palandt/*Ellenberger*, BGB, § 126a Rn. 3 ff.
[123] Vgl. *Reithmann*, in: Reithmann/Martiny Rn. 762 ff.

Abschnitt 1. Die rechtliche Ordnung und Gestaltung von Exportgeschäften

Änderung eines Vertrages nur bei Einhaltung der vereinbarten Schriftform wirksam ist. Solche Formvereinbarungen sind wirksam und führen bei Nichteinhaltung vereinbarungsgemäß zur Unwirksamkeit der Erklärung bzw. des Vertrages. Allerdings ist zu beachten, dass die Parteien eine vereinbarte Schriftformregelung auch wieder aufheben können. Wegen des Grundsatzes der Formfreiheit ist nicht nur die Vereinbarung sondern auch die Aufhebung der Schriftform formfrei möglich. Insofern ist bei vereinbarter Schriftform regelmäßig zu prüfen, ob die Parteien diese Vereinbarung ausdrücklich oder angesichts der Umstände konkludent wieder aufgehoben haben. In einem solchen Fall gilt die vereinbarte Schriftform nicht mehr.

e) Stellvertretung. Da Exportgeschäfte regelmäßig von Repräsentanten der beteiligten Unternehmen angebahnt und durchgeführt werden, spielt das Stellvertretungsrecht für die Exportverträge eine zentrale Rolle. Nur bei rechtmäßigem Gebrauchmachen einer vorhandenen Vertretungsmacht kann der Repräsentant das am Exportgeschäft beteiligte Unternehmen wirksam vertreten. Die Exportgeschäftspartner haben sich sorgfältig darüber zu informieren, ob die handelnde Partei befugt ist, für den Geschäftspartner im Rechtsverkehr aufzutreten. **111**

Nach deutscher Rechtslage kommt eine gesetzliche Vertretungsmacht, eine als Vollmacht bezeichnete rechtsgeschäftliche Vertretungsmacht oder eine organschaftliche Vertretungsmacht als Grundlage dafür, den Exportgeschäftspartner im Rechtsverkehr vertreten zu dürfen, in Betracht. **112**

Wegen des internationalen Charakters des Exportgeschäfts ist zunächst und **vorrangig nach dem internationalen Privatrecht** zu bestimmen, welches Recht auf die Frage des Vorliegens der Vertretungsmacht anzuwenden ist. Stark verkürzt und verallgemeinernd lässt sich feststellen, dass nach deutschem IPR bei der gesetzlichen Vertretungsmacht dasjenige Recht zur Anwendung kommt, aus dem die Vertretungsmacht hervorgeht; bei der organschaftlichen Vertretung von juristischen Personen erfolgt eine Sonderanknüpfung nach dem Personalstatut der Gesellschaft und damit das Recht des Gründungsstaates bei Gesellschaften, die in einem Mitgliedstaat der EU gegründet wurden, bzw. des Rechts des effektiven Verwaltungssitzes bei Gesellschaften aus Drittstaaten; bei der rechtsgeschäftlichen Vertretungsmacht (Vollmacht) wird dagegen angeknüpft an das Recht des Staates, in dem das Rechtsgeschäft vorgenommen werden soll, in dem also die Vollmacht ihre Wirkung entfalten soll.[124] **113**

Nachfolgend wird ein Überblick über die Rechtslage nach deutschem Recht gegeben. Die typischen Fälle der gesetzlichen Vertretungsmacht, etwa die des Vormund oder die der Eltern für ihr Kind, spielen im Exportgeschäft keine erhebliche Rolle. Bei der Beteiligung von Körperschaften des öffentlichen Rechts ist auf die gesetzliche Vertretungsmacht der für die Körperschaft Handelnden nach dem jeweils einschlägigen Gesetzesrecht für die Gebietskörperschaft (Bund, Land, Kommune, Stadt). Die gesetzlichen Vertretungsregeln beschränken die Vertretungsmacht dabei grundsätzlich auf den Aufgabenbereich des Rechtsträgers; rechtsgeschäftliches Handeln ist auf diesen Aufgabenbereich beschränkt (sog. ultra-vires-Doktrin). Bestehende Beschränkungen der Vertretungsmacht – etwa formeller Art (sog. Gremienvorbehalte) oder materieller Art (Begrenzung nach dem Geschäftsvolumen) haben demgegenüber typischerweise nur Wirkung im Verhältnis zur Anstellungskörperschaft, berühren aber die Wirksamkeit der Stellvertretung nicht.[125] **113**

Inhalt, Umfang und Dauer der **Vollmacht** bestimmen sich grundsätzlich nach dem der Erteilung zugrunde liegenden Rechtsverhältnis. In den für das Exportgeschäft bedeutsamen Fällen der Prokura und der Handlungsvollmacht ist die Vertretungsmacht durch den Gesetzgeber definiert, §§ 49, 54 HGB. Die **Prokura** ermächtigt – von Grundstücksgeschäften abgesehen – zu allen Arten von gerichtlichen und außergerichtlichen Geschäften und Rechtshandlungen, die der Betrieb irgendeines Handelsgeschäfts mit sich bringt, § 49 **114**

---

[124] Vgl. *Mörsdorf-Schulte,* in: PWW vor Art. 7 bis 12 EGBGB Rn. 5 ff.
[125] Vgl. *BGH* NJW 2001, 749.

Abs. 1 HGB; Beschränkungen der Prokura sind für die Wirksamkeit der Vertretung durch den Prokuristen ohne Bedeutung, § 50 Abs. 1 HGB.

115 Die **Handlungsvollmacht** kann als Generalhandlungsvollmacht, als Spezialvollmacht oder als Vollmacht für eine bestimmte Art von Geschäften erteilt werden. Sie erstreckt sich nach § 54 Abs. 1 auf alle Geschäfte und Rechtshandlungen, die der Betrieb eines Handelsgewerbes der Art des Exportkaufmanns (bei branchenüblicher Betrachtung) gewöhnlich mit sich bringt. Artfremde, atypische Vertragsabschlüsse sind von der gesetzlich bestimmten Vertretungsmacht somit nicht gedeckt. Grundstücks- und die in § 54 Abs. 2 HGB genannten Finanzgeschäfte (§ 54 Abs. 2 HGB) sind von der Handlungsvollmacht ohne besondere Vollmachtserteilung nicht gedeckt. Andere Beschränkungen aber wirken gegenüber Dritten nur, wenn dieser sie kannte oder kennen musste, § 54 Abs. 3 HGB.

116 Die **organschaftliche Vertretungsmacht** beruht auf der Stellung des Handelnden als Organ (insbesondere Vorstand oder Geschäftsführer) der juristischen Personen für die dieser handelt. Diese Vertretungsmacht ist nicht beschränkt; die ultra-vires-Doktrin gilt im deutschen Recht nicht.

117 Das Vorliegen einer Vertretungsmacht oder Organstellung ist nach deutschem Recht aus dem Handelsregister ersichtlich. Der Geschäftspartner kann deshalb durch Einsichtnahme in das deutsche Handelsregister die Frage der Vertretungsbefugnis klären. Dem Register kommt nach § 15 HGB eine bestimmte Publizitätswirkung zu.[126] Tatsachen, die – wie der Widerruf der Prokura – eintragungspflichtig sind, aber nicht eingetragen sind, kann der Kaufmann einem gutgläubigen Geschäftspartner nicht entgegensetzen, § 15 Abs. 1 HGB. Umgekehrt muss der Geschäftspartner sich eingetragene Tatsache entgegen halten lassen. Die Einsichtnahme in das Handelsregister ist deswegen uneingeschränkt empfehlenswert.

118 **2. Vorstufen des Vertrages.** Im Exportgeschäftsrecht gehen dem vollgültigen Abschluss der Exportverträge nicht selten Vorgänge voraus, die gleichsam eine Vorstufe dieser Verträge bilden. Die insofern bedeutendsten Phänomene im Exportgeschäft sind Absichtserklärungen, Vorverträge und Optionen.

119 **a) Absichtserklärungen.** Im Laufe der Vertragsverhandlungen über Exportgeschäfte entsteht nicht selten der Wunsch oder das Verlangen zumindest eines Geschäftspartners, die Gegenstände der Vertragsverhandlungen, über die bereits vorläufig oder endgültig Positionen ausgetauscht oder gar Einvernehmen erzielt wurde, festzuhalten. Im Vorfeld eines Vertragsschlusses kann das Bedürfnis entstehen, bei dem Verhandlungspartner Vertrauen in die Ernsthaftigkeit der Vertragsabsichten zu wecken, bestimmte Vorleistungen zu regeln oder in der Verhandlungsphase schützenswerte Interessen der Verhandlungspartner zu sichern.

120 Die Formen, in denen dies geschieht, sind vielfältig. Einseitig verfasste oder auch mit dem Verhandlungspartner abgestimmte Verhandlungsprotokolle kommen ebenso vor, wie förmlich aufgesetzte Absichtserklärungen. Der sog. **Letter of Intent,** das „Memorandum of Understanding" (sog. Punktation), „Heads of Agreement" oder eine „Instruction to Proceed" sind typische Erscheinungsformen solcher noch vor dem wirksamen Vertragsschluss abgefassten Schriftstücke. Insbesondere im Zusammenhang der Verhandlung von Unternehmenskäufen, Joint Ventures und anderen komplexeren Transaktionen haben diese aus dem anglo-amerikanischen Rechtskreis stammenden Instrumente Einzug in die internationale Vertragsgestaltungspraxis gefunden.[127]

121 Solche Absichtserklärungen haben nach dem mit ihnen verfolgten Zweck regelmäßig keine rechtlich verbindliche Wirkung. Die Verhandlungspartner schließen eine solche zumeist ausdrücklich aus und auch in der einseitig verfassten Erklärung selbst wird regelmäßig darauf verwiesen, dass mit dieser Erklärung keine rechtsverbindliche Wirkung angestrebt ist und die Vertragsverhandlungen noch im Gange sind.

122 Dennoch hat sich erwiesen, dass solchen Erklärungen nicht von vornherein jede rechtliche Wirkung abgesprochen wird. Liegen entsprechende Anhaltspunkte für einen entspre-

---

[126] Näher *Canaris,* Handelsrecht, S. 43 ff.
[127] *Kösters* NZG 1999, 623 ff.

Abschnitt 1. Die rechtliche Ordnung und Gestaltung von Exportgeschäften

chenden Konsens der Verhandlungsparteien vor, kann die Erklärung auch in der Weise gemeint sein und verstanden werden, dass ihr eine vertragsverbindliche Wirkung beigemessen wird. Dies ist in jedem Einzelfall durch Auslegung der Erklärungen festzustellen.

Eine rechtliche Bindungswirkung der Erklärungen kann insbesondere dann vorliegen, wenn die Verhandlungspartner sich auf sog. Vorfeldvereinbarungen verständigen, nach denen sich die Verhandlungspartner verpflichten, bestimmte – durch eine Vertraulichkeitsabsprache[128] gesicherte – Informationen zu erteilen, deren Inhalt und Umfang in der Absichtserklärung verbindlich festgelegt wird; ebenso können bestimmte Absprachen über die Finanzierung des Geschäfts in Vorbereitung des noch abzuschließenden Vertrages vorab verabredet werden.[129] Ein rechtliches Interesse kann auch darin bestehen, eine Exklusivität der Verhandlungen zu gewährleisten und damit zu sichern, dass keine Parallelverhandlungen mit Dritten geführt werden. Entsprechendes gilt für Geheimhaltungspflichten für den Fall des Scheiterns der Vertragsverhandlungen.[130] Die rechtliche Bindungswirkung wird vor allem in den Fällen in Betracht kommen, in denen die Erklärung nicht nur einseitig verfasst, sondern von beiden Verhandlungspartnern unterzeichnet wurde. Ist eine Bindungswirkung nicht gewollt, empfiehlt es sich, dies durch eine klarstellende Formulierung zum Ausdruck zu bringen.

Eine Haftung für Äußerungen im Rahmen solcher Absichtserklärungen kommt zunächst in Betracht, wenn es sich um bindende Verpflichtungen handelt. Der Verpflichtete haftet dann nach allgemeinen Rechtsgrundsätzen (→ Rn. 143 ff.) für die von ihm verschuldete Pflichtverletzung.

Besonders zu beachten ist, dass auch in Fällen unverbindlicher Absichtserklärungen nach internationaler Rechtspraxis eine Haftung auf Schadenersatz wegen der Verletzung des durch den Letter of Intent oder vergleichbare Instrumente (→ Rn. 120) erzeugten Verhandlungsvertrauens in Betracht kommt. Auch in Deutschland ist anerkannt, dass es zu den vorvertraglichen Schutz- und Treuepflichten der Parteien gehört, den Abschluss des Hauptvertrages zu fördern und sich so zu verhalten, dass der Verhandlungspartner keine Schäden erleidet. Für den Abbruch von Vertragsverhandlungen gilt, dass dieser Umstand nur in Ausnahmefällen zu einem Schadenersatzanspruch führen kann. Hat aber ein Verhandlungspartner ein qualifiziertes Vertrauen auf das Zustandekommen des Vertrages etwa durch einen Letter of Intent geweckt, kann der anschließende schuldhafte Abbruch der Vertragsverhandlungen ohne triftigen Grund eine Schadenersatzverpflichtung aus Verschulden bei Vertragsverhandlungen (sog. culpa in contrahendo) auslösen.[131] An das Vorliegen eines triftigen Grundes für den Abbruch der Vertragsverhandlungen werden allerdings in der vorvertraglichen Phase keine hohen Anforderungen gestellt.[132] Das günstigere Angebot eines Konkurrenten kann ebenso ein triftiger Grund sein, wie die Verschlechterung der Absatzchancen der zu erwerbenden Ware[133] oder ein bestehender Korruptionsverdacht im Zusammenhang mit dem angestrebten Vertragsschluss.[134] Das Vorschieben sachfremder Erwägungen wird dem grundlosen Abbruch der Vertragsverhandlungen gleich gestellt.[135] Bedarf der abzuschließende Hauptvertrag einer gesetzlichen Form, scheidet eine Haftung wegen enttäuschten Verhandlungsvertrauens regelmäßig aus.[136]

Die genannte Schadenersatzhaftung entsteht kraft Gesetzes und kann deshalb nicht verlässlich ausgeschlossen werden. Die Parteien haben es allerdings in der Hand, über die Ver-

---

[128] → Abschnitt 2 Rn. 51.
[129] Vgl. *Heussen,* Anwalts-Checkbuch Letter of Intent, 2001; *Lutter,* Letter of Intent, 3. Aufl. 1998, S. 39 ff.; *Jahn,* Der Letter of Intent, 2000.
[130] Vgl. *Kösters* NZG 1999, 623 ff.
[131] *BGH* NJW 2001, 2875; 1996, 1884, 1885; NJW-RR 1989, 627; NJW 1975, 1774; vgl. noch Rn. 144 ff.
[132] Vgl. Palandt/*Grüneberg,* BGB, § 311 Rn. 32.
[133] *BGH* DB 1996, 777.
[134] *OLG Rostock* OLG-NL 2003, 73.
[135] *BGH* NJW 1980, 1683, 1684.
[136] *BGH* NJW 1996, 1884.

bindlichkeit der von ihnen erzeugten Verhandlungserwartungen das Haftungsrisiko selbst zu steuern.

127 **b) Vorvertrag.** Durch einen Vorvertrag verpflichten sich die Parteien, nach Maßgabe der vorvertraglichen Vereinbarungen einen Hauptvertrag abzuschließen.[137] Die Funktion des Vorvertrages besteht deshalb darin, eine vertragliche Bindung bereits aktuell zu erreichen, obwohl dem Abschluss des Hauptvertrages noch Hindernisse entgegenstehen. Ein solcher Fall kann insbesondere gegeben sein, wenn sich die Verhandlungspartner noch nicht über alle Punkte des Hauptvertrages einig sind, dem Vertragsschluss tatsächliche oder rechtliche Hindernisse entgegen stehen, aber schon eine verbindliche Regelung bezüglich von Teilaspekten vornehmen wollen.

128 Der Vorvertrag setzt voraus, dass die Parteien, eine rechtliche Bindung erzielen wollen. Der Bindungswille unterscheidet den Vorvertrag von der schlichten Absichtserklärung.[138] Ein rechtsverbindlicher Bindungswille wiederum setzt eine entsprechende Bestimmtheit der vereinbarten Gegenstände; ohne Verständigung über die wesentlichen Punkte des Vertrages (sog. essentialia negotii) kann ein Vorvertrag nicht wirksam vereinbart werden.[139] Einigen sich die Parteien des Vorvertrages über die offen gelassenen Bedingungen des Hauptvertrages nicht, bleibt die Verpflichtung zum Abschluss des Hauptvertrages bestehen; die offenen Punkte werden, falls nicht eine einseitige Bestimmung nach §§ 315, 316 BGB durch eine Partei in Betracht kommt, im Wege der ergänzenden Vertragsauslegung (→ Rn. 139 ff.) – notfalls durch den streitentscheidenden Richter – festgelegt.[140]

129 Der Vorvertrag bedarf grundsätzlich keiner Form. Allerdings sind gesetzlich vorgeschriebene Formen für den intendierten Hauptvertrag schon bei Abschluss des Vorvertrages zu beachten, wenn die Formvorschrift nicht nur aus Gründen der Beweisklarheit oder Beweissicherung eingeführt wurde, sondern den Schutz des Geschäftspartners (so zB die Formvorschriften des § 311b BGB – Grundstücksgeschäfte – oder des § 766 BGB – Bürgschaft) bezweckt; andernfalls könnte der Schutzweck der Formvorschrift nicht verwirklicht werden.[141]

130 Der Vorvertrag kann einseitig berechtigend sein; in diesem Fall hat nur die begünstigte Partei das Recht, von der anderen den Abschluss des Hauptvertrages zu verlangen.[142] Der Vorvertrag kann aber auch beidseitig berechtigend geschlossen werden; in diesem Fall hat jede Partei das Recht, den Abschluss des Hauptvertrages einzufordern.[143]

131 Die Verpflichtung zum Abschluss des Hauptvertrages besteht, sofern nicht eine abweichende besondere Vereinbarung getroffen wurde, unbedingt. Eine veränderte Bewertung der Interessenlage durch eine Partei steht deshalb der Verpflichtung zum Vertragsschluss nicht entgegen. Ein Recht zur Kündigung des Vorvertrages kraft Gesetzes wird nur in den Fällen angenommen, wenn ein wichtiger Kündigungsgrund vorliegt; § 314 BGB findet insofern Anwendung. Ein wichtiger Grund zur außerordentlichen Kündigung liegt vor, wenn durch nachträglich eingetretene Umstände, die Vertrauensgrundlage zwischen den Parteien erschüttert ist, der Vertragspartei ein Festhalten an der vorvertraglichen Verpflichtung wegen Überschreitens einer „Opfergrenze" also nicht zumutbar ist.[144] In Betracht kommt ferner die Abwandlung oder das Entfallen der Verpflichtung zum Abschluss des Hauptvertrages nach den eng verstandenen Ausnahmefällen des Wegfalls der Geschäftsgrundlage.[145]

132 **c) Option.** Das sog. Optionsrecht gibt dem Berechtigten die Befugnis, durch eine einseitige Willenserklärung ein inhaltlich bereits vereinbartes Vertragsverhältnis unmittelbar zu-

---

[137] BGHZ 102, 384, 388.
[138] *BGH* WM 2006, 1499 und → Rn. 119 ff.
[139] *BGH* NJW 1990, 1234, 1235.
[140] *BGH* LM § 154 BGB Nr. 4.
[141] BGHZ 61, 48.
[142] *BGH* NJW 1990, 1233.
[143] BGHZ 102, 384, 388.
[144] *BGH* NJW 1990, 1233, 1234.
[145] Vgl. *BGH* NJW 1986, 2822, 2823 und → Rn. 83 f.

stande zu bringen oder zu verlängern. Das Optionsrecht beruht auf vertraglicher Grundlage. Es ist somit ein (häufig, aber nicht notwendig zeitlich befristetes) Gestaltungsrecht, das im Unterschied zum Vorvertrag nicht einen Anspruch auf einen Vertragsschluss zum Gegenstand hat, sondern die vertragliche Verpflichtung unmittelbar durch einseitigen Akt des Berechtigten schafft. In verbreiteter Terminologie werden Optionen vor allem als sog. Ankaufsrechte (Call-Optionen) vereinbart. Umgekehrt werden die sog. Verkaufsrechte als Put-Optionen vereinbart.

Die wirtschaftliche Funktionen und Bedeutung von Optionen liegt darin, einem aktuell noch unentschlossenen potentiellen Vertragspartner eine Bedenkzeit für den Abschluss des Vertrages einzuräumen. Bei Exportgeschäften bietet sich eine solche Vereinbarung insbesondere an, wenn sich der potentielle Erwerber über die Verwendbarkeit oder Weiterveräußerbarkeit der angebotenen Ware noch nicht im Klaren ist und für den Optionszeitraum verhindert werden soll, dass die Ware anderen Interessenten angeboten wird. **133**

3. Vertragsauslegung und Lückenschließung. Die Parteien von Exportverträgen werden ihre vertragliche Regelung so präzise wie möglich fassen, um Meinungsverschiedenheiten und Unklarheiten über den Inhalt der getroffenen Abreden zu vermeiden. Dieses Ziel wird von den Vertragsparteien nach aller Erfahrung nicht durchweg erreicht. Typische Situationen sind vielmehr: die vereinbarten Vertragsklauseln erweisen sich im Nachhinein doch als unpräzise, an die vertragliche Regelung bestimmter Situationen haben die Parteien gar nicht gedacht und die vertragliche Regelung lässt sich angesichts veränderter Umstände nicht mehr ohne weiteres als interessengerecht ansehen. Nach deutschem Vertragsrecht kommen in solchen Situationen die Instrumente zur Lückenfüllung durch Anwendung des dispositiven Gesetzesrechts und die ergänzende Vertragsauslegung zur Anwendung. **134**

a) Lückenfüllung durch Gesetzesrecht. Enthält der geschlossene Vertrag eine Regelungslücke, kann diese Lücke durch die Anwendung dispositiven Gesetzesrechts geschlossen werden. Enthält beispielsweise der Exportkaufvertrag keine Regelung über die Mängelhaftung, kommt bei Anwendbarkeit des BGB auf den Vertrag (→ Abschnitt 6 Rn. 19 ff.) eine Anwendung der Regelungen der §§ 434 ff., 437 ff. BGB in Betracht. **135**

Die Einfügung der Vorschriften des dispositiven Gesetzesrechts in den Vertrag setzt voraus, dass der Vertrag eine Regelungslücke enthält. Eine solche liegt nicht schon immer dann vor, wenn der Vertrag bestimmte Rechtsfragen nicht regelt. Die Achtung des Prinzips der Privatautonomie gebietet es anzuerkennen, dass die Vertragsparteien bestimmte Fragen nicht regeln wollten, also bewusst offen gelassen haben; dieser übereinstimmende Wille der Vertragsparteien darf auch dann nicht beseitigt werden, wenn sich die gewollte Vertragslücke nachträglich als unbillig erweisen sollte.[146] **136**

Das Füllen von Vertragslücken durch das dispositive Gesetzesrecht ist nur dann zulässig, wenn die Vertragsparteien die Regelungslücke unbewusst belassen haben, wenn also der Vertrag planwidrig unvollständig geblieben ist.[147] Eine solche Regelungslücke ist vorhanden, wenn der Vertrag eine Regelung vermissen lässt, die erforderlich war, um die gewollte Regelung der Vertragsparteien zu verwirklichen. Davon ist auszugehen, wenn ohne die Vervollständigung des Vertrages eine angemessene, interessengerechte Lösung nicht zu erzielen ist.[148] **137**

Vertragslücken entstehen vor allem dann, wenn die Vertragsparteien an einen regelungsbedürftigen Punkt nicht gedacht haben.[149] Ebenso ist der Fall zu behandeln, dass die Parteien eine Regelung nicht für erforderlich hielten.[150] Eine Regelungslücke entsteht auch dann, wenn sich die bei Vertragsschluss bestehenden wirtschaftlichen oder rechtlichen Ver- **138**

---

[146] *BGH* NJW 1985, 1835; Staudinger/*Roth*, BGB, § 157 Rn. 19.
[147] *BGH* ZIP 2007, 774; BGHZ 127, 138, 142.
[148] *BGH* ZIP 2007, 774 Rn. 28.
[149] *BGH* NJW-RR 1991, 177.
[150] *BGH* NJW 2002, 1260, 1262.

hältnisse nachträglich geändert haben;[151] unerheblich ist deswegen, ob die Regelungslücke von Anfang an bestand oder ob sie erst nachträglich auftritt.[152] Die Unwirksamkeit einer Vertragsklausel führt ebenfalls zu einer planwidrigen Vertragslücke.[153]

139 **b) Ergänzende Vertragsauslegung.** Während die Vertragsauslegung grundsätzlich darauf gerichtet ist festzustellen, welchen Inhalt eine vertragliche Erklärung bzw. Regelung hat, ist die ergänzende Vertragsauslegung darauf gerichtet, vertragliche Regelungslücken zu schließen. Nach der Rechtslage nach dem BGB gehört die ergänzende Vertragsauslegung zu der nach § 157 BGB vorzunehmenden Vertragsauslegung, die den im Vertrag niedergelegten Regelungsplan der Vertragsparteien als eine Rechtsquelle versteht, aus der offen gebliebene Regelungsfragen unter Berücksichtigung von Treu und Glauben und der Verkehrssitte zur Lückenschließung entwickelt werden können.[154]

140 Die ergänzende Vertragsauslegung setzt somit eine unbewusste Regelungslücke des Vertrages voraus (→ Rn. 136). Sie ist deshalb nicht zulässig, wenn die Parteien einen regelungsbedürftigen Punkt bewusst offen gelassen haben. Das Ergebnis der ergänzenden Vertragsauslegung muss dementsprechend mit dem (mutmaßlichen) Willen der Vertragsparteien harmonieren. Kann eine Regelungslücke auf verschiedene Weise geschlossen werden und besteht kein Anhaltspunkt dafür, welche Alternative die Vertragsparteien bevorzugt hätte, kommt eine ergänzende Vertragsauslegung nicht in Betracht.[155]

141 Besondere Bedeutung haben diese Grundsätze bei der **Berücksichtigung von öffentlichen Lasten (Steuern)** in der vertraglichen Preisvereinbarung. In Deutschland entscheiden die Gerichte in ständiger Rechtsprechung, dass die gesetzlichen Steuerlasten in dem angebotenen Preis enthalten sind.[156] Haben die Parteien irrtümlich angenommen, dass eine Steuerbelastung nicht anfalle, kann der Verkäufer die Steuerlast zusätzlich zum gezahlten Preis verlangen.[157] Sind die Parteien umgekehrt irrtümlich von einer Steuerpflicht ausgegangen, ist der vereinbarte Preis entsprechend herabzusetzen.[158]

142 Im Falle der **Unwirksamkeit von Preisänderungs- oder Preisanpassungsklauseln** ist nicht davon auszugehen, dass die Parteien einen Festpreis vereinbaren wollten; vielmehr ist die unwirksame Regelung durch eine angemessene neue Regelung zu ersetzen.[159]

143 **4. Haftung für Pflichtverletzung.** Haftungsrechtlich besteht ein grundlegender Unterschied zwischen der Haftung aus Vertrag (→ Rn. 152 ff.) und der Haftung aus Delikt (→ Rn. 173 ff.). Haftungsrechtlich wird international danach unterschieden, ob der Geschädigte mit dem Schädiger in einer vertraglichen Verbindung stand und deswegen das vertragliche Haftungsrecht zur Anwendung kommt; andernfalls gilt das allgemeine für jeden geltende Deliktsrecht. Nach deutschem Recht ist die Besonderheit zu beachten, dass eine vertragsähnliche Haftung auch in Betracht kommen kann, wenn Schädiger und Geschädigter im Zeitpunkt der Pflichtverletzung in einer vertragsähnlichen Sonderbeziehung, in einem vertragsähnlichen Vertrauensschuldverhältnis gestanden haben; diese Sonderbeziehung kann insbesondere durch die Aufnahme von Vertragsverhandlungen begründet werden kann (→ Rn. 144 ff.).

144 **a) Haftung für Pflichtverletzungen vor Vertragsschluss.** Nach deutschem Recht bestehen schon vor Abschluss des Vertrages vertragsähnliche, nämliche vorvertragliche Verpflichtungen der Verhandlungspartner. Während in anderen Rechtsordnung zumeist gilt, dass die Verhandlungspartner im Stadium der Vertragsverhandlungen im Verhältnis zu einander nur deliktsrechtlich sanktionierten Schutz genießen, anerkennt der deutsche Gesetz-

---

[151] *BGH* NJW-RR 2005, 687.
[152] *BGH* NJW-RR 2008, 562 Rn. 14.
[153] BGHZ 137, 153, 157.
[154] Grundlegend BGHZ 9, 273 ff.
[155] *BGH* NJW-RR 2005, 1619.
[156] BGHZ 115, 47, 50.
[157] *BGH* NJW-RR 2000, 1652.
[158] *BGH* NJW-RR 2005, 205.
[159] *BGH* WM 2008, 1493 Rn. 18.

geber in § 311 Abs. 2 BGB eine Haftung für Verschulden bei Vertragsverhandlungen (sog. culpa in contrahendo). Die damit begründende Haftungsregelung beruht auf der Annahme, dass bereits mit der Aufnahme von Vertragsverhandlungen bzw. einem diesen gleich zu stellenden geschäftlichen Kontakt ein gegenüber bloßen deliktischen Beziehungen der Privatrechtssubjekte zueinander intensivierter Kontakt entsteht, der ein vertragsähnliches Vertrauensverhältnis begründet. Die Verletzung der in diesem Verhältnis kraft Gesetzes bestehenden Rechtspflichten führt grundsätzlich zur Verpflichtung zum Ersatz des Vertrauensschadens.

Eine solche Haftungsverantwortung setzt zunächst voraus, dass ein **vertragsähnliches Vertrauensschuldverhältnis** entstanden ist. Dessen Begründung erfolgt nach § 311 Abs. 2 BGB entweder durch die Aufnahme von Vertragsverhandlungen, die qualifizierte Anbahnung eines Vertrages (iSd § 311 Abs. 2 Nr. 2 BGB) oder ähnliche geschäftliche Kontakte (iSd § 311 Abs. 2 Nr. 3 BGB). Somit entsteht ein Schutzverhältnis mit den besonderen Schutzpflichten bereits vor der Aufnahme von Vertragsverhandlungen. Entscheidend ist, dass der potentielle Vertragspartner sich, seine Begleiter oder seine Rechtsgüter in den Einflussbereich des anderen potentiellen Geschäftspartners begeben hat.[160] 145

Beendet wird das vorvertragliche Schuldverhältnis sowohl mit dem Abbruch des geschäftlichen Kontakts und insbesondere mit den Vertragsverhandlungen als auch mit dem Abschluss des Vertrages. Nach Vertragsschluss geht die Haftung in eine solche für die Verletzung von Vertragspflichten über. 146

Gehaftet wird im vorvertraglichen Vertrauensschuldverhältnis **für schuldhafte Pflichtverletzungen**, § 280 Abs. 1 iVm § 311 Abs. 2 BGB. Kraft Gesetzes sind die Geschäftspartner zur Rücksichtnahme auf die Rechte und Rechtsgüter des anderen Teils verpflichtet. Inhalt und Umfang der bestehenden Verhaltenspflichten müssen in jedem Einzelfall konkretisiert werden und sind von der Intensität und Dauer des vorvertraglichen Vertrauensverhältnisses abhängig. Bei einer an dieser Stelle allein zu leistenden generalisierenden Betrachtung bestehen vor allem Pflichten zum Schutz, zur Obhut und Fürsorge, zur Aufklärung und Auskunft.[161] Für die bloße Verzögerung von Vertragsverhandlungen oder die Vertragsunterzeichnung wird grundsätzlich nicht gehaftet, es sei denn, dass der Geschäftspartner durch hinhaltende Erklärungen von einem anderweitigen Vertragsschluss abgehalten wurde.[162] 147

Hinsichtlich des Verschuldens gilt nach deutscher Rechtslage, dass neben eigenem **Verschulden** auch fremdes Verschulden maßgeblich sein kann. Der pflichtwidrig handelnde Geschäftspartner muss sich kraft Gesetzes nach deutscher Rechtslage das Verschulden seines Erfüllungsgehilfen zurechnen lassen, § 278 BGB.[163] Die Einstandspflicht besteht somit für alle Hilfspersonen, denen sich der Geschäftspartner bei der Vertragsanbahnung bedient.[164] In dieser umfassenden Zurechnung fremden Verschuldens liegt die bedeutendste Abweichung zur deliktischen Haftung, weil nur im Deliktsrecht die Exkulpationsmöglichkeit nach § 831 Abs. 1 Satz 2 BGB gegeben ist, die bei der Vertrauenshaftung im vorvertraglichen Haftungsbereich nicht zugelassen ist. Ein besonderer Verschuldensgrad ist nicht erforderlich; auch fahrlässig verursachte Pflichtverletzungen führen zur Schadenersatzpflicht. Hinsichtlich des Entstehens des Vertrauenstatbestandes reicht es aus, wenn des Vertrauen des Geschäftspartners in zurechenbarer Weise geweckt wurde.[165] 148

Die gesetzliche Rechtsfolge der schuldhaften Pflichtverletzung im vorvertraglicher Vertrauensverhältnis besteht in der Verpflichtung zum **Ersatz des Vertrauensschadens**, § 249 BGB. Wird das Vertrauen in das Zustandekommen eines Vertrages enttäuscht, besteht der Schaden in den (nutzlosen) Aufwendungen. Insofern sind die Kosten für die Vor- 149

---

[160] Vgl. Palandt/*Grüneberg*, BGB, § 311 Rn. 22 ff.
[161] Näher dazu Palandt/*Grüneberg*, BGB, § 311 Rn. 27, 29 ff.
[162] *BGH* NJW 1984, 867.
[163] *BGH* NJW 1991, 2556, 2557.
[164] *BGH* NJW 1991, 2556, 2558.
[165] Vgl. Palandt/*Grüneberg*, BGB, § 311 Rn. 33.

bereitung der Vertragsverhandlungen und von Vertragsentwürfen durch die Einschaltung von Beratern, Rechtsanwälten und Wirtschaftsprüfern ebenso zu ersetzen wie die unternehmensinternen Aufwendungen für abgestelltes Personal, Umbaumaßnahmen und nunmehr erforderliche Rückbaumaßnahmen.[166]

150 Ist ein Vertrag infolge pflichtwidrigen Verhaltens des Handelspartners zustande gekommen, hat der Geschädigte einen Anspruch auf Rückgängigmachung des Vertrages.[167] Wahlweise hat der geschädigte Geschäftspartner das Recht, am Vertrag festzuhalten und Schadenersatz in Gestalt der Herabsetzung seiner Leistungspflichten auf den angemessenen Umfang zu verlangen; bereits geleistete Mehrzahlungen können zurückverlangt werden.[168] Eine Anpassung der Vertragsbedingungen kann der Geschädigte als Vertrauensschadensersatz nicht verlangen.[169]

151 Zu dem Vertrauensschaden gehört nicht der Gewinn, den der Geschädigte aus der Durchführung des Vertrages ziehen wollte und hätte ziehen können. Dieser Schaden gehört nicht mehr zu dem ersatzfähigen Vertrauensschaden, sondern stellt einen Erfüllungsschaden dar, dessen Ersatz vom Schädiger im vorvertraglichen Bereich nicht geschuldet ist. Anerkannt ist aber, dass dann, wenn der Vertrag ohne die Pflichtverletzung zu günstigeren Bedingungen zustande gekommen wäre, der vom Schädiger zu leistende Schadensersatz die entstandenen Mehrkosten umfasst.[170]

152 **b) Haftung für Pflichtverletzungen nach Vertragsschluss.** Die gesetzlichen Tatbestände, an die eine Haftung für vertragliche Pflichtverletzungen anknüpfen, lassen sich konzeptionell in folgende Hauptgruppen gliedern: Gehaftet wird entweder für die **Nichterfüllung** von Vertragspflichten oder für deren **Schlechterfüllung**; sanktioniert wird ferner die **Verletzung von vertraglichen Nebenpflichten** zur Rücksichtnahme auf die Unversehrtheit der Rechtsgüter des Vertragspartners. Sämtliche möglichen Schadensursachen lassen sich diesen drei Störungstatbeständen zuordnen: Geht die zu liefernde Ware nach dem Vertragsschluss aus welchen Grunde auch immer verloren, liegt ein Fall der Nichterfüllung vor. Wird die Ware im beschädigten Zustand geliefert, handelt es sich um eine Schlechterfüllung. Wird die Ware verspätet geliefert liegt ein Fall der Nichterfüllung der Verpflichtung zur pünktlichen Lieferung vor. Die schlechte Verpackung oder unzureichende Dokumentation der Waren stellen jeweils einen Fall der Nichterfüllung vertraglicher Nebenpflichten dar.

153 Das Haftungsrecht für vertragliche Pflichtverletzung ist Gegenstand der jeweils anwendbaren nationalen (ggfs. somit auch ausländischen; → Rn. 20 ff.) Haftungsrechtsordnung. Nachfolgend wird die Rechtslage nach deutschem Recht dargestellt. Die Haftungsrechtslage nach ausgewählten ausländischen Rechtsordnungen wird in kurzen Überblicken in einem nachfolgenden Teil vorgestellt (→ Rn. 217 ff.).

154 Nach deutschem Haftungsrecht bildet der Tatbestand des § 280 BGB, der die Verletzung einer Pflicht aus einem bestehenden Schuldverhältnis (Vertrag) sanktioniert, die **Grundvorschrift** des gesetzlichen Haftungsrechts. Die Vorschrift erfährt allerdings eine Fülle von Modifikationen und Ergänzungen auf der Tatbestandes- und Rechtsfolgenseite, so dass eine abschließende Beurteilung von Haftungsfällen erst nach eingehender Würdigung der einschlägigen Nichterfüllungs- und Schlechterfüllungstatbestände erfolgen kann. Für alle Schuldverhältnisse gilt, dass die Unmöglichkeit der Leistung ein Haftungsbefreiungsgrund darstellt (§ 275 Abs. 1 BGB), eine Schadensersatzpflicht auslösen kann (§ 280 iVm §§ 283, 311a BGB) und Ursache für den Wegfall der Gegenleistungspflicht (Zahlungspflicht) sein kann (§ 326 BGB). Die Nichterfüllung durch den Verzug mit der rechtzeitigen Erfüllung von Vertragspflichten löst unter besonderen Voraussetzungen die Pflicht zum Ersatz des Verspätungsschadens aus (§ 280 Abs. 2 iVm § 286 BGB). Für die besonderen Schuldver-

---

[166] *BGH* NJW 2006, 1963.
[167] *BGH* NJW 1962, 1196.
[168] *BGH* NJW 2006, 3139, 3141.
[169] *BGH* NJW 2006, 3139, 3141.
[170] *BGH* NJW 1998, 2900.

hältnisse wie den Kaufvertrag sind bei Vorliegen von Sach- und Rechtsmängeln zusätzliche Regeln zu beachten, nach denen besondere Rechtsfolgen des gesetzlichen Leistungsstörungsrechts in Betracht kommen (zB die Leistungsstörungsregeln der §§ 434, 437 BGB für Mängel des Kaufgegenstandes).

Der Begriff der **Pflichtverletzung** bildet die zentrale rechtliche Voraussetzung des Haftungsrechts im Vertragsrecht. Der Rechtsbegriff der Pflichtverletzungen erfasst die Verletzung von Hauptleistungspflichten und die Verletzung von Nebenleistungs- und Schutzpflichten. Die Feststellung einer Pflichtverletzung kann grundsätzlich nur im jeweiligen Einzelfall erfolgen. Der Pflichtinhalt und -umfang ist wesentlich von der vertraglichen Vereinbarung im Einzelfall abhängig. 155

Pflichtverletzung ist grundsätzlich jede **Nichterfüllung** einer nach dem Vertrag geschuldeten Leistungs-, Nebenleistungs- oder Schutzpflicht. Der maßgebliche Pflichtinhalt ist aus dem Vertrag und den dafür maßgeblichen Normen des Gesetzesrechts durch Auslegung zu ermitteln. Der Gesetzgeber sanktioniert schon die schlichte Nichterfüllung einer Leistungspflicht als Pflichtverletzung (§§ 275 Abs. 4, 311a Abs. 2 BGB). Schadenersatzansprüche kann der Gläubiger aber nur unter zusätzlichen Voraussetzungen geltend machen. Der Schaden, der allein durch Verzögerung der Leistung entsteht, ist nach Maßgabe der §§ 280 Abs. 2, 286 BGB zu ersetzen. Schadenersatz statt der Leistung kann der Gläubiger nach § 280 Abs. 3 BGB nur unter den besonderen Voraussetzungen der §§ 281 ff. BGB verlangen. Beruht die Nichterfüllung der geschuldeten Leistung darauf, dass die Leistung ganz oder teilweise unmöglich wird, wird der Schuldner von seiner Leistungspflicht frei, § 275 BGB; der Gläubiger kann für seinen dadurch entstehenden Nichterfüllungsschaden, dass er die Leistung nicht erhält, nach § 283 BGB Schadenersatz statt der Leistung verlangen. Für Folgeschäden (zB durch einen Betriebsausfall) hat der Schuldner nach § 280 Abs. 1 BGB nur aufzukommen, wenn der Mangel der gelieferten Ware auch durch Nachbesserung nicht zu beseitigen ist (sog. qualitative Unmöglichkeit).[171] 156

In den Fällen der **Schlechterfüllung** der Leistungspflicht ist zunächst das gesetzliche Mängelhaftungsrecht in solchen Vertragsbeziehungen zu beachten, in denen – wie bei Kaufverträgen und Werkverträgen – solche Sonderregeln einschlägig sind (vgl. Rn. 166ff.). 157

Bei allen Verträgen ohne besondere Mängelhaftung (insbesondere also die Dienst- oder Geschäftsbesorgungsverträge nach deutschem Recht) richtet sich die Schadensersatzpflicht des Schuldners für von ihm zu vertretende Schlechtleistungen nach § 280 Abs. 1 BGB. Schadenersatz statt der Leistung kann in diesen Fällen grundsätzlich ebenso wenig verlangt werden wie der Ersatz von vergeblichen Aufwendungen oder entgangener Gewinn.[172] 158

Nach deutschem Haftungsrecht ist der Schuldner zum Schadenersatz nur verpflichtet, wenn er die **Pflichtverletzung zu vertreten** hat, er also insbesondere die Pflichtverletzung verschuldet hat. Nach § 276 BGB ist grundsätzlich jede Art von **Verschulden**, Vorsatz und grobe sowie leichte Fahrlässigkeit erheblich. Die Vorschrift lässt ausdrücklich zu, dass sich aus dem Vertrag ein anderer Haftungsmaßstab ergeben kann. Die Parteien des Exportvertrages werden von dieser Möglichkeit regelmäßig Gebrauch machen.[173] Aus § 280 Abs. 1 Satz 2 BGB ergibt sich, dass im Streitfall der Geschädigte die Pflichtverletzung und der Schädiger das Nichtvertretenmüssen zu beweisen hat. 159

Die **Rechtsfolgen** bei Pflichtverletzung umfassen insbesondere die Schadenersatzverpflichtung, das Recht zum Rücktritt vom Vertrag, den Ausschluss der Leistungspflicht und den Wegfall der Gegenleistungspflicht. Für Mängel des Vertragsgegenstandes in Kauf- und Werkverträgen gelten spezielle Haftungsregeln. 160

Hinsichtlich der **Schadenersatzpflicht** ist zunächst zu unterscheiden zwischen dem Schadenersatz neben der Leistung nach § 280 Abs. 1 BGB und dem Schadenersatz statt der Leistung nach §§ 280 Abs. 3, 281 ff. BGB. Der neben der Leistung und damit neben dem 161

---

[171] Vgl. *Lorenz* JZ 2001, 742, 743.
[172] Vgl. Prütting/Wegen/Weinreich/*Schmidt-Kessel*, BGB, § 280 Rn. 14.
[173] → Rn. 169 und Abschnitt 4 Rn. 188 ff.

Anspruch auf Nachbesserung oder Ersatzlieferung nach § 280 Abs. 1 BGB zu beanspruchende Schadenersatz umfasst alle Schäden, die durch die Pflichtverletzung endgültig entstanden sind, also auch Nachbesserung oder Ersatzlieferung nicht beseitigt werden können.[174] Der Schadensersatz statt der Leistung, der unter den Voraussetzungen der §§ 281–283 BGB beansprucht werden kann, umfasst Schäden, die durch ordnungsgemäße Erfüllung noch verhindert werden können (wie zB den Schaden durch den mangelbedingten Minderwert der Ware, entgangenem Gewinn aus dem Weiterverkauf, Mehrbelastungen durch einen Deckungskauf).

162   Ersatz von **Verspätungsschäden** kann nur verlangt werden, wenn neben der Pflichtverletzung die weiteren Voraussetzungen des Verzuges in § 286 BGB erfüllt sind, § 280 Abs. 2 BGB. Grundsätzlich ist dafür eine Mahnung erforderlich, wenn diese nicht ausnahmsweise entbehrlich ist, vor allem, weil der Leistungszeitpunkt nach dem Kalender bestimmt ist, § 286 Abs. 2 Nr. 1 BGB.

163   Ersatz vergeblicher **Aufwendungen** kann nach § 284 BGB nur anstelle und damit nur unter den Voraussetzungen des Schadenersatzes statt der Leistung (§ 280 Abs. 3 BGB) verlangt werden. Ersatzfähig sind überdies nur solche Aufwendungen, die der Gläubiger im Vertrauen auf den Erhalt der Leistung gemacht hat und billiger Weise machen durfte. Hierunter werden vor allem die Vertragskosten und sonstige Aufwendungen zum Erhalt der Leistung (Kosten der Versicherung, des Transports, Kosten der Finanzierung) verstanden.[175] Der Anspruch ist ausgeschlossen, wenn der mit dem Geschäft verfolgte Zweck aus anderen Gründen als der Pflichtverletzung nicht erreicht worden wäre, § 284 BGB. Das ist insbesondere der Fall, wenn der Gläubiger etwa wegen Preisverfalls aus dem Geschäft ohnehin keinen Gewinn gezogen hätte.

164   Den **Ausschluss der Leistungspflicht** sieht § 275 Abs. 1 BGB für die Fälle vor, in denen die Leistung für den Schuldner oder jedermann unmöglich ist. Dabei kommt es nicht darauf an, ob die Unmöglichkeit von Anfang an gegeben war, oder erst nachträglich durch nach Vertragsschluss eintretenden Umstände eingetreten ist. Der Schuldner wird auch dann frei, wenn er das Leistungshindernis zu vertreten hat; er ist dann nur noch zum Schadenersatz verpflichtet, §§ 280, 283, 284 BGB.

165   Entfällt die Leistungspflicht des Schuldners nach § 275 BGB, entfällt bei gegenseitigen Verträgen der Anspruch auf die **Gegenleistung**, § 326 Abs. 1 BGB.

165   Das Recht zum **Rücktritt** setzt nach § 323 BGB eine Pflichtverletzung voraus, ohne dass diese vom Schuldner zu vertreten sein muss. Voraussetzung für den Rücktritt ist der Ablauf einer dem Schuldner vom Gläubiger gesetzten angemessenen Frist zur Leistung oder Nacherfüllung. Der Rücktritt hindert den Gläubiger nicht, Schadenersatz statt der Leistung zu verlangen, § 325 BGB. Wird das Rücktrittsrecht ausgeübt, hat eine Rückabwicklung der beiderseits ausgetauschten Leistungen zu erfolgen, §§ 346 ff. BGB. Diese gesetzliche Regelung des Rücktrittsrechts ist für Exportgeschäfte wenig geeignet, weil sie den Rücktritt an wenige Voraussetzungen knüpft, die bei den Distanzgeschäften des Exportgeschäfts zu wirtschaftlich gravierenden Rechtsfolgen führen können. Ist der Schuldner zur Rückgewähr nicht imstande, hat er Wertersatz zu leisten, § 346 Abs. 2, 3 BGB.

166   Die **Haftung für Sachmängel in Kaufverträgen** ist nach § 437 BGB in besonderer Weise gestaltet; Entsprechendes gilt nach § 634 BGB für Werkverträge.[176] Im Kaufrecht hat der Käufer nach § 437 BGB das Recht, Nacherfüllung zu verlangen, nach Maßgabe der §§ 440, 323 und 326 Abs. 5 vom Vertrag zurückzutreten oder nach § 441 BGB den Kaufpreis zu mindern; Schadenersatz und Aufwendungsersatz kann nach näherer Maßgabe des § 437 Nr. 3 BGB verlangt werden. Der Verkäufer, der die Lieferung einer mangelfreien Ware schuldet, hat bei schuldhafter Verletzung dieser Pflicht und nach Maßgabe der §§ 440, 280 Abs. 1 und Abs. 3 iVm § 281 ff. BGB Schadenersatz zu leisten (→ Rn. 152). Dazu zählen

---

[174] Vgl. *BGH* NJW 2008, 911.
[175] Vgl. *Grigoleit* ZGS 2002, 123.
[176] Vgl. Palandt/*Sprau*, BGB, § 634 Rn. 1 ff.

neben den Kosten der Reparatur oder einer Ersatzbeschaffung[177] auch der entgangenen Gewinn,[178] die Belastung einer Schadenersatzpflicht aus dem Weiterverkauf der Sache[179] sowie Nutzungsausfall[180] und Gutachterkosten.[181]

Die Rechtsbehelfe des gesetzlichen Kaufrechts sind so konzipiert, dass sie einen **Vorrang der Nacherfüllung** gem. §§ 437, 439 vorsehen.[182] Die Nacherfüllung umfasst die Lieferung einer mangelfreien Sache, also die Nachlieferung, die Ersatzlieferung oder den Umtausch, und die Nachbesserung, also die Reparatur. Der Vorrang dieser Rechtsbehelfe wird dadurch gewährleistet, dass sowohl das Recht zum Rücktritt und zur Minderung als auch für den Schadenersatzanspruch und den Aufwendungsersatzanspruch grundsätzlich zuerst Nacherfüllung verlangt werden muss. Das gesetzliche Kaufrecht verlangt somit grundsätzlich vom Verkäufer eine zweite Andienung des Kaufgegenstandes.[183] Erst wenn der Käufer erfolglos eine angemessene Frist zur Nacherfüllung gesetzt hat und der Verkäufer diese hat verstreichen lassen, kann er vom Vertrag zurücktreten, den Kaufpreis mindern, Schadenersatz statt der Leistung und Aufwendungsersatz geltend machen.

167

Die Parteien des Exportkaufvertrages werden zu erwägen haben, ob vor allem diese Rechtslage nach dem Haftungsrecht des gesetzlichen Kaufrechts für sie interessengerecht ist. Entspricht diese nicht der gewollten Rechte- und Pflichtenstellung, ist eine abweichende Regelung zu treffen. Die Regelung des deutschen Kaufrechts sind **dispositiv** und können deshalb von den Parteien des Exportkaufvertrages ganz oder teilweise **abbedungen** werden.[184] Dafür kommen mehrere Möglichkeiten in Betracht: Es kann insbesondere durch eine Rechtswahlklausel, die Geltung des deutschen Rechts insgesamt ausgeschlossen werden (→ Rn. 20 ff.), es kann die Geltung des BGB ausgeschlossen werden und damit das internationale Einheitskaufrecht der CISG zur Anwendung kommen (→ Rn. 188 ff.) oder es können Modifikationen des gesetzlichen Kaufrechts durch vertragliche Sonderregeln vorgesehen werden (→ Abschnitt 3 Rn. 51 ff.). Erfolgt der Ausschluss oder die Modifikation durch Allgemeine Geschäftsbedingungen, sind Besonderheiten der Inhaltskontrolle zu beachten (→ Abschnitt 4 Rn. 134 ff.).

168

c) Haftungsausschluss. Die Geschäftsparteien des Exportgeschäfts haben in Betracht zu ziehen, dass die Haftung nach den vorgenannten Grundsätzen aus verschiedenen Rechtsgründen ausgeschlossen sein. Die Haftung nach dem gesetzlichen Kaufrecht für Mängel der Kaufsache ist kraft Gesetzes ausgeschlossen, wenn der Käufer den Mangel bei Vertragsschluss kennt, § 442 Satz 1 BGB. Ist ihm der Mangel infolge grober Fahrlässigkeit unbekannt geblieben, gilt die nämliche Rechtslage, wenn nicht der Verkäufer den Mangel arglistig verschwiegen hat oder eine Garantie für die Beschaffenheit der Ware übernommen hat, § 442 Satz 2 BGB. Nach nicht abschließend geklärter Rechtslage verlangt das Gesetzesrecht zur Vermeidung grob fahrlässiger Unkenntnis vom Mangel regelmäßig keine aktive Prüfung oder Untersuchung des Kaufgegenstandes durch den Käufer.[185]

169

Zu beachten ist nach deutschem Haftungsrecht § 377 HGB. Danach gilt für Exportgeschäfte zwischen Kaufleuten, dass die Ware nach der Ablieferung durch den Verkäufer unverzüglich zu untersuchen ist und dem Verkäufer entdeckte Mängel anzuzeigen sind. Verletzt der Käufer die Rüge- oder Anzeigeobliegenheit gilt die Ware als genehmigt, § 377 Abs. 2 HGB. Dies führt zu einem Verlust aller Rechtsbehelfe des Käufers; der Verkäufer wird so gestellt, als habe er mangelfrei geliefert; der Käufer hat den vollen Kaufpreis zu entrichten.[186]

170

---

[177] BGHZ 77, 218.
[178] *BGH* NJW 2002, 141.
[179] *BGH* NJW-RR 1996, 951.
[180] BGHZ 92, 308.
[181] Vgl. *BGH* NJW 2002, 141; näher Palandt/*Grüneberg*, BGB, § 280 Rn. 18 ff.
[182] Vgl. näher Palandt/*Weidenkaff*, BGB, § 437 Rn. 4.
[183] Vgl. *BGH* NJW 2005, 1348 (1350).
[184] Vgl. Palandt/*Weidenkaff*, BGB, § 437 Rn. 3.
[185] Vgl. *Böttcher* ZGS 2007, 20 ff.; *Müller* NJW 2004, 2196 ff.
[186] Vgl. *Müller* ZIP 2002, 1178 ff.

171 Ferner kommt ein vertraglicher Ausschluss der Haftung in Betracht. Solche Vereinbarungen sind nach § 444 BGB grundsätzlich wirksam, wenn nicht der Verkäufer den Mangel arglistig verschwiegen hat oder eine Garantie für die Beschaffenheit der Sache übernommen hat.

172 Erfolgt der Haftungsausschluss mittels Allgemeinen Geschäftsbedingungen des Verkäufers, sind die Wirksamkeitsgrenzen der Inhaltskontrolle nach §§ 307 ff. BGB zu beachten. Darauf ist im → Abschnitt 4 näher einzugehen.

173 **5. Deliktsrecht, Produkthaftungsrecht.** Das Deliktsrecht regelt die außervertragliche Verantwortlichkeit der Exportgeschäftsparteien für Schäden infolge der Verletzung von kraft Gesetzes geschützten Rechtsgütern im Zuge der Vorbereitung oder Durchführung des Exportgeschäfts. Das Deliktsrecht hat im Exportgeschäftsrecht vor allem Bedeutung im Hinblick auf die Haftungsverantwortung für durch **Fehler** des Exportgutes verursachte Sach- und Personenschäden. Insofern kommt nach verbreiteter Rechtslage in der EU und außerhalb der EU sowohl eine deliktische Verschuldenshaftung als auch eine gesetzliche Gefährdungshaftung für fehlerhafte Produkte (sog. Produkthaftung) in Betracht.

174 Das anwendbare Recht bestimmt sich internationalprivatrechtlich grundsätzlich nach dem am jeweiligen **Tatort** geltenden Recht (vgl. Art. 4 Rom II-VO).

175 Nach deutschem Recht besteht eine Haftungsverantwortung noch unterschiedlichen Rechtsgrundlagen, nämlich sowohl verschuldensunabhängig nach dem **Produkthaftungsgesetz** als auch verschuldensabhängig nach dem allgemeinen Deliktsrecht des § 823 BGB. Die Unterschiede zwischen diesen beiden Haftungsregeln wirken sich unbeschadet der konzeptionellen und tatbestandlichen Unterschiede in den Konsequenzen und im praktischen Ergebnis nicht erheblich aus,[187] vor allem deshalb, weil die Rechtsprechung zur deliktischen und damit verschuldensabhängigen Produkthaftung eine Umkehr der Beweislast für die Fehlerfreiheit bei Inverkehrbringen des Produkts und die Ursächlichkeit zwischen Fehler und Schaden befürwortet hat.[188] Die Haftung nach dem Produkthaftungsgesetz, die europaweit auf der Grundlage einer entsprechenden Richtlinie der EU eingeführt wurde, ist als Gefährdungshaftung konzipiert und wird durch die Höchstbeträge für Tod und Körperverletzung (§ 10 ProdHaftG) sowie eine Selbstbeteiligung des Geschädigten bei Sachschäden (§ 11 ProdHaftG) begrenzt. Der haftpflichtige Hersteller kann sich von seiner Haftung nicht exkulpieren, auch nicht bei einem nicht vermeidbaren Fehler an einem Einzelstück. Nach allgemeinem Deliktsrecht gibt es keine Haftungshöchstbeträge; die Rechtsprechung stellt aber hohe Anforderungen an die Verkehrssicherungspflicht des Herstellers; dieser muss sich bei der Konstruktion, der Produktion und der Instruktion des Rechtsverkehrs durch Warnungen und Hinweise nach dem erkennbaren Stand von Wissenschaft und Technik richten.[189] Bei einem Produktfehler gilt eine Beweislastumkehr; der Hersteller muss beweisen, dass ihn an dem Fehler kein Verschulden trifft.[190]

176 Die Haftung trifft in Abhängigkeit vom anwendbaren Recht in erster Linie den **Hersteller,** zusätzlich aber auch den **Importeur** und den **Lieferanten.**[191] Exporteure sollten angesichts dieser Rechtslage dem Thema der Produkthaftung besondere Aufmerksamkeit schenken, weil sie haftungsrechtlich auch dann in die Pflicht genommen werden können, wenn sie das Produkt als Händler vertreiben.

177 Das Haftungsrisiko für einen Konstruktions- oder einen Produktionsfehler kann wegen des zwingenden Charakters der Haftung in der Regel nicht durch vertragsrechtliche Vereinbarungen reduziert werden; vertragliche Freizeichnungsklauseln sind daher weitgehend wirkungslos.[192] § 14 ProdHaftG regelt dies für die Haftung nach diesem Gesetz ausdrücklich; Ausnahmen von der Haftung regelt § 1 Abs. 2 ProdHaftG.

---

[187] Vgl. Palandt/*Sprau*, BGB, § 823 Rn. 205 ff. und Einf. ProdHaftG Rn. 5.
[188] BGHZ 104, 323; *BGH* NJW 1990, 906.
[189] BGHZ 80, 186.
[190] BGHZ 51, 91; vgl. Palandt/*Sprau*, BGB, § 823 Rn. 183.
[191] Vgl. Palandt/*Sprau*, BGB, § 4 ProdHaftG Rn. 2 ff.
[192] Palandt/*Sprau*, BGB, § 823 Rn. 182.

6. Sachenrecht. Das nationale Gesetzesrecht regelt ferner die dingliche Rechtslage am   178
Gegenstand des Exportgeschäfts, insbesondere an der zu liefernden Ware oder dem zur
Sicherheit zur Verfügung gestellten Vermögensgegenstand. Diese die Eigentumslage betreffenden Fragen sind der Disposition der Geschäftsparteien regelmäßig entzogen. Die Parteien sind kraft zwingenden Gesetzesrechts gehalten, die ihnen vom Gesetzgeber zur Verfügung gestellten Instrumente der Eigentums- und Zahlungssicherung zu verwenden.

Die rechtliche Eigentumsordnung hat derzeit noch keine international einheitliche oder   179
vereinheitlichte Regelung gefunden. Insofern sind die Parteien des Exportgeschäfts auf die
Beachtung des geltenden nationalen Rechts angewiesen. Daraus ergibt sich für die Beurteilung der sachenrechtlichen Rechtslage im Exportgeschäft eine doppelte Schwierigkeit:
Zum einen sind die Instrumente der dinglichen Sicherheiten nicht in allen Staaten gleichermaßen bekannt und geregelt. Zum anderen ist nach den Regeln des internationalen
Privatrechts die Beurteilung von Rechtsstreitigkeit im Bereich des Sachenrechts auf der
Grundlage der Rechtsordnung des Staates zu beurteilen, innerhalb dessen Geltungsbereich
sie sich befindet (sog. lex rei sitae, Art. 43 EGBGB und → Abschnitt 13 Rn. 28). Eine
Rechtswahl ist in diesem Bereich nicht zulässig (→ Abschnitt 13 Rn. 29).

Während für den Bereich der Eigentumssicherung noch keine international einheitlichen Regeln vorliegen, haben sich für den Bereich der Zahlungssicherung im Exportgeschäft unter dem Einfluss der ICC international einheitliche Standards durchgesetzt. Im   180
Hinblick darauf, dass angesichts der geltenden internationalen Rechtslage der Verkäufer
sein veräußertes Eigentum durch Vertragsgestaltung (Eigentumsvorbehalt) letztlich nicht
autonom sichern kann, kommt der Sicherung seines Zahlungsanspruchs eine besondere
Bedeutung zu. Auf die dabei auftretenden Rechtsfragen wird im Zusammenhang mit den
Ausführungen zu den Zahlungs- und Zahlungssicherungsgeschäften näher eingegangen (→
Abschnitte 12 und 13). In Abschnitt 13 sind überdies die Rechtsfragen des Eigentumsvorbehalts näher behandelt (→ Abschnitt 13 Rn. 77 ff.). Auf diese Ausführungen wird an dieser Stelle verwiesen.

II. Öffentliches Recht

In dem Bereich des nationalen öffentlichen Rechts sind vor allem die Regeln aus den   181
nachfolgend aufgeführten Regelungsbereichen von besonderer Bedeutung für die rechtliche Ordnung von Exportgeschäften. Die Regeln sind solche des sog. Außenwirtschaftsrechts[193] und zeichnen sich dadurch aus, dass sie durchweg der Parteidisposition entzogen
sind. Die Parteien von Exportverträgen sind deswegen gehalten, ihre Geschäfte und Verträge unter Berücksichtigung und nach Maßgabe dieser Regeln zu gestalten.

Zu den Regeln des Exportwirtschaftsrechts gehören zunächst die **Steuer- und Zoll-**   182
vorschriften. Sie knüpfen die Steuerpflicht an objektive Tatbestände der Zollpflichtigkeit
des Exportgeschäfts. In diesem Handbuch werden die zu beachtenden Zolltatbestände in
den → Abschnitten 29 ff. behandelt.

Die Fragen des **Umsatzsteuer-** und besonderen **Verbrauchssteuerrechts** sowie die   183
zentralen Fragen des Außensteuergesetzes und der Doppelbesteuerungsabkommen werden
in den → Abschnitten 32 ff. dargestellt.

Zu den Regeln des Exportwirtschaftsrechts gehören ferner sämtliche Vorschriften des   184
sog. **Exportkontrollrechts,** nämlich die Regeln der Exportverbote und -beschränkungen,
des Antrags- und Bewilligungsverfahren beim Bundesamt für Wirtschaft und Ausfuhrkontrolle. Sie werden in diesem Handbuch in den → Abschnitten 35 ff. näher behandelt.

Ferner sind von den Partnern des Exportgeschäfts die Regeln des **Ausfuhrförderungs-**   185
rechts und Ausfuhr- und Investitionsschutzrechts zu beachten. Dabei geht es um die
Regelung von Subventionen und sonstige Förderungen im Zusammenhang mit dem Aus-

---

[193] Zur Begriffsbildung in Deutschland vgl. § 1 Abs. 1 AWG; dazu *Krenzler/Herrmann,* EU-Außenwirtschafts- und Zollrecht, 2012, Einl. Rn. 3; *Tietje* (Hrsg.), Internationales Wirtschaftsrecht, § 15.

fuhrgeschäft, aber auch um das Recht der Korruptionsbekämpfung und des Schutzes von Direktinvestitionen im Ausland. Die einschlägigen Regeln werden in den → Abschnitten 38, 52 vorgestellt. Ferner gehören die Regeln der von der öffentlichen Hand gewährten Exportkreditgarantien zu dem hier einschlägigen Normbereich. Die in Deutschland als Hermes-Deckung gewährten Exportkreditgarantien sind Gegenstand von → Abschnitt 27. Die Bekämpfung der Korruption im internationalen Wirtschaftsverkehr erfolgt mit unterschiedlichen Instrumenten. Auf der einen Seite finden sich Konzepte und Maßnahmen präventiver Art.[194] Auf der anderen Seite steht die repressive Bekämpfung der Erscheinungsformen von Korruption mit den Mitteln des Strafrechts (→ Abschnitt 38).

C. Internationales und ausländisches Recht für Verträge des Exportgeschäfts

186   Das Exportgeschäft ist Gegenstand einer ganzen Fülle internationalrechtlicher Regelungen unterschiedlicher Rechtsnatur und verschiedener Einrichtungen. Allein die Vielzahl der normsetzenden Einrichtungen ist groß. Hervorzuheben sind die Arbeiten der Internationalen Handelskammer (ICC), die ihre Regelwerke als sog. Richtlinien publiziert; zu den im Internationalen Handel verbreitetsten Richtlinien gehören die Incoterms und die verschiedenen Richtlinien, die den Zahlungs- und Zahlungssicherungsverkehrs betreffen. Auf diese wird im jeweiligen Sachzusammenhang eingegangen. Der Unterausschuss der Vereinten Nationen für den Handelsverkehr UNCITRAL hat UN-Konventionen und Modellgesetze hervorgebracht, die im Exportgeschäftsverkehr eine beachtliche Bedeutung haben. Ferner ist hervorzuheben ein weiterer UN-Ausschuss, der Wirtschaftsausschuss der Vereinten Nationen für Europa (ECE) sowie die Arbeit des Internationalen Instituts für Privatrechtsangleichung UNIDROIT, die vor allem die Grundsätze für Internationale Handelsverträge geschaffen und sukzessive weiterentwickelt hat.[195] Die Rechtsnatur der von diesen Einrichtungen verabschiedeten Regelungen umfasst internationale, völkerrechtliche Konventionen, Modellgesetze, Rahmenregeln und rechtliche Leitfäden.[196]

187   Es sprengt den Rahmen dieses Handbuches, auch nur einen Überblick über diese Vielzahl von Einrichtungen und Normen geben zu wollen. Die nachfolgende Darstellung konzentriert sich auf ausgewählte, für das Exportgeschäft besonders hervorzuhebende Regelungen. Auf andere Regelungen wird im jeweiligen Sachzusammenhang (vgl. insbesondere zum UNIDROIT-Leasing-Übereinkommen die Hinweise in Abschnitt 8) näher eingegangen.

I. Internationales Einheitsrecht

188   **1. UN-Kaufrechtsübereinkommen (CISG). a) Regelungsinhalt im Überblick.** Das Kaufrechtsübereinkommen der Vereinten Nationen (CISG) wurde von der UNCITRAL erarbeitet und auf der Konferenz in Wien im Jahr 1980 beschlossen. Es gilt seither in mehr als 70 Staaten, nämlich den Staaten, die Vertragsstaaten geworden sind oder es anderweitig in Kraft gesetzt haben.[197] Unter ihnen finden sich die bedeutendsten Export- und Importnationen auf dem Globus, darunter die Mitgliedstaaten der EU, die USA[198] sowie etwa China, Russland und die Schweiz. Nicht beigetreten ist dem Übereinkommen das Vereinigte Königreich; Besonderheiten gelten für Hong Kong.[199] In Deutschland ist die CISG seit dem 1.1.1991 in Kraft.

---

[194] Vgl. dazu *Dölling* (Hrsg.), Handbuch der Korruptionsprävention, 2007; *Achenbach/Ransiek* (Hrsg.), Handbuch Wirtschaftsstrafrecht, 3. Aufl. 2012.
[195] *Ferrari*, in: Schlechtriem/Schwenzer, Kommentar zum Einheitlichen UN-Kaufrecht, Art. 7 Rn. 59 ff.
[196] Vgl. Schmitthoff's Export Trade, ch. 32-004 ff.
[197] Vgl. eingehend Staudinger/*Magnus*, Wiener UN-Kaufrecht, Art. 1 Rn. 1 ff.
[198] Vgl. *Lookofsky*, Understanding the CISG in the USA, 2004.
[199] Vgl. *Buschbaum* IPRax 2004, 546 ff.

Abschnitt 1. Die rechtliche Ordnung und Gestaltung von Exportgeschäften

Die CISG gilt für internationale Kaufverträge. Wegen seiner großen Verbreitung gilt das Übereinkommen als Magna Charta des globalen Exportgeschäftsrechts. Nachfolgend sollen sein sachlicher und persönlicher Anwendungsbereichen sowie die zentralen Regeln kurz vorgestellt werden. Die hervorragende Bedeutung des Übereinkommens ergibt sich daraus, dass sie in ihrem (sachlichen und persönlichen) Anwendungsbereich gilt, ohne dass es einer besonderen Geltungsvereinbarung der Parteien des Exportkaufvertrages bedarf (sog. self executing-Grundsatz). Allerdings bleibt es den Kaufvertragsparteien wegen der dispositiven Rechtsnatur der Regeln unbenommen, die Geltung der CISG ganz oder teilweise auszuschließen, Art. 6 CISG.

189

Der sachliche Anwendungsbereich umfasst nach Art. 1 Abs. 1 CISG „Kaufverträge über Waren". Eine Definition dieser Rechtsbegriffe sieht das Übereinkommen nicht vor. Kaufverträge über Immobilien, Rechte oder Unternehmen unterliegen der CISG nicht. Im Übrigen gilt:

190

- sog. Kompensationsgeschäften (barter contracts): Ware gegen Ware-Geschäfte fallen nicht unter die CISG. Anders verhält es sich bei counter-purchase-Geschäften, bei denen in rechtlich getrennten Verträgen die Parteien mit jeweils unterschiedlichen Rollen einen Warenkauf gegen Bezahlung vereinbaren (→ Abschnitt 7 Rn. 56).

191

- (im deutschen Recht) sog. Werklieferungsgeschäften: Überwiegen nach den Vorstellungen der Parteien andere als typisch kaufrechtliche Elemente, ist die CISG nicht anwendbar, Art. 3 Abs. 2 CISG; zB Anlageliefergeschäfte bei erheblicher Montagepflicht des Lieferanten; ebenso wenig werden Mietkauf oder Leasing von der CISG erfasst (→ Abschnitt 8 Rn. 2).

192

Nach ihrem räumlichen Anwendungsbereich ist die CISG anwendbar auf internationale Geschäfte. Maßgeblich dafür ist grundsätzlich die Niederlassung (nämlich jede tatsächliche Einrichtung, die im eigenen Namen bei Vorhandensein gewisser eigener Entscheidungsbefugnisse am Geschäftsverkehr teilnimmt) der an dem Kaufvertrag beteiligten Personen, Art. 1 Abs. 1 lit. a CISG. Darüber hinaus kommt eine Anwendung der CISG nach Maßgabe des internationalen Privatrechts in Betracht, Art. 1 Abs. 1 lit. b CISG.

193

Nach dem persönlicher Anwendungsbereich ist die Kaufmannseigenschaft der Beteiligten ohne Bedeutung für die Anwendbarkeit der CISG. Ausgeschlossen sind aber Geschäfte, die erkennbar für den persönlichen Gebrauch des Erwerbers vorgenommen werden, Art. 2 lit. a CISG, und damit auch die Verbrauchergeschäfte (b2c-Geschäfte).

194

Art. 6 CISG ermöglicht den Parteien, die Anwendung der CISG abzubedingen. Dabei ist zu beachten, dass Rechtswahlklauseln im Exportvertrag, die ohne nähere Angaben auf das Recht eines Vertragsstaates der CISG verweisen, regelmäßig nicht einen Ausschluss der Anwendung der CISG bewirken. Wird beispielsweise vereinbart: „Dieser Vertrag unterliegt deutschem Recht", ist die CISG als Bestandteil des deutschen Rechts anwendbar. Ein Ausschluss der CISG wird hingegen durch die Formulierung erreicht: „Dieser Vertrag unterliegt dem deutschen, nicht vereinheitlichten Recht".[200]

195

Die CISG regelt eine Reihe, aber durchaus nicht sämtliche Fragen, die im Rahmen eines Exportgeschäfts bzw. eines Exportkaufvertrages auftauchen. Geregelt werden insbesondere das Zustandekommen des Vertrages (Art. 14 ff. CISG); Formfragen (Art. 11 CISG) sowie die Rechte und Pflichten der Vertragsparteien, Art. 30 ff., Art. 53 ff. CISG. Nicht geregelt sind folgende Fragen: die Gültigkeit des Vertrages (Art. 4 lit. a CISG); die Rechtsfragen staatlicher Genehmigung (Export- oder Importgenehmigung); die Eigentumsverschaffung (Art. 4 lit. b CISG); Rechtsfragen der Haftung für Personenschäden (Art. 5 CISG); die Fragen der Verjährung, die in einem gesonderten UN-Übereinkommen geregelt sind.[201]

196

---

[200] Vgl. *Koch*, Wider den formularmäßigen Ausschluss des UN-Kaufrechts, RIW 1996, 379 ff.; eingehend Staudinger/*Magnus*, Wiener UN-Kaufrecht, Art. 6 Rn. 1 ff.; *Saenger*, in: Ferrari/Kieninger ua, Internationales Vertragsrecht, Art. 6 Rn. 1 ff.

[201] Vgl. dazu das UN-Übereinkommen vom 12.6.1974; zu diesem in Deutschland nicht in Kraft getretenen Übereinkommen vgl. *Schlechtriem/Schwentzer,* Kommentar zum Einheitlichen UN-Kaufrecht, Anhang II zur CISG, S. 1040 ff.

1. Teil. Grundlagen des Rechts der Exportgeschäfte

197 Die Haftung bei Pflichtverletzungen und damit die Rechtsbehelfe bei Leistungsstörungen sind in drei Normgruppen geregelt.[202] Die Rechte des Käufers sind nach Art. 45 vor allem der Schadensersatzanspruch sowie nach Art. 46 CISG: Erfüllung, Ersatzlieferung, nach Art. 48 CISG: Nachbesserungsrecht des Verkäufers, nach Art. 49 CISG: Vertragsaufhebung, nach Art. 50 CISG: Herabsetzung (Minderung) des Kaufpreises. Art. 61 CISG bestimmt die Rechte des Verkäufers, nämlich nach Art. 62 CISG: Zahlung, Abnahme, sonstige Pflichten; nach Art. 64 CISG: Aufhebung des Vertrages; und Schadensersatz nach Art. 74 ff. CISG. Ausnahmen und Befreiungsregelungen sind in Art. 39 CISG (Mängelrüge) und in Art. 79 CISG (Hinderungsgründe außerhalb des Einflussbereichs) vorgesehen.

198 **b) Bewertung.** Bei der (für jedes Exportgeschäft und den dabei erfolgenden Abschluss eines Exportkaufvertrages von den Parteien zu treffende) Bewertung der CISG im Hinblick auf die Frage, ob es für die Ordnung der Vertragsbeziehungen der Handelsgeschäftsparteien eine interessengerechte Grundlagenordnung darstellt, ist zunächst zu berücksichtigen, dass diese Konvention wegen ihrer weltweit verbreiteten Anerkennung eine rechtliche Ordnung darstellt, auf die sich die Parteien des Exportkaufvertrages ungeachtet ihrer Herkunft selbst aus unterschiedlichen Rechtskreisen verständigen können, ohne dass der einzelne Vertragspartner eine Benachteiligung durch eine für ihn fremde nationale Rechtsordnung befürchten müsste. Die CISG ist ausweislich der Präambel mit der Zielsetzung konzipiert worden, die Entwicklung des internationalen Handels „auf der Grundlage der Gleichberechtigung und des gegenseitigen Nutzens" zu fördern. Auch wenn diese Zielsetzung zuvorderst staatenbezogen formuliert ist, entfaltet die auf Universalität, Gleichberechtigung und freundschaftlichen Beziehungen gerichtete Grundkonzeption der CISG einen entsprechenden Anreiz und Nutzen zumindest mittelbar auch für die Parteien von Exportkaufverträgen selbst. Die Anerkennung oder Vereinbarung der Geltung der CISG für die Ordnung der kaufvertraglichen Rechtsbeziehungen der Exportgeschäftsparteien kann vor diesem Hintergrund grundsätzlich eine den Interessenausgleich fördernde, das Vertrauen der Geschäftspartner zueinander stärkende und die Diskussion um die sachgerechte rechtliche Ordnung dieser Beziehungen entlastende Bedeutung haben. Kaufvertragsparteien, die sich auf die Geltung einer praktisch global geltenden Einheitsrechtsordnung verständigen, müssen nicht befürchten, dass sie vom jeweils anderen Vertragspartner durch eine Wahl einer einzelstaatlichen Rechtsordnung benachteiligt werden.

199 Andererseits – und deswegen wird die Konvention verschiedentlich weniger hoch eingeschätzt – erfolgt die Handhabung der Konvention, die letztlich in Ermangelung eines einheitlichen Gerichtshofs für die Entscheidung von CISG-Streitigkeiten durch nationale Gerichte[203] oder Schiedsgerichte erfolgt, nicht durchweg interessenausgleichend und wird deshalb nicht durchweg als fair und sachgerecht empfunden. Von besonderem Interesse ist dabei regelmäßig die Handhabung des Haftungsregimes des UN-Kaufrechts. Dieses ist zunächst dadurch charakterisiert, dass es – anders als das vorrangig auf Nachbesserung mangelhafter Waren bedachte deutsche Kaufrecht (→ Rn. 166) – auf die Zurückdrängung aller anderen Rechtsbehelfe des Käufers des Käufers zugunsten einer vorrangig schadensersatzorientierten Haftungskonzeption ausgerichtet wurde. Der Anspruch auf Ersatzlieferung (Art. 46 CISG) und der Anspruch auf Vertragsaufhebung (Art. 49 CISG) sind nicht schon bei Vorliegen einer Vertragsverletzung, sondern nur im Falle einer „wesentlichen Vertragsverletzung" gegeben. Eine wesentliche Vertragsverletzung liegt aber nur unter den strengen Voraussetzungen des Art. 25 CISG vor. Der Schadenersatzanspruch besteht demgegenüber bei jeder Vertragsverletzung, Art. 45 Abs. 1 lit. b, Abs. 2 CISG. Hierin kommt eine Betonung der für den internationalen Handelsverkehr bedeutenden Anerkennung des Fortbestandes des pflichtwidrig erfüllten Vertrages zum Ausdruck. Das Nachbesserungsrecht nach

---

[202] Dazu *Schlechtriem/Schwentzer*, Kommentar zum Einheitlichen UN-Kaufrecht und *Saenger*, in: Ferrari/Kieninger ua, Internationales Vertragsrecht.
[203] Vgl. dazu die Nachweise zu den weltweit ergangenen Entscheidungen in der Entscheidungssammlung CLOUT; im Internet erreichnar unter http://www.uncitral.org.

Art. 46 Abs. 3 CISG wird gewährt, wenn die Ware nicht vertragsgemäß ist; diese Regelung steht allerdings unter dem Vorbehalt, dass die Nachbesserung für den Verkäufer unter Berücksichtigung aller Umstände nicht unzumutbar ist. Insbesondere unverhältnismäßig hohe Kosten kann der Verkäufer dabei einem Nachbesserungsbegehren entgegen halten.[204] Insofern wird dem CISG eine absatzorientierte, verkehrsfreundliche Grundtendenz attestiert.

Die Schadenersatzverpflichtung nach Art. 45 CISG ist strikt konzipiert. Sie ist nicht abhängig von einem Verschulden. Grundsätzlich wird jede Pflichtverletzung durch den Verkäufer durch einen Schadensersatzanspruch sanktioniert. Die Ausgewogenheit des Haftungskonzepts sollte über Art. 79, 80 CISG gewährleistet werden, nach denen der Verkäufer für Hinderungsgründe außerhalb seines Einflussbereichs (impediments beyond control) gar nicht haften soll. In der internationalen Rechtspraxis wird diese Haftungsbefreiungsnorm wenig großzügig, wenn nicht eher restriktiv gehandhabt.[205] Bei Einschaltung dritter Personen tritt nach Art. 79 Abs. 2 eine Haftungsverschärfung ein, weil eine Entlastung des Verkäufers nur in Betracht kommt, wenn das Erfüllungshindernis weder für den Verkäufer noch für den Dritten beherrschbar ist.[206] Die Parteien des internationalen Kaufvertrages werden in jedem Einzelfall prüfen, ob die damit einhergehende Risikoverteilung ihrer Interessenlage gerecht wird.

2. Das Übereinkommen über internationales Factoring. Das von der UNIDROIT erarbeitete FactÜ wurde am 28. Mai 1988 zur Zeichnung aufgelegt. Es ist in bisher nur wenigen Ländern in Kraft getreten.[207] In Deutschland gilt es seit dem 25.2.1998.[208] Das FactÜ regelt das internationale Factoring mit dem Ziel, die Stellung von Sicherheiten im internationalen Handel durch den Einsatz eigener Forderungen zu ermöglichen. Das Übereinkommen hat insgesamt keine größere Bedeutung erlangt. Ob sich dies in Zukunft ändern wird, erscheint weniger wahrscheinlich, nachdem UNCITRAL im Jahr 2002 ein weiteres, umfassenderes Übereinkommen über die Finanzierung durch Abtretungen aufgelegt hat und möglicherweise die bedeutendere internationale Regelung werden kann.[209] Vor diesem Hintergrund wird wegen der Darstellung des FactÜ auf die Spezialliteratur verwiesen.[210]

II. UNIDROIT-Grundregeln der internationalen Handelsverträge 2010

Die Principles of International Commercial Contracts 2010 (PICC) des Internationalen Instituts für die Vereinheitlichung des Privatrechts UNIDROIT stellen als optionales Regelungsinstrument eine alternative Grundordnung für internationale Handelsgeschäfte dar. Die PICC sind in deutscher Übersetzung unter dem Titel „Unidroit-Grundregeln der internationalen Handelsverträge 2010" in der ab 2011 geltenden überarbeiteten Fassung veröffentlicht.[211] Sie können zur Anwendung kommen, wenn die Parteien des Handelsgeschäfts dies vereinbart haben.[212] Außerdem sehen die PICC vor, dass ihre Regelungen auch dann zur Anwendung kommen können, wenn vereinbart wurde, dass der Vertrag „Allgemeinen Rechtsgrundsätzen" oder der „Lex mercatoria" oder dergleichen unterliegt. Ferner wird in der Präambel angeregt, bei der Auslegung und Fortbildung internationalen Einheitsrechts oder nationalen Rechts auf die PICC zurückzugreifen. Die PICC 2010 bieten in ihrem Regelungsbereich rechtstatsächlich eine zunehmend bedeutender werdende Grund-

---

[204] Vgl. *Saenger,* in: Ferrari/Kieninger ua, Internationales Vertragsrecht, Art. 46 CISG Rn. 13.
[205] Vgl. die Nachweise bei *Schlechtriem/Schwentzer,* Kommentar zum Einheitlichen UN-Kaufrecht, Art. 79 Rn. 10 ff. und *Saenger,* in: Ferrari/Kieninger ua, Internationales Vertragsrecht Art. 79 Rn. 4 ff.
[206] Vgl. Staudinger/*Magnus,* Wiener UN-Kaufrecht, Art. 79 Rn. 15 ff. und *Saenger,* in: Ferrari/Kieninger ua, Internationales Vertragsrecht, Art. 79 Rn. 8.
[207] Vgl. zum Ratifikationsstand die Nachweise unter http://unidroit.org.
[208] BGBl. 1998 II 172.
[209] Vgl. *Bazinas* ZEuP 2002, 782 ff.; *Eidenmüller* AcP 204 (2004), 457.
[210] Vgl. *Mankowski,* in: Ferrari/Kieninger ua, Internationales Vertragsrecht, FactÜ.
[211] Veröffentlicht in ZEuP 2013, S. 165 ff.
[212] Zur Problematik der Wirksamkeit der Rechtswahl vgl. oben Rn. 20 und Kap. 6 Rn. 84.

lage für die Gestaltung internationaler Handelsverträge,[213] die in den Fällen, in denen sich die Vertragsparteien der Schiedsgerichtsbarkeit unterwerfen,[214] vermehrt als geeignete „neutrale" Ordnung angesehen und in Kombination mit einer (nationalen) Reserverechtsordnung gewählt wird.[215]

203 Die PICC 2010 sehen gegliedert in elf Kapitel mehr als 200 Grundregeln vor, die zentrale Fragen von Handelsverträgen betreffen; eine umfassende Gesamtkodifikation für internationale Handelsverträge halten sie allerdings nicht vor. Neben den eigentlichen Grundregeln (black letter rules) sind erläuternde Kommentare (comments) und Anwendungsbeispiele (illustrations) enthalten. Sie betreffen neben allgemeinen Bestimmungen (Kap. 1) Regeln zum Vertragsschluss und zur Vertretungsmacht (Kap. 2), zur Gültigkeit von Verträgen (Kap. 3), zur Rechtswidrigkeit (Kap. 4), zum Vertrag zugunsten Dritter und zur Bedingung (Kap. 5), zur Erfüllung (Kap. 6), zur Nichterfüllung (Kap. 7), zur Aufrechnung (Kap. 8), zur Abtretung (Kap. 9), zur Verjährung (Kap. 10) und zur Mehrheit von Gläubigern und Schuldnern (Kap. 11). Nicht geregelt werden in den PICC Fragen der Beendigung von Dauerschuldverhältnissen aus wichtigem Grund oder die Inhaltskontrolle von Geschäftsbedingungen.

III. Des Gesetzesrecht in grenzüberschreitenden regionalen Wirtschaftsräumen

204 Zu den bedeutenden Regelungen für den grenzüberschreitenden Waren- und Dienstleistungsverkehr gehören die Regeln über die Zusammenschlüsse von Staaten in regionalen Wirtschafträumen. Sie zielen vor allem auf den Abbau von Zöllen und anderen Handelsbeschränkungen innerhalb des von dem Abkommen erfassten Wirtschaftraumes. Im Unterschied zu den sog. Zollunionen, bei denen die Unionsstaaten einen einheitlichen Außenzolltarif für Importe aus Drittstaaten vereinbaren, schaffen die Mitgliedstaaten damit eine Freihandelszone für die in dem Wirtschaftraum ansässigen Unternehmen.

205 Bei Fehlen eines gemeinsamen Außenzolls stellt sich für die Mitgliedstaaten einer Freihandelszone die Aufgabe einer Schaffung von Ausgleichsmechanismen im Hinblick auf Importe aus Drittländern, mit denen Verzerrungen durch die unterschiedlichen Außenzölle kompensiert werden. Wesentliche Bedeutung haben dabei die sog. Ursprungsregeln, nach denen der Abbau von Binnenschranken nur für solche Produkte in Betracht kommt, welche ihren „Ursprung" in dem von den Mitgliedstaaten gebildeten Wirtschaftsraum haben. Die rechtlich verbindliche Festlegung des Ursprungsbegriffs bildet insofern einen zentrales Anliegen der Freihandelszonenregelungen (→ Abschnitte 29, 30).

206 Freihandelszonen und Zollunionen sind weltweit verbreitet. In → Abschnitt 28 werden ausgewählte Freihandelszonen und deren Regeln näher behandelt.

207 Die Europäische Gemeinschaft gründet wesentlich auf einer Zollunion. Die Zollunion bildete gleichsam den Nukleus für den weit umfassenderen europäischen Integrationsprozess, der sich weit über den Abbau von Handelsbeschränkungen durch Zölle hinaus zu einem umfassend Integrationsraum, in dem die Freiheit des Waren-, Dienstleistungs-, Personen-, Kapital- und Zahlungsverkehrs rechtlich gewährleistet ist.[216] Dadurch hat sie sich über das Konzept einer Zollunion weit hinaus zu einer rechtlichen und wirtschaftlichen Interessengemeinschaft entwickelt; im Vertrag von Lissabon wird dies zum Anlass genommen, nunmehr zu regeln, dass die Union eine Zollunion „umfasst", Art. 28 Abs. 1 AEUV.[217] Die gemeinschaftsrechtlichen Regeln für Exportgeschäfte werden in → Abschnitt 28 näher dargestellt.

---

[213] Vgl. *Lake* Unif. L. Rev. 2011, 691 (703).
[214] → Rn. 25.
[215] Vgl. *Finazzi Agrò* Unif. L. Rev. 2011, 719 ff. und *dies.*, Unif. Commercial Code Law Journal 44 (2011), 77 ff. 81 ff.
[216] *Herrmann/Michl* ZEuS 2008, 81 ff.
[217] Vgl. dazu kritisch *Terhechte*, in: Schwarze (Hrsg.) EU-Kommentar, Art. 28 AEUV Rn. 5.

Abschnitt 1. Die rechtliche Ordnung und Gestaltung von Exportgeschäften

IV. Globales Exportgeschäftsrecht

Bei der Suche nach global geltenden Regeln für Exportgeschäfte finden sich nach geltendem Recht für die einzelnen Bereiche sehr verschiedene und verschiedenartige Rechtsgrundlagen. Für den Bereich des Waren- und Dienstleistungsverkehrs haben die Regeln des WTO-Systems eine herausragende Bedeutung; ihr freihandelsrechtliches Regelungskonzept hat globale Exportgeschäfte letztlich überhaupt erst möglich gemacht. Das internationale Währungsrecht bildet ein weiteres zentrales Element der internationalen Wirtschaftsordnung. Ferner kommt dem internationalen Investitionsrecht eine wichtige Bedeutung für die rechtliche Rahmenordnung der Exportwirtschaft zu. 208

Die angeführten Regeln sind für das einzelne Exportwirtschaftsgeschäft und die dabei abgeschlossenen Verträge in der Regel nicht von unmittelbar rechtserheblicher Bedeutung. Die internationalen Regeln beruhen auf völkerrechtlichen Abkommen, welche eine staatenbezogene Wirkung entfalten. Unmittelbare Wirkung für die in den Vertragsstaaten ansässigen Unternehmen kommt ihnen – nach allerdings nicht allgemein anerkannter Auffassung – nicht zu und wird auch in Europa trotz der Bindung der EU an das WTO-Recht nur in Ausnahmefällen anerkannt.[218] Dennoch ist ihre Bedeutung für das Exportwirtschaftsgeschehen kaum hoch genug einzuschätzen. Die internationale Wirtschaftsordnung und die von ihr verbürgten Freiheitsrechte schaffen die rechtsverbindliche Rahmenordnung im außenwirtschaftlichen Bereich für die einzelwirtschaftliche Betätigung. 209

1. WTO-Recht. Von fundamentaler Bedeutung für die globale Exportwirtschaft ist zunächst das System der Welthandelsorganisation WTO. Dieses beruht auf einer Reihe multilateraler Welthandelsabkommen und einem institutionellen Regelungsrahmen für die WTO. Zusammen bilden diese Regeln das für alle Mitglieder der WTO geltende Welthandelsrecht, Art. II Abs. 2 WTO-Abkommen. Daneben bestehen sog. plurilateralen Handelsübereinkommen, die für den beschränkten Mitgliederkreis der Unterzeichnerstaaten gelten, Art. II Abs. 3 WTO-Abkommen. 210

Den Kern des WTO-Systems bildet das in seiner ursprünglichen Fassung im Jahre 1947 gezeichnete Handelsabkommen GATT, das mit seinen zum GATT-Vertrag 1994 weiter entwickelten Regelungen zum Abbau von Handelshemmnissen für industrielle und landwirtschaftliche Produkte die wesentliche völkerrechtliche Grundlage für den globalen grenzüberschreitenden Warenverkehr geschaffen hat. Für den Dienstleistungsbereich ist das GATS ausgehandelt worden. Das TRIPS-Abkommen dient dem verbesserten Schutz des geistigen Eigentums im internationalen Handel, das TRIMS-Abkommen betrifft handelsbezogene Investitionsmaßnahmen und in besonderen Vereinbarungen sind Regelungen zur Zulässigkeit von Antidumping-Maßnahmen und Subventionen und dagegen gerichtete Ausgleichsmaßnahmen anderer Staaten getroffen worden (vgl. dazu Abschnitt 28). Daneben ist das Verfahren zur verbindlichen Streitbeilegung zwischen den Staaten gestärkt worden (→ Abschnitt 28). 211

Die WTO-rechtlichen Verbote von insbesondere Zöllen, diskriminierenden Handelsbeschränkungen und intransparenten und unverhältnismäßigen Handelshemmnissen schränken die nationale Souveränität bei der autonomen Setzung von Regeln im nationalen Interesse in verfahrensrechtlicher Hinsicht durch Pflichten zur Veröffentlichung, Risikobewertung und Nichtdiskriminierung ein. Materiell bleiben die Mitgliedstaaten grundsätzlich souverän, Entscheidungen etwa über die Höhe der Zölle oder des Umwelt- und Gesundheitsschutzes zu treffen. Die zwischenstaatlich vereinbarten Regeln haben aber zur Folge, dass die Marktfreiheiten auch im nationalen Recht und regionalen Außenwirtschaftsrecht zugunsten der Marktteilnehmer rechtlich und gerichtlich zu schützen sind.[219]

---

[218] Vgl. zusammenfassend und mit kritischer Bewertung zur Rechtsprechung insbesondere des EuGH *Petersmann* ZaöRV 2005, 543 (576 ff.); ferner *Ohler* EuR-Beil. 2012, 137 (144 ff.); *Wohlfahrt* ZaöRV 2010, 523 ff. jeweils mN zur Rechtsprechung des EuGH.
[219] Vgl. Art. XVI 4 WTO, XXIV GATT, V GATS.

212 **2. Internationales Währungsrecht.** Wegen der Notwendigkeit einer Ordnung der internationale Handelsgeschäfte begleitenden Zahlungs- und Kapitalverkehrsgeschäfte kommt dem internationalen Währungsrecht eine fundamentale Bedeutung für Exportgeschäfte zu. Die gegenwärtig geltende internationale Währungsordnung beruht auf dem Abkommen über den Internationalen Währungsfonds (IWF) ursprünglich aus dem Jahr 1944. Es sieht vor allem die freie Konvertibilität von Währungen vor sowie das System von flexiblen, unter der Überwachung durch die Wechselkurspolitik des IWF stehenden Wechselkursen. Nach derzeitiger Rechtslage liegt die zentrale Funktion des IWF darin, den Mitgliedstaaten internationale Liquidität zu sichern und bei Zahlungsbilanzdefiziten Hilfestellungen zu geben.[220]

213 Nach dem IWF werden ferner nationale Devisenkontrollvorschriften einer internationalen Kontrolle unterworfen. Zugleich besteht die solidarische Pflicht der Mitglieder des IWF zur wechselseitigen Anerkennung von Devisenbeschränkungen. Gegen Devisenkontrollvorschriften eines Mitgliedstaates verstoßende Devisenkontrakte sind nicht einklagbar („unenforceable"). Deutschem Rechtsverständnis entsprechend ist diese Regelung in Art. VIII Abschnitt 2 lit. b Satz 1 IWF-Abkommen so zu verstehen, dass die zivilrechtliche Wirksamkeit der privaten Rechtsgeschäfts von dem Verstoß gegen die Devisenkontrollvorschrift nicht berührt wird und der Durchsetzung vertraglicher Ansprüche nur in dem Umfang entgegen steht, in dem die Deviseninteressen des anderen Staates verletzt sind.[221]

214 **3. Internationales Investitionsrecht.** Der Schutz von Auslandsinvestitionen wird traditionell durch autonom gesetztes nationales Recht der Einzelstaaten geschaffen, die wiederum durch bilaterale völkerrechtliche Investitionsschutzverträge im Verhältnis der beteiligten Staaten das Gebot des Wohlwollens bei der Zulassung und Behandlung von Kapitalanlagen und Gesellschaften sowie ein allgemeines Diskriminierungsverbot gegenüber Inländern und nicht zuletzt eine Meistbegünstigungsklausel vorsehen. Die Übereinkommen spielen in Deutschland eine große Rolle; mehr als 130 bilaterale Verträge zum Schutz deutscher Investitionen im Ausland hat die Bundesrepublik Deutschland geschlossen (→ Abschnitt 52 Rn. 36). Die Zuständigkeit zum Abschluss von Investitionsschutzabkommen ist innerhalb der Europäischen Union durch den Lissabon-Vertrag auf die EU übergegangen.[222] Die Bemühungen, den gewährten Schutz aus dem Bereich bilateral autonom geschaffenen nationalen Rechts auf international vergleichbare Standards zu heben und ein sektorübergreifendes multilaterales Investitionsschutzabkommen zu schaffen, haben durch die Verordnung EU Nr. 1219/2012 v. 12.12.2012 zur Schaffung einer Übergangsregelung geführt.[223]

215 Für den Energiesektor ist es dagegen gelungen, mit dem Energie-Charta-Vertrag von 1994 einen umfassenden sektorspezifischen Ordnungsrahmen für Investitionen und Handel zu schaffen. Zusammen mit diesem völkerrechtlichen Vertrag ist das Energie-Charta-Protokoll über Energieeffizienz und damit zusammenhängende Umweltaspekte in Kraft getreten.[224]

216 Zur Förderung von Kapitaltransfers in Entwicklungsländer und zur Versicherung von sog. nichtkommerziellen Investitionsrisiken wurde die Multilaterale Investitions-Garantie-Agentur (MIGA) errichtet. Nach den dazu vereinbarten völkerrechtlichen Regeln sind versicherungsfähig vor allem das Devisentransferrisiko in Ansehung von Beschränkungen des Währungsumtausch und des Devisentransfers durch den Gaststaat, das Enteignungsrisiko und das Risiko des Vertragsbruchs durch den Gaststaat.[225]

---

[220] Vgl. *Herdegen*, Internationales Wirtschaftsrecht, S. 256 ff.
[221] BGHZ 116, 77, 84 f.; vgl. *Ebenroth/Müller* RIW 1994, 269 ff.
[222] Vgl. *Osteneck*, in: Schwarze (Hrsg.), EU-Kommentar, Art. 207 Rn. 13 ff.
[223] ABl. EU Nr. L 351/40.
[224] Vgl. *Wälde* (Hrsg.), European Energy Charta Treaty, 1997; *Gundel*, in: Berliner Kommentar zum Energierecht, Einl. D.
[225] Vgl. *Ebenroth/Karl* RIW 1990, Beilage 1; *Ossmann* JIBL 11 (1996), S. 359 ff.

Abschnitt 1. Die rechtliche Ordnung und Gestaltung von Exportgeschäften

V. Ausgewähltes ausländisches Gesetzesrecht

Der internationale Charakter des Exportgeschäfts bringt notwendig Geschäftspartner aus verschiedenen Ländern in Kontakt. In diesen Ländern gelten jeweils verschiedene Rechtsordnungen, die im Falle der Zugehörigkeit zu verschiedenen Rechtskreisen mehr als nur graduelle Unterschiede aufweisen. Die Verständigung auf die Geltung einer Rechtsordnung – möglicherweise auch einer „neutralen" Rechtsordnung (vgl. Abschnitt 1 Rn. 22ff.) – als Grundlage der Ordnung der Vertragsbeziehungen ist von den Vertragsparteien vor diesem Hintergrund zu erwägen. Für die von den Parteien zu treffende Rechtswahlentscheidung ist die Kenntnis der in Betracht kommen in- und ausländischen Rechtsgrundlagen von zentraler Bedeutung. Im Rahmen dieses Handbuchs kann nur ein grober, oberflächlicher Überblick über einige wenige ausgewählte Auslandsrechte gegeben und auf weiterführende Literatur werden. Die Einholung rechtlicher Expertise für die Rechtswahl und Vertragsgestaltung im Einzelfall ist letztlich nur durch erfahrene Berater möglich. Der Überblick beschränkt sich auf zwei Rechtsordnung des anglo-amerikanischen Rechtskreise (England und USA), auf Frankreich als Mutterland des romanischen Rechtskreises und die Schweiz als einer dem deutschen Rechtskreis zuzuordnenden, im internationalen Handel nicht selten als „neutrale" Rechtsordnung verstandenen Rechtsordnung. 217

1. England. Das englische Recht unterscheidet sich vor allem deswegen grundlegend vom kontinentaleuropäischen und damit auch vom deutschen Recht, weil es sich in erster Linie auf richterlichem Fallrecht entwickelt hat und in vielen Bereichen bis heute nicht auf kodifizierten Gesetzen beruht. Seine erhebliche weltweite Verbreitung beruht darauf, dass es den Briten als Kolonialmacht gelungen ist, das Common Law in den Gebieten des im Zuge der Kolonisierung gebildeten Commonwealth zur Geltung und damit nach Nordamerika, nach Indien, nach Australien und Neuseeland und in weite Gebiete des afrikanischen Kontinents sowie nach Südostasien zu bringen.[226] Erst spät und vor allem im Zuge der Angleichung des englischen und des Rechts der übrigen Staaten des Vereinigten Königreichs und Irlands an das EU-Recht ist eine Kodifizierung der Rechtsgrundsätze erfolgt.[227] 218

Im heutigen englischen Recht ist der Vertrag als Grundlage von Verpflichtungen anerkannt. Neben den aus dem Mittelalter stammenden *covenants,* den *promises under seal,* sind durch den Gesetzgeber zwei Vertragstypen geschaffen worden, der *contract under seal,* der zur Gültigkeit einer bestimmten Form bedarf, und der formlose Vertrag, der nur dann bindende Wirkung hat, wenn eine Gegenleistung, eine *consideration* vorliegt. Unternehmen, die ein *company's seal* führen müssen, schließen meist Verträge under seal. Der Geltungsgrund dieser Verpflichtung liegt nach englischem Rechtsverständnis in der feierlichen Form, der *deed,* in der sie eingegangen wird. Dementsprechend ist bei ihnen traditionell darauf zu achten, dass das Schriftstück *signed, sealed and delivered* ist. In der Rechtspraxis wird das Siegel meist im Voraus auf das Schriftstück gebracht; eine Übergabe wird heute nicht verlangt; für ausreichend wird erachtet, dass der Aussteller des *deed* auf irgendeine Weise zu erkennen gibt, dass dieser ihn binden solle. 219

Bei den formlosen Verträgen wird die bindende Wirkung im Unterschied zum kontinentalen Recht nicht aus der Willensübereinstimmung der Vertragspartner hergeleitet; die bindende Wirkung knüpft vielmehr an das Vorliegen einer *consideration*. Eine *consideration* kann auf folgender Weise erfolgen: Entweder in Gestalt eines Versprechens (sog. *executory consideration*) oder in Gestalt eines Vollzugsaktes als sog. *executed consideration.* Die *consideration* muss etwas Reales zum Gegenstand haben. Das Versprechen muss realisierbar sein, unmögliche und verbotene Leistungen können nicht Gegenstand einer *consideration* sein. Die *consideration* muss überdies zumindest bestimmbar sein. 220

Bei der Auslegung von Verträgen orientiert sich das englische Recht grundsätzlich strikt an dem Wortlaut der Erklärungen; auf den Willen der Vertragsparteien kommt es für die 221

---

[226] *v. Bernstorff,* Einführung in das englische Recht.
[227] Vgl. *Kötz,* Einführung in die Rechtsvergleichung, insbes. S. 198.

Paschke

Auslegung der Rechte und Pflichten der Vertragsparteien grundsätzlich nicht an. Für schriftlich abgefasste Verträge gilt dementsprechend die *parol evidence rule*. Danach wird bei Vorliegen eines Schriftstücks, das die Parteien als ihren endgültigen Vertrag ansehen, ausgeschlossen, vorvertragliche oder gleichzeitige Sonderabsprachen zu berücksichtigen. Einschränkend ist anerkannt, dass neben dem ausdrücklichen Vertragsinhalt stillschweigende Vertragsbestandteile *(implied terms)* als vereinbart anzusehen sind. Die Verkehrssitte und Handelsbräuche finden insofern Berücksichtigung. In sec. 12, 13, 14 Sale of Goods Act ist die Beachtlichkeit solcher *implied conditions* nunmehr ausdrücklich vorgesehen.

222 Nach englischen Recht bedeutet der Vertragsschluss ein Garantieversprechen, Tritt der Erfolg nicht ein, ist deshalb grundsätzlich Schadenersatz zu leisten. Auf ein Verschulden kommt es dabei grundsätzlich nicht an. Der Rücktritt vom Vertrag ist nach englischem Rechtsverständnis nur ausnahmsweise möglich, wenn eine schwere Vertragsverletzung vorliegt; der Anspruch auf Schadenersatz bleibt davon unberührt.

223 Die Schadenersatzverpflichtung wegen *breach of contract* ist anders als nach deutschem Recht (Fristsetzung zur Nacherfüllung, § 281 BGB; → Rn. 156) an keine besonderen Voraussetzungen gebunden. Damit ist nach englischem Recht die Durchsetzung von Schadenersatzansprüchen an weniger Voraussetzungen als etwa nach deutschem Recht gebunden. Der Anspruch aus einem *breach of contract* ist grundsätzlich auf Schadensersatz in Geld gerichtet. Ausnahmsweise, wenn die nicht eingehaltene Vertragspflicht wesentlich ist, kann der Vertragspartner seine vertraglich geschuldete Gegenleistung verweigern bzw. eine bereits erbrachte Leistung zurückfordern.

224 Die Unterscheidung der einfachen von schweren Vertragsverletzungen bzw. die Unterteilung der Vertragspflichten in wesentliche und unwesentliche entspricht der Unterscheidung der *conditions* und *warranties*. *Conditions* sind solche vertraglichen Zusagen, denen nach den Umständen eine so wesentliche Bedeutung für die Durchführung des Vertrages zukommt, dass im Falle ihrer Nichteinhaltung der Vertragspartner nicht mehr gebunden ist (vgl. art. 11 (3) Sale of Goods Act). Eine Verletzung von *warranties* berechtigt den Vertragspartner zur Geltendmachung von Schadensersatz, ohne sich vom Vertrag lösen zu können (vgl. sec. 61 Sale of Goods Act). Die Vertragsparteien können die Unterscheidung zwischen *conditions* und *warranties* grundsätzlich selbst treffen. Nach sec. 11 (3) Sale of Goods Act ist eine von den Parteien vorgenommene Bezeichnung der Vertragsbestimmung nicht bindend; sie muss selbstverständlich zwingenden gesetzlichen Bestimmungen entsprechen und erfolgt letztlich im Wege der Auslegung des Vertrages und im Streitfall somit durch den angerufenen Richter. Bei einem Kauf nach Beschreibung *(by description)* gehört zu den *conditions* des Vertrages, dass die Ware der Beschreibung entspricht; insofern hat die Beschreibung der Handelsware in einem nach englischem Recht geschlossenen Exportkaufvertrag mit besonderer Vorsicht und Sorgfalt zu erfolgen. Beim Kauf nach Muster *(by sample)* sind *conditions* nur für die Größe, Menge, Verpackung und ähnliche Merkmale der Ware anerkannt. Die Befugnis zur verbindlichen Entscheidung über die Einordnung von Vertragsangaben als *condition* oder *warranty* durch richterliche Auslegung gilt auch für sog. *intermediate terms*, die von den Vertragsparteien nicht ausdrücklich der einen oder anderen Zusagengruppe zugeordnet sind und insbesondere als *innominate terms* bezeichnet werden.

225 Abweichend von der grundsätzlich geltenden Garantiehaftung für einen *breach of contract* kennt das englische Recht mit dem Institut der *frustration of contract* eine bedeutende, aber nur in seltenen Fällen anerkannte Ausnahme und damit ein *discharge by frustration*. Ein Vertrag ist danach „frustrated", wenn sich die Umstände durch spätere unvorhergesehene Ereignisse so geändert haben, dass die Erfüllung des Vertrages etwas ganz anderes bedeuten würde, als das, was ursprünglich versprochen wurde. Bloße, wenn auch erhebliche Kostensteigerung (zB in den Schiffstransportfällen nach Sperrung des Suez-Kanal und die notwendige Umfahrung des Cape of Good Hope) reichen für einen solche Annahme nicht aus. Dagegen kann eine *frustration* durch eine Änderung der rechtlichen Umstände des Vertrages (zB Ausfuhrverbote) oder der tatsächlichen Umstände (zB Tod oder schwere Erkrankung des Leistungspflichtigen) eintreten.

Abschnitt 1. Die rechtliche Ordnung und Gestaltung von Exportgeschäften

Im Zusammenhang mit Freizeichnungsklauseln hat die englische Rechtsprechung entschieden, dass die Nichteinhaltung einer „condition" auch den Bruch eines *fundamental term* bedeuten kann und Freizeichnungsklauseln grundsätzlich nicht so ausgelegt werden dürfen, dass eine Vertragspartei davon freigestellt wird, den Vertrag seinem wesentlichen Inhalt nach zu erfüllen. Nach dieser *fundamental breach doctrine* werden für Freizeichnungsklauseln auch in Exportverträgen wichtige Grenzen gesetzt. **226**

Für die Rechtslage beim Warenkauf ist der *Sale of Goods Act 1979* mit Amendment 1995 zu beachten. Der Corpus bzw. seine Fassungen gelten weithin in den Ländern des British Commonwealth, mit Ausnahme insbesondere von Kanada, das eine mit Elementen des US Commercial Code gemischte hybride Gesetzeslage aufweist. **227**

Aus deutscher Sicht ist bei der Befassung mit dem Recht des englischen Rechts des Warenkaufs besonders zu beachten, dass im englischen Recht unter normalen Umständen mit dem Abschluss des Warenkaufvertrages das Eigentum auf den Käufer übergeht. Der Abschluss eines Kaufvertrages ohne sofortigen Eigentumsübergang ist nach englischem Recht möglich und wird durch ein *agreement to sell* (sec. 2 (4) und (5) Sale of Goods Act) vereinbart. **228**

Weiterführende Literatur: (deutschsprachig) *v. Bernstorff*, Einführung in das englische Recht, 4. Aufl. 2011; *Müller*, Die jüngsten Änderungen im englischen Kaufrecht durch den Sale of Goods (Amendment) Act 1995, RIW 1996, 542 ff.; *Nickel/Saenger*, Die warranty-Haftung des englischen Rechts, JZ 1991, 1050 ff.; *Triebel/Illmer/Ringe/Vogenauer/Ziegler*, Englisches Handels- und Wirtschaftsrecht, 3. Aufl. 2012. Ferner in englischer Sprache: *Beale* (ed.), Chitty on Contracts, General Principles and Special Contracts, 3rd ed. 2012; *Burrows* (ed.), Oxford Principles of English Law, English Private Law, 2nd 2007; *McKendrick*, Goode on Commercial Law, 4th ed. 2011.

2. USA. Das US-amerikanische Recht entspricht in dem hier allein in Betracht gezogenen Bereich des Vertragsrechts den Grundlagen des englischen Rechts. Auf diese wird verwiesen (→ Rn. 218 ff.). Besonderheiten der Rechtsanwendung ergeben sich zunächst aus dem Umstand, dass im Bereich der Warenkaufgeschäfte gesetzliche Regelungen des einzelstaatlichen Rechts und speziell der in das einzelstaatliche Recht übernommene bundeseinheitlich konzipierte *Uniform Commercial Code* (UCC) zu beachten ist. Der UCC, der kein verbindliches Bundesgesetz ist, wurde von allen Bundesstaaten der USA (mit Ausnahme von Louisiana) in das einzelstaatliche Recht übernommen, hat aber im Zuge der einzelstaatlichen Gesetzgebung jeweils besondere Ausprägungen erfahren. Überdies ist das UN-Kaufrecht (→ Rn. 188 ff.) seit 1988 in den USA in Kraft und ersetzt in seinem Anwendungsbereich den UCC. **229**

Im amerikanischen Recht sind auch ohne gesetzliche Grundlage Verträge zugunsten Dritter anerkannt sind. Zwei Gruppen von begünstigten Dritten *(third party beneficiaries)* sind anerkannt: dies sind zum einen die Gläubiger des Versprechensempfängers *(creditor beneficiaries)* und zum anderen unentgeltlich Begünstigte *(donee beneficiaries)*. Die Rechtslage im Einzelnen variiert je nach der Person des Drittbegünstigten. Nach amerikanischem Recht soll durch den Vertrag zugunsten Dritter der Kreis der Forderungsberechtigten erweitert werden, sei es zum Zwecke einer Schenkung *(donee beneficiary)*, sei es zur Tilgung einer anderen Schuld *(creditor beneficiary)*. **230**

Der Warenkauf hat im UCC eine kodifizierte Regelung gefunden. Es handelt sich nicht um eine allein für den kaufmännischen Handelsverkehr anwendbare Regelung; einzelne Vorschriften setzen allerdings voraus, dass eine oder auch beide Parteien *merchants* sind. Die Regelungen kodifizieren regelmäßig das geltende Fallrecht und werden bei seiner Auslegung und seiner Lückenfüllung durch das Fallrecht geprägt. Neben der Frage der Anwendbarkeit des einzelstaatlichen Rechts und der Auslegung der einzelstaatlichen Version des UCC ist somit auch im US-amerikanischen Recht die Kenntnis des einschlägigen Fallrechts von zentraler Bedeutung für die Rechtsfindung. **231**

Hinsichtlich der Leistungsstörungen im Warenkauf gelten unbeschadet der Grundlagen und Rechtsgrundsätze des Common Law einige Besonderheiten. Im Falle eines *breach of contract* durch den Verkäufer ist der Käufer gemäß art. 2–711 UCC berechtigt, die dort **232** genannten Rechte geltend zu machen. Er kann die Kaufsache bei einem Dritten erwerben und vom Verkäufer die Differenz zwischen dem Vertragspreis und dem Beschaffungspreis zu verlangen (sog. *cover purchase*). Der Käufer ist berechtigt, die Annahme der Ware zu verweigern, und er kann Rückzahlung des Kaufpreises verlangen. Im Falle der Insolvenz des Verkäufers kann der Käufer die Herausgabe der Ware verlangen, wenn er die Ware im Voraus bezahlt hat und der Verkäufer sie bereist abgesondert hatte. Der Käufer kann ferner vom Vertrag zurücktreten oder Schadenersatz verlangen.

233 Hat der Käufer die Leistungsstörung verursacht, gilt die in art. 2–703 UCC geregelte Rechtslage. Der Verkäufer kann wahlweise seinerseits die Lieferung verweigern, wenn der Käufer insolvent ist, aus sonstigen Gründen nicht zahlt oder sich ohne Begründung vom Vertrag lossagt. Unter den nämlichen Voraussetzungen kann er die Lieferung der Vertragsware noch während des Transports an den Käufer anhalten, sofern nicht Orderpapiere über die Ware ausgestellt und dem Käufer übergeben wurden. Bei Kreditkäufen kann der Verkäufer bereits ausgelieferte Ware vom Käufer innerhalb einer Frist von 10 Tagen nach der Lieferung zurückverlangen; vorausgesetzt ist, dass der Käufer bereits bei der Lieferung insolvent war und die Ware nicht bereits weiterverkauft wurde. Vom Zeitpunkt der Kenntnis der Leistungsstörung durch den Käufer kann der Verkäufer die Vertragsware aussondern, an einen Dritten verkaufen und den Käufer wegen einer Preisdifferenz in Anspruch nehmen. Ferner kann der Verkäufer vom Vertrag zurücktreten oder Schadensersatz geltend machen.

234 Hinsichtlich der Haftung für Sachmängel der Vertragsware ist zwischen der gesetzlichen und der vertraglichen Haftung zu unterscheiden. Die gesetzliche Sachmängelhaftung in den art. 2–324 und 2–315 UCC folgt dem Grundsatz der *implied warranty*. Danach hat der gewerbliche Verkäufer *(merchant)* dafür zu haften, dass die Kaufsache für den normalen Gebrauch *(merchantability)* geeignet ist. Überdies besteht eine Haftung jedes Verkäufers dafür, dass die Kaufsache für einen bestimmten Vertragszweck geeignet ist *(fitness for a particular purpose)*.

235 Gemäß art. 2–313 UCC haftet der Verkäufer für eine ausdrückliche Haftung für bestimmte zugesicherte Eigenschaften des Vertragsgegenstandes *(express warranty by affirmation)*. Die Haftung wird begründet durch ein bindendes Versprechen, ausdrückliches Beschreiben oder den Verkauf nach einem Muster *(promise, description and sample)*. Im Hinblick auf das grundsätzliche Erfordernis einer *consideration* wird in art. 2.209 UCC verbindlich geregelt, dass für eine nachträgliche *express warranty* eine weitere Gegenleistung nicht erbracht werden muss.

236 Die gesetzliche Sachmängelhaftung kann gemäß art. 2–316 (2) UCC ausgeschlossen oder geändert werden. Der Ausschluss der Haftung für einen besonderen Zweck kann nur schriftlich und unter Verwendung deutlicher Formulierungen erfolgen. Die vertragliche Sachmängelhaftung kann gemäß art. 2–316 (1) UCC abbedungen werden. soweit dies *reasonable* ist. Nach art. 2–302 UCC kann unbilligen *(unconsciable)* Klauseln in Warenkaufverträgen die Wirksamkeit versagt werden. Die Kontrollklausel ist als unbestimmter Rechtsbegriff auslegungsfähig und letztlich nur im Wege höchstrichterlicher Entscheidungen präzisierbar. Für Gewährleistungsklauseln in Exportkaufverträge schafft diese Klausel deswegen kein geringes Maß an Rechtsunsicherheit.

Weiterführende Literatur: (deutschsprachig) Hay, US-amerikanisches Recht, 5. Aufl. 2011; *Reimann*, Einführung in das US-amerikanische Privatrecht, 2. Aufl. 2004; *Schack*, Einführung in das US-amerikanische Zivilprozessrecht, 4. Aufl. 2011. Ferner (in englischer Sprache): Hay, Law of the United States, 3rd ed. 2010; *Lord*, Willinston on Contracts, 4th ed. 2011; *White/Summers*, Uniform Commercial Code, 6th ed. 2010.

237 **3. Frankreich.** Die hier zu betrachtende Rechtslage für Exportgeschäfte in Frankreich prägt diesen Bereich der Rechtsordnung im gesamten romanischen Rechtskreis. Zu diesem gehören neben Frankreich selbst die Länder, die in historischer Perspektive unter französischem Einfluss gestanden haben (Länder Belgien, Luxemburg und die Niederlande), die ehemaligen afrikanischen Kolonialländer Frankreichs (insbesondere Senegal, Mauretanien, Mali) sowie die Staaten Algerien, Marokko und Tunesien der Maghreb-Region. Zentrale

Abschnitt 1. Die rechtliche Ordnung und Gestaltung von Exportgeschäften

Bedeutung kommt dabei von Napoleon im Jahr 1804 in Kraft gesetzten *Code Civil* zu. Daneben existiert der *Code de Commerce*, der das Gesellschaftsrecht, das Wechselrecht, das Insolvenzrecht (faillite) und die Handelsgerichtsbarkeit regelt.

Für Warenkaufgeschäfte sieht das Gesetz verschiedene Gewährleistungsansprüche in den Art. 1643 ff. Code Civil vor. Bei Sachmängeln bestehen Gewährleistungsrechte des Käufers nur, wenn die Mängel offenkundig sind und bereits bei Vertragsabschluss bzw. Lieferung vorliegen; sie müssen überdies so gravierend sein, dass die Vertragsware für den gewöhnlichen Gebrauch nicht mehr taugt. Liegen diese Voraussetzungen vor, kann der Käufer die Ware zurückweisen und die Auflösung des Vertrages durch gerichtliche Entscheidung verlangen. Diese Rechte müssen, ebenso wie das Recht auf Minderung des Kaufpreises, müssen innerhalb der Frist, die nunmehr in Art. 1648 Code Civil auf einen Zeitraum von einem Jahr ab Erkennen des Mangels festgelegt ist, geltend gemacht werden. Ein Nachbesserungsrecht besteht nach französischem Recht für geringfügige Mängel. **238**

Die Schadenersatzpflicht des Verkäufers ist nach dem Code Civil in der Weise geregelt, dass der Käufer vom Verkäufer Schadenersatz verlangen kann, wenn der Verkäufer den Mangel kannte; hatte er keine Kenntnis vom Mangel, kann der Käufer nur den gezahlten Kaufpreis zurückverlangen und Ersatz der gewöhnlichen Vertragskosten verlangen, Art. 1645, 1646 Code Civil. Zu Lasten von gewerblichen Herstellern und Händlern anerkennen die französischen Gerichte eine Vermutung des Inhalts, dass sie Kenntnis von dem Mangel gehabt haben müssen. **239**

Ein erkannter Mangel muss dem Verkäufer unverzüglich angezeigt werden. Eine Untersuchungsobliegenheit – wie nach Art des § 377 HGB im deutschen Recht – gibt es nach dem Code Civil zwar nicht; mittelbar wird aber dadurch eine umgehende Überprüfung der gelieferten Ware erforderlich, weil Mängel nur beachtlich sind, wenn sie nicht erkennbar waren. **240**

Bei der Vertragsgestaltung nach französischen Recht ist zu berücksichtigen, dass die Gewährleistung wegen der vermuteten Kenntnis vom Sachmangel durch den gewerblichen Verkäufer (→ Rn. 239) nicht ohne weiteres möglich ist. Andererseits kennt das französische Recht keine Inhaltskontrolle von Allgemeinen Geschäftsbedingungen außerhalb des Konsumentenschutzrechts und damit im Bereich des Handelsverkehrs. Gemäß der Artt. 1382 ff. Code Civil kann eine Haftung für Vorsatz *(dol)* und grobe Fahrlässigkeit *(faute lourde)* nicht ausgeschlossen oder beschränkt werden. Spielraum für die Vertragsgestaltung bei Exportgeschäften nach französischem Recht besteht deshalb nur für nicht grobfahrlässige Vertragsverletzungen. **241**

Weiterführende Literatur: *Ax/Hartmann*, Praxishandbuch Investitionen in Frankreich, 2006; *Hübner/Constantinesco*, Einführung in das französische Recht, 4. Aufl. 2001; *Sonnenberger*, Einführung in das französische Recht, 4. Aufl. 2012; *Witz/Bopp* (Hrsg.), Französisches Vertragsrecht für deutsche Exporteure, 1989.

4. Schweiz. Das für Exportgeschäfte nach schweizerischem Recht in Betracht zu ziehende Privatrecht ist das in der Schweiz geltende Bundesrecht. Nach dem Erlass der Zivilrechtskodifikation im ZGB und OR ist den Kantonen im Bereich des Privatrechts keine Gesetzgebungskompetenz verblieben. Im ZGB ist das Personen-, Familien-, Erb- und Sachrecht geregelt; die für die Exportgeschäfte relevanten Normen des Vertragsrecht haben ihre Regelung im „Bundesgesetz betreffend die Ergänzung des Schweizerischen Zivilgesetzbuches (Fünfter Teil: Obligationenrecht)" (OR) gefunden. Das OR kennt eine Reihe besonderer handelsrechtlich ausgerichteter Vertragstypen (wie etwa den Kreditbrief und den Kreditauftrag oder den Speditionsvertrag), nicht aber eine spezielles Exportgeschäftsrecht oder auch nur Exportkaufvertragsrecht. Das UN-Kaufrecht (CISG) ist in der Schweiz seit 1991 in Kraft getreten. **242**

Für Exportkaufverträge gilt nach schweizerischem Recht, dass der Käufer im Falle des Vorhandenseins von Sachmängeln die Sache zurückgeben oder das ganze Geschäfts rückgängig machen kann; alternativ hat er das Recht zur Minderung des Kaufpreises, Art. 205 OR. Ferner gewährt das OR dem Käufer einen verschuldensunabhängigen Schadenser- **243** satzanspruch, der auf den sog. unmittelbarer Schaden begrenzt ist (Art. 195 Ziff. 4, 208 II OR), während ein weiterer Schaden nur zu ersetzen ist, wenn den Verkäufer ein Verschulden trifft und er sich nicht exkulpieren kann, Art. 208 III OR. Ein Schadenersatzanspruch besteht nicht, wenn der Käufer lediglich eine Kaufpreisminderung verlangt oder diese – aufgrund der besonderen Regelung des schweizerischen Rechts in Art. 205 II OR – auf Antrag des Verkäufers vom Richter zuerkannt wird, Art. 208 II, III OR. Einen gesetzlichen Anspruch auf Mangelbeseitigung kennt das OR nicht, ebenso wenig hat der Verkäufer das Recht, bestehende Mängel zu beheben, um Gewährleistungsrechte abzuwehren.

244 Die gesetzlichen Gewährleistungsrechte stellen dispositives Recht dar. Die gesetzlichen Schranken der Wirksamkeit von vertraglichen Freizeichnungsklauseln unterscheiden zwischen Sach- und Rechtsmangelfällen: Bei Sachmängeln ist die Abbedingung der Gewährleistung wirksam, sofern der Verkäufer den Mangel nicht arglistig verschwiegen hat, Art. 199 OR. Kennt der Verkäufer dagegen den Rechtsmangel, ist er zur Bekanntgabe verpflichtet und ein Gewährleistungsausschluss im Falle absichtlichen Schweigens ungültig, Art. 192 III OR.

245 Die Kenntnis des Käufers von einem Mangel schließt nach Art. 192 II, 220 OR die Gewährleistungsverpflichtung des Verkäufers aus. Bei Sachmängeln gilt dies auch, wenn der Käufer nach „gewöhnlicher Aufmerksamkeit" den Mangel hätte kennen müssen, es sei denn, der Verkäufer hat die Mangelfreiheit zugesichert.

246 Art. 201 OR normiert für den Exportkaufvertrag eine § 377 HGB, Art. 39 CISG entsprechende Regelung zur Rügeobliegenheit. Wenn nicht der Käufer die Ware, sobald als nach dem Vertrag tunlich, prüft und Mängel, für die der Verkäufer Gewähr zu leisten hat, diesem sofort anzeigt, gilt die Ware als genehmigt. Nach schweizerischem Recht kann auch diese Regelung vertraglich modifiziert oder abbedungen werden.

247 Die Produkthaftung wurde mit dem Produktehaftpflichtgesetz aus dem Jahr 1994 die Vorgaben der Produkthaftpflichtrichtlinie der EG angeglichen.[228] Daneben besteht eine mit dem deutschen Recht vergleichbare (→ Rn. 175) deliktische Haftung für fehlerhafte Produkte.[229]

Weiterführende Literatur: *Honsell/Vogt/Wiegand* (Hrsg.), Baseler Kommentar. Obligationenrecht I, 5. Aufl. 2011 und Obligationenrecht II, 4. Aufl. 2012; *Honsell/Vogt/Geiser* (Hrsg.), Baseler Kommentar ZGB I, 4. überarb. Aufl. 2010 und ZGB II, 4. Aufl. 2011; *Magaud,* Die Vorteile der Anwendung schweizerischen Rechts bei verborgenen Mängeln im Recht der internationalen Warenkaufverträge, RIW 1996, 387 ff.; *Münch/Böhringer/Kasper/Probst* (Hrsg.), Schweizer Vertragshandbuch, 2006; *Vischer/Huber/Oser,* Internationales Vertragsrecht. Schweizer Recht, 2. Aufl. 2000; *Witibschlager,* Einführung in das schweizerische Recht, 2. Aufl. 2012.

D. Gegenstände von Exportverträgen

I. Warenexport

248 Das Warenexportgeschäft bildet den traditionellen Kern und den nach wie vor bedeutsamsten Teil internationaler Handelsgeschäfte. Der Warenkaufvertrag wird in der Wirtschafts- und Rechtspraxis vielfach sogar als Synonym für den Exportvertrag gebraucht.[230] Auch wenn dieses Begriffsverständnis wegen der fehlenden Berücksichtigung der umfassenderen rechtlichen Regelungsgegenstände von Exportgeschäften zu kritisieren ist,[231] sind Warenexportgeschäfte durch den Begriff der Ware als Vertragsgegenstand charakterisiert. Warenexportgeschäfte beziehen sich deshalb auf bewegliche körperliche Gegenstände. Im Recht des Warenkaufs stellt diese begriffliche Begrenzung zugleich die zentrale zur Rechtsanwendungsvoraussetzung dar; sie findet sich in der Begrenzung des Anwendungsbereich

---

[228] Vgl. *Foerste/Graf von Westphalen,* Produkthaftungshandbuch, 3. Aufl. 2012, § 44.
[229] *Rödl & Partner,* Handbuch Internationale Produkthaftung, 2. Aufl. 2013.
[230] Vgl. zB *v. Bernstorff,* Der Exportvertrag, 2009.
[231] → Rn. 5.

etwa des autonomen nationalen Warenkaufrechts (§§ 433 ff. BGB) oder des für grenzüberschreitende Kaufverträge geltenden internationalen Einheitskaufrechts (CISG).

Im deutschen Recht ist der Warenbegriff mit dem der Sache identisch. Er umfasst somit alle körperlichen Gegenstände unabhängig von ihrem Aggregatzustand. Warenexportgegenstand können feste, flüssige und gasförmige Sachen sein. Dagegen wird die elektrische Energie nicht als Sache und damit als Warenkaufgegenstand angesehen. In Art. 2 lit. f CISG wird elektrische Energie ausdrücklich aus dem Anwendungsbereich des Übereinkommens ausgenommen (→ Rn. 261 ff.). 249

Nicht abschließend geklärt ist die Sachqualität von Computerdaten. Anerkannt ist die Sach- und Wareneigenschaft, wenn die Daten auf einem Datenträger gespeichert und damit verkörpert sind.[232] Ansonsten werden Computerdaten und besonders Programme mangels Verkörperung nicht ohne weiteres als Ware angesehen.[233] 250

In den Vorschriften zum Warenexport wird der Anwendungsbereich der gesetzlichen Bestimmungen zum Teil besonders geregelt. So enthält beispielsweise die CISG in Art. 2 lit. a einen Ausschluss von Waren für den persönlichen oder familiären Gebrauch. Ebenso fallen Verträge über die Lieferung von den in Art. 2 lit. e genannten Wasser- und Luftfahrzeugen nicht in den Anwendungsbereich des Kaufrechtsübereinkommens. Dagegen wird angenommen, dass die Lieferung von Einzelteilen für die in Art. 2 lit. e CISG genannten Fahrzeuge dem UN-Kaufrechtsübereinkommen unterfallen.[234] 251

II. Export von Dienstleistungen

1. Traditionelle Dienstleistungen. Der Export von Dienstleistungen entwickelt sich zu einem immer bedeutender werdenden Bestandteil der Exportwirtschaft. Der internationale Geschäftsverkehr im Dienstleistungsbereich ist thematisch nicht begrenzt; er umfasst traditionell vor allem Transport- und Bankgeschäfte, zunehmend aber auch Geschäfte im Bereich des Bau- und Montagegewerbes, des Versicherungs-, Post und Telekommunikationswesens sowie medizinischer Dienstleistungen. 252

Die grenzüberschreitende **Erbringung der Dienstleistungen** kann in drei verschiedenen Grundformen erfolgen: (1) Eine internationale Dienstleistung liegt zunächst vor, wenn diese selbst die Grenze überschreitet, ohne dass ein Ortswechsel der an den Transaktionen beteiligten Personen erfolgt (zB Transportgeschäfte, Bank- und Börsengeschäfte, Marketing, Werbung). (2) Ein zweite Grundform des Dienstleistungsexports liegt vor, wenn sich der Dienstleistende (vorübergehend) ins Ausland begibt und dort seine Leistung erbringt. (3) Schließlich kann sich der Empfänger einer Dienstleistung in das Land des Erbringers begeben und dort die Dienstleistung entgegen nehmen. Für den Bereich der in der EU geltenden Dienstleistungsverkehrsfreiheit ist in der Rechtsprechung des EuGH anerkannt, dass grundsätzlich alle diese Formen der Dienstleistungserbringung dem Grundsatz des freien Dienstleistungsverkehrs nach Art. 56, 57 AEUV unterfallen.[235] 253

In diesem Handbuch werden die wichtigsten exporterheblichen Dienstleistungen und die dafür geltenden rechtlichen Regeln näher behandelt. Dies betrifft zunächst das Recht des Zahlungsverkehrs im Kapitel 7, Abschnitte 12–13. im Kapitel 8 werden die Transportgeschäfte und im Kapitel 9 die Versicherungsgeschäfte eingehender dargestellt. Auf diese Darstellungen wird an dieser Stelle verwiesen. 254

2. Post und Rundfunk. Keine nähere Behandlung in diesem Handbuch werden die Bereiche des Post- und Telekommunikationswesens sowie des Rundfunkwesens erfahren. Diese Bereiche haben sich sachlich zu weitgehend je eigenständigen rechtlichen Materien 255

---

[232] BGHZ 102, 135, 144.
[233] So aber *Piltz* NJW 1994, 1102; *Brandi-Dohrn* CuR 1991, 705 ff.; aA *Bormann/Bormann* DB 1991, 2641.
[234] Vgl. *Piltz* NJW 1994, 1102.
[235] Vgl. *Holoubek*, in: Schwarze (Hrsg.), EU-Kommentar, Art. 56, 57 AEUV Rn. 33 ff.

entwickelt, die sich einer einbeziehenden Darstellung im vorliegenden Handbuch entziehen.

256 Die **Dienstleistungen im Postbereich** haben in den vergangenen Jahren tiefgreifende Veränderungen erfahren. In der Europäischen Union hat die Postdiensterichtlinie aus dem Jahr 1997 die traditionellen Monopolrechte der ehemaligen Postbehörden erheblich beschränkt oder aufgehoben und für den Wettbewerb geöffnet. Zugleich wurden die ehemaligen Postbehörden im Wege einer Aufgaben- und Organisationsprivatisierung in privatwirtschaftliche Unternehmen umgewandelt. Damit entstehen sukzessive wettbewerblich geordnete Märkte für Transport-, Kurier- und Logistikdienste, auf denen die ehemaligen Staatsbetriebe mit neu gegründeten Wettbewerbern wie den von Zeitungsverlagen gegründeten Postdienstleistungsunternehmen konkurrieren. Die ehemaligen Staatsbetriebe tragen die Verpflichtung zum Universaldienstangebot, also zur flächendeckenden Versorgung der Bevölkerung mit postalischen Leistungen.[236]

257 Im Bereich der **Telekommunikation** sind in den letzten Jahren ebenfalls weitreichende Schritte zur Beförderung eines Dienstleistungsexports in diesem Sektor unternommen worden. Vor allen in der Europäische Union haben in mehreren Schritten eingeführte Liberalisierungs- und Harmonisierungsrichtlinien die ehemals staatliche Monopolverfassung des Fernmeldebereichs abgeschafft und an ihre Stelle ein Modell staatlicher Marktregulierung in der Telekommunikation gesetzt. Seither ist durch die Öffnung des Zugangs zu Telekommunikationsnetzen ein europäischer Binnenmarkt im Telekommunikationsbereich am Entstehen.[237] Die Erbringung der Dienstleistungen im Bereich der Sprachtelefonie und Telekommunikation ist dadurch zu einem Faktor der sich insofern eigenständig entwickelnden Wirtschaft für den elektronischen Kommunikations- und Geschäftsverkehr avanciert, die sich in einem Sonderrecht der elektronischen Medien niederschlägt.[238]

258 Für grenzüberschreitende **Rundfunk- und Fernsehsendungen** besteht auf der Grundlage der Konvention der Internationalen Fernmeldeunion von 1994 der Grundsatz der Ätherfreiheit (Sendefreiheit), der durch das Recht der Mitgliedstaaten relativiert ist, die Kommunikation insbesondere aus Gründen der öffentlichen Ordnung und der Sicherheit des Staates zu unterbrechen.[239] Innerhalb der Europäischen Union bildet die Richtlinie über audiovisuelle Mediendienste die Grundlage dafür, die Dienstleistungsverkehrsfreiheit des EG-Rechts im Bereich der audiovisuellen Medien durchzusetzen.[240]

259 **3. Softwareüberlassungs- und Softwareentwicklungsverträge.** Für Softwareverträge werden international und national sehr unterschiedliche Auffassungen über die rechtliche Einordnung vertreten.[241] Die rechtliche Einordnung hängt maßgeblich von der vertraglich geschuldeten Leistung ab. Nach deutschem Rechtsverständnis liegt in der Beratung eines Unternehmens über den Softwareeinsatz ein Dienstvertrag (§ 611 BGB). In der Überlassung von Standardsoftware gegen einmaliges Entgelt auf festbestimmte Dauer wird ein Kaufvertrag nebst Nutzungsrechtseinräumung per Lizenz zu sehen sein.

260 Schwierig ist die Einordnung des Softwareentwicklungsvertrages. Dieser ist nach den üblichen Abläufen dreigeteilt in die Erarbeitung eines Pflichten- oder Lastenheftes, die Erstellung des Codes mit Tests und Abnahme und die Einräumung von Nutzungsrechten. In der rechtswissenschaftlichen Literatur in Deutschland reicht die Einordnungsspanne vom Werkvertrag, über den modifizierten Kaufvertrag, das Lizenzvertragsrecht bis zum dynamischen

---

[236] Vgl. *Schatzschneider* NJW 1994, 2371 ff.; *Badura/v. Danwitz/Herdegen/Sedemund/Stern*, Beck'scher PostG-Kommentar, 2. Aufl. 2004, § 2.
[237] Vgl. *Oeter/Wolff*, in: Paschke/Berlit/Meyer, Hamburger Kommentar Medienrecht, 2. Aufl. 2012, Rn. 2/1 ff.; *Paschke*, Medienrecht, 3. Aufl. 2009, Rn. 82, 154.
[238] Vgl. *Spindler/Schuster*, Recht der elektronischen Medien, 2. Auflage 2011.
[239] Zur sog. prior consent-Regel; vgl. *Fink/Cole/Keber*, Europäisches und Internationales Medienrecht, 2008, Rn. 333 ff.
[240] Vgl. *Oeter/Wolff*, in: Paschke/Berlit/Meyer, Hamburger Kommentar Medienrecht, 2. Aufl. 2012, Rn. 2/1 ff.; *Castendyck/Böttcher* MMR 2008, S. 13 ff.
[241] Vgl. *Marly*, Praxishandbuch Softwarerecht 5. Aufl. 2009, S. 2234 ff.; *Kath*, Softwareentwicklungsverträge, 2006, S. 36 ff.

Vertragstypus eigener Art. Die höchstrichterliche Rechtsprechung in Deutschland geht in ständiger Rechtsprechung zwar von der Einordnung der Softwareentwicklung als Werkvertrag aus;[242] letztlich habe aber die Einordnung den Besonderheiten der Vertragsgestaltung zu folgen. Stehe die Übertragung von Besitz und Eigentum im Vordergrund und bilde eine Montage nicht den Schwerpunkt des Vertrages liege kein Werkvertrag vor.[243]

III. Energieexport

Der (grenzüberschreitende) Handel mit Energie ist ein bedeutender Teil vieler Volkswirtschaften, sei es als Import- oder Exporthandel. Aus europäischer und insbesondere deutscher Sicht dient der Handel mit Energie in erster Linie dazu, die Versorgungssicherheit der von Energieimporten abhängigen Staaten durch internationale Energielieferverträge zu gewährleisten. Das rechtliche Instrumentarium dazu bildet der Energie-Charta-Vertrag (EnCV) von 1991, der im Jahr 1998 in Kraft getreten ist. Er stellt die Grundlage insbesondere für den Schutz von Auslandsinvestitionen im Energiesektor und die Schaffung nicht diskriminierender Bedingungen für den Handel mit Primärenergieträgern und -erzeugnissen in Anlehnung an die WTO-Regeln. Daneben enthalten der Vertrag und das dazu ergangene Protokoll Regeln zur Lösung von Streitfällen zwischen den Mitgliedstaaten sowie energieumweltschutzrechtliche Regeln.[244] Der EnCT ist von über 50 Staaten unterzeichnet worden und ist in diesen Ländern mit wenigen, wenn auch bedeutenden Ausnahmen auch ratifiziert worden.

261

Die für den Handel mit Energie maßgeblichen Regeln des EnCV sehen in Art. 7 eine Verpflichtung der Vertragsstaaten vor, den Transit von Primärenergieträgern und Energieerzeugnissen zu erleichtern, „ohne Unterscheidung hinsichtlich des Ursprungs, der Bestimmung oder des Eigentums" sowie „ohne Diskriminierung bei der Preisfestsetzung ..., ohne unangemessene Verzögerungen, Beschränkungen oder Abgaben aufzuerlegen." Damit wurde die wesentliche rechtliche Grundlage für die Gewährleistung eines internationalen Energietransits durch Pipelines und Leitungsnetze bzw. mittels anderer Transportmittel geschaffen. Bis heute ist allerdings nicht erreicht, dass die Staaten verpflichtet werden, den Zugang zu Energieversorgungsnetzen von staatlichen Unternehmen oder Monopolanbietern zu gewähren. Besteht allerdings eine innerstaatliche Netzzugangs-Regelung, hat der Transit aus oder in andere Vertragsstaaten in diese Regelung diskriminierungsfrei einbezogen werden.[245]

262

In der Europäischen Union ist ein Binnenmarkt für Energie im Bereich der leitungsgebundenen Energiewirtschaft seit der Verabschiedung der entsprechenden Richtlinie aus dem Jahr 1996 im Entstehen. Das Kernstück der Gesetzgebung bildet dabei die regulierte Netzzugangsverpflichtung. Sie ist in Deutschland in § 20 EnWG geregelt. Auf dieser Grundlage haben Betreiber von Energieversorgungsnetzen jedermann nach sachlich gerechtfertigten Kriterien diskriminierungsfreien Netzzugang zu gewähren. Der mit der Netzzugangsregulierung auch grenzüberschreitend gewährleistete Handel mit Energie soll insbesondere den Elektrizitätsbinnenmarkt schaffen und gewährleisten. Dieses Regelungsziel wird durch den Abschluss von Netznutzungs- und Lieferantenrahmenverträge realisiert.[246]

263

IV. Export von Anlagen

Der Export von Sachgesamtheiten, insbesondere von Fabriken und Anlagen, insbesondere Industrieanlagen, hat wegen seiner Berührung der verschiedenen Rechtsbereiche des

264

---

[242] Vgl. *BGH* CR 2002, 93; NJW 2001, 1718.
[243] Vgl. *BGH* v. 15. 4. 2004 – X ZR 291/03, Juris KORE311192004, Rn. 11.
[244] Vgl. *Gundel*, in: Säcker (Hrsg.), Berliner Kommentar zum Energierecht, 2. Aufl. 2010, Bd. I Einl. Rn. 255 ff.; *Lukes* EuZW 1992, 401 ff.; *Waterlos* RevMC 1991, 439 ff.
[245] Vgl. *Gundel*, in: Säcker (Hrsg.), Berliner Kommentar zum Energierecht, EnUmwR Einl. Rn. 97 ff.
[246] Näher zum Abschluss dieser Verträge der in der Elektrizitätswirtschaft und der vergleichbaren Verträge in der Gaswirtschaft *Säcker*, in: Berliner Kommentar zum Energierecht, § 20 EnWG.

1. Teil. Grundlagen des Rechts der Exportgeschäfte

Kauf- und Dienstleistungsvertragsrechts eine Sonderstellung im Exportwirtschaftsrecht. Der internationale Anlagenvertrag ist dadurch begrifflich definiert, dass ein Vertrag zwischen dem Anlagen-Anbieter und dem Anlagen-Besteller, die ihren Geschäftssitz in verschiedenen Staaten haben, vereinbart wird, nach dem der Anbieter eine Industrieanlage zu errichten und zu übergeben hat.[247]

265   Der Vertrag über die Errichtung und Übergabe einer Industrieanlage enthält sowohl kauf- als auch dienstleistungsrechtliche Elemente. Der die Vertragstypen mischende Vertragsinhalt, der durch weitere Elemente aus dem Recht der Finanzierungs- und Transportverträge angereichert sein kann, verstellt die Möglichkeit, solche Verträge nach den rechtlichen Regeln von schlichten Kauf- oder Dienstleistungsverträgen zu beurteilen. Eine gesonderte gesetzliche Regelung hat der Anlagenvertrag bisher nicht gefunden; vor diesem Hintergrund hat sich in der Praxis ein besonderer Vertragstypus herausgebildet, der den Industrieanlagenvertrag nach letztlich eigenständig entwickelten (vertraglichen) Rechtsregeln ordnet.[248]

266   In der Rechtspraxis finden insbesondere Musterverträge Anwendung, welche die Vertragsparteien für ihre Vertragsbeziehungen regelmäßig weiter entwickeln. Breite Verwendung finden dabei die Musterbedingungen der Economic Commission for Europe (ECE):
- Allgemeine Lieferbedingungen für den Export von Maschinen und Anlagen (ECE Westfassung) LW 188
- Allgemeine Lieferbedingungen für den Export von Maschinen und Anlagen (ECE-Ostfassung) LO 574
- Allgemeine Liefer- und Montagebedingungen für den Im- und Export von Maschinen und Anlagen (ECE Westfassung) LW 188A
- Allgemeine Liefer- und Montagebedingungen für den Im- und Export von Maschinen und Anlagen (ECE Ostfassung) LW 574A
- Zusatzbestimmungen für die Überwachung der Montage von Maschinen und Anlagen im Ausland (ECE Westfassung) ZMU 188B
- Zusatzbestimmungen für die Überwachung der Montage von Maschinen und Anlagen im Ausland (ECE Ostfassung) ZMU 574B
- Allgemeine Verkaufsbedingungen für den Import und Export von langlebigen Konsumgütern und anderen Serienerzeugnissen der metallverarbeitenden Industrie (ECE) LK 730A.

267   Verwendung finden auch die Standardbedingungen der Fédération Internationale des Ingénieurs-Conseils (FIDIC):[249]
- Conditions of Contract for EPC/Turnkey Projects
- Conditions of Contract for Construction for building and engineering works designed by employer
- Conditions of Contract for Plant and Design-Build for electrical and mechanical plant and for building and engineering works designed by contractor.

268   Den Parteien des Anlagenvertrages ist grundsätzlich zu empfehlen, auf diese Vertragsmuster zurückzugreifen. Durch sie werden regelmäßig sämtliche in der Praxis auftauchenden Rechtsfragen angesprochen und einer bewährten standardisierten Regelung zugeführt. Nach Art. 28.2. ist damit auch die **Wahl des anwendbaren Rechts,** nämlich des Rechts des Herstellerlandes als Grundlage des Vertrages verbunden; abweichende Vereinbarungen sind möglich. In den FIDIC-Regeln ist eine solche Rechtswahlklausel nicht vorgesehen; vielmehr liegt es an den Vertragsparteien, die empfehlenswerte Rechtswahl vorzunehmen.

---

[247] Vgl. *Bock/Zons,* Rechtshandbuch Anlagenbau, 2013; *Hilgers/Kaminsky,* Anlagenbau im In- und Ausland, 2013; *Joussen,* Der Industrieanlagen-Vertrag, 2. Aufl. 1996.

[248] *Bock/Zons,* Rechtshandbuch Anlagenbau, 2013; *Hilgers/Kaminsky,* Anlagenbau im In- und Ausland, 2013; *Schmitt/Krügler,* Projektverträge im Anlagenbau und für vergleichbare Investitionsprojekte, 2013.

[249] Vgl. *Haupt,* Praktikerkommentar zum FIDIC Yellow Book, 2012; *Robinson,* A Contractor's Guide to the FIDIC Conditions of Contract, 2011; *Baker/Mellors/Chalmers/Lavers,* FIDIC Contracts: Law and Practice, 2009.

Abschnitt 1. Die rechtliche Ordnung und Gestaltung von Exportgeschäften

Hinsichtlich der **Gefahrtragung** (→ Rn. 57) unterscheiden sich die Klauselwerke wie folgt: Die ECE-Bedingungen verweisen auf die Regelung in Ziff. 9.1 Incoterms (→ Abschnitt 5 Rn. 107) und erklären, wenn keine abweichenden Incoterms vereinbart werden, die Klausel EXW (→ Abschnitt 5 Rn. 46) für anwendbar. Damit wird eine den Anlagenanbieter begünstigende Gefahrtragungsregel standardmäßig zum Vertragsinhalt. Nach den FIDIC-Regeln hat der Unternehmer nicht für den zufälligen Untergang der gelieferten Sachen einzustehen. Er haftet auch nicht für den Eintritt von Risiken, die auch ein erfahrener Unternehmer nicht vorhersehen und gegen die er keine Vorkehrungen treffen konnte. 269

Hinsichtlich der **Mängelgewährleistung** sehen die Regeln vor: Nach den ECE-Bedingungen hat der Anlagen-Anbieter die Gewähr zu tragen, dass die Leistung bei der Abnahme keine Mängel aufweist und die Gebrauchstauglichkeit nicht beeinträchtigt. Vorhandene Mängel sind sofort zu beseitigen; dabei notwendig werdende Transportkosten hat der Anlagen-Besteller zu tragen. Nachbesserungsansprüche kann der Anlagen-Besteller schon vor der Abnahme beanspruchen. In den FIDIC-Bedingungen kommt dem Ingenieur eine zentrale Stellung im Gewährleistungsrecht zu; er kann vom Unternehmer Nachbesserungsarbeiten verlangen; diese dürfen auch von Dritten auf Kosten des Anlagen-Anbieters ausgeführt werden. 270

In beiden Bedingungswerken sind **Haftungsbegrenzungsklauseln** zugunsten des Anlagen-Anbieters vorgesehen. Nach den ECE-Bedingungen hat der Anlagen-Anbieter bei Verzug mit seiner Leistung einen prozentualen Anteil des Vertragspreises als Pauschalschadenersatz zu leisten. 271

E. Konzeptionelle Gestaltung von Exportverträgen

Die Gestaltung von Exportverträgen folgt keinem linearen Programm. Die möglichen Gestaltungsvarianten haben die jeweilige Interessenlage der Geschäftspartner zu berücksichtigen und sind deshalb ausgesprochen vielgestaltig. Es lassen sich aber konzeptionelle Grundelemente benennen, deren Berücksichtigung der Detailgestaltung von Exportfragen vorausgehen sollte, weil von Ihnen die rechtliche Ordnung der Gestaltung von Exportverträgen nicht unerheblich abhängt. Die konzeptionellen Grundfragen betreffen die Parteien von Exportverträgen (→ Rn. 273 ff.), deren Gestaltung als Einzel- oder Rahmenvertrag (→ Rn. 287 ff.) und die Gestaltung des Vertrages als Individualvertrag oder als Vertrag unter Verwendung von standardisierten Bedingungen (→ Rn. 295 ff.). 272

I. Die Parteien von Exportverträgen

Die rechtliche Gestaltung von Exportverträgen unterscheidet sich nach den Parteien des Exportgeschäfts. Als Handelsgeschäft zwischen Unternehmen unterliegen sie den allgemeinen Vorschriften des Handelsrechts, während Exportgeschäfte mit Verbrauchern durch das einschlägige Verbraucherschutzrecht geprägt werden. Exportverträge unter Beteiligung der Staates, also öffentlicher Unternehmen bzw. der öffentlichen Hand selbst, werden geprägt durch die einschlägigen Regelungen des Wirtschaftsverwaltungsrechts. 273

1. Exportverträge als Handelsgeschäft zwischen privatwirtschaftlichen Unternehmen (b2b-Geschäft). Stehen auf beiden Seiten des jeweiligen Vertrages private Unternehmen (sog. business to business-Geschäft – b2b-Geschäft) – der Normalfall eines Exportgeschäfts –, regeln die Normen des Privatrechts, vor allem die des allgemeinen Vertrags- und Handelsrechts die jeweiligen Rechtsbeziehungen. Sie lassen den Unternehmen – ausgehend vom Grundsatz der Privatautonomie – einen grundsätzlich weiten Regelungsspielraum für die vertragliche Gestaltung der Rechtsbeziehungen, der aber durch die Regeln des zwingenden Gesetzesrechts eingeschränkt wird.[250] 274

---

[250] → Rn. 33 ff.

275 **2. Der Exportvertrag als Verbrauchergeschäft (b2c-Geschäft).** Exportgeschäfte können auf der Grundlage von Verträgen mit Verbrauchern getätigt werden (sog. business to consumer-Geschäft – b2c-Geschäft). Insbesondere der Exportkaufvertrag kann als ein solches Geschäft vereinbart werden. Die dafür notwendige Rechtsbeziehung zwischen dem Unternehmer und dem Verbraucher kann auf jedem medialen Weg hergestellt werden. Durch das Aufkommen des Direktmarketing im elektronischen Handel spielt zunehmend das e-commerce-Geschäft mit Verbrauchern auch im grenzüberschreitenden Bereich eine erhebliche Rolle und dürfte inzwischen zum Paradefall des Exportgeschäfts mit Verbrauchern avanciert sein.

276 Im Geschäftsverkehr mit Verbrauchern sind die gesetzlichen Besonderheiten des sog. Verbraucherschutzrechts zu beachten. Es ist in diesem Rahmen nicht möglich, auch nur die zentralen Elemente des Verbraucherschutzrechts darzustellen und zu erläutern, sind doch die Regelungen nach Gegenstand und Umfang zu komplex und damit einer knappen Darstellung nicht mehr zugänglich geworden. Die bedeutendsten Regelungsgegenstände des Verbraucherschutzrechts, die für Exportgeschäfte von Bedeutung sein können, finden sich in den folgenden Regelungsbereichen:

277 ■ **Vertragsanbahnung:** Schon in der Phase der Vertragsanbahnung finden sich im europäischen Verbraucherschutzrecht eine Fülle von Informationspflichten, die der Unternehmer dem Verbraucher im Interesse der Herstellung von Markttransparenz zu geben hat. Dies gilt vor allem bei Distanzgeschäften im Fernabsatz einschließlich des elektronischen Geschäftsverkehrs (in Deutschland: § 312c und e BGB), im Geschäftsverkehr der Banken für den Überweisungsverkehr (in Deutschland Art. 246 EGBGB) sowie im Verbraucher- und Versicherungsvertragsrecht.[251]

278 ■ Vertragsrecht: Das Vertragsrechte weist weitere speziellere Schutzrechte zugunsten des Verbrauchers auf. Hervorzuheben ist, dass die Verbraucher bei einer Reihe von Verträge gesetzliche Widerrufsrechte hat (insbesondere bei Fernabsatzverträgen, bei Verbraucherdarlehensverträgen, bei Versicherungsverträgen und bei Investmentgeschäften.[252] Nach den geltenden Regeln steht dem Verbraucher für eine Frist von 2 Wochen (nach der Rechtslage in Deutschland) ein als gesetzliches Rücktrittsrecht ausgestalteter Rechtsbehelf zu, der es ihm erlaubt, sich von dem wirksam geschlossenen Vertrag nachträglich zu lösen.

279 ■ **Allgemeinen Geschäftsbedingungen:** Sie unterliegen bei deren Verwendung gegenüber Verbrauchern in Europa einer Inhaltskontrolle.[253]

280 ■ **Widerrufsrechte:** In Verbraucherverträgen bestehen vielfach besondere gesetzliche Widerrufsrechte, dies es dem Verbraucher erlauben vom Vertragsschluss innerhalb bestimmter Fristen, seine den Vertragsschluss herbeiführende Vertragserklärung zu widerrufen. Der Lauf der Fristen ist dabei regelmäßig von der Einhaltung von Informationspflichten, abhängig.[254]

281 ■ **Deliktsrecht/Produkthaftungsrecht:** Die Haftung für gefährliche Produkte ist als verbraucherschützende Materie entwickelt, weil der Schutz für solche Produkte eingeführt wurde, die ihrer Art nach gewöhnlich für den privaten Ge- oder Verbrauch bestimmt und auch hauptsächlich verwendet werden (in Deutschland: § 1 Abs. 1 Satz 2 ProdHaftG).

282 Die Verbraucherschutzrechte sind vom Gesetzgeber regelmäßig als zwingendes Recht ausgewiesen. Damit werden insbesondere die kaufrechtlichen Sanktionen wegen Pflichtverletzungen des Verkäufers/Exporteurs im Verbrauchergeschäft als nicht abdingbar geregelt und gegen Umgehungen geschützt (in Deutschland: § 475 BGB).

---

[251] Zusammenfassend *Riesenhuber*, Europäisches Vertragsrecht, 2. Aufl. 2006; *Fischer*, Die Entwicklung des europäischen Vertragsrechts, 2. Aufl. 2012.
[252] Zur Rechtslage in Deutschland vgl. Palandt/*Grüneberg*, BGB, Vorb. Vor § 355 Rn. 5.
[253] → Abschnitt 4 Rn. 134 ff.
[254] Zusammenfassend *Bülow/Artz*, Verbraucherprivatrecht, 3. Aufl. 2011, § 5.

Abschnitt 1. Die rechtliche Ordnung und Gestaltung von Exportgeschäften

Weiterführende Literatur: *Tamm,* Verbraucherschutzrecht, 2011; *Bülow/Artz,* Verbraucherprivatrecht, 3. Aufl. 2011.

3. Der Exportvertrag unter Beteiligung des Staates (b2g-Geschäft). Der Staat ist nicht nur als das Exportgeschehen ordnender und regelnder Gesetzgeber tätig; er nimmt auch selbst als Vertragsbeteiligter an Exportgeschäften teil. Das geschieht in der Weise, dass die öffentliche Hand als öffentliche Körperschaft (in Deutschland als Bund, Land, Kommune oder sonstiger Verwaltungsträger) tätig wird oder dass die öffentliche Hand über öffentliche Unternehmen in der Rechtsform privater Handelsgesellschaften, die im Allein- oder Mehrheitsbesitz der öffentlichen Hand stehen agiert (sog. business to government-Geschäfte – b2g-Geschäfte). Im Zuge der Privatisierung zahlreicher Aufgaben der ehemals von der öffentlichen Hand als Staatsverwaltung ausgeführten staatlichen Aufgaben – etwa im Bereich der Telekommunikation, der Energieversorgung oder des Schienenverkehrs – hat eine Neuordnung und Verschiebung der betroffenen Wirtschaftsbereiche in den privatwirtschaftlichen Bereich stattgefunden. Dennoch gehören die öffentliche Hand und die öffentlichen Unternehmen nach wie vor zu bedeutenden Auftraggebern der Wirtschaft. **283**

Die exportwirtschaftliche Dimension unter Staatsbeteiligung ist in der letzten Zeit noch gewachsen. Ehemals innerstaatlich abgewickelte Geschäfte werden zunehmend grenzüberschreitend ausgeschrieben und vergeben. Diese Tendenz beruht in Europa vor allem auf dem Verbot der Diskriminierung von Staatsangehörigen aus anderen Mitgliedstaaten bei der Vergabe öffentlicher Aufträge. Die EU hat eine ganze Fülle von Richtlinien zum öffentlichen Auftragswesen verabschiedet, die diesen Grundsatz zum Ausdruck bringen. Derzeit gelten die Richtlinie 2004/17/EG des Europäischen Parlaments und des Rates vom 31.3.2004 zur Koordinierung der Zuschlagserteilung durch Auftraggeber im Bereich der Wasser-, Energie- und Verkehrsversorgung sowie der Postdienste (Sektorenrichtlinie),[255] die Richtlinie 2004/18/EG des Europäischen Parlaments und des Rates vom 31.3.2004 über die Koordinierung der Verfahren zur Vergabe öffentlicher Bauaufträge, Lieferaufträge und Dienstleistungsaufträge (klassische Richtlinie).[256] Mit der Verordnung (EG) 1251/2011 vom 30.11.2011[257] wurden die Schwellenwerte der EU-Vergaberichtlinien 2004/17/EG, 2004/18/EG und 2009/81/EG verändert. Die Richtlinien sind derzeit Gegenstand eines Modernisierungsprozesses.[258] **284**

Im globalen Kontext ist eine dementsprechende Ordnung des Beschaffungswesens durch das Abkommen über das öffentliche Beschaffungswesen (Government Procurement Agreement – GPA)[259] angestoßen worden. Dieses Abkommen ist als plurilaterales Abkommen als GATT/WTO-Abkommen (→ Rn. 210) in den Regelungsrahmen der WTO eingeführt worden.[260] **285**

Vor diesem Hintergrund ist das Rechts der Auftragsvergabe durch die öffentliche Hand zu einer Materie entwickelt worden, die Exportgeschäfte in diesem Bereich an besondere, eigengesetzliche Regeln binden. In Deutschland galten insofern zunächst die öffentlich-rechtlichen Grundsätze des Haushaltsrechts. An ihre Stelle sind heute die Regeln der öffentlichen Auftragsvergabe getreten, die einen dreistufigen Regelungsaufbau vorsehen, der kaskadenförmig zunächst im §§ 97 ff. GWB, sodann in der Vergabeverordnung und schließlich in den sog. Verdingungsordnungen geregelt ist. In diesem Handbuch wird von einer Darstellung dieser Rechtsmaterie abgesehen und auf die einschlägige Spezialliteratur verwiesen. **286**

Weiterführende Literatur: *Prieß/Hausmann/Kulartz,* Beck'sches Formularbuch-Vergaberecht, 2. Aufl. 2011; *Weyand,* Praxiskommentar Vergaberecht, 4. Aufl. 2013; *Gabriel Krohn/Neun,* Handbuch Vergaberecht, 2013.

---

[255] ABl. EU v. 30.4.2004, L 134/1.
[256] ABl. EU v. 30.4.2004, L 134/114.
[257] ABl. EU v. 2.12.2011, L 319/43.
[258] Vgl. dazu die Nachweise auf der Website der EU Kommission: http://ec.europa.eu/internal_market/publicprocurement/modernising_rules/index_de.htm.
[259] Abgedruckt in ABl. EG v. 3.9.1996, Nr. C 256/1.
[260] Vgl. dazu *Gramlich* RIW 1995, 792 ff.; *Gelbrich,* Regulation of Government Procurement within the WTO, 2012.

II. Einzel- oder Rahmenvertrag

287 Die Handelspartner des Exportgeschäfts sollten sich konzeptionell darüber Klarheit verschaffen, ob sie ihre Geschäftsbeziehungen für einen einmaligen Leistungsaustausch vereinbaren oder ob es vorteilhaft erscheint, die Geschäftsbeziehungen von vornherein längerfristig und für einen mehrmaligen Leistungsaustausch zu konzipieren. Für beide Konzeptionen mag es gute Gründe geben. Die Einmaligkeit des gewollten Leistungsaustauschs verpflichtet zu keinerlei Dauerbindung. Die dauerhaftere geschäftliche Kooperation kann wirtschaftliche Vorteile bieten und auf rationellere rechtliche Weise abgewickelt werden.

288 Der Einzelvertrag ist seinem Begriff nach auf den einmaligen Leistungsaustausch angelegt. Mit der Erbringung der gegenseitig geschuldeten Leistung ist der Vertragszweck erschöpft, sind die Vertragspflichten erfüllt und kommen die Vertragsbeziehungen der Geschäftspartner zum Erliegen, wenn nicht im Einzelfall nachvertragliche Nebenpflichten vereinbart wurden.

289 Der Rahmenvertrag ist das typische Regelungsinstrument für die Begründung über den einmaligen Leistungsaustausch angelegter, dauerhafter Vertragsbeziehungen zwischen den Vertragsparteien. Der Rahmenvertrag ist dadurch gekennzeichnet, dass er nicht selbst zum Abschluss nachfolgender Einzelverträge verpflichtet, dass dann aber, wenn ein nachfolgender Einzelvertrag geschlossen wird, dieser auf der Grundlage der im Rahmenvertrag festgelegten Bedingungen abzuschließen ist. In der fehlenden Verpflichtung des Rahmenvertrages, einen oder mehrere nachfolgende Einzel- oder Ausführungsverträge abschließen zu müssen, unterscheidet sich der Rahmenvertrag sowohl vom Vorvertrag als auch vom Optionsrecht (→ Rn. 132). Die ohne sachlich gerechtfertigten Grund erklärte Verweigerung, einen Einzelvertrag auf der Grundlage der Rahmenvertragsbedingungen abzuschließen, kann eine Verletzung der rahmenvertraglichen Pflichten darstellen und eine Schadenersatzforderung aus Vertragsverletzung nach sich ziehen.[261]

290 Der Rahmenvertrag wird für die vertragliche Ordnung längerfristige Geschäftsbeziehungen vereinbart, in deren Rahmen insbesondere wiederholte gleichartige Leistungspflichten in zuvor bestimmten oder auch nicht verbindlich festgelegten Zeitabständen vertraglich begründet werden, die auf einer im Voraus festgelegten wirtschaftlich, technischen und rechtlichen Grundlage durchgeführt und abgewickelt werden sollen. Es handelt sich somit um ein Dauerschuldverhältnis.

291 In Deutschland hat der Rahmenvertrag in der Dauerschuldverhältnisse betreffenden Regelung des § 314 BGB eine besondere Regelung gefunden. Diese ist auf das außerordentliche Kündigungsrecht aus wichtigem Grund beschränkt ist. Im Wege der vertraglichen Regelung sollte zwischen den Parteien ferner vereinbart werden, ob und auf welche Weise eine Preisanpassung für den nachträglich abzuschließenden Einzelvertrag während der Dauer der Laufzeit des Rahmenvertrages vorzunehmen ist (→ Abschnitt 3 Rn. 13 ff.). Regelungsbedürftig erscheint regelmäßig ferner, welche Rechtsfolgen sich ergeben, wenn der Schuldner mit einer Leistung in Verzug gerät; ohne besondere Vereinbarung hat ein solcher Verzug nur Wirkungen für die einzelvertragliche Leistungspflicht.[262]

292 Typisches Beispiel für einen Rahmenvertrag ist der sog. Dauerlieferungsvertrag. Bei diesem wird ohne Festlegung einer bestimmten Liefermenge und für eine nicht von vornherein festgelegte Zeit ein Lieferversprechen abgegeben. Die Leistungsmenge richtet sich nach dem Bedarf des Abnehmers. Vor allem bei den Lieferverträgen zwischen Herstellern von Fertig- oder Halbfertigerzeugnissen und deren Zulieferern sind solche Rahmenverträge anzutreffen.[263]

---

[261] *BGH* NJW-RR 1992, 977.
[262] *BGH* NJW 1986, 125; vgl. Palandt/*Grüneberg*, BGB Rn. 34 vor § 311.
[263] Vgl. Palandt/*Grüneberg*, BGB, Rn. 27 vor § 311 sowie unter Berücksichtigung der sog. just in time Lieferverträge mit Qualitätssicherungsvereinbarungen *Steinmann*, Qualitätssicherungsvereinbarungen zwischen Endproduktherstellern und Zulieferern, 1992.

Bei sog. Ratenlieferungsvertrag ist dagegen von vornherein eine vertraglich festgelegte Menge geschuldet, die in Teilleistungen zu erbringen ist. Insofern liegt nicht ein Rahmenvertrag sondern ein zeitlich-gegenständlich gestreckter Einzelvertrag vor. Leistungsstörungen bei einzelnen Raten wirken sich regelmäßig auf alle ausstehenden Raten aus.[264]

293

Abzugrenzen vom Rahmenvertrag im vorgenannten Sinn ist auch die „laufende Transportgüterversicherung" (Generalpolice, open cover). Sie wird in § 53 VVG als unmittelbar rechtliche verbindliche dauerhafte Versicherung legaldefiniert, wenn es heißt: „Wird ein Vertrag in der Weise geschlossen, dass das versicherte Interesse bei Vertragsschluss nur der Gattung nach bezeichnet und erst nach seiner Entstehung dem Versicherer einzeln aufgegeben wird (laufende Versicherung) ist der Versicherungsnehmer verpflichtet, entweder die Versichertenrisiken einzeln oder, wenn der Versicherer darauf verzichtet hat, die vereinbarte Prämiengrundlage unverzüglich anzumelden oder, wenn dies vereinbart ist, jeweils Deckungszusage zu beantragen." In diesen Fällen der laufenden Versicherung wird somit weder ein einzelner Transport des Auftraggebers nach eine Versicherung als bloße Rahmenversicherung eingedeckt, sondern es sind von vornherein sämtliche erfassten Warentransporte eingeschlossen, die allerdings einzeln angemeldet werden müssen (→ Abschnitt 21 Rn. 16 ff.).

294

III. Individualvertrag oder standardisierter Vertrag

Zu den konzeptionellen Grundfragen der Gestaltung von Exportverträgen gehört schließlich die Frage, ob der zu schließende Vertrag individuell für den einzelnen Geschäftspartner entworfen werden soll oder ob dem Vertragsschluss standardisierte Bedingungen, insbesondere eventuell vorhandene und neu zu schaffende Allgemeine Geschäftsbedingungen zugrunde gelegt werden sollen. Folgende Implikationen sind zu beachten:

295

In wirtschaftlicher Hinsicht kann es vorteilhaft sein, standardisierte Bedingungen zu verwenden. Insbesondere wenn diese schon sorgfältig entwickelt wurden, ihre Tauglichkeit erprobt und ihre rechtliche Wirksamkeit geprüft wurde, sind dies erhebliche wirtschaftliche Gesichtspunkte für deren Einbeziehung in den abzuschließenden Vertrag. Andernfalls müsste die entsprechende Expertise für neue, individualvertragliche Bedingungen erst noch eingeholt werden.

296

In rechtlicher Hinsicht ergeben sich aus der Verwendung standardisierter Bedingungen bestimmte Risiken. Die Bedingungen unterliegen als Allgemeine Geschäftsbedingungen insbesondere nach deutschem Recht einer Inhaltskontrolle (→ Abschnitt 4 Rn. 134). Benachteiligende Bedingungen können danach unwirksam sein und unter bestimmten Voraussetzungen die Wirksamkeit des Vertrages insgesamt gefährden (vgl. nach deutschem Recht: §§ 306 Abs. 1–3, 307 ff. BGB). Die Inhaltskontrolle von Geschäftsbedingungen gilt in Deutschland auch für Allgemeine Geschäftsbedingungen im Vertragsverhältnis zwischen Unternehmen, § 310 BGB (→ Abschnitt 4 Rn. 144). Dabei ist nicht gesichert, ob die §§ 305 ff. BGB zumindest bei Vereinbarung einer Schiedsklausel isoliert (und damit bei im Übrigen anwendbaren deutschen Rechts) abdingbar sind.[265]

297

Individuelles Aushandeln von Vertragsbedingungen ist in den Fällen angezeigt, in denen sich die Geschäftspartner mit ausgeglichenem „Kräfteverhältnis" gegenüber treten und von vornherein nicht zu erwarten ist, dass der eine oder andere „seine" Bedingungen wird durchsetzen können. Im Sinne einer vertrauenssteigernden Strategie des Verhandelns auf „Augenhöhe" gehört es dann auch, die Vertragskonditionen insgesamt in einem Prozess des partnerschaftlich offenen und fairen Aushandelns festzulegen und ein Ringen um die Durchsetzung der eigenen, den Interessen des anderen widersprechenden Geschäftsbedingungen zu vermeiden.

298

---

[264] Vgl. Palandt/*Grüneberg*, BGB, Rn. 31 ff. vor § 311.
[265] Dafür *Kondring* RIW 2010, 184 ff.; *Pfeiffer* NJW 2012, 1169 ff.; aA zB *Mankowski* RIW 2011, 30, 39 jeweils mwN.

2. Kapitel. Exportgeschäfte und Vertragsmanagement

Abschnitt 2. Vertragsmanagement
„Vom NDA bis zur Abwicklung des Exportgeschäfts"

Übersicht	Rn.
A. Vertragsanbahnung	1
I. Wirtschaftliches Ziel des Vertrages im Lichte der Unternehmensstrategie	4
II. Interne Organisation des Unternehmens	8
1. Verfügbarkeit eigener Fähigkeiten und Erfahrungen	9
2. Organisation von ergänzender externer Beratung	11
3. Aufgabenmatrix	12
III. Mit wem mache ich das Geschäft?	13
1. Bonität	14
2. Seriosität	15
3. Vertretungsberechtigung	16
4. Konzerngesellschaften	17
IV. Wirtschaftliche und technische Risiken	18
1. Zahlung des Lieferpreises	19
2. Transport	20
3. Schutz von Know-how und Good Will	21
4. Produkthaftung	25
5. Spezifikationen	26
6. Force majeure	27
V. Compliance	28
1. Korruptionsbekämpfung	29
2. Geldwäsche	34
3. Exportkontrolle	35
VI. Budget	41
VII. Zeitplanung	44
B. Vertragsvorbereitung	45
I. Vorgaben, die sich aus der Vertragsanbahnung ergeben	46
II. Bestimmung von Leistungsinhalt	47
III. Instrumentarien der Vertragsverhandlung	50
1. Vertraulichkeitsvereinbarung (Non Disclosure Agreement)	51
2. Absichtserklärung (Letter of Intent)	55
3. Memorandum of Understanding	56
4. Vollständiger Vertrag	57
IV. Funktion und Auswahl des geeigneten rechtlichen Instruments	58
V. Sprache	64
VI. Rechtliche Risiken grenzüberschreitender Geschäfte	69
1. Fremdes Recht	70
2. Schnittstellen zwischen verschiedenen Rechten	76
a) Abgrenzung zwischen Rechtsordnungen	77
b) Die Suche nach neutralem Recht	79
c) Gefahr mehrerer Rechte für mehrere Rechtsgebiete	82
d) Europäisches Recht	84
e) Zwingendes nationales Recht	86
3. „Bermuda-Dreieck" Haftung	87
4. Rechtsverfolgungsrisiken	89
a) Sicherstellung einer Rechtsverfolgungsmöglichkeit	89
b) Auseinanderklaffen von anwendbarem Recht und Gerichtsstand	90
5. Risikomanagement	92
a) Gutes Vertragswerk	92
b) Teamauswahl und Kommunikation	94
c) Recherchen	95
d) Versicherung (inkl. Hermes)	96
VII. Dokumentation des Verhandlungsprozesses	97

Abschnitt 2. Vertragsmanagement „Vom NDA bis zur Abwicklung des Exportgeschäfts"

	Rn.
VIII. Einbindung ausländischer Anwälte	105
1. Funktion ausländischer Anwälte	106
2. Anwaltsauswahl	109
3. Anwaltsinstruktion	110
4. Liaison zwischen inländischem Jurateam und ausländischen Anwälten	112
C. Vertragsabschluss	114
I. Vertragsverhandlung	115
1. Kulturen	116
2. Beziehung zum Kunden	119
3. Kommunikation	121
4. Dokumentation	123
5. Risikomanagement	124
II. Vertragsunterzeichnung („Signing")	125
D. Organisation der Vertragsdurchführung	130
I. Wissenstransfer zu den operativen Einheiten	131
II. Kontrolle rechtlicher Risiken	132
III. Dokumentation	136
IV. Team	139
V. Management von einer Vielzahl von Exportverträgen	140

A. Vertragsanbahnung

Ein effizientes Vertragsmanagement ist der Schlüssel für erfolgreiche Vertragsbeziehungen. Bei Exportverträgen gilt dies in besonderem Maße. Der Bezug zu einer fremden Rechtsordnung (oder vielleicht auch mehreren) erhöht die Komplexität und damit einhergehend den Managementbedarf. Gute Organisation **1**
- der Vertragsanbahnung, der Vertragsvorbereitung, des Vertragsabschlusses und der Vertragsdurchführung (→ **Rn. 2 ff.**),
- der Vertragsgestaltung (→ **Abschnitt 1** und **5**) sowie
- der Rechtswahlfragen (→ **Abschnitt 4**)

minimiert die Vertragsdurchführungsrisiken[1] und -kosten und steigert die Effizienz. Parallel sind die besonderen Themenkomplexe der Exportwirtschaft (→ **3. Teil**) und der Organisation einer effizienten Auseinandersetzung im Streitfall (→ **4. Teil**) im Auge zu behalten und ins Vertragsmanagement einzubeziehen.

Das Vertragsmanagement in dem hier verstandenen, weiten Sinne beginnt bereits vor **2** Vertragsabschluss bei der Vertragsanbahnung und endet nach vollständiger Durchführung des Vertrages und Ablauf der Gewährleistungsfrist. Dieses Kapitel beschreibt die Zeit bis zum Vertragsabschluss einschließlich der Organisation der Vertragsdurchführung.

Bereits in der frühen Phase der Vertragsanbahnung werden die ersten Weichen für eine **3** erfolgreiche Verhandlung gestellt. Fehler in dieser Phase, insbesondere im Bereich der *Compliance*, können den späteren Vertragsabschluss torpedieren.

I. Wirtschaftliches Ziel des Vertrages im Lichte der Unternehmensstrategie

Die wirtschaftliche Bedeutung eines Vertrages für das Unternehmen bestimmt die Her- **4** angehensweise an die Vertragsanbahnung. Sie prägt das Vertragsmanagement, den Grad der Risikobereitschaft und insgesamt den *Mindset* der Unternehmensvertreter bei der Vorbereitung und Aushandlung des Vertrages. Ein *Spot*-Geschäft in einem dem Unternehmen vertrauten Markt ist anders vorzubereiten als ein Exportgeschäft, mit dem das Unternehmen in einen neuen Markt eintreten und eine Serie von Geschäften in einer langen Geschäftsbeziehung beginnen möchte. Auch beim schnellen Geschäft in einem vertrauten Export-

---

[1] Vgl. zum Risikomanagement: *Brödermann*, Risikomanagement in der internationalen Vertragsgestaltung, NJW 2012, 971, 977.

markt lohnt es sich, einen Moment zu verharren und die besonderen Anforderungen des fremden Marktes und die Person des Vertragspartners zu sondieren[2]. Wer aber in einen neuen Markt eintritt, kann durch Investition in das Vertragsmanagement die Chancen des Erfolges deutlich erhöhen.

5 Neben die Betrachtung aus dem Blickwinkel des konkret beabsichtigten Exportgeschäftes tritt die Würdigung des Geschäftes im Lichte der **Unternehmensstrategie** und der finanziellen Kraft eines Unternehmens. Das gleiche Geschäft kann für das eine Unternehmen so wichtig sein, dass es zu mehr Konzessionen gegenüber dem Vertragspartner bereit ist, um zum Abschluss zu kommen, während es für ein anderes Unternehmen nur dann von Interesse ist, wenn es zu bestimmten Bedingungen (zB Zahlungsbedingungen, Garantien) zustande kommt. Solch **unterschiedliche Grundhaltung** wirkt sich auf das Vertragsmanagement aus und sollte dem für das Unternehmen handelnden Team frühzeitig kommuniziert werden. Nicht selten kommt es vor, dass sich daraus ein Dialog entwickelt zwischen dem Verhandlungsteam, das örtliche, etwa Kultur gegebene Grenzen kommuniziert[3], und der Unternehmensführung, die sich bewegen muss, wenn sie das Geschäft abschließen möchte.

6 Der potentielle Konflikt zwischen den Anforderungen eines Exportgeschäftes und traditionellen Prämissen des Unternehmens kann dazu führen, dass ein Vertrag „doppelt" zu verhandeln ist: extern und intern. Ist das der Fall, ist das Vertragsmanagement entsprechend zu gestalten (Einfluss auf Kommunikationswege, Zeitpläne).

7 Ebenso prägend für das Vertragsmanagement ist die **finanzielle Lage** des Unternehmens. Welche Wichtigkeit kommt einem frühen (Teil-)Geldfluss zu? In welcher Höhe stehen Avallinien für Erfüllungsbürgschaften bereit? Ist es gar aus bilanziellen Gründen wichtig, das Geschäft noch bis zu einem bestimmten Zeitpunkt zum Abschluss zu bringen? Die Antworten auf solche Fragen formen das Ziel und prägen die Vertragsvorbereitung.

II. Interne Organisation des Unternehmens

8 Vertragsmanagement erfordert interne Organisation.

9 **1. Verfügbarkeit eigener Fähigkeiten und Erfahrungen.** Ist die Entscheidung für einen Markt gefallen und das Ziel des Vertrages bestimmt[4], ist zu ermitteln, welches Erfahrungswissen im Unternehmen verfügbar ist, um das Geschäft anzubahnen, einen Vertrag abzuschließen und ihn abzuwickeln. Zusätzlich zum normalen technischen und operativen Know-how ist in Abgrenzung zum nationalen Geschäft insbesondere zu klären, ob bestimmte internationale Kompetenzen vorhanden sind. Dies umfasst zB folgende Bereiche:
- Sprache (technische Sprache, Vertragssprache)
- Kultur (Erfahrungswissen in dem Markt)
- Internationales Handelsrecht und Rechtsvergleichung
- Zoll (Strukturierung und Zollplanung; Zollabwicklung)
- Exportkontrolle
- Versicherung
- Internationales Steuerrecht
- Schutz Geistigen Eigentums (Patentrechte, Markenrechte)
- Verpackung und Transport
- Sicherheitsstandards im Zielmarkt (bis zum E-mailverkehr hin)

10 Dabei kommt es auf das präsent verfügbare Wissen an. Soweit mit dem Exportgeschäft Aufgaben im Ausland verbunden sind, ist frühzeitig zu klären, wer diese für das Unternehmen übernehmen kann. Das Wissen all dieser Spezialisten muss im richtigen Zeitpunkt in das Vertragsmanagement eingespeist werden. Insbesondere ist unter Berücksichtigung

---

[2] → Rn. 13 ff. und Rn. 116.
[3] → Rn. 112 ff.
[4] → Rn. 4 ff.

kultureller Aspekte[5] zu klären, wer aus dem Unternehmen in welcher Konstellation und wie eingeführt am besten auf den potenziellen Kunden zugeht.

2. Organisation von ergänzender externer Beratung. Soweit eigenes Know-how in dem Unternehmen zu den diversen internationalrechtlichen Fragen nicht verfügbar ist, muss es aufgebaut oder eingekauft werden. Aus Sicht des Vertragsmanagements ist es wichtig, frühzeitig die richtigen Experten zu finden und die Voraussetzungen für eine Zusammenarbeit zu schaffen. Die Spezialfrage der Einbindung ausländischer Anwälte wird in einem besonderen Abschnitt behandelt[6]. **11**

3. Aufgabenmatrix. Insgesamt ergibt sich aus der Analyse der erforderlichen Fähigkeiten für die Erreichung des angestrebten Zieles (des Abschlusses eines Exportgeschäftes) eine Aufgabenmatrix, die im Laufe der weiteren Projektentwicklung regelmäßig aktualisiert und gepflegt werden sollte. Je nach Komplexität des Geschäfts und dem Erfahrungsgrad des Unternehmens in dem betroffenen Markt wird diese kurz ausfallen oder mehrere Seiten umfassen. **12**

III. Mit wem mache ich das Geschäft?

Im Bewusstsein der Unternehmen spielt die Frage „mit wem mache ich das Geschäft"[7] in der Regel keine Rolle, denn die Antwort auf diese Frage scheint leicht zu fallen. Der jeweilige Geschäftspartner ist ja bekannt. Dennoch sind dieser Frage auch schon in der Vertragsanbahnungsphase große Aufmerksamkeit und gegebenenfalls konkrete Recherchen zu widmen, und zwar unter den Gesichtspunkten der Bonität, der Seriosität, der Vertretungsberechtigung und ggf. der Frage, welche von mehreren Konzerngesellschaften Vertragspartner werden soll: **13**

1. Bonität. Auch wenn im Exportgeschäft in sehr vielen Fällen die Lieferung erst auf Vorkasse erfolgt oder gegen die Stellung entsprechender Akkreditive, kann es nicht gleichgültig bleiben, mit wem der Liefervertrag geschlossen wird. Sehr oft gelingt es nämlich nicht, die finanziellen Risiken einer Störung der Lieferbeziehung in einer Frühphase durch entsprechende frühzeitige Anzahlungen vollständig abzusichern. Für etwaige Schadensersatzansprüche im Falle der Nichtdurchführung eines Exportgeschäftes kommt es deshalb sehr wohl auf die Bonität des Geschäftspartners an. **14**

2. Seriosität. Wenn es dem Lieferanten in der Liefervereinbarung gelungen ist, jedes wirtschaftliche Risiko durch entsprechende Zahlungen „im Voraus" auszuschließen, bleibt für ihn die Frage der Identität und damit auch die Aufgabe, die Seriosität des Geschäftspartners sorgfältig zu prüfen, gleichwohl bedeutsam. Im Rahmen innereuropäischer steuerbefreiter Lieferungen (Umsatzsteuer, Verbrauchsteuer) kommt es darauf an, im Zweifelsfall dokumentieren zu können, die Seriosität des Geschäftspartners mit den zur Verfügung stehenden Mitteln geprüft zu haben. Gleiches gilt für Produkte, die der Exportkontrolle unterfallen. Im Übrigen findet manchmal auch schon in frühen Phasen der Verhandlung ein Transfer von Know-how statt. Ein Know-how-Schutz sollte nicht allein auf dem Abschluss einer entsprechenden Vertraulichkeitsvereinbarung beruhen. Hinzu kommen sollte immer, dass die Person des Vertragspartners ausreichend Anlass bietet, auf die Einhaltung dieser Vereinbarung vertrauen zu können. **15**

3. Vertretungsberechtigung. Weiter kann auch die Frage eine bedeutende Rolle spielen, ob derjenige, der den Vertrag für den ausländischen Vertragspartner unterschreibt, berechtigt ist, den Vertragspartner bei dem Abschluss derartiger Geschäfte zu vertreten. Informationen über Vertretungsverhältnisse bei Gesellschaften aus dem Ausland sind oft (anders als beim deutschen Handelsregister) nicht in frei zugänglichen Registern eingetragen. Das gilt insbesondere für Gesellschaftsformen, die dem anglo-amerikanischen Gesellschafts- **16**

---

[5] → Rn. 116 ff.
[6] → Rn. 105 ff.
[7] In der Compliance taucht dieser Aspekt unter dem „Know-your-customer"-Prinzip auf.

recht folgen, wie beispielsweise Gesellschaften mit Sitz in Hongkong oder Singapur. Die in dieser Hinsicht aufwendigeren Recherchen sind frühzeitig aufzunehmen, denn typischerweise steht die Schlussphase von Vertragsverhandlungen aus den verschiedensten Gründen oft unter einem enormen Zeitdruck. Die Verhandlungspartner müssen häufig noch substantielle Fragen entscheiden, da bleibt keine Zeit und kein Raum mehr für formale Dinge, wie die Frage, auf welche Weise derjenige, der für den ausländischen Geschäftspartner unterschreiben soll, berechtigt ist, diesen Geschäftspartner zu vertreten. Natürlich genügt auch der Hinweis der anderen Seite nicht, dass zu gegebener Zeit eine auf den Unterzeichner ausgestellte Vollmacht präsentiert wird, weil in diesem Fall zu prüfen wäre, ob der Unterzeichner dieser Vollmacht berechtigt ist, derartige Vollmachten für den künftigen Vertragspartner zu erteilen. Es ist zuweilen verwunderlich, wie viel Zeit und Kraft in Vertragsverhandlungen darauf verwendet wird, selbst weniger wichtige Punkte der Zusammenarbeit zu regeln, das heißt also in dieser Hinsicht nicht auf die „Anständigkeit" des künftigen Vertragspartner zu vertrauen, dagegen aber „blind" darauf zu vertrauen, dass der Unterzeichner auch in vollem Umfang berechtigt ist, im Namen des Vertragspartners derartige Verträge abzuschließen. Der – berechtigte – Einwand des Vertragspartners, die Vertretungsmacht des Unterzeichners sei unzureichend, kann die ganzen Anstrengungen eines gut verhandelten Vertrages zunichte machen. Und wie so immer im Leben muss hierbei auf der anderen Seite noch nicht einmal von Anfang an böse Absicht im Spiel gewesen sein. Ein Mangel in der Vertretungsberechtigung des Unterzeichners auf der anderen Seite tritt manchmal erst durch eine Streitigkeit ans Tageslicht, in deren Folge Anwälte die Möglichkeit prüfen, aus dem Vertrag „herauszukommen". Die Prüfung erfolgt dann professionell, das heißt unter allen rechtlichen Gesichtspunkten einschließlich eben der Frage, ob der Unterzeichner überhaupt berechtigt war, die Vertragspartei (in dem erforderlichen Umfang) zu vertreten. Eine geringfügige Unterlassung (Recherchen zur Frage der Vertretungsberechtigung) kann also sehr ernsthafte Konsequenzen haben und zwar nicht nur für das Unternehmen, sondern auch für die Organe des Unternehmens, denen möglicherweise vorgeworfen werden kann, den Vertragsabschlussprozess mangelhaft organisiert zu haben[8].

17 **4. Konzerngesellschaften.** Besonders wichtig kann es sein, den Vertragspartner frühzeitig zu identifizieren, wenn mit Konzernen verhandelt wird. Das Vertrauen, welches in der Regel auf die „Firma" des multinationalen Unternehmens gegründet wird, ist nur berechtigt, wenn der Vertragspartner tatsächlich die Konzernobergesellschaft oder eine der am Markt bekannten Konzerngesellschaften ist. Falls aber der Vertrag beispielsweise von einer (mitarbeiterlosen) Zweckgesellschaft abgeschlossen werden soll oder auch nur von einer deutschen Tochtergesellschaft, die als solche keine Wirtschaftsgüter hat, müssen ggf. frühzeitig Verhandlungen über Garantien, Bürgschaften oder eine harte Patronatserklärung der jeweiligen Muttergesellschaften aufgenommen werden. Auch ist in diesem Fall daran zu denken, dass in das Vertragswerk eine *„Change of Control"*-Regelung aufgenommen wird, die es zB erlaubt, den – möglicherweise langfristig laufenden – Vertrag aufzukündigen, wenn durch Übertragung der „Zweckgesellschaft" bzw. der „Inlandsgesellschaft" auf ein Drittunternehmen (also durch Übertragung der Anteile an diesen Gesellschaften) der Vertrag faktisch ohne Zustimmung auf einen Dritten übertragen wird. Ein frühzeitiges Ansprechen empfiehlt sich gerade deshalb besonders, weil Konzerne sich genau diese Freiheit vorbehalten wollen. Bevor also viel Kraft in detaillierte Verhandlungen investiert wird, sollte in diesem Punkt Klarheit herrschen.

IV. Wirtschaftliche und technische Risiken

18 Der Exportvertrag hat neben den allgemeinen Risiken, denen jedes Geschäft unterliegt, spezifische Risiken, über die bereits in der Vertragsanbahnungsphase nachgedacht werden sollte.

---

[8] Vgl. zu gesellschaftsrechtlichen Pflichten von Organmitgliedern wg. unzureichendem Vertragsmanagement: Brödermann NJW 2012, 971, 972 f.

Abschnitt 2. Vertragsmanagement „Vom NDA bis zur Abwicklung des Exportgeschäfts"

1. Zahlung des Lieferpreises. Die Art und Weise der Zahlung des Lieferpreises ist natürlich von Anfang an im Bewusstsein des Lieferanten. Die Instrumentarien der „Vorkasse" und auch des Dokumentenakkretitivs (*„letter of credit"*) werden im Exportgeschäft allseits angewandt. Aber bekanntlich steckt der Teufel im Detail. Im Rahmen der Vorauszahlung ist zu beachten, dass Scheckzahlungen von ausländischen Banken grundsätzlich das Risiko beinhalten, dass der Scheck auch noch nach vielen Wochen widerrufen werden kann, was zu einer entsprechenden Rückbelastung führt (und der Entstehung nicht unbeträchtlicher Bankgebühren für den Kontoinhaber). Im Falle von Barzahlungen müsste immer geprüft werden, ob hier ein Verdacht im Sinne des Geldwäschegesetzes bestehen kann. Das Ergebnis sollte dokumentiert werden. Dasselbe gilt von Überweisungen, die durch Banken ausgeführt werden, die in *Off-shore*-Gebieten ihren Sitz haben. Ein Dokumentenakkreditiv ist in dieser Hinsicht sicherer, aber auch nur so gut wie die Formulierung der jeweiligen Auszahlungsbedingungen. In der Regel übernimmt es die entsprechende beauftragte Bank, hierfür Vorschläge zu unterbreiten. Die Bank darf in dieser Hinsicht aber nicht allein gelassen werden. Nur der Unternehmer weiß, wie die Bedingungen zu formulieren sind, die sicherstellen, dass tatsächlich – ohne weitere Einwendungsmöglichkeit des Käufers – aus dem Akkreditiv gezahlt wird, wenn die Ware angekommen ist. Zur Frage, wie der Lieferpreis geleistet wird, gehört auch, in welcher Währung das geschieht. Auch diese Frage sollte frühzeitig geklärt werden, damit in der Berechnung des Lieferpreises eventuelle Kosten für Kursabsicherungen einkalkuliert werden können. In einzelnen Ländern ist zudem zu prüfen, ob Fremdwährungsschulden überhaupt zulässig sind. Ein Verstoß gegen ausländisches Devisenrecht kann zur Unklagbarkeit der Forderung führen. 19

2. Transport. Auch das Thema Transport ist dem Exporteur von Anfang an vertraut. Er arbeitet im Zweifel mit den INCOTERMS 2010[9]. Diese internationalen Handelsklauseln regeln in standardisierter Weise, wer für die Transportkosten verantwortlich ist und wer das Risiko trägt, dass die transportierten Güter beschädigt werden oder gar nicht ankommen. Für den Fall, dass der Lieferant insoweit in der Verantwortung bleibt, ist eine frühzeitige Klärung der Frage, ob und in welchem Umfang Risiken durch Transportversicherungen übernommen werden können, empfehlenswert. Auch sollte besonderes Augenmerk der Vertragsklausel über die höhere Gewalt (*„Force majeure"*) gewidmet werden. Zum Thema Transport gehören auch die Zollformalitäten, wenn sie im Verantwortungsbereich des Lieferanten liegen. 20

3. Schutz von Know-how und Good Will. In einzelnen Fällen ist es wichtig, über den Schutz des Know-hows nachzudenken. Im Regelfall hat das Unternehmen keinen weltweiten Know-how Schutz durch Patente und Geschmacks- und Gebrauchsmuster. Ein solcher Schutz ist oft gar nicht finanzierbar, weil es in jeder einzelnen Jurisdiktion entsprechende Eintragungen geben muss. Es besteht damit das Risiko, dass Nachahmungen in Ländern, in denen beispielsweise kein Patentschutz besteht, nicht sanktioniert werden können. Vor diesem Hintergrund gehören zu jedem Exportgeschäft, das einen Know-how-Transfer bedingt, klare Vertraulichkeitsregelungen. Diese helfen allerdings wenig oder gar nicht, wenn mit einem unseriösen Partner zusammen gearbeitet wird[10]. 21

Wird eine langfristige Zusammenarbeit angestrebt, bei der der Warenempfänger auch gleichzeitig Vertriebsaktivitäten im Empfängerland übernimmt, ist neben dem Know-how-Schutz auch an den Markenschutz zu denken und damit an den Schutz des vom Unternehmen über die Marke aufgebauten *Good Wills*. Für die Marke gilt das gleiche wie für das Patent. Sie ist idR nur dort geschützt, wo sie eingetragen ist. Nachahmer können nur unter ganz besonderen Umständen zur Rechenschaft gezogen werden. Vor Aufnahme von Vertriebsaktivitäten ist deshalb sicherzustellen, dass für den Produzenten entsprechende Markenrechte in dem Vertriebsgebiet eingetragen werden. Sonst kann es passieren, dass der Ex- 22

---

[9] Abrufbar über Website www.icc-deutschland.de.
[10] → Rn. 13, 15.

porteur, der später einen langfristigen Liefervertrag kündigen will, feststellen muss, dass sein Vertragspartner die Marke eingetragen hat.

23 Schwierig ist die Beendigung einer Vertriebspartnerschaft auch dann, wenn der Lieferant nur das nackte Produkt, der Vertriebspartner aber die Verpackung/Ausstattung liefert. Auch an einer Verpackung/Ausstattung können gewerbliche Schutzrechte entstehen, die es dem Vertriebspartner ermöglichen, nach Beendigung der Geschäftsbeziehung „nach Außen hin" den mit dem Produkt des Exporteurs aufgebauten Good Will zu nutzen, obwohl der Inhalt der Verpackung dann ein anderer ist. Hier empfiehlt es sich, von Anfang an klare Vereinbarungen über die gewerblichen Schutzrechte zu treffen.

24 Nicht nur der Schutz vor Nachahmung ist für das Exportgeschäft wichtig. Es muss ggf. auch von Anfang an untersucht werden, ob in den Zielmärkten gewerbliche Schutzrechte Dritter (Patente, Markenrechte) existieren, die zur Untersagung der Durchführung des Liefergeschäftes, möglicherweise sogar zur Beschlagnahme der Ware und zu Schadensersatzforderungen führen können. Dieser Frage ist insbesondere dann nachzugehen, wenn der Lieferant auch das Importrisiko trägt (Beispiel: Maschinen sind im Ausland zu errichten und werden danach erst abgenommen).

25 **4. Produkthaftung.** In vielen Ländern ist die Produkthaftung sehr ausgeprägt, wie beispielsweise in den Vereinigten Staaten. Das führt sogar manchmal dazu, dass Liefergeschäfte in derartigen Regionen mit der Frage verbunden werden, ob dort vor Ort eigene juristische Einheiten errichtet werden, um einen Haftungsschirm zu bilden. Da die Errichtung einer selbstständigen Niederlassung viele Fragen jenseits der Haftungsproblematik aufwirft, ist dieser Punkt sehr gründlich zu bedenken. Das Haftungsrisiko für einen Konstruktions- oder einen Fertigungsmangel gegenüber Dritten aus dem Gesichtspunkt der Produkthaftung kann in der Regel nicht durch vertragsrechtliche Vereinbarungen reduziert werden. Etwas anderes gilt aber für Instruktionsmängel. Für viele Produkte bestehen in den jeweiligen nationalen Rechtsordnungen Verpflichtungen, dem Verwender Instruktionen für die Anwendung und Nutzung zu erteilen, damit Gefahren für Leib und Leben vermieden werden können (zB Datensicherungsblätter im Bereich der Medizinprodukte). In den entsprechenden Liefervereinbarungen ist dafür Sorge zu tragen, dass länderspezifische Eigenheiten derartiger Verpflichtungen allein vom Empfänger der Produkte getragen werden. Hierdurch hätte der Exporteur seine „Verkehrssicherungspflichten" erfüllt. Falls das nicht verhandelbar ist, müsste von Anfang an sorgfältig geprüft werden, mit welchem Aufwand die Recherchen in den Zielmärkten verbunden sind, um diesen Aufwand frühzeitig „einpreisen" zu können.

26 **5. Spezifikationen.** Wie an anderer Stelle dieser Einleitung schon angeführt, ist es in der Regel so, dass ein technisches Team über Spezifikationen verhandelt und ein kaufmännisches über den Vertrag. Die meisten Probleme bei der Vertragsabwicklung entstehen an der Schnittstelle zwischen Vertrag und technischem Regelwerk. Es ist also Sorge dafür zu tragen, dass von Anfang an auch das kaufmännische Team und das technische Team eng zusammen arbeiten. Bestimmte technische Risiken (beispielsweise für die Frage des Transportes oder der Aufbewahrung im Empfängerland) können vertraglich ausgeräumt oder zumindest reduziert werden. Auf der anderen Seite muss sichergestellt werden, dass eine Spezifikation, die eine bestimmte Leistungsfähigkeit des Produktes beschreibt, nicht (ungewollt) in eine vertragliche Zusicherung oder Garantie uminterpretiert werden kann[11].

27 **6. Force majeure.** Eine Klausel, was im Falle „höherer Gewalt" gelten soll, gehört zu dem Standardrepertoire von Exportverträgen (im deutschen Recht wird das Nichteinstehenmüssen bei *Force majeure* in § 280 Abs. 1 Satz 2 BGB verankert, ohne dass dieser Begriff verwendet wird). Ungeachtet dessen sollte man sich frühzeitig überlegen, welche spezifischen Risiken mit dem Exportgeschäft verbunden sind (zB terroristische Akte im Empfängerland, Seuchen wie die Vogelgrippe). Es ist schwierig, hier genaue Kriterien zu formulie-

---

[11] → Rn. 88.

ren. Zumindest sollte aber versucht werden, bereits bei Vertragsanbahnung Verständnis dafür zu wecken, dass man die Mitarbeiter unter bestimmten Umständen nicht zwingen kann oder möchte, sich in den entsprechenden Empfängerländern derartigen Risiken auszusetzen, wenn sie beispielsweise dort Wartungsarbeiten oder Montagearbeiten ausführen sollen. Das Thema ist sensibel, weil allein die abstrakte Beschreibung der Gefahr im Empfängerland den Stolz bzw. das Nationalgefühl des Vertragspartners verletzen kann.

V. Compliance

Der Begriff der *Compliance* ist auch jenseits juristischer Fachliteratur in aller Munde. Mit **28** ihm wird eine Selbstverständlichkeit beschrieben. Unternehmen haben auf die Einhaltung der geltenden Gesetze zu achten. Die Tatsache, dass dieser simple Grundsatz thematisiert wird, hängt mit den immer komplexer werdenden rechtlichen Regelungswerken und der Verschärfung von Haftungsvorschriften zusammen. Außerdem müssen Unternehmen angesichts der Globalisierung zunehmend Rechtsordnungen beachten, die außerhalb des eigenen Heimatstaates liegen (zB die amerikanischen Anforderungen des *Sarbanes Oxley Acts*) und mit denen sie deshalb nicht vertraut sind. Klassische Felder der *Compliance* sind ua das Kapitalmarktrecht (Insiderrecht), das Kartellrecht, die Produkthaftung, die Arbeitssicherheit sowie Steuern. Im Zusammenhang mit Exportverträgen verdienen aber insbesondere die drei Felder der Korruptionsbekämpfung, der Geldwäsche sowie der Exportkontrolle besondere Beachtung. Das seit 17.12.2009 geltende internationale Schuldrecht in Europa zwingt unabhängig von der Rechtswahl ausdrücklich zur Beachtung von zwingendem Recht am Erfüllungsort.[12]

1. Korruptionsbekämpfung. In vielen Teilen der Erde werden Kaufleute im Falle von **29** Staatsaufträgen mit der Forderung konfrontiert, Zahlungen zu leisten, um einen Vertragsabschluss zu „fördern". Bis zum Januar 1999 konnte der Kaufmann einem solchen Ansinnen nachgeben, ohne in Deutschland weitere Konsequenzen fürchten zu müssen. Im Gegenteil: Er konnte in seiner Steuererklärung derartige Ausgaben noch als „nützliche" Aufwendungen deklarieren und somit als Betriebsausgaben geltend machen. Mit anderen Worten: Der Staat hat Bestechung im außereuropäischen Ausland subventioniert. Seit 1999 hat sich dies grundlegend gewandelt. Basierend auf dem OECD-Abkommen über die Bekämpfung der Bestechung ausländischer Amtsträger im Internationalen Geschäftsbereich vom 17.12.1997 hat der Gesetzgeber das Gesetz zur Bekämpfung internationaler Bestechung (IntBestG) sowie das EU-Bestechungsgesetz (EuBestG) erlassen. Das deutsche Recht sieht nunmehr vor, dass deutsche Staatsanwaltschaften Bestechung von ausländischen Beamten oder auch Personen, die in ausländischen öffentlichen Unternehmen arbeiten, strafrechtlich verfolgen können. Mit anderen Worten: Ein Hamburger Staatsanwalt ist berechtigt zu ermitteln, wenn der Verdacht besteht, dass ein Hamburger Unternehmer einen indonesischen Beamten durch Zuwendungen veranlassen wollte, seinem Vertragsangebot den Vorzug zu geben. Gleichzeitig ist die Deklarierung einer derartigen Zahlung als Betriebsausgabe eine Steuerhinterziehung. Versucht nun der Unternehmer zumindest keine Steuerhinterziehung zu begehen, indem er derartige Zahlungen nicht als Betriebsausgaben verbucht, kann auch das zu Konsequenzen führen. Die Beamten der Finanzverwaltung sind gehalten, bei verdächtigen Sachverhalten (im Rahmen einer Betriebsprüfung wird entdeckt, dass eine erhebliche Zahlung nicht als Betriebsausgabe deklariert wird) entsprechende Hinweise an die zuständige Staatsanwaltschaft zu geben (vgl. § 4 Abs. 5 Ziff. 10 EStG).

Der Wechsel der deutschen Politik von der „Subventionierung" hin zu einer strikten **30** Sanktionierung war in der deutschen Wirtschaft lange nicht richtig angekommen, sollte es aber spätesten seit der Siemens-Affäre im Jahr 2006 sein. Das Thema Bestechung ist kein Kavaliersdelikt (dasselbe gilt für die entsprechende Steuerhinterziehung). Ist ein Vertragsabschluss ohne derartige Zuwendung nicht möglich ist, hat der Unternehmer das Geschäft zu unterlassen. Auf wirtschaftliche Zwänge wird er sich in keinem Fall berufen können.

---

[12] → Abschnitt 4 Rn. 86 ff.

1. Teil. Grundlagen des Rechts der Exportgeschäfte

31 Der Grundsatz einer strikten Korruptionsvermeidung darf auch nicht nur auf der Chefetage gelten. Der Unternehmer muss durch eindeutige Instruktionen an die zuständigen Betriebsabteilungen sicherstellen, dass dieser Grundsatz auch dort ankommt, wo mit ihm zu arbeiten ist. Außerdem muss die Einhaltung derartiger Weisungen kontrolliert werden. Die betriebsinterne Organisation der Sicherstellung, dass derartige Grundsätze beachtet werden, ist im eigentlichen Sinne die Aufgabe von *Compliance*. Eindeutige Instruktionen und Mitarbeiterschulungen sowie auch stichprobenartige Kontrollen müssen im Rahmen von *Compliance*-Programmen sorgfältig dokumentiert sein, damit sich die Unternehmensleitung gegebenenfalls dahingehend entlasten kann, dass sie alles unternommen hat, was hier zu Gebote stand, um Korruption zu verhindern.

32 Auch jenseits der Absicht, durch Bestechung von Entscheidungsträgern auf ausländischer staatlicher Seite einen Auftrag zu erhalten, spielt Korruptionsbekämpfung eine Rolle. Dies kann beispielsweise schon für den Fall gelten, dass ein einreisender Ingenieur, der eine Reparatur an einer Maschine vorzunehmen hat, ein wichtiges Ersatzteil im Handgepäck mit sich führt und er dieses Ersatzteil nur durch den Zoll bekommt, indem er dem entsprechenden Zöllner einen Geldschein überreicht. Auch ein derartiges Verhalten ist verboten. Gerade in diesen Alltagsfällen ist von der Unternehmensleitung präventiv zu überlegen, wie sich Mitarbeiter hier verhalten sollen. In dem vorgenannten Beispiel wäre das Problem möglicherweise schlicht dadurch vermeidbar, dass wichtige Ersatzteile per Kurier von Deutschland aus in den jeweiligen Staat geschickt werden, auch wenn das zusätzliche Kosten auslöst.

33 Das Thema Strafverfolgung von Korruption lässt sich im Übrigen nicht dadurch umgehen, dass der Unternehmer die Augen verschließt. Selbstverständlich wird von ihm in vielen Fällen nicht verlangt, eine direkte Zahlung an einen Regierungsbeamten zu leisten. Vielmehr tauchen dritte Personen auf, die sich als „*Agent*" bezeichnen und ein entsprechendes „*Commission Agreement*" unterzeichnet bekommen möchten. Jede Provisionsvereinbarung, hinter der keine konkrete Leistung steht und/oder bei der die ausgelobte Provision ungewöhnlich hoch ist, wird Verdacht erregen. Das könnte im Übrigen auch dadurch verstärkt werden, wenn der „*Agent*" eine Kapitalgesellschaft ist, die in einem Off-shore-Gebiet ihren Sitz hat (British Virgin Islands, Cayman Islands)[13].

34 **2. Geldwäsche.** Ein fundamentaler Grundsatz der gesetzlichen Regelungen zur Bekämpfung der Geldwäsche ist das „*Know-your-customer*"-Prinzip. Geschäftskunden sind zu identifizieren. Das gilt natürlich insbesondere, wenn mit Kapitalgesellschaften Geschäfte gemacht werden, die möglicherweise sogar noch in *Off-shore*-Gebieten liegen. In diesem Falle sind die wirtschaftlich Berechtigten zu ermitteln. Diese Verpflichtung gilt für alle Unternehmen (vgl. § 2 Abs. 1 Ziffer 12 Geldwäschegesetz – GWG). Unter bestimmten Voraussetzungen müssen verdächtige Transaktionen dem BKA (Zentralstelle für Verdachtsanzeigen) gemeldet werden. Verstöße gegen das Geldwäschegesetz (GWG) werden mit Bußgeldern geahndet. Allerdings ist Geldwäsche auch ein Straftatbestand (§ 261 StGB), so dass ggf. das Risiko besteht, als Mittäter oder auch Gehilfe in den Fokus von Ermittlungen zu kommen.

35 **3. Exportkontrolle.** Der Außenwirtschaftsverkehr in Deutschland ist grundsätzlich frei, vgl. § 1 Außenwirtschaftsgesetz („AWG"). Dennoch können Rechtsgeschäfte und Handlungen im Außenwirtschaftsverkehr zum Schutz der Sicherheit und der auswärtigen Interessen beschränkt werden, vgl. § 7 Außenwirtschaftsverordnung („AWV"): Es bestehen Genehmigungsvorbehalte (Beschränkungen) oder Verbote (Embargos) für
- die Ausfuhr und Verbringung von Gütern, die auf der Ausfuhrliste im Anhang zur AWV aufgeführt sind (insbesondere Waffen und sonstige Rüstungsgüter, sowie Güter mit doppeltem Verwendungszweck, sogenannte **„Dual-Use Güter"**);
- bestimmte Handels- und Vermittlungsgeschäfte sowie
- die Erbringung bestimmter technischer Dienstleistungen im Ausland.

---

[13] Vgl. zum Thema die Website der Internationalen Handelskammer in Paris http://www.iccwbo.org/policy/anticorruption.

Abschnitt 2. Vertragsmanagement „Vom NDA bis zur Abwicklung des Exportgeschäfts"

Wichtig für viele Lieferanten **außerhalb der Rüstungsindustrie** ist die Beschränkung 36
des Vertriebs von *Dual-Use*-Gütern. Unter *Dual-Use*-Gütern versteht man Waren, Software
und Technologie, die sowohl für zivile als auch für militärische Zwecke verwendet werden
können. Die Ausfuhr solcher *Dual-Use*-Güter wird durch die Verordnung (EG) Nr. 428/
2009 vom 29.5.2009 (**„*Dual-Use*-Verordnung"**) geregelt, die 2012 abgeändert wurden.
Diese wird durch die nationalen Regelungen des AWG und der AWV ergänzt. Kontrolliert
wird die Ausfuhr und Verbringung von Gütern, die in der Güterliste in Anhang I der *Dual-
Use*-Verordnung bzw. in Teil I Abschnitt C der Ausfuhrliste (Anlage AL zur AWV) aufgeführt sind.

Für bestimmte Brokergeschäfte (Lieferung aus dem Ausland in das Ausland) ist gar be- 37
reits **vor der Aufnahme von Verhandlungen** eine Genehmigung erforderlich.

Die Einhaltung der geltenden Vorschriften ist angesichts drastischer Sanktionen geboten. 38
Verstöße gegen die Vorschriften des AWG/AWV und des KrWaffKontrG stellen Ordnungswidrigkeiten oder Straftaten dar.

Über die Regelungen in den oben genannten Vorschriften hinaus ergeben sich Verbote 39
und Beschränkungen aus der Europäischen „Anti-Folter-Verordnung" (Verordnung (EG)
Nr. 1236/2005 vom 27.6.2005) sowie aus Embargoregelungen auf der Grundlage von Beschlüssen der Vereinten Nationen, der OSZE oder in Form von EG-Verordnungen zur
Umsetzung von Gemeinsamen Standpunkten des Rates der EU. Darüber hinaus wird der
Außenwirtschaftsverkehr auch durch Maßnahmen zur Bekämpfung des Terrorismus (personenbezogenes Totalembargo) beschränkt.

Auch die US-amerikanischen Exportvorschriften sollten Unternehmen im Auge behal- 40
ten. Die US-Regierung kontrolliert insbesondere den Außenwirtschaftsverkehr von Gütern mit US-amerikanischem Ursprung. Dies gilt besonders für Verteidigungsgüter und
Verteidigungsleistungen, die auf der *United States Munitions List* (USML) gelistet sind, aber
auch für zivile und *Dual-Use*-Güter. Die Rechtsgrundlagen für diese Kontrolle bilden
der *Arms Export Control Act* („AECA") und die *International Traffic in Arms Regulations*
(„ITAR"). Für zivile und *Dual-Use*-Güter gelten die *Export Administration Regulations*
(„EAR") oder auch die OFAC Sanctions Programs. Aus Sicht der USA besteht in Bezug
auf diese Exportkontrolle eine weltweite US-Zuständigkeit. Das heißt, europäische Unternehmen, die mit anderen europäischen Unternehmen oder auch nicht-europäischen Unternehmen Liefergeschäfte durchführen, können aus Sicht der USA US-amerikanisches
Exportrecht verletzen und damit den entsprechenden Sanktionen von US-Behörden ausgesetzt sein, selbst wenn die Güter, ohne die Grenzen der USA zu überschreiten, von einem
Land außerhalb der USA in ein anderes Land außerhalb der USA exportiert werden (Re-
Export). Die Verwendung und die Weiterveräußerung solcher Güter verstößt im Zweifel
zugleich gegen zwingendes US-Lizenzrecht. Vorstände oder Geschäftsführer von Unternehmen, die das US-Exportkontrollrecht nicht beachten, können sich bei späterem Einreiseversuch in die USA mit einem Haftbefehl konfrontiert sehen. Außerdem können Unternehmen, die diese Regelungen nicht einhalten, vom US-amerikanischen Markt ausgeschlossen werden, indem sie selbst Gegenstand von Handelsbeschränkungen werden.

VI. Budget

Der Abgleich zwischen dem wirtschaftlichen Ziel des Vertrages, der Aufgabenmatrix 41
und der Übersicht über das im Unternehmen selbst verfügbare Wissen kann als Grundlage
für die Entwicklung eines Budgets dienen. Dagegen sind Erfahrungswerte oder Kostenschätzungen der ergänzend heranzuziehenden Berater zu setzen. Solch ein Budget ist zwar
oft falsch. Die Kosten werden in der Realität oft gesprengt. Gleichwohl ist es auch in kleineren Unternehmen, in denen man als Geschäftsführer nicht bereits kraft Konzernvorgabe
zur Erstellung von Budgets verpflichtet ist, sinnvoll, sich dazu zu zwingen, ein Budget zu
erstellen. Es schärft das Bewusstsein dafür, was das Unternehmen bereit ist, für ein angestrebtes Geschäft zu investieren. Wenn das Budget nicht ausreicht, ist insbesondere mit den

externen Beratern zu verhandeln, inwieweit und unter welchen Voraussetzungen Budgetkürzungen möglich sind.

42 Im Bereich der internationalen anwaltlichen Arbeit wirkt sich der Grad der erwarteten rechtsvergleichenden Genauigkeit oft direkt auf das Budget aus. Ebenso kann der Rückgriff auf bestimmte rechtliche Standards oder auf international zugängliche Rechtsregeln[14] zur Kostenreduktion beitragen. Wer nur ein begrenztes Budget zur Verfügung hat, muss ggf. bereit sein, bestimmte Ausschlüsse bei der Definition der Anwaltsarbeit zu akzeptieren. Wer grundsätzlich in der Lage ist, jedes vernünftige Budget zu finanzieren, sollte auf realistische Budgets dringen, um jede Form von *„after sales trouble"* durch Budgetüberschreitung zu vermeiden.

43 Es kann auch sinnvoll sein, das Budget an interne Meilensteine der Projektentwicklung zu koppeln, so dass bestimmte Kosten erst zum erforderlichen Zeitpunkt ausgelöst werden.

VII. Zeitplanung

44 Mit der Erstellung der Aufgabenmatrix[15] und des Budgets[16] geht die Vorbereitung einer Zeitplanung einher. Die Zeitplanung wird immer konkreter, je näher der Termin für den geplanten Vertragsabschluss heranrückt. Es ist erfahrungsgemäß hilfreich, von dem geplanten Zeitpunkt der Unterschrift „rückwärts" zu planen, wann welche Aufgaben erfüllt werden müssen. Dabei ist es wie in jedem nationalen Geschäft erforderlich, Raum für externe und interne Abstimmungen zu lassen. Ausländische Feiertage und unterschiedliche Zeitzonen sind zu berücksichtigen. Gleiches gilt für Wochenenden und Ferienzeiten. Hier kann eine frühe Abstimmung mit den betroffenen Personen die Verfügbarkeiten deutlich erhöhen.

B. Vertragsvorbereitung

45 Die Vertragsanbahnung hat fernmündlich, schriftlich oder persönlich stattgefunden. Das Projekt tritt in die Phase der konkreten Vertragsvorbereitungen ein. Nunmehr sind zahlreiche konkrete Fragen zu klären.

I. Vorgaben, die sich aus der Vertragsanbahnung ergeben

46 Oft wird das Team bei Eintritt in die konkrete Vertragsvorbereitung erweitert. In der Vertragsanbahnungsphase wurden bereits bestimmte Prämissen erarbeitet (zB die Bedeutung des Vertrages für das Unternehmen, Kenntnisse über die Person des Vertragspartners, Grundeinstellungen zum Umgang mit wirtschaftlichen und technischen Risiken, Budget- und Zeitplanung). Es ist selbstverständlich (wird aber häufig falsch gemacht), dass diese Erkenntnisse nunmehr auch dem erweiterten Team kommuniziert werden müssen, soweit sich dies mit Überlegungen oder rechtlichen Grenzen der Vertraulichkeit vereinbaren lässt. Wenn die Vertragsanbahnungsphase professionell gemanagt wurde, beginnt die Vertragsvorbereitung nicht im luftleeren Raum, sondern auf der Basis von Arbeitsergebnissen.

II. Bestimmung von Leistungsinhalt

47 Die vertragliche Bestimmung des Leistungsinhalts spielt natürlich da eine Rolle, wo es um maßgeschneiderte Produkte geht, aber auch dort, wo neben dem reinen Liefergeschäft noch zusätzliche Dienstleistungen (Montage, Wartung, etc.) zu erbringen sind. Auch hier gilt wieder, dass alle in den Verhandlungsprozess involvierten Teams eng zusammenarbeiten müssen.

---

[14] ZB das UN-Kaufrecht s. www.uncitral.org oder die UNIDROIT Grundregeln für internationale Handelsverträge, s. www.unidroit.org, dazu später Rn. 79 ff.
[15] → Rn. 12.
[16] → Rn. 41 ff.

Abschnitt 2. Vertragsmanagement „Vom NDA bis zur Abwicklung des Exportgeschäfts"

Es ist keine leichte Aufgabe, nach einem ersten anfänglichen Treffen der verschiedenen betroffenen Teams, welches möglicherweise noch leicht zu organisieren ist, den Informationsfluss in adäquater Weise aufrecht zu erhalten und zu steuern. Schnell kann es geschehen, dass sich die Teams im weiteren Verlauf der Gespräche wieder verselbstständigen. Es muss deshalb ein klares Regelwerk darüber bestehen, wer, wann, mit welchen Informationen nach Außen, dh zum Vertragspartner herausgeht. **48**

Abschließend ist noch auf das Missverständnis hinzuweisen, dass es in der Anwalts/Jura-Welt für bestimmte Liefergeschäfte bestimmte Verträge gebe, die man lediglich per Knopfdruck aus dem Computer ausdruckt. Jeder Exportvertrag und auch jedes Liefergeschäft hat seinen besonderen Regelungsgehalt. Es gibt insofern keinen Mustervertrag. Jede Regelung müssen die involvierten kaufmännischen und technischen Mitarbeiter darauf prüfen, ob sie für das betroffene Geschäft passt oder nicht. Diese Arbeit kann ein Unternehmensjurist/Anwalt nicht allein leisten. **49**

III. Instrumentarien der Vertragsverhandlung

Folgende Instrumente sind im Rahmen von Vertragsverhandlungen gebräuchlich: **50**
- Vertraulichkeitsvereinbarung (Non Disclosure Agreement – NDA)
- Letter of Intent
- Memorandum of Understanding
- Ausgearbeiteter Vertragsentwurf.

1. Vertraulichkeitsvereinbarung (Non Disclosure Agreement). Um das technische und auch das kommerzielle Know-how eines Lieferanten zu schützen, sollte er von Beginn an mit dem potentiellen Geschäftspartner eine Vertraulichkeitsvereinbarung abschließen. Bei deren Abschluss stellen sich natürlich bereits alle komplexen Fragen, wie die Frage nach dem anzuwendenden Recht und dem Gerichtsstand. Außerdem ist zu berücksichtigen, dass beispielsweise die in Deutschland gebräuchliche Vertragsstrafe zur Unwirksamkeit der Vertraulichkeitsvereinbarung führen kann, wenn diese zB dem amerikanischen Recht unterstellt ist. Dort sind Vertragsstrafen unzulässig (es sei denn man formuliert eine sogenannte *liquidated damages*-Klausel). **51**

Beim Abschluss der Vertraulichkeitsvereinbarung kommt es natürlich auch schon darauf an, mit wem die Vereinbarung getroffen wird[17]. Ist der Vertragspartner eine Konzerngesellschaft, ist das Risiko sehr groß, dass – ohne böse Absicht – vertrauliche Informationen von einem Mitarbeiter einer Konzerngesellschaft zu einem Mitarbeiter einer anderen Konzerngesellschaft weitergegeben werden, die aber nicht Vertragspartei der Vertraulichkeitsvereinbarung ist. Im Hinblick auf diese Fälle müssten die anderen relevanten Konzernunternehmen der Vertraulichkeitsvereinbarung beitreten (das dürfte selten auf Gegenliebe stoßen) oder zumindest der jeweilige Vertragspartner für Verstöße der anderen Konzerngesellschaften einstehen. Der bloße Hinweis, dass der Vertragspartner bereits durch die Weitergabe an seinen Kollegen einen Vertragsbruch begangen habe, hilft in den Fällen nicht, in denen dem Lieferant offensichtlich war, dass andere „Fachabteilungen" des Konzerns in das Liefergeschäft eingeschaltet sind und ihm deshalb vorgehalten werden kann, er habe die Weitergabe zumindest konkludent „genehmigt". Wenn der Lieferant ein Konzernunternehmen ist, sollte die Kommunikation mit (bestimmten) verbundenen Unternehmen von der Vertraulichkeitsverpflichtung ausgenommen werden. **52**

Praktisch sollte darauf geachtet werden, dass alle vertraulichen Dokumente (unabhängig davon, ob die Vertraulichkeitsvereinbarung dies als besonderes Erfordernis ansieht oder nicht) als streng vertraulich gekennzeichnet werden. **53**

In der Vertraulichkeitsvereinbarung ist zudem darauf zu achten, dass die Vertraulichkeit auch über die Beendigung der Vertragsverhandlungen hinaus gilt, und zwar nicht unbefristet (Risiko der Unwirksamkeit), sondern für eine konkret bestimmte Dauer. **54**

---

[17] → Rn. 13 ff.

55 **2. Absichtserklärung.** Die Absichtserklärung *(Letter of Intent)* ist ein Dokument, das nicht von vornherein rechtlich klar eingeordnet werden kann. Die Überschrift sagt nichts über die rechtliche Qualifikation aus. Es gibt Absichtserklärungen, die tatsächlich solche sind, mit anderen Worten noch keinerlei Rechtspflichten erzeugen. Es gibt andere, in denen einzelne Regelungen verbindlich sind (die Vertraulichkeitsverpflichtung oder auch die Verpflichtung, für einen bestimmten Zeitraum exklusiv miteinander zu verhandeln). Des Weiteren gibt es auch Absichtserklärungen, die den rechtlichen Charakter eines Vorvertrages haben. Sie verpflichten zum Abschluss eines Hauptvertrages. Und schließlich kann die Absichtserklärung auch bereits dann, wenn sie alle wesentlichen Konditionen enthält, als ein rechtswirksamer Vertrag angesehen werden. Es kommt immer auf den Inhalt an und auf das, was die Vertragsparteien mit dem Abschluss einer solchen Absichtserklärung bezwecken. Probleme entstehen, wenn die Erwartungshaltungen der Vertragsparteien unterschiedlich sind. Manchmal wird man von kaufmännischer Seite Unklarheiten in der Formulierung in Kauf nehmen, um die Vertragsverhandlungen nicht zu gefährden. Das muss aber dem Team, das am Vertragswerk arbeitet, bewusst sein. Je nachdem wie die Erwartungshaltung des Lieferanten ist, kann durch Hinzufügen oder Weglassen spezifischer Konditionen erreicht werden, dass die Absichtserklärung unverbindlich oder verbindlich wird. Auch gibt es beispielsweise durch den sogenannten Gremienvorbehalt (nur bei größeren Unternehmen praktizierbar) die Chance, einseitig vom Verhandlungsergebnis wieder abrücken zu können, ohne eine Haftung für einen „Vertrauensschaden" auszulösen (die in Deutschland in § 311 Abs. 2 BGB begründete Vertrauenshaftung wird im europäischen Rechtsraum als Delikt qualifiziert[18]). Auf der anderen Seite ist natürlich Vorsicht geboten bei Finanzierungsvorbehalten seitens des Käufers. Solange ein solcher Vorbehalt gemacht worden ist, besteht auf dieser Seite die Chance, sich ohne weitere Verpflichtungen aus den Vereinbarungen im Rahmen einer Absichtserklärung zu lösen. In der Regel ist es nicht beweisbar, dass der Vertragspartner nicht ausreichende Bemühungen entfaltet hat, um eine Finanzierung zu erhalten.

56 **3. Memorandum of Understanding.** Auch hier gelten die Ausführungen zur Absichtserklärung. Der Begriff des *Memorandum of Understanding* sagt nichts über den Inhalt oder auch die rechtliche Verbindlichkeit eines solchen Dokuments. Es kommt allein auf dessen Inhalt an. Es gibt *Memoranda of Understanding*, die identisch sind mit reinen Absichtserklärungen. Sehr häufig hat ein *Memorandum of Understanding* jedoch den Zweck, als Vorvertrag die wesentlichen Verhandlungsergebnisse bereits verbindlich zu fixieren.

57 **4. Vollständiger Vertrag.** Oft wird schon in einem frühen Stadium der Vertragsverhandlung ein vollständiger Vertrag vorgelegt. Dies gilt insbesondere für Geschäfte im Rahmen einer schon laufenden Geschäftsbeziehung oder für Geschäfte, in denen ein standardisiertes Produkt verkauft werden soll. Manchmal dient ein ausführlich formulierter Vertrag auch dazu, bereits in einer frühen Phase alle wesentlichen Punkte im Auge zu behalten, um diese sodann im Verhandlungswege mit dem potentiellen Vertragspartner abarbeiten zu können. Wird der Vertrag deutschem Recht unterworfen, sieht sich der Verwender oft im Streitfall dem AGB-Einwand ausgesetzt (§§ 305 ff. BGB).

IV. Funktion und Auswahl des geeigneten rechtlichen Instruments

58 Die Auswahl des richtigen Instruments entscheidet häufig über Erfolg oder Misserfolg einer Vertragsverhandlung oder zumindest über deren Dauer.

59 Wie oben unter → Rn. 51 ff. bereits ausgeführt, ist ein wichtiger erster Schritt oft die Vertraulichkeitsvereinbarung. Das dürfte für den potentiellen Vertragspartner in der Regel auch kein Problem darstellen. Außerdem vermittelt die Verhandlung über die Vertraulichkeitsvereinbarung bereits einen guten Eindruck, wie der potentielle Geschäftspartner mit Vertragstexten umgeht. Das kann wertvolle Erkenntnisse für die Frage liefern, welche weiteren Instrumentarien zum Einsatz kommen sollen.

---

[18] → Abschnitt 4 Rn. 106.

Nur sehr selten empfiehlt es sich, in der frühen Phase einer Vertragsverhandlung ein komplettes Vertragswerk vorzulegen. Hier besteht das Risiko, dass bereits viele Diskussionen eröffnet werden, bevor die Eckdaten der Vereinbarung stehen. Ein solches Vorgehen ist auch psychologisch schwierig. Jede Seite wird darum kämpfen, dass ihr eigener Entwurf zum Gegenstand der Vertragsverhandlung gemacht wird. Die andere Seite kann ggf. hierdurch das „Gesicht verlieren". 60

Sehr häufig empfiehlt es sich, vor der Erstellung des Entwurfes eines abzuschließenden Vertrages über den Zwischenschritt einer Absichtserklärung oder eines *Memorandum of Understanding* zu gehen. Die Gespräche lassen sich hierdurch so strukturieren, dass zunächst alle wichtigen Dinge besprochen werden. Die Fixierung in einer Absichtserklärung oder einem *Memorandum of Understanding*, das dann unterzeichnet wird, gibt den beteiligten Parteien schon ein Erfolgserlebnis. Noch wichtiger ist aber, dass hierdurch verhindert werden kann, dass nachgeordnete Instanzen (auf der Unternehmensseite, aber auch beispielsweise verkörpert durch die beteiligten Anwälte) „Fässer wieder aufmachen". Wird ein solcher Versuch unternommen, kann auf die Absichtserklärung bzw. das *Memorandum of Understanding* verwiesen werden, in denen bestimmte Entscheidungen für oder gegen eine Regelung von den Unternehmensleitungen bereits getroffen worden sind. Somit kann eine Verhandlung sehr viel stringenter, zeitsparender und damit auch kostengünstiger geführt werden. Das setzt allerdings voraus, dass durch eine geeignete Vertragsvorbereitung die inhaltliche Arbeit gemacht ist, um bereits in einer so frühen Phase den genauen Leistungsinhalt des Vertrages und ggf. weitere wichtige Vertragskonditionen formulieren bzw. skizzieren zu können. 61

Solch ein früh unterschriebenes Dokument kann sowohl die Chance als auch natürlich das Risiko begründen, bei einer willkürlichen Abkehr von bereits getroffenen Vereinbarungen, einen Ersatz für die Schäden zu erhalten bzw. leisten zu müssen, die bedingt durch das Vertrauen auf einen positiven Vertragsabschluss entstanden sind. Das können insbesondere Beraterkosten sein, aber auch externe Kosten anderer Art (beispielsweise Gutachten etc). Die Frage, ob ein derartiger Anspruch gegeben ist, richtet sich nach dem zugrundeliegenden nationalen Recht. Und natürlich wird es bei Durchsetzung eines vorhandenen Anspruchs wesentlich darauf ankommen, wo ein Gerichtsstand für eine derartige Streitigkeit wäre und ggf. auf welche Art und Weise ein erfolgreiches Urteil vollstreckt werden könnte. 62

Die positive psychologische Wirkung einer Absichtserklärung oder eines *Memorandum of Understanding* ist nicht zu unterschätzen. 63

V. Sprache

Internationale Exportverträge werden meist auf Englisch als *lingua franca* geschrieben. Diese Vorgehensweise birgt Tücken in sich. Wird mit einem Vertragspartner verhandelt, der ein *native speaker* ist, besteht das Risiko, bei der Erfassung der Bedeutung von Begriffen unterlegen zu sein. Wird die Verhandlung mit einem Verhandlungspartner geführt, der selbst auch kein *native speaker* ist, entstehen leicht Begrifflichkeiten, die Diskrepanzen zu der gewählten Rechtsordnung aufweisen. 64

Zweisprachige Verträge beinhalten ebenfalls das Risiko von Widersprüchen. Hier empfiehlt es sich, sich auf den Vorrang einer Sprachfassung zu verständigen. 65

Nach deutschem Recht trifft die Vertragspartner die Pflicht, sich über den Inhalt des Vertrages zu informieren. Sie tragen das Risiko, einen fremdsprachigen Inhalt des Vertrages nicht richtig zu erfassen und müssen diesen gegen sich gelten lassen[19]. Praktisch empfiehlt es sich, sicher zu gehen und kein Risiko von unnötigen Streitigkeiten über die Auslegung oder gar eines Dissenses einzugehen[20]. Hat man etwa den Eindruck, dass auf der Gegensei- 66

---

[19] Vgl. BGHZ 87, 112, 114 f. zur Wahl der deutschen Sprache.
[20] *Brödermann/Rosengarten* IPR/IZVR, Rn. 328.

te zwar das Verhandlungsteam englisch spricht, aber der Geschäftsführer oder Firmeninhaber, der letztlich den Vertrag unterschreiben soll, der englischen Sprache nur bedingt mächtig ist, empfiehlt es sich, dem kaum Englisch sprechenden Vertragspartner eine **Erklärung** in seiner **Heimatsprache** unterzeichnen zu lassen, dass ihm der Vertragsinhalt übersetzt wurde und er ihn verstanden hat.

67 Manchmal bietet es sich auch an, bei der Sprachregelung zwischen dem Vertragswerk und Annexen zu unterscheiden (Beispiel: Vertrag auf Französisch, technische Spezifikationen über zu exportierende Maschinen auf Englisch). Dadurch entsteht zwar auch ein (beherrschbares) Risiko von Diskrepanzen; diese Lösung kann aber mit Abstand die kostengünstigste sein, wenn man sich in einem Rechtsraum bewegt, in dem Englisch als eigentliche Vertragssprache nicht durchsetzbar ist. Juristisch ist es zu bevorzugen, wenn der Vertrag in der Sprache der gewählten Rechtsordnung oder der gewählten neutralen Rechtsregeln entsteht[21]. Man sollte sich nicht scheuen, im Vertrag selbst an den geeigneten Stellen die gewollten Original-Rechtsbegriffe zur Verdeutlichung mit einzufügen.

68 Die zum Thema Sprache gefundene Lösung kann eine Anpassung der Schiedsklausel[22] nahelegen. Häufig wird für das Schiedsverfahren selbst eine Sprache gewählt, während die Vorlage von Korrespondenz und Unterlagen auch in einer weiteren Sprache gestattet wird. Dadurch wird das Übersetzungskostenrisiko im Zweifel der anderen Seite auferlegt. Von Schiedsrichtern wird man in der Regel erwarten, dass sie alle zugelassenen Sprachen beherrschen.

VI. Rechtliche Risiken grenzüberschreitender Geschäfte

69 Im Vergleich zu nationalen Geschäften bergen Exportgeschäfte besondere rechtliche Risiken, die mit den wirtschaftlichen Chancen einhergehen. Mit einem Sonderfall, der Frage der Existenz und Finanzkraft des künftigen Vertragspartners, wird sich das Unternehmen meist schon auf der Ebene der Vertragsanbahnung beschäftigt haben[23]. Im Folgenden sollen einige in der Praxis besonders wichtige (und erstaunlich oft übersehene) Risiken und Methoden zur Beherrschung dieser Risiken angesprochen werden.

70 **1. Fremdes Recht.** Wer sich auf ein Exportgeschäft einlässt, geht das Risiko ein, dass fremdes Recht zur Anwendung kommt[24]. Selbst wenn deutsches Recht gewählt wird, können zwingende Regelungen des ausländischen Rechts oft nicht vermieden werden[25]. Selbst im Kernbereich des Kaufrechts kommt es bei Wahl des deutschen Rechts oft nicht zur Anwendung des klassischen deutschen Kaufrechts aus dem Bürgerlichen Gesetzbuch und dem Handelsgesetzbuch, sondern zur Anwendung des UN-Kaufrechts CISG[26]. Dabei handelt es sich zwar (auch) um deutsches Recht, weil Deutschland Vertragsstaat des internationalen Übereinkommens zur Schaffung des UN-Kaufrechts ist. Es ist vielen Unternehmen gleichwohl oft noch „fremd".

71 Fremdes Recht ist als solches beherrschbar. Die meisten Rechtsordnungen enthalten für den Bereich des Wirtschaftsrechts Lösungen, die dem Bedürfnis des Marktes entsprechen. Diese Lösungen stehen lediglich häufig an ungewohnten oder versteckten Stellen. Manchmal erschließt sich die Lösung erst aus einer Zusammenschau verschiedener einzelner Gesetze und Verordnungen. Ein wesentliches Risiko liegt hier darin, dass das juristische Team nicht alle Rechtsquellen entdeckt. Selbst das lokale juristische Team kommuniziert oft nicht die erforderliche umfassende Antwort, weil die Fragen nicht hinreichend deutlich und

---

[21] Vgl. das in Rn. 80 genannte Beispiel des CISG, dessen Text authentisch gleichberechtigt in arabischer, chinesischer, englischer, französischer, russischer und spanischer Sprache verfügbar ist.
[22] Dazu Kap. 17.
[23] → Rn. 13 ff.
[24] Vgl. für Beispiele uns unvertrauter Regelungen in ausländischen Rechtsordnungen: *Brödermann* NJW 2012, 971, 975.
[25] → Rn. 86.
[26] → Rn. 80.

Abschnitt 2. Vertragsmanagement „Vom NDA bis zur Abwicklung des Exportgeschäfts"

rechtsvergleichend gestellt werden[27]. Gelegentlich ist das fremde Recht dem deutschen Recht ähnlich (etwa wenn es auf einer auch in einem anderen EU-Staat umgesetzten EU-Richtlinie beruht). Wird Einheitsrecht gewählt, ist das fremde Recht sogar identisch mit dem deutschen Recht. So ist zB das internationale Kaufrecht in China, Deutschland, Italien, Russland und dem US-Bundesstaat New York gleichermaßen im CISG enthalten. Unterschiede ergeben sich allenfalls aus den im CISG zugelassenen nationalen Vorbehalten.

Oft erschließen sich die Risiken eines fremden Rechts erst im Detail durch den Dialog vor Ort. Auch in Zeiten von E-Mail und Videokonferenz führt oft nur das direkte Gespräch zum offenen Dialog, in dem Risiken fremden Rechts entdeckt werden, nach denen man aus dem Blickwinkel des heimischen Schreibtisches nicht fragt (Beispiel: das ausländische Recht folgert aus dem Verhandlungsort einen Gerichtsstand). 72

Durch ein erfahrenes, rechtsvergleichend arbeitendes juristisches Team lässt sich das Risiko fremden Rechts in der Regel beherrschen. Für viele Standardfragen zum fremden Recht gibt es auch gute Einführungen[28]. Auch das Internet ist eine hilfreiche, aber nicht hinreichende Quelle. Beispiel: Nach Vorbereitung einer Transaktion nach anguillanischem Recht mit Hilfe von aus dem Internet heruntergeladenen Gesetzen, wird bei Ankunft festgestellt, dass es seit drei Monaten eine neue Fassung des Gesetzes gibt, die noch nicht ins Netz eingestellt ist. 73

Im Vertrag wird gelegentlich mit sogenannten Versteinerungsklauseln gearbeitet, die das anwendbare fremde Recht auf die im Zeitpunkt des Vertragsabschlusses geltenden Regeln fest schreibt[29] (das ist vorbehaltlich zwingenden Rechts in Grenzen möglich). 74

Viele Risiken fremden Rechts lassen sich durch Detailregelungen im Vertragswerk begrenzen. Dabei ist jeweils zu prüfen, ob das anwendbare fremde Recht den Parteien zu den einzelnen Punkten die Dispositionsfreiheit überlässt. 75

2. Schnittstellen zwischen verschiedenen Rechten. Ein Exportgeschäft berührt verschiedene Rechtsordnungen und Rechtsgebiete. Dies führt zu Schnittstellen und Problemen. 76

a) Abgrenzung zwischen Rechtsordnungen. Da die Abwicklung eines Vertrages nicht zugleich nach mehreren Rechtsordnungen möglich ist, ist zwischen den in Betracht kommenden Rechtsordnungen auszuwählen. Für den Bereich internationaler wirtschaftsrechtlicher Verträge ist grundsätzlich eine Rechtswahl möglich. Wo eine Rechtswahl nicht stattfindet, entscheidet das anwendbare Internationale Privatrecht über das anwendbare Recht[30]. 77

Wer sein eigenes Recht durchsetzen kann, vermeidet die Risiken fremden Rechts und spart die Kosten von dessen Recherche. Ist dies (voraussichtlich) nicht möglich, kann es – je nach der Verhandlungskonstellation – geschickt sein, die Frage der Rechtswahl gar nicht anzusprechen. Dies ist vertretbar, wenn für die Beilegung von Streitigkeiten ein Gerichtsstand in einem Staat vereinbart wird, dessen Internationales Privatrecht zur Anwendbarkeit deutschen Rechts führt. 78

b) Die Suche nach neutralem Recht. Häufig besteht jede der Vertragsparteien auf „ihrem" Recht. Letztlich will (meist) keine Partei den *Deal* an der Frage der Rechtswahl scheitern lassen. Ist man bereit, sich auf das fremde Recht einzulassen, kann es sich taktisch empfehlen, die Rechtswahl lange offen zu lassen (die Verfasser haben es erlebt, dass für ein Zugeständnis bei der Rechtswahl andere, materielle Punkte vom Vertragspartner angeboten werden). 79

Oft hilft die Verständigung auf neutrales Recht oder neutrale Rechtsregeln. In einigen Rechtsbereichen gibt es materielles **Einheitsrecht.** Dies gilt insbesondere im Bereich des Kaufrechts. Dort hat die *United Commission of International Trade Law (UNCITRAL)* 1990 ein einheitliches Kaufrecht geschaffen: Die *Convention on the International Sale of Goods,* das 80

---

[27] → Rn. 110 ff. zur Instruktion ausländischer Anwälte.
[28] ZB www.euroforum.de, www.icc-deutschland.de, www.hik-russland.de.
[29] → Abschnitt 4 Rn. 35, 106 f.
[30] → Abschnitt 4 Rn. 67 ff.

international als *CISG* abgekürzte UN-Kaufrecht. Es hält für viele zentrale kaufrechtliche Fragen Regelungen bereit, denen das deutsche Schuldrecht seit der Schuldrechtsreform 2002 weitgehend entspricht. Zum Teil ist das *CISG* für den Exporteur sogar günstiger, weil es nicht auch dem Verbraucherschutz dient und deshalb mehr Gestaltungsfreiraum zulässt (die Abwahl des *CISG* kann aus anwaltlicher Sicht ohne Aufklärung sogar haftpflichtträchtig sein). Bestimmte Rechtsfragen, wie insbesondere die Zinshöhe, sind im UN-Kaufrecht aus historischen sowie religiösen oder kulturellen Gründen (Ablehnung durch die arabischen Staaten) nicht gelöst.

81 Die *UNIDROIT*, eine bereits vom Völkerbund eingerichtete Institution, hat in den letzten 25 Jahren die **UNIDROIT Principles of International Commercial Contracts** (deutsch: UNIDROIT Grundregeln für Internationale Handelsverträge) geschaffen, die in vier offiziellen und sechs weiteren Sprachen verfügbar sind. Sie enthalten international von über hundert Experten aus aller Welt zusammengefasstes und zuletzt 2010 ergänztes Wissen und eignen sich gut als gemeinsames, neutrales Regelungswerk[31]. Viele Schiedsordnungen gestatten die Wahl der UNIDROIT Grundregeln als neutrales „Recht"[32]. Bei Wahl eines Gerichtsstandes empfiehlt sich eine indirekte Inkorporierung. Beispiel: „Dieser Vertrag unterliegt den Bestimmungen der UNIDROIT Grundregeln. Ergänzend gilt das vom Gericht zu bestimmende nationale Recht." Da die UNIDROIT Grundregeln wesentliche vertragsrelevante Punkte regeln und wegen ihrer rechtsvergleichenden Grundlage gegen keine Rechtsordnung verstoßen – die UNIDROIT Grundregeln haben auch mehrere Gesetzgeber, u. a. den deutschen Gesetzgeber, beeinflusst –, wird es kaum zur ergänzenden Anwendung von nationalem Recht kommen (es sei denn, dies ist zwingend).

82 **c) Gefahr mehrerer Rechte für mehrere Rechtsgebiete.** Die klassische Frage der Rechtswahl im Vertrag betrifft nur den Vertragsgegenstand selbst. Hiervon zu unterscheiden sind Nebenthemen, Randfragen oder Vorfragen, für die nach den Regeln des Internationalen Privatrechtes anderes Recht gelten kann. Dies gilt zB für Fragen der Stellvertretung, der organschaftlichen Vertretung und Haftung eines Unternehmens oder für das Sachenrecht. Beispiel: Auch bei Wahl deutschen Rechts bleibt die nach Österreich gelieferte Maschine für die Dauer ihres Aufenthaltes in Österreich österreichischem Sachenrecht unterworfen; dies kann sich auf die Wirksamkeit einer Sicherungsabrede (zB Sicherungseigentum zugunsten einer finanzierenden deutschen Bank) auswirken.

83 Es ist eine Mär, dass mit einer Rechtswahlklausel alle Rechtswahlfragen entschieden sind.

84 **d) Europäisches Recht.** Beim europäischen Recht ist zu unterscheiden: Soweit es in **Richtlinien** enthalten ist, gelten diese erst, wenn sie in nationales Recht umgesetzt sind (in Deutschland werden EU-Richtlinien meist in bestehende nationale Gesetze eingepflegt; in anderen Staaten, zB Portugal, kann es vorkommen, dass eine Richtlinie als Ganzes mit ihrem Original-Text in Kraft gesetzt wird).

85 **Verordnungen** gelten hingegen unmittelbar in der ganzen EU kraft eigenen Geltungswillens des europäischen Rechtes[33]. Sie sind Teil des Rechts eines jeden Mitgliedsstaates. Zwingende Regelungen im europäischen Verordnungsrecht lassen sich durch eine Rechtswahl nicht umgehen.

86 **e) Zwingendes nationales Recht.** Neben europäischem Recht können auch deutsche oder ausländische zwingende rechtliche Regelungen zur Anwendung kommen. Aufgrund der Abwicklung eines Teils des Exportgeschäftes im Ausland sind dessen zwingenden Regelungen unvermeidbar. Die Rechtswahlklausel schützt hier nicht. Welche zwingenden Regeln hier in Betracht kommen (zB Devisenkontrollrecht, Steuerrecht, Zollrecht, Feiertagsregelungen) ist durch Recherche zu klären.

---

[31] S. www.unidroit.org.
[32] ZB die Schiedsordnungen der *International Chambers of Commerce*, des *Chinese European Arbitration Centre* und der *Deutschen Institution für Schiedsgerichtsbarkeit*.
[33] S. Art. 288 Abs. 2 AEUV.

Abschnitt 2. Vertragsmanagement „Vom NDA bis zur Abwicklung des Exportgeschäfts"

3. „Bermuda-Dreieck"-Haftung. In vielen fremden Rechtsordnungen wird nicht so streng wie im deutschen Recht zwischen den Begriffen Schadensersatz (wegen vertraglichen Fehlverhaltens) und Gewährleistung unterschieden. Die englischen Begriffe **liability** oder **indemnity** und der französische Begriff **responsabilité** sind weit und erschließen sich dem deutschen Juristen nicht ohne weiteres. Deshalb ist Vorsicht geboten und auf klare Regelungen zu drängen, wenn dieser Themenkomplex Gegenstand von Verhandlungen wird. 87

Aus der Sicht des Vertrags – und Risikomanagements ist Klarheit in die Unterscheidung und Beziehung zwischen den Begriffen **Erfüllung – Schadensersatz – Gewährleistung/ Garantien** (hier als *Bermuda-Dreieck* bezeichnet) zu bringen. Wird eine Haftungsbegrenzung etwa auf einen Prozentsatz des Wertes einer zu fertigenden Maschine verhandelt, ist dies nur vermittelbar, wenn deutlich gemacht wird, auf welche Teile dieses Bermuda-Dreiecks sich die Haftungsbegrenzung bezieht (zB nur auf die Schadensersatzansprüche, ggf. inkl. aller etwa vereinbarten Vertragsstrafen, und nicht auch auf die Gewährleistungsansprüche). In jedem Fall sollte ggf. zusätzlich das Garantierisiko begrenzt werden. Eine Unternehmensphilosophie, die zu weitgehende Gewährleistungsansprüche und Garantien gewährt (zB keine Unterscheidung zwischen der eigentlichen, exportierten Maschine und Verschleißteilen), kann ein Unternehmen in die Insolvenz treiben. 88

4. Rechtsverfolgungsrisiken. a) Sicherstellung einer Rechtsverfolgungsmöglichkeit. Manch eine Gerichtsstands- oder Schiedsklausel geht ins Leere. Was nützt die Vereinbarung eines Gerichtsstandes, die zu einem Urteil führt, welches im Ausland (dort, wo Vermögen des Vertragspartners ist) nicht vollstreckbar ist? Beispiel China: Hier ist die Vollstreckbarkeit chinesischer Urteile in Deutschland und umgekehrt nicht sichergestellt; stattdessen ist die Zuständigkeit eines institutionellen Schiedsgerichtes zu vereinbaren[34]. Was nützt die Vereinbarung des Gerichtsstandes an einem Ort, dessen Gerichte zu langsam arbeiten? Beispiel: Indien, Italien. Was nützt die (aus der Hektik einer Endverhandlung heraus entstandene) Bezugnahme auf ein nicht existentes Schiedsgericht? Beispiel: „Schiedsverfahren nach den Schiedsregeln der deutschen zentralen Handelskammer"[35] oder ein Schiedsgericht, das nicht abschließend entscheidet (vgl. Section 69 Arbitration Act). Es ist sicherzustellen, dass die vertraglich eingeräumten Rechte im Ernstfall (Streitfall) auch durchsetzbar sind. 89

b) Auseinanderklaffen von anwendbarem Recht und Gerichtsstand. Teuer wird es häufig, wenn das gewählte Recht und der Gerichtsstand auseinanderklaffen. Dann muss dem Gericht ein ihm fremdes Recht erklärt werden. Dies erhöht den Aufwand. Zugleich ist zu beachten, dass an unterschiedlichen Gerichtsständen unterschiedliche Regeln für die Beibringung des fremden Rechts gelten. In Deutschland handelt es sich bei der Anwendung fremden Rechts um eine Rechtsfrage, für die eine Revision zum Bundesgerichtshof möglich ist[36]. Im Einzelfall wird jedoch selten ein Revisionsgrund (weder grundsätzliche Bedeutung noch zur Sicherung einer einheitlichen Rechtsprechung erforderlich) vorliegen. In England und USA sind Fragen fremden Rechts Tatsachenfragen, die mittels Sachverständigengutachten (Kosten!) und Zeugen aufgeklärt werden können. 90

Wer sich als Ergebnis eines Kompromisses in der Endverhandlung auf ein solches Auseinanderklaffen von anwendbarem Recht und Gerichtsstand einlassen muss, sollte die Folgen im Auge haben und bei der Risikobetrachtung mit berücksichtigen. 91

5. Risikomanagement. a) Gutes Vertragswerk. Durch ein klar strukturiertes Vertragswerk mit zum Einzelfall passenden Lösungen lässt sich das Risiko eines Exportgeschäftes reduzieren. Es kann sich daher rechnen, bereits frühzeitig im Dialog mit den operativen Einheiten des Unternehmens ein Vertragswerk vorbereiten zu lassen. Dabei riskiert das Unternehmen interne oder externe Kosten für den Fall, dass es nicht zum Vertragsabschluss kommt. Für den Fall des positiven Vertragsabschlusses eines nicht frühzeitig vorbereiteten unter Zeitdruck mit heißer Nadel gestrickten Vertrages kann es jedoch zu ungleich höher 92

---

[34] S. zB www.ceac-arbitration.com.
[35] IHR 2008 S. 89 ff.
[36] Umstritten, aA MüKoZPO/*Krüger*, 4. Aufl. 2012, § 545 Rn. 11.

zu bepreisenden Risikorealisierungen – einschließlich einer persönlichen Haftung von Organmitgliedern – kommen.

93 Zum Vertragswerk gehören die **Anlagen** (zB technische Spezifikationen, Garantietexte). Eine frühzeitige Abstimmung über ihren Inhalt minimiert das Risiko, dass der Vertragstext und der Anlagentext auseinander fallen und Anlass zu Meinungsverschiedenheiten geben.

94 **b) Teamauswahl und Kommunikation.** Die frühzeitige richtige Zusammenstellung des Teams unter Berücksichtigung der erforderlichen Kompetenzen[37] kann erheblich dazu beitragen, Risiken zu minimieren, wenn zugleich die Kommunikation im Team sichergestellt ist. Gerade in der Frühphase eines Projektes ergeben sich aus *Brainstorming-* und Abstimmungsgesprächen (ggf. unter Einbeziehung der externen Berater) gute Ideen, die die gesamte spätere Vertragsanbahnung, Vertragsvorbereitung und den Vertragabschluss prägen. In strukturierten Workshops lassen sich Schnittstellen besonders erarbeiten und Anregungen für die Vertragsvorbereitung gut herauskristallisieren. Oft fällt der gute Wille, in diese Richtung zu arbeiten, dem Zeitdruck zum Opfer. Aus dem Blickwinkel der Risikominimierung lohnt es sich, diesen Fehler zu vermeiden.

95 **c) Recherchen.** Auch für Recherchen, etwa zur fremden Kultur oder zum fremden Recht, gilt der Leitsatz, dass das zu investierende Budget in der Regel ungleich geringer sein wird als das Risiko unterlassener Recherchen. Unwissen ist kein hilfreicher Ratgeber für den angestrebten Vertragsabschluss.

96 **d) Versicherung (inkl. Hermes).** Einige Risiken lassen sich versicherungstechnisch abdecken. Bekanntes Beispiel ist die Eindeckung mit einer Hermes-Versicherung/Bürgschaft für das Zahlungsrisiko des ausländischen Kunden. Ebenso wichtig ist die Deckung des Haftpflichtrisikos. Bei allen versicherungsrechtlichen Fragen sollte frühzeitig geklärt werden, welche Voraussetzungen der Versicherer erwartet. Die Vorgaben können dann in den Vertrag eingearbeitet werden.

VII. Dokumentation des Verhandlungsprozesses

97 Im Streitfall kann es von entscheidender Bedeutung sein, in der Lage zu sein, die **Entstehungsgeschichte** einer Klausel zu beweisen:
- Ist sie von einer Seite vorgegeben worden und im Zweifel nach dem anwendbaren Recht gegen diese auszulegen (*contra proferentem*-Regel)?
- Spiegelt sie einen Kompromiss eingehender Verhandlungen wieder?
- Oder hatten sich die Parteien anders geeinigt, so dass der Vertragstext an dieser Stelle auf einem Fehler beruht (zB einem von den Vertragsparteien übersehenen Speicherfehler der Computerdatei)?

98 In der Praxis kommt jede Variante vor. Personenwechsel im Verhandlungsteam und dem operativen Team, aus welchem Grund auch immer (zB Unternehmenskauf), erklären manche solche Meinungsverschiedenheit.

99 Gelegentlich gibt es im Vertrag eine insbesondere im US-amerikanischen Recht übliche Klausel, nach der der Vertrag allein aus sich heraus auszulegen ist; selbst dann kann der Beweis der Vertragsgeschichte ein Schiedsgericht beeinflussen. Ist nur der Gegner in der Lage, mit der Vertragsgeschichte zu argumentieren, gerät man selbst leicht in Beweisnot.

100 Vor diesem Hintergrund ist eine gute Dokumentation des Verhandlungsprozesses wichtig. Sie dient auch der eigenen Kontrolle und vermeidet, dass das eigene Unternehmen undurchsetzbare Positionen einnimmt. Während des Verhandlungsprozesses sollte daher eine Person zur **zuständigen Stelle für die Dokumentation** bestimmt werden, damit einer im Team die verschiedenen Fassungen sammelt und sich ggf. Notizen über den Grund bestimmter Streichungen oder Ergänzungen macht.

101 Es empfiehlt sich, die einzelnen Fassungen zu markieren (zB mit Datum und Uhrzeit). Bei fortlaufender Nummerierung der Versionen sollte darauf geachtet werden, dass es aus

---

[37] → Rn. 9 f.

taktischen Gründen ungeschickt ist, zu Beginn einer Verhandlung eine intern mehrfach zirkulierte und umnummerierte Fassung extern etwa als „Fassung 8.0" herauszugeben. Die erste extern herausgegebene Fassung sollte immer eine „Fassung 1.0" sein; sonst wird Misstrauen geweckt[38].

Änderungen in den dem Verhandlungspartner kommunizierten eigenen Fassungen oder in den vom Verhandlungspartner erhaltenen Entwurfsfassungen sollten klar markiert werden. Wird im Änderungsmodus eines Computerprogramms gearbeitet, ist darum darauf zu achten, dass vor Annahme der Änderungen eine markierte Fassung gespeichert wird (häufiger Fehler in der Praxis). Stets sollte einem auch bewusst sein, dass die digital versteckten Informationen eines Dokuments (zB die „Eigenschaften") über das Handeln im Dokument Auskunft geben können. **102**

Die Transparenz in der Dokumentation kann zugleich ein Instrument sein, Vertrauen in die Ehrlichkeit und Genauigkeit eigenen Handelns aufzubauen und damit zur Entwicklung der Kundenbeziehung beizutragen[39]. **103**

Eine Dokumentation des Verhandlungsprozesses sollte auch dann erfolgen, wenn noch ohne Vertragsentwurf verhandelt wird. Das kann nicht nur für eine spätere – retrospektive – Auslegung des geschlossenen Vertrages sinnvoll, sondern auch schon in der Verhandlungsphase von Nutzen sein. Sie vereinfacht es den Verhandlungsführern darzulegen, von welchem Standpunkt aus die Verhandlungen gestartet sind und welche Konzessionen und Kompromisse gegenüber dem Verhandlungspartner bereits eingegangen worden sind. Weitere von dem Verhandlungspartner geforderte Kompromisse und Konzessionen können so leichter abgewehrt werden. **104**

VIII. Einbindung ausländischer Anwälte

Exportverträge haben stets Bezug zum Ausland. Selbst bei der Wahl heimischen (deutschen) Rechts kann ausländisches zwingendes Recht anwendbar sein[40]. Abhängig von den in Betracht kommenden Rechtsordnungen ist die Einbindung ausländischer Anwälte erforderlich. **105**

1. Funktion ausländischer Anwälte. Wenn ein Unternehmen nicht bereits in einem bestimmten Markt präsent ist, können ausländische Anwälte ergänzend zu anderen Organisationen (zB Handelskammern) eine Brückenfunktion in den neuen Markt übernehmen. Ein gut vernetzter Anwalt kann auch außerhalb seiner juristischen Arbeit hilfreiche Tipps geben und Kontakte herstellen (zB zu Steuerberatern, Wirtschaftsprüfern, anderen Dienstleistern). **106**

Juristisch wird der ausländische Anwalt gebraucht, um Prüfungen nach ausländischem Recht vorzunehmen und insbesondere sicherzustellen, dass kein zwingendes Recht übersehen wird. Wird er ins Verhandlungsteam integriert, kann er sich im besonderen Maße als nützliche Brücke in die fremde ausländische Kultur erweisen. **107**

In jedem Falle sollte ein ausländischer Anwalt frühzeitig in das Team, zumindest in das erweiterte Team, integriert werden, damit bei Bedarf die Verbindung zum Anwalt eingerichtet ist. Je nach Land gibt es mehrere mit einem ausländischen Rechtsanwalt vorab, vor seinem eigentlichen Wirken zu klärende Themen (zB Erfüllung der Anforderungen des lokalen Geldwäschegesetzes; Abschluss eines Mandantenvertrages und einer Honorarvereinbarung). Insbesondere ist darauf zu dringen, dass die Interessenkonfliktprüfung gründlich vorab durchgeführt wird (telefonische Zusagen reichen nicht immer aus; erst bei Ankunft nach einem Langstreckenflug kommunizierte Interessenkonflikte kosten Geld und Zeit). Schließlich ist die Bereitschaft des Anwaltes zu sichern, auf erste Anforderung prompt und mit Einsatz zu arbeiten. **108**

---

[38] → Rn. 118 ff.
[39] → Rn. 119 f.
[40] → Abschnitt 4 Rn. 86 ff.

109 2. Anwaltsauswahl. *Scouting* des richtigen Anwaltes gehört zu den schwierigsten Aufgaben. Ein Unternehmen sollte sich zunächst genau überlegen, welche Art Anwaltsservice und Anwaltsbüro gebraucht wird. Ist der lokal bekannte Name wichtig? Die Beauftragung solcher Anwälte ist meist mit höheren Kosten verbunden, die sich indes als sinnvolle Investition erweisen können. Oder wird ein ggf. günstigerer Einzelkämpfer gebraucht? Renommierte Anwaltsverzeichnisse[41] führen oft zur einen Kategorie, lokale Empfehlungen der örtlichen Handelskammer zur anderen Kategorie. Letztlich ersetzt nichts Interviews vor Ort. Dabei ist es sinnvoll, einen gut vernetzten heimischen Anwalt am Sitz des Unternehmens einzubinden. Am Ende müssen sie gut mit den ausländischen Anwälten zusammen arbeiten. Je besser sie sich verstehen, desto effizienter und kostengünstiger wird die gemeinsame Arbeit sein. Dabei haben eingerichtete, geschlossene internationale Anwaltsnetze den Vorteil bestehender Arbeitsbeziehungen (wobei es sich empfiehlt, konkret zu hinterfragen, ob sich die für das Projekt benannten Anwälte kennen und ob sie schon zusammen gearbeitet haben). Offene, nicht exklusiv arbeitende Anwaltsnetze bieten uU mehr Freiheit bei der Auswahl des fachlich passenden Partners, weil kein Zwang zur Zusammenarbeit besteht. Außerdem wird ein heimischer Anwalt dem ausländischen Kollegen, mit dem er auf nicht-exklusiver Basis zusammenarbeitet, möglicherweise kritischer „auf die Finger schauen" und gegebenenfalls schneller in dessen Arbeits- und Verhaltensweise (zB schwere Erreichbarkeit) eingreifen, als ein deutscher Anwalt, der mit seinem ausländischem Sozius zusammenarbeitet.

110 3. Anwaltsinstruktion. Im internationalen Rechtsverkehr besteht ein erhöhtes Risiko von Missverständnissen. Ein ausländischer Anwalt wird in der Regel aus seiner Logik und Erziehung heraus denken. Fragen, die in unserer Rechtsordnung selbstverständlich sind, sind in seiner Rechtsordnung an einem anderen Ort, im Gesetz gar nicht oder anders geregelt. Bestimmte Themen im Umfeld einer Rechtsfrage, die aus deutscher Sicht fremdartig sind, mögen für den ausländischen Anwalt selbstverständlich sein (Beispiel: die Pflicht zur Registrierung eines Handelsvertreters in Kuwait). Ohne Nachfrage wird der Anwalt möglicherweise eine für die Vertragsabwicklung wesentliche Selbstverständlichkeit nicht kommunizieren (Beispiel: Erforderlichkeit der notariellen Beglaubigung eines Mietvertrages für Büroräume einer in Algerien einzurichtenden Vertriebsgesellschaft).

111 Deshalb ist bereits bei der Instruktion des ausländischen Rechtsanwalts **rechtsvergleichend** vorzugehen. Es empfiehlt sich, Fragen so offen zu stellen, dass auch das Umfeld der rechtlichen Fragestellung mit einbezogen wird. Eine in der Praxis erprobte Methode ist es zB, dem ausländischen Anwalt Thesen oder Wünsche zu seinem Recht zu präsentieren, die im Gespräch erprobt und anschließend – ggf. in abgeänderter Form – Gegenstand eines anwaltlichen Gutachtens werden können.

112 4. Liaison zwischen inländischem Jurateam und ausländischen Anwälten. Aus den in Ziff. 3 dargestellten Gründen ist die Beauftragung ausländischer Anwälte juristisch mehr als die schlichte Verteilung von Aufgaben. Die **Schnittstellen** zwischen dem inländischen Jurateam (Inhouse-Counsel und/oder die Hausanwälte) und dem ausländischen Team sind zu definieren. Es ist zu klären, wer zu welchen Themenkomplexen die Führung übernimmt. Der Dialog zwischen beiden Teams ist wichtig. Sonst besteht die Gefahr, dass wichtige Fragen nicht gestellt werden oder Antworten missverstanden werden.

113 Ebenso kann der Arbeitsstil zwischen den beiden Teams differieren. Auch hier ist zu organisieren, dass das Gesamtergebnis in kohärenter Weise präsentiert werden kann. Auf der Grundlage eines gemeinsamen Workshops vor Ort im Ausland zwischen dem inländischen *Legal Team* und den ausländischen Anwälten lassen sich viele Anschlussfragen oft gut per Internet und Telefon bearbeiten. Hierbei besteht in verschiedenen Orten der Welt ein unterschiedliches Verständnis über die Arbeitsgeschwindigkeit. Im Zweifel lohnt es sich, auch das *Controlling* der ausländischen Anwälte mit einem Besuch vor Ort zu verbinden. Das erhöht oft die Geschwindigkeit.

---

[41] ZB Legal 500 s. www.legal500.com, *Martindale-Hubbell*, s. www.martindale.com.

C. Vertragsabschluss

Am Ende kommt es auf die im Vertrag dokumentierte Einigung an. In der Vertragsverhandlung wird der Vertragstext ausgehandelt, der am Ende in ordnungsgemäßer Form durch vertretungsberechtigte Personen zu unterzeichnen ist. 114

I. Vertragsverhandlung

Die Führung von Verhandlungen im grenzübergreifenden Exportgeschäft stellt hohe Anforderungen an das Verhandlungsteam. Dies gilt zuweilen selbst dann, wenn auf langjährige Beziehungen aufgesetzt werden kann. 115

1. Kulturen. Sofern das Unternehmen und/oder das Verhandlungsteam über keine Erfahrung in dem Kulturkreis verfügen, aus dem der Vertragspartner stammt[42], empfiehlt es sich dringend sicherzustellen, dass sich das Verhandlungsteam vorab mit den kulturellen Gepflogenheiten vertraut macht und von Wissensträgern intern oder extern beraten lässt. In unterschiedlichen Kulturkreisen gelten unterschiedliche Regeln, Gebote und Sitten. So wie es innerhalb Europas, dort auch innerhalb einzelner Staaten (zB Frankreich, Italien), unterschiedliche Sitten und Gebräuche gibt, gilt dies erst recht in Staaten, die ganze Regionen umfassen (Beispiel: USA oder China: Der bekannte Kulturberater „Business-Knigge China für den deutschen Manager" von Christian Rommel weist darauf hin, dass zwischen 32 Chinas zu unterscheiden sei). 116

Zum Teil sind die Kulturunterschiede offenkundig wie die unterschiedliche Bedeutung des Kopfschüttelns in Indien (Zustimmung) und in Deutschland (Ablehnung). Zum Teil sind sie nicht ohne weiteres erkennbar, zumal wenn sich beide Verhandlungspartner mit Anstrengung und Höflichkeit umeinander bemühen (Beispiel: Ess- und Trinkgewohnheiten). 117

Offenheit gegenüber der Kultur des Vertragspartners und Interesse für seine Geschichte und Tradition kann in der Verhandlung Punkte bringen, die stärker wirken als ein Entgegenkommen im Preis oder bei einem technischen Vertragspunkt. In die kulturelle Vorbereitung investierte Zeit und Kosten gibt es in der Verhandlung oft mit Rendite zurück. Ein Extrembeispiel aus dem Erfahrungskreis der Verfasser war einmal ein Telefonanruf aus Korea von einem Mitglied des gegnerischen Verhandlungsteams, der warnend auf bestimmte Winkelzüge eines Mitgliedes seines eigenen Teams hinwies, weil diese gegen die in der Verhandlung erklärten Kulturgrundsätze in Korea verstießen. Gelegentlich bestimmen kulturbedingt unterschiedliche Wochenenden den Verhandlungsrhythmus bzw. die Kommunikationsfenster für den Austausch zwischen den Parteien (Beispiel: Vereinigte Arabische Emirate, wo das Wochenende am Donnerstagabend beginnt und sonntagmorgens der Geschäftspartner am Verhandlungstisch erwartet wird). 118

2. Beziehung zum Kunden. Ein im Exportgeschäft besonders wichtiger Faktor bei der Vorbereitung und Führung von Verhandlungen ist eine bestehende Beziehung zum Kunden. Sie kann Nachteile, die sich aus kulturellen Unterschieden (auch im Verhältnis zu Wettbewerbern) ergeben, ausgleichen. Wo solche Beziehungen vorhanden sind, muss sichergestellt werden, dass die „Beziehungsträger" auch eingebunden werden, zumindest beim einführenden Gespräch. Hier ist ggf. ein Wissenstransfer von früheren, gegenüber dem gleichen Kunden im gleichen Markt aufgetretenen Verhandlungsteams zu gewährleisten. 119

Liegt keine existente Kundenbeziehung vor (etwa im *Spotgeschäft*: Verkauf einer Maschine), so ist unter Berücksichtigung der Kulturunterschiede[43] Kraft in den Aufbau einer Beziehung zu investieren. Dies kann sich auf die Gestaltung der Verhandlung auswirken. So 120

---

[42] Vgl. zur Notwendigkeit einer frühen Einstellung auf die vorhandenen Erfahrungen → Rn. 9.
[43] → Rn. 116 f.

kann es sinnvoll sein, Gelegenheiten für die Entwicklung einer Kundenbeziehung zu schaffen, etwa bei einem Essen, oder durch Organisation eines zusätzlichen Treffens auf Managementebene. Je besser die Beziehung zwischen den Vertragsparteien während der Verhandlungen entwickelt und gepflegt wird, desto wahrscheinlicher ist es, dass spätere Störungen in der Vertragsverhandlung (zB Meinungsänderungen, technische Schwierigkeiten) kommuniziert und durchgesetzt werden können. Übertriebenes Kostenbewusstsein und Streben nach Effizienz durch minimalen Zeiteinsatz kann das Gegenteil bewirken und die Beziehung belasten.

121 **3. Kommunikation.** Die Tiefe der Beziehung zum Vertragspartner wirkt sich direkt auf die Taktik und das Vertragsmanagement aus. So lässt sich nur aus der Beziehung zum Kunden und dem kulturellen Umfeld heraus einschätzen, was schriftlich und was mündlich, was in offizieller Runde und was während einer Verhandlungspause kommuniziert werden kann (auch als Nichtraucher kann es sich lohnen, Zigarettenpausen wahrzunehmen, in denen sich oft Wichtiges am Rande klären lässt). Ebenso bestimmen die Faktoren Kultur und Beziehung wesentlich mit, wie „hoch am Wind" beim Aufbau von Positionen argumentiert werden kann und welche Zwischenschritte bei Erklärung einer bestimmten Position erforderlich sind.

122 Durch offene, ehrliche Kommunikation ist in der Regel mehr erreichbar als durch Mauschelei. Wenn Fehler unterlaufen, etwa bei der Redaktion des Vertragstextes, ist es sinnvoll, dies deutlich zu kommunizieren und nicht zu vertuschen. Ehrlichkeit gegenüber dem Verhandlungspartner ist ein Zeichen des Vertrauens und stärkt die Beziehung. Wer Schwächen des Verhandlungsgegners nicht rücksichtslos ausnutzt, legt eine Grundlage für eine geschmeidige Vertragsabwicklung. Je länger die Vertragsbeziehung voraussichtlich dauern wird, desto wichtiger ist es, auf solche weichen Faktoren Rücksicht zu nehmen. Die Kräfteverhältnisse können sich in Zeiten der globalen Wirtschaft auch leicht einmal während der Vertragsabwicklung verschieben. Außerdem werden die Vertragsparteien häufig mit unvorhergesehenen Entwicklungen konfrontiert, die nur durch ein aufeinander Zugehen gelöst werden können. Ist die Vertrauensgrundlage aber schon gestört, sind „kaufmännische Lösungen" schwierig.

123 **4. Dokumentation.** Bei der Verhandlung mit Vertragspartnern aus anderen Staaten und Kulturen ist es besonders wichtig, die Entwicklung der Vertragsverhandlungen zu dokumentieren. Dies kann im Falle späterer Meinungsverschiedenheiten oder gar streitiger Auseinandersetzungen „Gold" bzw. Geld wert sein[44]. Zugleich wird Ersatz-Teammitgliedern im Falle eines Ausfalles (zB Krankheit, Urlaub) die Arbeit wesentlich erleichtert.

124 **5. Risikomanagement.** Während der Vertragsverhandlung ist das bereits bei der Vertragsvorbereitung begonnene Risikomanagement[45] fortzusetzen, um die rechtlichen Risiken des Exportgeschäftes[46] zu minimieren und/oder zu beherrschen. Die Vertragsverhandlung führt oft zu Änderungen im Konzept für Klauseln zu risikoträchtigen Themenkomplexen. Es ist wichtig, hier – wie in der Seefahrt bei der Navigation – „mitzuplotten", so dass das Unternehmen bei Vertragsabschluss in der Lage ist, eine bewusste Entscheidung zu treffen, bei der das Ziel des Vertrages unter Berücksichtigung der wirtschaftlichen Bedeutung für das Unternehmen[47] und die daraus resultierenden Risiken gegeneinander abgewogen sind.

II. Vertragsunterzeichnung („Signing")

125 Eine mehrwöchige oder gar mehrmonatige Vertragsverhandlung sollte auch bei der Unterzeichnung professionell abgeschlossen werden. Die Frage, wer berechtigt ist, für einen ausländischen Vertragspartner zu unterzeichnen, muss genau geklärt werden, falls das alles

---

[44] → Rn. 97 ff.
[45] → Rn. 69 ff.
[46] → Rn. 69–90.
[47] → Rn. 4 ff.

nicht schon frühzeitig geschehen ist[48]. Hierzu sind ggf. Handelsregisterauszüge einzuholen. Im anglo-amerikanischen Rechtsraum ergibt sich aus den Handelsregisterauszügen die Vertretungsbefugnis in der Regel nicht. Es müssen Gesellschafterbeschlüsse vorgelegt werden, aus denen sich entsprechende Vollmachten ergeben.

Bei einem komplexeren Vertragswerk reicht es nicht, die Unterschrift unter die Unterschriftenzeilen zu setzen. Jede Vertragsseite und auch jede Anlage des Vertrages müssen paraphiert werden, um potentielle Streitigkeiten über den Inhalt des Vertrages von vorne rein ausschließen zu können. Die Paraphierung (also das Versehen eines Papiers mit dem Unterschriftskürzel) bedarf nicht zwingend einer vertretungsberechtigten Person. Jeder beim Signing Anwesende kann hier durch sein Unterschriftskürzel bezeugen, dass die vorliegenden Seiten Vertragsbestandteil sind. **126**

Vor der Unterzeichnung muss geklärt werden, wie viele Vertragsausfertigungen erstellt werden. Idealerweise ist die Zahl der Vertragsausfertigungen auch in dem Vertrag genannt. **127**

Bei Liefergeschäften, in die Handelsvertreter oder Handelsmakler involviert sind, bietet es sich an, sich vor der Unterzeichnung zu versichern, dass mit dem jeweiligen Vertriebsmittler Einigkeit besteht über die Höhe seiner Provision, die Fälligkeit und ggf. auch das rückwirkende Entfallen oder die Verpflichtung zur Rückzahlung (im Falle der Vertragsrückabwicklung). Nur vor Unterzeichnung lässt sich noch ein entsprechender Verhandlungsdruck aufbauen, um unterschiedliche Sichtweisen in dieser Hinsicht miteinander zu vereinen. **128**

Schließlich hat das Signing in unterschiedlichen Kulturkreisen auch eine ganz wichtige Funktion. In Japan beispielsweise ist es bei großen Transaktionen (die zB einen deutschen Notar involvieren) gern gesehen, wenn der Vertragsabschluss entweder im Vorhinein oder im Nachhinein in Japan durch ein entsprechendes Signing vorgenommen wird. Auf die Frage, ob eine solche Unterschrift rechtswirksam ist oder noch erforderlich ist, kommt es hierbei nicht an. **129**

D. Organisation der Vertragsdurchführung

Ein Vertragsabschluss führt nur zum Erfolg, wenn auch dessen Durchführung sichergestellt ist. Effizientes Vertragsmanagement gebietet es, bereits bei Abschluss eines Vertrages sicherzustellen, dass die bei Abschluss des Vertrages vorhandenen Erkenntnisse bewahrt werden und auch die Vertragsdurchführung gut organisiert wird. **130**

I. Wissenstransfer zu den operativen Einheiten

Es gibt die bekannte Regel, dass ein guter Vertrag nur ein solcher ist, der unterzeichnet wird und dann in der Schublade verschwindet. Daran ist sicherlich viel Wahrheit. Im Fall von nicht vorhergesehenen Störungen in der Geschäftsbeziehung sollte natürlich immer an erster Stelle stehen, vernünftige Lösungen zu entwickeln, anstatt auf Klauselvorschriften des Vertrages zu pochen. Gleichwohl kann durch eine solche Politik (Vertrag verschwindet in einer Schublade) auch viel Schaden entstehen. Das gilt insbesondere für den Fall, dass die mit der Vertragsabwicklung befassten Mitarbeiter nicht diejenigen sind, die den Vertrag verhandelt (und hierdurch vielleicht noch im Kopf haben). Die mit der Vertragsabwicklung befassten Mitarbeiter müssen alle Klauseln kennen, die mit der Vertragsabwicklung zu tun haben. Sie müssen außerdem wissen, welche Mechanismen der Vertrag möglicherweise im Falle einer Streitigkeit vorsieht (Deeskalationsklausel, **schriftliche Anzeigen** – „notifications" – im Falle bestimmter Situationen wie die Behinderung durch den Vertragspartner). Wenn der Vertragstext aus Vertraulichkeitsgründen nicht einer weiteren Öffentlichkeit zur Verfügung gestellt werden kann, muss intern bzw. extern (Anwälte) ein Ablaufplan entworfen werden, der die wesentlichen Vertragsregelungen reflektiert und auch auf nicht im Ver- **131**

---

[48] → Rn. 16.

trag ausdrücklich aufgeführte Vertragskonditionen hinweist (zB Dauer von Fristen, die im Vertrag nicht genannt sind, die sich aber aus dem anwendbaren Recht ergeben). Dieser Ablaufplan muss den jeweils zuständigen Mitarbeitern zur Verfügung gestellt und ggf. auch erläutert werden. In neuerer Zeit finden sich intranetgestützte Vertragsmanagement-Systeme.

II. Kontrolle rechtlicher Risiken

132   Vertragliche Streitigkeiten sind teuer. Das gilt nicht nur für Verfahren vor staatlichen Gerichten, sondern auch vor Schiedsgerichten und selbst im Falle einer Mediation. Kosten entstehen nicht nur für Verfahren und anwaltliche Vertreter. Streitigkeiten binden vor allem auch interne Ressourcen, gefährden die Vertragsbeziehung und uU auch Marktchancen.

133   Vor diesem Hintergrund ist es wichtig, rechtliche Risiken durch aktives Vertragsmanagement zu minimieren, damit das *„gelebte Vertragswerk"* mit dem *„vereinbarten Vertragswerk"* übereinstimmt. Ist dies (bewusst und gewollt) nicht der Fall, ist der Vertrag anzupassen. Je mehr das im operativen Geschäft „gelebte Vertragswerk" und der Vertragstext übereinstimmen, desto geringer ist die Wahrscheinlichkeit, dass Meinungsverschiedenheiten in einen echten Streit münden.

134   Bei Vertragsabschluss sind zunächst alle wichtigen **Fristen** zu notieren. Diese können sich aus dem Vertragswerk selbst oder aus dem Gesetz ergeben. Hat das Verhandlungsteam aus taktischen Gründen einen Punkt nicht geregelt (zB die Rügepflicht für offenkundige Mängel), so ist zu prüfen, welche gesetzlichen Regelungen möglicherweise gelten. Von besonderer Bedeutung sind zB Fristen für die Beibringung von Bankgarantien, Rügefristen, Gewährleistungsfristen. Zur Risikominimierung sollten aus diesen Fristen – im Zeitstrahl „rückwärts" denkend – die Zeitpunkte für erforderliche Vorbereitungsarbeiten abgeleitet werden. Dabei entsteht eine **Matrix** für das weitere Vertragsmanagement: Wer muss was bis wann machen? Die Matrix kann um sinnvolle Aufgaben ergänzt werden (zB Zeitpunkt für Zwischenberichtserstattungen einzelner Abteilungen, **Beweissicherung** für den Fall einer Auseinandersetzung).

135   **Kommunikationswege** sind einschließlich der Schnittstellen interner und externer Kommunikation zu klären. Alle im Team müssen über die für ihre Aufgaben wichtigen Vertragsteile und rechtlichen Rahmenbedingungen aufgeklärt werden. Je nach Vertragswerk und -umfeld kann mündlichen Aussagen des eigenen Teams gegenüber dem Kunden und umgekehrt eine unterschiedliche Bedeutung zukommen. In jedem Fall sind sie in geeigneter Form intern, und je nach Vertragswerk ggf. auch extern, zu dokumentieren. Die für das *Vertragscontrolling* zuständige Person muss informiert werden, wie Vertragsänderungen zu dokumentieren sind (s. das Beispiel Russland unter Rn. 138).

III. Dokumentation

136   Gute Dokumentation der Endfassung des Vertrages erleichtert die Vertragsdurchführung und verbessert die Chancen im Falle einer rechtlichen Auseinandersetzung. Die Dokumentation umfasst die Ablage des Vertrages und die Bestimmung einer für die Dokumentation **„zuständigen Stelle"** im Unternehmen *(Filemaster)*, die die Dokumentation während der Vertragsdurchführung übernimmt. Der Filemaster sollte sich zunächst eine Übersicht darüber verschaffen, welche Abläufe während der Vertragsdurchführung einer vertragsspezifischen Dokumentation bedürfen (in Abgrenzung zu allgemeinen Dokumentationspflichten, etwa im Zahlungsverkehr). Der Vertragstext, die Erfahrungen des Verhandlungsteams mit dem Vertragspartner[49] und die Analyse zur Beweislage im Rahmen der Kontrolle rechtlicher Risiken[50] bestimmen den Umfang der erforderlichen Dokumentation. Zum Beispiel kann eine Vertraulichkeitsklausel es gebieten, dass mit Unterlieferanten oder Mitarbeitern

---

[49] → Rn. 131.
[50] → Rn. 132 ff.

weitere Vertraulichkeitserklärungen abgeschlossen werden müssen, die zu dokumentieren sind.

Von besonderer Bedeutung ist die Dokumentation der Kommunikation mit dem Vertragspartner. So kann es sinnvoll sein, dass alle an den Kunden versandten E-Mails in Kopie zu einem bestimmten Mitarbeiter oder Computer geschickt werden, um dort zentral die elektronische Akte zu führen. Gleiches gilt für die einhergehende Pflicht, eingehende E-Mails dorthin weiterzuleiten (auch vom Blackberry aus). Die Anforderungen an den Kommunikationsfluss sind ggf. selbst zu dokumentieren. **137**

Für Vertragsänderungen ist der rechtliche Rahmen zu klären. Gilt etwa – oft unbewusst – das UN-Kaufrecht CISG als Teil des gewählten Rechts eines Vertragsstaates[51], können sich aus einem nationalen Vorbehalt zur Vertragsform (nach Artikel 96 CISG) strenge Anforderungen an die Schriftform von Vertragsänderungen ergeben. In deutsch-russischen Fällen sollte die Vertragsänderung beidseitig unterzeichnet sein, um das Risiko der Unwirksamkeit zu vermeiden (Russland hat einen Vorbehalt nach Artikel 96 zum CISG erklärt). **138**

IV. Team

Aus der Abstimmung mit dem Verhandlungsteam, der Analyse der rechtlichen Risiken und der Anforderung an die Dokumentation[52] ergibt sich die Matrix, welche Aufgaben bis wann zu erledigen sind. Je nach Art, Umfang und Komplexität des Vertrages ist das Team für die Erledigung der Aufgaben aufzustellen (Beispiel: Bestimmung der für die Vertragsdokumentation und für das *Vertragscontrolling* zuständigen Personen). Dabei sollten auch Vertretungsregelungen bei Urlaub und Krankheit sowie die Zuständigkeiten und Befugnisse zur Kommunikation mit externen Experten im „erweiterten Team" (zB Rechtsanwälten) festgelegt werden. Sehen sich die Teammitglieder selten oder leben sie überwiegend räumlich getrennt, kann es sinnvoll sein, einen auf den Zyklus der Vertragsabwicklung abgestimmten „*Jour Fixe*" zu organisieren (ggf. als Telefonkonferenz). Solche festen Termine erleichtern die Vertragsabwicklung. Dort kommen oft Aspekte zutage, die sonst unentdeckt bleiben und versteckte Risiken bergen (zB eine latente Unzufriedenheit des Kunden zu einem leicht abänderbaren Detail). **139**

V. Management von einer Vielzahl von Exportverträgen

Das Management von Verträgen stellt Unternehmen allgemein vor große Herausforderungen. Das gilt insbesondere dann, wenn diese Verträge verteilt im Unternehmen in „Schubladen" ruhen. Ein modernes Vertragsmanagement setzt zweierlei voraus: eine Technik, die einen problemlosen Zugang zu Verträgen (aber auch zu allen Nachträgen, die es oftmals gibt) ermöglicht, und klare Spielregeln, wer von diesem Zugang zu welchem Zeitpunkt Gebrauch machen kann bzw. wie Erkenntnisse aus diesem Zugang benutzt werden (Kompetenzregelung). Hierbei ist darauf zu achten, dass Verpflichtungen zur Vertraulichkeit aus dem Vertrag nicht verletzt werden; ggf. ist Mitarbeitern für die Abwicklung des Vertrages eine Vertraulichkeitsverpflichtung aufzuerlegen. Schließlich gehört zum Vertragsmanagement die Dokumentation der Vertragsdurchführung insoweit sie vertragliche Regelungen modifiziert oder ausfüllt.[53] **140**

In der Praxis wird die Einführung von Vertragsmanagementsystemen geprägt durch komplexe Fragen der IT und sensible Fragen von Aufgaben- und Verantwortungsbereichen der Mitarbeiter. **141**

---

[51] → Abschnitt 4 Rn. 85.
[52] → Rn. 130–138.
[53] → Rn. 136 ff.

2. Teil. Das Vertragsrecht des Exportgeschäfts

3. Kapitel. Das Recht des Exportkaufvertrages

Abschnitt 3. Der Exportkaufvertrag

Übersicht

	Rn.
A. Einleitung	1
B. Rahmenverträge	3
I. Einleitung	3
II. Besonderheit: AGB und Rahmenvertrag	5
III. Typische Bestandteile einer Rahmenvereinbarung	11
1. Qualitätsangaben	12
2. Preisanpassungsklauseln	13
3. Verzug	17
4. Form des Abrufes	18
5. Kündigungsrecht	19
C. Bedeutung ausgewählter Vertragsklauseln	20
I. Parteien	21
II. Vorbemerkungen	24
III. Definitionen	26
IV. Kaufgegenstand	27
V. Nebenleistungen	28
VI. Preis- und Zahlungsklauseln	29
VII. Vertragsdokumente	34
VIII. Garantien	35
IX. Lieferung, Verpackung, Transport	38
X. Gefahrübergang, Eigentumsübergang	44
XI. Versicherung	45
XII. Untersuchungs- und Rügepflicht	46
XIII. Eigentumsvorbehalt	48
XIV. Mängelhaftung	51
1. Gewährleistung	52
2. Beschaffenheitsgarantien	55
3. Insbesondere: Qualitätssicherungsvereinbarungen	56
4. Regelungsbereiche zur Mängelhaftung	59
XV. Haftung	62
XVI. Höhere Gewalt	65
XVII. Vertragsstrafe	68
XVIII. Gewerbliche Schutzrechte	72
XIX. Anwendbares Recht, Rechtswahl	74
XX. Gerichtsstand, Schiedsgerichtsklausel	78
XXI. Schriftform	82
XXII. Unwirksame Klauseln, Teilunwirksamkeit	84
XXIII. Datum, Unterschriften	86
XXIV. Anlagen zum Vertrag	89
D. Muster eines Exportvertrages	92
I. Gebrauchsanleitung	92
II. Text der Kurzversion	101
III. Text der Langversion	102
Whereas	103
1. Definitions	104
2. Contract Product	105
3. Buyer's Performance Guarantees	106
4. Delivery, Packing, Transportation	107
5. Transfer of risk and property	108

2. Teil. Das Vertragsrecht des Exportgeschäfts

	Rn.
6. Contract Price	109
7. Invoicing, Payment	110
8. Variation and Adjustment of Contract Price and Delivery Schedule	111
9. Subcontractors and Assignment	112
10. Examination and conformity to specifications	113
11. Retention of title	114
12. Warranty	115
13. Liability and Limitation of Liability	116
14. Liquidated Damages	117
15. Import and Export Restrictions	118
16. Environmental, Health and Safety Responsibilities	119
17. Force Majeure	120
18. Applicable Law	121
19. Arbitration Clause	122
20. Terms of Agreement	123
21. Amendments/Written Form	124
22. Assignment	125
23. Change of Control	126
24. Duration and Termination of the Agreement	127
25. Novation, Waiver	128
26. Confidentiality Agreement	129
27. Intellectual Property Rights	130
28. Effective Date	131
29. Prescription	132
30. Notices	133
31. Service of Documents	134
32. Costs	135
33. Entirety of Contract	136
34. Invalidity	137
35. Language	138
36. Attachments	139
37. Copies of Agreement	140

Literatur: *Al-Deb'i,* Überseekauf und Abladegeschäft, 2008; *Bernstorff* (Hrsg.), Der Exportvertrag, 2. Aufl. 2009; *Fingerhut,* Vertrags- und Formularbuch, 12. Aufl. 2009; *Kort,* in Ebenroth/Boujong/Joost/ Strohn, Handelsgesetzbuch, § 347, 2. Aufl. 2010; Law – Made in Germany, www.lawmadeingermany.de; *ORGALIME* – The European Engineering Industries Association – General Conditions for the Supply of Mechanical, Electrical and Electronic Products (2000); *Pfeiffer,* Handbuch der Handelsgeschäfte, 1999; *Piltz,* Gestaltung von Exportverträgen, RIW 1999, 897; *ders.,* UN-Kaufrecht, Gestaltung von Export- und Importverträgen, 2001; *Ramberg,* ICC Guide to Incoterms 2000 – understanding and practical use, 1999; *Rudolph,* Kaufrecht der Export- und Importverträge, 1996; *Schäfer,* in Walz (Hrsg.), Beck'sches Formularbuch, Zivil- Wirtschafts- und Unternehmensrecht, Deutsch – English, 2. Aufl. 2010; *Schmitthoff,* Schmitthoff's Export Trade: The Law and Practice of International Trade, 11. Aufl. 2007; *Stumpf,* Schutz vor ungerechtfertigten Schadenersatzansprüchen bei Exportgeschäften durch richtige Vertragsgestaltung, RIW 1999, 411; *Trappe,* Überseekaufvertrag und „maritime terms" – rechtsvergleichende Bemerkungen, IHR 2008, 157; Verband Deutscher Maschinen- und Anlagenbau e. V. – VDMA, Allgemeine Lieferbedingungen für den Export von Maschinen und Anlagen (ECE), www.vdma-verlag.de.

A. Einleitung

1 Weder das Bürgerliche Gesetzbuch (BGB) noch das Handelsgesetzbuch (HGB) kennen den Begriff eines „Exportkaufvertrages". Das Wort selbst erscheint, nimmt man es ganz genau, widersprüchlich: denn der Exporteur schließt aus seiner Sicht keinen Kaufvertrag, sondern einen Verkaufsvertrag. Aber auch einen Exportverkaufsvertrag kennen die deutschen Gesetze nicht. Das gilt gleichermaßen für den gelegentlich benutzten Begriff des „Abladegeschäfts", einem Überseekaufvertrag mit Abladeklausel, Dokumentenklausel oder Gefahrtragungsklausel.[1] Gleichwohl ist klar, was die Wirtschaft mit diesen Begriffen meint: die Regelungen im grenzüberschreitenden Kaufvertrag aus Sicht des Verkäufers. Dieser Vertrag steht im Zentrum dieses Abschnittes.

---

[1] *Al-Deb'i,* Überseekauf und Abladegeschäft, 19.

Abschnitt 3. Der Exportkaufvertrag

Bei Abschluss eines Vertrages zwischen Vertragsparteien aus unterschiedlichen Ländern, Kulturen und Sprachen treffen auch verschiedene Arten der Vertragsgestaltung aufeinander. Das liegt zum einen an den unterschiedlichen Rechtsordnungen. So hat zum Beispiel der angloamerikanische Rechtskreis Mühe, Vertragslücken zu schließen und nicht ausdrücklich bestimmte Rechte und Pflichten der Vertragsparteien zu konkretisieren. Das führt dazu, dass bei Verträgen mit amerikanischen Geschäftspartnern sehr umfassende, jedes Detail erläuternde Verträge entworfen und ausgetauscht werden. Aus kontinentaleuropäischer, insbesondere deutscher Sicht, wirkt dies aufgebläht und überflüssig, weil nach unserer Rechtsordnung fast alles, was der Vertrag nicht ausdrücklich regelt, angemessen und ausgewogen durch Bestimmungen des BGB und HGB geklärt wird. Daher bevorzugen deutsche Verhandlungspartner kurze Verträge, die nur das ganz Wesentliche regeln. Zum anderen nehmen auch unterschiedliche Standards, Handelsbräuche und Vorstellungen zu den Inhalten des Vertrages mit der räumlichen Distanz zwischen Verkäufer und Käufer zu. Nur durch klare vertragliche Regelungen, die nach der zugrundeliegenden Rechtsordnung wirksam sind, lassen sich unangenehme und teure Überraschungen bei der Abwicklung des Vertrages verhindern. Hierum geht es in diesem Abschnitt. 2

B. Rahmenverträge

I. Einleitung

In der Exportwirtschaft wird sich die Geschäftsverbindung zwischen zwei Vertragsparteien häufig nicht in der einmaligen Lieferung eines Produkts erschöpfen. Vielmehr werden vermehrt längerfristige Geschäftsbeziehungen aufgebaut, in deren Rahmen zum Beispiel die wiederholte Lieferung gleichwertiger Güter in bestimmten Zeitabständen vereinbart wird, denen aber jedenfalls ein gemeinsamer Nenner zugrunde liegt, der jedes der nachfolgenden Einzelgeschäfte bestimmen soll. Diesen gemeinsamen Nenner empfiehlt es sich in einem Rahmenvertrag festzuhalten, um nicht immer wieder identische Regelungen vereinbaren zu müssen.[2] Denkbar ist ferner, diesen Rahmenvertrag so zu gestalten, dass eine der Parteien durch einseitige Erklärung liefervertragliche Ansprüche auslösen darf. Der Rahmenvertrag selbst verpflichtet in der Regel nicht zum Abschluss nachfolgender Einzelverträge, wenn aber Einzelverträge abgeschlossen werden, erfolgt dies mit den zuvor festgelegten Bedingungen. Zudem kann die Verweigerung des Abschlusses von Durchführungsabreden ohne sachlichen Grund als Verletzung der rahmenvertraglichen Pflichten eine Schadensersatzforderung aus Vertragsverletzung nach sich ziehen.[3] 3

Aus Verkäufersicht bietet eine solche Rahmenvereinbarung vor allem eine gewisse Sicherheit im Hinblick auf den erwarteten Absatz und die Produktionsplanung, sowie eine deutliche Vereinfachung der vertraglichen Beziehungen. 4

II. Besonderheit: AGB und Rahmenvertrag

Nach § 305 Abs. 1 BGB liegt eine allgemeine Geschäftsbedingung vor, wenn es sich um eine Vertragsbedingung handelt, die vorformuliert für eine Vielzahl von Verträgen vom Verwender gestellt und nicht ausgehandelt wurde. Regelmäßig ist kritisch zu hinterfragen, ob eine Klausel eines Rahmenvertrages dadurch, dass sie verbindliche Rechtsfolgen anordnet und dieses auf alle abzuschließenden Einzelverträge überträgt, als allgemeine Geschäftsbedingung angesehen werden muss.[4] Dies gilt unabhängig davon, ob bereits Einzelverträge unter dem Rahmenvertrag abgeschlossen wurden oder nicht; es reicht aus, dass seitens des Verwenders bereits bei Vertragsschluss beabsichtigt ist, zum Beispiel die Vertragsstrafenklausel in alle Einzelverträge unter der Geltung des Rahmenvertrages einzubeziehen. Letzteres 5

---

[2] → Abschnitt 1 Rn. 287 ff.
[3] BGH NJW-RR 1992, 977; *Pfeiffer*, Handbuch der Handelsgeschäfte, § 1 Rn. 19.
[4] → Abschnitt 4.

ergibt sich oftmals direkt aus dem Wortlaut von Rahmenverträgen, demgemäß die Rahmenverträge Grundlage für den Abschluss diverser Einzelverträge sein sollen.

6   In diesem Zusammenhang ist unerheblich, ob Vertragsklauseln nur gegenüber einem einzigen Vertragspartner verwendet werden sollten. Der BGH[5] hat diesbezüglich entschieden, dass der Wortlaut der Vorschrift nur auf eine Vielzahl von Verträgen, nicht jedoch auf eine Vielzahl von Vertragspartnern abstelle. Demnach komme es nur auf die Absicht der mehrfachen Verwendung an. Eine andere Wertung würde sich im Übrigen auch dann nicht ergeben, wenn die Vertragsklausel statt im Rahmenvertrag in den jeweiligen Einzelverträgen verwendet werden würde.

7   Um den scharfen Maßstab des AGB-Rechts zu vermeiden, muss die Klausel im Einzelnen ausgehandelt worden sein. Denn soweit eine Individualvereinbarung vorliegt, sind die AGB-rechtlichen Vorschriften nach § 305 Abs. 1 S. 3 BGB nicht anwendbar. Aushandeln bedeutet, dass der Verwender die den wesentlichen Inhalt der gesetzlichen Regelung ändernden oder ergänzenden Bestimmungen inhaltlich ernsthaft zur Disposition stellt und dem Verhandlungspartner Gestaltungsfreiheit zur Wahrung eigener Interessen einräumt, mit zumindest der realen Möglichkeit, die inhaltliche Ausgestaltung der Vertragsbedingungen zu beeinflussen.[6]

8   **Praxistipp:**
Als Verwender von Rahmenverträgen mit darunter abzuschließenden Einzelverträgen sollte der Exporteur eine Verhandlung des Rahmenvertrages zulassen, damit die darin enthaltenen Vertragsklauseln nicht als AGB qualifiziert werden können. Dies gilt auch dann, wenn es sich lediglich um einen Vertragspartner handelt, also der Rahmenvertrag nebst Einzelverträgen weiteren Vertragspartnern gegenüber gar nicht verwendet werden soll. In jedem Fall sollte der Rahmenvertrag aufgrund der damit verbundenen Indizwirkung für das Vorliegen einer Individualvereinbarung von den Vertragsparteien unterzeichnet werden.

9   Gelegentlich greifen Exporteure auf AGB zurück, die von unternehmensübergreifenden Verbänden oder internationalen Organisationen erarbeitet wurden. Hierzu zählen ua die von der Wirtschaftskommission für Europa (ECE) ausgearbeiteten Bedingungen. An der Ausarbeitung dieser Bedingungen waren Vertreter aller europäischen Länder und der USA beteiligt; sie sind daher sowohl aus europäischer als auch aus US-amerikanischer Sicht wirksam. Die Bedingungen sind in verschiedenen Sprachen erhältlich und gelten insbesondere für den Export von Maschinen und Anlagen.[7]

10 Wurde die Rahmenvereinbarung jedoch durch individuelle Abreden im Einzelnen verhandelt, bemisst sich die Wirksamkeit der Bestimmungen nur nach den allgemeinen Regeln des BGB (§§ 134, 138) mit der Folge, dass bis zur Grenze von knebelnden oder sittenwidrigen Vertragsabreden sowie des Verstoßes gegen ein gesetzliches Verbot keine Zulässigkeitsbeschränkungen bestehen. Das Recht der Allgemeinen Geschäftsbedingungen ist umfassend in Abschnitt 4 erläutert.

III. Typische Bestandteile einer Rahmenvereinbarung

11 Zunächst enthalten Rahmenverträge üblicherweise einige der unten unter C. genannten Vertragsregelungen. Es empfiehlt sich jedoch, im Rahmenvertrag folgendes zusätzlich bzw. abweichend zu regeln:

12 **1. Qualitätsangaben.** Der Kaufgegenstand steht bei Abschluss des Rahmenvertrages nur seiner Gattung nach fest; daher können und sollten Qualitäten, Beschaffenheiten und ein-

---

[5] BGH Urt. v. 11.12.2003 – VII ZR 31/03, NJW 2004, 1454 – noch zum seinerzeit geltenden § 1 Abs. 1 S. 1 AGBG, nunmehr § 305 Abs. 1 S. 1 BGB.
[6] Ständige Rechtsprechung, vergleiche nur BGH NJW 2000, 1110, 1111 f.
[7] ECE/VDMA; *Al-Deb'i*, Überseekauf und Abladegeschäft, 29 f.

zuhaltende Standards in den Rahmenvertrag aufgenommen werden. Lediglich die Menge und die Lieferzeit werden in aller Regel erst im Einzel- oder Abrufvertrag festgelegt.

2. Preisanpassungsklauseln. Bei längeren Rahmenverträgen, in denen ein bestimmter Preis bereits festgelegt wird, empfiehlt es sich, die Vereinbarung von Preisanpassungsklauseln zu erwägen. Damit soll das Risiko abgedeckt werden, dass äußere Entwicklungen die Preiskalkulation, die vor Abschluss des Vertrages durchgeführt wurde, auf den Kopf stellen. Grundsätzlich sind Preisanpassungs- oder Preisgleitklauseln zulässig. Sie müssen nur hinreichend klar formuliert sein und eine transparente Berechnungsmethode für die Preiserhöhung vorsehen. Klauseln, die die Parteien verpflichten, nach bestimmtem Zeitablauf erneut über den Preis zu verhandeln, sind weitgehend nutzlos, wenn sie nicht klarstellen, was geschieht, wenn die Verhandlungen ohne Ergebnis scheitern. 13

Grundsätzlich kann der Zeitpunkt einer Anpassung abhängig gemacht werden vom Eintritt bestimmter Ereignisse (zB Veränderung der Rohstoff- oder Energiepreise, die auf den Preis einwirken). Alternativ kommt in Frage, eine Anpassung nach bestimmten zeitlichen Abschnitten vorzuschreiben. Der Umfang der Anpassung kann, soweit sich die Parteien nicht einigen, durch Dritte bestimmt werden oder sich an den Veränderungen neutraler, öffentlich bekannt gemachter Indices (zB Lebenshaltungsindex) gekoppelt werden. Der Exportvertrag kann auch mathematische Formeln enthalten, aus denen die Preisanpassung berechnet wird. 14

Um das Risiko für den Käufer überschaubar zu halten, kann die maximale Preiserhöhung gedeckelt werden. Alternativ ist es denkbar, dem Käufer bei Überschreiten bestimmter Grenzen der Preiserhöhung ein Rücktrittsrecht einzuräumen. 15

In jedem Falle empfiehlt es sich, die Preisanpassung wechselseitig zu gestalten, dh nicht lediglich eine Preiserhöhung, sondern auch eine Preisreduzierung möglich zu machen, um eine Ausgewogenheit eines sich ändernden finanziellen Risikos sicher zu stellen. In Verträgen mit Verbrauchern ist dies unerlässlich, in Verträgen zwischen Kaufleuten empfehlenswert. 16

3. Verzug. Die Rechtsfolgen eines Lieferverzugs sind in einem Rahmenvertrag anders zu regeln als in einen einmaligen Kaufvertrag. Denn es ist zu klären, ob und ggf. wieweit der Verzug bei der Lieferung oder Bezahlung eines Teilabrufes auf den gesamten Rahmenvertrag durchschlägt. Dies hängt sehr vom konkreten Interesse der Parteien und der faktischen Auswirkung eines Verzuges ab. Bei mehrfacher (Anzahl definieren!) schuldhafter Überschreitung des Liefertermins oder mehrfacher schuldhafter Nichtabnahme sollte ein Auflösungsrecht auch des Rahmenvertrags vereinbart werden. 17

4. Form des Abrufes. Es sollte klargestellt werden, wie die Einzel- oder Abrufverträge, die unter dem Rahmenvertrag geschlossen werden, zustande kommen sollen. Die Form des Angebots bzw. Abrufes, die Art der Rückmeldung oder Bestätigung und etwaige Äußerungsfristen müssen bestimmt werden. Dabei ist es nicht zweckmäßig, Fiktionen zu vereinbaren („wenn nicht innerhalb von ... eine Ablehnung erfolgt, gilt die Bestellung als angenommen"). Diese können zwar einen Schadensersatzanspruch bei Nichtlieferung begründen, vermögen aber nicht die positive Kenntnis zu ersetzen, die nötig ist, um gegebenenfalls andere Verträge mit Dritten einzuhalten und Überproduktionen zu vermeiden. 18

5. Kündigungsrecht. Schließlich kann es insbesondere beim Verkäufer zu unvorhergesehenen Ereignissen kommen, die erhebliche Auswirkungen auf den Betrieb haben. Hierfür sollte ein außerordentliches Kündigungsrecht zunächst für die innerhalb des Rahmenvertrags geschlossenen Einzelverträge, aber im Einzelfall auch für den Rahmenvertrag selbst vereinbart werden. 19

C. Bedeutung ausgewählter Vertragsklauseln

Nachstehend wird die Bedeutung der wesentlichen Regelungen eines Exportkaufvertrages erläutert. Dabei liegt auf der Hand, dass die Wesentlichkeit davon abhängt, was in wel- 20 chem Umfang wohin exportiert wird. Ein Exportvertrag über eine Maschine nach Polen ist zwangsläufig anders zu formulieren als ein über Jahre abzuwickelnder Vertrag über zahlreiche Lieferungen von chemischen Produkten nach Südamerika. Die angesprochenen Regelungsbereiche sind daher keineswegs abschließend. Es ist durchaus denkbar, dass ein Exportkaufvertrag andere oder mehr Regelungen enthalten muss – je nach den Erfordernissen des Einzelfalles. Gleichwohl finden sich üblicherweise immer ähnliche Themen, die die Vertragsparteien in dem Vertrag regeln.

I. Parteien

21 Die genaue Bezeichnung der Parteien im Vertrag ist von elementarer Bedeutung.[8] Kommt es später zu unterschiedlichen Auffassungen über den Inhalt und Umfang einzelner Rechte oder Verpflichtungen unter dem Exportvertrag, so können diese nur geklärt und durchgesetzt werden, wenn ohne jeden Zweifel feststeht, wer der Vertragspartner ist. Erfahrungsgemäß wird hier häufig nachlässig gearbeitet. Dies gilt insbesondere dann, wenn Unternehmen unter einer bestimmten Marke tätig werden, die von der Firmierung abweicht. Dies gilt aber auch, wenn es sich bei dem Vertragspartner um ein Unternehmen in einem Konzern mit mehreren ähnlich klingenden Firmennamen handelt. Es empfiehlt sich daher, die genaue Firmierung des Vertragspartners nicht allein aus seinem Briefkopf zu entnehmen, sondern eigene Recherchen anzustellen. Abhängig vom Gesamtrisiko kann es angezeigt sein, sich Handelsregisterauszüge zu beschaffen oder vom Vertragspartner vorlegen zu lassen.

22 Zur genauen Firmierung gehört grundsätzlich auch die Adresse. Sie ist zwar nicht Wirksamkeitsvoraussetzung für einen Vertrag, jedoch eine wichtige Auslegungshilfe, wenn die Identität des Vertragspartners zweifelhaft werden sollte.

23 Schließlich sollten auch die genauen Vertretungsverhältnisse geklärt werden. Unterzeichnet eine Person für das Unternehmen einen Vertrag, die hierzu nicht befugt ist, so handelte die Person ohne Vertretungsmacht. Dies führt dazu, dass der Vertrag nicht mit dem Unternehmen zustande gekommen ist. Zwar wird man in einem solchen Fall die unterzeichnende Person zur Erfüllung des Vertrages auffordern können; sie wird im Zweifel dazu jedoch nicht in der Lage sein. Ob ein sich daraus ergebender Schadenersatzanspruch gegen den Unterzeichner durchsetzbar ist, kann ebenfalls zweifelhaft sein.

II. Vorbemerkungen

24 Umfangreichere Verträge beginnen üblicherweise mit Vorbemerkungen, in denen die Vorgeschichte und die Hintergründe des Vertrages sowie die allgemeine Interessenlage der Parteien dargestellt werden.[9] In englischsprachigen Verträgen werden diese Vorbemerkungen *(„Recitals", „Preamble")* üblicherweise mit dem Wort *„WHEREAS..."* eingeleitet.

25 Solche Vorbemerkungen sind äußerst hilfreich, insbesondere vor dem Hintergrund, dass ein Vertrag später häufig von Personen gelesen und verstanden werden muss, die bei den Vertragsverhandlungen selbst nicht anwesend waren. Diese späteren Leser des Vertrages müssen, um die Vereinbarung richtig anwenden zu können, die Absichten der vertragsschließenden Personen erforschen. Dies gelingt dann, wenn deren Motivationslage deutlich gemacht wurde. Daher empfiehlt es sich, die Vorgeschichte und die eventuell auch divergierende Interessenlage der Parteien am Anfang des Vertrages in kurzen Statements zu schildern. Die Festlegung von Rechten und Pflichten sollte hier allerdings unterbleiben.

III. Definitionen

26 Insbesondere aus dem angelsächsischen Bereich ist bekannt, dass umfangreichere Verträge zunächst klarstellen, was mit einzelnen Begriffen, die in dem Vertrag benutzt werden, ge-

---

[8] → Abschnitt 1 Rn. 38 f.
[9] → Abschnitt 1 Rn. 40.

meint sein soll.[10] Dies wirkt gelegentlich aus deutscher Sicht geradezu albern. Unterliegt der Vertrag nämlich deutschem Recht, sind Definitionen in aller Regel überflüssig. Die weitgehende Kodifizierung des deutschen Rechts sorgt dafür, dass die meisten rechtstechnischen Begriffe bereits vom Gesetzgeber definiert wurden und es daher einer erneuten Definition im Vertrag nicht bedarf. Wird ein Begriff nur einmal im Vertrag benutzt, kann man ihn an Ort und Stelle definieren (als Beispiel sei auf die Definition der höheren Gewalt in der Force-Majeure-Klausel 17 des Mustervertrages, → Rn. 120, verwiesen). Lediglich dann, wenn ohne vorangegangene Definition im Vertrag immer wieder identische klarstellende Hinweise notwendig wären, mag es einfacher sein, eine entsprechende Definition vor die Klammer zu ziehen. Ähnliches gilt bei bestimmten branchentypischen oder technischen Begriffen, deren Bedeutung unterschiedlich verstanden werden kann. Beispiel: Wird im Vertrag von „Meilen" gesprochen, sollte klargestellt werden, ob es sich um nautische Meilen, englische Meilen, US-amerikanische Meilen, skandinavische Meilen oder ähnliches handelt. Entsprechendes gilt bei „tons", die es als „long tons", „short tons" und „metric tons" gibt oder Dollar (US, Canadian, Australian, Singapore Dollar).

IV. Kaufgegenstand

Von größter Bedeutung ist die exakte Beschreibung des Kaufgegenstandes.[11] Abhängig von seiner Natur ist der Kaufgegenstand nach Gewicht[12], Menge und Abmessungen zu definieren. Die genaue Qualität[13], Herkunft und Zusammensetzung wird im Zweifel von großer Bedeutung sein. Geht es um komplexe Anlagen mit umfassenden Spezifikationen, so empfiehlt es sich, diese in einem Anhang zum Vertrag („*Exhibit 2.1*") festzulegen. Gegebenenfalls ist hierüber ein eigenes Pflichtenheft zu erstellen und zu vereinbaren. **27**

V. Nebenleistungen

Es ist denkbar, dass zusätzlich zur Übereignung des Kaufgegenstandes noch weitere Leistungen zur Erfüllung des Vertrages zu erbringen sind (zB „*After Sale Services*"). Hier kommen bestimmte Dienstleistungen wie Schulungen, Montage, Einweisungen, Nachlieferungen etc. in Betracht. Auch hier empfiehlt sich eine konkrete Beschreibung, evtl. durch genaue Bestimmung, welche Person die Leistungen zu erbringen hat, welchen Inhalt und Umfang sie haben, welche Leistungen im Preis enthalten sind und welche gesondert zu bezahlen sind. **28**

VI. Preis- und Zahlungsklauseln

Um die Bestimmung des Kaufpreises herum gibt es eine große Anzahl unterschiedlichster Preis- und Zahlungsklauseln.[14] Diese hängen im Wesentlichen von dem gewählten Zahlungsverkehr sowie der Finanzierung und Finanzierungssicherung ab.[15] **29**

In jedem Falle sind Zahlungsbetrag und Währung zu nennen. Kann der Käufer auch in einer Fremdwährung zahlen, so sind Angaben über den Umrechnungszeitpunkt und -kurs sinnvoll. Ein etwa existierendes Währungsrisiko sollte in einer Zahlungsklausel eindeutig zu Lasten des Käufers oder Verkäufers geklärt werden. Schweigt der Vertrag hierzu, trägt derjenige das Währungsrisiko, dessen heimische Währung von der Vertragswährung abweicht. **30**

Ebenso ist zu klären, ob der Käufer Abzüge von der Zahlung geltend machen kann (zB Skonto), wer die Kosten des Zahlungsverkehrs trägt und wer etwaige Kommissionen in **31**

---

[10] → Abschnitt 1 Rn. 41.
[11] → Abschnitt 1 Rn. 42.
[12] Zu Gewichtsklauseln siehe *Al-Deb'i*, Überseekauf und Abladegeschäft, 216 ff.
[13] *Al-Deb'i*, Überseekauf und Abladegeschäft, 221 ff.
[14] → Abschnitt 1 Rn. 45 ff.
[15] Ausführlich zu Zahlungsklauseln siehe *Al-Deb'i*, Überseekauf und Abladegeschäft, 192 ff.; im Übrigen hierzu auch Abschnitte 26, 27.

welcher Höhe zu zahlen hat. Zahlungszeitpunkt sowie Zahlungsweg – gegebenenfalls mit Kontoverbindung – sind klarzustellen.

32   Verzichten die Vertragsparteien auf entsprechende Regelungen im Vertrag, so hat der Käufer den vereinbarten Preis in der vereinbarten Währung so zu zahlen, dass dem Verkäufer keinerlei Abzüge entstehen. Ohne Vereinbarung eines Zahlungsziels sind Zahlungen unverzüglich zu leisten.

33   Preisanpassungs- oder Preisgleitklauseln spielen bei Rahmenverträgen eine größere Rolle. Sie wurden oben unter → Rn. 2 bereits behandelt.

VII. Vertragsdokumente

34   Im Einzelfall kommt den Dokumenten, die zusammen mit der Ware zu liefern sind, große Bedeutung zu.[16] Zu denken ist hierbei zB an Herkunftszeugnisse, phytosanitäre Gutachten, Qualitätsgutachten, Export- oder Importbescheinigungen, Rechnungen, Zahlungsnachweise, Versicherungspolicen, Transportdokumente etc. Soweit diese – in der Regel für den Käufer – von Bedeutung sind, sollten sie im Vertrag oder einer dem Vertrag beigefügten Anlage im Einzelnen aufgelistet werden. Dies spielt insbesondere beim Kauf per Akkreditiv eine Rolle, damit der Käufer, der bestimmte Unterlagen der Akkreditiv eröffnenden Bank überreichen muss, diese auch von dem Verkäufer verlangen kann.

VIII. Garantien

35   Garantien können in zwei sehr unterschiedlichen Formen eine Rolle im Exportvertrag spielen.[17]

36   Zum einen ist denkbar, dass sich die Parteien bei einem umfassenden, über einen längeren Zeitraum abzuwickelnden Vertrag wechselseitig Garantien aushändigen, die sicherstellen, dass der Vertrag erfüllt oder rückabgewickelt werden kann. Banken oder verbundene Unternehmen geben in diesem Zusammenhang Erfüllungsgarantien *(„Performance Guarantees")* und haften darunter, sollte eine Vertragspartei nicht vertragsgerecht liefern bzw. zahlen (können). Daneben gibt es Rückzahlungsgarantien *„Refund Guarantees",* die fällig werden, wenn der Käufer Anzahlungen auf den Kaufpreis geleistet hat, diese jedoch vom inzwischen insolventen Verkäufer zurückzuzahlen sind.

37   Zum anderen wird als Garantie die feste Zusage einer bestimmten Beschaffenheit oder Haltbarkeit der Ware bezeichnet, § 443 BGB. Sie führt zu einer Verstärkung der gesetzlichen Mängelhaftung in Fällen, in denen der Verkäufer ausdrücklich bestimmte Merkmale der Ware *„garantiert", „zugesichert"* oder *„fest zugesagt"* hat. Solche und ähnliche Zusagen *(„dafür stehen wir ein")* mögen aus Marketinggründen sinnvoll sein; in rechtlicher Hinsicht führen sie zu einem erhöhten Haftungsrisiko des Verkäufers.

IX. Lieferung, Verpackung, Transport

38   Die Incoterms (→ Abschnitt 5, B.) enthalten umfassende Regelungen zum Komplex Lieferung, Verpackung und Transport.[18] Es empfiehlt sich daher, auf diese Incoterms zurückzugreifen und diese zu vereinbaren,[19] um Auslegungsstreitigkeiten zu vermeiden. Dennoch gehen Individualvereinbarungen und zwingendes nationales Recht den Incoterms stets vor.[20]

39   Unklarheiten bestehen bei Vereinbarung der Incoterms auch dann nicht, wenn z. B. EXW *(„ex works")* oder FOB *(„free on board")* vereinbart wird, der Käufer jedoch entgegen dieser grundsätzlichen Vereinbarung nicht für den Transport sorgt, sondern es mehr oder weniger

---

[16] → Abschnitt 1 Rn. 49.
[17] → Abschnitt 1 Rn. 50 ff.
[18] → Abschnitt 1 Rn. 53 ff.
[19] MüKo/*Westermann* § 447 BGB Rn. 10: *„Für die Praxis wird erwartet, dass hinter den jeweiligen auf eine Klausel weisenden Vertragstext der Zusatz „Incoterms 2010" gesetzt [...] wird."*
[20] Vgl. MüKo/*Westermann* § 447 BGB Rn. 10.

Abschnitt 3. Der Exportkaufvertrag

deutlich dem Verkäufer überlässt, den Transport zu arrangieren. Auch bei einem solchen „unechten FOB-Verkauf" regeln die „Einpunkt-Klauseln" den Kosten- und Gefahrübergang. Durch die Klausel wird auch klargestellt, dass, wenn – trotz dieser EXW Vereinbarung – der Verkäufer den Transport übernimmt, der Käufer dafür die Gefahr und die Kosten trägt.[21]

Im Exportvertrag geklärt werden sollte, ob der Verkäufer berechtigt ist, Teillieferungen vorzunehmen. Gegebenenfalls kann die Höchstanzahl der Teillieferungen, sowie deren Daten und Mengen festgelegt werden. Es sollte auch festgehalten werden, ob ein Umschlag während des Transportes („Transshipment") stattfinden darf, gegebenenfalls die maximale Häufigkeit und der Ort des erlaubten Umschlages. Schließlich empfiehlt sich gelegentlich, klarzustellen, ob die verkauften Güter mit anderen Gütern zusammen transportiert werden dürfen oder gerade nicht. **40**

Insbesondere für Konsumgüter stellt die Etikettierung („Labelling") einen wichtigen Umstand dar, der gegebenenfalls zu regeln ist. Die Verpackung hat nicht nur für den Wiederverkauf Bedeutung, sondern ist vor allem eine Maßnahme zum Schutz vor Transportschäden. Besondere Anforderungen zur Verpackung und die Frage, wer hierfür verantwortlich ist und die Kosten trägt, sind sinnvoller Weise in dem Vertrag festzuhalten. **41**

Im Überseekaufvertrag werden insbesondere dann, wenn es um größere Ladungsmengen geht, auch so genannte „maritime terms" vereinbart. Damit soll ein Gleichklang zwischen den Risiken unter dem Kaufvertrag und denen des Transportvertrages hergestellt werden. Dies geschieht vor folgendem Hintergrund: Bei einem FOB-Geschäft schließt der Käufer mit dem Reeder bzw. Verfrachter einen Reisefrachtvertrag, der dem Käufer nur eine ganz bestimmte Zeit einräumt, dass Schiff zu beladen. Wird diese Zeit („Ladezeit")[22] überschritten, so muss der Käufer dem Reeder Liegegeld („Demurrage")[23] zahlen. Daher hat der Käufer ein Interesse daran, dass der Verkäufer innerhalb der vereinbarten Ladezeit so liefert, dass das Schiff die Ware ohne Probleme laden kann. **42**

Spiegelbildlich ist die Situation beim CIF-Geschäft. Hier hat der Verkäufer unter dem Reisefrachtvertrag gegenüber dem Reeder die Pflicht, das Schiff innerhalb einer festgelegten Zeit zu löschen. Er sollte diese Verpflichtung an den Käufer weitergeben und sicherstellen, dass er bei Fristüberschreitungen vom Käufer diejenigen Kosten erstattet erhält, die er an den Reeder als Liegegeld zahlen muss.[24] **43**

X. Gefahrübergang, Eigentumsübergang

Im Einzelfall kann unklar sein, wer zu welchem Zeitpunkt das Risiko trägt, dass die Ware zufällig beschädigt wird oder untergeht.[25] Sind Incoterms vereinbart, ist zwar festgelegt, wie weit die Leistungspflichten des Verkäufers reichen, dh insbesondere ob er oder der Käufer für den Transport, die Einfuhr und die Ausfuhr zuständig ist. Die Incoterms enthalten jedoch keine Gefahrtragungsregelungen; sie beschäftigen sich auch nicht mit der Frage, wann das Eigentum übergeht.[26] Umso mehr ist anzuraten, klarstellende Regelungen in den Vertrag aufzunehmen und zu bestätigen, dass mit Lieferung auch der Gefahrübergang stattfindet. Der Eigentumsübergang kann hiervon durchaus abweichen, insbesondere dann, wenn unter Eigentumsvorbehalt geliefert wird. **44**

XI. Versicherung

Je nach Interessenlage sind Klauseln über die Frage aufzunehmen, welche Partei welche Versicherung eindeckt.[27] Hierbei ist zum einen an die Transportversicherung zu denken, die beim FOB-Kauf vom Käufer und beim CIF-Kauf vom Verkäufer besorgt wird. Zum **45**

---

[21] Vgl. MüKoBGB/*Westermann* § 447 BGB Rn. 11; *Graf v. Bernstorff* RIW 2010, 672, 677.
[22] § 567 Abs. 2 und 4 HGB aF; § 530 HGB nF.
[23] § 572 HGB; § 530 Abs. 3 HGB nF.
[24] Siehe dazu ausführlich *Trappe* IHR 2008, 157, 159.
[25] → Abschnitt 1 Rn. 57.
[26] *Ramberg* (1999), 11.
[27] → Abschnitt 1 Rn. 58.

anderen mag – insbesondere im Rahmen von länger andauernden Lieferverträgen – eine Kreditversicherung involviert sein. Gegebenenfalls empfiehlt sich, eine Kongruenz zwischen Zahlungs- und Lieferterminen einerseits sowie der Versicherungssumme der Kreditversicherung andererseits herzustellen. Auf diese Weise kann sichergestellt werden, dass keine weiteren Lieferungen erfolgen müssen, wenn für die bisher durchgeführten Lieferungen der Kaufpreis nicht bezahlt und dieser durch die Kreditversicherung nicht abgedeckt ist.

XII. Untersuchungs- und Rügepflicht

46   Gemäß § 377 HGB hat der Käufer die Ware unverzüglich nach Ablieferung durch den Verkäufer zu untersuchen und, wenn sich ein Mangel zeigt, dem Verkäufer unverzüglich Anzeige zu machen. Was „unverzüglich" bedeutet und wie die Untersuchung stattzufinden hat, kann im Einzelfall streitig sein. Hier kommt es maßgeblich auf die Usancen der Branche an. Größere Klarheit bringen vertragliche Regelungen. So kann festgelegt werden, dass die Untersuchung durch unabhängige Dritte, zB bestimmte Sachverständigenbüros oder Labore durchgeführt wird. Bestimmte Prüfverfahren sollten dann festgelegt werden, wenn sich bezüglich der konkreten Ware keine Prüfverfahren einheitlich durchgesetzt haben. Es mag auch sinnvoll sein, den Ort der Untersuchung festzulegen. Es kann im Interesse des Verkäufers liegen, im Vertrag zu bestimmen, dass die Untersuchung bereits im Werk oder Lager des Verkäufers stattfindet; damit wird das Risiko einer späteren Verschlechterung der Ware auf den Käufer abgewälzt. Auch eine Begutachtung der Verpackung vor der Verschiffung kann vereinbart werden.

47   Ebenso empfiehlt es sich, den genauen Zeitraum festzulegen, binnen dessen eine Mängelrüge erhoben werden muss. Für die Anzeige verborgener Mängel sollte eine wesentlich längere Frist bestimmt werden. Zur Klarstellung sollte dann ergänzt werden, dass nach Ablauf dieser Fristen keine weiteren Ansprüche geltend gemacht werden können.

XIII. Eigentumsvorbehalt

48   Eines der wirksamsten Mittel zur Sicherung der Rechte des Verkäufers ist der Eigentumsvorbehalt. Er gilt nur, wenn er vertraglich ausdrücklich vereinbart wurde; er sollte in keinem Exportvertrag fehlen. Danach bleibt der Verkäufer bis zur vollständigen Bezahlung des Kaufpreises Eigentümer der Ware. Zwar ist der Käufer berechtigt, die Ware in Besitz zu nehmen und in aller Regel auch, sie bestimmungsgemäß zu benutzen und gegebenenfalls auch weiter zu veräußern. Gleichwohl kann der Verkäufer, der den Kaufpreis nicht erhält, die Ware zurückverlangen. Wurde die Ware vom Käufer weiterveräußert, so besteht allerdings nur dann das Recht des Erstverkäufers, die Ware zurückzuerhalten, wenn der Endabnehmer von dem Eigentumsvorbehalt wusste.

49   Von erweitertem Eigentumsvorbehalt spricht man, wenn nicht nur die Bezahlung des Kaufpreises zur Bedingung für den Eigentumsübergang gemacht wird, sondern auch die Bezahlung sämtlicher weitergehender, anderer Forderungen des Verkäufers gegen den Käufer.

50   Als verlängerten Eigentumsvorbehalt bezeichnet man eine Regelung, wonach bei Verarbeitung oder Weiterverkauf der Güter der Lieferant Miteigentümer des Produktes wird, das mit Hilfe des Kaufgegenstandes entsteht und ihm der Veräußerungserlös des Käufers abgetreten wird.

XIV. Mängelhaftung

51   Zu unterscheiden ist zwischen den grundsätzlichen Rechtsinstituten, aus denen Käufer oder Abnehmer Rechtsbehelfe herleiten können: Gewährleistung (oder Mängelrechte), Garantie und Haftung.

52   **1. Gewährleistung.** Grundsätzlich haftet ein Verkäufer für Sach- und Rechtsmängel. Ein Sachmangel liegt vor bei:
- Abweichung von der vereinbarten Beschaffenheit, § 434 Abs. 1 BGB;

Abschnitt 3. Der Exportkaufvertrag

- Abweichung von der von den Parteien vorausgesetzten Verwendungseignung, § 434 Abs. 1 S. 2 Nr. 1 BGB;
- Abweichung von der gewöhnlichen Verwendungseignung sowie von der üblichen Beschaffenheit von Gütern der gleichen Art, § 434 Abs. 1 S. 2 Nr. 2 BGB;
- Abweichung von Eigenschaften, die der Käufer nach den öffentlichen Äußerungen des Verkäufers oder Herstellers (insb. aus der Werbung) erwarten kann, § 434 Abs. 1 S. 3 BGB;
- fehlerhafter Montageanleitung oder unsachgemäßer Montage durch den Verkäufer, § 434 Abs. 2 BGB.
- Falschlieferung; es wird eine andere, als die verkaufte Sache geliefert oder Lieferung einer zu geringen Menge, § 434 Abs. 3 BGB.

Die Aufzählung zeigt, wie bedeutsam die Konkretisierung der Beschaffenheit der Ware im Vertrag ist, damit es nicht zu Abweichungen kommt.

Ein Rechtsmangel liegt vor, wenn ein Dritter in Bezug auf den Kaufgegenstand gegenüber dem Käufer Rechte geltend machen kann, § 435 BGB. Beispiel: Nicht der Verkäufer, sondern ein Dritter war Eigentümer des Kaufgegenstandes, ein Dritter hat ein Pfandrecht oder ist Mieter oder Pächter der Sache. Auch dann, wenn ein Dritter Patent-, Lizenz- oder Markenrechte an dem Kaufgegenstand geltend machen kann, liegt ein Rechtsmangel vor. **53**

Liegt ein Sach- oder Rechtsmangel vor, hat der Käufer folgende Rechte: **54**

- Anspruch auf Nacherfüllung (§ 439 BGB),
- Rücktrittsrecht (§§ 440, 323, 326 Abs. 5 BGB),
- Anspruch auf Reduzierung des Kaufpreises (Minderung; § 441 BGB),
- Anspruch auf Schadensersatz (§ 437 Nr. 3 BGB).

2. Beschaffenheitsgarantien. Die Garantie ist eine besondere Vereinbarung mit dem Käufer oder sogar dem Endkunden, in der der Exporteur bestimmte Beschaffenheiten und Haltbarkeiten der Produkte verspricht und dem Kunden bestimmte Rechte im Garantiefall einräumt, § 443 BGB. Soweit der Exporteur diese Garantie abgibt, sollte er darauf achten, dass er seinerseits im Regresswege entsprechende Rechte (dh Garantien) gegenüber seinem Lieferanten geltend machen kann. **55**

3. Insbesondere: Qualitätssicherungsvereinbarungen. Nicht so sehr im Interesse des Exporteurs, jedoch im Interesse des Käufers liegt es, durch klare Vereinbarungen die Qualität der Güter sicherzustellen. In technischer Hinsicht wird damit die Verlässlichkeit der Qualität der Zulieferer gesteigert, betriebswirtschaftlich sollen Kostennachteile unzureichender Zuliefererqualität vermieden werden; aus juristischer Sicht will der Käufer seine Haftungsrisiken reduzieren und Entlastungsbeweise durch die Qualitätsdokumentation ermöglichen. **56**

Vertraglich werden diese Ziele in Qualitätssicherungsvereinbarungen umgesetzt. Dabei kann zum Beispiel geregelt werden: **57**

- Zunächst, wie bei jedem Exportvertrag, steht die konkrete Spezifikation und ggf. technische Beschaffenheit, deren Kennzeichnung und Verpackung im Vordergrund;
- Vorgaben zu Fehlertoleranzen;
- Regelungen zu den maßgeblichen Prüfverfahren, Messgeräten, Musterprüfberichten und sonstigen Aufzeichnungen;
- Vorgaben zu bestimmten Verbesserungsprozessen, Quality-Management-Programmen sowie Fehlermöglichkeits- und Einflussanalysen;
- Festlegung eines Qualitätsmanagementsystems beim Lieferanten und Vorlieferanten;
- Pflicht zur Installation eines Qualitätssicherungsbeauftragten beim Lieferanten;
- Zertifizierungsverpflichtung nach ISO-Normen;
- Um fehlerhafte Produkte und Produktchargen rückverfolgen zu können: Details zur Dokumentation der Fertigung und Lagerung der Produkte;
- Aufbewahrungspflichten und Einsichtsrechte betreffend Muster und Aufzeichnungen;
- Rechte des Käufers, Qualitätsaudits durchzuführen und Pflichten des Verkäufers, selbst festgestellte Qualitätseinbrüche zu melden;
- Pflicht zur Versicherung.

58 Muster entsprechender Qualitätssicherungsvereinbarungen geben verschiedene Verbänden heraus. Nicht als solche Vereinbarungen sondern eher als Marketinginstrumente zu verstehen sind Verlautbarungen zur sozialen oder ökologischen Firmenpolitik (etwa „*Unsere Werte und Visionen*", „*Unsere Überzeugung*", „*Nachhaltigkeit*"). Meist sind dort nur allgemeine Absichtserklärungen, nicht jedoch einklagbare Pflichten enthalten.

59 **4. Regelungsbereiche zur Mängelhaftung.** Aufgrund der weitgehenden Arbeitsteilung der Industrie stehen Unternehmen, die Produkte zumindest zum Teil selbst herstellen, regelmäßig in der Mitte der Wertschöpfungskette und damit auch in der Mitte der Haftungskette. Der Lieferant haftet zB gegenüber dem deutschen Exporteur, dieser haftet gegenüber seinem Abnehmer und dessen (End-)Kunde hat eventuell auch direkte Ansprüche gegen den deutschen Exporteur (etwa Produkthaftungsansprüche). Dies gibt Anlass, die entsprechenden Haftungsbeziehungen durch Vereinbarungen konkret auszugestalten.

60 Dabei bietet es sich an, die Dauer festzulegen, binnen deren Mängelgewährleistungsansprüche erhoben werden können. Auch der Ort der Gewährleistung (beim Käufer oder nach Rücktransport zum Verkäufer – auf wessen Kosten? – bei Letzterem) kann im Vorwege bestimmt werden. Mitwirkungspflichten des Käufers bei Reparaturen, die Anzahl von Nachbesserungsversuchen, die dem Verkäufer einzuräumen sind, bevor der Käufer weitergehende Rechte geltend machen kann oder Regelungen zu Nachlieferungen können empfehlenswert sein.

61 Die Gewährleistungsrechte des Abnehmers setzen sich in der Lieferkette fort; der Exporteur sollte also darauf achten, dass zu seinen Verpflichtungen (gegenüber seinem Abnehmer) entsprechende Rechte gegen seine Lieferanten korrespondieren, damit er wirtschaftlich nicht „auf dem Risiko sitzenbleibt". Vertraglicher Regelungsbedarf besteht insbesondere dann, wenn der Einkaufsvertrag und der Verkaufsvertrag nicht dem gleichen nationalen Recht unterliegen, es also zu Abweichungen im Recht der Gewährleistung geben kann.

XV. Haftung

62 Aus Verkäufersicht macht insbesondere die Haftung für Vertragspflichtverletzungen einen gravierenden Teil eines Exportvertrags aus.[28] So genannte Mangelfolgeschäden können den Wert der Liefersache um ein Vielfaches übersteigen. Es ist demnach sinnvoll, dieses Risiko so weit wie möglich vertraglich auszuschließen. Dabei ist bei individueller Aushandlung der Vertragsbestimmungen eine deutlich günstigere Ausgestaltung zulässig, da ansonsten das AGB-Recht strenge Regelungen aufstellt. In diesem Fall kann sogar die Haftung für grobe Fahrlässigkeit ausgeschlossen werden[29] oder eine Haftungsobergrenze für jegliche Schäden vereinbart werden, solange diese angemessen ist.[30]

63 Grundsätzlich haftet auch ein Exporteur nur für schuldhaft verursachte Schäden. Eine Ausnahme gilt bei der Produkthaftung des Herstellers sowie bei Verletzung von Verkehrssicherungspflichten (etwa im Rahmen der Konstruktion, der Fabrikation, der Instruktion, der Produktbeobachtung und der betrieblichen Organisation/Qualitätssicherung). Im Exportvertrag lässt sich diese Haftung nur sehr begrenzt einschränken. Deshalb bleibt hier nur die Möglichkeit, den Regress gegen den Vorlieferanten zu sichern. Dabei ist es schwierig, selbst gegenüber dem Abnehmer eingegangene Verpflichtungen „nach hinten" gegen den Lieferanten abzusichern. Denkbar ist die Festlegung von wesentlichen Pflichten des Vorlieferanten, sodass der Exporteur in die Lage versetzt wird, seine Pflichten leichter zu erfüllen, soweit er sich auf eine vorgeschaltete Pflichterfüllung des Vorlieferanten verlassen kann. Wichtig werden kann auch, durch genaue Dokumentation im Haftungsfall nachweisen zu können, dass man selbst alles Erforderliche getan hat, um sich kein Verschulden vorwerfen lassen zu müssen.

---

[28] → Abschnitt 1 Rn. 59 ff.
[29] Ebenroth/Boujong/Joost/Strohn/*Kort* § 347 Rn. 39 mwN.
[30] BGH BB 1996, 1276, 1277; BGH NJW 1993, 335, 336.

Abschnitt 3. Der Exportkaufvertrag

Bei der Produkthaftung allerdings ist zu bedenken, dass jeder Hersteller eines Produktes **64** oder eines Teilproduktes im Produkthaftungsfall vom Geschädigten (in der Regel hat dieser aufgrund einer Unsicherheit des Produktes einen Schaden an Körper und Leben oder privat genutzten Sachen erlitten) direkt in Anspruch genommen werden kann. Unter Umständen haften dann mehrere Glieder einer Lieferkette dem Geschädigten als Gesamtschuldner. Dabei stellt sich regelmäßig die Frage nach dem Innenausgleich, dh wer haftet intern zu welchem Anteil für die nach außen dem Geschädigten zu kompensierenden Schäden. Dieser Innenausgleich sollte in der Vereinbarung mit dem Vorlieferanten des Exporteurs zum einen durch eine faktische Verteilung der Pflichten und zum anderen durch eine Regelung zum Ausgleich selbst erfasst sein.

XVI. Höhere Gewalt

Im deutschen Recht sind – soweit es um das Kaufrecht geht – Fälle höherer Gewalt **65** („*Force Majeure*") nicht ausdrücklich geregelt.[31] Im Normalfall ist Schadenersatz nur dann zu leisten, wenn der Schadensverursacher schuldhaft, dh fahrlässig oder vorsätzlich, handelte. Ist ein Schaden ohne Verschulden eingetreten, wie im Fall höherer Gewalt, so besteht keine Schadensersatzpflicht. Von dieser Grundregel wird lediglich in wenigen Ausnahmefällen dann abgewichen, wenn vom Schadensverursacher bestimmte gefährliche Schadensquellen geschaffen wurden. Im Exportvertragsrecht von Relevanz ist hierbei die Produkthaftung. Der Hersteller und die ihm gleichgestellten Personen haften auch ohne Verschulden aufgrund der im Produkthaftungsgesetz vorgesehenen Gefährdungshaftung.

Eine weitere Ausnahme von der Regel, dass ohne Verschulden kein Schadenersatz zu **66** leisten ist, enthält § 287 S. 2 BGB: Während des Schuldnerverzuges hat der Schuldner grundsätzlich auch für den Zufall, dh für ein von keiner Seite zu verantwortendes Ereignis einzustehen.

Auch ohne Force-Majeure-Klausel im Vertrag führen Lieferhindernisse aufgrund höhe- **67** rer Gewalt nicht zu Sanktionen. Denn diese setzen einen Verzug des Lieferanten voraus; Verzug wiederum erfordert Verschulden (§ 286 Abs. 4 BGB), das bei höherer Gewalt gerade fehlt. Daher ist eine Force-Majeure-Klausel im Vertrag nicht unbedingt nötig. Trotzdem hat es sich bei der Vertragsgestaltung bewährt, im Falle höherer Gewalt die wechselseitigen Leistungspflichten der Parteien ausdrücklich auszusetzen. Denn zum einen kann in diesem Zusammenhang bei andauernder höherer Gewalt auch ein Rücktrittsrecht der Parteien vorgesehen werden. Zum anderen ist es wichtig, im Vertrag zu regeln, was mit „höherer Gewalt" gemeint ist, da der deutsche Gesetzgeber keine Definition dieses Begriffes vorgegeben hat.

XVII. Vertragsstrafe

Grundsätzlich besteht bei schuldhafter Vertragsverletzung eine Schadenersatzpflicht. **68** Häufig ist es jedoch außerordentlich schwierig, die Höhe des Schadens nachzuweisen. Werden Güter beschädigt, lässt sich der Umfang noch relativ klar durch ein Gutachten ermitteln, das den Verkaufswert der unbeschädigten Güter mit dem Verkaufswert der beschädigten Güter vergleicht und so den Schaden festsetzt. Weitaus schwieriger ist die Ermittlung entgangenen Gewinns oder eines Imageschadens.

Um hier aufwendige Schadensermittlungen oder zweifelhafte Schätzungen zu vermei- **69** den, empfiehlt sich die Vereinbarung einer Vertragsstrafe (Konventionalstrafe, Pönale).[32] Eine Vertragsstrafe pauschaliert die Höhe des zu zahlenden Schadens. Sie erfordert zwingend eine entsprechende vertragliche Vereinbarung, wonach der Schuldner dem Gläubiger für den Fall, dass er seine Verpflichtung nicht oder nicht in vereinbarter Weise erfüllt, die Zahlung einer Geldsumme als Strafe verspricht (§§ 339 ff. BGB). Grundsätzlich

---

[31] → Abschnitt 1 Rn. 62.
[32] → Abschnitt 1 Rn. 63 ff.

ist die Vertragsstrafe nur fällig, wenn der Verpflichtete schuldhaft in Verzug kommt oder, soweit die Vertragsstrafe eine Unterlassungspflicht absichert, schuldhaft gegen diese Pflicht verstößt.

70   Nimmt der Gläubiger die ursprünglich geschuldete Leistung trotz des Vertragsbruches an, so kann er die Vertragsstrafe nicht mehr verlangen, wenn er sich dies nicht ausdrücklich vorbehalten hat (§ 341 Abs. 3 BGB). Bei Vereinbarung einer Vertragsstrafe empfiehlt es sich, zusätzlich zu regeln, ob mit Zahlung der Vertragsstrafe die Vertragsverletzung vollständig abgegolten sein soll oder ob ein eventuell nachweisbarer, darüber hinausgehender Schaden zusätzlich erstattet werden muss.

71   Die Höhe der vereinbarten Vertragsstrafe darf nicht unverhältnismäßig sein, sondern muss sich an dem üblicherweise durch die Verletzung eintretenden Schaden orientieren. Sie kann auch in Höhe eines gewissen Prozentsatzes vom Lieferwert festgesetzt werden.

XVIII. Gewerbliche Schutzrechte

72   Die im Rahmen eines Exportvertrages veräußerten Produkte können vielfache gewerbliche Schutzrechte berühren. Viele Produkte sind Markenprodukte, an den verkauften Gütern können somit Marken- aber auch Design- und Urheberrechte bestehen. Technische Geräte können Patent- oder Gebrauchsmusterschutz beanspruchen. Einzelheiten hierzu → Abschnitt 10. Die entsprechenden gewerblichen Schutzrechte dürfen jedoch stets nur mit Zustimmung des jeweiligen Rechteinhabers für die Herstellung und das Inverkehrbringen des jeweiligen Produktes benutzt werden. Ohne diese Zustimmung besteht die Gefahr, dass ein Produkt gewerbliche Schutzrechte Dritter verletzt. Die Folgen sind mögliche Unterlassungs-, Auskunfts- und Schadensersatzansprüche gegen die Vertragsparteien.

73   Denkbar ist weiterhin, dass im Rahmen eines Exportvertrages nicht nur Waren veräußert sondern auch die Nutzung damit in Zusammenhang stehender gewerblicher Schutzrechte zB zur Herstellung oder zum Vertrieb von Waren eingeräumt wird. In diesem Zusammenhang ist deshalb eine ordnungsgemäße Lizenzierung zu beachten; oftmals ein Punkt, der bei Vertragsverhandlungen nicht ausreichend beachtet wird. Einzelheiten hierzu → Abschnitt 11 dieses Buches.

XIX. Anwendbares Recht, Rechtswahl

74   Die Rechte und Pflichten der Parteien eines grenzüberschreitenden Vertrages hängen ganz wesentlich davon ab, welches nationale Recht auf den Vertrag anwendbar ist.[33]

75   Haben die Parteien hierüber keine Vereinbarung getroffen, so wird bei innereuropäischen vertraglichen Schuldverhältnissen durch die Rom I-VO (EG Nr. 593/2008) vom 17.6.2008 geregelt, welches Recht anzuwenden ist. Artikel 4 Abs. 1a der Verordnung gibt hierbei vor, dass Kaufverträge über bewegliche Sachen dem Recht des Staates unterliegen, in dem der Verkäufer seinen gewöhnlichen Aufenthalt hat. Gemäß Art. 2 Rom I-VO und Art. 3 Rom II-VO ist diese Regelung als eine universelle Anwendung auch bei Verträgen mit Nichtmitgliedsstaaten anzuwenden.

76   Grundsätzlich haben die Parteien die Möglichkeit, den Vertrag einer bestimmten Rechtsordnung zu unterstellen, dh durch Rechtswahl zu bestimmen, welches nationale Recht ergänzend zu den Vertragsbestimmungen gelten soll.[34] Dabei ist die Wahl deutschen Rechts aus Sicht des deutschen Exporteurs meist vorteilhaft. Die Vorteile deutschen Rechts gegenüber angelsächsischem Recht fasst die von der Bundesnotarkammer, Bundesrechtsanwaltskammer, vom Deutschen Anwaltverein, Deutschen Notarverein und Deutschen Richterbund herausgegebene Broschüre „Law – Made in Germany"[35] übersichtlich zusammen; sie liegen vor allem im deutschen Prozessrecht. Aber auch ein deutlicher Nach-

---

[33] → Abschnitt 6 und Abschnitt 1 Rn. 68.
[34] → Abschnitt 1, A.III.2.
[35] www.lawmadeingermany.de.

Abschnitt 3. Der Exportkaufvertrag

teil des deutschen Rechts ist im Auge zu behalten: Der Verbraucherschutzgedanke ist im deutschen Recht besonders stark ausgeprägt und wird – nach Auffassung des Autors: leider – auf Kunden des Exporteurs ausgedehnt, selbst wenn sie Kaufleute sind. So ist nach deutschem Recht die Möglichkeit, mit Hilfe von AGB die Haftung des Exporteurs einzuschränken, sehr begrenzt (siehe § 310 Abs. 1 S. 2 BGB). Allein aus diesem Grunde flüchten viele deutsche Unternehmen in andere Rechtsordnungen.

Wählen die Parteien deutsches Recht, so wählen sie zugleich auch die in Deutschland geltenden internationalen Übereinkommen. Hierzu zählt auch das UN-Kaufrecht *(United Nations Convention on the International Sale of Goods – CISG)*.[36] Möchten die Parteien vermeiden, dass die Regeln der CISG die entsprechenden Vorschriften des Bürgerlichen Gesetzbuches und des Handelsgesetzbuches verdrängen, so müssen sie ausdrücklich festhalten, dass zwar das deutsche Recht gilt, nicht jedoch die CISG. Seit sich im Jahre 2002 das deutsche Schuldrecht geändert hat, empfiehlt sich durchaus die Geltung der CISG,[37] die außerdem im internationalen Kontext dem auswärtigen Vertragspartner die Sicherheit gibt, dass der deutsche Exporteur nicht allein sein Heimatrecht durchsetzen will, sondern internationale Rechtsstandards akzeptiert.[38]

77

XX. Gerichtsstand, Schiedsgerichtsklausel

Unabhängig von der Frage, welches nationale Recht auf den Vertrag Anwendung findet, ist die Frage, welches Gericht über einen etwaigen Streit zwischen den Parteien zu entscheiden hat. Ort des Gerichts und Nationalität des Rechts müssen nicht zwangsläufig übereinstimmen. So können zB deutsche Gerichte ausländisches Recht anwenden. Dies tun sie regelmäßig, indem sie über die Frage, wie ein bestimmtes ausländisches Recht einen konkreten Sachverhalt bewertet, ein juristisches Gutachten einholen. Entsprechend wenden auch ausländische Gerichte gelegentlich deutsches Recht an und bedienen sich hierbei deutscher Juristen, die als „*expert witness*" aussagen.

78

Trotzdem empfiehlt es sich im Regelfall, die Rechtswahlklausel und die Gerichtsstandsklausel zu harmonisieren. Dadurch werden jedenfalls Kosten gespart, weil weder Gutachten noch *expert witnesses* hinzugezogen werden müssen. Vereinbaren die Parteien keinen Gerichtsstand, so ist in aller Regel eine Klage bei dem Gericht zu erheben, an dem der Beklagte seinen Wohn- bzw. Geschäftssitz hat. Daneben kann es jedoch andere zuständige Gerichte geben. Im internationalen Handel läuft der Exporteur ohne eine entsprechende Gerichtsstandsklausel also Gefahr, dass er vor einem auswärtigen Gericht verklagt wird. Dabei ist nicht einmal ausgeschlossen, dass dieses Gericht weder im Land des Käufers noch im Land des Verkäufers residiert. Das damit erhebliche Risiken und Kosten verbunden sind, liegt auf der Hand. Vor diesem Hintergrund empfiehlt es sich dringend, ein Gerichtsstand am eigenen Geschäftssitz zu vereinbaren.

79

Aber auch bei Zuständigkeit der heimischen Gerichte[39] können Probleme auftreten. Ergehen auf Veranlassung des Exporteurs in Deutschland gerichtliche Entscheidungen gegen den Käufer im Ausland, so ist keineswegs selbstverständlich, dass diese deutschen Urteile im Ausland auch vollstreckbar sind. Die Vollstreckbarkeit hängt von den Vorschriften in dem Staat ab, in dem vollstreckt werden soll.

80

Sehr viel einfacher als ausländische Urteile sind ausländische Schiedssprüche[40] zu vollstrecken. Dies liegt an dem New Yorker Übereinkommen über die Anerkennung und Vollstreckung ausländischer Schiedssprüche vom 10.6.1958, das eine erleichterte Vollstreckung garantiert. Aus diesem Grund empfiehlt es sich, in internationalen Verträgen eine Schiedsklausel aufzunehmen (siehe hierzu im Einzelnen im 4. Teil dieses Buches).

81

---

[36] → Abschnitt 1, C.
[37] *Al-Deb'i*, Überseekauf und Abladegeschäft, 22.
[38] *Stumpf* RIW 1999, 411, 414.
[39] → Abschnitt 41.
[40] Vgl. im Einzelnen zur Schiedsgerichtsbarkeit die → Abschnitte 40, 41–49.

XXI. Schriftform

82 Grundsätzlich kann ein Exportkaufvertrag in jeglicher beliebiger Form abgeschlossen werden.[41] Eine Schriftform ist nicht vorgeschrieben; auch mündliche Abreden sind grundsätzlich wirksam. Mündliche Abreden bergen jedoch das große Risiko von Missverständnissen. Außerdem ist der Inhalt eines mündlichen Vertrages kaum nachweisbar. Daher empfiehlt sich in jedem Fall, die Schriftform zu wählen.

83 Die Unsicherheiten von mündlichen Absprachen gelten selbstverständlich auch für spätere mündliche Änderungen oder Ergänzungen des Vertrages. Aus diesem Grund empfiehlt es sich, eine Klausel in den Vertrag aufzunehmen, wonach Änderungen des Vertrages schriftlich zu erfolgen haben. Eine solche Klausel muss dann konsequenterweise auch festlegen, dass Änderungen der Schriftformklausel nur schriftlich vorgenommen werden können.

XXII. Unwirksame Klauseln, Teilunwirksamkeit

84 Am Ende eines Vertrages findet sich häufig die sogenannte „Salvatorische Klausel",[42] die eine Auslegungshilfe darstellen soll. Die Parteien stellen klar, dass der Vertrag selbst dann gelten soll, wenn einzelne Klauseln unwirksam sind. Ohne eine entsprechende Klarstellung gilt § 139 BGB, wonach einzelne Klauseln einen Vertrag insgesamt unwirksam machen, wenn davon auszugehen ist, dass die Parteien bei Kenntnis der Unwirksamkeit den Vertrag gar nicht abgeschlossen hätten.

85 Zugleich wird sinnvoller Weise geregelt, dass eine vertragliche Lücke so zu schließen ist, wie es dem mutmaßlichen Willen beider Parteien entspricht. Dabei ist es unbeachtlich, ob die Lücke durch die Unwirksamkeit einer Klausel entsteht oder dadurch, dass man einen bestimmten Sachverhalt versehentlich nicht vertraglich geregelt hat.

XXIII. Datum, Unterschriften

86 Es empfiehlt sich, den Vertrag mit einem Datum zu versehen.[43] Der Tag des Vertragsschlusses identifiziert den Vertrag nicht nur, sondern ist bei der Auslegung der Pflichten und Rechte dann von Bedeutung, wenn es zu maßgeblichen Änderungen der Hintergründe oder gesetzlichen Vorschriften gekommen ist.

87 Zum Zeichen des Einverständnisses beider Parteien unterzeichnen diese bzw. deren gesetzliche Vertreter den Vertrag. Die Unterschriften müssen nicht zeitgleich erfolgen; sie müssen auch nicht am gleichen Ort vorgenommen werden. Entscheidend ist nur, dass der Wille, den Vertrag so abzuschließen, durch die Unterschrift zum Ausdruck kommt.

88 Es ist nicht erforderlich, jede einzelne Seite des Vertrages zu paraphieren, solange der seitenmäßige Umfang des Vertrages nachweisbar feststeht, zB durch Paginieren, Klammern oder Binden. Ebenso unbeachtlich ist nach deutschem Recht ein Stempeln des Vertrages oder die Unterschrift eines Zeugen. In einzelnen ausländischen Rechtsordnungen sind diese Formalien Wirksamkeitsvoraussetzungen und daher von größter Bedeutung. Das gilt auch für etwa vorgeschriebene Vertragssteuern, deren Zahlung den Vertrag erst wirksam macht; das deutsche Recht kennt dies nicht.

XXIV. Anlagen zum Vertrag

89 In den Anlagen[44] zum Vertrag werden zum Beispiel vorrangig geltende Angebote, Spezifikationen des Vertragsgegenstandes, Standards, Preistabellen, Bauanleitungen, Muster für während der Vertragslaufzeit abzugebende Erklärungen oder AGB wiedergegeben.

---

[41] → Abschnitt 1 Rn. 71.
[42] → Abschnitt 1 Rn. 72.
[43] → Abschnitt 1 Rn. 74.
[44] → Abschnitt 1 Rn. 75 f.

Abschnitt 3. Der Exportkaufvertrag

Es hat sich bewährt, die Anlagen am Ende des Vertragstextes noch einmal aufzulisten. Dies erinnert die Verhandlungsführer auch daran, sie der Endfassung auch wirklich beizufügen. Zwar können Dokumente auch nur durch abstrakte Bezugnahme (zB „*The Seller's offer dated 2 June 2009 shall be part of the contract.*") wirksam in einen Vertrag einbezogen werden. Werden diese jedoch nicht zweifelsfrei bestimmt oder besteht später Unklarheit, ob diese Dokumente bei Vertragsschluss bekannt waren, kann deren Relevanz streitig werden. Auch im Vertragshandling ist es vorteilhaft, wenn man auf die Dokumente gleich zugreifen kann, weil sie dem Vertrag unmittelbar beigefügt sind. **90**

Bewährt hat sich darüber hinaus, die Anlagen durchzunummerieren. Dabei können laufende Nummern oder diejenigen gewählt werden, die der jeweiligen Klausel entsprechen, in der die Anlage erwähnt wird. Letzteres erhöht die Übersichtlichkeit und setzt sich mehr und mehr durch. **91**

D. Muster eines Exportvertrages

I. Gebrauchsanleitung

Die nachstehend abgedruckten Musterverträge haben unterschiedlichste Wurzeln. Sie sind aus eigenen Vertragsentwürfen des Verfassers, anderweitig erhaltenen Verträgen sowie veröffentlichten Musterverträgen verschiedener Publikationen (siehe Literaturverzeichnis am Anfang des Kapitels) zusammengesetzt. Die so zusammengetragenen Klauseln wurden überarbeitet, einander angepasst und neu zusammengestellt. Es bleibt eine subjektive Auswahl möglicher, aber keineswegs immer sinnvoller Klauseln. Angesichts der Vielzahl möglicher Vertragshintergründe ist eine Auflistung aller denkbaren Klauseln schlicht unmöglich. **92**

Die Verwendung von Musterverträgen ist ebenso praktisch wie gefährlich. Jeder Vertrag ist nur so gut, wie er die Interessen der Beteiligten abbildet. Dabei gibt es keine zwei identischen Interessenlagen. Die Vielfalt möglicher Lebenssachverhalte und Interessenlagen verbietet es, im konkreten Einzelfall blindlings einen Mustervertrag zu kopieren. **93**

> **Warnung:** **94**
> Daher wird ausdrücklich davor gewarnt, die nachstehenden beiden Musterverträge ohne jegliche Überprüfung zu verwenden. Gleichwohl können die dort aufgeführten Klauseln wichtige Anregungen geben, auf die man zurückgreifen kann, wenn man selbst einen neuen Vertrag zu entwerfen hat. Auch bei Verwendung von Musterverträgen muss also jeweils im Einzelnen sehr genau überprüft werden, ob die einzelne Klausel im konkreten Fall sinnvoll ist oder nicht. Im Zweifel kann keine Klausel unbesehen übernommen werden.

Es wird unterstellt, dass die nachstehenden Vertragsklauseln in dieser oder ähnlicher Form individuell zwischen Verkäufer und Käufer ausgehandelt werden. Dies dürfte bei dem ausführlichen, unter III. abgedruckten Mustervertrag für den Exporteur schwierig genug werden, da dieser keineswegs ausgewogen ist – er enthält letztlich nur Klauseln, die für den Verkäufer günstig sind. Gleichwohl ist zu beachten: Findet ein individuelles Aushandeln nicht statt, sondern nutzt der Verkäufer sie zB für eine Vielzahl von Verträgen oder legt der Verkäufer entsprechende Klauseln standardmäßig seinen Exportverträgen zugrunde, so handelt es sich um Allgemeine Geschäftsbedingungen („AGB"), die eingeschränkten Wirksamkeitsvoraussetzungen unterliegen. **95**

> **Daher Achtung:** **96**
> Als AGB sind die Musterverträge nicht konzipiert und teilweise unzulässig.[45]

---

[45] Vgl. im Einzelnen zum Recht der Allgemeinen Geschäftsbedingungen → Abschnitt 4.

97 Die nachstehenden beiden Musterverträge sind in der englischen Sprache verfasst, da davon auszugehen ist, dass im internationalen Exportgeschäft deutschsprachige Verträge nicht gebräuchlich sind.

98 Das unter II. abgedruckte Sales Agreement gibt einen Exportvertrag in seiner denkbar kürzesten Form wider. Selbst in dieser Grundform ist der Vertrag wirksam. Die Vertragsparteien, die sich auf diese wenigen Regelungen beschränken, vertrauen darauf, dass das zugrunde gelegte deutsche Recht auf alle Zweifelsfragen eine sachgerechte Antwort findet. Sie verzichten jedoch zugleich darauf, Regelungen zu finden, die ihren beiderseitigen Interessenlagen besser entsprechen, als das Gesetz es kann.

99 Die unter III. abgedruckte Langversion eines umfassenden Exportvertrages dagegen stellt den Versuch dar, eine umfassende Regelung unter Berücksichtigung der Interessen eines Exporteurs zu treffen. Zwar sind auch hier weitere und andere Regelungsgehalte denkbar, abhängig vom Einzelfall. Ebenso ist es jedoch wahrscheinlich, dass der umfassende Musterexportvertrag Regelungen enthält, die im konkreten Einzelfall überflüssig sind. Bei jedem Vertragsentwurf muss der Bearbeiter prüfen, welche Klausel auf den vorliegenden Fall keine Anwendung finden kann oder soll und daher zu streichen ist. Erfahrungsgemäß sind im internationalen Kontext gelegentlich auch materiell-rechtlich überflüssige Klauseln empfehlenswert, da sie das Verständnis des nicht-deutschen Vertragspartners und damit die Akzeptanz erhöhen.

100 Dabei wird sich zeigen, dass ein überschaubarer Umfang von Regelungen ausreicht, wenn man deutsches Recht als maßgeblich vereinbart. Denn das deutsche Recht ist geprägt durch die hohe Zahl von Kodifikationen; nahezu alle wichtigen Rechtsfragen sind umfassend in Gesetzen geregelt. Diese Kodifikationen schaffen Rechtssicherheit. Die dort enthaltenen Prinzipien, Leitlinien und Definitionen zu bestimmten Vertragstypen – vor allem auch zu dem für den Export maßgeblichen Kaufvertrag – schaffen umfassende und ausgewogene Auffangregelungen, die gelten, wenn die Parteien nichts Abweichendes vereinbart haben. Daher können Verträge nach deutschem Recht deutlich kürzer und damit häufig auch klarer sein, als zB englische oder US-amerikanische Verträge. (Zu den Vorteilen deutschen Rechts gegenüber angelsächsischem Recht siehe zB auch die von der Bundesnotarkammer, Bundesrechtsanwaltskammer, vom Deutschen Anwaltverein, Deutschen Notarverein und Deutschen Richterbund herausgegebene Broschüre „*Law – Made in Germany*".[46]

II. Text der Kurzversion

101   Sales Agreement

between

[_____], Address: [_____]

– hereinafter „the Seller" –

and

[_____], Address: [_____]

– hereinafter „the Buyer" –

1. CONTRACT PRODUCT

The Seller sells and the Buyer takes delivery of [_____] (Gewicht, Menge und Qualität des Kaufgegenstands).

---

[46] www.lawmadeingermany.de.

2. PURCHASE PRICE

The price is EUR [_____] (Preis) [_____] (Incoterms) [_____] (Ort).

3. DELIVERY

Delivery to be made in 3 shipments of [_____] tons each (5 % more or less in Sellers option). Shipments to be made by May, June and July 2014. Transhipments allowed.

4. PAYMENT

The purchase price shall be paid cash against documents.

5. RETENTION OF TITLE

The ownership of the Merchandise shall remain with the Seller until full payment of the purchase price and all additionally due claims, if any, arising from the agreement has been made.

6. APPLICABLE LAW AND CHOICE OF JURISDICTION

This Agreement shall be governed by and construed in accordance with German law. Any dispute arising from this agreement shall be finally settled by arbitration in Hamburg pursuant to the rules of the Hamburg Chamber of Commerce.

Date/Place: [_____]

_____
For and on behalf of
THE SELLER

_____
For and on behalf of
THE BUYER

III. Text der Langversion

Export Agreement

The present contract is made on [_____] between

[_____], a company incorporated under the laws of [_____] with its head office in [_____]

herein represented by its legal representatives in accordance with its by-laws, Mr/Ms [_____]
hereinafter referred to as „the Seller"

and

[_____], a company incorporated under the laws of [_____] with its head office in [_____]

herein represented by its legal representatives in accordance with its by-laws, Mr/Ms [_____]
hereinafter referred to as „the Buyer"
each of the Seller and the Buyer hereinafter referred to as „Party" and both the Seller and the Buyer together „the Parties"
The provisions of this Contract are intended for the sole benefit of the Seller and the Buyer and there are no third-party beneficiaries entitled to enforce any rights under or in connection with this Contract.

Whereas

A. the Seller is a well known producer of [_____], having 30 years of experience in designing, engineering, manufacturing and exporting machines which are used for [_____];

B. the Buyer intends to operate [_____] and has executed an international bidding procedure to purchase [_____] (the "Merchandise");

C. [_____];

D. [_____];

2. Teil. Das Vertragsrecht des Exportgeschäfts

NOW THEREFORE IT IS HEREBY AGREED as follows:

1. Definitions

104 Words and expressions defined in the Recitals shall, when used in this Agreement and (unless otherwise defined therein) in the Exhibits hereto, have the meanings set out in the Recitals; in addition, in this Agreement and (unless otherwise defined therein) in the Exhibits hereto the following terms shall have the following meanings:

1.1 „Agreement" means this agreement as it may from time to time be amended, varied or supplemented and the Exhibits hereto.

1.2 „Buyer" as defined on page 1 of this Agreement.

1.3 „Carrier" means any carrier, trucker, shipping line or freight forwarder being instructed to transport the Merchandise to the Buyer or its nominee.

1.4 „Delivery" means the act by which the Merchandise is placed by the Seller at the disposal of the Buyer or the Carrier appointed by the Buyer, whatever is first.

1.5 „Euro" means the lawful currency for the time being of the member states of the European Monetary Union. Unless otherwise stated, when paying with any currency other than Euro the current exchange rate is valid.

1.6 „Incoterms" means the latest Incoterms as published by the International Chamber of Commerce, Paris.

1.7. „Merchandise" means the contractual item as specified in Exhibit 2.1.

1.8 „Purchase Price" as defined in Clause [_____]

1.9 „Seller" as defined on page 1 of this Agreement

1.10 „Use" includes delivery, handling, processing, transportation, storage and sale by the Buyer.

2. Contract Product

105 2.1 The Seller agrees to sell to the Buyer and the Buyer agrees to buy from the Seller [_____] (in the following also referred to as „the Merchandise") which is described in the specification attached to this Agreement as **Exhibit 2.1.**

2.2 The Merchandise shall at the time of the shipment be of the size/weight, and shall be equal to or better than the quality or grade specified in the Agreement. Items sold on a sample basis shall be delivered equal to, or better than, the sample.

2.3 The Seller may ship and the Buyer must accept a variation in quantity of up to [_____] % more or less than the quantity named for each item.

2.4 The Seller makes no promise or representation that the Merchandise shall conform to any law, statute ordinance, regulation, code or standard ("Laws and Standards"), unless expressly stated in the Specifications. The Buyer acknowledges that the use of the Merchandise may be subject to requirements or limitations under Laws and Standards. The Buyer shall be exclusively responsible for (i) ensuring compliance with all Laws and Standards associated with its intended Use of the Merchandise; and (ii) obtaining all necessary approvals, permits or clearances for such Use.

3. Buyer's Performance Guarantees

106 As a guarantee for the fulfilment of the obligations the Buyer shall provide, before the Agreement takes effect, a Bank guarantee in the amount equivalent to [_____] % of the Purchase Price. The agreed wording of the guarantee is attached as **Exhibit 3.**

4. Delivery, Packing, Transportation

107 4.1 The Seller undertakes to deliver the Merchandise [_____] (hier Incoterm, zB CIF und den entsprechenden Löschhafen einsetzen) not before [_____] and not later than [_____].

4.2 The Seller shall pack the Merchandise at his own costs according to usual trade practice, hand over the Merchandise to the Carrier at the port of loading and notify the Buyer accordingly.

4.3 The demurrage rate will be as per charter party; the Seller has to inform the Buyer no later than [_____] days before commencement of loading about the details of the performing vessel.

4.4 The Buyer is considered to have the goods in his/her custody from the moment
(i) the buyer receives the goods from the Carrier; or
(ii) the goods have been warehoused on the account of the receiver in accordance with the contract or with the law or usage at the port of discharge; or
(iii) the goods have been delivered to any authority or other third party to whom the goods must be delivered according to law or regulations applicable at the port of discharge.
The Carrier is responsible for the goods while they are in his/her custody at the port of loading, during the carriage, and at the port of discharge.

4.5 If the Delivery is delayed, the Buyer shall be entitled to any legal remedy only after the expiration of a reasonable deadline set by the Buyer. If this deadline/date has expired without Delivery the Agreement may immediately be terminated unilaterally or damages can be claimed as provided by law.

4.6 The Seller may ship at any time within the shipment period. He may choose the route, the means of shipment, the number of Carriers, direct or indirect shipment, with or without transhipment.

4.7 If performance of any obligations under this Contract is delayed for any reasons attributable to the Buyer, or at his request without prejudice to the Supplier's rights under the Contract, the Contract Price is increased by zero point six percent (0,6 %) for each month of delay up to and including the month of actual Delivery.

4.8 The Buyer shall be responsible for all transportation and other costs incurred beyond the Delivery of the Merchandise which shall include, without limitation, all storage, loading, unloading, handling and other charges.

4.9 Any request by the Buyer for shipment by a specific vessel or for change or deviation from the selected route shall be subject to the Seller's approval. Any difference in freight, insurance or other costs caused by any such request, change or deviation shall be for the Buyer's account and expense.

4.10 The Buyer's wrongful non-acceptance or rejection of Merchandise or cancellation or repudiation of the Seller's Confirmation shall entitle the Seller to recover from the Buyer, in addition to any other damages caused by such action:
(i) in the case of Merchandise which cannot be reasonably resold by the Seller to a third party, the price of such Merchandise; or
(ii) in the case of Merchandise which can be resold by the Seller or where an action for the price is not otherwise permitted by law, damages equal to fifty percent (50 %) of the price for the Merchandise as liquidated damages.

5. Transfer of risk and property

5.1 The risk of loss and/or damage to the Merchandise shall pass from Seller to the Buyer at the time that the Seller is deemed to have delivered the Merchandise to the Buyer as herein described.

5.2 Merchandise for which Delivery is suspended pending payment by the Buyer, as well as Merchandise for which Delivery is wrongfully rejected or not accepted by the Buyer, shall be held and stored by the Seller at the risk and expense of the Buyer.

5.3 The ownership of the Merchandise shall pass to the Buyer upon Delivery, unless the Seller retains the title in accordance with Clause [_____] (Retention of Title).

5.4 In the event of termination on the basis of Clause [_____] of this Agreement, the Seller shall, without prejudice to any other rights of the Seller, be entitled to require immediate re-delivery of the Merchandise for which it may invoke retention of title.

5.5 Until payment for the Merchandise has been completed, the Buyer is entitled to use the Merchandise solely to the extent required in its ordinary course of business, and, to the extent possible, shall:
(i) keep the Merchandise separate and in a clearly identifiable manner;
(ii) notify the Seller immediately of any claims by third parties which may affect the Merchandise; and
(iii) adequately insure the Merchandise.

6. Purchase Price

6.1 The Purchase Price amounts to Euro [_____] net.
6.2 The price includes standard packaging but does not include Value Added Tax or any other similar applicable taxes, duties, levies or charges in any jurisdiction levied in relation to the Merchandise or the Delivery thereof („Taxes"). The amount of any Taxes levied in connection with the sale of the Merchandise to the

Buyer will be for the Buyer's account and will be added to each invoice or separately invoiced by the Seller to the Buyer.

7. Invoicing, Payment

110   7.1 Payment shall be made on the basis of net cash, to be received by the Seller within thirty (30) days following the date of the Seller's invoice for the Merchandise by means of transfer into the bank account mentioned below.

7.2 With regard to payment of the price for Merchandise, time is of the essence. The Seller may, without prejudice to any other rights of the Seller, charge interest on any overdue payment at a rate of twelve percent (12 %) per annum from the due date computed on a daily basis until all amounts outstanding are paid in full. All costs and expenses incurred by the Seller with respect to collection of overdue payments (including, without limitation, reasonable attorney's fees, expert fees, court costs and other expenses of litigation) shall be for the Buyer's account.

All sums invoiced by the Seller relating to the Contract Price or any payment due under this Contract, including interest or liquidated damages due, shall be paid by the Buyer in full without any right of set off, counterclaim or deduction, within 30 days from presentation of the respective invoice.

7.3 Every payment by the Buyer shall in the first place serve to pay the judicial and extra-judicial costs and the interest owed by it and afterwards shall be deducted from the oldest outstanding claim regardless of contrary advice from the Buyer.

7.4 Any complaint with respect to the invoice must be notified to the Seller within eight (8) days after the date of invoice. Thereafter the Buyer shall be deemed to have approved the invoice.

7.5 Payment free of charge has to be made to the following bank account:

    Account: [_____]

    Bank: [_____], IBAN: [_____], BIC: [_____]

    Beneficiary: [_____]

    Reference: [_____]

7.6 The Buyer may only offset claims against the Seller which are uncontested or which have become res judicata.

8. Variation and Adjustment of Contract Price and Delivery Schedule

111   Any variation of the Merchandise as set out in this Contract shall only be effective if confirmed in writing by the Parties. The Seller is entitled to change the mode and schedule for Delivery or date of Delivery and adjust the Contract Price to cover any costs and expenses resulting from a variation agreed between the Parties.

9. Subcontractors and Assignment

112   9.1 The Seller is entitled to subcontract all or part of its obligations.

9.2 The Seller shall not be responsible or liable for subcontractors selected or appointed by the Buyer in any way whatsoever.

9.3 Neither Party shall be entitled to transfer or assign rights, benefits, obligations or liabilities under this Contract to any third person without prior written approval from the other Party, except that the Seller may, without the Buyer's consent, assign or transfer any such rights, benefits, obligations or liabilities to any company in which he holds a majority of shares.

9.4 In case of any assignment under Article 9.3, the Seller's liability as non-assigning party to any assignee of the Buyer shall, not in any event, be greater than the Seller's liability to the Buyer under this Contract. The Buyer hereby undertakes to include with the assignment to any third party those parts of this Contract protecting, limiting or excluding the Seller's liability or to agree with the third party assignee that such terms and conditions, as aforesaid, form part of the agreement of assignment. Further, the Buyer will indemnify and/or hold the Seller harmless in respect of any losses or damage suffered by the Seller out of or in connection with such assignment of rights under this Contract.

Abschnitt 3. Der Exportkaufvertrag

9.5. In case of an assignment of warranties as specified under Article 10 by the Buyer to his customer, the Buyer undertakes to execute the assignment or agreement of assignment in accordance with the attached Warranty Assignment **(Exhibit 9.5)** together with the respective notification documents.

10. Examination and conformity to specifications

10.1 On delivery and during the Use of the Merchandise, the Buyer shall examine the Merchandise and satisfy itself that the Merchandise delivered meets all contractual requirements.

10.2 Complaints about the Merchandise shall be made in writing and must reach the Seller not later than seven (7) days from the date of Delivery in respect of any defect, default or shortage which would be apparent from a reasonable inspection on Delivery, and seven (7) days from the date on which any other claim was or ought to have been apparent, but in no event later than six (6) months from the date of Delivery of the Merchandise. Use or processing of the Merchandise shall be deemed to be an unconditional acceptance of the Merchandise and a waiver of all claims in respect of the Merchandise.

10.3 A determination of whether or not delivered Merchandise conforms to the agreed specifications for the Merchandise as stated in the Seller's confirmation or, in the absence of agreed specifications, to the most recent specifications held by the Seller at the time of Delivery of the Merchandise (the „Specifications"), shall be done solely by analysing the samples or records retained by the Seller and taken from the batches or production runs in which the Merchandise was produced in accordance with the methods of analysis used by the Seller. Merchandise that the Seller consents or directs in writing to be returned shall be returned to the Seller at the risk of the Buyer, to the destination directed by the Seller.

10.4 Defects in parts of the Merchandise stated in the Seller's Confirmation do not entitle the Buyer to reject the entire Delivery of the Merchandise. Complaints, if any, do not affect the Buyer's obligation to pay as defined in Article [_____]. Upon receipt of a notice of defect, the Seller is entitled to suspend all further deliveries until the complaints are established to be unfounded and/or refuted or until the defect has been totally cured.

11. Retention of title

11.1 The Seller retains title to the Merchandise and the Merchandise remains the property of the Seller until fulfilment of all obligations resulting from the contractual relationship and of all other claims subsequently acquired against the Buyer, on whichever legal ground whatsoever.

11.2 The Buyer is entitled to resell and process the Merchandise in the regular course of business. In the event that the Merchandise is processed and joined with other goods, the Seller is entitled to co-ownership of the new article in the proportion to the invoice value of the Merchandise and the invoice value of the other goods. Any processing and joining shall be deemed to have been effected on behalf of the Seller. Co-ownership shall pass to the Buyer upon settlement of all claims to which the Seller is entitled.

11.3 The Buyer herewith assigns to the Seller the claims arising from the resale of the Merchandise in order to secure all outstanding claims of the Seller against the Buyer. The Seller accepts the assignment. If the Merchandise is resold together with other goods after processing and joining, the assignment of the claim resulting from resale shall only be effective up to the amount of the invoice value of the Merchandise delivered by the Seller. The Seller may revoke the right to resell for justified reasons, as long as the Seller is still owner of the Merchandise.

11.4 The Buyer is revocably authorized to collect the assigned claim. The Seller may revoke the authority to collect the claim for justified reasons. This does not affect the Seller's right to collect the amounts due, but the Seller undertakes not to collect the amounts due as long as the Buyer meets his financial obligations towards the Seller.

11.5 The Buyer is obliged to adequately insure the goods of which the Seller is the owner or joint owner, and to maintain insurance protection. The Buyer herewith assigns to the Seller the claims against his insurance company in case of loss to the extent that such claims relate to the Merchandise of which the Seller is the owner or joint owner; the Seller accepts the assignment.

11.6 During the reservation of ownership, the pledging, mortgaging, hiring or other assignment or modification of the Merchandise, impairing the Seller's rights to security, are subject to the prior written consent of the Seller. This does not affect the Buyer's right to resell the goods in the regular course of business in accordance with the aforementioned terms and conditions.

11.7 If the Buyer has not only temporarily suspended payments, if he files a petition for institution of insolvency proceedings or if insolvency proceedings are instituted against his assets, he is obliged, upon request of the Seller, to return to the Seller the Merchandise as far as it is still owned by the Seller. Furthermore, in the event of the Buyer's breach of contract, in particular default of payment, the Buyer is obliged, after demand for payment, to return to the Seller the object of purchase. The accepted return of the object of purchase only represents a rescission if expressly declared by the Seller. In these cases the Buyer is also obliged to immediately send the Seller a list of the Merchandise that is still available, even if it has already been processed, together with a list of the claims against third-party debtors.

11.8 Should the security provided for the benefit of the Seller resulting from reservation of ownership, mortgaging and assignment of future claims exceed the total amount of the Seller's claims against the Buyer by more than 10 %, the Seller is obliged at its option to either renounce the reservation of ownership and/or release the security resulting from mortgaging and assignment of future claims.

12. Warranty

115 12.1 The Seller warrants that the Merchandise is fit for use as provided by the Agreement and meets at the time of the Delivery to the Carrier the specifications set forth in Exhibit 2.1.

12.2 The Seller solely warrants that on the date of Delivery the Merchandise shall conform to the Specifications. If and to the extent the Merchandise fails to meet such warranty, as shall be determined in accordance with the provisions of Clause [_____] of this Agreement, the Seller is, at his own option, obliged to replace or repair the defective Merchandise at first whereas other legal remedies of the Buyer are excluded. If the Seller refuses replacements or repairs or attempts to repair have failed twice or it is not reasonable to subject the Buyer to further attempts to repair then the Buyer shall have the right to either terminate the Agreement or demand a reduction of the Purchase Price.

12.3 The Seller's obligation to replace, repair or credit shall be contingent upon receipt by the Seller of timely notice of any alleged non-conformance of the Merchandise and, if applicable, the return of the Merchandise, in accordance with Article [_____] of this Agreement. The foregoing warranty is exclusive and in lieu of all other warranties, representations, conditions or other terms, express, implied, statutory, contractually or otherwise, including, without limitation, any warranty of merchantability, suitability or fitness for any purpose covering this Merchandise.

12.4 The Seller shall not be liable for defects resulting from normal wear, corrosion and erosion and improper handling, negligence, incorrect operation, incorrect erection, faulty repair and improper maintenance by the Buyer, its employees or agents, or by alterations carried out without the Seller's prior written consent.

12.5 When a defect in a part of the Merchandise has been remedied, the Seller shall be liable for defects in the repaired or replaced part under the same terms and conditions as those applicable to the original Merchandise for a period of one year. For the remaining parts of the Merchandise the period mentioned in Clause [_____] shall be extended only by a period equal to the period during which the product has been out of operation as a result of the defect.

13. Liability and Limitation of Liability

116 13.1 The remedies as stipulated in Clause [_____] are exclusive and exhaustive in case of Delivery of defective Merchandise. In particular, the Seller shall in no event be liable by way of indemnity or by reason of any breach of contract for loss of production, loss of profit or for any indirect or consequential loss or damage in connection with the Agreement, except that this clause shall not limit the Seller's liability in cases of fraud, illegal or unlawful wilful acts.

13.2 In the event that the Seller terminates the Agreement for cause, the Buyer shall be liable for all costs of deliveries already made as well as all costs of deliveries of subcontractors made in accordance with this Agreement. If the Buyer terminates the Agreement for cause, the Seller shall be liable for any additional cost required to have the contractual obligations performed by a third party.

13.3 In any event, and whatever the cause of action, the Seller's maximum total liability to the Buyer pursuant to and in connection with this Contract – inclusive of the obligation to pay penalties, liquidated damages and regardless of cause, degree of fault, negligence, breach of contract or otherwise – shall be limited to one third ($^{1}/_{3}$) of the Contract Price.

13.4 The Seller shall not be liable for any acts, omission or work carried out, or assistance provided by the Buyer or by any third party, even though carried out with actual or attributable assistance or knowledge of the Seller.

14. Liquidated Damages

In case this Agreement is terminated due to reasons attributable to any contract party, the party which causes the termination of the Agreement shall be obliged to pay to the other party liquidated damages hereby determined to be equivalent to [_____] % of the total amount of the Contract Price, regardless of the direct losses and damages actually resulting from the termination.

15. Import and Export Restrictions

15.1 The Parties agree that the Merchandise be delivered subject to all applicable export controls or restrictions imposed on technology and products by any country or organisation or nation, including the United Nations, European Union and United States, which are enforceable in the jurisdiction of the Seller. The Buyer acknowledges that the equipment and all related technical information, documents and materials may not be imported or exported, re-exported, transhipped, traded, diverted or transferred, directly or indirectly, contrary to such controls or restrictions.

15.2 The Buyer confirms that the Merchandise supplied will be used solely for the intended peaceful purpose. The Buyer further confirms that the equipment or spare parts will not be used in connection, or for purposes associated with any chemical, biological or nuclear weapons, missiles or any other vehicles capable of delivering such weapons, or in support of any terrorist activity, or with any other military end use. Nor will the Merchandise be re-sold if it is known or suspected that it is intended to be used for such purposes. On request by the Seller the Buyer shall furnish the Seller with all relevant certificates relating to export control laws, regulations and restrictions, such as, but not limited to, end-user certificates, in form and content specified by the Seller.

16. Environmental, Health and Safety Responsibilities

16.1 The Buyer shall be responsible for all costs and expenses related to the management, handling, clean-up, removal and/or disposal of all waste material or hazardous substances as defined by any legislation or international convention relevant or applicable to the Merchandise or Services supplied.

16.2 The Buyer shall indemnify and hold the Seller harmless, in respect of and against any claims, fines, penalties and all related expenses arising in connection with such waste material or hazardous substances escaping to or from the Merchandise.

16.3 With respect to any environmental requirements and regulations the Seller's sole responsibility shall be to ensure that the Merchandise and Services meet the requirements set out in the Technical Specifications during the test run at the Seller's or Subcontractor's factory. Any additional safety and/or environmental devices required for the use and/or operation of the Merchandise or generally must be compatible with the Merchandise and shall be provided by and at the exclusive responsibility of the Buyer.

16.4 The Buyer shall be responsible for affixing labels or plates containing warnings or safety and operation procedures and instructions as required by law or safe working practice to the Merchandise. The Buyer shall also be responsible for ensuring that any persons using the Merchandise.

17. Force Majeure

17.1 In the event that the Buyer or the Seller is unable to perform his obligations with respect to any sale to which these terms and conditions apply due to events of force majeure including but not limited to crop failure, destruction, shortage, damage or loss, acts of God, governmental action, fires, floods, strikes, war or hostilities or any other civil disorder, embargoes, wreck or delays in transportation, inability to obtain necessary materials, or criminal conduct of third parties (but specifically excluding a party's lower profits, cost of financing or other business consideration), then the party unable to perform shall, only to the extent so justified, upon written notice, without undue delay to the other party, be relieved of its obligations, but only to the extent of the effects of force majeure and only for so long as the event of force majeure continues.

17.2 The party unable to perform shall use its best efforts to remedy the effects of force majeure.

17.3 In the event that such Force Majeure event continues uninterrupted for six (6) months after receipt of any notice in accordance with Article 17.1 above, either Party may terminate the Contract by giving one month written notice.

18. Applicable Law

This Agreement, any amendments, variations or additions hereto shall be governed by and construed in accordance with the laws of Germany with the exception of those rules of the German International Private Law which provide for the applicability of a non-German law.

19. Arbitration Clause

122 Any dispute arising in connection with this Export Agreement or with respect to its validity shall be finally settled by the Court of Arbitration of the Hamburg Chamber of Commerce, to the exclusion of the ordinary courts of law. The place of arbitration is Hamburg. The arbitral tribunal consists of two arbitrators, who, in case they do not come to an unanimous decision, will appoint a third arbitrator. The language of the arbitral proceedings is English.

20. Terms of Agreement

123 This Agreement supersedes any and all prior oral and written quotations, communications, agreements and understandings of the Parties in respect of the sale and Delivery of the Merchandise and shall apply in preference to and supersedes any and all terms and conditions of any order placed by the Buyer and any other terms and conditions submitted by the Buyer. The failure of the Seller to object to terms and conditions set by the Buyer shall in no event be construed as an acceptance of any terms and conditions of the Buyer. Neither the Seller's commencement of performance nor the Seller's delivery shall be deemed or constituted as acceptance of any of the Buyer's terms and conditions. If this Agreement differs from any terms and conditions of the Buyer, this Agreement and any subsequent communication or conduct by or on behalf of the Seller, including, without limitation, confirmation of an order and Delivery of Merchandise, constitutes a counter-offer and not acceptance of such terms and conditions submitted by the Buyer. Any communication or conduct of the Buyer which confirms an agreement for the Delivery of the Merchandise by the Seller, as well as acceptance by the Buyer of any Delivery of the Merchandise from the Seller shall constitute an unqualified acceptance by the Buyer of this Agreement.

21. Amendments/Written Form

124 Any amendments or additions to or the bilateral termination of this Agreement must be in writing. The written form is also required for any amendment of this clause. Notices delivered via facsimile or other means of electronic communication shall satisfy the writing requirement. The same shall apply to any other declaration of the parties that are necessary for the conservation, assertion or exercise of their rights in particular notices of defects, setting of deadlines or unilateral notices of termination. The electronic communication system used by the Seller will serve as sole proof for the content and the time of delivery and receipt of such electronic communication.

22. Assignment

125 The Buyer shall not assign, or purport to assign, all or any part of the benefit of, or its rights or benefits to under this Agreement (including, without limitation, the warranties and any causes of action arising out of them), without the prior written and specific authorization from the Seller. Such an authorization shall not exempt the Buyer from its liability to completely fulfil all terms and conditions of this Agreement. The Buyer confirms that it is acting in this matter as principal and not as nominee, agent or broker for any other person.

23. Change of Control

126 Any change of control shall not constitute a reason for termination of the agreement, unless otherwise stipulated in this Agreement.

24. Duration and Termination of the Agreement

127 24.1 Termination of the Agreement: If the Seller fails to deliver the purchased items or fails to fulfil any of its obligations, the Buyer may terminate the Agreement if and insofar a prior notice comprising the requirement to compensate for such failure within reasonable time has been made to the Seller.

24.2 Upon the following occurrences, the Buyer may terminate the Agreement after having given a 10 days written notice to the Seller of:
– abandonment or repudiation of the Agreement
– failure to deliver the purchased items without reasonable excuse
– bankruptcy or liquidation of the Seller

24.3 Upon the following occurrences, the Seller may terminate the Agreement after having given 10 days written notice to the Buyer of:
– failure to pay as provided for in this Agreement
– bankruptcy or liquidation of the Buyer

25. Novation, Waiver

The failure of the Parties to exercise any of their rights ensured by this Agreement or by the laws in general or the failure to apply the sanctions as stipulated in this document shall constitute mere tolerance and shall not result in alteration, waiver or novation as to the contractual terms.

26. Confidentiality Agreement

26.1 The Buyer agrees that, during the term of this Agreement and after the fulfilment or termination thereof for any reason, all confidential information, whether written or oral, will be held in trust and confidence by the Buyer and will not be disclosed to any person without the Seller's prior written consent, except to those employees, agents and representatives of the Buyer who need to know such confidential information in order for the Buyer to perform its obligations hereunder. The Buyer will bind its employees, agents and representatives by entering into confidentiality agreements with them in a way which ensures that confidential information will be held in trust and confidence within the Buyer's organization.

26.2 The covenants contained in this Section will not apply to any information which (i) is in the public domain or comes into the public domain through no fault of the Buyer or (ii) is disclosed to the Buyer by a third party which is under no obligation of confidentiality to the Seller. Upon request by the Seller and, in any event, upon termination of this Agreement for any reason, the Buyer shall immediately return to the Seller any and all written or other tangible confidential information, including any copies, translations and conversions thereof, received by the Buyer from the Seller.

26.3 The parties agree, subject to the penalties provided for in the law, not to furnish any confidential information to third parties within [_____] years from the effective date of this Agreement.

27. Intellectual Property Rights

27.1. The Seller shall retain all patent rights and intellectual property and trademark rights relating to any equipment, spare parts or services supplied under this Contract and the Buyer undertakes not to disclose any information or data relating to such equipment, spare parts and services to any third parties without the prior written consent of the Seller. The Seller hereby grants to the Buyer a royalty-free, non-exclusive and non-transferable right to use the Merchandise.

27.2. The Seller shall indemnify and hold the Buyer harmless from and against claims made against the Buyer by any third party unrelated to the Buyer for infringement of a patent or similar registered intellectual property right in respect of deliveries made, provided that the Buyer gives prompt written notice and provides, at the Seller's expense, all necessary assistance. In respect of such claims made against the Buyer, the Seller's sole obligation will be, at its discretion, to either procure the right for the Buyer to continue use of the equipment or spare parts, or to modify the equipment or spare parts avoiding any such infringements.

28. Effective Date

This Agreement shall become effective on the date when the Seller's Board has passed a corresponding resolution of approval and shall remain effective until the Parties have finally fulfilled their respective obligations.

29. Prescription

All claims arising out of this Agreement shall lapse after twelve (12) months in so far as a longer limitation period does not apply by virtue of mandatory law. The time limit begins with the end of the month in which the claim has fallen due, but not before the end of twelve (12) months from knowledge of the entitled Party of those circumstances which justify the emergence of the claim. If a Party fraudulently conceals from the other circumstances from which it follows that a claim falls due, then the limitation period does not begin until the end of the month in which the other Party finds out about relevant circumstances.

30. Notices

30.1 All notices, consents, agreements, undertakings, certifications, requests, demands and other communications required to be given pursuant to this Agreement or its Exhibits shall be in writing, which shall include letter and facsimile transmission, and shall be given by pre-paid air mail letter, e-mail, facsimile transmission or delivered by hand as follows:

30.2 If to the Seller:
[_____]
[_____]
[_____]
[_____]

30.3 If to the Purchaser:
[_____]
[_____]
[_____]
[_____]

30.4 Each party may replace the address given for it by advising the other party in writing of its new address.

31. Service of Documents

134 For the purpose of proceedings of any type, including arbitration service of documents will be effected for the Buyer upon the firm of [_____] of Hamburg, Germany as process agent.

32. Costs

135 If not otherwise stated herein, all costs, taxes and expenses associated with this Agreement shall be borne by the Buyer.

33. Entirety of Contract

136 This Agreement and its Exhibits constitute the entire contract between the Parties hereto in respect of the sale and purchase of the Merchandise. In entering into this Agreement, each party acknowledges that it is not relying upon any statements, warranties or representations given or made in relation to the subject matter hereof, save those expressly set out in this Agreement, and that it shall have no rights and remedies with respect to such subject matter otherwise than under the Agreement, except to the extent that they arise out of the fraud of either party.

34. Invalidity

137 The invalidity or unenforceability of any provision of this Agreement shall not affect the validity and enforceability of the remaining provisions. Any invalid or unenforceable provision shall, to the extent permitted by law, be replaced by such reasonable provision as comes closest to what the Parties intended in accordance with the meaning and purpose of this Agreement if they had considered such invalidity or unenforceability when entering into this transaction. This shall also apply to the identification of an obligation in terms of amount or time (period or date). The Parties agree that they will cooperate to amend this Agreement to reflect any such matter.

35. Language

138 All correspondence and documents shall be made in the English language.

36. Attachments

139 The attached documents as listed in this section, including the General Business Terms of the Seller, are an integral part of this Agreement the contents of which are hereby acknowledged by the Parties. In case of discrepancies between the terms of the Agreement and the attached documents, this Agreement shall always prevail.

EXHIBIT 2.1: Description and specification of the Merchandise
EXHIBIT 3: Buyer's Performance Guarantees
EXHIBIT 32: General Business Terms of the Seller
EXHIBIT ... [_____]

Abschnitt 3. Der Exportkaufvertrag

37. Copies of Agreement

Each Party confirms with its signature under this Agreement having received a signed copy of the Agreement in the original.

IN WITNESS WHEREOF the parties hereto have executed this Agreement on this [_____] day of [_____], 20[_____]

_____   _____
For and on behalf of   For and on behalf of
THE SELLER   THE BUYER

Abschnitt 4. Allgemeine Geschäftsbedingungen (AGB)

Übersicht

	Rn.
A. Gestaltung von Exportgeschäften durch AGB	1
I. Bestimmung von AGB und typische AGB im Exportgeschäft	9
1. Merkmale von AGB nach deutschem Recht	10
a) „Vorformulierte Vertragsbedingungen"	11
b) „Für eine Vielzahl von Verträgen"	20
c) „Stellen"	22
2. Erscheinungsformen von AGB im Exportgeschäft	25
a) AGB als Hauptvertrag	26
b) AGB als separate Vereinbarung neben dem Hauptvertrag	28
c) AGB in ungewöhnlichen Erscheinungsformen	29
3. Regelungsbereiche von AGB im Exportgeschäft	30
a) AGB für Kaufverträge	32
b) AGB für Werkverträge	40
c) AGB im IP/IT-Bereich	49
d) AGB für den Energiehandel	50
e) AGB für die Exportfinanzierung	54
f) AGB für Logistik/Transport	60
g) AGB für Versicherungen	68
4. Das auf die Bestimmung von AGB anwendbare Recht	73
a) Kein internationales Einheitsrecht	74
b) Maßgeblichkeit des nach Grundsätzen des IPR zu bestimmenden nationalen Rechts	77
c) Verständnis von AGB nach deutschem, französischem, englischem und US-amerikanischem Recht	78
5. Rechtliche Konsequenzen bei Vorliegen von AGB	83
II. Einbeziehung von AGB	84
1. Vertragspartner des deutschen Exporteurs	87
a) Business-to-business (b2b)	88
b) Business-to-government (b2g)	89
c) Business-to-consumer (b2c)	90
2. Anwendbares Recht zur Überprüfung der Wirksamkeit der Einbeziehung	91
3. Einbeziehung nach dem UN-Kaufrechtsübereinkommen	93
a) Anwendung autonomer Regelungen	94
b) Allgemeine Einbeziehungsvoraussetzungen	95
c) Gepflogenheiten	98
d) Handelsbräuche	99
e) Schweigen als rechtliches Nullum	102
4. Einbeziehung nach deutschem Recht	104
a) Allgemeine Einbeziehungsvoraussetzungen	104
b) Laufende Geschäftsbeziehungen	108
c) Kaufmännisches Bestätigungsschreiben	109
d) Auftragsbestätigung	111
e) Branchenüblichkeit	112
f) Handelsbrauch	114
5. Einbeziehung nach anderen nationalen Rechtsordnungen	116
a) Französisches Recht	116
b) Englisches Recht	121
c) US-amerikanisches Recht	126
6. Sonderproblem: Kollision einander widersprechender AGB	129
7. Einbeziehung in elektronisch geschlossene Verträge	133
III. Inhaltskontrolle	134
1. Auslegung vor Inhaltskontrolle	135
2. Schranken der Inhaltskontrolle	137
a) Übereinstimmung mit internationalem Einheitsrecht	140
b) Übereinstimmung mit EG-Recht	141
c) Übereinstimmung mit bestehenden Handelsbräuchen	142
3. Grundsätze der Inhaltskontrolle	143
a) Anwendbares Recht	143
b) Deutsches Recht	144

Abschnitt 4. Allgemeine Geschäftsbedingungen (AGB)

	Rn.
c) Französisches Recht	148
d) Englisches Recht	150
e) US-amerikanisches Recht	151
IV. Folgen der Nichteinbeziehung und Unwirksamkeit von AGB	152
B. Wirksamkeitsgrenzen ausgewählter Klauseln	158

Literatur: *Abels/Conrads/Litzka*, Einbeziehung von AGB zwischen Unternehmern und Verbrauchern und zwischen Unternehmern. Was gilt eigentlich? in: Abels/Lieb (Hrsg.), AGB und Vertragsgestaltung nach der Schuldrechtsreform, AGB-Symposium 2004, 2005; *Bahnsen*, AGB-Kontrolle bei den Allgemeinen Deutschen Spediteurbedingungen, TransportR 2010, 19–26; *Berger*, Einbeziehung von AGB in b2b-Verträge in: Abels/Lieb (Hrsg.), AGB und Vertragsgestaltung nach der Schuldrechtsreform, AGB-Symposium 2004, 2005; *Bunte*, Kommentar zu den AGB-Banken und Sonderbedingungen mit AGB-Sparkassen und AGB-Postbank, 3. Aufl. 2011; *Frankenberger*, AGB im B2B-Geschäft: Wenn die Wirklichkeit das Recht überholt, AnwBl. 2012, 318 ff.; *Hannemann*, AGB: Der Maßstab der Inhaltskontrolle und der Wille des Gesetzgebers, AnwBl. 2012, 314 ff.; *Hennemann*, AGB-Kontrolle im UN-Kaufrecht aus deutscher und französischer Sicht, 2001; *Kessel*, AGB oder Individualvereinbarung – Relevanz und Reformbedarf, AnwBl 2012, 293 ff.; *Kieninger*, AGB bei b2b-Verträgen: Rückbesinnung auf die Ziele des AGB-Rechts, AnwBl. 2012, 301 ff.; *Lieb*, Das Ende der Vertragsfreiheit – Alle Verträge sind AGB? in: Abels/Lieb, AGB im Spannungsfeld zwischen Kautelarpraxis und Rechtsprechung, 2007; *Loots/Charrett*, Practical Guide to Engineering and Construction Contracts, 2009; *Maidl*, Ausländische AGB im deutschen Recht, 2000; *Martin/Parc*, Global industry model contracts revisited: Higher, faster, stronger, Journal of World Energy Law & Business, 2010, Band 3, Nr. 1, 4–43; *Müller/Otto*, Allgemeine Geschäftsbedingungen im internationalen Wirtschaftsverkehr, 1994; *Müller/Schilling*, AGB-Kontrolle im unternehmerischen Geschäftsverkehr – eine rechtsvergleichende Betrachtung, BB 2012, 2319 ff.; *Munz*, Allgemeine Geschäftsbedingungen in den USA und Deutschland im Handelsverkehr, 1992; *Schimansky/Bunte/Lwowski*, Bankrechts-Handbuch, Band I, 4. Aufl. 2011, §§ 4, 5; *Schmidt-Kessel*, AGB im unternehmerischen Geschäftsverkehr: Marktmacht begrenzen, AnwBl 2012, 308 ff.; *Schultheiß*, Allgemeine Geschäftsbedingungen im UN-Kaufrecht, 2004; *Schwab*, AGB-Recht, 2008; *Schwenzer/Lübbert*, Neues AGB-Recht im unternehmerischen Rechtsverkehr?, AnwBl. 2012, 292 ff.; *Sosa*, Vertrag und Geschäftsbeziehung im grenzüberschreitenden Wirtschaftsverkehr, 2007; *Stoffels*, AGB-Recht, 2. Aufl. 2009; *v. Westphalen*, Vertragsrecht und AGB-Klauselwerke, 32. Aufl. 2013; *v. Westphalen*, Der angebliche „Standortnachteil" des deutschen Rechts aufgrund des AGB-Rechts, BB 2013, 67 ff.

A. Gestaltung von Exportgeschäften durch AGB

In der Exportgeschäftspraxis werden Verträge regelmäßig unter Verwendung standardisierter Vertragsklauseln entworfen. Im internationalen Projektgeschäft, wie zB bei Verträgen zur Gestaltung grenzüberschreitender Vertriebsgeschäfte für Waren und Dienstleistungen, Bauleistungen im Ausland, grenzüberschreitenden Logistik- und Transportleistungen, aber auch bei der Finanzierung und Versicherung von Auslandsprojekten, führen nicht nur Juristen, sondern auch Ingenieure (zB Projektmanager), Kaufleute (zB Vertriebsmitarbeiter oder Einkäufer) oder andere Nichtjuristen (zB Logistiker, Versicherungsberater, Bankmitarbeiter oder Finanzberater) die Vertragsverhandlungen bzw. gestalten die Vertragsbedingungen. Dabei finden vielfach vorformulierte Klauseln oder mit Vorliebe gar ganze Musterverträge Verwendung. Auch dann, wenn Juristen die Vertragsbedingungen bestimmen, sei es als direkte Verhandlungsführer oder als Rechtsberater im Hintergrund, wird praktischerweise auf bereits vorhandene und bewährte Musterklauseln oder -verträge zurückgegriffen. 1

Vorformulierte Einzelklauseln und präfabrizierte Klauselwerke vereinfachen, beschleunigen und standardisieren den Vertragsschluss. Die Rationalisierungsfunktion mancher Klauseln hat sich in der Praxis so weit durchgesetzt, dass sie aus vielen Exportgeschäften nicht mehr wegzudenken sind. Dies gilt beispielsweise für die im internationalen Baurecht häufige Verwendung von FIDIC Vertragsmustern oder für die im internationalen Seehandelsrecht häufig verwendeten Muster von Charterverträgen. Insgesamt ist es aus personellen und organisatorischen Gründen kaum umsetzbar sowie aus ökonomischen Gründen kaum zu rechtfertigen, jeden Vertrag Klausel für Klausel gesondert zu entwerfen und zu verhandeln. Aus diesem Grund kommt kaum ein Vertrag des Exportgeschäfts ohne vorformulierte Vertragsklauseln aus; bei so gut wie jedem Vertrag des Exportgeschäfts spielen daher All- 2

2. Teil. Das Vertragsrecht des Exportgeschäfts

gemeine Geschäftsbedingungen (sog. AGB)[1] eine Rolle. Da Verträge ganz ohne Verwendung von AGB kaum denkbar sind, wird bereits die bewusst überspitzte Frage aufgeworfen, ob das „Ende der Vertragsfreiheit – Alle Verträge sind AGB?" erreicht sei.[2]

3   Nicht selten, gerade bei juristisch nicht geschulten Verhandlungsführern und Vertragsgestaltern, besteht die nicht näher reflektierte Vorstellung, die vielgerühmte Vertragsfreiheit sei schier unbegrenzt und werde lediglich faktisch durch die fehlende Durchsetzbarkeit von Verhandlungszielen beim Verhandlungspartner eingeschränkt. Der Umstand allein, dass die Vertragsparteien einen Konsens über die zu geltenden Vertragsbedingungen erzielt haben, bedeutet allerdings nicht, dass diese auch rechtlich wirksam sind. Über die Rechtsverbindlichkeit von Verträgen entscheiden nicht die Parteien, sondern die Rechtsordnung.[3] Vor allem die deutsche Rechtsordnung errichtet erhebliche Schranken gegenüber der Wirksamkeit von vorformulierten Geschäftsbedingungen.[5] Die Vertragsfreiheit beschränkende rechtliche Grenzen ergeben sich nicht nur aus gesetzlichen Verbots- und Nichtigkeitsbestimmungen, wie den Schriftformerfordernissen,[4] gesetzlichen Verboten,[5] den kartellrechtlichen Verboten wettbewerbsbeschränkender Verträge[6] und der Sittenwidrigkeitsschranke.[7] Hinzukommen – und dies ist im Weiteren näher darzustellen – die besonderen Unwirksamkeitsgründe des AGB-Rechts, nach denen bestimmte vorformulierte AGB-Klauseln aus inhaltlichen Gründen, die der Gesetzgeber normiert und die Rechtsprechung konkretisiert hat, unwirksam sind (sog. Inhaltskontrolle oder AGB-Kontrolle).[8]

4   Leitender Rechtsgedanke für eine solche gesetzliche Inhaltskontrolle von Geschäftsbedingungen auch im unternehmerischen Verkehr ist das Schutz- und Ordnungsinteresse des Staates: unangemessene Bedingungen sollen gerade in solchen Bereichen der Vertragsgestaltung bekämpft werden, die nicht durch im Einzelnen ausgehandelte Klauseln, sondern durch einseitig gestellte Vertragsbedingungen gestaltet werden. Ein solches „private government system"[9] berge die Gefahr, dass an die Stelle rationaler Vertragsentscheidungen beider Vertragsparteien einseitig übervorteilende Regelungen des AGB-Verwenders durchgesetzt werden, die sich von den zwingenden Wertungen des Gesetzes zu weit entfernen und aus diesem Grund vom rationalen Konsens auch der kaufmännischen Vertragsparteien materiell nicht mehr getragen werden und deswegen als unwirksam zu qualifizieren sind. Daher werden AGB nach deutschem Recht auch im unternehmerischen Verkehr nach Maßgabe des § 310 BGB einer strikten inhaltlichen Kontrolle unterworfen und zahlreichen Klauseln die Wirksamkeit abgesprochen.[10]

5   Die Inhaltskontrolle nach deutschem Recht gilt im Vergleich zu anderen Rechtsordnungen als streng. Dies gilt insbesondere im Vergleich zum als vermeintlich „neutral" geltenden Schweizer Recht[11] oder zum englischen Recht[12], das auch von nicht-englischen Par-

---

[1] Zur Begriffsbestimmung von „Allgemeinen Geschäftsbedingungen" nach der Legaldefinition des deutschen Rechts in § 305 Abs. 1 S. 1 BGB als einseitig vom Verwender gestellte, vorformulierte Vertragsbedingungen, deren Verwendung für eine Vielzahl von Einzelfällen geplant ist, vgl. Näheres unter I. (Rn. 10–24).
[2] So *Lieb,* Das Ende der Vertragsfreiheit – Alle Verträge sind AGB?, S. 109 in: Abels/Lieb, AGB im Spannungsfeld zwischen Kautelarpraxis und Rechtsprechung, 2007.
[3] So bereits Abschnitt 1 Rn. 2.
[4] Zur Nichtigkeit von Verträgen infolge Verstoßes gegen die Schriftform, vgl. § 125 BGB.
[5] Zur Nichtigkeit von Verträgen infolge Verstoßes gegen ein gesetzliches Verbot, vgl. § 134 BGB.
[6] Vgl. dazu das Kartellverbot in § 1 GWB.
[7] Zur Nichtigkeit von Verträgen infolge Sittenwidrigkeit, vgl. § 138 BGB.
[8] Vgl. dazu die ehemals in einem separaten AGB-Gesetz geregelten, aber seit 1. Januar 2002 im BGB inkorporierten Vorschriften in §§ 305–310 BGB, die das Recht der Allgemeinen Geschäftsbedingungen (AGB-Recht) normieren.
[9] Diesen Ausdruck begründend: *Sosa,* Vertrag und Geschäftsbeziehung im grenzüberschreitenden Verkehr, 2007.
[10] Näheres zur Inhaltskontrolle → Rn. 34–151 sowie Rn. 158 ff.
[11] Nach Schweizer Recht ist die Inhaltskontrolle von Allgemeinen Geschäftsbedingungen gem. § 8 UWG auf Verbraucherverträge beschränkt, vgl. dazu *Wildhaber* SJZ 2011, 537 ff.
[12] Im englischen Recht ist die gesetzliche Grundlage für die Inhaltskontrolle vorformulierter Vertragsbedingungen im *Unfair Contract Terms Act* 1977 (UCTA) auf internationale Lieferverträge sowie sonstige Wirt-

teien häufig gewählt wird oder zum – gerade bei internationalen Bankgeschäften – gerne gewählten Recht von New York. Die strenge AGB-rechtliche Inhaltskontrolle des deutschen Rechts wird verschiedentlich als „wesentlicher Grund" dafür gesehen, dass das deutsche Recht als unattraktive Grundordnung für Verträge von Exportgeschäften[13] gilt. Dies wird schlechthin als „Standortnachteil"[14] Deutschlands angesehen. Die Kritik an der Reichweite der AGB-rechtlichen Inhaltskontrolle nach geltendem deutschem Recht ist überdies Hintergrund für die rechtspolitischen Reformbemühungen der „Initiative zur Fortentwicklung des AGB-Rechts".[15] Die Frage nach den im deutschen Recht errichteten Wirksamkeitsschranken stellt sich immer wieder insbesondere im Zusammenhang mit der in der Praxis besonders relevanten Vereinbarung von vertraglichen Haftungsbeschränkungen[16]. Dass das deutsche AGB-Recht eine summenmäßige Haftungsbeschränkung verbietet, wird häufig als überzogen und zu strikt kritisiert – vorformulierte vertragliche Haftungsbeschränkungen könnten deswegen kaum noch wirksam vereinbart werden.[17] Gleiches gälte zB für die Vereinbarungen von Vertragsstrafen sowie die Abbedingung von Rüge- bzw. Untersuchungsobliegenheiten.[18]

Dieser Bewertung kann indes in Ansehung von § 310 Abs. 1 S. 2 Hs. 2 BGB, nach **6** dem auf die im Handelsverkehr geltenden Gewohnheiten und Gebräuche angemessen Rücksicht zu nehmen ist, nicht uneingeschränkt zugestimmt werden. Zu den genannten Gewohnheiten und Gebräuchen gehören die im Exportgeschäftsverkehr üblichen Praktiken, wie die Vereinbarung von vertraglichen Haftungsbeschränkungen.[19] Nach vorzugswürdiger Auffassung fallen überdies nicht nur nationale, sondern auch internationale Gewohnheiten und Gebräuche darunter; zu letzteren zählt zB die Vereinbarung von pauschaliertem Schadensersatz[20] (*engl.* Liquidated Damages, kurz: LD) im internationalen Projektgeschäft, die anders als Vertragsstrafen,[21] unter bestimmten Voraussetzungen auch im angloamerikanischen Rechtskreis wirksam vereinbart werden können. Die an sich strenge Inhaltskontrolle des deutschen AGB-Rechts kann daher durch das Einfallstor des § 310 Abs. 1 S. 2 Hs. 2 BGB nivelliert werden, ohne dass es einer kategorischen Vermeidung deutschen Rechts, einer (unwirksamen) Abbedingung des deutschen AGB-Rechts unter Weitergeltung des deutschen Rechts im Übrigen oder dessen Reform bedarf, wie von Kritikern des geltenden AGB-Rechts teils vorgeschlagen wird.[22] Entgegen der in der rechtswissenschaftlichen Literatur und von Praktikern geäußerten Kritik,[23] bestätigt die von diesen Kritikern herangezogene Rechtsprechung nicht die Reformbedürftigkeit des geltenden deutschen AGB-Rechts. Vielmehr trägt das im Wesentlichen seit mehr als 35 Jahren unverändert bestehende deutsche AGB-Recht, das in den §§ 305–310 BGB normiert und durch die umfängliche Kasuistik der Rechtsprechung konkretisiert wird

---

schaftsverträge, die allein aufgrund einer Rechtswahl dem englischen Recht unterliegen, nicht anwendbar (Sec. 26, 27).

[13] So zB *Ostendorf,* in: Ostendorf/Kluth, Internationale Wirtschaftsverträge, § 1 Rn. 11, 2013.

[14] Vgl. bereits Abschnitt 1 Rn. 26.

[15] Vgl. näher *Kondring* BB 2013, 73 ff. und Abschnitt 1 Rn. 26.

[16] Näheres zur Wirksamkeit von vorformulierten Haftungsbegrenzungen und -ausschlüssen nach deutschem AGB-Recht, vgl. auch Rn. 190–192.

[17] So *Ostendorf,* in: Ostendorf/Kluth, Internationale Wirtschaftsverträge, § 1 Rn. 11, 2103; *Kollmann* NJOZ 2011, 625.

[18] So *Ostendorf,* in: Ostendorf/Kluth, Internationale Wirtschaftsverträge, § 1 Rn. 11, 2013; *Kollmann* NJOZ 2011, 625.

[19] Zur Wirksamkeit von vorformulierten Haftungsbegrenzungen sowie -ausschlüssen, vgl. ausführlichere Darstellung in Teil B, Rn. 158.

[20] Zur Wirksamkeit von vorformulierten pauschalierten Schadensersatzklauseln nach deutschem AGB-Recht, vgl. ausführlichere Darstellung in Teil B, Rn. 190.

[21] Zur Wirksamkeit von vorformulierten Vertragsstrafen nach deutschem AGB-Recht, vgl. ausführlichere Darstellung in Teil B, Rn. 16–218.

[22] Vgl. *Vogenauer* ZEuP 2013, 7 (41), *Landbrecht* RIW 2011, 291 (294); *Frankenberger* AnwBl. 2012, 318 ff.; *Hannemann* AnwBl. 2012, 314 ff.; *Kessel* AnwBl 2012, 293 ff.; *Kieninger* AnwBl. 2012, 301 ff.; *Schwenzer/Lübbert* AnwBl. 2012, 292 ff.

[23] Ebenda.

den Entwicklungen der Praxis, wie etwa der Baubranche oder des Leasing- oder Vertragshändlerverkehrs, Rechnung.[24]

7 In der Praxis wird – wenn die Anwendung deutschen Rechts gewollt ist und es gewählt wird – die strenge Inhaltskontrolle des deutschen AGB-Rechts meist dadurch zu umgehen versucht, dass keine einseitig vorformulierten Vertragsbedingungen gestellt, sondern im Einzelnen ausgehandelte Individualvereinbarungen getroffen werden. Die rechtlichen Anforderungen an ein solches Aushandeln sind indes hoch und ohne rechtliche Beratung kaum umsetzbar; für später etwaig notwendige Nachweisführung (vornehmlich bei Rechtsstreitigkeiten vor einem Schiedsgericht oder staatlichen Gericht) sollte jedenfalls auf eine sorgfältige Dokumentation der einzelnen Verhandlungsstände geachtet werden. Während einzelne Individualvereinbarungen bei Hauptverträgen noch gelingen mögen, stellt sich indes bei den sich daraus ergebenden Subunternehmerverträgen die Frage, ob dabei tatsächlich das Aushandeln von Individualvereinbarungen gelingt, die damit die Anwendbarkeit des AGB-Rechts ausschließen. Da idealerweise ein back-to-back der Vertragspflichten aus dem Hauptvertrag angestrebt wird, übernimmt der Auftragnehmer des Hauptvertrags gerne wörtlich Vertragspassagen aus seinem Hauptvertrag für den Subunternehmervertrag und diktiert damit seinen Subunternehmern – in der Praxis stehen meist mehrere zur Wahl – einseitig die Vertragsbedingungen, so dass es sich in solchen Fällen nach deutschem Rechtsverständnis regelmäßig um AGB handeln dürfte, die der besonderen AGB-Wirksamkeitskontrolle unterliegen.

8 Nach geltendem deutschem Recht erfolgt die Prüfung von Allgemeinen Geschäftsbedingungen in drei Schritten:
- Handelt es sich um AGB? (→ I.)
- Wurden die AGB wirksam in den Vertrag einbezogen? (→ II.)
- Halten die Inhalte der einzelnen AGB-Klauseln einer gesetzlichen Inhaltskontrolle stand? (→ III.)

Werden AGB nicht wirksam in einen Vertrag einbezogen oder bei gesetzlicher Unzulässigkeit von Inhalten einzelner AGB-Klauseln, stellt sich als Folgefrage:
- Welche rechtlichen Folgen hat die Nichteinbeziehung und Unwirksamkeit von bestimmten Klauselinhalten für die betroffene Einzelklausel und den gesamten Vertrag? (→ IV.)

Während **Teil A** dieses Abschnitts die eben aufgeworfenen vier Fragen beantwortet, beschäftigt sich **Teil B**[25] mit einer Konkretisierung der dritten Frage, nämlich mit den infolge der Inhaltskontrolle gesetzten Wirksamkeitsgrenzen ausgewählter Klauseln nach deutschem Recht.

I. Bestimmung von AGB und typische AGB im Exportgeschäft

9 Wie AGB definiert und ihre charakteristischen Merkmale bestimmt werden, wird zunächst am Beispiel des deutschen AGB-Rechts, das in einem deutsch-ausländischen Vertragsverhältnis nicht stets das maßgebliche sein muss, dargestellt.[26] AGB gibt es in den unterschiedlichsten Erscheinungsformen;[27] diese sowie die im Exportgeschäft häufig verwendeten AGB von Branchenverbänden und internationalen Institutionen werden nachfolgend vorgestellt.[28] Ferner wird darauf eingegangen, nach welchem anwendbaren Recht sich bestimmt, ob überhaupt AGB im Sinne des anwendbaren Rechts vorliegen, denn das Begriffsverständnis von AGB kann von Rechtsordnung zu Rechtsordnung variieren.[29] Liegen nach dem anwendbaren Recht AGB vor, kommt es zur Anwendung des nach diesem an-

---

[24] Ebenso *v. Westphalen* BB 2013, 67 ff.
[25] → Rn. 158 ff.
[26] → Teil A.I.1. Rn. 10 ff.
[27] → Teil A.I.2. Rn. 25 ff.
[28] → Teil A.I.3. Rn. 30 ff.
[29] → Teil A.I.4. Rn. 73 ff.

Abschnitt 4. Allgemeine Geschäftsbedingungen (AGB)

wendbaren Rechts maßgeblichen AGB-Rechts, das die Einbeziehung und Inhaltskontrolle der AGB bestimmt.[30]

1. Merkmale von AGB nach deutschem Recht. Allgemeine Geschäftsbedingungen sind nach der Legaldefinition in § 305 Abs. 1 S. 1 BGB alle für eine Vielzahl von Verträgen vorformulierten Vertragsbedingungen, die eine Vertragspartei (Verwender) der anderen Vertragspartei bei Abschluss eines Vertrags stellt. Zu den Merkmalen im Einzelnen: 10

a) „Vorformulierte Vertragsbedingungen". Was unter „Vertragsbedingungen" zu verstehen ist, mag im Einzelfall problematisch sein, jedenfalls fallen solche Klauseln darunter, die sich mit den Voraussetzungen eines Vertragsschlusses befassen (sog. Vertragsabschlussklauseln), so dass die in einem Exportgeschäft getroffenen Vereinbarungen jedenfalls „Vertragsbedingungen" sind. „Vorformuliert" sind Vertragsbedingungen, wenn sie zeitlich vor dem Vertragsabschluss fertig formuliert vorliegen, um in künftige Verträge einbezogen zu werden. Es kommt dabei nicht darauf an, in welcher Form die Bedingungen fixiert werden – sei es hand- oder maschinenschriftlich oder in anderer Weise wie zB als Datei oder auch nur im Kopf des Verwenders.[31] Genauso unerheblich ist auch, ob der Verwender selbst oder ein Dritter – zB sein Anwalt – die Vertragsbedingungen vorbereitet hat. 11

Praktisch relevant ist die Frage, ob es sich auch um AGB handelt, wenn das von einem Verwender verwendete Formular Ergänzungs- oder Wahlmöglichkeiten vorsieht, die noch im Einzelfall – handschriftlich oder maschinenschriftlich (darauf kommt es nicht an) – ergänzt werden sollen, zB Lücken im Formular hinsichtlich des Namens des Käufers, der Bezeichnung des Kaufgegenstandes oder des Kaufpreises. 12

Ob es sich bei solchen ergänzungsbedürftigen Klauseln um AGB handelt oder nicht, hängt nach der Rechtsprechung davon ab, ob sich die etwaige Unangemessenheit gerade aus dem eingefügten Zusatz ergibt (sog. selbstständige Ergänzung) oder ob sie sich bereits aus dem vorformulierten Teil der Klausel ergibt, so dass der eingefügte Teil lediglich der Konkretisierung des Vertragsgegenstandes dient (sog. unselbstständige Ergänzung). Bei letzteren handelt es sich stets vollumfänglich um AGB, während bei ersteren im Einzelfall untersucht werden muss, ob es sich um eine vorformulierte Vertragsbedingung – dh AGB – oder um eine Individualabrede – dh dann nicht AGB – handelt.[32] In der Praxis erfolgen Lückenausfüllungen häufig in Formularverträgen, folgende Beispiele sollen dies illustrieren: 13

Beispiel 1: 14
„The present contract is made on [_____] between [_____], a company incorporated under the laws of [_____] with its head office in [_____] herein represented by its legal representatives in accordance with its bylaws, Mr./Ms. [_____], hereinafter referred to as „the Seller" [_____]".[33]

Bei den zu ergänzenden Angaben zum Datum des Vertragsschlusses sowie zu Name, Geschäftssitz und Vertretung des Verkäufers handelt es sich allesamt um unselbstständige Ergänzungen und damit um AGB.

Beispiel 2: 15
„The Seller agrees to sell to the Buyer and the Buyer agrees to buy from the Seller [_____] (in the following also referred to as "the Merchandise") which is described in the specification attached to this Agreement as Exhibit 2.1."[34]

Die zu erfolgende Ergänzung dient lediglich der Konkretisierung des Vertragsgegenstandes, so dass es sich auch hier um eine unselbstständige Ergänzung und damit um AGB handelt. Ähnliches gälte für einen zu ergänzenden Kaufpreis, differenzierter aber folgendes Beispiel:

---

[30] → Teil A.I.5. Rn. 83.
[31] Vgl. *BGH* NJW 1988, 410.
[32] *BGH* NJW 1992, 503, 504.
[33] → Abschnitt 3 Rn. 102.
[34] → Abschnitt 3 Rn. 105.

16 Beispiel 3:
„Der Käufer wird [_____] % seines Gesamtbedarfs an Kraftfahrzeugschmiermitteln (einschließlich Unterbodenschutz- und Kühlerfrostschutzmittel) in V-Erzeugnissen laut jeweiliger V-Preisliste decken, jährlich jedoch mindestens [_____] lt/kg V-Erzeugnisse beziehen. Die Lieferungen gegen diesen Abschluss erfolgen zu den Preisen der jeweils gültigen Liste und den allgemeinen Lieferungs- und Zahlungsbedingungen der V-GmbH. Der aktuelle Listenpreis beträgt [_____]."[35]

Auch bei Preisanpassungsklauseln oder sog. Tagespreisklauseln handelt es sich um unselbstständige Ergänzungen und damit um AGB. Eine etwaige Unangemessenheit ergibt sich nicht aus dem einzusetzenden Preis, sondern aus dem einseitigen Vorbehalt des Verkäufers, diesen später anzupassen. Im kaufmännischen Verkehr ist dies auch dann zulässig, wenn die Erhöhungskriterien nicht angegeben sind und dem Kunden kein Lösungsrecht eingeräumt ist.[36]

17 Beispiel 4:
Vereinbarung über pauschalierten Schadensersatz (engl. Liquidated Damages, LD): „In case this Agreement is terminated due to reasons attributable to any contract party, the party which causes the termination of the Agreement shall be obliged to pay to the other party liquidated damages hereby determined to be equivalent to [_____] % of the total amount of the Agreement, regardless of the direct losses and damages actually resulting from the termination."[37]

Hier manifestiert sich eine selbstständige Ergänzung, denn die mögliche Unangemessenheit ergibt sich nicht aus der LD-Klausel selbst, sondern nach der noch zu ergänzenden Höhe der LD. Es hängt vom Verlauf der Verhandlungen ab, ob es sich um eine AGB handelt oder nicht (zB einseitige Vorgaben des Verwenders sprechen für eine AGB). Handelt es sich um eine AGB, müssen neben allgemeinen Wirksamkeitsvoraussetzungen (nach deutschem Recht können insb. §§ 134, 138 BGB eine Nichtigkeit begründen) auch strenge AGB-spezifische Anforderungen erfüllt werden, dh – bei Zugrundelegen deutschen Rechts – kann eine LD-Klausel nach § 307 BGB nichtig sein, wenn die Strafe unverhältnismäßig hoch, unangemessen oder intransparent ist.[38]

18 Beispiel 5:
In einem vorformulierten Exportvertrag heißt es: „Die Vertragsdauer beträgt 5 Jahre/10 Jahre (Unzutreffendes streichen). Im Fall einer 10-jährigen Vertragsdauer gelten die Sonderpreise der Liste A."

Da der Vertragspartner nur die Wahl zwischen den beiden, vom Verwender vorgegebenen Alternativen hat, liegt in diesem Fall eine AGB-Klausel vor.[39] Anders jedoch:

19 Beispiel 6:
„Die Mindestvertragsdauer beträgt [_____] Jahre."

Hier kann der Vertragspartner des Verwenders das Formular nach seiner freien Entscheidung selbstständig ergänzen. In der Regel stellt eine solche Klausel daher keine AGB dar.[40] Im Einzelfall kann aber nach Art und Inhalt der Ergänzung gleichwohl eine AGB vorliegen, wenn Art und Inhalt der Ergänzung den Schluss auf ihren vorformulierten Charakter nahe legen. Das gilt namentlich dann, wenn der Verwender das Formular üblicherweise oder gegenüber einer Mehrzahl von Kunden in gleicher Weise ergänzt oder ergänzen lässt und der zu ergänzende Text zudem nicht zum Gegenstand der Vertragsverhandlungen gemacht wird.[41]

20 b) „Für eine Vielzahl von Verträgen". Vorformulierte Vertragsbedingungen sind erst dann AGB im Sinne des deutschen AGB-Rechts, wenn der Verwender die Absicht hat,

---

[35] Beispiel nach *BGH* NJW 1985, 853.
[36] Palandt/*Grüneberg*, BGB, § 309 Rn. 9 mwN.
[37] → Abschnitt 3 Rn. 114.
[38] → Rn. 203.
[39] Vgl. auch *BGH* NJW 1996, 1676.
[40] *BGH* NJW 1998, 1066, 1068.
[41] *BGH* NJW 1992, 746.

Abschnitt 4. Allgemeine Geschäftsbedingungen (AGB)

diese für eine „Vielzahl von Verträgen", dh für mindestens drei Vertragsabschlüsse zu verwenden.[42] Da die Verwendungsabsicht maßgebend ist, kommt es nicht darauf an, ob der Verwender die Vertragsbedingungen tatsächlich mehrfach verwendet hat – sie sind bereits mit dem ersten Verwendungsfall AGB.

Die Rechtsprechung hat das Kriterium der „Vielzahl" aufgeweicht und lässt im Einzelfall auch eine Einzelverwendungsabsicht genügen, wenn sich aus dem Inhalt und der Gestaltung der verwendeten Klauseln ein von dem Verwender zu widerlegender Anschein dafür ergeben, dass die Klauseln zur Mehrfachverwendung vorformuliert worden sind.[43] Daraus kann man für die Praxis folgern: Formelhaft verwendete Klauseln erwecken bis zum Beweis des Gegenteils den Anschein der Mehrfachverwendungsabsicht.[44]   **21**

c) „Stellen". Da nur einseitig vom Verwender gestellte Vertragsbedingungen dem AGB-Recht unterfallen, ist es nicht anwendbar, wenn die Vertragsbedingungen individuell ausgehandelt werden (sog. Individualvereinbarungen). „Aushandeln" bedeutet nach der Rspr. mehr als nur „Verhandeln". Erforderlich ist, dass der Verwender den Sachverhalt zur Disposition stellt und ernsthaft zu Änderungen bereit ist. Auf der anderen Seite muss der Vertragspartner dabei nicht nur inhaltlich an der Vertragsgestaltung mitwirken können, sondern muss auch über Inhalt und Tragweite der Klauseln aufgeklärt sein.[45]   **22**

Wird der Regelungsinhalt der anderen Partei lediglich erläutert und erklärt diese sich sodann damit einverstanden, ist den Anforderungen an ein **„Aushandeln"** im Einzelnen nicht Genüge getan.[46] Ungenügend ist auch die von der anderen Partei unterschriebene vorformulierte Erklärung des Inhalts, die Abänderungen seien mit der anderen Partei im Einzelnen ausgehandelt worden und entsprächen ihren Wünschen.[47]   **23**

Allein die Tatsache, dass sich beide Parteien im Ergebnis auf den vom Verwender gestellten Regelungsinhalt verständigen, steht der Annahme einer Individualabrede *per se* nicht entgegen, solange und soweit der übernommene Regelungsinhalt von beiden Seiten in ihren rechtsgeschäftlichen Gestaltungswillen aufgenommen wird.[48] Dies gilt auch dann, wenn die andere Vertragspartei nicht auf Verhandlungsangebote eingegangen ist und sich mit der Geltung der unveränderten Vertragsbedingungen einverstanden erklärt hat, obwohl ihr das Aushandeln nach den Umständen möglich war. Ob tatsächlich ein „Aushandeln" möglich war oder nicht, hängt von Bedeutung und Umfang des Geschäfts sowie von der geschäftlichen Gewandtheit und Erfahrenheit der Partei ab. Letzteres dürfte man im internationalen Exportgeschäft im Regelfall unterstellen.   **24**

2. Erscheinungsformen von AGB im Exportgeschäft. AGB gibt es im Exportgeschäft in den mannigfaltigsten Erscheinungsformen. Der juristische Laie denkt bei AGB oftmals nur an das sog. „Kleingedruckte", wie es früher hieß und teilweise auch heute noch umgangssprachlich heißt. Mitnichten handelt es sich aber bei AGB nur um das „Kleingedruckte". Nach deutschem Rechtsverständnis ist im Prinzip jede nicht ausgehandelte Vertragsklausel eine AGB,[49] selbst wenn sie bei Vertragsschluss – auch ohne schriftliche Fixierung – bloß im Kopf des Verwenders besteht,[50] auch wenn er sie das erste Mal verwendet und sogar nur einmal verwenden will.[51]   **25**

a) AGB als Hauptvertrag. AGB können integraler Bestandteil eines Hauptvertrags sein bzw. den Hauptvertrag selbst darstellen. Solche AGB können Vertragswerke sein, die ein Unternehmen selbst erstellt hat bzw. von Anwälten erstellen lassen hat (zB Exportkaufver-   **26**

---

[42] Vgl. § 305 Abs. 1 S. 1 BGB.
[43] *BGH* NZBau 2005, 590.
[44] So auch *v. Westphalen* NJW 2004, 1993.
[45] Ständige Rspr.: *BGH* NJW 1977, 624; *BGH* NJW 1991, 1679; *BGH* NZBau 2005, 463.
[46] *BGH* NJW 1992, 2759, 2760.
[47] Vgl. *BGH* NJW 1977, 624; *BGH* NZBau 2005, 463.
[48] *BGH* NJW 1991, 1678, 1679.
[49] Zum „Aushandeln", vgl. auch Rn. 22 ff.
[50] Dies ist ausreichend nach *BGH* NJW 1988, 410, vgl. auch Rn. 11.
[51] Näheres unter Rn. 21.

träge für die Lieferung von Waren ins Ausland) oder es handelt sich um Vertragsmuster von einschlägigen Branchenverbänden oder anderen internationalen Institutionen, zB ein Exportkaufvertrag basierend auf den ORGALIME-Lieferbedingungen oder ein internationaler Bauvertrag auf Basis eines FIDIC-Vertragsmusters. Nicht nur die von Unternehmen selbst erstellten Vertragsmuster, auch Vertragsmuster von Verbänden und anderen Institutionen bzw. die darin enthaltenen einzelnen Klauseln unterliegen der gesetzlichen Inhaltskontrolle.

27 Allein der Umstand, dass ein angesehenes Unternehmen, ein bekannter Verband oder eine allseits geschätzte Institution ein Vertragsmuster erstellt und zur Verwendung herausgibt – meist professionell aufbereitet, auf den ersten Blick erkennbar von Juristen erstellt – bedeutet aber noch lange nicht, dass sämtliche darin enthaltenen Klauseln auch gerichtsfest sind, dh einer gesetzlichen Inhaltskontrolle standhalten. Denn die Maßstäbe an eine Inhaltskontrolle sind von Rechtsordnung zu Rechtsordnung sehr unterschiedlich, was auch die Erstellung von EU-weit oder gar weltweit geltenden Vertragsmustern praktisch sehr schwierig, wenn nicht sogar unmöglich macht. Zudem gilt in Deutschland eine im weltweiten Vergleich überaus strenge Inhaltskontrolle, die primär auf Verbraucherverträge zugeschnitten ist, aber weitgehend auch im Unternehmerverkehr gilt. Ein Beispiel für ein branchenbekanntes Vertragsmuster, das im deutschen Recht das AGB-Recht auf den Plan ruft, ist das aus dem Anlagenbau bekannte FIDIC Silver Book[52] – ein Vertragsmuster für privatfinanzierte, schlüsselfertige Bauvorhaben. Denn diesem liegt eine Vertragsphilosophie zugrunde, die dem Prinzip einer fairen Risikoverteilung widerspricht, da dem Bauunternehmer Risiken auferlegt werden, die in der Sphäre des Bauherrn liegen, dazu zählen zB nahezu alle Planungs- und Baurisiken wie ua die Verantwortlichkeit für Informationen über die Lagepunkte, die Überprüfung und Interpretation der Baugrunddaten, die korrekte Leistungsbeschreibung sowie für unvorhersehbare Naturgewalten.

28 **b) AGB als separate Vereinbarung neben dem Hauptvertrag.** AGB können aber auch Gegenstand einer vom Hauptvertrag separaten Vereinbarung sein. Es handelt sich dabei um vom Verwender vollständig formulierte, schriftlich fixierte und gleichförmig verwendete Klauselwerke in einem separaten Dokument neben dem Hauptvertrag (zB Zusätzliche Vertragsbedingungen (ZVB) oder Besondere Vertragsbedingungen (BVB) für die Ausführung von Bauleistungen, die im nationalen Baugeschäft sehr verbreitet, aber auch im internationalen Rechtsverkehr denkbar sind). Bei Exportkaufverträgen zB werden solche separaten Klauselwerke oft als „Allgemeine Verkaufs- oder Einkaufsbedingungen" bezeichnet. Eine solche vom Hauptvertrag losgelöste, separate Vereinbarung ist der klassische Fall der AGB, auf die sich lange Zeit die gesetzliche Regelung bezog. Landläufig, gerade unter Nichtjuristen besteht auch heute noch – zu Unrecht – die Vorstellung, nur solche vom Hauptvertrag losgelösten Vereinbarungen seien AGB. Heutzutage ist dieses Verständnis lange überholt und, wie in den Vorabsätzen bereits erläutert, allemal zu eng.

29 **c) AGB in ungewöhnlichen Erscheinungsformen.** AGB-Klauseln können aber auch in Preislisten, Katalogen oder Lieferscheinen wiedergegeben werden. Genauso ist die Regelung von AGB oder ein Hinweis darauf in Auftragsbestätigungen (= schriftliche Erklärungen eines Verkäufers, die Bestellung des Käufers auszuführen), in kaufmännischen Bestätigungsschreiben über erfolgte Vertragsverhandlungen oder sogar auf Rechnungen denkbar. Dass solche Angaben Teil eines Vertrages sein können, ist erfahrungsgemäß manchen Rechtsanwendern in der Praxis nicht bekannt.

30 **3. Regelungsbereiche von AGB im Exportgeschäft.** So vielgestaltig wie die Verträge eines Exportgeschäfts sind auch die Regelungsbereiche von AGB. Es gibt Branchen mit einheitlichen AGB, die von den jeweiligen Verbänden entwickelt und von ihren Mitgliedsunternehmen verwendet werden. Insbesondere die Internationale Handelskammer (International Chamber of Commerce, ICC) hat eine Vielzahl von Musterklauseln erarbeitet, die

---

[52] Conditions of Contract for EPC/Turnkey Projects.

Abschnitt 4. Allgemeine Geschäftsbedingungen (AGB)

sich in der Praxis teilweise schon stark durchgesetzt haben. Die Anforderungen an die Einbeziehung solcher AGB sind bei Branchenüblichkeit geringer. Schlussfolgerungen für die Zulässigkeit bzw. Unzulässigkeit bestimmter Inhalte können daraus indes nicht gezogen werden – auch branchenübliche, standardisierte AGB-Klauseln müssen nach Maßgabe des jeweils anwendbaren Rechts einzeln auf ihren zulässigen Inhalt überprüft werden.

Im Folgenden werden beispielhaft, dh ohne Anspruch auf Vollständigkeit, die für Exportgeschäfte relevanten Gebiete aufgeführt, in denen AGB typischerweise vorkommen bzw. weit verbreitete standardisierte AGB bestehen. **31**

a) AGB für Kaufverträge. Kaufvertragliche Regelungen im Exportgeschäft werden oft in AGB geregelt, die recht unterschiedlich bezeichnet werden. Sind die Klauseln im Hauptvertrag, werden die AGB oft „Exportkaufvertrag" oder „Liefervertrag" genannt. Sind die Klauseln hingegen in einem separaten Klauselwerk, heißen diese AGB oft „Allgemeine Verkaufs- und Einkaufsbedingungen", „Allgemeine Verkaufs- und Lieferbedingungen", „Allgemeine Lieferbedingungen", „Einkaufs- und Verkaufs-AGB" oder „Im- und Export-AGB". **32**

Anders als bei anderen Vertragsarten, wie zB beim Bauvertrag,[53] gibt es im internationalen Kaufrecht keinen Standard-Exportkaufvertrag.[54] Grund hierfür ist die allgemeine Privatautonomie im Vertragsrecht, nach der jeder nicht nur das Recht hat frei darüber zu entscheiden, ob und mit wem er Verträge abschließen will (Abschlussfreiheit), sondern auch die Freiheit hat, den Inhalt der von ihm abgeschlossenen Verträge – im Einverständnis mit seinem Vertragspartner – zu bestimmen (Gestaltungsfreiheit). Allgemeine Grenze der hier maßgebliche Gestaltungsfreiheit ist die Verletzung höherrangiger Interessen, die zB in den §§ 134, 138 BGB normiert sind. Die für AGB zusätzlich geltenden besonderen Grenzen der Gestaltungsfreiheit werden in Abschnitt zur Inhaltskontrolle erläutert.[55] **33**

Wegen dieses weiten Gestaltungsspielraums sind im Handel unzählige AGB-Muster für Exportkaufverträge erhältlich. Es kann nicht zur Verwendung eines bestimmten Musters, auch nicht zu dem hier im Exporthandbuch abgedruckten Muster, geraten werden. Vertragsklauseln sollten nicht nur speziell für den jeweiligen Verwender möglichst für seine Branche maßgeschneidert werden, sondern müssen auch für das konkret abzuschließende Exportgeschäft im Einzelfall geeignet – und zudem wirksam – sein. Je nach der eigenen Verhandlungsstärke – und manchmal auch rechtlichen Kenntnisstand der jeweiligen Verhandlungsführer und Vertragsgestalter – werden die einzelnen Vertragsklauseln eher günstiger für den Verkäufer oder für den Käufer sein. **34**

Generell wird dazu geraten, einen mit AGB-Recht vertrauten Juristen mit der Erstellung von AGB für Kaufverträge zu beauftragen. Denn die zur Zulässigkeit von einzelnen Klauseln zu beachtende Rechtsprechung ist umfangreich und teilweise recht unübersichtlich. Sollten gleichwohl Vertragsmuster verwendet werden, sollten diese im Anwendungsbereich des deutschen Rechts jedenfalls nicht vor 2002 erstellt worden sein, da die am 1.1.2002 in Kraft getretene Schuldrechtsreform[56] grundlegende Änderungen des Kaufrechts regelt. **35**

Nachfolgend wird lediglich auf einen besonders relevanten praxisrelevanten Sonderfall sowie auf Besonderheiten im Maschinen- und Anlagenbau eingegangen: **36**

– Sonderfall: Incoterms 2010

Standardisierte und sehr weit verbreitete Musterklauseln für internationale Lieferverträge gibt es für bestimmte Einzelfragen einer Lieferung. Die von der Internationale Handelskammer (International Chamber of Commerce, ICC) entwickelten Incoterms (**Int**ernational **Com**mercial **Terms**) regeln den Gefahrenübergang, die Übernahme des Transports und der Transportkosten sowie sonstige Geschäftsabwicklungspflichten (zB Beschaffung von Waren- und Zolldokumenten, Prüfung und Verpackung von Waren). Der Zusatz „2010" **37**

---

[53] Hierzu bereits die Ausführungen zu den im internationalen Anlagenbau weit verbreiteten FIDIC Vertragsmustern, vgl. Rn. 2; Näheres unter Rn. 42 ff.
[54] Vgl. Erläuterungen im Abschnitt zum Exportkaufvertrag, → Abschnitt 3.
[55] → Rn. 134 ff.
[56] Gesetz zur Modernisierung des Schuldrechts vom 26. November 2001, BGBl. I 3138.

weist auf die derzeit aktuelle Fassung aus dem Jahr 2010 hin (ICC-Publikation Nr. 560), die seit dem 1.1.2011 gilt. Für Näheres zu den Incoterms, wird auf die detaillierten Ausführungen in → Abschnitt 5 Rn. 15 ff. verwiesen.

– ECE-Lieferbedingungen

38   Ferner gibt es im Maschinen- und Anlagenbau besondere AGB, die sich im Außenhandel großer Akzeptanz erfreuen. Die Allgemeinen Lieferbedingungen für den Export von Maschinen und Anlagen der Wirtschaftskommission der Vereinten Nationen für Europa (**E**conomic **C**ommission for **E**urope), kurz: ECE-Lieferbedingungen, wurden in den 50er Jahren speziell für den Export von Maschinen und Anlagen konzipiert und sind seitdem weit verbreitet. Diese Vertragsmuster enthalten jeweils ein Exemplar der Lieferbedingungen, der Liefer- und Montagebedingungen sowie der Zusatzbedingungen für die Überwachung der Montage in Deutsch und Englisch. Die aktuelle Fassung ist aus dem Jahr 2012.

– ORGALIME-Lieferbedingungen

39   Ähnlich wie die ECE hat ORGALIME (**Orga**nisme de **L**iaison des **I**ndustries **M**étalliques **E**uropéennes), der europäische Dachverband für die ingenieurstechnischen Industrien, vorformulierte Musterbedingungen speziell für die Lieferung bzw. Lieferung und Montage von mechanischen, elektrischen und elektronischen Erzeugnissen ins Ausland, kurz: ORGALIME-Lieferbedingungen. Die aktuelle Fassung, die auch in verschiedensten Sprachen erhältlich ist (zB englisch, französisch, spanisch, italienisch), ist aus dem Jahr 2012.

40   **b) AGB für Werkverträge.** Gegenstand von Exportgeschäften sind nicht nur der internationale Warenhandel, der meist zunächst damit assoziiert wird – rechtlich handelt es sich um Kaufverträge –, sondern auch internationale Bauprojekte deutscher Unternehmer im Ausland, wie zB von Werften und Baufirmen; bei letzteren handelt es sich rechtlich regelmäßig um Werkverträge in Form von Bauverträgen. Typische Beispiele für solche internationalen Bauprojekte sind der Bau von Schiffen fürs Ausland oder der Bau von Flughäfen, Straßen, Brücken, Tunneln und Kraftwerken im Ausland unter Beteiligung oder gar Federführung deutscher Unternehmen.

41   Solche meist komplexen Bauprojekte können ebenfalls auf Grundlage von AGB geregelt werden, auch wenn auf ein Projekt maßgeschneiderte Verträge regelmäßig sachgerechter sind.

– FIDIC-Vertragsmuster

42   Während für das nationale Baugeschäft die VOB/B (Teil B der Allgemeinen Vertragsbedingungen für die Ausführung von Bauleistungen) schlechthin DAS vorformulierte Klauselwerk ist, das in Bauverträgen die Regelungen des unspezifischen gesetzlichen Werkvertragsrechts ergänzt und teilweise modifiziert, stellen die weit verbreiteten, standardisierten FIDIC-Vertragsmuster das Pendant für internationale Bauvorhaben dar.

43   FIDIC-Vertragsmuster basieren auf dem angelsächsischen Rechtssystem. Sie sind so konzipiert, dass durch umfassende und detaillierte vertragliche Regelungen ein Rückgriff auf nationale gesetzliche Vorschriften vermieden werden kann. Sie bieten sich daher besonders bei Großbauvorhaben mit internationaler Beteiligung an. In der Praxis werden die FIDIC-Bauverträge häufig bei der Vergabe von Aufträgen der Weltbank, anderer multilateraler Entwicklungsbanken und der EU vorgeschrieben oder empfohlen. Gerade in Osteuropa werden sie auch bei frei finanzierten Investitionen häufig genutzt. Aus der Praxis des internationalen Anlagenbaus sind FIDIC-Vertragsmuster kaum wegzudenken.

44   Für Bauverträge gibt es, neben anderen FIDIC-Mustern für Beratungs- und Joint Venture Verträge[57], folgende Vertragsmuster, zuletzt überarbeitet 1999, die üblicherweise jeweils nach der Farbe ihres Einbands bezeichnet werden:

- „Green Book": Short Form of Contract
- „Red Book": Conditions of Contract for Construction for Building and Engineering Works Designed by the Employer

---

[57] So die FIDIC-Vertragsmuster „White Book" (Client-Consultant Agreement), Sub-Consultant Agreement und Joint Venture Agreement.

- „Yellow Book": Conditions of Contract for Plant and Design-Build for Electrical and Mechanical Plant and for Building and Engineering Works Designed by the Contractor
- „Silver Book": Conditions of Contract for EPC/Turnkey Projects
- „Gold Book": Conditions of Contract for Design Build and Operate Projects

Die Auswahl des jeweiligen Vertragsmusters hängt von der Auftragssumme (zB Green Book bei Auftragswerten unter USD 500.000,00) sowie dem Grad der Planungsverantwortung und Risikoübernahme des Unternehmers ab (graduell ansteigend bei Green Book, Red Book, Yellow Book, Silver Book und Gold Book). **45**

– NEC-Vertragsmuster

NEC, eine Kurzform für „New Engineering Contract", bezeichnet eine Serie von englischen Musterverträgen aus dem Baurecht, die den gesamten Lebenszyklus eines Bauvorhabens von dessen Planung, Bau und Betrieb einschließlich Service und Streitbeilegung (Adjudikation) miteinschließt. Die Institution of Civil Engineers gibt diese unjuristisch formulierten, englischsprachigen Vertragsmuster seit 1993 heraus, die letzte Fassung in der Form der 3. Auflage (NEC3) stammt aus dem Jahr 2005, die letzten Ergänzungen sind von Juni 2006. Verwendung finden diese Vertragsmuster in Großbritannien und anderen Common Wealth Staaten, etwa 70% der Infrastrukturprojekte in Großbritannien basieren auf NEC-Bauvertragsmustern (zB Bau des Channel Tunnel HS Rail Link, des Heathrow Terminals 5 oder Bauaufträge für die olympischen Spiele 2012 mit Auftragswerten von GBP 9,3 Mio.[58]); außerhalb des angelsächsischen Marktes finden sie hingegen wenig Verbreitung. Typisch für den bekanntesten der insgesamt acht NEC Bauvertragsmuster,[59] den Engineering and Construction Contract (ECC), sind seine Kernklauseln (core clauses) und sein modularer Aufbau zur Darstellung sechs verschiedener Vergütungsmodelle.[60] Für Einzelheiten wird auf die im Internet verfügbaren Mustervertragstexte und Anwendungshinweise (Guidance Notes) verwiesen, die im Internet abrufbar sind unter: www.neccontract.com. **46**

– LOGIC-Vertragsmuster

LOGIC steht für Leading Oil and Gas Industry Competiveness (LOGIC) und ist eine 1999 gegründete Unterorganisation des Wirtschaftsverbands Oil & Gas UK, der die Interessen der britische Öl- und Gasindustrie vertritt. Die Organisation LOGIC ist aus der 1992 von der UK Department of Energy (später: UK Department of Trade and Industry) initiierten Cost Reduction Initiative for the New Era (CRINE), später CRINE Network, hervorgegangen. Aus Gründen der Kostenreduzierung wurden – im Ergebnis erfolgreich[61] – eine Vielzahl von Standardverträgen für den Öl- und Gasmarkt für die britische Nordsee sowie Anwendungshinweise (Guidance Notes, CRINE Contracts 1997 und 2001) erarbeitet. Es bestehen Musterverträge für die Planung (zB Standard Contract Design), den Bau (zB Standard Contract Construction oder Standard Contract Marine Construction, beide in 2. Auflage aus dem Jahr 2003), für Serviceleistungen (zB Standard Contract Services (On- and Offshore) oder Standard Contract Well Services) und sonstige Verträge zu Sonderthemen (zB Mobile Drilling Rigs, Small Median Enterprises oder Supply of Major Items of Plant and Equipment) – jeweils sowohl in Erst- und/oder Zweitauflage. Eine de- **47**

---

[58] Beispiele nach *Loots/Charrett*, Practical Guide to Engineering and Construction Contracts, 1st edition, Australia, 2009, S. 43.

[59] (1) Engineering and Construction Contract (ECC); (2) Engineering and Construction Subcontract (ECS); (3) Professional Services Contract (PSC); (4) Engineering and Construction Short Contract (ECSC); (5) Engineering and Construction Short Subcontract (ECSS); (6) Adjudicator's Contract (AC); (7) Term Service Contract (TSC); (8) Framework Contract (FC).

[60] (1) ECC Option A: Priced contract with activity schedule; (2) ECC Option B: Priced contract with bill of quantities; (3) ECC Option C: Target contract with activity schedule; (4) ECC Option D: Target contract with bill of quantities; (5) ECC Option E: Cost reimbursable contract; (6) ECC Option F: Management contract.

[61] Im Ergebnis führte die Einführung der Standardverträge zu einer Kostenreduktion von rund 30%, so: *Martin/Parc*, Global industry model contracts revisited: Higher, faster, stronger, Journal of World Energy Law & Business, 2010, Band 3, Nr. 1, 4–43, 31.

taillierte Auflistung der Vertragsmuster ist abrufbar unter: www.logic-oil.com/standard-contracts. Diese Standardverträge erfreuen sich einer hohen Akzeptanz in der britischen Öl- und Gasindustrie, schätzungsweise 70% der dortigen Verträge basiert auf LOGIC Vertragsmustern.[62] Auch außerhalb der Öl- und Gasindustrie werden die Vertragsmuster in Großbritannien teilweise verwendet, zB im Hafenbau; außerhalb von Großbritannien sind diese Standardverträge hingegen weniger gebräuchlich.

48 Allen drei genannten Vertragsmustern für Bauverträge (FIDIC, NEC, LOGIC) ist eine angelsächsische Prägung gemein. Bei Verwendung dieser Muster sollten daher aus deutscher Sicht Besonderheiten des Common Law und der englischen Baupraxis beachtet werden, zB wird das Baugrundrisiko – anders als im deutschen Recht – üblicherweise dem Auftragnehmer aufgebürdet oder das Verständnis von Gewährleistung und Garantie, wie es nach deutschem Recht differenziert wird, unterscheidet sich im englischen Recht. Ist ein Verständnis nach deutschem Recht gewollt, empfiehlt sich daher bei der Vertragsgestaltung eine Klarstellung des deutschen Verständnisses, zB durch Klammerzusätze in deutscher Sprache und/oder Verweise auf deutsche Rechtsvorschriften.

49 **c) AGB im IP/IT-Bereich.** Gegenstand von Exportgeschäften – und damit von AGB – können auch Verträge über Wissens- und Technologietransfer, Patente oder Lizenzen sein. Standardisierte AGB haben sich in diesem IP/IT Bereich (**I**ntellectual **P**roperty/**I**nformation **T**echnology), der nach der Farbe des Einbands der dortigen Standardfachzeitschrift umgangssprachlich auch „grüner Bereich" genannt wird, in der Praxis nicht durchgesetzt. Zur Prüfung von Lizenzverträgen nach AGB-Recht, wird auf weiterführende Fachliteratur verwiesen.[63]

50 **d) AGB für den Energiehandel.** Ferner wird der grenzüberschreitende Handel mit Energie in Form des Handels *„over the counter"* (OTC-Handel, engl.: über den Tresen – Telefonhandel) zunehmend mit Hilfe von Musterverträgen geregelt. Der OTC-Handel ist ein bilaterales Energiehandelsgeschäft für den physischen und finanziellen Handel mit Strom oder Gas oder seinen Derivaten, der vom Börsenhandel an der EEX *(European Energy Exchange)* abzugrenzen ist. Im europäischen Geschäftsverkehr sind im Wesentlichen die beiden folgenden Rahmenverträge von Relevanz:

– **EFET Rahmenverträge** *(EFET Master Agreement)*

51 Für den physischen Handel mit Energie hat die EFET (European Federation of Energy Traders) Rahmenverträge entwickelt, die die spezifischen Anforderungen von Unternehmen, die OTC Handel betreiben, mit größerer Rechtssicherheit regeln als nationale Gesetze. Im internationalen Stromhandel erfreuen sich die EFET-Verträge einer hohen Akzeptanz, es werden dadurch immer weniger Großhandelsrahmenverträge individuell verhandelt. Verwender dieser AGB sind nicht nur reine Handelsunternehmen und große Energieversorger, sondern auch zunehmend kommunale Energieversorger und Industrieunternehmen, die physischen Handel treiben. Die jeweils aktuellste Fassung der Musterrahmenverträge für den OTC-Handel mit Strom, Gas, Kohle und Biomasse sind, einschließlich diverser Musteranlagen, auf der Website der EFET frei verfügbar.[64]

– **ISDA Rahmenverträge** *(ISDA Master Agreement)*

52 Für den finanziellen Handel mit Energie, denkbar ist aber auch eine Verwendung für physische Geschäfte mit Commodities, gebrauchen va ausländische Banken und Finanzinstitute Rahmenverträge der ISDA (International Swap and Derivatives Association), New York als Vertragsmuster. Nach neuerer Entwicklung erhalten zunehmend auch Energieversorgungsunternehmen eine Genehmigung als Finanzdienstleister nach dem Kreditwesengesetz (KWG) von der BaFin (Bundesanstalt für Finanzdienstleistungsaufsicht), so dass nicht

---

[62] *Loots/Charrett,* Practical Guide to Engineering and Construction Contracts, 1st edition, Australia, 2009, S. 44.
[63] So zB *Castendyk,* Lizenzverträge und AGB-Recht, ZUM 2007, 169 ff.
[64] Abrufbar unter http://www.efet.org/Standardisation/Legal-EFET-Standard-Contracts-and-Documentation.

Abschnitt 4. Allgemeine Geschäftsbedingungen (AGB)

nur Banken mit Stromhandelskompetenz, sondern auch Energieversorger mit Bankenkompetenz, gleichzeitig Energie und Finanzprodukte unter Verwendung des ISDA Rahmenvertrags handeln könnten; inwieweit sich eine solche Verknüpfung von Stromlieferung und Finanzdienstleistungen in der Praxis durchsetzen wird, bleibt indes noch abzuwarten. Die ISDA Vertragsmuster, ein Gesamtvertragswerk bestehend aus vier Teilen, bestehen in den Fassungen von 1992 und 2002.

Für Näheres zu den genannten Rahmenverträgen sowie weitere Vertragsmuster, wie zB das Grid Trade Master Agreement, der in UK gebräuchliche IETA-Rahmenvertrag oder der Deutsche Rahmenvertrag für Finanztermingeschäfte, wird auf weiterführende Literatur verwiesen.[65] **53**

e) AGB für die Exportfinanzierung. Für die Finanzierung von Exportgeschäften gibt es eine Vielzahl standardisierter AGB, die sich in der Praxis einer sehr hohen Akzeptanz erfreuen. **54**

– **ICC Standardbedingungen für Dokumentenakkreditive** (UCP 600)

Sehr verbreitet und wichtig für grenzüberschreitende Exportgeschäfte sind die von der Internationalen Handelskammer entwickelten Einheitlichen Richtlinien und Gebräuche für Dokumenten-Akkreditive, kurz: ERA 600, die teilweise besser bekannt sind unter dem englischen Titel UCP 600 (Uniform Customs and Practice for Documentary Credits). Der Zusatz „600" steht für die derzeit aktuellste Version, die seit dem 1. Juli 2007 gilt und als ICC-Publikation Nr. 600 veröffentlicht wurde. Die ERA 600 regeln bei Akkreditivgeschäften den Ablauf, die Haftung und die Verantwortung der beteiligten Geschäftspartner (Banken und Außenhandelskaufleute) sowie die Abtretung von Forderungen. Sie definieren die beteiligten Dokumente (Rechnungen, Frachtpapiere, Zertifikate) und den Umgang mit ihnen. **55**

– **ICC Richtlinien für internationale Bankgarantien** (URDG 758)

Bankgarantien sind weltweit eines der wichtigsten Sicherungsinstrumente im Außenhandel. Die von der ICC herausgegebenen Einheitlichen Richtlinien für auf Anfordern zahlbare Garantien (ERAG), besser bekannt unter ihrem englischen Titel URDG (Uniform Rules for Demand Guarantees), haben sich in der letzten Fassung vom 1. Juli 2010 (genannt: URDG 758, da sie als ICC-Publikation Nr. 758 veröffentlicht wurden), innerhalb von wenigen Jahren zum internationalen Marktstandard entwickelt. So hat die Weltbank die Bankgarantien in ihre Standarddokumentation aufgenommen, die UNCITRAL (United Nations Commission on International Trade Law) unterstützt sie und verschiedene nationale Gesetzgeber nutzen sie als Grundlage für ihre eigenen Mustergarantietexte. Andere von der ICC herausgegebenen Richtlinien für Bankgarantien haben sich in der Praxis nicht durchgesetzt.[66] Für Näheres zu Bankgarantien im Außenhandel, wird auf die gesonderte Darstellung in diesem Handbuch verwiesen. **56**

– **ICC Richtlinien für Dokumenteninkasso** (ERI 522)

Das Dokumenteninkasso ist eine im Außenhandel übliche Zahlungsabwicklungs- und Zahlungssicherungsform, bei der dem Zahlungspflichtigen unter Mitwirkung von Kreditinstituten Dokumente gegen Zahlung oder gegen Akzeptierung von Wechseln ausgehändigt werden. Es gibt keine gesetzlichen Regeln, die abwickelnden Banken legen ihren Vertragsverhältnissen vielmehr die von der ICC erarbeiteten Einheitlichen Richtlinien für das Inkasso von Handelspapieren (ERI) zugrunde. Sie regeln das Inkasso von Zahlungs- (Wechsel, Schecks etc.) und Handelspapieren (Rechnungen, Transportpapiere etc.). Die ERI sind als Rahmen gedacht und gelten nur soweit wie andere Weisungen im Inkassoauftrag oder gesetzliche Bestimmungen nicht entgegenstehen. Die derzeit aktuellste Fassung aus dem Jahr 1995 gilt seit dem 1. Januar 1996 und ist in ICC-Publikation Nr. 522 veröf- **57**

---

[65] Zur Vertiefung: *Schwintowski, Hans-Peter* (Hrsg.), Handbuch Energiehandel, 2006, S. 157–165.
[66] So zB die Einheitliche Richtlinie für vertragliche Garantien (Uniform Rules for Contract Guarantees, ICC-Publikation Nr. 325) oder die Einheitliche Richtlinie für Erfüllungssicherheiten (Uniform Rules for Contract Bonds, ICC-Publikation Nr. 524).

fentlicht, die letzte Fassung wird daher auch als ERI 522 bezeichnet. Für Näheres zum Dokumenteninkasso wird auf die gesonderte Darstellung in diesem Handbuch verwiesen.

– **AGB-Banken/Sparkassen und Sonderbedingungen**

58   Anders als bei den drei vorgenannten AGB der ICC, handelt es sich bei den AGB für Kreditinstitute nicht um spezifische Instrumente für den Außenhandel; gleichwohl seien sie hier wegen ihrer überragenden Bedeutung für die (deutsche) Wirtschaftspraxis erwähnt. Auch wenn jedes Kreditinstitut seine eigenen AGB formuliert, verwenden alle deutschen Kreditinstitute die von den deutschen Spitzenverbänden der Kreditwirtschaft erarbeiteten und empfohlenen Konditionen einheitlich. Namentlich handelt es sich um die AGB für private Banken und Genossenschaftsbanken (sog. AGB-Banken) und AGB für Sparkassen (sog. AGB-Sparkassen). Inhaltlich konkretisieren sie den Bankvertrag zwischen Bank und Kunden, wobei letzterer nicht nur der Privatkunde, sondern – und deswegen hier von Relevanz – der Unternehmer als Kunde ist. Insbesondere regeln die genannten AGB Haftungs- und Risikobeschränkungen zugunsten der Bank. Daneben verwenden deutsche Banken Sonderbedingungen für einzelne Geschäftssparten, zB für den Scheckverkehr, für Sparkonten, für das Online-Banking, für Zahlungen mittels Lastschrift im Einzugsermächtigungsverfahren, für Wertpapiergeschäfte, für die Vermietung von Schrankfächern, für die Annahme von Verwahrstücken und für Anderkonten und Anderdepots von Rechtsanwälten und Sonderbedingungen für Notar-Anderkonten – diese sind nach deutschem AGB-Rechtsverständnis ebenfalls allesamt AGB. Die aktuelle Fassung der AGB-Banken/Sparkassen und Sonderbedingungen gelten seit dem 31. Oktober 2009.

59   Für Näheres zu Entstehung, Bedeutung und Änderungen der AGB-Banken und AGB-Sparkassen, deren Prüfung nach Maßgabe des deutschen AGB-Recht sowie zu den og Sonderbedingungen im Einzelnen wird auf weiterführende Literatur verwiesen.[67]

60   **f) AGB für Logistik/Transport.** Im Bereich Logistik/Transport gibt es eine Vielzahl standardisierter AGB, auf die an dieser Stelle nur exemplarisch eingegangen werden kann. Für Einzelheiten wird – je nach Transportart – auf die jeweils einschlägigen Abschnitte dieses Exporthandbuchs verwiesen.

– **Allgemeine Deutsche Speditionsbedingungen (ADSp 2003)**[68]

61   Bei den Allgemeinen Deutschen Spediteurbedingungen (ADSp) handelt es sich um AGB, die gemeinsam vom Deutschen Industrie- und Handelskammertag (DIHK), dem Bundesverband der Deutschen Industrie (BDI), dem Bundesverband des Deutschen Groß- und Außenhandels (BGA), dem Hauptverband des Deutschen Einzelhandels (HDE) und dem Bundesverband Spedition und Logistik (BSL) – heute: Deutscher Speditions- und Logistikverband (DSLV) – zur unverbindlichen Anwendung empfohlen werden. Inhaltlich geht es um die Regelung speditionsüblicher Tätigkeiten im Rahmen eines Verkehrsvertrages (zB Speditions-, Fracht- und Lagervertrag). Die Marktakzeptanz der ADSp gilt nach empirischen Untersuchungen des DIHK als sehr hoch: rund 94% der bundesdeutschen Speditionen auf der Grundlage der ADSp und 86% der Unternehmen der verladenden Wirtschaft gehen von der Geltung der ADSp aus, wenn nichts anderes vereinbart wird.

62   Ferner legen Fuhrbetriebe bzw. Schwergutunternehmen ihren Frachtverträgen die Vertragsbedingungen für den Güterkraftverkehr- und Logistikunternehmer bzw. die AGB der Bundesfachgruppe Schwertransporte und Kranarbeiten zugrunde. Mehr zu diesen AGB wird in Abschnitt 14 Rn. 405 ff., zur AGB-Kontrolle insbesondere Rn. 406 ausgeführt.

---

[67] Stellvertretend für viele: *Schimansky/Bunte/Lwowski,* Bankrechts-Handbuch; *Bunte,* Kommentar zu den AGB-Banken und Sonderbedingungen mit AGB-Sparkassen und AGB-Postbank, 3. Auflage, München 2011, der in Ziff. 1 ausführlich auf die AGB-Banken und Sparkassen sowie in den Ziff. 2–10 im Einzelnen auf die oben aufgeführten Sonderbedingungen eingeht.

[68] Die derzeit aktuelle Fassung gilt seit dem 1. Januar 2003 (deswegen auch ADSp „2003") und ist im Internet abrufbar unter: www.transportrecht.org/dokumente/ADSp_2003.pdf. Für eine sehr detaillierte Darstellung der ADSp, → Abschnitt 15 sowie speziell zur AGB-Kontrolle bei den ADSp, vgl. *Bahnsen,* AGB-Kontrolle bei den Allgemeinen Deutschen Spediteurbedingungen, TransportR 2010, 19–26.

Abschnitt 4. Allgemeine Geschäftsbedingungen (AGB)

– **Logistik-AGB**

Für nicht speditionsübliche Tätigkeiten, oft zusätzliche Logistikdienstleistungen, die von vielen Spediteuren immer mehr angeboten werden (zB die Auftragsannahme, Warenprüfung, Montage oder auch Informationsmanagement) empfiehlt der Deutsche Speditions- und Logistikverband (DSLV) die unter anderem von ihm erarbeiteten Logistik-AGB aus dem Jahr 2006. In der Praxis haben sich diese AGB jedoch nicht durchgesetzt, was mit der Rechtsnatur des Logistikvertrags als typengemischter Vertrag (Kombination aus Lagervertrag nach §§ 467 ff. HGB, Mietvertrag nach §§ 535 ff. BGB, Frachtvertrag nach §§ 407 ff. HGB, Dienstvertrag nach §§ 611 ff. BGB und Werkvertrag nach §§ 631 ff. BGB) und den damit verbunden unterschiedlichen Haftungsregimes, Haftungsgegenständen und Haftungssummen zusammenhängt. Die Logistik-AGB können jedoch als Checkliste für individualvertragliche Vereinbarungen dienen. 63

– **AGB für den Eisenbahntransport**

Für den internationalen Eisenbahngüterverkehr sind die vom Internationalen Eisenbahntransportkomitee (**C**omité **i**nternational des **t**ransports ferroviaires, CIT) erarbeiteten Allgemeinen Beförderungsbedingungen für den internationalen Eisenbahngüterverkehr (ABB-CIM) vom 1.7.2006 bedeutsam. Sie regeln die Vertragsbeziehungen zwischen dem Kunden und dem Beförderer. Diese AGB sowie eine Vielzahl weiterer von der CIT erarbeiteter AGB, Musterverträge und Checklisten sollen den Abschluss von Abkommen und Verträgen zwischen Kunden und Beförderer sowie zwischen Beförderern untereinander vereinfachen. Zu den weiteren von der CIT erstellten Vertragsinstrumenten zählen zB die Allgemeinen Geschäftsbedingungen für den Vertrag über gemeinsame Beförderung im Güterverkehr (AGB Gemeinsame Beförderung oder *engl.* GTC Joint Contract) vom 1.7.2006 mit letztem Stand vom 1.7.2009, die die Beziehung zwischen mehreren Eisenbahnverkehrsunternehmen, die gemeinsam als Beförderer agieren, regeln; oder der Mustervertrag über die Unterbeförderung im internationalen Eisenbahngüterverkehr in Ganzzügen des kombinierten Verkehrs (Mustervertrag Unterbeförderung TC oder *engl.* Sub-contracting CT) vom 1.6.2007 mit letztem Stand vom 1.1.2013, der die Beziehungen zwischen einem Beförderer und einem ausführenden Beförderer im kombinierten Verkehr regelt; oder die Checkliste zur Erstellung der Kundenabkommen über internationale Eisenbahngüterbeförderungen (Checkliste Kundenabkommen oder *engl.* Customer Agreement Checklist) vom 1.6.2007 mit letztem Stand vom 1.1.2013, die Musterklauseln und Erläuterungen zur Vereinfachung der Abfassung von Kundenabkommen enthält. Die eben genannten sowie eine Vielzahl weiterer von der CIT erarbeiteter Vertragsgrundlagen sind im Internet abrufbar unter: www.cit-rail.org/de/gueterverkehr/vertragsgrundlagen. Näheres hierzu sowie zu den für den nationalen und internationalen Eisenbahnverkehr geltenden Allgemeinen Leistungsbestimmungen (ALB) der Bahnen und insbesondere der Railion Deutschland AG, der Güterverkehrssparte der Deutschen Bahn AG, wird auf die ausführliche Darstellung in → Abschnitt 19 Rn. 18 ff. verwiesen. 64

– **IATA-Beförderungsbedingungen für Luftfracht**

Die Internationale Flug-Transport-Vereinigung (International **A**ir **T**ransport **A**ssociation, IATA), der weltweit rund 240 Fluggesellschaften angehören, die rund 84 % aller internationalen Flüge durchführen[69], hat ua die IATA-Beförderungsbedingungen für Luftfracht erarbeitet. Danach ist für Luftfracht ua ein Luftfrachtbrief (*engl.* Airway Bill, AWB) vorgeschrieben, auf dessen Rückseite AGB abgedruckt sind (*engl.* Airway Bill – Conditions of Contract). Die AWB-Spezifikationen und Standards basieren auf der IATA-Resolution 600b mit letztem Stand vom 1.7.2010.[70] Derzeit wird darüber hinaus ein elektronischer Luftfrachtbrief (*engl.* electronic AirWaybill, e-AWB) entwickelt, der nach laufender Planung bis Ende 2015 den Luftfrachtbrief in Papierform ersetzen soll. Um die rechtlichen Rahmenbe- 65

---

[69] Näheres zur IATA und den aktuellen Zahlen, vgl. Darstellung auf der offiziellen website der IATA abrufbar unter: www.iata.org/about/Pages/index.aspx.
[70] Im Internet abrufbar unter: www.iata.org/whatwedo/cargo/Pages/air_waybill.aspx.

dingungen hierfür zu schaffen, hat die IATA am 10.3.2013 das IATA Multilateral e-AWB Agreement als IATA Resolution 672 verabschiedet.[71]

– FIATA Multimodal Transport Bill of Lading (FBL)

66   Die Internationale Föderation der Spediteurorganisationen (**F**édération **I**nternational des **A**ssociations des **T**ransporteurs et **A**ssimilés, FIATA) hat AGB für den multimodalen Transport erarbeitet, die auf der Rückseite von Konnossementen (*engl.* Bill of Lading) abgedruckt werden. Dieses multimodale Transportkonnossement wird meist FIATA-BL oder kurz: FBL genannt. Die aktuellste Fassung dieser AGB ist aus dem Jahr 1992. Für weitere Einzelheiten wird auf Abschnitt 20 Rn. 119 ff. verwiesen.

– BIMCO Standard-Seefracht- und Charterverträge

67   The Baltic and International Maritime Council (BIMCO) ist eine im Jahr 1905 gegründete, internationale Schifffahrtorganisation mit Sitz in der Nähe von Kopenhagen und mit dem Ziel, Regeln und Gesetze in der Seeschifffahrt anzugleichen. BIMCO hat zahlreiche Standard-Seefracht- und Charterverträge entwickelt, die laufend an die aktuellen Marktbedürfnisse angepasst werden; so wird derzeit zB NYPE 93 überarbeitet oder es werden neue Standardverträge zB für Pooling in der Trampschifffahrt (POOLCON) oder Zeitcharter-Verträge für Transferschiffe, die für Offshore Windparks benötigt werden (WINDTIME), entwickelt. Die zahlreichen, in der weltweiten Schifffahrtspraxis anerkannten Standardverträge sind auf der offiziellen Website der BIMCO abrufbar unter: www.bimco.org.

68   **g) AGB für Versicherungen.** An dieser Stelle kann nur exemplarisch auf standardisierte AGB für die im Exportgeschäft relevanten Versicherungen eingegangen werden. Für Einzelheiten zu den Allgemeinen Versicherungsbedingungen (AVB) und sonstigen standardisierten AGB wird auf → Abschnitt 21–24 verwiesen.

– Allgemeine Deutsche Seeversicherungsbedingungen (ADS)

69   Die Allgemeinen Deutschen Seeversicherungsbedingungen (ADS) sind von den deutschen Seeversicherern nach Beratung mit Handelskammern und Fachverbänden in freiwilliger Übereinkunft festgelegte Bedingungen für Seeversicherungsverträge und ersetzen die seeversicherungsrechtlichen Regelungen des Handelsgesetzbuches (§§ 778 bis 900 HGB). Sie stellen allgemeinverbindliche Regeln für die Versicherung von Gütern (Seewarenversicherung) und Schiffen (Seekaskoversicherung) auf. Sie wurden mehrfach den Erfordernissen des internationalen Handels angepasst. Die aktuelle Fassung ist aus dem Jahr 1984. Für Näheres zu den ADS und deren Eigenschaften als AGB wird auf weiterführende Literatur verwiesen.[72]

– Deutsche Transportversicherungsbedingungen: DTV-Güter 2000/2004

70   Zwar wurden im Jahr 2000 die DTV-Güterversicherungsbedingungen 2000 (DTV-Güter 2000), die heute in einer erneut überarbeiteten Form als DTV-Güterversicherungsbedingungen 2000 in der Fassung 2004 (DTV-Güter 2000/2004) vorliegen, sowie zahlreiche neue Klauseln als Ersatz der Besonderen Bedingungen für die Güterversicherung (ADS-Güterversicherung 1973 in der Fassung von 1984) geschaffen, so insbesondere die DTV-ADS 2009 für die Schiffsversicherung sowie in England die International Hull Clauses aus dem Jahr 2003 und die Institute Cargo Clauses aus dem Jahr 2009. Diese neuen Bedingungswerke haben sich allerdings bisher nicht marktweit durchsetzen können. Insbesondere zahlreiche Versicherungsmakler und diverse Versicherungsgesellschaften arbeiten noch mit den ADS-Bedingungen aus dem Jahr 1984, da hierzu umfangreiche, gefestigte Rechtsprechung und marktweit anerkannte Kommentierungen vorliegen. Die DTV-Güter 2000 haben sich in Deutschland durchgesetzt und werden in rund 50% aller Warenversicherungsverträge vereinbart.[73]

---

[71] Ausführliches zum laufenden Projekt „e-Air Waybill (e-AWB)" auf der offiziellen Website der IATA, abrufbar unter: www.iata.org/whatwedo/cargo/e/eawb/Pages/index.aspx.
[72] *Müller-Collin*, Die Allgemeinen Deutschen Seeversicherungsbedingungen (ADS) und das AGB-Gesetz, 1993.
[73] So *Enge/Schwampe*, Transportversicherung, Recht und Praxis, 4. Aufl. 2012, 8.

Abschnitt 4. Allgemeine Geschäftsbedingungen (AGB)

– **Englische Transportversicherungsbedingungen: Institute Cargo Clauses (ICC)**
Die Institute Cargo Clauses (ICC) der International Underwriting Association of London, eine von englischen Versicherungsgesellschaften getragene Einrichtung, können die ADS ergänzen. Es handelt sich um Versicherungsbedingungen für Transportversicherungsverträge primär für Seetransportrisiken, aber auch für Landtransportrisiken. Sie werden von Versicherern auch außerhalb Großbritannien verwendet und sind Bestandteil von Dokumentenakkreditiven, Versicherungspolicen oder Versicherungszertifikaten. Die letzte Fassung der ICC gilt seit dem 1.1.2009, die mehr als 25 Jahre ältere Vorversion aus dem Jahr 1982 findet heute gleichwohl noch Anwendung. Weltweit orientieren sich nahezu alle Transportversicherungen an der Systematik der ICC (ICC A-, ICC B- und ICC C-Klauseln) und der 11-punktigen Gefahrenliste der ICC (Ziff. 1–7 der Gefahrenliste entsprechen auch der Mindestdeckung nach den INCOTERMS). Zusätzlich zu den ICC können Versicherungsklauseln für die Versicherung von Kriegsrisiken (Institute War Clauses), von Gefahren durch Streik (Institute Strike Clauses), für die Absicherung gegen mutwillige Beschädigung oder Zerstörung (Malicious Damages Clauses) oder Warentransportversicherungsbedingungen für bestimmte Versandarten (zB Luft- oder Seetransport) oder von bestimmten Handelsgütern (zB Öl) vereinbart werden (Institute Commodity Clauses). Bei deutschen Transportversicherungen ist es marktüblich, auch die ICC und die zusätzlichen Klauseln zu verwenden. Für Näheres dazu sowie zur Seetransportversicherung im Allgemeinen, wird auf die Ausführungen in → Abschnitt 22 verwiesen. 71

Die Bedingungen für Ausfuhrkreditversicherungen sowie für staatliche Exportversicherungen (Hermesdeckungen), werden detailliert in den → Abschnitten 26 und 27 dargestellt. 72

4. Das auf die Bestimmung von AGB anwendbare Recht. Bei jedem grenzüberschreitenden Rechtsverhältnis, das ein Exportgeschäft zwingend ist, stellt sich die Frage nach welchem nationalen oder möglicherweise internationalen Recht sich bestimmt, ob die verwendeten Vertragsklauseln auch AGB im rechtlichen Sinne sind. Denn bei Verträgen von deutschen Exporteuren ist neben der deutschen Rechtsordnung immer noch mindestens eine weitere ausländische Rechtsordnung betroffen. Das oben unter Rn. 10 bis 21 eingehend beschriebene deutsche Verständnis von AGB ist, wie im Folgenden noch deutlich wird, im Vergleich zu anderen Rechtsordnungen sehr streng und nicht zwingend das maßgebliche Recht zur Beantwortung der Frage, ob eine AGB vorliegt. 73

a) Kein internationales Einheitsrecht. Zunächst ist festzuhalten, dass das AGB-Recht nicht – auch nicht beschränkt auf den europäischen Raum – vereinheitlicht ist. Zwar gibt es eine umgangssprachlich als Klauselrichtlinie bezeichnete EU-Richtlinie zu AGB[74]. Diese behandelt jedoch, wie der Titel schon besagt, nur Verbraucherverträge, dh die für Exportgeschäfte relevanten b2b- und b2g-Bereiche[75] sind darin ausgeklammert. 74

Obwohl es schon seit vielen Jahren konkrete Bestrebungen der EU gibt, ein einheitliches Europäisches Zivilrecht und damit einhergehend auch ein einheitliches europäisches AGB-Recht zu schaffen (zB *Contract Law Action Plan* von Februar 2003 sowie Contract Law and Standard Terms and Conditions Workshop in Brüssel am 19. Januar 2004),[76] wird zumindest nicht in absehbarer Zeit mit einer Umsetzung zu rechnen sein. 75

Auch wenn sich viele deutsche Exporteure eine universell einsetzbare AGB wünschten, können bzw. vielmehr sollten sie nicht zB ein und dieselbe Verkaufs-AGB für den Export von Waren in alle europäischen Länder verwenden. Wegen des unterschiedlichen AGB-Rechts in den verschiedenen Exportländern, müssen AGB für den jeweils anvisierten Ländermarkt maßgeschneidert werden. 76

---

[74] Richtlinie 93/13/EWG des Rates über missbräuchliche Klauseln in Verbraucherverträgen vom 5. April 1993, ABl. L 95 vom 21.4.1993, S. 29 bis 34.
[75] → Rn. 88 f.
[76] Vgl. http://ec.europa.eu/internal _market/contractlaw/2004workshop_en.htm.

77 **b) Maßgeblichkeit des nach Grundsätzen des IPR zu bestimmenden nationalen Rechts.** Ob vorformulierte Vertragsbedingungen nun „AGB" im Sinne des AGB-Rechts sind, bestimmt sich daher nach nationalem Recht und zwar nach dem für den Exportvertrag selbst anwendbaren Recht, dem so genannten Vertragsstatut. Zur Bestimmung des Vertragsstatuts nach den Grundsätzen des Internationalen Privatrechts (IPR),[77] sowie zur Geltung des UN-Kaufrechts (CISG) als Teil des nationalen Rechts bei fehlendem Ausschluss des CISG,[78] wird jeweils auf die ausführlichen Darstellungen in anderen Teilen dieses Handbuchs und weiterführende Literatur verwiesen.

78 **c) Verständnis von AGB nach deutschem, französischem, englischem und US-amerikanischem Recht.** Während nach deutschem Rechtsverständnis jede nicht „ausgehandelte" Vertragsklausel eine AGB ist, selbst wenn sie bei Vertragsschluss – auch ohne schriftliche Fixierung – bloß im Kopf des Verwenders besteht und dieser sie das erste Mal verwendet oder sogar auch nur einmal verwenden will,[79] ist das Verständnis von AGB in anderen Ländern weniger streng.

79 Eine umfassende Darstellung der Rechtslage in allen Ländern kann hier nicht geleistet werden, daher beschränkt sie sich auf die aus deutscher Sicht wichtigsten Exportländer (1) Frankreich, (2) England und (3) die USA.

– Französisches Recht

80 Eine einheitliche Definition von AGB, die meist unter dem Begriff *contrat d'adhésion* diskutiert werden (vereinzelt auch: *conditions générales, formules types du contrat* oder *contrat type*), gibt es nicht. Bis auf vereinzelte zwingende Vorschriften, die allesamt verbraucherschützender Natur sind, gibt es kein ausgewiesenes AGB-Recht. Auch für den hier maßgeblichen *b2b*-Bereich[80] gibt es in Frankreich keine einheitliche Kodifikation. Unklar ist zudem, was ein Unternehmer ist, denn in Frankreich gibt es – anders als im deutschen Recht in den §§ 13, 14 BGB – keine gesetzlichen Hilfsnormen, die Unternehmer und Verbraucher jeweils definieren. Generell gilt für AGB das allgemeine Vertragsrecht des Code Civil. Für Näheres zur Rechtslage in Frankreich wird auf weiterführende Literatur verwiesen.[81]

– Englisches Recht

81 In England gibt es ebenfalls keine einheitliche Terminologie für AGB, auch wenn es – anders als in Frankreich – mit dem Unfair Contract Term Act 1977 (sowie mit dem nur auf Verbraucher anwendbaren und deswegen hier nicht relevanten Fair Trading Act 1973) gesetzliche Reglungen zu AGB gibt. AGB werden meist als *standard term* oder *conditions,* teilweise auch als *standard form contract,* früher auch als *contracts of adhesion* bezeichnet. Haftungsausschlüsse – also die für die Praxis besonders relevanten AGB-Klauseln – werden meist *exemption, exclusion* oder *exception clause* genannt. Da AGB als „normale" Vertragsbedingungen qualifiziert werden, gelten für die Frage, ob solche vorliegen, die allgemeinen Grundsätze des Common Law, insbesondere des Vertragsrechts. Für Näheres zur Rechtslage in Großbritannien wird auf weiterführende Literatur verwiesen.[82]

– US-amerikanisches Recht

82 Ebenso fehlt im US-amerikanischen Recht eine klare Definition von AGB. Uneinheitlich spricht man von *standardized contracts, form contracts* oder *boilerplate clauses.* Das AGB-Recht ist in den USA im UCC (**U**niform **C**ommercial **C**ode) geregelt. Der UCC regelt ein Teilgebiet des amerikanischen Handelsrechts, das auf jedermann, dh nicht nur auf Unternehmer anwendbar ist und nicht nur auf AGB, sondern auf alle Vertragsklauseln An-

---

[77] → Abschnitt 5.
[78] → Abschnitt 2 Rn. 217 sowie *Sieg,* Allgemeine Geschäftsbedingungen im grenzüberschreitenden Geschäftsverkehr, RIW 1997, 811, 812 ff.
[79] → Rn. 11, 20 f.
[80] → Abschnitt 2 Rn. 311.
[81] *Müller/Otto,* Allgemeine Geschäftsbedingungen im internationalen Wirtschaftsverkehr, 1994, S. 129 ff. sowie *Hennemann,* AGB-Kontrolle im UN-Kaufrecht aus deutscher und französischer Sicht, 2001, S. 22 f.
[82] *Müller/Otto,* Allgemeine Geschäftsbedingungen im internationalen Wirtschaftsverkehr, 1994, S. 185 ff.

Abschnitt 4. Allgemeine Geschäftsbedingungen (AGB)

wendung findet. Für Näheres zur Rechtslage in den USA wird auf weiterführende Literatur verwiesen.[83]

5. Rechtliche Konsequenzen bei Vorliegen von AGB. Liegen nach Verständnis des maßgeblichen Rechts AGB vor, bedeutet dies für den Exportvertrag die Anwendbarkeit des – gegenüber dem allgemeinen Vertragsrecht – besonderen, meist strengeren AGB-Rechts, dh die AGB unterliegen neben allgemeinen Wirksamkeitsvoraussetzungen, wie insbesondere den §§ 134, 138 BGB, zusätzlichen besonderen Regelungen hinsichtlich ihrer Einbeziehung in den Hauptvertrag und der Zulässigkeit bestimmter Inhalte. Diese Einbeziehungs- und Inhaltskontrolle stellt meist strengere rechtliche Anforderungen an die Parteien und kann so deren Vertragsgestaltungsfreiheit stark einschränken. Im besonderen Maße gilt dies für die Vereinbarung von Haftungsbeschränkungen (zB summenmäßige Haftungsbegrenzung oder Haftungsfreizeichnung bei Fahrlässigkeit) und Haftungserweiterungen (zB Vertragsstrafe oder pauschalierter Schadensersatz). Nicht zweifelsfrei erscheint die Auffassung, das anwendbare (nationale) AGB-Recht ließe sich selektiv unter Weitergeltung des anwendbaren (nationalen) Rechts im Übrigen abwählen, zB die Wahl deutschen Rechts unter ausdrücklicher Abwahl des strengen deutschen AGB-Rechts: die zwingenden Bestimmungen des AGB-Recht stehen den Parteien nicht zur Disposition, so dass eine selektive Auswahl der bloß gewünschten bzw. die Abwahl der ungewünschten Bestimmungen („Rosinen picken") hinsichtlich der Vorschriften des AGB-Rechts problematisch ist. 83

II. Einbeziehung von AGB

Ob AGB wirksam vereinbart sind, hängt davon ab, ob sie wirksam in die Verträge des Exportgeschäfts einbezogen worden sind. Sind AGB nicht wirksam einbezogen, sind die betroffenen AGB-Klauseln auch nicht Vertragsinhalt, so dass ggf. eine ausdrückliche Regelung über einen Gegenstand dieser AGB wie zB über die Rechtswahl oder einen Gerichtsstand fehlt. 84

Empirischen Untersuchungen zufolge bereitet die wirksame Einbeziehung von AGB im internationalen Wirtschaftsverkehr größere Schwierigkeiten und misslingt oft, denn AGB werden in der Praxis meist keine große Aufmerksamkeit geschenkt oder selbst wenn, sind dem Verwender die Einbeziehungsvoraussetzungen des jeweils anwendbaren Rechts oft nicht bekannt und er handhabt die Einbeziehung von AGB stattdessen wie bei einem nationalen Geschäft.[84] 85

Die Einbeziehungsvoraussetzungen können indes stark variieren, je nachdem, welches Recht auf die Einbeziehungsvoraussetzungen anwendbar ist und je nachdem, wer Vertragspartner des deutschen Exporteurs ist, kann der anzuwendende Prüfungsmaßstab unterschiedlich streng sein. 86

1. Vertragspartner des deutschen Exporteurs. Die potentiellen Vertragspartner eines deutschen Exporteurs können in drei Gruppen unterteilt werden: (a) ausländische Unternehmen, (b) ausländische Regierungen oder (c) ausländische Verbraucher (= Endkunden). 87

a) Business-to-business (b2b). Im Regelfall schließt ein deutscher Exporteur (= Unternehmer) mit einem ausländischen Unternehmen das Exportgeschäft ab. Aus diesen Gründen liegt der Fokus der folgenden rechtlichen Darstellung auch auf den so genannten *business-to-business*-Geschäften (*b2b*-Geschäfte), bei denen beide Vertragspartner private Wirtschaftsunternehmen sind. 88

b) Business-to-government (b2g). Ferner sind auch Verträge deutscher Unternehmen mit ausländischen Regierungen – auch wenn sie nicht den Regelfall darstellen – bedeutsam für das deutsche Exportgeschäft. Diese sog. *business-to-government*-Geschäfte (*b2g*-Geschäfte) unterliegen generell denselben rechtlichen Regelungen wie den *b2b*-Geschäften, 89

---

[83] *Munz*, Allgemeine Vertragsbedingungen in den USA und Deutschland im Handelsverkehr, 1992, S. 27 ff.
[84] Zu den Untersuchungen *Sosa*, S. 58 ff.

jedoch mit der Besonderheit, dass die Vergabe öffentlicher Aufträge durch öffentliche Auftraggeber meist besonderen vergaberechtlichen Regeln und Vorschriften unterliegt. Auf letztere wird im Folgenden allerdings nicht näher eingegangen, da diese nicht Gegenstand dieses Abschnitts zum AGB-Recht sind.

90 **c) Business-to-consumer (b2c).** Aus Gründen der Klarstellung sei angemerkt, dass das im Exportgeschäft eher seltene Endkundengeschäft mit Verbrauchern (*business-to-consumer*, kurz: *b2c*) aus Gründen des Verbraucherschutzes anderen, für den Exporteur deutlich strengeren Regeln unterliegt, nach denen die Einbeziehung und Wirksamkeit von AGB geprüft wird. Auf diese Regelungen wird hier jedoch – wegen der geringen Praxisrelevanz – nicht näher eingegangen.

91 **2. Anwendbares Recht zur Überprüfung der Wirksamkeit der Einbeziehung.** Da es kein international vereinheitlichtes AGB-Recht gibt,[85] ist bei grenzüberschreitenden Sachverhalten das für die Überprüfung der Wirksamkeit der Einbeziehung anwendbare Recht nach den Grundsätzen des IPR zu bestimmen. Nach Art. 31 EGBGB bestimmt sich das Zustandekommen und die Wirksamkeit eines Vertrages oder einer seiner Bestimmungen nach einem einheitlichen Recht, dh die Frage der Einbeziehung von AGB beurteilt sich nach demselben Recht wie das Zustandekommen des Exportvertrags. Die Bestimmung des Vertragsstatuts erfolgt nach den Grundsätzen des Internationalen Privatrechts (IPR).[86]

92 Handelt es sich um AGB für einen Exportkaufvertrag, kann es bei Vorliegen der Voraussetzungen zur Anwendung des UN-Kaufrechtsübereinkommen (CISG) kommen, sofern es nicht wirksam ausgeschlossen wurde.[87] Im Folgenden werden daher zunächst die Einbeziehungsvoraussetzungen nach CISG dargestellt (dazu Ziff. 3). Relevant für einen deutschen Exporteur ist zudem die Kenntnis der Einbeziehungsvoraussetzungen nach deutschem Recht (dazu Ziff. 4). Die Erläuterung der Voraussetzungen nach anderen Rechtsordnungen kann notwendigerweise nur selektiv, daher hier nur am Beispiel des französischen, englischen und US-amerikanischen Rechts erfolgen (dazu Ziff. 5).

93 **3. Einbeziehung nach dem UN-Kaufrechtsübereinkommen.** Nach den bereits erwähnten empirischen Untersuchungen, fehlt es mangels wirksamer Einbeziehung von AGB in der Praxis oft an einer, meist in den AGB vorgenommenen Rechtswahl oder die Rechtswahl schließt die Anwendbarkeit des UN-Kaufrechtsübereinkommens (CISG), das Teil des nationalen Rechts seiner Vertragsstaaten ist, nicht wirksam aus. Folglich kommt es häufiger als gewollt zur Anwendbarkeit des CISG.

94 **a) Anwendung autonomer Regelungen.** Unterliegt das Vertragsstatut dem CISG, beurteilt sich die Frage der Einbeziehung von AGB autonom nach dem CISG mit der Folge, dass Einbeziehungsvoraussetzungen nach nationalem Recht verdrängt werden. Spezielle Vorschriften zur Einbeziehung von AGB sieht das CISG nicht vor, da die für den allgemeinen Vertragsschluss geltenden Regelungen, dh Vertragsschluss bei zwei übereinstimmenden Willenserklärungen (Angebot und Annahme), von den Verfassern für ausreichend gehalten wurden.[88]

95 **b) Allgemeine Einbeziehungsvoraussetzungen.** Im internationalen Geschäftsverkehr sind die Anforderungen an die Einbeziehung von AGB generell strenger als im nationalen Geschäftsverkehr. Die deutsche Rechtsprechung verlangt bei Kaufverträgen, die dem CISG unterfallen, dass der Verwender dem Vertragspartner die AGB übersendet oder auf andere Weise zugänglich macht.[89] Im nicht vereinheitlichten autonomen AGB-Recht wird diese Voraussetzung nicht verlangt.[90]

---

[85] Rn. 74 f.
[86] → Abschnitt 6.
[87] → Abschnitt 2 Rn. 217.
[88] Vgl. UNICITRAL Yearbook 1978, S. 81 Nr. 278, abrufbar unter www.uncitral.org/en-index.htm.
[89] *BGH* NJW 2002, 370, 371.
[90] → Rn. 10.

Abschnitt 4. Allgemeine Geschäftsbedingungen (AGB)

Eine Erkundigungsobliegenheit des ausländischen Vertragspartners besteht nicht, denn eine „*duty to notify*" (des Verwenders) widerspräche den allgemeinen Informationspflichtengrundsätzen sowie dem Grundsatz von Treu und Glauben *(„good faith")* des Art. 7 CISG.[91] **96**

Die AGB müssen zudem in der Verhandlungs- bzw. Vertragssprache vorliegen. AGB müssen so gestaltet sein, dass der Empfänger sie in zumutbarer Weise zur Kenntnis nehmen kann.[92] Wurde in mehreren Sprachen verhandelt, so ist jede dieser Sprachen Verhandlungssprache.[93] Eine allgemeine Regelung dahingehend, dass das Abfassen von AGB in einer so genannten „Weltsprache", die nicht Vertrags- oder Verhandlungssprache ist, zulässig ist, besteht im CISG nicht. Daher kommt es nicht auf die Klärung der Frage an, was überhaupt unter „Weltsprache" zu verstehen ist, insbesondere, ob nicht nur Englisch, sondern ggf. auch alle weiteren offiziellen UN Sprachen wie Französisch, Spanisch, Russisch, Arabisch und Chinesisch darunter fallen. **97**

c) Gepflogenheiten. Haben der Verwender und sein ausländischer Vertragspartner bereits mehrfach in gleicher Weise Verträge unter Einbeziehung von ein und derselben AGB geschlossen, gelten diese AGB bei einem erneuten Angebot der gleichen Art auch ohne Übersenden der AGB – allerdings nur bei entsprechender Annahme des Vertragspartners – als einbezogen. Denn nach Art. 8 Abs. 3, 14 CISG sind die zwischen Parteien entstandenen Gepflogenheiten (Art. 9 CISG) zu berücksichtigen. Für die Annahme von Gepflogenheiten ist allerdings eine gewisse Häufigkeit und Dauer der Übung erforderlich.[94] **98**

d) Handelsbräuche. Während es bei den Gepflogenheiten auf die Übung zwischen den Parteien ankommt, beziehen sich Handelsbräuche auf die Usancen im betroffenen Verkehrskreis.[95] Verwendet der deutsche Exporteur AGB, die Handelsbräuche wiedergeben, gelten diese AGB ebenfalls nach Art. 8 Abs. 3, 14 iVm Art. 9 CISG auch ohne ausdrückliche Übersendung als Angebot, wenn sich – in objektiver Hinsicht – die betroffenen Regelungen auf den internationalen Handel beziehen, einen hohen Bekanntheitsgrad in der betreffenden Branche genießen und regelmäßig Beachtung finden sowie – in subjektiver Hinsicht – die Vertragsparteien den Handelsbrauch kennen oder zumindest kennen müssen.[96] **99**

Damit die Einbeziehung der AGB erfolgt, muss der Vertragspartner dieses Angebot annehmen. Die Annahme muss nicht ausdrücklich, sie kann auch konkludent (zB durch Übersenden der Ware) oder durch Handelsbräuche erklärt werden (Art. 18 CISG). **100**

Als Handelsbrauch kann auch die Einbeziehung von durch Verbände oder die Internationale Handelskammer standardisierten Bedingungen in Verträge des Exportgeschäfts erfolgen, wenn ein entsprechender Handelsbrauch besteht. **101**

e) Schweigen als rechtliches Nullum. Anders als in manchen nationalen Rechtsordnungen (zB im deutschen Recht[97]) gilt im CISG ein Schweigen generell, dh auch im kaufmännischen Verkehr, als rechtliches Nullum.[98] Bloßes Schweigen des Vertragspartners auf einseitig eingeführte Geschäftsbedingungen reicht daher nicht aus für die Einbeziehung von AGB. Folglich sind AGB, auf die in Rechnungen oder Auftragsbestätigungen einseitig hingewiesen werden, nicht wirksam einbezogen, wenn der Vertragspartner daraufhin schweigt. Das gilt auch wenn der Verwender aufgrund einer Gepflogenheit oder eines Handelsbrauchs auf die Übersendung der AGB verzichten durfte.[99] Denn das Vorliegen einer Ge- **102**

---

[91] *Berger*, 2005, S. 34 mwN.
[92] Staudinger-*Magnus*, 1999, Art. 14 CISG Rn. 41.
[93] Witz/Salger/Lorenz-*Witz*, 2000, Vor Art. 14–24 CISG Rn. 13.
[94] *Schlechtriem/Schwenzer*, Kommentar zum einheitlichen UN-Kaufrecht, Art. 9 Rn. 8.
[95] → Abschnitt 5 Rn. 169 ff.
[96] Witz/Salger/Lorenz-*Witz*, 2000, Art. 9 Rn. 7 f.
[97] → Rn. 109 f.
[98] Art. 18 Abs. 1 S. 2 CISG.
[99] → Rn. 98 und Rn. 99.

pflogenheit oder eines Handelsbrauchs lässt nicht das Erfordernis einer (übereinstimmenden) Willenserklärung obsolet werden.

103 Aus denselben Gründen gelten für eine Einbeziehung von AGB nach dem CISG auch nicht die aus dem deutschen Recht bekannten Grundsätze des kaufmännischen Bestätigungsschreibens.[100]

104 **4. Einbeziehung nach deutschem Recht. a) Allgemeine Einbeziehungsvoraussetzungen.** Angesichts der vom deutschen Gesetzgeber vorausgesetzten erhöhten Verantwortlichkeit der Kaufleute für ihre eigenen Geschäfte, sind die Anforderungen an eine wirksame Einbeziehung von AGB im kaufmännischen Verkehr geringer als im Geschäftsverkehr mit Verbrauchern. Während dort gemäß § 305 Abs. 2 BGB grundsätzlich sowohl ein ausdrücklicher Hinweis auf die AGB, die Verschaffung der Möglichkeit zur Kenntnisnahme sowie das Einverständnis der anderen Vertragspartei erforderlich ist, kommt es nach § 310 Abs. 1 Satz 1 BGB im kaufmännischen Verkehr allein darauf an, ob eine vertragliche Einigung der Vertragsparteien über die Einbeziehung der AGB vorliegt.

105 Für die Einigung über die Einbeziehung von AGB gelten die allgemeinen vertragsrechtlichen Grundsätze. Sie kann somit ausdrücklich erfolgen oder sich aus den Umständen ergeben. Dabei kommt es nicht darauf an, ob der Vertragspartner den Inhalt der AGB kennt;[101] dem entsprechenden Schreiben müssen sie nicht beigefügt werden.[102] Allerdings muss der Verwender dem Vertragspartner gegenüber die AGB klar und unverwechselbar bezeichnen, damit dieser in der Lage ist, sich Kenntnis von den AGB zu verschaffen.[103]

106 Für Rahmenvereinbarungen gilt, dass diese mittels dynamischer Verweisung auf die jeweils geltende AGB-Fassung Bezug nehmen können. In diesem Fall wird der Verwender gemäß einer vertraglichen Nebenpflicht für verpflichtet gehalten, den Vertragspartner unverzüglich über eine Neufassung seiner AGB zu informieren.

107 Für die Einbeziehung durch schlüssiges Verhalten wird verlangt, dass der Verwender erkennbar auf seine AGB hinweist und der andere Vertragspartner der Einbeziehung nicht widerspricht.[104] Der Hinweis hat während der Verhandlungen über den konkret betroffenen Vertrag zu erfolgen; der Hinweis in alten Rechnungen oder bei früheren Geschäften reicht auch dann nicht aus, wenn bei diesen auf die Geltung für künftige Geschäfte hingewiesen wurde.[105]

108 **b) Laufende Geschäftsbeziehungen.** Laufende Geschäftsbeziehungen sind für sich genommen kein Grund für eine stillschweigende Einbeziehung von AGB. Vielmehr ist im Einzelfall auszulegen, ob dies erfolgt ist. Eine konkludente Einbeziehung liegt etwa vor, wenn der Verwender klargestellt hat, dass er künftige Geschäfte ausschließlich zu seinen AGB abschließen will[106] oder die eine Seite einen immer wiederkehrenden Hinweis auf die AGB der anderen Seite unwidersprochen gelassen hat.[107] Beispiele werden im Einzelnen dargestellt bei Berger.[108]

109 **c) Kaufmännisches Bestätigungsschreiben.** Im kaufmännischen Geschäftsverkehr reicht es nach erfolgtem mündlichen Vertragsabschluss aus, wenn der Verwender dem Vertragspartner ein kaufmännisches Bestätigungsschreiben (KBS) sendet, in welchem er ausdrücklich auf die Geltung seiner AGB hinweist und der Vertragspartner dieses Schreiben ohne Einwand hinnimmt, es sei denn der Inhalt der AGB weicht erheblich vom mündlich Vereinbarten ab.[109]

---

[100] → Rn. 99.
[101] *BGH* NJW 1976, 1887.
[102] *BGH* NJW 1982, 1750.
[103] BGHZ 102, 304.
[104] BGHZ 117, 193.
[105] BGHZ 117, 190.
[106] *BGH* NJW-RR 2002, 1027.
[107] *BGH* NJW 1978, 2243.
[108] Vgl. *Berger,* 2006, S. 36 f.
[109] *BGH* NJW 1976, 1886; *BGH* NJW 1982, 1750.

Selbst wenn nicht deutsches, sondern ausländisches Recht Vertragsstatut ist, kann es zugunsten einer deutschen Vertragspartei zur Anwendung der deutschen Grundsätze zum Bestätigungsschreiben kommen, so dass das bloße Schweigen auf ein KBS zu einer Einbeziehung von AGB führt.[110]

d) Auftragsbestätigung. Schweigen auf eine Auftragsbestätigung, in der auf eine AGB hingewiesen wird, führt nicht zu deren Einbeziehung. Rechtlich ist die Auftragsbestätigung eine Annahmeerklärung unter Erweiterungen und/oder Änderungen und stellt daher nach § 150 Abs. 2 BGB ein neues Angebot dar. Solange der Vertragspartner die AGB nicht annimmt, sind diese nicht einbezogen. Eine Annahme kann allerdings auch konkludent erfolgen, zB durch die Entgegennahme und Ingebrauchnahme der Ware.

e) Branchenüblichkeit. Im kaufmännischen Verkehr können AGB auch ohne ausdrückliche Einbeziehungsvereinbarung Vertragsbestandteil werden, wenn beide Parteien aus derselben Branche kommen und die AGB branchenüblich sind. Anerkannt ist dies für die AGB-Banken im Verkehr der Banken untereinander, für die ADSp, für Konnossementsbedingungen sowie für AGB kommunaler Hafenbetreiber und Flughafenunternehmen. Auch eine branchenübliche Klausel über einen einfachen Eigentumsvorbehalt kann in einer laufenden Geschäftsverbindung ohne Einbeziehungsvereinbarung zum Vertragsbestandteil werden, wenn der Verwender in Rechnungen auf diesen Eigentumsvorbehalt hinweist und die Gegenseite keine dagegen gerichtete Abwehrklausel verwendet.[111]

Werden branchenübliche AGB indes gegenüber Branchenunkundigen verwendet oder widerspricht ein branchenkundiger Vertragspartner der Einbeziehung, gilt der genannte Grundsatz ausnahmsweise nicht.[112]

f) Handelsbrauch. Auch die zum Handelsbrauch erstarkten AGB werden ohne irgendeine Form der Einbeziehung nach § 346 HGB Vertragsbestandteil. Als Handelsbrauch anerkannt sind nur die Allgemeinen Deutschen Seeversicherungsbedingungen (ADS[113]), die Tegernseer Gebräuche im Holzhandel und einzelne Klauseln der Einheitlichen Richtlinien und Gebräuche für Dokumenten-Akkreditive (ERA 600[114]). Kein Handelsbrauch hingegen sind die Allgemeinen Deutschen Spediteurbedingungen (ADSp[115]).

Der Vertragspartner kann jederzeit einer Einbeziehung der zum Handelsbrauch erstarkten AGB widersprechen.

5. Einbeziehung nach anderen nationalen Rechtsordnungen. a) Französisches Recht. Die Wirksamkeit der Einbeziehung von AGB richtet sich im französischen Recht nach dem Code Civil, der gleichermaßen auf Verbraucher wie Unternehmer anwendbar ist (→ Rn. 80). Für das Zustandekommen eines *contrat d'adhésion* reicht es nicht aus, wenn der Verwender bloß auf die AGB hinweist. Der Verwender muss vielmehr beweisen, dass sein Vertragspartner die AGB oder die relevanten AGB-Klauseln kennt.

Üblicherweise wird eine ausdrückliche Einbeziehung von AGB durch den Zusatz „*lu et approuvé*" (gelesen und einverstanden) neben der Unterschrift der Parteien deutlich gemacht. Der Beweis für eine stillschweigende Einbeziehung von AGB hingegen ist in der Praxis sehr schwer zu erbringen. Im französischen Recht wird mit Hilfe von widerleglichen Vermutungen gearbeitet. Beispielsweise wird bei Abdruck von AGB auf der Rückseite eines Angebots oder einer Auftragsbestätigung die Einbeziehung widerleglich vermutet, sofern ein klarer Hinweis auf das Vorhandensein besteht, zB auf der Vorderseite des Dokuments.

Nach französischem Recht gelten zudem besondere Formvorschriften zur Einbeziehung von AGB. So werden AGB grundsätzlich nur dann wirksam in den Vertrag einbezogen,

---

[110] So *LG Heidelberg* IPrax 1987, 11, 12: Sonderanknüpfung bei schweizerischem Vertragsstatut.
[111] Bei den AGB-Banken: *BGH* WM 2004, 1177; *BGH* NJW 1985, 1838, 1840; *BGH* NJW 1979, 2199.
[112] Bei den ADSp: *BGH* WM 1980, 789; *BGH* NJW 1976, 2075.
[113] → Rn. 69.
[114] → Rn. 55.
[115] → Rn. 61 f.

wenn sie in französischer Sprache bereitgestellt werden. Gerichtsstandvereinbarungen müssen in Druckbuchstaben geschrieben werden oder anderweitig deutlich hervorgehoben sein. Dasselbe gilt für Eigentumsvorbehaltsklauseln.

119   In Einzelfällen kann auch Schweigen auf eine übersandte AGB als Zustimmung gewertet werden, jedoch nur wenn die folgenden Voraussetzungen vorliegen: (1) wenn es sich bei den AGB-Klauseln um interpretierende, aber nicht vertragsändernde AGB handelt, (2) wenn bzgl. des Schweigens eine entsprechende Verkehrssitte oder ein Handelsbrauch besteht, die zudem beiden Parteien bekannt sein muss, und (3) zuvor Vertragsverhandlungen stattgefunden haben, bei denen die AGB vorgelegt und zur Kenntnis gebracht worden sind.

120   Für die deutsch-französische Geschäftspraxis ist es schließlich wichtig zu wissen, dass – anders als im deutschen Recht – die Branchenüblichkeit einer AGB für eine Einbeziehung nicht ausreicht. Selbst stark etablierte AGB wie die Banken-AGB oder die ADSp müssen – im Zweifel ausdrücklich – einbezogen werden.

121   **b) Englisches Recht.** Unproblematisch ist die Einbeziehung von AGB nach dem *Unfair Contract Term Act* 1977 des englischen Rechts, wenn die AGB-Klauseln in den Hauptvertrag integriert werden und dieser von den Parteien unterschrieben wird. Es kommt dann nicht darauf an, ob der Vertragspartner die AGB-Klauseln des Verwenders überhaupt gelesen oder gar verstanden hat, selbst wenn sie in einer ihm unbekannten Sprache verfasst sind. Es sei denn der Verwender hat den Vertragspartner arglistig getäuscht *(„fraud")* oder dem Vertragsgegenstand fehlt eine vom Verwender zugesicherte Eigenschaft *(„misrepresentation")*.

122   Sind die AGB hingegen nicht Teil des Hauptvertrages (zu den verschiedenen Erscheinungsformen, → Rn. 26 ff.), sind diese nur dann wirksam einbezogen, wenn sie dem Vertragspartner spätestens bei Vertragschluss in schriftlicher Form *(„contractual document")* und in verständlicher Weise zur Kenntnis gebracht worden sind *(„reasonable sufficiency of notice")*. Ein erkennbarer Hinweis auf der Vorderseite eines Dokuments über den Abdruck auf der Rückseite reicht dabei aus. Nicht ausreichend ist hingegen ein Hinweis auf nicht beigefügte AGB, auch wenn sie allgemein zugänglich sind (zB Abdruck in einem Katalog).

123   Im englischen Recht können – wie im deutschen Recht – AGB auch ohne ausdrückliche Einbeziehung Vertragsbestandteil werden, wenn es den Gepflogenheiten der Parteien *(„course of dealing")* oder einem anerkannten Handelsbrauch *(„custom, usage")* entspricht (zu den Begriffen, → Rn. 99, 114).

124   Anders als im deutschen Recht setzt jedoch ein wirksamer Vertragsschluss – und damit die wirksame Einbeziehung von AGB – nicht nur die Willensübereinkunft der Parteien voraus, sondern das englische Vertragsrecht fordert als Besonderheit im Gegenzug für jedes Vertragsversprechen die Erbringung einer korrespondierenden Gegenleistung *(„consideration")*. Aus diesem Grund können keine einseitigen Vertragsänderungen wie etwa durch das nachträgliche Einbeziehen von AGB vorgenommen werden, es sei denn die AGB enthalten auch begünstigende Klauseln für den Vertragspartner, die als Gegenleistung des Verwenders zu werten sind.

125   Aus diesem Grund ist auch das Schweigen auf ein KBS, das auf die Geltung von neuen AGB hinweist, grundsätzlich nicht als Zustimmung zu deren Einbeziehung zu werten. Etwas Anderes gilt indes, wenn der Vertragspartner seine Zustimmung zu dieser Vertragsänderung erklärt, zB indem er die ihm obliegenden Vertragspflichten erfüllt (Zustimmung durch schlüssiges Verhalten).

126   **c) US-amerikanisches Recht.** Die Einbeziehung von AGB nach US-amerikanischem Recht richtet sich bei Warenkäufen nach den Vorschriften des *Uniform Commercial Code* (UCC) und im Übrigen nach den Regeln des *Common Law*. Im Wesentlichen folgt das US-amerikanische Recht den Grundsätzen des englischen Rechts. Daher wird nur auf die Unterschiede zum englischen Recht eingegangen, im Übrigen wird auf die Darstellung unter → Rn. 121 ff. verwiesen.

Abschnitt 4. Allgemeine Geschäftsbedingungen (AGB)

Wie im englischen Recht können AGB ausdrücklich oder konkludent (*„acceptance by silence"*) einbezogen werden. Bei bestehenden Gepflogenheiten (*„prior course of dealing"*) oder Handelsbräuchen (*„usage of trade"*) ist eine Einbeziehung entbehrlich. Es sei denn, und das ist im englischen Recht nicht ausdrücklich geregelt, die neu eingebrachten AGB-Klauseln sind ungewöhnlich oder unangemessen. 127

Zudem gilt im US-amerikanischen Recht, anders als im englischen Recht, das Schweigen auf ein kaufmännisches Bestätigungsschreiben als Ablehnung. 128

6. Sonderproblem: Kollision einander widersprechender AGB. In der Praxis wollen meist beide Vertragspartner ihre AGB verwenden, so dass es zur Kollision von einander widersprechenden AGB kommen kann – das Problem wird meist unter dem Stichwort: *battle-of-forms* behandelt. 129

Das CISG sieht keine ausdrückliche Lösung für dieses Problem vor. Es beruht aber maßgeblich auf dem Gedanken, dass der Wille der Parteien im Zweifel dahin geht, von der Wirksamkeit des Vertrags auszugehen, was teilweise aus Art. 9 CISG abgeleitet wird. Teilweise wird daher – auch in Einklang mit der Rspr. und den Regelungen in verschiedenen nationalen Rechtsordnungen – argumentiert, die einander widersprechenden AGB gälten nur insoweit, wie sie übereinstimmende Teile enthielten; im Hinblick auf AGB-Bestandteile, die zueinander in Widerspruch stehen, gäbe es hingegen keine wirksame Vereinbarung. Diese Lösung, die mal als Prinzip der Kongruenzgeltung, als Restgültigkeitstheorie oder als *knock-out-rule* bezeichnet wird, entspricht auch der neueren deutschen Rspr. 130

Nach anderer Ansicht, die früher in Deutschland überwiegend vertreten wurde und international wohl auch heute noch vorherrschend ist, kommt ein Vertrag mit dem Inhalt der zuletzt in Bezug genommenen AGB zustande, da darin eine Ablehnung mit einem neuen Angebot zu sehen ist, das der Vertragspartner mit dem Beginn der Vertragsdurchführung konkludent annimmt, sog. Theorie des letzten Wortes. 131

Es gibt kein allgemeingültiges Lösungsmodell. Nach deutschem Recht gilt, dass die AGB beider Parteien nur Vertragsbestandteil werden, soweit sie übereinstimmen. Außerhalb dieses Kongruenzbereichs liegt ein offener Dissens zwischen den Vertragsparteien vor, dennoch ist der Vertrag nicht gemäß § 154 BGB unwirksam, weil und sofern der Wille der Vertragsparteien vorliegt, den Vertrag auch ohne die nicht einbezogenen AGB aufrecht zu erhalten. Ein solcher Wille kommt darin zum Ausdruck, dass die Parteien die Vertragsparteien mit der Vertragsdurchführung beginnen.[116] Für die der CISG unterfallenden Verträge gilt Entsprechendes.[117] Besonderheiten gelten für Eigentumsvorbehaltsklauseln.[118] 132

7. Einbeziehung in elektronisch geschlossene Verträge. Besonderheiten bei der Einbeziehung von AGB ergeben sich bei elektronischen Verträgen. Für eine Darstellung des *E-Commerce* unter Berücksichtigung von AGB wird auf → Abschnitt 9 verwiesen. 133

III. Inhaltskontrolle

Sind AGB ordnungsgemäß in den Exportvertrag einbezogen, stellt sich die Frage nach der Wirksamkeit der Inhalte. Die Prüfung erfolgt dabei selbstständig für jede AGB-Klausel einzeln. 134

1. Auslegung vor Inhaltskontrolle. Die Inhaltskontrolle bezieht sich auf den erklärten Inhalt der Klausel. Deshalb hat jeder Inhaltskontrolle eine Auslegung der Klausel vorauszugehen, mit der festzustellen ist, welchen genauen Inhalt eine Klausel hat. Nach welchem Recht auszulegen ist, richtet sich auch hier nach dem Vertragsstatut, das nach den Grundsätzen des IPR zu ermitteln ist. 135

Im Wesentlichen lassen sich zwei international anerkannte Auslegungsregeln feststellen: 136

---

[116] *BGH* NJW 1991, 1606.
[117] *BGH* NJW 2002, 1651.
[118] → Rn. 173 ff.

1. Individualabreden haben Vorrang gegenüber AGB.
2. Unklarheiten in AGB-Klauseln gehen zu Lasten des Verwenders.

Im deutschen Recht sind diese Auslegungsregeln in §§ 305b, 305c Abs. 2 BGB festgelegt.[119]

137 **2. Schranken der Inhaltskontrolle.** In der Regel unterliegt jede AGB-Klausel der Inhaltskontrolle nach dem jeweils anwendbaren AGB-Recht. Dazu zählen auch standardisierte AGB-Klauseln oder Klauselwerke. Standardisierte Klauseln sind daher nicht *per se* „bestandssicher", dh sie halten nicht zwingend einer Inhaltskontrolle stand, zumal die Prüfungsmaßstäbe je nach anwendbarem Recht unterschiedlich streng sind.

138 Beispiel:
Die Allgemeinen Deutschen Spediteurbedingungen (ADSp) enthielten in der Fassung von 1998 in § 24 eine Klausel, die eine Begrenzung der Haftung für grob fahrlässige und vorsätzliche Schadensverursachung durch einfache Erfüllungsgehilfen vorsah.

Diese Klausel ist nach deutschem AGB-Recht, konkret nach § 307 Abs. 2 Nr. 2 BGB, unwirksam, da sie nicht den Vorbehalt aufwies: „Die Haftung kann auch in den Fällen nicht begrenzt werden, in denen eine fahrlässige Verletzung wesentlicher Vertragspflichten in Rede steht." Denn die in § 24.1.2 ADSp vorgesehene Begrenzung des Schutz- und Obhutspflichten des Lagerhalters auf 10.000,00 DM reicht bei weitem nicht aus und widerspricht dem gesetzlichen Leitbild seiner Haftung auch für vermutetes Verschulden seines Erfüllungsgehilfen, wie es in § 475 HGB und § 278 BGB seinen Niederschlag gefunden hat.

139 AGB unterliegen einer Inhaltskontrolle jedoch nicht, wenn ihr Inhalt sich mit dem Inhalt einer Rechtsvorschrift nach Wortlaut oder Sinn deckt, dh wenn sie als sog. **deklaratorische Klausel** eine gesetzliche Vorschrift lediglich wiederholt, die ohnehin auf den Vertrag anzuwenden wäre, sofern man sich die (inhaltsgleiche) Klausel wegdenkt. Im deutschen Recht ist dieser Grundsatz in § 307 Abs. 3 S. 1 BGB verankert, nach dem die Generalklausel des § 307 Abs. 1 BGB und die Regelbeispiele nach § 307 Abs. 2 BGB nur anwendbar sind, wenn durch AGB von Rechtsvorschriften *abweichende* Regelungen vereinbart werden. Deklaratorische AGB-Klauseln können insbesondere dann vorliegen, wenn deren Inhalt mit Einheitsrecht, EG-Recht oder mit bereits bestehenden Handelsbräuchen übereinstimmt.

140 **a) Übereinstimmung mit internationalem Einheitsrecht.** AGB-Klauseln, die lediglich wiederholen, was nach einem internationalen Übereinkommen ohnehin gelten würde, unterliegen keiner Inhaltskontrolle, vorausgesetzt das jeweilige Übereinkommen ist auf das Vertragsverhältnis anwendbar. Im Einzelfall kann die Umsetzung dieses Grundsatzes jedoch schwierig sein, wenn die AGB nur einen Teil des auch anwendbaren internationalen Abkommens wiedergeben, wie in einem BGH-Fall, in dem die Allgemeinen Beförderungsbedingungen für Fluggäste und Gepäck nur teilweise Bestimmungen des Warschauer Abkommens zur Vereinheitlichung von Regeln über die Beförderung im internationalen Luftverkehr wiedergegeben haben.[120]

141 **b) Übereinstimmung mit EG-Recht.** Entsprechendes gilt, wenn AGB den Inhalt von gemeinschaftsrechtlichen Rechtsvorschriften wörtlich oder sinngemäß wiedergeben.[121] Relevant wird dies, wenn die EU bzw. deren Organe privatrechtliche Verträge unter Verwendung ihrer eigenen AGB abschließen. Da die gemeinschaftsrechtliche Regelung auf den betroffenen Vertrag direkt anwendbar sein muss, damit der Inhalt der AGB als rein deklara-

---

[119] Für eine detaillierte Darstellung der Auslegungsgrundsätze, vgl. *Schultheiß*, S. 37 ff. (zum CISG); Palandt/*Grüneberg*, BGB, § 305b und § 305c (zum deutschen Recht); *Müller/Otto*, S. 145 ff. (zum französischen Recht) und S. 192 ff (zum englischen Recht); *Munz*, S. 39 f. und S. 111 f. (zum US-amerikanischen Recht).
[120] BGHZ 86, 284, 288.
[121] *BGH* NJW-RR 1993, 691.

Abschnitt 4. Allgemeine Geschäftsbedingungen (AGB)

torisch angesehen werden kann, kommen als gemeinschaftsrechtliche Vorschriften vornehmlich Verordnungen in Betracht, die nach Art. 189 Abs. 3 EGB unmittelbare Wirkung haben.

c) Übereinstimmung mit bestehenden Handelsbräuchen. AGB-Klauseln, die lediglich 142 den Inhalt eines bestehenden Handelsbrauchs wiedergeben, sind ebenfalls aus dem Anwendungsbereich der Inhaltskontrolle ausgenommen. Auch wenn Handelsbräuche keine Rechtsvorschriften sind, ist ihre rechtliche Bedeutung ähnlich. Deshalb ist der Inhalt solcher AGB-Klauseln ebenfalls rein deklaratorischer Natur. Im deutschen Recht findet der Rechtsgedanke des § 307 Abs. 3 S. 1 BGB entsprechende Anwendung.

3. Grundsätze der Inhaltskontrolle. a) Anwendbares Recht. Die Frage der Inhaltskon- 143 trolle von AGB richtet sich – auch wenn das CISG Vertragsstatut ist – nach dem aufgrund des IPR subsidiär anwendbaren nationalen Recht. Denn das CISG regelt nur das Zustandekommen von Verträgen bzw. die Einbeziehung von AGB, aber nicht die Gültigkeit von Verträgen bzw. einzelner AGB-Klauseln.[122] Für die Inhaltskontrolle kommt es daher auf die Regelungen des nationalen Rechts an, die hier exemplarisch in ihren Grundzügen dargestellt werden.

b) Deutsches Recht. Im kaufmännischen Geschäftsverkehr erfolgt die Inhaltskontrolle 144 von AGB-Klauseln nach Maßgabe der Generalklausel in § 307 BGB. Die Klauselverbote der §§ 308, 309 BGB gelten nicht, allerdings sind sie gemäß § 310 Abs. 1 S. 2 BGB im Rahmen der Prüfung nach § 307 BGB anzuwenden. Dies bedeutet, dass sie über die Generalklausel und Regelbeispiele des § 307 BGB auch im kaufmännischen Verkehr Bedeutung erlangen. Überdies ist nach § 310 Abs. 1 S. 2 Hs. 2 BGB auf die im Handelsverkehr geltenden Gewohnheiten und Gebräuche angemessen Rücksicht zu nehmen.

Nach § 307 Abs. 1 BGB halten solche AGB einer inhaltlichen Kontrolle nicht stand, die 145 den Vertragspartner unangemessen benachteiligen. Eine solche Benachteiligung liegt vor, wenn der Verwender missbräuchlich versucht eigene Interessen auf Kosten des Vertragspartners durchzusetzen, ohne von vornherein die Interessen seines Vertragspartners hinreichend zu berücksichtigen und ihm einen angemessenen Ausgleich zuzugestehen.

§ 307 Abs. 2 BGB gibt Regelbeispiele vor, die eine widerlegbare Vermutung für das 146 Vorliegen einer unangemessenen Benachteiligung enthalten. Danach ist eine Standardklausel im Zweifel dann unangemessen, wenn die in ihr enthaltene Bestimmung mit dem wesentlichen Grundgedanken der gesetzlichen Regelung, von der abgewichen wird, nicht zu vereinbaren ist (Nr. 1) oder wenn wesentliche Rechte und Pflichten, die sich aus der Natur des Vertrages ergeben, so eingeschränkt werden, dass die Erreichung des Vertragszwecks gefährdet ist (Nr. 2).

Zusammengefasst gibt es im deutschen AGB-Recht ein Transparenzgebot sowie das 147 Verbot Kardinalpflichten (wesentliche Vertragspflichten) einzuschränken oder auszuschließen. Auf die sehr umfangreiche Kasuistik kann an dieser Stelle nicht eingegangen werden. Für Klauselbeispiele wird auf Teil II dieses Abschnitts verwiesen.[123]

c) Französisches Recht. Im französischen Recht gibt es im kaufmännischen Geschäfts- 148 verkehr keine Kontrollmechanismen zur inhaltlichen Überprüfung von AGB-Klauseln. Indirekt besteht ein Schutz insoweit, als die Grundsätze über den Vertragsschluss und die Auslegung der Vertragsbedingungen restriktiv gehandhabt werden.

Grobe Missbräuche – aber eben auch nur diese – werden durch die Anwendung zwin- 149 gender Vorschriften verhindert, zB verbieten die zwingenden Vorschriften der Artt. 1382 ff. Code Civil die Haftung für Vorsatz (*„dol"*) und grobe Fahrlässigkeit (*„faute lourde"*).

d) Englisches Recht. In England wird jede Standardvertragsklausel nach Sec. 11 (1) des 150 Unfair Contract Terms Act 1977 einem *„reasonable-test"* unterworfen, dh es wird gefragt, ob die Klausel angesichts der bei Vertragsschluss bestehenden Umstände billig und ange-

---

[122] Vgl. Art. 4 (a) CISG.
[123] → Rn. 158 ff.

messen (*„fair and reasonable"*) war. Für die Bestimmung der Angemessenheit gibt es Orientierungshilfen in Form von *„guidelines"*. Danach kommt es ua auf die Verhandlungsstärke der Vertragsparteien, die Finanzkraft und die Versicherungsmöglichkeiten des Verwenders, die Kenntnis bzw. Möglichkeiten zur Kenntnisnahme der AGB durch den Vertragspartner, die Berücksichtigung von Gepflogenheiten zwischen den Vertragsparteien oder von Handelsbräuchen an.

151 **e) US-amerikanisches Recht.** Die zentrale Kontrollvorschrift des Uniform Commercial Codes findet sich in § 2–302. Danach hält eine Standardbedingung einer Inhaltskontrolle nicht stand, wenn sie *„unconscionable"* ist. Hinweise darauf, was unter diesem Begriff zu verstehen ist, gibt es in der offiziellen Kommentierung zu dieser Vorschrift (*„official comment"*). Eine Klausel ist danach *„unconscionable"*, wenn sie vor dem wirtschaftlichen Hintergrund und den besonderen Bedürfnissen des einzelnen Gewerbes oder des Handels als einseitig anzusehen ist. Abzustellen ist dabei auf den Zeitpunkt des Vertragsschlusses. Mit § 2–302 UCC soll zudem verhindert werden, dass von einer Partei Druck (*„oppression"*) ausgeübt wird oder es zu unfairen Überraschungen (*„unfair surprise"*) kommt.

IV. Folgen der Nichteinbeziehung und Unwirksamkeit von AGB

152 Nach deutschem Recht hat ein Verstoß gegen die AGB-rechtliche Einbeziehung und/oder Inhaltskontrolle grundsätzlich die Unwirksamkeit der betroffenen Klausel zur Folge, während der Vertrag im Übrigen wirksam bleibt, sog. Teilnichtigkeit (§ 306 Abs. 1 BGB). Die Gesamtnichtigkeit des betroffenen Vertrages gemäß § 139 BGB, der den Regelfall normiert, tritt nicht ein, da die Rechtsfolgenregelung in § 306 Abs. 1 BGB spezieller ist und somit den Regelfall verdrängt (*lex specialis*-Grundsatz). Für den wirksam bestehen bleibenden Vertrag bedeutet dies, dass sein Vertragsinhalt lückenhaft ist. Die Lückenfüllung wird entweder durch das dispositive Gesetzesrecht oder im Wege der ergänzenden Vertragsauslegung vorgenommen. Dies kann auch bedeuten, dass die unwirksame Klausel ersatzlos entfällt.[124] Eine geltungserhaltende Reduktion findet nach deutschen und internationalen Rechtsgrundsätzen in der Regel nicht statt.

153 Im Wege der ergänzenden Vertragsauslegung tritt an die Stelle einer unwirksamen Klausel die Regelung, welche die Parteien bei sachgerechter Abwägung ihrer Interessen gewählt hätten, wenn ihnen die Unwirksamkeit bewusst gewesen wäre.[125] Damit wird vermieden, dass dem Vertragspartner durch den Wegfall der unwirksamen Klausel Vorteile eingeräumt würden, durch die das gewollte Vertragsgefüge einseitig zugunsten des Vertragspartners verschoben wird.[126] Beispielsweise ist eine ergänzende Vertragsauslegung im Falle einer unwirksamen Garantieerklärung anerkannt worden,[127] es sei denn das sich nicht feststellen lässt, wie die Regelung in Kenntnis der Unwirksamkeit der Klausel gestaltet worden wäre.[128] Bei Unwirksamkeit einer eine Festpreisvereinbarung ergänzenden Preisanpassungsklausel bleibt die Festpreisvereinbarung allerdings wirksam.[129]

154 Abweichende Vereinbarungen sind wegen Verstoßes gegen § 306 Abs. 2 BGB grundsätzlich unwirksam. Der Verwender hat nicht die Möglichkeit, das Eingreifen des dispositiven Gesetzesrechts oder der ergänzenden Vertragsauslegung durch eine Ersetzungsklausel zu vermeiden. Für den Fall der Unwirksamkeit von AGB kann somit nicht vorgesehen werden, dass an deren Stelle eine Regelung treten soll, die nach ihrem wirtschaftlichen Erfolg der unwirksamen so weit wie möglich entspricht.[130]

155 Im Einzelfall kann etwas Anderes gelten, wenn die betroffene Klausel teilbar ist. So kann zB bei Vorliegen einer aus einzelnen Elementen kombinierten Klausel, ein abtrennbarer

---

[124] *BGH* NJW 2008, 1438.
[125] *BGH* NJW 2008, 2172.
[126] BGHZ 137, 153, 157.
[127] *BGH* NJW 1988, 1728.
[128] *BGH* NJW 2006, 996.
[129] BGHZ 94, 342.
[130] Palandt/*Grüneberg*, BGB, § 306 Rn. 9.

Abschnitt 4. Allgemeine Geschäftsbedingungen (AGB)

Teil aufrecht erhalten bleiben, wenn ein anderer Teil unwirksam ist (sog. *blue-pencil-test*[131]). Der Vertrag insgesamt bleibt wirksam. Sog. Erhaltungsklauseln bestärken diese Rechtslage.

Für die Kombination einer salvatorischen mit einer Ersetzungsklausel gilt Entsprechendes: Die unwirksame Ersetzungsklausel, dass eine nichtige oder unwirksame Bestimmung durch eine solche zu ersetzen ist, die dem wirtschaftlich Gewollten in zulässiger Weise am nächsten kommt, kann ohne Weiteres gestrichen werden, ohne dass darunter der Sinn der salvatorischen Klausel leidet. Insofern bleibt die Gültigkeit der salvatorischen Klausel erhalten, falls einzelne Bestimmungen des Vertrages ganz oder teilweise nichtig oder unwirksam sind.[132]

Die Gesamtnichtigkeit tritt nach § 306 Abs. 3 BGB ein, wenn das Festhalten an dem nach den vorstehenden Grundsätzen geänderten Vertrag (§ 306 Abs. 2 BGB) für eine der Vertragsparteien eine unzumutbare Härte darstellen würde. Der Verwender kann sich grundsätzlich darauf nicht berufen; er trägt grundsätzlich das Risiko der Nichteinbeziehung oder der Unwirksamkeit von AGB. Anders ist die Rechtslage, wenn dadurch das Vertragsgleichgewicht grundlegend gestört wird.[133] Für den Vertragspartner bedeutet die Nichtanwendbarkeit der AGB in aller Regel keine unzumutbare Härte. Ihm kann aber ein Schadensersatzanspruch nach § 311 Abs. 2 BGB *(culpa in contrahendo)* zustehen.

156

157

B. Wirksamkeitsgrenzen ausgewählter Klauseln

In Anwendung der oben genannten Grundsätze des deutschen Rechts der Inhaltskontrolle von Allgemeinen Geschäftsbedingungen bestehen Grenzen für die Wirksamkeit einzelner Klauseln bei Verwendung gegenüber Unternehmen (→ oben Rn. 134). Die Rechtslage für eine Auswahl[134] der vor allem betroffenen Klauseln wird nachfolgend dargestellt. Weitere und detailliertere Angaben finden sich in den Abschnitten zu den in diesem Handbuch behandelten Sachthemen. Die nachfolgende Darstellung ist aus Gründen der Auffindbarkeit ohne Ansehen der systematischen Zusammenhänge in alphabetischer Reihenfolge der Klauseln bzw. Vertragstypen geordnet.

158

– **Abtretungsverbote**

Vertragliche Ansprüche sind grundsätzlich abtretbar, sofern sich nicht aus dem Anspruchsinhalt eine Änderung des Leistungsinhalts ergibt (zB bei einem Anspruch aus einem Vorvertrag oder bei einem Vorkaufsrecht), § 399 BGB. Abtretungsverbote in AGB haben regelmäßig den Sinn, die Vertragsabwicklung zu erleichtern; sie sind deswegen von einem berechtigten Interesse getragen und verstoßen nicht gegen § 307 BGB.[135]

159

Gemäß § 354a Abs. 1 Satz HGB ist aber die Abtretung von Geldforderungen aus einem beiderseitigen Handelsgeschäft trotz eines Abtretungsverbots wirksam; der deutsche Gesetzgeber will damit den Refinanzierungsspielraum mittelständischer Unternehmen gegenüber in Einkaufsbedingungen von Großunternehmen und der öffentlichen Hand enthaltenen Abtretungsverboten gewährleisten. Für Forderungen von Kreditinstituten aus einem Darlehensvertrag gilt dies Regelung nicht, § 354a Abs. 2 HGB.

160

Unwirksam ist der formularmäßige Ausschluss der Abtretung an den Transportversicherer[136] sowie des gesetzlichen Forderungsübergangs nach § 86 VVG.[137]

161

– **Abwehrklauseln**

Mit ihnen werden die eigenen AGB für verbindlich erklärt und die Einbeziehung entgegenstehender Bedingungen des Vertragspartners abgewehrt. Sie werden für zulässig erachtet.[138] Besonderheiten gelten bei Erklärung von Eigentumsvorbehalten (→ Rn. 173 ff.).

162

---

[131] Vgl. *BGH* NJW-RR 2007, 1286.
[132] Vgl. *BGH* NJW 2005, 2225.
[133] *BGH* NJW-RR 1996, 1009.
[134] Umfassend *v. Westphalen,* Vertragsrecht und AGB-Klauselwerke, 32. Aufl. 2013.
[135] *BGH* NJW 2006, 3486; BGHZ 112, 390; kritisch *Piekenbrock* NJW 2007, 1247.
[136] *BGH* NJW 1982, 992.
[137] *BGH* NJW 1976, 672.
[138] *BGH* NJW-RR 2001, 484.

– **Abwicklungsklauseln**

163 Diese betreffen Bestimmungen, nach denen der AGB-Verwender im Falle der Vertragskündigung oder des Rücktritts vom Vertrag bestimmte Zahlungsansprüche zustehen. Unangemessen hohe Zahlungsansprüche sind unwirksam. Referenzgröße für die Unangemessenheitsprüfung ist der dem Verwender kraft Gesetzes zustehende Anspruch; bei der Beurteilung der Klausel ist dann nicht auf die konkrete, sondern auf die typische Sachlage abzustellen.[139] Bei Abwicklungspauschalen muss dem anderen Vertragsteil von der Klausel der Nachweis gestattet werden, dass die tatsächlich anfallenden Beträge wesentlich geringer seien als die Pauschale.[140]

– **Änderungsvorbehaltsklauseln**

164 Vorbehalte hinsichtlich der versprochenen Leistungen sind zulässig, sofern sie sich die Änderungsbefugnisse auf handelsübliche Toleranzgrößen (etwa hinsichtlich der Menge oder der Qualität) beschränken; Klauseln, die frei abänderbare Leistungsinhalte zum Gegenstand haben, sind dagegen unwirksam.[141]

– **Annahmeklauseln**

165 Dabei handelt es sich um Klauseln, die dem Verwender Fristen für die Annahme oder Ablehnung eines Angebots bzw. für die Erbringung der geschuldeten Leistung (sog. Leistungsklauseln) einräumen. Sie sind dann unwirksam, wenn sich der Verwender unangemessen lange Fristen vorbehält. Die üblichen Handelsklauseln (zB Vorbehalt rechtzeitiger Selbstbelieferung) halten der Inhaltskontrolle stand.[142]

– **Anpassungsklauseln**

166 Dies haben zum Inhalt, dass eine Neufassung der AGB des Verwenders an die Stelle der alten Fassung tritt, so dass die AGB jeweils in der neuesten Fassung Vertragsbestandteil sein sollen. Solche Klauseln stellen, wenn sich der Vertragspartner nicht mit den geänderten Bedingungen (ausdrücklich oder stillschweigend) einverstanden erklärt, eine unangemessene Benachteiligung des Vertragspartners dar und sind nach Treu und Glauben nur ausnahmsweise wirksam, wenn die Anpassungsbefugnis auf sachlich gerechtfertigte Sondersituationen beschränkt ist und diese inhaltlich bestimmt sind.[143] Die Anpassungsbefugnis ist sachlich gerechtfertigt insbesondere in Fällen der Lückenhaftigkeit der bisherigen AGB-Klauseln und in Fällen nachträglich auftretender Änderungen, die das Äquivalenzgefüge des Vertrages betreffen. Die Klausel muss wirtschaftliche Nachteile und Belastungen für den Vertragspartner transparent machen. Uneingeschränkte Anpassungs- und Abänderungsbefugnisse halten der Inhaltskontrolle nicht stand.[144]

– **Arbeitskampfklauseln**

167 Dabei handelt es sich um sog. Freizeichnungsklauseln (→ noch Rn. 184), mit denen die Verantwortlichkeit des Lieferanten für arbeitskampfbedingte (streikbedingte) Leistungsstörungen ausgeschlossen werden soll. Sie sind grundsätzlich nicht zu beanstanden, sofern der Unternehmer für den Arbeitskampf und seine Folgen rechtlich nicht verantwortlich gemacht werden kann.

168 Im Hinblick darauf, dass der AGB-Verwender selbst für die Folgen des Arbeitskampfes verantwortlich sein kann – etwa weil dieser den Arbeitskampf hätte vorhersehen und die Folgen abwenden können[145] – sind Arbeitskampfklauseln sorgfältig zu formulieren. Sie werden regelmäßig nur als wirksam angesehen, wenn die Freizeichnung von der Haftung grob fahrlässige Pflichtverletzungen des Verwenders hinsichtlich seiner Verantwortlichkeit für den Arbeitskampf oder seine Folgen nicht umfasst.[146]

---

[139] *BGH* NJW 1983, 1492.
[140] *BGH* NJW 2006, 1056, 1059.
[141] BGHZ 93, 47.
[142] Palandt/*Grüneberg*, BGB, § 308 Rn. 10.
[143] *BGH* NJW-RR 2008, 834.
[144] BGHZ 136, 394, 401; *BGH* NJW 1999, 1865.
[145] Vgl. *Kreissl* JZ 1995, 695 ff.
[146] Palandt/*Grüneberg*, BGB, § 307 Rn. 73.

Abschnitt 4. Allgemeine Geschäftsbedingungen (AGB)

– **Aufrechnungsverbote**
Solche Verbote in AGB sind unwirksam, sofern sie unbestrittene oder rechtskräftig festgestellte Gegenforderungen betreffen.[147] Entsprechendes gilt für Klauseln, welche eine Aufrechnung nur mit vom Verwender anerkannten Forderungen zulassen.[148] Für zulässig wird erachtet, die Aufrechnung an eine vorherige fristgerechte Anzeige zu binden, sofern die Frist nicht unangemessen lang ist.[149]

– **Bestätigungsklauseln**
Sie sollen die Wirksamkeit individueller mündlicher Zusagen von einer schriftlichen Bestätigung des Verwenders abhängig machen; sie sind nach deutschem Recht unwirksam.[150] Bestätigungsvorbehalte, die für den Fall des Tätigwerdens von Hilfspersonen gelten, sind wegen des Risikos ungeklärter Vertretungsmacht grundsätzlich zulässig.[151]

– **Beweislastklauseln**
Diese Klauseln betreffen die im Gesetzesrecht getroffenen oder von der Rechtsprechung rechtsfortbildend entwickelten Beweislastregeln. Nach deutschem Recht sind Beweislaständerungen auch zum Nachteil des kaufmännischen Vertragspartners in AGB unwirksam.[152] Ebenso werden Klauseln als unwirksam angesehen, welche die Beweisführung durch Beschränkung der zur Verfügung stehenden Beweismittel erschweren.[153]

– **Bürgschaft**
Bei diesem Instrument der Personalsicherheit ist die Erweiterung der Bürgenhaftung in AGB über die ursprünglich zu sichernde Forderung hinaus unwirksam.[154] Entsprechendes gilt für die Aufhebung der Akzessorietät der Bürgschaft[155] und der generelle Verzicht in AGB auf die Einrede des Bürgen gem. § 768 BGB sowie die Einrede des Bürgen wegen Aufgabe der Sicherungsrechte nach § 776 BGB.[156] Die Ausgestaltung der Bürgschaft als Bürgschaft auf erstes Anfordern wird von der deutschen Rechtsprechung als unwirksam angesehen;[157] auf die Verträge des internationalen Wirtschaftsverkehrs soll diese Rechtsprechung allerdings nach umstrittener Auffassung nicht übertragbar, Bürgschaften und Garantien auf erstes Anfordern (→ Rn. 186) also wirksam sein.[158]

– **Eigentumsvorbehalt**
Die (einseitige) Einführung eines Eigentumsvorbehalts in Exportverträgen ist als typisches und angemessenes Sicherungsmittel in AGB wirksam. Er setzt sich auch gegen Abwehrklauseln (→ Rn. 162) des Importeurs durch, wenn dessen AGB wegen Kollision mit den AGB des Importeurs nicht Inhalt des Vertrages geworden sind, weil der Eigentumsübergang auch durch einseitige Erklärung ausgeschlossen werden kann.[159]

Ein erweiterter Eigentumsvorbehalt liegt vor, wenn der Eigentumsvorbehalt des Exporteurs nicht schon dann erlischt, sobald der Importeur den Kaufpreis der Vorbehaltsware bezahlt hat; vielmehr sollen alle oder ein bestimmter Teil von Forderungen aus der Geschäftsbeziehung gesichert werden und ein Saldoausgleich erreicht werden (sog. Kontokorrentvorbehalt). Dieser kann in AGB im unternehmerischen Geschäftsverkehr ebenfalls grundsätzlich wirksam erklärt werden.[160] Er kann auch in AGB als Handelsbrauch wirksam

---

[147] BGHZ 92, 316 ff.
[148] *BGH* NJW 2007, 3421.
[149] *BGH* NJW 1995, 255.
[150] Palandt/*Grüneberg,* BGB, § 307 Rn. 147.
[151] Zu den Grenzen vgl. *BGH* NJW 1982, 1389.
[152] *BGH* NJW 2006, 47 (49).
[153] *BGH* NJW 1988, 259.
[154] *BGH* NJW 2000, 658.
[155] *BGH* NJW 2001, 1857.
[156] *BGH* NJW 2000, 2580.
[157] *BGH* NJW-RR 2008, 830; BGHZ 151, 229; 150, 299; NJW 1998, 2698.
[158] Vgl. *Oepen* NJW 2009, 1110; vgl. a. *v. Westphalen* ZIP 2004, 1433; *Wagenknecht/Iffland,* in: Kronke/Melis/Schnyder (Hrsg.) Handbuch Internationales Wirtschaftsrecht, S. 876.
[159] BGHZ 104, 13.
[160] BGHZ 98, 303 ff.

werden und unterliegt dann keiner Inhaltskontrolle.[161] Der erweiterte Eigentumsvorbehalt wird dagegen bei einer Abwehrklausel (→ Rn. 162) in den AGB des Importeurs nicht Vertragsinhalt.[162]

175 Ein verlängerter Eigentumsvorbehalt liegt vor, wenn die Parteien des Exportgeschäfts vereinbaren, dass anstelle des Eigentumsvorbehalts die durch Verarbeitung neu entstandene Ware oder eine aus der Veräußerung entstehende Forderungen des Importeurs treten soll, wenn andernfalls durch die Weiterveräußerung oder die Verarbeitung der ursprünglichen Ware der Eigentumsvorbehalt untergehen würde; damit verbunden ist regelmäßig die Einwilligung des Exporteurs in die Weiterveräußerung der Ware. Bei beiderseitigen Handelsgeschäften ist § 354a HGB zu beachten (→ Rn. 160). Auch diese im kaufmännischen Geschäftsverkehr typische Gestaltung von AGB ist rechtlich grundsätzlich zulässig.[163] Einschränkungen ergeben sich aus dem Erfordernis der Bestimmbarkeit der abgetretenen Forderungen und der möglichen Übersicherung des Exporteurs. Der einfache Eigentumsvorbehalt des Exporteurs setzt sich auch dann durch, wenn dessen AGB wegen Kollision mit den AGB des Importeurs nicht Inhalt des Vertrages geworden sind, weil der Eigentumsübergang auch durch einseitige Erklärung ausgeschlossen werden kann.[164]

176 Die Verpflichtung in AGB, einen im Verhältnis der Geschäftsparteien geltenden Eigentumsvorbehalt auf der nächsten Handelsstufe weiterzuleiten, ist dann unwirksam, wenn diese Weiterleitung mit einem Kontokorrentvorbehalt kombiniert wird.[165] Bei einem Konflikt zwischen dem verlängerten Eigentumsvorbehalt als Sicherungsinstrument des Warenlieferanten und der Globalzession als Sicherungsinstrument des Geldkreditgebers gilt grundsätzlich das Prioritätsprinzip, so dass sich das zuerst vereinbarte Sicherungsinstrument durchsetzt.[166] Einschränkungen hat die Rechtsprechung vor allem in folgenden Fällen anerkannt: Die Globalzession ist wegen Verleitung des Geschäftspartners des Geldkreditgebers zum Vertragsbruch nichtig, soweit sie sich auf Forderungen erstreckt, die von einem verlängerten Eigentumsvorbehalt erfasst werden.[167] Die Globalzession ist wirksam, wenn sie dem verlängerten Eigentumsvorbehalt den Vorrang einräumt; dabei ist eine nur schuldrechtliche Verpflichtungsklausel nicht ausreichend,[168] wohl aber eine sog. dingliche Teilverzichtsklausel,[169] bei der die teilweise Freigabe der Sicherheit nicht nur – wie bei der nicht hinreichenden sog. schuldrechtlichen Teilverzichtsklausel[170] – beansprucht werden kann, sondern von vornherein vereinbart ist.[171]

– **Einkaufsbedingungen**

177 Zu den Einkaufsbedingungen in AGB liegt eine umfängliche Rechtsprechung vor. Nachfolgend können nur ausgewählte Wirksamkeitsschranken in AGB angeführt werden.[172] Unwirksam sind Klauseln, nach denen der Lieferant für alle Beschaffenheitsangaben eine verschuldensunabhängige Haftung übernimmt[173] bzw. ein Garantieversprechen zugunsten des Verwenders abgegeben wird.[174] Die Klausel, nach der alle vereinbarten Liefertermine und Lieferfristen als „fix" gelten und zum Schadensersatz ohne Fristsetzung berechtigen, ist keine wirksame AGB-Klausel.[175] Die Abbedingung der Rügeobliegenheit nach § 377 HGB

---

[161] BGH NJW-RR 2004, 555 – Windkraftanlagen.
[162] BGH NJW-RR 1991, 357.
[163] BGHZ 94, 111.
[164] Vgl. BGHZ 137, 212 ff.; Palandt/Grüneberg, BGB, § 307 Rn. 149 und § 449 Rn. 18.
[165] BGH NJW 1991, 2286.
[166] BGH NJW 2005, 1192.
[167] BGH NJW 1999, 940.
[168] BGH NJW 1974, 942.
[169] BGH NJW 1999, 940.
[170] BGH NJW 1995, 1669.
[171] Vgl. Palandt/Grüneberg, BGB, § 398 Rn. 28.
[172] Weiterführend v. Westphalen, Allgemeine Einkaufsbedingungen nach neuem Recht, 5. Aufl. 2009.
[173] Vgl. BGH NJW 2006, 47.
[174] BGH NJW 1988, 2537.
[175] BGHZ 110, 97.

Abschnitt 4. Allgemeine Geschäftsbedingungen (AGB)

für offen zu Tage tretende Mängel ist unwirksam.[176] Zur Rechtslage bei Qualitätssicherungsvereinbarungen → Rn. 199.

Unwirksam sind sog. Meistbegünstigungsklauseln, welche dem Käufer sämtliche günstigeren Konditionen anderer Abnehmer einräumen.[177] Unwirksam ist eine Vermutungsfiktion, nach der die binnen bestimmter Frist (12 Monate) auftretenden Mängel als im Zeitpunkt des Gefahrübergangs vorhanden gelten.[178] Ebenso wird die Klausel für unwirksam angesehen, nach welcher der Lieferant verschuldensunabhängig für Rechtsmängel und die Verletzung von Schutzrechten Dritter zu haften hat.[179] Das Transportrisiko kann in AGB nicht wirksam auf den Verkäufer verlagert werden, wenn dieser vom Käufer verpflichtet wurde, den Transport mit einem bestimmten Spediteur durchzuführen.[180] **178**

– **Erhaltungsklauseln**
Vgl. Rn. 155. **179**

– **Ersetzungsklauseln**
Vgl. Rn. 154. **180**

– **Fiktion von Erklärungen**
Klauseln, nach denen bloßes Schweigen auf ein Vertragsangebot oder ein Vertragsänderungsangebot als Annahme fingiert wird, sind in AGB unwirksam;[181] die Grundsätze über das Schweigen auf ein kaufmännisches Bestätigungsschreiben, bleiben davon unberührt (→ Abschnitt 1 Rn. 102 ff.). AGB, nach denen eine sofortige oder unverzügliche Erklärung verlangt wird, benachteiligen den kaufmännischen Vertragspartner in der Regel unangemessen und sind unwirksam.[182] **181**

– **Fiktion des Zugangs und weiterer Tatsachen**
Fiktive Tatsachenbestätigungen zum Nachteil des Vertragspartners sind in AGB als unangemessene Benachteiligungen unwirksam.[183] Unwirksam sind deshalb insbesondere in AGB enthaltene Fiktionen bezüglich des Zugangs bestimmter Erklärungen wie einer Mahnung, einer Fristsetzung oder Kündigung.[184] Entsprechendes gilt für eine AGB-Klausel, nach der die Vertragsbedingungen im Einzelnen ausgehandelt worden sind.[185] **182**

– **Formklauseln**
Während im nicht-kaufmännischen Verkehr durch die AGB-Kontrolle gemäß § 309 Nr. 13 gewährleistet wird, dass dem Kunden keine übersteigerten Formvorschriften für die Ausübung seiner Rechte auferlegt werden, gelten im Rechtsverkehr zwischen Unternehmern diese strengen Anforderungen nicht.[186] Der Verwender darf seinem Geschäftspartner mithin in AGB auferlegen, strengere als die im Gesetz vorgesehenen Formvorschriften einzuhalten. **183**

– **Freizeichnungsklauseln**
Siehe dazu unter Haftungsausschlüsse und Haftungsbegrenzungen, → Rn. 188. **184**

– **Fristsetzung**
Das gesetzliche Erfordernis einer Fristsetzung (Mahnung) als Voraussetzung bestimmter Rechtsfolgen oder Rechtsbehelfe (zB für den Verzug gemäß § 286 BGB oder für die Rechte gemäß §§ 281, 323 BGB) kann durch AGB nicht wirksam abbedungen werden.[187] Dagegen wurden Klauseln, nach denen der Schuldner bei Überschreitung des Zahlungszieles auch ohne Mahnung banknübliche Zinsen geschuldet werden, nicht beanstandet.[188] **185**

---

[176] *BGH* NJW 1991, 2634.
[177] BGHZ 80, 43.
[178] *BGH* NJW 2006, 47.
[179] *BGH* NJW 2006, 47.
[180] *OLG Frankfurt* NJW-RR 1995, 439.
[181] *BGH* NJW-RR 2008, 134.
[182] Vgl. BGHZ 101, 365.
[183] BGHZ 99, 379.
[184] Vgl. *BayObLG* NJW 1980, 2818.
[185] BGHZ 99, 381.
[186] Vgl. Palandt/*Grüneberg*, BGB, § 309 Rn. 107.
[187] BGHZ 110, 97.
[188] *BGH* NJW-RR 1991, 997 zu den ADSp.

– Garantiebedingungen

186 Bei der Garantie handelt es sich um ein selbständiges Versprechen, dafür einzustehen, dass ein bestimmter tatsächlicher oder rechtlicher Erfolg eintritt oder sich die Gefahr eines bestimmten künftigen Schadens nicht verwirklicht.[189] Es handelt sich um ein Instrument, das regelmäßig zur Sicherung einer Hauptforderung eingesetzt wird, von dieser aber nicht abhängig und insofern – anders als etwa die Bürgschaft – nicht akzessorisch ist. Nach einer umstrittenen gebliebenen Rechtsprechung können Garantiebedingungen in AGB nicht wirksam eine Garantiezahlung auf erstes Anfordern vorsehen.[190] Für die gemäß den Bedingungen der ICC für Garantien formulierten AGB gelten diese Grundsätze nicht (→ Abschnitt 12 Rn. 26 ff., 30, 43).

– Gerichtsstandklauseln

187 Sie regeln die örtliche, sachliche und internationale Zuständigkeit des zur Streitentscheidung berufenen staatlichen Gerichts (zur Zuständigkeit von Schiedsgerichten, vgl. Schiedsklauseln (→ Rn. 206). Gerichtsstandklauseln im kaufmännischen Verkehr, welche die internationale Zuständigkeit betreffen, sind in dem jeweiligen Anwendungsbereich nach Art. 23 EuGVVO bzw. Art. 17 LugÜ zu beurteilen.[191] Im Übrigen sind Gerichtsstandklauseln nach deutschem Recht im kaufmännischen Verkehr nach § 38 ZPO grundsätzlich zulässig, in den Fällen mit Auslandsberührung gemäß § 38 Abs. 2 ZPO und für nachträgliche Vereinbarungen gemäß § 38 Abs. 3 ZPO (vgl. Baumbauch/Lauterbach/Albers/Hartmann, Zivilprozessordnung, § 38 Rn. 6 ff., 21 ff., 33 ff.).

– Haftungsausschlüsse und -begrenzungen

188 Haftungsausschlussklauseln betreffen den Haftungsgrund und schließen die Entstehung eines Haftungsanspruchs aus, während Haftungsbegrenzungsklauseln die Entstehung des Anspruchs unberührt lassen, aber den Umfang der Haftung betreffen. Der Haftungsausschluss für grobes Verschulden des Verwenders, seiner gesetzlichen Vertreter, seiner leitenden Angestellten und seiner sonstigen Erfüllungsgehilfen hält einer Inhaltskontrolle nach deutschem Recht nicht stand und ist unwirksam.[192] Werden Kardinalpflichten (vgl. Rn. 147) verletzt, sind sowohl ein Haftungsausschluss als auch eine Haftungsbegrenzung durch AGB grundsätzlich unwirksam.[193] Höchstrichterlich entschieden wurde, dass selbst eine Haftung für leichte Fahrlässigkeit nicht wirksam ausgeschlossen werden kann und Begrenzungsklauseln unwirksam sind, wenn der ausgewiesene Schadensersatzbetrag die voraussehbaren Schäden nicht einschließt.[194]

189 Summenmäßige Haftungsbegrenzungen sind zulässig, wenn sie in einem angemessenen Verhältnis zum vertragstypischen Schadensrisiko stehen.[195] Auch Haftungsbegrenzungen, die begrenzt sind auf den „vorhersehbaren vertragstypischen Schaden" können wirksam sein.[196] Unwirksam sind hingegen Klauseln, die ein Mehrfaches des vom Geschäftspartner zu zahlenden Entgelts als Haftungshöchstsumme vorsehen.[197]

190 Anerkannte Einschränkungen dieser Grundsätze gelten für Haftungsbegrenzungen, welche die Haftung auf den bei Geschäften der getätigten Art entstehenden typischen Schaden begrenzen.[198] Für branchentypische Haftungsausschlüsse (Freizeichnungsklauseln), die branchenweit gebilligt und anerkannt sind, gelten ebenfalls Ausnahmen.[199]

---

[189] *BGH* WM 1968, 682.
[190] Vgl. *BGH* NJW 2002, 3627; dagegen *v. Westphalen* ZIP 2004, 1433; abweichend für Verträge des internationalen Wirtschaftsverkehrs auch *Oepen* NJW 2011, 1110 ff.
[191] Vgl. Baumbauch/Lauterbach/Albers/Hartmann, Zivilprozessordnung, Art. 23 EuGVVO Rn. 15 ff., 19 ff.; *Eichel*, AGB-Gerichtsstandklauseln im deutsch-amerikanischen Handelsverkehr, 2007; vgl. ferner Abschnitt 41 Rn. 7 ff.
[192] *BGH* NJW 2007, 3774.
[193] *BGH* NJW-RR 2006, 267, 269.
[194] *BGH* NJW 1989, 367.
[195] *BGH* NJW 2001, 292, 295.
[196] *BGH* BeckRS 2012, 20497.
[197] BGHZ 89, 368.
[198] *BGH* NJW-RR 2006, 267, 269.
[199] *BGH* NJW 1986, 1435; *BGH* NJW-RR 2006, 269.

Abschnitt 4. Allgemeine Geschäftsbedingungen (AGB)

– **Haftungserweiterungen**

Die Begründung einer verschuldensunabhängigen Haftung des Unternehmers durch AGB ist grundsätzlich als Verstoß gegen wesentliche Grundgedanken des BGB unwirksam.[200] Anders kann die Rechtslage zu beurteilen sein, wenn der Verwender dem Vertragspartner eine verschuldensunabhängige Haftungsverantwortung auferlegt, weil dieser das entsprechende Risiko steuern und beherrschen[201] bzw. durch Eindeckung einer vom Verwender empfohlenen Versicherung abmildern kann.[202] Dementsprechend wird auch der Ausschluss von Haftungsmilderungen des Gesetzesrechts als nicht wirksam angesehen.[203]

191

– **Lagervertrag**

Zur Rechtslage nach dem Gesetzesrecht → Abschnitt 14 Rn. 74 ff. In AGB kann eine Freizeichnung (Haftungsausschluss) für das Abhandenkommen von Lagergut nicht wirksam erfolgen; dies gilt ebenso für die Freizeichnung von der Haftung für Beschädigungen.[204] Unwirksam sind Beweislastklauseln (→ Rn. 171), welche dem Einlagerer die Beweislast für Umstände aus dem Bereich des Lagerhalters auferlegen.[205]

192

– **Laufzeitklauseln**

AGB-Regelungen zur Laufzeit von Verträgen sind nicht uneingeschränkt zulässig. Welche Bindungsdauer iSd § 307 BGB als angemessen anzusehen, lässt sich kaum generalisierend feststellen. Der BGH hat in seiner Rechtsprechung auf den Umfang der Investitionen des Verwenders und andere Leistungen für den Vertragspartner abgestellt.[206] Ein weiteres Kriterium für die Beurteilung der Angemessenheit von Vertragslaufzeiten wird in dem Maß der Belastung und der Einschränkung der Entscheidungsfreiheit des Vertragspartners gesehen, dessen Schutz auch im kaufmännischen Verkehr grundsätzlich anerkannt ist.[207] Im Zweifel verstoßen mehr als 10-jährige Bindungsfristen gegen § 307 BGB.[208] Entsprechendes gilt regelmäßig für die Beurteilung von Kettenverträgen nach deutschem AGB-Recht.[209]

193

– **Leistungsbestimmungsrechte**

Diese schaffen die Befugnis zur einseitigen Änderung wesentlicher Vertragsbedingungen (vgl. schon zu Änderungsvorbehaltsklauseln → Rn. 164). Ihre Wirksamkeit setzt im kaufmännischen Verkehr nicht notwendig voraus, dass der Rahmen für die Änderungsbefugnis von vornherein bestimmt ist; als ausreichend wird erachtet, dass die Belange des Vertragspartners insgesamt in angemessener Weise beachtet werden. Bei Preisänderung ist diese Maxime erfüllt, wenn das Bestimmungsrecht auf den am Markt üblichen bzw. durchgesetzten Preis beschränkt wird.[210] Vgl. → Rn. 205 zu Schiedsgutachtenklausel.

194

– **Leistungsfristklauseln**

Siehe oben unter Annahmeklauseln (→ Rn. 165).

195

– **Leistungsverweigerungsklauseln**

Die Abbedingung von Leistungsverweigerungsrechten (zB §§ 273, 320 BGB) ist im kaufmännischen Geschäftsverkehr grundsätzlich zulässig.[211] Dem Verwender ist es aber verwehrt aus einer solchen Ausschlussklausel Rechte herzuleiten, wenn er selbst einen Teil der Vergütung zurückhält[212] oder der Gegenanspruch, auf den er sein Leistungsverweigerungsrecht stützt, unbestritten oder rechtskräftig festgestellt ist.[213]

196

---

[200] *BGH* NJW 2006, 47.
[201] Vgl. BGHZ 72, 178.
[202] *OLG Brandenburg* MDR 2008, 734.
[203] Vgl. Palandt/*Grüneberg*, BGB, § 307 Rn. 110.
[204] *HansOLG Hamburg* VersR 1982, 1104.
[205] *KG* VersR 1982, 372.
[206] *BGH* NJW 2003, 1313.
[207] Palandt/*Grüneberg*, BGB, § 309 Rn. 89.
[208] *BGH* NJW 2003, 1313.
[209] Vgl. Abschnitt 1 Rn. 67.
[210] BGHZ 92, 203.
[211] BGHZ 115, 327.
[212] *BGH* NJW 1978, 634.
[213] BGHZ 115, 327.

– Mahnung

197 Das gesetzliche Erfordernis der Mahnung als Voraussetzung für das Entstehen oder die Geltendmachung bestimmter Rechte und Rechtsfolgen (zB Verzug gemäß § 286 BGB) kann grundsätzlich nicht in AGB abbedungen werden.[214] Siehe auch oben zu Fristsetzungsklauseln unter Rn. 185.

– Preisänderungsklauseln

198 Diese können in kaufmännischen AGB – anders als im Verbraucherverkehr gem. § 309 Nr. 1 BGB – auch wirksam vereinbart werden, wenn weder Kriterien für den Umfang der möglichen Erhöhung angegeben noch dem Vertragspartner ein Vertragslösungsrecht eingeräumt wurden; vorausgesetzt ist aber, dass die berechtigten Interessen des anderen Vertragspartners auf andere Weise hinreichend gewahrt werden.[215] Dies kann dadurch geschehen, dass die Preiserhöhung auf den am Markt durchgesetzten Preis beschränkt wird.[216]

– Qualitätssicherungsvereinbarungen

199 Die Wirksamkeit der Abbedingung der Untersuchungs- und Rügelasten gemäß § 377 HGB ist für Qualitätssicherungsvereinbarungen nicht gesichert,[217] wird aber – wie in Einkaufsbedingungen (→ Rn. 177) vielfach verneint.[218] Gesichert ist, dass eine zeitliche Streckung des Untersuchungszeitraumes über die engen Grenzen des § 377 HGB hinaus in AGB zulässig ist.[219] Die Auferlegung überzogener Dokumentationspflichten wird als unangemessen angesehen; ebenso die Qualifizierung aller Beschaffenheitsangaben zu Garantien (→ Rn. 177).

– Rechtswahlklauseln

200 Durch sie legt der Verwender das für Exportverträge anwendbare Recht fest (sog. Vertragsstatut). Für die Inhaltskontrolle von in AGB enthaltenen Rechtswahlklauseln gelten die allgemeinen Schranken, die in → Abschnitt 1, Rn. 20 und → Abschnitt 6, Rn. 84 ff. dargestellt sind.

– Rücktrittsvorbehaltsklauseln

201 Der Vertragspartner ist nach dem Grundsatz „pacta sunt servanda" an den geschlossenen Vertrag gebunden und kann deshalb in seinen AGB nicht ohne weiteres zu seinen Gunsten Rücktrittsvorbehalte oder Vertragslösungsrechte regeln. Solche Rechte sind vielmehr nur dann wirksam, wenn ein sachlich gerechtfertigter Grund vorliegt; die insofern erforderliche Angemessenheitsprüfung hat auf Handelsbräuche Rücksicht zu nehmen.[220]

– Salvatorische Klauseln

202 → Rn. 154.

– Schadenspauschalierungsklauseln

203 Nach der Regelung des § 309 Nr. 5 BGB, der über §§ 307, 310 Abs. 1 BGB auch im kaufmännischen Verkehr zu berücksichtigen ist,[221] folgen zwei zentrale Wirksamkeitsschranken, welche die Höhe der Pauschale und die Zulassung des die Pauschalierung außer Kraft setzenden Gegenbeweises betreffen. Die in der Pauschale festgelegte Höhe darf den nach dem gewöhnlichen Lauf der Dinge zu erwartenden Schaden nicht übersteigen; insofern ist auf den branchentypischen Durchschnittsgewinn abzustellen.[222] Nicht ersatzfähige Schadensposten dürfen bei der Festlegung der Höhe nicht berücksichtigt werden.[223]

204 Dem Vertragspartner muss der Nachweis gestattet bleiben, dass ein Schaden überhaupt nicht entstanden oder wesentlich niedriger als die Pauschale sei; eine ausdrückliche Zulas-

---

[214] Palandt/*Grüneberg*, BGB, § 309 Rn. 23.
[215] BGHZ 92, 203.
[216] BGHZ 92, 203.
[217] Vgl. *Kessel/Passauer* BB 2004, 1975.
[218] Vgl. *Grunewald* NJW 1995, 1778.
[219] Vgl. *Schmidt* NJW 1991, 150.
[220] Vgl. BGHZ 92, 398; 124, 360 f. zum Selbstbelieferungsvorbehalt.
[221] BGHZ 113, 61; BGH NJW 1994, 1068.
[222] *BGH* NJW 1982, 331.
[223] Palandt/*Grüneberg*, BGB, § 309 Rn. 26.

Abschnitt 4. Allgemeine Geschäftsbedingungen (AGB)

sung dieses Gegenbeweises ist im kaufmännischen Verkehr nicht geboten.[224] Zur Abgrenzung zur Vertragsstrafeklausel, vgl. weiterführende Literatur in Rn. 218.

– **Schiedsgutachtenklauseln**

Diese haben den Sinn, Lücken des Vertrages durch eine schiedsgutachtlich entwickelte Klausel im Interesse der Vertragsparteien zu füllen bzw. eine entsprechende Anpassung des Vertrages an veränderte Umstände vorzubereiten. Zu deren Wirksamkeit in AGB muss die Unparteilichkeit des Schiedsgutachters sichergestellt sein; in Betracht kommt dafür die Benennung eines Gutachters, der auch aus der Sicht des Vertragspartners den Anforderungen der Unparteilichkeit genügt, oder durch Zuerkennung eines Widerspruchsrechts zugunsten der anderen Vertragspartei; das Recht zur Anfechtung des Schiedsgutachten wegen offenbarer Unrichtigkeit darf nicht ausgeschlossen oder beschränkt werden und die Nachteile, die der Vertragspartei aus dem Schiedsgutachten entstehen können, dürfen nicht unverhältnismäßig sein.[225] 205

– **Schiedsklauseln**

Ihre Regelung in AGB des kaufmännischen Rechtsverkehrs ist grundsätzlich wirksam. Die Benennung des Schiedsrichters in AGB des Verwenders wird dagegen für unwirksam gehalten; entsprechendes gilt für die Erschwerung des Ernennungsrechts der anderen Vertragspartei. Diese Unwirksamkeit lässt aber die Wirksamkeit der Schiedsklausel im Übrigen unberührt.[226] → Abschnitt 40. 206

– **Schriftformklauseln**

Sofern sie konstitutiv für wirksame Vertragsänderungen oder Nebenabreden die Einhaltung der Schriftform fordern, verstoßen sie gegen § 307 BGB und sind unwirksam.[227] Nähere Bedeutung hat die Unterscheidung von einfachen und qualifizierten Schriftformklauseln.[228] 207

– **Sicherungsklauseln**

Die Sicherungsinstrumente der Sicherungsübereignung oder Sicherungsabtretung können durch AGB als revolvierende Sicherheiten ausgestaltet werden. Die abweichende frühere Rechtsprechung ist aufgegeben worden.[229] Der Sicherungsgeber hat im Falle einer nachträglichen Übersicherung einen kraft Gesetzes bestehenden Freigabeanspruch. AGB, die diesen Freigabeanspruch einschränken oder ausschließen, sind – bei Fortbestand des Vertrages im Übrigen – unwirksam.[230] 208

– **Strafklauseln**

Siehe unter Vertragsstrafeklauseln (→ Rn. 216). 209

– **Streikklauseln**

Siehe oben unter Arbeitskampfklauseln (→ Rn. 167). 210

– **Verkaufsbedingungen**

Die Verpflichtung zur Lieferung einer mangelfreien Sache ist nach deutschem Recht als Kardinalpflicht (→ Rn. 147) ausgeprägt und deshalb durch AGB nicht abdingbar.[231] Unwirksam ist ebenfalls der Ausschluss der Ansprüche des Käufers für den Fall der Bearbeitung oder Verarbeitung der gelieferten Ware.[232] 211

Nicht zulässig ist es, in AGB die eigene Haftung dadurch auszuschließen, dass auf die Haftung durch Dritte verwiesen wird. Wirksam können aber solche Klauseln sein, bei denen die Verweisung auf Dritte mit einer subsidiären Eigenhaftung des Verwenders im Fall der Nichtdurchsetzbarkeit der Ansprüche gegen den Dritten versehen wird.[233] 212

---

[224] Vgl. *BGH* NJW 1994, 1068.
[225] Vgl. BGHZ 101, 317; 115, 331.
[226] *BGH* NJW-RR 2007, 1466.
[227] Palandt/*Grüneberg*, BGB, § 307 Rn. 146.
[228] → Abschnitt 1 Rn. 71.
[229] BGHZ 137, 212.
[230] BGHZ 138, 367.
[231] *BGH* NJW-RR 1993, 5619.
[232] *BGH* NJW 1996, 1538.
[233] Vgl. Staudinger/*Coester-Waltjen*, BGB, § 309 Rn. 53.

213 Die Beschränkung der Haftung des Verkäufers auf einen Nacherfüllungsanspruch ist unwirksam.[234] Die Kosten der Nacherfüllung (§ 439 Abs. 3 BGB) dürfen durch AGB nicht dem Käufer auferlegt werden.[235] Der Rückgriffsanspruch des Händlers wegen von ihm durchgeführter Nachbesserungsleistungen (vgl. § 478 BGB), kann von seinem Vertragspartner in den Verkaufsbedingungen nicht wirksam ausgeschlossen werden.[236]

214 Regelungen, welche vom Käufer eine Mängelanzeige innerhalb bestimmter Fristen fordern, sind an § 377 HGB zu messen. Unwirksam sind deshalb Klauseln, nach denen verborgene Mängel bei Ablieferung oder innerhalb unangemessen kurzer Frist gerügt werden müssen, damit dem Käufer die kaufrechtlichen Rechtsbehelfe erhalten bleiben.[237]

215 AGB-Klauseln zur Verjährung der Ansprüche des Käufers unterliegen ebenfalls einer Inhaltskontrolle nach Maßgabe der §§ 307, 309 Nr. 8 lit. b ff. BGB.[238] Danach ist eine Abkürzung der Verjährung auf weniger als ein Jahr nicht wirksam, auch nicht in der (mittelbaren) Weise, dass etwa der Verjährungsbeginn abweichend vom Gesetzesrecht vorverlegt wird.[239]

Weiterführende Literatur: *v. Westphalen,* Allgemeine Verkaufsbedingungen, 7. Aufl. 2012.

– **Vertragsstrafeklauseln**

216 Vertragsstrafeklauseln (→ Abschnitt 1 Rn. 63 ff.) in AGB im Geschäftsverkehr zwischen Unternehmern sind unwirksam, wenn sie die Schuldner wegen der Höhe der Strafe unangemessen benachteiligen. Der Ausschluss der Herabsetzung einer Vertragsstrafe nach § 343 BGB für den kaufmännischen Verkehr in § 348 HGB steht der Unwirksamkeit einer Vertragsstrafe nach § 307 BGB nicht entgegen.[240] Eine unangemessene Höhe der Vertragsstrafe wird von der Rechtsprechung für den kaufmännischen Rechtsverkehr bei einem krassen Missverhältnis von Vertragsstrafenhöhe und Leistungsumfang angenommen. Insofern liegt umfängliche Rechtsprechung zu Vertragsstrafen im Bauwesen und in Vertragshändlerverträgen vor.[241] Diese Rechtsprechung dürfte sich allerdings nicht verallgemeinern lassen, nachdem entschieden wurde, dass bei geringer Vertragssumme und berechtigtem Interesse des AGB-Verwenders an einer strengen Sicherung der geschuldeten Leistung auch ein Mehrfaches der Vertragssumme als Vertragsstrafe noch angemessen sein kann.[242]

217 Unwirksam sind Strafversprechen für die Fälle einer einverständlichen Vertragsaufhebung,[243] erfolgloser Verhandlungen über eine Preisabsprache,[244] die Sanktionierung in Höhe von 20.000 DM wegen Nichtrückgabe eines Dokuments[245] bzw. von 10.000 DM für jeden Fall der Zuwiderhandlung in Vertragsverhältnissen mit geringer Gewinnerwartung.[246]

218 Das in §§ 340 Abs. 1 und 2, 341 Abs. 2 BGB enthaltene Verbot der Kumulation von Vertragsstrafe und zusätzlicher Erfüllung bzw. zusätzlichem, vollem Schadensersatz gilt auch im Verkehr zwischen Unternehmern. Abweichende Klauselgestaltungen verstoßen gegen § 307 BGB und sind unwirksam.[247]

Weiterführende Literatur: *Berger,* Vertragsstrafen und Schadenspauschalierungen im Internationalen Wirtschaftsvertragsrecht, RIW 1999, 401 ff.; *Derlin,* Vertragsstrafen und AGB-rechtliche Inhaltskontrolle, MDR 2009, 597 ff.; *Hachem,* Rethinking Penalty and Liquidated Damages Clauses in International Commercial Contracts, 2011; *ICC,* Guide to Penalties and Liquidated Damages Clauses, ICC-Publication

---

[234] *BGH* WM 1995, 1456.
[235] *BGH* NJW 1981, 1510.
[236] *BGH* NJW 1996, 389.
[237] *BGH* NJW 1992, 575 (576).
[238] BGHZ 122, 245.
[239] Vgl. *BGH* NJW-RR 1987, 145.
[240] *BGH* NJW 1997, 3234.
[241] Dazu Ebenroth/Boujong/Joost/Strohn/*Joost,* HGB, § 348 Rn. 28.
[242] *OLG Frankfurt* BB 1985, 1561.
[243] *BGH* NJW 1985, 57.
[244] *OLG Frankfurt* ZIP 1991, 1171.
[245] *OLG Braunschweig* NJW-RR 1996, 1316.
[246] *BGH* ZIP 1998, 1159.
[247] *BGH* NJW 1992, 1097.

Abschnitt 4. Allgemeine Geschäftsbedingungen (AGB)

No. 478 (1990); *Knütel/Rieger,* Pönalen wegen Verzugs oder Minderleistungen in Individualvereinbarungen und AGB – Risiken der Unwirksamkeit und ihre Vermeidung, NZBau 2010, 285 ff.; *Lindacher,* Schadensersatzpauschalen: Kontrolle und Korrektur, FS für Rolf Birk, 2008, 515 ff.; *Ostendorf,* in: Ostendorf/Kluth (Hrsg.), Internationale Wirtschaftsverträge, 2012, § 6 (S. 208 ff.); *Schelhaas,* Vertragsstrafe und vertraglich vereinbarte Schadenspauschale – Rechtsvergleichung der Lösungen in einigen europäischen Rechtsordnungen, ZEuP 2004, 388 ff.

– **Vollständigkeitsklauseln**

Klauseln, welche die Vermutung der Vollständigkeit und Richtigkeit der Urkunde und der in ihr enthaltenen Erklärungen zum Gegenstand haben, sind wirksam, wenn sie als bloße Vermutungen gestaltet sind, die dem Vertragspartner des Verwenders eine Widerlegung der Vermutung gestatten.[248] Wird mit ihnen eine „unwiderlegliche Vermutung" begründet, ist sie mit § 305b BGB[249] bzw. § 307 BGB[250] unvereinbar.

219

– **Wechsel des Vertragspartners**

Solche Klauseln können dazu führen, dass dem Vertragspartner des Verwenders ein neuer, ihm womöglich unbekannter Vertragspartner aufgedrängt wird; sie unterliegen deshalb der Inhaltskontrolle nach §§ 310, 307 BGB.[251] Im Rechtsverkehr zwischen Unternehmern sind solche Klauseln nur ausnahmsweise unwirksam, wenn durch den Wechsel des Vertragspartners berechtigte Interessen des Vertragspartners des Verwenders beeinträchtigt werden. Diese Voraussetzung ist vor allem bei Geschäften mit personalem Einschlag gegeben, wenn es also dem Vertragspartner des Verwenders für die zweckentsprechende Durchführung des Vertrages auf die Zuverlässigkeit und Solvenz gerade des ausgewählten Geschäftspartners (AGB-Verwender) ankam. Die IoC *(Identity of Carrier)*-Klauseln des Seefrachtvertrages beurteilt die Rechtsprechung nach § 305b BGB.[252]

220

---

[248] *BGH* NJW 2000, 207.
[249] Vgl. Staudinger/*Schlosser,* Art. 305b, BGB, Rn. 51; MüKo-BGB/*Basedow,* § 305b BGB, Rn. 6.
[250] *v. Westphalen,* Vertragsrecht und AGB-Klauselwerke, 30 Rn. 20.
[251] Vgl. zu einer sog. *change of control*-Klausel im Exportkaufvertrag Abschnitt 3 Rn. 126.
[252] *BGH* NJW 1991, 1420.

Abschnitt 5. Internationale Handelsklauseln

Übersicht

	Rn.
A. Erscheinungsformen und Bedeutung von Handelsklauseln	1
I. Erscheinungsformen	1
II. Rechtlicher Charakter	7
III. Auslegung	10
B. Incoterms	15
I. Allgemeine Grundlagen	15
1. Bedeutung für Exportverträge	15
2. Regelungsgegenstände	22
3. Räumlicher Anwendungsbereich	26
4. Einbeziehung in den Vertrag	28
5. Konsequenzen für die Kalkulation des Exportgeschäfts	31
a) Grundsätze	31
b) Beispielskalkulation	39
6. Nicht geregelte Fragen	40
II. Inhalt der einzelnen Klauseln	42
1. Klauselgruppen	42
a) Gruppe E	46
b) Gruppe F	53
c) Gruppe C	68
d) Gruppe D	81
2. Gemeinsamkeiten und Unterschiede innerhalb der Gruppen F, C und D	90
a) Gruppe F	91
b) Gruppe C	93
c) Gruppe D	94
3. Eignung für bestimmte Transportarten	95
a) Schiffsklauseln	96
b) Sonstige Transportklauseln	101
4. Die wichtigsten Pflichten der Parteien im Überblick	103
a) Pflichten des Verkäufers nach A 2 und A 3	104
b) Pflichten des Käufers nach B 2 und B 3	106
c) Pflichten der Parteien nach A 4/B 4, A 5/B 5 und A 6/B 6	107
C. Zahlungs- und Kostenklauseln	108
D. Befreiungs- und Freizeichnungsklauseln	137
E. Sonstige Klauseln	148
F. Handelsbräuche	169

Literatur: *Baumbach/Hopt,* Handelsgesetzbuch, 35. Aufl. 2012; *v. Bernstorff,* Incoterms 2010, 2. Aufl. 2012; *Bredow/Seiffert,* INCOTERMS 2010, 4. Aufl. 2013; *Lehr,* Die neuen Incoterms, VersR 2000, 548 ff.; *Grün/Schmitz,* in: Ostendorf/Kluth (Hrsg.), Internationale Wirtschaftsverträge, 2012, § 10; *Kondring,* Die „gute unternehmerische Praxis" in einem möglichen künftigen AGB-Recht für den unternehmerischen Verkehr, BB 2013, 73 ff.; *Nielsen,* Richtlinien für Dokumentenakkreditive, 3. Aufl. 2008; *Oestmann,* Die Ermittlung von Verkehrssitten und Handelsbräuchen im Zivilprozeß, JZ 2003, 285 ff.; *Pfeiffer* (Hrsg.), Handbuch der Handelsgeschäfte, 1999, § 5; *Schmitthoff,* International Trade Usages (ed. ICC, Publ. No. 440/4) 1987; *Selke,* Handelsbräuche als autonomes kaufmännisches Recht aus praktischer Sicht, 2001; *Stein,* Lex mercatoria, 1995; *Welling,* Gefahrtragung im UN-Kaufrecht und deren Beeinflussung durch die Incoterms 2000, WBl 2001, 397; *Wertenbruch,* Die Incoterms-Vertragsklauseln für den internationalen Kauf, ZGS 2005, 136 ff.; *Westermann,* Münchner Kommentar zum BGB, 6. Aufl. 2012, § 447 Rn. 10–13; *Wörlen/Metzler-Müller,* Handelsklauseln im nationalen und internationalen Warenverkehr, 1997; *Zwilling-Pinna,* Update wichtiger Handelsklauseln: Neufassung der Incoterms ab 2011, BB 2010, 2980.

A. Erscheinungsformen und Bedeutung von Handelsklauseln

I. Erscheinungsformen

1   Handelsklauseln verstanden als in abgekürzter Form benutzte Wörter, Begriffe, Sätze oder Satzteile sind im Internationalen Handelsverkehr zwischen Unternehmern sehr verbreitet und kommen in verschiedenen Erscheinungsformen vor. Größte Bedeutung haben

die von der ICC gesammelten und zusammengestellten Lieferklauseln für den internationalen Warenhandel. Die ICC-Klauseln zeichnen sich durch das Bemühen der ICC um eine Vereinheitlichung aus.

Die ICC hatte erstmals im Jahre 1923 nach Abschluss entsprechender Untersuchungen über die Anwendung und Auslegung typischer Vertragsklausel die sog. Trade Terms herausgegeben. Dabei handelte es sich um eine Sammlung von gebräuchlichen Handelsklauseln in der von der ICC vorgefundenen Auslegung. Einen ordnenden oder gar „regelnden" Charakter hat die ICC mit den Trade Terms nicht verbunden. Unterschiedliche Auslegungen in verschiedenen Staaten wurden in Kauf genommen. Die Sammlung wurde zuletzt im Jahr 1953 als „Trade Terms 1953" herausgegeben.

Im Jahr 1935 hat die ICC die sog. Incoterms herausgegeben, seit 1936 den Handelskreisen international zur Anwendung empfohlen und seither immer wieder modernisiert. Ihre Besonderheit bestand seit jeher und besteht weiterhin darin, dass sie verbindliche Auslegungsregeln für die in ihnen enthaltenen Klauseln vorsehen. Derzeit gelten die Incoterms in der Fassung des Jahres 2010.[1]

Daneben gibt es eine Vielzahl von Handelsklauseln, die im Handelsverkehr Verwendung finden, ohne dass sie durch eine ordnende oder standardisierende Instanz eine spezifische Ausprägung erfahren haben. Sie sind dadurch charakterisiert, dass die Handelsgeschäftspartner mit Inhalt und Rechtsfolgen der Klauseln vertraut sind und sie mit ihnen eine gewisse, wenn auch nicht rechtlich verbindliche Vorstellung verbinden. Die Klauseln lassen sich in Zahlungsklauseln,[2] Befreiungs- oder Freizeichnungsklauseln[3] und sonstige Klauseln[4] ordnen.

Ferner finden im internationalen Handelsverkehr Klauseln und Bedingungen Anwendung, die vor allem von den zahlreichen Warenbörsen verwendet werden. Dabei handelt es sich um Erscheinungsformen von Handelsklauseln und Handelsbedingungen, die jeweils von den einzelnen Börsen für die Abwicklung ihrer Geschäfte zugrunde gelegt werden.

Eine Aufzählung oder gar Darstellung dieser Klauselwerke ist im Rahmen dieses Handbuchs schon angesichts der Vielzahl der in Betracht zu ziehenden Klauseln unmöglich. Dies wird deutlich, wenn man sich vor Augen führt, dass allein in Deutschland im Bereich des Börsenwesens für Getreide, Futtermittel, Ölsaaten, Eier, Raufutter, Kartoffeln oder Heizöl 22 Börsen existieren, die jeweils eigene Klauselwerke und Bedingungen verwenden. Beispielhaft werden hier nur erwähnt die „Geschäftsbedingungen des Waren-Vereins Hamburger Börse e.V.", die im Internet über die Homepage www.warenverein.de einsehbar sind. Ein weiteres Beispiel bilden die „Bedingungen der Bremer Baumwollbörse" in der 7. Aufl. aus dem Jahr 2008, die ebenfalls im Internet unter www.baumwollboerse.de publiziert sind.

II. Rechtlicher Charakter

Handelsklauseln haben keinen weltweit einheitlich bestimmten oder anerkannten Charakter. Vertreten werden die Einordnung von Handelsklauseln als Gewohnheitsrecht, Handelsbrauch, objektive Auslegungsregel oder *lex mercatoria*.[5] Überwiegend und insbesondere in Deutschland werden Handelsklauseln wegen ihrer Eigenart, Bedingungen für eine Vielzahl von Geschäften vorformuliert vorzusehen, als Allgemeine Geschäftsbedingungen (AGB) angesehen.[6]

Mit der Charakterisierung als AGB sind Konsequenzen für ihre Einbeziehung in den Vertrag, die Wirksamkeitskontrolle ihres Inhalts und ihre Auslegung verbunden. Handelsklauseln gelten für den einzelne Exportverträge nur, wenn sie in den Einzelvertrag wirksam einbezo-

---

[1] → B., Rn. 15.
[2] → C., Rn. 108.
[3] → D., Rn. 137.
[4] → E., Rn. 148.
[5] Vgl. nur *Renck*, Der Einfluss der Incoterms 1990 auf das UN-Kaufrecht, 1995, S. 15 ff.
[6] Ebenroth/Boujong/Joost/Strohn/*Joost*, HGB, § 346 Rn. 97.

gen wurden. Dafür gelten die allgemeinen Grundsätze der Einbeziehung von AGB in den Vertrag.[7]

9   Handelsklauseln unterliegen als AGB der Inhaltskontrolle gemäß §§ 307–310 BGB. Dass gemäß § 310 Abs. 1 Satz 2 BGB die im Handelsverkehr geltenden Gewohnheiten und Gebräuche zu berücksichtigen sind, ist bei der Durchführung der richterlichen Inhaltskontrolle in Ansatz zu bringen. Da sich Handelsklauseln durch ihre Handelsüblichkeit auszeichnen, wird die Inhaltskontrolle in der Regel dazu führen, dass Inhalt und Rechtsfolgen von Handelsklauseln im Verhältnis der Handelsgeschäftspartner untereinander als sachlich gerechtfertigt angesehen werden. Deswegen scheidet eine Unwirksamkeit von Handelsklauseln wegen § 307 BGB regelmäßig aus.[8]

III. Auslegung

10   Da Handelsklauseln typischer Weise in abgekürzter Form die Bedingungen und Modalitäten für Handelsverträge enthalten, bedürfen sie nicht selten der Auslegung. Differenzen über die Auslegung der Klauseln sind miniert, wenn Handelsklauseln – wie die Incoterms – detaillierte und vor allem rechtsverbindliche Auslegungsregeln enthalten, die für die Parteien von Handelsverträgen, die Incoterms in ihren Vertragsbeziehungen einbeziehen, dann verbindlich sind.[9]

11   In Ermangelung verbindlicher Auslegungsregeln sind Handelsklauseln nach objektiven Maßstäben auszulegen. Auf die Umstände des Einzelfalles kommt es deshalb nicht an.[10] Diese objektive Auslegung ist der Rechtssicherheit im Handelsverkehr geschuldet, nach der es unzuträglich wäre, die je individuellen Umstände der Verwendung von Handelsklauseln bei deren Auslegung zu berücksichtigen.[11] Die Rechtssicherheit beim Handelsverkehr erfordert es, dass sich jeder Handelspartner auf eine bestimmte objektive Bedeutung der Handelsklauseln verlassen können darf.[12] Handelsklauseln sind deshalb so auszulegen, wie sie bei einem typischen Regelungssachverhalt in ihrer typischen Bedeutung zu verstehen sind.[13]

12   Eine im Willen der Vertragsbeteiligten orientierte ergänzende Vertragsauslegung verträgt sich regelmäßig nicht mit den Geboten des Verkehrsschutzes und der objektiven Typisierung der Bedeutung von Handelsklauseln; sie ist deswegen im Zusammenhang mit der Verwendung Handelsklauseln ausgeschlossen.[14]

13   Lässt sich ein übereinstimmender Parteiwille feststellen, setzt er sich wegen der Bedeutung der Privatautonomie aber auch gegen den objektiven Sinn einer Handelsklausel durch.[15]

14   Bei der Auslegung von Handelsklauseln sind Handelsgebräuche[16] zu berücksichtigen; nach deutschem Recht folgt diese Konsequenz aus § 346 HGB.[17]

B. Incoterms

I. Allgemeine Grundlagen

15   **1. Bedeutung für Exportverträge.** Die Incoterms (abgekürzt für: International Commercial Terms) sind von der Internationalen Handelskammer (International Chamber of Commerce, ICC) gesammelte, geordnete und international vereinheitlichte Handelsklau-

---

[7] Vgl. dazu auch Abschnitt 4, Rn. 83 ff.
[8] Pfeiffer/*Schinkels,* Handbuch, § 5 Rn. 37.
[9] Vgl. unter B., Rn. 28.
[10] BGHZ 92, 401.
[11] Pfeiffer/*Schinkels,* Handbuch, § 5 Rn. 40.
[12] *BGH* NJW 1976, 853.
[13] Ebenroth/Boujong/Joost/Strohn/*Joost,* HGB, § 346 Rn. 98.
[14] *Canaris,* Handelsrecht, § 22 Rn. 13.
[15] Ebenroth/Boujong/Joost/Strohn/*Joost,* HGB, § 346 Rn. 99.
[16] → F., Rn. 178.
[17] Vgl. *BGH* NJW 1987, 2436.

seln. Sie dienen zur regelhaften Auslegung von 11 im internationalen Handel gebräuchlichen Handelsklauseln. Sie sollen Unsicherheiten über die Auslegung der erfassten Handelsklauseln im internationalen Handelsverkehr durch eine Festlegung der mit einer Klausel verbundenen Pflichten des Verkäufers und des Käufers möglichst beseitigen. Sie haben für den Exportkaufvertrag vor allem eine Rationalisierungsfunktion insofern, dass durch die Angabe der kurzen Drei-Buchstaben-Klausel umfängliche und international einheitlich verstandene Regelungsinhalte in den Vertragsbeziehungen gelten.

16 Incoterms werden von der ICC mit Bestreben, die Trade Terms[18] zu vereinheitlichen,[19] erstmals 1936 herausgegeben. In den Jahren 1953, 1967, 1976, 1980, 1990, 2000 und 2010 wurden sie revidiert. Die Revisionen haben jeweils zu Modifikationen des Inhalts geführt, um die Incoterms immer wieder an die sich ändernden Handelsbräuche anzupassen. Nur beispielhaft seien einige Änderungen erwähnt: 1980 wurde die Klausel FCA (*free carrier,* frei Frachtführer) eingeführt, um mit ihr die Container-Revolution im internationalen Handel besser erfassen zu können und insbesondere den Fall zu erfassen, dass der Übergabeort wegen der Containerisierung des Exportgeschäfts im Seeverkehr nicht mehr die traditionelle Stelle der FOB-Klausel, also bis 2010 die Schiffsreling, geworden war. Die Neufassung von 1990 hat die Möglichkeit zugelassen, Papierdokumente durch elektronische Mitteilungen zu ersetzen, wenn sich die Vertragspartner auf einen elektronischen Datenaustausch verständigt haben. Die Revision aus dem Jahr 2000 hat Änderungen der Regelungen für die Zollfreimachung und die Zahlung der Zollgebühren in der FAS- und der DEQ-Klausel gebracht; in der FCA-Klausel wurden die Be- und Entladepflichten geändert.

17 Die Revision von 2010 verlagert den Gefahrenübergang bei den Schiffsklauseln FOB, CFR und CIF von dem bisher maßgeblichen Zeitpunkt „Schiffsreling" zu einem späteren Zeitpunkt, wenn die Ware bereits auf dem Schiff verladen (nicht verstaut) ist. Damit wird die Diskussion um die sog. „Kranschwenk-Fälle"[20] beendet, bei denen die Gefahr vom Verkäufer auf den Käufer während des Ladevorgangs überging, auch wenn die Ware bereits über dem Schiff schwebte, aber zB durch eine Windböe wieder zurück an Land befördert wurde. Die letzte Neufassung der Schiffsklauseln erfasst zudem Besonderheiten des Verkaufs „schwimmender Ware", bei dem Verträge über Waren – meist Rohstoffe – geschlossen werden, die sich bereits auf einem Schiff befinden und auch nach Abschluss des Kaufvertrags auf diesen verbleiben, um ggf. weiterveräußert zu werden (sog. Kettengeschäfte oder *string sales*); vor diesem Hintergrund regeln die Schiffsklauseln FOB, CFR und CIF neuerdings, dass ein Verkäufer seine Lieferpflicht – alternativ zur tatsächlichen Verladung an Bord – auch mit der „Verschaffung versandter Ware" (*„procures the goods already so delivered"*) erfüllen kann. Die Neueinführung einer DAT-Klausel (*delivered at terminal,* geliefert Terminal) trägt dem Umstand Rechnung, dass Hafenanlagen weltweit immer größer werden, so dass teilweise nicht mehr die Benennung des Hafens (zB Hamburg oder Rotterdam) ausreicht, sondern die Konkretisierung des Terminals und ggf. der Ladestelle erforderlich macht, zB „DAT Bremerhaven Wilhelm-Kaiser-Terminal CT III (Incoterms 2010)".[21] Für die Partner des Exportgeschäfts ist es wegen der unterschiedlichen Fassungen von Bedeutung festzulegen, welche Fassung der Incoterms für die zwischen ihnen geschlossenen Verträge gilt (zB „Incoterms 2010").[22]

18 Die Incoterms sind kein zwingendes Regelwerk. Sie können daher von den Vertragsbedingungen, in denen sie eingebettet werden inhaltlich verändert, insbesondere auch präzisiert und ergänzt werden. Ein teilweiser Ausschluss ist ebenso zulässig. Die Vertragsparteien sollten sich indes in solchen Fällen der Ergänzung oder Änderung von Incoterms darüber im Klaren sein, dass damit die Präzision der Auslegungsregel beeinträchtigt werden kann.

---

[18] → Rn. 2.
[19] Vgl. *Piltz* RIW 2000, 485.
[20] Treffender Ausdruck von *Zwilling-Pinna* BB 2010, 2980, 2982.
[21] Beispiel nach *Weick* ZJS 2012, 584, 587.
[22] → Rn. 44.

Wird beispielsweise die FOB-Klausel durch einen Zusatz zur „FOB verstaut"-Klausel, lässt sich aus dieser Klausel nicht ersehen, ob die Verpflichtung des Verkäufers nicht nur auf die Kosten, die für die Verladung der Ware auf das Transportmittel anfallen, ausgeweitet wird, sondern auch auf die Gefahr des zufälligen Verlusts oder der Beschädigung der Ware während des Verlade- oder Stauvorgangs.[23]

19 Der Umstand, dass in Charterverträgen bestimmte Klauseln – wie „FOB verstaut" oder „FOB verstaut und getrimmt" – verwendet werden und dort einen bestimmten Inhalt haben, wirkt sich auf den Inhalt der Regelung im Kaufvertrag nicht aus. Die Parteien des Exportkaufvertrages sind deshalb insbesondere nicht davon entbunden, den Bedeutungsgehalt der gewählten Zusätze (Kostentragungs- oder Risikotragungszusatz oder beides) im Vertrag zu erläutern, um Missverständnisse über den Inhalt der Regelung im Kaufvertrag zu vermeiden. Jedenfalls ist von nicht erläuterten Änderung oder Ergänzung von Incoterms im Einzelvertrag abzuraten.

20 Auf der anderen Seite können Incoterms als Auslegungshilfe für Exportverträge selbst dann herangezogen werden, wenn sie nicht in den konkreten Vertrag einbezogen wurden. Auch ohne die Verdichtung zu einem Handelsbrauch[24] und ohne notwendige Anerkennung der Lehre von der Existenz eines autonomen Welthandelsrecht (einer sog. *lex mercatoria*[25]) bringen Incoterms verbreitete internationale Usancen über den Inhalt von Handelsklauseln in Exportkaufverträgen zum Ausdruck, die deren Auslegung bestimmen, wenn nicht die Vertragsparteien im Einzelfall abweichende Inhalte geregelt haben.[26]

21 Die Incoterms sind in der Originalfassung in englischer Sprache abgefasst, die deutsche Übersetzung ist rechtlich nicht verbindlich. Die siebte Revision der Incoterms 2010 ist zum 1. Januar 2011 in Kraft getreten.[27]

22 **2. Regelungsgegenstände.** Die Incoterms regeln in jeder einzelnen Klausel gesondert die Rechte und Pflichten des Verkäufers (unter A. der Auslegungsregel) und des Käufers (unter B. der Auslegungsregel) in einem Kaufvertrag über eine Warenlieferung. Incoterms sehen keine umfassende Regelung sämtlicher mit einem Kaufvertrag verbundenen Rechtsfragen vor. Geregelt werden abschließend die folgenden zehn Regelungsgegenstände:

(1) Lieferung vertragsmäßiger Ware bzw. Zahlung des Kaufpreises; seit Incoterms 2010: Verpflichtungen des Verkäufers/Käufers;
(2) Lizenzen, Genehmigungen, Formalien;
(3) Beförderungs- und Versicherungsverträge;
(4) Lieferung bzw. Abnahme;
(5) Gefahrtragung;
(6) Kostenteilung;
(7) Benachrichtigung des Käufers bzw. des Verkäufers;
(8) Liefernachweis, Transportdokumente oder elektronische Mitteilungen; seit Incoterms 2010: Transportdokument/Liefernachweis;
(9) Prüfung, Verpackung, Kennzeichnung;
(10) Sonstige Verpflichtungen; seit Incoterms 2010: Unterstützung bei Informationen und damit verbundenen Kosten.

23 Incoterms betreffen allein das Rechtsverhältnis zwischen Verkäufer und Käufer. Nicht geregelt werden somit die Rechte und Pflichten der Vertragsparteien eines Beförderungs- oder Versicherungsvertrages. Incoterms verpflichten je nach Klausel den Verkäufer oder Käufer einen Beförderungsvertrag auf eigene Kosten zu schließen; sie nehmen aber selbst keinen Einfluss auf dessen Inhalt.

---

[23] Vgl. Heymann/*Horn*, HGB, § 346 Incoterms Ziff. 11 unter Hinweis auf entsprechenden Ungewissheiten der Klausel: EXW geladen.
[24] → Rn. 28.
[25] Vgl. *Schmitthoff* RabelsZ 28 (1964), 47, 48 ff.
[26] Staub/*Koller*, HGB, § 346 Rn. 286.
[27] Veröffentlicht als ICC-Publication Nr. 715 ED.

Abschnitt 5. Internationale Handelsklauseln

Mit der Verwendung einer bestimmten Incoterms-Klausel sind durchweg ökonomische und rechtliche Konsequenzen verbunden. Die Regelungen der jeweils in den Vertrag einbezogenen Incoterms sehen eine bestimmte Kostenfolge vor, verpflichten Verkäufer und Käufer zur Tragung bestimmter Kosten um Zusammenhang mit der Durchführung des Exportgeschäfts. Insbesondere wird geregelt, welche Vertragspartei die Kosten des Transports oder die Kosten der Versicherung während des Transports zu übernehmen hat. Insofern haben Incoterms unmittelbare betriebswirtschaftliche Konsequenzen für die Kalkulation des Exportgeschäfts.[28] **24**

Rechtliche Konsequenzen ergeben sich insofern, als Verkäufer und Käufer durch die Verwendung des Drei-Buchstaben-Codes ein umfängliches Rechte- und Pflichtenprogramm für den zwischen ihnen geschlossenen Kaufvertrag vereinbaren.[29] **25**

3. Räumlicher Anwendungsbereich. Incoterms sind für den internationalen Handelsverkehr geschaffen worden, also für Kaufverträge über die nationalen Grenzen hinweg. Sie stehen somit in erster Linie für die Parteien eines Exportkaufvertrages zur Verfügung. Ihr räumlicher Anwendungsbereich ist aber – wie etwa die Klauseln A 2 und B 2 zeigen – darauf nicht beschränkt. Auch die Parteien eines nationalen Kaufvertrages können drauf Bezug nehmen. **26**

Die Anwendung der Incoterms auf den Einzelvertrag hängt nicht davon ab, dass in dem Staat, in dem die Vertragspartei ihren Geschäftssitz hat, bestimmte Vorkehrungen für die Anwendung der Incoterms getroffen hat. Insbesondere handelt es sich um keine völkerrechtliche Konvention, deren Geltungsbereich auf Ratifikationsstaaten begrenzt ist. Incoterms haben einen räumlich nicht begrenzten Anwendungsbereich. **27**

4. Einbeziehung in den Vertrag. Incoterms haben, obwohl sie breite internationale Verwendung finden, noch nicht den Charakter eines Handelsbrauchs.[30] Ihre Geltung ergibt sich deswegen nicht gleichsam automatisch unter Rückgriff auf einen Handelsbrauch (vgl. § 346 HGB)[31]. **28**

Incoterms bedürfen, um im jeweiligen Vertrag Geltung zu erhalten, der Einbeziehung in den Vertrag durch die Vertragsparteien. Nach deutschem Rechtsverständnis haben sie den Charakter empfohlener Geschäftsbedingungen und unterliegen den für diese geltenden Einbeziehungsvoraussetzungen.[32] Neben der ausdrücklichen Einbeziehung kommt – jedenfalls nach deutschem Rechtsverständnis – auch eine konkludente oder eine solche durch Stillschweigen **29**

In der entsprechenden Einbeziehungsregelung sollte auch klargestellt werden, welche Fassung der Incoterms gemeint ist. Ist ein Hinweis auf die derzeit gültige Fassung des Jahres 2010 nicht gegeben, kann es – etwa bei Verwendung älterer Vertragsformulare oder Bestellunterlagen – zu Unstimmigkeiten und Streit kommen über die Frage, welche Fassung der Incoterms anwendbar ist. Mangels besonderer Umstände ist davon auszugehen, dass die Vertragsparteien, die Incoterms in ihrer neuesten Fassung verwenden wollen. Auf ältere Fassungen können die Vertragsparteien allerdings Bezug nehmen. **30**

5. Konsequenzen für die Kalkulation des Exportgeschäfts. a) Grundsätze. Mit der Verwendung von Incoterms treffen die Vertragsparteien eine Entscheidung über den Preis des Geschäfts. Die Vertragsparteien müssen sich darüber klar sein, dass mit dem vereinbarten Kaufpreis nicht nur die Ware zu bezahlen ist, sondern mit der Incoterms-Klausel weitere Kosten einhergehen. Verkäufer und Käufer haben je nach Klausel bestimmte weitere Kosten zu tragen. Aus der Sicht des Verkäufers sind die von ihm gegebenenfalls zu tragenden Kosten – insbesondere für den Transport und die Versicherung – mit dem vereinbarten **31**

---

[28] → Rn. 39.
[29] Zu den Einzelheiten der jeweiligen Klausel vgl. unten Rn. 42 ff.
[30] Andere Ansicht: *Weick* ZJS 2012, 584 ff.
[31] *Karsten Schmidt*, Handelsrecht, § 30 I 3c.
[32] → Abschnitt 4 Rn. 84 ff.

Kaufpreis abgegolten; aus der Sicht des Käufers sind die von ihm gegebenenfalls zu tragenden Kosten zu dem vereinbarten Kaufpreis hinzu zu rechnen.

32 Nachfolgend soll aus der Sicht des Importeurs dargestellt werden, welche Kosten typischerweise in die durch die Incoterms beeinflusste betriebswirtschaftliche Kalkulation einfließen[33]:

33 **(See-)Frachtkosten:** Diese werden regelmäßig auf der Basis auf der Basis von Maß oder Gewicht berechnet. M/G bzw. M/W entsprechen einem cbm oder 1.000 kg. Die Fracht wird typischerweise nach Gewicht berechnet, sofern der cbm-Wert nicht höher als der 1.000 kg-Faktor ausfällt.

34 **Transportversicherungskosten:** Üblicherweise wird der Klauselwert (zB CIF-Klauselwert) einschließlich eines imaginären Gewinns des Importeurs versichert. Dementsprechend ergibt sich: CIF 100% zuzüglich 20% Gewinn zuzüglich 1% Prämie auf den Summenwert = 1,2% Prämie

35 **Zollwert:** Dabei wird der für die Einfuhrabfertigung maßgebliche Wert (insbesondere der CIF-Einfuhrwert) in Ansatz gebracht.

36 **Sonstige Handlingkosten:** dabei handelt es sich um alle anteiligen fixen und variablen Kosten, die mit dem Verkauf der Ware zusammenhängen.

37 **Vor- und Nachkalkulationskosten:** Dabei handelt es sich um Kalkulationskosten, die durch die Vor- und Nachbereitung des anstehenden und abgeschlossenen Exportgeschäfts entstehen. Sie sollen dem Exportgeschäftsparteien einen sukzessive fortgeschriebenen Überblick über die kalkulatorisch erwarteten und tatsächlich entstandenen Kosten geben.

38 **Strafzölle:** Gegebenenfalls fallen Antidumpingzölle und Antisubventionsabgaben an, die etwa von der EU für nach Europa eingeführte Ware verhängt werden. Informationen sind erhältlich über das Antidumping-Register der Handelskammer Hamburg und der Handelskammer Bremen über das Brüsseler Kontaktbüro des DIHK.

39 **b) Beispielskalkulation.** Exemplarisch lässt sich unter pauschalierender Berücksichtigung der vorgenannten Kosten folgende Kalkulation für ein Außenhandelsgeschäft aufstellen[34]:

Einkaufspreis
Listenpreis (EXW) ohne Verpackung	20.000,00
− Mengenrabatt: 10%	2.000,00
= Zieleinkaufspreis	18.0000,00
− Skonto: 3%	540,00
= Bareinkaufspreis	17.460,00
+ seemäßige Verpackung	2.500,00
+ LKW-Fracht und Umschlagkosten (Ausland)	1.000,00
Einkaufspreis (FOB) incl. Verpackung	20.960,00
+ Seefracht	2.000,00
Einkaufpsreis CFR	22.960,00
+ Transportversicherung 1% von 120% CIF	275,52
Einkaufspreis	23.235,52
+ 20% Einfuhrzoll	4.647,10
Einkaufspreis (DDP)	27.882,62
+ Kosten für Kaiumschlag, Lagergeld, Qualitätskontrolle	500,00
Einstandspreis (DDP) ohne EUSt.	28.382,62
Verkaufspreis:	
+ Frachtkosten (Inland)	1.500,00
+ Handlingkosten, Gewinn, Verkaufsprovision (20%)	5.976,52
Verkaufspreis frei Lager (ohne MWSt.)	35.859,14

40 **6. Nicht geregelte Fragen.** Incoterms befassen sich nicht mit den Folgen von Vertragsverletzungen, insbesondere nicht mit Haftungsfragen. Diese bedürfen mithin einer geson-

---

[33] Vgl. dazu die Übersicht in: DIHK (Hrsg.), 1 × 1 des Imports, 2. Aufl. 2005, S. 36 f.
[34] In Anlehnung an DIHK (Hrsg.), 1 × 1 des Imports, 2. Aufl. 2005, S. 36 f.

Abschnitt 5. Internationale Handelsklauseln

derten vertraglichen Regelung oder einer Ordnung durch das einschlägige Gesetzesrecht. Allerdings beeinflussen Incoterms etwa durch die Gefahrtragungsregel (A 5, B 5) die haftungsrechtliche Rechtslage.

Regelungen über die wesentlichen Kaufvertragsbestimmungen (die sog. *essentialia negotii*) fehlen ebenso wie Regelungen über den Eigentumsübergang. **41**

II. Inhalt der einzelnen Klauseln

1. Klauselgruppen. Die Incoterms 2010 bieten ein System von 11 Klauseln, die nach dem Grad der Verpflichtung des Exporteurs (Verkäufer) hinsichtlich des Transports der Ware in vier Gruppen aufgeteilt sind: Gruppe E, F, C und D. Die wenigsten Pflichten hat der Verkäufer bei der Gruppe E; von Gruppe zu Gruppe nehmen diese jeweils zu und die Käuferpflichten entsprechend ab. **42**

Gruppe E Abholklausel	EXW […] (Standort des Werks)	*Ex Works* Ab Werk
Gruppe F Übergabeklauseln	FCA […] (Übergabeort)	*Free Carrier* Frei Frachtführer
	FAS […] (Verschiffungshafen)	*Free Alongside Ship* Frei Längsseite Seeschiff
	FOB […] (Verschiffungshafen)	*Free On Board* Frei an Bord
Gruppe C Absendeklauseln	CFR […] (Bestimmungshafen)	*Cost and Freight* Kosten und Fracht
	CIF […] (Verschiffungshafen)	*Cost, Insurance and Freight* Kosten, Versicherung und Fracht
	CPT […] (Bestimmungsort)	*Carriage Paid To* Frachtfrei
	CIP […] (Bestimmungsort)	*Carriage and Insurance Paid To* Frachtfrei versichert
Gruppe D Ankunftsklauseln	DAT […] (Bestimmungsterminal)	*Delivered At Terminal* Geliefert Terminal
	DAP […] (Bestimmungsort)	*Delivered At Place* Geliefert benannter Ort
	DDP […] (Bestimmungsort)	*Delivered Duty Paid* Geliefert verzollt

An der mit „[…]" markierten Stelle hinter dem Drei-Buchstaben-Code ist die im Klammerzusatz genannte Angabe, zB „(Ort)" oder „(Verschiffungshafen)", zu ergänzen. Beispiel: „FOB Hamburg", wenn die Ware im Hamburger Hafen verschifft wird. **43**

Zudem ist wichtig festzuhalten, welche Version der Incoterms gewählt wird[35]. Dies kann durch einen umschreibenden Hinweis (zB „*in conformity with the Incoterms 2000*" oder „*according to Incoterms 1990*") oder in einem einfachen Zusatz – mit oder ohne Klammer – erfolgen, zB „EXW Hamburg (Incoterms 2010)". **44**

---

[35] → Rn. 16 f.

45 **Beispiel aus einem Mustervertrag:**
"The Seller undertakes to deliver the Merchandise FAS Hamburg (Incoterms 1990) not before [date] and not later than [date]."

Nach FAS (Incoterms 1990) war der Käufer verpflichtet, die Ware für die Ausfuhr freizumachen und die Zollgebühren zu zahlen, seit der Fassung von 2000 übernimmt dies der Verkäufer; dies gilt auch für die aktuelle Fassung der Incoterms 2010.[36]

46 **a) Gruppe E.** Die erste Gruppe E besteht aus nur einer Klausel, die dem Verkäufer mit einer reinen Bereitstellungsverpflichtung an seinem Sitz ein Mindestmaß an Pflichten auferlegt, sog. Abholklausel. Diese Gruppe wird mit „E" bezeichnet, da die einzige Klausel EXW mit „E" wie *„ex works"* beginnt.

EXW/Ab Werk

47 Der Verkäufer hat die Ware auf seinem Werksgelände oder an einem anderen benannten Ort, dh Fabrikationsstätte, Lager usw. zur Abholung bereitzustellen. Das Verladen geschieht auf Kosten und Risiko des Käufers. Der Käufer hat für die Abholung der Ware am vereinbarten Ort, den Transport, die Verzollung und alle weiteren Kosten aufzukommen.

48 Bei der Formulierung des Lieferortes im Klauselzusatz reicht die bloße Angabe der Stadt zur Bestimmbarkeit nicht aus, wenn der Verkäufer an einem Ort über mehrere Produktions- und Auslieferungsstätten verfügt. Konkrete Angaben diesbezüglich können und sollten in der Klausel ergänzt werden, zB „EXW Hamburg, Halle 2 (Incoterms 2010)".[37]

49 In Einzelfällen ist es einem Käufer nicht möglich Exportformalitäten selber durchzuführen, zB wenn nur Gebietsansässigen des Ausfuhrlandes eine Exportlizenz erteilt wird. Dann ist nicht EXW, sondern FCA die passende Klausel. Dem Verkäufer obliegt bei dieser Klausel zudem die Verladung der Ware auf das Beförderungsmittel.

50 *Erforderliche Dokumente:*
- Handelsrechnung
- Empfangsbestätigung, Quittung

51 *Zusätzliche Dokumente:*
- Dokumente für die Aus-/Einfuhr bzw. Transitabfertigung

52 Für die Einzelheiten des Klauselinhalts wird auf die offiziellen Auslegungsgrundsätze – jeweils 10 für die Verkäufer- und die Käuferpflichten – verwiesen.[38]

53 **b) Gruppe F.** Grundgedanke der F-Klauseln ist, dass der Verkäufer (nur) bis zur Lieferung an den Transporteur verantwortlich ist, sog. Übergabeklauseln. Mit der Übergabe gehen Kosten- und Gefahrtragung auf den Käufer über, so dass der Verkäufer nach Übergabe „frei" *(free)* wird – daher auch die Bezeichnung als F-Klausel.

FCA/Frei Frachtführer

54 „Frei Frachtführer" bedeutet, dass der Verkäufer seine Lieferverpflichtung erfüllt hat, wenn er die von ihm zur Ausfuhr freigemachte Ware dem vom Käufer benannten Frachtführer am benannten Ort an der benannten Stelle übergeben hat. Von diesem Zeitpunkt an trägt der Käufer alle Gefahren und Kosten. Ab diesem Zeitpunkt muss, sofern nichts Anderes vereinbart ist, der Käufer die Beförderungsverträge abschließen.

55 Die FCA-Klausel entspricht in den Grundsätzen der FOB-Klausel, die auf den Seetransport mit konventionellen Schiffen zugeschnitten ist.[39] Die FCA-Klausel wurde 1980 eingeführt, um – in Anpassung an die gängige Handelspraxis – eine vielseitige Verwendbarkeit für alle Beförderungsarten zu gewährleisten[40], denn Schiffsklauseln, wie typischerweise die FOB-Klausel, eignen sich ausschließlich für den See- und Binnenschifftransport.[41] Die

---

[36] → Rn. 60 ff.
[37] So auch *Bredow/Seiffert*, S. 26.
[38] Abrufbar unter: www.icc-deutschland.de/icc-regeln-und-richtlinien/icc-incotermsR.html.
[39] → Rn. 64 ff.
[40] → Rn. 98.
[41] → Rn. 64.

FCA-Klausel eignet sich für alle Transportarten, insbesondere für den Luft- und Eisenbahntransport.

Aufgrund ihrer Konzeption und Eignung für alle Beförderungswege, sollte beim Drafting der Klausel die Transportart – idealerweise zugleich mit dem Lieferort – konkretisiert werden, zB „FCA Flughafen Hamburg". Es kann auch eine konkrete Postanschrift (zB Firmenanschrift) angegeben werden. 56

Erforderliche Dokumente: 57
- Handelsrechnung
- Frachtdokument, das die Übergabe an den Frachtführer ausweist
- Exportlizenz (sofern notwendig)

Zusätzliche Dokumente: 58
- Dokumente für die Aus-/Einfuhr bzw. Transitabfertigung

Im Einzelnen lassen sich die Verkäufer- und Käuferpflichten wieder aus der offiziellen Fassung der Incoterms 2010 entnehmen. 59

FAS/Frei Längsseite Seeschiff

Die Klausel FAS ist eine traditionelle Schiffsklausel,[42] nach der – anders als bei der FOB-Klausel – Gefahr und Kosten schon dann übergehen, wenn die Ware entweder in Binnenschiffen oder Leichtern an der der Wasserseite oder am Kai längsseits des Schiffes verbracht worden ist – einer Verladung der Ware (so nach den aktuell geltenden Incoterms 2010)[43] bzw. eines Passierens der Schiffreling (so nach den Incoterms 2000 und früheren Fassungen) bedarf es, anders als bei der FOB-Klausel, also nicht. 60

Erforderliche Dokumente: 61
- Handelsrechnung
- Zollbescheinigung
- Exportlizenz (sofern notwendig)
- Liefernachweis, ggf. Transportdokument

Zusätzliche Dokumente: 62
- Dokumente für die Aus-/Einfuhr bzw. Transitabfertigung

Der offizielle Text der Klausel FAS beschreibt die Rechte und Pflichten von Verkäufer und Käufer detailliert in jeweils 10 Punkten.[44] 63

FOB/Frei an Bord

FOB ist – neben CIF[45] – die bekannteste Incoterms-Klausel, die als traditioneller Grundtyp einer Lieferklausel für das Exportgeschäft gilt. FOB ist, wie die Klauseln FAS, CFR und CIF, ausschließlich für den See- und Binnenschifftransport konzipiert. Der Käufer muss den Laderaum auf einem Schiff beschaffen und dem Verkäufer Schiff, Ladeplatz und Ladetermin im benannten Verschiffungshafen mitteilen. Der Verkäufer liefert regelmäßig mit der Verladung der Ware an Bord, zu diesem Zeitpunkt geht auch die Gefahr auf den Käufer über (sog. Einpunktklausel, bei der Übergang der Kostenpflicht und Gefahrübergang zusammenfallen). Diese mit den Incoterms 2010 neu eingeführte Regelung, die gleichermaßen für die anderen See- und Binnenschifftransportklauseln CFR und CIF gilt, weicht von den Incoterms 2000 und früheren Fassungen ab, wo die Gefahr vom Verkäufer schon beim Passieren der Schiffsreling auf den Käufer überging. Mit der Verschiebung des Gefahrenübergangs zu einem etwas späteren Zeitpunkt wird die Diskussion um die sog. „Kranschwenk-Fälle" beendet, bei der die Ware auf dem Kran über Bord schwebend zunächst die Schiffsreling passiert haben, aber dann durch eine Windböe wieder zurück an Land geweht wurden.[46] Die FOB-Klausel in der aktuellen Fassung berücksichtigt, so wie die ebenfalls in der Hinsicht 64

---

[42] → Rn. 96 ff.
[43] So nach FOB (Incoterms 2010), vergleichbar mit den Regelungen in den CFR- und CIF-Klauseln (Incoterms 2010).
[44] Abrufbar unter: www.icc-deutschland.de/icc-regeln-und-richtlinien/icc-incotermsR.html.
[45] → Rn. 72 ff.
[46] → Rn. 17.

neu gefassten CFR- und CIF-Klauseln, auch den Verkauf „schwimmender Ware", bei denen sich die Ware – meist Rohstoffe – bereits beim Verkauf auf dem Schiff befinden und zunächst verbleiben bzw. weiterverkauft werden sollen (sog. Kettenverkäufe oder *string sales*); für diesen Fall sieht die neu gefasste FOB-Klausel – so wie die entsprechenden Regelungen bei der CFR- und CIF-Klauseln – alternativ zur „Verladung der Ware an Bord" auch die „Verschaffung verschiffter Ware" („procures the good already so delivered") vor.

Die Exportgenehmigung und alle anderen für den Export erforderlichen behördlichen Bescheinigungen besorgt der Verkäufer. Gleiches gilt für die Ausstellung einer Handelsrechnung und die Beschaffung eines handelsüblichen Dokuments, aus dem hervorgeht, dass die Ware vertragsgemäß an Bord geliefert wurde (idR ein Konnossement, engl. *bill of lading*, oder eine Empfangsbestätigung des Kapitäns oder ein anderes handelsübliches Papier, das diesen Nachweis erbringt, zB bei Vereinbarung auf Elektronische Datenkommunikation reicht eine EDI message).

65 *Erforderliche Dokumente:*
- Handelsrechnung
- Zollbescheinigung
- Exportlizenz (sofern notwendig)
- Liefernachweis (Konnossement, Empfangsbescheinigung des Kapitäns oder EDI message)

66 *Zusätzliche Dokumente:*
- Dokumente für die Aus-/Einfuhr bzw. Transitabfertigung

67 Für die Einzelheiten des Klauselinhalts wird auf die offiziellen Auslegungsgrundsätze – jeweils 10 für die Verkäufer- und die Käuferpflichten – verwiesen.[47]

68 **c) Gruppe C.** Bei den C-Klauseln ist der Verkäufer auf eigene Kosten für den Transport („C" wie *carriage*) verantwortlich, deswegen werden sie auch als C-Klauseln oder Absendeklauseln bezeichnet. Als Besonderheit der Klauseln der Gruppe C fallen Gefahr- und Kostenübergang auseinander, da die Gefahr für die Ware bereits mit Übergabe an den Frachtführer auf den Käufer übergeht. Es handelt sich damit um so genannte Zweipunktklauseln (in Abgrenzung zu den so genannten Einpunktklauseln, bei denen Gefahr- und Kostenübergang zusammenfallen – so alle E- und F-Klauseln).[48]

CFR/Kosten und Fracht

69 CFR-Klauseln sind nur im See- und Binnenschiffstransport anwendbar.[49] Ebenso wie bei der FOB-Klausel erfolgt hier die Lieferung und Gefahrübergang, wenn die Ware an Bord verladen ist (Regelfall) oder im Fall des Verkaufs schwimmender Ware, wenn der Verkäufer dem Käufer die Ware verschafft hat.[50] Allerdings hat der Verkäufer zusätzlich die für die Beförderung zum benannten Bestimmungshafen erforderlichen Kosten und Fracht zu tragen. Ausgenommen sind zusätzliche Kosten, die auf Ereignisse nach Lieferung der Ware an Bord beruhen. Der Verkäufer ist für die Exportfreimachung verantwortlich. Eine detaillierte Darstellung findet sich im offiziellen Text der Klausel.[51]

70 *Erforderliche Dokumente:*
- Handelsrechnung
- Transportdokument (Bill of Lading, non-negotiable Sea Waybill)
- Exportlizenz (sofern notwendig)

71 *Zusätzliche Dokumente:*
- Dokumente für die Aus-/Einfuhr bzw. Transitabfertigung

---

[47] Abrufbar unter: www.icc-deutschland.de/icc-regeln-und-richtlinien/icc-incotermsR.html.
[48] → Übersicht unter Rn. 107.
[49] So ausführlicher unter Rn. 96 ff., vgl. dazu auch Darstellung der übrigen See- und Binnentransportklauseln FAS, FOB und CIF.
[50] Vgl. bereits ausführliche Darstellung der Neuregelung des Gefahrenübergangs und neueren Berücksichtigung des Verkaufs „schwimmender Ware" bei der insoweit identischen FOB-Klausel unter Rn. 64.
[51] Abrufbar unter: www.icc-deutschland.de/icc-regeln-und-richtlinien/icc-incotermsR.html.

Abschnitt 5. Internationale Handelsklauseln

CIF/Kosten, Versicherung und Fracht

Die CIF-Klausel gehört – zusammen mit der Klausel FOB[52] – zu den „klassischen" und weltweit bekanntesten Klauseln. Sie gilt nur im See- und Binnenschiffstransport.[53] Es gelten dieselben Grundsätzlich wie bei CFR; zusätzlich hat der Verkäufer aber noch eine Seetransportversicherung gegen die vom Verkäufer getragene Gefahr des Verlusts oder der Beschädigung der Ware während des Transports abzuschließen, wobei sich die Verpflichtung aber auf eine Versicherung mit Mindestdeckung beschränkt.[54] Weitere Einzelheiten können dem offiziellen Text der Klausel entnommen werden.

Erforderliche Dokumente:
- Handelsrechnung
- Transportdokument
- Exportlizenz (sofern notwendig)
- Versicherungspolice

Zusätzliche Dokumente:
- Dokumente für die Aus-/Einfuhr bzw. Transitabfertigung

CPT/Frachtfrei

Der Verkäufer liefert, wenn er die Ware dem von ihm verpflichteten Frachtführer, bei mehreren aufeinander folgenden Frachtführern dem ersten Frachtführer übergibt. Die für die Beförderung zum Bestimmungsort erforderlichen Frachtkosten hat der Verkäufer zu tragen. Gefahren und Kosten nach dem Lieferzeitpunkt hat der Käufer zu tragen. Der Verkäufer ist für die Exportfreimachung verantwortlich. Näheres im offiziellen Text der Klausel.

Erforderliche Dokumente:
- Handelsrechnung
- Transportdokument
- Exportlizenz (sofern notwendig)

Zusätzliche Dokumente:
- Dokumente für die Aus-/Einfuhr bzw. Transitabfertigung

CIP/Frachtfrei versichert

Es gelten dieselben Grundsätze wie bei CPT; zusätzlich hat der Verkäufer aber noch eine Transportversicherung gegen die vom Verkäufer getragene Gefahr des Verlusts oder der Beschädigung der Ware während des Transports abzuschließen, wobei sich die Verpflichtung aber auf eine Versicherung mit Mindestdeckung beschränkt[55]. Für eine detaillierte Darstellung, vgl. offizieller Text der Klausel CIP.

Erforderliche Dokumente:
- Handelsrechnung
- Transportdokument
- Exportlizenz (sofern notwendig)
- Versicherungspolice (Zertifikat)

Zusätzliche Dokumente:
- Dokumente für die Aus-/Einfuhr bzw. Transitabfertigung

d) Gruppe D. Bei den D-Klauseln übernimmt der Verkäufer – in Steigerung seiner Pflichten von Gruppe zu Gruppe – schließlich alle Kosten und Risiken, bis die Ware am benannten Bestimmungsort eintrifft („D" wie *delivery*); deswegen nennt man Klauseln dieser Gruppe auch D-Klauseln oder Ankunftsklauseln.

---

[52] → Rn. 64.
[53] So ausführlicher unter Rn. 96 ff., vgl. dazu auch Darstellung der übrigen See- und Binnentransportklauseln FAS, FOB und CFR.
[54] Vgl. dazu Auslegungsregel A3b.
[55] Vgl. Auslegungsregel A3b.

DAT / Geliefert Terminal

82 Die mit den Incoterms 2010 neu eingeführte DAT-Klausel ist eine moderne Version der alten DEQ-Klausel (*delivered ex quay*, geliefert ab Kai) mit dem Unterschied, dass sie für alle Transportarten und nicht nur für den See- und Binnenschiffverkehr gilt. Der Verkäufer trägt alle Gefahren, die im Zusammenhang mit der Beförderung der Ware inklusive Entladung im benannten Terminal im Bestimmungshafen oder Bestimmungsort entstehen. Der Verkäufer ist zur Exportfreimachung, Beförderung, Entladung und Bereitstellung der Ware am vereinbarten Ort und zur vereinbarten Zeit verantwortlich. Eine Versicherungspflicht trifft den Verkäufer indes nicht. Die Gefahr geht mit der Entladung und Bereitstellung der Ware am benannten Ort auf den Käufer über, der für den (Rest-)Weitertransport und die Importfreimachung verantwortlich ist.

83 *Erforderliche Dokumente:*
- Handelsrechnung
- Liefernachweis (uU Durchfrachtdokument)

84 *Zusätzliche Dokumente:*
- Dokumente für die Aus-/Einfuhr bzw. Transitabfertigung

DAP / Geliefert benannter Ort

85 DAP ist eine mit den Incoterms 2010 neu eingeführte allgemeine Frachtvertragsklausel, mit der die alten D-Klauseln, insbesondere DAF und DES (Incoterms 2000) ersetzt wird. DAP gilt für jede Transportart. Der Verkäufer hat seine Lieferpflicht erfüllt, wenn die Ware dem Käufer auf dem ankommenden Beförderungsmittel entladebereit am benannten Bestimmungsort zur Verfügung steht, mit der Bereitstellung gehen die Gefahr und das Kostenrisiko auf den Käufer über. Das Abladen und der Weitertransport obliegen dem Käufer. Der Verkäufer ist zur Exportfreimachung und Beförderung bis zum benannten Bestimmungsort verpflichtet, aber nicht zur Versicherung der Ware oder zur Freimachung des Imports der Ware.

86 *Erforderliche Dokumente:*
- Handelsrechnung
- Konnossement oder Auslieferungsauftrag

87 *Zusätzliche Dokumente:*
- Dokumente für die Aus-/Einfuhr bzw. Transitabfertigung

DDP / Geliefert verzollt

88 DDP ist im Wesentlichen wie DAP, dh der Verkäufer hat die Ware am benannten Bestimmungsort entladebereit zur Verfügung zu stellen, allerdings trägt der Verkäufer hier zusätzlich die Verantwortung und Gefahr für die Erledigung der Zollformalitäten sowie damit zusammenhängende Kosten. Einzelheiten können dem offiziellen Text entnommen werden.

89 *Erforderliche Dokumente:*
- Handelsrechnung
- Konnossement oder Auslieferungsauftrag
- Importlizenz (sofern notwendig)

90 **2. Gemeinsamkeiten und Unterschiede innerhalb der Gruppen F, C und D.** Da es nur eine E-Klausel gibt, stellt sich in der E-Gruppe nicht die Frage nach Gemeinsamkeiten und Unterschieden innerhalb der Gruppe.

91 **a) Gruppe F.** Alle drei Klauseln der Gruppe F regeln einen zeitgleichen Gefahr- und Kostenübergang (sog. Einpunktklauseln) zu einem vergleichsweise frühen Zeitpunkten des Transports; die Übergabe erfolgt je nach Klausel zu unterschiedlichen Zeitpunkten – nach der Übergabe wird der Verkäufer „frei" *(free),* deswegen die Bezeichnung der Gruppe mit F.

92 Bei der für alle Beförderungswege geeigneten FCA-Klausel wirkt schon die Übergabe der Ware an den Frachtführer befreiend, während bei den beiden Schiffsklauseln FAS und FOB im Hinblick auf die Transportkosten und -risiken Unterscheidungen getroffen werden, die mit dem Be- und Entladen zusammenhängen. So sieht FAS vor, dass der Verkäufer die Ware bis an das Schiff liefern muss, der Käufer aber für das Beladen zuständig ist. Bei FOB

Abschnitt 5. Internationale Handelsklauseln

hingegen hat der Verkäufer die Ware noch an Bord zu verladen, ist also für das Beladen zuständig.

b) Gruppe C. Bei allen vier C-Klauseln hat der Verkäufer den Beförderungsvertrag abzuschließen. Bei CIF und CIP muss er zudem für eine Transportversicherung für den Haupttransport sorgen, bei allen anderen Klauseln – nicht nur innerhalb der Gruppe – sind hingegen keine Regelungen zur Versicherung vorhanden. Eine Besonderheit und gleichzeitig Gemeinsamkeit aller Klauseln aus der Gruppe C ist, dass die Gefahr für die Ware bereits mit Übergabe an den Frachtführer auf den Käufer übergeht, so dass Gefahr- und Kostenübergang auseinander fallen (sog. Zweipunktklauseln). 93

c) Gruppe D. Klauseln der Gruppe D stellen alle gemeinsam Ankunftsklauseln dar und sind daher Maximalklauseln für den Verkäufer. Im Hinblick auf die Transportkosten und -risiken werden Unterscheidungen getroffen, die mit dem Be- und Entladen an einem markanten Punkt zusammenhängen. Nach DAT muss der Verkäufer die Ware bis zum Bestimmungshafen oder Bestimmungsort liefern und entladen, während nach DAP und DDP der Käufer für das Entladen am Bestimmungsort zuständig ist – der Verkäufer muss die Ware lediglich entladebereit anbieten. Während der Verkäufer bei DAP die Ware unverzollt an den genannten Bestimmungsort liefert – zu diesem Zeitpunkt gehen auch die Gefahr für die Ware und die Kostengefahr über – muss der Verkäufer bei DDP auch für die Freimachung zur Einfuhr aufkommen, dh er trägt die Einfuhrabgaben des Bestimmungslandes. 94

3. Eignung für bestimmte Transportarten. Bezüglich ihrer Eignung für bestimmte Transportarten lassen sich die Incoterms 2010 in (a) Schiffsklauseln und (b) sonstige Transportklauseln unterteilen. 95

a) Schiffsklauseln. Reine Schiffsklauseln nur für den See- und Binnenschifftransport sind FAS, FOB, CFR, und CIF. 96

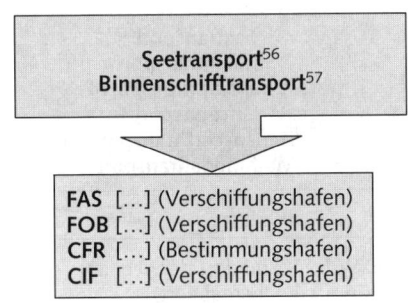

Seetransport[56]
Binnenschifftransport[57]

FAS [...] (Verschiffungshafen)
FOB [...] (Verschiffungshafen)
CFR [...] (Bestimmungshafen)
CIF [...] (Verschiffungshafen)

Während sich die genannten Klauseln für den konventionellen Seetransport eignen, sind die Klauseln FCA, CFR und CIF, CPT und CIP speziell für den modernen Seetransport mit Container- und Ro/Ro-Schiffen geeignet.[58] Für den Binnenschifftransport kommen zusätzlich zu den oben aufgeführten Klauseln auch FCA-, CPT- und CPT-Klauseln in Betracht.[59] 97

Um den häufig auftretenden Fall abzudecken, bei dem die Übergabestelle im Seetransport nicht mehr traditionell die in der FOB-Klausel geregelte Stelle ist („Überschreiten der Schiffsreling" bis 2010, seit den Incoterms 2010: „Verladung an Bord"), wurde in der Neufassung der Incoterms 1980 die Klausel FCA eingeführt – eine für alle Transportmodalitäten anwendbare Klausel, nach der eine Stelle an Land, vor der Verladung auf das Schiff, bestimmt werden kann, an der die Ware in einem Container für den späteren Seetransport (oder multimodalen Transport) verladen wird. 98

Die Schiffsklauseln sollten allerdings nicht für andere Transportarten als den See- und Binnenschifftransport verwendet werden. Dies zu vermeiden liegt insbesondere im Interesse 99

---

[56] → Abschnitt 15.
[57] → Abschnitt 19.
[58] *Bredow/Seifert*, S. 24.
[59] *Bredow/Seifert*, S. 24.

des Verkäufers, da er ggf. seiner Verpflichtung, die nach einer Schiffsklausel erforderlichen Dokumente zu beschaffen, nicht nachkommen kann – zB ist es für den Verkäufer unmöglich, ein Konnossement oder ein Seefrachtbrief bzw. das elektronische Pendant beizubringen.

100 Verwenden die Parteien gleichwohl – irrtümlich oder in mangelnder Kenntnis ihrer Ungeeignetheit – Schiffsklauseln für eine andere Transportart als den See- und Binnenschifftransport, stellt sich die Frage nach der Rechtslage. Incoterms stellen zwar eine Sonderform von AGB dar, die grundsätzlich einer Inhaltskontrolle nach §§ 307, 310 BGB unterfallen und bei Vorliegen von unzulässigen Inhalten zur Nichtigkeit der betroffenen Klausel nach § 306 Abs. 1 BGB führt.[60] Soweit man Incoterms als (bestehenden) Handelsbrauch versteht, ist jedoch eine Inhaltskontrolle ausnahmsweise schon nach § 307 Abs. 3 S. 1 BGB analog ausgeschlossen.[61] Selbst wenn dieser Auffassung nicht geteilt wird und eine Incoterms-Schiffsklausel zum Gegenstand einer Inhaltskontrolle gemacht werden würde, ist im Zweifel von der Zulässigkeit des – objektiv klaren – Klauselwortlauts und damit von der Wirksamkeit der Klausel auszugehen. Denn die bloße Ungeeignetheit einer Klausel für die gewählte Transportart begründet noch keine Unzulässigkeit im AGB-rechtlichen Sinne. Die mangelnde Eignung stellt jedoch eine Leistungsstörung des Vertragsverhältnisses dar und kann somit Schadensersatzansprüche des Käufers gegen den Verkäufer begründen, zB wenn dieser nicht die vertraglich geschuldeten Dokumente (zB Konnossement) vorlegen kann oder zB nicht auf dem geschuldetem (See- oder Binnenschiff-)Transportweg liefert.[62]

101 b) Sonstige Transportklauseln. Alle anderen Klauseln außer den Schiffsklauseln[63] können für jede Transportart einschließlich des See- und Schiffstransport verwendet werden. Sie sind so ausgestaltet, dass sie neue Transporttechniken wie die Bildung von Ladungseinheiten in Containern, den multimodalen Transport[64] und Ro/Ro-Transporte mit Lkw oder Eisenbahnwaggons über See erfassen.[65]

102

> **Seetransport**[66]
> **Straßentransport**[67]
> *Eisenbahntransport*[68]
> **Lufttransport**[69]
> **Binnenschifftransport**[70]
> **Multimodaltransport**[71]

⬇

> EXW [...] (Standort des Werks)
> FCA [...] (Übergabeort)
> CPT [...] (Bestimmungsort)
> CIP [...] (Bestimmungsort)
> DAT [...] (Bestimmungsterminal)
> DAP [...] (Bestimmungsort)
> DDP [...] (Bestimmungsort)

---

[60] → Abschnitt 3 Rn. 152.
[61] → Abschnitt 3 Rn. 139.
[62] Zur alleinigen Maßgeblichkeit des Seetransportwegs, wenn zB CFR oder CIF geschuldet ist, vgl. Nr. 1 des offiziellen Einleitungstexts zu den Incoterms 2000, ICC Publikation Nr. 580, in der deutschen Übersetzung abgedruckt bei: Heymann/*Horn*, HGB, § 346 Rn. 136.
[63] → Rn. 96 ff.
[64] → Abschnitt 20.
[65] → Abschnitt 17.
[66] → Abschnitt 15.
[67] → Abschnitt 16.
[68] → Abschnitt 17.
[69] → Abschnitt 18.
[70] → Abschnitt 19.
[71] → Abschnitt 20.

Abschnitt 5. Internationale Handelsklauseln

4. Die wichtigsten Pflichten der Parteien im Überblick. Im Folgenden wird eine Auswahl der wichtigsten Pflichten der Parteien, die in den Auslegungsregeln A1 bis A10 bzw. B1 bis B10 geregelt werden,[72] schematisch dargestellt. **103**

a) Pflichten des Verkäufers nach A 2 und A 3. Auslegungsregel A 2 regelt die Pflicht des Verkäufers, Lizenzen und Genehmigungen einzuholen sowie Formalitäten zu erledigen.[73] Dazu zählen ua die unten, unter den Stichwörtern „Export", „Import" und „Durchführung" erläuterten und im Schema dargestellten Pflichten. **104**

Die Pflicht des Verkäufers, auf seine Kosten einen Beförderungs- und Versicherungsvertrag über den Transport der Ware abzuschließen wird in Auslegungsregel A 3 geregelt[74] und im Folgenden mit den Stichworten „Beförderung" bzw. „Versicherung" erfasst. **105**

Export:	Kosten der Ausfuhrabfertigung und Beschaffung der erforderlichen Dokumente im Exportland.
Import:	Kosten der Einfuhrabfertigung und die Beschaffung der erforderlichen Dokumente im Importland.
Durchfuhr:	Kosten der Durchfuhr und Beschaffung der erforderlichen Dokumente im Transitland.
Beförderung:	Abschluss des Transportvertrags einschließlich der Transportkosten bis zum Ort des Kostenübergangs.
Versicherung:	Abschluss einer Transportversicherung im Umfang der Mindestdeckung der Institute Cargo Clauses, dh sie muss den Kaufpreis zuzüglich 10% (dh 110%) decken und in der Währung des Kaufvertrages abgeschlossen werden.

	Export	Import	Durchfuhr	Beförderung	Versicherung
EXW	✗	✗	✗	✗	✗
FCA	✔	✗	✗	✗	✗
FAS	✔	✗	✗	✗	✗
FOB	✔	✗	✗	✗	✗
CFR	✔	✗	✗	✔	✗
CIF	✔	✗	✗	✔	✔
CPT	✔	✗	✗	✔	✗
CIP	✔	✗	✗	✔	✔
DAT	✔	✗	✂	✔	✗
DAP	✔	✗	✂	✔	✗
DDP	✔	✔	✔	✔	✗

Legende:
✔ Pflicht besteht.
✗ Pflicht besteht nicht.
✂ Die Kosten bei der Durchfuhr werden zwischen Verkäufer und Käufer bis bzw. von dem genannten Bestimmungsort geteilt. Der Verkäufer muss auf eigene Kosten und Gefahr die für den Transport bis zum Bestimmungsort erforderlichen Dokumente beschaffen, der Käufer ab dem benannten Bestimmungsort.

b) Pflichten des Käufers nach B 2 und B 3. Den Verkäuferpflichten in den Auslegungsregeln A 2 und A 3 stehen jeweils die korrespondierenden Käuferpflichten aus den Auslegungsregeln B 2 und B 3 spiegelbildlich gegenüber, bis auf den Umstand, dass der Käufer **106**

---

[72] → Rn. 22.
[73] → Rn. 22.
[74] → Rn. 22.

2. Teil. Das Vertragsrecht des Exportgeschäfts

nach der Auslegungsregel B 3 nicht zum Abschluss eines Versicherungsvertrags (zu seinem eigenen Gunsten) verpflichtet ist.

	Export	Import	Durchfuhr	Beförderung	Versicherung
EXW	✔	✔	✔	✔	✗
FCA	✗	✔	✔	✔	✗
FAS	✗	✔	✔	✔	✗
FOB	✗	✔	✔	✔	✗
CFR	✗	✔	✔	✗	✗
CIF	✗	✔	✔	✗	✗
CPT	✗	✔	✔	✗	✗
CIP	✗	✔	✔	✗	✗
DAT	✗	✔	✂	✗	✗
DAP	✗	✔	✂	✗	✗
DDP	✗	✗	✗	✗	✗

Legende:
✔ Pflicht besteht.
✗ Pflicht besteht nicht.
✂ Die Kosten bei der Durchfuhr werden zwischen Verkäufer und Käufer bis bzw. von dem genannten Bestimmungsort geteilt. Der Verkäufer muss auf eigene Kosten und Gefahr die für den Transport bis zum Bestimmungsort erforderlichen Dokumente beschaffen, der Käufer ab dem benannten Bestimmungsort.

107 **c) Pflichten der Parteien nach A 4/B 4, A 5/B 5 und A 6/B 6.** Nach der Auslegungsregel A 4 muss der Verkäufer die Ware liefern und der Käufer die Ware entgegennehmen (Auslegungsregel B 4).[75] Wo sich der Ort genau befindet, an den der Verkäufer liefern muss, wird bei den jeweiligen Klauseln unter dem Punkt „Lieferort" dargestellt. Der Gefahrübergang ist in Auslegungsregel A 5 bzw. B 5 und der Kostenübergang in Auslegungsregel A6 bzw. B6 geregelt[76] – wann bei den jeweiligen Klauseln die Gefahr bzw. die Kosten auf den Käufer übergehen, wird mithilfe des folgenden Schemas im Überblick dargestellt.

Lieferort Ort, an den der Verkäufer die Ware liefern muss.
Gefahrübergang: Übergang des Risikos der zufälligen Verschlechterung bzw. des zufälligen Untergangs der Ware vom Verkäufer auf den Käufer.
Kostenübergang: Ort, an dem die Kosten der Sache vom Verkäufer auf den Käufer übergehen.

	Lieferort	Gefahrübergang	Kostenübergang
EXW	Werk des Verkäufers	Lieferort	
FCA	Ort der Übergabe an Frachtführer	Lieferort	
FAS	Längsseite Schiff im Verschiffungshafen	Lieferort	
FOB	Verladung an Bord	Verladung an Bord	
CFR	Verladung an Bord	Verladung an Bord	Bestimmungshafen
CIF	Verladung an Bord	Verladung an Bord	Bestimmungshafen
CPT	Ort der Übergabe an Frachtführer	Lieferort	Bestimmungsort
CIP	Ort der Übergabe an Frachtführer	Lieferort	Bestimmungsort

[75] → Rn. 22.
[76] → Rn. 22.

	Lieferort	Gefahrübergang	Kostenübergang
DAT	Terminal am Bestimmungsort/Bestimmungshafen		
DAP	Bestimmungsort		
DDP	Bestimmungsort		

C. Zahlungs- und Kostenklauseln

Akkreditiv
Siehe Kasse gegen Akkreditiv (→ Rn. 136). 108

bar, Barzahlung
Hiermit ist nicht notwendig eine Verpflichtung zur Leistung von Bargeld, nämlich die 109 Übereignung von Banknoten gemeint; der Vertragspartner hat aber jedenfalls sofort, dh ohne Stundung und Kreditierung zu zahlen. Die Verschaffung bargeldloser Zahlungsmittel Kontoüberweisung, Scheckzahlung) reicht dafür grundsätzlich aus. Die Aufrechnung ist ausgeschlossen.[77]

brutto für netto
Hierdurch wird das Bruttogewicht der verkauften Ware ohne Abzug der Verpackung 110 (Tara) zur Grundlage der Kaufpreisberechnung.

Cash against documents
Siehe Kasse gegen Dokumente (→ Rn. 127). 111

cassa
Siehe Kasse (→ Rn. 125). 112

c & f (cost and freight)
Siehe CFR-Incoterms (→ Rn. 69 ff.). 113

cod (cash on delivery; auch: pod – pay on delivery)
Es handelt sich um eine Nachnahmeklausel, mit der eine Barzahlungspflicht nebst Auf- 114 rechnungsausschluss (→ Rn. 109) verbunden ist.[78] Der Empfänger hat bei Lieferung zu zahlen, ohne die Ware zuvor untersuchen zu können.[79]

documents against acceptance (d/a)
Siehe Dokumente gegen Akzept (→ Rn. 117). 115

default
Siehe Verfallklausel (→ Rn. 175). 116

Dokumente gegen Akzept (auch: d/a, documents against acceptance)
Der Käufer ist zur Hingabe eines Wechselakzepts gegen die Verladedokumente über die 117 verkaufte Ware verpflichtet. Dem Verkäufer dient das Wechselakzept zur Liquiditätsbeschaffung durch Finanzierung der Kaufpreisforderung im Wechselrembours.

Dokumente gegen unwiderruflichen Zahlungsauftrag
Danach muss der Käufer einen unwiderruflichen Zahlungsauftrag gegen Herausgabe der 118 Verladedokumente über die abgesendete Ware stellen.[80]

documents against payments (d/p)
Siehe Kasse gegen Dokumente (→ Rn. 127). 119

Frachtbasis
Mit dieser Klausel wird ein bestimmter Ort im Hinblick auf die Frachtkosten als (fikti- 120 ver) Verladeort bestimmt; die Frachtkosten sind dann ungeachtet der tatsächlich anfallenden Kosten nach den für die (fiktive) Strecke von der Frachtbasis zum Empfänger zu berechnenden Kosten zu entrichten.[81]

---

[77] BGHZ 14, 62.
[78] *BGH* NJW 1985, 550; vgl. aber auch *BGH* NJW-RR 1999, 1192.
[79] *BGH* NJW 1985, 550.
[80] Näher *v. Bernstorff* RIW 1985, 14 ff.
[81] Staub/*Koller*, HGB, § 346 Rn. 219.

frachtfrei (benannter Bestimmungsort)

121 Danach trägt der Verkäufer die Frachtkosten bis zum Bestimmungsort (sog. Spesenklausel). Aus dem Gesamtumständen des Geschäfts kann sich ergeben, dass mit der frachtfrei-Klausel auch gemeint sein soll, dass die Gefahr des Verlusts und der Beschädigung der Ware mit deren Übergabe auf den Frachtführer und ungeachtet von § 447 BGB auf den Käufer übergehen soll.[82]

frachtfrei versichert (benannter Bestimmungsort)

122 Die Klausel entspricht der frachtfrei-Klausel (→ Rn. 121) mit der Ergänzung, dass der Verkäufer die Ware gegen die vom Käufer zu tragende Gefahr des Verlust oder der Beschädigung zu versichern hat und die Kosten der Versicherung zu tragen hat.[83] Die Klausel entspricht inhaltlich der CIF Incoterms-Klausel (→ Rn. 72 ff.).

frei (benannter Bestimmungsort) (auch: franko; frei Haus, frei Waggon)

123 Die Klausel wird grundsätzlich als Kostentragungsklausel verstanden, nach welcher der Verkäufer die Transportkosten zum Bestimmungsort zu tragen hat. Unter besonderen Umständen wird sie zusätzlich als Gefahrtragungsklausel verstanden, insbesondere wenn dafür am Bestimmungsort (am Sitz des Käufers) entsprechende Usancen sprechen.[84]

freight prepaid

124 Die Klausel bringt den (typischerweise im Konnossement enthaltenen) Hinweis an der Empfänger der Ware zum Ausdruck, dass der Versender die Frachtkosten übernimmt; der Verfrachter ist nach dieser Klausel deswegen nicht berechtigt, die Frachtforderung gegenüber dem Empfänger geltend zu machen.[85] Eine Empfangsquittung für die Frachtzahlung enthält die Klausel nicht.[86]

Kasse (auch: cassa)

125 Danach ist der Käufer zur Zahlung in bar bzw. durch Überweisung oder Scheckzahlung verpflichtet. Die Geltendmachung eines Zurückbehaltungsrechts oder der Aufrechnung ist bis zur Grenze des Rechtsmissbrauchs ausgeschlossen.[87] In Verbindung mit einer Datumsangabe enthält die Kasse-Klausel eine Fälligkeitsregelung.[88]

Kasse gegen Akkreditiv

126 Den Käufer trifft die Vorleistungspflicht, ein Akkreditiv zu stellen. Sein Anspruch auf Lieferung ist demgemäß aufschiebend bedingt durch die vertragsgemäße Stellung des Akkreditivs.[89]

Kasse gegen Dokumente

127 Der Käufer ist verpflichtet, Zahlung Zug-um-Zug gegen Übergabe der Dokumente zu leisten, ohne die Waren erhalten zu haben und ohne sie untersuchen zu können.[90] Der Käufer gerät andernfalls in Zahlungsverzug, kann aber gegenüber dem Schadensersatzanspruch des Verkäufers gegebenenfalls einwenden, dass er wegen vorhandener Mängel zum Rücktritt berechtigt gewesen wäre.[91] Im Speditionsvertrag verpflichtet die Klausel den Spediteur nicht zur Nachnahmeerhebung; dieser hat die Ware aber so zu disponieren, dass die Vorleistungspflicht des Käufers zur Zahlung nicht vereitelt wird.[92]

Kasse gegen Lieferschein

128 Der Käufer ist verpflichtet, die Ware bei Erhalt des Lieferscheins zu bezahlen. Auswirkungen auf die Eigentumslage hat die Klausel nicht; insbesondere erfolgt mit der Übergabe

---

[82] *BGH* NJW 1984, 567.
[83] Ebenroth/Boujong/Joost/Strohn/*Joost*, HGB, § 346 Rn. 110.
[84] *BGH* NJW 1984, 567.
[85] *BGH* WM 1987, 1198.
[86] *OLG Bremen* RIW 1977, 237.
[87] *BGH* NJW 1987, 2435.
[88] BGHZ 14, 61.
[89] *BGH* WM 1955, 765.
[90] *BGH* NJW 1988, 2609.
[91] *BGH* NJW 1988, 2609.
[92] *OLG Frankfurt* NJW-RR 1990, 101.

des Lieferscheins an den Käufer keine Abtretung des Herausgabeanspruchs.[93] Die Rügefrist des § 377 HGB beginnt nicht mit der Übergabe des Lieferscheins, sondern erst ab dem Zeitpunkt zu laufen, zu dem der Käufer Gelegenheit zur Untersuchung der Ware erhält.[94]

Kasse gegen Rechnung (auch: Kasse gegen Faktura)
Die Klausel ähnelt der Kasse gegen Dokumente-Klausel (→ Rn. 127) mit der Abweichung, dass der Käufer nach Zusendung der Rechnung zahlungspflichtig ist. Vom Zeitpunkt der Fälligkeit der Zahlung ist abhängig, ob der Käufer die Ware vor der Zahlung untersuchen darf. Das Untersuchungsrecht besteht nicht, wenn der Käufer nach Rechnungsempfang vorleisten muss, während er berechtigt ist, die vor Zahlungsfälligkeit gelieferte Ware untersuchen darf. 129

Nachnahme
Die Klausel begründet eine Barzahlungspflicht (→ Rn. 109) bei Empfang der Ware. Ein vorhergehendes Untersuchungsrecht hat der Käufer nicht. 130

netto Kasse
Der Käufer ist zur Barzahlung (→ Rn. 109) verpflichtet; zum Abzug von Skonto ist er nicht berechtigt. 131

pod (pay on delivery)
Siehe unter cod (→ Rn. 114). 132

Preise freibleibend (auch: Preise vorbehalten)
Die Klausel gibt dem Käufer die Befugnis, den Preis nach billigem Ermessen (§ 315 BGB) zu erhöhen. Dem Billigkeitsmaßstab entspricht die Preisänderung, wenn der Verkäufer den Preis entsprechend der Marktentwicklung bzw. seinen eigenen Listenpreisen anpasst.[95] Unter besonderen Umständen räumt die Klausel dem Verkäufer lediglich das Recht ein, bei Erhöhung der Marktpreise ein neues Angebot abgeben zu können, dessen Annahme in das Belieben des Käufers gestellt ist.[96] 133

Skonto
Der Käufer ist bei pünktlicher Zahlung zu dem angegebenen (regelmäßig prozentualen) Abzug vom Kaufpreis berechtigt. Regelmäßig sieht die Skonto-Klausel ein Zahlungsziel vor, nach dessen Überschreiten, das Skontorecht entfällt. 134

unfrei
Der Käufer hat die Transportkosten zu tragen. Einen Anspruch auf Vorschusszahlung gegen den Verkäufer hat er nicht. 135

Zahlung gegen Akkreditiv
Siehe unter Kasse gegen Akkreditiv (→ Rn. 126). 136

D. Befreiungs- und Freizeichnungsklauseln

Betriebsstörung (zB Betriebsstörung vorbehalten)
Diese berechtigt entweder zur Verschiebung der Leistung oder zur Leistungsbefreiung. 137

Force majeure
Siehe unter Höhere Gewalt (→ Rn. 141). 138

freibleibend (auch: ohne obligo)
Die Klausel ist ebenso unscharf wie variantenreich. Sie kann die nicht gewollte Bindung an ein Vertragsangebot zum Ausdruck bringen oder auch so zu verstehen sein, dass der Verwender selbst kein Vertragsangebot abgeben möchte, sondern ein solches von der Gegenseite erwartet.[97] Ferner ist die Klausel als Hinweis auf ein bis zur Annahme frei widerrufliches Vertragsangebot ausgelegt worden.[98] In weiteren Auslegungsvarianten wird die 139

---

[93] *BGH* NJW 1971, 1609.
[94] *BGH* NJW 1971, 1609.
[95] BGHZ 90, 69; 92, 200.
[96] BGHZ 92, 203.
[97] *BGH* NJW 1996, 919.
[98] *BGH* NJW 1984, 1885.

Klausel auf die Lieferverpflichtung in der Weise bezogen, dass ein Freiwerden von der Leistung zugunsten des Verwenders erfolgt, wenn der Lieferant des Verwenders seinerseits nicht liefert, oder dass der Verwender nicht liefern kann, obwohl er alles Zumutbare getan hat, um seiner Lieferpflicht nachzukommen.[99] Die Klausel kann auch als Lieferzeit-Klausel verstanden werden und bedeutet dann, dass sie dem Verpflichteten das Recht einräumt, die Lieferzeit nach billigem Ermessen zu bestimmen.[100]

Härteklausel (hardship clause)

140   Siehe unter Höhere Gewalt (→ Rn. 141).

Höhere Gewalt

141   Die Klausel betrifft Leistungsstörungen durch von außen kommende, nicht voraussehbare Ereignisse, die keine betriebliche Ursache haben und durch äußerste, vernünftigerweise zu erwartende Sorgfalt nicht abwendbar sind. Erfasst werden vor allem Naturkatastrophen, Krieg, Kriegsgefahren, Großunfälle.[101] Sie besagt regelmäßig, dass einer Partei Leistungsstörungen nicht zugerechnet werden können und insbesondere Schadensersatzansprüche in den Fällen höherer Gewalt nicht entstehen. Vorgesehen sein kann auch, dass dem Verpflichteten bei Vorliegen (der beschriebenen Tatbestände) höherer Gewalt ein Festhalten am Vertrag nicht zugemutet werden kann und eine Vertragsanpassung zu erfolgen hat.[102] Dabei kann vorgesehen sein, welche Anpassungskriterien einzuhalten sind, welches Anpassungsverfahren einzuhalten ist und ob ein Dritter (Schiedsrichter oder Schlichter) einzuschalten ist.[103] Ist einer Partei die Berufung auf höhere Gewalt nur „vorbehalten", treten die Rechtsfolgen nur ein, wenn sich der Berechtigte unverzüglich auf höhere Gewalt beruft.[104]

Lieferung vorbehalten (auch: Lieferung freibleibend)

142   Regelmäßig gibt die Klausel dem Verkäufer ein Recht zum Rück vom Vertrag für den Fall einer von ihm unverschuldeten Unmöglichkeit der Erbringung der Leistung. Der Verkäufer ist aber verpflichtet, alle zumutbaren Anstrengungen zu unternehmen, um die zu liefernde Ware zu beschaffen.[105] Reicht die beschaffte Menge nicht für alle Kunden aus, hat der Verkäufer seine Leistungspflicht in der zeitlichen Reihenfolge der Bestellungen zu erfüllen.[106] Vgl. noch die Klausel „Selbstbelieferung vorbehalten" → Rn. 144.

Lieferzeit vorbehalten (auch: Lieferzeit unverbindlich)

143   Damit wird die Haftung des Verkäufers für Verzögerungsschäden ausgeschlossen. Der Verkäufer bleibt verpflichtet, alles Zumutbare zur pünktlichen Leistung zu unternehmen.[107]

Selbstbelieferung vorbehalten

144   Die Klausel konkretisiert die „Lieferung vorbehalten"-Klausel (→ Rn. 142). Durch sie ist die Lieferpflicht des Verkäufers auflösend bedingt gestaltet; die Bedingung tritt ein, wenn der Verkäufer seinerseits nicht beliefert wird, obwohl er einen entsprechenden vertraglichen Anspruch hat.[108] Der Verkäufer wird von seiner Lieferpflicht nur frei, wenn er ein kongruentes Deckungsgeschäfts abgeschlossen hat, aber von seinem Lieferanten versetzt wird.[109] Das Erfordernis eines kongruenten Deckungsgeschäfts gilt als Handelsbrauch auch dann, wenn dies in der Klausel nicht ausdrücklich erwähnt ist.[110] Kongruent ist der De-

---

[99] *Baumbach/Hopt*, HGB, § 346 Rn. 40.
[100] *Baumbach/Hopt*, HGB, § 346 Rn. 40.
[101] Vgl. Klauselbeispiele bei *Wörlen/Metzler-Müller*, Handelsklauseln, S. 86 ff.
[102] Ausführlich zu Inhalt und Rechtsfolgen von force majeur-Klauseln *Grün/Schmitz*, in: Ostendorf/Kluth (Hrsg.), Internationale Wirtschaftsverträge, 2012, § 10 (S. 327 ff.); *Plate*, Force Majeure und Hardship in grenzüberschreitenden Langzeitverträgen, 2004; *ders.* RIW 2007, 42 ff.; *Salje* NZG 1998, 161 ff.; *Schwenzer* Vict. U. Well. L. Rev. 2008–2009, 709 ff.
[103] Vgl. *Horn*, Adaption, S. 183 ff.
[104] Ebenroth/Boujong/Joost/Strohn/*Joost*, HGB, § 346 Rn. 112.
[105] BGH WM 1968, 402.
[106] RGZ 104, 116.
[107] BGH NJW 1983, 1320.
[108] BGH NJW 1995, 1960; vgl. a. *Valperz*, Der Selbstbelieferungsvorbehalt, 2013.
[109] BGHZ 92, 399.
[110] BGHZ 92, 399.

ckungskauf nur, wenn Ware gleicher Quantität und Qualität eingedeckt wurde und die vereinbarten Liefertermine die Erfüllung der Leistungspflichten des Verkäufers gegenüber dem Käufer ermöglichten.[111] Die Klausel ist nicht auf Leistungsstörungen wegen höherer Gewalt (→ Rn. 141) beschränkt und findet deshalb auch bei Verschulden des Vorlieferanten Anwendung.[112] Der Verkäufer hat die Pflicht, seinen Vorlieferanten sorgfältig auszuwählen; verletzt er diese Pflicht, kann er sich auf die Klausel nicht berufen.[113] Der Verkäufer hat seinem Vertragspartner die fehlende Belieferung durch seinen Lieferanten unverzüglich anzuzeigen[114] und hat dem Käufer den Deckungsvertrag vorzulegen und die Rechte aus ihm abzutreten, sofern diese Ansprüche nicht ausnahmsweise – etwa aus Gründen des Betriebsgeheimnis- oder Wettbewerbsschutzes – nach Treu und Glauben ausgeschlossen sind.[115]

Die Vereinbarung der Vorbehaltsklausel kann auf die Lieferzeitverpflichtung beschränkt werden. In diesem Fall wird der Verkäufer nur von seiner Haftung für Lieferverzögerungen befreit.[116] **145**

tel quel (auch: telle quelle)
Die Klausel bezieht sich auf die Qualität der verkauften Ware. Danach ist noch die geringste Qualität der vereinbarten Gattungsware zur Erfüllung geeignet; die Ware muss also nicht von mittlerer Art und Güte sein. Beschädigte oder verdorbene Ware genügt den tel quel-Anforderungen aber nicht.[117] **146**

Vorrat (auch: solange Vorrat reicht)
Der Verkäufer wird von seiner Leistungspflicht frei, wenn der Vorrat erschöpft ist: eine Pflicht des Verkäufers, sich erneut einzudecken, besteht nicht. Reicht der Vorrat nicht für alle Kunden, hat der Verkäufer nach Maßgabe des zeitlichen Eingangs der Bestellungen zu liefern.[118] **147**

E. Sonstige Klauseln

ab Lager, ab Werk
Siehe Incoterms (→ Rn. 15 ff.). **148**

ab Schiff, ab Kai
Der Käufer hat die Ware an dem in der Klausel benannten Bestimmungshafen zur Verfügung zu stellen. Mit der Klausel „ab Kai" wird klargestellt, dass der Verkäufer die Ware zu verzollen hat; insofern unterscheidet sich die Klausel von DEQ Incoterms 2000, nach der keine Verzollungspflicht mehr besteht. Hinsichtlich des Gefahrübergangs gilt, dass dieser erst durch Übergabe der am Kai abgesetzten Ware an den Käufer erfolgt, § 446 BGB. **149**

Arbitrage
Die Klausel bedeutete ursprünglich die Einsetzung eines Schiedsgerichts oder Schiedsgutachters nach näherer Maßgabe der Klausel. Heute werden Schlichtungs- und Schiedsvereinbarungen in Exportverträgen regelmäßig in komplexen Vertragsbestimmungen oder AGB-Regelungen getroffen (→ Abschnitt 40); die Arbitrage-Klausel hat insofern an Bedeutung verloren. Praktische Bedeutung behalten hat die Klausel über die Geltung der Hamburger (freundschaftlichen) Arbitrage" bzw. der entsprechender „Bremer" Klausel. § 20 Abs. 1 der Platzusancen für den Hamburgischen Warenhandel (im Internet: www.hk24.de) definiert die Arbitrage Entscheidung von Streitigkeiten im Schiedswege unter Ausschluss der ordentlichen Gerichte nicht nur über Qualitätsfragen, sondern auch für alle **150**

---

[111] BGHZ 92, 401.
[112] *BGH* NJW 1995, 1960.
[113] BGHZ 92, 402 f.
[114] BGHZ 49, 393.
[115] *BGH* NJW 1995, 1960.
[116] BGHZ 24, 42.
[117] *BGH* NJW 1954, 385.
[118] *KG* JW 1933, 1468.

anderen aus dem Geschäft entstandenen Streitigkeiten. Die Schiedsrichterernennung ist danach in § 20 Abs. 2 geregelt; das Ablehnungsrecht in § 20 Abs. 3. Die Hamburger Arbitrage tritt zurück, wenn die AGB des Warenvereins der Hamburger Börse vereinbart sind, gegenüber ausländischen Kaufleuten ebenso, wenn diese nicht über die Bedeutung der Hamburger Arbitrage aufgeklärt wurden.[119]

auf Abruf

151 Die Klausel verschafft dem Käufer das Recht, den Zeitpunkt der Lieferung innerhalb einer angemessenen Frist zu bestimmen. Verzögert er den Abruf unangemessen lange, geht das Bestimmungsrecht unter.

Baisseklausel

152 Die Klausel berechtigt den Käufer zum Rücktritt, wenn er die Ware von einem Dritten billiger als zu dem mit dem Verkäufer vereinbarten Preis beziehen kann. Die nämliche Regelung findet sich heute regelmäßig in Meistbegünstigungsklauseln (→ Rn. 163).

baldmöglichst (auch: so schnell wie möglich oder prompt)

153 Die Klausel bedeutet in Bezug auf die Lieferung, dass der Verkäufer alle zumutbaren Anstrengungen zu unternehmen hat, um eine angemessen kurze Zeit zur Leistung zu gewährleisten. Dabei sind die Umstände zugunsten des Verkäufers zu berücksichtigen; die präzise Bestimmung der Leistungszeit ist in sein Ermessen (§ 315 BGB) gestellt.[120]

Besichtigung (auch: auf Besicht, wie besichtigt)

154 Die Klausel schließt die Haftung des Verkäufers wegen solcher Mängel aus, die bei einer Besichtigung erkannt wurden bzw. mit einfacher Sorgfalt (und damit in Abweichung von § 442 Abs. 1 Satz 2 BGB) hätten erkannt werden können. Einen Ausschluss für bei der Besichtigung nicht erkennbare und dem Verkäufer auch nicht bekannte Mängel, enthält die Klausel mangels besonderer Umstände nicht. Die Beweislast für die Kenntnis oder fahrlässige Unkenntnis vom Mangel nach der Besichtigung trägt der Verkäufer.[121]

Besserungsschein (auch: auf Besserung)

155 Die weniger gebräuchlich gewordene Klausel bewirkt eine Stundung bis zur Besserung der wirtschaftlichen Verhältnisse des Schuldners; der Schuldner muss erst zahlen, wenn ihm dies ohne Gefährdung seiner wirtschaftlichen Existenz möglich ist. Die Stundung erlischt bei der Betriebseinstellung des Schuldners. Die wirtschaftlichen Ziele der Klausel werden heute regelmäßig mittels sog. Stillhalteabkommen der Gläubiger angestrebt.

circa

156 Die Klausel gesteht dem Schuldner eine Abweichung bei der Bemessung des Umfangs seiner Leistungspflicht zu. Sie bezieht sich regelmäßig auf Quantitätsabweichungen. Der Umfang der zugelassenen Toleranzen bestimmt sich nach den jeweiligen Umständen; 5 bis 19% werden regelmäßig zugestanden. Der nicht liefernde Käufer haftet bei einer circa-Klausel nicht nur für die Mindestmenge, sondern die benannte Menge auf Schadensersatz.[122]

fest

157 Die Klausel stellt in Verbindung mit einem Vertragsangebot klar, dass es sich nicht nur um eine unverbindliche Aufforderung zur Abgabe eines Vertragsangebots (sog. invitatio ad offerendum) handelt. Im Zusammenhang mit einer Preisangabe (Festpreis) geht sie der Klausel „Preis freibleibend" vor.[123]

fix

158 Damit ist nicht notwendig die Vereinbarung eines Fixgeschäfts gemeint, bei dem mit der Einhaltung der Frist der Vertrag steht und fällt; vielmehr kommt es darauf an, ob im Einzelfall oder üblicherweise in der betreffende Branche ein entsprechender Handelsbrauch besteht.[124]

---

[119] *OLG Hamburg* RIW 1982, 283.
[120] *OLG München* BB 1954, 116.
[121] *OLG Frankfurt* DB 1980, 779.
[122] *OLG München* BB 1994, 1169; aA *OLG Düsseldorf* NJW-RR 1991, 679, 680.
[123] Heymann/*Horn*, HGB, § 346 Rn. 97.
[124] *BGH* ZIP 1982, 1445.

geliefert ab Kai (auch: ab Grenze, at frontier)
Der Käufer hat die Ware am Kai des benannten Bestimmungshafens zur Verfügung zu stellen. 159
geliefert verzollt
Der Verkäufer hat die Ware am genannten Ort im Einfuhrland zur Verfügung zu stellen und bis dahin alle Kosten, einschließlich der Verzollung, und alle Gefahren zu tragen. Nach DDP Incoterms 2010 (→ Rn. 88 f.) ist erst dann geliefert, wenn die zur Einfuhr freigemachte Ware auf dem ankommenden Beförderungsmittel entladebereit am benannten Bestimmungsort zur Verfügung gestellt wird.[125] 160
Hamburger Freundschaftliche Arbitrage
Siehe oben unter Arbitrage (→ Rn. 150). 161
Lieferzeit (Ende Januar/Anfang Februar)
Der Verkäufer kann die Ware bis zum dritten Werktag im Februar fristgerecht liefern. Erfolgt der Zusatz „ungefähr" verlängert sich der Zeitraum auf den 5. Werktag.[126] 162
Meistbegünstigung (auch: most favored clause)
Der Verkäufer hat dem Käufer dieselben Bedingungen einzuräumen wie einem seiner anderen Abnehmer, der die günstigsten Konditionen erhält. 163
Order
Die Klausel macht kaufmännische Papiere zu Orderpapieren, die durch Indossament übertragen werden können, §§ 363 ff. HGB. 164
prompt
Siehe unter: baldmöglichst (→ Rn. 153). Die Klausel kann auch bedeuten, dass der Verkäufer ohne Mahnung in Verzug gerät.[127] 165
Verfallsklausel (auch: default)
Durch die vor allem bei Finanzgeschäften gebräuchliche Klausel wird für einen bestimmten Tatbestand der Nichterfüllung ein Recht zur Kündigung der vorgesehen, durch dessen Ausübung die gesamte Restforderung vorzeitig fällig gestellt wird. „Default" wird dabei regelmäßig als ein bestimmter Zahlungsverzug ohne Verschulden definiert, insbesondere als Fall des Überschreitens einer bestimmten Zahlungsfrist. 166
zu treuen Händen
Damit ist gemeint, dass der Empfänger von Dokumenten diese zu keinem weiteren als dem vertraglich bestimmten Gebrauch verwenden darf. Zur Prüfung überlassene Dokumente müssen zurückgegeben werden, falls keine Zahlung erfolgt; ein Zurückbehaltungsrecht ist ausgeschlossen.[128] 167
Zwischenverkauf vorbehalten
Das Angebot des Käufers ist auflösend bedingt durch einen anderweitigen Verkauf der Ware. Der Verkäufer ist verpflichtet, den Käufer unverzüglich nach Eingang der Annahmeerklärung über einen Zwischenverkauf zu informieren. 168

F. Handelsbräuche

Handelsbräuche sind die im Verkehr der Kaufleute geltenden Gewohnheiten und Gebräuche.[129] Ein Handelsbrauch setzt eine entsprechende Übung von einer gewissen Dauer voraus; diese muss überdies eine gleichmäßige und einheitliche Übung sein, so dass es nicht ausreicht, wenn sie nur zwischen mehreren Kaufleuten besteht.[130] 169

Kann ein Handelsbrauch festgestellt werden, greift dieser ein, ohne dass dafür eine ausdrückliche oder konkludente Bezugnahme oder Vereinbarung der Vertragsparteien erfor- 170

---
[125] OLG Hamm ZfBR 2012, 222, 224.
[126] Heymann/Horn, HGB, § 346 Rn. 119.
[127] BGHZ 49, 392.
[128] OLG Hamburg ZIP 1983, 153.
[129] BGHZ 40, 333 f.
[130] Ebenroth/Boujong/Joost/Strohn/Joost, HGB, § 346 Rn. 7.

derlich ist. Ebenso wenig ist die Kenntnis der Vertragspartei von dem Handelsbrauch für dessen Geltung erforderlich.[131] In Gestalt von Handelsbräuchen werden tatsächlich befolgte Regeln zu Rechtsnormen. In Deutschland wird die normative Qualität von Handelsbräuchen in § 346 HGB geregelt.

171 Handelsbräuche können zwingendes Gesetzesrecht nicht verdrängen. Dispositive gesetzliche Regeln treten allerdings hinter Handelsbräuchen zurück.

172 Handelsbräuche bestehen stets mit Bezug auf einen bestimmten Handels- und Geschäftsverkehr; sie gelten daher auch nur für die daran beteiligten Verkehrskreise. Der Geltungsbereich kann insofern aber sehr unterschiedlich dimensioniert sein, kann also sowohl lokale und regionale als auch grenzüberschreitende und damit internationale Bedeutung haben.

173 Die Feststellung von Handelsbräuchen betrifft im Streitfall eine vom angerufenen Gericht festzustellenden Tatsache. In Deutschland wird der Nachweis eines Handelsbrauchs regelmäßig durch ein Gutachten der zuständigen Industrie- und Handelskammer bzw. des DIHK geführt (vgl. § 1 IHKG).

174 Die Geltung von inländischen Handelsbräuchen für ausländische Geschäftspartner und umgekehrt die Geltung ausländischer Handelsbräuche für inländische Kaufleute wird nicht einheitlich beurteilt. Für das Inland fordert die deutsche Rechtsprechung, dass der ausländische Geschäftspartner zumindest auf die Geltung des Handelsbrauchs hingewiesen wurde oder sich diesem unterworfen hat.[132] Insofern ist die Bedeutung inländischer Handelsbräuche für den Exportgeschäftspartner eingeschränkt. Für inländische Kaufleute hat die Rechtsprechung entschieden, dass diese die im Ausland geltenden Handelsbräuche nur zu berücksichtigen haben, wenn sie in ständigen Geschäftskontakten mit dem ausländischen Handelspartner stehen.[133] Im Übrigen kommt es darauf an, ob eine Unterwerfung unter den ausländischen Handelsbrauch im Einzelfall vorliegt.[134]

---

[131] *BGH* WM 2000, 1744f.
[132] *BGH* WM 1984, 1003.
[133] *BGH* WM 1984, 1003f.
[134] Ebenroth/Boujong/Joost/Strohn/*Joost*, HGB, § 346 Rn. 31.

Abschnitt 6. Das IPR der Verträge des Exportgeschäfts

Übersicht	Rn.
A. Einführung	1
I. Bedeutung der Rechtswahl für die vertragliche Beziehung	3
II. Rechtsquellen	14
B. Grundsatz der Rechtswahlfreiheit	19
I. Parteiautonomie	19
II. Qualität und Umfang der Rechtswahl	25
1. Zustandekommen und Wirksamkeit der Rechtswahl	26
2. Sachnormverweisung	30
3. Auslegung der Rechtswahl	32
4. Dynamik der Rechtswahl	35
III. Ausdrückliche Rechtswahl	38
IV. Stillschweigende Rechtswahl	50
V. Teilrechtswahl	64
VI. Nachträgliche Rechtswahl	65
C. Ermittlung des anwendbaren Rechts bei fehlender Rechtswahl	67
I. Ermittlung des anwendbaren Rechts durch objektive Anknüpfung	67
II. Grundregel der engsten Verbindung	69
III. Grundprinzip der vertragscharakteristischen Leistung	70
IV. Widerlegbarkeit der Rechtsvermutung	74
V. Konkrete Vermutungsregeln der Rom I-VO	76
VI. Güterbeförderungsverträge	81
D. Grenzen der Rechtswahl	84
I. Sachlicher Anwendungsbereich der Rom I-VO	84
II. Geltungsbereich des anzuwendenden Rechts	85
III. Verhältnis zum Einheitsrecht	86
IV. Zwingendes Recht	87
1. Zwingendes staatliches Recht	88
2. Zwingendes Unionsrecht	92
V. Wahl nicht-staatlichen Rechts	93
E. Gestaltung der Rechtswahl	98
I. „Einfache" Rechtswahlklausel (choice-of-law clause)	98
II. Versteinerungsklausel (freezing clause)	107
III. Optionale/Bedingte Rechtswahlklausel	109
IV. Erweiterte Rechtswahlklauseln	110

Literatur: *v. Bar*, Internationales Privatrecht, Bd. II, Besonderer Teil, 1991; *Brödermann*, The growing importance of the UNIDROIT Principles in Europe – A Review in Light of Market Needs, the Role of Law and the 2005 Rome I Proposal, Uniform Law Review 2006, 749; *Brödermann/Rosengarten*, Internationales Privat- und Zivilverfahrensrecht, 6. Aufl. 2012; *Clausnitzer*, Neue Regeln für grenzüberschreitende Verträge: die Rom I Verordnung, EuZW 2008, 420; *Dicey & Morris*, The Conflict of Laws, 14. Aufl. 2006, Bd. 2; *Dutta*, Kollidierende Rechtswahlklauseln in allgemeinen Geschäftsbedingungen, ZVglRWiss 104 [2005], 461; *Giuliano/Lagarde*, Bericht über das Übereinkommen über das auf vertragliche Schuldverhältnisse anzuwendende Recht, BT-Drucks. 10/503 vom 20.10.1983, 33; *von Hoffmann/Thorn*, Internationales Privatrecht, 9. Aufl. 2007; *Jayme/Hausmann*, Internationales Privat- und Verfahrensrecht (Gesetzessammlung), 16. Aufl. 2012; *Juenger*, The Lex Mercatoria and Private International Law, Uniform Law Review 2000, 171; *Kropholler*, Internationales Privatrecht, 6. Aufl. 2006; *Landbrecht*, Rechtswahl ex ante und das Deliktsstatut nach dem europäischen Kollisionsrecht (ROM I und ROM II), RIW 2010, 783; *Lando*, The interpretation of contracts in the conflict of law, RabelsZ 38 (1974), 388; *Leible*, Rechtswahl, in Ferrari/Leible, Ein neues Internationales Vertragsrecht für Europa 2007, 41; *Mallmann*, Rechtswahlklauseln unter Ausschluss des IPR, NJW 2008, 2953; *Mankowski*, Überlegungen zur sach- und interessengerechten Rechtswahl für Verträge des internationalen Wirtschaftsverkehrs, RIW 2003, 2; *Mayer/Heuzé*, Droit International Privé, 10. Aufl. 2010; *Meyer-Sparenberg*, Rechtswahlvereinbarungen in Allgemeinen Geschäftsbedingungen, RIW 1989, 347; *Münchener Kommentar zum BGB*, hrsg. von Rebmann/Säcker, 5. Aufl. ab 2001; *Palandt*, Bürgerliches Gesetzbuch 73. Aufl. 2014; *Prütting/Wegen/Weinreich*, BGB Kommentar, 8. Aufl. 2013; *Reithmann/Martiny*, Internationales Vertragsrecht, 7. Aufl. 2010; *Remien*, Außenwirtschaftsrecht in kollisionsrechtlicher Sicht, Zur internationalen Reichweite von Aus- und Einfuhrverboten, RabelsZ 54 (1990) 431; *Sandrock*, Das Vertragsstatut bei japanisch-deutschen privatrechtlichen Verträgen, RIW 1994, 381; *Sieg*, Allgemeine Geschäftsbedingungen im grenzüberschreitenden Verkehr, RIW 1997, 811; *Staudinger*, Kommentar zum Bürgerlichen Gesetzbuch mit Einführungsgesetz und Nebengesetzen, Neubearbeitung 2011; *Tiedemann*, Kollidierende AGB-

Rechtswahlklauseln im österreichischen und deutschen IPR, IPRax 1991, 424; *Wagner,* Der Grundsatz der Rechtswahl und das mangels Rechtswahl anwendbare Recht (Rom I Verordnung), IPRax 2008, 377.

A. Einführung

1 Personen und Gesellschaften, die auf dem Gebiet der Exportwirtschaft tätig sind, haben vielerlei vertragliche Beziehungen. Basis ist der **Exportvertrag** zwischen Exporteur und Importeur. Daneben besteht zwischen einer dieser Parteien und einem Transportunternehmen regelmäßig ein weiterer Vertrag über die Beförderung des Leistungsgegenstandes des Exportvertrags zum Importeur. Zusätzlich können Verträge mit Konsortialpartnern, Sublieferanten und sonstigen Subunternehmern bestehen.

2 All diese Verträge unterstehen einer Rechtsordnung und sind in diese eingebettet. Die Antwort auf die Frage, welches Recht jeweils anwendbar und somit maßgeblich ist, wird – soweit es sich um grenzüberschreitende Verträge handelt – durch das **Internationale Privatrecht** (IPR), insbesondere durch das Internationale Schuldvertragsrecht beantwortet. Ein spezielles, separates und abgeschlossenes System eines Internationalen Exportrechts existiert nicht. Relevant für den Export ist vielmehr das gesamte Internationale Schuldvertragsrecht als Teil des Internationalen Privatrechts. Überhaupt wurde ein Internationales Privatrecht erst aufgrund eines grenzüberschreitenden Handels von Wirtschaftsgütern notwendig. Wenn also nach dem „IPR des Exportrechts" gefragt wird, kann auf das „IPR der Schuldverhältnisse" verwiesen werden. Im Internationalen Privatrecht finden sich aus diesem Grund spezielle Regelungen, wie zB für den Bereich der **Güterbeförderungsverträge,** die auf besondere Erfordernisse der Exportwirtschaft abstellen.[1]

I. Bedeutung der Rechtswahl für die vertragliche Beziehung

3 Eine der Kernfragen beim Abschluss eines Exportvertrags – der *per se* mehr als eine Rechtsordnung berührt – ist die Frage nach dem Recht, welches auf die vertragliche Beziehung zwischen den Parteien anzuwenden ist. Bereits bei der Abfassung des Vertrags ist das anwendbare Recht maßgeblich für die **Ausgestaltung** der einzelnen vertraglichen Klauseln. Die Frage nach dem anwendbaren Recht wird jedoch insbesondere virulent, wenn es in der Vertragsabwicklung zu **Störungen** kommt und Probleme zu Tage treten, die entweder vertraglich nicht geregelt wurden und/oder die Parteien unterschiedliche Auffassungen von der Lösung des Problems haben. Ebenfalls heranzuziehen ist das anwendbare Recht bei unterschiedlicher Auslegung der vertraglichen Regelungen durch die Parteien.

4 Dennoch wird die Wahl des anwendbaren Rechts von den Parteien häufig bis zum Ende der Vertragsverhandlungen offen gelassen, da der Rechtswahl nicht die notwendige **Bedeutung** beigemessen wird. Viel zu oft wird letztendlich, bewusst oder unbewusst, die Frage des anwendbaren Rechts von den Parteien nicht mehr vertraglich geregelt.

5 Haben sich die Parteien in ihren Verhandlungen auf den Kaufgegenstand und den hierfür zu zahlenden Kaufpreis, also die wesentlichen Vertragsbestandteile *(essentialia negotii),* geeinigt, soll der Vertrag nicht mehr an der Rechtswahlklausel, also der „reinen Jura", scheitern. Die Rechtswahlklausel sehen die Verhandlungspartner häufig nur als bloßen zusätzlichen Satz, der zudem entsprechend seiner vermeintlich geringen Bedeutung regelmäßig am Ende des Vertrags unter der Rubrik „Verschiedenes" *(„Miscellaneous")* steht. Die Rechtswahlklausel darf und soll der ausgehandelten Leistungsbeziehung nicht mehr im Wege stehen. Ähnliches gilt regelmäßig für die Vereinbarung eines Gerichtsstandes oder eines Schiedsverfahrens.[2]

6 Aufgrund dieser Motivationslage wird eine Vertragsverhandlung in der Praxis normalerweise nicht mit dem Thema der Rechtswahl begonnen. Von den Parteien wird die Rechts-

---

[1] → Rn. 81.
[2] → Abschnitt 42 Rn. 28.

Abschnitt 6. Das IPR der Verträge des Exportgeschäfts

wahl als eine rein formelle Hürde empfunden und zu Beginn von Vertragsverhandlungen ist – zumindest anfänglich – „Wichtigeres" zu verhandeln. So soll eine erfolgversprechende und noch junge Vertrauensbeziehung zwischen den Verhandlungspartnern nicht mit der Frage nach dem anwendbaren Recht getestet werden, denn meist möchte keine der Parteien von dem ihr bekannten **Heimatrecht** abweichen. Um die aufkeimende Vertragsbeziehung nicht bereits im Vorfeld zu belasten, wird daher die Frage der Rechtswahl vielfach ausgeklammert. Grund hierfür ist zum einen die (durchaus gerechtfertigte) Befürchtung, dass der Verhandlungspartner den Vorschlag des für ihn **fremden Rechts** als mangelndes Vertrauen in sein Recht und in seine Vertragsgestaltung begreift bzw. dass er rechtliche Fallen befürchten könnte, die die Vertragsverhandlungen belasten und verlängern könnten.

Ein weiterer Punkt, der die Verhandlung des anwendbaren Rechts erschwert, sind die mit der Rechtswahl verbundenen Kosten. Die Wahl fremden Rechts löst für die Parteien eines Exportvertrags sowohl im Vorfeld des Vertragsabschlusses, dh bei Analyse und Verhandlung desselben als auch bei der Abwicklung des Vertrags und insbesondere im Streitfall neben Übersetzungskosten erhöhte Recherche-, Abwicklungs- und **Transaktionskosten** aus. Neben den eigenen nationalen Rechtsberatern, ob Justiziar und/oder Anwalt, sollte bzw. muss gegebenenfalls ein Anwalt der betroffenen Rechtsordnung als weiterer Berater herangezogen werden.[3]

Naturgemäß drängen erfahrene Vertragsparteien daher häufig auf ihr Heimatrecht bzw. auf vertrautes oder (häufig nur vermeintlich) **neutrales Recht,** insbesondere wenn das für die Vertragsverhandlungen kalkulierte Budget eine vertiefte Analyse des fremden Rechts und/oder die Untersuchung einer sinnvollen und verhandelbaren alternativen Rechtsordnung nicht zulässt.

Aufgrund der beschriebenen Motivationslage ist es zwar nachvollziehbar, dass die Vertragsparteien, die sich nach womöglich langen Vertragsverhandlungen (endlich) über den Inhalt der Leistungsbeziehung geeinigt haben, weder eine **aktive Wahl** des anwendbaren Rechts noch eine Prüfung des anwendbaren Rechts bei fehlender Rechtswahl vornehmen.

Eine solche Vorgehensweise greift aber ohne Abschätzung der vertraglichen Risiken im Fall einer Vertragsstörung zu kurz und entspricht nicht den Anforderungen an ein zeitgemäßes **Risk Management.**[4] Die Vertragsparteien können regelmäßig nicht sämtliche Eventualitäten direkt im Vertrag regeln, so dass für alle nicht vertraglich geregelten Fälle, beispielsweise Regelungen zur Fälligkeit, zum Gefahrübergang, zur Leistungsstörung, Gewährleistung, Haftung, etc., auf das anwendbare Recht zurückgegriffen werden muss. Diese dann durch Gesetz berufene Rechtsordnung (im Beispiel eines Exportvertrags die des Exporteurs, des Importeurs oder gar eines Drittstaates) entscheidet nicht nur über die grundlegenden Vorschriften, die den Rechten und Pflichten der Vertragspartner zugrunde liegen, sondern auch darüber, ob der Vertrag überhaupt wirksam abgeschlossen wurde. Zudem richtet es sich nach dem anwendbaren Recht, ob und inwieweit den Vertragsparteien ein **Gestaltungsspielraum** für vertragliche Regelungen zur Verfügung steht.

Kurz gesagt lassen sich die vertraglichen Rechte und Pflichten der Parteien nur im Lichte des anwendbaren Rechts bestimmen. Wird der „Lichtschalter", also die Rechtswahl, durch die Parteien nicht bewusst betätigt, so schreiben die Parteien den **Vertrag im Dunkeln.** In einem solchen Fall sollte die betroffene Vertragspartei zumindest über ein Nachtsichtgerät verfügen und wissen, welches Recht bei fehlender Rechtswahl auf den Vertrag anwendbar ist.

Bei Abschluss eines Exportvertrags sollten sich die Parteien daher regelmäßig auf eine verbindliche Rechtsordnung einigen. Die Vertragsparteien sind dabei frei, das anwendbare Recht autonom explizit bzw. konkludent zu wählen.[5] Durch eine **bewusste, informierte**

---

[3] Zu Fragen der Vertragsverhandlung und des Vertragsmanagements → Abschnitt 2, Rn. 115 ff.
[4] → Abschnitt 2, Rn. 92, 124.
[5] → Rn. 19 ff.

und geschickte Rechtswahl können die Kosten, die bei Abwahl des bekannten Heimatrechts entstehen, gesenkt werden.[6]

13 Wählen die Parteien eines Exportvertrags oder sonstigen Vertrags mit Auslandsbezug keine anwendbare Rechtsordnung, ist das auf den Vertrag anzuwendende Recht nach den anwendbaren Normen des jeweiligen Internationalen Privatrechts zu bestimmen.[7]

II. Rechtsquellen

14 Bis zum 17.12.2009 waren im deutschen Recht die Rechtswahl und die Bestimmung des auf vertragliche Schuldverhältnisse anwendbaren Rechts in den Artikeln 27 bis 37 des Einführungsgesetzes zum Bürgerlichen Gesetzbuch (**EGBGB**) geregelt. **Seit dem 18.12. 2009** ist diese bisherige Rechtsquelle durch Verordnung (EG) Nr. 593/2008 des Europäischen Parlaments und des Rates über das auf vertragliche Schuldverhältnisse anzuwendende Recht (**Rom I-VO**) vom 17.6.2008, ABl. EU 2008 L 177 S. 6; ABl. EU 2009 L 309 S. 87[8] ersetzt. Die sich hierdurch ergebenden Änderungen für den allgemeingültigen Grundsatz der Rechtswahlfreiheit sind geringfügig,[9] jedoch ist die Regelung zur Bestimmung des anwendbaren Rechts bei fehlender Rechtswahl detaillierter und starrer als die bisher bestehende Regelung.[10]

15 Auf Verträge, die bis zum 17.12.2009 abgeschlossen wurden, finden weiter ex Artt. 27 bis 37 EGBGB Anwendung.[11] **Auf Verträge, die ab dem 18.12.2009 abgeschlossen wurden, findet die Rom I-VO Anwendung (Art. 28 Rom I-VO/Art. 3 EGBGB), die das Europäische Vertragsrechtsübereinkommen (EVÜ) vom 19.6.1980, ABl. EWG 1980 L 266 S. 1; BGBl. 1986 II 810**[12] – und damit auch die ex Artt. 27 bis 37 EGBGB – **in allen aufgeführten Staaten ersetzt.**

16 Eine Ausnahme gilt im Verhältnis zu **Dänemark:** Insoweit wird künftig (anstelle des EGBGB) das EVÜ unmittelbar zur Anwendung kommen.[13] Durch die Überführung der Vorschriften in Unionsrecht ist zudem aufgrund der Auslegungskompetenz des EuGH eine Grundlage für eine einheitliche Auslegung des Internationalen Schuldvertragsrechtes geschaffen.[14]

17 Ferner sei darauf hingewiesen, dass mit Wirkung zum 11.1.2009 zudem die Verordnung (EG) Nr. 864/2007 des Europäischen Parlaments und des Rates vom 11.7.2007 über das auf **außervertragliche Schuldverhältnisse** anzuwendende Recht (**Rom II-VO**), ABl. EU 2007, L 199, S. 40[15] in Kraft getreten ist. Die Rom II-VO regelt mit unmittelbarer Geltung einheitlich für die Mitgliedstaaten der Europäischen Union – mit Ausnahme Dänemarks (Art. 1 IV Rom II-VO) – das anzuwendende Recht im Fall einer unerlaubten Handlung, einer Verletzung von Rechten des geistigen Eigentums, einer ungerechtfertigten Bereicherung, einer Geschäftsführung ohne Auftrag sowie im Fall eines Verschuldens bei Vertragsverhandlungen.

18 Nach Art. 14 I lit. b Rom II-VO können Parteien, die einer kommerziellen Tätigkeit nachgehen, anders als bisher (vgl. Art. 42 EGBGB) bereits vor Eintritt eines schadensbegründenden Ereignisses das Recht wählen, dem das außervertragliche Schuldverhältnis unterliegen soll. Diese Erweiterung der Rechtswahlfreiheit bezieht sich nunmehr auch auf

---

[6] Zur Gestaltung der Rechtswahl → Rn. 98 ff.
[7] → Rn. 67 ff.
[8] Vgl. *Jayme/Hausmann* Nr. 80.
[9] Vgl. ex Art. 27 EGBGB mit Art. 3 Rom I-VO; s. auch *Wagner* IPRax 2008, 377, 378 ff.
[10] Vgl. ex Art. 28 EGBGB mit Art. 4 Rom I-VO.
[11] Siehe Vorauflage Rn. 15 f.
[12] Vgl. *Jayme/Hausmann* Nr. 70.
[13] PWW/*Brödermann/Wegen* Rom I-VO Art. 2 Rn. 3.
[14] *Clausnitzer* EuZW 2008, 420; wobei diese Auslegungskompetenz auch bereits nach dem Zweiten Brüsseler Protokoll vom 19.12.1988 für das EVÜ bestand.
[15] Vgl. *Jayme/Hausmann* Nr. 101.

Abschnitt 6. Das IPR der Verträge des Exportgeschäfts

Schadensersatzansprüche aus Verschulden bei Vertragsverhandlungen (*„culpa in contrahendo"*) sowie auf die Verletzung von Rechten des geistigen Eigentums.[16]

B. Grundsatz der Rechtswahlfreiheit

I. Parteiautonomie

Die Parteien eines Vertrags können das auf den Vertrag anwendbare Recht (das sogenannte „Vertragsstatut") **frei, dh autonom, wählen.** Art. 3 I S. 1 Rom I-VO stellt unmissverständlich klar, dass der Vertrag dem von den Parteien gewählten Recht unterliegt.[17] 19

Der Grundsatz der Rechtswahlfreiheit entspringt der dem Vertragsrecht zugrunde liegenden **Parteiautonomie**. Es handelt sich bei dem Grundsatz der Rechtswahlfreiheit nicht um eine Spezialität des deutschen Rechts. Vielmehr findet dieser Grundsatz im Vertragsrecht nahezu **weltweit Anwendung**.[18] So wird ebenfalls in den Erwägungsgründen des Europäischen Parlaments und des Rats der Europäischen Union zur Rom I-VO ausgeführt, dass die freie Rechtswahl der Parteien einer der Ecksteine des Systems der Kollisionsnormen im Bereich der vertraglichen Schuldverhältnisse sei.[19] Der Grundsatz der Rechtswahlfreiheit wird jedoch zugunsten von Verbrauchern, Arbeitnehmern und Fahrgästen **eingeschränkt.** In diesen Fallgruppen kommen auch bei abweichender Rechtswahl die für die **schwächere Vertragspartei** günstigeren Vorschriften zwingend zur Anwendung.[20] 20

Nach Art. 3 I Rom I-VO können sich die Parteien ausdrücklich oder stillschweigend auf ein Recht einigen. Die Parteiautonomie umfasst ebenfalls die Freiheit der Parteien, kein Recht zu wählen. In einem solchen Fall ist das auf den Vertrag anwendbare Recht nach dem Gesetz zu bestimmen (vgl. Art. 4 Rom I-VO). Deshalb spricht man von dem Vorrang der Parteiautonomie. Ferner können die Parteien eine Rechtsordnung auch nur für Teile des Vertrags wählen.[21] Schließlich sind die Parteien bei ihrer Rechtswahl nicht auf die vom Vertrag und dessen Durchführung berührten Rechtsordnungen oder gar auf die Heimatrechtsordnungen der Parteien beschränkt.[22] Im Ergebnis können die Parteien den Vertrag daher **grundsätzlich** auch einer dritten **„neutralen"** Rechtsordnung unterstellen. 21

Beispiel: 22
In einem Kaufvertrag zwischen einem deutschen Exporteur und einem marokkanischen Importeur einigen sich die Parteien auf die Anwendbarkeit französischen Rechts (das in diesem Fall nach Art. 1 I lit. b CISG in Verbindung mit Art. 55 der französischen Verfassung die Anwendung des CISG als vorrangiges Einheitsrecht vorsieht).

Entsprechend wird von der deutschen Rechtsprechung auch kein ausdrückliches Parteiinteresse gefordert,[23] da für die Auslandsberührung bereits die Wahl eines ausländischen Rechts genügt.[24] 23

Ausnahme: Das Internationale Privatrecht anderer Rechtsordnungen kann für die Rechtswahl jedoch vorsehen, dass ein **anerkennenswertes Interesse** oder eine **objektive** 24

---

[16] Zur Möglichkeit entsprechend **erweiterter Rechtswahlklauseln** s. Rn. 110.
[17] S. in diesem Sinne bereits die deutsche Reichsgerichtsrechtsprechung, RGZ 120, 70, sowie aktuell BGHZ 52, 239; 73, 391.
[18] Vgl. den rechtsvergleichenden *Giuliano/Lagarde*-Bericht zum EVÜ mit ausführlichen Nachweisen zu nationalen Gesetzen und internationalen Verträgen, staatlicher Rechtsprechung, Schiedsrechtspraxis und diesbezüglicher Literatur, BT-Drs. 10/503 vom 20.10.1983, 33, 47 f., wonach der Grundsatz der Rechtswahlfreiheit im Internationalen Privatrecht aller Mitgliedstaaten der Europäischen Union und auch in den Rechtsordnungen der meisten anderen Länder verankert ist; entsprechend: Ferrari/Leible/*Leible,* Rechtswahl, 2007, 41; Staudinger/*Magnus* Rom I-VO Art. 3 Rn. 27; PWW/*Brödermann/Wegen* Rom I-VO Art. 3 Rn. 1; MüKoBGB/*Martiny* Rom I-VO Art. 3 Rn 8.
[19] Vgl. Ziffer 11 der Erwägungsgründe der Rom I-VO.
[20] Zum zwingenden Recht s. Rn. 87 ff.
[21] → Rn. 64.
[22] Reithmann/Martiny/*Martiny,* Internationales Vertragsrecht, Rn. 93 mwN; *Sandrock* RIW 1994, 381, 385.
[23] BGHZ 135, 124; Hamburg IPRspr 64/65 Nr. 46, 155.
[24] PWW/*Brödermann/Wegen* Rom I-VO Art. 3 Rn. 1 mwN.

Beziehung des Sachverhalts zum gewählten Recht vorliegen muss (vgl. zB das Erfordernis der *„reasonable/substantial relation"* im US-Amerikanischen IPR (*Restatement (Second) of Conflict of Laws* section 187 II lit. a), sowie beispielsweise im algerischen IPR, welches eine *„relation réelle"* verlangt (vgl. Art. 18 I Code Civil)). Dies bedeutet, dass gegebenenfalls die Wahl eines „neutralen Rechts" keinen Bestand hat.

II. Qualität und Umfang der Rechtswahl

25   Bei der von den Parteien getroffenen Rechtswahl handelt es sich um einen **eigenständigen Verweisungsvertrag** mit kollisionsrechtlicher Wirkung,[25] auch wenn sich dieser in der Rechtswahlklausel innerhalb des eigentlichen Vertrags wiederfindet (Vertrag im Vertrag). Die Rechtswahl der Parteien stellt somit einen Vertrag eigener Art *(sui generis)* dar.

26   **1. Zustandekommen und Wirksamkeit der Rechtswahl.** Nach Art. 10 I Rom I-VO beurteilen sich das Zustandekommen und die Wirksamkeit eines Vertrags (beispielsweise eines Exportvertrags) oder einer seiner Bestimmungen nach dem Recht, das anzuwenden wäre, wenn der Vertrag oder die Bestimmung wirksam wäre. Dasselbe gilt gemäß Art. 3 V Rom I-VO auch für die Rechtswahlvereinbarung. Maßgeblich für die Rechtswahl und dem hierin liegenden kollisionsrechtlichen Verweisungsvertrag ist somit das Recht, welches unter der Hypothese der Wirksamkeit dieses Vertrags anzuwenden wäre.[26] Man spricht insoweit auch von dem sogenannten *„bootstrap principle"*, dh das „angezogene" Recht entscheidet über die Wirksamkeit der Rechtswahl.

27   **Beispiel:**
Ein deutscher Exporteur schließt mit einem brasilianischen Käufer einen Kaufvertrag. Der Kaufvertrag enthält eine Rechtswahlklausel, wonach auf den Kaufvertrag englisches Recht anwendbar ist. Um zu beurteilen, ob der Kaufvertrag wirksam zustande gekommen ist, bedarf es zweier Prüfungsschritte. Zunächst ist zu prüfen, ob der in der Rechtswahl begründete kollisionsrechtliche Verweisungsvertrag wirksam zustande gekommen ist. Da die Rechtswahlklausel englisches Recht beruft, ist die Wirksamkeit der Rechtswahl nach diesem Recht zu prüfen. Dies gilt, obwohl zu diesem Zeitpunkt noch nicht klar ist, ob das englische Recht überhaupt wirksam vereinbart wurde. Im Fall, dass die Rechtswahl wirksam war, ist in einem zweiten Schritt zu prüfen, ob der Kaufvertrag nach englischem Recht wirksam zustande gekommen ist. Im Ergebnis bemisst sich somit das Zustandekommen und die Wirksamkeit sowohl des in der Rechtswahl begründeten Verweisungsvertrags als auch des Kaufvertrags nach englischem Recht. Jedoch kann die Prüfung der Wirksamkeit des Kaufvertrags erst erfolgen, nachdem klargestellt ist, ob die Rechtswahl der Parteien wirksam war. War die Rechtswahlklausel nicht wirksam, ist das auf den Kaufvertrag anwendbare Recht nach Art. 4 Rom I-VO zu bestimmen.[27]

28   **Ausnahmsweise** soll aus Billigkeitsgründen allein für die Frage des Zustandekommens des Vertrags von diesem Prinzip abgewichen werden, wenn sich eine Partei **darauf beruft, sie habe dem Vertrag nicht zugestimmt.** In diesem Fall kann sich die Partei auf das Recht des Staates ihres gewöhnlichen Aufenthalts berufen (Art. 10 II Rom I-VO).

29   **Beispiel:**
Nach telefonischen Vorgesprächen zwischen einem deutschen Exporteur und einem potentiellen französischen Käufer haben sich die Verhandlungspartner mündlich über alle wesentlichen Vertragsbestandteile geeinigt. Daraufhin schickt der deutsche Exporteur ein kaufmännisches Bestätigungsschreiben an seinen französischen Verhandlungspartner. Das kaufmännische Bestätigungsschreiben enthält eine Rechtswahlklausel, die deutsches Recht für anwendbar erklärt. Auf dieses kaufmännische Bestätigungsschreiben erhält der Exporteur keine Antwort aus Frankreich. Nach deutschem Recht wäre aufgrund des Schweigens des Verhandlungspartners der Kaufvertrag mit dem Inhalt des kaufmännischen Bestätigungsschreibens wirksam zustande gekommen. Eine solche Rechtsfolge ist dem französischen Recht nicht bekannt. In diesem Fall kann sich der französische Verhandlungspartner nach Art. 10 II Rom I-VO darauf berufen, dass er dem Vertrag nicht zugestimmt habe. Ein wirksamer Vertrag wäre in diesem Fall daher nicht zustande gekommen.[28]

---

[25] *Brödermann/Rosengarten,* IPR/IZVR, Rn. 377; *von Bar,* IPR Bd. II, 1991, Rn. 416.
[26] PWW/*Brödermann/Wegen* Rom I-VO Art. 10 Rn. 1.
[27] → Rn. 67 ff.
[28] Beispiel nach *Mayer/Heuzé,* Droit International Privé, Rn. 715, 736; PWW/*Brödermann/Wegen* Rom I-VO Art. 10 Rn. 12 mwN zur Rechtsprechung.

Abschnitt 6. Das IPR der Verträge des Exportgeschäfts

2. Sachnormverweisung. Durch die Rechtswahl der Parteien wird regelmäßig eine 30 Rechtsordnung für anwendbar erklärt.[29] Nach Art. 20 Rom I-VO verweist eine Rechtswahl der Parteien nur auf die sachrechtlichen Vorschriften des gewählten Rechts. Dies bedeutet, dass hierdurch die gewählte Rechtsordnung unter Einschluss ihrer zwingenden Normen anwendbar ist. Nicht anwendbar sind jedoch die kollisionsrechtlichen Normen des Internationalen Privatrechts der gewählten Rechtsordnung. Eine Rück- beziehungsweise Weiterverweisung ist ausgeschlossen.

Beispiel: 31
Bei einem zwischen einem israelischen Importeur und einem deutschen Exporteur geschlossenen Kaufvertrag nach Schweizer Recht sind allein die Schweizer Sachvorschriften unter Einschluss ihrer zwingenden Normen anzuwenden. Es ist jedoch nicht zu prüfen, ob nach Schweizer IPR eine andere Rechtsordnung anwendbar wäre.

3. Auslegung der Rechtswahl. Ist die von den Parteien vereinbarte Rechtswahlklausel 32 nicht eindeutig, muss sie – anders als das Zustandekommen und die Wirksamkeit der Rechtswahlklausel – nach einer Ansicht nach dem Recht des Gerichtsstands (*„lex fori"*) und nicht nach dem Vertragsstatut, also der von der Rechtswahlklausel nur zweifelhaft berufenen Rechtsordnung, ausgelegt werden.[30]

Beispiel: 33
Ein deutsches Vertriebsunternehmen schließt mit einer chinesischen Gesellschaft für elektronische Bauteile einen Alleinvertriebsvertrag *(Exclusive Sales Agreement)* über den Vertrieb der chinesischen Bauteile. Der Vertrag bestimmt als Vertriebsgebiet Deutschland, die Schweiz, Österreich und die Niederlande. Die Rechtswahlklausel des Vertrags lautet: „*Applicable law. The law governing this agreement as per European common market (EU)*". Ferner enthält der Vertrag folgende Gerichtsstandsklausel: „*Jurisdiction. The parties irrevocably submit to the exclusive jurisdiction of German Courts the determination of disputes arising under this contract.*"

In dem gegebenen Beispiel bleibt unklar welches europäische Recht von den Parteien vereinbart wurde. Die Rechtswahlklausel versäumt es, eine bestimmte Rechtsordnung zu berufen und ist daher auslegungsbedürftig. In einer separaten Gerichtsstandsklausel haben die Parteien sich aber auf Deutschland als Gerichtsstand geeinigt. Insoweit muss die Auslegung der Rechtswahlklausel nach deutschem Recht erfolgen. Das OLG Hamburg, dem eine wortgleiche Rechtswahlklausel zur Auslegung vorlag, entschied, dass die Parteien eindeutig nicht das chinesische Recht vereinbaren wollten, sondern das mit dem Sachverhalt am stärksten verbundene europäische Recht. Dies wäre in diesem Beispiel das deutsche Recht, da das deutsche Vertriebsunternehmen seinen Sitz in Deutschland hat und Deutschland auch den Großteil des Vertriebsgebietes ausmacht.[31]

Nach anderer überzeugenderer Ansicht sind zur Auslegung der Rechtswahl nicht die *lex* 34 *fori* Regeln, sondern europäisch-autonome Kriterien heranzuziehen. Dies gilt insbesondere vor dem Hintergrund, dass die auf dem EVÜ basierenden EGBGB-Regeln in eine EG-Verordnung (Rom I-VO) überführt wurden.[32] In der Praxis führen jedoch beide Ansichten meist zum selben Ergebnis, da beispielsweise die Auslegungsvorschriften des BGB (§§ 133, 157) dem europäischen Auslegungsstandard weitgehend entsprechen.[33]

4. Dynamik der Rechtswahl. Eine „einfache" Rechtswahlklausel ist dynamisch und um- 35 fasst die jeweiligen intertemporalen Regeln der gewählten Rechtsordnung. Dies bedeutet, dass jeweils die gewählte Rechtsordnung in ihrer aktuellen Fassung anwendbar ist. Somit sind Rechtsänderungen in der Rechtsordnung durch den Gesetzgeber nach getroffener Rechtswahl von den Parteien zu berücksichtigen. Um ein solches Ergebnis zu vermeiden, können die Parteien durch entsprechende Abfassung der Rechtswahlklausel die Rechtsord-

---

[29] S. zur Teilrechtswahl sogleich unter Rn. 64.
[30] *Lando* RabelsZ 38 (1974), 388, 395; *von Hoffmann/Thorn,* Internationales Privatrecht, 435.
[31] Beispiel nach OLG Hamburg TranspR-IHR 1999, 37.
[32] Staudinger/*Magnus* Rom I-VO Art. 3 Rn. 66; Ferrari/Leible/*Leible,* Rechtswahl, 2007, 41, 43.
[33] Vgl. Art. II-8:102 ff. *(Interpretation of Contracts)* des *Draft Common Frame of Reference.*

nung „versteinern" bzw. „einfrieren". Hierdurch wird das vereinbarte Recht zeitlich arretiert.[34]

36 Beispiel:
Die Parteien eines Exportvertrags vereinbaren die Anwendung taiwanesischen Rechts „in der zum Zeitpunkt der Vertragsunterzeichnung gültigen Fassung".

37 Durch solche sogenannten *freezing clauses* (Versteinerungsklauseln) vermeiden die Parteien, dass sie zu einem späteren Zeitpunkt die gewählte (fremde) Rechtsordnung konsultieren müssen (soweit nicht (neues) zwingendes Recht entgegensteht).[35] Versteinerungsklauseln sind insbesondere bei Dauerschuldverhältnissen üblich, wenn sich politische Reformen abzeichnen oder beim Handel mit Geschäftspartnern in politisch unruhigen Regionen. Häufig finden sich *freezing clauses* in Verträgen mit Staaten, da sich Private vor nachträglichen Rechtsänderungen durch den als Vertragspartei beteiligten Staat schützen müssen (insoweit spricht man auch von Stabilisierungsklauseln *(stabilisation clauses)*).[36]

III. Ausdrückliche Rechtswahl

38 Die Parteien eines Vertrags können sowohl durch individualvertragliche Vereinbarung als auch durch allgemeine Geschäftsbedingungen das auf den Vertrag anwendbare Recht bestimmen.[37] Erfolgt die Rechtswahl nicht eindeutig, so ist die zwischen den Parteien getroffene Rechtswahlvereinbarung auslegungsbedürftig.[38]

39 Für eine ausdrückliche Rechtswahl sprechen die bereits in der Einführung genannten Gründe. So kann eine sinnvolle Gestaltung des konkreten Vertrags nur bei Kenntnis des auf den Vertrag anwendbaren Rechts erfolgen. Ein Grund für eine Rechtswahl ist also immer dann gegeben, wenn ein Vertrag mit einem Vertragspartner mit Sitz im Ausland geschlossen wird. Dasselbe gilt, wenn ein kohärentes Vertragssystem zwischen mehreren Beteiligten geschaffen werden muss. Dies ist beispielsweise dann der Fall, wenn weitere Subunternehmer oder Zulieferer ihren Sitz im Ausland haben.

40 Beispiel:
Ein deutsches Unternehmen verpflichtet sich gegenüber einem türkischen Auftraggeber zur Errichtung einer komplexen technischen Anlage in Istanbul. Auf den Werkvertrag soll entsprechend der vertraglich vereinbarten Rechtswahlklausel türkisches Recht anwendbar sein. Besondere Gewährleistungsregeln treffen die Parteien des Werkvertrags nicht. Entsprechend regelt sich die Gewährleistung nach türkischem Recht. Für den Bau der Anlage benötigt der deutsche Auftragnehmer einzelne Elemente, die dieser wiederum sowohl von deutschen und türkischen Zulieferern als auch von Sublieferanten aus Drittstaaten bezieht. Der deutsche Anlagenbauer möchte daher – um keine Haftungslücke entstehen zu lassen – die subvertraglichen Gewährleistungsregelungen so an den Hauptvertrag anpassen, dass er im Falle einer Inanspruchnahme aufgrund eines Gewährleistungsfalles durch den türkischen Auftraggeber Rückgriff bei seinen Sublieferanten nehmen kann. Um einen solchen Gleichklang der voneinander abhängigen Vertragsbeziehungen zu schaffen ist es naturgemäß sinnvoll, dass alle Verträge demselben Recht unterstehen. Dies mag im Fall türkischer Sublieferanten unproblematisch sein und kann im Zweifel auch bei Sublieferanten, mit denen eine enge und langjährige Beziehung besteht, durchsetzbar sein, ist aber spätestens bei Sublieferanten aus Drittstaaten nur in besonderen Fällen und unter bestimmten Umständen durchsetzbar. Ist das türkische Recht nicht durchsetzbar, kann der vertragliche Gleichklang zwischen türkischem Hauptvertrag und einem Sublieferantenvertrag, der beispielsweise englischem Recht unterliegt, nur durch geschickte vertragliche Gestaltung und Heranziehung sowohl des türkischen als auch des englischen Gewährleistungsrecht hergestellt werden. So wäre beispielsweise im englischen Sublieferantenvertrag der Fehlerbegriff mit dem im türkischen Gewährleistungsrecht normierten Fehlerbegriff gleichzustellen bzw. an diesen anzunähern. Letztlich kann unter Umständen aber gerade diese Schwierigkeit ein Argument des deutschen Auftragnehmers gegenüber dem türkischen Auftraggeber für die Anwendung englischen Rechtes auf den Hauptver-

---

[34] → Rn. 107 f.
[35] → Rn. 87 ff.
[36] Vgl. Reithmann/Martiny/*Martiny*, Internationales Vertragsrecht, Rn. 108 ff.
[37] S. zu den Möglichkeiten der Gestaltung der Rechtswahlklausel → Rn. 98 ff.
[38] → Rn. 32 ff.

trag sein. Praxistipp: Im konkreten Fall der Türkei böte sich Schweizer Recht als neutrales Recht an, da das türkische Zivilgesetzbuch und Obligationengesetz überwiegend wortgleich dem Schweizer Recht entspricht.

Auch die Konzernzugehörigkeit einer Vertragspartei kann einen Grund für eine bestimmte Rechtswahl liefern. **41**

Beispiel: **42**
Eine deutsche Tochtergesellschaft schließt mit ihrer französischen Muttergesellschaft einen Liefervertrag nach französischem Recht.

Ein weiterer Grund für eine ausdrückliche Rechtswahl kann letztlich auch die Attraktivität eines fremden Rechts bzw. die Unzufriedenheit mit dem eigenen (deutschen) Recht sein. Regelmäßig suchen und vereinbaren die Parteien aber auch im Sinne eines Interessensausgleichs ein aus ihrer Sicht drittes „neutrales" Recht oder beziehen eine neutrale Rechtsordnung, wie zB die UNIDROIT *Principles of International Commercial Contracts,*[39] materiellrechtlich ein.[40] **43**

Eine Rechtswahl durch eine in Allgemeinen Geschäftsbedingungen (vgl. §§ 305 ff. BGB) enthaltene Rechtswahlklausel ist nach deutschem Recht nur dann wirksam möglich, wenn die AGBs beider Vertragsparteien auf dasselbe Recht verweisen. **44**

Eine in AGBs enthaltene Rechtswahlklausel ist dann unwirksam, wenn diese für den Vertragspartner nach § 305c BGB überraschend wäre. Dies ist regelmäßig dann der Fall, wenn der Vertrag keinen Bezug zu dem gewählten Recht aufweist. Insoweit ist die Wahl eines „neutralen" dritten Rechts nach deutschem AGB-Recht bedenklich und sollte nur im Wege einer individualvertraglichen Rechtswahlklausel erfolgen.

Eine Regelung zur Bestimmung des anwendbaren Rechts bei sich kreuzenden AGBs, die jeweils eine unterschiedliche Rechtsordnung für anwendbar erklären, war weder im EGBGB noch ist sie in der Rom I-VO enthalten. Es stellt sich daher weiterhin die Frage, welche in den AGBs enthaltene Rechtswahl „obsiegt" oder ob stattdessen das anwendbare Recht nach Gesetz zu bestimmen ist, da die Parteien keine wirksame Rechtswahl vorgenommen haben. **45**

Im Fall, dass die von den Parteien verwendeten vorformulierten Rechtswahlklauseln nicht deckungsgleich sind, fehlt es nach der herrschenden Meinung bereits an einer wirksam zustande gekommenen Rechtswahl. Das auf den Vertrag anwendbare Recht ist in diesem Fall durch Gesetz (objektive Anknüpfung), dh nach Art. 4 Rom I-VO zu bestimmen.[41] **46**

Nach einer anderen Ansicht ist zunächst die Wirksamkeit der Rechtswahl getrennt im Wege einer Einzelbetrachtung der Rechtswahlklauseln nach der jeweils berufenen Rechtsordnung zu beurteilen.[42] Die Rechtswahl scheitert nach dieser Ansicht, wenn die den Rechtswahlklauseln innewohnenden Verweisungsverträge nach beiden Rechtsordnungen unwirksam sind. Dasselbe soll gelten, wenn beide Verweisungsverträge wirksam sind, da ein Vertrag nicht zwei Rechtsordnungen gleichzeitig unterstellt werden kann. Nur wenn lediglich eine Rechtswahlklausel wirksam vereinbart wurde, bleibt es bei dem durch diese Klausel berufenen Recht. **47**

Eine dritte Meinung prüft die Rechtswahl nach dem Recht, welches nach Gesetz auf den Vertrag Anwendung finden würde.[43] **48**

Beispiel: **49**
Der polnische Importeur bestellt bei einem deutschen Exporteur Ware unter Verweis auf seine AGBs, die polnisches Recht als maßgebliches Recht berufen. Der deutsche Exporteur bestätigt die

---

[39] S. www.unidroit.org.
[40] → Rn. 93 ff.
[41] → Rn. 67 ff.
[42] *Meyer-Sparenberg* RIW 1989, 347, 348; Staudinger/*Magnus* Rom I-VO Art. 3 Rn. 174; *Sieg* RIW 1997, 811, 817; *Tiedemann* IPRax 1991, 424, 425; *Mankowski* RIW 2003, 2, 4.
[43] *Dutta* ZVglRWiss 104 (2005), 461, 462 f.; *Dicey & Morris,* The Conflict of Laws, Bd. 2, 2006, Rn. 32–101.

Bestellung der Ware unter Verwendung eines Formulars, welches wiederum das deutsche Recht für anwendbar erklärt. Zum vertraglich vereinbarten Lieferdatum wird die Ware nach Polen geliefert. Der polnische Importeur inspiziert die Ware und nimmt diese ohne Beanstandung an. Es stellt sich die Frage, ob polnisches, deutsches oder aber gar kein Recht wirksam gewählt worden ist. Nach herrschender Meinung ist eine wirksame Einigung über das anwendbare Recht nicht zustande gekommen. Aus diesem Grund wäre nach Gesetz zu prüfen, welches Recht zur Anwendung käme. Im Fall des vorliegenden Kaufvertrags wäre dies nach Art. 4 I lit. a iVm Art. 19 I S. 2 Rom I-VO das Recht des Staates in dem der Verkäufer seine Hauptniederlassung hat, also hier deutsches Recht.

IV. Stillschweigende Rechtswahl

50   Eine stillschweigende Rechtswahl ist zulässig. Nach Art. 3 I S. 2 Rom I-VO muss sich eine Rechtswahl, wenn sie nicht ausdrücklich durch die Parteien vereinbart wurde, „**eindeutig**" aus den Bestimmungen des Vertrags oder aus den Umständen des Einzelfalles ergeben. Ex Art. 27 I S. 2 EGBGB forderte anders als Art. 3 I S. 2 Rom I-VO, dass sich die Rechtswahl mit „**hinreichender Sicherheit**" aus den Bestimmungen des Vertrags oder aus den Umständen des Falles ergeben muss. Die neue Formulierung des Art. 3 I S. 2 Rom I-VO ist ein Ergebnis der Verhandlungen zur Rom I-VO über die in der Vergangenheit bestehenden Unklarheiten aufgrund voneinander abweichender Sprachfassungen des Art. 3 I EVÜ, auf dem der ex Art. 27 I EGBGB basierte.[44]

51   Zur Bestimmung, ob es zu einer konkludenten Rechtswahl zwischen den Vertragsparteien gekommen ist, ist auf deren **realen** und nicht auf deren hypothetischen **Willen** abzustellen. Über die Frage der Rechtswahl, dh welches Recht die Parteien vereinbart hätten, hätten sie von dem Fehlen und der Bedeutung der Rechtswahl gewusst, darf also nicht spekuliert werden. Ist der reale Wille der Vertragsparteien nicht erkennbar, so ist das anwendbare Recht nach den gesetzlichen Vorschriften zu bestimmen, es ist also objektiv und nicht subjektiv zu bestimmen.[45]

52   Welchem Recht die Vertragsparteien ihre Vereinbarung unterstellen wollten, kann durch verschiedenste **Indizien** ermittelt werden. Insbesondere haben die folgenden vertraglichen Bestimmungen eine Indizwirkung bei der Ermittlung des anwendbaren Rechts:

53   (i) **Gerichtsstandsklausel** (Einigen sich die Parteien im Vertrag auf ein zuständiges Gericht bzw. sollen die Gerichte eines bestimmten Staates Streitfragen entscheiden, so wird regelmäßig vermutet, dass die Parteien damit auch das Recht dieses Staates gewählt haben („*Qui eligit iudicem, eligit ius*");[46]

54   (ii) **Schiedsklausel** (Einigen sich die Parteien auf ein Schiedsgericht eines bestimmten Landes, so kann hierin eine stillschweigende Wahl des materiellen Rechts am Sitz des Schiedsgerichts liegen („*Qui eligit arbitrum, eligit ius*");[47]

55   (iii) **Bezugnahme auf ein Recht** (zB durch Verweis auf einzelne Vorschriften eines bestimmten Rechts oder durch Vereinbarung von allgemeinen Geschäftsbedingungen/Standards, die ihrerseits auf einem bestimmten nationalen Recht beruhen bzw. auf diesem aufbauen);

56   **Beispiele:**
Verkaufsbedingungen des französischen Verbandes der Damenbekleidungsindustrie;[48] Verdingungsordnung Bau (VOB); Lieferbedingungen, wie zB Allgemeine deutsche Spediteurbedingungen (ADSp); Vereinbarung von technischen Standards, wie zB „deutschen" DIN-Normen.

57   (iv) **Bezugnahme auf einen Vertrag,** der eine Rechtswahl enthält;
58   (v) **Prozessverhalten** (aus dem Prozessverhalten der Vertragsparteien kann sich bei Bestehen eines Rechtswahlbewusstseins eine (nachträgliche) Rechtswahl ergeben;[49]

---

[44] „*mit hinreichender Sicherheit*", „*reasonable certainty*", „*de façon certaine*", „*manera segura*", vgl. *Wagner* IPRax 2008, 377, 379.
[45] → Rn. 67 ff.
[46] Vgl. auch Erwägungsgrund 12 der Rom I-VO.
[47] MüKoBGB/*Martiny* Rom I-VO Art. 3 Rn. 51 mwN.
[48] Vgl. *OLG Köln* NJW 1987, 1151.
[49] MüKoBGB/*Martiny* Rom I-VO Art. 3 Rn. 53.

Abschnitt 6. Das IPR der Verträge des Exportgeschäfts

Beispiel: 59
Nach einem richterlichen Hinweis zur Rechtswahl verhandeln die Vertragsparteien vor einem deutschen Gericht ihren Rechtsstreit nach deutschem Recht.

und letztlich können zudem (vi) **sonstige Umstände** für eine Rechtswahl sprechen. 60

Beispiele: 61
Vereinbarung eines einheitlichen Erfüllungsortes; Abschlussort des Vertrags; Ansässigkeit der Vertragsparteien; Vertragssprache; Vertragswährung.

Von einer eindeutigen Rechtswahl im Sinne des Art. 3 I S. 2 Rom I-VO ist nur dann 62 auszugehen, wenn **mehrere Indizien** auf dieselbe Rechtsordnung verweisen. Sprechen die Indizien für mehr als eine Rechtsordnung, so hebt sich die Indizwirkung auf. In einem solchen Fall ist regelmäßig der reale Parteiwille nicht ermittelbar.

Beispiel: 63
Innerhalb eines sogenannten „Rahmenvertrags" (Framework Agreement) hat sich eine norwegische Konzernmutter aus der Zementindustrie gegenüber einer luxemburgischen Konzernmutter aus dem Speditionswesen verpflichtet, ihre afrikanischen Tochtergesellschaften, die in unterschiedlichen afrikanischen Staaten Zement herstellen, anzuweisen, mit den jeweiligen afrikanischen Tochtergesellschaften des Speditionskonzerns Beförderungsverträge in Form von sogenannten „Ausführungsverträgen" (Execution Agreements) abzuschließen. Im Framework Agreement vereinbarten die Vertragsparteien Schweizer Recht. Die Execution Agreements zwischen den jeweiligen afrikanischen Tochtergesellschaften enthalten keine Rechtswahlklausel. Sie verweisen in ihrer Präambel auf das Framework Agreement und sind wie dieses in englischer Sprache abgefasst. In einem solchen Fall spricht ein starkes Indiz dafür, dass beispielsweise ein in Accra, Ghana, geschlossenes Execution Agreement zwischen den ghanaischen Tochtergesellschaften der Konzernmütter ebenfalls Schweizer Recht unterliegt. Gegen eine solche Annahme könnte jedoch sprechen, dass anders als im Framework Agreement kein Schiedsverfahren in Zürich nach den Swiss Rules of International Arbitration, sondern für den Fall von Streitigkeiten ein Schiedsverfahren nach dem Ghana Arbitration Act 1961 vereinbart wurde.

V. Teilrechtswahl

Um Schnittstellen und hieraus resultierende Widersprüche zu vermeiden, sollte ein Ver- 64 trag regelmäßig nur durch eine Rechtsordnung „regiert" werden. Obwohl es nach Art. 3 I S. 3 Rom I-VO grundsätzlich möglich ist, für Teilbereiche eines Vertrags unterschiedliche Rechtsordnungen zu bestimmen (sogenannte *„Dépeçage"* oder auch „Spaltung des Vertragsstatuts"), wird dies im Einzelfall nur unter besonderen Umständen und nach sorgfältiger Prüfung und Regelung bestehender Schnittstellen sinnvoll oder gar empfehlenswert sein. So können die Parteien eines Werkvertrags, der englischem Recht unterliegt, beispielsweise die Definition und Auslegung des Begriffs der „Abnahme" nach deutschem Recht (§ 640 BGB) vereinbaren. Auf gleiche Art und Weise kann – wie in der Praxis erprobt – der dem deutschen Recht innewohnende Grundsatz von Treu und Glauben (§ 242 BGB) in einen „angelsächsischen" Vertrag implementiert werden. Widersprüche sich überschneidender Rechtsordnungen oder ein „auseinanderfallen" des Vertrags aufgrund von Regelungslücken gilt es (soweit wie möglich) zu vermeiden.

VI. Nachträgliche Rechtswahl

Aufgrund der Parteiautonomie sind die Vertragsparteien frei, eine bestehende Rechts- 65 wahl abzuändern bzw. einen Vertrag ohne Rechtswahl nachträglich einem bestimmten Recht zu unterstellen (vgl. Art. 3 II S. 1 Rom I-VO). Wie die anfängliche Rechtswahl kann die nachträgliche Rechtswahl ausdrücklich oder auch stillschweigend erfolgen (zB durch Prozessverhalten).

Praxistipp: 66
Bei einer nachträglichen Rechtswahl sollten die Parteien darauf achten, ausdrücklich zu vereinbaren, ob die Rechtswahl rückwirkend zum Vertragsabschluss gelten soll (ex tunc) oder erst zum Zeitpunkt der nachträglichen Rechtswahl Wirkung entfalten soll (ex nunc).

C. Ermittlung des anwendbaren Rechts bei fehlender Rechtswahl

I. Ermittlung des anwendbaren Rechts durch objektive Anknüpfung

67 Fehlt eine wirksame Wahl des anwendbaren Rechts und ist somit keine auf dem Parteiwillen basierende subjektive Anknüpfung des Vertrags an eine Rechtsordnung erfolgt, so ist das auf den Vertrag anwendbare Recht im Wege der sogenannten „objektiven Anknüpfung" nach den internationalprivatrechtlichen Vorschriften zu ermitteln. **Ausnahme:** Soweit internationale Verträge, wie das Wiener Übereinkommen der Vereinten Nationen über Verträge über den internationalen Warenkauf (CISG) vom 11.4.1980, BGBl. 1989 II 588[50] oder das Genfer Übereinkommen über den Beförderungsvertrag im internationalen Straßenverkehr (CMR) vom 19.5.1956, BGBl. 1961 II 1119; geändert durch das Protokoll vom 5.7.1978, BGBl. 1980 II 721, 733, 1443[51] oder Europäisches Sachrecht kraft eigenen Geltungswillens (vgl. zB Art. 1 I lit. a CISG für internationale Kaufverträge zwischen Parteien aus Vertragsstaaten des CISG) zur Anwendung kommen, erübrigt sich jedoch die nachfolgende Prüfung. In der Praxis wird ein solches Einheitsrecht meist aber durch nationales Recht ergänzt, dass mit Hilfe des IPR zu bestimmen ist.

68 Bei fehlender Rechtswahl sind zur Ermittlung des Rechts dabei mehrere **Prüfungsschritte** vorzunehmen. Hierbei gilt es zu beachten, dass sich die Prüfungsschritte nach der bis zum 17.12.2009 geltenden Regelung des ex Art. 28 EGBGB von denen des ab dem 18.12.2009 geltenden Art. 4 Rom I-VO in einigen Punkten unterscheiden. Bevor der Unterschied in der Prüfung dargestellt wird, sollen zunächst die gemeinsamen Grundprinzipien der objektiven Anknüpfung erläutert werden, die sowohl unter dem EGBGB als auch unter der Rom I-VO zu beachten sind.

II. Grundregel der engsten Verbindung

69 Nach der Grundregel des Internationalen Vertragsrechts unterliegt ein Vertrag dem Recht, mit dem er die **engsten Verbindungen** aufweist (vgl. Art. 4 III Rom I-VO/ex Art. 28 I S. 1, V EGBGB).

III. Grundprinzip der vertragscharakteristischen Leistung

70 Nach einer allgemeinen Vermutung besteht die engste Verbindung mit dem Recht des Staates, in dem die Partei, welche die **vertragscharakteristische Leistung** zu erbringen hat, im Zeitpunkt des Vertragsschlusses ihren gewöhnlichen Aufenthalt bzw. ihre (Haupt-) Niederlassung hat (vgl. Art. 4 II iVm Art 19 I S. 2 Rom I-VO/ex Art. 28 II EGBGB). Charakteristisch für einen Vertrag ist die Leistung, die dem Vertrag seine Eigenart verleiht und seine Unterscheidung von anderen Vertragstypen ermöglicht.[52]

71 Praxistipp:
Die charakteristische Leistung bei einem gegenseitigen Vertrag ist regelmäßig die Nicht-Geldleistung.

72 **Beispiel:**
Ein deutscher Verkäufer schließt mit einem koreanischen Käufer einen Vertrag über den Kauf von Gebrauchtwagen. Die Autos werden gegen Zahlung des Kaufpreises per Schiff nach Korea geliefert. Eine Rechtswahl wird zwischen den Parteien nicht vereinbart. Zum Zeitpunkt des Vertragsabschlusses haben die Parteien ihren gewöhnlichen Aufenthalt in ihren Heimatstaaten. Der Vertrag hat somit zunächst Verbindungen zum deutschen und koreanischen Recht. Die vertragscharakteristische Leistung des Kaufvertrags, nämlich die Lieferung des Kaufgegenstandes, wird vom Verkäufer erbracht. Im

---

[50] Vgl. *Jayme/Hausmann* Nr. 77.
[51] Vgl. *Jayme/Hausmann* Nr. 153.
[52] Palandt/*Thorn* Rom I-VO Art. 4 Rn. 22; *Brödermann/Rosengarten*, IPR/IZVR, Rn. 14.

Beispiel hat der Verkäufer seinen gewöhnlichen Aufenthalt in Deutschland. Nach der allgemeinen internationalprivatrechtlichen Vermutung besteht somit die engste Verbindung mit dem deutschen Recht, welches somit auf den Kaufvertrag anwendbar ist.

73 Kann die charakteristische Leistung nicht bestimmt werden, ist auf den Vertrag das Recht des Staates anzuwenden, zu dem der Vertrag die engste Verbindung hat.

IV. Widerlegbarkeit der Rechtsvermutung

74 Die Vermutungsregelung, die allein auf die vertragscharakteristische Leistung abstellt, ist jedoch nicht zwingend. Weist der Vertrag abweichend von der allgemeinen Vermutungsregel eine engere Verbindung zu dem Recht eines anderen Staates auf als zu dem Recht des Staates, in welchem die Partei, die die charakteristische Leistung zu erbringen hat, ihren gewöhnlichen Aufenthalt bzw. ihre (Haupt-)Niederlassung hat, so ist das Recht dieses anderen Staates anwendbar (Art. 4 III Rom I-VO/ex Art. 28 V EGBGB). Während ex Art. 28 V EGBGB lediglich über eine engere Verbindung zu einem anderen Staat spricht, fordert Art. 4 III Rom I-VO eine **offensichtlich** engere Verbindung.[53] Die Kriterien, die eine solche Verbindung bestimmen, sind gesetzlich nicht geregelt. Bei der Bestimmung der engeren Verbindung ist sowohl nach ex Art. 28 V EGBGB als auch nach Art. 4 III Rom I-VO auf die „Gesamtheit der Umstände" abzustellen. Ob insoweit bei der Ermittlung der offensichtlich engeren Verbindung nach diesen **Ausweichklauseln** alle Umstände und Anhaltspunkte zu berücksichtigen sind oder ob nur auf den Leistungsaustausch bezogene Kriterien erfasst werden, ist umstritten. In letzterem Fall wären Kriterien wie die Staatsangehörigkeit, der Ort des Abschlusses des Vertrags und die Vertragssprache unbeachtlich.[54]

75 **Beispiel:**
Ein deutscher Verfrachter (Carrier) transportiert für einen deutschen Befrachter (Shipper) Holzschnitzel per Schiff von Lübeck nach Skandinavien. Grundlage für den Transport ist ein auf einem „GENCON-Charter" Formular der Baltic and International Maritime Council, Kopenhagen (BIMCO) geschlossener, im Wesentlichen in englischer Sprache abgefasster Frachtvertrag. Ferner enthält der Frachtvertrag auch deutschen Text. Der Frachtvertrag enthält zudem eine Schiedsgerichtsklausel, welche ein Schiedsgericht in Hamburg zur Streitbeilegung beruft. Die übrigen englischsprachigen Vertragsformulare, die keine Übersetzungen deutscher Texte sind, enthalten zahlreiche dem angelsächsischen Rechtsdenken angehörende Begriffe. Nach dem Vertrag sollen jährlich 200.000 cqm Holzschnitzel transportiert werden. Im ersten Jahr wird die vertraglich vereinbarte Menge verschifft. Im zweiten Jahr wird der Verfrachter vom Befrachter nicht mehr zu Transporten herangezogen. Der Verfrachter fragt sich, ob er einen Anspruch nach § 580 HGB auf Fautfracht (Fehlfracht) hat. Hierbei handelt es sich um ein Reugeld in Form eines Entschädigungsanspruchs des Verfrachters gegen den Befrachter bei Rücktritt vom Frachtvertrag oder bei nicht vertragsmäßiger Ausnutzung des Schiffsraumes in Höhe der Hälfte der vereinbarten Fracht.
In diesem Fall hat der BGH entschieden, dass dieser Vertrag deutschem Recht untersteht. Dass er überwiegend in englischer Sprache abgefasst sei, besage für sich allein angesichts der weiten Verbreitung der englischen Sprache im Seefrachtgeschäft nichts über das anzuwendende Recht. Alle anderen Umstände deuten auf die Anwendung deutschen Rechts: Die Vertragsparteien sind Deutsche, sie haben ihre Niederlassungen in Deutschland, der Vertrag ist in Deutschland geschlossen worden, für die Beförderung der Holzschnitzel sollten deutsche Schiffe verwendet werden, der Ladehafen lag in Deutschland, und die Fracht sollte im vom BGH entschiedenen Fall in deutscher Währung bezahlt werden.
Damit ist indessen nicht entschieden, dass die englischsprachigen Klauseln auch nach deutschem Rechtsverständnis zu interpretieren sind. Vielmehr ist nach Ansicht des BGH das englische Rechtsverständnis anwendbar.[55]

V. Konkrete Vermutungsregeln der Rom I-VO

76 Anders als bisher sieht die Rom I-VO auf Anregung der Europäischen Kommission in Art. 4 I Rom I-VO für eine Vielzahl von Vertragstypen konkrete Vermutungsregeln vor,

---

[53] Vgl. Staudinger/*Magnus* Rom I-VO Art. 4 Rn. 131 mwN.
[54] Palandt/*Thorn* Rom I-VO Art. 4 Rn. 29; MüKoBGB/*Martiny* Rom I-VO Art. 4 Rn. 249.
[55] Vgl. *BGH* NJW 1987, 591.

die eine bestimmte Rechtsordnung berufen. So führte die Europäische Kommission in ihrem Vorschlag zur Rom I-VO aus, dass es sich gerade angesichts der freien Rechtswahl, die ein Fundament des vorgeschlagenen Rechtsaktes darstelle, empfehle, die bei unterlassener Rechtswahl anwendbaren Vorschriften so präzise und berechenbar wie möglich zu fassen, damit die Parteien sich bewusst entscheiden können, ob sie von der freien Rechtswahl Gebrauch machen wollen oder nicht.[56]

77   Nur im Fall, dass der objektiv anzuknüpfende Vertrag nicht unter einen der im Katalog des Art. 4 I Rom I-VO genannten Verträge fällt, unterliegt der Vertrag nach Art. 4 II Rom I-VO dem Recht des Staates, in dem die Partei ihren gewöhnlichen Aufenthalt bzw. ihre (Haupt)niederlassung hat, welche die für den Vertrag charakteristische Leistung zu erbringen hat.

78   Nach dem in Art. 4 I Rom I-VO enthaltenen Katalog unterliegen beispielsweise Kaufverträge über bewegliche Sachen dem Recht des Staates, in dem der Verkäufer seinen gewöhnlichen Aufenthalt hat (Art. 4 I lit. a Rom I-VO); Dienstleistungsverträge dem Recht des Staates, in dem der Dienstleister seinen gewöhnlichen Aufenthalt hat (lit. b); Franchiseverträge dem Recht des Staates, in dem der Franchisenehmer seinen gewöhnlichen Aufenthalt hat (lit. e).

79   Von diesen gesetzlichen Vermutungen soll nach Art. 4 III Rom I-VO nur dann abgewichen werden, wenn sich aus der Gesamtheit der Umstände ergibt, dass der Vertrag eine offensichtlich engere Verbindung zu einem anderen Staat aufweist.[57] In diesem Fall ist das Recht des anderen Staates anzuwenden.

80 **Beispiel:**
Nach zahlreichen, über Monate geführten Verhandlungen schließt ein deutsches Unternehmen mit einem spanischen Vertriebshändler einen Tag vor Heiligabend einen Vertrag über den Vertrieb von Autozubehörteilen. In der Hektik des Jahresendgeschäfts 2009 versäumen es die Parteien, sich darüber zu einigen, welchem Recht der Vertriebsvertrag unterliegen soll.
Zur Ermittlung des anwendbaren Rechts ist zunächst zu bestimmen, nach welcher Rechtsnorm die Ermittlung vorzunehmen ist, also ob ex Art. 28 EGBGB oder Art. 4 Rom I-VO Anwendung findet. Da zum Zeitpunkt des Abschlusses des Vertrags bereits die Rom I-VO seit knapp einer Woche in Kraft war, ist zur Ermittlung des anwendbaren Rechts Art. 4 Rom I-VO heranzuziehen. Nach Art. 4 I lit. f iVm Art. 19 I S. 1 Rom I-VO unterliegt ein Vertriebsvertrag dem Recht des Staates, in dem der Vertriebshändler seine Hauptverwaltung hat. In unserem Beispiel unterliegt der Vertriebsvertrag somit zunächst spanischem Recht. In einem weiteren Prüfungsschritt ist sodann zu untersuchen, ob Anhaltspunkte bestehen, die für eine offensichtlich engere Verbindung des Vertriebsvertrags mit einem Recht eines anderen Staates sprechen. In diesem Fall käme die Ausweichklausel des Art. 4 III Rom I-VO zur Anwendung. Da solche Anhaltspunkte im Beispiel nicht gegeben sind, bleibt es beim spanischen Recht.
Hätten die Parteien den Vertriebsvertrag vor dem 17.12.2009 geschlossen, so müsste der Vertrag nach ex Art. 28 EGBGB objektiv angeknüpft werden. Abzustellen wäre danach auf die Hauptverwaltung der Partei, welche die vertragscharakteristische Leistung des Vertriebsvertrags erbringt.[58] Welche Partei dies ist, wurde von den nationalen Gerichten der EU-Mitgliedstaaten unterschiedlich entschieden.[59] Die klare Bestimmung für Vertriebsverträge in Art. 4 I lit. f Rom I-VO trägt somit zur Rechtssicherheit bei.

VI. Güterbeförderungsverträge

81   Sowohl das EGBGB als auch die Rom I-VO regeln die objektive Anknüpfung bei fehlender Rechtswahl bei **Güterbeförderungsverträgen.** Nach Art. 5 I Rom I-VO ist das Recht des Staates anzuwenden, in dem der Beförderer seinen gewöhnlichen Aufenthalt hat, sofern sich in diesem Staat auch der Übernahmeort oder der Ablieferungsort oder der

---

[56] Vorschlag der Europäischen Kommission zur Rom I-VO vom 15.12.2005, KOM (2005) 650 endg., S. 6.
[57] → Rn. 74.
[58] → Rn. 70 ff.
[59] Vgl. Vorschlag der Europäischen Kommission zur Rom I-VO vom 15.12.2005, KOM (2005) 650 endg., S. 6.

gewöhnliche Aufenthalt des Absenders befindet. Sind diese Voraussetzungen nicht erfüllt, so ist das Recht des Staates des von den Parteien vereinbarten Ablieferungsortes anzuwenden.

Unter dem EGBGB war strittig, ob die Vermutungsregelung in ex Art. 28 IV EGBGB auch dann angewendet werden kann, wenn im Falle eines **Speditionsvertrags** der Beförderer die Beförderung der Güter nicht selbst, sondern durch einen Dritten vornehmen lässt.[60] Die hieraus resultierende Unsicherheit hat der Europäische Gesetzgeber durch einen klaren Hinweis beendet. Nach Erwägungsgrund 22 der Rom I-VO soll die gesetzliche Vermutungsregelung für alle Verträge gelten, die in der Hauptsache der Güterbeförderung dienen. Für die Zwecke der Rom I-VO soll der Begriff „Absender" eine Person bezeichnen, die mit dem Beförderer einen Beförderungsvertrag abschließt, und der Begriff „Beförderer" die Vertragspartei, die sich zur Beförderung der Güter verpflichtet, unabhängig davon, ob sie die Beförderung selbst durchführt. **82**

Zu beachten ist jedoch, dass auf dem Gebiet des Transportrechts zahlreiche **internationale Abkommen** bestehen, wie zB das Übereinkommen über den Beförderungsvertrag im internationalen Straßengüterverkehr (CMR) vom 19.5.1956 und Änderungsprotokoll vom 5.7.1978; das Montrealer Übereinkommen zur Vereinheitlichung bestimmter Vorschriften über die Beförderung im internationalen Luftverkehr (MA) vom 28.5.1999, BGBl. 2004 II 459[61] und das Übereinkommen über den internationalen Eisenbahnverkehr (COTIF) vom 9.5.1980, BGBl. 1985 II 130; geändert durch das Protokoll vom 3.6.1999 BGBl. 2002 II 2140. Diese internationalen Übereinkommen, welche größtenteils in Deutschland in Kraft getreten sind, haben Vorrang vor den Kollisionsregeln des autonomen Rechts.[62] **83**

D. Grenzen der Rechtswahl

I. Sachlicher Anwendungsbereich der Rom I-VO

Nach Art. 1 I S. 1 Rom I-VO gilt die Rom I-VO für **vertragliche Schuldverhältnisse in Zivil- und Handelssachen,** die eine Verbindung zum Recht verschiedener Staaten aufweisen. Art. 2 Rom I-VO ordnet eine **universelle Wirkung** der Verordnung an, dh, dass das nach der Rom I-VO anwendbare Recht auch dann anzuwenden ist, wenn es sich hierbei nicht um das Recht eines Mitgliedstaates handelt. Insoweit handelt es sich bei der Rom I-VO um eine *loi uniforme,* die auch bei Nicht-Vertragsstaaten zur Anwendung kommt. Nach Art 1 I S. 2 Rom I-VO sind vom Anwendungsbereich der Rom I-VO Steuer- und Zollsachen sowie verwaltungsrechtliche Angelegenheiten **ausgenommen.** Ferner ist nach Art. 1 II Rom I-VO die Verordnung nicht anwendbar auf (i) den Personenstand, die Rechts-, Geschäfts- und Handlungsfähigkeit von natürlichen Personen (Art. 1 II lit. a Rom I-VO), (ii) Schuldverhältnisse aus Familienverhältnissen und Verhältnissen gleicher Wirkung (lit. b), (iii) Schuldverhältnisse aus ehelichen und eheähnlichen Güterständen, aus Testament und Erbrecht (lit. c), (iv) Wechsel-, Scheck-, Eigenwechsel und Wertpapierverpflichtungen (lit. d), (v) Schieds- und Gerichtsstandsvereinbarungen (lit. e), (vi) Gesellschaftsrecht, Vereinsrecht und dem Recht der juristischen Person (lit. f), (vii) der Stellvertretung (lit. g), (viii) Trusts (lit. h), (ix) das Verschulden bei Vertragsverhandlungen *(culpa in contrahendo)* (lit. i), (x) die betriebliche Altersvorsorge (lit. j) sowie (xi) Sonderregelungen zum Beweis und Verfahren (Art. 1 III Rom I-VO). **84**

---

[60] Für eine Anwendbarkeit Palandt/*Heldrich* 68. Aufl. EGBGB ex Art. 28 Rn. 6; dagegen MüKoBGB/*Martiny* 4. Aufl. EGBGB ex Art. 28 Rn. 233 jeweils mwN.
[61] Vgl. *Jayme/Hausmann* Nr. 154.
[62] → Rn. 86.

II. Geltungsbereich des anzuwendenden Rechts

85 Nach Art. 12 Rom I-VO ist das auf einen Vertrag anwendbare Recht insbesondere maßgebend für seine Auslegung, die Erfüllung der durch ihn begründeten Verpflichtungen und die Folgen von Nichterfüllung, Nichtigkeit (Rückabwicklung) und Verjährung.

III. Verhältnis zum Einheitsrecht

86 Staatsverträge und Unionsrecht enthalten vielfach vorrangig anzuwendendes Einheitsrecht, das den Rückgriff auf eine Rechtswahl oder gar die objektive Anknüpfung ausschließt.[63] Wählen die Parteien das Kaufrecht eines Vertragsstaates des CISG, kommt nach Art. 1 I lit. b CISG das CISG als das gewählte nationale Recht zur Anwendung. Es wird für Rechtsfragen, die nicht im CISG geregelt sind (zB der Zinshöhe) durch das autonome gewählte nationale Recht ergänzt. Entsprechendes gilt, wenn das CMR zur Anwendung kommt.

IV. Zwingendes Recht

87 Die von den Parteien vorgenommene Rechtswahl wird eingeschränkt, wenn durch sie zwingende Vorschriften des deutschen Rechts ausgeschlossen werden. Bei den zwingenden Vorschriften handelt es sich insbesondere um Regelungen des Kartell- und Wettbewerbsrechts, des Rechts zur Bekämpfung wettbewerbsbeschränkender Praktiken, des Verbraucherschutzrechts und des Beförderungsrechts. Art. 9 Rom I-VO definiert eine Eingriffsnorm als eine zwingende Vorschrift, deren Einhaltung von einem Staat als so entscheidend für die Wahrung seines öffentlichen Interesses, insbesondere seiner politischen, sozialen oder wirtschaftlichen Organisation, angesehen wird, dass sie ungeachtet des nach Maßgabe der Verordnung auf den Vertrag anzuwendenden Rechts auf alle Sachverhalte anzuwenden ist, die in ihren Anwendungsbereich fallen. Als weiteres Beispiel können außenwirtschaftsrechtliche Verbote in AWG, AWV sowie KrWaffKontrG genannt werden.[64]

88 **1. Zwingendes staatliches Recht.** Das bis 17.12.2009 geltende System zur Beachtung zwingender Vorschriften sieht – neben Sonderregelungen für den Verbraucherschutz – in ex Art. 34 EGBGB im Wesentlichen die Beachtung zwingenden **deutschen** Rechts vor. Dieses kommt bei Anwendung deutschen Internationalen Privatrechts (vor einem deutschen Gericht oder Schiedsgericht) selbst dann zum Zuge, wenn eine andere Rechtsordnung gewählt wurde. Ergänzend kann zwingendes Recht dritter Staaten im Einzelfall materiell rechtliche Beachtung finden.[65]

89 Die ab 18.12.2009 geltende Regelung in Art. 9 II–III Rom I-VO geht weiter: Danach sind die zwingenden Normen des angerufenen Gerichts stets anzuwenden und die Eingriffsnormen des Staates, in dem die durch den Vertrag begründeten Verpflichtungen erfüllt werden sollen oder erfüllt worden sind anzuwenden, soweit diese Eingriffsnormen die Erfüllung des Vertrages unrechtmäßig werden lassen.

90 Bei reinen **Inlandssachverhalten** können die Vertragsparteien nach Art. 3 III Rom I-VO/ex Art. 27 III EGBGB nicht durch abweichende Wahl einer anderen staatlichen Rechtsordnung von den zwingenden Vorschriften des betroffenen Staates abweichen. Zudem stellt der Erwägungsgrund 15 der Rom I-VO klar, dass dies selbst dann gelten soll, wenn die Parteien zusätzlich in ihrer Gerichtsstandsvereinbarung ein ausländisches Gericht zur Streitbeilegung berufen haben, um den Inlandssachverhalt „internationaler" erscheinen zu lassen (vgl. bereits dieselbe Regelung nach ex Art. 27 III EGBGB). Durch diese Regelung sollen Gesetzesumgehungen verhindert werden. Im Ergebnis findet daher bei einem

---

[63] Vgl. PWW/*Brödermann/Wegen* Rom I-VO Art. 1 Rn. 9; *Brödermann/Rosengarten*, IPR/IZVR, Rn. 357.
[64] Vgl. *Remien* RabelsZ 54 (1990), 431.
[65] Siehe die Kommentierung von PWW/*Remien* zu ex Art. 34 EGBGB.

Abschnitt 6. Das IPR der Verträge des Exportgeschäfts

Inlandssachverhalt das von den Vertragsparteien gewählte Recht nur als materiellrechtliche Verweisung Anwendung, die die inländischen zwingenden Normen unberührt lässt.

Beispiel: 91
Zwei in Deutschland ansässige Unternehmen schließen einen Werkvertrag nach Schweizer Recht. Der verhandlungsstarke Auftraggeber kann dabei seine Allgemeinen Geschäftsbedingungen durchsetzen. Da er befürchtet, dass möglicherweise einige seiner Allgemeinen Geschäftsbedingungen nach deutschem AGB-Recht unwirksam sein könnten, vereinbart er mit dem Auftragnehmer Schweizer Recht. Er hat davon gehört, dass die Schweiz als Nicht-EU-Mitgliedstaat bisher noch keine explizite gesetzliche Regelung der AGBs kennt. Er hofft, insoweit das harsche deutsche AGB-Recht umgehen zu können. Da der vertragliche Sachverhalt – abgesehen von der Rechtswahl – keine ausländischen Anknüpfungspunkte hat, gelingt dies jedoch nicht.

2. Zwingendes Unionsrecht. Nach der neu eingeführten **Binnenmarktklausel** des 92
Art. 3 IV Rom I-VO gilt eine entsprechende Regelung nunmehr auch für Binnenmarktsachverhalte. Zwingendes Unionsrecht kann somit nicht durch die Wahl eines außereuropäischen Rechts abgewählt werden, wenn alle anderen Elemente des vertraglichen Sachverhalts zum Zeitpunkt der Rechtswahl in einem oder mehreren Mitgliedstaaten belegen sind. Zwingendes Unionsrecht sind unionsrechtliche Vorschriften, die von grundlegender Bedeutung sind, da sie den Grundfreiheiten dienen, einen unverfälschten innereuropäischen Wettbewerb schützen und Anwendung finden, wenn der Sachverhalt einen starken Unionsbezug hat.[66]

V. Wahl nicht-staatlichen Rechts

Nach dem EVÜ und den hierauf basierenden Vorschriften des EGBGB konnten die Par- 93
teien eines Vertrags allein eine staatliche Rechtsordnung für anwendbar erklären. Im Vergleich hierzu geht beispielsweise Art. 9 II der *Inter-American Convention on the Law Applicable to International Contracts* weiter, wonach die Vertragsparteien auch die Möglichkeit besitzen ihren Vertrag „*general principles of international commercial law*" zu unterstellen.[67]

Um die Parteiautonomie weiter zu stärken, sah der **Kommissionsvorschlag** zur 94
Rom I-VO in Art. 3 II zunächst vor, dass von den Vertragsparteien anstelle staatlichen Rechts international oder auf Unionsebene anerkannte Grundsätze und Regeln des materiellen Vertragsrechts, wie beispielsweise die UNIDROIT *Principles of International Commercial Contracts* oder die *Principles of European Contract Law* als anwendbares Recht gewählt werden konnten.[68] Dieser geradezu revolutionäre Vorschlag, der die **Wählbarkeit nichtstaatlichen Rechts** ermöglichen sollte, wurde jedoch aufgrund Widerstands in den einzelnen Mitgliedstaaten **nicht umgesetzt.** *De lege lata* ist daher weiterhin allein staatliches Recht wählbar.

Jedoch besteht die Möglichkeit, dass die Vertragsparteien nichtstaatliches Recht **mate-** 95
riellrechtlich einbeziehen. Erwägungsgrund 13 der Rom I-VO führt aus, dass die Rom I-VO die Parteien nicht daran hindert, in ihrem Vertrag auf ein nichtstaatliches Regelwerk oder ein internationales Abkommen Bezug zu nehmen. So können beispielsweise die UNIDROIT *Principles of International Commercial Contracts* oder aber die *Principles of European Contract Law* als Anlage dem Vertrag beigefügt werden. Zusätzlich wäre von den Vertragsparteien als Ergänzungsstatut ein staatliches Recht zu wählen.

Beispiel: 96
Eine deutsche Gesellschaft mit Sitz in Hamburg schließt mit einer chinesischen Gesellschaft einen Kaufvertrag über die Lieferung von Spezialstahl nach China. In der Rechtswahlklausel vereinbaren die Parteien: „The application and interpretation of this contract shall be governed by the UNIDROIT Principles (2004)." Als Gerichtsstand vereinbaren die Parteien Frankfurt. Da die Vertragsparteien kei-

---

[66] Vgl. EuGH NJW 2006, 762, 763 f. („Ingmar").
[67] Vgl. *Juenger* Uniform Law Review 2000, 171.
[68] Vorschlag der Europäischen Kommission zur Rom I-VO vom 15.12.2005, KOM (2005) 650 endg., S. 5 f.; vgl. auch *Brödermann* Uniform Law Review 2005, 749, 760 ff.

ne nationale Rechtsordnung gewählt haben, ist das anwendbare Recht aufgrund der Nichtwählbarkeit nichtstaatlichen Rechts durch objektive Anknüpfung zu ermitteln. Nach Art. 4 I lit. a iVm Art. 19 I S. 1 Rom I-VO unterliegen Kaufverträge über bewegliche Sachen dem Recht des Staates, in dem der Verkäufer seine Hauptniederlassung hat. Insoweit ist in diesem Fall deutsches Recht anwendbar. Nicht zwingendes deutsches Recht wird jedoch durch speziellere UNIDROIT Principles ersetzt.

97 **Praxistipp:**
Um eine Bestimmung des anwendbaren Rechts durch objektive Anknüpfung zu vermeiden, sollten die Parteien ausdrücklich vereinbaren, welches staatliche Recht auf den Vertrag Anwendung finden soll. Beispielsweise können die Vertragsparteien folgende Klausel vereinbaren: „Der Vertrag unterliegt den UNIDROIT Principles of International Commercial Contracts (2004) und ergänzend dem Recht der Volksrepublik China."[69]

E. Gestaltung der Rechtswahl

I. „Einfache" Rechtswahlklausel (choice-of-law clause)

98 Rechtswahlklauseln sind in der Regel **schlicht** gehalten und finden sich üblicherweise am Ende eines Vertrags.

99 **Beispiele:**
Gebräuchlich sind Formulierungen wie: „Auf den Vertrag ist deutsches Recht anwendbar."; „Dieser Vertrag unterliegt dem Recht der Bundesrepublik Deutschland."; „This contract shall be governed and construed in accordance with the laws of the Federal Republic of Germany".

100 Häufig werden in der Praxis **missverständliche Formulierungen** genutzt, die ein anwendbares Recht „unter **Ausschluss des Internationalen Privatrechts**" wählen. Hintergrund ist der Versuch der Parteien, bei ihrer Rechtswahl nur auf das Sachrecht einer Rechtsordnung zu verweisen und nicht im Wege einer Gesamtverweisung das Sachrecht einer Rechtsordnung zuzüglich der Kollisionsnormen zu wählen. Befürchtet wird, dass das Internationale Privatrecht der gewählten Rechtsordnung im Wege einer Rück- bzw. Weiterverweisung ein anderes als das vertraglich vereinbarte Recht als anwendbar beruft.

101 **Beispiele für eine misslungene Rechtswahl:**
„Der Vertrag unterliegt deutschem Recht unter Ausschluss des Internationalen Privatrechts" oder „This agreement shall be governed by and construed in accordance with the laws of Germany, without having regard to the conflict-of-laws provisions thereof."

102 Der Ausschluss des Internationalen Privatrechts bzw. des Kollisionsrechts in diesen Beispielen ist überflüssig und birgt aufgrund seiner Missverständlichkeit die Gefahr, dass die genannten Klauseln im Extremfall sogar für unwirksam erachtet werden.[70] Grund hierfür ist zum einen, dass erst das Internationale Privatrecht die Möglichkeit der Rechtswahlfreiheit vorsieht und zum anderen das Internationale Privatrecht aufgrund der Auslandsberührung des vertraglichen Sachverhalts von Amts wegen anzuwenden ist. Inwieweit eine Rechtswahl der Parteien zu beachten ist, entscheidet daher allein das von den Parteien ausgeschlossene Internationale Privatrecht. Aus diesem Grund entsteht eine Rechtsunsicherheit die von den Parteien nicht gewollt sein kann. Ferner bestimmt Art. 20 I Rom I-VO, dass eine Rechtswahl der Parteien ohnehin als eine **Sachnormverweisung** zu verstehen ist. Wünschen die Parteien dennoch eine Klarstellung empfehlen sich die folgenden Klauseln:

103 **Beispiele:**
„Auf den Vertrag ist deutsches Sachrecht anwendbar."; „Dieser Vertrag unterliegt dem Sachrecht der Bundesrepublik Deutschland."; „This contract shall be governed and construed in accordance with the substantive laws of the Federal Republic of Germany".

---

[69] Vgl. PWW/*Brödermann*/*Wegen* Rom I-VO Art. 3 Rn. 4.
[70] S. hierzu mit Beispielen *Mallmann* NJW 2008, 2953, 2953 ff.

Abschnitt 6. Das IPR der Verträge des Exportgeschäfts

Beispielhaft bietet das im Jahr 2008 gegründete **Chinese European Arbitration Centre** **(CEAC)** mit Sitz in Hamburg Vertragsparteien eine **Modell-Rechtswahlklausel** an, die diese an ihre Wünsche anpassen können. In der Kombination mit einer Schiedsgerichtsklausel, durch die ein Schiedsverfahren nach der CEAC Schiedsordnung vereinbart wird, können Vertragsparteien **im Bereich des Handels mit Bezug zu China** eine Rechtswahl vorsehen, die speziell auf die Bedürfnisse des chinesisch-europäischen Handels zugeschnitten ist (zB wird die Anwendung eines nationalen chinesischen Formvorbehaltes zum CISG ausgeschlossen, der seinerseits im Widerspruch zum geltenden chinesischen Vertragsrecht steht). Die Vereinbarung der Modell-Rechtswahlklausel und der Modell-Schiedsklausel kann auch bei Exportverträgen mit anderen Ländern gewählt werden. Die Modell-Rechtswahlklauseln der CEAC sind von den Parteien zu konkretisieren und lauten wie folgt:[71]

Modell-Rechtswahlklausel
„Das Schiedsgericht soll das von den Parteien als auf den Rechtsstreit anwendbar bestimmte Recht seiner Entscheidung in dem Rechtsstreit zu Grunde legen. Die Parteien können die nachfolgende Modell-Rechtswahlklausel mit den folgenden Optionen nutzen, indem sie das jeweilige Kästchen ankreuzen:

Der Vertrag unterliegt

☐ dem materiellen Recht von _____ [Land hier einfügen], oder

☐ dem UN-Übereinkommen über Verträge über den internationalen Warenkauf von 1980 (United Nations Convention on Contracts for the International Sale of Goods of 1980 – CISG) ohne einen etwaigen nationalen Vorbehalt; ergänzt um die UNIDROIT Grundregeln für Internationale Handelsverträge für die Bereiche, die vom CISG nicht abgedeckt sind, und diese wiederum ergänzt um das ansonsten anwendbare nationale Recht, oder

☐ die UNIDROIT Grundregeln für Internationale Handelsverträge, ergänzt um das ansonsten anwendbare Recht.

Falls die Parteien keine solche Vereinbarung treffen, soll das Schiedsgericht das Recht anwenden, das es für angemessen hält."

Model Choice of Law Clause
„The Arbitration Tribunal shall apply the law or rules of law designated by the parties as applicable to the substance of the dispute. The parties may wish to consider the use of this model clause with the following option by marking one of the following boxes:

The contract shall be governed by

☐ the law of the jurisdiction of _____ [country to beinserted], or

☐ the United Nations Convention on Contracts for the International Sale of Goods of 1980 (CISG) without regard to any national reservation, supplemented for matters which are not governed by the CISG, by the UNIDROIT Principles of International Commercial Contracts and these supplemented by the otherwise applicable national law, or

☐ the UNIDROIT Principles of International Commercial Contracts supplemented by the otherwise applicable law.

In the absence of any such agreement, the Arbitration Tribunal shall apply the rules of law which it determines to be appropriate."

---

[71] Vgl. auch *www.ceac-arbitration.de*; Art. 35 CEAC Hamburg Arbitration Rules.

II. Versteinerungsklausel (freezing clause)

107 Eine Versteinerungsklausel kann wie folgt formuliert werden:

108 Beispiele:
„Die Vorschriften dieses Rechts sollen in der Fassung maßgeblich sein, in der sie zum Zeitpunkt des Wirksamwerdens dieser Rechtswahlvereinbarung gelten; spätere Änderungen des gewählten Rechts sollen also nicht berücksichtigt werden, ohne Rücksicht darauf, ob sie durch Gesetz bewirkt werden oder auf einen Wechsel in der Rechtsprechung zurückzuführen sind.";

„This Contract shall be governed and construed in accordance with the laws of the Federal Republic of Germany as in force on the date on which this contract becomes effective, later changes in the law of the Federal Republic of Germany – whether by new law or a change in jurisprudence – shall not be applicable."[72]

III. Optionale/Bedingte Rechtswahlklausel

109 Durch eine optionale bzw. bedingte Rechtswahlklausel *(floating choice of law clause)* vereinbaren die Parteien, dass im Falle eines Rechtsstreites das am Sitz des jeweiligen Klägers geltende Recht anwendbar sein soll. Nachteil einer solchen Klausel ist, dass bis zum Zeitpunkt der Klagerhebung das anwendbare Recht nur im Wege einer objektiven Anknüpfung ermittelt werden kann.[73] Im Streitfall kann dies dazu führen, dass das Recht des *„Schnelleren"* gilt. Deshalb sollte eine solche Roulette-Klausel vermieden werden.

IV. Erweiterte Rechtswahlklauseln

110 Seit dem 11.1.2009 haben nach Art. 14 I lit. b Rom II-VO Vertragsparteien, die einer kommerziellen Tätigkeit nachgehen, die Möglichkeit, bereits zum Zeitpunkt des Vertragsschlusses das Recht zu wählen, dem ein außervertragliches Schuldverhältnis unterliegen soll. Hierzu gehören neben Ansprüchen aus der Verletzung des geistigen Eigentums ebenfalls Ansprüche aus **Verschulden bei Vertragsverhandlungen** *(culpa in contrahendo)*. Im Ergebnis kann nur dazu geraten werden eine solche erweiterte Rechtswahlklausel zu wählen, um eine spätere böse Überraschung in Form eines fremden Rechts zu vermeiden. Dabei ist zu beachten, dass gem. Art. 14 I lit. b Rom II-VO erforderlich ist, dass die Rechtswahlklausel „frei ausgehandelt" wird. Das bedeutet jedoch nicht, dass sich nicht einer Formular-Rechtswahlklausel bedient werden darf. Es genügt, wenn das „ob" der Rechtswahl verhandelt wurde.[74] Erweiterte Rechtswahlklauseln können wie folgt lauten:

111 Beispiel:
„Dieser Vertrag – und alle außervertraglichen Schuldverhältnisse zwischen den Parteien aus und im Zusammenhang mit dem Vertrag (einschließlich der Vertragsanbahnung) – unterliegt deutschem Recht";

„This contract – and all non-contractual obligations between the parties in connection with this contract (including the contract negotiation phase) – shall be governed and construed in accordance with German Law".

112 Ebenso kann es sinnvoll sein, die Beachtung zwingenden ausländischen Rechtes ergänzend ausdrücklich zu erwähnen, um *„compliance"* mit einer betroffenen weiteren Rechtsordnung zu dokumentieren:

113 Beispiel:
„Zusätzlich zu den Verpflichtungen nach dem gewählten Recht verpflichtet sich der Importeur zur Einholung aller erforderlichen Genehmigungen nach dem (zB in Mexiko geltenden) Recht".

---

[72] Formulierungsvorschlag nach *Sandrock* FS Riesenfeld 1983, 211.
[73] Vgl. zur bedingten Rechtswahl *Kropholler,* Internationales Privatrecht, 463.
[74] Vgl. *Landbrecht* RIW 2010, 783, 783 ff.

4. Kapitel. Besondere Gestaltungsformen

Abschnitt 7. Bartergeschäfte, Countertrade

Übersicht

	Rn.
A. Einführung	1
B. Rechtliche Grundlagen	11
I. Tausch	12
1. Vollzug des Tauschgeschäfts	13
2. Leistungsstörung	14
3. Mängelhaftung	15
II. Ringtausch	16
1. Vollzug des Tauschgeschäfts	17
2. Leistungsstörung	18
3. Mängelhaftung	19
4. Übertragbarkeit auf Bartering und Countertrading	20
C. Bartergeschäfte	23
I. Grundformen des Bartering	23
1. Bartering	23
2. Multilaterales Bartering (Grundform)	24
3. Multilaterales Bartering (Exportverkehr)	25
4. Darstellung der Vertragsbeziehungen	28
II. Besondere Problembereiche	33
1. Schutz der Vertriebskanäle	34
2. Leistungsstörungen, Mängelhaftung	39
3. Erhalt der Gegenleistung	43
a) Übereignung von Tauschware	44
b) Erhalt von Verrechnungseinheiten	45
c) Zur Abwicklung des Verrechnungsverkehrs	49
D. Countertrade	56
I. Einführung	56
II. Rechtliche Gestaltung des Countertrading	63
1. Exportvertrag	66
a) Rechtliche Grundlagen	66
b) Rechtswahl	69
c) Gerichtsstand	72
d) Schiedsgericht	73
e) Verknüpfung mit dem Gegengeschäft	74
f) Weitere Vertragsmodalitäten	75
2. Rahmenvertrag	76
a) Vorvertrag	77
b) Vertragsstrafe	78
c) Leistungsstörungen	81
d) Vertragsbeginn und Vertragsende	82
3. Importvertrag	83
III. Besondere Problembereiche beim Countertrading	85
1. Vertraglicher Verbund, Einwendungsdurchgriff	86
a) Bedingungen	87
b) Einseitige Rücktrittsrechte	89
c) Aufrechnungs- und Zurückbehaltungsrechte	90
d) Einwendungsdurchgriff	92
2. Beteiligung Dritter	93
a) Gestaltungsmöglichkeiten	94
b) Einwendungsdurchgriff	97
IV. Praxistipp: Mustervertrag der UN-Economic Commission for Europe	99

Literatur: *Bopp,* Vertragsstrukturen internationaler Kompensationsgeschäfte, 1992; *Fülbier,* Das Vertrags- und Wirtschaftsrecht des Gegenkaufs im internationalen Wirtschaftsverkehr, 1992; *Hammond,* Countertrade, Offsets and Barter in International Political Economy, 1993; *Palandt,* Bürgerliches Gesetzbuch, 71. Aufl. 2012; *Schmitthoff,* Schmitthoff's Export Trade: The Law and Practice of International Trade, 11. Aufl. 2007;

2. Teil. Das Vertragsrecht des Exportgeschäfts

Schneider, Barter-Clubs – Chancen und Probleme, 1995; *Sonnenberg,* Grundfragen des Bartering, 1997; *Staudinger/Mader,* Kommentar zum Bürgerlichen Gesetzbuch, 14. Aufl. 2004; *Bonn,* Zur Rechtsstellung des Countertrader, JZ 1988, 643 ff.; *Heermann,* Ringtausch, Tauschringe und multilaterales Bartering, JZ 1999, 183 ff.; *Karl,* Zur Rechtsstellung des Countertrader, JZ 1988, 643; *Niggemann,* Gestaltungsformen und Rechtsfragen bei Gegengeschäften, RIW 1987, 169 ff.; *Schünemann/Sonnenberg,* Das Barter-Geschäft und seine vertragsrechtlichen Grundlagen, DZWir, 1998, 222.

Datenbanken: www.barternews.com; www.unece.org; www.barternewsweekly.com; www.de.wikipedia.org/wiki/Tauschhandel; www.irta.com *(International Reciprocal Trade Association).*

A. Einführung

1 „Tausch ist edler als Kauf" hieß es seinerzeit in der Romantik, als es noch um den Austausch einzelner Güter ohne den Umweg über die Zahlung eines Kaufpreises ging. Die Bedeutung des unmittelbaren Warentausches hat jedoch – abgesehen von Krisenzeiten – ständig abgenommen, so dass der Gesetzgeber meinte, im BGB mit einem einzigen Paragraphen (§ 480 nF, § 515 aF), nach welchem die Vorschriften über den Kauf auf den Tausch Anwendung finden, auskommen zu können. Dies erweckt den Eindruck eines unbedeutenden Rechtsgebiets.

2 Tatsächlich haben sich im Wirtschaftsleben jedoch verschiedene Formen von Handelsgeschäften gebildet, die auf der Grundidee des Warenaustausches beruhen und erhebliche wirtschaftliche Bedeutung haben. Die einschlägigen Websites von Barter-Organisationen berichten von großen Handelsvolumina, die jährlich weltweit im Wege von Bartergeschäften abgewickelt werden. Insbesondere für schwer abzusetzende Waren bietet sich das multilaterale Bartering an, bei welchem das Motto „think Barter and get richer" (www.barternews.com) gepflegt wird. Und für den Export in devisenschwache Länder oder Staatshandelsländer können Exportgeschäfte häufig nur im Wege des Countertrading durch Verknüpfung mit Gegengeschäften abgeschlossen werden.

3 In jüngster Zeit erlebt das Tauschgeschäft nicht als Alternative zur Finanzierung eines Erwerbs, sondern aus einem anderen Grund eine Renaissance: Der Bedarf an einer Begründung von Eigentum an einer Sache nimmt ab, Güter werden zur vorübergehenden Nutzung erworben, die Gegenleistung besteht nicht in Geld, sondern im Tausch.

4 In allen diesen Bereichen ist die verwendete Terminologie uneinheitlich und verwirrend.[1] So wird der Begriff „Barter" (wörtlich übersetzt: „Tausch") zum Teil als Oberbegriff für alle Tauschgeschäfte, zum Teil aber auch als Spezialbegriff für internationale Absatzgeschäfte über Tausch- bzw. Vermittlungsorganisationen verwendet. Mit „Barter-Ring", „Barterclub" oder „Barterpool" können inländische Tauschringe für den Absatz einzelner Produkte ebenso gemeint sein wie internationale Tauschbörsen für den Absatz von Waren 2. Wahl. Ebenso unbestimmt ist der Begriff „Countertrade", mit welchem gegenseitige Absatzgeschäfte von Exporteuren und Importeuren verschiedenster Ausgestaltung bezeichnet werden.[2] Auch der Begriff „Kompensationsgeschäft" ist nicht eindeutig, da dieser teils als Oberbegriff für alle Tauschhandelsgeschäfte, teils aber auch einschränkend als Bezeichnung für Gegengeschäfte im ehemaligen Ostblockhandel verwendet wird.

5 Für die vorliegende Darstellung zum Exportvertrag wird darauf verzichtet, diese Terminologie im Einzelnen aufzuarbeiten. Damit einher geht die Empfehlung für die Praxis, nicht von einem im Geschäftsverkehr verwendeten Begriff eines Tauschhandelsgeschäfts auf den Inhalt zu schließen, sondern genau zu prüfen, welche gegenseitigen Rechte und Pflichten sich im Einzelfall hinter dem verwendeten Begriff verbergen.

6 Inhaltlich wird die vorliegende Darstellung dahingehend eingegrenzt, dass für das Exportgeschäft nicht relevante Tauschgeschäfte und tauschähnliche Handelsformen, wie zB

---

[1] Vgl. die Übersichten bei *Sonnenberg,* Grundfragen des Bartering, 19 ff.; *Niggemann* RIW 1987, 169, 170.

[2] *Fülbier,* Das Vertrags- und Wirtschaftsrecht des Gegenkaufs im internationalen Wirtschaftsverkehr, S. 22 ff.

Abschnitt 7. Bartergeschäfte, Countertrade

der Palettentausch, der Wertpapiertausch oder der Tausch von Kapitalanteilen,[3] ebenso wenig behandelt werden können, wie allein für Endverbraucher eingerichtete Barterclubs, Barterpools, Tauschringe, Tauschbörsen oder „Community Marktplätze".

Auch Kompensationsgeschäfte bei staatlichen oder staatsnahen Geschäften, wie sie zB in den Bereichen der Rüstung, des Anlagenbaus oder der Flugzeugindustrie abgeschlossen werden, liegen außerhalb des Rahmens dieser Darstellung. **7**

Betrachtet man die Stichworte „Bartergeschäfte" und „Countertrade" mit dem Blick auf Exportgeschäfte, so geht es im wesentlichen um zwei Typen von tauschähnlichen Handelsgeschäften, die allerdings in ihrer Bedeutung und in ihrer rechtlichen Struktur erhebliche Unterschiede zeigen: **8**

Beim sogenannten Countertrading wird Ware in ein Land geliefert, aus welchem das veräußernde Unternehmen wegen bestehender Handelsschranken oder Devisenknappheit keine – oder jedenfalls keine vollständige – Gegenleistung in Geld erhalten kann. Um das Handelsgeschäft gleichwohl tätigen zu können, erklärt sich das exportierende Unternehmen damit einverstanden, dass die Gegenleistung ganz oder teilweise nicht durch Zahlung eines Kaufpreises, sondern im Rahmen eines Gegengeschäfts durch Lieferung von Importware erbracht wird. Hierzu werden im Regelfall Kaufverträge abgeschlossen, nämlich ein Export-Kaufvertrag und ein Gegengeschäft, meist ein gegenläufiger Import-Kaufvertrag. Diese können in einem Vertragsdokument verbunden oder getrennt abgeschlossen und ggf. durch gegenseitige Bezugnahme oder durch eine Rahmenvereinbarung miteinander verknüpft werden. **9**

Während beim Countertrading das Interesse des veräußernden bzw. exportierenden Unternehmens am eigenen Vertrieb in ein bestimmtes Exportland im Vordergrund steht, ist das sogenannte multilaterale Bartering im Exportverkehr zumeist nicht auf die Belieferung bestimmter Abnehmer gerichtet. Vielmehr steht hier das Interesse des veräußernden Unternehmens im Vordergrund, bestimmte, meist überschüssige Waren bestmöglich zu verwerten. Dazu wird die nicht mehr über die gewöhnlichen Vertriebskanäle absetzbare Ware unter Einschaltung eines Bartering-Organisators gegen andere Waren oder Dienstleistungen getauscht, und zwar entweder im direkten Tausch oder auf dem Umweg über Verrechnungseinheiten. **10**

B. Rechtliche Grundlagen

Gemeinsames Element von multilateralem Bartering und Countertrading ist es, dass der Absatz und die Beschaffung von Gütern oder Dienstleistungen mittelbar oder unmittelbar wechselseitig gekoppelt werden. Deshalb lassen sich beide Geschäfte als tauschähnliche Handelsgeschäfte beschreiben. Damit ist jedoch die rechtliche Einordnung nicht in allen Fällen zutreffend gekennzeichnet. Deshalb erscheint es zweckmäßig, zunächst auf die Grundgeschäfte, dh den Tausch (Tauschgeschäft Ware gegen Ware) und den Ringtausch (Tauschgeschäft unter Einschluss mehrerer Parteien) einzugehen. **11**

I. Tausch

Der Tausch ist ein gegenseitig verpflichtender Schuldvertrag, welcher in der Weise vollzogen wird, dass jede Vertragspartei verpflichtet ist, der anderen Vertragspartei das jeweilige Tauschobjekt zu übergeben und zu übereignen. Dabei kann es sich um individuelle Werte oder um Gattungssachen handeln.[4] **12**

1. Vollzug des Tauschgeschäfts. Grundsätzlich erfolgt die Abwicklung Zug um Zug, dh keine Partei ist zur Vorleistung verpflichtet, sofern nichts Gegenteiliges vereinbart ist. **13**

---

[3] Vgl. dazu Staudinger/*Mader* § 480 BGB Rn. 8.
[4] Palandt/*Weidenkaff* § 480 BGB Rn. 1.

14 **2. Leistungsstörung.** Wenn es zu Leistungsstörungen kommt, wenn also insbesondere eine Partei nicht in der Lage ist, ihre Leistungspflicht zu erfüllen, steht der Gegenpartei ein Leistungsverweigerungsrecht zu (§ 320 Abs. 1 BGB).

15 **3. Mängelhaftung.** Stellt sich nach Vollzug des Tauschs heraus, dass die erhaltene Ware nicht mangelfrei ist, gelten gemäß § 480 BGB die Regelungen des Kaufrechts zur Rechtsmängelhaftung (§ 435 BGB) und zur Sachmängelhaftung (§ 434 BGB). Dabei kommt die Minderung (Herabsetzung des Kaufpreises) naturgemäß nicht in Betracht, so dass entweder das Recht auf Wandlung (Rückabwicklung des Tausches) oder auf Geltendmachung von Schadensersatz besteht (§ 437 BGB).

II. Ringtausch

16 Diese Grundsätze lassen sich im Rahmen einer drei- oder mehrseitigen Vereinbarung auf einen Ringtausch übertragen. Wenn A, B und C sich einigen, die Übergabe und Übereignung bestimmter Tauschgüter in der Kette A an B, B an C und C an A zu vollziehen, so ergeben sich hieraus folgende Rechtsbeziehungen:[5]

17 **1. Vollzug des Tauschgeschäfts.** Da bei mehreren Beteiligten ein Vollzug des Tauschgeschäfts Zug um Zug auf praktische Schwierigkeiten stößt, ist die Vereinbarung sinnvoll, welche Partei vorleistungspflichtig ist.

18 **2. Leistungsstörung.** Wird einer Partei die Leistung unmöglich, gilt der Grundsatz, dass das hieraus erwachsende Leistungsverweigerungsrecht sämtliche Tauschgeschäfte im Ringtausch erfasst. Sofern keine Vorleistungspflicht vereinbart ist, braucht A seine Leistung gegenüber B nur zu erfüllen, wenn zugleich B an C und C an A leisten. Jeder Schuldner kann seinem Gläubiger also die Einrede des nichterfüllten Vertrages gemäß § 320 BGB entgegenhalten, wenn der Zug-um-Zug leistungsverpflichtete Dritte nicht leistet.

19 **3. Mängelhaftung.** Kommt es bei einem Ringtausch zwischen zwei Vertragspartnern zu einer Mängelrüge (B rügt Qualitätsmängel der von A gelieferten Ware), so richtet sich der kaufrechtliche Gewährleistungsanspruch des B (in erster Linie auf Nacherfüllung) gegen A. Der nicht getroffene C bleibt hiervon zunächst unberührt. Wenn jedoch A den Mangelbeseitigungsanspruch des B nicht durch Nacherfüllung erfüllen kann und B die Wandlung (Rückabwicklung) verlangt, so schlägt das Rückabwicklungsverlangen auf das gesamte dreiseitige Vertragsverhältnis durch, dh C muss die von B erhaltene Ware an B zurückgeben und kann seinerseits die an A gelieferte Ware von diesem heraus verlangen.[6]

20 **4. Übertragbarkeit auf Bartering und Countertrading.** Dieser sogenannte Einwendungsdurchgriff, wonach Einwendungen im Falle von Leistungsstörungen oder Mängeln im Verhältnis A–B auch auf den Dritten C durchgreifen, hängt davon ab, dass im Beispielsfall ein dreiseitig-gegenseitiges Rechtsgeschäft durch entsprechende Vereinbarung begründet wurde.

21 Zu dieser Konstruktion wird man greifen, wenn allseits ein großes Interesse am Erhalt der Tauschware besteht, so dass und die Geschäfte voneinander abhängen sollen und zeitgleich abgewickelt werden können.

22 Anders ist die Interessenlage und demzufolge die Gestaltungspraxis beim multilateralen Bartering und beim Countertrading. Hier steht stets das Interesse des Herstellers bzw. Händlers am Absatz seiner Ware im Vordergrund. Der Tausch, dh die Akzeptanz der Gegenleistung in Form von Ware statt Geld, wird hingenommen, um die eigene Ware absetzen zu können. Deshalb besteht großes Interesse an einer rechtlichen Trennung von Geschäft und Gegengeschäft, zumal diese häufig nicht zeitgleich abgewickelt werden können. Wegen der gewünschten Trennung der Rechtsverhältnisse werden zumeist bilaterale Kaufverträge (Export- und Importvertrag beim Countertrading) oder kaufähnliche Verträge

---

[5] Vgl. hierzu *Heermann* JZ 1999, 183, 184 f.; *Sonnenberg*, Grundfragen des Bartering, S. 89.
[6] Vgl. *Bopp*, Vertragsstrukturen internationaler Kompensationsgeschäfte, S. 35 unter Verweis auf RG 15.6.1939 RGZ 161, 1.

(Hingabe von Tauschwaren gegen Verrechnungseinheiten beim multilateralen Bartering) geschlossen und ggf. durch Rahmen- oder Sondervereinbarungen miteinander verknüpft.

C. Bartergeschäfte

I. Grundformen des Bartering

1. Bartering. Die Grundform des Bartergeschäfts besteht darin, dass ein Bartering-Organisator gegen Zahlung einer Vergütung oder Provision einem Tauschinteressenten einen Tauschpartner vermittelt. Zwischen den beiden Tauschpartnern kommt es dann zu einem bilateralen Leistungsaustausch, wobei Wertdifferenzen durch Gutschrift von Verrechnungseinheiten in Höhe des Saldos ausgeglichen werden.[7]

2. Multilaterales Bartering (Grundform). Beim multilateralen Bartering verpflichten sich mehrere Tauschinteressenten gegenüber einem Bartering-Organisator, einen kreis- oder sternförmigen Leistungsaustausch zu vollziehen. Dieser vollzieht sich allerdings – anders als der Ringtausch – nicht unter zeitgleicher Identifizierung von Tauschpartnern und Tauschwaren. Vielmehr liefert Tauschinteressent A zunächst an Tauschpartner B, ohne von diesem eine Gegenleistung zu erhalten. Stattdessen erhält A als Gegenleistung eine bestimmte Menge von Verrechnungseinheiten auf einem vom Bartering-Organisator geführten Konto gutgeschrieben. Tauschinteressent A kann diese Verrechnungseinheiten dann zu einem späteren Zeitpunkt zum Erwerb einer anderen Tauschware oder Dienstleistung (von Tauschinteressent C) verwenden. Nach diesem Muster sind vornehmlich im inländischen Handelsverkehr zahlreiche Tauschringe oder Barterclubs gebildet worden, und zwar sowohl für Individualpersonen als auch für kleinere und mittlere Unternehmen. Sie werden häufig als Vereine oder Gesellschaften organisiert, denen die absatzsuchende Partei als Mitglied bzw. Gesellschafter beitritt.[8]

3. Multilaterales Bartering (Exportverkehr). Im Exportverkehr hat das multilaterale Bartering zumeist einen anderen Hauptzweck. Hier geht es um den Absatz großer Warenkontingente, die über die bisherigen Vertriebswege eines Unternehmens nicht oder nicht mehr absetzbar sind. In erster Linie ist an saisonabhängige Verbrauchsgüter, ausgelaufene Produktlinien, Produkte 2. Wahl sowie Produkte mit Kennzeichnungs- oder Verpackungsfehlern zu denken. Für den Absatz derartiger Kontingente haben sich Barter-Organisationen gebildet, die im Wesentlichen nach dem oben abgebildeten Grundmuster funktionieren.

Eine Variante besteht darin, dass Tauschinteressent A die Leistung nicht an Tauschpartner B erbringt, sondern dass ein Bartering-Organisator in die Position des Erwerbers eintritt, dh zunächst die Tauschware von A übernimmt und sich um deren Weiterverwendung kümmert. In diesem Fall schreibt der Bartering-Organisator zunächst auf eigenes Risiko dem Tauschinteressenten A eine bestimmte Menge von Verrechnungseinheiten gut.

Im multilateralen Barterhandel haben sich eine Vielzahl von Organisationen etabliert. Es wird geschätzt, dass weltweit ca. 600.000 Unternehmen diese Handelsform nutzen.[9] International sind viele Barter-Organisationen in Verbänden zusammengeschlossen. Beispielhaft sei die IRTA-International Reciprocal Trade Association mit Sitz in Rochester/New York genannt, die auch über einen eigenen „Code of Ethics" verfügt.[10]

4. Darstellung der Vertragsbeziehungen. Während beim Tausch und beim mehrseitigen Ringtausch – wie dargestellt – ein einheitliches Rechtsgeschäft besteht, werden beim multilateralen Bartering mehrere zweiseitige Vertragsbeziehungen eingegangen, welche sich wie folgt beschreiben lassen:

---

[7] Vgl. *Heermann* JZ 1999, 183, 185.
[8] Vgl. *Sonnenberg*, Grundfragen des Bartering, S. 51 ff.
[9] *www.barternews.com/visitor.htm*.
[10] *www.irta.com*.

29 Zwischen dem absatzsuchenden Unternehmen und dem Bartering-Organisator (häufig auch als „System-Zentrale" bezeichnet) wird eine Rahmenvereinbarung abgeschlossen. Üblicherweise handelt es sich um einen Geschäftsbesorgungsvertrag, in welchem sich der Bartering-Organisator zur Vermittlung von Tauschgeschäften, zu deren Abwicklung und Verrechnung verpflichtet. Das absatzsuchende Unternehmen unterwirft sich den Vertragsbedingungen, zumeist verknüpft mit einer Beitragsgebühr und einer Provisionspflicht für den Vermittlungsfall.[11]

30 Zum Absatz der eigenen Ware schließt das absatzsuchende Unternehmen – wenn möglich – einen direkten Tauschvertrag mit einem anderen Tauschinteressenten, wobei Wertdifferenzen über Gutschriften auf dem vom Bartering-Organisator geführten Verrechnungskonto ausgeglichen werden können. Da der direkte Tausch jedoch mangels zeitgleicher Deckung von Angebot und Nachfrage die Ausnahme sein dürfte, sehen die meisten Barter-Organisationen die Einbringung von Tauschware in das vom Bartering-Organisator geführte Verrechnungssystem vor. Jeder Barter-Teilnehmer erhält ein Verrechnungskonto, welches belastet wird, wenn er Tauschware oder Dienstleistungen bezieht, und auf welchem eine Gutschrift erfolgt, wenn er Tauschware einbringt oder eine Dienstleistung erbringt. Jeder Teilnehmer muss auf längere Sicht bedacht sein, sein Konto auszugleichen, damit er nicht eine Nachzahlung zu erbringen hat oder darauf angewiesen ist, die Auszahlung seines Verrechnungsguthabens verlangen zu müssen.[12]

31 Da der Bartering-Organisator in den vorstehenden Fällen an den eigentlichen Tauschgeschäften, welche die Mitglieder untereinander führen, nicht beteiligt ist, sondern sich seine Leistung auf die Vermittlung und die Führung des Verrechnungskontos beschränkt, besteht seine Leistung in einer Dienstleistung, die zumeist als Geschäftsbesorgung qualifiziert wird. Dagegen kann die rechtliche Qualifikation des Vertrages über die Abgabe bzw. den Bezug der Waren (oder Dienstleistungen) nur als tauschähnliches Verhältnis beschrieben werden. Denn mangels Kaufpreises liegt kein Kaufvertrag vor. Und wenn kein unmittelbarer Warenaustausch stattfindet, sondern Waren oder Dienstleistungen gegen Gutschrift bzw. Belastung von Verrechnungseinheiten bezogen werden, liegt auch kein reiner Tauschvertrag vor. Deshalb müssen auf dieses Geschäft – je nach Gestaltung im Einzelfall – die gesetzlichen Regelungen über Kauf-, Dienst- oder Werkvertrag analog angewendet werden.[13] Wegen der Nähe zum Kaufrecht erscheint es jedoch sachgerecht, das absatzsuchende Unternehmen in der folgenden Darstellung auch als „veräußerndes" Unternehmen zu bezeichnen.

32 Wenn der Bartering-Organisator die Tauschware gegen Gutschrift von Verrechnungseinheiten selbst übernimmt und sich dann um deren Vermarktung kümmert, wird bezüglich der Übernahme der Ware ein Tauschvertrag zwischen dem absatzsuchenden Unternehmen und dem Bartering-Organisator geschlossen. Die Übernahme von Ware gegen Verrechnungseinheiten wird als Tauschvertrag qualifiziert, da die Gegenleistung nicht in Geld geschuldet wird.[14] Kombiniert wird dieser Tauschvertrag wiederum mit einem Geschäftsbesorgungsvertrag, der in diesem Fall auf Absatz der Ware durch den Bartering-Organisator gerichtet ist. Dabei spielt der Schutz der Vertriebskanäle des veräußernden Unternehmens eine besondere Rolle.

II. Besondere Problembereiche

33 Bei Bartergeschäften in der vorstehend geschilderten Form liegen die Risiken für das veräußernde Unternehmen im wesentlichen in drei Bereichen: Zum einen hat das veräußernde Unternehmen bei Abgabe der Ware an einen Bartering-Organisator das Interesse,

---

[11] Vgl. hierzu *BGH* Urt. v. 5.11.1998, BGHZ 140, 25 = WM 1998, 2469; *Sonnenberg,* Grundfragen des Bartering, S. 79 ff.
[12] *BGH* Urt. v. 5.11.1998 – III ZR 95/97, BGHZ 140, 25 = WM 1998, 2469; *Sonnenberg,* Grundfragen des Bartering, S. 99 f.
[13] *Sonnenberg,* Grundfragen des Bartering, S. 68.
[14] Vgl. Palandt/*Weidenkaff* § 433 BGB Rn. 38.

dass die eigenen Handelsbeziehungen bzw. Vertriebskanäle des Unternehmens bei der Verwertung der Barterware geschont werden (nachstehend Ziffer 1, → Rn. 34 ff.). Zum anderen will das veräußernde Unternehmen keine Verpflichtung zur Mängelhaftung für die veräußerte Ware fortschreiben müssen (nachstehend Ziffer 2, → Rn. 39 ff.). Und schließlich will das veräußernde Unternehmen eine angemessene Gegenleistung für die veräußerte Ware erhalten (nachstehend Ziffer 3, → Rn. 43 ff.).

1. Schutz der Vertriebskanäle. Ein wesentliches Motiv, wenn nicht das Hauptmotiv für den Abschluss von Bartergeschäften liegt für das veräußernde Unternehmen darin, dass überschüssige Produktionsbestände abgestoßen werden sollen. In diesen Fällen muss das veräußernde Unternehmen bestrebt sein, die bestehenden Vertriebskanäle zu schützen, damit nicht alte Erzeugnisse oder Erzeugnisse 2. Wahl mit neuen Produkten bzw. Produktlinien des veräußernden Unternehmens konkurrieren. 34

Deshalb werben international agierende Barter-Organisatoren damit, dass sie bei der Weiterveräußerung der betreffenden Ware die bestehenden Vertriebskanäle des veräußernden Unternehmens schützen. Dies wird häufig mit der Anpreisung verbunden, dass auf diesem Weg der Einstieg in neue Märkte gewonnen werden kann. 35

In der konkreten Umsetzung versuchen Barter-Organisatoren den Schutz bestehender Vertriebskanäle dadurch zu erreichen, dass sie die Barterware in Länder vermitteln oder verkaufen, die nicht zum bisherigen Absatzgebiet des veräußernden Unternehmens gehören. Eine andere Möglichkeit ist die Verwendung zu einem anderen Zweck als dem ursprünglich vorgesehenen (zB Weiterverkauf von Autolacken an die metallverarbeitende Industrie oder der Verkauf von Weihnachtsschokolade in asiatische Länder). Zu denken ist weiter an eine Veräußerung an geschlossene Kundenkreise, zB durch Inhouse-Verkaufsveranstaltungen innerhalb großer Unternehmen. 36

In allen diesen Fällen sollte das veräußernde Unternehmen darauf bestehen, die genaue Verkaufsstrategie und den notwendigen Kunden- und Gebietsschutz mit dem Bartering-Organisator abzustimmen. Der Bartervertrag sollte hierzu eindeutige Regelungen enthalten, die – soweit verhandelbar – durch eine Vertragsstrafe unterlegt sein sollten. 37

Gleiches gilt für die Frage, ob der Weiterverkauf durch eine Änderung der Verpackung oder Etikettierung (im Rahmen der gesetzlich zulässigen Möglichkeiten) erleichtert werden sollte. 38

2. Leistungsstörungen, Mängelhaftung. In der Regel dürfte es sich bei Waren, die im Rahmen eines multilateralen Bartering abgegeben werden, um Stückschulden handeln, da die Konkretisierung (Auswahl bzw. Aussonderung der zu liefernden Menge) bereits stattgefunden hat (§ 243 Abs. 2 BGB). Mangels besonderer Vereinbarung ist wie bei einer Gattungsschuld die Lieferung von Sachen mittlerer Art und Güte (§ 243 Abs. 1 BGB, § 360 HGB) geschuldet. Wurden hingegen bestimmte Spezifikationen oder Qualitätsmerkmale vereinbart, hat das veräußernde Unternehmen für deren Einhaltung einzustehen (§ 434 Abs. 1 BGB). 39

Bei Bartergeschäften sollte man der Mängelhaftungsproblematik besonderes Augenmerk widmen. Insbesondere wenn es sich nicht um Waren 1. Wahl handelt und das Interesse des veräußernden Unternehmens primär auf das Abstoßen der Ware gerichtet ist, hat das veräußernde Unternehmen ein großes Interesse daran, die Ware endgültig, dh ohne nachlaufendes Mängelhaftungsrisiko, abzugeben. Gleichfalls will das erwerbende Unternehmen nach der Übernahme von Ware, welche häufig ohnehin schon schwer zu veräußern ist, nicht Nacherfüllungs- oder andere Mängelhaftungsansprüche geltend machen müssen, und dies noch gegenüber einem Veräußerer, der an der Ware kein Interesse mehr hat und auch keine langfristige Geschäftsbeziehung aufbauen will. 40

Deshalb ist unbedingt zu empfehlen, zunächst den Vertragsgegenstand, dh die Beschaffenheit der zu liefernden Waren eindeutig zu regeln. Weiterhin empfiehlt sich eine Vereinbarung, wann, wo und durch wen die Ware mit welchem Verfahren *vor* der Lieferung untersucht und bewertet wird. Es sollte vereinbart werden, dass diese Untersuchung für beide 41

2. Teil. Das Vertragsrecht des Exportgeschäfts

Parteien verbindlich und abschließend ist. Dies sollte mit einem vertraglichen Haftungsausschluss für alle von der Untersuchung erfassten Mängel verbunden werden.

42 Auf diese Weise kann auch die Problematik der sofortigen Untersuchungs- und Rügepflicht gemäß § 377 HGB entschärft werden. Nach dieser Vorschrift, die auf alle Handelsgeschäfte unter Kaufleuten Anwendung findet, hat der Empfänger die Ware unverzüglich zu untersuchen und erkennbare Mängel unverzüglich zu rügen. Anderenfalls ist die Geltendmachung von Mängelhaftungsansprüchen ausgeschlossen. Wegen dieser strengen Rechtsfolge spielt der Einwand, dass die Ware nicht rechtzeitig untersucht bzw. die Mängelrüge nicht rechtzeitig ausgesprochen worden sei, in der Praxis eine große Rolle. Dieser Streit kann vermieden werden, wenn die Parteien sich auf eine verbindliche Warenausgangs- bzw. Wareneingangsuntersuchung einigen und auf diesem Wege die Vorschrift des § 377 HGB abbedingen.[15]

43 **3. Erhalt der Gegenleistung.** Beim multilateralen Bartering kann die Erbringung der Gegenleistung an das veräußernde Unternehmen in dreierlei Weise erfolgen, durch Übereignung von Tauschware bzw. Erbringung von Dienstleistungen, durch Einräumung von Verrechnungseinheiten auf dem Verrechnungskonto des Bartering-Organisators und durch Barzahlungen.

44 **a) Übereignung von Tauschware.** Soweit es dem veräußernden Unternehmen gelingt, aus dem vom Bartering-Organisator vorgelegten Angebot gleichwertige Tauschware zu identifizieren, finden gemäß den Rechtsgrundsätzen des bilateralen Tauschs zwischen den beteiligten Unternehmen die wechselseitigen Übereignungen (Tauschpartner A an B, C an A) statt. Mit Zahlung einer dem Bartering-Organisator ggf. zusätzlich geschuldeten Vergütung oder Provision ist das Geschäft abgeschlossen.

45 **b) Erhalt von Verrechnungseinheiten.** Im Regelfall treten jedoch sowohl bezüglich der zeitlichen Abwicklung als auch hinsichtlich der Produktwerte erhebliche Verschiebungen ein. Wenn das veräußernde Unternehmen ein Interesse an der sofortigen Abgabe der betreffenden Ware hat und ein zeitgleiches Tauschgeschäft nicht möglich ist, werden ihm zunächst auf dem vom Bartering-Organisator geführten Verrechnungskonto entsprechende Verrechnungseinheiten gutgeschrieben. Wenn es dem veräußernden Unternehmen sodann gelingt, für diese Verrechnungseinheiten aus dem bestehenden Angebot nach und nach Tauschware zu beziehen, ergeben sich gleichfalls keine Probleme, sofern über die Bewertung Einigkeit besteht und die Tauschware zeitgerecht und in einwandfreiem Zustand geliefert wird.

46 Schwierig wird es, wenn das veräußernde Unternehmen im Angebot des Bartering-Organisators keine verwertbare Tauschware findet oder wenn mit dem Bartering-Organisator vereinbart worden war, dass dieser dem veräußernden Unternehmen bestimmte Waren oder Dienstleistungen zu vermitteln hat, welche dann später nicht verfügbar sind. Besonders problematisch ist eine Konstellation, in welcher sich das veräußernde Unternehmen verpflichtet hat, auf die zu erhaltende Tauschware oder Dienstleistung noch eine Zuzahlung in bar zu leisten. Dies mag folgender Beispielsfall aus der Praxis verdeutlichen:

47 Der Bartervertrag sah vor, dass das veräußernde Unternehmen dem Bartering-Organisator Spielzeug zum Zwecke des Weiter"verkaufs" an andere Barter-Teilnehmer übereignete. Als Gegenleistung wurde dem veräußernden Unternehmen eine bestimmte Menge von Verrechnungseinheiten gutgeschrieben. Zum Abbau dieser Verrechnungseinheiten hatte der Bartering-Organisator das Recht und die Pflicht, dem veräußernden Unternehmen Dienstleistungen, und zwar konkret Werbezeiten auf bestimmten TV-Kanälen, nachzuweisen. Das veräußernde Unternehmen kaufte diese Werbezeiten über den Bartering-Organisator, hatte diese aber zu 75 % in bar zu bezahlen. Nur die verbleibenden 25 % wurden in der Weise gedeckt, dass der Bartering-Organisator eine bestimmte Menge Verrechnungseinheiten vom Verrechnungskonto des veräußernden Unternehmens zugunsten des Werbeunternehmens zu verwenden hatte. Der Bartervertrag war – einschließlich der Möglichkeit einer Inanspruchnahme der Verrechnungseinheiten – auf eine Laufzeit von 3 Jahren befristet. Im Laufe der Ver-

---

[15] Vgl. hierzu *Sonnenberg*, Grundfragen des Barterings, S. 120 f.

tragszeit kam der Bartering-Organisator seiner Pflicht zum Nachweis von Werbezeiten nicht bei allen vereinbarten TV-Sendern nach. Der vom Bartering-Organisator geschuldete Abbau des Verrechnungsguthabens durch Nachweis von TV-Werbezeiten schlug deshalb fehl. Da die Werbung gerade bei diesen TV-Sendern jedoch für das veräußernde Unternehmen essentiell war, schaltete das veräußernde Unternehmen diese Werbezeiten direkt bei den betreffenden Sendern und nahm den Bartering-Organisator im Wege des Schadensersatzes auf Auszahlung des Barwertes nicht verbrauchter Verrechnungseinheiten in Anspruch, dies allerdings letztlich mangels Verschuldens vergeblich.

Derartige Risiken aus einer mangelnden Verfügbarkeit von geeigneter Tauschware lassen sich mit rechtlichen Mitteln nur eingeschränkt begrenzen. Sofern dies verhandelbar ist, sollte das veräußernde Unternehmen auf den gesetzlichen Zurückbehaltungs- und Aufrechnungsrechten bestehen, damit zumindest einmal eine Aufrechnungslage hergestellt werden kann. Die Geltendmachung eigener Schadensersatzansprüche dürfte jedoch zumeist daran scheitern, dass es in der Praxis sehr schwierig ist, dem Bartering-Organisator eine Vertragsverletzung nachzuweisen, wenn bestimmte Waren oder Dienstleistungen aus dem ursprünglichen Angebotskorb plötzlich nicht mehr verfügbar sind. Deshalb sollte das veräußernde Unternehmen versuchen, einen möglichst langen Zeitraum für die Verwendung der Verrechnungseinheiten zu vereinbaren. Im Übrigen bleibt nur die Empfehlung, sich beim Abschluss von Bartergeschäften nicht davon abhängig zu machen, aus dem Warenkorb eines Bartering-Organisators Waren oder Dienstleistungen beziehen zu müssen, die das veräußernde Unternehmen zu bestimmten Zeiten unbedingt benötigt. **48**

c) Zur Abwicklung des Verrechnungsverkehrs. Besonderes Augenmerk sollte ein Unternehmen beim Beitritt zu einem Barterpool der Verrechnungspraxis und der Gestaltung von Auszahlungsansprüchen widmen. Es ist sicher kein Zufall, dass die wenigen Gerichtsentscheidungen, die zum multilateralen Bartering veröffentlicht worden sind, sich auf eben diesen Bereich beziehen. **49**

Ein Beispiel zur Frage der Fälligkeit eines Auszahlungsanspruchs bietet der folgende, vom Oberlandesgericht München im Jahre 1993 entschiedene Fall: **50**

Zum Ende des Vertrages zwischen dem klagenden Unternehmen und dem Bartering-Organisator bestand ein Guthaben auf dem Verrechnungskonto des Unternehmens. Der Bartering-Organisator berief sich gegenüber dem Auszahlungsverlangen des Unternehmens auf eine Klausel in seinen Geschäftsbedingungen, nach welcher eine Auszahlung erst nach Ablauf von 12 Monaten ab Vertragsbeendigung möglich sei, wobei der ausgeschiedene „Systemteilnehmer" jedoch berechtigt blieb, Waren oder Dienstleistungen zum Abbau seines Verrechnungskontos zu beziehen. Das OLG München verneinte einen sofortigen Auszahlungsanspruch des Unternehmens. Die von dem Bartering-Organisator herangezogene Klausel sei nicht unangemessen. Nachdem der „Systemteilnehmer" die Vorteile des bargeldlosen Leistungsaustausches in Anspruch genommen habe, bestehe ein legitimes Interesse des Bartering-Organisators, die beim Ausscheiden eines Mitglieds auszuzahlenden Mittel erst anzusammeln.[16]

Ebenso hat der Bundesgerichtshof die systemimmanenten Besonderheiten des Verrechnungssystems einer Barter-Organisation betont, als es um den Anspruch auf Auszahlung eines Treuhandguthabens ging: **51**

In dem vom Bundesgerichtshof in seinem Urteil vom 5.11.1998[17] entschiedenen Fall sollte die Barauszahlung eines „Barterguthabens" davon abhängen, dass ein vom Bartering-Organisator geführtes Treuhandkonto ausreichende Deckung aufwies. Nach den Vertragsbedingungen sollte dieses Treuhandkonto von Bareinzahlungen der Teilnehmer gespeist werden, ohne dass der Bartering-Organisator verpflichtet war, dieses Konto aus eigenen Mitteln aufzufüllen. Entgegen dieser Vertragsgestaltung verneinte der BGH ein Recht des Bartering-Organisators, sich auf mangelnde Deckung des Treuhandkontos zu berufen. Der Bartering-Organisator habe in seinen Geschäftsbedingungen den Eindruck erweckt – und damit den Vertrauenstatbestand geschaffen –, dass der Teilnehmer nach Ablauf bestimmter Fristen in den Genuss eines Barguthabens gelangen werde. Die Geschäftsbedingung, wel-

---

[16] *OLG München* Beschl. v. 15.12.1993, WM 1994, 1226 mAnm *Martinek* WuB IV. B § 9 AGBG 2.94 [10/94].
[17] *BGH* Urt. v. 5.11.1998, BGHZ 140, 25 = WM 1998, 2469 mAnm *Singer* WuB IV. C § 9 AGBG 4.99 [04/99].

che den Zahlungsanspruch von einer ausreichenden Deckung auf dem Treuhandkonto abhängig mache, sei unwirksam, da sie die Interessen des Teilnehmers nicht hinreichend berücksichtige.

52   Der BGH hat in diesem Fall die Geschäftsbedingungen des Bartering-Organisators für unwirksam gehalten und einen Zahlungsanspruch des Teilnehmers bejaht. Hierauf sollte man sich jedoch keinesfalls verlassen. Denn die genannte Entscheidung des BGH ist eine Einzelfallentscheidung zu den seinerzeit vorliegenden Geschäftsbedingungen, die teilweise widersprüchlichen Inhalt hatten. Im Grundsatz hat der BGH es in der genannten Entscheidung für zulässig (!) erachtet, dass ein Bartering-Organisator einen Barauszahlungsanspruch davon abhängig macht, dass das Treuhandkonto von anderen Mitgliedern hinreichend gespeist wird. Das Risiko, dass andere Teilnehmer keine Bareinzahlungen leisteten, weil sie ihre Saldenausgleichsverpflichtungen durch Sachleistungen an andere Teilnehmer erfüllten oder zahlungsunfähig geworden seien, sei systemimmanent und von jedem Teilnehmer hinzunehmen.

53   Deshalb ist es unerlässlich, beim Beitritt zu einer Barter-Organisation genau zu vereinbaren, nach welchen Maßstäben Waren/Dienstleistungen und Verrechnungseinheiten bewertet werden und wann und unter welchen Umständen ein Restguthaben bei Vertragsende (oder innerhalb einer bestimmten Frist nach Vertragsende) in bar auszahlbar ist.

54   Zu beachten ist weiterhin, dass Positivsalden auf den von Barter-Organisatoren geführten Verrechnungskonten zumeist nicht verzinst werden.

55   Abschließend sei darauf hingewiesen, dass es auch Barter-Organisationen gibt, die ausschließlich einen bargeldlosen Abbau von Verrechnungsguthaben zulassen. Hier wird der Teilnehmer selbst für den Fall seines Ausscheidens aus der Organisation auf den Abbau eines positiven Verrechnungssaldos durch Barter-Geschäfte aus dem Angebot der Organisation verwiesen. Die damit verbundenen Risiken liegen auf der Hand. Man sollte sich nicht darauf verlassen, dass eine solche Konstruktion, insbesondere ein ausdrücklicher Ausschluss eines Auszahlungsanspruches, für unwirksam gehalten wird.

D. Countertrade

I. Einführung

56   Während bei den Bartergeschäften der Tauschgedanke im Vordergrund steht – selbst wenn die Abwicklung über Verrechnungseinheiten erfolgt –, findet beim Countertrading ein Tausch nur in der Weise statt, als im Idealfall Waren in demselben Wert ins Ausland exportiert werden wie im Rahmen eines Gegengeschäfts aus dem Ausland importiert werden. Aus Handelssicht findet also ein Austausch von Realgütern statt. Dagegen handelt es sich in rechtlicher Hinsicht jedoch nicht um einen Tausch, sondern um zwei entgeltliche (Gegen-)Geschäfte.

57   Dabei sind im Wesentlichen zwei Varianten gebräuchlich: Beim sogenannten „Counterpurchase" findet ein unmittelbarer „Gegenkauf" des Exporteurs statt. Zeitgleich mit dem Exportvertrag auf Lieferung zu exportierender Ware in das betreffende Ausland wird ein Importvertrag auf Abnahme zu importierender Ware aus dem betreffenden Ausland abgeschlossen. (Die Begriffe „Export" und „Import" werden im Folgenden aus Sicht des deutschen Exporteurs verwandt). Diese beiden Geschäfte können zu einem Vertrag verbunden oder getrennt abgeschlossen werden. Da der Exporteur jedoch häufig nicht willens oder in der Lage ist, die Importware selbst zu vermarkten, wird in solchen Fällen statt eines zweiseitigen Kaufs und „Gegenkaufs" vereinbart, dass der Exporteur einen Dritten (sogenannter „Countertrader") benennt, welcher die Importware abnimmt. Häufig kann der Importvertrag auch erst zu einem späteren Zeitpunkt abgeschlossen werden. Dann wird zunächst zusammen mit dem Exportvertrag ein Rahmenvertrag abgeschlossen, in welchem sich der Exporteur verpflichtet, zu einem späteren Zeitpunkt den Importvertrag abzuschließen und durchzuführen.

Abschnitt 7. Bartergeschäfte, Countertrade

Eine Abwandlung derartiger Countertrading-Geschäfte bilden die sogenannten „buy-back"- (bzw. Rückkauf-)Geschäfte insbesondere im Bereich des hier nicht näher erörterten Anlagenbaus. Mit „buy-back"-Geschäften stellt das Importland die (teilweise) Auslastung einer gelieferten Anlage dadurch sicher, dass der Lieferant sich verpflichtet, eine bestimmte Menge der mit der importierten Anlage hergestellten Produkte abzunehmen. Ein anderes Motiv für den Abschluss solcher „buy-back"-Geschäfte kann die Finanzierung des Anlagenbaus sein, indem ein Teil des Kaufpreises im Wege von Warenlieferungen aus der erworbenen Anlage gezahlt wird. Eine Variante hierzu besteht in den sogenannten „Offset"-Geschäften, bei denen die Anlage durch den Bezug von Kompensationsgütern (zB Bauteilen) zur Herstellung der Anlage teilweise vorfinanziert wird. Hier erfolgt das Gegengeschäft also vor der endgültigen Abwicklung des Exportgeschäfts.[18]

Countertrading-Geschäfte werden vornehmlich im Handel mit devisenschwachen Ländern abgeschlossen. Vor dem Fall des Eisernen Vorhangs hatten solche Geschäfte große Bedeutung im Handel mit den osteuropäischen Staatshandelsländern. Aber auch mit Staaten der Dritten Welt findet Countertrading in erheblichem Umfang statt, da es die Importländer in die Lage versetzt, Industrieprodukte zu importieren und im Gegenzug Rohstoffe oder Halbfertigwaren zu exportieren. Hinzu kommt der Vorteil, dass das Importland keine Devisen für den Import aufwenden muss und so seine Handelsbilanz schonen kann. Zudem erhöhen sich die Exportchancen der eigenen Produkte des Importlandes.

Für den Exporteur ist ein Vertrieb der Ware im Wege des Countertrading sicherlich die zweitbeste Wahl, da der Export gegen harte Devisen naturgemäß bevorzugt wird. Ein Anreiz zum Abschluss von Kompensationsgeschäften besteht jedoch insofern, als auf diese Weise neue Märkte erschlossen werden können und es sicherlich häufig vorteilhafter ist, Kompensationsware abzunehmen als von einem Geschäft gänzlich abzusehen oder die Gegenleistung in nicht konvertierbarer Währung zu erhalten. Weitere Motive für den Abschluss von Countertradinggeschäften können die Umgehung kartellrechtlicher Beschränkungen oder der Wunsch nach einem Eintritt in bisher unerschlossene Märkte sein.[19]

Countertrading-Geschäfte der hier beschriebenen Art haben zumeist ein erhebliches Volumen. Wegen des mit dem Abschluss dieser Geschäfte verbundenen Aufwands, der durch die Verhandlung und den Abschluss zumeist dreiseitiger Vertragsbeziehungen und den mit der Vermarktung der Importware verbundenen Schwierigkeiten entsteht, dürften sich Countertrading-Geschäfte für kleine Handelsvolumina kaum rechnen. In der Literatur wird die Auffassung vertreten, dass Countertrading-Geschäfte einen Vertragswert von etwa 1 Mio. US-Dollar voraussetzen.[20] Anschauliche Beispiele für Countertrading-Geschäfte sind:

- Softdrink-Lieferungen (Coca Cola) nach Jugoslawien gegen Abnahme jugoslawischen Weins;
- Lieferung von Mannesmann-Röhren nach Russland gegen Abnahme von Erdgas;
- Lieferung von 10.000 VW-PKW in die DDR gegen Abnahme von Maschinen, Kohle und Öl;
- Lieferung von Wäsche und Kleidung gegen Abnahme von 400 Tonnen polnischer Erbsen.

Aus derartigen Countertrading-Beziehungen können langfristige Geschäftsbeziehungen entstehen, die weit über den Rahmen der konkreten Gegengeschäfte hinausgehen. Da die Erlangung der Gegenleistung für den Exporteur – zumindest indirekt – vom Erfolg des gegenläufigen Importgeschäfts abhängt, engagieren sich die Exporteure häufig im Importland durch Vermittlung von Herstellungstechnologien oder Vermittlung von Vermarktungsstrategien, woraus sich Joint Ventures verschiedenster Art ergeben können. Noch weitaus

---

[18] Näheres zu Rückkauf- und Offset-Geschäften bei *Bopp*, Vertragsstrukturen internationaler Kompensationsgeschäfte, S. 101 ff.
[19] *Bopp*, Vertragsstrukturen internationaler Kompensationsgeschäfte, S. 3 ff.
[20] *Fülbier*, Das Vertrags- und Wirtschaftsrecht des Gegenkaufs im internationalen Wirtschaftsverkehr, S. 35.

vielfältiger sind die gegenseitigen Einflussnahmen und Differenzierungen der Gegengeschäfte bei staatlichen oder staatsnahen Exportgeschäften, wie zB bei den bereits erwähnten Rüstungsgeschäften, im Rohölhandel und beim Flugzeugbau.

II. Rechtliche Gestaltung des Countertrading

63 Die gebräuchlichste Form des Gegenkaufs setzt sich aus drei Elementen zusammen, dem Exportvertrag, dem Rahmenvertrag zur Kopplung der Geschäfte und dem auf dieser Grundlage abzuschließenden Importvertrag. Die Verknüpfung der beiden Liefergeschäfte (Export und Import) kann auch in einem Vertrag erfolgen oder in der Weise geschehen, dass der Import-(Gegen-)Vertrag auf den Exportvertrag Bezug nimmt. Dieses Modell ist insbesondere in dem Mustervertrag der UN/ECE (Economic Commission for Europe) umgesetzt worden (→ Rn. 99). Aus Sicht des Exporteurs ist jedoch eine rechtliche Trennung der Verträge zu bevorzugen, und zwar vornehmlich aus folgenden Gründen:

- Wenn Export- und Importgeschäft in einem Vertrag verknüpft werden, besteht ein wesentlich größeres Risiko, dass Störungen bei der Abwicklung des einen Geschäfts auf das Gegengeschäft durchgreifen (sogenannter Einwendungsdurchgriff, → Rn. 86).
- Exportfinanzierungen und staatliche Exportförderung sind häufig bei vertraglichen Verbindungen nicht erhältlich oder nur schwer zu erlangen.[21]
- Wenn Dritte beteiligt werden sollen (zB ein Countertrader oder Absatzmittler zur Abwicklung des Importgeschäfts), ist deren rechtliche Einbindung bei einer Vertragstrennung wesentlich einfacher (→ Rn. 93).
- Soweit Geheimhaltungsinteressen bestehen, spricht dies ebenfalls für eine Trennung der Verträge.[22]

64 Im Übrigen scheidet eine Verknüpfung von Export- und Importgeschäft aus tatsächlichen Gründen immer dann aus, wenn bei Abschluss des Exportgeschäfts noch nicht im Einzelnen feststeht, welche Waren im Wege des Gegengeschäfts von wem zu welchem Preis geliefert werden sollen.

65 Die vorstehenden Feststellungen beruhen auf der Annahme, dass die Vertragsparteien bei der Gestaltung von Exportgeschäft und Gegengeschäft keinen Beschränkungen unterliegen. Dies ist nicht der Fall, wenn es um Exportgeschäfte in Länder geht, die feste gesetzliche Vorgaben für Countertrading-Geschäfte haben. Dies muss von Fall zu Fall geprüft werden.

66 **1. Exportvertrag. a) Rechtliche Grundlagen.** Der Exportvertrag ist ein Kaufvertrag, welcher bei Anwendbarkeit des deutschen Rechts den §§ 433 ff. BGB, bei Handelsgeschäften unter Kaufleuten zudem den §§ 373 ff., 343 ff. HGB unterliegt (→ Abschnitt 3 Rn. 20 ff.).

67 Dabei ist zu beachten, dass vorrangig das sogenannte UN-Kaufrecht (CISG = UN-Convention on International Sale of Goods) vom 11.4.1980 (BGBl. 89 II 588, BGBl. 90 II 1699), welches in Deutschland am 1.1.1981 in Kraft getreten ist, Anwendung finden kann. Das UN-Kaufrecht gilt gemäß Art. 1a des Abkommens für alle handelsrechtlichen Verkaufsgeschäfte, wenn Käufer und Verkäufer zur Zeit des Vertragsabschlusses ihre Niederlassungen in verschiedenen Vertragsstaaten haben. Gemäß Art. 1b findet das Abkommen außerdem Anwendung, wenn die kollisionsrechtlichen Normen oder die von den Parteien getroffene Rechtswahl auf das Recht eines Vertragsstaats verweisen.

68 Besonders zu beachten ist, dass die Anwendbarkeit des UN-Kaufrechts nicht dadurch ausgeschlossen wird, dass die Parteien sich im Vertrag auf die Anwendbarkeit des deutschen Rechts einigen. Vielmehr gilt das UN-Kaufrecht als Teil des deutschen Rechts.[23] Deshalb

---

[21] Vgl. hierzu *Fülbier*, Das Vertrags- und Wirtschaftsrecht des Gegenkaufs im internationalen Wirtschaftsverkehr, S. 220 f.; *Schmitthoff*, Schmitthoff's Export Trade: The Law and Practice of International Trade, S. 273; *Niggemann* RIW 1987, 169, 172.
[22] Vgl. *Fülbier*, Das Vertrags- und Wirtschaftsrecht des Gegenkaufs im internationalen Wirtschaftsverkehr, S. 21.
[23] Palandt/*Thorn* (IPR) Rom I-VO 4 Rn. 5.

muss das UN-Kaufrecht ausdrücklich ausgeschlossen werden, wenn es nach dem Willen der Vertragsparteien keine Anwendung finden soll.

b) Rechtswahl. Die Anwendung des deutschen Rechts mit der Möglichkeit einer vorrangigen Geltung des UN-Kaufrechts setzt voraus, dass der Exportvertrag nach den Grundsätzen des deutschen Internationalen Privatrechts (IPR) dem deutschen Recht unterliegt. Haben die Parteien keine Rechtswahl getroffen, kommt es auf die sogenannte vertragscharakteristische Leistung an. Diese ist beim Exportvertrag die Leistung des Exporteurs (Rom I-VO Art. 4 Abs. 1a), so dass nach deutschem Rechtsverständnis ein von einem deutschen Exporteur abgeschlossener Exportvertrag, der keine Rechtswahlklausel enthält, dem deutschen Recht unterliegt. **69**

Diese Feststellung gilt jedoch nur für den Fall, dass ein deutsches Gericht diese Frage im Rahmen seiner internationalen Zuständigkeit zu prüfen hat. Kommt es dagegen zu einem Rechtsstreit vor einem ausländischen Gericht, muss damit gerechnet werden, dass das ausländische Gericht zu anderen Ergebnissen kommt. Denn das Gericht eines ausländischen Staates wird nicht das deutsche Kollisionsrecht, sondern das Kollisionsrecht des eigenen Staates anwenden. Kommt dieses zu einer anderen Anknüpfung als das deutsche Recht, so ist es denkbar, dass auch in materiell rechtlicher Hinsicht nicht das deutsche Recht, sondern ausländisches Rechts angewendet wird. **70**

Dies verdeutlicht, dass die ausdrückliche Vereinbarung des anwendbaren Rechts im Exportvertrag von größter Bedeutung ist. Denn auch ausländische Gerichte sind an eine eindeutig getroffene Rechtswahl der Parteien gebunden. Selbst wenn also ein ausländisches Gericht für den Rechtsstreit zuständig ist, wäre damit zumindest das anwendbare Recht eindeutig festgelegt. **71**

c) Gerichtsstand. Ein Auseinanderfallen von anwendbarem Recht und Gerichtsstand sollte jedoch möglichst vermieden werden. Es ist mit großem Aufwand und erheblichen Unsicherheiten verbunden, wenn ein Gericht ausländisches Recht anwenden muss. Deshalb sollte die Rechtswahl mit einer eindeutigen Gerichtsstandsklausel verbunden werden, indem man sich also sowohl auf einen Gerichtsstand in einem bestimmten Land als auch auf das dort anwendbare materielle Recht einigt. Dabei können die Rechtswahl und die Wahl des Gerichtsstands entweder zur staatlichen Gerichtsbarkeit eines Vertragsstaats führen oder zu den Gerichten eines neutralen Staats, zu welchem keine der Vertragsparteien enge Beziehungen hat. **72**

d) Schiedsgericht. Alternativ zur staatlichen Gerichtsbarkeit kommt die Vereinbarung eines Schiedsgerichts in Betracht. Hierfür spricht – wie an anderer Stelle in diesem Handbuch ausführlich dargelegt ist – insbesondere die häufig wesentliche kürzere Verfahrensdauer, die vertrauliche, nicht öffentliche Behandlung der Streitigkeit, der Einfluss der Parteien auf Verfahrenssprache und Verfahrensort, die Möglichkeit der Auswahl sachverständiger Schiedsrichter und die auf internationaler Ebene häufig einfachere Vollstreckbarkeit. Zu beachten ist aber, dass der Abschluss einer Schiedsvereinbarung dazu führt, dass die deutschen Gerichte ihre Zuständigkeit verlieren, so dass eine vor einem deutschen Gericht erhobene Klage als unzulässig abzuweisen wäre (§ 1032 Abs. 1 ZPO). **73**

e) Verknüpfung mit dem Gegengeschäft. Wenn der Exportvertrag als vom Gegengeschäft unabhängiger Vertrag abgeschlossen wird, bestehen verschiedene rechtliche Möglichkeiten, ihn mit dem Gegengeschäft zu verknüpfen (vgl. dazu unten Rn. 86–92). Zwingend erforderlich ist dies nicht. Es ist auch denkbar, die Verträge zeitgleich zu unterzeichnen und im Exportvertrag lediglich die aus diesem Geschäft resultierende Forderung zu kreditieren, bis sie durch den Erlös aus dem Importgeschäft erfüllt wird.[24] Da die Gegenware jedoch häufig nur erheblich über Marktpreis zu kontrahieren ist, muss dies ebenso **74**

---

[24] *Bopp*, Vertragsstrukturen internationaler Kompensationsgeschäfte, S. 43; *Fülbier*, Das Vertrags- und Wirtschaftsrecht des Gegenkaufs im internationalen Wirtschaftsverkehr, S. 20.

wie die Kostenbelastung durch Einschaltung Dritter bei der Preiskalkulation im Exportvertrag berücksichtigt werden.[25]

75 **f) Weitere Vertragsmodalitäten.** Hinsichtlich der weiteren Einzelheiten des Exportvertrages wird auf die Ausführungen in → Abschnitt 3 verwiesen. Ergänzend sei hier lediglich hervorgehoben, dass die sorgsame Gestaltung einer Force Majeure-Klausel häufig Rechtsklarheit schafft. So ist insbesondere immer wieder streitig geworden, ob ein Streik zu einer (zeitweiligen) Befreiung von der Leistungspflicht führt.

76 **2. Rahmenvertrag.** Wenn der Export- und der gegenläufige Importvertrag nicht zeitgleich verhandelt und abgeschlossen werden können, bedarf es eines Rahmenvertrages (englisch: „framework agreement" oder „countertrade agreement"), welcher die Verpflichtung des Exporteurs begründet, einen Importvertrag abzuschließen und durchzuführen.

77 **a) Vorvertrag.** Der Rahmenvertrag ist auf den Abschluss und die Durchführung des Import-Gegengeschäfts gerichtet. Dabei können sowohl Erweiterungen der Abnahmepflicht (Weiterveräußerung durch einen Dritten) als auch Beschränkungen (zB Gebietsbeschränkungen für den Absatz der Importware) vereinbart werden.[26] Problematisch ist in erster Linie, dass die vom Exporteur abzunehmenden Produkte zum Zeitpunkt des Vertragsabschlusses häufig nur grob umschrieben werden können. Dann stellt sich die Frage nach der Rechtsverbindlichkeit des Rahmenvertrages. Denn nach deutschem Rechtsverständnis ist ein Vorvertrag, der auf Abschluss eines Hauptvertrages gerichtet ist, nur verbindlich, wenn die in ihm enthaltenen Pflichten hinreichend bestimmt sind.[27] So ist ein Rahmenvertrag mangels Bestimmtheit unwirksam, wenn er sich auf „noch zu vereinbarende Waren" bezieht oder wenn weder ein Preis noch ein klares Preisermittlungsverfahren geregelt sind. Dagegen kann es genügen, wenn die Gattung der zu liefernden Ware bezeichnet ist, der Preis als „Marktpreis" bezeichnet wird und sich die abzunehmende Menge aus einer Bezugnahme auf den Exportvertrag ergibt. In Einzelfällen kann eine hinreichende Bestimmtheit auch dadurch herbeigeführt werden, dass einer der Vertragsparteien oder einer dritten Partei ein Leistungsbestimmungsrecht zugewiesen wird.

78 **b) Vertragsstrafe.** Kernstück eines jeden Rahmenvertrages ist die Vertragsstrafenregelung. Denn sofern Export- und Importvertrag nicht zeitgleich rechtsverbindlich abgeschlossen werden können, erlangt der Importeur bei Unterzeichnung des Exportvertrages nur durch eine Vertragsstrafenregelung hinreichende Sicherheit, dass der Importvertrag, dh das eigene Ausfuhrgeschäft, nachträglich auch abgeschlossen und durchgeführt wird.[28]

79 Mit der Vertragsstrafe, die nach deutschem Recht gemäß §§ 339 ff. BGB zulässig ist und – je nach Vereinbarung – nicht zwingend von einem Verschuldenserfordernis abhängt, können mehrere Vertragspflichten abgesichert werden, insbesondere die Pflicht zum Abschluss des Importvertrages und die Pflicht zur Abnahme der kontrahierten Ware. Dabei muss auf eine genaue Formulierung der Tatbestände, welche die Vertragsstrafe auslösen, geachtet werden. Insbesondere besteht Regelungsbedarf, ob die Vertragsstrafe auch zahlbar ist, wenn das Importgeschäft aus Gründen scheitert, die keine Partei zu vertreten hat oder die im Verantwortungsbereich des Gegen-Verkäufers, dh des Importeurs unter dem Erst-Vertrag, oder eines Dritten liegen. Es sollte weiterhin geregelt sein, auf welche Bindungsfrist sich die Vertragsstrafe erstreckt und in welcher Form und Frist sie vom Berechtigten geltend zu machen ist.

---

[25] *Fülbier*, Das Vertrags- und Wirtschaftsrecht des Gegenkaufs im internationalen Wirtschaftsverkehr, S. 15.
[26] *Bopp* (1992) S. 82; *Fülbier*, Das Vertrags- und Wirtschaftsrecht des Gegenkaufs im internationalen Wirtschaftsverkehr, S. 47 ff.; *Niggemann* RIW 1987, 169, 173; *Schmitthoff*, Schmitthoff's Export Trade: The Law and Practice of International Trade, S. 277 f.
[27] Palandt/*Ellenberger* Einf v § 145 Rn. 19.
[28] Vgl. *Bopp*, Vertragsstrukturen internationaler Kompensationsgeschäfte, S. 79; *Fülbier*, Das Vertrags- und Wirtschaftsrecht des Gegenkaufs im internationalen Wirtschaftsverkehr, S. 65 ff.; *Niggemann* RIW 1987, 169, 174.

Zuletzt noch ein Hinweis aus der Praxis: Häufig wird in Vertragsverhandlungen zunächst die Vertragsstrafe verhandelt. Erst später kommt man zur Frage des anwendbaren Rechts. Wenn man sich dann nicht auf die Anwendbarkeit des deutschen Rechts einigt, gilt die Regelung des § 340 Abs. 2 BGB nicht, wonach die Vertragsstrafe als Mindestbetrag des Schadens angesehen und ein weitergehender Schadensersatz nicht ausgeschlossen wird. In vielen anderen Rechtsordnungen, insbesondere im angelsächsischen Bereich, ist dies anders, so dass mit der Vereinbarung einer Vertragsstrafe zugleich eine Haftungsbeschränkung bewirkt wird.

c) Leistungsstörungen. Erheblicher Gestaltungsbedarf besteht im Rahmenvertrag zu der Frage, welche rechtlichen Konsequenzen sich aus Leistungsstörungen ergeben sollen. Für die Feststellung von Leistungsstörungen ist es zunächst von entscheidender Bedeutung, dass die zu erfüllenden Pflichten genau bestimmt sind. Weiterhin besteht Regelungsbedarf, ob für die Erfüllung dieser Pflichten verschuldensunabhängig eingestanden werden soll. Gemäß Artikel 13.2 des UN-Mustervertrages (→ Rn. 99) wird der Exporteur der Lieferung unter dem Erstgeschäft zB von seiner Leistungspflicht unter dem Rahmenvertrag (dh insbesondere zur Zahlung der Vertragsstrafe) frei, wenn er es nicht zu vertreten hat, dass das Gegengeschäft, der Importvertrag, nicht zustande kommt. Demgegenüber gibt es jedoch auch Rahmenverträge, nach welchen der Exporteur verschuldensunabhängig das volle Risiko für das Zustandekommen des Importgeschäfts trägt. Letztlich muss in diesen Fällen – soweit möglich – die dann zu zahlende Vertragsstrafe also bereits bei der Preisgestaltung des Exportvertrages berücksichtigt werden.

d) Vertragsbeginn und Vertragsende. Üblicherweise werden Rahmenverträge bei Countertrading-Geschäften für eine bestimmte feste Laufzeit abgeschlossen. Dabei ist aus Sicht des Exporteurs von besonderer Bedeutung, dass die Erlöschens- bzw. Beendigungstatbestände eindeutig geregelt werden. Wenn das Gegengeschäft aus vom Exporteur zu vertretenden Gründen nicht abgeschlossen bzw. durchgeführt werden kann, muss eindeutig geregelt werden, wann und wie er seine Gegenleistung aus dem Exportgeschäft erhält und ob er auch ohne eigenes Verschulden mit einer Vertragsstrafe aus dem ausgebliebenen Importgeschäft belastet wird. Abzurunden sind diese Regelungen durch möglichst eindeutige Force-Majeure- und Rechtswahlklauseln sowie eine Gerichtsstands- oder Schiedsvereinbarung.

3. Importvertrag. Der im Rahmen eines Countertrading abzuschließende Importvertrag kann – wie bereits ausgeführt – in mehreren Varianten abgeschlossen werden: Bei zeitgleichem Abschluss mit dem Exportvertrag kommt die Zusammenfassung aller gegenseitigen Rechte und Pflichten in einem einzigen Vertrag in Betracht. Alternativ können die Verträge voneinander getrennt abgeschlossen werden, bei zeitlicher Versetzung oder Einschaltung von Dritten gegebenenfalls verknüpft durch eine Rahmenvereinbarung. Schließlich ist es denkbar, Exportvertrag und Importvertrag als getrennte Verträge abzuschließen, diese jedoch durch rechtliche Gestaltungen, insbesondere durch Bedingungen und die Zulassung von Aufrechnungs- und Zurückbehaltungsrechten aus dem Gegengeschäft zu verknüpfen. In dem letztgenannten Fall sind bei der Gestaltung des Importvertrages die Ausführungen zur Rahmenvereinbarung zwecks Verknüpfung mit dem Exportvertrag entsprechend heranzuziehen.

Regelungsbedarf besteht darüber hinaus bezüglich der Rechtsfolgen, die sich aus einer eventuellen – zeitweiligen oder andauernden – Lieferunfähigkeit des Importeurs ergeben sollen, und zwar sowohl in Bezug auf das Exportgeschäft als auch auf die Rahmenvereinbarung und die dort vereinbarte Vertragsstrafe.

III. Besondere Problembereiche beim Countertrading

Die besonderen Probleme bei der Vertragsgestaltung im Bereich des Countertradings liegen in der Verzahnung der bilateralen oder mehrseitigen Vertragsbeziehungen vor dem

2. Teil. Das Vertragsrecht des Exportgeschäfts

Hintergrund des wirtschaftlichen Verbundes einerseits und der rechtlichen Trennung der Verträge andererseits. Besonderer Regelungsbedarf besteht außerdem, wenn Dritte in die Abwicklung der Importverpflichtung eingeschaltet werden sollen.

86 **1. Vertraglicher Verbund, Einwendungsdurchgriff.** Wenn die Parteien sich entschieden haben, Export- und Importgeschäft getrennt abzuschließen und nicht in einem Vertrag zu verbinden, so stellt sich die Frage, ob die Verträge durch Gewährung besonderer Rechte miteinander verknüpft werden sollen. Hierzu bieten sich an insbesondere Bedingungen, Aufrechnungs- und Zurückbehaltungsrechte sowie durch Vertragsstrafen abgesicherte Erfüllungszusagen. Schließlich ist noch zu bedenken, dass auch ohne ausdrückliche Verknüpfung die Chance bzw. das Risiko besteht, dass ein Gericht zwei getrennt abgeschlossene Verträge als Einheit betrachtet bzw. einen Einwendungsdurchgriff zulässt.[29]

87 **a) Bedingungen.** In eine eindeutige Abhängigkeit voneinander geraten die Gegengeschäfte, wenn der Rahmen- oder Importvertrag durch eine aufschiebende Bedingung (§ 158 Abs. 1 BGB) von der Durchführung des Exportgeschäfts abhängig gemacht wird. Dies bedeutet, dass der Rahmen- oder Importvertrag erst wirksam und rechtsverbindlich wird, wenn die – möglichst genau zu definierende (!) – Bedingung eintritt. Der Exporteur erhält auf diese Weise die Sicherheit, dass er erst mit Durchführung des Exportgeschäfts die weitergehende Verpflichtung eingeht, das Importgeschäft durchzuführen oder mit einer im Rahmenvertrag vorgesehenen Vertragsstrafe belastet zu werden.

88 Auch im Rahmen der Vertragsabwicklung kann die Vereinbarung einer aufschiebenden Bedingung sachgerecht sein, wenn zB der Exporteur die zu exportierende Ware erst verschiffen will, wenn er Gewissheit hat, dass die Gegenware unterwegs ist.[30]

89 **b) Einseitige Rücktrittsrechte.** Als Alternative zur aufschiebenden Bedingung, bei welcher die Folgegeschäfte zunächst in der Schwebe bleiben, kommt ein einseitiges Rücktrittsrecht gemäß § 346 BGB in Betracht. So kann zugunsten des Exporteurs im Rahmen- oder Importvertrag vereinbart werden, dass der Exporteur einseitig den Rücktritt erklären kann, wenn der Exportvertrag vorzeitig scheitert.

90 **c) Aufrechnungs- und Zurückbehaltungsrechte.** Ein weiteres Element der Verknüpfung von Export- und Importgeschäft stellen Aufrechnungs- und Zurückbehaltungsrechte dar. Der Exporteur sollte möglichst darauf dringen, dass es dem Importeur nicht gestattet wird, im Rahmen des Exportvertrages Gegenrechte aus einer Rahmenvereinbarung oder einem Importvertrag geltend zu machen. Anderenfalls besteht die Gefahr, dass die an sich nach dem Exportvertrag vom Importeur geschuldete Gegenleistung – in der Regel der Kaufpreis – nicht fällig wird oder sogar als bewirkt angesehen wird, wenn der Importeur ein Zurückbehaltungsrecht gemäß § 273 BGB, § 369 HGB geltend machen oder gemäß §§ 387 ff. BGB aufrechnen kann. Dabei liegt auf der Hand, dass das Interesse des Importeurs genau gegenläufig ist: Ihm muss daran gelegen sein, möglichst weitgehende Zurückbehaltungs- und Aufrechnungsrechte gegenüber den Verpflichtungen aus dem Exportvertrag zu haben. Dies gilt jedenfalls dann, wenn sein Erfüllungsinteresse nicht weitgehend durch eine Vertragsstrafe in einer Rahmenvereinbarung abgesichert ist.

91 Von besonderer Bedeutung kann ein Aufrechnungsverbot im Exportvertrag sein, wenn der Exporteur sich einer staatlichen Exportkreditversicherung bedient und in deren Rahmen für die Rechtsbeständigkeit der garantierten Forderung einzutreten hat.[31]

92 **d) Einwendungsdurchgriff.** Selbst wenn Exportvertrag und Importvertrag ohne ausdrückliche Verknüpfung abgeschlossen wurden, besteht stets das Risiko, dass eine Partei sich im späteren Streitfall darauf beruft, dass die eigenen Pflichten unter dem einen Ver-

---

[29] *Schmitthoff*, Schmitthoff's Export Trade: The Law and Practice of International Trade, S. 273.
[30] *Schmitthoff*, Schmitthoff's Export Trade: The Law and Practice of International Trade, S. 274.
[31] Vgl. *Fülbier*, Das Vertrags- und Wirtschaftsrecht des Gegenkaufs im internationalen Wirtschaftsverkehr, S. 41.

trag von der Erfüllung der Pflichten der anderen Partei unter dem Gegenvertrag abhängig seien.[32] Zur Begründung bieten sich verschiedene rechtliche Konstruktionen an: So ist in derartigen Fällen geltend gemacht worden, dass das Gegengeschäft von der stillschweigenden Bedingung einer Erfüllung des Erstgeschäfts abhängig war, oder dass beide Geschäfte eine gemeinsame Geschäftsgrundlage hätten, die fortgefallen sei. Ein anderer Einwand geht dahin, dass beide Verträge eine wirtschaftliche Einheit darstellten mit der Rechtsfolge, dass die rechtliche Aufspaltung ohne Einwendungsdurchgriff dem Vertragswillen widerspreche (ergänzende Vertragsauslegung gemäß §§ 133, 157 BGB, Scheingeschäft gemäß § 117 BGB oder verbotenes Umgehungsgeschäft gemäß § 242 BGB). Im Einzelnen können diese Rechtskonstruktionen hier nicht erörtert werden. Es sei lediglich das Ergebnis festgehalten, dass die Gerichte dazu neigen, den Bestand einer von den Parteien gewählten rechtlichen Trennung zu bestätigen und deshalb einen Einwendungsdurchgriff zu verneinen.[33] Auch wenn der Abschluss der Verträge durch Bedingungen voneinander abhängig gemacht worden ist, geht die Tendenz dahin, die gegenseitige Abhängigkeit auf den Vertragsabschluss zu beschränken und die Durchführung der Verträge separat zu beurteilen.[34] In Anbetracht der verbleibenden Unsicherheit sollte jedoch bei der Vertragsgestaltung möglichst eindeutig festgelegt werden, ob die Verträge bewusst miteinander verknüpft oder eben gerade mit allen rechtlichen Konsequenzen voneinander unabhängig sein sollen.

2. Beteiligung Dritter. Bei Countertrading-Geschäften ist eine Beteiligung Dritter auf beiden Seiten möglich. So kann der Exporteur sich zur Erfüllung seiner gegenläufigen Importverpflichtungen eines Absatzmittlers oder Handelshauses für den Verkauf der im Wege des Countertrading zu beziehenden Ware bedienen. Andererseits wird auf der Importseite häufig die zu liefernde Ware nicht vom Abnehmer der Exportartikel, sondern von einem Drittunternehmen hergestellt bzw. geliefert. Für die nachstehende Darstellung wird beispielhaft die erstgenannte Fallgruppe beleuchtet. **93**

a) Gestaltungsmöglichkeiten. Um ein Kettengeschäft, dh um eine Aneinanderreihung von Kaufverträgen handelt es sich, wenn der Exporteur die Importware an einen Dritten weiterveräußert. Eine Variante besteht darin, dass der Exporteur zunächst als Käufer der Importware auftritt, diese Verpflichtung jedoch dann später im Wege einer Schuld- oder Vertragsübernahme von einem Dritten übernommen wird. Dagegen handelt es sich um einen Geschäftsbesorgungsvertrag, wenn der Exporteur selbst nicht als Käufer der Importware auftritt, sondern einen Dritten verpflichtet, gegenüber dem Gegenverkäufer als Abnehmer aufzutreten und die Importware zu erwerben. In diesem Fall sollte der Exporteur darauf dringen, dass der Dritte für das im Rahmenvertrag enthaltene Vertragsstrafeversprechen auf Durchführung des Importgeschäfts einzustehen und den Exporteur insoweit freizuhalten hat.[35] **94**

In keinem Fall wird der Absatz der Gegenware über einen Dritten ohne zusätzliche Gegenleistung möglich sein. Wenn der im Rahmen eines Countertradings vereinbarte Preis der Importware deutlich über dem Marktniveau liegt, kann der Exporteur die Ware nur weiter veräußern, wenn er dem Abnehmer eine sogenannte Stützungsprämie zahlt. Hinzu kommt zumeist eine Provision für die Bereitschaft zur Übernahme des Geschäfts. **95**

Diese Mehrkosten in Form von Stützungsprämie und Provision müssen vom Exporteur möglichst in die Kalkulation seiner Exportpreise bei Abschluss des Exportvertrages einbezogen werden.[36] Dies setzt allerdings voraus, dass die Höhe dieser Kosten bei Abschluss des Exportvertrages bereits bekannt ist. Außerdem sollte in diesem Zusammenhang die Frage **96**

---

[32] Vgl. *Bopp*, Vertragsstrukturen internationaler Kompensationsgeschäfte, S. 52 ff.
[33] Vgl. *Fülbier*, Das Vertrags- und Wirtschaftsrecht des Gegenkaufs im internationalen Wirtschaftsverkehr, S. 140.
[34] Vgl. *Niggemann* RIW 1987, 169, 177.
[35] Vgl. *Karl* S 645 ff.; *Fülbier*, Das Vertrags- und Wirtschaftsrecht des Gegenkaufs im internationalen Wirtschaftsverkehr, S. 141 ff.
[36] *Niggemann* RIW 1987, 169, 172.

geklärt werden, ob die Stützungsprämie auch dann (an den Dritten) zahlbar ist, wenn der Exportvertrag vorzeitig scheitert.[37]

97   **b) Einwendungsdurchgriff.** Auch im Verhältnis zum Dritten ist besonderes Augenmerk auf die Frage zu legen, ob und inwieweit der Exporteur berechtigt sein soll, gegenüber dem Dritten Einwendungen aus dem zugrundeliegenden Countertrading-Geschäft geltend zu machen. Beispielhaft sei auf einen viel zitierten Fall verwiesen, welchen der Bundesgerichtshof im Jahre 1972 entschieden hatte:[38]

98   Ein Exporteur von Miederwaren, Wäsche und Bekleidung wollte derartige Waren nach Polen liefern und sollte dafür im Wege eines Gegengeschäfts polnische Erbsen abnehmen. Die abzunehmende Menge von 400 t Erbsen verkaufte der Exporteur durch verbindlichen Kaufvertrag an einen inländischen Importhandel. Dieser hatte die Ware seinerseits bereits weiterveräußert, als der Exporteur seinem Abnehmer das Scheitern des Gegengeschäfts mit Polen und die eigene Lieferunfähigkeit erklärte. Gegen den Schadensersatzanspruch aus einem vom Importhandel vorgenommenen Deckungskauf wandte der Exporteur ein, dass ihm die Leistung aus von ihm nicht zu vertretenden Gründen unmöglich geworden sei, und dass die Inanspruchnahme im übrigen gegen Treu und Glauben (§ 242 BGB) verstoße, da die Verträge eine wirtschaftliche Einheit gebildet hätten und es den Vertretern des Importhandels sogar bekannt gewesen sei, dass das Gegengeschäft noch nicht verbindlich zustande gekommen war.

Der Bundesgerichtshof ließ diese Einwände nicht gelten. Wenn der Exporteur sich bedingungslos zur Lieferung der Erbsen verpflichtet habe, obwohl er wusste, dass das Gegengeschäft noch nicht verbindlich abgeschlossen war, so habe er das uneingeschränkte Beschaffungsrisiko zu tragen. Ein Einwendungsdurchgriff aus dem Export-/Importgeschäft auf den mit dem Dritten abgeschlossenen Kaufvertrag komme daher nicht in Betracht.

IV. Praxistipp: Mustervertrag der UN-Economic Commission for Europe

99   Die von den Vereinten Nationen eingesetzte Economic Commission for Europe *(www.unece.org/welcome)* hat im Jahre 1990 unter der Referenznummer ECE/Trade/169 – E90.11.E.3 einen vollständigen Mustervertrag „International Counterpurchase Contracts" herausgegeben.[39] Dieser Mustervertrag geht von einem bestehenden bzw. abschlussreifen Verkaufs-(Export-)Geschäft aus und regelt das Gegengeschäft als einen separat abzuschließenden Vertrag. Dabei enthält das Muster zunächst umfassende Erläuterungen zur Vertragsstruktur und Anleitungen zum Vorgehen bei der Vorbereitung und beim Abschluss des Vertrages. Im Anhang befindet sich ein ausformulierter „Counterpurchase Contract", der zu den meisten Klauseln eine oder mehrere Alternativen zur Vertragsgestaltung anbietet.

---

[37] *Bopp*, Vertragsstrukturen internationaler Kompensationsgeschäfte, S. 65 ff.; *Fülbier*, Das Vertrags- und Wirtschaftsrecht des Gegenkaufs im internationalen Wirtschaftsverkehr, S. 144 ff.
[38] BGH Urt. v. 12. 7. 1972, WM 1972, 1251.
[39] Abgedruckt bei *Fülbier*, Das Vertrags- und Wirtschaftsrecht des Gegenkaufs im internationalen Wirtschaftsverkehr, S. 301 ff.

Abschnitt 8. (Cross-Border) Leasing

Übersicht

	Rn.
A. Grundlagen des Leasings	1
I. Begriffsbestimmung	2
II. Typen des Leasings	3
1. Finanzierungsleasing	4
a) Vollamortisation	9
b) Teilamortisation	10
2. Operating Leasing	11
3. Rechtsnatur	14
4. Abgrenzung zum (Miet-)Kauf	15
III. Strukturen des Leasings	16
1. Leasing im Dreipersonenverhältnis („Institutionelles Leasing")	17
2. Leasing im Zweipersonenverhältnis („Lieferanten-/Herstellerleasing")	23
3. Sonderform: „sale and lease back"	25
B. Durchführung eines Leasinggeschäftes	26
I. Typischer Ablauf	27
1. Vertragsschluss und Vertragsinhalt	28
2. Vertragsdurchführung	33
a) Lieferung der Leasingsache	33
b) Leistungsstörung und Gefahrtragung	35
c) Gewährleistung bei Mangelhaftigkeit der Leasingsache	43
d) Weitere Risiken des Leasinggebers	47
3. Beendigung	48
II. Refinanzierung des Leasinggebers	54
1. Bankkredit	54
2. Forfaitierung	55
III. Steuer- und bilanzrechtliche Implikationen	56
IV. Zwangsvollstreckung und Insolvenz	59
a) Zwangsvollstreckung	59
b) Insolvenz	62
C. Cross-Border Leasing	68
I. Strukturen des Cross-Border Leasings	71
1. Leasing im Dreipersonenverhältnis („Institutionelles Cross-Border Leasing")	72
2. Leasing im Zweipersonenverhältnis („Lieferanten-Cross-Border Leasing")	75
3. Sonderform: unechtes Cross-Border Leasing	76
4. Sonderform: „sale and lease back"	77
5. Sonderform: „lease in and lease out"	78
II. Anwendbares Recht	81
1. Freie Rechtswahl („subjektive Anknüpfung")	82
2. Fehlende Rechtswahl („objektive Anknüpfung")	84
3. Rechtswahl: Einheitsrecht – UNIDROIT-Übereinkommen	88
4. Zwingendes Recht	90
5. Kollisionsrechtliche Behandlung der Ansprüche des Leasingnehmers gegen den Lieferanten	92
6. Produkthaftung	94
III. Durchführung eines Cross-Border Leasinggeschäfts	96
1. Typischer Ablauf	96
2. Risikoverteilung	98
3. Sicherung durch Hermes-Deckung	101
4. Refinanzierung des Leasinggebers	105
5. Steuerliche Beurteilung	107
6. Zwangsvollstreckung und Insolvenz	110

Literatur: *Bühner/Sheldon,* US-Leasingtransaktionen – Grundstrukturen einer grenzüberschreitenden Sonderfinanzierung, Der Betrieb 2001, 315; *Büter,* Außenhandel, 2007; *Dageförde,* Internationales Finanzierungsleasing, 1992; *Flume,* Leasing in zivilrechtlicher und steuerrechtlicher Sicht, Der Betrieb 1972, 1; *ders.,* Die Rechtsfigur des Finanzierungsleasing, Der Betrieb 1991, 265; *Girsberger,* Grenzüberschreitendes Finanzierungsleasing, 1997; *Gitter,* Handbuch des Schuldrechts, Band 7, Gebrauchsüberlassungsverträge, herausgegeben von Joachim Gernhuber, Tübingen 1988; *Häberle,* Handbuch der Außenhandelsfinanzierung, 3. Aufl. 2002; *Hartmann-Wendels,* Cross-Border Leasing, Humboldt Forum Recht (HFR) 2004, 19; *Hopt* (Hrsg.),

Vertrags- und Formularbuch zum Handels-, Gesellschafts- und Bankrecht, 4. Aufl. 2013; *Lüdicke/Arndt,* Geschlossene Fonds, 6. Aufl. 2013; *Martinek/Stoffels/Wimmer-Leonhardt,* Handbuch des Leasingrechts, 2. Aufl. 2008; *Martinek,* Moderne Vertragstypen, Band 1, Leasing und Factoring, 1991; *Palandt, Otto* (Begr.), BGB, 72. Aufl. 2013; *Riede,* Leasing und andere Sonderfinanzierungsformen, in Winter/Hennig/Gerhard (Hrsg.), Grundlagen der Schiffsfinanzierung, 2. Aufl. 2008, S. 1043 ff.; *Rietdorf,* Auswirkungen der Finanzmarktkrise auf kommunale Cross-Border-Leasing-Transaktionen, KommJur 2008, 441; *Säcker/Rixecker* (Hrsg.), Münchener Kommentar, BGB, 5. Aufl. 2013; *Schlechtriem/Schwenzer,* Kommentar UN-Kaufrecht, 5. Aufl. 2008; *Sester,* Tatbestand und rechtliche Struktur des Cross-Border-Leasings, ZBB 2003, 94; *Schimansky/Bunte/Lwowski* (Hrsg.), Bankrechts-Handbuch, 4. Aufl. 2011; *Stocker,* Management internationaler Finanz- und Währungsrisiken, 2. Aufl. 2006; *Stoffels,* J. von Staudingers Kommentar zum Bürgerlichen Gesetzbuch mit Einführungsgesetz und Nebengesetz, Buch 2, Recht der Schuldverhältnisse §§ 433–487; Leasing (Kaufrecht und Leasingrecht), 13. Aufl. 2004; *Stuhlmann,* in Handbuch Exportleasing, Band 16, Internationale Absatz- und Exportfinanzierung, 2001; *Uhlenbruck/Hirte/Vallender,* Insolvenzordnung, 13. Aufl. 2010; *Voigt/Müller,* Handbuch der Exportfinanzierung, 4. Aufl. 1996; *Weber,* Die Entwicklung des Leasingrechts von Mitte 2003 bis Mitte 2005, NJW 2005, 2195; *von Westphalen* (Hrsg.), Der Leasingvertrag, 6. Aufl. 2008; *ders.,* Auswirkungen der Schuldrechtsreform auf das Leasingrecht, ZIP 2006, 1653; *Zöllner* (Begr.), Zivilprozessordnung, 29. Aufl. 2012.

A. Grundlagen des Leasings

1 Das Leasing ist eine eigenständige Investitions- und Finanzierungsmethode, die der Verschaffung der unternehmerischen Einsatzmöglichkeit von industriellen Investitionsgütern gegen Entgelt dient.[1] An dem im Rahmen dieses Beitrags näher betrachtetem Finanzierungsleasinggeschäft zwischen Unternehmen sind regelmäßig drei Parteien beteiligt: der Leasingnehmer, der an dem Einsatz des Investitionsgutes interessiert ist, der Lieferant des Investitionsgutes sowie der Financier, der als Leasinggeber zwischengeschaltet wird. Der Leasinggeber erwirbt das jeweilige Wirtschaftsgut auf Veranlassung des Leasingnehmers vom Lieferanten, der an dem Leasingvertrag nicht beteiligt ist, und überlässt das in seinem Eigentum stehende Wirtschaftsgut gegen monatliche Leasingraten dem Leasingnehmer für einen bestimmten Zeitraum. Im Folgenden wird nach einer einführenden Darstellung des inländischen Finanzierungsleasinggeschäfts auf die Rahmenbedingungen beim grenzüberschreitenden Finanzierungsleasing eingegangen.

I. Begriffsbestimmung

2 Leasing stellt sich im Allgemeinen als die Überlassung von Investitionsgütern durch einen Leasinggeber an einen Leasingnehmer zum Gebrauch gegen Zahlung von regelmäßigen Leasingraten über einen bestimmten Zeitraum dar.[2]

II. Typen des Leasings

3 Je nach der Zielsetzung der beteiligten Parteien lässt sich zwischen Finanzierungsleasing und Operating Leasing unterscheiden.[3]

4 **1. Finanzierungsleasing.** Dem Finanzierungsleasing kommt die größte wirtschaftliche Bedeutung zu.[4] Charakteristisch für das Finanzierungsleasing sind das Dreipersonenverhältnis, die lange Laufzeit des Leasingvertrages sowie dessen Finanzierungsfunktion, auch „Vollamortisationsprinzip" genannt.[5] Der Leasingnehmer trägt das volle Investitionsrisiko. Im Vordergrund steht beim Finanzierungsleasing also weniger die Gebrauchsüberlassung der Sache als ihre Finanzierung.

5 Im betriebswirtschaftlichen Vergleich des Finanzierungsleasings mit einem drittfinanzierten Kauf erweist sich die Leasingvariante hinsichtlich der Gesamtbelastung zwar nicht als

---

[1] Schimansky/Bunte/Lwowski/*Martinek* § 101 Rn. 1.
[2] In Palandt/*Weidenkaff* Vor § 535 Rn. 37.
[3] Staudinger/*Stoffels,* Leasing, Rn. 8.
[4] Staudinger/*Stoffels,* Leasing, Rn. 9.
[5] BGHZ 95, 39, 53; 111, 237, 242.

kostengünstiger,[6] jedoch insoweit vorteilhaft gegenüber einer Kreditfinanzierung, als dass die Anschaffungskosten nicht in voller Höhe anfallen, sondern zeitgestreckt durch die Entrichtung der Leasingraten gezahlt werden können. Dies wirkt sich gegenüber einem drittfinanzierten Kauf eigenkapital- und liquiditätsschonend aus.[7] Zudem dient im Fall des Finanzierungsleasings, anders als bei der Kreditfinanzierung, in der Regel das Eigentumsrecht des Leasinggebers an dem Leasinggegenstand als einzige Sicherheit. Der Abschluss eines Finanzierungsleasingvertrages ermöglicht also eine hundertprozentige Fremdfinanzierung der Investition durch ihre hundertprozentige „Beleihung", ohne dass weitere Sicherheiten gestellt werden müssen. Schließlich ist der Leasingnehmer nur für eine begrenzte (wenn auch nicht unerhebliche) Zeit an den Leasinggegenstand und sogleich geschäftlich an den Leasinggeber gebunden.[8]

Für den Lieferanten bietet der Vertrieb über das Finanzierungsleasing die Möglichkeit, **6** seinen Absatz zu steigern. Da der Leasingnehmer den Leasinggegenstand bereits kurz nach Abschluss des Leasingvertrages gewinnbringend einsetzen und aus den erzielten Einkünften die Anschaffungskosten abtragen kann (sog. „pay as you earn-Effekt") und gerade kein Eigenkapital aufwenden muss, können andere betriebswirtschaftlich sinnvolle Investitionen des Leasingnehmers vorgezogen werden.[9]

Dieses erklärt, warum insbesondere sehr kostspielige Investitionsgüter Gegenstand von **7** Finanzierungsleasinggeschäften sind. So werden vor allem Flugzeuge und industrielle Anlagen im Rahmen von Finanzierungsleasingverträgen überlassen. Allerdings hat bei der Finanzierung von Flugzeugen im letzten Jahrzehnt ein Strukturwechsel stattgefunden: Während Leasingfondsgesellschaften Flugzeuge früher nur im Rahmen von langfristigen Finanzierungsleasingverträgen an eine Fluggesellschaft überlassen haben, vermieten die derzeitig am Markt aktiven Fonds ihre Flugzeuge auch für einen kürzeren Zeitraum als die gesamte Fondslaufzeit. Sie betreiben also operatives Leasing.[10] Seeschiffe werden dagegen seit jeher nicht im Rahmen eines Finanzierungsleasingvertrages an den Reeder oder Charterer überlassen,[11] sondern sie werden von einem Reeder für die Fondsgesellschaft verchartert. Die Schiffsfondsgesellschaft trägt also wie beim Operating Leasing das Investitionsrisiko.[12]

Zu unterscheiden ist bei Finanzierungsleasingverträgen zwischen Vollamortisations- und **8** Teilamortisationsverträgen.

a) Vollamortisation. Vollamortisationsleasing ist dann gegeben, wenn der Leasingvertrag **9** über eine bestimmte Zeit abgeschlossen wird, während der er bei vertragsgemäßer Erfüllung von beiden Vertragsparteien nicht gekündigt werden kann (feste Grundmietzeit) und die Anschaffungs- und Herstellungskosten einschließlich der Finanzierungskosten des Leasinggebers durch die während der Grundmietzeit zu entrichtenden Leasingraten voll amortisiert werden (Mobilien-Vollamortisationsleasing-Erlass des Bundesministers der Finanzen vom 19. 4. 1971). Nach Ablauf des Leasingvertrages kann der Leasingnehmer den Leasinggegenstand an den Leasinggeber zurückgeben, er kann den Leasingvertrag verlängern oder eine ihm möglicherweise vertraglich eingeräumte Kaufoption ausüben.[13]

b) Teilamortisation. Das Teilamortisationsleasing ist ebenfalls auf die vollständige Amortisation der aufgewendeten Kosten des Leasinggebers angelegt. Allerdings werden die während der Grundmietzeit zu entrichtenden Leasingraten gering gehalten und decken die aufgewendeten Kosten des Leasinggebers somit nicht vollständig. Die Amortisation der **10**

---

[6] *Gitter*, Gebrauchsüberlassungsverträge, S. 277, 299.
[7] Staudinger/*Stoffels*, Leasing, Rn. 45.
[8] Vgl. hierzu Schimansky/Bunte/Lwowski/*Martinek* § 101 Rn. 4.
[9] *Gitter*, Gebrauchsüberlassung, S. 277, 300.
[10] Lüdicke/Arndt/*Halfpap*, Geschlossene Fonds, S. 274.
[11] *Ying Li*, WMU Journal of Maritime Affairs 2006, Vol. 5 No. 1, 61, 69.
[12] Lüdicke/Arndt/*Halfpap*, Geschlossene Fonds, S. 240.
[13] Staudinger/*Stoffels* Rn. 53.

Investition wird durch den Verkauf des Leasinggegenstandes nach Ende der Grundmietzeit entweder an den Leasingnehmer oder an Dritte erreicht.[14]

11   **2. Operating-Leasing.** Das Operating-Leasing wird in der Regel nur für eine im Voraus bestimmte, kurze Vertragsdauer vereinbart oder ist mit einem Kündigungsrecht für beide Parteien ausgestaltet. Im Gegensatz zum Finanzierungsleasing ist das Operating-Leasing nicht auf die volle Amortisation der Kosten des Leasinggebers angelegt und steht außerhalb der Leasingerlasse des BMF. Es unterscheidet sich von den Finanzierungsleasingverträgen vor allem dadurch, dass der Leasingnehmer im Falle der Kündigung keine Abschlusszahlung schuldet. Der Leasinggeber trägt also das Investitions- und Absatzrisiko. Vor allem aber fehlt beim Operating Leasing regelmäßig die für das Finanzierungsleasing charakteristische Dreiecksbeziehung. Entscheidend für die Abgrenzung ist letztlich, ob das Absatzinteresse des Leasinggebers hinsichtlich des zum Gebrauch überlassenen Gegenstandes im Vordergrund steht oder sich das Interesse des Leasingnehmers in der zeitweiligen entgeltlichen Nutzung erschöpft.[15]

12   Operating-Leasingverträge werden heute in der Literatur ganz überwiegend als normale Mietverträge im Sinne des § 535 BGB angesehen,[16] während der BGH dazu tendiert sie in die Nähe der Finanzierungsleasingverträge zu rücken.[17]

13   Gerade aufgrund seiner kurzen Laufzeit spielt das Operating-Leasing in der Exportwirtschaft – abgesehen von Flugzeugen – nur eine untergeordnete Rolle und soll hier nicht näher behandelt werden.

14   **3. Rechtsnatur.** Die Bestimmung der Rechtsnatur des Finanzierungsleasingvertrages gehört zu den umstrittensten Fragen des Vertragsrechts.[18] Nach der überwiegenden Auffassung in der Literatur handelt es sich bei dem deutschrechtlichen Leasingvertrag um einen atypischen Mietvertrag,[19] nach anderer Ansicht um einen Vertrag sui generis mit kauf- und mietrechtlichen Elementen.[20]

15   **4. Abgrenzung zum (Miet-)Kauf.** Beim Mietkauf überlässt der Vermieter dem Mieter entgeltlich eine Sache zum Gebrauch. Dem Mieter wird das Recht eingeräumt die Mietsache zu einem bestimmten Preis zu kaufen, wobei die bereits gezahlten Mietraten ganz oder teilweise auf den Kaufpreis angerechnet werden. Bis zur Ausübung des Optionsrechts unterliegt der Vertrag den §§ 535 ff. BGB. Abweichend vom typischen Leasingvertrag trägt der Vermieter in Übereinstimmung mit den mietrechtlichen Vorschriften beim Mietkauf die Sachgefahr und übernimmt die Gewährleistung und Instandhaltung der Sache.[21] Aus steuerrechtlicher Sicht sind Leasing und Mietkauf streng voneinander zu trennen. Das wirtschaftliche Eigentum der Mietsache wird beim Mietkauf anders als beim erlasskonformen Finanzierungsleasing von Anfang an dem Gebrauchsberechtigten zugerechnet.[22]

III. Strukturen des Leasings

16   Leasinggeschäfte finden sowohl im Zwei- als auch im Dreipersonenverhältnis statt. Typisch für das Finanzierungsleasinggeschäft ist das Dreipersonenverhältnis mit einem Lieferanten, dem Leasinggeber und dem Leasingnehmer.

17   **1. Leasing im Dreipersonenverhältnis („Institutionelles Leasing").** Das typische Finanzierungsleasinggeschäft ist im Dreipersonenverhältnis strukturiert wie in Abbildung Nr. 1 vereinfacht dargestellt: Der Unternehmer und Investor, der an dem betrieblichen

---

[14] Staudinger/*Stoffels* Rn. 55 ff.
[15] Schimansky/Bunte/Lwowski/*Martinek* § 101 Rn. 14.
[16] Vgl. anstatt vieler *Flume* DB 1972, 1, 2; *Weidenkaff,* in: Palandt, Vor § 535 Rn. 40.
[17] BGHZ 111, 84, 96.
[18] Vgl. zum Meinungsstand eingehend Staudinger/*Stoffels* Rn. 64 ff.
[19] Grundlegend *Flume* DB 1972, 1, 4 ff. und *ders.* DB 1991, 265.
[20] *Martinek*, Leasing und Factoring, S. 88 ff.
[21] *Weidenkaff,* in: Palandt, Vor § 535 Rn. 30.
[22] *v. Westphalen,* in: v. Westphalen, Leasingvertrag, Kap. B Rn. 79 ff.

Einsatz der Leasingsache ein Interesse hat, als Leasingnehmer, der Hersteller oder Händler, der das Investitionsgut veräußern möchte, als Lieferant und der Financier, meist ein Finanzierungsinstitut oder gewerbliches Leasingunternehmen, das zur Finanzierung der Investition „zwischengeschaltet" wird, als Leasinggeber.[23]

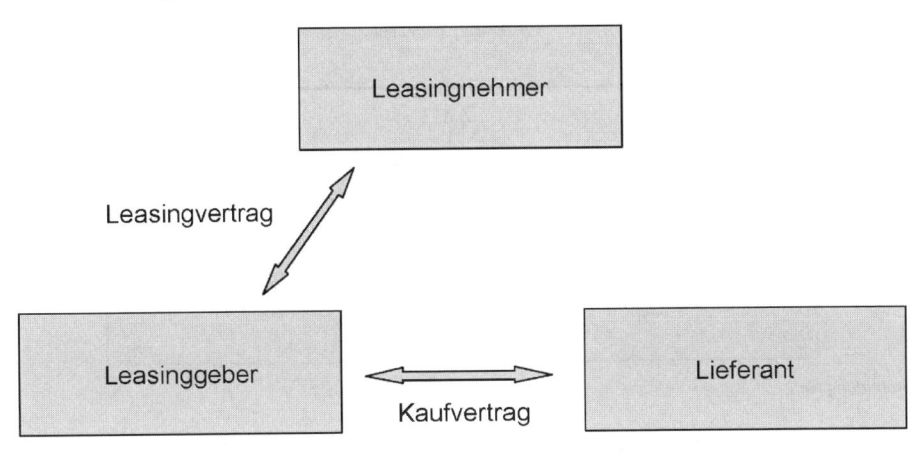

Abbildung Nr. 1

18 Der Leasinggeber erwirbt beim Institutionellen Leasing vom Lieferanten das Eigentum an einem Leasinggegenstand, welchen er sodann dem Leasingnehmer gegen die zu zahlende Leasingrate zum Gebrauch überlässt. Schon aufgrund seines mangelnden Interesses am Leasinggegenstand hat der Leasinggeber in diesen Fällen normalerweise kaum etwas mit dem Beschaffungsvorgang zu tun.

19 Kennzeichnend für das Leasinggeschäft im Dreipersonenverhältnis ist, dass keine originären Vertragsbeziehungen zwischen dem Lieferanten als Veräußerer und dem Leasingnehmer als Erwerber zustande kommen bzw. diese nach Zustandekommen durch den Eintritt des Leasinggebers in den Kaufvertrag wieder beendet werden. Letztlich besteht die den vertraglichen Vereinbarungen zu Grunde liegende wirtschaftliche Beziehung aber zwischen Lieferant und Leasingnehmer.

20 Abweichend von den gesetzlichen Regelungen zum Mietvertrag trägt der Leasingnehmer die Sach- und Preisgefahr des Investitionsgutes, ohne dass ihm Gewährleistungsansprüche gegen den Leasinggeber eingeräumt werden. Im Gegenzug tritt der Leasinggeber seine aus dem Kaufvertrag mit dem Lieferanten resultierenden Gewährleistungsansprüche an den Leasingnehmer ab.[24]

21 Anders als bei einem Mietvertrag oder Mietkauf hat der Lieferant im Rahmen des Institutionellen Leasings den Vorteil, dass seine Liquiditäts- und Rentabilitätssituation unmittelbar durch den (Inlands-)Barverkauf an den Leasinggeber verbessert wird. Das Risiko der Insolvenz des Erwerbers geht auf den Leasinggeber über, der Lieferant trägt lediglich das Gewährleistungsrisiko für seine Ware.

22 Der Leasinggeber wiederum zieht einen Vorteil aus dem Umstand, dass er das Leasinggut bilanziell abschreiben kann und den von ihm gezahlten Kaufpreis nach dem Grundsatz der Vollamortisation über die vereinbarte Laufzeit verzinst von dem Leasingnehmer zurückerhält.

2. Leasing im Zweipersonenverhältnis („Lieferanten-/Herstellerleasing"). Das sog. 23 Hersteller- oder Händlerleasing ist im Zweipersonenverhältnis strukturiert. Der Hersteller oder Händler tritt sowohl als Lieferant als auch als Leasinggeber auf, so dass nicht nur eine

---

[23] *Martinek*, Leasing und Factoring, S. 37 ff.
[24] *BGH* NJW 1990, 1785, 1788.

wirtschaftliche, sondern auch eine vertragliche Beziehung zwischen dem Lieferanten und dem Erwerber besteht wie in Abbildung Nr. 2 dargestellt.

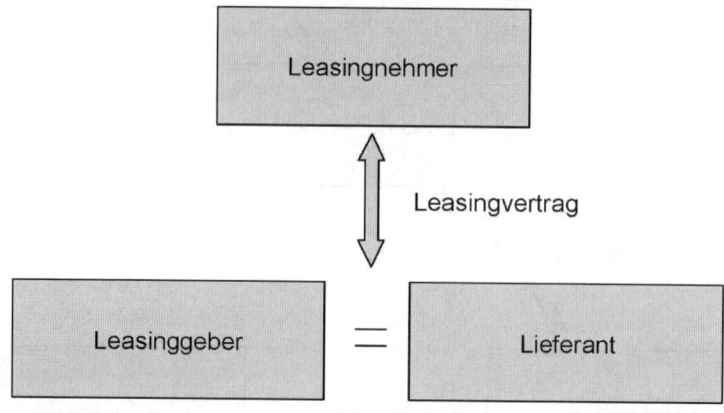

Abbildung Nr. 2

24   Das für das Finanzierungsleasing typische Dreiecksverhältnis entsteht bei dieser Sonderform des Leasings nicht. Deshalb findet hier auch keine Abtretung der Gewährleistungsansprüche an den Leasingnehmer statt. Hinsichtlich der rechtlichen Einordnung des Hersteller- oder Händlerleasings stellt der BGH darauf ab, ob die volle Amortisation des Anschaffungsaufwandes des Leasinggebers bereits durch einmaliges Überlassen der Sache an einen Leasingnehmer (Finanzierungsleasing) oder erst durch mehrmaliges Überlassen an aufeinander folgende Leasingnehmer (Operating Leasing) erreicht werden kann.[25]

25   **3. Sonderform: „sale and lease back".** Unter „*sale and lease back*" werden allgemein Leasinggeschäfte verstanden, bei denen ein Unternehmen ein ihm gehörendes und von ihm genutztes Wirtschaftsgut an ein anderes Unternehmen veräußert, um es anschließend von diesem zur Nutzung überlassen zu bekommen.[26] Ziel einer solchen „*sale and lease back*"-Struktur ist ein Liquiditätsgewinn des Verkäufers bzw. Leasingnehmers.[27] Nach dem BGH ist auch diese Geschäftsform dem Finanzierungsleasing zuzuordnen.[28] Allerdings unterliegt das „*sale and lease back*"-Verfahren, insbesondere die Gewährleistungshaftung des Leasinggebers, einigen Sonderproblemen, auf deren Darstellung hier verzichtet wird.[29]

B. Durchführung eines Leasinggeschäftes

26   Da das typische Leasinggeschäft im Dreieck, also als Institutionelles Leasing stattfindet, wird im Weiteren nur noch auf das sog. institutionelle Leasing abgestellt.

I. Typischer Ablauf

27   Zur Veranschaulichung der Einzelheiten einer Leasingtransaktion im Dreipersonenverhältnis wird zunächst der typische Ablauf eines solchen Geschäfts dargestellt.

28   **1. Vertragsschluss und Vertragsinhalt.** Zwischen den beteiligten Parteien sind die in Abbildung Nr. 1 dargestellten Verträge zu schließen. Hierbei ist zwischen zwei Modellen

---

[25] *BGH* NJW 1998, 1637, 1639.
[26] Hierzu *BGH* NJW 1990, 829, 831.
[27] *Hansen*, in: v. Westphalen, Leasingvertrag, Kap. N Rn. 5 f.
[28] *BGH* NJW 1990, 829, 831; aA *Martinek*, Leasing und Factoring, S. 60 f.
[29] Siehe Staudinger/*Stoffels*, Leasing, Rn. 31, 32.

zu unterscheiden: dem jeweils bedingtem Abschluss des Leasing- und des Liefervertrages sowie dem sog. „Eintrittsmodell".

In der Regel verhandeln der Lieferant und der Leasingnehmer zunächst direkt über die Einzelheiten des Leasinggeschäfts. Diese Vorverhandlungen dienen ausschließlich der Vertragsanbahnung zwischen Lieferant und Leasinggeber. Dennoch entsteht zwischen Lieferant und Leasingnehmer ein vorvertragliches Vertrauensverhältnis.[30] Anschließend werden der Leasingvertrag unter der aufschiebenden Bedingung, dass die Leasingsache an den Leasingnehmer geliefert wird und der Liefervertrag unter der aufschiebenden Bedingung, dass der Leasingvertrag zustande kommt, geschlossen. Dabei wird der Leasinggeber darauf achten, dass eine weitestgehende Kongruenz zwischen Liefer- und Leasingvertrag besteht.[31] In der Regel ist der Lieferant aufgrund des bedingten Liefervertrages insofern vorleistungspflichtig, als dass der Leasinggeber erst nach Übernahme des Leasinggegenstandes durch den Leasingnehmer zur Zahlung verpflichtet ist. 29

Im Ausnahmefall des sog. „Eintrittsmodells" schließen der Lieferant und der spätere Leasingnehmer den Liefervertrag nach den Vorverhandlungen. Anschließend tritt der Leasinggeber an Stelle des Leasingnehmers in den Liefervertrag ein.[32] Tritt der Leasinggeber nicht nachträglich in den Liefervertrag ein, bleibt der Leasingnehmer an den Vertrag mit dem Lieferanten gebunden,[33] sofern der Liefervertrag nicht durch eine Leasingfinanzierungsklausel auflösend bedingt (§ 158 Abs. 2 BGB) hinsichtlich des Nichtzustandekommen des Leasingvertrages geschlossen worden ist.[34] 30

Die Dauer des Leasingvertrages richtet sich üblicherweise nach dem Abschreibungszeitraum, also der betriebsgewöhnlichen Nutzungsdauer des Leasinggutes. Zur steuerlichen Optimierung des Leasinggeschäftes ist es erforderlich, dass die Laufzeit des Leasingvertrages mindestens 40% und höchstens 90% der betriebsgewöhnlichen Nutzungsdauer des Leasinggutes beträgt.[35] 31

Die Hauptleistungspflicht des Leasingnehmers ist die Zahlungsverpflichtung, die im synallagmatischen Gegenseitigkeitsverhältnis zur Finanzierungs- und Überlassungspflicht des Leasinggebers steht. Die Höhe des ratenweise zu entrichtenden Leasingentgelts unterliegt der Parteidisposition, und richtet sich ua danach, ob es sich um Teilamortisationsleasing oder Vollamortisationsleasing handelt.[36] Zumeist ist das Finanzierungsleasing als „Netto-Leasing" konzipiert, dh es werden sämtliche aus der Nutzung des Leasinggutes entstehenden Kosten durch den Leasingnehmer getragen und nicht bei der Kalkulation der Leasingraten berücksichtigt. Berücksichtigt werden hierbei aber zumeist die folgenden Parameter: Abschreibung des Leasinggutes, die Risiko-Marge des Leasinggebers, seine Aufwendungen für die Refinanzierung (zB Zinsen), Verwaltungskosten und der Gewinn des Leasinggebers.[37] 32

2. Vertragsdurchführung. a) Lieferung der Leasingsache. Die Lieferung des Leasinggegenstandes findet üblicherweise innerhalb der zu Grunde liegenden wirtschaftlichen Beziehungen statt. Der Lieferant liefert direkt an den Leasingnehmer, der den Gegenstand seinerseits als Erfüllungsgehilfe des Leasinggebers abnimmt[38] und dem Leasinggeber die Übernahme der Leasingsache bestätigt. Mit der Lieferung an den Leasingnehmer erfüllt der Lieferant zunächst seine Hauptleistungspflicht aus dem Kauf- oder Werklieferungsvertrag gegenüber dem Leasinggeber. Der Leasingnehmer erlangt die tatsächliche Gewalt über die Sache (§ 854 BGB) und fungiert zugleich als Besitzmittler für den Leasinggeber. Dies er- 33

---

[30] Martinek/*Wimmer-Leonhardt,* Leasingrecht, § 10 Rn. 41 ff.
[31] MüKoBGB/*Koch,* Leasing, Rn. 39.
[32] Schimansky/Bunte/Lwowski/*Martinek* § 101 Rn. 34.
[33] *BGH* NJW-RR 1990, 1009.
[34] *OLG Düsseldorf* OLG-Rp 96, 79; *v. Westphalen,* in: v. Westphalen, Leasingvertrag, Kap. C Rn. 124.
[35] MüKoBGB/*Koch,* Leasing, Rn. 20.
[36] MüKoBGB/*Koch,* Leasing, Rn. 44.
[37] Martinek/*Stoffels,* Leasing, § 16 Rn. 14 ff.
[38] *BGH* NJW 1977, 1058, 1060; *BGH* NJW 1984, 2034, 2036.

möglicht dem Leasinggeber, mit der Auslieferung des Leasingobjekts an den Leasingnehmer unmittelbar vom Lieferanten nach §§ 929 S. 1 iVm 868 BGB das Eigentum an der Sache zu erwerben.[39] Die Abnahme- und Übernahmebestätigung des Leasingnehmers hat daher eine mehrfache Bedeutung: Zum einen erfüllt die Abnahmebestätigung die Abnahmepflicht des Leasinggebers und löst damit die Pflicht zur Kaufpreiszahlung aus.[40] Zum anderen wird mit der Übernahmebestätigung der bedingt geschlossene Leasingvertrag in Vollzug gesetzt und die erste Leasingrate gegenüber dem Leasinggeber fällig.[41]

34   Schließlich hat die Abnahme- und Übernahmebestätigung auch Beweisfunktion für die Untersuchungs- und Rügeobliegenheit bei handelsgeschäftlichen Lieferverträgen nach §§ 377, 383 Abs. 2, 343 HGB, da mit ihr die Untersuchung der gelieferten Sache und ihre Freiheit von äußerlichen erkennbaren Mängeln (§ 377 Abs. 1, 2 HGB) bestätigt wird.[42] Der Leasingnehmer wird insoweit als Obliegenheitsgehilfe des Leasinggebers gegenüber dem Lieferanten tätig.[43] Diese Rechtslage wird häufig dahingehend modifiziert, dass der Leasinggeber die Untersuchung- und Rügepflicht gegenüber dem Lieferanten mit dessen Einverständnis formularvertraglich auf den Leasingnehmer überträgt. Eine solche Übertragung der Rügeobliegenheit hält einer AGB-rechtlichen Kontrolle stand, da sie insoweit als sachgerechte Verdichtung des rechtlichen Dreiecksverhältnisses auf ein Zweipersonenverhältnis zwischen den vorrangig an der Abwicklung der Leistungsstörung Interessierten erscheint.[44] Ist die Rügepflicht dem Leasingnehmer wirksam übertragen worden und versäumt dieser es zu rügen, greift die Genehmigungsfiktion des § 377 Abs. 2 HGB und der Leasingnehmer kann weder gegen den Lieferanten noch den Leasinggeber Gewährleistungsrechte durchsetzen, bleibt aber zur Zahlung der Leasingraten verpflichtet.[45]

35   **b) Leistungsstörung und Gefahrtragung.** Die planmäßige Durchführung des Leasinggeschäfts erfordert, dass der Leasinggegenstand entsprechend den typischen Abreden im Leasingvertrag pünktlich geliefert wird, keine Mängel aufweist und auch nach Übergabe in einem gebrauchsfähigen Zustand verbleibt. Im Folgenden wird dargestellt welche rechtlichen Folgen Störungen in diesen Bereichen haben, wobei die Mangelhaftigkeit des Leasinggutes gesondert besprochen wird.

36   Hauptleistungspflicht des Leasinggebers ist es, die Leasingsache dem Leasingnehmer in ordnungsgemäßem Zustand zur Verfügung zu stellen und ihn anschließend nicht im Gebrauch zu stören.[46] Wird die Leasingsache dem Leasingnehmer nicht geliefert, kann der Leasingnehmer dem Ratenzahlungsanspruch jedenfalls sofort die Einrede des nichterfüllten Vertrages (§ 320 BGB) entgegenhalten.[47] Der Leasinggeber soll nach herrschender Meinung das Risiko des Scheiterns des Liefergeschäfts tragen.[48] Nach der Ansicht des BGH ist der Leasingnehmer berechtigt, sich auf den Wegfall der Geschäftsgrundlage – mit Wirkung ex tunc – zu berufen, wenn die Lieferung der Leasingsache aus von ihm nicht zu vertretenen Gründen endgültig unterbleibt.[49] Dem Leasingnehmer stünde demnach ein Kündigungsrecht nach § 313 Abs. 3 S. 2 BGB zu.[50]

37   Da im Leasingvertrag in den meisten Fällen ein Liefertermin vereinbart ist und es sich daher um ein relatives Fixgeschäft handelt, werden die verspätete wie auch die nicht vollständige Leistung rechtlich als Fälle der Nichtleistung eingeordnet. Für den Fall, dass der Leasinggeber dem Leasingnehmer die Leasingsache nicht rechtzeitig zur Verfügung stellt,

---

[39] Näher zum Eigentumserwerb *Martinek,* Leasing und Factoring, S. 123.
[40] *BGH* NJW 1993, 1381, 1382.
[41] *BGH* NJW 1988, 198, 199; *OLG Düsseldorf* NJW-RR 2005; *Martinek,* Leasing und Factoring, S. 122.
[42] BGHZ 110, 130.
[43] *Martinek,* Leasing und Factoring, S. 124.
[44] *v. Westphalen* BB 1990, 1, 5; MüKoBGB/*Koch,* Leasing, Rn. 81.
[45] *v. Westphalen,* in: v. Westphalen, Leasingvertrag, Kap. E Rn. 6.
[46] BGHZ 68, 118, 124; BGHZ 81, 298, 303.
[47] *BGH* ZMR 1997, 630, 632.
[48] Staudinger/*Stoffels,* Leasing, Rn. 190 mwN.
[49] *BGH* NJW 1986, 179; *BGH* ZMR 1997, 630, 632.
[50] Nach aA soll § 326 Abs. 1 BGB Anwendung finden: MüKoBGB/*Koch,* Leasing, Rn. 82.

kann der Leasingnehmer gem. § 320 BGB die Zahlung der Leasingraten verweigern. Darüber hinaus kann er vom Leasinggeber den Ersatz des ihm entstandenen Schadens nach §§ 280 Abs. 1 und 3, 281 bzw. 283 BGB verlangen. Ein solcher Schadensersatzanspruch setzt jedoch ein Verschulden entweder des Leasinggebers oder des Lieferanten als dessen Erfüllungsgehilfen bei der Lieferung voraus. Gleiches gilt grundsätzlich auch für den Fall der unvollständigen Lieferung, vorausgesetzt, dass die rückständige Leistung die aus Treu und Glauben folgende Schwelle der Geringfügigkeit überschreitet. Der Leasinggeber haftet dann auch unter den Voraussetzungen der §§ 280, 281, 283, 286 BGB auf Schadensersatz.[51]

In den Leasingverträgen finden sich regelmäßig Nichtlieferung- und Verspätungsklauseln, die darauf abzielen, den Leasinggeber von einer Haftung für eine ausbleibende oder verspätet erfolgende Lieferung des Leasingobjekts durch den Lieferanten frei zu zeichnen, ohne dem Leasingnehmer im Gegenzug eine Kompensation zuzubilligen. Ein solcher uneingeschränkter Haftungsausschluss hält nach ganz herrschender Ansicht einer Inhaltskontrolle nach AGB-Recht selbst im unternehmerischen Geschäftsverkehr nicht stand, da die Lieferung des Leasinggegenstandes eine Hauptpflicht des Leasinggebers ist.[52] Ebenso hat der BGH die Wirksamkeit von in den Leasing-AGB enthaltenen Insolvenzrisikoklauseln, nach denen sich der Leasinggeber im Falle des Vermögensverfalls des Lieferanten von jeder Haftung für die Nichtlieferung versucht freizustellen, verneint.[53] **38**

Abweichend von den gesetzlichen Regelungen des Mietrechts wird die Sach- und Preisgefahr in den Leasingverträgen üblicherweise ab Überlassung des Leasinggegenstandes entsprechend der Wertung des § 446 BGB dem Leasingnehmer zugewiesen, so dass dieser auch bei einer von ihm nicht zu vertretenden Verschlechterung oder Vernichtung der Sache zur Fortzahlung der Leasingraten verpflichtet bleibt, ohne Lieferung einer neuen Leasingsache verlangen zu können. Trotz der hierin liegenden Abweichung von den mietrechtlichen Regelungen (insbesondere § 536 BGB), an denen der BGH sich bei der Behandlung des Leasings in der Regel orientiert,[54] sowie von den §§ 320, 326 Abs. 1 BGB, erkennt sowohl die Rechtsprechung[55] als auch die überwiegende Literaturmeinung[56] die Wirksamkeit dieser Regelung an. **39**

In der Vertragspraxis werden die dargestellten Gefahrtragungsregelungen meist mit der Verpflichtung des Leasingnehmers gekoppelt, die Leasingsache angemessen auf eigene Kosten, im eigenen Namen aber zu Gunsten des Leasinggebers gegen Untergang, Verlust und Beschädigung zu versichern.[57] Eine solche Vertragsklausel ist AGB-rechtlich nicht zu beanstanden, wenn die Versicherungsleistung zweckgebunden ist, dh wenn der Leasinggeber verpflichtet ist, bei einer Beschädigung der Leasingsache die Versicherungsleistung zur Bezahlung der Reparaturkosten zu verwenden, während sie bei Untergang der Sache zwingend mit den noch ausstehenden Leasingraten und etwaigen Schadensersatzansprüchen des Leasinggebers zu verrechnen ist.[58] Wird das Leasingobjekt von einem Dritten beschädigt oder zerstört, kann der Leasinggeber als Eigentümer Schadensersatz gem. §§ 823 Abs. 1, 249 BGB verlangen, muss den Betrag aber an den Leasingnehmer zur Wiederherstellung der Leasingsache auskehren. Im Fall des Mitverschuldens des Leasingnehmers haftet auch dieser dem Leasinggeber gegenüber als Gesamtschuldner mit dem Drittschädiger aus § 823 Abs. 1 BGB.[59] **40**

---

51 Vgl. hierzu Staudinger/*Stoffels*, Leasing, Rn. 194.
52 *BGH* NJW 1982, 105, 106; *OLG Hamm* DB 1980, 393, 394; *Gitter*, Gebrauchsüberlassungsverträge, S. 315 ff.; *Martinek*, Leasing und Factoring, S. 127 f.; Staudinger/*Stoffels*, Leasing, Rn. 196.
53 BGHZ 96, 103, 109.
54 MüKoBGB/*Koch*, Leasing, Rn. 26.
55 *BGH* NJW 1987, 377, 378; BGH 1988, 198; BGH 1996, 1888; *BGH* NJW 2004, 1041, 1042 f.
56 *Martinek*, Leasing und Factoring, S. 145 ff.; Staudinger/*Stoffels*, Leasing, Rn. 201 mwN; *v. Westphalen*, in: v. Westphalen, Leasingvertrag, Kap. H Rn. 2 ff.
57 *OLG Hamm* NJW-RR 2002, 543; ausführlich Staudinger/*Stoffels*, Leasing, Rn. 207.
58 *BGH* NJW 1985, 1537, 1538; *BGH* NJW 1992, 683, 684; *BGH* NJW 1995, 1541, 1542; zustimmend Staudinger/*Stoffels*, Leasing, Rn. 209.
59 Hierzu MüKoBGB/*Koch*, Leasing, Rn. 96 f.

41 Zudem ist der Leasingnehmer vertraglich regelmäßig verpflichtet, die Leasingsache in einem ordnungsgemäßen Zustand zu halten, eingetretene Schäden am Leasinggegenstand auf eigene Kosten beseitigen zu lassen bzw. Ersatz für den Leasinggegenstand auf eigene Kosten zu beschaffen. Diese Regelungen sind leasingtypisch und nach AGB-Recht zulässig.[60] Soweit es sich um eine wartungsintensive Leasingsache handelt, wird der Leasingnehmer darüber hinaus regelmäßig zum Abschluss eines Wartungsvertrages verpflichtet sein.

42 Risiken vor der Überlassung des Leasinggegenstandes, welche etwa mit einer Erhöhung der Anschaffungskosten verbunden sind, werden zumeist durch Regelungen des Leasingvertrages auf den Leasingnehmer übertragen und schlagen sich in der Erhöhung der Leasingraten nieder.

43 **c) Gewährleistung bei Mangelhaftigkeit der Leasingsache.** Wie eingangs bereits dargestellt ist in den Leasingverträgen regelmäßig eine Haftungsfreizeichnung des Leasinggebers von eigenen Gewährleistungspflichten aus §§ 536 f. BGB gegenüber dem Leasingnehmer vorgesehen. An ihre Stelle tritt die Abtretung der dem Leasinggeber im Verhältnis zum Lieferanten zustehenden Sachmängelansprüche aus § 437 BGB (Abtretungsklausel) oder es ist eine Ermächtigung des Leasingnehmers nach § 185 Abs. 1 BGB zur Geltendmachung solcher Gewährleistungsansprüche im eigenen Namen erteilt (Ermächtigungsklausel).[61] Diese Drittverweisungsklauseln werden heute sowohl von der Rechtsprechung[62] als auch im Schrifttum[63] als wirksam anerkannt.

44 Die Abtretung der Gewährleistungsansprüche des Leasinggebers gegen den Lieferanten an den Leasingnehmer führt dazu, dass Letzterer im Falle eines mangelhaften Leasinggutes nicht die Zahlung der Leasingraten nach § 320 BGB verweigern kann, sondern den Nachbesserungsanspruch gegenüber dem Lieferanten geltend machen muss.[64] Kommt der Lieferant dem Nachbesserungsverlangen durch Nachlieferung nach, ist noch immer ungeklärt, wie die Nutzungsentschädigung des Lieferanten nach §§ 439 Abs. 4, 346 Abs. 1 BGB zwischen den Parteien aufzuteilen ist.[65]

45 Bleibt das Verlangen der Nachbesserung erfolglos, kann der Leasingnehmer gegenüber dem Lieferanten eine Minderung des Kaufpreises in der Weise durchsetzen, dass ein Teil des Kaufpreises an den Leasinggeber zurück zu zahlen ist. Dieser hat wiederum die Leasingraten anteilig im Verhältnis zum geminderten Kaufpreis anzupassen.[66]

46 Daneben hat der Leasingnehmer das Recht, den Rücktritt vom Kaufvertrag zu erklären; auch hier aber nur in Ausübung des vom Leasinggeber abgetretenen Rechts. Übt der Leasingnehmer das Rücktrittsrecht aus, begehrt er Rückzahlung des Kaufpreises an den Leasinggeber. Der Leasinggeber hat die Leasingsache Zug um Zug gegen Rückzahlung des Kaufpreises an den Lieferanten zurück zu geben.[67] Praktisch erfolgt die Rückgabe zumeist durch den Leasingnehmer als Erfüllungsgehilfen des Leasinggebers. Auf die Rückabwicklung des Kaufvertrages folgt die Rückabwicklung des Leasingvertrages, dessen Geschäftsgrundlage durch die Ausübung des Rücktrittsrechts nach (noch) herrschender Meinung und ständiger Rechtsprechung des BGH ex tunc entfällt.[68] Bestreitet der Lieferant, dass der Leasingnehmer wirksam für den Leasinggeber vom Kaufvertrag zurück getreten ist, soll die Geschäftsgrundlage des Leasingvertrages solange nicht entfallen wie der Leasingnehmer nicht Klage auf Rückabwicklung erhoben hat.[69] Nach dem Inkrafttreten der Schuldrechts-

---

[60] Ganz herrschende Ansicht: vgl. anstatt vieler *Martinek,* Leasing und Factoring, S. 148.
[61] *Martinek,* Leasing und Factoring, S. 153 ff.
[62] *BGH* NJW 1986, 179 ff.
[63] Vgl. Schimansky/Bunte/Lwowski/*Martinek* § 101 Rn. 63.
[64] BGHZ 97, 135, 140; MüKoBGB/*Koch,* Leasing, Rn. 106.
[65] Hierzu ausführlich MüKoBGB/*Koch,* Leasing, Rn. 107.
[66] Martinek/*Beckmann,* Leasing, § 29 Rn. 57 ff.
[67] Zur Rückabwicklung MüKoBGB/*Koch,* Leasing, Rn. 109 ff.; Schimansky/Bunte/Lwowski/*Martinek* § 101 Rn. 81 ff.
[68] Grundlegend BGHZ 68, 118, 126.
[69] Palandt/*Weidenkaff* Vor § 535 Rn. 58; aA das neuere Schrifttum: *Gsell* ZJS 2010, 540, 541; *v. Westphalen* ZIP 2006, 1653, 1660.

rechtsreform wird im Schrifttum überwiegend die Ansicht vertreten, dass der Leasingnehmer vielmehr ein Recht auf fristlose Kündigung nach § 313 Abs. 3 S. 2 BGB habe. Dies wird vor allem mit der vertraglichen Risikoverteilung begründet.[70]

d) Weitere Risiken des Leasinggebers. Unabhängig von der Risikoverteilung zwischen den Parteien des Leasinggeschäftes, bestehen für den Leasinggeber weitere Risiken aufgrund seiner Eigentümerstellung. So trifft den rechtlichen Eigentümer eines Gegenstandes die öffentlich-rechtliche Haftung als Zustandsstörer. Wird durch die Leasingsache oder dessen Gebrauch eine öffentlich-rechtliche Haftung ausgelöst, kann der Leasinggeber sich nicht allein durch Verweis auf den Leasingnehmer der Haftung entziehen. Ferner können den Eigentümer je nach Art der Leasingsache öffentlich-rechtliche Erhaltungs- oder Instandhaltungspflichten treffen, deren Nichtbeachtung bspw. zur Verhängung von Geldbußen führen kann. 47

3. Beendigung. Eine ordentliche Beendigung eines Leasingvertrages erfolgt entweder durch die Ausübung eines ordentlichen Kündigungsrechts oder durch Ablauf der festgesetzten Vertragslaufzeit. 48

Eine ordentliche Kündigung des Leasingvertrages ist während der Laufzeit des von vornherein befristeten Vollamortisationsvertrages in der Regel ausgeschlossen. Teilweise ist im Leasingvertrag jedoch vorgesehen, dass dieser zwar durch den Leasingnehmer ordentlich gekündigt werden kann, eine Kündigung ihn jedoch zu einer Abschlusszahlung verpflichtet, welche auf Seiten des Leasinggebers zur Vollamortisation der Investition führt.[71] Bei der Regelung der ordentlichen Kündigungsmöglichkeit ist darauf zu achten, dass nicht die Grenzen zwischen Finanzierungsleasing und Operating Leasing verwischt werden, sodass die bilanziellen und steuerlichen Vorteile des Finanzierungsleasing verloren gingen. 49

Im Fall des auf unbestimmte Zeit geschlossenen Teilamortisationsvertrages wird nach Ablauf einer unkündbaren Grundvertragszeit ein entsprechendes Kündigungsrecht zu bestimmten Zeitpunkten vereinbart. Zudem enthält der Leasingvertrag normalerweise Regelungen dazu, wie nach Ablauf der unkündbaren Vertragslaufzeit verbleibende Amortisationslücken zu schließen sind.[72] 50

Bei Störung der Gebrauchsüberlassung hat der Leasingnehmer zudem ein außerordentliches Kündigungsrecht. Diesbezüglich hat der BGH in ständiger Rechtsprechung auch für den Leasingvertrag auf § 543 BGB abgestellt.[73] Die Gegenansicht im neueren Schrifttum hält die mietrechtlichen Vorschriften für nicht unmittelbar anwendbar und räumt dem Leasingnehmer deshalb ein Kündigungsrecht nach § 314 BGB ein.[74] 51

Der Leasinggeber hat dagegen ein außerordentliches Kündigungsrecht iSd §§ 314 Abs. 1 S. 2, 543 Abs. 1 S. 2 BGB, wenn der Leasingnehmer die Leasingraten nicht mehr vereinbarungsgemäß zahlt, oder wenn der Leasingnehmer den Leasinggegenstand nicht vereinbarungsgemäß verwendet, versichert oder erhält. In entsprechender Anwendung des § 543 BGB zum Mietrecht hat der Leasinggeber dem Leasingnehmer zuvor jedoch eine Abmahnung zu erteilen.[75] 52

Die Beendigungswirkung der Kündigung äußert sich dahingehend, dass der Leasinggeber seinen Anspruch auf Zahlung der Leasingraten verliert und den Leasinggegenstand zurückverlangen kann. Kommt der Leasingnehmer dieser Pflicht nicht nach, kann der Leasinggeber seinen eigentumsrechtlichen Herausgabeanspruch durchsetzen. Für den Fall, dass der Leasingnehmer die außerordentliche Kündigung zu vertreten hat, spricht die Rechtsprechung dem Leasinggeber einen Schadensersatzanspruch eigener Art auf Ersatz des Erfüllungsinteresses zu.[76] 53

---

[70] Vgl. hierzu Staudinger/*Stoffels,* Leasing, Rn. 246 ff.
[71] Schimansky/Bunte/Lwowski/*Martinek* § 101 Rn. 110 f.
[72] MüKoBGB/*Koch,* Leasing, Rn. 126 ff.
[73] *BGH* NJW 1988. 204, 205; zustimmend Martinek/*Berninghaus,* Leasing, § 38 Rn. 1.
[74] MüKoBGB/*Koch,* Leasing, Rn. 137; Schimansky/Bunte/Lwowski/*Martinek* § 101 Rn. 124; Staudinger/*Stoffels,* Leasing, Rn. 309 ff.
[75] Hierzu Staudinger/*Stoffels,* Leasing, Rn. 315 ff.
[76] BGHZ 82, 121, 129; *BGH* NJW 1995, 954, 955; *BGH* NJW 2002, 2731, 2741.

II. Refinanzierung des Leasinggebers

54 1. Bankkredit. Der Leasinggeber kann das Kapital, welches zur Finanzierung des Kaufpreises beim jeweiligen Lieferanten benötigt wird, durch einen Kredit bei einer Bank, einer Muttergesellschaft oder anderen Darlehensgebern beschaffen. Für den Leasinggeber ist entscheidend, dass die Laufzeit des Leasing- und Darlehensvertrages sowie deren Zinssätze kongruent sind (Kongruenz der Refinanzierung), da andernfalls erhebliche Risiken für den Leasinggeber bestehen.[77] Beispielsweise könnte das Recht der finanzierenden Bank unter dem Darlehensvertrag, die Zinssätze zu erhöhen, das ursprünglich bestehende Gleichgewicht von Darlehenstilgung und Leasingraten beseitigen. Für den Fall, dass es zwischen Abschluss des Leasingvertrages und Beginn der Leasingperiode zu Zinsänderungen kommt, sollte zur Wahrung des vertraglichen Gleichgewichts vereinbart werden, dass jede Partei eine Anpassung der Höhe der Leasingraten verlangen kann. Der Leasinggeber kann zudem ein Interesse an der vorzeitigen Rückzahlung des Kredites haben, wenn der Kapitalmarktzins sinkt oder der Leasingvertrag scheitert. Häufig wird deshalb eine vorzeitige Rückzahlung gegebenenfalls gegen Zahlung einer Vorfälligkeitsentschädigung vereinbart.[78] Die finanzierende Bank lässt sich regelmäßig ihren Darlehensrückzahlungsanspruch vom Leasinggeber absichern. Anders als bei der Forfaitierung kann das Darlehen durch die Abtretung der Forderungen auf zukünftige Leasingraten an die finanzierende Bank besichert werden, wobei es dem Leasinggeber vertraglich verboten wird, wesentliche Änderungen an dem Leasingvertrag ohne Zustimmung der refinanzierenden Bank vorzunehmen. Weitere Mittel zur Sicherung des Darlehens sind die Sicherungsübereignung des im Eigentum des Leasinggebers stehenden beweglichen Leasinggegenstandes an die finanzierende Bank bzw. die Bestellung einer Hypothek zu Gunsten der refinanzierenden Bank an einem unbeweglichen bzw. registerfähigem Leasinggegenstand wie etwa ein Flugzeug oder ein Schiff sowie die Weiterübertragung solcher Sicherheiten, die der Leasinggeber sich vom Leasingnehmer hat bestellen lassen.[79] In der Bilanz des Leasinggebers ist die Darlehensschuld als Verbindlichkeit zu passivieren.

55 2. Forfaitierung. Aus zivilrechtlichen und steuerrechtlichen Gründen ist die Forfaitierung („*forfait*", französisch für Pauschale) heute das häufigste Refinanzierungsmittel von Leasingverträgen.[80] Hierbei handelt es sich um einen regresslosen Forderungsverkauf, also den Verkauf einer Forderung mit allen damit einhergehenden Risiken. Der Leasinggeber verkauft seine Forderung gegen den Leasingnehmer auf Zahlung der Leasingraten an ein Kreditinstitut und verschafft sich auf diese Weise neue Liquidität.[81] Dabei wird zwischen der „echten Forfaitierung" und der „unechten Forfaitierung" unterschieden. In der Regel kommt es zur Anwendung der echten Forfaitierung, dh zum Ankauf der Forderung aus dem Leasingvertrag unter Übernahme des Delkredererisikos durch den Refinanzierer. Der Leasinggeber haftet gegenüber dem Kreditinstitut also lediglich für den Bestand, also die Verität der Forderung. Im Fall der unechten Forfaitierung haftet der Leasinggeber dagegen auch für die Werthaltigkeit der Forderung. Ebenso wie bei der Refinanzierung durch Kreditaufnahme hat der Leasinggeber dem Refinanzierer auch bei der Forfaitierung Sicherheiten zu stellen. Anders als bei der Kreditfinanzierung sind die Forderungen auf die künftigen Leasingraten bei der Forfaitierung zur Erfüllung abgetreten und können mithin nicht als Sicherheit dienen. Sofern nicht mitverkauft (und damit zur Erfüllung abgetreten) lässt der Refinanzierer sich häufig die restlichen Ansprüche aus dem Leasingvertrag als Sicherheit abtreten.[82] Zudem stehen ebenso wie bei der Kreditfinanzierung die Sicherungsübereignung bzw. Hypothek sowie die Weiterübertragung von Sicherheiten als Sicherheit zur Ver-

---

[77] Martinek/*Berninghaus*, Leasingrecht, § 74 Rn. 3.
[78] Martinek/*Berninghaus*, Leasingrecht, § 74 Rn. 4 f.
[79] Martinek/*Berninghaus*, Leasingrecht, § 74 Rn. 7, 77, 91 ff., 96 ff.
[80] Martinek/*Berninghaus*, Leasingrecht, § 74 Rn. 12.
[81] MüKoBGB/*Koch*, Leasing, Rn. 25.
[82] Martinek/*Berninghaus*, Leasingrecht, § 74 Rn. 75 ff.

fügung. Anders als bei der Refinanzierung durch ein Darlehen überträgt die echte Forfaitierung das Risiko der Insolvenz des Leasingnehmers auf den Refinanzier. Zudem besteht grundsätzlich kein Zinsänderungsrisiko für den Leasinggeber. Bilanziell hat der Leasinggeber die echte Forfaitierung als passiven Rechnungsabgrenzungsposten zu behandeln und diesen verteilt über die Laufzeit des Leasinggeschäfts aufzulösen. Sie führt also zu einer Bilanzverkürzung und verbessert somit die Bilanzstruktur, da das Verhältnis des haftenden Kapitals zu den Verbindlichkeiten steigt. Die unechte Forfaitierung ist bilanziell wie eine Darlehensgewährung zu behandeln.[83]

III. Steuer- und bilanzrechtliche Implikationen

Die Parteien des Finanzierungsleasingvertrages sind daran interessiert, dass das Eigentum an dem Leasinggegenstand dem Leasinggeber nicht nur zivil- sondern auch steuerrechtlich zugerechnet wird.[84] Erst hierdurch wird der Leasingnehmer in die Lage versetzt, die Leasingraten in voller Höhe als Betriebsausgaben abzusetzen, ohne seinen Aufwand als Abschreibung für Abnutzung über mehrere Jahre verteilen zu müssen. Zudem muss er die Leasingsache nicht in seinem Anlagevermögen verbuchen, so dass sich der Wertzuwachs seines Unternehmens nicht erhöht (Bilanzneutralität).[85] **56**

Entscheidende Bedeutung für die steuerliche Behandlung des Leasinggeschäfts ist die Frage, wer wirtschaftlicher Eigentümer des Leasinggegenstandes ist (§ 39 Abs. 2 AO). Insgesamt sind zur Einordnung vier Schreiben des BMF ergangen, zwei für bewegliche Gegenstände[86] und zwei für unbewegliche Leasinggegenstände.[87] **57**

Wirtschaftlicher Eigentümer ist regelmäßig derjenige, der den fraglichen Vermögenswert wie einen eigenen nutzen darf und insbesondere für seinen Verlust haftet.[88] Beim typischen Finanzierungsleasing ist wirtschaftlicher Eigentümer der Leasinggeber, der an den Chancen einer Wertsteigerung und den Risiken einer Wertminderung jedenfalls über die Drittverwertungsmöglichkeit nach Ende der Laufzeit des Leasinggeschäftes teilnimmt. Nach den Anforderungen der Leasingerlasse des Bundesministers der Finanzen ist eine Zurechnung des wirtschaftlichen Eigentums zum Leasinggeber aber nur dann möglich, wenn die vertraglich bestimmte Grundmietzeit mindestens 40% und höchstens 90% der betriebsgewöhnlichen Nutzungsdauer des Leasinggegenstandes beträgt und der Leasinggeber den Leasinggegenstand nicht ausschließlich dem Leasingnehmer überlassen kann, weil dieser speziell auf dessen Bedürfnisse zugeschnitten ist (Spezial-Leasing).[89] **58**

IV. Zwangsvollstreckung und Insolvenz

a) **Zwangsvollstreckung.** Bei der Zwangsvollstreckung gegen den Leasingnehmer und den Leasinggeber gilt es, einige Besonderheiten zu beachten, die sich aus dem Wesen des Leasinggeschäftes ergeben: Dem Leasingnehmer wird der Leasinggegenstand gegen Entgelt zur Nutzung überlassen, das Eigentum an der Leasingsache verbleibt jedoch beim Leasinggeber. **59**

Im Fall einer Zwangsvollstreckung in das Vermögen des Leasingnehmers besteht daher kein Zugriffs- und Verwertungsrecht der Gläubiger des Leasingnehmers in Bezug auf die Leasingsache. Wird die Zwangsvollstreckung dennoch betrieben, kann der Leasinggeber **60**

---

[83] Vgl. BFHE 193, 416 = BStBl. II 2001, 122.
[84] Martinek/Wagner, Leasingrecht, § 68 Rn. 11 ff. und § 69 Rn. 101 ff.
[85] MüKoBGB/Koch, Leasing, Rn. 18 ff.; Schimansky/Bunte/Lwowski/Martinek § 101 Rn. 5.
[86] BMF v. 19.4.1971, IV B/2 – S 2170 – 31/71, BStBl I 1971, 264, für das Vollamortisationsleasing und BMF v. 23.12.1975, IV B 2 – S 2170 – 115/91, BStBl I 1992, 13 für das Teilamortisationsleasing; abgedruckt in: v. Westphalen, Leasingvertrag, Anhang Rn. 1 f.
[87] BMF v. 21.3.1972, F/IV B 2 – S 2170 – 11/72, BStBl I 1972, 188, für das Vollamortisationsleasing und BMF v. 23.12.1991, IV B 2 – S 2170 – 161/75, BStBl I 1976, 72 für das Teilamortisationsleasing; abgedruckt in: v. Westphalen, Leasingvertrag, Anhang Rn. 3 f.
[88] v. Westphalen/Heyd, Leasingvertrag, Kap. A Rn. 21.
[89] MüKoBGB/Koch, Leasing, Rn. 20 ff.; Schimansky/Bunte/Lwowski/Martinek § 101 Rn. 10 ff.

Drittwiderspruchsklage nach § 771 ZPO erheben.[90] Dieser Rechtsbehelf steht auch dem Refinanzierer zu, auf den das Eigentum am Leasinggegenstand im Zuge der Refinanzierung der Leasinginvestition zur Sicherheit übertragen worden ist.[91] Ist es bereits zur Verwertung des gepfändeten Leasinggegenstandes gekommen, so bleibt dem Leasinggeber nur ein Anspruch aus ungerechtfertigter Bereicherung gemäß § 812 Abs. 1 S. 1 Alt. 2 BGB gegen den Pfändungspfandgläubiger auf Herausgabe des Versteigerungserlöses abzüglich der Vollstreckungskosten (verlängerte Drittwiderspruchsklage).[92] Die Gläubiger des Leasingnehmers sind in der Zwangsvollstreckung damit schlechter gestellt als die eines Sicherungsgebers oder Vorbehaltskäufers, da diese sich zumindest den wirtschaftlichen Wert der Sache sichern können.[93]

61 Wird hingegen die Zwangsvollstreckung in das Vermögen des Leasinggebers betrieben, können dessen Gläubiger grundsätzlich auf den dem Leasingnehmer überlassenen Leasinggegenstand zugreifen. Allerdings steht der Pfändung der beweglichen Leasingsachen des Leasinggebers während der Grundlaufzeit des Leasings regelmäßig der Gewahrsam des Leasingnehmers entgegen. Pfändbar ist der Anspruch auf Rückgabe der Sache, § 864 ZPO, doch können dem Gläubiger vom Leasingnehmer alle Einwendungen aus dem Leasingvertrag entgegengehalten werden, §§ 404, 412, 986 BGB. Anders ist die Lage bei Immobilien sowie eingetragenen Schiffen und Flugzeugen: Zwar endet der Leasingvertrag nicht automatisch nach dem Erwerb des Grundstückes im Wege der Zwangsvollstreckung durch den neuen Eigentümer, dieser erhält jedoch ein einmaliges Sonderkündigungsrecht, welches er unter Einhaltung der gesetzlichen Kündigungsfrist ausüben kann (§§ 171f., 169, 57a ZVG iVm §§ 566ff. BGB).[94] Ist der Leasinggegenstand zur Sicherung eines Refinanzierungskredits an eine Bank oder ein sonstiges Kreditinstitut übereignet worden, so dass dieses fiduziarisch gebundenes Eigentum an der Sache hat, kann das Kreditinstitut bei einer Zwangsvollstreckung durch Gläubiger des Leasinggebers die Drittwiderspruchsklage gemäß § 771 ZPO erheben.[95]

62 **b) Insolvenz.** Mit Stellung des Antrags auf Eröffnung des Insolvenzverfahrens über das Vermögen des Leasingnehmers kann der Leasinggeber den Leasingvertrag nicht mehr wegen Zahlungsrückständen aus der Zeit vor der Beantragung der Eröffnung des Insolvenzverfahren oder wegen Verschlechterung der Vermögensverhältnisse des Leasingnehmers nach § 112 InsO kündigen.[96] Zahlungsrückstände, die nach dem Zeitpunkt der Antragsstellung aufgelaufen sind, berechtigen den Leasinggeber dagegen durchaus zur Kündigung nach § 543 Abs. 2 Nr. 3a BGB.[97]

63 Der Finanzierungsleasingvertrag als gegenseitiger Vertrag unterliegt, soweit er noch nicht vollständig erfüllt ist, im Bereich des Mobilienleasings dem Wahlrecht des Insolvenzverwalters nach § 103 InsO. Ohne dass es hierfür einer Erklärung des Insolvenzverwalters bedarf, erlöschen im Zeitpunkt der Eröffnung des Insolvenzverfahrens vorerst die beiderseitigen Erfüllungsansprüche aus dem Leasingvertrag.[98] Lehnt der Insolvenzverwalter die Erfüllung ab, ist der Leasinggeber mit seiner Forderung wegen der Nichterfüllung des Vertrages als einfacher Insolvenzgläubiger zu behandeln und wird lediglich quotal befriedigt. Der Leasingvertrag ist beendet und dem Leasinggeber steht wegen des Leasinggegenstandes ein Aussonderungsrecht zu. Wählt der Insolvenzverwalter die Erfüllung des Vertrages entstehen die zunächst erloschenen Erfüllungsansprüche mit dem ursprünglichen Inhalt neu. Die nach Eröffnung des Insolvenzverfahrens fällig werdenden Leasingraten sind Verbindlichkei-

---

[90] *Martinek*, Leasing und Factoring, S. 214f.
[91] Staudinger/*Stoffels*, Leasing, Rn. 332.
[92] *Martinek*, Leasing und Factoring, S. 214f.; v. Westphalen/*Koch*, Leasingvertrag, Kap. O Rn. 22.
[93] Vgl. hierzu *Martinek*, Leasing und Factoring, S. 215.
[94] Hierzu MüKoBGB/*Koch*, Leasing, Rn. 147.
[95] *Martinek*, Leasing und Factoring, S. 217f.; v. Westphalen/*Koch*, Leasingvertrag, Kap. O Rn. 67.
[96] Uhlenbruck/*Wegener*, InsO, § 112 Rn. 3.
[97] Vgl. hierzu auch MüKoBGB/*Koch*, Leasing, Rn. 148.
[98] BGHZ 103, 250, 254; 129, 336, 338ff.; kritisch *Bork* JZ 1996, 51ff.

ten der Masse, während die bis zur Insolvenzeröffnung fällig gewordenen Leasingraten zu den einfachen Insolvenzforderungen zählen.[99]

Anders stellt sich die Rechtslage für bestehende Leasingverhältnisse über unbewegliche Leasingsachen und diesen gleichgestellte Schiffe und Flugzeuge (§ 49 InsO) dar. Denn Leasingverträge fallen, wie sich aus § 108 Abs. 1 S. 2 InsO und der Begründung zur Kündigungssperre des § 112 InsO ergibt, unter die Sondervorschrift des § 108 Abs. 1 S. 1 InsO. Diese ordnet an, dass der Leasingvertrag trotz der Insolvenz des Leasingnehmers mit Wirkung für die Insolvenzmasse fortbesteht. Das Wahlrecht des § 103 InsO steht dem Insolvenzverwalter in diesem Fall nicht zu.[100] Allerdings ist der Insolvenzverwalter nach § 109 InsO befugt, das Leasingverhältnis ohne Rücksicht auf die vereinbarte Vertragsdauer unter Einhaltung der gesetzlichen Frist zu kündigen, während der Leasinggeber infolge der Kündigungssperre des § 112 InsO ein solches Recht nicht hat.[101] Der Leasinggeber sollte daher fortlaufend die finanzielle Entwicklung des Leasingnehmers beobachten, um rechtzeitig vor Antrag auf Eröffnung eines Insolvenzverfahrens eine Kündigung wegen Vermögensverschlechterung auszusprechen. Gerät der Leasingnehmer mit der Zahlung von Leasingraten in Verzug, die erst nach Stellung des Insolvenzantrags fällig werden, gilt die Kündigungssperre des § 112 InsO hingegen nicht. Der Leasinggeber kann den Leasingvertrag dann trotz Insolvenz des Leasingnehmers wegen Zahlungsverzugs kündigen.[102] **64**

Die Kündigungssperre des § 112 InsO zählt gemäß § 119 InsO zum zwingenden Recht, so dass ein vertragliches Kündigungsrecht des Leasinggebers in den Leasing-AGB nicht wirksam vereinbart werden kann.[103] **65**

Auch im Fall der Insolvenz des Leasinggebers steht dem Insolvenzverwalter grundsätzlich das Wahlrecht nach § 103 InsO zu. Lehnt der Insolvenzverwalter die Erfüllung ab, so ist die Leasingsache an den Insolvenzverwalter zurückzugeben. Ein Aussonderungsrecht des Leasingnehmers besteht nicht. Leasingverträge über unbewegliche Gegenstände bleiben analog § 108 Abs. 1 S. 1 InsO nach Insolvenzeröffnung über das Vermögen des Leasinggebers mit Wirkung für die Insolvenzmasse bestehen. Nach der Ausnahmevorschrift des § 108 Abs. 1 S. 2 InsO sind auch Mobilienleasingverträge insolvenzfest, wenn die Leasingsache, einem Dritten, der ihre Anschaffung oder Herstellung finanziert hat, zur Sicherheit übertragen worden sind. Diese Regelung stellt sicher, dass Vorausabtretungen über Leasingraten der Masse gegenüber wirksam bleiben.[104] Vorausverfügungen sind allerdings nach Maßgabe des § 110 Abs. 1 InsO nur für den Monat der Eröffnung des Insolvenzverfahrens wirksam.[105] Die refinanzierende Bank kann im Fall des Immobilien-, Schiffs- oder Flugzeugleasings noch auf eine zu ihren Gunsten eingetragene Hypothek zurückgreifen. In anderen Fällen ist sie auf die Verwertung von bestehenden Drittsicherheiten angewiesen. Wird die Leasingsache aus der Insolvenzmasse des Leasinggebers heraus erworben, hat der Erwerber nach § 111 InsO ein einmaliges Kündigungsrecht unter Einhaltung der gesetzlichen Kündigungsfrist.[106] **66**

Kann der Leasingnehmer wegen Vermögenslosigkeit des Lieferanten die an ihn übertragenen Gewährleistungsrechte oder ihm zur Ausübung überlassenen Gestaltungsrechte gegenüber diesem nicht realisieren, kann er sich an den Leasinggeber wenden, der das Insolvenzrisiko des Lieferanten insoweit zu tragen hat. **67**

---

[99] Vgl. Staudinger/*Martinek*, Leasing, Rn. 342 ff.
[100] Uhlenbruck/*Sinz*, InsO, § 108 Rn. 84.
[101] Vgl. Staudinger/*Martinek*, Leasing, Rn. 345.
[102] Martinek/*Klinck*, Leasing, § 49 Rn. 60 f.
[103] Staudinger/*Martinek*, Leasing, Rn. 340.
[104] Hierzu Staudinger/*Martinek*, Leasing, Rn. 346 ff.
[105] Martinek/*Klinck*, Leasing, § 49 Rn. 22; MüKoBGB/*Koch*, Leasing, Rn. 153.
[106] MüKoBGB/*Koch*, Leasing, Rn. 152.

C. Cross-Border Leasing

68 Cross-Border Leasinggeschäfte sind internationale Leasingtransaktionen, bei denen einer der Beteiligten (Hersteller, Leasinggeber oder Leasingnehmer) seinen Geschäftssitz in einem anderen Land hat. Für die kollisionsrechtliche Behandlung eines Leasinggeschäfts ist von Bedeutung, ob die Lieferung des Leasinggegenstandes ins Ausland erfolgen soll, oder ob die Parteien des Leasingvertrages (Leasinggeber und Leasingnehmer) der Hoheit verschiedener Staaten unterstehen. Der letztgenannte Fall, bei dem die Bezahlung der Leasingraten grenzüberschreitend erfolgt, wird als Cross-Border Leasing im engeren Sinne bezeichnet. Im erstgenannten Fall liegt ein sogenanntes „unechtes" internationales Leasing vor, also dann wenn die Lieferung des Leasinggegenstandes an den Leasinggeber grenzüberschreitend erfolgt während Leasinggeber und Leasingnehmer ihren Geschäftssitz im gleichen Staat haben.[107]

69 Gegenstand von grenzüberschreitenden Leasingtransaktionen sind zumeist Investitionsgüter von erheblichem Wert, sogenannte *„big tickets"*, wie zB Flugzeuge, andere Transportmittel, Satelliten, Ölplattformen oder industrielle Anlagen.[108] Der Abschluss solcher grenzüberschreitenden *„big ticket"* Leasinggeschäfte anstelle von gewöhnlichen drittfinanzierten Kaufverträgen ist für den Leasingnehmer aufgrund der auch beim nationalen Leasing bestehenden bilanzielle Besserstellung sowie der hinzukommenden steuerlichen Vorzüge gegenüber einem Kauf von Vorteil. Zudem besteht im Staat des Leasinggebers gegebenenfalls ein attraktiveres Zinsniveau. Der Leasinggeber wiederum kann neben inländischen steuerlichen und bilanziellen Vorteilen von möglichen Subventionen im Importstaat profitieren. Im Folgenden wird vor allem die grenzüberschreitende Finanzierung von beweglichen Sachen und nur am Rande die von Immobilien behandelt, da diese wegen des international anerkannten Prinzips des *lex rei sitae* weniger Probleme aufwirft.

70 Bei den als *„US-Cross-Border Leasingtransaktionen"* bekannten *„Lease-in-Lease-out"*-Strukturen handelt es sich um ein spezielles Sonderfinanzierungsmodell US-amerikanischer Eigenkapitalinvestoren, die in der Vergangenheit vor allem von deutschen Kommunen zur Finanzierung ihrer langlebigen kommunalen Vermögensgegenstände wie Kraftwerke, Kläranlagen und Schienenfahrzeuge abgeschlossen wurden.[109] Da ein Neuabschluss solcher Geschäfte nach der Änderung des amerikanischen Steuergesetzes vom 12.3.2004 nicht mehr möglich ist, wird hierauf im Folgenden nur kurz eingegangen.

I. Strukturen des Cross-Border Leasings

71 Das grenzüberschreitende Leasinggeschäft kann ebenso wie das nationale Leasinggeschäft im Zwei- oder Dreipersonenverhältnis geschlossen werden. Es gilt grundsätzlich zunächst das in Abbildung 1 und 2 Dargestellte.

72 1. Leasing im Dreipersonenverhältnis („Institutionelles Cross-Border Leasing"). Beim Institutionellen Cross-Border Leasing schließt der inländische Leasinggeber einen Liefervertrag mit dem inländischen Lieferanten. Im unmittelbaren Zusammenhang dazu schließt der Leasinggeber einen Leasingvertrag mit dem im Ausland ansässigen Leasingnehmer.[110] In der Regel haben auch hier der Lieferant und der Leasingnehmer bereits über die wesentlichen Konditionen des Liefervertrags verhandelt und der Lieferant vermittelt dem Leasingnehmer das Leasinggeschäft.

73 Zusätzlich werden regelmäßig die aus dem Exportgeschäft selbst resultierenden Risiken in der Weise abgesichert, dass sich der Leasinggeber eine Zahlungsgarantie der Bank des

---

[107] Zur Abgrenzung siehe *Girsberger*, Grenzüberschreitendes Finanzierungsleasing, Rn. 29 f.
[108] Hierzu *Girsberger*, Grenzüberschreitendes Finanzierungsleasing, Rn. 31.
[109] Hierzu *Bühner/Sheldon* DB 2001, 315; *Rietdorf* KommJur 2008, 441–444.
[110] *Büter*, Außenhandel, S. 318, 322 f.

Abschnitt 8. (Cross-Border) Leasing

Leasingnehmers geben lässt, nach der die Bank für die Zahlungsverpflichtungen des Leasingnehmers aus dem Leasingvertrag einsteht. Darüber hinaus kann sich der Leasinggeber gegen politische Risiken wie etwa Krieg oder wirtschaftliche Risiken des ausländischen Vertragspartners wie zB dessen Insolvenz durch eine „Hermes-Deckung" absichern. Dabei handelt es sich um Exportkreditgarantien des Bundes, welche über die Euler-Hermes Kreditversicherungs AG abgewickelt werden (→ Rn. 101 ff.).

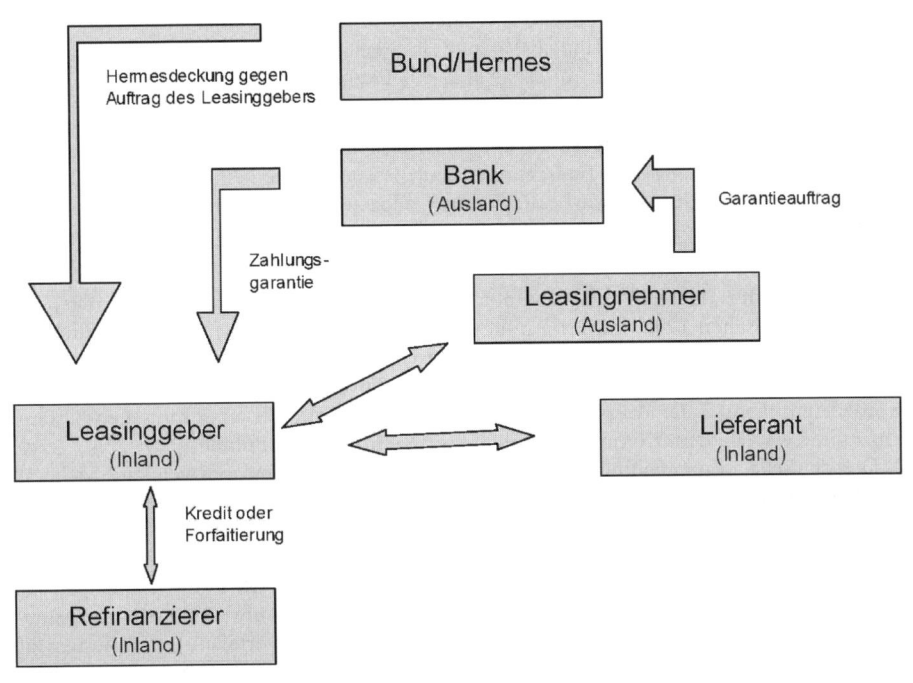

Abbildung Nr. 3

Alternativ kann das Leasinggeschäft über eine „*Sublease*"-Struktur abgewickelt werden. **74** Dabei wird ein Leasingvertrag zwischen dem Leasinggeber im Inland und einer im Staat des ausländischen Leasingnehmers ansässigen Leasinggesellschaft geschlossen. Diese Leasinggesellschaft, die im Verhältnis zum inländischen Leasinggeber als Leasingnehmer auftritt, schließt sodann selbst als Leasinggeber einen Leasingvertrag mit dem ausländischen Leasingnehmer, den „*Sublease*"-Vertrag.[111] Dieses ist insbesondere aus Sicht des Subleasingnehmers vorteilhaft, der ein Inlandsgeschäft abschließt und keine politischen Risiken des Exportstaates trägt. Zudem können hiermit eventuell bestehende Handelsbarrieren umgangen werden.

2. Leasing im Zweipersonenverhältnis („Lieferanten-Cross-Border-Leasing"). Beim **75** Lieferanten-Cross-Border-Leasing tritt der Lieferant selbst als Leasinggeber gegenüber dem ausländischen Leasingnehmer auf. Bei dieser Konstellation besteht nicht nur eine wirtschaftliche, sondern auch eine vertragliche Beziehung zwischen dem Lieferanten und dem Erwerber. Dabei trifft den Lieferanten die Pflicht, dem Leasingnehmer den Leasinggegenstand zur Verfügung zu stellen sowie eventuelle Gewährleistungsansprüche zu erfüllen. Der importierende Leasingnehmer hat die Leasingraten zu zahlen und in der Regel Sicherheiten zu erbringen.[112]

---

[111] *Häberle*, Handbuch der Außenhandelsfinanzierung, S. 808, 820.
[112] Ausführlich *Büter*, Außenhandel, S. 320.

76 **3. Sonderform: unechtes Cross-Border-Leasing.** Das sogenannte „unechte" Cross-Border Leasing ist dadurch gekennzeichnet, dass allein der Lieferant seinen Sitz im Inland hat und die Leasinggesellschaft selbst im Staat des ausländischen Leasingnehmers ansässig ist (Importstaat). Entscheidend für die Einstufung als Cross-Border Leasing ist, dass der Leasingvertrag durch die Vermittlung einer inländischen Leasinggesellschaft zu Stande kommt und dass der Leasinggegenstand vom Inland ins Ausland geliefert wird.[113] Die Finanzierung kann wahlweise durch Lieferantenkredit oder Kredit einer Bank im Importstaat an den Leasinggeber gewährt werden. Es wird aber auch die Forfaitierung eines ausländischen Leasinggebers an eine Bank im Inland als Variante des unechten Cross-Border Leasing angesehen.[114] Der Lieferant schließt in diesen Fällen ein Exportgeschäft ab und trägt alle damit verbundenen wirtschaftlichen wie politischen Risiken.

77 **4. Sonderform: „sale and lease back".** Selbstverständlich finden auch auf internationaler Ebene *„sale and lease back"*-Transaktionen statt.[115] Ebenso wie beim nationalen Leasinggeschäft können hierdurch beim Leasingnehmer zunächst stille Reserven im Rahmen des Verkaufs realisiert werden und sodann zu laufenden Betriebsausgaben für die Zahlung der Leasingraten führen.[116]

78 **5. Sonderform: „lease in and lease out".** Diese Sonderform des grenzüberschreitenden Leasings ist zwischen 1995 und 2003 insbesondere von deutschen Kommunalverwaltungen in geschätzt 200 Leasinggeschäften genutzt worden. Diese *„lease in and lease out"*-Transaktionen sind mit von US-amerikanischen Investoren gegründeten Trusts abgeschlossen worden und dienten der Ausnutzung von Steuervorteilen im US-amerikanischen System, um auf diese Weise dem Kommunalhaushalt größere Erträge zuzuführen.[117]

79 Der deutsche Leasingnehmer verpachtete auf 99 Jahre eine von ihm genutzte Sache an den Leasinggeber in den USA, der es seinerseits im Rahmen eines Leasingvertrages wieder dem Leasingnehmer zur Nutzung für eine geringere Dauer, regelmäßig mehrere Jahrzehnte, überließ.[118] Ziel dieses Verfahrens war es, dem Trust das wirtschaftliche Eigentum nach US-amerikanischem Recht zu verschaffen, damit dieser in den USA Abschreibungen auf den Leasinggegenstand vornehmen und transaktionsspezifische Aufwendungen ertragssteuerrechtlich geltend machen konnte. An den erwarteten Steuervorteilen partizipierten die Kommunen in Form des sogenannten Barwertvorteils, der unmittelbar bei Vertragsschluss floss und rund 3 bis 5 Prozent des Gesamtvolumens der Transaktion betrug.

80 2004 änderte der US-amerikanische Gesetzgeber die relevanten steuerrechtlichen Vorschriften, um der Ausuferung steuermotivierter Leasinggeschäfte entgegenzuwirken.[119] Zudem untersagte die US-amerikanische Bundessteuerbehörde (IRS) den Transaktionen mangels wirtschaftlicher Substanz konsequent die steuerliche Anerkennung. Schließlich stärkte der US District Court of Ohio die Position der US-Bundessteuerbehörde und versagte auch rückwirkend Steuervorteile derartig strukturierter Geschäfte.[120] Die IRS unterbreitete den betroffenen Unternehmen einen Vergleichsvorschlag, dem nach Angaben der IRS die meisten Unternehmen auch zugestimmt haben.[121] In Folge der Finanzmarktkrise, insbesondere der Ratingherabstufung der AIG, die in vielen Transaktionen als Depotbank der Rückversicherer diente, und dem Bonitätsverlust namhafter Finanzinstitute, ist das Risiko der deutschen Kommunen als Verkäufer und Leasingnehmer drastisch gestiegen, sich durch Verletzung vertraglich formulierter, transaktionsspezifischer Verhaltenspflichten scha-

---

[113] *Büter*, Außenhandel, S. 318.
[114] *Voigt/Müller*, S. 188.
[115] *Stocker*, Management internationaler Finanz- und Währungsrisiken, S. 119.
[116] *Büter*, Außenhandel, S. 319.
[117] Grundlegend dazu *Sester* ZBB 2003, 94; vgl. auch Martinek/*Martinek*, Leasingrecht, § 100 Rn. 17f.
[118] Umfassend dazu *Hartmann-Wendels* HFR 2004, 19 ff.
[119] Martinek/*Wagner*, Leasingrecht § 68 Rn. 9; vgl. näher dazu *Weber* NJW 2005, 2195.
[120] U. S. District Court fort he Northern District of Ohio vom 28. 5. 2008, AWG Leasing Trust v. United States, No. 1:07-CV-857 (N.D. Ohio May 28, 2008).
[121] *Rietdorf* KommJur 2008, 441, 442.

densersatzpflichtig zu machen. Auf diese spezifischen Probleme wird an dieser Stelle jedoch nicht vertieft eingegangen.[122]

II. Anwendbares Recht

Im Falle eines Institutionellen Cross-Border Leasinggeschäfts liegen zwei rechtlich selbständige Geschäfte vor, welche grundsätzlich auch rechtlich selbständig zu beurteilen sind. Der enge wirtschaftliche Zusammenhang zwischen Liefer- und Leasingvertrag wird für sich allein noch nicht als ausreichend betrachtet, um beide Verträge einem einheitlichen Recht zu unterstellen, da es nach überwiegender Ansicht an einem Unterordnungsverhältnis zwischen den beiden Verträgen fehlt.[123] Daher besteht die Möglichkeit, dass der Liefervertrag einer anderen Rechtsordnung unterliegt als der Leasingvertrag. 81

1. Freie Rechtswahl („subjektive Anknüpfung"). Die kollisionsrechtliche Parteiautonomie ist heute fast überall anerkannt und findet ihren Ausdruck in Art. 3 Abs. 1 Rom-I-VO (Verordnung (EG) Nr. 593/2008). Danach können die Parteien eines Leasingvertrages grundsätzlich das für den Vertrag geltende Recht selbst festlegen. Das gilt auch dann, wenn Gegenstand des Leasingvertrages eine inländische Immobilie ist. Die Parteien können den Vertrag auch einem neutralen Recht unterstellen, zu dem er sonst keine Beziehung aufweist; insbesondere kann auch die Geltung der UNIDROIT Convention on International Financial Leasing (UNIDROIT-Übereinkommen) vereinbart werden.[124] 82

Angesichts des wirtschaftlichen Zusammenhangs von Liefer- und Leasingvertrag empfiehlt sich für beide Verträge eine übereinstimmende Rechts- und Gerichtsstandwahl. Die Rechtswahl zwischen den Parteien des Liefervertrages hat grundsätzlich keine Wirkung auf das Verhältnis zwischen den Parteien des Leasingvertrages, außer wenn der Leasingnehmer einer solchen Rechtswahl mit Bezug auf seine Verpflichtungen zugestimmt hat. Allerdings kann eine solche Zustimmung nicht schon dann angenommen werden, wenn der Leasingnehmer Kenntnis vom Inhalt des Liefervertrages hat; auch dann nicht wenn er diesen mit dem Lieferanten ausgehandelt hat. Etwas anderes gilt dann, wenn der Leasingnehmer ein „participation agreement" unterzeichnet hat, das im Gegensatz zum Leasingvertrag eine Rechtswahl enthält.[125] 83

2. Fehlende Rechtswahl („objektive Anknüpfung"). Ist weder ausdrücklich noch konkludent eine wirksame Rechtswahlvereinbarung getroffen worden, so bestimmt sich das auf den Vertrag anwendbare Recht gem. Art. 4 Rom-I-VO danach, zu welchem Staat die engste Verbindung besteht. Nach Art. 4 Abs. 1, 2 Rom-I-VO kommt es primär darauf an, in welchem Staat die Partei ansässig ist, die die für den jeweiligen Vertrag charakteristische Leistung zu erbringen hat. 84

Danach unterliegt der Leasingvertrag beim internationalen Mobilienleasing in der Regel dem Recht des Staates, in dem die Leasinggesellschaft ihre (Haupt-)Niederlassung hat.[126] Soweit der Leasingvertrag die Nutzung einer Immobilie, eines eingetragenen Flugzeugs oder Schiffes zum Gegenstand hat, ist der Lageort der Immobilie bzw. des Registers, in dem der Leasinggegenstand registriert ist, für das anwendbare Recht entscheidend (Art. 4 Abs. 1 lit. c Rom-I-VO).[127] 85

Das für den Liefervertrag geltende Recht ist unabhängig vom Vertragsstatut des Leasingvertrages zu ermitteln.[128] Grundsätzlich gilt auch beim Liefervertrag die objektive Anknüpfung des Art. 4 Rom-I-VO. Danach ist das Recht des Staates, indem der Verkäufer seine Hauptniederlassung hat, maßgeblich. 86

---

122 Zu diesem Problem ausführlich *Rietdorf* KommJur 2008, 441.
123 Staudinger/*Stoffels*, Leasing, Rn. 352.
124 Staudinger/*Stoffels*, Leasing, Rn. 351.
125 *Girsberger*, Grenzüberschreitendes Finanzierungsleasing, Rn. 158.
126 Palandt/*Thorn*, (IPR) Rom I 4 Rn. 13, 25.
127 *Dageförde*, Internationales Finanzierungsleasing, S. 42 f.
128 Staudinger/*Stoffels*, Leasing, Rn. 352.

87 Daneben ist das UN-Kaufrecht (CISG) zu beachten, da das CISG dem nationalen Recht (auch dem nationalen Internationalen Privatrecht) grundsätzlich vorgeht.[129] Das UN-Kaufrecht ist nach Art. 1 Abs. 1 CISG anwendbar auf Kaufverträge über Waren zwischen Parteien, die ihre Niederlassung in verschiedenen Staaten haben, wenn diese Staaten Vertragsstaaten sind (Art. 1 Abs. 1 lit. a CISG) oder wenn die Regeln des Internationalen Privatrechts zur Anwendung des Rechts eines Vertragsstaates des CISG führen (Art. 1 Abs. 1 lit. b CISG). Erste Voraussetzung nach Art. 1 Abs. 1 CISG ist demnach, dass der jeweilige Vertrag als Kaufvertrag im Sinne des CISG einzuordnen ist. Hinsichtlich der Einordnung des Leasingvertrages als Kaufvertrag ist zwischen dem Operating-Leasing und dem Finanzierungsleasing zu differenzieren. Ersteres fällt wegen seiner fehlenden Nähe zum Kauf eindeutig nicht unter das CISG.[130] Dagegen ist es umstritten, ob und unter welchen Bedingungen der sachliche Anwendungsbereich des CISG bei Finanzierungsleasingverträgen über bewegliche Sachen eröffnet ist.[131] Zur Klarstellung der Rechtslage empfiehlt sich deshalb, den Ausschluss der Anwendung des UN-Kaufrechts nach Art. 6 CISG in internationalen Finanzierungsleasingverträge, die im Übrigen die Voraussetzungen von Art. 1 Abs. 1 CISG erfüllen, ausdrücklich zu vereinbaren. Der Liefervertrag ist als Kaufvertrag einzuordnen, wenn es sich um einen Werklieferungsvertrag (Art. 3 Abs. 1 CISG) oder um einen reinen Kaufvertrag handelt. Zweite Voraussetzung nach Art. 1 Abs. 1 CISG ist, dass der Leasinggegenstand als Ware im Sinne des CISG einzuordnen ist. Dies sind bewegliche Sachen;[132] nicht dagegen Immobilien.[133] Ebenso wenig findet das CISG Anwendung auf den Kauf von Schiffen oder Luftfahrzeugen (Art. 6 lit. e CISG). Schließlich müssen nach Art. 1 Abs. 1 CISG noch der persönlich-räumliche Anwendungsbereich eröffnet sein und Beziehungen zu einem oder mehreren Vertragsstaaten des Übereinkommens bestehen.[134]

88 **3. Rechtswahl: Einheitsrecht – UNIDROIT-Übereinkommen.** Dieses durch das Internationale Institut für die Vereinheitlichung des Privatrechts (UNIDROIT) erarbeitete Übereinkommen aus dem Jahr 1988 regelt das grenzüberschreitende Finanzierungsleasing unmittelbar und nicht als bloßes Rahmenwerk. Allerdings ist es nur anwendbar auf solche grenzüberschreitende Leasinggeschäfte über Mobilien an denen ein unternehmerischer Leasingnehmer beteiligt ist und die Vertragsparteien ihren Geschäftssitz jeweils in Vertragsstaaten des Übereinkommens haben oder sowohl der Leasingvertrag als auch der Kaufvertrag dem Recht eines Vertragsstaates unterliegen.[135] Die Bundesrepublik Deutschland ist diesem Übereinkommen nicht beigetreten.[136] Auf deutsche Leasingnehmer oder Leasinggeber kann es daher nur Anwendung finden, soweit diese ihren Geschäftssitz im Ausland haben oder das Recht eines Vertragsstaates Anwendung findet.

89 Die inhaltlichen Vorgaben der Konvention folgen dem Leitbild des Institutionellen Leasings als spezifisches Dreipersonenverhältnis und versuchen eine isolierte Aufspaltung in zwei getrennte Vertragsverhältnisse zu vermeiden. Die Konvention konstruiert ein eigenes Schuldverhältnis zwischen Leasingnehmer und Lieferant, so dass der Leasingnehmer, obwohl er nicht Partei des Kaufvertrages ist, direkt gegenüber dem Lieferanten Liefer- und Gewährleistungsansprüche aus dem Kaufvertrag mit dem Leasinggeber geltend machen kann. Allein das Rücktrittsrecht und Kündigungsrecht darf er nicht ohne Zustimmung des Leasinggebers ausüben. Eine originäre Eigenhaftung des Leasinggebers sieht das Übereinkommen nicht vor. Bemerkenswert ist weiterhin die Regelung der Verzugsfolgen, wonach

---

[129] Ausführlich Martinek/*Ackermann*, Leasingrecht, § 83 Rn. 1–10.
[130] Martinek/*Ackermann*, Leasingrecht, § 81 Rn. 1.
[131] Vgl. Meinungsstand bei Martinek/*Ackermann*, Leasingrecht, § 81 Rn. 1 ff.; ablehnend Schlechtriem/Schwenzer/*Ferrari*, UN-Kaufrecht, Art. 1 Rn. 28.
[132] Schlechtriem/Schwenzer/*Ferrari*, UN-Kaufrecht, Art. 1 Rn. 34.
[133] Schlechtriem/Schwenzer/*Ferrari*, UN-Kaufrecht, Art. 1 Rn. 35.
[134] Vgl. hierzu Schlechtriem/Schwenzer/*Ferrari*, UN-Kaufrecht, Art. 1 Rn. 40.
[135] Ausführlich Martinek/*Ackermann*, Leasingrecht, § 87.
[136] Staudinger/*Stoffels*, Leasing, Rn. 355.

der Leasinggeber den Leasingvertrag erst im Fall „erheblicher Säumnis" des Leasingnehmers kündigen oder die ausstehenden Leasingraten fällig stellen kann.[137]

4. Zwingendes Recht. Art. 9 Rom-I-VO enthält eine Öffnungsklausel, der zufolge die Kollisionsregeln des Internationalen Privatrechts nicht die Anwendung von Bestimmungen des deutschen Rechts berühren, die ohne Rücksicht auf das auf den Vertrag anzuwendende Recht den Sachverhalt zwingend regeln (Eingriffsnormen oder international zwingende Normen).[138] Solche Eingriffsnormen haben zur Folge, dass von bestimmten Regelungen des Importstaates selbst dann nicht abgewichen werden kann, wenn das Recht des Importstaates vertraglich ausgeschlossen worden ist. Im Bereich des Cross-Border-Leasings kommen für eine Sonderanknüpfung öffentlich-rechtliche Verbotsregelungen (zB Art. 61 Abs. 3, 72 Abs. 4 BayGemeindeO)[139] in Betracht, wonach Kommunen sich an solchen Geschäften nicht beteiligen dürfen oder auch privatrechtliche Regelungen, nach denen die Abtretung von oder der Verzicht auf künftige Gewährleistungsansprüche oder die Überwälzung der Sach- und Preisgefahr im Rahmen einer Gebrauchsüberlassung in anderen Rechtsordnungen zwingend unwirksam sind. In der Regel lässt sich derartigen Problemen mit wirtschaftlich wirkenden Mitteln beggnen, etwa durch den Abschluss von Versicherungen zu Gunsten des Leasinggebers. 90

Darüber hinaus findet üblicherweise das Recht des Staates, in dem sich der Leasinggegenstand befindet, und nicht das von den Parteien des Leasingvertrages gewählte Recht Anwendung, wenn der Leasinggeber aus seiner Position als Eigentümer auf den Leasinggegenstand selbst zugreifen will. Denn nach dem IPR einer Vielzahl von Staaten richten sich die aus dem Eigentum an einer Sache resultierenden Ansprüche nach dem Recht des Belegenheitsorts der Sache (so zB Art. 43 EGBGB).[140] Für Transportmittel gelten besondere sachenrechtliche Kollisionsregeln, wonach oftmals das Recht des Herkunftsstaates maßgeblich ist (so zB Art. 45 EGBGB).[141] 91

5. Kollisionsrechtliche Behandlung der Ansprüche des Leasingnehmers gegen den Lieferanten. Beim Institutionellen Leasing bekommt der Leasingnehmer (Zessionar) die Gewährleistungsrechte des Leasinggebers (Zedent) gegenüber dem Lieferanten im Leasingvertrag abgetreten. Finden auf den Liefervertrag und den Leasingvertrag unterschiedliche Rechtsordnungen Anwendung, richtet sich die vertragliche Verpflichtung des Leasinggebers zur Abtretung der Gewährleistungsansprüche nach dem Leasingvertragsstatut. Die Übertragbarkeit, Übertragung und der Inhalt der Gewährleistungsansprüche richten sich dagegen nach dem Liefervertragsstatut als Forderungsstatut.[142] Dem Leasingnehmer werden so vertragliche Ansprüche übertragen, welche einer anderen Rechtsordnung unterliegen und für welche die Regelungen des Drittschuldnerschutzes des Forderungsstatutes gelten. 92

Einige Rechtsordnungen sehen ähnlich dem UNIDROIT-Übereinkommen einen Direktanspruch des Leasingnehmers gegen den Lieferanten vor. Unterliegt der Leasingvertrag einer solchen Rechtsordnung, steht dem Leasingnehmer ein Direktanspruch zu, dessen Inhalt sich aber wie bei der Abtretungskonstruktion nach dem Recht des Liefervertrages richtet. 93

6. Produkthaftung. Der Leasinggeber ist nach § 4 Abs. 2 ProdHaftG als Hersteller anzusehen und unterliegt damit ebenfalls der Herstellerhaftung nach § 1 Abs. 1 ProdHaftG, soweit die Leasingsache in einen EG-/EWR-Mitgliedsstaat importiert worden ist und im Zeitpunkt der Einfuhr zum Vertrieb bestimmt war. Mit dieser Regelung hat der deutsche Gesetzgeber Art. 3 Abs. 2 der Produkthaftungsrichtlinie von 1985 (Richtlinie 85/374/EWG) umgesetzt. Neben den europäischen bieten auch die schweizerischen Regelungen 94

---

[137] Staudinger/*Stoffels*, Leasing, Rn. 356.
[138] Martinek/*Ackermann*, Leasingrecht, § 81 Rn. 12; *Thorn*, in: Palandt, (IPR) Rom I-VO 9 Rn. 1.
[139] Martinek/*Ackermann*, Leasingrecht, § 81 Rn. 12.
[140] Martinek/*Ackermann*, Leasingrecht, § 86 Rn. 1.
[141] Martinek/*Ackermann*, Leasingrecht, § 86 Rn. 2.
[142] Martinek/*Ackermann*, Leasingrecht, § 84 Rn. 2.

die Möglichkeit, den Leasinggeber, der das fehlerhafte Produkt in den Wirtschaftsraum einführt, haftungsmäßig einem Hersteller gleichzustellen.[143]

95 Das auf Ansprüche aus Produkthaftung anwendbare Recht bestimmt sich nach Art. 5 Rom-II-VO (Verordnung (EG) Nr. 864/2007).

III. Durchführung eines Cross-Border Leasinggeschäfts

96 **1. Typischer Ablauf.** Ein grenzüberschreitendes Finanzierungsleasinggeschäft wird regelmäßig ebenso wie ein nationales zwischen dem Leasingnehmer und dem Lieferanten angebahnt. Der Leasingnehmer spezifiziert den Leasinggegenstand beim Lieferanten. Zudem werden alle objektbezogenen Verhandlungen zwischen diesen zwei Parteien geführt. Der Liefervertrag wird ebenso wie beim nationalen Finanzierungsleasing erst dann abgeschlossen, wenn die Vertragsbedingungen des Leasingvertrages feststehen (→ Rn. 29). Bei Finanzierungsleasinggeschäften über sogenannte „big tickets" wird der Leasinggeber regelmäßig Vereinbarungen über eine Refinanzierung mit Vierten treffen, um die Risiken des Leasinggeschäfts zu verteilen.

97 Anders als beim nationalen Finanzierungsleasing erschöpfen sich die Beziehungen zwischen dem Leasingnehmer und dem Lieferanten bei grenzüberschreitenden Leasingtransaktionen nicht in den Vorverhandlungen. Insbesondere im refinanzierten Leasinggeschäft schließen der Leasingnehmer, der Lieferant und die auf der Leasinggeberseite Beteiligten regelmäßig ein sogenanntes „participation agreement", in dem die gesamte Transaktion beschrieben wird und die Informationspflichten festgesetzt sowie die verschiedenen Zusicherungen und Garantien aufeinander abgestimmt werden.[144] Mit Abschluss dieses Rahmenvertrages zwischen den Beteiligten wird festgehalten, dass alle Beteiligten genaue Kenntnis vom Ablauf der Transaktion sowie von den Pflichten der am Liefer- und Leasingvertrag Beteiligten haben.

98 **2. Risikoverteilung.** Unabhängig davon, ob es sich um Institutionelles oder Lieferanten Cross-Border Leasing handelt, hat der ausländische Leasingnehmer zur Besicherung seiner Verpflichtungen aus dem Leasingvertrag dem Leasinggeber üblicherweise eine Garantie seiner Bank im Importstaat zu stellen. Es handelt sich dabei um ein abstraktes Zahlungsversprechen der Bank zu Gunsten des Leasinggebers zur Besicherung der Zahlungsverpflichtungen des Leasingnehmers. Da der Leasinggeber somit das Risiko der Leistungsunfähigkeit der garantierenden Bank trägt, verlangt er üblicherweise, dass die Garantie durch eine von ihm benannte Bank oder eine Bank von international ausgezeichnetem Ruf gestellt wird.

99 Das Cross-Border Leasing ist zunächst mit den gleichen wirtschaftlichen Risiken verbunden wie das nationale Leasing. Allein der Umstand, dass diese Risiken einen anderen Staat betreffen, macht ihre Bewertung jedoch deutlich komplexer. Neben die leasingtypischen Risiken treten das politische Risiko des hinreichend funktionierenden Wirtschafts- und Finanzsystems des Importstaates, möglicherweise Währungsrisiken sowie Risiken – aber auch Chancen – die sich aus der Anwendung zweier verschiedener Steuersysteme ergeben.

100 Der Lieferant hingegen trägt im Dreipersonenverhältnis kaum zusätzliche Risiken, da das Geschäft für ihn ein Inlandsbargeschäft ist.[145] Sollte der Leasingnehmer jedoch einen an ihn abgetretenen Gewährleistungsanspruch auf Nachbesserung geltend machen, trifft den Lieferanten die Pflicht, diese Nachbesserung im Importstaat zu erbringen. Im Zweipersonenverhältnis trägt der Lieferant zusätzlich das Delkredererisiko in Bezug auf den Importeur und dessen garantierende Bank.

101 **3. Sicherung durch Hermes-Deckung.** Sowohl im Drei- als auch im Zweipersonenverhältnis kann der deutsche Leasinggeber seine Leasingforderung aus einem Cross-Border

---

[143] Hierzu weiterführend Martinek/*Ackermann*, Leasingrecht, § 85 Rn. 1 ff.
[144] *Girsberger*, Grenzüberschreitendes Finanzierungsleasing, Rn. 44 f.
[145] *Büter*, Außenhandel, S. 318.

Leasinggeschäft durch Hermesdeckung, also Exportkreditgarantien der Bundesrepublik Deutschland, absichern.[146] Die Absicherung erfolgt regelmäßig auf Kosten des Leasingnehmers, indem das Entgelt sowohl für die Antragsbearbeitung als auch die eigentliche Übernahme der Leasingdeckung bei der Kalkulation der Leasingraten berücksichtigt werden.[147]

Voraussetzung der Deckungsfähigkeit ist, dass der Leasinggeber in Deutschland ansässig ist und berechtigt ist, dem Leasingnehmer bei Zahlungsverzug das Nutzungsrecht am Leasinggegenstand zu entziehen.[148] Im Einzelnen sind Kreditlaufzeit sowie die Ausgestaltung des Zahlungsprofils je nach Wert des Leasinggegenstandes und je nach dem beteiligten Importstaat den Leitlinien der OECD-Mitgliedstaaten für Exportkredite anzupassen.[149] Es werden grundsätzlich zwei Typen mit unterschiedlichen Konditionen hinsichtlich der Selbstbeteiligung angeboten: Die Lieferantenkredit-Konditionen und die Finanzkreditkonditionen. 102

Gegenstand der Deckung ist der Gesamtbetrag der an den Leasinggeber zu zahlenden Leasingraten zuzüglich einer möglichen Restwertforderung im Fall des Teilamortisationsleasings. Sekundärforderungen sind nur insoweit gedeckt, als sie Surrogate der primären Forderungen darstellen. Schadensersatzansprüche sind daher nicht von der Deckung erfasst. Insbesondere für den Lieferanten-Leasinggeber im Zweipersonenverhältnis ist darüber hinaus die Absicherung bestehender Fabrikationsrisiken interessant.[150] 103

Abgesichert werden vom Zeitpunkt der Versendung des Leasinggegenstandes bis zur vollständigen Erfüllung der gedeckten Forderungen sowohl politische als auch wirtschaftliche Risiken. Zu den politischen Risiken zählen unter anderem gesetzgeberische Maßnahmen, kriegerische Ereignisse, Revolutionen oder andere Umstände, die die Erfüllung der gedeckten Forderung verhindern. Auch die Beschränkung des zwischenstaatlichen Zahlungsverkehrs mit der Folge, dass vom Leasingnehmer gezahlte Beträge den Leasinggeber nicht erreichen, löst den Deckungsfall aus. Als wirtschaftliches Risiko ist der Fall der Nichtleistung durch den Leasingnehmer aufgrund von Insolvenz oder innerhalb eines Zeitraumes von sechs Monaten ab Fälligkeit gedeckt.[151] 104

4. Refinanzierung des Leasinggebers. Grenzüberschreitender Leasinggeschäfte werden wie beim nationalen Leasing entweder durch einen Bankkredit oder Forfaitierung refinanziert.[152] Die Forderungen des Refinanzierers werden dabei grundsätzlich wie beim nationalen Leasinggeschäft besichert (→ Rn. 54f.); zusätzlich werden üblicherweise die Ansprüche des Leasinggebers aus der Bankgarantie sowie der Hermesdeckung abgetreten.[153] Im letztgenannten Fall ist eine Zustimmung des Bundes erforderlich. 105

Im Sonderfall des unechten Leasinggeschäfts kann eine inländische Bank das Leasinggeschäft in der Weise refinanzieren, dass sie dem Leasinggeber im Importstaat einen Kredit gewährt, diesen jedoch gegen Vorlage bestimmter Abnahmenachweise unmittelbar an den Lieferanten im Inland auszahlt (leasinggebundener Bestellerkredit). Dieser wird durch den Leasinggeber aus den an ihn gezahlten Leasingraten getilgt. Eine weitere Möglichkeit der Refinanzierung des Leasinggebers im Importstaat ist die Gewährung eines leasinggebundenen Bank-zu-Bank Darlehens. Danach gewährt eine Bank im Exportstaat einer Bank im Importstaat einen zweckgebundenen Kredit, den diese an einen bestimmten Leasinggeber im Importstaat zur Finanzierung von Geschäften mit Lieferanten im Exportstaat weiterrei- 106

---

[146] *Stocker*, Management internationaler Finanz- und Währungsrisiken, S. 119; vgl. hierzu Merkblatt Hermesdeckungen Spezial: Leasinggeschäfte von März 2013; abrufbar unter http://www.agaportal.de/pdf/hds/hds_leasing.pdf sowie Merkblatt Produktinformation Leasingdeckung von März 2013; abrufbar unter http://www.agaportal.de/pdf/produktinfo/pi_leasing.pdf.
[147] *Häberle*, Handbuch der Außenhandelsfinanzierung, S. 811.
[148] *Häberle*, Handbuch der Außenhandelsfinanzierung, S. 810.
[149] Abrufbar unter http://search.oecd.org/officialdocuments/publicdisplaydocumentpdf/?cote=TAD/ECG(2012)5&docLanguage=En.
[150] *Häberle*, Handbuch der Außenhandelsfinanzierung, S. 810.
[151] *Häberle*, Handbuch der Außenhandelsfinanzierung, S. 810f.
[152] *Häberle*, Handbuch der Außenhandelsfinanzierung, S. 815, 816.
[153] *Häberle*, Handbuch der Außenhandelsfinanzierung, S. 815.

chen darf. Ausgezahlt wird der Betrag des Darlehens von der Bank im Exportstaat direkt an den Lieferanten im Exportstaat. Getilgt wird das Darlehen durch die Bank im Importstaat, deren eigene Kreditforderung von dem Leasinggeber aus den Leasingraten befriedigt wird.[154]

107 **5. Steuerliche Beurteilung.** Steuerliche Aspekte spielen regelmäßig die wesentliche Rolle bei der Entscheidung für eine Cross-Border-Leasingstruktur. Die Ausnutzung unterschiedlicher Steuersysteme kann dabei sowohl für Leasinggeber als auch Leasingnehmer zu unmittelbaren steuerlichen Vorteilen führen. Man spricht in diesem Zusammenhang auch vom *„double-dip leasing"*.[155] Fallen die unmittelbaren Vorteile nur für eine Partei an, werden sie häufig anteilig über die Kalkulation der Leasingraten an die andere Partei weitergereicht. Schreibt der Leasinggeber die Leasingsache als wirtschaftlicher Eigentümer beispielsweise degressiv ab und – eine abschreibungskonforme Zahlung der Leasingraten vorausgesetzt – erlangt durch den entstehenden Steuerstundungseffekt einen Barwertvorteil, kann er diesen bei der Kalkulation der Leasingraten berücksichtigen und so seinen steuerlichen Vorteil teilweise exportieren.

108 Vorteilhaft ausnutzbare Unterschiede zwischen zwei Jurisdiktionen ergeben sich regelmäßig bei der Beurteilung, bei welcher Partei die Leasingsache steuerlich abzuschreiben ist. Soweit hier eine Jurisdiktion an das zivilrechtliche, die andere aber an das wirtschaftliche Eigentum anknüpft, bieten sich steuerliche Optimierungsmöglichkeiten. Es können aber auch Subventionen des Importstaates durch steuerliche Vergünstigungen erreicht werden.

109 Den meisten Staaten ist gemein, dass sie die Ausnutzung ihrer Steuervorschriften durch Verschaffung von Vorteilen für ausländische Unternehmen ohne Vorteile für die heimische Wirtschaft nicht dulden wollen. Demgemäß sind die Steuerverwaltung und -gesetzgebung in vielen Staaten bemüht, die Vorteile auf inländische Unternehmen zu begrenzen oder an positive Effekte für die heimische Wirtschaft zu knüpfen, so dass die anwendbaren Vorschriften regelmäßigen Änderungen unterliegen. Dieses gilt insbesondere für die Staaten der Europäischen Union, deren Vertragswerk grundsätzlich eine Diskriminierung von Angehörigen anderer EU-Mitgliedstaaten verbietet.

110 **6. Zwangsvollstreckung und Insolvenz.** Die internationale Zuständigkeit für den Erlass von Zwangsvollstreckungsmaßnahmen in unbewegliches Vermögen richtet sich nach dem Belegenheitsort des Schuldnervermögens, im Fall des Institutionellen Cross-Border-Leasings also nach dem Belegenheitsort der Leasingsache. Auf den Sitz des Schuldners, also des Leasingnehmers bzw. Leasinggebers, kommt es nicht an.[156]

111 Das Insolvenzrisiko des Leasingnehmers trägt der Leasinggeber, im Fall des Institutionellen Cross-Border-Leasings also die Leasinggesellschaft und im Fall des Lieferanten-Cross-Border-Leasings der Lieferant. Wird der Leasingnehmer zahlungsunfähig, so richtet sich der weitere Bestand der von ihm eingegangenen Rechtsverhältnisse sowie deren Erfüllung nach dem Insolvenzrecht des Staates, das auf die Insolvenz des Leasingnehmers Anwendung findet. Dies ist in der Regel der Staat, in dem der Leasingnehmer seinen (Haupt-)Sitz hat.[157]

---

[154] *Häberle*, Handbuch der Außenhandelsfinanzierung, S. 822.
[155] *Büter*, Außenhandel, S. 318.
[156] *Geimer*, in Zöllner, ZPO, IZPR Rn. 95b.
[157] *Lüer*, in: Uhlenbruck, InsO, § 335 Rn. 8.

Abschnitt 9. E-Commerce

Übersicht

	Rn.
A. Einführung	1
B. Anwendbares Recht	9
I. Gerichtsort und Multi-State-Verstöße	10
II. Herkunftslandprinzip	12
C. Pflichtangaben	18
I. Angaben zum Anbieter	20
II. Angaben zur Kommunikation	23
III. Angaben zur Aufsichtsbehörde	27
IV. Angaben zu Registern	28
V. Berufsrechtliche Angaben	29
VI. Steuernummer	31
VII. Unternehmen in Liquidation	32
VIII. Zugang zu den Informationen	33
D. Vertragsrecht	35
I. Vertragsschluss	36
1. Vertretung	42
2. Einbeziehung von AGB	43
3. Schriftform	47
4. Hinweis- und Informationspflichten	50
5. Korrektur von Eingabefehlern	55
6. Mitteilung von Informationen	57
a) Schritte zum Vertragsschluss	58
b) Zugang zum Vertragstext	59
c) Erkennen und Berichtigen von Eingabefehlern	60
d) Sprachen	61
e) Verhaltenskodizes	62
f) Zeitpunkt und Form der Unterrichtung	64
7. Zugangsbestätigung	66
8. Abruf von Vertragsbestimmungen	68
II. Beweisführung	71
E. Wettbewerbsrecht	76
I. Anwendbares Recht	76
II. Werbung	79
1. Hyperlinks	80
2. E-Mails	82
3. Preisangaben	85
III. Kundenforen	87
F. Gewerblicher Rechtsschutz und Urheberrecht	89
I. Anwendbares Recht	89
II. Disclaimer	90
III. Handelsplattformen	92
IV. Vertrieb geschützter Gegenstände	95
G. Datenschutz	97
H. Kartellrecht	102
I. Wirkungsprinzip	102
II. Beschränkungen des Internet-Vertriebs	105
III. Handelsplattformen	108
I. Außervertragliche Haftung für Produkte und Viren	109
I. Haftung für fehlerhafte Produkte	110
II. Viren und andere Schadsoftware	114
III. Strafschadensersatz	115
K. Steuer	116
I. Leistungsort	117
II. Elektronische Rechnung	119

2. Teil. Das Vertragsrecht des Exportgeschäfts

A. Einführung

1   Electronic Commerce meint den Einsatz elektronischer Kommunikationsmittel für das Marketing, den Verkauf, die Veräußerung und Verteilung von Waren und Dienstleistungen. Das wichtigste Kommunikationsmittel ist dabei das Internet.

2   Die rechtlichen Besonderheiten des E-Commerce ergeben sich in erster Linie aus der weltweiten Verfügbarkeit des Internet und der infolge der Geschwindigkeit der elektronischen Kommunikation bedeutungslos gewordenen Entfernung. Internet-Teilnehmer können ohne Zeitverlust weltweit miteinander Geschäfte anbahnen, abschließen und uU auch durchführen.

3   Eine Herausforderung des E-Commerce besteht darin, die Transaktionen in das überkommene System der Einteilung nach Dienstleistungen und Warenlieferungen einzuordnen. Internationale Abkommen wie das General Agreement on Tariffs and Trade **(GATT)**, das General Agreement on Trade in Services (GATS) sowie das UN-Kaufrecht[1] knüpfen ihre Anwendbarkeit an diese Unterscheidung. Zum UN-Kaufrecht hat die United Nations Commission on International Trade Law (UNCITRAL) ein ergänzendes Übereinkommen zum E-Commerce entwickelt, das zwar noch keine Gültigkeit erlangt hat, aber inhaltlich die Notwendigkeit einer Regelung der internationalen Geschäftsbeziehungen auch mit Blick auf die elektronische Kommunikation zeigt. Von den wirtschaftlich bedeutenden Nationen hat China das Übereinkommen bereits unterzeichnet.

4   Im E-Commerce ist in besonderem Maße zu unterscheiden zwischen dem Vertragsschluss und der Erfüllung des Vertrages. Der regelmäßig online mögliche Vertragsschluss wirft Fragen der Beweisbarkeit und der Formwahrung auf. Dabei stehen sich alle elektronischen Verfahren gleich, überkommene Systeme wie EDI unterliegen denselben Problemen wie E-Procurement über das Internet. Es ist daher im Grundsatz gleichgültig, ob die Informationen über das Internet oder andere, nur bestimmten Nutzern zugängliche Netze übertragen werden. Auch technische Standards wie Schnittstellen oder Formate haben hierbei keine rechtliche Bedeutung. Damit gelten die nachfolgenden Ausführungen grundsätzlich auch für Beschaffungssysteme, die zB Lieferanten nur für ihre registrierten Kunden öffnen.

5   Die Erfüllung des Vertrages ist online-spezifisch dadurch gekennzeichnet, dass oft ein **Medienbruch** erfolgt, weil die betroffenen Waren oder Dienstleistungen nur außerhalb des Internet existieren. Können Verträge auf elektronischem Wege erfüllt werden, stellt sich die Frage, inwieweit die elektronisch erbrachten Leistungen als Warenlieferungen angesehen werden können. Das betrifft beispielsweise die Lieferung von elektronischen Daten als Ersatz für Bücher, aber auch CD oder andere Datenträger oder die Übermittlung von Software und audiovisuellen Medien wie Musik, Filmen etc.

6   Die **Regelungsdichte** im E-Commerce hat in den letzten zehn Jahren erstaunlich zugenommen. In der Europäischen Union ist der elektronische Geschäftsverkehr durch verschiedene Richtlinien weit gehend harmonisiert. Neben einer Vielzahl verbraucherschützenden Bestimmungen sind auch Regelungen in das nationale Recht aufgenommen worden, die sich allein oder vornehmlich mit dem Verkehr zwischen Unternehmen befassen. Da sich diese auf europäischer Ebene geschaffenen Vorschriften nicht immer reibungslos in das deutsche Recht einfügen, ergibt sich eine Reihe von Fragen, die mangels ausreichender gerichtlicher Behandlung eine gewisse Rechtsunsicherheit in diesem Bereich begründen.

7   Obwohl sich der E-Commerce für internationale Transaktionen anbietet, ist das wichtige **Dokumentengeschäft**[2] in der Praxis noch nicht im elektronischen Zeitalter angekommen. Die Regeln für das Akkreditivgeschäft wurden zwar im Jahr 2002 an die Bedürf-

---

[1] Übersicht bei *Piltz,* in: Büchting/Heussen, Beck'sches Rechtsanwalts-Handbuch, § 16 Rn. 4 ff.
[2] → Abschnitt 14.

Abschnitt 9. E-Commerce

nisse des elektronischen Geschäftsverkehr angepasst. Am 1. April 2002 sind die Einheitlichen Richtlinien und Gebräuche für Dokumentenakkreditive um einen Anhang für die Vorlage elektronischer Dokumente (el. ERA) ergänzt worden. Damit die Echtheit der Dokumente gewährleistet ist, müssen sie aber mit einer elektronischen Signatur versehen sein. Auch müssen die relevanten Dokumente nach dem anwendbaren Recht überhaupt in elektronischer Form zulässig sein. Ursprungszeugnisse in ausschließlich elektronischer Form beispielsweise erkennen die Zollbehörden bisher nicht an bzw. werden von den Handelskammern nicht ausgestellt. Es bestehen auch im Übrigen noch erhebliche Unsicherheiten und es fehlen Gleichstellungsregeln, was einem Einsatz elektronischer Dokumente derzeit noch entgegensteht.

Fortschritte sind im Bereich der elektronischen Verwaltung, des **E-Government,** zu verzeichnen. So setzt der deutsche Zoll das System „ATLAS" ein, mit dem schriftliche Zollanmeldungen und Verwaltungsakte wie zB Einfuhrabgabenbescheide durch elektronische Nachrichten ersetzt werden. Seit Juli 2009 ist die Teilnahme am elektronischen Ausfuhrverfahren verpflichtend. Ausfuhranmeldungen können online über das Internet oder mittels einer entsprechenden Softwarelösung ausgefüllt und mit einem elektronischen Zertifikat versehen abgegeben werden. 8

B. Anwendbares Recht

Wegen der weltweiten Wirkung ist gerade der E-Commerce durch die Frage geprägt, welches Recht auf ein über das Internet zugängliches Angebot Anwendung findet. Für die vertraglichen Beziehungen gilt im Grundsatz das in Abschnitt 4 Gesagte. Ich möchte mich daher nachfolgend auf die Besonderheiten beschränken. 9

I. Gerichtsort und Multi-State-Verstöße

Aufgrund des Grundsatzes, dass jedes Land selbst bestimmt, welche Rechtsregeln in seinem Territorium gelten, muss der Teilnehmer am E-Commerce damit rechnen, mit verschiedenen Rechtsordnungen in Berührung zu kommen. Das anwendbare Recht bestimmt im Streitfall das zur Entscheidung angerufene Gericht, wobei sich die Frage, ob das Gericht zur Entscheidung zuständig ist, nach dem am Gerichtsort geltenden Verfahrensrecht bestimmt. Dieses kann rein national geprägt oder Ausfluss internationaler Abkommen sein. 10

Kommt nach den Prinzipien des am Gerichtsort geltenden Rechts die Anwendung mehrerer Rechtsordnungen in Betracht (so genannte Multi-State-Verstöße), wird diskutiert, ob aus Gründen der Praktikabilität nur eine Rechtsordnung über die Streitfragen entscheiden soll. Da sich diese Frage für jedes Land stellt, auf dessen Territorium rechtlich relevant eingewirkt wird, folgt daraus, dass ein inländischer Unternehmer wegen seiner E-Commerce-Aktivitäten bei einer Inanspruchnahme damit rechnen muss, an seinem Heimatrecht, dem Recht des Verfahrensgegners oder gar einer dritter Rechtsordnung gemessen zu werden, ohne dies von vornherein immer sicher bestimmen zu können. 11

II. Herkunftslandprinzip

Für den elektronischen Geschäftsverkehr in der Europäischen Union ist die Geltung des Herkunftslandprinzips zu beachten. Das Herkunftslandprinzip besagt, dass ein Anbieter, auf dessen Vertrag oder sonstiges Handeln die Rechtsordnung eines anderen EU-Staates Anwendung findet, durch die anwendbare Rechtsordnung gegenüber der Rechtslage in seinem Herkunftsland nicht benachteiligt werden darf. Gilt also beispielsweise für einen rumänischen Unternehmer, der mit einem deutschen Geschäftspartner einen Vertrag schließt, deutsches Recht, so ist zu prüfen, ob ihn das deutsche Recht gegenüber seinem rumänischen Heimatrecht in der Entfaltung seiner Dienstleistungen beschränkt. Ist dies der Fall, so wird das deutsche Recht inhaltlich modifiziert und auf die Anforderungen des rumäni- 12 schen Herkunftslandes reduziert.³ Kurz gesagt führt das Herkunftslandprinzip danach zu einem Vertrauensschutz für Unternehmen aus der EU, die in einem anderen EU-Staat tätig werden. Die Unternehmen sollen bei einem grenzüberschreitenden Tätigwerden nicht befürchten, von der Rechtsordnung eines anderen EU-Staates benachteiligt und damit von der Teilnahme am E-Commerce abgehalten zu werden. Es ist den Vertragsparteien aber freigestellt, durch die Wahl des Rechts eines Nicht-EU-Staates, etwa der Schweiz, im Rahmen des allgemein Zulässigen die Geltung des Herkunftslandprinzips auszuschließen. Für den Anwendungsbereich ist das Folgende zu beachten.

13 Das Herkunftslandprinzip gilt nach § 3 TMG für **Telemedien**.⁴ Im Bereich des E-Commerce sind dies alle elektronischen Kommunikationsvorgänge. Nicht erfasst sind Leistungen, die außerhalb der elektronischen Kommunikation erbracht werden, wie zB die Lieferung von Waren in körperlicher Form. Das kann dazu führen, dass zwar für den Abschluss des Vertrages über das Internet das Herkunftslandprinzip gilt, nicht jedoch für die Mängelhaftung in Bezug auf die ausgelieferte Ware.

14 Wegen der Harmonisierung des elektronischen Geschäftsverkehrs in der EU wirkt sich das Herkunftslandprinzip auf den Abschluss von Verträgen nicht wesentlich aus. Im Einzelfall könnten Formvorschriften relevant werden, aus deutscher Sicht jedoch nur in kaum spürbaren Umfang, da die meisten Verträge zwischen Unternehmern formfrei geschlossen werden können. Würde die Rechtsordnung eines anderen EU-Staates für ein online abgeschlossenes Geschäft eine strengere Form vorsehen und wäre diese Rechtsordnung auf den Vertrag anwendbar, so würde der deutsche Anbieter durch das Herkunftslandprinzip geschützt.

15 Von erheblicher **Bedeutung** ist das Herkunftslandprinzip **im werbe- und wettbewerbsrechtlichen** Bereich.⁵ Soweit nicht bereits eine Vollharmonisierung in der Europäischen Union erfolgt ist, wie zB bei der vergleichenden Werbung, unterscheiden sich die in den einzelnen Ländern angelegten Maßstäbe der Zulässigkeit unternehmerischen Handelns erheblich. Ohne das Herkunftslandprinzip würde in diesem Bereich regelmäßig ausschließlich das Recht des Marktortes, dort wo die Interessen der konkurrierenden Unternehmen aufeinandertreffen, zur Anwendung kommen (→ Rn. 76). Das würde denjenigen benachteiligen, der von einer liberaleren Rechtsordnung aus sein Marketing in diesem Markt verfolgen würde. Unter Geltung des Herkunftslandprinzips wäre dagegen der Unternehmer aus einer liberaleren Marktordnung im Vorteil. Er könnte unter den ihm vertrauten Regeln auch im Land seines ausländischen Mitbewerbers tätig werden. Der aus dem Prinzip des Herkunftslandprinzips befürchtete Wettlauf in Richtung auf das niedrigste wettbewerbsrechtliche Schutzniveau ist bisher nicht spürbar geworden.

16 Einige Sachverhalte sind vom Herkunftslandprinzip ausgenommen. Dazu zählen insbesondere nationale Beschränkungen, die dem Schutz der öffentlichen Gesundheit dienen. Das betrifft etwa den Versand von im Inland nicht zugelassenen oder verschreibungspflichtigen Arzneimitteln oder die Werbung für Tabak und Alkohol aus gesundheitlichen und jungendschützenden Motiven.⁶

17 Auf Rechtsbeziehungen zu Unternehmen aus **Nicht-EU-Staaten** findet das Herkunftslandprinzip nach herrschender Ansicht keine Anwendung.⁷

C. Pflichtangaben

18 Das Internet ist im hohen Maße geeignet, die eigene Identität zu verbergen und es dadurch den Betroffenen zu erschweren, ihre Rechte durchzusetzen. Um einen solchen

---

³ *BGH* NJW 2012, 2197, 2198 Rn. 26 – www.rainbow.at II; vgl. auch Spindler/Schuster/*Pfeiffer/ Weller/Nordmeier* Vorb. zur Rom II-VO und zu Art 40 EGBGB Rn. 8 ff.
⁴ Zu dem Begriff der Telemedien Spindler/Schuster/*Holznagel/Ricke* § 1 TMG Rn. 2 ff.
⁵ Dazu Piper/Ohly/*Sosnitza* Einf. C Rn. 65 ff.
⁶ Spindler/Schuster/*Pfeiffer/Weller/Nordmeier* § 3 TMG Rn. 11 ff.
⁷ MüKoBGB/*Martiny* § 3 TMG Rn. 7.

Missbrauch einzudämmen werden dem Anbieter im E-Commerce bestimmte Informationspflichten auferlegt. Die für jeden gewerblichen Anbieter geltenden Vorschriften werden nachfolgend beschrieben,[8] weitere Informationspflichten ergeben sich aus besonderen Sachverhalten, die weiter unten in dem jeweiligen Zusammenhang dargestellt werden.

Jeden Anbieter von Diensten im E-Commerce trifft nach § 5 TMG die Pflicht, folgende Angaben zu machen: **19**

I. Angaben zum Anbieter

Der Anbieter hat seinen **Namen,** unter dem er niedergelassen ist, und die **Anschrift,** bei juristischen Personen zusätzlich die Rechtsform, den Vertretungsberechtigten und, sofern Angaben über das Kapital der Gesellschaft gemacht werden, das Stamm- oder Grundkapital sowie, wenn nicht alle in Geld zu leistenden Einlagen eingezahlt sind, der Gesamtbetrag der ausstehenden Einlagen, anzugeben. Bei einer GmbH & Co. KG sind auch Angaben zur GmbH als persönlich haftende Gesellschafterin zu machen.[9] **20**

Die Anschrift muss vollständig mit Postleitzahl, Ort, Straße und Hausnummer angegeben werden. Nicht ausreichend sein soll nach der Begründung zum Gesetzentwurf die Angabe eines Postfaches oder einer Postleitzahl, auch wenn sie dem Unternehmen ausschließlich zugewiesen ist, sowie die Angabe lediglich einer E-Mail-Adresse. Bei mehreren Niederlassungen ist die Niederlassung zu nennen, von der aus das E-Commerce-Angebot gesteuert wird, im Zweifel die Hauptniederlassung. **21**

Als zu nennender Vertretungsberechtigter kommen Geschäftsführer oder Vorstände und rechtsgeschäftliche Vertreter wie Prokuristen und Handlungsbevollmächtigte in Betracht. Da auch bei Gesamtvertretungsbefugnis der Zugang einer Mitteilung bei einem Vertreter genügt, ist die Angabe von Vertretern in – für die Abgabe von Erklärungen – vertretungsberechtigter Anzahl nicht erforderlich.[10] **22**

II. Angaben zur Kommunikation

Ferner muss der Anbieter Angaben machen, die eine schnelle elektronische Kontaktaufnahme und unmittelbare Kommunikation mit ihm ermöglichen, einschließlich der Adresse der elektronischen Post. **23**

Der Anbieter hat in jedem Fall eine **E-Mail-Adresse** für die Kontaktaufnahme bereitzustellen. Nach Ansicht des EuGH ist er jedoch nicht verpflichtet, auch eine **Telefonnummer** anzugeben. Zulässig ist stattdessen auch eine elektronische Anfragemaske, über die sich die Nutzer an den Diensteanbieter wenden können, woraufhin dieser mit elektronischer Post antwortet. Anders verhält es sich nach Auffassung des EuGH jedoch in Situationen, in denen ein Nutzer des Dienstes nach elektronischer Kontaktaufnahme mit dem Diensteanbieter keinen Zugang zum elektronischen Netz hat und diesen um Zugang zu einem anderen, nichtelektronischen Kommunikationsweg ersucht. In diesem – und nur diesem – Fall des Ersuchens durch den Nutzer muss der Anbieter auch einen nichtelektronischen Kommunikationsweg zur Verfügung stellen, der die Aufrechterhaltung einer effizienten Kommunikation ermöglicht.[11] **24**

Der EuGH hat zugleich klargestellt, eine effiziente Kommunikation erfordere nicht, dass eine Anfrage sofort beantwortet wird. Eine Kommunikation ist vielmehr dann als effizient anzusehen, wenn sie es erlaubt, dass der Nutzer angemessene Informationen innerhalb einer Frist erhält, die mit seinen Bedürfnissen oder berechtigten Erwartungen vereinbar ist. Dabei hält der EuGH eine Antwortzeit von 30 bis 60 Minuten noch für regelgerecht.[12] **25**

---

[8] Sa den Leitfaden des Bundesjustizministeriums unter http://www.bmj.de/musterimpressum.
[9] Spindler/Schuster/*Micklitz/Schirmbacher* § 5 TMG Rn. 33 af.
[10] Spindler/Schuster/*Micklitz/Schirmbacher* § 5 TMG Rn. 36 f.
[11] *EuGH* NJW 2008, 3553, 3555, sa Spindler/Schuster/*Micklitz/Schirmbacher* § 5 TMG Rn. 40 ff.
[12] *EuGH* NJW 2008, 3553, 3555.

26 Die Kommunikation muss für den Nutzer nicht kostenfrei sein, darf jedoch die dem Anbieter entstehenden Aufwände nicht übersteigen.[13]

III. Angaben zur Aufsichtsbehörde

27 Soweit der Dienst im Rahmen einer Tätigkeit angeboten oder erbracht wird, die der behördlichen Zulassung bedarf, hat der Anbieter Angaben zur zuständigen Aufsichtsbehörde zu machen. Diese Vorschrift betrifft etwa Bauträger, Versicherungsunternehmen, Makler etc. Um Streitfälle zu vermeiden, sollte auch die Postanschrift angegeben werden.

IV. Angaben zu Registern

28 Der Diensteanbieter muss das Handelsregister, Vereinsregister, Partnerschaftsregister, Genossenschaftsregister oder Gewerberegister in das er eingetragen ist und die entsprechende Registernummer angeben. Die Pflicht trifft auch ausländische Diensteanbieter, die im Inland ihre Geschäftstätigkeit entfalten. Sie müssen ihr ausländisches Register und die entsprechende Registernummer angeben.[14]

V. Berufsrechtliche Angaben

29 Soweit der Dienst im Rahmen eines reglementierten Berufs angeboten oder erbracht wird, müssen Angaben über die Kammer, welcher die Diensteanbieter angehören, die gesetzliche Berufsbezeichnung und den Staat, in dem die Berufsbezeichnung verliehen worden ist sowie die Bezeichnung der berufsrechtlichen Regelungen und dazu, wie diese zugänglich sind gemacht werden.

30 Für den Export von Waren und Dienstleistungen ist der Anwendungsbereich gering. Neben Beratern wie Anwälten und Steuerberatern fallen unter diese Vorschrift Zahntechniker, Orthopädietechniker, Augenoptiker und Hörgeräteakustiker sowie Architekten und Ingenieure.[15]

VI. Steuernummer

31 Anzugeben ist die Umsatzsteueridentifikationsnummer nach § 27a des Umsatzsteuergesetzes oder die Wirtschafts-Identifikationsnummer nach § 139c der Abgabenordnung, sofern der Diensteanbieter eine solche Nummer besitzt.

VII. Unternehmen in Liquidation

32 Bei Aktiengesellschaften, Kommanditgesellschaften auf Aktien und Gesellschaften mit beschränkter Haftung, die sich in Abwicklung oder Liquidation befinden, ist dies anzugeben.

VIII. Zugang zu den Informationen

33 Die Unternehmen haben diese Angaben leicht erkennbar, unmittelbar erreichbar und ständig verfügbar zu halten. Unklar ist noch, ob eine Pflicht besteht, die Angaben in einer bestimmten Sprache vorzuhalten. Soweit es um den Verkehr zwischen Unternehmen geht, ist die Auffassung abzulehnen, dass die Informationen jedenfalls in der Sprache des Landes, auf das die Web-Seite zielt anzubieten sind. Im internationalen Verkehr sollten die Angaben aber vorsichtshalber auch in Englisch abgefasst sein.[16]

---

[13] Spindler/Schuster/*Micklitz/Schirmbacher* § 5 TMG Rn. 47.
[14] *LG Frankfurt* GRUR-RR 2003, 347.
[15] Einzelheiten bei Spindler/Schuster/*Micklitz/Schirmbacher* § 5 TMG Rn. 56 ff.
[16] Spindler/Schuster/*Micklitz/Schirmbacher* § 5 TMG Rn. 22 f.

Abschnitt 9. E-Commerce

- **Leicht erkennbar** sind die Informationen, wenn sie an gut wahrnehmbarer Stelle stehen und ohne langes Suchen auffindbar sind. Oft werden die Angaben unter der Rubrik „Impressum" bereit gehalten. Das ist nach Ansicht des BGH ebenso zulässig wie das Bereithalten unter der Rubrik „Kontakt".[17]
- **Unmittelbare Erreichbarkeit** ist gegeben, wenn der Nutzer jedenfalls nicht mehr als zwei Seiten aufzurufen braucht, um zu den Informationen zu gelangen. Das kann, wie im Fall der genannten BGH-Entscheidung über zwei aufeinanderfolgende Links „Kontakt" und „Impressum" geschehen oder dadurch, dass auf der Home-Page, der ersten Seite eines Web-Angebots, ein Link zu den Pflichtangaben vorhanden ist und der Nutzer von jeder anderen Seite durch einen Klick zur Home-Page gelangt.
- Die **ständige Verfügbarkeit** ist gegeben, wenn die Hinweise nicht nur vorübergehend vorgehalten werden und mit den Standardeinstellungen der gängigen Internet-Browser aufgerufen werden können.

Die Informationspflicht aus § 5 TMG trifft auch Anbieter aus Nicht-EU-Staaten, sofern Sie auf dem deutschen Markt tätig werden.

Der Vollständigkeit halber ist noch darauf hinzuweisen, dass die für **Geschäftsbriefe** 34 geltenden Vorschriften, bestimmte Angaben zu dem Unternehmen zu machen, auch für E-Mails („gleichviel welcher Form") gelten.[18]

D. Vertragsrecht

Der elektronisch geschlossene Vertrag weist weit weniger rechtliche Besonderheiten auf, 35 als oftmals angenommen. Einige technische Aspekte verlangen eine differenzierte Betrachtung.

I. Vertragsschluss

Soweit der Vertragsschluss deutschem Recht unterliegt gelten im E-Commerce keine 36 Besonderheiten gegenüber dem nichtelektronischen Geschäftsverkehr. Oft wird jedoch falsch eingeschätzt, wer, wenn der Vertrag über eine Web-Seite zustande kommen soll, das rechtsverbindliche Angebot macht. Dies ist eine Frage des erkennbaren **Bindungswillen.** Regelmäßig gibt der Kunde mit seiner Bestellung ein Angebot auf Abschluss des Vertrages ab, das ausdrücklich (zu der Problematik der vorgeschriebenen Bestellbestätigung → Rn. 66) oder durch Durchführen des beabsichtigten Vertrages angenommen wird.

Eine Ausnahme ist dann zu beachten, wenn sich aus Sicht des Kunden ergibt, dass sich 37 der Anbieter an seine Angaben auf der Web-Seite binden möchte, etwa weil er ein Warenwirtschaftssystem einsetzt und so seine Fähigkeit zur Erfüllung des Vertrages jederzeit prüfen kann. Für den Kunden wird dies beispielsweise dadurch deutlich, dass auf der Web-Seite angegeben wird, die Ware sei „am Lager". Schickt er daraufhin seine Bestellung ab und steht die Bonität des Kunden aus Sicht des Anbieters nicht entgegen, kann schon mit Zugang der Bestellung der Vertrag zustande kommen.[19]

Der **Zugang der Erklärung** ist grundsätzliche Voraussetzung für deren Wirksamkeit. 38 Maßgeblich ist für die Bestimmung des Zugangszeitpunkts die Möglichkeit der Kenntnisnahme. Abzustellen ist dabei nicht auf die konkreten Verhältnisse beim Empfänger, sondern es erfolgt eine typisierte Betrachtungsweise. Für den Geschäftsverkehr bedeutet dies, dass außerhalb der üblichen Geschäftszeiten typischerweise eine Kenntnisnahme nicht möglich ist und auch kein Zugang erfolgen kann. Etwas anderes gilt nur, wenn der Empfänger tatsächliche Kenntnis von der Mitteilung erhält.

---

[17] *BGH* NJW 2006, 3633, 3635 – Anbieterkennzeichnung im Internet.
[18] MüKoHGB/*Stephan/Tieves* § 35a GmbHG Rn. 8.
[19] Martinek/Semler/Flohr/*Krüger/Biehler* § 33 Rn. 6.

39 Entsprechendes gilt, wenn die eingehenden **Nachrichten automatisch verarbeitet** werden. Beispiele für einen solchen Zugang sind die automatisierte Annahme eines Vertragsangebots oder das automatisierte Ausführen einer Bestellung außerhalb der Bürozeiten.

40 Kommt eine elektronische Nachricht unleserlich oder unvollständig an, so ist sie dennoch wirksam, wenn die Ursache hierfür im Einflussbereich des Empfängers liegt, etwa infolge einer Fehlerhaftigkeit der von ihm eingesetzten Hard- oder Software.[20]

41 Für das **UN-Kaufrecht** wird kontrovers diskutiert, ob für den Zugang auf die Möglichkeit der Kenntnisnahme abzustellen ist. Falls nicht, würde der Zugang auch erfolgen, wenn die Erklärung schlicht in den Machtbereich des Empfängers gelangt ist.[21] Dabei ist für den Zugang elektronisch übermittelter Erklärungen allerdings erforderlich, dass der Empfänger der entsprechenden Kommunikationsart zugestimmt hat.[22] Während nach dem BGB ein Widerruf der Erklärung nach Zugang nicht mehr möglich ist, kann nach Art. 16 CISG ein Angebot bis zum Abschluss des Vertrages widerrufen werden, wenn der Widerruf dem Empfänger zugeht, bevor dieser eine Annahmeerklärung abgesandt hat.

42 **1. Vertretung.** Verträge im E-Commerce werden häufig durch Vertreter geschlossen oder initiiert. Bei grenzüberschreitenden Verträgen hängt der Umfang der Vertretungsmacht davon ab, welche Rechtsordnung anwendbar ist. Für Deutschland gilt, dass kein zwingender Gleichlauf zwischen dem auf den Vertrag anwendbaren und dem für die Vertretungsmacht geltenden Recht besteht.[23] Im Einzelnen ist äußerst umstritten, ob und wie das auf die Vertretungsmacht anwendbare Recht zu bestimmen ist. Das gilt auch für die Frage einer Rechtswahl. Insoweit halte ich es für in einer Vielzahl von Fällen zielführend, eine Vereinbarung des anwendbaren Rechts durch die Organe der Gesellschaft (Geschäftsführer/Vorstand) unmittelbar zu treffen. Handelt das Organ nicht selbst, sondern ein anderer (regelmäßig ein Prokurist oder Handlungsbevollmächtigter), so hat dieser die Erklärung der Geschäftsleitung als Bote zu überbringen.[24]

43 **2. Einbeziehung von AGB.** Im Geschäftsverkehr zwischen Unternehmen werden AGB nach deutschem Recht dann Vertragsbestandteil, wenn sich die Vertragsparteien darauf einigen, dass die Bedingungen gelten sollen. Die Anforderungen des § 305 Abs. 2 BGB sind wegen § 310 Abs. 1 BGB bei Exportgeschäften regelmäßig nicht zu beachten. Wegen der Informationspflicht nach § 312g BGB (→ Rn. 66) ist es dennoch zu empfehlen, die AGB im elektronischen Rechtsverkehr zugänglich zu machen, auch wenn dies für deren Einbeziehung in den Vertrag keine Wirksamkeitsvoraussetzung ist.

44 Die Einbeziehung und Wirksamkeit der AGB richtet sich nach dem gewählten oder objektiv geltenden Recht. Die Wahl einer ausländischen Rechtsordnung ist in AGB zulässig, jedoch kann bei reinen Inlandssachverhalten die deutsche AGB-Kontrolle durch die Wahl ausländischen Rechts nicht abbedungen werden.[25]

45 Bestehen beide Vertragspartner auf der Geltung ihrer AGB und wird der Vertrag dennoch durchgeführt, so steht dies der Wirksamkeit des Vertrages nicht entgegen. Welches Recht dann jedoch Anwendung findet ist umstritten. Richtigerweise sollte zunächst geprüft werden, ob nicht beide Rechtsordnungen zum gleichen Ergebnis kommen, etwa weil ein Rückverweis gilt oder die von einer Partei berufene Rechtsordnung nach der – in Deutschland überwiegend abgelehnten – „Theorie des letzten Wortes" auf den Vertragspartner abstellt, der zuletzt auf die Geltung seiner AGB hingewiesen hat. Anderenfalls ist objektiv zu bestimmen, welches Recht gilt. In der Regel ist dies das Recht des Unternehmens, das die vertragstypische Leistung erbringt.

---

[20] *OLG Karlsruhe* r+s 2008, 505.
[21] Schlechtriem/*Schlechtriem-Schroeter* Art. 24 CISG Rn. 22 und 32 f.; aA MüKoBGB/*Gruber* CISG Art. 24 Rn. 17.
[22] Schlechtriem/*Schroeter* Art 24 CISG Rn. 26.
[23] S. beispielhaft *BGH* NJW 1992, 618.
[24] Zu den Einzelheiten der Problematik vgl. MüKoBGB/*Spellenberg* Vor Art. 11 EGBGB Rn. 64 ff.
[25] MüKoBGB/*Martiny* Art. 3 Rom I-VO Rn. 90; zur Vermeidung einer AGB-Kontrolle in Schiedsverfahren *Pfeiffer* NJW 2012, 1169.

Abschnitt 9. E-Commerce

Im Geltungsbereich des UN-Kaufrechtsabkommens gilt – wohl – noch die oben beschriebene „Theorie des letzten Wortes".[26] **46**

3. Schriftform. Im deutschen Recht gilt der Grundsatz der Formfreiheit von Rechtsgeschäften. Nur in seltenen Fällen müssen Rechtsgeschäfte, die über das Internet vorgenommen werden einer Form entsprechen. Für den hier relevanten E-Commerce gilt dies in besonderem Maße, da die Teilnehmer regelmäßig Kaufleute sind, die von vielen Formerfordernissen freigestellt sind. **47**

Im E-Commerce wird die Beachtung einer bestimmten Form daher nur in den Fällen bedeutsam, für die sie von den Beteiligten vereinbart wurde. Dies betrifft vor allem die Änderung oder Beendigung von Verträgen, soweit dies schriftlich erfolgen soll. Ergibt sich aus den Parteivereinbarungen nichts anderes, kann diese Form nach § 127 Abs. 2 BGB bereits durch eine E-Mail gewahrt werden, wenn sie die Person des Erklärenden erkennen lässt. **48**

Im Anwendungsbereich des UN-Kaufrechts ist die Frage umstritten, ob E-Mails die Schriftform ersetzen können.[27] **49**

4. Hinweis- und Informationspflichten. Schließt ein Unternehmer einen Vertrag im elektronischen Geschäftsverkehr, so hat er nach § 312g BGB gegenüber dem Kunden eine Reihe von Hinweis- und Informationspflichten zu erfüllen. Diese Pflichten treffen ihn, wenn das beabsichtigte Vertragsverhältnis deutschem Recht unterliegen soll und sich der Unternehmer dazu elektronischer Kommunikationsmittel bedient. Bei Vereinbarung des Rechts eines anderen Staates der Europäischen Union gelten die Anforderungen wegen der europaweiten Regelung entsprechend. Auch unter der Geltung des UN-Kaufrechtsabkommens bleibt § 312g BGB in den vorgenannten Fällen anwendbar.[28] **50**

Da die Vorschrift auf Telemedien nach § 1 TMG abstellt, sind nur Verträge erfasst, die durch den Einsatz elektronischer Kommunikationsdienste zustande kommen sollen. Elektronische Kommunikationsdienste meint nach der Intention des Richtliniengebers nicht Telefon und Telefax, wohl aber E-Mail, SMS, Messenger-Dienste und die Kommunikation über Web-Seiten.[29] Die Abgrenzung zwischen dem ausgeschlossenen Telefax und der eingeschlossenen E-Mail überzeugt nicht. Technisch gibt es bei Computerfaxen keine Unterschiede, die eine rechtliche Ungleichhandlung begründen können. Eine Milderung des Problems kann darüber erfolgen, dass Kommunikationsdienste wie Telefax oder Telefon regelmäßig zu **Individualvereinbarungen** führen, die vom Anwendungsbereich der Vorschrift ausgenommen sind mit der Folge, dass für den Vertrag die in § 312g BGB vorgesehenen Hinweis- und Informationspflichten nicht gelten. **51**

Wann eine nicht erfasste Individualvereinbarung und wann eine Vereinbarung im Massenverkehr vorliegt ist daran festzumachen, ob die gewählte Kommunikationsform die Ausnahme oder die Regel für den Vertragsschluss darstellt. Typischerweise sind Verträge, die über Web-Seiten durch Auswahl der Leistungsparameter zustande kommen dem Massenverkehr zuzurechnen, während der Vertragsschluss per E-Mail eine Individualkommunikation im Sinne des § 312g BGB darstellt. Die Kommunikationsform allein reicht jedoch nicht aus, um die Zuordnung zu ermöglichen. **52**

Eine weitere Ausnahme von der Anwendung wesentlicher Teile des § 312g BGB kann der Unternehmer dadurch erreichen, dass er eine entsprechende Vereinbarung mit seinem Vertragspartner trifft. Ob diese Vereinbarung auch in Allgemeinen Geschäftsbedingungen getroffen werden kann, ist umstritten. Dafür spricht, dass es einen typischen Gleichlauf zwischen der Anwendung des § 312g BGB und der Einordnung der betroffenen Verträge als AGB gibt. Die Vorschrift gilt bei individueller Kommunikation nicht, ihre Anwendung zielt also auf vorformulierte Verträge und ist damit auf eine Vielzahl von Fällen ausgerichtet **53**

---

[26] Schlechtriem/*Schroeter* Art. 19 CISG Rn. 22; *BGH* NJW 2002, 1651, 162.
[27] Die Reichweite des § 127 Abs. 2 BGB ablehnend Schlechtriem/*Schmidt-Kessel* CISG Art. 13 Rn. 7.
[28] Schlechtriem/Schwenzer-*Schroeter* Vor Art 14 CISG Rn. 25 zum inhaltsgleichen früheren § 312e BGB.
[29] Palandt/*Grüneberg* § 312g BGB Rn. 2.

ist, was dem wesentlichen Kriterium für das Vorliegen von AGB entspricht.[30] Dagegen spricht aber, dass dann die vom Gesetz nur für den Geschäftsverkehr zwischen Unternehmen vorgesehene Ausnahme zur Regel würde. Auch folgt aus einer individuellen Kommunikation nicht auch zugleich das Fehlen von AGB.[31]

54 Ein Verstoß gegen § 312g BGB führt nicht zur Unwirksamkeit der Vereinbarung,[32] sondern hat gegebenenfalls Schadensersatzansprüche zur Folge, wenn der Vertragspartner des Unternehmers bei Befolgung der Pflichten eine Vermögenseinbuße hätte vermeiden können.[33]

55 **5. Korrektur von Eingabefehlern.** Sofern wirksam (→ Rn. 51) nichts anderes vereinbart ist, muss der Anbieter nach § 312g I Satz 1 Nr. 1 BGB dem Kunden angemessene, wirksame und zugängliche technische Mittel zur Verfügung stellen, mit deren Hilfe der Kunde Eingabefehler vor Abgabe seiner Bestellung erkennen und berichtigen kann. Die Art und Weise der Korrektur der vom Besteller gemachten Angaben ist dem Anbieter freigestellt. Er muss den Kunden jedoch auf die Korrekturmöglichkeit hinweisen.

56 Befolgt der Anbieter diese gesetzliche Vorgabe nicht, kann sich der Besteller im Falle einer irrtümlich abgegebenen Erklärung durch Anfechtung von dem Vertrag lösen. Nach § 122 BGB hätte er dem Anbieter dann den Schaden zu ersetzen, den dieser im Vertrauen auf die Wirksamkeit der Erklärung erleidet. Das könnten Transport- und Verpackungskosten oder auch entgangener Gewinn aus dem unterlassenen Abschluss eines Alternativgeschäfts sein. Für den Fall des Verstoßes gegen die Pflicht zum Erkennen und zur Korrektur von Eingabefehlern aus § 312g Abs. 1 Satz 1 Nr. 1 BGB soll dieser Schadensersatzanspruch des Anbieters jedoch entfallen.[34] Dies kann jedoch nur dann gelten, wenn der Besteller wegen der Pflichtverletzung des Anbieters den Irrtum nicht erkennen konnte. Eine fehlende Korrekturmöglichkeit allein reicht nicht, weil es der Besteller in der Hand hat, die Abgabe seiner Bestellerklärung zu unterlassen.[35]

57 **6. Mitteilung von Informationen.** Der Anbieter muss die in der Rechtsverordnung nach Artikel 246 § 3 EGBGB bestimmten, nachfolgend erläuterten Informationen rechtzeitig vor Abgabe von dessen Bestellung klar und verständlich mitteilen.[36] Eine Ausnahme besteht auch hier dann, wenn wirksam etwas anderes vereinbart ist.

58 **a) Schritte zum Vertragsschluss.** Der Anbieter muss über die einzelnen technischen Schritte, die zu einem Vertragsschluss führen informieren. Der Kunde muss erkennen müssen, welche Handlungen vorgenommen werden müssen, um den Vertrag zustande zu bringen. Macht, wie regelmäßig, der Besteller das Angebot, das der Anbieter ausdrücklich oder durch Ausführung des gewollten Vertrages annimmt, muss dies dem Kunden deutlich gemacht werden, damit er nicht irrig davon ausgeht, dass bereits mit seiner Bestellung der Vertrag zustande gekommen ist.

59 **b) Zugang zum Vertragstext.** Ferner muss der Anbieter darüber informieren, ob der Vertragstext nach dem Vertragsschluss von ihm gespeichert wird und ob er dem Kunden zugänglich ist. Der Anbieter ist jedoch nicht verpflichtet, den Vertragstext für den Kunden zu speichern, wenn diesem die Möglichkeit zum Abruf des Vertragstextes gegeben wurde.[37]

60 **c) Erkennen und Berichtigen von Eingabefehlern.** Dann ist der Kunde zu informieren, wie er mit den gemäß § 312g Abs. 1 Satz 1 Nr. 1 des BGB zur Verfügung gestellten technischen Mitteln Eingabefehler vor Abgabe der Bestellung erkennen und berichtigen kann. Diese Bestimmung ist entbehrlich, da der Anbieter schon nach dem oben Gesagten dem

---

[30] BeckOK BGB/*Schmidt/Räntsch* § 312g Rn. 37.
[31] Palandt/*Grüneberg* § 312g BGB Rn. 17.
[32] *BGH* NJW 2008, 2026, 2028 Rn. 25.
[33] Palandt/*Grüneberg* § 312g BGB Rn. 18.
[34] Palandt/*Grüneberg* § 312g BGB Rn. 5.
[35] MüKoBGB/*Wendehorst* § 312g Rn. 122 für den Ersatz wegen c. i. c.
[36] Vgl. hierzu MüKoBGB/*Wendehorst* § 312g Rn. 78 ff.
[37] Palandt/Grüneberg Art. 246 § 3 EGBGB.

Kunden entsprechende Möglichkeiten zu eröffnen hat, die der Kunde selbstverständlich auch erkennen und nutzen können muss.

d) Sprachen. Der Kunde muss auch wissen, welche Sprachen für den Vertragsschluss zur Verfügung stehen. Der Anbieter ist nach deutschem Recht jedoch nicht verpflichtet, das Angebot in mehreren Sprachen abzufassen, auch nicht, wenn er sich an ausländische Abnehmer wendet. Verwendet er für sein Online-Angebot jedoch verschiedene Sprachen, so muss er auch die hier beschriebenen **Informationen in allen Sprachen** anbieten. Findet auf das Online-Angebot das Recht eines anderen Staates Anwendung, kann sich die Pflicht ergeben, mehrere Sprachen zu verwenden. 61

e) Verhaltenskodizes. Schließlich hat der Anbieter den Kunden über sämtliche einschlägigen Verhaltenskodizes, denen er sich unterwirft, zu informieren sowie die Möglichkeit eines elektronischen Zugangs zu diesen Regelwerken bekannt zu geben. 62

Der Anbieter kann sich freiwillig Verhaltenskodizes von Verbänden oÄ unterwerfen, zB zur Zertifizierung seines Angebots oder im Bereich des Datenschutzes. Hierauf hat er dann hinzuweisen. Fehlt eine solche Selbstverpflichtung, braucht darauf nicht hingewiesen zu werden. 63

f) Zeitpunkt und Form der Unterrichtung. Die Informationen müssen dem Kunden rechtzeitig vor Abgabe von dessen Bestellung klar und verständlich, was auch über einen weiterführenden Link geschehen kann, mitgeteilt werden. Rechtzeitig sind die Informationen mitgeteilt, wenn der Besteller sie vor Abgabe seiner Bestellung zur Kenntnis nehmen kann und der Bestellvorgang nicht aus Zeitgründen abgebrochen wird, weil der Besteller die Informationen nicht schnell genug durchliest. 64

Zweifelhaft ist, ob der Anbieter die geforderten Informationen auch in seinen AGB unterbringen kann. Soweit die Informationen vertraglichen Charakter haben, spricht nichts dagegen. Anders ist es aber bei lediglich aufklärenden Mitteilungen. Diese werden in AGB nicht erwartet und gesucht. Sie sollten daher zur Vermeidung eines Verstoßes gegen die Informationspflicht gesondert ausgewiesen werden. 65

7. Zugangsbestätigung. Eine oft fehlerhaft umgesetzte Bestimmung enthält § 312g Abs. 1 Satz 1 Nr. 3 BGB. Danach hat der Anbieter dem Kunden den Zugang von dessen Bestellung unverzüglich auf elektronischem Wege zu bestätigen. Nach Satz 2 der Vorschrift gelten Bestellung und Empfangsbestätigung als zugegangen, wenn die Parteien, für die sie bestimmt sind, sie unter gewöhnlichen Umständen abrufen können. Zwar wird der Begriff des Zugangs durch das Gesetz leicht abweichend von dem herkömmlichen Verständnis definiert. Maßgeblich ist aber der herkömmliche Begriff.[38] Die Möglichkeit, diese Zugangsfiktion im Unternehmensverkehr nach § 312g Abs. 2 BGB vertraglich abzubedingen hat daher keine Bedeutung. 66

Häufig wird übersehen, dass mit der Bestellung noch kein Vertrag zustande kommt und die Bestätigung auch keine Aussage darüber treffen muss, ob die Bestellung akzeptiert wird.[39] Oft wird die Eingangsbestätigung auch schlicht missverständlich formuliert, so dass für den Besteller der Eindruck entsteht, der Vertrag sei bereits mit der Bestätigung zustande gekommen. Die Bestätigungen enthalten dann neben dem Dank für die Bestellung Formulierungen, dass die „Bestellung schnellstmöglich ausgeführt wird" oder es wird angegeben, auf welches Konto die Zahlung zu leisten ist. Aus Sicht des Bestellers sind diese Erklärungen nicht nur als Mitteilung aufzufassen, die Bestellung sei zugegangen, sondern als deren Annahme. Soll noch kein Vertrag geschlossen werden empfiehlt sich, dies ausdrücklich deutlich zu machen: „Durch diese Bestätigung wird noch kein Vertrag geschlossen" oÄ. 67

8. Abruf von Vertragsbestimmungen. Schließlich muss der Anbieter dem Kunden nach § 312g Abs. 1 Satz 1 Nr. 4 die Möglichkeit verschaffen, die Vertragsbestimmungen ein- 68

---

[38] Palandt/*Grüneberg* § 312g BGB Rn. 7.
[39] MüKoBGB/*Wendehorst* § 312g Rn. 95 f.

schließlich der Allgemeinen Geschäftsbedingungen bei Vertragsschluss abzurufen und in wiedergabefähiger Form zu speichern. Ob auch Leistungsbeschreibungen dazu gehören, ist eine Frage des Einzelfalls der Vereinbarung und durch Auslegung zu bestimmen.[40]

69 Die Erfüllung dieser Anforderungen bedeutet noch nicht, dass die AGB auch Vertragsbestandteil geworden sind. Das bestimmt sich nach den dafür geltenden Regelungen. Mit der Pflicht, die AGB abrufbar zu halten, geht § 312g BGB über die Erfordernisse für die Einbeziehung von AGB im Rechtsverkehr zwischen Unternehmen hinaus. Denn anders als bei Verträgen mit Verbrauchern brauchen im Unternehmensverkehr die AGB nicht zugänglich zu sein um zu gelten. Der Hinweis, dass die AGB gelten, genügt.

70 Die Anforderungen an die Möglichkeit, die Vertragsbestimmungen zu speichern sind nicht definiert. Zwar lassen sich im Grundsatz alle Darstellungen eines Computers speichern. Um den Kunden aber nicht zu überfordern und zur Vermeidung von Zweifelsfällen empfiehlt sich, gängige Datenformate wie zB PDF zu verwenden.[41]

II. Beweisführung

71 Vor deutschen Zivilgerichten gilt der Grundsatz, dass jeder die für ihn günstigen Tatsachen darzulegen und gegebenenfalls zu beweisen hat. Für den E-Commerce gelten hier keine grundsätzlichen Ausnahmen.

72 Aus der leichten Manipulierbarkeit elektronischer Informationen ergeben sich jedoch Beweisprobleme für den elektronischen Geschäftsverkehr.[42] Ohne besondere Sicherungsvorkehrungen lässt sich die Änderung einer Datei nicht erkennen. Daraus folgt, dass Bestellungen auf Web-Seiten, Inhalte von E-Mails und elektronischen Dokumenten im Bestreitensfall kaum einen Beweiswert haben. Dies gilt für die Frage, ob eine E-Mail zugegangen ist auch dann, wenn eine Empfangs- oder Lesebestätigung vorgelegt wird.[43] Auch für Telefaxe deren Erhalt vom Adressaten bestritten wird, folgt aus dem Vorliegen eines Sendeprotokolls nichts anders.[44] Eine Ausnahme kann dann bestehen, wenn der Inhalt der elektronischen Nachricht Rückschlüsse auf den Absender zulässt, weil nur er diese Informationen besitzt oder bezogen auf den Empfänger fraglich wäre, wie er anders als durch die elektronische Nachricht an diese Informationen gelangt sein kann.

73 Einen gesetzlich geregelten Beweiswert haben Dateien dann, wenn sie mit einer **qualifizierten elektronischen Signatur** nach dem Signatur-Gesetz versehen sind. Solche Dokumente werden nach § 371a ZPO der handschriftlich unterzeichneten Urkunde gleichgestellt. Jedoch kann der Anschein der Echtheit einer solchen elektronischen Erklärung durch Tatsachen erschüttert werden, die ernstliche Zweifel daran begründen, dass die Erklärung vom Signaturschlüssel-Inhaber abgegeben worden ist. Handelt es sich bei der Signatur um die eines akkreditierten Anbieters, erhöhen sich die Anforderungen an denjenigen, der die Echtheitsvermutung erschüttern will.

74 Treffen die von § 371a ZPO geforderten Voraussetzungen nicht zu, bleibt noch, dass das Gericht die Dateien dem Augenscheinsbeweis unterwirft. Es hängt dann im Wesentlichen vom Gericht ab, welche Schlüsse es aus dem Beweismittel zieht.

75 In der Europäischen Union darf einer elektronischen Signatur die Zulassung als Beweismittel nicht versagt werden. Welchen Beweiswert die Signatur hat, bleibt jedoch – erst Recht außerhalb der EU – der Regelung der nationalen Verfahrensordnungen überlassen. So gilt für andere als qualifizierte elektronische Signaturen, zB solche nach dem Verfahren Pretty-Good-Privacy, keine Vermutung über den Beweiswert.

---

[40] MüKoBGB/*Wendehorst* § 312g Rn. 101.
[41] MüKoBGB/*Wendehorst* § 312g Rn. 107.
[42] Eingehend dazu *Geis*, in: Hoeren/Sieber, Multimedia-Recht, Teil 13.2.
[43] AA *Mankowski* NJW 2004, 1905, der bei Lesebestätigungen einen Anscheinsbeweis für den Zugang annimmt.
[44] BGH NJW 1995, 665, 667; BeckRS 2011, 21743; aA *OLG Celle* NJOZ 2008, 3072; *OLG Karlsruhe* DB 2008, 2479.

E. Wettbewerbsrecht

I. Anwendbares Recht

Bei grenzüberschreitenden Sachverhalten findet im Allgemeinen das Recht des Marktortes Anwendung, definiert als das Recht des Staates, auf dessen Territorium die Interessen der konkurrierenden Unternehmen aufeinandertreffen.[45] Für das Gebiet der Europäischen Union ist als Ausnahme zu diesem Grundsatz das Herkunftslandprinzip mit weit reichenden Folgen von erheblicher Bedeutung. Soweit nicht bereits eine Vollharmonisierung erfolgt ist, wie zB im Bereich der vergleichenden Werbung, können sich die in den einzelnen Ländern angelegten Maßstäbe der Zulässigkeit unternehmerischen Handelns erheblich unterscheiden. Das würde bei alleiniger Geltung des Marktortprinzips denjenigen benachteiligen, der von einer liberaleren Rechtsordnung aus sein Marketing in einem anderen EU-Staat mit strengeren Regeln verfolgen würde. Unter Geltung des Herkunftslandprinzips wäre dagegen dieser Unternehmer im Vorteil. Er könnte unter den ihm vertrauten Regeln auch auf dem Markt im Land seines ausländischen Mitbewerbers tätig werden, ohne sich an dessen strengen Maßstäben messen zu lassen. Der aus dem Herkunftslandprinzips befürchtete Wettlauf in Richtung auf das niedrigste wettbewerbsrechtliche Schutzniveau ist bisher nicht spürbar geworden. **76**

Auf welche Märkte Werbung auf Web-Seiten zielt, ist nicht immer eindeutig zu bestimmen.[46] Um die gerade im Werberecht leicht anzunehmende weltweite Wirkung der Aussagen auf einer Web-Seite zu beschränken empfiehlt sich, die räumliche Zielrichtung der Seite gut erkennbar anzugeben („Dieses Angebot richtet sich nur an ..."). Anderenfalls könnte zB für eine – auch – englischsprachige Web-Seite eine unbeschränkte Wirkung angenommen werden. Die Web-Seite müsste sich dann im schlimmsten Fall in ihrem Werbeeffekt an allen Rechtsordnungen messen lassen.[47] Dabei ist darauf zu achten, dass sich die auf der Web-Seite geäußerte Beschränkung der Reichweite nicht in Widerspruch zu den Inhalten des Angebots setzt. So ist ein Hinweis, die Seite wende sich nicht an deutsche Nutzer rechtlich ohne Belang, wenn eine vollständig deutschsprachige Version der Web-Seite zur Verfügung gestellt wird und die Seite damit potenziell auch auf den deutschen Markt ausgerichtet ist.[48] **77**

Ein **Disclaimer,** mit dem der Werbende ankündigt, Adressaten in einem bestimmten Land nicht zu beliefern, ist nach Ansicht des BGH jedenfalls ein Indiz für eine Einschränkung des Verbreitungsgebiets. Ein wirksamer Disclaimer setzt voraus, dass er klar und eindeutig gestaltet und auf Grund seiner Aufmachung als ernst gemeint aufzufassen ist. Erheblich ist der Disclaimer zudem nur, wenn ihn der Anbieter der Informationen oder Produkte auch tatsächlich beachtet und nicht entgegen seiner Ankündigung gleichwohl in das vom Vertrieb ausgenommene Absatzgebiet liefert.[49] **78**

II. Werbung

Nach deutschem und EU-weit harmonisiertem Recht ist darauf zu achten, dass Werbung nicht verschleiert wird. Für den E-Commerce ordnet dies § 6 TMG ausdrücklich an. Im Übrigen gelten die am Marktort anwendbaren Rechtsregeln. Auf einige E-Commerce-typische Besonderheiten sei im Folgenden hingewiesen. **79**

1. Hyperlinks. Verweisungen über Hyperlinks auf andere Web-Seiten mit unlauterer Werbung, zB die des Herstellers, muss sich der Unternehmer unter Umständen entgegenhalten. So besteht die Gefahr, wegen eines wettbewerbswidrigen Angebots des Betreibers **80**

---

[45] *BGH* NJW 2007, 596; GRUR 2004, 1035; Köhler/*Bornkamm* Einl. UWG Rn. 5.5.
[46] Vgl. Köhler/*Bornkamm* Einl. UWG Rn. 5.8.
[47] Vgl. zB *OLG Frankfurt* CR 1999, 450.
[48] *OLG Hamburg* MMR 2000, 278.
[49] *BGH* GRUR 2006, 513 – Arzneimittelwerbung im Internet.

der verwiesenen Seite in die Haftung genommen zu werden. Wirbt beispielsweise der Hersteller in unzulässiger Weise für ein Produkt und führt der Link des Unternehmers (auch) auf diese Seite, muss er für diese unzulässige Werbung einstehen, wenn ihm diese Inhalte zurechenbar sind.[50] Der Umfang der Prüfungspflichten richtet sich nach Ansicht des BGH insbesondere nach dem Gesamtzusammenhang, in dem der Hyperlink verwendet wird, dem Zweck des Hyperlinks sowie danach, welche Kenntnis der den Link Setzende von Umständen hat, die dafür sprechen, dass die Webseite oder der Internetauftritt, auf die der Link verweist, rechtswidrigem Handeln dienen, und welche Möglichkeiten er hat, die Rechtswidrigkeit dieses Handelns in zumutbarer Weise zu erkennen. Auch dann, wenn beim Setzen des Hyperlinks keine Prüfungspflicht verletzt wird, kann eine **Störerhaftung** begründet sein, wenn ein Hyperlink aufrechterhalten bleibt, obwohl eine nunmehr zumutbare Prüfung, insbesondere nach einer Abmahnung oder Klageerhebung, ergeben hätte, dass mit dem Hyperlink ein rechtswidriges Verhalten unterstützt wird. Weil aber Hyperlinks nur den Zugang zu ohnehin allgemein zugänglichen Quellen erleichtern, sollen im Interesse der Meinungs- und Pressefreiheit an die nach den Umständen erforderliche Prüfung keine zu strengen Anforderungen gestellt werden.[51] Dabei ist nach Auffassung des BGH auch zu berücksichtigen, dass die sinnvolle Nutzung der unübersehbaren Informationsfülle im Internet ohne den Einsatz von Hyperlinks zur Verknüpfung der dort zugänglichen Dateien praktisch ausgeschlossen wäre.[52] Auf eine Privilegierung der Haftung nach den §§ 7 ff. des Telemediengesetzes kann sich der den Hyperlink Setzende nicht berufen. Für ihn gelten die allgemeinen, vorstehend beschriebenen Haftungsregeln.[53]

81 Vertragsrechtlich ist zu beachten, dass zB bei der Bestimmung der vom Verkäufer einzuhaltenden Beschaffenheit der verkauften Sache der Inhalt der Web-Seite einschließlich der über weiterführende Links zugänglichen Angaben nach § 434 Abs. 1 S. 3 BGB als Auslegungsgrundlage herangezogen werden kann.[54]

82 **2. E-Mails.** Mit der Werbung per E-Mail geht die Gefahr der unaufgeforderten Werbung einher, die in diesem Bereich eine unzumutbare Belästigung nach §§ 3 und 7 UWG darstellen kann. Dies gilt auch für Nachrichten an Unternehmen, wenn nicht anzunehmen ist, dass der Adressat der E-Mail oder vergleichbaren elektronischen Nachricht mit der Werbung einverstanden ist. Wegen des geringen Beweiswerts lässt sich ein elektronisches Einverständnis aber kaum beweisen. Als Werbung in diesem Sinne ist auch die Nachfrage anzusehen, ob Interesse an einer Geschäftsbeziehung bestehe.

83 Die Angabe einer E-Mail-Adresse auf der Internetseite eines Unternehmens bringt aber dessen konkludentes Einverständnis damit zum Ausdruck, Anfragen potenzieller Kunden zu dem üblichen Waren- und Dienstleistungsangebot des Unternehmens unter dieser Adresse zu empfangen.[55] Dies kann jedoch nicht schon aus der Angabe einer E-Mail-Adresse gefolgert werden, die der Betreiber der Web-Seite aufgrund gesetzlicher Vorgaben machen muss. Für die Vermutung der Einwilligung genügt ein allgemeiner Sachbezug zu den von dem angerufenen Unternehmen angebotenen Dienstleistungen nicht. Anderenfalls wäre Werbung gegenüber Gewerbetreibenden mit seinen belästigenden und deshalb nicht generell hinnehmbaren Folgen nahezu unbeschränkt zulässig.[56] Eine Belästigung wird nicht dadurch ausgeschlossen, dass dem Adressaten zunächst eine Mail mit der Aufforderung zugesandt wird, zukünftigen Zusendungen zuzustimmen. Bereits diese erste Mail kann schon belästigend sein.[57]

---

[50] Vgl. auch *LG Frankfurt* CR 1999, 450 zur unzulässigen vergleichenden Werbung auf der verwiesenen Seite.
[51] *BGH* NJW 2011, 2436 – AnyDVD.
[52] *BGH* GRUR 2004, 693, 695 – Schöner Wetten.
[53] *BGH* GRUR 2004, 693, 694 – Schöner Wetten.
[54] Palandt/*Grüneberg* § 434 BGB Rn. 31 ff.
[55] *BGH* GRUR 2008, 925, 926.
[56] *BGH* MMR 2007, 598, 600 für Telefonwerbung.
[57] *OLG München* MMR 2013, 38 mit kritischer Anmerkung *Heidrich*.

Werbemails und sonstige -nachrichten müssen nach § 6 TMG als solche erkennbar sein und dürfen den werbenden Charakter der Nachricht nicht verschleiern oder verheimlichen. **84**

3. Preisangaben. Nach § 1 Abs. 1 PAngV trifft denjenigen, der Letztverbrauchern im E-Commerce Waren oder Leistungen anbietet oder ihnen gegenüber als Anbieter unter Angabe von Preisen wirbt, die Verpflichtung zur Preisangabe. Letztverbraucher sind Personen, die die Ware nicht weiter umsetzen, sie also für sich verbrauchen. **85**

Allerdings sind von der Preisangabenverordnung Angebote oder Werbung gegenüber Letztverbrauchern, die die Ware oder Leistung in ihrer selbständigen beruflichen oder gewerblichen oder in ihrer behördlichen oder dienstlichen Tätigkeit – nicht aber privat – verwenden, ausgenommen, wenn sichergestellt ist, dass sich das Angebot nicht auch an Verbraucher richtet. Bei Internet-Angeboten, die für jedermann zugänglich sind, ist davon auszugehen, dass sie zumindest auch Privatkunden ansprechen, wenn sie nicht eindeutig und unmissverständlich eine Beschränkung auf Wiederverkäufer enthalten.[58] **86**

III. Kundenforen

Viele Unternehmen richten für ihre Kunden Internet-Foren auf ihrer Web-Seite ein mit der Möglichkeit zum Informationsaustausch und insbesondere Produkt- und Leistungsbewertung. Für die von den Kunden eingestellten Inhalte haftet der Anbieter nach §§ 7ff. TMG grundsätzlich nicht,[59] solange er sich diese Inhalte nicht zu eigen macht. Ein Zu-Eigen-Machen kann darin liegen, dass die Inhalte vor der Veröffentlichung vom Anbieter durchgesehen werden.[60] Der Anbieter ist ohne das Zu-Eigen-Machen erst verantwortlich, wenn er Kenntnis von der Verletzung des Persönlichkeitsrechts erlangt und nicht zur Aufklärung einer behaupteten Rechtsverletzung beiträgt. **87**

Für wettbewerbswidrige Äußerungen der eigenen Mitarbeiter haftet der Arbeitgeber, selbst wenn er die Äußerungen nicht kennt oder veranlasst hat.[61] **88**

F. Gewerblicher Rechtsschutz und Urheberrecht

I. Anwendbares Recht

Für die Verwendung von Marken und ähnlich geschützten Kennzeichen sowie im Bereich des Urheberrechts einschließlich des Leistungsschutzes („Geistiges Eigentum") gilt EU-weit nach Art 8 Abs. 1 Rom-II-Verordnung das Schutzlandprinzip. Das anwendbare Recht richtet sich nach dem Recht des Landes, für das der Rechtsschutz gesucht wird. Das hat für denjenigen, der E-Commerce betreibt weit reichende Folgen. Er muss damit rechnen, in jedem Staat der Welt auf Verletzung von Marken, sonstigen Kennzeichen, urheberrechtlich und sonstigen vergleichbar geschützten Rechten in Anspruch genommen zu werden. Zwar bedarf eine Inanspruchnahme regelmäßig eines Inlandsbezugs, zB durch eine in dem Schutzland relevante Handlung. Für Deutschland verlangt der BGH im Kennzeichenrecht einen hinreichenden wirtschaftlich relevanten **Inlandsbezug,** um einer uferlosen Ausdehnung des Schutzes nationaler Kennzeichenrechte zu begegnen.[62] Das Herkunftslandprinzip findet im Bereich des „Geistigen Eigentums" gemäß § 3 Abs. 3 Nr. 6 TMG keine Anwendung. **89**

---

[58] *BGH* GRUR 2011, 82, 83 Rn. 23 – Preiswerbung ohne Umsatzsteuer.
[59] *BGH* BJW 2012, 148 – Internet-Blog.
[60] *BGH* NJW-RR 2010, 1276 – Marions Kochbuch.
[61] *OLG Hamm* MMR 2008, 757; *LG Hamburg* NJW-RR 2012, 1001.
[62] NJW 2005, 1435, 1436 – Hotel Maritime.

II. Disclaimer

90 Für den Teilnehmer am E-Commerce ergibt sich wegen der hieraus folgenden erheblichen Unsicherheiten die Notwendigkeit, seine Angriffsfläche im Bereich des gewerblichen Rechtsschutzes und des Urheberrechts weitestgehend zu reduzieren. Soweit es um Kennzeichenrechtsverletzungen geht, stehen die **Domain** und die vom Anbieter für seine Produkte verwendeten Marken im Vordergrund. Hier gilt es durch einen geeigneten Disclaimer sicher zu stellen, dass ein ungewollter Bezug zu einem ausländischen Markt unterbleibt.

91 Urheberrechtlich ist eine Begrenzung allein durch einen Disclaimer nicht möglich. Vielmehr kommt es darauf an, ob das Unternehmen in einem Land Verwertungshandlungen anbietet, vornimmt oder unterstützt, für die es keine Gestattung hat.[63]

III. Handelsplattformen

92 Handelsplattformen bieten den Teilnehmern eine Reihe von Vorteilen: Für die Käufer mit Blick auf die Transparenz der Angebote, für die Anbieter hinsichtlich der Ersparnis, eine eigene Plattform aufbauen zu müssen. Aus rechtlicher Sicht muss der Betreiber der Plattform darauf achten, nicht in die Rechte Dritter einzugreifen, die Teilnehmer müssen daran denken, dass ihr Angebot überall dort wahrgenommen wird, wo die Plattform wirkt bzw. wirken soll.

93 Das wirft für den **Teilnehmer** vor allem Fragen kennzeichenrechtlicher Natur auf. Er muss Sorge dafür tragen, dass seine Produkte über die Plattform nicht in Ländern angeboten werden, in denen entgegenstehende Markenrechte begründet sind oder das Angebot wettbewerbsrechtlich unzulässig ist.

94 Für den **Betreiber** einer Plattform ergibt sich, jedenfalls in Deutschland nach der Rechtsprechung des BGH, das Problem einer Haftung für Rechtsverletzungen der Teilnehmer der Plattform. Für markenrechtsverletzende Angebote hat der BGH entschieden, dass der Plattformbetreiber nach Kenntnis einer Verletzung generell Vorsorge treffen muss, zukünftige gleichartige Verletzungen zu verhindern. Wird beispielsweise auf der Handelsplattform ein Plagiat unter einer geschützten Bezeichnung angeboten, sieht es der BGH als Obliegenheit des Plattformbetreibers an, gleichgelagerte zukünftige Markenrechtsverletzungen durch geeignete Vorkehrungen zu unterbinden.[64] Welche Vorkehrungen dies sein können, ist allerdings regelmäßig offen.

IV. Vertrieb geschützter Gegenstände

95 Geschützte Gegenstände, bei denen das Verbreitungsrecht noch nicht erschöpft ist,[65] dürfen nur mit Zustimmung des Rechtsinhabers verbreitet werden. Der BGH stellt insbesondere im Urheberrecht das Anbieten von Waren der Verbreitung gleich mit der Folge, dass auch dann, wenn der Anbietende selbst die Gegenstände nicht in den Verkehr bringt, sondern dies in einem Land geschieht, in dem kein urheberrechtlicher Schutz mehr besteht, die Zustimmung des Rechtsinhabers für das Anbieten der Ware im – den Schutz vermittelnden – Inland erforderlich ist.[66]

96 Zum Markenrecht hat der BGH entschieden, dass die ungebrochene Durchfuhr von Waren, die im Ausland mit einer im Inland geschützten Marke gekennzeichnet worden

---

[63] Zu den Anwendungsfällen su IV.
[64] *BGH* GRUR 2011, 1038 – Stiftparfüm; GRUR 2008, 702 – Rolex III.
[65] Vgl. etwa § 17 UrhG, § 24 MarkenG und § 10b SortenschutzG sowie Benkard/*Scharen* § 9 PatG Rn. 15 ff.
[66] *BGH* GRUR 2007, 871 – Wagenfeld-Leuchte; zu Strafbarkeit *BGH* GRUR 2013, 62 – Bauhaus-Stilmöbel. Zum rechtswidrigen Inverkehrbringen nach österreichischem Recht bereits durch ein Versenden von Deutschland aus nach Österreich *OLG Köln* ZUM 2009, 651. Zum Patentrecht vgl. Benkard/*Scharen* § 9 PatG Rn. 44.

sind, durch das Gebiet der Bundesrepublik Deutschland keine Verletzung der Marke darstellt. Dies gilt nach Ansicht des BGH unabhängig davon, ob die durch Deutschland durchgeführten Waren für einen Mitgliedstaat der Europäischen Union oder einen Drittstaat bestimmt sind und ob im Bestimmungsland Markenschutz besteht oder nicht.[67]

G. Datenschutz

Bei der Abwicklung von E-Commerce-Transaktionen ist der Datenschutz zu beachten, wenn es sich bei den zu verarbeitenden Daten um personenbezogene Angaben über persönliche oder sachliche Verhältnisse einer bestimmten oder bestimmbaren natürlichen Person handelt. Dabei muss die Verarbeitung der personenbezogenen Daten nicht im Vordergrund stehen. Es genügt, wenn sich überhaupt eine Beziehung zwischen den Daten und einer natürlichen Person ergeben kann. Daher sind auch die an sich nicht geschützten Angaben zu einer GmbH personenbezogen, wenn die Gesellschaft nur einen Gesellschafter hat und die Angaben in der Folge auf ihn durchschlagen.[68] Des Weiteren sind personenbezogen Angaben zu eigenen Mitarbeitern und denen von Geschäftspartnern oder sonstigen Dritten unabhängig davon, ob die Daten zur Abwicklung der Geschäfte erforderlich sind. 97

Soweit Daten bei der Nutzung der Web-Seite anfallen, sind die §§ 11 ff. TMG zu beachten. Nach § 11 I Nr. 2 TMG finden die Datenschutzvorschriften des Gesetzes jedoch keine Anwendung auf Geschäftsprozesse zwischen Unternehmen. Das ist zB im Rahmen elektronischer Beschaffungsvorgänge gegeben.[69] 98

Betreffen die Daten Vertragsinhalte im Bereich des E-Commerce gilt hierfür regelmäßig das Bundesdatenschutzgesetz. Die Daten dürfen dann gem. § 4 I BDSG verarbeitet werden, wenn der Betroffene zugestimmt hat oder das Gesetz die Verarbeitung gestattet. 99

Für die Übertragung von Daten in Mitgliedsstaaten der EU und des Abkommens über den Europäischen Wirtschaftsraum gelten nach § 4b BDSG grundsätzlich keine Besonderheiten, weil die Datenschutzvorschriften innerhalb der EU weitgehend harmonisiert sind. Schwieriger gestaltet sich die Übertragung in Drittländer. Sie ist nach § 4b II 2 und § 4b III BDSG nur zulässig, wenn insbesondere ein vergleichbares Datenschutzniveau in dem Empfangsland besteht.[70] Das Datenschutzniveau kann allerdings dadurch hergestellt werden, dass die Standardvertragsklauseln aus dem Beschluss der EU-Kommission B 2010/87/EU verwendet werden. Für den Datentransfer in die USA sind die Safe-Harbor-Principles einzuhalten.[71] 100

Die Inanspruchnahme von IT-Dienstleistungen im E-Commerce, die zu einer verteilten Speicherung von Daten weltweit führen, wie zB Cloud-Computing, ist angesichts der strengen datenschutzrechtlichen Vorgaben oft kaum rechtskonform möglich.[72] 101

H. Kartellrecht

I. Wirkungsprinzip

Im Kartellrecht gilt nach Art. 6 III Rom-II-VO für die Frage, ob nationales oder europäisches Kartellrecht zur Anwendung kommt, das Auswirkungsprinzip. Danach greifen die Wettbewerbsregeln des Kartellrechts immer dann, wenn sich ein Verhalten der Wirtschaftsteilnehmer auf den Markt auswirkt. Die Unternehmen müssen demgemäß weder 102

---

[67] BGH GRUR 2012, 1263 – Clinique happy.
[68] Gola/*Schomerus* § 3 BDSG Rn. 11a.
[69] Spindler/Schuster/*Spindler/Nick* § 11 TMG Rn. 12.
[70] Gola/*Schomerus* § 4b BDSG Rn. 10 ff.
[71] Gola/*Schomerus* § 4b BDSG Rn 15.
[72] Dazu *Heidrich/Wegener,* Sichere Datenwolken – Cloud Computing und Datenschutz, MMR 2010, 803.

ihren Sitz in der Europäischen Union haben, noch müssen sie ihr wettbewerbsbeschränkendes Verhalten im Geltungsbereich des EG-Vertrages realisieren.[73]

103 Dementsprechend muss ein deutscher Anbieter im E-Commerce damit rechnen, sowohl an deutschen als auch an den europäischen und im Übrigen internationalen Maßstäben des Kartellrechts gemessen zu werden. Die Anwendung des Kartellrechts der Europäischen Union (Art. 101 und 102 des AEUV) setzt allerdings voraus, dass die Handlung eine Auswirkung auf den europäischen Wettbewerb hat. Anderenfalls sind die – weitgehend harmonisierten – nationalen Kartellbestimmungen ausschlaggebend.

104 Das Herkunftslandprinzip hilft den mit dem Vorwurf kartellrechtswidrigen Handelns Konfrontierten nicht, weil es nach § 3 Abs. 4 Nr. 8 TMG nicht für Vereinbarungen und Verhaltensweisen gilt, die dem Kartellrecht unterliegen.

II. Beschränkungen des Internet-Vertriebs

105 Eine besondere kartellrechtliche Problematik des E-Commerce betrifft die Frage, ob es Händlern ganz oder teilweise untersagt werden kann, Produkte über das Internet anzubieten und zu vertreiben.

106 Das OLG Karlsruhe hatte es für zulässig gehalten, wenn der Hersteller einem Händler untersagt, seine Produkte auf einer Handelsplattform und nicht auf einer eigenen Web-Seite anzubieten. Voraussetzung ist jedoch, dass sich die Kriterien für die Auswahl der Wiederverkäufer nach den Anforderungen des betreffenden Produkts richten und auf die fachliche Eignung des Wiederverkäufers und seines Personals und auf seine sachliche Ausstattung bezogen sind. Sie müssen ferner einheitlich und diskriminierungsfrei angewandt werden. Eine kartellrechtswidrige Behinderung liege hierin dann nicht.[74]

107 Der BGH hielt es sogar für zulässig, dass ein Hersteller, der seine Ware über ein **selektives Vertriebssystem** vertreibt, Händler von der Belieferung ausschließt, die ausschließlich über das Internet verkaufen. Es sei nach Ansicht des BGH sachlich gerechtfertigt, wenn der Hersteller den Vertrieb seiner Ware an qualitätsbezogenen Anforderungen wie einem stationären Handel und einem ansprechenden Ladenlokal ausrichte. Gleichwohl hat der BGH keine Ungleichbehandlung der ausgeschlossenen reinen Internet-Händler darin gesehen, dass die stationären Händler über das Internet verkaufen dürfen, wenn der so erzielte Umsatz den im stationären Handel erzielten Umsatz nicht übersteigt. Zur Begründung hat der BGH ausgeführt, dass auch im selektiven Vertrieb kartellrechtlich ein Mindestanteil von Internet-Vertrieb erlaubt sein müsse.[75] Diese Entscheidung dürfte jedoch in ihrer Allgemeinheit nicht mehr mit der jüngeren EuGH-Rechtsprechung übereinstimmen, nach der der generelle Ausschluss des Internetvertriebs unzulässig ist, wenn keine Einzelfallabwägung getroffen wird.[76]

III. Handelsplattformen

108 Kartellrechtliche Fragestellungen wurden bei Aufkommen der ersten Handelsplattformen für den rein unternehmerischen Geschäftsverkehr (so genannte Business-to-business-Plattformen) noch stark diskutiert. Inzwischen hat sich nicht gezeigt, dass die in diesem Zusammenhang behandelten Problemkreise Bedeutung erlangt haben.[77] Die bekannteste Plattform „Covisint", die Hersteller und Zulieferer im Automobilbereich zusammenbrin-

---

[73] *Wurmnest* EuZW 2012, 933, 936.
[74] *OLG Karlsruhe* MMR 2010, 175. Einen nicht diskriminierungsfreien Vertrieb sah das KG in dem seinem Urteil vom 19.9.2013 zugrundeliegenden Fall gegeben, BeckRS 2013, 16518.
[75] *BGH* MMR 2004, 536 mit kritischer Anmerkung *Jaeger*; vgl. auch *OLG München* GRUR-RR 2009, 394 – Sportartikel.
[76] *EuGH* GRUR 2012, 844 – Pierre Fabre Dermo-Cosmétique.
[77] S. zu den kartellrechtlichen Aspekten *Gassner* MMR 2001, 140 und *Ahlborn/Seeliger* EuZW 2001, 552.

gen sollte und noch im Jahr 2000 das Bundeskartellamt zur Prüfung der kartellrechtlichen Zulässigkeit veranlasste, wurde 2004 eingestellt.[78]

I. Außervertragliche Haftung für Produkte und Viren

Die außervertragliche Haftung im E-Commerce hat außer im Bereich des Wettbewerbs- und Immaterialgüterschutzrechts Bedeutung bei der Produkthaftung und der Haftung für Viren. **109**

I. Haftung für fehlerhafte Produkte

In Deutschland kann die Haftung für Schäden, die durch fehlerhafte Produkte verursacht werden, auf einer verschuldensabhängigen Haftung (Produzentenhaftung) oder auf der für den Bereich der Europäischen Union harmonisierten verschuldensunabhängigen Haftung (Produkthaftung) beruhen.[79] Die Bestimmung des anwendbaren Rechts erfolgt nach Art. 5 Rom II-VO.[80] Danach wird primär auf den gewöhnlichen Aufenthaltsort des Geschädigten abgestellt, wenn keine engere Verbindung zum Recht eines anderen Staates besteht.[81] Es ist allerdings nach Art. 5 II Rom II-VO das Recht des Staates anzuwenden, in dem die Person, deren Haftung geltend gemacht wird, ihren gewöhnlichen Aufenthalt hat, wenn sie das Inverkehrbringen des Produkts oder eines gleichartigen Produkts in dem Staat, dessen Recht anzuwenden wäre, vernünftigerweise nicht voraussehen konnte. **110**

Sofern zwischen dem Schädiger und dem Geschädigten vertragliche Beziehungen bestehen, können sich diese auch auf das für die Parteien anwendbare Haftungsrecht im Bereich fehlerhafter Produkte auswirken. Innerhalb der Europäischen Union gilt, dass das Recht Anwendung finden soll, das die engere Beziehung zu dem Sachverhalt aufweist. Dies kann nach Art. 4 III 2 Rom II-VO dazu führen, dass das für den Vertrag maßgebliche Recht auch für die außervertragliche Haftung gilt, um so einer Rechtszersplitterung zu begegnen. Im Übrigen können die Parteien in einem weiten Rahmen das anwendbare Recht durch Vereinbarung für sich, nicht aber zu Lasten Dritter wie zB Abnehmer, frei bestimmen. **111**

Zu beachten ist, dass das Herkunftslandprinzip bei der Bestimmung des anwendbaren Rechts zu keiner Ausnahme führt, wenn die Ware körperlich ausgeliefert wird. Denn dieser Vorgang ist durch die E-Commerce-Richtlinie von der Anwendung des Herkunftslandprinzips ausgenommen. Anderes gilt dann, wenn ein fehlerhaftes Produkt online vertrieben wird, etwa Software, audiovisuelle Dateien oÄ. **112**

Mit Blick auf die Haftung für Produkte ist auch an fehlerhafte Anleitungen zur Inbetriebnahme und zum Betrieb sowie für fehlerhafte Informationen überhaupt zu denken. Sind diese Informationen weltweit abrufbar, muss mit einer Haftung nach dem Recht des jeweiligen Landes gerechnet werden, in dem die Informationen abgerufen werden können. Das gilt jedenfalls dann, wenn nicht erkennbar ist, dass die Informationen für denjenigen, der sie verwendet hat, nicht gedacht waren. Ein bloßer **Disclaimer** an versteckter Stelle der Web-Seite reicht in der Regel nicht, um dies deutlich zu machen. Mit einem weltweiten Haftungspotential muss insbesondere gerechnet werden, wenn die Informationen in Englisch oder einer anderen Weltsprache bereitgehalten werden. **113**

II. Viren und andere Schadsoftware

Eine Haftung für Viren oder andere Schadsoftware kommt – abgesehen von Absichtsfällen – dann in Betracht, wenn der Versender von Informationen es aus mangelnder Sorgfalt unterlassen hat, die übermittelten Informationen, seien es Anhänge von E-Mails oder zum **114**

---

[78] BKartA WuW/E DE-V 321 [Covisint]; sa die weiteren Beispiele bei *Henrich*, S. 199 f.
[79] Vgl. BeckOK BGB/*Spindler* § 823 Rn. 478 ff.
[80] Dazu MüKoBGB/*Junker* Art. 5 VO (EG) 864/2007.
[81] MüKoBGB/*Junker* Art. 5 VO (EG) 864/2007 Rn. 22 ff.

Herunterladen angebotene Dateien mit Software oder audiovisuellen Inhalten, auf ihre Freiheit von Schadsoftware zu überprüfen. Eine solche **Prüfpflicht** folgt daraus, dass mit einer Belastung durch Schadsoftware regelmäßig gerechnet werden muss und schadenstiftende Handlungen zu unterlassen sind.[82] Aus deutscher Sicht entbindet das den Empfänger jedoch nicht davon, selbst im Rahmen des Möglichen und Zumutbaren nach Schadsoftware zu suchen, insbesondere also Viren-Scanner einzusetzen. Unterlässt der Empfänger solche Untersuchungen, muss er sich ein Mitverschulden anrechnen lassen. Auch für die Haftung wegen der Verbreitung von Viren oder ähnlicher Schadsoftware ist stets daran zu denken, dass die Rechtsordnung im Land des Empfängers zur Anwendung kommen kann und dementsprechend mit einer abweichenden Haftungsregelung gerechnet werden muss.

III. Strafschadensersatz

115   Eine häufige Sorge von Unternehmen, die auf dem US-amerikanischen Markt tätig werden, ist, wegen Produkt- oder Instruktionsfehlern zu Strafschadensersatz (**Punitive Damages**) in existenzbedrohender Höhe verurteilt zu werden. Solche Strafschadensansprüche können jedoch in Deutschland nach Art. 40 Abs. 3 Nr. 1 EGBGB nicht geltend gemacht werden, soweit sie wesentlich weiter gehen als zur angemessenen Entschädigung des Verletzten erforderlich.[83] Das bedeutet, dass der Schadensersatzanspruch zwar in Deutschland durchsetzbar ist, auch über das hier übliche Maß hinaus, jedoch nicht wesentlich weiter gehend. Eine Vollstreckung in voller Höhe des vom US-amerikanischen Gericht zuerkannten Strafschadensersatzes in Vermögensgegenstände des Schädigers in den USA wird dadurch allerdings nicht berührt.

K. Steuer

116   Umsatzsteuerrechtlich stehen für den E-Commerce Fragen nach dem Leistungsort und der Rechnungstellung im Vordergrund.

I. Leistungsort

117   Das Umsatzsteuerrecht (→ Abschnitt 36) unterscheidet Lieferungen und sonstige Leistungen. Da Lieferungen nur körperliche oder ihnen gleichgestellte Leistungen sein können, per Datenübertragung verschaffte Güter hierzu aber nicht zählen, ergeben sich für den E-Commerce für Lieferungen keine Besonderheiten. Bei sonstigen Leistungen ist zu beachten, dass diese regelmäßig nur dann bei einer Abwicklung über Netze vorliegen, wenn sie im Wesentlichen ohne menschliches Zutun, also automatisiert erbracht werden und ohne Informationstechnik nicht möglich sind. Hierzu sollen gehören:[84]
- Die Übermittlung digitaler Produkte, wie Software einschließlich Updates
- Das Anbieten von Speicherplatz für Websites
- Datenbanken, Suchmaschinen
- Die Bereitstellung von Texten und Informationen, zB E-Books und andere elektronische Publikationen, Abonnements von Online-Zeitungen und Online-Zeitschriften, Web-Protokolle und Website-Statistiken, Online-Nachrichten, Online-Verkehrsinformationen und Online-Wetterberichte, Online-Informationen, die automatisch anhand spezifischer vom Leistungsempfänger eingegebener Daten etwa aus dem Rechts- und Finanzbereich generiert werden (zB regelmäßig aktualisierte Börsendaten), Werbung in

---

[82] *Libertus* MMR 2005, 507.
[83] BeckOK BGB/*Spickhoff* Art. 40 EGBGB Rn. 45; BGH NJW 1992, 3096.
[84] Vgl. auch Art. 7 II Durchführungsverordnung zur Mehrwertsteuersystem-Richtlinie VO (EU) 282/2011; *Blaufus/Freyer/Trinks* DStR 2011, 2269.

elektronischen Netzen und Bereitstellung von Werbeplätzen (zB Bannerwerbung auf Websites und Webpages);
- Sonstige automatisierte Dienstleistungen, für deren Erbringung das Internet oder ein elektronisches Netz erforderlich ist (zB Dienstleistungen, die von Online-Markt-Anbietern erbracht und die zB über Provisionen und andere Entgelte für erfolgreiche Vermittlungen abgerechnet werden).
- Download-Angebote für Videos, Musik, Klingeltöne etc.
- Streaming-Angebote wie Video on demand, Musik uÄ.

118 Ort der Leistung an einen Unternehmer ist in diesen Fällen dort, wo der Unternehmer sein Unternehmen betreibt, alternativ eine **Betriebsstätte**.[85] Dabei ist anerkannt, dass bei elektronischen Leistungen der Standort des Servers allein kein ausreichender Anknüpfungspunkt für die Errichtung einer Betriebsstätte ist. Andererseits steht der Qualifikation eines Servers als Betriebsstätte nicht entgegen, dass sich an dem Ort kein Personal des Unternehmers befindet. Maßgeblich ist, ob der Server Hilfsfunktionen entfaltet oder technisch selbständig Geschäfte von der Werbung bis zur Abwicklung durchführen kann.[86]

II. Elektronische Rechnung

119 Zum Vorsteuerabzug ist der Unternehmer nur berechtigt, wenn er eine den gesetzlichen Anforderungen gemäße Rechnung erhält. Elektronische Rechnungen erkennt die Finanzverwaltung, gleich ob per Mail, Text-Datei oder PDF, nach § 14 Abs. 1 S. 2 UStG nur an, wenn die Echtheit der Herkunft der Rechnung, die Unversehrtheit ihres Inhalts und ihre Lesbarkeit gewährleistet sind. Das ist bei elektronischen Rechnungen jedenfalls dann der Fall, wenn die Datei mit einer **qualifizierten elektronischen Signatur** nach dem Signatur-Gesetz versehen ist. Der Leistende wie der Leistungsempfänger können die Rechnung jedoch auch ohne diese Signatur auf andere Weise elektronisch übermitteln, wenn er nur die Echtheit der Herkunft der Rechnung, die Unversehrtheit ihres Inhalts und ihre Lesbarkeit gewährleistet. Gleiches gilt für das EDI-Verfahren.[87]

---

[85] *Blaufus/Freyer/Trinks* DStR 2011, 2269.
[86] Zum Ertragsteuerrecht FG-SH DStRE 2002, 518.
[87] Bunjes/*Korn* § 14 UStG Rn. 51.

5. Kapitel. Lizenzwesen

Abschnitt 10. Gewerbliche Schutzrechte im Exportvertrag

Übersicht

	Rn.
A. Einführung	1
B. Übersicht Gewerblicher Rechtsschutz und Urheberrecht	5
I. Die einzelnen Schutzrechte	6
1. Patente und Gebrauchsmuster	8
2. Marken und Kennzeichenschutz	13
3. Geschmacksmuster	19
4. Urheberrechte	21
5. Know-How	23
6. Wettbewerbsrechtlicher Leistungsschutz	24
II. Ausschließlichkeitsrecht und Verletzungen	25
III. Grundsatz der Erschöpfung	29
C. Der internationale Aspekt von Schutzrechten	31
I. Grundsatz der Territorialität	33
II. Besonderheiten der Europäischen Union und des Europäischen Wirtschaftsraums (EWR)	36
D. Typische Verletzungshandlungen im Export	39
I. Verletzungen durch den Export	39
II. Verletzungen durch Import	41
III. Transit	42
E. Folgen und Risiken einer Schutzrechtsverletzung	44
I. Grenzbeschlagnahme	45
II. Weitere Ansprüche des Schutzrechtinhabers	46
III. Vertragliche Gewährleistungsansprüche des Vertragspartners des Exportgeschäfts	47
F. Risikominimierung und Sicherheitsmaßnahmen des Exporteurs	49
I. Prüfung vor dem Export	49
II. Vertragliche Absicherung mit dem Lieferanten des Exporteurs	52
III. Haftungs- und Gewährleistungsausschluss sowie Freizeichnung im Exportkaufvertrag	56
IV. Sicherung der Schutzrechte des Exporteurs	62

Literatur: *Büscher/Dittmer/Schiwy,* Gewerblicher Rechtsschutz, Urheberrecht, Medienrecht, 2. Aufl. 2010; *Hartmann,* Weiterverkauf und „Verleih" online vertriebener Inhalte, GRUR Int 2012, 980; *Ilzhöfer,* Patent-, Marken- und Urheberrecht, 8. Aufl. 2010; *Rebel,* Gewerbliche Schutzrechte, Anmeldung – Strategie, Verwertung, 6. Aufl. 2009; *Sack,* Die Erschöpfung von gewerblichen Schutzrechten und Urheberrechten nach europäischem Recht, GRUR 1999, 193; Informationen zu internationalen Übereinkommen auf dem Gebiet des geistigen Eigentums (WIPO): http://wipo.int/treaties/en/; Zugang zu europäischen Verträgen und Rechtsvorschriften der EU: http://eur-lex.europa.eu/de/index.htm.

A. Einführung

1   Gewerbliche Schutzrechte können bei Exportverträgen unter verschiedenen Aspekten eine Rolle spielen. Der Exporteur muss vor dem Export insbesondere sicherstellen, ob die von ihm zu exportierenden Güter ohne Verletzungen von gewerblichen Schutzrechten exportiert werden dürfen. Hier können zB Markenrechte oder Patente Dritter einem Export entgegenstehen. Daher muss sich der Exporteur zunächst darüber im Klaren sein, ob das Exportgut überhaupt geschützt ist und wer die Rechte daran hält. Anderenfalls drohen Ansprüche der Schutzrechtsinhaber und ggf. auch Gewährleistungsansprüche des Käufers der Ware.

2   Auch bei dem Export von Produkten, die der Exporteur selbst herstellt, können Schutzrechte Dritter betroffen sein. So müssen ggf. für die Produktion Lizenzen erworben wer-

Abschnitt 10. Gewerbliche Schutzrechte im Exportvertrag

den. Bestehen bereits Lizenzverträge mit Schutzrechtsinhabern, muss vor dem Export der Ware sichergestellt werden, dass die Lizenz auch den Export der Ware umfasst.[1]

Ist der Exporteur selbst Schutzrechtsinhaber stellt sich für ihn des Weiteren die Frage, wie man bei einem Export der Waren diese Schutzrechte weiter sichern kann. Hierzu ist ggf. die Registrierung der Schutzrechte auch im Importstaat notwendig. Zudem können in den Exportkaufvertrag Schutzrechtsklauseln aufgenommen werden. **3**

Schließlich sollte bedacht werden, dass auch fremde Schutzrechte in dem Staat, in den die Waren exportiert werden, berührt sein können. Hier hat der Exporteur ein großes Interesse, dass das Risiko einer Schutzrechtsverletzung im Importstaat durch den Käufer/Importeur getragen wird. Es empfiehlt sich, dies und weitere Klauseln zugunsten des Exporteurs in dem Exportvertrag zu regeln. **4**

B. Übersicht Gewerblicher Rechtsschutz und Urheberrecht

Gesetzlich definierte gewerbliche Schutzrechte werden auch als „geistiges Eigentum" oder – Englisch – *intellectual property rights (IP)* bezeichnet. Geschützt wird das Ergebnis geistigen Schaffens auf gewerblichem und kulturellem Gebiet. Der Erwerb, der Umfang und die Grenzen dieser sog. Immaterialgüter sowie die damit verbundenen Rechte des Inhabers sind in dem jeweils dazugehörenden Gesetz im Einzelnen geregelt (also für Patente im Patentgesetz, für Marken im Markengesetz etc.). Viele nationale Vorschriften sind durch europäisches Recht harmonisiert oder ergänzt worden. Daneben existiert eine Vielzahl von internationalen Konventionen, die auf internationaler Ebene Mindestrechte statuieren. **5**

I. Die einzelnen Schutzrechte

Im Folgenden soll zunächst ein Überblick über die verschiedenen gewerblichen Schutzrechte gegeben werden, die in einem Exportvertrag eine Rolle spielen können. Die folgende Übersicht erhebt hierbei keinen Anspruch auf Vollständigkeit, sondern soll einen ersten Überblick über die wichtigsten gewerblichen Schutzrechte vermitteln. Nähere Einzelheiten zu den jeweiligen Schutzrechten können auch der oben aufgeführten Literatur entnommen werden. **6**

Man unterscheidet Schutzrechte, die durch Eintragung in ein Register, und solche, die durch eine bestimmte Handlung kraft Gesetzes entstehen. Zu den ersteren gehören Marken und Geschmacksmuster, Patente und Gebrauchsmuster sowie Sorten und Topographien. Urheberrechtsschutz entsteht hingegen bereits mit Schaffung des jeweiligen Werkes. Nichttechnisches Know-How hingegen lässt sich nur bedingt schützen. **7**

1. Patente und Gebrauchsmuster. Die wichtigsten technischen Schutzrechte sind Patente und Gebrauchsmuster. **8**

Patente schützen neuartige technische Erfindungen, die gewerblich genutzt werden können, und sich entweder auf ein bestimmtes Erzeugnis oder ein Verfahren beziehen. Patente werden in Deutschland beim Deutschen Patent- und Markenamt (DPMA) registriert. Die einzelnen Voraussetzungen der Schutzfähigkeit und des Schutzumfangs sind im Patentgesetz (PatG) geregelt. Vor der Eintragung wird ein Patent vom DPMA auf seine Schutzfähigkeit geprüft. Der Patentschutz ist dabei auf neue technische Lösungen beschränkt, die gewerblich anwendbar sind und auf einer erfinderischen Tätigkeit beruhen. Die Schutzdauer beträgt grundsätzlich maximal 20 Jahre. Der Patentinhaber kann Dritten die gewerbliche Nutzung (Herstellen, Anbieten, Inverkehrbringen und Gebrauchen) des geschütztes Erzeugnisses bzw. das Gebrauchen des geschützten Verfahrens verbieten (§§ 9 ff. PatG). **9**

---

[1] Zu Lizenzen → Abschnitt 11.

2. Teil. Das Vertragsrecht des Exportgeschäfts

10   Patente können auch beim Europäischen Patentamt angemeldet werden, welches ein einheitliches Verfahren zur Eintragung des Patents in den Vertragsstaaten des Europäischen Patentübereinkommens (EPÜ) vorsieht, dass die Eintragung in bis zu 38 Staaten ermöglicht.[2]

Nach jahrzehntelangen Verhandlungen konnten sich das Europäische Parlament und der EU-Ministerrat im Dezember 2012 auf die Einführung eines Gemeinschaftspatents (EU-Patent) verständigen.[3] In Zukunft wird es daher möglich sein, mit nur einer Patentanmeldung Rechtsschutz in allen Mitgliedstaaten der Europäischen Union zu erlangen. Zudem wurde die Errichtung eines zentralen Europäischen Patentgerichts in Paris mit Zweigstellen in London und München beschlossen. Dort wird es möglich sein, in einem einzigen Verfahren die Verletzung oder Gültigkeit des Patents einheitlich für alle EU-Mitgliedstaaten klären zu lassen.

Das neue Patentsystem tritt allerdings erst dann in Kraft, wenn mindestens 13 Staaten das Gerichtsübereinkommen ratifiziert haben. Dies wird voraussichtlich nicht vor 2015 der Fall sein.[4]

11   Auch **Gebrauchsmuster** schützen technische Erfindungen. Die Voraussetzungen für den Schutz sind im Gebrauchsmustergesetz (GebrMG) geregelt und sind ähnlich wie bei Patenten. Daher werden Gebrauchsmuster auch „Kleine Patente" genannt. Gebrauchsmuster sind aber auf Erzeugnisse beschränkt und werden nicht vor einer Eintragung beim DPMA auf ihre Schutzfähigkeit überprüft, sondern zunächst ungeprüft eingetragen. Im Konfliktfall wird die Schutzfähigkeit des Gebrauchsmusters im Rahmen des Verletzungsverfahrens festgestellt. Die Schutzdauer ist auf maximal 10 Jahre beschränkt. Der Schutz umfasst insbesondere das Herstellen, Anbieten, Inverkehrbringen und Gebrauchen des geschützten Erzeugnisses (§ 11 GebrMG).

12   Als weitere technische Schutzrechte seien noch **Topographien** (dreidimensionale mikroelektronische Halbleitererzeugnisse, zB Computerchips) genannt, die nach dem Halbleiterschutzgesetz beim DPMA eingetragen werden können. Auch gezüchtete Pflanzensorten können nach dem Sortenschutzgesetz registriert werden und somit **Sortenschutz** beanspruchen.

13   **2. Marken und Kennzeichenschutz.** Der Schutz von Kennzeichen im geschäftlichen Verkehr wird im deutschen Recht durch das Markengesetz (MarkenG) geregelt.

14   **Marken** sind Zeichen, die zur Unterscheidung von Waren und/oder Dienstleistungen eines bestimmten Unternehmens von denen eines anderen Unternehmens geeignet sind. Sie kennzeichnen damit die Herkunft der Waren bzw. Dienstleistungen. Marken können aus einem oder mehreren Worten, einer Wort-/Bild-Kombination, Grafiken oder auch 3D-Formen bestehen. Daneben gibt es auch Farb-, Geruchs- und Hörmarken. Der Markenschutz entsteht grundsätzlich durch die Eintragung beim Deutschen Patent- und Markenamt (DPMA) in München, die wie bei Patenten erst nach einer amtlichen Prüfung erfolgt. Nicht eingetragen werden können Marken, die rein beschreibend sind oder für die aufgrund ihrer allgemeinen Verwendung ein Freihaltebedürfnis besteht. In dem Markenregister ist erkennbar, für welche Waren- oder Dienstleistungen die Marke Schutz beansprucht (sog. Waren- (1–34) und/oder Dienstleistungsklassen (35–45)). Die Schutzdauer einer Marke beträgt zunächst 10 Jahre und kann verlängert werden. Der Markenschutz umfasst insbesondere das Recht des Markeninhabers, Dritten die Benutzung von identischen Kennzeichen für identische Waren oder Dienstleistungen im geschäftlichen Verkehr zu verbieten. Der Markeninhaber ist auch vor auch ähnliche Kennzeichen und ähnliche Waren oder Dienstleistungen geschützt, wenn eine Verwechslungsgefahr besteht (§ 14 MarkenG).

---

[2] Siehe www.epo.org, Abruf: Januar 2013.
[3] http://ec.europa.eu/internal_market/indprop/patent/, Abruf: Januar 2013.
[4] So die Einschätzung des Bundesjustizministeriums: http://www.bmj.de/SharedDocs/Pressemitteilungen/DE/2012/20121212_EU_Patentreformen_in_Bruessel_beschlossen.html?nn=3433226, Abruf: Januar 2013.

Daneben besteht auch die Möglichkeit einen EU-weiten Schutz einer Marke zu erreichen, indem eine **Gemeinschaftsmarke** beim Europäischen Amt für Harmonisierung des Binnenmarktes (HABM) in Alicante angemeldet und eingetragen wird. Dies erfolgt gemäß der Gemeinschaftsmarkenverordnung.[5] 15

Des Weiteren können nationale Marken für die Eintragung in weiteren Staaten als sog. **Internationale Markenregistrierung** (IR-Marken) bei der WIPO angemeldet werden (vgl. §§ 107 ff. MarkenG). Auf diese Weise lassen sich nach dem Madrider Markenübereinkommen/Protokoll mit nur einer einheitlichen internationalen Anmeldung weitere Eintragungen in den Unterzeichnerstaaten erreichen. Aktuell sind 56 Staaten Mitglied des Madrider Übereinkommens und 88 Staaten Mitglied des Madrider Protokolls.[6] 16

Das deutsche Markenrecht schützt ohne das Erfordernis einer Eintragung auch **Titel** (von Werken) und **Unternehmenskennzeichen** (§§ 5, 15 MarkenG). Dieser markenrechtliche Schutz von Geschäftsbezeichnungen wird durch die Vorschriften des **Firmen-** und **Namensrecht** (§ 12 BGB, §§ 17 ff. HGB) ergänzt. 17

Weiter enthält das Markengesetz Regelungen zum Schutz von **geografischen Herkunftsbezeichnungen** (§§ 126 ff. MarkenG). Geografische Herkunftsangaben sind Namen von Orten, Gegenden, Gebieten oder Ländern sowie sonstige Angaben oder Zeichen, die im geschäftlichen Verkehr zur Kennzeichnung der geografischen Herkunft von Waren oder Dienstleistungen benutzt werden. Nach der europäischen Verordnung (EWG) Nr. 2081/92 können solche Bezeichnungen auch in ein EU-weites Verzeichnis eingetragen werden und genießen sodann in allen EU-Mitgliedstaaten Schutz gegen eine irreführende Verwendung.[7] Typische Beispiele sind Champagner, Parmesan oder Scotch Whisky. 18

3. Designs. Die Gestaltung von Produkten kann als Disign geschützt werden. Voraussetzung ist, dass die zweidimensionale oder dreidimensionale Erscheinungsform eines Erzeugnisses oder eines Teils davon, die sich insbesondere aus den Merkmalen der Linien, Konturen, Farben, der Gestalt, Oberflächenstruktur oder der Werkstoffe des Erzeugnisses selbst oder seiner Verzierung ergibt, neu ist und Eigenart besitzt. Designs werden wie Marken und Patente für Deutschland beim DPMA eingetragen. Hierfür wird gemäß dem Designgesetz bei der Anmeldung ein Muster hinterlegt. Typische Anwendungen sind Stoffmuster, Möbel, Autofelgen und andere ästhetisch gestaltete Gegenstände. Die maximale Schutzdauer beträgt 25 Jahre. 19

Neben einer nationalen Registrierung besteht auch die Möglichkeit, EU-weiten Schutz durch die Eintragung eines **Gemeinschaftsdesign** beim Harmonisierungsamt für den Binnenmarkt zu erlangen. Die Eintragung erfolgt nach der Gemeinschaftsgeschmacksmusterverordnung.[8] Auch ohne Eintragung sind neue, eigenartige Erzeugnisse, die erstmals in der EU veröffentlicht wurden, für drei Jahre als nicht eingetragenes Gemeinschaftsdesign geschützt. 20

4. Urheberrechte. Urheberrechte entstehen für den Schöpfer eines Werkes mit der Schaffung des Werkes selbst, wenn dieses auf einer persönlichen geistigen Schöpfung beruht. Geschützt werden nach dem Urheberrechtsgesetz (UrhG) Werke der Literatur, Kunst und Wissenschaft, zB Texte, Musikstücke, Kunstwerke, Filme und Fotos sowie besondere Designs. Eine Eintragung des Urheberrechts ist nicht erforderlich. Das Urheberrecht bleibt stets beim kreativen Schöpfer des Werkes und lässt sich daher selbst nicht übertragen. Jedoch können einfache und exklusive Nutzungsrechte eingeräumt werden, die mit Zustimmung des Urhebers weiter an Dritte übertragen werden können. Unberechtigte Vervielfältigungen oder andere unzulässige Nutzungen urheberrechtlich geschützten Materials sind Schutzrechtsverletzungen, die von dem Urheber oder dem Inhaber des ausschließlichen Nutzungsrechts verfolgt werden können. 21

---

[5] Verordnung (EG) Nr. 40/94 vom 20.12.1993.
[6] Stand: Januar 2013; näher siehe http://wipo.int/madrid/en/members/.
[7] Siehe auch §§ 130 ff. MarkenG.
[8] Verordnung (EG) Nr. 6/2002 vom 12.12.2001.

22 Das Urheberrecht schützt auch **Computerprogramme** (§ 69a UrhG). Des Weiteren enthält das Urheberrechtsgesetz ua Vorschriften zum Schutz des **Datenbankenherstellers** (§§ 4 Abs. 2, 87a UrhG).

23 **5. Know-How.** Für den Schutz des sog. Know-Hows eines Unternehmens existiert kein gesondertes absolutes Schutzrecht. Wirtschaftlich wertvolles Wissen eines Unternehmens ist teilweise durch die vorgenannten Schutzrechte als registriertes oder unregistriertes Recht geschützt. Ansonsten wird das geheime Know-How eines Unternehmens sekundär über das Wettbewerbsrecht oder Strafvorschriften geschützt, ua durch den Tatbestand des Verrats von Geschäfts- und Betriebsgeheimnissen (§ 17 UWG). Des Weiteren kann ein vertraglicher Schutz von Geschäftsgeheimnissen durch gesonderte Vereinbarungen erreicht werden (zB Vertraulichkeitsvereinbarungen).

24 **6. Wettbewerbsrechtlicher Leistungsschutz.** Ergänzender Schutz vor einer Nachahmung von Waren oder Dienstleistungen gewährt der **wettbewerbsrechtliche Leistungsschutz** (§ 4 Nr. 9 UWG). Hierbei handelt es sich nicht um ein gewerbliches Schutzrecht im eigentlichen Sinne, sondern um Vorschriften zum Schutz des lauteren Wettbewerbs. Danach können Wettbewerber gegen unlautere Angebote von Konkurrenten vorgehen, die eine Täuschung der Abnehmer über die Herkunft der Waren hervorrufen oder die Wertschätzung der nachgeahmten Ware oder Dienstleistung ausnutzen oder die auf der unredlichen Erlangung von Kenntnissen, die für die Nachahmung erforderlichen waren, beruht.

II. Ausschließlichkeitsrecht und Verletzungen

25 Gesetzlich geschützte Immaterialgüterrechte gewähren dem Inhaber ein Ausschließlichkeitsrecht gegenüber Dritten.[9] Das bedeutet, dass das Benutzungs- und Verwertungsrecht dem Schutzrechtsinhaber zu gewiesen ist und dieser Dritte hiervon ausschließen kann. Der Umfang der damit verbundenen Rechte des Schutzrechtsinhabers ist in dem jeweiligen Schutzgesetz im Einzelnen geregelt.

26 Nutzungen Dritter ohne die Zustimmung des Rechteinhabers berechtigen diesen zu Unterlassungsansprüchen gegen den unberechtigten Nutzer. Zudem kann der Inhaber Auskunft über den Umfang der unberechtigten Nutzung verlangen und bei Verschulden des Unberechtigten Schadensersatzansprüche geltend machen. Weiter hat der Rechteinhaber grundsätzlich auch das Recht, die Vernichtung der Ware zu verlangen, die unter Verletzung des Schutzrechts hergestellt oder vertrieben wird.[10]

27 Möchte der Schutzrechtsinhaber Dritten das Recht einräumen, seine Schutzrechte zu nutzen, kann er Nutzungsrechte durch die Vergabe einer Lizenz einräumen.[11]

28 Das einzelne Schutzrecht – außer das Urheberrecht – kann durch einfachen Vertrag auch vollständig auf einen anderen übertragen werden.

III. Grundsatz der Erschöpfung

29 Wichtig für das Verständnis von möglichen Schutzrechtsverletzungen im internationalen Warenverkehr ist das Konzept der sog. Erschöpfung. Der Grundsatz der Erschöpfung beschränkt die Verbotsrechte des Schutzrechtsinhabers hinsichtlich des Besitzes und des Inverkehrbringens der Ware, wenn der Schutzgegenstand von ihm selbst oder mit seiner Zustimmung in den Verkehr gebracht worden ist.[12] Die Wirkung der Erschöpfung ist dabei auf die konkreten Gegenstände beschränkt – die Rechte des Schutzrechtsinhabers zur Herstellung oder Kennzeichnung weiterer Gegenstände bleiben also unberührt.

30 Ist also eine Ware einmal mit Zustimmung des Schutzrechtsinhabers auf den Markt gekommen, kann diese grundsätzlich unabhängig von der weiteren Zustimmung des Schutz-

---

[9] Vgl. zB § 14 MarkenG, § 9 PatG, §§ 11 ff. UrhG.
[10] Vgl. § 18 MarkenG, § 140a PatG, § 98 UrhG.
[11] Näher zu Lizenzen → Abschnitt 11.
[12] Vgl. zB § 24 MarkenG, Art. 13 GMV, § 17 Abs. 2 UrhG.

rechtsinhabers in diesem Land frei gehandelt werden. Im Markenrecht bedeutet dies zB auch, dass Händler für erschöpfte Ware mit der Nennung der Marken werben darf. Dem Schutzrechtsinhaber ist damit das Entscheidungsrecht über das erstmalige Inverkehrbringen zugewiesen, die Kontrolle des weiteren Vertriebswegs bleibt ihm hingegen weitgehend versagt (zu den Besonderheiten der EU-weiten Erschöpfung → Rn. 37).

C. Der internationale Aspekt von Schutzrechten

In einer globalisierten Welt wird der internationale Rechtsschutz auch im Bereich der gewerblichen Schutzrechte immer wichtiger. Neuere internationale Übereinkommen wie das im Rahmen der Gründung der WTO abgeschlossene TRIPS-Übereinkommen von 1994 (Trade Related Aspects of Intellectual Property Rights) sollen hier einen einheitlichen Schutzstandard in den Mitgliedsstaaten schaffen. 31

Internationalen Übereinkommen sichern zwar bestimmte Grundsätze (wie zB das Schutzlandprinzip, die Inländergleichbehandlung, das Prinzip der Gegenseitigkeit und das Meistbegünstigungsprinzip) oder einheitliche Verfahren zur Eintragung der Schutzrechte. Ein einheitliches Recht, das weltweit gleiche Anwendung erfährt, gibt es hingegen nicht. Für gewerbliche Schutzrechte gilt daher der Grundsatz der Territorialität. Auch die Erschöpfung[13] wirkt grundsätzlich nur für das jeweilige nationale Schutzrecht. Besonderheiten ergeben sich für den Europäischen Binnenmarkt und den Europäischen Wirtschaftsraum. 32

I. Grundsatz der Territorialität

Gewerbliche Schutzrechte werden grundsätzlich nach nationalen Gesetzen gewährt, der Schutzumfang und die Rechte des Inhabers variieren daher von Staat zu Staat. Zudem endet der Schutz des jeweiligen Rechts an der Grenze. Dies gilt insbesondere für die eingetragenen Rechte, die Schutz nur für das jeweilige Registerland beanspruchen. Das Urheberrecht ist hingegen aufgrund internationaler Übereinkommen nahezu universal geschützt. Der Schutzumfang richtet sich hierbei jeweils nach dem Land, in dem der Schutz beansprucht wird (Schutzlandprinzip). 33

Dieser Grundsatz der Territorialität hat zur Folge, dass die Schutzrechtssituation für jedes betroffene Land gesondert geprüft werden muss. Es gibt kein „Weltrecht" des geistigen Eigentums. Eine Sonderrolle spielt hier die Europäische Union, in der einige gewerbliche Schutzrechte mit Wirkung für die gesamte EU geschaffen wurden. 34

Auch für den **Grundsatz der Erschöpfung** gilt der Grundsatz der Territorialität. Daher tritt die Erschöpfung grundsätzlich nur für das Land ein, in dem der Schutzrechtsinhaber die Ware selbst oder durch Dritte in den Verkehr gebracht hat.[14] Der Handel mit der Ware in einem anderen Land kann daher gegen dortige Schutzrechte verstoßen, auch wenn für die konkreten Produkte im Ursprungsland bereits Erschöpfung eingetreten ist. 35

II. Besonderheiten der Europäischen Union und des Europäischen Wirtschaftsraums (EWR)

Für die Mitgliedstaaten der EU bestehen wichtige Ausnahmen vom Territorialitätsprinzip und dem Grundsatz der „nationalen" Erschöpfung. 36

Aufgrund des gemeinsamen Binnenmarktes gibt es eine **EU-weite Erschöpfungswirkung.** Daher ist das Verbreitungsrecht des Schutzrechtsinhabers EU-weit erschöpft, sobald die geschützte Ware vom Schutzrechtinhaber selbst oder mit seiner Zustimmung in einem 37

---

[13] → Rn. 29 f.
[14] Zur Ausnahme in der EU und EWR siehe sogleich Rn. 36 ff.

der Mitgliedstaaten in den Verkehr gebracht worden ist.[15] Für das Eintreten der Erschöpfung reicht es nicht aus, dass die Ware in einem Mitgliedstaat der EU hergestellt wurde. Entscheidend ist vielmehr, ob die Ware tatsächlich in einem EU-Mitgliedstaat mit Zustimmung der Schutzrechtsinhaber in den Verkehr gelangte. Dann tritt europaweite Erschöpfung für den weiteren Handeln/Vertrieb dieser Waren innerhalb der EU ein.

38 Durch das Abkommen über den europäischen Wirtschaftsraum (EWR-Abkommen) wurde die territoriale Reichweite des Erschöpfungsgrundsatzes über die EU hinaus auf den gesamten **EWR**, dh auch auf die Länder Norwegen, Island und Liechtenstein erstreckt.

Der EuGH hat in seiner grundlegenden Entscheidung *UsedSoft* klargestellt, dass der Erschöpfungsgrundsatz auch auf digitale Werke Anwendung finden kann.[16] Daher kann ein Softwarehersteller nicht verhindern, dass ein Lizenznehmer seine „gebrauchte" Lizenz, die die Nutzung aus dem Internet heruntergeladener Programme ermöglicht, an Dritte weiterveräußert. Ob diese Rechtsprechung auch auf andere digitale Güter wie MP3-Files oder E-Books anwendbar ist, wird derzeit kontrovers diskutiert.[17]

D. Typische Verletzungshandlungen im Export

I. Verletzungen durch den Export

39 Nicht nur die Nutzung fremder Schutzrechte im inländischen Handel ohne die Zustimmung des Schutzrechtsinhabers begründet eine Schutzrechtsverletzung. Es ist anerkannt, und in vielen Schutzgesetzen mittlerweile ausdrücklich geregelt,[18] dass auch die Ausfuhr geschützter Waren nicht ohne Zustimmung des Schutzrechtsinhabers erfolgen darf. Hier muss sich der Exporteur also versichern, dass er durch die Ausfuhr der Ware keine Schutzrechte Dritter verletzt.

40 So kann beispielsweise Markenware, die in einem EU-Mitgliedstaat mit Zustimmung des Markeninhabers auf den Markt gebracht wurde, zwar innerhalb der EU (und dem EWR) frei von einem Mitgliedstaat zum einen anderen Mitgliedstaat exportiert werden.[19] Der Export der markenrechtlich geschützten Ware nach Ländern außerhalb des EWR, zB in die USA, wäre jedoch nicht ohne Zustimmung des Markeninhabers möglich. Ist in Deutschland geschützte Ware andererseits noch nicht mit Zustimmung des Schutzrechtsinhabers innerhalb des EWR auf den Markt gebracht worden (keine Erschöpfung), stellt jeder Export der Ware aus Deutschland in einen anderen Staat (auch in einen anderen EWR-Staat) eine Schutzrechtsverletzung dar. Der Export verletzt das deutsche Schutzrecht, auch wenn die Ware zu keiner Zeit in Deutschland in den Verkehr gebracht wird und die Ware für ein Land bestimmt ist, in dem sie keine Schutzrechte verletzt.

II. Verletzungen durch Import

41 Der Import von Ware, die im Importstaat durch Schutzrechte geschützt ist, bedarf ebenfalls der Zustimmung des Rechteinhabers im Importstaat. Für den Exporteur ist das Risiko von Schutzrechtsverletzungen bei der Einfuhr der exportierten Ware im Bestimmungsland immer dann von Interesse, wenn er rechtlich oder faktisch auch als Importeur der Waren im Bestimmungsland auftritt. Wird die Ware hingegen von dem Vertragspartner im Bestimmungsland importiert, so trifft den Exporteur in der Regel keine Verantwortung für Schutzrechtsverletzung durch die Einfuhr und den Weitervertrieb der Ware im Bestimmungsland. Es ist jedoch nicht ausgeschlossen, dass die Gesetze des Importstaats auch in diesem Fall eine Haftung des Exporteurs vorsehen.

---

[15] Näher siehe *Sack* GRUR 1999, 193 ff.
[16] *EuGH* GRUR 2012, 904 – *UsedSoft*.
[17] Vgl. nur *Hartmann* GRUR-Int 2012, 980, 981 ff.
[18] Siehe zB § 14 Abs. 3 Nr. 4 MarkenG.
[19] Grundsatz der europaweiten Erschöpfung, → Rn. 37 f.

III. Transit

Der Transit von Waren von einem Staat, in dem die Ware keine Schutzrechte berührt, durch einen Staat, in dem die Ware bei Inverkehrbringen Schutzrechte verletzen würde, in einen Staat, in dem die Ware ebenfalls nicht geschützt ist, ist innerhalb der EU grundsätzlich möglich, ohne dass dem Exporteur Verletzungsansprüche im Transitstaat drohen. Voraussetzung ist, dass die Ware im durchgehenden Versandverfahren transportiert wird und gegen eine Entnahme im Transitland bzw. den Transitländern geschützt ist (Zollplombe). 42

Dies hat der EuGH jüngst im Wege eines Vorabentscheidungsverfahrens noch einmal ausdrücklich bestätigt.[20] Danach kann die bloße Überführung von Waren in der Europäischen Union grundsätzlich nicht als eine Schutzrechtsverletzung angesehen werden. Dies ist nach Auffassung des EuGH lediglich dann anders, wenn die Zollbehörden über hinreichende Anhaltspunkte verfügen, dass die betroffenen Waren für den Markt der Europäischen Union bestimmt sind. 43

E. Folgen und Risiken einer Schutzrechtsverletzung

Verletzt der Exporteur wissentlich oder unwissentlich durch den Export der Waren gewerbliche Schutzrechte Dritter, drohen empfindliche Konsequenzen. Als unmittelbare Folge besteht die Gefahr einer Beschlagnahme der betroffenen Ware durch den Zoll (Grenzbeschlagnahme). Des Weiteren kann der Schutzrechtsinhaber je nach betroffenem Schutzrecht Unterlassungs-, Auskunfts-, Schadensersatz- und Vernichtungsansprüche geltend machen. 44

I. Grenzbeschlagnahme

Nach europäischem und nationalem Recht besteht bei den meisten Schutzrechten die Möglichkeit, dass schutzrechtsverletzende Waren bei der Ein- oder Ausfuhr durch den Zoll beschlagnahmt werden.[21] Diese Grenzbeschlagnahme geschieht auf Antrag des Rechtsinhabers oder auch von Amts wegen und zieht ein zollrechtliches Beschlagnahmeverfahren nach sich, durch welches weitere Kosten entstehen. Liegen alle geforderten Voraussetzungen vor, kann der Schutzrechtsinhaber nach Abschluss des Verfahrens eine Vernichtung der beschlagnahmten Ware veranlassen. 45

II. Weitere Ansprüche des Schutzrechtinhabers

Verletzt der Exporteur durch den Export von geschützten Waren Schutzrechte Dritter, drohen ihm kostspielige rechtliche Auseinandersetzungen mit dem Schutzrechtsinhaber. Dieser kann ua Unterlassungs- und Schadensersatzansprüche geltend machen.[22] Daneben kann er Auskunft über den Umfang der Verletzungshandlung und die Herkunft der verletzenden Ware verlangen. Der Exporteur muss also ggf. seine Lieferanten offenlegen. Schließlich drohen Vernichtungsansprüche bezüglich der Ware. 46

III. Vertragliche Gewährleistungsansprüche des Vertragspartners des Exportgeschäfts

Grenzbeschlagnahmen oder weitere gerichtliche Schritte des Schutzrechtsinhabers führen nicht selten dazu, dass die Ware nicht oder nicht termingerecht exportiert werden kann. 47

---

[20] *EuGH* GRUR 2012, 828 – *Philips und Nokia*. Vgl. auch *EuGH* GRUR 2007, 146 – *DIESEL*; GRUR Int 2001, 57 – *Zollbeschlagnahme bei Durchfuhr*.
[21] ZB bei Marken gemäß §§ 146 ff. MarkenG; bei Patentverletzungen gemäß §§ 142 a ff. PatG; vorrangig ist die europäische Verordnung (EG) Nr. 1383/2003 vom 22.7.2003 anzuwenden.
[22] → Rn. 25 ff.

Daher drohen dem Exporteur zusätzliche Ansprüche seines Vertragspartners aus dem Exportkaufvertrag. Möglich sind insbesondere Schadensersatzansprüche wegen Nichtleistung und Verzugsschäden bei längeren Zollauseinandersetzungen.

48 Sieht der Exportkaufvertrag vor, dass der Exporteur die Ware selbst in das Bestimmungsland importiert (etwa weil die Ware erst nach der Einfuhr an den Käufer übergeben werden soll), drohen ggf. weitere Ansprüche des Käufers wegen Rechtsmängeln, Nichtleistung oder Verzug, wenn die importierte Ware aufgrund von Schutzrechtsverletzungen im Bestimmungsland nicht importiert bzw. nicht ohne Schutzrechtsverletzung im Bestimmungsland weiter vertrieben werden kann.

F. Risikominimierung und Sicherheitsmaßnahmen des Exporteurs

I. Prüfung vor dem Export

49 Aufgrund der vorgenannten Risiken ist dem Exporteur zu empfehlen, sich vor dem Export der Ware zu vergewissern, ob Schutzrechte Dritter im Export- oder im Importstaat betroffen sind. Dies kann durch eine Recherche in den Patent- und Markenregistern, durch Nachfrage beim Hersteller oder Lieferanten erfolgen. Bestehen gesonderte Lizenzverträge sollte überprüft werden, ob der Export der lizenzierten Ware mit von der Lizenz umfasst ist.

50 Falls die Ware geschützt ist, ist weiter zu überprüfen, ob ggf. noch die Zustimmung des Berechtigten für den Export einzuholen ist. Wurde die Ware vor dem Export direkt vom Schutzrechtsinhaber oder einem Lizenzberechtigten gekauft, ist darauf zu achten, ob sich die Gestattung zum Export bereits aus dem Kaufvertrag ergibt (zB durch den Hinweis „für den Export" oder „für den Import in das Land X"). Anderenfalls ist eine Lizenz des Schutzrechtsinhabers einzuholen.

51 Da ein Konflikt mit Schutzrechten Dritter in der Praxis in vielen Fällen nur mit erheblichem Aufwand durch den Exporteur ermittelt werden kann und entsprechende Nachforschungen daher oft unterbleiben, ist es umso wichtiger, dass der Exporteur zur weiteren Absicherung vertragliche Zusicherungen und Freistellungen des eigenen Lieferanten verlangt.

II. Vertragliche Absicherung mit dem Lieferanten des Exporteurs

52 Bereits beim Einkauf der Ware sollte darauf geachtet werden, dass vom Vor-Lieferanten alle erforderlichen Rechte zum weiteren Export der Ware erworben werden.[23]

53 Zusätzlich sollte sich der Exporteur durch zusätzliche Garantien und Freistellungsklauseln gegen mögliche Ansprüche von Schutzrechtsinhabern absichern.

54 Eine Garantievereinbarung könnte zB lauten:

„Die Ware ist für den Export nach .../außerhalb des EWR bestimmt. Der Verkäufer garantiert dem Käufer, dass dem Export keine gewerblichen Schutzrechte oder Urheberrechte Dritter entgegen stehen."

55 Ein Beispielstext für eine Freistellungsklausel:

Sollte der nachfolgende Export der Ware nach .../außerhalb des EWR gewerbliche Schutzrechte oder Urheberrechte Dritter verletzen, stellt der Verkäufer den Käufer von allen Ansprüchen der Schutzrechtsinhaber frei.

III. Haftungs- und Gewährleistungsausschluss sowie Freizeichnung im Exportkaufvertrag

56 Auch im Exportvertrag können einige Klauseln bzgl. Schutzrechtsverletzungen zugunsten des Exporteurs aufgenommen werden. Es ist jedoch zu beachten, dass das Risiko einer

---

[23] Zu Lizenzen → Abschnitt 11.

Schutzrechtsverletzung durch den Export grundsätzlich beim Exporteur verbleibt. Möglich sind aber Einschränkungen bei der Haftung im Importstaat.

Dem Exporteur ist grundsätzlich zu empfehlen, nicht selbst die Ware in dem Bestimmungsland zu importieren, sondern den Import in die Verantwortung des Käufers zu stellen. Dies wird im Exportkaufvertrag durch eine entsprechende Regelung der Leistungspflichten des Exporteurs und des Käufers sowie des Gefahrübergangs geregelt und dürfte der Regelfall sein.[24] Maßgeblich für die Stellung als Importeur ist, für wen zum Zeitpunkt der Einfuhr die tatsächliche Sachherrschaft über die Ware gemittelt wird. Zur Risikominimierung sollte auch in den Zollpapieren nicht der Exporteur auch als Importeur geführt werden.

Daneben kann eine Klausel ausgehandelt werden, wonach der Importeur verpflichtet ist, den Exporteur von sämtlichen Ansprüchen Dritter in Bezug auf Schutzrechtsverletzungen im Importstaat freizuhalten. Eine vertragliche Freistellungsklausel im Exportkaufvertrag kann jedoch deliktische Ansprüche des Schutzrechtsinhabers gegen den Exporteur im Bestimmungsland nicht ausschließen. Sie regelt aber den Ausgleich im Innenverhältnis zwischen Käufer und Verkäufer/Exporteur.

Des Weiteren kann der Käufer/Importeur im Exportvertrag zur Klarstellung gesondert darauf hingewiesen werden, dass für das Vertragsverhältnis zwischen Exporteur und Käufer die Folgen von Schutzrechtsverletzungen zulasten des Käufers gehen:

Der Verkäufer weist darauf hin, dass der Käufer als Importeur der Ware in das Land … verantwortlich dafür ist, dass die Ware ohne Schutzrechtsverletzungen Dritter in das Bestimmungsland importiert werden kann. Die Gewährleistung des Verkäufers erstreckt sich nicht auf mögliche Schutzrechtsverletzungen im Bestimmungsland.

Hierbei ist zu beachten, dass diese Formulierung keine rechtlich verbindliche neue Regelung im Vertrag trifft, da die Haftung gegenüber Dritten nicht vertraglich ausgeschlossen werden kann. Ein solcher Hinweis kann aber ggf. späteren Auseinandersetzungen vorbeugen.

Eine darüber hinausgehende Beschränkung der Gewährleistung des Exporteurs im Exportvertrag richtet sich auch in Bezug auf gewerbliche Schutzrechte und Urheberrechte nach den allgemeinen Grundsätzen über Haftungsbeschränkungen. Danach ist eine Haftungsbeschränkung des Verkäufers/Exporteurs nur beschränkt möglich.[25]

IV. Sicherung der Schutzrechte des Exporteurs

Ist der Exporteur selbst Schutzrechtsinhaber (zB weil die Ware dessen Marke trägt), besteht das Bedürfnis, die eigenen Schutzrechte auch bei einem Export weiter zu schützen. Die Strategien, wie gewerbliche Schutzrechte international am besten geschützt werden können, sind vielfältig und komplex. Die Darstellung würde hier den Raum sprengen.[26]

Hier nur einige Hinweise: Der Exporteur sollte überlegen, ob es möglich und notwendig ist, das Schutzrecht auch im Importstaat zu registrieren. Werden Lizenzen für das Schutzrecht an den Importeur erteilt, sollte dies nur in dem Umfang erfolgen, der für das einzelne Geschäft erforderlich ist. Der Importeur kann ggf. zusätzlich verpflichtet werden (in der Lizenzvereinbarung oder dem Exportkaufvertrag), selbst Schutzmaßnahmen im Importstaat zu ergreifen oder etwaige Verletzungen umgehend an den Exporteur zu melden. Des Weiteren kann der Importeur auch vertraglich verpflichtet werden, die Waren nicht zu re-importieren. Es bietet sich an, stets alle betroffenen Schutzrechte seinem Vertragspartner gegenüber offen zu legen, damit dieser hiervon Kenntnis hat und sich später nicht auf Unkenntnis berufen kann.

Wird mit der Ware auch nichttechnisches Know-How vermittelt, kann dieses durch strafbewehrte Verschwiegenheitsvereinbarungen gesichert werden.

---

[24] → Abschnitt 6; zu den Incoterms → Abschnitt 4.
[25] → Abschnitt 6.
[26] Siehe im Einzelnen zB *Rebel*, Gewerbliche Schutzrechte – Anmeldung, Strategie, Verwertung.

Abschnitt 11. Lizenzrechte

Übersicht

	Rn.
A. Vorüberlegungen: Lizenzrechte im Export	1
I. Ausreichende eigene Lizenzierung	2
II. Interessenlage des Exporteurs	4
B. Begriffsbestimmung und Vertragstypus	5
C. Der Lizenzgegenstand	8
I. Urheberrecht	9
II. Software	11
III. Marken	13
IV. Geschmacksmuster	14
V. Patente und Gebrauchsmuster	15
VI. Know-how	17
D. Die Lizenzierung	18
I. Lizenzvertrag	18
II. Formerfordernis	20
III. Arten von Lizenzen	21
1. Einfache Lizenz	22
2. Ausschließliche Lizenz	24
3. Unterlizenz	25
IV. Beschränkung des Nutzungsrechts	27
1. Räumliche Beschränkung	28
2. Zeitliche Beschränkung	29
3. Inhaltliche Beschränkung	31
E. Rechtsfolgen bei fehlerhafter Lizenzierung	33
I. Unterlassungs- und Schadensersatzansprüche des Rechteinhabers gegen den Vertragspartner	34
II. Gewährleistungsansprüche des Vertragspartners gegen den Exporteur	36
III. Freistellungsklauseln	37

Literatur: *Bartenbach,* Patentlizenz- und Know-how-Vertrag, 7. Aufl. 2013; *Benkard,* Patentgesetz, 10. Aufl. 2006; *von dem Bussche/Schelinski,* in Leupold/Glossner, Münchener Anwaltshandbuch IT-Recht, 3. Aufl. Teil 1. Gestaltung von IT-Verträgen, 2013; *Groß,* Der Lizenzvertrag, 10. Aufl. 2011; *Grützmacher/Laier/May,* Der Internationale Lizenzverkehr, 8. Aufl. 1997; *Hasselblatt,* Münchener Anwaltshandbuch – Gewerblicher Rechtsschutz, 4. Aufl. 2012; *Henn,* Patent- und Know-How-Lizenzvertrag, 5. Aufl. 2003; *Osterrieth,* Patentrecht, 4. Aufl. 2010; *Pagenberg/Beier,* Lizenzverträge, 6. Aufl. 2008; *Säcker/Rixecker,* Münchener Kommentar zum Bürgerlichen Gesetzbuch, Band 3, 6. Aufl. 2012.

A. Vorüberlegungen: Lizenzrechte im Export

1   Im Exportvertragsrecht spielen Lizenzrechte eine bedeutsame Rolle. Werden beispielsweise Güter exportiert, an denen gewerbliche Schutzrechte Dritter (siehe *Baars,* Abschnitt 10) bestehen, muss der Exporteur darauf achten, diese Schutzrechte nicht zu verletzen. Andernfalls drohen Unterlassungs-, Schadensersatz- und Gewährleistungsansprüche der Rechteinhaber. Zur Vermeidung von Rechtsverletzungen werden daher in der Regel vertragliche Nutzungsrechte eingeräumt, die sogenannte Lizenzierung[1]. Grundsätzlich ist folgendes zu beachten:

I. Ausreichende eigene Lizenzierung

2   Vor einer Lizenzeinräumung muss der Exporteur prüfen, ob er selbst ausreichend lizenziert ist. Dabei ist im ersten Schritt festzustellen, welche gewerblichen Schutzrechte betroffen sind und wer Inhaber dieser Schutzrechte ist. Soweit der Exporteur die Exportware

---

[1] Vgl. zum Begriff → Rn. 5.

vom Hersteller bezieht und diese nicht selbst herstellt, wird der Hersteller regelmäßig Inhaber der betroffenen gewerblicher Schutzrechte sein. Selbst wenn der Exporteur gleichzeitig der Hersteller des Kaufgegenstandes ist, können beispielsweise Zulieferer gewerbliche Schutzrechte an bestimmten Einzelteilen der Exportware besitzen.

Im zweiten Schritt muss der Exporteur bestimmen, ob und in welchem Umfang er die gewerblichen Schutzrechte nutzen will bzw. muss. Soweit der Exporteur selbst nicht Rechteinhaber ist, muss er etwa sicherstellen, dass er vom Inhaber des gewerblichen Schutzrechtes für die konkret im Exportvertrag vorgesehene Nutzungsmöglichkeit ausreichend lizenziert wird. Möchte der Exporteur die Exportware schlicht an seinen Vertragspartner veräußern, so benötigt er vom Rechteinhaber lediglich eine „Vertriebslizenz".[2] Möchte der Exporteur es seinem Vertragspartner demgegenüber ermöglichen, die Exportware zukünftig selbstständig herzustellen, muss er sich vom Rechteinhaber eine „Herstellungslizenz" einräumen lassen. Dabei muss der Exporteur darauf achten, dass ihm der Inhaber des gewerblichen Schutzrechtes eine übertragbare Lizenz bzw. das Recht zur Unterlizenzierung einräumt. Andernfalls kann der Exporteur seinem Vertragspartner keine wirksame Lizenz erteilen. **3**

II. Interessenlage des Exporteurs

Für die vertragliche Gestaltung der Lizenz sind die Interessenlagen der Vertragsparteien zu berücksichtigen. Dabei ist erforderlich, dass der Vertragspartner (als Lizenznehmer) dem Vertragsziel entsprechend ausreichend lizenziert wird. Allerdings liegt es im Interesse des Exporteurs (als Lizenzgeber) seinem Vertragspartner nur diejenigen Rechte einzuräumen, die dieser zur Durchführung des Vertrages zwingend benötigt. Hierfür wird der Exporteur die jeweilige Nutzung mittels einer inhaltlichen Beschränkung konkretisieren und möglichst eng fassen. Möchte der Vertragspartner beispielsweise die Exportware seinerseits lediglich vertreiben, ist ihm nur eine „Vertriebslizenz" einzuräumen und keine „Herstellungslizenz".[3] **4**

B. Begriffsbestimmung und Vertragstypus

Als „Lizenzgeber" im Rahmen der Lizenzierung wird der Inhaber des Schutzrechts bezeichnet. Der Lizenzgeber räumt seinem Vertragspartner die Nutzungsmöglichkeit an einem ihm zustehenden Recht ein. Der Vertragspartner des Lizenzgebers wird als „Lizenznehmer" bezeichnet. **5**

Voraussetzung für die Nutzung von Schutzrechten Dritter ist die Zustimmung des jeweiligen Rechteinhabers. Dieser Vorgang wird weitläufig als „Lizenzierung" bezeichnet und meint die Einräumung von Nutzungsrechten an lizenzfähigen Gegenständen.[4] Dabei besteht weitgehende Gestaltungsfreiheit, welche konkrete Nutzungsmöglichkeit (Herstellung, Vertrieb, Verarbeitung usw.) dem Lizenznehmer eingeräumt werden soll. Der Lizenzgeber kann dem Lizenznehmer beispielweise erlauben, die durch das gewerbliche Schutzrecht geschützte Sache lediglich zu vertreiben, diese selbst aber nicht herzustellen. Ebenfalls kann der Lizenzgeber dem Lizenznehmer die Herstellung und den Vertrieb gestatten. Dies hängt von den individuellen Vereinbarungen zwischen dem Lizenzgeber und Lizenznehmer ab. Eine solche Einräumung von Nutzungsrechten ist von der vollständigen Übertragung der Schutzrechtsposition abzugrenzen, bei welcher der Erwerber neuer Inhaber wird. **6**

---

[2] Dabei ist unter Umständen eine Lizenzierung entbehrlich, wenn genau diese Ware zuvor mit Zustimmung des Rechteinhabers in den Verkehr gebracht wurde – vgl. diesbezüglich zum Grundsatz der „Erschöpfung" *Baars,* → Abschnitt 10 Rn. 29.

[3] Siehe zur Abgrenzung von Vertriebs- und Herstellungslizenz und detaillierter zu weiteren inhaltlichen Beschränkungen einer Lizenz nachfolgend unten Rn. 27 ff.

[4] MAH Gewerblicher Rechtsschutz-*Straßer/Feyock,* § 49 Rn. 1 ff.

7 In der Praxis bereitet die richtige vertragstypologische Zuordnung des „Lizenzvertrags" zu den einzelnen einschlägigen Vertragstypen des Zivilrechts Probleme. Allein die Bezeichnung der jeweiligen Verträge zB als „Software-Lizenzvertrag" ist kein Indiz für die Rechtsnatur und damit die vom Gesetz vorgesehenen Rechtsfolgen. Die Bestimmung der Rechtsnatur kann häufig erst durch Auslegung des Vertrages und des darin erkennbaren Parteienwillens ermittelt werden.[5] In der Regel und mangels weiterer Abreden ist der Lizenzvertrag als Rechtspacht einzuordnen,[6] sieht der Vertrag aber eben keine „Benutzungserlaubnis" eines gewerblichen Schutzrechts, sondern die Veräußerung des mit dem Schutzrecht verbundenen Gegenstands – etwa den Verkauf von Standardsoftware – vor, so wird ein Kaufvertrag zwischen den Parteien mit den entsprechenden Rechtsfolgen geschlossen.

C. Der Lizenzgegenstand

8 Gegenstand einer Lizenzvereinbarung kann jedes schutzfähige Recht sein, das dem Berechtigten eine rechtlich geschützte Position verschafft, die ihm ermöglicht, andere von der Nutzung auszuschließen.[7] Im Folgenden sollen lizenzvertragliche Besonderheiten zu den unterschiedlichen Lizenzgegenständen sowie deren rechtlichen Grundlagen dargestellt werden.[8]

I. Urheberrecht

9 Das Urheberrecht steht nach §§ 7, 8 UrhG dem Schöpfer eines Werkes zu. Im Gegensatz zu den gewerblichen Schutzrechten ist das Urheberrecht als solches nicht übertragbar, § 29 Abs. 1 UrhG. Das Urheberrecht bleibt also mit seinem Urheber verbunden. Dies bedeutet hingegen nicht, dass nur der Urheber das urheberrechtlich geschützte Werk nutzen darf. Eine Einräumung von Nutzungsrechten (Lizenzierung) ist nach § 31 Abs. 1 Satz 1 UrhG an dem maßgeblichen Werk unbeschränkt möglich.

10 Für die Praxis relevant ist die in § 31 Abs. 5 UrhG manifestierte „Zweckübertragungslehre".[9] Danach bestimmt der Zweck des zwischen dem Lizenzgeber und Lizenznehmer bestehenden Vertrages den Umfang der eingeräumten Lizenz. Ergibt sich aus dem Lizenzvertrag folglich nicht genau, welche Nutzungsart (evtl. mit bestehenden Beschränkungen) oder Lizenzart (einfache oder ausschließliche) zwischen den Parteien gewollt ist, so wird dies anhand des Zweckes des Lizenzvertrages ermittelt. Deshalb muss eine klare und unmissverständliche Formulierung der Lizenzvereinbarung vorgenommen werden. Andernfalls droht dem Exporteur, dass er Nutzungsrechte in nicht beabsichtigtem Maße einräumt oder aufgrund der Unklarheiten streitige Auseinandersetzungen drohen.

II. Software

11 Die Lizenzierung von Software richtet sich vorwiegend nach den Vorschriften des Urhebergesetzes. Lizenzverträge, welche die Lizenzierung von Software zum Gegenstand haben, werden weithin als „Softwareüberlassungsverträge" bezeichnet. Für den Exporteur hat der Softwareüberlassungsvertrag eine weitreichende praktische Bedeutung. Die Lizenzierung von Software spielt im Rahmen des Exportvertragsrechtes nicht nur bei dem Verkauf von

---

[5] *Bussche/Schelinski*, Teil 1, Rn. 34 ff.
[6] So auch *BGH* v. 17.11.2005, GRUR 2006, 435, 437 – Softwarenutzungsrecht; aA *BGH* v. 12.12.2003, WM 2004, 496, 597 – Honiglöffel; dem folgend MAH Gewerblicher Rechtsschutz-*Straßer/Feyock*, § 49 Rn. 9 und *Bartenbach*, Rn. 61, mwN, die den Lizenzvertrag als Vertrag sui generis qualifizieren, subsidiär werden aber auch dann die Regeln der Rechtspacht angewandt, vgl. *Osterrieth*, Rn. 322.
[7] *Bartenbach*, Rn. 61.
[8] Vergleiche für die Definitionen der gewerblichen Schutzrechte, sowie für eine Darstellung, wann diese verletzt sein könnten *Baars*, → Abschnitt 10.
[9] Die Zweckübertragungslehre gilt mittlerweile allgemein im Bereich der Lizenzierung, vgl. *Osterrieth*, Rn. 323.

Software eine Rolle, sondern vor allem, wenn Waren verkauft werden, zu deren Betrieb eine spezielle Software notwendig ist. Viele technisch komplexe Maschinen können nur durch spezielle Software betrieben werden. Bei dem Export solcher Maschinen sollte der Exporteur daran denken, diese für den Betrieb des Exportgutes notwendige Software ausreichend zu lizenzieren.

Die Lizenzierung von Software bestimmt sich nach §§ 69a ff. UrhG. Hinsichtlich der Beschränkung des Nutzungsrechtes[10] sind beim Softwareüberlassungsvertrag Besonderheiten zu beachten: Der Lizenzgeber muss dem Lizenznehmer die Installation der Software ermöglichen (§ 69d Abs. 1 UrhG). Eine Vereinbarung, die es dem Lizenznehmer verbietet, eine Sicherungskopie der Software zu erstellen, ist grundsätzlich unzulässig (§§ 69d Abs. 2, 69g Abs. 2 UrhG). 12

III. Marken

Der Inhaber einer Marke kann seine Ware oder Dienstleistung mit der Marke kennzeichnen und diese unter der Marke vertreiben. Nach § 14 Abs. 1 MarkenG steht dem Inhaber der Marke das Recht an der Marke ausschließlich zu. Dritte dürfen die Marke dann nicht mehr benutzen (vgl. § 14 Abs. 2 MarkenG). Dennoch kann auch das Recht an einer Marke nach § 30 Abs. 1 MarkenG lizenziert werden. Neben einer bloßen Lizenzierung ist auch eine völlige Übertragung der Marke nach § 27 Abs. 1 MarkenG möglich.[11] 13

IV. Geschmacksmuster

Auch Geschmacksmuster können Gegenstand eines Lizenzvertrages sein. Der Inhaber eines Geschmacksmusters kann ausschließliche und/oder einfache Lizenzen für das gesamte Gebiet oder einen Teil des Gebiets der Bundesrepublik Deutschland erteilen (§ 31 Abs. 1 GeschmMG).[12] Bei der Verletzung des Geschmacksmusterrechtes kann der „Verletzer" auf Beseitigung und Unterlassung in Anspruch genommen werden (§ 42 Abs. 1 GeschmMG). Darüber hinaus kommen bei Vorsatz oder Fahrlässigkeit eine Haftung auf Schadensersatz in Betracht (§ 42 Abs. 2 GeschmMG). 14

V. Patente und Gebrauchsmuster

Neben der Lizenzierung ist ebenfalls die vollständige Übertragung des Patentes nach § 15 Abs. 1 Satz 2 PatG möglich. Bei einer Verletzung des Patentes steht dem Rechteinhaber ein Unterlassungsanspruch nach § 139 Abs. 1 Satz 1 PatG sowie ein Schadensersatzanspruch nach § 139 Abs. 2 Satz 1 PatG zu. Gebrauchsmuster werden als „kleine Patente" bezeichnet und schützen Erfindungen, die neu sind, auf einen erfinderischen Schritt beruhen und gewerblich anwendbar sind, § 1 Abs. 1 GebrMG. 15

Patentlizenzverträge werden zumeist zusammen mit Know-how-Lizenzverträgen (dazu sogleich) abgeschlossen. Dadurch soll sowohl im Interesse des Lizenznehmers, als auch des Lizenzgebers sichergestellt werden, dass das zur Patentverwertung zugelassene Know-how mitverwertet werden kann.[13] 16

VI. Know-how

Unter Know-how versteht man das nicht durch Schutzrechte gesicherte (betriebliche) Erfahrungswissen auf technischem oder kaufmännischem Gebiet, das gegenüber Dritten 17

---

[10] → Rn. 15 f.
[11] Siehe zum EU-weiten Markenschutz die Gemeinschaftsmarkenverordnung (EG) Nr. 207/2009 vom 26.2.2009.
[12] Siehe zum EU-weiten Schutz des Geschmackmusters die Gemeinschaftsgeschmackmusterverordnung (EG) Nr. 6/2002 vom 12.12.2001.
[13] MAH Gewerblicher Rechtsschutz-*Straßer/Feyock*, § 49 Rn. 64.

einen Vorteil gewährt.[14] Im Gegensatz zu den gewerblichen Schutzrechten handelt es sich beim Know-how nicht um ein gesetzlich speziell geschütztes Schutzrecht. Regelmäßig ist dafür nur ein vertraglicher Schutz vereinbar. Know-how genießt folglich keinen gesetzlich abgeleiteten Schutz gegenüber jedermann, sondern kann lediglich vertraglich gegenüber bestimmten Vertragspartnern geschützt werden (zumeist durch Vertraulichkeitsvereinbarungen). Nichtsdestotrotz ist allgemein anerkannt, dass Know-how im Rahmen eines Lizenzvertrages überlassen werden kann.[15]

D. Die Lizenzierung

I. Lizenzvertrag

18   Die Lizenzierung kann grundsätzlich nach einem standardisierten Verfahren erfolgen, indem der Lizenzgeber eine vorformulierte Lizenzvereinbarung verwendet. Auch wenn ein solches standardisiertes Vorgehen in der Regel den Lizenzierungsvorgang vereinfacht und beschleunigt, ist bei jeder Lizenzierung die jeweiligen Umstände des Einzelfalls entsprechend zu berücksichtigen.

19   Häufig erfolgt die Lizenzierung lediglich durch die Aufnahme einer sog. „Lizenzklausel" in den Hauptvertrag (beispielsweise einem Exportverkaufsvertrag). Dies ist einfach und unkompliziert möglich. Die Verwendung einer Lizenzklausel ist hinreichend, wenn der Lizenzierungsvorgang weniger komplex ist. Bei umfangreicheren Lizenzierungen empfiehlt sich hingegen, die Verwendung eines „Side-Letters" bzw. einer Anlage, in der die Lizenzierung als schuldrechtliche Zusatzvereinbarung an einen Hauptvertrag gekoppelt wird,[16] oder der Abschluss eines eigenständigen „Lizenzvertrages", in dem Lizenzgeber und Lizenznehmer die Rahmenbedingungen der Lizenzierung ausführlich regeln. Vorteil einer solchen gesonderten Regelung ist nicht nur die Übersichtlichkeit, sondern auch die Möglichkeit, die Vertragsbeziehung zwischen den Parteien ausführlich zu regeln und Unsicherheiten so zu beseitigen. Ein solcher Lizenzvertrag kommt nach den allgemeinen Vorschriften des BGB (insb. gem. der §§ 145 BGB ff.) durch übereinstimmende Willenserklärungen zu Stande.

II. Formerfordernis

20   Grundsätzlich kann die Lizenzierung nach deutschem und europäischem Recht formfrei – also ohne ein schriftliches Vertragsdokument – erfolgen,[17] eine Lizenz kann auch stillschweigend eingeräumt werden.[18] Bei Exporten in Zielländer mit einer fremden Rechtsordnung bzw. einer entsprechenden Rechtswahl durch die Parteien ist dennoch zu prüfen, ob und inwieweit die Formfreiheit gleichsam Bestand hat.[19] Ansonsten besteht das Risiko, dass die Lizenz im Zielland keine Wirkung entfaltet und so eine Rechtsverletzung droht. Außerdem sichert eine schriftliche Fixierung der Lizenz die klassischen Zwecke des Formerfordernisses, wie der Warnfunktion vor übereilten Vertragsschlüssen, der Kontrollfunktion und der Beweisfunktion in eventuellen zukünftigen Streitigkeiten. Letzteres gilt vor allem zu Gunsten desjenigen, der sich auf eine für ihn günstige Regelung beruft, die von den gesetzlichen Bestimmungen abweicht. Insbesondere auf Grund der wirtschaftlichen und damit haftungsrechtlichen Tragweite einer (internationalen) Lizenzierung sollte daher die schriftliche Fixierung einer Lizenzierung die Regel sein, auch wenn ein gesetzlich normiertes Formerfordernis nicht vorhanden ist.

---

[14] *Bartenbach*, Rn. 215; vgl. dazu auch § 18 Nr. 1 GWB aF; Art. 1 Abs. 1 lit. i TT-GVO vom 27.4.2004.
[15] Statt vieler *Groß*, Rn. 16.
[16] Dazu *Bartenbach*, Rn. 405.
[17] Anders jedoch bei Verträgen mit kartellrechtlicher Relevanz, dazu mwN *Groß*, Rn. 46.
[18] Pagenberg/Beier-*Pagenberg*, Kapitel 1, Rn. 6.
[19] Siehe zu einzelnen Rechtsordnungen *Grützmacher/Laier/May*, S. 82 ff.

Abschnitt 11. Lizenzrechte

III. Arten von Lizenzen

Bei der Ausgestaltung der Lizenzvereinbarung ist im Zuge der Formulierung nicht nur 21
die eindeutige Beschreibung des Lizenzgegenstandes von Bedeutung. Vielmehr müssen die Parteien bei der Vertragsgestaltung darüber hinaus berücksichtigen, welche Art der Lizenz gewünscht ist. Nach deutschem Recht wird vor allem zwischen der einfachen und der ausschließlichen Lizenz unterschieden.

1. Einfache Lizenz. Bei der einfachen Lizenz ist der Lizenznehmer berechtigt den Li- 22
zenzgegenstand in der im Vertrag beschriebenen Weise zu nutzen. Dem Lizenznehmer einer einfachen Lizenz steht die Nutzungsmöglichkeit neben dem Lizenzgeber und möglicherweise einer Vielzahl weiterer Berechtigten zu. Der Lizenznehmer einer einfachen Lizenz erhält also keine exklusiven Nutzungsrechte. Der Lizenzgeber kann demnach sowohl das gewerbliche Schutzrecht weiter selbst nutzen, als auch eine unbegrenzte Anzahl von einfachen Lizenzen an weitere Lizenznehmer erteilen. Während es für die ausschließlichen Lizenzen unlängst anerkannt ist, tendiert nun die Rechtsprechung auch bei einfachen Lizenzen zur Annahme einer dinglichen Wirkung.[20]

Eine solche einfache Lizenz ist die wohl bedeutendste Form der Lizenzierung für das 23
Exportvertragsrecht. Der Exporteur will regelmäßig eine Reihe von Lizenzen an verschiedene Vertragspartner einräumen. Lediglich bei speziell für einen Vertragspartner angefertigten Vertragsgegenständen wird der Exporteur bereit sein, dem Lizenznehmer eine ausschließliche Lizenz anstelle einer einfachen Lizenz einzuräumen. In Zweifelsfällen, ohne einer ausdrücklichen Absprache, ist – insbesondere unter Berücksichtigung der Zweckübertragungslehre[21] – davon auszugehen, dass eine einfache und nicht eine ausschließliche Lizenz gewollt ist.

2. Ausschließliche Lizenz. Die ausschließliche Lizenz berechtigt den Lizenznehmer in 24
einem umfangreicheren Maße. Der Inhaber einer ausschließlichen Lizenz kann den Leistungsgegenstand unter Ausschluss aller anderen Personen – einschließlich des Lizenzgebers – nutzen. Er wird damit zum einzigen Lizenzinhaber, erhält exklusive Nutzungsrechte und kann damit unter anderem weitere Unterlizenzen vergeben,[22] allerdings nur in dem Umfang, in dem ihm selbst ein Nutzungsrecht eingeräumt wurde. Außerdem verleiht eine ausschließliche Lizenz dem Lizenznehmer ein Ausschlussrecht gegenüber Dritten, das gegenüber jedermann wirkt und nicht nur die erwähnte alleinige Nutzung und Verwertung des Lizenzgegenstandes erlaubt.[23] Aufgrund dessen wird der ausschließlichen Lizenz eine dingliche, zumindest quasi-dingliche,[24] Wirkung zugeschrieben,[25] vergleichbar mit einer Eigentumseinräumung. Da der Exporteur durch die Einräumung einer ausschließlichen Lizenz regelmäßig selbst keine Nutzungsmöglichkeit an dem Lizenzgegenstand mehr hat, ist diese Form der Lizenzierung durch den Exporteur nur in besonderen Fällen zu empfehlen.

3. Unterlizenz. Eine Unterlizenz wird von einem (Unter-)Lizenznehmer der Hauptli- 25
zenz erteilt und ist damit eine abgeleitete Lizenz. Der Inhaber einer einfachen Lizenz ist im Zweifel nicht berechtigt eine Unterlizenz einzuräumen, bzw. bedarf hierzu die Zustimmung des Hauptlizenzgebers des entsprechenden Schutzrechts.[26] Diese Zustimmung kann bereits im Rahmen der Lizenzierung der Hauptlizenz erteilt werden.

Demgegenüber ist der Inhaber einer ausschließlichen Lizenz wie dargestellt im Zweifel 26
berechtigt, Unterlizenzen zu erteilen. Dies gilt allerdings nur, soweit im Lizenzvertrag

---

[20] So *Bartenbach,* Rn. 93.
[21] Wonach der Lizenzgeber grundsätzlich von seinen Rechten nur soviel an den Lizenznehmer übertragen will, wie letzterer im Sinne des Vertragszwecks unbedingt benötigt; dazu mwN *Bartenbach,* Rn. 476.
[22] BGH v. 7.11.1952, GRUR 1953, 114, 118 – Reinigungsverfahren; BGH v. 16.4.2002, GRUR 2002, 801, 803 – abgestuftes Getriebe; *Henn,* Rn. 168.
[23] RG v. 3.11.1939, GRUR 1940, 89, 91.
[24] Zur Differenzierung mwN *Bartenbach,* Rn. 93.
[25] BGH v. 23.3.1982, GRUR 1982, 411, 413 – Verankerungsurteil; RG v. 16.1.1904, RGZ 57, 38, 40f.
[26] *LG Düsseldorf* v. 12.2.2008 – 4a O 432/06 – e-Loading-Automat.

nichts Abweichendes vereinbart ist. Wurde im Lizenzvertrag die Unterlizenzierung ausgeschlossen, ist diese auch für den Inhaber einer ausschließlichen Lizenz nicht möglich. Ebenfalls denkbar ist die Möglichkeit mehrstufiger Unterlizenzen, wobei dem Unterlizenznehmer die Befugnis eingeräumt wird, seinerseits Unterlizenzen zu erteilen. Das Erlöschen der Hauptlizenz führt in aller Regel nicht zum Erlöschen der entsprechenden Unterlizenz,[27] so dass für die Unterlizenznehmer auch eine gewisse Rechtssicherheit besteht.

IV. Beschränkung des Nutzungsrechts

27 Der Lizenzgeber ist im Rahmen der Lizenzierung berechtigt, die Lizenz in eingeschränkter Form an den Lizenznehmer zu erteilen. Unabhängig davon, ob dem Lizenznehmer eine einfache oder ausschließliche Lizenz eingeräumt werden soll, kann dieser das Nutzungsrecht dann nur in dem vertraglich vereinbarten Umfang ausüben. Hinsichtlich der ausschließlichen Lizenz muss allerdings beachtet werden, dass durch die Beschränkung nicht das charakteristische Merkmal einer ausschließlichen Lizenz verloren gehen darf; der Lizenznehmer muss trotz der Beschränkung immer noch die Befugnis haben, das gewerbliche Schutzrecht in einem sicher umgrenzten Bereich auf einem bestimmten Marktgebiet unter Ausschluss anderer Wettbewerber alleine (aus-)nutzen zu dürfen.[28] In diesem Zusammenhang sind räumliche, zeitliche und/oder inhaltliche Beschränkungen des Nutzungsrechtes zulässig.

28 **1. Räumliche Beschränkung.** Grundsätzlich ist gemäß dem Territorialitätsprinzip[29] der Geltungsbereich eines gewerblichen Schutzrechts auf das Gebiet des Staates oder der Staaten beschränkt, dessen Rechtsordnungen das Schutzrecht gewähren. Somit bezieht sich eine Lizenz für ein solches Schutzrecht nur auf das Gebiet, in dem das Schutzrecht seine Wirkung entfalten kann.[30] Dieser maximale Geltungsbereich einer Lizenz kann durch die Vertragsparteien individuell beschränkt, also territorial begrenzt werden. Das bedeutet, dass der Lizenznehmer den Lizenzgegenstand nur in einem vereinbarten Gebiet nutzen darf, zum Beispiel mit Beschränkung auf ein Land wie die Bundesrepublik Deutschland oder die USA. Soweit der Lizenzvertrag keine räumliche Beschränkung enthält, ist im Zweifel davon auszugehen, dass der räumliche Geltungsbereich der Lizenz mit dem Geltungsbereich des gewerblichen Schutzrechtes deckungsgleich ist.[31] In diesem Fall ist der Lizenznehmer berechtigt, den Lizenzgegenstand in jedem Gebiet zu nutzen, in dem das gewerbliche Schutzrecht besteht.

29 **2. Zeitliche Beschränkung.** Weiterhin kann die Einräumung eines Nutzungsrechts einer zeitlichen Beschränkung unterliegen. Dabei bestimmt sich die Dauer eines Lizenzvertrages zunächst nach den individuellen Vertragsvereinbarungen zwischen Lizenznehmer und Lizenzgeber. Ist die Vertragslaufzeit bei einem Lizenzvertrag, dem ein gewerbliches Schutzrecht zugrunde liegt, wie beispielsweise einem Patentlizenzvertrag, nicht explizit vereinbart worden, endet der Lizenzvertrag im Zweifel mit dem Ablauf des jeweiligen gewerblichen Schutzrechtes.[32] Ein Patentlizenzvertrag ohne ausdrückliche Vertragslaufzeit endet folglich mangels ausdrücklicher Regelung 20 Jahre nach Anmeldung des Patents, § 16 PatG.

30 Dabei ist zu beachten, dass nach Ablauf des gewerblichen Schutzrechts der Lizenzgeber diesbezüglich gegen den Lizenznehmer kein Ausschließungsrecht mehr geltend machen kann. Eine Nutzungsvereinbarung über die Laufzeit des Schutzrechts hinaus ist daher nach

---

[27] Vgl. *BGH* v. 19.7.2012, GRUR 2012, 914, 915 – Take Five; *BGH* v. 19.7.2012, GRUR 2012, 916, 918 – M2Trade.
[28] Vgl. *RG* v. 17.9.1913, RGZ 83, 93, 94 f.
[29] S. dazu *Bartenbach*, Rn. 71.
[30] *BGH* v. 3.3.2004, GRUR 2004, 421, 422 – Tonträgerpiraterie durch CD-Export.
[31] *OLG Hamburg* v. 3.9.1987, GRUR 1987, 899, 900 – Verbandsmaterial; Pagenberg/Beier-*Pagenberg*, Kapitel 4, Rn. 32.
[32] *RG* v. 9.9.1936, GRUR 1937, 1003, 1005; *Groß*, Rn. 477.

§ 1 GWB, Art. 2 TT-GFVO nicht statthaft.[33] Der geschützte Erfindungsgedanke ist durch seine Veröffentlichung dem offenkundigen Stand der Technik zuzurechnen und eine über den Ablauf des Schutzrechts hinausgehende Vorzugsstellung anderen Wettbewerbern gegenüber ist damit nicht zu rechtfertigen.[34]

3. Inhaltliche Beschränkung. Schließlich besteht die Möglichkeit, die Einräumung des Nutzungsrechtes inhaltlich zu beschränken. Durch die inhaltliche Beschränkung wird festgelegt, welche konkrete Form der Nutzung dem Lizenznehmer eingeräumt wird. Soll der Lizenznehmer den Lizenzgegenstand beispielsweise nur vertreiben, aber nicht herstellen dürfen, kann dies im Rahmen einer inhaltlichen Beschränkung bestimmt werden. Ist die Lizenz auf den Vertrieb des Lizenzgegenstandes beschränkt, spricht man von einer „Vertriebslizenz". Dabei erfolgt die Herstellung weiter durch den Lizenzgeber, sodass dem Lizenznehmer lediglich die Auslieferung, in der Regel ab Lager des Lizenznehmers, obliegt.[35] Soll der Lizenznehmer jedoch auch (oder *nur*) zur Herstellung des Lizenzgegenstandes berechtigt sein, wird ihm eine „Herstellungslizenz" erteilt.[36] Dagegen ist bei einer „Gebrauchslizenz" dem Lizenznehmer lediglich die Benutzung des Lizenzgegenstandes erlaubt. Daneben sind eine Vielzahl weiterer inhaltlicher Beschränkungen möglich: Weitergabeverbote, Beschränkung der Nutzung auf den Vertragszweck etc. 31

Hierbei ist die Kombination verschiedener Lizenzarten und Beschränkungsmöglichkeiten zulässig. Hat der Exporteur zB einem Vertragspartner bereits eine einfache Lizenz zum Vertrieb des Lizenzgegenstandes erteilt, hat er immer noch die Möglichkeit, einem weiteren Vertragspartner eine einfache Lizenz bezüglich des Vertriebs des Lizenzgegenstandes einzuräumen und zusätzlich eine ausschließliche Lizenz in Bezug auf die Herstellung des Lizenzgegenstandes. 32

E. Rechtsfolgen bei fehlerhafter Lizenzierung

Eine unzureichende bzw. fehlerhafte Lizenzierung führt dazu, dass dem Vertragspartner des Exporteurs nicht die erforderlichen Nutzungsrechte eingeräumt werden. In diesem Fall ist der Vertragspartner des Exporteurs nicht ausreichend lizenziert. Nutzt dieser gleichwohl die exportierte Ware in der mit dem Exporteur (fehlerhaft) vereinbarten Weise, verletzt er grundsätzlich das Ausschließlichkeitsrecht des Rechteinhabers und läuft Gefahr, von diesem in Anspruch genommen zu werden. Der in Anspruch genommene Vertragspartner wiederum hat gegen den Exporteur einen Gewährleistungsanspruch wegen Vorliegens eines Rechtsmangels (dazu unter Rn. 36), mittels dessen die erlittenen Schäden an den Exporteur weitergereicht werden können. Eine mögliche Inanspruchnahme durch Dritte versuchen die Vertragspartner häufig mit sog. „Freistellungsvereinbarungen" zu regeln (dazu unter Rn. 37). 33

I. Unterlassungs- und Schadensersatzansprüche des Rechteinhabers gegen den Vertragspartner

Zunächst führt eine fehlerhafte bzw. nicht ausreichende Lizenzierung zu einer Verletzung des (gewerblichen) Schutzrechtes. Der Inhaber des Schutzrechtes hat in diesem Fall grundsätzlich einen Anspruch gegen den Vertragspartner des Exporteurs auf Unterlassung der Nutzung. Voraussetzung für einen solchen Unterlassungsanspruch ist eine Beeinträchtigungs- bzw. Wiederholungsgefahr.[37] Weder der Verkauf, noch die Herstellung, eines mit 34

---

[33] Vgl. für Patente *BGH* v. 18.3.1955, GRUR 1955, 468, 472 – Schwermetall-Kokillenguß; *BGH* v. 5.10.1951, BGHZ 3, 193, 197, 199 – Tauchpumpen; Benkard-*Ullmann*, § 15, Rn. 205.
[34] Vgl. *BGH* v. 12.2.1980, GRUR 1980. 750 – Pankreaplex II.
[35] Dazu mwN *Groß*, Rn. 27.
[36] Vgl. dazu *BGH* v. 3.2.1959, GRUR 1959, 528.
[37] *BGH* v. 19.6.1951, BGHZ 2, 394; *BGH* v. 18.12.1969, GRUR 1970, 358, 360.

einem Schutzrecht geschützten Gegenstandes sind in diesem Fall zulässig. Der Vertragspartner des Exporteurs kann die exportierte Ware nicht nutzen, soweit daran bestehende Schutzrechte nicht ausreichend lizenziert sind.

35   Die jeweiligen Gesetze sehen eigene Unterlassungsansprüche für die Verletzung des einschlägigen Schutzrechtes vor (beispielsweise für das Urheberrecht: § 97 Abs. 1 UrhG; für das Markenrecht: § 14 Abs. 5 MarkenG; für das Patentrecht: § 139 Abs. 1 PatG und für das Geschmacksmusterrecht: § 14a Abs. 1 GeschmMG). Darüber hinaus bestehen auch spezielle Schadensersatzansprüche, wenn die Verletzung des Schutzrechtes vorsätzlich oder fahrlässig vorgenommen wird (für das Urheberrecht: § 97 Abs. 2 UrhG; für das Markenrecht: § 14 Abs. 6 MarkenG; für das Patentrecht: § 139 Abs. 2 PatG).[38] Daneben sind Straf- und Bußgeldvorschriften in den einschlägigen Gesetzen vorgesehen.

II. Gewährleistungsansprüche des Vertragspartners gegen den Exporteur

36   Neben den beschriebenen Unterlassungs- und Schadensersatzansprüchen, bestehen bei der Verletzung von Schutzrechten Gewährleistungsansprüche. Soweit der Exporteur an seinen Vertragspartner Ware liefert, die nicht ausreichend lizenziert ist und gegen bestehende gewerbliche Schutzrechte verstößt, leistet er mangelhaft, da ein Dritter (der jeweilige Inhaber des gewerblichen Schutzrechtes) noch bestehende Rechte an der vom Exporteur gelieferten Ware hat. Diese Rechte kann der Dritte, wie soeben in der vorangegangenen Ziffer I. aufgezeigt, durch Unterlassungs- und Schadensersatzansprüche gegen den Vertragspartner durchsetzen. Dadurch wird es dem Vertragspartner des Exporteurs verwehrt, mit der gelieferten Ware nach eigenem Belieben zu verfahren. Eine Weiterveräußerung oder Herstellung dieser Ware ist nicht möglich, da sie von dem Rechteinhaber untersagt wurde. Die Sache leidet somit an einem Rechtsmangel iSd § 435 S. 1 BGB, sodass in diesem Fall der Exporteur an seinen Vertragspartner nicht ordnungsgemäß geleistet hat.[39] Das Bestehen von Mängeln an der gelieferten Ware löst die üblichen Gewährleistungsansprüche des Vertragspartners gegen den Exporteur aus. Der Exporteur muss sodann versuchen, die bestehenden Mängel zu beseitigen, zB indem er nachträglich für eine ausreichende Lizenzierung sorgt. Misslingen diese Nachbesserungsversuche des Exporteurs, ist er seinem Vertragspartner grundsätzlich zum Schadensersatz verpflichtet. Darüber hinaus schuldet der Exporteur den Ersatz der Schäden, die durch die Inanspruchnahme des Rechteinhabers beim Vertragspartner entstanden sind.

III. Freistellungsklauseln

37   Vielfach finden sich in Exportverträgen sogenannte „Freistellungsklauseln". Darin wird der Vertragspartner von jeglicher Inanspruchnahme durch Dritte für den Fall freigestellt, dass der Lizenzgeber für die Ursache der Inanspruchnahme verantwortlich gewesen ist. Im Gegenzug wird dem Lizenzgeber das Recht überlassen, die Inanspruchnahme durch den Dritten an Stelle des Vertragspartners abzuwehren.

38   Von diesen Freistellungsklauseln sind die unter Ziffer II. erläuterten Fälle der Rechtsmängelhaftung mit umfasst, in denen der Vertragspartner wegen mangelhafter Rechteeinräumung durch den Lizenzgeber daraufhin vom verletzten Dritten in Anspruch genommen wird. Dabei ist zu beachten, dass eine solche Freistellungsvereinbarung auf der Rechtsfolgenseite grundsätzlich mit dem Gewährleistungsrecht kollidieren kann. So unterliegt eine Haftung für Rechtsmängel bereits ab dem Zeitpunkt der Lieferung der Verjährung: zwei Jahre gemäß gesetzlicher Regelung, vertraglich oftmals auf ein Jahr oder weniger verkürzt. Die vertragliche Haftung aufgrund einer Freistellungsvereinbarung dagegen knüpft für den Verjährungsbeginn nicht an den regelmäßig früheren Zeitpunkt der Lieferung, sondern an den gegebenenfalls viel späteren Zeitpunkt der Inanspruchnahme des Vertragspartners

---

[38] Vgl. zur Schadensberechnung MAH Gewerblicher Rechtsschutz-*Spuhler/Vykydal*, § 49 Rn. 64.
[39] MüKoBGB/*Westermann*, § 435 Rn. 8.

durch den verletzten Dritten an und unterliegt zudem der im Bürgerlichen Gesetzbuch vorgesehenen Regelverjährung von drei Jahren. Somit wird in der Praxis durch Verwendung von Freistellungsklauseln oftmals unwissentlich die für den Fall der Rechtsmängelgewährleistung vergleichsweise kurze, bereits an den Zeitpunkt der Lieferung anknüpfende Verjährungsfrist, verlängert. Insbesondere unter diesem Gesichtspunkt ist die Verwendung von Freistellungsklauseln durch einen Exporteur als Lizenzgeber unter Berücksichtigung der eigenen Interessen vorab kritisch zu prüfen.

6. Kapitel. Zahlungsverkehr, Finanzierung, Finanzierungssicherung

Abschnitt 12. Ausgewählte Auslandsgeschäfte (Inkasso, Akkreditiv, Bankgarantie)

Übersicht

	Rn.
A. Inkasso	1
I. Funktion und Beteiligte	1
1. Funktion	1
2. Beteiligte	3
3. Einheitliche Richtlinien für Inkassi (ERI)	4
4. Ausschluss von Einwendungen	5
II. Auftragsverhältnis	6
1. Allgemeines	6
2. Zustandekommen des Auftrages	8
3. Pflichten der Einreicherbank	9
4. Einschaltung einer Drittbank	12
5. Stellung des Auftraggebers	13
III. Einziehung des Inkassoerlöses	15
1. Dokumentenvorlage	17
2. Aushändigung der Dokumente	18
IV. Inkassoerlös	21
B. Garantie	22
I. Funktion, Beteiligte und Erscheinungsformen	22
1. Funktion	22
2. Beteiligte	23
3. Erscheinungsformen	24
II. Rechtscharakter und Abgrenzung zur Bürgschaft	25
1. Rechtscharakter	25
2. Abgrenzung zur Bürgschaft auf ersten Anfordern	26
3. Garant	27
4. Wesensmerkmal: „Zahlung auf erstes Anfordern"	29
5. Einwendungsausschluss	30
a) Unzulässige Einwendungen aus Deckungsverhältnis und Valutaverhältnis	31
b) Zulässige Einwendungen und Einreden aus dem Verhältnis zwischen der Garantiebank und dem Garantienehmer	36
III. Typischer Inhalt der Garantie	41
1. Präambel	41
2. Zahlungsklausel	42
3. Betrag und Währung	44
4. Befristung und Rückgabe	47
5. Sonstige Klauseln	48
IV. Abschluss und Inkrafttreten der Garantie	50
1. Abschluss des Garantievertrages	50
2. Bedingter Vertragsschluss	53
V. Geltendes Recht und Risiko der Einwirkung ausländischen Rechts bei Einschaltung von Zweitbanken	54
1. Bestimmung des anwendbaren Rechts	54
2. Nichtanerkennung der Befristung von Garantien durch ausländische Rechtsordnungen	56
3. Das auf den Auftrag für Direktgarantien anwendbare Recht	57
4. Das auf den Auftrag für indirekte Garantien anwendbare Recht	58
5. Vorrang von Devisen-, Währungs- und Außenwirtschaftsrecht	59
VI. Auftragsverhältnis	62
1. Rechtsbeziehung der Beteiligten	62
2. Auftragsgegenstand und notwendige Einzelweisungen	63
3. Auftragsannahme und Einbeziehung der Bedingungen für das Avalgeschäft	65
VII. Pflichten der Garantiebank im Auftragsverhältnis	66
1. Bei Erstellung einer Direktgarantie	66
a) Prüfung des Garantieauftrages	66

Abschnitt 12. Ausgewählte Auslandsgeschäfte (Inkasso, Akkreditiv, Bankgarantie)

	Rn.
b) Garantieerstellung und Einschaltung einer Avisbank	67
c) Unterrichtung über bevorstehende Inanspruchnahme	68
d) Prüfung der Inanspruchnahme	70
2. Bei Erstellung einer indirekten Garantie	71
a) Auftragsübermittlung und Auftragsprüfung	71
b) Weitere Pflichten der Erstbank	73
VIII. Verpflichtungen des Garantieauftraggebers	76
1. Bestellung von Sicherheiten	76
2. Erstattung der Garantiesumme und sonstiger Aufwendungen	77
3. Provisionspflicht	78
IX. Rechtsverhältnis zwischen Erstbank und ausländischer Zweitbank im Falle der indirekten Garantie	80
1. Rechtscharakter	80
2. Auftragsannahme und Pflichten der Zweitbank	81
3. Verpflichtungen der Erstbank	82
4. Besonderheiten des Aufwendungsersatzes zwischen inländischer Erstbank und ausländischer Zweitbank	83
X. Inanspruchnahme der Garantie	86
1. Inanspruchnahme der direkten Garantie	86
a) Prüfungskriterien	86
b) Fristgerechte Inanspruchnahme	90
c) Formgerechte Inanspruchnahme	93
2. Inanspruchnahme bei indirekten Garantien	97
a) Inanspruchnahme der Zweitbank aus ihrer Direktgarantie	97
b) Inanspruchnahme der inländischen Erstbank durch die ausländische Zweitbank	98
XI. Auszahlung der Garantie	100
1. Zahlung der Garantiebank	100
2. Rückforderungsrecht	102
XII. Zahlungsverweigerung und gerichtliche Eilmaßnahmen wegen rechtsmissbräuchlicher Inanspruchnahme	103
1. Direkte Garantien	103
a) Grundtatbestand des Rechtsmissbrauchs	104
b) Recht und Pflicht zur Zahlungsverweigerung	109
c) Einzelfälle	110
d) Gerichtliche Eilmaßnahmen	115
2. Indirekte Garantien	117
a) Doppelter Rechtsmissbrauch	117
b) Eilmaßnahmen bei indirekten Garantien	120
XIII. Übertragbarkeit einzelner oder aller Rechte aus der Garantie	121
XIV. Einheitliche Richtlinien für auf Anfordern zahlbare Garantien (ICC Publikation Nr. 458; 758-URDG)	124
1. Einbeziehung	125
2. Besondere Regelungen der URDG im Vergleich	126
3. Indirekte Garantien	131
C. Akkreditiv	133
I. Funktion, Beteiligte, Formen	133
1. Funktion	133
2. Beteiligte	135
3. Erscheinungsformen	137
a) Barakkreditiv	137
b) Dokumentenakkreditiv	138
c) Standby Letter of Credit	139
d) Gegenakkreditiv	140
e) „Elektronisches" Akkreditiv	142
4. Einheitliche Richtlinien und Gebräuche für Dokumentenakkreditive (ERA 500 und ERA 600)	143
a) Rechtscharakter der einheitlichen Richtlinien	147
b) Auslegung der ERA	151
II. Rechtscharakter des Akkreditivs	153
1. Unabhängiges Leistungsversprechen im Sinne des § 780 BGB	153
2. Einwendungsausschluss	154
3. Zulässige Einwendungen aus dem Verhältnis zwischen eröffnender Bank und Begünstigtem	157
III. Wesentlicher Inhalt des Akkreditivs	159

2. Teil. Das Vertragsrecht des Exportgeschäfts

	Rn.
1. Widerrufliche und unwiderrufliche Akkreditive	159
2. Unterscheidung nach Leistungsinhalt	160
3. Benutzbarkeit und Gültigkeit	166
4. Dokumente	175
a) Konnossement	176
b) Nicht begebbarer Seefrachtbrief	177
c) Charterparty Konnossement	178
d) Multimodales und kombiniertes Transportdokument	179
e) Lufttransportdokument	180
f) Dokumente des Straßen-, Eisenbahn- und Binnenschifffahrtstransports	181
g) Reine Transportdokumente	183
5. Akkreditivsumme, Warenart und -menge	186
IV. Eröffnung und Inkrafttreten des Akkreditivs	188
V. Anwendbares Recht/Internationales Privatrecht	190
1. Auftragsstatut	192
2. Geltendes Recht im Verhältnis zum Begünstigten	194
3. Rechtsverhältnisse bei Einschaltung einer Zahlstelle oder bestätigenden Bank	195
VI. Rechtsverhältnisse zwischen Auftraggeber und eröffnender Bank	197
1. Akkreditivauftrag	197
2. Auftragsgegenstand und notwendige Einzelweisungen	198
a) Begünstigter	199
b) Einschaltung einer benannten Bank oder bestätigenden Bank	200
c) Verfalldatum, andere zeitliche Grenzen und Verfallort	201
d) Akkreditivsumme	205
e) Dokumente und Weisungen zu Liefermodalitäten	206
f) Übermittlung des Akkreditivs	215
3. Beratung und Auftragsannahme bzw. -ablehnung	216
a) Beratungspflicht	216
b) Auftragsannahme	218
4. Pflicht zur Akkreditiveröffnung	219
5. Vorschussleistung/Sicherheitenbestellung	221
6. Pflichten bei Akkreditivinanspruchnahme	222
7. Verpflichtungen zum Aufwendungsersatz	224
VII. Rechtsverhältnisse zwischen den Beteiligten bei Einschaltung von Zweitbanken	225
1. Rechtsverhältnis zwischen den Banken	225
a) Avisierende Bank	228
b) Benannte Bank	230
c) Bestätigende Bank	231
2. Stellung des Akkreditivauftraggebers bei Einschaltung anderer Banken	233
3. Stellung des Begünstigten	238
a) Eröffnende Bank	238
b) Avisierende Bank	239
c) Benannte Bank	240
d) Bestätigende Bank	242
VIII. Dokumentenprüfung/Inanspruchnahme	244
1. Fristgemäße Inanspruchnahme	244
2. Formgerechte Inanspruchnahme/Dokumentenstrenge	250
a) Grundsatz der Dokumentenstrenge	250
b) Unbeachtlichkeit offensichtlich irrelevanter Abweichungen	253
c) Behandlung offensichtlicher Flüchtigkeitsschreib- und Zeichenfehler	254
d) Ausschluss von Widersprüchen	255
3. Vollständigkeitsprüfung	257
4. Anforderung an Form und Zeichnung von Dokumenten	260
a) Aussteller	261
b) Original und Kopie	263
c) Unterzeichnung	264
d) Anzahl von Originalen	265
IX. Behandlung mangelhafter Dokumente	266
1. Prüfungsgrundlage und Prüfungsdauer	266
2. Frist und formgerechte Rüge	268
3. Zahlung unter Vorbehalt	272
X. Rembours zwischen den Banken	273
XI. Übertragung des Akkreditivs und Abtretung	274
1. Übertragbares Akkreditiv	274
2. Abtretung	275

Abschnitt 12. Ausgewählte Auslandsgeschäfte (Inkasso, Akkreditiv, Bankgarantie)

	Rn.
XII. Zahlungsverweigerung und gerichtliche Eilmaßnahmen	276
1. Einwand der unzulässigen Rechtsausübung	276
2. Nachweis des Rechtsmissbrauches	279
3. Typische Missbrauchsfälle	280
4. Gerichtliche Eilmaßnahmen	281
a) Einstweilige Verfügung gegen den Begünstigten	281
b) Einstweilige Verfügung gegen die Bank	282
c) Arrest gegen die Bank	283

Literatur: *Bark,* Rechtsfragen und Praxis der indirekten Garantien im Außenwirtschaftsverkehr, ZIP 1982; *Baumbach/Hopt,* Handelsgesetzbuch: HGB, 35. Aufl. 2012; *Berger,* Die Auslegung von Dokumentakkreditiven durch die deutsche Rechtsprechung, in: Geimer (Hrsg.), Wege zur Globalisierung des Rechts: Festschrift für Rolf A. Schütze zum 65. Geburtstag, 1999, 103 ff.; *Bernstorff,* Mahnverfahren, Forderungsdurchsetzung und Kontenpfändung in der EU, RIW 2007, 88 ff.; *Bernstorff/Altmann* (Hrsg.), Zahlungssicherung im Außenhandel: Akkreditive taktisch zur Erfolgssicherung nutzen, 2007; *Bertrams,* Bank Guarantees in International Trade, 3. Aufl. 2004; *Busch,* Akkreditive – sichere Anwendung in der Praxis: mit dem professionellen Arbeitshandbuch zum Exporterfolg, 2. Aufl. 2008; *Claussen,* Bank- und Börsenrecht: Für Studium und Praxis, 2008; *Collyer/Katz* (Hrsg.), Opinions of the ICC Banking Commission 1995 bis 1996, ICC–Publikation Nr. 565, 1997; *Collyer* (Hrsg.), More Queries & Responses on UCP 500, ICC-Publikation Nr. 596, 1997; *del Busto,* ICC Guide to Documentary Credit Operations for the UCP 500, ICC-Publikation Nr. 515, 1994; *ders.,* UCP 500 & 400 Compared: Documentary Credits, an Article-by-Article Detailed Analysis of the New UCP 500 Compared with the UCP 400, ICC-Publikation Nr. 511, 1993; *ders.,* Case Studies on Documentary Credit und UCP 500, ICC-Publikation Nr. 535, 1998; *Diedrich,* Warenverkehrsfreiheit, Rechtspraxis und Rechtsvereinheitlichung bei internationalen Mobiliarsicherungsrechten, ZVglRWiss 104, 2005, 116 ff.; *Diedrich/Svarca,* Unfair Calling under International Bank Guarantees, IHR 2004, 139 ff.; *Dortschy/Jung/Köller,* Auslandsgeschäfte, Banktechnik und Finanzierung, 2. Aufl. 2005; *Ebenroth/Boujong/Joost/Strohn,* Handelsgesetzbuch, Band 2, §§ 343–475h, Transportrecht, Banken- und Börsenrecht, 2. Aufl. 2009; *Fontane,* Höhere Gewalt im Dokumentenakkreditivgeschäft, 2001; *Gutiérrez Díaz,* Elektronische Vertragsform und Urkundenform im Akkreditivgeschäft: Rechtsvergleich Deutschland, USA und Lateinamerika, 2007; *Häberle,* Einführung in die Exportfinanzierung, 2. Aufl. 2002; *Häberle,* Handbuch der Akkreditive, Inkassi, Exportdokumente und Bankgarantien, 2000; *ders.,* Handbuch der Außenhandelsfinanzierung: das große Buch der internationalen Zahlungs-, Sicherungs- und Finanzierungsinstrumente, 3. Aufl. 2002; *Hampe,* Das auf unwiderrufliche Dokumentenakkreditive anwendbare Recht unter besonderer Berücksichtigung von Qualifikation und Anknüpfung des Zahlungsanspruchs des Begünstigten gegen die Akkreditivbank, 2000; *Hellner/Steuer* (Hrsg.), Bankrecht und Bankpraxis, Loseblattsammlung, Stand: 95. Ergänzungslieferung 2012; *Holzwarth,* Einheitliche Richtlinien und Gebräuche für Dokumenten-Akkreditive, IHR 2007, 136 ff.; *International Chamber of Commerce,* Commentary on UCP 600: Article-by-Article Analysis by the UCP 600 Drafting Group, ICC-Publikation Nr. 680, 2007; *dies.,* International Standard Banking Practice for the Examination of Documents under Documentary Credits: 2007 Revision for UCP 600, ICC-Publikation Nr. 681, 2007; *Katz,* Insights into UCP 600: Collected Articles from DCI 2003 to 2008, ICC-Publikation Nr. 682, 2008; *Kümpel/Wittig,* Bank- und Kapitalmarktrecht, 4. Aufl. 2011; *Meiningen,* Zur Fälligkeit der Akkreditivbestellungspflicht des Käufers im Rahmen eines CIF, FOB- und FCA-Geschäfts, IHR 2004, 58; *Menkhaus,* Sicherungsrechte der kreditgebenden Einreicherbank am Inkassoerlös im Konkurs des Dokumenteneinreichers beim Dokumenteninkasso, ZIP 1985, 1309 ff.; *Nielsen,* Gefährdung der internationalen Anerkennung der von deutschen Banken ausgestellten Garantien, ZBB 2004, 491 ff.; *ders.,* ICC Uniform Customs and Practices and Practices for Documentary Credits, ICC-Publikation Nr. 600, TranspR 2008, 269 ff.; *Obermüller,* Insolvenzrecht in der Bankenpraxis, 8. Aufl. 2011; *Palandt,* Bürgerliches Gesetzuch, 72. Aufl. 2013; *Prüßmann/Rabe,* Seehandelsrecht, 4. Aufl. 2000; *Raith,* Das Recht des Dokumentenkreditivs in den USA und in Deutschland, 1985; *Rebmann/Säcker/Rixecker,* Münchener Kommentar zum Bürgerlichen Gesetzbuch, Bd. 10, Internationales Privatrecht, Rom-I-Verordnung, Rom-II-Verordnung, EGBGB (Art. 1–24), 5. Aufl. 2010; *Reithmann/Martiny,* Internationales Vertragsrecht, 7. Aufl. 2011; *Schimansky/Bunte/Lwowski,* Bankrechts-Handbuch, Band II, 4. Aufl. 2011; *Schlegelberger,* Handelsgesetzbuch: Kommentar, Band 4: §§ 343–372, 5. Aufl. 1976; *Schröder,* Regress und Rückabwicklung bei der Bankgarantie auf erstes Anfordern: die Rückforderung unbegründeter Garantiezahlungen unter besonderer Berücksichtigung des fiduziarischen Sicherungscharakters der Forderungsgarantie, 2003; *Schütze,* Das Dokumentenakkreditiv im internationalen Handelsverkehr: unter besonderer Berücksichtigung der Einheitlichen Richtlinien und Gebräuche für Dokumentenakkreditive, Revision 2007 (ERA 600), 6. Aufl. 2008; *Schütze/Fontane,* Documentary Credit Law throughout the World: Annotated Legislation from more than 35 Countries, ICC-Publikation Nr. 63, 2001; J. von Staudingers Kommentar zum Bürgerlichen Gesetzbuch, Buch 2: Recht der Schuldverhältnisse, §§ 765–778, Neubearb. 2013; *Vorpeil,* UCC Rules for Documentary Instruments Dispute Resolution Expertise (DOCDEX), RIW 2003, 370 ff.; *Graf von Westphalen,* Ist das rechtliche Schicksal der auf ‚erstes Anfordern' zahlbar gestellten Bankgarantie besiegelt?, BB Beilage Nr. 1, 2003, 116 ff.; *Graf von Westphalen/Jud,* Die Bankgarantie im internationalen Handelsverkehr, 3. Aufl. 2005; *Zahn/Ehrlich/Haas,* Zahlung und Zahlungssicherung im Außenhandel, 8. Aufl. 2010, Standardformulare der ICC für Dokumentakkreditive, ICC-Publikation Nr. 516; **ICC** Einheitliche Richtlinien für auf Anfordern zahlbare Garantien einschließlich Mustertexte, ICC-Publikation Nr. 458; Revision 2010, ICC-Publikation Nr. 758.

2. Teil. Das Vertragsrecht des Exportgeschäfts

Die hier näher zu erläuternden Auslandsgeschäfte haben eines gemeinsam, sie dienen der Abwicklung der Zahlung bei grenzüberschreitenden Warenlieferungsgeschäften. Die Beteiligten versuchen durch Nutzung dieser Instrumente die typischen Risiken zu verteilen bzw. auszuschließen. Dabei geht es zum einen um den Ausschluss von Vorleistungspflichten und den Versuch, die Aushändigung der Ware von der Zahlung des Kaufpreises abhängig zu machen. Zum anderen soll die Solvenz entweder des Exporteurs oder des Importeurs gesichert werden. Ferner können die mit der Grenzüberschreitung typischerweise verbundenen politischen Risiken und Transferrisiken minimiert werden. Dies können diese Instrumente in unterschiedlicher Weise und mit unterschiedlicher Zielrichtung gewährleisten.

A. Inkasso

I. Funktion und Beteiligte

1 **1. Funktion.** Beim Inkassogeschäft handelt es sich um die einfachste Form der Zahlungssicherung im Außenhandel. Ihr Wesen besteht darin, dass sich der Gläubiger einer Kaufpreisforderung der Banken bedient, um diese Forderung gegen Vorlage von Dokumenten einzuziehen. Nach dem Gegenstand des Inkassos unterscheidet man zwischen dem dokumentären Inkasso und dem einfachen Inkasso. Bei einem dokumentären Inkasso wird Zahlung gegen Vorlage von Handelspapieren verfolgt, beim einfachen Inkasso werden bloße Zahlungspapiere vorgelegt.

2 Dem Inkasso liegt in der Regel ein Kaufvertrag zugrunde, der als Zahlungsklausel entweder Dokumentenvorlage gegen Zahlung oder Dokumentenvorlage gegen Akzeptleistungen vorsieht (sog. Kassaklausel). Die bedeutet, dass sich der Käufer zur Zahlung bzw. Akzeptleistung allein gegen die Vorlage der vertragsgemäßen Dokumente verpflichtet. Sowohl Käufer als auch Verkäufer treffen damit teilweise Vorleistungspflichten. Der Verkäufer und Inkassoauftraggeber muss die Ware zunächst absenden, um dem Käufer und Bezogenen die notwendigen Papiere präsentieren zu können. Der Käufer und Bezogene muss insoweit vorleisten, als er gegen Vorlage der vertragsgemäßen Dokumente Zahlung leisten muss. Insoweit geht der Verkäufer das Risiko ein, dass der Käufer die Dokumente nicht aufnimmt und der Verkäufer dann anderweitig über die Ware disponieren muss. Gleichzeitig muss der Verkäufer Vorsorge dafür treffen, dass der Käufer die Ware nicht auch bei Nichtzahlung der präsentierten Dokumente ausgeliefert erhält (zB durch Weisung an den Spediteur, die Ware nur gegen die Bezahltmeldung der vorlegenden Bank auszuhändigen).

2. Beteiligte

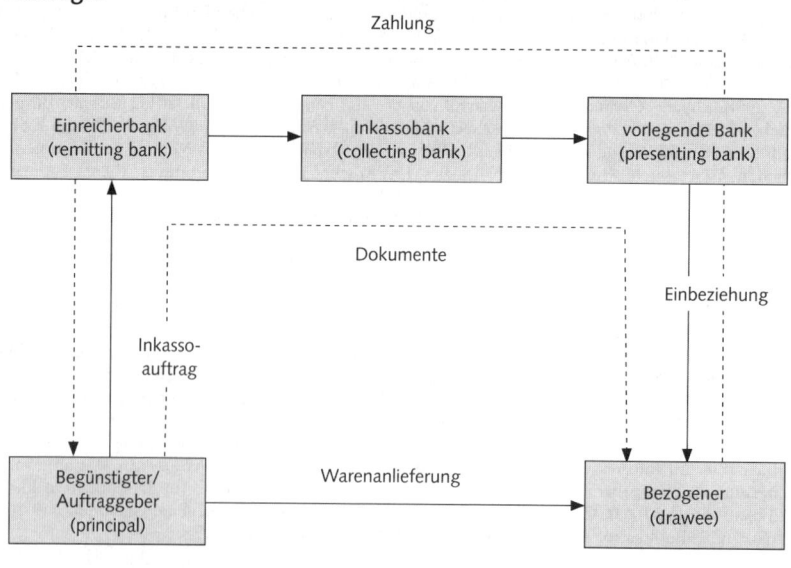

Abschnitt 12. Ausgewählte Auslandsgeschäfte (Inkasso, Akkreditiv, Bankgarantie)

Bei der Grundform des Inkassovorganges gibt es drei Beteiligte, den Auftraggeber, der seine Bank (sog. Einreicherbank) beauftragt, dem Bezogenen Dokumente zwecks Zahlung oder Einholung von Akzepten über eine andere Bank (sog. Inkassobank) vorzulegen. Mit dem Inkasso übernehmen die daran beteiligten Banken keinerlei eigene Zahlungspflicht, sondern nur den unverbindlichen Versuch der Einziehung des Kaufpreises.   3

3. Einheitliche Richtlinien für Inkassi (ERI). In der Regel werden bei der Abwicklung des Inkasso durch die Banken die einheitlichen Richtlinien für Inkassi (ERI 522) der internationalen Handelskammer (ICC) vereinbart. Die ERI werden von den wichtigsten Bankenverbänden akzeptiert. Ihre Rechtsnatur ist jedoch umstritten. Nach neuerdings vorherrschender Meinung in der juristischen Literatur können die ERI nur als AGB und nicht mehr teilweise als Handelsbrauch angesehen werden[1]. Die ERI müssen also über den Inkassoauftrag einbezogen werden und sind dann für alle Beteiligten bindend (sofern nicht ausdrücklich anderweitige Vereinbarungen getroffen worden sind oder nationale staatliche Gesetzte entgegenstehen, die zwingend sind, Art. 4 ERI). Über Abweichungen von den ERI entscheidet der Auftraggeber, der entsprechende Sonderweisungen geben kann.   4

4. Ausschluss von Einwendungen. Nach der Rechtsprechung enthält die Kassaklausel eine Fälligkeitsregelung. Der Käufer ist also verpflichtet, ihm angediente ordnungsgemäße Dokumente aufzunehmen ohne Rücksicht auf die Beschaffenheit der Ware und entsprechend zu zahlen[2]. Der Käufer kann also die Ware weder untersuchen, noch mit Forderungen aus anderen Geschäften aufrechnen oder ein Zurückbehaltungsrecht ausüben.   5

II. Auftragsverhältnis

1. Allgemeines. Der zwischen Verkäufer- und Einreicherbank bestehende Inkassoauftrag ist auf eine Geschäftsbesorgung mit Dienstleistungscharakter (§§ 675, 611 BGB) gerichtet. Die Verpflichtung der Einreicherbank besteht lediglich in der Einziehung des Gegenwertes der ihr eingereichten Dokumente. Die Bank übernimmt keine Gewährleistung für die tatsächliche Bezahlung der Dokumente. Sie muss also nur für die Vorlage der Dokumente beim Bezogenen und die Abführung des Dokumentenerlöses sorgen. Zu diesem Zweck muss sie den Inkassoauftrag an eine Bank mit Sitz im Land des Bezogenen in Form einer Unterauftrages weiterleiten. Somit entsteht eine Reihe hintereinander geschalteter eigenständiger Geschäftsbesorgungsaufträge. In dieser Reihe können bis zu drei Banken eingeschaltet werden: Einreicherbank, Inkassobank mit Sitz im Land des Bezogenen sowie die Hausbank des Bezogenen (wenn die Inkassobank selbst keine Geschäftbeziehung zum Bezogenen hat) als sog. vorlegende Bank. Jeder Beteiligte steht nur in Rechtsbeziehung mit seinem unmittelbaren Vertragspartner. Der Auftraggeber hat somit nur eine Rechtsbeziehung mit der Einreicherbank, nicht aber mit der Inkassobank oder der vorlegenden Bank.   6

Haben die Beteiligten keine Rechtswahl getroffen, so unterliegen die Geschäftsbesorgungsaufträge den Regelungen des Art. 4 Rom-I-Verordnung (VO (EG) Nr. 593/2008), wonach das Recht am Sitz desjenigen gelten soll, der die vertragstypische Leistung erbringt, mithin dem Recht der beauftragten Bank. Somit ist der Auftraggeber beim Inkasso ebenfalls mit den Auswirkungen ausländischen Rechtes konfrontiert, welches auf die Auftragsverhältnisse zwischen Einreicherbank und Inkassobank bzw. Inkassobank und vorlegender Bank Anwendung findet. Art. 11c ERI enthält die Klarstellung, dass der Auftraggeber alle Verpflichtungen tragen muss, die auf ausländischen Gesetzen und Gebräuchen beruhen.   7

2. Zustandekommen des Auftrages. Der Inkassoauftrag muss alle Weisungen des Auftraggebers vollständig und vollzählig enthalten. Die Einreicherbank kennt den Grundver-   8

---

[1] Baumbach/Hopt/*Hopt*, ERI Einleitung Rn. 2; Schimansky/*T. Fischer* § 119 Rn. 7 ordnet sie nur als AGB ein.
[2] *BGH* WM 1987, 503.

trag nicht, so dass sie von dem ihr erteilten Auftrag nicht abweichen darf. Es gilt der Grundsatz der Auftragsstrenge, so dass die Bank auf klare Anweisungen angewiesen ist. Art. 4b der ERI enthält als Sollvorschrift detaillierte Vorgaben zumindest zum Inhalt des Inkassoauftrages.

9 **3. Pflichten der Einreicherbank.** Die Einreicherbank und auch die nachgeschalteten Banken sind verpflichtet zu prüfen, ob die Dokumente, die sie erhalten, den in dem Inkassoauftrag aufgeführten Dokumenten zu entsprechen scheinen. Ebenso müssen sie überprüfen, ob andere, als die im Inkassoauftrag genannten Dokumente vorgelegt werden (Art. 2, Art. 12 ERI). Der jeweilige Auftraggeber muss auf die Abweichungen hingewiesen werden. Es besteht jedoch keine Pflicht zur Prüfung der Echtheit der Dokumente, es sei denn, es ergeben sind konkrete Verdachtsmomente. Bei Unklarheiten muss entsprechend Rückfrage beim Auftraggeber gehalten werden, da der Auftrag nicht eigenständig ausgelegt oder von ihm abgewichen werden darf.

10 Über die formale Prüfung des Inkassoauftrages hinaus besteht keine zusätzliche Beratungs- oder Hinweispflicht, da die Bank zu der Zweckmäßigkeit des Auftrages ohnehin nichts sagen kann. Etwas anderes gilt nur, wenn die Einreicherbank bereits positive Kenntnis davon hat, dass sich der Bezogene im Vermögensfall befindet[3].

11 Die beteiligten Banken sind nicht verpflichtet, einen Inkassoauftrag anzunehmen (Art. 1b ERI). Eine Ablehnung muss jedoch dem jeweiligen Auftraggeber auf schnellstem Wege mitgeteilt werden. Nimmt die Einreicherbank oder jede weitere Bank den Auftrag an, so muss sie die ihr übergebenen Dokumente im eigenen Namen dem Bezogenen durch eine andere Bank bzw. die vorlegende Bank dem Bezogenen direkt präsentieren und den erhaltenen Erlös umgehend weiter abführen.

12 **4. Einschaltung einer Drittbank.** Da der Inkassoerlös in der Regel bei einem im Ausland ansässigen Bezogenen einzuziehen ist, wird die Einreicherbank regelmäßig eine Drittbank im Land des Bezogenen einschalten müssen. Hat der Auftraggeber keine solche Bank in seinem Inkassoauftrag benannt, kann die Einreicherbank nach eigener Wahl oder nach Wahl einer anderen Bank eine Bank im Land des Bezogenen einschalten (Art. 5d ERI). Der Auftrag zwischen Einreicherbank und Inkassobank entspricht dem Auftrag zwischen Verkäufer/Auftraggeber und Einreicherbank, wobei die Einreicherbank die Inkassobank zusätzlich ermächtigt, die Einziehung des Inkassoerlöses vorzunehmen. Schaltet die Inkassobank eine weitere Bank als vorlegende Bank ein, so gilt Gleiches auch für das Rechtsverhältnis zwischen diesen beiden Banken (Art. 4d ERI). Da selbständige Rechtsverhältnisse zwischen den Banken bestehen, hat die Einreicherbank gegenüber der vorliegenden Bank kein eigenes Weisungsrecht. Kommt es zu Änderungen oder Ergänzungen des Inkassoauftrages so müssen diese Änderungen oder Ergänzungen im Rahmen der jeweiligen Auftragsverhältnisse über die Inkassobank weitergeleitet werden.

13 **5. Stellung des Auftraggebers.** Auch der Auftraggeber hat kein eigenes Weisungsrecht gegenüber der Inkassobank oder der vorlegenden Bank, da er nur eine Rechtbeziehung zur Einreicherbank unterhält. Er muss seine Instruktionen der Einreicherbank geben, die diese wiederum in der Kette weiterleiten muss.

14 Somit stehen ihm auch keine Ansprüche gegen die Inkassobank oder die vorlegende Bank bei fehlerhafter Inkassoausführung zu. In solchem Fall kann er nur Schadensersatzansprüche gegen die Einreicherbank geltend machen, was nur insoweit möglich ist, als die Einreicherbank selbst eine Fehlbearbeitung vorgenommen haben sollte. Ist dies nicht der Fall, kann der Auftraggeber sich lediglich Schadensersatzansprüche abtreten lassen, soweit solche der Einreicherbank zustehen. Darüber hinaus muss die Einreicherbank nicht für das Fehlverhalten der Zweitbank haften. Nach herrschender Ansicht wird die Inkassobank in eigenständiger Funktion als Unterbeauftragter im Sinne von § 664 Abs. 1, Satz 2 BGB

---

[3] Schimansky/T. Fischer § 119 Rn. 19.

tätig[4]. Da die Einreicherbank das Inkasso gegen einen im Ausland Bezogenen ohnehin nicht selbst vornehmen kann, wohnt dem Inkassoauftrag bereits inne, dass die Verpflichtung der Einreicherbank allein die Wahl des richtigen Inkassoweges umfasst, wobei das auch die Einschaltung weiterer Banken beinhalten kann. Entsprechend enthält Art. 11a ERI einen Haftungsausschluss für das Verschulden Dritter, der auch nicht gegen § 307 BGB verstößt, soweit der Begünstigte entweder die einzuschaltende Inkassobank vorgeschrieben hat oder die Einreicherbank die Inkassobank ordnungsgemäß ausgewählt hat. Die Einreicherbank haftet, sofern der Inkassoauftrag keine Benennung einer konkreten Inkassobank vorsieht, für die ordnungsgemäße Auswahl der Inkassobank[5].

III. Einziehung des Inkassoerlöses

Bei Weiterleitung der Dokumente bzw. der Vorlage gegenüber dem Bezogenen handeln die eingeschalteten Banken in Erfüllung ihrer jeweiligen Geschäftsbesorgungsaufträge, also im eigenen Namen. 15

Gelten die ABG der Banken im Verhältnis zwischen Verkäufer/Auftraggeber und Einreicherbank oder hat die Einreicherbank die Dokumente bevorschusst, so ist von einer Übertragung der Dokumente durch den Auftraggeber auf die Einreicherbank im Treuhandwege auszugehen (Ziffer 15 AGB-Banken)[6]. Im weiteren Verlauf des Inkassos erteilt jedoch die Einreicherbank bzw. die Inkassobank der jeweils anderen Bank nur eine Einzugsermächtigung. Die am Inkasso beteiligten Banken legitimieren sich dabei allein durch den Besitz der Inkassodokumente. 16

1. Dokumentenvorlage. Die Dokumente müssen dem Bezogenen so vorgelegt werden, wie die vorlegende Bank diese erhalten hat (Art. 5 (v) ERI). Ist die Anbringung von Indossamenten notwendig, so ist dies zulässig (Art. 6 ERI). Sind die Dokumente auf Sicht zahlbar, so müssen sie unverzüglich vorgelegt werden. Sind die Dokumente nicht auf Sicht zahlbar, müssen sie unverzüglich zur Akzeptierung oder sofern Zahlung verlangt wird, nicht später als am Fälligkeitsdatum zur Zahlung vorgelegt werden. Bei der Vorlage ist zu beachten, dass die Dokumente nur Zug um Zug gegen Zahlung oder Akzeptierung vorgelegt werden dürfen. Insofern muss die Vorlage in den Geschäftsräumen der Inkassobank oder der vorlegenden Bank erfolgen. Eine Andienung zu treuen Händen ist dabei nicht statthaft und eine vorlegende Bank, die die Dokumente dem Bezogenen zu treuen Händen überlässt, muss hieraus das volle Risiko im Falle des Verlustes oder missbräuchlicher Verwendung tragen. 17

2. Aushändigung der Dokumente. Zug um Zug gegen Zahlung bzw. Akzeptierung dürfen die Dokumente ausgehändigt werden. Von einer erfolgreichen Zahlung kann nur ausgegangen werden, wenn die jeweilige Währung, in der zu leisten ist, verfügbar und transferierbar ist und kein Vorbehalt seitens des Bezogenen erfolgt. Ist die Dokumentenfreigabe nur gegen Akzeptleistungen zulässig, so muss die vorlegende Bank die Ordnungsmäßigkeit des Akzeptes überprüfen. Enthält das Inkasso einen erst später fällig werdenden Wechsel, so dürfen die Dokumente nur gegen Zahlung des Wechsels freigeben werden (Art. 7b ERI). Da dies unpraktikabel ist, legt bereits Art. 7a ERI nahe, solche Weisungen nicht in den Inkassoauftrag aufzunehmen. 18

Der Inkassoauftrag kann die Auslieferung der Dokumente auch vom Einzug etwaiger Zinsen und Gebühren abhängig machen. Verweigert der Bezogene die Zahlung von Gebühren, so kann die Inkassobank die Dokumente auch ohne Zahlung aushändigen und gleichzeitig ihre eigenen Gebühren vom Inkassoerlös abziehen (Art. 21a ERI), wobei sie die Einreicherbank entsprechend unterrichten muss. 19

---

[4] Schimansky/*T. Fischer* § 119 Rn. 22.
[5] Baumbach/Hopt/*Hopt* ERI Art. 11 Rn. 1; Schimansky/*T. Fischer* § 119 Rn. 22.
[6] *BGH* WM 1968, 985.

20　Die Einreicher und die Inkassobank müssen jeweils über die Ausführung des Inkassoauftrages berichten. Besonders wichtig ist die Meldung im Falle der Nichtzahlung bzw. Nichtakzeptierung, wobei auch die Gründe anzugeben sind, um der auftraggebenden Bank die Möglichkeit zu geben, neue Weisungen zu erteilen (Art. 26 ERI).

IV. Inkassoerlös

21　Der Inkassoerlös muss auf dem umgekehrten Wege von vorlegender Bank zur Inkassobank, zur Einreicherbank und gem. Art. 16a ERI zum Auftraggeber weitergeleitet werden. Erlangt die Einreicherbank buchmäßige Deckung, so erhält damit auch der Auftraggeber/Verkäufer einen Anspruch auf Herausgabe des Inkassoerlöses. Gemäß Inkassoauftrag in Verbindung mit dem zwischen Auftraggeber und Einreicherbank bestehenden Girovertrages ist die Einreicherbank zur Erteilung der Kontogutschrift gegenüber dem Auftraggeber verpflichtet. Dieser Anspruch kann grundsätzlich gepfändet oder arrestiert werden. Diese Möglichkeit der Pfändung durch den Bezogenen selbst, der zum Beispiel nach Feststellung von Mängeln an der Ware versuchen mag, Zugriff auf die Kaufpreiszahlung zu nehmen, scheidet in aller Regel jedoch aus, da der Anspruch auf Abführung des Inkassoerlöses nicht dem Einreicher als Schuldner des Bezogenen, sondern der Einreicherbank gegenüber den anderen Banken bzw. dem Bezogenen zusteht. Ebenfalls wird zu berücksichtigen sein, dass der Bezogene durch Vereinbarungen der Kassaklausel auf die Erhebung von Einwendungen wegen Mängeln der Ware im Rahmen des Inkassovorganges verzichtet hat. Etwas anderes gilt nur dann, wenn die Andienung der Inkassodokumente rechtsmissbräuchlich war, weil eine wesentliche Abweichung von der vereinbarten Lieferverpflichtung vorliegt oder dem Bezogenen titulierte Gegenforderungen gegen den Auftraggeber/Verkäufer zustehen.

B. Garantie

I. Funktion, Beteiligte und Erscheinungsformen

22　**1. Funktion.** Neben dem weiter unten behandelten Dokumentenakkreditiv ist die Bankgarantie das wohl wichtigste Sicherungsinstrument im internationalen Wirtschaftsverkehr[7]. Sowohl beim Akkreditiv als auch bei der Garantie wird ein Leistungsversprechen idR einer Bank gegenüber dem Begünstigten begründet, das vom jeweiligen Grundgeschäft unabhängig ist. Die wesentliche Funktion besteht darin, die Erfüllung eines Vertrages zu besichern (sog. Sicherungsfunktion). Insofern unterscheidet sie sich vom Akkreditiv darin, dass die Inanspruchnahme nicht der Regelfall sein sollte. Der Garant, der nicht den garantierten Erfolg selbst herbeiführen soll, haftet dem Garantiebegünstigten bei Nichteintritt des garantierten Erfolges für dessen Ausfall, wobei das Risiko durch die Garantiesumme konkretisiert und limitiert wird. Neben der Sicherungsfunktion hat die Garantie auch eine Liquiditätsfunktion[8]. Diese hat ihre Ursache in der in den Garantien verwendeten Zahlungsklauseln „auf erstes Anfordern". Dies bedeutet, dass die Garantie bei Vorliegen des formellen Garantiefalles in Anspruch genommen werden kann und der Garant Zahlung leisten muss, ohne in eine materielle Prüfung des Bestehens des durch die Garantie gesicherten Anspruchs eintreten zu können oder zu dürfen[9] mit der Folge, dass in der Regel sofort Liquidität gewährt wird.

---

[7] *Zahn/Ehrlich/Haas* Rn. 9/1.
[8] *Kümpel/Wittig* S. 1691.
[9] *Zahn/Ehrlich/Neumann* Rn. 9/21.

2. Beteiligte

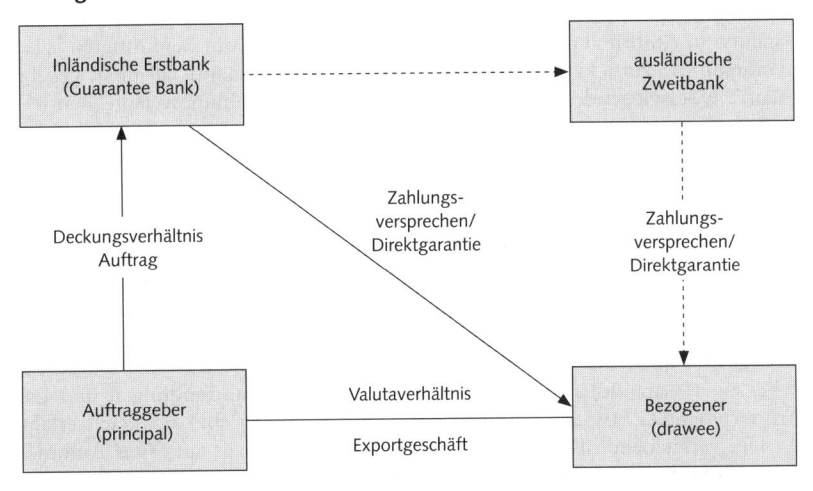

```
┌─────────────────────┐     ─ ─ ─ ─ ─ ─ ─ ─ ─ ─ ─ ─ ─ ─>   ┌─────────────────────┐
│ Inländische Erstbank│                                    │ ausländische        │
│  (Guarantee Bank)   │                                    │   Zweitbank         │
└─────────────────────┘                                    └─────────────────────┘
        ▲        │           Zahlungs-            Zahlungs-         ╎
        │        │          versprechen/         versprechen/       ╎
Deckungsverhältnis            Direktgarantie     Direktgarantie     ╎
     Auftrag     │                                                  ╎
        │        ▼                                                  ▼
┌─────────────────────┐     Valutaverhältnis             ┌─────────────────────┐
│   Auftraggeber      │─────────────────────────────────│     Bezogener        │
│    (principal)      │      Exportgeschäft              │      (drawee)        │
└─────────────────────┘                                   └─────────────────────┘
```

Im Normalfall weist das Garantieverhältnis zwei Beteiligte auf: den Garantiegeber und **23** den Garantiebegünstigten. Im grenzüberschreitenden Wirtschaftsverkehr schaltet die zur Garantiestellung beauftragte Bank in der Regel ihrerseits eine weitere Bank ein, die dann die Garantie stellt (sog. indirekte Garantiestellung). Die zweite eingeschaltete Bank wird in der Regel ihren Sitz im Heimatland des Garantiebegünstigten haben, sodass politische und Währungsrisiken ausgeschlossen werden können. Die mittelbare Garantiestellung vollzieht sich in der Weise, dass der Garantieauftraggeber seiner Hausbank den Auftrag erteilt, für seinen im Ausland ansässigen Vertragspartner (Garantienehmer) eine Garantie durch eine andere Bank stellen zu lassen. Daraufhin erteilt die Erstbank ihrerseits den Auftrag an eine durch den Auftraggeber vorgeschriebene oder von ihr auszuwählende Zweitbank, wobei dieser Auftrag inhaltlich deckungsgleich zu dem ihr erteilten Auftrag ist. Nachfolgend wird die Zweitbank weisungsgemäß gegenüber dem Begünstigten ihre Direktgarantie herauslegen. Die Besonderheit dieser indirekten Garantiestellung besteht darin, dass eine nahezu vollständige Rechts- und Risikoverlagerung ins Ausland stattfindet, da die von der Zweitbank zu übernehmende Direktgarantie nach den Regelungen des internationalen Privatrechts in der Regel dem Recht unterliegt, das am Sitz der Zweitbank gilt. Dieses Recht ist maßgeblich für die Beurteilung des Garantiefalles und die Entscheidung der Zweitbank über die Anerkennung der Inanspruchnahme bindet die Erstbank.

3. Erscheinungsformen. Die Erscheinungsformen der Garantie sind vielfältig und haben **24** sich im Wesentlichen in der Praxis herausgebildet. Hierzu gehören insbes. folgende: Bietungs-, Anzahlungs- und Erfüllungsgarantie, Vertragserfüllungsgarantie, Liefer- und Leistungsgarantie, Gewährleistungsgarantie, Konnossementsgarantie, Rückgarantie.

II. Rechtscharakter und Abgrenzung zur Bürgschaft

1. Rechtscharakter. Im deutschen Recht ist die Garantie nicht gesetzlich geregelt. Sie ist **25** ein Instrument, das sich auf der Grundlage der Privatautonomie gemäß § 311 BGB entwickelt hat[10]. Sie zeichnet sich insbes. durch zwei Charakteristika aus, zum einen die unbedingte Einstandspflicht des Garanten für den garantierten Erfolg und zum anderen die Verpflichtung zur sofortigen Zahlung auf erstes Anfordern. Die unbedingte Einstandspflicht hat zur Folge, dass der Garant auch zahlen muss, wenn atypische Fälle zum formellen Garantiefall führen. Die Zahlung auf erstes Anfordern führt letzten Endes zu einer Umkehr

---

[10] *Kümpel/Wittig* S. 1691 f.

der Parteirollen von Kläger und Beklagten in etwaigen Rückforderungsprozessen. Liegt der formelle Garantiefall vor, muss der Garant zahlen. Der Garantieauftraggeber, der seinerseits vom Garanten in Anspruch genommen wird, muss dann ggf. vom Begünstigten versuchen, die Garantiesumme zurückzuerhalten, sollte der materielle Garantiefall nicht gegeben gewesen sein[11]. Überwiegend wird die Garantie als abstraktes Zahlungsversprechen im Sinne des § 780 eingestuft[12]. Dies bedeutet, dass die Garantie rechtlich selbständig von dem Geschäft ist, das besichert werden soll. Auch die Beschreibung des Grundgeschäfts in der Präambel ändert hieran nichts. Dies dient in der Regel nur dazu, die Garantie auch einem zu besichernden Geschäft zuordnen zu können.

26 **2. Abgrenzung zur Bürgschaft auf ersten Anfordern.** Schwer fällt oftmals die Abgrenzung zur Bürgschaft auf erstes Anfordern, die in der Tat eine weitreichende Annäherung an das Institut der Garantie bedeutet. Auch wenn diese Bürgschaft weiterhin akzessorisch zum Grundgeschäft ist, spielt diese Akzessorietät bei der tatsächlichen Abwicklung kaum mehr eine Rolle, denn auch bei einer Bürgschaft auf erstes Anfordern ist der Bürge (wie der Garant bei einer Garantie) zur Zahlung unter Verzicht auf Einwendungen und Einreden aller Art verpflichtet. Etwaige Einreden oder Einwendungen sind im Nachverfahren zu klären[13]. Der verbleibende Rest der Akzessorietät der Bürgschaft auf erstes Anfordern besteht lediglich darin, dass sie nach Auffassung der Rechtsprechung nur eine vorläufige Zahlungspflicht des Bürgen auslöst und daher der Rückforderungsanspruch im Falle einer unberechtigten Inanspruchnahme im Gegensatz zu einer Garantie dem Bürgen selbst zusteht[14].

27 **3. Garant.** Bereits zur Bürgschaft auf erstes Anfordern hatte der BGH entschieden, dass die Übernahme einer derart weit reichenden Verpflichtung Kreditinstituten vorbehalten sein sollte[15]. Dabei blieb jedoch unberücksichtigt, dass die Bürgschaften auf erstes Anfordern oder Garantien durch Bankenauftrags der Kunden übernommen werden und letztlich diese das Risiko hieraus tragen müssen, sodass nicht argumentiert werden kann, dass Kreditinstitute am ehesten in der Lage sind, das mit der Übernahme von Garantien verbundene Risiko einzuschätzen. Nachfolgend wurde diese Anforderung durch die Rechtsprechung entsprechend immer weiter gelockert. Zunächst hatte der BGH daher entschieden, dass die Übernahme einer Verpflichtung zur Zahlung auf erstes Anfordern in einer individualvertraglichen Vereinbarung auch durch eine am internationalen Wirtschaftsverkehr beteiligte Gesellschaft möglich ist[16]. Nachfolgend entschied der BGH zudem, dass im Rahmen einer individualvertraglichen Abrede grundsätzlich jedermann Bürgschaften auf erstes Anforderung übernehmen kann[17]. Im Umkehrschluss lässt sich daher argumentieren, dass eine Garantie, zumindest sofern sie als allgemeine Geschäftsbedingung zu qualifizieren ist – was der Regelfall sein dürfte –, weiterhin nur von im Außenhandel erfahren Kaufleuten übernommen werden kann.

28 Zu beachten ist, dass die Rechtsprechung den nichtkaufmännischen Auftraggeber einer Garantie[18] insoweit schützt, als dass die formularmäßige Verpflichtung zur Stellung einer Garantie zwischen Auftraggeber und Begünstigtem unwirksam sein soll, wenn eine einseitige Forderung, ein Missbrauchsrisiko oder eine übermäßige Sicherung vorliegen[19].

29 **4. Wesensmerkmal: „Zahlung auf erstes Anfordern".** Bei der Einordnung der Garantie ist zu berücksichtigen, dass die Benennung des Instrumentes in einer Überschrift kaum

---

[11] *Kümpel/Wittig* S. 1691.
[12] *Schimansky/T. Fischer* § 121 Rn. 108 sieht die Garantie als Vertrag sui generis an.
[13] *Kümpel* S. 1700 ff.
[14] *BGH* WM 1998, 2522, 2523; *BGH* WM 2000, 2373, *BGH* WM 2002, 2498, *BGH* WM 2000, 715.
[15] *BGH* WW 1990, 1410.
[16] *BGH* WM 1997, 656.
[17] *BGH* ZIP 1998, 905.
[18] *BGH* NJW 2002, 3627 zur funktionellen Austauschbarkeit von Bürgschaft auf erstes Anfordern und Garantie.
[19] Weitergehend: *Nielsen* ZBB 2004, 491.

eine Rolle spielt. Im Wesentlichen kommt es auf den Inhalt an und darauf, ob eine Verpflichtung zur Zahlung auf erstes Anfordern klar und deutlich festgehalten wird. Diese Terminologie dient im internationalen Bankgeschäft immer als Indiz für den Rechtscharakter des Instrumentes als Garantie. Gleichwertige Formulierungen sind zum Beispiel: „auf schriftliche Anforderung" oder „auf einfache Anforderung", „unter allen Umständen", „ohne jeden Widerspruch", „without necessity of any judicial or administrative action" oder „ohne Diskussion" oder „ohne Widerspruch oder Gerichtsentscheid". Grundsätzlich müssen diese Ersatzformulierungen jedoch durch ein klar beschriebenes Zahlungsverlangen des Garantienehmers ergänzt werden (zB „anfordern" oder „in Anspruch nehmen", „verlangen" oder „geltend machen")[20]. Sollten die Formulierungen unklar sein, so wird eine Verpflichtung zur Zahlung auf erstes Anfordern zu verneinen sein. Sofern keine Verpflichtung zur Zahlung auf erstes Anfordern enthalten ist, jedoch ein Verzicht auf Einwendungen und Einreden, ist es eine Frage der Auslegung, ob eine abstrakte Garantie vorliegt. Im Zweifel wird dies jedoch sicher bejaht werden können, da der Einrede- und Einwendungsverzicht letztlich die Akzessorietät ausschließt und nach der BGH-Rechtsprechung im Rahmen einer Bürgschaft nicht formularmäßig auf die Einreden des § 768 BGB verzichtet werden kann[21].

5. Einwendungsausschluss. Die Garantie als Zahlungsversprechen ist dadurch geprägt, 30 dass sie einen Einrede- und Einwendungsausschluss für den Garantiegeber beinhaltet. Dieser wird überwiegend aus der Abstraktheit der Garantie vom gesicherten Grundgeschäft abgeleitet. Für die Frage, welche Einwendungen und Einreden zulässig sein sollen und welche nicht, kann auf die Regelungen des § 784 BGB als Orientierungshilfe zurückgegriffen werden. Grundsätzlich lässt sich wie folgt unterscheiden:

a) Unzulässige Einwendungen aus Deckungsverhältnis und Valutaverhältnis. Grund- 31 sätzlich sind alle Einwendungen, die sich aus dem Deckungsverhältnis zwischen dem Garantieauftraggeber und dem Garantiegeber sowie aus dem Valutaverhältnis zwischen Garantiebegünstigtem und Garantieauftraggeber ergeben, unzulässig. Eine in Anspruch genommene Garantiebank kann die Zahlung also nicht unter Hinweis auf Einwendungen aus dem Deckungs- oder Valutaverhältnis verweigern.

Derart unzulässige Einwendungen aus dem Auftragsverhältnis zwischen dem Garantie- 32 auftraggeber und dem Garanten (Deckungsverhältnis) betreffen vor allem die Berufung auf eine Insolvenz und die unterbliebene Anschaffung des Garantiebetrages (dies gilt auch dann, wenn die Überweisung der Garantiesumme aufgrund devisenrechtlicher Bestimmungen im Heimatland des Auftraggebers verboten ist oder wird). Hiervon zu unterscheiden sind nur die Fälle, in denen die Verbote aus dem Devisen- oder Außenwirtschaftsrecht sich nicht lediglich auf das Innenverhältnis zwischen Garantieauftraggeber und Garanten beschränken, sondern sich auch unmittelbar gegen die Übernahme einer Garantie oder gegen die Auszahlung aus einer Garantie durch den Garanten wenden.

Ebenso wesentlich ist der Ausschluss von Einwendungen aus dem Grundvertrag zwi- 33 schen dem Auftraggeber und dem Garantiebegünstigten (Valutaverhältnis). Der Grundgedanke der Garantie besteht darin, dass die garantierende Bank auch dann leisten soll, wenn der Garantieauftraggeber als Schuldner gegen die Erfüllung der besicherten Pflichten aus dem Grundvertrag ein vorübergehendes oder dauerndes befreiendes Hindernis geltend machen kann oder seine Leistungspflicht erloschen ist. In der Regel soll eine Garantiezahlung auch erfolgen, wenn das zu sichernde Geschäft nicht gültig zustande gekommen sein sollte. Die Garantiebank kann sich daher in der Regel auch nicht auf die Nichtigkeit des Grundvertrages zwischen Garantieauftraggeber und Begünstigtem oder auf die Vornahme einer Aufrechnung durch den Garantieauftraggeber berufen. Ausgeschlossen ist ebenso die Berufung auf die Verjährung der gesicherten Forderung. Die für die Verjährung der Ansprüche aus dem Garantieversprechen geltende Frist von drei Jahren reduziert sich also nicht da-

---

[20] Schimansky/T. Fischer § 121 Rn. 16.
[21] BGH WM 2002, 2278.

durch, dass die durch die Garantie gesicherte Forderung einer kürzeren Verjährungsfrist unterliegt.

34 Eine Ausnahme vom Ausschluss der Einwendungen und Einreden gilt auch dann nicht, wenn sowohl im Deckungsverhältnis als auch im Valutaverhältnis gleichzeitig ein Mangel vorliegt.

35 Jedoch ist die Garantiebank berechtigt (und verpflichtet), die Zahlung aus der Garantie zu verweigern, wenn sich die Inanspruchnahme als offenkundig rechtsmissbräuchlich darstellt (sog. Einwand des Rechtsmissbrauchs), da auch abstrakte Zahlungsversprechen dem Gebot von Treu und Glauben im Sinne von § 242 BGB und damit dem Verbot der unzulässigen Rechtsausübung unterliegen[22].

36 **b) Zulässige Einwendungen und Einreden aus dem Verhältnis zwischen der Garantiebank und dem Garantienehmer.** Zulässig sind Einwendungen und Einreden, die aus dem direkten Rechtsverhältnis zwischen der Garantiebank und dem Garantiebegünstigten resultieren. Hierzu gehören im Wesentlichen die sog. Gültigkeitseinwendungen, also die Einwendungen, die sich gegen die Wirksamkeit der Garantie richten[23]. Der Garant kann gegen seine Zahlungsverpflichtung daher einwenden, die Garantieurkunde oder auch ein anderes bei Inanspruchnahme vorzulegendes Dokument sei gefälscht. Er kann auch seine Garantieerklärung anfechten (zB wegen Täuschung durch den Garantienehmer) und sich auf andere Nichtigkeitsgründe berufen (zB Sittenwidrigkeit). Diese Möglichkeiten dürften jedoch in der Praxis kaum eine Rolle spielen.

37 Umstritten ist die Frage, unter welchen Voraussetzungen sich die Garantiebank auf gesetzliche Verbote, insbes. des Devisen- und Außenwirtschaftsrechtes, berufen kann. Die Zahlungsverweigerung ist auf jeden Fall zulässig, wenn sich diese gesetzlichen Verbote auch gegen die Übernahme der Garantie und/oder die Auszahlung aus der Garantie selbst richten. Ist dies nicht der Fall, so wird von der Rechtsprechung teilweise verlangt, dass das Grundgeschäft wegen des Verstoßes gegen ein absolutes Verbotsgesetz mit Strafandrohung nichtig ist[24]. Nach Teilen der Literatur soll jede Form der Nichtigkeit ausreichen[25]. Andere lassen bereits das devisenrechtliche Verbot als Einwendung des Garanten ausreichen, da eine Umgehung mittels Garantie nicht zulässig sein soll[26]. Damit ergibt sich, dass eine Berufung auf den Einwand der Unklagbarkeit nach Art. II, X des Abkommens von Bretton Woods (*BGBl.* 52 II 637) seitens des Garanten nicht möglich sein soll, denn diese Unklagbarkeit stellt keinen Nichtigkeitsgrund im Sinne des § 134 BGB dar[27].

38 In diesem Zusammenhang stellt sich die Frage, inwieweit ein Verstoß des Grundgeschäfts gegen Import- und Exportverbote Einfluss auf die Garantie haben kann. Im Falle inländischer Verbote wird es darauf ankommen, ob das Verbot bei Stellung der Garantie bereits in Kraft war und die Garantiebank bei Stellung der Garantie bewusst an der Sicherung eines unzulässigen Geschäftes mitgewirkt hat. Verstößt das Grundgeschäft gegen Im- und Exportverbote eines ausländischen Staates, so kommt es darauf an, inwieweit diese Vorschriften als zwingende Eingriffsnormen gemäß Art. 9 Rom-I-Verordnung auch nach inländischem Recht zu beachten sind.

39 Zulässig sind ferner Inhaltseinwendungen, also in der Regel die Berufung auf die Nichterfüllung der Garantiebedingungen. Eine solche Nichterfüllung ist schon dann gegeben, wenn die Zahlungsanforderung nicht mit dem Inhalt der Garantieverpflichtung übereinstimmt, also zB nicht die geforderten Erklärungen enthält oder ihr nicht die vorgeschriebenen vorzulegenden Dokumente beigefügt sind. Auch die Nichteinhaltung der Befristung der Garantie ist eine zulässige Inhaltseinwendung. Ebenso ist die Berufung der Garantiebank auf eine eingetretene Ermäßigung der Garantie zulässig. Will die Garantiebank aller-

---

[22] Ua *BGH ZIP* 2000, 2156.
[23] *Saarländisches OLG ZIP* 2001, 1318; BGHZ 147, 99–108.
[24] *BGH WM* 1996, 995.
[25] Schimansky/*Nielsen*, Vorauflage 2007, § 121 Rn. 235.
[26] *v. Westphalen* S. 215.
[27] AA Schimansky/*T. Fischer* § 119 Rn. 152.

dings einwenden, die Inanspruchnahme der Garantie erfolge wegen der Nichterfüllung von Ansprüchen, die durch den Sicherungszweck nicht gedeckt sind, so ist dies eine Inhaltseinwendung im weiteren Sinne, die den Tatbestand des Rechtsmissbrauchs erfüllen kann. Hierbei ist zu beachten, dass außerhalb der Garantie liegende Umstände allenfalls dann Berücksichtigung finden können, wenn sie liquide beweisbar sind. Ferner kann sich nach Ansicht der Rechtsprechung der Garant darauf berufen, dass der Begünstigte keinen Anspruch auf Stellung der Garantie hatte, weil die diesbezügliche Vereinbarung zwischen ihm und dem Auftraggeber unwirksam sei[28].

Inwieweit Gegenansprüche der Garantiebank gegen den Garantiebegünstigten und übrige persönliche Einwendungen zu berücksichtigen sind, ist im Einzelfall zu entscheiden. Nach einem Teil der Rechtsprechung kann die Garantiebank die Zahlung aus der Garantie nicht wegen eigener Gegenansprüche gegen den Garantienehmer zurückbehalten[29]. Würde man eine unbeschränkte Berufung der Garantiebank auf Gegenansprüche zulassen, so würde dies der Liquiditätsfunktion der Garantie widersprechen und diese als Zahlungsinstrument wertlos machen. Eine Aufrechnung durch die Garantiebank würde den Zweck der Garantie, nämlich den Garantiebegünstigten den Garantiebetrag rasch verfügbar zu machen, vereiteln. Der BGH hat die Aufrechnung jedoch mit liquiden Gegenansprüchen für zulässig erachtet[30].

40

III. Typischer Inhalt der Garantie

1. Präambel. Die schon erwähnte Präambel erfüllt eine Informations- und Zuordnungsfunktion insoweit, als sie einen Hinweis auf den Sicherungszweck der Garantie gibt. Der Garantiebegünstigte kann somit feststellen, welche vertraglichen Regelungen Grundlage für die Erstellung der Garantie sind und für welche Forderungen er die Garantie in Anspruch nehmen kann. Zudem liegt die Aufnahme der Präambel auch im Interesse des Sicherungsgebers, da sie einen Ansatzpunkt bilden kann, um sich auf einen eventuellen Rechtsmissbrauch zu berufen. Indem durch sie der Sicherungszweck bestimmt wird, lässt sich feststellen, worin der materielle Garantiefall besteht. Gleichzeitig sollte die Präambel deutlich von der Zahlungsklausel abgehoben sein, damit deutlich wird, dass sie nicht Teil der eigentlichen Garantie ist[31].

41

2. Zahlungsklausel. Der wesentliche Bestandteil der Garantie ist die Zahlungsklausel, die vollständig sein und alle Voraussetzungen für die Inanspruchnahme der Garantie enthalten muss. In der Grundform enthält sie das Versprechen, auf erstes Anfordern Zahlung zu leisten.

42

Soweit im Rahmen der Zahlungsklausel in undifferenzierter Weise Bezug auf das Grundgeschäft genommen wird, kann eine solche sog. Effektivklausel den Zweck des abstrakten Zahlungsversprechens vereiteln. Wenn es zB heißt: „Zahlung auf erstes Anfordern, falls der Verkäufer den Lieferpflichten nicht nachkommt", so stellt dies eine Bezugnahme auf das Grundgeschäft dar, aufgrund derer nun erst im Wege der Auslegung geklärt werden muss, wann Zahlung geleistet werden soll. Nicht nur die Auslegung, sondern auch die Behandlung von solchen Effektivklauseln ist in der Literatur streitig[32]. Größtenteils wird gefordert, dass der Garantiegeber aufgrund solcher Klauseln verpflichtet sein soll, den schlüssigen Nachweis des Garantiefalls zu verlangen[33]. In der Praxis wird kaum zu klären sein, wann ein Garantiefall schlüssig nachgewiesen oder voll nachgewiesen ist, sodass der Garantiegeber in einer solchen Situation äußerste Schwierigkeiten haben wird, festzustellen, ob er aus der Garantie nun Zahlung leisten muss. Zudem muss der Garantiegeber auf das

---

[28] *BGH* WM 2000, 715; WM 2002, 743.
[29] *LG Frankfurt* WM 1984, 86; *OLG Frankfurt* WM 1984, 1021; BGHZ 94, 167–173.
[30] *BGH* WM 1985, 684.
[31] *Zahn/Ehrlich/Haas* Rn. 9/17.
[32] Vgl. *Zahn/Ehrlich/Haas* Rn. 9/26 mwN.
[33] *v. Westphalen* S. 96.

Grundgeschäft Bezug nehmen, das er in der Regel nicht kennt. Solche schädlichen Effektivklauseln sind daher zu vermeiden.

43 Möglich ist dagegen, im Rahmen einer Garantie weitere formalisierte Zahlungsbedingungen zu vereinbaren, soweit diese allein durch Dokumente nachgewiesen werden können[34]. Auch die Abgabe von Zusatzerklärungen des Garantienehmers ist möglich (und zur Erleichterung der Beweisführung bei Maßnahmen des einstweiligen Rechtsschutzes sinnvoll). Möglich ist es auch, die Zahlung aus einer Garantie von der Vorlage von Gerichts- oder Schiedsgerichtsurteilen abhängig zu machen. Der praktische Nutzen mag fraglich sein, da die Garantie in der Regel dazu dienen soll, eine schnelle Zahlung zu ermöglichen. Für die Handhabung der Garantie kommt es dann im Wesentlichen darauf an, das Urteil bzw. Schiedsurteil in der Garantie in einer für die Garantiebank nachprüfbaren Weise zu beschreiben. Hierzu gehört die Nennung der zuständigen Gerichte, bei Schiedsgerichten ggf. weitere Angaben über die Schiedsgerichtsordnung, ausfertigende Stelle o.ä., sowie die Klarstellung, ob sich aus dem Urteilsspruch ausdrücklich auch die Zulässigkeit der Inanspruchnahme der Garantie ergeben muss und ggf. der Nachweis der Rechtskraft.

44 **3. Betrag und Währung.** Die Garantie sollte einen festen Höchstbetrag enthalten ohne eine unbegrenzte Ausdehnung auf Zinsen und Kosten (eine undifferenzierte Ausdehnung auf Zinsen und Kosten ist im Wege von AGB-Vereinbarungen bei Höchstbetragsbürgschaften unzulässig[35]). Sollte eine Einbeziehung von Zinsen in die Garantiesumme nicht möglich sein, so sollte der Zinssatz genau bezeichnet werden. Ebenfalls ist die Währung eindeutig anzugeben. Bei Garantien in Fremdwährung ist in der Regel von einer effektiven Valutaschuld auszugehen, sodass gemäß § 244 BGB eine Zahlung in Landeswährung ausgeschlossen ist[36].

45 Garantien können auch als revolvierende Zahlungsversprechen ausgestaltet werden, sodass der Garantiebetrag nicht über alle während der Vertragslaufzeit geschuldeten Leistungen lautet, sondern zunächst auf einen in einem Zeitabschnitt fällig werdenden Teilbetrag beschränkt wird und erst danach ab Fälligkeit auch die in darauf folgenden Zeitabschnitten fällig werdenden Teilbeträge erfasst.

46 Die Garantie kann ebenfalls eine Ermäßigungsklausel enthalten, was in der Regel der Fall sein wird, wenn die gesicherte Forderung während der Laufzeit der Garantie durch Teillieferungen oder -leistungen erbracht werden soll. Anderenfalls bliebe die Garantie aufgrund ihrer Unabhängigkeit vom Grundgeschäft während der gesamten Laufzeit in voller Höhe in Kraft[37]. Wichtig ist hierbei, dass in der Garantie die Dokumente, die den Tatbestand der Ermäßigung auslösen sollen, und deren Vorlage beim Garantiegeber vereinbart werden.

47 **4. Befristung und Rückgabe.** Sofern die Garantie nicht unbefristet sein soll, muss sie ein Verfalldatum enthalten. Zusammen mit dem Verfalldatum sollte in der Garantie auch festgelegt werden, ob die Garantie vor Ablauf dieses Termins auch in Anspruch genommen werden muss oder ob lediglich der formelle Garantiefall bis zu diesem Termin eingetreten sein soll[38]. Nach Fristablauf der Garantie ohne vorherige Inanspruchnahme ist der Garantiebegünstigte zur Rückgabe der Garantieurkunde verpflichtet. Auf die Einhaltung dieser Verpflichtung sollte der Garantiegeber achten, doch sollte die Verpflichtung zur Rückgabe nicht noch einmal in den Garantietext aufgenommen werden. Anderenfalls könnte im Streitfall der Garantiebank das Argument entgegen gehalten werden, die Nichtrückgabe der Garantieurkunde sei ein Indiz für das Fortbestehen der Garantie, insbesondere, wenn das Heimatrecht des Garantienehmers die Wirksamkeit einer Befristung nicht oder nur unter Einschränkung anerkennt[39]. Da die Garantie ein Vertrag ist, stellt die bloße Rückgabe der

---

[34] *Zahn/Ehrlich/Haas* Rn. 9/22 ff.
[35] *BGH ZIP* 2002, 1611.
[36] *Zahn/Ehrlich/Haas* Rn. 9/27.
[37] *Zahn/Ehrlich/Haas* Rn. 9/33.
[38] Vgl. weiterführend *Kümpel/Wittig* S. 1717.
[39] Vgl. *Zahn/Ehrlich/Haas* Rn. 9/34.

Garantieurkunde nur dann ein Erlöschen der Garantie dar, wenn die Parteien dies auch entsprechend wollten. Die versehentliche Rückgabe der Garantie führt daher mangels Einigung nicht zum Untergang der Garantieverpflichtung, kann aber natürlich ein Indiz hierfür darstellen.

5. Sonstige Klauseln. Als weitere Klauseln kommen zB folgende in Betracht: 48
- Rechtswahlklausel,
- Klauseln zu Erfüllungsort und Zahlstelle oder
- Kündigungs- und Hinterlegungsklauseln.

Rechtswahlklauseln sind aus Sicht des Garantiegebers entbehrlich, da nach Art. 4 Rom-I-Verordnung die Garantie dem Recht unterliegt, das am Sitz des Garantiegebers gilt. Enthält die Garantie Klauseln, die dahin ausgelegt werden können, dass der Garantiegeber auf die Geltung seines Ortsrechts stillschweigend verzichtet, zB die Vereinbarung eines fremden Gerichtsstandes oder eines vom Sitz des Garantiegebers abweichenden Erfüllungsortes, so empfiehlt sich eine Rechtswahlklausel.

Unterliegt die Garantie des Garantiegebers mit Sitz in Deutschland deutschem Recht, so 49 ist nach den §§ 269, 270 BGB der Erfüllungsort grundsätzlich der Wohnsitz bzw. der Sitz der gewerblichen Niederlassung des Garantiegebers. Für die Rechtzeitigkeit der Garantiezahlung nach einer Garantieinanspruchnahme reicht es daher aus, wenn der Garantiegeber innerhalb der üblichen Bearbeitungszeit die Durchführung der Überweisung veranlasst. Eine Bestimmung des Erfüllungsortes in der Garantie ist in einem solchen Fall nicht erforderlich. Eine ggf. in der Zahlungsklausel enthaltene Angabe zum Empfangskonto bezeichnet eine reine Zahlstellenangabe, also die Bezeichnung des Ortes, an dem die Zahlung eingehen soll[40].

IV. Abschluss und Inkrafttreten der Garantie

1. Abschluss des Garantievertrages. Auch wenn die Übernahme der Garantie nur eine 50 einseitige Leistungsverpflichtung für die Garantiebank begründet, handelt es sich um einen Vertrag, dessen Zustandekommen Angebot und Annahme voraussetzt. Das Angebot auf Abschluss des Garantievertrages liegt in der Regel in der Übermittlung der Garantieerklärung an den Garantiebegünstigten. Die typischen Übermittlungswege bestehen in der Übersendung per Post oder per Telefax oder per Telex oder auch unter Einschaltung einer weiteren Bank zwecks Avisierung der Garantie per Swift. Für die Garantiestellung nach deutschem Recht besteht kein Formerfordernis, sodass die Garantie theoretisch auch mündlich übernommen werden kann. § 350 HGB legt fest, dass Verpflichtungserklärungen durch einen Kaufmann formfrei erfolgen können, sofern die Übernahme zu seinem Handelsgeschäft gehört, wovon im Falle der Übernahme von Bankgarantien ausgegangen werden kann. Schon aus Beweisgründen werden jedoch sowohl die Garantiebank als auch der Garantiebegünstigte ein Interesse daran haben, die Garantie schriftlich festzuhalten. In der Praxis ist die schriftliche Fixierung der Garantie üblich. Auch die im Garantiegeschäft herrschende Auftragsstrenge legt es für die Garantiebank nahe, die von ihr heraus gelegte Verpflichtungserklärung schriftlich zu fixieren.

Seit die Übermittlung der Garantien im Wege von Telex, Telefax oder auch Swift (letz- 51 teres bietet im Verhältnis zwischen den Banken den Vorteil der Nachprüfbarkeit der Vertretungsberechtigung anhand der verwendeten Codes) üblich ist, spielt die Frage des Widerrufs von Garantieerklärungen vor einer Annahme durch den Garantienehmer kaum eine Rolle.

Die Annahme des Angebotes auf Abschluss des Garantievertrages durch den Garantie- 52 nehmer erfolgt in der Regel nicht schriftlich. Im Zweifel wird der Garantiebegünstigte von der Garantie Kenntnis nehmen, ohne sich weiter gegenüber der Garantiebank zu äußern.

---

[40] *Zahn/Ehrlich/Hass*, 2010, Rn. 9/36.

In dieser stillschweigenden Kenntnisnahme der Garantie ist die Annahme durch schlüssiges Verhalten (§ 151 BGB) zu sehen.

2. Bedingter Vertragsschluss. Oftmals finden sich in Garantien Regelungen, nach denen die Garantie erst nach dem Eintritt eines bestimmten Ereignisses (zB Eingang einer Anzahlung, Einholung von nach dem Grundgeschäft notwendigen Genehmigungen wie zB Importlizenzen oder Devisengenehmigungen) „in Kraft" treten soll. Hierbei handelt es sich um sog. Valutierungsklauseln, die die Wirksamkeit der Garantie an sich unberührt lassen. Dem Garantiebegünstigten steht ein Anspruch aus der wirksamen Garantie zu, die Inanspruchnahme der Garantie ist jedoch von den darin beschriebenen Bedingungen abhängig. Insofern ist die Inanspruchnahme in doppelter Weise bedingt, zum einen durch die Erfüllung der in der Valutierungsklausel gesetzten Bedingungen und zum anderen durch den Eintritt des Garantiefalles. Zu beachten ist, dass dieser Zweck der Valutierungsklausel nur dann erfüllt werden kann, wenn sie so gestaltet ist, dass die Garantiebank selbst kontrollieren kann, ob die Voraussetzungen, die eine Inanspruchnahme ermöglichen sollen, auch tatsächlich eingetreten sind (zB Eingang der Anzahlung bei der Garantiebank).

V. Geltendes Recht und Risiko der Einwirkung ausländischen Rechts bei Einschaltung von Zweitbanken

1. Bestimmung des anwendbaren Rechts. Grundsätzlich können die Parteien das auf die Garantie anwendbare Recht frei wählen. In der Praxis ist eine solche Rechtswahl jedoch nicht unbedingt üblich. Sofern keine ausdrückliche Rechtswahl vorliegt, kommt es nach den Umständen des Einzelfalls darauf an, ob ein Recht stillschweigend durch die Parteien gewählt wurde. In der Regel wird die Frage, ob die Parteien stillschweigend ein bestimmtes Recht gewählt haben, keine Rolle spielen, da nach Art. 4 Rom-I-Verordnung grundsätzlich das Recht des Staates anwendbar ist, in dem Schuldner der vertragscharakteristischen Leistung seinen Sitz hat. Bei der geschäftlichen Tätigkeit ist auf die Hauptniederlassung oder Zweigniederlassung abzustellen, die die Leistung zu erbringen hat. Die vertragstypische Leistung im Rahmen des Garantievertrages erbringt die garantiegebende Bank, so dass das an ihrem Sitz geltende Recht immer maßgeblich für die Garantie ist. Der *BGH* unterstellt sogar Schadensersatzansprüche wegen missbräuchlicher Inanspruchnahme dem Niederlassungsrecht der Garantiebank, weil es darauf ankommt, wo der Garantienehmer die missbräuchliche Inanspruchnahme zu unterlassen hatte[41]. Ebenso stellen ohne Einschränkung auch das Schweizer Recht auf das Heimrecht des Garanten ab[42].

Für die Bestimmungen des auf die Garantie der ausländischen Zweitbank anwendbaren Rechtes gelten die gleichen Grundsätze, wie im Fall der Stellung der Direktgarantie durch die inländische Erstbank. Sofern nicht ausdrücklich etwas anderes vereinbart ist, gilt das für den Geschäftssitz der ausländischen Zweitbank maßgebliche Recht. Dieses bestimmt damit auch das Verhalten der Zweitbank im Falle der Inanspruchnahme der von ihr herausgelegten Garantie und ist damit maßgebliche Grundlage für die Beurteilung des Verhaltens bei der Inanspruchnahme im Verhältnis zwischen den Banken und damit für den Aufwendungsersatzanspruch.

2. Nichtanerkennung der Befristung von Garantien durch ausländische Rechtsordnungen. Zu berücksichtigen ist, dass sich eine Reihe von ausländischen Rechtsordnungen über die Maßgeblichkeit des Niederlassungsrechtes der Garantiebank hinwegsetzt, insbes. was das Verfallsdatum einer Garantie anbelangt. Dies reicht von der Unwirksamkeit der Befristung, über einseitige Verlängerungsmöglichkeiten des Garantienehmers bis zum Erlöschen der Garantieansprüche erst nach Ablauf einer allgemeinen Verjährungsfrist[43]. Oftmals ergibt sich somit für die Beteiligten der unangenehme schwebende Zustand, dass zwar bis

---

[41] *BGH* WM 1984, 1563, ebenso MüKoBGB/*Martiny* Art. 28 EGBGB Rn. 227.
[42] Schimansky/*Nielsen* § 121 Rn. 105; *Bertrams* S. 456.
[43] Zu den Länderbeispielen: *Zahn/Ehrlich/Neumann* Rn. 9/101 mwN.

zum Fristablauf keine Inanspruchnahme der Garantie erfolgt, diese jedoch nicht zurückgegeben wird und damit eine mögliche Haftung weiter im Raume steht.

3. Das auf den Auftrag für Direktgarantien anwendbare Recht. Bei der Erstellung von 57 Direktgarantien haben der Auftraggeber und die beauftragte Garantiebank ihren Sitz regelmäßig im gleichen Staat. Dann spricht man von einem sog. „reinen Inlandsfall", so dass der einer deutschen Bank erteilte Garantieauftrag entweder Kraft Rechtswahl oder nach dem Kriterium der vertragstypischen Leistungen im Sinne des Art. 4 Rom-I-Verordnung deutschem Recht unterliegt.

4. Das auf den Auftrag für indirekte Garantien anwendbare Recht. Für den Auftrag an 58 die erstbeauftragte Bank, eine indirekte Garantie zu stellen, gilt wie oben erläutert, das Inlandsrecht. Allerdings muss der Auftragsgeber, der eine inländische Bank damit beauftragt, eine Garantie gegenüber einem im Ausland ansässigen Begünstigten entweder direkt zu übernehmen oder durch eine ausländische Zweitbank stellen zu lassen, die damit verbundenen Auslandsrisiken tragen. Für Akkreditive ist dies in Art. 18 ERA 500 bzw. Art. 37 (d) der ERA 600 klargestellt. Die Garantiebank trifft keine Haftung oder Verantwortung, wenn die von ihr erteilten Weisungen durch ausländische Zweitbanken nicht ausgeführt werden. Der Auftraggeber muss alle Verpflichtungen und Verantwortlichkeiten übernehmen, die auf ausländischen Gesetzen und Gebräuchen beruhen und die Banken für die hieraus resultierenden Folgen schadlos halten. Der von der Erstbank aufgrund der ihr erteilten Weisung ihrerseits an die Zweitbank erteilte Auftrag zur Übernahme einer Direktgarantie unterliegt im Zweifel gemäß Art. 28 Abs. 2 EGBGB dem Recht, das am Geschäftssitz der ausländischen Zweitbank gilt, da die Zweitbank aufgrund ihrer gewerblichen Tätigkeit die für den Geschäftsversorgungsvertrag vertragstypische Leistung erbringt, indem sie zugunsten des Begünstigten auftragsgemäß die erforderliche Garantie herauslegt[44]. Dieses Recht bestimmt daher auch Recht und Umfang der Aufwendungsersatzansprüche, die der ausländischen Zweitbank gegen die inländische Erstbank zustehen. Teilweise wird im Verhältnis zwischen inländischer Erstbank und ausländischer Zweitbank auch eine Rückgarantie übernommen. Diese soll in der Regel lediglich den Anspruch der ausländischen Zweibank auf Aufwendungsersatz verstärken und formalisieren. Trotzdem unterstellt die herrschende Meinung in der Literatur diese Rückgarantie dem Recht der Erstbank.

5. Vorrang von Devisen-, Währungs- und Außenwirtschaftsrecht. Der Grundsatz des 59 Vorranges des öffentlichen Rechtes, also die zwingenden Vorschriften, insbes. aus dem Bereich des Divisen-, Währungs- und Außenwirtschaftsrechtes, (Art. 9 Rom I-VO) gilt auch in vielen anderen Staaten[45]. Artikel 9 Rom I-VO bezieht sich auf zwingende Bestimmungen, die auch bei Ausweichen auf eine andere Rechtsordnung nicht abgewählt werden können. In der Bundesrepublik gehören zu diesen zwingenden Bestimmungen, die auf die von einer deutschen Bank erstellten Garantie Anwendung finden, vor allem das Außenwirtschaftsrecht (Außenwirtschaftsgesetz, AWG, und Außenwirtschaftverordnung, AWV) sowie Embargobestimmungen und das Devisenbewirtschaftungsrecht. Das AWG geht als Gesetz mit Erlaubnisvorbehalt von der Freiheit des Außenwirtschaftsverkehrs aus, so dass Beschränkungen also nur als Ausnahme unter besonderen Voraussetzungen möglich sind. Sollten jedoch Verbote eingreifen, die zu schwebender Unwirksamkeit oder Nichtigkeit führen, sind sie für die von deutschen Banken erstellten Garantien auch dann maßgeblich, wenn diese ausnahmsweise einer anderen Rechtsordnung unterstellt sein sollten. Die in Bankgarantien verwendeten Bestätigungen wie „Die Ausstellung dieser Garantie ist gemäß den gesetzlichen Bestimmungen der Bundesrepublik Deutschland zulässig." geben nur einen tatsächlichen Hinweis darauf, dass die Übernahme der Garantie im Zeitpunkt ihrer Ausstellung nicht gegen die Regelungen des deutschen Außenwirtschaftsrechtes oder Währungsrechtes verstößt.

---

[44] *Reithmann/Martiny* Rn. 1195.
[45] MüKoBGB/*Martiny* Art. 9 Rom I-VO Rn. 2.

60 Unabhängig davon kann aber die Erfüllung der Garantie durch Erlass einer entsprechenden Außenwirtschaftsverordnung untersagt werden (wie im Fall der Irankrise geschehen), auch wenn dies nur noch möglich ist, soweit nicht die ausschließliche Kompetenz der EU gemäß Art. 284 AEUV eingreift.

61 Da die Bankgarantie ein „Exchange Contract" im Sinne der Sonderregelung des Art. 8, Abschnitt 2b des Abkommens von Bretton Woods ist, führen etwaige Verstöße gegen fremdes Devisenrecht zur Unklagbarkeit der Garantieverpflichtung, wobei diese Regelungen gegenwärtig für die Garantien deutscher Banken keinerlei praktische Bedeutung hat. Die Regelung kann allerdings für die Frage eine Rolle spielen, inwieweit Garantien anderer Banken zugunsten in der Bundesrepublik ansässiger Garantienehmer nicht durchsetzbar sind, da sie bei Übernahme und/oder Erfüllung gegen das Devisenrecht ihres betreffenden Heimatlandes verstoßen.

VI. Auftragsverhältnis

62 **1. Rechtsbeziehung der Beteiligten.** Im Zusammenhang mit der Übernahme einer Garantie sind eine Reihe voneinander unabhängiger Rechtsverhältnisse zu unterscheiden. Bei einer direkten Garantie besteht ein Garantieauftrag zwischen Auftraggeber und Garantiebank sowie eine Direktgarantie zwischen Garantiebank und Garantienehmer. Bei einer indirekten Garantie besteht neben dem Garantieauftrag zwischen Auftraggeber und Inlandsbank ein Garantieauftrag zwischen inländischer Erstbank und ausländischer Zweitbank sowie eine Direktgarantie der ausländischen Zweitbank gegenüber dem Garantienehmer. Die Unabhängigkeit der Rechtsverhältnisse wirkt sich insbes. bei der Frage des anwendbaren Rechtes aus. Nach den oben erläuterten Grundsätzen unterliegt sowohl bei direkten und auch bei indirekten Garantien die Garantieverpflichtung der Garantiebank gegenüber dem Garantienehmer in der Regel dem Recht, das am Sitz der Garantiebank gilt.

63 **2. Auftragsgegenstand und notwendige Einzelweisungen.** Der Auftrag zur Erstellung einer Garantie ist auf eine Geschäftsbesorgung mit Werkvertragscharakter gerichtet, da die Garantiebank entweder die Übernahme der Garantie oder die Einschaltung der Zweitbank in der gewünschten Form schuldet. Es gilt der Grundsatz der formalen Auftragsstrenge, so dass sich die beauftragte Bank strikt und förmlich an die ihr erteilten Weisungen halten muss. § 665 BGB findet keine Anwendung[46]. Ebenso wie im Akkreditivgeschäft oder bei der Ausführung von Giroüberweisungen sind selbst geringfügige Abweichungen der Garantiebank von dem ihr erteilten Auftrag unzulässig, da die Garantiebank deren Bedeutung nicht beurteilen kann und insbes. mit dem Grundgeschäft nicht befasst ist. Demzufolge müssen die Weisungen im Garantieauftrag vollständig und genau sein und insbes. die folgenden Angaben enthalten:

- genaue Bezeichnung des Garantienehmers (Hinweis auf das Grundgeschäft für die Präambel),
- vollständige Aufgabe der Zahlungsbedingungen und genaue Beschreibungen etwaiger Zusatzerklärungen oder Zusatzdokumente,
- Bezeichnung der Garantieart (zum Beispiel Bietungsgarantie, Vertragserfüllungs-, Gewährleistungs- oder Anzahlungsgarantie) und ggf. Klarstellung, ob Garantie oder Bürgschaft auf erstes Anfordern gewollt ist,
- Ermäßigungsklausel,
- Laufzeit der Garantie,
- Form der Übermittlung der Garantie an den Begünstigten und ggf. Einschaltung einer Avisbank.

64 Soll eine Zweitbank zur Erstellung einer Direktgarantie eingeschaltet werden, so muss der Auftrag eine eindeutige Weisung hierzu enthalten. Zwar sind die Banken nach Ziffer 3, Abs. 2 der AGB-Banken auch ohne besondere Weisungen berechtigt, bei Ausführung der

---

[46] *Zahn/Ehrlich/Haas* Rn. 9/77.

Ihnen erteilten Aufträge Dritte einzuschalten, und enthält auch Nr. 1 der Avalbedingungen eine Berechtigung, mangels ausdrücklicher anderer Weisungen des Auftragsgebers eine andere Bank zu beauftragen, das Aval im eigenen Namen zu übernehmen, doch werden diese Regelungen durch den Grundsatz der formalen Auftragsstrenge eingeschränkt. Ein freies Ermessen, entweder eine eigene Garantie zu stellen oder eine andere Bank mit der Garantieerstellung zu beauftragen, besteht nicht. Die Gestattung zur Einschaltung einer anderen Bank kann auch konkludent erfolgen, wenn auch insoweit größte Zurückhaltung zu fordern ist. Eine stillschweigende Ermächtigung wird nur dann angenommen werden können, wenn die Garantie zugunsten eines Garantienehmers erstellt werden soll, der seinen Sitz in einem Land hat, das Direktgarantien ausländischer Banken nicht anerkennt[47].

3. Auftragsannahme und Einbeziehung der Bedingungen für das Avalgeschäft. Der Geschäftsbesorgungsvertrag kommt dadurch zustande, dass die Bank die Garantie herauslegt oder die Zweitbank einschaltet und dem Garantieauftraggeber eine Ausführungsanzeige übermittelt. Im Regelfall werden die im Avalgeschäft erteilten Aufträge den Avalbedingungen der Banken unterworfen, die nach den allgemeinen Regelungen der §§ 305 ff. BGB einzubeziehen sind.

VII. Pflichten der Garantiebank im Auftragsverhältnis

1. Bei Erstellung einer Direktgarantie. a) Prüfung des Garantieauftrages. Eine formelle Beratungspflicht der Bank gegenüber dem Garantieauftraggeber über die zweckmäßige Ausgestaltung der in Auftrag gegebenen Garantie besteht nicht. Zumeist kennt die Bank das Grundgeschäft nicht und steht der Garantieinhalt bei Auftragserteilung aufgrund des zuvor abgeschlossenen Grundgeschäftes in der Regel fest[48]. Dies schließt jedoch nicht aus, dass die Bank auch im eigenen Interesse im Sinne einer Grobkontrolle prüft, ob der Garantieauftrag praktikabel ist. Hierzu gehört, dass er frei von Widersprüchen sein sollte und allein aufgrund des Garantietextes eindeutig festgestellt werden kann, ob eine spätere Inanspruchnahme ordnungsgemäß ist. Ist dies nicht der Fall, muss die Bank grundsätzlich beim Auftraggeber Rückfrage halten. Sie ist aufgrund des Grundsatzes der Auftragsstrenge nicht berechtigt, eigenmächtig Verbesserungen oder Klarstellungen vorzunehmen. Werden die Rückfragen nicht geklärt, muss die Garantiebank entscheiden, ob sie den Garantieauftrag in der vorliegenden Form unter Zurückstellung ihrer Bedenken annehmen will oder besser ablehnen sollte. Nimmt sie ihn an, sollte die Garantiebank allerdings ausdrücklich festhalten, dass der Garantienehmer trotz ihrer Warnhinweise auf ungewöhnliche bzw. unklare oder widersprüchliche Garantiebedingungen die Übernahme der Garantie wünscht und dass bei der Inanspruchnahme eine Meinungsverschiedenheit über die Auslegung dieser Klauseln die Bank nicht zur Zahlungsverweigerung verpflichtet, sondern die Bank zur Zahlung wie bei deiner Garantie auf erstes Anfordern leisten wird.

b) Garantieerstellung und Einschaltung einer Avisbank. Den Auftrag hat die beauftragte Bank umgehend auszuführen. Sie muss die Garantie dem Garantienehmer entweder selbst oder unter Einschaltung einer Avisbank übermitteln. Enthält der Garantieauftrag keine Weisung zur Form der Übermittlung, muss die Garantiebank beim Auftraggeber Rückfrage nehmen und im Zweifelsfall das schnellere Kommunikationsmittel wählen. Die Einschaltung einer Avisbank kommt in Betracht, wenn der Garantienehmer keinen Telex- oder Telefaxanschluss hat oder eine Übermittlung per Post, aufgrund des Sitzes des Garantienehmers oder besonderer Eilbedürftigkeit nicht zweckmäßig ist. Die Avisierung der Garantiestellung über eine Zweitbank ist im internationalen Garantiegeschäft üblich und auch ohne ausdrückliche Ermächtigung durch den Auftraggeber zulässig. Die Aufgabe der Avisbank besteht lediglich darin, den Garantienehmer die Garantie ohne eigenes Obligo zwecks Abschluss des Garantievertrages mit der Garantiebank anzuzeigen. Die Garantiebank muss

---

[47] *Bark* ZIP 1982, 405; *v. Westphalen* S. 336.
[48] *Zahn/Ehrlich/Haas* Rn. 9/81.

die eingeschaltete Zweitbank dahin kontrollieren, ob sie die Garantie zügig weitergeleitet hat.

68 c) Unterrichtung über bevorstehende Inanspruchnahme. Die Garantiebank ist nach überwiegender Ansicht verpflichtet, den Auftraggeber von der bei ihr eingegangen Inanspruchnahme der Garantie zu unterrichten. Dies gilt auch für den Fall, dass sie die Inanspruchnahme für ordnungsgemäß hält und Zahlungen leisten will.

69 Der Hauptzweck der Benachrichtigung des Auftraggebers besteht darin, ihn über seine Verpflichtung zur Erstattung der Garantiesumme zu unterrichten und Gelegenheit zu geben, sich auf die bevorstehende Kontobelastung einzustellen oder anderweitige Dispositionen zu treffen (zB Zahlung aus eigenen Mitteln, wenn die Garantie auf Fremdwährung lautet, die der Garantieauftraggeber zur Verfügung hat). Die Benachrichtigungspflicht dient jedoch nicht dazu, den Garantieauftraggeber vor dem Schaden einer unberechtigten oder rechtsmissbräuchlichen Inanspruchnahme zu schützen. Die Bank muss vor Auszahlung der Garantiesumme die Rückäußerung des Garantieauftraggebers nicht abwarten. Nach der üblichen Bearbeitungszeit für die Prüfung der Inanspruchnahme (ein bis drei Tage) hat die Bank über die Auszahlung oder die Zahlungsverweigerung selbst zu entscheiden, ohne Rücksicht darauf, ob sich der Auftraggeber zurückgeäußert hat oder nicht.

70 d) Prüfung der Inanspruchnahme. Für die Prüfung der Inanspruchnahme gilt der Grundsatz der Garantie- und Auftragsstrenge. Sie erfolgt allein auf der Grundlage der Zahlungsklausel der jeweiligen Garantie. Insofern korrespondiert die Prüfungspflicht der Bank mit der Nachweispflicht des Begünstigten. Die Bank muss zudem etwaigen Widersprüchen bei der Inanspruchnahme nachgehen. Aufgrund des Grundsatzes der Dokumentenstrenge muss die Bank vorgelegte Dokumente lediglich auf ihre formale Ordnungsgemäßheit prüfen und sich dabei lediglich am Garantietext orientieren. Es kommt also ausschließlich darauf an, ob die Zahlungsbedingungen ihrer äußeren Aufmachung nach erfüllt sind (sa Ziffer 5 der Avalbedingungen). Die inhaltliche Richtigkeit ist nicht zu prüfen[49]. Ist die Inanspruchnahme der Garantie widersprüchlich oder liegt der Tatbestand des Rechtsmissbrauchs vor, ist die Bank zur Zahlungsverweigerung nicht nur berechtigt, sondern auch verpflichtet.

71 2. Bei Erstellung einer indirekten Garantie. a) Auftragsübermittlung und Auftragsprüfung. Ist die inländische Erstbank zur Einschaltung einer ausländischen Zweitbank zwecks Garantieerstellung ermächtigt, so muss sie den entsprechenden Auftrag entweder an die im Auftrag schon benannte Zweitbank übermitteln oder hierfür eine geeignete Zweitbank auswählen und ihr den Auftrag erteilen. Der Garantieauftragsgeber kann entweder den an die ausländische Zweitbank zu übermittelnden Garantietext vollständig vorschreiben oder nur die wesentlichen Eckdaten aufgeben, was von den Vereinbarungen im Grundgeschäft abhängig sein wird. Im Zweifel sollte sich der Garantieauftraggeber auf die Übermittlung von Eckdaten beschränken, damit die ausländische Zweitbank die Möglichkeit hat, den Text der Garantie in der Weise zu fassen, wie es den Gesetzen ihres Landes und ihren eigenen Usancen entspricht. Trotz des erhöhten Auslandsrisikos bei Stellung der Direktgarantie durch eine ausländische Zweitbank hat die inländische Erstbank keine Aufklärungs- oder Warnpflichten gegenüber dem Garantieauftraggeber. Die inländische Erstbank kann davon ausgehen, dass der Auftraggeber mit dem entsprechenden Länderrisiko vertraut ist. Anderes gilt, wenn bekannt ist, dass sich die ausländische Zweitbank im Garantiegeschäft nicht an internationale Gepflogenheiten hält oder verlangt, dass die inländische Erstbank bei Auftragserteilung zusätzliche Sicherheitsleistungen anschaffen muss. Wie auch bei der Stellung einer Direktgarantie muss die Erstbank den Auftrag auf Vollständigkeit, Genauigkeit und Praktikabilität prüfen. Dies gilt bei Erstellung einer Direktgarantie durch eine ausländische Zweitbank umso mehr, als die Erstbank gegenüber der Zweitbank als eigenständige Garantieauftraggeberin auftritt. Eine Ablehnung bzw. ein Warnhinweis ist also nicht nur bei wi-

---

[49] *Zahl/Ehrlich/Haas* Rn. 9/116 mwN.

dersprüchlichem oder offensichtlich unvollständigem Inhalt geboten, sondern auch dann, wenn der Garantieauftraggeber auf Vorgabe eines vollständigen Garantietextes besteht, obwohl die Erstbank weiß, dass die Zweitbank ausschließlich ihre eigenen Garantiemuster verwendet. Wegen der bei Rückfragen eintretenden Verzögerung hat daher die Erstbank bei der Prüfung und Annahme des ihr erteilten Auftrages von Vornherein darauf zu achten, dass der weiterzuleitende Auftrag auch für die ausländische Zweitbank akzeptabel sein wird.

Zwischen Auftraggeber und ausländischer Zweitbank werden keine unmittelbaren Rechtsbeziehungen begründet. In der juristischen Literatur wird überwiegend angenommen, dass die Zweitbank im Rahmen einer Unterbeauftragung im Sinne von § 664 Abs. 1, Satz 2 (sog. Substitution) für die Erstbank tätig wird, denn die Zweitbank übernimmt eine Aufgabe, welche die erstbeauftragte Bank gar nicht sinnvoll erfüllen kann, nämlich die Eröffnung einer Garantie im Land des Begünstigen durch eine dortige Bank. die Ausführung dieser Aufgabe kann demgemäß nicht zu den eigenen Verbindlichkeiten der Erstbank im Sinne von § 278 BGB gehören, so dass die Zweitbank nicht als Erfüllungsgehilfe angesehen werden kann[50]. Als Folge hiervon haftet die Erstbank gemäß §§ 675, 664 Abs. 1, Satz 2 BGB gegenüber dem Auftraggeber nur für ein Verschulden bei der Auswahl der ausländischen Zweitbank. Ist hingegen die eingeschaltete Zweitbank nur mit der Avisierung der Garantie beauftragt, so wird sie als Erfüllungsgehilfin der Erstbank im Sinne von § 278 BGB angesehen, da die bloße Mitteilung der Garantieeröffnung in der Regel eine eigene Pflicht der erstbeauftragten Bank darstellt. 72

b) Weitere Pflichten der Erstbank. Nach Annahme des Garantieauftrages muss die Erstbank der vorgeschriebenen oder von ihr ausgewählten ausländischen Zweitbank einen eigenen Garantieauftrag erteilen und dessen Ausführung überwachen. Diese Überwachung ist eine eigene Verpflichtung der Erstbank, deren Verletzung zu Schadensersatzansprüchen des Auftraggebers führen kann. 73

Auch bei einer indirekten Garantiestellung muss die inländische Erstbank alle Informationen, die sie in Ausführung ihres Auftrages erhält, an den Auftraggeber weiterleiten, insbes. angekündigte oder eingegangene Anforderungen zur Auszahlung der Garantiesumme durch die Zweitbank. Der Garantieauftraggeber hat jedoch kein Mitspracherecht bei der Frage, ob die Erstbank Zahlungen leisten soll oder nicht. Die Information über die Inanspruchnahme soll ihm lediglich eine Gelegenheit zur Disposition gewähren. 74

Die inländische Erstbank muss zudem prüfen, ob ihre Inanspruchnahme durch die Zweitbank ordnungsgemäß ist. Diese Prüfungspflicht hat jedoch einen anderen Inhalt als bei Übernahme einer Direktgarantie. Bei der Inanspruchnahme durch die Zweitbank spielt die Frage, ob nach den Grundsätzen der Auftrags- und Dokumentenstrenge die Inanspruchnahme der Garantie mit den Garantiebedingungen übereinstimmt, keine Rolle. Die inländische Erstbank kann die ordnungsgemäße Inanspruchnahme der von der Zweitbank heraus gelegten Direktgarantie voraussetzen (sog. Tatbestandswirkung der nach dem jeweils geltenden Auslandsrecht vorgenommenen Prüfung durch die Zweitbank). Die inländische Erstbank braucht nur festzustellen, ob die Zweitbank in ordnungsgemäßer Weise Aufwendungsersatz fordert. Besteht zwischen ihr und der Zweitbank ein Garantieauftrag, so genügt eine Plausibilitätskontrolle. Hat sie der Zweitbank eine Gegengarantie gestellt, so kommt es darauf an, ob deren Bedingungen erfüllt sind. 75

VIII. Verpflichtungen des Garantieauftraggebers

1. Bestellung von Sicherheiten. Es gibt keine gesetzlichen Regelungen oder Regelungen der AGB oder Avalbedingungen, die eine Barunterlegung für herausgelegte Garantien verlangen. Grundsätzlich würde auch ein Barvorschuss der Funktion der Garantie widersprechen. Die Stellung eines Barvorschusses oder anderer Sicherheiten setzt daher eine be- 76

---

[50] *Zahn/Ehrlich/Haas* Rn. 9/99, die aber die Substitution ablehnen.

sondere Absprache zwischen Garantieauftraggeber und Garantiebank bzw. inländischer Erstbank voraus. In der Praxis kommt dies in der Regel nur bei Anzahlungsgarantien vor, da die Anzahlung von der Bank häufig als Sicherheit einbehalten und nur nach Fertigstellung oder Durchführung der durch die Garantie gesicherten Leistungen freigegeben wird. Hat die Bank bei Stellung der Garantie davon abgesehen, Sicherheiten zu verlangen, kann sie eine Besicherung zu einem späteren Zeitpunkt fordern, wenn Umstände eintreten, die eine erhöhte Risikobewertung der Ansprüche gegen den Kunden rechtfertigen, Ziffer 13, Abs. 2 AGB-Banken.

77 **2. Erstattung der Garantiesumme und sonstiger Aufwendungen.** Gemäß § 670 BGB muss der Auftraggeber dem Garanten als Beauftragter alle Aufwendungen erstatten, welche diesem zum Zwecke der Auftragsausführung entstanden sind. Hierunter fällt in erster Linie die Erstattung der Garantiesumme, darüber hinaus auch Kosten für Korrespondenz (Telefonate, Porto etc.) sowie die Kosten, die aus einer eventuellen Prozessabwehr resultieren (zB Gerichtskosten, die der Garantiebank entstehen, wenn sie aus Anlass der Inanspruchnahme der Garantie in einen Rechtsstreit hineingezogen wird). Die Verpflichtung zur Erstattung dieser Aufwendungen besteht unabhängig davon, ob die Garantiebank mit oder ohne Zustimmung ihres Auftraggebers handelt, jedoch immer vorausgesetzt, sie durfte die Aufwendungen nach gewissenhafter Prüfung aller zum Zeitpunkt der Entscheidung bekannten Tatsachen für erforderlich halten. Darüber hinaus ist der Garantieauftraggeber verpflichtet, sog. Zufallsschäden zu ersetzen. Hierzu gehören zum Beispiel Schäden, die durch eine etwaige Beschlagnahme von Vermögenswerten der Garantiebank im Ausland durch den ausländischen Garantienehmer entstehen[51]. Die Eventualhaftung des Auftraggebers aus dem Garantieauftrag endet nicht automatisch mit dem Eintritt des Verfallsdatums der Garantie, da abgelaufene oder nicht zurückgegebene Garantien wegen der Nichtanerkennung des Verfallsdatums durch einige Rechtsordnungen ein latentes Risiko beinhalten. Er bleibt vielmehr zur Erstattung der Garantiesumme und sonstiger Aufwendungen auch dann verpflichtet, wenn die Bank entgegen eigener Erwartung nach Fristablauf noch erfolgreich aus ihrer Garantie in Anspruch genommen werden sollte[52].

78 **3. Provisionspflicht.** Beim Auftrag zur Stellung der Garantie handelt es sich um eine entgeltliche Geschäftsbesorgung, so dass der Auftraggeber eine entsprechende Provision an die Garantiebank zu zahlen hat. Diese Pflicht beginnt bereits in dem Augenblick, in dem die Bank ihre Garantie in Umlauf gesetzt hat und endet entweder erst mit Auszahlung der Garantie oder mit Rückgabe einer nicht in Anspruch genommenen Garantie. Das Obligo der Garantiebank und damit auch die Provisionspflicht des Auftraggebers enden nicht automatisch mit Fristablauf einer nicht in Anspruch genommenen Garantie, da abgelaufene oder nicht zurückgegebene Garantien wegen der Nichtanerkennung des Verfallsdatums durch einige Rechtsordnungen ein latentes Risiko beinhalten. Gemäß Ziffer 3, Abs. 1 der Avalbedingungen kann die Bank jedoch Direktgarantien, die nicht ausdrücklich ausländischem Recht unterstellt und eindeutig befristet sind, Garantie mit Verfallsdatum ausbuchen und die Berechnung der Avalprovision einstellen, wird dies in der Regel jedoch nur unter Vorbehalt tun.

79 Bei indirekten Garantien trifft den Auftraggeber eine doppelte Provisionspflicht, da er zum einen der Erstbank gegenüber die Provision für deren Obligoübernahme gegenüber der Zweitbank schuldet und zum anderen aus dem Gesichtspunkt des Aufwendungsersatzanspruches die Provision erstatten muss, welche die Erstbank gegenüber der Zweitbank schuldet.

---

[51] Staudinger/*Horn* § 770 Rn. 18.
[52] Vgl. auch Nr. 8, Satz 2 der Avalbedingungen.

IX. Rechtsverhältnis zwischen Erstbank und ausländischer Zweitbank im Falle der indirekten Garantie

1. Rechtscharakter. Bei Stellung einer indirekten Garantie beauftragt die inländische Erstbank in eigenem Namen die ausländische Zweitbank, eine Direktgarantie herauszulegen. Zwischen inländischer Erstbank und ausländischer Zweitbank besteht ein Geschäftsbesorgungsvertrag mit Werkvertragscharakter[53]. Auf das Auftragsverhältnis findet, wie weiter oben erläutert, das am Sitz der Zweitbank geltende Recht Anwendung. Bei Dienstleistungs- bzw. Geschäftsbesorgungsverträgen erbringt in aller Regel der Beauftragte die vertragstypische Leistung, so dass mangels abweichender Rechtsvereinbarungen grundsätzlich das Recht der beauftragten Niederlassung bzw. Zweigniederlassung der Zweitbank Anwendung findet. Je nachdem, welche Weisungen die Erstbank selbst erhalten hat, schreibt sie der ausländischen Zweitbank entweder einen vollständigen Garantietext vor oder übermittelt die Eckdaten der Garantie mit der Ermächtigung, die Abfassung der Garantie unter Berücksichtigung von Ortsusancen und Landesgesetzen vorzunehmen.

2. Auftragsannahme und Pflichten der Zweitbank. Bevor die Zweitbank den Auftrag annimmt, wird sie eine Schlüssigkeitskontrolle vornehmen und die Erstbank auf Unvollständigkeit bzw. Widersprüche zum geltenden Landesrecht aufmerksam machen. Eine Abweichung von den Weisungen der Erstbank ist der Zweitbank nur erlaubt, soweit dies durch die besonderen Usancen oder durch zwingende Rechtsvorschriften geboten ist. Dies ist jedoch bedenklich, wenn von klar vorgegebenen Weisungen zu den Zahlungsbedingungen abgewichen werden soll, weshalb die Literatur teilweise vertritt, dass die Zweitbank nur innerhalb des ihr durch den Auftrag belassenen Handelsspielraum nach ordnungsgemäßem Ermessen abweichen darf oder die Änderungen nach Ansicht der Zweitbank noch im Rahmen des Garantieauftrages liegen und nach dem anwendbaren Recht eine Wirksamkeitsvoraussetzung darstellen[54]. Keinesfalls dürfen sich solche Abweichungen aber auf materielle Garantiebedingungen, insbes. die Voraussetzung der Inanspruchnahme, beziehen. Um hier Unklarheiten zu vermeiden, ist es ratsam, dass die Erstbank eindeutige Weisungen erteilt.

Die Zweitbank hat nach Prüfung des ihr erteilten Garantieauftrages diesen zügig auszuführen und der inländischen Erstbank darüber Anzeige zu erteilen oder die aus ihrer Sicht erforderlichen Rückfragen zu stellen. Im Falle der Inanspruchnahme muss die ausländische Zweitbank nach den üblichen Regeln der Auftrags- und Dokumentenstrenge diese Inanspruchnahme prüfen und die Erstbank hierüber informieren. Sofern die Erstbank begründete Zweifel an der Ordnungsgemäßheit der Inanspruchnahme mitteilt, kann sich die Zweitbank hierüber nicht ohne Weiteres hinwegsetzen, sondern ist nach internationaler Praxis zu einer Stellungnahme vor Auszahlung der Garantie verpflichtet.

3. Verpflichtungen der Erstbank. Für die Garantieübernahme durch die Zweitbank muss die Erstbank die üblichen bzw. vereinbarten Provisionszahlungen leisten bis die Zweitbank eine ausdrückliche Entlastung erteilt oder eine Verzichtserklärung abgibt. Ebenfalls muss die Erstbank Aufwendungsersatz im Falle der Inanspruchnahme leisten. Hierzu gehört die Erstattung der Garantiesumme sowie sonstiger Kosten und Aufwendungen, die im Zusammenhang mit der Auftragsausführung anfallen und die die Zweitbank den Umständen nach für erforderlich halten durfte, insbes. Rechtsberatungs- oder Prozessabwehrkosten, auch wenn die Zweitbank solche Kostenverpflichtungen nur in Eilfällen eingehen darf.

4. Besonderheiten des Aufwendungsersatzes zwischen inländischer Erstbank und ausländischer Zweitbank. Auch wenn die Verpflichtung zum Aufwendungsersatz bereits aus dem Auftragsverhältnis zwischen inländischer Erstbank und ausländischer Zweitbank

---

[53] v. Westphalen S. 244.
[54] Schimansky/T. Fischer § 121 Rn. 170; v. Westphalen S. 247.

resultiert, hat sich in der Praxis die Übernahme einer sog. Rück- oder Gegengarantie durch die inländische Erstbank gegenüber der ausländischen Zweitbank eingebürgert. In der Regel bezweckt die ausländische Zweitbank dadurch eine Verstärkung ihres Anspruchs auf Aufwendungsersatz. Es ist jedoch nicht vollständig geklärt, inwieweit eine solche Rückgarantie nur eine zusätzliche Verpflichtung der Erstbank ist, welche ihre etwa darüber hinausgehende Haftung nach Auftragsrecht unberührt lässt, oder eine eigenständige Regelung darstellt, welche an die Stelle des Auftragsrechtes tritt. Dies ist sowohl hinsichtlich des vertraglichen, als auch des zeitlichen Umfanges des Aufwendungsersatzes sowie der Zahlungsbedingungen von Bedeutung.

84   So enthält eine Rückgarantie einen Höchstbetrag, wohingegen die Verpflichtungen aus dem Garantieauftragsverhältnis betraglich unbeschränkt sind. In der Regel ist eine Rückgarantie auch zeitlich befristet, die Verpflichtungen zum Aufwendungsersatz aus dem Garantieauftrag jedoch nicht. Nach dem Auftragsrecht müsste die Erstbank der ausländischen Zweitbank die Garantiesumme grundsätzlich auch dann erstatten, wenn diese trotz Ablauf ihrer Garantie nach den Vorschriften ihres Landes ordnungsgemäß in Anspruch genommen wurde. Zudem ist eine Rückgarantie stets auf erstes Anfordern zahlbar, wohingegen der Aufwendungsersatz aus Auftragsrecht unverzüglich nach schlüssiger Darlegung der Aufwendungen zu leisten ist. Grundsätzlich wird sich jedoch kaum ein materieller Unterschied zwischen der Zahlungsverpflichtung aus Auftragsrecht und aus einer Rückgarantie ergeben, da die Inanspruchnahme der ausländischen Zweitbank aus ihrer Direktgarantie in jedem Falle Tatbestandwirkungen für alle Beteiligten hat. Etwas anderes gilt jedoch für die Erstattung der über die Garantiesumme hinausgehenden weiteren Aufwendungen, für die die Tatbestandswirkung nicht gilt.

85   In der juristischen Literatur setzt sich die Meinung durch, dass die Rückgarantie der inländischen Erstbank lediglich eine Verstärkung und Ergänzung des Aufwendungsersatzanspruches darstellt, da die ausländische Zweitbank mit ihrem Wunsch nach Stellung einer Rückgarantie in der Regel ihren Anspruch auf Aufwendungsersatz nach Auftragsrecht nicht schwächen, sondern verstärken will[55]. Sie erhält damit zwei Rechtsgrundlagen, die auch auf unterschiedliche Beträge gerichtet sein können. Soweit Beträge nicht von der Gegen- bzw. Rückgarantie erfasst sind, können Sie dann aus dem Auftragsverhältnis verlangt werden. Dies gilt sowohl in zeitlicher Hinsicht, also nach Ablauf der Rückgarantie, als auch in betraglicher Hinsicht, also hinsichtlich der Aufwendungen, die nicht mehr von der Rückgarantie erfasst sind. Die Stellung einer Rückgarantie hat also für die ausländische Zweitbank den Vorteil, dass sie hinsichtlich des garantierten Betrages Zahlungen auf ersten Anfordern verlangen kann, ohne dass die Erstbank prüfen kann, ob die von der Zweitbank verlangten Aufwendungen wirklich erforderlich waren. Hinsichtlich der Erstattung der Garantiesumme hat dies jedoch, wie bereits dargelegt, aus den Gründen der Tatbestandswirkung kaum eine Bedeutung.

X. Inanspruchnahme der Garantie

86   **1. Inanspruchnahme der direkten Garantie. a) Prüfungskriterien.** Bei der Prüfung der Inanspruchnahme kommt es ausschließlich darauf an, ob die Inanspruchnahme der Garantie mit den Auszahlungsbedingungen übereinstimmt. Die Prüfung richtet sich maßgeblich nach folgenden drei Prüfungskriterien.

87   Die Garantieinanspruchnahme und insbes. uU notwendige Zusatzerklärungen und/oder vorzulegende Dokumente müssen der äußeren Aufmachung nach den in der Garantie genannten Bedingungen entsprechen. Die Garantiebank hat keinen Ermessensspielraum, Abweichungen zuzulassen.

88   Darüber hinaus müssen die nach der Garantie im Rahmen der Inanspruchnahme vorzulegenden Dokumente und Erklärungen vollständig vor dem Verfalldatum der Garantie

---

[55] v. Westphalen S. 254.

vorgelegt werden. Das Fehlen eines Dokumentes oder einer Zusatzerklärung macht die Inanspruchnahme im Ganzen unwirksam. Eine Ankündigung, solche Dokumente nachzureichen, ist unbeachtlich. In der Praxis fordert der Garantienehmer die Garantiebank häufig auf, die Garantie zu verlängern und kündigt die Inanspruchnahme an für den Fall, dass dieses nicht erfolgt (sog. „Extend or Pay"-Verlangen). Ein solches Verlangen ist nur dann eine ordnungsgemäße Inanspruchnahme, wenn die Garantie keine zusätzlichen Erklärungen oder Dokumentenvorlage fordert. Ansonsten ist die Aufforderung „Extend or Pay" als unwirksam zurückzuweisen.

Als drittes Kriterium muss die Garantiebank prüfen, ob die vorzulegenden Erklärungen **89** oder Dokumente widersprüchlich sind. Schädlich ist es jedoch nur, wenn der Inhalt eines Dokumentes, die für die Garantieprüfung wesentlichen Merkmale eines anderen Dokumentes aufhebt oder einschränkt oder sich aus einer zusätzlichen Begründung der Inanspruchnahme ergibt, dass der Garantiefall nicht eingetreten ist. Ein Beispiel hierfür ist die Inanspruchnahme einer Anzahlungsgarantie mit der Begründung, der Garantieauftraggeber habe sich entgegen einer von ihm übernommenen Verpflichtung geweigert, einen Zusatzvertrag zur weiteren Anschlussprüfung abzuschließen[56].

b) Fristgerechte Inanspruchnahme. Eine wirksame Inanspruchnahme setzt ferner vor- **90** aus, dass diese zum Ablauf des Verfalltages bei der Garantiebank eingegangen ist. Nach dem üblichen Garantietexten reicht es nicht aus, wenn nur der Garantiefall innerhalb dieser Frist eingetreten ist. Sofern die Garantie eine Inanspruchnahme per Telekommunikationsmittel (zum Beispiel Telefax) nicht ausdrücklich ausschließt, ist dies im Hinblick auf § 157 Abs. 2 BGB nach allgemeiner Auffassung fristwahrend auch bei Eingang außerhalb der Schalterstunden. Eine schriftliche Inanspruchnahme muss jedoch per Post grundsätzlich innerhalb der Geschäftsöffnungszeiten eingehen. Auch die nach den Garantiebedingungen neben der Aufforderung zur Zahlung vorzulegenden Dokumente müssen rechtzeitig eingehen. Hiermit liegt das Risiko der rechtzeitigen Inanspruchnahme der Garantie beim Garantienehmer, was auch Verzögerungen aufgrund höherer Gewalt einschließt[57].

Im Rahmen der fristgerechten Inanspruchnahme muss die Garantiebank ebenfalls prü- **91** fen, ob die Inanspruchnahme vom Garantiebegünstigten stammt und wirksam gezeichnet ist. Dies wirft dann keine größeren Schwierigkeiten auf, wenn zwischen der Garantiebank und dem Garantienehmer die Inanspruchnahme per Telekommunikationsmittel mit vereinbartem Code vorgesehen ist (zum Beispiel Swift). In anderen Fällen ist bei Anlegung des Prüfungsmaßstabs der Grundsatz der formellen Ordnungsgemäßheit zu berücksichtigen. Die Garantiebank kann daher nicht im materiellen Sinne prüfen, ob zum Beispiel der Unterzeichner der Inanspruchnahme auch für den Garantienehmer vertretungsberechtigt war. Eine solche Feststellung einer Vertretungsberechtigung insbes. bei ausländischen Gesellschaften, verlangt einen juristischen Prüfungsaufwand, für den im Dokumentengeschäft kein Raum ist. In der Praxis spielt diese Frage kaum eine Rolle, weil der Garantieauftraggeber nach herrschender Praxis von der Anforderung der Garantiesumme zu unterrichten ist und gehalten ist, die Bank darauf aufmerksam zu machen, wenn die Inanspruchnahme aufgrund von Vertretungsmängeln unwirksam sein sollte.

Eine fristgerechte Inanspruchnahme liegt ferner nur dann vor, wenn sie bei der Stelle der **92** Garantiebank eingeht, welche die Garantie ausgestellt hat. Bei einer Bank mit mehreren inländischen und/oder ausländischen Filialen, ist dies die Stelle, welche die Garantie unterzeichnet hat. Bei der Erstellung einer Garantie ist es daher ratsam, für die Inanspruchnahme ebenfalls eine Filiale mit Anschrift aufzuführen.

c) Formgerechte Inanspruchnahme. Die Inanspruchnahme muss den in der Garantie **93** enthaltenden Formanforderungen entsprechen. Enthält die Garantie keine Bestimmungen und ergeben sich auch aus der Auslegung keine anderweitigen Anhaltspunkte, so greift die

---

[56] Schimansky/*T. Fischer* § 121 Rn. 128; *v. Westphalen* S. 192, jedoch mit Berücksichtigung im Rahmen der missbräuchlichen Inanspruchnahme.
[57] OLG Stuttgart WM 1979, 733, 735.

Vermutungswirkung des § 127 BGB, so dass auch die Inanspruchnahme durch Telefax ausreichend ist[58]. Auch wenn die Garantie für die Inanspruchnahme eine Schriftform vorsieht, reicht die Anforderung per Telefax aus, da die Schriftform nur die Funktion eines Beweismittels hat, welches die Bank im Verhältnis zum Auftraggeber als Nachweis ordnungsgemäßer Inanspruchnahme benötigt. Dieser Nachweis kann auch mit einem Telefax geführt werden. Zudem stellt Ziffer 5 der Avalbedingungen klar, dass die Garantiebank berechtigt ist, per authentisierter oder verschlüsselter Telekommunikation übermittelte Dokumente als Originale zu behandeln. Liegt jedoch bei der Fernübermittlung keine Codevereinbarung vor, muss die Garantiebank prüfen, ob die Inanspruchnahme tatsächlich vom Garantienehmer stammt.

94 Bei einer Garantie auf erstes Anfordern ist die einfache Anforderung der Garantiesumme durch den Garantiebegünstigten ausreichend. Der Begünstigte braucht den Eintritt des Garantiefalles weder ausdrücklich zu behaupten, noch darzulegen. Zur Wahrung von Verjährungs- und Ausschlussfristen ist grundsätzlich auch eine unbezifferte Geltendmachung der Ansprüche ausreichend. Oftmals ist der Garantienehmer bei Verfall der Garantie gar nicht in der Lage, die genaue Höhe des durch die Garantie gesicherten Betrages zu benennen. Für die Auszahlung der Garantie muss die Bezifferung des Betrages jedoch nachgeholt werden[59].

95 Verlangt die Garantie die Abgabe von Erklärungen des Garantienehmers im Rahmen der Inanspruchnahme, so müssen diese Erklärungen der Garantieklausel entsprechen. Eine wortgetreue Wiedergabe muss nur erfolgen, wenn dies in der Garantie ausdrücklich vorgeschrieben ist (zum Beispiel durch eine Angabe im Tenor der Garantie in Anführungszeichen). Ansonsten muss die Zusatzerklärung sinngemäß mit dem Wortlaut der Zahlungsklausel übereinstimmen. Im Regelfall muss der Garantienehmer nur allgemein erklären, dass der Garantieauftraggeber seine Verpflichtungen nicht erfüllt hat oder sich in Verzug befindet, wobei eine pauschale Behauptung ausreicht.

96 Sieht die Zahlungsklausel der Garantie die Vorlage von Dokumenten vor, müssen diese der Garantiebank bei Inanspruchnahme vorgelegt werden. Die Garantiebank prüft dann die formale Ordnungsgemäßheit der Dokumente im Hinblick auf die in der Garantie enthaltenden Angaben.

97 **2. Inanspruchnahme bei indirekten Garantien. a) Inanspruchnahme der Zweitbank aus ihrer Direktgarantie.** Auch die Zweitbank hat bei der Inanspruchnahme aus ihrer Direktgarantie durch den Garantiebegünstigten die allgemeinen Regeln der Auftrags- und Dokumentenstrenge einzuhalten und nach diesen zu prüfen, ob der formelle Garantiefall eingetreten ist. Besonderheiten können sich natürlich nach dem auf die Garantie anwendbaren Landesrecht ergeben. Solche landesrechtlichen Vorschriften können die Zahlungsklausel der Garantie nicht modifizieren, sich jedoch auf den übrigen Inhalt der Garantie auswirken, insbes. auf die Anerkennung oder Nichtanerkennung eines Verfalldatums oder die Voraussetzung für eine Zahlungsverweigerung wegen Rechtsmissbrauchs. Trifft die Zeitbank ihre Entscheidung über eine Zahlung oder die Zahlungsverweigerung unter der Garantie in Übereinstimmung mit dem auf die Garantie anwendbaren Landesrecht, so hat dies Tatbestandswirkung für alle Beteiligten, dh die ausländische Zweitbank hat Anspruch auf Erstattung der Garantiesumme gegen die inländische Erstbank und diese wiederum einen Anspruch auf Aufwendungsersatz gegen ihren Auftraggeber.

98 **b) Inanspruchnahme der inländischen Erstbank durch die ausländische Zweitbank.** In der Regel wird die ausländische Zweitbank bei Inanspruchnahme aus ihrer Direktgarantie diese Tatsache zunächst der inländischen Erstbank mitteilen. Oftmals leitet die Zweitbank auch erst nach Eingang des Garantiebetrages von der Erstbank diesen an den Begünstigten weiter.

---

[58] *BGH* WM 99, 72.
[59] *Zahn/Ehrlich/Haas* Rn. 9/118.

Abschnitt 12. Ausgewählte Auslandsgeschäfte (Inkasso, Akkreditiv, Bankgarantie)

Die inländische Erstbank hat bei einer Inanspruchnahme durch die ausländische Zweitbank lediglich zu prüfen, ob die Anforderungen der Garantiesumme durch die ausländische Zweitbank formell in Ordnung ist, wobei sie bis zum Beweis des Gegenteils den Eintritt des formellen Garantiefalles unterstellen kann. Sofern keine Indizien für einen Rechtsmissbrauch vorliegen, darf die inländische Erstbank darauf vertrauen, dass die ausländische Zweitbank die Ordnungsgemäßheit der Inanspruchnahme der durch die ausländische Zweitbank herausgelegten Direktgarantie geprüft hat[60]. Diese Tatbestandswirkung der Entscheidung der ausländischen Zweitbank führt letzten Endes zu einer Herabsetzung der Prüfungspflichten der inländischen Erstbank. Trotzdem muss die inländische Erstbank die Anforderungen der ausländischen Zweitbank an den Garantieauftraggeber weiterleiten. Der Hauptzweck dieser Unterrichtung besteht darin, den Auftraggeber auf die bevorstehende Kontobelastung vorzubereiten. Sie hat aber auch den Nebeneffekt, dass der Auftraggeber in der Lage ist, der inländischen Erstbank gegenüber Einwendungen über die Zulässigkeit der Inanspruchnahme der von der ausländischen Zweitbank herausgelegten Garantie zu erheben. Rechtlich beachtlich sind jedoch nur solche Einwendungen, die mit liquiden Beweismitteln ein kollusives Zusammenwirken zwischen Garantienehmer und ausländischer Zweitbank belegen (Nachweis des sog. doppelten Rechtsmissbrauches)[61]. Trotzdem wird die inländische Erstbank auch solche Einwendungen an die ausländische Zweitbank weiterleiten, deren rechtliche Relevanz zweifelhaft ist, um festzustellen, ob der ausländische Garantienehmer bereit ist, seine Position zu überprüfen. Ist er dazu nicht bereit, muss die inländische Erstbank der ausländischen Zweitbank Aufwendungsersatz leisten. Ist hingegen die inländische Erstbank aufgrund der ihr vorgelegten Unterlagen selbst von einem missbräuchlichen Verhalten des Garantienehmers und der ausländischen Zweitbank überzeugt, ist sie zur Zahlungsverweigerung verpflichtet.

XI. Auszahlung der Garantie

1. Zahlung der Garantiebank. Für die Prüfung einer Auszahlung aus der Garantie hat die Garantiebank nach den allgemeinen Usancen eine Frist von etwa ein bis drei Tagen. Danach muss sie in eigener Kompetenz über die Zahlung oder die Zahlungsverweigerung entschieden haben und, sofern sie der Ansicht ist, die Zahlungsbedingungen der Garantie seien erfüllt, Zahlung leisten. Sind die Zahlungsbedingungen der Garantie ihrer Ansicht nach nicht erfüllt, besteht unter dem Gesichtspunkt von Treu und Glauben eine Obliegenheit der Garantiebank, etwaige Beanstandungen dem Begünstigten unverzüglich mitzuteilen und nicht erst den Ablauf der Garantiefrist abzuwarten, so dass der Garantienehmer in der Lage ist, noch fristgemäß etwaige Mängel der Inanspruchnahme zu beseitigen. Die Zahlung aus der Garantie wird mit ordnungsgemäßer Inanspruchnahme zuzüglich der Bearbeitungszeit fällig. Nach herrschender Auffassung gerät die Garantiebank in Verzug, wenn sie nach Ablauf der Prüfungsdauer nicht unverzüglich zahlt[62].

Leistungsort für die Zahlungsverpflichtung der Garantiebank ist deren Geschäftssitz, soweit die Garantie nichts anderes bestimmt. Nach deutschem Recht liegt eine sog. Schickschuld vor. Daran ändert auch die Nennung eines auswärtigen Kontos des Garantienehmers nichts, da dies lediglich eine Zahlstellenangabe darstellt. Die Garantiebank hat also auf ihre Gefahr und Kosten hin dem Gläubiger das Geld an seinem Wohnsitz zu übermitteln. Für die Rechtzeitigkeit der Auszahlung der Garantie kommt es darauf an, dass die Garantiebank nach Ablauf der Prüfungsdauer an ihrem Sitz, also dem Erfüllungsort, die erforderlichen Maßnahmen zur Durchführung der Überweisung getroffen hat (nach dem neuen Überweisungsrecht muss sie den Überweisungsauftrag ggf. an die Korrespondenzbank erteilt haben und dieser von der Korrespondenzbank bearbeitet, also angenommen sein). Das Risiko eines verspäteten Zahlungseingangs trägt der Garantienehmer.

---

[60] *Zahn/Ehrlich/Haas* Rn. 9/120.
[61] *Schimansky/T. Fischer* § 121 Rn. 198 ff.
[62] *Schimansky/T. Fischer* § 119 Rn. 143.

102 2. Rückforderungsrecht. Die Frage, wem nach einer Zahlung aus der Garantie ein Rückforderungsrecht zusteht, sollte sich herausstellen, dass der materielle Garantiefall nicht eingetreten war, ist umstritten. Teilweise wird vertreten, dass der Garantiebank ein eigener Anspruch zusteht, da sie aufgrund ihrer eigenen Garantieverpflichtung geleistet hat[63]. Hingegen hat der BGH vertreten, dass die Garantie konditionsfest ist, so dass die Garantiebank keine Rückzahlung wegen ungerechtfertigter Bereicherung verlangen kann[64]. Hingegen steht der Rückzahlungsanspruch dem Auftraggeber zu, so dass im Falle seiner Insolvenz dieser Anspruch durch den Insolvenzverwalter geltend gemacht werden kann und der Betrag in die Insolvenzmasse fließen würde. Aufgrund dieser Unsicherheit sollte sich die Garantiebank bereits bei Auftragserteilung einen etwaigen Rückforderungsanspruch des Auftraggebers abtreten lassen.

XII. Zahlungsverweigerung und gerichtliche Eilmaßnahmen wegen rechtsmissbräuchlicher Inanspruchnahme

103 1. Direkte Garantien. Die Gefahr einer rechtsmissbräuchlichen Inanspruchnahme ist ein typisches Risiko abstrakter Zahlungsversprechen, da der Begünstigte bei Erfüllung der formell festgelegten Bedingungen einen Zahlungsanspruch erhält, der ohne Rücksicht darauf, ob nach dem zugrunde liegenden Vertrag ein Zahlungsanspruch gegeben ist, durchsetzbar ist. Merkmal der abstrakten Ansprüche ist daher, dass die Frage der endgültigen materiellen Berechtigung des Begünstigten erst im Nachverfahren geprüft werden kann und soll. Im Rahmen der Prüfung der Rechtsmissbräuchlichkeit einer Inanspruchnahme geht es somit nur um die Feststellung, unter welchen Voraussetzungen es mit den wesentlichen Grundgedanken der Rechtsordnung nicht mehr vereinbar ist, denjenigen, der ein abstraktes Zahlungsversprechen gestellt hat, bei unberechtigter Inanspruchnahme auf das Nachverfahren zu verweisen. Der Grundsatz von Treu und Glauben (§ 242 BGB) enthält das Verbot des Rechtsmissbrauchs und gibt die Möglichkeit, den Einwand der unzulässigen Rechtsausübung in diesen Fällen vorzubringen.

104 a) Grundtatbestand des Rechtsmissbrauchs. Eine rechtsmissbräuchliche Inanspruchnahme liegt vor, wenn es offensichtlich oder liquide beweisbar ist, dass trotz Vorliegens der formellen Voraussetzungen der materielle Garantiefall nicht gegeben ist[65].

105 Der materielle Garantiefall ist dann nicht eingetreten, wenn der wirtschaftliche Erfolg, der besichert werden sollte, nicht eingetreten ist oder objektiv nicht mehr eintreten kann, zB weil das besicherte Grundgeschäft nicht zustande gekommen ist[66]. Ob die Verletzungen aus dem Grundvertrag schuldhaft waren oder ob Fälle höherer Gewalt vorlagen, spielt keine Rolle. Allein der Tatbestand der Nichterfüllung ist maßgeblich, wobei es auch auf die Schwere der Vertragspflichtverletzung im Grundverhältnis nicht ankommen soll.

106 Zudem muss der objektive Nichteintritt des materiellen Garantiefalles offenkundig beziehungsweise liquide beweisbar sein, denn die Funktion der Garantie besteht darin, zunächst Zahlungen zu gewährleisten, so dass alle Streitfragen tatsächlicher oder rechtlicher Art, die nicht ohne Weiteres geklärt werden können, erst nach Zahlung in einem eventuellen Rückforderungsprozess auszutragen sind. Die Behauptungs- und Beweislast liegt bei der Garantiebank beziehungsweise beim Garantieauftraggeber. Der Rechtsmissbrauch ist offenkundig, wenn er „gerichtsbekannt", also für jedermann ersichtlich ist. Eine liquide Beweisbarkeit ist gegeben, wenn die Feststellung möglich ist, ohne dass eine Beweisaufnahme oder weitere Recherchen notwendig werden. Teilweise werden hierfür nur Dokumente für ausreichend erachtet, teilweise werden auch andere durchschlagende Beweismittel als zulässig angesehen. Einigkeit besteht jedoch darüber, dass eine Aussage beziehungs-

---

[63] *Zahn/Ehrlich/Haas* Rn. 9/132.
[64] *BGH* WM 1998, 2522.
[65] *BGH* WM 1985, 511; *BGH* WM 1986, 1429; *BGH* NJW 1988, 2610; *BGH* ZIP 1989, 1108.
[66] *Saarländisches* OLG ZIP 2001, 1318.

weise eidesstattliche Versicherung des Garantieauftraggebers kein geeignetes Beweismittel darstellt[67]. Von den Umständen des Einzelfalles ist es abhängig, ob eine gegen den Garantiebegünstigten ergangene einstweilige Verfügung einen Rechtsmissbrauch liquide nachweisen kann. Ist diese einstweilige Verfügung ohne Anhörung lediglich im Beschlusswege ergangen und enthält keine Begründung, so kann dies sicherlich nicht angenommen werden[68]. Eine liquide Beweisbarkeit ist zudem immer dann nicht gegeben, wenn für die Feststellung des Rechtsmissbrauchs eine nicht ganz einfache Beweiswürdigung erforderlich ist.

Die wohl herrschende Meinung geht zudem davon aus, dass für die rechtsmissbräuchliche Inanspruchnahme durch den Garantiebegünstigten seitens des Garantiebegünstigten kein Verschulden erforderlich ist, auch wenn in den neueren Urteilen des BGH ein subjektiver Tatbestand des Rechtsmissbrauchs anzuklingen scheint[69]. **107**

Auch ausländische Rechtsordnungen verbieten den Rechtsmissbrauch in jeglicher Form, wobei jedoch systematische Ansätze und Anforderungen an den Tatbestand verschieden sind. Diese Unterschiede können sich dann auswirken, wenn es zur Erstellung einer indirekten Garantie über die Einschaltung einer ausländischen Bank kommt. Im angloamerikanischen Rechtskreis ist der Einwand des Rechtsmissbrauchs nur bei betrügerischem Verhalten gegeben (Art. 5–1114 UCC: Zahlungsverweigerung der Bank, wenn die vorzulegenden Dokumente gefälscht sind oder sich der Begünstigte betrügerisch verhalten hat; englisches Recht: Rechtsmissbrauch bei Nachweis eines „clear" oder „established fraud"). Nicht verständlich ist jedoch, warum ein Rechtsmissbrauch nicht gegeben sein soll, nur weil der Begünstigte die offenkundigen oder liquide beweisbaren Tatsachen nicht kannte. **108**

b) Recht und Pflicht zur Zahlungsverweigerung. Im Falle des Rechtsmissbrauchs oder des Vorliegens eines Gültigkeits- oder Inhaltseinwandes aus der Garantie ist die Bank zur Zahlungsverweigerung berechtigt und auch verpflichtet. **109**

c) Einzelfälle. aa) Auswirkungen öffentlich-rechtlicher Eingriffsnormen. Uneinheitlich ist die Beurteilung der Auswirkungen öffentlich-rechtlicher Verbote aus dem Währungs- und Außenwirtschaftsrecht, wenn sich diese nicht gegen die Garantie selbst, sondern nur gegen den Abschluss und/oder die Erfüllung des Grundvertrages richten und den Garantieauftraggeber vollständig oder zeitweilig von seiner Leistungspflicht befreien oder zur Unklagbarkeit der gegen ihn gerichteten Forderungen führen. Aus der Funktion der Bankgarantie ergibt sich der Grundsatz der Unbeachtlichkeit von Mängeln des Valutaverhältnisses zwischen Auftraggeber und Garantiebegünstigtem, der nicht durch den Einwand des Rechtsmissbrauchs gegenstandslos gemacht werden kann. Im Rahmen eines Urteils zum Akkreditiv hat der BGH die Ansicht vertreten, eine missbräuchliche Inanspruchnahme liege trotz nichtigem Grundgeschäft erst dann vor, wenn die Nichtigkeit auf einem Verstoß gegen absolute Verbotsgesetze, die unter Strafe gestellt sind, beruht[70]. Ein Teil der Literatur wollen dagegen bereits die bloße Nichtigkeit ausreichen lassen, da ansonsten der Begünstigte zumindest vorläufig den Gegenwert des nichtigen Geschäfts erhalten würde[71]. Der Einwand des Rechtsmissbrauchs wird ohne Zweifel begründet, wenn sich solche Eingriffsnormen gegen die Garantie selbst richten. **110**

bb) Unmöglichkeit. Die Zahlungsverpflichtung aus der Garantie bleibt grundsätzlich unberührt, auch wenn die Durchführung des gesicherten Grundgeschäftes unmöglich sein sollte[72]. Fälle der unverschuldeten Unmöglichkeit können den Einwand des Rechtsmissbrauchs nur dann begründen, wenn die Unmöglichkeit in die Risikosphäre des Garantienehmers fällt. **111**

---

[67] Schimansky/*T. Fischer* § 121 Rn. 188.
[68] *BGH* WM 2000, 2334.
[69] *BGH* ZIP 2000, 2156; Schimansky/*T. Fischer* § 121 Rn. 191.
[70] *BGH* WM 1996, 995.
[71] Schimansky/*Nielsen* § 121, Rn. 235.
[72] *BGH* WM 1984, 689; *BGH* ZIP 1993, 1851 f.

112 **cc) Ordre Public.** Bei Direktgarantien kommt eine Berufung auf Art. 9 Rom-I-Verordnung nur dann in Betracht, wenn die Garantie ausnahmsweise ausländischem Recht unterliegt und die entsprechende Norm des ausländischen Rechts in untragbarem Widerspruch zu grundlegenden deutschen Rechtsvorstellungen steht. (Ein solcher Ausnahmetatbestand wurde in dem Fall bejaht, in dem der iranische Staat einen Bürgen trotz Enteignung der Anteile an dieser Gesellschaft in Anspruch nahm, der sich als Alleingesellschafter für die Verpflichtung seiner Gesellschaft verbürgt hatte[73]).

113 **dd) Nichtbeachtung des Sicherungszwecks.** Die Garantie kann nicht für Ansprüche nutzbar gemacht werden, die nicht aus dem zugrunde liegenden Geschäftsverhältnis resultieren. Hier zeigt sich die Ordnungsfunktion der Präambel, die das zu besichernde Geschäft beschreibt.

114 **ee) Wegfall des gesicherten Risikos vor und nach Garantieinanspruchnahme.** Die Erfüllung des gesicherten Anspruchs vor Garantieinanspruchnahme begründet stets den Einwand des Rechtsmissbrauchs, sofern die Erfüllung offenkundig oder liquide beweisbar ist. Fraglich ist die Annahme des Rechtsmissbrauchs jedoch für den Fall, in dem die Inanspruchnahme der Garantie zunächst ordnungsgemäß war, die Erfüllung jedoch unmittelbar danach eintrat. Dies hat der BGH in einem Falle einer nachweisbaren Ermäßigung bejaht, da die Ermäßigung eine auflösende Bedingung sei, die die bis zur Auszahlung der Garantiesumme zu berücksichtigen sei[74].

115 **d) Gerichtliche Eilmaßnahmen.** Es ist in der Rechtsprechung und Literatur umstritten, ob der Auftraggeber einer Garantie eine missbräuchliche Inanspruchnahme der Garantie im Wege der einstweiligen Verfügung oder im Wege eines Arrestes verhindern kann. Eine einstweilige Verfügung kann entweder in Form eines Zahlungsverbotes gegen die Garantiebank oder auch in Form eines Verbotes der Einziehung des Garantiewertes gegen den Garantiebegünstigten ergehen. Auch wenn die Zulässigkeit der einstweiligen Verfügung gegen die Garantiebank, die ihr untersagen würde, aus der Garantie Zahlungen zu leisten, umstritten ist, wird sie von den Gerichten teilweise zugelassen.

116 In der Literatur wird die Zulässigkeit des Arrestes, mit dem der Auszahlungsanspruch des Garantienehmers gegen die Garantiebank als Sicherheit für den Schadenersatzanspruch, der dem Auftraggeber bei missbräuchlicher Inanspruchnahme gegen den Garantiebegünstigten zustehen würde, beschlagnahmt wurde, jedoch weitgehend verneint, das der Arrest gerade die Entstehung des geldwerten Schadenersatzanspruches, den er besichern würde, verhindert[75]. Wesentlich bei diesem Streit um das Verhältnis zwischen einstweiliger Verfügung und Arrest ist, dass Gegenstand des Anspruchs des Garantieauftraggebers gegen den Garantienehmer im Falle des Rechtsmissbrauchs die Nichteinziehung der Garantiesumme wäre, also ein Anspruch auf Unterlassung, für die nicht der Arrest sondern die einstweilige Verfügung das zutreffende Rechtsmittel ist.

117 **2. Indirekte Garantien. a) Doppelter Rechtsmissbrauch.** Auf Grund der selbständigen Rechtsbeziehungen zwischen den Beteiligten muss die Zulässigkeit der Inanspruchnahme der ausländischen Zweitbank durch den Garantienehmer aus ihrer Direktgarantie unabhängig von der Zulässigkeit der Inanspruchnahme der inländischen Erstbank durch die ausländische Zweitbank beurteilt werden. Davon wiederum losgelöst ist die Frage der Weiterbelastung des Garantieauftraggebers durch die inländische Erstbank zu betrachten. Dabei können sich die Beteiligten immer nur auf ein fehlerhaftes Verhalten ihres unmittelbaren Vertragspartners, berufen. Die ausländische Zweitbank als Garantiegeberin der Direktbank hat sowohl für die Anerkennung der Inanspruchnahme ihrer Garantie, als auch für die Feststellung eines etwaigen Rechtsmissbrauchs im Rahmen der Inanspruchnahme die alleinige Entscheidungskompetenz. Das an ihrem Sitz geltende Recht entscheidet darüber, ob ein

---

[73] *BGH* WM 1988, 893.
[74] *BGH* WM 1984, 633.
[75] *v. Westphalen* S. 302.

Fall der rechtsmissbräuchlichen Inanspruchnahme der Direktgarantie vorliegt, der die Bank dazu berechtigen würde, die Zahlung aus der Garantie zu verweigern.

Für die Frage, ob die inländische Erstbank gegenüber der ausländischen Zweitbank im Falle ihrer Inanspruchnahme Einwendungen erheben kann, kommt es nicht allein auf den Nachweis einer missbräuchlichen Inanspruchnahme der Direktgarantie durch den ausländischen Garantienehmer an, sondern vor allem auch darauf, ob die Zweitbank nach dem für sie geltenden Recht vorhandene Abwehrmöglichkeiten fehlerhaft nicht geltend gemacht hat. Die inländische Erstbank kann die Zahlung an die ausländische Zweitbank also nur dann verweigern, wenn ein sog. doppelter Rechtsmissbrauch vorliegt. Dieser erfordert (i) den Nachweis der missbräuchlichen Inanspruchnahme der ausländische Zweitbank aus ihrer Direktgarantie und (ii) den Nachweis der missbräuchlichen Inanspruchnahme der inländischen Erstbank aus ihrem Garantieauftrag oder ihrer Gegengarantie durch die ausländische Zweitbank, weil diese entweder wider besseres Wissen eine Inanspruchnahme ihrer Direktgarantie zugelassen hat, obwohl sie nach ihrem Heimatrecht hätte Einwendungen erheben können, oder der Garantienehmer und die Zweitbank bei der Inanspruchnahme der inländischen Erstbank arglistig zusammenwirkten. 118

Der Garantieauftraggeber wiederum kann sich gegen die Belastung mit der Garantiesumme oder sonstigen Aufwendungen nur wehren, wenn er der inländischen Erstbank gegenüber Nachweise über diesen sog. doppelten Rechtsmissbrauch erbringen kann und die inländische Erstbank sich hierüber hinweggesetzt hat. 119

b) Eilmaßnahmen bei indirekten Garantien. In der Regel richten sich Eilmaßnahmen nicht gegen den Garantienehmer oder die ausländische Zweitbank, sondern gegen die inländische Erstbank, die für den Auftraggeber in der Regel leichter zu erreichen ist. Hierfür muss der Auftraggeber den sog. doppelten Rechtsmissbrauch nachweisen (zB durch Vorlage eines Urteils, das den Begünstigten zur Rückgabe der Garantie verpflichtet). Hierfür ist erforderlich, dass die ausländische Zweitbank positive Kenntnis von den Tatsachen hat, welche die Inanspruchnahme ihrer Direktgarantie als missbräuchlich erscheinen lassen. 120

XIII. Übertragbarkeit einzelner oder aller Rechte aus der Garantie

Die Übertragung von Rechten aus einer Garantie hat wesentliche Bedeutung im Rahmen des Kreditsicherungs- und Forfaitierungsgeschäftes. Ihr wirtschaftlicher Wert hängt davon ab, ob der Garantienehmer nur den durch Inanspruchnahme bedingten Zahlungsanspruch abtreten kann, oder ob er die Rechte aus der Garantie im Ganzen, einschließlich des Rechts auf Inanspruchnahme übertragen kann. 121

Die Abtretung des Zahlungsanspruches, der durch die Inanspruchnahme der Garantie bedingt ist, ist grundsätzlich ohne Zustimmung der Garantiebank zulässig, da die Abtretung zu keiner Inhaltsänderung führt[76]. Dies hat jedoch nur einen begrenzten Besicherungswert, weil der Abtretungsgläubiger die Inanspruchnahme der Garantie selbst nicht vornehmen kann und insoweit weiterhin auf die Mitwirkung des Garantienehmers angewiesen ist. 122

Ob neben dem reinen Zahlungsanspruch auch das Recht auf Inanspruchnahme der Garantie übertragbar ist, hängt davon ab, ob es als ein höchstpersönliches Recht im Sinne von § 399 BGB anzusehen ist. Die Rechtsprechung des BGH zur Bürgschaft auf erstes Anfordern und auch Teile der Literatur verneinen dies[77]. Die juristische Literatur geht darüber hinaus weitgehend von der Nichtübertragbarkeit des Rechts auf Inanspruchnahme aus. Jedenfalls ist die Nichtübertragbarkeit dann gegeben, wenn bei Inanspruchnahme der Garantie eine Erklärung über den Eintritt des Garantiefalls abgegeben werden muss, da die Feststellung eines nichtvertragsgemäßen Verhaltens des Garantieauftraggebers immer nur vom Garantienehmer selbst vorgenommen werden kann[78]. Hingegen ist das Recht zur 123

---

[76] Schimansky/T. Fischer § 121 Rn. 261; Zahn/Ehrlich/Haas Rn. 9/136.
[77] BGH WM 1987, 553.
[78] Zahn/Ehrlich/Haas Rn. 9/138 mwN.

Inanspruchnahme übertragbar, wenn diese Übertragbarkeit in der Garantie selbst bereits vorgesehen wurde.

XIV. Einheitliche Richtlinien für auf Anfordern zahlbare Garantien (ICC Publikation Nr. 458; 758-URDG)

124 Seit 1991 hat die Internationale Handelskammer Einheitliche Richtlinien für auf Anfordern zahlbare Garantien (URDG) verabschiedet[79], die weitgehend der im Außenhandel bewährten Standardform des Garantiegeschäftes und vergleichbaren abstrakten Instrumenten entsprechen. Aufgrund ihrer fehlenden Anerkennung durch die Bankenverbände gelten die URDG nicht, auch nicht teilweise, als Gewohnheitsrecht, sondern finden nur dann Anwendung, wenn sie ausdrücklich vereinbart worden sind. Wenn eine auf Anfordern zahlbare Garantie oder Gegengarantie an oder nach dem 1. Juli 2010 erstellt und ausdrücklich den URDG unterstellt ist, ohne die Fassung 1992 oder die Revision 2010 als maßgeblich oder ohne die Publikations-Nummer anzugeben. dann unterliegt die auf Anfordern zahlbare Garantie oder die Gegengarantie nur der Revision 2010 der URDG[80].

125 **1. Einbeziehung.** Die einheitlichen Richtlinien für auf Anfordern zahlbare Garantien (URDG) gelten zwischen den Beteiligten des Garantievertrages nur, wenn sie ausdrücklich vereinbart worden sind. Hierfür ist eine Weisung oder Zustimmung des Auftraggebers, die Garantie den URDG zu unterstellen, erforderlich. Darüber hinaus müssen die vorgeschriebenen Garantiebedingungen mit diesen Richtlinien vereinbar sein In einem solchen Fall hat die Garantiebank in den Text ihrer Garantie eine drucktechnisch klar erkennbare Einbeziehungsklausel aufzunehmen (zB „Diese Garantie unterliegt den einheitlichen Richtlinien für auf Anfordern zahlbare Garantien, ICC-Publikation Nr. 758.")

126 **2. Besondere Regelungen der URDG im Vergleich.** Art. 20 lit. a URDG 458 verlangt, dass der Begünstigte der Garantie auch dann eine Erklärung über Eintritt und Art der Vertragsverletzung abgeben muss, wenn diese Erklärung in der Zahlungsklausel der Garantie nicht vorgesehen ist. Diese Regelung ist insofern bedenklich, als dass der Wortlaut der Zahlungsklausel oftmals als Individualabrede aufgefasst werden kann, welche wiederum die nach Art. 20 URDG 458 abzugebende Erklärung ausschließen würde. Um also Streitigkeiten in diesem Punkt zu vermeiden, sollte die Anwendbarkeit des Art. 20 URDG 458 ausgeschlossen werden (dann wäre die Abgabe einer solchen Erklärung nicht erforderlich) oder der Wortlaut von Art. 20a URDG 458 wiederholt werden (dann wäre deutlich, welche Erklärung der Begünstigte abgeben muss). Die revidierte Fassung des URDG 758 hält in Art. 15 grundsätzlich eine Erklärung für erforderlich, stellt jedoch in Art. 15 lit. c klar, dass dies nur gilt, falls sie in der Garantie oder Gegengarantie nicht ausdrücklich ausgeschlossen wird.

127 Art. 4 URDG 458 legt fest, dass die Garantie nur dann übertragbar ist, wenn sie ausdrücklich übertragbar gestellt wurde. Daneben bleibt der reine Zahlungsanspruch auf Auskehrung des Garantiebetrages bei erfolgreicher Inanspruchnahme durch den Begünstigten zulässig. Unabhängig davon, ob eine Garantie abgibt, dass sie übertragbar ist, kann der Erlösanspruch bei Garantien, für die URDG 758 gilt, nach Maßgabe von Art. 33 lit. g URDG 758 abgetreten werden.

128 Das Inkrafttreten einer ausgestellten Garantie kann nach Art. 6 URDG 458 nur hinausgeschoben werden, indem ein späteres Datum eingesetzt wird oder die vorzulegenden Dokumente entsprechend gestaltet werden, da die Garantie aus sich heraus alle Bedingungen für ihre Wirksamkeit und Inanspruchnahme enthalten soll. Abweichend von Art. 6 URDG 458 kann jedoch ein späteres Inkrafttreten der Garantie auch auf andere Umstände (Eingang einer Anzahlung auf einem Konto der garantiegebenden Bank) abgestellt werden.

---

[79] ICC-Publikation Nr. 458, 758.
[80] Artikel 1 lit. d URDG 758.

Diese Möglichkeit bleibt auch unter den Voraussetzungen des Art. 4 URDG 758, zur Erstellung und Wirksamkeit der Garantie, erhalten.

Gem. Art. 24 URDG 458 ist das Erlöschen der Garantie entweder durch Einsetzung eines Verfalldatums oder durch Vorlage von in der Garantie selbst spezifizierter Dokumente zu bestimmen. Sind beide Alternativen aufgenommen, kommt es auf den zeitlich früher eintretenden Fall an. Darüber hinaus erlischt die Garantie nach Art. 23 URDG 458 unabhängig vom Inhalt der Verfallklausel auch durch Zahlung oder Haftentlassung durch den Garantienehmer, was durch dessen schriftliche Erklärung nachgewiesen werden muss. Die Reduzierung und das Erlöschen der Garantie haben in Art. 25 URDG 758 eine Neuregelung erfahren. Neben den bisherigen Regelungen gilt nach Art. 25 lit. c URDG 758, dass die Garantie drei Jahre nach ihrem Erstellungsdatum, die Gegengarantie dreißig Kalendertage später, erlischt, wenn weder ein Verfallsdatum noch ein Verfallsereignis angegeben worden ist.

129

Im Fall eines sog. „extend or pay"-Verlangens des Begünstigten muss der Garantieauftraggeber nach Art. 26 URDG 458 unverzüglich unterrichtet werden und die Garantiebank die Zahlung für eine angemessene Zeit aussetzen. Schwierigkeiten ergaben sich bisher aus der Frage, welche Zeit als „angemessen" anzusehen ist. Art. 23 lit. a URDG 758 bestimmt diese auf 30 Tage nach Erhalt der Aufforderung. Vorschläge sahen zum Teil 15 Kalendertage für Garantienehmer aus OECD-Länder und 30 Kalendertage für Garantienehmers aus sonstigen Ländern vor. Es stellt sich jedoch die Frage, ob diese Frist bei den zunehmenden elektronischen Übermittlungswegen nicht als zu lang anzusehen sind. Kommt es innerhalb der „angemessenen Zeit" zu keinem Verlängerungsauftrag, so muss die Garantiebank bei ordnungsgemäßer Inanspruchnahme Zahlungen an den Garantienehmer leisten, jedoch ohne Zinszahlung für die Verzögerung, sofern der Garantietext nicht ausdrücklich etwas anderes vorsieht. Die Anforderung der Zahlung gilt jedoch als zurückgenommen, wenn die Verlängerungsfrist vom Garanten beansprucht und von der anfordernden Partei gewährt wird[81].

130

3. Indirekte Garantien. Eine im Garantieauftrag enthaltenen Weisung, die Garantie den URDG zu unterstellen, darf die Erstbank nur dann kommentarlos an die ausländische Zweitbank weiterleiten, wenn ihr deren Bereitschaft bekannt ist, Garantien nach URDG zu erstellen. Andernfalls muss die inländische Erstbank den Auftraggeber auf die Möglichkeit hinweisen, dass die ausländische Zweitbank den Garantieauftrag ablehnen kann und hiermit das Risiko einer zeitlichen Verzögerung verbunden ist. Bleibt es bei der Weisung, die URDG zu vereinbaren, so wird die inländische Erstbank die ausländische Zweitbank ausdrücklich anweisen, eine Einbeziehungsklausel bezüglich der URDG in den Garantietext aufzunehmen, eine Inanspruchnahme nur anzuerkennen, wenn der Garantienehmer die Erklärung nach Art. 20 lit. a URDG 458; Art. 15 lit. a, b abgibt (sofern diese nicht ausdrücklich abbedungen sind). Ferner wird die inländische Erstbank ihren Garantieauftrag beziehungsweise ihre Gegengarantie ebenfalls den URDG unterstellen.

131

Den Remboursanspruch der ausländischen Zweitbank gegenüber der inländischen Erstbank bei ordnungsgemäßer Inanspruchnahme der Direktgarantie regeln die URDG nur für den Fall, dass die Erstbank eine Gegengarantie gestellt hat. Das Problem der Konkurrenz zwischen Garantieauftragsverhältnis und Gegengarantie zwischen inländischer Erstbank und ausländischer Zweitbank wird von den URDG nicht gelöst.

132

C. Akkreditiv

I. Funktion, Beteiligte, Formen

1. Funktion. Dem Praktiker ist das Akkreditiv als Zahlungsinstrument im Im- und Exportgeschäft in erste Linie in der Form des Dokumentenakkreditivs bekannt. Enthält der

133

---

[81] Art. 23 lit. d URDG 758.

Ex- oder Importvertrag zwischen dem Akkreditivauftraggeber und dem Akkreditivbegünstigten die Regelung, dass erfüllungshalber ein Akkreditiv zu stellen ist, wird der Käufer seiner Bank den Auftrag zur Eröffnung eines Akkreditivs zu Gunsten des Verkäufers erteilen, wobei er die Bedingungen des Grundgeschäftes zu beachten hat. Erhält der Verkäufer das Akkreditiv, wird er prüfen, ob es mit den Bedingungen des Grundgeschäftes übereinstimmt, da anderenfalls die stillschweigende Annahme als Modifizierung des Kaufvertrages gewertet werden kann[82]. Nachfolgend wird die Ware versandt und gegen Vorlage von Dokumenten wird aus dem Akkreditiv der Kaufpreis gezahlt. Damit ist schon die wichtigste Funktion des Akkreditivs beschrieben – die Zahlungsfunktion. Das Akkreditiv dient in erster Linie der Abwicklung des bargeldlosen Zahlungsverkehrs zwischen Importeur und Exporteur. In zweiter Linie, aber für die Beteiligten von ebensolcher Wichtigkeit, steht die Sicherungsfunktion des Akkreditivs. Der Exporteur wird Begünstigter eines abstrakten Zahlungsversprechens und der Importeur kann sicherstellen, dass er nur Zahlung leistet gegen die Vorlage von Dokumenten, die ihm in der Regel den Zugriff auf die Ware ermöglichen. Für den Verkäufer besteht der Vorteil insbes. darin, dass er von der Zahlungswilligkeit und Zahlungsfähigkeit des Käufers unabhängig wird.

134 In einigen Fällen kann die Akkreditivstellung für den Käufer auch eine Kreditfunktion erfüllen. Da der Käufer in der Regel bis zu einer Akkreditivzahlung keine Barsicherheit zu Gunsten der Akkreditivbank zu stellen hat, schont er seine Liquidität.

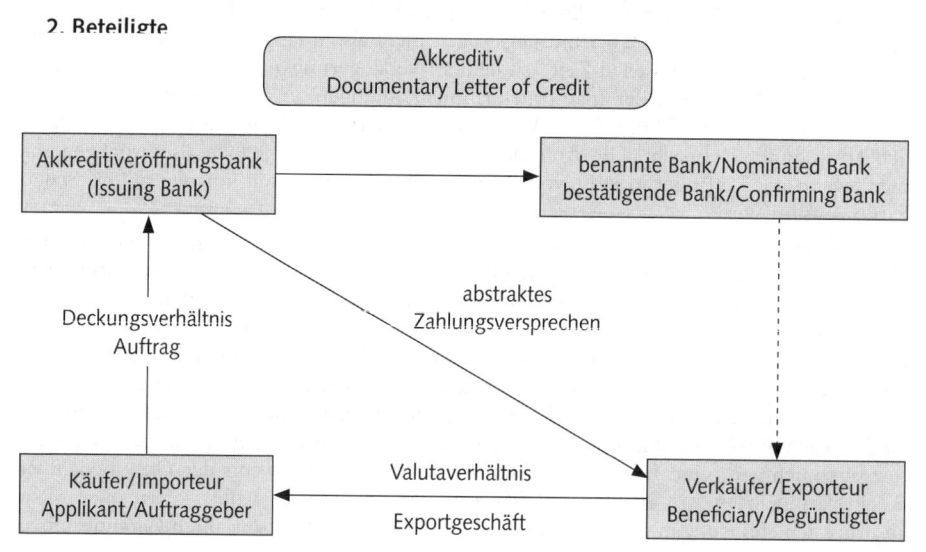

2. Beteiligte

135 Im Rahmen der Eröffnung eines Akkreditivs werden mindestens drei, in der Regel jedoch vier Beteiligte tätig:
der Auftraggeber („Applicant"), die eröffnende Bank („Issuing Bank"), der Begünstigte („Beneficiary") und ggf. eine avisierende Bank („Advising Bank") oder benannte Bank („Nominated Bank") oder bestätigende Bank „Confirming Bank").

136 Der Auftraggeber wird der eröffnenden Bank den Auftrag zur Eröffnung eines Akkreditivs erteilen und diese wird gegenüber dem Begünstigten das Akkreditiv stellen. In der Regel wird neben der eröffnenden Bank eine zweite Bank mit Sitz im Heimatland des Begünstigten eingeschaltet. Dies kann sinnvoll sein, um die Abwicklung zu vereinfachen und Postlaufzeiten zu verkürzen oder auch um politische Risiken und Transferrisiken auszuschalten. Die eingeschaltete Zweitbank kann je nach Inhalt der Beauftragung oder Ermächtigung durch die eröffnende Bank folgende Funktionen übernehmen:

---

[82] Schimansky/*Nielsen*/*Jäger* § 120 Rn. 29.

Abschnitt 12. Ausgewählte Auslandsgeschäfte (Inkasso, Akkreditiv, Bankgarantie)

- als avisierende Bank die Eröffnung des Akkreditivs dem Begünstigten anzeigen (Art. 7 ERA 500, Art. 9 ERA 600) oder
- als benannte Bank im Rahmen der Funktion einer Zahlstelle die vom Begünstigten präsentierten Dokumente entgegennehmen und das Akkreditiv auszahlen (ohne hierzu verpflichtet zu sein) bzw.
- als bestätigende Bank eine eigenständige Verpflichtung zur Erfüllung des Akkreditivs übernehmen (zusätzlich zur Verpflichtung der eröffnenden Bank, Art. 9 ERA 500, Art. 8 ERA 600).

3. Erscheinungsformen. a) Barakkreditiv. Beim Barakkreditiv handelt es sich um eine historische Akkreditivform, die heute keine Rolle mehr spielt[83]. Bei einem solchen Akkreditiv ersuchte insbes. in der Zeit der Hanse ein Handelshaus eine in einer anderen Stadt ansässige Korrespondenzfirma, einem bestimmten Begünstigten Zahlung gegen dessen bloße Legitimation zu leisten. 137

b) Dokumentenakkreditiv. Das Dokumentenakkreditiv (Documentary Credit oder Commercial Letter of Credit) ist das heute am weitesten verbreitete Zahlungsmittel im internationalen Handel. Es dient in der Regel dazu, die Kaufpreisforderung aus Warengeschäften mit grenzüberschreitendem Charakter zu sichern, wobei die eröffnende Bank Zahlungen gegen die Vorlage der im Akkreditiv genau zu bestimmenden Dokumente verspricht. 138

c) Standby Letter of Credit. Der Standby Letter of Credit ist eine Sonderform eines dokumentären Zahlungsversprechens, die im angloamerikanischen Rechtskreis entwickelt wurde[84]. Er kann sowohl als Dokumentenakkreditiv, als auch als Garantie verwendet werden, wobei das Letztere der Regelfall sein dürfte. Historisch liegt die Entwicklung des Standby Letter of Credit darin begründet, dass einer Vielzahl von US-amerikanischen Banken bis 1996 das Garantiegeschäft untersagt war, das Akkreditivgeschäft jedoch möglich war[85]. Die amerikanischen Banken entwickelten somit eine Akkreditivform, die einer Garantie soweit wie möglich angenähert ist, indem die Zahlbarstellung gegen irgendein, darin bestimmtes, Dokument möglich sein sollte, auch wenn sich dieses Dokument nicht auf Waren oder Dienstleistungen bezog. Gem. Art. 1 ERA 500 waren diese Standby Letter of Credit ebenfalls in den Anwendungsbereich der einheitlichen Richtlinien und Gebräuche für Dokumentenakkreditive einbezogen, wenn auch nur beschränkt, da viele der Regelungen auf Warendokumente oder Dienstleistungsdokumente Bezug nahmen. Grundsätzlich kann ein Standby Letter of Credit auch den seit 1999 in Kraft getretenen „Rules of International Standby Practices – ISP 98"[86] unterstellt werden, wobei jedoch einige Besonderheiten der ISP 98 zu berücksichtigen sind und geprüft werden sollte, welche Modifizierungen der ISP 98 im Einzelfall ratsam sind[87]. 139

d) Gegenakkreditiv. Von einem Gegenakkreditiv spricht man, wenn ein als Zwischenhändler tätiger Exporteur auf der Grundlage eines zu seinen Gunsten eröffneten Akkreditivs seine Bank zur Eröffnung eines Akkreditivs zu Gunsten seines Vorlieferanten beauftragt. Es liegen dann zwei getrennte Akkreditive vor, die rechtlich von einander unabhängig sind, auch wenn das zu Gunsten des Zwischenhändlers eröffnete sog. Basisakkreditiv wirtschaftlich die Sicherheit für die Eröffnung des Gegenakkreditivs darstellt. 140

Kongruent ist ein Gegenakkreditiv, wenn die darunter vorzulegenden Dokumente unverändert auch zur Benutzung des Basisakkreditivs genutzt werden können (mit Ausnahme der Handelsrechnungen). Nichtkongruent ist das Gegenakkreditiv, wenn der Zwischenhändler zur Benutzung des Basisakkreditivs eigenständige, von den vom Vorlieferanten unter dem Gegenakkreditiv vorgelegten Dokumenten, abweichende Dokumente benötigt. 141

---

[83] *Schütze/Fontane* S. 16.
[84] Schimansky/*Nielsen*/Jäger § 120 Rn. 5.
[85] *v. Westphalen* S. 106; Schimansky/*Nielsen*/Jäger § 120 Rn. 5.
[86] ICC-Publikation Nr. 590.
[87] Häberle/*Ingelmann*/*Schmitt* S. 809.

142 **e) „Elektronisches" Akkreditiv.** Die Bemühungen, auch das Dokumentenakkreditiv und seine Abwicklung in eine elektronische Form zu überführen, nehmen zu (zB Bolero, http://www.bolero.net, eine Gemeinschaftsgründung von SWIFT und dem TT Club, das bereits eine vollständige elektronische Abwicklung unter den Beteiligten ermöglicht). Für die Vorlage von elektronischen Dokumenten hat die ICC daher eine Ergänzung der ERA 500 und der ERA 600 entwickelt – die „UCP Supplement for Electronic Presentation (eUCP)". Die Geltung muss im Akkreditiv vereinbart werden.

143 **4. Einheitliche Richtlinien und Gebräuche für Dokumentenakkreditive (ERA 500 und ERA 600).** Aufgrund des grenzüberschreitenden Charakters des Akkreditivgeschäfts war es erforderlich, international einheitliche Regelungen für die Ausgestaltung, technischen Einzelheiten und dokumentäre Abwicklung der Akkreditive zu schaffen. Seit 1919 bestanden Bemühungen der internationalen Handelskammer (ICC), solche Regelungen für das Akkreditivgeschäft zu verabschieden. Eine 1933 verabschiedete Fassung, die von einigen Ländern angenommen wurde, konnte jedoch keine allgemeine Verbreitung finden, was sich auch bezüglich einer geänderten Fassung im Jahre 1951 nicht änderte (diese Fassung wurde von der Mehrzahl der Banken in Asien, Europa, Afrika und Amerika angenommen, nicht jedoch von den Banken in Großbritannien und den Ländern des Commonwealth). Erst 1962 konnte eine überarbeitende Fassung der einheitlichen Richtlinien für Akkreditive die Zustimmung auch weiterer Länder finden[88]. Weitere Revisionen der ERA folgten 1974 und 1993. Die Fassung von 1993 fand die ausdrückliche Zustimmung der Kommission für internationales Handelsrecht der vereinten Nationen (UNCITRAL). Seit dem 1.1.1994 galten und gelten damit die ERA 500 („ICC Uniform Customs and Practice for Documentary Credit UCP 500"), die sich im Wesentlichen um die Vereinheitlichung und Vereinfachung des Dokumentenakkreditivgeschäftes und der technischen Aspekte der Abwicklung bemühten.

144 In den Jahren 2006 und 2007 wurden diese Richtlinien weiter überarbeitet, um auch mit dem neuen Stand der Transporttechnik Schritt zu halten. Seit dem 1.7.2007 gelten nunmehr die ERA 600 (ICC-Publikation Nr. 600 ED, „ICC Uniform Customs and Practice for Documentary Credit UCP 600"). Diese finden Anwendung auf nach dem 1.7.2007 eröffnete Akkreditive, sofern diese auf die ERA 600 verweisen. Vor dem Stichtag eröffnete Akkreditive werden noch nach den ERA 500 abgewickelt. Ebenso können nach dem Stichtag eröffnete Akkreditive weiterhin auf die ERA 500 verweisen und werden dann nach diesen abgewickelt.

145 Folgende wesentliche Änderungen zwischen den ERA 500 und den ERA 600 haben sich ergeben:
Die ERA 600 erhielten eine neue Gliederung und eine Kürzung. Die Art. 5, 6, 8, 12 und 38 wurden als überflüssig gestrichen. Nicht alle Änderungen waren auch materieller Art, vor allem ging es um eine bessere Strukturierung und die Vermeidung von Wiederholungen. Änderungen in inhaltlicher Art gab es zu (i) dem Prüfungskriterium „on its face", dass nur noch in Art. 14 enthalten ist und offen lassen soll, dass es sich möglicherweise auch auf die Rückseite eines Dokumentes bezieht, (ii) dem Kriterium der Widersprüchlichkeit der Dokumente untereinander, welches entschärft wurde, (iii) der Neudefinition des Begriffs der Negoziierung als Vorausleitung oder Übernahme einer Verpflichtung zur Vorausleitung und (iv) der Zulässigkeit der Bevorschussung und der Akzeptierungsakkreditive. Die ICC hat einen Kommentar zu den ERA 600 herausgegeben (ICC-Publikation Nr. 680), der zusätzlich Hinweise zu Auslegung und Anwendbarkeit der Richtlinien gibt.

146 Grundsätzlich gelten die ERA immer, wenn auf sie im Akkreditivtext verwiesen wird.

147 **a) Rechtscharakter der einheitlichen Richtlinien.** Bei den ERA handelt es sich um ein Regelwerk, dass von einer privaten Organisation verabschiedet wird. Auch wenn die ICC sich selbst als weltweiten Unternehmensverband ansieht, ist es eine private Institution, der

---

[88] *Raith* S. 35.

keine staatlichen Rechtssetzungskompetenzen gegeben sind. Die von der ICC verabschiedeten Richtlinien sind daher als Empfehlung an Ihre Mitglieder und übrige im Außenhandel tätige Gruppen und Institutionen zu verstehen, ihre Praxis an diesen Richtlinien zu orientieren. Im Anschluss an die Verabschiedung der Richtlinien durch die ICC werden diese dann förmlich von den nationalen Bankenverbänden oder auch von Einzelbanken angenommen und verwandt. Diese Annahme stellt jedoch keine Umsetzung in innerstaatliches Recht dar. Die ICC geht davon aus, dass die Richtlinien aufgrund vertraglicher Einbeziehungen gelten[89].

Von der Rechtsprechung in einigen Ländern werden die ERA als eine Rechtsordnung sui generis mit dem Gewohnheitsrecht vergleichbaren Wirkungen angesehen[90]. Problematisch hierbei ist jedoch. dass sie keine geschlossene Regelung des Akkreditivgeschäftes beinhalten[91]. Wesentliche Teile wie zum Beispiel die Fragen des Vertragsschlusses, der Anfechtung oder der Rückforderung zu unrecht in Anspruch genommener Akkreditive werden von den ERA nicht geregelt. Die teilweise auch von der deutschen juristischen Literatur und deutschen Gerichten vorgenommene Einordnung als Gewohnheitsrecht[92], ist daher überwiegend nicht aufrecht erhalten worden, da die ERA nicht auf eine ständige Übung verweisen können[93].   148

Nichtsdestotrotz kann eine Anerkennung als Handelsbrauch in Teilen in Betracht kommen, was sicherlich für den überwiegenden Teil der ERA, der nicht überarbeitet wurde, so sein dürfte, da insoweit gewisse Zeit nach der Entstehung von einer tatsächlichen Übung ausgegangen werden kann. Derjenige, der sich auf diesen Handelsbrauch beruft, ist jedoch dafür beweispflichtig[94], auch wenn dieser Beweis relativ leicht zu führen sein dürfte, da nur in den seltensten Fällen Akkreditive gestellt und abgewickelt werden dürften, die nicht den jeweils geltenden ERA unterliegen.   149

Überwiegend werden die ERA als AGB eingestuft[95]. Natürlicherweise sind die einheitlichen Richtlinien für die Abwicklung von Akkreditiven in einer Vielzahl von Fällen bestimmt, jedoch sollen sie ebenso bestehende Handelsbräuche in vielen Teilen wiedergeben bzw. enthalten technische Anpassungen der Abwicklung der Akkreditive, die ebenfalls zu kaufmännischer Usance werden, so dass man sich fragen kann, inwieweit eine einseitige Verwendung durch einen Verwender im Sinne von § 305 BGB, dh einen Verwender mit einer überlegenen Gestaltungsmacht, gegeben ist. Ein Instrumentarium für die angemessene Einordnung dieser besonderen „Selbstregulierung" der am Außenhandel beteiligten Parteien fehlt im deutschen Recht. Im Rahmen der Anwendung der Regelungen der §§ 307 ff. BGB auf die ERA im kaufmännischen Bereich muss also berücksichtigt werden, dass die Richtlinien nur eine geringe Gefahr unbilliger Benachteiligungen von Vertragsparteien etwaiger Klauselverwender beinhalten, da sie von vielen am Außenhandel beteiligten Parteien in gleichem Maße ausgehandelt wurden.   150

b) Auslegung der ERA. Bei der Auslegung der einheitlichen Richtlinien sind im Wesentlichen die Entscheidungen und Meinungsäußerungen der ICC Banking Commission heranzuziehen. Soweit sich Regelungslücken ergeben, muss eine lückenfüllende Auslegung durchgeführt werden, ein Rückgriff auf internationales oder gar nationales Gesetzesrecht ist dabei nur möglich, soweit Regelungen für die entsprechenden Sachverhalte durch die ERA gar nicht getroffen wurden. Bisher liegen 10 Bände der „Opinions of the ICC Banking Commission" vor (1980–1981, ICC-Publikation Nr. 399; 1984–1986, ICC-Publikation Nr. 434; 1987–1988, ICC-Publikation Nr. 469; 1989–1991; ICC-Publikation Nr. 494; 1995–1996, ICC-Publikation Nr. 565; 1997, ICC-Publikation Nr. 596; 1998–1999, ICC-   151

---

[89] *Zahn/Ehrlich/Haas* Rn. 1/12.
[90] *Schütze* Rn. 13.
[91] Schimansky/*Nielsen*/Jäger § 120 Rn. 18.
[92] *OLG Frankfurt* WM 1997, 609.
[93] Schimansky/*Nielsen*/Jäger § 120 Rn. 18.
[94] Schlegelberger/*Hefermehl* Anh. § 365 Rn. 148.
[95] *Schütze* Rn. 17 mwN, der dies jedoch ablehnt.

Publikation Nr. 613; 1995–2001 (Collected Opinions), ICC Publikation Nr. 632; 2005–2008, ICC-Publikation Nr. 697; 2009–2011, ICC-Publikation Nr. 732). Bei der Auslegung der ERA ist weiterhin die Publikation Nr. 645 (ISPP) zu berücksichtigen. Die zur Interpretation der ERA 500 herausgegebenen vier Positionspapiere der ICC sind auf die ERA 600 nicht mehr anwendbar, vgl. ICC–Publikation Nr. 600 ED, Seite 13). Weiter zu berücksichtigen sind: *del Busto*, (1998), ICC Banking Commission Unpublished Opinions 1995–2004 on UCP 500, e-UCP, URR 525, ISBP, UCP 400, URC 522 and 322 und URDG-458 sowie UCC Banking Commission International Standard Banking Practice (ISBP), ICC-Publikation Nr. 645.

152 Für die Konfliktlösung in Streitfällen hatte die ICC zudem die ICC Rules for Documentary Instruments Dispute Resolution Expertise (DOCDEX) entwickelt[96]. Diese zwischenzeitlich modifizierten Regeln ermöglichen ein für die Beteiligten kostengünstiges und relativ rasches Schiedsverfahren. Auch wenn die Entscheidungen in einem solchen Verfahren für die Beteiligten nicht bindend sind, können sie doch zumindest einen Anhaltspunkt in einem späteren Verfahren vor einem ordentlichen Gericht liefern.

II. Rechtscharakter des Akkreditivs

153 **1. Unabhängiges Leistungsversprechen im Sinne des § 780 BGB.** Das deutsche Recht kennt keine Gesetzgebung zu Akkreditiven[97]. Das Akkreditiv wird als ein unabhängiges Leistungsversprechen der eröffnenden Bank im Sinne des § 780 BGB gegenüber dem Begünstigten (Akkreditiv im Rechtssinne) eingeordnet[98]. Der Inhalt dieses Leistungsversprechens wird durch Art. 9 ERA 500 bzw. Art. 7 ERA 600 näher bestimmt.

154 **2. Einwendungsausschluss.** Wesentliches Merkmal des Akkreditivs ist seine Unabhängigkeit sowohl vom Deckungsverhältnis, also vom Rechtsverhältnis zwischen dem Auftraggeber und der eröffnenden Bank als auch vom Valutaverhältnis, also dem Rechtsverhältnis zwischen dem Auftraggeber und dem Begünstigten. Insofern besteht ein Ausschluss der Einreden und Einwendungen aus diesen Rechtsverhältnissen, der auch in Art. 3(a) und 3(b) der ERA 500 sowie Art. 4(a) ERA 600 festgehalten ist[99]. Aufgrund der im deutschen Recht vorgenommenen Einordnung des Akkreditivs als abstraktes Schuldversprechen im Sinne des § 780 BGB, wird der Einrede- und Einwendungsverzicht zudem auf die §§ 783 ff. gestützt[100]. Zwar ist das Akkreditiv selbst keine Urkunde im Sinne des § 783 BGB, doch geben diese Regelungen eine Orientierungshilfe für die Ermittlung der zulässigen und der unzulässigen Einwendungen. Die eröffnende Bank kann dem Begünstigten daher keine Einwendungen aus dem besicherten Grundgeschäft entgegen halten. Sie kann sich folglich weder auf die Unwirksamkeit des zwischen Auftraggeber und Begünstigtem bestehenden Kaufvertrages noch eine mangelhafte Erfüllung berufen, es sei denn es liegt eine rechtsmissbräuchliche Inanspruchnahme vor.

155 Aufgrund der Unabhängigkeit vom Deckungsverhältnis kann die eröffnende Bank die Zahlung aus dem Akkreditiv zudem nicht wegen Mängeln des Auftragsverhältnisses oder möglichen Gegenansprüchen gegen den Auftraggeber verweigern, zB weil sie möglicherweise keine Deckung erhalten hat oder der Auftraggeber insolvent geworden ist. Sollen solche Vereinbarungen eine Rolle spielen, müssen sie zum Teil der Akkreditivbedingungen gemacht und im Rahmen der Akkreditiveröffnung dem Begünstigten mitgeteilt werden.

156 Auch der Fall, in dem sowohl zwischen Auftraggeber und Begünstigtem ein Mangel vorliegt als auch zwischen dem Auftraggeber und der eröffnenden Bank, begründet keine Einwendung der eröffnenden Bank gegen ihre Zahlungspflicht aus dem Akkreditiv.

---

[96] *Vorpeil* RIW 2003, 370.
[97] Anders zB USA, Art. 5 des Uniform Commercial Code; *Schütze/Fontane*, Ausführungen zu weiteren Ländern.
[98] Ebenroth/*Hakenberg*, BankR II Rn. 492; Palandt/*Sprau* § 783 Rn. 17; *Zahn/Ehrlich/Haas* Rn. 2/150.
[99] *Zahn/Ehrlich/Haas* Rn. 2/394.
[100] Palandt/*Sprau* § 783 Rn. 17.

3. Zulässige Einwendungen aus dem Verhältnis zwischen eröffnender Bank und Begünstigtem.
Es können dem Akkreditivbegünstigten nur Einwendungen entgegengehalten werden, die die Gültigkeit der Akkreditiveröffnung selbst betreffen, sich aus dem Inhalt der Akkreditiveröffnung ergeben oder der eröffnenden Bank unmittelbar gegen den Begünstigten zustehen, soweit diese Einwendungen offenkundig oder liquide beweisbar sind[101].

Unterschiedlich wird die Frage beurteilt, ob die eröffnende Bank zur Aufrechnung gegen die Forderung des Begünstigten berechtigt ist. Überwiegend wird jedenfalls die Aufrechnung mit an die eröffnende Bank abgetretenen Ansprüchen des Auftraggebers als unzulässig angesehen, da anderenfalls der Einwendungsausschluss umgangen würde. Zudem wird zumeist die Aufrechnung mit eigenen Ansprüchen der eröffnenden Bank als stillschweigend ausgeschlossen angesehen, wenn diese Ansprüche nicht liquide sind[102].

III. Wesentlicher Inhalt des Akkreditivs

1. Widerrufliche und unwiderrufliche Akkreditive.
Art. 6 (b) der ERA 500 verlangt von jedem Akkreditiv, dass es eindeutig angeben soll, ob es widerruflich oder unwiderruflich ist. Bei fehlender Angabe gilt das Akkreditiv als unwiderruflich (Art. 7 (c) ERA 500). Das Akkreditiv muss also nicht als „irrevocable" bezeichnet werden, um unwiderruflich zu sein. Soll es jedoch widerruflich sein, so muss dieser Vorbehalt ausdrücklich kenntlich gemacht werden. Die ERA 600 enthalten keine Regelung für widerrufliche Akkreditive, da diese in Praxis so gut wie nicht mehr vorkommen[103]. Dementsprechend sind gem. den ERA 600 alle Akkreditive automatisch unwiderruflich.

2. Unterscheidung nach Leistungsinhalt.
Akkreditive können verschiedene Leistungsinhalte haben, die in den ERA abschließend aufgezählt sind und nur alternativ gewählt werden können. Jedes Akkreditiv muss eindeutig angeben, in welcher Form es benutzbar sein soll. Möglich sind folgende Formen:
- Leistung durch Sichtzahlung (Zahlungsakkreditiv),
- Leistung durch hinausgeschobene Zahlungen (Zahlungsakkreditiv mit hinausgeschobener Fälligkeit),
- Leistung durch Akzeptleistungen (Akzeptierungsakkreditiv) oder
- Leistung durch Negoziierung (Negoziierungsakkreditiv).

Diese Leistungsinhalte können nicht miteinander kombiniert werden, damit die Klarheit und Eindeutigkeit der Leistungszusage der eröffnenden Bank und/oder der bestätigenden Bank nicht beeinträchtigt werden. Wird zB bei einem Akzeptierungsakkreditiv das von der Eröffnungs- oder Bestätigungsbank gegen Vorlage ordnungsgemäßer Dokumente erteilte Akzept von dieser angekauft (Fall der Negoziierung), stellt dies keine Handlung innerhalb der Akkreditivabwicklung gem. der ERA dar. Nach Art. 7 ERA 600 ist die eröffnende Bank ab Eröffnung des Akkreditivs zur Honorierung desselben verpflichtet. Sie muss bei ordnungsgemäßer Inanspruchnahme Zahlung leisten (auch im Falle der Negoziierung)[104]. Die einzige Ausnahme ist ein Akkreditiv, in dem sich die Bank zur Stellung ihres eigenen Akzeptes verpflichtet hat. Hier muss die Bank erst bei Fälligkeit bezahlen (für die Bestätigungsbank: Art. 8 (a)–(e) ERA 600).

Durch Sichtzahlung benutzbare Akkreditive begründen gem. Art. 9 (a) (i) und 9 (b) (i) ERA 500, Art. 2 (a) ERA 600 die Verpflichtung, bei Sicht zu zahlen.

Zahlungsakkreditive mit hinausgeschobener Fälligkeit (deferred payment) begründen hingegen gem. Art. 9 (a) (ii) und 9 (b) (ii) ERA 500, Art. 2 (b) ERA 600 die Verpflichtung, an dem nach den Bestimmungen des Akkreditivs bestimmbaren Datum zu zahlen. Die vorzeitige Auszahlung des Deferred-Payment-Akkreditivs an den Begünstigten ist daher nicht durch den Akkreditivauftrag gedeckt, sodass die zahlende Bank die hieraus resultierenden

---
[101] Ebenroth/*Hakenberg*, BankR II Rn. 502 f. unter analoger Anwendung des § 784 Abs. 1 Hs. 2 BGB.
[102] *Schütze* Rn. 426.
[103] Commentary on UCP 600, ICC-Publ. Nr. 680, 26.
[104] *Holzwarth* IHR 2007, 136, 139; *Kümpel/Wittig* S. 1196.

Risiken zu tragen hätte (zB kein Anspruch auf Erstattung der Akkreditivsumme, wenn sich in der Zeit zwischen Aufnahme formal ordnungsgemäßer Dokumente und der Fälligkeit des Akkreditivs aufgrund liquider Beweismittel herausstellt, dass der Einwand des Rechtsmissbrauchs wegen nachgewiesener Fälschung von Dokumenten gegeben ist). Wie oben bereits erwähnt, lässt hingegen Art. 12(b) ERA 600 die vorzeitige Auszahlung von Deferred-Payment-Akkreditiven zu. In der Literatur wird teilweise die Ansicht vertreten, diese Regelung sei als überraschende Klausel im Sinne der AGB-Regelungen gegenüber dem Akkreditivauftraggeber unwirksam[105]. Zu überlegen ist auf jeden Fall seitens des Auftraggebers, diese Regelung ggf. auszuschließen.

164 Akzeptierungsakkreditive sind gem. Art. 9(a)(iii) und 9(b)(iii) ERA 500, Art. 2(c) ERA 600 durch Akzeptierung von Nachsichttratten und deren Einlösung bei Fälligkeit benutzbar.

165 Mit der Erstellung eines Negoziierungsakkreditivs verpflichtet sich die Eröffnungs- bzw. Bestätigungsbank gem. Art. 9(a)(iv) und 9(b)(iv) ERA 500 vom Begünstigten gezogene Tratten und/oder unter dem Akkreditiv vorgelegte Dokumente ohne Rücksicht auf den Aussteller und/oder gutgläubigen Inhaber zu bezahlen. Art. 2 ERA 600 enthält nunmehr eine neue Definition des Negoziierungsbegriffs, worunter nun der Ankauf von Tratten und/oder von Dokumenten durch eine benannte Bank unter Vorleistung oder Übernahme einer Verpflichtung zur Vorleistung von Geldmitteln verstanden wird. Die bisher übliche Negoziierung von Sichttratten würde damit ausgeschlossen werden, da diese sofort bezahlt werden müssten[106]. Gem. Art. 9(a)(v) ERA 500 und Art. 6(c) ERA 600 ist weiterhin geregelt, dass im Fall der Negoziierung jedenfalls keine Tratten mehr auf den Auftraggeber gezogen werden sollen.

166 **3. Benutzbarkeit und Gültigkeit.** Für die Beteiligten des Akkreditivverhältnisses von wesentlicher Bedeutung ist die Frage, wo und wie das Akkreditiv benutzbar und abzuwickeln ist. Dies bestimmt, bei welcher Bank der Begünstigte die Dokumente zwecks Wahrung der Laufzeit des Akkreditivs einreichen muss, und ebenso, bei welcher Bank die Dokumente honoriert werden müssen.

167 Aus praktischer Sicht sollte darauf geachtet werden, dass in der Regel das Akkreditiv bei derselben Bank gültig und zahlbar sein sollte. In der Mehrzahl der Fälle sollte das Akkreditiv auch bei einer bestimmten Bank zahlbar gestellt sein, (Art. 10(b)(i) ERA 500 und Art. 2, Art. 12 ERA 600). Neben der Zahlbarstellung bei der eröffnenden Bank und/oder der bestätigenden Bank kommt auch die Benutzbarkeit bei einer „benannten Bank" (nominated Bank) als Zahlstelle in Betracht. Diese wird dann im Auftrag oder aufgrund der Ermächtigung der eröffnenden Bank durch Auszahlung des Akkreditivs tätig, ohne dass sie hierfür das Akkreditiv bestätigt haben muss.

168 Die Bestimmung der Benutzbarkeit soll im Wesentlichen vermeiden, dass Dokumente aufgenommen werden, die bereits von einer anderen Bank als fehlerhaft zurückgewiesen wurden[107]. Möglich, aber in der Praxis die Ausnahme, ist die Benutzbarstellung eines Akkreditivs bei einer Zweitbank und bei der Eröffnungsbank. Hiermit wird lediglich erreicht, dass eine Einreichung der Dokumente bei der Zweitbank ebenfalls fristwahrenden Charakter hat, wohingegen die Prüfung der Dokumente nach Eingang bei der Eröffnungsbank erfolgt.

169 Ist eine bestimmte Zahlstelle im Akkreditiv genannt, so kann der Begünstigte grundsätzlich nicht in Umgehung der Zahlstelle von der Eröffnungs- oder Bestätigungsbank direkte Gegenleistung für die Dokumente fordern. Art. 6(a) ERA 600 weicht nun davon ab, indem er festlegt, dass ein bei einer benannten Bank benutzbar gestelltes Akkreditiv auch bei der Eröffnungsbank benutzbar ist. In der Praxis mag jedoch die Einreichung der Dokumente bei der benannten Bank zur Vermeidung weiterer Postlaufrisiken vorrangig bleiben.

---

[105] *Nielse* TranspR 2008, 269, 270; hierzu auch *Zahn/Ehrlich/Haas* Rn. 2/388.
[106] *Holzwarth* IHR 2007, 136, 139.
[107] *Nielsen* TranspR 2008, 269, 274.

Abschnitt 12. Ausgewählte Auslandsgeschäfte (Inkasso, Akkreditiv, Bankgarantie)

Auch wenn es unüblich ist, so können Akkreditive als frei negoziierbare bei jeder Bank als Zahlstelle benutzbar gestellt sein (Art. 10 (b) (i) ERA 500 und Art. 6 (a) ERA 600). Dies birgt erhebliche Risiken für den Auftraggeber, der bei Ausstellung nicht mehr beeinflussen kann, in welchen, möglicherweise für ihn exotischen, Rechtsordnungen eine Negoziierung erfolgt. **170**

Gem. Art. 42 ERA 500, Art. 6 ERA 600, müssen alle Akkreditive sowohl ein Verfalldatum als auch einen Ort für die Dokumentenvorlage aufführen. Fehlt ein Verfalldatum, so ist das Akkreditiv nichtig. Ist ein bestimmter Ort für die Dokumentenvorlage nicht genannt, so kann diese immer bei der Bank getätigt werden, bei der das Akkreditiv benutzbar gestellt ist[108]. **171**

Daneben soll jedes Akkreditiv, das ein Transportdokument verlangt, auch eine genau bestimmte Frist nach dem Verladedatum vorschreiben, innerhalb welcher die Vorlage des Transportdokumentes in Übereinstimmung mit den Akkreditivbedingungen zu erfolgen hat (Art. 43 (a) ERA 500). Ist eine solche Frist im Akkreditiv nicht angegeben, weisen die Banken das Transportdokument und alle anderen unter dem Akkreditiv vorgesehenen Dokumente zurück, die ihnen später als 21 Tage nach dem Verladedatum präsentiert werden. Diese Frist von 21 Tagen kann natürlich je nach Länge der Transportdauer anpassungswürdig sein. **172**

Die Präsentationsfrist und das Verfalldatum (Laufzeit des Akkreditivs) sind voneinander unabhängig. Endet die Präsentationsfrist vor Eintritt des Verfalldatums, bedeutet dies faktisch eine Verkürzung der Laufzeit des Akkreditivs. Tritt umgekehrt das Verfalldatum vor Ablauf der Präsentationsfrist ein, verlängert sich die Akkreditivlaufzeit nicht. **173**

Bei Teillieferungsgeschäften ist zu berücksichtigen, dass für den Fall, dass der Akkreditivauftraggeber feste Termine für einzelne Teillieferungen festlegt, die Fristversäumnis nach Art. 41 ERA 500 und Art. 32 ERA 600 bei der Verladung einer einzelnen Teilpartie zum Erlöschen des Dokumentenakkreditivs nicht nur für diesen Teil, sondern auch für die nachfolgenden Lieferungen führt. So sollten solche Terminfestlegungen nur dann vorgenommen werden, wenn dies für den Auftraggeber aus bestimmten Gründen des Geschäftsablaufes wesentlich ist. **174**

4. Dokumente. Die Dokumente, gegen deren Vorlage eine Auszahlung aus dem Akkreditiv möglich sein soll, müssen sowohl im Akkreditiv als zuvor auch im Akkreditivauftrag genau bezeichnet sein (Art. 5 (b) ERA 500). Die typischen im Akkreditiv genannten Dokumente sind in den ERA einzeln behandelt. Hierzu gehören die folgenden: **175**

- Transportdokumente (Transportdokumente bei mindestens zwei verschiedenen Beförderungsarten, Konnossement, nicht begebbarer Seefrachtbrief, Charterparty-Konnossement, Lufttransportdokument, Dokumente des Straßen-, Eisenbahn- oder Binnenschiffstransports, Kurierempfangsbestätigungen, Posteinlieferungs-/Postempfangsschein oder Postversandnachweis, reines Transportdokument (Art. 19–27 der ERA 600 und Art. 23–33 der ERA 500),
- Versicherungsdokumente (Art. 34–36 der ERA 500, Art. 28 der ERA 600),
- Handelsrechnungen (Art. 37 ERA 500, Art. 18 ERA 600),
- Gewichtsbescheinigungen (Art. 38 ERA 500).

a) Konnossement. Das wohl wichtigste Verladedokument, das Seekonnossement, ist in Art. 23 ERA 500, Art. 20 ERA 600 geregelt und beschränkt sich auf das reine „Port to Port Shipment". Dokumente des kombinierten Transportes, auch Durchkonnossemente fallen unter das multimodale (kombinierte) Transportdokument im Sinne des Art. 26 ERA 500, Art. 19 ERA 600. Das deutsche Recht zum Konnossement (§§ 642 ff. HGB) wird durch Art. 23 ERA 500, Art. 20 ERA 600 nicht geändert. Die ERA befassen sich nur mit der Aufnahmefähigkeit von Konnossementen, wobei jedes Seekonnossement, dass den Erfordernissen der §§ 642 ff. HGB entspricht, aufnahmefähig ist (insbes. die CONLINE- **176**

---

[108] *Holzwarth* IHR 2007, 136, 140.

BILL). Das Konnossement muss insbes. den Namen des Frachtführers ausweisen und vom Frachtführer oder vom Master oder einem namentlich genannten Agenten für den Frachtführer oder für den Master unterschrieben sein. Es muss ausweisen, dass die Ware an Bord eines namentlich genannten Schiffes verschifft worden ist. Es muss ebenfalls ein Verladedatum sowie sämtliche Beförderungsbedingungen direkt oder durch einen Verweis enthalten.

177 **b) Nicht begebbarer Seefrachtbrief.** Gem. Art. 24 ERA 500, Art. 21 ERA 600 ist der nicht begebbare Seefrachtbrief aufnahmefähig, wobei wohl alle im Vorwort zu den INCOTERMS 1990 unter Nummer 19 aufgeführten Transportdokumente darunter zu fassen sind[109].

178 **c) Charterparty Konnossement.** Die Regelung zur Aufnahmefähigkeit des Charterparty Konnossements (Art. 25 ERA 500, Art. 22 ERA 600) entspricht, mit Ausnahme der Unterzeichnung, der des Seekonnossements. Das Akkreditiv kann zusätzlich die Vorlage des Chartervertrages verlangen, wodurch jedoch keine Prüfungspflicht der aufnehmenden Bank begründet wird. Sie muss das Dokument lediglich entgegennehmen und weiterleiten (Art. 25 (b) ERA 500, Art. 22 (b) ERA 600).

179 **d) Multimodales und kombiniertes Transportdokument.** Beim multimodalen Transport (§§ 452 bis 452 (d) HGB) übernimmt der Beförderer die Beförderung des Gutes vom Übernahmeort bis zum Bestimmungsort, so dass aufgrund eines einheitlichen Vertrages mit verschiedenen Transportmitteln befördert wird. In Art. 25 (d) ERA 500 war nur die FIATA Combined Bill of Lading als aufnahmefähig bezeichnet. Nach den ERA 600 ist ein, wie auch immer bezeichnetes, multimodales Transportdokument aufnahmefähig, wenn es sich auf zwei oder mehr Beförderungsarten bezieht und nach seiner äußeren Aufmachung den Namen des Frachtführers ausweist. Es muss vom Frachtführer oder Master oder einem namentlich genannten Agenten für den Frachtführer oder den Master unterzeichnet oder in anderer Weise autorisiert sein. Ebenfalls muss das Transportdokument ausweisen, dass das Transportgut an dem im Akkreditiv vorgeschriebenen Ort versandt, übernommen oder an Bord verladen worden ist und muss ein Versende- bzw. Verladedatum enthalten. Durchkonnossemente (Through Bills of Lading), also Verladedokumente über mehrere Transportabschnitte, die vom Frachtführer oder dessen Agenten ausgestellt sind (selbst wenn sie mehrere verschiedene Transportarten umfassen), werden als multimodale Transportdokumente behandelt.

180 **e) Lufttransportdokument.** Nach Art. 27 ERA 500, Art. 23 ERA 600 ist der Luftfrachtbrief aufnahmefähig, wobei die Regelungen im Wesentlichen den für das Seekonnossement entsprechen.

181 **f) Dokumente des Straßen-, Eisenbahn- und Binnenschifffahrtstransports.** Nach Art. 24 ERA 600 sind insbes. folgende Dokumente aufnahmefähig:
- Straßentransport: CMR Frachtbrief bei internationalen Transporten, Frachtbrief nach § 408 HGB bei nationalen Transporten,
- Eisenbahntransport: CIM Frachtbrief, Frachtbriefdoppel,
- Binnenschiffstransport: Flussladeschein.

182 Die Dokumente müssen nach ihrer äußeren Aufmachung den Namen des Frachtführers ausweisen und vom Frachtführer oder einem namentlich genannten Agenten für ihn unterzeichnet oder in anderer Weise autorisiert sein und einen Empfangsnachweis in ordnungsgemäßer Form ausweisen. Sie müssen ferner ausweisen, dass das Gut zur Verladung, Versendung oder Beförderung in Empfang genommen wurde, sowie den im Akkreditiv vorgeschriebenen Verlade- und Bestimmungsort benennen.

183 **g) Reine Transportdokumente.** Die Transportdokumente sind nur dann aufnahmefähig, wenn sie keine Klauseln oder Vermerke enthalten, die ausdrücklich einen mangelhaften Zustand der Ware und/oder der Verpackung beinhalten (Art. 32 ERA 500, Art. 27 ERA 600), wobei nur ein ausdrücklicher Mängelvermerk das Dokument „unrein" macht.

---

[109] *Schütze* Rn. 168: Sea Waybill, Liner Waybill, Freight Receipts etc.

Abschnitt 12. Ausgewählte Auslandsgeschäfte (Inkasso, Akkreditiv, Bankgarantie)

Das Dokument muss nicht als „clean" bezeichnet sein, auch wenn das Akkreditiv ein „Clean on Bord"-Transportdokument fordert.

Zu diesen Dokumenten müssen im Akkreditivauftrag und im Akkreditiv nur dann weitere Angaben gemacht werden, wenn von den Anforderungen der ERA an solche Dokumente abgewichen werden soll. **184**

Darüber hinaus können natürlich auch sonstige Dokumente unter einem Akkreditiv vorgelegt und akzeptiert werden (zB Inspektions-, Analysen-, Gesundheits- und andere Qualitätszertifikate, Konsularfakturen, Export-Import-Lizenzen, Packinglists, Herkunftsbescheinigungen, etc.). Diese müssen dann nach ihrem Inhalt und Aussteller genau bezeichnet werden, damit die prüfende Bank einen Maßstab hat, an Hand dessen sie die vorgelegten Dokumente überprüfen kann (Art. 14 (f) ERA 600, der nunmehr festlegt, dass ein anderes Dokument so angenommen wird, wie es vorgelegt wird, wenn das Akkreditiv dessen Aussteller oder Inhalt nicht näher bestimmt). Gleichzeitig kann das Akkreditiv weitere Weisungen zu den Liefermodalitäten enthalten. Hierzu gehören zum Beispiel Zahlungsbedingungen oder Verladungsregelungen (Wahl einer der in den INCOTERMS zur Auswahl gestellten Klauseln). Ferner kann das Akkreditiv bestimmen, dass Teilverladungen unzulässig sein sollen, ansonsten sind diese gem. Art. 31 (a) ERA 600 bzw. Art. 40 (a) ERA 500 zulässig (Ausnahme enthält Art. 31 (b) ERA 600, Art. 40 (b) ERA 500). **185**

5. Akkreditivsumme, Warenart und -menge. Die Akkreditivsumme ist sowohl in Zahlen als auch in Buchstaben anzugeben. Die Wahl der Währung wird sich in der Regel nach den Verpflichtungen des Grundgeschäftes richten, wobei sich ggf. Kursrisiken ergeben können. Anforderungen an die Warenart und -menge können nur über die Anforderungen an die vorzulegenden Dokumente Eingang in das Akkreditiv finden. **186**

Sofern genaue Angaben zum Akkreditivbetrag oder zur Warenmenge nicht möglich sind und Ausdrücke wie „about", „approximately", „circa" oder ähnliches verwendet werden, so sind Abweichungen bis zu 10 % nach oben oder nach unten von dem Akkreditivbetrag oder der Menge der zu verschiffenden Ware oder auch vom Preis pro Einheit zulässig (Art. 39 (a) ERA 500, Art. 30 (a) ERA 600). Liegt keine Bezeichnung von „circa" oder „ungefähr" oder ähnliches in Bezug auf die Warenmenge vor, so lassen die ERA trotz allem eine Abweichung von 5 % nach oben oder nach unten zu, jedoch immer vorausgesetzt, dass das Akkreditiv die Menge nicht in einer bestimmten Anzahl von Verpackungseinheiten oder Stücken vorschreibt und der Gesamtbetrag der Inanspruchnahme den Akkreditivbetrag nicht überschreitet (Art. 39 (b) ERA 500 und Art. 30 (b) ERA 600). **187**

IV. Eröffnung und Inkrafttreten des Akkreditivs

Die eröffnende Bank wird dem Begünstigten entweder selbst oder über die Einschaltung einer weiteren Bank als avisierende Bank das Akkreditiv zukommen lassen. Dieses Angebot auf Abschluss des Akkreditivvertrages wird üblicherweise nicht ausdrücklich sondern durch schlüssiges Verhalten des Begünstigten angenommen. Von einer solchen stillschweigenden Annahme kann ausgegangen werden, wenn der Begünstigte nicht innerhalb einer angemessenen Frist (in Anbetracht der Eilbedürftigkeit wohl 3 Tage) Widerspruch gegen das Akkreditiv erhebt. **188**

Gem. den Angaben im Auftrag wird die eröffnende Bank das Akkreditiv per Brief, Fernschreiben, Telefax oder authentisierter Telekommunikation übermitteln. Hat sie zum Begünstigten keinen direkten Kontakt, kann sie hierfür eine avisierende Bank einschalten (Art. 7 (a) ERA 500, Art. 9 (a) ERA 600). Wird das Akkreditiv per authentisierter Telekommunikation übermittelt, so gilt diese Kommunikation (zB die SWIFT – Nachricht) als das Akkreditiv, ein weiteres schriftliches Instrument gibt es nicht (Art. 11 (a) ERA 500, Art. 11 (a) ERA 600). Ist diese Bindungswirkung nicht erwünscht, muss eine ausdrückliche Einschränkung („full details to follow") aufgenommen werden. **189**

V. Anwendbares Recht/Internationales Privatrecht

190 Die Regelungen der ERA beziehen sich auf die Abwicklung des Akkreditivs. Die außerhalb dieser Abwicklung liegenden Tatbestände bleiben ungeregelt. Hierbei handelt es sich im Wesentlichen um die Fragen der Wirksamkeit von Aufträgen und Verträgen, Verzugsfolgen, Leistungsstörungen und die Behandlung einer missbräuchlichen Inanspruchnahme. Für diese Fragen ist im Einzelfall zu klären, welches Recht Anwendung finden soll. In den seltensten Fällen enthalten Akkreditive ausdrückliche Regelungen zu einer Rechtswahl. Somit ist nach dem jeweils in Frage kommenden internationalen Privatrecht zu ermitteln, welches Recht Anwendung finden soll.

191 Nach dem in den EU-Staaten geltenden internationalen Privatrecht ist gem. Art. 4 Rom-I-VO (Verordnung (EG) Nr. 593/2008) die jeweils vertragstypische Leistung maßgeblich für die Bestimmung der anwendbaren Rechtsordnung. Nach Art. 4 Abs. 1, 2 Rom-I-VO gilt für einen Vertrag das Recht des Staates, in dem die Partei, welche die vertragscharakteristische Leistung zu erbringen hat, im Zeitpunkt des Vertragsabschlusses ihren gewöhnlichen Aufenthalt oder ihre Hauptverwaltung hat, es sei denn, der Vertrag weist offensichtlich eine engere Verbindung zu einem anderen Staat auf. In letzterem Fall gilt das Recht des Staates, zu dem eine engere Verbindung vorliegt, Art. 4 Abs. 3 Rom-I-VO. Für vor dem 17.12.2009 geschlossene Verträge gilt in Deutschland Art. 28 EGBGB fort[110], in dessen Rahmen ebenfalls vorrangig das Kriterium der charakteristischen Leistung entscheidend ist, Art. 28 Abs. 2 EGBGB. Für die Aufträge im Akkreditivgeschäft ist daher wie folgt zu unterscheiden:

192 1. Auftragsstatut. Ein auf Eröffnung eines Akkreditivs gerichteter Auftrag hat eine Geschäftsbesorgung zum Inhalt, die im Rahmen der Rom-I-VO als Dienstleistung einzuordnen ist[111], so dass nach Art. 4 Abs. 1 lit. b Rom-I-VO im Verhältnis zwischen Akkreditivauftraggeber und eröffnender Bank das am Sitz der Eröffnungsbank geltende Recht maßgeblich ist[112]. Da Auftraggeber und Eröffnungsbank regelmäßig im selben Staat ansässig sein werden, liegt insofern für beide Beteiligte ein reiner Inlandsfall vor. Soll die eröffnende Bank aufgrund des Auftrages für Rechnung des Auftragsgebers im Ausland tätig werden, hat der Akkreditivauftraggeber als Geschäftsherr alle hieraus folgenden Risiken zu tragen. Dies gilt auch dann, wenn zur Auftragsausführung eine ausländische Bank eingeschaltet wird, weil diese Zweitbank die ihr übertragenen Aufträge ebenfalls nur nach ihrem eigenen Sitzrecht ausführt. Art. 18 (d) ERA 500, Art. 37 (d) ERA 600 enthält eine entsprechende Klarstellung, wonach der Auftraggeber alle Verpflichtungen übernimmt, die auf ausländischen Gesetzen und Gebräuchen beruhen. Insoweit hat er die Bank für alle hieraus resultierenden Folgen schadlos zu halten[113].

193 Erteilt die eröffnende Bank einen Auftrag an eine weitere in die Akkreditivabwicklung eingeschaltete Bank, sei es zur Avisierung oder Bestätigung oder zur Zahlungsabwicklung, so erbringt diese Zweitbank gegenüber der eröffnenden Bank die vertragstypische Leistung im Sinne von Art. 4 Abs. 1 lit. b Rom-I-VO, so dass sich das anwendbare Recht nach deren Sitz bestimmt. Hierbei ist zu berücksichtigen, dass nach Art. 2 ERA 500, Art. 3 ERA 600 Filialen einer Bank in unterschiedlichen Ländern als jeweils andere Bank gelten.

194 2. Geltendes Recht im Verhältnis zum Begünstigten. Sofern keine Zweitbank eingeschaltet wird, oder diese nur im Rahmen einer Avisierung tätig wird, gilt auch im Verhältnis zwischen eröffnender Bank und Begünstigtem das am Sitz der eröffnenden Bank geltende Recht[114], da die eröffnende Bank die charakteristische Leistung erbringt. Zumeist

---

[110] Palandt/*Thorn* Rom I 28 Rn. 2.
[111] Palandt/*Thorn* Rom I 4 Rn. 8, 11.
[112] MüKoBGB/*Martiny* IPR Art. 4 Rom-I-VO Rn. 73.
[113] *Zahn*/*Ehrlich*/*Haas* Rn. 1/38.
[114] Ebenroth/*Hakenberg*, BankR II Rn. 518; *Zahn*/*Ehrlich*/*Haas* Rn. 1/41; OGH Wien ZfRV 2004, 107.

wird mit Stellung des Akkreditives aber auch eine ebenso lautende stillschweigende Rechtswahl im Sinne des Art. 3 Abs. 1 Rom-I-VO vorliegen[115].

3. Rechtsverhältnisse bei Einschaltung einer Zahlstelle oder bestätigenden Bank. Einigkeit besteht darüber, dass bei der Einschaltung einer weiteren Bank als bestätigender Bank die Verpflichtung der bestätigenden Bank gegenüber dem Begünstigten dem Recht unterliegt, das am Sitz der bestätigenden Bank gilt[116], da diese die vertragstypische Leistung erbringt. Somit ergibt sich, dass zwar eröffnende Bank und bestätigende Bank gegenüber dem Begünstigten als Gesamtschuldner haften[117], jedoch für die Verpflichtung jeder Bank deren Sitzrecht gilt, so dass sich der Begünstigte in der Regel mit zwei verschiedenen Rechtsordnungen konfrontiert sieht.

Wird die weitere eingeschaltete Bank lediglich als Zahlstelle tätig, so ist umstritten, welches Recht im Verhältnis zwischen dem Begünstigtem und der eröffnenden Bank Geltung haben soll. Teile der Literatur und Rechtsprechung sehen darin eine Verlagerung des Erfüllungsortes von der Eröffnungsbank zur Zahlstelle, womit sich auch eine Anwendung des am Sitz der Zahlstelle geltenden Rechtes ergeben soll[118]. Es ist jedoch nicht ersichtlich, warum eine möglicherweise auch zeitlich spätere Einschaltung einer Zahlstelle die Rechtswahl für das Leistungsversprechen der eröffnenden Bank beeinflussen soll, so dass vieles dafür spricht, dass das am Sitz der eröffnenden Bank geltende Recht maßgeblich bleibt[119].

VI. Rechtsverhältnisse zwischen Auftraggeber und eröffnender Bank

1. Akkreditivauftrag. Das Rechtsverhältnis zwischen Akkreditivauftraggeber und Akkreditivbank ist eine Geschäftsbesorgung mit Werkvertragscharakter im Sinne der §§ 670, 675 BGB[120]. Dieses Auftragsverhältnis ist wesentlich durch den Grundsatz der Auftrags- und Dokumentenstrenge geprägt, so dass der eröffnenden Bank auch kleinere Abweichungen weder auf der Grundlage des § 665 BGB noch aus anderen Gründen oder rechtlichen Gesichtspunkten gestattet sind. Die eröffnende Bank hat keine ausreichende Kenntnis vom Grundgeschäft, um die Bedeutung etwaiger Änderungen überblicken zu können[121]. Hieraus lässt sich der Grundsatz ableiten, dass Akkreditivaufträge vollständig und genau sein müssen. Eine Überlastung mit detaillierten Bedingungen, die für den eigentlichen Akkreditivzweck nicht erforderlich sind, sollte vermieden werden. Aufgrund der Formstrenge des Akkreditivgeschäftes wird überwiegend von einem Formzwang kraft Verkehrsüblichkeit ausgegangen, so dass der Akkreditivauftrag schriftlich zu erteilen ist[122].

2. Auftragsgegenstand und notwendige Einzelweisungen. Im Wesentlichen muss der Auftrag zur Eröffnung folgende Weisungen enthalten.

a) Begünstigter. Die Weisungen des Auftraggebers müssen insbes. präzise Angaben zu Namen und Anschrift des Begünstigten, zur etwaigen Widerruflichkeit und zur Übermittlung des Akkreditivs enthalten, wenn dies nicht mit einfacher Post erfolgen, sondern mit einem Telekommunikationsmittel eröffnet werden soll.

b) Einschaltung einer benannten Bank oder bestätigenden Bank. Weisungen sind ebenfalls erforderlich, wenn das Dokumentenakkreditiv bei einer Zweitbank benutzbar sein oder von dieser bestätigt werden soll. Sofern der Auftraggeber nicht die Einschaltung einer ganz bestimmten Zweitbank vorschreibt, ist deren Auswahl Sache der Akkreditivbank. Die Angabe einer solchen bestimmten Bank kann aus Sicht des Auftraggebers notwendig sein, wenn ihre Einschaltung aufgrund besonderer Vereinbarungen im Kaufvertrag vorgesehen

---

[115] *Schütze* Rn. 464 noch zu Art. 27 Abs. 1 EGBGB.
[116] *Zahn/Ehrlich/Haas* Rn. 1/43.
[117] So die einheitliche Literatur, Ebenroth/*Hakenberg*, BankR II Rn. 505; *Schütze* Rn. 288.
[118] *OLG Köln* WM 1994, 1877.
[119] Schimansky/*Nielsen/Jäger* § 120 Rn. 447 f.; *Schütze* Rn. 471; *Zahn/Ehrlich/Haas* Rn. 1/42.
[120] *BGH* WM 1998, 1769, 1770; *Zahn/Ehrlich/Haas* Rn. 2/36.
[121] *Schütze* Rn. 108.
[122] *Schütze* Rn. 89.

ist. Sinnvoll kann dies auch zur Ausschaltung politischer Risiken oder durch Vorschriften des Devisenrechtes oder des Außenwirtschaftrechtes begründeter Transferrisiken sein.

201 **c) Verfalldatum, andere zeitliche Grenzen und Verfallort.** Der Auftrag muss Weisungen zum Verfalldatum des Akkreditivs enthalten. Daneben sollten Weisungen zur vom Verfalldatum unabhängigen Präsentationsfrist für Transportdokumente gegeben werden, wenn die gem. ERA vorgesehene Frist von 21 Tagen aufgrund der Länge der Transportdauer anpassungswürdig ist.

202 Die ERA verlangen keine Festlegung eines Verladedatums. Dies kann aber zweckmäßig sein, wenn der Auftraggeber sicherstellen will, dass er die Ware zu einem für ihn voraussehbaren Zeitpunkt erhält und die Verladung nicht erst kurz vor Ablauf des Akkreditivs erfolgen soll. Ein solches Verladedatum ist der Endtermin, bis zu dem die Verladung abgeschlossen sein muss. Zusätzlich kann der Auftraggeber auch den Beginn der Verladung vorschreiben. Die Definition des Begriffes Verladedatum findet sich in verschiedenen Artikeln der ERA 500 und ERA 600. So gilt zB bei Seekonnossementen als Verladedatum das Ausstellungsdatum oder das spätere Datum des Anbordvermerkes (Art. 23 (a) (ii) ERA 500 und Art. 20 (a) (ii) ERA 600).

203 Auch Verladedatum und Verfalldatum sind formal voneinander unabhängig. Sie müssen jedoch aufeinander abgestimmt werden. Soll der Begünstigte die Möglichkeit haben, die Verladefrist voll auszunutzen, so ist das Verfalldatum um so viel später festzusetzen, dass dem Begünstigten Zeit zur rechtzeitigen Dokumentenvorlage bleibt.

204 Feste Termine bei Teillieferungsgeschäften sollten nur dann festgelegt werden, wenn dies für den Auftraggeber aus bestimmten Gründen des Geschäftsablaufes wesentlich ist, da die Fristversäumnis nach Art. 41 ERA 500 und Art. 32 ERA 600 bei der Verladung einer einzelnen Teilpartie zum Erlöschen des Dokumentenakkreditivs nicht nur für diesen Teil, sondern auch für die nachfolgenden Lieferungen führt.

205 **d) Akkreditivsumme.** Der Akkreditivauftrag muss Angaben zur Akkreditivsumme enthalten. Ergänzend für die Fälle der pauschalen Angaben oder der „circa"-Angaben gelten die Toleranzregelungen des Art. 39 ERA 500, Art. 30 (b) ERA 600, und des Art. 39 (a) ERA 500, Art. 30 (a) ERA 600. Ist der Auftraggeber mit diesen Toleranzen nicht einverstanden, so muss er eine andere Weisung geben. Sofern das Akkreditiv auf die Währung des Export- oder Importlandes bzw. eines Drittlandes lautet, kann dies für den Auftraggeber ein Kursrisiko enthalten. Die Verwendung von Kurssicherungsklauseln ist allerdings weitgehend unüblich.

206 **e) Dokumente und Weisungen zu Liefermodalitäten.** Als Kernstück muss der Akkreditivauftrag genau die Dokumente angeben, gegen die Zahlung, Akzeptleistung oder Negoziierung vorgenommen werden soll. Hier kommen die bereits von den ERA vorgesehenen Dokumente oder auch sonstige Dokumente in Betracht, die dann nach Inhalt und Aussteller genau beschrieben werden müssen.

207 Erfolgt keine genaue Angabe zum Aussteller eines sonstigen Dokumentes, kann die Ausstellung auch vom Begünstigten selbst vorgenommen werden.

Eine Besonderheit gilt bei der Verwendung von Pauschalangaben wie zB „erstklassig", „gut bekannt", „qualifiziert", „unabhängig", „offiziell", „komplett", „örtlich" oder ähnliches. Gem. Art. 20 (a) ERA 500 und Art. 3 ERA 600 sind diese für die eröffnende Bank grundsätzlich unbeachtlich, jedoch hat ihre Verwendung zur Folge, dass die Ausstellung des sonstigen Dokumentes nicht mehr vom Begünstigten selbst vorgenommen werden darf.

208 Eine Klarstellung im Akkreditivauftrag ist erforderlich, wenn das Dokumentakkreditiv nur über einen Teil des Kaufpreises lautet. Hierbei kommt es darauf an, ob die Akkreditivbank zur Auszahlung auch dann berechtigt bzw. verpflichtet sein soll, wenn der Käufer den durch das Dokumentenakkreditiv ungedeckten Teil des Kaufpreises nicht bezahlt. Ohne eine entsprechende Weisung ist das Dokumentenakkreditiv für den Begünstigten im Zweifelsfall wertlos, weil dann, wenn die Zahlung als Einheit gewollt ist, der Käufer durch Nichtzahlung eines Teils die Auszahlung des Akkreditivs blockieren könnte.

Abschnitt 12. Ausgewählte Auslandsgeschäfte (Inkasso, Akkreditiv, Bankgarantie)

Der Akkreditivauftrag kann ebenfalls Angaben zu Anbordnahme oder Versendung der **209** Waren enthalten. Nur das Seekonnossement, der Seefrachtbrief und das Charterpartykonnossement sind „Anbordpapiere", bei denen der Aussteller nicht nur die Übernahme der Fracht, sondern auch ihre Verladung an Bord zu bestätigen hat. Alle übrigen Transportdokumente sind reine Übernahmepapiere, bei denen der Frachtführer lediglich bestätigt, dass er die Ware zum späteren Weitertransport übernommen hat. Der Auftraggeber muss also Sonderweisungen geben, wenn er auch bei solchen Dokumenten einen Nachweis darüber verlangt, dass die Ware an Bord des betreffenden Transportmittels gebracht worden ist. Art. 27 (a) (iii) ERA 500, Art. 23 (a) (iii) ERA 600 sieht ebenfalls für den Luftfrachtverkehr die Möglichkeit vor, ein aktuelles Versanddatum vorzusehen. Auch bei Verwendung anderer Verkehrsmittel besteht die Möglichkeit, festzulegen, dass im Transportdokument der tatsächliche Reisebeginn bescheinigt wird.

Die Angaben zu den Transportdokumenten müssen ebenfalls Angaben zu dem Trans- **210** portweg enthalten, der im Akkreditiv ausgewiesen werden soll. Hierbei sollen unnötige Einschränkungen vermieden werden, vgl. Art. 5 (a) (i) ERA 500, Art. (4) (b) ERA 600 (so kann es zB für den Käufer unerheblich sein, in welchem Nordseehafen die Abladung erfolgt[123]). Dies gilt auch für die Angaben zum Bestimmungsort, bei denen ebenfalls berücksichtigt werden sollte, dem Frachtführer ausreichend Spielraum einzuräumen. Zu beachten ist, dass Art. 23 ERA 500, Art. 20 ERA 600 (Konnossement) nur noch das Port-to-Port-Konnossement regelt, wobei der Ausweis einer Vorreise zwischen Abladehafen bzw. einer Nachreise vom Löschhafen grundsätzlich unschädlich sind.

In der Praxis wird bei einem Transport, der aus einer Kombination von See- und **211** Landstrecke besteht, für die Seestrecke in der Regel ein Anbordvermerk und damit ein Seekonnossement und kein Dokument des kombinierten Transportes verlangt. Anderenfalls muss der Auftraggeber ausdrücklich die Verkehrsmittel für die einzelnen Teilstrecken bzw. einen Verweis auf Dokumente mit verschiedenen Transportarten in den Auftrag aufnehmen.

Will der Auftraggeber Teilverladungen und Teilinanspruchnahmen des Akkreditives **212** vermeiden, so muss er dies angeben. UU ist dies jedoch dann nicht sinnvoll, wenn dem Akkreditiv ein Sukzessivlieferungsvertrag zugrunde liegt oder nicht sichergestellt ist, dass die Gesamtwarenmenge gleichzeitig auf ein und demselben Transportmittel verladen wird. Ein Verbot von Teilverladungen ist bei einem übertragbaren Akkreditiv, das in Teilbeträgen übertragen werden kann, nicht üblich.

Ferner kann der Akkreditivauftraggeber ein Umladeverbot angeben, wobei er Zweckmä- **213** ßigkeit und Wirkung für die einzelnen Transportarten jeweils gesondert prüfen sollte. Widersprüchlich und unbeachtlich ist ein Umladeverbot gem. Art. 26 (b) ERA 500, Art. 19 (c) (i), (ii) ERA 600 bei kombinierten Transporten, beim Verladen im Luftfrachtverkehr (Art. 28 (c) ERA 500, Art. 23 (c) (i), (ii) ERA 600). Wollte der Auftraggeber auch in diesen Fällen ein Umladeverbot durchsetzen, so müsste die Geltung der betreffenden Bestimmungen der ERA ausgeschlossen werden. Dies gilt auch für die Unbeachtlichkeit des Umladeverbotes im Straßen-, Eisenbahn- und dem Schiffstransport bei gleichartiger Durchfracht (Art. 28 (c) ERA 500, Art. 24 (e) (i), (ii) ERA 600).

Im Bereich der Versicherungsdokumente sind Sonderweisungen des Akkreditivauftrag- **214** gebers gem. Art. 34 (d) ERA 500 (Art. 28 (d) ERA 600) erforderlich, falls die Vorlage einer Police gewünscht wird. Andernfalls sind sowohl Versicherungszertifikate als auch eine „Declaration under an open Cover" (Aufnahme in eine laufende Police) andienungsfähig. Eine Sonderweisung ist darüber hinaus erforderlich, wenn der Auftraggeber sichergestellt wissen will, dass die Versicherung bereits vor der Verladung der Waren an Board oder vor Übernahme der Ware wirksam sein soll (Art. 34 (e) ERA 500, Art. 28 (e) ERA 600). Der Art. 34 (a) ERA 500, Art. 28 (g) ERA 600 legt dem Auftraggeber auf, festzulegen, welche Art von Versicherung verlangt wird und welche zusätzlichen Risiken zu decken sind. Nicht

---

[123] Bsp. nach *Zahn/Ehrlich/Haas* Rn. 2/44.

ausreichend ist es, wenn der Auftraggeber hier lediglich angibt, es seien „übliche Risiken" bzw. „handelsübliche Risiken" zu decken, da diese für die Bank nicht prüfbar oder beweisbar sind. Sollen die Regelungen des Art. 34 (f) (ii) ERA 500 (Art. 28 (f) ERA 600) hinsichtlich des Mindestdeckungsbetrages ausgeschlossen werden, muss der Auftraggeber hierfür eine Weisung erteilen.

215 **f) Übermittlung des Akkreditivs.** Ebenfalls muss der Akkreditivauftrag Anweisungen enthalten, auf welche Art und Weise das Akkreditiv zu eröffnen und zu übermitteln ist. In Betracht kommt einfache Post, Luftpost oder ein anerkanntes Telekommunikationsmittel, wobei sich die Übermittlung über das Swift-System weitgehend durchgesetzt hat.

216 **3. Beratung und Auftragsannahme bzw. -ablehnung. a) Beratungspflicht.** Eine formelle Verpflichtung der eröffnenden Bank, den Auftraggeber bei Abfassung des Akkreditivs über die zweckmäßige Ausgestaltung zu beraten, besteht nicht. Nimmt die Bank trotzdem eine Prüfung des Akkreditivauftrags auch im Interesse des Käufers vor, so trifft sie hierfür keine Obligo. Die Bank ist jedoch verpflichtet, den Auftraggeber auf offensichtliche Fehler, Widersprüche oder Unvollständigkeiten des Akkreditivsauftrags aufmerksam zu machen, insbes., wenn diese zu Schwierigkeiten bei der Ausführung führen können. Ebenso sollte sie Hinweise auf außenwirtschaftsrechtliche Bestimmungen des eigenen Landes geben, welche der Abwicklung des Akkreditivs entgegenstehen könnten. Hieraus folgt die Verpflichtung, die Ausführbarkeit des Akkreditivauftrags im Wege einer Schlüssigkeits- und Grobkontrolle zu überprüfen. In keinem Falle ist die Akkreditivbank berechtigt, von sich aus unklare oder unvollständige Aufträge zu ergänzen. Bei Unklarheiten muss sie immer Rücksprache halten.

217 Eine Ablehnung des Akkreditivauftrags ist selbstverständlich geboten, wenn die Eröffnung des Akkreditivs gegen Gesetze oder Verordnungen des eigenen Landes verstoßen würde. Akkreditive, die trotz entgegenstehender inländischer Gesetze (zB Kriegswaffenkontrollgesetz) eröffnet, bestätigt oder zahlbar gestellt werden, sind gem. § 134 BGB nichtig. In diesem Rahmen beachtet die Rechtsprechung ausländisches Außenwirtschaftsrecht in der Regel nur dann, wenn es unmittelbar deutschen oder anderen anerkennenswerten Interessen dient. Dies wurde zB bei der Umgehung US-amerikanischer Embargobestimmungen für Exporte in die Sowjetunion oder US-amerikanischer Sanktionen im Zusammenhang mit dem Iran angenommen. Ist die Eröffnung des Akkreditivs selbst zulässig und nur das zugrunde liegende Rechtsgeschäft wegen Gesetzes- oder Sittenwidrigkeit nichtig, so kann der Zahlungsanspruch des Begünstigten gegen den Auftraggeber entfallen und daher ein Zahlungsverweigerungsrecht der Bank aus dem Gesichtspunkt der missbräuchlichen Inanspruchnahme bestehen[124].

218 **b) Auftragsannahme.** Im Rahmen einer bestehenden Geschäftsverbindung gilt das Schweigen auf den eingegangenen Akkreditivauftrag seitens der Bank als Annahme, wenn sie nicht innerhalb angemessener Frist widerspricht (§ 362 HGB) und der Akkreditauftraggeber bei der Bank entsprechende Guthaben unterhält oder ihm eine Avalkreditlinie gewährt wurde. Will die Bank die Akkreditiveröffnung von der Stellung zusätzlicher Sicherheiten abhängig machen, so muss sie dieses Verlangen vor Auftragsausführung geltend machen, da im Übrigen nur eine nachträgliche Sicherheitenverstärkung gem. Ziffer 13 Abs. 2 AGB-Banken möglich wäre. Der Auftraggeber ist unverzüglich zu unterrichten, wenn die Bank den Auftrag nicht ausführen oder von weiteren Bedingungen abhängig machen will. Hält sich die Bank hieran nicht, kommt eine Haftung wegen nicht rechtzeitiger Akkreditiveröffnung in Frage, da im Akkreditivgeschäft die zügige Akkreditiveröffnung in der Regel im Rahmen des Grundgeschäftes erforderlich und üblich ist.

219 **4. Pflicht zur Akkreditiveröffnung.** Zur Erfüllung der Pflicht zur zügigen Eröffnung des Dokumentenakkreditivs genügt in der Regel die Eröffnung oder Beauftragung der avisierenden Bank per Post. Enthält der Akkreditivauftrag eine Weisung zur sofortigen, schnells-

---

[124] *Schütze* Rn. 429.

Abschnitt 12. Ausgewählte Auslandsgeschäfte (Inkasso, Akkreditiv, Bankgarantie)

ten oder bis zu einem bestimmten Datum zu erledigenden Eröffnung und keine Weisung zur unverbindlichen Unterrichtung des Begünstigten, so hat sich die Bank in der Regel eines Telekommunikationsmittels (Telefax oder Swift) zu bedienen. Der Auftraggeber trägt das Risiko für Verzögerungen oder sonstige Irrtümer, die sich aus der Übermittlung per Telekommunikation ergeben (Art. 16 ERA 500, Art. 35 ERA 600). Zudem hat der Auftraggeber keine Möglichkeit mehr, den per Telekommunikation übermittelten Akkreditivtext zu ergänzen oder zu berichtigen.

Die eröffnende Bank ist ferner berechtigt, zur Avisierung des Akkreditivs eine Zweitbank nach ihrer Wahl einzuschalten, muss dann aber deren Rückmeldung über die Weiterleitung des Akkreditivs an den Begünstigten kontrollieren (Art. 7 ERA 500, Art. 9 ERA 600). **220**

5. Vorschussleistung/Sicherheitenbestellung. Grundsätzlich ist die eröffnende Bank nicht verpflichtet, ein Akkreditiv ohne Vorschussleistung oder Sicherheitenbestellung zu eröffnen. Tut sie dies jedoch ohne einen Vorbehalt diesbezüglich auszusprechen, so kann sie einen späteren Vorschuss nicht mehr verlangen. Eine Forderung nach Sicherheitenstellungen auf der Grundlage von Ziffer 13 Abs. 2 AGB-Banken kommt (unter der Voraussetzung einer Veränderung der wirtschaftlichen Verhältnisse des Auftraggebers nach Auftragserteilung) in Betracht. Gem. Ziffer 14 Abs. 1 AGB-Banken hat die Akkreditivbank an den von ihr aufgenommenen und bezahlten Dokumenten ein vertragliches Pfandrecht und zudem gem. § 273 BGB, § 369 HGB ein Zurückbehaltungsrecht. Dies gilt bei aufgenommenen Traditionspapieren genauso, wie bei sonstigen Warenpapieren. Diese Zurückbehaltungs- und Pfandrechte an den aufgenommenen Dokumenten erlöschen mit Aushändigung der Dokumente an den Akkreditivauftraggeber. **221**

6. Pflichten bei Akkreditivinanspruchnahme. Die allererste Pflicht der Akkreditivbank besteht darin, den Auftraggeber über die Inanspruchnahme des Akkreditivs zu unterrichten. Werden ordnungsgemäße Dokumente fristgerecht eingereicht, ist die Bank im Außenverhältnis zum Begünstigten, aber auch aus dem Geschäftsbesorgungsverhältnis gegenüber dem Auftraggeber, zur Zahlung aus dem Akkreditiv verpflichtet. Die Prüfung der frist- und formgerechten Inanspruchnahme ist die wesentliche Pflicht der Akkreditivbank. Weicht die Bank bei Aufnahme der Dokumente bewusst von den Akkreditivbedingungen ab oder unterlaufen ihr Bearbeitungsfehler, so braucht der Auftraggeber die Auszahlung des Akkreditivs nicht gegen sich gelten zu lassen, sodass der Bank kein Anspruch auf Erstattung der Akkreditivsumme zusteht. Ihr verbleibt nur die Möglichkeit, die hereingenommenen Dokumente auf eigene Rechnung zu verwerten, sofern die Rückgabe dieser Dokumente an den Begünstigten wegen Überschreitung der Rügefrist nicht mehr möglich ist. Die Bank behält jedoch ihren Aufwendungsersatzanspruch, wenn die Aufnahme der Dokumente zwar objektiv gesehen unzutreffend war, ihr jedoch kein Verschulden vorzuwerfen ist. **222**

Aus der Funktion des Akkreditivs als Mittel zur dokumentären Zahlungsabwicklung hat sich die Beschränkung der Prüfungspflicht auf die rein formale Übereinstimmung der Dokumente mit den Bedingungen des Akkreditivs durchgesetzt, sodass Art. 15 ERA 500, Art. 34 ERA 600 festlegen, dass die Banken keine Haftung für Form, Vollständigkeit, Genauigkeit, Echtheit, Verfälschung oder Rechtswirksamkeit eines Dokumentes übernehmen. Ebenso trifft sie keine Haftung für Bezeichnung, Menge, Qualität, Beschaffenheit, Verpackung, Lieferung, Wert oder Vorhandensein der vertretenen Waren. **223**

Die Prüfung anderer Merkmale der Dokumente, wie zB inhaltliche Richtigkeit oder Fälschung, ist zwar keine Hauptpflicht der Bank, kann jedoch Schutz- und Nebenpflichten der Banken darstellen[125].

7. Verpflichtungen zum Aufwendungsersatz. Spätestens mit Aufnahme und Auszahlung der Dokumente ist der Akkreditivauftraggeber verpflichtet, der Akkreditivbank gem. **224**

---

[125] *BGH* WM 1989, 1713.

§§ 670, 675 BGB die Akkreditivsumme und sonstige Aufwendungen zu erstatten. Die Entgegennahme der von der Bank eingelösten Dokumente ist dagegen nur eine Gläubigerobliegenheit. Nimmt der Auftraggeber diese Dokumente vorbehaltlos entgegen, ohne etwaige Mängel sofort zu rügen, so gelten diese Dokumente als genehmigt.

VII. Rechtsverhältnisse zwischen den Beteiligten bei Einschaltung von Zweitbanken

1. Rechtsverhältnis zwischen den Banken

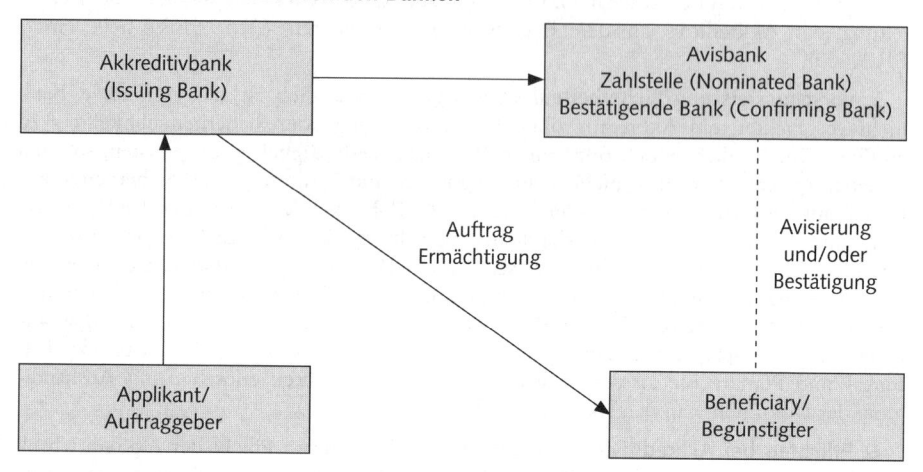

```
┌─────────────────┐          ┌──────────────────────────────────┐
│ Akkreditivbank  │─────────▶│ Avisbank                         │
│ (Issuing Bank)  │          │ Zahlstelle (Nominated Bank)      │
│                 │          │ Bestätigende Bank (Confirming    │
│                 │          │ Bank)                            │
└─────────────────┘          └──────────────────────────────────┘
        ▲                                    ┊
        │                                    ┊
        │    Auftrag                         ┊  Avisierung
        │    Ermächtigung                    ┊  und/oder
        │                                    ┊  Bestätigung
        │                                    ┊
┌─────────────────┐          ┌──────────────────────────────────┐
│ Applikant/      │          │ Beneficiary/                     │
│ Auftraggeber    │          │ Begünstigter                     │
└─────────────────┘          └──────────────────────────────────┘
```

225 Mit der Einschaltung einer Zweitbank entsteht zwischen eröffnender Bank und Zweitbank ein Geschäftsbesorgungsvertrag mit Werkvertragscharakter, der entweder auf die Avisierung, Auszahlung oder Bestätigung gerichtet ist.

226 Die eröffnende Bank muss der Avisbank, der benannten Bank und der bestätigenden Bank die Aufwendungen erstatten, die der jeweiligen Bank im Rahmen der Avisierung, der Ausübung der Zahlstellenfunktion bzw. als bestätigender Bank entstehen und Provision zahlen. Bei ordnungsgemäßer Dokumentenaufnahme gehört zum Aufwendungsersatz insbes. die Erstattung der Zahlungen an den Begünstigten durch die Zahlstelle oder die bestätigende Bank, wenn die bestätigende Bank auch Zahlstelle ist oder wegen Nichtzahlung der eröffnenden Bank oder einer benannten Bank in Anspruch genommen wird (Art. 14 (a) ERA 500, Art. 7 (c), 8 (c) ERA 600).

227 Auch der Zweitbank kommen die Haftungsausschlüsse der Art. 17 und 18 ERA 500 und Art. 34 und 35 ERA 600 zugute. Zum Aufwendungsersatz können ausnahmsweise neben der Akkreditivsumme weitere Beträge kommen, wenn die beauftragte Bank deren Verauslagung nach pflichtgemäßem Ermessen für erforderlich halten durfte. Zum Aufwendungsersatz gehören ebenfalls Zufallsschäden, denen sich die Beauftragte bei der Durchführung des Akkreditivauftrages nicht entziehen konnte (zB Prozessabwehrkosten). Der Aufwendungsersatz kann ferner über eine dritte Bank (sog. Remboursbank) zur Verfügung gestellt werden. Art. 19 ERA 500, Art. 13 ERA 600 regeln die Einschaltung einer solchen Remboursbank.

228 **a) Avisierende Bank.** Gem. den Weisungen der eröffnenden Bank zu Form, Inhalt und Zeitpunkt der Avisierung muss die avisierende Bank das Akkreditiv zur Kenntnis bringen. Tut sie dies nicht rechtzeitig, macht sie sich gegenüber der eröffnenden Bank schadenersatzpflichtig.

Hat die Avisbank Kenntnis von den Begünstigten betreffenden besonderen Umständen (zB Eröffnung eines Insolvenzverfahrens), muss sie die eröffnenden Bank ggf. hierüber informieren und deren weitere Weisungen abwarten.

Die Avisbank muss sich der augenscheinlichen Echtheit des Akkreditivs vergewissern **229** und prüfen, ob das Avis die Bedingungen des Akkreditivs genau wiedergibt (Art. 8(a) ERA 500, Art. 9(b) ERA 600). Ist dies nicht der Fall, muss sie die eröffnende Bank unterrichten (Art. 8(b) ERA 500, Art. 9(f) ERA 600). Will oder kann die avisierende Bank die Avisierung nicht vornehmen, muss sie dies der eröffnenden Bank unverzüglich mitteilen (Art. 9(e) ERA 600).

b) Benannte Bank. Die Verpflichtungen der als Zahlstelle tätig werdenden benannten **230** Bank umfassen die Prüfung der Dokumente, deren Aufnahme bei Akkreditivkonformität und Zahlung, wobei sie die Weisungen der eröffnenden Bank beachten muss.

c) Bestätigende Bank. Die bestätigende Bank wird durch die eröffnende Bank „beauf- **231** tragt" oder „ermächtigt", ihre Bestätigung zu erteilen. Wird sie beauftragt, so muss die bestätigende Bank der eröffnenden Bank unverzüglich mitteilen, wenn sie dieses Angebot auf Abschluss des Geschäftsbesorgungsvertrages ablehnt (Art. 9(c)(i) ERA 500, Art. 8(d) ERA 600). Im Falle einer Ermächtigung gibt die eröffnende Bank ein unbefristetes Vertragsangebot ab, welches die Zweitbank jederzeit bis zum Ablauf der Gültigkeitsdauer des Akkreditivs annehmen kann. Ist also seitens des Auftraggebers Sicherheit über die Bestätigung gewünscht, wird der die Weisung zur Beauftragung erteilen.

Die bestätigende Bank muss dem Begünstigten das Akkreditiv gem. den Weisungen der **232** eröffnenden Bank bestätigen. Sie muss prüfen, ob der Bestätigungsauftrag die Mindestangaben für die Abwicklung des Akkreditivs enthält. Anderenfalls kann sie den Auftrag ablehnen, Rückfrage bei der eröffnenden Bank halten oder den Begünstigten vorläufig und unverbindlich unterrichten. Sie kann auch zugleich als Avisbank oder benannte Bank tätig werden, wobei sie dann auch die diese Banken treffenden Pflichten zu erfüllen hat.

2. Stellung des Akkreditivauftraggebers bei Einschaltung anderer Banken. Durch die **233** Einschaltung einer Zweitbank entstehen lediglich Rechtsverhältnisse zwischen Erstbank und Zweitbank. Gleiches gilt, wenn die Zweitbank ihrerseits eine andere Bank als Zahlstelle einschaltet. Eine Rechtsbeziehung zwischen Akkreditivauftraggeber und eingeschalteter Zweitbank entsteht nicht. Dies führt dazu, dass der Akkreditivauftraggeber gegenüber der Zweitbank kein eigenes Weisungsrecht hat, sondern alle Instruktionen (zur Abwicklung des Akkreditivs oder zB seiner Änderung) nur über die Eröffnungsbank erteilen kann. Ebenso stehen ihm keine unmittelbaren Schadensersatzansprüche gegen die Zweitbank zu, sollte diese bei der Auftragsausführung fehlerhaft handeln (mit der Ausnahme des Tatbestands einer sog. Schutzpflichtverletzung). Er muss sich also ggf. Ansprüche der Erstbank gegen die Zweitbank abtreten lassen. In der Praxis spielen diese Fälle jedoch keine große Rolle, da die häufigste Fehlerquelle die fehlerhafte Aufnahme von Dokumenten durch die Zweitbank ist, und ihr dabei schon gegen die Erstbank kein Anspruch auf Aufwendungsersatz zusteht.

Gem. Art. 18(b) ERA 500 und Art. 37 ERA 600 haftet die jeweilige Bank nicht für die **234** Einschaltung einer weiteren Bank. Gem. § 309 Abs. 1 Nr. 7b BGB ist ein Haftungsausschluss für Vorsatz und grobe Fahrlässigkeit im Rechtsverkehr mit Nichtkaufleuten unwirksam, wenn der eingeschaltete Dritte Erfüllungsgehilfe gem. § 278 BGB ist, wobei auch eine Tendenz besteht, diese Regelung gem. § 310 Abs. 3 BGB auch auf den kaufmännischen Verkehr auszuweiten. Wie bereits oben dargelegt, wird die Avisbank lediglich als Erfüllungsgehilfin tätig, da die Avisierung des Akkreditivs ebenfalls von der beauftragten Bank vorgenommen werden könnte. Hingegen werden die eingeschaltete Zahlstelle sowie die Bestätigungsbank als Unterbeauftragte gem. § 664 Abs. 1 BGB angesehen, da deren Tätigkeiten durch die Erstbank nicht erbracht werden können, sodass die Zweitbank nicht im Pflichtenkreis der Erstbank tätig wird.

In diesen beiden Fällen haftet die Erstbank also nur für das Auswahlverschulden bei der **235** Wahl der Zweitbank. Soweit Art. 18(b) ERA 500 und Art. 37(b) ERA 600 auch dieses Auswahlverschulden ausschließen, ist dieser Ausschluss nur wirksam, wenn der Akkreditivauftraggeber selbst die Einschaltung einer bestimmten Zweitbank vorgeschrieben hat.

236 Hat die Zweitbank nicht akkreditivgemäße Dokumente aufgenommen und bezahlt und zudem aufgrund vorschussweiser Deckung oder im Wege des Rembours bereits die Akkreditivsumme erhalten, muss die Erstbank den Anspruch auf Rückzahlung ggf. im Prozesswege durchsetzen. Das Risiko einer solchen Auseinandersetzung trägt jedoch der Akkreditivauftraggeber, da die Eröffnungsbank weder für die Zahlstelle noch die Bestätigungsbank nach § 278 BGB haftet.

237 Nimmt die Zweitbank Dokumente ohne Auftrag oder Ermächtigung der Eröffnungsbank auf, zB weil sie als Hausbank des Begünstigten die Akkreditivdokumente ankauft oder bevorschusst, hat sie gegenüber der Erstbank die gleiche Rechtsstellung wie der Begünstigte. Entsprechen die Dokumente zwar formal den Akkreditivbedingungen, sind jedoch inhaltlich unwirksam (zB wegen Rechtsunwirksamkeit, mangelnder Form oder Fälschung) muss die Erstbank der Zweitbank die Akkreditivsumme nicht erstatten, weil sich die Zweitbank nicht auf Art. 16 ERA 500 bzw. Art. 34 ERA 600 berufen kann. Handelt die Zweitbank auf eigenes Risiko, muss sie nicht nur dafür einstehen, dass die eingereichten Dokumente formal den Akkreditivbedingungen entsprechen, sondern auch dafür, dass diese materiell in Ordnung sind.

238 **3. Stellung des Begünstigten. a) Eröffnende Bank.** Mit Annahme des Akkreditivs beziehungsweise Zustimmung zu etwaigen Änderungen erwirbt der Begünstigte Erfüllungsansprüche gegen die Akkreditivbank. Ob und inwieweit er auch Ansprüche gegen weitere eingeschaltete Banken erlangt, richtet sich nach der Funktion dieser Banken.

239 **b) Avisierende Bank.** Eine eingeschaltete Avisbank haftet dem Begünstigten nicht auf Erfüllung. Gegen sie können lediglich Schadenersatzansprüche bestehen, sollte sie Schutz- und Nebenpflichten (zum Beispiel die Pflicht zur Nachprüfung der Authentizität des Akkreditivs) verletzt haben[126]. Auch bei Einschaltung einer avisierenden Bank bleibt das Akkreditiv bei der eröffnenden Bank benutzbar und gültig, so dass der Begünstigte für die rechtzeitige Ankunft der Dokumente bei der Akkreditivbank sorgen muss. Dies gilt auch, sollte er die Dokumente über die Avisbank leiten.

240 **c) Benannte Bank.** Wird eine Zweitbank als Zahlstelle (benannte Bank) eingeschaltet, kann der Begünstigte die Dokumente innerhalb der Laufzeit des Dokumentenakkreditivs fristwahrend bei der Zahlstelle einreichen. Dies kann ihm Vorteile bringen, wenn – wie meistens – die Zahlstelle im Land des Begünstigten ansässig ist. Mit der Einreichung bei der Zahlstelle geht das Risiko des Verlustes der Dokumente auf diese über. Die benannte Bank handelt als Beauftragte der Eröffnungsbank, so dass Rechtsbeziehungen zwischen ihr und dem Begünstigten, mit Ausnahme von Schutzpflichten, nicht begründet werden. Die benannte Bank ist insbes. bevollmächtigt, die Dokumente zu prüfen, sie bei Ordnungsgemäßheit aufzunehmen und zu Lasten der Akkreditivbank Zahlungen zu leisten. Bei Einsetzung einer Zweitbank als Zahlstelle (mit Ausnahme frei negoziierbarer Akkreditive) kann der Begünstigte nur am Sitz der Zweitbank Auszahlung des Akkreditivs verlangen. Erfüllungsort bleibt jedoch der Sitz der eröffnenden Bank, so dass gem. § 270 BGB die Akkreditivbank weiterhin die Transportgefahr für den Akkreditivbetrag bis zu dessen Auszahlung durch die Zahlstelle oder der Erteilung einer Gutschrift auf dem für den Begünstigten dort geführten Konto trägt. Am fehlenden Obligo der Zahlstelle gegenüber dem Begünstigten im Hinblick auf die Honorierungsverpflichtungen aus dem Akkreditiv ändert sich auch nichts durch die Aufnahme der Dokumente (Art. 10 (c) ERA 500, Art. 12 ERA 600).

241 Von der Bindung an die Zahlstellenvereinbarung kann der Begünstigte nur ausnahmsweise abweichen, wenn die Zahlstelle nicht mehr besteht oder wegen Insolvenz, Liquidation, Enteignung oder anderer vergleichbarer Umstände ihre Zahlstellenfunktion nicht nachkommen kann[127]. Nur in diesen Fällen kann der Begünstigte Zahlung unmittelbar von der Akkreditivbank verlangen. Aus der neuen Regelung des Art. 7 (a) (ii) ERA 600, wo-

---

[126] *Schütze* Rn. 274.
[127] *Zahn/Ehrlich/Haas* Rn. 2/106.

nach die Eröffnungsbank die Dokumente bei Einschaltung einer Zweitbank als Zahlstelle nur dann honorieren muss, wenn die Zweitbank nicht erfüllt, soll nach teilweise vertretener Ansicht zudem folgen, dass die Eröffnungsbank erst dann eine Verpflichtung zur Honorierung hat, wenn die nominierte Zweitbank dieser Pflicht nicht nachkommt[128].

d) Bestätigende Bank. Bei Erklärung der Bestätigung eines Akkreditivs durch eine bestätigende Bank wird eine weitere Zahlungsverpflichtung gegenüber dem Begünstigten begründet, die weitgehend als abstraktes Schuldversprechen gem. § 780 BGB eingestuft wird. Die eröffnende Bank und die Bestätigungsbank haften dem Begünstigten als Gesamtschuldner (Art. 2 ERA 600)[129]. Dies ergibt sich ohne Weiteres bei Zahlungsakkreditiven, bei denen beide Banken auf Zahlung haften. Auch bei Akzeptierungs- und Negoziierungsakkreditiven, bei denen immer nur eine Bank zur Abgabe des Akzeptes bzw. zum Ankauf von Dokumenten verpflichtet ist, während die andere Bank auf Zahlung haftet, besteht eine gesamtschuldnerische Haftung, da beide Ansprüche auf dasselbe Leistungsinteresse gerichtet sind[130]. 242

Da in aller Regel die bestätigende Bank im Land des Begünstigten ansässig sein wird, besteht der Vorteil für den Begünstigten darin, dass durch die Bestätigung hoheitliche Eingriffe durch Devisen- oder Transferbeschränkungen oder sonstige Maßnahmen aus dem Wirtschafts- oder Währungsrecht, die die Erfüllung der Akkreditivverpflichtung beeinflussen könnten, ausgeschlossen sind. Voraussetzung ist hierfür allerdings, dass das Akkreditiv bei der Bestätigungsbank benutzbar ist. Agiert die Bestätigungsbank auch als Zahlstelle, so bindet deren Entscheidung über die Aufnahme der Dokumente auch die Eröffnungsbank, es sei denn, dass in der Zeit zwischen Dokumentenaufnahme und Fälligkeit Tatbestände bekannt werden, die zur Anfechtung der Dokumentenaufnahme berechtigen (zum Beispiel Fälschung der Dokumente). 243

VIII. Dokumentenprüfung/Inanspruchnahme

1. Fristgemäße Inanspruchnahme. Zur ordnungsgemäßen Inanspruchnahme des Akkreditivs gehört die fristgemäße Vorlage der Dokumente bei der zuständigen Stelle. Nennt das Akkreditiv keinen ausdrücklichen Vorlageort, ist die Einreichung der Dokumente immer fristwahrend, wenn sie bei der Bank vorgenommen wird, bei der das Akkreditiv benutzbar gestellt ist. 244

Die Einhaltung der Akkreditivfrist kann nicht durch Vorlage der Dokumente bei einer avisierten Bank gewahrt werden, wenn die Dokumente erst nach dem Verfalldatum bei der eröffnenden Bank eingehen. Nur unter bestimmten besondern Umständen soll eine direkte Inanspruchnahme der Eröffnungsbank zulässig sein, wenn im Akkreditiv eine andere Zweitbank als Zahlstelle benannt ist.

Der Akkreditivbegünstigte trägt das Risiko des Dokumentenverlustes auf dem Postwege. Ist ihm eine rechtzeitige Beschaffung von Ersatzdokumenten nicht möglich, so verfällt das Akkreditiv ungenutzt. Dies gilt auch dann, wenn der Begünstigte sich bei der Übermittlung der Dokumente einer avisierenden Bank oder seiner Hausbank bedient. Leiten diese die Dokumente nicht rechtzeitig weiter, so hat der Begünstigte dies gegen sich gelten zu lassen, es sei denn die Übermittlung der Dokumente über die Avisbank ist ihm ausdrücklich im Akkreditiv vorgeschrieben. Selbst im Falle höherer Gewalt findet keine Verlängerung der Laufzeit des Akkreditivs statt (Art. 17 ERA 500 und Art. 36 ERA 600). Die Verlustgefahr für die Dokumente geht auf den Auftraggeber über, wenn der Begünstigte die Dokumente bei der Eröffnungs- oder Bestätigungsbank oder bei der im Akkreditiv genannten Bank, bei der das Akkreditiv benutzbar gestellt ist, eingereicht hat. 245

Sieht das Akkreditiv die Vorlage von Transportdokumenten vor, müssen alle Dokumente innerhalb von 21 Tagen nach Ausstellung der Transportdokumente vorgelegt werden, so- 246

---

[128] *Nielsen* TranspR 2008, 270, 274.
[129] *Nielsen* TranspR 2008, 270, 274.
[130] Vgl. Palandt/*Grüneberg* § 421 Rn. 6.

fern das Akkreditiv nicht eine kürzere oder längere Präsentationsfrist vorschreibt (Art. 43 (a) ERA 500, Art. 14 (c) ERA 600). Damit soll verhindert werden, dass sich der Verkäufer mit der Versendung der Dokumente unnötig lange Zeit lässt. Endet die Präsentationsfrist vor dem Verfalldatum des Akkreditivs, so verkürzt sich die Laufzeit des Akkreditivs. Es kommt jedoch zu keiner Verlängerung der Laufzeit, wenn die Präsentationsfrist nach dem Verfalldatum endet.

247 Das Akkreditiv kann zudem ein frühestes oder letztes Verladedatum vorschreiben. Anhand der Bestimmungen über die einzelnen Transportdokumente ist dann zu klären, welcher Tag als Erfüllung des Verladetatbestandes gilt (Ausstellung des Transportdokuments, An-Bord-Vermerk oder Dispatch-Vermerk).

248 Auch Dokumente, die vor Akkreditiveröffnung ausgestellt sind, sind aufnahmefähig (Art. 22 ERA 500, Art. 14 (i) ERA 600). Unter dem Gesichtspunkt des Rechtsmissbrauchs kann aber insbes. bei zusätzlichen Warendokumenten zu prüfen sein, ob sie solange vor Akkreditiveröffnung ausgestellt sind, dass sie offensichtlich keinen Zusammenhang mit den unter dem Akkreditiv verladenen Waren haben können bzw. ihre Beweiswirkung durch Zeitablauf verloren haben. Ein Dokument darf zudem nicht später datiert sein als das Datum der Dokumentenvorlage.

249 Sofern das Dokumentenakkreditiv nichts anderes vorschreibt, sind Teilinanspruchnahmen und/oder Teilverladungen zulässig (Art. 40 (a) ERA 500, Art. 31 ERA 600). Enthält das Akkreditiv zudem für die einzelnen Teilinanspruchnahmen oder Teilverladungen bestimmte Termine, so verliert der Begünstigte das Recht zur weiteren Ausnutzung des Akkreditivs, wenn er auch nur einen einzigen Termin versäumt. Hierfür reicht es nicht aus, wenn das Akkreditiv nur die Anzahl der Teillieferungen vorsieht, es muss in jedem Fall bestimmte Termine für diese Teillieferungen enthalten.

250 **2. Formgerechte Inanspruchnahme/Dokumentenstrenge. a) Grundsatz der Dokumentenstrenge.** Gem. den ERA muss die Akkreditivbank die im Akkreditiv vorgeschriebenen Dokumente mit angemessener Sorgfalt prüfen, um festzustellen, ob sie ihrer äußeren Aufmachung nach den Akkreditivbedingungen zu entsprechen scheinen. Diese Prüfung muss sich nach dem Standard internationaler Bankpraxis richten. Hierzu kann insbes. auf die International Standard Banking Practice (ICC-Publikation Nr. 681) verwiesen werden.

Die Prüfung ist beschränkt auf die rein formelle Übereinstimmung der Dokumente mit den Akkreditivbedingungen, wobei die Akkreditivbank rein objektive Kriterien anwendet und nur auf die äußere Aufmachung der Dokumente abstellt. Die Bank prüft dabei, ob die Dokumente vollständig, nach ihrer äußeren Aufmachung ordnungsgemäß sind und nach ihrer Art und ihrem Inhalt den Akkreditivbedingungen entsprechen und untereinander übereinstimmen.

Bei der Prüfung der äußerlichen Ordnungsgemäßheit, also zB auch der Frage, ob eine Fälschung vorliegt, hat die Bank auf ins Auge springende formelle Mängel und Unstimmigkeiten zu achten. Diese müssen für die prüfende Bank im Rahmen der üblichen banktechnischen Handhabung ohne Schwierigkeiten und Zweifel feststellbar sein[131].

251 Trotz der Vorgaben durch die ERA besteht immer wieder Streit, wie streng der Grundsatz der Dokumentenstrenge zu handhaben sei. Einigkeit besteht nur darin, dass die Dokumentenprüfung kein reiner Vergleich von Buchstaben sein kann. Die Frage, inwieweit eine Sinnermittlung aus dem Kontext der Akkreditivbedingungen oder der Dokumente zulässig ist[132], wird dagegen unterschiedlich beantwortet. Einigkeit besteht jedenfalls darin, dass die Bank sich bei der Dokumentenprüfung streng innerhalb des ihr erteilten formalen Auftrags verhalten muss[133].

---

[131] *Schütze* Rn. 386.
[132] *BGH* WM 1994, 1063.
[133] *BGH* ZIP 1984, 1194.

Abschnitt 12. Ausgewählte Auslandsgeschäfte (Inkasso, Akkreditiv, Bankgarantie)

Die Akkreditivverpflichtung ist nach Ansicht der Rechtsprechung auslegungsfähig[134], wobei hierzu nur Umstände herangezogen werden dürfen, die sich aus dem Akkreditiv selbst, nicht aber nur aus dem Grundgeschäft ergeben[135]. Grenzen dieser Auslegung bilden neben der dem Akkreditiv innewohnenden Unabhängigkeit vom Grundgeschäft auch der Grundsatz der Dokumentenstrenge und der Grundsatz von Treu und Glauben[136]. **252**

b) Unbeachtlichkeit offensichtlich irrelevanter Abweichungen. Art. 13 (a) ERA 500 spricht von der formellen Übereinstimmung der Dokumente mit den Akkreditivbedingungen, Art. 15 ERA 600 demgegenüber von der „konformen Dokumentenvorlage". Die unterschiedliche Formulierung zieht keine Lockerung des Grundsatzes der Dokumentenstrenge nach sich. Es wird jedoch keine buchstäbliche Übereinstimmung gefordert[137]. Kleine Abweichungen in den Dokumenten sind dann unbeachtlich, wenn eine Irreführung über den Inhalt der Urkunde bzw. der Dokumente ausgeschlossen ist. **253**

c) Behandlung offensichtlicher Flüchtigkeitsschreib- und Zeichenfehler. Soweit solche Fehler offensichtlich sind, dürften sie unschädlich sein. Letztlich dürfen sie der Akkreditivbank keine schikanöse Zurückweisung von Dokumenten ermöglichen. In den neuen ISBP (ICC-Publikation Nr. 681) heißt es hierzu unter anderem: „Misspellings or typing errors that do not effect the meaning of the word or the sentence in which it occurs, do not make a document discrepant ...". **254**

d) Ausschluss von Widersprüchen. Gem. Art. 13 (a) ERA 500 sind Dokumente nicht akzeptabel, wenn sie sich ihrer äußeren Aufmachung nach widersprechen. Die Dokumente müssen nicht positiv übereinstimmen, sie dürfen sich jedoch ihrem Inhalt nach nicht gegenseitig widersprechen, wenn es um die Frage geht, ob die Akkreditivbedingungen erfüllt sind. Auch wenn jedes Dokument für sich genommen akkreditivkonform ist, müssen die Dokumente im Falle einer solchen Widersprüchlichkeit zurückgewiesen werden. Beispiele hierfür sind insbesondere: unschiedliche Rechnungsbeträge in Handelsrechnungen und Konsularrechnungen, abweichende Daten der Dokumente, die es unklar erscheinen lassen, ob sie sich auf dasselbe Geschäft beziehen, unterschiedliche Währungsangaben oder unterschiedliche Warenbezeichnungen. **255**

Eine solche Widersprüchlichkeit ist auch dann gegeben, wenn notwendige Angaben in einem der Dokumente durch überflüssige Angaben in einem anderen Dokument eingeschränkt oder aufgehoben werden.

Um eine Ausuferung der Zurückweisung widersprüchlicher Dokumente einzudämmen, enthält Art. 14 ERA 600 nunmehr die Einschränkung, dass Angaben in einem Dokument im Zusammenhang mit dem Akkreditiv, dem Dokument selbst und dem Standard internationaler Bankpraxis (ISBP) zu lesen sind. Sie müssen nicht identisch sein mit Angaben in diesem Dokument oder einem anderen Dokument, dürfen damit aber auch nicht im Widerspruch stehen. Hier wird abzuwarten sein, inwieweit auf dieser Basis tatsächlich ein größerer Spielraum für die Akkreditivbank bei der Aufnahme solcher Dokumente geschaffen ist. **256**

3. Vollständigkeitsprüfung. Vollständigkeit im Sinne des Akkreditivs bedeutet die Vollzähligkeit der Dokumente. Sie müssen in der durch die Akkreditivbedingungen vorgeschriebenen Zahl von Exemplaren vorliegen. Die Zahlenangaben im Akkreditiv sind nicht auslegungsfähig. **257**

Bei den Transportdokumenten (Konnossement, Art. 23 (a) (iv) ERA 500, 20 (a) (iv) ERA 600, Seefrachtbriefartikel, Art. 24 (a) (iv) ERA 500, 22 (a) (iv) ERA 600, Charter Party Konnossement Art. 25 (a) (iv) ERA 500, 20 (a) (iv) ERA 600, Multimodales Transportdokument, Art. 26 (a) (iv) ERA 500, Art. 19 (a) (iv). ERA 600) muss der gesamte Satz vor- **258**

---

[134] *BGH* WM 1994, 1063.
[135] *Zahn/Ehrlich/Haas* Rn. 2/262; *Berger* S. 101, 113, der die bloße Erwähnung des Grundgeschäftes im Akkreditiv nicht ausreichen lässt.
[136] *Zahn/Ehrlich/Haas* Rn. 2/262.
[137] *Schimansky/Nielsen/Jäger* § 120 Rn. 206 f.

gelegt werden, auch wenn im Akkreditiv hierzu keine Weisung enthalten ist, sofern sich aus dem eingereichten Dokument ergibt, dass dieses in mehr als einem Original ausgestellt ist (sa ISBP Nr. 29). Da die Transportdokumente der Luftfahrt sowie des Eisenbahn- und Straßenverkehrs keinen Herausgabeanspruch auf die Waren verbriefen, reicht die Vorlage der für den Absender bestimmten Ausfertigung des Frachtbriefes (ISBP Nr. 136).

259 Grundsätzlich müssen die Dokumente im Original vorgelegt werden, sofern das Akkreditiv nicht ausdrücklich die Präsentation von Kopien zulässt. Werden Dokumente in mehr als einem Original ausgestellt, können diese wie folgt bezeichnet werden: „original", „duplicat", „triplicat", „first original", „second original", oder ähnlich.

Enthält das Akkreditiv die Anforderung eines Dokumentes in mehrfacher Anzahl, genügt die Vorlage eines einzigen Originals und im Übrigen von Kopien (Ausnahme sind die oben genannten Transportdokumente).

260 **4. Anforderung an Form und Zeichnung von Dokumenten.** Sowohl ERA 500 als auch ERA 600 unterscheiden zwei Gruppen von Dokumenten: die drei klassischen Dokumente des internationalen Handels (Transportdokumente, Versicherungsdokumente und Handelsfaktura) und die sonstigen Dokumente, für die im Akkreditiv weder Inhalt, noch Aussteller vorgeschrieben sind.

Für die Transportdokumente, Versicherungsdokumente und die Handelsfaktura enthalten die ERA bereits einen Anforderungskatalog an ihre Aufmachung entsprechend den handelsüblichen Charakteristika. Enthält das Akkreditiv aufgrund von Sonderweisungen des Auftraggebers Abweichungen hiervon, ist dies im Rahmen der Dokumentenprüfung zu berücksichtigen.

Da für sonstige Dokumente keine Anforderungen in den ERA enthalten sind, werden sie gem. Art. 21 ERA 500 aufgenommen, wie vorgelegt, es sei denn das Akkreditiv enthält nähere Angaben zu Aussteller und Inhalt. Gem. Art. 14 (f) ERA 600 müssen nun zusätzlich die sonstigen Dokumente der äußeren Aufmachung nach auch die Funktion des nach dem Akkreditiv verlangten Dokumentes erfüllen. Dies dürfte jedoch nur eine Klarstellung der bisherigen Praxis sein.

261 **a) Aussteller.** Die im Akkreditiv vorgeschriebenen Dokumente können grundsätzlich vom Begünstigten selbst ausgestellt werden, sofern sich aus den ERA nichts anderes ergibt. Etwas anderes schreiben die ERA für die Transport- und Versicherungsdokumente vor. Insbes. jedoch bei den sonstigen Dokumenten kann die Ausstellung durch den Begünstigten selbst erfolgen, wenn das Akkreditiv nicht die Ausstellung durch einen Dritten verlangt. Will der Akkreditivauftraggeber dies vermeiden, muss er entsprechende Weisungen in seinen Akkreditivauftrag aufnehmen. Begriffe wie „erstklassig", „gut bekannt", „qualifiziert", „unabhängig", „offiziell", „kompetent", „örtlich" oder Ähnliches sind für die Akkreditivbank unbeachtlich (Art. 20 ERA 500, Art. 3 ERA 600), führen jedoch dazu, dass das Dokument nicht vom Begünstigten selbst ausgestellt werden darf, sondern nur durch einen beliebigen Dritten.

262 Gem. den ISBP (Nr. 23) sollen Dokumente, die der Begünstigte ausstellt, grundsätzlich in der Sprache des Akkreditivs ausgestellt werden. Die ISBP enthalten keine Regelung zu der Frage, in welcher Sprache Dokumente von Dritten ausgestellt sein müssen. Eine sprachliche Übereinstimmung mit dem Akkreditiv ist nicht erforderlich. Sie sollten jedoch in einer Sprache verfasst sein, die der Eröffnungsbank bzw. einer Zahlstelle eine Nachprüfung erlauben, dass sie ansonsten die Dokumente ablehnen wird.

263 **b) Original und Kopie.** Grundsätzlich sollen Dokumente im Original vorgelegt werden. Zu berücksichtigen ist jedoch, dass nach dem Stand der heutigen Technik von der äußeren Aufmachung her Originale und Kopien manchmal schwer zu unterscheiden sind. Art. 20 (b) ERA 500 erkennt Originale, die unter Verwendung von reprographisch automatisierten oder computerisierte Systemen, oder als Durchschläge erstellt sind, als Originale an, sofern sie als solche gekennzeichnet sind und unterzeichnet zu sein scheinen. Die Kennzeichnung als Original ist hier von wesentlicher Bedeutung, was in der Regel durch

Abschnitt 12. Ausgewählte Auslandsgeschäfte (Inkasso, Akkreditiv, Bankgarantie)

Überstempelung oder Eindruck im Text möglich ist. Art. 17 (b) ERA 600 verlangt eine solche Kennzeichnung solch hergestellter Originale nicht mehr. Danach können die Banken jedes Dokument als Original behandeln, das „Originalunterschrift, Zeichen, Stempel oder Aufkleber des Ausstellers des Dokumentes zu tragen scheint", sofern das Dokument nicht ausdrücklich ausweist, dass es kein Original ist.

Als eine Kopie ist hingegen nicht eine weitere Ausfertigung, die das Original vertritt, zu verstehen, sondern eine bloße Fotokopie. Art. 20 (c) (i) ERA 500 stellt insofern fest, dass ein Dokument als Kopie anzusehen ist, das entweder ausdrücklich als solches bezeichnet ist oder nicht als Original gekennzeichnet ist.

c) Unterzeichnung. Ob ein Originaldokument auch unterzeichnet sein muss oder nicht, wird von den ERA nicht geregelt. Dies soll sich nach dem jeweils anwendbaren Landesrecht bestimmten (Art. 3 ERA 600). Trotzdem lässt Art. 20 (b) ERA 500 den Ersatz der handschriftlichen Unterschrift durch Faksimileunterschrift, perforierte Unterschrift, Stempel, Symbol oder irgendeine andere mechanische oder elektronische Authentisierungsmethode zu. Umstritten ist, ob diese Regelung der ERA etwas an den zwingenden Formvorschriften des einschlägigen nationalen Rechtes ändern kann. Dies dürfte insbes. bei Dokumenten wie Wechsel, Schecks oder Bürgschaften gelten, die nach den meisten Landesrechten handschriftlich unterzeichnet sein müssen und ansonsten unwirksam sind. 264

d) Anzahl von Originalen. Nach den ERA 500 müssen Originale und Kopien nach der jeweils im Akkreditiv genannten Anzahl vorgelegt werden. Art. 17 (d) ERA 600 erlaubt anstelle von Kopien auch Originale vorzulegen. Wird im Akkreditiv ein Dokument mehrfach gefordert, genügt die Vorlage eines einzigen Originals und im Übrigen von Kopien. Will der Akkreditivauftraggeber die Vorlage eines Dokumentes in mehreren Originalen, muss er dies im Akkreditivauftrag vorschreiben. Von Transportdokumenten sind jedoch stets alle Originale vorzulegen, wenn sich aus ihnen ergibt, dass sie in mehreren Ausfertigungen erstellt wurden. 265

IX. Behandlung mangelhafter Dokumente

1. Prüfungsgrundlage und Prüfungsdauer. Da alle Beteiligten auf eine schnelle Entscheidung über die Aufnahme der Dokumente angewiesen sind, insbes. der Begünstigte, der ggf. Nachbesserungen innerhalb der Akkreditivfrist vornehmen oder anderweitige Dispositionen über die Ware treffen will, sind die Voraussetzungen für eine frist- und formgerechte Rüge durch die ERA stark formalisiert. Art. 14 ERA 500, Art. 16 ERA 600 regeln zum einen das Verfahren bis zur Entscheidung über Aufnahme oder Ablehnung der Dokumente und zum anderen das eigentliche Reklamationsverfahren bei einer Ablehnung der Dokumente. Das durch die ERA fixierte Reklamationsverfahren gilt sowohl für die Eröffnungsbank aber auch für die Bestätigungsbank und die benannte Bank (Art. 10 (b) ERA 500, Art. 16 (a) ERA 600). 266

Die Banken müssen ihre Entscheidung allein auf Grundlage der präsentierten Dokumente treffen. Hierfür gewährt Art. 13 (b) ERA 500 maximal 7 Tage und Art. 14 (b) ERA 600 maximal 5 Bankarbeitstage Bearbeitungszeit. Vor Ablehnung der Dokumente wird sich die Eröffnungsbank mit dem Auftraggeber in Verbindung setzen, um zu klären, ob der Akkreditivauftraggeber auf festgestellte Mängel verzichten will (Art. 14 (c) ERA 500, Art. 16 (b) ERA 600). Die Bank trifft jedoch weiterhin die Entscheidung allein und die entsprechende Benachrichtigung des Begünstigten verlängert nicht die Prüfungsfrist. Der Bank ist es insbes. nicht erlaubt, die Dokumente dem Akkreditivauftraggeber zur Einsicht zu überlassen, auch dann nicht, wenn dies „zu treuen Händen" erfolgt. 267

2. Frist und formgerechte Rüge. Die Dokumentenrüge ist immer an den Absender der Dokumente, dh die übersendende Bank oder den Begünstigten selbst, wenn dieser die Dokumente eingereicht hat, zu übersenden. Sie muss unverzüglich durch Telekommunikation oder auf anderem schnelleren Wege erhoben werden und alle Unstimmigkeiten auf- 268 führen, wegen derer die Dokumente zurückgewiesen werden. Ferner muss die Rüge die verbindliche Bestätigung enthalten, dass die Dokumente entweder zur Verfügung des Einreichers gehalten oder ihnen zurückgesandt werden. Zudem gewährt Art. 16(e) ERA 600 der Bank das Recht, ungeachtet der Rügemittelung die Dokumente jederzeit zurückzusenden.

269 Die betreffende Bank kann sich nach Art. 16(f) ERA 600 auf Dokumentenmängel nicht mehr berufen, wenn eine dieser Voraussetzungen nicht beachtet wurde. Sämtliche Dokumentenunstimmigkeiten müssen in einer Rüge aufgeführt werden, ein Nachschieben ist nicht möglich[138]. Von diesen Konsequenzen ist jedoch die benannte Bank, die nur Zahlstellenfunktion hat, nicht betroffen, da sie gegenüber dem Begünstigten keine Verpflichtung zur Erfüllung des Akkreditivs hat.

270 Lässt das Akkreditiv Teilinanspruchnahmen zu, so können die eröffnende Bank und die bestätigende Bank auch nach Zulassen mangelhafter Dokumente bei späteren Inanspruchnahmen Dokumentenrügen erheben, es sei denn, sie verhalten sich widersprüchlich, zB wenn die Bank vom Auftraggeber eine Ermächtigung zur Aufnahme fehlerhafter Dokumente erhalten hat[139].

271 Eine einmal erhobene Rüge kann nicht wieder zurückgenommen werden, auch wenn der Auftraggeber dies wünscht. Da die Bank dem Einreicher im Rahmen der Rüge mitgeteilt hat, dass die Dokumente zur Verfügung des Einreichers gehalten werden, könnte dieser in der Zwischenzeit bereits anderweitig über die Dokumente oder Ware disponiert haben.

272 **3. Zahlung unter Vorbehalt.** Im Falle einer Dokumentenrüge mögen die Beteiligten trotz Allem ein Interesse haben, das Warengeschäft durchzuführen. Hierzu sieht Art. 14(f) ERA 500 für eine als Zahlstelle eingeschaltete benannte Bank die Möglichkeit vor, eine Zahlung unter Vorbehalt zu leisten. Für die Akkreditivbank besteht diese Möglichkeit nicht, da diese sofort und unbedingt über Aufnahme oder Zurückweisung der Dokumente entscheiden muss.

Die ERA 600 enthalten eine solche Regelung nicht mehr. Trotz ihrer Bedenken kann die benannte Bank eine Auszahlung unter Vorbehalt vornehmen, wobei dies jedoch lediglich eine Kreditgewährung an den Begünstigten darstellt. Eine solche Vorbehaltszahlung wird also voraussetzen, dass der Begünstigte kreditwürdig ist und sollte zudem die Vereinbarung beinhalten, dass der Vorschuss zur Rückzahlung fällig wird, aus welchen Gründen auch immer die Akkreditivbank die Dokumente nicht honoriert hat.

X. Rembours zwischen den Banken

273 Ihrer Verpflichtung zur Leistung von Aufwendungsersatz aus dem Auftragsverhältnis kann die Akkreditivbank durch direkte Leistungen an die Zweitbank (Art. 14(a) ERA 500, Art. 7(c) ERA 600) nachkommen oder sich bei der Erstattung einer Drittbank bedienen (sog. Remboursbank) (Art. 19 ERA 500, Art. 13 ERA 600).

Die Verpflichtung zur Erstattung der Akkreditivsumme besteht grundsätzlich erst nach Dokumentenaufnahme durch die Zweitbank (Art. 14(a)(i) ERA 500, Art. 7(c) ERA 600). Sofern auch die bestätigende Bank auf Aufwendungsersatz haftet, also wenn das Akkreditiv nicht bei ihr benutzbar gestellt ist, hat sie gegen die Eröffnungsbank als Hauptschuldner ebenfalls einen Ausgleichsanspruch.

Die Einschaltung einer Remboursbank ist insbes. üblich, wenn in Auslandswährung zu leisten ist oder die Akkreditivbank keine direkte Kontoverbindung zu der Bank hat, die aus dem Akkreditiv geleistet hat. Möglich ist auch die Einschaltung einer Remboursstelle, dh einer Nichtbank, zum Beispiel eines Spezialfonds oder einer Regierungsstelle. Gem.

---

[138] Schimansky/*Nielsen*/*Jäger* § 120 Rn. 385 f.
[139] *del Busto*, Answer case 9; Hiergegen wenden Schimansky/*Nielsen*/*Jäger* § 120 Rn. 389 ein, dass dies nur das Innenverhältnis zum Auftraggeber betrifft.

Art. 13 ERA sind einheitliche Richtlinien zur Rembours zwischen Banken unter Dokumentenakkreditiven (ERR 725) (ICC Uniform Rules for a Bank to a Bank Reimbursement) im Akkreditiv zu vereinbaren, sofern sie Geltung haben sollen. Finden die Remboursrichtlinien keine Anwendung, muss die Akkreditivbank rechtzeitig ordnungsgemäße Weisung oder Ermächtigung an die Remboursbank zur Erfüllung der Remboursansprüche der Bank, die aus dem Akkreditiv geleistet hat, erteilen. Die Akkreditivbank ist dann wiederum zur Erstattung aller Aufwendungen gegenüber der Remboursbank verpflichtet und ggf. auch vorschusspflichtig.

XI. Übertragung des Akkreditivs und Abtretung

1. Übertragbares Akkreditiv. Für einen Verkäufer kann es sinnvoll sein, die Erstellung 274 eines Akkreditivs zu verlangen, das er ebenfalls für eine Zahlungsabwicklung mit Vorlieferanten nutzen kann Hierfür kommt ein übertragbares Akkreditiv in Betracht (Art. 48 ERA 500, Art. 38 ERA 600). Ein übertragbares Akkreditiv kann Auftrags des Begünstigten ganz oder teilweise für einen anderen Begünstigten benutzbar gestellt werden, so dass der Zweitbegünstigte gegen Vorlage seiner eigenen Dokumente von der aus dem Akkreditiv verpflichteten Bank Leistung verlangen kann. Neben der Übertragbarkeitserklärung bei Eröffnung des Akkreditivs bedarf es später, wenn die Bank tatsächlich vom Begünstigten gebeten wird, die Übertragung vorzunehmen, ihrer besonderen Zustimmung[140].

2. Abtretung. Neben der Gesamtübertragung der sich aus dem Akkreditiv ergebenden 275 Rechtsstellung im Falle eines übertragbaren Akkreditivs kommt Abtretung des Zahlungsanspruchs durch den Begünstigten in Betracht (Art. 49 ERA 500, Art. 39 ERA 600). Die Abtretung ist nicht an die Zustimmung der Akkreditivbank gebunden und ist auch dann möglich, wenn das Akkreditiv nicht übertragbar gestellt ist.

Die Abtretung kann bei der Finanzierung des Grundgeschäftes eine Rolle spielen. Es ist jedoch zu beachten, dass die Ansprüche des Zessionars an die aufschiebende Bedingung der Vorlage ordnungsgemäßer Dokumente durch den Begünstigten gebunden sind. Die Werthaltigkeit wird ferner durch die Einreden beeinträchtigt, die der Akkreditivbank gegen den Begünstigten zustehen, insbesondere also den Einwand einer missbräuchlichen Inanspruchnahme[141].

XII. Zahlungsverweigerung und gerichtliche Eilmaßnahmen

1. Einwand der unzulässigen Rechtsausübung. Die eröffnende Bank und die bestäti- 276 gende Bank, sowie ggf. auch die benannte Bank als Zahlstelle, haben nicht nur das Recht, sondern auch die Pflicht, die Zahlung unter dem Akkreditiv zu verweigern, wenn eine missbräuchliche Inanspruchnahme vorliegt. Auch die abstrakte Akkreditivverpflichtung unterliegt dem Grundsatz von Treu und Glauben im Sinne des § 242 BGB und dem daraus abgeleiteten Verbot des Rechtsmissbrauchs. Eine unzulässige Rechtsausübung liegt vor, wenn der Begünstigte aus dem Akkreditiv vorgeht, obwohl für jedermann klar ersichtlich oder zumindest liquide beweisbar ist, dass ihm ein Zahlungsanspruch aus dem Grundgeschäft nicht zusteht[142]. Um die Funktionsfähigkeit des Akkreditivs als Zahlungs- und Sicherungsinstrument nicht zu gefährden, ist bei der Beurteilung ein strenger Maßstab anzulegen.

In unterschiedlicher Art und Weise wird versucht, den Einwand des Rechtsmissbrauchs 277 auf extreme Missbrauchsfälle zu beschränken. Teilweise wird ein Missbrauch nur dann angenommen, wenn der Begünstigte zumindest mit bedingtem Schädigungsvorsatz handelt. Auch in einer Entscheidung des BGH scheint dies anzuklingen[143]. Grundsätzlich fordert

---

[140] Weiterführend: *Schütze* Rn. 324 ff.
[141] Weiterführend: *Schütze* Rn. 344 ff.
[142] *BGH* ZIP 1996, 913.
[143] *BGH* WM 1996, 995.

der Einwand des Rechtsmissbrauchs gem. § 242 BGB kein Verschulden. Zudem stellt sich die Frage, wie der Nachweis eines – wie auch immer gearteten – Verschuldens geführt werden kann. Nach anderer Ansicht stellt daher der Missbrauchseinwand lediglich auf das objektive Vorliegen des Tatbestandes ab, ohne dass es eines subjektiven Tatbestandsmerkmals in Form eines wie auch immer gearteten Vorsatzes des Begünstigten bedarf[144].

278 Sowohl die US-amerikanische Rechtsprechung, als auch die englische, französische und chinesische Rechtsprechung machen hingegen das Vorliegen des Rechtsmissbrauchs auch von einem subjektiven Schädigungsvorsatz des Begünstigten abhängig[145]. Es stellt sich jedoch in der Tat die Frage, warum der Begünstigte aus dem Akkreditiv Zahlungen erhalten sollte, wenn zwar ein solcher Schädigungsvorsatz nicht gegeben ist, aber die Dokumente materiell unrichtig sind und dies offenkundig ist.

279 **2. Nachweis des Rechtsmissbrauches.** Damit die Akkreditivbank die Zahlung verweigern kann, muss der Rechtsmissbrauch offenkundig oder liquide beweisbar sein. Offenkundigkeit bedeutet, dass die entsprechenden Tatsachen allgemein bekannt sind. Die liquide Beweisbarkeit setzt Urkunden voraus, deren Inhalt eindeutig ist und daher keiner Auslegung bedarf. Alle Streitfragen tatsächlicher und rechtlicher Art, deren Beantwortung sich nicht von selbst ergibt, sind in einem eventuellen Rückforderungsprozess zu klären[146]. Auch in einem gerichtlichen Eilverfahren ist der Rechtsmissbrauch nach diesen strengen Anforderungen nachzuweisen, so dass eine Glaubhaftmachung durch eidesstattliche Versicherung ausgeschlossen ist[147].

280 **3. Typische Missbrauchsfälle.** Eine bloße Schlechtleistung begründet in der Regel nicht den Einwand des Rechtsmissbrauchs. Etwas Anderes gilt nur, wenn die Ware zur Vertragserfüllung offensichtlich gänzlich ungeeignet ist. In der Regel wird sich diese Frage jedoch ohnehin nicht liquide beweisen lassen, da oftmals nur schwierig entschieden werden kann, ob es sich um eine bloße Schlechtlieferung oder eine Anderslieferung handelt.

War der Grundvertrag von vornherein unwirksam oder ist er später durch Anfechtung, Rücktritt oder Aufrechnung erledigt worden, kommt grundsätzlich eine rechtsmissbräuchliche Inanspruchnahme in Betracht. Auch hier kommt es darauf an, dass diese Tatbestände liquide nachgewiesen sind, wozu in der Regel ein entsprechendes Urteil erforderlich sein wird.

Verstößt das Grundgeschäft gegen ein gesetzliches Verbot, so schlägt dies nur dann auf die Akkreditivverpflichtung durch, wenn es sich bei diesem gesetzlichen Verbot um ein „strafbewehrtes Verbot" im Sinne von § 134 BGB handelt und sowohl Käufer, als auch Verkäufer an dem Verstoß mitgewirkt haben[148].

281 **4. Gerichtliche Eilmaßnahmen. a) Einstweilige Verfügung gegen den Begünstigten.** Will der Akkreditivauftraggeber die Inanspruchnahme des Akkreditivs verhindern, so kann er eine einstweilige Verfügung gegen den Begünstigten erwirken, denn dem Begünstigten ist nicht gestattet, seine formale Rechtsstellung missbräuchlich auszunutzen. In der Praxis wird es schwierig sein, eine solche Verfügung dem Begünstigten zuzustellen, soweit er im Ausland ansässig ist. Das Ziel dieser einstweiligen Verfügung besteht darin, dem Begünstigten die Empfangnahme der Akkreditivsumme zu verbieten. Die Inanspruchnahme des Akkreditivs durch Vorlage ordnungsgemäßer Dokumente muss hingegen zulässig bleiben, da ansonsten der Verfall des Akkreditivs durch Fristablauf noch während des Verfügungsverfahrens drohen würde. Wie auch bei der Bankgarantie muss der Erlass der einstweiligen Verfügung gegen den Begünstigten bei dem zuständigen Gericht am Sitz der Akkreditivbank beantragt werden, da dort der Begünstigte seine unzulässige Rechtsausübung unterlassen hat.

---

[144] Schimansky/Nielsen/Jäger § 120 Rn. 454; Zahn/Ehrlich/Haas Rn. 2/420.
[145] Schimansky/Nielsen/Jäger § 120 Rn. 456 ff.
[146] *BGH* NJW 1988, 2610.
[147] BGHZ 101, 84, 92; Zahn/Ehrlich/Haas Rn. 2/422.
[148] *BGH* WM 1996, 995.

Abschnitt 12. Ausgewählte Auslandsgeschäfte (Inkasso, Akkreditiv, Bankgarantie)

Wird eine solche einstweilige Verfügung erlassen, so wirkt sie formell nur gegenüber dem Begünstigten, nicht aber gegen die Akkreditivbank. Hat diese jedoch Kenntnis von einem dem Begünstigten zugestellten Einziehungsverbot, wird sie mit besonderer Sorgfalt zu prüfen haben, ob sie nicht zur Zahlungsverweigerung wegen eines Rechtsmissbrauchs verpflichtet ist. Zu beachten ist allerdings, dass eine ohne mündliche Verhandlung erlassene einstweilige Verfügung kein liquides Beweismittel eines Rechtsmissbrauchs darstellt[149].

b) Einstweilige Verfügung gegen die Bank. Die Zulässigkeit einer einstweiligen Verfügung gegen die Bank ist unumstritten. Der Erlass wird aber überwiegend abgelehnt[150], da es an einem streitigen Rechtsverhältnis bzw. einer Vermögensgefährdung fehle. Bei fehlerhafter Auszahlung aus dem Akkreditiv würde der Auftraggeber keinen Aufwendungsersatz schulden. Einige Gerichte gewähren gleichwohl in Ausnahmefällen einstweiligen Rechtsschutz. Eine solche einstweilige Verfügung würde der Bank dann die Auszahlung des Akkreditivs, nicht jedoch die Aufnahme und Prüfung der Dokumente, untersagen.

c) Arrest gegen die Bank. Umstritten ist ebenfalls, ob gegen die Akkreditivbank ein Arrest zulässig ist, der auf die Verpfändung des bedingten Auszahlungsanspruches des Begünstigten gerichtet ist. Hiergegen spricht, dass § 916 ZPO eine bereits bestehende Schadensersatzforderung voraussetzt, die durch den Arrest verhindert wird. In der Praxis werden dementsprechend vorrangig Verfügungsverfahren und keine Arrestverfahren angestrengt.

---

[149] *BGH* WM 2000, 2334.
[150] Schimansky/Nielsen/Jäger § 120 Rn. 474.

Abschnitt 13. Finanzierungssicherungsgeschäfte

Übersicht

	Rn.
A. Einleitung	1
B. Finanzierungsarten	3
I. Ankauf von Exportdokumenten	7
II. Negoziierungskredit	8
III. Kontokorrentkredit	9
IV. Wechseldiskont	10
V. Akzeptkredit	11
VI. Rembourskredit	12
VII. Exportfactoring	13
VIII. Kredit an den Lieferanten	14
IX. Bestellerkredit	15
X. Forfaitierung	17
C. Finanzierungssicherungsgeschäfte	19
I. Überblick	19
1. Anwendbares Recht im internationalen Rechtsverkehr	22
2. Vertragliche Schuldverhältnisse	23
3. Sachenrecht	27
II. Forderungsabtretung	33
1. Kurzdarstellung der Forderungsabtretung nach deutschem Recht	36
a) Globalzession bei gleichzeitig vereinbartem verlängerten Eigentumsvorbehalt	39
b) Forderungsverkauf und Datenschutzrecht	40
c) Ankauf einer Wechselforderung	41
2. Die Forderungsabtretung im internationalen Recht	42
a) Rechtsverhältnis zwischen Exporteur und Importeur	44
b) Rechtsverhältnis zwischen Exporteur (= Zedent) und Zessionar (zB Bank, Factor oder Vorfaiteur)	45
c) Drittwirkung der Forderungsabtretung	51
d) Sicherungsabtretung	52
3. Ausgewählte ausländische Rechtsordnungen	53
a) Das französische Recht	54
b) Das US-amerikanische Recht	57
c) Das englische Recht	59
4. Fazit	64
III. Eigentumsvorbehalt	77
1. Kurzdarstellung des Eigentumsvorbehaltes nach deutschem Recht	79
2. Der Eigentumsvorbehalt im internationalen Recht	86
a) Verpflichtungsgeschäft	92
b) Verfügungsgeschäft	94
3. Ausländische Rechtsordnungen	101
a) Das französische Recht	101
b) Das US-amerikanische Recht	104
c) Das englische Recht	109
4. Fazit	116
IV. Sicherungsübereignung	121
1. Kurzdarstellung der Sicherungsübereignung nach deutschem Recht	122
a) Begründung des Sicherungseigentums	122
b) Besonderheiten bei der Sicherungsübereignung	124
2. Die Sicherungsübereignung im Internationalen Recht	131
a) Verpflichtungsgeschäft	132
b) Verfügungsgeschäft	133
3. Ausländische Rechtsordnungen	139
a) Das französische Recht	139
b) Das US-amerikanische Recht	142
c) Das englische Recht	144
4. Fazit	146
V. Pfandrecht	147
1. Kurzdarstellung des vertraglichen Pfandrechts nach deutschem Recht	151

Abschnitt 13. Finanzierungssicherungsgeschäfte

	Rn.
2. Das vertragliche Pfandrecht im internationalen Recht	155
a) Verpflichtungsgeschäft	160
b) Verfügungsgeschäft	161
3. Ausländische Rechtsordnungen	163
a) Das französische Recht	163
b) Das US-amerikanische Recht	168
c) Das englische Recht	169
4. Fazit	174
VI. Bürgschaft	177
1. Kurzdarstellung eines Bürgschaftsvertrages nach deutschem Recht	179
a) Hauptschuld	183
b) Deckungsverhältnis	184
c) Bürgschaft	185
d) Besonderheiten bei der Bankbürgschaft (Aval)	191
2. Die Bürgschaft im internationalen Recht	192
a) Rechtsverhältnis zwischen Gläubiger und Hauptschuldner	193
b) Rechtsverhältnis zwischen Hauptschuldner und Bürgen	195
c) Rechtsverhältnis zwischen Gläubiger und Bürge	196
3. Ausländische Rechtsordnungen	198
a) Das französische Recht	198
b) Das US-amerikanische Recht	201
c) Das englische Recht	203
4. Fazit	205
VII. Garantie	208
VIII. Schuldbeitritt	209
1. Schuldbeitritt nach deutschem Recht	210
2. Schuldbeitritt im internationalen Recht	212
IX. Patronatserklärung	213
1. Patronatserklärung nach deutschem Recht	214
2. Die Patronatserklärung im internationalen Recht	218
D. Sicherheiten in der Insolvenz	220
I. Belegenheit des Sicherungsgutes im Ausland	220
II. Belegenheit des Sicherungsgutes im Inland	221
E. Zusammenfassung	222

Literatur: Bundesministerium für Wirtschaft und Technologie, iXPOS, Das Außenwirtschaftsportal, 2012: http://www.ixpos.de; Branchenzahlen Factoring 2011 des Deutschen Factoringverbandes e. V.: http://www.factoring.de; Der UN-Ausschuss (UNCITRAL) „Legislative Guide on Secured Transactions": http://www.uncitral.org; Statistisches Bundesamt: http://www.destatis.de; Bayerische Industrie- und Handelskammer, Exportbericht USA, Juli 2012: http://www.auwi-bayern.de; IHK Region Stuttgart: http://www.stuttgart.ihk24.de; ICC Deutschland e. V. – Internationale Handelskammer: http://www.icc.deutschland.de; Bundesanstalt für Finanzdienstleistungsaufsicht: http://www.bafin.de; International Institute for the Unification of Private Law: http://www.unidroit.org; *Bamberger/Roth,* Beck'scher Online-Kommentar BGB, Stand: 1.3.2011; *F. Bauer,* Die Forderungsabtretung im IPR – schuld- und zurechnungsrechtliche Anknüpfungen, 2008; *Baumbach/Hopt,* Handelsgesetzbuch, 35. Aufl. 2012; *v. Bernstorff,* Rechtsprobleme im Auslandsgeschäft, 5. Aufl. 2006; *ders.,* Die Forderungsabtretung in den EU-Staaten, RIW 1994, 542 ff.; *Bette,* Abtretung von Auslandsforderungen, WM 1997, 797 ff.; *Dammann,* Das neue französische Insolvenzrecht, RIW 2006, 16 ff.; *Danielewsky/Lehmann,* Die UNCITRAL-Konvention über internationale Forderungsabtretungen und ihre Auswirkungen auf Asset-Backed-Securities-Transaktionen, WM 2003, 221 ff.; *Einsele,* Das Haager Übereinkommen über das auf bestimmte Rechte im Zusammenhang mit zwischenverwahrten Wertpapieren anzuwendende Recht, WM 2003, 2349 ff.; *ders.,* Das UNIDROIT-Projekt zu intermediärverwahrten Wertpapieren als Konzept für eine Modernisierung des deutschen Depotrechts, WM 2005, 1109 ff.; *ders.,* Auswirkungen der ROM I-Verordnung auf Finanzdienstleistungen, WM 2009, 289 ff.; *Elsing/Van Alstine,* US-amerikanisches Handels- und Wirtschaftsrecht, 2. Aufl. 1999; *Ferrari/Kieninger/Mankowski,* Internationales Vertragsrecht, 2. Aufl. 2012; *Flessner,* Die Internationale Forderungsabtretung nach der ROM I-Verordnung, IPRax 2009, 35 ff.; *Geibel,* Die Kollision zwischen verlängertem Eigentumsvorbehalt und antizipierter Sicherungsübereignung, WM 2005, 962 ff.; *Hadding/Schneider,* Die Forderungsabtretung, insbesondere zur Kreditsicherung, in ausländischen Rechtsordnungen, 1999; *Hartwig,* Kollisionsrechtliches zur internationalen Abtretung – eine reale Reminiszenz zu BGH ZIP 1997, 890 ff.; ZIP 1998, 2137 ff.; *Hellner/Steuer,* Bankrecht und Bankpraxis; *Junker,* Die IPR-Reform von 1999: Auswirkungen auf die Unternehmenspraxis, RIW 2000, 241 ff.; *Kieninger,* Nationale, europäische und weltweite Reformen des Mobiliarsicherungsrechts, WM 2005, 2305 ff., 2353 ff.; *Kropholler,* Internationales Privatrecht, 6. Aufl. 2006; *Kuder,* Insolvenzfestigkeit revolvierender Kreditsicherheiten, ZIP 2008, 289 ff.; *Liesecke,* Rechtsfragen der Bankgarantie, WM 1968, 22 ff.; *Martiny,* Nichtanerkennung deutscher Sicherungsübereignung in Österreich, IPRax 1985, 165 ff.; *Mastropaolo,* Die Bankgarantie im internationalen Handelsverkehr, WM 1993,

2. Teil. Das Vertragsrecht des Exportgeschäfts

1994 ff.; *Michalski,* Die Patronatserklärung, WM 1994, 1229 ff.; Münchener Kommentar zum BGB, Band 3, 6. Aufl. 2012; Münchener Kommentar zum BGB, Band 6, 5. Aufl. 2009; Münchener Kommentar zum BGB, Band 10, 5. Aufl. 2010; Münchener Kommentar zum BGB, Band 11, 5. Aufl. 2010; Münchener Kommentar zur Insolvenzordnung, Band 3, 2. Aufl. 2008; *Musielack,* Kommentar zur Zivilprozessordnung, 9. Aufl. 2012; *Nerlich/Römermann,* Insolvenzordnung, 24. Aufl. 2012; *Obermüller,* Ersatzsicherheiten im Kreditrecht, 1987; *ders.,* Die Patronatserklärung, ZGR 1975, 1 ff.; *Paech,* Grenzüberschreitende Wertpapierverfügungen und Rechtssicherheit und Effizienz durch Kompatibilität des Depotrechts – Erläuterungen zum UNIDROIT-Konventionsentwurf –, WM 2005, 1101 ff.; *Palandt,* Bürgerliches Gesetzbuch, 72. Aufl. 2013; *Reithmann/Martiny,* Internationales Vertragsrecht, 7. Aufl. 2010; *Schimansky/Bunte/Lwowski,* Bankrechtshandbuch, 4. Aufl. 2011; *Schlüter,* Der Eigentumsvorbehalt im europäischen und internationalen Recht – zu den Grenzen besitzloser Mobiliarsicherheiten im grenzüberschreitenden Handel, IHR 2001, 141; *Schmidt-Kessel,* Die Zahlungsverzugsrichtlinie und ihre Umsetzung, NJW 2001, 97 ff.; *Siebel/Gebauer,* Prognosen im Aktien- und Kapitalmarkt – Lagebericht, Zwischenbericht, Verschmelzungsbericht, Prospekt usw. –, WM 2001, 118 ff., 173 ff.; *Sonnenberger/Dammann,* Französisches Handels- und Wirtschaftsrecht, 3. Aufl. 2008; *Staudinger,* Internationales Vertragsrecht I, 2011; *Staudinger,* Internationales Vertragsrecht II, 2011; *Staudinger,* Internationales Sachenrecht, 13. Bearbeitung, 1996; *Tauber/Vorpeil,* Praktikerhandbuch Auslandssicherheiten, 2010; *Wittig,* Moderne Patronatserklärung, WM 2003, 1981 ff.

A. Einleitung

1   Nachdem in dem vorhergehenden Abschnitt 12 in erster Linie der dokumentäre Zahlungsverkehr besprochen wurde, soll in diesem Abschnitt vorrangig auf Finanzierungssicherungsmittel in der Exportwirtschaft eingegangen werden. Überschneidungen zum Abschnitt 12 lassen sich hierbei nicht vermeiden, da die in der Exportwirtschaft entwickelten Zahlungsverkehrsinstrumente auch Sicherungscharakter haben. Um Wiederholungen auszuschließen, wird daher in diesem Abschnitt erforderlichenfalls auf die Ausführungen im Abschnitt 12 verwiesen.

2   Bevor hier allerdings auf die Finanzierungssicherung eingegangen wird, soll zunächst ein kurzer Überblick über die gebräuchlichsten Finanzierungsarten erfolgen, da Finanzierung und Finanzierungssicherung notwendigerweise zusammenhängen.

B. Finanzierungsarten

3   Häufig ist der Exporteur aus Wettbewerbsgründen oder wegen bestimmter branchenüblicher Zahlungsbedingungen gezwungen, die Bezahlung der Ware erst bei Lieferung zu verlangen oder gar dem Importeur einen längeren Aufschub für die Bezahlung der Ware anzubieten. Im letzteren Fall handelt es sich um eine Kreditgewährung des Exporteurs an den Importeur (Lieferantenkredit). Dadurch wird es für den Exporteur wichtig, die wirtschaftliche Bonität seines Vertragspartners zu beurteilen, was bei ausländischen Rechnungslegungsvorschriften häufig nicht leicht fallen wird. Hinzu kommen politische Risiken wie Verstaatlichung, Enteignung, Krieg, Moratorium sowie Wechselkursrisiken. Diese Risiken kann der Exporteur häufig nicht allein tragen. Zudem ist es für ihn wichtig, Liquidität vorzuhalten, da auch er ständig neue Waren oder Rohstoffe zur Produktion der Waren einkaufen muss. Die Exportfinanzierung im Wege der Fremdfinanzierung hat sich daher als probates Mittel zur Lösung der aufgezählten Probleme etabliert. Es haben sich verschiedene Möglichkeiten herausgebildet, Exportgeschäfte zu finanzieren. Hinsichtlich des Finanzierungszeitraumes unterscheidet man zwischen kurzfristiger sowie mittel- und langfristiger Exportfinanzierung. Bei der kurzfristigen Exportfinanzierung sind die Zahlungsziele idR kleiner als ein Jahr. Von mittel- und langfristiger Finanzierung spricht man bei Zahlungszielen ab einem Jahr.[1]

4   Bei der kurzfristigen Exportfinanzierung kommen häufig folgende Finanzierungsinstrumente zur Anwendung:[2]

---

[1] Bundesministerium für Wirtschaft und Technologie, iXPOS, Das Außenwirtschaftsportal.
[2] Vgl. IHK Region Stuttgart.

Abschnitt 13. Finanzierungssicherungsgeschäfte

- Ankauf von Exportdokumenten
- Negoziierungskredit
- Kontokorrentkredit
- Wechseldiskont
- Akzeptkredit
- Rembourskredit
- Exportfactoring

Bei der mittel- und langfristigen Exportfinanzierung sind idR folgende Finanzierungsinstrumente gefragt:

- Kredit an den Lieferanten
- Bestellerkredit
- Forfaitierung

Die genannten Finanzierungsarten sollen im Folgenden kurz erklärt werden, um einen Überblick zu geben.

I. Ankauf von Exportdokumenten

Kreditinstitute ermöglichen Exporteuren die Finanzierung ihrer Geschäfte zB durch die Vergabe von Krediten auf Dokumente aus Inkasso- und Akkreditivgeschäften. Die Einzelheiten hierzu werden in diesem Teil 1 unter → Abschnitt 12 ausführlich beschrieben, so dass an dieser Stelle nähere Ausführungen unterbleiben. Diese Finanzierungsform, insbesondere das Dokumentenakkreditiv, bietet dem Exporteur eine recht hohe Sicherheit für seine Forderung aufgrund der Einschaltung und Haftung der Banken. Die ERI und ERA bieten einen international anerkannten Standard. Allerdings entstehen ihm hierbei hohe Kosten und die starke Formalisierung der dokumentären Zahlungs- und Finanzierungsinstrumente kann sich wegen fehlender Flexibilität auch als nachteilig erweisen.

II. Negoziierungskredit

Hat der Exporteur dem Importeur ein Zahlungsziel gewährt, so kann er den Zeitraum zwischen Warenversand und Geldeingang durch einen Negoziierungskredit überbrücken. Dabei ermächtigt die Bank des Importeurs die Exporteursbank, die Dokumente, die von nicht akzeptierten Wechseln (Tratten) begleitet werden, anzukaufen. Diese werden von der Bank sofort diskontiert oder akzeptiert.

III. Kontokorrentkredit

Hat der Exporteur dem Käufer ein kurzfristiges Zahlungsziel eingeräumt, so kann dem Exporteur von seiner Hausbank ein Kontokorrentkredit zur Verfügung gestellt werden, dh der Exporteur bekommt von seiner Bank die Möglichkeit eingeräumt, das laufende Geschäftskonto innerhalb eines bestimmten Rahmens zum gültigen (idR variablen) Zinssatz zu überziehen. Der Vorteil dieser Finanzierungsart liegt in der Einfachheit der Kreditgewährung und in der flexiblen Nutzung. Diesen Vorteilen stehen idR relativ hohe Zinssätze, die sich jederzeit ändern können, sowie hohe Kosten gegenüber.

IV. Wechseldiskont

Bei einem Wechseldiskontkredit räumt die Bank dem Exporteur eine zeitlich unbegrenzte, idR aber kündbare Kreditlinie ein. Der Exporteur kann seiner Bank dann aus Exportgeschäften stammende Wechsel zum Ankauf vor Fälligkeit einreichen. Er erhält den Wechselbetrag abzüglich eines Abschlages (Diskont) ausgezahlt. Die Vorteile dieser Finanzierungsart sind zum einen in der hohen Sicherheit aufgrund der formalen Anforderungen an die Wechselurkunde und der international recht weitgehend einheitlichen Ausgestaltung von Wechseln zu sehen. Zum anderen bietet der Wechseldiskontkredit eine hohe Flexibilität; die Möglichkeit einer schnellen Mittelbeschaffung und das möglicherweise bestehende Währungsrisiko geht auf die diskontierende Bank über. Dem gegenüber stehen Unsicherheiten aufgrund ausländischer Wechselvoraussetzungen (insbes. Formbestimmungen), die möglicherweise von den bekannten Standards abweichen. Zudem ist die Bank eventuell nicht bereit, jeden Wechsel anzukaufen.

V. Akzeptkredit

11   Beim Akzeptkredit kann der Exporteur einen Wechsel über den Akkreditivbetrag auf die kreditgewährende Bank ziehen. Der Exporteur muss dabei gewährleisten, dass der Bank der Akkreditivbetrag kurz vor Fälligkeit des Wechsels (idR zwei Bankarbeitstage) zur Verfügung steht. Auf der Basis des Wechselakzepts kann sich der Exporteur refinanzieren. Er kann den akzeptierten Wechsel an einen Lieferanten weitergeben, ihn bei einer anderen Bank diskontieren lassen oder der akzeptierenden Bank zum Diskont vorlegen. Die Bank haftet für den Exporteur als Wechselaussteller. Die Finanzierungsart bietet den Vorteil niedriger Finanzierungskosten und hoher Flexibilität. Akzeptkredite werden idR allerdings nur mit Kunden mit einer sehr guten Bonität vereinbart.

VI. Remboursekredit

12   Der Remboursekredit ist eine Kombination aus Akkreditiv, Akzeptkredit und Wechseldiskontkredit. Der Exporteur zieht dabei auf die Bank des Importeurs, die sich zur Gewährung eines Akzeptkredites bereit erklärt hat, einen Wechsel. Zusammen mit akkreditivgemäßen Dokumenten legt der Exporteur den Wechsel seiner Bank zum Diskont vor. Die Exportbank holt das Akzept bei der Importbank ein und übergibt ihr gleichzeitig die Dokumente. Ist der Remboursekredit mit einem Dokumentenakkreditiv verbunden, akzeptiert die Remboursebank (Bank des Exporteurs) unter dem Obligo der Akkreditivbank (Bank des Importeurs) gegen Übergabe akkreditivgemäßer Dokumente eine Tratte. Bei einer Tratte handelt es sich um einen gezogenen Wechsel. Der Exporteur kann den Wechsel zum Diskont einreichen und erhält somit den Exporterlös sofort. Diese Finanzierungsart eignet sich vor allem dann, wenn der Exporteur den Käufer nicht kennt. Denn durch das Einschalten einer international bekannten Bank des Importeurlandes kann die Möglichkeit der Zahlungsunfähigkeit oder Zahlungsunwilligkeit des unbekannten Käufers ausgeschlossen werden. Auch diese Art der Finanzierung nehmen Banken in aller Regel nur bei Kunden mit sehr guter Bonität vor.

VII. Exportfactoring

13   Schließlich ist im Rahmen der kurzfristigen Finanzierung das Exportfactoring weit verbreitet. In einem Factoringvertrag tritt der Exporteur sämtliche gegenwärtigen und künftigen Forderungen, die aus seinen Lieferungen während eines vereinbarten Zeitraums entstehen, an den Forderungskäufer (Factor) ab. Hierdurch erreicht der Exporteur sofortige Liquidität und verbessert damit seine Bilanz. Diese Finanzierungsform eignet sich nur für Buchforderungen. Wechsel und Akkreditive kommen nicht in Betracht. Der Vorteil dieser Finanzierungsart ist eine schnelle Geldmittelbeschaffung, die die Bilanz und ggf. die Wettbewerbsposition des Exporteurs verbessert. Ferner übernimmt der Factor idR das wirtschaftliche Ausfallrisiko der Forderungen (Delcredere). Ferner verpflichtet sich der Factor zumeist, die gekauften Forderungen zu buchen, zu verwalten, das Mahnwesen und das Inkasso zu betreiben. Demgegenüber ist anzumerken, dass regelmäßig eine Factoringgebühr und ggf. Kontoführungsgebühren erhoben werden. Zudem hat der Exporteur als Sicherheit zumeist einen gewissen Guthabenbetrag (idR 10–20% der finanzierten Forderung) auf einem Sperrkonto zu halten. Dies schränkt die Liquidität teilweise wieder ein.

VIII. Kredit an den Lieferanten

Der Lieferant hat neben der kurzfristigen Finanzierung durch eine Bank natürlich auch die Möglichkeit, einen langfristigen Kredit aufzunehmen. Notwendig kann dies werden bei besonders langen Zahlungszielen, die der Exporteur dem Importeur zugesteht, oder wenn es sich um vom einzelnen Geschäft unabhängige Betriebsmittel- oder Objektfinanzierungen handelt. Es handelt sich hierbei idR um einen normalen Kredit, der als Festsatzkredit, als roll-over-Kredit (kurzfristige Zinsbindungen innerhalb eines Langfristkredites) und/oder auch als Kreditlinie zur Verfügung gestellt wird.

IX. Bestellerkredit

Der Bestellerkredit stellt eine an ein bestimmtes Exportgeschäft gebundene mittel- bis langfristige Kreditgewährung einer Bank an den Importeur dar. Die Kreditvaluta wird direkt an den Exporteur durchgeleitet. Das Auslandsgeschäft wird damit für den Exporteur quasi zum Barzahlungsgeschäft. Seine Bilanz wird nicht mit langfristigen Exportforderungen und Refinanzierungsverpflichtungen belastet. Der Bestellerkredit ist eine der wichtigsten Formen der Exportfinanzierung.[3] Bestellerkredite werden idR unter Deckung einer staatlichen Kreditversicherung sowie durch eine Zahlungsgarantie der Bank des Importeurs gedeckt. Der Exporteur haftet in diesem Fall regelmäßig nur für Verluste in Höhe des Versicherungsselbstbehaltes bzw. für die Zahlung einer entsprechenden Risikoprämie.

Eine Variante hierzu stellt der sog. Bank-zu-Bank-Kredit dar. Hierbei tritt nicht der Importeur als Kreditnehmer auf, sondern diese Funktion übernimmt die Hausbank des Importeurs, die den Interessen des Importeurs Rechnung trägt. Diese Variante wird gewählt, wenn die Bonität des Importeurs nicht so stark eingeschätzt wird.

X. Forfaitierung

Die Forfaitierung ist im Allgemeinen der regresslose Ankauf mittel- bis langfristiger Exportforderungen durch einen Forfaiteur. Im Unterschied zum Exportfactoring geht es bei der Forfaitierung um weit höhere Mindestbeträge. Zudem liegt der Reiz der Forfaitierung im Gegensatz zum kurzfristigen Exportfactoring in der vorbehaltlosen Übernahme aller mit der angekauften Forderung verbundenen Risiken durch den Forfaiteur, also neben der Übernahme des Delcredererisikos auch die Übernahme des politischen Risikos und des Wechselrisikos bei Fremdwährungsforderungen. Dafür liegen die Kosten einer Forfaitierung recht hoch.

Im Regelfall werden bei der Forfaitierung nur abstrakte, also vom Grundgeschäft losgelöste Forderungen angekauft. Auf diese Weise soll verhindert werden, dass sich der Forfaiteur Einwendungen und Einreden aus dem Grundgeschäft ausgesetzt sieht. Es geht bei dieser Finanzierungsform somit in erster Linie um den Ankauf von Forderungen, die durch einen Wechsel, eine Garantie oder ein Dokumentenakkreditiv verkörpert sind.

C. Finanzierungssicherungsgeschäfte

I. Überblick

Wie bereits dargestellt (→ Rn. **13**, 3), gewährt der Exporteur im Falle einer Vereinbarung über einen Zahlungsaufschub dem Importeur letztlich nichts anderes, als einen Kredit. Der Exporteur wird hierzu nur bereit sein, wenn sein Zahlungsanspruch abgesichert ist. Hier bietet sich als Sicherheit der Eigentumsvorbehalt, die Garantie, die (Bank-)Bürgschaft oder das in → Abschnitt 12 bereits dargestellte Dokumenteninkasso bzw. das Dokumentenakkreditiv an.

---

[3] So Bundesministerium für Wirtschaft und Technologie, iXPOS, Das Außenwirtschaftsportal.

20 Im Rahmen einer Fremdfinanzierung des Exporteurs sind Kreditinstitute und sonstige Finanzierer in aller Regel nicht bereit, Kredit „blanko" zu vergeben, sondern sind bestrebt, sich das von ihnen übernommene Risiko weitestgehend absichern zu lassen. Typische Sicherungsformen sind hier die Forderungsabtretung, die Sicherungsübereignung, das Pfandrecht, die Bürgschaft, die Garantie, der Schuldbeitritt und die Patronatserklärung. Selbst die Abtretung des Eigentumsvorbehalts als Kreditsicherheit ist theoretisch denkbar.[4]

21 Nachfolgend soll auf diese typischen Sicherheiten und ihre rechtlichen Problematiken bei der Exportfinanzierung eingegangen werden. Es wird hierbei unterschieden zwischen Mobiliarsicherheiten wie Forderungsabtretung, Eigentumsvorbehalt, Sicherungsübereignung und Pfandrecht sowie Interzessionen, zu denen Bürgschaften, Garantien und im weiteren Sinne auch der Schuldbeitritt und die Patronatserklärung zählen. Daneben gibt es die Gruppe der Immobiliarsicherheiten, die bei der Exportfinanzierung allerdings nicht so häufig sind und die deshalb hier aus Platzgründen nicht dargestellt werden.

22 **1. Anwendbares Recht im internationalen Rechtsverkehr.** In den folgenden Punkten werden die Problematiken dargestellt, die eine Sicherheitenvereinbarung mit einem ausländischen Vertragspartner bzw. grenzüberschreitende Sicherheitenstellung aus Sicht eines inländischen Exporteurs mit sich bringt. Die vorrangig zu klärende Frage ist hierbei diejenige nach dem anwendbaren Recht. Denn regelmäßig werden zumindest zwei Rechtsordnungen betroffen sein: das nationale Recht des Exporteurs und das nationale Recht des Importeurs. Beide Rechtsordnungen können in den hier untersuchten Regelungsbereichen des Sicherheitenrechts erheblich voneinander abweichen, so dass es von hoher Bedeutung ist, welches Recht Anwendung findet. Bei der Feststellung, welches nationale Recht auf einen Sachverhalt Anwendung findet, kann von folgender Prüfungsreihenfolge ausgegangen werden:

- Ist Einheitsrecht vorhanden?
- Gibt es einen bilateralen oder multilateralen Staatsvertrag?
- Bringen die ersten beiden Prüfungsschritte keine Lösung, ist das nationale IPR[5] heranzuziehen.
- Sodann sind die für den maßgeblichen Sachverhalt existierenden Kollisionsnormen zu finden.
- Ist anhand der inländischen Kollisionsnorm das anwendbare Recht gefunden, so muss noch geprüft werden, ob das ausländische Kollisionsrecht zu demselben Ergebnis kommt oder ob es rückverweist oder auf das Recht eines Drittstaates verweist.

23 **2. Vertragliche Schuldverhältnisse.** Im Vertragsrecht herrscht das internationale Einheitsrecht.[6] Bis zum 16.12.2009 galten im deutschen internationalen Privatrecht die Normen der Art. 27 bis 37 EGBGB. Diese waren eine Umsetzung des für alle EU-Staaten maßgeblichen Europäischen Übereinkommens über das auf vertragliche Schuldverhältnisse anzuwendende Recht (EVÜ) vom 19.6.1980. Die Art. 27 bis 37 EGBGB sind zum 17.12.2009 weggefallen und durch die Verordnung (EG) Nr. 593/2008 des Europäischen Parlaments und des Rates über das auf vertragliche Schuldverhältnisse anzuwendende Recht (ROM I-VO) ersetzt worden.[7] Die ROM I-VO ist auf alle Schuldverhältnisse anwendbar, die ab diesem Zeitpunkt geschlossen werden.[8] Sie gilt in allen Teilen für die EG-Mitgliedstaaten mit Ausnahme von Dänemark.[9]

24 Bei schuldrechtlichen Verträgen steht die **Privatautonomie** im Vordergrund.[10] Die Parteien können sich also auf das anzuwendende Recht verständigen. Als Gegenstand der Rechtswahl kommt grdsl. jede beliebige Rechtsordnung in Betracht. Selbst eine teilweise,

---

[4] *BGH* WM 2008, 357 ff.
[5] Internationales Privatrecht; im deutschen Recht zB die ROM I-VO oder das EGBGB.
[6] *Kropholler* § 52 I, S. 454.
[7] ABl. EU Nr. L 177, S. 6; Ber. 2009, L 309, S. 87; vgl. auch Palandt/*Thorn* ROM I (IPR).
[8] Palandt/*Thorn* ROM I Vorbemerkung Rn. 1.
[9] *Einsele* WM 2009, 289.
[10] *Kropholler* § 52 II, S. 459.

Abschnitt 13. Finanzierungssicherungsgeschäfte

bedingte oder auch nachträgliche Rechtswahl ist möglich. Eine Schranke findet sich in Art. 3 Abs. 3 ROM I-VO für rein inländische Verträge. Auch hier ist eine Rechtswahl zwar nicht ausgeschlossen. Zwingende Bestimmungen des nationalen Rechts können durch die Rechtswahl jedoch nicht ausgeschlossen werden. Zudem wird durch Art. 3 Abs. 4 ROM I-VO zwingendes Gemeinschaftsrecht statuiert. Sind alle Elemente eines Sachverhalts zum Zeitpunkt der Rechtswahl in einem oder mehreren Mitgliedstaaten belegen, so berührt die Wahl des Rechts eines Drittstaates (also eines Staates, der nicht Mitgliedstaat ist) nicht die Anwendung der Bestimmungen des Gemeinschaftsrechts.[11] Weitere Schranken finden sich in Art. 6 Abs. 2 und Art. 8 Abs. 1 ROM I-VO zum Schutz von Verbrauchern und Arbeitnehmern.

Schließlich ist im Internationalen Privatrecht noch das sog. **ordre public,** die „öffentliche 25 Ordnung", als Korrektiv zu beachten. Sie hat im deutschen internationalen Privatrecht in Art. 6 EGBGB ihren Niederschlag gefunden. Danach ist eine Rechtsnorm eines anderen Staates nicht anzuwenden, wenn ihre Anwendung zu einem Ergebnis führt, welches mit den wesentlichen Grundsätzen des deutschen Rechts offensichtlich nicht vereinbar ist. Solche ordre public-Klauseln finden sich in nahezu allen ausländischen Rechtsordnungen.[12] Art. 6 EGBGB ist nach Art. 3 Nr. 1 ROM I-VO allerdings nicht anwendbar, soweit Europäisches IPR das anwendbare Recht bestimmt. Derzeit sind die ordre public-Klauseln des Art. 21 ROM I-VO einschlägig, die allerdings auf das ordre public des Forumstaates (das ist der Staat des angerufenen Gerichts) Bezug nehmen.[13]

Haben die Vertragsparteien versäumt eine Rechtswahl zu treffen, bestimmt Art. 4 26 ROM I-VO in Abs. 1 für dort aufgezählte Verträge das anzuwendende Recht. So unterliegen Kaufverträge über bewegliche Sachen zB dem Recht des Staates, in dem der Verkäufer seinen gewöhnlichen Aufenthalt hat. Fällt der Vertrag nicht unter die Aufzählung in Abs. 1 des Art. 4 ROM I-VO, so bestimmt Abs. 2 dieser Vorschrift, dass der Vertrag dem Recht des Staates unterliegt, in dem die Partei, welche die für den Vertrag charakteristische Leistung zu erbringen hat, ihren gewöhnlichen Aufenthalt hat. Eine Ausnahme zu diesen Grundsätzen findet sich in Abs. 3 der Vorschrift, während Abs. 4 allgemein festhält, dass der Vertrag dem Recht des Staates unterliegt, zu dem er die engste Verbindung aufweist, wenn die Beurteilung nach den Abs. 1 und 2 der Vorschrift zu keinem Ergebnis kommt.

3. Sachenrecht. Das Internationale Sachenrecht war bis 1999 im deutschen Recht nicht 27 gesetzlich geregelt. Diese Lücke wurde zum 1.6.1999 durch Einfügung der Art. 43–46 EGBGB geschlossen.[14]

Sachenrechtliche Verfügungsgeschäfte richten sich nach dem Recht des Landes, in dem 28 sich die Sache oder das Recht befindet (Art. 43 EGBGB, **lex rei sitae**). Sie sind vom Grundsatz der Privatautonomie ausgeschlossen. Eine Rechtswahl ist bei Sachenrechten mithin nicht zulässig.[15] Dieser Grundsatz wird auch in den meisten ausländischen Rechtsordnungen befolgt.[16] Er rechtfertigt sich in erster Linie aus Gründen des Verkehrsschutzes. Denn Sachenrechte wirken gegenüber jedermann und brauchen Klarheit. Der Staat, in dem sich die Sache befindet, ist für alle Beteiligten am einfachsten feststellbar.[17]

Wenn sachenrechtliche Tatbestände nach dem Statut (unter „Statut" versteht man den 29 Endpunkt kollisionsrechtlicher Betrachtung) beurteilt werden, in dessen räumlichen Geltungsbereich sich die Sache zum Zeitpunkt des Eintritts des betreffenden Tatbestandes befindet, so kommt es durch einen Gebietswechsel einer beweglichen Sache zu einem Statutenwechsel. Es gilt hierbei zwei Tatbestände zu unterscheiden, den sog. abgeschlossenen Sachverhalt und den sog. offenen Sachverhalt.

---

[11] MüKoBGB/*Martiny* IPR, Art. 3 ROM I-VO Rn. 98.
[12] Überblick bei MüKoBGB/*Sonnenberger* IPR, Art. 6 EGBGB Rn. 2 Fn. 2.
[13] MüKoBGB/*Sonnenberger* IPR, Art. 6 EGBGB Rn. 1.
[14] BGBl 1999 I, 1026.
[15] Palandt/*Thorn* Art. 43 EGBGB Rn. 2.
[16] MüKoBGB/*Wendehorst* Art. 43 EGBGB Rn. 3.
[17] *Kropholler* § 54 I S. 555.

30 Beim **abgeschlossenen Sachverhalt** sind bereits sämtliche Tatbestandsvoraussetzungen für das Entstehen oder das Erlöschen eines (Sachen-)Rechts im geltenden Statut erfüllt worden, bevor es zum Grenzübertritt und dem damit einhergehenden Statutenwechsel kommt **(schlichter Statutenwechsel).**[18] In diesen Fällen besteht das im ersten Staat wirksam begründete dingliche Recht auch im neuen Staat fort.[19] Allerdings bestimmt Art. 43 Abs. 2 EGBGB, dass sich Inhalt und Wirkung des Rechts ab sofort nach dem neuen Recht richten (Transpositionslehre). Darüber hinaus kann das begründete dingliche Recht nach dem Statutenwechsel nur dann fortbestehen, wenn das neue Statut ein solches Recht kennt und es mit den Grundvorstellungen des neuen Rechts vereinbar ist.[20]

31 Sind zum Zeitpunkt des Grenzübertritts hingegen noch nicht alle Tatbestandsvoraussetzungen für die Begründung oder das Erlöschen eines dinglichen Rechts erfüllt worden **(offener Sachverhalt),** so unterfällt die Beurteilung des Sachverhaltes grundsätzlich vollkommen dem neuen Statut **(qualifizierter Statutenwechsel).**[21]

32 Die lex rei sitae muss eine Ausnahme erfahren, wenn die Sachen auf dem Weg zu ihrem Bestimmungsort durch verschiedene Länder transportiert werden. Bei strenger Auslegung der sitae-Regel würde es zu ständigen Statutenwechseln bei den Grenzübertritten kommen. Wenn die Verkehrsinteressen des Durchgangslandes jedoch nicht betroffen sind, so bestimmt Art. 46 EGBGB, dass das Recht desjenigen Landes Anwendung findet, zu dem eine wesentlich engere Beziehung besteht. Im **Versendungskauf** wird daher idR auf das Recht des Empfanglandes abgestellt.[22] Eine weitere Ausnahme findet sich in Art. 45 EGBGB für Rechte an Luft-, Wasser- und Schienenfahrzeugen.

II. Forderungsabtretung

33 Der Ankauf von Exportforderungen kann als eine klassische Variante der Exportfinanzierung bezeichnet werden. Die Forderungsabtretung dient zudem (gleichzeitig) als Sicherheit für die darlehengebende Bank. Dass es sich um die klassische Variante der Exportfinanzierung handelt, liegt in der Natur des Exporthandels. Denn auch wenn der Exporteur sonst keine Sicherheiten für seinen Liquiditätsbedarf anbieten kann, stehen ihm doch mindestens zwei Rechte zu:

34 Das Recht an der produzierten Ware (soweit er Eigentümer oder Anwartschaftsberechtigter ist) sowie das Recht an der Forderung aus dem Weiterverkauf der Ware gegen den Importeur.

35 So konnte das Geschäftsvolumen im Exportfactoring im Jahr 2011 laut dem Deutschen Factoringverband e. V. auf 34,49 Mrd. Euro gesteigert werden.[23]

36 **1. Kurzdarstellung der Forderungsabtretung nach deutschem Recht.** Im deutschen Recht gilt das **Abstraktionsprinzip.** Das heißt, schuldrechtlich gibt es regelmäßig eine Vereinbarung, nach der der Exporteur (im Folgenden in dieser Ziffer auch „bisheriger Gläubiger" oder „Zedent" genannt) verpflichtet ist, die Forderung auf den neuen Gläubiger (im Folgenden in dieser Ziffer auch „Zessionar" genannt) zu übertragen. Bei diesem sog. Grundgeschäft **(Verpflichtungsgeschäft)** kann es sich um einen Kaufvertrag nach § 433 BGB iVm § 453 BGB handeln. Das ist beispielsweise dann der Fall, wenn der Forderungskäufer (Zessionar) das Risiko des wirtschaftlichen Ausfalls der Forderung übernimmt **(echtes Factoring).**[24] Soll weiterhin der Exporteur das Risiko des Forderungsausfalles tragen **(unechtes Factoring;** kommt beispielsweise in Betracht, wenn eine Bank dem Ex-

---

[18] *v. Bernstorff* S. 30.
[19] *Kropholler* § 54 III S. 559.
[20] Vgl. hierzu ausführlich MüKoBGB/*Wendehorst* Art. 43 EGBGB Rn. 139 ff.
[21] *BGH* WM 2009, 1484 f.; *Kropholler* § 54 III S. 562; Einzelheiten vgl. MüKoBGB/*Wendehorst* Art. 43 EGBGB Rn. 160 ff.
[22] *Junker* RIW 2000, 241, 252; Palandt/*Thorn* Art. 46 EGBGB Rn. 3.
[23] Branchenzahlen Factoring 2011 des Deutschen Factoringverbandes e. V.
[24] *BGH* NJW 1978, 1972.

porteur einen Kredit zur Verfügung stellt und die Forderung lediglich als Sicherheit ansieht), nimmt die überwiegende Ansicht als Grundgeschäft ein Darlehen an.[25] Schließlich kann außerhalb des Factorings ein Darlehen mit entsprechender Sicherungsvereinbarung über die Abtretung von Forderungen als Sicherheit für die Rückzahlung der Darlehensvaluta zugrunde liegen. Im Sicherungsvertrag ist dann regelmäßig die gesicherte Forderung genannt und niedergelegt, welche Rechte und Pflichten die Vertragsparteien haben, wann also beispielsweise die abgetretene Forderung zugunsten der kreditgebenden Bank verwertet werden kann.

Die Abtretung der Forderung, die in §§ 398 ff. BGB geregelt ist, stellt sodann das sachenrechtliche **Verfügungsgeschäft** dar, mit dem die grundgeschäftliche Verpflichtung erfüllt wird. 37

Beide Geschäfte unterliegen keinen Formvorschriften. Die Wirksamkeit der Geschäfte richtet sich nach den allgemeinen rechtlichen Grundlagen. Bei der Forderungsabtretung ist der **Bestimmtheitsgrundsatz** zu beachten. Das heißt, dass die abzutretende Forderung bestimmt oder zumindest bestimmbar sein muss:[26] Sie muss in der Abtretung so umschrieben werden, dass sie spätestens bei ihrer Entstehung nach Gegenstand und Umfang zweifelsfrei bestimmt werden kann.[27] Unter dieser Voraussetzung ist auch die Abtretung künftiger Forderungen möglich (allgemeine Meinung).[28] Es sind zudem die §§ 399, 400 BGB (Ausschluss der Abtretung bei Inhaltsveränderung oder Vereinbarung bzw. Ausschluss der Abtretung bei unpfändbaren Forderungen) zu beachten. Weitere gesetzlich geregelte Ausschlüsse sollten für die Abtretung von Exportforderungen nicht relevant sein. Eine Anzeige der Abtretung ist keine Wirksamkeitsvoraussetzung. 38

a) Globalzession bei gleichzeitig vereinbartem verlängerten Eigentumsvorbehalt. Da der Exporteur im Falle einer Darlehensaufnahme bzw. im Zusammenhang mit einem Factoringvertrag regelmäßig sämtliche seiner Forderungen an die Bank/den Factor im Wege einer Globalzession abtreten wird, sei hier noch kurz auf die Problematik der Globalzession bei gleichzeitiger Vereinbarung eines verlängerten Eigentumsvorbehalts zwischen Exporteur und seinem Warenlieferanten eingegangen. Der Warenlieferant des Exporteurs übereignet diesem die Ware regelmäßig unter der aufschiebenden Bedingung der vollständigen Kaufpreiszahlung. Er erteilt dem Exporteur aber eine Verfügungsermächtigung zur Weiterveräußerung der Ware im gewöhnlichen Geschäftsverkehr gegen angemessenes Entgelt, wenn im Gegenzug die aus der Veräußerung resultierende Forderung des Exporteurs gegen den Importeur an den Warenlieferanten abgetreten wird **(verlängerter Eigentumsvorbehalt).** Wie dargestellt, tritt der Exporteur im Rahmen seiner Refinanzierungen die Forderungen gegen den Importeur auch an die darlehengebende Bank bzw. die Factoringbank ab. Es kommt somit zur Kollision von verlängertem Eigentumsvorbehalt des Warenlieferanten und Globalzession. Grundsätzlich gilt das sog. „Prioritätsprinzip", wonach bei mehrfacher Abtretung einer Forderung nur die zeitlich erste wirksam ist, während die zweite mangels Forderungsinhaberschaft des Zedenten ins Leere gehen muss.[29] Dies gilt auch bei der Abtretung künftiger Forderungen.[30] Die konsequente Anwendung dieses Grundsatzes führt im Kollisionsfall zwischen Globalzession und verlängertem Eigentumsvorbehalt zu einer einseitigen Bevorzugung des Globalzessionars. Die Rechtsprechung sieht jedoch eine zeitlich vorrangige Globalzession nach § 138 Abs. 1 BGB als unwirksam an, wenn sie den Zedenten dazu verleitet, trotz vorheriger Globalzession Waren unter Vereinbarung eines verlängerten Eigentumsvorbehalts einzukaufen und damit einen Vertragsbruch gegenüber dem Warenlieferanten zu begehen **(Vertragsbruchtheorie).**[31] Damit die Globalzession wirksam 39

---

[25] Vgl. *BGH* NJW 1982, 164, 165.
[26] *BGH* NJW 2011, 2713.
[27] BGHZ 30, 338, 340.
[28] Vgl. nur *BGH* NJW 1989, 2383, 2384.
[29] *BGH* NJW 1982, 571.
[30] BGHZ 30, 149, 151.
[31] Hierzu grundlegend BGHZ 30, 149, 153.

bleibt, müssen in den Abtretungsverträgen von vornherein die von einem verlängerten Eigentumsvorbehalt erfassten Forderungen ausgespart oder nur aufschiebend bedingt durch das Erlöschen des Eigentumsvorbehaltes einbezogen werden (sog. **dingliche Teilverzichtsklausel**).[32] Beim **echten Factoring** geht der BGH von einer anderen Prämisse aus. Hier handelt es sich nicht um einen Konflikt zweier Kreditgeber. Vielmehr hat der Warenlieferant sich mit der Weiterveräußerung seiner Ware im Wege eines Barzweitgeschäfts einverstanden erklärt. Dem Exporteur ist es ohne weiteres gestattet, die Ware gegen Bargeld weiter zu verkaufen. Daher soll die vorrangige echte Factoringglobalzession wirksam sein, wenn der Factor auch tatsächlich eine Barzahlung an den Exporteur leistet und dieser die Verfügungsmacht über das Geld erhält.[33]

40 **b) Forderungsverkauf und Datenschutzrecht.** Die in jüngerer Vergangenheit diskutierte Frage, ob der Forderungsankauf oder die Forderungsabtretung gegen das Datenschutzrecht oder das Bankgeheimnis verstoßen und damit unwirksam sind, ist durch die Entscheidung des BGH vom 27.2.2007 zumindest dahin gehend geklärt, dass die Wirksamkeit der Abtretung nicht berührt ist.[34] Möglicherweise entstehen durch einen Verstoß gegen das Datenschutzrecht jedoch Schadensersatzansprüche des Schuldners der abgetretenen Forderung.[35]

41 **c) Ankauf einer Wechselforderung.** An dieser Stelle sei noch kurz auf die Abtretung einer Wechselforderung als Besonderheit eingegangen, da die Forfaitierung eine weit verbreitete Finanzierungsart in der Exportwirtschaft darstellt. Nach wie vor stellt der Ankauf von Wechselforderungen, die zudem meist von der ausländischen Bank des Importeurs avaliert oder mit einem selbständigen Garantieversprechen flankiert werden, den Hauptfall der Forfaitierung dar.[36] Bei der Forfaitierung überträgt der Exporteur seiner Bank regelmäßig einen **Solawechsel** gemäß §§ 75 ff. WechsG. Diese Wechselart kennt keinen Bezogenen; Beteiligte sind lediglich der Aussteller als Primärschuldner (Importeur) und der Wechselnehmer (Exporteur). Der Exporteur überträgt den Wechsel, der ein abstraktes Schuldversprechen gemäß § 780 BGB darstellt, durch **Blankoindossament** unter Ausschluss seiner Indossantenhaftung („ohne Obligo", sog. **„Angstklausel"**) auf seine Bank. Der Exporteur haftet damit ausschließlich gemäß § 437 BGB seiner Bank für den rechtlichen Bestand des Wechsels sowie das in ihr verbriefte Recht. Der Vorteil des Ankaufs einer abstrakten Wechselforderung liegt darin, dass die Kausalforderung aus dem Exportgeschäft im Regelfall nicht mitverkauft wird. Der Importeur kann somit der die Wechselforderung ankaufenden Bank keine Einreden aus dem Grundgeschäft entgegenhalten. Zudem ist das Wechselrecht durch das Genfer Abkommen über das Einheitliche Wechselgesetz von 1930 zumindest in den Vertragsstaaten (hierzu gehören zB Frankreich, Italien, Japan, Schweden, Spanien, Türkei; nicht aber Großbritannien, USA, Kanada) harmonisiert, was eine gewisse Rechtssicherheit bedeutet.[37]

42 **2. Die Forderungsabtretung im internationalen Recht.** Im grenzüberschreitenden Warenverkehr stehen sich zumeist unterschiedliche Rechtsordnungen gegenüber. Bei der Abtretung von Exportforderungen ist daher zunächst von Bedeutung, welches Recht überhaupt auf die Vereinbarung anwendbar ist. Erst dann kann geklärt werden, wie die Forderungsabtretung inhaltlich ausgestaltet ist/werden kann.

43 Da für die Anwendbarkeit des nationalen Rechts der jeweilige Lebenssachverhalt maßgeblich ist, muss die Rechtsbeziehung zwischen Exporteur und Importeur sowie die Rechtsbeziehung zwischen Exporteur und Zessionar unterschieden werden.

---

[32] Vgl. hierzu *BGH* NJW 1974, 942, 943.
[33] BGHZ 69, 254, 258; ausführlich mit der Problematik der Kollision zwischen Globalzession und verlängertem Eigentumsvorbehalt beschäftigen sich Schimansky/*Martinek* § 102, Rn. 50 ff.; zur **insolvenzrechtlichen** Problematik bei der Globalzession vgl. *BGH* ZIP 2008, 183 ff.
[34] *BGH* BB 2007, 793 ff.; aA *OLG Frankfurt/Main* ZIP 2004, 1449 ff.; die sensiblen Datenschutzbereiche in der Telekommunikation sowie im Bereich der Berufsgruppen, die der Verschwiegenheitspflicht unterliegen, seien hier außer Betracht gelassen, da für die Exportwirtschaft nicht relevant.
[35] *BGH* BB 2007, 793 ff.
[36] *Nielsen*, BuB, Rn. 5/213 ff.
[37] Eine ausführliche Beschreibung der Forfaitierung findet sich bei Schimansky/*Martinek* § 103.

a) Rechtsverhältnis zwischen Exporteur und Importeur. Dieses Rechtsverhältnis bestimmt sich in erster Linie danach, ob die Vertragsparteien eine Rechtswahl in ihrem Vertrag getroffen haben (Art. 3 ROM I-VO). Diese kann auch stillschweigend zustande kommen, wenn sich ein hinreichender Parteiwille aus den Umständen und der Korrespondenz ergibt.[38] Ist eine vertragliche Regelung nicht vorhanden, so kommt Art. 4 ROM I-VO zur Anwendung. Da zwischen dem Exporteur und dem Importeur idR ein Kaufvertrag über bewegliche Sachen abgeschlossen werden dürfte, würde dieser Vertrag gemäß Art. 4 Abs. 1 lit. a ROM I-VO dem Recht des Staates unterliegen, in dem der Verkäufer (hier also der Exporteur) seinen gewöhnlichen Aufenthalt hat. 44

b) Rechtsverhältnis zwischen Exporteur (= Zedent) und Zessionar (zB Bank, Factor oder Forfaiteur). Gemäß dem oben dargestellten Prüfungsschema (→ Rn. **13,** 22) ist zunächst zu fragen, ob für diese Rechtsbeziehung ein Einheitsrecht vorhanden ist. 45

Zu erwähnen wäre an dieser Stelle das **UNIDROIT-Übereinkommen von Ottawa über das Internationale Factoring,** welches am 1.5.1995 in Kraft getreten ist.[39] Dieses Übereinkommen findet seit dem 1.2.1998 für Deutschland im Verhältnis zu Frankreich, Italien, Lettland, Nigeria, der Ukraine und Ungarn Anwendung, allerdings ausschließlich auf Factoringverträge, die bestimmte Voraussetzungen aufweisen.[40] Aufgrund der beschränkten Anwendbarkeit soll hier nicht näher auf das Abkommen eingegangen werden.[41]

Daneben wurde am 31.1.2002 das **UNCITRAL-Übereinkommen über die Forderungsabtretung** abgeschlossen.[42] Diese Konvention regelt die Wirksamkeit der Abtretung, den Übergang von Sicherheiten zusammen mit der Forderung, das Verhältnis von Zessionar und Zedent, die Rechte und Pflichten des Schuldners sowie die Rechte Dritter und beinhaltet auch eigene Kollisionsnormen. Allerdings haben das Abkommen bislang (Stand 2009) nur wenige Staaten unterzeichnet (Liberia, Luxemburg, Madagaskar und USA) bzw. ratifiziert (nur Liberia). Eine Wirksamkeit der Konvention, die erst durch den Beitritt von fünf Staaten eintritt, ist bislang nicht gegeben.[43] 46

Da ein Einheitsrecht nicht vorhanden ist und bilaterale bzw. multilaterale Staatsverträge bei dieser übergeordneten einheitlichen Betrachtung außer Acht gelassen werden müssen, ist die Anwendbarkeit des nationalen Kollisionsrechts, also aus Sicht des deutschen Exporteurs der ROM I-VO, eröffnet. 47

Art. 14 ROM I-VO regelt die Übertragung einer Forderung wie folgt: 48
Abs. 1 dieser Vorschrift bestimmt das Verhältnis von Zedent und Zessionar. Gemeint ist damit nicht nur das **Verpflichtungsgeschäft,** sondern auch das **Verfügungsgeschäft,** also die Abtretung der Forderung selbst.[44] Sowohl das Verpflichtungsgeschäft als auch das Verfügungsgeschäft unterliegen mithin dem Recht, das nach der ROM I-VO auf den Vertrag zwischen Zedent und Zessionar anzuwenden ist (Vertragsstatut). Um das anwendbare Recht zu ermitteln, muss deshalb zunächst geprüft werden, ob die Parteien im Vertrag eine Rechtswahl getroffen haben. Das im Vertrag vereinbarte Recht wäre sodann anzuwenden (Art. 3 Abs. 1 ROM I-VO). Banken werden in ihren Verträgen regelmäßig eine Rechtswahl getroffen haben, entweder ausdrücklich oder zumindest über ihre AGB. Wurde keine Rechtswahl getroffen, so kommt Art. 4 ROM I-VO zur Anwendung. Handelt es sich bei

---

[38] *BGH* WM 2004, 2066, 2068.
[39] BGBl. 1998 II, 172.
[40] Vgl. MüKoBGB/*Martiny* IPR, Art. 4 ROM I-VO Rn. 78, 79.
[41] Eine ausführliche Darstellung findet sich zB bei Staudinger/*Hausmann* IVR I, Anh. 1 zu Art. 14 ROM I-VO Rn. 11 ff.
[42] UNCITRAL-Convention on an Assignment of Receivables in International Trade (CARIT) vom 12.12.2001; englischer Text in: ZEuP 2002, 782 ff.
[43] Vgl. Reithmann/*Martiny* Rn. 380; eine ausführlichere Darstellung findet sich bei *Danielewsky/Lehmann* WM 2003, 221 ff.
[44] MüKoBGB/*Martiny* IPR, Art. 14 ROM I-VO Rn. 17; *Einsele* WM 2009, 289, 297. Dies stellt einen Unterschied zu dem früher geltenden Art. 12 Abs. 1 EVÜ dar, der wörtlich dem früheren Art. 33 EGBGB entsprochen hat. Beide Vorschriften hatten nur von „Verpflichtungen" gesprochen, also nicht das Verfügungsgeschäft umfasst.

diesem Vertrag um einen Sicherheitenvertrag (Sicherungszession) zur Sicherung eines Darlehens oder um ein unechtes Factoring, welches als Darlehen zu qualifizieren ist,[45] dürfte somit gemäß Art. 4 Abs. 2 ROM I-VO[46] einschlägig sein. Bei der Sicherungszession dürfte der Sicherungsgeber die chrakteristische Leistung erbringen, so dass das Recht am gewöhnlichen Aufenthaltsort des Sicherungsgebers (Exporteur) gilt.[47] Beim unechten Factoring sollte das Recht am gewöhnlichen Aufenthaltsort des Factors als Darlehensgeber einschlägig sein.[48] Es gibt allerdings auch Stimmen in der Literatur, die ein Darlehen als Finanzdienstleistung ansehen und deshalb Art. 4 Abs. 1 lit. b ROM I-VO unterwerfen wollen.[49] Am Ergebnis ändert das nichts. Beim echten Factoring ist nach Art. 4 Abs. 1 lit. b ROM I-VO das Recht am gewöhnlichen Aufenthalt des Factors anwendbar, wenn man die charakteristische Leistung des Factorings als Dienstleistung ansehen will. Beurteilt man das echte Factoring als Kaufvertrag, wäre gemäß Art. 4 Abs. 1 lit. a ROM I-VO das Recht des Verkäufers (hier also des Exporteurs) anwendbar.[50] Bei der Forfaitierung soll nach Art. 4 Abs. 1 lit. b ROM I-VO das Recht am Aufenthaltsort des Forfaiteurs (also des Zessionars) Anwendung finden.[51]

49 Art. 14 Abs. 2 ROM I-VO enthält Schuldnerschutzvorschriften, ist also wichtig für das Verhältnis zwischen Zessionar und Drittschuldner (hier der Importeur).[52] Die Abtretung folgt danach dem Recht der abgetretenen Forderung **(Forderungsstatut)**, also der Rechtsordnung, der die übertragene Forderung unterliegt.

50 Der Grund hierfür liegt darin, dass die Abtretung einer Forderung durchaus Auswirkungen auf den Schuldner der Forderung haben kann, die in den verschiedenen Rechtsordnungen unterschiedlich geregelt sind. Der Schuldner hat andererseits idR keinen Einfluss darauf, ob und in welchem Rechtskreis die gegen ihn gerichtete Forderung abgetreten wird. Die Abtretung kann – zB nach deutschem Recht – sogar ohne seine Kenntnis erfolgen. Vor diesem Hintergrund erscheint es sinnvoll, die Entstehung, den Bestand, das Erlöschen und die Übertragbarkeit der Forderung dem ursprünglich zwischen Schuldner und bisherigem Gläubiger vereinbarten Recht zu unterstellen.[53]

51 **c) Drittwirkung der Forderungsabtretung.** Es ist noch nicht abschließend entschieden, unter welchen Voraussetzungen die Abtretung Dritten, also beispielsweise Gläubigern des Zedenten, entgegengehalten werden kann.[54] Diese Frage ist deshalb von Bedeutung, da viele Rechtsordnungen die Wirksamkeit einer Abtretung und die Wirkung einer Abtretung von weiteren Rechtsakten (zB Publizitätsakten oder Registrierungen) abhängig machen.[55] Die richtige Anknüpfung ist umstritten. Teilweise wird vertreten, dass das Forderungsstatut auch für die Drittwirkungen gelten soll; teilweise wird vertreten, dass das Recht des Aufenthaltsortes des Zedenten gelten soll.[56] Leider ist die Rechtslage insoweit unsicher. Das führt auch dazu, dass die Reichweite des Art. 14 Abs. 1 ROM I-VO auf Verfügungsgeschäfte unklar ist.[57]

---

[45] *BGH* NJW 1982, 164, 165.
[46] Art. 4 Abs. 1 ROM I-VO ist hier nicht anwendbar, da Darlehensverträge in der Aufzählung nicht genannt sind.
[47] *Ferrari/Kieninger* Art. 14 ROM I-VO Rn. 6.
[48] MüKoBGB/*Martiny* IPR, Art. 4 ROM I-VO Rn. 170.
[49] Tauber/*Tauber* Rn. 22.
[50] Vgl. aber auch *BGH* WM 2004, 2066 ff.
[51] MüKoBGB/*Martiny* IPR, Art. 4 ROM I-VO Rn. 86.
[52] Auch hier liegt ein Unterschied zu den zuvor geltenden Art. 12 EVÜ bzw. Art. 3 EGBGB vor, vgl. MüKoBGB/*Martiny* IPR, Art. 14 ROM I-VO Rn. 22.
[53] HM vgl. *BGH* NJW 1991, 1414, 1415; *Bette* WM 1997, 797, 798; Reithmann/*Martiny* Rn. 383 und Rn. 388 ff.
[54] Vgl. Art. 27 Abs. 2 ROM I-VO.
[55] So zB das englische und französische Recht; → Rn. 13, 55, 60.
[56] Einen Überblick über den Meinungsstand bietet MüKoBGB/*Martiny* IPR, Art. 14 ROM I-VO Rn. 33 ff.
[57] *Ferrari/Kieninger* Art. 14 ROM I-VO Rn. 7.

d) Sicherungsabtretung. Die Sicherungsabtretung wird ebenfalls von Art 14 ROM I- 52
VO umfasst, wie Absatz 3 der Regelung ausdrücklich festlegt. Wird eine Forderung zur
Sicherheit (zB für ein Darlehen) abgetreten, so ist die Frage nach den für den Forderungsübergang als solches maßgeblichen Recht ebenfalls nicht abschließend geklärt. Dasselbe gilt
für Vorausabtretungen und Globalzessionen. Eine Übersicht über den Meinungsstand findet sich bei Bauer und anderen.[58]

3. Ausgewählte ausländische Rechtsordnungen. Nachfolgend sollen kurz die Rechts- 53
ordnungen derjenigen Länder vorgestellt werden, die für den deutschen Export nach wie
vor am wichtigsten sind. Nach dem statistischen Bundesamt waren die wichtigsten Handelspartner Deutschlands im Jahr 2011 bei den Exporten ua Frankreich, USA und Großbritannien.

a) Das französische Recht. Der französische **Code Civil (CC)** trennt zwischen der Ab- 54
tretungsvereinbarung zwischen dem alten und dem neuen Gläubiger, die nur zwischen
diesen beiden Parteien wirkt, einerseits und dem formalen Vollzug, der die Abtretung Dritten gegenüber wirksam werden lässt, andererseits.[59]

Zedent und Zessionar können sich grundsätzlich formlos und ohne Mitwirkung des 55
Schuldners über die Abtretung einigen. Dritten gegenüber wirkt die Abtretung jedoch erst,
wenn eine Abtretungsanzeige (**„Signification"**, Art. 1690 CC) dem Schuldner durch
einen Gerichtsvollzieher zugestellt wurde. Möglich ist auch die Annahme der Abtretung
(**„Acceptation"**) durch den Schuldner in einer öffentlichen Urkunde.[60]

Durch das Gesetz zur Erleichterung der Kreditgewährung an Unternehmen vom 2.1. 56
1981 **(Loi Dailly)** genügt für eine Sicherungsabtretung an Kreditinstitute anstelle der Abtretungsanzeige die Eintragung in ein Forderungsverzeichnis. Ob diese Erleichterung auch
zugunsten eines ausländischen Kreditinstitutes, insbesondere eines deutschen Kreditinstitutes gilt, ist bislang nicht geklärt.[61] Vor Zugang der Abtretungsanzeige oder Annahme der
Abtretung kann der Schuldner nur an den Zedenten leisten. Gläubiger des Zedenten können bis zur Anzeige der Abtretung bzw. der Annahme durch den Schuldner die Forderung
pfänden. Wichtigkeit erlangt die Anzeige bzw. Annahme auch im Falle der mehrfachen
Abtretung. Hier hat derjenige Zessionar Vorrang, der den Schuldner als erstes benachrichtigt. Es ist also – anders als im deutschen Recht – nicht das Datum des Abtretungsvertrages,
sondern das Datum der Anzeige bzw. der Annahme entscheidend.[62] Da eine Abtretung
Drittwirkung nur mit Anzeige an oder Annahme durch den Schuldner oder zumindest mit
Registrierung entfaltet, ist dieses Sicherungsrecht nicht sonderlich anerkannt. Denn die
Vertragsparteien sind regelmäßig an einer stillen Abtretung interessiert.[63]

b) Das US-amerikanische Recht. Im US-amerikanischen Recht ist die „Abtretung" im 57
Uniform Commercial Code (UCC), hier Artikel 9, geregelt. Diese Vorschrift regelt
jedoch nicht speziell die Forderungsabtretung, sondern das Recht der Sicherheitsgeschäfte
an beweglichen Sachen und Rechten umfassend.[64] Ein Sicherungsrecht **(security interest)** gemäß Art. 9 UCC wird begründet, wenn eine schriftliche Einigung zwischen Sicherungsgeber und Sicherungsnehmer vorliegt (bei beweglichen Sachen genügt auch die
Inbesitznahme), dass der Sicherungsnehmer dem Schuldner eine Gegenleistung gewährt
hat (zB ein Darlehen) und der Sicherungsgeber im Hinblick auf den Sicherungsgegen-
stand/das Sicherungsrecht berechtigt ist.[65] Aus Gründen des Schutzes des Forderungs-
schuldners bestehen zahlreiche Abtretungsbeschränkungen. So ist die Abtretung beispielsweise ausgeschlossen, wenn höchstpersönliche Ansprüche betroffen sind oder die Pflicht

---

[58] *Bauer/Flessner* IPRax 2009, 35 ff.; MüKoBGB/*Martiny* IPR, Art. 14 ROM I-VO Rn. 37 ff.
[59] Vgl. Hadding/*Blaise*/*Desgorces* S. 248.
[60] Vgl. Staudinger/*Hausmann* IVR I, Art. 14 ROM I-VO Rn. 16 mwN.
[61] Vgl. *v. Bernstorff* S. 138.
[62] Vgl. Hadding/*Blaise*/*Desgorces* S. 256.
[63] *v. Bernstorff* RIW 1994, 542, 545.
[64] Vgl. *Elsing/van Alstine* Rn. 299, 300.
[65] Vgl. *Elsing/van Alstine* Rn. 305.

des Schuldners durch die Abtretung wesentlich verändert wird.[66] Eine Anzeige der Abtretung an den Schuldner ist kein Wirksamkeitserfordernis. Allerdings entfaltet das Sicherungsrecht gegenüber dem Schuldner sowie gegenüber Dritten erst dann eine Rechtswirkung, wenn der Bestand des Rechts nach außen erkennbar gemacht wurde **(perfection)**. Dies kann durch Inbesitznahme (bei beweglichen Sachen), Anzeige des Rechtsüberganges oder Registrierung bei der zuständigen Behörde erfolgen.[67] Es gilt das Prinzip: first in time, first in right, dh derjenige Gläubiger, der sein Recht als erstes perfected, hat den Vorrang.[68]

58 Eine Globalzession ist im US-amerikanischen Recht grundsätzlich möglich. Hier ist jedoch eine Registrierung zwingend notwendig. Das Registrierungsverfahren ist von Staat zu Staat unterschiedlich geregelt. Die Wirkung der Eintragung ist auf fünf Jahre beschränkt, sofern nicht rechtzeitig ein Weiterführungsantrag gestellt wird. Art. 9 UCC bietet jedoch eine Erleichterung für Zedenten, die weder ihren Wohn- noch Geschäftssitz in den USA haben. Hier kann eine Registrierung der Globalzession durch Abtretungsanzeige an den Schuldner ersetzt werden.[69]

59 **c) Das englische Recht.** Im englischen Recht wird zwischen der offenen Abtretung, die dem Schuldner angezeigt wird **(Legal Assignment)**, und der stillen Abtretung **(Equitable Assignment)** unterschieden.[70]

60 Das **Legal Assignment** ist wirksam, wenn die Abtretungserklärung des Zedenten schriftlich erfolgt, die Forderung im Zeitpunkt der Abtretung bereits besteht, die Abtretung sich auf die gesamte Forderung bezieht, die Abtretung unwiderruflich, unbedingt und unbefristet abgegeben und dem Schuldner schriftlich angezeigt wird.[71]

61 Die Abtretungsanzeige entfaltet eine Drittwirkung. Bei mehrfacher Abtretung entscheidet der Zugang der ersten Abtretungsanzeige beim Schuldner die Priorität des Rechts.[72]

62 Das **Equitable Assignment** kann Anwendung finden, wenn die soeben beschriebenen Formerfordernisse des Legal Assignments nicht eingehalten wurden. Diese Abtretung bedarf keiner bestimmten Form; auch eine Anzeige an den Schuldner ist nicht erforderlich. Ohne Abtretungsanzeige treten jedoch auch keine Drittwirkungen ein. Allerdings besteht hier ein Erfordernis einer Gegenleistung **(Consideration)**.[73]

63 Im englischen Recht dürfte die Globalzession nicht möglich sein, da künftige Forderungen nicht wirksam abgetreten werden können.[74] Insgesamt hat das Institut der Sicherungsabtretung im englischen Recht eine eher untergeordnete Bedeutung.[75]

64 **4. Fazit.** Die Forderungsabtretung im internationalen Recht bleibt trotz der Regelung in der ROM I-VO schwierig. Das liegt nicht zuletzt daran, dass durch die nicht aufgenommene Regelung zu den Drittwirkungen in vielerlei Hinsicht **Unsicherheit** besteht. Steht im Rahmen der oben skizzierten Vorprüfung zudem fest, dass auf die abgetretene Forderung ausländisches Recht anwendbar ist, so kann dies – aus Sicht einer im Inland ansässigen Bank, die im Rahmen einer Kreditvergabe an den Exporteur als Kreditgeber oder im Rahmen eines Factoring- oder Forfaitierungsvertrages als Zessionarin auftritt – erhebliche Risiken mit sich bringen. Dies gilt immer dann, wenn das anwendbare ausländische Recht vom inländischen Recht abweicht und die Wirksamkeit der Abtretung sowie das Verhältnis zwischen Schuldner und neuem Gläubiger tangiert.[76]

---

[66] Vgl. Hadding/*Buxbaum*/*Crawford*/*Singhof* S. 799 ff. mwN.
[67] Vgl. hierzu *Elsing*/*van Alstine* Rn. 308 ff.
[68] *Elsing*/*van Alsine* Rn. 318 f.
[69] Vgl. hierzu von *v. Bernstorff* S. 139.
[70] Vgl. Staudinger/*Hausmann* IVR I, Art. 14 ROM I-VO Rn. 22.
[71] Law of Property Act (1925), Sec. 136; *Hartwig* ZIP 1998, 2137, 2140 f.
[72] Vgl. Staudinger/*Hausmann* IVR I, Art. 14 ROM I-VO Rn. 22.
[73] Vgl. hierzu Hadding/*Carl* S. 202 f.
[74] Tauber/*Däubler*/*Fabre*/*Havergal* Rn. 2378.
[75] Hadding/*Carl* S. 199.
[76] *Bette* WM 1997, 797, 800.

Abschnitt 13. Finanzierungssicherungsgeschäfte

Während das deutsche Recht nur wenige Voraussetzungen für eine wirksame Abtretung **65** vorsieht und der Zessionar eine relativ gesicherte Rechtsposition innehat, sehen eine Vielzahl ausländischer Rechtsordnungen sehr viel engere Voraussetzungen vor.[77]

So ist nach ausländischem Recht nahezu grundsätzlich die Wirksamkeit der Abtretung **66** von der **Anzeige** gegenüber dem Schuldner abhängig. In einigen Ländern, wie zB Frankreich, Italien und Spanien, ist die Anzeige sogar an eine besondere Form geknüpft. In den USA ist neben der Anzeige an den Schuldner uU die **Registrierung** in ein öffentliches Register notwendig.

Ohne Einhaltung dieser Voraussetzungen ist entweder die Abtretung gar nicht wirksam **67** oder sie entfaltet Dritten gegenüber keine Wirkung mit der Folge, dass Gläubiger des Exporteurs trotz Abtretung in die Forderung vollstrecken können.

Die Abtretung künftiger Forderungen ist nach ausländischem Recht häufig überhaupt **68** nicht möglich. Auch dies liegt an der Benachrichtigungspflicht gegenüber dem Schuldner der Forderung. Steht noch nicht fest, wer Schuldner der künftigen Forderung sein wird, kann er auch nicht benachrichtigt werden.[78]

Zu der Problematik der Vollstreckung von Forderungen im Ausland vgl. → Abschnitt 51 **69** dieses Buches.

Die darlehengebende Bank sowie der Factor oder der Forfaiteur mit Sitz im Inland sind **70** daran interessiert, Forderungen übertragen zu bekommen, die sie eindeutig bewerten können. Man wird nicht erwarten können, dass ein inländisches Kreditinstitut Expertise über sämtliche ausländische Rechtsordnungen vorhält, zumal sich die Gesetze im Ausland – ebenso wie im Inland – stetig ändern können.

Eine Lösung könnte sein, Rechtsanwälte einzuschalten, die in den in Frage kommenden **71** Jurisdiktionen Expertise vorhalten und die Vertragsdokumentation bezüglich der Abtretung begleiten sowie das geltende Recht überwachen und ggf. auf Vertragsänderungen hinweisen, sollten sich Gesetzesänderungen ergeben. Zudem könnten diese Rechtsanwälte eine Stellungnahme zur Wirksamkeit und Durchsetzbarkeit der Forderungsabtretung (**Legal Opinion**) abgeben. Das erhöht die Rechtssicherheit. Diese in der Praxis häufig vorkommende Variante ist jedoch äußerst kostenintensiv. Insbesondere dann, wenn der Exporteur in verschiedene Länder liefert.

Eine andere Lösungsmöglichkeit wäre, dass der deutsche Exporteur, der die Abtretung **72** seiner Forderung an eine deutsche Bank nach deutschem Recht plant, bereits mit seinem im Ausland ansässigen Geschäftspartner eine entsprechende **Rechtswahl** trifft und ebenfalls deutsches Recht vereinbart. Dann würde das für diese Abtretung geltende Forderungsstatut auch deutschem Recht unterliegen.

Eine Rechtswahl ist grundsätzlich zulässig. Erfolgt sie im Rahmen der Allgemeinen Ge- **73** schäftsbedingungen (AGB) des Exporteurs, sind allerdings wiederum eine Reihe von Besonderheiten zu beachten. So können derartige AGB-Klauseln überraschend oder unangemessen und damit unwirksam sein. Auch das Problem sich kreuzender AGB ist zu beachten.[79] Schließlich besteht die Möglichkeit, dass ein ausländisches Gericht die Rechtswahl in den AGB nicht akzeptiert.

Weiter ist darauf hinzuweisen, dass jede Rechtsordnung die freie Rechtswahl nur einge- **74** schränkt gelten lässt (**ordre public,** vgl. zB Art. 6 und Art. 21 ROM I-VO). Als Grundsatz kann in diesem Zusammenhang festgehalten werden, dass die Rechtswahl nicht fundamentale Regelungen des eigenen Rechts ausschließen kann.

Im Zusammenhang mit der Rechtswahl sollte auch der **Gerichtsstand** berücksichtigt **75** werden. Wird deutsches Recht vereinbart, bietet es sich an, auch einen deutschen Gerichtsstand zu vereinbaren, denn regelmäßig werden sich ausländische Gerichte mit der Anwendung ihnen unbekannten deutschen Rechts schwer tun. Innerhalb der Europäischen

---

[77] Überblick über die Rechtsordnungen bei Hadding/*Schneider*.
[78] Vgl. auch *Bette* WM 1997, 797, 800.
[79] Vgl. MüKoBGB/*Spellenberg* IPR, Art. 10 ROM I-VO Rn. 168 f.

Gemeinschaft ist diesbezüglich die **EuGVO**[80] zu beachten. Für Gerichtsstandsvereinbarungen gilt insbesondere die Formvorschrift des Art. 23 EuGVO.

76 Schließlich ist es sinnvoll, einen inländischen **Zustellungsbevollmächtigten** zu benennen, um den Problematiken einer Zustellung von Schriftstücken, wie zB Mahnungen, Kündigungen, Klageschriften etc., im Ausland zu begegnen. Auch in diesem Fall ist anzuraten, eine Legal Opinion einzuholen, um sicher zu gehen, dass die getroffenen Vereinbarungen wirksam sind.

III. Eigentumsvorbehalt

77 Gewährt der Exporteur dem Importeur einen Kredit in Form eines **Zahlungsaufschubes**, obwohl die Ware bereits übergeben wird, so ist es nach deutschem Recht üblich, einen Eigentumsvorbehalt zu vereinbaren.[81] Das heißt, der Exporteur übergibt zwar den Besitz an der Ware an den Importeur, nicht aber das Eigentum. Dies behält sich der Exporteur bis zur vollständigen Bezahlung der Ware vor. Der Exporteur hat zudem die Möglichkeit, seinen Eigentumsvorbehalt an die ihn finanzierende Bank als Kreditsicherheit abzutreten.[82]

78 Im grenzüberschreitenden Warenverkehr hätte der Eigentumsvorbehalt den Vorteil, dass es sich – im Gegensatz zB zu einem Akkreditiv – um eine relativ unkompliziert zu vereinbarende Sicherheit handelt, die zudem kostengünstig wäre. Ob allerdings im grenzüberschreitenden Warenverkehr überhaupt die Umsetzung eines Eigentumsvorbehaltes rechtswirksam möglich ist, soll nachstehend erörtert werden.

79 **1. Kurzdarstellung des Eigentumsvorbehaltes nach deutschem Recht.** Bei der Vereinbarung eines Eigentumsvorbehaltes schließen die Parteien idR **schuldrechtlich** einen **unbedingten Kaufvertrag** gemäß § 449 BGB. Darin verpflichtet sich der verkaufende Exporteur, dem kaufenden Importeur aufschiebend bedingt das Eigentum zu übertragen. Der Importeur verpflichtet sich, den Kaufpreis später ganz oder in Raten zu entrichten.

80 **Sachenrechtlich** überträgt der Verkäufer dem Käufer gemäß §§ 929, 158 BGB **aufschiebend bedingtes Eigentum** zum Zwecke der Erfüllung des Vorbehaltskaufes. Nach der bedingten Übereignung ist der Verkäufer also weiterhin Eigentümer. Der Käufer hat ein Anwartschaftsrecht auf Erwerb des Volleigentums erworben. Durch vollständige Kaufpreiszahlung erstarkt das Anwartschaftsrecht zum Vollrecht, denn dann ist die Bedingung eingetreten.[83]

81 Es existieren im deutschen Recht verschiedene Arten des Eigentumsvorbehaltes:

82 Beim **erweiterten** Eigentumsvorbehalt tritt die Bedingung und somit der Eigentumserwerb erst dann ein, wenn nicht nur die Kaufpreisforderung beglichen wird, sondern auch die übrigen Forderungen des Verkäufers gegen den Käufer.[84]

83 Beim **nachgeschalteten** Eigentumsvorbehalt schließt der Käufer mit seinem Abkäufer wiederum einen Eigentumsvorbehaltskauf. Es bestehen bei dieser Form des Eigentumsvorbehalts also zwei Anwartschaftsrechte an der Ware, das Anwartschaftsrecht des Käufers und das – nachgeschaltete – Anwartschaftsrecht des Abkäufers. Der Abkäufer erwirbt das Eigentum, wenn er den Bedingungseintritt durch Zahlung des Kaufpreises an den Käufer herbeiführt.[85]

84 Schließlich hat sich im deutschen Recht noch der **verlängerte** Eigentumsvorbehalt etabliert. Bei dieser Konstellation ermächtigt der Verkäufer den Käufer, über die Ware schon vor Bedingungseintritt zu verfügen. Im Gegenzug verpflichtet sich der Käufer, seine Forderungen aus einer Weiterveräußerung an den Verkäufer abzutreten[86].

---

[80] Abgedruckt zB in *Musielack*.
[81] *Schlüter* IHR 2001, 141.
[82] Vgl. hierzu *BGH* WM 2008, 357 ff.
[83] Palandt/*Weidenkaff* § 449 BGB Rn. 9.
[84] Hierzu eingehend MüKoBGB/*Westermann* § 449 BGB Rn. 81 ff.
[85] Hierzu eingehend MüKoBGB/*Westermann* § 449 BGB Rn. 96 ff.
[86] Umfassend MüKoBGB/*Westermann* § 449 BGB Rn. 87 ff.

Abschnitt 13. Finanzierungssicherungsgeschäfte

Zu den Problematiken, die sich aus einer Kollision zwischen Forderungsabtretung und 85
verlängertem Eigentumsvorbehalt und aus einer Kollision zwischen Sicherungsübereignung und verlängertem Eigentumsvorbehalt ergeben → Rn. **13**, 39 und Rn. **13**, 127, Fn. 117.

2. Der Eigentumsvorbehalt im internationalen Recht. Will der in Deutschland ansässige 86
Exporteur seine Ware ins Ausland liefern und zur Sicherung einen Eigentumsvorbehalt vereinbaren, so stellt sich zunächst die Frage, welches nationales Recht auf die vertragliche Vereinbarung Anwendung findet.

Gemäß dem oben dargestellten Prüfungsschema (→ Rn. **13**, 22) ist zunächst nach be- 87
stehendem Einheitsrecht zu fragen. Dies ist mit Blick auf einen Eigentumsvorbehaltskauf jedoch nicht vorhanden. So schließt das **UN-Kaufrecht** in Art. 4b CISG Wirkungen, die der Vertrag auf das Eigentum an der verkauften Ware haben kann, ausdrücklich aus seinem Regelungsbereich aus.[87]

Zwar gab und gibt es Bestrebungen einer Vereinheitlichung des Rechts des Eigentums- 88
vorbehalts. Diese haben sich bislang jedoch nicht durchgesetzt.

So beinhaltet die **europäische Richtlinie** (2000/35/EG) **zur Bekämpfung des Zah-** 89
lungsverzuges im Geschäftsverkehr in Art. 4 auch einen Abschnitt zum Eigentumsvorbehalt.[88] Doch enthält dieser Abschnitt eine gewisse Einschränkung. Die Mitgliedstaaten sollen den Eigentumsvorbehalt im Einklang mit den anwendbaren nationalen Vorschriften, wie sie durch das Internationale Privatrecht bestimmt werden, vorsehen. Aus den Erwägungen zu der Richtlinie ergibt sich, dass ein wirksam begründeter Eigentumsvorbehalt nach Grenzübertritt beachtet werden soll. Zudem müssen die Mitgliedstaaten zumindest den einfachen Eigentumsvorbehalt vorsehen.[89] Die obengenannte Einschränkung kann allerdings zur Folge haben, dass der Eigentumsvorbehalt durch nationale Vorschriften über den Gutglaubenserwerb oder die Verbindung und Vermischung verwässert wird.[90]

Der UN-Ausschuss (**UNCITRAL**) arbeitet seit Ende 2001 an einem „**Legislative** 90
Guide on Secured Transactions".[91] Es handelt sich hierbei allerdings nur um ein Modellgesetz ohne verbindlichen Charakter.[92] Aber auch in dieser Arbeitsgruppe bestand bislang keine Einigkeit über die Behandlung des Eigentumsvorbehalts.[93]

Einheitsrecht ist somit für den Eigentumsvorbehalt nicht vorhanden. Bilaterale und mul- 91
tilaterale Verträge müssen bei dieser übergeordneten Betrachtung außer Acht bleiben. Damit ist der Anwendungsbereich des jeweiligen nationalen IPR aus Sicht des deutschen Exporteurs, also der ROM I-VO und des EGBGB, eröffnet.

a) Verpflichtungsgeschäft. Hinsichtlich der schuldrechtlichen Vereinbarung, die idR 92
ein Kaufvertrag sein wird, können Exporteur und Importeur das anwendbare Recht frei wählen, Art. 3 ROM I-VO (vgl. hierzu schon die Ausführungen → Rn. **13**, 24).

Liegt keine Rechtswahl vor, so kommt gemäß Art. 4 Abs. 1 lit. a ROM I-VO das Recht 93
des Staates zur Anwendung, mit dem der Verkäufer (Exporteur) seinen gewöhnlichen Aufenthalt hat.

b) Verfügungsgeschäft. Hinsichtlich der Übereignung der Ware legt Art. 43 EGBGB 94
das anwendbare Recht fest. Nach dieser Vorschrift unterliegen Rechte an einer Sache dem Recht des Staates, in dem sich die Sache befindet (**lex rei sitae**, → Rn. **13**, 28 ff.). Basis für die Beurteilung des Eigentumsvorbehalts ist damit das Recht des Landes, in dem sich die Sache befindet. Diese Anknüpfungsregel beruht zum einen auf der Überlegung, dass der Lagerort einer Sache meist bekannt oder zumindest leicht feststellbar ist. Zum anderen

---

[87] Vgl. MüKoBGB/*Martiny* IPR, Art. 4 CISG Rn. 69.
[88] Vgl. *Siebel/Gebauer* NJW 2001, 118, 132, 133.
[89] *Schmidt-Kessel* NJW 2001, 97, 101.
[90] *Schmidt-Kessel* NJW 2001, 97, 102; Bamberger/*Faust* § 449 BGB Rn. 5.
[91] Texte sind abrufbar unter: www.uncitral.org.
[92] *Kieninger* WM 2005, 2353, 2354.
[93] *Kieninger* WM 2005, 2353, 2356.

können die aus der Sachherrschaft abgeleiteten Rechte gegenüber Dritten nur von der Rechtsordnung geschützt werden, in dessen Hoheitsgebiet sich die Sache befindet.[94]

95 Für die Vereinbarung einer bedingten Eigentumsübertragung hat diese Regelung nun folgende Auswirkungen:

96 Wird die verkaufte Ware aus dem Machtbereich des deutschen Rechts, in dem der Eigentumsvorbehalt geregelt und anerkannt ist, in den Machtbereich einer anderen Rechtsordnung verbracht, kommt es hinsichtlich der dinglichen Rechtslage zu einem **Statutenwechsel**.[95] Zwar gilt – bei sog. abgeschlossenen Tatbeständen, bei denen alle Tatbestandsvoraussetzungen für die Entstehung des Rechts unter dem alten Statut erfüllt wurden – nach einem Ortswechsel das alte Statut weiter, jedoch mit der Einschränkung, dass die Anerkennung der bereits wirksam erworbenen Rechte an der Ware nicht im Widerspruch zu den Grundvorstellungen des neuen Statuts stehen dürfen (→ Rn. 13, 30).

97 Wird beispielsweise unter Eigentumsvorbehalt stehende Ware (abgeschlossener Tatbestand) in die Schweiz gebracht, so bedarf es dort für seine Gültigkeit einer **Registereintragung**, Art. 715 ZGB (Zivilgesetzbuch der Schweiz). Allerdings hat sich das Schweizer Recht für eine **vermittelnde Lösung** entschieden. Gelangt eine Sache in die Schweiz und ist an ihr im Ausland ein Eigentumsvorbehalt formfrei begründet worden, so bleibt dieser in der Schweiz noch drei Monate gültig (Art. 102 Abs. 2 SchweizIPRG). Innerhalb dieser Zeit müssen die zum Weiterbestand des Eigentumsvorbehalts nach Schweizer Recht notwendigen Maßnahmen vorgenommen werden. Erst wenn dies nicht geschieht, erlischt das Sicherungsrecht für die Schweiz. Gutgläubigen Dritten kann der nach ausländischem Recht begründete Eigentumsvorbehalt allerdings nicht entgegengehalten werden.[96]

98 Voraussetzung und dingliche Wirkung eines Eigentumsvorbehalts im Rahmen des Warenexports beurteilen sich vom Grenzübertritt an also nach den Vorschriften des Landes, in dem der Importeur seinen Sitz hat.[97] Das gilt erst Recht für die sog. offenen Sachverhalte (→ Rn. 13, 31).

99 Ist folglich der Eigentumsvorbehalt im Land des Importeurs nicht bekannt, so entfaltet er keine Wirkung.[98] Ausländische Rechtsordnungen sind idR hinsichtlich eines Eigentumsvorbehalts **restriktiver** als das deutsche Recht. Die Wirksamkeit eines **verlängerten Eigentumsvorbehalts durch Sicherungsabtretung** richtet sich nach dem Vertragsstatut, das für die Rechtsbeziehung zwischen Exporteur und Import gilt.[99]

100 Das lex rei sitae muss jedoch eine Ausnahme erfahren, wenn die Ware auf dem Weg zu ihrem Bestimmungsort durch verschiedene Länder transportiert wird. Wenn die Verkehrsinteressen des Durchgangslandes nicht betroffen sind, so bestimmt Art. 46 EGBGB, dass das Recht desjenigen Landes Anwendung findet, zu dem eine wesentlich engere Beziehung besteht. Dies wird im Zweifel das Recht des Landes des Importeurs sein.[100]

101 **3. Ausländische Rechtsordnungen. a) Das französische Recht.** Im Zuge der Reform des französischen Zivilrechts im Jahr 2006 ist der Eigentumsvorbehalt ausdrücklich in den Code Civil (Art. 2367 bis 2372 sowie Art. 2329 CC) aufgenommen worden. Zuvor fand sich lediglich im französischen Insolvenzgesetz ein Aussonderungsanspruch des Eigentumsvorbehaltsverkäufers für unter Eigentumsvorbehalt gelieferte Waren.[101] Wirksamkeitsvoraussetzung des Eigentumsvorbehaltes ist eine schriftliche Einigung spätestens zum Zeitpunkt der Lieferung der Ware, die auch in den Allgemeinen Geschäftsbedingungen oder sonstigen Geschäftspapieren, beispielsweise dem Lieferschein, vorgenommen werden kann.

---

[94] MüKoBGB/*Wendehorst* Art. 43 EGBGB Rn. 4.
[95] Palandt/*Thorn* Art. 43 EGBGB Rn. 5.
[96] Art. 102 Abs. 3 SchweizIPRG; vgl. auch *Kropholler* § 54 III S. 560f.
[97] OLG Koblenz RIW 1989, 384, 387; OLG Hamm NJW-RR 1990, 488, 489.
[98] *v. Bernstorff* S. 93.
[99] Vgl. Palandt/*Thorn* Art. 43 EGBGB, Rn. 8, str. Andere stellen auf den Niederlassungsort des Zedenten ab. Eine Übersicht über den Meinungsstand findet sich bei Reithmann/*Martiny* Rn. 395.
[100] *Schlüter* IHR 2001, 141, 144.
[101] *Dammann* RIW 2006, 16, 22.

Abschnitt 13. Finanzierungssicherungsgeschäfte

Die Ware muss zudem beim Vorbehaltskäufer unverändert vorhanden bleiben.[102] Anderenfalls gestaltet sich die Herausgabe von unter Eigentumsvorbehalt gelieferten Waren problematisch. Wurde die Vorbehaltsware vom Vorbehaltskäufer an einen Dritten weiterveräußert, der noch vor der Eröffnung des Insolvenzverfahrens gezahlt hat, ist keine Aussonderung möglich und der Vorbehaltskäufer ist auf die Insolvenzmasse zu verweisen.

Zudem ist ein **gutgläubiger Erwerb** der Vorbehaltsware durch einen Dritten möglich, wenn der Vorbehaltskäufer den Eigentumsvorbehalt verschweigt.[103] 102

Der **verlängerte** und der **erweiterte** Eigentumsvorbehalt sind im französischen Recht nach wie vor nicht anerkannt.[104] 103

b) Das US-amerikanische Recht. Das Kreditsicherungsrecht ist im US-amerikanischen Recht umfassend in Artikel 9 des **UCC** geregelt (→ Rn. **13, 57**). 104

Einen Eigentumsvorbehalt, wie wir ihn im deutschen Recht kennen, gibt es im US-amerikanischen Recht nicht. Dort kennt man nur ein Sicherungsrecht **(Security Interest)**. 105

Vertragsklauseln, in denen ein Eigentumsvorbehalt vereinbart wird, sind unwirksam.[105] 106

Allerdings kann der Verkäufer zur Sicherung seiner Forderung ein Security Interest der verkauften und noch nicht vollständig bezahlten Ware erhalten. Bei diesem Rechtsinstitut geht zwar das Eigentum der verkauften Sache auf den Käufer über. Der Verkäufer behält jedoch ein Sicherungsinteresse an der verkauften Ware bzw. den Einnahmen, die der Käufer durch den Weiterverkauf erzielt. 107

Hierfür muss zwischen Käufer und Verkäufer ein **Sicherungsvertrag** abgeschlossen werden (§ 9 UCC). Der Vertrag muss den zu zahlenden Preis und die verkaufte Ware beschreiben. Zudem wird in dem Vertrag bestätigt, dass der Käufer ein Recht zum Besitz der Ware hat. Schließlich muss die Vereinbarung in der Registrierungsstelle des betreffenden Staates registriert werden, um das Sicherungsrecht gegenüber Dritten abzusichern. 108

c) Das englische Recht. In England ist der Eigentumsvorbehalt ausdrücklich anerkannt **(Sale of Goods Act 1979).** 109

Im englischen Recht gilt das **Vertragsprinzip,** nach dem das Eigentum schon mit Abschluss des Kaufvertrages übergeht.[106] Dementsprechend muss die Vereinbarung über den Eigentumsvorbehalt bereits bei Abschluss des Kaufvertrages vorliegen. Die Eigentumsvorbehaltsvereinbarung auf einem Lieferschein oder einer Rechnung, die nach Vertragsschluss übersendet wird, genügt nicht. 110

Im englischen Recht werden drei Arten des Eigentumsvorbehalts unterschieden. 111

Der **einfache** Eigentumsvorbehalt besichert den Verkäufer, solange sich die Vorbehaltsware im ursprünglichen Zustand im Besitz des Käufers befindet. Kommt der Käufer in Zahlungsverzug oder in Insolvenz, kann der Verkäufer sein Eigentum zurückverlangen. 112

Zu beachten ist, dass der einfache Eigentumsvorbehalt erlischt, wenn der Käufer die Ware **verarbeitet** und eine anschließende Identifizierung nicht mehr möglich ist oder ein Dritter die Ware gutgläubig erwirbt. 113

Beim **erweiterten** Eigentumsvorbehalt behält sich der Verkäufer das Eigentum vor, bis alle noch offenen Forderungen aus der Geschäftsbeziehung mit dem Käufer beglichen sind. 114

Beim **verlängerten** Eigentumsvorbehalt lässt sich der Vorbehaltsverkäufer im Falle der Weiterverarbeitung das Eigentum an den neuen Gegenständen übertragen oder im Falle der Weiterveräußerung die Forderung hieraus im Voraus abtreten. Die Vorausabtretung einer Forderung aus einem zukünftigen Weiterverkauf unterliegt jedoch Einschränkungen. Sind Vereinbarungen von Vorausabtretungen unwirksam, so werden diese von Gerichten als Sicherungsrecht qualifiziert **(charge).** Damit hat der Vorbehaltsverkäufer ein Sicherungs- 115

---

[102] *Schlüter* IHR 2001, 141, 144.
[103] *v. Bernstorff* S. 99.
[104] *v. Bernstorff* S. 98.
[105] Vgl. Bayerische Industrie- und Handelskammer, Exportbericht USA S. 24.
[106] Sale of Goods Act 1979, Sec. 18.

recht zur Wirksamkeit gegenüber bestimmten Insolvenzverwaltern oder Gläubigern, muss es jedoch in einem **öffentlichen Register** eintragen.[107]

116 **4. Fazit.** Der Eigentumsvorbehalt ist letztlich kein uneingeschränkt geeignetes Sicherungsmittel für den Exporteur, da grundsätzlich das Recht des Landes, in dem der Importeur seinen Sitz hat, Anwendung findet oder zumindest berücksichtigt werden muss und der Eigentumsvorbehalt in anderen (vor allem außereuropäischen) Rechtsordnungen entweder gar nicht oder nicht in der in Deutschland gängigen Form (insbesondere verlängerter, erweiterter Eigentumsvorbehalt) bekannt ist oder abweichende Wirksamkeitsvoraussetzungen aufgestellt werden.

117 Dies ist nicht verwunderlich, da in vielen Rechtsordnungen bereits der Eigentumsübergang **abweichend** zum deutschen Recht geregelt ist. So gilt zB im englischen und französischen Recht das Vertragsprinzip, nach dem das Eigentum bereits mit Abschluss des Kaufvertrages auf den Erwerber übergeht.[108]

118 Damit steht der Exporteur vor dem Problem, dass er idR nicht weiß, ob er nach Grenzübertritt noch ein Recht an der Sache innehat. Er kann sich selbst dann nicht sicher sein, wenn er in seinen Verträgen obligatorisch einen Eigentumsvorbehalt vereinbart, da hinsichtlich der dinglichen Rechtswirkung eben keine Rechtswahl zulässig ist. Auch die oben angesprochene **Zahlungsverzugsrichtlinie** (→ Rn. 13, 89) hilft dem Exporteur nur bedingt und bezogen auf den europäischen Raum weiter. Denn idR wird der Exporteur daran interessiert sein, einen verlängerten Eigentumsvorbehalt zu vereinbaren, da der Importeur die Ware im Zweifel erst nach Weiterverkauf bezahlen kann. Die Richtlinie sieht jedoch nur das Anerkennen des einfachen Eigentumsvorbehalts vor, der in den meisten Staaten ohnehin schon anerkannt war. Auch die Risiken des Eigentumsverlustes aufgrund eines gutgläubigen Erwerbs durch einen Dritten oder aufgrund einer Verbindung oder Vermischung mit anderen Gütern sind durch die Richtlinie nicht abgedeckt.

119 Der Exporteur kann sich letztlich nur schützen, indem er vor Vertragsschluss mit dem Importeur ein **Rechtsgutachten (Legal Opinion)** durch einen Rechtsanwalt darüber einholt, ob das Recht des Landes des Importeurs den Eigentumsvorbehalt überhaupt kennt und ob ggf. abweichend zum deutschen Recht weitere Entstehungsvoraussetzungen beachtet werden müssen.

120 Andererseits wird eine Rechtsunsicherheit für den Exporteur nicht hinnehmbar sein. Die Lösung könnte darin liegen, sowohl einen Eigentumsvorbehalt mit dem Importeur und darüber hinaus weitere Sicherungsmittel zu vereinbaren, beispielsweise ein Pfandrecht (→ Rn. 13, 147 ff.) oder ein Akkreditiv (→ Rn. 12, 133 ff.).

IV. Sicherungsübereignung

121 Der soeben dargestellte Eigentumsvorbehalt soll der Sicherung des Exporteurs dienen, wenn die Ware vom Importeur erst zu einem späteren Zeitpunkt bezahlt wird. Die Sicherungsübereignung stellt hingegen im deutschen Recht ein ganz typisches Sicherungsmittel für die finanzierende Bank dar.[109] Die Sicherungsübereignung zeichnet sich dadurch aus, dass der kreditgebenden Bank das Eigentum an der Ware übertragen wird, sie also eine recht starke Rechtsposition am Sicherungsgut erhält. Der Sicherungsgeber darf die Ware aber weiterhin nutzen und hat sie hierfür regelmäßig in seinem Besitz. Die Rechtsposition der Bank ist mithin nach außen selten erkennbar.

122 **1. Kurzdarstellung der Sicherungsübereignung nach deutschem Recht. a) Begründung des Sicherungseigentums. Schuldrechtlich** schließen die Vertragsparteien einen Sicherheitenvertrag, indem sich der kreditnehmende Exporteur der Bank gegenüber verpflichtet,

---

[107] Vgl. Pritchard Englefield, 2010, www.een-bayern.de.
[108] Vgl. Sale of Goods Act, 1979, Sec. 18 (1) für das englische Recht und Art. 1138 iVm Art. 1583 und Art. 1585 CC für das französische Recht.
[109] Schimansky/Ganter § 95 Rn. 15.

ihr das Eigentum an bestimmten Waren sicherungshalber zu überlassen. Da es sich um eine Sicherheit handelt, ist die zu sichernde Forderung anzugeben. Die Bank verpflichtet sich, die an sie sicherungsübereignete Ware nur dann zu verwerten, wenn Verwertungsreife vorliegt, also beispielsweise der Kredit gekündigt und die Valuta vom Kreditnehmer nicht zurückgezahlt wird. Flankiert wird die vertragliche Vereinbarung dann noch von Regelungen über das Besitz- und Nutzungsrecht des Sicherungsgebers.[110]

Dinglich ist sodann die Einigung über die Eigentumsübertragung notwendig. Die Übergabe der Ware ist unabdingliche Voraussetzung für die Entstehung des Sicherungseigentums. Da der Sicherungsgeber die Ware weiter benutzen darf, wird der Bank nur der mittelbare Besitz übertragen. Es wird ein **Besitzkonstitut** nach § 930 BGB vereinbart. Befindet sich die Sache in unmittelbarem Besitz eines Dritten (zB Lagerhalter), wird der mittelbare Besitz durch Abtretung des gegen diesen bestehenden Herausgabeanspruchs gemäß § 931 BGB abgetreten. Die zu übereignende Ware muss zudem im Vertrag hinreichend bestimmbar sein, um dem im deutschen Sachenrecht geltenden **Bestimmtheitsgrundsatz** Genüge zu tun. **123**

b) Besonderheiten bei der Sicherungsübereignung. Es kann hier nicht auf alle Einzelheiten der Sicherungsübereignung eingegangen werden.[111] Lediglich drei Besonderheiten sollen an dieser Stelle kurz angesprochen werden. **124**

aa) Sicherungsübereignung von Vorbehaltsware und Anwartschaftsrechten. Übereignet der Exporteur der Bank zur Sicherheit eines Kredites ihm gelieferte Waren, die er unter Eigentumsvorbehalt an den Importeur weiterverkauft, so ergeben sich hinsichtlich der Eigentumsübertragung an die Bank keine Besonderheiten. Allerdings ist der **Sicherheitenwert** in diesem Fall gering, da der Importeur durch Zahlung des Kaufpreises das Eigentum an der Ware idR gutgläubig erlangen wird.[112] Es ist in dieser Fallkonstruktion der Bank also anzuraten, sich neben der Sicherungsübereignung auch die Forderung aus einem Weiterverkauf abtreten zu lassen. **125**

Übereignet der Exporteur der Bank dagegen Ware, die er selbst unter Eigentumsvorbehalt erworben hat, so kann er das Eigentum nicht auf die Bank übertragen, da er selbst das Eigentum noch nicht erlangt hat, diesbezüglich also **Nichtberechtigter** ist. Es käme insoweit nur ein gutgläubiger Erwerb von einem Nichtberechtigten in Betracht.[113] Allerdings ist der Exporteur in diesen Fällen **Anwartschaftsberechtigter** und kann das Anwartschaftsrecht als Berechtigter auf die Bank übertragen. Dies bedarf nicht einmal einer ausdrücklichen Vereinbarung im Sicherungsvertrag. Denn eine fehlgeschlagene Eigentumsübertragung wird nach hM ohne weiteres in eine Übertragung des Anwartschaftsrechts umgedeutet.[114] Tritt die Bedingung ein, erstarkt das an die Bank übertragene Anwartschaftsrecht zum Vollrecht (Direkterwerb des Eigentums durch die Bank).[115] **126**

bb) Sicherungsübereignung von Warenlagern. Häufig werden die Bank und der Exporteur ein Interesse daran haben, den gesamten Lagerbestand als Sicherheit dienen zu lassen. Hierbei sind verschiedene Faktoren zu beachten. Zum einen der im deutschen Sachenrecht vorherrschende **Bestimmtheitsgrundsatz**. Aus der Sicherheitenvereinbarung muss hinreichend deutlich werden, welche Ware der Bank als Sicherheit dient. Dies lässt sich am einfachsten darstellen, wenn der Bank der (jeweilige) Warenbestand eines gesamten Lagers übereignet wird. Ansonsten sind in der Kreditwirtschaft sog. **Raumsicherungsübereignungs- bzw. Markierungsverträge** populär.[116] **127**

Zum anderen ist dem Umstand Rechnung zu tragen, dass der Exporteur fortlaufend Ware veräußern, aber auch neue Ware einlagern wird. Trotz der – von der Bank idR er- **128**

---
[110] Allgemein zur Sicherungsübereignung Schimansky/*Ganter* § 95.
[111] Hierfür wird auf die Ausführungen bei Schimansky/*Ganter* § 95 verwiesen.
[112] Schimansky/*Ganter* § 95 Rn. 77.
[113] Ausführlich hierzu Schimansky/*Ganter* § 95 Rn. 137 ff.
[114] So schon BGHZ 20, 88, 101.
[115] Vgl. hierzu BGHZ 20, 88, 93.
[116] Erläuterungen hierzu finden sich zB bei *Cartano*, BuB, Rn. 4/370 ff.

laubten – Weiterveräußerung der Ware darf der Sicherheitenwert nicht unter eine bestimmte, vorher vereinbarte **Deckungsgrenze** fallen. Dies kann verhindert werden, indem durch eine vorweggenommene Sicherungsübereignung stets auch neu in das Lager eingebrachte Ware der Bank als Sicherheit übertragen wird.[117] Eine Alternative hierzu wäre die sog. **verlängerte Sicherungsübereignung.** Hierbei vereinbaren Bank und Exporteur, dass die aus dem Weiterverkauf der Ware resultierenden Forderungen an die Bank abgetreten sind.[118] Hierdurch kann sich die Bank vor allem davor schützen, dass der Exporteur sein Lager nicht wieder auffüllt.

129 Zu den **insolvenzrechtlichen** Problematiken der Sicherungsübereignung vgl. *Kuder*.[119]

130 **cc) Dokumentäre Sicherungsübereignung.** Die zum Export bestimmte Ware hat idR keinen festen Standort, sondern befindet sich auf dem Transportweg zum Bestimmungsort. Es ist üblich, die Ware dokumentär zu erfassen, zB durch Frachtbriefe, Spediteurübernahmebescheinigungen, Ladescheine oder Konnossement. Einige der in der Praxis verwendeten Dokumente haben eine sog. **Traditionsfunktion.** Das heißt, die Übergabe des Dokuments wirkt wie die Übergabe der Ware, § 448 HGB.[120] Zu den Traditionspapieren gehören in erster Linie der Ladeschein, der Orderlagerschein und das Konnossement. Es ist mithin möglich, die Ware als Sicherheit zu übereignen, in dem die für die Ware ausgestellten Dokumente, soweit sie Traditionsfunktion haben, an den Sicherungsnehmer übergeben werden.[121]

131 **2. Die Sicherungsübereignung im Internationalen Recht.** Nach dem in der Einleitung erwähnten Prüfungsschema (→ Rn. **13, 22**) ist wiederum zunächst nach einheitsrechtlichen Regelungen zu fragen, die allerdings auch im Hinblick auf die Sicherungsübereignung von Waren aktuell nicht vorhanden sind. Die Arbeiten an einem **UNCITRAL-Modell-Gesetz**[122] sind inzwischen eingestellt worden.[123] Die **Finanzsicherheitenrichtlinie**[124] betrifft eine einheitliche Regelung für die Bereitstellung von Wertpapieren und Barguthaben in Form eines beschränkt dinglichen Rechts oder im Wege der Vollrechtsübertragung. Sie regelt somit nicht die Sicherungsübereignung von ins Ausland gelieferte Waren. Zu erwähnen wäre auch noch das **Übereinkommen von Kapstadt** über internationale Sicherungsrechte an beweglicher Ausrüstung vom 16.11.2001 iVm dem Luftfahrtprotokoll.[125] Dieses Übereinkommen regelt Sicherungsvereinbarungen (Übereignung, Abtretung) und Eigentumsvorbehalte an Flugzeugzellen, Flugzeugtriebwerken, Hubschraubern, Eisenbahnrollmaterial und Weltraumvermögenswerten. Das Übereinkommen hat also nur einen eingeschränkten Anwendungsbereich. Es ist hier folglich der Anwendungsbereich des nationalen IPR aus Sicht der Bank des Exporteurs eröffnet.

132 **a) Verpflichtungsgeschäft.** Betreffend die schuldrechtliche Vereinbarung über die Sicherheitenstellung in Form einer Sicherungsübereignung sind die Parteien in ihrer Rechtswahl frei. Hat eine Rechtswahl nicht stattgefunden, so findet auf diesen Vertrag – da der Katalog in Art. 4 Abs. 1 ROM I-VO auf derartige Verträge nicht anwendbar ist – das Recht des Staates Anwendung, in dem die Partei, welche die für den Vertrag charakteristische Leistung erbringt, ihren gewöhnlichen Aufenthalt hat (Art. 4 Abs. 2 ROM I-VO). Die charakteristische Leistung bei einer Sicherungsübereignung dürfte die Zurverfügungstellung der Sache als Sicherheit sein. Demnach wäre das Recht des Landes anwendbar, in

---

[117] Schimansky/*Ganter* § 95 Rn. 91; zur Problematik der Kollision zwischen verlängertem Eigentumsvorbehalt und antizipierter Sicherungsübereignung vgl. *Geibel* WM 2005, 962 ff.
[118] *Cartano*, BuB, Rn. 4/387.
[119] *Kuder* ZIP 2008, 289 ff.
[120] Baumbach/*Merkt* § 448 HGB Rn. 2.
[121] Umfassend zur dokumentären Sicherungsübereignung vgl. *Nielsen*, BuB, Rn. 5/77 ff.
[122] Vgl. UNCITRAL Yearbook Vol. XIII: 1977, Part 2, II 5, S. 161.
[123] UNICITAL Yearbook Vo. XI: 1980, Part 1, II.a), S. 10.
[124] Richtlinie 2002/47/EG des Europäischen Parlaments und des Rates vom 6. Juni über Finanzsicherheiten, ABl. EG Nr. L 168/43 ff. vom 27.6.2002.
[125] Ein Abdruck ist zu finden unter www.unidroit.org/english/conventions/mobile-equipment.

dem der Sicherungsgeber seinen gewöhnlichen Aufenthalt hat. Gute Gründe sprechen aber auch dafür, einen Sicherungsvertrag, welcher die Erfüllung der Verbindlichkeiten aus dem Darlehen sichert und daher einen engen Zusammenhang mit dem gesicherten Vertrag aufweist, dem Recht des Darlehensvertrages zu unterstellen (Art. 4 Abs. 3 ROM I-VO).[126] Dann wäre das Recht des Landes, in dem der Darlehensgeber seinen gewöhnlichen Aufenthalt hat, anwendbar.

b) Verfügungsgeschäft. Das anwendbare Recht für das Verfügungsgeschäft, also der sachenrechtlichen Vereinbarung, wird auch bei der Sicherungsübereignung durch Art. 43 EGBGB bestimmt. Die Sicherungsübereignung unterliegt der **lex rei sitae**. Wegen der Einzelheiten wird auf die Ausführungen beim Eigentumsvorbehalt (→ Rn. **13,** 94 ff.) verwiesen. 133

Bei der Sicherungsübereignung wird es sich regelmäßig um einen sog. **abgeschlossenen Sachverhalt** handeln. Das heißt, auch nach einem Ortswechsel gilt das alte Statut, unter dem das Recht entstanden ist, weiter. Allerdings dürfen die bereits wirksam erworbenen Rechte nicht im Widerspruch zu den Grundvorstellungen des neuen Statuts stehen. 134

Wird also beispielsweise eine Sache nach Österreich geliefert, wird ein in Deutschland wirksam begründetes Sicherungseigentum möglicherweise nicht anerkannt, weil das österreichische Sachenrecht vom Faustpfandprinzip ausgeht und daher auch für das Sicherungseigentum im Publizitätsinteresse eine Änderung der Besitzverhältnisse verlangt.[127] Dies wird idR die physische Übergabe und in Ausnahmefällen die Übergabe durch Erklärung oder die Übergabe durch Zeichen sein.[128] 135

Bei der **dokumentären Sicherungsübereignung** ist zu beachten, dass für die Übertragung an der Ware Sachenrecht und für die Übertragung der Rechte an der Urkunde, soweit sie Wertpapiercharakter hat, die Vorschriften des Wertpapierrechts gelten (Dokumentenstatut).[129] Das **Dokumentenstatut** entscheidet, was zur Begebung des Wertpapiers notwendig ist. Das sog. **Warensachstatut** ist entscheidend dafür, ob die Übergabe des Dokuments die Übergabe der Ware ersetzt. 136

Innerhalb des **Dokumentenstatuts** ist sodann noch zwischen dem **Wertpapier-Sachstatut** und dem **Wertpapier-Rechtsstatut** zu unterscheiden. Nach Ersterem richtet sich der Erwerb und Verlust des Eigentums am Wertpapier. Das Wertpapier-Rechtsstatut ist maßgebend dafür, ob ein Wertpapier vorliegt und welchen Charakter es hat (zB Orderpapier, Inhaberpapier oder Rektapapier). Für die Ermittlung des Wertpapier-Rechtsstatuts soll nach hM auf das Recht des Ortes abzustellen sein, an den das Dokument übergeben wird (lex cartae sitae).[130] 137

Aus dem **Warensachstatut** ergibt sich schließlich, ob die Übergabe des Dokuments Traditionswirkung hat.[131] Die Bestimmung des Warenstatuts ist allerdings äußerst umstritten.[132] Sinnvoll dürfte sein, wie beim Versendungskauf auf das Recht des Bestimmungsortes abzustellen.[133] 138

3. Ausländische Rechtsordnungen. a) Das französische Recht. Mit Gesetz Nr. 2007-211 vom 19.2.2007 wurde in das französische Zivilrecht eine **treuhänderische Sicherheitsübertragung** aufgenommen (ergänzt durch das Loi de la modernisation de l'economie vom 4.8.2008).[134] Es handelt sich hierbei um eine zeitlich begrenzte, zweckgebundene Übereignung von Sachen und Sachgesamtheiten. Die Sicherheitsübereignung führt 139

---

[126] MüKoBGB/*Martiny* IPR, Art. 4 ROM I-VO Rn. 259.
[127] *Martiny* IPRax 1985, 165, 168.
[128] Tauber/*Mörth* Rn. 1615 ff., 1619.
[129] *Nielsen,* BuB, Rn. 5/156.
[130] Vgl. *Nielsen,* BuB, Rn. 5/156.
[131] RGZ 119, 215, 216.
[132] Übersicht über die verschiedenen Meinungen bei Staudinger/*Stoll* IntSachR, Rn. 370.
[133] So auch *Nielsen,* BuB, Rn. 5/157; BGHZ 6, 127.
[134] *Sonnenberger* Rn. VII 108.

zur Errichtung eines Sondervermögens, dessen Begünstigte sowohl der Sicherungsgeber als auch der Sicherungsnehmer sind.[135]

140 Der **Anwendungsbereich** ist gesetzlich beschränkt. Als Sicherungsgeber kommen nur Gesellschaften in Frage, die der Körperschaftsteuerpflicht unterliegen (Art. 2014 CC). Sicherungsnehmer können nur Banken, Versicherungsunternehmen oder Rechtsanwälte sein. Zudem müssen beide Parteien ihren Sitz in der Europäischen Union haben oder der Staat, in dem einer der Parteien seinen Sitz hat, hat ein Doppelbesteuerungsabkommen mit Frankreich abgeschlossen.[136]

141 Schließlich sind **Formvorschriften** zu beachten (Art. 2018 CC) und die Eintragung in das staatliche Urkundenregister (Art. 2019 CC) sowie ggf. die Registrierung beim zuständigen Finanzamt am Sitz des Treuhänders.[137]

142 **b) Das US-amerikanische Recht.** Wie bereits erwähnt (→ Rn. 13, 57), gibt es in den USA gemäß Art. 9 UCC ein einheitliches Sicherungsrecht „**Security Interest**". Hierbei handelt es sich um ein **Pfandrecht**. Eine Sicherungsübereignung gibt es im US-amerikanischen Recht somit nicht.[138]

143 Besteht zwischen den Vertragsparteien jedoch eine schriftliche Sicherungsvereinbarung und wird eine geldwerte Gegenleistung gewehrt, so kann ein durchsetzbares Sicherungsrecht entstehen. Damit dieses auch weiteren Gläubigern oder im Insolvenzfall geltend gemacht werden kann, bedarf es der **Registrierung** bzw. bei Wertpapieren der **Inbesitznahme**.

144 **c) Das englische Recht.** Im englischen Recht ist eine Sicherungsübereignung, wie wir sie nach deutschem Recht kennen, ebenfalls nicht bekannt. Denn im Prinzip knüpft auch das englische Recht an den Besitz an einer Sache einen starken Rechtsschein.

145 Im englischen Recht ist die sog. „**Chattel Mortgage**" bekannt. Hierbei handelt es sich dem Begriff nach um eine Art Hypothek (wobei „Hypothek" hier das falsche Wort ist) an beweglichen Gütern bzw. nicht körperlichen Gegenständen wie beispielsweise Gesellschaftsanteilen oder Patenten. Dieses Sicherungsrecht hat in England eine nur untergeordnete Bedeutung, da die Bestellung des Sicherungsrechtes stark formalisiert und umständlich ist. So ist bei einer Chattel Mortgage über persönliche bewegliche Gegenstände binnen sieben Tagen nach Begründung eine Anmeldung beim zuständigen Register notwendig. Hierfür müssen verschiedene Unterlagen einschließlich der Sicherungsvereinbarung mit Angabe der Gegenleistung hinterlegt werden. Die Errichtung eines Bill of Sale muss von einem Solicitor bezeugt werden, was mit recht hohen Kosten verbunden ist. Wird von einem Unternehmen eine Chattel Mortgage bestellt, ist diese innerhalb von drei Wochen beim Unternehmensregister anzumelden und einzutragen.[139]

146 **4. Fazit.** Die Sicherungsübereignung ist im Rahmen des grenzüberschreitenden Warenverkehrs derzeit nur ein bedingt taugliches Sicherungsmittel, da das Sicherungsinstrument in vielen anderen Staaten nicht oder nicht in der uns bekannten Weise bekannt ist. Denn abweichend vom deutschen Recht wird in ausländischen Rechtsordnungen an den unmittelbaren Besitz an der Sache ein überragender **Rechtsschein** geknüpft. Deshalb werden besitzlose Sicherungsrechte zum Schutze des Rechtsverkehrs häufig abgelehnt. Auch bei der dokumentären Sicherungsübereignung bestehen Unsicherheiten, da sich die Rechtswirkungen der Dokumente und die Traditionswirkung nach dem Bestimmungsland richten. Der kreditgebenden Bank kann vor diesem Hintergrund nicht empfohlen werden, ein Darlehen allein durch Sicherungsübereignung der Ware, von der von vornherein feststeht, dass sie ins Ausland geliefert wird, abzusichern. Denn nach dem lex rei sitae besteht das große Risiko, dass mit Grenzüberschreitung die Sicherheit ihre Wirksamkeit verliert. Wenn

---

[135] *Sonnenberger* Rn. VII 108.
[136] *Sonnenberger* Rn. VII 109.
[137] Tauber/*Klein* Rn. 603.
[138] *v. Bernstorff* S. 127.
[139] Zum Ganzen *v. Bernstorff* S. 125.

dennoch Waren sicherungsübereignet werden sollen, da diese Sicherungsform bei einem Betriebsmittelkredit im Grunde unablässlich ist, so kann für die Bewertung der Sicherheit nur die Einholung einer **Legal Opinion** über den Fortbestand der Sicherheit bei Verbringung ins Ausland empfohlen werden. Zudem sollte sich die Bank nicht allein auf eine Sicherungsübereignung verlassen, sondern daneben weitere Sicherheiten hereinnehmen.

V. Pfandrecht

Ein weiteres Sicherungsrecht in der deutschen Kreditwirtschaft ist das Pfandrecht. Die größte Bedeutung gewinnt es durch das sog. **AGB-Pfandrecht** der Banken. Nach Ziffer 14 der AGB-Banken sind sich der Kunde und die Bank darüber einig, dass die Bank ein Pfandrecht an den Wertpapieren und Sachen erwirbt, an denen eine inländische Geschäftsstelle im bankmäßigen Geschäftsverkehr Besitz erlangt oder noch erlangen wird. Die Bank soll zudem ein Pfandrecht an Ansprüchen erwerben, die dem Kunden gegen die Bank aus der bankmäßigen Geschäftsverbindung zustehen oder zukünftig zustehen werden (zB Kontoguthaben).[140] **147**

Daneben spielt das Pfandrecht eine Rolle, wenn **Konten und/oder Depots** bei Fremdbanken oder Rechte wie **Mitgliedschaftsrechte, Kommanditanteile, Marken-/Patentrechte oder Internetdomains** als Sicherheit dienen sollen. In diesen Konstellationen bietet das Pfandrecht den (häufig von der Bank gewünschten) Vorteil, dass es nicht zum Übergang der Forderungsinhaberschaft (bei Forderungen) bzw. zur Vollrechtsinhaberschaft (zB bei Mitgliedschaftsrechten) kommt. Denn das Pfandrecht bietet dem Sicherungsnehmer „nur" das Recht, sich durch und aus der Verwertung des Pfandes zu befriedigen,[141] während andere Sicherheiten, wie beispielsweise die Sicherungsübereignung und -abtretung, den Sicherungsnehmer zum Vollrechtsinhaber machen.[142] Die Bank ist aber idR nicht daran interessiert, anstelle des Sicherungsgebers in eine Gesellschaft mit allen daraus entstehenden Rechten und Pflichten einzurücken, was bei einer Sicherungsübertragung aber der Fall wäre. Die Bank will sich vielmehr nur die Vermögensrechte aus der Beteiligung sichern, wofür das Pfandrecht das geeignete Sicherungsinstrument ist. **148**

In anderen Fällen dagegen bieten die **Sicherungsübereignung** und die **Forderungsabtretung** Vorteile gegenüber dem Pfandrecht. Bei der Sicherungsübereignung ist – im Unterschied zum Pfandrecht an Sachen – eine Besitzübergabe nicht zwingend. Diese kann durch ein Besitzmittlungsverhältnis ersetzt werden. Daher hat die Sicherungsübereignung bei beweglichen Sachen eine ungleich größere Bedeutung als das Pfandrecht.[143] Die Forderungsabtretung ist insofern einfacher handhabbar, als dass die Anzeige der Abtretung keine Wirksamkeitsvoraussetzung ist, anders als beim Pfandrecht (§ 1280 BGB). Dies bietet auch dem Sicherungsgeber Vorteile, da seine Geschäftspartner im Falle der nicht sofortigen Offenlegung der Abtretung keine Kenntnis vom Sicherungsrecht erlangen. Dies ist häufig ein vom Sicherungsgeber gewünschter Effekt. **149**

Im **Exportrecht** kann das Pfandrecht auf zweierlei Weise Bedeutung erlangen. Auf die typischen Sicherungsrechte einer kreditgebenden Bank, wie Verpfändung von Kontoguthaben oder Verpfändung von Gesellschaftsanteilen, soll an dieser Stelle nicht eingegangen werden. Es kann entweder ein Pfandrecht an der verkauften Ware bestellt werden. Dieses Pfandrecht kann zum einen der Exporteur zur Sicherung seines Kaufpreisanspruchs nach Übereignung der Ware an den Importeur zu seinen Gunsten bestellen. Zum anderen kann sich eine kreditgebende Bank durch Bestellung eines Pfandrechts an den Waren zu ihren Gunsten absichern. Dieses Pfandrecht wird herkömmlicherweise bereits vor Übereignung **150**

---

[140] Näheres zum AGB-Pfandrecht bei *Gößmann*, BuB, Rn. 1/381 ff. Eine ähnliche Regelung findet sich in Ziffer 21 AGB-Sparkassen.
[141] Palandt/*Bassenge* § 1204 BGB Rn. 1.
[142] Vgl. MüKoBGB/*Oechsler* Anh. §§ 929–936 BGB Rn. 40; Palandt/*Grüneberg* § 398 BGB Rn. 24.
[143] MüKoBGB/*Damrau* Vor § 1204 BGB Rn. 4.

an den Importeur bestellt werden und/oder es wird der Kaufpreisanspruch des Exporteurs gegen den Importeur an die kreditgebende Bank verpfändet.

151 **1. Kurzdarstellung des vertraglichen Pfandrechts nach deutschem Recht.** Nach dem im deutschen Recht geltenden **Abstraktionsprinzips** (→ Rn. 13, 36; → Rn. 13, 79) ist zunächst **schuldrechtlich** ein Vertrag über die Verpflichtung zur Bestellung eines Pfandrechts notwendig. Dies kann zB im Kreditvertrag mit der Bank, im Kaufvertrag mit dem Importeur oder in einem gesonderten Sicherheitenvertrag vereinbart werden.

152 **Dinglich** ist sodann für die Entstehung des Pfandrechts eine Einigung über die Bestellung des Pfandrechts sowie eine **Übergabe** der Pfandsache oder ein **Übergabesurrogat** notwendig (§§ 1204–1208 BGB). Im Falle der Verpfändung eines Warenlagers wäre also zur Besitzübergabe notwendig, dass der Eigentümer der Ware keinen freien Zugang mehr zum Lager hat. Da dies für die Praxis ungeeignet ist, scheidet dieses Sicherungsinstrument in Bezug auf ein Warenlager regelmäßig aus.

153 Wie bei allen dinglich wirkenden Tatbeständen ist zudem der **Bestimmtheitsgrundsatz** zu beachten. Als **akzessorisches** Recht muss eine Hauptforderung bestehen oder künftig entstehen, damit das Pfandrecht zur Entstehung gelangen kann. Steht fest, wenn eine künftige Forderung nicht entstehen kann, erlischt das Pfandrecht wieder.[144]

154 Bei der Vereinbarung eines Pfandrechts an **Rechten** (§§ 1273–1296 BGB) gilt der Grundsatz: Wie das Recht übertragen wird, so wird es auch verpfändet (§ 1274 Abs. 1 S. 1 BGB). Es gelten zudem zwei Erschwerungen gegenüber der Übertragung. Wenn zur Übertragung des Rechts die Übergabe einer Sache erforderlich ist, so muss der Pfandgläubiger den unmittelbaren Besitz an der Sache gemäß §§ 1205 oder 1206 BGB erlangen (§ 1274 Abs. 1 S. 2 BGB). Für Forderungen, zu deren Übertragung der formlose Abtretungsvertrag genügt, ist bei der Verpfändung noch die **Anzeige** durch den Verpfänder an den Schuldner erforderlich (§ 1280 BGB).

155 **2. Das vertragliche Pfandrecht im internationalen Recht.** Für die Frage, nach welcher Rechtsordnung sich die Bestellung eines Pfandrechts im grenzüberschreitenden Rechtsverkehr richtet, ist wiederum zunächst zu prüfen, ob Einheitsrecht vorliegt.

156 Hier ist zum einen das **Haager Übereinkommen vom 13.12.2002 über die kollisionsrechtliche Regelung der intermediär verwalteten Wertpapiere**[145] und der **UNIDROIT-Konventionsentwurf über harmonisierte sachenrechtliche Regeln betreffend intermediär verwalteter Wertpapiere**[146] zu nennen. Diese Regelungen dienen dem Ziel, die Probleme, die sich aus dem internationalen Verwahrverhalten der durch Kreditinstitute verwahrten Wertpapiere ergeben, zu harmonisieren. Für das hier zu behandelnde Exportrecht sind diese Übereinkommen aber von untergeordneter praktischer Bedeutung.

157 Zu erwähnen ist zudem der **Legislative Guide on Secured Transactions** (→ Rn. 13, 90), bei dem es sich aber nur um ein Modellgesetz ohne verbindlichen Charakter handelt.[147]

158 Die **Finanzsicherheitenrichtlinie**[148] betrifft eine einheitliche Regelung für die Bereitstellung von Wertpapieren und Barguthaben in Form eines beschränkt dinglichen Rechts oder im Wege der Vollrechtsübertragung und somit nicht die Bestellung eines Pfandrechts an ins Ausland gelieferte Waren.

159 Die **ROM I-VO** beinhaltet in Art. 14 Abs. 3 eine klarstellende Erklärung des Begriffes „Übertragung" und erwähnt auch das Pfandrecht. Diese Vorschrift gilt mithin zumindest für die Verpfändung von Forderungen gemäß § 1279 BGB.

---

[144] *BGH* WM 1983, 213, 215.
[145] Vgl. *Einsele* WM 2003, 2349 ff.
[146] Vgl. hierzu *Einsele* WM 2005, 1109 ff.; *Paech* WM 2005, 1101 ff.
[147] *Kieninger* WM 2005, 2353, 2354.
[148] Richtlinie 2002/47/EG des Europäischen Parlaments und des Rates vom 6. Juni über Finanzsicherheiten, ABl. EG Nr. L 168/43 ff. vom 27.6.2002.

Abschnitt 13. Finanzierungssicherungsgeschäfte

a) Verpflichtungsgeschäft. Betreffend die schuldrechtliche Vereinbarung über die Sicherheitenstellung in Form eines Pfandrechts sind die Parteien in ihrer Rechtswahl frei. Hat eine Rechtswahl nicht stattgefunden, so findet auf diesen Vertrag – da der Katalog in Art. 4 Abs. 1 ROM I-VO auf derartige Verträge nicht anwendbar ist – das Recht des Staates Anwendung, zu dem die Partei, welche die für den Vertrag charakteristische Leistung erbringt, ihren gewöhnlichen Aufenthalt hat (Art. 4 Abs. 2 ROM I-VO). Die charakteristische Leistung bei einer Pfandrechtsbestellung erbringt der Sicherungsgeber. Demnach wäre das Recht des Landes anwendbar, in dem der Sicherungsgeber seinen gewöhnlichen Aufenthalt hat. Gute Gründe sprechen aber auch dafür, einen Sicherungsvertrag, welcher die Erfüllung der Verbindlichkeiten aus dem Darlehen sichert und daher einen engen Zusammenhang mit dem gesicherten Vertrag aufweist, nach dem Recht des Darlehensvertrages zu erstellen (Art. 4 Abs. 3 ROM I-VO).[149] Dann wäre das Recht des Landes, in dem der Darlehensgeber seinen gewöhnlichen Aufenthalt hat, anwendbar. 160

b) Verfügungsgeschäft. Da das Pfandrecht kein absolut dingliches Recht darstellt, sondern nur ein **beschränkt dingliches Recht,** stellt sich zunächst die Frage, ob das Pfandrecht den Regeln der lex rei sitae gemäß Art. 43 EGBGB folgt. Dies wird von der überwiegenden Ansicht bejaht.[150] Wegen der Einzelheiten kann auf die Ausführungen unter → Rn. **13,** 94 ff. verwiesen werden. 161

Das Recht des Landes, in dem sich die Ware befindet, ist mithin ausschlaggebend für die Entstehung/den wirksamen Fortbestand des Pfandrechts. Soweit es um ein Pfandrecht an einer Forderung geht, ist Art. 14 ROM I-VO anwendbar. Es kann diesbezüglich mithin auf die Ausführungen bei der Forderungsabtretung (→ Rn. **13,** 48 ff.) verwiesen werden. 162

3. Ausländische Rechtsordnungen. a) Das französische Recht. Das Pfandrecht nimmt im französischen Recht eine herausragende Stellung ein. Nach der Reform des französischen Sicherheitenrechts im Jahr 2006 ist erstmals auch das **besitzlose** Pfandrecht anerkannt. Das Pfandrecht kann durch schriftliche Vereinbarung begründet werden, wobei der Vertrag Angaben zu der zu besichernden Forderung, zum verpfändeten Gegenstand sowie zu seiner Art enthalten muss (Art. 2336 CC). 163

Es können nur **Sachen** oder **Sachgemeinschaften** (Art. 2333 CC) sowie **Gattungssachen** verpfändet werden. Letzteres allerdings nur, wenn die Verpfändungsvereinbarung die Verpflichtung des Pfandschuldners enthält, die Pfandsachen bei Abhandenkommen durch Sachen gleicher Art und Güte zu ersetzen (Art. 2342 CC). 164

Zur Wirksamkeit einer Verpfändung gegenüber Dritten ist entweder die **Übergabe** des Pfandguts an den Gläubiger oder einen bestimmten Dritten notwendig oder beim besitzlosen Pfandrecht die Veröffentlichung der Verpfändung in einem **Pfandregister** (Art. 2337, 2338 CC). 165

Ausschließlich zugunsten von Kreditinstituten ist es nun auch möglich, ein besitzloses Pfandrecht an **Warenlagern** einzuräumen. Nach dem zuvor geltenden Recht war in Frankreich ausschließlich das Besitzpfandrecht bekannt. Es bedurfte für die Verpfändung von Warenlagern daher der Einschaltung ausgewählter Dienstleister, die das Warenlager des Sicherungsgebers umzäunten und nur Befugten den Zutritt gewährten, um äußerlich eine Übergabe des Lagers zu manifestieren. Dies war jedoch umständlich und kostenintensiv. Nunmehr kann ein Pfandrecht an einem Warenlager durch **privatschriftliche** Vereinbarung eingeräumt werden (Art. L.527-1 **Code de Commerce** (CCom)). Zudem ist eine Eintragung der Pfandrechtsbestellung innerhalb einer bestimmten Frist in einem öffentlichen Register erforderlich (Art. L.527-4 CCom). 166

Auch die Pfandrechtsbestellung an **Forderungen** wurde reformiert. Die Verpfändung von Forderungen muss schriftlich erfolgen, um wirksam zu sein. Betrifft die Verpfändung zukünftige Forderungen, so müssen diese bestimmbar sein. Das Pfandrecht an einer zukünftigen Forderung entsteht erst mit der Entstehung der Forderung. Die Verpfändung muss 167

---

[149] MüKoBGB/*Martiny* IPR, Art. 4 ROM I-VO Rn. 259.
[150] Vgl. Palandt/*Thorn* § 43 EGBGB Rn. 3.

dem Drittschuldner angezeigt werden. Eine Zustellung durch den Gerichtsvollzieher ist nicht mehr notwendig.[151]

168 **b) Das US-amerikanische Recht.** Das US-amerikanische Recht kennt – wie oben bereits beschrieben – das **Security Interest,** bei dem es sich um ein echtes Pfandrecht handelt. Es kann auf die Ausführungen unter → Rn. **13,** 57 verwiesen werden.

169 **c) Das englische Recht.** Im englischen Recht ist zum einen das **Pledge** bekannt. Es handelt sich hierbei um die Überlassung des Besitzes an einem Gegenstand zur Sicherung einer Forderung.[152] Voraussetzung ist also auch hier die Übergabe der Sache.

170 Sofern sich die verpfändeten Sachen im Besitz eines Dritten befinden, kann dem Sicherungsnehmer der mittelbare Besitz durch ein entsprechendes Anerkenntnis durch den unmittelbaren Besitzer eingeräumt werden. Wenn sich die verpfändeten Waren in Geschäftsräumen des Sicherungsgebers befinden und dort auch bleiben sollen, muss eine deutliche Trennung von den nicht verpfändeten Gegenständen vorgenommen und kenntlich gemacht werden, dass die verpfändeten Waren der Verfügungsgewalt des Sicherungsnehmers unterliegen. Dies kann beispielsweise durch Versiegelung der Räume, in welchen sich die Sachen befinden, geschehen.

171 Neben dem Pledge ist die unter → Rn. **13,** 145 bereits beschriebene **Chattel Mortgage** ein weiteres Sicherungsmittel, das wie ein besitzloses Pfandrecht wirkt. Wie bereits erwähnt, ist dieses Sicherungsmittel in der Praxis jedoch nicht geläufig (→ Rn. **13,** 145).

172 Weiter ist im englischen Recht noch die sog. „**Hypothecation**" bekannt. Es handelt sich um ein von der Rechtsprechung entwickeltes Sicherungsmittel. Dieses soll nur für die Besicherung einer Forderung herangezogen werden können und räumt dem Sicherungsnehmer lediglich eine Treuhandfunktion, also kein direktes Recht an den Sachen des Sicherungsgebers ein. Es handelt sich vielmehr um ein besitzloses Pfandrecht, welches durch den „letter of hypothecation" begründet wird, allerdings wohl nur dann, wenn das Dokument im gewöhnlichen Geschäftsverkehr als Beweis für Besitz und Kontrolle über Waren angesehen wird.[153]

173 Schließlich kann noch die „**Floating Charge**" erwähnt werden. Dies ist ein umfassendes besitzloses Pfandrecht, das auf handelsrechtlicher Praxis beruht. Nur Unternehmen und Partnerschaften können dieses Sicherungsmittel bestellen. Die Floating Charge wird nicht an individuellen Sicherungsgütern bestellt, sondern idR an dem gegenwärtigen und zukünftigen Vermögen des Sicherungsgebers, der allerdings im ordentlichen Geschäftsverkehr eine fortbestehende Verfügungsbefugnis innehat. Die Floating Charge wandelt sich in eine Fixed Charge durch „chrystallization", Charges sind idR in Register einzutragen.[154]

174 **4. Fazit.** Während der Eigentumsvorbehalt und die Sicherungsübereignung in zahlreichen ausländischen Rechtsordnungen nicht oder nur eingeschränkt bekannt sind, kann das Pfandrecht als nahezu weltweit **bekannt** angesehen werden. Dies führt in gewisser Weise zu einem paradoxen Ergebnis. Denn – wie ausgeführt – das Pfandrecht hat, insbesondere das Pfandrecht an beweglichen Sachen aufgrund der Notwendigkeit der Besitzübertragung, in Deutschland eine untergeordnete Bedeutung. Auch die Verpfändung einer Forderung wird wegen des Anzeigenerfordernisses an den jeweiligen Forderungsschuldner im Vergleich zur Abtretung nicht häufig gewählt. Während die im deutschen Recht gebräuchlichen und das Pfandrecht verdrängenden Sicherungsformen der Forderungsabtretung und Sicherungsübereignung im Ausland zum Teil überhaupt nicht anerkannt und damit im grenzüberschreitenden Warenverkehr teilweise nutzlos sind, ist das Pfandrecht in ausländischen Rechtsordnungen scheinbar das Hauptsicherungsmittel.

175 Sowohl der Exporteur als auch eine den Exporteur finanzierende Bank sollten daher im grenzüberschreitenden Warenverkehr über die Bestellung eines Pfandrechts an der Ware

---

[151] Umfassend zum reformierten Pfandrecht vgl. *Sonnenberger* Rn. VII 112; Tauber/*Klein* Rn. 619 ff.
[152] *v. Bernstorff* S. 150.
[153] Näher hierzu *v. Bernstorff* S. 151.
[154] Näher zur Floating Charge auch Tauber-*Däubler/Fabre/Havergal* Rn. 2346 ff.

und/oder der Kaufpreisforderung – zumindest als **Zusatzsicherheit** – nachdenken. Es scheint bei diesem Sicherungsrecht zumindest das Risiko nahezu ausgeschlossen zu sein, dass das Pfandrecht in der ausländischen Rechtsordnung überhaupt nicht bekannt und daher diese Form der Sicherung von Anfang an zum Scheitern verurteilt ist.

Aber es sind auch hier wegen der geltenden situs-Regel natürlich die Besonderheiten der jeweils zur Anwendung kommenden ausländischen Rechtsordnung zu beachten, um ein wirksames Sicherungsrecht zu erlangen. Deshalb sollte auch bei der Bestellung dieser Sicherheit fachkundiger Rat eingeholt werden. 176

VI. Bürgschaft

Als Sicherungsmittel in der Exportwirtschaft ist auch die Bürgschaft anerkannt. Die größte Bedeutung erlangt hier die sog. **„Hermes-Deckung"**. Sie schützt deutsche Unternehmen vor wirtschaftlichen und politischen Risiken ihrer ausländischen Geschäftspartner. Es handelt sich hierbei letztlich um eine staatliche Förderung und eine Bürgschaft/Garantie des Bundes. Näheres hierzu wird in → Abschnitt 27 beschrieben. 177

Daneben kommen jedoch auch Bürgschaften in Betracht, die entweder der Importeur dem Exporteur im Gegenzug für einen Zahlungsaufschub als Sicherheit gewährt und/oder der Exporteur seiner kreditgebenden Bank als Sicherheit stellt. Hierbei ist wiederum zu unterscheiden zwischen einem Bürgen, der aus dem Lager des Hauptschuldners kommt (so zB Muttergesellschaft, sonstige Gesellschafter des Hauptschuldners), und einer Bank als Bürgin (zB die Hausbank des Importeurs), die im Rahmen eines Avals als Eventualsicherungsgeberin für ihren Kunden auftritt. 178

1. Kurzdarstellung eines Bürgschaftsvertrages nach deutschem Recht. Die Bürgschaft ist ein **einseitig verpflichtender Vertrag,** durch den sich der Bürge dem Gläubiger eines Dritten gegenüber verpflichtet, für die Erfüllung der Verbindlichkeiten des Dritten einzustehen (§ 765 Abs. 1 BGB). Es sind insgesamt drei schuldrechtliche Beziehungen zu unterscheiden: 179

- Das Schuldverhältnis zwischen Gläubiger und Hauptschuldner **(Hauptschuld)** 180
  Dies kann bei der Finanzierungssicherung nach den Beispielen in der Einleitung das Schuldverhältnis zwischen Exporteur und Importeur sein oder das Schuldverhältnis zwischen der kreditgebenden Bank und des Exporteurs.
- Das Schuldverhältnis zwischen Gläubiger und Bürge **(Bürgschaft)** 181
  Hier also zwischen Exporteur und Bürge oder zwischen kreditgebender Bank und Bürge.
- Das Schuldverhältnis zwischen Bürge und Hauptschuldner **(Deckungsverhältnis)** 182
  Also zwischen Importeur und dem von ihm beauftragten Bürgen, der sich gegenüber dem Exporteur verbürgt, bzw. zwischen Exporteur und dem von ihm beauftragten Bürgen, der sich gegenüber der kreditgebenden Bank verbürgt.

a) Hauptschuld. Zwischen Gläubiger und Hauptschuldner liegt nach den hier gebildeten Beispielen entweder ein **Kaufvertrag** vor, nach dem der Hauptschuldner die Zahlung des Kaufpreises schuldet, oder es liegt ein **Kreditvertrag** vor, nach dem der Hauptschuldner zur Rückzahlung der Kreditvaluta verpflichtet ist. 183

b) Deckungsverhältnis. Zwischen dem Hauptschuldner und dem Bürgen gilt idR das **Auftragsrecht,** da der Hauptschuldner den Bürgen beauftragt, die Bürgschaft dem Gläubiger zu stellen. Selbst wenn dies entgeltlich geschieht (Geschäftsbesorgung), so sind letztlich immer noch die Vorschriften des Auftragsrechts maßgeblich, wie sich aus § 675 Abs. 1 BGB ergibt. Handelt es sich bei dem Bürgen um eine Tochter- oder Schwestergesellschaft des Hauptschuldners **(up-/cross-stream-Sicherheit),** so sind die Eigenkapitalschutzvorschriften der jeweiligen Geselslchaftsformen zu beachten. 184

c) Bürgschaft. Im Folgenden soll das Augenmerk jedoch auf den Bürgschaftsvertrag gerichtet werden. 185

186 Die Bürgschaft kommt zustande durch Einigung zwischen Bürgen und Gläubiger, welche gemäß § 766 BGB in **Schriftform** zu erfolgen hat. Der Urkunde müssen sich alle wesentlichen Teile der Bürgschaftsverpflichtung entnehmen lassen, also Verbürgungswille, zu sichernde Hauptforderung sowie Personen von Gläubiger und Hauptschuldner.[155] Eine Ausnahme von der Schriftform enthält § 350 HGB, wonach Kaufleute iSd HGB Bürgschaften formfrei übernehmen können, solange diese Art der Verpflichtung für sie ein Handelsgeschäft darstellt.

187 Da der Bürge für eine fremde Schuld einstehen soll, kann der Bürgschaftsvertrag nur dann von Wirkung sein, wenn die zu sichernde Forderung besteht (§ 767 BGB, **Akzessorietät**). Dabei kann es sich auch um eine bestimmbare künftige oder bedingte Forderung handeln.

188 Bei der Bürgschaft handelt es sich um eine Drittsicherheit. Es ist darauf zu achten, dass der **Sicherungszweck** der Bürgschaft für den Bürgen nicht überraschend ist oder ihn unangemessen benachteiligt. Der Bürge, der sich aus Anlass eines bestimmten Kredites/Kaufvertrages zur Bürgschaftsübernahme bereit erklärt, muss nicht damit rechnen, dass seine Haftung formularmäßig auf alle gegenwärtigen und künftigen Ansprüche des Gläubigers gegen den Hauptschuldner erweitert wird **(Anlassrechtsprechung).**[156] Dies soll allerdings dann nicht gelten, wenn die Bürgschaft vom Geschäftsführer oder dem Allein- oder Mehrheitsgesellschafter des Hauptschuldners übernommen wird.[157] Zudem kann eine Bürgschaft den Bürgen krass finanziell überfordern und deshalb sittenwidrig sein. Dies wird beispielsweise vermutet, wenn ein einkommensloser und vermögensloser Bürge Angehöriger des Hauptschuldners ist und die Bürgschaft ausschließlich aus emotionaler Verbundenheit zum Hauptschuldner übernommen hat.[158]

189 Der Bürge hat ferner die Möglichkeit, dem Gläubiger im Falle der Inanspruchnahme der Bürgschaft neben Einwendungen aus dem Bürgschaftsvertrag diejenigen **Einwendungen und Einreden,** die sich aus dem Grundgeschäft ergeben, entgegenzuhalten (§§ 768, 770, 771 BGB). Insbesondere steht dem Bürgen vom Gesetz die Einrede der Vorausklage zu, dh der Bürge kann die Befriedigung des Gläubigers verweigern, solange nicht der Gläubiger eine Zwangsvollstreckung gegen den Hauptschuldner ohne Erfolg versucht hat (§ 771 BGB). In der Praxis werden allerdings die meisten Einreden des Bürgen vertraglich, so weit wie nach Gesetz und Rechtsprechung möglich, ausgeschlossen. Die durch einen Kaufmann iSd HGB gestellte Bürgschaft ist zudem stets selbstschuldnerisch, wenn sie für ihn ein Handelsgeschäft darstellt (§ 349 HGB).

190 Die Bürgschaft **erlischt** neben der Erfüllung der Bürgschaftsschuld aufgrund ihrer Akzessorietät auch dann, wenn die Hauptschuld erlischt. Daneben kann die Bürgschaft erlöschen, wenn der Gläubiger ein weiteres die Hauptschuld sicherndes Recht aufgibt (§ 776 BGB), ein neuer Hauptschuldner die Schuld übernimmt (§ 418 Abs. 1 BGB) oder der Bürge sich nur für eine bestimmte Zeit verbürgt hat (§ 777 Abs. 1 BGB). Auch eine Befristung der Bürgschaft ist in der Praxis häufig anzutreffen.

191 **d) Besonderheiten bei der Bankbürgschaft (Aval).** Verbürgt sich eine Bank für Verbindlichkeiten ihres Kunden, so gelten die obigen Ausführungen im Großen und Ganzen entsprechend. Der Bürgschaftsnehmer hat aber idR das Bedürfnis, die Bürgschaft im Bedarfsfall sofort in Liquidität zu verwandeln, ohne sich Einreden auszusetzen. Dem wird durch die garantieähnliche **Bürgschaft auf erstes Anfordern** Rechnung getragen. Bei dieser durch die Rechtsprechung anerkannten Sonderform der Bürgschaft[159] ist es dem Bürgen verwehrt, sich auf Einwendungen oder Einreden aus dem Grundgeschäft zu berufen, es sei denn, in der Inanspruchnahme liegt ein liquide beweisbarer Rechtsmissbrauch durch den

---

[155] Vgl. BGHZ 132, 119, 122.
[156] Vgl. *BGH* WM 1995, 790, 791.
[157] *BGH* NJW 2000, 1179, 1182.
[158] Vgl. zB *BGH* NJW 2000, 1182; 2001, 815; 2002, 744.
[159] Vgl. zB BGHZ 74, 244, 246.

Gläubiger. Erst in einem **Rückforderungsprozess** können Einwendungen und Einreden aus dem Grundgeschäft geltend gemacht werden („erst zahlen, dann klagen").

2. Die Bürgschaft im internationalen Recht. Wie oben erwähnt, sind im Bürgschaftsrecht verschiedene Rechtsverhältnisse zu unterscheiden: 192

a) Rechtsverhältnis zwischen Gläubiger und Hauptschuldner. Hier wird im Verhältnis Exporteur zum Importeur regelmäßig ein **Kaufvertrag** vorliegen. In diesem Vertrag können die Parteien eine Rechtswahl treffen (Art. 3 ROM I-VO). Ist eine Rechtswahl nicht getroffen, so kommt gemäß Art. 4 Abs. 1 lit. a ROM I-VO das Recht des Staates zur Anwendung, in dem der Verkäufer (Exporteur) seinen gewöhnlichen Aufenthalt hat. 193

Auch bei der Sicherung einer **Finanzierung** des Exporteurs sind der Exporteur und seine Bank in der Rechtswahl frei. Ist dies nicht geschehen, so kann gemäß Art. 4 Abs. 1 lit. b ROM I-VO das Recht des Staates Anwendung finden, in dem der Darlehensgeber seinen gewöhnlichen Aufenthalt hat, wenn man einen Darlehensvertrag als Dienstleistungsvertrag ansieht.[160] Zum selben Ergebnis gelangt man, wenn man über Art. 4 Abs. 2 ROM I-VO das Recht des Staates für anwendbar hält, in dem derjenige, der die charakteristische Leistung erbringt, seinen gewöhnlichen Aufenthalt hat. Beim Darlehen erbringt die charakteristische Leistung der Darlehensgeber.[161] 194

b) Rechtsverhältnis zwischen Hauptschuldner und Bürgen. Zwischen Hauptschuldner und Bürgen gilt idR **Auftragsrecht.** Haben die Parteien keine Rechtswahl gemäß Art. 3 ROM I-VO getroffen, so stellt sich die Frage, ob es sich bei dem Verhältnis zwischen Hauptschuldner und Bürgen um eine Dienstleistung iSv Art. 4 Abs. 1 lit. b ROM I-VO handelt. Dies wird – da es sich bei der Stellung einer Bürgschaft um die Übernahme eines Risikos handelt – teilweise verneint.[162] Vielmehr wird nach Art. 4 Abs. 2 ROM I-VO das Recht des Landes, in dem der Bürge seinen gewöhnlichen Aufenthalt hat, zur Anwendung kommen. Denn der Bürge erbringt in Form der Risikoübernahme die charakteristische Leistung.[163] 195

c) Rechtsverhältnis zwischen Gläubiger und Bürge. Bei der Bürgschaft handelt es sich um eine **schuldrechtliche Verpflichtung.** Die unabdingbaren Regelungen des Art. 43 EGBGB, der die Rechte an einer Sache regelt, kommen hier ebenso wenig zur Anwendung wie Art. 14 ROM I-VO,[164] der die Übertragung einer Forderung regelt. Aufgrund der Akzessorietät der Bürgschaft zur Hauptschuld könnte man daran denken, dass die Bürgschaftsvereinbarung denselben Regeln wie die Hauptschuld zu folgen hat. Dem ist jedoch nicht so. Das anwendbare Recht ist vielmehr für den Bürgschaftsvertrag eigenständig zu ermitteln.[165] Bürge und Gläubiger können ein bestimmtes Recht vereinbaren (Art. 3 ROM I-VO). 196

Fehlt eine Rechtswahl, so gilt Art. 4 ROM I-VO. Das Rechtsverhältnis zwischen Gläubiger und Bürge fällt nicht unter den Katalog des Art. 4 Abs. 1 ROM I-VO. Es ist also gemäß Art. 4 Abs. 2 ROM I-VO das Recht des Landes anwendbar, in dem die Partei seinen gewöhnlichen Aufenthalt hat, die die charakteristische Leistung erbringt. Die charakteristische Leistung erbringt hier der Bürge.[166] Nach diesem Statut richten sich sodann die Fragen, ob und wie lange der Bürge haftet, wie weit er haftet, ob ihm die Einrede der Vorausklage zusteht, welche Form die Bürgschaftserklärung haben muss.[167] 197

---

[160] Tauber/*Tauber* Rn. 22.
[161] MüKoBGB/*Martiny* IPR, Art. 4 ROM I-VO Rn. 170.
[162] MüKoBGB/*Martiny* IPR, Art. 4 ROM I-VO Rn. 29.
[163] Palandt/*Thorn* Art. 4 ROM I-VO Rn. 27; MüKoBGB/*Martiny* IPR, Art. 4 ROM I-VO Rn. 181.
[164] MüKoBGB/*Martiny* IPR, Art. 4 ROM I-VO Rn. 181, 259.
[165] Staudinger/*Magnus* IVR I, Art. 4 ROM I-VO Rn. 415; MüKoBGB/*Martiny* IPR, Art. 4 ROM I-VO Rn. 181.
[166] BGHZ 121, 224, 228.
[167] Vgl. hierzu MüKoBGB/*Martiny* IPR, Art. 4 ROM I-VO Rn. 182.

198 **3. Ausländische Rechtsordnungen. a) Das französische Recht.** Die seit 2006 in Art. 2288 CC geregelte **bürgerlich-rechtliche Bürgschaft** verliert im französischem Recht langsam an Bedeutung. Dagegen nehmen die sog. **handelsrechtlichen Bürgschaften,** die in Art. L. 110-1 CCom geregelt sind, zu.[168] Unter handelsrechtlichen Bürgschaften werden Bankbürgschaften, Bürgschaften von Handelsgesellschaften, Bürgschaften durch einen Kaufmann im Rahmen seines Handelsgeschäfts, aber auch Bürgschaften von Gesellschaftern zur Sicherung von Krediten an die Gesellschaft gefasst, wenn der Bürge ein Eigeninteresse an dem Kredit hat.[169]

199 Die handelsrechtliche Bürgschaft ist ähnlich wie im deutschen Recht grds. formfrei und es besteht keine Einrede der Vorausklage. Sind mehrere Bürgen vorhanden, so haften diese gesamtschuldnerisch.[170] Verbürgt sich eine Aktiengesellschaft, so ist die Zustimmung des Aufsichtsrates oder des Verwaltungsrates einzuholen.[171]

200 Folgende Besonderheiten sind noch erwähnenswert:

Der Bürge hat die Möglichkeit der Irrtumsanfechtung, wenn er sich in einem beachtlichen Irrtum über die Zahlungsfähigkeit des Hauptschuldners befindet.[172] Der Gläubiger kann sein Recht zur Bürgschaftsinanspruchnahme verlieren, wenn er schuldhaft weitere vertraglich oder gesetzlich vorgesehene Sicherheiten nicht bestellt oder weitere Sicherheiten nicht rechtzeitig verwertet. Zudem bestehen Informationspflichten seitens des Gläubigers zugunsten des Bürgen. Nach Art. L 313-22 C.mon.fin müssen Kreditinstitute zum 31.3. eines jeden Jahres einem Bürgen die Höhe der Hauptschuld und die Kündigungsmöglichkeiten der Bürgschaft mitteilen.[173]

201 **b) Das US-amerikanische Recht.** Das Bürgschaftsrecht ist nicht im amerikanischen Handelsrecht (UCC) geregelt. Es gelten vielmehr die einschlägigen Gesetze in den einzelnen Staaten bzw. es ist auf das Richterrecht zurückzugreifen.[174] Zusammenfassend kann festgehalten werden, dass Bürge nur derjenige ist, der aufgrund einer eigenständigen vertraglichen Verpflichtung für die Schuld eines Dritten einsteht. Es ist grdsl. **Schriftform** Voraussetzung. Für die Gültigkeit und Durchsetzbarkeit des Bürgschaftsversprechens bedarf es auch hier einer **Gegenleistung** (consideration).[175]

202 Auch im US-amerikanischem Recht ist anerkannt, dass der Bürge dem Gläubiger **Einreden und Einwendungen** entgegenhalten kann. Wegen der sehr umfangreichen Kasuistik sollte allerdings stets ein Anwalt zurate gezogen werden.[176]

203 **c) Das englische Recht.** Im englischen Recht ist über die Verpflichtung des Bürgen eine **Beweisurkunde** mit den wichtigsten Vertragsbestimmungen zu errichten. Zwar ist eine Bürgschaft auch ohne diese Beweisurkunde wirksam entstanden, sie kann aber prozessual nicht durchgesetzt werden.[177] Wirksamkeitserfordernis ist aufgrund der **„Consideration"-Lehre** aber, dass der Bürge eine Gegenleistung erhält.[178]

204 Als akzessorisches Recht folgt die Bürgschaft dem Schicksal der Hauptschuld. Von Bedeutung ist zudem, ob die Bürgschaft zwar die gesamte Hauptschuld absichern soll, aber auf einen Höchstbetrag begrenzt ist, oder von vornherein nur einen Teil der Hauptschuld absichert. Im ersteren Fall hat der Bürge nach Zahlung unter der Bürgschaft keinen Anspruch auf Übertragung etwaig noch anderer gestellter Sicherheiten, während im letzteren Fall ein Anspruch auf Übertragung eines entsprechenden Anteils anderer Sicherheiten besteht.[179]

---

[168] *Sonnenberger* Rn. VII 85.
[169] *Sonnenberger* Rn. VII 86.
[170] *Sonnenberger* Rn. VII 88.
[171] Tauber/*Klein* Rn. 680.
[172] *Sonnenberger* Rn. VII 89.
[173] Vgl. hierzu auch *Sonnenberger* Rn. VII 90.
[174] *v. Bernstorff* S. 168.
[175] *Elsing/van Alstine* Rn. 332, 333.
[176] Vgl. hierzu *Elsing/van Alstine* Rn. 339 ff.
[177] *v. Bernstorff* S. 166 mit Verweis auf Perrylease Ltd. v. Imecar A.G. (1986) New L.J. 987.
[178] *v. Bernstorff* S. 166.
[179] *v. Bernstorff* S. 166.

4. Fazit. Die Bürgschaft ist ein anerkanntes Sicherungsmittel, welches international bekannt ist. Dennoch hat sich im internationalen Warenverkehr die Bürgschaft (auch die Bankbürgschaft) – im Gegensatz zur **Garantie** – nicht durchsetzen können.[180]   205

Dies hat seinen Grund in erster Linie in der Akzessorietät der Bürgschaft mit dem Grundgeschäft.[181] Der Bürge kann dem Gläubiger Einwendungen und Einreden aus dem Grundgeschäft entgegenhalten. Die Bürgschaft ist vom Bestand der Hauptforderung abhängig. Die Garantieverpflichtung ist dagegen rechtlich unabhängig von der Hauptschuld und eröffnet dem Gläubiger damit idR eine erleichterte Inanspruchnahme. Der Grundsatz bei der Garantie lautet: „erst zahlen, dann prozessieren".[182] Die in Deutschland inzwischen anerkannte „Bürgschaft auf erstes Anfordern" ist international nicht bekannt. Hinzu kommt, dass sich bei der Garantie zwischenzeitlich ein internationaler Standard herausgebildet hat. So gab es bereits seit 1978 die von der Internationalen Handelskammer (ICC) erstellten **„Einheitlichen Richtlinien für Vertragsgarantien"** (ICC-Publ. Nr. 325), die allerdings keine Anwendung fanden.[183] Seit 1991 gibt es nun die **„Einheitlichen Richtlinien für auf Anforderung zahlbarer Garantien".**[184]   206

Sollte eine Bürgschaft durch einen im Ausland ansässigen Bürgen als Sicherheit in Betracht kommen, so ist anzuraten, **deutsches Recht** zu vereinbaren, um Problematiken, die durch die Anwendbarkeit ausländischen Rechts entstehen können, zu vermeiden. Zu bedenken ist dabei, dass auch bei der Vereinbarung deutschen Rechts Unsicherheiten verbleiben, da nach dem **ordre public** Rechtsnormen des gewählten Rechts dann keine Anwendung finden, wenn diese im Widerspruch zur eigenen Rechtsordnung – hier des Bürgen – stehen (vgl. zB Art. 6 EGBGB und Art. 21 ROM I-VO). In einigen Rechtsordnungen finden sich für Muttergesellschaften beispielsweise Beschränkungen bei der Übernahme von Bürgschaften und Garantien gegenüber Ausländern.[185] Neben der Rechtswahl ist zudem die Vereinbarung eines **Gerichtsstandes** im Inland sinnvoll. Hierbei sind die Vorschriften des EuGVVO zu beachten (→ Rn. **13**, 75). Weiterhin empfiehlt es sich, einen inländischen **Zustellungsbevollmächtigten** für den Bürgen vorzusehen, um im Falle einer Klage die Probleme einer Auslandszustellung zu vermeiden. Schließlich sollte noch geprüft werden, ob **Devisengenehmigungen** notwendig sind.[186] Der guten Ordnung halber sollte auch in diesem Fall eine **Legal Opinion** eines Rechtsanwaltes eingeholt werden, um zu überprüfen, ob der im Ausland ansässige Bürge eine Bürgschaft unterzeichnen darf, die Vereinbarung deutschen Rechts sowie eines deutschen Gerichtsstands nach dem ausländischen Recht zulässig ist und ob ein in Deutschland erstrittenes Urteil im Ausland vollstreckt werden kann. Zudem wird die Legal Opinion auf Besonderheiten des Heimatrechts des Bürgen hinweisen, die trotz Anwendbarkeit deutschen Rechts Anwendung finden können.   207

VII. Garantie

Die Garantie, insbesondere die Bankgarantie, stellt im internationalen Außenhandel wohl neben dem Akkreditiv das wichtigste Sicherungsinstrument dar.[187] Diese Sicherungsform wird umfassend in → Abschnitt 12 dieses Buches beschrieben, so dass hierauf verwiesen werden kann.   208

---

[180] Vgl. *Nielsen/Joos*, BuB, Rn. 5/231.
[181] Vgl. *Mastropaolo* WM 1993, 1994.
[182] *Liesecke* WM 1968, 22.
[183] *Nielsen/Joos*, BuB, Rn. 5/233.
[184] URDG 758; www.icc.deutschland.de.
[185] *Obermüller* Rn. 80.
[186] Vgl. *Obermüller* Rn. 81.
[187] *Nielsen/Joos*, BuB, Rn. 5/231.

VIII. Schuldbeitritt

209 Der Schuldbeitritt, auch **Schuldmitübernahme** oder **kumulative Schuldübernahme** genannt, soll der Vollständigkeit halber hier kurz erwähnt werden, auch wenn er in der Exportfinanzierung nur eine untergeordnete Rolle spielt.[188] Vorstellbar ist ein Schuldbeitritt beispielsweise, wenn der Exporteur bei seiner Bank eine Finanzierung aufnimmt und zur Verstärkung der Bonität des Kreditnehmers ein Dritter, zB die Muttergesellschaft, der Verbindlichkeit beitritt.

210 **1. Schuldbeitritt nach deutschem Recht.** Beim Schuldbeitritt tritt der Beitretende zusätzlich neben den bisherigen Schuldnern in das Schuldverhältnis ein.[189] Der Beitretende und der bisherige Schuldner haften fortan als **Gesamtschuldner** iSd §§ 421 ff. BGB.[190] Die **vertragliche** Schuldmitübernahme ist gesetzlich nicht geregelt, jedoch von der Rechtsprechung anerkannt seit *RGZ* 59, 233 und setzt einen formlosen Vertrag entweder zwischen Beitretendem und Gläubiger oder zwischen bisherigem Schuldner und Beitretendem zugunsten des Gläubigers voraus.[191] Ist allerdings das Rechtsverhältnis, zu dem beigetreten wird, formbedürftig, so gilt die Form auch für den Beitritt. Ist der Beitretende ein Verbraucher, gelten die Verbrauchervorschriften. Der Schuldbeitritt kann sich auch auf Dauerschuldverhältnisse[192] oder auf künftige Forderungen beziehen.[193] **Gesetzliche** Schuldbeitritte finden sich zB in §§ 25, 28, 103 HGB und Art. 28 WG.

211 Der Schuldbeitritt ist einerseits von der **Bürgschaft** abzugrenzen. Während die Bürgschaft streng akzessorisch ist, begründet der Schuldbeitritt eine eigene Verbindlichkeit des Beitretenden.[194] Zudem unterliegt der Schuldbeitritt im Grundsatz keiner Formvorschrift. Andererseits ist der Schuldbeitritt von der **befreienden Schuldübernahme** abzugrenzen. Bei der befreienden Schuldübernahme, die in §§ 414 ff. BGB geregelt ist, tritt der Übernehmer anstelle des bisherigen Schuldners in das Rechtsverhältnis ein. Der bisherige Schuldner wird aus der Haftung entlassen.

212 **2. Schuldbeitritt im internationalen Recht.** Der Schuldbeitritt ist zwar auch **international anerkannt**.[195] Dennoch ist anzuraten, **deutsches Recht** zu vereinbaren, um Problematiken, die durch die Anwendbarkeit ausländischen Rechts entstehen können, zu vermeiden. Eine Rechtswahl ist hier zulässig, da es sich um eine schuldrechtliche Vereinbarung handelt, die zwingenden Normen des Sachenrechts also keine Anwendung finden. Wie bekannt, ist jedoch auch bei der Vereinbarung deutschen Rechts die Unsicherheit aufgrund des **ordre public** zu bedenken, nach dem Rechtsnormen des gewählten Rechts dann keine Anwendung finden, wenn diese im Widerspruch zur Rechtsordnung des Staates des Beitretenden stehen (vgl. zB Art. 6 EGBGB und Art. 21 ROM I-VO). So könnte auch für den Schuldbeitritt – ähnlich wie für Bürgschaften und Garantien[196] – in einigen Staaten geregelt sein, dass Muttergesellschaften beim Schuldbeitritt Beschränkungen auferlegt sind. Neben der Rechtswahl ist zudem die Vereinbarung eines **Gerichtsstandes** im Inland sinnvoll. Hierbei sind die Vorschriften des EuGVVO zu beachten (→ Rn. **13**, 75). Weiterhin empfiehlt es sich, einen inländischen **Zustellungsbevollmächtigten** für den Beitretenden vorzusehen, um im Falle einer Klage die Probleme einer Auslandszustellung zu vermeiden. Schließlich bedarf es auch der Prüfung, ob eine **Devisengenehmigung** notwendig ist.[197] Der guten Ordnung halber sollte auch in diesem Fall eine **Legal Opinion**

---

[188] *v. Bernstorff* S. 197.
[189] Palandt/*Grüneberg* Überbl. vor § 414 BGB Rn. 2.
[190] *Wagenknecht,* BuB, Rn. 4/1320.
[191] *BGH* NJW 1979, 157.
[192] *BGH* NZM 2005, 659.
[193] *BGH* NJW-RR 1993, 308.
[194] Palandt/*Grüneberg* Überbl. vor § 414 BGB Rn. 4.
[195] Vgl. *v. Bernstorff* S. 197, 198.
[196] Vgl. hierzu *Obermüller* Rn. 80.
[197] *Obermüller* Rn. 81.

eines Rechtsanwaltes eingeholt werden, um zu überprüfen, ob der im Ausland ansässige Beitretende einen Schuldbeitritt unterzeichnen darf, die Vereinbarung deutschen Rechts sowie eines deutschen Gerichtsstands nach dem ausländischen Recht zulässig ist und ob ein in Deutschland erstrittenes Urteil im Ausland vollstreckt werden kann. Zudem wird die Legal Opinion auf Besonderheiten des Heimatrechts des Bürgen hinweisen, die trotz Anwendbarkeit deutschen Rechts Anwendung finden können.

IX. Patronatserklärung

213 Die Patronatserklärung tritt als Sicherungsmittel verstärkt auf, wenn der kreditnehmende Exporteur einem Konzern angehört. Als Patronatserklärung werden Erklärungen bezeichnet, die der Patron gegenüber dem Kreditgeber abgibt und in dem ein Verhalten des Patrons in Aussicht gestellt oder versprochen wird, um dem Kreditnehmer die Kreditaufnahme zu erleichtern oder zu ermöglichen.[198] In der Regel werden Patronatserklärungen von der Muttergesellschaft für die Tochter- oder Enkelgesellschaft abgegeben.[199] Aber es gibt auch Fälle, in denen eine Patronatserklärung von sonstigen Dritten oder natürlichen Personen als Gesellschafter des Kreditnehmers oder von Lieferanten und Abnehmern abgegeben werden.[200]

214 **1. Patronatserklärung nach deutschem Recht.** Diese seit den 1960er und 1970er Jahren entwickelte[201] und in der Rechtsprechung anerkannte[202] **atypische Sicherheit** ist gesetzlich nicht geregelt und findet sich in vielfältiger Form. Typischer Inhalt der formfreien Erklärung ist der ausdrückliche oder stillschweigende Hinweis des Patrons auf ein Wohlverhalten oder eine wirtschaftlich bzw. sonstige Unterstützung des Kreditnehmers.[203] Herausgebildet hat sich zudem eine Unterscheidung zwischen „**weicher**" und „**harter**" Patronatserklärung.

215 Aus der **weichen** Patronatserklärung entstehen dem Patron keine oder nur eingeschränkte Verpflichtungen. Beispiele für eine weiche Patronatserklärung sind Erklärungen zur Beteiligung, Einverständnis zur Kreditaufnahme oder Auskünfte.[204] Es handelt sich daher um eine Erklärung ohne Sicherheitenwert, da sie keinen unmittelbaren Zahlungsanspruch gegen den Patron bei Ausfall des Kreditnehmers begründen, sondern ggf. Schadensersatzansprüche. Die Durchsetzung etwaiger Schadensersatzansprüche wegen Verletzung der abgegebenen Bestätigung ist allerdings fraglich, da eine schuldhafte Pflichtverletzung nachgewiesen werden muss.[205]

216 Die Abgabe einer weichen Patronatserklärung dient daher einerseits der moralischen Unterstützung des Kreditnehmers und andererseits einer moralischen Verpflichtung des Patrons. Für die Muttergesellschaft als Patronin bietet die weiche Patronatserklärung den Vorteil, dass sie nicht bilanziert werden muss.

217 Als **harte** Patronatserklärung bezeichnet man Vereinbarungen zwischen Kreditgeber und Patron, in der der Patron regelmäßig die Verpflichtung übernimmt, den Kreditnehmer finanziell ausreichend auszustatten und bestehende Einflussmöglichkeiten beim Kreditnehmer auszunutzen, damit Kredite fristgerecht bedient werden.[206] Es handelt sich um einklagbare Ansprüche und somit um eine echte bürgschafts- oder garantieähnliche Besicherung.

---

[198] Vgl. zur Patronatserklärung ausführlich *Wittig*, BuB, Rn. 4/2855 ff.; Schimansky/Merkel/*Tetzlaff* § 98 Rn. 8 ff.; *Wittig* WM 2003, 1981 ff.
[199] *Wittig* WM 2003, 1981, 1982.
[200] *Michalski* WM 1994, 1229.
[201] Vgl. *Obermüller* ZGR 1975, 1.
[202] Vgl. zB *BGH* WM 2003, 1178 ff. für die harte Patronatserklärung und *OLG Karlsruhe* WM 1992, 2088 ff. für die weiche Patronatserklärung.
[203] *Michalski* WM 1994, 1229.
[204] Schimansky/Merkel/*Tetzlaff* § 98 Rn. 40.
[205] *Wittig*, BuB, Rn. 4/2865.
[206] *Wittig*, BuB, Rn. 4/2868; Schimansky/Merkel/*Tetzlaff* § 98 Rn. 13; *Michalski* WM 1994, 1229, 1235.

In der Insolvenz des Kreditnehmers ist der Patron schadensersatzpflichtig.[207] Dementsprechend hat zB die Muttergesellschaft das Patronat auch zu bilanzieren.

218 **2. Die Patronatserklärung im internationalen Recht.** Als schuldrechtliche Vereinbarung unterliegt die Patronatserklärung nicht der strengen **lex rei sitae**. Vielmehr ist es möglich und auch angebracht, bei der Hereinnahme einer – idealerweise harten – Patronatserklärung einer ausländischen Gesellschaft für eine inländische Tochter durch ein inländisches Kreditinstitut eine Rechtswahl zu treffen und deutsches Recht zu vereinbaren. Anderenfalls wäre gemäß Art. 4 Abs. 2 ROM I-VO (ein Dienstleistungsvertrag iSd Art. 4 Abs. 1 lit. b ROM I-VO wird man in einem Patronat nicht sehen können)[208] das Recht des Staates anzuwenden, in dem der Patron, der hier die charakteristische Leistung erbringt,[209] seinen gewöhnlichen Aufenthalt hat. Dies ist für ein deutsches Kreditinstitut mit erheblichen Unsicherheiten verbunden, zumal Patronatserklärungen auch in ausländischen Rechtsordnungen nicht gesetzlich geregelt sind.[210] Rechtssicherheit könnte hier nur durch eine zeit- und kostenintensive Erstellung einer **Legal Opinion** durch Einschaltung ausländischer Rechtsanwälte geschaffen werden.

219 Aber auch bei der Vereinbarung **deutschen Rechts** verbleiben Unsicherheiten, da nach dem **ordre public** Rechtsnormen des gewählten Rechts dann keine Anwendung finden, wenn diese im Widerspruch zur Rechtsordnung des Staates, in dem der Patron seinen Sitz hat, stehen (vgl. Art. 6 EGBGB, Art. 21 ROM I-VO). So bestehen in einigen Staaten kraft Gesetzes Beschränkungen für die Übernahme von Bürgschaften und Garantien gegenüber Ausländern.[211] Neben der Rechtswahl ist zudem die Vereinbarung eines **Gerichtsstandes** im Inland sinnvoll. Hierbei sind die Vorschriften des EuGVVO zu beachten (→ Rn. **13**, 75). Weiterhin empfiehlt es sich, einen inländischen **Zustellungsbevollmächtigten** für den Patron vorzusehen, um im Falle einer Klage die Probleme einer Auslandszustellung zu vermeiden. Bei der Hereinnahme einer Patronatserklärung könnte beispielsweise der Kreditnehmer als Zustellungsbevollmächtigter in Betracht kommen. Schließlich bedarf es auch hier der Prüfung, ob ggf. eine **Devisengenehmigung** vorliegen muss.[212] Der guten Ordnung halber sollte auch in diesem Fall eine **Legal Opinion** eines Rechtsanwaltes eingeholt werden, um zu überprüfen, ob der im Ausland ansässige Patronat eine Patronatserklärung unterzeichnen darf, die Vereinbarung deutschen Rechts sowie eines deutschen Gerichtsstands nach dem ausländischen Recht zulässig ist und ob ein in Deutschland erstrittenes Urteil im Ausland vollstreckt werden kann. Zudem wird die Legal Opinion auf Besonderheiten des Heimatrechts des Bürgen hinweisen, die trotz Anwendbarkeit deutschen Rechts Anwendung finden können.

D. Sicherheiten in der Insolvenz

I. Belegenheit des Sicherungsgutes im Ausland

220 Befindet sich die Ware, an dem ein Sicherungsrecht vereinbart wurde, im Ausland, so wirkt sich eine im Ausland eröffnete Insolvenz wahrscheinlich negativ auf den Wert der Sicherheit aus. Denn für die Eröffnung des Insolvenzverfahrens sind idR die Gerichte des Mitgliedstaates zuständig, in dessen Gebiet der Schuldner den Mittelpunkt seiner hauptsächlichen Interessen hat, Art. 3 EuInsVO. Zudem gilt für das Insolvenzverfahren und seine Wirkungen in erster Linie das Insolvenzrecht des Mitgliedstaates, in dem das Verfahren eröffnet wird, Art. 4 EuInsVO. Daraus folgt, dass eine Sicherung scheitert, wenn bestimmte

---

[207] *BGH* WM 1992, 501, 503; *LG Berlin* WM 2000, 1060, 1061.
[208] MüKoBGB/*Martiny* IPR, Art. 4 ROM I-VO Rn. 196.
[209] Vgl. *Landgericht Berlin* IPrax 2000, 526.
[210] *Wittig*, BuB, Rn. 4/2902.
[211] Vgl. *Wittig*, BuB, Rn. 4/2902 mwN.
[212] Vgl. *Obermüller* Rn. 81.

Sicherungsformen entweder im ausländischen Recht überhaupt nicht anerkannt sind oder bestimmte Wirksamkeitsvoraussetzungen vorsehen, die nicht eingehalten wurden. Des Weiteren ist es wichtig, die insolvenzrechtlichen Vorschriften des ausländischen Rechts zu kennen. So muss beispielsweise im französischen Insolvenzrecht das aufgrund eines vereinbarten Eigentumsvorbehalts erlangte Aussonderungsrecht zunächst innerhalb einer Ausschlussfrist von drei Monaten ab Veröffentlichung des Urteils zur Einleitung des Verfahrens beim Insolvenzverwalter beantragt werden. Lehnt dieser ab, kann der Aussonderungsberechtigte innerhalb einer weiteren Ausschlussfrist von einem Monat einen Antrag beim Insolvenzgericht stellen.[213]

II. Belegenheit des Sicherungsgutes im Inland

Auf den ersten Blick scheint es, als könne eine im Ausland eröffnete Insolvenz einem Sicherungsgegenstand im Inland nichts anhaben. Dies ist jedoch so nicht richtig. Bereits mit Urteil vom 11.7.1985[214] hat der BGH ausländische Konkurse unter bestimmten Voraussetzungen im Inland anerkannt. Zudem gilt heute für sämtliche grenzüberschreitenden Insolvenzverfahren innerhalb der EU (eine Ausnahme bildet Dänemark) die Europäische Insolvenzordnung. Danach sind international zuständig für das Hauptinsolvenzverfahren die Gerichte des Mitgliedstaates, in dessen Gebiet der Schuldner den Mittelpunkt seiner hauptsächlichen Interessen hat, Art. 3 EuInsVO. Anwendbar ist in erster Linie das Recht dieses Mitgliedstaates, Art. 4 EuInsVO. Ausnahmen hierzu enthalten die Art. 5 ff. EuInsVO zB für die Aufrechnung, die Insolvenzanfechtung und die Behandlung von Sicherungsrechten. Nach Art. 5 EuInsVO bleiben dingliche Rechte von Gläubigern oder Dritten, die sich im Zeitpunkt der Eröffnung des Insolvenzverfahrens im Gebiet eines anderen Mitgliedstaates befinden, von der Europäischen Insolvenzverordnung unberührt. Ihre Begründung, Rechtswirksamkeit und Insolvenzfestigkeit bestimmt sich nach der lex rei sitae. Ziel dieser Regelung ist der Schutz der Kreditwirtschaft im Belegenheitsstaat sowie die Schaffung weitgehender Rechtssicherheit im Hinblick auf dingliche Sicherungsrechte. In Art. 5 Abs. 2 EuInsVO wird als Beispiel das Recht genannt, den Gegenstand zu verwerten oder verwerten zu lassen, um aus dem Erlös befriedigt zu werden, insbesondere aufgrund eines Pfandrechts oder einer Hypothek. Art. 7 EuInsVO sieht die gleiche Rechtslage für den Eigentumsvorbehalt vor. Zudem werden dingliche Rechte durch das sog. Sekundärinsolvenzverfahren erfasst, welches regelmäßig am Belegenheitsort der dinglich belasteten Sache eröffnet wird.[215]

E. Zusammenfassung

Die Ausführungen zu den in diesem Abschnitt aufgeführten Sicherheiten zeigen, dass trotz der Globalisierung und der fortschreitenden Einigung Europas im grenzüberschreitenden Warenverkehr erhebliche rechtliche Unsicherheiten bestehen, wenn es um die Frage geht, wirksame Sicherheiten, insbesondere an der ins Ausland zu liefernde Ware zu bestellen.

Der Grund hierfür liegt in der sowohl weltweit als auch europaweit vollkommen uneinheitlichen Regelung des Rechts der Kreditsicherheiten sowie dem im internationalen Sachenrecht geltenden Grundsatz der lex rei sitae. Diese Umstände können nicht selten zu einem Verlust des Sicherungsrechts im Zeitpunkt des Grenzübertritts der Ware führen. Jedenfalls aber bestehen Unsicherheiten, ob ein im Inland wirksam begründetes Sicherungsrecht unverändert fortbesteht und/oder welchen Einwendungen sich der Sicherungsneh-

---

[213] MüKoInsO/*Negermann*, Länderberichte, Rn. 29; hier auch nähere Informationen zu weiteren ausgesuchten Ländern.
[214] BGHZ 95, 256 ff.
[215] Vgl. hierzu sowie zum Meinungsstreit, falls kein Sekundärinsolvenzverfahren eröffnet wird, Nerlich-*Nerlich* Art. 5 EUInsVO, Rn. 14–30.

mer seitens des ausländischen Besitzers der Ware bzw. seitens des ausländischen Schuldners der Forderung aussetzt, da idR das ausländische Recht auf die Sicherheit Anwendung findet.

224 Bestrebungen für eine Rechtsvereinheitlichung laufen weltweit wie europaweit seit Jahren. Leider bisher mit mäßigem Erfolg. Lediglich vereinzelt sind Rechtsvereinheitlichungen auszumachen, wie beispielsweise die ERA 600 (→ Abschnitt 12). Oftmals scheitern sinnvolle Lösungsvorschläge daran, dass einzelne, idR einflussreiche Staaten ihre Interessen nicht genügend gewahrt sehen. Beispiele hierfür bieten einerseits die Zahlungsverzugsrichtlinie (Richtlinie 2000/35/EG), in die ein Abschnitt zur einheitlichen Regelung des Eigentumsvorbehalts aufgenommen wurde. Allerdings ist mit der Verpflichtung der Mitgliedstaaten, einen einfachen Eigentumsvorbehalt einzuführen, dadurch aufgeweicht worden, dass dies nur im Einklang mit den anwendbaren nationalen Vorschriften, wie sie durch das internationale Privatrecht bestimmt werden, geschehen muss. Dieser Einschub stellt einen Kompromiss dar, welcher die gesamte Richtlinie im Verwaltungsausschuss vor dem Scheitern bewahrt hat.[216] Ein anderes Beispiel ist die Finanzsicherheitenrichtlinie (Richtlinie 2002/47/EG), die gemeinschaftsweit eine einheitliche Regelung für die Bereitstellung von Wertpapieren und Barguthaben als Sicherheit in Form eines beschränkt dinglichen Rechts oder im Wege der Vollrechtsübertragung schaffen will. Die Einführung einer Sicherungsübereignung ist jedoch auf massive Kritik in den Staaten gestoßen, die, wie zB die Niederlande, die Sicherungsrechte der Sicherungsübereignung und der Sicherungszession gänzlich ablehnen.[217] Schließlich sind die Arbeiten der UNCITRAL an einer weltweiten Rechtsvereinheitlichung zu erwähnen, die ebenfalls im Problembereich des Eigentumsvorbehaltes zu keiner Lösung kommen.[218]

225 Eine Rechtsvereinheitlichung des Sicherheitenrechts – zumindest zunächst einmal auf europäischer Ebene – wäre aus verschiedenen Gründen wünschenswert.

226 Die mit einer Rechtsvereinheitlichung einhergehende größere Sicherheit bei der Bewertung der Sicherheiten würde es finanzierenden Banken erleichtern, Kredit zu vergeben. Banken unterliegen aus Gründen des Gläubigerschutzes strengen Eigenkapitalvorschriften, die durch die zurückliegenden Krisen noch verschärft wurden. Das eingegangene Kreditrisiko muss durch Eigenmittel in gesetzlich vorgeschriebenem Umfang abgesichert werden.

227 Ende 2010 ist das Rahmenwerk Basel III (CRD IV)[219] größtenteils vom Baseler Ausschuss[220] für Bankenaufsicht verabschiedet worden und wird seit 2013 schrittweise in die EU-Gesetzgebung umgesetzt. Es wird zu veränderten Eigenkapitals- und Liquiditätsanforderungen kommen und ein Verschuldungsmaß (leverage ratio) wird eingeführt.[221]

228 Eine solche Rechtsvereinheitlichung hätte allerdings wahrscheinlich eine umfangreiche Änderung gerade des deutschen Sicherheitenrechts zur Folge. Denn die weit überwiegende Anzahl der Staaten der Europäischen Union kennen das im deutschen Recht anerkannte Abstraktionsprinzip nicht und verbinden mit der tatsächlichen Sachherrschaft einen weitaus größeren Rechtsschein zugunsten der Verkehrsfähigkeit einer Sache als das deutsche Rechtssystem, in dem besitzlose Rechtspositionen anerkannt sind.

---

[216] Vgl. hierzu *Schmidt-Kessel* NJW 2001, 97, 101.
[217] Vgl. *Kieninger* WM 2005, 2305, 2307 f.
[218] Vgl. *Kieninger* WM 2005, 2353, 2356.
[219] Als CRD (Capital Requirements Directiv = Richtlinie über Eigenkapitalanforderungen) werden die beiden Richtlinien der Europäischen Union 2006/48/EG (Bankenrichtlinie) und 2006/49/EG (Kapitaladäquanzrichtlinie) bezeichnet. Im Rahmen der Verabschiedung von Basel III hat die EU-Kommission im Juli 2011 einen Vorschlag vorgestellt, der als CRD IV bezeichnet wird. Der Vorschlag besteht aus zwei Dokumenten: einer Richtlinie, die in nationales Recht umzusetzen ist, und einer EU-Verordnung, welche unmittelbar anzuwenden ist.
[220] Der Baseler Ausschuss für Bankenaufsicht ist bei der Bank für internationalen Zahlungsausgleich angesiedelt. Im Jahr 1974 haben ihn die Zentralbanken der G10-Staaten gegründet. Ihm gehören Mitglieder aus 27 Ländern an. Der Ausschuss entwickelt Aufsichtsstandards um Empfehlungen für die Bankenaufsicht, welche grundsätzlich unverbindlich sind.
[221] Nähere Ausführungen s. www.bafin.de.

7. Kapitel. Logistik/Transport

Abschnitt 14. Spedition

Übersicht	Rn.
A. Einführung	1
B. Bestimmung des Vertragstyps	5
C. Der Speditionsvertrag (§§ 453 ff. HGB)	7
I. Der Vertrag	7
II. Vertragspflichten	10
1. Die gesetzlichen Hauptpflichten des Spediteurs (§§ 453 Abs. 2, 454 Abs. 1 HGB)	11
2. Die vertraglichen Nebenpflichten (§ 454 Abs. 2 HGB)	16
a) Verpackung	17
b) Umschlag	18
c) Verzollung	19
3. Andere gesetzliche Rechte und Pflichten	20
a) Verpackung und Kennzeichnung des Gutes (§ 455 Abs. 1 HGB)	21
b) Warenbegleitpapiere, Information über die Ware	22
c) Vorschuss/Aufwendungsersatz	24
III. Spezielle Speditionsverträge (§§ 458–460 HGB)	28
1. Selbsteintritt des Spediteurs (§ 458 HGB)	31
2. Spedition zu festen Kosten (§ 459 HGB)	38
3. Sammelladung (§ 460 HGB)	43
IV. Haftung	49
1. Haftung des Spediteurs	49
a) Aus Verlust oder Beschädigung des Gutes	49
b) Aus Pflichtverletzung ohne Verlust/Beschädigung des Gutes	52
c) Für andere	59
2. Haftung des Versenders	60
V. Pfandrecht (§ 464)	62
VI. Zurückbehaltungsrecht (§§ 369 HGB, 273 BGB)	66
VII. Abweichende Vereinbarungen (§ 466)	68
VIII. Verjährung	72
IX. Gerichtsstand	73
D. Der Lagervertrag	74
I. Allgemeines	76
II. Kardinalpflichten des Lagerhalters (§ 467 Abs. 1 HGB)	83
III. Kardinalpflichten des Einlagerers (§ 467 Abs. 2 HGB)	89
IV. Weitere Rechte und Pflichten des Einlagerers	90
V. Weitere Rechte und Pflichten des Lagerhalters	92
VI. Lagerschein (§§ 475c ff. HGB)	96
VII. Haftung	97
VIII. Verjährung	99
IX. Gerichtsstand	101
E. Gemischte oder zusammengesetzte Verträge	102
F. Exkurs: FIATA-Spediteursdokumente	105
I. FBL-FIATA-Multimodal Bill of Lading	107
II. FCR-FIATA Forwarder's Certificate of Receipt (Spediteur-Übernahmebescheinigung)	114
III. FWR-FIATA Warehouse Receipt (Spediteur-Lagerschein)	117
IV. FCT-FIATA Forwarder's Certificate of Transport (Spediteur-Transportbescheinigung)	118
G. Exkurs: Die Allgemeinen Deutschen Spediteurbedingungen (ADSp)	123
I. AGB – Kontrolle (§§ 305 ff. BGB)	127
1. Einbeziehen in den Vertrag	128
2. Die AGB Inhaltskontrolle (§ 307 BGB)	130
II. Zwingendes Recht gem. §§ 449 Abs. 2, 466 Abs. 2 HGB	133
III. Die ADSp-Klauseln – Überblick	135

2. Teil. Das Vertragsrecht des Exportgeschäfts

Literatur: *Bahnsen*, „AGB-Kontrolle bei den Allgemeinen Deutschen Spediteurbedingungen", TranspR 2010, 25; *Baumbach/Hopt*, Handelsgesetzbuch, Kommentar, 35. Aufl. 2012; *Ebenroth/Boujong/Joost/Strohn*, Handelsgesetzbuch, Band 2, 2. Aufl. 2009; *Hartenstein/Reuschle*, Handbuch des Fachanwalts, Transport- und Speditionsrecht, 2. Aufl. 2012; *Heuer*, „Brauchen wir Logistik-AGB?", TranspR 2006, 89; *Hoffmann*, „FIATA Multimodal Transport Bill of Lading und deutsches Recht", Schriftenreihe zum Transportrecht, Band 28, Dissertation, 2002; *ders.*, „FIATA Multimodal Transport Bill of Lading und deutsches Recht", TranspR 2000, 243; *Knorre/Demuth/Schmid*, Handbuch des Transportrechts, 2008; *Koller*, Transportrecht, Kommentar, 7. Aufl. 2010; *ders.*, „Die Wertpapiereigenschaft der FIATA-Bill of Lading", IPRax 1993, 257; *Köper*, „Ausschluss des Aufrechnungsverbots nach Ziff. 19 ADSp bei grobem Verschulden gem. § 435 HGB, Art. 29 CMR, Ziff. 27.2 ADSp", TranspR 2012, 447; *Müller*, „Logistik-AGB: Opus Magnum oder Makulatur?", TranspR 2006, 227; *Schmidt*, Münchener Kommentar zum Handelsgesetzbuch, Band 7, 3. Aufl. 2010; *Oetker*, Kommentar zum Handelsgesetzbuch, 3. Aufl. 2013; *Palandt*, Bürgerliches Gesetzbuch, Kommentar, 72. Aufl. 2013; *Paschke/Furnell*, Transportrecht, 2011; *Valder*, „Stillschweigende Einbeziehung der ADSP", TranspR 2004, XLII; *Valder*, „AGB-Kontrolle im Lagerrecht", TranspR 2010, 27; *Valder/Wieske*, „Logistik AGB: Ein neues Klauselwerk", TranspR 2006, S. 221; *Vogt*, „AGB im kaufmännischem Verkehr – Grundsätze und Grenzen", TranspR 2010, 15.

A. Einführung

1 Der Spediteur bezeichnet sich selbst gern als den „Architekten des Verkehrs". Wie dieser den Bau plant und überwacht, aber nicht selbst baut, plant der Spediteur den Verkehr und beauftragt die Fuhrunternehmer. Er kann, muss aber nicht das Gut selbst befördern. An diesem **idealtypischen Bild** eines Spediteurs orientiert sich der Gesetzgeber in den §§ 453 ff. HGB.[1] Umgangssprachlich orientiert sich der Begriff der Spedition an deren allgemeinem Berufsbild und umfasst alle Tätigkeiten, die ein Spediteur üblicherweise übernimmt. Dazu gehört der Transport genauso wie die Lagerhaltung und der Umschlag, die Verzollung ebenso wie die Verpackung der Güter usw.

2 Der Spediteur wird als **Dienstleister** auf einer Vielzahl von Feldern tätig, für die er von seinem Auftraggeber einen Auftrag erhält, beispielsweise als Hausspediteur, Grenzspediteur, Bahnspediteur, Empfangsspediteur usw. oder außerhalb des gesetzlich geregelten Speditionsvertrags als Versicherungsmakler, Schiffsmakler oder Linienagent, evtl. als Verpackungsbetrieb resp. in der Leutegestellung. Er wird immer die Tätigkeiten dem Kunden anbieten, die dieser gerade verlangt, vorausgesetzt, er kann sie selbst oder durch Dritte erbringen.

3 Der Spediteur ist der **Fachmann,** der für seinen Auftraggeber, der in den heute meist internationalen Märkten nicht mehr alles selbst regeln kann, den **geeignetsten und kostengünstigsten** Transportweg aussucht.[2] Der Spediteur ist dabei häufig auf bestimmte Kontinente oder Länder oder auf bestimmte Transportmodalitäten spezialisiert, zB als Luftfrachtspediteur. Vom Maklervertrag, § 93 HGB, unterscheidet sich der Speditionsvertrag dadurch, dass der Makler regelmäßig nur vermittelnd tätig wird, während der Spediteur erfolgsbezogen arbeitet, gerichtet auf den Abschluss der Transportverträge.[3]

4 Anders als im allgemeinen Sprachgebrauch ist der Spediteur juristisch nicht der Frachtführer. Die Tätigkeit des Spediteurs ist deshalb von der des Frachtführers zu unterscheiden, was manchmal schwierig ist, auch weil der Spediteur meistens im Selbsteintritt (→ Rn. 31 f.) zusätzlich als Frachtführer auftritt.

B. Bestimmung des Vertragstyps

5 Der berufsbezogene Begriff Spedition ist daher deutlich weiter gefasst als der rechtlich definierte Begriff. Die individuell vereinbarten Dienstleistungen sind bei rechtlicher Betrachtung an den durch Gesetz normierten Berufsbildern zu messen und über diese zu bestimmen. Die HGB Transportrechtsverträge sind gegenüber den im BGB normierten Ver-

---

[1] *Koller* § 453 Rn. 1; § 454 Rn. 21.
[2] Baumbach/Hopt/*Merkt* § 453 Rn. 1.
[3] Oetker/*Paschke* § 453 Rn. 5.

trägen in einigen Bereichen wie zB Haftung und Verjährung privilegiert. Es ist daher notwendig, die vertragliche Vereinbarung rechtlich zu typisieren.

Neben den im HGB definierten Fracht-, Speditions- und Lagerhalterverträgen sind mindestens noch die im BGB aufgeführten Vertragstypen wie Werkvertrag, Geschäftsbesorgungsvertrag, Dienst- und Verwahrungsvertrag zu prüfen sowie alle evtl. daraus gebildeten, individuell vereinbarten Mischformen. Ein **Logistikvertrag** ist in der Regel eine **Mischform,** → Rn. 102. 6

C. Der Speditionsvertrag (§§ 453 ff. HGB)

I. Der Vertrag

Der Spediteur verpflichtet sich im Speditionsvertrag, die **Versendung des Gutes zu besorgen,** § 453 Abs. 1 HGB. Sein Vertragspartner ist der Versender, § 453 Abs. 2 HGB. Der Anwendungsbereich des Speditionsvertrags ist nach § 453 Abs. 3 HGB beschränkt auf gewerbliche Unternehmen, aber auch auf den Gelegenheitsspediteur. Der entgeltliche Speditionsvertrag ist eine Spezialität des Geschäftsbesorgungsvertrags, §§ 675 ff. BGB, dessen Vorschriften dort anzuwenden sind, wo die §§ 453 ff. HGB Lücken lassen. Der Speditionsvertrag ist formlos, auch mündlich gültig. 7

Der Spediteur schließt die **Ausführungsverträge im eigenen Namen,** aber in der Regel für Rechnung des Versenders ab, § 454 Abs. 3 HGB. Er kann die Verträge auch im Namen des Versenders abschließen, wenn er dazu extra bevollmächtigt ist. Er hat bei der Erfüllung aller Pflichten das **erkennbare oder mutmaßliche Interesse** des Versenders, also seines Vertragpartners, zu wahren, § 454 Abs. 4 HGB, auch wenn dessen Interessen mit den eigenen kollidieren. Diese generelle Treuepflicht hat der Spediteur bereits bei einer **Beratung vor Vertragsschluss** – *in contrahendo* – zu beachten, § 454 Abs. 4 HGB iVm §§ 311 Abs. 2, 241 Abs. 2 BGB, was sich schon aus dem Charakter eines Geschäftsbesorgungsvertrages ergibt.[4] So muss er ggf. den Versender auf mögliche Probleme oder Undurchführbarkeit des gewünschten Transports hinweisen. 8

Bei längerfristigen Verträgen, wie für Logistikverträge üblich, können auch die Bestimmungen des Handelsvertretervertrages, §§ 84 ff. HGB, zu beachten sein. Meistens werden durch den Spediteur die Allgemeinen Deutschen Spediteurbedingungen, 2003 (ADSp) als Allgemeine Geschäftsbedingungen (AGB) in den Vertrag einbezogen, bei Logistikverträgen evtl. die VBGL.[5] 9

II. Vertragspflichten

Neben den gesetzlichen Pflichten und Rechten aus dem Speditionsvertrag ist die Vielzahl der individuellen vertraglichen Vereinbarungen zu berücksichtigen, zu werten und zu typisieren. 10

1. Die gesetzlichen Hauptpflichten des Spediteurs (§§ 453 Abs. 2, 454 Abs. 1 HGB). Der Spediteur hat die **Beförderung des Gutes zu organisieren.** Die Organisation umfasst 3 Phasen: 11

1. Die Konzeption als die Bestimmung des Beförderungsmittels, des Beförderungsweges und danach die Ausführungsphase, nämlich die Auswahl der Frachtführer usw.,
2. der Abschluss der erforderlichen Verträge und die notwendigen Weisungen und Informationen an die ausführenden Unternehmen und

---

[4] *Koller* § 453 Rn. 42 mH auf BGH v. 12.1.1966, VersR 1966, 461, 466; MüKoHGB/*Bydlinski* § 453 Rn. 148.
[5] *Koller* § 453 Rn. 37; § 454 Rn. 42; Baumbach/Hopt/*Merkt* § 453 Rn. 17.

3. die Nachphase mit der Sicherung etwaiger Ansprüche des Versenders aus den vom Spediteur geschlossenen Verträgen, wie zB Besorgung von Dokumenten, Ablieferungsquittungen, jedoch nicht die Durchsetzung dieser Ansprüche.[6]

12 In der Ausführung des Speditionsvertrages ist der Spediteur bei fehlenden Vorgaben des Versenders weitgehend frei. Dabei hat der Spediteur auf Grund des zwischen ihm und dem Versender bestehenden Vertrauensverhältnisses **das Interesse des Versenders** an Preisgünstigkeit, Zuverlässigkeit und Geschwindigkeit bei Auswahl der Unternehmer und Vergabe der Aufträge zu berücksichtigen, er hat hierzu ggf. die Weisungen des Versenders einzuholen. Die Zuverlässigkeit der beauftragten Unternehmer muss begründet angenommen werden dürfen. Auf handelsübliche, den Interessen des Versenders nicht zuwiderlaufende AGB der beauftragten Unternehmer muss geachtet werden.

13 Die vom Spediteur geschlossenen **Verträge sind fremdnützig,** dh die Frachtführer sind nicht Erfüllungsgehilfen des Spediteurs, §§ 462 HGB, 276 BGB. Das gilt auch, wenn der Spediteur seine Organisationspflichten nicht selbst ausführen kann oder will und mit ggf. stillschweigendem Einverständnis des Versenders Zwischenspediteure einschaltet.

14 Die Organisation der Beförderung beinhaltet nicht die Beförderung der Güter, – das wäre ein Transportvertrag, §§ 407 ff. HGB –, es sei denn, der Spediteur tritt selbst ein, § 458 HGB, übernimmt eine Spedition zu fixen Kosten, § 459 HGB, oder die Versendung in Sammelladung, § 460 HGB. In diesen Fällen haftet der Spediteur wie ein Fuhrunternehmer.[7] Dies gilt jedoch nicht, wenn bei einer Fixkosten-Spedition die schadensbegründende Schlechterfüllung einer vertraglich übernommenen Pflicht die Organisation als solche gem. § 454 Abs. 2 HGB betrifft; es gilt dann die Haftung gem. § 461 Abs. 2 S. 1 HGB.[8]

15 Bei objektiver oder subjektiver **Unmöglichkeit** iSd § 275 BGB entsteht kein Anspruch auf Vergütung, § 326 BGB, es sei denn, die Unmöglichkeit beruht darauf, dass das zu versendende Gut bereits vor Vertragsschluss untergegangen ist oder aus anderen, in der Sphäre des Versenders liegenden Gründen nicht befördert werden kann, § 645 BGB analog.[9]

16 **2. Die vertraglichen Nebenpflichten (§ 454 Abs. 2 HGB).** Neben den Kernpflichten werden in der Regel weitere, auf die Beförderung bezogene Leistungen des Spediteurs vereinbart, beispielsweise die Versicherung, die Verpackung und Kennzeichnung des Gutes oder die Zollbehandlung. Den Abschluss von Ausführungsverträgen zu diesen Nebenleistungen schuldet der Spediteur jedoch nur bei vertraglicher Vereinbarung.

Solche **Nebenleistungen** sind Teile des Speditionsvertrages, wenn sie **beförderungsbezogen** sind, sonst sind sie den übrigen Vertragstypen zuzuordnen.

17 **a) Verpackung.** Das Verpacken gehört zu den in § 454 Abs. 2 HGB aufgeführten Nebenleistungen des Spediteurs im Speditionsvertrag, wenn es beförderungsbezogen ist. Hat der Spediteur jedoch die Pflicht zur Verpackung des Gutes auf Grund einer selbständigen Abrede unabhängig von der Speditionsleistung übernommen, so ist auf die Erbringung der Verpackungsleistung Werkvertragsrecht anzuwenden.[10]

18 **b) Umschlag.** Der Umschlag ist die Verladung des Gutes von einem Beförderungsmittel auf ein anderes mit ggf. kurzer Zwischenlagerung, damit Teil des Auftrags zur Beförderung, §§ 407 ff. HGB, und fällt so unter die transportbedingten Nebenpflichten. Liegt der Schwerpunkt der vereinbarte Leistung jedoch auf der Lagerung des Gutes, liegt ein Lagervertrag, §§ 467 ff. HGB, vor.[11] Einem Frachtführer ist ein qualifiziertes Verschulden vorzuwerfen, wenn er bekannt wertvolle Güter mit einem Wert von über € 100.000,– nicht in

---

[6] Hartenstein/Reuschle, *Janßen,* Teil 1, Kap. 7 Rn. 42.
[7] *Koller* § 454 Rn. 5–7.
[8] BGH v. 16. 2. 2012, I ZR 150/10, TranspR 2012, 148.
[9] *Koller* § 456 Rn. 6.
[10] BGH v. 13.9.2007, I ZR 207/04, HSR 2007, 208, Nr. 124.
[11] *Koller* § 467 Rn. 3; § 453 Rn. 25, 30a.

sein Sicherheitslager verbringt.[12] Im Seehafen kann der Umschlag eine eigene Transportstrecke, meist im intermodalen Verkehr, sein.

c) Verzollung. Die Verzollung gehört zu den Nebenpflichten des Spediteurs, § 454 Abs. 2 HGB. Ist sie aber nicht transportbedingt, wie die Verzollung im „offenen Zolllager (OZL)", also in einem Lager, in dem Ware unverzollt gelagert, veredelt oder verkauft werden kann, liegt ein Geschäftsbesorgungsvertrag, § 675 BGB, vor. 19

3. Andere gesetzliche Rechte und Pflichten. Neben den individuell vertraglich vereinbarten Rechten und Pflichten hat der Gesetzgeber im HGB weitere definiert: 20

a) Verpackung und Kennzeichnung des Gutes (§ 455 Abs. 1 HGB). Der Versender, der die Natur der Ware besser kennt, hat die Pflicht, das Gut entsprechend der durch den Spediteur gewählten Beförderungsart zu verpacken und zu kennzeichnen, § 455 Abs. 1 HGB. Über die Risiken der Beförderungsart und des Transportweges muss der Spediteur den Versender vorher informieren und ihn ggf. über die Verpackungsanforderungen des von ihm geplanten Transportweges beraten. Der Spediteur kann nach Vereinbarung die Verpackung als Nebenpflicht übernehmen, so. 21

b) Warenbegleitpapiere, Information über die Ware. Der Versender muss den Spediteur über die **Beschaffenheit** der Ware **informieren,** wenn diese Information zur Planung der Beförderung oder einer Einlagerung benötigt wird, zB über ungewöhnliche Gewichte einzelner Packstücke[13] oder besondere Umschlagsanforderungen, Kühlanforderungen, Empfindlichkeit der Ware gegen Feuchtigkeit, Sonnenbestrahlung usw. Bei Gefahrgut ist der Spediteur über die Gefahrguteigenschaften in Textform, §§ 126a BGB, 410 HGB analog, zu informieren. Eingeschränkt wird diese Verpflichtung dadurch, dass der Spediteur als Fachmann eigene Erfahrungen hat, über die er wiederum den Versender als dessen Interessenwahrer informieren muss, § 455 Abs. 1 HGB. 22

Ebenso muss der Versender dem Spediteur die Warenbegleitpapiere übergeben, die dieser für die ihm übertragene Organisation benötigt. Dazu gehört ggf. eine Handelsrechnung oder eine Ausfuhrerklärung, falls der Spediteur diese nicht selbst vertragsgemäß besorgt. Andererseits hat der Spediteur den Versender über die notwendigen Begleitpapiere und Informationsanforderungen zu beraten. 23

c) Vorschuss/Aufwendungsersatz. Aus dem Charakter des Speditionsvertrags als Geschäftsbesorgung ergibt sich, dass der Spediteur einen **Vorschuss** für die ihm bei der Besorgung der Versendung, § 454 Abs. 1 HGB, entstehenden Aufwendungen, § 669 BGB, und **Ersatz** für solche **Aufwendungen** verlangen kann, die er dem Umständen nach für erforderlich halten durfte, § 670 BGB, unabhängig davon, ob die Aufwendungen sich später als erfolgreich oder erfolglos herausstellen. 24

Man kann vom Spediteur kaum erwartet, dass er aus der vereinbarten Vergütung für seine Dienstleistung die meist hohen Zölle oder Frachten verauslagt. Ohne **Vorschusszahlung** kann der Spediteur die Erfüllung des Auftrags verweigern; der Versender wäre schadensersatzpflichtig.[14] Der Vorschuss kann bei nicht bestimmungsgemäßer Verwendung zurückgefordert werden, § 667 BGB. 25

Das gleiche gilt für **Auslagen,** die notwendigerweise anfallen, zB Seefracht, evtl. hohe Telefonkosten bei Klärung von Transportdetails. Hierüber muss der Spediteur den Versender informieren, § 666 BGB. 26

Der Spediteur kann die **Verzinsung** des aufgewendeten Betrags, § 256 BGB, oder Befreiung von den für die Aufwendungen eingegangenen Verbindlichkeiten verlangen, § 257 BGB, zB verlangen, dass der Versender Zölle oder Frachten direkt bezahlt. 27

---

[12] LG Wuppertal v. 4.1.2012, 13 O 62/10, TranspR 2012, 378.
[13] Etwa bei Verladung über See: Gem. dem Gesetz über die Gewichtsbezeichnung an schweren schiffbeförderten Frachtstücken v. 28.6.1933, § 1 Abs. 1, 2.
[14] Palandt/*Sprau* § 669 Rn. 1–3.

III. Spezielle Speditionsverträge (§§ 458–460 HGB)

28 In den Fällen des Selbsteintritts des Spediteurs, der Spedition zu festen Kosten und der Sammelladung, §§ 458–460 HGB, hat der Gesetzgeber bestimmt, dass der Spediteur als Frachtführer haftet, dh ggf. bei einem Transport über See auch als Verfrachter, als CMR-Frachtführer, Luftfrachtführer usw., ferner bei intermodalen Transporten bei einem unbekannten Schadensort, § 452 HGB.

29 Dies gilt jedoch nicht, wenn bei einer Fixkosten-Spedition die schadensbegründende Schlechterfüllung einer vertraglich übernommenen Pflicht die Organisation als solche gem. § 454 Abs. 2 HGB oder eine speditionelle Nebenpflicht (Verpackungsfehler) betrifft; es gilt dann die Haftung gem. § 461 Abs. 2 S. 1 HGB, 280 ff. BGB, wobei die Beweisverteilung bei § 461 Abs. 2 S. 1 HGB sich nach den für § 280 I BGB geltenden Regeln richtet. Der Gläubiger ist regelmäßig beweispflichtig für den Kausalzusammenhang zwischen Pflichtverletzung und dem eingetretenen Schaden.[15]

30 Die Fälle gem. §§ 458–460 HGB umfassen wohl die weit überwiegende Mehrzahl der Speditionsverträge. Es soll verhindert werden, dass über den Speditionsvertrag die Frachtführerhaftung ausgehebelt werden kann. Die Haftung des Spediteurs auch als Frachtführer ist daher in diesen Fällen nicht abdingbar, § 466 Abs. 2 HGB.

31 **1. Selbsteintritt des Spediteurs (§ 458 HGB).** Nach dem Speditionsvertrag organisiert der Spediteur die Beförderung im eigenen Namen, aber fremdnützig für Rechnung des Versenders, in dem er andere mit der Beförderung, der Lagerhaltung usw. beauftragt.

32 Wenn der Spediteur jedoch statt andere zu beauftragen **selbst in die Beförderungsleistung** eintritt, wozu ihn § 458 S. 1 HGB befugt, hat er hinsichtlich der Beförderung *zusätzlich* alle Rechte und Pflichten aus dem Beförderungsvertrag, §§ 407 ff. HGB. Den **Selbsteintritt** muss er dem Versender gegenüber erklären. Es kommt dabei zu einem **Nebeneinander** von **Speditionsvertrag** und **Frachtvertrag,** in dem der Spediteur nunmehr selbst die Beförderung schuldet. Er erlangt die januskö̈pfige Doppelrechtsstellung eines „Spediteur-Frachtführers".[16] Er kann daher sowohl die vereinbarte Speditionsvergütung wie die gewöhnliche, am Markt orientierte Fracht verlangen, § 458 S. 3 HGB.

33 Ist die gewöhnliche, am Markt orientierte Fracht nicht ermittelbar, muss diese nach „billigem Ermessen", § 315 BGB, also unter Berücksichtigung der Interessen beider Parteien und des in vergleichbaren Fällen Üblichen festgesetzt werden.[17] Da die Billigkeit ggf. durch ein Gerichtsurteil festgestellt werden muss, ist diese Regelung wenig praxisgerecht. Die Orientierung der vom Versender geschuldeten Fracht an den Marktpreisen ist schon deswegen unverzichtbar, damit sich der Preis nicht an den Eigeninteressen des Spediteurs ausrichtet. Er darf **nicht** selbst eintreten, um danach einen Frachtführer zu beauftragen, der die für den Selbsteintritt offerierte Fracht unterbietet, um dann als Spediteur mit Selbsteintritt die **Frachtdifferenz einzustecken.**[18]

34 Seine Pflichten und Rechte aus dem Speditionsvertrag, die Organisation der Beförderung betreffend, bleiben davon unberührt. Der Spediteur hat weiterhin das Interesse des Versenders an einer optimalen, nämlich schnellen, kostengünstigen und sicheren Beförderung zu wahren, um nicht schadensersatzpflichtig zu werden. Er hat nach Vertragsschluss kein freies Ermessen mehr,[19] ob er nun selbst eintreten will oder nicht, sondern muss sich an den marktüblichen Konditionen messen lassen, ggf. muss er auf den Selbsteintritt verzichten.

35 Der **Selbsteintritt betrifft** die Beförderung, **nicht die speditionelle Leistung** der Organisation, die der Spediteur ohnehin selbst schuldet, es sei denn, er beauftragt einen

---

[15] BGH v. 16.2.2012, I ZR 150/10, TranspR 2012, 148.
[16] Ebenroth/Boujong/Joost/Strohn/*Rinkler* § 458 Rn. 20 ff.
[17] Palandt/*Grüneberg* § 315 Rn. 10.
[18] *Koller* § 458 Rn. 7.
[19] *Koller* § 458 Rn. 4, 5.

Zwischenspediteur, § 454 Abs. 1 Nr. 2 HGB, der gegenüber dem Versender eigenverantwortlich handelt. In der beruflichen Praxis betreibt der Spediteur als Unternehmer in der Regel gleichzeitig ein Fuhrunternehmen oder ein Lager, was dem versierten Versender üblicherweise bekannt ist. Im Übrigen muss der Spediteur ohnehin den Versender fremdnützig beraten.

Streitig[20] und in der Rechtsprechung uneinheitlich entschieden ist, ob der Selbsteintritt für nur eine Teilstrecke möglich ist (hM), während für die übrige Strecke ein Dritter vom Spediteur beauftragt wird. Es kommt dann zu einem typengemischten Vertrag (→ Rn. 102), nämlich einem Speditionsvertrag mit Selbsteintritt und einem Frachtvertrag.[21] 36

Streitig ist ebenso, ob der Spediteur auch hinsichtlich einer Lagerung, wenn diese nicht ein Nebengeschäft der Beförderung ist, wegen der großen Nähe des Lagergeschäfts zur Beförderung in analoger Anwendung des § 458 HGB selbst als Lagerhalter gem. §§ 467 ff. HGB eintreten kann.[22] In der Regel kommt es dabei jedoch zu einem gemischten Vertrag. Der Spediteur kann grundsätzlich, allerdings pflichtwidrig, auch im „unechten Selbsteintritt" auf *eigene* Rechnung einen Frachtführer wirksam beauftragen. Er bleibt dabei als fremdnütziger Geschäftsbesorger verpflichtet, die Interessen des Versenders zu bewahren. 37

2. Spedition zu festen Kosten (§ 459 HGB). Eine Spedition zu festen Kosten (**Fixkostenspedition**) liegt vor, wenn der Spediteur sich einerseits vertraglich zur Organisation der Beförderung verpflichtet, § 454 Abs. 1 HGB, andererseits seine speditionelle Vergütung und die Kosten für die von ihm eigentlich für **Rechnung** des Versenders beauftragte Beförderung ggf. inklusive der beförderungsbezogenen Nebenleistungen **nicht aufgeschlüsselt,** sondern in einer Gesamtsumme pauschaliert und nicht überprüfbar dem Versender aufgibt, § 459 S. 1 HGB. 38

Fixe Kosten sind ein Indiz für den **Wegfall** der geforderten **Fremdnützigkeit** im Speditionsvertrag.[23] Eine Fixkostenvereinbarung kann auch stillschweigend zustande kommen, wenn der Versender nach den Umständen, etwa der bestehenden Geschäftsbeziehung, eine pauschalierte Rechnung erwarten darf. Dabei muss eine Spedition für eigene, statt für fremde Rechnung auch faktisch vorliegen, nicht nur ein Fehler beim Spediteurvertrag.[24] 39

Streitig ist, ob die Spedition zu festen Kosten sich auch auf speditionelle Nebenleistungen im Zusammenhang mit der Beförderung erstreckt.[25] Entscheidend ist, dass der Spediteur aus der Differenz zwischen den dem Versender pauschal berechneten Beförderungskosten und den später konkret angefallenen Aufwendungen einen **Gewinn** ziehen kann und dieser dem Versender **verborgen bleibt.**[26] Verhindert werden soll, dass der Spediteur im Interesse eines möglichst hohen eigenen Gewinns zwar preisgünstige, aber vielleicht weniger zuverlässige oder insolvente Frachtführer einsetzt, gleichzeitig aber als Geschäftsbesorgungsspediteur selbst nur für ein Auswahlverschulden haftet. Das Recht, dem Versender die eigene Kalkulation verborgen zu halten und lediglich einen Fixpreis zu fordern, muss mit der Haftung für den Beförderungserfolg korrespondieren. Der Spediteur hat in diesem Fall einen Anspruch auf Ersatz seiner Aufwendungen nur, soweit dies üblich ist, § 459 S. 2 HGB. 40

Abzugrenzen ist die Spedition zu fixen Kosten von der Vereinbarung eines pauschalierten Aufwendungsersatzes, was sich nicht gegenseitig ausschließt.[27] 41

Liegt eine Spedition zu festen Kosten vor, übernimmt der Spediteur für den Teil der Beförderung alle Rechte und Pflichten eines Frachtführers. Die Rechte aus dem Speditions- 42

---

[20] Koller § 458 Rn. 4, 5, 7, 16, 17.
[21] Zustimmend: Koller § 458 Rn. 16, 12–21 mwN.
[22] Zustimmend Koller § 458 Rn. 26; ebenso: Oetker/Paschke, HGB, § 458 Rn. 3.
[23] Ebenroth/Boujong/Joost/Strohn/Rinkler § 459 Rn. 17.
[24] Koller § 459 Rn. 20.
[25] Koller § 459 Rn. 4, 4a, 7 ff.
[26] Koller § 459 Rn. 1, 19; kritisch: Hartenstein/Reuschle, Janßen, Kap. 7, Rn. 59.
[27] Ebenroth/Boujong/Joost/Strohn/Rinkler § 459 Rn. 52.

vertrag und die Pflichten zur Wahrung der Interessen des Versenders bleiben bestehen. Die Spedition zu festen Kosten erstreckt sich nur auf die Beförderung von Gütern, nicht auf deren Lagerung, die nach den lagerrechtlichen Vorschriften oder denen des gemischten Vertrages zu beurteilen ist.

43 **3. Sammelladung (§ 460 HGB).** Eine Versendung in Sammelladung liegt vor, wenn das Gut eines Versenders zusammen mit dem Gut eines anderen Versenders planmäßig auf eigene Rechnung des Spediteurs verladen wird, es werden also **Aufträge** von verschieden Auftraggebern **gebündelt.**[28] Die Zusammenfassung von Sendungen eines einzigen Versenders ist keine Beförderung in Sammelladung.

44 Die Abwicklung verläuft in 3 Phasen:
1. im Vorlauf das Abholen des Gutes beim Versender und der Umschlag resp. die Anlieferung beim Sammelspediteur,
2. die Zusammenfassung der Einzelsendungen im Hauptlauf, dh die eigentliche Sammelverladung, und
3. die Zustellung der Ware zum Empfänger im Nachlauf.[29]

45 Die 3 Phasen sind wegen der evtl. unterschiedlichen Haftungsregime von einander **abzugrenzen,** zB wenn der Vor- und Nachlauf fremdnützig beauftragt wird. Einzugrenzen ist der Zeitpunkt des Beginns und des Endes der Sammelversendung. Die Beförderung in Sammelladung beginnt mit der Übergabe des Gutes an den Sammelbeförderer und endet mit der Auslieferung an den vom Sammelladungsspediteur benannten Empfangsspediteur.[30] Der Vorlauf, also das Verbringen des Gutes zum Sammelbeförderer und der Nachlauf, also das Ausrollen, (der Transport) des Gutes vom Sammelbeförderer zum vom Versender bestimmten Empfänger gehören nicht zur Sammelversendung; der Sammelladungsspediteur haftet nicht für den Vor- und Nachlauf.[31] Für seine außerhalb der Sammelversendung erbrachten Leistungen bleibt es bei seinen Rechten und Pflichten als Spediteur, §§ 453, 454 HGB.

46 Wegen der Fremdnützigkeit des Speditionsvertrages muss die Bündelung auch im Interesse des Versenders sein, § 454 Abs. 4 HGB; eine Verpflichtung des Spediteurs zur Versendung in Sammelladung besteht wegen der höheren Haftung als Frachtführer jedoch nicht, es sei denn, diese Verpflichtung ergibt sich aus der Verkehrssitte, § 157 BGB, zB bei Kleinsendungen.

47 Die Beförderung in Sammelladung ist die schon aus Kostengründen im Stückgutverkehr gängige Praxis. Die Beförderung in Sammelladung ist eine spezielle Form des Selbsteintritts, § 458 HGB, wenn der Spediteur sie selbst bewirkt, ggf. auch eine Mischung aus Selbsteintritt und Fixkostenspedition.[32]

48 Der Versender schuldet für die Beförderung in Sammelladung eine angemessene, also eine für vergleichbare Sammeltransporte übliche Vergütung. Diese kann die anteilig auf das Gut des Versenders entfallende Fracht zuzüglich eines angemessenen Gewinnzuschlags sein, maximal jedoch die Fracht, die in einem isolierten Vertrag über die Beförderung vereinbart worden wäre.[33] Der Spediteur hat daneben weiterhin ein Anrecht auf Vergütung seiner speditionellen Leistungen aus dem Speditionsvertrag.

IV. Haftung

49 **1. Haftung des Spediteurs. a) Aus Verlust oder Beschädigung des Gutes.** Bei Verlust oder Beschädigung des Gutes während der Obhut des Spediteurs haftet dieser gem. §§ 461 Abs. 1, 425 HGB für den Schaden wie ein Fuhrunternehmer verschuldensunabhängig nur

---

[28] Oetker/*Paschke* § 460 Rn. 1.
[29] Ebenroth/Boujong/Joost/Strohn/*Rinkler* § 460 Rn. 2–4.
[30] *Koller* § 460 Rn. 4, 10, 11.
[31] BGH v. 7.4.2011, I ZR 15/10, TranspR 2011, 365.
[32] Baumbach/Hopt/*Merkt* § 460, Rn. 1; Oetker/*Paschke* § 460 Rn. 4; *Koller* § 460 Rn. 1.
[33] *Koller* § 460 Rn. 18.

mit Wertersatz und begrenzt. Die Frachtführerhaftung des Spediteurs erstreckt sich nicht auf den Gerichtsstand für Beförderungsverträge gem. § 440 HGB aF, jetzt § 30 ZPO nF.[34] Hat der Spediteur vorsätzlich oder leichtsinnig und in dem Bewusstsein, dass ein Schaden mit Wahrscheinlichkeit eintreten werde, gehandelt, haftet er unbegrenzt, §§ 461 Abs. 1 S. 2, 435 HGB. Von dieser zwingenden Haftung kann nur bei ausgehandelten Vereinbarungen abgewichen werden, § 466 Abs. 1 HGB.

Die Obhut setzt voraus, dass das Gut sich zum Zeitpunkt des Schadens in seinem **Besitz** 50 befindet, § 854 BGB, er also die **Herrschaftsgewalt** darüber hat. Die Übernahme der Obhut über das Gut durch von ihm beauftragte Dritte wird ihm nicht zugerechnet, da er nicht die Beförderung schuldet.[35] Hat bei der Entstehung des Schadens ein Verhalten des Versenders oder ein besonderer Mangel des Gutes mitgewirkt, ist Mitverschulden anzurechnen, § 461 Abs. 3 HGB, entsprechend zu § 425 Abs. 2 HGB. Ist der Spediteur ein reiner **Geschäftsbesorgungsspediteur** (sog. „Sofaspediteur") ist § 461 Abs. 1 HGB nicht einschlägig, weil er die Obhut nicht übernommen hat.

Außervertragliche Ansprüche, wie deliktische aus unerlaubter Handlung gem. §§ 823 ff. 51 BGB sind gem. §§ 461 Abs. 1 iVm 434 HGB nicht zusätzlich geltend zu machen, sofern sie auf dem Verlust oder einer Beschädigung des Gutes beruhen. Der Spediteur kann Einwendungen gem. § 434 HGB nF auch vertragsfremden Dritten entgegenhalten, es sei denn, diese entsprechen zu Lasten des Versenders nicht dem § 466 HGB nF, der Dritte hat der Beförderung nicht zugestimmt oder das Gut ist dem rechtmäßigen Besitzer abhanden gekommen.

b) Aus Pflichtverletzung ohne Verlust/Beschädigung des Gutes. Der Spediteur haftet 52 gem. § 461 Abs. 2 HGB verschuldensabhängig unbegrenzt für einen Schaden, der nicht durch Verlust oder Beschädigung des Gutes, sondern durch Pflichtverletzung bei den speditionellen Hauptpflichten, aus dem übergeordneten Geschäftsbesorgungsvertrag, § 675 BGB, oder bei vorvertraglichen Pflichtverletzungen, §§ 311 Abs. 2, 241 Abs. 2 BGB, entstanden ist, nach den Bestimmungen der §§ 280 ff., 311, 311a BGB. Dies gilt auch für einen Fixkostenspediteur bei Schlechterfüllung einer von ihm vertraglich übernommenen speditionellen Nebenpflicht iSd § 454 Abs. 2 Nr. 1 HGB (fehlerhafte Verpackung des Transportgutes).[36]

Der Spediteur ist schadensersatzpflichtig, wenn die Pflichtverletzung kausal für den Scha- 53 den ist und er diese auch zu vertreten hat, was widerleglich vermutet wird, § 280 Abs. 1 S. 2 BGB. Der Gläubiger ist regelmäßig beweispflichtig für den Kausalzusammenhang zwischen Pflichtverletzung und dem eingetretenen Schaden.[37] Vertreten muss der Spediteur Vorsatz und Fahrlässigkeit, die vorliegt, wenn er die im Verkehr erforderliche Sorgfalt außer Acht lässt, § 276 BGB. Der Sorgfaltsmaßstab ist der eines ordentliches Kaufmanns, §§ 374, 462 Abs. 2 S. 2 HGB, hier eines Spediteurs.

Dieser Sorgfaltsmaßstab ist nicht eingehalten, wenn er keine zuverlässigen Unternehmer 54 beauftragt, zB solche, die für die vorgesehene Beförderung nicht die notwendigen Kenntnisse, nicht das notwendige Gerät, eine schlechte Reputation haben oder insolvent sind **(Auswahlverschulden).**

Von dieser Haftung ist der Spediteur aber befreit, wenn der Schaden durch die Sorgfalt 55 eines ordentlichen Kaufmanns nicht abgewendet werden konnte, § 461 Abs. 2 S. 2 HGB. Das wäre der Fall, wenn der Spediteur dem beauftragten Unternehmer die notwendigen Kenntnisse zutrauen durfte, zB aus früheren Aufträgen.

Sollte ein Verhalten des Versenders oder ein Mangel des Gutes mitursächlich für den 56 Schaden sein, so hängen die Verpflichtung zum Ersatz und der Umfang des Ersatzes davon

---

[34] So das LG München II v. 14.5.2012, 4 HKO 612/12, TranspR 2012, 380, da § 461 HGB nicht auf § 440 HGB verweist.
[35] *Koller* § 461 Rn. 4.
[36] BGH v. 16.2.2012, I ZR 150/10, TranspR 2012, 148.
[37] BGH aaO.

ab, inwieweit diese Umstände zu dem Schaden beigetragen haben, § 461 Abs. 3 HGB. Ein **Mitverschulden** kann zB bei Falschinformation über die Ladung vorliegen, wenn deswegen ein ungeeigneter Fuhrunternehmer beauftragt wird, bei Fehlen wichtiger Dokumente oder bei einem Mangel der Verpackung, wenn trotz entsprechender Beratung des Spediteurs die Verpackung nicht transportgerecht eingerichtet wird und der Schaden daraus entstanden ist. Hier ist dann ein Mitverschulden gem. §§ 425 Abs. 2 HGB analog, 254 BGB anzunehmen; der Schaden wäre ganz oder teilweise vom Versender zu tragen. Der BGH hat in einer Reihe von Entscheidungen dazu und zur Höhe des Mitverschuldens Stellung genommen.[38]

57   Die eigentlich unbegrenzte Schadenshöhe kann durch **AGB**, zB den **ADSp 2003**, im Rahmen des § 466 HGB auf eine Höhe von 2–40 SZR je Kilogramm Rohgewicht (s. a. § 431 HGB) **begrenzt** werden, wenn der Versender kein Verbraucher ist, die AGB jeweils individuell vereinbart wurden oder wenn die Haftungsbegrenzung im vorformulierten Vertrag in geeigneter Weise[39] hervorgehoben ist, ansonsten gilt eine in AGB vorgegebene Haftungsbegrenzung nicht.[40]

58   Neben der schuldrechtlichen Haftung nach § 461 Abs. 2 HGB hat der Spediteur auch unbegrenzt für außervertragliche Ansprüche, wie deliktische aus unerlaubter Handlung gem. §§ 823 ff. BGB, zB für Gesundheitsverletzungen wegen fehlender oder fehlerhafter Information über Gefahrgut einzustehen. § 434 HGB ist bei Pflichtverletzungen ohne Verlust und Beschädigung des Gutes nicht einschlägig.

59   **c) Für andere.** Der Spediteur haftet für seine Leute in gleichem Umfang wie für sich selbst, § 462 S. 1 HGB, und für andere, nicht betriebszugehörige Personen, denen der Spediteur sich bei der Organisation der Versendung als Erfüllungsgehilfen bedient,[41] § 462 S. 2 HGB, die also mit dem Willen des Spediteurs und auf seine Rechnung tätig sind.[42]

60   **2. Haftung des Versenders.** Der Versender haftet verschuldensunabhängig unbegrenzt für Verletzungen seiner Pflichten (ungenügende Verpackung, fehlende Urkunden, mangelnde Information) gem. §§ 455 Abs. 2, Abs. 3 iVm 414 Abs. 1 S. 1, Abs. 2 HGB nF, 280 ff. BGB. Ggf. ist ein Mitverschulden des Spediteurs zu berücksichtigen, § 414 Abs. 2 HGB nF. Ist der Versender Verbraucher haftet er nur bei Verschulden, § 455 Abs. 3 HGB. Der Versender kann aber durch AGB gem. § 466 Abs. 2 S. 2 HGB nF seine Haftung begrenzen.

61   Der Versender haftet unbegrenzt verschuldensabhängig nach §§ 280 ff. BGB, bspw. für die termingerechte Bezahlung der speditionellen Vergütung und der Aufwendungen und Auslagen und für alle nicht beförderungsbezogenen, vertraglichen Pflichtverletzungen.

V. Pfandrecht (§ 464)

62   Durch § 464 HGB nF[43] wird das Pfandrecht des Spediteurs entsprechend dem des Frachtführers gem. § 441 HGB nF ausgestaltet. Danach hat der Spediteur, wenn es nicht abbedungen wird, ein Pfandrecht an dem Gut des Versenders oder eines Dritten, der der Versendung zugestimmt hat, und an den Begleitpapieren, auch für vorhergehende Spediteure, §§ 464 nF, 465 HGB iVm §§ 1204 ff. BGB, wegen aller **konnexen**, also durch den betref-

---

[38] Für viele: BGH v. 8.5.2003, I ZR 234/02, TranspR 2003, 317.
[39] Die bisher in § 466 HGB aF geforderte drucktechnische Hervorhebung in AGB wurde, weil in der Praxis nicht praktikabel, durch die Forderung nach einem Hinweis ersetzt, der in „geeigneter Weise auf die Abweichung" hinweist.
[40] BGH v. 23.1.2003, I ZR 174/00, juris; kritisch zur bisherigen drucktechnischen Hervorhebung: *Schmidt* TranspR 2011, 398, der zu Recht die vorgeschriebene Texthervorhebung für den praktische Tagesablauf als unsinnig erklärt. Dem hat sich der Gesetzgeber mit Kritik an der BGB Entscheidung jetzt angeschlossen: BT-Drs. 17/10309, zu § 449, S. 60.
[41] Baumbach/Hopt/*Merkt* § 462 Rn. 1; § 428 Rn. 2.
[42] *Koller* § 428 Rn. 4–7, § 462 Rn. 3.
[43] Lt. BT-Drs. 17/10309, S. 56, zu Nummer 21, § 441 HGB, wurde § 441 HGB angepasst an das Urteil des BGH v. 10.6.2010, I ZR 106/08, TranspR 2010, 303.

fenden Speditionsvertrag begründeten Forderungen aller Art, inkl. Nachnahmeforderungen, aus dem Speditionsvertrag begründeten Lagergelder usw., ebenso wegen unbestrittener **inkonnexen** Forderungen aus mit dem Versender abgeschlossenen anderen Fracht-, Speditions- und Lagerverträgen, nicht aber aus anderen Vertragstypen, wie Werkvertrag. Der iSd §§ 418, 446 HGB verfügungsberechtigte **Empfänger ist** von einem drohenden Verkauf iSd §§ 1204 ff. BGB **zu unterrichten**, § 464 Abs. 4 HGB.

Das Pfandrecht des Spediteurs begründet das Recht zum Besitz, § 986 BGB. Es besteht, solange das Gut im eigenen oder im mittelbarem Besitz, § 868 BGB, ist, oder er mittels Konnossement, Ladeschein oder Lagerschein (Traditionspapiere) darüber verfügen kann; es besteht ferner bis zu drei Tagen nach der Ablieferung, §§ 464 S. 2 iVm 441 Abs. 3 HGB, wenn der Empfänger das Gut noch besitzt und das Pfandrecht gerichtlich geltend gemacht wird.[44] Gem. § 465 Abs. 1 HGB hat der nachfolgende Spediteur das Recht und die Pflicht, für einen vorhergehenden Spediteur das Pfandrecht auszuüben, ggf. auch im eigenen Namen. 63

Bei Ausübung des Spediteurs-Pfandrechts braucht der Versender nicht Eigentümer der Ware zu sein, muss aber verfügungsberechtigt sein. Der Eigentümer muss jedoch mindestens eine Beförderung für möglich gehalten und gleichwohl das Gut aus der Hand gegeben haben, zB bei Verkauf „frei Haus",[45] wo der Verkäufer bis zur Übergabe der Ware an den Empfänger Eigentümer bleibt. Bei einem Spediteur[46] als Versender fehlt der „gute Glaube" regelmäßig. Der Spediteur kann bei konnexen Forderungen **gutgläubig** sein, wenn er das Gut vom Versender übernommen hat, nicht jedoch bei inkonnexen Forderungen, denn ein Eigentümer wird kaum damit einverstanden sein, dass sein Eigentum zur Verwertung herangezogen wird für Forderungen, die auf Güter Dritter bezogen sind.[47] 64

Das Pfandrecht des Spediteurs gem. § 464 HGB erklärt sich aus seinem hohen Sicherheitsbedürfnis wegen der erbrachten Vorleistung der Organisation. 65

VI. Zurückbehaltungsrecht (§§ 369 HGB, 273 BGB)

Kaufleute untereinander, also Spediteure, Frachtführer, Lagerhalter, haben ferner die Möglichkeit der Einrede des **kaufmännischen Zurückbehaltungsrechts** an beweglichen Sachen und Wertpapieren wegen fälliger Forderungen aus zwischen ihnen geschlossenen beiderseitigen Handelsgeschäften, §§ 369 Abs. 1, 2 HGB, 273 BGB, soweit diese darauf basierend mit Willen des Schuldners in den Besitz des Gläubigers gekommen oder dieser darüber verfügen kann. Der Gläubiger ist berechtigt, sich aus dem zurückbehaltenen Gegenstand für seine Forderung zu befriedigen, in dem er diesen öffentlich versteigern lässt, §§ 371 Abs. 1, 2 HGB iVm §§ 1204 ff. BGB. 66

Außerdem haben Schuldner und Gläubiger ggf. parallel dazu ein Zurückbehaltungsrecht aus § 273 Abs. 1 BGB, sofern es sich um unbestrittene, fällige Forderungen aus einem konnexen Rechtsgeschäft handelt, also wenn beide Ansprüche aus einem einheitlichen, innerlich zusammenhängenden Lebensverhältnis herrühren, sodass es gegen Treu und Glauben verstieße, wenn der eine Anspruch ohne Rücksicht auf Erfüllung des anderen geltend gemacht wird.[48] Die Erfüllung ist dann nur Zug-um-Zug gegen die gebührende Leistung zu verlangen, § 274 Abs. 1 BGB. 67

VII. Abweichende Vereinbarungen (§ 466)

Durch § 466 HGB wird ein **Gleichlauf** des **Speditionsvertrage**s mit dem **Frachtvertrag**, § 449 HGB, gewährleistet, s. a. § 466 Abs. 3 HGB für die Speditions-Spezialverträge, 68

---

[44] Baumbach/Hopt/*Merkt* § 441 Rn. 7–8.
[45] BGH v. 10.6.2010, I ZR 106/08, TranspR 2010, 303.
[46] Oetker/*Paschke* § 441 Rn. 3.
[47] MüKoHGB/*C. Schmidt* § 441 Rn. 16; BGH v. 10.6.2010, I ZR 106/08, TranspR 2010, 303.
[48] Palandt/*Grüneberg* § 273 Rn. 9 ff.

und insbesondere der Verbraucher geschützt. § 466 HGB ist unter keinen Umständen abdingbar.

69 Von den Vorschriften der §§ 461–463 ff. HGB kann nur nach Maßgabe des § 466 HGB vertraglich abgewichen werden. Dies gilt nicht für die Briefbeförderung. Sinn dieser Vorschrift ist, der Parteiendisposition Grenzen zu setzen, eine Marktmacht zu begrenzen und den Verbraucher zu schützen.[49] Besonders **geschützt wird der Verbraucher** dadurch, dass zu dessen Nachteil nicht von der gesetzlichen Haftung des Spediteurs für den Schaden aus Verlust oder Beschädigung von Gütern, Begleitpapieren, Urkunden usw. abgewichen werden darf, § 466 Abs. 1 HGB. In allen anderen Fällen und wenn der Versender kein Verbraucher ist, kann die vom Spediteur zu leistende Entschädigung für Verlust oder Beschädigung des Gutes, abweichend vom § 461 Abs. 1 HGB, in individuellen Verhandlungen anders vereinbart werden, § 466 Abs. 2 HGB.

70 **Aushandeln** iSd § 466 Abs. 2 S. 1 HGB bedeutet, dass beide Teile unzweideutig ihre Verhandlungsbereitschaft signalisieren, auf die Klauseln Einfluss nehmen und nicht mit vorformulierten Klauseln arbeiten zu wollen,[50] ggf. mit einem Problemkatalog, und wenn sie gemeinsam die in Betracht kommenden Alternativen erörtern sowie einen Text formulieren. Die Parteien können auch individuell Änderungen von vorformulierten einzelnen Klauseln aushandeln. Das gilt auch für in den Vertrag wirksam einbezogene Allgemeine Geschäftsbedingungen (AGB), wenn die Änderungen in den Bedingungen in geeigneter Weise hervorgehoben werden[51] und die zu leistende maximale Entschädigung darin auf einen Betrag zwischen 2 und 40 Rechnungseinheiten festgelegt ist.

71 Auf Frachtverträge ausländischen Rechts ist der § 466 HGB unabdingbar anzuwenden, wenn die vereinbarten Orte der Übernahme und der Ablieferung im Inland liegen, § 466 Abs. 4 HGB, der an Art. 9 Rom I-VO anknüpft.

VIII. Verjährung

72 Schadensersatzansprüche aus dem Speditionsvertrag wegen Verlust oder Beschädigung des Gutes oder wegen Überschreitung der Lieferfrist verjähren gem. §§ 463 iVm 439 Abs. 1, 2 S. 1 HGB nach 1 Jahr, bei Haftung gem. § 435 HGB nach 3 Jahren, § 439 Abs. 1 S. 2 HGB, beginnend mit dem Ablauf des Tages, an dem das Gut abgeliefert wurde oder bei Verlust hätte abgeliefert werden müssen. Die Verjährung kann gem. § 439 Abs. 3 HGB oder § 203 BGB iSd § 205 BGB gehemmt[52] werden. Vorausgesetzt ist eine Erklärung des Versenders in Textform[53] (§ 126b BGB), mit der dieser die Ersatzansprüche erhebt, §§ 463, 439 Abs. 3 S. 1 HGB nF, und die der Spediteur ggf. ebenfalls in Textform ablehnen kann, worauf die Hemmung aufgehoben wird. Mit dieser Regelung soll eine **gütliche Einigung der Parteien** erleichtert werden. Weitere Erklärungen hemmen die Verjährung nicht erneut, jedoch können neue Verhandlungen nach bereits erfolgter Ablehnung die Verjährung weiter hemmen.[54] Die einschlägigen Vorschriften über die Hemmung der Verjährung[55] im BGB, §§ 203 ff., 213 BGB, gelten zusätzlich (streitig), denn § 439 Abs. 3 HGB ist nicht lex specialis zu § 203 BGB.[56]
Ansprüche aus dem Geschäftsbesorgungsvertrag verjähren nach 3 Jahren, § 195 BGB.

---

[49] Oetker/*Paschke* § 449 Rn. 1; MüKoHGB/*C. Schmidt* § 449 Rn. 2.
[50] Oetker/*Paschke* § 449 Rn. 5; MüKoHGB/*C. Schmidt* § 449 Rn. 16.
[51] § 466 HGB nF, die vorher in § 466 aF geforderte „drucktechnische" Hervorhebung wurde aufgegeben, siehe Fn. 39, 40.
[52] S. a. AG Hamburg v. 13.10.2006, 33 B C, 201/06, das für die Annahme einer Hemmung der Verjährung gem. § 203 BGB fordert, dass erkennbar sein muss, dass jedenfalls eine Partei bereit ist, der anderen Seite entgegen zu kommen.
[53] Nach § 439 HGB aF reichte eine E-Mail nicht: so ua das OLG München v. 23.7.2008, 7 U 2446/08, TranspR 2008, 321.
[54] *Koller* § 439 Rn. 31 mH auf BGH v. 13.3.2008, I ZR 116/06, TranspR 2008, 467.
[55] Zur Hemmung durch „Einschlafen" der Verhandlungen s. BGH v. 6.11.2008, IX ZR 158/07, TranspR 2009, 24; der Gläubiger hat regelmäßig nach 4 Wochen die Initiative zu ergreifen: *Winkler* BB 2009, 410 mH auf: KG v. 6.5.2008, 8 U 213/07.
[56] Bejahend: *Koller* § 439 Rn. 31 mwH zum Streitstand.

IX. Gerichtsstand

Bei Ansprüchen gegen den Spediteur aus einem Frachtvertrag kommen neben den allgemeinen Gerichtsständen der §§ 12 ff. ZPO auch die Gerichtsstände des Orts der Übernahme des Gutes resp. des Orts der Ablieferung in Frage, § 30 ZPO nF.[57]

73

D. Der Lagervertrag

Lagerverträge sind heute in der Regel mit **einer Reihe von logistischen Aufgaben** verbunden wie sie jeweils vom Kunden gewünscht werden, wie Verzollung im offenen Zolllager, Umverpacken und Etikettieren der Ware, Computereingaben für Tracking & Tracing, Versenden der Ware oder auch die Transportorganisation. Der **Begriff Logistik** ist jedoch **umstritten**. Eine Definition ist die, dass Logistik die Planung, Organisation, Kontrolle und Durchführung eines Güterflusses von der Entwicklung bis zur Distribution beim Kunden ist, mit dem Ziel der Befriedigung der Anforderungen des Marktes bei minimalen Kosten.[58]

74

Die gesetzlichen Regelungen zum Lagergeschäft der §§ 467 ff. HGB ergeben daher nur einen **groben Rahmen** für die meist viel umfassendere Praxis eines Lagerhalters. Sie werden daher hier nur zusammenfassend skizziert.

75

I. Allgemeines

Da die **gesetzlichen Regelungen** bis auf die Lagerhalterhaftung gegenüber Verbrauchern vertraglich **abdingbar** sind, § 475h HGB, haben Allgemeine Geschäftsbedingungen wie etwa die ADSp 2003, die Hamburger Lagerbedingungen, die Hamburger Kaibetriebsordnung und aus neuerer Zeit aus der Logistik die VBGL eine erhebliche Wirkung.

76

Der **Lagervertrag** ist vom Fracht-, Speditions-, Miet- und Geschäftsbesorgungsvertrag sowie vom Verwahrungsvertrag **abzugrenzen;** danach erschöpft sich die Miete in der bloßen Gebrauchsüberlassung eines Raumes oder Raumteiles, bei der Verwahrung tritt die Übernahme einer besonderen Obhutspflicht seitens des Rauminhabers hinzu. Ein Lagergeschäft erfordert die gewerbliche (nicht vereinzelte) Übernahme der Verwahrung, sei es auch nur als Nebengeschäft eines auf einen anderen Geschäftskreis gerichteten Handelsgewerbes.[59] Der **vertragliche Schwerpunkt** muss auf dem Lagergeschäft liegen, sonst ist nach dem Grundsatz für Gemischte Verträge (→ Rn. 102) zu verfahren. Der Lagervertrag ist speziell zum Verwahrungsvertrag, §§ 688 ff. BGB, dessen Bestimmungen subsidiär anzuwenden sind.

77

Der Lagervertrag ist ggf. auch von einem Umschlagsvertrag als Werkvertrag und von einem Umschlag als Nebenleistung im Rahmen einer Beförderung abzugrenzen. Zum Güterumschlag gehören alle Leistungen, die von einem Umschlagsunternehmen zwischen zwei Transportphasen erbracht werden, etwa Ab- und Verladen, Stauen von Stückgütern, das Laschen und Garnieren der Ware.[60] Dagegen ist der beförderungsnahe Umschlag, also das Verbringen des Gutes von einem Beförderungsmittel zum anderen mit kürzerer Zwischenlagerung im Rahmen des Frachtvertrags eine unselbständige Nebenleistung des Frachtvertrages, wenn das Gut in der Obhut des Frachtführers verbleibt.[61]

78

Eine *verfügte* **Lagerung** im Rahmen eines kombinierten Fracht- und Lagervertrages, bei dem das Lagerelement bei längerfristig beabsichtigter Lagerung überwiegt, ist abzugren-

79

---

[57] § 440 HGB aF wurde zu Gunsten des neu gefassten § 30 ZPO aufgehoben.
[58] *Gran* TranspR 2004; *Valder/Wieske* TranspR 2006; kritisch *Heuer* TranspR 2006.
[59] Zur Abgrenzung des Lagervertrages vom Mietvertrag und vom Verwahrungsvertrag BGH v. 5.10.1951, I ZR 92/50, BGHZ 3, 200–203.
[60] MüKoHGB/*Frantzioch* § 467 Rn. 24, 25.
[61] Oetker/*Paschke* § 407 Rn. 26; *Koller* § 407 Rn. 10a.

zen von der *verkehrsbedingten* **Lagerung,** nämlich einer Zwischenlagerung zwischen Beförderungen, oder einer Anweisung, das Gut vorübergehend einzulagern, wenn der Zeitraum nicht absehbar ist, in der Regel ab 7 Tagen. Ggf. ist nach den Regeln eines gemischten Vertrages (→ Rn. 102) vorzugehen.[62]

80   Der von einer Spedition mit einem Einlagerer abgeschlossene Lagervertrag ist kein Vertrag zugunsten des Eigentümers der Sache, so dass vertragliche Schadensersatzansprüche des Eigentümers gegen den Einlagerer nicht bestehen.[63]

81   Da die gesetzlichen Regelungen, abgesehen von der Lagerhalterhaftung gegenüber Verbrauchern, § 475h HGB, vertraglich abdingbar sind, haben Allgemeinen Geschäftsbedingungen wie etwa die ADSp 2003,[64] die Hamburger Lagerbedingungen,[65] die Hamburger Kaibetriebsordnung und aus neuerer Zeit aus der Logistik die „Vertragsbedingungen für den Güterkraftverkehrs-, Speditions- und Logistikunternehmer" (VBGL) des Bundesverband Güterkraftverkehr Logistik und Entsorgung (BGL) e.V. eine erhebliche Wirkung, wenn sie wirksam einbezogen sind.[66]

82   Die ebenfalls angebotenen Logistik-AGB des Deutschen Speditions- und Logistikverbands (DSLV) sind stark umstritten[67] und werden zB vom Verband der Deutschen Industrie (BDI) abgelehnt. Die im Verkehr angebotenen unterschiedlichen AGB spiegeln zum einen die teilweise gegenläufigen Interessen der Teilnehmer am Transportverkehr wider, aber ebenso die jahrelangen Streitigkeiten der Verbände untereinander, die um ihre Mitglieder kämpfen.

II. Kardinalpflichten des Lagerhalters (§ 467 Abs. 1 HGB)

83   Der Lagerhalter hat das Gut zu lagern und aufzubewahren, § 467 Abs. 1 HGB. **Lagern** bedeutet, dass ein ggf. nach Vereinbarung geeigneter Platz in dafür bestimmten Räumen oder im Freien zur Verfügung gestellt wird, an dem die Güter verbleiben können; **Aufbewahren,** dass das Gut in die Obhut genommen wird. Kein Lagervertrag, sondern ein Mietvertrag wird geschlossen, wenn der Lagerhalter nur Räume zur Verfügung stellt, in denen der Einlagerer selbst die Obhut über das Gut hat.

84   Der **Schutz der Güter** während der Obhut ist als Kardinalpflicht **nicht abdingbar,** daher könnte die Haftungsbegrenzung gem. Ziff. 24.1 ADSp gem. § 307 BGB unwirksam sein.[68] Zu einer ordnungsgemäßen Lagerhaltung gehören die Eingangs- und Ausgangskontrolle, die Güterkontrolle und so genannte Restantenlisten.[69] Der Lagerhalter muss gewerblich handeln, § 467 Abs. 3 HGB. Beförderungsbezogener Umschlag mit Zwischenlagerung ist keine Lagerhaltung. Streitig ist, ob zwischen der Art der Güter zu unterscheiden ist, ob zB für Pferde ein Lagervertrag, oder ein Verwahrungsvertrag geschlossen wird.[70] Der Vertrag kann formlos und konkludent geschlossen werden, zB mit dem Kaibetrieb bei Auslieferung durch den Verfrachter.

85   Der Lagerhalter bestimmt die Art der Lagerhaltung, wenn darüber, wie aber meistens, nichts vereinbart wird. Einem Lagerhalter ist jedoch ein qualifiziertes Verschulden vorzuwerfen, wenn er bekannt **wertvolle Güter** mit einem Wert von über € 100.000,– nicht in

---

[62] So das LG Wuppertal v. 4.1.2012, 13 O 62/10, TranspR 2012, 378.
[63] OLG Frankfurt v. 25.4.2001, 9 U 9/01.
[64] Sa BGH v. 15.9.2005, I ZR 58/03, TranspR 2006, 38–42, der die in der ADSp (1998) aF vorgesehene Haftungsbegrenzung des Lagerhalters bei grob fahrlässigem Verschulden als eine unangemessene Abweichung von § 475 HGB bestimmt.
[65] Heutige Fassung v. 1.10.2006; kritisch MüKoHGB/*Frantzioch* Einl. HLB, S. 772.
[66] *Valder* TranspR 2010, XLII.
[67] *Heuer* TranspR 2006, 243; differenzierend *Müller* TranspR 2006; positiv Knorre/Demuth/Schmid/Kollatz S. 29 Rn. 133.
[68] LG Wuppertal v. 4.1.2012, 13 O 62/10, TranspR 2012, 378.
[69] MüKoHGB/*Frantzioch* § 467 Rn. 25.
[70] Hartenstein/Reuschle, *Köper,* Kap 8. Rn. 9, der einen Lagervertrag für Tiere nur im geschlossenen Behältnis anerkennt.

sein Sicherheitslager verbringt.[71] Wenn nichts vereinbart wurde, ist das Gut so zu lagern, dass nach Durchschnittsstandard bei zumutbarem Aufwand keine erkennbaren und vermeidbaren Substanzveränderungen entstehen und es vor rechtswidrigem Zugriff Dritter bewahrt wird. Er hat deshalb die Lagerräume und -vorrichtungen laufend zu kontrollieren, evtl. Ungeziefer in den Räumen zu bekämpfen und bei Gefährdung die Güter, auch ohne Genehmigung, zu eigenen Lasten umzulagern, zB bei starken Gerüchen, Feuchtigkeit usw.

Ohne anders lautende Vereinbarung darf der Lagerhalter den Ort der Lagerung bestimmen, auch Lager anderer nutzen, solange er unmittelbarer Besitzer, §§ 854, 855 BGB, bleibt oder eine ausdrückliche, nicht konkludent erteilte Genehmigung des Einlagerers dazu hat, § 472 Abs. 2 HGB. Für Dritte muss er gem. §§ 475 S. 2 HGB, 278 BGB eintreten. 86

Der Lagerhalter kann das Gut ohne Einverständnis des Einlagerers umlagern, wenn dadurch das Gut nicht an einem anderen Ort gelagert wird und die Qualität des Lagers nicht unter den geschuldeten Standard sinkt. Der Lagerhalter muss den Einlagerer rechtzeitig von seiner Absicht umzulagern informieren, wenn er einen anderen Lagerort wählen will.[72] 87

Sammellagerung, § 469 HGB, dh die Vermischung von vertretbaren Sachen, § 91 BGB, wie Massenstückgut oder Schüttgut, darf nur mit ausdrücklicher Genehmigung des Einlagerers und der anderen Beteiligten vorgenommen werden, die dann für den jeweils auf sie fallenden Anteil an der Gesamtmenge Miteigentümer werden. Diesen Anteil kann der Einlagerer jederzeit nach Aussonderung herausverlangen, § 469 Abs. 3 HGB analog. Der Lagerhalter bedarf zur Auslieferung an den Einlagerer nicht die Genehmigung der übrigen Beteiligten, § 469 Abs. 3 HGB. Mit der Auslieferung des Teileigentums erlangt der Einlagerer das Alleineigentum über diesen Anteil.[73] 88

III. Kardinalpflichten des Einlagerers (§ 467 Abs. 2 HGB)

Der Einlagerer ist der Vertragspartner des Lagerhalters, zB auch als Spediteur oder Frachtführer, er muss nicht Eigentümer oder Besitzer des Gutes sein. Er hat die vereinbarte Vergütung, § 467 Abs. 2 HGB, zu zahlen. Ohne Vereinbarung muss die Vergütung in der Höhe üblich oder angemessen sein, §§ 354 HGB, 632 BGB, und es ist ggf. Aufwendungsersatz, § 474 HGB, zu zahlen. Die Vergütung wird gem. § 699 Abs. 1 BGB am Ende der Lagerzeit oder nach Ablauf vereinbarter einzelner Zeitabstände wie Wochen oder Monate fällig.[74] Das Risiko der geringeren Vergütung bei vorzeitiger Beendigung der Lagerzeit, weil der Einlagerer das Gut heraus verlangt, trägt der Lagerhalter,[75] § 699 Abs. 2 BGB, wenn nicht anderes vereinbart wurde. 89

IV. Weitere Rechte und Pflichten des Einlagerers

Der Einlagerer hat den Lagerhalter vor Einlagerung in Textform bei Gefahrgut iSd § 410 HGB über die genaue Art der Gefahr und der zu ergreifenden Vorsichtsmaßnahmen zu unterrichten, § 468 Abs. 1 HGB. Er hat, wenn er nicht Verbraucher ist, das Gut soweit erforderlich zu verpacken und zu kennzeichnen, ferner alle Urkunden zur Verfügung zu stellen und die Auskünfte zu erteilen, die der Lagerhalter zur Erfüllung seiner Pflichten benötigt, § 468 Abs. 1 S. 2 HGB. Als Verbraucher hat er den Lagerhalter nur allgemein zu unterrichten; der Lagerhalter muss in diesem Fall, wenn nötig, das Gut selbst verpacken, § 468 Abs. 2 HGB. 90

Der Einlagerer kann das **Gut jederzeit herausverlangen,** damit konkludent kündigen. Der Lagervertrag ist ohne vereinbarte Laufzeit mit einer Frist von einem Monat zu kündi- 91

---

[71] LG Wuppertal v. 4.1.2012, 13 O 62/10, TranspR 2012, 378; BGH v. 15.9.2005, I ZR 58/03, TranspR 2006, 38–42.
[72] *Koller* § 467 Rn. 12.
[73] *Koller* § 469 Rn. 4.
[74] *Koller* § 467 Rn. 2–4, 6, 7, 12, 17.
[75] Streitig: vgl. nur Hartenstein/Reuschle, *Köper,* Kap. 8, Rn. 60.

gen, es sei denn, ein wichtiger Grund liegt vor, § 473 HGB. Bei vereinbarter Lagerzeitdauer bedarf es keiner Kündigung, der Vertrag endet mit der Auslieferung.

V. Weitere Rechte und Pflichten des Lagerhalters

92 Der Lagerhalter hat eine allgemeine **Interessenwahrungspflicht** gegenüber dem Einlagerer bezüglich des eingelagerten Gutes.[76] Beim Empfang des Gutes hat der Lagerhalter, wie gem. § 388 HGB, es auf äußerlich erkennbare Schäden oder mangelhaften Zustand ohne Öffnung der Verpackung und mit zumutbarem Aufwand zu prüfen und, um evtl. Schadensersatzansprüche des Einlagerers zu sichern, Beweise zur Rechtswahrung des Einlagerers sicherzustellen, und ihn unverzüglich zu unterrichten, § 470 HGB.[77]

93 Der Lagerhalter hat die Besichtigung des Gutes, Probenziehen und andere Handlungen des Einlagerers während der Geschäftszeit zu gestatten, kann aber verlangen, diese Arbeiten selbst vorzunehmen, § 471 Abs. 1 S. 1 HGB. Veränderungen am Gut während der Lagerzeit, die Verlust oder Beschädigungen oder Schäden für den Lagerhalter erwarten lassen, muss er unverzüglich dem Einlagerer anzeigen und Weisungen einholen. Sind diese nicht zu erhalten, muss er angemessene Maßnahmen ergreifen, und kann nach Androhung die Ware öffentlich versteigern lassen, §§ 471 Abs. 2, 373 HGB. Die von ihm erforderlich gehaltenen Aufwendungen iSd §§ 693, 670 BGB zur Erhaltung des Gutes, für Abgaben oder Versicherungen, auch evtl. notwendige zusätzliche Kosten der Bewachung sind ihm zu ersetzen, § 474 HGB. Auf Verlangen des Einlagerers hat der Lagerhalter als vertragliche Nebenleistung, aber nicht iS eines Geschäftsbesorgers, das Gut zu versichern; ist der Einlagerer Verbraucher ist er vom Lagerhalter auf die Möglichkeit einer Versicherung hinzuweisen, § 472 Abs. 1 HGB.

94 Der Lagerhalter hat ein **Pfandrecht** an dem eingelagerten Gut für alle begründeten, konnexen Forderungen aus dem Lagervertrag und für alle unbestrittenen, inkonnexen Forderungen aus anderen Lager-, Fracht-, Seefracht- und Speditionsverträgen, auch aus Versicherungen, § 475b HGB. Er hat ferner ein Zurückbehaltungsrecht gem. §§ 369 HGB, 273 BGB.

95 Der Lagerhalter kann die Rücknahme der Ware nach Ablauf der vereinbarten Lagerzeit oder nach Einhaltung einer **Kündigungsfrist** von einem Monat verlangen, es sei denn es liegt ein wichtiger Grund vor, § 473 Abs. 1, 2 HGB.

VI. Lagerschein (§§ 475c ff. HGB)

96 Der Lagerhalter kann einen von ihm unterzeichneten Lagerschein mit Angaben wie Name des Einlagerers, Bezeichnung des Gutes, Gewicht usw. gem. § 475c HGB ausstellen, der zur Auslieferung des bei ihm lagernden Gutes nur gegen Rückgabe des Lagerscheins an den ggf. durch Indossament legitimierten Besitzer des Lagerscheins verpflichtet. Dem Lagerschein gleichgestellt ist eine elektronische Aufzeichnung, die dieselben Funktionen erfüllt wie der Lagerschein, sofern sichergestellt ist, dass die Authentizität und die Integrität der Aufzeichnung stets gewahrt bleiben (**elektronischer Lagerschein**), § 475c Abs. 4 HGB nF. Der Orderlagerschein ist ein Traditionspapier, § 475g HGB, dessen Übergabe dieselbe rechtliche Wirkung hat wie die Übergabe des Gutes. Er ist ferner eine Beweisurkunde über das in die Obhut des Lagerhalters genommene Gut, die die Vermutung begründet, dass das Gut wie im Lagerschein beschrieben vom Lagerhalter übernommen wurde, § 475d Abs. 1 HGB.

VII. Haftung

97 Der Lagerhalter haftet unbegrenzt verschuldensabhängig für den Schaden aus Verlust oder Beschädigung des Gutes während seiner Obhut wegen Vorsatz oder Fahrlässigkeit

---

[76] Baumbach/Hopt/*Merkt* § 467 Rn. 12.
[77] *Koller* § 470 Rn. 2.

gem. §§ 280 ff., 249 ff. BGB, es sei denn, dass der Schaden durch die Sorgfalt eines ordentlichen Kaufmanns, §§ 475, 347 HGB, nicht abgewendet werden konnte. Das Verschulden wird widerleglich vermutet. Ebenso aus unerlaubter Handlung, wie etwa Verletzung der Verkehrssicherheitspflicht oder bei Organisationsverschulden, §§ 823 ff., 249 ff. BGB. Die Haftung kann vertraglich oder in AGB im Rahmen der §§ 305 ff. BGB abbedungen werden, es sei denn, der Einlagerer ist Verbraucher, § 475h HGB. Er haftet ferner verschuldensabhängig für den Schaden, der durch die Auslieferung des Gutes ohne Rückgabe des Lagerscheins entsteht, §§ 475e Abs. 3 HGB, 280 ff., 249 ff. BGB. Üblicherweise wird die Haftung des Lagerhalters durch die ADSp (2003), Ziff. 22, 23 ADSp, eingeschränkt, es sei denn, der Lagerhalter hat vorsätzlich oder grobfahrlässig gehandelt oder vertragswesentliche Pflichten (Kardinalpflichten) verletzt, Ziff. 27 ADSp.

Der Einlagerer haftet gem. §§ 468 Abs. 3, 4 iVm 414 HGB nF, verschuldensunabhängig **98** für Schäden aus ungenügender Verpackung oder Kennzeichnung des Gutes, aus unterlassener Mitteilung über die Gefährlichkeit des Gutes oder für fehlende oder unrichtige Urkunden – als Verbraucher jedoch nur verschuldensabhängig. Ein Mitverschulden des Lagerhalters ist anzurechnen, §§ 468 Abs. 3 iVm 414 Abs. 2 HGB nF. §§ 434–436 HGB sind gleichfalls einschlägig.

VIII. Verjährung

Wenn nichts anderes vereinbart wird oder der Einlagerer Verbraucher ist, § 475h HGB, **99** verjähren Ansprüche gem. § 475a HGB aus dem Lagervertrag entsprechend § 439 HGB nach 1 Jahr, beginnend mit dem Tag der Auslieferung oder bei Verlust der Ware mit dem Ablauf des Tages, an dem der Lagerhalter den Verlust dem Einlagerer, bei Ausstellung eines Lagerscheins dem Besitzer des Lagerscheins anzeigt.

Hat der Lagerhalter vorsätzlich oder leichtfertig und in dem Bewusstsein, dass ein Scha- **100** den mit Wahrscheinlichkeit eintreten wird, gehandelt, §§ 475a, 439 Abs. 1 S. 2 HGB, beträgt die Verjährung 3 Jahre.

IX. Gerichtsstand

Es gelten die allgemeinen Gerichtsstände der §§ 12 ff. ZPO. **101**

E. Gemischte oder zusammengesetzte Verträge

Ein gemischter oder zusammengesetzter Vertrag liegt dann vor, wenn er sich aus Ele- **102** menten verschiedener gesetzlich definierter Vertragstypen zusammensetzt, zB Elemente des Werkvertrags und des Speditionsvertrags. Bei einem **gemischten Vertrag** sind verschiedene Vertragstypen derart verbunden, dass sie nur in ihrer Gesamtheit ein sinnvolles Ganzes ergeben, das bei einer rechtlichen Beurteilung nicht in einzelne Bestandteile zerlegt werden kann. Die Behandlung gemischter Verträge ist nach verschiedenen Theorien umstritten und im Einzelfall schwierig, da jede nicht alle rechtlichen Probleme löst.[78]

Nach der ständigen Rechtsprechung des BGH[79] sind gemischte Verträge grundsätzlich **103** ihrem vertraglichen Schwerpunkt als einzigem Vertragsrecht zu unterstellen. Nicht ausgeschlossen ist jedoch das Heranziehen einzelner Bestimmungen des Vertragsrechts, bei denen nicht der Schwerpunkt des Vertrages liegt, wenn allein dadurch die Eigenart des Vertrags richtig gewürdigt wird.

Bei einem **zusammengesetzten Vertrag** sind durch die Vertragsschließenden mehrere **104** gedanklich trennbare, typverschiedene Vereinbarungen verbunden. Es gilt dann das jeweils

---

[78] Palandt/*Grüneberg*, Überbl. v. § 311 Rn. 19 ff.
[79] Für viele BGH v. 21.5.2005 – III ZR 293/04, WM 2005, 399; v. 13.10.2006, V ZR 289/05, DNotZ 2007, 45; v. 15.9.2005, I ZR 58/03, TranspR 2006, 38, 41.

zutreffende Vertragsrecht. Das könnte der Fall sein, wenn in einem Vertrag das Verpacken des Gutes unabhängig von der Organisationspflicht des Spediteurs vereinbart wird.[80]

F. Exkurs: FIATA-Spediteursdokumente

105   Wegen des ständig wachsenden weltweiten Handels entwickelte sich bereits ab 1955 beim Handel und im Transportgewerbe das Bedürfnis, international definierte und im Zahlungsverkehr mit Dokumenten-Akkreditiven akzeptierte Dokumente zu schaffen, die durch global tätige Speditionen ausgegeben werden können. Gleichzeitig sollte im seit ca. 1970 im Stückgutbereich dominierenden Containerverkehr mit dem FBL (FIATA Multimodal Transport Bill of Lading) ein Gegengewicht gegen die von den Reedereien ausgegebenen intermodalen Seekonnossemente geschaffen werden, mit denen die Reedereien ihre Transportdienste in sog. „carrier's haulage" von der See auf Land ausdehnten.[81]

106   Der internationale Dachverband der Spediteure, die FIATA (**F**édération **I**nternationale des **A**ssociations de **T**ransitaires es **A**ssimilées), empfiehlt seinen Mitgliedsorganisationen in ca. 150 Ländern[82] seit 1992 die Benutzung der FBL's. Gesetzlich gibt es zu diesen Dokumenten keine spezielle Regelung. Ausgegeben werden dürfen die FIATA Dokumente nur von Speditionen, die Mitglieder der nationalen Spediteursverbände sind und diesen gegenüber bei der Ausstellung eines FBL oder eines FCR eine entsprechende Versicherung gegen Transportschäden nachweisen.[83]

I. FBL-FIATA-Multimodal Bill of Lading

107   Die bei weitem größte Verbreitung und Bedeutung hat das FBL, das im internationalen, multimodalen Transport ausgestellt wird, das aber auch für den nationalen und – anders als seine Bezeichnung als multimodal – **auch** für den **unimodalen** Verkehr[84] zulässig ist, Art. 1 FBL. Das FBL wird auch gerne dann ausgestellt, wenn der detaillierte Transportweg und dessen Kosten aus Wettbewerbsgründen nicht bekannt werden sollen. Unabhängig von seiner Bezeichnung „Bill of Lading", also Konnossement, ist das FBL rechtlich gesehen **kein Konnossement** iSd §§ 514ff. HGB nF, sondern die **Verbriefung** eines Beförderungs- und Auslieferungsversprechens des ausstellenden Spediteurs.[85] Es gibt allerdings bisher zum Wesen des FBL keine höchstrichterliche Rechtsprechung.[86]

108   Das FBL ist bei Anwendung deutschen Rechts ein Traditionspapier iSd Ladescheins, §§ 444ff. HGB, kann als Inhaberurkunde oder Orderpapier iSd §§ 363ff. HGB ausgestellt werden[87] und ist als letzteres **handelbar**.[88] Es ist ferner eine Quittung über die erhaltenen Güter iSd § 368 BGB.[89]

109   Die auf der Rückseite des Dokuments abgedruckten Transportbedingungen „Standard Conditions (1992) governing the FIATA Multimodal Transport Bill of Lading" sind nach deutschem Recht AGB, die der AGB-Kontrolle nach §§ 305ff. BGB, 452d, 449 HGB standhalten sollten, dies aber in vieler Hinsicht nicht tun. Allerdings wird in Art. 7.1 FBL

---

[80] BGH v. 13.9.2007, I ZR 207/04, DB 2008, 59.
[81] *Paschke/Furnell* Rn. 546; aA *Hoffmann* S. 18.
[82] *Hoffmann* S. 16.
[83] S. a. Verein Hamburger Spediteure: www.vhsp.de und TranspR: www. Transportrecht.org/dokumente/FBL.pdf.
[84] Anders MüKoHGB/*Herber* Vor § 452 Rn. 13; siehe aber *ders.* aaO § 452d Rn. 50.
[85] *Koller* § 452 Rn. 49.
[86] Ebenroth/Boujong/Joost/Strohn/*Reuschle* § 452 Rn. 38 ff.
[87] *Koller* IPRax 1993, 257, der nach deutschem Recht den Wertpapiercharakter des FIATA B/L ablehnt, aber die Gleichstellung des FBL mit den als Wertpapiere anerkannten Ladescheinen und Konnossementen mit Rücksicht auf deren gleichartige wirtschaftliche Funktion und Behandlung im Geschäftsverkehr gleichwohl für geboten hält.
[88] Baumbach/Hopt/*Merkt* § 452 Rn. 9.
[89] Oetker/*Paschke* § 453 Rn. 33.

ausdrücklich darauf hingewiesen, dass nur die Klauseln gelten sollen, die mit zwingendem nationalen Recht in Übereinstimmung sind. Die Bedingungen sind nach den Regelungen des zwingenden deutschen Transportrechts weder beim Haftungsmaßstab in Artt. 6.1ff., 17 FBL noch bei der Haftungshöhe in Art. 8 FBL im Einklang mit deutschem Recht.[90]

Streitig ist allerdings, ob die Bedingungen des FBL überhaupt von dem ausstellenden Spediteur als vorformulierte Vertragsklauseln iSd § 305 Abs. 1 S. 1 BGB als gestellt gelten, da diese nicht vom Spediteur „gestellt" seien, sondern gemeinsam von der FIATA für die Spediteure und der ICC (Internationalen Handelskammer) für den Handel als deren Dachorganisationen aufgestellt und empfohlen[91] werden. Daraus resultiert, wegen der Unwirksamkeit der gegen die AGB-Kontrolle gem. § 307 BGB verstoßenden Klauseln, der weitere Streit, ob nicht entgegen dem Verbot einer „geltungserhaltenden Reduktion"[92] eine Ausnahme dahin gehend zugelassen werden sollte, dass der Kern der Klauseln wirksam bleiben soll, da sich schließlich die FIATA und die ICC unter Einbeziehung interessierter Handelskreise und in Anlehnung an internationale Übereinkommen um ein ausgewogenes Verhältnis bemüht hätten.[93] **110**

Der ausstellende Spediteur übernimmt die Frachtführerhaftung, auch für die von ihm eingesetzten Beteiligten. Die **Haftung** ist **begrenzt** auf 2 SZR pro kg Rohgewicht; bei bekanntem Schadensort nach den für diesen Schadensort einschlägigen Bestimmungen. **111**

Bei der Ausstellung des FBL muss sich der Spediteur vergewissern, dass er (oder seine Beauftragten (Zweigniederlassung, Zwischenspediteur)) die bezeichnete Sendung übernommen hat und ihm das alleinige Verfügungsrecht über die bezeichnete Sendung zusteht, die Sendung sich in äußerlich gutem Zustand befindet, die Angaben auf dem Dokument mit dem erteilten Auftrag übereinstimmen, die Frage der Versicherung geklärt ist und ausdrücklich angeführt ist, ob ein oder mehrere Originale ausgestellt werden. **112**

Der betreffende Spediteur wird regelmäßig seine aus den Bedingungen des FBL resultierende Haftung durch eine **Versicherung** decken. Bei der **verlangten Registrierung** des FBL beim nationalen Speditionsverband ist anzugeben, ob eine Versicherung gedeckt ist. **113**

II. FCR-FIATA Forwarder's Certificate of Receipt (Spediteur-Übernahmebescheinigung)

In der Praxis seltener genutzt wird das FCR, das als eine Speditionsempfangsquittung iSd § 368 BGB kein Orderpapier ist, sondern eine **Speditionsleistung verbrieft**.[94] Mit dem FCR hat der Spediteur die Möglichkeit, dem Absender ein spediteureigenes Empfangsdokument auszuhändigen. Das FCR kommt in erster Linie dann zur Anwendung, wenn der Lieferant (Verkäufer) eine Ware ab Werk verkauft und den Nachweis der Erfüllung seiner Verkäuferverpflichtung dem Käufer gegenüber durch Vorlage eines FCR führen will. Das FCR weist auf der Rückseite die allgemeinen Spediteurbedingungen des jeweiligen Landes auf und kann nur von Spediteuren, die diese für ihre Geschäfte zu Grunde legen, ausgestellt werden. Das FCR ist nicht begebbar, da die Auslieferung des Gutes an den Empfänger nicht von der Vorlage dieses Dokumentes abhängig ist. **114**

Mit der Ausstellung des FCR bestätigt der Spediteur, dass er eine bestimmt umschriebene Sendung mit dem unwiderruflichen Auftrag übernommen hat, diese an den im Dokument genannten Empfänger zu senden oder zu dessen Verfügung zu halten. Dieser Auftrag kann nur annulliert werden, wenn das Original des FCR dem Spediteur, der das Dokument ausgestellt hat, zurückgegeben wird, und auch nur dann, wenn der Spediteur noch in der Lage ist, die Annullierung oder Umdisposition zu erfüllen. Im Akkreditivverkehr kann **115**

---

[90] *Hoffmann* TranspR 2000, 243; *Koller* § 452 Rn. 49; Oetker/*Paschke* § 408 Rn. 3.
[91] Einheitliche Richtlinien und Gebräuche für Dokumenten Akkreditive (ERA).
[92] Palandt/*Grüneberg* § 306 Rn. 6ff. mwN; befürwortend für die ADSp: MüKoHGB/*Bahnsen* Vorbem ADSp Rn. 19.
[93] Zustimmend: *Hoffmann* S. 170ff.; aA *Koller* § 452 Rn. 49.
[94] Oetker/*Paschke* § 453 Rn. 33, Fn. 25; Baumbach/Hopt/*Merkt* § 453 Rn. 4.

unter solchen Bedingungen der Verkäufer ggf. durch Vorlage des vom Spediteur ausgestellten FCR den vom Käufer bereitgestellten Kaufpreis einlösen. Der Verkäufer kann nicht mehr über die dem Spediteur übergebenen Waren verfügen, wenn das FCR dem Käufer übergeben worden ist.

116   Bei der Ausstellung des FCR muss sich der Spediteur vergewissern, dass er (oder seine Beauftragten (Zweigniederlassung, Zwischenspediteur)) die bezeichnete Sendung übernommen hat und ihm das alleinige Verfügungsrecht über die bezeichnete Sendung zusteht, die Sendung sich in äußerlich gutem Zustand befindet, die Angaben auf dem Dokument mit dem erteilten Auftrag übereinstimmen und bei der Weitergabe der Frachtpapiere (B/L etc.) diese nicht im Widerspruch zu den im FCR Dokument übernommenen Verpflichtungen stehen.

III. FWR-FIATA Warehouse Receipt (Spediteur-Lagerschein)

117   Das FWR ist weiter verbreitet und dem Lagerschein, § 475c HGB, ähnlich. Der Unterschied zwischen einem **Orderlagerschein** und dem FWR ist in rechtlicher Beziehung gering. Das FWR ist, wenn es „negotiable" ist, als Orderlagerschein **handelbar**.[95] Es kann für fast alle Lagergeschäfte verwendet werden. Im FWR ist die Abtretung des Herausgabeanspruchs, die Übertragung des Eigentums, sowie die Legitimation für den Empfang der Ware durch Vorlage des Lagerscheines mittels genauer Formulierungen festgelegt. Es muss in jedem Lande entschieden werden, welche Allgemeinen Geschäftsbedingungen (Standardbedingungen) für das FWR zu gelten haben. In Ländern, in denen die Spediteure AGB aufgestellt haben, die auch für die Tätigkeit eines Lagerhalters gelten, sind diese anzuwenden.

IV. FCT-FIATA Forwarder's Certificate of Transport – (Spediteur-Transportbescheinigung)

118   Das FCT ist **begebbar**, wenn es **an Order gestellt** ist[96] und die Auslieferung nur gegen Vorlage des rechtsgültig indossierten Originaldokumentes erfolgen darf. Mit der Ausgabe des FCT übernimmt der Spediteur gegenüber dem Absender die Verpflichtung, das Gut am Bestimmungsort von einem durch ihn bestellten Empfangsspediteur herauszugeben. Das FCT weist auf der Rückseite die allgemeinen Spediteurbedingungen des jeweiligen Landes auf und kann nur von Spediteuren, die diese für ihre Geschäfte zu Grunde legen, ausgestellt werden.

119   Das FCT kann sofort nach Übernahme des Gutes zum Versand durch den Spediteur dem Absender ausgehändigt werden. Mit der Ausstellung des FCT bestätigt der Spediteur, dass er eine bestimmt umschriebene Sendung zum Versand übernommen hat und in Übereinstimmung mit den Instruktionen des Absenders, wie im Dokument angegeben, ausliefern wird.

120   Der Versandspediteur ist verantwortlich für die Auslieferung der Ware durch den von ihm gewählten Empfangsspediteur am Bestimmungsort an den Inhaber des Dokumentes gemäß den auf der Rückseite des FCT angegebenen Bedingungen.

121   Das FCT hat eine so genannte **Sperrfunktion**. Der Versandspediteur verpflichtet sich als Drittperson zur Verladung und zur Auslieferung nur gegen Vorlage des FCT Dokumentes. Das FCT wird demnach in solchen Fällen von Bedeutung sein, in denen das Transportrisiko bis zur Auslieferung an den Empfänger beim Verkäufer liegt. Der Verkäufer kann das FCT über seine Bank zur Einlösung des Kaufpreises präsentieren – „Kasse gegen Dokumente".

122   Bei der Ausstellung des FCT muss sich der Spediteur vergewissern, dass er (oder einer seiner Beauftragten (Zweigniederlassung, Zwischenspediteur)) die bezeichnete Sendung

---

[95] Oetker/*Paschke* § 467 Rn. 21.
[96] S. a. IHK Dok. 470/251 Art. 24.

übernommen hat und ihm das alleinige Verfügungsrecht über die bezeichnete Sendung zusteht, die Sendung sich in äußerlich gutem Zustand befindet, die Angaben auf dem Dokument mit dem erteilten Auftrag übereinstimmen, bei der Weitergabe der Frachtpapiere (B/L etc.) diese nicht im Widerspruch zu den im FCT übernommenen Verpflichtungen stehen, die Frage der Versicherung geklärt ist und es ausdrücklich angeführt ist, ob ein oder mehrere Originale ausgestellt werden.

G. Exkurs: Die Allgemeinen Deutschen Spediteurbedingungen (ADSp)

123 Die Allgemeinen Deutschen Spediteurbedingungen (ADSp) wurden bereits 1927 eingeführt. Sie werden von den Verbänden der Industrie, des Groß- und Außenhandels, der Spedition und Logistik, des Einzelhandels und dem Dachverband der Industrie- und Handelskammern unverbindlich zur Annahme als AGB empfohlen (Präambel ADSp).[97] Damit haben die maßgeblichen Interessenverbände der Kunden der die ADSp anwendenden Spediteure offiziell, wenn auch zähneknirschend, die ADSp akzeptiert. Die Versicherungswirtschaft hat ihre Standardbedingungen für Fuhrunternehmer und Spediteure an die ADSp ebenso angepasst wie an das geltende Transportrecht. Die ADSp haben auch die erforderliche Zustimmung des Bundeskartellamts.

124 Neben den ADSp gibt es eine Reihe von anderen branchenüblichen AGB, wie etwa die nicht so verbreiteten „Vertragsbedingungen für den Güterkraftverkehrs- und Logistikunternehmer" (VBG),[98] die der Bundesverband Güterkraftverkehr Logistik und Entsorgung e. V. (BGL) seinen Mitgliedern empfiehlt oder die „Logistik-AGB" des „Deutschen Speditions- und Logistikverband" (DSLV), die jedoch weit überwiegend abgelehnt werden. Hier spiegeln sich neben sachlichen Unterschieden in den AGB auch die teilweise gegenläufigen Interessen der im Transportbereich tätigen Verbände wider. Es fragt sich grundsätzlich, ob sich die Verkehrswirtschaft in ihren konkurrierenden Verbänden mit der Einführung jeweils eigener AGB zusätzlich zur weitgehend akzeptierten ADSp einen Gefallen tut. Am Ende könnte stehen, dass die Industrie und der Handel ihre jeweilig eigenen AGB durchsetzen wollen, da sie sich in den ADSp nicht mehr gut aufgehoben fühlen.[99]

125 Die ADSp haben bis heute, trotz drastischer Veränderungen, zB bei der Versicherungspflicht, eine **große Verbreitung** im speditionellen Bereich.[100] Die heute gültige Fassung von 2003 ist auf die Transportrechtsreform v. 1998 zurückzuführen; sie ist inzwischen **an die darauf basierende Rechtsprechung weitgehend angepasst.** Anders als früher sind die ADSp 2003 kein Handelsbrauch iSd § 346 HGB, ua weil eben nicht mehr alle im Transportgewerbe tätigen Verbände sie unterstützen (s. a. Ziff. 2.5 ADSp).[101] Sie gelten damit ohne Kenntnis oder ohne Unterwerfungswillen der Parteien nicht als normativ.

126 Die ADSp sind Allgemeine Geschäftsbedingungen (AGB), die ausdrücklich bei Vertragsschluss einbezogen werden müssen und der **AGB Kontrolle** der §§ 305 ff. BGB unterliegen. Sie unterliegen gleichermaßen dem zwingenden Recht der §§ 449 Abs. 2, 466 Abs. 2 HGB. Die ADSp gelten als **branchenüblich** für alle Geschäfte im berufsständisch, nicht juristisch definierten Speditionsgewerbe, also auch für Frachtführer und Lagerhalter und für andere üblicherweise im Zusammenhang mit dem Speditionsgeschäft ausgeübte Tätigkeiten (ADSp 2.1) sowie für logistische Tätigkeiten, soweit das speditionelle Geschäft des Unternehmers iSd § 453 HGB überwiegt und er Mitglied im „DSLV" ist. Die ADSp gelten nicht für Verträge mit Verbrauchern, nicht für Umzugsverträge und nicht für die in ADSp 2.3–2.5 aufgeführten Geschäfte.

---

[97] Baumbach/Hopt/*Merkt* ADSp Einl., Präambel.
[98] Abgedruckt in: MüKoHGB/*Czerwenka* S. 750.
[99] *Paschke/Furnell* Rn. 588.
[100] *Bahnsen* TranspR 2010, 19 ff.; *Vogt* TranspR 2010, 15.
[101] *Koller* ADSP Vor Ziff. 1, Rn. 1; MüKoHGB/*Bahnsen* Vorbem ADSp Rn. 4.

2. Teil. Das Vertragsrecht des Exportgeschäfts

I. AGB-Kontrolle (§§ 305 ff. BGB)

127 AGB sind alle für eine Vielzahl von Verträgen vorformulierte Vertragsbedingungen, die eine Vertragspartei (der Verwender) der anderen Vertragspartei bei Abschluss des Vertrages stellt, § 305 Abs. 1 S. 1 BGB; im kaufmännischen Verkehr unterliegen sie gem. § 310 Abs. 1 S. 1 BGB jedoch nur nach § 307 BGB mit Indizwirkung nach den §§ 308, 309 BGB der AGB-Kontrolle, da im Handelsverkehr ein Bedürfnis nach Schnelligkeit gesehen wird und Kaufleute anders als Verbraucher nicht schutzbedürftig sind.[102] Wenn beide Vertragsparteien, bspw. Spediteure unter einander dieselben AGB einbeziehen wollen, etwa die ADSp, dann fehlt es an der Verwendereigenschaft iSd § 305 Abs. 1 S. 1 BGB mit der Folge, dass die ADSp nicht der AGB-Kontrolle unterliegen, aber Vertragsbestandteil werden. Einzeln ausgehandelte Verträge oder Klauseln sind keine AGB.

128 **1. Einbeziehen in den Vertrag.** Um wirksam in den Vertrag einbezogen zu sein, muss der andere Vertragspartner mit der **Geltung** der AGB **einverstanden** sein; er muss von ihrem Inhalt **Kenntnis** haben, sonst sind die AGB oder einzelne Klauseln unwirksam und es gelten die gesetzlichen Bestimmungen. Die Kenntnis kann der Vertragspartner des Verwenders auch dadurch erlangen, dass er sich die Bedingungen leicht verschaffen kann, zB bei online Bestellungen im Internet.[103]

129 Die ADSp gelten wegen ihrer weiten Verbreitung als **branchenüblich,** dh dass sie auch **stillschweigend** in den Vertrag **einbezogen** werden, wenn der Vertragspartner wusste oder wissen konnte, dass Spediteure üblicherweise nach den ADSp arbeiten.[104] Das ist immer dann der Fall, wenn ein Unternehmer regelmäßig mit Spediteuren Geschäfte tätigt. Auf solche Klauseln aber, die gem. §§ 449 Abs. 2, 466 Abs. 2 HGB nF von dem gesetzlichen Haftungsrahmen abweichen, muss der Verwender in geeigneter Weise hinweisen, nämlich darauf, dass diese einen anderen als den gesetzlich vorgesehenen Haftungsbetrag vorsehen. Sie können nicht stillschweigend wegen ihrer **Verkehrsüblichkeit** einbezogen werden, da dadurch die gesetzlich gewollte Schutzfunktion unterlaufen werden würde. Allerdings können auch diese stillschweigend[105] wirksam einbezogen sein, wenn sie im Rahmen einer längeren Geschäftsbeziehung schon immer einbezogen waren oder der Auftraggeber die Abweichungen der Regelungen in der ADSp von den gesetzlichen Regelungen kannte oder hätte kennen können.[106] Die ADSp können auch gem. § 362 Abs. 1 HGB iVm § 242 BGB einbezogen werden, wenn dem Antrag in einer vertragsbildenden Erklärung iSd § 150 Abs. 2 BGB, dass die ADSp Vertragsinhalt werden sollen, nicht widersprochen wird.[107] Der **Hinweis muss** dem Auftraggeber dabei – bei gebotener kaufmännischer Sorgfalt – **ins Auge fallen.** Die Vorschriften der §§ 305 ff. BGB dürfen nicht durch Vertragsgestaltung umgangen werden, §§ 306, 306a BGB.

130 **2. Die AGB Inhaltskontrolle (§ 307 BGB).** AGB unterliegen der **richterlichen Inhaltskontrolle** der §§ 305 ff. BGB. Da die ADSp für Verträge mit Verbrauchern nicht gelten, also nur zwischen Kaufleuten Gültigkeit haben können, ist die AGB-Kontrolle gem. § 310 Abs. 1 S. 2 BGB auf § 307 Abs. 1, Abs. 2 BGB beschränkt, wobei die §§ 308, 309 BGB einen **Maßstab zur Angemessenheit** darstellen können. Die AGB dürfen gem. § 307 Abs. 1, Abs. 2 BGB den Vertragspartner nach Treu und Glauben nicht unangemessen benachteiligen;[108] auf die im Handelsverkehr geltenden Gebräuche und Gewohnheiten ist

---

[102] *Vogt* TranspR 2010.
[103] BGH v. 14.6.2006, I ZR 75/03, TranspR 2006, 345.
[104] Mit kritischem Hinweis auf BGH v. 23.1.2003, I ZR 174/00, TranspR 2003, 119 f.: *Heuer* TranspR 2006, 114; *Koller* Vor Ziff. 1 ADSp Rn. 11, 12; *Valder* TranspR 2004, XLII; *Bahnsen* TranspR 2010, 19, 20; aA MüKoHGB/*Czerwenka* § 407 Rn. 109.
[105] Kritisch MüKoHGB/*Bahnsen* Vorbem. ADSp Rn. 12; besonders bei Verträgen mit Ausländern, Rn. 13, 14.
[106] *Koller* Vor Ziff. 1 ADSp Rn. 14, 18.
[107] Oetker/*Maultzsch* § 362 Rn. 3.
[108] ZB im Fall einer Vertragsstrafe in unangemessener Höhe: Thüringer OLG v. 26.11.2008, 7 U 329/08, HSchR 2009-1, S. 16, Nr. 7.

angemessen Rücksicht zu nehmen. Eine unangemessene Benachteiligung liegt im Zweifel vor, wenn eine Bestimmung der AGB mit einem wesentlichen Grundgedanken der gesetzlichen Regelung nicht zu vereinbaren ist, wenn wesentliche Rechte und Pflichten (**Kardinalpflichten**) durch AGB **eingeschränkt** werden oder wenn Klauseln den Klauselverboten gem. §§ 308, 309 BGB entsprechen. So sind Klauseln der AGB, die dem ausgehandelten Vertrag widersprechen oder Klauseln mit nach den Umständen überraschendem oder ungewöhnlichem Inhalt iSd §§ 305b, 305c BGB unwirksam.[109] Der Vertragspartner muss darauf vertrauen dürfen, dass die AGB sich im Rahmen dessen halten, was bei Würdigung aller Umstände bei Verträgen dieser Art zu erwarten ist. Durch individuelle Vereinbarung können AGB auch noch nach Vertragsschluss geändert werden, § 305b BGB. Kollidieren einzelne Klauseln der AGB vom Auftraggeber mit denen des Spediteurs liegt ein Dissens, §§ 154, 155 BGB, vor. Die AGB sind dann nur dort wirksamer Vertragsbestandteil, wo sie übereinstimmen.[110]

131 Durch individuelle Vereinbarung können die ADSp auch dort in den Vertrag einbezogen werden, wo sie eigentlich gem. Ziff. 2.1–2.3 ADSp keine Geltung haben. Es können ebenso unterschiedliche AGB in den Vertrag einbezogen werden. Individuell vereinbarte Klauseln haben Vorrang vor AGB, also auch den ADSp.[111] Wenn deren Klauseln sich im Einzelnen widersprechen gelten im Zweifel keine, § 305c Abs. 2 BGB, sondern die gesetzlichen Bestimmungen.

132 Die ADSp 2003 gelten weitgehend als AGB konform. Sie konkretisieren die gesetzlichen Regelungen dort, wo keine vertraglichen Vereinbarungen getroffen werden und sind deshalb in der täglichen Arbeitspraxis für beide Seiten ein anerkannter Handlungsrahmen.

II. Zwingendes Recht gem. §§ 449 Abs. 2, 466 Abs. 2 HGB

133 Von der Haftung des Frachtführers resp. des Spediteurs kann nur durch individuell ausgehandelte Vereinbarungen, nicht durch AGB abgewichen werden.

134 Durch AGB kann aber in der **Haftungshöhe abweichend** von § 431 Abs. 1, 2 HGB abgewichen werden, wenn diese Abweichung in geeigneter Weise kenntlich gemacht wird und die Haftungshöhe zwischen 2 und 40 SZR liegt oder diese für den Verwender ungünstiger ist.

III. Die ADSp-Klauseln – Überblick

135 Neben den schon oben angesprochenen gesetzlichen Bestimmungen werden hier nur die Klauseln der ADSp kurz aufgeführt,[112] die bezüglich der gesetzlichen Vorschriften oder aus anderen Gründen auffällig sind:

136 **ADSp 1.** Sie entspricht den unter Kaufleuten verlangten Sorgfaltsansprüchen des § 347 HGB und den Sorgfaltspflichten eines Geschäftsbesorgers iSd § 454 Abs. 4 HGB. Das gilt bei Einbeziehung der ADSp auch dann, wenn Pflichten vertraglich vereinbart wurden, die nicht den §§ 453 ff. HGB zuzuordnen sind.[113]

137 **ADSp 2.3.** Verpackungsarbeiten im Zusammenhang mit einer Beförderung des Gutes sind vom Ausschluss der ADSp 2.3 nicht betroffen, ebenso nicht die Besorgung von Umzugsgeschäften. Für Kranarbeiten, Montage- oder Schwer- und Großtransporte sind andere AGB im Gebrauch.

138 **ADSp 2.4.** Die ADSp gelten nicht für Verbraucher, sodass eine Verbandsklage auf Unterlassung der Verwendung der ADSp gem. § 1 iVm § 3 Abs. 2 UKlaG nicht zulässig ist.

---

[109] Palandt/*Grüneberg* § 305c Rn. 1–4.
[110] Palandt/*Grüneberg* § 305 Rn. 54.
[111] BGH v. 16.3.2006, I ZR 65/03, TranspR 2006, 359, 361; *Koller* Vor Ziff. 1 ADSp Rn. 10, 21.
[112] S. a. Ebenroth/Boujong/Joost/Strohn/*Bahnsen* Vor Ziff. 1 ADSp S. 1270.
[113] *Koller* Ziff. 1 ADSp Rn. 1; Ziff. 2 ADSp Rn. 16.

139 **ADSp 2.5.** Die ADSp stellen in dieser Klausel selbst fest, dass sie kein Handelsbrauch sind, dass sie aber den gesetzlichen Bestimmungen oder Handelsbräuchen vorgehen, sofern diese nicht zwingendes Recht oder AGB-fest sind.

140 **ADSp 2.6.** Der Spediteur wird durch den Auftraggeber ermächtigt, bei Wahrung der Interessen des Auftraggebers die AGB Dritter zu vereinbaren.

141 **ADSp 2.7.** Der Hauptspediteur wird ermächtigt, im Namen des Auftraggebers ohne ausdrückliche Absprache mit einem Zwischenspediteur die Geltung der ADSp zu vereinbaren. Falls die sonst verwendeten AGB des Zwischenspediteurs für den Auftraggeber günstigere Bedingungen vorsähen, wäre diese Klausel wohl iSd § 307 BGB unangemessen.[114]

142 **ADSp 3.3–3.7.** Der Spediteur hat auch hier den Auftraggeber, unabhängig von dessen Pflichten aus den Ziff. 3 ADSp, ausführlich zu beraten. Das gilt insbesondere für Gefahrgüter iSd § 410 HGB, es sei denn, der Auftraggeber verfügt selbst über genügend eigene Kenntnisse. Der Auftraggeber muss vor/bei Vertragsschluss den Wert des Gutes schriftlich angeben, wenn dieser über € 50,– per kg liegt oder wenn das Gut iSd Ziff. 3.6 ADSp diebstahlgefährdet ist. Der Spediteur hat dann das Recht, unverzüglich ohne Nachfrist vom Vertrag zurückzutreten, § 346 BGB, die Annahme des Gutes zu verweigern oder den Vertrag zu erfüllen und eine zusätzliche angemessene Vergütung und daraus entstehende Kosten zu verlangen.

143 Kommt der Auftraggeber diesen Pflichten nicht nach, hätte er bei einem Schaden ggf. eine Mitschuld iSd § 425 Abs. 2 HGB, § 254 BGB. Die Schwelle eines Mitverschuldens wird durch Ziff. 3.6 ADSp zu Lasten des Auftraggebers niedriger gelegt, als es nach der Rechtsprechung des BGH zum Mitverschulden der Fall ist.

144 Während es zumutbar und angemessen erscheint, dass der Spediteur ein Recht hat, wegen seines Transportrisikos den Warenwert zu erfahren und ggf. nach Kenntnis deswegen einen Auftrag abzulehnen, darf die Angabe des Warenwertes nicht dazu führen, dass der Auftraggeber verpflichtet wird, eine entsprechende Versicherung iSd Ziff. 3.4 ADSp einzudecken. Eine solche Koppelung wäre iSd § 307 BGB unangemessen.[115]

145 **ADSp 6.2.** Die Klausel erweitert die Verpackungspflicht des Auftraggebers dahin, dass die Ware ohne äußerlich sichtbare Spuren nicht beraubt werden kann. Die Verpflichtung geht jedoch nicht soweit, dass die Ware überhaupt nicht beraubt werden könnte. Mit der erweiterten Verpackungspflicht des Auftraggebers wird ggf. parallel seine Mitschuld iSd § 425 Abs. 2 HGB, § 254 BGB, Ziff. 25 ADSp bei verpackungsbedingten Schäden erweitert. Kleine Packstücke müssen zu einem Packstück zusammengefasst oder als zusammengehörig gekennzeichnet werden. Packstücke über 1.000 kg Einzelgewicht müssen für den Transport per Schiff extra gekennzeichnet werden.[116]

146 **ADSp 7.1–7.2.** Die Verpflichtung des Spediteurs, bei Besitzwechsel des Gutes eine Schnittstellenkontrolle am Ende jeder Beförderungs- oder Teilstrecke durchzuführen, entspricht der ständigen Rechtsprechung des BGH, der fehlende Schnittstellenkontrollen als grob fahrlässig ansieht mit der Rechtsfolge der unbeschränkten Haftung gem. § 435 HGB, s.a. ADSp 25.2. Die Kontrolle ist beschränkt auf äußerlich sichtbare Merkmale, zB Verpackungsschäden.

147 **ADSp 11.1–11.2.** Ohne besondere Vereinbarung liegen keine festen Verlade- und Ablieferfristen vor. Ungeachtet dessen bleibt die gesetzliche Haftung für die Ablieferung in einer *angemessenen* Frist bestehen.

148 **ADSp 12.1.** Diese Regelung entspricht § 275 BGB. Die Unmöglichkeit zu leisten muss für den Spediteur dauerhaft oder die Leistung nur bei absurd hohem Aufwand möglich sein. Die Parteien können dann vom Vertrag zurücktreten und bei Verschulden gem. § 280

---

[114] *Koller* Ziff. 2 ADSp Rn. 18.
[115] *Koller* Ziff. 3 ADSp Rn. 15.
[116] Entsprechend dem Gesetz über die Gewichtsbezeichnung an schweren schiffbeförderten Frachtstücken v. 28.6.1933, § 1 Abs. 1, 2.

BGB Schadensersatz verlangen. Diese Regelung ist abzugrenzen von den gesetzlich normierten Regeln für den Frachtführer bei Ablieferr- oder Beförderungshindernissen, § 419 HGB.

ADSp 13. Es gelten die Grundsätze der Duldungs- oder Anscheinsvollmacht, §§ 164 ff. 149 BGB, für die Empfangnahme des Gutes, dh jede in den Räumen oder auf dem Grundstück sich befindende Person gilt erst einmal als bevollmächtigt, das Gut in Empfang zu nehmen, es sei denn, die Umstände und Lebenserfahrung lassen eine Vollmacht als zweifelhaft erscheinen.

ADSp 14.1–14.2. Die Klausel entspricht dem Charakter des Geschäftsbesorgungsvertrags, den §§ 675 iVm 666 ff. BGB, § 454 HGB, ausgeweitet bei Fremdnützigkeit auf Rechnungslegungs- und Herausgabepflichten. Die Klausel gilt dort nicht, wo der Spediteur nicht als Geschäftsbesorger tätig wird und auch dann nicht, wenn er für eigene Rechnung tätig ist, zB beim Selbsteintritt, § 458 HGB. In dem Fall könnte der Auftraggeber ggf. im Rahmen des § 242 BGB Auskunft über den Verbleib seiner Ware verlangen.[117]

ADSP 15.1–15.3. Der Spediteur ist zwar in der Auswahl der Lagerräume frei, muss dabei aber seine Obhutspflichten und die Interessen des Auftraggebers wahren und die Lagerräume nach den Erfordernissen des Gutes auswählen. Die dem Spediteur durch ADSP 15.1 gem. § 472 Abs. 2 HGB erteilte Einwilligung zu der Art der Einlagerung muss der Auftraggeber bei einer Besichtigung ggf. unverzüglich widerrufen. Spätere Einwendungen sind unbeschadet der Haftung des Lagerhalters aus seiner Obhutspflicht nicht möglich.

ADSP 15.5. Dies gilt nur, wenn der Auftraggeber oder seine Leute mit Einwilligung des Spediteurs das Lager betreten haben. Ohne Einwilligung ist der Auftraggeber wie ein Parteifremder zu betrachten und von ihm verursachte Schäden gehen zu Lasten des Lagerhalters, allerdings müsste diesen ein Verschulden iSd § 280 BGB treffen resp. den Auftraggeber könnte ein Mitverschulden treffen, § 254 BGB.

ADSP 15.6. Diese Klausel ist bei unvertretbaren Sachen angreifbar und nicht angemessen iSd § 307 BGB.

ADSp 16.1–16.3. Es gelten die gesetzlichen Vorschriften für Angebot und Annahme und deren Auslegung gem. Treu und Glauben und Verkehrssitte, §§ 145 ff., 133, 157 BGB. Es gilt ebenso der Vorrang der individuellen Vereinbarung, § 305b BGB.

ADSp 16.5. Der Auftraggeber muss eine Weisung zum Rücktransport geben, § 419 Abs. 1 S. 1 HGB, da der Spediteur ja nicht für den Auftraggeber entscheiden kann, an wen das Gut nun geliefert werden soll. Eine Annahmeverweigerung durch den Empfänger reicht deshalb nicht. Die Höhe der Vergütung für den Rücktransport muss dem in der Weisung gegebenen neuen Ziel entsprechen und angemessen sein, §§ 419 Abs. 1 S. 3 iVm 418 Abs. 1 S. 4, § 354 Abs. 1 HGB.

ADSp 17.1–17.2. Ohne eigentliche Vereinbarung zur Empfangnahme entspricht die Klausel der Geschäftsführung ohne Auftrag, §§ 677 ff. BGB, allerdings ohne die Pflicht, Frachten usw. auszulegen, auch wenn dies im Interesse des Geschäftsherrn ist. Der Spediteur müsste ggf. Vorschuss gem. § 669 BGB anfordern. Die Klausel kann als ein Verstoß gegen die Pflicht der Wahrung des Interesses des Auftraggebers unangemessen iSd § 307 BGB sein.[118]

ADSp. 19. Die Aufrechnung kann gem. § 242 BGB ausgeschlossen sein, wenn der zur Aufrechnung gestellte Anspruch auf Vorsatz oder Leichtfertigkeit gem. § 435 HGB beruht, wenn er aus demselben rechtlichen Verhältnis resultiert und wenn er substantiiert dargestellt wird und entschieden werden kann, dass der Gläubiger sonst rechtlos gestellt würde.[119]

ADSp 20.1–20.2. Das Pfandrecht gilt gem. §§ 441, 464, 475b HGB nur bei konnexen Forderungen; bei inkonnexen Forderungen, also solchen, die mit dem Auftrag nicht in ei-

---

[117] *Koller* Ziff. 14 ADSp Rn. 2.
[118] *Koller* Ziff. 17 ADSp Rn. 4.
[119] So *Köper* TranspR 2012, 447.

nem wirtschaftlichen Zusammenhang stehen, gilt es nur bei unbestrittenen Forderung. Bei inkonnexen und bestrittenen Forderungen ist der gute Glaube des Spediteurs iSd § 366 Abs. 3 HGB nF nicht geschützt. Die Klausel kann daher in die Rechte Dritter, zB des Eigentümers des Gutes eingreifen und wäre dann unangemessen iSd § 307 BGB. Bei Insolvenzgefahr muss das Pfandrecht für inkonnexe und bestrittene Forderungen bereits entstanden sein, um ausgeübt werden zu dürfen.

159 **ADSp 20.3.** Entspricht nicht der Frist von einer Woche gem. § 368 Abs. 1, Abs. 2 HGB.

160 **ADSp 22.3.** Die Klausel weicht von der unbegrenzten Haftung des Lagerhalters gem. §§ 467 Abs. 1, 475 S. 1 HGB ab und beschränkt sie auf Wertverlust, § 429 HGB, und Schadensfeststellungskosten, § 430 HGB. Sie ist unwirksam bei vorsätzlichem oder grob fahrlässigem Verhalten des Spediteurs oder bei Verletzung von wesentlichen Vertragspflichten (Kardinalpflichten) gem. Ziff. 27 ADSp.

161 **ADSp 22.4.2.** Ohne Vereinbarung ist die Lagerung im Freien nach der Verkehrssitte gem. § 157 BGB zu beurteilen. Dann kann die Rechtsfolge der Schadensvermutung nicht angemessen iSd § 307 BGB sein.

162 **ADSp 22.4.3.** Zumindest bei Diebstahl muss der Spediteur nachweisen, dass er alle zumutbaren Sicherungsmaßnahmen ergriffen hat, die ggf. durch den Dieb ausgeschaltet wurden. Die Klausel entspricht nicht dem Angemessenheitsgebot des § 307 BGB.

163 **ADSp 22.4.4.** Abgesehen von der höheren Gewalt entspricht die Beweislastregelung nicht dem § 307 BGB und ist unangemessen.

164 **ADSp 23.1–23.5.** Die Beschränkung der Haftung auf 2 SZR ist mit der Regelung des § 449 Abs. 2 HGB im Einklang, wenn sie in den einbezogenen AGB in geeigneter Weise hervorgehoben wurde. Die Höchsthaftung der ADSp 23.1.4 resp. 23.4 tritt dahinter zurück, da die jeweils höhere Haftung ggf. mit 2 SZR gilt. Nicht angemessen iSd der §§ 307, 309 Nr. 7a BGB ist die Beschränkung der Haftungssumme gem. ADSp 23.4 bei Schäden „in jedem Fall", da darunter auch Schäden aus deliktischer Haftung gem. § 823 Abs. 1, 2 BGB fallen könnten. Ebenfalls nicht angemessen ist die Haftungsbeschränkung auf alle nicht-beförderungsbezogenen Verträge, zB den Werkvertrag. Die Begrenzung der Haftung gem. Ziff. 24.1 ADSp gilt nicht bei Verletzung vertragswesentlicher Pflichten gem. Ziff. 27.1 ADSp.[120]

165 **ADSp 24.1.2.** Die Haftung aus deliktischem Verschulden, § 823 BGB, muss auch hier unbegrenzt bleiben.

166 **ADSp 25.2.** Die Beweislastregelung des BGH zur sekundären Darlegungslast des Spediteurs ist zu beachten. Die Klausel ist iSd § 307 BGB unangemessen.

167 **ADSp 27.1–27.3.** Diese Regelung entspricht § 435 HGB, ggf. ist ein Mitverschulden gem. 254 BGB zu berücksichtigen. Die Beweislast richtet sich nach den vom BGH aufgestellten Leitsätzen zur sekundären Darlegungslast des Spediteurs. Insofern kann die Klausel unangemessen iSd §§ 307 ff. BGB sein. Im Zusammenspiel mit Art. 25 MÜ kann ADSp 27 die zwingende Haftungsbegrenzung des Art. 22 Abs. 3 MÜ aufheben.[121]

168 **ADSp 30.2.** Bei Klagen des Spediteurs gilt diese Klausel nicht.

---

[120] LG Wuppertal v. 4.1.2012, 13 O 62/10, TranspR 2012, 378.
[121] BGH v. 22.7.2010 – I ZR 194/08, TranspR 2011, 80; v. 3.3.2011 – I ZR 50/10.

Abschnitt 15. Seetransport

Übersicht

	Rn.
A. Die Rechtsquellen des Seetransportrechtes	1
B. Die Arten des Seefrachtvertrages	3
I. Stückgutvertrag	4
II. Reisefrachtvertrag	7
III. Schiffsüberlassungsverträge	12
1. Schiffsmietvertrag	13
2. Zeitcharter	14
C. Die am und im Zusammenhang mit dem Seefrachtvertrag beteiligten Personen	19
I. Verfrachter	20
II. Befrachter	22
III. Ablader, benannter Dritter und abladender Dritter	23
1. Ablader	24
2. Benannter Dritter	25
3. Der abladende Dritte	26
IV. Empfänger	27
V. Ausführender Verfrachter	31
D. Konnossement, Seefrachtbrief	37
I. Konnossement	38
1. Rechtsnatur	39
2. Traditionspapier	43
3. Inhalt des Konnossements	44
4. Konnossement und Seefrachtvertrag	46
a) Die Rechte aus Konnossement und Seefrachtvertrag	46
b) Sperrpapier	48
c) Einwendungsausschluss	49
d) Incorporationsklauseln	52
5. Die Beweiskraft des Konnossements	53
II. Seefrachtbrief	56
E. Die Haftung des Verfrachters aus dem Seefrachtvertrag	59
I. Obhutshaftung und Haftung für vermutetes Verschulden	60
II. Besondere Haftungsbefreiungstatbestände	67
III. Deckladung	71
IV. Nautisches Verschulden und Feuer	74
V. Wertersatz, Haftungsbefreiungen, Haftungsbegrenzungen und deren Wegfall	75
1. Wertersatz	76
2. Summenmäßige Haftungsbeschränkung	77
3. Konkurrierende Ansprüche, Leute und Schiffsbesatzung	80
4. Qualifiziertes Verschulden	82
VI. Spezielle Haftungstatbestände	83
1. Begleitpapiere	84
2. Auslieferung ohne Seefrachtbrief	85
3. Falschauslieferung bei Ausstellung eines Konnossements	86
4. Falsche Konnossementsangaben	87
VII. Haftung für Verzug und sonstige Schäden	91
VIII. Zwingendes und dispositives Recht	95
1. Stückgutfrachtvertrag	95
2. Reisefrachtvertrag	99
F. Die seefrachtvertragliche Haftung des Befrachters, des Abladers und Dritter	100
G. Schadensanzeige und Verjährung seefrachtrechtlicher Ansprüche	106
I. Schadensanzeige	106
II. Verjährung	111

Literatur: *Herber*, Wer ist ausführender Verfrachter?, TranspR 2011, 359 f.; *Herber*, Die Reform des deutschen Seehandelsrechts, TranspR 2012, S. 269 f.; *Paschke*, in: Oetker, Handelsgesetzbuch, 3. Aufl. 2013; *Paschke/Ramming*, Reform des deutschen Seehandelsrechts, RdTW 2013, 1 f.; *Rabe*, Entwurf der Sachverständigengruppe und Referentenentwurf zur Reform des Seehandelsrechts, TranspR 2011, 323, 328 f.; *Rabe*, Seehandelsrecht, 4. Aufl. 2000; *Herber*, Seehandelsrecht, 1999.

2. Teil. Das Vertragsrecht des Exportgeschäfts

A. Die Rechtsquellen des Seetransportrechtes

1 Der Transport von Gütern über See ist seit alters her bis in die Gegenwart und mangels erkennbarer anderer technischer Entwicklung für die absehbare Zukunft derjenige Transportmodus, mittels dem die größte Menge von Gütern über die weitesten Distanzen transportiert wird. Der Seetransport ist ein wesentliches Element des Welthandels. Die Internationalität des Seetransportes und das Bedürfnis nach Rechtssicherheit führten dazu, dass das Seetransportrecht recht frühzeitig mittels multilateraler Staatsverträge in weiten Teilen international vereinheitlicht worden ist[1]. Besondere Bedeutung haben die so genannten Haager Regeln vom 25. August 1924[2] sowie die Visby-Regeln vom 23. Februar 1968[3]. Die Haager-Visby-Regeln verfolgen im Interesse der internationalen Rechtsvereinheitlichung das Ziel, auf internationaler Ebene einheitliche Haftungstatbestände, Haftungsbeschränkungen und Haftungsausschlüsse bei Seetransporten, über die ein Konnossement ausgestellt wurde, sicherzustellen. Die Bundesrepublik Deutschland hat die Haager Regeln völkerrechtlich ratifiziert, nicht aber die Visby-Regeln. Dessen ungeachtet hatte der Gesetzgeber in das 5. Buch des HGB inhaltlich die Haager-Visby-Regeln in das autonome deutsche Recht eingearbeitet. Auf Initiative des Bundesjustizministeriums und einer Sachverständigengruppe wurde das deutsche Seehandelsrecht in weiten Teilen reformiert[4]. Die Bundesrepublik Deutschland bleibt – was rechtspolitisch zu begrüßen ist – auch nach dieser Reform des Seehandelsrechts Vertragsstaat der Haager-Regeln. Das im fünften Buch des HGB mit den §§ 476–619 HGB am 25.4.2013 in Kraft getretene Seehandelsrecht weicht nun in durchaus wichtigen Bereichen von den völkerrechtlichen Vorgaben der für die Bundesrepublik Deutschland nach wie vor verbindlichen Haager-Regeln ab. Daher wird mittels Artikel 6 EGHGB versucht, den Anwendungskonflikt zwischen dem autonomen deutschen Recht und den Haager-Regeln zu vermeiden. Gelungen ist dies hingegen nicht[5].

2 Neben die spezialgesetzlichen Regelungen der §§ 476f. HGB treten die allgemeinen Regelungen des HGB und die des allgemeinen Zivilrechts (Artikel 2 EGHGB). Diese gesetzlichen Quellen des Seetransportrechtes werden überlagert und ergänzt durch eine Vielzahl von standardisierten Verträgen (zumeist Charterparties) und Allgemeinen Geschäftsbedingungen auf Konnossementen und Seefrachtbriefen.

B. Die Arten des Seefrachtvertrages

3 Das Gesetz nennt den Stückgutfrachtvertrag (§ 481 HGB), den Reisefrachtvertrag (§ 527 HGB) sowie unter der Überschrift „Schiffsüberlassungsverträge" den Schiffsmietvertrag (Bareboat Charter) in § 553 HGB und den Zeitchartervertrag in § 557 HGB. All diesen Verträgen ist gemein, dass es sich um Konsensualverträge handelt, die in ihrer Ausgestaltung entsprechend dem Willen der Vertragsparteien dispositiv sind; Einschränkungen der Vertragsfreiheit sind insbesondere für den Stückgutfrachtvertrag vorgesehen, wenn es um Abweichungen vom Gesetz mittels Allgemeiner Geschäftsbedingungen geht, § 512 Abs. 1 HGB.

I. Stückgutvertrag

4 Das Gesetz definiert den Stückgutvertrag in § 481 HGB, in dem es die vertraglichen Hauptpflichten der Parteien wiedergibt. Es sind dies die Verpflichtung des Verfrachters, das

---

[1] Vgl. *Herber,* Seehandelsrecht, S. 30f.

[2] Internationales Abkommen zur Vereinheitlichung von Regeln über Konnossemente, RGBl. 1939 II, 1049.

[3] Protokoll zur Änderung des Übereinkommens vom 25. 8. 1924 zur Vereinheitlichung von Regeln über Konnossemente, *Rabe,* Seehandelsrecht, Anhang II § 663b Rn. 4f.

[4] *Herber,* Die Reform des deutschen Seehandelsrechts, TranspR 2012, S. 269f.

[5] Oetker/*Paschke,* Handelsgesetzbuch, vor § 476 Rn. 44.

Abschnitt 15. Seetransport

Gut mittels Schiff über See zum jeweiligen Bestimmungsort zu befördern und dort dem Empfänger abzuliefern sowie die Verpflichtung des Befrachters, das vereinbarte Entgelt, die Fracht, zu bezahlen.

Der Stückgutvertrag bezieht sich auf den Transport einzelner Güter (Stückgüter) über **5** See. Im Vordergrund steht das Stückgut, nicht die Beförderung mit einem bestimmten Schiff. Bei dem Stückgut muss es sich nicht notwendigerweise um einzelne Güter oder Partien von Gütern handeln, auch Massengüter, zB eine bestimmte Menge von Schüttgut, können Gegenstand eines Stückgutvertrages sein. Seit dem Zeitalter der Containerisierung ist der Stückgutvertrag der für die Linienschifffahrt typische Seefrachtvertrag. Der Stückgutvertrag ist an keine bestimmte Form gebunden. Das Angebot des Befrachters, die Buchung, wird durch den Verfrachter typischerweise mittels einer Buchungsnote angenommen bzw. bestätigt. Der Stückgutvertrag erfolgt regelmäßig zu den Bedingungen des (insbesondere Linien-)Konnossements bzw. des Seefrachtbriefes, mögen diese auch erst zu einem späteren Zeitpunkt, also nach Vertragsschluss ausgestellt und begeben werden.

Von den den Stückgutvertrag regelnden gesetzlichen Bestimmungen (§§ 481–512 HGB) **6** kann gemäß § 512 Abs. 1 HGB nicht mittels Allgemeiner Geschäftsbedingungen, sondern lediglich durch Individualvereinbarung abgewichen werden, mag eine solche im Einzelfall ausgehandelte Vereinbarung auch für eine Mehrzahl gleichartiger Verträge – also etwa ein Rahmenvertrag, der unter ihm geschlossene Einzelverträge erfasst – geschlossen worden sein. Von dieser Einschränkung der Privatautonomie weicht § 512 Abs. 2 HGB in durchaus bemerkenswerter Weise[6] ab, indem er eine klauselmäßige Freizeichnung für „nautisches Verschulden" und für „Feuer" zulässt sowie eine Haftungserweiterung gestattet.

II. Reisefrachtvertrag

Den Reisefrachtvertrag – die Reisecharter – definiert das Gesetz in § 527 Abs. 1 HGB **7** als einen Vertrag, durch den sich der Verfrachter verpflichtet, das Gut mit einem bestimmten Schiff im Ganzen, mit einem verhältnismäßigen Teil eines bestimmten Schiffes oder in einem bestimmt bezeichneten Raum eines solchen Schiffes auf einer oder mehreren Reisen über See zum Bestimmungsort zu befördern und dort dem Empfänger abzuliefern. Im Unterschied zum Stückgutvertrag stehen beim Reisefrachtvertrag nicht notwendigerweise einzelne Güter oder Partien von Gütern im Vordergrund. Dem Reisefrachtvertrag verleiht vielmehr die Zurverfügungstellung eines bestimmten Schiffes oder eines Raums dieses Schiffes für die Durchführung einer Beförderung sein Gepräge.

Der Gesetzeswortlaut stellt auf ein „bestimmtes Schiff" ab. Dies darf nicht dahin missver- **8** standen werden, dass ein Reisefrachtvertrag nur dann vorliegt, wenn sich die Parteien bereits bei Vertragsschluss auf ein bestimmtes, etwa namentlich individualisiertes Schiff geeinigt haben. Typisch, aber nicht notwendig ist die präzise Bezeichnung und auch Individualisierung eines Schiffes. Möglich und in der Praxis auch durchaus gebräuchlich ist, dass das Schiff zunächst nicht individualisiert, sondern lediglich seinem Typ nach bestimmt wird mit der Maßgabe, dass der Verfrachter zum Zeitpunkt der Andienung ein in wesentlichen Merkmalen und Anforderungen der Reisecharter gerecht werdendes Schiff gestellt. In der Rechtswirklichkeit begegnet einem der Reisefrachtvertrag regelmäßig als Vollcharter, bei der der Charterer (Befrachter) vom Vercharterer (Verfrachter) das Schiff im Ganzen und nicht nur einen Raum desselben in Anspruch nimmt.

Die vom Befrachter an den Verfrachter zu bezahlende Fracht wird in der Regel nach der **9** Menge der Ladung (Gewicht oder Raummaß) berechnet oder auch als Lumpsum-Fracht – etwa bei Projektladungen – pauschal vereinbart. Da dem Verfrachter bei einer Reisecharter daran gelegen sein muss, sie möglichst schnell abzuwickeln, sehen die Reisefrachtverträge grundsätzlich Zeitfenster vor, binnen derer der Verfrachter das Schiff im Ladehafen vorzulegen hat und bei deren Überschreitung der Befrachter dann Liegegeld *(Demurrage)* zu be-

---

[6] → Rn. 74.

zahlen hat (§ 530 Abs. 3 HGB). Damit korrespondiert je nach der Marktsituation und den Vereinbarungen der Parteien das so genannte Eilgeld *(Dispatch Money)*, das zugunsten des Befrachters berücksichtigt wird, wenn der Reisefrachtvertrag schneller als erlaubt abgewickelt wird.

10   In Parallele zu § 649 BGB hat der Befrachter (ebenso wie der Stückgutbefrachter, § 489 HGB) ein jederzeitiges Kündigungsrecht, § 532 HGB. Dem Verfrachter gesteht das Gesetz in § 534 HGB ein Kündigungsrecht dann zu, wenn der Befrachter nicht rechtzeitig die Güter ablädt. Im Unterschied zum Stückgutvertrag (§ 486 Abs. 2 HGB) obliegt es im Zweifel dem Befrachter, das Gut zu verladen, § 531 Abs. 1 HGB. „Verladen" definiert das Gesetz in § 486 Abs. 2 HGB nicht nur als das Laden des Gutes in das Schiff, sondern auch als das Stauen und das Sichern des Gutes im Schiff. Gemäß § 535 HGB gilt Spiegelbildliches für das Löschen der Ladung.

11   Der Reisefrachtvertrag wird regelmäßig – dies gilt auch für die übrigen Arten des Chartervertrages – in einem die Rechte und Pflichten der Parteien im Einzelnen regelnden schriftlichen Vertrag, der Chartepartie (so die deutsche Schreibweise gemäß § 557 HGB aF; üblich ist die Verwendung des englischen Begriffs „Charterparty"), dokumentiert. § 527 Abs. 1 S. 2 HGB gibt jeder Vertragspartei das Recht, eine schriftliche Beurkundung des Vertrags zu verlangen. Die dabei zum Einsatz kommenden Vertragsmuster werden selten von einer Partei der anderen „gestellt"; sie werden in der Praxis von den Parteien überwiegend (meist unter Einschaltung von Maklern) verhandelt und modifiziert, sodass auf Charterverträge die Vorschriften über die Inhaltskontrolle Allgemeiner Geschäftsbedingungen (§§ 305 ff. BGB) nicht zur Anwendung gelangen. Im Unterschied zum Stückgutvertrag ist der Reisefrachtvertrag auch mittels Allgemeiner Geschäftsbedingungen dispositiv gestaltbar; § 527 Abs. 2 HGB verweist nicht auf § 512 HGB. Die Reisecharter kann sich dem Regelfall entsprechend auf eine einfache Reise von Hafen zu Hafen beziehen, aber auch kombinierte Reisen oder eine ganze Reihe von Reisen von und zu unterschiedlichen Häfen umfassen.

III. Schiffsüberlassungsverträge

12   In den §§ 553 bis 569 HGB regelt der Gesetzgeber den Schiffsmietvertrag sowie den Zeitchartervertrag unter der Überschrift „Schiffsüberlassungsverträge". Die rechtspolitische Entscheidung, den Schiffsüberlassungsverträgen – insbesondere dem darunter gefassten Zeitchartervertrag – einen gesetzlichen Rahmen zu geben, kann durchaus kritisch bewertet werden. In der praktischen Rechtsanwendung wird sich der nun gesteckte rechtliche Rahmen selten auswirken, da Schiffsüberlassungsverträge praktisch ausnahmslos unter Verwendung der dafür vom Markt konzipierten Vertragsmuster sehr detailliert vertraglich geregelt und verhandelt werden. Richtigerweise hat der Gesetzgeber die Schiffsüberlassungsverträge voller Vertragsfreiheit unterstellt.

13   **1. Schiffsmietvertrag.** Der Schiffsmietvertrag – den das Gesetz in § 553 Abs. 1 HGB im etablierten Sprachgebrauch auch als Bareboat Charter bezeichnet – ist nicht Frachtvertrag, sondern dem Typus nach Mietvertrag. Die zuvor im BGB vereinzelt vorhandenen Vorschriften über die Schiffsmiete wurden in das fünfte Buch des HGB überführt. Unverändert beibehalten wurde bedauerlicherweise die Vorschrift des § 578a BGB, wonach für im deutschen Schiffsregister eingetragene Schiffe die für Wohnraummiete konzipierten Vorschriften – insbesondere § 566 BGB („Kauf bricht nicht Miete") auf den Schiffsmietvertrag – jedenfalls zunächst[7] – beibehalten werden.

14   **2. Zeitcharter.** Bei der Zeitcharter war[8] und ist[9] deren Rechtsnatur streitig. In Rede stehen ein Mietvertrag über das Schiff verknüpft mit einer Dienstverschaffungsabrede oder ein

---

[7] Begr. RegE BT-Drs. 17/10309, S. 115, 116.
[8] *Rabe*, Seehandelsrecht, § 556 Rn. 7 mwN.
[9] *Paschke, Ramming*, Reform des deutschen Seehandelsrechts, RdTW 2013, 8 ff. mwN.

typengemischter Vertrag, den frachtvertragliche Elemente prägen mit der Folge, dass der Zeitcharterer als Beförderer eine Transportleistung erbringt oder schließlich die Annahme eines Vertrages sui generis. Der Gesetzgeber hat sich ausdrücklich für Letzteres entschieden und den Zeitchartervertrag als einen Vertrag sui generis bestimmt[10].

15 Die den Zeitvercharterer treffende vertragliche Hauptpflicht wird in § 557 Abs. 1 HGB sowohl mit einem mietrechtlichen Element (*„ein bestimmtes Schiff mit Besatzung auf Zeit zu überlassen"*) als auch mit einem transportrechtlichen Element (*„und mit diesem Schiff Güter oder Personen zu befördern"*) umschrieben. Der Annahme eines Mietvertrages steht jedoch entgegen, dass dem Zeitcharterer das Schiff nicht übergeben wird – er also keinen Besitz an dem Schiff hat –, sondern dass dem Zeitcharterer das Schiff *„bereitzustellen"* ist, § 559 Abs. 1 HGB. Der Begriff des *„Bereitstellens"* wurde bewusst gewählt, um zu verdeutlichen, dass eine Übergabe des Schiffes an den Zeitcharterer nicht stattfindet, der Zeitvercharterer vielmehr den Besitz am Schiff behält[11]. Den Zeitvercharterer treffen die Verpflichtungen, das Schiff während der Vertragslaufzeit in vertragsgemäßem Zustand insbesondere see- und ladungstüchtig zu halten (§ 560 HGB), das Schiff zu führen (§§ 561 Abs. 2, 562 Abs. 2 HGB) sowie die *„fixen Kosten"* des Schiffes zu tragen (§ 564 Abs. 1 HGB). Eine Verpflichtung des Zeitverercharterers, Güter zu einem Bestimmungsort zu befördern und sie dort an einen Empfänger abzuliefern, sieht das Gesetz nicht vor. Schließlich bestimmt § 567 HGB (in teilweiser Abkehr zu Artikel 2 EGHGB), dass sich bei Vertragsverletzungen die Rechtsfolgen nach den allgemeinen für Schuldverhältnisse geltenden Bestimmungen des BGB richten (also weder nach Mietrecht, Werkvertragsrecht noch insbesondere nach den §§ 468 f. HGB). Rechtspolitisch ist die Entscheidung verfehlt. Sowohl der Zeitvercharterer (mag er Reeder oder Charterer sein) als auch der Zeitcharterer sind dazu berechtigt, ihre Haftung für Seeforderungen gemäß § 611 HGB zu beschränken. Damit verträgt sich nicht, dass im gleichsam vorgelagerten Bereich für Güterschäden unbeschränkt nach allgemeinem Zivilrecht gehaftet werden soll. Auch wenn man den Zeitchartervertrag als einen Vertrag sui generis konzipiert, wäre es sachgerecht gewesen, die Haftung für Güterschäden und Verluste den dafür passenden Haftungsregelungen des Seefrachtrechts zu unterstellen.

16 Die Qualifikation des Zeitchartervertrages als Vertrag sui generis, der weder Mietvertrag noch insbesondere Frachtvertrag ist, hat schließlich auch Bedeutung für die Frage, ob und bejahendenfalls welche Partei des Zeitchartervertrages ausführender Verfrachter im Sinne von § 509 HGB sein kann[12].

17 Als Pflichten des Zeitcharterers nennt das Gesetz dessen Verpflichtung die Zeitfracht zu bezahlen, die grundsätzlich halbmonatlich im Voraus fällig wird (§§ 557 Abs. 2, 565 Abs. 1 HGB) sowie die *„variablen Kosten"* des Schiffes zu tragen, § 564 Abs. 2 HGB. Dem Zeitcharterer obliegt schließlich auch die Verpflichtung für das Verladen und Löschen der Güter (§ 563 Abs. 1 HGB) zu sorgen, was von der Verpflichtung des Zeitverercharterers begleitet wird, darauf zu achten, dass die Seetüchtigkeit nicht beeinträchtigt wird (§ 563 Abs. 2 HGB). Auch wenn es also dem Zeitcharterer obliegt, die Güter in das Schiff zu verladen (*„in das Schiff zu laden und dort zu stauen und zu sichern"*, § 586 Abs. 2 HGB), bleibt der Zeitvercharterer dazu verpflichtet, dies im Hinblick auf die Seetüchtigkeit des Schiffes zu überprüfen.

18 § 558 HGB gibt jeder Partei das Recht, eine schriftliche Beurkundung des Zeitchartervertrages zu verlangen. In der Praxis wird dem nahezu ausnahmslos Rechnung getragen, wobei die vom Markt entwickelten Zeitcharterparties mit deren jeweiligen individuellen Anpassung die Vertragspflichten der Parteien meist so eingehend regeln, dass ein Rückgriff auf das Gesetz entbehrlich ist. Davon ausgenommen wird die Vorschrift des § 566 HGB sein, die dem Zeitcharterer wegen all seiner Forderungen aus dem Zeitchartervertrag ein gesetzliches Pfandrecht einräumt. Das Pfandrecht besteht an den im Eigentum des Zeit-

---

[10] Begr. RegE, Drs. 17/10309, S. 118.
[11] Begr. RegE, Drs. 17/10309, S. 118.
[12] → Rn. 31.

charterers stehenden Sachen (ein gutgläubiger Erwerb ist ausgeschlossen) und insbesondere auch den Forderungen des Zeitcharterers aus dem von diesem abgeschlossenen Fracht- und Unterzeitchartervertägen. Da die gestufte (Zeit-)Vercharterung von Seeschiffen durchaus typisch ist (und nach § 561 Abs. 3 HGB ohne Einverständnis des jeweiligen Zeitvercharterers zulässig sein soll), wird dieses Pfandrecht an den Forderungen praktische Bedeutung gewinnen. Dies insbesondere auch deshalb, weil der Schuldner der mit dem Pfandrecht belegten Forderung nur noch an den Zeitvercharterer schuldbefreiend leisten kann, sobald er von dem Pfandrecht Kenntnis erlangt hat. „*Kenntnis von dem Pfandrecht*" ist an § 407 Abs. 1 BGB angelehnt (der seinerseits gemäß §§ 1273 Abs. 2, 1257, 1275 BGB auf gesetzliche Pfandrechte an Forderungen entsprechend anwendbar ist). Die „*Kenntnis vom Pfandrecht*" erfordert nicht positive Kenntnis im Sinne einer korrekten rechtlichen Einordnung, ausreichend soll vielmehr sein, die Kenntnis von Tatsachen aufgrund derer auch laienhaft das Bestehen eines Pfandrechts abgeleitet werden kann[13]. Wenn man es für diese Tatsachenkenntnis ausreichen lässt, dass ein Unterzeitcharterer oder Befrachter des Zeitcharterers davon Kenntnis hat, dass der Zeitcharterer das Schiff gechartert hat – diese Kenntnis entspricht dem Regelfall! –, dann hätte dies zur Rechtsfolge, dass entsprechend § 566 Abs. 2 HGB der Befrachter oder Unterzeitcharterer nur noch an den Zeitvercharterer schuldbefreiend leisten könnte. Trotz des in § 566 Abs. 2 HGB vorgesehene Hinterlegungsrechts ist dies nicht sachgerecht.

C. Die am und im Zusammenhang mit dem Seefrachtvertrag beteiligten Personen

19 Der Seefrachtvertrag zeichnet sich dadurch aus, dass an ihm regelmäßig vier Personen beteiligt sind. Es sind dies die den Seefrachtvertrag unmittelbar abschließenden Parteien, der Verfrachter sowie der Befrachter, der aus dem Seefrachtvertrag begünstigte Empfänger und schließlich der Ablader. Die Neuregelung des Seehandelsrechts erweitert diesen Personenkreis um den „benannten Dritten", den „abladenden Dritten", den „nachfolgenden Verfrachter" sowie den „ausführenden Verfrachter".

I. Verfrachter

20 Derjenige ist Verfrachter, der sich vertraglich zur Beförderung von Gütern über See verpflichtet. Nach den Vorstellungen des Gesetzgebers erfolgt dies etwa durch einen Stückgutfrachtvertrag (§ 481 HGB) oder durch einen Reisefrachtvertrag (§ 527 HGB) oder durch Modifikationen dieser Verträge. Maßgeblich und charakterisierend ist die schuldrechtliche Verpflichtung, Güter über See zu transportieren.

21 Im Interesse eines Gleichklangs mit dem allgemeinen Frachtrecht[14] wurde dem Wortlaut des § 442 HGB entsprechend der „nachfolgende Verfrachter" in § 496 HGB aufgenommen. Durch die Bestimmung soll keine neue Rechtsfigur geschaffen werden, vielmehr soll – ebenso wie im allgemeinen Transportrecht – der (theoretischen) Situation Rechnung getragen werden, dass bei einem einheitlichen Seefrachtvertrag mehrere Verfrachter in der Kette zusammenwirken. Damit nicht jeder vorgehende Verfrachter die Übergabe des Gutes an den nachfolgenden Verfrachter von der vorherigen Begleichung der Fracht abhängig macht und damit gegebenenfalls zeitliche Verzögerungen verursacht, soll der letzte Verfrachter kraft Gesetzes dazu berechtigt – und seinen Vorgängern gegenüber auch dazu verpflichtet! – sein, deren Forderungen einzuziehen. Zu diesem Zweck wird der Fortbestand eines Pfandrechts der vorgehenden Verfrachter bestimmt. Bereits im allgemeinen Transportrecht ist die praktische Bedeutung der Parallelvorschrift des § 442 HGB herzlich ge-

---

[13] Begr. RegE, BT-Drs. 17/10309, S. 121.
[14] Begr. RegE, BT-Drs. 17/10309, S. 78.

ring[15]. Für den Bereich des Seetransports gilt dies erst recht. „Nachfolgende Verfrachter" existieren in der Rechtswirklichkeit nicht.

II. Befrachter

Der Vertragspartner des Verfrachters aus dem Seevertrag ist der Befrachter. Er hat gegen- 22
über dem Verfrachter den originären Anspruch auf die Durchführung der Beförderung und er hat dem Verfrachter die vereinbarte Vergütung – die Fracht – zu bezahlen (§ 481 Abs. 2 HGB).

III. Ablader, benannter Dritter und abladender Dritter

Die Rechtsfigur des Abladers hat ihren Grund im Überseekauf, dem so genannten Abla- 23
degeschäft. Der klassische Fall des Abladegeschäftes ist ein Kaufvertrag auf Basis „FOB" *(Free On Board)*. Durch einen Kaufvertrag auf Basis FOB verpflichtet sich der Verkäufer, die verkauften Güter in dem bezeichneten Ladehafen (Abladehafen) auf seine Kosten *(Free)* auf das von dem überseeischen Käufer bezeichnete Schiff zu liefern *(On Board)*. Nicht der Verkäufer (Ablader) schließt den Seefrachtvertrag ab, sondern der überseeische Käufer, der dem Verkäufer das Schiff zu benennen hat, auf welches der Verkäufer die Güter zur Erfüllung seiner Lieferverpflichtung abzuladen hat. Da für den Abschluss des Seefrachtvertrags der überseeische Käufer verantwortlich ist, hat auch er als Befrachter gegenüber dem Verfrachter zunächst allein den Anspruch auf die Durchführung des Seetransports. Nach erfolgter Abladung auf das Seeschiff hätte damit allein der überseeische Käufer (Befrachter) gegenüber dem Verfrachter den vertraglichen Zugriff auf die verkauften Güter. Dies kollidiert mit dem kommerziellen Sicherungsinteresse des Verkäufers (Abladers), der immerhin die Bezahlung des Kaufpreises nicht unmittelbar Zug um Zug von seinem überseeischen Käufer erhält, wenn er die Güter auf das Seeschiff ablädt. Um diesem kommerziellen Sicherungsinteresse zu dienen, hat allein der Verkäufer als Ablader gegenüber dem vom überseeischen Käufer als Befrachter beauftragten Verfrachter den Anspruch auf Ausstellung und Übergabe eines Konnossement (§ 513 Abs. 1 HGB). Wenn auch der Käufer (Befrachter) kraft des Seefrachtvertrages gegenüber dem Verfrachter den Anspruch auf die Durchführung der Beförderung hat, so erlangt allein der Verkäufer (Ablader) kraft des Konnossements die Kontrolle, das transportrechtliche Verfügungsrecht über die Güter (§ 520 HGB); der überseeische Käufer (Befrachter) kann vom Verfrachter erst dann die Herausgabe der Güter verlangen, wenn er ihm das Original-Konnossement im Löschhafen präsentieren kann (welches er vom Verkäufer und Ablader erst nach Bezahlung des Kaufpreises erhalten wird).

1. Ablader. Nach der nun in § 513 Abs. 2 HGB enthaltenen Legaldefinition ist Ablader, 24
wer das Gut dem Verfrachter zur Beförderung übergibt, es ablädt (§ 486 Abs. 1 HGB) und vom Befrachter gegenüber dem Verfrachter als Ablader zur Eintragung in das Konnossement benannt wurde. Erforderlich ist also ein Zweifaches: die Abladung (die natürlich auch auftrags des Abladers durch Dritte erfolgen kann) sowie die Benennung als Ablader durch oder für (§§ 164f. BGB, Geschäftsähnliche Handlung) den Befrachter. Mangelt es an einem dieser beiden Tatbestandselemente – wird also ein Dritter nicht Ablader –, sieht § 513 Abs. 2 Satz 2 HGB vor, dass dann der Befrachter als Ablader gilt. Ebenso wie nach altem Recht kann der Ablader eine vom Befrachter personenverschiedene Rechtsfigur sein, er muss vom Befrachter jedoch nicht verschieden sein. Den Anspruch auf Ausstellung eines Konnossements hat dann kraft der Fiktion des § 513 Abs. 2 Satz 2 HGB der Befrachter, der als Ablader gilt. Wird etwa ein Überseekauf auf Basis „CIF" *(Cost Insurance Freight)* geschlossen, hat der Verkäufer nicht nur die Verpflichtung, die Güter an das Schiff zu liefern und sie gegen die Gefahren des Transports zu versichern, sondern er hat auch die Ver-

---

[15] MüKoHGB/*C. Schmidt*, 2. Auflage 2009, § 442 Rn. 1.

pflichtung, den Seefrachtvertrag abzuschließen und die Fracht zu tragen. Der Verkäufer ist Befrachter und zugleich Ablader; er hat gegenüber dem Verfrachter aus dem Frachtvertrag den Anspruch auf die Durchführung der Beförderung als auch als Ablader den Anspruch auf Ausstellung eines die Güter repräsentierenden Konnossements.

25 **2. Benannter Dritter.** Übergibt ein Dritter, welcher vom Befrachter dem Verfrachter benannt wurde, dem Verfrachter die Güter zur Beförderung – benannter Dritter –, treffen diesen benannten Dritten diverse (gesetzliche) Pflichten (§ 482 Abs. 2 HGB). Die Definition des benannten Dritten in § 482 Abs. 2 HGB ist mit der des Abladers in § 513 Abs. 2 HGB deckungsgleich, sieht man davon ab, dass § 482 Abs. 2 HGB die Benennung des Dritten als solchen genügen lässt, während § 513 Abs. 2 HGB die Benennung des Abladers zur Eintragung in das Konnossement erfordert. Die tatbestandlichen Anforderungen an die Person des benannten Dritten sind daher qualitativ geringer als diejenigen des Abladers. Hieraus wird man ableiten dürfen, dass überall dort, wo von dem benannten Dritten die Rede ist, damit zugleich („erst recht") der Ablader umfasst wird. Die Verpflichtungen, Angaben zum Gut zu machen (§ 482 HGB) auf gefährliches Gut besonders hinzuweisen (§ 483 Abs. 1 HGB), treffen daher nicht nur den benannten Dritten, sondern auch den Ablader. Gleiches gilt für die Haftung auf Aufwendungsersatz (§ 483 Abs. 2 HGB) auf Schadensersatz (§ 488 Abs. 2 HGB) und wenn in § 490 Abs. 4 HGB von der ernsthaften und endgültigen Abladeverweigerung des benannten Dritten die Rede ist; der Ablader wird in diesen Fällen („erst recht") mitumfasst.

26 **3. Der abladende Dritte.** Bezogen auf die Tatbestandsanforderungen des Abladers und des benannten Dritten hat der abladende Dritte[16] die geringsten Anforderungen. Nach § 486 Abs. 1 ist jeder, der das Gut ablädt, berechtigt, vom Verfrachter ein schriftliches Empfangsbekenntnis zu verlangen. Dieses Recht hat der Ablader, der benannte Dritte und auch der Befrachter. Wenn das Empfangsbekenntnis in Form eines Konnossements erteilt werden soll (§ 486 Abs. 1 Satz 2 HGB), hat den Anspruch hierauf allein der Ablader (§ 513 Abs. 1 HGB).

IV. Empfänger

27 Wie jeder Transportvertrag, ist der Seefrachtvertrag regelmäßig ein echter Vertrag zugunsten Dritter, nämlich zugunsten desjenigen, an den die Güter am Löschplatz abzuliefern sind. Nach § 494 Abs. 1 Satz 1 HGB ist der Empfänger erst nach Ankunft des Gutes dazu berechtigt, vom Verfrachter die Ablieferung des Gutes zu verlangen. Die Bestellung erfasst daher die Fallkonstellation, in der der Empfänger nicht auch zugleich der Verfrachter ist. Die drittbegünstigende Berechtigung, die Ablieferung des Gutes vom Verfrachter zu verlangen, leitet sich aus dem Seefrachtvertrag ab oder kraft einer transportrechtlichen Verfügung des Befrachters (§ 491 HGB) oder kraft der Rechtsstellung eines legitimierten Besitzers des Konnossements (§ 521 HGB).

28 § 494 HGB wurde im Interesse einer transportrechtlichen Harmonisierung der allgemeinen frachtrechtlichen Vorschrift des § 421 HGB nachgebildet. Der Empfänger hat danach örtlich und zeitlich erst dann einen Anspruch auf Auslieferung des Gutes, wenn dieses am Löschplatz eingetroffen ist, ohne dass ihn gegenüber dem Verfrachter eine Leistungspflicht, sei es zur Abnahme oder zur Zahlung der Fracht und sonstiger Kosten, trifft. § 494 Abs. 1 Satz 1 HGB ermöglicht es dem Verfrachter, die Ablieferung des Gutes gegen Erfüllung der Verpflichtungen aus dem Stückgutfrachtvertrag Zug um Zug (§ 320 BGB) abhängig zu machen. Über § 527 Abs. 2 HGB findet § 494 HGB auch auf den Reisefrachtvertrag Anwendung.

29 Für die Höhe der vom Empfänger zu bezahlenden Fracht ist in erster Linie der Betrag maßgeblich, der aus dem Beförderungsdokument (Konnossement, Seefrachtbrief) hervorgeht, sofern dieses Beförderungsdokument vorgelegt wurde (was beim Konnossement

---

[16] *Paschke, Ramming,* aaO S. 7.

zwingend ist, da anderenfalls der Empfänger keine Auslieferung beanspruchen kann, § 521 HGB), § 494 Abs. 2 Satz 1 HGB. Ist kein Beförderungsdokument oder ein Beförderungsdokument ohne Angabe der Fracht ausgestellt, oder dem Empfänger nicht vorgelegt worden, ist die zwischen Befrachter und Verfrachter vereinbarte Fracht maßgeblich mit der Einschränkung, dass diese nicht „unangemessen" sein darf, § 494 Abs. 2 Satz 2 HGB. Diese vom Empfänger gegebenenfalls zu beweisende Unangemessenheit gilt nur in den Fällen des § 494 Abs. 2 Satz 2 HGB, nicht im Fall des § 494 Abs. 2 Satz 1 HGB. Neben der Fracht hat der Empfänger gegebenenfalls die Vergütung für Lieferverzögerungen gemäß § 493 Abs. 4 HGB zu bezahlen, sofern ihm diese Vergütung bei Ablieferung des Gutes mitgeteilt wird, § 494 Abs. 3 HGB. Für ein im Abladehafen entstandenes Liegegeld soll der Empfänger lediglich in Fällen eines Reisefrachtvertrages Zahlung leisten müssen, § 530 Abs. 3 HGB. Bis zur Bezahlung durch den Empfänger bleibt der Befrachter zur Zahlung der von ihm nach dem Seefrachtvertrag geschuldeten Beträgen verpflichtet, § 494 Abs. 4 HGB.

In Fällen der Verspätung, des Verlustes oder der Beschädigung der Güter können die Ansprüche aus dem Stückgutvertrag (bzw. dem Reisefrachtvertrag, § 527 Abs. 2 HGB) vom Empfänger im eigenen Namen gegen den Verfrachter geltend gemacht werden, wobei der Befrachter anspruchsberechtigt bleibt, § 494 Abs. 1 Satz 2 HGB. In der Gesetzesbegründung zu dieser Doppellegitimation heißt es, dass man damit die Gefahr eines Anspruchsverlustes bei einem Vorgehen der falschen Partei vermeiden wolle[17]. Inhaltlich mag die Regelung sachgerecht sein, auch wenn sie bei Ausstellung eines Konnossements durch die Bestimmungen des § 519 Satz 1 HGB überlagert wird. Die Gesetzesbegründung, einen Anspruchsverlust zu vermeiden, wenn eine falsche Partei vorgeht, ist jedenfalls einigermaßen ungewöhnlich. Die Doppellegitimation von Empfänger und Verfrachter wird schließlich durch das im Transport ohnehin schon konturenlos ausgedehnte Prinzip der Drittschadensliquidation[18] erweitert, indem es nach § 494 Abs. 1 Satz 3 HGB keinen Unterschied machen soll, ob Empfänger oder Befrachter Ansprüche im eigenen oder fremden Interesse geltend machen.

V. Ausführender Verfrachter

§ 509 HGB führt nun die Rechtsfigur des ausführenden Verfrachters auch für den Bereich des Seetransports ein. Die neue Vorschrift orientiert sich an der Regelung des § 437 HGB über den ausführenden Frachtführer. Wird die Beförderung ganz oder teilweise durch einen Dritten ausgeführt, der nicht Verfrachter ist, so haftet der Dritte als ausführender Verfrachter quasi-vertraglich für Güterschäden oder Verluste, die entstanden sind, während sich die Güter in seiner Obhut befunden haben, § 509 Abs. 1 HGB. Das Gesetz weicht dabei von dem Vorschlag der Expertenkommission ab; diese hatte von vornherein allein auf den Reeder bzw. den Ausrüster als ausführenden Verfrachter gezielt in dem Bemühen, den besonderen Verhältnissen des Seetransports gerecht zu werden[19]. Der Gesetzgeber hat sich gegen eine Eingrenzung auf den Reeder oder Ausrüster entschieden, vielmehr auch andere Dritte dem Kreis potentiell ausführender Verfrachter unterstellt[20]. Reeder oder Ausrüster werden typischerweise ausführender Verfrachter sein können, dies aber nicht ausschließlich.

§ 509 Abs. 1 HGB stellt auf die Ausführung der Beförderung durch einen Dritten ab, der nicht Verfrachter ist. Die hier angesprochene „Beförderung" ist die Beförderung, die Gegenstand des Seefrachtvertrags ist, durch den der Seetransport gleichsam ursprünglich

---

[17] Begr. RegE, BT-Drs. 17/10309, S. 76.
[18] OLG Hamburg TranspR 95, 458, 461, wonach „die komplexen Vertragsverhältnisse im Speditions- und Frachtrecht eine über den Bereich zufälliger Schadensverlagerung hinaus großzügige Handhabung des Instituts der Drittschadensliquidation" erfordern.
[19] *Herber,* Wer ist ausführender Verfrachter?, TranspR 2011, 359 f.; wohl auch *Rabe,* Entwurf der Sachverständigengruppe und Referentenentwurf zur Reform des Seehandelsrechts, TranspR 2011, 323, 328 f.
[20] Begr. RegE, BT-Drs. 17/10309, S. 86.

2. Teil. Das Vertragsrecht des Exportgeschäfts

initiiert wurde. Also die Beförderung, die sich der (Haupt-)Verfrachter gemäß dem Seefrachtvertrag durchzuführen verpflichtet hat. Diese aus der Perspektive des („Ur"-)Befrachters durchzuführenden Beförderung ist Ansatzpunkt für die Bestimmung der Person des ausführenden Beförderers. Diese Beförderung muss ganz oder teilweise durch einen Dritten, der dann notwendigerweise nicht der Verfrachter ist, *„ausgeführt"* werden. Ebenso wie in § 437 HGB wird eine tatsächliche Durchführung des Transports durch einen selbstständigen Unternehmer mit eigenen personellen und sachlichen Mitteln zu fordern sein. Dies hat zur Konsequenz, dass bei der im Seefrachtrecht typischen Hintereinanderschaltung mehrerer (Unter-)Verfrachter, häufig von „NVOCC" (Non-Vessel Owing Common Carrier) diese „Mittelmänner" als ausführende Verfrachter ausscheiden. Damit reduziert sich der Personenkreis der Dritten, die als ausführende Verfrachter realistischerweise in Betracht kommen, auf den Reeder bzw. Ausrüster sowie Umschlagsunternehmen und Charterer.

33 Nach der Gesetzesbegründung soll zur Beförderung über See auch das Verladen des Gutes in das Schiff sowie das Löschen des Gutes aus dem Schiff zählen. Wenn dem so sein soll, dann ist es doch einigermaßen überraschend, dass das Laden und Löschen nicht zu den Hauptpflichten des Stückgutvertrages in § 481 Abs. 1 HGB gezählt, sondern davon getrennt in § 486 Abs. 1 erwähnt wird. Jedenfalls sollen Charterer oder Umschlagsbetriebe ausführende Verfrachter sein können, wenn sie – und nicht der Reeder oder Ausrüster – für das Verladen oder Löschen der Güter verantwortlich sind (§§ 531, 563 HGB) und dies auch tatsächlich durchführen[21].

34 Der ausführende Verfrachter soll so haften, als wäre er der Verfrachter. Damit wird zum Ausdruck gebracht, dass die Tatbestandsvoraussetzungen einer Haftung in der Person des ausführenden Verfrachters erfüllt sein müssen. Ein Güterschaden oder Verlust muss eingetreten sein, während sich die Güter in der Obhut des ausführenden Verfrachters befunden haben, und den ausführenden Verfrachter muss ein ihm zurechenbares Verschulden treffen. Dass die Tatbestandsvoraussetzungen einer Haftung in der Person des ausführenden Verfrachters verwirklicht sein müssen, ist etwa bedeutsam für die Frage des Vorliegens qualifizierten Verschuldens. Trifft etwa den (vertraglichen) Verfrachter qualifiziertes Verschulden (§ 507 HGB), belastet dies nicht den ausführenden Verfrachter; der Wegfall von Haftungsbeschränkungen wegen Vorliegens qualifizierten Verschuldens trifft den ausführenden Verfrachter nur dann, wenn er dieses qualifizierte Verschulden in seiner eigenen Person verwirklicht hat. Dem ausführenden Verfrachter werden Handlungen und Unterlassungen des mit ihm nicht verknüpften (vertraglichen) Verfrachters und dessen Hilfspersonen (Leute, Schiffsbesatzung, Erfüllungsgehilfen) nicht kraft seiner Stellung als ausführender Verfrachter zugerechnet[22].

35 Bestehen zwischen dem Befrachter und dem Verfrachter vom Gesetz abweichende haftungserweiternde Vereinbarungen, so wirken diese (entsprechend dem Grundsatz, dass es keine Verträge zulasten Dritter gibt) nur dann gegen den ausführenden Verfrachter, wenn er ihnen schriftlich zugestimmt hat (§ 509 Abs. 2 HGB). Andererseits soll der ausführende Verfrachter (gesetzlich) nicht weitergehend haften als der Verfrachter, wenn Letzterer aus dem Seefrachtvertrag Einreden und Einwendungen geltend machen kann; diese Einwände kann auch der ausführende Verfrachter geltend machen, wobei es nach dem Wortlaut des Gesetzes nur darauf ankommt, ob der Verfrachter die Einwendung geltend machen kann, nicht auch darauf, ob er sie wirklich geltend macht (etwa die Einrede der Verjährung erhebt). Eine Parallelregelung für Einwände, die aus einem Konnossement folgen, findet sich in § 522 Abs. 3 HGB zugunsten des ausführenden Verfrachters.

36 Verfrachter und ausführender Verfrachter haften gesamtschuldnerisch (§ 509 Abs. 4 HGB). Werden die Leute oder Mitglieder der Schiffsbesatzung des ausführenden Verfrachters (deliktisch) in Anspruch genommen, soll § 508 HGB entsprechend anzuwenden sein. Die praktische Bedeutung dieser Vorschrift beschränkt sich auf die diesen Hilfspersonen

---

[21] Begr. RegE, BT-Drs. 17/10309, S. 86.
[22] Begr. RegE, BT-Drs. 17/10309, S. 86, 87.

dann über § 509 Abs. 2 HGB gegebene Möglichkeit, den Anspruchsstellern, die mit dem Verfrachter vertraglich vereinbarten Einreden und Einwände gegenüber geltend zu machen. Entsprechendes sollte für die Fälle des § 522 Abs. 3 HGB angenommen werden.

D. Konnossement, Seefrachtbrief

Unter der Überschrift „*Beförderungsdokumente*" werden in §§ 513 HGB bis 526 HGB das Konnossement und der Seefrachtbrief geregelt. Keine Regelung oder auch nur Erwähnung hat die Charterparty[23] gefunden, obwohl sowohl Reisefrachtvertrag (§§ 527 f. HGB) als auch und insbesondere die Bareboat Charter (§ 553 HGB) und die Zeitcharter (§ 557 HGB) üblicherweise eingehend schriftlich dokumentiert werden (§§ 527 Abs. 1 Satz 2, 558 HGB). Hintergrund wird sein, dass sowohl Reisefrachtvertrag (§ 527 Abs. 2 HGB verweist nicht auf § 512 HGB), Bareboat Charter und Zeitcharter weitgehend dispositiv sind, als auch die Bareboat Charter als Mietvertrag und die Zeitcharter als Vertrag sui generis konzipiert wurden, mit der Folge, dass die sie dokumentierenden Vertragsurkunden systematisch nicht unterhalb der Überschrift „*Beförderung*" abzubilden sind. Beim Abschluss von Charterparties – meist unter Beteiligung von Maklern auf beiden Seiten – bedienen sich die Vertragsparteien ganz überwiegend den etablierten, im Markt verbreiteten (vielfach von der BIMCO – The Baltic and International Maritime Council) für unterschiedliche Zwecke zur Verfügung gestellten Vertragsmustern. Typischerweise werden diese Verträge nicht von der einen der anderen Partei „gestellt", und darüber hinaus auch individuell ausgehandelt und durch Zusatzklauseln (so genannte „Rider") ergänzt. Diese Vertragspraxis entspricht den Gepflogenheiten der Beteiligten im internationalen Schifffahrtsgeschäft.

37

I. Konnossement

Für den Überseehandel und Seefrachtgeschäft ist das Konnossement nach wie vor das wohl bedeutendste und gebräuchlichste Dokument. Die seit geraumer Zeit bestehenden Bestrebungen, das Konnossement als körperliches Dokument entbehrlich zu machen und anstelle dessen auf „elektronische Dokumente" zuzugreifen, haben bislang keine Verbreitung gefunden. Nach den Incoterms 2010 soll jedes Dokument auf das in A 1 bis A 10 bzw. B 1 bis B 10 Bezug genommen wird, auch durch ein entsprechendes elektronisches Dokument ersetzbar sein, wenn dies zwischen den Parteien so vereinbart oder üblich ist. Praktisch umgesetzt wurde diese elektronische Dokumentation bislang nicht. Der deutsche Gesetzgeber hat die Möglichkeit eines elektronischen Konnossements in § 516 Abs. 2 vorgesehen und dies mit einer Verordnungsermächtigung zur Regelung von Einzelheiten flankiert (§ 516 Abs. 3 HGB), um den Parteien im Unterschied zum früheren Rechtszustand jedenfalls die Möglichkeit zu geben, sich von dem verkörperten Dokument zu lösen. Ob dies auch tatsächlich umgesetzt wird, bleibt abzuwarten. Auf der Ebene der Zahlungssicherung wurde von der ICC das so genannte eUCP Supplement for Electronic Presentation version 1.1 geschaffen, dessen Akkreditivgeschäft bei der Präsentation von Dokumenten gleichsam eine Mischung zwischen verkörperten Dokumenten und elektronischen Daten zulassen soll. Soweit erkennbar, wird davon in der Praxis jedoch weiterhin nicht in nennenswertem Maße Gebrauch gemacht. Auf der internationalen seefrachtrechtlichen Ebene kommt hinzu, dass weder die Haager-Regeln noch Visby-Regeln ein anderes Konnossement als das körperlich verbriefte Dokument (aner-)kennen. Eine gewisse Erleichterung bei der Ausstellung eines Konnossements schafft § 516 I HGB, wonach im Gegensatz zum alten Recht anstelle einer Unterschrift des Verfrachters nun auch eine Facsimilenachbildung genügt.

38

---

[23] Die deutsche Schreibweise sah gemäß § 557 HGB aF „Chartepartie" vor, gebräuchlich ist die Verwendung des englischen Begriffs.

39 **1. Rechtsnatur.** Seiner Grundstruktur nach ist das Konnossement eine kaufmännische Anweisung gemäß den §§ 783 f. BGB, § 363 HGB. Das Konnossement ist ein Wertpapier. Den Anspruch auf Ausstellung eines Konnossements hat der Ablader (und nicht etwa der Befrachter), um dem Ablader beim Überseekaufvertrag (insbesondere dem FOB-Geschäft) eine eigene wertpapierrechtliche geschützte Rechtsposition zu geben[24]. Es ist auf Verlangen des Abladers als Orderkonnossement auszustellen, das nach seiner Wahl entweder an seine Order oder an die des Empfängers lauten kann. Erst durch die Orderklausel wird das Konnossement als „gekorenes" Wertpapier zu einem Orderpapier (§ 363 Abs. 2 HGB) und unterscheidet sich damit vom Wechsel als einem „geborenen" Orderpapier (Artikel 11 Abs. 1 WG). Die in dem Orderkonnossement verbrieften Rechte werden mittels Indossament übertragen (§ 364 HGB).

40 Enthält das Konnossement keine Orderklausel – ist es also nicht zum Orderpapier „gekoren" –, sondern bezeichnet es einen namentlich genannten Empfänger, so ist das Konnossement ein Rekta-Papier, ein Namenspapier. Aus diesem Konnossement ist lediglich der namentlich bezeichnete Empfänger berechtigt (§ 519 Satz 2 Nr. 3 HGB). Die Übertragung der in dem Rekta-Konnossement verbrieften Rechte erfolgt nicht in der wertpapierrechtlichen Form des Indossaments, sondern gemäß § 398 BGB.

41 § 519 Satz 2 Nr. 1 HGB unterstellt, dass ein Konnossement auch als Inhaberpapier ausgestellt werden kann, indem es auf den Inhaber lautet. Dieser – durchaus seltene – Fall dürfte auch dann vorliegen, wenn das Konnossement zwar nicht auf den Inhaber lautet, jedoch weder eine Orderklausel enthält noch in ihm der Name eines bestimmten Empfängers vermerkt ist. Als Inhaberkonnossement werden die in ihm verbrieften Ansprüche sachenrechtlich gemäß § 929 BGB durch Übereignung des Papiers übertragen.

42 Das Konnossement kann als Bord- oder als Übernahmekonnossement ausgestellt werden (§ 514 HGB). Anlass für diese Differenzierung ist die im Akkreditivgeschäft übliche Differenzierung, wonach regelmäßig auf dem Konnossement ein „An-Bord-Vermerk" erforderlich ist (Nr. 20 ERA 600), damit das Dokument im Akkreditivverkehr andienungsfähig ist. Die Verpflichtung des Verfrachters, ein Konnossement auszustellen, besteht in dem Moment, in dem er das Gut übernommen hat, was nicht zwingend die Übernahme „an Bord" voraussetzt, sondern zu einem früheren Zeitpunkt geschehen kann, etwa durch Übergabe an einen vom Verfrachter bezeichneten Terminal, § 514 Abs. 1, Abs. 2 Satz 2 HGB. Erfolgt danach die Übernahme an Bord des Seeschiffs, hat der Verfrachter auf Verlangen des Abladers einen zusätzlichen „An-Bord-Vermerk" anzubringen, § 514 Abs. 2 HGB. Die wirtschaftliche Bedeutung, ein Konnossement korrekt als Bordkonnossement auszustellen bzw. mit einem „An-Bord-Vermerk" zu versehen, wird durch die in § 523 Abs. 2 HGB aufgenommene spezifische Haftungsregelung unterstrichen. Wird ein Konnossement fehlerhaft als Bordkonnossement ausgestellt oder in einem Übernahmekonnossement fehlerhaft ein Bord-Vermerk aufgenommen, so haftet der Verfrachter zwar beschränkt (§ 523 Abs. 4 HGB), jedoch verschuldensunabhängig für den dem aus dem Konnossement Berechtigten daraus entstehenden Schaden.

43 **2. Traditionspapier.** Das Konnossement dient als seefrachtrechtliches Beförderungspapier auch und gerade dem Überseehandel. Anlass für die Ausstellung eines Konnossements ist damit typischerweise ein (Übersee-)Kaufvertrag über bewegliche Sachen. Nach deutschem Recht bedarf es zur Übereignung beweglicher Sachen neben der dinglichen Einigung über den Eigentumserwerb auch der Übergabe der Sache an den Erwerber. Der Erwerber muss zumindest mittelbaren Besitz an der verkauften Sache erlangen, um ihr Eigentümer zu werden (§§ 929 ff. BGB). Im Interesse der Leichtigkeit und der Schnelligkeit des internationalen Handels hat der Gesetzgeber die Traditionsfunktion des Konnossements beibehalten. Gemäß § 524 HGB hat die Begebung des Konnossements (Order-, Rekta- oder Inhaberkonnossement) dieselben Wirkungen wie die Übergabe des Gutes. Beim Rekta-Konnossement gilt allerdings die Einschränkung, dass sich die Traditionswirkung auf den im

---

[24] → Rn. 23.

Konnossement genannten Empfänger beschränkt, da nur ihm das Konnossement gemäß dem Wortlaut des § 524 Satz 1 HGB „begeben" werden kann. Überträgt der benannte Empfänger seine Ansprüche an einen Dritten, erfolgt dies nicht im Sinne einer wertpapierrechtlichen Begebung, sondern mittels einfacher Abtretung gemäß § 398 BGB. Die Traditionswirkung findet auf alle Übertragungen eines Oderkonnossements mittels Indossament und die Übereignungen eines Inhaberkonnossements (gemäß § 929 BGB) Anwendung, § 424 Satz 2 HGB. Voraussetzung für die Traditionswirkung ist in allen Fällen, dass der Verfrachter, zum Zeitpunkt der Übertragung des Konnossements, das Gut im Besitz hat.

3. Inhalt des Konnossements. § 515 HGB ist mit „*Inhalt des Konnossements*" überschrieben und lässt damit die Erwartung aufkommen, dass man hier fündig wird, wenn es darum geht, welche inhaltlichen Anforderungen an ein Dokument gestellt werden, um es zu einem Konnossement zu machen. Allein, bereits der Eingangssatz des ersten Absatzes enttäuscht (wie auch nach altem Recht) insoweit, wenn es dort heißt, dass das Konnossement die folgenden Angaben enthalten „*soll*". Nach der Gesetzesbegründung[25] wurde der Begriff „*soll*" gewählt, um zu verdeutlichen, dass die nachfolgende Aufzählung neben unverzichtbaren Angaben auch fakultative Angaben enthält. Leider hat es der Gesetzgeber dann der Auslegung[26] überlassen, zwischen diesen unverzichtbaren und den rein fakultativen Angaben zu differenzieren.

44

Konstitutiv für ein Konnossement ist zunächst, dass in der Urkunde der Anspruch auf die Auslieferung der Güter im Bestimmungshafen in der Form verbrieft wird, dass zu seiner Ausübung die Vorlage der Urkunde erforderlich wird (§ 514 Abs. 1 Satz 2 HGB). Ob die Urkunde mit „Konnossement" oder mit „Bill of Lading" überschrieben wurde, ist dabei unerheblich. Mit dieser Ausgangsüberlegung sind sowohl Ort und Tag der Ausstellung (§ 515 Abs. 1 Nr. 1 HGB), jedenfalls die Angabe des Abladers (§ 515 Abs. 1 Nr. 2 HGB), des Schiffs (§ 515 Abs. 1 Nr. 3 HGB) sowie des Abladungshafens und Bestimmungsorts (§ 515 Abs. 1 Nr. 5 HGB) und schließlich die Angaben über die Art des Gutes (§ 515 Abs. 1 Nrn. 7 und 8 HGB) konstitutiv. Soll es sich um ein Namenskonnossement handeln, kommt die Angabe des Empfängers hinzu (§ 515 Abs. 1 Nr. 6 HGB). Die Angabe des Verfrachters (§ 515 Abs. 1 Nr. 4 HGB) ist bemerkenswerterweise nicht konstitutiv, wie aus § 518 HGB folgt. Wurde das Konnossement vom Kapitän oder von einem anderen Vertreter des Reeders ausgestellt, ohne dass der Verfrachter angegeben ist (oder wurde ein „falscher" Verfrachter angegeben), so ist der Reeder des Schiffs aus dem Konnossement anstelle des Verfrachters sowohl berechtigt als auch verpflichtet, § 518 HGB. Hinsichtlich der Vertretungsmacht des Kapitäns wird die Bestimmung durch § 479 Abs. 1 HGB flankiert. Diese sieht eine „gesetzliche Vertretungsmacht"[27] des Kapitäns vor, für den Reeder Geschäfts- und Rechtshandlungen vorzunehmen, die der Betrieb des Schiffs gewöhnlich mit sich bringt, wobei dabei insbesondere der Abschluss von Frachtverträgen und die Ausstellung von Konnossementen hervorgehoben werden. Eine Beschränkung dieser Vertretungsmacht gilt gegenüber Dritten nur dann, wenn sie bekannt war bzw. hätte bekannt sein müssen. Die Berechtigung bzw. Verpflichtung des Reeders anstelle des Verfrachters beschränkt sich nach § 518 HGB auf das Konnossement. Das heißt, aus dem mithin getrennt zu sehenden Seefrachtvertrag bleibt allein der Verfrachter berechtigt und verpflichtet.

45

4. Konnossement und Seefrachtvertrag. a) Die Rechte aus Konnossement und Seefrachtvertrag. Gemäß § 519 Satz 1 HGB können die im Konnossement „*verbrieften seefrachtvertraglichen Ansprüche*" nur (noch) von dem aus dem „*Konnossement Berechtigten*" geltend gemacht werden. Die Vorschrift verfolgt eine klare Abgrenzung zwischen den Ansprüchen aus dem Seefrachtvertrag und denen aus einem Konnossement. Die durch ein Konnossement begründeten und insoweit verselbstständigten wertpapierrechtlichen Ansprüche sollen im Interesse des Verkehrsschutzes die Ansprüche aus dem Seefrachtvertrag

46

---
[25] Begr. RegE, BT-Drs. 17/10309, S. 91.
[26] Oetker/*Paschke*, Handelsgesetzbuch, § 515 Rn. 2.
[27] Begr. RegE, BT-Drs. 17/10309, S. 63.

überlagern[28]. Der Sache nach wird wie nach altem Recht[29] zwischen den Ansprüchen aus dem Seefrachtvertrag und denen aus dem Konnossement getrennt. Dies allerdings mit der Verdeutlichung, dass eine Parallelität zwischen Ansprüchen aus dem Seefrachtvertrag und denen des Konnossements nicht möglich sei. Die im Konnossement verbrieften seefrachtvertraglichen Ansprüche können – nur noch – von dem aus dem Konnossement Berechtigten ausgeübt werden; der Befrachter als originär gegenüber dem Verfrachter vertraglich Berechtigter ist insoweit nicht (mehr) anspruchszuständig. Bei den im Konnossement verbrieften seefrachtvertraglichen Ansprüchen handelt es sich insbesondere um die Ansprüche gegen den Verfrachter (gegebenenfalls den Reeder, § 518 HGB) auf Ablieferung des Gutes (§ 521 Abs. 1 Satz 1 HGB) sowie auf Schadensersatz wegen Verlusts der Güter, deren Beschädigung oder wegen Verzugs. Wer legitimierter Besitzer des Konnossements ist, wird nach der Art des Konnossements (Inhaberkonnossement, Orderkonnossement oder Rekta-Konnossement) differenziert, § 519 Satz 2 HGB.

47 § 519 HGB ist von der Vorstellung getragen, dass (sieht man etwa vom Fall des § 518 HGB ab) der aus dem Konnossement und Seefrachtvertrag verpflichtete Verfrachter jeweils dieselbe Person ist; dass also der mit dem Verfrachter geschlossene Seefrachtvertrag Ausgangspunkt für die in dem Konnossement dann zu verbriefenden seefrachtvertraglichen Ansprüche ist. Dies ist hingegen nicht zwingend. Wird das Konnossement nicht von dem den Seefrachtvertrag abschließenden Verfrachter, sondern von einem Dritten, etwa einem NVOCC *(Non Vessel Owing Common Carrier)* oder dem Reeder (§ 522 Abs. 2 Satz 2 HGB) auf Veranlassung des Verfrachters ausgestellt, richten die sich in dem Konnossement verbrieften Ansprüche von vornherein allein gegen diesen NVOCC, der nicht Partei des Seefrachtvertrags ist. Daneben bleibt es bei den Ansprüchen gegen den Verfrachter aus dem Seefrachtvertrag.

48 **b) Sperrpapier.** Gemäß § 520 HGB ist das Konnossement ein Sperrpapier. Das transportrechtliche Verfügungsrecht hat bis zur Ankunft der Güter am Bestimmungsort der Befrachter inne; er kann über den Abruf der Beförderung oder eine nachträgliche Änderung von Bestimmungsort oder Empfänger im Rahmen des § 491 HGB befinden. In Fällen von Beförderungs- und Ablieferungshindernissen ist damit korrespondierend der Befrachter weisungsberechtigt, § 492 HGB. Wurde ein Konnossement ausgestellt, steht das transportrechtliche Verfügungsrecht nur noch dem legitimierten Besitzer des Konnossements zu. Nur dessen Weisungen darf der Verfrachter Folge leisten, wobei sämtliche Ausfertigungen des Konnossements vorzulegen sind. Führt der Verfrachter Weisungen durch, ohne sich sämtliche Ausfertigungen eines Konnossements vorlegen zu lassen, haftet er dem konnossementsrechtlich Berechtigten gegenüber für den Schaden bis zur Höhe des Haftungsbeschränkungsbetrags, der für den Verlust des Gutes zu bezahlen wäre, § 520 HGB.

49 **c) Einwendungsausschluss.** Gemäß § 522 Abs. 1 Satz 1 HGB kann der Verfrachter *„gegenüber dem aus dem Konnossement Berechtigten"* nur solche Einwendungen geltend machen, die die Gültigkeit der Erklärungen in dem Konnossement betreffen, sich aus dem Inhalt des Konnossements selbst ergeben oder die dem Verfrachter unmittelbar gegenüber diesem Berechtigten zustehen. Mit dieser Regelung wird die allgemeine wertpapierrechtliche Bestimmung des § 364 Abs. 2 HGB in das 5. Buch des HGB übertragen. Durch die Formulierung *„dem aus dem Konnossement Berechtigten"* wird die Klarstellung verfolgt, dass darunter nicht nur der Zweiterwerber des Papiers, sondern auch der im Konnossement benannte Empfänger (vorausgesetzt, ihm wurde das Konnossement wertpapierrechtlich übertragen) geschützt wird. Einwendungen, die sich aus dem Inhalt des Konnossements ergeben, sind auch solche, die dem Verfrachter nach den gesetzlichen Regelungen über den Stückgutfrachtvertrag zustehen[30]. Ebenso kann der Verfrachter Einwendungen gegenüber der materiellen Berechtigung eines angeblich legitimierten Inhabers gemäß §§ 520 Abs. 1 Satz 3,

---

[28] Begr. RegE, BT-Drs. 17/10309, S. 94.
[29] § 656 Abs. 1, Abs. 4 HGB aF; BGHZ 73, 4, 6.
[30] Begr. RegE, BT-Drs. 17/10309, S. 96.

521 Abs. 2 Satz 2 HGB erheben. Einwendungen, die sich unmittelbar gegenüber dem aus dem Konnossement Berechtigten ergeben, sind solche, die sich nicht aus dem Papier selbst ergeben, sondern aus dem mit den Berechtigten getroffenen (sonstigen) Vereinbarungen, etwa dem Seefrachtvertrag, wenn es sich bei dem Berechtigten zugleich um den Befrachter handelt.

Wird das Konnossement an einen Dritten begeben, bei dem es sich sowohl um den in einem Rekta-Konnossement benannten Empfänger als auch um sonstige Dritte handeln kann, an welche das Inhaber- oder Orderkonnossement wertpapierrechtlich übertragen wurde, so gilt zugunsten dieser Dritten die Beweisvermutung des § 517 HGB[31] unwiderleglich. Diesen Gutglaubensschutz kann der Verfrachter zerstören, wenn er beweist, dass dem Empfänger oder dem Dritten die Unrichtigkeit des Konnossements beim Rechtserwerb bekannt oder infolge grober Fahrlässigkeit unbekannt war. Zutreffend kommen dem Verfrachter dabei die prozessualen Beweiserleichterungen zugute, denn immerhin handelt es sich um Umstände, die außerhalb seiner Sphäre liegen[32]. 50

Wird der ausführende Verfrachter von einem aus dem Konnossement Berechtigten in Anspruch genommen, so kann er gemäß § 522 Abs. 3 Satz 1 HGB auch die dem Verfrachter nach § 522 Abs. 1 Satz 1 HGB zustehenden Einwendungen geltend machen. Ist der ausführende Verfrachter nicht selbst aus dem Konnossement verpflichtet[33], kann er entgegen § 522 Abs. 2 HGB die Beweisvermutung des § 517 HGB widerlegen (§ 522 Abs. 3 Satz 2 HGB). 51

d) Incorporationsklauseln. In der internationalen seefrachtrechtlichen Praxis ist es gebräuchlich, einen Gleichklang zwischen Regelungen eines Konnossements und denen eines Seefrachtvertrags – insbesondere einer Charterparty – durch so genannte Incorporationsklauseln herzustellen. Damit wird verfolgt, dass die Regelungen eines Seefrachtvertrags in die Regelungen eines Konnossements incorperiert werden, und dies ohne vollständige Wiedergabe der Regelungen des Seefrachtvertrags, sondern durch Verwendung einer Verweisungsklausel. So heißt es etwa auf der Vorderseite des von der BIMCO herausgegebenen CONGENBILL 2007: „*Freight payable as per Charterparty dated:*" und auf der Rückseite: „*All Terms and Conditions, liberties and exceptions of the Charter Party, dated as overleaf, including the Law and Arbitration Clause/Dispute Resolution Clause, are herewith incorporated.*" Dies entspricht einer internationalen Praxis und wird – wenn auch mit unterschiedlichen nationalen Ausprägungen – weitgehend als wirksam anerkannt[34]. Für die Incorporierung von Schiedsvereinbarungen in einem Seefrachtvertrag in ein Konnossement sah § 1031 Abs. 4 ZPO aF ausdrücklich die Wirksamkeit einer derartigen Incorporationsklausel vor, sofern in dem Konnossement „*ausdrücklich auf die in einem Chartervertrag enthaltene Schiedsklausel Bezug genommen wird.*" Nach § 522 Abs. 1 Satz 2 HGB sind Incorporationsklauseln nunmehr nicht mehr wirksam. Nach der Gesetzesbegründung soll dieser bis dato national wie auch international geltende Rechtszustand nunmehr Bedenken begegnen, da er dazu führe, dass jeder, der ein Konnossement erwerbe, prüfen müsse, ob der Vertrag auf den in dem Konnossement verwiesen wird, gegebenenfalls nachteilige Vereinbarung enthält. Dies sei weder praktikabel noch stehe es im Einklang mit dem wertpapierrechtlich verfolgten Einwendungsausschluss[35]. Die dogmatischen Überlegungen sind für sich genommen durchaus nachvollziehbar. Allein, es ist bemerkenswert, dass sich zumindest der (historische) Gesetzgeber bislang nicht dazu veranlasst gesehen hat, Incorporationsklauseln gänzlich unwirksam zu machen, sondern im Gegenteil, ihnen für einzelne Regelungen bestimmte Vorgaben zu setzen (etwa § 1031 Abs. 4 ZPO aF). Damit wurde dem Bedürfnis des inter- 52

---

[31] → Rn. 53.
[32] Oetker/*Paschke*, Handelsgesetzbuch, § 522.
[33] Die gesetzgeberische Formulierung ist hier einigermaßen umständlich, wenn es in § 522 Abs. 3 Satz 2 HGB heißt: „*Wenn das Konnossement weder von ihm noch von einem für ihn zur Zeichnung von Konnossementen Befugten ausgestellt wurde.*"
[34] *Rabe*, Seehandelsrecht, Vor § 556 Rn. 181, § 643 Rn. 14 jeweils mwN.
[35] Begr. RegE, BT-Drs. 17/10309, S. 97, auch unter Hinweis auf § 796 BGB.

nationalen Seefrachtrechts Rechnung getragen. Die den heutigen Gesetzgeber umtreibende Sorge, Erwerber eines Konnossements könnten durch Incorporationsklauseln benachteiligt werden, ist eher theoretisch und wohl von einer hier nicht angebrachten Verbraucherschutzmentalität geprägt. Für den letztlich allein in Rede stehenden kaufmännischen Rechtsverkehr reduziert sich deren Anwendbarkeit ohnehin auf einen engen Bereich, der zudem im Akkreditivgeschäft durch einschränkende Regelungen flankiert wird (Nr. 20a iv., Nr. 22 ERA 600).

53 **5. Die Beweiskraft des Konnossements.** § 517 HGB behandelt die Beweiswirkungen des Konnossements. Nach § 517 Abs. 1 Satz 1 HGB wird zunächst die (in Fällen des § 522 Abs. 2 HGB unwiderlegliche) Vermutung begründet, dass der Verfrachter das Gut so übernommen hat, wie es in dem Konnossement nach Art, äußerlicher Beschaffenheit, Maß, Zahl und Gewicht beschrieben wurde. Wurden die Güter dem Verfrachter in einem geschlossenen Lademittel (insbesondere einem Container) übergeben, dann besteht die Vermutung nach § 517 Abs. 1 Satz 1 HGB nur in den Fällen, in denen der Verfrachter den Inhalt des geschlossenen Lademittels auch tatsächlich überprüft und entsprechend der Überprüfung in das Konnossement eingetragen hat. Es bedarf also keiner der üblichen Unbekanntklauseln mehr *("said to contain")*, was durchaus begrüßenswert ist, da bei genauer Betrachtung das Gut, das dem Verfrachter bei Übergabe eines geschlossenen Lademittels übergeben wird, nicht das oder die (angeblich) in dem Lademittel gestauten Güter sind, sondern das verschlossene Lademittel selbst.

54 § 517 Abs. 1 Satz 3 HGB behandelt sodann den Fall, dass die Verfassung und die Beschaffenheit des Gutes äußerlich erkennbar sind und dann die Vermutung begründet, das Gut in äußerlich erkennbar guter Verfassung und Beschaffenheit übernommen zu haben. Dieser Vermutung kann der Verfrachter wie bisher nur durch einen qualifizierten Vorbehalt begegnen. Über die Anforderungen eines solchen Vorbehalts verhält sich § 517 Abs. 2 HGB. Der Vorbehalt muss qualifiziert sein, das heißt er hat den Anforderungen des § 517 Abs. 2 Satz 2 HGB gerecht zu werden, kann sich also nicht auf einen klauselartigen Stempelaufdruck beschränken.

55 Stellt der Verfrachter über Güter, die äußerlich erkennbar Defizite aufweisen, ein Konnossement aus, ohne auf diese erkennbaren Defizite aufmerksam zu machen, hat dies eine zulasten des Verfrachters entstehende Beweisvermutung zur Folge (§ 517 HGB) und wird daneben noch durch eine Haftungsregelung gemäß § 523 HGB flankiert[36].

II. Seefrachtbrief

56 In der seefrachtrechtlichen Praxis hat sich der Seefrachtbrief bereits seit geraumer Zeit etabliert. Auch im Akkreditivgeschäft kann der Seefrachtbrief als andienungsfähiges Dokument eingesetzt werden (Nr. 21 ERA 600). § 526 HGB schafft erstmals einen gesetzlichen Rahmen für den Seefrachtbrief. Sofern kein Konnossement ausgestellt wird, kann der Verfrachter – er muss es nicht – einen Seefrachtbrief ausstellen. Die Angaben des Seefrachtbriefs entsprechen denen des § 515 HGB, jedoch mit der Maßgabe, dass es bei Ausstellung des Seefrachtbriefs keinen (Dritt-)Ablader gibt, § 526 Abs. 1 HGB.

57 Der Seefrachtbrief ist kein Wertpapier, er ist allein – widerlegliche – Beweisurkunde für den Abschluss und den Inhalt des in ihm dokumentierten Seefrachtvertrags. Hinsichtlich der Übernahme der Güter und deren Zustands gilt die für Konnossemente konzipierte Regelung des § 517 HGB entsprechend (§ 526 Abs. 2 HGB). Obwohl kein Wertpapier, kann der Seefrachtbrief eine dem Konnossement ähnliche „Sperrwirkung" entfalten; das transportrechtliche Verfügungsrecht kann der Befrachter bei Ausstellung eines Seefrachtbriefs nur dann ausüben, wenn er seine Ausfertigung des Seefrachtbriefs vorlegt und sofern der Seefrachtbrief die Vorlage zur Ausübung dieses Verfügungsrechts vorschreibt, § 491 Abs. 3 HGB. Der Seefrachtvertrag kann also vom Verfrachter als Sperrpapier ausgestaltet

---

[36] → Rn. 87.

werden. Diese Ausgestaltung des Seefrachtbriefs als Sperrpapier kann durch den Verfrachter einseitig erfolgen, bedarf also nicht der Zustimmung des Befrachters.

Der Seefrachtbrief ist nur vom Verfrachter – auch mittels Facsimile – zu unterzeichnen, § 526 Abs. 3 HGB. Parallel zur Regelung des § 516 Abs. 2 und Abs. 3 HGB wird auch für den Seefrachtbrief die Möglichkeit eines „elektronischen Dokuments" bei entsprechender Rechtsverordnungsermächtigung vorgesehen, § 526 Abs. 4 HGB. **58**

E. Die Haftung des Verfrachters aus dem Seefrachtvertrag

Nicht erst im Zeitalter der Globalisierung sind es Kaufverträge, die das rechtliche Fundament des internationalen Welthandels bilden. Nach den zwischen den jeweiligen Exporteuren und Importeuren geschlossenen Kaufverträgen wird der eine oder der andere die Verpflichtung haben, für den Transport der verkauften Güter Sorge zu tragen. Abhängig von dem Inhalt des zwischen den Parteien geschlossenen Kaufvertrags liegt dann die Preisgefahr, also die Gefahr, wer das Risiko des Verlusts oder der Beschädigung der Güter während des Transports zu tragen hat, entweder beim Käufer (so etwa im Fall des Versendungskaufes gemäß § 447 BGB, Artikel 67 CISG und beispielsweise bei der Vereinbarung der Lieferklauseln Incoterms FOB oder auch CIF); beim Verkäufer würde die Preisgefahr etwa bei der Vereinbarung von „Ankunftsverträgen" mittels der Incoterms DDU oder auch DDP liegen. Berücksichtigt man weiter, dass das ganz überwiegende Volumen des internationalen Warenhandels mittels Schiffen befördert wird, gewinnt die Haftung der mit der Durchführung des Warentransports betrauten Verfrachter auch und gerade für die Parteien internationaler Kaufverträge und natürlich deren (Transport-)Versicherer besondere Bedeutung. Der internationale Warenhandel und sein „Vehikel", der Seefrachtverkehr, sind genuin internationales Geschehen, dass dementsprechend wie kaum eine andere Rechtsmaterie nach dem internationalen (Einheits-)Recht verlangt[37]. Die Haager Regeln[38] haben dem schon recht frühzeitig Rechnung getragen, und das Übereinkommen ist nach wie vor auch für die Bundesrepublik Deutschland in Kraft. Dass sich dieses Übereinkommen letztlich auf die Regelung einiger zwingender Mindesthaftungstatbestände aus Konnossementen beschränkt, hat auch und gerade seinen Grund darin, dass dort das wirtschaftliche Schwergewicht für einerseits den internationalen Warenhandel liegt (der das Wertpapier Konnossement für das Akkreditivgeschäft benötigt) und andererseits für die Reederschaft durch Haftungsgrenzen und -ausschlüsse einen wirtschaftlichen Interessenausgleich sucht. Dies, da sowohl die Menge als auch der Wert der auf Schiffen beförderten Güter in Relation zum Wert der Schiffe deutlich höher ist und der Tendenz nach steigt mit der Folge, dass auf der haftungsrechtlichen Ebene zwischen einerseits den Ladungsinteressenten und andererseits den Reedereiinteressen ein Ausgleich gesucht werden musste. Der deutsche Gesetzgeber hat im 5. Buch nicht nur die Haftung aus Konnossementen, sondern auch die Haftung aus Seefrachtverträgen geregelt. Die Diskrepanz zwischen einerseits den autonomen Regelungen des deutschen Seefrachtrechts und den international vereinheitlichten und für Deutschland rechtsverbindlichen Bestimmungen der Haager Regeln sucht Artikel 6 EGHGB zu verhindern. **59**

I. Obhutshaftung und Haftung für vermutetes Verschulden

§ 498 Abs. 1 HGB lässt den Verfrachter für den Schaden einstehen, der durch Verlust oder Beschädigung der Güter in der Zeit von der Übernahme zur Beförderung bis zur Ablieferung entsteht. Diese Rezeptungshaftung entspricht der bisherigen gesetzlichen Regelung und wohl auch einem international allgemein für die transportrechtliche Haftung **60**

---

[37] Oetker/*Paschke,* Handelsgesetzbuch, Vor § 476 Rn. 2f.
[38] Internationales Abkommen zur Vereinheitlichung von Regeln über Konnossemente, RGBl. 1939 II, 1049.

61 Die Obhut an den Gütern muss der Verfrachter zum Zwecke der Beförderung erhalten haben und nicht etwa für andere Aufgaben, etwa eine Zwischenlagerung oder eine Kommissionierung. Bei der Übernahme der Obhut handelt es sich daher nicht um die bloße Beschreibung eines tatsächlichen Geschehens im Sinne eines Besitzerwerbs, sondern um einen funktional determinierten Rechtsbegriff[39]. Damit korrespondiert die Ablieferung des Gutes. Der Verfrachter schuldet die Ablieferung des Gutes an den Empfänger (§ 481 Abs. 1 HGB). Die Ablieferung setzt damit regelmäßig – aber nicht notwendigerweise – voraus, dass der Verfrachter den Besitz an dem Gut zugunsten des legitimierten Empfängers aufgibt und diesen in den Stand versetzt, den Besitz über das Gut auszuüben[40]. Typischerweise erfolgt damit die Ablieferung nicht bereits im Moment der Löschung des Gutes aus dem Seeschiff. Mit der Löschung gelangen die Güter vielmehr in nahezu allen Fällen zunächst in die Obhut eines Seehafenterminals, der diese Obhut vom Verfrachter übertragen erhält. Der Seehafenterminal wird bei diesem einkommenden Verkehr als „Allonge des Schiffes" angesehen (wobei je nach Ländern Differenzierungen erforderlich werden); die Ablieferung mit Wirkung für den Verfrachter erfolgt dann durch den Terminal. Dies setzt nicht voraus, dass der Terminal an den Empfänger die Güter tatsächlich übergibt. Ausreichend ist beispielsweise, dass der Verfrachter entsprechend der Weisung des Empfängers die Güter für den Empfänger dem Terminal gegenüber freistellt (also nicht mehr über die Güter verfügen kann) mit der Folge, dass nicht mehr der Verfrachter, sondern nur noch der Empfänger gegenüber dem Terminal auf die Güter zugreifen und über sie verfügen kann. Insoweit genügt eine „papiermäßige Ablieferung"[41]. Vergleicht man diesen einkommenden Verkehr mit dem ausgehenden Verkehr (also der Übergabe des Gutes an einen Seehafenterminal zum Zwecke des Exports), bedeutet dies, dass der Verfrachter die Obhut an den Gütern nicht automatisch mit der Übergabe der Güter durch den Befrachter oder Ablader an den Seehafenterminal erlangt. Hier wird es vielfach darauf ankommen, ab wann die Güter durch den Terminal so disponiert worden sind, dass nur noch der Verfrachter und nicht mehr der Ablader, Befrachter oder deren Spediteure oder Frachtführer über den Terminal Zugriff auf die Güter haben.

62 Die Beweislast dafür, dass die Güter, während sie sich in der Obhut des Verfrachters befunden haben, einen Schaden erlitten haben oder in Verlust geraten sind, trifft den Anspruchsteller. Dem Anspruchsteller kommen dabei allerdings die prozessualen Darlegungsobliegenheiten zugute; im Rahmen der sekundären Darlegungslast ist der Verfrachter gehalten, in dem Umfang über den Verlauf des Transports und den Verbleib der Güter, die in seine Obhut gelangt sind, vorzutragen, wie ihm dies vernünftigerweise möglich sein muss. Steht ein Verlust oder eine Beschädigung der Güter fest, trifft den Verfrachter die Haftung für vermutetes Verschulden. Von dieser Haftung kann er sich befreien, wenn er nachweist, dass der Verlust oder die Beschädigung auf Umständen beruht, die durch die Sorgfalt eines ordentlichen Verfrachters nicht hätten abgewendet werden können, § 498 Abs. 2 Satz 1 HGB. Bei dieser Verschuldenshaftung und dem von ihm zu führenden Entlastungsbeweis steht nicht nur sein eigenes Verschulden, sondern auch das seiner *„Leute"*, der *„Schiffsbesatzung"* und *„anderer Personen, deren er sich bei der Ausführung der Beförderung bedient"* in Rede, § 501 HGB. *„Leute"* bezeichnet alle im Betrieb des Verfrachters angestellten Personen. Bei der *„Schiffsbesatzung"* kommt es nicht darauf an, ob sie für den Verfrachter in dessen Betrieb angestellt sind, es genügt, dass sie die Merkmale der Legaldefinition des § 478 HGB erfüllen. Bei den *„anderen Personen"* handelt es sich im Ergebnis um alle sonstigen Erfüllungsgehilfen (§ 278 BGB) des Verfrachters.

63 Die Haftung für vermutetes Verschulden mit der Möglichkeit eines Exkulpationsbeweises gemäß § 498 Abs. 2 Satz 1 HGB entspricht dem Regelungstatbestand der Haager Re-

---

[39] Oetker/*Paschke,* Handelsgesetzbuch, § 498 Rn. 3.
[40] BGHZ 164, 394, 397.
[41] AA wohl Oetker/*Paschke,* Handelsgesetzbuch, § 498 Rn. 4.

geln und grenzt sich damit von dem Haftungsmaßstab des allgemeinen Landtransportrechts nach § 426 HGB ab, wonach nur bei Unvermeidbarkeit oder Unabwendbarkeit eines Schadens die Haftung des Frachtführers ausgeschlossen wird. Einen Ausnahmetatbestand im Seefrachtrecht bildet dann die Bestimmung des § 498 Abs. 2 Satz 2 HGB. Kann ein Anspruchsteller beweisen, dass das beschädigte oder verlorene Gut auf einem seeuntüchtigen oder ladungsuntüchtigen Schiff befördert wurde, und ist es – auch diesen Beweis hat der Anspruchsteller zu führen – nach den Umständen des Falls *„wahrscheinlich"*, dass der Verlust oder die Beschädigung auf den Mangel der See- oder Ladungsuntüchtigkeit beruht, so ist der Verfrachter nur dann von seiner Haftung befreit, wenn er auch beweist, dass die mangelhafte See- oder Ladungsuntüchtigkeit bis zum Antritt der Reise durch einen ordentlichen Verfrachter nicht zu entdecken war. Für seine Exkulpation hat der Verfrachter also ein Zweifaches *(„auch")* zu beweisen. Zum einen, dass ein Mangel der See- oder Ladungsuntüchtigkeit nicht zu entdecken war und dies bis zum Antritt der Reise (§ 498 Abs. 2 Satz 2 HGB) und – gelingt ihm dieser Nachweis –, dass der Schaden oder Verlust bei Anlegung gebotener Sorgfalt nicht hätte abgewendet werden können (§ 498 Abs. 2 Satz 1 HGB).

64 Die Verpflichtung eines Verfrachters, für die See- und Ladungstüchtigkeit seines Schiffs zu sorgen und bei Mängeln bis zum Antritt der Reise dafür haften zu müssen, hat ihren Ursprung in den Haager Regeln und der Haftungsbefreiung des Verfrachters für das so genannte „nautische Verschulden". Die Haftung des Verfrachters für anfängliche See- oder Ladungsuntüchtigkeit schaffte insoweit einen Ausgleich gegenüber der Haftungsbefreiung des Verfrachters für dieses nautische Verschulden. Dass der Gesetzgeber an einem Tatbestand anfänglicher See- bzw. Ladungsuntüchtigkeit festgehalten hat (entgegen dem Vorschlag der Sachverständigengruppe[42]), lässt sich damit begründen, dass der Haftungsbefreiungstatbestand des „nautischen Verschuldens" weiterhin sowohl kraft Gesetzes (Artikel 6 EGHGB) als auch kraft Vereinbarung (§ 512 Abs. 2 Nr. 1 HGB) Anwendung findet.

65 Zur Seetüchtigkeit gehört sowohl die Tauglichkeit des Schiffskörpers mit der konkreten Ladung auf der vorgesehenen Reise, die Gefahren der See zu bestehen (Seetüchtigkeit im engeren Sinne) als auch die Reisetüchtigkeit des Schiffes, das heißt seine gehörige Einrichtung, Ausrüstung, Bemannung und Verproviantierung, die Seetüchtigkeit im weiteren Sinne[43]. Unter der Ladungstüchtigkeit versteht man, dass das Schiff dazu geeignet sein muss, die zum Transport anstehende Ladung sicher über See zu befördern; abgestellt wird allein auf die Ladung, nicht etwa auf die Sicherung des Schiffs im Ganzen (auch wenn dies naturgemäß die Sicherung der Ladung mit umfasst)[44]. Maßgebend ist sowohl für die Ladungs- als auch für die Seetüchtigkeit kein absoluter Maßstab, sondern ein relativ auf die konkrete Ladung und konkrete Seereise abgestellter Maßstab[45]. Wie nach altem Recht (§ 559 HGB aF) stellt § 498 Abs. 2 Satz 2 HGB für die See- oder Ladungstüchtigkeit auf den Zeitpunkt *„bis zum Antritt der Reise"* ab. Hintergrund ist die erwähnte Haftungsbefreiung für das „nautische Verschulden" nach Antritt der Reise.

66 Wegen des Mitverschuldens enthält § 498 Abs. 3 HGB eine wortgleiche Regelung zu § 254 Abs. 1 BGB. Diese Regelung wurde vom Gesetzgeber zwar als entbehrlich angesehen, jedoch zum Zwecke der Klarstellung als sinnvoll empfunden[46]. Leider hat es der Gesetzgeber versäumt, dann auch klarzustellen, dass die Schadensabwendungs- und -minderungspflicht sowie das Einstehenmüssen für das Mitverschulden Dritter gemäß § 254 Abs. 2 BGB gleichfalls anwendbar ist bzw. bleibt. Es ist absehbar, dass die vom Gesetzgeber verfolgte Klarstellung eine Kontroverse darüber auslösen wird, ob die Grundsätze des § 254 Abs. 2 HGB mangels dessen Wiedergabe im 5. Buch des HGB anwendbar sein sollen. Nach der gesetzgeberischen Begründung ist ein Anwendungsausschluss nicht bezweckt.

---

[42] Begr. RegE, BT-Drs. 17/10309, S. 79.
[43] BGHZ 169, 281, 285.
[44] *Rabe,* Seehandelsrecht, § 559 Rn. 16.
[45] *Herber,* Seehandelsrecht, Seite 254.
[46] Begr. RegE, BT-Drs. 17/10309, S. 79.

II. Besondere Haftungsbefreiungstatbestände

67 Die Vorschrift des § 499 Abs. 1 Satz 1 HGB enthält einen Katalog von Fällen, die, wenn sie zu einem Verlust oder Schaden von Gütern geführt haben, typischerweise auf ein fehlendes Verschulden des Verfrachters hinweisen. Dabei kommt dem Verfrachter nach § 499 Abs. 2 HGB eine Beweiserleichterung zugute. Kann er beweisen, dass nach den Umständen des Falls ein Verlust oder eine Beschädigung mit Wahrscheinlichkeit (ein „Vollbeweis" ist nicht gefordert) auf einer der im Katalog aufgeführten Umstände beruht, so hat dies zu seinen Gunsten eine gesetzliche Kausalitätsvermutung zur Folge: Es wird dann vermutet, dass ein Schaden oder Verlust auf diesen Umständen, für die der Verfrachter nicht haftet, beruht. Für die Beweiserleichterung zugunsten des Verfrachters ist es ausreichend, dass er die Wahrscheinlichkeit eines ursächlichen Zusammenhangs zwischen dem Schaden oder Verlust und einer in dem Katalog genannten Schadensursachen darlegt und beweist[47].

68 Diese Kausalitätsvermutung zugunsten des Verfrachters gilt gemäß § 499 Abs. 2 Satz 2 HGB dann nicht, wenn der Anspruchsteller beweist, dass das Gut mit einem seeuntüchtigen oder ladungsuntüchtigen Schiff befördert wurde. In diesem Fall hat der Verfrachter den Entlastungsbeweis nach § 498 Abs. 2 Satz 2 HGB zu führen, um sich von seiner Haftung zu befreien.

69 Nach der Regelung des § 499 Abs. 1 Satz 2 HGB soll die Haftungsbefreiung des Verfrachters in Fällen, in denen der Schaden auf einem der Katalogschadensursachen beruht, dann nicht greifen, wenn der Anspruchsteller beweist, dass *„der Schaden durch die Sorgfalt eines ordentlichen Verfrachters hätte abgewendet werden können."* Erfasst sind danach Fälle, in denen entweder bewiesen oder gesetzlich vermutet wird, dass eine der im Katalog genannten Ursachen für Verlust oder Beschädigung ursächlich geworden ist, jedoch bewiesen wird, dass der Schaden oder Verlust gleichwohl hätte vermieden werden können.

70 Eine vergleichbare Einschränkung eines der Haftungsbefreiungstatbestände findet sich in § 499 Abs. 3 HGB. Nach § 499 Abs. 1 Nr. 6 HGB soll der Verfrachter dann nicht haften, wenn (bewiesen oder vermutet wird, dass) ein Schaden auf der natürlichen Art oder Beschaffenheit des Gutes beruht. Dies gilt jedoch dann nicht, wenn sich der Verfrachter nach dem Stückgutfrachtvertrag dazu verpflichtet hat, besondere Schutzmaßnahmen zu ergreifen. Ein Verweis auf die natürliche Art oder Beschaffenheit des Gutes ist dem Verfrachter nur dann gestattet, wenn er nachweist, alle nach den Umständen geeigneten Maßnahmen getroffen und besondere Weisungen beachtet zu haben. Gleiches verfolgt § 499 Abs. 4 HGB im Hinblick auf die Beförderung lebender Tiere.

III. Decksladung

71 Gemäß § 486 Abs. 4 HGB darf ein Verfrachter Güter ohne Zustimmung des Befrachters – bzw. des Abladers, wenn ein Konnossement ausgestellt wird – nicht auf Deck des Schiffs verladen. Einer solchen Zustimmung bedarf es nicht, wenn sich die Güter auf oder in einem *„Lademittel"* befinden, das für die Beförderung auf Deck tauglich ist, und wenn das Schiff für diese Beförderung ausgerüstet ist. Bei dem *„Lademittel"* handelt es sich überwiegend um Container in ihren unterschiedlichen Ausprägungen. Sieht man davon ab, dass Güter weltweit überwiegend in Containern mit Containerschiffen befördert werden (und damit deren Verladung auf Deck zustimmungsfrei erfolgen darf), ist dem Verfrachter im Grundsatz ein Transport von Gütern auf Deck verboten.

72 Werden Güter ohne die erforderliche Zustimmung des Befrachters oder des Abladers auf Deck verladen, haftet der Verfrachter verschuldensunabhängig für den Schaden, der durch diese besonders exponierte Art der Beförderung verursacht wird, § 500 Satz 1 HGB. Diese Haftung wird durch die Beweisvermutung des § 500 Satz 2 HGB ergänzt, wonach in den Fällen, in denen ohne die erforderliche Zustimmung die An-Deck-Beförderung erfolgte,

---

[47] Begr. RegE, BT-Drs. 17/10309, S. 81.

vermutet wird, dass Schäden oder Verluste auf diese Art der Beförderung zurückzuführen sind. Bei entsprechendem Beweis kann der Verfrachter diese gesetzliche Vermutung widerlegen[48].

Werden Güter entgegen einer mit dem Befrachter oder dem Ablader getroffenen Vereinbarung auf Deck verladen und ist ein Schaden auf diese Art der Verladung zurückzuführen, darf sich der Verfrachter gemäß § 507 Nr. 1 HGB nicht auf die im Gesetz und im Stückgutfrachtvertrag vorgesehenen Haftungsbeschränkungen und -befreiungen berufen. Nach der Gesetzesbegründung soll die unerlaubte Decksverladung einen Fall qualifizierten Verschuldens darstellen[49]. Für die Vereinbarung einer Unter-Deck-Verladung bzw. das Verbot einer An-Deck-Verladung ist der Anspruchsteller beweispflichtig. Für die Kausalität zwischen einem Schaden und der An-Deck-Verladung streitet für den Anspruchsteller die gesetzliche Vermutung des § 500 Satz 2 HGB. Den Kausalitätsgegenbeweis hat der Verfrachter zu führen. 73

IV. Nautisches Verschulden und Feuer

Die Haager Regeln, die für die Bundesrepublik Deutschland nach wie vor völkerrechtlich verbindlich sind, sehen als wirtschaftlichen Interessenausgleich zwischen der Verladerseite, der Reederseite, den Transport- und den Kaskoversicherern vor, dass ein Verfrachter nicht für Schäden haftbar sein soll, die durch ein Verhalten seiner Leute oder der Schiffsbesatzung bei der Führung oder der sonstigen Bedienung des Schiffs („nautisches Verschulden") oder durch Feuer entstanden sind. Insoweit soll ein Verfrachter nur für sein eigenes Verschulden einzustehen haben, was typischerweise (da es sich bei einem Verfrachter nahezu ausnahmslos um juristische Personen handelt, deren Organe sich nicht an Bord der befördernden Schiffe befinden) zu einer Haftungsbefreiung führt. Für den Bereich des deutschen autonomen Rechts sieht der Gesetzgeber entgegen anderen (Industrie-)Nationen die gesetzliche Haftungsbefreiung des Verfrachters für nautisches Verschulden und für Feuer als nicht mehr zeitgemäß an[50]. Da Deutschland weiterhin Vertragsstaat der Haager Regeln ist und aufgrund dieser völkerrechtlichen Verpflichtung über Artikel 6 Abs. 1 Nr. 1 EGHGB zur Anwendung dieser Haftungsausschlussgründe verpflichtet bleibt, wurde mit § 512 Abs. 2 Nr. 1 HGB eine vertragliche Kompromisslösung gesucht[51]. In Abkehr zu dem Grundsatz, dass von den gesetzlichen Vorgaben des Seefrachtrechts in vielen Fällen nur mittels Individualvereinbarung abgewichen werden kann (§ 512 Abs. 1 HGB), gestattet § 512 Abs. 2 Nr. 1 HGB dem Verfrachter die Vereinbarung eines Haftungsausschlusses für nautisches Verschulden und Feuer auch mittels Allgemeiner Geschäftsbedingungen. § 506 Abs. 2 Satz 3 HGB stellt dabei sicher, dass dieser Haftungsbefreiungstatbestand auch gegenüber außervertraglichen Ansprüchen Anwendung findet, und § 525 Satz 3 HGB verschafft ihm für Konnossemente Gültigkeit. 74

V. Wertersatz, Haftungsbefreiungen, Haftungsbegrenzungen und deren Wegfall

Das Seefrachtrecht ebenso wie das sonstige Transportrecht sind dadurch gekennzeichnet, dass typischerweise die Haftung von Verfrachter und Beförderern für Güterschäden und Verluste und teils auch für Verzug der Höhe nach begrenzt ist. 75

1. Wertersatz. Für Güterschäden und -verluste schuldet ein Verfrachter grundsätzlich keinen Schadensersatz im Sinne der Naturalrestitution des § 249 BGB, sondern gemäß § 502 HGB Wertersatz. In Fällen des Verlusts hat der Verfrachter gemäß § 502 Abs. 1 HGB 76

---

48 Begr. RegE, BT-Drs. 17/10309, S. 81.
49 Begr. RegE, BT-Drs. 17/10309, S. 84.
50 Begr. RegE, BT-Drs. 17/10309, S. 89.
51 Dies auf Empfehlung des deutschen Vereins für Internationales Seerecht und der Deutschen Gesellschaft für Transportrecht, Begr. RegE, BT-Drs. 17/10309, S. 80.

den Ablieferungswert zu ersetzen, also den Wert der Güter, den diese bei fristgerechter Ablieferung am Bestimmungsort gehabt hätten. Steht eine Beschädigung der (abgelieferten) Güter in Rede, stellt § 502 Abs. 2 Satz 1 HGB auf den Differenzwert ab. Die Differenz zwischen dem Wert des beschädigten Gutes und dem Wert, den das Gut bei Ablieferung in unbeschädigtem Zustand gehabt hätte. § 502 Abs. 2 Satz 2 HGB stellt dabei die (widerlegliche) Vermutung auf, dass Schadensbeseitigungskosten diesem Differenzwert entsprechen. Für die Bemessung des Werts ist deren Marktpreis heranzuziehen (so ein solcher existiert), anderenfalls auf den gemeinen Wert vergleichbarer Güter jeweils am Ablieferungsort abzustellen, § 502 Abs. 3 Satz 1 HGB. Ist das beschädigte oder verlorene Gut unmittelbar vor der Verschiffung verkauft worden, wird der in der Verkaufsrechnung ausgewiesene Kaufpreis (widerleglich) als Marktpreis vermutet; dies einschließlich darin enthaltender Beförderungskosten. Von dem ersatzpflichtigen Wert sind Zölle und sonstige gegebenenfalls ersparte Kosten abzusetzen, § 502 Abs. 4 HGB. Zuzüglich zu dem Wertersatz hat der Verfrachter gemäß § 503 HGB die Schadensfeststellungskosten zu tragen.

77 **2. Summenmäßige Haftungsbeschränkung.** Im Gleichklang mit den Haager Regeln ist die nach den §§ 502 und 503 HGB zu leistende Entschädigung auf einen Betrag von 666,67 Rechnungseinheiten für das Stückgut oder die Einheit oder einen Betrag von zwei Rechnungseinheiten für das Kilogramm der betroffenen Güter begrenzt, je nachdem, welche Haftungshöchstsumme höher ist. § 505 HGB stellt klar, dass es sich bei den Rechnungseinheiten um das Sonderziehungsrecht des Internationalen Währungsfonds handelt und die Haftungshöchstsumme in EURO entsprechend dem Kurs am Tag der Ablieferung des Guts oder dem von den Parteien vereinbarten Tag berechnet wird.

78 § 504 Abs. 1 Satz 2 HGB enthält die so genannte „Containerklausel". Werden Güter in einem Container oder in einem sonstigen Lademittel befördert, so gilt für die Berechnung der Haftungshöchstsumme jedes Stück oder jede Einheit, die in einem Beförderungsdokument (Konnossement und Seefrachtbrief) als in diesem Lademittel enthalten angegeben sind als Stück oder Einheit im Sinne des Satzes 1. Fehlt eine solche Auflistung der Güter, gilt das Lademittel (etwa der Container) als das/die für die Berechnung der Haftungshöchstsumme maßgebliche Stück oder Einheit.

79 Im Vergleich zum bisherigen Recht ist die in § 504 Abs. 2 HGB aufgenommene Regelung neu. Besteht das Gut aus mehreren Frachtstücken (nun mit der Legaldefinition „Ladung"), von denen nur einzelne Frachtstücke beschädigt oder in Verlust geraten sind, ist für die Berechnung der Haftungsbeschränkung entweder die gesamte Ladung oder nur der von Verlust oder Beschädigung betroffene Teil der Ladung zugrunde zu legen, je nachdem, ob die Ladung insgesamt oder nur der betroffene Teil entwertet wurde.

80 **3. Konkurrierende Ansprüche, Leute und Schiffsbesatzung.** § 506 HGB verfolgt das Ziel, dass die sowohl im Gesetz als auch im Stückgutfrachtvertrag vorgesehenen Haftungsbefreiungen und -beschränkungen auch für die außervertraglichen, insbesondere deliktischen Ansprüche des Befrachters oder Empfängers Anwendung finden. Nach § 506 Abs. 2 HGB sollen diese Haftungsbeschränkungen und -befreiungen auch gegenüber (außervertraglichen) Ansprüchen vertragsfremder Dritter geltend gemacht werden können. Dies jedoch mit den sich aus dem Katalog des § 506 Abs. 2 Satz 2 Nr. 1 bis Nr. 3 HGB ergebenden Einschränkungen. Nr. 1 dieses Katalogs hat der Sache nach das Verbot eines „Vertrages zulasten Dritter" vor Augen, während die Nr. 2 und die Nr. 3 die wohl eher theoretischen Fälle unerlaubter Beförderung bzw. abhanden gekommener Güter vor Augen haben.

81 Werden die Leute oder die Schiffsbesatzung außervertraglichen in Anspruch genommen, kann sich jeder von ihnen auf die sowohl im Gesetz als auch im Stückgutfrachtvertrag vorgesehenen bzw. vereinbarten Haftungsbefreiungen und -beschränkungen berufen, § 508 Abs. 1 HGB. Davon ausgenommen sind Fälle qualifizierten Verschuldens gemäß § 508 Abs. 2 HGB. Da sich § 508 HGB lediglich auf die Leute und die Schiffsbesatzung bezieht, bleibt weiterhin Bedarf für die Aufnahme so genannter „Himalaya-Klauseln", mit denen auf vertraglichem Wege die gesetzlichen als auch vertraglichen Haftungsbeschränkungen

und -begrenzungen zugunsten etwa selbstständiger Erfüllungsgehilfen erstreckt wird. Die gesetzgeberischen Überlegungen, es bestehe kein Bedürfnis, selbstständige Erfüllungsgehilfen, sofern diese nicht zugleich ausführende Verfrachter sind, in den Schutz des § 508 HGB einzubeziehen[52], überzeugt nicht. Das Gegenteil dürfte vielmehr zutreffend sein, denn gerade dann, wenn derartige selbstständige Erfüllungsgehilfen nicht zum ausführenden Verfrachter qualifiziert werden, spricht alles dafür, sie jedenfalls erst recht für Güterverluste und -schäden nicht weiter haften zu lassen, als dies das Gesetz für den Verfrachter, dessen Leute, die Schiffsbesatzung und den ausführenden Verfrachter vorsieht.

4. Qualifiziertes Verschulden. Die Haftungsprivilegierungen des Gesetzes und entsprechende Vereinbarungen im Stückgutvertrag sollen dann nicht für den Verfrachter zur Anwendung gelangen, wenn der Verfrachter selbst – bei juristischen Personen dessen Organe gemäß § 31 BGB – qualifiziert schuldhaft den Schaden verursacht haben, § 507 Nr. 1 HGB. Gefordert werden Vorsatz oder bewusste Leichtfertigkeit. Dem qualifizierten Verschulden gleichgestellt ist gemäß § 507 Nr. 2 HGB die „verbotene" An-Deck-Verschiffung. 82

VI. Spezielle Haftungstatbestände

Der Gesetzgeber hat nun einige spezielle Haftungstatbestände geschaffen, die sich nicht unmittelbar mit dem Verlust oder der Beschädigung von Gütern befasst. 83

1. Begleitpapiere. Nach dem Vorbild des § 413 HGB sieht für das Seefrachtrecht § 487 Abs. 2 HGB nun vor, dass der Verfrachter für den Schaden haftet, der durch Verlust oder die Beschädigung der ihm übergebenen Urkunden oder durch deren unrichtige Verwendung verursachten wurde. Ebenso wie bei der Haftung für Güterschäden und -verluste, ist die Haftung eine Haftung für vermutetes Verschulden; die Führung eines Entlastungsbeweises steht dem Verfrachter offen. Der Höhe nach ist die Haftung auf den Betrag begrenzt, der bei Verlust des Gutes gemäß den §§ 502 bis 505 HGB zu bezahlen wäre. Vom Gesetz abweichende Vereinbarungen können nur durch Individualvereinbarung getroffen werden. Im Konnossement getroffene Regelungen, durch die die Haftung verringert wird, sind Dritten gegenüber unwirksam. 84

2. Auslieferung ohne Seefrachtbrief. Wurde ein Seefrachtbrief (§ 526 HGB) ausgestellt und ist durch den Verfrachter in den Seefrachtbrief (§ 491 Abs. 3 HGB) die Ausübung des Verfügungsrechts von der Vorlage des Papiers abhängig gemacht worden, dann haftet der Verfrachter gemäß § 491 Abs. 5 HGB für den Schaden, der dadurch entsteht, wenn er ohne Vorlage des Papiers eine Weisung befolgt. Für die Verletzung dieser in den Seefrachtbrief aufgenommenen Sperrfunktion haftet der Verfrachter verschuldensunabhängig. Der Höhe nach ist die Haftung auf den Betrag begrenzt, der bei Verlust des Gutes zu bezahlen wäre. Abweichende Regelungen können nur mittels Individualvereinbarung getroffen werden. 85

3. Falschauslieferung bei Ausstellung eines Konnossements. Wurde ein Konnossement ausgestellt, so galt bereits nach altem Recht die Auslieferung der Güter ohne Vorlage des Konnossements an einen Nichtberechtigten als Verletzung einer Kardinalpflicht des Verfrachters, die den Verlust der Güter bewirkt. Dies ohne Möglichkeit einer Haftungsfreizeichnung[53]. Den Fall der Auslieferung des Gutes an einen anderen als den legitimierten Besitzer eines Konnossements regelt nun § 521 Abs. 4 HGB. Den Verfrachter trifft eine verschuldensunabhängige Haftung für den hieraus entstehenden Schaden. Der Höhe nach ist die Haftung auf den Betrag begrenzt, der bei Verlust des Gutes zu bezahlen wäre. 86

4. Falsche Konnossementsangaben. Mit § 523 HGB wurde ein spezieller Haftungstatbestand für Fälle geschaffen, in denen Angaben in einem Konnossement unrichtig sind 87

---

[52] Begr. RegE, BT-Drs. 17/10309, S. 85.
[53] *Rabe*, Seehandelsrecht, § 648 Rn. 21 f.

oder fehlen. Die Absätze 1 und 2 der Vorschrift behandeln die Haftung des Verfrachters aus dem unrichtigen Konnossement, Absatz 3 die Haftung des Reeders. Gemäß § 523 Abs. 4 HGB ist die Haftung wegen unrichtiger Konnossementsangaben auf den Betrag begrenzt, der bei Verlust des Gutes zu bezahlen wäre.

88 Gemäß § 523 Abs. 1 HGB haftet der Verfrachter dem konnossementsrechtlich Berechtigten für den Schaden, der dadurch entsteht, dass das Konnossement nicht die Angaben oder auch Vorbehalte enthält, die es bei Anwendung der §§ 515 und 517 Abs. 2 HGB hätte enthalten müssen. Gehaftet wird für vermutetes Verschulden; der Verfrachter hat die Möglichkeit des Entlastungsbeweises.

89 Einen Gegensatz hierzu bildet § 523 Abs. 2 HGB für den Spezialfall, dass ein (Bord- oder Übernahme-)Konnossement ausgestellt wird, das vorgibt, die Güter seien „shipped on board", ohne tatsächlich an Bord genommen worden zu sein. Für diesen Fall haftet der Verfrachter verschuldensunabhängig für den hieraus entstehenden Schaden. Auch diese Haftung ist eine Haftung aus dem Wertpapier dem konnossementsrechtlich Berechtigten gegenüber. Diese Haftungsverschärfung trägt dem Umstand Rechnung, dass der An-Bord-Vermerk gerade im internationalen Akkreditivgeschäft besondere Bedeutung hat (Nr. 20 a ii) ERA 600).

90 § 523 Abs. 3 HGB behandelt den Sonderfall, dass der Kapitän (§ 479 Abs. 1 HGB) oder ein anderer zur Ausstellung von Konnossementen bevollmächtigter Vertreter der Reeders ein Konnossement ausgestellt hat, in dem „der Name des Verfrachters unrichtig angegeben" ist. Für den hieraus entstehenden Schaden haftet der Reeder, es sei denn, er weist nach, dass der „Aussteller" des Konnossements nicht schuldhaft gehandelt hat. Nach der Gesetzesbegründung[54] soll die Haftung des Reeders über den eindeutigen Wortlaut hinaus nicht nur den Fall erfassen, dass „der Name des Verfrachters unrichtig angegeben" ist, sondern auch Fälle des vollständigen Fehlens einer Verfrachterangabe. Der Gesetzesbegründung ist zuzugeben, dass ansonsten ein gewisser Wertungswiderspruch zu § 518 HGB auftaucht. Allein angesichts des klaren Wortlauts des § 523 Abs. 3 HGB ist es nicht zulässig, die unrichtige Angabe eines Verfrachternamens dem vollständigen Fehlen eines solchen Namens gleichzusetzen.

VII. Haftung für Verzug und sonstige Schäden

91 Außerhalb der Haftungstatbestände für Güterschäden und -verluste sowie den neu in das Seefrachtrecht aufgenommenen spezifischen Haftungstatbeständen richtet sich die Haftung für Verzug und für sonstige Schäden nach den allgemeinen zivilrechtlichen Vorschriften, insbesondere §§ 280, 286 f. BGB[55]. Die Haftung für die aus der Verletzung sonstiger vertraglicher (Neben-)Pflichten resultierende Vermögensschäden ist dementsprechend nicht nach den seefrachtrechtlichen Vorschriften gesetzlich begrenzt; vertragliche Haftungsbeschränkungen mittels Allgemeiner Geschäftsbedingungen werden am Maßstab der §§ 307 BGB f. gemessen[56].

92 Obgleich das neue Seefrachtrecht keine Regelung über die Verzugshaftung enthält, wurde in § 511 HGB in Anlehnung an § 424 HGB eine Verlustvermutung aufgenommen. Dies mit der Überlegung, dass auch das deutsche Seeversicherungsrecht bei der Kasko- und bei der Güterversicherung vergleichbare Verlustvermutungsregelungen enthält[57]. § 511 Abs. 1 HGB ermöglicht es dem Anspruchsberechtigten das Gut als verloren zu betrachten (er muss es nicht), wenn es nicht innerhalb der zweifachen vereinbarten Lieferfrist (bzw. mindestens 30 Tage und beim Regelfall der grenzüberschreitenden Beförderung 60 Tage) abgeliefert wird. Dies setzt also ein Zweifaches voraus, nämlich zum einen die Vereinba-

---

[54] Begr. RegE, BT-Drs. 17/10309, S. 98.
[55] *BGH* NJW 2008, 1072, 1075; Begr. RegE, BT-Drs. 17/10309, S. 79.
[56] *Hans. OLG*, Transportrecht 2012, 382 f.
[57] Begr. RegE, BT-Drs. 17/100309, S. 88; Nr. 31 DTV-Kaskoklauseln 1978/2004, Nr. 17.2 DTV-Güter 2000/2011.

rung und den Ablauf der Lieferfrist und zum anderen den Ablauf der weiteren Verschollenheitsfrist.

Erhält der Anspruchsberechtigte wegen des fingierten Verlusts eine Entschädigung – dies ist nicht zwingend, vermutet wird nur der Verlust, nicht auch zugleich die Haftung des Verfrachters –, so kann er bei der Entgegennahme der Entschädigung verlangen, unverzüglich darüber informiert zu werden, wenn das Gut aufgefunden wird, § 511 Abs. 2 HGB. Hat der Anspruchsberechtigte dieses Verlangen nicht geäußert oder macht er nach entsprechender Benachrichtigung über das Wiederauffinden des Gutes einen Anspruch auf Ablieferung nicht geltend, gestattet § 511 Abs. 4 HGB dem Verfrachter, frei über das Gut zu verfügen. Wird das Gut wieder aufgefunden und der Anspruchsberechtigte hierüber informiert, kann er innerhalb eines Monats Zug um Zug gegen Erstattung etwa bezahlter Entschädigung Ablieferung des Gutes verlangen; sonstige Ansprüche (etwa auch Bezahlung der Fracht oder Schadensersatz) bleiben unberührt, § 511 Abs. 3 HGB. 93

Die Bestimmung des § 511 HGB knüpft an die Vereinbarung einer Lieferfrist an. Während beim Reisefrachtvertrag (§ 527 HGB) regelmäßig klare Vereinbarungen über Termine und die Rechtsfolgen bei deren Nichteinhaltung getroffen werden, wird es beim Stückgutverkehr typischerweise sowohl an der Vereinbarung eines Abfahrtstermins als auch eines Ankunfts- bzw. Ablieferungstermins, geschweige denn an der Vereinbarung einer Lieferfrist mangeln. Ebenso wie die Abfahrtszeiten werden die Ankunftszeiten der Schiffe üblicherweise nur als ungefähre („estimated") Daten angegeben und dementsprechend auch die Ankunft des Schiffes nur als „ETA" – „Estimated Time of Arrival". Daher wird es in der überwiegenden Zahl der Fälle an einer klaren Vereinbarung über eine Lieferfrist fehlen. Ob man sich damit behelfen kann, dass zumindest im Linienverkehr als Verschiffungszeitpunkt bzw. als Zeitpunkt der Ablieferung der Güter der (veröffentlichte) Fahrplan herangezogen werden darf, um damit entgegen dieser „estimated" Daten zu einer konkludent vereinbarten „Lieferfrist" zu gelangen, ist zumindest zweifelhaft. Regelmäßig wird dem der zum Ausdruck gekommene Wille des Verfrachters entgegenstehen, nämlich gerade keine Lieferfrist zu vereinbaren. 94

VIII. Zwingendes und dispositives Recht

1. Stückgutfrachtvertrag. Für den Stückgutfrachtvertrag (§ 481 HGB) regelt die Vorschrift des § 512 HGB die Spannweite der Vertragsautonomie im seefrachtrechtlichen Haftungsbereich. Nach der Gesetzesbegründung wird damit verfolgt, einen Kernbestand seefrachtrechtlicher Haftungsvorschriften einerseits der Abbedingung durch Allgemeine Geschäftsbedingungen zu entziehen, andererseits aber die Vertragsautonomie zu gewährleisten. Dies unabhängig davon, ob an den seefrachtrechtlichen Rechtsbeziehungen – was dem Regelfall entspricht – nur Unternehmer beteiligt sind oder auch ausnahmsweise Verbraucher betroffen werden. Die von § 512 Abs. 1 HGB bewirkte Einschränkung der Privatautonomie betrifft lediglich die Haftung für Güterschäden und Verluste, die während des Obhutszeitraums des Verfrachtens entstanden sind, nicht die Haftung für sonstige Schäden[58]. 95

Vertragsautonomie besteht in den Fällen, in denen von den gesetzlichen Haftungsregelungen durch eine Individualvereinbarung abgewichen wird; eine Vereinbarung, die im Einzelnen ausgehandelt wurde, und dies auch dann, wenn sie zwischen denselben Vertragsparteien als Rahmenvertrag für eine Mehrzahl von gleichartigen Verträgen verhandelt wurde. Diese Vertragsfreiheit für den Bereich der individuell ausgehandelten Vereinbarung besteht unabhängig davon, ob ein Konnossement ausgestellt wurde. Auch wenn ein Konnossement ausgestellt wurde, kann von gesetzlichen Haftungsregelungen zugunsten des Verfrachters abgewichen werden, jedoch unter der Voraussetzung, dass diese Abweichungen individuell vereinbart wurden, § 525 Satz 1 HGB. Gegenüber aus dem Konnossement berechtigten Dritten – mit denen die in das Konnossement aufgenommene abweichende 96

---

[58] Begr. RegE, BT-Drs. 17/10309, S. 89.

2. Teil. Das Vertragsrecht des Exportgeschäfts

Individualvereinbarung nicht getroffen wurde – kann der Verfrachter sich nicht auf die diese von den Haftungsvorschriften abweichende Vereinbarung berufen, § 525 Satz 2 HGB.

97 In zwei haftungsrechtlich relevanten Bereichen gestattet das Gesetz eine Abweichung von den gesetzlichen Vorgaben auch mittels Allgemeiner Geschäftsbedingungen. Gemäß § 512 Abs. 2 Nr. 2 HGB kann die Haftung des Verfrachters für Güterverluste und -schäden auf höhere Haftungshöchstbeträge als die in § 504 HGB vorgesehenen Haftungshöchstsummen begrenzt werden. Eine unbeschränkte Haftung zulasten des Verfrachters kann mittels Allgemeiner Geschäftsbedingungen nicht wirksam vereinbart werden. Wo die „Mindestgrenze" liegt, lässt das Gesetz offen.

98 Mit Rücksicht auf die weiterhin geltenden Haager Regeln (Artikel 6 EGHGB) und seiner internationalen Anerkennung[59], gestattet das Gesetz den Haftungsausschluss für nautisches Verschulden und für Feuer, § 512 Abs. 2 Nr. 1 HGB. Bei entsprechender, auch durch vorformulierte Bedingungen getroffenen Vereinbarung, hat ein Verfrachter für das Verschulden seiner Leute und der Schiffsbesatzung nicht einzustehen, wenn ein Schaden durch ein Verhalten bei der Führung oder sonstigen Bedienung des Schiffs verursacht wurde und dieses schadensursächliche Verhalten nicht überwiegend im Ladungsinteresse erfolgte („nautisches Verschulden"). Gleiches gilt für Schäden, die durch Feuer oder Explosionen an Bord des Schiffs entstanden sind. Der Verfrachter hat insoweit nur für eigenes Verschulden einzustehen. § 525 Satz 3 HGB stellt sicher, dass diese Haftungsfreizeichnungen auch gegenüber konnossementsrechtlich berechtigten Dritten wirksam bleiben. Für außervertragliche Ansprüche gilt § 506 Abs. 2 Satz 3 HGB.

99 **2. Reisefrachtvertrag.** Die Vorschriften über den Stückgutfrachtvertrag finden auf den Reisefrachtvertrag entsprechende Anwendung, wobei in § 527 Abs. 2 HGB auf § 512 HGB bewusst nicht verwiesen wird. Dies mit dem Ziel und der Erkenntnis, dass eine Einschränkung der Vertragsfreiheit bei den Parteien eines Reisefrachtvertrags weder geboten noch der internationalen Gesetzgebungspraxis entspricht[60]. Ausgenommen von dieser Vertragsautonomie ist der Fall der Ausstellung eines Konnossements. Insoweit findet aufgrund des Verweises in § 527 Abs. 2 HGB auch die Bestimmung des § 525 HGB Anwendung.

F. Die seefrachtvertragliche Haftung des Befrachters, des Abladers und Dritter

100 § 488 HGB enthält die zentrale Vorschrift für eine spezifische Haftung von Befrachter, Ablader und Dritten für bestimmte Pflichtverletzungen sowie für unzureichende Informationen im Zusammenhang mit dem Stückgutfrachtvertrag. Über die Verweisungsbestimmungen des § 527 Abs. 2 HGB findet die Haftungsnorm auch auf den Reisefrachtvertrag Anwendung.

101 Gemäß § 488 Abs. 1 HGB haftet der Befrachter für Schäden und Aufwendungen des Verfrachters für die Verletzung der in der Bestimmung genannten spezifischen Pflichten. Die Haftung gründet auf vermutetes Verschulden; will sich der Befrachter von der Haftung befreien, hat er den Exkulpationsbeweis zu führen.

102 Die vorstehende Haftung nach § 488 Abs. 1 HGB trifft auch den vom Befrachter benannten Dritten (§ 482 Abs. 2 HGB), wenn dieser bei der Abladung unrichtige oder unvollständige Angaben über das Gut macht (§ 488 Abs. 1 Satz 1 Nr. 1 HGB) oder nicht auf dessen Gefährlichkeit hinweist (§ 488 Abs. 1 Satz 1 Nr. 2 HGB). „Dritter" im Sinne von § 488 Abs. 2 HGB ist auch der Ablader[61]. Der Dritte, ebenso wie der Ablader, werden regelmäßig bei Erfüllung bzw. Verletzung der dem § 488 HGB zugrunde liegenden Pflichten als Erfüllungsgehilfen des Befrachters auftreten, sodass typischerweise eine gemeinsame,

---

[59] Begr. RegE, BT-Drs. 17/10309, S. 80.
[60] Begr. RegE, BT-Drs. 17/10309, S. 101.
[61] Siehe oben § 3 III.; Begr. RegE, BT-Drs. 17/10309, S. 71.

gesamtschuldnerische Haftung besteht. Dies soll durch das „auch" im Text des § 488 Abs. 2 HGB signalisiert werden[62]. Die Haftung basiert auf vermutetem Verschulden mit der Möglichkeit des Entlastungsbeweises.

In Fällen der Ausstellung eines Konnossements treffen Befrachter und Ablader eine verschärfte, nämlich verschuldensunabhängige Haftung. Dies für die in § 488 Abs. 3 Satz 1 HGB genannten Fälle unvollständiger oder unrichtiger Angaben über das Gut sowie das Unterlassen der Mitteilung über dessen Gefährlichkeit. Da Ablader und Befrachter unterschiedliche Personen sein können, ohne zueinander im Verhältnis des § 278 BGB stehen zu müssen, sieht § 488 Abs. 3 Satz 2 HGB vor, dass jeder nur für die durch seine fehlerhaften Angaben verursachten Schäden haftet.

Die in § 488 Abs. 4 HGB vorgesehene „Zurechnungsverteilung" ist § 254 BGB nachgebildet und soll nach der gesetzgeberischen Begründung[63] nur für die verschuldensunabhängige Haftung gemäß § 488 Abs. 3 HGB zur Anwendung gelangen. Für die übrigen – auf vermutetem Verschulden basierenden – Haftungstatbestände des § 488 Abs. 1 und Abs. 3 HGB soll § 254 BGB unmittelbar anzuwenden sein.

Von den Haftungstatbeständen des § 488 HGB kann nicht mittels Allgemeiner Geschäftsbedingungen, sondern nur durch eine Individualvereinbarung abgewichen werden. Ausgenommen sind die Fälle, in denen Befrachter, Ablader oder der in § 482 Abs. 2 HGB genannte Dritte mit vorformulierten Vertragsbedingungen ihre Haftung beschränken, § 488 Abs. 5 HGB. Ob die Höhe der Beschränkung bei Allgemeinen Geschäftsbedingungen angemessen ist, wird dann richterlicher AGB-Kontrolle unterliegen.

G. Schadensanzeige und Verjährung seefrachtrechtlicher Ansprüche

I. Schadensanzeige

Im kaufmännischen Geschäftsverkehr, etwa dem nationalen (§ 377 HGB) ebenso wie dem internationalen Kaufrecht (Artikel 38, 39 CISG) sind ebenso wie im nationalen und internationalen Transportrecht (§ 438 HGB, zB Artikel 30 CMR) Untersuchungs- und Rügepflichten des verkauften bzw. transportierten Gutes zur Wahrung von Ansprüchen gegen den Verkäufer oder Beförderer etabliert. Gleiches gilt für das Seefrachtrecht, das mit der Vorschrift des § 510 HGB inhaltlich im Wesentlichen den Haager Regeln und dem bisherigen Recht folgt. Ziel all dieser Regelungen ist es, eine zügige Abwicklung von Schadensfällen zu sichern und den Anspruchsgegner vor einem Beweisverlust infolge von Zeitablauf zu schützen. Erfolgt bei Ablieferung keine Untersuchung und keine rechtzeitige Schadensanzeige, streitet zugunsten des vermeintlich Verpflichteten die Vermutung, dass das Gut vollständig und unbeschädigt abgeliefert wurde.

§ 510 Abs. 1 und Abs. 2 HGB differenzieren danach, ob ein Verlust oder eine Beschädigung des Gutes bei Ablieferung äußerlich erkennbar gewesen ist oder nicht. War dies erkennbar, hat der Empfänger oder auch der Befrachter dem Verfrachter dies spätestens bei der Ablieferung des Gutes anzuzeigen. Wird dies versäumt, wird die vollständige und unbeschädigte Ablieferung des Gutes gesetzlich vermutet. Diese Vermutung ist widerleglich. Um diese gesetzliche Vermutung zu zerstören, bedarf es nicht nur der rechtzeitigen Anzeige, sondern die Anzeige muss auch hinreichend deutlich einen etwaigen Verlust oder eine etwaige Beschädigung kennzeichnen, § 510 Abs. 1 HGB.

Ist bei Ablieferung des Gutes ein Verlust oder eine Beschädigung äußerlich nicht erkennbar, bedarf es einer (entsprechend deutlichen) Anzeige binnen einer Frist von drei Tagen, gerechnet nach der Ablieferung, § 510 Abs. 2 HGB.

Die Schadensanzeige ist (mindestens) in Textform (§ 126b BGB) zu erstatten, wobei zur Wahrung der Anzeigefrist die rechtzeitige Absendung genügt, § 510 Abs. 3 HGB.

---

[62] Begr. RegE, BT-Drs. 17/10309, S. 71.
[63] Begr. RegE, BT-Drs. 17/10309, S. 71.

2. Teil. Das Vertragsrecht des Exportgeschäfts

110 Hinsichtlich des Adressaten der Anzeige genügt es gemäß § 510 Abs. 4 HGB, wenn diese gegenüber demjenigen erfolgt, der das Gut abliefert. Nach der Gesetzesbegründung soll damit dem Umstand Rechnung getragen werden, dass mehrere Verfrachter an einem Transportvorgang beteiligt sind, daher habe man sich an § 438 Abs. 5 HGB orientiert[64]. Dabei wird bedauerlicherweise verkannt, dass das internationale Seefrachtgeschäft auch und gerade davon geprägt ist, dass die Ablieferung der Güter an den Empfänger vielfach nicht durch einen (ausführenden) Verfrachter, sondern durch Hafenterminals oder Zollorganisationen erfolgen, auf welche die Verfrachter keinen Einfluss nehmen können. In derartigen Fällen wird § 510 Abs. 4 HGB einschränkend auszulegen sein.

II. Verjährung

111 Ansprüche aus einem Seefrachtvertrag, einem Konnossement sowie Schiffsüberlassungsverträgen verjähren in einem Jahr, § 605 Nrn. 1 und 2 HGB. Diese einjährige Verjährung gilt nicht nur für seefrachtrechtliche Schadensersatzansprüche, sondern auch für Erfüllungsansprüche etwa auf Zahlung der Fracht. Diese Jahresfrist, ihr Beginn und ihre Hemmung gelten auch für konkurrierende außervertragliche Schadensersatzansprüche, § 610 HGB.

112 Für Ansprüche aus einem Konnossement oder einem Seefrachtvertrag beginnt die Verjährung gemäß § 607 Abs. 1 HGB mit dem Tag, an dem das Gut abgeliefert wurde bzw. an dem es hätte abgeliefert werden müssen. Steht ein (konsekutiver) Reisefrachtvertrag, eine Reisecharter in Rede, ist auf das Gut abzustellen, das am Ende der letzten Reise abgeliefert wurde oder hätte abgeliefert werden müssen. Für Schiffsüberlassungsverträge ist der Schluss des Jahres maßgeblich, in dem der jeweilige Anspruch entstanden ist.

113 § 607 Abs. 2 HGB enthält eine Sonderregelung für Rückgriffsansprüche. Damit wird berücksichtigt, dass das Seefrachtgeschäft typischerweise durch das Hintereinanderschalten mehrerer Unterbefrachter und -verfrachter gekennzeichnet ist, an deren Ende gegebenenfalls der letztendlich regresspflichtige ausführende Verfrachter steht. Die einjährige Verjährungsfrist nach § 605 Nr. 1 HGB beginnt für Rückgriffsansprüche mit dem Tag der Rechtskraft des Urteils gegen den Rückgriffsgläubiger oder, so kein rechtskräftiges Urteil vorliegt, mit dem Tag, an dem der Rückgriffsgläubiger den gegen ihn gerichteten Anspruch befriedigt hat, § 607 Abs. 2 Satz 1 HGB. Voraussetzung dafür ist, dass der Rückgriffsschuldner binnen einer Frist von drei Monaten, nachdem der Rückgriffsgläubiger Kenntnis von dem Schaden als auch der Person des Rückgriffsschuldners erlangt hat, über den Schaden unterrichtet wurde, § 607 Abs. 2 Satz 2 HGB. Diese Rückgriffsfrist gilt für Regressansprüche unter einem Schiffsüberlassungsvertrag entsprechend, § 607 Abs. 3 Satz 2 HGB.

114 Durch die (in Textform) geltend zu machenden „*Ersatzansprüche*" (keine Erfüllungsansprüche) wird die Verjährung der in §§ 605, 606 HGB genannten Ansprüche gehemmt. Dies bis zu dem Zeitpunkt, an dem der Schuldner (ebenfalls in Textform) die Erfüllung des Anspruchs ablehnt. Eine mehrfache Hemmung durch mehrfache Erklärungen findet nicht statt, § 608 HGB.

115 Abweichende Vereinbarungen zur Verjährung von Schadensersatzansprüchen aus einem Stückgutfrachtvertrag (nicht Reisefrachtvertrag) oder aus einem Konnossement wegen des Verlustes oder der Beschädigung von Gütern können durch Individualvereinbarung getroffen werden. In einem Konnossement enthaltene abweichende Vereinbarungen (unabhängig davon, ob individuell vereinbart oder vorformuliert) sind Dritten gegenüber unwirksam, § 609 Abs. 1 HGB.

---

[64] Begr. RegE, BT-Drs. 17/10309, S. 88.

Abschnitt 16. Straßentransport

Übersicht

	Rn.
A. Einleitung	1
B. Rechtsgrundlagen	3
I. Der Ordnungsrahmen für Straßentransporte	3
II. Die Haftungsordnungen für Straßentransporte	5
1. Das Frachtrecht des HGB	5
2. Das Übereinkommen über den Beförderungsvertrag im internationalen Straßengüterverkehr	8
3. Allgemeine Geschäftsbedingungen	11
C. Der Vertrag über die Straßengüterbeförderung	12
I. Vertragsparteien	12
II. Vertragsabschluss, Vertragsinhalt und Vertragsbeendigung	15
III. Abgrenzung zu anderen Vertragstypen	20
D. Transportdokumente	26
I. Frachtbrief	26
II. Ladeschein	31
E. Die Haftung des Frachtführers bei Straßentransporten	32
I. Grundzüge	32
II. Haftungszeitraum	34
1. Übernahme zur Beförderung	34
2. Ablieferung	35
III. Haftungstatbestände	36
1. Verlust	37
2. Beschädigung	38
3. Verspätung	39
4. Konkurrenzfälle	40
IV. Haftungsausschlusstatbestände	41
1. Allgemeine Haftungsausschlusstatbestände	42
a) Unabwendbare Umstände	43
b) Verschulden des Verfügungsberechtigten	45
c) Weisungen des Verfügungsberechtigen	46
d) Besondere Mängel des Gutes	47
2. Sonderfall Fahrzeugmängel	48
3. Besondere Haftungsausschlusstatbestände	49
a) Verwendung offener Wagen	50
b) Fehlen oder Mängel der Verpackung	51
c) Behandeln, Verladen oder Entladen des Gutes	52
d) Schäden durch die natürliche Beschaffenheit des Gutes	56
e) Ungenügende Kennzeichnung	58
f) Beförderung lebender Tiere	60
4. Mehrere Schadenursachen	61
V. Umfang der Ersatzpflicht	64
1. Grundsätze	64
2. Schadensersatz bei Verlust und Beschädigungen	65
3. Schadensersatz bei Lieferfristüberschreitungen	71
4. Ersatz sonstiger Kosten	72
5. Haftungsdurchbrechung	73
a) Grundsatz	73
b) Grobes Organisationsverschulden	78
c) Mitverschulden	81
6. Abweichende Vereinbarungen	83
a) HGB	84
b) CMR	85
7. Sonstige Haftungstatbestände	86
VI. Haftung für Dritte	87
VII. Geltendmachung und Durchsetzung von Schadensersatzansprüchen	90
1. Ersatzberechtigter und Ersatzverpflichteter	90
2. Schadenanzeige	93
3. Verjährung	95
4. Gerichtsstand	97

2. Teil. Das Vertragsrecht des Exportgeschäfts

Literatur: *Aberle/Basedow/Dagtoglou/Erdmenger/Slot/Zuleeg*, Europäische Verkehrspolitik, 1987; *Carl*, Der Verkehr im europäischen Binnenmarkt, TranspR 1992, 81 ff.; *Herber/Piper*, CMR Internationales Straßentransportrecht, 1996; *Heuer*, Die Haftung des Frachtführers nach dem Übereinkommen über den Beförderungsvertrag im internationalen Straßengüterverkehr (CMR), 1975; *Knorre/Demuth/Schmid*, Handbuch des Transportrechts, 2008; *Koller*, Transportrecht, 7. Aufl. 2010; *Thume*, CMR Kommentar, 2. Aufl. 2007; *Großkommentar HGB*, Band 7, Teilband 2, Anhang VI nach § 452: CMR – 4. Aufl. 2002; http://www.transportrecht.org.

A. Einleitung

1   In Abwicklung der Exportkaufverträge wird ein Großteil der Güter mit Lastkraftwagen auf der Straße zu den Empfängern in das europäische Ausland befördert. Der Außenhandel ist deshalb auf ein leistungsfähiges Straßengüterverkehrsgewerbe angewiesen, welches das stetig wachsende Güterverkehrsvolumen auf der Straße zuverlässig abwickelt.

2   Die öffentlich rechtlichen Rahmenbedingungen, unter denen das Straßenverkehrsgewerbe die Beförderungen in der Vergangenheit ausgeführt hat, standen lange Zeit in einem diametralen Gegensatz zu dem angestrebten freien Handel der Wirtschaftsgüter auf den Märkten. Die Marktzugangsbedingungen für die Güterkraftverkehrsunternehmer waren von Reglementierungen geprägt, deren erklärtes Ziel es war, durch Marktzugangsbeschränkungen und Preisbindungen auf den Wettbewerb zwischen den Verkehrsträgern Einfluss zu nehmen. Eine Änderung hat dieser Ordnungsrahmen erst erfahren, als auf europäischer Ebene ein Anstoß zur Deregulierung und Liberalisierung der europäischen Verkehrsmärkte gesetzt wurde.[1] Mit der Änderung des Ordnungsrahmens ist das auf nationaler Ebene mit dem Ordnungsrahmen eng verwobene und von einer starken Rechtszersplitterung gekennzeichnete Haftungsrecht für Beförderungen von Gütern auf der Straße in Deutschland neu geregelt worden. Das für die Beförderungen von Gütern auf der Straße innerhalb Deutschlands am 1.7.1998 mit dem Transportrechtsreformgesetz in Kraft getretene Frachtrecht wurde in enger Anlehnung an das schon seit Jahrzehnten für grenzüberschreitende Beförderungen geltende Übereinkommen über den Beförderungsvertrag im internationalen Straßengüterverkehr (CMR) ausgestaltet, womit eine weitgehende Rechtsvereinheitlichung der frachtrechtlichen Haftungsbestimmungen für die Beförderung von Gütern auf der Straße im Inland und für grenzüberschreitende Beförderungen herbeigeführt wurde.

B. Rechtsgrundlagen

I. Der Ordnungsrahmen für Straßentransporte

3   Der öffentlich rechtliche Ordnungsrahmen für die Güterbeförderungen auf der Straße wird in Deutschland von dem Güterkraftverkehrsgesetz (GüKG) vom 22.6.1998 hergestellt. Das Gesetz beinhaltet die gesetzlichen Bestimmungen, auf deren Grundlage die gewerbliche Beförderung von Gütern durchgeführt wird. Das Güterkraftverkehrsgesetz vom 22.6. 1998 hat das alte Güterkraftverkehrsgesetz vom 17.10.1952 abgelöst, welches der noch mit dem vormaligen Reichskraftwagentarif vom 26.6.1935 verbundenen Zielsetzung verhaftet war, im Rahmen einer staatlichen Wirtschaftslenkung das Straßengütergewerbe als Konkurrent zur Eisenbahn einer staatlichen Aufsicht und Kontrolle zu unterwerfen. Diese staatliche durch das Bundesamt für Güterfernverkehr ausgeübte Kontrolle beinhaltete eine Konzessionierung, Kontingentierung sowie Überwachung zwingender Beförderungstarife. Die auf europäischer Ebene auf der Grundlage des EG Vertrages unternommenen Anstrengungen, eine gemeinsame Verkehrspolitik für die Mitgliedsstaaten zu betreiben und die nationalen Verkehrsmärkte für Güterkraftverkehrsunternehmer aus anderen Mitgliedsstaaten zu öffnen, erforderten in Deutschland eine Anpassung der Marktzugangsbedingungen für Güterverkehrsunternehmer an die europäischen Vorgaben. In dem neuen Güterkraft-

---

[1] Aberle/*Basedow*, Europäische Verkehrspolitik, 1 ff.; *Carl* TranspR 1992, 81 f.

verkehrsgesetz vom 22.6.1998 sind diese Vorgaben umgesetzt worden. Die objektiven Marktzugangsbeschränkungen sind aufgehoben worden. Ein Unternehmer, der gewerblichen Güterkraftverkehr mit Kraftfahrzeugen mit einem zulässigen Gesamtgewicht von mehr als 3,5 to (einschließlich Anhänger) betreiben will, kann die nach § 3 GüKG für den Güterkraftverkehr in Deutschland erforderliche Erlaubnis bei der zuständigen Verkehrsbehörde beantragen, wenn er die hierfür erforderlichen Voraussetzungen, nämlich die persönliche Zuverlässigkeit, finanzielle Leistungsfähigkeit und fachliche Eignung besitzt. Für Verkehre mit Staaten der Europäischen Union, der Schweiz und den zusätzlichen, nicht zur Europäischen Union gehörenden Staaten des Europäischen Wirtschaftsraumes (EWR, dh Norwegen, Island und Liechtenstein) ist nach § 5 GüKG eine sogenannte Gemeinschaftslizenz zu beantragen. Verkehre mit nicht zur Europäischen Union bzw. zum Europäischen Wirtschaftsraum gehörenden Drittstaaten können ua durch Einsatz der Erlaubnis für den innerdeutschen Streckenanteil in Kombination mit einer sogenannten bilateralen Genehmigung für den Streckenanteil in Drittstaaten durchgeführt werden. Das Güterkraftverkehrsgesetz vom 22.6.1998 bestimmt weiter, dass sich der Güterkraftverkehrsunternehmer nach § 7a GüKG in Form einer Güterschadenhaftpflichtversicherung gegen Schäden zu versichern hat, für die er bei innerstaatlichen Beförderungen nach dem Vierten Abschnitt des Handelsgesetzbuches in Verbindung mit dem Frachtvertrag haftet, ohne dass dem Auftraggeber aus dieser Versicherung gegenüber dem Haftpflichtversicherer des Frachtführers ein Direktanspruch zugebilligt wird. Eine Versicherungspflicht für grenzüberschreitende Transporte besteht nach dem Güterkraftverkehrsgesetz nicht.

Nach dem Güterkraftverkehrsgesetz sind auch dem Absender Verantwortlichkeiten zugewiesen worden. Die Bestimmung des § 7c GüKG begründet für den Auftraggeber von Spediteuren oder Frachtführern eine Mitverantwortung dafür, dass der die Beförderung ausführende Unternehmer Inhaber einer Erlaubnis nach § 3 GüKG oder einer Berechtigung nach § 6 GüKG ist und nur ordnungsgemäß beschäftigtes Fahrpersonal einsetzt. Der Auftraggeber hat für Vorsatz und Fahrlässigkeit einzustehen und begeht eine nach § 19 Abs. 1a GüKG bußgeldbewehrte Ordnungswidrigkeit, wenn er weiß bzw. fahrlässig nicht weiß, dass die öffentlich-rechtlichen Voraussetzungen für eine legale Beförderung nicht vorliegen. **4**

II. Die Haftungsordnungen für Straßentransporte

1. Das Frachtrecht des HGB. Die Beförderungen innerhalb Deutschlands auf der Straße unterliegen seit dem Inkrafttreten des Transportrechtsreformgesetzes am 1.7.1998 den im Vierten Abschnitt des Vierten Buches des Handelsgesetzbuches in den §§ 407ff. HGB enthaltenden Vorschriften des Frachtrechts. **5**

Die Vorschriften des Frachtrechts im HGB finden verkehrsmittelübergreifend Anwendung, wenn das Gut auf der Straße, der Schiene, auf Binnengewässern oder in der Luft befördert wird und die Beförderung zum Betrieb eines gewerblichen Unternehmens gehört (§ 407 Abs. 3 HGB). Die im Ersten Unterabschnitt des Vierten Abschnitts (§§ 407–450 HGB) enthaltenen Allgemeinen Vorschriften über das Frachtgeschäft werden bei der Beförderung von Umzugsgütern teilweise durch die im Zweiten Unterabschnitt (§§ 451–451h HGB) niedergelegten Vorschriften über das Umzugsgeschäft überlagert. In dem Dritten Unterabschnitt (§§ 452–452d HGB) sind Vorschriften aufgenommen worden, die bei der Beförderung eines Gutes mit verschiedenartigen Beförderungsmitteln aufgrund eines einheitlichen Frachtvertrages Anwendung finden (→ Abschnitt 20 des Handbuches). Die in dem Gesetz enthaltenen Nebenpflichten der Vertragsparteien sind weitgehend der Parteivereinbarung zugänglich. Abweichende Vereinbarungen zur Haftung sind nur unter Einhaltung der in § 449 HGB aufgestellten Vorgaben zulässig. Den Parteien des Frachtvertrages ist es nach Art. 3 Rom I-VO[2] auch freigestellt, das auf den Frachtvertrag anzuwen- **6**

---

[2] VO (EG) Nr. 593/2008 v. 17.6.2008 über das auf vertragliche Schuldverhältnisse anzuwendende Recht (Rom I-VO).

2. Teil. Das Vertragsrecht des Exportgeschäfts

dende Recht frei zu bestimmen. Liegen allerdings sowohl der vereinbarte Übernahme- als auch Ablieferungsort in Deutschland, kommt nach § 449 Abs. 3 HGB iVm Art. 9 Rom I-VO der Vorschrift des § 449 Abs. 1 und 2 HGB mit den darin enthaltenen Voraussetzungen auch im ausländischen Recht der Vorrang zu.

7   Bei grenzüberschreitenden Beförderungen gelangen die Vorschriften über das Frachtrecht im Handelsgesetzbuch nur dann zur Anwendung, wenn nicht spezielle internationale Übereinkommen Vorrang genießen. Mit dem Übereinkommen über den Beförderungsvertrag im internationalen Straßengüterverkehr (CMR) liegt für Beförderungen von Gütern auf der Straße ein solches vorrangiges internationales Übereinkommen vor, dem in seinem Anwendungsbereich gegenüber den Vorschriften des Frachtrechts der Vorrang gebührt. Wird der Frachtvertrag zwischen Parteien geschlossen, von denen zumindest eine ihren Sitz im Ausland hat, ist nach den Vorschriften des internationalen Privatrechts in der Rom I-VO zu prüfen, ob mit den Vorschriften des Frachtrechts im HGB Deutsches Recht auf den Vertrag zur Anwendung gelangt. Die Anwendung des Frachtrechtes des HGB ist hierbei nach Art. 5 Rom I-VO bei Güterbeförderungsverträgen zu bejahen, wenn der Beförderer zum Zeitpunkt des Vertragsschlusses seine Hauptniederlassung in Deutschland hat und sich dort auch der Ort der Übernahme bzw. Ablieferung oder der gewöhnliche Aufenthalt des Absenders befindet.[3]

8   **2. Das Übereinkommen über den Beförderungsvertrag im internationalen Straßengüterverkehr.** Das Übereinkommen über den Beförderungsvertrag im internationalen Straßengüterverkehr ist als völkerrechtlicher Vertrag im Jahr 1956 auf europäischer Ebene verabschiedet und mit Zustimmungsgesetz vom 16.8.1961 von der Bundesrepublik Deutschland ratifiziert worden. Es gilt seit dem 5.2.1962 als materielles deutsches Recht und ist mittlerweile in über 50 Staaten in Kraft getreten.[4] Nach Art. 1 Abs. 1 S. 1 CMR gilt das Übereinkommen für jeden Vertrag über die entgeltliche Beförderung von Gütern auf der Straße, wenn der Ort der Übernahme und der für die Ablieferung vorgesehene Ort in zwei verschiedenen Vertragsstaaten liegen und mindestens einer der Staaten ein Vertragsstaat ist. Der Wohnsitz und die Staatsangehörigkeit der Parteien des Beförderungsvertrages sind keine Anknüpfungskriterien für die Anwendung des Übereinkommens, das als internationales Einheitsrecht in Art. 1 Abs. 1 S. 1 CMR seinen Anwendungsbereich selbst bestimmt, ohne dass auf das nationale Kollisionsrecht in den Mitgliedsstaaten Rückgriff genommen werden muss.

9   In sachlicher Hinsicht verlangt die Anwendung der CMR den Abschluss eines Beförderungsvertrages über die entgeltliche Beförderung von Gütern mittels Kraftfahrzeugen auf der Straße. Ausgenommen von der Anwendung der CMR ist die Beförderung von Leichen und Umzugsgut, die Beförderung von Briefen und sonstigen Sendungen nach Maßgabe der Postübereinkommen (Art. 1 Abs. 4 CMR) sowie die Beförderung von Kraftfahrzeugen bzw. Trailern auf eigener Achse.[5] Wird das beförderte Gut samt dem Kraftfahrzeug ohne Umladung im Rahmen eines einheitlichen auf eine grenzüberschreitende Beförderung gerichteten Beförderungsvertrages auf einem Teil der Strecke mit der Eisenbahn, auf Binnenwasserstraßen oder auf dem Luftweg befördert, gilt das Übereinkommen nach Art. 2 Abs. 1 CMR für die gesamte Beförderungsstrecke.

10   Die CMR stellt keine abschließende Kodifikation des grenzüberschreitenden Straßengütertransportrechtes dar, sondern regelt nur die wichtigsten Themengebiete abschließend, wie beispielsweise die Haftung des Frachtführers (Art. 17 f., 23 f. CMR), den Inhalt und die Wirkung eines Frachtbriefes (Art. 4–9 CMR), die Rechtsfolgen von Beförderungs- und Ablieferungshindernissen (Art. 12, 14–16 CMR) sowie die Verjährung von Ansprüchen (Art. 32 CMR). Das Zustandekommen des Beförderungsvertrages, der Rücktritt und die Kündigung vom Vertrag und die Höhe und Fälligkeit der Vergütung sind in der CMR

---

[3] *Koller*, Transportrecht, § 407 HGB Rn. 127, § 449 HGB Rn. 69.
[4] http://www.transportrecht.org/dokumente/CMRgeltung_20101221.pdf.
[5] *Koller*, Transportrecht, Art. 1 CMR Rn. 5.

nicht geregelt. Gleichfalls enthält die CMR keine Vorschriften über das Be- und Entladen der Güter, die Ladungssicherung sowie die Sicherungsrechte, die dem Frachtführer am Beförderungsgut zustehen, wird seine Vergütung nicht beglichen. Soweit nicht die in den Bestimmungen der CMR enthaltenen Kollisionsnormen das anwendbare Recht bezeichnen (vgl. Art. 5 Abs. 1 S. 2, Art. 16 Abs. 5, Art. 29, Art. 32 Abs. 1 S. 2 CMR), ist zur Lückenfüllung über die in der Rom I-VO enthaltenen Kollisionsnormen des internationalen Privatrechts das subsidiär anwendbare nationale Recht zu ermitteln und bei Geltung des Deutschen Rechts auf die Bestimmungen des Frachtrechts im Handelsgesetzbuch und die subsidiären Bestimmungen des Bürgerlichen Gesetzbuches zurück zu greifen. Die Bestimmungen der CMR haben zwingenden Charakter. Abweichende Vereinbarungen, die unmittelbar oder auch nur mittelbar von den Bestimmungen des Übereinkommens abweichen, sind nichtig (Art. 41 Abs. 1 CMR).

3. Allgemeine Geschäftsbedingungen. In Ergänzung und zur Modifizierung der gesetzlichen Vorschriften über das Frachtrecht im HGB und der CMR verweisen Spediteure und Frachtführer, die Aufträge über die Beförderung von Gütern entgegen nehmen, häufig auf Allgemeine Geschäftsbedingungen. Zu nennen sind die Allgemeinen Deutschen Spediteurbedingungen (ADSp) der Spediteure, die nach Ziff. 2.1. ADSp auch für Fracht- und Lagerverträge Geltung beanspruchen, die Vertragsbedingungen für den Güterkraftverkehr- und Logistikunternehmer (VBGL) sowie die Allgemeinen Geschäftsbedingungen der Bundesfachgruppe Schwertransporte und Kranarbeiten (BSK), welche von reinen Fuhrbetrieben bzw. Schwergutunternehmen den Verträgen häufig zugrunde gelegt werden. Bedeutung für den Inhalt des Frachtvertrages erlangen die Allgemeinen Geschäftsbedingungen nur dann, wenn sie wirksam in den Frachtvertrag einbezogen worden sind, mit den nicht abdingbaren gesetzlichen Vorschriften des anwendbaren Frachtrechts nicht kollidieren und die in ihnen enthaltenen Klauseln einer Inhaltskontrolle nach Maßgabe der Vorschrift des § 307 BGB standhalten. Die Allgemeinen Deutschen Spediteurbedingungen genossen bei der Einbeziehung in den Vertrag für lange Jahre eine Sonderstellung. Der Bundesgerichtshof und die Instanzgerichte nahmen auf der Grundlage einer angenommenen Verkehrsgeltung zu den ADSp in der vor dem 1.7.1998 geltenden Fassung in ständiger Rechtsprechung an, dass diese bei Verträgen mit einem Kaufmann, der kraft seines Gewerbes üblicherweise mit Spediteuren in Kontakt kommt, als fertig bereit liegende Rechtsordnung auch ohne Kenntnis ihres Inhalts und ohne besonderen Hinweis auf ihre Einbeziehung im Einzelfall kraft stillschweigender Unterwerfung Bestandteil des Vertrages werden, wenn der Kaufmann als Vertragspartner wusste oder wissen musste, dass der Spediteur nach den ADSp in der jeweils neuesten Fassung arbeitet. Diese Rechtsprechung gilt seit dem Inkrafttreten des Transportrechtsreformgesetzes nicht mehr fort. Ebenso wie für die weiteren vorgenannten Allgemeinen Geschäftsbedingungen gilt auch für die ADSp, dass diese nur kraft einer zwischen den Vertragsparteien zumindest stillschweigend getroffenen Willensübereinstimmung Vertragsinhalt werden, wofür es bei Verträgen zwischen Unternehmern als ausreichend angesehen wird, dass vor bzw. bei Abschluss des Vertrages in einer für den Auftraggeber hinreichend deutlichen Art und Weise auf die Geltung der Allgemeinen Geschäftsbedingungen hingewiesen wird. Im Geltungsbereich des Frachtrechts des Handelsgesetzbuches wird für die Abänderung der gesetzlichen Haftungsgrenze des § 431 Abs. 1 HGB in Allgemeinen Geschäftsbedingungen nach § 449 Abs. 2 Nr. 1 HGB zudem verlangt, dass der Verwender in einer für seinen Vertragspartner geeigneten Weise auf die modifizierten Haftungsbestimmungen hinweist.

C. Der Vertrag über die Straßengüterbeförderung

I. Vertragsparteien

Die Parteien des Frachtvertrages sind der Absender und der Frachtführer. Der Absender ist als Auftraggeber des Frachtführers die natürliche oder juristische Person, die den Frachtführer im eigenen Namen mit der Beförderung von Gütern beauftragt. Der Absender braucht nicht zugleich der Eigentümer des Gutes zu sein, so dass auch der Spediteur, der im eigenen Namen für Rechnung des Versenders den Frachtvertrag abschließt, als Absender zur Vertragspartei wird. Ebenso kann der Frachtführer selbst zum Absender werden, wenn er als (Haupt-)Frachtführer seinerseits einen Unterfrachtführer mit der Ausführung einer Beförderung beauftragt, zu deren Ausführung er sich selbst gegenüber dem (Ur-)Absender verpflichtet hat.

13   Frachtführer ist die natürliche oder juristische Person, die sich verpflichtet, eine Beförderung von Gütern durchzuführen. Während das Frachtrecht im Handelsgesetzbuch verlangt, dass die Beförderung im Rahmen eines gewerblichen Unternehmens übernommen wird (§ 407 Abs. 3 Nr. 2 HGB), stellt die CMR für grenzüberschreitende Beförderungen auf das Merkmal der Entgeltlichkeit der Beförderung ab und verlangt kein gewerbsmäßiges Handeln, so dass auch entgeltliche Gelegenheitstransporte der CMR unterliegen.

14   Der Empfänger des beförderten Gutes ist die natürliche oder juristische Person, an die das Gut nach dem Inhalt des Frachtvertrages bzw. später erteilter Weisungen abzuliefern ist und kann mit der Person des Absenders identisch sein. Der Empfänger ist nicht Partei des Frachtvertrages, wird aber durch den Frachtvertrag begünstigt, weil ihm als Drittem nach Ankunft des Gutes am Bestimmungsort gegenüber dem Frachtführer ein Auslieferungsanspruch über das beförderte Gut aus dem Frachtvertrag eingeräumt wird (§ 421 Abs. 1 S. 1 HGB, Art. 13 Abs. 1 S. 1 CMR). Wird der Auslieferungsanspruch von dem Empfänger gegenüber dem Frachtführer erhoben, kann der Frachtführer gegenüber dem Empfänger vor der Erfüllung dieses Anspruchs Zug um Zug die Begleichung der Verbindlichkeiten des Absenders aus dem Vertrag, wie beispielsweise die Fracht, Aufwendungen und Zusatzvergütungen sowie die Entladung, verlangen.

II. Vertragsabschluss, Vertragsinhalt und Vertragsbeendigung

15   Der Frachtvertrag über innerstaatliche und grenzüberschreitende Beförderungen kommt mangels spezieller Bestimmungen im Frachtrecht des Handelsgesetzbuches und der CMR durch die subsidiär zur Anwendung kommenden Bestimmungen des Bürgerlichen Gesetzbuches durch zwei übereinstimmende Willenserklärungen (§§ 145 f. BGB) zustande. Eine Übergabe des zu befördernden Gutes an den Frachtführer wird nicht voraus gesetzt, weshalb es sich um einen Konsensual- und keinen Realvertrag handelt. Das Zustandekommen des Frachtvertrages hängt gleichfalls übereinstimmend nicht von der Ausstellung eines Frachtbriefes ab. Ein Frachtbriefzwang, der den Frachtvertrag zum Formalvertrag werden ließe, sieht weder das Frachtrecht des Handelsgesetzbuches noch die CMR vor (§ 408 Abs. 1 HGB, Art. 4 S. 2 CMR).

16   Mit dem Abschluss des Frachtvertrages verpflichtet sich der Frachtführer das ihm von dem Absender oder in dessen Auftrag von einem Dritten zur Beförderung übergebene Gut zum Bestimmungsort zu befördern und dort dem Empfänger abzuliefern. Die Ortsveränderung mit dem Erfolg der Ablieferung ist für den Frachtführer die Hauptpflicht aus dem Vertrag. Der Absender verpflichtet sich im Gegenzug, für die Beförderungsleistung eine Frachtvergütung zu zahlen (§ 407 Abs. 2 HGB), die nebst der weiteren getätigten erforderlichen Aufwendungen nach Ankunft des Gutes am Bestimmungsort fällig ist (§ 420 Abs. 1 HGB). Bei dem Frachtvertrag handelt es sich demzufolge um einen Werkvertrag, der auf eine Geschäftsbesorgung gerichtet ist. Der Frachtvertrag ist zudem ein Vertrag zugunsten Dritter, da der Empfänger Rechte aus dem Vertrag herleiten kann.

17   Weitere Nebenpflichten ergeben sich für beide Vertragsparteien aus dem Gesetz oder ergänzender Parteivereinbarung. Der Absender hat den Frachtführer bei der Beförderung von Gefahrgut rechtzeitig von der Art der Gefahr sowie den zu ergreifenden Vorsichtsmaßnahmen zu unterrichten (§ 410 HGB, Art. 22 CMR) und Begleitpapiere zu übergeben, die für die amtliche Behandlung des Gutes vor der Auslieferung des Gutes erforderlich sind (§ 413 Abs. 1 HGB, Art. 11 Abs. 1 CMR). Der Absender schuldet ferner eine der verein-

barten Beförderung angemessene Verpackung und Kennzeichnung sowie die beförderungssichere Verladung und Entladung des Gutes (§§ 411, 412 Abs. 1 S. 1 HGB), es sei denn der Frachtführer hat kraft einer mit dem Absender getroffenen Vereinbarung oder der Verkehrssitte auch diese Pflichten übernommen oder es handelt sich um einen Vertrag über Umzugsgut (§ 451a Abs. 1, 2 HGB). Der Frachtführer zeichnet in jedem Fall für die betriebssichere Verladung des Gutes verantwortlich (§ 412 Abs. 1 S. 2 HGB). Auch hier ist zu beachten, dass die Vorschriften des Frachtrechts im Handelsgesetzbuch auch auf grenzüberschreitende Beförderungen ergänzend zur Anwendung gelangen, vorausgesetzt, die CMR enthält selbst keine abschließenden Regelungen für diese Fragen und die Vorschriften des Frachtrechts finden nach den Kollisionsvorschriften der Rom I-VO auf den Frachtvertrag Anwendung.

Das Vertragsverhältnis zwischen den Parteien des Frachtvertrages endet regelmäßig mit **18** der Ablieferung des Gutes bei dem Empfänger am Bestimmungsort. Der Erfüllungsort, an dem der Frachtführer das Gut zur Auslieferung zu bringen hat, ergibt sich aus den Vereinbarungen der Parteien oder einer nachträglichen Weisung des Verfügungsberechtigten (§ 418 Abs. 1 S. 2 HGB, Art. 12 Abs. 1 S. 2 CMR) und wird, sofern ein Frachtbrief über die Beförderung ausgestellt wird, in diesen aufgenommen.

Neben der Beendigung des Frachtvertrages durch die Ablieferung besteht auch die **19** Möglichkeit der vorzeitigen Beendigung des Frachtvertrages. Das hierzu erforderliche Kündigungsrecht kann von dem Absender im Frachtrecht des Handelsgesetzbuches jederzeit ausgeübt werden, wodurch der Frachtführer, vorausgesetzt die Kündigung beruht nicht auf Gründen, die seinem Risikobereich zuzuordnen sind, wahlweise einen Anspruch auf Zahlung der um die ersparten Aufwendungen verringerten Fracht bzw. eines Pauschalbetrages in Höhe eines Drittels der Fracht hat (§ 415 Abs. 2 HGB). Im Anwendungsbereich der CMR kann sich der Absender auf dieses Kündigungsrecht nur berufen, solange der Frachtführer das Gut noch nicht zur Beförderung übernommen hat. Nach der Übernahme des Gutes zur Beförderung versperren die in der CMR enthaltenen Bestimmungen des Art. 16 Abs. 2 CMR den Rückgriff auf die Vorschrift des § 415 HGB.

III. Abgrenzung zu anderen Vertragstypen

Die Verträge über die Beförderung von Gütern werden in der Praxis zwischen Absender **20** und Frachtführer bzw. Spediteur häufig am Telefon geschlossen und erst nachträglich schriftlich bestätigt. Kommt es zu Störungen in dem Vertragsverhältnis bei der Vertragsabwicklung und sind die getroffenen Vereinbarungen streitig und die Vertragsdokumentation unklar, bedarf es zunächst der Aufklärung, welchen Inhalt der zwischen den Parteien geschlossene Vertrag hat.

Abzugrenzen ist von dem bereits dargestellten Frachtvertrag hierbei primär der Spedi- **21** tionsvertrag. Mit dem Speditionsvertrag verpflichtet sich der Spediteur nach § 453 HGB, die Versendung des Gutes zu besorgen. Der Spediteur, der als reiner „Sofaspediteur" ohne Kraftfahrzeuge oder als Gemischtbetrieb auch weitere zum Speditionsgewerbe gehörende Leistungen erbringt, schuldet anders als der Frachtführer keine Ortsveränderung, sondern übernimmt als Hauptpflicht lediglich die Organisation der Beförderung des Gutes. In Erfüllung dieser vertraglichen Verpflichtung schließt der Spediteur nach der Bestimmung des Beförderungsmittels und Beförderungsweges die erforderlichen Verkehrsverträge ab (§ 454 Abs. 1 Nr. 1 und 2 HGB), ohne für deren Vertragsverletzungen bei der Ausführung des Vertrages einstehen zu müssen, weil es sich bei den von ihm beauftragten Subunternehmern nicht um seine Erfüllungsgehilfen handelt. Eine Haftung trifft den Spediteur nur dann, wenn der Verlust oder die Beschädigung des Gutes in seiner eigenen Obhut eingetreten ist (§ 461 Abs. 1 HGB) oder er eine ihm nach § 454 HGB obliegende Pflicht verletzt hat. Macht der Spediteur allerdings von der ihm nach dem Gesetz zugewiesenen Befugnis Gebrauch, die Beförderung selbst auszuführen (§ 458 HGB), trifft er mit seinem Auftraggeber eine feste Abrede über die geschuldete Vergütung, welche die Kosten der

Beförderung einschließt (§ 459 HGB) oder bewirkt er die Versendung des Gutes zusammen mit dem Gut anderer Versender auf Grund eines auf seine Rechnung abgeschlossenen Frachtvertrages (§ 460 HGB), hat er hinsichtlich der Beförderung die Rechte und Pflichten eines Frachtführers. Die Tatbestände des Selbsteintrittes, der Fixkosten- und Sammelladungsspedition bewirken also eine Haftung des Spediteurs hinsichtlich der Beförderungsleistung als Frachtführer nach Maßgabe des auf die Beförderung anwendbaren Frachtrechts. Es ist hierbei anerkannt, dass auch der ausländischem Recht unterliegende Speditionsvertrag zu festen Kosten als Beförderungsvertrag im Sinne des Art. 1 CMR anzusehen ist.[6]

22 Mit der Beförderung des Gutes zum Bestimmungsort im Rahmen eines Frachtvertrages kann auch eine Einlagerung des Gutes verbunden sein. Handelt es sich bei dieser Einlagerung um eine mit der Beförderung in einem engen sachlichen und zeitlichen Zusammenhang stehende Vor-, Zwischen- oder Nachlagerung, unterliegt diese dem Frachtrecht.[7] Anders ist die Rechtslage zu beurteilen, wenn das Gut übernommen wird, ohne dass eine Beförderung beabsichtigt ist. In diesem Fall übernimmt der Spediteur bzw. Lagerhalter gegenüber dem Einlagerer im Rahmen eines Lagervertrages als Hauptleistung die vertragliche Verpflichtung zur Einlagerung und Aufbewahrung des Gutes. Anders als bei einer bloßen Überlassung von Räumlichkeiten im Rahmen eines Mietvertrages, schuldet der Lagerhalter bzw. Spediteur die Obhutsübernahme über das Gut und hat es vor Gefahren zu schützen, die ihm während der Einlagerungszeit drohen.

23 Abzugrenzen von dem Frachtvertrag ist ferner der Vertrag, mit dem sich der Auftragnehmer lediglich verpflichtet, das für die Beförderung erforderliche Kraftfahrzeug zur Verfügung nach Weisung des Auftraggebers zu stellen. Der Auftragnehmer verspricht in diesem Fall nicht die Ortsveränderung und übernimmt nicht die Obhut über das zu befördernde Gut, sondern schuldet lediglich die mietweise Überlassung des Kraftfahrzeuges. Überlässt er dem Auftraggeber im Rahmen eines Dienstverschaffungsvertrages auch einen Fahrer, spricht man im von einem Lohnfuhrunternehmer. Der Lohnfuhrvertrag wird als ein gemischter Vertrag mit Elementen von Miete und Dienstverschaffung angesehen.[8]

24 Auch bei einem Logistikvertrag, in dem sich die auftragnehmende Partei zu Leistungen verpflichtet, die über das Kerngebiet speditioneller Tätigkeiten hinausgehen und eher dem produzierenden Gewerbe oder dem Handel zuzurechnen sind, handelt es sich um einen typengemischten Vertrag, in dem Störungen in dem Vertragsverhältnis nach dem auf den Vertragstyp jeweils anwendbaren Recht beurteilt werden.[9]

25 Mit dem Begriff des Verkehrsvertrages ist schließlich in Ziff. 2.1 ADSp ein Oberbegriff geschaffen worden, der im Sinne einer Definition inhaltlich den Fracht-, Speditions- und Lagervertrag und die weiteren üblicherweise zum Speditionsgewerbe gehörenden Tätigkeiten abdeckt.

D. Transportdokumente

I. Frachtbrief

26 Das bei Straßengüterbeförderungen ausgestellte Dokument ist der Frachtbrief, der, auch wenn seine Ausstellung keine Wirksamkeitsvoraussetzung für den Abschluss des Frachtvertrages ist, häufig schon deshalb ausgestellt wird, weil der Frachtführer nach § 7 Abs. 3 GüKG ein Begleitpapier oder einen sonstigen Nachweis mit Angaben über das beförderte Gut, den Be- und Entladeort und den Absender bei Ausführung der Beförderung bei sich zu führen hat. Er wird in drei Originalausfertigungen ausgefertigt (§ 408 Abs. 2 S. 1 HGB, Art. 5 Abs. 1 S. 1 CMR) und hat die in § 408 Abs. 1 HGB bzw. Art. 6 Abs. 1 CMR enthaltenen Angaben aufzuweisen.

---

[6] *BGH* VersR 2009, 284f.
[7] *Koller,* Transportrecht, § 407 HGB Rn. 71.
[8] *BGH* Beschl. v. 26.4.2007 – IX ZB 160/06; *Koller,* Transportrecht, § 407 HGB Rn. 18.
[9] *Koller,* Transportrecht, § 453 HGB Rn. 25a; *ders.* § 454 HGB Rn. 37.

Mit den in ihm enthaltenen Angaben dient der Frachtbrief als Informationsträger über die am Transport beteiligten Personen, das Gut sowie die Beförderungsstrecke. Zusätzlich kann er zum sogenannten Sperrpapier werden, wenn in ihn der Vermerk aufgenommen wird, dass das Weisungsrecht nur gegen Vorlage der Absenderausfertigung des Frachtbriefes ausgeübt werden kann (§ 418 Abs. 4 HGB, Art. 12 Abs. 5 lit. a CMR). **27**

Dem Frachtbrief kommt ferner eine Beweisfunktion zu, deren Umfang davon abhängt, ob nur eine oder beide Vertragsparteien den Frachtbrief unterzeichnen. Enthält der Frachtbrief ausschließlich die Unterschrift des Frachtführers bzw. des ihn vertretenden Fahrers, beschränkt sich die Beweiswirkung des Frachtbriefs auf die einer einfachen Empfangsquittung (§ 368 BGB) kraft derer ohne Aufnahme eines Vorbehaltes in den Frachtbrief anzunehmen ist, dass das Gut und seine Verpackung bei der Übernahme in einem äußerlich guten Zustand waren. Diese Beweiswirkung kann durch einen Vortrag über die Richtigkeit des Frachtbriefes erschüttert werden, ohne dass der volle Gegenbeweis geführt werden muss.[10] **28**

Haben sowohl der Absender als auch der Frachtführer den Frachtbrief unterzeichnet, kommt dem Frachtbrief nach dem Gesetz eine gesteigerte Beweiswirkung zu (§ 409 HGB, Art. 9 CMR). Der Frachtbrief erbringt in diesem Fall eine widerlegbare Beweisvermutung für den Abschluss und Inhalt des Frachtvertrages sowie die Übernahme des Gutes zur Beförderung (§ 409 Abs. 1 HGB, Art. 9 Abs. 1 CMR). Er begründet ferner die Vermutung, dass das Gut und seine Verpackung bei der Übernahme durch den Frachtführer in einem äußerlich guten Zustand waren und die Anzahl der Frachtstücke und ihre Zeichen und Nummern mit den Angaben im Frachtbrief übereinstimmen (§ 409 Abs. 2 S. 1 HGB, Art. 9 Abs. 2 CMR). Will der Frachtführer diese gesetzliche Vermutung nicht gegen sich gelten lassen, hat er einen begründeten Vorbehalt in den Frachtbrief aufzunehmen, in dem er ausführt, dass ihm eine Überprüfung der Angaben im Frachtbrief nicht möglich war (§ 409 Abs. 2 S. 2 HGB; Art. 9 Abs. 2 CMR). **29**

Die Beweiswirkung des Frachtbriefes erstreckt sich nicht auf den Inhalt der verschlossenen Packstücke. Der vorgetragene Inhalt der Packstücke wird aber von der Rechtsprechung im Rahmen einer Anscheinsvermutung angenommen, wenn bei einem vollständigen Verlust der Sendung ein über die Sendung ausgestellter Lieferschein bzw. eine Packliste und eine Handelsrechnung vorgelegt werden kann.[11] **30**

II. Ladeschein

Bei dem im Frachtrecht des Handelsgesetzbuches zusätzlich vorgesehenen Ladeschein, der grundsätzlich auch über grenzüberschreitende Beförderungen auf der Straße ausgestellt werden kann, handelt es sich im Gegensatz zu dem Frachtbrief um ein Wertpapier, das den Auslieferungsanspruch verbrieft, weshalb der Frachtführer nur gegen Rückgabe des Ladescheines zur Auslieferung verpflichtet ist. Es handelt sich um ein Rektapapier, das auch als Order- oder Inhaberpapier ausgestellt werden kann. Eine praktische Bedeutung kommt dem Ladeschein im Straßentransport nicht zu. **31**

E. Die Haftung des Frachtführers bei Straßentransporten

I. Grundzüge

Die grundlegenden die Haftung des Frachtführers dem Grunde und der Höhe nach bestimmenden Vorschriften sind für die dem Landfrachtrecht des Handelsgesetzbuches unterliegenden Transporte in den Vorschriften der §§ 425 ff. und §§ 429 ff. HGB sowie für die der CMR unterfallenden grenzüberschreitenden Transporte in den Art. 17 ff. und Art. 23 ff. **32**

---

[10] *Koller*, Transportrecht, § 408 HGB Rn. 27.
[11] BGH TranspR 2003, 156 f.; BGH TranspR 2007, 418 f.

CMR enthalten. Die Vorschriften normieren eine Haftung des Frachtführers für Schäden, die durch den Verlust oder die Beschädigung des Gutes in der Zeit zwischen der Übernahme zur Beförderung und der Ablieferung oder durch eine Überschreitung der Lieferfrist entstehen (§ 425 Abs. 1 HGB, Art. 17 Abs. 1 CMR). Ihre Begrenzung erfährt die Haftung des Frachtführers durch Haftungsausschlusstatbestände, welche die Haftung entweder allgemein (§ 426 HGB, Art. 17 Abs. 2 4. Alt. CMR) oder für bestimmte Schadenursachen und Schadenarten ganz oder teilweise ausschließen (§ 427 Abs. 1 HGB, Art. 17 Abs. 2 Alt. 1–3, Art. 17 Abs. 4 CMR) sowie durch Haftungsbeschränkungsvorschriften, mit denen die Haftung dem Umfang und der Höhe nach begrenzt wird (§ 429–432 HGB, Art. 23–25 CMR).

33 Neben diesen zentralen Haftungstatbeständen enthalten beide frachtrechtliche Haftungsordnungen Sonderhaftungstatbestände, mit denen eine Haftung des Frachtführers für Nebenpflichtverletzungen sanktioniert wird (§§ 413 Abs. 2, 418 Abs. 6, 422 Abs. 3, 446 Abs. 2 HGB, Art. 7 Abs. 3, 11 Abs. 3, 12 Abs. 7, 21 CMR).

II. Haftungszeitraum

34 **1. Übernahme zur Beförderung.** Der die Haftung des Frachtführers auslösende Obhutszeitraum beginnt mit der Übernahme des Gutes zur Beförderung, und zwar auch dann, wenn die Beförderung später nicht ausgeführt wird. Hat der Frachtführer nach der Parteivereinbarung das Gut auch zu verladen, beginnt die Obhutsübernahme sobald der Frachtführer mittelbaren oder unmittelbaren Besitz an dem Gut erlangt hat und den hierfür erforderlichen Besitzwillen hat. Wird das Gut zunächst nur zur Einlagerung in Empfang genommen, ohne dass eine Beförderung bereits vereinbart ist, beurteilt sich die Haftung nicht nach den frachtrechtlichen Vorschriften, sondern nach denen des Lagerrechts. Eine Übernahme zur Beförderung liegt hingegen vor, wenn es sich nur um eine transportbedingte Vorlagerung handelt, an die sich die Beförderung unmittelbar anschließt.[12]

35 **2. Ablieferung.** Die Obhutshaftung des Frachtführers endet mit der Ablieferung des Gutes an den Empfänger oder einen von diesem bevollmächtigten Dritten. Bei der Ablieferung handelt es sich um einen zweiseitigen Akt, durch den der Frachtführer den zur Beförderung erlangten Gewahrsam mit ausdrücklicher oder stillschweigender Einwilligung des Empfängers wieder aufgibt und diesen in den Stand versetzt, die tatsächliche Gewalt über das Gut ungestört auszuüben. Hierbei ist ausreichend, dass dem zur Entgegennahme bereiten Empfänger die Möglichkeit zur Einwirkung auf das Gut eingeräumt wird, was bei einer Entladung des Gutes durch den Empfänger beinhaltet, dass der Frachtführer das Transportmittel am Ablieferungsort gesichert und geöffnet abzustellen hat, so dass der Empfänger ungehindert abladen kann. Hat der Frachtführer nach der Parteivereinbarung zu entladen, endet die Ablieferung frühestens mit der Beendigung der Entladung.

III. Haftungstatbestände

36 Der Frachtführer haftet für den in dem Obhutszeitraum durch den Verlust oder die Beschädigung des Gutes eingetretenen Schaden.

37 **1. Verlust.** Ein Verlust liegt vor, wenn der Frachtführer auf Dauer nicht in der Lage ist, das zur Beförderung übernommene Gut an den Berechtigten abzuliefern. Bei dem Verlust handelt es sich um die im Frachtrecht spezialgesetzlich geregelte Unmöglichkeit der Leistung aus dem Beförderungsvertrag, wobei es unerheblich ist, aus welchem Grund der Auslieferungsanspruch nicht mehr erfüllt werden kann. Ein Verlust des Gutes liegt demzufolge vor, wenn das Gut untergegangen, unauffindbar oder aus sonstigen tatsächlichen oder rechtlichen Gründen vom Frachtführer auf absehbare Zeit an den berechtigten Empfänger nicht mehr ausgeliefert werden kann. Typische Beispiele für den Verlust sind der Diebstahl

---

[12] *BGH* TranspR 2012, 107 f.

oder Raub, die Unterschlagung und Beschlagnahme sowie die Auslieferung an einen Nichtberechtigten. Geht nur ein abgrenzbarer Teil einer Sachgesamtheit verloren, liegt ein Teilverlust vor, der als Totalverlust behandelt wird, wenn er zu einer qualitativen und wertmindernden Veränderung der gesamten Sendung führt.[13] Liegt nur eine Verzögerung bei der Auslieferung vor, die ihre Ursache in dem Beförderungsablauf findet, liegt kein Verlust, sondern ein Verzug vor, der nach den Vorschriften über die Lieferfristüberschreitung zu behandeln ist. Überschreitet die Lieferverzögerung aber die in § 424 Abs. 1 HGB bzw. Art. 20 Abs. 1 CMR genannten Zeitgrenzen, steht es dem Anspruchsberechtigten frei, sich auf die in diesen Vorschriften statuierte Verlustvermutung zu berufen.

2. Beschädigung. Eine Beschädigung des Gutes liegt vor, wenn das Gut während der Beförderung eine substantielle wertmindernde Veränderung erfahren hat, infolge derer es dem Frachtführer unmöglich ist, das Gut in dem Zustand auszuliefern, in dem er es von dem Absender zur Beförderung übernommen hat. Beschädigungen liegen vor, wenn das Gut zB durch Bruch, Zerkratzen, Verbiegen, Nässe, Verunreinigungen bzw. Vermischungen oder Geruchsanhaftungen eine den Wert beeinflussende Qualitätseinbuße erfahren hat. Auch ohne Substanzbeeinträchtigung an dem Gut selbst hat die Rechtsprechung eine Haftung des Frachtführers erkannt, wenn ohne erkennbare Substanzbeeinträchtigung einer Sache ein Schadenverdacht anhaftet, welcher eine Wertminderung des Gutes begründet und durch eine Untersuchung nicht ausgeräumt werden kann.[14] 38

3. Verspätung. Die Haftung des Frachtführers für Schäden, welche durch die Überschreitung der Lieferfrist entstehen, ist gemeinsam mit der Haftung für Güterschäden durch Verlust und Beschädigung in § 425 Abs. 1 HGB bzw. Art. 17 Abs. 1 CMR geregelt. Ebenso wie bei der Güterschadenhaftung handelt es sich um eine spezialgesetzlich geregelte Leistungsstörung. Mit der verspäteten Ablieferung des Gutes an den Empfänger verstößt der Frachtführer gegen eine ihm zugewiesene Hauptleistungspflicht und befindet sich deshalb im Schuldnerverzug. Die Verspätungshaftung greift ein, wenn der Frachtführer das Gut nicht innerhalb der vereinbarten bzw. einer angemessenen Frist, die einem Frachtführer unter Beachtung der den Transport begleitenden Umstände vernünftigerweise zuzubilligen ist (§ 423 HGB, Art. 19 CMR), abliefert. Die Lieferfrist beginnt nicht bereits mit dem Abschluss des Frachtvertrages zu laufen, sondern erst mit der Übernahme des Gutes zur Beförderung, so dass die die Verspätungshaftung auslösenden Verzögerungen bei dem Transport im Beförderungsablauf eintreten müssen. Eine verspätete Ablieferung des Gutes, die ihre Ursache in Verzögerungen bei der Gestellung des Lastkraftwagens oder dessen Beladung durch den verladepflichtigen Absender findet, ist nach den Vorschriften des nationalen Allgemeinen Schuldrechts zu beurteilen.[15] 39

4. Konkurrenzfälle. Sowohl im Frachtrecht des Handelsgesetzbuches als auch in den Vorschriften der CMR finden sich keine Vorschriften, mit denen die Tatbestände der Güterschaden- und Verspätungshaftung voneinander abgegrenzt werden. Relevant wird diese Kollision der Tatbestände immer dann, wenn durch die Lieferfristüberschreitung ein Güterschaden eingetreten ist oder durch den Güterschaden die Lieferfrist überschritten wird. Eine Lösung dieser Konkurrenzfrage wird in den Haftungsordnungen nicht vorgegeben, weil in den Haftungstatbeständen der Obhutshaftung und der Lieferfristüberschreitung nur auf den Erfolg, nicht aber auf eine Schadenursache abgestellt wird und hiermit sowohl der durch die Lieferfristüberschreitung eingetretene Güterschaden als der durch die Lieferfristüberschreitung eingetretene Güterschaden erfasst sind. Demzufolge ist davon auszugehen, dass die Tatbestände der Güterschaden- und der Verspätungshaftung jedenfalls dann parallel anwendbar sind, wenn zwischen dem Güter- und dem Verspätungsschaden kein Kausalzusammenhang besteht, also die Schäden durch unterschiedliche Schadenursachen verursacht 40

---

[13] *Koller*, Transportrecht, § 425 HGB Rn. 12; aA *Heuer*, Die Haftung des Frachtführers nach dem Übereinkommen über den Beförderungsvertrag im internationalen Straßengüterverkehr (CMR), 71.
[14] *BGH* TranspR 2002, 440 f.; *BGH* TranspR 2000, 456 f.
[15] *Koller*, Transportrecht, § 425 HGB Rn. 39.

wurden. Beruht hingegen die Überschreitung der Lieferfrist auf einem Güterschaden oder beruht der Güterschaden auf einer Lieferfristüberschreitung, ist nach überwiegender Auffassung der Schaden ausschließlich nach den Regeln der Güterschadenhaftung zu erstatten.[16]

IV. Haftungsausschlusstatbestände

41 Die in den frachtrechtlichen Haftungstatbeständen normierte Haftung des Frachtführers wird in den frachtrechtlichen Haftungsordnungen durch Haftungsausschlusstatbestände eingegrenzt. Neben einem allgemein gefassten Haftungsausschlusstatbestand, welcher durch die Umschreibung der äußersten Haftungsgrenze für die Einstandspflicht des Frachtführers zugleich das Haftungsprinzip für die Haftungsordnung vorgibt (§ 426 HGB, Art. 17 Abs. 2 Alt. 4 CMR), unterscheidet man die bevorrechtigten Haftungsausschlusstatbestände, die auf das Vorliegen besonderer Schadenursachen abstellen (§§ 427 Abs. 1 Nr. 1–6 HGB, Art. 17 Abs. 4 lit. a–f CMR). Im Gegensatz zu dem allgemeinen Haftungsausschlusstatbestand, der sich auf Gefahrenumstände bezieht, die sich nicht nur bei Beförderungen von Gütern mit Verkehrsträgern gefahrerhöhend auswirken können, erfassen die bevorrechtigten Haftungsausschlusstatbestände die typischen Transportrisiken, die in der Art der vereinbarten Beförderung, im Verhalten des Absenders oder in der Natur der Güter liegen und die mit einer gewissen Regelmäßigkeit zu Schäden führen. In dieser Unterscheidung zwischen den Haftungsausschlusstatbeständen liegt der Grund für ihre unterschiedliche Behandlung bei der Frage, wer das Vorliegen des Haftungsausschlusstatbestandes zu beweisen hat. Da mit dem allgemeinen Haftungsausschlusstatbestand kein Haftungsausschluss für eine beförderungsbezogene typische Gefahr normiert ist, hat der Frachtführer das Vorliegen des Tatbestandes und dessen Kausalität für das Schadenereignis zu beweisen. Für das Eingreifen des bevorrechtigten Haftungsausschlusstatbestandes hat der Frachtführer hingegen nur dazulegen, dass der Schaden aus einer der genannten besonderen Gefahren entstehen konnte und das Vorliegen des Tatbestandes zu beweisen. Die Kausalität des Ausschlusstatbestandes für den Schaden wird bei Vorliegen dieser Voraussetzungen kraft Gesetzes widerlegbar vermutet (§ 427 HGB, Art. 18 Abs. 2 S. 1 HGB). Eine Berufung auf die Haftungsausschlusstatbestände ist dem Frachtführer versagt, wenn der Schaden auf einem ihm vorwerfbaren schweren Verschulden beruht (§ 435 HGB, Art. 29 CMR).

42 **1. Allgemeine Haftungsausschlusstatbestände.** Das Frachtrecht des HGB und die CMR enthalten in § 426 HGB und Art. 17 Abs. 2 Alt. 4 CMR einen inhaltlich gleich auszulegenden allgemeinen Haftungsausschlusstatbestand. In Ergänzung zu diesem Haftungsausschlusstatbestand enthält die CMR in Art. 17 Abs. 2 Alt. 1–3 CMR weitere speziell geregelte bevorrechtigte Haftungsausschlusstatbestände, welche im Frachtrecht des HGB über die Vorschrift des § 426 Abs. 1 HGB miterfasst werden, sowie in Abweichung zum Frachtrecht des HGB eine Sonderbestimmung für Fahrzeugmängel.

43 **a) Unabwendbare Umstände.** Durch den in § 426 HGB und Art. 17 Abs. 2 Alt. 4 CMR normierten allgemeinen Haftungsausschlusstatbestand wird der Frachtführer von der Haftung befreit, wenn der Verlust, die Beschädigung oder die Überschreitung der Lieferfrist auf Umständen beruht, die er auch bei größter Sorgfalt nicht vermeiden und deren Folgen er nicht abwenden konnte.

44 Die nahezu wortgleichen Formulierungen in beiden Haftungstatbeständen lassen keine inhaltlich abweichenden Auslegungen zu, so dass der allgemeine Haftungsausschluss in beiden Haftungsordnungen übereinstimmend immer dann eingreift, wenn auch ein besonders gewissenhafter Frachtführer bei Anwendung der äußersten ihm zumutbaren Sorgfalt den Schaden nicht hätte vermeiden können.[17] Die Frage der Unvermeidbarkeit und Unabwend-

---

[16] *Herber/Piper*, CMR, Art. 23 CMR Rn. 40; *Heuer*, Die Haftung des Frachtführers nach dem Übereinkommen über den Beförderungsvertrag im internationalen Straßengüterverkehr (CMR), 137 f.; *Thume*, CMR, Art. 23 CMR Rn. 47, 49; differenzierend *Koller*, Transportrecht, § 425 HGB Rn. 62.

[17] *Herber/Piper*, CMR Rn. 41; *Koller*, Transportrecht, Art. 17 CMR Rn. 16.

barkeit des Schadens sind daher am Maßstab des idealen Frachtführers zu bestimmen, dessen Handeln durch eine erheblich über den gewöhnlichen Durchschnitt hinausgehende Aufmerksamkeit, Geschicklichkeit und Umsicht geprägt ist und alle Erkenntnisse berücksichtigt, um mögliche Gefahrensituationen zu vermeiden. In der Rechtspraxis haben diese Vorgaben zur Folge, dass der Haftungsausschluss in der überwiegenden Zahl der Schadenfälle keine Anwendung findet.

b) Verschulden des Verfügungsberechtigten. Im Anwendungsbereich der CMR **45** schließt die Bestimmung des Art. 17 Abs. 2 Alt. 1 CMR die Haftung des Frachtführers für Schäden aus, die auf ein Verschulden des Verfügungsberechtigten zurückzuführen sind. Es wird allgemein angenommen, dass sich der Frachtführer sowohl auf das verkehrswidrige Verhalten des Absenders als auch des Empfängers berufen kann.[18] Ein Verschulden von Hilfspersonen des Absenders oder Empfängers steht dem Verschulden des Absenders und Empfängers gleich.

c) Weisungen des Verfügungsberechtigen. Der Frachtführer ist nach Art. 17 Abs. 4 **46** Alt. 2 CMR von der Haftung für Schäden frei, die auf einer von ihm nicht schuldhaft veranlassten Weisung des Verfügungsberechtigten beruhen. Auch hier versteht man unter dem Berechtigten sowohl den Absender als auch den Empfänger des Gutes.[19] Ein Verschulden des Weisungsgebers ist nicht erforderlich. Der Tatbestand gelangt in der Praxis zur Anwendung, wenn Absender oder Empfänger das ihnen in Art. 12 CMR zugewiesene Verfügungsrecht ausüben.

d) Besondere Mängel des Gutes. Mit dem in Art. 17 Abs. 2 Alt. 3 CMR enthaltenen **47** weiteren nicht bevorrechtigten Haftungsausschlusstatbestand wird der Frachtführer in den der CMR unterliegenden Transporte von der Haftung für Schäden befreit, die auf besonderen Mängeln des Gutes beruhen. Gemeint sind hiermit solche Eigenschaften des Gutes, die von der normalen Beschaffenheit von Gütern dieser Art abweichen und deshalb die Gefahr des Schadeneintritts erhöhen, auch wenn das Gut entsprechend seiner von dem Frachtführer erwarteten Beschaffenheit transportiert wird. Dieser Haftungsausschlusstatbestand ist damit von dem bevorrechtigten Haftungsausschlusstatbestand des Art. 17 Abs. 4 lit. d CMR abzugrenzen, der die Haftung für Schäden ausschließt, die auf der natürlichen Beschaffenheit der Güter beruhen.

2. Sonderfall Fahrzeugmängel. Im Anwendungsbereich der für grenzüberschreitende **48** Beförderungen geltenden CMR enthält die Vorschrift des Art. 17 Abs. 3 CMR eine Bestimmung, die im Frachtrecht des HGB keine Entsprechung findet. Mit der Vorschrift wird angeordnet, dass sich der Frachtführer zur Begründung einer Haftungsbefreiung nicht auf Mängel an dem von ihm für die Beförderung verwendeten Fahrzeug berufen kann. Beruht der Schaden demzufolge auf einem Mangel des Fahrzeuges, entfällt für den Frachtführer die Möglichkeit einer Haftungsbefreiung nach Art. 17 Abs. 2 CMR, während ein Frachtführer im Anwendungsbereich des HGB nicht mit dem Einwand ausgeschlossen ist, der Fahrzeugmangel sei für ihn auch bei Anwendung der äußersten zumutbaren Sorgfalt im Sinne des § 426 HGB nicht zu erkennen gewesen. Ein Fahrzeugmangel ist anzunehmen, wenn das Fahrzeug selbst und seine technischen Einrichtungen nicht betriebssicher sind.

3. Besondere Haftungsausschlusstatbestände. Die bevorrechtigten Haftungsausschluss- **49** tatbestände sind in den §§ 427 Abs. 1 Nr. 1 bis 6 HGB und Art. 17 Abs. 4 lit. a–f CMR aufgeführt. Während die bevorrechtigten Haftungsausschlusstatbestände im Anwendungsbereich des HGB übereinstimmend auf die Haftung des Frachtführers für den Verlust und die Beschädigung des Gutes sowie die durch Überschreitung der Lieferfrist eintretenden Schäden Anwendung finden, ist ihre Geltung in der CMR auf die Haftung für die durch Verlust und Beschädigung des Gutes eintretende Schäden begrenzt.

---

[18] *Herber/Piper*, CMR, Art. 17 CMR Rn. 57.
[19] *Koller*, Transportrecht, Art. 17 CMR Rn. 32.

50 **a) Verwendung offener Wagen.** Bei der Beförderung von Gütern in offenen, nicht allseits mit Planen umschlossenen Fahrzeugen sind die Güter einem erhöhten Beförderungsrisiko durch Witterungseinflüsse, Diebstahl, Brand oder Verschmutzung ausgesetzt. Wird gleichwohl zwischen den Parteien des Frachtvertrages die Beförderung des Gutes in einem offenen Fahrzeug vereinbart, begründet diese erhöhte Gefährdungslage für den Frachtführer nach den bevorrechtigten Haftungsausschlusstatbeständen in § 427 Abs. 1 Nr. 1 HGB und Art. 17 Abs. 4 lit. a CMR einen Haftungsausschluss, soweit der Schaden auf der Verwendung eines offenen Fahrzeuges beruht. Während § 427 Abs. 1 Nr. 1 HGB neben einer formlos getroffenen Vereinbarung auch eine ständige Übung für die Anwendung des Haftungsausschlusstatbestandes genügen lässt, verlangt die Bestimmung des Art. 17 Abs. 4 lit. c CMR eine ausdrücklich getroffene Vereinbarung, die auch im Frachtbrief eingetragen sein muss.

51 **b) Fehlen oder Mängel der Verpackung.** Der Frachtführer haftet nach § 427 Abs. 1 Nr. 2 HGB und Art. 17 Abs. 4 lit. b CMR nicht für Schäden, die aus dem Umstand fehlender oder mangelhafter Verpackung herrühren, wenn die Güter ihrer Natur nach einer Verpackung bedürfen. Eine Verpackungsbedürftigkeit von Gütern ist zu bejahen, wenn das Gut seiner Natur nach in einem unverpackten Zustand den bei einem vertragsgemäß durchgeführten Transport üblicherweise zu erwartenden äußeren Einwirkungen nicht standhalten würde und ihm Beschädigungen drohen. Unerheblich ist, ob die Verpackungsbedürftigkeit oder der Mangel der Verpackung für den nach § 411 HGB zur Verpackung verpflichteten Absender erkennbar sind. Erkennt der Frachtführer allerdings bei der Übernahme des Gutes auf der Hand liegende Versäumnisse bei Ausführung der Verpackung, hat er den Absender hierauf hinzuweisen, will er nicht Gefahr laufen, den Schaden wegen eines anzunehmenden Mitverschuldens zumindest zum Teil mitzutragen[20]. Bei einem formwirksam ausgestellten Frachtbrief wird nach § 409 Abs. 2 HGB und Art. 9 Abs. 2 CMR zugunsten des Absenders vermutet, dass das Gut und seine Verpackung zum Zeitpunkt der Übernahme zur Beförderung in einem äußerlich unversehrten Zustand waren, es sei denn, es wurde bei der Übernahme ein begründeter Vorbehalt in den Frachtbrief eingetragen.

52 **c) Behandeln, Verladen oder Entladen des Gutes.** In den Haftungsausschlusstatbeständen des § 427 Abs. 1 Nr. 3 HGB und Art. 17 Abs. 4 lit. c CMR wird die Haftung des Frachtführers nach § 425 Abs. 1 HGB bzw. Art. 17 Abs. 1 CMR für Schäden ausgeschlossen, die auf der Behandlung, der Verladung, dem Verstauen oder dem Ausladen des Gutes durch den Absender, dem Empfänger oder deren Gehilfen beruhen. Eine materiellrechtliche Bedeutung kommt dem Haftungsausschlusstatbestand nur für die Schäden zu, die in den Zeitraum seiner Obhutshaftung fallen, also zwischen der Übernahme des Gutes zur Beförderung und der Ablieferung eintreten und sich als Folge eines Ver- bzw. Entladefehlers darstellen. Der Haftungsausschlusstatbestand greift demzufolge zugunsten des Frachtführers ein, wenn der Frachtführer kraft einer mit dem Absender getroffenen Vereinbarung oder entsprechend einer geltenden Verkehrssitte zur Be- und Entladung des Fahrzeuges verpflichtet ist (§ 412 Abs. 1 S. 1 HGB) und durch Mitarbeiter des Absenders bzw. Empfängers ohne sein eigenes Mitwirken und seine Oberaufsicht an dem zu verladenden Gut Schäden verursacht werden, wobei unerheblich ist, ob diese Schäden bereits bei der Be- bzw. Entladung eintreten oder sich erst bei der nachfolgenden Beförderung realisieren.[21] Bei der Anwendung des Tatbestandes ist mithin darauf abzustellen, wer die Be- bzw. Entladung tatsächlich durchgeführt hat.[22]

53 Liegt die Verantwortung für die Be- und Entladung hingegen bei dem Absender und verursacht dieser bzw. der Empfänger bei der Be- und Entladung vor der Übernahme des Gutes zur Beförderung bzw. nach dessen Ablieferung Schäden an dem Gut, liegt der Schadenzeitpunkt außerhalb des Obhutszeitraumes des Frachtführers, so dass eine Einstands-

---

[20] *OLG Stuttgart* TranspR 2012, 459 f.
[21] *Koller,* Transportrecht, § 427 HGB Rn. 57, 58.
[22] *BGH* TranspR 2007, 314, 315.

pflicht des Frachtführers nach § 425 Abs. 1 HGB bzw. Art. 17 Abs. 1 CMR nicht begründet ist. Wirken sich die Mängel in der beförderungssicheren Verladung aber erst während der Beförderung im Obhutszeitraum des Frachtführers aus, greift zugunsten des Frachtführer der Haftungsausschlusstatbestand des Verlademangels ein, und zwar auch dann, wenn seine Mitarbeiter bei der Verladung aus Gefälligkeit im Pflichtkreis des Absenders bei der Verladung mitgewirkt haben.[23]

Ein Mangel in der beförderungssicheren Verladung ist anzunehmen, wenn die Befestigung und Verstauung des Gutes auf der Ladefläche nicht oder nicht hinreichend genügt, um das Gut gegen die normalen, vertragskonformen beförderungsbedingten Einflüsse zu schützen, so dass es durch Erschütterungen, ein Umfallen, durch Schwankungen oder die Fliehkraft in Kurven, ein Verschieben oder plötzliche Ausweichmanöver und Notbremsungen zu Schaden kommt. **54**

Eine besondere Verpflichtung zur Überprüfung der Beförderungssicherheit besteht für den Frachtführer nicht. Hat er allerdings einen Mangel in der Beförderungssicherheit positiv erkannt oder war dieser so evident, dass er bei der Kontrolle der von dem Frachtführer nach § 412 Abs. 1 S. 2 HGB geschuldeten betriebssicheren Verladung aufgefallen musste, hat er den Absender auf diesen Mangel hinzuweisen. Andernfalls hat sich der Frachtführer ein Mitverschulden an der Schadenverursachung zurechnen zu lassen.[24] **55**

d) Schäden durch die natürliche Beschaffenheit des Gutes. Bei der Beförderung von sensiblen Gütern, besteht für den Frachtführer regelmäßig eine besondere Gefahrenlage, weil den Gütern durch ihre besonderen Eigenschaften eine erhöhte Schadenanfälligkeit innewohnt. In den Haftungsordnungen des HGB und der CMR wird dem Frachtführer deshalb mit den Haftungsausschlusstatbeständen des § 427 Abs. 4 Nr. 4 HGB und des Art. 17 Abs. 4 lit. d CMR die Möglichkeit eingeräumt, eine Haftungszurückweisung durchzusetzen, wenn er den Nachweis führen kann, dass der Schaden auf der dem Gut eigentümlichen natürlichen Beschaffenheit beruht. In Betracht kommen hier Schäden durch Bruch, Rost, inneren Verderb, Austrocknen und normalen Schwund. Bei der Beurteilung der Frage, ob besondere Verlust- bzw. Beschädigungsgefahr durch die natürliche Beschaffenheit des Gutes anzunehmen ist, wird auf die Gefährdung des Gutes bei einem normalen Beförderungsablauf mit einem mit Planen gedeckten Fahrzeug abgestellt. **56**

War der Frachtführer verpflichtet, das Gut gegen die Einwirkung von Hitze, Kälte, Temperaturschwankungen, Luftfeuchtigkeit oder ähnliche Einflüsse besonders zu schützen und hat deshalb ein Fahrzeug mit besonderen Einrichtungen zum Schutz des Gutes eingesetzt, muss der Frachtführer neben dem Vorliegen der Gefahr des § 427 Abs. 1 Nr. 4 HGB bzw. Art. 17 Abs. 4 lit. d CMR auch beweisen, dass er alle erforderlichen Maßnahmen hinsichtlich der Auswahl, Instandhaltung und Verwendung der besonderen Einrichtungen getroffen und die ihm erteilten Weisungen beachtet hat. Andernfalls kann er sich nach § 427 Abs. 4 HGB bzw. Art. 18 Abs. 4 CMR auf diesen Haftungsausschlusstatbestand nicht berufen. **57**

e) Ungenügende Kennzeichnung. Dem Frachtführer wird in § 427 Abs. 2 Nr. 5 HGB und in Art. 17 Abs. 4 lit. e CMR ein bevorrechtigter Haftungsausschlusstatbestand für die auf einer ungenügenden Kennzeichnung beruhenden Schäden zugebilligt. Diese können entstehen, wenn der nach § 411 S. 2 HGB kennzeichnungspflichtige Absender das Gut nicht oder nur unzureichend mit einer Kennzeichnung versehen hat und das Gut deshalb bei dem Umschlag falsch behandelt wird. Auch kann das Gut durch eine Falschauslieferung in Verlust geraten, wenn das Gut nicht innerhalb der in § 424 Abs. 1 HGB bzw. Art. 20 Abs. 1 CMR genannten Fristen wiedererlangt werden kann. In Abweichung zu der Bestimmung des Art. 17 Abs. 4 lit. e CMR findet der Tatbestand des § 427 Abs. 1 Nr. 5 HGB auch für die auf einer verzögerten Auslieferung beruhenden Vermögensschäden Anwendung. **58**

---

[23] *Koller,* Transportrecht, § 427 HGB Rn. 52.
[24] *OLG Stuttgart* TranspR 2012, 459 f.

59 Zugunsten des Absenders wird nach § 409 Abs. 2 S. 1 HGB und Art. 9 Abs. 2 CMR vermutet, dass die Anzahl der Frachtstücke und ihre Zeichen und Nummern bei der Übergabe des Gutes an den Frachtführer mit den Angaben im Frachtbrief übereinstimmen. Beruft sich deshalb der Frachtführer auf den in § 427 Abs. 1 Nr. 5 HGB bzw. Art. 17 Abs. 4 lit. e CMR enthaltenen Haftungsausschlusstatbestand, hat er bei Vorlage eines formwirksamen Frachtbriefes zunächst die Beweisvermutung des § 409 Abs. 2 S. 1 HGB bzw. Art. 9 Abs. 2 CMR zu widerlegen, es sei denn, er hat bei der Übernahme des Gutes mit einem begründeten Vorbehalt in dem Frachtbrief die Beweisvermutung des Frachtbriefes entkräftet.

60 **f) Beförderung lebender Tiere.** Die in § 427 Abs. 4 Nr. 6 HGB und Art. 17 Abs. 4 lit. f CMR normierten Haftungsausschlusstatbestände schließen die Haftung des Frachtführers für die spezifischen Risiken der Tierbeförderung aus. Hat der Frachtführer von dem Absender besondere Weisungen im Hinblick auf die Beförderung von Tieren erhalten, muss er neben dem Vorliegen der Gefahr des § 427 Abs. 1 Nr. 6 HGB beweisen, dass er diese besonderen Weisungen beachtet hat (§ 427 Abs. 5 HGB).

61 **4. Mehrere Schadenursachen.** Beruht ein während des Transportes eingetretener Schaden auf mehreren Schadenursachen, für die der Frachtführer nach den §§ 426, 427 HGB bzw. nach Art. 17 Abs. 2 und 4 CMR nicht einzustehen hat, kann er sich auf sämtliche der tatbestandlich eingreifenden bevorrechtigten bzw. nicht bevorrechtigten Haftungsausschlusstatbestände berufen und wird im Regelfall wegen der Beweiserleichterungen auf den bevorrechtigten Haftungsausschlusstatbestand zurück greifen.

62 Die den Schaden auslösenden Schadenursachen können aber ebenso auf haftungsauslösende und haftungsausschließende Umstände zurück zu führen sein, für die der Frachtführer nach § 425 Abs. 1 HGB bzw. Art. 17 Abs. 1 CMR einzustehen hat bzw. für die er sich auf Haftungsausschlusstatbestände oder ein Mitverschulden des Absenders berufen kann.

63 Im Frachtrecht des HGB wird dies durch die in § 427 Abs. 1 S. 1 HGB enthaltende Formulierung verdeutlicht, nach welcher der bevorrechtigte Haftungsausschlusstatbestand zugunsten des Frachtführers nur eingreift, „soweit" der Güterschaden oder die Überschreitung der Lieferfrist auf die in dem Haftungsausschlusstatbestand normierte Gefahrenlage zurück zu führen ist. Auch wird über die Vorschrift des § 425 Abs. 2 HGB ein Verursachungsbeitrag des Absenders an der Schadenentstehung berücksichtigt. Im Anwendungsbereich der CMR sieht die Bestimmung des Art. 17 Abs. 5 CMR vor, dass der Frachtführer nur in dem Umfang haftet, in dem die von ihm zu vertretenden Umstände zum Schaden beigetragen haben. Die beiderseitigen Verursachungsbeiträge sind in diesem Fall gegeneinander abzuwägen, was im Ergebnis auch dazu führen kann, dass der Frachtführer gar nicht haftet.

V. Umfang der Ersatzpflicht

64 **1. Grundsätze.** Es ist ein allgemeiner Grundsatz in den Haftungsordnungen des Frachtrechts, dass die vertragliche Haftung des Frachtführers dem Umfang und der Höhe nach gesetzlichen Beschränkungen unterliegt (§§ 429–432 HGB, Art. 23–25 CMR), die auch auf die mit der Vertragshaftung konkurrierenden außervertraglichen Ersatzansprüche Anwendung finden (§ 434 Abs. 1 HGB, Art. 28 Abs. 1 CMR). Eine Berufung auf diese Haftungsbeschränkungtatbestände ist dem Frachtführer versagt, wenn der Schadeneintritt auf einem ihm zurechenbaren vorwerfbaren qualifizierten Verschulden im Sinne des § 435 HGB bzw. Art. 29 CMR beruht.

65 **2. Schadensersatz bei Verlust und Beschädigungen.** Geht das von dem Frachtführer übernommene Gut in seinem Haftungszeitraum zwischen der Übernahme zur Beförderung und der Ablieferung ganz oder teilweise verloren oder wird es beschädigt, hat der Frachtführer für den in seinem Obhutszeitraum eintretenden Güterschäden Wertersatz zu leisten. Der Frachtführer schuldet also im Gegensatz zu der bürgerlich rechtlichen Ver-

tragshaftung im Bürgerlichen Gesetzbuch keine Naturalrestitution, sondern lediglich Ersatz in Geld (§ 429 Abs. 1 HGB, Art. 23 Abs. 1 CMR), und zwar für den in seinem Obhutszeitraum eingetretenen Güterschaden, nicht aber für Güterfolge- oder reine Vermögensschäden.[25]

Im Fall des Verlustes ist der Wert des Gutes am Ort zur Zeit der Übernahme zur Beförderung, bei einer Beschädigung die an ihm eingetretene Wertminderung zu erstatten. Der Wert des Gutes am Ort und zur Zeit der Übernahme zur Beförderung bestimmt sich in beiden Haftungsordnungen im Regelfall nach dem Marktpreis, hilfsweise nach dem gemeinen Wert Güter gleicher Art und Beschaffenheit. Der in der CMR als Grundlage für die Wertberechnung benannte Börsenpreis wird nur selten herangezogen, weil die auf der Straße beförderten Güter nur in wenigen Fällen an der Börse gehandelt werden. Bei dem Marktpreis des Gutes handelt es sich um den Durchschnittspreis, der bei regelmäßigem Umsatz des Gutes im Handelsverkehr erzielt wird. Der subsidiär eingreifende gemeine Handelswert entspricht dem Preis, der für Güter außerhalb des kaufmännischen Marktes durchschnittlich gezahlt wird. Er entspricht dem allgemeinen Verkaufswert einer Ware, ohne dass auf die besonderen Verhältnisse und subjektiven Interessen des Geschädigten Rücksicht genommen wird.[26] Eine die Wertermittlung in der Praxis erleichternde Beweisvermutung enthält die Vorschrift des § 429 Abs. 3 S. 2 HGB, auf die auch bei der ergänzenden Geltung deutschen Rechts in den der CMR unterliegenden Transporten Rückgriff genommen werden kann. Nach dieser Vorschrift wird zugunsten des beweisbelasteten Anspruchstellers vermutet, dass der in der Handelsrechnung ausgewiesene Verkaufspreis abzüglich der darin enthaltener Beförderungskosten dem Marktpreis des Gutes am Ort und zur Zeit der Übernahme zur Beförderung entspricht, vorausgesetzt, das Gut ist unmittelbar vor der Übernahme zur Beförderung verkauft worden. Die Verkaufsrechnung begründet also eine widerlegliche Vermutung des Marktpreises zugunsten des Anspruchsberechtigten. Der Frachtführer kann den Gegenbeweis führen, dass der Marktpreis niedriger war. **66**

Geht bei der Ausführung der Beförderung nur ein Teil des Frachtgutes verloren, liegt also ein Teilverlust an der Sendung vor, kann Schadensersatz grundsätzlich nur für den verlorenen Teil der Sendung verlangt werden. Die Wertberechnung des in Verlust geratenen Teils der Sendung unterliegt hierbei den vorstehend dargestellten Grundsätzen. Abweichend ist die Rechtslage zu beurteilen, wenn durch den Verlust eines Teils der Sendung der verbleibende Teil eine Entwertung erfährt. In diesem Fall begründet der Teilverlust eine Beschädigung an dem verbliebenen Restgut, was die Erstattung der auch an diesem verbliebenen Teil der Sendung eingetretenen Werteinbuße rechtfertigt.[27] **67**

Bei einer Beschädigung des Gutes, ist von dem Frachtführer als Ersatzleistung der Unterschiedsbetrag zwischen dem Wert des unbeschädigten Gutes am Ort und zur Zeit der Übernahme zur Beförderung und dem Wert, den das beschädigte Gut am Ort und zur Zeit der Übernahme zur Beförderung gehabt hätte, zu erstatten (§ 429 Abs. 2 HGB, Art. 25 Abs. 1 CMR). Die Ermittlung der Wertminderung erfolgt also auf der Grundlage einer hypothetischen Berechnung, in welcher der Wert des Gutes im unbeschädigten Zustand dem Wert des beschädigten Gutes am Abgangsort gegenübergestellt wird. Der Wert des Gutes ist auch im Fall der Beschädigung vorrangig nach dem Marktpreis, hilfsweise dem gemeinen Wert des Gutes gleicher Art und Beschaffenheit zu errechnen. Als Beweiserleichterung für den Anspruchsteller stellt die Vorschrift des § 429 Abs. 2 S. 2 HGB die für den Frachtführer widerlegbare Vermutung auf, dass die zur Schadenminderung und Schadenbehebung aufzuwendenden Kosten dem Betrag der Wertminderung entsprechen. Diese Vorschrift wird gleichfalls im Anwendungsbereich der CMR für die Wertermittlung **68**

---

[25] *BGH* NJW 2007, 58.
[26] *Koller*, Transportrecht, § 429 HGB Rn. 4, 10.
[27] *Koller*, Transportrecht, § 429 HGB Rn. 19; *Heuer*, Die Haftung des Frachtführers nach dem Übereinkommen über den Beförderungsvertrag im internationalen Straßengüterverkehr (CMR), 120; OLG Hamburg TranspR 1998, 290, 292.

herangezogen, soweit auf den Frachtvertrag nach der Rom I-VO zur Lückenfüllung das Frachtrecht des HGB Anwendung findet.

69 Der nach den vorstehenden Ausführungen von dem Frachtführer zu erstattende Wertersatz für die durch Verlust oder Beschädigung entstandenen Güterschäden ist nach § 431 Abs. 1 HGB bzw. Art. 23 Abs. 3 CMR zusätzlich einer Höchsthaftungsgrenze unterworfen, mit welcher der Frachtführer vor einem Haftungsrisiko geschützt wird, das im Hinblick auf die von ihm beförderten Ladungswerte nicht mehr wirtschaftlich versicherbar wäre und außer Verhältnis zu der erzielbaren Vergütung seiner Leistung stünde. Es wird in beiden Vorschriften übereinstimmend bestimmt, dass die Haftung des Frachtführers auf die Zahlung des Gegenwertes von 8,33 Sonderziehungsrechten je Kilogramm des Rohgewichtes der Sendung beschränkt ist. Bei dem Rohgewicht der Sendung handelt es sich um das Gewicht der Sendung einschließlich Verpackung. Geht nur ein Teil der Sendung verloren oder wird beschädigt, ist der Wertberechnung das Bruttogewicht des in Verlust geratenen bzw. beschädigten Teils der Sendung zugrunde zu legen. Hat der Verlust bzw. die Beschädigung hingegen zu einer Entwertung der gesamten Sendung geführt, errechnet sich die Höchsthaftungsgrenze nach dem Gesamtgewicht der Sendung (§ 431 Abs. 2 HGB; Art. 23 Abs. 3 CMR).

70 Bei dem Sonderziehungsrecht handelt es sich um eine von dem Internationalen Weltwährungsfonds geschaffene künstliche Währungseinheit, die sich aus einem Währungskorb der wichtigsten Weltwährungen definiert. Der Wert eines Sonderziehungsrechtes wird von dem Internationalen Weltwährungsfonds auf der Grundlage der Umtauschkurse der Währungen, aus denen er sich bildet, täglich neu bestimmt und ist in die Landeswährung umzurechnen. Der Wert eines Sonderziehungsrechtes ist im Internet unter der Adresse des internationalen Währungsfonds abrufbar.[28] In Abweichung von der in der Art. 23 Abs. 3 CMR mit 8,33 Sonderziehungsrechten zwingend festgelegten Höchsthaftungsgrenze gestattet das Frachtrecht des HGB den Vertragsparteien unter den in § 449 Abs. 1 S. 1 und § 449 Abs. 2 Nr. 1 HGB genannten Voraussetzungen, die in § 431 HGB in gleicher Höhe bestimmte Höchsthaftungsgrenze durch Individualvereinbarungen und in einem Bereich von 2 bis 40 Sonderziehungsrechten auch durch Allgemeine Geschäftsbedingungen abzuändern. In Anwendung der Bestimmung des § 449 Abs. 2 Nr. 1 HGB ist in Ziffer 23 ADSp von dieser Befugnis Gebrauch gemacht worden (→ Rn. 11).

71 **3. Schadensersatz bei Lieferfristüberschreitungen.** Die Haftung für die Überschreitung der vertraglich vereinbarten oder der ihm vernünftigerweise für die Beförderung zuzubilligenden Lieferfrist begründet für den Frachtführer die Verpflichtung zur Erstattung aller unmittelbar und mittelbar verursachten Vermögensschäden, die von dem Ersatzberechtigten nachgewiesen werden. Der Höhe nach begrenzt wird die Haftung des Frachtführers für Lieferfristüberschreitungen im Frachtrecht des HGB in § 431 Abs. 3 HGB auf das dreifache und für grenzüberschreitende Transporte in der CMR in Art. 23 Abs. 5 CMR auf den einfachen Betrag der vereinbarten Fracht, wobei unerheblich ist, ob die gesamte Sendung oder nur ein Teil von der Verspätung betroffen ist. Mit dem Begriff der Fracht ist die in dem Vertragsverhältnis zwischen Absender und Frachtführer vereinbarte Vergütung für die von dem Frachtführer zu erbringende Beförderungsleistung bezeichnet.

72 **4. Ersatz sonstiger Kosten.** Die Erstattung sonstiger aus Anlass des Schadenfalles entstandener Kosten ist in § 432 S. 1 HGB und Art. 23 Abs. 4 CMR geregelt. Es wird übereinstimmend bestimmt, dass der Frachtführer im Fall des Verlustes oder der Beschädigung über den von ihm geschuldeten Wertersatz hinaus in dem nach § 429 Abs. 2 HGB bzw. Art. 23 Abs. 1, 25 Abs. 1 CMR zu beurteilenden Wertverhältnis ohne summenmäßige Begrenzung auch die Fracht, öffentliche Abgaben und sonstige aus Anlass der Beförderung entstandene Kosten zu erstatten hat. Der Vorschrift unterfallen damit die an den Frachtführer entrichtete Fracht ebenso wie die bereits durch den Transport entstandenen öffentlichen

---

[28] http://www.imf.org/external/np/fin/data/rms_five.aspx.

Abgaben. Aus dem Anwendungsbereich der Vorschrift scheiden hingegen die Kosten und Abgaben aus, die erst aus Anlass des Schadenfalles entstanden sind bzw. erhoben werden, wie beispielsweise Verlade- und Verpackungskosten, Zölle und Exportsteuern sowie die Maut. Die Kosten der Schadenfeststellung sind nach dieser Vorschrift deshalb nicht erstattungsfähig und können im Anwendungsbereich des HGB nur auf der Grundlage der Vorschrift des § 430 HGB verlangt werden, die im Fall eines Güterschadens durch Verlust oder Beschädigung Anwendung findet und in der CMR keine Entsprechung findet.

5. Haftungsdurchbrechung. a) Grundsatz. Die zugunsten des Frachtführers eingreifenden gesetzlichen bzw. kraft Parteivereinbarung geltenden Haftungsbefreiungen und -beschränkungen finden nach den Vorschriften des § 435 HGB und Art. 29 CMR keine Anwendung, wenn der Schaden auf eine Handlung oder Unterlassung zurückzuführen ist, die der Frachtführer oder eine ihm zurechenbare Hilfsperson vorsätzlich oder leichtfertig und in dem Bewusstsein, das ein Schaden mit Wahrscheinlichkeit eintreten werde, begangen hat. Dieser in § 435 HGB normierte Tatbestand über das sogenannte qualifizierte Verschulden des Frachtführers findet über die Bestimmung des Art. 29 CMR auch auf die der CMR unterliegenden grenzüberschreitenden Straßengüterbeförderungen Anwendung, weil in Art. 29 CMR auf die Formulierung eines eigenständigen Tatbestandes verzichtet und stattdessen auf das am Ort des angerufenen Gerichts geltende Recht verwiesen wurde. 73

Im Landfrachtrecht des HGB entfällt mit der Annahme eines qualifizierten Verschuldens für den Frachtführer die Möglichkeit, sich auf die im ersten Unterabschnitt zum Frachtgeschäft enthaltenen haftungsbefreienden und haftungsbeschränkenden Tatbestände der §§ 426, 427 HGB und §§ 429 bis 432 HGB zu berufen. Im Fall einer Lieferfristüberschreitung ist eine Berufung auf die in § 438 Abs. 3 HGB enthaltene Anspruchspräklusion ausgeschlossen. Konkurrierende vertragliche bzw. deliktische Schadensersatzansprüche gegen den Frachtführer können ohne Anwendung der Haftungsbegrenzungen der §§ 433 und 434 HGB gegen den Frachtführer erhoben werden. 74

Im Anwendungsbereich der CMR bestimmt die Vorschrift des Art. 29 CMR bei Vorliegen eines qualifizierten Verschuldens den Wegfall der im Vierten Kapitel über die Haftung des Frachtführers enthaltenen Haftungsausschluss- und Haftungsbeschränkungtatbestände, also der Art. 17 Abs. 2, 4 CMR und der Art. 23, 25 CMR, sowie der weiteren haftungsbeschränkenden Vorschriften der Art. 24 bis 28 CMR, womit der Geschädigte seinen Schadensersatz auf der Grundlage der auf den Frachtvertrag subsidiär anwendbaren nationalen Bestimmungen zu berechnen hat. Macht er hiervon keinen Gebrauch und verlangt Wertersatz nach Maßgabe der Wertersatzvorschriften der CMR bleibt das Haftungssystem der CMR vollständig, also einschließlich der summenmäßigen Haftungsgrenze des Art. 23 Abs. 3 CMR, anwendbar.[29] In Abweichung zum Frachtrecht des HGB wird zudem in der CMR für den Fall der Verspätungshaftung bestimmt, dass der in Art. 30 Abs. 3 CMR außerhalb des Vierten Kapitels normierte Anspruchsverlust auch bei Vorliegen eines qualifizierten Verschuldens anwendbar bleibt. 75

In beiden Haftungsordnungen verlängert sich mit der Annahme eines qualifizierten Verschuldens die nach § 439 Abs. 1 S. 1 HGB bzw. Art 32 Abs. 1 S. 1 CMR geltende einjährige Regelverjährung auf drei Jahre. 76

Bei der Prüfung der tatbestandlichen Voraussetzungen des Haftungsdurchbrechungstatbestandes bereitet die Beurteilung eines vorsätzlichen Pflichtenverstoßes durch den Frachtführer nach den Kriterien des deutschen Zivilrechtes keine Probleme, während der in § 435 HGB normierte Begriff Leichtfertigkeit im deutschen Zivilrecht als Verschuldensmaßstab keine Entsprechung findet und von dem Gesetzgeber in Anlehnung an internationale Haftungsübereinkommen im Luft- und Seerecht in das Frachtrecht im Handelsgesetzbuch aufgenommen wurde. In Anknüpfung an die zu diesen Haftungsübereinkommen bereits ergangene Rechtsprechung nimmt der Bundesgerichtshof in ständiger Rechtsprechung an, dass ein leichtfertiges Verhalten einen besonders schweren Pflichtenverstoß verlangt, bei 77

---

[29] *BGH* TranspR 2010, 437 f.

dem sich der Frachtführer oder seine Leute in einer besonders krassen Weise über die Sicherheitsinteressen seines Vertragspartners hinweg gesetzt haben. Das zusätzlich erforderliche subjektive Bewusstsein von der Wahrscheinlichkeit des Schadeneintritts wird als eine sich dem Handelnden aus seinem leichtfertigen Verhalten aufdrängende Erkenntnis verstanden, es werde wahrscheinlich ein Schaden eintreten. Dabei reicht die Erfüllung des Tatbestandsmerkmals der Leichtfertigkeit für sich allein nicht aus, um auf das Bewusstsein von der Wahrscheinlichkeit des Schadeneintritts schließen zu können. Eine solche Erkenntnis als innere Tatsache ist nach der Rechtsprechung erst dann anzunehmen, wenn das leichtfertige Verhalten nach seinem Inhalt und nach den Umständen, unter denen es aufgetreten ist, diese Folgerung rechtfertigt.[30]

78 **b) Grobes Organisationsverschulden.** Mit dem Begriff des groben Organisationsverschuldens werden typische Fallgruppen eines qualifizierten Verschuldens angesprochen, die bei Ausführung eines Frachtvertrages nach der Rechtsprechung den Vorwurf eines qualifizierten Verschuldens begründen und eine Anwendung der Haftungsdurchbrechungsvorschrift zur Folge haben. Die dem Frachtführer zur Last gelegten betrieblichen Organisationsmängel können hierbei vielfältiger Natur sein. Generell kann festgestellt werden, dass ein Frachtführer bei der Beförderung von Gütern, die wegen ihres Wertes und ihrer Verwertbarkeit einer besonderen Diebstahlsgefahr ausgesetzt sind, vor Fahrtantritt die mit der Güterbeförderung verbundenen Risiken zu beurteilen und Sicherheitsvorkehrungen zu organisieren hat, die zuverlässig ineinandergreifen, verlässlich funktionieren und eine in sich geschlossene Sicherheitsplanung darstellen.[31] Er hat hierzu die Fahrtroute unter Beachtung der gesetzlich vorgeschriebenen Lenk- und Ruhezeiten des Fahrers zu planen und bei einer Beförderung des Gutes durch oder in Regionen mit einer besonderen Diebstahlsgefahr sicherzustellen, dass der Fahrer nach Möglichkeit die Ruhepausen nur auf bewachten oder gesicherten Parkplätzen einlegt. Er hat hierbei auch zu prüfen, ob anstelle der Verwendung eines Planenfahrzeuges die Beförderung der Güter in einem Kofferfahrzeug geboten ist.[32] Wird die Beförderung des Gutes nicht allein durch den beauftragten Frachtführer im Wege des Direkttransportes abgewickelt, sondern veranlasst der beauftragte Frachtführer die Beförderung zum Bestimmungsort über ein oder mehrere Umschlagslager unter Einschaltung von Subunternehmern, hat der Frachtführer auch für die ordnungsgemäße Organisation des Umschlagslagers und seiner Subunternehmer einzustehen. Eine hinreichende Organisation des Umschlagslagers setzt voraus, dass auf dem Lager eine Ein- und Ausgangskontrolle vorgehalten wird,[33] betriebsfremden Dritten der Zutritt auf das Lager verwehrt wird und bei Feststellung von Verlusten zeitnah Recherchen und Suchmeldungen veranlasst werden.[34] Die Betriebsgelände, auf denen Güter im Zusammenhang mit der Beförderung zwischengelagert werden, sind durch eine Umzäunung, eine Alarmanlage und Bewachung zu schützen.[35] Besonders diebstahlsgefährdete Sendungen sind bei einem Umschlag über das Lager in Wertverschlägen zwischenzulagern. Hat der Frachtführer den Auftrag erhalten, das Gut ohne Umladung direkt zum Bestimmungsort zu befördern und missachtet er diese Anweisung, kann dieser Weisungsverstoß ein qualifiziertes Verschulden begründen, wenn der Schaden auf dem Weisungsverstoß beruht.[36] Ebenso liegt ein die Annahme eines qualifizierten Verschuldens rechtfertigender Weisungsverstoß vor, wenn anstelle eines vertraglich zugesagten deutschen Fahrers ein ausländischer Fahrer eingesetzt wird, wobei es dem in

---

[30] *BGH* TranspR 2004, 309 f.; *BGH* TranspR 2004, S. 399 f.; *BGH* TranspR 2006, 161; *BGH* TranspR 2007, 423 f.
[31] *OLG München* TranspR 2002, 161, 162 f.
[32] *BGH* TranspR 2007, 423 f.; *BGH* TranspR 1998, 25, 27; *BGH* TranspR 1998, 454, 456; *BGH* TranspR 2011, S. 78 f.
[33] *BGH* TranspR 2004, 309, 311; *BGH* TranspR 2003, S. 255, 257.
[34] *BGH* TranspR 1996, 303, S. 304; *OLG Köln* TranspR 1996, S. 26; *OLG Düsseldorf* TranspR 2002, 33, 35; *BGH* Urt. v. 19.7.2012 – I ZR 104/11.
[35] *OLG Frankfurt a. M.* TranspR 2006, 297, 298.
[36] *OLG Köln* TranspR 2002, 239, 241.

Anspruch genommenen Frachtführer obliegt, Anhaltspunkte vorzutragen, die gegen die Kausalität des Sorgfaltsverstoßes für den Schadenfall sprechen.[37]

In einem engen sachlichen Zusammenhang mit der Rechtsprechung zum groben Organisationsverschulden und der Beweislastverteilung bei der Anwendung des Tatbestandes steht die Rechtsprechung zur sogenannten Darlegungs- und Einlassungsobliegenheit des Frachtführers. Da der Anspruchsteller das qualifizierte Verschulden des Frachtführers als Ausnahme zu dessen gesetzlich bzw. vertraglich beschränkter Haftung zu beweisen hat und ihm diese Beweisführung im Regelfall schwer fällt, weil ihm der Einblick in der Sphäre des Frachtführers und die Umstände des Schadenherganges nicht möglich ist, wird in ständiger Rechtsprechung anerkannt, dass der Frachtführer wegen des unterschiedlichen Informationsstandes der Vertragsparteien nach Treu und Glauben gehalten ist, das Informationsdefizit des Anspruchstellers über den Schadenhergang durch einen detaillierten Sachvortrag zu dem Beförderungsablauf und der betrieblichen Organisation auszugleichen.[38] Der Frachtführer hat im Rahmen einer sekundären Darlegungslast substantiiert darzulegen, welche Sorgfalt er aufgewandt hat und in den Fällen des Sendungsverlustes den Schadenhergang in sachlicher, räumlicher und persönlicher Hinsicht einzugrenzen und die beteiligten Personen zu benennen.[39] Er hat die eingerichteten Kontrollen so detailliert darzulegen, dass für den Ersatzberechtigten und das Gericht erkennbar wird, wie die einzelnen Maßnahmen in der Praxis geordnet, überschaubar und zuverlässig ineinandergreifen und welche Maßnahmen getroffen worden sind, um sicherzustellen, dass die theoretisch vorgesehenen Organisationsmaßnahmen auch praktisch durchgeführt werden.[40] Kommt er dieser Darlegungslast nicht nach, kann nach den Umständen des Einzelfalls der Schluss auf ein qualifiziertes Verschulden gerechtfertigt sein und die Kausalität des groben Organisationsmangels für den Schaden angenommen werden.[41] Hat der Frachtführer seiner Einlassungsobliegenheit genügt, muss der Anspruchsteller seinerseits die Voraussetzungen für eine unbeschränkte Haftung des Frachtführers darlegen und beweisen.[42]

Diese primär für die Fälle des Sendungsverlustes geltenden Grundsätze, die auch im Fall eines Teilverlustes gelten[43], finden nur eingeschränkt auf die Fälle der Beschädigung einer Sendung Anwendung.[44] Die Rechtsprechung verlangt, dass der Geschädigte im Fall einer Beschädigung des Gutes Anhaltspunkte vorträgt, die darauf schließen lassen, dass der Schaden auf ein qualifiziertes Verschulden zurückzuführen ist und erkennt diese Anhaltspunkte unter anderem in Art und Ausmaß der eingetretenen Beschädigung. Da nur der beklagte Frachtführer Angaben zu den näheren Umständen der Schadenentstehung machen kann, hat er sich auf diesen Vortrag einzulassen und mitzuteilen, welche Kenntnisse er über den konkreten Schadenverlauf hat und welche Schadenursachen er ermitteln konnte. Ihn trifft mithin eine Recherchepflicht. Kann er trotz angemessener Nachforschungen keine Angaben zur Schadenentstehung machen, kann daraus nicht die Vermutung für das Vorliegen der Voraussetzungen eines qualifizieren Verschuldens hergeleitet werden. Es gelten insoweit nicht die Grundsätze wie bei einem Verlust des Gutes, bei dem die mangelnde Aufklärung des Ersatzberechtigten im Allgemeinen auf dem Fehlen von Schnittstellenkontrollen beruht, weil der Eintritt des Schadens und der Schadensbereich nicht (mehr) in sachlicher, räumlicher und personeller Hinsicht eingegrenzt werden können.[45] Beruht die Beschädigung der Sendung auf einem Transportmittelunfalls ist gefestigte Rechtsprechung, dass die

---

[37] BGH TranspR 2005, 311, 313; vgl. auch OLG Nürnberg Urt. v. 4.2.2009 – 12 U 1445/08.
[38] BGH TranspR 2009, 134, 136 f.
[39] OLG München TranspR 1998, 473; BGH TranspR 2006, 390, 393, BGH TranspR 2009, 134, 136.
[40] OLG Stuttgart TranspR 2002, 200, 201.
[41] BGH TranspR 2008, 117 f.
[42] BGH TranspR 2010, 78 f.
[43] BGH TranspR 2012, 463.
[44] BGH TranspR 2002, 302 f.; BGH TranspR 2004, 175 f.
[45] BGH TranspR 2006, 390, 393.

Herbeiführung eines Verkehrsunfalls nicht per se als leichtfertig zu beurteilen ist und es besonderer Anhaltspunkte bedarf, um ein leichtfertiges Verhalten anzunehmen.[46]

81   c) **Mitverschulden.** Die im Fall eines qualifizierten Verschuldens unbeschränkte Haftung des Frachtführers kann im Frachtrecht des HGB und der CMR durch ein nach § 254 BGB bzw. § 425 Abs. 2 HGB zu berücksichtigendes Mitverschulden des Absenders an der Schadenentstehung gemindert sein. Dem steht nicht entgegen, dass der Einwand des Mitverschuldens in den frachtrechtlichen Haftungsordnungen auch als Haftungsbegrenzung verstanden werden kann.[47] Mit dem Einwand des Mitverschuldens wird das mitwirkende Verhalten des Ersatzberechtigten an der Schadenentstehung bei der Beurteilung der Haftung des Frachtführers berücksichtigt, wobei diese Abwägung nicht schematisch erfolgen darf, sondern alle Umstände des Einzelfalles zu berücksichtigen sind.[48] Ein Mitverschulden des Absenders wird von der Rechtsprechung erkannt, wenn der Absender dem Frachtführer Gut zur Beförderung übergibt, das der Frachtführer nach seinen Allgemeinen Geschäftsbedingungen gar nicht oder nur bis zu einem bestimmten Wert befördern will.[49] Hat der Absender von dieser Bestimmung in den Allgemeinen Geschäftsbedingungen Kenntnis oder beruht seine fehlende Kenntnis auf einfacher Fahrlässigkeit, wird sein Anspruch gegenüber dem Frachtführer gekürzt. Im Fall einer positiven Kenntnis des Absenders kann dies auch einen vollständigen Anspruchsausschluss zur Folge haben[50], wobei zu berücksichtigen ist, in welchem Umfang der Wert des Gutes über dem Beförderungsausschlussbetrag liegt.[51] Ein Mitverschulden des Absenders kommt auch in Betracht, wenn er von der ihm in den Allgemeinen Geschäftsbedingungen des Frachtführers angebotenen Möglichkeit, eine Wertdeklaration vorzunehmen, keinen Gebrauch macht. Nach der Rechtsprechung setzt sich der Absender durch den Verzicht auf die Wertdeklaration einem erhöhten Verlustrisiko aus, was eine Anspruchskürzung nach § 425 Abs. 2 HGB bzw. § 254 Abs. 1 BGB rechtfertigt, wenn der Absender durch die Allgemeinen Geschäftsbedingungen des Frachtführers weiß oder wissen muss, dass der Frachtführer die Sendung bei Kenntnis des Wertes mit größerer Sorgfalt behandelt hätte. Voraussetzung für die Annahme eines Mitverschuldens ist, dass der Frachtführer bei einer Wertangabe weitergehende Schutzmaßnahmen ergriffen hätte. Auch muss der Hinweis auf den Wert des Transportgutes so rechtzeitig erteilt werden, dass der Frachtführer im normalen Geschäftslauf eine Entscheidung darüber treffen kann, ob er den Frachtvertrag überhaupt ausführen will, und dass er – falls er sich für die Ausführung entscheidet – die notwendigen Sicherheitsmaßnahmen ergreifen kann.[52] Die Höhe des Mitverschuldenseinwandes beurteilt sich nach dem Umfang der Kontrollen, die bei einer Wertdeklaration vorgenommen worden wären und nach dem Wert der Sendung.[53]

82   Die Rechtsprechung erkennt für den Absender darüber hinaus auch die allgemeine Verpflichtung, den Frachtführer auf die Gefahr eines ungewöhnlich hohen Schadens aufmerksam zu machen, um diesem die Möglichkeit zu geben, geeignete Maßnahmen zur Verhinderung eines Schadeneintritts zu ergreifen und erkennt ein Mitverschulden des Absenders nach § 254 Abs. 2 S. 1 BGB, wenn ein solcher Hinweis nicht erfolgt. Wann ein ungewöhnlich hoher Schaden droht, ist unter Berücksichtigung der konkreten Umstände des Einzelfalls zu beurteilen. Im Regelfall ist ein ungewöhnlich hoher Schaden nach der Rechtsprechung anzunehmen, wenn der zehnfache Betrag der vertraglichen bzw. gesetzlichen Haftungsgrenze überschritten ist.[54] Erforderlich ist nicht die Feststellung, dass der Frachtfü-

---

[46] *BGH* TranspR 2007, 361 f.; *OLG Karlsruhe* TranspR 1995, 439; 440; *OLG München* TranspR 2000, 412, 413.
[47] *BGH* TranspR 2008, 117, 121.
[48] *BGH* TranspR 2008, 362.
[49] *BGH* TranspR 2008, 397 f.
[50] *BGH* TranspR 2006, 448, 451.
[51] *BGH* NJW RR 2008, 347 f.
[52] *BGH* TranspR 2012, 463 f.
[53] *BGH* TranspR 2006, 166, 167.
[54] *BGH* TranspR 2010, 189.

rer Wertsendungen generell sicherer befördert. Die Kausalität des Mitverschuldeneinwands ist aber zu verneinen, wenn der Frachtführer trotz eines Hinweises auf den ungewöhnlichen Wert des Gutes keine besonderen Sicherheitsvorkehrungen getroffen hätte.[55] Die Rechtsprechung hat schließlich die Annahme eines Mitverschuldens nach § 254 Abs. 1 BGB auch dann für gerechtfertigt erachtet, wenn ein Absender einen Frachtführer mit der Transportdurchführung beauftragt, obwohl er weiß oder wissen muss, dass es in dessen Gewahrsam aufgrund von groben betrieblichen Organisationsmängeln wiederholt zu Verlusten gekommen ist. Der konkrete Sachverhalt muss für den Absender Anlass für die Annahme geben, der Frachtführer werde durch die ihm übertragenen Arbeiten überfordert, weil er die erforderliche Ausstattung bzw. fachliche Kompetenz nicht besitzt.[56]

6. Abweichende Vereinbarungen. Während im Bereich des nationalen Straßengüterrechts von den Haftungsbestimmungen im Frachtrecht des HGB durch Parteivereinbarung abgewichen werden kann, sind für die der CMR unterliegenden grenzüberschreitenden Transporte nach Art 41 CMR Vereinbarungen zwischen den Parteien, durch die unmittelbar oder auch nur mittelbar von den gesetzlichen Bestimmungen abgewichen wird, nichtig. 83

a) HGB. Im Frachtrecht des HGB gibt die Vorschrift des § 449 HGB vor, in welchem Umfang und in welcher Art und Weise die Parteien des Frachtvertrages abweichende Vereinbarungen über die Haftung treffen können. In § 449 Abs. 1 S. 1 HGB wird bestimmt, dass von den dort genannten gesetzlichen Haftungsbestimmungen abgewichen werden kann, soweit die Parteien die Vereinbarung aushandeln, was eine Verhandlungsbereitschaft auf beiden Seiten erfordert.[57] Die Höhe der von dem Frachtführer wegen eines Verlustes oder einer Beschädigung zu leistenden Entschädigung kann nach der Vorschrift des § 449 Abs. 2 Nr. 1 HGB auch in einem Haftungsrahmen von zwei bis vierzig Sonderziehungsrechten durch Allgemeine Geschäftsbedingungen auf einen anderen als den in § 431 Abs. 1 HGB vorgesehenen Betrag festgelegt werden, wenn der Verwender der vorformulierten Vertragsbedingungen seinen Vertragspartner in geeigneter Weise auf die Haftungsänderung hinweist. Dieser Hinweis setzt die Vorlage der die Haftung beschränkenden Klausel bei Vertragsschluss oder deren positive Kenntnis bei dem Vertragspartner voraus.[58] Nach der Vorschrift des § 449 Abs. 2 Nr. 2 HGB ist zudem die Vereinbarung eines für den Verwender der Allgemeinen Geschäftsbedingungen ungünstigeren als des in § 431 Abs. 1 HGB vorgesehenen Höchsthaftungsbetrages zulässig. 84

b) CMR. Eine einvernehmliche Abänderung der gesetzlichen Haftungsbestimmungen in der CMR durch die Vertragsparteien des Frachtvertrages ist wegen des zwingenden Charakters der Vorschriften unwirksam. Dem Absender wird aber mit der Vorschrift des Art. 24 CMR die Möglichkeit eröffnet, gegen Zahlung eines mit dem Frachtführer zu vereinbarenden Zuschlages zur Fracht in dem Frachtbrief einen Wert des Gutes zu deklarieren, der den in Art. 23 Abs. 3 CMR gesetzlich normierten Höchsthaftungsbetrag übersteigt. Mit der Wertdeklaration tritt der mit dem Frachtführer zu vereinbarende Betrag an die Stelle des gesetzlichen Höchsthaftungsbetrages. Der Absender kann zudem nach Art. 26 CMR gegen Zahlung eines zu vereinbarenden Frachtzuschlages für den Fall des Verlustes oder der Beschädigung sowie den Fall der Überschreitung der Lieferfrist durch Eintragung in den Frachtbrief den Betrag eines besonderen Interesses an der Lieferung festlegen. Mit einer solchen Interessendeklaration wird für den Absender im Schadenfall die Haftungsbeschränkung auf Wertersatz für Güterschäden aufgehoben und ein Anspruch auf Ersatz des nachgewiesenen Schadens bis zur Höhe des deklarierten Betrages begründet. 85

7. Sonstige Haftungstatbestände. Das Frachtrecht des HGB sowie der CMR enthalten neben den zentralen Haftungstatbeständen der Obhuts- und Verspätungshaftung weitere Haftungstatbestände, mit denen die Verletzung von Nebenpflichten sanktioniert wird. Zu 86

---

[55] *BGH* TranspR 2007, 421, 422; *BGH* TranspR 2008; 113, 117; *BGH* TranspR 2006, 208, 209.
[56] *BGH* TranspR 2006, 250, 252.
[57] *Koller*, Transportrecht, § 449 HGB Rn. 44.
[58] *OLG Hamburg* TranspR 2003, 72, 73; *BGH* TranspR 2003, 119, 120.

nennen ist die Haftung für den Schaden, der durch Verlust oder Beschädigung der dem Frachtführer übergebenen Urkunden oder durch deren unrichtige Verwendung verursacht worden ist (§ 413 Abs. 3 HGB, Art. 11 Abs. 3 CMR), die Haftung für die Nichteinziehung der Nachnahme (§ 422 Abs. 3 HGB, Art. 21 CMR), die fehlerhafte Weisungsausführung (§ 418 Abs. 6, Art. 12 Abs. 7 CMR), die Ablieferung und Weisungsbefolgung ohne Ladeschein (§ 446 Abs. 2 HGB) sowie die Haftung, die sich infolge des Fehlens der nach Art. 6 Abs. 1 lit. k CMR vorgeschriebenen Unterwerfungserklärung im Frachtbrief ergibt (Art. 7 Abs. 3 CMR).

VI. Haftung für Dritte

87   Nach den Vorschriften des § 428 HGB und des Art. 3 CMR hat sich der Frachtführer im Rahmen der Güterschaden- und Verspätungshaftung sowie den Sonderhaftungstatbeständen die Handlungen und Unterlassungen des eigenen Personals sowie der von ihm für die Ausführung der Beförderung herangezogenen Personen zurechnen zu lassen, ohne dass es auf ein schuldhaftes Verhalten dieser Hilfspersonen selbst ankommt.

88   Mit den in § 428 S. 1 HGB genannten Leuten bzw. Art. 3 CMR bezeichneten Bediensteten sind die betriebszugehörigen Hilfskräfte des Frachtführers gemeint, die seinen Weisungen unterworfen sind, ohne hierfür zwingend in einem Arbeitsverhältnis zu dem Frachtführer stehen zu müssen. Zu dem Kreis der anderen Personen im Sinne des § 428 S. 2 HGB bzw. Art. 3 CMR zählen die von dem Frachtführer zur Ausführung des Auftrages beauftragten selbständigen Subunternehmer, wie beispielsweise der zur Ausführung der Beförderung beauftragte Unterfrachtführer.

89   Der Frachtführer muss sich das Fehlverhalten seiner Hilfsperson zurechnen lassen, wenn diese in Ausübung der ihr übertragenen Verrichtung gehandelt hat. Dieser erforderliche innere Zusammenhang zwischen der übertragenen Verrichtung und der schädigenden Handlung liegt vor, wenn die Zuweisung des Aufgabenbereiches an die Hilfsperson das Risiko der schädigenden Handlung erheblich gesteigert hat und der Frachtführer mit dem Fehlverhalten im Zusammenhang mit der Ausübung der Verrichtung rechnen konnte, weshalb die durch Gehilfen des Frachtführers begangene Diebstähle im Regelfall dem Frachtführer zuzurechnen sind.[59]

VII. Geltendmachung und Durchsetzung von Schadensersatzansprüchen

90   **1. Ersatzberechtigter und Ersatzverpflichteter.** Als Vertragspartner des Frachtführers stehen dem Absender bei einer Vertragsstörung Ersatzansprüche gegenüber dem von ihm beauftragten Frachtführer zu. Unter den in § 421 Abs. 1 S. 2 HGB und Art. 13 Abs. 1 S. 2 CMR genannten Voraussetzungen kann auch der Empfänger gegenüber dem Frachtführer diese vertraglichen Ersatzansprüche geltend machen. Haben der Absender oder Empfänger keinen eigenen Schaden erlitten, können sie über das Rechtsinstitut der Drittschadensliquidation den bei einem Dritten eingetretenen Schaden liquidieren.[60]

91   Als zusätzlichen Schuldner für ihren Schadensersatzanspruch können Absender und Empfänger bei Beförderungen, die dem Frachtrecht des HGB unterliegen, nach § 437 HGB auch den ausführenden Frachtführer für den durch Verlust, Beschädigung oder die Überschreitung der Lieferfrist während der durch ihn ausgeführten Beförderung entstandenen Schaden in Anspruch nehmen. Der ausführende Frachtführer haftet nach Maßgabe des Hauptfrachtvertrages für den Güter- und Verspätungsschäden gegenüber dem ersatzberechtigten Absender bzw. Empfänger. Gemäß § 437 Abs. 3 HGB haften der vertragliche und der ausführende Frachtführer als Gesamtschuldner.

---

[59] *Koller*, Transportrecht, § 428 HGB Rn. 9; *Herber/Piper*, Art. 3 CMR Rn. 11; *OLG Hamburg* TranspR 1997, 100, 101; *OLG Köln* TranspR 2007, 469.
[60] *BGH* TranspR 2006, 308.

Eine vergleichbare Vorschrift existiert in der CMR nicht. Der Ersatzberechtigte kann **92** grundsätzlich nur unter den einschränkenden Voraussetzungen der Art. 34 f. CMR seinen Anspruch gegenüber dem Frachtführer geltend machen, in dessen Gewahrsam es zu dem Schaden gekommen ist, wenn dieser als aufeinanderfolgender Frachtführer im Sinne dieser Vorschriften das Gut nebst Frachtbrief von dem Hauptfrachtführer zur Beförderung übernommen hat. Allerdings hat der Bundesgerichtshof mit Urteil vom 14.6.2007[61] unter Aufgabe seiner vormaligen Rechtsprechung dem Empfänger die Befugnis eingeräumt, seinen aus Art. 13 Abs. 1 S. 2 CMR resultierenden Schadensersatzanspruch unmittelbar gegenüber dem Unterfrachtführer geltend zu machen.

2. Schadenanzeige. Die Haftungsordnungen des Frachtrechts im HGB und der CMR **93** enthalten mit den Bestimmungen der § 438 HGB und Art. 30 CMR Vorschriften, nach denen der Absender bzw. Empfänger einen Schaden, der durch den Verlust, die Verspätung oder die Überschreitung der Lieferfrist eingetreten ist, dem Frachtführer anzuzeigen hat, um einen späteren Rechtsverlust bei der Erhebung von Ersatzansprüchen zu vermeiden.

Die bei der Ablieferung äußerlich erkennbaren Verluste und Beschädigungen sind nach **94** § 438 Abs. 1, Art. 30 Abs. 1 CMR durch eine inhaltlich hinreichend aussagekräftige Schadenanzeige bei der Ablieferung des Gutes dem Haupt- oder Unterfrachtführer anzuzeigen, ohne dass es hierfür einer besonderen Form bedarf. Äußerlich nicht erkennbare Güterschäden sind in einer Frist von einer Woche nach der Ablieferung anzuzeigen, wobei die Einhaltung der Textform (§ 126b BGB) ausreichend ist. Wird die Frist zur Schadenanzeige nicht gewahrt, wird widerleglich vermutet, dass der Frachtführer das Gut vollständig und äußerlich unbeschädigt abgeliefert hat. Ansprüche wegen der Überschreitung der Lieferfrist erlöschen hingegen nach § 438 Abs. 3 HGB bzw. Art. 30 Abs. 3 CMR ersatzlos, wenn dem Frachtführer die Überschreitung der Lieferfrist nicht innerhalb eines Zeitraumes von einundzwanzig Tagen nach der Ablieferung angezeigt wird. Die Lieferfristüberschreitungen sind nach § 438 Abs. 3 HGB von dem Empfänger und nach Art. 30 Abs. 3 CMR vom Absender oder Empfänger anzuzeigen, und zwar bei Ablieferung gegenüber dem Haupt- oder Unterfrachtführer und nach Ablieferung gegenüber dem Hauptfrachtführer.

3. Verjährung. Alle Ansprüche aus einer Beförderung unterliegen im Frachtrecht des **95** HGB und der CMR einer Regelverjährung von einem Jahr (§ 439 Abs. 1 S. 1 HGB, Art. 32 Abs. 1 S. 1 CMR). Diese Regelverjährung verlängert sich im Fall eines qualifizierten Verschuldens auf drei Jahre (§ 439 Abs. 1 S. 2 HGB, Art. 32 Abs. 1 S. 2 CMR). Die Verjährung gilt für alle aus einer Beförderung resultierenden Ansprüche, also auch solche aus konkurrierendem Vertrags- und Deliktsrecht und findet auf Ansprüche des Absenders und des Frachtführers Anwendung. Erfasst sind von einer Verlängerung der Verjährungsfrist nach § 439 Abs. 1 S. 2 HGB auch Primärleistungsansprüche und vertragliche Aufwendungsersatzansprüche.[62] Unterschiedlich ist in den Haftungsordnungen der Verjährungsbeginn geregelt. Im Frachtrecht des HGB beginnt die Verjährung mit dem Tag der Ablieferung oder dem Tag, an dem das Gut hätte abgeliefert werden müssen, zu laufen (§ 439 Abs. 2 S. 1 und 2 HGB). Bei Rückgriffsansprüchen des Hauptfrachtführers gegen den Unterfrachtführer beginnt die Verjährungsfrist mit dem Eintritt der Rechtskraft eines gegen den Hauptfrachtführers ergangenen Urteils zu laufen oder, wenn kein Urteil vorliegt, mit dem Tag, an dem der Hauptfrachtführer den Anspruch befriedigt hat, vorausgesetzt, er hat den Unterfrachtführer als Rückgriffsschuldner innerhalb von drei Monaten, nachdem er Kenntnis von dem Schaden und der Person des Unterfrachtführers erlangt hat, über den Schaden unterrichtet (§ 439 Abs. 2 S. 3 HGB). In der CMR wird für die grenzüberschreitenden Transporte für den Verjährungsbeginn zwischen der Art und Umfang des Schadens sowie dem geltend gemachten Anspruchsgrund differenziert (Art. 32 Abs. 1 S. 3 lit. a–c CMR).

In beiden Haftungsordnungen ist bestimmt, dass die Verjährung durch eine Erklärung **96** des Ersatzberechtigten (Haftbarhaltung), mit welcher dieser Ersatzansprüche gegenüber dem

---

[61] *BGH* TranspR 2007, 425.
[62] *BGH* TranspR 2010, 225 f.

Frachtführer angemeldet hat, bis zu dem Zeitpunkt gehemmt wird, zu dem dieser die Ersatzansprüche zurückweist. Die Erklärung kann nach § 439 Abs. 3 S. 2 HGB für die dem Frachtrecht des HGB unterliegenden Transporte in Textform (§ 126b BGB) erfolgen, so dass in Übereinstimmung mit der Auslegung der in Art. 32 Abs. 2 S. 1 CMR enthaltenen Formulierung eine Haftbarhaltung des Frachtführers per E-Mail oder Telefax ausreichend ist.[63] Eine Hemmung eines Ersatzanspruchs kann ergänzend in beiden Haftungsordnungen nach den allgemeinen zivilrechtlichen Vorschriften der §§ 203–211 BGB hergestellt werden.[64]

97 **4. Gerichtsstand.** Für Rechtsstreitigkeiten, die sich auf eine den Vorschriften des HGB unterliegende Beförderung beziehen, enthält die Vorschrift des § 30 ZPO mit dem Ort der tatsächlichen Übernahme und dem Ort, an dem das Gut nach den zwischen den Parteien getroffenen vertraglichen Vereinbarungen abzuliefern war, zwei zusätzliche Gerichtsstände. Eine Klage gegen den ausführenden Frachtführer kann auch an dem Gerichtsstand des Hauptfrachtführers erhoben werden (§ 30 Abs. 1 S. 2 ZPO).

98 Die internationale Zuständigkeit eines Gerichts für die Streitigkeiten, die sich aus einer dem CMR Übereinkommen unterliegende Beförderung ergeben, liegt nach Art. 31 CMR bei den Gerichten, auf dessen Gebiet der beklagten Frachtführer seinen allgemeinen Aufenthalt, seine Hauptniederlassung oder die Zweigniederlassung hat, durch deren Vermittlung der Beförderungsvertrag geschlossen wurde (Art. 31 Abs. 1 lit. a CMR) oder an dem das Gut zur Beförderung übernommen oder abgeliefert worden ist (Art. 31 Abs. 1 lit. b CMR). Die internationale Zuständigkeit weiterer Gerichte in anderen Vertragsstaaten kann zwischen den Parteien vereinbart werden (Art. 31 Abs. 1 S. 1 CMR). In Ergänzung zu den allgemeinen Gerichtsständen in der ZPO bestimmt die nicht der CMR zugehörige Vorschrift des Art. 1a des Vertragsgesetzes zur CMR eine örtliche Zuständigkeit der Gerichte am Übernahme- und Ablieferungsort.

---

[63] Anders vor Inkrafttreten des Seerechtsreformgesetzes: vgl. *BGH* TranspR 2013, 156; *OLG München* TranspR 2008, 321 f.
[64] *BGH* TranspR 2009, 24 f.

Abschnitt 17. Eisenbahntransport

Übersicht

	Rn.
A. Eisenbahn und Exportwirtschaft	1
B. Ordnungsrahmen	4
I. Liberalisierung	6
II. Heutige Abwicklung des Eisenbahnverkehrs	9
III. Systembedingte Besonderheiten des Eisenbahnverkehrs	14
C. Transportrechtliche Grundlagen, anwendbares Recht	17
I. HGB und COTIF/CIM	17
II. Anwendbares Recht	19
1. Eisenbahntransport innerhalb Deutschlands	20
2. Innerdeutscher Eisenbahntransport als Teil eines Multimodaltransports	22
3. Grenzüberschreitender Eisenbahntransport	23
4. Fixkostenspediteur als Multimodalfrachtführer	27
5. CIM/SMGS-Verkehr	29
D. Schwerpunkte des internationalen Eisenbahntransportrechts	32
I. Verbindlichkeit der CIM	33
II. Frachtbrief und Beförderungsdokumente	36
1. Einheitlicher CIM-Frachtbrief	36
2. Beweiskraft des Frachtbriefs	39
3. Sonstige Begleitpapiere	41
III. Verteilung einzelner Aufgaben	42
1. Verpacken des Gutes	42
2. Verladen und Entladen des Gutes	43
IV. Zahlung der Kosten	44
V. Lieferfristen	46
VI. Nachträgliche Verfügungen	48
VII. Ablieferung des Gutes	50
VIII. Beförderungs- und Ablieferungshindernisse	53
IX. Haftung im internationalen Eisenbahnverkehr	55
1. Haftungsbegründung	56
a) Haftungstatbestände	56
b) Haftungsmaßstab	58
2. Haftungsbefreiungen	59
a) Allgemeine Haftungsbefreiungsgründe	60
b) Bevorrechtigte Haftungsbefreiungsgründe	61
3. Haftungsumfang	65
4. Wegfall der Haftungsbeschränkung	66
5. Schadensvermutung bei Neuaufgabe des Gutes	67
6. Haftung im Eisenbahn-Seeverkehr	68
X. Mehrheit von Beförderern	69
XI. Haftung des Beförderers für andere	72
XII. Geltendmachung von Ansprüchen	74
1. Tatbestandsaufnahme	75
2. Reklamation	76
3. Gerichtliche Geltendmachung	78
4. Gerichtsstand	82
XIII. Erlöschen und Verjährung der Ansprüche	83
1. Erlöschen	83
2. Verjährung	84

Literatur: *Freise,* Das neue internationale Eisenbahnfrachtrecht (CIM 1999), TranspR 1999, 417 ff.; *ders.,* Stand der Bahnreform in Deutschland und Europa, TranspR 2003, 265 ff.; *ders.,* Neue Entwicklungen im Eisenbahnrecht anlässlich des Inkrafttretens des Übereinkommens COTIF 1999, TranspR 2007, 45 ff.; *ders.,* Eisenbahntransport – internationales Recht, in: MüKoHGB, Band 7, Transportrecht, 2. Aufl. 2009; *ders.,* Unimodale transportrechtliche Übereinkommen und multimodale Beförderungen, TranspR 2012, 1 ff.; *Koller,* Die Aktivlegitimation im Recht des internationalen Eisenbahngütertransports, TranspR 2006, 336 ff.; *ders.,* Transportrecht, Kommentar, 8. Aufl. 2013; *Thume,* Kommentar zur CMR, 3. Aufl. 2012.

2. Teil. Das Vertragsrecht des Exportgeschäfts

A. Eisenbahn und Exportwirtschaft

1   Die Eisenbahn spielt für die Exportwirtschaft, auch und gerade für den Handel mit Übersee, eine wichtige Rolle: Schiffe, zB für den Transport von Containern oder fabrikneuen Kraftfahrzeugen, sind in den vergangenen Jahre immer größer geworden. Sie stellen damit nicht nur die Umschlagseinrichtungen in den Häfen, sondern auch die mit dem „Seehafenhinterlandverkehr" betrauten Verkehrsträger vor große Herausforderungen. „**Ganzzüge**" der Eisenbahn helfen mit, große, auf einen Schlag anfallende Gütermengen rasch von und zu den Häfen zu transportieren. 1.000 20-Fuß-Container (TEU) füllen etwa 12 Züge des *kombinierten Verkehrs* (→ Rn. 13). Für den Transport von 5.000 neuen Pkw zur Verschiffung nach Übersee werden 25 Autotransportzüge benötigt; zehn dieser Züge fahren täglich von unterschiedlichen Produktionsstätten in die deutschen Seehäfen.

2   Die Bedeutung der Eisenbahn für die Exportwirtschaft spiegeln folgende Zahlen wider: Im Jahr 2010 hat die Eisenbahn in Deutschland rund 350 Mio. Tonnen Güter im Durchschnitt 300 Kilometer weit befördert (zum Vergleich: auf den Straßengüterverkehr in Deutschland mit Lkw über 3,5 t Nutzlast entfielen in der gleichen Zeit rund 1.800 Mio. t Güter, die im Durchschnitt 120 Kilometer weit befördert wurden). Im Seehafenhinterlandverkehr mit Containern hatte die Eisenbahn 2005 einen Anteil von 32% in Hamburg und 35% in Bremen/Bremerhaven (zum Vergleich: auf den LKW entfielen in diesen Häfen 65% bzw. 64% des Containerverkehrs). Von und nach Hamburg hat die Eisenbahn 2005 rund 1,4 Mio. Container (TEU) transportiert, von und nach Bremen/Bremerhaven rund 520.000 Einheiten. Das entspricht der Ladekapazität von 140 bzw. 52 großen Containerschiffen mit je 10.000 TEU.

3   Das Wachstum des Eisenbahnverkehrs in den vergangenen Jahren wird nicht zuletzt auf die Reformen zurückgeführt, die in den 90er Jahren des vergangenen Jahrhunderts in Deutschland und Europa eingeleitet worden sind: Liberalisierung des Eisenbahnsektors, Privatisierung der Staatsbahnen und ihre Zerlegung in Infrastrukturbetreiber und Verkehrsunternehmen, Öffnung der Schienennetze für den intramodalen Wettbewerb, diese Schlagworte stehen für eine rasante Entwicklung im Bereich der Eisenbahn.[1]

B. Ordnungsrahmen

4   Bei der Eisenbahn besteht eine enge Verknüpfung von Infrastrukturbetrieb und Verkehrsabwicklung, kurz als Systemverbund zwischen Rad und Schiene bezeichnet. Dies hat dazu geführt, dass der Betrieb des Streckennetzes und die Verkehrsabwicklung auf dem Streckennetz, das Fahren von Zügen, jahrzehntelang in einer Hand lagen, und zwar regelmäßig in der Hand des jeweiligen Staates, der den Eisenbahnverkehr mittels seiner **Staatsbahn** betrieb. Demgegenüber benutzen Kraftfahrzeuge, Schiffe und Flugzeuge regelmäßig Verkehrswege, die nicht dem Betreiber des Verkehrsmittels gehören. Auf den Straßen und Wasserwegen und in der Luft hat es daher früher als bei der Eisenbahn Wettbewerb zwischen einzelnen Verkehrsunternehmen auf derselben Infrastruktur gegeben. Die Staatsbahnen hatten dagegen bis zum Ende des 20. Jahrhunderts ein **Monopol** für das jeweilige Staatsgebiet und konnten sich untereinander kaum Wettbewerb liefern. Im internationalen Verkehr arbeiteten sie zusammen, indem jede Staatsbahn an der Staats- und Netzgrenze die durchgehenden Züge an die nächste Staatsbahn weitergab.

5   Die jahrzehntelang schwindende Bedeutung der Eisenbahn im internationalen Güterverkehr wird vor allem auf das Staatsbahnsystem und die damit verbundene Monopolbildung zurückgeführt. Daher hat die Liberalisierung des Verkehrssektors in Europa, 1985 vorangetrieben durch das erste Untätigkeitsurteil des Europäischen Gerichtshofs gegen den Ministerrat[2] auch vor der Eisenbahn nicht haltgemacht.

---

[1] Näher hierzu *Freise* TranspR 2003, 265.
[2] Rechtssache 13/83, Sammlung 1985, 1513.

Abschnitt 17. Eisenbahntransport

I. Liberalisierung

Die Grundlage der Liberalisierung bildet auf europäischer Ebene die **EG-Richtlinie 91/440** vom 29. Juli 1991 zur Entwicklung der Eisenbahnunternehmen der Gemeinschaft. Sie dient dem Ziel, mit Hilfe von vier Maßnahmen die überkommenen Staatsbahnen den Erfordernissen des Binnenmarkts anzupassen: 6
- Unabhängigkeit der Geschäftsführung der Eisenbahnunternehmen von unmittelbaren Eingriffen staatlicher Stellen;
- Trennung des Betriebs der Eisenbahninfrastruktur von der Erbringung von Verkehrsleistungen durch Eisenbahnunternehmen;
- finanzielle Sanierung der bestehenden öffentlichen Eisenbahnunternehmen;
- Schaffung von Zugangs- und Transitrechten für Eisenbahnunternehmen auf Schienennetzen, die dem öffentlichen Verkehr dienen.

Diese Maßnahmen zeigen das Bestreben, die traditionellen Staatsbahnen mit ihrem Netz- und Verkehrsmonopol auf dem Eisenbahnsektor und ihrer Eingliederung in staatliche Organisations- und Finanzstrukturen in Wirtschaftsunternehmen umzuwandeln, die sich unabhängig von staatlichen Eingriffen im Wettbewerb untereinander und gegenüber anderen Verkehrsträgern behaupten. Diese Entwicklung hat auch dazu geführt, dass die bekömmlichen **gemeinwirtschaftlichen Pflichten** der Staatsbahnzeit (Betriebspflicht, Beförderungspflicht, Tarifpflicht) zurückgedrängt wurden und stattdessen die allgemeine **Vertragsfreiheit** auch im Verhältnis der Eisenbahn zu ihren Kunden, den Reisenden und Güterversendern, gestärkt wurde. 7

In Deutschland sind die Richtlinie 91/440 sowie die ergänzende **EG-Richtlinie 2001/14** über die Zuweisung von Fahrwegkapazität der Eisenbahn und die Erhebung von Entgelten für die Nutzung von Eisenbahninfrastruktur im **Allgemeinen Eisenbahngesetz (AEG)** und in der **Eisenbahninfrastruktur-Benutzungsverordnung (EIBV)** umgesetzt worden. Von Beginn an ist die wichtigste Frage im liberalisierten Eisenbahnmarkt die nach der Ausgestaltung des **Netzzugangs** für konkurrierende Eisenbahnverkehrsunternehmen und nach der Erstreckung des Netzzugangs auf für den Fahrbetrieb notwendige Serviceeinrichtungen bis hin zur „letzten Meile" zur Erreichung von privaten Gleisanschlüssen und Anschlussbahnen. Die Schieneninfrastruktur von Hafenbahnen und die Umschlagseinrichtungen für Terminals für den kombinierten Verkehr müssen für jedes zum allgemeinen Netzzugang berechtigte Eisenbahnverkehrsunternehmen, das dort seine Verkehre abwickeln will, zu diskriminierungsfreien Bedingungen zugänglich sein (§ 14 Abs. 1 AEG). 8

II. Heutige Abwicklung des Eisenbahnverkehrs

Die Aufhebung der Monopole der früheren Staatsbahnen hat dazu geführt, dass sich heute viele Akteure am Eisenbahngeschehen beteiligen: Das sind zum einen die Betreiber der Infrastruktur, im AEG als **Eisenbahninfrastrukturunternehmen (EIU)** und als **Betreiber der Schienenwege** genannt; zum anderen sind das die **Eisenbahnverkehrsunternehmen (EVU)**, die auf den Gleisen der Eisenbahninfrastruktur ihre Verkehre abwickeln (näher zu diesen drei Begriffen und ihrer Bedeutung §§ 2 und 3 AEG). Infrastrukturbetreiber und Eisenbahnverkehrsunternehmen benötigen grundsätzlich eine **Genehmigung** für ihre Eisenbahntätigkeit (Ausnahmen für **nichtöffentlich** tätige Gleisanschließer und Werksbahnen in § 6 Abs. 1 Satz 2 AEG). Neben der Deutschen Bahn AG mit ihrer Tochtergesellschaft DB Netz AG gibt es eine Reihe weiterer öffentlicher Infrastrukturbetreiber (§ 3 Abs. 1 Nr. 2 und 3 AEG) sowie zahlreiche nichtöffentliche EIU (§ 3 Abs. 2 AEG) in Gestalt von Gleisanschließern, Anschluss- und Werksbahnen. Das öffentliche Schienennetz in Deutschland wird von über 100 EVU im Güterverkehr befahren, von denen einige dem DB-Konzern angehören und damit **Eisenbahnen des Bundes** sind (Art. 73 Nr. 6a GG, § 2 Abs. 6 AEG), während die weit überwiegende Zahl in- oder ausländische **nichtbundeseigene Eisenbahnen (NE)** sind. 9

2. Teil. Das Vertragsrecht des Exportgeschäfts

10 EVU setzen regelmäßig nicht nur eigene Fahrzeuge ein, sondern übernehmen und verwenden – etwa bei durchgehenden Zügen des internationalen Verkehrs – auch fremde Lokomotiven und Wagen. Hierbei kann es sich um Fahrzeuge anderer, benachbarter EVU handeln, aber auch um Lokomotiven von **Lokvermietgesellschaften** und um Güterwagen, die dem **Absender** der Güter gehören oder von einer **Wagenvermietgesellschaft** betrieben werden. Wegen der hohen Anschaffungskosten von Lokomotiven und zur besseren Steuerung eines schwankenden Bedarfs setzen viele EVU heute darauf, Lokomotiven in einem Pool mit anderen EVU zu betreiben oder bei einer darauf spezialisierten Gesellschaft zu mieten bzw. zu leasen. Auch Spezialgüterwagen, insbesondere Kesselwagen für Chemie- und Mineralöltransporte, werden häufig nicht von EVU, sondern von den Produzenten der Güter selbst vorgehalten oder angemietet. Setzt ein EVU in seinen Zügen **fremde Fahrzeuge** ein, so nimmt deren **Halter** unselbstständig am Eisenbahnbetrieb teil und unterliegt damit ebenfalls bestimmten eisenbahnrechtlichen Pflichten (§ 32 AEG). Lokvermietgesellschaften, die ihre Fahrzeuge den Mietern selbst zuführen oder sie dort zwecks Wartung oder Reparatur oder nach Beendigung des Mietverhältnisses selbst abholen, nehmen **selbstständig** am Eisenbahnbetrieb teil. Sie werden wie nichtöffentliche EVU behandelt und benötigen auch eine Genehmigung (§§ 31, 6 Abs. 1 AEG).

11 Die Vielzahl möglicher Beteiligter am Eisenbahnbetrieb – EVU, Infrastrukturbetreiber, Lokvermieter, Wagenhalter – kann es für die **Kunden** der Eisenbahn (Reisende oder Versender von Gütern) und für betroffene **Dritte** (insbesondere Anlieger an der Strecke oder Passanten auf einem Bahnübergang) schwierig machen, im Schadensfall das verantwortliche und ersatzpflichtige Unternehmen zu ermitteln. Das gilt umso mehr, als insbesondere im internationalen Eisenbahnverkehr ein EVU, das einen bestimmten Transportauftrag übernommen hat, bei dessen Abwicklung häufig andere Eisenbahnverkehrsunternehmen mit heranzieht oder einem anderen EVU als Subunternehmer die komplette Abwicklung des Auftrags überträgt. Bei unübersichtlicher Rechtslage tut ein **Eisenbahnkunde** gut daran, sich an seinen Vertragspartner zu halten, also an dasjenige EVU, mit dem er den Beförderungsvertrag des Personen- bzw. des Güterverkehrs geschlossen hat („**vertraglicher Beförderer**" iSd internationalen Eisenbahntransportrechts). Mit dem Infrastrukturbetreiber und mit den Haltern der vom vertraglichen Beförderer eingesetzten Fahrzeuge hat der Eisenbahnkunde keine vertraglichen Beziehungen; ihnen gegenüber kann er sich daher nur auf die – gegenüber einer vertraglichen Haftung häufig weniger komfortable – gesetzliche Haftung nach dem allgemeinen Bürgerlichen Recht (insbesondere §§ 823 ff. BGB) berufen. Ein **Reisender** kann immerhin neben dem Beförderer auch den Infrastrukturbetreiber aus **Gefährdungshaftung** gemäß **§ 1 HPflG** in Anspruch nehmen, weil sowohl EVU als auch EIU als Betriebsunternehmer iS dieser Vorschrift angesehen werden (BGH VersR 2004, 612). Dem **Absender** von Gütern ist dieser Weg verschlossen, da für die Beschädigung von Beförderungsgut nicht nach dem Haftpflichtgesetz gehaftet wird (§ 1 Abs. 3 HPflG). Fahrzeughalter, die nur unselbstständig am Eisenbahnbetrieb teilnehmen, indem sie ihre Lokomotiven oder Wagen von EVU verwenden lassen, sind nicht Eisenbahnbetriebsunternehmer und haften daher nicht nach dem Haftpflichtgesetz aus Gefährdung. Hat der vertragliche Beförderer zur Ausführung des Beförderungsvertrags weitere Beförderer als Subunternehmer eingesetzt, so kann ein geschädigter Kunde auch den **ausführenden Beförderer** in Anspruch nehmen, wenn der Schaden durch diesen Beförderer ausgelöst worden ist. Wegen der möglicherweise auftretenden Beweisschwierigkeiten sollte ein Eisenbahnkunde sich aber grundsätzlich an seinen vertraglichen Beförderer halten, der ihm auch für seine Erfüllungsgehilfen in Gestalt von Fahrzeugvermietern oder ausführenden Beförderern haftet (näher zur Abwicklung eines Eisenbahntransports durch eine Mehrheit von Beförderern → Rn. 69 bis 71).

12 Ein geschädigter **Dritter,** dessen Kraftfahrzeug etwa auf einem Bahnübergang von einem Zug erfasst wurde, hält sich zweckmäßigerweise an den Betreiber des Bahnübergangs und an das konkrete EVU, das an dem Unfall beteiligt war, und überlässt es den beiden Betriebsunternehmern, wie sie den Schaden unter sich aufteilen (vgl. § 13 HPflG).

Besonderheiten gelten für den **Kombinierten Verkehr (KLV)** zur Beförderung von 13 Containern, Wechselbehältern, Sattelaufliegern oder sonstigen vergleichbaren Ladeeinheiten bis hin zu kompletten „bemannten" Lkw-Einheiten, die beladen oder leer mit der **„Rollenden Landstraße"** befördert werden (vgl. Art. 2 CMR). Das internationale Eisenbahntransportrecht spricht in diesem Zusammenhang von **„intermodalen Transporteinheiten"**, die im intermodalen Verkehr verwendet werden (Art. 3 lit. d CIM). Diese Verkehre werden regelmäßig von **Operateuren** des KLV betrieben (zB Kombiverkehr, Transfracht, Intercontainer), die zwischen den **Versendern** und den **Eisenbahnverkehrsunternehmen** stehen. Die EVU werden in diesen Fällen häufig als **„Carrier"** bezeichnet, die bloß die Zugkraft zum Transport fremder beladener Güterwagen zur Verfügung stellen. Hier bestehen ein Vertragsverhältnis (regelmäßig Speditionsvertrag) zwischen dem Güterversender und dem KLV-Operateur und ein Frachtvertrag zwischen dem Operateur und einem oder mehreren EVU. Denn die Operateure haben im Allgemeinen keine Eisenbahngenehmigung und sind nicht selbst EVU, auch wenn sie in Deutschland von dem Netzzugangsrecht nach § 14 Abs. 2 Nr. 2 AEG Gebrauch machen, das Unternehmen mit Sitz im Inland gewährt wird, „die Güter durch ein Eisenbahnverkehrsunternehmen befördern lassen wollen". Mit der Nutzung einer ihm zugeteilten Fahrplantrasse muss der Operateur dementsprechend ein EVU beauftragen. Im Schadensfall wendet sich der Urversender des Containers oder der vergleichbaren Ladeeinheit an seinen Vertragspartner, den KLV-Operateur, der ihm bei Spedition zu festen Kosten (§ 459 HGB) wie ein Frachtführer haftet, gegebenenfalls nach internationalem Eisenbahnfrachtrecht (→ Rn. 27 f.). Im Einzelfall können die Allgemeinen Geschäftsbedingungen des Operateurs allerdings besondere Regelungen zur Haftung und Schadensabwicklung enthalten.

III. Systembedingte Besonderheiten des Eisenbahnverkehrs

Die Liberalisierung des Verkehrssektors in Europa und darüber hinaus hat zwar die 14 rechtlichen Rahmenbedingungen für die einzelnen Verkehrsträger einander angenähert und teilweise vereinheitlicht. Gleichwohl sind **verkehrs- und betriebstechnisch bedingte Unterschiede** zwischen den einzelnen Verkehrsmitteln erhalten geblieben, die sich bei der Anwendung von einheitlichem Recht auf die einzelnen Verkehrsträger – etwa im deutschen Binnengüterverkehr nach der Transportrechtsreform von 1998 – auswirken und doch zu einer unterschiedlichen Behandlung in einzelnen Punkten führen können. So ist die Eisenbahn sehr viel stärker als der Lkw **netz- und fahrplangebunden.** Wenn der Absender und der Empfänger nicht jeweils über einen Gleisanschluss verfügen, findet die Eisenbahnfahrt nicht von Haus zu Haus, sondern nur **zwischen Bahnhöfen** statt und es wird ein **Vor- und Nachlauf** auf der Straße (mit Umladung des Gutes oder mit Umschlag des Transportbehälters) erforderlich. Das kostet Zeit und Geld und wirft die Frage nach dem Recht auf, das auf die für den Vor- oder Nachlauf eingesetzten Verkehrsmittel anzuwenden ist (→ Rn. 24). Die **Fahrplanbindung** der Eisenbahn kommt darin zum Ausdruck, dass ihre Züge nicht beliebig abfahren, nicht beliebige Strecken wählen und die Reihung unterwegs auf der Strecke nicht dem Zufall überlassen können. Vielmehr ist jedem Zug eine bestimmte zeitliche **Fahrplantrasse** zugewiesen, die insbesondere bei dicht belegter Strecke genau einzuhalten ist. Das schränkt die Möglichkeiten des Absenders, mit **nachträglichen Weisungen** iSd § 418 HGB das Gut unterwegs noch umzudirigieren oder zurückzuberodern, im Eisenbahnverkehr erheblich ein. Ein Lkw kann demgegenüber nach Belieben losfahren, es besteht keine Bindung an Zeit- oder Routenvorgaben Dritter. Und auch wenn Lkw auf der Autobahn Kolonne fahren, kann ein Fahrer disponieren, wann er die Autobahn verlässt, um eine alternative Route zu suchen. Gegenüber einem Straßenverkehrsunternehmer können also leichter nachträgliche Weisungen durchgesetzt werden. Insgesamt kann man sagen, dass die Eisenbahn sich im Güterverkehr vor allem für standardisierte (genormte) Transporte großer Lasten („Ganzzüge") über weite Strecken (internationaler Verkehr) eignet, während der Lkw bei der flexiblen Bewältigung zahlloser Punkt-zu-Punkt-Verkehre im nahen und mittleren Bereich unschlagbar ist.

15 In diesem Zusammenhang ist zu beachten, dass bei der Eisenbahn der **„Zug"** die maßgebliche Betriebseinheit zur Abwicklung von Verkehren ist, nicht das einzelne Fahrzeug, wie bei den anderen Verkehrsmitteln (Lkw, Flugzeug, Schiff). Bei einem Zug aus 30 bis 40 Wagen und einer Länge von bis zu 750 m, beladen mit den Gütern mehrerer Absender, sind Obhut und Beaufsichtigungsmöglichkeiten der Eisenbahn hinsichtlich der einzelnen Güter geringer als etwa im Straßenverkehr, wo pro Fahrzeug wenigstens ein Fahrer eingesetzt wird, der auf diebstahlsgefährdeten Routen auch während der Pausen sein Fahrzeug nicht unbewacht lassen darf. Güterzüge können unterwegs nicht mit der gleichen Intensität wie Lkw, Schiffe oder Flugzeuge bewacht werden. Das hat zur Folge, dass besonders hochwertige, diebstahlsgefährdete Güter beim Transport mit der Eisenbahn in bestimmte Länder eine besondere Behandlung benötigen, die zwischen Absender und Eisenbahn zu vereinbaren ist. Außerdem sind bei der Prüfung der Frage, ob beim Diebstahl von Beförderungsgut aus einem Eisenbahnzug schweres Verschulden der Eisenbahn vorliegt, das zu einer unbeschränkten Haftung der Eisenbahn führt, andere Maßstäbe anzulegen als beim **Diebstahl** von Gut aus einem Lkw (→ Rn. 66).

16 Die **Übernahme des Gutes** durch den Frachtführer geschieht im Eisenbahnverkehr regelmäßig anders als etwa im Straßenverkehr: Selbst wenn es die Aufgabe des Absenders ist, den Lkw zu beladen, hat der Fahrer des Frachtführers zumindest die Möglichkeit, bei der Beladung anwesend zu sein und die Übereinstimmung des Gutes mit den Angaben im Frachtbrief und den äußerlich guten Zustand von Gut und Verpackung zu prüfen. Im Schienengüterverkehr übernimmt die Eisenbahn dagegen, insbesondere wenn der Absender über einen Gleisanschluss verfügt, fertig beladene und vom Absender verschlossene Wagen, die nicht ohne Störung des Betriebsablaufs noch einmal geöffnet und auf Vollständigkeit und äußerliche Unversehrtheit des Gutes überprüft werden können. Diese Unterschiede bei der Übernahme des Gutes wirken sich auf die **Beweiswirkungen des Frachtbriefs** im Straßenverkehr einerseits und im Schienenverkehr andererseits aus (näher dazu Rn. 39, 40).

C. Transportrechtliche Grundlagen, anwendbares Recht

I. HGB und COTIF/CIM

17 Seit der deutschen Transportrechtsreform von 1998 unterliegt die Eisenbahn im *innerdeutschen Schienenverkehr* dem Transportrecht des HGB (§§ 407 ff.). In dieser Hinsicht wird sie mit ihren Wettbewerbern: Straßenverkehr, Binnenschifffahrt und Luftverkehr gleichbehandelt. Für den *internationalen Verkehr* hat die Eisenbahn – wie die anderen Verkehrsträger – ein eigenes internationales Transportrecht, und zwar in Gestalt des 1999 reformierten Übereinkommens über den internationalen Eisenbahnverkehr **(COTIF 1999)** mit seinem Anhang A, Einheitliche Rechtsvorschriften für den Vertrag über die internationale Eisenbahnbeförderung von Gütern **(CIM 1999)**. COTIF und CIM 1999 sind am 1. Juli 2006 für inzwischen 48 Staaten, darunter auch Deutschland und – nach dem Beitritt Kroatiens – 23 EU-Staaten mit Eisenbahnverkehr (nicht Irland, Italien und Schweden nach dem Stand vom 1. Januar 2013), in Kraft getreten. Für den internationalen Straßengüterverkehr gilt die CMR, für den internationalen Binnenschiffsverkehr gilt die CMNI, für den internationalen Luftverkehr gilt heute in erster Linie das Montrealer Übereinkommen (MÜ), für den internationalen Seeverkehr gelten in erster Linie die in das deutsche HGB eingearbeiteten Haag/Visby-Regeln (Einzelheiten bei dem jeweiligen Verkehrsträger).

18 Die Rechtsvorschriften des HGB bzw. der CIM werden ergänzt durch **„Allgemeine Beförderungsbedingungen"** der Eisenbahnverkehrsunternehmen, so zB für den *innerdeutschen* Eisenbahnverkehr durch die „Allgemeinen Leistungsbedingungen **(ALB)** der DB Schenker Rail AG mit denen die **„ALB der Bahnen"** korrespondieren, die vom Verband Deutscher Verkehrsunternehmen empfohlen werden. Für den *internationalen* Eisenbahnverkehr haben die „**ABB-CIM**" große Bedeutung, die vom Internationalen Eisenbahntransportkomitee CIT in Bern für alle der CIM unterliegenden Bahnen herausgegeben und zur Anwendung empfohlen werden (abrufbar unter www.cit-rail.org). Die ABB-CIM werden ergänzt durch die „Bestimmungen der Railion Deutschland AG für den internationalen Eisenbahnverkehr" (abrufbar unter www. railion.com/ alb).

II. Anwendbares Recht

Bei der Ermittlung des auf den jeweiligen Eisenbahngütertransport anwendbaren Rechts 19 ist zunächst zu klären, ob es sich um *nationalen* oder *internationalen* Eisenbahnverkehr handelt. Außerdem ist zu klären, ob die Beförderung mit der Eisenbahn eigenständig (*unimodal*, zB von Gleisanschluss zu Gleisanschluss) erfolgt oder ob sie Teil einer *durchgehenden* Beförderung mit einem einzigen Beförderungsvertrag, aber mit mehreren Verkehrsmitteln ist (*multimodale* Beförderung, insbesondere in Gestalt von Haus-Haus-Verkehren). Nach dieser Grobeinteilung lassen sich folgende **Fallgruppen** unterscheiden[3]:

1. Eisenbahntransport innerhalb Deutschlands. Eisenbahntransporte innerhalb Deutsch- 20 lands unterliegen den **§§ 407 ff. HGB,** auch wenn ein Vor- oder Nachlauf auf der Straße in den durchgehenden Frachtvertrag mit der Eisenbahn einbezogen ist. Da auch innerdeutsche Straßentransporte den §§ 407 ff. HGB unterliegen, bedarf es für dieses Ergebnis keines Rückgriffs auf § 452 HGB, der sich mit den Fällen befasst, in denen einzelne Teilstrecken mit unterschiedlichen Verkehrsmitteln auch unterschiedlichen Rechtsvorschriften unterlägen, wenn gesonderte Verträge über die einzelnen Teilstrecken geschlossen würden.

Die §§ 407 ff. HGB kommen auch dann unmittelbar zur Anwendung, wenn der inner- 21 deutsche Eisenbahntransport in einem Seehafen endet und sich dann ein Seetransport mit *gesondertem* Seefrachtvertrag anschließt – oder wenn das Gut mit einem Schiff aus Übersee kommt, im deutschen Seehafen an einen Empfangsspediteur abgeliefert und von diesem dann im Rahmen eines *neuen* Frachtvertrags innerhalb Deutschlands versandt wird.

2. Innerdeutscher Eisenbahntransport als Teil eines Multimodaltransports. Wenn ein 22 innerdeutscher Eisenbahntransport Teil eines *durchgehenden* Transports von oder nach Übersee mit einem *einheitlichen* Frachtvertrag ist, dann liegt **Multimodalverkehr** vor, bei dem die eingesetzten unterschiedlichen Verkehrsmittel (Eisenbahn und internationaler See- oder internationaler Luftverkehr) unterschiedlichen Rechtsvorschriften unterstehen. Hier ist das anwendbare Recht vor deutschen Gerichten nach dem internationalen Privatrecht der **Rom I-VO** der EU und des **EGBGB,** ergänzt um **§ 452 HGB,** zu ermitteln. Danach ergibt sich, dass bei fehlender Rechtswahl der Parteien nach Maßgabe des Art. 5 Rom I-VO für den durchgehenden Transport wiederum einheitlich die §§ 407 ff. HGB gelten, soweit nicht zur Anwendung kommende internationale Übereinkommen etwas anderes bestimmen (Art. 3 EGBGB, § 452 HGB). Steht allerdings fest, dass der Schaden auf einer Teilstrecke eingetreten ist, für die andere Rechtsvorschriften gelten (zB das Seefrachtrecht des HGB), so werden die ansonsten anwendbaren §§ 407 ff. HGB durch diese anderen Rechtsvorschriften verdrängt.

3. Grenzüberschreitender Eisenbahntransport. Auf einen grenzüberschreitenden Eisen- 23 bahntransport, der in Deutschland beginnt oder endet, findet das internationale Eisenbahngütertransportrecht **CIM** Anwendung, wenn der Transport auch in einem **Vertragsstaat** von COTIF/CIM endet bzw. beginnt (Art. 1 § 1 CIM) oder wenn die Parteien des Beförderungsvertrags (Absender und Eisenbahn) **vereinbaren,** dass der Vertrag der CIM unterliegen soll (Art. 1 § 2 CIM). **Transitstaaten** brauchen im Gegensatz zu früher nicht mehr Vertragsstaaten von COTIF/CIM zu sein und es ist für die Anwendung der CIM auch nicht mehr Voraussetzung, dass die Parteien einen **CIM-Frachtbrief** verwenden. Die Verwendung des CIM-Frachtbriefs ist aber immerhin ein Indiz dafür, dass die Parteien die

---

[3] Vgl. auch *Freise* TranspR 1999, 417, 421.

2. Teil. Das Vertragsrecht des Exportgeschäfts

Geltung der CIM **vereinbart** haben, wenn nur der Abgangs- oder nur der Empfangsstaat Vertragsstaat von COTIF/CIM ist.

24 Die CIM ist auch dann anwendbar, wenn der internationale Eisenbahntransport durch einen **Vor- oder Nachlauf** auf der Straße oder auf Binnengewässern ergänzt wird, zB weil der Absender oder Empfänger nicht über einen Gleisanschluss verfügt (Art. 1 § 3 CIM). Voraussetzung ist, dass der Vor- oder Nachlauf mit Lkw oder Binnenschiff *nicht grenzüberschreitend* ist; damit sollen Konflikte mit den für grenzüberschreitende Lkw- bzw. Binnenschiffsverkehre geltenden Übereinkommen CMR bzw. CMNI vermieden werden.

25 Wie bei Binnenbeförderungen mit der Eisenbahn (oben Rn. 20) sind auch bei internationaler Eisenbahnbeförderung die Fälle unproblematisch, bei denen der internationale Eisenbahnfrachtvertrag zB im Seehafen (oder auf einem Flughafen) beginnt oder endet und die Beförderung mit dem Seeschiff (oder mit dem Luftfahrzeug) aufgrund eines gesonderten Frachtvertrags erfolgt (zB vor oder nach einem Eisenbahnfrachtvertrag von Hamburg Hafen nach Prag oder von Zürich nach Bremerhaven).

26 Wenn ein internationaler Eisenbahntransport einen Teil des Weges auf einer *Seestrecke* oder einer *grenzüberschreitenden Binnenschifffahrtslinie* zurücklegt, dann ist die CIM gleichwohl auf den gesamten Transport anwendbar, sofern die Seeschifffahrtslinie oder die grenzüberschreitende Binnenschifffahrtlinie (jeweils samt ihrem Betreiber) in die „**Liste der Linien zur See oder auf Binnengewässern CIM**" eingetragen ist (Art. 1 § 4 CIM, Art. 24 § 1 COTIF). Auf diese Weise können **Eisenbahnfährverbindungen** in die durchgehende Anwendung der CIM einbezogen werden. Das ist zB für die Fährverbindungen Rostock – Trelleborg oder Mukran – Klaipeda[4] geschehen.

27 **4. Fixkostenspediteur als Multimodalfrachtführer.** Schwieriger sind die Fälle zu beurteilen, in denen der internationale Eisenbahntransport nur ein Teil einer durchgehenden Beförderung ist, die von einem **Spediteur** organisiert wird, zB von Innsbruck nach Schanghai – etwa über Hamburg und dann auf dem Seeweg oder über München und dann auf dem Luftweg (vgl. Skizze S.). Wenn der Spediteur mit dem Versender für den Gesamttransport einen *Festpreis* vereinbart, dann wird er bei Geltung deutschen Rechts gemäß § 459 HGB hinsichtlich der Beförderung als Frachtführer behandelt, und zwar als *Multimodalfrachtführer,* da die von ihm zugesagte durchgehende Güterbeförderung mit zwei verschiedenen Verkehrsmitteln (Eisenbahn/Seeschiff bzw. Eisenbahn/Luftfahrzeug) durchgeführt wird, von denen jedes einem eigenen internationalen Transportrecht unterliegt. Für diesen Multimodalvertrag des Spediteurs gilt gemäß § 452 HGB deutsches Frachtrecht (§§ 407 ff. HGB), soweit anzuwendende internationale Übereinkommen nichts anderes bestimmen. Für einen kombinierten Eisenbahn-Lufttransport und auch für den Eisenbahn-Seetransport über Hamburg bestimmt die CIM „nichts anderes", weil die Seestrecke Hamburg – Schanghai nicht in die bereits genannte Liste der Linien zur See oder auf Binnengewässern CIM eingetragen ist. Die CIM kommt daher auf den Vertrag des Spediteurs mit dem Versender nicht zur Anwendung.

28 Erleidet das Beförderungsgut allerdings nachweislich während der Eisenbahnbeförderung zwischen Innsbruck und Hamburg bzw. München einen Schaden, so bestimmt sich die Haftung des Multimodalfrachtführers wegen des bekannten Schadensorts gemäß § 452a HGB nach der Haftungsordnung der CIM.

29 **5. CIM/SMGS-Verkehr.** Noch komplizierter wird es, wenn der internationale Eisenbahntransport über das Anwendungsgebiet des COTIF hinausgeht und in den asiatischen Raum reicht (zB ein Transport von Hamburg nach Kasachstan oder von Georgien nach Bremen). Für diese Länder gilt nicht das COTIF, sondern das **SMGS** (Abkommen über den internationalen Eisenbahn-Güterverkehr).[5] Eisenbahntransporte von Europa nach Asien und in der Gegenrichtung werden daher nicht durchgehend abgefertigt, sondern „gebro-

---

[4] Näher hierzu *Freise* TranspR 2012, 1, 4 f.; aktuelle Übersicht über eingetragene Linien unter www.otif.org „Veröffentlichungen".

[5] Stand 1. September 2011; Bezug per E-Mail: logotrans@aon.at.

chen", nämlich mit **Neuaufgabe des Gutes** an der Schnittstelle zwischen COTIF und SMGS. Da die Schnittstelle zwischen den beiden Übereinkommen in vielen Fällen mit dem Spurwechsel (von europäischer Normalspur zu russischer Breitspur und umgekehrt), zB an der Westgrenze Weißrusslands oder der Ukraine, zusammenfällt, kann die Neuaufgabe mit der **Umladung** fester Güter und Lademittel (zB Tankcontainer) verbunden werden. Seit wenigen Jahren gibt es einen durchgehend verwendbaren **Einheitsfrachtbrief CIM/SMGS,** der beide Beförderungsabschnitte trotz ihres unterschiedlichen Rechts abdeckt und so die Neuaufgabe des Gutes wenigstens papiermäßig überbrückt. Von diesem Frachtbriefmuster wird zunehmend Gebrauch gemacht.

Auch bei Verwendung des CIM/SMGS-Frachtbriefs haftet jede beteiligte Eisenbahn nach dem für sie geltenden Übereinkommen: die deutsche und die polnische Bahn nach der CIM, die weißrussische, russische, kasachische bzw. georgische Bahn nach dem SMGS. Immerhin enthalten beide Übereinkommen eine **„Schadensvermutung bei Neuaufgabe"** (Art. 28 CIM, Art. 23 § 10 SMGS), die dazu führt, dass bei unbekanntem Schadensort nach dem auf den letzten Beförderungsvertrag anwendbaren Übereinkommen gehaftet wird, wenn das Gut bei der Neuaufgabe unbeanstandet übernommen worden ist (Rn. 65). In West/Ost-Richtung haften dann die übernehmenden SMGS-Bahnen nach dem SMGS, in Ost/West-Richtung haften die übernehmenden CIM-Bahnen nach der CIM. **30**

Hat allerdings der Spediteur in Deutschland mit dem deutschen Absender einen Vertrag zu festen Kosten über die durchgehende Beförderung des Gutes von Hamburg nach Kasachstan oder Georgien geschlossen, so haftet der Spediteur bei unbekanntem Schadensort weder nach der CIM noch nach dem SMGS, weil sein *durchgehender Vertrag* mit dem Absender weder der CIM noch dem SMGS unterfällt. Die Beauftragung von CIM- bzw. SMGS-Bahnen mit der Abwicklung von Teilstrecken ändert daran nichts. **31**

D. Schwerpunkte des internationalen Eisenbahntransportrechts

Wenn auf einen internationalen Transport in seiner Gesamtheit oder hinsichtlich einer von einem gesonderten Vertrag erfassten Teilstrecke das internationale Eisenbahntransportrecht der CIM anzuwenden ist, gilt es einige Besonderheiten zu beachten, die die CIM gegenüber dem allgemeinen Frachtrecht des HGB und gegenüber anderen internationalen transportrechtlichen Übereinkommen aufweist. In vielen Fragen ist Übereinstimmung oder zumindest Ähnlichkeit der Regelungen festzustellen, da sich die Transportrechtsreform 1998 in Deutschland und die COTIF/CIM-Reform von 1999 erklärtermaßen am internationalen Straßengütertransportrecht der CMR orientiert haben, um eine stärkere Harmonisierung der unterschiedlichen nationalen und internationalen Transportrechte herbeizuführen. Systembedingte Besonderheiten des Eisenbahnverkehrs gegenüber dem Straßenverkehr (→ Rn. 13 bis 15) haben diesen Harmonisierungsbestrebungen allerdings Grenzen gesetzt.[6] Bei den folgenden Einzelthemen wird jeweils auf Übereinstimmungen mit dem HGB und der CMR bzw. auf Besonderheiten des internationalen Eisenbahntransportrechts hingewiesen. Im Übrigen wird im Folgenden – wie in der CIM 1999 – nicht von der Eisenbahn oder vom Frachtführer, sondern vom **„Beförderer"** gesprochen, der regelmäßig ein **Eisenbahnverkehrsunternehmen** ist. **32**

I. Verbindlichkeit der CIM

Die Vorschriften der CIM sind grundsätzlich **zwingendes Recht**; abweichende Vereinbarungen müssen in der CIM ausdrücklich zugelassen sein (Art. 5 CIM). In solchen Fällen räumt die CIM Vereinbarungen zwischen den Parteien Vorrang ein und enthält Regelungen nur für den Fall, dass die Parteien nichts vereinbart haben. Das gilt zB für die **Zahlung der Kosten** (Art. 10 CIM: mangels Vereinbarung vom Absender zu tragen), für F des Gu- **33**

---

[6] Näher dazu MüKoHGB/*Freise* Vorbem. CIM Rn. 4 bis 6.

tes (Art. 13 CIM: mangels Vereinbarung sind Stückgüter vom Beförderer, Wagenladungen vom Absender/Empfänger zu verladen und zu entladen) oder für die **Lieferfristen** (Art. 16 CIM: mangels Vereinbarung gelten bestimmte gesetzliche Höchstlieferfristen). In diesen Vorschriften kommt die durch die COTIF-Reform 1999 gestärkte **Vertragsfreiheit** der Parteien und der Verzicht auf Beförderungs- und Tarifpflicht der Eisenbahn zum Ausdruck.[7] Eine wesentliche Besonderheit gegenüber HGB und CMR besteht darin, dass nach Art. 5 Satz 3 CIM ein Beförderer seine **Haftung** und seine **Verpflichtungen** aus der CIM zugunsten der Kunden **erweitern** kann. Hinsichtlich der Haftung ist die CIM also nur **einseitig zwingend**. Art. 41 CMR lässt derartige Haftungserweiterungen zugunsten der Kunden eines Straßengüterverkehrsunternehmens nicht zu; § 449 HGB erlaubt sie für den innerdeutschen Verkehr nur eingeschränkt – übrigens auch für die Eisenbahn. Die Zulassung von Haftungserweiterungen des Beförderers in der CIM zeigt, dass die Eisenbahnen – jedenfalls im internationalen Verkehr – für weniger schutzbedürftig gegenüber Großverladern gehalten werden als etwa Straßenverkehrsunternehmer.

34   Zur **Ausführung** der CIM können Mitgliedstaaten oder Beförderer untereinander **Zusatzbestimmungen** vereinbaren, die aber von der CIM **nicht abweichen** dürfen (Art. 10 COTIF). Diese Vorschrift bringt zum Ausdruck, dass die CIM nicht in allen Punkten vollständig ist und dass **ergänzende** Bestimmungen vereinbart werden dürfen. Gemeinsame Zusatzbestimmungen der Beförderer werden regelmäßig vom Internationalen Eisenbahntransportkomitee CIT in Bern beschlossen. Ihr Rechtscharakter richtet sich nach Landesrecht; nach deutschem Recht handelt es sich um **Allgemeine Geschäftsbedingungen** (vgl. auch Art. 3 lit. c CIM zur Definition der „Allgemeinen Beförderungsbedingungen").

35   Die **Ergänzungsbedürftigkeit** der CIM kommt auch darin zum Ausdruck, dass in bestimmten Fällen auf **Landesrecht** verwiesen wird, so zB auf die „Gesetze und Vorschriften" des Staates, in dem eine Nachprüfung des Gutes stattfindet (Art. 11 CIM) oder bestimmte Feststellungen durch einen Sachverständigen zu treffen sind (Art. 42 § 3 CIM). In anderen Fällen wird auf die „Vorschriften" verwiesen, die am Bestimmungsort oder am Ort der Ablieferung gelten (Art. 15 § 7, Art. 17 §§ 2, 5 CIM). An anderer Stelle wird auf die „Gesetze, Vorschriften oder Gebräuche" an dem Ort verwiesen, an dem das Gut sich befindet (Art. 22 § 5 CIM). Gelegentlich wird auch nur ganz allgemein auf „Landesrecht" verwiesen (Art. 48 § 5), ohne dass ein bestimmtes Landesrecht bezeichnet wird. Dem entspricht die Gesamtverweisung des Art. 8 § 2 COTIF, wonach Landesrecht immer dann gilt, soweit im „Übereinkommen" (darunter sind das Übereinkommen COTIF und alle seine Anhänge, also auch die CIM, zu verstehen) keine Bestimmungen getroffen sind.[8] In all diesen Fällen wird die CIM durch das jeweils anwendbare Landesrecht zwar ergänzt, jedoch **nicht geändert**.

II. Frachtbrief und Beförderungsdokumente

36   **1. Einheitlicher CIM-Frachtbrief.** Bis zur COTIF-Reform von 1999 war die CIM auf internationale Eisenbahntransporte überhaupt nur anwendbar, wenn ein **CIM-Frachtbrief** verwendet wurde. Auch jetzt noch ist für die der CIM 1999 unterfallenden internationalen Eisenbahntransporte die Verwendung eines Frachtbriefs nach **„einheitlichem Muster"** vorgeschrieben (Art. 6 §§ 2 und 8 CIM). Fehlt ein solcher CIM-Frachtbrief oder ist er mangelhaft, so berührt das die Gültigkeit des Vertrags aber nicht. Die CIM ist auf den Frachtvertrag in jedem Fall anzuwenden, wenn ihre Anwendungsvoraussetzungen (oben Rn. 22 ff.) vorliegen.

37   Anders als im Straßengüterverkehr werden im Eisenbahnverkehr Frachtbriefe regelmäßig verwendet. Das gilt insbesondere im internationalen Eisenbahnverkehr, bei dem auch nach der Liberalisierung vielfach noch mehrere Eisenbahnverkehrsunternehmen zusammenwir-

---

[7] *Freise* TranspR 2007, 45, 47, 50 f.
[8] Näher hierzu MüKoHGB/*Freise* Art. 5 CIM Rn. 9 ff.

ken, um Güterverkehre grenzüberschreitend abzuwickeln. Der Frachtbrief bietet in diesen Fällen mit seiner Funktion als *„Instruktionspapier"* die notwendige Informationsbasis für eine reibungslose Zusammenarbeit. Als anerkanntes **Zolldokument** erleichtert der CIM-Frachtbrief außerdem das Zollverfahren (vgl. Art. 6 § 7 CIM). Damit er alle Aufgaben erfüllen kann, besteht der CIM-Frachtbrief aus **fünf Blättern:** dem *Frachtbrieforiginal,* das bei der Ablieferung dem Empfänger ausgehändigt wird; der *Frachtkarte,* die beim (letzten) Beförderer auf dem Bestimmungsbahnhof verbleibt; dem *Empfangsschein Zoll* für die zollamtliche Behandlung; dem *Frachtbriefdoppel* für den Absender und dem *Versandschein* für den Versandbahnhof des (ersten) Beförderers.

Die in den Frachtbrief aufzunehmenden Angaben entsprechen denen des CMR-Frachtbriefs. Darüber hinaus enthält der CIM-Frachtbrief einige eisenbahnspezifische Angaben, so zB die Wagennummer bei Beförderungen im Wagenladungsverkehr, die erforderlichen Identifikationsmerkmale bei Verwendung intermodaler Transporteinheiten, insbesondere Containern, einen vereinbarten Beförderungsweg und Angaben über die vom Absender am Wagen angebrachten Verschlüsse (Art. 7 § 1 lit. j und l, § 2 lit. f und h CIM). Werden selbstrollende Eisenbahnfahrzeuge als *Beförderungsgut* aufgeliefert (also nicht als *Beförderungsmittel* verwendet), so ist das ebenfalls im Frachtbrief besonders anzugeben. (Art. 7 § 1 lit. k). Aus Haftungsgründen ist auch der letzte, zur Ablieferung des Gutes verpflichtete Beförderer anzugeben, sofern er seine Zustimmung zur Übernahme dieser Rolle und zur Eintragung in den Frachtbrief erteilt hat (Art. 7 § 2 lit. a CIM; → Rn. 77). Die Haftung für unrichtige, ungenaue oder unvollständige Angaben im Frachtbrief trifft grundsätzlich den Absender, wenn die Angaben ihm zuzurechnen sind (Art. 8 CIM). 38

2. Beweiskraft des Frachtbriefs. Der Frachtbrief wird vom Absender und vom Beförderer unterschrieben, wobei die Unterschrift durch einen Stempelaufdruck, einen maschinellen Buchungsvermerk oder in anderer geeigneter Weise ersetzt werden kann (Art. 6 § 3 CIM). In dieser Form dient der Frachtbrief als Nachweis für den *Abschluss* und den *Inhalt* des Beförderungsvertrags sowie für die *Übernahme des Gutes* durch den Beförderer (Art. 12 § 1 CIM). Dies entspricht den Regelungen in § 409 Abs. 1 HGB und Art. 9 Abs. 1 CMR. Hinsichtlich weiterer Beweiswirkungen unterscheidet die CIM danach, wer das Gut verladen hat: Hat der **Beförderer** das Gut verladen, beweist der Frachtbrief bei Fehlen entgegenstehender Angaben und Vorbehalte den äußerlich guten Zustand von Gut und Verpackung bei der Übernahme durch den Beförderer sowie die Richtigkeit der Angaben im Frachtbrief über die Anzahl der Frachtstücke, ihre Zeichen und Nummern sowie die Bruttomasse oder die anders angegebene Menge des Gutes (Art. 12 § 2 CIM). In diesen Fällen entspricht die Beweiskraft des CIM-Frachtbriefs im Wesentlichen der Beweiskraft des Frachtbriefs im HGB- bzw. CMR-Verkehr (§ 409 Abs. 2 und 3 HGB; Art. 9 Abs. 2 CMR). 39

Hat hingegen der **Absender** das Gut verladen – was im Wagenladungsverkehr der Eisenbahn die Regel ist – entfaltet der CIM-Frachtbrief Beweiskraft hinsichtlich des Zustands des Gutes und der Angaben über die Anzahl der Frachtstücke, ihre Zeichen und Nummern sowie über die Bruttomasse oder die anders angegebene Menge des Gutes nur, wenn der Beförderer dies nachgeprüft und das übereinstimmende Ergebnis seiner Nachprüfung im Frachtbrief vermerkt hat (Art. 12 § 3 CIM).[9] Mit dieser Einschränkung der Beweiskraft werden systembedingte Besonderheiten des Eisenbahnverkehrs berücksichtigt (oben Rn. 15). Um die Beweiswirkungen des Frachtbriefs herbeizuführen, kann der Absender, wenn er das Gut verlädt, vom Beförderer die entsprechenden Nachprüfungen und Eintragungen in den Frachtbrief verlangen (Art. 11 § 3 CIM). Der Beförderer kann die Nachprüfung ablehnen, wenn ihm angemessene Mittel hierfür, zB eine Gleiswaage, fehlen. 40

3. Sonstige Begleitpapiere. Der Absender hat außerdem die für eine **amtliche Behandlung,** insbesondere eine Zollbehandlung, unterwegs erforderlichen Urkunden zur 41

---

[9] Vgl. auch *Koller* Art. 12 CIM Rn. 4.

Verfügung zu stellen und Auskünfte zu erteilen (Art. 15 CIM; vgl. auch § 413 HGB und Art. 11 CMR). Verletzt der **Absender** diese Verpflichtung, so hat er dem Beförderer alle daraus entstehenden Schäden zu ersetzen (Art. 15 § 2 CIM). Das gilt auch für Schäden, die **Dritte,** etwa die Absender anderer Güter in demselben Zug, dadurch erleiden, dass der Zug wegen fehlender Begleitpapiere für das Gut eines Absenders an der Grenze aufgehalten wird.[10] Auf Verschulden des Absenders kommt es dabei nicht an; seine der Höhe nach unbeschränkte Haftung entfällt lediglich, wenn den *Beförderer* ein Verschulden trifft. In diesem Fall haftet der **Beförderer** dem Absender und weiteren Kunden im Rahmen des Art. 23 CIM auf Schadensersatz, allerdings nur bis zur Höhe der Verlustentschädigung (→ Rn. 63). Außerdem haftet der Beförderer für die Folgen des Verlusts oder der unrichtigen Verwendung der Begleitpapiere, es sei denn, der Schaden beruht auf einem für den Beförderer **unabwendbaren Ereignis** (Art. 15 § 3 CIM). Die Haftung des Eisenbahnbeförderers in diesen Fällen entspricht der Haftung des Frachtführers nach § 413 Abs. 2 HGB und – mit Einschränkungen – nach Art. 11 Abs. 3 CMR. Die Haftung des **Absenders** für Fehlverhalten im Zusammenhang mit der Zurverfügungstellung von Begleitpapieren und Auskünften ist im *innerdeutschen Verkehr* jedoch der Höhe nach ebenso beschränkt wie die Haftung des Frachtführers in diesen Fällen (§ 414 Abs. 1 Satz 2 HGB). Ist der Absender ein *Verbraucher,* haftet er im innerdeutschen Verkehr überdies nur für *schuldhaftes* Fehlverhalten bei der Zurverfügungstellung von Begleitpapieren und Auskünften (§ 414 Abs. 3 HGB). Im Eisenbahnverkehr spielt diese Einschränkung allerdings kaum eine Rolle, da die Kunden der Eisenbahn im Wagenladungsverkehr regelmäßig Kaufleute sind und Stückgutverkehr nur noch im Rahmen von Spediteursammelgutverkehren iSd § 460 HGB stattfindet.

III. Verteilung einzelner Aufgaben

42   **1. Verpacken des Gutes.** Die CIM geht davon aus, dass der Absender das Gut ordentlich zu verpacken hat. Sie regelt daher nur noch die **Haftung des Absenders** für *fehlende* oder *mangelhafte* Verpackung des Gutes (Art. 14 CIM). Dieser Haftung des Absenders für Verpackungsfehler entspricht ein besonderer Haftungsbefreiungsgrund für den Beförderer in derartigen Fällen (Art. 23 § 3 lit. b CIM). Die Haftung des Absenders entfällt jedoch, wenn der Mangel **offensichtlich** oder dem Beförderer bei der Übernahme **bekannt** war und er dennoch keine Vorbehalte gemacht hat. Wenn der Absender für Verpackungsfehler haftet, dann hat er für *alle* dem Beförderer dadurch verursachten Schäden und Kosten einzustehen, auch wenn sie Dritte betreffen, etwa die Absender anderer Güter, die mit den nicht oder nur mangelhaft verpackten Gütern zusammen in einem Wagen verladen worden sind (→ Rn. 41).

43   **2. Verladen und Entladen des Gutes.** Es bleibt den Vertragsparteien überlassen festzulegen, wer von ihnen das Gut zu verladen und zu entladen hat. Fehlt eine Vereinbarung der Parteien, so trifft die Verlade- und Entladepflicht bei **Stückgut** den Beförderer, bei **Wagenladungen** hingegen den Absender und – nach der Ablieferung des Gutes – den Empfänger (Art. 13 CIM). Da die Eisenbahnen grundsätzlich nur noch Wagenladungen befördern, ist die Verlade- und Entladepflicht von Absender und Empfänger heute die Regel. Auch wenn die CIM nicht – wie das HGB in § 412 – zwischen **beförderungssicherer** und **betriebssicherer Verladung** unterscheidet, ist diese Differenzierung dem Eisenbahnrecht doch nicht fremd: Der zur Beladung Verpflichtete hat das Gut so zu verladen, dass Schäden am Gut, am Wagen oder an anderen Gütern sowie an Bahnanlagen bei der Beförderung unterbleiben **(beförderungssichere Verladung)**. Daneben ist die Eisenbahn zur Wahrung der **Betriebssicherheit** verpflichtet und hat Belademängel zu unterbinden, die die Betriebssicherheit gefährden. Bei mangelhafter Verladung des Gutes haftet der Absender dem Beförderer für *alle* daraus entstehenden Schäden, und zwar unbeschränkt, auch wenn

---

[10] MüKoHGB/*Freise* Art. 15 CIM Rn. 4.

ihn kein Verschulden an dem Verlademangel trifft.[11] Da der Absender *alle* Folgen seiner mangelhaften Verladung zu tragen hat, hat er auch für die aus der mangelhaften Verladung resultierenden **Schäden Dritter** einzustehen, wenn deren im gleichen Wagen oder Zug beförderten Güter etwa in Mitleidenschaft gezogen worden sind.

IV. Zahlung der Kosten

Zu den **Kosten** gehören die **Fracht,** Nebengebühren, Zölle und sonstige bis zur Ablieferung anfallende Kosten, zB Standgelder oder Kosten der Nachprüfung gemäß Art. 11 §§ 2 und 3 CIM. Soweit die Vertragsparteien nichts anderes vereinbart haben, hat der **Absender** die Kosten zu bezahlen (Art. 10 § 1 CIM). Das Gleiche gilt, wenn der Empfänger sich auf den Frachtvertrag nicht einlässt und die auf ihn „**überwiesenen**" Kosten nicht bezahlt (Art. 10 § 2 CIM). Soweit die Kosten gemäß Frachtbrief (Art. 7 § 1 lit. o CIM) auf den Empfänger überwiesen sind und der Empfänger den Frachtbrief einlöst oder Rechte aus dem Beförderungsvertrag geltend macht oder den Beförderungsvertrag abändert, indem er zB die Ablieferung des Gutes an einen Dritten vorschreibt, ist der **Empfänger** zur Zahlung der Kosten verpflichtet. Dies ergibt sich im *Umkehrschluss* aus Art. 10 § 2 CIM. 44

Sind die Kosten nicht auf den Empfänger überwiesen, so wird er auch dann nicht zum Kostenschuldner, wenn er den Frachtbrief annimmt und die Ablieferung des Gutes nach Art. 17 § 3 CIM verlangt oder über das Gut verfügt.[12] Im internationalen Eisenbahnrecht gibt es keine dem § 421 Abs. 2 HGB und dem Art. 13 Abs. 2 CMR entsprechende Vorschrift, wonach der Empfänger auch dadurch zur Zahlung der Kosten verpflichtet wird, dass er die Ablieferung des Gutes vom Frachtführer **verlangt.** Auch der Beförderer im internationalen Eisenbahnverkehr ist zur Ablieferung des Gutes an den Empfänger allerdings nur **Zug um Zug** gegen Zahlung der sich aus dem Beförderungsvertrag ergebenden Forderungen verpflichtet (Art. 17 § 1 CMR), selbst wenn die Kosten nicht auf den Empfänger überwiesen sind. 45

V. Lieferfristen

Die Aufhebung der Beförderungspflicht im Zuge der Liberalisierung des Eisenbahnverkehrs hat dazu geführt, dass nun auch im internationalen Eisenbahnrecht in erster Linie auf **vereinbarte Lieferfristen** gesetzt wird (Art. 16 § 1 Satz 1 CIM). Nur wenn Absender und Beförderer keine Vereinbarung zur Lieferfrist getroffen haben, gelten die in Art. 16 CIM genannten **gesetzlichen Höchstlieferfristen subsidiär.** Ein gänzlicher Verzicht auf konkret berechenbare Höchstlieferfristen (wie in § 423 HGB oder Art. 19 CMR) ist im internationalen Eisenbahnverkehr schwierig, weil hier die Transportabwicklung häufig durch mehrere aufeinanderfolgende Beförderer geschieht, die bei fehlender konkreter Vereinbarung Klarheit über ihre jeweilige Teillieferfrist brauchen. Immerhin ist die Haftung der Eisenbahn bei Lieferfristüberschreitung viermal höher als im internationalen Straßengüterverkehr (vierfache statt einfache Fracht, Art. 33 CIM gegenüber Art. 23 Abs. 5 CMR). 46

Die gesetzlichen Höchstlieferfristen der CIM erscheinen auf den ersten Blick reichlich lang. Für eine freitags um 14 Uhr aufgelieferte Sendung, die nicht als Ganzzug, sondern im Einzelwagenverkehr zB über eine Entfernung von 350 km zu befördern ist und die wegen der Betriebsruhe auf dem Rangierbahnhof am Wochenende erst am Montagvormittag in Fahrt kommt, ist die Höchstlieferfrist der CIM gleichwohl zu kurz. Im Übrigen ist zu berücksichtigen, dass heute auch im Eisenbahnverkehr für „hochwertige" Verkehre maßgeschneiderte Verkehrsprogramme üblich sind, die eine „just-in-time-Ablieferung" vorsehen. 47

---

[11] Vgl. MüKoHGB/*Freise* Art. 13 CIM Rn. 6.
[12] *Koller* Art. 10 CIM Rn. 2.

VI. Nachträgliche Verfügungen

48 Absender oder Empfänger sind bei Vorliegen bestimmter Voraussetzungen berechtigt, den Frachtvertrag nachträglich einseitig zu ändern und über das Gut zu verfügen (Art. 18 CIM). Absender und Empfänger sind aber jeweils **nur alternativ verfügungsberechtigt:** Das Verfügungsrecht des Absenders erlischt, wenn der Empfänger bestimmte Handlungen vorgenommen oder bestimmte ihm zustehende Rechte geltend gemacht hat (Art. 18 § 2 CIM). Irritierend ist allerdings, dass der Empfänger nach Art. 18 Abs. 3 CIM bereits von der Ausstellung des Frachtbriefs an verfügungsberechtigt ist (und damit dem Verfügungsrecht des Absenders sogleich ein Ende setzt!), sofern nicht der Absender dies durch einen gegenteiligen Vermerk im Frachtbrief ausgeschlossen hat. Der Absender muss sich also sein Verfügungsrecht dadurch sichern, dass er das – aufgrund eines Redaktionsversehens des Gesetzgebers – zu frühe Verfügungsrecht des Empfängers im Frachtbrief ausdrücklich ausschließt oder einschränkt.[13] Der Absender kann zB den Vermerk anbringen, dass der Empfänger erst dann verfügungsberechtigt sein soll, wenn das Gut das Versandland verlassen oder wenn es im Bestimmungsland oder am Bestimmungsbahnhof oder an der Ablieferungsstelle angekommen ist (vgl. § 418 Abs. 2 HGB). Die Bestimmungen der DB Schenker Rail AG für den internationalen Eisenbahnverkehr sehen bei fehlender anderslautender Weisung des Absenders vor, dass der Absender allein verfügungsberechtigt ist, bis die Sendung Deutschland verlassen hat. Dementsprechend ist in Transitländern und im Bestimmungsland allein der Empfänger verfügungsberechtigt. Ein klarer Hinweis zum Verfügungsrecht des Absenders oder Empfängers im Frachtbrief oder in den Beförderungsbedingungen ist vonnöten, um den **„Verfügungsberechtigten"** zu identifizieren, dem die CIM an verschiedenen Stellen Rechte gibt oder Verpflichtungen auferlegt, so zB in Art. 20 und 22 in Bezug auf Beförderungs- und Ablieferungshindernisse.

49 Der Verfügungsberechtigte (Absender oder Empfänger) hat die gewünschte Änderung des Frachtvertrags in das **Frachtbriefdoppel** einzutragen und dem Beförderer vorzulegen (Art. 19 Abs. 1 CIM). Ist der Verfügungsberechtigte nicht im Besitz des Frachtbriefdoppels, so ist sein Verfügungsrecht **„gesperrt"**. Verweigert jedoch der Empfänger die Annahme des Gutes, kann der Absender Anweisungen auch dann erteilen, wenn er das Frachtbriefdoppel nicht mehr besitzt (Art. 21 § 3 CIM). Der Beförderer kann die Ausführung nachträglicher Verfügungen unter Angabe berechtigter Gründe **verweigern** (Art. 19 §§ 3 bis 5 CIM). Unzulässig ist eine nachträgliche Verfügung zB dann, wenn sie gegen zwingende Rechtsvorschriften verstößt oder wenn ihre Ausführung zu einer Teilung der Sendung führen würde. Das Betriebssystem der Eisenbahn mit Einsatz ganzer Züge, in denen sich regelmäßig die Güter mehrerer Absender befinden, setzt der Ausführbarkeit nachträglicher Verfügungen engere Grenzen, als dies etwa im Straßenverkehr der Fall ist. Nach Art. 19 § 2 CIM hat der Verfügende dem Beförderer alle Kosten und Schäden zu ersetzen, die durch die Ausführung der nachträglichen Änderung entstehen. Dem Art. 19 §§ 3 und 5 CIM können allerdings auch Maßstäbe für eine Pflicht des Beförderers entnommen werden, die Ausführung nachträglicher Verfügungen unter bestimmten Voraussetzungen im Interesse des Verfügenden und anderer Beteiligter zu verweigern, damit Schäden und übermäßige Kosten vermieden werden. Führt der **Beförderer** eine nachträgliche Verfügung aber **schuldhaft** nicht oder mangelhaft aus, so haftet er nach Art. 19 §§ 6 und 7 CIM für den Vermögensschaden, der sich aus dieser Verletzung einer vertraglichen Nebenpflicht ergibt. Diese Haftung ist – wie die Haftung für Verlust oder Beschädigung des Gutes oder für Lieferfristüberschreitung nach den Art. 23 ff. CIM – der Höhe nach begrenzt, sofern nicht schweres Verschulden des Beförderers vorliegt (Art. 36 CIM).

---

[13] Vgl. MüKoHGB/*Freise* Art. 18 CIM Rn. 5.

VII. Ablieferung des Gutes

50 Der Beförderer hat dem Empfänger an dem für die Ablieferung vorgesehenen Ort den Frachtbrief zu übergeben und das Gut abzuliefern (Art. 17 § 1 CIM). „**Ablieferungsort**" kann wie früher der „**Bestimmungsbahnhof**" bei einer Eisenbahn sein, aber auch eine sonstige in den Frachtbrief eingetragene „**Ablieferungsstelle**" (Art. 7 § 1 lit. f CIM), zB der **Gleisanschluss** des Empfängers oder sein auf der Straße erreichbarer Betrieb, wenn sich an die Eisenbahnbeförderung ein **Nachlauf auf der Straße** anschließt (Art. 1 § 3 CIM).

51 Die Pflicht des Beförderers zur Ablieferung des Gutes besteht in erster Linie gegenüber dem Absender als seinem Vertragspartner (Art. 6 § 1 CIM); nach der Ankunft des Gutes an der Ablieferungsstelle ist aber auch der Empfänger berechtigt, vom Beförderer die Übergabe des Frachtbriefs und die Ablieferung des Gutes zu verlangen (Art. 17 § 3 CIM). Allerdings ist der Beförderer nur **Zug um Zug** gegen Empfangbescheinigung und gegen Zahlung der sich aus dem Beförderungsvertrag ergebenden (noch offenen) Forderungen zur Ablieferung verpflichtet (Art. 17 § 1 CIM). Dieses **Zurückbehaltungsrecht** kann der Beförderer dem Empfänger auch dann entgegenhalten, wenn die Forderungen nicht auf den Empfänger überwiesen sind (vgl. Art. 10 § 2 CIM). Der Empfänger steht dann vor der Entscheidung, ob er freiwillig dennoch die Kosten bezahlt oder ob er ein Tätigwerden des Absenders abwartet. Anders als nach § 421 Abs. 2 HGB im innerdeutschen Verkehr und nach Art. 13 Abs. 2 CMR im internationalen Straßengüterverkehr wird der Empfänger im internationalen Eisenbahnverkehr nicht dadurch zahlungspflichtig, dass er vom Beförderer die Übergabe des Frachtbriefs und die Ablieferung des Gutes nach Art. 17 § 3 CIM verlangt. Voraussetzung für das Entstehen einer Zahlungspflicht des Empfängers ist nach der CIM, dass die Kosten auf ihn „**überwiesen**" sind. Wenn das der Fall ist, wird der Empfänger zahlungspflichtig, sobald er den Frachtbrief einlöst oder Rechte aus dem Beförderungsvertrag geltend macht (vgl. Art. 10 § 2 CIM).

52 Auch nach der Einlösung des Frachtbriefs und nach der Bezahlung offener Forderungen kann der Berechtigte die **Annahme des Gutes** so lange **verweigern**, bis seinem Verlangen auf Feststellung eines behaupteten Schadens durch Erstellung einer **Tatbestandsaufnahme** nach Art. 42 CIM Folge geleistet ist (Art. 17 § 4 CIM). Durch Geltendmachung dieses Rechts kann der Empfänger sicherstellen, dass etwaige Schadensersatzansprüche gegen den Beförderer aus dem Beförderungsvertrag nicht wegen vorbehaltloser Annahme des Gutes nach Art. 47 CIM erlöschen (→ Rn. 73, 81).

VIII. Beförderungs- und Ablieferungshindernisse

53 Bei einem **Beförderungshindernis**, zB bei witterungsbedingter Sperrung einer Alpenquerung, kann das Eisenbahnunternehmen selbst entscheiden, ob es eine Anweisung des Verfügungsberechtigten einholt oder es für zweckmäßig erachtet, das Gut ohne weiteres über einen **anderen Beförderungsweg** ans Ziel zu leiten (Art. 20 § 1 CIM). Dieses Ermessen des Beförderers ist sinnvoll im Hinblick auf die Besonderheiten des Eisenbahnbetriebs, bei dem ein Beförderungshindernis schneller eintreten kann als etwa im Straßenverkehr. Dort sind **Routenänderungen** von vornherein kaum als Beförderungshindernis einzustufen, so dass der Straßenverkehrsunternehmer in solchen Fällen ebenfalls ohne Rücksprache mit dem Absender einen anderen Weg wählen kann. Wenn hingegen nicht nur über eine Änderung des Beförderungswegs zu entscheiden ist, sondern eine **Weiterbeförderung** überhaupt **nicht möglich** ist, hat der Eisenbahnbeförderer den Verfügungsberechtigten um eine **Anweisung** zu ersuchen (Art. 20 § 2 CIM); bleibt eine fristgerechte Anweisung aus, hat der Beförderer die aus seiner Sicht für den Verfügungsberechtigten vorteilhaftesten Maßnahmen zu ergreifen. Bei einem **Ablieferungshindernis,** wenn es zB den frachtbriefmäßigen Empfänger gar nicht gibt, hat der Beförderer den Absender unverzüglich in Kenntnis zu setzen und seine Anweisungen einzuholen, sofern das Gut nicht ohnehin gemäß Frachtbriefeintrag sogleich an den Absender zurückzusenden ist (Art. 21 § 1 CIM). Entfällt ein Ablieferungshindernis, bevor Anweisungen des Absenders beim Beförderer eingetroffen sind, so hat der Beförderer das Gut an den Empfänger abzuliefern, ohne noch auf den Eingang etwaiger anderslautender Anweisungen des Absenders zu warten (Art. 21 § 2 CIM).

54   Die **Folgen** von Beförderungs- und Ablieferungshindernissen sind in Art. 22 CIM für beide Arten von Hindernissen einheitlich geregelt: Der Beförderer hat Anspruch auf Erstattung der Kosten, die ihm im Zuge der Bewältigung der Hindernisse **ohne sein Verschulden** entstehen. Er kann insbesondere die Fracht über den tatsächlichen Beförderungsweg erheben, bei längerem Weg also eine höhere Fracht verlangen, und er kann die entsprechende (längere) Lieferfrist beanspruchen (Art. 22 § 1). Kann das Gut nicht weiterbefördert bzw. nicht abgeliefert werden, so hat der Beförderer im internationalen Eisenbahnverkehr nach Art. 22 CIM die gleichen Rechte wie nach § 419 Abs. 3 HGB: Er kann das Gut **ausladen** und auf Kosten des Verfügungsberechtigten selbst **verwahren** oder durch einen Dritten verwahren lassen; verderbliches oder aus anderen Gründen zur Verwahrung ungeeignetes Gut kann der Beförderer **verkaufen** lassen; äußerstenfalls kann er das Gut auf Kosten des Absenders an diesen **zurücksenden** oder, sofern dies wegen der Beschaffenheit des Gutes gerechtfertigt ist (zB bei gefährlichem Abfall), auch **vernichten** (Art. 22 § 6 CIM).

IX. Haftung im internationalen Eisenbahnverkehr

55   Die Haftung des Beförderers im internationalen Eisenbahngüterverkehr für **Güter- und Verspätungsschäden** (Art. 23 ff. CIM, **Verkehrshaftung**) entspricht in ihren Grundzügen der Haftungsordnung anderer internationaler und nationaler Gütertransportrechte (insbesondere CMR und HGB): Der Beförderer haftet für Güter- und Verspätungsschäden einerseits **verschärft** (Obhutshaftung ohne Verschulden), andererseits im Regelfall **der Höhe nach beschränkt.** Zugunsten des Beförderers gelten unter bestimmten Voraussetzungen **Haftungsausschluss- und Haftungsbeschränkungsgründe;** bei schwerem Verschulden entfallen die meisten Haftungsbeschränkungen und es tritt **unbeschränkte Haftung** ein. Bei Verletzung von **Nebenpflichten** aus dem Beförderungsvertrag haftet der Beförderer nach Einzelvorschriften in der CIM, so zB bei fehlendem „CIM-Vermerk" im Frachtbrief (Art. 8 § 3 CIM),[14] bei unsachgemäßer Verwendung von Begleitpapieren (Art. 15 § 3 CIM), bei unterlassener Einziehung einer Nachnahme (Art. 17 § 6 CIM), bei fehlerhafter Ausführung nachträglicher Verfügungen (Art. 19 §§ 6 und 7 CIM) oder bei unsorgfältiger Auswahl eines Verwahrers (Art. 22 § 2 CIM). Diese Befördererhaftung iwS ist teilweise ebenfalls beschränkt, teilweise unbeschränkt (vgl. Art. 8 § 3 CIM). Auch die Haftung des **Absenders** (ausnahmsweise des Empfängers) für Pflichtverletzungen bei Durchführung des Beförderungsvertrags ist in der CIM verstreut geregelt, so die Haftung für fehlerhafte Frachtbriefangaben (Art. 8 CIM), für mangelhafte Verpackung oder Verladung des Gutes (Art. 14, 13 § 2 CIM), für fehlende oder fehlerhafte Begleitpapiere (Art. 15 § 2 CIM) oder für die Kosten und Schäden anlässlich der Ausführung nachträglicher Änderungen des Beförderungsvertrag (Art. 19 § 2 CIM).

56   **1. Haftungsbegründung. a) Haftungstatbestände.** Der Beförderer haftet für den Schaden, der durch gänzlichen oder teilweisen **Verlust** oder durch **Beschädigung** des Gutes in der Zeit von der Übernahme bis zur Ablieferung oder durch **Überschreitung der Lieferfrist** entsteht (Art. 23 § 1 CIM, **Obhutshaftung**). Für Beschädigungen des Gutes **außerhalb der Obhutszeit** (vor der Übernahme oder nach der Ablieferung) haftet der Beförderer nicht nach der CIM, sondern nach jeweils anwendbarem **Landesrecht.** Das gilt auch, wenn der Beförderer **andere Sachen** des Absenders oder des Empfängers beschädigt, zB ein Werkstor bei der Bedienung eines Gleisanschlusses. Der Beförderer haftet jeweils nur

---

[14] Vgl. dazu MüKoHGB/*Freise* Art. 8 CIM Rn. 6.

für eingetretene Schäden; die CIM gewährt keine Pauschalzahlungen ohne **Schadensnachweis.** Gänzlicher und teilweiser Verlust unterscheiden sich in den Rechtsfolgen; da bei **Teilverlust** immerhin noch Gut abgeliefert wird, ist diese Fallgestaltung der **Beschädigung** des Gutes gleichgestellt (vgl. Art. 42, 47 § 2 und 48 § 2 CIM). Die **Verpackung** bildet einen Teil der Sendung, deshalb stellt die Ablieferung einer leeren Kiste einen Teilverlust dar. Kommen hingegen **bahneigene Behälter** leer an, liegt Totalverlust des ursprünglich darin verstauten Beförderungsgutes vor.

Für den Fall, dass das Gut nicht nur in **beschädigtem Zustand,** sondern auch **verspätet** abgeliefert wird, enthält das internationale Eisenbahntransportrecht Klarstellungen, die das deutsche Transportrecht und die CMR nicht aufweisen. Für das HGB wird deshalb darüber gestritten, ob bei Zusammentreffen von Beschädigung und Lieferfristüberschreitung nur wegen Beschädigung oder auch wegen Lieferfristüberschreitung oder in bestimmten Fällen nur wegen Lieferfristüberschreitung zu entschädigen ist.[15] In der CIM ist dagegen geklärt, dass die **Schadensursachen maßgeblich** sind: Führt eine Lieferfristüberschreitung zu einer Beschädigung des Gutes (leicht verderbliche Güter werden verspätet abgeliefert und sind daher verdorben), so wird nur eine Entschädigung wegen Lieferfristüberschreitung gewährt (Art. 33 § 1 CIM); liegen hingegen Beschädigung und Lieferfristüberschreitung **unabhängig voneinander** vor (bei der verspäteten Ablieferung der Maschine wird diese vom Beförderer zusätzlich noch aus Unachtsamkeit beschädigt), so wird wegen Lieferfristüberschreitung und wegen Beschädigung entschädigt (Art 33 § 4 CIM); wird das Gut bei einem Eisenbahnunfall beschädigt und führt der Unfall wegen der damit verbundenen Komplikationen (Unfallaufnahme, Entladen entgleister Wagen, Umladung des Gutes, Umleitung des neugebildeten Zuges usw.) außerdem zur verspäteten Ablieferung, so ist der Verspätungsschaden ein **Folgeschaden** der Beschädigung, für den nicht gesondert gehaftet wird (Art. 32 § 1 CIM: „ohne weiteren Schadensersatz"; → Rn. 65). 57

b) Haftungsmaßstab. Die Obhutshaftung des Eisenbahnbeförderers ist eine **Gefährdungshaftung** bis zur Grenze des **unabwendbaren Ereignisses** (vgl. Art. 23 § 2 Fall 4 CIM). Auf ein **Verschulden** des Beförderers oder seiner Leute kommt es nicht an. Wenn allerdings **selbstrollende Eisenbahnfahrzeuge** als Beförderungsgut aufgeliefert werden, haftet der Beförderer für deren Verlust, Beschädigung oder Lieferfristüberschreitung nur, sofern er nicht beweist, dass der Schaden nicht durch sein Verschulden verursacht worden ist (Art. 24 § 1 CIM). Haftungsmaßstab ist in diesem Fall also **„vermutetes Verschulden".** Über Art. 40 Satz 2 CIM wird dem Beförderer im Übrigen in allen Fällen auch das Verhalten des **Infrastrukturbetreibers** zugerechnet, so dass der Beförderer auch für Mängel der Infrastruktur (zB Schienenbrüche) oder Fehler beim Betrieb der Infrastruktur (falsche Signal- oder Weichenstellung) zu haften hat.[16] 58

2. Haftungsbefreiungen. Wie HGB und CMR unterscheidet auch die CIM in ihrem Art. 23 § 2 und § 3 **einfache (allgemeine)** und **besondere (bevorrechtigte) Haftungsbefreiungsgründe,** bei deren Vorliegen die Haftung des Beförderers entfällt. Das Vorliegen einfacher Haftungsbefreiungsgründe gemäß § 2 hat der Beförderer zu beweisen (Art. 25 § 1 CIM), die besonderen Haftungsbefreiungsgründe unterliegen besonderen Beweisregeln, die für den Beförderer günstiger sind (Art. 25 §§ 2 und 3 CIM). 59

a) Allgemeine Haftungsbefreiungsgründe. Die CIM nennt **vier** allgemeine Haftungsbefreiungsgründe: **Verschulden** des Berechtigten (Absender oder Empfänger gemäß Art. 18 CIM), **Anweisungen** des Berechtigten (die nicht vom Beförderer verschuldet worden sind), **besondere Mängel des Gutes** (zB innerer Verderb oder Schwund) oder **unabwendbare Ereignisse** (Art. 23 § 2 CIM). Unabwendbar ist ein Ereignis, wenn es auch bei Anwendung äußerster wirtschaftlich zumutbarer Sorgfalt nicht verhindert werden kann (vgl. § 426 HGB). **Besondere Mängel** des Gutes liegen vor, wenn das Gut von der nor- 60

---

[15] Vgl. *Koller* § 425 HGB Rn. 91 mwN zu den unterschiedlichen Auffassungen.
[16] Vgl. auch BGH NJW 2012, 1083 (zum innerdeutschen Eisenbahnpersonenverkehr).

malen Beschaffenheit gleichartiger Güter abweicht (zB einen lückenhaften Schutzanstrich aufweist) und daher für den Eintritt von Schäden (zB Rost) während eines normalen Eisenbahntransports besonders anfällig ist.[17] Wenn ungenügende Dichtheit der vom Absender gestellten Behälter zum **Schwund** (Mengenverlust) des flüssigen Gutes führt, liegt ein besonderer Mangel des Gutes und damit für den Beförderer eine Haftungsbefreiung nach Art. 23 § 2 CIM vor.

61 **b) Bevorrechtigte Haftungsbefreiungsgründe.** Die bevorrechtigten Haftungsbefreiungsgründe zugunsten des Beförderers in Art. 23 § 3 CIM knüpfen an **besondere Gefahren** für das Gut an, die jeweils in der **Sphäre des Kunden** liegen. Ist eine der besonderen Gefahren gegeben und legt der Beförderer dar, dass ein eingetretener Schaden wegen Verlusts oder Beschädigung des Gutes (nicht wegen Lieferfristüberschreitung!) aus dieser Gefahr **entstehen konnte,** so wird nach Art. 25 § 2 CIM vermutet, dass der Schaden auch aus dieser Gefahr **entstanden ist** – sofern nicht dem Berechtigten der Gegenbeweis gelingt.

62 Einer der wichtigsten bevorrechtigten Haftungsbefreiungsgründe ist die mit der Beförderung in offenen Wagen verbundene Gefahr für das Gut (**„O-Wagen-Gefahr"**). Die komplizierte Regelung für drei verschiedene Fallgruppen in Art. 23 § 3 lit. a CIM zeigt, wie umstritten diese Bestimmung zwischen Kunden und Beförderern immer wieder ist: Im **allgemeinen Wagenladungsverkehr** führt die zwischen den Parteien vereinbarte und im Frachtbrief vermerkte Beförderung des Gutes in offenen Wagen bei den daraus resultierenden Schäden (etwa wegen Nässe oder aufgrund von Steinschlag) haftungsbefreiend für den Beförderer, sofern es sich nicht um einen außergewöhnlich großen Verlust oder um einen Verlust ganzer Frachtstücke handelt (vgl. Art. 25 § 3 CIM). „**Offen**" sind nach der CIM auch Wagen, die zwar ein festes Dach haben, aber nicht allseits voll geschlossen sind. Die Umhüllung des Wagens mit einer **Plane** schließt im internationalen Eisenbahnverkehr die O-Wagen-Gefahr nicht aus (anders § 427 Abs. 1 Nr. 1 HGB für den Binnenverkehr und Art. 17 Abs. 4 lit. c CMR für den internationalen Straßengüterverkehr). – Deckt der Absender die in offenen Eisenbahnwagen beförderten Güter mit **Decken** ab, so beseitigt das nicht die O-Wagen-Gefahr. Das gilt auch dann, wenn die Güter nach den AGB nicht in offenen Wagen befördert werden (sollen), der Absender sie jedoch in offene Wagen verlädt, weil er davon ausgeht, die Güter seien durch Decken oder Planen ausreichend geschützt. – Güter in **intermodalen Transporteinheiten,** zB in Containern, Wechselbehältern oder Sattelaufliegern (Art. 3 lit. d CIM), oder in **geschlossenen Straßenfahrzeugen,** die auf offenen Eisenbahnwagen befördert werden, gelten nicht als in offenen Wagen befördert, es sei denn, sie erleiden Schäden infolge von Witterungseinflüssen. Wenn die Straßenfahrzeuge oder intermodalen Transporteinheiten nur mit **Planen** gedeckt sind, entfällt die O-Wagen-Gefahr nicht.[18]

63 Weitere bevorrechtigte Haftungsbefreiungsgründe sind:
- Fehlen oder Mängel der Verpackung (Art. 23 § 3 lit. b CIM),
- Verladen/Ausladen der Güter durch Absender/Empfänger (lit. c),
- natürliche Beschaffenheit gewisser Güter, die durch ihre Beschaffenheit Verlust oder Beschädigung ausgesetzt sind (lit. d),
- fehlerhafte Bezeichnung oder Nummerierung der Frachtstücke (lit. e),
- Beförderung lebender Tiere (lit. f),
- Verlust oder Beschädigung des Gutes aufgrund einer Gefahr, die bei einer „begleiteten Beförderung" durch die Begleitung abgewendet werden sollte (lit. g; diesen Befreiungsgrund kennt – betriebsbedingt – nur das Eisenbahnrecht).

64 Der Befreiungsgrund der **natürlichen Beschaffenheit** des Gutes wirkt, wenn das Beförderungsgut von Natur aus besonders empfindlich und der Schaden darauf zurückführbar ist. Das gilt zB, wenn ein Absender im Winter frostempfindliches Gut in nicht tempera-

---

[17] Vgl. zur CMR Thume/*Thume* Art. 17 Rn. 91.
[18] Näher dazu MüKoHGB/*Freise* Art. 23 CIM Rn. 33.

turgeregelten Güterwagen aufliefert und das Gut daraufhin unterwegs Frostschäden erleidet.

3. Haftungsumfang. Die **Entschädigungsgrundsätze** der CIM entsprechen denen der CMR und des HGB-Frachtrechts, allerdings mit einigen Besonderheiten, die sich meistens zu Lasten des Eisenbahnbeförderers auswirken: 65

- Die **Verlustentschädigung** richtet sich nach dem objektiven Wert des Gutes bei Übernahme durch den Beförderer; bei **Beschädigung** ist die Wertminderung zu ermitteln (Art. 30 § 1, Art. 32 § 1 CIM);
- der **Entschädigungshöchstbetrag** beträgt bei der Regelhaftung 17 Sonderziehungsrechte (19 bis 20 Euro, Stand Januar 2013) je fehlendes oder beschädigtes Kilogramm der Bruttomasse (Art. 30 § 2 CIM) und ist damit doppelt so hoch wie nach HGB und CMR. Bei vereinbarter **Wertangabe** oder bei vereinbarter Angabe eines **besonderen Interesses an der Lieferung** kann der Ersatzberechtigte einen höheren nachgewiesenen Schaden beanspruchen (Art. 34, 35 CIM);
- bei Beförderung **selbstrollender Eisenbahnfahrzeuge als Gut** gibt es keine betragsmäßige Haftungsbegrenzung. Im Falle des Verlusts wird der **gemeine Wert** des verlorenen Fahrzeugs oder seiner verlorenen Bestandteile ersetzt, im Falle der Beschädigung werden die **Instandsetzungskosten** bis zur Höhe des Betrags erstattet, der bei Verlust zu zahlen wäre (Art. 30 § 3, Art. 32 § 3). Eine Entschädigung für **Nutzungsausfall** wird nicht gewährt. Entsprechendes gilt bei Verlust oder Beschädigung einer **intermodalen Transporteinheit,** zB eines Containers;
- seine **Schadensfeststellungskosten** hat der Beförderer zusätzlich (außerhalb der Haftungsbeschränkung) zu tragen, denn ihm obliegt es, die Tatbestandsaufnahme zu erstellen (Art. 42 CIM). Nach § 431 Abs. 1 HGB fallen die Schadensfeststellungskosten im innerdeutschen Verkehr dagegen unter die Haftungsbeschränkung;
- nach Art. 30 § 4 CIM hat der Beförderer außerdem **sonstige Kosten** zu erstatten (Fracht, bereits entrichtete Zölle und sonstige **im Zusammenhang mit der Beförderung** des verlorenen Gutes gezahlte Beträge), jedoch nicht Verbrauchsabgaben auf Gütern, die im Steueraussetzungsverfahren befördert werden. Daher sind Zölle und Steuern, die nicht wegen der Beförderung, sondern *wegen des Verlusts des Gutes* (insbesondere Diebstahl!) erhoben werden, nicht zu erstatten;[19]
- **weiteren Schaden** hat der Beförderer bei Verlust oder Beschädigung des Gutes im Regelfall **nicht zu ersetzen** (Art. 30 § 1, Art. 32 § 1 CIM: „ohne weiteren Schadensersatz"). Nicht ersetzt werden daher **„Güterfolgeschäden",** die erst in Folge von Verlust oder Beschädigung des Beförderungsgutes an **anderen Sachen** oder im **Vermögen** des Ersatzberechtigten eintreten;[20]
- bei **Lieferfristüberschreitung** beträgt die Entschädigung höchstens das **Vierfache der Fracht** (Art. 33 § 1 CIM). In diesem Fall werden – anders als bei Verlust oder Beschädigung – gerade *Folgeschäden* ersetzt, nämlich Vermögenseinbußen, die der Ersatzberechtigte infolge der Verspätung des Gutes erleidet, auch wenn das Gut selbst nicht beschädigt ist. Das gilt zB für Preisverfall bei Saisonware oder Stillstandskosten wegen Wartens auf ein dringend benötigtes Ersatzteil. Liegt un-abhängig von der Verspätung auch eine Beschädigung des Gutes vor, so sind Verspätungsschäden und Substanzschäden nebeneinander zu ersetzen (Art. 33 § 4 CIM). Für gänzlichen oder teilweisen **Verlust** des Gutes gibt es hingegen nur Verlustentschädigung (Art. 33 §§ 2 und 3 CIM). Ist die **Lieferfrist vereinbart** worden, so kann auch eine abweichende Entschädigungsregelung für den Fall der Lieferfristüberschreitung vereinbart werden (Art. 33 § 6 CIM), die günstiger oder ungünstiger als die gesetzliche Regelung sein kann. Ist in einem solchen Fall nicht nur die vereinbarte, sondern auch die subsidiäre Höchstlieferfrist des Art. 16 CIM überschritten, so kann der Berechtigte entweder die vereinbarte

---

[19] *BGH* TranspR 2003, 453, 454 f.
[20] *BGH* VersR 2007, 86, 87 f.

oder die gesetzliche Entschädigung verlangen. Letztere stellt dann eine **Mindestentschädigung** dar;
- wenn die CIM auf einen Schadensfall anzuwenden ist und dem Geschädigten wegen des Vorliegens von Haftungsbefreiungs- oder -beschränkungsgründen den Schadensersatz versagt oder beschränkt, dann gilt das auch, falls der Geschädigte seinen Ersatzanspruch nicht auf den Beförderungsvertrag, sondern auf eine andere Rechtsgrundlage, etwa auf **außervertragliche Haftung** des Beförderers stützt (Art. 41 CIM);
- auf die zu zahlende Entschädigung wegen Verlusts, Beschädigung oder Lieferfristüberschreitung kann der Berechtigte **Zinsen** in Höhe von 5% jährlich verlangen, und zwar vom Tag der Reklamation bzw. der Klageerhebung an (Art. 37 CIM).

66 **4. Wegfall der Haftungsbeschränkung.** Bei **Schädigungsabsicht** oder „**bewusster Leichtfertigkeit**"[21] des Beförderers entfallen die zu seinen Gunsten in bestimmten Artikeln vorgesehenen Haftungsbeschränkungen (Art. 36 CIM). Das gilt nicht nur für die *betragsmäßigen* Haftungsbeschränkungen (17 SZR bzw. vierfache Fracht), sondern auch für den Ausschluss der Ersatzpflicht für *Güterfolgeschäden* in Art. 30 § 1, Art. 32 § 1 CIM. Aus Art. 47 § 2 lit. d und Art. 48 § 1 lit. c CIM ergeben sich weitere Haftungsverlängerungen zu Lasten des Beförderers bei schwerem Verschulden. Das Betriebssystem der Eisenbahn mit dem Fahren ganzer Züge, die im internationalen Güterverkehr Grenzaufenthalte erleiden und unterwegs in Rangierbahnhöfen „umgebildet" werden müssen, erlaubt es nicht, die von der Rechtsprechung aufgestellten Maßstäbe zur bewussten Leichtfertigkeit eines Spediteurs oder Straßenfrachtführers (insbesondere bei fehlenden durchgängigen Schnittstellenkontrollen) ohne weiteres auf die Eisenbahn zu übertragen. Vielmehr ist zu berücksichtigen, dass bei der Eisenbahn die Kontroll- und Beaufsichtigungsmöglichkeiten unterwegs eingeschränkter sind als etwa im Verkehr mit Lkw (→ Rn. 15).

67 **5. Schadensvermutung bei Neuaufgabe des Gutes.** Im internationalen Eisenbahnverkehr kann es vorkommen, dass der Absender das Gut nicht bis zum endgültigen Zielort aufliefert, sondern zunächst nur bis zu einem vorläufigen Bestimmungsort, an dem das Gut dann neu aufgeliefert wird. In diesen Fällen werden zwei oder mehr Eisenbahnfrachtverträge aneinandergereiht, die nicht notwendigerweise alle der CIM unterliegen, sondern zB nationalem Recht oder dem SMGS. Für den Fall, dass nach einer Neuaufgabe während des folgenden Beförderungsabschnitts ein teilweiser Verlust oder eine Beschädigung festgestellt wird, stellt Art. 28 CIM die **widerlegliche Vermutung** auf, dass der Schaden *nach der Neuaufgabe* während des letzten Beförderungsvertrags eingetreten ist, sofern die Sendung vor der Neuaufgabe im Gewahrsam des Beförderers verblieben und unverändert in dem Zustand neu aufgegeben worden ist, in dem sie am Ort der Neuaufgabe angekommen war. Diese Vermutung wird in den drei Paragrafen des Art. 28 CIM für **drei Fallgruppen** aufgestellt, je nachdem, ob der erste Beförderungsvertrag (vor der Neuaufgabe) ebenfalls der CIM oder nationalem Recht oder dem SMGS (→ Rn. 29) unterliegt.

68 **6. Haftung im Eisenbahn-Seeverkehr.** Bei Eisenbahn-Seebeförderungen, insbesondere im Eisenbahnfährverkehr, über eingetragene Linien (oben Rn. 26) können die jeweils beteiligten COTIF-Staaten die eisenbahnrechtlichen Haftungsbefreiungsgründe des Art. 23 CIM für die Zeit der Seebeförderung um bestimmte **seerechtliche Haftungsbefreiungsgründe** ergänzen (Art. 38 §§ 1 und 2 CIM): unverschuldetes Feuer, (versuchte) Rettung von Leben oder Eigentum auf See, einvernehmliche Decksverladung sowie Gefahren oder Unfälle der See oder anderer schiffbarer Gewässer. Deutschland hat für die sein Hoheitsgebiet berührenden Fährverbindungen entsprechende Vermerke über die Geltung ergänzender seerechtlicher Haftungsbefreiungsgründe eintragen lassen. Will der Beförderer auf diesen Linien einen seerechtlichen Haftungsbefreiungsgrund in Anspruch nehmen, so hat er zu beweisen, dass der Schaden auf der *Seestrecke* entstanden und auf einen der genannten *seerechtlichen Befreiungsgründe* zurückzuführen ist. Sache des Ersatzberechtigten ist es

---

[21] Vgl. *BGH* TranspR 2004, 309, 310.

dann, ein *Verschulden* des Beförderers, des Kapitäns, der Schiffsbesatzung, des Lotsen oder der Leute des Beförderers nachzuweisen, wenn er doch eine Haftung des Beförderers erreichen will (Art. 38 §§ 2 und 3 CIM).

X. Mehrheit von Beförderern

An einem internationalen Eisenbahntransport sind häufig mehrere Beförderer beteiligt: zB *Straßenverkehrsunternehmer* für den Vor- und Nachlauf, *aufeinanderfolgende Eisenbahnbeförderer*, von denen jeder eine Teilstrecke eigenständig und dem vertraglichen Beförderer rechtlich gleichgestellt befährt, sowie *ausführende Beförderer*, denen der vertragliche oder ein aufeinanderfolgender Beförderer die Durchführung der Schienenbeförderung ganz oder teilweise übertragen hat. Für jeden „Beförderertyp" gelten in der CIM besondere Regeln, so dass sie klar unterschieden werden müssen. Dementsprechend haben die **Begriffsbestimmungen** in Art. 3 CIM große Bedeutung: 69

- **vertraglicher Beförderer** ist der Beförderer (das EVU), mit dem der Absender den (Eisenbahn-)Beförderungsvertrag geschlossen hat (Art. 3 lit. a CIM); vertragliche Beförderer können auch mehrere von vornherein zusammenarbeitende EVU in unterschiedlichen Ländern sein;
- **aufeinanderfolgender Beförderer** ist ein Beförderer, der „auf der Grundlage dieses (Beförderungs-)Vertrags haftet" (Art. 3 lit. a CIM), weil er das Gut *mit dem Frachtbrief* übernimmt und damit nach Maßgabe des Frachtbriefs in den Beförderungsvertrag eintritt und die sich aus dem Vertrag ergebenden Verpflichtungen übernimmt (Art. 26 CIM); ein aufeinanderfolgender Beförderer haftet wie der vertragliche Beförderer für die Ausführung der Beförderung *auf der ganzen Strecke bis zur Ablieferung* (Art. 26 Satz 2 CIM). Damit entsteht eine **solidarische Haftungsgemeinschaft** des vertraglichen und aller aufeinanderfolgenden Beförderer in einer Beförderungskette;
- **ausführender Beförderer** ist ein Beförderer, der mit dem Absender den Beförderungsvertrag nicht geschlossen hat und der auch nicht nach Art. 26 in den Beförderungsvertrag eingetreten ist, dem aber der vertragliche oder ein aufeinanderfolgender Beförderer die Durchführung der *Beförderung auf der Schiene* ganz oder teilweise übertragen hat (Art. 3 lit. b CIM); ein ausführender Beförderer haftet für die *von ihm durchgeführte Beförderung* ebenfalls nach der CIM (Art. 27).

Ein **Verkehrsunternehmer**, dem ein Schienenbeförderer den **Vor- oder Nachlauf** auf der *Straße* oder auf *Binnengewässern* überträgt, ist nach der Definition des Art. 3 lit. b CIM **kein ausführender Beförderer**, weil er keine Beförderung auf der Schiene durchführt. Ein Straßenverkehrsunternehmer oder Binnenschiffer im Vor- oder Nachlauf zu einem Eisenbahntransport kommt daher nur als traditioneller **Unterfrachtführer** und **Erfüllungsgehilfe** (Art. 40 CIM) eines Eisenbahnbeförderers in Betracht. Wenn er allerdings nicht nur das Gut, sondern – was ungewöhnlich wäre – auch den Frachtbrief *formell* übernimmt, wird auch der Straßenfrachtführer oder Binnenschiffer zum aufeinanderfolgenden Beförderer iSd Art. 26 CIM, der für die Ausführung der gesamten Beförderung nach der CIM haftet.[22] Um diese einschneidende Rechtsfolge zu vermeiden, wird ein Frachtführer des Vor- oder Nachlaufs den Frachtbrief allerdings möglichst nur informell, zB als *Bote* im verschlossenen Umschlag mitnehmen. In diesem Fall kann er für die ihm zuzurechnenden Güter- oder Verspätungsschäden als *abliefernder Unterfrachtführer* aus seinem Unterfrachtvertrag mit einem Eisenbahnbeförderer in Anspruch genommen werden.[23] 70

Ein aufeinanderfolgender Beförderer haftet nach Art. 26 CIM zwar für die Ausführung der Beförderung auf der ganzen Strecke bis zur Ablieferung; diese weitreichende, über den Beförderungsabschnitt des aufeinanderfolgenden Beförderers hinausreichende Vertragshaftung wird aber durch die CIM-Vorschriften über die **Passivlegitimation** wieder zurück- 71

---

[22] *Koller* TranspR 2006, 336, 337 unter 2.
[23] Bei Geltung deutschen Rechts nach § 421 HGB, vgl. zuletzt *BGH* TranspR 2012, 456.

genommen (→ Rn. 79). Ein Geschädigter tut daher gut daran, in erster Linie den oder die *vertraglichen Beförderer* oder den das Gut und den Frachtbrief abliefernden Beförderer in Anspruch zu nehmen, andere Beförderer hingegen nur, wenn eindeutig beweisbar ist, dass sie für den Schaden verantwortlich sind, weil er auf ihrem Beförderungsabschnitt verursacht wurde (→ Rn. 11).

XI. Haftung des Beförderers für andere

72 Ein Eisenbahnbeförderer (sei er vertraglicher, aufeinanderfolgender oder ausführender Beförderer) haftet für seine **Bediensteten** und **Erfüllungsgehilfen ("Leute")** sowie für die **Betreiber der Infrastruktur**, auf der die Beförderung erfolgt (Art. 40 CIM). Vertragliche und aufeinanderfolgende Beförderer haften jeweils auch für die von ihnen eingesetzten **ausführenden Beförderer** (Art. 27 § 1 CIM). Jeder Eisenbahnbeförderer haftet außerdem für die von ihm mit dem Vor- oder Nachlauf auf der Straße oder auf Binnengewässern betrauten **Unterfrachtführer,** die zu den Erfüllungsgehilfen iSd Art. 40 CIM zählen.

73 In der CIM wird zwar nicht ausdrücklich gesagt, dass der Beförderer für seine Leute (nur) in gleichem Umfang wie für eigene Handlungen und Unterlassungen einzustehen hat (vgl. demgegenüber Art. 3 CMR und § 428 HGB), gleichwohl kann sich der Eisenbahnbeförderer, wenn er für seine Leute zu haften hat, ebenfalls auf die Haftungsbefreiungen und -beschränkungen der CIM berufen, die für sein eigenes Verhalten gelten. Wäre es anders, könnten die in der CIM zugunsten des Beförderers vorgesehenen Haftungseinschränkungen uU dadurch ausgehebelt werden, dass der Ersatzberechtigte die Leute des Beförderers in vollem Umfang in Anspruch nimmt und diese sich sodann an ihren Arbeit- bzw. Auftraggeber wenden und nach arbeitsrechtlichen Grundsätzen Freistellung auch von der weitergehenden Haftung verlangen. Die Gleichbehandlung der Haftung der Beförderer und ihrer Leute ist im Übrigen in Art. 41 § 2 CIM geregelt: Auch die Leute des Beförderers, für die dieser nach Art. 40 CIM haftet, können sich auf die Haftungsbefreiungen und -beschränkungen der CIM berufen, wenn sie vom Geschädigten direkt außervertraglich in Anspruch genommen werden. Fällt ihnen aber schweres Verschulden zur Last, können sie sich auf Haftungsbefreiungen und -beschränkungen der CIM nicht berufen, sondern haften unbeschränkt – wie der Beförderer. Die CIM gewährt die Haftungserleichterungen im Übrigen nicht nur den Bediensteten des Beförderers (wie § 436 HGB), sondern auch seinen Erfüllungsgehilfen (einschließlich des Infrastrukturbetreibers).

XII. Geltendmachung von Ansprüchen

74 Die Geltendmachung von Ansprüchen gegen den oder die Beförderer ist in der CIM stark formalisiert. Das dürfte auf das frühere Staatsbahnsystem und auf die inzwischen aufgehobene Beförderungspflicht zurückzuführen sein. Bei der COTIF-Revision von 1999 haben die Staaten davon abgesehen, das System der CMR (Art. 30 bis 33 und 36 CMR) zu übernehmen.

75 **1. Tatbestandsaufnahme.** Wenn der Beförderer einen teilweisen Verlust oder eine Beschädigung des Gutes entdeckt oder vermutet oder wenn der Verfügungsberechtigte Entsprechendes behauptet (vgl. Art. 17 § 4 CIM), hat der Beförderer eine Tatbestandsaufnahme **(TA)** zu erstellen (Art. 42 CIM). Sie dient der **Feststellung des Sachverhalts**, insbesondere der **Schadensursache** und der **Beweissicherung,** jedoch nicht der Untersuchung der Schuldfrage. Wenn dem Beförderer Unregelmäßigkeiten auffallen, hat er die TA **von Amts wegen** zu erstellen, ohne dass es einer Schadensanzeige des Kunden bedarf. Sowohl die Erstellung einer TA als auch ihre schuldhafte Unterlassung durch den Beförderer führen dazu, dass die Ansprüche des Berechtigten gegen den Beförderer nicht erlöschen (Art. 47 § 2 lit. a CIM). Bei äußerlich nicht erkennbaren Schäden, die der Berechtigte erst nach der Annahme des Gutes entdeckt, hat er fristgerecht die Erstellung einer TA zu ver-

langen, um seine Rechte zu wahren (Art. 47 § 2 lit. b CIM). Die Angaben in der TA unterliegen der freien richterlichen Beweiswürdigung; die Erstellung einer TA verändert nicht die Verteilung der Beweislast. Der Berechtigte behält die Möglichkeit, die Angaben in der TA später zu widerlegen, auch wenn er die TA mitunterschrieben und kein Sachverständigengutachten verlangt hat. Insgesamt erweist sich die TA als förmliche Basis für die Wahrung und Geltendmachung von Ansprüchen des Berechtigten. Eine gesonderte Schadensanzeige (vgl. § 438 HGB für den innerdeutschen Verkehr) ist daneben nicht erforderlich.

2. Reklamation. Die Reklamation (Art. 43 CIM) dient der **außergerichtlichen Geltendmachung** von Ansprüchen aus dem Frachtvertrag, seien es Schadensersatzansprüche oder Zahlungsansprüche (vgl. Art. 22 § 4 CIM). Die Reklamation setzt die Verzinsung in Gang (Art. 37 § 2 CIM), verhindert das Erlöschen von Ansprüchen und hemmt die Verjährung (Art. 48 § 3 CIM). Die vorherige Einreichung einer Reklamation ist nicht Voraussetzung dafür, dass Ansprüche gerichtlich geltend gemacht werden können. Die Reklamation liegt allerdings im Interesse des Anspruchstellers, denn sie gibt dem Beförderer Gelegenheit, bei der Regulierung von Streitfällen Kulanz walten zu lassen. 76

Reklamationen können von den Personen eingereicht werden, die zur gerichtlichen Geltendmachung von Ansprüchen gegen den Beförderer berechtigt, also **aktivlegitimiert** sind (Art. 43 § 2, Art. 44 CIM). Sie sind schriftlich an den Beförderer zu richten, gegen den die Ansprüche gerichtlich geltend gemacht werden können, der also **passivlegitimiert** ist (Art. 43 § 1, Art. 45 CIM). Aktivlegitimiert ist regelmäßig der *Absender* oder der *Empfänger*. Inwieweit *Dritte* aufgrund eines Forderungsübergangs eine Reklamation einreichen können, richtet sich nach Landesrecht. Wer reklamiert, muss im Zeitpunkt der Reklamation forderungsberechtigt sein, damit die Reklamation ihre Rechtswirkungen entfaltet. Die Einreichung einer Reklamation bei einem Beförderer hindert den Berechtigten nicht, später einen anderen Beförderer zu verklagen. Sein **Wahlrecht** nach Art. 45 § 7 CIM erlischt erst, sobald **Klage** gegen einen der passivlegitimierten Beförderer erhoben ist (Rn. 79). Die Reklamation ist innerhalb der Verjährungsfrist einzureichen (Art. 48 § 3 CIM), zur Wahrung von Ansprüchen aus Lieferfristüberschreitung hingegen binnen 60 Tagen nach Überschreitung der Lieferfrist (Art. 47 § 2 lit. c CIM). 77

3. Gerichtliche Geltendmachung. Im Regelfall ist **klagebefugt (aktivlegitimiert)** entweder der *Absender* oder der *Empfänger* (Art. 44 § 1 CIM) bzw. der vom Empfänger für die Ablieferung bezeichnete *Dritte* (Art. 44 § 2 CIM). Die Klagebefugnis ist in diesen Fällen an das Verfügungsrecht über das Gut gekoppelt (Art. 18 CIM). Wegen *desselben* Entschädigungsanspruchs aus einem Beförderungsvertrag können nicht Absender und Empfänger nebeneinander klagebefugt sein. Allerdings sind Rechtsnachfolge und Forderungsübergang auf der Grundlage des jeweils geltenden Landesrechts zulässig. Bei Geltung deutschen Rechts sind für die Übertragung einer Forderung die §§ 398 ff. BGB zu beachten. 78

Bei der Regelung der **Passivlegitimation** geht die CIM davon aus, dass ein Eisenbahntransport regelmäßig von mehreren (aufeinanderfolgenden) Beförderern durchgeführt wird. Art. 45 § 1 CIM sieht dementsprechend vor, dass Ansprüche aus dem Beförderungsvertrag (nur) gegen den ersten, den letzten oder denjenigen (Transit-)Beförderer geltend gemacht werden können, auf dessen Teilstrecke die Schadensursache eingetreten ist. Andere, an der Schadensverursachung nicht beteiligte Transitbeförderer sind nicht passivlegitimiert, auch wenn sie als aufeinanderfolgende Beförderer nach Art. 26 CIM für die Ausführung der Beförderung auf der ganzen Strecke haften. Im Gegensatz zu einem Transitbeförderer sind der erste und der letzte Beförderer auch dann passivlegitimiert, wenn sie den Schaden nicht verursacht haben. Auf diese Weise wird dem jeweiligen Anspruchsberechtigten ein „bequemer" Prozessgegner präsentiert: Der Absender kann den ersten, der Empfänger kann den letzten Beförderer verklagen, ohne Rücksicht darauf, ob diese Beförderer mit der Schadensverursachung etwas zu tun haben. **„Erster Beförderer"** ist regelmäßig (aber nicht notwendig) der vertragliche Beförderer, mit dem der Absender den Beförderungsver- 79 trag geschlossen hat; „**letzter Beförderer**" ist derjenige aufeinanderfolgende Beförderer, der das Gut samt Frachtbrief dem Empfänger abliefert.[24] Hat bei aufeinanderfolgender Beförderung der zur Ablieferung vorgesehene („verpflichtete") Beförderer weder das Gut noch den Frachtbrief erhalten, weil der Transport schon vorher bei einem Transitbeförderer gescheitert ist, so ist der vorgesehene letzte Beförderer gleichwohl passivlegitimiert, wenn er mit seiner Zustimmung im Frachtbrief eingetragen (Art. 7 § 2 lit. a CIM) und damit von vornherein in die solidarische Haftungsgemeinschaft der aufeinanderfolgenden Beförderer einbezogen worden ist (Art. 45 § 2 CIM). Auf diese Weise bleibt dem Empfänger des Gutes für seine Verlustansprüche der bequeme Prozessgegner wie in der Staatsbahnzeit erhalten.

80 Gegen einen **ausführenden Beförderer** können Ansprüche gerichtlich geltend gemacht werden, wenn sie seine Haftung für die von ihm durchgeführte Beförderung betreffen (Art. 45 § 6 iVm Art. 27 § 2 CIM). Hinsichtlich der Passivlegitimation steht ein ausführender Beförderer also den (aufeinanderfolgenden) Transitbeförderern gleich. – Im Vor- oder Nachlauf eingesetzte Straßenverkehrsunternehmer oder Binnenschiffer sind keine Beförderer im Sinne der CIM und daher nicht nach Art. 45 CIM passivlegitimiert, es sei denn, sie haben Gut und Frachtbrief übernommen und sind aufeinanderfolgende Beförderer gemäß Art. 26 CIM geworden (→ Rn. 70).

81 Hat der Kläger die Wahl zwischen mehreren Beförderern, so erlischt sein **Wahlrecht**, sobald die Klage gegen einen passivlegitimierten Beförderer erhoben ist (Art. 45 § 7 CIM). Anders als nach Art. 36 CMR im internationalen Straßengüterverkehr kann der Berechtigte im internationalen Eisenbahnverkehr seine Klage wegen derselben Sache nicht gegen zwei oder mehr Eisenbahnbeförderer erheben; die CIM erlaubt **keine Klagehäufung**. Ein klageabweisendes Urteil gegen einen passivlegitimierten Beförderer wirkt auch zugunsten der übrigen Beförderer. Hat der Kläger aber einen nicht passivlegitimierten Beförderer verklagt (zB einen Transitbeförderer, der den Schaden nicht verursacht hat), so kann er später noch einen anderen Beförderer erfolgreich verklagen, sofern nicht inzwischen Verjährung eingetreten ist (→ Rn. 84).

82 **4. Gerichtsstand.** Auf die CIM gegründete Ansprüche können zum einen vor den durch **Parteivereinbarung** bestimmten Gerichten von **COTIF-Staaten** geltend gemacht werden; sie können aber auch vor den Gerichten eines **beliebigen Staates** geltend gemacht werden, zu dem der **Beklagte** bestimmte Beziehungen hat oder auf dessen Gebiet der Ort der **Übernahme** des Gutes oder der für die **Ablieferung** vorgesehene Ort liegt (Art. 46 § 1 CIM). Andere Gerichte können nicht angerufen werden. Ist ein Verfahren bei einem zuständigen Gericht anhängig oder durch Urteil abgeschlossen, so kann eine neue Klage wegen derselben Sache zwischen denselben Parteien nur dann erhoben werden, wenn die Entscheidung des ersten Gerichts in dem Staat nicht vollstreckt werden kann, in dem die neue Klage erhoben wird (Art. 46 § 2 CIM).

XIII. Erlöschen und Verjährung der Ansprüche

83 **1. Erlöschen.** Nimmt der Berechtigte das Gut vorbehaltlos an, so erlöschen grundsätzlich alle Ansprüche gegen den Beförderer aus dem Beförderungsvertrag wegen teilweisem Verlust, Beschädigung oder Überschreitung der Lieferfrist (Art. 47 § 1 CIM). Bei vollständigem Verlust des Gutes wird nach Art. 29 CIM verfahren. Diese gegenüber CMR und HGB für den Kunden ungünstigere Regelung der CIM wird durch Art. 47 § 2 CIM weitgehend entschärft: Die Ansprüche gegen den Beförderer erlöschen nicht, wenn vor der Annahme des Gutes eine TA erstellt oder nur durch Verschulden des Beförderers unterblieben ist (oben Rn. 75). Bei äußerlich nicht erkennbaren Schäden kann der Berechtigte das Erlöschen seiner Ansprüche dadurch verhindern, dass er sofort nach Entdeckung des Schadens und spätestens sieben Tage nach der Annahme des Gutes die Erstellung einer TA

---

[24] Vgl. MüKoHGB/*Freise* Art. 45 CIM Rn. 10; *Koller* TranspR 2006, 336, 337 unter 2.

verlangt und außerdem beweist, dass der Schaden in der Obhutszeit des Beförderers entstanden ist (Art. 47 § 2 lit. b CIM). Ansprüche wegen Überschreitung der Lieferfrist erlöschen erst, wenn der Berechtigte sie nicht binnen 60 Tagen gegen einen passivlegitimierten Beförderer geltend gemacht hat (Art. 47 § 2 lit. c CIM). Ansprüche erlöschen im Übrigen dann nicht, wenn der Berechtigte nachweist, dass der Schaden auf einem schweren Verschulden beruht (Art. 47 § 2 lit. d CIM). In diesem Fall kommt nur Verjährung der Ansprüche in Betracht (Art. 48 § 1 lit. c CIM).

2. Verjährung. Die allgemeine Verjährungsfrist für Ansprüche aus einem internationalen Eisenbahnbeförderungsvertrag beträgt **ein Jahr;** bestimmte Ansprüche, darunter Schadensersatzansprüche wegen schweren Verschuldens, verjähren in **zwei Jahren** (Art. 48 § 1). Für den Beginn der Verjährungsfrist, für die Hemmung der Verjährung, für die Behandlung verjährter Ansprüche und für das auf die Hemmung oder Unterbrechung anzuwendende Recht (nämlich das jeweilige Landesrecht) gelten nach der CIM (Art. 48 § 2) die gleichen Grundsätze wie nach der CMR für den internationalen Straßengüterverkehr. Bei Ansprüchen, die nicht Verlust, Beschädigung oder Überschreitung der Lieferfrist betreffen, beginnt die Verjährung nach Art. 48 § 2 lit. c CIM mit dem Tag, an dem der Anspruch geltend gemacht werden kann.

Abschnitt 18. Lufttransport

Übersicht

	Rn.
A. Montrealer Übereinkommen	1
I. Anwendungsbereich des MÜ	5
1. Luftbeförderungsvertrag	5
2. Internationalität der Beförderung	7
II. Die Beteiligten bei der Luftfrachtbeförderung	10
1. Luftfrachtführer	10
a) Begriff	10
b) Aufeinanderfolgende Luftfrachtführer	12
c) Ausführender Luftfrachtführer	13
2. Absender	15
3. Empfänger	17
III. Allgemeine Beförderungsbedingungen	21
IV. Beförderungsdokumente	23
1. Funktion des Luftfrachtbriefs	24
2. Elektronischer Luftfrachtbrief	26
3. Inhalt des Luftfrachtbriefs	27
4. House Air Waybill	29
5. Haftung des Absenders für seine Angaben	30
V. Haftung des Luftfrachtführers für Güterschäden	32
1. Haftungsgrundsatz und -zeitraum	33
a) Haftungsgrundsatz	33
b) Haftungszeitraum	34
2. Haftungsbefreiungen	37
a) Art. 18 Abs. 2 MÜ	37
b) Mitverursachung des Schadens	39
3. Haftungsbeschränkung	41
a) Betrag der Haftungsbeschränkung	42
b) Unverbrüchlichkeit der Haftungsbeschränkung	43
4. Modifizierung des Haftungshöchstbetrages und Wertdeklaration	45
a) Modifizierung des Haftungshöchstbetrages	45
b) Wertdcklaration	47
c) Transportversicherung	50
5. Berechnung des Schadenersatzes	51
VI. Multimodaltransport	52
1. Multimodale Beförderung	53
a) Bekannter Schadensort	54
b) Unbekannter Schadensort	55
c) Verjährung	56
2. Zubringerdienste	57
3. Luftfrachtersatzverkehr	59
a) Praxis des Luftfrachtersatzverkehrs	59
b) Erlaubnis zum Trucking	60
c) Definition	61
d) Haftung beim Trucking	62
VII. Haftung des Luftfrachtführers für Verspätungsschäden	66
1. Begriff der Verspätung	67
2. Verschuldenshaftung mit Entlastungsmöglichkeit	69
3. Sonstige anwendbare Regelungen	70
VIII. Die Gehilfenhaftung	71
IX. Sicherung und Geltendmachung von Ansprüchen	73
1. Schadensanzeige	73
2. Ausschlussfrist	76
3. Gerichtsstände	79
4. Schiedsverfahren	81
X. Ausfüllung von Regelungslücken des MÜ	84
1. Rechtswahl	85
2. Objektive Anknüpfung	86
B. Warschauer Abkommen	87
I. „Warschauer System"	87

Abschnitt 18. Lufttransport

	Rn.
II. Abweichungen zwischen WA 1955 und MÜ	91
1. Beförderungsdokumente	92
2. Haftung des Luftfrachtführers bei Güterschäden	94
a) Haftungsprinzip und -zeitraum	94
b) Haftungsbefreiungen	95
c) Haftungsbeschränkung	97
d) Durchbrechung der Haftungsbeschränkung	98
3. Haftung des ausführenden Luftfrachtführers	100
4. Haftung beim vertragswidrigen Trucking	101

Literatur: *Boettge,* Das Luftfrachtrecht nach dem Montrealer Übereinkommen, VersR 2005, 908 ff.; *Brinkmann,* Der Luftfrachtersatzverkehr – Die Haftung beim Trucking nach dem Montrealer Übereinkommen, 2009; *ders.,* Frachtgüterschäden im internationalen Straßen- und Lufttransportrecht, TranspR 2006, 146 ff.; *Clarke/Yates,* Contracts of Carriage by Land and Air, 2. Aufl. 2008; *Giemulla/Schmid,* Frankfurter Kommentar zum Luftverkehrsrecht, Band 3: Montrealer Übereinkommen, Loseblattsammlung, Stand: 36. Ergänzungslieferung, Juli 2011; *dies.,* Frankfurter Kommentar zum Luftverkehrsrecht, Band 4: Warschauer Abkommen und Zusatzabkommen von Guadalajara – Internationales Lufttransportrecht, Loseblattsammlung, Stand: 23. Ergänzungslieferung, Juni 2004; *Harms/Schuler-Harms,* Die Haftung des Luftfrachtführers nach dem Montrealer Übereinkommen, TranspR 2003, 369 ff.; *Kirchhof,* Der Luftfrachtvertrag als multimodaler Vertrag im Rahmen des Montrealer Übereinkommens, TranspR 2007, 133 ff.; *Koller,* Transportrecht, Kommentar, 7. Aufl. 2010; *ders.,* Beweislastverteilung bei multimodalen Luftbeförderungsvertrag, TranspR 2013, 14 ff.; *ders.,* Schadensverhütung und Schadensausgleich bei Güter- und Verspätungsschäden nach dem Montrealer Übereinkommen, TranspR 2004, 181 ff.; *Mankowski,* Neues aus Europa zum Internationalen Privatrecht für Transportverträge: Art. 5 Rom I-VO, TranspR 2008, 339 ff.; *Müller-Rostin,* Das Schiedsverfahren nach dem Montrealer Übereinkommen, TranspR 2012, 413 ff.; *ders.,* Multimodalverkehr und Luftrecht, TranspR 2012, 14 ff.; *ders.,* Rechtsprechungsübersicht: Luftfrachtrechtliche Entscheidungen von 2007 bis 2011, ZLW 2012, 209 ff.; *ders.,* Auf dem Weg zu einem neuen Warschauer Abkommen?, TranspR 1998, 229 ff.; *Münchener Kommentar zum HGB, Transportrecht, 2. Aufl. 2009; Münchener Kommentar zum HGB, Transportrecht, 1997; Münchener Kommentar zum BGB, Band 10: Internationales Privatrecht, 5. Aufl. 2010; Reithmann/Martiny,* Internationales Vertragsrecht, 7. Aufl. 2010; *Reuschle,* Montrealer Übereinkommen, Kommentar, 2. Aufl. 2011; *Ruhwedel,* Montrealer Übereinkommen vs. Warschauer System, TranspR 2008, 89 ff.; *ders.,* Neue Entwicklungen im Lufttransportrecht vor dem Hintergrund des Inkrafttretens des Montrealer Übereinkommens, TranspR 2006, 421 ff.; *Thume,* Anmerkung zu BGH, Urteil vom 14.6.2007, Az. I ZR 50/05, TranspR 2007, 427 f.

A. Montrealer Übereinkommen

Der Lufttransport von Gütern ist seit jeher entscheidend durch seine Internationalität 1 geprägt. Das mittlerweile wichtigste Regelungswerk für den internationalen Lufttransport stellt das Montrealer Übereinkommen dar (im Folgenden: MÜ, ICAO Doc. 9740), das mittlerweile in 103 Staaten in Kraft getreten ist (Stand: September 2013). Es handelt sich dabei um einen internationalen völkerrechtlichen Staatsvertrag, der am 28. Mai 1999 auf einer Diplomatischen Konferenz in Montreal verabschiedet worden ist; als solcher bedarf er zu seiner Wirksamkeit jeweils der Umsetzung in den einzelnen Staaten. In Deutschland ist das MÜ am 28. Juni 2004 in Kraft getreten. Es verdrängt im Rahmen seines Anwendungsbereiches nicht nur das nationale Sachrecht, sondern auch das jeweilige IPR, so dass seine Regelungen unmittelbar zur Anwendung kommen. Das ergibt sich aus seiner Rechtsnatur als **internationales Einheitsrecht.** Denn ein Fall sollte nach Möglichkeit von den Gerichten in allen Staaten, in denen das Einheitsrecht gilt, gleich entschieden werden.

Als Einheitsrecht ist das MÜ autonom auszulegen, also aus sich selbst heraus und unter 2 Berücksichtigung seines Zweckes.[1] Darüber hinaus sind gem. Art. 57 MÜ nur der arabische, chinesische, englische, französische, russische und spanische Text verbindlich. Dieser Abschnitt zieht gleichwohl die Begrifflichkeiten der amtlichen deutschen Übersetzung heran, die von der Praxis im Lichte der verbindlichen Textfassung gelesen werden sollte.

Daneben hat das Warschauer Abkommen nebst seinen Zusatzabkommen und -proto- 3 kollen noch eine erhebliche praktische Bedeutung, da es nach wie vor bei bestimmten

---

[1] Vgl. *BGH* Urteil vom 22.4.1982, I ZR 86/80, NJW 1983, 518.

2. Teil. Das Vertragsrecht des Exportgeschäfts

Konstellationen zur Anwendung kommen kann. In diesem Abschnitt wird der Fokus gleichwohl auf das MÜ gerichtet, weil davon auszugehen ist, dass dieses sukzessive das Warschauer Abkommen verdrängen wird. Zwar ist das MÜ von einigen Staaten noch nicht gezeichnet bzw. ratifiziert worden, es darf gleichwohl nicht verkannt werden, dass es fast von allen großen Industrienationen mit starker Exportwirtschaft umgesetzt worden ist. Da das MÜ in Kontinuation des Warschauer Abkommen steht und zahlreiche Vorschriften übernommen hat, kann die Rechtsprechung und Literatur zum Warschauer Abkommen insoweit auch weiterhin herangezogen werden. Einige wichtige Abweichungen des Warschauer Abkommen zum MÜ werden exemplarisch unten in Teil B. dargestellt.

4 Das MÜ vereinheitlicht nicht abschließend sämtliche Vorschriften mit Relevanz für eine internationale Luftbeförderung, sondern lediglich die wichtigsten Bestimmungen, insbes. die Haftung des Luftfrachtführers beim Transport von Gütern, Passagieren und Reisegepäck. Im Folgenden werden wegen der Zielgruppe dieses Handbuches ausschließlich die für den Luftfrachttransport relevanten Vorschriften des MÜ behandelt. Charterverträge für die Luftbeförderung von Gütern werden dabei ebenfalls außer Betracht gelassen, da diese für das Exportgeschäft üblicherweise nur in Einzelfällen eine Bedeutung haben.[2]

I. Anwendungsbereich des MÜ

5 **1. Luftbeförderungsvertrag.** Für die Anwendbarkeit der frachtrechtlichen Vorschriften des MÜ ist der Abschluss eines Vertrages über die entgeltliche Beförderung von Gütern auf dem Luftweg erforderlich (Art. 1 Abs. 1 S. 1 MÜ). Einem einheitlichen Luftbeförderungsvertrag steht dabei nicht entgegen, dass ein wesentlicher Teil des Transports nicht auf dem Luft-, sondern auf dem Landweg erfolgt.[3]

6 Art. 1 Abs. 3 MÜ bestimmt ergänzend, dass auch dann eine einheitliche Beförderung vorliegt, wenn sie von verschiedenen aufeinanderfolgenden Luftfrachtführern durchgeführt wird, aber als einheitliche Leistung vereinbart worden ist. Dadurch soll abgesichert werden, dass es auch dann insgesamt anwendbar bleibt, wenn das MÜ bei separater Betrachtung auf eine dieser Teilstrecken nicht einschlägig wäre.

7 **2. Internationalität der Beförderung.** Weitere Voraussetzung für die Anwendbarkeit des MÜ ist die Vereinbarung einer internationalen Luftbeförderung, die Bezüge zu mindestens einem Vertragsstaat des MÜ aufweisen muss. Dabei kommt es darauf an, was die Parteien vertraglich vereinbart haben, die tatsächliche Ausführung ist dagegen unerheblich.[4] Der internationale Anwendungsbereich ist eröffnet, wenn eine Luftbeförderung von einem Vertragsstaat in einen anderen erfolgt oder wenn sowohl der Abgangs- als auch der Bestimmungsort im selben Vertragsstaat liegen, jedoch eine Zwischenlandung in einem anderen Staat erfolgt, der kein Vertragsstaat sein muss (Art. 1 Abs. 2 S. 1 MÜ). Letztere Variante ist allerdings in erster Linie bei der Passagierbeförderung relevant und spielt bei der Fracht kaum eine Rolle.

8 Es ist also immer zuerst zu prüfen, ob nach dem jeweils abgeschlossenen Vertrag die Staaten, zwischen denen die Beförderung erfolgen soll, das MÜ ratifiziert haben. Dies lässt sich der Internetseite der Internationalen Luftfahrtorganisation ICAO unter www.icao.int entnehmen. Soll also ein Transport zB von Deutschland in die USA per Luftfahrzeug erfolgen, so ist die Voraussetzung der ersten Variante des Art. 1 Abs. 2 S. 1 MÜ erfüllt, da in beiden Staaten das MÜ gilt. Unerheblich ist, ob dabei eine Zwischenlandung oder eine Umladung in ein anderes Flugzeug erfolgt. Anders würde es sich dagegen zB bei einer vereinbarten Frachtbeförderung von Deutschland nach Bangladesh verhalten, da Bangladesh das MÜ bislang nicht ratifiziert hat (Stand: September 2013). In einem solchen Fall ist in der Regel auf das Warschauer Abkommen zurückzugreifen, wonach sich jedoch die Be-

---

[2] Vgl. dazu Reithmann/Martiny/*Mankowski* Rn. 2847 ff.
[3] *BGH* Urteil vom 10.5.2012, I ZR 109/11, TranspR 2012, 466 – kritisch dazu *Koller* TranspR 2013, 14, 15 f.
[4] Vgl. Reithmann/Martiny/*Mankowski* Rn. 2833.

stimmung der Anwendbarkeit der konkreten Regelungen ggf. als komplizierter darstellt als nach dem MÜ (→ Rn 87 ff.).

Rein innerdeutsche Gütertransporte per Flugzeug haben nur eine sehr geringe praktische Bedeutung. Für sie gelten gem. § 407 Abs. 3 Nr. 1 HGB die einheitlichen frachtrechtlichen Vorschriften des HGB. Erfolgt eine innerdeutsche Luftfrachtbeförderung im Rahmen eines einheitlichen Vertrages über einen internationalen Transport, so gilt ohnehin auch für die Binnenstrecke das MÜ. 9

II. Die Beteiligten bei der Luftfrachtbeförderung

1. Luftfrachtführer. a) Begriff. Das MÜ spricht vom Absender und vom Luftfrachtführer ("Carrier") als Parteien des Vertrages. Als Luftfrachtführer darf nicht automatisch eine Fluggesellschaft verstanden werden, vielmehr kann jede natürliche oder juristische Person, die sich vertraglich zu einem Lufttransport verpflichtet, zum Luftfrachtführer iSd MÜ werden.[5] 10

Weitaus relevanter für die Praxis sind in Deutschland jedoch die Vorschriften der §§ 458 ff. HGB, welche die Selbsteintritts-, Fixkosten- und Sammelladungsspedition betreffen. In der Praxis fertigen die (Luftfracht-)Spediteure Luftfrachtsendungen meistens entweder im Namen der Fluggesellschaft als IATA Cargo Agent, als Fixkosten- oder Sammelladungsspedition ab. Als Agent treten sie idR lediglich als Stellvertreter des Luftfrachtführers auf. Anders verhält es sich bei den genannten Arten der Spedition: Wenn der Vertrag deutschem Recht unterliegt, folgt aus § 459 S. 1 HGB, dass der Fixkostenspediteur hinsichtlich der Beförderung die Position eines Luftfrachtführers iSd. MÜ einnimmt.[6] Entsprechendes gilt für die Selbsteintritts- (§ 458 S. 2 HGB) sowie die Sammelladungsspedition (§ 460 Abs. 2 S. 1 HGB). 11

b) Aufeinanderfolgende Luftfrachtführer. Eine Besonderheit besteht bei Transporten, die nacheinander durch mehrere Luftfrachtführer ausgeführt werden. Wie oben bereits ausgeführt, liegt gem. Art. 1 Abs. 3 MÜ bei einer entsprechenden vertraglichen Vereinbarung eine einheitliche Beförderung vor. Als Indiz hierfür kann eine einheitliche Aufmachung des Air Waybills dienen.[7] Nach Art. 36 Abs. 1 MÜ gilt jeder der Luftfrachtführer hinsichtlich des Teils der Beförderung, die er ausgeführt hat, als Partei des Vertrages. Haftungsrechtlich hat dies gem. Art. 36 Abs. 3 MÜ zur Konsequenz, dass der Absender nicht nur gegen den ersten und der Empfänger nicht nur gegen den letzten Luftfrachtführer einen Anspruch hat, sondern ein solcher auch jeweils gegen denjenigen besteht, in dessen Beförderungsabschnitt sich der Schaden ereignet hat. 12

c) Ausführender Luftfrachtführer. Die Art. 39 ff. MÜ sehen darüber hinaus besonders praxisrelevante Regelungen für den sog. ausführenden Luftfrachtführer vor. Diese Vorschriften sind dann einschlägig, wenn ein anderer Luftfrachtführer die tatsächliche Beförderung eigenverantwortlich und unmittelbar ausübt, als derjenige, mit dem der Vertrag abgeschlossen worden ist. Denn es ist nicht erforderlich, dass der vertragliche Luftfrachtführer überhaupt über eigene Transportmittel verfügt.[8] Zwar wird der ausführende Luftfrachtführer regelmäßig ein Unterfrachtführer sein, dies ist aber keine zwingende Voraussetzung.[9] 13

Art. 40 MÜ bestimmt für einen solchen Fall, dass auch der ausführende Luftfrachtführer den Regelungen des MÜ hinsichtlich der Haftung untersteht. In Abgrenzung zum aufeinanderfolgenden Luftfrachtführer wird er jedoch nicht Partei des Vertrages, sondern nur haftungsrechtlich gleichgestellt, zumal der Absender noch nicht einmal Kenntnis von seiner Einschaltung zu haben braucht.[10] Die Sonderregelungen für den ausführenden Luftfracht- 14

---

[5] Vgl. MüKoHGB/*Ruhwedel* Art. 1 MÜ Rn. 15.
[6] Vgl. *BGH* Urteil vom 10.10.1985, I ZR 124/83, TranspR 1986, 70.
[7] Vgl. *Koller* Art. 30 WA 1955 Rn. 5.
[8] Vgl. *OLG Stuttgart* Urteil vom 10.6.2009, TranspR 2010, 37, 40.
[9] Vgl. *Koller* Art. I ZAG Rn. 7.
[10] Vgl. *Ruhwedel* TranspR 2008, 89, 94.

führer bewirken im Ergebnis, dass diesem gegenüber in einem Haftungsfall vertragliche Ansprüche geltend gemacht werden können. Der Geschädigte bekommt damit die Wahlmöglichkeit, gegen den vertraglichen, den ausführenden Luftfrachtführer oder gegen beide gemeinsam vorzugehen (vgl. Art. 45 MÜ). Dabei werden dem vertraglichen Luftfrachtführer gem. Art. 41 Abs. 1 MÜ alle Handlungen des ausführenden Luftfrachtführers zugerechnet. Umgekehrt gilt dies gem. Art. 41 Abs. 2 MÜ nur insoweit, als die Handlungen des vertraglichen Luftfrachtführers die vom ausführenden Luftfrachtführer durchgeführte Beförderung betreffen. Werden beide gemeinsam in Anspruch genommen, so haften sie als Gesamtschuldner.[11]

15 **2. Absender.** Absender ist grundsätzlich die Person, der gegenüber der Luftfrachtführer vertraglich verpflichtet ist, das Frachtgut an den Bestimmungsort zu transportieren, um es dort an den Empfänger zu übergeben.

16 Art. 12 Abs. 1 S. 1 MÜ gibt dem Absender Weisungsrechte gegenüber dem Luftfrachtführer. Sofern er sich selbst vertragstreu verhält, kann er die Güter a) am Abgangs- oder Bestimmungsflughafen an sich zurückgeben lassen, b) bei einer Zwischenlandung aufhalten, c) unterwegs oder am Bestimmungsort an einen anderen Empfänger ausliefern lassen oder d) zum Abgangsflughafen zurückbringen lassen. Dabei ist er jedoch gem. Art. 12 Abs. 1 S. 2 MÜ zur Tragung der Mehrkosten verpflichtet. Auch kann er nicht jede beliebige Weisung erteilen, sondern nur solche, die auch möglich und zumutbar sind. Anderenfalls ist eine solche unbeachtlich.[12] Diese Weisungsrechte bestehen allerdings gem. Art. 12 Abs. 4 MÜ nur so lange, bis der Empfänger selbst das Recht auf die Ablieferung erlangt. Zur Ausübung der Weisungsrechte wird der Absender durch den Air Waybill legitimiert, der ein Sperrpapier ist.[13] Zu beachten ist, dass das Weisungsrecht des Art. 12 MÜ gem. Art. 42 S. 2 MÜ nur gegenüber dem vertraglichen Luftfrachtführer besteht.

17 **3. Empfänger.** Ein weiterer Beteiligter ist der Empfänger, an den der Luftfrachtführer das Gut abzuliefern hat. Dieser ist keine Partei des Luftbeförderungsvertrages, sondern bekommt nur besondere Rechte aus Art. 13 MÜ zugesprochen. Gem. Art. 13 Abs. 1 MÜ kann er vom Luftfrachtführer die Aushändigung der Güter verlangen, wenn sie am Bestimmungsort angekommen sind. Er ist darüber unverzüglich zu informieren, sofern nichts anderes vereinbart worden ist, vgl. Art. 12 Abs. 2 MÜ.

18 Wichtig für die Haftung ist Art. 13 Abs. 3 MÜ; danach kann auch der Empfänger Schadenersatzansprüche gem. Art. 18, 19 MÜ gegen den Luftfrachtführer geltend machen, wobei eine Gesamtgläubigerschaft mit dem Absender besteht.[14] Dies gilt auch gegenüber dem ausführenden Luftfrachtführer.

19 Daneben kann vereinbart worden sein, dass eine weitere Person von der Ankunft der Sendung zu benachrichtigen ist (sog. notify-Person). Die bloß zu benachrichtigende Person ist jedoch kein Empfänger iSd MÜ.[15]

20 In der Praxis ist bei internationalen Warensendungen die Verwendung eines Dokumentenakkreditivs (Letter of Credit) eine verbreitete Praxis. Die Bank lässt sich dabei in der Regel als Empfänger eintragen, um am Bestimmungsort die Kontrolle über das Gut zu haben und die Rechte aus Art. 13 MÜ geltend machen zu können;[16] der Käufer eines Gutes wird in diesem Fall dann üblicherweise lediglich als notify-Person benannt.

---

[11] Vgl. MüKoHGB/*Ruhwedel* Art. 39 MÜ Rn. 35.
[12] Vgl. *Koller* Art. 12 WA 1955, Rn. 7.
[13] Vgl. *Koller* Art. 12 WA 1955, Rn. 5, 13.
[14] Vgl. *OLG Stuttgart* Urteil vom 10.6.2009, 3 U 12/09, TranspR 2010, 37, 40; *Müller-Rostin* ZLW 2012, 209, 210 f.
[15] Vgl. *Ruhwedel* TranspR 2008, 89, 95.
[16] Vgl. *Ruhwedel* TranspR 2008, 89, 95.

III. Allgemeine Beförderungsbedingungen

Eingangs ist ausgeführt worden, dass das MÜ lediglich einige Aspekte des Lufttransports regelt. In der Praxis spielen daher Allgemeine Beförderungsbedingungen eine wichtige Rolle. Die International Air Transport Association (IATA) hat Muster-Beförderungsbedingungen erarbeitet, an denen sich ein Großteil der Luftfrachtführer orientiert. Die Allgemeinen Beförderungsbedingungen müssen jeweils in den Luftbeförderungsvertrag einbezogen werden, um wirksam zu werden. Art. 11 Abs. 1 MÜ enthält dabei die Regelung, dass nur solche Bedingungen als einbezogen gelten, die im Luftfrachtbrief niedergelegt sind (→ Rn. 25). 21

Die Allgemeinen Beförderungsbedingungen für Frachtgüter enthalten üblicherweise detaillierte Regelungen zu den erforderlichen Angaben im Luftfrachtbrief, Details zu der zu zahlenden Frachtrate und sonstigen Kosten, zur Verpackung, zu Verbotsgütern, zur Änderung des Transportweges oder Verkehrsmittels, zu den Verfügungsrechten usw. Es wird dadurch deutlich, dass sie im Wesentlichen die zwingenden Bestimmungen des MÜ spezifizieren sowie Fragen regeln, für die das MÜ selbst keine Vorschriften vorsieht. Zu beachten ist, dass in den Allgemeinen Beförderungsbedingungen nicht die zwingenden Regelungen des MÜ abbedungen werden können, sofern dies nicht ausdrücklich die Möglichkeit dazu eröffnet. 22

IV. Beförderungsdokumente

Die Art. 4 ff. MÜ beinhalten die Regelungen über den Luftfrachtbrief. Das MÜ enthält in dieser Hinsicht zwei wesentliche Unterschiede im Vergleich zum Warschauer Abkommen: Zum einen ist die Ausstellung nunmehr auch in elektronischer Form möglich. Zum anderen entfällt die vorgesehene Sanktion, dass eine fehlerhafte Ausstellung des Luftfrachtbriefes zu einer unbeschränkten Haftung des Luftfrachtführers führt.[17] Auf Letzteres wird noch in Teil B. kurz zurückzukommen sein. 23

1. Funktion des Luftfrachtbriefs. Art. 4 Abs. 1 MÜ bestimmt, dass beim Gütertransport ein Luftfrachtbrief auszuhändigen ist. Wird ein „klassischer" Luftfrachtbrief aus Papier ausgestellt, so erfolgt dies in dreifacher Ausfertigung. Je ein Exemplar ist für den Luftfrachtführer, den Empfänger und den Absender bestimmt. Gem. Art. 9 MÜ haben Mängel des Luftfrachtbriefes keine Auswirkungen auf die Wirksamkeit des Vertrages. Dadurch wird verdeutlicht, dass der Air Waybill im Luftfrachtrecht im Wesentlichen eine Beweis- und Dokumentationsfunktion hat.[18] So wird bei Vorliegen eines Luftfrachtbriefes gem. Art. 11 MÜ widerlegbar vermutet, dass zwischen den Parteien ein Vertrag abgeschlossen worden ist und die dort aufgeführten Güter angenommen worden sind. 24

Praxisrelevant ist weiterhin, dass sich die Vermutungswirkung des Luftfrachtbriefes gemäß Art. 11 Abs. 1 MÜ auf die Einbeziehung der Beförderungsbedingungen erstreckt, „die darin niedergelegt sind". Niedergelegt sind die Beförderungsbedingungen nur dann, wenn sie dem Air Waybill als Anlage beigefügt oder auf der Rückseite abgedruckt sind.[19] 25

2. Elektronischer Luftfrachtbrief. Art. 4 Abs. 2 S. 1 MÜ ermöglicht, dass neben der klassischen Papierform auch die elektronische Form ausreichend ist („jede andere Aufzeichnung"). Ob ein klassischer oder ein elektronischer Luftfrachtbrief ausgestellt wird, liegt im Ermessen des Luftfrachtführers.[20] Im Fall der Ausstellung in elektronischer Form kann der Absender gleichwohl verlangen, eine papierene Empfangsbestätigung zu erhalten. Dies ist wiederum für die Ausübung des Weisungsrechts gem. Art. 12 MÜ von Relevanz.[21] 26

---

[17] Vgl. Giemulla/Schmid/*Müller-Rostin* vor Art. 4–16 MÜ Rn. 4.
[18] Vgl. *Reuschle* Art. 4 Rn. 4.
[19] Vgl. *Brinkmann* S. 97 f.; *Reuschle* Art. 18 Rn. 18 – aA Giemulla/Schmid/*Müller-Rostin* Art. 11 MÜ Rn. 16 f.
[20] Vgl. *Boettge* VersR 2005, 908, 910.
[21] Vgl. Giemulla/Schmid/*Müller-Rostin* Art. 4 MÜ Rn. 10.

Der elektronische Air Waybill hat dabei bereits große Verbreitung gefunden; nach IATA-Statistiken sollen bereits 2005 40% der weltweit angestellten Luftfrachtbriefe solche in elektronischer Form gewesen sein.[22]

27 **3. Inhalt des Luftfrachtbriefs.** Der Luftfrachtbrief muss zwingend den Abgangs- und Bestimmungsort sowie das Gewicht der Sendung enthalten, Art. 5 MÜ. Darüber hinaus kann der Luftfrachtführer gemäß Art. 6 S. 1 MÜ vom Absender Informationen über die Art der zu befördernden Güter verlangen, sofern dies insbes. zur Einhaltung von öffentlich-rechtlichen oder zollrechtlichen Vorschriften erforderlich ist. Weitere erforderliche Angaben können sich auch aus den relevanten Beförderungsbedingungen des jeweiligen Luftfrachtführers ergeben.

28 In der Praxis folgen die Luftfrachtbriefe ganz überwiegend den Vorgaben der IATA zum Standard-Luftfrachtbrief (IATA-Resolutionen 600a und 600b). Er enthält Felder, in denen die Adressinformationen zu den Beteiligten aufgenommen werden können, die genauen Routeninformationen bzw. Flugnummern, der Versicherungswert, die Frachtrate, spezielle Instruktionen zum Umgang mit der Ware etc.

29 **4. House Air Waybill.** Bei der Luftfrachtspedition spielt der Sammelladungsverkehr (Consolidation) eine bedeutende Rolle. Dabei werden mehrere Waren zu einem Sammeltransport zusammengefasst. Der Luftfrachtspediteur stellt in diesem Fall einen sog. House Air Waybill für den Absender aus, in dem er selbst als Luftfrachtführer angegeben ist (vgl. § 460 Abs. 2 S. 1 HGB). Die konsolidierte Sammelladung wird sodann aufgrund eines Luftfrachtvertrages zwischen dem Luftfrachtspediteur und einer Fluggesellschaft transportiert. In diesem Verhältnis wird ein „normaler" Luftfrachtbrief für die zusammengefasste Ladung ausgestellt, der sog. Master Air Waybill. Dort ist der Luftfrachtspediteur selbst als Absender angegeben, weil dieser Luftfrachtbrief in seinem Verhältnis zum ausführenden Luftfrachtführer ausgestellt worden ist.

30 **5. Haftung des Absenders für seine Angaben.** Art. 10 Abs. 1 MÜ bestimmt, dass der Absender für die Richtigkeit der Angaben über die Güter im Luftfrachtbrief haftet. Entsteht dem Luftfrachtführer durch falsche Angaben ein Schaden, so steht ihm gem. Art. 10 Abs. 2 MÜ ein Schadenersatzanspruch zu. Beispielsweise könnte der Absender ein höheres Gewicht in den Luftfrachtbrief eingetragen haben, als dasjenige, welches das Gut tatsächlich aufweist. Dadurch könnten Dispositionen des Luftfrachtführers erforderlich werden, die bei einem niedrigeren Gewicht überflüssig gewesen wären. Einen solchen Schaden kann er gem. Art. 10 Abs. 2 MÜ beim Absender liquidieren. Dabei muss er darlegen und beweisen, dass der Schaden bei einer ordnungsgemäßen Angabe nicht eingetreten wäre.

31 Art. 10 Abs. 3 MÜ sieht dagegen wiederum eine Haftung des Luftfrachtführers gegenüber dem Absender vor, wenn er vom Absender richtig übermittelte Daten unrichtig, ungenau oder unvollständig speichert und daraus ein Schaden resultiert. Ersatzfähig ist insoweit der Schaden, den der Absender dadurch erleidet, dass er auf die Richtigkeit der Angaben vertraut.[23] Zur Klarstellung ist festzuhalten, dass für die Ansprüche gem. Art. 10 Abs. 2 und 3 MÜ die Haftungsbeschränkung des Art. 22 Abs. 3 S. 1 MÜ nicht gilt, da diese nur bei Güter- und Verspätungsschäden eingreift.

V. Haftung des Luftfrachtführers für Güterschäden

32 Entscheidend ist, dass das MÜ zwingenden Charakter hat, dh, dass seine Haftungsregelungen nicht durch eine Vereinbarung zwischen den Parteien ausgeschlossen oder durch nationale Gesetze aufgeweicht werden können, sofern dies vom MÜ nicht ausdrücklich vorgesehen ist. Sichergestellt wird dieses Ziel durch die Art. 26, 29, 30 und 49 MÜ,[24] was der Gewährleistung und Durchsetzung der einheitlichen Anwendung dient.

---

[22] Vgl. *Ruhwedel* TranspR 2006, 421, 425.
[23] Vgl. *Boettge* VersR 2005, 908, 911.
[24] Vgl. MüKoHGB/*Ruhwedel* Art. 49 MÜ Rn. 2f.

Abschnitt 18. Lufttransport

1. Haftungsgrundsatz und -zeitraum. a) Haftungsgrundsatz. Die Haftung des Luft- 33
frachtführers für Güterschäden ist objektiv ausgestaltet. Damit ist gemeint, dass es nicht auf
sein Verschulden ankommt, sondern er immer dann für eine Zerstörung, eine Beschädigung oder einen Verlust haftet, wenn sich ein Schaden während der Luftbeförderung bzw.
in dem Zeitraum ereignet hat, in dem das Frachtgut in seiner Obhut war.

b) Haftungszeitraum. Das Gut befindet sich grundsätzlich in dem Zeitraum zwischen 34
der Annahme und der Ablieferung durch den Luftfrachtführer in dessen Obhut.[25] Art. 18
Abs. 3 MÜ bezieht dabei den Obhutzeitraum mit in die Luftbeförderung iSd Art. 18
Abs. 1 MÜ ein. Dies betrifft zum einen Vorgänge, in denen das Gut in einem Umschlaglager des Luftfrachtführers auf dem Flughafen aufbewahrt wird. In einem solchem Fall unterliegt auch die Umladung auf dem Flughafen selbst der Haftung gem. Art. 18 Abs. 1 MÜ.[26]
Lagerräume der Luftfrachtführer befinden sich aufgrund der räumlichen Gegebenheiten
heute häufig außerhalb der Flughafengrenzen. Art. 18 Abs. 3 MÜ erweitert daher den Obhutzeitraum auch auf die Zeit, in der sich ein Gut in einem Lager des Luftfrachtführers
außerhalb des Flughafens befindet.[27]

Art. 18 Abs. 4 S. 1 MÜ besagt, dass die Landbeförderung außerhalb eines Flughafens 35
nicht der Luftbeförderung unterfällt. Trotz dieses eindeutigen Wortlautes soll die Beförderung zu einem Außenlager des Luftfrachtführers noch Teil der Luftbeförderung iSd.
Art. 18 Abs. 1 und 3 MÜ sein, denn insoweit habe er weiterhin die Obhut über das Gut.[28]

Wenn der Luftfrachtführer durch rechtliche oder tatsächliche Umstände, insbes. hoheitli- 36
che Maßnahmen, keine Möglichkeit hat, auf das Gut einzuwirken, ist der Obhutszeitraum
unterbrochen.[29]

2. Haftungsbefreiungen. a) Art. 18 Abs. 2 MÜ. Art. 18 Abs. 2 MÜ zählt vier Fälle auf, 37
in denen eine Haftungsbefreiung des Luftfrachtführers möglich ist. Der Schaden muss danach a) durch die Eigenart des Frachtgutes oder einen ihm innewohnenden Mangel,
b) eine mangelhafte Verpackung, c) eine Kriegshandlung oder einen bewaffneten Konflikt
oder d) ein hoheitliches Handeln in Verbindung mit der Ein-, Aus- oder Durchfuhr verursacht worden sein. Ausreichend ist insoweit, dass einer der unter Art. 18 Abs. 2 MÜ genannten Umstände mitursächlich für den Schaden geworden ist.[30] Eine Haftungsbefreiung
für (sonstige) Fälle höherer Gewalt sieht das MÜ nicht vor.

Von Interesse ist hier insbes. der Fall einer mangelhaften Verpackung. Aufgrund des 38
Wortlauts des Art. 18 Abs. 2 lit. b MÜ ist Voraussetzung für die Haftungsbefreiung, dass
die Verpackung vom Absender selbst vorgenommen worden ist. Grundsätzlich muss er das
Gut so verpacken, dass es gegen Verlust und Beschädigung gesichert ist, insbes. durch äußere Einwirkungen.[31] Die Beweislast, dass ein Gut nicht ausreichend verpackt und dass
dadurch ein Schaden verursacht worden ist, liegt beim Luftfrachtführer.[32] Spezielle Regelungen dazu finden sich auch häufig in den Allgemeinen Beförderungsbedingungen der
Luftfrachtführer. Sofern diese nicht beachtet werden, kann dies zu einem (teilweisen) Anspruchsverlust führen.

b) Mitverursachung des Schadens. Eine Regelung zum „Mitverschulden" des Geschä- 39
digten beinhaltet Art. 20 S. 1 MÜ, der jedoch aufgrund der verschuldensunabhängigen
Haftung konsequenterweise von einer Verursachung spricht. Dies kann je nach Beitrag des

---

[25] Vgl. Giemulla/Schmid/*Müller-Rostin* Art. 18 MÜ Rn. 41.
[26] Vgl. *Koller* 2010, Art. 18 MÜ Rn. 3.
[27] Vgl. *BGH* Urteil vom 24.2.2011, I ZR 91/10, TranspR 2011, 436 ff., Rn. 25; MüKoHGB/*Ruhwedel* Art. 18 MÜ Rn. 38.
[28] Vgl. *BGH* Urteil vom 24.2.2011, I ZR 91/10, TranspR 2011, 436 ff., Rn. 26 – zu Recht kritisch *Müller-Rostin* TranspR 2012, 14, 15 f.; *ders.* ZLW 2012, 209, 219 f.
[29] Vgl. *Reuschle* 2011, Art. 18 Rn. 25 ff.
[30] Vgl. *Clarke/Yates* Rn. 3.589.
[31] Vgl. MüKoHGB/*Ruhwedel* Art. 18 MÜ Rn. 82.
[32] Vgl. *OLG Koblenz* Beschluss vom 28.3.2011, 2 U 1296/09, TranspR 2013, 33, 34 f.

Geschädigten von einem teilweisen bis zu einem vollständigen Entfall der Haftung des Luftfrachtführers führen.

40 Kritisch sind insoweit die Fälle, in denen der Absender es unterlässt, bei einem besonders wertvollen Gut dessen Wert anzugeben. Sofern der Luftfrachtführer nachweisen kann, dass er bei Kenntnis über dessen Wert das Gut mit höheren Sicherheitsvorkehrungen befördert hätte, könnte das ggf. eine Reduzierung des Anspruches des Absenders zur Folge haben.[33] Diese Konsequenz wird von der Rechtsprechung in letzter Zeit verstärkt bei anderen Beförderungsarten angenommen.[34] Aufgrund des insoweit abweichenden Haftungskonzepts beim MÜ ist eine schematische Übertragung auf dieses jedoch nicht unbedenklich. Es wird auch vertreten, dass aufgrund des neuen Haftungskonzepts eine unterlassene Wertdeklaration keinesfalls eine Mitverursachung gem. Art. 20 MÜ bedeuten könne.[35] Zu berücksichtigen ist insoweit auch, dass nach Art. 20 MÜ kein Rückgriff auf das nationale Recht für die Quotelung des Schadens mehr erforderlich ist. Eine Bestimmung der Mitverursachung gem. Art. 20 MÜ kann sich daher nicht nach den Grundsätzen der Rechtsprechung zu einer nationalen Norm wie zB § 254 BGB richten, sondern ist autonom vorzunehmen.

41 **3. Haftungsbeschränkung.** Das Lufttransportrecht sieht ebenso wie die internationalen und nationalen Regelungen für den Gütertransport auf dem Landweg, auf der Schiene oder durch Schiffe eine Haftungsbeschränkung des Luftfrachtführers für Güter- und Verspätungsschäden der Höhe nach vor. Das Konzept des MÜ weist jedoch in diesem Punkt erhebliche Unterschiede zu den für andere Verkehrsträger geltenden Vorschriften auf.

42 **a) Betrag der Haftungsbeschränkung.** Art. 22 Abs. 3 S. 1 MÜ schreibt vor, dass die Haftung des Luftfrachtführers auf 19 Sonderziehungsrechte (SZR) pro kg beschränkt ist. Dies gilt einheitlich für die Beschädigung oder den Verlust des Gutes sowie bei Verspätungsschäden. 19 SZR entsprechen dabei ca. EUR 21,85 (Stand: Ende September 2013). Das SZR ist eine künstliche Währungseinheit des Internationalen Währungsfonds, die sich aus einem Korb von vier bedeutenden Weltwährungen berechnet (EUR, JPY, GBP und USD). Der Gegenwert des SZR kann im Internet tagesaktuell beim Transport-Informations-Service des Gesamtverbandes der Deutschen Versicherungswirtschaft e. V. unter www.tis-gdv.de oder auf der Seite des Internationalen Währungsfonds unter www.imf.org abgerufen werden.

43 **b) Unverbrüchlichkeit der Haftungsbeschränkung.** Anders als in fast allen sonstigen Regelungen des Transportrechts ist die Haftungsbeschränkung des Art. 22 Abs. 3 S. 1 MÜ jedoch unverbrüchlich, dh, dass der Luftfrachtführer selbst dann nicht auf einen höheren Betrag haftet, wenn er den Schaden durch ein grob fahrlässiges oder vorsätzliches Verhalten verursacht hat. Diese Regelung ist insbes. in Deutschland stark kritisiert worden.[36] Problematisch ist insoweit, dass der Betrag von 19 SZR pro kg das wirtschaftliche Interesse des Absenders von Luftfracht regelmäßig nicht abdecken wird. Dies folgt insbes. daraus, dass Luftfrachtgüter im Vergleich zu anderen Gütern, die mit Schiffen, Lkw oder der Eisenbahn befördert werden, einen besonders hohen Wert aufweisen. Wenn man sich zB den Wert eines kg Edelmetalls oder Computerprozessoren vergegenwärtigt, wird dieses Verhältnis deutlich. Statistische Auswertungen ergeben im Übrigen, dass der durchschnittliche Wert der Luftfrachtgüter bereits 2006 mehr als dreimal so hoch war wie die Haftungsbeschränkung des MÜ.[37]

44 Diese Regelung des MÜ soll ua eine schnellere Abwicklung von Transportschäden gewährleisten und Prozesse vermeiden. So dreht sich in der Praxis eine Vielzahl der Verfah-

---

[33] Vgl. *Koller* Art. 20 MÜ Rn. 1.
[34] Vgl. *BGH* Urteil vom 11.11.2004, I ZR 120/02, TranspR 2006, 161, 165; Urteil vom 22.11.2007, I ZR 74/05, NJW 2008, 920, 921; Urteil vom 3.7.2008, I ZR 218/05, TranspR 2008, 412, 415 zum Warschauer Abkommen.
[35] Vgl. MüKoHGB/*Ruhwedel* Art. 22 MÜ Rn. 17.
[36] Vgl. zB *Koller* Art. 22 MÜ Rn. 1.
[37] Vgl. *Brinkmann* S. 158.

ren darum, ob dem Frachtführer ein qualifiziertes Verschulden vorzuwerfen ist, um eine volle Haftung des Anspruchsstellers zu erreichen. Dies gilt gleichermaßen für alle Beförderungsarten, bei denen der Frachtführer bei Vorliegen eines qualifizierten Verschuldens unbeschränkt haftet. Zwar ist der Betrag im Luftrecht mehr als doppelt so hoch wie bei der Haftungsbeschränkung in CMR und HGB (8,33 SZR pro kg), gleichwohl ist seine Angemessenheit fraglich. Es ist daher insbes. bei besonders wertvollen Exportgütern zu prüfen, ob besondere Maßnahmen getroffen werden sollten.

4. Modifizierung des Haftungshöchstbetrages und Wertdeklaration. a) Modifizierung des Haftungshöchstbetrages. Wenn der Absender das Risiko vermeiden will, dass der potenzielle Schadenersatzbetrag weitaus geringer ist als der tatsächliche Wert des Gutes, kann er gem. Art. 25 MÜ zum einen mit dem Luftfrachtführer individuell einen höheren Haftungsbetrag als 19 SZR pro kg vereinbaren. Das spielt in der Praxis jedoch nur eine geringe Rolle. 45

Zum anderen kann der Luftfrachtführer unter bestimmten Voraussetzungen auf die Haftungsbeschränkung verzichten. Ein Verzicht kann darin bestehen, wenn seine Allgemeinen Beförderungsbedingungen eine Regelung enthalten, dass die *gesetzlichen* Haftungsbegrenzungen nicht gelten, wenn er den Schaden leichtfertig verursacht hat.[38] Ein entsprechender Verzicht auf die unverbrüchliche Haftungsbeschränkung des MÜ ergibt sich auch durch Ziff. 27 ADSp.[39] Denn Ziff. 23.1.2 ADSp, auf die in Ziff. 27 ADSp Bezug genommen wird, verweist auf die zwingende gesetzliche Haftung, mithin auch auf Art. 22 Abs. 3 MÜ.[40] 46

b) Wertdeklaration. Der Absender kann darüber hinaus bis spätestens zur Übergabe des Frachtgutes eine Wertdeklaration abgeben. Dh, dass er sein wirtschaftliches Interesse an der Ablieferung des Gutes am Bestimmungsort angibt, wofür er einen Zuschlag an den Luftfrachtführer zu entrichten hat. Er haftet dann gem. Art. 22 Abs. 3 S. 2 MÜ bis zur Höhe des angegebenen Betrages. Das wirtschaftliche Interesse kann dabei auch höher als der reine Wert des Gutes sein. Der Luftfrachtführer kann aber nachweisen, dass das vom Absender angegebene Interesse tatsächlich geringer ist als das angegebene, vgl. Art. 22 Abs. 3 S. 2 MÜ. 47

Die Wertdeklaration ist eine einseitige Erklärung des Absenders, weil Art. 25 MÜ den Parteien ohnehin ermöglicht, übereinstimmend eine Erhöhung der Haftungshöchstbeträge zu vereinbaren.[41] Auf den in der Praxis verwendeten Air Waybills findet sich für die Wertdeklaration regelmäßig ein Feld („Declared value for carriage"), in welches das Interesse des Absenders eingetragen werden kann. Dabei ist zu beachten, dass die Wertdeklaration eindeutig als solche und der Höhe nach bestimmt erfolgen muss. Als nicht ausreichend werden die Angabe des Versicherungs- oder Zollwertes sowie der unbezifferte Hinweis auf eine besonders wertvolle Ladung angesehen.[42] Schon aus Beweisgründen sollte sie darüber hinaus schriftlich erfolgen. 48

Problematisch an der Wertdeklaration ist neben ihrer fraglichen wirtschaftlichen Verhältnismäßigkeit der Umstand, dass sie ausschließlich den Zeitraum der Luftbeförderung und nicht des gesamten Transportlaufes umfasst.[43] Lufttransporte finden jedoch häufig im Rahmen einer Multimodalbeförderung statt. Die Wertdeklaration kann zwar einseitig vom Absender abgegeben werden, da sie von der Zahlung des Zuschlags abhängt, kann der Luftfrachtführer sie jedoch faktisch verhindern, indem er diesen unverhältnismäßig hoch 49

---

[38] Vgl. *OLG Düsseldorf* Urteil vom 21.11.2007, 18 U 105/07, TranspR 2008, 38, 39.
[39] *BGH* Urteil vom 22.7.2010, I ZR 194/08, TranspR 2011, 80.
[40] *BGH* Urteil vom 22.7.2010, I ZR 194/08, TranspR 2011, 80; Urteil vom 3.3.2011, I ZR 50/10, TranspR 2011, 220, Rn. 31 – zu Recht kritisch *Müller-Rostin* ZLW 2012, 209, 225 f. mwN.
[41] Vgl. *Koller* Art. 22 WA 1955 Rn. 4; *Reuschle* Art. 22 Rn. 20 – aA MüKoHGB/*Ruhwedel* Art. 22 MÜ Rn. 11.
[42] Vgl. *OLG Frankfurt* Urteil vom 16.4.1996, 5 U 219/94, TranspR 1998, 123; Beschluss vom 30.8.2004, 13 U 215/02, TranspR 2004, 471, 472; MüKoHGB/*Ruhwedel* Art. 19 MÜ Rn. 10.
[43] Vgl. *Koller* TranspR 2004, 181, 188 f.

ansetzt. Er ist insoweit nicht verpflichtet, seinem Vertragspartner einen angemessenen Preis einzuräumen. Eine Grenze wäre erst bei einer Sittenwidrigkeit erreicht, zB bei Ausnutzung einer Monopolstellung.[44] Es besteht schließlich die Gefahr, dass Kriminelle erst durch die Angabe des wirtschaftlichen Interesses auf einen besonders hohen Wert des Gutes aufmerksam gemacht werden. Ob die Wertdeklaration daher beim Haftungskonzept des MÜ wirklich als wirtschaftliches Mittel zur Sicherung der Interessen des Absenders dienen kann, muss sich in der Praxis erst noch zeigen.

50   **c) Transportversicherung.** Eine Risikoreduzierung kann darüber hinaus ggf. über eine bestehende Transportversicherung des Exporteurs erfolgen.[45] Bei dieser ist der komplette Transportlauf versichert und sie bietet die Möglichkeit, die verschiedenen Schadensfolgen und Transportrisiken differenzierter zu erfassen. Allerdings kann nicht ausgeschlossen werden, dass der Versicherer seinerseits auf eine Anmeldung von Gütern mit einem höheren Wert als 19 SZR pro kg bestehen wird.[46] Denn er selbst kann über § 86 Abs. 1 VVG den Luftfrachtführer nur iHv eben diesen 19 SZR pro kg in Regress nehmen; dieses wirtschaftliche Risiko wird sich jedoch auch in seiner Prämienkalkulation niederschlagen.

51   **5. Berechnung des Schadenersatzes.** Das MÜ enthält keine Regelung zum Umfang des zu ersetzenden Schadens. Diese Lücke ist daher durch die Heranziehung des auf den Luftbeförderungsvertrag anzuwendenden Rechts zu schließen (dazu Rn. 84 ff.). Das deutsche Recht beinhaltet insoweit eine Spezialregelung im Montrealer-Übereinkommens-Durchführungsgesetz (MontÜG; BGBl. I 2004, 550). § 2 MontÜG besagt, dass sich die Art des Schadenersatzes iSd Art. 18 Abs. 1 MÜ nach § 429 HGB richtet. Folglich ist der Luftfrachtführer zum Wertersatz gem. § 429 HGB verpflichtet. Für die Umrechnung des SZR in einem gerichtlichen Verfahren kommt es gem. Art. 23 Abs. 1 S. 2 MÜ auf den Zeitpunkt der Entscheidung an. In anderen Fällen kommt bei Anwendung deutschen Sachrechts gem. § 3 MontÜG iVm § 431 Abs. 4 S. 2 HGB auf den Tag der Übergabe des Gutes an, wenn die Parteien nichts Abweichendes vereinbart haben.

VI. Multimodaltransport

52   In der Praxis ist es bei der Güterbeförderung auf dem Luftweg äußerst unüblich, dass diese nur unimodal als Beförderung zwischen zwei Flughäfen vereinbart wird. Häufig wird die Luftstrecke Teil einer Beförderung mit unterschiedlichen Verkehrsmitteln sein. Zu differenzieren ist insoweit zwischen einem „echten" Multimodaltransport, einem Zubringerverkehr und einem Luftfrachtersatzverkehr.

53   **1. Multimodale Beförderung.** Als Grundsatz ist in Art. 38 Abs. 1 MÜ festgehalten, dass bei einer kombinierten Beförderung durch Flugzeuge und anderen Verkehrsmitteln das MÜ nur für die Luftstrecke iSd Art. 1 MÜ gilt. Ein Vorbehalt besteht für die in Art. 18 Abs. 4 MÜ geregelten Spezialfälle (dazu Rn. 57 ff.).

54   **a) Bekannter Schadensort.** Für die Haftung folgt daraus, dass sich diese bei einem bekannten Schadensort nach dem jeweils anwendbaren Recht der Teilstrecke bestimmt. Würde also zB eine Multimodalbeförderung vereinbarungsgemäß von New York nach Frankfurt per Flugzeug und dann weiter von Frankfurt nach Prag per Lkw erfolgen, so wäre die CMR anwendbar, sofern feststellbar wäre, dass sich der Schaden auf der Strecke Frankfurt-Prag ergeben hat. Denn die CMR regelt die Haftung bei grenzüberschreitenden Gütertransporten auf der Straße (vgl. Abschnitt 16). Wenn sich der Schaden auf der Luftstrecke ereignet hätte, würde das MÜ einschlägig sein, da sowohl Deutschland als auch die USA Vertragsstaaten sind.

---

[44] Vgl. *Koller* Art. 22 MÜ Rn. 1.
[45] Vgl. *Boettge* VersR 2005, 908, 914.
[46] Vgl. *Boettge* VersR 2005, 908, 914.

b) Unbekannter Schadensort. Schwieriger ist diese Feststellung bei einem unbekannten 55
Schadensort. Wäre also bei dem vorgenannten Beispiel nicht aufklärbar, auf welcher Teilstrecke der Schaden eingetreten ist, wäre die Heranziehung von Art. 38 Abs. 1 MÜ nur wenig hilfreich für die Bestimmung des anwendbaren Rechts. In der Praxis kommt es jedoch häufig vor, dass sich der Schadensort gerade nicht lokalisieren lässt. Da das MÜ keine spezielle Regelung für den unbekannten Schadensort bei einem Multimodaltransport aufweist, ist auf das nationale Recht abzustellen, das auf den Transportvertrag anwendbar ist. Ergibt die Anwendung des IPR, dass dies deutsches Sachrecht ist, kommen die §§ 452 ff. HGB ins Spiel. Wäre im obigen Beispielsfall deutsches Recht auf den Vertrag anwendbar, so ergäbe sich aus der sog. Einheitslösung der §§ 452 S. 1, 452a S. 1 HGB, dass das allgemeine Frachtrecht des HGB für die Haftung beim unbekannten Schadensort heranzuziehen wäre.[47]

c) Verjährung. Bei Anwendung deutschen Sachrechts greift bei einem Multimodaltransport 56
mit unbekanntem Schadensort hinsichtlich der Verjährung § 452b Abs. 2 HGB ein. Diese Norm bestimmt, dass der Anspruch frühestens innerhalb der in § 439 Abs. 1 HGB genannten Fristen verjährt. Nach der Rechtsprechung[48] soll dies jedoch auch dann gelten, wenn der Schadensort bekanntermaßen auf der Luftstrecke liegt. Denn auch bei Anwendung von – vorrangigen – völkerrechtlichen Regelungen wie dem MÜ sollen die Mindestverjährungsfristen des § 439 Abs. 1 HGB gewährleistet werden.[49]

2. Zubringerdienste. Sonderregelungen gelten für Zubringertransporte zur eigentlichen 57
Luftbeförderung, die lediglich in Ergänzung zum Luftbeförderungsvertrag vereinbart worden sind. Art. 18 Abs. 4 S. 2 MÜ nennt insoweit die Verladungs-, Abladung- oder Umladungsbeförderung. Eine solche gilt als Teil der Luftbeförderung, so dass die Regelungen des MÜ anwendbar sein können. Die Vorschrift soll eine Erleichterung für den Anspruchssteller sein, dem die Beweisführung hinsichtlich des Schadensortes erspart werden soll.[50] Die Beweislastregel des Art. 18 Abs. 4 S. 2 MÜ ist jedoch widerlegbar und beide Parteien des Luftbeförderungsvertrages können davon profitieren.[51] Dh, dass zB dann das Recht der Zubringerstrecke zur Anwendung kommt, wenn der Anspruchssteller nachweisen kann, dass dort der Schaden eingetreten ist, weil dieses ggf. günstigere Rechtsfolgen für ihn vorsieht. Vor deutschen Gerichten kann den Luftfrachtführer dann hinsichtlich des Nachweises des Schadensortes wieder eine sekundäre Darlegungslast treffen.[52]

Die Qualifizierung eines Transportes als Zubringerdienst zur Verladung, Ablieferung 58
oder Umladung ist nicht ganz unproblematisch. Ein solcher sollte nur bei relativ kurzen Strecken angenommen werden, wenn ein Transport per Flugzeug technisch oder mangels passender Verkehrsverbindung nicht möglich ist, dieser auf einer Nebenstrecke durchgeführt wird und daher nur eine untergeordnete Hilfsfunktion hat.[53] Dies wird zB dann anzunehmen sein, wenn eine Ware von einem Betrieb im Rhein-Main-Gebiet zum Frankfurter Flughafen gefahren wird. Wenn die Ware dagegen per Lkw von dort nach London-Heathrow gebracht würde, kann man nicht mehr von einem Transport iSd Art. 18 Abs. 4 S. 2 MÜ ausgehen. Die schematische Aussage, dass es bei einem Zubringertransport stets um den nächstgelegenen Flughafen zum Übergabeort handeln muss,[54] kann in dieser Form nicht getroffen werden.[55] In der Praxis wird es sich gleichwohl häufig um einen solchen handeln.

---

[47] Vgl. *OLG Karlsruhe* Urteil vom 21.2.2006, 15 U 5/04, TranspR 2007, 203, 204; Giemulla/Schmid/Müller-Rostin Art. 18 MÜ Rn. 112.
[48] *BGH* Urteil vom 2.4.2009, I ZR 60/06, TranspR 2009, 262 ff.
[49] Vgl. *BGH* Urteil vom 2.4.2009, I ZR 60/06, TranspR 2009, 262 ff. Rn. 21 – zu Recht kritisch *Müller-Rostin* TranspR 2012, 14, 20 ff.; *ders.* ZLW 2012, 209, 215 ff.
[50] Vgl. *OLG Karlsruhe* Urteil vom 18.5.2011, 15 U 23/10, TranspR 2011, 382, 385.
[51] Vgl. *BGH* Urteil vom 24.2.2011, I ZR 91/10, TranspR 2011, 436 ff., Rn. 31.
[52] *BGH* Urteil vom 10.5.2012, I ZR 109/11, TranspR 2012, 466, 469 f.
[53] Vgl. *BGH* Urteil vom 13.6.2012, I ZR 161/10, BeckRS 2012, 20447, Rn. 33; *Brinkmann* S. 86.
[54] So *OLG Karlsruhe* Urteil vom 21.2.2006, 15 U 5/04 TranspR 2007, 203.
[55] Vgl. *Brinkmann* S. 82.

2. Teil. Das Vertragsrecht des Exportgeschäfts

59 **3. Luftfrachtersatzverkehr. a) Praxis des Luftfrachtersatzverkehrs.** Luftfrachtersatzverkehre spielen in der Praxis eine große Rolle. Innerhalb Europas sollen sogar bis zu 60% der Luftfracht nicht geflogen, sondern im Wege von Ersatzverkehren transportiert werden.[56] Da sie zu einem ganz überwiegenden Teil auf der Straße mit einem Lkw durchgeführt werden, hat sich in der Praxis der Begriff Trucking durchgesetzt. Die Durchführung eines Luftfrachtersatzverkehrs kann vielerlei Gründe haben: Die Beförderung mit einem Flugzeug kann zB wegen technischer Gründe oder mangels Kapazität nicht durchgeführt werden. Auch kann der Fall eintreten, dass eine Luftbeförderung wetterbedingt umgeleitet werden muss und die Güter deshalb zum eigentlichen Bestimmungsflughafen gefahren werden müssen. Ein Blick auf die Praxis ergibt jedoch, dass diese Fälle eher vernachlässigbar sind. Denn das Trucking ist heute zu einem nicht mehr wegdenkbaren Glied in der Logistikkette geworden und wird insbes. in Europa auf zahlreichen Strecken planmäßig im Liniendienst durchgeführt. Dies erfolgt häufig im Rahmen von Road Feeder Services, also Beförderungen zu Drehkreuzen, von denen aus Fracht mit großen Maschinen geflogen wird. Diese Feeder-Transporte machen den wesentlichen Teil der durchgeführten Ersatztransporte aus.[57] Zahlreiche Fluggesellschaften bieten Road Feeder Services in Eigenregie an, wobei die Lkw dabei unter einer Flugnummer operieren. Aufgrund des Zeitvorteils auf kurzen Strecken und der geografischen Gegebenheiten in Europa erfolgt hier sogar eine Bedienung von zahlreichen Strecken nahezu ausschließlich durch Luftfrachtersatzverkehre.[58]

60 **b) Erlaubnis zum Trucking.** Die IATA hat bereits 1971 für ihre Mitglieder die Resolution 507b erlassen, welche den IATA-Carriern das Recht zugesteht, beim Vorliegen bestimmter Voraussetzungen einen Luftfrachtersatzverkehr anstelle der ursprünglich geplanten Luftbeförderung durchzuführen. Die IATA-Resolution 507b hat jedoch insbes. in Europa nur vernachlässigbare praktische Bedeutung.[59] Die Luftfrachtführer behalten sich jedenfalls in ihren Beförderungsbedingungen regelmäßig vor, Güter im Wege des Truckings zu transportieren und auch die IATA-Resolutionen zum Luftfrachtbrief enthalten solche Regelungen. An der Wirksamkeit solcher Ersetzungsbefugnisklauseln sind verschiedentlich Zweifel geäußert worden.[60] Da die Möglichkeit des Truckings im Normalfall auch im Interesse des Absenders liegt, sind Ersetzungsbefugnisklauseln von der Rechtsprechung bislang jedoch als angemessen beurteilt worden.[61] Wenn es dem Absender nicht ausschließlich auf die Schnelligkeit ankommt, sondern ganz maßgeblich auf die Sicherheit der Beförderung, sollte ein Luftfrachtersatzverkehr (für bestimmte Regionen) ausdrücklich ausgeschlossen werden.

61 **c) Definition.** Der Luftfrachtersatzverkehr ist von den sonstigen oben aufgeführten Multimodalbeförderungen abzugrenzen. Ein solcher liegt vor, wenn ein Frachtgut bei Vorliegen eines Luftbeförderungsvertrages unter Einsatz eines anderen Verkehrsmittels als einem Luftfahrzeug zwischen zwei Flughäfen transportiert wird. Dabei darf es sich nicht um einen Zubringerdienst iSd Art. 18 Abs. 4 S. 2 MÜ handeln, sondern es muss bei wertender Betrachtung ein Transport auf einer Hauptstrecke mit erheblichem Gewicht vorliegen und diese Strecke muss auch potentiell mit einem Flugzeug bedient werden können.[62]

62 **d) Haftung beim Trucking.** Hinsichtlich der Haftung muss differenziert werden, ob das Trucking vom Vertrag zwischen den Beteiligten gedeckt war oder vertragswidrig durchgeführt worden ist. Die Vorschrift des Art. 18 Abs. 4 S. 3 MÜ beinhaltet ausschließlich eine Sonderregelung für das vertragswidrige Trucking.

---

[56] Vgl. MüKoHGB/*Ruhwedel* Art. 18 MÜ Rn. 58.
[57] Vgl. *Boettge* VersR 2005, 908, 912; *Ruhwedel* TranspR 2006, 421, 426.
[58] Vgl. *Boettge* VersR 2005, 908, 912.
[59] Vgl. *Brinkmann* S. 103.
[60] Vgl. *Reuschle* Art. 18 Rn. 54 mwN.
[61] Vgl. *OLG Frankfurt* Urteil vom 11.11.1981, 21 U 108/81, VersR 1982, 697, 698; *OLG Stuttgart* Urteil vom 7.10.1987, 3 U 181/86, VersR 1988, 909 jeweils zur IATA-Resolution 507b; nicht weiter problematisiert von *OLG Düsseldorf* Urteil vom 12.3.2008, 18 U 160/07, BeckRS 2008, 09758.
[62] Vgl. *BGH* Urteil vom 13.6.2012, I ZR 161/10, BeckRS 2012, 20447, Rn. 33; *Brinkmann* S. 90.

Sofern der Luftfrachtersatzverkehr im Einverständnis mit dem Absender durchgeführt worden ist, liegt ein Multimodaltransport iSd Art. 38 Abs. 1 MÜ vor. Das bedeutet, dass bei einem Schaden das Recht derjenigen Strecke herangezogen werden muss, auf welcher dieser eingetreten ist. Sollte der Schadensort beim vertragsgemäßen Trucking unbekannt sein, so kann daher auf die obigen Ausführungen unter Rn. 55 verwiesen werden.

Anders verhält es sich jedoch bei einem vertragswidrigen Trucking. Denn bei diesem soll es gemäß der Fiktion des Art. 18 Abs. 4 S. 3 MÜ bei der Anwendbarkeit des Luftrechts bleiben. Diese Regelung ist in das MÜ eingefügt worden, weil sich der Luftfrachtführer nicht einseitig durch ein Verhalten dem Anwendungsbereich des Luftrechts entziehen sollte.[63] Dies führt gleichwohl zu dem paradoxen Resultat, dass der vertragswidrig handelnde Luftfrachtführer besser gestellt sein kann, als derjenige, der sich vertragstreu verhält. Denn bei einem verbotenen Trucking ist aufgrund der Regelung des Art. 18 Abs. 4 S. 3 MÜ auch die unverbrüchliche Haftungsbeschränkung des Art. 22 Abs. 3 S. 1 MÜ einschlägig.

Aufgrund dieses unbefriedigenden Ergebnisses ist der Vorschlag gemacht worden, dass dem Absender das Recht zugestanden werden soll, das Verhalten des Luftfrachtführers nachträglich zu billigen.[64] Dies soll durch eine Genehmigung des vertragswidrigen Luftfrachtersatzverkehrs erfolgen, so dass über Art. 38 Abs. 1 MÜ ggf. eine weitergehende Haftung ermöglicht wird (wenn ein qualifiziertes Verschulden vorliegt). Dieser Lösungsansatz entspricht zwar den praktischen Bedürfnissen der Absender und vermeidet mögliche Wertungswidersprüche. Aus juristischer Sicht begegnen ihm jedoch einige Bedenken.[65] Das Problem darf aus praktischer Sicht gleichwohl nicht überbewertet werden, weil in der Regel eine Ersetzungsbefugnis vereinbart sein wird.

VII. Haftung des Luftfrachtführers für Verspätungsschäden

Die Haftung des Luftfrachtführers bei Schäden aufgrund einer Verspätung ist einheitlich in Art. 19 MÜ geregelt.

1. Begriff der Verspätung. Ab welchem Zeitpunkt eine Gütersendung verspätet ist, hat im MÜ keine Regelung erfahren. Die Auslegung dieses Begriffes muss daher weiterhin durch die nationalen Gerichte erfolgen.[66] Hierbei sind selbstverständlich insbes. die vertraglichen Vereinbarungen zwischen den Parteien heranzuziehen. Wenn keine feste Zeit für die Ankunft vereinbart worden ist, muss das Gut in einer angemessenen Zeit befördert werden.[67] Die Frage, wann dies der Fall ist, hängt von der Art der Güter und den jeweiligen Umständen des Einzelfalls ab. So liegt es auf der Hand, dass bei verderblichen Gütern wie Schnittblumen oder Lebensmitteln andere Maßstäbe als bei unverderblichen Gütern herrschen können. Andererseits kann eine genaue Zeiteinhaltung bei unverderblichen Waren wichtig sein, zB beim Transport von dringend benötigten Ersatzteilen für eine Industrieanlage.

Die Verspätung muss nach dem Wortlaut des Art. 19 S. 1 MÜ bei der Luftbeförderung eingetreten sein. Als Luftbeförderung ist dabei die Strecke zu verstehen, auf die sich die Beförderungspflicht des Luftfrachtführers bezieht.[68]

2. Verschuldenshaftung mit Entlastungsmöglichkeit. Anders als Art. 18 MÜ beinhaltet Art. 19 MÜ für Verspätungen eine Haftung für ein vermutetes Verschulden. Dies bedeutet eine Beweislastumkehr zugunsten des Anspruchstellers. Art. 19 S. 2 MÜ gibt dem Luftfrachtführer jedoch die Möglichkeit, sich von dem vermuteten Verschulden zu entlasten. Denn im Rahmen der Verspätungshaftung wäre es unbillig, ihn für Umstände haften zu

---

[63] Vgl. *Müller-Rostin* TranspR 1998, 229, 234.
[64] Vgl. *Harms/Schuler-Harms* TranspR 2003, 369, 375; zustimmend *Koller* Art. 18 MÜ Rn. 6; *Reuschle* Art. 18 Rn. 59 f.
[65] Vgl. *Brinkmann* 167 ff.; *Kirchhof* TranspR 2007, 133, 139; *Müller-Rostin* TranspR 2012, 14, 19.
[66] Vgl. MüKoHGB/*Ruhwedel* Art. 19 MÜ Rn. 14.
[67] Vgl. *Reuschle* Art. 19 Rn. 16.
[68] Vgl. *Reuschle* Art. 19 Rn. 28 – aA MüKoHGB/*Ruhwedel* Art. 19 MÜ Rn. 22.

lassen, die völlig außerhalb seines Machtbereiches stehen. Der Luftfrachtführer haftet nicht, wenn er nachweisen kann, dass er und seine Leute alle zumutbaren Maßnahmen zur Vermeidung des Schadens getroffen haben oder dass die Ergreifung dieser Maßnahmen unmöglich war, Art. 19 S. 2 MÜ. Hier ist beispielsweise an Witterungsbedingungen zu denken, die Routenänderungen bei der Durchführung eines Fluges erforderlich machen können.

70 **3. Sonstige anwendbare Regelungen.** Für die Beschränkung der Haftung gilt entsprechend das oben unter Rn. 41 ff. zu den Güterschäden Gesagte. Aufgrund der verbleibenden Möglichkeit der Haftungsbefreiung gemäß Art. 19 S. 2 MÜ und aus systematischen Gründen können die Enthaftungsgründe des Art. 18 Abs. 2 MÜ allerdings nicht analog auf die Verspätungshaftung angewendet werden.[69]

VIII. Die Gehilfenhaftung

71 Wenn die Leute des Luftfrachtführers in Ausführung ihrer Verrichtung gehandelt haben, können sie sich ebenso wie dieser auf die Haftungsbeschränkungen des MÜ berufen. Damit soll verhindert werden, dass der Anspruchsteller über den Umweg einer Inanspruchnahme der Leute das oben dargestellte Haftungssystem des MÜ umgehen kann. Unter den Leuten („servants and agents") des Luftfrachtführers versteht man sowohl die eigenen Angestellten als auch selbständige Unternehmer, deren Angestellte und Subunternehmer; es kommt insoweit nicht auf eine arbeitsvertragliche Bindung an, sondern auf die bewusste Einschaltung der Person zur Ausführung des Transports.[70]

72 Nicht unproblematisch ist die Feststellung, ob die Leute in Ausführung ihrer Verrichtungen gehandelt haben. In der bisherigen Rechtssprechung zum Warschauer Abkommen ist diese Voraussetzung von den Gerichten regelmäßig weit ausgelegt worden.[71] Nach der deutschen Rechtsprechung ist insoweit ein innerer Zusammenhang zwischen ihrer Tätigkeit und der schädigenden Handlung erforderlich.[72] Von einer Handlung in Ausführung der Verrichtung kann jedoch auch noch dann ausgegangen werden, wenn die Leute eine vorsätzliche Straftat begangen haben zB durch einen Diebstahl oder eine Unterschlagung des Frachtgutes. Dies kann damit begründet werden, dass die Leute das Wissen über ein besonders wertvolles Gut oder ein solches, das sich leicht verhehlen lässt, in der Regel gerade aus ihrer beruflichen Tätigkeit nehmen, so dass auch ein Diebstahl außerhalb der Arbeitszeit dem Art. 30 Abs. 1 MÜ unterfallen kann.[73] Da das Tatbestandsmerkmal des Art. 30 Abs. 1 MÜ der Vorgängernorm im Warschauer Abkommen entspricht, spricht vieles dafür, dass die Rechtsprechung bei dieser weiten Auslegung bleiben wird.[74]

IX. Sicherung und Geltendmachung von Ansprüchen

73 **1. Schadensanzeige.** Auch im Lufttransportrecht ist der Empfänger verpflichtet, die Güter bei der Ankunft auf Transportschäden zu untersuchen. Eine vorbehaltlose Annahme begründet gem. Art. 31 Abs. 1 MÜ die widerlegbare Vermutung, dass die Güter unbeschädigt und gemäß dem Air Waybill abgeliefert worden sind. Wird eine Beschädigung festgestellt, muss diese unverzüglich (jedenfalls jedoch innerhalb von 14 Tagen) nach ihrer

---

[69] Vgl. *Brinkmann* S. 44 – aA *Reuschle* Art. 18 Rn. 63.
[70] Vgl. OLG Karlsruhe Urteil vom 21.2.2006, 15 U 5/04, TranspR 2007, 203, 206; *Reuschle* Art. 30, Rn. 6.
[71] Vgl. BGH Urteil vom 3.7.2008, I ZR 218/05, TranspR 2008, 412, 415f.; OLG Hamburg TranspR 1997, 100, 101; *Clarke/Yates* Rn. 3.167.
[72] Vgl. BGH Urteil vom 3.7.2008, I ZR 218/05, TranspR 2008, 412, 416; ähnlich aus der englischen Rechtsprechung *Rustenburg Platinum Mines Ltd. v. South African Airways etc.*, 1 Lloyd's Rep. 19, 23 (Court of Appeal).
[73] Vgl. OLG Karlsruhe Urteil vom 21.2.2006, 15 U 5/04, TranspR 2007, 203, 207.
[74] Str., vgl. *Harms/Schuler-Harms* TranspR 2003, 369, 371; *Brinkmann* TranspR 2006, 146, 149f. – aA *Koller* Art. 30 MÜ Rn. 1.

Entdeckung schriftlich angezeigt werden, Art. 31 Abs. 2 S. 1 MÜ. Das gilt entsprechend bei einer Rückführung eines Transportgutes an den Absendeort.[75] Verspätungen müssen innerhalb von 21 Tagen nach der tatsächlichen Zurverfügungstellung angezeigt werden.

Anzeigepflichtig sind nach dem Wortlaut des Art. 31 Abs. 2 MÜ nur Beschädigungen **74** und Verspätungen, nicht dagegen der Verlust eines Frachtgutes. Problematisch kann insoweit die Abgrenzung sein, wenn es sich um einen Teilverlust einer Gütersendung handelt.[76] Im Zweifel gilt daher, dass der Schaden sicherheitshalber immer angezeigt werden sollte.

Zur Wahrung der Frist ist nicht entscheidend, wann die Anzeige dem Luftfrachtführer **75** zugeht, sondern wann sie übergeben oder abgesendet worden ist (Art. 31 Abs. 3 MÜ). Bei der Schadensanzeige empfiehlt es sich daher, zumindest die Absendung genau zu dokumentieren. Bei Nichteinhaltung der Frist kommt es zu einem Anspruchsverlust, so dass Schadenersatzansprüche gegen den Luftfrachtführer nicht mehr gerichtlich geltend gemacht werden können.[77]

2. Ausschlussfrist. Sofern eine fristgerechte Schadensanzeige erfolgt ist, ist darüber hinaus **76** aus die zweijährige Ausschlussfrist des Art. 35 Abs. 1 MÜ zu beachten. Wird der Anspruch gegen den Luftfrachtführer aufgrund eines Güter- oder Verspätungsschadens iSd Art. 18, 19 MÜ nicht innerhalb dieser Frist geltend gemacht, kommt es zu dessen Erlöschen.[78] Es handelt sich hierbei um eine von Amts wegen zu berücksichtigende Einwendung. Die Frist beginnt an dem Tag, an dem das Flugzeug mit dem Gut am Bestimmungsort angekommen ist oder hätte ankommen sollen. Für die konkrete Fristberechnung ist dabei das Recht des angerufenen Gerichts maßgeblich, Art. 35 Abs. 2 MÜ.

Die Geltendmachung kann durch Erhebung einer Klage oder vor deutschen Gerichten **77** auch durch den Antrag auf Erlass eines Mahnbescheides[79] erfolgen. Eine Streitverkündung iSd §§ 72 ff. ZPO genügt dagegen nicht, um die Frist des Art. 35 Abs. 1 MÜ zu wahren.[80]

Daneben findet sich keine Regelung zur Verjährung der Schadenersatzansprüche gem. **78** Art. 18, 19 MÜ. Nationale Verjährungsregelungen sind auf die Schadenersatzansprüche des MÜ auch nicht ergänzend anwendbar, da die luftrechtliche Ausschlussfrist insoweit als Spezialregelung vorrangig ist.[81]

3. Gerichtsstände. Art. 33 MÜ sieht spezielle und vorrangige Gerichtsstände für Klagen **79** aufgrund von Ansprüchen aus dem Übereinkommen vor. Bei Güter- und Verspätungsschäden beim Cargotransport hat der Anspruchsteller zwei Wahlmöglichkeiten: Art. 33 Abs. 1, 1. Variante MÜ ermöglicht die Erhebung einer Klage am Sitz des Luftfrachtführers, seiner Hauptniederlassung oder Geschäftsstelle. Darüber hinaus kann alternativ am Gericht des Bestimmungsortes geklagt werden, also dort, wohin das Gut transportiert werden sollte (Art. 33 Abs. 1, 2. Variante MÜ). Wenn ein ausführender Luftfrachtführer iSd Art. 39 ff. MÜ eingeschaltet worden ist, kann gem. Art. 46 MÜ auch zusätzlich am Ort dessen Hauptniederlassung geklagt werden. Immer gilt dabei, dass dasjenige Prozessrecht angewendet wird, welches am Ort des angerufenen Gerichtes gilt, Art. 33 Abs. 4 MÜ.

Bemerkenswert ist Art. 22 Abs. 6 MÜ, der zunächst die Klarstellung enthält, dass ein **80** Gericht durch die Haftungsbeschränkungen des MÜ nicht daran gehindert ist, dem Kläger Kostentragungspflichten nach dem jeweiligen Prozessrecht zuzusprechen. Art. 22 Abs. 6 S. 2 MÜ enthält darüber hinaus eine spezielle Regelung hinsichtlich der Kosten, welche den Vergleichsdruck auf die Parteien erhöhen soll: Wenn der Luftfrachtführer dem Kläger schriftlich innerhalb einer Frist von sechs Monaten seit dem Schadensereignis oder, falls eine Klage nach Ablauf dieser Frist erhoben worden ist, noch vor ihrer Erhebung einen Betrag angeboten hat, der dem entspricht, zu dessen Zahlung das Gericht den Luftfracht-

---

[75] Vgl. *LG Darmstadt* Urteil vom 18.4.2012, 7 S 227/11, ZLW 2012, 489.
[76] Vgl. *Brinkmann* TranspR 2006, 146, 147.
[77] Vgl. *Koller* Art. 26 WA 1955, Rn. 16.
[78] Vgl. MüKoHGB/*Ruhwedel* Art. 35 MÜ Rn. 8.
[79] Vgl. MüKoHGB/*Ruhwedel* Art. 35 MÜ Rn. 21.
[80] Vgl. *BGH* Urteil vom 6.10.2005, I ZR 14/03, TranspR 2006, 33.
[81] Vgl. *BGH* Urteil vom 24.3.2005, I ZR 196/02. NJW-RR 2005, 1122, 1123.

führer ohnehin verurteilt hat (ohne Verfahrenskosten), dann kann der Kläger keine Erstattung seiner Kosten verlangen. Art. 22 Abs. 6 S. 2 MÜ sperrt insoweit die Vorschriften des nationalen Prozessrechts, in Deutschland also der §§ 91 ff. ZPO.

81 **4. Schiedsverfahren.** Art. 34 MÜ unterstreicht den Willen der Verfasser des MÜ, dass dieses als internationales Einheitsrecht auch nicht durch eine privatautonome Schiedsvereinbarung umgangen werden soll. Art. 34 MÜ soll dies sicherstellen, indem er Vorschriften für die Schiedsvereinbarung und das Schiedsverfahren vorsieht. Art. 34 Abs. 1 S. 1 MÜ enthält zunächst die Selbstverständlichkeit, dass eine Schiedsvereinbarung für Streitigkeiten über die Haftung des Luftfrachtführers nach dem MÜ getroffen werden kann; dies hat zwingend in Schriftform zu erfolgen, Art. 34 Abs. 1 S. 2 MÜ.

82 Bereits in der Wahl des Schiedsortes werden die Parteien jedoch durch Art. 34 Abs. 2 MÜ eingeschränkt. Denn als Schiedsort kann nur einer der Gerichtsstände gem. Art. 33 Abs. 1 MÜ bestimmt werden, der in einem Vertragsstaat des Montrealer Übereinkommens liegen muss,[82] wobei dem Anspruchssteller insoweit ein Wahlrecht zukommt. Dies darf nicht dahingehend missverstanden werden, dass ihm hinsichtlich der Schiedsvereinbarung ein Wahlrecht zukommt. Da Art. 34 Abs. 4 MÜ vorsieht, dass Abweichungen von Art. 34 Abs. 2 und 3 MÜ nichtig sind und deren Regelungen Bestandteil jeder Schiedsklausel werden, muss diese dem Anspruchssteller die Möglichkeit der Einleitung eines Schiedsverfahrens an dem Sitz des Luftfrachtführers oder am Bestimmungsort der Beförderung gem. Art. 33 Abs. 1 MÜ offenhalten. Er muss also die Möglichkeit haben, nach Eintritt des Schadens zu entscheiden, wo das Schiedsverfahren durchgeführt wird. Der Anspruchsteller hat zwar ein Optionsrecht, dieses ist jedoch auf die Gerichtsstände des Art. 33 Abs. 1 MÜ beschränkt. Damit soll auch bei Schiedsverfahren ein „forum shopping" für außerhalb des Art. 33 Abs. 1 MÜ liegende Gerichtsstände vermieden werden.

83 Art. 34 Abs. 3 MÜ bestimmt im Übrigen, dass das Schiedsgericht die Vorschriften des luftrechtlichen Übereinkommens anzuwenden hat. Dadurch wäre zB eine Vereinbarung gemäß Art. 34 Abs. 4 MU nichtig, welche vorsehen würde, dass auf das Schiedsverfahren ausschließlich ein nationales Recht Anwendung finden soll. Denn auch mit einer solchen Vereinbarung würde der Zweck des Einheitsrechts unterlaufen.

X. Ausfüllung von Regelungslücken des MÜ

84 Eingangs ist bereits ausgeführt worden, dass das MÜ nicht alle denkbaren Fragen regelt, die bei einem Lufttransport auftreten können. Beispielsweise enthält es keinen Artikel, in dem bestimmt ist, wie die Beförderungsbedingungen eines Luftfrachtführers wirksam in den Vertrag einbezogen werden.[83] Oben wurde bereits ausgeführt, dass sich diese Frage ergänzend nach dem Sachrecht regelt, das auf den Luftbeförderungsvertrag anwendbar ist.[84] Zu einem besonders wichtigem Punkt, dem Umfang des nach Art. 18 MÜ zu ersetzenden Schadens, hat der deutsche Gesetzgeber darüber hinaus eine Sonderregel geschaffen (§ 2 MontÜG; → Rn. 51).

85 **1. Rechtswahl.** Haben die Parteien eine Rechtswahl getroffen, so ist die Regelungslücke durch das gewählte Recht zu schließen. Zur Klarstellung ist nochmals festzuhalten, dass eine Vereinbarung deutschen Rechts grundsätzlich das MÜ einschließt, denn dieses ist durch seine Umsetzung zu innerstaatlichem Recht geworden. Aufgrund des zwingenden Charakters des MÜ kann es nicht durch die Rechtswahl ausgeschlossen werden und es ist vorrangig anzuwenden. Nur falls es keine Regelung zu einer Frage enthält, ist eine ergänzende Heranziehung des deutschen Rechts erforderlich. Dies gilt analog für andere Staaten, in denen das MÜ in Kraft ist.

86 **2. Objektive Anknüpfung.** Ist keine Rechtswahl erfolgt, so muss die Frage durch eine objektive Bestimmung des Vertragsstatus geklärt werden. Dies richtet sich nach dem IPR

---

[82] Vgl. *Müller-Rostin* TranspR 2012, 413, 414.
[83] Zahlreiche weitere Beispiele finden sich bei *Koller* vor Art. 1 WA 1955 Rn. 7 ff.
[84] Vgl. *BGH* Urteil vom 3.7.2008, I ZR 218/05, TranspR 2008, 412, 413.

für vertragliche Schuldverhältnisse, in Deutschland also nach der EG-Verordnung Nr. 593/2008 (Rom I-Verordnung), welche in Art. 5 Abs. 1 eine Spezialregel für Güterbeförderungsverträge beinhaltet.[85] Grundsätzlich ist das Recht des Staates anzuwenden, in dem der Beförderer seinen gewöhnlichen Aufenthalt hat, sofern sich in diesem Staat auch der Übernahme- oder Ablieferungsort befindet. Hinsichtlich des Übernahme- oder Ablieferungsortes soll es darauf ankommen, was die Parteien vertraglich als solchen vereinbart haben.[86] Handelt es sich die dem Beförderer um eine juristische Person, ist der Sitz ihrer Hauptverwaltung maßgeblich, Art. 19 Abs. 1 S. 1 Rom I-Verordnung. Sind die Voraussetzungen des Art. 5 Abs. 1 S. 1 der Rom I-Verordnung nicht erfüllt, kommt nach S. 2 das Recht des Staates zur Anwendung, in dem sich der vereinbarte Ablieferungsort befindet. Falls sich jedoch aus der Gesamtheit der Umstände ergibt, dass eine offensichtlich engere Verbindung zu einem anderen Staat als desjenigen besteht, der sich gem. Art. 5 Abs. 1 S. 1 oder 2 Rom I-Verordnung ergeben hat, so ist das Recht jenes Staates anzuwenden, Art. 5 Abs. 3 Rom I-Verordnung.

B. Warschauer Abkommen

I. „Warschauer System"

Einleitend ist festzustellen, dass es „das" Warschauer Abkommen nicht gibt, sondern vielmehr eine ganze Reihe von Regelungswerken, die zusammen das sog. „Warschauer System" bilden. Am Anfang der Entwicklung des Luftprivatrechts stand das Warschauer Abkommen, das 1929 verabschiedet worden ist (im Folgenden: WA 1929). Es stellt die erste und nach wie vor grundlegende Basis für die Vereinheitlichung des internationalen Luftprivatrechts dar. Das WA 1929 hatte in der Pionierphase der Luftfahrt insbes. den Zweck, durch die einheitsrechtlichen Regelungen, die eine beschränkte Haftung der Luftfrachtführer vorsehen, Wettbewerbsnachteile für Fluggesellschaften aus verschiedenen Ländern zu vermeiden.[87] Auch wenn das WA 1929 heute in 152 Staaten in Kraft getreten ist (Stand: September 2013), ergab sich bereits früh Reformbedarf, in erster Linie motiviert durch die unzureichenden Haftungssummen für Passagierschäden.

Bereits 1955 wurde die Ursprungsfassung daher auf einer Konferenz in Den Haag durch die Verabschiedung des Haager Protokolls (ICAO Doc. 7632) modifiziert (im Folgenden: WA 1955). Das Haager Protokoll ist in 137 Staaten in Kraft getreten (Stand: September 2013). Es stellt die Modifikation des WA 1929 dar, die weltweit die größte Verbreitung gefunden hat.

Darüber hinaus sind verschiedene weitere Ergänzungen verabschiedet worden, von denen für die Frachtbeförderung insbes. das Zusatzabkommen von Guadalajara (ICAO Doc. 8181; im Folgenden: ZAG) sowie das Montrealer Zusatzprotokoll Nr. 4 (ICAO Doc. 9148) von Bedeutung sind. Das ZAG regelt die Einbeziehung des ausführenden Luftfrachtführers in die Haftung, die nunmehr in Art. 39 ff. MÜ geregelt ist. Das Montrealer Zusatzprotokoll Nr. 4 hat eine grundlegende Modifizierung der Vorschriften über die Frachtbeförderung vorgesehen, die das Montrealer Übereinkommen maßgeblich beeinflusst hat.[88] Bis auf das Montrealer Zusatzprotokoll Nr. 4 sind die vorgenannten Regelungswerke allesamt auch in Deutschland in Kraft getreten.

Das Warschauer System besteht also aus einer Vielzahl von Regelungswerken, die in verschiedenen Kombinationen zur Anwendung kommen können, je nachdem, ob sie in den betroffenen Staaten in Kraft getreten sind.[89] Zu beachten ist, dass Art. 55 MÜ festlegt, dass

---

[85] Vgl. dazu im Einzelnen *Mankowski* TranspR 2008, 339 ff.
[86] Vgl. MüKoBGB/*Martiny* Art. 5 Rom I-VO Rn. 18 f.
[87] Vgl. MüKoHGB/*Kronke* Art. 1 WA 1955 Rn. 1.
[88] Vgl. *Brinkmann* S. 18 ff.
[89] Vgl. MüKoHGB/*Kronke* Art. 1 WA 1955 Rn. 6 f.

das MÜ den anderen luftrechtlichen Konventionen vorgeht. Dies trägt zu einer großen Vereinfachung dar, sofern der Anwendungsbereich des MÜ eröffnet ist, da es wieder einen „one-stop-shop" bietet und die mitunter komplizierte Ermittlung des anwendbaren Rechts nach dem Warschauer System insoweit überflüssig macht.

II. Abweichungen zwischen WA 1955 und MÜ

91 Im Folgenden werden vier Abweichungen des WA 1955 zum MÜ dargestellt, die für die Praxis eine besondere Bedeutung haben.

92 **1. Beförderungsdokumente.** Unter der Geltung des WA 1955 ist die genaue Einhaltung der Formalia des Luftfrachtbriefes für den Luftfrachtführer von noch höherer Bedeutung als unter der Geltung des MÜ. Denn gemäß Art. 9 WA 1955 haftet er unbeschränkt, wenn die Angabe gemäß Art. 8 lit. c WA 1955 fehlt. Das bedeutet, dass der Luftfrachtbrief einen ausdrücklichen Hinweis auf die Haftungsbeschränkung des Luftfrachtführers enthalten muss. Die Anforderungen daran sind umstritten.[90]

93 Auch wenn gar kein Luftfrachtbrief ausgestellt worden ist, ergibt sich gemäß Art. 9 WA 1955 eine unbeschränkte Haftung des Luftfrachtführers. An diesen Regelungen ist zu kritisieren, dass die unbeschränkte Haftung aufgrund fehlender Formalia bei Zufallsschäden aufgrund der fehlenden Kausalität unverhältnismäßig erscheint.[91] Im MÜ sind diese Vorschriften daher ersatzlos entfallen.

94 **2. Haftung des Luftfrachtführers bei Güterschäden. a) Haftungsprinzip und -zeitraum.** Ein wesentlicher Unterschied zwischen WA und MÜ ergibt sich bei der Haftung für Güterschäden. Denn gemäß Art. 18 Abs. 1 WA 1955 haftet der Luftfrachtführer für ein vermutetes Verschulden bei der Entstehung des Schadens. Kann der Anspruchsteller nachweisen, dass er das Frachtgut unbeschädigt übergeben hat und zeigt sich bei der Ablieferung ein Schaden, so ist dies grundsätzlich ausreichend für die Begründung der Haftung. Denn in diesem Fall muss sich der Schaden in dem Zeitraum ereignet haben, in dem der Luftfrachtführer das Gut in seiner Obhut hatte. Die Güter sind gem. Art. 18 Abs. 2 WA 1955 in der Obhut des Luftfrachtführers, wenn sie sich auf einem Flughafen oder in einem Flugzeug befinden. Die 3. Variante des Art. 18 Abs. 2 WA 1955 (Landung außerhalb eines Flughafens) spielt praktisch keine Rolle. Wie oben dargestellt, ist der Obhutszeitraum bei Art. 18 Abs. 3 MÜ dagegen weiter gefasst.

95 **b) Haftungsbefreiungen.** Nach Art. 20 WA 1955 kann sich der Luftfrachtführer von seiner Haftung befreien, wenn er beweist, dass er und seine Leute alle Maßnahmen zur Verhütung des Schadens getroffen haben oder dies unmöglich war. Er kann also sein Verschulden, das durch Art. 18 Abs. 1 WA 1955 grundsätzlich vermutet wird, widerlegen. Die Rechtsprechung stellt hier allerdings relativ hohe Anforderungen, so dass dem Luftfrachtführer in der Praxis nur selten eine Befreiung gem. Art. 20 WA 1955 gelingt.[92]

96 Art. 21 WA 1955 beinhaltet eine weitere Befreiungsmöglichkeit. Die Haftung des Luftfrachtführers kann bei einem Mitverschulden des Anspruchsstellers anteilig oder vollständig reduziert werden, wobei sich die Rechtsfolgen des Mitverschuldens nach dem Recht des Ortes des angerufenen Gerichts bestimmen. Vor deutschen Gerichten kommt also § 254 BGB zur Anwendung.

97 **c) Haftungsbeschränkung.** Auch Art. 22 Abs. 2a WA 1955 sieht grundsätzlich eine Haftungsbeschränkung vor, die 250 Goldfranken je kg beträgt. Die Umrechnung dieser Rechnungseinheit erfolgt dabei in Deutschland nach der 4. Umrechnungsverordnung (BGBl. I 1973, 1815). Danach entsprechen 250 Goldfranken ca. EUR 27,35.

---

[90] Vgl. zB *Fujitsu Computer Products Corp.* v. *Bax Global Inc.*, 1 Lloyd's Rep. 367 ff. (Queen's Bench Division); MüKoHGB/*Kronke* Art. 8 WA 1955 Rn. 3.
[91] Vgl. Giemulla/Schmid/*Müller-Rostin* Art. 9 MÜ, Rn. 2.
[92] Vgl. Giemulla/Schmid/*Schmid* Art. 20 WA Rn. 10 ff.; *Harms/Schuler-Harms* TranspR 2003, 369, 370.

d) Durchbrechung der Haftungsbeschränkung. Anders als bei der unverbrüchlichen 98 Haftung nach dem MÜ kann die Haftungsbeschränkung beim WA 1955 jedoch vom Anspruchsteller möglicherweise gem. Art. 25 WA 1955 durchbrochen werden. Dies ist der Fall, wenn ein qualifiziertes Verschulden des Luftfrachtführers vorliegt. Der Anspruchsteller muss dafür nachweisen, dass ein Verhalten des Luftfrachtführers oder seiner Leute zu dem Schaden geführt hat, das entweder vorsätzlich war oder leichtfertig und in dem Bewusstsein erfolgte, dass ein Schaden mit Wahrscheinlichkeit eintreten werde. Für das qualifizierte Verschulden ist zwar grundsätzlich der Anspruchsteller darlegungs- und beweispflichtig. Da ihm jedoch regelmäßig einen Einblick in die Sphäre des Luftfrachtführers fehlt, ist ihm die Rechtsprechung insoweit entgegengekommen, dass er nur Tatsachen vorzutragen braucht, welche nahelegen, dass ein Schaden durch ein qualifiziertes Verschulden verursacht worden ist.[93]

Gelingt ihm dies, kommt es zum Aufleben der sekundären Darlegungslast bzw. Einlas- 99 sungsobliegenheit des Luftfrachtführers. Dh, dass nunmehr er selbst detailliert dazu vortragen muss, warum kein qualifiziertes Verschulden seinerseits vorgelegen hat. Die hohen Anforderungen daran bedeuten nicht selten, dass sich der Luftfrachtführer in einem Prozess nicht entlasten kann.[94] Sofern der Luftfrachtführer nicht der sekundären Darlegungslast gerecht wird, haftet er gem. Art. 25 WA 1955 in unbegrenzter Höhe, die Haftungsbeschränkung des Art. 22 Abs. 2a WA 1955 wird damit durchbrochen.

3. Haftung des ausführenden Luftfrachtführers. Eine Besonderheit ergibt sich insoweit, 100 wenn das ZAG nicht zur Anwendung kommt. Nach der deutschen Rechtsprechung galt in einem solchen Fall bislang, dass dem Empfänger des Gutes dann keine eigenen Schadenersatzansprüche gegen den ausführenden Luftfrachtführer zustehen.[95] Nunmehr wird auch von ihr ein solcher Anspruch des frachtbriefmäßigen Empfängers anerkannt,[96] da das Verhältnis zum ausführenden (Unter-)Frachtführer als echter Unterfrachtvertrag qualifiziert wird.[97]

4. Haftung beim vertragswidrigen Trucking. Da Art. 30 WA 1955 eine Art. 38 MÜ 101 entsprechende Regelung enthält, gelten für den erlaubten Luftfrachtersatzverkehr die oben beim MÜ dargestellten Rechtsfolgen entsprechend.

Anders verhält es sich beim vertragswidrigen Trucking, da dieses im WA noch keine be- 102 sondere Regelung erfahren hat. Unter der Geltung des Art. 18 WA 1955 soll der Luftfrachtführer bei einem bekannten Schadensort „jedenfalls" nach dem einschlägigen Landtransportrecht haften,[98] was einem Wahlrecht des Geschädigten nahekommt, ob er seinen Schaden nach Land- oder Lufttransportrecht liquidiert.[99] Dies soll erst recht gelten, wenn der Schadensort unbekannt ist; die §§ 452 ff. HGB sind insoweit nicht anwendbar, weil ein einheitlicher Frachtvertrag iSd § 452 S. 1 HGB nur vorliegen kann, wenn eine Ersetzungsbefugnis bestanden hat.[100]

---

[93] St. Rspr.; vgl. *BGH* Urteil vom 21.9.2000, I ZR 135/98, TranspR 2001, 29, 33; *OLG Frankfurt* Urteil vom 28.5.2002, 5 U 181/00, TranspR 2003, 169.
[94] Vgl. zur sekundären Darlegungslast zB *BGH* Urteil vom 13.6.2012, I ZR 87/11, NJW 2012, 3774 ff.; Urteil vom 6.5.2004, I ZR 262/01, TranspR 2004, 474 ff.; Urteil vom 25.9.1997, I ZR 156/95, TranspR 1998, 262, 264.
[95] Vgl. zB *BGH* Urteil vom 24.10.1991, I ZR 208/89, TranspR 1992, 177.
[96] Vgl. *BGH* Urteil vom 14.6.2007, I ZR 50/05, TranspR 2007, 425 ff.
[97] Vgl. im Einzelnen *Thume* TranspR 2007, 427 f.
[98] Vgl. *BGH* Urteil vom 17.5.1989, I ZR 211/87, TranspR 1990, 19, 20.
[99] Vgl. Giemulla/Schmid/*Müller-Rostin* Art. 18 WA, Rn. 24i.
[100] Vgl. *Harms/Schuler-Harms* TranspR 2003, 369, 372; *Koller* § 452 HGB Rn. 2 ff.

Abschnitt 19. Binnenschifftransport

Übersicht

	Rn.
A. Bestimmung des Rechtsrahmens	1
I. Mögliche Vertragsbeziehungen	3
1. Unmittelbarer Vertrag mit dem Binnenschifffrachtführer	4
2. Vertragskette Binnenschiffsunterfrachtführer(n)	5
3. Vertragskette im kombinierten Verkehr	6
4. Aus der Sicht des importierenden Empfängers	8
II. Anwendbares Recht: die Messlatte für Vertrag und AGB	9
1. Inlandtransporte	12
2. Grenzüberschreitende Transporte im CMNI-Bereich	20
3. Grenzüberschreitende Transporte außerhalb des CMNI-Bereichs	23
4. Transporte innerhalb eines anderen Staates	28
B. Internes deutsches Recht	30
I. Frachtvertrag und „Binnenkonnossement"	32
1. Nebeneinander von Frachtvertrag und Wertpapier	34
2. Pflichten und Haftung des Frachtführers	35
3. Haftung des ausführenden Binnenschifffrachtführers	44
4. Pflichten und Haftung des Absenders und des Empfängers	48
II. Große Haverei und IVR-Regeln	53
III. Globale Haftungsbeschränkungsmöglichkeit des Binnenschiffers	58
C. Budapester Übereinkommen (CMNI)	62
I. Einleitung und Überblick	65
II. Pflichten und Haftung des Binnenschifffrachtführers	68
1. Pflichten aus dem Frachtvertrag und einem eventuellen Konnossement	69
2. Haftung und Haftungsbegrenzung	77
III. Pflichten und Haftung des Absenders	89
IV. Haftung des ausführenden Frachtführers	92
1. Definition des „ausführenden Frachtführers"	93
2. Haftung	97
V. Pflichten und Haftung des Empfängers	99
D. Prozessuales	100

Literatur: CMNI-Denkschrift, BT-Drs. 16/3225 und BR-Drs. 563/06; *Hartenstein*, Binnen- und Seeschifffahrtsrecht in wechselseitiger Beeinflussung, in: Kuhlen/Lorenz/Riedel/Schäfer/Schmidt/Wiese, Probleme des Binnenschifffahrtsrechts XIII – Vorträge der 13. Mannheimer Tagung für Binnenschifffahrtsrecht, 2013; *Hartenstein*, Haftungsfragen im Budapester Binnenschifffahrtsübereinkommen (CMNI), TranspR 2012, 441 ff.; *Hartenstein*, Grenzüberschreitende Transporte in der Binnenschifffahrt, TranspR 2007, 385 ff.; IVR (Hrsg.), Haftungsvorschriften für die Binnenschifffahrt, 2008; *Koller*, Transportrecht, 8. Aufl. 2013; *Ramming*, Hamburger Handbuch zum Binnenschifffahrtsrecht, 2009; *Trost*, in: Hartenstein/Reuschle, Handbuch des Fachanwalts Transport- und Speditionsrecht, 2. Aufl. 2012, Binnenwasserstraße (Kap. 3) und Internationaler Binnenschifftransport (CMNI) (Kap. 15); *v. Waldstein/Holland*, Binnenschifffahrtsrecht, 5. Aufl. 2007.

A. Bestimmung des Rechtsrahmens

1   Um Waren zu ex- oder importieren, muss man sie transportieren. Für manche Güter und manche Wegstrecken bietet sich ein Transport per Binnenschiff an. Das ist nicht unbedingt die schnellste Möglichkeit, aber sie ist vergleichsweise günstig und bietet im Allgemeinen größere Kapazitäten als ein Straßentransport. Da die Binnenschifffahrt auch im Energieverbrauch und bei den externen Kosten (Umwelt und Sicherheit) Vorteile bietet und das Umschlag-Nadelöhr Seehafen-Straße/Schiene zu umgehen hilft, wird der Binnenschiffstransport derzeit auch politisch gefördert.

2   Wer mit einem Incoterm EXW oder FOB exportiert oder mit einem Incoterm DDP importiert, wird sich mit dem Abschluss eines Transportvertrags meist nicht weiter auseinandersetzen müssen. Wer aber etwa DDP exportiert oder EXW importiert, muss sich selbst um den Transport der Ware kümmern. Dabei gibt es mehrere Möglichkeiten, die zur An-

wendbarkeit des „Binnenschifftransportrechts" führen – und mehrere Möglichkeiten, **welches „Binnenschiffstransportrecht"** anwendbar und damit auch für die Wirksamkeit der Vertragsbestimmungen und eventueller Allgemeiner Geschäftsbedingungen von Bedeutung ist.

I. Mögliche Vertragsbeziehungen

Das Recht des Binnenschifftransports kann sowohl für den Importeur als auch für den Exporteur sowie für ihre jeweiligen Versicherer entweder unmittelbar oder mittelbar Bedeutung erlangen. 3

1. Unmittelbarer Vertrag mit dem Binnenschifffrachtführer. Erste Möglichkeit ist, dass der Exporteur oder Importeur einen **Frachtvertrag unmittelbar mit einem Binnenschifffahrtsunternehmen** über eine Güterbeförderung per Binnenschiff (genauer: über Binnenwasserstraßen) schließt. Dabei darf auch ein Teil der Strecke über See zurückgelegt werden, solange dies die kürzere Strecke ist. Es liegt dann ein Binnenschifffrachtvertrag vor, auf den entweder das HGB-Frachtrecht, die Bestimmungen der CMNI (Budapester Übereinkommen) oder ein ausländisches Frachtvertragsrecht Anwendung finden können. 4

2. Vertragskette Binnenschiffsunterfrachtführer(n). Ganz ähnlich, nur nicht so offensichtlich, ist die Situation, wenn der Exporteur oder Importeur mit einem Frachtführer oder mit einem Spediteur, der zu fixen Kosten abrechnet, einen Vertrag über den Transport der Güter von einem Binnenhafen zu einem anderen schließt, und dieser Vertragspartner dann einem Binnenschifffahrtsunternehmen einen **Unterauftrag** erteilt. Es sind dann nicht nur auf das Verhältnis zwischen dem Frachtführer/Fixkostenspediteur und dem Binnenschiffer als Unterfrachtführer, sondern auch auf das Verhältnis zwischen dem Ex-/Importeur und seinem Vertragspartner unmittelbar die Vorschriften über den Binnenschiffstransport anwendbar – seien es die des HGB-Frachtrechts, die der CMNI oder die eines ausländischen Rechts. Die Auftragskette kann natürlich auch noch länger sein, etwa mit Unterunter- und Unterunterunterfrachtführer. 5

3. Vertragskette im kombinierten Verkehr. In manchen Situationen schließlich wird ein Binnenschifftransport nicht ausreichend sein. Es mag etwa sein, dass die Güter erst per Lkw oder auf Schiene zu dem Binnenschiffhafen gebracht werden müssen oder dass sie nach dem Transport über Binnengewässer auf ein Seeschiff umgeladen werden müssen, um dann noch eine längere Strecke über See verschifft zu werden. Es kann auch sein, dass es sich anbietet, den Transport zunächst über Straße, dann per Binnenschiff und schließlich noch einmal per Straße oder über Schiene durchzuführen. All dies sind Spielarten des **kombinierten Verkehrs.** Wer als Exporteur oder Importeur einen solchen Transport in Auftrag gibt, wird sich in den meisten Fällen nicht selbst um die einzelnen Transportabschnitte bei verschiedenen Beförderungsunternehmen kümmern, sondern den gesamten Transport für einen fest verabredeten Preis bei einem Unternehmen in Auftrag geben, das dann wiederum Unteraufträge vergibt. 6

Ist auf den Vertrag zwischen dem Ex- und Importeur und dem **Multimodal-Fixkostenspediteur** nicht ein ausländisches Recht anwendbar, sondern das deutsche, so gelten die §§ 452 ff. HGB über den multimodalen Transportvertrag. Der Exporteur wird dann nicht Vertragspartner eines „Binnenschifftransportvertrags", sondern eines allgemeinen Transportvertrags. Allerdings haftet sein Vertragspartner, der Multimodal-Fixkostenspediteur, für eventuelle Beschädigung, Verspätung oder Verlust der Güter gemäß § 452a HGB gegebenenfalls doch nach den Vorschriften des Binnenschifftransportrechts, wenn feststeht, dass der Verlust, die Beschädigung oder das Ereignis, das zur Verspätung führte, auf dem Teil des Gesamttransports, also auf der **„Teilstrecke",** eingetreten ist, der per Binnenschiff durchgeführt wurde (§ 452a Satz 1 HGB).[1] Auch bei einer solchen Konstellation kann dann das Recht des Binnenschifftransports (nämlich in Gestalt der CMNI) für den Ex- 7

---

[1] Dazu *Hartenstein* TranspR 2005, 9 ff.

oder Importeur, ihre Vertragspartner und ihre jeweiligen Versicherer („mittelbar") eine Rolle spielen.

8 **4. Aus der Sicht des importierenden Empfängers.** Die erwähnten Möglichkeiten – unmittelbarer Vertrag mit einem Binnenschifffahrtsunternehmen, Vertrag über eine Binnenschiffstransportstrecke mit einem Fixkostenspediteur, der dann an ein Binnenschiffsunternehmen einen Unterauftrag erteilt, oder Vertrag über einen multimodalen Transport – gelten ohne Weiteres auch für den Importeur, wenn er den Transport in Auftrag gibt. Für den importierenden Empfänger können sich aber darüber hinaus auch dann binnenschifftransportrechtliche Fragen stellen, wenn er nicht selbst mit einem Beförderer kontrahiert hat. Als **Empfänger der Waren** kann er dann nämlich trotzdem gegebenenfalls Rechte aus dem Binnenschifftransportvertrag gegen den Beförderer haben (Varianten 1 und 2) oder aus dem multimodalen Transportvertrag gegen den Multimodalbeförderer (Variante 3). Ob solche Rechte – und gegebenenfalls sogar Pflichten – bestehen, richtet sich nach den anwendbaren Rechtsvorschriften, und dafür kommen wiederum das HGB-Frachtrecht, die Vorschriften der CMNI oder ein ausländisches Recht in Betracht.

II. Anwendbares Recht: die Messlatte für Vertrag und AGB

9 Auf einen Vertrag über einen Transport per Binnenschiff können unterschiedliche Rechtsvorschriften Anwendung finden. Lange Zeit war der Binnenschifftransport der einzige Transportvertrag, für den es kein internationales Übereinkommen gab. Das hat sich durch das Inkrafttreten des **Budapester Übereinkommens (CMNI)** geändert. Jedoch ist nicht immer die CMNI anwendbar, sondern es verbleibt daneben auch ein Anwendungsbereich für das **HGB-Frachtrecht** – oder für die Anwendung eines ausländischen Rechts.

10 Die Frage, ob die CMNI anwendbar ist oder das deutsche HGB oder etwa ein ausländisches Recht, kann von ganz entscheidender Bedeutung sein. Zwar können die Parteien des Transportvertrags ihre Vereinbarungen treffen, gewisse Punkte individuell vereinbaren und im Übrigen auf die Anwendbarkeit ihrer Allgemeinen Geschäftsbedingungen verweisen. Insbesondere wird das Unternehmen, das per Binnenschiff befördert oder befördern lässt, oft auf seine Transportbedingungen verweisen (oder der Multimodaltransportbeförderer auf die ADSp). Doch wird **Messlatte für die Wirksamkeit von Vertragsvereinbarungen** (und zwar von individuellen wie von AGB) immer das anwendbare Recht sein: das deutsche HGB, die CMNI oder ein eventuell anwendbares ausländisches Recht. Nur soweit dieser anwendbare Rechtsrahmen es zulässt, kann von den darin vorgesehenen Vorschriften abgewichen werden.

11 Ist zum Beispiel nicht die CMNI anwendbar, sondern das HGB-Frachtrecht, so kann der Binnenschiffbeförderer nicht einfach seine Haftung für Güterbeschädigungen ausschließen, die auf „nautischem Verschulden" beruhen.[2] Es kann sich daher durchaus lohnen, darauf zu achten, welcher Rechtsrahmen für den Transport per Binnenschiff gelten soll – auch wenn es sich nicht immer durch die Parteien (oder gar *eine* Partei) beeinflussen lassen wird. Sollen **AGB** verwendet werden, empfiehlt es sich, eine **individuelle Anpassung** an die Belange des sie verwendenden Unternehmens vorzunehmen, damit dessen rechtliche Situation optimiert werden kann.

12 **1. Inlandtransporte.** Allein ein **reiner Inlandtransport per Binnenschiff** wird einen Ex- oder Import per definitionem nicht bewerkstelligen können. Es ist jedoch, wie oben gesehen, durchaus möglich, dass die Ware exportiert wird, indem sie zunächst per Binnenschiff etwa zu einem Seehafen transportiert wird und dann vom Seehafen per Seeschiff weiter ins Ausland oder dass sie beim Import nach der Seestrecke aus dem Ausland nach Hamburg noch eine Beförderung auf dem Binnenschiff nach Dresden zu bewerkstelligen hat. Der Transport per Binnenschiff kann dann von dem Exporteur oder Importeur entweder selbst und isoliert kontrahiert werden oder Teil eines Multimodaltransportvertrags

---

[2] *Hartenstein* TranspR 2007, 392, dazu unten Rn. 42.

Abschnitt 19. Binnenschifftransport

sein, für den, wie oben gesehen, auch teilweise die Regeln des Binnenschifftransports gelten können. In beiden Fällen ist auch für einen Ex- oder Importeur sowie für ihre Versicherer von Interesse, welche Regeln auf einen solchen Inlandtransport per Binnenschiff anwendbar sind.

Wenn die Parteien nicht (was aber möglich ist!) die Geltung eines ausländischen Rechts 13 für den Transport per Binnenschiff innerhalb Deutschlands vereinbaren, wird für seit dem 17. Dezember 2009 geschlossene Verträge **in der Regel** gemäß Art. 5 Abs. 1 Rom I-Verordnung, das deutsche **HGB-Frachtrecht** auf den **Binnenschifftransportvertrag** anwendbar sein, also im Wesentlichen die §§ 407ff. HGB.

Nach dem schon systematisch unglücklichen § 449 Abs. 4 HGB (der nicht danach differe- 14 renziert, in welchen Staaten die Parteien sitzen, und der im Übrigen von ausländischen Gerichten kaum angewendet werden dürfte) sollen die zwingenden HGB-Vorschriften für einen Inlandstransport sogar dann anwendbar sein, wenn im Übrigen ein anderes Recht gilt (etwa, weil die Parteien es gewählt haben oder beide ihren Sitz in demselben anderen Staat haben). Ob diese Vorschrift unter Geltung der Rom I-Verordnung noch Bestand hat, ist indes sehr fraglich; um eine Eingriffsnorm im Sinne von Art. 9 Abs. 1 und 2 Rom I-VO handelt es sich nicht, Art. 9 Abs. 3 Rom I-VO „hilft" nicht weiter, und auch die sogenannte **Kabotage**-Verordnung (EWG) Nr. 3921/91 vom 16.12.1991 stützt den HGB-Paragrafen meines Erachtens nicht, denn sie betrifft nicht das auf den Vertrag anwendbare Recht.[3]

In der Fallkonstellation eines Inlandstransports wird in der Regel auch auf ein eventuell 15 für den Transport ausgestelltes **Binnenkonnossement** deutsches Recht Anwendung finden, wenn in dem Konnossement nicht etwas anders vereinbart ist.

Seit der Transportrechtsreform von 1998 gilt im internen deutschen Recht für Verträge 16 über Binnenschifftransporte im Wesentlichen das Gleiche wie für Verträge über andere Transporte auch. Die **Sondervorschriften,** die sich zuvor im Binnenschifffahrtsgesetz fanden und die im Übrigen eine weitgehende Vertragsfreiheit zuließen, sind, abgesehen von einigen wenigen Instituten wie dem der Havarie Grosse und der globalen Haftungsbeschränkung (zu beiden siehe unten Rn. 53ff. und Rn. 58ff.), **entfallen.**

Das HGB-Frachtrecht, das auch für Binnenschifftransporte gilt, zeichnet sich durch eine 17 im Vergleich zum Seerecht und zur CMNI einigermaßen hohe Haftungsbeschränkungssumme aus (8,33 Sonderziehungsrechte pro Kilogramm), sowie dadurch, dass von den Haftungsvorschriften nicht so leicht abgewichen werden kann; § 449 Abs. 1 und Abs. 2 HGB setzten dafür enge Grenzen. Im Übrigen ist das HGB-Frachtrecht aber weitgehend disponibel.

Allgemeine Geschäftsbedingungen, die der Exporteur, Importeur oder der Binnen- 18 schifffrachtführer in den Binnenschifffrachtvertrag einbeziehen, sind dann an der Messlatte des HGB-Frachtrechts zu messen. Erwähnenswert sind insbesondere die vom Verein für Europäische Binnenschifffahrt und Wasserstraßen e.V. (VBW) erarbeiteten Internationalen Verlade- und Transportbedingungen für die Binnenschifffahrt **(IVTB).** Die Version von 1999 (nach Inkrafttreten der Transportrechtsreform) wurde nach Inkrafttreten der CMNI überarbeitet und findet sich derzeit in der Version von **2010.** Die IVTB werden, jedenfalls in Deutschland und in ihrer älteren Version, von vielen Binnenschifffahrtsunternehmen verwendet, manchmal unverändert, manchmal in einer auf das jeweilige Unternehmen zugeschnittenen modifizierten Version. Die IVTB haben den Anspruch, den Inhalt des Binnenschifffrachtvertrags unabhängig davon festzulegen, welcher gesetzliche Rechtsrahmen gilt, und so eine Rechtsvereinheitlichung auf der Ebene der AGB zu erreichen. Inwieweit die neue Version der IVTB 2010 den nach wie vor strengen Anforderungen des HGB-Frachtrechts standhält, wenn dieses anwendbar ist, wird sich in Zukunft erweisen.

Im Bereich der Tankschifffahrt kommen auch heute noch des Öfteren die „Tankschiff- 19 Transportbedingungen" (TTB) zur Verwendung, deren letzte Version allerdings soweit

---

[3] Anders *Basedow* ZHR 156 (1991), 413, 437; ihm folgend *Ramming* TranspR 2007, 279, 281 f.

ersichtlich bislang weder an die Rechtslage nach der Transportrechtsreform angepasst wurde noch an die nach Inkrafttreten der CMNI. Das gilt soweit ersichtlich auch für die „Europäischen Schubbedingungen 1997", die allerdings durch die CMNI auch nicht beeinflusst werden dürften.

20 **2. Grenzüberschreitende Transporte im CMNI-Bereich.** Seit dem **1. November 2007** gilt auch für die Bundesrepublik das **Budapester Übereinkommen** vom 22. Juni 2001, das nach seiner französischen Bezeichnung (**C**onvention de Budapest relative au contrat de transport de **m**archandises en **n**avigation **i**ntérieure) auch „die **CMNI**" genannt wird. Wie das HGB-Frachtrecht regelt die CMNI (allerdings nicht abschließend) die Rechte und Pflichten der Parteien eines (Binnenschiff-)Transportvertrags sowie des eventuell ausgestellten „Binnenkonnossements". Ein deutsches Gericht hat die CMNI anzuwenden, wenn sie gilt.

21 Die CMNI gilt, wenn ein **grenzüberschreitender Binnenschifftransport** vorliegt, der entweder in einem **Mitgliedsstaat** des Budapester Übereinkommens beginnt oder endet. Seit die CMNI in Deutschland in Kraft ist (1.11.2007) gilt sie also auch für alle grenzüberschreitenden Binnenschifftransporte, die in Deutschland beginnen oder enden. Sie ist damit **praktisch von ganz erheblicher Relevanz.** Auf Verträge, die vor dem 1.11.2007 geschlossen wurden, findet die CMNI nach den allgemeinen Regeln keine Anwendung.

22 Gemäß Art. 2 Abs. 2 CMNI gilt das Budapester Übereinkommen auch dann, wenn (ohne Umladung) die Beförderung sowohl auf Binnenwasserstraßen als auch auf Seegewässern geschieht, wenn nicht ein Seekonnossement ausgestellt ist[4] und wenn die Strecke auf Binnengewässern die größere ist.

23 **3. Grenzüberschreitende Transporte außerhalb des CMNI-Bereichs.** Schließlich sind auch heute noch grenzüberschreitende Binnenschifftransporte denkbar, auf die die **CMNI keine Anwendung** findet, nämlich solche, die weder in einem Mitgliedsstaat des Budapester Übereinkommens beginnen, noch in einem Mitgliedsstaat des Budapester Übereinkommens enden. Die Liste der Mitgliedsstaaten wird jährlich im Bundesgesetzblatt (Teil II, Fundstellennachweis B vom 31. Dezember) veröffentlicht. Die CMNI ist in Europa heute weit verbreitet; Mitgliedsstaaten sind neben der Bundesrepublik auch die Niederlande, Belgien, Luxemburg, die Schweiz, Frankreich, Tschechien, die Slowakei, Ungarn, Rumänien, Bulgarien, Kroatien, Moldau, Serbien und Russland. Derzeit sind etwa Österreich und Polen sowie die Ukraine noch nicht Mitglied. Auf einen Transport von Österreich nach Polen, von der Ukraine nach Österreich oder von Österreich nach England würde ein deutsches Gericht daher nicht die CMNI anwenden.

24 Welches Recht stattdessen anwendbar ist, entscheidet das Gericht nach dem für es geltenden **Kollisionsrecht.** In Deutschland gilt für **Verträge,** die seit dem 17. Dezember 2009 geschlossen wurden, die **Rom I-Verordnung.** Danach dürfen die Parteien das anwendbare Recht wählen, also zum Beispiel der rumänische Frachtführer und sein deutscher Auftraggeber für einen Transport von der Ukraine nach Polen das rumänische, deutsche oder niederländische oder irgendein anderes Recht. Es muss sich allerdings um das Recht eines Staates handeln, nicht um ein isoliertes Regelwerk oder ein internationales Übereinkommen. Die Parteien können daher **nicht „die CMNI" wählen.** Sie können nur im Rahmen der disponiblen Vorschriften des gewählten Rechts die Bestimmungen der CMNI quasi als „AGB" inkorporieren.

25 Wählen die Parteien das anwendbare Recht nicht selbst aus, entscheidet das Gericht, welches Recht am engsten mit dem Sachverhalt verbunden ist und wendet dieses an. Das ist das Recht des Staates, in dem der Beförderer seinen gewöhnlichen Aufenthalt hat, wenn dies auch der Staat ist, von dem der Transport ausgeht oder in den er führt oder in dem auch der Absender seinen gewöhnlichen Aufenthalt hat. Andernfalls ist es für Verträge, die seit dem 17. Dezember 2009 geschlossen wurden, gemäß Art. 5 Abs. 1 Satz 2 Rom I-Ver-

---

[4] Dazu kritisch *Ramming* TranspR 2005, 138, 142 f.

Abschnitt 19. Binnenschifftransport

ordnung das Recht des vereinbarten Ablieferungsortes. Die CMNI ist es dann jedenfalls nicht.

Wurde ein **Binnenkonnossement** für den Transport ausgestellt (→ Rn. 33 und 38 ff.), **26** ist das auf die sich daraus ergebenden Rechte und Pflichten anwendbare Recht selbstständig zu bestimmen. Auch insoweit können die Parteien eine Wahl treffen. Wenn sie das unterlassen, gilt zwar nicht uneingeschränkt die Rom I-Verordnung[5], doch dürfte das Gericht in der Regel jeweils zu einem entsprechenden Ergebnis kommen.[6]

Wie oben dargestellt (→ Rn. 10), richtet sich nach dem anwendbaren Recht insbeson- **27** dere die Auslegung und Wirksamkeit aller Vertragsklauseln einschließlich der Allgemeinen Geschäftsbedingungen. Wer hier keine Überraschung erleben möchte, wird daher möglichst eine **Rechtswahl** treffen.

4. Transporte innerhalb eines anderen Staates. Auch Transporte, die nicht grenzüber- **28** schreitend sind, sondern nur die Binnenschifffahrtsstrecke **innerhalb eines anderen Staates** betreffen, also etwa ein Transport von Wien nach Linz (innerhalb des Nicht-CMNI-Staates Österreich) oder von Decin nach Prag (innerhalb des CMNI-Staates Tschechische Republik), unterliegen – aus der Perspektive eines deutschen Gerichts – nicht den Bestimmungen der CMNI, sondern dem nach den Vorschriften des Internationalen Privatrechts jeweils anwendbaren Recht. Gerichte anderer Vertragsstaaten können allerdings die CMNI anwenden (müssen), wenn der entsprechende Staat gemäß Art. 31a CMNI erklärt hat, dass er die CMNI auf Transporte innerhalb seines Staatsgebietes ausdehnt. In einem solchen Staat wäre die CMNI dann wohl loi uniforme; ein deutsches Gericht würde sie dann aber nur anwenden, wenn das Kollisionsrecht es auf das Recht dieses Staates verweist.

Die Parteien können, wenn die CMNI nicht gilt, das anwendbare Recht wählen; wenn **29** sie es unterlassen, gilt das oben in Rn. 25 Ausgeführte. Auf den beispielhaft genannten Transport von Wien nach Linz, den ein deutscher Binnenschifffrachtführer für einen niederländischen Auftraggeber ausführt, wäre also gemäß Art. 5 Abs. 1 Satz 2 Rom I-Verordnung das österreichische Recht anzuwenden, wenn nicht die Parteien – etwa in den AGB des Binnenschifffrachtführers – die Anwendbarkeit eines anderen (etwa des deutschen) Rechts vereinbart haben.

B. Internes deutsches Recht

Das interne deutsche „Recht des Binnenschifftransports" kommt, wie beschrieben, ins- **30** besondere dann zur Anwendung, wenn die Parteien es für einen Transport, der nicht der CMNI unterliegt, gewählt haben oder wenn die oben genannten Kriterien für eine enge Bindung des Sachverhalts zum deutschen Recht vorliegen und die Parteien dieses nicht abgewählt haben.

Wer bei Anwendbarkeit deutschen Rechts nach einem **HGB-Abschnitt über Binnen- 31 schifftransporte** sucht, wird allerdings enttäuscht, einen solchen **gibt es nicht.** Wie oben schon angedeutet, sind die speziellen Frachtvertragsregeln, die es früher für Binnenschifftransporte im Binnenschifffahrtgesetz (BinSchG) gab, der Transportrechtsreform zum Opfer gefallen. Deren Ziel war es, eine einheitliche Regelung des deutschen Frachtvertragsrechts unabhängig vom Verkehrsträger zu schaffen (ausgenommen Seetransport), so dass für einen Transport per Binnenschiff heute im internen deutschen Recht im Wesentlichen die gleichen Regeln gelten wie für einen Transport über Straße oder Schiene (§ 407 Abs. 3 Satz 1 Nr. 1 HGB). Die Ausführungen, die sich im Abschnitt über den Straßentransport finden, müssen daher hier nicht wiederholt werden. Erwähnenswert sind aber neben einer kurzen Darstellung der Rechte und Pflichten aus Frachtvertrag und Binnenkonnossement

---

[5] *Ramming*, Handbuch, Rn. 281 ff.
[6] Zur Bestimmung des auf seerechtliche Konnossemente anwendbaren Rechts nach der Rom I-VO *Mankowski* TranspR 2008, 417 ff.

unter Berücksichtigung der recht weit verbreiteten IVTB die zwei Besonderheiten aus dem Binnenschifffahrtsgesetz: die große Haverei und die globale Haftungsbeschränkungsmöglichkeit.

I. Frachtvertrag und „Binnenkonnossement"

32 Zunächst ein Wort zu den **Charterverträgen.** Während im HGB beim Seefrachtgeschäft zwischen Reisefrachtverträgen (§§ 527 ff. HGB) und Stückgutfrachtverträgen (§§ 481 ff. HGB) unterschieden wird und für erstere auch der Begriff „Chartervertrag" verwendet wird, gibt es eine solche Unterscheidung im allgemeinen Frachtrecht nicht – und damit auch nicht mehr im internen deutschen Binnenschifffrachtrecht. In der Praxis des Binnenschifffahrtfrachtrechts gibt es aber sehr wohl Charterverträge und die dazugehörigen Dokumente, die Charterpartien. Statt der Beförderung des Guts steht die Überlassung des Schiffs im Mittelpunkt; trotzdem handelt es sich deshalb nicht unbedingt um einen Mietvertrag (**„Mietcharter"**), für die § 27 BinSchG jetzt auf §§ 553–556 HGB (Bareboat Charter) und §§ 557–569 HGB (Zeitcharter) verweist, sondern es kann durchaus ein Frachtvertrag vorliegen (**„Frachtcharter"**); die Abgrenzung kann schwierig sein.[7] Den Exporteur und Importeur wird insbesondere die Frachtcharter interessieren. Im Folgenden geht es daher nur um die Frachtverträge, nicht um die Mietverträge.

33 Eine „Besonderheit" des Binnenschifftransports auch im Geltungsbereich des allgemeinen Transportrechts des HGB stellt das Konnossement dar. Der Begriff „Konnossement" bezeichnet genau genommen nur das in §§ 513 ff. HGB geregelte *seerechtliche* Wertpapier, während das entsprechende Wertpapier im allgemeinen Frachtrecht (§§ 444 ff. HGB) in der Terminologie des Gesetzes der **„Ladeschein"** ist. Für den Landtransport hat dieses Wertpapier in der Praxis allerdings kaum Bedeutung. Anders verhält es sich beim Binnenschifftransport: Oft wird in Nachahmung des seerechtlichen Konnossements ein transportrechtliches Wertpapier ausgestellt und als „Konnossement" oder **„Binnenkonnossement"** bezeichnet – während es sich in Wirklichkeit um einen Ladeschein gemäß § 444 HGB handelt. Die Vorschriften über den Ladeschein betreffen somit in der Praxis hauptsächlich solche Wertpapiere, die gar nicht als „Ladeschein" bezeichnet sind.

34 **1. Nebeneinander von Frachtvertrag und Wertpapier.** Rechte und Pflichten können sich sowohl aus dem Frachtvertrag als auch aus dem Wertpapier (Ladeschein/Binnenkonnossement) ergeben. Schon weil es sich bei den Schuldnern und Gläubigern aus dem Frachtvertrag einerseits und dem Binnenkonnossement andererseits aber nicht notwendigerweise um die gleichen Personen handelt, stehen **frachtvertragliche und wertpapierrechtliche Rechte und Pflichten nebeneinander,** insbesondere können nebeneinander Ansprüche aus dem Frachtvertrag einerseits und aus dem Binnenkonnossement andererseits bestehen; für den gleichen Schaden kann eine Person (oder können verschiedene Personen nebeneinander) aus Frachtvertrag **und** Binnenkonnossement haften.

35 **2. Pflichten und Haftung des Frachtführers.** Für die Pflichten und die Haftung des Frachtführers aus dem **Binnenschifffrachtvertrag** kann hier auf die Ausführungen zum **allgemeinen Frachtrecht** (Straßentransport) verwiesen werden. Der Binnenschifffrachtführer hat die Ware zum Bestimmungsort zu befördern und an den Empfänger abzuliefern (§ 407 Abs. 1 HGB) und haftet für Güterschäden und -verlust sowie Verspätungsschäden gemäß §§ 425 ff. HGB **(Obhutshaftung).** Es gilt die strenge Verschuldensvorschrift des § 426 HGB, eine Entlastung ist sehr schwierig. Wenn nicht ein Fall des groben Verschuldens (§ 435 HGB) vorliegt, ist der Schadenersatz allerdings auf den Wertersatz (§ 429 HGB) und die Haftungshöchstbeträge des § 431 HGB **beschränkt,** nämlich **8,33 Sonderziehungsrechte für jedes Kilogramm** bei Verlust oder Beschädigung und die dreifache Fracht bei Überschreitung der Lieferfrist.

---

[7] *Ramming,* Handbuch, Rn. 86 ff.; *Jaegers* TranspR 2007, 141, 145 (beide zum alten Recht).

In § 17 Abs. 2 der **IVTB 2010** ist vor dem Hintergrund von § 449 Abs. 2 Satz 2 Nr. 1 **36** HGB aF (jetzt: § 449 Abs. 2 Satz 1 Nr. 1 HGB) eine Haftungshöchstgrenze von nur zwei statt 8,33 Sonderziehungsrechten vorgesehen.

Bezüglich des **Frachtbriefs** (§§ 408 f. HGB) gelten keine Besonderheiten gegenüber **37** dem allgemeinen Frachtrecht.

Statt des Frachtbriefs oder zusätzlich zu dem Frachtbrief kann auch ein Ladeschein/ **38** **Binnenkonnossement** ausgestellt sein. Wie bei anderen Wertpapieren auch kann es sich um ein Rekta-/Namenspapier handeln, das eine bestimmte Person als Empfänger und Berechtigten nennt, oder um ein Order- oder Inhaberpapier, das per Indossament übertragen wird.

Aus dem Binnenkonnossement **verpflichtet** ist der das Konnossement ausstellende und **39** darin genannte Frachtführer. Es kann, muss aber nicht die gleiche Person sein wie der Frachtführer unter dem Frachtvertrag. So kann etwa, wie oben gesehen, der Exporteur einen Frachtvertrag mit einem Fixkostenspediteur abschließen, der die Transportstrecke über Binnengewässer in Unterauftrag gibt. Der Unterfrachtführer ist dann nur im Verhältnis zu dem Fixkostenspediteur Frachtführer, nicht aber im Verhältnis zu dem Exporteur. Trotzdem kann er diesem, dem Exporteur, ein Binnenkonnossement ausstellen, das ihn ihm und dem Empfänger oder sonstigen Berechtigten gegenüber verpflichtet.

Berechtigter unter dem Binnenkonnossement ist bei einem Namenspapier der darin **40** genannte Empfänger; bei einem Orderpapier ist es der letzte Indossatar in der ununterbrochenen Kette von Indossamenten, die beim ersten namentlich genannten Empfänger oder, wenn ein solcher nicht genannt ist, beim Ablader, beginnen kann. Ein Inhaberpapier schließlich berechtigt den jeweiligen Inhaber. Wurde ein Binnenkonnossement ausgestellt, ist der Frachtführer zur Ablieferung des Gutes nur gegen **Rückgabe des Konnossements** verpflichtet (§ 445 HGB). Für Güterverlust und -beschädigung haftet der Ladeschein-Frachtführer gegenüber dem Ladeschein-Berechtigten ebenfalls gemäß §§ 425 ff. HGB, also ebenfalls für Wertersatz mit den oben beschriebenen Beschränkungen.

Da, wie oben ausgeführt, das anwendbare Recht auch den Rahmen setzt, innerhalb des- **41** sen die Parteien von den gesetzlich vorgesehenen Bestimmungen durch Vereinbarung abweichen können, und zugleich den Maßstab, an dem sich die Wirksamkeit von den Parteien eventuell in den Vertrag einbezogener Allgemeiner Geschäftsbedingungen messen lassen muss, hat die Transportsrechtsreform von 1998, die das früher auch bezüglich der Haftungsfragen weitgehend dispositive Binnenschifffahrtstransportrecht beseitigt und die Geltung des allgemeinen Frachtvertragsrechts auf Binnenschifftransporte erstreckt hat, **bezüglich der Haftungsfragen** eine nicht unerhebliche **Beschränkung der Vertragsfreiheit** der Parteien zur Folge gehabt, bzw. – betrachtet man es aus der anderen Richtung – den Schutz der verhandlungsschwächeren Vertragspartei erheblich gestärkt.

Entscheidende Vorschrift ist **§ 449 HGB.** Danach kann der Frachtführer seine Haftung **42** für Verlust oder Beschädigung des Gutes nur durch eine Individualvereinbarung (was praktisch kaum vorkommt) oder durch eine vorformulierte Vertragsbedingung noch weiter begrenzen, die zum einen jedenfalls **zwei Sonderziehungsrechte** pro Kilogramm nicht unterschreiten darf und auf die zum anderen der Verwender „in geeigneter Weise" (aber nicht mehr notwendigerweise drucktechnisch hervorgehoben) hinweisen muss. In den AGB des Frachtführers kann dieser daher auch nicht seine Haftung für bestimmte Ereignisse, die nicht schon in § 427 HGB genannt sind, einfach ausschließen. Eine entsprechende Klausel wäre nichtig. Dazu gehören etwa Klauseln wie die in den früheren IVTB enthaltene Haftungsausschlussklausel für auf „nautischem Verschulden" beruhende Schäden und Verlust.

In Rechtsfragen, die **nicht die Haftung betreffen** (und nicht die übrigen in § 449 **43** Abs. 1 HGB genannten Vorschriften), besteht bei Geltung des HGB indessen weiterhin **weitgehende Vertragsfreiheit,** die (im Rahmen des allgemeinen AGB-Rechts) auch durch die Verwendung von Allgemeinen Geschäftsbedingungen gestaltet werden kann. Die bereits erwähnten **IVTB 2010** nutzen diese Gestaltungsfreiheit. Sie regeln etwa die Aufgaben- und Kostenverteilung bei der Bestimmung der Ladestelle, beim Laden und Stauen sowie Löschen, ferner die Geltung der IVR-Regeln für die Havarie Grosse (siehe unten Rn. 57), die Folgen von Vertragsstörungen und anderes.

44 **3. Haftung des ausführenden Binnenschifffrachtführers.** Gemäß § 437 Abs. 1 Satz 1, Abs. 3 HGB haftet neben dem Frachtführer als Gesamtschuldner mit diesem auch der sogenannte **ausführende Frachtführer** gegenüber dem Berechtigten für Güterverlust oder -beschädigung sowie für Lieferfristüberschreitung. Auch insoweit bestehen keine Besonderheiten gegenüber dem allgemeinen Frachtrecht (siehe aber unten III.). Ausführender Frachtführer ist im HGB-Frachtrecht derjenige, der den **Transport tatsächlich durchführt;** das ist für den Transport über die Binnenwasserstraße in der Regel derjenige, der das Binnenschiff als Eigentümer oder Ausrüster verwendet („Schiffseigner"). Es kommt nicht darauf an, ob er mit dem Frachtführer (Vertragspartner des Auftraggebers) in einem Vertragsverhältnis steht.

45 Die **Haftung des ausführenden Binnenschifffrachtführers** gegenüber dem Absender oder Empfänger hat zwar einige vertragliche Eigenschaften, ist aber, da sie jedenfalls nicht auf einem von dem ausführenden Frachtführer geschlossenen Vertrag beruht, letztlich „außervertraglich"; sie wird auch **„quasi-vertraglich"** oder „vertragsähnlich" genannt. Praktisch ist das im Internationalen Privatrecht und im Prozessrecht von Bedeutung.

46 Ob für die im deutschen Recht vorgesehene Haftung des ausführenden Frachtführers gegenüber dem Absender oder Empfänger Voraussetzung ist, dass auf den **Hauptfrachtvertrag** zwischen dem Hauptfrachtführer und dem Absender deutsches Recht Anwendung findet,[8] muss bezweifelt werden. Nach richtiger Auffassung und bei deliktischer Qualifikation kommt es in den meisten Fällen nur darauf an, an welchem Ort die Güter beschädigt wurden.[9]

47 Auch **prozessual,** insbesondere bei der Bestimmung des international, örtlich und sachlich zuständigen Gerichts für Ansprüche des Absenders/Empfängers gegen ausführenden Frachtführer, treten die vertraglichen Elemente in den Hintergrund und die **außervertraglichen** in den Vordergrund. Eine Sondervorschrift für die örtliche Zuständigkeit findet sich außerdem in § 30 Abs. 1 Satz 2 und Satz 3 ZPO (früher: § 440 Abs. 2 HGB).[10]

48 **4. Pflichten und Haftung des Absenders und des Empfängers.** Der **Absender** als Vertragspartner des Frachtführers schuldet aus dem Frachtvertrag in erster Linie die **Zahlung der Fracht** (§§ 407 Abs. 2, 420 HGB). Wird die Lade- oder Entladezeit aus Gründen, die nicht dem Risikobereich des Frachtführers zuzurechnen sind, überschritten (§ 412 Abs. 3 HGB) oder tritt auf der Reise eine Verzögerung ein, die dem Risikobereich des Absenders zuzurechnen ist (§ 420 Abs. 3 HGB), so besteht ein **zusätzlicher Anspruch auf eine „angemessene Vergütung".** Diese berechnet sich, wenn nichts anderes vereinbart ist, nach der Verordnung des Bundesjustizministeriums über Lade- und Löschzeiten sowie das Liegegeld **(BinSchLV)** vom 23.11.1999, die aufgrund der in § 412 Abs. 4 HGB erlassenen Ermächtigung ergangen ist.

49 Der Absender hat außerdem die zu versendende Ware zu **verpacken** und erforderlichenfalls zu kennzeichnen (§ 411 HGB), bei gefährlichen Gütern die Art der Gefahr und eventuelle Vorsichtsmaßnahmen mitzuteilen (§ 410 HGB) sowie die notwendigen **Begleitpapiere** zu stellen und Informationen zu geben (§ 413 HGB). Auf Verlangen des Frachtführers hat er außerdem den Frachtbrief mit den in § 408 Abs. 1 Satz 1 genannten Angaben auszustellen.

50 Der **Absender haftet** gemäß § 414 Abs. 1 Satz 1 HGB, wenn durch die ungenügende Verpackung seiner Güter (Nr. 1), aufgrund seiner falschen Angaben im Frachtbrief (Nr. 2),

---

[8] So BGH Urt. v. 30.10.2008, TranspR 2009, 130, 131; BGH Urt. v. 28.5.2009, TranspR 2010, 34, 35; MüKoHGB/*Herber* § 437 Rn. 12; *Ramming* TranspR 2000, 277, 279 f.; *Koller* § 437 Rn. 11; *Thume* VersR 2000, 1071, 1072 f.

[9] *Hartenstein,* Binnen- und Seeschifffahrtsrecht in wechselseitiger Beeinflussung, S. 86; *Czerwenka* TranspR 2012, 408, 410 f.

[10] *Hartenstein,* Binnen- und Seeschifffahrtsrecht in wechselseitiger Beeinflussung, S. 77 f.

mangels Mitteilung über die Gefährlichkeit des Gutes (Nr. 3) oder aufgrund falscher Papiere oder Informationen (Nr. 4) ein Schaden eintritt oder Aufwendungen anfallen.

Nach dem (heute veralteten, formell aber noch nicht außer Kraft gesetzten) „Gesetz über die Gewichtsbezeichnungen von schweren, auf Schiffen beförderten Frachtstücken" vom 28.6.1933 (**„Gewichtsbezeichnungsgesetz"**) ist „der Absender" schließlich verpflichtet, Frachtstücke von mindestens 1.000 Kilogramm mit einer Angabe ihres Rohgewichts zu versehen. Es handelt sich hier allerdings nicht um eine dem Frachtführer gegenüber bestehende Vertragspflicht, sondern um eine bußgeldbewährte polizeirechtliche Vorschrift (die schon seit langem nicht mehr geahndet wird). Dem Gewichtsbezeichnungsgesetz, das Gefahren von Arbeitnehmern abwenden soll, kommt auch keine Schutzwirkung zugunsten des Frachtführers zu. „Absender" ist (schon weil zum Schutz der Arbeitnehmer des Binnenschifffrachtführers nur die Kennzeichnung auf den dem Schiff übergebenen Packungseinheiten überhaupt von Interesse sein kann) allein der Ablader, der die Güter dem Binnenschiff übergibt.[11]

51

Der **Empfänger** ist zunächst nur **Drittberechtigter** aus dem Vertrag zwischen Absender und Frachtführer (sowie gegebenenfalls aus dem Konnossement) und hat als solcher eigene Rechte gegen den Frachtführer (§ 421 Abs. 1 HGB). Macht er sein Recht auf Ablieferung des Gutes gegen den Frachtführer geltend, wird er jedoch auch verpflichtet: nämlich zur Zahlung der **Fracht** und eventueller Liegegelder (§ 421 Abs. 2, Abs. 3 HGB). Im Fall einer großen Haverei (→ Rn. 53 ff.) können auch die schon in das Eigentum des Empfängers übergangenen Güter herangezogen werden; nach Auslieferung kann es sogar zu einer persönlichen Verpflichtung des Empfängers kommen (§ 90 Abs. 2 BinSchG).

52

II. Große Haverei und IVR-Regeln

Das Rechtsinstitut der **Großen Haverei,** das es nicht nur im See-, sondern auch im Binnenschifffahrtsrecht gibt, ist nicht im allgemeinen Frachtrecht des HGB geregelt, sondern im Binnenschifffahrtsgesetz (BinSchG), das seit der Seerechtsreform von April 2013 allerdings im Wesentlichen nur noch auf das HGB verweist; es betrifft nicht in erster Linie den Binnenschifffrachtvertrag – kann aber durch diesen beeinflusst werden. Durch die Große Haverei sollen Situationen geregelt werden, in denen das Schiff und die Ladung aus einer **gemeinsamen Gefahr** gerettet werden und dafür Kosten aufgewendet werden müssen oder dabei Schäden an Schiff oder Ladung entstehen; **Kosten und Schäden** sollen dann von **Schiff und Ladung gemeinsam** im Verhältnis ihres jeweiligen Wertes getragen werden (§ 78 BinSchG iVm §§ 589 ff. HGB).

53

Durch die Seerechtsreform von April 2013 ist das Havarie-Grosse-Recht der Binnenschifffahrt dem des Seerechts weitgehend angeglichen worden.

54

Der Binnenschifffrachtvertrag spielt im Rahmen der Großen Haverei insofern eine Rolle, als er die **Verteilung der Verantwortlichkeiten** bestimmen kann. Gemäß § 78 Abs. 3 BinSchG iVm § 589 Abs. 1 Satz 2 und Abs. 2 HGB kann der Beteiligte, der die gemeinsame Gefahr verschuldet hat, von den anderen keine Vergütung fordern und ist den anderen Beitragspflichtigen umgekehrt für ihren Verlust verantwortlich. Hat etwa der Schiffseigner die Gefahrensituation verschuldet, so kann zwar, wenn mehrere Ladungsbeteiligte betroffen sind, eine **Dispache** aufgemacht werden, doch werden die Kosten und Schäden des Schiffeigners dann nicht aus der Großen Haverei erstattet und er wiederum ist den Ladungsbeteiligten gegenüber zur Erstattung ihrer Beiträge verpflichtet. Liegt in einer solchen Konstellation von vornherein nur ein **Zweipersonenverhältnis** vor, weil – wie häufig in der Binnenschifffahrt – nur ein Ladungsberechtigter beteiligt ist, ist sogar richtigerweise gar nicht erst ein Havarie-Grosse-Verfahren zu eröffnen.

55

---

[11] Hanseatisches Oberlandesgericht Hamburg, HANSA 1967, 2055.

56 Gilt im Verhältnis der Beteiligten der Großen Haverei (etwa aufgrund von Freizeichnungsklauseln oder umgekehrt Haftungsverschärfungen) eine **besondere vertragliche Haftungsverteilung,** soll diese zur Vermeidung von Wertungswidersprüchen auch im Rahmen der Havarie-Grosse beachtlich seinen.[12] Das heißt umgekehrt, dass die zwingenden Regeln des Frachtvertragsrechts über die Haftung auch im Rahmen der Havarie-Grosse zu beachten sind; auch bestreffend den Havarie-Grosse-Fall gelten also die Einschränkungen des § 449 HGB: eine vorformulierte Klausel, durch die der Frachtführer, der zugleich Schiffseigner ist, gegenüber dem Absender seine Haftung für Havarie-Grosse-Beiträge ausschließt, soweit sie etwa auf nautischen Verschulden beruhen, ist daher, wenn der Frachtvertrag deutschem Recht unterliegt, unwirksam.

57 Der Binnenschifffrachtvertrag ist für die Havarie Grosse auch insoweit von Bedeutung, als er oft eine Klausel enthält, nach der im Fall der Großen Haverei die **„Haverie-Grosse-Regeln IVR"** Anwendung finden sollen. Hierbei handelt es sich um ein von der IVR (Internationale Vereinigung zur Wahrnehmung der gemeinsamen Interessen der Binnenschifffahrt und der Versicherung und zur Führung des Binnenschiffregisters in Europa) erarbeitetes **AGB-Werk,** das derzeit in der Fassung von 2006 vorliegt und die gesetzlichen Regeln der Großen Haverei ergänzt und teilweise ändert. Die Geltung der IVR-Regeln kann natürlich auch außerhalb des Frachtvertragsverhältnisses nachträglich vereinbart werden.

III. Globale Haftungsbeschränkungsmöglichkeit des Binnenschiffers

58 Gemäß §§ 4 ff. BinSchG können der Eigner eines Binnenschiffs (§ 4) sowie die in § 5c BinSchG genannten Personen ihre Haftung für Ansprüche wegen Personen- und Sachschäden, die an Bord oder in unmittelbarem Zusammenhang mit dem Betrieb des Schiffs eingetreten sind, beschränken (**„globale Haftungsbeschränkung").** Die Regelungen, die vom deutschen Gesetzgeber 1998 eingeführt wurden, gehen auf das **Straßburger Übereinkommen** vom 4. November 1988 über die Beschränkung der Haftung in der Binnenschifffahrt **(CLNI)** zurück, das später unter der Federführung der Zentralkommission für die Rheinschifffahrt überarbeitet wurde und seit dem 27.9.2012 in einer neuen Version zur Unterschrift bereit liegt; insbesondere soll der Kreis der Vertragsstaaten erheblich vergrößert werden. Vertragsstaaten der derzeit noch geltenden („alten") CLNI sind heute neben Deutschland (nur) Luxemburg, die Niederlande und die Schweiz. Das Übereinkommen ist bei der Anwendung und Auslegung des Binnenschifffahrtgesetzes zu berücksichtigen.

59 Die Haftungsbeschränkungsmöglichkeit kann **auch Schadenersatzansprüche der Ladungsberechtigten** gegen den Frachtführer (unter dem Frachtvertrag oder unter dem Binnenkonnossement) betreffen – wenn der Frachtführer Schiffseigner im Sinne der §§ 1, 2 Abs. 1 BinSchG ist oder zu dem Kreis der in § 5c BinSchG genannten beschränkungsberechtigten Personen gehört.

60 **Beschränkungsberechtigt** sind neben dem **Schiffseigner** gemäß § 5c Abs. 1 Nr. 1 BinSchG insbesondere „der Eigentümer, Charterer und Ausrüster des Schiffes". Der **Eigentümer** ist also auch dann beschränkungsberechtigt, wenn er das Schiff nicht „verwendet" und daher nicht Eigner ist. Der Ausrüster ist, da er dem Schiffseigner gemäß § 2 Abs. 1 BinSchG gleichgestellt ist, ohnehin schon gemäß § 4 BinSchG beschränkungsberechtigt. Wer darüber hinaus als **„Charterer"** gemäß § 5c Abs. 1 Nr. 1 BinSchG beschränkungsberechtigt ist, ergibt sich aus dem Gesetz nicht und ist umstritten. Die Auslegung hat sich an dem Begriff des Charterers im Straßburger Übereinkommen und dem Zweck des Übereinkommens zu orientieren. Wer als **Zeitcharterer** ein ganzes Schiff chartert und dann als Frachtführer Frachtverträge schließt, ist danach von dem Begriff des „Charterers"

---

[12] *v. Waldstein/Holland,* § 79 BinSchG Rn. 11; für das Seerecht *Rabe,* Seehandelsrecht, § 702 HGB Rn. 19 ff.

sicherlich umfasst, auch wenn er nicht Ausrüster/Schiffseigner ist. Die Beschränkungsmöglichkeit soll darüber hinaus auch für einen **Reisecharterer** gelten;[13] ob sie auch für Charterer gilt, die etwa nur einzelne Containerstellplätze auf einem Schiff chartern, so dass die Grenze zum Stückgutfrachtvertrag verschwimmt, ist **fraglich**[14] und von der Rechtsprechung noch nicht entschieden. Es könnte dann verstärkt dazu führen, dass die Haftungsbeschränkung auch *gegen* den Schiffseigner geltend gemacht werden kann.

Da die Haftungsbeschränkungsmöglichkeit zwar auch Ansprüche aus Frachtverträgen **61** und Binnenkonnossementen betreffen kann, von diesen aber unabhängig ist und auch für außervertragliche Ansprüche (und sogar öffentlich-rechtliche Ansprüche) gilt, sollen die §§ 4ff. BinSchG gemäß § 5m BinSchG auch für frachtvertragliche Ansprüche unabhängig davon zur Anwendung kommen, ob auf den Frachtvertrag deutsches Recht Anwendung findet. Die Haftungsbeschränkungsmöglichkeit soll vielmehr bestehen, wenn das Schiff zum Zeitpunkt des haftungsbegründenden Ereignisses ein deutsches oder sonstiges „der CLNI unterliegendes" Gewässer befahren hat. Diese Bestimmung, die auf Art. 15 CLNI zurückgeht, ist schon isoliert betrachtet unklar; inwieweit sie mit den IPR-Verordnungen vereinbar ist, ist noch nicht geklärt.

C. Budapester Übereinkommen (CMNI)

Das **Budapester Übereinkommen (CMNI)** wird, wie oben (Rn. 20ff.) beschrieben, **62** von den deutschen Gerichten auf seit dem 1.11.2007 geschlossene Binnenschifffrachtverträge und die dazu gehörenden Binnenkonnossemente angewendet, wenn ein grenzüberschreitender Binnenschifftransport vorliegt, der entweder in einem CMNI-Mitgliedsstaat beginnt (Ladehafen oder Übernahmeort) oder endet (Löschhafen oder Ablieferungsort); eine **Ausnahme** bilden **Schub- und Schleppverträge,** auf die die CMNI nicht anwendbar ist (Art. 1 Nr. 7 CMNI iVm Art. 1 Nr. 1 und Art. 2 Abs. 1 Satz 1 CMNI). Der CMNI ist damit ein sehr **weitreichender Anwendungsbereich** beschert.

Die durch die CMNI erreichte Rechtsvereinheitlichung ist allerdings unvollkommen, und **63** **nicht alle Aspekte des Binnenschifffrachtvertrags** oder Binnenkonnossements sind in ihr geregelt, etwa nicht der Abschluss des Frachtvertrags, die Lade- und Löschzeiten sowie Liegegeld, Zurückbehaltungs- und Pfandrechte und auch nicht die Große Haverei. Welches Recht für die **in der CMNI nicht geregelten Fragen** angewendet wird, bestimmt sich für die im Übrigen grundsätzlich der CMNI unterliegenden Binnenschifftransporte gemäß **Art. 29 CMNI,**[15] wenn nicht die CMNI an anderer Stelle auf ein anderes Recht verweist (dann gilt diese Verweisung) oder es sich, wie bei der Großen Haverei, gar nicht um frachtvertragliche Fragen handelt (dann gilt das Kollisionsrecht außerhalb der CMNI).

Die Parteien können die CMNI nicht als Ganzes abwählen, weil jedenfalls die Bestim- **64** mungen über die **Haftung** des Frachtführers und des ausführenden Frachtführers **zwingend** sind (Art. 25 Abs. 1 CMNI). **Im Übrigen** können sie aber, da die nicht in Art. 25 Abs. 1 CMNI genannten Fragen grundsätzlich **disponibel** sein dürften, in anderen Fragen von den Bestimmungen der CMNI abweichen. Die vertraglichen Vereinbarungen zwischen den Parteien sowie die von ihnen in das Vertragsverhältnis einbezogenen Allgemeinen Geschäftsbedingungen sind dann, wie oben beschrieben, bei Anwendbarkeit der CMNI an dieser und, wo sie Lücken aufweist und nicht selbst anwendbar ist, am sonst anwendbaren Recht zu messen.

I. Einleitung und Überblick

Das Budapester Übereinkommen (CMNI) enthält Vorschriften über die Übernahme, **65** Beförderung und Ablieferung der Güter, Fristen, Frachturkunden, Verfügungsrechte und

---
[13] *v. Waldstein/Holland,* § 5c BinSchG Rn. 3.
[14] Zur Diskussion im Seerecht *Rabe,* LondonHBÜ 1976, Art. 1, Rn. 6ff.
[15] Dazu *Hartenstein* TranspR 2007, 385, 389ff.

natürlich die Haftung. Während die Transportrechtsreform von 1998 die Haftung der Binnenschifffrachtführer im internen deutschen Recht durch die Angleichung an die strengen Haftungsvorschriften des allgemeinen Frachtrechts „verschärft" hat, räumt die CMNI den Binnenschifffrachtführern tendenziell wieder **günstigere Haftungsregeln** ein und erweitert die Freizeichnungsmöglichkeiten. Die Ausarbeitung des Übereinkommens wurde durch sehr unterschiedliche Auffassungen der verschiedenen Mitgliedsstaaten insbesondere bei den Haftungsfragen geprägt; die schließlich getroffenen Kompromisslösungen spiegeln das noch wieder.

66 Die Originalsprachen des internationalen Übereinkommens sind Deutsch, Englisch, Französisch, Niederländisch und Russisch; der Wortlaut dieser Übereinkommenssprachen ist gleichermaßen verbindlich für alle Beteiligten. Obwohl die Gerichte aller Vertragsstaaten bei der Anwendung und Auslegung der CMNI auf eine möglichst weitgehende Einheitlichkeit und Übereinstimmung mit der Rechtsprechung anderer Mitgliedsstaaten achten sollten, wird es zukünftig (wie bei anderen Übereinkommen auch) für den Ausgang eines Rechtsstreits aufgrund unterschiedlicher Herangehensweisen der Gerichte voraussichtlich durchaus von Bedeutung bleiben, **welches Gericht den Rechtsstreit entscheidet.** Die CMNI selbst befasst sich mit der Frage, welches Gericht zuständig ist, allerdings nicht; es gelten insoweit die allgemeinen Regeln.

67 Die CMNI betrifft nicht nur die Rechtsbeziehungen zwischen dem Binnenschifffrachtführer und dem Absender aus **dem Binnenschifffrachtvertrag,** sondern auch die aus dem **Konnossement** erwachsenden Rechtsbeziehungen, und zwar jedenfalls insoweit auch die Rechtsbeziehung zwischen dem Frachtführer und dem Empfänger oder einem anderen Empfangsberechtigten (Art. 13 CMNI). Inwieweit der **Empfänger** darüber hinaus Drittberechtigter aus dem Vertrag zwischen Frachtführer und Absender ist, regelt die CMNI nicht umfassend ausdrücklich (→ Rn. 76). Ausdrücklich hingegen regelt sie die Haftung des **ausführenden Frachtführers** (Art. 4 CMNI) – allerdings bestehen auch hier noch Unklarheiten.

II. Pflichten und Haftung des Binnenschifffrachtführers

68 Die Struktur der Pflichten und Haftung des Binnenschifffrachtführers unter der CMNI ist mit der Rechtslage im HGB vergleichbar; es besteht abgesehen von den synallagmatischen Pflichten der Vertragsparteien grundsätzlich eine sogenannte Obhutshaftung mit einer begrenzten Zahl von Ausschlusstatbeständen und Entlastungsmöglichkeiten sowie einer Beschränkung der Haftung der Höhe nach. Es gibt jedoch auch Unterschiede.

69 **1. Pflichten aus dem Frachtvertrag und einem eventuellen Konnossement.** Wie im HGB-Frachtvertrag hat der Frachtführer auch bei CMNI-Transporten in erster Linie die **Pflicht, die Güter zu befördern** (Art. 3 Abs. 1 CMNI). Er hat sie in dem Zustand, in dem er sie erhalten hat, und fristgemäß am Ablieferungsort abzuliefern (Art. 3 Abs. 1 CMNI). Das für die Beförderung zu verwendende Schiff kann er bestimmen, es muss lade- und fahrtüchtig sein (Art. 3 Abs. 3 CMNI) und eventuellen Vereinbarungen mit dem Absender entsprechen, von denen nur unter den in der CMNI genannten Umständen abgewichen werden darf (Art. 3 Abs. 4 CMNI).

70 Das **Laden** an Bord des Binnenschiffs sowie das **Löschen** bei Ablieferung gehören nicht zu den Aufgaben des Frachtführers; das ist vielmehr, ähnlich wie gemäß § 412 HGB, einschließlich des Stauens Sache des **Absenders** (Art. 6 Abs. 4 CMNI). Der Frachtführer hat allerdings sicherzustellen, dass die **Sicherheit des Schiffs** nicht gefährdet wird (Art. 3 Abs. 5 CMNI).

71 Der Frachtführer hat grundsätzlich die Güter **unter Deck** zu befördern und **nicht in einem offenen Schiff** ohne Lukenabdeckung. Die Beförderung auf Deck oder in offenen Schiffen ist ihm nur dann gestattet, wenn er das entweder mit dem Absender vereinbart hat oder die offene Beförderung „im Einklang mit den Gebräuchen des betreffenden Handels steht" – oder gar, wie bei bestimmten Gefahrgütern, erforderlich ist (Art. 3 Abs. 6 CMNI).

Die **Lieferfrist** kann zwischen Frachtführer und Absender vereinbart werden. Andernfalls sind die Güter innerhalb einer Frist abzuliefern, die „einem sorgfältigen Frachtführer unter Berücksichtigung der Umstände der Schiffsreise und bei unbehinderter Schifffahrt vernünftigerweise zuzubilligen" ist (Art. 5 CMNI). Durch die Worte „und bei unbehinderter Schifffahrt" unterscheidet sich Art. 5 CMNI im Wortlaut von § 423 HGB. Ob sich daraus weitergehende Konsequenzen für den Umgang mit Schifffahrtshindernissen ergeben oder dieser Gedanke sich ohnehin auch schon in den Worten „unter Berücksichtigung der Umstände der Schiffsreise" findet, ist noch offen. 72

Gemäß Art. 11 Abs. 1 Satz 1 CMNI hat der Frachtführer für jede Beförderung eine **Frachturkunde** auszustellen; das kann ein Frachtbrief oder ein Konnossement oder „eine andere gebräuchliche Urkunde" sein (Art. 1 Nr. 6 CMNI). Ein **Konnossement** – das in der CMNI auch (anders als im HGB, → Rn. 33) als „Konnossement" bezeichnet wird – hat der Frachtführer also nicht immer zwingend, sondern nur dann auszustellen, wenn der Absender es gemäß einer getroffenen Vereinbarung verlangt (Art. 11 Abs. 1 Satz 1 CMNI); bemerkenswert ist hingegen, dass auch der **Frachtbrief vom Frachtführer** (und nicht wie gemäß § 408 HGB vom Absender) auszustellen ist. § 3 Abs. 1 IVTB 2010 hat das von der CMNI übernommen: Sind die IVTB 2010 vereinbart, wird der Frachtbrief abweichend vom HGB-Modell also ebenfalls vom Frachtführer ausgestellt. 73

Der Frachtführer hat den **Weisungen** des (über das Gut) „Verfügungsberechtigten" Folge zu leisten, etwa die Weiterbeförderung zu beenden oder den Ablieferungsort oder den Empfänger zu ändern. „Verfügungsberechtigt" ist zunächst der **Absender** (Art. 14 Abs. 1 CMNI). Das Weisungsrecht **(„Verfügungsrecht")** geht dann, wie sich aus Art. 15 Abs. 1 CMNI ergibt, an den **Empfänger** über, und zwar bei Transporten, für die der Frachtführer ein Konnossement ausgestellt hat, zu dem Zeitpunkt, zu dem der Absender alle Originalkonnossemente begeben hat, und bei Transporten, für die kein Konnossement, sondern ein Frachtbrief verwendet wird, dann, wenn der Originalfrachtbrief dem Empfänger übergeben wurde, oder der Absender bereits im Frachtbrief zugunsten des Empfängers auf sein eigenes Verfügungsrecht verzichtet hat (Art. 14 Abs. 2 CMNI). 74

Wie unter Geltung des HGB können auch bei CMNI-Transporten Pflichten des Binnenschifffrachtführers sich (jedenfalls gegenüber dem Absender) aus dem **Frachtvertrag** und (gegenüber Absender, Empfänger oder anders Berechtigten) aus dem **Binnenkonnossement** ergeben. 75

Während der **Frachtvertrag** im allgemeinen Frachtrecht des HGB ausdrücklich ein Vertrag zugunsten Dritter ist, nämlich zugunsten des Empfängers (§ 421 HGB), findet sich eine solche ausdrückliche **Doppellegitimation**sregel in der CMNI nicht. Es stellt sich daher die Frage, ob der Empfänger nicht nur aus dem eventuellen Konnossement, sondern auch schon allein aus dem Frachtvertrag zwischen Absender und Frachtführer ein berechtigter Dritter ist. Ob sich die Antwort auf diese Frage, wenn auch nicht ausdrücklich, so doch implizit, aus der CMNI ergibt[16] oder ob sie sich nach dem sonst (gemäß Art. 29 CMNI) anwendbaren Recht richtet[17], ist noch nicht entschieden. Die besseren Argumente sprechen dafür, dass auch die CMNI selbst implizit eine Doppellegitimation vorsieht; das fördert nicht nur die systematische Stimmigkeit der CMNI (Stichwort Verfügungsberechtigung), sondern dient auch, wenn sich diese Ansicht in den CMNI-Mitgliedstaaten durchsetzt, der Rechtssicherheit und Rechtsvereinheitlichung.[18] 76

2. Haftung und Haftungsbegrenzung. Der Binnenschifftransport hat zum einen Gemeinsamkeiten mit dem **Landtransport,** zum anderen mit dem **Seetransport;** die CMNI vereint daher in sich Elemente des Landtransportvertrags mit solchen des Seetransportvertrags. Auch bezüglich der Haftung des Frachtführers und seiner Haftungsbeschränkung erinnert die CMNI sowohl an das allgemeine HGB-Frachtrecht als auch an die 77

---

[16] So wohl *v. Waldstein/Holland,* Art. 16 CMNI Rn. 17.
[17] So wohl teilweise *Ramming,* Handbuch, Rn. 429, anders aber in Rn. 422.
[18] *Hartenstein* TranspR 2012, 441, 443.

seerechtlichen Haag-Visby-Regeln und die entsprechenden HGB-Vorschriften des Seerechts.

78 Wie schon erwähnt gilt zunächst unter der CMNI wie auch im allgemeinen HGB-(Land)Frachtrecht eine sogenannte **Obhutshaftung** mit einer begrenzten Zahl von Ausschlusstatbeständen und Entlastungsmöglichkeiten. Gemäß Art. 16 Abs. 1 CMNI haftet der Frachtführer für Verlust oder Beschädigung der Güter in der Zeit von der Übernahme zur Beförderung bis zur Ablieferung sowie für Schäden aus der Überschreitung der Lieferfrist – wenn er nicht beweist, dass der Schaden auf Umständen beruht, die ein sorgfältiger Frachtführer nicht hätte vermeiden und deren Folgen er nicht hätte abwenden können. Anders als im allgemeinen Frachtrecht (§ 426 HGB) gilt daher nicht der besonders hohe **Sorgfaltsmaßstab**, sondern die Entlastungsmöglichkeit des Frachtführers ist ihm erleichtert (vergleichbar der seerechtlichen Vorschrift des § 606 Satz 2 HGB).

79 Für sogenannte **„Landschäden"**, also Schäden, die durch Verlust oder Beschädigung der Güter in der Zeit vor dem Einladen der Güter in das Schiff oder nach ihrem Ausladen aus dem Schiff entstehen, sieht die CMNI keine Regelung vor, sondern sie werden nach dem Recht beurteilt, das im Übrigen (Art. 29 CMNI) auf den Frachtvertrag Anwendung findet (Art. 16 Abs. 2 CMNI): dieses entscheidet, ob und wie der Frachtführer für Landschäden haftet.[19]

80 Bei Vorliegen besonderer **Haftungsausschlussgründe** ist der Frachtführer von der beschriebenen Obhutshaftung befreit (Art. 18 Abs. 1 CMNI). Zu nennen sind insbesondere das Verhalten des Absenders, Empfängers oder Verfügungsberechtigten (Buchstaben a und b von Art. 18 Abs. 1 CMNI), die Beförderung auf Deck oder in offenen Schiffen, soweit diese Beförderungsweise vereinbart, üblich oder erforderlich war (Art. 18 Abs. 1c CMNI), die natürliche Beschaffenheit der Güter (Art. 18 Abs. 1d CMNI), Verpackungs- und Kennzeichnungsmängel (e und f) sowie die Beförderung lebender Tiere (Buchstabe h). Ähnliche Ausschlussgründe finden sich im Katalog des § 427 Abs. 1 HGB im allgemeinen Frachtrecht. Ein zusätzlicher Ausschlussgrund ist die erfolgte oder versuchte **Hilfeleistung oder Rettung** auf schiffbaren Gewässern (Art. 18 Abs. 1g CMNI), die in ähnlicher Form aus dem Katalog des seerechtlichen § 499 Abs. 1 Nr. 9 HGB bekannt ist.

81 Die weiteren Haftungsausschlussgründe des § 499 Abs. 1 HGB hingegen finden sich in der CMNI nicht; ebenso wenig wie der frühere weitgehende Haftungsausschluss für **nautisches Verschulden** (vgl. § 607 Abs. 2 HGB aF). Gemäß Art. 32 Abs. 1 CMNI steht es den Mitgliedsstaaten des Budapester Übereinkommens allerdings frei, den Frachtführer nicht für Schäden haften zu lassen, die auf nautisches Verschulden zurückzuführen sind. Gerichte aus solchen Staaten würden dann – anders als ein deutsches Gericht – bei Geltung der CMNI von einem Haftungsausschluss für nautisches Verschulden ausgehen. Außerdem dürfen die Parteien einen **Haftungsausschluss** für nautisches Verschulden **vereinbaren** (Art. 25 Abs. 2a CMNI). Haben die Parteien die Geltung der **IVTB 2010** vereinbart, ist daher (auch von einem deutschen Gericht) § 15 IVTB zu beachten, dessen Wirksamkeit allerdings noch der **AGB-Kontrolle** unterliegt.[20]

82 Art. 19 CMNI bestimmt, dass Schadenersatz (nur) in Höhe des **Wertersatzes** bzw. in Höhe der Wertverminderung geschuldet ist und wie sich der Wert der Güter berechnet.

83 Wie im allgemeinen Frachtrecht des HGB (§ 431 HGB) und im Seerecht (§ 504 HGB) haftet der Frachtführer, wenn nicht besondere Umstände vorliegen, mit einem **Höchstbetrag,** der sich anhand der Menge der transportierten Güter berechnet. Dabei weichen die Beträge, die Art. 20 CMNI vorgibt, von dem allgemeinen HGB-Frachtrecht ab, das nach deutschem Recht für Binnenschifftransporte gilt, und sind den Regeln des Seetransportrechts angeglichen. Der Frachtführer haftet gemäß Art. 20 Abs. 1 CMNI mit maximal **666,67 Rechnungseinheiten für jede Packung oder andere Ladungseinheit** oder mit **zwei Rechnungseinheiten für jedes Kilogramm** des in der Frachturkunde erwähn-

---

[19] *Hartenstein* TranspR 2012, 441, 444 f.
[20] Dazu ausführlich *Hartenstein* TranspR 2012, 441, 445 ff.

ten Gewichts der verlorenen oder beschädigten Güter – je nachdem, welcher Betrag höher ist.

Die Vorschrift unterscheidet sich von der des Seerechts dadurch, dass sie ausdrücklich auf die **Kilogrammangabe in der Frachturkunde** Bezug nimmt. Ob es sich auch hier nur um eine Vermutung handelt oder jeder Gegenbeweis eines tatsächlich abweichenden Gewichts ausgeschlossen sein soll, ist noch nicht entschieden.[21] **84**

Wurde gar **keine Urkunde ausgestellt** oder ist das **Gewicht darin nicht angegeben**, gilt meines Erachtens trotzdem auch die Kilogramm-Alternative – die Masse der Güter muss nur anders ermittelt werden.[22] Würde man in einem solchen Fall auf die Kilogramm-Alternative ganz verzichten, an der Packungsalternative aber festhalten, ließe man dem Zufall zu viel Raum und käme zu unausgewogenen Ergebnissen. Da offensichtlich eine Anlehnung an die seerechtlichen Höchstbeträge gewollt war[23], dürfte die **Berücksichtigung des tatsächlichen Gewichts,** jedenfalls dann, wenn das Gewicht nicht in einer Frachturkunde angegeben ist, auch dem Willen des Gesetzgebers entsprechen. Sind die **IVTB 2010** vereinbart, enthält deren § 17 Nr. 2 (Beschränkung auf zwei Rechnungseinheiten pro Kilogramm) auch keine Bezugnahme auf Gewichtsangaben in Frachturkunden, sondern stellt auf das tatsächliche Gewicht ab (das selbstverständlich bei Vorliegen einer Frachturkunde als wie in dieser angegebenen vermutet wird). **85**

Innovativ schließlich sind die Bestimmungen in Art. 20 Abs. 1 Satz 2 und Abs. 2 CMNI, die die Berechnung der Summen **bei Containertransporten** betreffen. **86**

Die Voraussetzungen, unter denen das Recht auf **Haftungsbeschränkung entfällt**, sind in Art. 21 CMNI geregelt; es handelt sich um Fälle der **bewussten Leichtfertigkeit.** Art. 22 CMNI schließlich bestimmt, dass die Haftungsbefreiungen und -grenzen unabhängig vom rechtstechnischen Rechtsgrund gelten. **87**

Die **Haftungsbeschränkungsmöglichkeit gemäß Binnenschifffahrtsgesetz** („globale Haftungsbeschränkung", → Rn. 58 ff.) wird durch die CMNI **nicht berührt.** Handelt es sich bei dem Frachtführer um eine beschränkungsberechtigte Person, besteht daher gegebenenfalls die auf dem Straßburger Übereinkommen beruhende Haftungsbeschränkungsmöglichkeit. **88**

III. Pflichten und Haftung des Absenders

Der **Absender** ist gemäß Art. 6 Abs. 1 CMNI zur **Zahlung der „nach dem Frachtvertrag geschuldeten Beträge"** verpflichtet. Inwieweit das neben der Fracht noch eine zusätzliche „angemessene Vergütung" beinhaltet, wie sie das HGB vorsieht (→ Rn. 48), ist in der CMNI indessen nicht geregelt. Insoweit gilt das im Übrigen (gemäß Art. 29 CMNI) anwendbare Recht. **89**

Der Absender hat dem Frachtführer die im Art. 6 Abs. 2 genannten **Angaben** zu den zu befördernden Gütern zu machen (insbesondere die Angaben, die zur Aufnahme in die Frachturkunden erforderlich sind) und die vorgeschriebenen **Begleitpapiere** zu übergeben (Art. 6 Abs. 2 CMNI). Er hat die Güter zu **verpacken** und gegebenenfalls zu kennzeichnen (Art. 6 Abs. 3 CMNI) – und schließlich zu **laden** und zu **stauen** (Art. 6 Abs. 4 CMNI). Bei Verträgen über den Transport gefährlicher oder umweltschädlicher Güter treffen den Absender gemäß Art. 7 CMNI weitere Pflichten. **90**

Die **Haftung des Absenders** ist in Art. 8 CMNI geregelt. Er haftet danach nicht nur gegenüber dem Frachtführer, sondern **auch gegenüber dem ausführenden Frachtführer.** Die Vorschriften über die Haftung des Absenders sind, da sie in Art. 25 Abs. 1 CMNI nicht genannt sind, allerdings **grundsätzlich abdingbar.** Die IVTB enthalten dazu keine Regeln. Inwieweit der Absender in seinem Vertrag mit dem Frachtführer auch **91**

---

[21] Für letzteres wohl *v. Waldstein/Holland,* Art. 20 CMNI Rn. 9; *Ramming,* Handbuch, Rn. 490.
[22] Anders *v. Waldstein/Holland,* Art. 20 CMNI Rn. 9; *Ramming,* Handbuch, Rn. 490.
[23] Denkschrift CMNI, BR-Drs. 563/06, 43.

seine Haftung **gegenüber dem ausführenden Frachtführer** beschränken kann, ist **umstritten**.[24]

IV. Haftung des ausführenden Frachtführers

92 Wie im internen deutschen HGB-Frachtrecht gibt es auch in der CMNI die **Figur des „ausführenden Frachtführers"**, der dem Absender durch ein gesetzliches Schuldverhältnis verbunden ist. Doch die **Parallelität trügt**: Die Definition des ausführenden Frachtführers in der CMNI entspricht – jedenfalls im Wortlaut – nicht der im HGB.

93 **1. Definition des „ausführenden Frachtführers".** Gemäß Art. 1 Nr. 3 CMNI bedeutet „ausführender Frachtführer jede andere Person als ein Bediensteter oder ein Beauftragter des Frachtführers, welcher der Frachtführer die Ausführung der Beförderung ganz oder teilweise übertragen hat". Anders als in § 437 Abs. 1 Satz 1 scheint es also auf den ersten Blick nicht darum zu gehen, ob der ausführende Frachtführer die Beförderung ausführt, sondern darum, dass ihm die Beförderung vom Frachtführer übertragen wurde; das wäre in der deutschen Terminologie dann der „Unterfrachtführer". Bei einer Vertragskette, die nicht nur aus (erstem) Frachtführer und Unterfrachtführer besteht, ergäbe sich dann eine Diskrepanz zwischen CMNI und HGB.

94 Dass **nicht jeder Unterfrachtführer** ein „ausführender Frachtführer" im Sinne der CMNI ist, lässt sich allerdings der Formulierung des Art. 17 Abs. 2 CMNI entnehmen, die davon ausgeht, dass der ausführende Frachtführer die Beförderung durchführt (und nicht selbst einen Unterauftrag erteilt), und entspricht im Übrigen dem Sinn und Zweck des gesetzlichen Schuldverhältnisses mit dem ausführenden Frachtführer.[25]

95 Ob allerdings bei einer längeren Vertragskette überhaupt Raum für einen „ausführenden Frachtführer" im Sinne der CMNI ist oder damit immer nur ein direkter Vertragspartner des (ersten) Frachtführers gemeint sein kann, ist **umstritten**. Wortlaut und (mit Einschränkungen) Systematik (Art. 4 Abs. 1 Satz 1 CMNI) sprechen zunächst dafür, **nur den direkten Vertragspartner des (ersten) Frachtführers** ausführenden Frachtführer sein lassen zu können,[26] wenn er die Beförderung durchführt; Sinn und Zweck des gesetzlichen Schuldverhältnisses zum ausführenden Frachtführer lassen es hingegen wünschenswert sein, **auch weiter entfernte** ausführende Frachtführer unter die Vorschriften der CMNI zu subsumieren.[27]

96 Umstritten ist des Weiteren, ob „ausführender Frachtführer" im Sinne der CMNI nur ein Frachtführer ist, der selbst einen grenzüberschreitenden (Teil-)Transport durchführt[28] – oder ob ausreichend ist, dass der Hauptfrachtvertrag grenzüberschreitend ist, und dann auch ein nur für eine Inlandsteilstrecke eingesetzter Unterfrachtführer ausführender Frachtführer sein kann.[29] Die Frage ist noch offen.

97 **2. Haftung.** Gemäß Art. 4 Abs. 2 Satz 2 CMNI gelten alle für die Haftung des Frachtführers geltenden Bestimmungen der CMNI auch für die **Haftung des ausführenden Frachtführers** für die von ihm durchgeführte Beförderung. Wie sich insbesondere aus der systematischen Betrachtung im Zusammenhang mit Art. 4 Abs. 4 CMNI ergibt, ist damit gemeint, dass der ausführende Frachtführer nicht nur seinem Auftraggeber gegenüber, sondern unmittelbar **auch dem aus dem Hauptfrachtvertrag Berechtigten gegenüber** haftet, also dem Absender und nach richtiger Auffassung auch dem Empfänger gegenüber.

98 Der ausführende Frachtführer ist grundsätzlich **im gleichen Umfang** verpflichtet **wie der Frachtführer** selbst (insbesondere gemäß Art. 16 ff. CMNI, → Rn. 78 ff.). Die **Ein-**

---

[24] Dafür *v. Waldstein/Holland*, Art. 8 CMNI Rn. 16; dagegen *Ramming*, Handbuch, Rn. 417.
[25] Dazu *v. Waldstein/Holland*, Art. 1 CMNI Rn. 10.
[26] So *Ramming*, Handbuch, Rn. 525.
[27] So *v. Waldstein/Holland*, Art. 1 CMNI Rn. 10; mit weiterer systematischer Begründung *Koller*, Art. 1 CMNI Rn. 3.
[28] *Jaegers* ZfB 2008, 71.
[29] *Hartenstein* TranspR 2012, 441, 442; *Ramming*, Handbuch, Rn. 327 und 528.

wendungen, die der vertragliche (Haupt-)Frachtführer gegenüber dem Anspruchsberechtigten erheben könnte, kann auch der ausführende Frachtführer erheben (Art. 4 Abs. 4 Satz 2 CMNI). Ob dazu allerdings auch **Haftungsbefreiungen und -beschränkungen** zählen, die der vertragliche Frachtführer sich(!) **im Frachtvertrag** mit dem Absender ausbedungen hat[30], ist **fraglich,** wenn sich die vertragliche Bestimmung nicht (ausdrücklich oder gegebenenfalls implizit) auf den ausführenden Frachtführer erstreckt; § 15 Abs. 2 IVTB 2010 sieht eine solche Erstreckung vor. Ausdrücklich geregelt ist hingegen, dass vertragliche Vereinbarungen des (Haupt-)Frachtführers mit dem Absender (oder Empfänger), die seine **Haftung erweitern,** gegen den ausführenden Frachtführer nur wirken, soweit dieser ihnen ausdrücklich schriftlich **zugestimmt** hat (Art. 4 Abs. 4 Satz 1 CMNI).

V. Pflichten und Haftung des Empfängers

Auch bei Geltung der CMNI können dem **Empfänger** aus dem Frachtvertrag nicht nur Rechte erwachsen, sondern er kann unter Umständen auch verpflichtet werden. So sieht Art. 10 Abs. 1 Satz 1 CMNI vor, dass der Empfänger, wenn er nach Ankunft der Güter am Ablieferungsort deren Auslieferung verlangt, „nach Maßgabe des Frachtvertrags für die **Fracht** und die übrigen auf den Gütern lastenden **Forderungen** sowie für seine Beiträge im Fall einer großen Haverei" haftet. Dabei ergibt sich die Fracht in erster Linie aus der Frachturkunde und ist im Übrigen, wenn eine Frachturkunde fehlt oder nicht vorgelegt wurde, in Höhe der Marktüblichkeit geschuldet (Art. 10 Abs. 1 Satz 2 CMNI). 99

D. Prozessuales

Das Binnenschifffahrtsrecht weist **prozessuale Besonderheiten** auf, die zwar nicht unmittelbar das Vertragsverhältnis aus dem Binnenschifftransportvertrag betreffen, für dieses aber Bedeutung erlangen können. 100

Wer etwa als Ladungsbeteiligter in eine **Havarie Grosse** involviert wird (siehe oben Rn. 55 ff.), kann sich in ein **Dispacheverfahren** bei der Freiwilligen Gerichtsbarkeit mit anschließender Widerspruchsklage (gemäß §§ 405 ff. FamFG, § 878 ZPO) gedrängt sehen.[31] 101

Ein Verfahren der Freiwilligen Gerichtsbarkeit ist auch das sogenannte **„Verklarungsverfahren",** das der Aufklärung von und Beweissicherung bei Schifffahrtsunfällen dient (§§ 11 ff. BinSchG). 102

Wer als Ladungsbeteiligter Ansprüche gegen eine Person geltend macht, die zur **globalen Haftungsbeschränkung** befugt ist (→ Rn. 60), kann sich mit einem **Haftungsfondverfahren** nach der Schifffahrtsrechtlichen Verteilungsordnung konfrontiert sehen (§ 5d Abs. 2 BinSchG). 103

Und schließlich kann auch ein Ladungsbeteiligter an den **besonderen Zuständigkeiten** der Schifffahrtsgerichte, Rheinschifffahrtsgerichte und Moselschifffahrtsgerichte interessiert sein. Diese Zuständigkeiten finden sich (teilweise herrührend aus der Revidierten Rheinschifffahrtsakte oder Mannheimer Akte und aus dem Moselvertrag) im Binnenschifffahrtsverfahrensgesetz (BinSchVerfG). 104

Ansprüche wegen Ladungsschäden oder Ladungsverlust können **Binnenschifffahrtssachen** im Sinne von § 1 BinSchVerfG sein. Gemäß § 2 Abs. 1a BinSchVerfG sind Schadensersatzansprüche aus unerlaubten Handlungen und gemäß § 2 Abs. 1c BinSchVerfG **auch vertragliche Schadensersatzansprüche** aus einem Schiffsunfall Binnenschifffahrtssachen, wenn sie mit der Benutzung von Binnengewässern durch die Schifffahrt zusammenhängen. Dazu gehören auch vertragliche wie außervertragliche Ansprüche gegen den 105

---

[30] So *Ramming,* Handbuch, Rn. 537.
[31] Dazu *v. Waldstein/Holland,* Anhang zu §§ 87, 88 BinSchG.

Schiffseigner, der zugleich Frachtführer ist, auf Schadenersatz wegen Ladungsschäden.[32] Zuständig ist dann unabhängig von der Höhe der Klagforderung erstinstanzlich nicht das Land-, sondern das **Amtsgericht,** das unter der Bezeichnung „**Schifffahrtsgericht**" tätig wird (§ 1 und § 5 Abs. 1 BinSchVerfG). Zweite Instanz ist das unter der Bezeichnung „**Schifffahrtsobergericht**" unabhängig vom Wert der Beschwer tätig werdende Oberlandesgericht (§§ 9, 11 BinSchVerfG).

106 Eine Unterart von Binnenschifffahrtssachen sind die **Rheinschifffahrtssachen** (§ 14 BinSchVerfG iVm Art. 34 und 34bis Mannheimer Akte). Gemäß Art. 34bis Mannheimer Akte sind vertragliche Schadensersatzansprüche aus dem Personen- oder Güterbeförderungsvertrag gegen den Schiffseigner keine Rheinschifffahrtssachen; es handelt sich dann „nur" um Binnenschifffahrtssachen.[33] Schadensersatzansprüche wegen der Güterbeschädigung gegen den **ausführenden Frachtführer** hingegen sind prozessual als außervertraglich zu qualifizieren und können daher Rheinschifffahrtssachen sein.[34]

107 In Rheinschifffahrtssachen wird erstinstanzlich das Amtsgericht unter der Bezeichnung „**Rheinschifffahrtsgericht**" tätig. Die Berufung gegen Urteile des Rheinschifffahrtsgerichts kann dann entweder zum Oberlandesgericht eingelegt werden, dass unter der Bezeichnung „**Rheinschifffahrtsobergericht**" tätig wird (§ 15 BinSchVerfG) oder zur **Berufungskammer der Zentralkommission** für Rheinschifffahrt in Straßburg (§ 18 BinSchVerfG).

---

[32] *v. Waldstein/Holland*, § 2 BinSchVerfG Rn. 6.
[33] *v. Waldstein/Holland*, § 2 BinSchVerfG Rn. 6.
[34] *Hartenstein*, Binnen- und Seeschifffahrtsrecht in wechselseitiger Beeinflussung, S. 81.

Abschnitt 20. Multimodaler Transport

Übersicht

	Rn.
A. Einleitung	1
B. Internationales Recht	4
I. Art. 2 CMR	7
II. Art. 1 § 3 und § 4 CIM 1999	10
III. Art. 38 Abs. 1 MÜ, Art. 31 Abs. 1 WA	13
IV. Art. 18 Abs. 4 MÜ, Art. 18 Abs. 3 WA	17
C. Nationales Recht	21
I. Anwendbarkeit der §§ 452 ff. HGB	22
II. Tatbestandsvoraussetzungen des § 452 S. 1 HGB	24
1. Einheitlichkeit des Frachtvertrags	25
2. Verschiedenartigkeit der Beförderungsmittel	27
3. Auseinanderfallen der auf hypothetisch zu schließende Einzelverträge anzuwendenden Transportrechtsregime	28
a) Abgrenzung der Teilstrecken	29
b) Auseinanderfallen der hypothetischen Teilstreckenrechte	33
4. Seebeförderung, § 452 S. 1 HGB	35
5. Multimodaler Umzugsvertrag, § 452c HGB	37
III. Haftung des Multimodalfrachtführers	38
1. Unbekannter Schadensort, § 452 S. 1 HGB	39
2. Bekannter Schadensort, § 452a HGB	41
a) Anwendbarkeit des § 452a HGB	42
b) Feststehen des Schadensortes	43
c) Ermittlung des hypothetischen Teilstreckenrechts	51
d) Umfang der Verweisung	62
IV. Haftung des ausführenden Frachtführers	65
V. Schadensanzeige und Verjährung, § 452b HGB	68
1. Schadensanzeige, § 452b Abs. 1 HGB	69
2. Verjährung, § 452b Abs. 2 HGB	72
VI. Möglichkeiten und Grenzen vertraglicher Haftungsmodifikationen, § 452d HGB	78
1. Vertragliche Haftungsmodifikationen für die Gesamtstrecke	81
a) Möglichkeiten und Grenzen des allgemeinen Frachtrechts	83
b) Vereinbarungen über den Verjährungsbeginn (§ 452b Abs. 2 S. 1 HGB)	87
2. Vertragliche Haftungsmodifikationen für eine Teilstrecke	88
a) Möglichkeiten und Grenzen des (hypothetischen) Teilstreckenrechts	90
b) Vereinbarungen über das anzuwendende Teilstreckenrecht, § 452d Abs. 2 HGB	97
c) Vereinbarungen über den Verjährungsbeginn (§ 452b Abs. 2 S. 1 HGB)	100
3. Abdingbarkeit internationaler Übereinkommen, § 452d Abs. 3 HGB	101
VII. Gerichtsstand	103
D. Der Multimodal-Ladeschein	106
I. Ladeschein	108
1. Rechtsnatur und Wirkung des Ladescheins	110
2. Verhältnis des Frachtvertrages zum Ladeschein	113
3. Legitimierte Empfänger	116
II. FIATA Multimodal Bill of Lading (FBL)	119
1. Rechtsnatur des FBL	120
2. Inhaltskontrolle	123
a) Haftungsmaßstab	127
b) Haftungsumfang	131
c) Sonstige Unwirksamkeiten	136

Literatur: *Bartels,* Der Teilstreckenvertrag beim Multimodal-Vertrag, TranspR 2005, 203; *Baumbach/Hopt,* Handelsgesetzbuch mit GmbH & Co., Handelsklauseln, Bank- und Börsenrecht, Transportrecht (ohne Seerecht), 35. Aufl. 2012; *Bydlinski,* Multimodaltransport, bekannter Schadensort und § 452d Abs. 3 HGB, TranspR 2009, 389; *Czerwenka,* Das Budapester Übereinkommen über den Vertrag über die Güterbeförderung in der Binnenschiffahrt (CMNI), TranspR 2001, 277; *Drews,* Der multimodale Transport – eine Bestandsaufnahme, TranspR 2010, 327; *ders.,* Zum anwendbaren Recht beim multimodalen Transport, TranspR 2003, 12; *Ebenroth/Boujong/Joost/Strohn,* Handelsgesetzbuch. – Band 2: §§ 343–475h HGB. Transportrecht, Bank- und Börsenrecht, 2. Aufl. 2009; *Ensthaler,* Gemeinschaftskommentar zum Handelsgesetbuch mit UN-Kaufrecht, 7. Aufl. 2007; *Freise,* Unimodale transportrechtliche Übereinkommen und multimodale Beförderungen, TranspR 2012, 1; *Fremuth/Thume,* Kommentar zum Transportrecht, 2000; *Hartenstein,* Die Bestimmung des Teilstreckenrechts im Multimodaltransportvertrag, TranspR 2005, 9; *Herber,* Anmerkung zu BGH, Urteil vom 18. 10. 2007 – I ZR 138/04, TranspR 2007, 475; *ders.,* Probleme des Multimodal-Transports mit Seestreckeneinschluss nach neuem deutschen Recht, TranspR 2001, 101; *ders.,* Seehandelsrecht. Systematische Darstellung, Berlin 1999; *Heymann,* Handelsgesetzbuch. – Band 4: 4. Buch §§ 343–475h, 2. Aufl. 2005; *Hoeks,* Multimodal transport law. The law applicable to the multimodal contract for the carriage of goods, 2010; *Hoffmann,* FIATA Multimodal Transport Bill of Lading und deutsches Recht, TranspR 2000, 243; *Kirchhoff,* Der Luftfrachtvertrag als multimodaler Vertrag im Rahmen des Montrealer Übereinkommens, TranspR 2007, 133; *Knorre/Demuth/Schmid,* Handbuch des Transportrechts, 2008; *Koller,* Die Rechtsnatur des Umschlagsvertrages und ihre Bedeutung für die Teilstrecke, TranspR 2008, 333; *ders.,* Quantum Corporation Inc. v. Plane Trucking Limited und die Anwendbarkeit der CMR auf die Beförderung mit verschiedenartigen Beförderungsmitteln, TranspR 2003, 45; *ders.,* Reklamation und Verjährung sowie Ausschlussfristen bei internationalen Lufttransporten mit gekoppelten Zubringerleistungen, TranspR 2001, 69; *ders.,* Transportrecht. Kommentar zu Spedition, Gütertransport und Lagergeschäft, 8. Aufl. 2013; *Kopper,* Der multimodale Ladeschein im internationalen Transportrecht, 2007; *Looks,* Der multimodale Transportvertrag nach dem TRG, VersR 1999, 31; *Müller-Rostin,* Multimodalverkehr und Luftrecht, TranspR 2012, 14; *Münchener Kommentar zum Handelsgesetzbuch.* – Band 7: §§ 407–475h. Transportrecht, 2. Aufl. 2009; Band 7a: Aktualisierungsband zum Transportrecht, 2000; *Rabe,* Auswirkungen des neuen Frachtrechts auf das Seefrachtrecht, TranspR 1998, 429; *ders.,* Die Probleme bei einer multimodalen Beförderung unter Einschluss einer Seestrecke – Sind Lösungen in Sicht?, TranspR 2000, 189; *ders.,* Seehandelsrecht, 4. Aufl. 2000; *Ramming,* Durchbrechung der Einheitslösung (§ 452 Satz 1 HGB) im Hinblick auf besondere Durchführungsvorschriften des Rechts der (See-)Teilstrecke, TranspR 2004, 201; *ders.,* Hamburger Handbuch Multimodaler Transport, 2011; *ders.,* Internationalprivatrechtliche Fragen des Multimodal-Frachtvertrages und des Multimodal-Ladescheins, TranspR 2007, 279; *ders.,* Teilstrecken einer multimodalen Beförderung und ihre Abgrenzung, TranspR 2007, 89; *Reithmann/Martiny,* Internationales Vertragsrecht, 7. Aufl. 2010; *Rogert,* Einheitsrecht und Kollisionsrecht im internationalen multimodalen Gütertransport, 2005; *Schachtschneider ua,* Transport – Wirtschaft – Recht. Gedächtnisschrift für Johann Georg Helm, 2001; *Shariatmadari,* Das IPR der Multimodal-Beförderung (unter Einschluss einer Seestrecke), TranspR 2010, 275; *Spanjaart,* GODAFOSS, the applicability of the CMR within multimodal contracts of carriage, TranspR 2012, 278; *Thume,* Kommentar zur CMR, 2. Aufl. 2007; *v. Waldstein/Holland,* Binnenschiffahrtsrecht, 5. Aufl. 2007.

A. Einleitung

1   Von einem **multimodalen Transport** wird gesprochen, wenn eine Güterbeförderung aufgrund eines einheitlichen Frachtvertrags unter Verwendung verschiedenartiger Beförderungsmittel auf daraus resultierenden Teilstrecken durchgeführt wird, die bei individueller Betrachtung unterschiedlichen Rechtsvorschriften unterworfen wären. Demgegenüber steht einerseits der **unimodale Transport,** bei dem unter einem Vertrag lediglich ein oder zumindest gleichartige Beförderungsmittel Verwendung finden sowie andererseits der sogenannte **gebrochene Transport,** bei dem zwar verschiedenartige Beförderungsmittel zum Einsatz kommen, hinsichtlich der unterschiedlichen Teilstrecken jedoch auch gesonderte Frachtverträge abgeschlossen werden.

2   Ein multimodaler Transport birgt vor allem dann Rechtsunsicherheiten, wenn die einzelnen Teilstrecken bei individueller Betrachtungsweise unterschiedlichen Haftungs-, Reklamations- und Verjährungsvorschriften unterworfen wären. In Ermangelung einer gesetzlichen Regelung versuchte die Rechtsprechung diesen Rechtsunsicherheiten bis zum Inkrafttreten des Transportrechtsreformgesetzes[1] (TRG) am 1.7.1998 zuletzt mit einer an dem sogenannten *network*-Prinzip angelehnten Lösung zu begegnen.[2] Danach kam bei bekanntem Schadensort das betreffende Teilstreckenrecht zur Anwendung, während sich der Anspruch bei unbekanntem Schadensort nach dem für den Anspruchsteller günstigsten Teilstreckenrecht bestimmte. Dieser Lösungsansatz hatte jedoch die unbefriedigende Konsequenz, dass bei unbekanntem Schadensort in einem ersten Schritt zunächst die hypothetische Haftungssituation auf jeder einzelnen Teilstrecke ermittelt werden musste. Hinzu kam, dass weiterhin gemeinsame Reklamations- und Verjährungsregelungen fehlten, was

---

[1] BGBl. 1998 I 1588.

[2] Vgl. Leitsatzentscheidung BGHZ 101, 172; ausf. zum network-Prinzip *Herber,* Seehandelsrecht, S. 356.

sich insbesondere in solchen Fällen als Problem erwies, in denen der Schadensort erst während des Prozesses festgestellt wurde.[3]

Der deutsche Gesetzgeber stellte im Rahmen der Transportrechtsreform mit den §§ 452 bis 452d HGB ein Recht des multimodalen Transports bereit, um die – bis dahin nicht durch die Rechtsprechung zu behebenden – Probleme zu lösen. Die Bedeutung der neu geschaffenen Vorschriften ist dabei sehr viel größer, als deren versteckte Position im Gesetz sowie die Nummerierung (a–d) dies vermuten lassen. So wird geschätzt, dass etwa 90 % aller (internationalen) Transporte multimodaler Natur sind.[4]

B. Internationales Recht

Der Vorrang internationaler Übereinkommen gilt auch im Anwendungsbereich der Regelungen zum multimodalen Transport, wie § 452 S. 1 HGB vorsorglich klarstellt. Der bloße Umstand, dass ein Übereinkommen Regelungen für eine Teilstrecke des Gesamttransports bereithält oder es (erst) kraft nationalen Rechts (zB über § 452a HGB) zur Anwendung gelangt, führt dabei noch nicht zu seiner Vorrangigkeit.[5] Erforderlich ist vielmehr, dass das jeweilige Übereinkommen Regelungen für den multimodalen Transport vorhält, es also gerade in diesem Bereich autonom zur Anwendung gelangt.[6]

Erste ernsthafte Bestrebungen im Hinblick auf eine internationale Rechtsvereinheitlichung des multimodalen Transports wurden bereits im Jahr 1956 bei der Verabschiedung der CMR formuliert.[7] Die daraufhin erarbeiteten Entwürfe von UNIDROIT im Jahr 1965[8] und dem Comité Maritime International im Jahr 1969[9] bildeten nach weiteren Vorarbeiten die Grundlage für den im Jahr 1972 vorgelegten Entwurf des sogenannten TCM-Übereinkommens,[10] welches wiederum als Grundlage für das am 24.5.1980 in Genf verabschiedete, bis dato aber noch nicht in Kraft getretene, UN-Übereinkommen über den internationalen multimodalen Transport von Gütern[11] diente. Mit einem Inkrafttreten dieses Übereinkommens wird vor dem Hintergrund der seit der Verabschiedung einhergegangen Entwicklungen nicht mehr gerechnet.[12]

Bis auf die CMNI[13] erfassen alle unimodal ausgerichteten Frachtrechtsübereinkommen (CMR, CIM 1999, MÜ, WA) bestimmte multimodale Transportsituationen, für die sie besondere und damit gegenüber den §§ 452 ff. HGB vorrangige Regelungen bereitstellen.

I. Art. 2 CMR

Bei Verträgen über grenzüberschreitende entgeltliche Straßengüterbeförderungen beansprucht die CMR nach ihrem Art. 1 Abs. 1 Geltung, wenn der Übernahme- oder Ablieferungsort in einem Vertragsstaat belegen ist. Als *„Fahrzeuge"* kommen nach Art. 1 Abs. 2

---

[3] MüKoHGB/*Herber* § 452 Rn. 10.
[4] Vgl. Ensthaler-GK/*Drews* § 452 Rn. 4; *Rabe* TranspR 1998, 429, 430.
[5] *BGH* NJW 2008, 2782, 2783f.; *OLG Karlsruhe* TranspR 2008, 471; MüKoHGB/*Herber* § 452 Rn. 52; *Koller* TranspR 2003, 45, 49f.; wohl auch *Spanjaart* TranspR 2012, 278, 282; **aA** *OLG Köln* VersR 2005, 574; Quantum Corporation Inc v. Plane Trucking Ltd and Another [2002] 1 WLR 2678 [CA]; MüKoHGB/*Puttfarken* § 452 Rn. 20, 32, 34; *Hoeks*, Multimodal transport law, S. 120 ff.
[6] *OLG Hamburg* TranspR 2002, 355, 356; *Koller,* Transportrecht, § 452 Rn. 19; *Heymann,* HGB, § 452 Rn. 7; MüKoHGB/*Herber* § 452 Rn. 52.
[7] Vgl. Unterzeichnungsprotokoll zur CMR, Ziffer 2, BGBl. 1961 II S. 1146.
[8] UNIDROIT U. D. P. 1965 – Etudes: XLII – Transport combiné – Doc. 2.
[9] Draft Convention on Combined Transport (1969 C. M. I. Documents, pp. 56–67) – „Tokyo Rules".
[10] Draft Convention on the International Combined Transport of Goods.
[11] Abrufbar unter: http://unctad.org/en/PublicationsLibrary/tdmtconf17_en.pdf.
[12] *Freise* TranspR 2012, 1; *Ramming*, Multimodaler Transport, Rn. 23; *Shariatmadari* TranspR 2010, 275 f.
[13] *Czwerwenka* TranspR 2001, 277, 278; *Koller,* Transportrecht, Art. 1 CMNI Rn. 1; *Holland,* in: BinSchR, § 452 Rn. 12.

CMR dabei neben den dort genannten Anhängern auch Trailer sowie Sattelauflieger ohne Zugmaschine[14], nicht aber fahrwerklose Wechselbrücken in Betracht.[15]

8   Art. 2 Abs. 1 S. 1 CMR bestimmt, dass eine Beförderung, bei der das beladene Fahrzeug – ohne Umladung des Gutes[16] – auf einer Teilstrecke auf einem Binnen-/Seeschiff **(Ro/Ro-Verkehr),** einer Eisenbahn **(Huckepack-Verkehr)** oder in einem Flugzeug befördert wird, auch hinsichtlich dieser nicht auf der Straße erfolgenden Teilstrecke den Vorschriften der CMR unterfällt. Für diese besondere Transportsituation trifft die CMR eine gegenüber dem nationalen Recht vorrangige Regelung, und zwar ungeachtet dessen, ob der Schaden auf der Straßen- oder Huckepack- bzw. Ro/Ro-Teilstrecke eingetreten ist.[17] Der Grund für die Erstreckung der CMR auf die Nicht-Straßenteilstrecke kann darin gesehen werden, dass das Fahrzeug das Gut während dieser Teilstrecke nicht wirklich an das Trägerverkehrsmittel abgibt, die CMR die Straßengüterbeförderung in diesem Fall also gewissermaßen nicht als unterbrochen ansieht.[18]

9   Zu beachten ist, dass der in Art. 2 Abs. 1 S. 1 CMR getroffene Grundsatz durch den nachfolgenden Satz 2 in den Fällen, in denen der Schaden nachweislich während der Huckepack- bzw. Ro/Ro-Teilstrecke eingetreten ist, unter bestimmten Voraussetzungen wieder durchbrochen wird: Existieren für die Huckepack- bzw. Ro/Ro-Teilstrecke zwingende Vorschriften,[19] und gelingt zudem der Nachweis, dass das nicht durch ein Verhalten des Straßenfrachtführers verursachte Schadensereignis „nur während und wegen" der Huckepack- bzw. Ro/Ro-Teilstrecke „eingetreten sein kann", kommen diese zwingenden Vorschriften zur Anwendung. Andernfalls bleibt es gemäß Art. 2 Abs. 1 S. 3 CMR trotz bekanntem Schadensort bei der übergreifenden Anwendbarkeit der CMR. Als problematisch erweist sich regelmäßig, ob der Schaden durch ein Ereignis verursacht worden ist, das „nur während und wegen" der Beförderung durch das Trägerbeförderungsmittel „eingetreten sein kann", sich also eine transportträgertypische[20] Gefahr realisiert hat. Als typische Gefahren eines Seetransports gelten jedenfalls der Untergang des Schiffes, Strandung, starker Seegang sowie die Berührung mit Salzwasser; ein Feuer an Bord kann im Einzelfall auch hierzu zählen.[21]

II. Art. 1 § 3 und § 4 CIM 1999

10   Bei Verträgen über grenzüberschreitende entgeltliche Schienenbeförderungen beansprucht die CIM 1999 nach ihrem Art. 1 § 1 und § 2 Geltung.

11   Wird die grenzüberschreitende Schienenbeförderung **im Binnenverkehr eines Mitgliedstaates** der CIM 1999 durch eine unter demselben Frachtvertrag erfolgende Beförderung auf der Straße oder Binnengewässern **ergänzt,** beansprucht die CIM 1999 nach ihrem Art. 1 § 3 auch für diese ergänzenden Teilstrecken Geltung. Durch den Wortlaut („*in Ergänzung*") wird klargestellt, dass die grenzüberschreitende Schienenbeförderung dem Gesamttransport ihr Gepräge geben muss.[22] Sofern der ergänzende Teilstreckentransport über die Straße oder den Binnengewässern ebenfalls grenzüberschreitender Natur ist, kommt die CIM 1999 nicht zur Anwendung, und zwar auch nicht hinsichtlich des grenzüberschreitenden Schienenstreckenteils: Denn Art. 1 § 3 CIM 1999 führt in diesem Fall nicht zur Anwendbarkeit, weil der ergänzende Teilstreckentransport nicht mehr nur *im*

---

[14] *BGH* VersR 1989, 309, 310; *OLG Düsseldorf* TranspR 2011, 150, 152; *OLG Hamburg* TranspR 1991, 70, 71; *OLG Celle* TranspR 1987, 275, 276.
[15] *LG Regensburg* TranspR 1990, 194; *de la Motte/Temme,* in: Thume-CMR, Art. 1 CMR Rn. 33.
[16] Eine dennoch erfolgte Umladung steht der Anwendung des Art. 2 Abs. 1 S. 1 CMR nicht entgegen, soweit sie auf Art. 14 CMR gestützt wird. Siehe hierzu *Ramming,* Multimodaler Transport, Rn. 48 ff.
[17] *BGH* VersR 1989, 309, 310; *Ramming,* Multimodaler Transport, Rn. 53.
[18] *Freise* TranspR 2012, 1, 3.
[19] Siehe hierzu *BGH* VersR 2012, 1582; vgl. auch *Ramming,* Multimodaler Transport, Rn. 72 ff.
[20] So *BGH* VersR 2012, 1582, 1585; *OLG Düsseldorf* TranspR 2011, 150, 153.
[21] *BGH* VersR 2012, 1582, 1585; *OLG Düsseldorf* TranspR 2011, 150, 153; *OLG Hamburg* TranspR 2011, 228, 230; *OLG Celle* TranspR 1987, 275, 276.
[22] *Freise* TranspR 2012, 1, 4; *Ramming,* Multimodaler Transport, Rn. 148.

Binnenverkehr erfolgt, während der Anwendbarkeit im Übrigen entgegensteht, dass kein einheitlicher Frachtvertrag über eine unimodale Schienengüterbeförderung vorliegt.²³

Eine weitere multimodale Transportsituation wird in Art. 1 § 4 CIM 1999 geregelt. Danach dehnt die CIM 1999 ihren Anwendungsbereich auf Fälle ergänzender grenzüberschreitender Beförderungen über See und auf Binnengewässern aus, sofern die **ergänzende Schiffsbeförderung auf einer eingetragenen Linie**²⁴ im Sinne des Art. 24 § 1 lit. b COTIF erfolgt. Zu beachten ist, dass die Schienenbeförderung in diesen Fällen ihrerseits nicht grenzüberschreitend zu sein braucht, wie dem – gegenüber Art. 1 § 3 CIM 1999 abweichenden – Wortlaut zu entnehmen ist. Führt Art. 1 § 4 CIM 1999 in einem Fall der ergänzenden Seebeförderung zur Anwendbarkeit des Übereinkommens auch auf dieser Teilstrecke, ist darüber hinaus Art. 38 CIM 1999 zu beachten. Danach kann sich der Beförderer unter bestimmten Voraussetzungen neben den eisenbahnspezifischen Haftungsausschlussgründen (Art. 23 ff. CIM 1999) auch auf die dort aufgeführten seerechtlichen Haftungsausschlussgründe berufen.²⁵

III. Art. 38 Abs. 1 MÜ, Art. 31 Abs. 1 WA

Das MÜ und das WA beanspruchen nach ihren Art. 1 Abs. 1 bei grenzüberschreitenden Beförderungen mittels Luftfahrzeugen Geltung.

Nach Art. 38 Abs. 1 MÜ, Art. 31 Abs. 1 WA unterfällt eine dem Übereinkommen unterliegende Luftbeförderung selbst dann zwingend dem Übereinkommen, wenn sie Bestandteil eines einheitlichen multimodalen Frachtvertrages ist. In diesem Zusammenhang sind auch Art. 18 Abs. 4 MÜ, Art. 18 Abs. 3 WA zu beachten (→ Rn. 17 ff.).

Damit unterscheiden sich diese Vorschriften in ihrem Ansatz grundlegend von Art. 2 CMR (→ Rn. 7 ff.) und Art. 1 § 3 und § 4 CIM 1999 (→ Rn. 10 ff.). Während sowohl die CMR als auch die CIM 1999 den Ansatz verfolgen, ihre Regelungen unter bestimmten Voraussetzungen auf die Gesamtstrecke zur Anwendung zu bringen (sog. Einheitslösung), stellen MÜ und WA klar, dass sie nur für die Luftteilstrecke Geltung beanspruchen (sog. *network*-Prinzip).²⁶

Liegen die Voraussetzungen des Art. 38 Abs. 1 MÜ, Art. 31 Abs. 1 WA vor, führt dies zur **unmittelbaren Anwendung der Übereinkommen auf die Luftteilstrecke.** Das autonome, für multimodale Beförderungen geltende nationale Recht tritt in diesem Fall zurück,²⁷ allerdings nur hinsichtlich der Luftteilstrecke. Hinsichtlich des multimodalen Transports im Übrigen erfolgt die Beurteilung nach den für sie maßgeblichen Vorschriften, bei Anwendbarkeit deutschen Sachrechts also nach den §§ 452 ff. HGB.²⁸

IV. Art. 18 Abs. 4 MÜ, Art. 18 Abs. 3 WA

Art. 18 Abs. 4 MÜ und Art. 18 Abs. 3 WA treffen für bestimmte multimodale Transportsituationen eine widerlegbare Beweisvermutung.²⁹

Ihrem jeweiligen Satz 1 ist zunächst die Grundaussage zu entnehmen, dass eine **außerhalb des Flughafens** erfolgende Straßen-, Schienen- oder Schiffsbeförderung (sog. Oberflächenbeförderung) nicht zur Luftbeförderung zählt. Dies steht im Einklang mit der in Art. 38 Abs. 1 MÜ, Art. 31 Abs. 1 WA getroffenen Aussage (Rn. 15),³⁰ wonach die Übereinkommen nur für die Luftteilstrecke Geltung beanspruchen. Erfolgt die Oberflächenbe-

---

²³ *Freise* TranspR 2012, 1, 4.
²⁴ Einsehbar unter http://www.otif.org/veroeffentlichungen/listen-der-linien-cim.html.
²⁵ *Freise* TranspR 2012, 1, 5; *Ramming*, Multimodaler Transport, Rn. 159 ff.
²⁶ *Freise* TranspR 2012, 1, 6; MüKoHGB/*Herber* § 452 Rn. 58.
²⁷ BGH TranspR 2012, 466, 468; TranspR 2011, 80, 82 f.; TranspR 2011, 436, 437; VersR 2011, 1332, 1333; *Ramming*, Multimodaler Transport, Rn. 172.
²⁸ *Ramming*, Multimodaler Transport, Rn. 178.
²⁹ BGH TranspR 2012, 466, 469; *Koller* TranspR 2001, 69.
³⁰ *Freise* TranspR 2012, 1, 7.

förderung hingegen *"zum Zweck der Verladung, der Ablieferung oder der Umladung"* (sog. Zubringertransport), so stellen die Vorschriften in ihrem jeweiligen Satz 2 für den Fall des **unbekannten Schadensortes** die widerlegliche Vermutung auf, dass der Schaden während des Luftbeförderungsteils eingetreten ist. Die Luftteilstrecke wird in diesen Fällen sozusagen zum bekannten Schadensort erklärt,[31] mit der Folge, dass sich die Haftung des Beförderers unter vollständiger Verdrängung der §§ 452ff. HGB nach den Art. 18ff. MÜ, Art. 18ff. WA beurteilt.[32] Zu beachten ist, dass die Beweisvermutung nur für eine durch einen Zubringertransport ergänzte Luftbeförderung gilt. Werden unter dem (einheitlichen) Frachtvertrag neben dem Zubringertransport noch weitere Teilstrecken mit anderen Beförderungsmitteln als dem Luftfahrzeug geschuldet, bleiben Art. 18 Abs. 4 MÜ, Art. 18 Abs. 3 WA von vornherein außen vor.[33]

19 Von einem **Zubringertransport** kann zunächst nur dann gesprochen werden, wenn die betreffende Oberflächenbeförderung einen gegenüber der Luftbeförderung untergeordneten Charakter aufweist,[34] dh ihr lediglich eine reine Hilfsfunktion für die Luftbeförderung[35] zukommt. Diesen reinen Hilfscharakter verliert die Oberflächenbeförderung, wenn der betreffende Streckenabschnitt in technischer und verbindungsmäßiger Hinsicht auch durch Luftfahrzeuge hätte vorgenommen werden können.[36] Eine nicht zum bzw. vom nächstgelegenen Flughafen erfolgende Oberflächenbeförderung stellt damit grundsätzlich keinen Zubringertransport im Sinne der Vorschriften dar.[37] Der Annahme eines Zubringertransports steht die Nichtaufnahme der Oberflächenbeförderung in den Luftfrachtbrief nicht entgegen.[38]

20 Die nach Art. 18 Abs. 4 MÜ, Art. 18 Abs. 3 WA begründete Vermutung kann durch den Beweis des Gegenteils entkräftet werden, wobei sich die Anforderungen, die an den Gegenbeweis zu stellen sind, nach der *lex fori* beurteilen.[39] Der Gegenbeweis ist jedenfalls vor einem deutschen Gericht nicht geführt, wenn der Frachtführer seiner ihm obliegenden sekundären Darlegungslast nicht in ausreichendem Maße nachkommt.[40] Gelingt der Nachweis, haftet der Beförderer nach denjenigen Rechtsvorschriften, die für das eingesetzte Oberflächenbeförderungsmittel maßgeblich sind.[41]

C. Nationales Recht

21 Im Rahmen der umfassenden Neuregelung des Transportrechts, welche im Jahr 1998 in der Verabschiedung des TRG mündete, hat der Gesetzgeber vor dem Hintergrund der bis dahin bestehenden Rechtsunsicherheiten (→ Rn. 2) mit den § 452 bis § 452d HGB erstmals Regelungen für den multimodalen Transport geschaffen.

---

[31] *Ramming,* Multimodaler Transport, Rn. 192; *Kirchhof* TranspR 2007, 133, 137; *Koller* TranspR 2001, 69.
[32] *Müller-Rostin* TranspR 2012, 14, 16.
[33] LG Bonn TranspR 2003, 170, 171; MüKoHGB/*Herber* § 452a Rn. 25; *Kirchhoff* TranspR 2007, 133, 134f.; *Ramming,* Multimodaler Transport, Rn. 190.
[34] OLG Karlsruhe TranspR 2011, 382, 385; OLG Frankfurt a. M. TranspR 2004, 471, 472.
[35] BGH TranspR 2012, 456, 459.
[36] BGH TranspR 2012, 456, 459; *Koller,* Transportrecht, Art. 18 MÜ Rn. 12; *Kirchhof* TranspR 2007, 133, 134.
[37] BGH TranspR 2012, 456, 459; OLG Karlsruhe TranspR 2011, 382, 385; TranspR 2007, 203, 204; OLG Düsseldorf TranspR 2010, 456, 458; OLG Hamburg VersR 1982, 375; *Koller* TranspR 2001, 69; *Freise* TranspR 2012, 1, 8; **aA** LG Darmstadt TranspR 2012, 471.
[38] OLG Düsseldorf TranspR 2010, 456, 460; Ebenroth/Boujong/Joost/Strohn/*Pokrant* Art. 18 MÜ Rn. 20; **aA** LG Bonn TranspR 2003, 170, 171; *Müller-Rostin,* in: Fremuth/Thume Art. 18 WA Rn. 19.
[39] BGH TranspR 2012, 466, 469; Ebenroth/Boujong/Joost/Strohn/*Pokrant* Art. 18 MÜ Rn. 21.
[40] BGH TranspR 2012, 466, 469.
[41] *Müller-Rostin* TranspR 2012, 14, 16.

Abschnitt 20. Multimodaler Transport

I. Anwendbarkeit der §§ 452 ff. HGB

Die in §§ 452 ff. HGB getroffenen Regelungen finden zunächst nur Anwendung, soweit internationale Übereinkommen nichts anderes bestimmen (Rn. 4 ff.) und der multimodale Frachtvertrag dem deutschen Sachrecht unterliegt. Letzteres beurteilt sich nach den internationalprivatrechtlichen Regelungen der *lex fori,* soweit der zu untersuchende Sachverhalt eine Auslandsberührung aufweist. 22

Aus deutscher Rechtsperspektive ist in diesen Fällen die **ROM I-VO**[42] heranzuziehen,[43] und zwar ungeachtet dessen, ob die Auslandsberührung zu einem Mitglied- oder Nichtmitgliedstaat der Gemeinschaft besteht.[44] Danach unterliegt der zu beurteilende Multimodalfrachtvertrag dem deutschen Sachrecht, wenn gemäß Art. 3 ROM I-VO eine Rechtswahl zugunsten deutschen Rechts getroffen wurde. In Ermangelung einer Rechtswahl findet deutsches Sachrecht Anwendung, wenn der Beförderer seinen gewöhnlichen Aufenthalt in Deutschland hat und sich auch der Übernahme- oder Ablieferungsort in Deutschland befindet (Art. 5 Abs. 1 S. 1 ROM I-VO), hilfsweise wenn der vereinbarte Ablieferungsort in Deutschland belegen ist (Art. 5 Abs. 1 S. 2 ROM I-VO). Führt Art. 5 Abs. 1 ROM I-VO nicht zur Anwendbarkeit deutschen Sachrechts, kann dieses gleichwohl berufen sein, wenn der Multimodalfrachtvertrag eine offensichtlich engere Verbindung zu Deutschland als zu dem nach Art. 5 Abs. 1 ROM I-VO ermittelten Sachrecht aufweist (Art. 5 Abs. 3 ROM I-VO).[45] 23

II. Tatbestandsvoraussetzungen des § 452 S. 1 HGB

§ 452 S. 1 HGB setzt tatbestandlich einen einheitlichen Frachtvertrag voraus, dessen Gegenstand eine Güterbeförderung mit verschiedenartigen Beförderungsmitteln auf daraus resultierenden unterschiedlichen Teilstrecken vorsieht, welche bei individueller Betrachtungsweise unterschiedlichen Rechtsvorschriften unterworfen wären. 24

1. Einheitlichkeit des Frachtvertrags. § 452 S. 1 HGB stellt auf einen Frachtvertrag ab, der die Verwendung verschiedenartiger Beförderungsmittel zum Gegenstand hat. 25

Maßgeblich ist damit zunächst das Vorliegen eines Frachtvertrages. Wird lediglich die Besorgung der Versendung geschuldet (§ 453 Abs. 1 HGB), genügt dies nicht. Etwas anderes gilt nur in den Fällen, in denen der Spediteur kraft Gesetzes einem Frachtführer gleichgestellt wird, mithin beim Selbsteintritt,[46] der Fixkosten-[47] und Sammelladungsspedition (§§ 458 bis 460 HGB). Die Einheitlichkeit des Frachtvertrages ist gegeben, wenn er trotz der vorgesehenen Verwendung verschiedenartiger Beförderungsmittel lediglich einen vertraglichen Übernahme- und Ablieferungsort enthält.[48] Die Verschiedenartigkeit der Beförderungsmittel muss schließlich auf eine *vertragliche* Vereinbarung zurückzuführen sein.[49] Ob die nach dem Vertrag vorgesehenen verschiedenartigen Beförderungsmittel auch tatsächlich zum Einsatz kommen, berührt die Einordnung als Multimodalfrachtvertrag nicht. Umgekehrt wird ein Frachtvertrag auch nicht zu einem Multimodalfrachtvertrag, wenn entgegen der vertraglichen Vereinbarung im Rahmen der tatsächlichen Durchführung verschieden- 26

---

[42] VO (EG) Nr. 593/2008 des Europäischen Parlaments und des Rates vom 17.6.2008 über das auf vertragliche Schuldverhältnisse anzuwendende Recht (Rom I), ABl. EU Nr. L 177 S. 6.
[43] Wurde der Frachtvertrag vor dem 18.12.2009 geschlossen, bestimmt sich das auf den Multimodalfrachtvertrag anwendbare Sachrecht dagegen nach den Art. 27 ff. EGBGB aF, vgl. *BGH* NJW-RR 2006, 1694.
[44] *Shariatmadari* TranspR 2010, 275.
[45] Ausf. zum Ganzen *Ramming,* Multimodaler Transport, Rn. 697 ff. und *Shariatmadari* TranspR 2010, 275 ff.
[46] *BGH* NJW-RR 2008, 549.
[47] *BGH* NJW-RR 2009, 1479; NJW 2008, 1072, 1074.
[48] Ensthaler-GK/*Drews* § 452 HGB Rn. 17; *Koller,* Transportrecht, § 452 Rn. 9; BinSchR/*Holland* § 452 Rn. 6.
[49] MüKoHGB/*Herber* § 452 Rn. 12; *Ramming,* Multimodaler Transport, Rn. 226; **aA** MüKoHGB/*Bydlinski* § 452 Rn. 4.

artige Beförderungsmittel zum Einsatz gelangen. Enthält der Vertrag keine Vereinbarung über die zum Einsatz kommenden Beförderungsmittel, steht dies der Annahme eines Multimodalfrachtvertrags nicht *per se* entgegen. Da in diesen Fällen regelmäßig eine stillschweigend erteilte Befugnis des Frachtführers zur nachträglichen Festlegung der Beförderungsart angenommen werden kann,[50] kann sich der multimodale Charakter des Frachtvertrags auch erst im Zuge dieser nachträglichen (vertraglichen) Festlegung ergeben.

27 **2. Verschiedenartigkeit der Beförderungsmittel.** Beförderungsmittel sind verschiedenartig, wenn sie sich der Art nach unterscheiden. Im Ergebnis kommen damit vor allem Straßen-, Schienen-, Luftfahrzeuge und Schiffe in Betracht. Bei Schiffsbeförderungen ist eine weitere Unterteilung in Binnen- und Seeschiffe nicht sinnvoll, da beide Schiffstypen grundsätzlich auf Binnen- bzw. Seegewässern fahren können. In Anlehnung an § 450 Nr. 2 HGB hat die Einordnung vielmehr nach Art und Umfang der zurückgelegten Gewässerteilstrecke zu erfolgen,[51] so dass von verschiedenartigen Beförderungsmitteln auszugehen ist, wenn Güter über See zum Hafen und daran anschließend mit einem anderen Schiff gleicher Bauart auf Binnengewässern weiterbefördert werden.[52] Wird lediglich innerhalb einer Beförderungsart das Beförderungsmittel gewechselt, verliert der Transport seinen unimodalen Charakter nicht. Im Fall der Huckepack- bzw. Ro/Ro-Beförderung (→ Rn. 8) ist das Trägerbeförderungsmittel und nicht das auf diesem beförderte andere Beförderungsmittel zur Beurteilung der Verschiedenartigkeit heranzuziehen.

28 **3. Auseinanderfallen der auf hypothetisch zu schließende Einzelverträge anzuwendenden Transportrechtsregime.** Rechtsunsicherheiten im Zusammenhang mit der Verwendung verschiedenartiger Beförderungsmittel bestehen nur dann, sofern in Bezug auf die daraus resultierenden verschiedenen Teilstrecken der Gesamtbeförderung unterschiedliche Haftungsregime zur Anwendung kämen, wenn die Vertragsparteien – nach Art eines gebrochenen Transports – anstatt eines einzigen Frachtvertrages für jede dieser Teilstrecken einen gesonderten Vertrag geschlossen hätten.

29 **a) Abgrenzung der Teilstrecken.** Der Begriff *„Teilstrecke"* wird durch den Gesetzgeber in § 452 S. 1 HGB in der Weise legal definiert, dass hierunter *„jeder Teil der Beförderung mit jeweils einem Beförderungsmittel"* verstanden wird. Es handelt sich also um Abschnitte der Gesamtbeförderung, die mit einem bzw. unter Verwendung mehrerer gleichartiger[53] Beförderungsmittel durchgeführt werden. Vor diesem Hintergrund lässt sich jeder multimodale Transport vollständig und lückenlos in Teilstrecken zerlegen, so dass es keine Zwischenabschnitte gibt, die nicht einer Teilstrecke zuzuordnen sind.[54]

30 Probleme wirft regelmäßig die Einordnung der **Phase des Güterumschlags,** also die mit der Be-, Ent- und Umladung im Zusammenhang stehenden Vorgänge, auf. Denn mit jeder Umschlagstätigkeit geht zwangläufig eine – wenn auch zumeist nur geringe – Ortsveränderung des Gutes einher, so dass auch insoweit ein Transport vorliegen kann.[55] Erfolgt die Umschlagstätigkeit zudem unter Verwendung eines anderen Beförderungsmittels als das zu be- oder entladene Beförderungsmittel, wird deutlich, dass auch insoweit taugliche Teilstrecken vorliegen können.

31 Richtigerweise ist jedenfalls der **eigentliche Be- und Entladevorgang**[56] nicht als eigenständige Teilstrecke im Sinne des § 452 S. 1 HGB zu behandeln, sondern lediglich als

---

[50] *BGH* TranspR 2011, 80, 82; TranspR 2004, 460, 463; *OLG Düsseldorf* TranspR 1993, 287; *OLG Karlsruhe* TranspR 2011, 382, 384; *Koller,* Transportrecht, § 452 Rn. 7, 11.
[51] *Ramming,* Multimodaler Transport, Rn. 233; MüKoHGB/*Bydlinski* § 452 HGB Rn. 5.
[52] *Koller,* Transportrecht, § 452 Rn. 14; Baumbach/Hopt/*Merkt* § 452 Rn. 5.
[53] *BGH* TranspR 2009, 327, 329.
[54] *BGH* NJW-RR 2008, 549, 550; *Koller,* Transportrecht, § 452 Rn. 15; Baumbach/Hopt/*Merkt* § 452 Rn. 6; aA *Ramming* TranspR 2007, 89, 92 f.; *Herber* TranspR 2007, 475; MüKoHGB/*Herber* § 452 Rn. 22, 27.
[55] *Bartels* TranspR 2005, 203, 204; *Schmid,* in: Knorre/Demuth/Schmid, B. III. Rn. 29; ausf. zur Rechtsnatur des Umschlags *Koller* TranspR 2008, 333 ff.
[56] Kritisch *Drews* TranspR 2010, 327, 329, nach dem der Zeitpunkt der frachtrechtlichen Ablieferung die allein maßgebliche Zäsur darstellen kann.

dem jeweiligen Transport zuzurechnender Annex zu verstehen.[57] Entsprechend ist die – sich lediglich in einen Be- und Entladevorgang aufzuteilende – direkte Umladung zwischen zwei (verschiedenartigen) Beförderungsmitteln zu behandeln.

Als problematisch erweisen sich in der Praxis jedoch regelmäßig die zum Zwecke der eigentlichen Be- und Entladetätigkeiten erfolgenden **Hilfsbeförderungen,** die notwendig werden, weil sich der vorzunehmende Beladevorgang aus örtlicher und/oder zeitlicher Hinsicht nicht nahtlos an den vorherigen Entladevorgang anschließt. Beispielhaft sei hier der vom Seeschiff gelöschte Container genannt, der erst noch unter Zuhilfenahme eines Mafi-Trailers eine gewisse Wegstrecke auf dem Seehafenterminal zu dem zu beladenen Lkw befördert werden muss. Für den Fall eines innerhalb eines Seehafenterminals erfolgenden Umschlags von einem Seeschiff auf ein Straßenfahrzeug hat die Rechtsprechung entschieden, dass dieser in Ermangelung „*besonderer Umstände*" keine eigenständige Teilstrecke im Sinne des § 452 S. 1 HGB darstellt, sondern richtigerweise vielmehr der vorausgegangenen Seestrecke zuzurechnen ist;[58] der Seestreckenteil endet in diesen Fällen folglich erst mit dem Beginn der eigentlichen Beladung des Straßenfahrzeugs.[59] Entsprechend sind die Fälle zu behandeln, in denen der Umschlag auf das Seeschiff erfolgt.[60] Unter welchen Umständen mit dem BGH ein **„*besonderer Umstand*"** angenommen werden kann, kann bislang lediglich negativ abgegrenzt werden: Eine zum Zweck der dortigen Verladung auf einen Lkw aus dem Schiff heraus in eine etwa 300 m entfernte Lagerhalle erfolgende Verbringung der Güter durch einen Mafi-Trailer stellt jedenfalls keinen besonderen Umstand dar.[61] Eine andere Beurteilung ist auch dann nicht geboten, wenn der das Gut befördernde Mafi-Trailer zunächst 1,5 km und am Folgetag nochmal ca. 1 km bewegt wird.[62] Auch eine vor oder nach der Be- bzw. Entladung erfolgende Zwischenlagerung von ca. dreiwöchiger Dauer führt zu keiner anderen Bewertung.[63] Schließlich sollen zum Zwecke der Reparatur eines Containers erfolgende Schweißarbeiten vor der vorgesehenen Verladung auf den Lkw ebenfalls keinen besonderen Umstand begründen.[64] 32

b) Auseinanderfallen der hypothetischen Teilstreckenrechte. Das Recht des multimodalen Transports ist nur dann berufen, sofern die Teilstrecken **verschiedenen Rechtsvorschriften** unterworfen wären, vorausgesetzt über sie wären nach Art eines gebrochenen Transports jeweils eigene Frachtverträge abgeschlossen worden. Dies ist ua bereits dann der Fall, wenn auf eine Teilstrecke allgemeines Frachtrecht (§§ 425ff. HGB) und auf eine andere Teilstrecke Seefrachtrecht (§§ 481ff. HGB) anzuwenden wäre. Eine Abweichung der hypothetischen Teilstreckenrechte soll auch vorliegen, wenn auf einer Teilstrecke eine Beförderung mit einem offenen Fahrzeug geschuldet wird, so dass dem Frachtführer der Haftungsausschluss nach § 427 Abs. 1 Nr. 1 HGB zur Verfügung steht, auf den anderen aber nicht.[65] Unbeachtlich ist, ob sich die abweichenden Rechtsvorschriften im Rahmen der zu beurteilenden Rechtsfrage überhaupt auswirken oder etwas mit ihr zu tun haben.[66] Ausführlich zur Ermittlung der hypothetischen Teilstreckenrechte unten **Rn. 51 ff.** 33

Für den rein innerdeutschen Bereich erlangen die Regelungen zum multimodalen Transport damit nur dann praktische Bedeutung, wenn hinsichtlich des Gesamttransports auch der Einschluss einer Seeteilstrecke vereinbart wurde, da ohne Seestreckenteil in diesem Fall hinsichtlich aller sonstigen Beförderungsmittel stets §§ 407ff. HGB berufen wä- 34

---

[57] MüKoHGB/*Herber* § 452 Rn. 24 unter Verweis auf den RegE zum TRG, BT-Drs. 13/8445, 101; *Ramming*, Multimodaler Transport, Rn. 949; im Ergebnis auch BGH NJW-RR 2008, 549, 550.
[58] *BGH* NJW-RR 2009, 1479f.; NJW-RR 2008, 549, 550; NJW-RR 2006, 616, 617.
[59] *BGH* NJW-RR 2008, 549, 550.
[60] *BGH* NJW-RR 2009, 1479f.; *OLG Hamburg* TranspR 2008, 125, 128; TranspR 2008, 213, 215f.; *Koller* TranspR 2008, 333, 338.
[61] *BGH* NJW-RR 2008, 549.
[62] *OLG Hamburg* TranspR 2008, 213.
[63] *OLG Hamburg* TranspR 2008, 125, 128.
[64] *OLG Hamburg* TranspR 2008, 261, 263.
[65] *Ramming*, Multimodaler Transport, Rn. 239.
[66] *Ramming*, Multimodaler Transport, Rn. 237.

ren. Die weitaus überwiegende Anzahl der Fälle, in denen ein Auseinanderfallen der hypothetischen Teilstreckenrechte zu beobachten ist, sind jedoch grenzüberschreitender Natur.

35 **4. Seebeförderung, § 452 S. 1 HGB.** Nach § 452 S. 2 HGB gelten die Regelungen zum multimodalen Transport auch, wenn ein Teil der Beförderung über See erfolgt, und zwar ungeachtet des Umfangs des Seestreckenteils.[67] Diese klarstellende Regelung wurde vor dem Hintergrund des § 407 Abs. 3 Nr. 1 HGB für notwendig erachtet.

36 Obwohl die Transportrechtsreform das Seefrachtrecht in rechtstechnischer Sicht unangetastet ließ,[68] führten die neugeschaffenen Regelungen zum multimodalen Transport zu erheblichen praktischen Auswirkungen gerade für solche Schifffahrtsunternehmen, die Liniendienste betreiben und die Vor- und Anschlusstransporte im Binnenland per Lkw, Bahn oder Binnenschiff durchführen. Denn diese sehen sich nunmehr im Falle des unbekannten Schadensortes einer gegenüber dem Seefrachtrecht höheren Grundhaftung ausgesetzt.

37 **5. Multimodaler Umzugsvertrag, § 452c HGB.** Nach § 452c S. 1 HGB finden für einen Umzugsvertrag über eine Beförderung mit verschiedenartigen Beförderungsmitteln die speziellen Vorschriften für die Beförderung von Umzugsgut (§ 451 bis § 451h HGB) weiterhin Anwendung. Dies gilt nach Satz 2 auch in den Fällen des bekannten Schadensortes. Etwas anderes gilt nur dann, wenn ein auf die betreffende Teilstrecke anwendbares Frachtrechtsübereinkommen unmittelbare Anwendung beansprucht. Unmittelbare Geltung für eine Teilstrecke sehen derzeit lediglich die Art. 38 Abs. 1 MÜ bzw. Art. 31 Abs. 1 WA bei Luftteilstreckenteilen vor (→ Rn. 13 ff.).

III. Haftung des Multimodalfrachtführers

38 Liegen die tatbestandlichen Voraussetzungen des § 452 S. 1 HGB (→ Rn. 24 ff.) vor, so beurteilt sich die Haftung des Multimodalfrachtführers im Weiteren danach, ob der Schadensort bekannt ist, wie dem Zusammenspiel von § 452 S. 1 HGB und § 452a HGB entnommen werden kann.

39 **1. Unbekannter Schadensort, § 452 S. 1 HGB.** Soweit internationale Übereinkommen (→ Rn. 4 ff.) oder § 452a bis § 452d HGB keine abweichenden Regelungen treffen, beurteilen sich für den Fall, dass nicht feststellbar ist auf welcher Teilstrecke der Schaden eingetreten ist, die mit dem Multimodalfrachtvertrag im Zusammenhang stehenden Fragen gemäß § 452 S. 1 HGB nach den allgemeinen Vorschriften des Frachtrechts (§§ 407 bis 450 HGB). Die Haftung des Multimodalfrachtführers für Verlust und Beschädigung des Gutes sowie die Überschreitung der Lieferfrist bestimmt sich vor diesem Hintergrund in diesen Fällen mithin nach den §§ 425 ff. HGB.

40 Zur Haftung nach §§ 425 ff. HGB im Einzelnen sei auf die Ausführungen in dem entsprechenden vorhergehenden Abschnitt verwiesen.

41 **2. Bekannter Schadensort, § 452a HGB.** Steht fest, dass das Haftungsereignis auf einer bestimmten Teilstrecke eingetreten ist, so bestimmt sich die Haftung des Multimodalfrachtführers gemäß § 452a S. 1 HGB nach den Rechtsvorschriften, die auf einen Vertrag über eine Beförderung auf dieser Teilstrecke anzuwenden *wären*, dh nach dem hypothetischen Teilstreckenrecht. Diese Lösung wurde bei der Schaffung der Regelungen zum multimodalen Transport für vorzugswürdig erachtet, weil die traditionellen Sonderfrachtrechte am ehesten in der Lage sind, den Besonderheiten der jeweiligen Spezialtransporte Rechnung zu tragen.[69]

42 **a) Anwendbarkeit des § 452a HGB.** Der Weg zu § 452a HGB führt nur über § 452 S. 1 HGB, so dass zunächst zu prüfen ist, ob der Anwendungsbereich dieser Vorschrift eröffnet ist. Neben dem Vorliegen der tatbestandlichen Voraussetzungen des § 452 S. 1 HGB

---

[67] **AA** MüKoHGB/*Bydlinski* § 452 Rn. 12.
[68] RegE zum TRG, BT-Drs. 13/8445, S. 24.
[69] RegE zum TRG, BT-Drs. 13/8445, S. 101.

(→ Rn. 24 ff.) ist erforderlich, dass der Multimodalfrachtvertrag dem deutschem Sachrecht unterliegt. Zu beachten ist, dass § 452a HGB trotz Anwendbarkeit deutschen Sachrechts auf den Multimodalfrachtvertrag ausnahmsweise dann unberücksichtigt bleibt, wenn Luftteilstrecken nach Art. 31 Abs. 1 WA, Art. 38 Abs. 1 MÜ unmittelbar den Bestimmungen der Übereinkommen unterliegen (→ Rn. 13 ff.).

b) Feststehen des Schadensortes. Das hypothetisches Teilstreckenrecht ist nach § 452a S. 1 HGB nur dann zur Beurteilung der Haftung des Frachtführers berufen, wenn feststeht, dass der Verlust, die Beschädigung oder das Ereignis, das zu einer Überschreitung der Lieferfrist geführt hat, der betreffenden Teilstrecke zuzuordnen ist. Kann der Beweis nicht erbracht werden, liegt ein Fall des unbekannten Schadensortes vor, der gemäß § 452 S. 1 HGB zur Anwendung der im allgemeinen Frachtrecht verankerten Haftungsnormen führt. Dass dies auch zum Nachteil des Ersatzberechtigten führen kann, wurde angesichts der den Frachtführer grundsätzlich treffenden Einlassungsobliegenheit als sachgerecht erachtet.[70]

aa) Beweislast. Ist zwischen den Parteien streitig, wo der Schaden eingetreten ist, so obliegt der Beweis, dass der Schaden auf einer bestimmten Teilstrecke eingetreten ist, gemäß § 452a S. 2 HGB derjenigen Partei, die dies behauptet. Die Beweislast wird damit regelmäßig diejenige Partei treffen, die sich von der Anwendung eines bestimmten Teilstreckenrechts einen Vorteil verspricht.

Ist bereits im Zeitpunkt der Klageerhebung absehbar, dass die Schadensörtlichkeit im Wege einer Beweisaufnahme zu klären sein wird, können sich für den Kläger Probleme im Zusammenhang mit der Bezifferung seines Leistungsantrags stellen, wenn die in Betracht kommenden hypothetischen Teilstreckenrechte und das allgemeine Frachtrecht unterschiedliche Haftungsbegrenzungen bereitstellen. Die von dem Kläger zu treffende Entscheidung kann dabei nicht nur Auswirkungen auf den Streitwert und damit das einzugehende Prozesskostenrisiko haben. Zugleich besteht die Gefahr, dass der Kläger je nach seinem Vorgehen entweder eine Teilabweisung riskiert, weil er seine Klageforderung zu hoch angesetzt hat, oder aber einen Anspruchsverlust, weil der nicht anhängig gemachte Teilbetrag im Zeitpunkt der Feststellung des Schadensortes möglicherweise schon verjährt ist. Einen Ausweg mag in diesen Fällen das Institut der **Stufenklage** bieten, bei der zunächst auf Auskunft der Schadensörtlichkeit und Darlegung des Transportablaufs anhand einer lückenlosen Schnittstellendokumentation und sodann auf Zahlung eines sich daraus ergebenen Haftungshöchstbetrages geklagt wird. Soweit die ADSp vereinbart worden sind, ist denkbar, einen solchen Stufenantrag auf Ziff. 25.2 S. 2 und 25.3 ADSp zu stützen.

Der Schadensort *„steht fest"*, wenn der Beweis zur richterlichen Überzeugung nach § 286 Abs. 1 S. 1 ZPO geführt hat. Der Beweis, dass ein Schaden auf einem Seestreckenteil eingetreten ist, gilt dabei als erbracht, wenn das Gut nachweislich durch Seewasser beschädigt wurde.[71] Andererseits genügt der Nachweis des Verlustes des gesamten Beförderungsmittels nicht, solange nicht auch der Nachweis erbracht worden ist, dass sich die Güter überhaupt in dem verloren gegangenen Beförderungsmittel befunden haben.[72]

Die von der Rechtsprechung entwickelten **Grundsätze zur sekundären Darlegungslast** finden jedenfalls im Rahmen der Ermittlung des Schadensortes richtigerweise keine Anwendung.[73] Denn aus § 452a HGB folgt nicht, dass der Gesetzgeber einer Partei auch eine Behauptungslast aufbürden wollte. Da die Grundsätze zur sekundären Darlegungslast jedoch im Hinblick auf das qualifizierte Verschulden des Frachtführers weiterhin zu berücksichtigen sind,[74] wird sich der beklagte Frachtführer regelmäßig gezwungen sehen, doch zum Transportablauf im Einzelnen vorzutragen.

---

[70] RegE zum TRG, BT-Drs. 13/8445, S. 101.
[71] Hamburger Schiedsspruch vom 1.8.1977, VersR 1978, 659.
[72] *BGH* TranspR 2004, 460, 463.
[73] *Ramming,* Multimodaler Transport, Rn. 964 f.; **aA** *Koller,* Transportrecht, § 452a Rn. 20; MüKoHGB/ *Herber* § 452a Rn. 12 f.
[74] *Ramming,* Multimodaler Transport, Rn. 965.

2. Teil. Das Vertragsrecht des Exportgeschäfts

48 **bb) Lieferfristüberschreitung.** Anders als im Hinblick auf die Haftung für Verlust und Beschädigung des Gutes stellt § 452a S. 1 HGB hinsichtlich der Haftung für die Überschreitung einer Lieferfrist auf das zugrunde liegende „*Ereignis*" ab.

49 Die Lieferfristüberschreitung muss zunächst hinsichtlich der Ablieferung bei dem im Multimodalfrachtvertrag bestimmten (End-)Empfänger eingetreten sein, und zwar ungeachtet dessen, ob bei individueller Betrachtung der Teilstrecken auf diesen ebenfalls Verspätungen festzustellen sind. Maßstab ist damit allein die **für den Multimodalfrachtvertrag geltende Lieferfrist.** Solange diese Frist eingehalten wurde, ist unbeachtlich, ob und in welchem Umfang Verspätungen auf den einzelnen Teilstrecken zu verzeichnen sind. Sodann ist entscheidend, dass das einer Teilstrecke zuzuordnende Ereignis unter Berücksichtigung der Grundsätze des objektiven Zurechnungszusammenhangs die Nichteinhaltung der Lieferfrist verursacht hat.[75] Als problematisch erweisen sich regelmäßig die Fälle, in denen zugleich **Ereignisse auf verschiedenen Teilstrecken** des Gesamttransports festgestellt werden können. Sind diese Ereignisse bei individueller Betrachtung jeweils kausal für die Lieferfristüberschreitung geworden, ist es sachgerecht, die Verweisung zugunsten desjenigen Teilstreckenrechts auszusprechen, welches günstigere Haftungsnormen für den Absender bereithält. Führen diese Ereignisse dagegen nur bei kumulativer Betrachtung zu der Lieferfristüberschreitung, handelt es sich (weiterhin) um einen Fall des unbekannten Schadensortes mit der Folge, dass sich die Haftung gemäß § 452 S. 1 HGB nach dem allgemeinen Frachtrecht bestimmt.[76] Denn die Lieferfristüberschreitung kann in diesem Fall keiner „*bestimmten*" Teilstrecke zugeordnet werden.

50 Im Zusammenhang mit Ansprüchen wegen der Überschreitung der Lieferfrist ist § 452b Abs. 1 S. 1 HGB zu beachten, und zwar ungeachtet dessen, ob dass das der Lieferfristüberschreitung zugrunde liegende Ereignis einer bestimmten Teilstrecken zugeordnet werden kann. Über diese Vorschrift gelangt § 438 HGB und damit auch die in § 438 Abs. 3 HGB normierte Ausschlussfrist zur Anwendung, wonach Ansprüche wegen Überschreitung der Lieferfrist erlöschen, wenn sie nicht innerhalb von einundzwanzig Tagen nach Ablieferung angezeigt werden.

51 **c) Ermittlung des hypothetischen Teilstreckenrechts.** Steht der Schadensort fest, dh konnte der Schadenseintritt einer bestimmten Teilstrecke zugeordnet werden, beurteilt sich die Haftung des Frachtführers nach den „*Rechtsvorschriften, die auf einen Vertrag über eine Beförderung auf dieser Teilstrecke anzuwenden wären*".

52 Das Gesetz fordert mithin dazu auf, einen **Teilstreckenfrachtvertrag** zu **fingieren**, wobei zu unterstellen ist, dass etwaig erforderliche Formalitäten gewahrt, insbesondere entsprechende (Teilstrecken-)Frachtdokumente ausgestellt worden wären.[77] Über die *essentialia negotii* eines Teilstreckenfrachtvertrags hinausgehende Umstände oder Parteiabreden sind dagegen nicht zu berücksichtigen oder gar zu fingieren.

53 **aa) Parteien der hypothetischen Teilstreckenfrachtverträge.** Für die Zwecke der Ermittlung des jeweiligen hypothetischen Teilstreckenrechts wird nach herrschender Meinung ein zwischen den Parteien des Multimodalfrachtvertrages geschlossener Teilstreckenfrachtvertrag fingiert, der anstelle des Übernahme- und Ablieferungsortes des einheitlichen Frachtvertrags den Ort des Beginns und des Endes der Teilstrecke vorsieht.[78] Dies lässt sich in dieser Deutlichkeit zwar nur § 452 S. 1 HGB *(„zwischen den Vertragsparteien")* entnehmen. Es ist jedoch nicht erkennbar, dass der Gesetzgeber dem § 452a S. 1 HGB einen an-

---

[75] *Ramming*, Multimodaler Transport, Rn. 1039.
[76] MüKoHGB/*Herber* § 452a Rn. 8; *Ramming*, Multimodaler Transport, Rn. 1039; **aA** *Koller*, Transportrecht, § 452a Rn. 23.
[77] *Koller*, Transportrecht, § 452 Rn. 17; *Ramming*, Multimodaler Transport, Rn. 968 ff.; *Rabe*, TranspR 2000, 189, 195; Ensthaler-GK/*Drews* § 452 Rn. 26.
[78] BGH TranspR 2008, 210, 211; TranspR 2007, 472, 473; OLG Hamburg TranspR 2008, 213, 215; TranspR 2008, 261, 263; OLG Stuttgart VersR 2006, 289; OLG Düsseldorf TranspR 2002, 33, 34; OLG Dresden TranspR 2002, 246; *Herber* TranspR 2001, 101, 103; **aA** *Drews* TranspR 2003, 12, 17 f.; *Rabe* TranspR 2000, 189, 194 f.

deren hypothetischen Teilstreckenfrachtvertrag als in § 452 S. 1 HGB zugrunde legen wollte, so dass die Vorgabe des § 452 S. 1 HGB auch bei § 452a S. 1 HGB zu berücksichtigen ist.

bb) Bestimmung des hypothetischen Teilstreckenrechts. Als problematisch erweisen 54 sich die Fälle, in denen der zu beurteilende hypothetische Sachverhalt eine Auslandsberührung aufweist, zB weil die betreffende Teilstrecke selbst grenzüberschreitender Natur ist oder sie gänzlich im Ausland stattfindet. Richtigerweise ist auch das auf den hypothetischen Teilstreckenfrachtvertrag anzuwendende Recht in diesen Fällen mit der herrschenden Meinung nach den *Grundsätzen* der deutschen internationalprivatrechtlichen Regelungen zu ermitteln,[79] wobei freilich zu berücksichtigen ist, dass es sich im Ergebnis nur um eine hypothetische Anknüpfung an einen hypothetischen Anknüpfungsgegenstand handelt.[80]

In Ermangelung vorrangiger Frachtrechtsübereinkommen beurteilt sich das auf den 55 hypothetischen Teilstreckenfrachtvertrag anwendbare Sachrecht somit nach dem EGBGB bzw. der ROM I-VO.

cc) Wirkung von Rechtswahlklauseln. Inwieweit bei der Bestimmung des hypotheti- 56 schen Teilstreckenrechts eine im Rahmen Multimodalfrachtvertrages getroffene Rechtswahl zu berücksichtigen ist, ist Gegenstand einer kontroversen Diskussion. Zunächst herrscht Uneinigkeit über die Frage der Behandlung einer Teilstreckenrechtswahl. Darüber hinaus ist umstritten, ob eine für den Multimodalfrachtvertrag getroffene Rechtswahl auf die hypothetischen Teilstreckenfrachtverträge durchschlägt. Der BGH hat zu diesen Fragen bislang noch keine Stellung beziehen müssen.[81]

Eine unter dem Multimodalfrachtvertrag vereinbarte **Teilstreckenrechtswahl** ist richti- 57 gerweise unzulässig und bei der im Rahmen der nach § 452 S. 1 bzw. § 452a S. 1 HGB erforderlichen Ermittlung des hypothetischen Teilstreckenrechts nicht zu berücksichtigen.[82]

Ein Teilstreckenvertrag, auf den sich eine solche Rechtswahl beziehen könnte, existiert 58 gerade nicht. Dieser wird erst (und auch nur für die Zwecke des § 452 S. 1 bzw. § 452a S. 1 HGB) durch den Rechtsanwender gedanklich fingiert. Gegen die Berücksichtigung einer Teilstreckenrechtswahl sprechen ferner § 452 S. 1 und § 452a S. 1 HGB selbst, die den Rechtsanwender für die Zwecke der Ermittlung des Teilstreckenrechts lediglich zur Fiktion eines Teilstreckenfrachtvertrags auffordern. Dass daneben Parteiabreden heranzuziehen oder gar zu fingieren sind, kann diesen Vorschriften hingegen nicht entnommen und angesichts des gesetzgeberischen Bestrebens nach Beseitigung von Rechtsunsicherheiten auch nicht angenommen werden. Die Zulässigkeit einer Rechtswahl kann auch nicht aus § 452d Abs. 1 S. 2 HGB abgeleitet werden. Diese Vorschrift beschreibt lediglich unter welchen Voraussetzungen von dem nach § 452 S. 1 bzw. § 452a S. 1 HGB objektiv berufenen Recht (*„darin in Bezug genommenen Vorschriften"*) abgewichen werden darf. In der Vereinbarung eines Teilstreckenrechts ist vor diesem Hintergrund daher keine Rechtswahl, sondern nur der Versuch der Abbedingung des bereits objektiv berufenen Rechts zu sehen.

Erachtet man bereits eine Teilstreckenrechtswahl für unzulässig, so kann eine **Rechts-** 59 **wahl in Bezug auf den Gesamtvertrag** erst Recht nicht auf die hypothetischen Teilstreckenfrachtverträge durchschlagen.[83]

---

[79] *BGH* TranspR 2008, 210, 211 f.; TranspR 2007, 472, 473 f.; *OLG Dresden* TranspR 2002, 246; *OLG Stuttgart* VersR 2006, 289; *Koller,* Transportrecht, § 452 Rn. 18; MüKoHGB/*Herber* § 452 Rn. 29; Fremuth/Thume/*Fremuth* § 452a Rn. 5; *Drews,* in: Enthaler-GK, § 452a Rn. 13 f.; *Holland,* in: BinSchR, § 452 Rn. 10; *Shariatmadari* TranspR 2010, 275, 280; **aA** *Hartenstein* TranspR 2005, 9 ff.; *Ramming* TranspR 2007, 279, 281 u. 292; *Ramming,* Multimodaler Transport, Rn. 238 u. 973, der allerdings ausführt, eine Anknüpfung könne zu ausländischem Sachrecht führen, welches dann allerdings als deutsches Sachrecht anzuwenden sei.

[80] *Reithmann/Martiny,* in: Internationales Vertragsrecht, Rn. 3069.

[81] Ausdrücklich offen gelassen: *BGH* NJW-RR 2008, 549 f.

[82] *Koller,* Transportrecht, § 452a Rn. 7; *Drews* TranspR 2003, 12, 15 f.; missverständlich, aber im Ergebnis ebenso MüKoHGB/*Herber* § 452 Rn. 31 und § 452d Rn. 11; **aA** *OLG Hamburg* TranspR 2004, 402, 403; Fremuth/Thume/*Fremuth* § 452a Rn. 11; *Reithmann/Martiny,* Internationales Vertragsrecht, Rn. 3070.

60 Soweit teilweise angeführt wird, es sei lebensfremd, den Parteien zu unterstellen, ihre auf den Gesamttransport bezogene Rechtswahl solle nicht auch für die Teilstrecken gelten, kann dies in dieser Pauschalität so nicht gesagt werden. Die Praxis bestätigt vielmehr, dass die Parteien erst im Fall des Schadenseintritts die dann denkbaren Haftungsalternativen erkennen und ihr Vorgehen bei der Rechtsverfolgung oder -abwehr danach ausrichten. Letztlich kommt es hierauf nicht an, da das Gesetz nach der hier vertretenen Auffassung (Rn. 58) eindeutig zu erkennen gibt, dass sich das jeweils anzuwendende Haftungsrecht nach rein objektiven Gesichtspunkten bestimmt. Die Frage, inwieweit eine auf den Gesamtvertrag bezogene Parteiabrede das bereits objektiv berufene Haftungsrecht zu beeinflussen mag, ist nach den in § 452d HGB niedergelegten Grundsätzen zu klären. Die – zulässigerweise – für den Multimodalfrachtvertrag vereinbarte Rechtswahl ist daher nicht zugleich auch eine Rechtswahl für den hypothetischen Teilstreckenfrachtvertrag, sondern kann allenfalls als der Versuch der Abbedingung des objektiv berufenen Teilstreckenrechts verstanden werden.

61 Folgt man der hier vertretenen Auffassung steht für eine Bestimmung des auf den hypothetischen Teilstreckenfrachtvertrag anwendbaren Rechts von vornherein nur der Weg der objektiven Anknüpfung nach den Grundsätzen der internationalprivatrechtlichen Regelungen zur Verfügung. Eine etwaig unter dem Multimodalfrachtvertrag getroffene **Rechtswahl** ist – jedenfalls im Rahmen des § 452 S. 1 und § 452a S. 1 HGB – **weder unmittelbar** (dh über Art. 3 ROM-I-VO) **noch mittelbar** (dh über Art. 5 Abs. 3 ROM-I-VO) **zu berücksichtigen.** Die Frage, inwieweit eine unter dem Multimodalfrachtvertrag getroffene Rechtswahl geeignet ist, das objektiv von dem Gesetz berufene Haftungsrecht zu beeinflussen, bleibt den in § 452d HGB getroffenen Regelungen vorbehalten.

62 **d) Umfang der Verweisung.** § 452a S. 1 HGB verweist zunächst auf *„Rechtsvorschriften"*, denen der hypothetische Teilstreckenvertrag unterliegen würde. Heranzuziehen ist damit das für die betreffende Teilstrecke geltende zwingende und dispositive Recht sowie etwaige am Teilstreckenmarkt bestehende Handelsbräuche und Verkehrssitten.[84] Außen vor bleiben dagegen üblicherweise vereinbarte AGB, die Vereinbarungen eines Unterfrachtvertrags oder sonstige Parteiabreden.[85]

63 Die Verweisung wird gegenständlich lediglich im Hinblick auf die *„Haftung des Frachtführers"* ausgesprochen. Hierzu gehören alle Bestimmungen, die die vertragliche und außervertragliche Haftung und Einstandspflicht des Frachtführers für Verlust, Beschädigung und Überschreitung der Lieferfrist begründen, berühren und näher ausgestalten. Hierzu zählen auch Entlastungstatbestände, Zurechnungsvorschriften, Vorschriften über den Haftungsumfang und das qualifizierte Verschulden sowie grundsätzlich auch Vorschriften über die Verjährung und Schadensanzeige, wenn diese Regelungen im Rahmen des § 452b HGB sind.[86]

64 **Im Übrigen** bleiben die Bestimmungen des allgemeinen Frachtrechts (**§§ 407 ff. HGB**) anwendbar.[87] Etwaige für das jeweilige Beförderungsmittel bestehende Spezialregelungen die Art und Weise der Beförderung und Ablieferung betreffend (zB § 559 HGB zur See- und Ladungstüchtigkeit eines Schiffes oder §§ 560, 561, 592, 593 HGB zum Laden und Löschen) gelten nicht.[88]

---

[83] OLG Dresden TranspR 2002, 246; *Drews* TranspR 2003, 12, 15 f.; Enstahler-GK/*Drews* § 452a Rn. 13; **einschränkend** MüKoHGB/*Herber* § 452 Rn. 31; *Koller,* Transportrecht, § 452a Rn. 6 f.; **aA** OLG Düsseldorf TranspR 2002, 33, 34 f.; *OLG Hamburg* TranspR 2004, 402, 403; Fremuth/Thume/*Fremuth* § 452a Rn. 11; *Schmid*, in: Knorre/Demuth/Schmid, B. III Rn. 28; *Ramming*, Multimodaler Transport, Rn. 985; *Reithmann/Martiny*, Internationales Vertragsrecht, Rn. 3070; *Shariatmadari* TranspR 2010, 275, 280; *Hartenstein* TranspR 2005, 9, 13; *Ramming* TranspR 2007, 279, 292 f.; *Rabe*, Seehandelsrecht, Anh. § 656 Rn. 26.

[84] *Koller*, Transportrecht, § 452a Rn. 7 mwN.

[85] OLG *Hamburg* TranspR 2008, 125, 128; TranspR 2008, 213, 216; *Ramming*, Multimodaler Vertrag, Rn. 988; *Koller*, Transportrecht, § 452 Rn. 7; **aA** Ebenroth/Boujong/Joost/Strohn/*Reuschle* § 452a Rn. 9; *Rabe*, Seehandelsrecht, Anh. § 656 Rn. 26.

[86] *Ramming*, Multimodaler Transport, Rn. 988 f.

[87] MüKoHGB/*Herber* § 452a Rn. 35.

[88] *Koller*, Transportrecht, § 452 HGB Fn. 90; MüKoHGB/*Herber* § 452 Rn. 38; *Rogert*, Einheitsrecht S. 189 ff.; **aA** *Ramming* TranspR 2004, 201 ff.

IV. Haftung des ausführenden Frachtführers

Das Gesetz bezeichnet den ausführenden Frachtführer in § 437 Abs. 1 S. 1 HGB als denjenigen **Dritten, der die Beförderung ganz oder teilweise ausführt.** 65

Im Gefüge der übrigen frachtrechtlichen Bestimmungen ist damit die Person gemeint, die die von dem vertraglichen (Haupt-)Frachtführer gegenüber dem (Ur-)Absender geschuldete Beförderung tatsächlich ausführt, und zwar unter Verwendung eigener, von ihr betriebener Beförderungsmittel.[89] Erforderlich ist darüber hinaus, dass der Hauptfrachtvertrag dem deutschen Recht unterliegt.[90] Liegen diese Voraussetzungen vor, ordnet § 437 Abs. 1 S. 1 HGB an, dass der ausführende Frachtführer für den Schaden, der durch Verlust oder Beschädigung des Gutes oder durch Überschreitung der Lieferfrist während der durch ihn ausgeführten Beförderung entsteht, so haftet, „*als wäre*" er der Frachtführer. Nach dieser im Zuge der Seehandelsreform erfolgten sprachlichen Änderung lässt sich die Haftung des ausführenden Frachtführers als vertragsähnliche Einstandspflicht deuten.[91] 66

Auch in multimodalen Transportsituationen werden die Regelungen des § 437 HGB über § 452 S. 1 HGB zur Anwendung gebracht.[92] Übernimmt der ausführende Frachtführer die **Ausführung des multimodalen Transports über sämtliche Teilstrecken,** haftet er im Fall des unbekannten Schadensortes gemäß §§ 437 Abs. 1 S. 1, 452 S. 1, 425 ff. HGB. Bei bekanntem Schadensort bestimmt sich seine Haftung gemäß §§ 437 Abs. 1 S. 1, 452 S. 1, 452a S. 1 HGB nach dem (hypothetischen) Haftungsrecht der jeweiligen Teilstrecke.[93] Eine zwischen ihm und dem vertraglichen (Haupt-)Frachtführer getroffene Rechtswahl ist jeweils unbeachtlich.[94] Übernimmt der ausführende Frachtführer lediglich die **Ausführung einer Teilstrecke,** kann er nach § 437 HGB zunächst nur haften, wenn feststeht, dass das haftungsbegründende Ereignis auf der von ihm ausgeführten Teilstrecke eingetreten ist. Einer Inanspruchnahme des ausführenden Frachtführer über §§ 437, 452 S. 1, 452a S. 1 HGB steht auch in diesem Fall nicht entgegen, wenn als hypothetisches Teilstreckenrecht ein Frachtrechtsübereinkommen oder ausländisches Recht heranzuziehen ist.[95] Denn § 452a S. 1 HGB trifft gegenüber § 452 S. 1 HGB eine abweichende Regelung lediglich in Bezug auf die Haftung des (vertraglichen) Multimodalfrachtführers. Im Übrigen bleibt es gemäß § 452 S. 1 HGB gerade bei den Regelungen des allgemeinen Frachtrechts.[96] 67

V. Schadensanzeige und Verjährung, § 452b HGB

In der Annahme, dass die Schadensörtlichkeit und damit einhergehend auch die anzuwendenden Haftungsvorschriften zumeist erst nach Durchführung des multimodalen Transports, womöglich gar erst im Rahmen einer gerichtlichen Beweisaufnahme, festgestellt werden[97], hat der Gesetzgeber mit § 452b HGB einheitliche Regelungen für die Schadensanzeige und für die Verjährung geschaffen. 68

1. Schadensanzeige, § 452b Abs. 1 HGB. In Satz 1 des § 452b Abs. 1 HGB wird zunächst angeordnet, dass hinsichtlich der Anzeige eines Schadens wegen Verlust, Beschädigung oder Lieferfristüberschreitung die in § 438 HGB enthaltenen Regelungen Anwen- 69

---

[89] *Koller,* Transportrecht, § 437 Rn. 11; Ebenroth/Boujong/Joost/Strohn/*Schaffert* § 437 Rn. 6; Baumbach/Hopt/*Merkt* § 437 HGB Rn 1; *Heymann,* HGB, § 437 Rn. 7; *Ramming,* Multimodaler Transport, Rn. 599.
[90] *BGH* TranspR 2012, 456, 458; NJW 2009, 1205, 1206 f.
[91] *Koller,* Transportrecht, § 437 Rn. 3.
[92] *OLG Stuttgart* VersR 2011, 1074, 1078; *Ramming,* Multimodaler Transport, Rn. 616.
[93] *Koller,* Transportrecht, § 452a Rn. 8a; *Ramming,* Multimodaler Transport, Rn. 617.
[94] *Koller,* Transportrecht, § 452a Rn. 8a.
[95] Ebenso *Ramming,* Multimodaler Transport, Rn. 620 f.; **aA** *Koller,* Transportrecht, § 452a Rn. 8a und § 437 Rn. 12; MüKoHGB/*Herber* § 452 Rn. 50 und § 452a Rn. 37.
[96] Zutreffend *Ramming,* Multimodaler Transport, Rn. 620.
[97] RegE zum TRG, BT-Drs. 13/8445, 102.

dung finden sollen, und zwar unabhängig davon ob der Schadensort bekannt oder unbekannt ist.

70　Welche Anzeigeobliegenheiten im Falle eines **(Teil-)Verlustes** oder einer **Beschädigung des Gutes** einzuhalten sind, ist dabei § 438 Abs. 1, 2 und 4 HGB zu entnehmen. Ist der Schaden äußerlich erkennbar, ist eine Anzeige bei der Ablieferung erforderlich (Abs. 1 S. 1); ansonsten ist der Schaden innerhalb von sieben Tage nach Ablieferung anzuzeigen (Abs. 2). Insoweit genügt die rechtzeitige Absendung der Anzeige (Abs. 4 S. 2). Gelangt § 438 HGB über § 452b Abs. 1 S. 1 HGB zur Anwendung, ist maßgeblicher Bezugspunkt die Ablieferung an den nach dem Multimodalfrachtvertrag vorgesehenen (End-)Empfänger.[98] Die Anzeige bedarf der Textform (Abs. 4 S. 1) und muss den Verlust oder die Beschädigung hinreichend deutlich kennzeichnen (Abs. 1 S. 2). Anzuzeigen ist der Schaden durch den Absender oder Empfänger gegenüber dem (Multimodal-)Frachtführer (Abs. 1 S. 1) oder im Falle der Anzeige bei Ablieferung gegenüber demjenigen, der das Gut abliefert (Abs. 5). Unterbleibt die (rechtzeitige) Anzeige oder ist sie unzureichend, besteht die widerlegliche Vermutung, dass das Gut in vertragsgemäßem Zustand abgeliefert worden ist (Abs. 1 S. 1). Im Falle von **Lieferfristüberschreitungen** sieht § 438 Abs. 3 HGB vor, dass diese innerhalb von einundzwanzig Tagen nach Ablieferung anzuzeigen ist. Zu beachten ist, dass – anders als in den Fällen eines Schadens infolge Verlust oder Beschädigung – eine nicht rechtzeitig erfolgte Anzeige in der Rechtsfolge nicht zu einer Beweislastumkehr, sondern zu einem Erlöschen des Anspruchs führt.

71　Nach **Satz** 2 des § 452b Abs. 1 HGB ist die **Form und Frist** der Schadensanzeige auch dann gewahrt, wenn die diesbezüglichen Vorschriften des (hypothetischen) Rechts der letzten Teilstrecke eingehalten werden. Die Vorschrift nimmt damit Bezug auf die Schadensanzeige im Sinne der §§ 452b Abs. 1 S. 1, 438 HGB. Damit kommt ihr gegenüber § 452b Abs. 1 S. 1 HGB auch keine alternative, sondern nur eine ergänzende Funktion zu. Kennt das (hypothetische) Recht der letzten Teilstrecke daher keine Anzeigeobliegenheit, bleibt es bei den Anzeigenobliegenheiten gemäß § 438 HGB inklusive der aus ihrer Nichtbefolgung resultierenden Rechtsfolgen.[99] Die Ergänzung ist ferner gegenständlich begrenzt auf Fragen der Form und der Frist, so dass die in dem betreffenden Teilstreckrecht für den Fall des Unterbleibens einer ordnungsgemäßen Anzeige vorgesehenen Rechtsfolgen nicht greifen.[100] „Form" meint dabei die äußere Aufmachung der Anzeige, nicht aber auch den Inhalt der Anzeige.[101] Die Anwendung des § 452b Abs. 1 S. 2 HGB setzt schließlich nicht voraus, dass das haftungsbegründende Ereignis auch während der letzten Teilstrecke eingetreten ist.

72　**2. Verjährung, § 452b Abs. 2 HGB.** Satz 1 des § 452b Abs. 2 HGB enthält zunächst eine für den multimodalen Transport notwendige Klarstellung: Soweit die im konkreten Einzelfall anzuwendenden Verjährungsregelungen hinsichtlich des Beginns der Verjährung des Anspruchs wegen Verlust, Beschädigung oder Überschreitung der Lieferfrist an den Zeitpunkt der Ablieferung des Gutes anknüpfen, ist der **Zeitpunkt der Ablieferung an den nach dem Multimodalfrachtvertrag vorgesehenen (End-)Empfänger maßgebend**. Nach dem Willen des Gesetzgebers soll § 452b Abs. 2 HGB auch dann zur Anwendung gelangen, wenn das im konkreten Fall anwendbare Haftungsrecht anstelle einer Verjährungsregelung eine Ausschluss- oder Erlöschensregelung vorsieht.[102] Es genügt, wenn die Verjährungs- oder Ausschlussregelung mittelbar auf den Zeitpunkt der Ablieferung Bezug nimmt, wie dies meist bei Verlustfällen, in denen es tatsächlich nicht zu einer Ablieferung

---

[98] *Ramming*, Multimodaler Transport, Rn. 565.
[99] *Ramming*, Multimodaler Transport, Rn. 569; aA *Koller*, Transportrecht, § 452b Rn. 2; MüKoHGB/*Herber* § 452b Rn. 7; Fremuth/Thume/*Fremuth*, CMR, Anh. III § 452b Rn. 39.
[100] MüKoHGB/*Herber* § 452b Rn. 6; aA Fremuth/Thume/*Fremuth*, CMR, Art. 2 CMR Anh. III § 452b Rn. 36.
[101] *Ramming*, Multimodaler Transport, Rn. 568; aA MüKoHGB/*Herber* § 452b Rn. 5; *Koller*, Transportrecht, § 452b Rn. 2.
[102] RegE zum TRG, BT-Drs. 13/8445, S. 103.

rung gekommen ist, der Fall ist.[103] Die Anwendbarkeit des § 452b Abs. 2 S. 1 HGB setzt nicht voraus, dass das haftungsbegründende Ereignis auf der letzten Teilstrecke eingetreten ist oder dass der Schaden überhaupt einer Teilstrecke zugeordnet werden kann.

Gegenwärtig stellen § 439 Abs. 1 S. 1 und 2 HGB, § 607 Abs. 1 HGB, Art. 32 Abs. 1 S. 3 lit. a CMR, Art. 48 § 2 S. 1 lit. b CIM 1999, Art. 24 Abs. 1 CMNI unmittelbar oder mittelbar auf den Zeitpunkt der Ablieferung ab. Dort, wo eine Regelung allerdings auf die Ankunft des Gutes am Bestimmungsort (Art. 29 Abs. 1 S. 2 Var. 1 und 2 WA, Art. 35 Abs. 1 Hs. 1 Var. 1 und 2 MÜ), auf die Lieferfrist (Art. 32 Abs. 1 S. 3 lit. b Var. 1 CMR, Art. 48 § 2 S. 1 lit. a CIM 1999) oder die Übernahme des Gutes abstellt (Art. 32 Abs. 1 S. 3 lit. b Var. 2 CMR), ist § 452b Abs. 2 S. 1 HGB dagegen nicht einschlägig.[104] Erst recht ist die Vorschrift nicht anwendbar, wenn maßgeblicher Anknüpfungspunkt die Rechtskraft des Urteils oder der Tag der Befriedigung des regressierten Anspruchs ist (zB § 439 Abs. 1 S. 3 HGB). 73

Satz 2 des § 452b Abs. 2 HGB ordnet an, dass der Anspruch auch im Fall des bekannten Schadensortes frühestens nach Maßgabe des § 439 HGB verjährt. Hiermit hat der Gesetzgeber eine **Mindestverjährung** geschaffen, die für Anspruchsteller und -gegner eine verlässliche Basisregelung darstellen soll. 74

Nach § 439 Abs. 1 HGB beträgt die Verjährungsfrist grundsätzlich **ein Jahr** (Satz 1), im Fall eines qualifizierten Verschuldens drei Jahre (Satz 2), wobei letzteres auch im Zusammenhang mit Primärleistungs- und vertraglichen Aufwendungsersatzansprüchen aus Frachtverträgen eingewandt werden kann.[105] Die Verjährungsfrist beginnt mit Ablauf des Tages, an dem das Gut abgeliefert worden ist (§ 439 Abs. 2 S. 1 HGB) oder hätte abgeliefert werden sollen (§ 439 Abs. 2 S. 2 HGB). Bei Rückgriffsansprüchen knüpft § 439 Abs. 2 S. 3 HGB an andere Umstände an. 75

Die in § 452b Abs. 2 S. 2 HGB ausgesprochene Verweisung ist umfassender Natur. Vor diesem Hintergrund kann auch die in § 439 Abs. 3 HGB geregelte **Hemmung** herangezogen werden, die durch eine Haftbarhaltung des (Ur-)Absenders oder (End-)Empfängers ausgelöst wird und erst in dem Zeitpunkt endet, in dem der (Multimodal-)Frachtführer die Erfüllung des Anspruchs ablehnt. 76

Sofern die Verjährung nach den Regelungen des betroffenen (hypothetischen) Teilstreckenrechts früher eintreten würden als auf Grundlage des § 439 HGB, gilt allein § 439 HGB. In dem umgekehrten Fall bleiben die Verjährungsregelungen des (hypothetischen) Teilstreckenrechts unberührt. Das gilt sowohl für die Erst- wie auch für die Rückgriffsansprüche. Das qualifizierte Verschulden, das die dreijährige Frist nach § 439 Abs. 1 S. 2 HGB zur Anwendung bringt, beurteilt sich nach § 435 HGB, und zwar auch dann, wenn das (hypothetische) Teilstreckenrecht hinsichtlich des qualifizierten Verschuldens eine andere Regelung trifft. 77

VI. Möglichkeiten und Grenzen vertraglicher Haftungsmodifikationen, § 452d HGB

Unter welchen Voraussetzungen die Parteien eines Multimodalvertrags von den gesetzlichen Vorschriften zum multimodalen Transport abweichen können, ist § 452d HGB zu entnehmen. 78

Absatz 1 Satz 1 bestimmt zunächst, dass von § 452b Abs. 2 Satz 1 HGB nur im Wege einer Individualabrede abgewichen werden darf. Die zentrale Aussage der Vorschrift ist jedoch in dessen **Absatz 1 Satz 2** enthalten, wonach in allen übrigen Fällen die jeweils von den § 452 bis § 452c HGB berufenen Rechtsvorschriften darüber entscheiden, inwieweit 79

---

[103] MüKoHGB/*Herber* § 452b Rn. 11.
[104] *Koller*, Transportrecht, § 452b Rn. 3; MüKoHGB/*Herber* § 452b Rn. 12; Ebenroth/Boujong/Joost/Strohn/*Reuschle* § 452b Rn. 11; **aA** in Bezug auf Art. 29 WA, Art. 35 MÜ *Ramming*, Multimodaler Transport, Rn. 1026.
[105] BGH VersR 2010, 1668; *Koller*, Transportrecht, § 439 Rn. 27; **aA** *OLG Frankfurt* TranspR 2005, 405; MüKoHGB/*Herber/Eckard* § 439 Rn. 12.

abweichende vertragliche Vereinbarungen zulässig sind. Auf diese Weise soll sichergestellt werden, dass sich die Frage der zwingenden Geltung einer Rechtsvorschrift unabhängig davon beantwortet, ob diese im Falle eines unimodalen Transports unmittelbar eingreift oder im Falle eines multimodalen Transports erst über die in §§ 452ff. HGB enthaltenen Rechtsanwendungsbestimmungen berufen wird.[106] **Absatz 2** erlaubt es unter bestimmten Voraussetzungen Vereinbarungen zu treffen, nach denen ein Rückgriff auf das Teilstreckenrecht überhaupt oder für bestimmte Teilstrecken nicht zugelassen werden soll. **Absatz 3** stellt schließlich klar, dass Vereinbarungen, die die Anwendung der für eine Teilstrecke zwingend geltenden Bestimmungen eines verbindlichen internationalen Übereinkommens ausschließen, unwirksam sind.

80 Darüber hinaus gilt allgemein, dass vertragliche Vereinbarungen, die den Ausschluss des § 452d HGB zum Gegenstand haben, nicht zulässig sind. § 452d HGB selbst ist zwingender Natur.[107] Da sich die Anwendbarkeit dieser Vorschrift durch § 452 S. 1 HGB bestimmt, ist auch Letztere hinsichtlich der dort niedergelegten Anwendungsvoraussetzungen unabdingbar.[108] Im Rahmen der Beurteilung der Wirksamkeit vertraglicher Vereinbarungen sind darüber hinaus stets die allgemeinen Schranken zu berücksichtigen, wie sie beispielsweise in § 138 BGB oder in den §§ 307ff. BGB niedergelegt sind.

81 **1. Vertragliche Haftungsmodifikationen für die Gesamtstrecke.** Berührt eine in dem Multimodalfrachtvertrag getroffene vertragliche Vereinbarung die Haftung für den Gesamttransport, liegt zugleich eine Haftungsregelung für den Fall des unbekannten Schadensortes vor.

82 Da das Recht des multimodalen Transports im Fall des unbekannt gebliebenen Schadensortes auf die allgemeinen Vorschriften des Frachtrechts verweist (§ 452 S. 1 HGB), ist dieses nach § 452d Abs. 1 S. 2 HGB danach zu befragen, ob und unter welchen Voraussetzungen es Abweichungen durch vertragliche Abreden zulässt. Darüber hinaus ist auch § 452d Abs. 1 S. 1 HGB zu beachten.

83 **a) Möglichkeiten und Grenzen des allgemeinen Frachtrechts.** Die allgemeinen Vorschriften des Frachtrechts sind grundsätzlich dispositiv ausgestaltet. Ausnahmen von diesem Grundsatz finden sich lediglich in den §§ 439 Abs. 4, 449 und 451h HGB:

84 **§ 439 Abs. 4 HGB** bestimmt, dass eine Erleichterung oder Erschwerung der Verjährung nur durch eine Individualabrede vorgenommen werden kann, wobei diese auch Gegenstand eines Rahmenvertrages sein kann.

85 **§ 449 HGB** bestimmt die Grenzen haftungsrechtlicher Abreden. Hervorzuheben[109] ist dessen Absatz 1 Satz 1, wonach von den in § 413 Abs. 2, § 414, § 418 Abs. 6, § 422 Abs. 3, §§ 425 bis 438, §§ 445 Abs. 3 sowie 446 Abs. 2 HGB enthaltenen Regelungen[110] nur im Wege einer Individualabrede abgewichen werden kann, wobei diese auch Gegenstand eines Rahmenvertrags sein kann. Die daraus resultierende AGB-Festigkeit der vorstehenden Vorschriften gilt jedoch nicht uneingeschränkt: So ist es nach Absatz 2 Satz 1 zulässig, von den Haftungshöchstbeträgen gemäß § 431 HGB Abs. 1 und 2 HGB auch durch AGB abzuweichen, sofern der dort benannte Haftungskorridor (2 bis 40 Sonderziehungsrechte) nicht verlassen wird und der Klauselverwender auf die Abweichung in geeigneter Weise hinweist (Nr. 1). Etwas anderes gilt ausnahmsweise dann, wenn der vorformulierte Haftungshöchstbetrag für den Klauselverwender nachteiliger ist als der in § 431 Abs. 1 und 2 HGB vorgesehene Betrag (Nr. 2). Sodann erlaubt Absatz 2 Satz 2 eine Beschränkung der nach § 414 HGB zu leistenden Entschädigungshöhe durch AGB.

86 Schließlich ist im Bereich des Umzugsrechts **§ 451h HGB** zu beachten.

---

[106] RegE zum TRG, BT-Drs. 13/8445, S. 104.
[107] *Koller*, Transportrecht, § 452d Rn. 1; Fremuth/Thume/*Fremuth* § 452d Rn. 2.
[108] *Koller*, Transportrecht, § 452d Rn. 2; *Ramming*, Multimodaler Transport, Rn. 284.
[109] Die in § 449 Abs. 3 HGB verankerten Einschränkungen für Verbrauchergeschäfte sowie die sich aus § 449 Abs. 1 S. 2 HGB ergebende besondere Stellung des aus einem Ladeschein Berechtigten sollen hier außer Betracht bleiben.
[110] Ausf. zu dem Katalog der AGB-festen Vorschriften: *Koller*, Transportrecht, § 449 Rn. 7 ff.

b) Vereinbarungen über den Verjährungsbeginn (§ 452b Abs. 2 S. 1 HGB). Von der in 87
§ 452b Abs. 2 S. 1 HGB getroffenen Regelung über den Verjährungsbeginn kann nach
§ 452d Abs. 1 S. 1 HGB nur durch eine Individualvereinbarung abgewichen werden, wobei diese auch Gegenstand eines Rahmenvertrags sein kann.

2. Vertragliche Haftungsmodifikationen für eine Teilstrecke. Berührt eine in dem 88
Multimodalfrachtvertrag getroffene vertragliche Vereinbarung die Haftung für eine bestimmte Teilstrecke des Gesamttransports, liegt zugleich eine Haftungsregelung für den Fall des bekannten Schadensortes vor.

Grundsätzlich ist in diesem Fall nach § 452 Abs. 1 S. 2 HGB das nach § 452a S. 1 HGB 89
berufene (hypothetische) Teilstreckenrecht danach zu befragen, ob und unter welchen Voraussetzungen es Abweichungen durch vertragliche Vereinbarungen zulässt. § 452d Abs. 2 HGB erlaubt jedoch unter bestimmten Voraussetzungen vertragliche Vereinbarungen, nach denen ein Rückgriff auf das Teilstreckenrecht überhaupt bzw. für bestimmte Teilstrecken nicht zugelassen werden soll. Schließlich ist auch § 452d Abs. 1 S. 1 HGB zu beachten.

a) Möglichkeiten und Grenzen des (hypothetischen) Teilstreckenrechts. Im Fall des 90
bekannten Schadensortes (§ 452a S. 1 HGB) entscheidet das berufene hypothetische Teilstreckenrecht darüber, inwieweit dieses abweichende Vereinbarungen zulässt. Gedanklich ist insoweit der hypothetische unimodale Teilstreckenfrachtvertrag daraufhin zu untersuchen, ob er aus deutscher Sicht zwingendem Recht unterläge.[111]

aa) Haftungsmodifikationen für Schäden auf einer den §§ 425 ff. HGB unterliegenden 91
Teilstrecke. Unterliegt der hypothetische Teilstreckenfrachtvertrag den allgemeinen Haftungsvorschriften des Frachtrechts (§§ 425 ff. HGB), so gelten dieselben Einschränkungen wie in den Fällen des unbekannten Schadensortes (→ Rn. 83 ff.).

bb) Haftungsmodifikationen für Schäden auf einer den §§ 481 ff. HGB unterliegen- 92
den Seeteilstrecke. Sind über § 452a S. 1 HGB die seefrachtrechtlichen Haftungsvorschriften (§§ 481 ff. HGB) berufen, ergeben sich die Grenzen der Abdingbarkeit aus § 512 HGB.[112]

Bis zum Inkrafttreten des Seehandelsreformgesetzes ergab sich aus § 662 HGB aF, dass 93
die seefrachtrechtlichen Haftungsvorschriften jedenfalls bei Ausstellung eines Konnossements zwingender Natur gewesen sind. Die Unabdingbarkeit erstreckte sich in diesen Fällen allerdings lediglich auf das Konnossementsrechtsverhältnis.[113] Ein solches Rechtsverhältnis wird im Gefüge eines multimodalen Transports hinsichtlich des – isolierten – Seestreckenteils jedoch regelmäßig weder gegeben sein noch darf es für die Zwecke des § 452d Abs. 1 S. 2 HGB einfach fingiert werden.[114] Dies wird jedoch zum Teil anders beurteilt, wenn für die Gesamtstrecke ein Ladeschein (Durchkonnossement) ausgestellt worden ist. So wird vertreten, dass sich die Haftung aus dem Ladeschein hinsichtlich der auf der Seeteilstrecke eingetretenen Schäden nach dem einschlägigen Recht eines hypothetischen Seekonnossements beurteilen soll.[115]

cc) Haftungsmodifikationen für Schäden auf einer einem Frachtrechtsübereinkommen 94
unterliegenden Teilstrecke. Bestimmt sich die Haftung des Frachtführers nach § 452a S. 1 HGB nach den Vorschriften eines Frachtrechtsübereinkommens, ist dieses danach zu befragen, ob und unter welchen Voraussetzungen es abweichende vertragliche Abweichungen zulässt.

Bei der Anwendbarkeit der **CMR** ist zu beachten, dass nach dessen Art. 41 die gesamten 95
Regelungen des Übereinkommens beiderseitig zwingend ausgestaltet sind, einer Abweichung durch Vereinbarung mithin entzogen sind. Unterliegt der (hypothetische) Teilstre-

---

[111] MüKoHGB/*Herber* § 452d Rn. 19.
[112] *Koller*, Transportrecht, § 452d Rn. 4b.
[113] BGH NJW-RR 1992, 483, 484 f.; *Rabe*, Seehandelsrecht, § 662 Rn. 2; *Ramming*, Handbuch Multimodaler Transport, Rn. 1209 ff.; **aA** *Herber*, Seehandelsrecht, S. 341; MüKoHGB/*Herber* § 452d Rn. 29.
[114] *Koller*, Transportrecht, § 452d Rn. 5a.
[115] *Koller*, Transportrecht, § 452d Rn. 5a mwN.

ckenfrachtvertrag der **CIM 1999**, ist zu beachten, dass nach dessen Art. 5 lediglich die Haftung des Frachtführers vertraglich erweitert werden kann; anderweitige vertragliche Abweichungen sind nicht zulässig. Bei der Anwendbarkeit des **WA** ist dessen Art. 23 zu beachten, nach dem eine vertragliche Haftungserleichterung zugunsten des Luftfrachtführers unzulässig ist. Auch die Vorschriften des **MÜ** lassen nach deren Art. 26 bzw. Art. 47 eine vertragliche Haftungserleichterung zugunsten des (ausführenden) Luftfrachtführers nicht zu. Unterliegt der (hypothetische) Teilstreckenfrachtvertrag der **CMNI**, ist dessen Art. 25 zu beachten. Danach sind – mit Ausnahme bestimmter dort bezeichneter Fälle – Vereinbarungen, die eine Haftungserleichterung des (ausführenden) Frachtführers sowie ihrer Bediensteten oder Beauftragten, einer Beweislastumkehr in diesem Zusammenhang oder eine Verkürzung der Anzeige- und Verjährungsfrist zum Gegenstand haben, unzulässig.

96 **dd) Haftungsmodifikationen für Schäden auf einer einem ausländischen Recht unterliegenden Teilstrecke.** Beurteilt sich die Teilstreckenhaftung über § 452a S. 1 HGB nach den autonomen Vorschriften eines ausländischen Rechts, so sind dessen darin etwaig verankerten zwingenden Haftungsvorschriften aus deutscher Rechtsperspektive in aller Regel unbeachtlich, da ausländische Eingriffsnormen in Deutschland grundsätzlich nicht anerkannt werden.[116]

97 **b) Vereinbarungen über das anzuwendende Teilstreckenrecht, § 452d Abs. 2 HGB.** § 452d Abs. 2 HGB räumt den Parteien eines Multimodalfrachtvertrags die Möglichkeit ein, für den Fall des bekannten Schadensortes den Rückgriff auf das (hypothetische) Teilstreckenrecht zu unterbinden und damit einhergehend auch die Schadensabwicklung zu vereinfachen. Zweck dieser Regelung war es, die Gestaltungsfreiheit der Parteien durch Zulassung von AGB zu erweitern, um die Anwendung der FIATA Bill of Lading (→ Rn. 119 ff.) zu ermöglichen, ohne dass gegen deutsches Recht verstoßen wird.[117]

98 Zulässig sind nach **Nr. 1** des § 452d Abs. 2 HGB zunächst solche Vereinbarungen, die den Gesamttransport auch bei bekanntem Schadensort dem in den §§ 425 ff. HGB enthaltenen Haftungsvorschriften unterstellen. Nach **Nr. 2** sind auch solche Vereinbarungen zulässig, nach denen jedenfalls einzelne Teilstreckenrechte für den Fall des Schadenseintritts auf dieser Strecke durch die in §§ 425 ff. HGB enthaltenen Haftungsvorschriften ersetzt werden. Ungeschriebene weitere Voraussetzung in beiden Fällen ist jedoch, dass nach der entsprechenden Vereinbarung das ansonsten anwendbare (hypothetische) Teilstreckenrecht *en bloc* durch die in §§ 425 ff. HGB enthaltenen Haftungsvorschriften ersetzt wird.[118]

99 Die Vereinbarungen können dabei auch im Wege von AGB erfolgen. Die durch § 452d Abs. 2 HGB eröffneten Gestaltungsmöglichkeiten stehen den Parteien allerdings nur in Bezug auf gemäß § 452a HGB (hypothetisch) anwendbare Teilstreckenrechte zu. Die Vorschrift bleibt daher bei Luftteilstrecken außen vor, bei denen über Art. 38 Abs. 1 MÜ, Art. 31 Abs. 1 WA die Haftungsvorschriften der Übereinkommen unmittelbar zur Anwendung gelangen.

100 **c) Vereinbarungen über den Verjährungsbeginn (§ 452b Abs. 2 S. 1 HGB).** Von der in § 452b Abs. 2 S. 1 HGB getroffenen Regelung über den Verjährungsbeginn kann auch für die Fälle des bekannten Schadensortes nach § 452d Abs. 1 S. 1 HGB nur durch eine Individualvereinbarung abgewichen werden, wobei unschädlich ist, wenn diese Individualabrede Gegenstand eines Rahmenvertrags ist.

101 **3. Abdingbarkeit internationaler Übereinkommen, § 452d Abs. 3 HGB.** § 452d Abs. 3 HGB bestimmt, dass Vereinbarungen, die die Anwendung der für eine Teilstrecke zwingend geltenden Bestimmungen eines für Deutschland verbindlichen internationalen Übereinkommens ausschließen, unwirksam sind.

---

[116] MüKoHGB/*Herber* § 452d Rn. 28; **aA** *Koller*, Transportrecht, § 452d Rn. 4.
[117] RegE zum TRG, BT-Drs. 13/8445, S. 105.
[118] *Koller*, Transportrecht, § 452d Rn. 5; MüKoHGB/*Herber* § 452d Rn. 35; Ensthaler-GK/*Drews* § 452d Rn. 5.

Damit wird jedoch nicht die Anwendbarkeit des betreffenden Übereinkommens auf die **102** maßgebliche Teilstrecke angeordnet; durch die Vorschrift wird vielmehr nur klargestellt, dass Übereinkommen, die kraft Völkerrechts auch für eine Teilstrecke eines multimodalen Transports unmittelbare Geltung beanspruchen, nicht ausgeschlossen werden können.[119] Dies steht im Einklang mit § 452d Abs. 1 S. 2 HGB, nach dem abweichende Vereinbarungen nur getroffen werden können, wenn das jeweils anwendbare Recht dies zulässt.

VII. Gerichtsstand

Im Rahmen der Bestimmung des zuständigen Gerichts ist die Vorrangigkeit internationaler Übereinkommen vor den Regelungen des autonomen nationalen Rechts zu beachten. **103**

Die in **Art. 31 Abs. 1 CMR** und **Art. 46 § 1 CIM 1999** enthaltenen Zuständigkeitsbestimmungen sind jedoch nur dann zu beachten, wenn das betreffende Frachtrechtsübereinkommen auch Geltung nicht nur für eine Teilstrecke, sondern für den Multimodaltransport beanspruchen (→ Rn. 7 ff. bzw. → 10 ff.). Soweit das MÜ oder WA für eine Luftteilstrecke unmittelbare Geltung beanspruchen (→ Rn. 13 ff.), sind **Art. 33 Abs. 1 MÜ** bzw. **Art. 28 Abs. 1 WA** zu beachten. Subsidiär hierzu sind die Zuständigkeitsregelungen der **EuGVVO**[120] heranzuziehen. **104**

Soweit keine zwingende andere Gerichtszuständigkeit entgegensteht, kann im Übrigen auch auf die in **§ 30 Abs. 1 ZPO** enthaltenen besonderen Gerichtsstände zurückgegriffen werden. Soweit an den Übernahme- oder Ablieferungsort angeknüpft wird, ist allein der Ort der Übernahme vom (Ur-)Absender bzw. der Ort der Ablieferung an den (End-)Empfänger maßgeblich.[121] **105**

D. Der Multimodal-Ladeschein

Die Parteien eines Frachtvertrages können die Ausstellung eines Ladescheins im Sinne der §§ 443 ff. HGB vereinbaren. Dabei handelt es sich um ein von dem Frachtführer ausgestelltes und unterschriebenes Beförderungsdokument, durch das sich dieser dazu verpflichtet, das in dem Ladeschein bezeichnete Gut gegen Rückgabe des Ladescheins an den durch den Ladeschein Berechtigten abzuliefern. Angesichts der von § 452 S. 1 HGB ausgesprochenen umfassenden Verweisung steht diese Möglichkeit auch den Parteien eines Multimodalfrachtvertrages offen. **106**

Im Bereich des multimodalen Transports besteht ein gesteigertes Interesse daran, neben dem Frachtbrief mit dem Ladeschein auch ein den Auslieferungsanspruch verbriefendes Wertpapier (→ Rn. 110) auszustellen. Dies ist dem Umstand geschuldet, dass die überwiegende Anzahl aller multimodalen Transporte unter Einschluss einer Seeteilstrecke erfolgt, es sich mithin häufig um Distanzgeschäfte handelt. Gerade dann, wenn das Gut aufgrund der Eigenart des verwendeten Beförderungsmittels über einen längeren Zeitpunkt in der Obhut des Frachtführers oder Verfrachters verbleibt, besteht ein gesteigertes Bedürfnis, die Kaufvertragsabwicklung zu beschleunigen und/oder abzusichern (zB durch die Vereinbarung *„Kasse gegen Dokumente"*, Einrichtung eines Dokumentenakkreditivs zugunsten des Verkäufers) oder aber die Handelbarkeit des Gutes während des Beförderungszeitraums zu erhalten.[122] Im Rahmen der Seehandelsreform wurden die den Ladeschein betreffenden **107**

---

[119] *Ramming*, Multimodaler Transport, Rn. 748; MüKoHGB/*Herber* § 452d Rn. 36; *Bydlinski* TranspR 2009, 389, 392; **aA** wohl Ebenroth/Boujong/Joost/Strohn/*Reuschle* § 452d Rn. 18.
[120] VO (EG) Nr. 44/2001 des Rates v. 22.12.2000 über die gerichtliche Zuständigkeit und die Anerkennung und Vollstreckung von Entscheidungen in Zivil- und Handelssachen, ABl. Nr. L 012 v. 16.1.2001 S. 1.
[121] *Ramming*, Multimodaler Transport, Rn. 920.
[122] *Ramming*, Multimodaler Transport, Rn. 766.

Vorschriften nicht nur neu nummeriert, sondern diese haben auch inhaltliche Änderungen erfahren.

I. Ladeschein

108 Der Ladeschein ist nach §§ 443 Abs. 1, 445 Abs. 2 HGB eine vom Frachtführer ausgestellte und unterschriebene Urkunde, mit der sich dieser dazu verpflichtet, das in dem Papier bezeichnete Gut nur gegen Rückgabe der Papiers an den durch den aus dem Papier Berechtigten abzuliefern. Ein Anspruch des Absenders auf Ausstellung eines Ladescheins besteht nach dem Wortlaut des § 443 Abs. 1 S. 1 HGB *("kann")* nicht. Ein solcher kann sich jedoch aus einer besonderen Vereinbarung des Frachtvertrags ergeben.

109 Inhaltlich *"soll"* der Ladeschein nach § 443 Abs. 1 S. 1 HGB darüber hinaus die in § 408 Abs. 1 HGB genannten Angaben enthalten. In der Praxis finden verbreitet Standardformulare Anwendung, wobei sich im Bereich des multimodalen Transports das FIATA Multimodal Bill of Lading (FBL) als dominierendes Standardformular herausgebildet hat (Rn. 119 ff.).

110 **1. Rechtsnatur und Wirkung des Ladescheins.** Der Umstand, dass der Frachtführer nach § 445 Abs. 2 S. 1 HGB nur gegen Rückgabe des Ladescheins zur Ablieferung verpflichtet ist, macht den Ladeschein zu einem Wertpapier. Nach § 448 HGB ist der Ladeschein zugleich ein Traditionspapier, dh er tritt in sachenrechtlicher Hinsicht an die Stelle des Gutes.

111 Anders als der Ladeschein ist ein Frachtbrief weder Wert- noch Traditionspapier. Wie § 409 Abs. 1 HGB zu entnehmen ist, dokumentiert er lediglich den Abschluss und Inhalt eines Frachtvertrages. Im Übrigen wird der Frachtbrief auch nicht von dem Frachtführer, sondern von dem Absender ausgestellt (vgl. § 408 HGB), so dass dieser bereits deshalb ein dem Ladeschein vergleichbares Ablieferungsversprechen des Frachtführers nicht enthalten kann. Schließlich ist die frachtvertraglich geschuldete Ablieferung auch nicht von der Rückgabe des Frachtbriefs abhängig.

112 Einem wirksam ausgestellten Ladeschein kommen neben seinem Charakter als Wert- und Traditionspapier noch weitere Wirkungen und Funktionen zu, die vor allem dessen Verkehrsfähigkeit sowie den Schutz des Berechtigten bezwecken: Zunächst begründet der Inhalt des Ladescheins den Beweis für die zugrunde liegenden frachtvertraglichen Abreden. Sodann wird durch ihn bestätigt, dass das Gut von dem Frachtführer übernommen worden ist. Darüber hinaus wird zugunsten des aus dem Ladeschein Berechtigten widerleglich vermutet, dass das Gut im Zeitpunkt der Übernahme durch den Frachtführer die in dem Ladeschein beschriebene Beschaffenheit aufgewiesen hat (§ 444 Abs. 1 HGB); zugunsten des ersten Nehmers ("Empfängers") des Ladescheins sowie Dritten, die den Ladeschein gutgläubig erworben haben, gilt diese Vermutung sogar unwiderleglich (§ 444 Abs. 2 HGB).

113 **2. Verhältnis des Frachtvertrages zum Ladeschein.** Ein wirksam ausgestellter Ladeschein begründet ein von dem Frachtvertragsverhältnis **selbständiges und unabhängiges Ladescheinrechtsverhältnis** zwischen dem Frachtführer und dem aus dem Ladeschein Berechtigten.[123] Hieraus folgt, dass der in dem Ladeschein verbriefte Ablieferungsanspruch unabhängig davon besteht, ob der Frachtvertrag nichtig oder bereits erloschen ist oder überhaupt ein Frachtvertrag zustande gekommen ist.[124]

114 § 446 HGB bestimmt allerdings, dass das in §§ 418 und 419 HGB beschriebene (frachtrechtliche) Verfügungsrecht ausschließlich dem aus dem legitimierten Besitzer des Ladescheins zusteht.

115 Ladescheine beschränken sich in der Praxis üblicherweise ebenso wenig wie Seekonnossemente auf die gesetzlich vorgegebenen *essentialia negotii*. Gerade Standardformulare enthalten regelmäßig darüber hinausgehende Bestimmungen, die häufig nicht nur das Lade-

---

[123] Vgl. *BGH* NJW 1979, 1102.
[124] *Kopper,* Ladeschein, S. 38; *Koller,* Transportrecht, § 443 Rn. 7.

schein-, sondern auch und allein nur das Frachtvertragsverhältnis betreffen. Jedenfalls für Seekonnossemente hat sich der Grundsatz herausgebildet, dass die in den Konnossementsformularen enthaltenen frachtvertraglichen Bestimmungen auch für den Frachtvertrag maßgeblich sind, weil im Massengeschäft des Stückgutverkehrs neben dem Seekonnossement regelmäßig keine frachtrechtlichen Dokumente ausgestellt werden.[125] In Ermangelung eines (Multimodal-)Frachtbriefes oder ausdrücklicher frachtrechtlicher Abreden erscheint es sachgerecht, diesen für Seekonnossemente entwickelten Grundsatz auch auf das Verhältnis von Multimodal-Ladeschein zu Multimodalfrachtvertrag zu übertragen.[126]

3. Legitimierte Empfänger. Ist der Ladeschein an Order eines namentlich genannten Empfängers oder nur an Order gestellt, handelt es sich um einen **Orderladeschein**. Sofern ein Empfänger benannt wurde, ist derjenige zum Empfang legitimiert, der sein Recht durch eine vom benannten Empfänger ausgehende ununterbrochene Kette von Indossamenten nachweisen kann. Andernfalls muss die legitimierende Kette von Indossamenten auf den im Ladeschein benannten Absender zurückgehen. 116

Um ein **Rekta- bzw. Namensladeschein** handelt es sich, wenn er keine Orderklausel enthält, aber einen Berechtigten namentlich benennt. Zur Empfangnahme berechtigt ist in diesen Fällen der im Ladeschein namentlich benannte Empfänger oder der Zessionar des Ablieferungsanspruchs. 117

Enthält der Ladeschein weder eine Orderklausel noch den Namen eines bestimmten Empfängers, liegt ein **Inhaberladeschein** vor, das den jeweiligen sachenrechtlichen Inhaber der Urkunde zur Empfangnahme des Gutes legitimiert. 118

II. FIATA Multimodal Bill of Lading (FBL)

Das FBL[127] ist das am meisten verbreitete Beförderungsdokument des multimodalen Transports.[128] Es wird seit dem Jahr 1992 von der Internationalen Spediteurorganisation FIATA herausgegeben und soll die Parteien eines Multimodalfrachtvertrages in die Lage versetzen, den gesamten Transport regelungstechnisch mit nur einem Beförderungsdokument zu erfassen. Auf der Vorderseite finden sich in der international üblichen Aufmachung Felder, durch deren Ausfüllung der Frachtvertrag seine nähere Konkretisierung erfährt. Die Rückseite des FBL enthält *Standard Conditions,* die sich ua auch mit der Haftung und dem Haftungsumfang befassen. 119

1. Rechtsnatur des FBL. Ein entsprechend ausgefülltes und unterschriebenes FBL erfüllt alle Voraussetzungen eines Ladescheins nach den §§ 443 ff. HGB.[129] 120

Durch den auf der Vorderseite befindlichen Vermerk *„Taken in charge ... for ... delivery"* wird zunächst die einen Ladeschein kennzeichnende Ablieferungsverpflichtung des Ausstellers verbrieft. An gleicher Stelle befindet sich auch der notwendige Vorlage-Vorbehalt (*„must be surrendered ... in exchange for the goods"*), der das FBL erst den Charakter eines Wertpapiers verleiht. Das FBL wird an Order gestellt (*„negotiable form"*), wenn nicht ausdrücklich die Eigenschaft als Rektapapier durch Markierung der entsprechenden Box (*„non-negotiable"*) gewählt wird (Ziff. 3.1. S. 1 FBL). Ausweislich Ziff. 3.1 S. 2 FBL verbrieft das Papier zugleich ein Recht an dem darin bezeichneten Gut, wodurch das FBL zugleich zum Traditionspapier wird. Die Andienungsfähigkeit des FBL im Rahmen des Dokumentenakkreditivs ist in der Praxis anerkannt.[130] 121

---

[125] Ramming, Multimodaler Vertrag, Rn. 367 mwN.
[126] BGH VersR 2011, 140, 141; Ramming, Multimodaler Vertrag, Rn. 367; wohl auch Shariatmadari TranspR 2010, 275, 277 f.
[127] Abgedr. in TranspR 1993, 402.
[128] MüKoHGB/Herber § 452d Rn. 48;
[129] Kopper, Ladeschein, S. 59; Ramming, Multimodaler Transport, Rn. 821; MüKoHGB/Herber § 452d Rn. 52.
[130] Art. 30 Einheitliche Richtlinien und Gebräuche für Dokumenten-Akkreditive, Revision 1993, ICC-Publikation Nr. 500; vgl. auch Ebenroth/Boujong/Joost/Strohn/Reuschle § 452 Rn. 38; Fremuth/Thume/Fremuth § 452d Rn. 24.

122 Bis zum Inkrafttreten des TRG war die Klassifizierung des FBL als Orderpapier wegen des *numerus clausus* der kaufmännischen Orderpapiere umstritten. Durch die in § 452 S. 1 HGB enthaltene Verweisung auch auf die §§ 443 ff. HGB ist jedoch klargestellt, dass auch für einen multimodalen Transport ein Ladeschein ausgestellt werden kann.[131] Die deutsche Rechtsprechung hatte bisher noch keine Gelegenheit zur Rechtsnatur des FBL Stellung zu nehmen.[132] Der OGH Wien hat das FBL ausdrücklich als Orderpapier für den multimodalen Transport anerkannt.[133]

123 **2. Inhaltskontrolle.** Als privates Bedingungswerk unterliegt das FBL der Kontrolle durch das anwendbare staatliche Recht. Unterliegt der Multimodalfrachtvertrag dem deutschen Recht, sind daher zunächst die sich aus §§ 452d, 449, 439 Abs. 3 HGB ergebenden Grenzen der Vertragsfreiheit zu beachten.[134] Da es sich bei den auf der Rückseite abgedruckten *Standard Conditions* nach allgemeiner Meinung um AGB handelt,[135] unterliegt das FBL im Übrigen auch der allgemeinen Inhaltskontrolle durch §§ 307 ff. BGB, die im folgenden allerdings vernachlässigt werden soll. Das FBL geht dabei von einer Überprüfung seiner vorformulierten Vertragsbedingungen selbst aus, wenn es in Ziff. 7.1. anordnet, dass die zwingenden Vorschriften internationaler Übereinkommen und nationalen Rechts vorrangig Anwendung finden.

124 Nach den Vorstellungen des Gesetzgebers sollte das TRG zwar dazu beitragen, dass das FBL im internationalen Multimodalverkehr angewandt werden kann, ohne dass es gegen deutsches Recht verstößt.[136] Entsprechenden Eingang in den Gesetzestext hat diese Absicht jedoch nicht gefunden.[137] Die nähere Überprüfung der in dem FBL enthaltenen Regelungen zeigt darüber hinaus, dass das gesetzgeberische Ziel auch nicht allen Bereichen erreicht wurde.

125 Während die sich aus § 452d HGB ergebenden Beschränkungen der Vertragsfreiheit in jedem Fall zu beachten sind, gilt dies hinsichtlich der in § 449 HGB formulierten Beschränkungen nur, wenn der Schadensort unbekannt ist oder sich das zu beurteilende hypothetische Teilstreckenrecht bei bekanntem Schadensort nach §§ 407 ff. HGB richtet.[138] Der handelsrechtlichen Inhaltskontrolle können die Parteien nur entfliehen, wenn sie unter gleichzeitiger Abbedingung der in Ziff. 19 FBL enthaltenen Rechtswahl ein anderes Recht wählen. Dabei ist jedoch zu beachten, dass die zwingenden Vorschriften des allgemeinen Frachtrechts gemäß § 449 Abs. 4 HGB weiterhin Geltung beanspruchen, wenn sowohl der Ort der Übernahme des Gutes als auch der Ort der Ablieferung in Deutschland liegen.

126 Die nachstehend – nicht abschließend – aufgezeigten Verstöße liegen sowohl auf der Ebene der Haftung dem Grunde nach als auch auf der Ebene des Haftungsumfangs vor. Zu beachten ist schließlich, dass die betreffende Klausel im Falle des festgestellten Verstoßes richtigerweise nicht auf das gesetzlich zulässige Maß reduziert werden darf.[139]

127 **a) Haftungsmaßstab.** Während die Haftung nach dem allgemeinen Frachtrecht verschuldensunabhängig ausgestaltet ist und eine Haftungsbefreiung durch den Frachtführer nach § 426 HGB nur dann vorsieht, wenn dieser die haftungsbegründenden Ereignisse auch bei größter Sorgfalt nicht vermeiden und die Folgen nicht abwenden konnte, eröffnet **Ziff. 6.2 FBL** ihm die Möglichkeit, unter geringeren Anforderungen (*„proves that no fault*

---

[131] *Hoffmann* TranspR 2000, 243, 245.
[132] *BGH* NJW-RR 2008, 549, 550 und *OLG Hamburg* TranspR 2004, 402, 404 haben diese Frage offen gelassen.
[133] *OGH Wien* IPRax 1994, 252.
[134] Ebenroth/Boujong/Joost/Strohn/*Reuschle* § 452 Rn. 40 ff.; MüKoHGB/*Herber* § 452d Rn. 54 ff.
[135] MüKoHGB/*Herber* § 452d Rn. 52; *Ramming*, Multimodaler Transport, Rn. 825.
[136] RegE zum TRG, BT-Drs. 13/8445, 104.
[137] Ebenroth/Boujong/Joost/Strohn/*Reuschle* § 452 Rn. 40; *Looks* VersR 1999, 31, 34.
[138] *Koller*, GS Helm, 167, 170.
[139] *Ramming*, Multimodaler Transport, Rn. 826; *Koller*, Transportrecht, § 452 Rn. 49; MüKoHGB/*Herber* § 452d Rn. 60; **aA** *Hoffmann* TranspR 2000, 243, 252 f.

oder neglect of his own") zu entlasten. Dies stellt eine gemäß § 449 HGB unzulässige Abweichung dar.[140]

128 Kann der Frachtführer nachweisen, dass das Ereignis auf eine der in **Ziff. 6.5 FBL** enumerativ aufgezählten Ursachen zurückzuführen ist, wird vermutet, dass diese Gefahr schadensursächlich war und der Frachtführer nicht haftet. Einige dieser Gefahren, die zum Haftungsausschluss führen, stimmen mit § 427 HGB überein. Allerdings enthält Ziff. 6.5 in lit. a eine Beweiserleichterung zugunsten des Frachtführers, wonach die Vermutung der Schadensursächlichkeit auch greifen soll, wenn die Gefahr durch eine Handlung oder Unterlassung des Absenders verursacht wurde und kein Verschulden auf Seiten des Absenders vorausgesetzt wird. In diesem Fall kann der Frachtführer ein schadensursächliches Verhalten des Absenders substantiiert behaupten und der Absender trägt die Beweislast zur Entkräftigung des Ausschlussgrundes. Dies steht im Widerspruch zu §§ 425 Abs. 2, 427 HGB, wonach der Frachtführer die Beweislast für die Behauptung tragen soll, ob und in wie weit ein Verhalten des Empfängers oder Absenders zur Entstehung eines Schadens beigetragen hat. Darüber hinaus soll die Vermutung zum Nachteil des Absenders auch bei Streik uÄ gelten. Ziff. 6.5 und ist daher ebenfalls unwirksam.[141]

129 **Ziffer 6.6 FBL** enthält weitere Haftungsausschlussgründe für See- und Binnenschifftransporte, wenn der Schaden auf nautisches Versagen oder Feuer zurückzuführen ist. Allerdings werden Transporte auf Binnengewässern nach § 407 Abs. 3 S. 1 Nr. 1 HGB nach dem allgemeinen Frachtrecht durchgeführt, wenn nicht § 450 HGB einschlägig ist. Der Haftungsausschluss verstößt daher gegen deutsches Recht, wenn sich der Schaden auf einem Binnenschiff ereignet hat und § 450 HGB keine Anwendung findet, da § 427 HGB diese Gefahren nicht enthält.[142]

130 Die Regelungen in **Ziff. 6.3 und Ziff. 6.4 FBL** sind dagegen wirksam, da die äquivalenten Regelungen in §§ 423, 424 HGB im Katalog des § 449 Abs. 1 HGB nicht enthalten sind und daher durch AGB abbedungen werden können.[143]

131 **b) Haftungsumfang.** Eine Vereinbarung zum Haftungsumfang findet sich in Ziff. 8 FBL. Nach **Ziff. 8.1 FBL** soll sich der Wertersatz nach dem Wert der Güter am Ort und zur Zeit der Ablieferung bestimmen. Dies steht in Widerspruch zu § 429 Abs. 1, 2 HGB, wonach es bei der Ermittlung des Schadensersatzes auf den Wert am Ort und zur Zeit der Übernahme der Beförderung ankommen soll. Auch wenn es sich im Regelfall nur um eine minimale Abweichung handeln wird, untersagt § 449 Abs. 1 HGB jegliche Abweichung, so dass diese Klausel unwirksam ist.[144]

132 Vor dem Inkrafttreten des Seehandelsreformgesetzes ergab sich die Unwirksamkeit der **Ziff. 8.3 FBL** bereits aus dem Umstand der fehlenden drucktechnischen Hervorhebung (§ 449 Abs. 2 S. 2 Nr. 1 HGB aF) der Haftungsbeschränkung.[145] In der Neufassung spricht diese Vorschrift nunmehr nur noch von einem *„in geeigneter Weise"* erfolgenden Hinweis durch den Klauselverwender. Ob ein solcher Hinweis, der nicht notwendigerweise in den AGB selbst erfolgen muss, ausreicht, hängt vom jeweils zu beurteilenden Einzelfall ab.[146]

133 Nach **Ziff. 8.7 FBL** wird die Haftung im Falle der Lieferfristüberschreitung sowie sonstigen Vermögensschäden auf die zweifache Fracht beschränkt. Nach §§ 431 Abs. 3, 433 HGB dagegen soll die Haftung auf die dreifache Fracht begrenzt sein, so dass Ziff. 8.7 FBL der frachtrechtlichen Inhaltskontrolle nicht standhält.

134 Eine absolute Haftungsgrenze enthält **Ziff. 8.8 FBL**. Danach soll der Frachtführer nur auf den Wert der Güter bei Totalverlust haften. Eine starre Haftungshöchstgrenze, wie sie

---
[140] *Hoffmann* TranspR 2000, 243, 247; MüKoHGB/*Herber* § 452d Rn. 64.
[141] *Koller*, GS Helm, 167, 169 f.; *Hoffmann* TranspR 2000, 243, 247.
[142] MüKoHGB/*Herber* § 452d Rn. 67; *Hoffmann* TranspR 2000, 243, 247.
[143] *Hoffmann* TranspR 2000, 243, 247.
[144] *Koller*, GS Helm, 167, 171; *Hoffmann* TranspR 2000, 243, 248; **aA** Fremuth/Thume/*Fremuth* § 452d Rn. 37.
[145] *BGH* NJW-RR 2008, 549, 550; *Hoffmann* TranspR 2000, 243, 248.
[146] Vgl. *Koller*, Transportrecht, § 449 Rn. 54 ff.

135 Ziff. 8.8 FBL enthält, gibt es jedoch im deutschen Frachtrecht nicht. Die in § 431 bis § 433 HGB vorgesehenen Haftungshöchstgrenzen summieren sich zwar letztendlich zu einem Höchstbetrag, allerdings kann dieser die Haftungssumme für Totalverlust weit überschreiten.[147]

135 Schließlich genügt auch die Vereinbarung des FBL zur Haftungsdurchbrechung in **Ziff. 8.9 FBL** nicht den Anforderungen des § 449 HGB. Während die Voraussetzungen der Ziff. 8.9 FBL und des § 435 HGB gleich sind, sollen nach §§ 435, 428 HGB die Haftungsbeschränkungen auch wegfallen, wenn die Verrichtungs- und Erfüllungsgehilfen in der Weise verantwortlich sind. Ziff. 8.9 FBL hingegen geht ausdrücklich nur von Fehlverhalten des Frachtführers sowie seiner Organe und Repräsentanten aus, das zu einem Wegfall der Haftungsbegrenzung führen kann.

136 **c) Sonstige Unwirksamkeiten.** Nach **Ziff. 17 FBL** sollen Ansprüche gegen den Frachtführer neun Monate nach Ablieferung oder dem Tag, an dem das Gut hätte abgeliefert werden müssen, verjähren. Diese Regelung steht nicht im Einklang mit § 439 Abs. 1, 2 HGB, wonach die Verjährungsfrist ein Jahr betragen soll. § 449 HGB erklärt § 439 HGB nicht zur zwingend geltenden Regelung, vielmehr enthält § 439 HGB in seinem Absatz 4 selbst die Anordnung, dass eine Erschwerung oder Erleichterung der Verjährung nur durch ein Vereinbarung möglich ist, die im Einzelnen ausgehandelt ist. Darüber hinaus enthält Ziff. 17 FBL auch nicht die Verlängerung der Verjährungsfrist für Regressansprüche. Diese Mindestverjährung gilt entgegen der zwingenden Regelungen des § 449 HGB nicht nur bei unbekanntem Schadensort oder dem hypothetischen Teilstreckenrecht nach §§ 407 ff. HGB, sondern über § 452b Abs. 2 S. 2 HGB auch bei bekanntem Schadensort ohne Rücksicht auf das hypothetische Teilstreckenrecht.

137 Eine verschuldensunabhängige Haftung des Absenders ist in **Ziff. 5.1 FBL** zu finden. Vor dem Inkrafttreten des Seehandelsreformgesetzes war diese Klausel als unwirksam zu betrachten, da sie keine dem § 414 Abs. 1 S. 2 HGB aF entsprechende Haftungsbeschränkung vorsieht. Mit dem Wegfall dieser gesetzlichen Haftungsbeschränkung besteht nunmehr allerdings ein nicht zu beanstandender inhaltlicher Gleichlauf.

---

[147] *Hoffmann* TranspR 2000, 243, 249.

8. Kapitel. Versicherung

Abschnitt 21. Gütertransportversicherung

Übersicht

	Rn.
A. Sparten der Transportversicherung	4
I. Art des versicherten Interesses	6
1. Kaskoversicherung (englisch: Hull Insurance)	8
2. Güterversicherung (englisch: Cargo Insurance)	9
3. Verkehrshaftungsversicherung (englisch: Carriers' Liability Insurance)	12
II. Abgrenzung nach Transportwegen	13
III. Einteilung nach Versicherungsdauer	14
1. Generalpolice (open cover)	15
2. Einzeltransportpolice	18
3. Reiseversicherung	20
B. Umfang des Versicherungsschutzes	21
I. Allgemeines zum Umfang der Deckung	21
1. Allgemeine Deutsche Seeversicherungsbedingungen (ADS)	22
2. Institute Cargo Clauses (ICC)	24
II. Formen der Versicherungsdeckung	27
1. Volle Deckung	27
2. Strandungsfalldeckung	30
C. Gegenstand und Interesse der Versicherung	33
I. Versicherte Gegenstände	33
II. Versichertes Transportinteresse	37
III. Incoterms	39
1. Gruppe E	41
2. Gruppe F	42
3. Gruppe C	43
4. Gruppe D	44
IV. Haftungsbegrenzungen je nach Transportmittel	46
D. Dauer des Versicherungsschutzes	49
I. Beginn des Versicherungsschutzes	49
II. Ende des Versicherungsschutzes	51
E. Deckungsausschlüsse	55
I. Allgemeines	55
II. Nicht versicherte Gefahren	56
III. Nicht ersatzpflichtige Schäden	59
1. Verpackungsmangel	60
2. Mittelbare Schäden	62
3. Vorsätzliches und grob fahrlässiges Verschulden	63
F. Obliegenheiten des Versicherungsnehmers	64
I. Vor Schadenseintritt	65
II. Im Schadensfall	67
G. Versicherungswert und Maximum	72
I. Versicherungssumme	72
II. Maximum	73
III. Unterversicherung	74
IV. Selbstbehalte	75
1. Abzugsfranchise	76
2. Integralfranchise	77
V. Abandon des Versicherers	79
H. Versicherung für fremde Rechnung	80
I. Beitragskalkulation	83

Literatur: *Enge/Schwampe,* Transportversicherung, 4. Aufl. 2012; *Prölss/Martin,* Versicherungsvertragsgesetz, 28. Aufl. 2010; *Ritter-Abraham,* Das Recht der Seeversicherung Band 1 und 2, 2. Aufl. 1966; *Thume/de la Motte/Ehlers,* Transportversicherungsrecht, 2. Aufl. 2011.

2. Teil. Das Vertragsrecht des Exportgeschäfts

1 Was ist eine Gütertransportversicherung und wozu benötige ich diese? Diese Frage soll in diesem Abschnitt beantwortet werden. Hierbei wird kurz auf die Transportversicherung im Allgemeinen eingegangen und ein Überblick über die Transport- und Logistikdienstleistungen und den damit verbundenen Haftungsfragen gegeben. Die nachfolgenden Beispiele sollen die Problematik veranschaulichen. Auf sie wird bei der Erörterung immer wieder Bezug genommen.

2 Beispiel 1:
Das seit Generationen in Hamburg ansässige Kaffeecontor „Hanseatic" importiert seinen Rohkaffee aus Südamerika. Aus alter Verbundenheit wird der Transport des Rohkaffees durch den Hamburger Spediteur „HH-Logistik GmbH" besorgt. Der Rohkaffee wird von den Plantagen in Säcken mit dem Lastwagen zunächst in ein Lager verbracht und dort in Container verladen. Diese Container werden mit dem Lkw zum Abgangshafen in Südamerika verbracht und dort mit dem Seeschiff der ebenfalls in Hamburg ansässigen Reederei „Container Express Shipping AG" befördert. In Hamburg angekommen, wird der Rohkaffee in der Kaffeerösterei veredelt und sodann an Großhändler distribuiert.

3 Beispiel 2:
Das in Norddeutschland ansässige Elektronikunternehmen „Electronic Services GmbH" bezieht die Komponenten zum Bau von Computern aus Taiwan. Regelmäßig werden von der dortigen Tochtergesellschaft sogenannte „Mainboards" und andere Computerzubehörteile per Luftfracht und Seefracht nach Deutschland verbracht und vom Hamburger Hafen bzw. Flughafen mit dem Lkw zum Firmensitz der „Electronic Services GmbH" transportiert. Hier werden die Computer endmontiert und sodann durch weltweit operierende Paketdienstleistungsunternehmen in alle Welt verschickt.

A. Sparten der Transportversicherung

4 Die Gütertransportversicherung ist nur eine von drei Sparten der Transportversicherung. So wird üblicherweise zur Transportversicherung als Oberbegriff neben der Gütertransportversicherung auch die Verkehrshaftungs- und Kaskoversicherung gezählt.[1] Die Gütertransportversicherung, auch Güterversicherung (englisch: Cargo Insurance) genannt, spielt bei allen Sparten der Transportversicherung immer eine Rolle.

5 Eine Unterscheidung oder Einteilung erfolgt sowohl nach der Art des versicherten Interesses, der Dauer der Versicherung als auch nach den verschiedenen Transportwegen.

I. Art des versicherten Interesses

6 „Jedes in Geld schätzbare Interesse, welches jemand daran hat, dass Schiff oder Ladung die Gefahren der Seeschifffahrt besteht, kann versichert werden." **Interesse** bedeutet Anteil haben an, beteiligt sein bei etwas. Versichert sind nicht Schiff und Ladung, sondern das Interesse daran, dass diese trotz der Gefahren der Seeschifffahrt nicht beschädigt werden.[2] Diese Definition befindet sich in § 1 ADS für die Seeversicherung und gilt für alle Bereiche der Transportversicherung, nicht nur in der Seeschifffahrt. Transportmittel aller Art sind hiervon erfasst. Die Interessen, die hier eine Rolle spielen, können ganz vielschichtig sein und hängen von den unterschiedlichen Erfordernissen der an der Transportkette beteiligten Personen ab. Im Mittelpunkt steht ein Objekt, dass durch die Versicherung geschützt werden soll. Gerade die Transportversicherung verlangt eine genaue Kenntnis der an den verschiedenen Transportwegen beteiligten Personen und ihres Interesses an den einem Risiko ausgesetzten Objekten. Vom Grundsatz her bleibt die Transportversicherung eine **Schadensversicherung,** obwohl sie sich nicht nur mit Schäden an den versicherten Gütern oder Transportmitteln befasst, sondern auch mit Schäden die nicht am versicherten Gegenstand selbst entstanden sind, sondern beispielsweise Ersatzansprüche Dritter betreffen.

---

[1] *Thume/de la Motte/Ehlers* Rn. 22.
[2] *Ritter-Abraham* § 1 Anm. 4.

Abschnitt 21. Gütertransportversicherung

Eine sehr allgemeine und veranschaulichende Unterscheidung nach Versicherungsinteressen ist die nach der Person des Absenders oder Empfängers von Gütern auf der einen Seite gegenüber der Person des Beförderers (Verfrachter, Spediteur oder Frachtführer) auf der anderen Seite. Während der erste **Personenkreis** in der Regel Eigentümer der Güter ist und mithin als Versicherungsnehmer ein Interesse an der Absicherung seiner Waren hat (Transportwarenversicherung oder Gütertransportversicherung), richtet sich das Interesse des Beförderers eher darauf, seine Haftungsrisiken für Schäden an den ihm (nicht gehörenden) anvertrauten Gütern abzusichern (Verkehrshaftungs- oder Transporthaftpflichtversicherung). Hier ist der Versicherungsnehmer der Verkehrsträger, also der Spediteur, Frachtführer oder Verfrachter bzw. Reeder. 7

1. Kaskoversicherung (englisch: Hull Insurance). Hierunter versteht man die Versicherung des **Transportmittels**. Bei Schiffen ist dies die Seekaskoversicherung. Luftfahrzeuge unterliegen wiederum einer gesonderten Luftkaskoversicherung, die gesondert behandelt werden. 8

2. Güterversicherung (englisch: Cargo Insurance). Die Güterversicherung ist eine Versicherung aller Arten von **Gütern,** wobei es keine Rolle spielt, ob es sich um Handelsgüter, Reisegepäck oder Umzugsgut handelt, gegen die Gefahren des Transports. In § 130 VVG wird der Umfang der Gefahrtragung geregelt. 9

„(1) Bei der Versicherung von Gütern gegen die Gefahren der Beförderung zu Lande oder auf Binnengewässer sowie der damit verbundenen Lagerung trägt der Versicherer alle Gefahren, den die Güter während der Dauer der Versicherung ausgesetzt sind." 10

Entscheidend für die Annahme einer Gütertransportversicherung ist, dass eine **Transportgefahr** Gegenstand des Versicherungsvertrages ist.[3]

Im Versicherungsvertragsgesetz ist in §§ 130 bis 141 die Transportversicherung geregelt. Die Güterversicherung, wenn man so will die Transportversicherung im engeren Sinne, ist eine **Sachversicherung,** die nicht den Beschränkungen der Vertragsfreiheit für Versicherungen unterliegt, die das VVG vorsieht. Es ist anerkannt, dass die Gütertransportversicherung als **Großrisiko** gilt und deshalb viele Vorschriften des VVG keine Anwendung finden. Damit unterliegt der Versicherungsvertrag der Gütertransportversicherung allgemeiner Vertragsfreiheit, die von den Versicherern und den eingeschalteten Versicherungsmaklern auch genutzt wird. 11

3. Verkehrshaftungsversicherung (englisch: Carriers' Liability Insurance). Sie gehört in den Bereich der Transport- und Haftungsrisiken der **Verkehrsträger,** die in einem gesonderten Abschnitt dieses Handbuchs behandelt werden. Beim Seeverfrachter gibt es hier eine eigene Versicherungssparte, die **P&I-Versicherung.** P&I steht für Protection and Indemnity Versicherung, die durch Vereine auf Gegenseitigkeit bewirkt wird. Hier sind die Reeder im Grunde genommen ihre eigenen Versicherungsgesellschaften, die als sogenannte „member" Versicherungsnehmer des „P&I Clubs" sind. 12

II. Abgrenzung nach Transportwegen

Die Abgrenzung der Transportversicherungssparten kann auch nach den verschiedenen Transportwegen bzw. Transportmitteln erfolgen, wie Seetransportversicherung, Binnentransportversicherung und Lufttransportversicherung sowie Versicherung für multimodale Transporte. Gerade bei letzteren hat man es mit verschiedenen Transportabschnitten zu tun, die jeder für sich betrachtet ganz unterschiedlichen Risiken ausgesetzt sind. Man denke nur an einen Transport aus dem Binnenland zu einem Seehafen und von dort weiter mit dem Seeschiff mit anschließenden Lkw Transport zum Empfänger. Theoretisch könnte jeder dieser Transportabschnitte bei verschiedenen Versicherern eingedeckt werden, so dass beispielsweise eine Kombination von Binnen-, See-, und Landtransport entstehen könnte. 13

---

[3] *Prölss/Martin* § 130 Rn. 2.

Dies ist jedoch sachfremd und würde zu erheblichen Verwaltungsaufwand führen. Deshalb werden diese Transporte durch eine **kombinierte Transportversicherung** gedeckt, um einen Versicherungsschutz für ein durchgehendes Risiko zu gewährleisten. Dabei spielt es keine Rolle, welchem Transportabschnitt der Schaden zugeordnet wird. Vielfach wird hier auch von einer **„Haus zu Haus" Deckung** gesprochen.

III. Einteilung nach Versicherungsdauer

14   Eine weitere Unterscheidung erfolgt nach Dauer des Versicherungsschutzes. In der Gütertransportversicherung ist zwischen der **Einzel- und der laufenden Versicherung** zu unterscheiden.

15   **1. Generalpolice (open cover).** Die laufende Transportgüterversicherung, auch Generalpolice oder open cover bezeichnet, findet in § 53 VVG eine Legaldefinition, die wie folgt lautet:

16   „Wird ein Vertrag in der Weise geschlossen, dass das versicherte Interesse bei Vertragsschluss nur der Gattung nach bezeichnet und erst nach seiner Entstehung dem Versicherer einzeln aufgegeben wird (laufende Versicherung) ist der Versicherungsnehmer verpflichtet, entweder die versicherten Risiken einzeln oder, wenn der Versicherer darauf verzichtet hat, die vereinbarte Prämiengrundlage unverzüglich anzumelden oder, wenn dies vereinbart ist, jeweils Deckungszusage zu beantragen."

17   Hier wird also nicht jeder einzelne Transport eines Kunden versichert, sondern alle seine Warentransporte, die er allerdings einzeln anmelden muss. Aus praktischen Erwägungen liegt es nahe, dass jeder Exporteur von Gütern für alle Transportbewegungen diesen automatischen Versicherungsschutz nutzt. Damit ist sichergestellt, dass alle Arten von Transporten sowohl Empfangstransporte als auch Versandtransporte des Unternehmens versichert sind. Alle **Güterströme** und nicht nur die schadensträchtigen werden versichert, was sich positiv auf die Risikobewertung durch den Versicherer und damit auch auf die Versicherungsprämie auswirkt.

18   **2. Einzeltransportpolice.** Die Einzeltransportpolice wird im Gegensatz zur Generalpolice nur für einen einzigen, genau **bestimmten Transport** mit genauer Angabe der zu transportierenden Güter und ihrer **Versicherungssumme** ausgestellt. In der Police wird vereinbart, auf welcher Rechtsgrundlage und in welchem Umfang der Versicherungsschutz besteht. Häufig wird angegeben, welcher Schadenssachverständige einzusetzen ist. Die Einzelpolice kommt dann zum Tragen wenn ein Verkäufer beispielsweise nur sehr selten aufgrund eines Kaufvertrages eine Transportversicherung abschließen muss.

19   Beispiel 3:
Ein deutscher Unternehmer hat für seine Textilfabrik einen Webstuhl auf einer Messe in China gekauft und trägt das Transportrisiko. Weitere Transporte sind nicht ersichtlich, da am Standort in Deutschland nur Produkte fremder Unternehmen weiterverarbeitet werden. Der Transport dieses Webstuhls von China nach Deutschland kann über eine Einzeltransportpolice versichert werden. Die Versicherungsprämien einer solchen Einzelpolice liegen im Verhältnis höher als die einer Generalpolice, da hier für den Versicherer ein erhöhtes Risiko besteht.

20   **3. Reiseversicherung.** Eine weitere Unterscheidung der Transportversicherung kann nach Reise und Zeit erfolgen. Diese Einteilung spielt im Bereich der **Kaskoversicherung** eine Rolle. So kann beispielsweise eine Reise von New York nach Rotterdam versichert werden. Beginn und Ende des Versicherungsschutzes richten sich nach der Reise und ihrer Dauer.

B. Umfang des Versicherungsschutzes

I. Allgemeines zum Umfang der Deckung

Es wurde bereits darauf hingewiesen,[4] dass die Versicherer bei der Gestaltung der Versicherungsbedingungen einer Gütertransportversicherung relativ frei sind. In der Praxis haben sich jedoch bestimmte **Transportversicherungsbedingungen** durchgesetzt, die regelmäßig von den die Versicherung vermittelnden Maklern durch Maklerklauseln modifiziert und ergänzt werden.

1. Allgemeine Deutsche Seeversicherungsbedingungen (ADS). In Deutschland wurden nach dem zweiten Weltkrieg die bereits zuvor entwickelten Allgemeinen Deutschen Seeversicherungsbedingungen (ADS) für den deutschen Versicherungsmarkt geschaffen.[5] Sie regeln nicht nur die Gütertransportversicherung sondern auch Teile der Seekaskoversicherung. Die ADS sind in der Vergangenheit verschiedentlich überarbeitet worden, was sich an einem Zusatz in Form einer Jahreszahl zu den ADS ablesen lässt. So gibt es die ADS-Güterversicherung 1973, die 1984 geändert wurden und noch einmal 1994 den Erfordernissen der Gruppenfreistellungsverordnung der EG Kommission angepasst wurden. Der Name ist jedoch immer beibehalten worden, so dass diese Bedingungen heute auch unter Bezeichnung „ADS-Güter 73/94" bekannt sind.

Im Jahr 2011 hat der Gesamtverband der Deutschen Versicherungswirtschaft (GDV) veränderte Transportversicherungsbedingungen herausgegeben. Ihre Bezeichnung lautet **„DTV-Güter 2000/2011"**.[6] Hierbei handelt es sich um Bedingungen des ehemaligen deutschen Transportversicherungsverbandes für den deutschen Markt. Auch diese Bedingungen ändern nichts an dem Grundsatz, dass eine flexible Ausgestaltung des Versicherungsschutzes möglich ist. Dies wird daran ersichtlich, dass vielfach ein Hinweis erfolgt „falls nichts anderes vereinbart ist". Dies ist dem in der Praxis der Transportversicherung verlangten Umstand geschuldet, dass der Versicherungsschutz immer dem konkreten Risiko angepasst werden sollte und erst nach dieser **Risikoanalyse** die darauf abgestimmten Versicherungsbedingungen vereinbart werden sollten.

2. Institute Cargo Clauses (ICC). An dieser Stelle sei ein kurzer Exkurs auf englische Transportversicherungsbedingungen gemacht, die in der Praxis eine große Bedeutung spielen. Es handelt sich um die Institute Cargo Clauses (ICC), die sich als Standard für internationale Transportversicherungsbedingungen durchgesetzt haben. Sie sind von der International Underwriting Association of London (IUA) herausgegeben worden. Gerade für Im- und Exporteure sowie Banken, die in der Außenhandelsfinanzierung tätig sind, ist die Kenntnis dieser Transportversicherungen bedeutsam.

Die ICC sind wie die ADS im Laufe der Jahre verschiedentlich überarbeitet worden. Die grundsätzlichen Teile in einem dreifach-verschiedenen Deckungsumfang sind auch bei den neuen ICC beibehalten worden. So gibt es eine **A-, B- oder C-Deckung.** Unter den ICC (A) versteht man eine Deckung nach dem All-Risks-Prinzip. Sie gewähren den umfangreichsten Versicherungsschutz. Die ICC (B) gewähren dagegen nur Versicherungsschutz für die in der Versicherungspolice ausdrücklich genannten Risiken. Hier gilt der Grundsatz, dass nur die benannten Gefahren (Perils) versichert sind. Die ICC (C) enthalten lediglich einen Mindestversicherungsschutz für bestimmte darin beschriebene Schadensereignisse, wie beispielsweise Grosse Havarie, Feuer, Strandung etc. Hieraus wird ersichtlich, dass es sich um einen abgestuften Umfang des Versicherungsschutzes handelt, wobei der Unterschied zwischen A und B wesentlich größer ist, als der zwischen B und C. Alle drei Klauselwerke sind in acht jeweils gleich benannte Hauptabschnitte unterteilt, die wie folgt unterschieden werden:

---

[4] → Rn. 11.
[5] *Ritter-Abraham,* I, Anm. 7.
[6] Veröffentlicht auf www.tis-gdv.de.

2. Teil. Das Vertragsrecht des Exportgeschäfts

1. Gedeckte Risiken (Risks Cover)
2. Risikoausschlüsse (Exclusions)
3. Dauer der Versicherung (Duration)
4. Bestimmungen für den Schadensfall (Claims)
5. Frachtführer (Benefit of Insurance)
6. Schadensminderung (Minimizing Losses)
7. Verzögerung durch den Versicherten (Avoidance of Delay)
8. Zugrundeliegendes Recht (Law of Practice)

26 Festzuhalten bleibt, dass es bei internationalen Geschäftsbeziehungen mit ausländischen Firmen regelmäßig einen Bezug auf diese Bedingungen gibt, mit der Konsequenz, dass man es im Zweifel auch mit der **Anwendung ausländischen Rechts** zu tun hat. Dies hat dann zur Konsequenz, dass man sich in Streitfällen über Versicherungsfragen mit ausländischem Recht vor ausländischen Gerichten befassen muss.

II. Formen der Versicherungsdeckung

27 **1. Volle Deckung.** Die am häufigsten verwendete Form der Versicherungsdeckung in der Gütertransportversicherung ist die **Allgefahrendeckung.** Nach „DTV-Güter 2000/2011", Ziff. 2.1 trägt der Versicherer alle Gefahren, denen die Güter während der Dauer der Versicherung ausgesetzt sind, sofern nichts anderes bestimmt ist. Entscheidend ist also nicht, wie der Schaden an den Gütern verursacht wurde, sondern vielmehr dass es sich um einen versicherten Schaden handelt, der durch eine versicherte Gefahr entstanden ist. Bereits die Möglichkeit nachteiliger Ereignisse, die ungewiss und noch unvorhersehbar sind, reicht für die Annahme einer Gefahr.[7]

28 Auch bei der Allgefahrendeckung gibt es jedoch Sonderfälle, die nicht versichert sind. Diese sind in den Versicherungsbedingungen ausdrücklich zu benennen. In der Transportversicherungspolice ist also aufzunehmen, welche einzelnen Risiken und Schäden nicht versichert sind.

29 Hat der Kaffeeimporteur in unserem Beispiel Nr. 1 eine Gütertransportversicherung mit voller Deckung nach den DTV-Güter 2000/2011 abgeschlossen, so sind Schäden, die beim Be- und Entladen des Containers durch den Verfrachter entstanden sind, versichert. Angenommen der Container würde während der Seereise über Bord gespült, so wäre auch dieses Risiko und der sich daraus entstandene Schaden, also der Verlust der Kaffeeladung, versichert.

30 **2. Strandungsfalldeckung.** Die Gütertransportversicherung kann nach den ADS auch nur eine eingeschränkte Versicherung sein, zB nur gegen **Totalverlust.** Mit dem Begriff „Strandungsfall" ist die Gefahr beschrieben, die versichert ist. Vom Ursprung dieses Begriffs her handelt es sich um einen Seeunfall. Die Strandungsfalldeckung ist jedoch auch für Land- und Lufttransporte sowie für Lagerung zu bekommen. Der Katalog der bestimmten qualifizierenden Ereignisse, für die der Versicherer Ersatz leistet bei der Strandungsfalldeckung, geht weit über die Strandung des Schiffes hinaus und erfasst auch solche, die während des Aufenthalts der Güter an Land eingetreten sind. So ist beispielsweise ein Unfall des Transportmittels, beispielsweise ein Lkw Unfall, bei dem die Güter beschädigt wurden, ein solches qualifizierendes Ereignis.

31 Bei der Strandungsfalldeckung ist darauf zu achten, dass hier den Versicherungsnehmer die **Beweislast** dafür trifft, dass der Eintritt dieses Ereignisses auch für den Schaden ursächlich war. Dies kann in der Praxis Schwierigkeiten aufwerfen. Transportmittelunfälle sind da noch die häufigsten Fälle, in denen Schadensersatz vom Versicherer im Rahmen einer Strandungsfalldeckung geleistet wird, weil sie vom Versicherungsnehmer relativ unproblematisch durch offizielle Unfallprotokolle belegt werden können. Zu denken ist jedoch auch an solche Fälle, in denen Lagergebäude einstürzen durch Sturm oder Schneelast.

---

[7] *Thume/de la Motte/Ehlers,* 5 Volle Deckung, Rn. 36.

Im Unterschied zur Allgefahrendeckung, die im vorhergehenden Kapitel erwähnt wurde, handelt es sich bei der Strandungsfalldeckung um eine **Einzelgefahrendeckung.** Damit besteht ein deutlich geringerer Versicherungsumfang als bei der Allgefahrendeckung. Hier muss der Versicherungsnehmer sorgfältig prüfen, inwieweit es ökonomisch ist, nur einen solchen geringen Versicherungsumfang zu haben gegenüber einer nahezu uneingeschränkten Allgefahrendeckung. Für diese Prüfung kommt es einmal mehr entscheidend darauf an, wie die vertraglichen Verpflichtungen zwischen den Handelspartnern aussehen und in welchem Umfang der Versicherungsnehmer auf die Versicherung von Gütertransporten angewiesen ist. 32

C. Gegenstand und Interesse der Versicherung

I. Versicherte Gegenstände

Die Gütertransportversicherung umfasst alle Arten von Gütern, sei es Rohprodukte oder Fertigerzeugnisse, neue oder gebrauchte Waren, Einzel-, Schütt- oder Flüssiggüter, Verpackungen oder Transportbehältnisse. In der Police finden sich entweder detaillierte Angaben zu den versicherten Waren oder einfach nur die pauschale Regelung, dass **Waren aller Art** versichert sind. Bei den versicherten Gegenständen gibt es ebenfalls bestimmte Gruppen, die nicht versichert werden. Auch hier gilt, dass dies ausdrücklich in der Police zu erwähnen ist. So finden sich häufig Verweise darauf, dass Güter, die einem Wirtschaftsembargo unterliegen oder Waffen und Munition nicht vom Versicherungsschutz erfasst sind. Es gibt jedoch auch Policen, die die Versicherung besonders hochwertiger Güter wie Handys und Unterhaltungselektronik ausschließen. Eine solche Gütertransportversicherung wäre für die Firma Electronic Services GmbH aus dem Beispiel 2 wertlos, da gerade diese Güter von ihr importiert werden. 33

Neben den Gütern kann insbesondere auch das Interesse bezüglich des imaginären Gewinns, des Mehrwerts, des Zolls, der Fracht, der Steuern und Abgaben und sonstiger Kosten (vgl. Ziff. 1.1.3 DTV-Güter 2000/2011) versichert werden. Die Versicherung deckt also nicht nur gegenwärtiges sondern auch **künftiges Interesse.** Unter imaginärem Gewinn ist der erwartete Gewinn und nicht der tatsächlich erzielte oder zu erzielende Gewinn zu verstehen. Auch das VVG sieht eine Versicherung eines **Gewinninteresses** ausdrücklich vor.[8] Zulässig ist jedoch nur ein imaginärer Gewinn, der nach kaufmännischer Berechnung möglicherweise zu erwarten war. Einen überhöhten imaginären Gewinn braucht ein Versicherer nicht zu ersetzen. Bei einer gemeinsamen Versicherung von Gütern und Gewinnen wird nach Ziffer 10.3 DTV-Güter 2000/2011 pauschal ein imaginärer Gewinn zugunsten des Käufers mit 10% des Versicherungswertes angesetzt. 34

Die **Mehrwertversicherung** hat insbesondere bei Rohstoffen eine praktische Bedeutung. Der Mehrwert kann neben dem imaginären Gewinn versichert werden. Eine Mehrwertversicherung wird regelmäßig dann abgeschlossen, wenn der Marktpreis nach Abschluss der Versicherung, beziehungsweise zwischen Beginn der Versicherung und Ende des versicherten Transports, steigt oder sich die Währungsparität ändern kann. 35

Bei der Versicherung von **Zoll, Fracht, Steuern und Abgaben** sowie **sonstiger Kosten** ist darauf zu achten, dass diese im Schadensfall nur dann ersetzt werden, wenn das versicherte Interesse bereits entstanden ist (vgl. Ziff. 17.7 DTV-Güter 2000/2011). Ist dies nicht der Fall, wird der darauf entfallende Teil der Versicherungssumme bei der Ermittlung des Schadens nicht berücksichtigt. Sollte also in unseren Beispielfällen 1 und 2 der Verlust des Rohkaffees bzw. der Computerteile zu einem Zeitpunkt eingetreten sein wo der Zoll noch nicht erhoben wurde, kann der Versicherer die Ersatzleistung des Zolls verweigern. 36

---

[8] Vgl. § 53 VVG.

II. Versichertes Transportinteresse

37   Es wurde bereits erwähnt, dass Gegenstand der Güterversicherung jedes in Geld schätzbare Interesse sein kann, dass jemand daran hat, dass die Güter die Gefahren der Beförderung sowie damit verbundener Lagerung bestehen (vgl. Ziff. 1.1.1 DTV-Güter 2000/2011) und dass grundsätzlich alle Arten von Transporten versichert werden können. Hierzu zählen die Bezugs- und Versandtransporte genauso, wie die Zwischen- und Rücktransporte von defekten Gütern, Mustersendungen, Paketsendungen etc. Um zu beurteilen, ob ein **versichertes Transportrisiko** vorliegt, muss analysiert werden, wie es sich mit der **Haftung** für die Transportrisiken verhält. Wer trägt beispielsweise die Gefahr des Verlusts der Computerzubehörteile während des Transportes von Taiwan nach Hamburg im Beispiel Nr. 2? Ausschlaggebend ist, wer nach dem Kaufvertrag über die Handelsware das Risiko übernommen hat. Trägt der Käufer die **Transportgefahr,** ist er gut beraten eine Gütertransportversicherung abzuschließen. Liegt die Gefahr jedoch beim Verkäufer, ist es in seinem Interesse, sich gegen die Transportrisiken zu versichern.

38   Aus der Formulierung „jedes in Geld schätzbare Interesse" ergibt sich, dass eine wirtschaftliche Beziehung zu dem Interesse bestehen muss. Diese besteht regelmäßig bei dem Eigentümer einer Sache, aber auch bei Pfandgläubigern, Nutzungsberechtigten, wie Mietern oder Pächter und auch denjenigen, die sich ohne Eigentümer zu sein bereit erklärt haben, die Gefahr zu tragen. Bei einer Haus-Zu-Haus-Versicherung können sowohl der Verkäufer als auch der Käufer ein eigenes wirtschaftliches Interesse an einer schadenfreien Beförderung haben. Solange der Kaufpreis nicht bezahlt ist, haben sowohl der Käufer als auch der Verkäufer, auf den die Gefahr übergegangen ist, ein sicherbares Interesse.

III. Incoterms

39   Bei Kaufverträgen mit internationalem Bezug finden sich häufig die *Incoterms.*[9] Der Begriff *Incoterms* steht für *International Commercial Terms – Official Rules for Interpretation of Trade Terms.* Sie werden von der Internationalen Handelskammer (ICC) in Paris herausgegeben und enthalten exakte Regelungen für Außenhandelsverträge über den Gefahren- und Kostenübergang vom Verkäufer auf den Käufer und auch darüber, wann eine Transportversicherung abzuschließen ist. Die Parteien sind in der Gestaltung völlig frei und können die Risiken beliebig verteilen. Wird der Kaffee in Beispiel 1 FOB gekauft, so verbirgt sich dahinter die Vereinbarung, dass der Verkäufer das Transportrisiko bis zur Verladung des Rohkaffees auf das Transportmittel trägt. **FOB** steht für **Free on Board.** Erst ab diesem Zeitpunkt geht die Gefahr auf den Käufer, in Beispiel Nr. 2 also das Kaffeecontor „Hanseatic" über.

40   Die Incoterms werden in vier unterschiedliche Hauptgruppen eingeteilt, wobei jede die Kosten- und Risikotragung innerhalb der Gruppe ähnlich behandelt.

41   **1. Gruppe E.** Die E-Klausel wird auch **Abholklausel** genannt. Sie lautet EXW und bedeutet Ex Works, was so viel heißt wie ab Werk.
   Hier endet das Risiko des Verkäufers mit Verlassen des Werksgeländes. Die Kosten und das Risiko des Transports trägt der Käufer. Ist der Rohkaffee im Beispiel 1 EXW von der Firma Hanseatic eingekauft worden, hat sie Sorge für den Transport und die Versicherung zu tragen.

42   **2. Gruppe F.** Die F-Klauseln, bei dem der Verkäufer allenfalls den Vortransport jedoch nicht den eigentlichen Haupttransport zu zahlen hat, lauten **FCA** (*Free Carrier* – Freie Frachtführer), **FAS** (*Free Alongside Ship* – Frei Längsseite Schiff) und **FOB.** Den Haupttransport hat der Käufer zu organisieren und zu bezahlen.

43   **3. Gruppe C.** Die C-Klauseln sind sogenannte **Absenderklauseln.** Hier hat der Verkäufer die Waren für den Export freizustellen und die Kosten für den Haupttransport bis

---

[9] Incoterms 2010, seit Januar 2011 in Kraft.

zum Bestimmungsort oder Bestimmungshafen zu bezahlen, jedoch trägt der Verkäufer nicht die Gefahr. Diese liegt beim Käufer. Die C-Klauseln sind **CFR** (*Cost and Freight* – Kosten und Frachten), **CIF** (*Costs, Insurance, Freight* – Kosten, Versicherung, Fracht), **CPT** (*Carriage pay to* – frachtfrei) und **CIP** (*Carriage and Insurance pay to* – frachtfrei versichert). Wurden die Computerteile in Beispiel Nr. 2 auf Basis CIF gekauft, so trägt der Verkäufer das Risiko bis zu dem Zeitpunkt, an dem sie entweder ins Flugzeug oder auf ein Schiff verladen wurden. Die Kosten des Transports trägt er bis zum Bestimmungsort bzw. Bestimmungshafen. Darüber hinaus trifft ihn die Verpflichtung, den Transport zu versichern.

4. Gruppe D. Die D-Klauseln sind **Ankunftsklauseln,** was soviel bedeutet, dass der Verkäufer alle Kosten und Gefahren bis zum benannten Bestimmungsort oder Bestimmungshafen trägt. Sie lauten **DAT** (*Delivered At Terminal* – geliefert Terminal), **DAP** (*Delivered At Place* – geliefert benannter Ort) und **DDP** (*Delivered Duty Paid* – geliefert verzollt). Sind die Computerteile DAP gekauft worden, dann trägt der Verkäufer das Risiko und die Kosten bis zum Eintreffen der Teile bei der Firma Electronic Services GmbH in Norddeutschland. 44

Für den **See- und Binnenschiffstransport** bieten sich die Klauseln FAS, FOB, CFR und CIF an. Die übrigen Klauseln können bei jeder Art von Transport, einschließlich **Multimodaltransport,** verwendet werden. Anhand dieses kurzen Exkurses in die für Außenhandelsgeschäfte üblichen Vertragsformeln wird deutlich, bei wem ein Transportrisiko hinsichtlich der zu befördernden Güter vorliegt und somit ein versichertes Interesse besteht. 45

IV. Haftungsbegrenzungen je nach Transportmittel

Zu beachten ist weiter, dass je nach Transportmittel unterschiedliche Transportrisiken bestehen, die auch Auswirkungen auf die Haftung haben. So ist es in der Transport- und Logistikbranche absolut üblich, die Haftung zu begrenzen, teilweise sogar auszuschließen. Die einschlägigen Transportgesetze und internationalen Konventionen sehen hier teilweise **zwingende Regelungen** vor. So gibt es nahezu bei allen Verkehrsträgern eine Haftungsbegrenzung per kg des Rohgewichts. 46

Im deutschen Frachtrecht oder in der CMR erfolgt eine Begrenzung nach Sonderziehungsrechten. Nimmt man an, dass die Computerzubehörteile des Elektronikunternehmens Electronic Services GmbH einen Handelswert von EUR 250.000,00 hatten, jedoch lediglich ein Gewicht von 200 kg und nimmt man weiter an, dass diese Teile während eines **Seetransports** beschädigt wurden, so würde der Verfrachter nach deutschem Frachtrecht (§ 660 Abs. 1 HGB) für Verlust oder Beschädigung der Güter höchstens bis zu einem Betrag von 666,67 Rechnungseinheiten für das Stück oder einen Betrag von 2 Rechnungseinheiten für das kg des Rohgewichts der verlorenen oder beschädigten Güter haften, je nachdem welcher Betrag höher ist. Im August 2013 lag das Sonderziehungsrecht bei ca. EUR 1,14.[10] Diese Summe liegt deutlich unter dem Handelswert der Güter. Diese Haftungsbegrenzung lässt sich nur unter bestimmten Umständen durchbrechen, so dass das Elektronikunternehmen Electronic Services GmbH ohne einen Gütertransportversicherungsschutz auf einen Großteil seines Schadens sitzen bleiben würde, trotz Entschädigungsleistung durch den Verfrachter. 47

Weitere Gründe, die für einen eigenen Transportversicherungsschutz streiten, sind die teilweise erheblichen Beweislastprobleme bei der Geltendmachung von Transportschäden sowie das nicht zu unterschätzende Risiko der Bonität des jeweiligen Verkehrsträgers. Der Abschluss einer Transportversicherung ist gerade bei internationalen und interkontinentalen Beförderungen für Kaufvertragsparteien von erheblicher Bedeutung und sollte unbedingt im Kaufvertrag geregelt werden. 48

---

[10] Veröffentlicht auf www.tis-gdv.de.

D. Dauer des Versicherungsschutzes

I. Beginn des Versicherungsschutzes

49 Der Versicherungsschutz in der Gütertransportversicherung besteht grundsätzlich von **Haus-zu-Haus** (sogenannte Haus-zu-Haus-Deckung).[11] Er beginnt sobald die Güter am Versandtort zur unverzüglichen Beförderung von der Stelle entfernt werden, an der sie bisher aufbewahrt wurden (vgl. Ziffer 8.1 DTV-Güter 2000/2011). Somit besteht Versicherungsschutz von dem Moment an, wo sich die Güter noch in den Räumen des Versenders befinden.

50 Werden die Säcke, in denen der Rohkaffee in Beispiel Nr. 1 verpackt ist, beim Beladen des Containers im Lager des Versenders durch Unachtsamkeit des Personals beschädigt, ohne dass dies bereits beim Beladen entdeckt wurde, oder waren die Säcke feucht als sie in den Container gestaut wurden, besteht für die hieraus entstehenden Schäden Versicherungsschutz.

II. Ende des Versicherungsschutzes

51 Die Versicherung endet in dem Augenblick, in dem die Sendung beim Empfänger dort abgesetzt wurde, wo sie der Empfänger abgestellt haben möchte. In Ziffer 8.2.1 der DTV-Güter 2000/2011 heißt es, dass die Versicherung endet, sobald die **Güter am Ablieferungsort** an die Stelle gebracht sind, die der Empfänger bestimmt hat (Ablieferungsstelle). Ziffer 8.2. der DTV-Güter 2000/2011 regelt detailliert alternative Zeitpunkte, an denen die Versicherung endet. So kann die Versicherung auch enden, wenn die Güter an einem nicht im Versicherungsvertrag vereinbarten Ablieferungsort weiterbefördert werden sollen, wenn durch die Änderung des Ablieferungsortes die Gefahr erhöht wird. Die Versicherung kann weiter enden mit dem Ablauf einer bestimmten Anzahl von Tagen nach dem Ausladen der Güter aus dem Seeschiff oder einem Flugzeug am Bestimmungsort.

52 Ein in der Praxis bedeutsamer Fall ist der von Ziffer 8.2.6 DTV-Güter 2000/2011. Hier geht es um die **Lagerung der Güter.** Es handelt sich um disponierte Lagerungen, die für Vor- und Nachlagerungen, also Aufenthalte vor dem Beginn oder nach Ende eines Transportes, vorgesehen sind. Diese sind mitversichert, so lange der vereinbarte Zeitraum nicht überschritten wird. In der früheren Fassung der ADS Güterversicherung 1973/1984 sah man eine Frist von 30 Tagen für disponierte Lagerungen vor. Heute ist lediglich die Rede von einem vereinbarten Zeitraum.

53 Zu unterscheiden von den disponierten Lagerungen sind die transportbedingten Lagerungen. Sie sind bei Landtransporten und ebenso bei See- und Lufttransporten im Rahmen von Ziffer 8.2.3 DTV-Güter 2000/2011 unbegrenzt versichert.

54 Ein Problemfall ist der, dass die Annahme der Güter durch den Empfänger verweigert wird. Hier sollte die Versicherungspolice erweitert werden, so dass Versicherungsschutz zugunsten des Versicherungsnehmers bis zur vollständigen Abnahme entweder durch den ursprünglichen Empfänger oder einen neuen Käufer besteht.[12]

E. Deckungsausschlüsse

I. Allgemeines

55 Es gilt der Grundsatz in der Transportversicherung, dass alles, was durch gedruckte oder geschriebene Bedingungen nicht ausdrücklich ausgeschlossen wird, versichert ist. Dies wurde bereits im Zusammenhang mit der Allgefahrendeckung thematisiert. Für ausgeschlossene

---

[11] *Enge*, Transportversicherung, 175 ff.
[12] Weitere Beispiele *Enge*, Transportversicherung, 181 ff.

Abschnitt 21. Gütertransportversicherung

Gefahren und Schäden trägt der Versicherer die **Beweislast.** Dies ist für den Versicherungsnehmer von großem Vorteil, da er lediglich in einem Schadensfall nur den Schaden nachweisen muss, während der Versicherer den Beweis erbringen muss, dass ein Ausschluss nach den Bedingungen der Versicherungspolice besteht.

II. Nicht versicherte Gefahren

In Ziffer 2.4 DTV-Güter 2000/2011 sind die nichtversicherten Gefahren aufgezählt. So sind ausgeschlossene Gefahren solche des Krieges, Bürgerkrieges oder kriegsähnliche Ereignisse (vgl. Ziff. 2.4.1.1 DTV-Güter 2000/2011). Ausgeschlossen sind Gefahren, ausgehend von Streik, Aussperrung, Arbeitsunruhen, terroristischen oder politischen Gewalthandlungen (vgl. Ziff. 2.4.1.2 DTV-Güter 2000/2011). Ferner sind ausgeschlossene Gefahren die der Beschlagnahme, Entziehung oder sonstiger Eingriffe von hoher Hand (vgl. Ziff. 2.4.1.3 DTV-Güter 2000/2011). Diese Gefahren können jedoch im Rahmen von Zusatzklauseln mitversichert werden. Auch die Gefahr resultierend aus Kernenergie oder sonstiger ionisierender Strahlung ist grundsätzlich ausgeschlossen, wenn sie nicht durch eine Zusatzklausel mitversichert wurde. 56

Ausgeschlossen sind auch Gefahren die aus der **Zahlungsunfähigkeit** und des **Zahlungsverzuges** eines Reeders, Charterers oder Betreibers des Schiffes oder sonstiger finanzieller Auseinandersetzung mit den genannten Parteien entstanden sind (vgl. Ziff. 2.4.1.6 DTV-Güter 2008/2011). Dies gilt jedoch nicht, wenn der Versicherungsnehmer nachweisen kann, dass er die genannten Parteien oder den beauftragten Spediteur mit der Sorgfalt eines ordentlichen Kaufmanns ausgewählt hat, ihm also kein Auswahlverschulden anzulasten ist oder der Versicherungsnehmer Käufer ist und nach den Bedingungen des Kaufvertrages keinen Einfluss auf die Auswahl der am Transport beteiligten Personen nehmen konnte (beispielsweise bei einem CIF- oder CIP-Kaufvertrag). 57

In der Praxis findet sich häufig in den Versicherungspolicen eine **Kriegsklausel,** mit der sichergestellt wird, dass Schäden durch Krieg, Bürgerkrieg oder kriegsähnliche Ereignisse versichert sind. Regelmäßig gilt dieser Versicherungsschutz so lange wie sich die Güter an Bord des Seeschiffes oder Flugzeugs befinden. Bei Landtransporten besteht dagegen häufig kein Versicherungsschutz gegen Kriegsrisiken. 58

III. Nicht ersatzpflichtige Schäden

Neben dem Ausschluss bestimmter Gefahren vom Transportversicherungsschutz sind auch bestimmte Schäden von der Ersatzpflicht ausgeschlossen. Ziffer 2.5 DTV-Güter 2000/2011 bestimmt, welche Schäden dies sind. So leistet der Versicherer keinen Ersatz für Schäden, die verursacht werden durch eine **Verzögerung der Reise, inneren Verderb** oder die **natürliche Beschaffenheit** der Güter, bei **handelsüblichen Mengen-, Maß- und Gewichtsdifferenzen oder -verlusten,** wobei diese jedoch dann berücksichtigt werden, wenn gerade hierfür in der Versicherungsdeckung eine Abzugsfranchise vereinbart wurde. Ausgeschlossen sind auch solche Schäden, die durch **normale Luftfeuchtigkeit** oder **gewöhnliche Temperaturschwankungen** entstanden sind. Dies ist gerade bei Gütertransporten aus tropischen Klimazonen nach Nordeuropa ein nicht zu unterschätzendes Problem. Häufig ist die Abgrenzung zwischen einem Feuchtigkeitsschaden durch unsachgemäße Verpackung von einem Feuchtigkeitsschaden wegen gewöhnlicher Temperaturschwankungen äußerst schwierig. Bei Kühltransporten trifft man regelmäßig auf die Problematik, dass die Ware nicht ausreichend vorgekühlt wurde, bevor sie in einen Kühlcontainer verladen wurde. Die meisten Kühlaggregate sind technisch so ausgelegt, dass sie bis zu einem gewissen Grad Lebensmittel herunterkühlen können, aber nicht soweit, dass sie auch Lebensmittel tiefkühlen können. 59

1. Verpackungsmangel. Nicht ersatzpflichtige Schäden sind auch die, die durch nichtbeanspruchungsgerechte Verpackung oder sachgemäße Verladeweise erstanden sind, es sei 60 denn, der Versicherungsnehmer hat dies weder vorsätzlich noch grob fahrlässig verschuldet. Hier geht es um einen **subjektiven Risikoausschluss,** der ein Verhalten des Versicherungsnehmers betrifft. Der Versicherungsnehmer muss sich sowohl das eigene Verschulden, als auch das seiner Repräsentanten zurechnen lassen. Lässt er fremd verpacken, muss er die Eignung der Fremdverpacker überprüfen. Für die Beweislast gilt, dass der Versicherer die Ursächlichkeit der mangelhaften Verpackung für den Schaden beweisen muss, während der Versicherungsnehmer die Beweislast für sein fehlendes Verschulden trägt.

61   In der Praxis spielt der Verpackungsausschluss eine wichtige Rolle. Bei Binnentransporten wird von den Versicherern eine handelsübliche, bei See- und Lufttransporten über See einen seemäßige und **beanspruchungsgerechte Verpackung** verlangt. Bestehen Fehler oder Mängel bei der handelsüblichen Verpackung greift der **objektive Risikoausschluss,** d.h. es kommt nicht auf ein Verschulden des Versicherungsnehmers an. Wichtig ist, dass allein die Handelsüblichkeit entscheidend dafür ist, ob die Ware versichert ist. Dies richtet sich bei einer Seereise nach den Maßstäben am Abladeort. In DTV-Güter 2000/2011 heißt es in Ziffer 2.5.1.5 „nicht beanspruchungsgerechte Verpackung". Damit ist nichts anderes gemeint, als dass die Verpackung nur dann ausreichend ist, wenn sie den typischen Beanspruchungen angesichts der spezifischen Besonderheiten des beabsichtigten Transports Rechnung trägt. Dabei ist daran zu denken, dass die Verpackung stabil sein muss, damit sie ihre **Schutzfunktionen** auch erfüllt. Neben der Schutzfunktion hat die Verpackung aber auch eine **Kennzeichnungsfunktion.** Sie soll Aufschluss über Art, Menge, Gewicht des Gutes, eventuell sogar Hinweise auf Handhandhabung beinhalten. Die wichtigste Information ist sicherlich die Angabe zum Absender und Empfänger. Gerade im Paketdienst sind die häufigsten Verluste auf fehlende Angabe von Absender und Empfänger zurückzuführen.

62   **2. Mittelbare Schäden.** Schließlich leistet der Versicherer keinen Ersatz für mittelbare Schäden aller Art, sofern nichts anderes vereinbart ist (vgl. Ziff. 2.5.2 DTV-Güter 2000/2011). **Vermögensfolgeschäden** sind also zunächst einmal nicht erstattungspflichtig, es sei denn, es wurde etwas anderes vereinbart. In der Praxis ist es inzwischen durchaus üblich, dass in Generalpolicen auch mittelbare und reine Vermögensschäden mitversichert werden.

63   **3. Vorsätzliches und grob fahrlässiges Verschulden.** Schließlich ist nach Ziffer 3 DTV-Güter 2000/2011 der Versicherer von der Verpflichtung zur Leistung frei, wenn der Versicherungsnehmer den Versicherungsfall vorsätzlich oder grob fahrlässig herbeiführt. Vorsatz ist das Wissen und Wollen des rechtswidrigen Erfolges.[13] Grobe Fahrlässigkeit liegt vor, wenn die im Verkehr erforderliche Sorgfalt im besonders schweren Maße verletzt wird und schon einfache, ganz naheliegende Überlegungen nicht angestellt oder beiseite geschoben werden und dasjenige unbeachtet bleibt, was im gegebenen Fall jedem einleuchten muss (BGH NJW 92, 316). Auch hier gilt für den subjektiven Risikoausschluss, dass der Versicherer den Nachweis erbringen muss, dass das grob fahrlässige oder vorsätzliche Verhalten für den Eintritt des Versicherungsfalls ursächlich war.

F. Obliegenheiten des Versicherungsnehmers

64   Wie in nahezu allen Versicherungsverträgen obliegt es dem Versicherungsnehmer bestimmte Verhaltenspflichten einzuhalten, damit er seinen Versicherungsschutz nicht gefährdet.

I. Vor Schadenseintritt

65   Ziffer 7 der DTV-Güter 2000/2011 regelt die Obliegenheiten vor Schadeneintritt. So ist das für die Beförderung vorgesehene **Beförderungsmittel** sorgfältig auszuwählen. Dies

---

[13] *Thume/de la Motte/Ehlers,* 5 Volle Deckung, Rn. 183.

Abschnitt 21. Gütertransportversicherung

setzt allerdings voraus, dass der Versicherungsnehmer Einfluss auf die Auswahl hat. Sofern er dies nicht hat, kann ihm hieraus auch kein Vorwurf erwachsen. Seeschiffe gelten als geeignet, wenn sie zusätzlich die Voraussetzungen der DTV-Klassifikations- und Altersklauseln erfüllen sowie die Vorschriften des International Safety Management Code (ISM-Code) erfüllt sind.

Hatte der Versicherungsnehmer keinen Einfluss auf die Auswahl des Transportmittels, so besteht gleichwohl Versicherungsschutz, wenn der Versicherungsnehmer den mit der Organisation des Transports beauftragten **Spediteur** mit der Sorgfalt eines ordentlichen Kaufmanns ausgewählt hat (vgl. Ziff. 7.2 DTV-Güter 2000/2011). Vorsicht ist in dem Moment geboten, wo dem Versicherungsnehmer Mängel des Transportmittels bekannt sind. Hier hat der Versicherungsnehmer dem Versicherer unverzüglich Anzeige zu erstatten. 66

II. Im Schadensfall

Für den Schadenfall regelt Ziffer 15 DTV-Güter 2000/2011 die Obliegenheiten des Versicherungsnehmers. So ist es selbstverständlich, dass der Schaden dem Versicherer unverzüglich **anzuzeigen** ist. Weiter hat der Versicherungsnehmer den Schaden nach Möglichkeit gering zu halten und soweit es in seiner Macht steht abzuwenden. Hierbei kann der Versicherer ihm Weisungen erteilen, die der Versicherungsnehmer zu befolgen hat. Diese sogenannte Rettungsobliegenheit des Versicherungsnehmers besteht auch in Bezug auf mögliche Folgeschäden, wenn diese unter den Versicherungsschutz fallen. Zu denken ist hier an Bergungs- und Beseitigungskosten, wenn diese mitversichert sind. 67

Auch die Wahrung und Sicherung möglicher **Regresse** ist eine Obliegenheit des Versicherungsnehmers. Dem Versicherer müssen Ersatzansprüche gegen Dritte gesichert werden, falls der Versicherer im Wege des Regresses versichern will, sich die ausgezahlte Versicherungssumme vom Schädiger erstatten zu lassen. 68

Nach Ziffer 15.3 DTV-Güter 2000/2011 ist ein **Havariekommissar** im Schadensfall hinzuzuziehen. Er hat die Stellung eines vom Versicherer zur Schadensfeststellung beauftragten Experten. Sein Bericht ist die Grundlage zur Prüfung der Leistungspflicht des Versicherers. Daher ist es im Interesse des Versicherungsnehmers, sich unverzüglich mit einem Havariekommissar in Verbindung zu setzen. Üblicherweise sind dies Personen, die der Versicherer vorschlägt. 69

Der Versicherungsnehmer ist weiter zur **Auskunftserteilung** gegenüber dem Versicherer verpflichtet. Er hat alle Beweismittel, die für die spätere Aufklärung des Schadenhergangs von Bedeutung sind oder für die Geltendmachung von Regressansprüchen notwendig sind, zu beschaffen und sicherzustellen. Was zur Feststellung des Versicherungsfalls erforderlich ist, ergibt sich aus den **Anweisungen des Versicherers.** Diese sind häufig auf der Rückseite des Versicherungszertifikates wiedergegeben. Üblich sind Schadenrechnung, das Versicherungszertifikat oder die Einzelpolice, das Havariezertifikat, Konnossement, Frachtbrief oder sonstige Transport- oder Lagerdokumente. Weiter sind Unterlagen über Feststellung Zahl, Maß oder Gewicht am Abgangs- und am Bestimmungsort erforderlich sowie gegebenenfalls schriftliche Abtretungserklärungen des aus dem Beförderungsvertrag Berechtigten an den Versicherer. Letztere sind ständige Streitpunkte in späteren Regressverfahren, wenn es um die Prüfung der Aktivlegitimation des klagenden Versicherers geht. 70

Verletzt der Versicherungsnehmer eine dieser Obliegenheiten vorsätzlich oder grob fahrlässig, ist der Versicherer von der Verpflichtung zur Leistung frei (vgl. Ziff. 15.5 DTV-Güter 2000/2011). Der Versicherer bleibt allerdings zur Leistung verpflichtet, wenn die Verletzung der Obliegenheit weder für die Feststellung des Versicherungsfalls noch für die Feststellung oder den Umfang der Leistungspflicht des Versicherers **ursächlich** war. Es handelt sich um die Verletzung einer vertraglichen Obliegenheit des Versicherungsnehmers, die theoretisch darüber hinaus noch Schadensersatzansprüche des Versicherers auslösen können. Dies ist in der Praxis jedoch ohne Bedeutung. 71

G. Versicherungswert und Maximum

I. Versicherungssumme

72 Die Versicherungssumme soll dem Versicherungswert entsprechen. Der Versicherungswert ist der gemeine **Handelswert** oder, falls ein solcher nicht ermittelbar ist, der gemeine Wert der Güter am Absendungsort bei Beginn der Versicherung, zuzüglich der Versicherungskosten, der Kosten, die bis zur Annahme der Güter durch den Beförderer entstehen und der endgültig bezahlten Fracht (vgl. Ziffern 10.1 und 10.2 DTV-Güter 2000/2011).[14] Haben die Güter einen **Börsen- oder Marktpreis**, so ist dieser maßgebend. Bei der Bestimmung des allgemeinen Handelswertes ist auf objektive Gesichtspunkte und nicht auf die subjektiven Beziehungen des Versicherungsnehmers zur Handelsware abzustellen. Normalerweise ist der Verkaufspreis der Handelswert der Ware und wird in jeder Police durch eine entsprechende Bestimmung aufgenommen. Die Rede ist häufig von Fakturenwert der Ware. Hinzuzurechnen ist der imaginäre Gewinn über den bereits hier an anderer Stelle gesprochen wurde.

II. Maximum

73 Neben der Begrenzung der Leistung des Versicherers durch den Versicherungswert erfolgt noch eine Begrenzung für das gesamte Engagement des Versicherers. Es wird ein **Höchstversicherungswert** festgelegt. Dies ist erforderlich, damit der Versicherer weiß, in welchem Obligo er sich der Höhe nach insgesamt befindet. Eine Übernahme unbeschränkter Deckung durch einen Versicherer gegen Festprämie ist aus kaufmännischen Erwägungen nicht möglich und schon aus Gründen der Rückversicherung kaum darstellbar. In einer Generalpolice kann daher individuell nach Bedürfnissen des Versicherungsgebers ein maximales Versicherungsmaximum pro Sendung und Transport festgelegt werden. Hierbei wird vereinbart, dass die Versicherung sich nur auf einen bestimmten Betrag pro Police oder pro Beförderungsmittel bezieht. Darüber hinausgehende Beträge sind nicht mitversichert.

III. Unterversicherung

74 Von Unterversicherung spricht man, wenn die Versicherungssumme niedriger als der Versicherungswert ist. In einem solchen Fall ersetzt der Versicherer den Schaden und die Aufwendung nur nach dem **Verhältnis der Versicherungssumme zum Versicherungswert**. Stimmt also der Verkaufspreis bzw. Handelswert nicht mit dem Wert überein, der als Versicherungssumme angegeben wurde oder stimmen die Maxima nicht, dh der Schadenbetrag ist höher als die vereinbarten maximalen Summen, kann der Versicherer eine Unterversicherung geltend machen. Der Versicherungsnehmer erhält dann nicht den vollen Schaden, sondern nur einen Teil erstattet. Insbesondere bei Lagerversicherungen muss auf das Maximum geachtet werden, damit alle eingelagerten Waren in voller Höhe versichert sind.

IV. Selbstbehalte

75 Auch in der Transportversicherung ist es üblich einen Selbstbehalt mit dem Versicherer zu vereinbaren. Der Versicherungsnehmer erklärt damit, dass er einen Teil des Schadens selbst trägt. Dies wirkt sich positiv auf die Höhe der **Versicherungsbeiträge** aus. Der gewöhnlich vereinbarte Selbstbehalt wird vom Schadensgesamtbetrag in Höhe eines bestimmten Prozentsatzes oder festen Betrages abgezogen. Es gibt verschiedene Formen von Selbstbehalten:

---

[14] *Thume/de la Motte/Ehlers,* 5 Volle Deckung, Rn. 302.

1. Abzugsfranchise. Hier wird von jedem Schaden ein bestimmter Betrag des Schadensbetrages abgezogen. Dies ist gerade in der Kaskoversicherung üblich. 76

2. Integralfranchise. Bei der Integralfranchise werden Schäden unterhalb der vereinbarten Summengrenze nicht ersetzt. Sobald aber der Schaden diese Grenze überschreitet, wird er in voller Höhe ersetzt. In unserem Beispiel Nr. 2 hat die Electronic Services GmbH eine Integralfranchise von 10% auf den Versicherungswert von 1.000 EUR. Ein Güterschaden bis 99 EUR wird nicht erstattet, aber Schäden über 100 EUR werden in voller Höhe bezahlt. 77

Aus Sicht des Versicherungsnehmers ist bei der Wahl des Selbstbehaltes darauf zu achten, was nach bisheriger Schadenserfahrung am günstigsten ist. So macht es keinen Sinn für die Electronic Services GmbH einen Selbstbehalt in Höhe von 10.000 EUR zu vereinbaren, wenn die meisten Gütertransporte diesen Wert nicht einmal erreichen. 78

V. Abandon des Versicherers

In Ziffer 19 DTV-Güter 2000/2011 wird die **Befreiung des Versicherers** nach dem Eintritt des Versicherungsfalls geregelt. So kann der Versicherer sich durch Zahlung der Versicherungssumme von allen weiteren Verbindlichkeiten freikaufen. Der Versicherer bleibt trotz der Befreiung zum Ersatz der Kosten verpflichtet, die zur Abwendung oder Minderung des Schadens oder zur Wiederherstellung oder Wiederausbesserung der versicherten Sache verwendet worden sind, bevor seine Erklärung des Abandon dem Versicherungsnehmer zugegangen ist. Je früher der Versicherer also abandonniert, desto weniger zusätzliche Kosten neben der Versicherungssumme hat er. Diese Erklärung des Versicherers ist dem Versicherungsnehmer jedoch innerhalb **einer Woche** nach dem Zeitpunkt zu übermitteln, in dem der Versicherer von dem Versicherungsfall und seinen unmittelbaren Folgen Kenntnis erlangt hat. Hat der Versicherer die Ausschlussfrist eingehalten und die Versicherungssumme an den Versicherungsnehmer ausgezahlt, so erwirbt der Versicherer durch diese Zahlung keine Rechte an den versicherten Gegenständen. Sie bleiben mithin Eigentum des Versicherungsnehmers. Allerdings gehen die **Ersatzansprüche gegen Dritte** auf den Versicherer über.[15] 79

H. Versicherung für fremde Rechnung

Die Versicherung für fremde Rechnung, auch Versicherung für Rechnung **wen es angeht** genannt, ist in Ziffer 13 DTV-Güter 2000/2011 sowie in § 43 VVG geregelt. Dort heißt es in Absatz 1 „Der Versicherungsnehmer kann den Versicherungsvertrag im eigenen Namen für einen anderen, mit oder ohne Benennung der Person des Versicherten, schließen (Versicherung für fremde Rechnung)." Es handelt sich also um eine Versicherung, bei der der Versicherungsnehmer das **Interesse eines anderen versichert** und nicht sein eigenes. 80

Diese Form der Versicherung findet sich in der Gütertransportversicherung dort, wo ein Frachtführer, Spediteur oder Verfrachter sich um die Gütertransportversicherung kümmert. Der Abschluss einer Versicherung für fremde Rechnung kann auf einer Vereinbarung beruhen, wie sie zB bei den Incoterms CIF und CIP bestehen. Ein weiterer Zweck, der mit der Versicherung für fremde Rechnung verfolgt wird, ist es, einen verlässlichen Versicherer als Vertragspartner zu haben oder aber Diskussionen über Gefahrtragung und Erfüllung von Lieferverträgen zu vermeiden. 81

Das Vertragsverhältnis besteht nur zwischen dem Versicherer und dem Versicherungsnehmer. Der Versicherungsnehmer ist allein **Prämienschuldner.** Die Pflichten des Versicherungsnehmers aus dem Vertrag und seine Obliegenheitsverletzungen, können zur Leis- 82

---

[15] *Thume/de la Motte/Ehlers,* 5 Volle Deckung, Rn. 555.

tungsfreiheit des Versicherers führen und zwar unabhängig vom Verhalten des eigentlich Versicherten. Führt der Versicherte allerdings den Versicherungsfall vorsätzlich oder grob fahrlässig herbei oder verletzt er die vertragliche Obliegenheit, wird sein Verhalten dem Versicherungsnehmer zugerechnet, mit der Folge der Leistungsfreiheit des Versicherers (vgl. Ziffer 13.6 DTV-Güter 2000/2011).

I. Beitragskalkulation

83 Bei der Betragskalkulation eines Versicherers von Transportrisiken sind **drei Faktoren** für die Versicherungsprämie ausschlaggebend. Es handelt sich um den Umfang des Versicherungsschutzes, den Selbstbehalt und alle objektiven und subjektiven Risiken während der Dauer der Versicherung. **Risiken,** mit denen ein Versicherer schlechte Erfahrungen gemacht hat, werden mit einem hohen Beitrag quotiert. Folgende Punkte geben einen Anhalt: Risikoklasse der Güter, Gefahrtragung, Deckungsumfang, Versicherungssumme/Maximum, Verpackung, Transportstrecke, Ausgeschlossene Risiken, Mitversicherer, Regressaussichten, Schadensminderungspotential, Schadensverlauf beim Vorversicherer.

84 Die **Versicherungsprämie** wird nach Abschluss des Vertrages **sofort fällig.** Die Zahlung muss unverzüglich nach Erhalt des Versicherungsscheins und/oder der Zahlungsaufforderung oder Prämienrechnung erfolgen. Sollte der Versicherungsnehmer die Prämie nicht rechtzeitig gezahlt haben, läuft er Gefahr, in Verzug zu geraten. Der Versicherer wird ihn schriftlich zur Zahlung auffordern und eine Zahlungsfrist von mindestens zwei Wochen setzen. Ist der Versicherungsnehmer dann immer noch mit seiner Zahlung in Verzug, so ist der Versicherer von der Verpflichtung zur Leistung frei, wenn der Versicherungsfall vor der Zahlung eintritt (vgl. Ziffer 12.4 DTV-Güter 2000/2011). Weiter kann der Versicherer den Vertrag **fristlos kündigen,** wenn der Versicherungsnehmer sich nach Ablauf von weiteren zwei Wochen noch immer in Verzug befindet. Die Sanktionen der nicht rechtzeitig geleisteten Prämienzahlungen sind also erheblich. Der Versicherungsschutz ist gefährdet. Der Versicherungsnehmer läuft Gefahr, dass kein Versicherungsschutz für seine Güter besteht und er im Schadenfall einen eventuell unbefriedigenden Ersatzanspruch gegen den verantwortlichen Verkehrsträger hat.

Abschnitt 22. Seetransportversicherung

Übersicht	Rn.
A. Entwicklungen und Märkte	1
I. Versicherungssparten	1
II. Entwicklung	3
III. Der internationale Markt	4
B. Allgemeine Strukturen der P&I Versicherung	12
I. Deckungsprinzipien	12
II. Direktansprüche und Vorauszahlungsprinzip	14
C. Deckungstatbestände	18
I. Kaskoversicherung als Haftpflichtversicherung	18
1. Deckungsvoraussetzungen	20
2. Deckungserweiterungen	25
3. Ausschlüsse	26
4. Leistungsumfang	31
II. P&I-Versicherung	34
1. Deckungstatbestände der P&I-Versicherung	35
2. Ausschlüsse in der P&I-Versicherung	38
3. Obliegenheiten der P&I Versicherung	49
D. Die Gestellung von Sicherheiten	55

Literatur: *Kebschull,* Grundsätze der Protection und Indemnity Versicherung, Hamburg 1967 = ZVersWiss 1970, 561; *Kühl,* P&I-Versicherung – heute und morgen, Hansa 1984, 784 und 872; *Lebuhn,* die P&I-Versicherung als Haftpflichtversicherung des Seehandelsverkehrs, VW 1964, 374; *Pant,* Gesellschafts- und versicherungsrechtliche Aspekte der englischen Protection and Indemnity Clubs, Karlsruhe 1988; *Schwampe,* in: Thume/de la Motte, Transportversicherungsrecht, Kap. 5 D. Rn. 64–308; *Wodrich,* P&I-Versicherung, Hansa 1957, 288; *Zocher,* Protection and Indemnity: Die Haftpflichtversicherung im Bereich der Seeschiffahrt, Hansa 1983, 115.

A. Entwicklungen und Märkte

I. Versicherungssparten

Am Seeverkehr ist eine Vielzahl von Personen beteiligt: Reeder, Bareboatcharterer, **1** Zeitcharterer, Slotcharterer, Reisecharterer, Spediteure, Ablader, Befrachter, Empfänger. All diese Personen sind Haftungsrisiken ausgesetzt, die aus den Gefahren der Seeschifffahrt resultieren. Für viele, nicht alle Haftpflichtrisiken und die genannten Personen stellen der deutsche und internationale Versicherungsmarkt Versicherungskonzepte zur Verfügung. Im Abschnitt 24 wird die Verkehrshaftungsversicherung dargestellt, die im dort beschriebenen Umfang die Haftung vertraglicher Beförderer von Gütern, sei es als Verfrachter, als Multimodal-Frachtführer oder als Fixkostenspediteur, regelt. Seeversicherungsrechtliche Aspekte der Verkehrshaftungsversicherung werden hier nicht behandelt. Dieser Abschnitt beschränkt sich auf die **Haftpflichtversicherung von Reedern von Seeschiffen.** Dabei liegt das Schwergewicht der Betrachtung auf deutschen Versicherungsbedingungen und deutschem Versicherungsrecht. Wegen der Bedeutung ausländischer Versicherer in diesem Wirtschaftszweig werden jedoch teils auch Bezüge, insbesondere zum englischen Recht und dessen versicherungsmäßigen Besonderheiten hergestellt. Besondere Betonung wird auf denjenigen Aspekten dieser Haftpflichtversicherungen liegen, die für Exporteure von Bedeutung sind, die also in irgendeinem Zusammenhang mit der Beförderung von Ladung stehen. Darüber hinaus gehende Tatbestände werden kursorisch abgehandelt.

Ein Ausschnitt dieser rechtlichen Haftungsrisiken, bestimmte Haftpflichten im Zusam- **2** menhang mit Kollisionen von Schiffen, werden traditionell im Rahmen der **Seekaskoversicherung** (Englisch: Hull & Machinery Insurance) gedeckt. Alle übrigen Haftungsrisiken sind Gegenstand einer sehr weitgehenden eigenständigen Versicherungsform, die dem englischen Ausgangsmarkt entsprechend international als *Protection and Indemnity Versicherung,* oder kurz: **P&I Versicherung,** genannt wird.

II. Entwicklung

3   Die Versicherung von **Kollisionsrisiken** unter der Seekaskoversicherung ist schon von alters her bekannt. Anstoß für die Entwicklung einer eigenständigen P&I-Versicherung war im 19. Jahrhundert in England der Umstand, dass die englischen Kaskoversicherer nur noch bereit waren, 75 % der Kollisionshaftpflicht zu decken, und dies auch nur mit 75 % der Versicherungssumme. Für die englischen Reeder entstand mithin eine Lücke im Versicherungsschutz, die durch die Gründung von sogenannten *Mutual Assurance Associations* gefüllt wurde, die die unter der Seekaskoversicherung nun nicht mehr gedeckte Kollisionshaftung erfasste. Bei diesen *Associations* handelte es sich um Gegenseitigkeitsvereinbarungen von Reedern, die keine Prämien erhoben, sondern Umlagen zum Zwecke der Deckung des in einem Jahr aufgetretenen Schadensbedarfs. Lange Zeit war dies das einzige Deckungsangebot der auch als *Clubs* bezeichneten Vereinigungen. Weitergehende Haftungsrisiken bestanden für Reeder seinerzeit kaum, weil diese sich von der Haftung für Schäden weitgehend freizeichnen konnten. Erst mit einsetzender Haftungsverschärfung, zunächst durch Gerichte und später durch internationale Rechtsentwicklung, entstand weiterer Bedarf für Versicherungsschutz. Weil diesen der englische Markt nichts zur Verfügung stellte, dehnten die Reeder in ihren Clubs den Deckungsumfang aus. Gewährt wurde jetzt Schutz vor Inanspruchnahme (Protection) und Ersatz von Schadenersatzleistungen (Indemnity).

III. Der internationale Markt

4   Weltweit wird P&I-Versicherung nach wie vor zum allergrößten Teil durch **P&I-Clubs,** also Gegenseitigkeitsvereine, angeboten. Dreizehn Clubs haben zusammen die sogenannte **International Group of P&I Associations** gegründet. Lässt man außer Acht, dass die Clubs mittlerweile ihre Finanzvermögen teilweise aus Steuergründen außerhalb von Europa verwalten, handelt es sich um acht englische Clubs, drei skandinavische Clubs sowie einen amerikanischen und einen japanischen Club. Zusammen versichern diese Clubs mehr als 90 % der Welthandelstonnage. Dabei entfällt etwa 64 % des Prämienvolumens dieser Tonnage auf die englischen Clubs, etwa 26 % auf die skandinavischen Clubs, etwa 7 % auf den japanischen und etwa 3 % auf den amerikanischen Club.

5   Neben diesen großen P&I-Clubs, die Mitglieder der International Group sind, gibt es noch eine Reihe kleinerer Gegenseitigkeitsvereinigungen, teils eher örtlichen Charakters, in vielen Ländern. Daneben bieten Versicherungsgesellschaften Versicherungsschutz gegen P&I-Risiken an. In Deutschland gab es bis 2002 ebenfalls einen eigenen P&I-Club. Gegenwärtig wird P&I-Versicherung in Deutschland von verschiedenen Versicherungsgesellschaften angeboten.

6   Aufgrund der scharfen Konkurrenz und der Internationalität des Seeschifffahrtsmarktes sind die Deckungsinhalte weitgehend angeglichen. Besonderheiten folgen aus dem jeweils auf die Verträge anwendbaren Recht und aus Strukturunterschieden zwischen einem Versicherungsvertrag gegen Prämie und einem selbstverwalteten Umlagesystem einer Gegenseitigkeitsvereinigung.

7   Die von den P&I-Versicherern zur Verfügung gestellten **Deckungslimits** sind beträchtlich und übersteigen die Limits fast aller anderen angebotenen Haftpflichtversicherungen. Wegen der Bedeutung der in der International Group zusammengefassten P&I-Clubs sei hier deren Limitstruktur kurz dargestellt. Die angegebenen Strukturen geben die Verhältnisse im Versicherungsjahr 2013/2014 wieder (Versicherungsjahre laufen bei den P&I-Clubs traditionell vom 20. Februar eines Jahres bis zum 20. Februar des Folgejahres, jeweils 12:00 Uhr GMT – Greenwich Mean Time).

8   Jeder P&I-Club deckt zunächst Risiken bis zur Höhe von USD 9 Mio. selbst. Beschränkungen nach der Anzahl der Schäden gibt es nicht. Jedes Mitglied kann unbegrenzt viele

Schäden andienen. Schäden, die über USD 9 Mio. hinausreichen, werden bis zum Limit von USD 30 Mio. in einem sogenannten *Lower Pool* „gepoolt", das heißt diese Schäden werden von allen Mitgliedsclubs der International Group verhältnismäßig getragen. Darauf folgen drei weitere Layer von *Upper Pools* von zweimal USD 15 Mio. und einmal USD 10 Mio., für die sich der Pool bei einer von allen Clubs gemeinsam gehaltenen Selbstversicherungsgesellschaft (Captive Insurance Company) rückversichert. Für Schäden nach den sich daraus ergebenden USD 70 Mio. gibt es einen kommerziellen Rückversicherungsvertrag für Schäden bis zur Höhe von USD 1,07 Mrd. Für Ölverschmutzung ist dies das von den Clubs gewährte Deckungslimit. Für alle anderen Schäden gibt es einen weiteren Rückversicherungsvertrag von USD 1 Mrd. bis zu einer Haftungshöhe von USD 2,07 Mrd. Bis zu dieser Höhe stellen die Rückversicherer unbeschränkte „Wiederauffüllungen" zur Verfügung, die Clubs können also eine unbeschränkte Anzahl von Schäden andienen.

Nach USD 2,07 Mrd. gibt es noch einen weiteren Rückversicherungsvertrag in Höhe **9** von USD 1 Mrd., also bis zu einer Gesamthöhe von USD 3.07 Mrd. Dieser Rückversicherungsschutz steht mit einer Wiederauffüllung, also pro Jahr zweimal, zur Verfügung. Sollten Ansprüche in einem einzelnen Schadenfall die Summe von USD 3,07 Mrd. übersteigen, übernehmen die 13 Clubs der International Group im Poolsystem weitere USD 4,43 Mrd., sodass die bei den Clubs versicherte Höchsthaftung gegenwärtig USD 7,5 Mrd. beträgt.

Derartig hohe Haftungslimits ohne vollen Rückversicherungsschutz können selbst die **10** finanziell gut aufgestellten P&I-Clubs nicht aufgrund ihrer eigenen Finanzreserven zur Verfügung stellen. Das Club-System beruht deshalb auf einem **Umlageprinzip.** Reichen die erhobenen Umlagen nicht zur Abdeckung aller Schäden aus, erheben die Clubs Nachumlagen. Extrem hohe Schäden, die jenseits der Rückversicherung von USD 3,07 Mrd. liegen, fallen daher letztlich durch das Poolsystem auf alle bei den Clubs versicherten Schiffe, also auch über 90% der Welthandelstonnage, zurück und werden dort verteilt.

Kleinere örtliche Gegenseitigkeitsorganisationen und kommerzielle Anbiete, internatio- **11** nal sogenannte *Fixed Premium* **Versicherer,** stellen nicht derart hohe Deckungslimits zur Verfügung, dafür allerdings gegen feste Prämie ohne das Risiko von Nachumlagen. Auch in diesem Bereich sind jedoch Deckungslimits von USD 1 Mrd. nicht selten, und bei international agierenden Versicherern durchaus Standard.

B. Allgemeine Strukturen der P&I Versicherung

I. Deckungsprinzipien

P&I-Versicherer bieten keinen Allgefahren-Versicherungsschutz, wie ihn etwa § 28 ADS **12** bzw. Ziffer 27 DTV-ADS 2009 für die Seekaskoversicherung zur Verfügung stellt. Es herrscht vielmehr das **Prinzip der benannten Gefahren.** Versicherungsschutz hat der Versicherungsnehmer daher nur für die in den Versicherungsbedingungen – bei den P&I-Clubs üblicherweise als *Rules and Conditions* bezeichnet – im Einzelnen geschriebenen Konstellationen. Wie andere Versicherungen auch, kennt die P&I-Versicherung Deckungseinschränkungen – in Deutschland in der Form von Ausschlüssen und Obliegenheiten, in England in der Form von *Conditions* und *Warranties.*

Weder in Deutschland noch international gibt es eine allgemeine Versicherungspflicht **13** für die Betreiber von Seeschiffen. Die P&I Versicherung ist deshalb **keine Pflichthaftpflichtversicherung.** Sie begründet keine Direktansprüche von geschädigten gegen den P&I Versicherer. Der Geschädigte ist vielmehr gehalten, seine Schadenersatzansprüche gegen den Reeder zu verfolgen und durchzusetzen.

II. Direktansprüche und Vorauszahlungsprinzip

Ausnahmen gibt es nur in gesetzlich – zumeist durch internationale Abkommen – ge- **14** sondert geregelten Fällen. Dazu gehört die Haftung von Tankerreedern für Verschmutzung

2. Teil. Das Vertragsrecht des Exportgeschäfts

durch als Ladung transportiertes Öl nach dem Ölhaftungsübereinkommen von 1969, die Haftung für bestimmte Personenschäden nach dem Athener Übereinkommen von 1974 nebst Protokoll von 2002 sowie die Haftung für Verschmutzung durch Bunkeröl aufgrund des Bunkerölübereinkommens von 2001. Jüngst hinzugekommen ist die Verordnung (EU) Nr. 392/2009, die in der EU seit dem 31.12.2012 in Kraft ist und der Sache nach das Athener Protokoll von 2002 für die EU-Mitgliedsstaaten in Kraft gesetzt hat. Den Regelungen ist gemein, dass sie Versicherungspflichten statuieren und **Direktansprüche** Geschädigter gegen die Versicherer vorschreiben. Die meisten P&I Versicherer gewähren besonderen Versicherungsschutz für diese Konstellationen und stellen die nach den gesetzlichen Vorschriften für den Nachweis des Bestehend der Versicherung erforderlichen **Bestätigungen** aus.

15   Die P&I-Versicherung ist aber noch durch eine weitere Besonderheit gekennzeichnet. Der Versicherungsnehmer kann nämlich von seinem P&I Versicherer **Freihaltung** von einer Verbindlichkeit fordern. Voraussetzung für die Leistungspflicht des P&I-Versicherers ist vielmehr, dass der Versicherungsnehmer den ihm gegenüber durchgesetzten Schadenersatzanspruch auch tatsächlich befriedigt hat. Aufgrund dieser sogenannten **Vorauszahlungsklauseln,** im englischen Rechtskreis als *pay first* oder *pay to be paid*-Klausel bezeichnet, ist der Versicherungsschutz dem Zugriff von Gläubigern des Versicherungsnehmers entzogen. Während Deckungsansprüche bei Haftpflichtversicherern ansonsten grundsätzlich gepfändet und überwiesen werden können, sodass ein Geschädigter, der einen Titel gegen den Schädiger erwirkt hat, dessen Deckungsansprüche gegen seinen Haftpflichtversicherer pfänden, an sich überweisen und dann gegebenenfalls aus den Rechten des Versicherungsnehmers gegen den Haftpflichtversicherer vorgehen kann, ist dieser Weg in der P&I Versicherung verwehrt. Denn der Deckungsanspruch setzt gerade voraus, dass der Versicherungsnehmer den Geschädigten zuvor selbst befriedigt hat. Das hat zur Folge, dass der Geschädigte auch im Falle der Insolvenz des Reeders nicht auf die Versicherungsforderung zugreifen kann. Der Insolvenzverwalter des insolventen Reeders seinerseits kann mangels Erfüllung der Schadenersatzforderung keine Deckungsansprüche gegen den P&I Versicherer durchsetzen. In einigen Ländern gibt es Ausnahmen. In Norwegen etwa kann der Geschädigte im Fall der Insolvenz des Schädigers direkt dessen P&I-Versicherer in Anspruch nehmen. In Großbritannien gilt dies inzwischen jedenfalls für Personenschäden.

16   Vorauszahlungsklauseln gibt es nicht nur in Versicherungsverträgen nach ausländischem, sondern auch nach deutschem Recht. Entgegenstehende Vorschriften des VVG sind nicht anwendbar, weil die P&I-Versicherung Seeversicherung im Sinne von § 209 VVG ist. Nach Abschaffung des zuvor im HGB geregelten gesetzlichen Seeversicherungsrechtes im Zuge der VVG-Reform im Jahr 2008 gibt es kein spezielles Seeversicherungsrecht mehr. Es herrscht damit in den allgemeinen zivilrechtlichen Grenzen (gesetzliches Verbot; Sittenwidrigkeit; Treuwidrigkeit; AGB-Kontrolle) Vertragsfreiheit. In Deutschland halten Literatur und Rechtsprechung Vorauszahlungsklauseln für wirksam.

17   All dies gilt nur für die Haftpflichtversicherung in Form der P&I-Versicherung. Soweit Haftpflichtversicherungsschutz für Seerisiken auch unter der Kaskoversicherung besteht, enthalten diese weder in Deutschland noch in ausländischen Märkten Vorauszahlungsklauseln. Dort schulden die Versicherer Abwehr der Verbindlichkeit oder Befreiung von ihr. Hier steht die Deckungsforderung des Versicherungsnehmers im Zugriff des Geschädigten, der sie pfänden und, wenn er selbst einen Titel gegen den Schädiger erwirkt hat, an sich überweisen lassen kann.

C. Deckungstatbestände

I. Kaskoversicherung als Haftpflichtversicherung

18   Wie oben ausgeführt ist ein Teil der Reederhaftung unter der Kaskoversicherung versichert. Im deutschen Markt gelten insoweit die **Allgemeinen Deutschen Seeversiche-**

rungsbedingungen von 1919 (ADS) in Verbindung mit den **DTV-Kaskoklauseln** 1978. Letztere wurden mehrfach überarbeitet und sind zurzeit in Kraft in der Version 2004. Die am Markt zurzeit am meisten verbreitete Version ist jedoch diejenige von 1992. 2010 hat der Gesamtverband der Deutschen Versicherungswirtschaft mit den **DTV-ADS 2009** neue Musterbedingungen zur Verfügung gestellt, die nicht mehr nur die Kaskoversicherung des Schiffes regeln, sondern daneben noch andere Schiffsversicherungen wie Ertragsausfall und Krieg. Während die DTV Kaskoklauseln noch auf die ADS aufsetzen, die neben ihnen immer vereinbart werden müssen, kombinieren die DTV-ADS 2009 die allgemeinen Vorschriften mit besonderen Vorschriften für die jeweilige Versicherung

Die ADS regeln die **Haftpflicht aus Kollisionen** unter der Bezeichnung *mittelbarer* **19** *Kollisionsschaden* im § 78 ADS. Diese Vorschrift ist jedoch vollständig aufgehoben und ersetzt durch Ziffer 34 der DTV-Kaskoklauseln, denen Ziffer 65 DTV-ADS 2009 in weiten Teilen entspricht. Der Exporteur mag sich fragen, warum für ihn die Versicherung der Haftpflicht aus der Kollision von Schiffen bedeutsam ist, weil seine Interessen nicht an dem in die Kollision verwickelten Schiff bestehen, sondern allenfalls an der Ladung auf einem der beiden Schiffe. Die Kollisionshaftpflichtversicherung der Kaskoversicherung ist für den Exporteur aber dennoch deshalb von Bedeutung, weil nach dem international vereinheitlichten Kollisionshaftungsrecht (Internationales Übereinkommen über den Zusammenstoß von Seeschiffen, 1924) die Reeder an der Kollision beteiligter Schiffe nicht nur einander im Verhältnis des jeweiligen Verschuldens der Schiffsbesatzung der beteiligten Schiffe zum Ersatz verpflichtet sind, sondern sich diese Ersatzpflicht auch auf die an Bord des Kollisionsgegners beschädigten Sachen erstreckt. Bestehen oder Nichtbestehen von Versicherungsschutz ist daher auch für den Exporteur von Bedeutung. Die Kollisionshaftpflichtversicherung der DTV-Kaskoklauseln – in Ziffer 34 überschrieben mit **Ersatz an Dritte** – gewährt dem Versicherungsnehmer *Versicherungsschutz auch für den Fall, dass er einem Dritten wegen des Verlustes oder der Beschädigung von Sachen aufgrund gesetzlicher Haftpflichtbestimmungen Ersatz zu leisten hat und der Verlust oder die Beschädigung bei der Bewegung des Schiffes oder durch navigatorische Maßnahmen in unmittelbarem Zusammenhang mit der Teilnahme am Schiffsverkehr verursacht worden sind*. Die Bestimmung in Ziffer 65 ist sehr ähnlich. Zerlegt man diese komplexe Bestimmung, so findet man die folgenden Einzelregelungen:

1. Deckungsvoraussetzungen. Versicherungsschutz besteht nur für Haftung wegen des **20** Verlustes oder der Beschädigung von Sachen. Zu den Sachen gehört zunächst das andere an der Kollision beteiligte Schiff, es gehört dazu aber auch die Ladung aus jenem anderen Schiff und zunächst – an späterer Stelle ist dies dann ausgenommen – auch die Ladung aus dem Schiff des Versicherungsnehmers. Denn auch diese Ladung erfüllt den Sachbegriff der Klausel. Ziffern 34.1 und 65.1 beschränken den Versicherungsschutz jedoch nicht nur auf Schiff und Ladung, sondern erstrecken ihn schlichtweg auf alle Sachen. Insoweit ist die Deckung für den Exporteur aber regelmäßig nicht von besonderer Bedeutung. Sie erstreckt sich etwa auf Kaianlagen, Schleusen, Seezeichen und andere feste oder schwimmende Einrichtungen. Die Haftpflichtdeckung in der deutschen Kaskoversicherung ist damit weitergehend als die Deckung nach den englischen *Institute Time Clauses Hulls*. Dort besteht Haftpflichtversicherungsschutz nur für den Fall der Kollision zwischen Schiffen.

Durch die Beschränkung auf **Verlust oder Beschädigung** von Sachen werden reine **21** **Vermögensschäden** ausgeschlossen. Wird etwa das Schiff, auf dem sich die Ladung des Exporteurs befindet, in einer Kollision durch ein anderes Schiff beschädigt und dadurch an seiner Weiterfahrt gehindert, bis es repariert wird, und erleiden der Exporteur oder sein Kunde wegen der verspäteten Ankunft des Schiffes im Löschhafen einen Vermögensschaden (zB Preis- oder Währungsverfall), dann mag ihnen nach dem anwendbaren Recht gegen den Reeder des anderen Schiffes ein Schadensersatzanspruch für diese Vermögensschäden zustehen; ist dieser andere Reeder auf Basis der DTV-Kaskoklauseln oder DTV-ADS 2009 versichert, besteht beim Kaskoversicherer für die Haftung hinsichtlich solcher reiner Vermögensschäden kein Versicherungsschutz. Anders, wenn der **Vermögensscha-**

den als Folge des Sachschadens eintritt. Beispiel: Produktionsausfälle, weil die für die Produktion vorgesehene Maschine in Folge der Kollision mit dem Schiff untergeht. Vermögensfolgeschäden von Sachschäden behandelt das deutsche Recht wie Sachschäden. Steht dem Exporteur oder seinem Kunden in diesem Falle ein Schadensersatzanspruch zu, hat der schuldige Reeder insoweit Versicherungsschutz bei seinem Kaskoversicherer.

22   Weitere Voraussetzung ist, dass aufgrund **gesetzlicher Haftungsbestimmungen Ersatz** zu leisten ist. Der Versicherungsschutz beschränkt sich mithin auf Schadensersatzpflichten. Er erstreckt sich also nicht auf anderweitige Ansprüche, wie zB Bereicherungsansprüche oder Ansprüche aus Geschäftsführung ohne Auftrag. Schadensersatzansprüche wegen Verletzung von Vertragspflichten sind gesetzliche Ansprüche in diesem Sinne. Dies umfasst jedoch nicht vertragliche Erweiterungen der gesetzlichen Haftung.

23   Die Klausel fordert weiter, dass Verlust oder Beschädigung bei der **Bewegung des Schiffes** verursacht worden sind. Hauptanwendungsfall ist die Bewegung des Schiffes, wobei diese ihrerseits hauptsächlich die Kollision des Schiffes mit einem anderen Gegenstand erfasst. Der Zusammenstoß ist aber nicht Deckungsvoraussetzung. Versichert ist zB auch die Konstellation, dass ein Schiff in zu geringem Seitenabstand mit zu hoher Geschwindigkeit an einem anderen Schiff vorüberfährt, durch den dadurch verursachten hohen Schwell das andere Schiff zu Rollen beginnt und auf diesem Schiff abgesetzte, aber noch nicht für den Transport gesicherte Ladung umstürzt und dabei beschädigt wird. Ebenso ist versichert der Fall, dass ein Schiff die falsche Fahrwasserseite befährt, ein anderes Schiff beim Versuch, den Zusammenstoß zu vermeiden, auf Grund läuft, dabei einen Außenhautschaden erleidet und dadurch Wasser in den Laderaum gerät, wo die Ladung beschädigt wird. Bewegt muss das Schiff als Ganzes sein, nicht bloß ein Teil. Liegt also ein Schiff fest vertäut an der Pier, lädt es mit seinen bordeigenen Kränen ein Schwergutstück und beschädigt es bei diesem Ladevorgang andere bereits im Schiff gestaute Ladung, fehlt es an der Bewegung des Schiffes.

24   Neben der Bewegung des Schiffes werden **navigatorische Maßnahmen in unmittelbarem Zusammenhang mit der Teilnahme am Schiffsverkehr** deshalb erfasst, weil etwa auch das Ankern an unerlaubter Stelle sowie das Setzen von falschen Lichtern und sonstigen Zeichen der Führung des Schiffes zugerechnet sein soll.

25   **2. Deckungserweiterungen.** Ziffer 34.2 und Ziffer 34.3 DTV Kaskoklauseln (Ziffern 65.1 und 65.2 DTV-ADS 2009) enthalten Deckungserweiterungen, die für den Exporteur regelmäßig nicht von Bedeutung sind. Sie befassen sich mit der Haftung aus **Schleppverträgen** und aus **Dock- und Reparaturverträgen**.

26   **3. Ausschlüsse.** Von Bedeutung sind dagegen wieder die Ausschlüsse der Ziffer 34.4 (Ziffer 65.4 DTV-ADS 2009). Beim ersten Ausschluss – **Tod oder Verletzung von Personen** – handelt es sich genau genommen nicht um einen Ausschluss, sondern nur um eine Klarstellung, denn schon der Deckungstatbestand von Ziffer 34.1 (Ziffer 65.1 DTV-ADS 2009) erfasst nur Verlust oder Beschädigung von Sachen. Eines Ausschlusses von Personenschäden hätte es von daher nicht bedurft.

27   Anders der im zweiten Anwendungsfall von Ziffer 34.4.1 (Ziffer 65.4.1.2 DTV-ADS 2009) enthaltene Ausschluss für Schäden, die durch **Freiwerden von flüssigen oder gasförmigen Stoffen sowie Chemikalien** verursacht worden sind. Für den Exporteur wirkt sich der Ausschluss aber nicht aus, denn er ist seinerseits nicht anwendbar, wenn die Schäden als nächste Folge eines Zusammenstoßes des versicherten Schiffes mit einem anderen Schiff an diesem oder den darauf befindlichen Sachen eintreten. Zu diesen Sachen auf dem anderen Schiff, also dem Kollisionsgegner, kann auch die Ladung des Exporteurs gehören. Stößt also zB ein Chemikalientanker mit dem Schiff zusammen, auf dem sich die Ladung des Exporteurs befindet, ergießen sich die Chemikalien auf dieses Schiff und beschädigen sie die Ladung des Exporteurs, dann ist die Haftung des Chemikalientankers gegenüber dem Exporteur unter seiner Kaskoversicherung gemäß Ziffer 34 DTV-Kaskoklauseln bzw. Ziffer 65 DTV-ADS 2009 versichert.

Von maßgeblicher Bedeutung für den Exporteur ist jedoch der dritte Ausschluss von **28**
Ziffer 34.4.1 (Ziffer 65.4.1.3 DTV-ADS 2009): Es besteht kein Versicherungsschutz für
Haftpflichtansprüche wegen Verlust oder Beschädigung von **Sachen, die sich an Bord
des versicherten Schiffes befinden.** Soweit also Ansprüche des Exporteurs gegen den
Reeder des eigenen Schiffes, also des Schiffes, das die eigene Ladung transportiert, bestehen, ist diese Haftung nicht unter der Kaskoversicherung dieses Reeders versichert. Das
klingt allerdings einschneidender, als es wirklich ist. Denn nach dem international noch
immer am weitesten verbreiteten Haftungsrecht der sog. **Haag-Visby-Regeln** haftet ein
Verfrachter für nautisches Verschulden seiner Schiffsbesatzung ohnehin nicht. Durch die am
20.4.2013 in Deutschland in Kraft getretene Reform des Seehandelsrecht ist zwar das nautische Verschulden der Besatzung als gesetzlicher Haftungsausschlussgrund abgeschafft; Verfrachter dürfen diese Haftung aber vertraglich ausschließen, und zwar sogar durch allgemeine Geschäftsbedingungen. Allgemein wird angenommen, dass die Verfrachter davon
praktisch durchgehend Gebrauch machen werden. Der Haftungsausschluss in Ziffer 34.4.1
und Ziffer 65.4.1.3 DTV-ADS 2009 sieht daher dramatischer aus, als er es wirklich ist, weil
in den meisten Fallgestaltungen der Reeder aufgrund frachtrechtlicher Vorschriften ohnehin nicht haftet.

Auch der weitere, in Ziffer 34.4.2 (Ziffer 65.4.2. DTV-ADS 2009) enthaltene Ausschluss **29**
im Hinblick auf Ausgleichsverpflichtungen nach dem **„both-to-blame"**-Prinzip ist für
den Exporteur nicht von Bedeutung. Die Klausel bezieht sich auf solche Konstellationen,
in denen nach dem anwendbaren Haftungsrecht die beiden an der Kollision beteiligten
Schiffe ohne Rücksicht auf ihren Verschuldensanteil den Eigentümern der Ladung beider
Schiffe gesamtschuldnerisch haften. Dann kann es sein, dass die Ladung nur einen – den
solventeren – Reeder in Anspruch nimmt, der dann seinerseits im Umfang der Verschuldensquote des anderen Schiffes bei diesem Rückgriff nehmen kann. Der Ausschluss soll
verhindern, dass auf diesem Umweg jener Reeder im Ergebnis plötzlich Versicherungsschutz für Verlust oder Beschädigung von an Bord seines Schiffes transportierter Ladung
hat. Auf den Exporteur wirkt sich die Klausel nicht aus, denn er hat in diesen Konstellationen Schadensersatz vollen Umfangs gerade schon vom anderen Schiff erhalten.

Die DTV-ADS 2009 sehen in Ziffer 65.4.1.5 einen weiteren Ausschluss vor: Aufwen- **30**
dungen Dritter zur Vermeidung von Schäden, für die die Haftpflicht nicht versichert ist,
sind von der Deckung ausgeschlossen. Unter den DTV Kaskoklauseln gibt es einen solchen
Ausschluss nicht.

4. Leistungsumfang. Der Leistungsumfang des Versicherers ist in Ziffer 34.5 (Ziffer 65.5 **31**
DTV-ADS 2009) festgelegt. Macht der Exporteur gegen einen nach dieser Regelung versicherten Reeder einen Anspruch geltend, wird der Kaskoversicherer zunächst die **Haftungsfrage prüfen** und, wenn dazu Anlass besteht, den Versuch unternehmen, die **Haftung abzuwehren.** Dem Exporteur steht dann also ein Reeder gegenüber, der für die
Kosten der Verteidigung Deckungsschutz bei seinem Kaskoversicherer hat. Kann ein Anspruch nicht verteidigt werden, schuldet der Versicherer **Ersatz der Entschädigung,**
welche der Versicherungsnehmer zu zahlen hat. Diese Verpflichtung besteht nur im Falle
eines von dem Versicherer abgegebenen oder genehmigten **Anerkenntnisses,** eines von
ihm abgeschlossenen oder genehmigten **Vergleichs** oder einer **richterlichen Entscheidung.** Der Exporteur wird daher bei Verhandlungen mit dem versicherten Reeder darauf
achten müssen, dass es zu Anerkenntnis oder Vergleich nur mit Zustimmung des Kaskoversicherers kommt. Fehlt es an dieser Zustimmung, steht dem Exporteur zwar aus dem Anerkenntnis oder dem Vergleich ein Zahlungsanspruch gegen den Reeder zu, der Reeder
hat für die sich daraus ergebende Haftpflicht aber keinen Versicherungsschutz. Steht kein
anderes Vermögen zur Verfügung, begibt sich der Exporteur bei einem ohne Zustimmung
des Kaskoversicherers erfolgten Anerkenntnis oder Vergleich daher unter Umständen der
einzigen Vollstreckungsmasse für seinen Anspruch. Im Übrigen kann der Versicherer seine
Leistungsverpflichtung vielmehr auch durch Zahlung an seinen Versicherungsnehmer er-

2. Teil. Das Vertragsrecht des Exportgeschäfts

füllen. Das ist für den Exporteur besonders gefährlich, weil dann die Versicherungsleistung unter Umständen für andere Zwecke als den Ersatz des Schadens des Exporteurs verwendet wird. Bestehen insoweit begründete Sorgen, sollte der Exporteur deshalb daran denken, den Deckungsanspruch des Versicherungsnehmers bei seinem Versicherer pfänden zu lassen.

32 Letzte bedeutsame Vorschrift für den Exporteur ist Ziffer 34.8 DTV-Kaskoklauseln (Ziffer 65.8 DTV-ADS 2009). Sie ist im Zusammenhang mit § 37 ADS (Ziffer 41.1 DTV-ADS 2009) zu lesen, der die Haftung des Versicherers der Höhe nach auf die Versicherungssumme beschränkt. Dies erfasste ursprünglich unter den ADS auch den Kollisionshaftungsersatz. Folge dieser alten, schon lange nicht mehr am Markt befindlichen Regelung war, dass die Deckungspflicht des Versicherers für Kaskoschäden am versicherten Schiff und Haftpflichten des versicherten Reeders mit einer einzigen Versicherungssumme begrenzt war. Je größer also die Kaskoschäden waren, desto weniger Versicherungsschutz bestand für Haftpflichten. Schon vor Jahrzehnten wurde dies durch sogenannte **Separathaftungsklauseln** geändert und findet sich jetzt auch in Ziffer 34.8 (Ziffer 65.8 DTV-ADS 2009): Für Ersatz an Dritte besteht – separat neben der Deckung von Kaskoschäden – die Versicherungssumme ein weiteres Mal zur Verfügung.

33 In welcher Höhe der Exporteur also davon profitieren kann, dass sein Schadensersatzschuldner Haftpflichtversicherungsschutz unter einer Kaskoversicherung hat, hängt völlig vom Zufall ab. Da kein Versicherungsschutz für Ladung auf dem versicherten Schiff besteht (Ziffer 34.4.1 DTV-Kaskoklauseln, Ziffer 65.4.1 DTV-ADS 2009), sind die den Exporteur interessierenden Fälle diejenigen, in denen er Ansprüche gegen den Reeder eines anderen Schiffes hat. Wie weit dieser andere Reeder Versicherungsschutz hat, hängt von der Versicherungssumme ab, die er für sein Schiff vereinbart hat. Ist es ein großes, neues Schiff, wird die Versicherungssumme hoch sein, ist es ein altes, kleines Schiff, wird sie niedrig sein. Wenn der Exporteur also schon einen Schaden durch Kollision erleidet, wird er hoffen mussen, dass ihm dieser Schaden durch einen wertvollen, neuen, großen Kollisionsgegner verursacht wurde. Denn dann hat sein Haftpflichtschuldner deutlich besseren Versicherungsschutz.

II. P&I-Versicherung

34 Die P&I-Versicherung der Reeder, die ihren Ausgangspunkt in der Füllung von Lücken im anderweitigen Versicherungsschutz hatte (→ Rn. 3), versteht sich auch heute noch als eine Art Versicherungsauffanglösung für Reeder. Neben den für den Exporteur bedeutsamen und deshalb hier im Wesentlichen behandelten Haftpflichten enthält sie noch eine Reihe anderer Deckungselemente, die mit dem Ersatz haftpflichtiger Schäden nichts zu tun haben.

35 **1. Deckungstatbestände der P&I-Versicherung.** Soweit es um Haftpflichten geht, steht im Zentrum der Versicherungsschutz für **Ladungshaftpflicht**. Dabei kann es sich zum einen um **gesetzliche Haftpflicht** handeln, also zB um die allgemeinen deliktischen Haftungstatbestände der §§ 823, 831 BGB oder der besonderen seerechtlichen Haftung für das Verschulden von Besatzungsmitgliedern nach § 480 HGB. Es kann aber auch **Vertragshaftung** sein, insbesondere aus einem Seefrachtvertrag, unter welchem den Reeder des Schiffes eine Verfrachterhaftpflicht treffen kann. Dieses Element der P&I-Versicherung schließt also die Lücke, die der oben zitierte Ausschluss in Ziffer 34.4.1 DTV-Kaskoklauseln und Ziffer 65.4.1 DTV-ADS 2009 dadurch hinterlassen hat, dass der Reeder unter der Kaskoversicherung keinerlei Deckungsansprüche im Zusammenhang mit Schäden an der eigenen Ladung hat.

36 Wie weit der Deckungsanspruch im Einzelfall reicht, hängt von den jeweiligen Versicherungsbedingungen ab. Es finden sich Bedingungen, in denen die Deckung beschränkt ist auf die Haftpflicht wegen **Verlusts oder Beschädigung** der Ladung. Dann besteht kein Versicherungsschutz für reine Vermögensschäden, also zB im Zusammenhang mit der Ver-

zögerung der Transportdurchführung. Andere Deckungen sind weiter und erstrecken den Versicherungsschutz auch auf **Vermögensschäden,** zB auch für Schadensersatzansprüche, die im Zusammenhang mit zu beförderndär oder beförderter Ladung bestehen. Zu denken ist daran, dass das für die Ladung gebuchte Schiff schuldhaft zu spät im Ladehafen ankommt und dem Exporteur Standgelder im Hafenschuppen entstanden sind. Andere Fälle sind solche, in denen die Ladung irrtümlich in einem falschen Hafen gelöscht wird, so dass Weiterbeförderungskosten zum tatsächlichen Zielhafen anfallen.

Besteht Versicherungsschutz nur für Ansprüche im Hinblick auf Verlust oder Beschädigung, ist zu klären, wie mit der **Belastung durch Pfandrechte** umgegangen wird. Der typische Fall ist derjenige, in dem das Schiff wegen Zusammenbruchs der maroden Maschinenanlage die Dienstleistungen eines Bergers in Anspruch nehmen muss, dem nach dem durch das Internationale Bergungsübereinkommen 1989 vereinheitlichten Recht für seinen Bergelohn ein Pfandrecht an den geretteten Werten, also auch an der Ladung, zusteht (so auch das deutsche Recht, § 585 HGB). Die Ladung selbst kann dabei völlig unversehrt sein, muss vom Berger aber nur herausgegeben werden, wenn für seinen Bergelohnanspruch anderweitige Sicherheit gestellt wird. Die Herausgabe kann der Berger deshalb verweigern, weil ihm das Pfandrecht zusteht. Nach allgemeiner Ansicht wird eine solche dingliche Belastung ansonsten unbeschädigter Ladung einer Beschädigung gleichgestellt. Steht dem Exporteur gegen den Reeder in einem solchen Fall ein Schadensersatzanspruch zu, dann hat der Reeder bei seinem P&I-Versicherer dafür Versicherungsschutz. 37

2. Ausschlüsse in der P&I-Versicherung. Im Hinblick auf Ladungshaftpflicht enthalten die Versicherungsbedingungen regelmäßig jedoch zahlreiche Ausschlüsse. Auf eine Reihe der dort geregelten Tatbestände hat der Exporteur durchaus Einfluss. 38

Zunächst gibt es regelmäßig den Ausschluss der Haftung für **an Deck verladene Güter,** wenn die Güter **ohne Zustimmung** des Abladers so verladen werden. An Deck dürfen Güter nach § 486 Abs. 4 HGB nur mit Zustimmung des Abladers verladen werden. Hat er seine Zustimmung nicht gegeben, haftet der Verfrachter gem. § 500 HGB für den Schaden, der dadurch entsteht, dass die Güter auf Grund der Verladung auf Deck verloren gegangen sind oder beschädigt wurden. Auf ein Verschulden des Verfrachters kommt es dabei nicht an. Wurde vertraglich ein Unterdecktransport vereinbart, haftet der Verfrachter sogar gem. § 507 Nr. 2 HGB ohne die Möglichkeit der sonst gegebenen Haftungsbeschränkung. 39

Besonderes gilt bei der Decksverladung von Containern auf **Containerschiffen.** Die Reform des Seehandelsrechts hat hier erstmals zu einer gesetzlichen Regelung geführt. Gem. § 486 Abs. 4 Satz 2 HGB darf Gut auch ohne Zustimmung auf Deck verladen werden, wenn es sich „in oder auf einem Lademittel" befindet, das für die Beförderung auf Deck tauglich ist, und wenn das Deck für die Beförderung eines solchen Lademittels ausgerüstet ist. Damit nimmt der Gesetzgeber Rücksicht auf die tatsächlichen Gegebenheiten des Container-Linienverkehrs. Sie machen es häufig unmöglich, für den gesamten Reiseverlauf die Stauposition eines Containers festzulegen. Werden auf einer Reise viele Häfen angelaufen, werden die Container so gestaut, dass möglichst wenige Umstauungen erforderlich sind. Gegebenenfalls wird deshalb ein Container in einem Zwischenhafen aus dem Raum genommen und an Deck gestellt, um ihn im Löschhafen unproblematisch ausladen zu können, ohne das gesamte Deck abräumen und die Luke öffnen zu müssen. Ob dies erforderlich wird, ist zumeist beim Anbordbringen eines einzelnen Containers nicht bekannt, da es von der Buchungslage des Schiffes abhängt, die sich oft erst während der Reise herausstellt. 40

Die Gerichte akzeptieren dies im Containerverkehr als handelsüblich und sehen deshalb eine ausdrückliche Zustimmung des Abladers zur Decksverladung nicht mehr als erforderlich an. Im Container-Linienverkehr hat daher der Deckungsausschluss unzulässiger Decksverladung keine Relevanz mehr. 41

Weiterer Ausschlusstatbestand unter der P&I-Versicherung ist die **Ausstellung unrichtiger Konnossemente.** Dies kommt in verschiedener Form vor, wobei hier der Exporteur unter Umständen selbst beteiligt ist. 42

43 Das gilt insbesondere für die **Vor- oder Nachdatierung** von Konnossementen. Der Tag der Ausstellung des Konnossements ist gemäß § 515 Abs. 1 Nr. 1 HGB im Konnossement zu nennen. Für das Seehandelsrecht hat dieses Datum Bedeutung, weil es die Übernahme (received for shipment) oder die Anbordnahme (shipped on board) kalendermäßig festhält. Das besondere Interesse von Abladern an der Vor- oder Nachdatierung ergibt sich indessen nicht aus frachtvertraglichen Umständen, sondern aus kaufvertraglichen Gegebenheiten. Überseekaufgeschäfte erfolgen häufig über **Akkreditive**. Sowohl der Kaufvertrag als auch das Akkreditiv selbst sehen dann häufig vor, bis zu welchem Datum Güter verschifft worden sein müssen. Da das Akkreditiv gegen Präsentation der Dokumente zahlbar ist, wird der Nachweis über die firstgemäße Verschiffung durch die Vorlage des Konnossements erbracht. Gibt es hier Schwierigkeiten, sind Ablader gelegentlich geneigt, den Verfrachter zu veranlassen, andere als die tatsächlichen Verschiffungsdaten in das Konnossement aufzunehmen, um mit solchen Konnossementen Akkreditive bedienen zu können. Auf die Schadensersatzpflicht des Verfrachters im Falle der Beschädigung der Güter hat dies zumeist keinen Einfluss (kann es aber haben, zB wenn es um Temperaturschäden bei Kühlgut geht, die datenmäßig über Temperaturaufzeichnungen erfasst werden können und falsche Daten entweder unrichtigerweise in den Haftungszeitraum des Verfrachters herein oder aus ihm heraus verlagert werden). Unabhängig von dieser Frage besteht jedenfalls unter der P&I Versicherung in Fällen der Vor- und Nachdatierung kein Versicherungsschutz. Der Exporteur, der sich hierauf einlässt oder es gar veranlasst, bewirkt also in diesem Fall zumindest indirekt, dass der Verfrachter für etwaige Schadensersatzansprüche keinen Deckungsschutz hat.

44 Gleiches gilt, wenn das Konnossement im Hinblick auf die Beschreibung, die **Menge oder den Zustand der Güter** unrichtig ist. Im Konnossement ist vom Kapitän nämlich Menge und Zustand der Güter im Konnossement richtig zu beschreiben (§ 515 Abs. 1 Nr. 7 und 8 HGB). Konnossementsformulare enthalten regelmäßig im vorgedruckten Text die Bemerkung, dass die Güter in äußerlich gutem Zustand übernommen wurden (**in apparent good order and condition**). Ist das nicht der Fall und vermerkt der Kapitän den tatsächlichen Zustand nicht durch eine sogenannte **Abschreibung** im Konnossement, wird das Konnossement inhaltlich unrichtig. Für solche Fälle unrichtiger Konnossementsausstellung gewährt der P&I Versicherer keinen Deckungsschutz. Auch hier gilt also, dass der Exporteur, der den Kapitän veranlasst, „reine" Konnossemente für beschädigte Ladung auszustellen, indirekt den Verlust des Versicherungsschutzes des Verfrachters bewirkt.

45 Abschreibungen in Konnossementen werden von Exporteuren teilweise deshalb für hinderlich gehalten, weil sie die **Umlauffähigkeit** des Konnossements reduzieren. Da Konnossemente echte Wertpapiere mit Traditionsfunktion sind, kann durch Übertragung des Konnossements (die durch Indossierung auf der Rückseite des Konnossements erfolgt) das Eigentum an der im Konnossement beschriebenen Ware übertragen werden. Da Inspektionsmöglichkeiten durch die Käufer während der Seereise regelmäßig nicht möglich sind, besteht im Handelsverkehr große Zurückhaltung, Ladung über die Indossierung von Konnossementen zu erwerben, wenn diese Konnossemente die Ladung als nicht ordnungsgemäß (oder nicht vollständig) ausweisen. Noch bedeutsamer sind die Probleme bei der Abwicklung des Kaufgeschäftes über ein Akkreditiv, denn nach den international üblichen einheitlichen Richtlinien für Akkreditive kann ein Konnossement, das Abschreibungen enthält, nicht angedient werden. Für den Exporteur ist ein solches Konnossement mit Abschreibungen im Falle eines Akkreditivgeschäfts also uU wertlos.

46 Das veranlasst Exporteure zuweilen, den Verfrachter zu veranlassen, trotz des beschädigten oder unvollständigen Zustands der Ladung ein **reines Konnossement** auszustellen. Da die Verfrachter wissen, hierdurch den Versicherungsschutz bei ihrem P&I-Versicherer zu verlieren, lassen sie sich in solchen Situationen häufig einen sogenannten **Revers** zeichnen. In diesem übernimmt dann der Ablader (Exporteur) die Freihaltung des Verfrachters von allen Ansprüchen Dritter aufgrund reiner Zeichnung der Konnossemente. Bei solchen Verträgen ist jeweils sorgfältig zu prüfen, ob sie überhaupt rechtsverbindlichen Charakter ha-

ben. Im deutschen Recht gelten solche Verträge als **sittenwidrig**, sofern sie zum Zwecke der Täuschung des Rechtsverkehrs abgeschlossen werden. Dem Sittenwidrigkeitsurteil entgehen nur solche Konstellationen, in denen der Kapitän berechtigterweise im Zweifel ist, ob der Zustand der Ladung wirklich einen Mangel darstellt (Beispiel: Bloße Verschmutzung an der äußeren Verpackung). In einem solchen Fall ist der Reversvertrag auch nach deutschem Recht wirksam. An dem Umstand, dass der Verfrachter seinen P&I-Versicherungsschutz verloren hat, ändert das nichts. Wenn also ein gutgläubiger dritter Konnossementsinhaber, auf das reingezeichnete Konnossement verweisend, Schadensersatzansprüche gegen den Verfrachter durchsetzen und dieser für diese Haftung keinen Versicherungsschutz bei seinem P&I-Versicherer erlangen kann, ist der Exporteur letztlich dem Rückgriff des Verfrachters ausgesetzt.

Ein weiterer Ausschluss unter der P&I-Versicherung ist die Auslieferung von Ladung 47 durch den Verfrachter **ohne Konnossement.** Grund für den Ausschluss ist, dass es eine Kardinalpflicht des Verfrachters ist, Güter nur gegen Vorlage des Konnossements auszuliefern (§ 521 HGB). Angesichts des Umstandes, dass die Güter wegen der Wertpapiereigenschaft des Konnossementes durch dieses repräsentiert werden, bedarf es für die berechtigte Entgegennahme der Güter der Präsentation des Konnossements. Kunden der Exporteure können bei Auslieferung ohne Konnossement in ganz unterschiedlicher Weise betroffen sein. Ist der Kunde Konnossementsinhaber, liefert der Verfrachter aber unberechtigt an einen Dritten aus, der kein Konnossement präsentiert hat, steht dem Kunden natürlich ein Schadensersatzanspruch gegen den Verfrachter zu; für diesen Schadensersatzanspruch hat der Verfrachter aber keinen P&I-Versicherungsschutz. Anders die Situation, wenn es der Kunde des Exporteurs selbst ist, dem Güter ohne Präsentation des Konnossements ausgeliefert werden. Wo dies der Fall ist, lassen sich Verfrachter häufig von dem konnossementslosen Empfänger einen sogenannten **Letter of Indemnity** zeichnen. Darin verpflichtet sich der Empfänger, den Verfrachter von allen Ansprüchen Dritter freizuhalten, falls diese ein Konnossement präsentieren können. Solche Verträge werden allgemein als wirksam angesehen. Der Kunde setzt sich damit einer Haftung aus, der er nicht unterliegen würde, wenn er ein Konnossement erhalten und präsentiert hätte.

Ein weiterer Ausschlusstatbestand unter der P&I-Versicherung ist die sogenannte **Devia-** 48 **tion.** Die Deviation ist schifffahrtsrechtlich die Abweichung vom Reiseweg. Nach einigen Rechtsordnungen stellt die Deviation einen so fundamentalen Bruch der Verfrachterpflichten dar, dass der Verfrachter für jeden auftretenden Schaden haftet, also verschuldensunabhängig und auch für Zufall. Im deutschen Recht sind die Folgen weniger gravierend. Allerdings wird auch hier angenommen, dass die Deviation eine Pflichtverletzung im Sinne von § 280 BGB ist, so dass der Verfrachter nicht die ihm sonst nach § 498 Abs. 2 HGB eingeräumte Möglichkeit des Entlastungsbeweises hat. Gleichwohl stehen ihm sowohl die Haftungsfreiheit für nautisches Verschulden, wenn dies vereinbart ist (§ 512 Abs. 2 Nr. 2 HGB, § 607 HGB) als auch die an Gewicht oder Stückzahl orientierten Haftungsbeschränkungen (§ 504 HGB) zur Verfügung. Grund für den Deckungsausschluss in der P&I-Versicherung sind die Haftungsverschlechterungen des Verfrachters. Für den Exporteur wirkt sich dies also doppelt nachteilig aus: Zum einen verletzt sein Vertragspartner durch die Abweichung vom vorgesehen Reiseweg den Vertrag, zum anderen hat er für diesen Fall nicht einmal Versicherungsschutz.

3. Obliegenheiten der P&I-Versicherung. Wie andere Versicherungen auch, bürdet die 49 P&I-Versicherung dem Versicherungsnehmer bestimmte Obliegenheiten auf. Ihre Verletzung führt nicht zu Schadensersatzansprüchen des Versicherers. Rechtsfolge ist aber, dass der Versicherungsnehmer seinen Versicherungsschutz verliert. Nachdem der Bundesgerichtshof schon frühzeitig entschieden hat, dass auch für die Seeversicherung das **Verschuldensprinzip** gilt, lassen die derzeitigen Versicherungsbedingungen der Deutschen P&I-Versicherung den Versicherungsschutz nur dann entfallen, wenn die Obliegenheitsverletzung verschuldet war.

50 Hinsichtlich der vor dem Eintritt des Versicherungsfalls zu erfüllenden Obliegenheiten ist zunächst die Erhaltung des Schiffes in einem see- und ladungstüchtigen Zustand zu nennen. Hinsichtlich des Verschuldenselements wird zumeist mindestens grobe Fahrlässigkeit gefordert. Es gibt aber auch noch Bedingungen, die den Versicherungsschutz schon bei einfacher Fahrlässigkeit entfallen lassen.

51 Auch die Versicherung bei den englischen Clubs lässt den Versicherungsschutz bei Seeuntüchtigkeit des Schiffes entfallen, hier aber nur im Falle der Kenntnis des Mitglieds. Seetüchtigkeit ist hier keine **Warranty,** sodass der Versicherungsschutz nicht endgültig in Wegfall gerät. Der Versicherungsschutz ist nur für die Zeit ausgeschlossen, in der das Schiff tatsächlich seeuntüchtig ist.

52 Des Weiteren erhalten P&I-Versicherungsbedingungen regelmäßig Bestimmungen zur **Klassifikation** des Schiffes. In deutschen Bedingungen findet sich die Obliegenheit, den Wechsel der Klassifikationsgesellschaft anzuzeigen. Im Falle des Verstoßes (Verschulden in der Form der Fahrlässigkeit dürfte praktisch ausnahmslos gegeben sein) tritt Leistungsfreiheit ein, es sei denn der Versicherungsnehmer würde nachweisen, dass der Schaden nicht im ursächlichen Zusammenhang mit dem Klassewechsel steht.

53 In England ist der Erhalt der Klasse als solcher zumeist als Warranty ausgestaltet. Der Versicherungsschutz steht und fällt also mit dem Erhalt der Klasse, ohne dass es darauf ankäme, ob der Entzug oder die Herabsetzung der Klasse irgendeinen Einfluss auf den Schadensfall gehabt hätte.

54 Für Obliegenheiten nach dem Eintritt des Versicherungsfalles gibt es keine aus anderen Haftpflichtversicherungen nicht schon bekannten Regelungen. Versicherungsfälle sind anzuzeigen, Auskünfte zu erteilen, Schäden sind so gut wie möglich abzuwenden oder zu mindern und Ansprüche dürfen nicht anerkannt werden.

D. Die Gestellung von Sicherheiten

55 Der Seeverkehr ist durch seine Internationalität geprägt. Schiffe können in dem einen Land registriert, von einem zweiten Land aus befrachtet, von einem dritten Land aus gemanagt werden, ohne dass das Schiff auch nur eines dieses Länder jemals anläuft. Es ist weltweite Praxis, dass auch Großreedereien für jedes einzelne Schiff eine eigene Reedereigesellschaft gründet (sog. **Single Ship Company**), deren einziges Vermögen normalerweise dieses eine Schiff ist. Aufgrund der Ausflaggung von Schiffen sind diese Gesellschaften nicht selten Abseits der großen Handelsnationen beheimatet, in denen die Verfolgung von Ansprüchen gegen solche Gesellschaften zT sehr erschwert sein kann. Durch die leichte Handelbarkeit von Schiffen besteht überdies die Gefahr, dass ein Schadensersatzgläubiger nach Erstreiten eines Urteils kein Vollstreckungsvermögen mehr vorfindet, weil die Reederei inzwischen ihr Schiff verkauft hat.

56 Sicherheiten spielen deshalb im internationalen Seeverkehr eine ganz herausragende Rolle. Viele materiell durchaus erfolgreiche Schadensersatzansprüche werden nicht weiter verfolgt, wenn es nicht gelungen ist, für diese Ansprüche Sicherheit zu erlangen.

57 In Deutschland unterscheiden sich die Deckung von Haftpflichtrisiken in der Kaskoversicherung und in der P&I-Versicherung im Hinblick auf die Frage der Sicherheitsleistung deutlich. In der Kaskoversicherung begründen Ziffer 24 DTV-Kaskoklauseln und Ziffer 32 DTV-ADS 2009 **eine vertragliche Pflicht des Kaskoversicherers** zur Gestellung einer Sicherheit. Der Versicherer hat hier grundsätzlich kein Ermessen und seine Pflicht zur Stellung einer Sicherheit wird nur in extremen Fällen (Beispiel: eindeutige Rechtsbeugung durch ein Gericht) durch das im § 13 ADS und Ziffer 15 DTV-ADS 2009 enthaltene Gebot, Treu und Glauben im höchsten Maße zu beachten, eingeschränkt.

58 Anders in der P&I-Versicherung. Dort ist die Gestellung der Sicherheit in das **Ermessen** des P&I-Versicherers gestellt. Dies ist im Zusammenhang mit der oben erörterten Vorauszahlungsklausel zu sehen. Wäre der Versicherer vertraglich verpflichtet, einem Gläubiger des Versicherungsnehmers Sicherheit zu stellen, so würde die Vorauszahlungsklausel in der Praxis ins Leere laufen.

Durch die Gestellung einer Sicherheit wird ein direktes Rechtsverhältnis zwischen dem geschädigten Anspruchsteller und dem Versicherer hergestellt. Zwar wird der P&I-Versicherer bei seiner Entscheidung, ob er eine Sicherheit stellen will, das Bestehen oder Nichtbestehen von Versicherungsschutz zuvor geprüft haben. Ebenso ist auch der Kaskoversicherer nach Ziffer 24 DTV-Kaskoklauseln oder Ziffer 32 DTV-ADS 2009 zur Versicherungsleistung nur nach den Bedingungen der Police verpflichtet, kann die Gestellung der Sicherheit also verweigern, wenn kein Deckungsschutz besteht. Ist die Sicherheit jedoch einmal gegeben, können gegenüber dem geschädigten Anspruchsteller Einwendungen aus den Versicherungsverhältnissen nicht mehr erhoben werden. **59**

Das Druckmittel zur Erlangung einer Sicherheit ist regelmäßig die **Arrestierung** des Schiffes. Der Reeder ist daran interessiert, das Schiff möglichst schnell wieder gewinnbringend einzusetzen, sodass der Druck, den die Arrestierung des Schiffes auf den Reeder ausübt, effektives Mittel ist, um diesen Druck auf seinen Versicherer ausüben zu lassen. Die Praxis der Garantiestellung von Kasko- und P&I-Versicherern im Arrestfalle ist durchaus unterschiedlich. P&I-Versicherer stellen grundsätzlich keine Sicherheiten, die über den aktuellen **Marktwertes des Schiffes** hinaus gehen. Grund ist die Überlegung, dass der geschädigte Anspruchsteller durch die Sicherheit nicht besser gestellt werden soll, als er es durch den Arrest des Schiffes ist. Der Arrest des Schiffes ermöglicht ihm jedoch nur dessen Zwangsversteigerung, die nicht mehr, im Regelfall sogar weniger, als den Marktwert erbringen wird. **60**

Diese vom Prinzip her sinnvolle Ermessensausübung steht dem deutschen Kaskoversicherer unter Ziffer 24 DTV-Kaskoklauseln oder Ziffer 32 DTV-ADS 2009 nicht zur Verfügung. Zu den Bedingungen der Police, die seine Leistungspflicht bestimmen, gehören auch die Regelungen in Ziffer 34.8 DTV-Kaskoklauseln und Ziffer 65.8 DTV-ADS 2009, wonach der Kaskoversicherer für Ersatz an Dritte die Versicherungssumme noch einmal separat zur Verfügung stellt. Dem Kaskoversicherer ist es zwar unbenommen, eine Auslösung des Schiffes aus dem Arrest zunächst nur durch das Anbieten einer Sicherheit in Höhe des aktuellen Wertes des Schiffes zu erlangen; kommt das Schiff gegen eine solche Sicherheit jedoch nicht frei, hat der Kaskoversicherer Sicherheit ggf. bis zur Höhe der Versicherungssumme zu stellen. Dies gilt selbst dann, wenn die Gesamthaftung des Schiffes aufgrund internationaler Abkommen (weltweit verbreitet ist das Londoner Haftungsübereinkommen von 1976/1996) zu einer Höchsthaftungssumme unterhalb der Versicherungssumme des Kaskoversicherungsvertrages kommt. Auch hier kann der Kaskoversicherer zwar versuchen, durch eine Sicherheit in Höhe der Höchsthaftungssumme das Schiff auszulösen. Gelingt dies nicht, hat er Sicherheit bis zur Höhe der Versicherungssumme zu stellen. Die Frage der Haftungsbeschränkung ist dann im Rahmen der Verfolgung der einzelnen Ansprüche zu klären. **61**

Abschnitt 23. Lufttransportversicherung

Übersicht

	Rn.
A. Luftfahrt-Güterversicherung	1
I. Abgrenzung zu anderen Transportversicherungen	1
1. Transportversicherung als Oberbegriff	1
a) Güterversicherung	2
b) Luftfahrzeug-Kaskoversicherung	3
c) Luftfahrt-Haftpflichtversicherung	4
2. Wertdeklaration	7
II. Ausprägung der Luftfahrt-Güterversicherung	8
1. Güterversicherungen für verschiedene Transportmittel	8
2. Versicherungsnehmer der Güterversicherung	10
B. Versicherungspflicht des Luftfrachtführers	11
I. Art. 50 MÜ	11
II. Umsetzung in Deutschland	12

Literatur: *Ehlers,* Transportversicherung – Güterversicherung – Versicherung politischer Gefahren, TranspR 2006, 7 ff.; *Enge,* Transportversicherung, 3. Aufl. 1996; *Giemulla/Schmid,* Frankfurter Kommentar zum Luftverkehrsrecht, Band 3: Montrealer Übereinkommen, Loseblattsammlung, Stand: 36. Ergänzungslieferung, Juli 2011; *Hobe/von Ruckteschell* (Hrsg.), Kölner Kompendium des Luftrechts, Band 3: Wirtschaftsrechtliche Aspekte des Luftverkehrs, 2010; *Kadletz,* Haftung und Versicherung im internationalen Lufttransportrecht, 1998; *Müller-Rostin,* Versicherungen des gewerblichen Luftverkehrs, TranspR 2006, 49 ff.; Münchener Kommentar zum HGB, Transportrecht, 2. Aufl. 2009; *Thume,* Versicherungen des Transports, TranspR 2006, 1 ff.; *Thume/de la Motte/Ehlers,* Transportversicherungsrecht, 2. Aufl. 2011.

A. Luftfahrt-Güterversicherung

I. Abgrenzung zu anderen Transportversicherungen

1 **1. Transportversicherung als Oberbegriff.** Der Gegenstand dieses Abschnittes bedarf der Einschränkung. Unter den Oberbegriff der Transportversicherung fallen eine ganze Reihe von Versicherungen, bei denen unterschiedliche Interessen des jeweiligen Versicherungsnehmers versichert sind.[1]

2 **a) Güterversicherung.** Relevant für das exportierende Unternehmen ist in erster Linie die Güterversicherung, also die Versicherung des Transportgutes gegen Gefahren der Beförderung, denen es während des Deckungszeitraumes ausgesetzt ist. Das geschützte Interesse wird daher als Sacherhaltungsinteresse bezeichnet.[2] Diese Sachversicherung umfasst regelmäßig auch vor-, nach- und zwischengeschaltete Lagerungen, was jetzt auch durch § 130 Abs. 1 VVG klargestellt wird. Die dort beschriebene Güterversicherung wird daher auch als „klassische" Transportversicherung bezeichnet.[3]

3 **b) Luftfahrzeug-Kaskoversicherung.** Für die Luftfahrtindustrie spielt darüber hinaus die Luftfahrzeug-Kaskoversicherung eine bedeutende Rolle.[4] Sie betrifft die Integrität des Luftfahrzeugs an sich, also den Schutz bei dessen Verlust oder Beschädigung. Folglich ist sie in erster Linie für den Eigentümer oder Halter des versicherten Flugzeuges von Bedeutung. Für den Exporteur, der idR keine eigenen Flugzeuge einsetzt, ist sie uninteressant.

4 **c) Luftfahrt-Haftpflichtversicherung.** Die Luftfahrt-Haftpflichtversicherung[5] ist eine Verkehrshaftungsversicherung, dh, dass sie die Transport- und Haftungsrisiken der Verkehrsträger abdeckt.[6] Als Haftpflichtversicherung unterfällt sie bei Anwendung des deutschen Rechts

---

[1] Vgl. Thume/de la Motte/Ehlers/*de la Motte,* Teil 1, Rn. 22 f.
[2] Vgl. *BGH* Urteil vom 7.5.2003, IV ZR 239/02, TranspR 2003, 320; *Thume* TranspR 2006, 1, 3.
[3] Vgl. *Thume* TranspR 2006, 1, 3.
[4] Vgl. dazu im Einzelnen Kölner Kompendium/*Müller-Rostin,* Band 3, Teil IV C.
[5] Vgl. dazu im Einzelnen Kölner Kompendium/*Müller-Rostin,* Band 3, Teil IV D.
[6] Vgl. *Enge,* S. 17.

den §§ 100 ff. VVG. Sie ist immer dann relevant, wenn Ansprüche gegenüber dem Luftfrachtführer im Raum stehen. Abgesichert werden mit ihr nicht nur Schäden gegenüber Dritten, sondern auch solche gegenüber dem Vertragspartner des Luftfrachtführers. Da sie damit die Haftung des Luftfrachtführers aus dem Frachtvertrag umfasst,[7] kann sie dann einschlägig sein, wenn der Exporteur Ansprüche gegenüber dem Luftfrachtführer wegen eines Frachtgüterschadens hat.

Auf die besondere Versicherungspflicht des Luftfrachtführers nach Art. 50 des Montrealer Übereinkommens (im Folgenden: MÜ) wird noch kurz unten in Teil B. (→ Rn. 11 ff.) einzugehen sein. 5

Die Luftfahrt-Haftpflichtversicherung umfasst jedoch nicht zwingend sämtliche Schadensfälle, die bei einem Transport von Gütern denkbar sind. So können zB verschiedenartige Risikoausschlüsse vorliegen.[8] Deshalb wird bei einem Gütertransport regelmäßig auch eine Transportversicherung zumindest eines Beteiligten bestehen. Diese soll mögliche Schäden am Frachtgut unabhängig von der Schadensursache oder einem Verschulden des Schädigers umfassen.[9] Gleichwohl bedeutet dies, dass bestimmte Schadensereignisse mehreren verschiedenen Versicherungen unterliegen können. 6

2. Wertdeklaration. Ein weiteres Instrument zur Risikoabdeckung des Absenders beim Lufttransport stellt die Wertdeklaration gem. Art. 22 Abs. 3 MÜ dar. Wirtschaftlich gesehen verfolgt der Absender mit der Wertdeklaration denselben Zweck wie mit einer Transportversicherung.[10] Da die Wertdeklaration jedoch keine Versicherung im eigentlichen Sinne ist, wird sie oben im Rahmen des Haftungskonzepts des Montrealer Übereinkommens in Abschnitt 18 behandelt. 7

II. Ausprägung der Luftfahrt-Güterversicherung

1. Güterversicherungen für verschiedene Transportmittel. In der Praxis spielen reine Luftfrachtbeförderungen von A nach B nur eine untergeordnete Rolle, da der Lufttransport zumeist als Teil einer multimodalen Beförderung durchgeführt wird oder zumindest mit einem Vor- und/oder Nachlauf verbunden ist. Praktisch wäre es völlig unhandhabbar, wenn im Rahmen eines Multimodaltransportes jeder Beförderungsabschnitt durch eine einzelne spezielle Güterversicherung gedeckt werden müsste. Das Interesse an der Integrität des Gutes wird daher üblicherweise durch eine Versicherung abgedeckt, die im Rahmen einer Allgefahrendeckung den Gütertransport mit verschiedenen Transportmitteln abdeckt. Diese wird häufig als General- oder Umsatzpolice vorliegen, dh, dass nicht einzelne Transporte angemeldet werden müssen, sondern Transporte bzw. Umsätze pauschal an den Versicherer gemeldet werden.[11] Die Deckung gilt dabei idR „von Haus zu Haus", also für den ganzen Transportweg, so dass es für den Versicherungsnehmer grundsätzlich unerheblich sein soll, wo und wodurch der konkrete Schaden eingetreten ist, sofern er vom Umfang der Versicherung umfasst ist.[12] Relevant kann der konkrete Schadensort aber dann werden, wenn der Versicherer den Frachtführer in Regress nimmt, nachdem er den Schaden seines Versicherungsnehmers reguliert hat. In diesem Fall gehen dessen Ansprüche gegen den Frachtführer gem. § 86 VVG auf den Versicherer über. 8

Im Gegensatz zB zum Seetransport hat die Luftfahrt-Güterversicherung daher nur geringe besondere Ausprägungen erfahren.[13] In der Praxis unterfällt der Luftfrachttransport regelmäßig einer generellen Güterversicherung. Es kann daher vorliegend auf den → Abschnitt 21 verwiesen werden, der die allgemeine Gütertransportversicherung behandelt. 9

---

[7] Vgl. *Kadletz*, S. 17 f.; Kölner Kompendium/*Müller-Rostin*, Band 3, Teil IV D, Rn. 17.
[8] Vgl. Kölner Kompendium/*Müller-Rostin*, Band 3, Teil IV D, Rn. 21 ff.
[9] Vgl. *Kadletz*, S. 10.
[10] Vgl. Thume/de la Motte/Ehlers/*Müller-Rostin*, Teil 5, Rn. 780.
[11] Vgl. *Ehlers* TranspR 2006, 7, 9.
[12] Vgl. *Enge* S. 18.
[13] Vgl. Thume/de la Motte/Ehlers/*Müller-Rostin*, Teil 5, Rn. 780.

Die Güterversicherung ist ganz entscheidend von den einbezogenen Güterbeförderungsbedingungen bestimmt,[14] wobei die von dem Gesamtverband der Deutschen Versicherungswirtschaft (GDV) erstellten DTV-Güterversicherungsbedingungen eine besonders wichtige Rolle spielen. Diese können in der jeweils aktuellen Fassung von der Internetseite www.tis-gdv.de abgerufen werden.

10 **2. Versicherungsnehmer der Güterversicherung.** Denkbar ist dabei zum einen, dass der Absender selbst eine Güterversicherung abgeschlossen hat. Ist dies nicht der Fall, besteht für den Absender idR die Möglichkeit, Versicherungsschutz im Rahmen der bestehenden Güterversicherung des Luftfrachtführers zu erhalten. Die Luftfrachtbriefe nach der IATA-Resolution 600a enthalten dafür ein Feld, in dem die Höhe der Versicherung angegeben werden kann, sofern der Luftfrachtführer eine solche anbietet („Amount of Insurance"). Diese Versicherung darf dabei nicht mit der Wertdeklaration gem. Art. 22 Abs. 3 MÜ verwechselt werden,[15] die im Luftfrachtbrief ebenfalls angegeben werden kann („Declared Value for Carriage").

B. Versicherungspflicht des Luftfrachtführers

I. Art. 50 MÜ

11 Eine besondere Vorschrift zum Schutz der Vertragspartner des Luftfrachtführers beinhaltet Art. 50 S. 1 MÜ. Danach müssen die Vertragsstaaten ihre Luftfrachtführer zur Unterhaltung einer angemessenen Versicherungsdeckung verpflichten. Damit sollen die Inhaber von Ansprüchen gegen den Luftfrachtführer wegen Passagier-, Gepäck- und Frachtgüterschäden abgesichert werden. Insoweit ist anzumerken, dass diese Versicherung eine Haftpflicht- und keine Güterversicherung darstellt, weil sie sich auf die Ansprüche gem. Art. 17 ff. MÜ bezieht.[16]

II. Umsetzung in Deutschland

12 In Deutschland ist die aus Art. 50 S. 1 MÜ resultierende Verpflichtung durch § 4 des Montrealer-Übereinkommen-Durchführungsgesetzes (MontÜG, BGBl. I 2004, 550, 1027) umgesetzt worden. Hinsichtlich Frachtgüterschäden sieht § 4 MontÜG allgemein die Pflicht des Luftfrachtführers zur Unterhaltung einer Haftpflichtversicherung vor. Genauere Konkretisierungen finden sich in den §§ 101 ff. der Luftverkehrs-Zulassungs-Ordnung (LuftVZO; BGBl. I 2008, 1229). Hier von Interesse ist § 104 Abs. 3 S. 1 LuftVZO, der die Mindesthöhe der Versicherung für Frachtgüterschäden auf 19 Sonderziehungsrechte pro kg des Gutes festlegt. Dies entspricht der Haftungshöchstgrenze gem. Art. 22 Abs. 3 S. 1 MÜ. Durch die Umsetzung des Art. 50 S. 1 MÜ in Deutschland sind sowohl der vertragliche als auch der ausführende Luftfrachtführer zum Abschluss einer solchen Versicherung verpflichtet.[17] Dies bedeutet auch, dass der Spediteur, der zum Luftfrachtführer wird (vgl. → Abschnitt 18, Rn. 11) der Versicherungspflicht unterliegt.[18] Für diesen gelten jedoch andere Mindestversicherungssummen.[19]

13 Daneben bestehen weitere europarechtliche Versicherungspflichten für den Luftfrachtführer, der ein sog. Luftfahrtunternehmen der Gemeinschaft ist.[20]

---

[14] Vgl. dazu *Ehlers* TranspR 2006, 7, 9 ff.
[15] Vgl. Thume/de la Motte/Ehlers/*Müller-Rostin,* Teil 5, Rn. 780.
[16] Vgl. MüKoHGB/*Ruhwedel* Art. 50 MÜ Rn. 10.
[17] Vgl. Giemulla/Schmid/*Müller-Rostin* Art. 50 MÜ Rn. 7.
[18] Vgl. Giemulla/Schmid/*Müller-Rostin* Art. 50 MÜ Rn. 7.
[19] Vgl. *Müller-Rostin* TranspR 2006, 49, 53 f.
[20] Vgl. dazu im Einzelnen *Müller-Rostin* TranspR 2006, 49, 50 f.

Abschnitt 24. Verkehrshaftungsversicherung

Übersicht

	Rn.
A. Begriff: Verkehrshaftungsversicherungen	1
I. Versicherungslösung für Verkehrsträger	4
II. Haftung und Versicherung	15
III. Versicherungsrechtliche Einordnung	17
1. Großrisiko	21
2. Laufende Versicherung	22
IV. Verkehrshaftungsversicherung und Transportwarenversicherung	23
B. Historische Entwicklung	27
I. Speditionsversicherung	28
II. Pflichtversicherung in der BRD	29
1. Landfrachtrechtliche Pflichtversicherung nach § 7a GüKG	30
2. Luftfrachtrechtlichte Pflichtversicherung nach § 50 MÜ	40
III. Unverbindliche Empfehlungen des GDV	44
IV. Sonstige Verkehrshaftungsversicherungen	49
C. Markt der Verkehrshaftungsversicherungen	56
I. Arten der Verkehrshaftungspolicen	56
1. Frachtführerpolicen	56
2. Speditionspolicen	58
3. Lagerhalterpolicen	60
4. Sonderpolicen für besondere Risiken (Zoll-, TBL/FBL-Policen)	61
II. Mehrere Versicherungspolicen	63
III. Einheitliche Versicherungen	65
1. Transportwarenversicherung	66
2. Sachinhaltsversicherungen	67
3. Haftpflichtversicherungen	68
D. DTV-VHV-Wording	70
I. Konkretisierung des zu versichernden Risiko	71
II. Risikobeschreibung	76
III. Versicherbare Verkehrsverträge eines Verkehrsträgers	79
1. Versicherte Unternehmen	81
2. Arbeitnehmer	83
3. Typische Verkehrsverträge	84
4. Logistik	89
5. Nicht versicherte Tätigkeit	96
IV. Vorsorgeversicherung	98
V. Räumlicher Geltungsbereich	103
VI. Versicherte Haftungsgrundlagen	107
VII. Versicherte Güter	113
VIII. Ausschlüsse	118
IX. Obliegenheiten	122
1. Obliegenheiten vor Eintritt eines Schadenfalls	123
2. Obliegenheiten nach Eintritt eines Schadenfalls	125
3. Rechtsfolgen der Obliegenheitsverletzung	129
X. Rückgriff	138
XI. Grenzen der Versicherungsleistung	140
XII. Versicherungsprämien	150
XIII. Sanierung und Selbstbehalte	153
E. Zusammenfassung	157

Literatur: *Abele,* Versicherungen der Spedition, TranspR 2006, 62–67; *ders.,* Verkehrshaftungsversicherung 2004, in: Sonderbeilage TransR, Heft 3, 2004, II; *ders.,* Versicherungen im Logistikbereich, TranspR 2005, 383 ff.; *ders.,* Verkehrshaftungsversicherung und laufende Versicherung nach § 210 VVG, TranspR 2009, 60 ff.; *Ehlers/van Bühren,* Handbuch Versicherungsrecht, 3. Aufl. 2007, S. 2045 ff.; *ders.,* Auswirkungen der Reform des Versicherungsvertragsgesetzes TranspR 2007, 5 ff.; *Koller,* Die Leichtfertigkeit im deutschen Transportrecht, VersR 2004, 1346; *Thume/de la Motte/Ehlers,* Transportversicherungsrecht, Kommentar, 2. Aufl. 2011; *Thume,* Transportrechtliche Erfahrungen mit dem neuen VVG, TranspR 2012, 125–134, *ders.,* Probleme des Verkehrshaftungsversicherungsrechts nach der VVG-Reform, VersR 2010, 849. Versicherungsbedingungen DTV-VHV 2003/2011: http://www.tis-gdv.de.

2. Teil. Das Vertragsrecht des Exportgeschäfts

A. Begriff: Verkehrshaftungsversicherungen

1 Wer sich wie versichern muss, ist wegen der Komplexität diverser Regelungen im internationalen Handelskauf- und Transportrecht schwierig zu begreifen. Das nationale und internationale Transportrecht ist bereits haftungsrechtlich sehr schwierig. Das dazugehörende Versicherungsrecht ebenfalls. Juristisch besonders komplex wird es, wenn man als Geschädigter oder als Betroffener die Versicherung der Haftung der jeweiligen Verkehrsträger (Spedition, Frachtführer, Lagerhalter), die sog. Verkehrshaftungsversicherung, betrachtet.

2 Behauptungen, wie „das ist über meine Versicherung alles versichert, wenn ein Schaden eintritt" oder die Frage des Versenders an eine Spedition: „Haben sie eine Transportversicherung" werden immer wieder geäußert, ohne dass der Inhalt der Behauptung oder der Frage auf die Richtigkeit hin geprüft wird. Versicherungspolicen sind schwierig zu verstehen.

3 Im Folgenden sollen die rechtlichen Grundlagen der Versicherungslogik hinsichtlich der Verkehrshaftungsversicherung erläutert werden, damit man die Begriffe und die dahinter stehenden Problemlösungen, die Versicherer häufig bieten, rechtlich einordnen kann.

I. Versicherungslösung für Verkehrsträger

4 Mit der Verkehrshaftungsversicherung wird das Haftungsinteresse desjenigen versichert, der sich gewerbsmäßig mit dem Gütertransport bzw. der Lagerung von Gütern für Dritte beschäftigt. Es wird in der Regel als Versicherungsnehmer nur der sog. Verkehrsträger versichert. Verkehrsträger sind der Frachtführer, die Speditionen oder der Lagerhalter. Versichert wird also ein bestimmter Gewerbezweig.

5 Rechtlich ist die Verkehrshaftungsversicherung eine Haftpflichtversicherung iSd §§ 149 ff. VVG[1]. Ferner kann sogar eine Pflicht-Haftpflichtversicherung im Sinne der §§ 158b VVG bei nationalen Transporten gem. § 7a Gütertkraftverkehrsgesetz vorliegen (siehe unten B.2.1), sofern für diese Güterbeförderung gesetzlich diese Pflichtversicherung besteht.[2] Dabei soll aber nicht die Berufstätigkeit umfassend abgesichert werden, wie z.B. die allgemeine Haftpflichtversicherung dieser Berufsgruppe. Vielmehr werden nur die transportrechtlichen Haftungsrisiken, die sich aus ausdrücklich versicherten Verkehrsverträgen und den sich daraus ableiteten Tätigkeiten haftungsseitig ergeben, versichert.

6 Teilweise wird der Begriff der Transporthaftungsversicherung statt dem gebräuchlicheren Begriff „Verkehrshaftungsversicherung" verwendet, um auszudrücken, dass nicht die Haftung des Verkehrsträgers versichert werden kann, sondern die Haftung nach den Regelungen des Transportrechts[3].

7 Diese besondere Versicherung deckt grundsätzlich die gesetzliche oder vertragliche Haftung aus Verkehrsverträgen, dh die Haftung des Verkehrsträgers, die sich aus allen mit den jeweiligen Auftraggebern (Verlader, Versender, Auftraggeber usw.) abgeschlossenen Fracht-, Speditions- oder Lagerverträgen ergibt.

8 Die Verkehrhaftungsversicherung umfasst als Haftungsversicherung die Befriedigung begründeter und die Abwehr unbegründeter Schadenersatzansprüche, die gegen den Versicherungsnehmer als Auftragnehmer eines Verkehrsvertrages erhoben werden[4]. Die übliche Klausel lautet: *„Die Versicherung umfasst die Befriedigung begründeter und die Abwehr unbegründeter Schadenersatzansprüche, die gegen den Versicherungsnehmer als Auftragnehmer eines Verkehrsvertrages erhoben werden*[5].*"*

9 Der Versicherer verspricht dem Versicherungsnehmer eine Leistung. Er stellt seinen Versicherungsnehmer von Schadensersatzansprüchen frei, die gegen ihn erhoben werden. Man

---

[1] *Thume* TranspR 2012, 125 ff.
[2] *Thume*/de la Motte/Ehlers 2 Rn. 386.
[3] *Abele,* Sonderbeilage Heft 3, TranspR 2004, IV.
[4] *Thume* TranspR 2012, 125 ff.
[5] Siehe Ziff. 3.2 DTV-VHV 2003/2011.

nennt diesen Teil des Versicherungsschutzes die Leistungskomponente der Haftungsversicherung. Der Versicherer ist verpflichtet, dem Anspruchsteller bzw. dem Versicherungsnehmer den Geldbetrag zur Verfügung zu stellen, der benötigt wird, um die geltend gemachten Schadensersatzansprüche auszugleichen.

Zweitens kann ein Versicherungsnehmer dem Grunde nach oder zumindest hinsichtlich der Schadenshöhe unberechtigt auf Ersatz in Anspruch genommen wird. In solchen Fällen hat der Versicherer die Verpflichtung, die unberechtigt gegenüber dem Versicherungsnehmer erhobenen Ansprüche abzuwehren. Diesen Teil des Versicherungsschutzes bezeichnet man als die Rechtsschutzkomponente. Der Versicherer stellt sicher, dass der Versicherungsnehmer nicht zu Unrecht Schadensersatz leisten muss. Er wehrt die unberechtigten Ansprüche ab[6]. Notfalls führt er einen Zivilprozess, wenn der Versicherungsnehmer verklagt wird. Der Versicherer ist dann verpflichtet, für die gegen seinen Versicherungsnehmer gerichtete Klage Rechtsschutz zu gewähren, indem er dem Versicherungsnehmer einen Anwalt benennt, der im Namen des Versicherungsnehmers, aber auf Rechnung des Versicherers den Prozess führt. 10

Durch Obliegenheitsregelungen wird sichergestellt, dass der Versicherer unmittelbaren Einfluss auf die Prozessführung durch den Anwalt nehmen kann. Nach dem Wortlaut der Bedingungen muss sich der VN auf Verlangen und Kosten der Versicherer auf einen Prozess mit dem Anspruchsteller einlassen und dem Versicherer die Prozessführung überlassen[7]. 11

Nimmt dann der Rechtsstreit nicht den vom Versicherer erhofften erfolgreichen Ausgang, trägt der Versicherer die Urteilssumme und die aus dem Rechtsstreit entstandenen Verfahrenskosten (Anwalts- und Gerichtskosten). Aus diesem Grunde ist also für Ansprüche, die durch die Verkehrshaftungsversicherung gedeckt sind, der Abschluss einer zusätzlichen Rechtsschutzversicherung nicht erforderlich. 12

Zusätzlich zur Leistungs- und Abwehrverpflichtung erstreckt sich der Versicherungsschutz der Haftungsversicherung auch auf die Übernahme von Kosten, die dem Versicherungsnehmer im Zusammenhang mit einem Schadensfall entstehen können. Die Versicherer ersetzen Kosten zur Abwendung eines drohenden Schadens, zur Minderung eines ersatzpflichtigen Schadens sowie zur Feststellung eines ersatzpflichtigen Schadens[8]. 13

Grenzenlos kann dieses Deckungsversprechen eines Versicherers im Hinblick auf alle transportrechtlichen Haftungsfragen der zu versichernden Verkehrsträger aber nicht abgegeben werden, wenn man sich alle möglichen Transport- oder Lagerverträge vorstellt. Sowohl die Art der Vertragsgestaltungen, die beispielsweise im Lagerrecht vom Einlagerer bis zur Grenze der Sittenwidrigkeit ausgedehnt werden kann (unbegrenzte Verschuldenshaftung), als auch die unbekannten Haftungsrisiken bei Landtransporten zB auf Lastentieren durch die Anden, sind vielfältig. Zwangsläufig müssen versicherungsseitig Einschränkungen vorgenommen werden[9]. Die versicherungsvertragliche Deckung erfolgt daher nach besonderen Versicherungsbedingungen, die für jeden Versicherungsnehmer unterschiedlich sein können. 14

II. Haftung und Versicherung

Typisch für die Haftpflichtversicherung ist das so genannte Dreiecksverhältnis. Zwischen dem geschädigten Dritten und dem Versicherungsnehmer, der nach transportrechtlichen Vorschriften haftet, besteht die erste Beziehung. Zweitens hat der VN bei seinem Verkehrshaftungsversicherer für dieses Haftungsverhältnis eine spezielle Versicherung abgeschlossen. 15

---

[6] *Abele* TranspR 2004, 154 ff.
[7] Siehe 7.2.5 DTV-VHV 2003/2011.
[8] Siehe 4.2–4.5 DTV-VHV 2003/2011.
[9] *Abele* TranspR 2004, 156.

16 Wenn der Versicherungsnehmer (VN) gegenüber dem Auftraggeber (AG) verkehrsvertraglich haftet, wird diese Frage im Haftungsprozess zwischen dem AG und dem VN geklärt. Ob sein Versicherer für dies Haftungsverhältnis auch Versicherungsschutz gewähren muss, kann im sog. Deckungsprozess entschieden werden. Haftungs- und Deckungsfragen sind strikt voneinander zu trennen[10].

III. Versicherungsrechtliche Einordnung

17 Im Versicherungslexikon des GDV ist folgendes definiert: „Verkehrshaftungsversicherung (engl. carrier's liability insurance) Sparte der Transportversicherung; versichert wird die gesetzliche oder vertragliche Haftung (Verkehrshaftungsrecht) aus Verkehrsverträgen (Fracht-, Speditions- oder Lagerverträge) von Frachtführern, Spediteuren oder Lagerhaltern nach DTV-VHV 2003/2011 oder anderen Versicherungskonzepten" (siehe www.tis-gdv.de). Diese Verbandsdefinition zeigt, dass der Begriff eine Spartenbezeichnung ist, die so im Versicherungsvertragsrecht nicht existent ist. Zu Recht bestätigt Ehlers, dass dies kein „terminus technicus" ist [11].

18 Die Verkehrshaftungsversicherung wird bei allen deutschen Versicherern in der jeweiligen Abteilung „Transport" als eine separate Versicherungssparte geführt. Gegenüber der Bundesanstalt für die Finanzdienstleistungsaufsicht (BaFin) wird die Verkehrshaftung aufsichtsrechtlich unter Vz-Kz 04.5 Abschnitt C der Anlage 1 zur Verordnung über die Berichterstattung von Versicherungsunternehmen gegenüber der BaFin (Ber-VersV): „Verkehrshaftungsversicherung (einschließlich Speditions- und Rollfuhrversicherung)" eingeordnet[12].

19 Die Verkehrshaftungsversicherung ist eine Haftpflichtversicherung iSd §§ 100 ff. VVG und keine Transportwarenversicherung im Sinne der §§ 130–141 VVG[13]. Neuerdings spricht der BGH von einer „Güterschaden-Haftpflichtversicherung", bei der das Sachersatzinteresse des Auftraggebers versichert sei[14].

20 Versicherungsvertragsrechtlich ist die Einordnung der Verkehrshaftungsversicherung streitig. Im seit 2008 neu geltenden Versicherungsvertragsgesetz (VVG) können bestimmte Versicherungen die von den Beschränkungen der Vertragsfreiheit gem. § 210 VVG abweichen. Die Gestaltung der Rechtsbeziehungen darf nach dem Willen des Gesetzgebers zwischen Vertragspartnern, die beide als Kaufleute sich gleichberechtigt gegenüberstehen und zu denen gerade kein wirtschaftliches Ungleichgewicht besteht, ist weitestgehend dispositiv erfolgen, dh der jeweilige Versicherer kann von allen nicht zwingenden Vorschriften des VVG abweichen. Wenn die Versicherung ein sog. „Großrisiko" ist oder es sich um eine „laufende Versicherung" handelt, ist die Abweichung vom VVG möglich.

21 **1. Großrisiko.** Unter die Großrisiko-Definition gem. Nr. 10b der Anlage Teil A zum Versicherungsaufsichtsgesetzes (VAG) fallen: „Haftpflicht aus Landfahrzeugen mit eigenem Antrieb". Wenn es sich um reine Frachtführerpolicen handelte, hat der BGH dies wegen dem Wortlaut bejaht[15]. Gerichte entschieden jedoch bei sog. gemischten Policen (Frachtführer + Spedition oder Lagerhalter) unterschiedlich[16]. Teile der Rechtsprechung und Literatur sprechen sich bei der Versicherung von Spediteuren und Lagerhaltern aufgrund des zitierten eindeutigen Wortlautes der Nr. 10b VAG gegen eine generelle Anwendung der Großrisikodefinition bezogen auf die kombinierte Speditions- und Lagerhalterversicherung auch dann aus, wenn ein reines Frachtführerrisiko streitig war[17].

---

[10] *BGH* VersR 1992, 568; 1992, 1504 = NJW 1993, 68; *OLG Koblenz* VersR 1995, 1298.
[11] *Ehlers, van Bühren*, Rn. 221; *Abele*, Sonderbeilage Heft 3, TranspR 2004, III.
[12] *Thume*/de la Motte/Ehlers, Einführung, Rn. 49, *Abele* TranspR 2004, 154 ff.
[13] *Ehlers* TranspR 2007, 5, 12; *Abele* TranspR 2009.
[14] *BGH* TranspR 2003, 329; siehe auch *Thume* VersR 2008, 455.
[15] *BGH* VersR 2005, 266.
[16] *KG* TranspR 2007, 256; *HansOLG* TranspRecht 07, 258.
[17] Zum Streitstand *Flach* TranspR 2008, 56; *Ehlers* TranspR 2007, 5; *Thume* VersR 2010, 849.

Abschnitt 24. Verkehrshaftungsversicherung

2. Laufende Versicherung. Wieder eingeführt wurde durch das neue VVG die sog. 22
„laufende Versicherungen" in § 210 VVG iVm §§ 53 ff. VVG. Die laufende Versicherung
(engl. open policy) ist eine besondere Form der Versicherung mit dem Kennzeichen, dass
das versicherte Interesse bei Abschluss des Versicherungsvertrages nur „der Gattung nach"
bestimmt ist und erst nach seiner Entstehung dem Versicherer einzeln aufgegeben wird[18].
Versicherungsvertragsrechtlich hat ein Versicherer die Möglichkeit der Abweichung von
den Beschränkungen der Vertragsfreiheit gem. § 210 VVG[19]. Damit sind dieselbe Privilegierung wie „Großrisiken" im Rahmen einer laufenden Versicherung möglich, dh es kann
von den nicht zwingenden Vorschriften des VVG abgewichen werden.

IV. Verkehrshaftungsversicherung und Transportwarenversicherung

Die Verkehrshaftungsversicherung weist zwar Ähnlichkeiten zur Transportwarenversi- 23
cherung auf, weil Versicherungsschutz gegen Risiken gegeben wird, denen die Güter während des Transports oder der Lagerung ausgesetzt sind.

Diese Versicherung deckt aber nicht alle Gefahren, wie in der Gütertransportversiche- 24
rung[20]. Die Güterversicherung deckt nämlich das Interesse des Warenversenders, Käufers
oder sonstigem Wareninteressenten am Transportgut und nicht das sog. Haftungsinteresse
des Verkehrsträgers. Sprachlich muss daher diese Verkehrshaftungsversicherung strikt von
der Transportwarenversicherung getrennt werden.

In Verträgen, die sich mit dem Export von Gütern befassen, liest man häufig die Vor- 25
gabe des Auftraggebers an den Spediteur, dass dieser eine „Transportversicherung" einzudecken hat. Gewollt ist häufig, dass der Spediteur eine eigene Haftungsversicherung vorhalten soll, in der die Haftungen, die sich aus dem Vertrag ergeben, versichert sein sollen.
Weil der Absender oder Empfänger bereits eine Transportwarenversicherung selbst abgeschlossen hat oder zumindest im Handelskaufvertrag geklärt wurde, wer diese abzuschließen hat, kann es nur um die Haftungsversicherung gehen.

Jeder der Beteiligten (Auftraggeberseite der Verlader und Auftragnehmerseite der Ver- 26
kehrsträger) sollte immer gedanklich diese Bereiche klar trennen.

B. Historische Entwicklung

Es gab in der BRD 75 Jahre lang bis in das Jahr 2002 für Speditionen ein komplexes 27
Haftungs- und Versicherungssystem nach den „Allgemeinen Deutschen Spediteurbedingungen (ADSp)".

I. Speditionsversicherung

Die klassische „Speditionsversicherung (SVS)" bestand aus mehreren Versicherungsbau- 28
steinen, zunächst in einem Monopol und später in mehreren Versicherungspools einzelner
Makler. Das Prinzip, die Haftung in den ADSp abzusenken und eine „haftungsersetzende
Versicherung" für denjenigen automatisch abzuschließen, der keine eigene Versicherung
hatte, wurde 1998 durch die Transportrechtsreform abgeschafft[21]. Versuche, ähnliche Systeme (SLVS, SpV) weiterzuführen, wurden durch die Änderung der ADSp im Jahr 2003
beendet[22]. Auf diese komplexe Versicherungsmaterie einen eingehenden Rückblick zu geben, erübrigt sich, weil dieses speziell für die Speditionen entwickelte System so nicht weiter in der BRD existiert (anders in Österreich).

---

[18] Legaldefinition § 53 VVG.
[19] Ausführlich *Abele*, Festschrift Thume, 120; *Thume* VersR 2010, 849.
[20] Siehe *Pötschke*, Kap. 23.
[21] *Abele* TranspR 2006, 62.
[22] *Thume*/de la Motte, Einführung, Rn. 49, *Häusser/Abele* TranspR 2003, 8 ff.

II. Pflichtversicherung in der BRD

29 Kraft Gesetzes sind in der Verkehrshaftungsversicherung Vorgaben der Pflichtversicherung zu beachten nach den § 7a Güterkraftverkehrsgesetz und § 50 Montrealer Übereinkommen.

30 **1. Landfrachtrechtliche Pflichtversicherung nach § 7a GüKG.** Im Rahmen der HGB-Änderungen zum Transportrechtsreformgesetz 1998 wurde in der BRD für Straßenfrachtführer, die dem Güterkraftverkehrsgesetz (GüKG) unterliegen, eine Pflichtversicherung eingeführt. Nach § 7a GÜKG muss dieser Frachtführer eine Versicherung für seine Haftung nach dem HGB abschließen, wenn er erlaubnispflichtige Lkw-Transporte innerhalb der BRD durchführt. 2004 wurde die Bestimmung grundlegend reformiert und die Formulierungen wie folgt gefasst:

GüKG, § 7a
„(1) Der Unternehmer ist verpflichtet, eine Haftpflichtversicherung abzuschließen und aufrecht zu erhalten, die die gesetzliche Haftung wegen Güter- und Verspätungsschäden nach dem Vierten Abschnitt des Vierten Buches des Handelsgesetzbuches während Beförderungen mit Be- und Entladeort im Inland versichert."

31 Die Überschrift lautet jetzt: „Haftpflichtversicherung" statt der früheren Formulierung „Güterschaden-Haftpflichtversicherung". Sachlich bedeutet dies keine Änderung. Weil der Begriff „Güterschaden" zu nahe bei der Transportwarenversicherung des Auftraggebers lag, wurde diese sprachliche Klarstellung vorgenommen[23].

32 Aus dem Wortlaut „ist verpflichtet" ergibt sich, dass eine Pflichtversicherung nach dem Versicherungsvertragsgesetz (VVG) vorliegt. Dies ist jedoch streitig und wird in der Literatur unterschiedlich gesehen[24].

33 Voraussetzung des GüKG ist, dass eine entgeltliche Beförderung von Gütern mit Kraftfahrzeugen, die einschließlich Anhänger ein höheres zulässiges Gesamtgewicht als 3,5 t haben, vorliegt. Sollte das Güterkraftverkehrsgesetz (GüKG) für den Inhaber einer Firma oder den jeweiligen Transport nicht gelten, dann gibt es keine Versicherungspflichten. Wenn das Gesamtgewicht unter der genannten GüKG-Grenze liegt oder ein Befreiungstatbestand nach § 2 GüKG vorliegt, dann müssen von Seiten des Frachtführers keine gesetzlichen Versicherungsregelungen beachtet werden. Solche Frachtführer dürfen unversichert Güterbeförderung betreiben.

34 Zu beachten ist ferner, dass vom Versicherer maximale eine pflichtversicherungsmäßige Deckung in Höhe der Regelhaftung des HGB mit 8,33 SZR pro Kilo zu gewähren ist. Aus der Formulierung „nach dem Vierten Abschnitt des Vierten Buches des Handelsgesetzbuches", also dem Weglassen des früheren Bezugs zum Frachtvertrag, ist klar geregelt, dass zB 40 SZR/Kilo nicht den Regeln der Pflichtversicherung unterliegt. Ein Geschädigter genießt demnach maximal in Höhe der Regelhaftung des HGB Vertrauensschutz.

35 Als weitere Einschränkung ist zu merken, dass nicht alle Haftungstatbestände des HGB pflichtversichert sind. Es werden nur Güterschäden (Verlust und Beschädigung) und Lieferfristüberschreitungen gedeckt. Somit unterliegen der Pflichtversicherung keine Güterfolge- (soweit überhaupt gehaftet wird) oder sonstigen reinen Vermögensschäden.

36 Der Gesetzgeber hat schließlich eine feste Mindestversicherungssumme in das GüKG aufgenommen. Ein Versicherer muss bis 600.000 EUR je Schadenereignis gem. den Pflichtversicherungsregeln decken.

37 Ferner kann eine so genannte „Jahreshöchstersatzleistung" vereinbart werden, die nicht weniger als das Zweifache der Mindestversicherungssumme betragen darf. Die Kurzformulierung in Versicherungsverträgen lautet häufig: *„Die maximale Versicherungsleistung beträgt 600.000 EUR, zweifach maximiert pro Jahr*[25].*"*

---

[23] *Knorre* TranspR 2006, 228–233.
[24] *Heuer* TranspR 2004, 454, 458.
[25] Siehe § 7a II GüKG.

In Fällen der Pflichtversicherung darf der Versicherer die Ansprüche generell ausschließen, die ausdrücklich in § 7a GüKG genannt sind. Das sind Ansprüche wegen Schäden, die vom Unternehmer oder seinem Repräsentanten vorsätzlich begangen wurden, Schäden durch Naturkatastrophen, Kernenergie, Krieg, kriegsähnliche Ereignisse, Bürgerkrieg, innere Unruhen, Streik, Aussperrung, terroristische Gewaltakte, Verfügungen von hoher Hand, Wegnahme oder Beschlagnahme seitens einer staatlich anerkannten Macht verursacht werden. Ferner bei Frachtverträgen, die die Beförderung von Edelmetallen, Juwelen, Edelsteinen, Zahlungsmitteln, Valoren, Wertpapieren, Briefmarken, Dokumenten und Urkunden zum Gegenstand haben[26]. 38

Der Frachtführer muss eine Versicherungsbestätigung (Kopie genügt) im Fahrzeug mitführen und bei Kontrollen des BAG (Bundesamt für Güterverkehr) vorzeigen. Die Versicherungsbestätigung wird vom Verkehrshaftungsversicherer meist für den gesamten Betrieb ausgestellt und dient zur Vorlage beim BAG. Es werden dem VN entsprechende Bestätigungen ausgehändigt, um die Fahrzeuge mit Kopien auszustatten. 39

2. Luftfrachtrechtliche Pflichtversicherung nach § 50 MÜ. Gemäß einer EU-Richtlinie ist das internationale Luftfrachtabkommen des Montrealer Übereinkommens (MÜ) in Kraft getreten. Dort ist folgende gesetzliche Pflichtversicherung vorgesehen: 40

MÜ, Artikel 50 – Versicherung
„Die Vertragsstaaten verpflichten ihre Luftfrachtführer, sich zur Deckung ihrer Haftung nach diesem Übereinkommen angemessen zu versichern. Der Vertragsstaat, in den ein Luftfrachtführer eine Beförderung ausführt, kann einen Nachweis über einen angemessenen Versicherungsschutz zur Deckung der Haftung nach diesem Übereinkommen verlangen."

Gemäß Art. 50 MÜ besteht eine Versicherungspflicht als Erstes für denjenigen, der die Luftbeförderung tatsächlich mit eigenen Luftfahrzeugen ausführt[27]. Das ist der „acting carrier", der sich nach dem MÜ versichern muss. Derjenige, der den Lufttransport, dh die Beförderung der Güter per Luft, verspricht, ist vertraglicher Luftfrachtführer („contracting carrier"), auch dann, wenn er kein Flugzeug hat[28]. 41

Ob ein Spediteur, der keinen Lufttransport verspricht, unter die Pflichtversicherungsregelung fällt, ist strittig. Als Spediteur verspricht er die Besorgung und nicht die Luftbeförderung selbst vorzunehmen. Die nationalen Haftungsfolgen des Selbsteintritts, der Sammelladung, der Fixkostenspedition oder die Ausstellung eines eigenen Luftfrachtbriefs (unechter Selbsteintritt) bedeuten, dass die Rechtsfolge der „Haftung wie ein Frachtführer" gegeben ist[29]. 42

Für die Verkehrshaftungsversicherung bei Speditionen hat diese Tatsache erhebliche Auswirkungen, wenn bei der Speditionsversicherung Pflichtversicherungsvorgaben nach dem MÜ entstehen. Ausschlüsse oder Obliegenheiten ua könnten dann eventuell nicht mehr eingewandt werden. 43

III. Unverbindliche Empfehlungen des GDV

In der BRD wurden die sog. DTV-VHV-Bedingungen für Frachtführer, Spediteure und Lagerhalter im Jahr 2003 (DTV-VHV 2003) eingeführt. Vom Gesamtverband der Versicherungswirtschaft (GDV) wurden diese damals neu als unverbindliche Verbandsempfehlung zur fakultativen Verwendung veröffentlicht. Die Abkürzung DTV steht für „Deutscher Transportversicherer Verband" und erinnert an die Verbandstradition der deutschen Transportversicherer seit 1914. Die jeweils aktuellen Versicherungsbedingungen können im Internet abgerufen werden unter http://www.tis-gdv.de/tis/bedingungen/avb/vhv/verkehr. 44

---

[26] Siehe § 7a III GüKG.
[27] *Müller-Rostin* VersR 2004, 832–835.
[28] Siehe zum acting oder contracting carrier *Ruhwedel* TranspR 2008, 92.
[29] *Abele*, Sonderbeilage Heft 3, TranspR 2004, II.

2. Teil. Das Vertragsrecht des Exportgeschäfts

45 Die sog. DTV-VHV sind eine unverbindliche Bekanntgabe des Gesamtverbandes für Versicherungswirtschaft (GDV) für Verkehrshaftungsversicherungen, die alle Unternehmen der Versicherungswirtschaft verwenden können. Das veröffentlichte Bedingungswerk ist eine sog. „allgemeine Versicherungsbedingung (AVB)", die den Versicherern als Basis für die Versicherung der Haftungsrisiken des Versicherungsnehmers dienen soll. Es werden darin keinerlei Aussagen zur Transportwaren-, Sachinhalt oder sonstigen Haftpflichtversicherung getroffen.

46 Jeder Versicherer konnte entscheiden, ob und in welchem Umfang er diese Verbandsempfehlung umsetzt. Nahezu alle Versicherer haben im Jahr 2003 das GDV-Muster zur Grundlage ihrer allgemeinen Versicherungsbedingungen, jedenfalls für Speditionsrisiken, genommen. Viele vor diesem Zeitpunkt bestehenden Verkehrshaftungspolicen wurden von den Versicherern überarbeitet und entsprechend angepasst. Selbst Makler, die teilweise eigene Versicherungsbedingungen entwickelt hatten, haben dieses Vertragswerk nach der Struktur und größtenteils auch dem Inhalt nach übernommen.

47 Zuletzt wurden diese Bedingungen im Jahre 2008 zunächst an das neue VVG und dann mit der sog. „Sanktionsklausel" im Jahr 2011 angepasst. Es wurde klargestellt, dass es sich (wie seit dem Jahr 2003) um eine „laufende Versicherung" iSd §§ 53 ff. VVG handelt[30]. Unabhängig davon, ob es sich nun um ein Großrisiko handelt oder nicht, gilt nach § 210 VVG, dass jedenfalls bei einer laufenden Versicherung vom VVG abgewichen werden kann. Es gelten die versicherungsrechtlichen Regelungen der §§ 53 ff. VVG nach herrschender Meinung daher für die DTV-VHV 2003/2011. Klargestellt wird also die Tatsache, dass Verkehrsverträge als „Gattung" versichert sind, wenn diese dem Versicherer gemeldet werden. Somit liegt nach der Legaldefinition des § 53 VVG eine laufende Versicherung vor[31].

48 Die DTV-VHV 2003/2011 enthalten aus Gründen des Kartellrechts keine Regelungen über nicht versicherte Güter, Prämiengestaltungen oder -höhen, keinerlei Versicherungssummen oder bezifferte Selbstbehalte. Die Beträge und sonstigen offen gelassenen Punkte müssen von den jeweiligen Versicherern ausgefüllt werden.

IV. Sonstige Verkehrshaftungsversicherungen

49 Da nicht alle denkbaren Versicherungsvarianten aller Verkehrsträger in diesen unverbindlichen Empfehlungen geregelt wurden, gibt es am deutschen Versicherungsmarkt Spezialprodukte für Frachtführer (Schwergutunternehmer, Umzugsfrachtführer, Abschleppunternehmen ua), aber auch Speditionen oder Lagerhalter. Dies sind häufig eigenständige Versicherungsbedingungen für die Verkehrshaftungsversicherung. Besonders über Makler oder sog. Assekuradeure werden entspr. Policen angeboten[32].

50 Es gibt daher bei vielen Versicherungsunternehmen und Maklern, die sich auf die Verkehrshaftung spezialisiert haben, folgende nicht abschließend genannte Policenformen:
- Frachtführerpolicen
- Umzugunternehmenspolicen
- Speditionsversicherungspolicen
- Lagerhalterpolicen
- Sonderpolicen für besondere Risiken (Zoll-, TBL/FBL-Policen).

51 Es gibt ferner eine nicht zitierbare Vielzahl von Namen und Wortschöpfungen, mit denen Versicherer oder Makler die Policen umschreiben. Häufig gibt es auch Bestandteile aus anderen Versicherungen, die mit den folgenden Grundregeln dieser Versicherungssparte eigentlich nicht mehr zu tun haben (Logistikpolice ua).

52 Makler oder Versicherer gestalten also häufig die Verkehrshaftungsbedingungen eigenständig.

---

[30] *Flach* TranspR 2008, 56.
[31] *Abele* TranspR 2009, 60 ff.
[32] Thume/de la Motte/*Ehlers,* Teil 7, B–E.

Abschnitt 24. Verkehrshaftungsversicherung

Wer eine Verkehrshaftungspolice abschließen will oder als Verantwortlicher eines Versender überprüfen will, wie der eingesetzte Verkehrsträger versichert ist, muss damit rechnen, dass die Versicherungsbedingungen diesem GDV-Konzept nicht in allen Punkten entsprechen. Wenn über einen Versicherer oder einen Makler Versicherungsangebote eingeholt werden, ist zu prüfen, welches Risiko konkret mit welchem Geltungsbereich in welcher Höhe (Versicherungsmaxima) versichert ist, welche versicherungsrechtlichen Ausschlüsse vereinbart sind, welche Obliegenheiten einzuhalten sind und welche Rechtfolgen (Quotelung oder „Alles oder Nichts-Prinzip") vereinbart wurden und wie viel die Versicherung letztendlich zahlt (Maximum). 53

In der Praxis haben die allermeisten deutschen Frachtführer, auch die nicht dem GüKG unterliegen, freiwillig eine Verkehrshaftungsversicherung abgeschlossen. Dies gilt für die Mehrzahl der ordentlichen Betriebe. 54

Jeder Verkehrsträger, der andere Unternehmen beauftragt, sollte sich im eigenen und fremden Interesse vergewissern, dass dieser Subunternehmer eine ausreichende Verkehrshaftungsversicherung eingedeckt hat. Stellt er fest, dass diese keine Versicherung haben, darf er keinen Auftrag an dieses Unternehmen erteilen. Es gehört zu seinen Kardinalpflicht nur Subunternehmer einzusetzen, die eine ausreichende Verkehrshaftungsversicherung abgeschlossen haben. Ansonsten liegt ein Auswahlverschulden vor, wenn entsprechende Prüfungen der Versicherungsdeckung nicht vorgenommen werden. Hier genügt es, wenn der Verkehrsträger sich eine aktuelle Versicherungsbestätigung vorlegen lässt. Nur im Zweifel ist eine Verkehrshaftungspolice anzufordern. 55

C. Markt der Verkehrshaftungsversicherungen

I. Arten der Verkehrshaftungspolicen

1. Frachtführerpolicen. Es werden am deutschen Versicherungsmarkt. „einfache Frachtführerpolicen" angeboten. Dort können zB nur reine Transporte innerhalb eines bestimmten Einsatzgebietes (zB 100 km) mit eigenem Fahrzeug (keine Versicherung bei Fremdunternehmereinsatz) bis zur Haftung von maximal 8,33 SZR (nicht 40 SZR) unter Ausschluss von bestimmten Gütern (keine Kfz, keine Valoren) versichert werden. Darüber hinaus können „komplexe Frachtführerpolicen" mit weitergehenden sachlichen (alle Frachtverträge, auch bei Weitergabe an Subunternehmer) und räumlichen Geltungsbereichen (Europa ohne GUS-Länder), haftungsrechtliche Erhöhungen (40 SZR) und Mitversicherung etwaiger ausgeschlossener Güter vereinbart werden. 56

Daneben können spezielle Frachtführerrisiken versichert werden, wie Schwerguttransporte, Umzugsunternehmen. Sonderdeckungen kann es für Luftverkehrsunternehmen, für Eisenbahnen, für Binnen- und Seeschiffe geben, auf die in diesem Zusammenhang nicht eingegangen werden kann. 57

2. Speditionspolicen. Häufig werden sog. Speditionsversicherungen angeboten, die auf folgender Basis der Ziffer 29 ADSp geschaffen wurden: 58

29. Haftungsversicherung des Spediteurs

29.1 Der Spediteur ist verpflichtet, bei einem Versicherer seiner Wahl eine Haftungsversicherung zu marktüblichen Bedingungen abzuschließen und aufrecht zu erhalten, die seine verkehrsvertragliche Haftung nach den ADSp und nach dem Gesetz im Umfang der Regelhaftungssummen abdeckt.

29.2 Die Vereinbarung einer Höchstersatzleistung je Schadenfall, Schadenereignis und Jahr ist zulässig; ebenso die Vereinbarung einer Schadenbeteiligung des Spediteurs.

29.3 Der Spediteur darf sich gegenüber dem Auftraggeber auf die ADSp nur berufen, wenn er bei Auftragserteilung einen ausreichenden Haftungsversicherungsschutz vorhält.

29.4 Auf Verlangen des Auftraggebers hat der Spediteur diesen Haftungsversicherungsschutz durch eine Bestätigung des Versicherers nachzuweisen.

59 In der Praxis haben sich in der BRD allerdings die oben zitierten DTV-VHV-Bedingungen durchgesetzt.

60 **3. Lagerhalterpolicen.** Besondere Policen gibt es ferner für besondere sog. reine Lagerhalter. Das sind zB Lagerungen nach den Vorgaben der Bundesanstalt für Landwirtschaft und Ernährung (BLE). Ferner muss von Verkehrshaftungsversicherern die besonderen Haftungskonstellationen (unbegrenzte Verschuldenshaftung) berücksichtigt werden oder die reduzierte Haftung gemäß den Bedingungen der Hamburger und Bremer Lagerhäuser.

61 **4. Sonderpolicen für besondere Risiken (Zoll-, TBL/FBL-Policen).** Daneben gibt es für besondere Haftungstatbestände, beispielsweise für sog. Dokumentenhaftung aus der TBL oder FBL-Dokumenten zusätzliche Deckungen.

62 Die sog. Zollpolicen decken demgegenüber die hoheitliche Inanspruchnahme seitens der europäischen Zollbehörden aus fehlerhafter Abwicklung von Verzollungen. Einzelheiten zu dieser besonderen Art der VKH-Versicherung können in diesem Zusammenhang nicht dargestellt werden[33].

II. Mehrere Versicherungspolicen

63 Es können ferner mehrere Verkehrshaftungspolicen für einen Verkehrsträger angeboten werden, bei dem die jeweiligen Einzelrisiken separat in verschiedene Versicherungspolicen aufgeteilt werden (Frachtführerpolice neben Speditionsversicherung).

64 Dies hat zum einen historische Gründe, weil sich die verschiedenen Haftungsversicherungen der Verkehrsträger auch wegen der rechtlichen Rahmenbedingungen (Haftungsfragen des groben Organisationsverschulden, Zahl und Formulierung der Ausschlüsse wegen Pflichtversicherung) unterschiedlich entwickelt haben. Zum andern kommen gewisse versicherungsrechtliche Maßnahmen nur in einem Sektor in Betracht, während sie bei anderen Risiken nur die Beitragsfindung erschweren würden. Wenn zB ein Lager mit 10 Mio. € Deckungssummen für eine unbegrenzte Haftung des Lagerhalters versichert werden soll, aber für sein Frachtrisiko maximal 2 Mio. € ausreichen, kann es Sinn machen, zwei unterschiedliche Policen abzuschließen.

III. Einheitliche Versicherungen

65 Es gibt Bündel-, Kombinations- oder sog. Multiline-Policen. Hier werden für Verkehrsträger neben der Verkehrshaftung weitere Versicherungen entweder gebündelt (sozusagen mit jeweils separaten allgemeinen Versicherungsbedingungen versehen) oder kombiniert (nur ein einheitliches Vertragswerk) angeboten.

66 **1. Transportwarenversicherung.** An erste Stelle steht eine Bündelung mit einer Gütertransportpolice. Hier kann der Frachtführer (besonders das Umzugsunternehmen), aber besonders wichtig für die Spedition bzw. den Lagerhalter, eine Versicherung zu Gunsten des Auftraggebers anbieten. Zur Verdeutlichung kann Ziffer 21 ADSp in diesem Zusammenhang zitiert werden:

„Der Spediteur besorgt die Versicherung des Gutes (zB Transport- oder Lagerversicherung) bei einem Versicherer seiner Wahl, wenn der Auftraggeber ihn vor Übergabe der Güter in der Regel schriftlich beauftragt."

67 **2. Sachinhaltsversicherungen.** Neben der genannten Gütertransportversicherung für fremdes Interesse kann eine Sachinhaltsversicherung gegen bestimmte so genannte „nominierte Gefahren" (Feuer, Einbruchdiebstahl, usw.) eingedeckt werden, soweit ein entsprechender Auftrag erteilt wurde. Im Fall der reinen Lagerung von Gütern nennt man dies eine Lagerversicherung. Damit der Spediteur bei einem entsprechenden Auftrag diese Versicherung auch eindecken kann, kann er bei seinem sog. Sachversicherer einen entspre-

---

[33] Siehe aber Thume/de la Motte/*Ehlers*, Teil 7, A, IV.

chenden Versicherungsschutz vorhalten. Dies muss nicht immer der jeweilige Verkehrshaftungsversicherer sein. Häufig ist er es aber, weil entsprechende Regelungen zu Regressen (Regressverzicht bei Fahrlässigkeit) bei ein und demselben Versicherer leichter zu vereinbaren sind.

3. Haftpflichtversicherungen. Separate Betriebshaftpflichtversicherungen und auch zusätzlichen Kraftfahrzeughaftpflicht, insbesondere bei Straßenfrachtführern, werden ferner mit der Verkehrshaftungsversicherung verbunden. Es werden so mit einem einheitlichen Wording beispielsweise die Verkehrshaftung und die Betriebshaftpflicht miteinander kombiniert. 68

Auch hier gibt es sehr unterschiedliche Produkte mit durchaus nicht vergleichbarem Deckungsumfang. Hier kann nur ein Versicherungsfachmann Auskunft erteilen und einen Versicherungsvergleich zwischen den üblichen Verkehrhaftungsversicherungen des Markts und der angebotenen sog. kombinierten Police mit einem durchgeschriebenen Versicherungswording fertigen. 69

D. DTV-VHV-Wording

Im Folgenden werden die generell zu beachtenden Voraussetzungen für das Versicherungsprinzip der Verkehrshaftungsversicherung anhand der DTV-VHV-Regelungen erläutert, weil diese in der BRD die häufigste Verwendung hat. 70

I. Konkretisierung des zu versichernden Risiko

Klargestellt wird in den Versicherungsbedingungen, dass nicht umfassend alle Tätigkeiten der Verkehrsträger versichert werden, sondern ausschließlich das jeweils versicherte Risiko aus Verkehrsverträgen nach Maßgabe einer dem Versicherer zu übergebenden Betriebsbeschreibung: 71

DTV-VHV Ziff. 2.2
1 Gegenstand der Versicherung
1.1 Verkehrsverträge
Gegenstand der Versicherung sind Verkehrsverträge (Fracht-, Speditions- und Lagerverträge) des Versicherungsnehmers als Frachtführer im Straßengüterverkehr, als Spediteur oder Lagerhalter, die während der Laufzeit dieses Versicherungsvertrages abgeschlossen und nach Maßgabe der Ziffer 11 aufgegeben werden, wenn und soweit die damit zusammenhängenden Tätigkeiten in der Betriebsbeschreibung ausdrücklich dokumentiert sind.

Aus dieser Definition ergibt sich einmal, welche Vertragsarten des Transportrechts versichert werden können, dh zB die Frachtverträge eines **Straßenfracht**führers (aber keine Eisenbahn, kein Luftfahrt, kein Binnen- oder Seeschiff). 72

Es wird ferner klargestellt, dass neben der jeweiligen Meldung der Verträge zur Versicherung auch nur gemäß der Beschreibung über die üblicherweise vorgenommenen Tätigkeiten Versicherungsschutz gegeben wird. 73

Konkret kommt es auf die Tätigkeiten der jeweils in der Betriebsbeschreibung genannten zB speditionellen Aufgaben an. Neue, dh später hinzukommende Risiken sind zu melden bzw. mit dem Versicherer abzusprechen. Hierdurch soll eine Aktualisierung des Versicherungsschutzes erreicht werden, in dem für das laufende Versicherungsjahr das Risiko jeweils neu analysiert und bewertet werden kann. 74

Beim Versicherungsnehmer ist es andererseits erforderlich, dass er ein umfassendes Versicherungsmanagement aufbaut, das Lücken, die aus der Betriebsbeschreibung unmittelbar folgen, vermeiden werden. Wird also ein neues Lager für einen Einlagerer angenommen, ist dies dem Versicherer zu melden. Damit soll ein ständiger Dialog zwischen Versicherungsnehmer und Versicherer bezweckt werden. Wie das konkreter aussieht, wird unten noch im Zusammenhang mit der Betriebsbeschreibung, der Vorsorgeversicherung samt den nicht versicherten Verkehrsverträge und den Ausschlüssen erläutert. 75

II. Risikobeschreibung

76 Versichertes Interesse ist die Haftung des Versicherungsnehmers aus Verkehrsverträgen, die in der jeweiligen Verkehrshaftungspolice beschrieben sind. Die Risikoart, die ein Versicherer übernehmen will, muss zunächst pauschal definiert werden. Der Praktiker kann so schnell erkennen, mit welcher Policenart man es zu tun hat.

77 Ein Versicherer definiert häufig rein abstrakt die Art seiner Verkehrshaftungsversicherung, die er seinem Kunden anbieten will. So kann generell auf dem Policendeckblatt die zu versichernde Berufsgruppe im Titel der Police abstrakt definiert werden. Die Bezeichnungen können lauten: „Frachtführerpolice, Hakenlastversicherung, Speditionsversicherung, Lagerhalterdeckung".

78 Ferner erkennt man in der Wortwahl die vom Versicherer gewählte Deckungsbeschreibung, wenn auf gesonderte Versicherungsbedingungen verwiesen wird. Bei den „Allgemeinen Versicherungsbedingungen für Frachtführer (AVB FF)" weiß jeder Kaufmann, dass keine Speditions- oder Lagerrisiken versichert werden sollen. Im Gegensatz dazu kann man bei der Wortwahl „Speditionsversicherungsbedingungen" davon ausgehen, dass gewisse Frachtführerrisiken (zB Selbsteintritt mit eigenen Fahrzeugen) versichert sind. Wie weit dies geht, muss man allerdings konkret an Hand des Wortlauts der Versicherung entscheiden.

III. Versicherbare Verkehrsverträge eines Verkehrsträgers

79 Als Gegenstand der Verkehrshaftungsversicherung werden „Verkehrsverträge" genannt. Was unter dem Begriff „Verkehrsvertrag" zu verstehen ist, wird abschließend in den meisten Verkehrshaftungsbedingungen definiert[34]. Er umfasst in der Regel nur die zitierten 3 klassischen Vertragsarten des HGB, nämlich der Fracht-, Speditions- und Lagervertrag.

80 Die Verkehrshaftungsversicherung stellt auf die vertragliche Haftungssituation und nicht auf die Tätigkeit oder das Berufsbild eines Verkehrsträgers ab. Die Haftung aus Verkehrsverträgen in Bezug auf die zu transportierenden Güter wird versichert. Vertragspartner dieser Verkehrsverträge muss der Versicherungsnehmer sein.

81 **1. Versicherte Unternehmen.** Der benannte Verkehrsträger wird in der Versicherungspolice ausdrücklich genannt und ist damit das versicherte Unternehmen.

82 Dabei können alle rechtlich selbstständigen und unselbstständigen inländischen Niederlassungen und Betriebsstätten mit in den Versicherungsschutz einbezogen werden. Eine Liste aller Unternehmen (genaue Firmierung und Adresse) und mitzuversichernden Firmen ist dem Versicherer zu übergeben. Es sollten dabei auch alle Orte mit Niederlassungen und Lager (mit Schilderung des konkreten Risikos) benannt werden. Kommen später andere Betriebe hinzu, müssen diese in die Versicherung einbezogen werden. Es sollte jeder als Verantwortlicher achten, dass alle Änderungen in der Firmenstruktur (Zukauf anderer Unternehmen) dem Versicherer angezeigt werden.

83 **2. Arbeitnehmer.** Arbeitnehmer des Versicherungsnehmers sind meist im Umfang der Versicherung mitversichert, wenn diese in Ausführung der versicherten Verkehrsverträge gehandelt haben, wie folgende Regelung zeigt:

DTV-VHV Ziff. 2.2
„Die Arbeitnehmer des Versicherungsnehmers sind im Umfange der Versicherung mitversichert, wenn diese in Ausführung der unter Ziffer 1 genannten Verkehrsverträge gehandelt haben."

84 **3. Typische Verkehrsverträge.** Versichert werden nach den GDV-Bedingungen Verkehrsverträge von Straßenfrachtführern, Speditionen und Lagerhaltern. Jeder Verkehrsträger, der sich versichern will, wird den Inhalt seiner Verträge, die er üblicherweise abschließt, kennen. Der reine Landfrachtführer schließt nur Verträge über Beförderung mit

---

[34] *Kollatz*, in: Thume/de la Motte/Ehlers, Teil A, II, Rn. 7.

Abschnitt 24. Verkehrshaftungsversicherung

dem LKW ab. Wenn er einen Lagervertrag mit einer ganz anderen Haftungssituation (Vollhaftung, Ersatz von Güterfolgeschaden) abschließen will, muss er den Versicherer verständigen, dass er nunmehr auch Lagerverträge abschließt. Allen Mitarbeitern muss der Inhaber daher die Anweisung geben werden, welche Verkehrsvertragsarten im Unternehmen erlaubt sind. Im konkreten Beispiel müsste der Frachtführer also anweisen, dass keine HGB-Lagerhalterverträge abzuschließen sind.

Ein zweites Beispiel soll dies verdeutlichen: Ein reiner Spediteur soll für einen Auftraggeber plötzlich dessen Lagerhaltung übernehmen. Versichert wurden ursprünglich nur dessen Speditionsverträge. Die Haftung aus Lagerverträgen ist bei einem, der nur Speditionsverträge schließt, nicht versichert. Dies ergibt sich daraus, dass Lagerverträge des Spediteurs nicht unter die Verkehrshaftungsversicherung fallen, wenn er zuvor in der Betriebsbeschreibung die Unterhaltung von disponierten Lagern verneint hat. Er muss den Betrieb eines disponierten Lagers sofort seinem Versicherer melden, ansonsten besteht keine Deckung für Schäden an der Ware während der reinen Lagerhaltung. 85

Kein „Verkehrsvertrag" im versicherungsrechtlichen Sinn liegt ferner vor, wenn keine transport- oder lagerspezifische Leistung zwischen einem Auftraggeber und einem Verkehrsträger erkennbar ist. 86

Frage: Liegt ein Verkehrsvertrag vor, wenn eine Spedition ausschließlich Verpackungen vornimmt, ohne eine Güterbeförderung zu besorgen, den Transport selbst durchzuführen oder das Gut zu lagern? Reine Verpackungsfertigungen stellt keine verkehrsvertragliche, sondern ausschließlich werkvertragliche Leistungen dar. Wenn ein Logistikunternehmen diese ausführt, ist die Haftung bei Fehlern am verpackten Gut (Nässeschaden an einer Maschine) nicht über eine Verkehrshaftungsversicherung versichert. 87

Wenn Vertragspartner für die reine Verpackung vertragsrechtlich Haftungen aus dem HGB, den ADSp oder anderen AGB vereinbaren, besteht mangels Verkehrsvertrag (kein Fracht-, Speditions- noch Lagervertrag) ebenfalls keine Deckung über die klassische Verkehrshaftungsversicherung. 88

4. Logistik. Die Frage ist, was bei sog. kombinierten oder typengemischten Verträgen passiert, wenn diese mit Verkehrsverträgen in Verbindung stehen? Der typengemischte Logistikvertrag unterscheidet sich vom Speditionsvertrag dadurch, dass der Spediteur im Zuge einer Transportbesorgung oder Lagerung die ihm anvertrauten Güter zB in ihrer physischen Substanz verändern muss. Soweit weitere sog. „added values" geschuldet werden, sind nur die typischen Tätigkeiten mit der daraus folgenden speditionellen Haftung versichert, die objektiv kraft Gesetzes unter das HGB fallen. 89

Es wandeln sich die Nebenaufgaben, die eine Spedition zusätzlich zu erbringen hat, ständig[35]. Haftungen, die daraus entstehen können, sind vielfältig. Diese Verträge sind wegen ihrer Komplexität und der unklaren Regelung der Logistiktätigkeit und daraus folgenden Haftung rechtlich schwierig zu beurteilen[36]. 90

Nach den Bedingungen (DTV-VHV 2003/2011) stellen die separaten logistischen Leistungen mangels Verkehrsvertrag kein grundsätzlich versichertes Risiko dar. Jedenfalls werden diese – sozusagen zur Sicherheit- in der Ziffer 1.3 zu den nicht versicherten Verkehrsverträgen gezählt: 91

„Die Versicherung gilt nicht für Verträge, die ganz oder teilweise zum Inhalt haben ...
6. Spiegelstrich: – Produktionsleistungen, werkvertragliche oder sonstige nicht speditions-, beförderungs- oder lagerspezifische vertragliche Leistungen im Zusammenhang mit einem Verkehrsvertrag, die über die primäre Vertragspflicht eines Frachtführers, Spediteurs und Lagerhalters gemäß dem deutschen Handelsgesetzbuch (HGB) hinausgehen.
Hierzu zählen nicht das Kommissionieren, Etikettieren, Verpacken und Verwiegen von Gütern, wenn diese Tätigkeiten in Verbindung mit einem Verkehrsvertrag zu erfüllen sind."

---

[35] *Abele* TranspR 2005, 383.
[36] *Wieske* TranspR 2002, 177, *Temme* TranspR 2008, 374.

2. Teil. Das Vertragsrecht des Exportgeschäfts

92   Alle zusätzlichen logistischen Aufgaben, die über die so genannte „primäre Vertragspflicht des deutschen HGB" hinausgehen, sind nicht versichert. Die vertraglichen Pflichten des HGB und die damit zusammenhängenden Tätigkeiten des jeweiligen Vertragstypus, die sich aus dem allgemeinen Transportrecht ergeben, können am Beispiel einer Spedition definiert werden: Zur Hauptpflicht einer Spedition zählt, die Beförderung zu organisieren, zu planen und zur Ausführung zu bringen. Zur speditionellen Nebenpflichten iSd HGB gehört zB die Eindeckung einer Versicherung, die Vornahme der Verpackung (+ Beförderung), die Kennzeichnung sowie die Zollbehandlung.

93   Eine Verkehrshaftungsversicherung geht von transportrechtlichen und damit größtenteils haftungsreduzierten Grundsätzen aus und will nur diese versichern. Werk-, dienst-, miet- oder auftragrechtliche gesetzliche Haftungen werden über die Betriebshaftpflicht versichert[37].

94   Eine „Logistikversicherung" im allumfassenden Sinn gibt es in der deutschen Versicherungswirtschaft nicht[38]. Weder das Versicherungsaufsichtsgesetz (VAG) noch das Versicherungsvertragsgesetz (VVG) kennen den Begriff „Logistikversicherung". In der Praxis gibt es im Verkehrshaftungsbereich einige Produkte, die den Begriff „Logistik" mit in den Namen der Versicherung aufgenommen haben. Ferner gibt es einige Produkte, bei denen Verkehrshaftung- und Betriebshaftpflichtversicherungen verbunden (Bündelpolice mit jeweils eigenständigen allgemeinen Versicherungsbedingungen) oder kombiniert werden (Kombipolicen mit sog. „durchgeschriebenen" einheitlichem Wording). Auf Spezialprodukte weniger Anbieter am deutschen Markt kann in diesem Zusammenhang jedoch nicht eingegangen werden.

95   Zu merken ist, dass ein Unternehmen nicht unter die klassische Verkehrshaftungsversicherung fällt, wenn sich der Verkehrsträger als sog. „Logistikdienstleister" zB zum „Produzenten" verwandelt. Standardmäßig wird der oben zitierte Ausschluss bestehen. Verkehrshaftungsversicherer können gewisse Risiken mit in den Versicherungsschutz aufnehmen. Für Logistikprozesse bedeutet dies, dass diese mit dem jeweiligen Versicherer abzustimmen sind, und zwar unabhängig davon, ob diese üblich oder unüblich sind. Meist werden die reinen Produktionsrisiken oder reinen auftragsrechtlich geschuldeten sog. „added values" in der BRD nicht über die Verkehrshaftungsversicherung versichert.

96   **5. Nicht versicherte Tätigkeit.** In den Bedingungen wird ferner klargestellt, dass die DTV-VHV nicht alle Verkehrsverträge und damit zusammenhängenden Tätigkeit aller Verkehrsträger mit dem unverbindlichen Bedingungswerk versichern will. Zwar kann ein Frachtführer, der mit eigenen Landfahrzeugen Straßentransporte durchführt, versichert werden, doch sollen Luftfrachtführer oder Eisenbahnen nicht unter den Versicherungsschutz fallen. Für solche Verkehrsträger soll vielmehr eine spezielle Verkehrshaftungspolice gefertigt werden, weil die Luftfahrt-, Seeschiff- oder Eisenbahnrisiken eine eigenständige Versicherung erfordern. Dies gilt auch für Umzugs-, Schwergut-Abschleppunternehmen.

97   In den DTV-VHV Ziff. 1.4 ist zusätzlich zur Logistik geregelt, für welche Verkehrsverträge, die DTV-VHV daher ebenfalls nicht gelten sollen:

Die Versicherung gilt nicht für Verträge, die ganz oder teilweise zum Inhalt haben
- Beförderung und beförderungsbedingte Lagerung von Gütern, die der Versicherungsnehmer als Verfrachter (Seefahrt und Binnenschifffahrt), Luftfrachtführer oder Eisenbahnfrachtführer im Selbsteintritt (tatsächlich) ausführt;
- Beförderung und Lagerung von folgenden Gütern: ....
- Beförderung und Lagerung von Umzugsgut;
- Beförderung und Lagerung von Schwergut sowie Großraumtransporte, Kran- oder Montagearbeiten;
- Beförderung und Lagerung von abzuschleppenden oder zu bergenden Gütern;

---

[37] *Temme* TranspR 2008, 374–380; *Müller* TranspR 2009, 49–53.
[38] *Abele* TranspR 2005, 383.

Abschnitt 24. Verkehrshaftungsversicherung

IV. Vorsorgeversicherung

Bei einem Verkehrsträger können sich dessen Haftungsrisiken im Hinblick auf seine Verkehrsverträge rasch verändern. Es kann sein, dass statt eines Frachtvertrages plötzlich ein Lagervertrag – wenn auch nur für kurze Zeit zB wegen Nichterreichbarkeit des Empfängers- mit dem Auftraggeber zu Stande kommt. Wenn der Frachtführer aber nur Fracht- und keine Lagerverträge versichert hat, hätte er für dieses neue Risiko (vertragsgemäße Einlagerung) keine Versicherungsdeckung. Mit der sog. „Vorsorgeversicherung" haben die DTV-VHV versucht, dieses deckungsrechtliche Problem zu lösen.

DTV-VHV Ziff. 1.3 Vorsorgeversicherung
„Gegenstand der Versicherung sind auch Verkehrsverträge des Versicherungsnehmers als Frachtführer im Straßengüterverkehr, Spediteur oder Lagerhalter nach Maßgabe des Versicherungsvertrages über zu diesem Verkehrsgewerbe üblicherweise gehörenden Tätigkeiten, wenn der Versicherungsnehmer nach Abschluss des Versicherungsvertrages diese Tätigkeiten neu aufnimmt (neues Risiko). Der Versicherungsschutz beginnt sofort mit dem Eintritt des neuen Risikos, ohne dass es einer besonderen Anzeige bedarf."

Wenn das versicherte Risiko „Frachtführer" lautet und eine Lagerung (Auftrag lautet: „lagere ein") neu hinzukommt, hat der Versicherungsnehmer ein sog. „neues Risiko" (hier Lagervertrag). Dieses neue Lager ist automatisch nach Maßgabe der Vorsorgeversicherung versichert. Dabei wird nicht der volle Versicherungsschutz zur Verfügung gestellt, sondern nur bis zu einem bestimmten vom Versicherer in der Police ausgefüllten Höchsthaftungsbetrag (Maximum). Insoweit wird dieses neue Risiko generell und pauschal allerdings nur nach Maßgabe der weiteren Klauseln der Versicherungsbedingungen mitversichert. Damit gelten die Obliegenheiten, Ausschlüsse, ua auch für die Vorsorgeversicherung. Die maximalen Summen für die Vorsorge entwickeln sich am Versicherungsmarkt so unterschiedlich, dass keine Beträge genannt werden können.

Dieser Schutz gilt allerdings nur für einen bestimmten Zeitraum ab Risikoaufnahme. Nach diesem Zeitpunkt fällt die Versicherung von Anfang an wieder weg, wenn der Verkehrsträger das neue Risiko nicht meldet oder keine Einigung über Bedingungen und Konditionen zwischen dem Verkehrsträger und seinem Versicherer zustande kommt.

DTV-VHV Ziff. 1.3
„Der Versicherungsnehmer ist aber verpflichtet, binnen eines Monats nach Beginn des neuen Risikos, dieses dem Versicherer anzuzeigen. Unterlässt der Versicherungsnehmer die rechtzeitige Anzeige oder kommt innerhalb Monatsfrist nach Eingang der Anzeige bei dem Versicherer eine Vereinbarung über die Prämie für das neue Risiko nicht zustande, so entfällt der Versicherungsschutz für das neue Risiko rückwirkend von Beginn an."

V. Räumlicher Geltungsbereich

Es gilt der Grundsatz, dass meist nur deutsche Verkehrsträger mit Sitz im Inland versichert werden. Ausländische Verkehrsträger, die Verträge im Inland schließen, können ebenfalls versichert werden. Kritisch wird es versicherungsseitig, wenn ausländische Verkehrsträger im Ausland versichert werden sollen. Auf die Frage, ob für solche ausländische Versicherungsnehmer deutsches Recht und deutsche Versicherungsbedingungen nach Maßgabe des VVG überhaupt vereinbart werden dürfen, kann hier nicht eingegangen werden. Jedenfalls muss wegen den komplexen Haftungsbestimmungen des jeweiligen Landes besonders sorgfältig der erforderliche Versicherungsschutz bewertet werden. Es ist meist ein gesonderter Deckungsschutz erforderlich. Wegen der für einen deutschen Versicherer meist unbekannten ausländischen Haftungssituation sollte der Verkehrsträger seine Verkehrshaftungsrisiken im Ausland jeweils zu einem dort ansässigen Versicherer versichern.

In den DTV-VHV ist der räumliche Geltungsbereich wie folgt geregelt:

DTV-VHV Ziff. 5
„Soweit die geschriebenen Bedingungen keine abweichende Regelung enthalten, besteht Versicherungsschutz für Verkehrsverträge innerhalb und zwischen den Staaten des Europäischen Wirtschaftsraumes (EWR), Schweiz."

105 Verkehrshaftungsversicherer regeln in der Praxis den Geltungsbereich meist mit eigenen Regelungen, die auf das jeweilige zu versichernde Risiko übertragen werden. Bei Straßenfrachtführer werden beispielsweise Transporte ausschließlich innerhalb bestimmter Zonen versichert (50–200 km vom Standort). Versichert werden könnten Transporte mit einer Staffelung wie zB innerhalb der BRD, innerhalb der EU, innerhalb Europas (territorial), außerhalb Europas, weltweit. Für Speditionen wird häufig weltweiter Versicherungsschutz geboten. Im Gegensatz dazu werden Lagerhalter nur innerhalb der BRD oder nur in konkret benannten Ländern wegen der schwierigen Haftungssituation versichert.

106 Es gibt ferner teilweise weitere regionale Einschränkungen, die bei Versicherern zu beachten sind: Teilweise werden Transporte von, nach und durch Staaten wie Italien, GUS sowie außereuropäische Staaten nicht oder nur begrenzt versichert. Bestimmte Güter, wie Alkohol, Zigaretten, Handys, Elektronik ua) werden dabei nicht versichert, andere Güter nur mit zusätzlichen Obliegenheiten, wie Bewachung, Direkttransport oder andere Vorgaben. Hinzu kommen erhöhte Selbstbeteiligungen.

VI. Versicherte Haftungsgrundlagen

107 Es werden in der Betriebsbeschreibung die verschiedenen verkehrsvertraglichen Haftungen des Verkehrsträgers abgefragt. Neben den gesetzlichen Haftungen wird nach AGB-Risiken und individuellen Vereinbarungen im Hinblick auf Abweichungen zum HGB gefragt.

108 Zwar ist die versicherte Haftung nach den DTV-Bedingungen als Bausteinsystem aufgebaut. Nur die Haftungen, die ausdrücklich im Versicherungsvertrag benannt sind und ausdrücklich aus einer Liste von Haftungsvorschriften ausgewählt wurden, gelten als versichert. Bestehen andere Haftungen, die nicht ausdrücklich als versichert gelten, wird kein Versicherungsschutz zugesagt.

109 Die Praxis in der BRD sieht so aus, dass die Beschreibung der Haftungssituation des Verkehrsträgers meist pauschal vorgenommen wird. Nur wenn aus der Betriebsbeschreibung abweichende Haftungsklauseln oder Verträge erkennbar sind und diese dem Versicherer vorgelegt werden, müssen diese konkret in der Versicherungspolice versichert werden (Klausel wie folgt: *„Mitversichert ist zusätzlich die Haftung gem. Vertrag vom zwischen X und Y"*).

110 In der Praxis machen Versicherer im Frachtführerbereich allerdings eine Unterscheidung, ob nur die gesetzliche Regelhaftung nach HGB mit 8,33 SZR oder die vom Gesetz erlaubte Haftungserhöhung auf 40 SZR versichert werden soll. Diese Haftungserhöhung wird im Versicherungsbeitrag preislich bewertet. Häufig wird dies aber pauschal mitversichert, unabhängig davon, ob der Versicherungsnehmer vertragsrechtlich diese 40 SZR überhaupt vereinbart hat.

111 Kritisch ist die reine HGB-Lagerhaltung. Versicherer wollten teilweise die unbegrenzte Verschuldenshaftung nicht versichern, sondern bestehen auf Haftungsbegrenzungen im Lagervertrag oder in den AGB. Welche Haftungsgrenzen sinnvoll und rechtlich zulässig sind, hängt von der Art und Menge der eingelagerten Güter, der Anzahl der Ein- und Auslagerungen und vielen weiteren Einzelheiten ab. Man sollte daher immer bei solchen Haftungen den Versicherer befragen, ob das reine Lagerhalterrisiko gedeckt ist.

112 Besonderheiten gibt es bei den sog. Kurier-, Eil-, und Paketdienst (KEP-Dienste) und Postdienstleister, weil diese ihre Haftung (und Versicherung) in ihren AGB sehr unterschiedlich ausgestaltet haben. Auf die komplexen Haftungs- und Versicherungsklauseln kann in diesem Zusammenhang nicht eingegangen werden.

VII. Versicherte Güter

113 Die Haftung für bestimmte Güter kann risikoreich sein. Deshalb fallen teilweise bestimmte Güter nicht unter eine Verkehrshaftungsversicherung. Ferner gibt es Versicherungsausschlüs-

Abschnitt 24. Verkehrshaftungsversicherung

se zB für Umzugsgut, Kunst, Antiquitäten, Edelmetalle, Edelsteine, Geld, Valoren, Dokumenten, Urkunden in Ziffer 6.7 DTV-VHV.

Versicherer haben negative Erfahrungen mit den unterschiedlichsten Gütern gemacht. **114** Manche Versicherer haben so genannte „Zeichnungsverbote", in dem sie beispielsweise Geld- und Werttransportunternehmen (GWTU), temperaturgeführte Pharmatransporte, Kfz-Transporteure oder Schlachtviehtransporteure nicht versichern. Ferner werden besonders diebstahlsgefährdete bzw. hochwertige Waren generell nicht in den Gegenstand der Versicherung miteinbezogen sind (nicht versichertes Risiko). Unverbindlich und nicht abschließende sollen hier Tabak, Kaffee, Alkohol, Handy, Laptop, PC, -teile, Fernseher/Bildschirme, Schmuck, wertvolle Uhren genannt werden.

Im Einzelfall kann ein Versicherer allerdings das Risiko auf Antrag zusätzlich versichern. **115** Er kann genaue Obliegenheiten, d.h. Maßnahmen zum Schutz der Güter, im Versicherungsvertrag vorschreiben. Die Rechtsprechung verlangt auf der Haftungsebene besondere Vorkehrungen und exakte Vorgabe von Verhaltensweisen, die gestaffelt nach Warenwert und Warenart unterschiedlich ausfallen[39].

Es können an den versicherten Verkehrsträger die Benutzung bewachter Parkplätze vor- **116** geschrieben werden, samt Besetzung des LKW mit zwei Fahrern und dem Einsatz besonderer Diebstahlsschutzgeräte[40].

Für die Beförderung oder Lagerung hochwertiger Waren verlangen die Haftungsversi- **117** cherer mehr Prämie, wenn sie das zunächst ausgeschlossene Risiko wieder einschließen. Ob und auf welche Art sie dies tun, hängt vom objektiven (Gefährdungslage der Güter und Region) und subjektiven Risiko (Personalschulung der Mitarbeiter) im Einzelfall ab.

VIII. Ausschlüsse

Wie in allen Versicherungsbedingungen werden vom Versicherungsschutz bestimmte **118** Haftungsansprüche von der Versicherung ausgeschlossen. Ein Versicherungsausschluss führt dazu, dass der Versicherer keine Zahlung (Freistellung) oder Abwehr von Ansprüchen (Rechtsschutz) übernimmt, weil er keinen Versicherungsschutz hinsichtlich der benannten Ausschlüsse bietet. Versicherungsseitige Ausschlüsse werden auch dann wirksam, wenn eine Haftung des Verkehrsträgers besteht. Dies bedeutet, dass der Verkehrsträger den Schaden selbst tragen muss und keine Versicherungsleistung erhält.

Bei einem Versicherungsausschluss muss der Versicherer allerdings den Tatbestand bewei- **119** sen, der zum Ausschluss führen soll. Zweifel gehen zu seinen Lasten.

Der GDV hat in Ziffer 6 zahlreiche Ausschlüsse in den Bedingungen aufgeführt, die **120** teilweise selbsterklärend sind und keiner Erläuterung bedürfen (Naturkatastrophen, Krieg, kriegsähnliche Ereignisse, Bürgerkrieg, innere Unruhen, Aufruhr, Streik, Aussperrung, Arbeitsunruhen, terroristische Gewaltakte oder politische Gewalthandlungen, Kernenergie oder sonstige ionisierende Strahlung, Beschlagnahme, Entziehung oder sonstige Eingriffe von hoher Hand, Vorsatz des Versicherungsnehmers, ua). Andere Ausschlüsse wurden bereits bei den nicht versicherten Gütern genannt.

In Verkehrshaftungsversicherungen werden in der Praxis zB in Frachtführerpolicen teil- **121** weise einzelne Ausschlüsse (21 Ziffern) gestrichen. Andererseits werden auch zusätzliche hinzugenommen. Ausschlüsse stehen jedoch unter dem Vorbehalt, dass nicht zwingende gesetzliche Vorschriften der Pflichtversicherung entgegenstehen (zB § 7a GüKG oder § 50 Montrealer Übereinkommen MÜ).

---

[39] *BGH* TranspR 2008, 362; *BGH* TranspR 2008, 394; *BGH* TranspR 2007, 423; *Koller* VersR 2004, 1346.
[40] *KG Berlin* TranspR 2007, 256.

IX. Obliegenheiten

122 Obliegenheiten sind Verhaltensnormen, die der VN einhalten muss, um seinen Anspruch aus dem Versicherungsvertrag nicht zu verlieren[41]. Es gibt Obliegenheiten vor und nach Eintritt eines Schadenfalls.

123 **1. Obliegenheiten vor Eintritt eines Schadenfalls.** Die vor Eintritt eines Schadenfalls zu beachtenden Obliegenheiten regeln Handlungsweisen, die eigentlich für einen Verkehrsträger eine Selbstverständlichkeit sein sollten (siehe Ziff. 7.1 DTV-VHV). So ist der Versicherungsnehmer verpflichtet, seine Mitarbeiter (Erfüllungsgehilfen) und eingesetzte Subunternehmen (Transportunternehmer, Zwischenspediteure, ua) sorgfältig auszuwählen. Beladene Fahrzeuge oder Fahrzeugeinheiten dürfen nicht unbewacht abgestellt werden. Teilweise werden in der Praxis der Frachtführerpolicen Zeitlimits (15 Minuten) vorgegeben oder im Schadenfall erhöhte Selbstbeteiligungen verlangt, wenn Verstöße gegen diese Obliegenheiten vorliegen.

124 Dass der Fahrer die Fahrzeug- und Frachtpapiere beim Verlassen des Fahrzeugs mitzunehmen hat und die zwei unabhängig voneinander wirkenden Sicherungseinrichtungen beim Verlassen des Fahrzeugs immer einzuschalten hat, ist ebenfalls eine Selbstverständlichkeit, die der Inhaber anzuordnen und teilweise in Stichproben auf die Einhaltung hin zu überprüfen hat. Tut er das nicht, dann hätte er eine Obliegenheit des Versicherungsvertrages verletzt. Sachverhaltsfrage wäre dann, ob diese Verletzung vorsätzlich, grobfahrlässig oder vielleicht nur leicht fahrlässig erfolgt ist.

125 **2. Obliegenheiten nach Eintritt eines Schadenfalls.** Es besteht die Obliegenheit des Versicherungsnehmers im Schadenfall alles zu tun, um einen Schaden abzuwenden bzw. so gering wie möglich zu halten. Die DTV-VHV regelt dies in Ziff. 7.2.

126 Der Versicherer kann besondere Maßnahmen, wie das Bergen der Ware, das Aussortieren oder Neuverpacken, vorschreiben. Der Versicherer muss die Kosten erstatten, die der Versicherungsnehmer zur Schadenverhütung oder Schadenminderung aufgewendet hat. Ferner ist jeder Schadenfall „unverzüglich", spätestens innerhalb eines Monats nach Kenntnis vom Schaden, dem Versicherer mitzuteilen. Der Versicherungsnehmer muss die zur Prüfung des Anspruchs notwendigen Unterlagen vorlegen, wie das Schadenanmeldeformular mit Schilderung des Schadenhergangs, die Originalschadenrechnung, Lieferrechnung, Ablieferquittung samt der Korrespondenz zum Schadenfall.

127 Bei Transportmittelunfällen und Beschädigungen muss ab einem bestimmten geschätzten Schadenbetrag unverzüglich ein Havariekommissar zur Schadenbesichtigung beauftragt werden. Das ist in der Regel ein neutraler Sachverständiger, der den Haftungsgrund und die -höhe feststellt. Er sorgt dafür, dass keine überhöhten Reparaturkosten berechnet, unnötige Bergungskosten vermieden und beschädigte, aber noch brauchbare Güter verwertet werden. Die anfallenden Kosten des Gutachters hat der Versicherer zu ersetzen.

128 Der Versicherungsnehmer muss den Versicherer unverzüglich informieren, wenn ein Mahnbescheid oder eine Klage zugegangen ist. Der Versicherer kann dadurch rechtzeitig einen fachkundigen Anwalt mit der Prozessführung beauftragen. Der Versicherungsnehmer muss sich auf einen Rechtsstreit mit dem Anspruchsteller einlassen und dem Versicherer ist die Prozessführung zu überlassen. Ferner muss der Versicherungsnehmer fristgerecht alle möglichen Rechtsmittel oder -behelfe einlegen.

129 **3. Rechtsfolgen der Obliegenheitsverletzung.** Die Folge einer Obliegenheitsverletzung kann zur Leistungsfreiheit des Versicherers führen, dh der Versicherer muss seine Pflicht auf Freistellung des Versicherungsnehmers gegenüber den vom Geschädigten erhobenen Ansprüchen nicht erfüllen.

130 Das Versicherungsvertragsgesetz (VVG) wurde 2008 in diesem Punkt geändert. Verletzt der Versicherungsnehmer nach Vertragsschluss Anzeigepflichten bzw. Obliegenheiten, be-

---

[41] Ausführlich *Thume* VersR 2010, 849.

messen sich die Rechtsfolgen künftig danach, wie stark sein Verschulden wiegt. Das bisher geltende „Alles oder Nichts-Prinzip" wurde zu Gunsten des Versicherungsnehmers aufgegeben. Ein abgestuftes Modell wurde geschaffen, welches den Grad des Verschuldens berücksichtigt. Bei vorsätzlichen Verstößen bleibt es dabei, dass der Versicherer von seiner Pflicht zur Leistung frei wird. Einfach fahrlässige Verstöße bleiben für den Versicherungsnehmer folgenlos. Bei grob fahrlässigen Verstößen des Versicherungsnehmers gegen Obliegenheiten kann die Leistung entsprechend der Schwere des Verschuldens gekürzt (Quotelung). Die Versicherungsleistung kann in dem letzten Fall jedoch nicht mehr vollständig versagt werden.

Für die Verkehrshaftungsversicherung stellte sich die Frage, ob diese VVG-Änderung auf ein Vertragsverhältnis zwischen Kaufleuten, die es täglich gewohnt ist, Verkehrsverträge auszuhandeln, passt. Ferner sollen die Obliegenheiten den Versicherungsnehmer davor schützen sollen, dass er wegen dem sog. qualifizierten Verschulden höher, als die gesetzlichen Haftungsgrenzen es vorsehen, haftet. Eine Abkehr vom Alles- oder Nichts-Prinzip, der in der Verkehrshaftungsversicherung seit jeher galt, könnte die Grundlagen der bisherigen Risikokalkulation in Frage stellen. 131

Dementsprechend hat der Gesetzgeber bei der laufenden Versicherung die gesetzliche Regel geschaffen, dass nach der folgenden gesetzlichen Regelung bei einer Obliegenheitsverletzung für diesen Schaden keine Leistungspflicht besteht. 132

VVG § 58 Obliegenheitsverletzung 133
(1) Verletzt der Versicherungsnehmer bei einer laufenden Versicherung schuldhaft eine vor Eintritt des Versicherungsfalles zu erfüllende Obliegenheit, ist der Versicherer in Bezug auf ein versichertes Einzelrisiko, für das die verletzte Obliegenheit gilt, nicht zur Leistung verpflichtet.

Wenn die Verkehrshaftungsversicherungen als laufende Versicherung wie in den DTV-VHV ausgestaltet sind, kann das Alles-oder-Nichts-Prinzip beibehalten werden[42]. Dies wird in der Ziff. 7.3 DTV-VHV 2003/2011 bei einer grobfahrlässigen Verletzung mit folgender Formulierung geregelt: 134

7.3 Leistungsfreiheit bei Obliegenheitsverletzung

7.3.1 Verletzt der Versicherungsnehmer oder einer seiner Repräsentanten diese oder sonst vertraglich vereinbarte Obliegenheiten vorsätzlich oder grob fahrlässig, ist der Versicherer von der Leistung frei, es sei denn, die Verletzung war weder für den Eintritt oder die Feststellung des Versicherungsfalls noch für die Feststellung oder den Umfang der Leistungspflicht ursächlich. Satz 1 gilt nicht, wenn der Versicherungsnehmer die Obliegenheit arglistig verletzt hat.

Der Markt hat teilweise diese Regelung nicht übernommen, sondern regelt die Rechtsfolgen entsprechend dem sog. Quotelungsprinzip. 135

Der Versicherungsnehmer muss die Obliegenheiten selbst verletzt haben. Versicherungsnehmer ist das Unternehmen, das den Versicherungsvertrag abgeschlossen hat. Es wird durch den Eigentümer oder – bei einer Handelsgesellschaft – durch den Geschäftsführer vertreten. Darüber hinaus gibt es aber noch weitere Personen, die als „Repräsentanten" des Versicherungsnehmers gelten. Repräsentant des Versicherungsnehmers ist nach der ständigen Rechtsprechung des BGH, wer in dem Geschäftsbereich, zu dem das versicherte Risiko gehört, auf Grund eines Vertretungs- oder ähnlichen Verhältnisses an die Stelle des Versicherungsnehmers getreten und befugt ist, selbständig in einem gewissen Umfang für diesen zu handeln und auch dessen Rechte und Pflichten als Versicherungsnehmer wahrzunehmen[43]. Wer Repräsentant ist, ist eine Frage des Einzelfalls. Der Niederlassungsleiter ist meist Repräsentant. Der Lageraufseher oder Prokurist können, müssen aber nicht Repräsentanten sein. Es kommt darauf an, ob sie selbständig die Personen für das Lager einstellen dürfen und selbständig die Hoheit über das Lager haben. Demgegenüber ist ein 136

---

[42] *Abele* TranspR 2009, 60 ff.
[43] *BGH* IV ZR 616/68, VersR 1969, 695, 696.

Lkw-Fahrer ist kein Repräsentant[44]. Die Überlassung der Obhut für die Waren allein genügt nicht[45].

137 Ähnlich wie bei den o. a. Ausführungen zu den Ausschlüssen kann sich der Versicherer dann nicht auf eine Obliegenheitsverletzungen berufen, wenn und soweit eine Verkehrshaftungsversicherung eine gesetzliche Pflichtversicherung darstellt.

X. Rückgriff

138 Nach Ziffer 10.1 DTV-VHV verzichtet der Verkehrshaftungsversicherer darauf, den Versicherungsnehmer und seine Arbeitnehmer in Rückgriff zu nehmen. Das vorsätzliche Handeln des Versicherungsnehmers ist bereits nach Ziffer 6.20 DTV-VHV vom Versicherungsschutz ausgeschlossen. Versichert ist aber der Fall, wenn ein vorsätzliches Handeln des Arbeitnehmers des Versicherungsnehmers vorlag. Der Versicherer kann dann den Arbeitnehmer wegen Vorsatz in Regress nehmen.

139 Jeder Subunternehmer und deren Arbeitnehmer oder sonstige Dritte (Unfallverursacher) können vom Verkehrshaftungsversicherer aber jederzeit in Regress genommen werden.

XI. Grenzen der Versicherungsleistung

140 In allen Versicherungsverträgen gibt es Bestimmungen, nach denen die von den Versicherern zu erbringende Leistungen pro Schadensfall oder -ereignis auf einen maximalen Betrag festgeschrieben werden. Versicherungsunternehmen brauchen zur Verringerung der Zahlungsverpflichtungen aus allen Versicherungsverträgen summenmäßige Begrenzungen (Maxima) im Versicherungsvertrag. Die Summen, bis zu denen maximal Zahlungen erfolgen, werden im Einzelnen bei den Grenzen der Versicherungsleistung der Höhe nach festgeschrieben. Das ist sozusagen das begrenzte Leistungsversprechen der Haftungsversicherung.

141 In der Verkehrshaftungsversicherung müssen sich die Grenzen der Leistung, die der Versicherer aus dem Versicherungsvertrag gegenüber dem Versicherungsnehmer zu erbringen hat, an den Haftungsgrenzen orientieren, die sich für den Versicherungsnehmer aus den jeweils geltenden Beförderungsbedingungen ergeben. Die Begrenzung der Versicherungsleistung kann dazu führen, dass der Verkehrsträger in Schadensfällen gegenüber dem Anspruchsteller in höherem Umfang haftet, als er einen versicherungsvertraglichen Freistellungsanspruch gegenüber dem Versicherer hat.

142 Der Verkehrsträger wird in der Betriebsbeschreibung gefragt, welche Deckungssummen er benötigt. Der Versicherer wird prüfen, ob er solche Versicherungssummen zur Deckung der Haftungsschäden zur Verfügung stellen will. In der Ziff. 8 DTV-VHV sind die Summen aus Kartellgründen freigelassen. Begrenzung der Versicherungsleistung werden je Schadenereignis mit der Formulierung „Der Versicherer leistet höchstens … EUR" eingeführt. Der Versicherer füllt die Summen mit seinen maximalen Beträgen aus.

143 Es kann keine generelle Aussage erfolgen, welche Summen in der Praxis eingesetzt wurden. Zu unterschiedlich sind die Konzepte der Versicherer für die einzelnen Verkehrsträger (Frachtführer, Speditionen, Lagerhalter) und die eingesetzten Summen. Fast immer werden jedoch die Grenzen des Pflichtversicherungsregelung des § 7a GüKG mit 600.000 EUR übertroffen (Ausnahme: Briefbeförderer, KEP).

144 Es wird bei den Versicherungsmaxima pro Schadenfall, dh für jeden Verkehrsauftrag, pro Schadenereignis, dh für mehrere Schadenfälle aus einer Ursache und pro Versicherungsjahr (alle Versicherungsfälle eines Jahres) begrenzt.

145 In der Praxis gibt es Begrenzungen
- je Kilogramm des Rohgewichts der Sendung (mit 8,33 SZR, 40 SZR oder reduzierten bzw. erhöhten SZR),

---

[44] *BGH* II ZR 172/85, VersR 1986, 696–697; *OLG Frankfurt* 5 U 28/90, NJW-RR 1991, 670.
[45] *BGH* II ZR 17/63, VersR 1964, 149, 15.

Abschnitt 24. Verkehrshaftungsversicherung

- je Euro-Betrag (pro Auftrag, mit festen Pauschalsummen ohne Gewichtsangabe, wie zB 500 EUR),
- feste Summen mit Kilo-Bezug (5 EUR pro Kilo).

Ferner werden zusätzlich von der Haftungsgrenze des allgemeinen Transportrechts unabhängige Obergrenzen benannt, wie zB für Frachtverträge bei Güterschäden ... EUR und reinen Vermögensschäden ... EUR.

Als weiteres zusätzliches Limit kann die Versicherungsleistung je Versicherungsjahr bei Schäden, die vom Versicherungsnehmer, durch bewusste Leichtfertigkeit, Verletzung einer vertragswesentlichen Pflicht oder grobes Organisationsverschulden eingeschränkt werden (sog. qualifiziertes Verschulden). **146**

„8.3.2 Zusätzliche Begrenzung bei qualifiziertem Verschulden
Die Versicherungsleistung des Versicherers ist zusätzlich je Versicherungsjahr bei Schäden, die vom Versicherungsnehmer, seinen gesetzlichen Vertretern oder seinen leitenden Angestellten durch Leichtfertigkeit und in dem Bewusstsein, dass ein Schaden mit Wahrscheinlichkeit entstehen werde, herbeigeführt, durch Kardinalpflichtverletzung oder durch grobes Organisationsverschulden verursacht worden sind, über die gesetzliche oder vertragliche Regelhaftung (§ 449 HGB-Korridor) und unabhängig vom Schadenfall und -ereignis, begrenzt bis maximal ... EUR."

Wenn ein Schaden entsprechend den genannten Kriterien „qualifiziert verschuldet" verursacht wurde, werden alle Ansprüche in einem Jahres auf die Gesamtsumme eines in der Police festgelegten Betrags (zB 100.000 EUR) angerechnet. Die Versicherungsleistung wird für solche Ansprüche bis maximal zu dieser Summe, die weit unter dem Jahresgesamtmaximum des Vertrags liegt, begrenzt. **147**

Es werden nach den DTV-VHV alle Ansprüche, die über die versicherten gesetzlichen oder vertraglichen Haftungen hinausgehen, zunächst versichert (Rechtsschutzfunktion), jedoch summenmäßig begrenzt. Dies bedeutet, dass der Versicherer zuerst die gesetzliche Haftung (zB 8,33 SZR/Kilo) mit den in den vorherigen Ziffern genannten Summen (zB 2 Mio. EUR) zur Verfügung stellt. Weitere Zahlungen bei höheren Haftungen wegen dem qualifizierten Verschuldens werden dann nur bis zu dem festen Betrag pro Jahr (zB 100.000 EUR) erstattet. **148**

Wenn das Jahresaggregat für diese Ansprüche verbraucht ist, kann dem Versicherungsnehmer maximal die versicherte Grundhaftung (also 8,33 SZR oder 40 SZR) ausgezahlt werden. Den nicht versicherten Rest bis zur vollen Haftung wegen Organisationsverschulden trägt der Verkehrsträger selbst. **149**

XII. Versicherungsprämien

Wie der Versicherer die Prämie für das Haftungsrisiko des Verkehrsträgers ermittelt, ist sehr unterschiedlich. Tarife gibt es selten und jeder Versicherer oder Makler kann angesichts der verschiedenen Prämienfindungssysteme zu anderen Ergebnissen kommen. **150**

Bei Versicherungen für mittlere und größere Verkehrsunternehmen wird meist der Umsatz als Grundlage herangezogen. Anhand von Erfahrungswerten versucht der Versicherer den Schadenbedarf pro Jahr zu ermitteln und setzt diesen ins Verhältnis zum Umsatz (Umsatzprämie). Daraus ergibt sich dann ein Prozent- oder Promillesatz als Prämiensatz. Demgegenüber ist bei Lkw-Transportunternehmen die Anzahl der Fahrzeuge die Prämienberechnungsgrundlage. Pro Fahrzeug wird ein bestimmter Jahrespauschalbetrag als Prämie festgelegt, die je Art (unter 3,5 to) und Einsatzort (Nahverkehr, internationaler Verkehr) der Fahrzeuge unterschiedlich hoch sind (Fahrzeugprämie). Es können Jahrespauschalprämien mit einem vom Umsatz und von der Fahrzeuganzahl unabhängigen festen Beitrag pro Jahr vereinbart werden (sog. Festbeitrag). Weil der Umsatz keine Aussage über das tatsächliche Schadenrisiko darstellt, wird diese Prämienberechnung häufig gewählt. **151**

Es gibt Versicherungsverträge, bei denen sich herausstellt, dass die vom Versicherer kalkulierte Prämie zu hoch war. Standardmäßig sehen die Verkehrshaftungsversicherungen **152** nicht vor, dass der Versicherer dann einen Teil der überhöhten Prämie zurückzahlen muss oder freiwillig von sich aus zukünftig die Prämie absenkt. Bei Versicherungsverträgen mit hohen Jahresprämien bieten zum Teil die Versicherer bzw. der Versicherungsmakler eine Gewinnbeteiligungsregelung an. Beträgt die Schadensquote weniger zB 40% der gezahlten Nettoprämie, dann wird er dann gemäß der Gewinnbeteiligungsregelung mit einem bestimmten, vereinbarten Prozentsatz beteiligt. Üblich kann es sein, dass 25% des Gewinns, der im Laufe eines Versicherungsjahres entstand, dem Versicherungsnehmer zurückerstattet wird.

XIII. Sanierung und Selbstbehalte

153 Verkehrshaftungsversicherungen beinhalten eine sog. Sanierungsklausel. Dort wird festgelegt, dass der Versicherungsnehmer einen bestimmten oder individuell zu vereinbarenden Prämienzuschlag zu zahlen hat, wenn die Schadenquote einen bestimmten Satz übersteigt. Es wird vertraglich festgelegt, in welchem Umfang der Versicherungsnehmer eine erhöhte Prämie zu zahlen hat.

154 Als Alternative zur Prämienerhöhung bietet sich die Vereinbarung von Selbstbeteiligungen oder Franchisen an. Selbstbeteiligung (SB) bedeutet, dass der Verkehrsträger als Versicherungsnehmer an jedem Schaden mitbeteiligt wird. Die SB des Versicherungsnehmers kann ein fester Betrag pro Schadensfall sein oder ein Prozentsatz aus der vom Versicherer regulierten Schadenssumme. Mitunter gibt es auch eine Kombination von beiden. Es gibt diese SB also zB mit 100 EUR, als festen Prozentsatz mit 10% und mit Mindest- und Höchstbeträgen, also mind. 100 Euro, max. 2.500 EUR.

155 Neben dieser SB (auch Abzugsfranchise genannt) gibt es als Alternative die sog. Integralfranchise. Liegt der Schaden unter der zahlenmäßig genau bestimmten Grenze, wird der Schaden nicht erstattet. Der Versicherungsnehmer trägt den gesamten Schaden selbst. Übersteigt ein Schaden die Franchisegrenze, wird der Schadensbetrag vom Versicherer ohne jeden Abzug in voller Höhe reguliert. Durch Vereinbarung einer Integralfranchise werden die sog. „Frequenzschäden" mit festen Haftungssummen aus dem Versicherungsvertrag genommen.

156 Die Vereinbarung einer Schadenselbstbeteiligung kann an den Schadenverlauf angepasst werden durch individuelle Klauseln. Bei einem disponierten Lager kann der Selbstbehalte je Inventur beispielsweise in Höhe von 25%, mind. 125 EUR, höchstens 25.000 EUR erhöht werden. Bei Transporten von Kraftfahrzeugen oder Gefriergut können zB die Regel-Selbstbehalte von 20%, mindestens 500 EUR, höchstens 5.000 EUR weiter individuell nach dem möglichen Sanierungseffekt erhöht werden. Es gibt insbesondere bei großen Speditionsgeschäften höhere Selbstbehalte pro Schadensfall, die weit über 10.000 EUR pro Fall hinausgehen können. Die Speditionen wickeln dann die Schäden unterhalb der vereinbarten Summe in ihrer eigenen Zuständigkeit ohne Verkehrshaftungsversicherer ab.

E. Zusammenfassung

157 Ein Verkehrsträger schließt in der BRD nahezu immer eine Verkehrshaftungsversicherung für seine Haftungsrisiken aus Verkehrsverträgen ab. Der Grund dafür, weshalb der Verkehrsträger eine Verkehrshaftungsversicherung abschließt, hat viele Ursachen, wie zB Pflichtversicherungsregelungen in § 7a GüKG oder 50 MÜ. Ferner sind Versicherungsversprechen (zB Ziff. 29 ADSp, 33 VBGL, diverse Kurier-Eil-Paket-AGB) zu beachten, die vielfältig ausgestaltet sein können.

158 Diese Haftungsversicherung ist keine Schadenversicherung, weil sie nur das Haftungsinteresse des Verkehrsträgers deckt. In der Verkehrshaftungsversicherung werden die verkehrsvertraglichen Risiken grundsätzlich im Rahmen einer Betriebsbeschreibung der gegenüber dem Versicherer angegebenen Tätigkeiten und damit zusammenhängenden Haftungen aus Verkehrsverträgen im Sinne einer laufenden Versicherung versichert.

Abschnitt 24. Verkehrshaftungsversicherung

Jegliche Tätigkeit im Rahmen eines Verkehrsvertrages, die kraft Gesetzes Transport, Spedition, Lagerung ist, ist grundsätzlich bedingungsgemäß versichert, sofern die Tätigkeit und die verkehrsvertragliche Haftung im Versicherungsvertrag gemäß der Betriebsbeschreibung vom Versicherer bestätigt wurden. **159**

Wenn über die verkehrsvertragliche Haftung hinausgehende so genannte „logistische Leistungen" vereinbart werden, so werden diese werk-, dienst- oder sonstigen vertraglichen Leistungen in der Regel nicht unter die Verkehrshaftungsversicherung gezählt. **160**

Grundlage des Versicherungsschutzes können die DTV-Verkehrshaftungsversicherungs-Bedingungen für Frachtführer, Spedition und Lagerhalter (DTV-VHV 2003/2011) sein. Es gibt sonstige Versicherungsverträge mit den unterschiedlichsten Ausgestaltungen von Seiten des Wortlauts und der einzelnen Klauseln. Dies gilt insbesondere für die Haftungsversicherung für Risiken, die nicht unter die DTV-VHV fallen (Luftfahrt, Binnenschiffe, Seeschiffe, Eisenbahnen, Schwergut, Hakenlast, Umzug, ua). **161**

Die Grenzen der Versicherung (räumlicher Geltungsbereich), die nicht versicherten Verträge samt den Ausschlüsse und die Einhaltung der Obliegenheiten sind stets zu beachten. Ein besonderes Augenmerk muss man auf die Grenzen der Versicherungsleistung legen (Maximum pro Fall, Ereignis, Jahr und Maximum für grobes Verschulden). **162**

9. Kapitel. Deckung von Ausfuhrrisiken

Abschnitt 25. Risiken im Exportgeschäft

Übersicht

	Rn.
A. Vorbemerkung	1
B. Risikoarten	2
I. Wirtschaftliche Risiken	3
II. Rechtliche Risiken	6
III. Politische Risiken	7
IV. Risiken in zeitlicher Hinsicht	8
C. Möglichkeiten der Risikoabsicherung	10
D. Absicherung durch Versicherung	11
I. Hermesbürgschaften	12
II. Private Ausfuhrkreditversicherung	13

Literatur: Euler Hermes Kreditversicherungs-AG (Hrsg.), Wirtschaft Konkret Nr. 104, 105 und 404; *Bock/Kessel*, Forderungsmanagement beim Handel mit ausländischen Partnern; *Häberle*, Handbuch der Außenhandelsfinanzierung 3. Aufl. 2002.

A. Vorbemerkung

1 Der Export ist ein wesentlicher Wirtschaftsmotor für Deutschland. Gerade in Zeiten von schwächerer Binnenkonjunktur versuchen immer mehr kleinere und mittlere Firmen den Schritt über die Landesgrenzen. Umsatz, Gewinn und Arbeitsplätze lassen sich häufig nur noch durch ein verstärktes Engagement auf dynamisch wachsenden Märkten im Ausland sichern. Durch die Globalisierung haben gerade Märkte mit einem hohen Wachstumspotential an Bedeutung gewonnen, um in Zeiten eines starken Wettbewerbs zu bestehen. Die Risiken treten dabei nicht erst mit der Entstehung der Forderung auf, sondern können bereits ab Vertragsschluss bzw. mit Produktionsbeginn auftreten, indem politische oder wirtschaftliche Umstände entstehen, die den Abbruch der Fabrikation notwendig machen.[1]

B. Risikoarten

2 Das Exportgeschäft ist aber mit Risiken behaftet. Inlandsgeschäfte sind schon mit wirtschaftlichen Risiken verbunden, die zu Forderungsausfall führen können. Exportgeschäfte sind aber noch risikoreicher. Neben den wirtschaftlichen Risiken können rechtliche und politische Risiken auftreten.

I. Wirtschaftliche Risiken

3 Die wirtschaftlichen Risiken bestehen wie beim Import in der Zahlungsunwilligkeit oder der Zahlungsunfähigkeit des Abnehmers im Ausland. Gegen dieses Risiko kann sich der Exporteur durch verschiedene Maßnahmen absichern.

4 Die erste frühzeitige Maßnahme ist, dass er sich bei der Kontaktaufnahme zu dem Kunden im Ausland ausführlich über die Bonität informiert. Dies ist gerade im Ausland nicht immer einfach. Gerade in Ländern in Asien fehlt es teilweise an zuverlässigen Informationsquellen. So ist es in einzelnen Ländern relativ einfach Bankauskünfte zu bekommen. Diese sind allerdings nicht gerade sehr aussagekräftig. Andere qualifizierte Institutionen zur

---

[1] *Häberle,* Handbuch der Außenhandelsfinanzierung, S. 9.

Abschnitt 25. Risiken im Exportgeschäft

Kreditauskunft fehlen häufig. Die Abschätzung der wirtschaftlichen Situation des Partners anhand seiner Bilanz erweist sich in Asien als problematisch. Die Haupterkenntnisquelle sind entweder ausländische Geschäftsbanken oder die vor Ort tätigen Handelskammern. Eine wichtige Informationsquelle sind mehr die inoffiziellen Wege wie das Einholen von Referenzen und die persönliche Erfahrung, die zB auf Messen gemacht wurden. Daneben besteht das Risiko, dass durch Wechselkursschwankungen oder Zinsschwankungen der Lieferant einen Schaden erleidet.

Ein weiteres Risiko ist das Abnahmerisiko. Dies besteht darin, dass der Abnehmer die bestellte Ware nicht mehr abnimmt, weil er inzwischen vielleicht eine günstigere Bezugsquelle gefunden hat. Zu dem wirtschaftlichen Risiko gehört auch das Transportrisiko. Dies kann durch erhöhte Verkehrsgefahren in dem betreffenden Land entstehen oder durch die längeren Entfernungen. **5**

II. Rechtliche Risiken

Die rechtlichen und infrastrukturellen Risiken ergeben sich aus den Verhältnissen in den jeweiligen Handelsländern. So sind genau die Einfuhrbestimmungen zu beachten. Es muss geklärt werden, ob die geplante Absicherung der Zahlungsmodalitäten in dem betreffenden Land sinnvoll ist und ob ein funktionierendes Rechtssystem zur Durchsetzung von offenen Zahlungsansprüchen zur Verfügung steht. Dabei ist die Wahl des Rechts, welches für den Liefervertrag gelten soll, von erheblicher Bedeutung. Auch die Frage, ob in dem betreffenden Land Korruption im wirtschaftlichen und rechtlichen Leben eine Rolle spielt, ist von wesentlicher Bedeutung. **6**

III. Politische Risiken

Politische Risiken sind erst einmal Ereignisse wie Krieg, innere Unruhen, Aufruhr, Revolution. Daneben zählt hierzu die Zahlungsunwilligkeit oder die Zahlungsunfähigkeit von öffentlichen Abnehmern. Ferner besteht die Gefahr, dass die Inlandswährung wegen Devisenknappheit gar nicht oder nicht ausreichend in Fremdwährung umgetauscht wird. Eine weitere Kategorie von politischen Risiken sind Zahlungsverbote und Moratorien. Diese liegt vor, wenn der Staat Finanztransaktionen in das Ausland untersagt. **7**

IV. Risiken in zeitlicher Hinsicht

Hierunter fällt insbesondere das Fabrikationsrisiko. Dies betrifft Waren oder Güter, die anderweitig nur schwer verwertbar sind wie Spezialanfertigungen oder maßgeschneiderte Anlagen, die im Gegensatz zu Serienanfertigungen nicht einfach an andere Kunden abgesetzt werden können. **8**

So kann sich während der Produktion der Güter die wirtschaftliche Situation des Abnehmers wesentlich verschlechtert haben oder die politische Situation im Abnehmerland hat sich verändert, so dass ein Versand der Ware nicht mehr möglich ist. **9**

C. Möglichkeiten der Risikoabsicherung

Das Fabrikationsrisiko kann ua durch ein bestätigtes Akkreditiv, durch eine andere Form der Dokumentenabsicherung oder durch eine indirekte Zahlungsgarantie abgesichert werden. Eine weitere Risikominderung ist die Vereinbarung und Leistung einer Anzahlung oder die Forfaitierung der Forderung. Diese Absicherungsmöglichkeiten gelten auch zur Minimierung der wirtschaftlichen Risiken. Das Transportrisiko kann durch eine Versicherung minimiert werden. Die rechtlichen Risiken können insbesondere durch eine gute Vorbereitung der Vertragsverhandlungen und der Abfassung des Vertrages verringert werden. Dazu bedarf es einer Kenntnis der Besonderheiten im Land und des Rechtskulturkrei- **10** ses. Der Wortlaut und die einzelnen Klauseln sollten klar und unmissverständlich formuliert werden, damit es keinen Streit über das Bestehen der Forderung geben kann. Bei der Vereinbarung von Sicherheiten sind die Regeln durch fachlich gute Berater zu prüfen und darauf zu achten, dass sie den örtlichen Gegebenheiten entsprechen. Und damit auch schnell durchsetzbar sind.

D. Absicherung durch Versicherung

11   Eine weitere Möglichkeit der Absicherung ist der Schutz durch eine Kreditversicherung. Dabei steht die private Kreditversicherung oder die staatliche Gewährleistung in Form der Hermesbürgschaften zur Verfügung.

I. Hermesbürgschaften

12   Seit 1949 gibt es die staatlichen Hermesbürgschaften als Exportabsicherung. Seitdem sind Exportgeschäfte im Wert von ca. 500 MRD Euro abgesichert worden. Diese Form der Absicherung deckt die wirtschaftlichen und politischen Risiken ab. Es werden die verschiedensten Absicherungsmöglichkeiten angeboten. Die wesentlichen Formen sind die Fabrikationsabsicherung, die Ausfuhrgarantie und die Finanzkreditbürgschaftsgarantie.

II. Private Ausfuhrkreditversicherung

13   In früheren Zeiten war die Absicherung von Exportforderungen hauptsächlich ein Feld der staatlichen Systeme. Die privaten Kreditversicherer haben nur in Ländern, die wirtschaftlich stabil waren, Absicherungen angeboten. Dabei wurde aber nur das wirtschaftliche Risiko abgesichert. Die Absicherung des politischen Risikos blieb den staatlichen Absicherungen vorbehalten. Das Bundesamt für Versicherungen hat noch 1996 in seinem Rundschreiben R 1/96, in dem es die wesentlichen Grundsätze für das Betreiben der Kreditversicherung festgehalten hat, niedergelegt, dass das politische Risiko nicht gedeckt werden sollte. Auch die Rückversicherer, die die Absicherung der Kreditversicherer übernahmen, waren zögerlich in der Übernahme des Risikos.

14   In den neunziger Jahren vollzog sich eine Internationalisierung des privaten Kreditversicherungsgeschäfts. Die einzelnen nationalen Versicherer gingen ins Ausland, um neue Märkte zu erschließen. Zunächst wurde die EU durch den Wegfall der nationalen Regularien erschlossen. Bald ließen sich die großen Versicherer aber auch in Asien nieder. Gleichzeitig schlossen sich die Versicherer zu großen Gruppen zusammen.

15   Heute decken die privaten Kreditversicherer sowohl das wirtschaftliche wie das politische Risiko insbesondere in den OECD-Staaten und anderen stabilen Staaten. Die Absicherung des Forderungsausfalls durch eine Kreditversicherung ist zu einem wesentlichen Faktor für viele Firmen für deren Forderungsmanagement geworden. Bei vielen Unternehmen entfällt auf wenige Abnehmer ein relativ hoher Anteil der offenen Forderungen. Ein Forderungsverlust durch Insolvenz eines solchen Kunden bedeutet deshalb häufig einen erheblichen wirtschaftlichen Schaden.

16   Ein schneller Ausgleich der erlittenen Einbußen durch die Gewinnung neuer Kunden wird nur sehr selten gelingen. Bei der Gegenüberstellung von Forderungsausfall und Umsatzrendite wird der erforderliche Verlustausgleich deutlich. Bei einem Forderungsverlust von 25.000 EUR müsste ein Mehrumsatz von 1,25 Mio. EUR bei einer angenommenen Umsatzrendite von 2% erreicht werden.[2] Dies zeigt, dass bei unerwarteten Ausfällen von eingeplanten Zahlungseingängen selbst große Unternehmen in Gefahr geraten. Daher gehört es zu einem effektiven Risikomanagement, über die Absicherung der Bilanzposition „Forderung aus Warenlieferung, Werk- oder Dienstleistungen" auf der Aktivseite nachzudenken.

---

[2] Vgl. Wirtschaft Konkret Nr. 105 S. 16 hrsg. von Euler Hermes Deutschland AG.

Abschnitt 26. Privatwirtschaftliche Ausfuhrkreditversicherungen

Übersicht

	Rn.
A. Vorbemerkung	1
B. Die Ausfuhr-(Waren-)Kreditversicherung	8
I. Die Rechtsgrundlagen der Ausfuhrkreditversicherung	10
1. Gesetzliche Grundlagen	10
2. §§ 53–58 VVG	19
3. Vertragliche Grundlagen	31
II. Gegenstand der Ausfuhrkreditversicherung	32
1. Qualität der versicherten Forderung	32
2. Unbenannte Versicherung	56
3. Fabrikationsrisiko	60
4. Kreditprüfung und Versicherungssumme	66
III. Beginn des Versicherungsschutzes	79
IV. Der Versicherungsfall	83
1. Nichtzahlungstatbestand	84
2. Insolvenz als Versicherungsfall	91
3. Schuldenbereinigungsplan, Liquidations- und Quotenvergleich	93
4. Fruchtlose Zwangsvollstreckung	94
5. Versicherungsfälle im Ausland	96
6. Politisches Risiko	98
V. Pflichten des Versicherungsnehmers	103
1. Anbietungspflicht	103
2. Umsatz- oder Saldenmeldung	106
3. Prämienzahlungspflicht	108
4. Information über Zahlungsverhalten oder bonitätserhebliche Umstände	113
5. Verletzung der Obliegenheiten	115
VI. Entschädigung	118
VII. Beendigung des Versicherungsschutzes	120
1. Beendigung des Einzelrisikos	121
a) Objektive Risikobeschränkung	121
b) Aufhebung eines Kreditlimits	122
2. Beendigung des Versicherungsvertrages	125
a) Vorbemerkung	125
b) Beendigung aufgrund Zahlungsunfähigkeit des Versicherungsnehmers	128
c) Rücktritt oder die Kündigung wegen nicht rechtzeitiger Zahlung der Prämie	132
d) Wegfall des versicherten Interesses im Sinne von § 80 Abs. 2 VVG	134
e) Kündigungsmöglichkeit nach Eintritt des Versicherungsfalls?	135
f) Kündigung bei Prämienerhöhung	137
C. Investitionsgüterkreditversicherung	142
I. Rechtsgrundlagen	144
II. Gegenstand der Investitionsgüterkreditversicherung	145
III. Beginn des Versicherungsschutzes	153
IV. Versicherungsfall	154
V. Pflichten des Versicherungsnehmers	155
VI. Entschädigung	158
VII. Beendigung des Versicherungsschutzes	161
D. Checkliste	162

Literatur: *Beckmann/Matusche-Beckmann*, Versicherungsrechts-Handbuch, 2. Aufl. 2009; *Eistert*, Private Ausfuhrkreditversicherung in Deutschland, RWI 1996, 805 ff.; *Fricke*, Kündigungsrecht im Versicherungsfall für alle Schadenversicherungszweige, VersR 2000, 16 ff.; *Fortmann*, Die Investitionsgüterkreditversicherung, 1989; *Langheid*, Die laufende Versicherung, in: FS für Wälder, 2008; *Langheid/Wandt*, Münchner Kommentar zum VVG, 2010: *Pörschke*, Die private Ausfuhrkreditversicherung, 1991; *Prölss/Martin*, Versicherungsvertragsgesetz, 28. Aufl. 2010; *Veith/Gräfe*, Der Versicherungsprozeß, 2. Aufl. 2010; *v. Kottwitz*, Die laufende Versicherung, 1976.

2. Teil. Das Vertragsrecht des Exportgeschäfts

A. Vorbemerkung

1 **Kreditversicherung ist** eine Versicherungsform, die Forderungen aus Lieferungen und Leistungen, die mit der Gewährung eines Zahlungsziels durchgeführt werden, absichert. Dabei gibt es die Warenkreditversicherung, die Ausfuhrkreditversicherung und die Investitionsgüterkreditversicherung.

2 Das Risiko, das versichert wird, ist die Nichtzahlung einer Forderung des Versicherungsnehmers. Der Versicherungsfall ist die Zahlungsunfähigkeit des Kunden des Versicherungsnehmers, die vorliegt bei Insolvenz des Kunden oder dem sog. Protracted Default (Nichtzahlungstatbestand). Der Versicherungsfall tritt danach erst nach einer im Versicherungsschein festgelegten Wartefrist ein, wenn bis zum Ablauf dieser Frist keine Zahlung auf die offenen Forderungen geleistet wurde.

3 Neben diesem wirtschaftlichen Risiko wird durch die private Kreditversicherungswirtschaft zunehmend auch das politische Risiko versichert.

4 Die Kreditversicherung deckt das sog. kurzfristige Geschäft mit Laufzeiten der Forderungen bis zu einem Jahr. Dieser Zweig teilte sich bisher in die Warenkreditversicherung und in die Ausfuhrkreditversicherung auf. Während die Warenkreditversicherung nur inländische Abnehmer des Versicherungsnehmers abdeckte, wurden in der Ausfuhrkreditversicherung die ausländischen Kunden abgedeckt.

5 Früher gab es für diese Absicherungsformen separate Bedingungswerke. Da der Unterschied aber hauptsächlich in dem Sitz des Abnehmers des Versicherungsnehmers liegt, haben einige Anbieter heute ein einheitliches Bedingungswerk, so dass die Ausfuhrkreditversicherung im Regelwerk der Warenkreditversicherung mit geregelt wird.

6 Neben dem Kurzfristgeschäft ist das längerfristige Geschäft der Investitionsgüterindustrie zu beachten. Dies wird durch die Investitionsgüterkreditversicherung unter Versicherungsschutz genommen. Die private Investitionsgüterkreditversicherung deckt Forderungslaufzeiten von bis zu 5 Jahren ab.

7 Es gibt am deutschen Markt fünf Anbieter für Kreditversicherung, die auch Auslandsforderungen versichern (Euler Hermes, Atradius, Coface, RuV und die Zürich). Als Marktführer hat sich die Euler Hermes Gruppe mit der Holding Euler Hermes S. A. in Paris unter dem Dach der Allianz SE gebildet. Daneben ist Atradius tätig, die sich aus der deutschen Gerling Speziale Kreditversicherungs-AG und der NCM in Holland ursprünglich gebildet hatte. Inzwischen ist der Mehrheitsgesellschafter die Crediti y Caution aus Spanien. Der Dritte im Bunde ist die Coface, die sich aus der französischen Coface und der deutschen Allgemeinen Kredit AG gebildet hat. Die Zürich und die RuV sind hauptsächlich auf dem deutschen Markt tätig. Alle anderen drei Anbieter sind weltweit tätig und in vielen Ländern der Erde mit Niederlassungen/Büros/Tochtergesellschaften oder Frontingpartnern vertreten. Euler Hermes ist beispielsweise in über 50 Ländern vertreten. Jede Gruppe ist in Deutschland entweder mit einer Versicherungsgesellschaft (Euler Hermes Kreditversicherungs-AG in Hamburg) oder mit einer Niederlassung(Atradius Deutschland in Köln Niederlassung der Atradius Insurance N. V.; Coface Deutschland in Mainz Niederlassung der Coface S. A.) vertreten.

B. Die Ausfuhr-(Waren-)Kreditversicherung

8 Die Ausfuhr-(Waren-)Kreditversicherung (im Folgenden: AKV) deckt die Risikolage ab, die aus dem grenzüberschreitenden Waren- und Dienstleistungsverkehr entsteht. Sie gibt den am Außenwirtschaftsverkehr teilnehmenden inländischen Firmen Deckungsschutz gegen die hierbei drohenden Kreditrisiken.[1] Durch die AKV ist der Versicherungsnehmer

---

[1] Vgl. *Eistert* RWI 1996, 805.

gegen Forderungsausfälle mit kurzfristigen Zahlungszielen bei seinem Kunden im Ausland versichert.

Die Produktgestaltung ist bei den Versicherern zT unterschiedlich. So hat die Coface nach wie vor ein eigenes Bedingungswerk für die AKV, während die anderen Anbieter die Regelungen in die Warenkreditversicherung integriert haben. Die Inhalte bzw. der Versicherungsumfang sind aber mehr oder weniger identisch. Daher werden die Inhalte allgemein dargestellt. Nur dort, wo die Unterschiede von Bedeutung sind, werden diese deutlich gemacht.

I. Die Rechtsgrundlagen der Ausfuhrkreditversicherung

1. Gesetzliche Grundlagen. Die Ausfuhrkreditversicherung gehört zum Bereich der Schadensversicherung (§§ 74–87 VVG). Spezielle Vorschriften zur Kreditversicherung gibt es im VVG nicht. Es gelten daher die Vorschriften des Allgemeinen Teils des VVG. Diese Vorschriften sind durch die Reform des VVG, die zum 1.1.2008 in Kraft trat, stark durch Vorschriften zum Schutze des Verbrauchers geprägt. Nach dem VVG kann von den im Gesetz einzeln aufgeführten Schutzvorschriften nicht zum Nachteil des Versicherungsnehmers abgewichen werden.

Auf sog. Großrisiken und die laufende Versicherung sind nach § 210 VVG diese Beschränkungen der Vertragsfreiheit aber nicht anzuwenden. Die Kreditversicherung gehört per Definition nach Art. 10 Abs. 1 Satz 2 EGVVG zu den Großrisiken. Daher kann in den Bereichen der Kreditversicherung von den halbzwingenden oder zwingenden Vorschriften des VVG auch zu Ungunsten des Versicherungsnehmers abgewichen werden. Wie bisher unterliegt eine Klausel in Allgemeinen Versicherungsbedingungen, die vom Gesetz abweicht, der Inhaltskontrolle nach den §§ 307 ff. BGB. Danach kann eine Regelung unwirksam sein, wenn sie mit wesentlichen Grundgedanken der gesetzlichen Regelung nicht zu vereinbaren ist.[2]

Daneben sieht das Gesetz generelle Ausnahmen für Großrisiken bei Pflichten vor, die zum Schutze des Verbrauchers vorgesehen sind. So sind die in § 6 VVG und § 7 VVG geregelten Informations- und Beratungspflichten und die in § 65 VVG enthaltene Pflicht für Versicherungsvermittler nicht anzuwenden.

Neben Großrisiken kann auch die laufende Versicherung von den Beschränkungen der Vertragsfreiheit abweichen. Außerdem sieht das Gesetz für die laufende Versicherung in den §§ 53–58 VVG einige Sondervorschriften vor.

Nach der Gesetzesbegründung[3] sollen diese Vorschriften kaum praktische Bedeutung haben, da es sich in der Regel bei Verträgen der laufenden Versicherung gleichzeitig um Verträge mit Großrisiken handelt. Dieser Aussage kann nur gefolgt werden, wenn bei Verträgen mit Großrisiken entsprechende Regelungen wie in §§ 53–58 VVG vereinbart werden können, ohne dass dies als Verstoß gegen § 307 BGB gesehen wird. Dies ist der Fall, weil diese Vorschriften als allgemeiner Grundgedanke des Gesetzes bei solchen Großrisiken angesehen werden kann.

Die wesentliche Bedeutung der §§ 53–58 VVG liegt darin, dass die Abschaffung des Alles-oder-Nichts-Prinzips, die einen wesentlichen Kern der VVG-Reform darstellt,[4] für die laufende Versicherung nicht gilt. Daneben wird die Verletzung von Obliegenheiten – wie im bisherigen Recht – bei einfacher Fahrlässigkeit sanktioniert (§§ 57, 58 VVG), während nach den allgemeinen Vorschriften nur die grobfahrlässige Verletzung Rechtsfolgen nach sich zieht. Nach der Gesetzesbegründung erfordert die Vertragsgestaltung der laufenden Versicherung erhebliche Abweichungen von den allgemeinen Vorschriften. Daher sollen diese im Gesetz zumindest in Grundzügen selbst festgelegt werden. Dabei sind aber diese

---

[2] Vgl. *Prölss/Martin* § 187 Rn. 5 mwN.
[3] BT-Drs. 16/3945, 115.
[4] Vgl. BT-Drs. 16/3945, 49.

Gesetzesvorschriften dispositiv, und es kann daher von diesen Vorschriften im Vertrag oder in den Allgemeinen Vertragsbedingungen abgewichen werden.[5]

16 Die laufende Versicherung ist dadurch gekennzeichnet, dass das versicherte Interesse bei Vertragsschluss nur der Gattung nach bezeichnet und erst später nach seinem Entstehen dem Versicherer mit den Einzelrisiken aufgegeben wird. Das Gesetz enthält eine Legaldefinition in § 53 VVG zum Begriff der laufenden Versicherung. In der Literatur ist der Begriff der laufenden Versicherung umstritten. Teilweise wird nur die beiderseits obligatorische Versicherung als laufende Versicherung angesehen, andere sehen auch die fakultative Versicherung auf Seiten des Versicherers als laufende Versicherung an.[6] Wichtig wird dieser Punkt für die Einordnung der Kreditversicherung. Die Kreditversicherung wird durch einen Mantelvertrag oder Grundvertrag geschlossen, in dem alle wesentlichen Elemente vereinbart werden wie ua Prämienhöhe, Selbstbeteiligung, Höchstentschädigung oder die Länder, die abgedeckt werden.

17 Damit besteht aber noch kein konkreter Versicherungsschutz. Dieser entsteht erst, wenn der Versicherungsnehmer seine Kunden oder einen neuen Kunden dem Versicherer mitteilt und eine Versicherungssumme beantragt. Diese Versicherungssumme kann der Versicherer in der beantragten Höhe, in geringerer Höhe oder gar nicht akzeptieren. Seine Entscheidung teilt er durch die Kreditmitteilung mit. Soweit Deckung übernommen wird, entsteht durch diese Mitteilung der konkrete Versicherungsschutz. Der Versicherer übernimmt den Versicherungsschutz, wenn die Bonität die beantragte Summe rechtfertigt. Da die Kriterien aber nicht festgelegt sind, sondern dem Versicherer allein obliegen, ist die Annahme fakultativ. Ob nun allein die laufende Versicherung obligatorisch auf Seiten des Versicherers sein kann, oder ob auch die fakultative hierunter fällt, ist für die Anwendung der §§ 53 ff. VVG letztlich unerheblich. Der Gesetzgeber hat in § 53 VVG den Anwendungsbereich nämlich insoweit erweitert, dass auch als laufende Versicherung im Sinne des Gesetzes angesehen wird, wenn vereinbart ist, dass eine Deckungszusage zu beantragen ist. Mit dieser Formulierung wollte der Gesetzgeber speziell die Kreditversicherung in die laufende Versicherung einbeziehen. Dies ergibt sich aus der Gesetzesbegründung,[7] in der es heißt, dass die Anmeldung je nach Versicherungszweig unterschiedlich ausgestaltet sein kann und etwa bei der Kreditversicherung auch den Fall einschließt, dass über die Bestätigung der Anmeldung hinaus für die Begründung des Versicherungsschutzes die Deckungszusage im Einzelfall vertraglich ausbedungen ist. Dies ist der Fall bei der fakultativ erteilten Kreditmitteilung. Daher sind die §§ 53 ff. VVG auch auf die Kreditversicherung anwendbar.[8]

18 Die gegenteilige Auffassung von *Reinhardt*[9] geht schon von einem unzutreffenden Sachverhalt aus. Er sieht die Deckungszusage als deklaratorisch, wenn der Kreditversicherer nach den im Grundvertrag vereinbarten Bonitätskriterien zur Deckungsübernahme verpflichtet ist. Kein Kreditversicherer hat aber solche Merkmale vereinbart. Diese können sich auch – je nach Wirtschaftslage, wie die Finanzkrise gezeigt hat –, schnell ändern. Daher wirkt die Deckungszusage immer konstitutiv. Sie fällt aber gleichwohl unter die laufende Versicherung. Dies hat der Gesetzgeber ausdrücklich regeln wollen.[10]

19 **2. §§ 53–58 VVG.** Im Folgenden werden kurz die wesentlichen Inhalte der Vorschriften der §§ 53–58 VVG zur laufenden Versicherung dargestellt, soweit sie für die Ausfuhrkreditversicherung von Bedeutung sind.

20 Die Anmeldepflicht in § 53 VVG beinhaltet die sog. Anbietungspflicht für den Versicherungsnehmer. Damit dem Versicherer nicht nur die schlechten Risiken aufgegeben werden, ist der Versicherungsnehmer verpflichtet, dem Versicherer alle seine Kunden zur Über-

---

[5] Siehe: BT-Drs. 16/3945, 50.
[6] Vgl. *v. Kottwitz*, Die laufende Versicherung S. 28 ff.
[7] Siehe: BT-Drs. 16/3945, 76.
[8] So auch *Langheid*, FS Wälder, Die laufende Versicherung, 26.
[9] MüKoVVG/*Reinhardt* § 53 Rn. 14.
[10] So auch Prölls-Martin/*Armbrüster* § 53 VVG Rn. 12.

Abschnitt 26. Privatwirtschaftliche Ausfuhrkreditversicherungen

nahme des Versicherungsschutzes anzubieten. Damit ist für den Versicherer eine Risikostreuung gewährleistet.

§ 54 VVG enthält Regelungen zur Verletzung der Anmeldepflicht. Dabei ist bei der Ausfuhrkreditversicherung insbesondere die Anmeldung der vereinbarten Prämiengrundlage wichtig. Diese besteht bei heutigen Verträgen überwiegend in der Mitteilung der versicherten Umsätze des Versicherungsnehmers. Werden diese nicht mitgeteilt, kann der Versicherer seine Prämie, die einen Prozentsatz des Umsatzes beträgt, nicht berechnen. Dies hat zur Folge, dass bei einem Schadensfall der Versicherer von der Leistung frei ist. Dies gilt nur dann nicht, wenn die Anmeldung unverzüglich nach Kenntniserlangung von dem Fehler nachgeholt hat. **21**

Wird die Anmeldepflicht vorsätzlich verletzt, kann der Versicherer den Vertrag fristlos kündigen. Der Versicherer kann die Prämie verlangen, die der Versicherungsnehmer bis zum Wirksamwerden der Kündigung hätte zahlen müssen. Das Einzelrisiko, für das der Versicherungsschutz begonnen hatte, bleibt nach dem Gesetzeswortlaut über die Dauer der laufenden Versicherung bis zu dem Zeitpunkt versichert, bis zu dem die Absicherung des Einzelrisikos endet, es sei denn, es ist etwas anderes vereinbart. Dies bedeutet, dass eine Haftung nach dieser gesetzlichen Regelung über das Ende des Versicherungsvertrages besteht. Dies ist häufig bei der Ausfuhrkreditversicherung der Fall. Es gibt aber auch Regelungen in der Kreditversicherung, insbesondere in der Warenkreditversicherung, bei denen der Versicherungsfall während der Laufzeit des Vertrages eintreten muss. Bei einer solchen Regelung liegt eine andere Vereinbarung iSd Vorschrift des § 54 VVG vor. Wird der Gesamtvertrag gekündigt, besteht kein Versicherungsschutz mehr. In diesem Fall ist eine Aushaftung nicht vereinbart. Soweit die Aushaftung vereinbart wird, wird diese entweder für einen Zeitraum von 6 Monaten oder unbegrenzt vereinbart. Darüber hinaus haben alle Kreditversicherer Regeln, dass das Einzelrisiko bei Gefahrerhöhung oder aus sonstigen wichtigen Gründen mit sofortiger Wirkung für zukünftige Lieferungen aufgehoben werden kann. Diese Möglichkeit stellt ebenfalls eine andere Vereinbarung im Sinne dieser Vorschrift dar. Eine wirksame Regelung ist daher sehr wichtig. Bedenklich sind Regelungen, die Formulierungen enthalten, dass der Versicherer nach seinem Belieben ohne weitere Gründe jederzeit das Einzelrisiko aufheben kann. Eine solche Vereinbarung ist nach § 307 BGB sehr bedenklich und kann für unwirksam angesehen werden, mit der Folge, dass erhebliche Haftungsrisiken bestehen können, die gerade vermieden werden sollen. **22**

In § 55 VVG wird die Einzelpolice geregelt. Nach der Gesetzesbegründung soll diese Regelung die Verkehrsfähigkeit der Versicherung insbesondere bei der Gefahrtragung für fremde Rechnung gewährleisten, wofür der Versicherungsschein bei der laufenden Versicherung ungeeignet ist, weil er keine Aussage über ein bestimmtes übernommenes Einzelrisiko enthält. Bei der Kreditversicherung ist ein solches Zertifikat die Kreditentscheidung. Diese ist allerdings nicht für die Verkehrsfähigkeit so entscheidend, da zum Beispiel die Versicherung für fremde Rechnung im Versicherungsvertrag und nicht in der Kreditmitteilung geregelt wird. Die Kreditmitteilung ist für den Versicherungsnehmer selbst sehr wichtig, da dies die Grundlage für ihn ist, ob er eine Absicherung in der beantragten Höhe erhält, oder ob der Versicherer nur einen geringeren Betrag gewährt oder gar die Übernahme des Versicherungsschutzes bei dem beantragten Kunden ganz ablehnt. **23**

In § 56 VVG wird die Verletzung der vorvertraglichen Anzeigepflicht abweichend zu § 19 Abs. 2 VVG geregelt. Das Gesetz entspricht hier der Praxis in der Transportversicherung, dass die Verletzung der Anzeigepflicht mit der Leistungsfreiheit und nicht mit dem Rücktrittsrecht sanktioniert wird. Der Versicherungsnehmer erhält ein Kündigungsrecht, soweit der Versicherer seine Leistung verweigert. Diese Regelung gilt auch für die Ausfuhrkreditversicherung. **24**

§ 57 VVG regelt die Anzeigepflicht bei einer Gefahrerhöhung. Eine solche liegt bei der Ausfuhrkreditversicherung insbesondere bei der Verschlechterung der Bonität des ausländischen Kunden vor. Hat der Versicherungsnehmer Anhaltspunkte für eine solche Gefahrer- **25** höhung, zeigt er diese aber nicht dem Versicherer an, ist dieser leistungsfrei. Die Leistungspflicht bleibt allerdings bestehen, wenn die Pflicht nur fahrlässig verletzt wird oder sie keinen Einfluss auf den Eintritt des Versicherungsfalles oder den Umfang der Leistungspflicht hat. Abweichend von § 26 VVG verbleibt es bei der laufenden Versicherung beim Alles-oder-Nichts-Prinzip.

26   In der Kreditversicherung weichen die Versicherer von dieser Vorschrift ab und vereinbaren, dass sie auch leistungsfrei bei einfacher Fahrlässigkeit sind. Dies ist sachgerecht, da der Kreditversicherer im besonderen Maße auf die ordnungsgemäße Mitwirkung des Versicherungsnehmers bei Durchführung des Vertrages angewiesen ist. Der Versicherungsnehmer erhält aus der Kundenbeziehung als erster sichere Anzeichen für eine beginnende Bonitätsverschlechterung. Als Rechtfertigung für die Nichtanzeige wird von Versicherungsnehmern immer wieder angeführt, dass IT-Probleme bestanden, die Buchhalterin krank war oder diese sonst so zuverlässige Person die Absendung der Anzeige vergessen hat. Eine grob fahrlässige Handlungsweise wird meist nicht vorliegen. Da der Versicherungsnehmer die Anzeichen einer Verschlechterung der Zahlungsmoral eher als der Versicherer erkennen kann, ist die Abweichung von der gesetzlichen Regelung gerechtfertigt.

27   Nach § 57 Abs. 3 VVG ist eine Kündigung des Vertrages bei einer Gefahrerhöhung in Abweichung von den allgemeinen Vorschriften (§ 24 VVG) nicht möglich. Dies entspricht der Interessenlage bei der laufenden Versicherung, da der Versicherungsnehmer kein Interesse hat, den Gesamtvertrag zu verlieren, wenn nur ein Risiko der Gefahrerhöhung bezüglich eines Einzelrisikos vorliegt. Bei der Ausfuhrkreditversicherung gilt insoweit etwas anderes, als die Versicherer ausdrücklich vereinbart haben, dass sie das Recht haben, das Einzelrisiko für die Zukunft aufzukündigen. Bei Verschlechterung der Bonität beim Kunden des Versicherungsnehmers hat der Ausfuhrkreditversicherer das Recht, den Versicherungsschutz für diesen Kunden für die Zukunft aufzuheben. Es handelt sich um eine Teilkündigung iSv § 29 VVG. Diese Abweichung von § 57 Abs. 3 VVG lässt die Gesetzesbegründung ausdrücklich zu.[11]

28   § 58 VVG regelt die Verletzung von Obliegenheiten in Bezug auf ein versichertes Einzelrisiko. Jede schuldhafte Verletzung einer Obliegenheit führt zur Leistungsfreiheit des Versicherers. Ausreichend ist jegliches Verschulden, insbesondere jede Form von einfacher Fahrlässigkeit ist im Gegensatz zu § 28 VVG ausreichend. Diese schärfere Regelung beruht insbesondere auf dem besonderen Vertrauen, dass der Versicherer in einer laufenden Versicherung dem Versicherungsnehmer entgegenbringt. Bei den zu erfüllenden Obliegenheiten handelt es sich um Gefahrminderungen oder solche zur Verhinderung der Gefahrerhöhung.[12] Entgegen dem Wortlaut ist dem Versicherungsnehmer auch der Kausalitätsgegenbeweis eröffnet. Die Rechtsprechung hat das Kausalitätsprinzip als einen wesentlichen gesetzlichen Grundgedanken bezeichnet.[13] Dieses Prinzip hält die Rechtsprechung auch im kaufmännischen Bereich für anwendbar. Dem ist zuzustimmen.

29   Nach § 58 Abs. 2 VVG ist der Versicherer berechtigt bei Vorliegen einer solchen schuldhaften Obliegenheitsverletzung den Gesamtvertrag nach Kenntnis der Obliegenheit innerhalb von einem Monat zu kündigen.

30   Bei Obliegenheitsverletzungen nach Eintritt des Versicherungsfalles gilt weiterhin § 28 VVG mit der Folge, dass auch die Quotelung und allein die vorsätzliche oder grob fahrlässige Verletzung eine Rolle spielt. Auch die Belehrungspflicht nach § 28 Abs. 4 VVG kommt zur Anwendung. Allerdings können diese Regelungen nach § 210 VVG abbedungen werden, wovon die Kreditversicherer überwiegend Gebrauch gemacht haben.[14] Ob und wann allerdings ein Verstoß gegen § 307 BGB vorliegt, wird schwer zu ermitteln sein. Daher besteht immer ein Risiko der Unwirksamkeit.

---

[11] Gesetzesbegründung BT-Drs. 16/3945, 76.
[12] Siehe zum Ganzen MüKoVVG/*Reinhardt* § 58 Rn. 3.
[13] Vgl. *BGH* VersR 1993, 223 ff.
[14] Vgl. § 18 AVB Warenkredit 1999 – Fassung 2008 EulerHermes.

3. Vertragliche Grundlagen. Auch wenn im VVG nunmehr einige Regelungen, die 31
auch auf die Ausfuhrkreditversicherung anwendbar sind, enthalten sind, ergeben sich die
wesentlichen Rahmenbedingungen für die Ausfuhrkreditversicherung aus den vertraglichen Vereinbarungen, die aus dem Versicherungsschein, den Allgemeinen Versicherungsbedingungen und der Kreditmitteilung bestehen. Die dort enthaltenen Bestimmungen
regeln im Wesentlichen den Rahmen für die Gefahrtragung in der Ausfuhrkreditversicherung.

II. Gegenstand der Ausfuhrkreditversicherung

1. Qualität der versicherten Forderung. Gegenstand der Ausfuhrkreditversicherung ist 32
die Absicherung von Forderungsausfällen bei ausländischen Abnehmern. Voraussetzung ist,
dass die Forderung ihren Ursprung in einer Warenlieferung oder einer Werk- oder Dienstleistung hat.

Damit werden reine Finanzkredite nicht vom Versicherungsschutz erfasst. Diese werden 33
als sehr gefährlich angesehen, da bei einem Schaden ein Totalausfall gegeben ist, während
bei Warenlieferungen Verwertungserlöse möglich sind. Finanzkredite sind daher ohne besondere Vereinbarung auch nicht vom Rückversicherungsschutz der Kreditversicherer umfasst, es sei denn, es gibt eine ausdrückliche abweichende Einzelregelung.

Die Forderung muss durch den Abnehmer „anerkannt" sein. Damit ist kein rechtliches 34
Anerkenntnis gemeint, sondern vielmehr, dass keine Einwände gegenüber der Forderung
des Versicherungsnehmers geltend gemacht werden. In den Versicherungsbedingungen der
Versicherer wird dies sehr unterschiedlich ausgedrückt. Es finden sich folgende Formulierungen: „Die Forderung muss frei von Gegenrechten sein, sie darf nicht bestritten sein, sie
muss einredefrei sein." Gemeint ist immer der gleiche Sachverhalt. Der Kunde darf gegenüber der Forderung keine Einreden oder Einwendungen erhoben haben wie zB die Einrede des nicht erfüllten Vertrages oder die Mängeleinrede. In diesem Fall kann der Versicherer nicht beurteilen, ob eine Forderung des Versicherungsnehmers besteht und durchsetzbar ist oder nicht. Daher obliegt es dem Versicherungsnehmer, die Durchsetzbarkeit der
Forderung zu klären, notfalls mittels einer Gerichtsentscheidung. Diese Frage ist mit der
Einführung des „Protracted Default" wichtiger, da häufiger geworden. Zu Zeiten, als es
nur die Insolvenz als wesentlichen Versicherungsfall gab, verlangten die Versicherer als
Nachweis der Rechtsbeständigkeit der Forderung das Forderungsanerkenntnis des Insolvenzverwalters. Beim Forderungsverzug gibt es solche Möglichkeiten nicht. Entweder der
Versicherer bildet sich ein eigenes Urteil über die Berechtigung der erhobenen Gegenrechte, wozu er aber weder kapazitätsmäßig noch tatsächlich in der Lage sein wird, oder der
Versicherungsnehmer muss den Beweis der Durchsetzbarkeit antreten. Dies wird er nur
durch ein Urteil können, es sei denn, der Abnehmer erkennt die Forderung an.

Daher sehen die Bedingungen der Versicherer teilweise vor, dass der Versicherungsfall 35
des Nichtzahlungstatbestandes bei bestrittenen Forderungen erst eintreten kann, nachdem
die Forderung durch ein ordentliches Gericht rechtskräftig festgestellt und die Forderung
im Lande des Kunden für vollstreckbar erklärt worden ist und eine in den Bedingungen
festgelegte Frist seit Verkündung des Urteils abgelaufen ist.[15]

Die Einredefreiheit ist auch wichtig für den Beginn der Überfälligkeitsfrist. Diese läuft 36
nicht, soweit eine Forderung bestritten ist.[16]

Weitere Voraussetzung ist, dass die Forderung zeitnah fakturiert worden ist. 37

Es sind nur Forderungen gegenüber Kunden versichert, deren Sitz sich in einem Land 38
befindet, das im Länderkatalog, der sich als Anhang im Versicherungsschein befindet, enthalten ist. Daher ist es wichtig, darauf zu achten, dass alle Kunden und Länder im Rahmen
der Police versichert sind.

---

[15] Vgl. AVB Warenkredit 2008 – § 9 Ziff. 2 – Coface.
[16] *OLG Hamburg* VersR 1996, 1102.

39 Dies geschieht bei den einzelnen Versicherern unterschiedlich. Teilweise werden als Anhang der Police Länderlisten beigefügt, in denen alle versicherten Länder aufgeführt sind. Dort bestimmt der Versicherer, ob in einem Land auch die unbenannte Versicherung eingeschlossen ist oder nicht, oder ob in dem Land eine höhere Selbstbeteiligung vereinbart ist. Diese Form erfordert einen hohen Änderungsbedarf, wenn neue Länder in den Versicherungsumfang eingeschlossen werden sollen.

40 Daher werden teilweise nach dem Wortlaut der Police grundsätzlich alle Länder in den Versicherungsschutz eingeschlossen. Dies wird auch mit weltweiter Deckung bezeichnet. Durch die Kreditmitteilung wird dann aber uU der Versicherungsschutz für bestimmte Länder versagt. Dabei gibt es Länder, die grundsätzlich nicht gedeckt werden. Die Deckungsbereitschaft richtet sich nach den wirtschaftlichen und politischen Verhältnissen in den jeweiligen Ländern.

41 Bestimmte Forderungen sind von vornherein aus dem Versicherungsschutz ausgenommen. Dabei handelt es sich um Forderungen gegen öffentlich-rechtlich organisierte Kunden im Sitzland des Versicherungsnehmers. Entsprechend organisierte Kunden im Ausland sind aber versichert, wenn das politische Risiko mitversichert ist.

42 Forderungen gegen natürliche Personen sind nicht versichert, sofern die Forderungen nicht im Zusammenhang mit der Ausübung einer unternehmerischen Tätigkeit stehen. Damit sind alle Forderungen aus Verbrauchergeschäften ausgeschlossen. Forderungen aus der Vermietung und Verpachtung von Immobilien sind ebenfalls nicht versichert. Nicht versichert sind Ausfälle, die durch Krieg der Großmächte oder durch nukleare Ursachen oder Naturkatastrophen verursacht worden sind.

43 Weiter besteht kein Versicherungsschutz, soweit die Ware oder die Werk- oder Dienstleistung vom Kunden nicht angenommen worden ist, auch wenn kein Bestreiten vorliegt. Hintergrund dieser Regelung ist, dass der Versicherer allein für das Risiko der Nichtzahlung bei einem Warenkredit einstehen will. Andere Ursachen bzw. Streitpunkte zwischen den Parteien sollen nicht Gegenstand der Haftung des Versicherers sein.

44 Schließlich sind Forderungen aus Warenlieferungen, Werk- und Dienstleistungen unversichert, für deren Durchführung der Versicherungsnehmer die erforderlichen behördlichen Genehmigungen nicht eingeholt hat sowie aus der Lieferung von Waren, deren Einfuhr in das Bestimmungsland gegen ein bestehendes Verbot verstößt oder deren Ausfuhr gegen ein bestehendes Verbot in der Bundesrepublik Deutschland verstößt.

45 Versicherungsschutz besteht nach den AVB der Versicherer für Forderungen, die während der Laufzeit des Versicherungsvertrages entstehen. Damit wird der gesamte Forderungsbestand des Versicherungsnehmers gegenüber seinen Kunden versichert. Dies bedeutet, dass Forderungen durch Tilgung aus dem Versicherungsbestand ausscheiden und neue Forderungen durch Abschluss neuer Geschäfte in den Versicherungsbestand einrücken.

46 Damit eine Risikostreuung gegeben ist und nicht nur die bonitätsmäßig weniger guten Kunden versichert werden, muss der Versicherungsnehmer alle seine Kunden zur Versicherung anbieten und ausreichende Versicherungssummen beantragen. Dies bedeutet, dass der gesamte Forderungsbestand zur Versicherung aufgegeben werden muss. Der Versicherer setzt dann eine Versicherungssumme fest, die unter dem aufgegebenen Forderungsbestand liegen kann, wenn die Bonität eine höhere Summe nicht zulässt.

47 Soweit sich der Forderungsbestand innerhalb der in der Kreditmitteilung festgelegten Versicherungssumme bewegt, gibt es keine Besonderheiten. Wurde die beantragte Versicherungssumme aber nicht voll gewährt, kann es dazu kommen, dass der Versicherungsnehmer einen höheren Außenstand an Forderungen als Versicherungssumme hat. Dies führt dazu, dass durch Tilgung einer versicherten Forderung die ältesten unversicherten Forderungen in den Versicherungsschutz nachrücken. In den allgemeinen Versicherungsbedingungen der Kreditversicherer[17] ist eine Bestimmung enthalten, dass jede Zahlung des Kunden auf die jeweils älteste Forderung angerechnet wird. Mit dieser Anrechnungsbestim-

---

[17] Vgl zB § 5 Ziff. 3 AVB Warenkredit 1999 – Fassung 2008 EulerHermes.

mung will der Versicherer sicherstellen, dass eingehende Zahlungen immer auf den versicherten Bestand angerechnet werden, so dass sich der Umfang des Forderungsbestandes verringert, wenn keine neuen Forderungen nachrücken können.[18] Dies wird besonders wichtig, wenn der Kreditversicherer die Versicherungssumme wegen Verschlechterung der Bonität aufgehoben hat. Dann ist ein Nachrücken unversicherter Forderungen durch Tilgung einer versicherten Forderung nach den AVB[19] nicht mehr möglich.

Wäre die Verrechnung auf eine Forderung außerhalb des versicherten Bestandes zugelassen, würde eine nur noch teilweise gegebene Liquidität zur Fortsetzung der Geschäftsbeziehung zu Lasten des Versicherers ausgenutzt werden. Eine andere Zweckbestimmung des Schuldners gemäß § 366 BGB kommt im Verhältnis zum Versicherer daher nicht zum Tragen. 48

Diese Regelung wird in der Literatur vom Grundsatz her anerkannt. Eine Ausnahme wird teilweise bei Forderungen gesehen, die nicht unter den Versicherungsschutz fallen. Dies ist so bei reinen Barzahlungsgeschäften, da kein Warenkredit vorliegt.[20] 49

Die Rechtsprechung hat diese Regelung bisher immer als mit § 307 BGB vereinbar angesehen, da keine unangemessene Benachteiligung des Versicherungsnehmers gegeben ist. Die Verhinderung des kollusiven Zusammenwirkens zwischen dem Versicherungsnehmer und seinem Abnehmer zu Lasten des Versicherers stelle ein schutzwürdiges Interesse dar.[21] 50

Mit zwei Urteilen vom 16.10.2012 hat nunmehr das OLG Hamburg eine gegenteilige Entscheidung getroffen.[22] Das OLG Hamburg sieht in der Klausel eine unangemessene Benachteiligung des Versicherungsnehmers und hält sie daher nach § 307 BGB für unwirksam. Als wesentliche Begründung führt das Gericht an, dass der Versicherer missbräuchlich eigene Interessen auf Kosten des Vertragspartners durchzusetzen versucht, ohne dessen Belange ausreichend zu berücksichtigen. Das Gericht versucht seine Auffassung damit zu stützen, dass es einen doppelten Nachteil für den Versicherungsnehmer darin sieht, wenn eine Tilgungsbestimmung des Schuldners zu einer Erfüllung führt, während im Verhältnis zum Versicherer eine andere Forderung getilgt wurde. Diese im Verhältnis zwischen Versicherungsnehmer und Kunden tatsächlich getilgte Forderung auch nicht in den Versicherungsschutz nachrücken kann, da sie durch Erfüllung erloschen ist. Hier übersieht das Gericht zwei wesentliche Aspekte. Das KG Berlin[23] trennt deutlich zwischen dem Verhältnis Versicherungsnehmer und Kunde und dem Verhältnis Versicherer und Versicherungsnehmer. Unter diesem Aspekt sind auch die Erfüllungswirkungen unterschiedlich – je nach der zu betrachtenden Ebene – zu bewerten. Im Verhältnis zum Versicherer hat immer nur die älteste Forderung Erfüllungswirkung. Die tatsächlich erfüllte und damit im Verhältnis zum Versicherungsnehmer erloschene Forderung kann selbstverständlich grundsätzlich in den Versicherungsschutz nachrücken. Allerdings – und dies übersieht das Gericht ebenfalls – kommen diese Situationen hauptsächlich vor, wenn der Versicherungsschutz für den Kunden aufgehoben worden und damit ein Nachrücken zur Risikobegrenzung ausgeschlossen ist. Die weitere Begründung des OLG Hamburg besteht darin, dass sie für den Versicherungsnehmer ein besonderes Bedürfnis in der Krise seines Schuldners sieht, Bargeschäfte abzuschließen, da diese nach § 142 InsO nicht anfechtbar seien. Das Gericht sieht ein besonderes Bedürfnis für den Versicherungsnehmer in der Krise seines Kunden die Geschäftsbeziehung über Bargeschäfte aufrechtzuerhalten. Neben dem rechtspolitisch bedenklichen Ansatz, den Versicherungsnehmer gegenüber Insolvenzgläubiger und Kreditversicherer 51

---

[18] Vgl. *Grauschopf*, in: Veith/Gräfe, Der Versicherungsprozeß, Warenkreditversicherung Rn. 72 ff.
[19] Vgl. § 5 Ziff. 2 Warenkredit 1999 – Fassung 2008 EulerHermes.
[20] Vgl. *Wittchen*, Die Warenkreditversicherung, 1995, S. 56; *Herrmann*, in: Beckmann/Matusche-Beckmann, Versicherungsrechts-Handbuch, § 39 Rn. 66.
[21] Vgl. *LG Mainz* Urt. v. 30.6.2000 – 11 HK 048/99; *KG Berlin* Urt. v. 13.1.2004 – 6 U 276/02; *LG Köln* Urt. v. 2.6.2002 – 83 O 10/03.
[22] *OLG Hamburg* veröff. in Juris (nicht rechtskräftig; die Revision ist unter dem AZ IV 344/12 beim *BGH* anhängig).
[23] Siehe § 5 Ziff. 3 AVB Warenkredit 1999 – Fassung 2008 EulerHermes.

besonders zu schützen, ist diese Auffassung auch aus anderem Grund abzulehnen. Der Versicherungsnehmer ist gerade in der Krisenzeit besonders zur Schadensminderung verpflichtet. Dies haben die Kreditversicherer in ihren Bedingungen ausdrücklich festgelegt.[24] Hiermit wird das Prinzip der Rettungspflicht entsprechend §§ 82, 83 VVG besonders festgelegt. Diese Pflicht besteht nicht nur zum Schutz des Versicherers sondern auch zum Schutze der Gefahrengemeinschaft.[25] Insbesondere in der Kreditversicherung ist der Versicherer besonders auf die Mitwirkung des Versicherungsnehmers angewiesen, da dieser zumeist als erstes von Schwierigkeiten seines Kunden etwas erfährt. Durch die Anrechnung auf die jeweils älteste Forderung wird letztlich eine besondere Risikobegrenzung vorgenommen. Der Versicherer vereinbart im Ergebnis nichts anderes als das, was der Zivilrechtsgesetzgeber als allgemeines Prinzip ansieht. Dieses Prinzip hat er in § 366 Abs. 2 BGB zum Ausdruck gebracht hat, indem er die Anrechnung auf die älteste Forderung im Allgemeinen als den vermuteten und vernünftigen Parteiwillen ansieht.[26] Der Gläubiger, hier der Versicherungsnehmer, hat kein einseitiges Leistungsbestimmungsrecht.[27] Der Versicherer führt durch die von ihm gewählte Regelung nur diese allgemein anerkannten Prinzipien auf der Ebene des Versicherungsvertrages zwischen ihm und seinem Versicherungsnehmer ein. Hierin kann keine unangemessene Benachteiligung nach § 307 BGB gesehen werden.

52   Weitere Voraussetzung für den Versicherungsschutz ist, dass der Versicherer für den jeweiligen Kunden eine Versicherungssumme festgesetzt hat oder die Forderung im Rahmen der unbenannten Versicherung unter Versicherungsschutz steht.

53   Die Forderung muss wegen eines während der Laufzeit des Versicherungsvertrages eingetretenen Versicherungsfalles ausfallen. Tritt der Versicherungsfall erst nach Ablauf des Vertrages ein, besteht kein Versicherungsschutz. Diese Risikobeschränkung durch eine fehlende Aushaftung wird von der Rechtsprechung in ständiger Rechtsprechung anerkannt. Der BGH hat ausgeführt, dass es nicht zu den Eigentümlichkeiten des deutschen Versicherungsrechts gehöre, dass ein einmal in Deckung genommenes Risiko unkündbar bis zu seinem endgültigen Wegfall versichert bleibt. Es gäbe keinen einheitlichen Typus der Kreditversicherung mit bestimmt strukturierter vertraglicher Nachhaftung.[28]

54   Den Ausschluss der Aushaftung gibt es hauptsächlich in Deutschland im Inlandsgeschäft. Im internationalen Geschäft ist eher die Vereinbarung einer Aushaftung üblich. In diesem Fall muss dann lediglich die Forderung während der Laufzeit des Versicherungsvertrages entstanden sein. Tritt der Versicherungsfall nach Beendigung des Vertrages ein, besteht trotzdem Versicherungsschutz. Allerdings wird teilweise die Aushaftung begrenzt. Üblich sind 6 Monate, in denen der Versicherungsfall nach Vertragsende eintreten muss.

55   In der Ausfuhrkreditversicherung bei den deutschen Versicherern werden Aushaftungsklauseln ebenfalls vereinbart.

56   **2. Unbenannte Versicherung.** Die Versicherer bieten durch ergänzende Klauseln zu den AVB oder standardmäßig in den AVB meistens die sog. unbenannte Versicherung an. Die unbenannte Versicherung beinhaltet die Möglichkeit für den Versicherungsnehmer, Versicherungsschutz für Kunden zu erhalten, ohne dass der Versicherer eine Versicherungssumme festgesetzt hat.

57   Damit wird die vereinbarte Anbietungspflicht erst ab einer im Versicherungsschein festgesetzten Forderungshöhe vereinbart. Unter dieser Anbietungsgrenze sind die Forderungen auch ohne Versicherungssumme pauschal versichert. Dadurch erreichen die Versicherer mit wenig Verwaltungsaufwand, dass kleinere Forderungen versichert sind und erhöhen dadurch die Risikostreuung. Andererseits kann dieser Bereich auch sehr schadensträchtig werden.

---

[24] Vgl. § 9 AVB Warenkredit 1999 – Fassung 2008 EulerHermes.
[25] Vgl. *Beckmann* § 15 Rn. 1.
[26] Vgl. hierzu *BGH* NJW 1969, 1846.
[27] Vgl. *BGH* NJW 1984, 2204.
[28] *BGH* WM 1987, 187 ff.; vgl. auch: *BGH* VersR 2004, 858 ff., *Pörschke,* Die private Ausfuhrkreditversicherung, 47.

Teilweise wird diese Absicherung auch „Selbstprüfung"[29] genannt. Hiermit wird zum Ausdruck gebracht, dass dem Versicherungsnehmer bestimmte Prüfungspflichten obliegen. Diese bestehen darin, dass der Versicherungsnehmer die Forderung unter Beachtung seines Debitorenmanagements, das er bei Vertragsschluss in der Vordeklaration für den Versicherer beschrieben hat, begründet wird, und das Zahlungsziel, das im Versicherungsschein angegeben ist, nicht überschritten wird.

Ein solcher Versicherungsschutz ist bis zu der im Versicherungsschein für das jeweilige Land vereinbarten Selbstprüfungsgrenze möglich. Kunden, die generell vom Versicherungsschutz ausgenommen sind, können auch nicht im Rahmen der Selbstprüfung versichert werden. **58**

Soweit der Versicherungsbedarf im Laufe einer Kundenbeziehung die Grenze der Selbstprüfung übersteigt, muss der Versicherungsnehmer ausreichende Versicherungssummen beantragen. Wird dies versäumt oder zu spät beantragt, besteht Versicherungsschutz nur bis zur festgelegten Selbstprüfungsgrenze. Erst bei Lieferungen, die nach Erteilung einer höheren Versicherungssumme erfolgen, besteht auch höherer Versicherungsschutz. **59**

3. Fabrikationsrisiko. Wendet der Versicherungsnehmer zur Herstellung der bestellten Waren Kosten auf und tritt die Zahlungsunfähigkeit vor Belieferung des Kunden ein, besteht kein Versicherungsschutz. Dies ist insbesondere ein Problem für den Versicherungsnehmer, wenn er ein speziell für den Kunden hergestelltes Produkt wegen der Zahlungsunfähigkeit nicht mehr ausliefern und nicht anderweitig mangels Absetzbarkeit verwerten kann. **60**

Um für diese Fälle dem Versicherungsnehmer eine Absicherung anzubieten, haben die Kreditversicherer die sog. Fabrikationsklausel entwickelt, die in solchen Fällen als Klausel zum Versicherungsschein vereinbart wird. **61**

Nach dieser Klausel werden dem Versicherungsnehmer im Rahmen der Versicherungssumme die Selbstkosten erstattet. Voraussetzung ist, dass die Selbstkosten ihm im Rahmen von vorliegenden Aufträgen durch die Aufnahme der Fabrikation der Waren oder deren Fertigstellung entstanden sind. Diese Kosten werden erstattet, soweit sie bis zur Aufhebung des Versicherungsschutzes oder bis zum Eintritt des Versicherungsfalles entstanden sind. **62**

Selbstkosten sind diejenigen Aufwendungen und Gemeinkosten, die nach den Grundsätzen einer ordnungsgemäßen Kostenrechnung den herzustellenden Waren nachweislich zuzurechnen sind und zur vertragsgemäßen Erfüllung erforderlich waren. Hierunter fallen auch gegenüber Lieferanten oder Produzenten vertraglich eingegangene Verbindlichkeiten des Versicherungsnehmers, soweit diese durch vorliegende Aufträge begründet werden. Zu den Selbstkosten gehört nicht der entgangene Gewinn. **63**

Selbstkosten sind nur versichert, wenn sie zeitlich nach einem bereits vorliegenden Auftrag durch die Aufnahme der Produktion veranlasst worden sind. Der Auftrag muss dabei so konkretisiert sein, dass sich aus dem durch ihn vorgegeben Umfang auch die entstandenen Selbstkosten ermitteln lassen. Damit werden Kosten ausgeschlossen, die im Vertrauen auf einen noch nicht fest umrissenen Auftrag oder deshalb entstanden sind, weil der Versicherungsnehmer bereits auf Vorrat produziert hat.[30] **64**

Die Selbstkosten unterliegen der Anbietungspflicht und sind prämienpflichtig. Hebt der Versicherer den Versicherungsschutz auf, gilt mit Ablauf von einer in der Klausel festgelegten Zeitspanne der Versicherungsfall hinsichtlich der Selbstkosten als eingetreten, sofern nicht bereits ein Versicherungsfall eingetreten ist. **65**

4. Kreditprüfung und Versicherungssumme. Forderungen, die die Anbietungsgrenze übersteigen, sind versichert, wenn der Versicherer eine Versicherungssumme für den Kunden festgesetzt hat. Der Festsetzung der Versicherungssumme geht eine Kreditprüfung voraus. Die Kreditprüfung ist mit das wichtigste Instrument einer Kreditversicherungspolice. **66**

---

[29] Vgl. § 3 AVB Warenkredit 1999 – Fassung 2008 EulerHermes.
[30] Vgl. *BGH* VersR 1998, 185 ff.

67 Heute haben alle Versicherer eigenständige Kreditprüfungsgesellschaften, die mit dem Versicherungsnehmer einen Vertrag über die Kreditprüfung der zu versichernden Kunden schließen. Rechtlich gesehen beauftragt der Versicherungsnehmer die Kreditprüfungsgesellschaft mit der Bonitätsprüfung seiner Kunden. Gleichzeitig weist er die Gesellschaft an, das Ergebnis der Prüfung direkt an den Versicherer zu übermitteln, der dann aufgrund des Ergebnisses seine Kreditentscheidung trifft. Für die Kreditprüfung kann die Kreditprüfungsgesellschaft auf umfangreiche Informationen zurückgreifen. Dazu zählen:

- externe Informationsquellen (Wirtschaftsauskunfteien, Rating-Agenturen, Kreditinstitute, Kreditversicherer, Statistisches Bundesamt, Handelsregister)
- interne Informationsquellen des Kreditversicherers (Rechercheergebnisse des Außendienstes vor Ort, eigene Datenbanken)
- sonstige Informationsquellen (Versicherungsnehmer, Selbstauskünfte und Bilanzen der Kunden).

Die Informationen werden entweder automatisch mit Hilfe mathematischer Modelle oder manuell durch erfahrene Kreditprüfer ausgewertet.

68 Für die Kreditprüfung und -überwachung der Kunden des Versicherungsnehmers muss der Versicherungsnehmer gesonderte Kreditprüfungsgebühren bezahlen. Diese variieren bei Kunden im Ausland abhängig vom Sitz des Kunden. Die Gebühren für Europa sind günstiger als zB für Asien, da die Kosten für die Beschaffung der Informationen entsprechend günstiger oder höher sind. Die Gebühren für ihre Tätigkeit stellt die Kreditprüfungsgesellschaft dem Versicherungsnehmer direkt in Rechnung. Auf die Prüfungsgebühren fällt Umsatzsteuer an, die als Vorsteuer geltend gemacht werden kann.

69 Da zu Beginn des Versicherungsvertrages weitgehend unbekannt ist, mit welchen Kunden der Versicherungsnehmer während der Laufzeit des Versicherungsvertrages Geschäftsbeziehungen unterhalten wird, werden vom Versicherer während der Laufzeit des Versicherungsvertrages für jeden Kunden Kreditmitteilungen an den Versicherungsnehmer gesandt. Die Kreditmitteilung wird dadurch initiiert, dass der Versicherungsnehmer für jeden einzelnen seiner Kunden individuelle Kreditlimits beantragt. Die Anfrage kann telefonisch, schriftlich oder per Onlineanbindung erfolgen.

70 Der Versicherungsnehmer muss feststellen, wie viel durchschnittliche Außenstände er gegenüber seinen Kunden hat, um die Höhe der erforderlichen Versicherungssumme zu ermitteln. Diese beantragt er dann bei seinem Versicherer, der den Antrag an die Prüfungsgesellschaft weiterleitet. Diese führt nur die vorbereitende Bonitätsprüfung durch. Aufgrund dieser Prüfung erteilt sie eine Kreditempfehlung zu dem geprüften Kunden des Versicherungsnehmers. Der Versicherer legt aufgrund dieser Empfehlung eine Versicherungssumme fest, die entweder dem Wunsch des Versicherungsnehmers entspricht, niedriger ist oder sogar abgelehnt wird. Wird die Summe angenommen, hat der Versicherungsnehmer in dieser Höhe bei den entsprechenden Kunden Versicherungsschutz. Die Kreditmitteilung hat nach den meisten AVB schriftlich zu erfolgen. Eine mündlich erteilte Zusage ist nach § 125 Satz 2 BGB nichtig, denn die Formvereinbarung dient nicht lediglich der Klarstellung oder der Beweissicherung, sondern stellt eine Wirksamkeitsvereinbarung dar. Diese Sichtweise entnimmt die Rechtsprechung insbesondere aus der Formulierung, dass die Versicherungssumme durch schriftliche Kreditmitteilung festgesetzt wird.[31] Die Kreditmitteilung ist eine Deckungszusage gemäß § 55 VVG.

71 Die Bonität des Kunden wird von der Kreditprüfungsgesellschaft laufend überwacht. Zeigen sich Verschlechterungen in den wirtschaftlichen Verhältnissen, insbesondere im Zahlungsverhalten des Kunden des Versicherungsnehmers, kann der Versicherer den Versicherungsschutz für zukünftige Lieferungen und Leistungen aufheben oder beschränken, da es sich um eine Gefahrerhöhung handelt. Die AVB der Versicherer sehen eine solche Regelung vor.

---

[31] So *LG Hamburg* Urt. v. 12.1.2009 – 419 O 54/08 – unveröffentlicht; ebenso *LG Mainz* NVersZ 1999, 542, 543.

Abschnitt 26. Privatwirtschaftliche Ausfuhrkreditversicherungen

Wenn eine solche Maßnahme getroffen wird, ist es einerseits nachteilig für den Versicherungsnehmer. Auf der anderen Seite wird der Versicherungsnehmer aber vor weiteren Lieferungen und damit vor erheblichen Forderungsausfall und damit vor Cashflow-Problemen geschützt. 72

Rechtlich gesehen, handelt es sich um eine Teilkündigung nach § 29 VVG und um eine Ausnahme von dem Grundsatz nach § 57 Abs. 3 VVG. Allerdings bezieht sich das Kündigungsrecht nach dieser Vorschrift auf den gesamten Vertrag. Die Limitaufhebung bezieht sich aber nur auf neue Lieferungen, die nach Zugang des Aufhebungsschreibens vorgenommen werden. Die bereits durchgeführten Lieferungen bleiben selbstverständlich versichert. Es handelt sich um die Kündigung der Einzelpolice oder des Einzelrisikos. Dies entspricht dem Gedanken von § 29 VVG, der auch bereits im alten Recht so galt. So hat auch der BGH die Aufhebung des Limits als eine Teilkündigung des einzelnen eingegangenen Risikos angesehen.[32] 73

Zu solchen Maßnahmen ist der Versicherer aber auch aufsichtsrechtlich angehalten. Das Bundesaufsichtsamt für das Versicherungswesen (heute: BaFin) hatte schon 1996 die Rahmenbedingungen für die Kreditversicherung in einem Rundschreiben (R1/96) niedergelegt. Auch wenn die Grundsätze durch die Marktentwicklung teilweise überholt sind, gelten sie auch heute noch. Nach dem Rundschreiben erfolgen Kreditentscheidungen nur nach angemessener Prüfung der Bonität des Einzelrisikos. Bei einer Bonitätsverschlechterung werden ggf. schadensverhütende Maßnahmen wie Limitreduzierungen, Limitaufhebungen oder die Bereitstellung von Sicherheiten veranlasst. 74

Sicherheiten verlangt der Versicherer aber nicht nur bei Bonitätsverschlechterungen. Häufig ist der Versicherer nur bereit, eine Versicherungssumme zu zeichnen, wenn der Versicherungsnehmer für seine Forderungen Sicherheiten in Form einer Zahlungsgarantie oder einer Bürgschaft auf erstes Anfordern erhält. Dies wird zum Beispiel verlangt, wenn das Risiko von der Bonität her die Versicherungssumme nicht rechtfertigt, die Bonität der Muttergesellschaft die Summe aber rechtfertigen würde. Dann wird die Summe gezeichnet, wenn die Muttergesellschaft die Zahlung garantiert oder sich dafür verbürgt. In diesem Fall stellt der Versicherungsschutz letztlich auf die Muttergesellschaft ab. Daher wird der Versicherer auch nur eine Versicherungsleistung erbringen, wenn der Versicherungsfall sowohl bei dem Tochterunternehmen und deren Muttergesellschaft vorliegt. 75

In einigen Fällen erhält der Versicherer auch direkt Sicherheiten meist in Form von Bürgschaften, damit er eine Versicherungssumme zeichnet. Dies ist so gestaltet, dass er die Sicherheiten im Auftrag und für Rechnung der Versicherungsnehmer entgegennimmt. 76

Grundlage für das Entgegennehmen der Sicherheiten ist eine Vorschrift in den AVB, nach der der Versicherer vom Versicherungsnehmer bevollmächtigt wird, Vereinbarungen zur Sicherung der Forderung zu treffen.[33] Die Sicherungsgeber sind meist Gesellschafter des zu versichernden Unternehmens. In der Regel handelt es sich um eine Bürgschaft. Rechtlich gesehen handelt es sich um eine Bürgschaft zugunsten Dritter,[34] bei der die Bestimmung der Gläubiger gewährleistet sein muss, damit die Bürgschaft wirksam ist. Dies wird dadurch sichergestellt, dass dem Bürgen bei Übernahme der Bürgschaft und dann auf Anforderung eine Liste der gesicherten Versicherungsnehmer übersandt wird. Das Besondere ist, dass die Versicherungsnehmer häufig erst bei Eintritt des Versicherungsfalles erfahren, dass ihre Forderungen besichert sind. 77

Der Versicherungsnehmer hat gegenüber dem Versicherer oder der Kreditprüfungsgesellschaft keinen Schadensersatzanspruch wegen einer unzureichenden Bonitätsprüfung. Ein solcher Anspruch wurde von der Rechtsprechung verneint, da nach den zugrunde liegenden Vereinbarungen die Bonitätsprüfung erkennbar nur für den Versicherer erfolgt, damit er eine Beurteilungsgrundlage erhält, ob er Versicherungsschutz übernehmen will. 78

---

32 Vgl. *BGH* NJW 1992, 2631, 2633.
33 Vgl. § 9 Ziff. 2 Schadenminderungspflicht – AVB Warenkredit 1999 – Fassung 2008 EulerHermes.
34 Vgl. *BGH* NJW 2001, 3327 ff.

Die Prüfung erfolgt allein in seinem Interesse, auch wenn der Versicherungsnehmer den Auftrag erteilt.[35]

III. Beginn des Versicherungsschutzes

79 Voraussetzung für den Versicherungsschutz ist, dass die Forderung während der Laufzeit des Vertrages entstanden ist. Eine weitere Voraussetzung für den Beginn des Versicherungsschutzes ist bei Warenlieferung die Versendung der Ware.

80 Bei Werk- und Dienstleistungen beginnt der Versicherungsschutz mit dem Beginn der Leistung. Weitere Voraussetzung ist, dass die Forderung aus der Warenlieferung oder Werk- oder Dienstleistung innerhalb von 30 Tagen fakturiert wird. Erfolgt dies erst später, beginnt der Versicherungsschutz erst ab dem Fakturendatum. Daneben ist Voraussetzung für den Beginn des Versicherungsschutzes, der Beginn des in der Kreditmitteilung genannten Deckungszeitraumes und die Freiheit der Forderung von Gegenrechten.

81 Forderungen, die vor Beginn des Versicherungsvertrages oder vor Beginn des in der Kreditmitteilung genannten Deckungszeitraumes frei von Gegenrechten entstanden sind, sind grundsätzlich nicht versichert.

82 Dieser Grundsatz wird aber häufig dadurch durchbrochen, dass im Versicherungsschein eine Klausel vereinbart wird, die die Mitdeckung bestehender Forderungen vereinbart. Diese sog. Einhaftung wird aber nicht unbegrenzt gewährt, sondern nur für einen in der Klausel festgelegten Zeitraum, der üblicherweise zwischen 1 und 3 Monaten liegen kann.

IV. Der Versicherungsfall

83 Die Kreditversicherung und damit auch die Ausfuhrkreditversicherung kennt im Wesentlichen folgende Versicherungsfälle:
1. den Nichtzahlungstatbestand (protracted default)
2. die Insolvenz
3. die Annahme eines Schuldenbereinigungsplanes, der vom Insolvenzgericht festgestellt worden ist
4. wenn mit sämtlichen Gläubigern ein außergerichtlicher Liquidations- oder Quotenvergleich zustande gekommen ist
5. wenn eine vom Versicherungsnehmer vorgenommene Zwangsvollstreckung in das Vermögen des Kunden nicht zur vollen Befriedigung geführt hat
6. wenn bei einem Kunden mit Sitz im Ausland ein Tatbestand eingetreten ist, der nach dem Rechtssystem des jeweiligen Landes einem der genannten Tatbestände entspricht
7. Verwirklichung des politischen Risikos.

Diese Versicherungsfälle werden in den Bedingungen der Kreditversicherungsunternehmen unterschiedlich vereinbart. Teilweise erfolgt die Aufzählung unter dem Oberbegriff „Zahlungsunfähigkeit", der dann durch die einzelnen Fälle definiert wird. In anderen Bedingungen wird anstatt Zahlungsunfähigkeit „Uneinbringlichkeit" oder „Insolvenz" benutzt. Letztlich gibt es aber keine wesentlichen Unterschiede, so dass von diesen Begriffen bei den weiteren Erläuterungen ausgegangen wird.

84 **1. Nichtzahlungstatbestand.** Der Nichtzahlungstatbestand tritt ein, wenn eine nicht bestrittene versicherte Forderung bei Ablauf einer im Versicherungsschein festgelegten Wartefrist nicht oder nicht vollständig bezahlt worden ist und Zahlungsunfähigkeit vorliegt.

85 Die Wartefrist beginnt mit der Nichtzahlungsmeldung, die der Versicherungsnehmer nach den allgemeinen Versicherungsbedingungen bei Überfälligkeit der Forderung abgibt. In einigen Bedingungswerken wird mit dieser Nichtzahlungsmeldung gleichzeitig ein Inkassoauftrag (bei Euler Hermes) oder Interventionsauftrag (bei Coface) an ein Inkassounternehmen erteilt.

---

[35] Vgl *OLG Hamburg* Urt. v. 1.4.1998 – unveröffentlicht.

Zahlungsunfähigkeit liegt vor, wenn das beauftragte Inkassounternehmen innerhalb einer 86
im Versicherungsschein festgelegten Frist die versicherte Forderung nicht vollständig einziehen konnte. Die hier geschilderten Regelungen beinhalten das sog. integrierte Inkasso. Andere Bedingungen sehen den Nichtzahlungstatbestand ohne ein derartiges Inkassoverfahren oder mit einem fakultativen Inkassoverfahren vor. Fakultativ in dem Sinne, dass der Versicherungsnehmer das Inkasso selbst, durch einen Anwalt oder durch ein von ihm beauftragtes Inkassounternehmen durchführt.

Die Vereinbarung, dass ein Inkassoverfahren ab einem bestimmten Zeitpunkt einzuleiten 87
ist, um Versicherungsschutz zu erhalten, verfolgt die Zielrichtung, dass das Schadenminderungsinteresse des Versicherers und des Versicherungsnehmers bei Zahlungsverzug des versicherten Kunden möglichst früh gewahrt wird, damit die überfällige Forderung noch vor einer möglichen Insolvenz realisiert wird.

Soweit ein Inkassoauftrag nicht erteilt wird, besteht auch kein Versicherungsschutz. Dies 88
hat das OLG Hamburg[36] für den Fall des Nichtzahlungstatbestandes zutreffend entschieden. Während die Vorinstanz von einer verhüllten Obliegenheit ausging, hat das OLG in der Vereinbarung der Erteilung des Inkassoauftrages richtigerweise eine Risikobegrenzung gesehen. Das Gericht sieht nicht die Erteilung des Inkassoauftrages im Vordergrund, sondern die Tatsache, dass durch den Erhalt des Auftrages der Versicherer erst bereit ist, den Versicherungsschutz zu übernehmen, da er durch eigene Beitreibungsmaßnahmen den Ausfall minimieren kann.

Die Versicherer haben heute überwiegend eigene Inkassogesellschaften, die der Versiche- 89
rungsnehmer nach den Bedingungswerken beauftragen muss. Beauftragt er ein anderes Unternehmen oder einen Anwalt hat er keinen Versicherungsschutz, es sei denn, diese Vorgehensweise ist mit dem Versicherer ausdrücklich vereinbart.

Vereinzelt wurde durch Anwälte in Frage gestellt, ob dies zulässig sei. Dabei wurde ins- 90
besondere eingewandt, dass die Pflicht zur Beauftragung des vorgeschriebenen Inkassounternehmens einen Verstoß gegen das UWG sei. Der Verstoß wird in dem wettbewerbswidrigen Eingriff in die freie Anwaltswahl oder Inkassounternehmenswahl gesehen. Diese Auffassung nimmt aber eine einseitige Wertung vor. Bei der Kreditversicherung ist zu berücksichtigen, dass das wirtschaftliche Risiko der Uneinbringlichkeit der Forderung im Ergebnis hauptsächlich der Versicherer und nicht der Versicherungsnehmer trägt. Das wirtschaftliche Interesse eines funktionierenden Inkassomanagements liegt schwerpunktmäßig beim Versicherer. Dabei ist weiter zu berücksichtigen, dass die zu entschädigende Forderung bei Zahlung der Entschädigung auf den Versicherer übergeht. Mit diesen Gründen hat das OLG Oldenburg die Verletzung des UWG verneint.[37]

2. Insolvenz als Versicherungsfall. Insolvenz im Sinne der Bedingungen liegt vor, wenn 91
ein gerichtliches Insolvenzverfahren eröffnet oder dessen Eröffnung mangels Masse abgewiesen worden ist.

Nicht ausreichend ist bei dieser Regelung der Antrag auf Eröffnung des Insolvenzverfah- 92
rens. Dies hat der BGH[38] so entschieden. Zur Begründung führt das Gericht aus, dass die Bedingungen eindeutig festlegen, wann ein Versicherungsfall vorliegt. Dies ist die Eröffnung des Insolvenzverfahrens. Hierin sieht das Gericht keine unangemessene Benachteiligung des Versicherungsnehmers. Diese Entscheidung befindet sich im Einklang mit der ständigen Rechtsprechung zu den Versicherungsfällen in der Warenkreditversicherung. Die Rechtsprechung sieht in der Aufzählung und in der eindeutigen zeitlichen Bestimmung in den AVB der Versicherer eine eindeutige und abschließende Regelung, wann ein Versicherungsfall gegeben ist. Auch sieht die Rechtsprechung in den Bestimmungen keine unangemessene Benachteiligung im Sinne des § 307 BGB.[39]

---

[36] BGH VersR 2006, 259.
[37] OLG Oldenburg Urt. v. 10.9.2003 – 1 W 60/03.
[38] BGH Urt. v. 26.11.2003 – IV ZR 6/03, NJW-RR 2004, 460.
[39] Vgl. OLG Koblenz Urt. v. 9.12.2005 – 10 U 79/05; OLG Koblenz VersR 2005, 207.

93 **3. Schuldenbereinigungsplan, Liquidations- und Quotenvergleich.** Diese Versicherungsfälle kommen in der Praxis relativ selten vor und führen kaum zu Problemen. Vereinzelt tritt das Problem auf, ob mit allen Gläubigern ein Quotenvergleich zustande gekommen ist bzw. ob alle Gläubiger gleich behandelt worden sind. In der Praxis werden meistens individuelle Lösungen zwischen Versicherer und Versicherungsnehmer getroffen.

94 **4. Fruchtlose Zwangsvollstreckung.** Die Zwangsvollstreckung muss vom Versicherungsnehmer selbst vorgenommen worden sein. Es muss auch wirklich zu protokollierten Vollstreckungsmaßnahmen gekommen sein. Nicht ausreichend sind Vollstreckungsversuche, in denen der Gerichtsvollzieher zwar beauftragt worden ist, aber den Schuldner nicht angetroffen hat, der Schuldner unbekannt verzogen ist oder unter der angegebenen Anschrift nicht zu ermitteln ist.[40]

95 Der Nachweis durch den Bericht einer Auskunftei, dass der Schuldner bereits die eidesstattliche Versicherung abgegeben habe, reicht ebenfalls nicht aus. Nach der Rechtsprechung sind die Bedingungen eindeutig und klar und somit einer erweiternden Auslegung nicht zugänglich.[41] Die Bedeutung dieses Versicherungsfalles hat seit Einführung des Nichtzahlungstatbestandes abgenommen, da dieser Versicherungsfall meist eher eintritt.

96 **5. Versicherungsfälle im Ausland.** Wie bereits dargelegt, ist die Ausfuhrkreditversicherung in einigen Bedingungswerken Bestandteil der Warenkreditversicherung. Daher müssen auch die Versicherungsfälle bei ausländischen Kunden/Risiken definiert werden. Da die Tatbestände der Insolvenz, des außergerichtlichen Vergleichs oder der fruchtlosen Zwangsvollstreckung in jedem Land verschieden geregelt sind, helfen sich die Kreditversicherer damit, dass sie im Ausland einen Tatbestand als Versicherungsfall anerkennen, der den in den AVB geregelten Versicherungsfällen entspricht.

97 Der BGH[42] hatte zu entscheiden, ob das Verfahren „amministratione controlatta" nach italienischem Konkursrecht ein Versicherungsfall iSv Zahlungsunfähigkeit der Bedingungen war. In dem Bedingungswerk waren nur die Versicherungsfälle oben unter Nr. 2–5 geregelt. Der BGH hat das Verfahren als Versicherungsfall anerkannt. Er hat darauf abgestellt, dass durch das Verfahren als Reorganisationsverfahren die Durchsetzbarkeit der Forderung auf längere Sicht verhindert sei, da keine Klage oder kein Vollstreckungsversuch zulässig sei. Die mangelnde Durchsetzbarkeit der Forderung würde der Situation der geregelten Versicherungsfälle in Deutschland entsprechen. Auch bei einem deutschen Insolvenzverfahren besteht noch die Möglichkeit, dass der Gläubiger teilweise oder ganz sein Geld erhält. Dieser Entscheidung kann nur zugestimmt werden. Daher sind im Ausland auch andere entsprechende Reorganisationsverfahren wie das Chapter 11 in den USA als Versicherungsfall anzusehen. Das OLG Koblenz[43] hat eine fruchtlose Zwangsvollstreckung in einem Fall in Italien nicht angenommen, wo der Geschäftsführer „untergetaucht" war. Zur Begründung führt das Gericht aus, dass dies ein Indiz für Zahlungsunwilligkeit, nicht aber für Zahlungsunfähigkeit sei. Diese Entscheidung befindet sich im Einklang mit der Rechtsprechung zum Versicherungsfall der fruchtlosen Zwangsvollstreckung. Insoweit ist ihr zuzustimmen.

98 **6. Politisches Risiko.** Beim politischen Risiko besteht Versicherungsschutz auch für Ausfälle an versicherten Forderungen, die im grenzüberschreitenden Waren- und Dienstleistungsverkehr gegenüber versicherten Kunden und öffentlich-rechtlichen Abnehmern mit Sitz in den im Versicherungsschein festgelegten Ländern entstehen, sofern diese Forderungen infolge politischer Umstände uneinbringlich sind.

99 Politische Umstände liegen nach den Bedingungen der Versicherer vor, sofern nach der vertragsgemäßen Erbringung der vereinbarten Leistung die Erfüllung oder die Beitreibung der Forderung in jeder Form infolge von Krieg, kriegerischen Ereignissen, inneren Unru-

---

[40] *OLG Koblenz* Urt. v. 22.12.1995 – 10 U 128/95; *OLG Koblenz* Urt. v. 25.2.2000 – 10 U 511/99; *LG Köln* Urt. v. 5.10.2005 – 82 O 62/05.
[41] *OLG Koblenz* Urt. v. 9.12.2005 – 10 U 79/05.
[42] *BGH* VersR 2002, 845 ff.
[43] *OLG Koblenz* VersR 2005, 207 ff.

Abschnitt 26. Privatwirtschaftliche Ausfuhrkreditversicherungen

hen, Aufruhr oder Revolution oder durch behördliche oder gesetzgeberische Maßnahmen im Land des Kunden verhindert wird.

Politische Umstände liegen auch vor, wenn ein Konvertierungs- oder Transferfall eingetreten ist, indem durch Beeinträchtigung des zwischenstaatlichen Zahlungsverkehrs durch Behörden oder staatliche Institutionen Beträge, die der ausländische Schuldner zur Erfüllung seiner Verpflichtungen als Gegenwert für die Forderung bei einer zahlungsfähigen Bank in seinem Land zum Zwecke der Überweisung an den Versicherungsnehmer eingezahlt hat, nicht in die vereinbarte Währung konvertiert und transferiert werden, wobei sämtliche Vorschriften der Konvertierung und Transferierung dieser Beträge erfüllt wurden. 100

Weitere Voraussetzung ist, dass die im Versicherungsschein festgelegte Frist, die mit dem Tag der Erteilung des Inkassoauftrages beginnt, verstrichen ist. 101

Eine Haftung für politische Risiken ist ausgeschlossen, für Ausfälle an Forderungen, die mittelbar oder unmittelbar infolge von Krieg zwischen den Ländern China, Frankreich, Großbritannien, Russische Förderation und USA verursacht wurden. 102

V. Pflichten des Versicherungsnehmers

1. Anbietungspflicht. Der Versicherungsnehmer muss für alle Forderungen gegen seine gegenwärtigen und zukünftigen Kunden in den versicherten Ländern ausreichende Versicherungssummen beantragen, sobald die Lieferungen gegenüber den Kunden die im Versicherungsschein festgelegte Anbietungsgrenze übersteigen. Da dies ein fließender Übergang sein kann, sehen die AVB vor, dass diese Anmeldung innerhalb einer bestimmten Frist, zB nach 30 Kalendertagen nach Lieferung erfolgen muss. Diese Anbietungspflicht ist eine vertragliche Ausgestaltung der Anmeldepflicht nach § 54 VVG. Sinn dieser Regelung ist, dass der Versicherer nicht nur die schlechten Risiken angedient bekommt, sondern das versicherte Portfolio eine gute Risikostreuung beinhaltet. Mit dieser Regelung soll vermieden werden, dass der Versicherungsnehmer bei Kunden mit guter Bonität nur einen Bruchteil der Forderung zur Versicherung aufgibt, während er bei weniger guter Bonität die vollen Forderungen zur Versicherung anmeldet. 103

Ausnahmen von der Anbietungspflicht bestehen bei der unbenannten Versicherung oder, wenn der Versicherer auf Wunsch des Versicherungsnehmers einzelne Kunden ausdrücklich aus der Anbietungspflicht herausnimmt. Dies geschieht in Einzelfällen, wenn der Versicherer der Meinung ist, auch mit den Herausnahmen noch eine vernünftige Risikostreuung im Vertrag zu haben. 104

Die Verletzung der Anbietungspflicht richtet sich nach § 54 VVG. Danach ist der Versicherer leistungsfrei, es sei denn, die Anmeldepflicht wird bei Erkennen der Verletzung umgehend nachgeholt. Bei vorsätzlicher Verletzung kann der Versicherer den Vertrag kündigen. 105

2. Umsatz- oder Saldenmeldung. Eine weitere wesentliche Pflicht ist die Umsatzmeldung oder Saldenmeldung. Diese Meldung ist die Grundlage für die Prämienberechnung. Früher war dies hauptsächlich die Saldenmeldung. Diese wurde monatlich abgegeben. Sie beinhaltet die offenen Forderungen, die der Versicherungsnehmer gegenüber seinem Kunden hat. Der offene Gesamtsaldo gegenüber allen Kunden wurde dann mit dem im Versicherungsschein festgelegten Wert zur Bildung der Prämie herangezogen. Dies ist ein für Kunden und Versicherer aufwendiges Verfahren. Daher ging man mehr und mehr zur Umsatzprämie über. Der Versicherungsnehmer meldet einmal im Jahr seinen versicherten Umsatz, auf dessen Grundlage die Prämie berechnet wird. Dabei wird der Umsatz des abgelaufenen Geschäftsjahres zugrunde gelegt. Bisher hatten die Versicherer immer Schwierigkeiten, bei der Nichtmeldung der Prämiengrundlage entsprechende Maßnahmen zu ergreifen. 106

Nach § 54 VVG ist jetzt klargestellt, dass der Versicherer bei schuldhafter Verletzung der Pflicht leistungsfrei ist. Bei vorsätzlicher Verletzung kann er darüber hinaus den Gesamtver- 107

2. Teil. Das Vertragsrecht des Exportgeschäfts

trag kündigen.[44] Die Saldenmeldung wurde vom BGH als Obliegenheit angesehen, obwohl sie die Grundlage für eine der Hauptpflichten des Versicherungsvertrages, der Prämienzahlung darstellt. Der BGH knüpft aber konsequent an das notwendige Verhalten des Versicherungsnehmers an. Viele Versicherer bezeichnen in ihren Bedingungswerken die Saldenmeldung als echte Rechtspflicht. Dies entspricht aber nicht der Rechtsprechung des BGH. § 54 VVG regelt die Meldung der Prämiengrundlage sowohl als Rechtspflicht als auch als Obliegenheit. Mit dieser Vorschrift hat sich auch der Sinn der Regelung in den AVB erledigt. Die Versicherer wollten den Versicherungsnehmer anhalten, die Meldung immer rechtzeitig vorzunehmen, um die Prämie berechnen zu können. Mit § 54 VVG droht aber nunmehr die Leistungsfreiheit des Versicherers. Dies wird den Versicherungsnehmer anhalten, die Pflicht zu erfüllen.

108 **3. Prämienzahlungspflicht.** Die Prämie wird nach einem vereinbarten Wert auf den versicherbaren Jahresumsatz oder die monatlichen Salden berechnet. Bei der Saldenprämie meldet der Versicherungsnehmer monatlich den Außenstand seiner Forderungen. Auf diesen Betrag wird dann die Prämie mit dem im Versicherungsschein festgelegten Satz berechnet.

109 Soweit eine im Versicherungsschein festgelegte Mindestprämie nicht erreicht wird, ist die Mindestprämie zu entrichten. Zahlt der Versicherungsnehmer die Prämie nicht oder nicht rechtzeitig, richten sich die Rechtsfolgen nach dem VVG.

110 Dabei ist zwischen der Erst- und Folgeprämie zu unterscheiden. Die Erstprämie ist die erste angeforderte Prämie für einen neuen Vertrag.[45] Da die Kreditversicherer meistens eine Anzahlung verlangen, ist dies die Erstprämie. Wird die Prämie nicht gezahlt, ist der Versicherer während des Zahlungsverzuges zum Rücktritt berechtigt es sei denn, der Versicherungsnehmer hat die Nichtzahlung nicht zu vertreten. Der Rücktritt muss ausdrücklich erklärt werden. Die im früheren Recht enthaltene Rücktrittsfiktion nach 3 Monaten ist entfallen, da der Rücktritt nicht immer im Interesse des Versicherungsnehmers war.

111 Tritt während des Zahlungsverzuges ein Versicherungsfall ein, ist der Versicherer leistungsfrei, es sei denn, der Versicherungsnehmer hat die Nichtzahlung nicht zu vertreten. Die Leistungsfreiheit tritt aber nur ein, wenn der Versicherer den Versicherungsnehmer durch gesonderte Mitteilung in Textform oder durch einen auffälligen Hinweis im Versicherungsschein auf diese Rechtsfolge aufmerksam macht (§ 37 Abs. 2 VVG).

112 Wird die Folgeprämie nicht gezahlt, kann der Versicherer dem Versicherungsnehmer auf dessen Kosten in Textform eine Zahlungsfrist bestimmen, die mindestens 2 Wochen betragen muss. Tritt ein Versicherungsfall nach Fristablauf ein und besteht ein Zahlungsverzug des Versicherungsnehmers, ist der Versicherer leistungsfrei.

113 **4. Information über Zahlungsverhalten oder bonitätserhebliche Umstände.** Den Versicherungsnehmer trifft die im gesamten Versicherungsrecht zu beachtende Schadensminderungspflicht. Dies heißt, der Versicherungsnehmer hat sich so zu verhalten, als wenn er nicht versichert wäre. Dies bedeutet, dass der Versicherungsnehmer ggf. rechtzeitig gerichtliche Schritte gegen seine Kunden einleiten muss, die Eröffnung des Insolvenzverfahrens beantragen oder das Inkassounternehmen des Versicherers mit der Einziehung der Forderung beauftragen muss. Generell hat der Versicherungsnehmer den Weisungen des Versicherers zu folgen. Soweit er Vereinbarungen mit seinem Kunden bezüglich der Bezahlung der Forderung trifft, hat er diese vorher mit dem Versicherer abzustimmen. In den AVB sind darüber hinaus bestimmte Meldepflichten festgelegt. So muss der Versicherungsnehmer dem Versicherer melden, wenn Wechsel abweichend nachträglich von der ursprünglich vereinbarten Zahlungsvereinbarung prolongiert werden, Schecks, Wechsel oder Lastschriften mangels Deckung nicht eingelöst werden oder sonstige ungünstige Umstände über die Vermögenslage oder das Zahlungsverhalten dem Versicherungsnehmer bekannt werden.

---

[44] *BGH* VersR 1993, 223, 224.
[45] *Prölls/Martin* § 38 Rn. 1.

Abschnitt 26. Privatwirtschaftliche Ausfuhrkreditversicherungen

Eine der wichtigsten Pflichten des Versicherungsnehmers ist die Meldung einer überfälligen Forderung. Es handelt sich um eine wesentliche Obliegenheit, die hinsichtlich Liquidität und damit bezüglich der Bonität und Kreditwürdigkeit des versicherten Risikos von erheblicher Bedeutung ist.[46] Im Versicherungsschein wird eine sog. Überfälligkeitsfrist festgelegt. Teilweise wird diese Frist auch äußerstes Kreditziel genannt. Diese Frist beginnt mit dem Ablauf der ursprünglich vereinbarten Fälligkeit der Forderung. Bleibt eine Forderung bis zum Ablauf dieser Frist unbezahlt, muss der Versicherungsnehmer diese Nichtzahlung unverzüglich melden. Diese Pflicht ist für den Versicherer sehr bedeutsam, da diese für ihn die ersten Anzeichen einer Bonitätsverschlechterung darstellen. Nur so hat der Versicherer die Möglichkeit, das konkrete Risiko zu beurteilen und gegebenenfalls eigene Anstrengungen zu unternehmen, um den drohenden Eintritt des Versicherungsfalles entgegenzuwirken.[47] Erhält er auch von anderen Versicherungsnehmern entsprechende Hinweise zu diesen versicherten Kunden, wird er von seinem Recht Gebrauch machen, die Versicherungssumme aufzuheben. 114

5. Verletzung der Obliegenheiten. Verletzt der Versicherungsnehmer eine seiner im Versicherungsvertrag festgelegten Obliegenheiten, läuft er Gefahr, dass der Versicherer leistungsfrei wird. Diese Rechtsfolge tritt schon nach den gesetzlichen Vorschriften ein. Dabei kommen die neuen allgemeinen Vorschriften der §§ 24 ff. nicht zur Anwendung, mit denen der Gesetzgeber nur noch grob fahrlässige Verstöße gegen Obliegenheiten sanktionieren wollte. Daneben wurde auch das Alles-oder-Nichts-Prinzip abgeschafft. An deren Stelle tritt nunmehr eine Haftung nach Grad des Verschuldens des Versicherungsnehmers. 115

Der Gesetzgeber hat wie bereits dargelegt, für die laufende Versicherung Sonderregeln geschaffen. Diese haben die Kreditversicherer teilweise in ihre AVB übernommen. Danach ist der Versicherer in Bezug auf das Einzelrisiko leistungsfrei, wenn der Versicherungsnehmer schuldhaft eine zu erfüllende Obliegenheit verletzt, ohne dass es einer Kündigung des Vertrages oder des Einzelrisikos bedarf. Dies gilt nicht, wenn die Verletzung weder für den Eintritt noch für den Umfang oder die Feststellung des Versicherungsfalles ursächlich war. Zeigt der Versicherungsnehmer eine Gefahrerhöhung schuldhaft nicht an, ist der Versicherer ebenfalls leistungsfrei, wenn der Versicherungsfall nach dem Zeitpunkt eintritt, zu dem die Anzeige dem Versicherer hätte zugehen müssen. Der Versicherer bleibt zur Leistung verpflichtet, wenn ihm die Gefahrerhöhung zu dem Zeitpunkt bekannt war, zu dem ihm die Anzeige hätte zugehen müssen, oder wenn die Gefahrerhöhung nicht ursächlich für den Eintritt des Versicherungsfalles oder den Umfang der Leistungspflicht war. 116

Die Beweislast für die nicht vorliegende Kausalität liegt nach dem LG Köln[48] beim Versicherungsnehmer. Bereits die Mitverursachung begründet eine Leistungsfreiheit. Nur eine gänzlich fehlende Kausalität führt nicht zu einer Leistungsfreiheit. 117

VI. Entschädigung

Liegt ein Versicherungsfall vor und sind die sonstigen Voraussetzungen für eine Entschädigung erfüllt, so berechnet der Versicherer den versicherten Ausfall. Ausgangspunkt bildet die versicherte Forderung, von der zunächst Forderungsminderungen abgezogen werden. Forderungsminderungen sind erhaltene Zahlungen, gezahlte Quoten aus der Insolvenz, Erlöse aus der Verwertung von Sicherheiten, aufrechenbare Forderungen oder andere zu realisierende Rechte. Ggf. wird die im Versicherungsschein festgelegte Franchise abgezogen. Von dem sich daraus ergebenen Betrag wird dann die sog. Versicherungsquote als Entschädigung ausgezahlt. Die Versicherungsquote wird im Versicherungsschein festgelegt. Hierbei wird eine Selbstbeteiligung des Versicherungsnehmers geregelt. International wird nicht die Selbstbeteiligungsquote, sondern eine Auszahlungsquote festgelegt. Üblicherweise 118

---

[46] Vgl. *LG Köln* Urt. v. 15.4.2004 – 83 O 4/04.
[47] So *LG Köln* VersR 2002, 608.
[48] Vgl. *LG Köln* Urt. v. 15.4.2004 – 83 O 4/04.

beträgt die Selbstbeteiligung heutzutage zwischen 10–30% der Bruttoschadenssumme. Durch die Selbstbeteiligung soll der Versicherungsnehmer ein eigenes Interesse an dem erfolgreichen Einziehen der offenen Forderungen und der Vermeidung eines Versicherungsfalles haben.

119   Üblicherweise wird im Versicherungsvertrag eine sog. Höchstentschädigung für den gesamten Vertrag pro Versicherungsjahr festgelegt. Diese beträgt im Normalfall das 20 bis 40-fache der Jahresprämie. Dabei ist es von der Rechtsprechung anerkannt, dass die Höchstentschädigung im Einzelfall auch geringer als die für ein einzelnes Risiko festgesetzte Versicherungssumme sein kann.[49] Nach Auffassung des BGH stehen diese Regelungen nicht in einem Vorrangverhältnis zugunsten der Versicherungssumme, sondern sind nebeneinander anwendbar. Auch ein Verstoß gegen § 3 AGBG (heute: § 307 BGB) wurde verneint.

VII. Beendigung des Versicherungsschutzes

120   Die Beendigung des Versicherungsschutzes kann sich bei der Ausfuhrkreditversicherung als laufende Versicherung entweder auf die Beendigung des Schutzes des versicherten Einzelrisikos oder auf die Beendigung des Gesamtvertrages beziehen.

121   **1. Beendigung des Einzelrisikos. a) Objektive Risikobeschränkung.** In den AVB ist üblicherweise eine sog. Ausschlussfrist geregelt. Diese besagt, dass bei Überschreiten dieser Frist durch überfällige Forderungen zukünftige Forderungen nicht mehr versichert sind. Die Rechtsprechung hat diese Regelung als wirksam angesehen, da es sich um eine objektive Risikobeschränkung handelt. Die Ansicht, es handele sich um eine verhüllte Obliegenheit, wurde richtigerweise abgelehnt. Der Ausschluss des Versicherungsschutzes knüpft nämlich nicht an die Nichtmeldung der Fristüberschreitung an, sondern an den objektiven Tatbestand der Fristüberschreitung. Damit begrenzt der Versicherer zulässigerweise seine Risikotragungsbereitschaft.[50]

122   **b) Aufhebung eines Kreditlimits.** Gemäß den AVB[51] kann der Versicherer den Versicherungsschutz für den Kunden bei Gefahrerhöhung oder sonstigen wichtigen Gründen jederzeit aufheben oder beschränken. Rechtlich beinhaltet diese Regelung die außerordentliche Kündigungsmöglichkeit des Einzelvertrages für Forderungen aus zukünftigen Lieferungen und Leistungen. Gefahrerhöhungen sind insbesondere Bonitätsverschlechterungen, die objektiv vorliegen müssen, wobei dem Kreditversicherer sicherlich ein erheblicher Ermessensspielraum verbleiben muss. Sonstige wichtige Gründe sind Ursachen, die den Versicherer berechtigen, nicht länger am Versicherungsschutz festhalten zu müssen, wie dies als allgemeines Prinzip nunmehr in § 314 BGB für Dauerschuldverhältnisse zum Ausdruck kommt. Derartige Situationen können angenommen werden, wenn zB keine aktuellen Informationen wie Bilanzdaten vorliegen bzw. solche Informationen vom Risiko verweigert werden. Diese Regelungen entsprechen dem Gedanken des § 29 VVG, in dem der Versicherungsschutz bei dem Kunden aufgehoben wird, bei dem die Veränderungen vorliegen. Es wäre unbillig und nicht interessengerecht, wenn der gesamte Versicherungsvertrag zur Disposition stünde. Die Beschränkung des Versicherungsschutzes beinhaltet eine Reduzierung des Kreditlimits, was rechtlich eine Änderungskündigung darstellt. Der Versicherungsnehmer könnte diesen Teilschutz mit der Folge ablehnen, dass er für zukünftige Lieferungen und Leistungen überhaupt keinen Versicherungsschutz mehr hätte. In der Praxis taucht diese Fragestellung bisher nicht auf, da der Versicherungsnehmer die Teilentscheidung des Versicherers akzeptiert, um zumindest Versicherungsschutz für diese Teilsumme zu haben. Für ihn stellt sich das Problem, wie er mit dem Anteil umgeht, den der Versicherer nicht absichert. Entweder er trägt das Risiko des Ausfalls selbst oder er verzich-

---

[49] Vgl. *BGH* VersR 1993, 223, 225.
[50] Vgl. *Grauschopf*, in: Veith/Gräfe, Der Versicherungsprozeß, Warenkreditversicherung Rn. 95 mwN.
[51] Vgl. bspw. § 6 Ziff. 2 AVB Warenkredit 1999 – Fassung 2008 EulerHermes.

tet auf diesen Umsatz oder er verlangt von seinem Kunden andere Sicherheiten bzw. Vorauszahlung.

Nach der Lehmann-Pleite sind die Kreditversicherer sehr in die Kritik geraten, weil sie 123 Versicherungssummen in hoher Anzahl aufgehoben haben. Um diese Wirkung abzumildern, bieten sie heute eine sog. Nachlaufdeckung an. Diese beinhaltet, dass eine Versicherungssumme nach Mitteilung der Aufhebung der Versicherungssumme noch für einen Zeitraum zwischen 10 bis 60 Tagen Geltung hat. Dies gilt allerdings nur, wenn nicht schon ein Risikoausschluss durch Überfälligkeit vorliegt.

Eine weitere Besonderheit in diesem Zusammenhang besteht bei sog. bindenden Liefer- 124 verpflichtungen. Hat der Versicherungsnehmer Verträge abgeschlossen, an die er über einen längeren Zeitraum gebunden ist, dann kann er sich über eine Klausel vor einer sofortigen Beendigung des Versicherungsschutzes durch Aufhebung der Versicherungssumme schützen. Für diesen Fall wird der Versicherungsschutz trotz Aufhebung der Versicherungssumme bis zu zwölf Monaten aufrechterhalten. Voraussetzung ist allerdings, dass sich der Versicherungsnehmer weder vertraglich noch gesetzlich vom Vertrag lösen kann. Als gesetzliches Lösungsrecht kommt § 321 BGB oder § 314 BGB in Frage. Bei § 321 BGB muss eine mangelnde Leistungsfähigkeit des Kunden gegeben sein. Diese kann nicht allein deshalb angenommen werden, weil der Kreditversicherer die Versicherungssumme aufgehoben hat. Nach der Rechtsprechung müssen konkrete Vermögensverschlechterungen vorliegen.[52] Erfahrungen mit Kreditversicherungen liegen nicht vor. Im Zweifel vereinbart der Kreditversicherer mit seinem Kunden ein einheitliches Vorgehen.

2. Beendigung des Versicherungsvertrages. a) Vorbemerkung.
Das Versicherungsver- 125 hältnis kann auf dieselbe Weise wie allgemeine zivilrechtliche Vertragsverhältnisse enden, also zB durch Zeitablauf, einverständliche Aufhebung oder Kündigung. Es gelten die allgemeinen schuldrechtlichen Regelungen. Daneben gibt es einige spezielle versicherungsrechtliche Tatbestände.

Die Vertragsdauer ist normalerweise in den AVB der jeweiligen Versicherer geregelt.[53] 126 Danach ergibt sich die Dauer des Versicherungsvertrages aus dem Versicherungsschein. In der Praxis werden hauptsächlich Verträge über ein Jahr abgeschlossen. Nur gelegentlich werden auch Laufzeiten von zwei Jahren vereinbart. Darüber hinausgehende Laufzeiten stellen eine absolute Ausnahme dar.

Der Grund für die kurzfristige Laufzeit liegt in dem Bedürfnis, die Vertragskonditionen 127 an die sich schnell wandelnde Risikosituation anzupassen. Kreditversicherungsverträge sind von der wirtschaftlichen Entwicklung, insbesondere der Insolvenzentwicklung, abhängig. Bei einer hohen Zahl von Schäden ergibt sich das Bedürfnis nach Prämienanpassungen oder der Anpassung anderer Bedingungen. Bei einer positiven Entwicklung werden Versicherungsnehmer versuchen, die Konditionen für sich günstiger zu gestalten. Üblicherweise wird eine Kündigungsfrist von zwei Monaten zum Vertragsende vorgesehen. Erfolgt keine Kündigung, verlängert sich der Vertrag um die jeweils vereinbarte Laufzeit (üblicherweise um ein Jahr).

b) Beendigung aufgrund Zahlungsunfähigkeit des Versicherungsnehmers.
Mit der 128 Reform des VVG wurde die Regelung des § 14 VVG aF abgeschafft. Damit stellt die Insolvenz des Versicherungsnehmers keinen eigenständigen Kündigungsgrund mehr dar.[54] Tritt dieser Sachverhalt ein so hat der Insolvenzverwalter das Wahlrecht nach § 103 Insolvenzordnung, ob er den Versicherungsvertrag fortsetzen möchte. Für die Warenkreditversicherung ist offen, wie sich das Wahlrecht des Insolvenzverwalters auf die Vertragssituation auswirkt. Diese Frage ist für die Praxis allerdings nur für den Fall bedeutsam, wenn die

---

[52] Vgl. Palandt/*Grüneberg,* 71. Aufl., § 321 Rn. 4 ff. mwN.
[53] ZB § 20 AVB – Warenkredit 1999 – Fassung 2008 EulerHermes.
[54] Vgl. zum bisherigen Recht Grauschopf in *Veith/Gräfe,* Der Versicherungsprozeß, Warenkreditversicherung, Rn. 205.

Fortsetzung des Vertrages gewünscht wird. Wird die Fortsetzung abgelehnt, ist der Vertrag nicht mehr zu erfüllen. Etwaige offene Prämienforderungen sind zur Tabelle anzumelden.

129 Soweit bis zur Insolvenzeröffnung sämtliche Prämien bezahlt wurden, bestehen auch keine Probleme. Der Vertrag wird mit dem gleichen Inhalt fortgeführt. Die Prämienforderung gehört zur Masseschuld. Problematisch ist der Fall, dass der Insolvenzschuldner schon vor Eröffnung keine Prämie mehr gezahlt und der Versicherer seine Rechte nach § 38 VVG ausgeübt hat. Soweit er mit der Mahnung auch gleichzeitig die Kündigung ausgesprochen hat, ist die Rechtslage eindeutig. Mit Wirksamwerden der Kündigung ist der Vertrag beendet. Der Insolvenzverwalter kann nur noch ab Eröffnung des Insolvenzverfahrens einen neuen Vertrag abschließen. Diese Kündigungswirkung kann der Insolvenzverwalter nur durch Zahlung der offenen Prämie verhindern. Hieran wird er ein Interesse haben, wenn der Eintritt eines Versicherungsfalles bevorsteht, damit er die Entschädigung vereinnahmen kann. Diese könnte ihm entgehen, wenn der Versicherungsfall nach Beendigung des Vertrages eintritt. Soweit die Kündigung wirksam wird, könnte der Insolvenzverwalter nur einen neuen Vertrag abschließen, wenn er diesen zur Fortsetzung der Geschäftstätigkeit benötigt.

130 Bisher sahen einige Bedingungswerke vor, dass bei Beendigung des Vertrages der Anspruch des Versicherers auf die vereinbarte Mindestprämie bestehen bleibt. Diese Regelung ist nach dem neuen VVG unwirksam, da § 39 VVG nunmehr generell vorsieht, dass im Falle der Beendigung eines Vertrages vor Ablauf der Versicherungsperiode nur eine zeitanteilige Prämie verlangt werden darf. Damit wird der im bisherigen Gesetz verankerte Grundsatz der Unteilbarkeit der Prämie aufgegeben.

131 Eine solche AVB-Regelung widerspricht dieser gesetzlichen Regelung. Zwar kann der Versicherer gegen § 42 VVG von der gesetzlichen Regelung abweichen, da die Kreditversicherung zu den Großrisiken im Sinne von Art. 10 Abs. 1 Einführungsgesetz VVG gehört (vgl. § 210 VVG). Die abbedungene Vorschrift muss aber wiederum einer Inhaltskontrolle nach §§ 305 ff. BGB standhalten. Bei dieser Inhaltskontrolle sind die AVB-Regelungen doch wieder am Kerngehalt der abbedungenen VVG-Vorschrift zu messen. § 39 VVG enthält nach der Gesetzesbegründung eines der fundamentalen Prinzipien, die der Gesetzgeber neu schaffen wollte. Hiervon abzuweichen, gibt es für Großrisiken oder für die laufende Versicherung keine nachvollziehbare Begründung mehr.

132 **c) Rücktritt oder die Kündigung wegen nicht rechtzeitiger Zahlung der Prämie.** Die Kreditversicherer haben keine kreditversicherungsspezifischen Regelungen für die Rechtsfolgen bei nicht oder nicht rechtzeitiger Zahlung der Prämie. Es gelten im Wesentlichen die gesetzlichen Regelungen der §§ 37, 38 VVG. Wird die Erstprämie nicht rechtzeitig gezahlt, hat der Versicherer das Recht zum Rücktritt vom Vertrag. Nach § 39 Abs. 1 S. 3 VVG hat der Versicherer in diesem Fall Anspruch auf eine angemessene Geschäftsgebühr. Die Angemessenheit einer Geschäftsgebühr kann zwischen den Parteien streitig sein. Teilweise enthalten daher die AVB eine Regelung über die Höhe der geschuldeten Geschäftsgebühr.[55] So werden beispielsweise 25% der Mindestprämie vereinbart. Da bis zum Abschluss eines Warenkreditversicherungsvertrages häufig sehr viel Zeit und Arbeitsaufwand vonseiten des Versicherers investiert wird, ist diese Regelung interessengerecht.

133 Wird die Folgeprämie nicht gezahlt, kann der Kreditversicherer unter Beachtung der Regelungen des § 39 VVG den Mantelvertrag kündigen. Die Kündigung kann mit Bestimmung der Zahlungsfrist verbunden werden. Der Versicherungsnehmer ist in diesem Fall ausdrücklich darauf hinzuweisen, dass mit Fristablauf die Kündigung wirksam wird. Bei Kündigung des Versicherungsvertrages steht dem Versicherer die zeitanteilige Prämie zu (§ 39 Abs. 1 VVG).

134 **d) Wegfall des versicherten Interesses im Sinne von § 80 Abs. 2 VVG.** Die Vorschrift regelt ausdrücklich nur die Rechtsfolge für die Prämienzahlungspflicht, setzt aber voraus,

---

[55] Vgl. § 11 Ziff. 4 – Warenkredit 1999 – Fassung 2008 EulerHermes.

dass der Vertrag mit dem nachträglichen Wegfall des Interesses erlischt.[56] In der Warenkreditversicherung kommt dieser Aspekt im Zusammenhang mit Prämienforderungen vor. Immer wieder wenden Versicherungsnehmer bei überfälligen Prämienforderungen ein, dass sie ihren Geschäftsbetrieb inzwischen längst eingestellt haben. In diesen Fällen gebührt dem Versicherer die Prämie, die er bis zum Zeitpunkt der Kenntnisnahme von dem Interessenwegfall verlangt hätte. In der Praxis wird zeitanteilig der Anteil an der Mindestprämie berechnet.

e) Kündigungsmöglichkeit nach Eintritt des Versicherungsfalls? In einigen Versicherungszweigen ist ausdrücklich geregelt, dass beide Vertragsparteien nach dem Eintritt eines Versicherungsfalls das Versicherungsverhältnis kündigen können, so in § 92 VVG für die Sachversicherung und in § 111 VVG für die Haftpflichtversicherung. In der Rechtsprechung und Literatur ist umstritten, ob die Kündigung im Schadensfall nur in den genannten Versicherungszweigen oder in allen Versicherungszweigen der Sachversicherung zulässig ist. Der BGH hat ausdrücklich offen gelassen, ob den zitierten Vorschriften ein allgemeiner versicherungsrechtlicher Grundsatz entnommen werden kann.[57] In der Literatur wird diese Frage unterschiedlich bewertet.[58] Letztlich kann man aber festhalten, dass nach heutiger Auffassung kein allgemeiner Rechtsgrundsatz in den zitierten Vorschriften zu sehen ist. 135

Daher besteht nur ein Kündigungsrecht, wenn es in den AVB ausdrücklich vorgesehen ist. Dies war bisher in den Bedingungen der Kreditversicherungsanbieter nicht der Fall. Der Grund dafür liegt darin, dass der Versicherungsnehmer seinen gesamten Forderungsbestand versichert hat, ein Versicherungsfall aber nur bei einer einzelnen Forderung eintritt. Bei Bestehen eines Kündigungsrechts könnte der gesamte Versicherungsschutz für den versicherten Forderungsbestand entfallen. Dies ist nicht im Interesse des Versicherungsnehmers. Darüber hinaus besteht auch kein Bedürfnis für eine Kündigungsmöglichkeit, da aufgrund der üblichen Einjahresverträge die kurzfristige Lossagung durch eine ordentliche Kündigung seitens des Versicherungsnehmers oder Versicherers möglich ist, wenn aus Sicht einer der beiden Parteien nicht länger am Vertrag festgehalten werden soll. 136

f) Kündigung bei Prämienerhöhung. Nach § 40 VVG kann der Versicherungsnehmer den Versicherungsvertrag kündigen, wenn der Versicherer auf Grund einer Anpassungsklausel die Prämie erhöht, ohne dass sich der Umfang des Versicherungsschutzes ändert. Die Kündigung ist innerhalb eines Monats nach Zugang der Mitteilung des Versicherers mit sofortiger Wirkung, jedoch frühestens zum Zeitpunkt des Wirksamwerdens der Mitteilung zu erklären. 137

Bereits im früheren Recht sah § 31 VVG aF ein Kündigungsrecht bei solchen Prämienanpassungen vor. Neu ist, dass der Versicherer den Versicherungsnehmer ausdrücklich auf das Kündigungsrecht in der Mitteilung über die Prämienanpassung hinweisen muss. Die Mitteilung muss dem Versicherungsnehmer spätestens einen Monat vor Wirksamwerden der Erhöhung der Prämie zugehen. 138

In der Ausfuhrkreditversicherung werden teilweise sog. Bonus-Malus-Regelungen vereinbart. Diese besagen, dass aufgrund einer erreichten, vorher festgelegten Schadensquote im abgelaufenen Versicherungsjahr die Prämie sich im nächsten Jahr um einen vorher vereinbarten Prozentsatz erhöht. Eine solche Klausel entspricht einer Prämienanpassungsklausel nach § 40 VVG. In solchen Fällen muss daher der Versicherer rechtzeitig auf das Kündigungsrecht hinweisen. Dies gilt auch für die Warenkreditversicherung als Großrisiko, da ein Abbedingen des Kündigungsrechts nach § 307 BGB unwirksam wäre. Rechtsprechung zu dieser Frage gibt es bisher allerdings nicht. 139

Die Kreditversicherer sehen in ihren Produkten heute eher sog. Prämienvorbehalte oder Gewinnbeteiligungen vor, bei denen es sich nicht um Prämienanpassungen iSv § 40 VVG 140

---

[56] Vgl. *Beckmann-Johannsen*, Versicherungsrechts-Handbuch, § 8 Rn. 89.
[57] BGH VersR 190, 580 ff.
[58] Vgl. *Fricke* VersR 2000, S. 16 ff. mwN.

handelt. Bei Gewinnbeteiligungen wird der Versicherungsnehmer nach einer vorher festgelegten Formel an dem Gewinn des Vertrages beteiligt.

141 Bei Prämienvorbehaltsklauseln wird die endgültig im Versicherungsjahr zu zahlende Prämie von der im Versicherungsjahr eingetretene Schadensquote abhängig gemacht. Bei Beginn des Vertrages wird eine vorläufige Prämie vereinbart und als Vorschuss gezahlt. Am Ende des Jahres wird dann ermittelt, wie hoch die tatsächlich zu zahlende Prämie aufgrund der Schadenquote im abgelaufenen Versicherungsjahr war. Rechtsprechung zu diesen Klauseln gibt es noch nicht.

C. Investitionsgüterkreditversicherung

142 Neben der Ausfuhrkreditversicherung, die kurzfristige Forderungen absichert, bedarf die Exportwirtschaft einer Absicherung der Kreditrisiken von längerfristigen Forderungen. Diese Forderungen entstehen insbesondere bei Investitionsgüterverkäufen oder Lieferung von Anlagen, da derartige Güter längerfristig finanziert werden. Für diese Forderungen stellt die Kreditversicherungswirtschaft das Produkt „Investitionsgüterkreditversicherung" (im Folgenden: IKV) zur Verfügung.

143 Die IKV folgt im Wesentlichen den Strukturen der Ausfuhrkreditversicherung, soweit sich aus der Natur der Sache keine anderen Regelungen als notwendig erweisen. Im Folgenden werden die Grundstrukturen mit den Besonderheiten der IKV dargestellt.

I. Rechtsgrundlagen

144 Die IKV ist ebenfalls eine Sparte der Kreditversicherung. Daher gibt es auch für dieses Produkt keine speziellen Vorschriften. Es gelten daher die allgemeinen Vorschriften des VVG. Die besonderen Vorschriften der laufenden Versicherung gemäß §§ 53 ff. VVG können nur zur Anwendung kommen, soweit ein Mantelvertrag mit Anbietungspflicht abgeschlossen wird. In diesem Fall werden alle wesentlichen Parameter im Mantelvertrag geregelt. Allein der konkrete Versicherungsschutz bezüglich eines Kunden wird durch die Festsetzung der Versicherungssumme festgelegt. Daher entspricht die IKV in dieser Form der Ausfuhrkreditversicherung und es handelt sich auch um eine laufende Versicherung. Der Mantelvertrag wird aber immer seltener. Die IKV wird vermehrt als Einzelversicherung abgeschlossen. In diesem Fall gelten die §§ 53 ff. VVG nicht direkt. Es handelt sich aber um ein Großrisiko gemäß § 210 VVG. Daher sind Abweichungen von den halbzwingenden oder zwingenden Vorschriften des VVG zulässig und wirksam. Hiervon machen die Versicherer entsprechend Gebrauch. Die wesentlichen Vertragsinhalte finden sich daher in den AVB der Versicherer und im Versicherungsschein.

II. Gegenstand der Investitionsgüterkreditversicherung

145 Die Qualität der versicherten Forderung, die durch die IKV abgesichert wird, entspricht der Forderung in der AKV. Die vertraglich begründete Forderung muss frei von Gegenrechten sein. Es muss sich um eine Forderung aus Warenlieferung oder Werkvertrag handeln. Bei der IKV tritt aber auch häufig der Fall auf, dass das Investitionsgut durch eine Bank oder durch eine Leasinggesellschaft finanziert wird und die Rechte aus der IKV die Ansprüche der Bank oder der Leasinggesellschaft absichern. Hierbei handelt es sich um Finanzgarantien, die grundsätzlich nicht abgesichert werden. Bei den geschilderten Fällen liegen diesen Finanzierungen aber Liefergeschäfte zugrunde. Daher werden diese von den Versicherern abgesichert. In Zweifelsfällen werden diese Absicherungen vorher mit den Rückversicherern der Versicherer abgestimmt.

146 Nicht unter Versicherungsschutz steht die Abnahmeverweigerung des Kunden, da es sich nicht um eine Forderung aus Lieferung, sondern um einen Schadenersatzanspruch handelt. Versicherungsschutz besteht auch nicht bei Forderungen gegen öffentliche Abnehmer, es

sei denn, das politische Risiko ist über eine Klausel abgesichert. Forderungen gegen natürliche Personen sind nicht versichert, sofern die Forderungen nicht im Zusammenhang mit einer unternehmerischen Tätigkeit stehen.

Forderungen gegen Kunden, bei denen der Versicherungsnehmer mittelbar oder unmittelbar beteiligt ist, sind nicht versichert. Gleiches gilt, wenn der Kunde entsprechend beim Versicherungsnehmer beteiligt ist. 147

Forderungen, bei denen die behördlichen Genehmigungen fehlen oder die gegen Ein- oder Ausfuhrbestimmungen verstoßen, sind wie bei der Ausfuhrkreditversicherung nicht versichert. Gleiches gilt für Forderungen, deren Ausfall durch Krieg, kriegerische Ereignisse etc. verursacht werden. 148

Die Mehrwertsteuer ist ebenso wie Zinsen, Steuern, Zölle, Rechtsverfolgungskosten und Schadensersatz nicht versichert. Die konkrete versicherte Forderung ergibt sich aus dem im Versicherungsschein beschriebenen Geschäft. Da es sich meist um große Investitionsgeschäfte handelt, werden umfangreiche Unterlagen dem Versicherer vorgelegt, damit er sich über das zu versichernde Geschäft informieren kann. Die Versicherungssumme wird bei der Einzelversicherung im Versicherungsschein und nicht in einer gesonderten Kreditmitteilung festgelegt. Nur bei einer Mantelversicherung gibt es eine gesonderte Kreditmitteilung. 149

Die unbenannte Versicherung kann in der Einzelversicherung nicht vorkommen. Aber auch beim Mantelvertrag der IKV gibt es diese Form nicht, da nur bekannte Geschäfte abgesichert werden. 150

Das Fabrikationsrisiko ist bei der IKV ein ganz besonders wichtiger Baustein. Da es sich meist um speziell anzufertigende Anlagen handelt, deren Bezahlung abgesichert werden soll, besteht ein elementares Bedürfnis schon die Fertigungszeit der Anlage unter Versicherungsschutz zu haben und nicht erst das Risiko ab Lieferung. Ansonsten müsste der Versicherungsnehmer das Insolvenzrisiko während der Produktionsphase allein tragen. 151

Die Bonitätsprüfung ist bei der IKV eine besondere Herausforderung für den Versicherer. Ist schon die Prognose für einen Zeitraum von maximal 360 Tagen wie bei der Ausfuhrkreditversicherung nicht einfach zu bewältigen, ist die Vorausschau auf einen Zeitraum bis zu 5 Jahren fast unmöglich. Daher wird die IKV-Deckung nur bei guter Bonität oder gut abgesicherten Geschäften gewährt. Da es sich teilweise um bedeutende Investitionen handelt, verlangt der Versicherer häufig besondere Absicherungen. Dies können Garantien oder Bürgschaften sein, wie sie bei der Ausfuhrkreditversicherung dargestellt wurden. Der Exporteur wird dabei versuchen, diese Sicherheiten nach deutschem Recht zu vereinbaren. Dies ist aus Sicht des Versicherers zunächst zu begrüßen. Der Versicherer hat aber darauf zu achten, dass er vereinbart, dass das Risiko der mangelnden Durchsetzbarkeit zu Lasten des Versicherungsnehmers geht. Hierzu gehört auch die Anerkennung eines deutschen Urteils als Vollstreckungsgrundlage im betreffenden Ausland. Diese Anerkennung kann im Einzelfall ein Problem darstellen. Dies sollte daher der Versicherungsnehmer vorher klären. 152

III. Beginn des Versicherungsschutzes

Der Versicherungsschutz beginnt grundsätzlich ab Lieferung des Investitionsgutes, es sei denn, es ist im Versicherungsschein ein anderer Termin vereinbart oder es wurde die Fabrikationsklausel vereinbart. 153

IV. Versicherungsfall

Die Versicherungsfälle entsprechen den bei der Ausfuhrkreditversicherung genannten Fällen. Bei der IKV ist insbesondere die Absicherung des politischen Risikos wichtig. Bei Absicherungen von Lieferungen in Ländern, in denen noch starke Armut herrscht oder deren Wirtschaftspolitik nicht dem Standard der Industrieländer entspricht, wird diese Absicherung besonders stark nachgefragt. Schwierige finanzielle Verhältnisse verbunden mit 154 knappen Finanzresourcen können den Zahlungsanspruch des Exporteurs beeinträchtigen, indem die Inlandswährung wegen Devisenmangels nicht in Fremdwährung umgetauscht wird. Diese Konvertierungsprobleme werden ebenfalls durch das politische Risiko abgedeckt.

V. Pflichten des Versicherungsnehmers

155 Die Pflichten des Versicherungsnehmers sind im Wesentlichen mit denen bei der AKV identisch. Allein die Anbietungspflicht besteht natürlich nur bei einem Mantelvertrag, nicht aber bei einem Einzelrisiko. Ansonsten sind insbesondere die Informationen über ein nicht vertragsgerechtes Zahlungsverhalten sehr wichtig. Ein schuldhafter Verstoß hiergegen stellt wie bei der AKV eine Obliegenheitsverletzung mit der Folge der Leistungsfreiheit dar. Es gelten dabei nicht die allgemeinen gesetzlichen Vorschriften der §§ 23 ff. VVG, sondern allein die in den vertraglichen Grundlagen besonders vereinbarten Regelungen. Damit gilt auch weiterhin das Alles-oder-Nichts-Prinzip, da die Versicherer von der allgemeinen Regel des § 26 Abs. 1 VVG abgewichen sind. Dies ist zulässig, da für Großrisiken dieses Prinzip keine wesentlichen Grundgedanken der gesetzlichen Regelungen darstellt, wie die Sonderregelungen in den §§ 53 ff. VVG zeigen. Mit diesen Abweichungen für bestimmte Risiken hat der Gesetzgeber deutlich gemacht, dass er Ausnahmen von der gesetzlichen Grundregel für erforderlich hält.

156 Die Umsatz- oder Saldenmeldepflicht entfällt, da die Prämie zu Beginn des Versicherungsvertrages in einer Summe zu zahlen ist. Die Prämie errechnet sich aus der Höhe der versicherten Forderung, der Laufzeit der Forderung und dem im Versicherungsschein vereinbarten Prämiensatz. Sie wird bei Abschluss des Versicherungsvertrages einmalig fällig. Soweit sich die Kreditlaufzeit verlängert und der Versicherer eine Prolongation des Versicherungsschutzes gewährt, wird eine zusätzliche Prämie aus dem prolongierten Betrag für jeden Monat der Prolongation in Rechnung gestellt.

157 Wird die Laufzeitprämie nicht rechtzeitig bezahlt, so ist der Versicherer berechtigt, vom Versicherungsvertrag zurückzutreten, da es sich um die Erstprämie handelt (vgl. § 37 VVG). Tritt während der Nichtzahlung der Prämie ein Versicherungsfall ein, ist der Versicherer von der Leistung einer Entschädigung frei. Dies gilt nicht, wenn die Nichtzahlung vom Versicherungsnehmer nicht zu vertreten ist. Die Leistungsfreiheit tritt aber nur ein, wenn der Versicherer den Versicherungsnehmer auf diese Rechtsfolge durch gesonderte Mitteilung in Textform oder durch einen auffälligen Hinweis im Versicherungsschein aufmerksam gemacht hat.

VI. Entschädigung

158 Soweit der versicherte Ausfall bei einem Schadensereignis feststeht, bestimmt sich die Berechnung genauso wie bei der Ausfuhrkreditversicherung.

159 Bei der Berechnung des versicherten Ausfalles werden folgende Beträge abgesetzt:
- die Kreditkosten, für den noch nicht abgelaufenen Teil der vereinbarten Kreditlaufzeit ab Eintritt des Versicherungsfalles (Unter Kreditkosten fallen die Beträge, die der Abnehmer für die Stundung des Erfüllungsanspruches einschließlich der berechneten Zinsen zahlen muss. Forderungsminderungen aus Verwertungserlösen nach Abzug der dafür notwendigen Aufwendungen. Dabei wird mindestens der sog. Mindestanrechnungswert zum Abzug gebracht. Dieser Wert wird im Versicherungsschein festgelegt und soll den Mindesterlöswert, der zwischen den Vertragsparteien vereinbart wird, festlegen, unabhängig davon, ob dieser tatsächlich erlöst wird. Sinn und Zweck dieser Regelung ist es, den Versicherungsnehmer zu einer ordnungsgemäßen Verwertung anzuhalten. Gäbe es solche Werte nicht, könnte der Versicherungsnehmer das Investitionsgut mehr oder weniger verschleudern, ohne einen Verlust zu erleiden.[59] Der Mindestanrechnungswert kommt aller-

---

[59] Vgl. *Fortmann* S. 86.

dings nicht zum Abzug bei Spezialanfertigungen, da die Vertragsparteien davon ausgehen, dass diese nur schwer bei einem Dritten veräußert werden können. Gleiches gilt, wenn das Investitionsgut veruntreut worden ist, so dass eine Verwertung ohne Verschulden des Versicherungsnehmers nicht stattfinden kann.
- weiter werden aufrechenbare Forderungen abgezogen,
- Zahlungen und Erlöse aus sonstigen Rechten und Sicherheiten,
- Quotenzahlungen.

Soweit nicht festgestellt werden kann, ob diese Forderungsminderungen versicherte oder unversicherte Forderungen betreffen, werden sie anteilig auf versicherte und unversicherte Forderungen verrechnet. Der Anspruch auf Entschädigungsleistung erlischt, wenn er nicht 6 Monate nach Kenntniserlangung vom Eintritt des Versicherungsfalles angemeldet worden ist. Der Versicherungsnehmer hat die im Versicherungsschein festgelegte Selbstbeteiligung zu tragen.

VII. Beendigung des Versicherungsschutzes

Der Versicherungsvertrag kann nach den allgemeinen Vorschriften, die bei der Ausfuhrkreditversicherung dargestellt wurden, gekündigt werden. Das Einzelrisiko kann aber nicht wie bei der Ausfuhrkreditversicherung vorzeitig aufgehoben werden. Solange aus dem Geschäft offene Forderungen bestehen, bleiben diese unter Versicherungsschutz. Der Versicherungsschutz endet daher erst mit vollständiger Bezahlung der versicherten Forderung oder mit Eintritt des Versicherungsfalles. Daher ist die Bonitätsprüfung für den Versicherer sehr wichtig.

D. Checkliste

- Abschluss des Mantelvertrages
- Beantragung ausreichender Versicherungssummen
- Überprüfung, ob alle Länder der Abnehmer versichert sind
- Überprüfung der Zahlungseingänge
- Rechtzeitige Meldung überfälliger Forderungen
- Rechtzeitige Meldung sonstiger bonitätserheblicher Umstände
- Rechtzeitige Erteilung eines Inkassoauftrages
- Prämie rechtzeitig zahlen
- bei Versicherungsfall alle notwendigen Unterlagen zum Nachweis des Forderungsausfalles vorlegen
- Verwertungsmaßnahmen, soweit angebracht, einleiten.

Abschnitt 27. Exportkreditgarantien der Bundesrepublik Deutschland (Hermesdeckungen)

Übersicht

	Rn.
A. Exportförderung durch Risikoabsicherung	1
I. Überblick	2
1. Exportkreditgarantien als Förderinstrument	3
2. Anwendungsbereich der Exportkreditgarantien	4
3. Absicherung politischer und wirtschaftlicher Risiken	6
4. Geschäftsbesorgung durch Privatunternehmen für den Bund	10
II. Rahmenbedingungen für die Exportkreditgarantien	12
1. Nationaler Rechtsrahmen	13
a) Öffentlich-rechtliche Grundlagen	13
b) Anwendungsfall der Zweistufentheorie	15
c) Ziviles Vertragsrecht	17
2. Internationale Regeln und Kooperation	22
3. Internationale Umschuldungsabkommen	30
B. Absicherungsmöglichkeiten für Exporteure und Banken	31
I. Deckungsschutz für Exporteure	35
1. Fabrikationsrisikodeckung	36
2. Lieferantenkreditdeckungen	39
a) Einzeldeckung	43
b) Sammeldeckungen für Exportgeschäfte zu kurzfristigen Zahlungsbedingungen	46
3. Vertragsgarantiedeckung	50
4. Avalgarantie	53
5. Ausprägungen der Lieferantenkreditdeckung und Sonderdeckungen	54
II. Deckungsschutz für Banken und Leasinggeber	55
1. Finanzkreditdeckung	56
2. Rahmenkreditdeckung	59
3. Revolvierende Finanzkreditdeckung	60
4. Verbriefungsgarantie	61
5. Kreditgarantiedeckung	62
6. Akkreditivbestätigungsrisikodeckung	63
7. Leasingdeckung	64
C. Antrags- und Entscheidungsverfahren	65
I. Antrag auf Übernahme einer Hermesdeckung	66
II. Grundsätzliche Stellungnahme und endgültige Entscheidung	68
III. Wahrheitspflicht im Verfahren	70
IV. Entscheidungszuständigkeiten	71
D. Materielle Voraussetzungen für die Deckungsübernahme	72
I. Förderungswürdigkeit	73
1. Ausländische Liefer- und Leistungsanteile	74
a) Einbeziehung ausländischer Lieferungen und Leistungen in die Hermesdeckung (Dreistufenmodell)	76
b) Zusammenarbeit mit anderen Exportkreditversicherern	77
2. Umwelt- und Sozialaspekte der zu beliefernden Projekte	81
II. Risikomäßige Vertretbarkeit	84
III. Üblichkeit der Vertragsbedingungen	88
IV. Haushaltsrecht	89
E. Kosten der Exportkreditgarantien	90
I. Bearbeitungsgebühren	91
II. Deckungsentgelt (Risikobedingtes Entgelt)	92
1. Länderrisikomodell der OECD als Basis der Entgeltberechnung	95
2. Käuferkategorien für das wirtschaftliche Risiko	97
3. Markttestverfahren	100
4. Zuschläge im Zusammenhang mit Fremdwährungen	101
5. Fälligstellung und Erstattung des Entgelts	105
F. Schadensfall	107
I. Entschädigungsverfahren	108
II. Entschädigungsvoraussetzungen	109
III. Auszahlung der Entschädigung	114

Abschnitt 27. Exportkreditgarantien der Bundesrepublik Deutschland

Literatur: *Bischoff,* Die Exportkreditgarantien des Bundes in Krisenzeiten, RIW 2009, 849 ff.; *Bischoff/ Klasen,* Hermesgedeckte Exportfinanzierung, RIW 2012, 769 ff.; *Christopeit,* Hermes-Deckungen, 1968; *Greuter,* Die staatliche Exportkreditversicherung, 6. Aufl. 2000; *Janus,* in: Schimansky/Bunte/Lwowski, Bankrechts-Handbuch, 4. Aufl. 2011, Bd. II, § 122; *ders.,* Exportkreditgarantien des Bundes: Exportförderung mit Hermesdeckungen auch in Zeiten der globalen Wirtschaftskrise, ZVersWiss 2010, 335 ff.; *Graf von Kageneck,* Hermes-Deckung, 1991; *Martinius,* Staatliche Exportkreditversicherungen und Gemeinschaftsrecht, 1996; *Scheibe,* in: Halm/Engelbrecht/Krahe, Handbuch des Fachanwalts Versicherungsrecht, 4. Aufl. 2011, Kap. 37; *Scheibe/Moltrecht,* Garantien und Bürgschaften, Exportkreditgarantien des Bundes, Loseblatt-Ausgabe, Stand: Oktober 2012; *Sellner/Külpmann,* Rechtsschutz bei der Gewährleistung von Ausfuhrgewährleistung des Bundes, RIW 2003, 410 ff.; *v. Spiegel,* Die neuen Richtlinien für die Übernahme von Ausfuhrgewährleistungen durch die Bundesrepublik Deutschland, NJW 1984, 2005 ff.; *Graf v. Westphalen,* Die Neufassung der HERMES-Bedingungen, ZIP 1986, 1497 ff.; *Wolfram,* Staatliche Exportkreditförderung, 2004.

A. Exportförderung durch Risikoabsicherung

1   Wie jedes Industrieland fördert die Bundesrepublik Deutschland ihre Außenwirtschaft durch ein nationales Programm. Ein wichtiger Pfeiler dabei ist die Exportkreditversicherung. Sie begleitet Exportunternehmen und ihre Finanzierungspartner bei der Erschließung vor allem risikoreicher Auslandsmärkte. Die Exportkreditgarantien des Bundes sind in der Wirtschaft auch als Hermesdeckungen bekannt. Der Name leitet sich von der Euler Hermes Deutschland AG ab, die als Federführer in einem Konsortium mit der PricewaterhouseCoopers AG Wirtschaftsprüfungsgesellschaft seit 1949 für das Management der Exportkreditgarantien mandatiert ist. Im Sprachgebrauch werden die früher offiziell „Ausfuhrgewährleistungen" genannten Deckungen häufig auch als „Exportbürgschaften" bezeichnet.

I. Überblick

2   Mit den staatlichen Hermesdeckungen bietet der Bund ein umfangreiches versicherungsähnliches Produktprogramm zur Absicherung der mit Warenlieferungen und Leistungen verbundenen wirtschaftlichen und politischen Auslandszahlungsrisiken an (Länder- und Käuferrisiken). Der Bund selbst stellt über die Hermesdeckungen keine Finanzierungen zur Verfügung (pure cover). Die Deckungen können von deutschen Exporteuren genutzt werden sowie von inländischen und internationalen Kreditinstituten, die deutschen Export finanzieren. Wie auch bei der originären Zielgruppe dieses Instrumentariums beziehen sich die Ausführungen in diesem Abschnitt vornehmlich auf die Sicht des Exporteurs als Deckungsnehmer, mit Fokus auf die Deckung von Exportforderungen.

3   **1. Exportkreditgarantien als Förderinstrument.** Wichtige Ziele, die der Bund mit den Exportkreditgarantien verfolgt, sind die Beschäftigungssicherung in Deutschland, die Stabilisierung des Außenhandels auch in schwierigen Zeiten[1] und die Unterstützung der Wettbewerbsfähigkeit deutscher Exporteure bei ihrem „Going international". Besonderes Augenmerk wird auf mittelständische Unternehmen gelegt, die entsprechend rund drei von vier Deckungsanträgen stellen. Exportkreditgarantien ermöglichen häufig überhaupt erst Exporttransaktionen, indem sie das Risiko eines wirtschaftlich oder politisch bedingten Zahlungsausfalls zuverlässig absichern sowie eine Exportfinanzierung oder Refinanzierung (zB im Wege einer Forfaitierung) ermöglichen bzw. zur Entlastung der Kreditlinien der Exporteure beitragen. Exportkreditgarantien sind erhältlich sowohl für das sog. Kurzfristgeschäft, das sich vornehmlich auf die Lieferung von Handelsware mit Kreditzielen von bis zu zwei Jahren bezieht, als auch für das mittel-/langfristige Kreditgeschäft mit darüber hinausgehenden Laufzeiten für den Investitionsgüterbereich (zB Maschinen- und Anlagenlieferungen).

---

[1] Zur Rolle der Exportkreditgarantien in Krisenzeiten s. *Janus* ZVersWiss 2010, 335; *Bischoff* RIW 2009, 849.

2. Teil. Das Vertragsrecht des Exportgeschäfts

4 **2. Anwendungsbereich der Exportkreditgarantien.** Grds. können mit Exportkreditgarantien Exportgeschäfte weltweit versichert werden. Der Schwerpunkt liegt in der Praxis aber auf den Schwellen- und Entwicklungsländern. Die Bundesdeckungen haben ihren vornehmlichen Anwendungsbereich va dort, wo private Kreditversicherungen, die sich eher auf das klassische Warenkreditgeschäft zu kurzfristigeren Zahlungsbedingungen, kommerzielle Risiken und berechenbarere Märkte fokussieren, oder alternative Absicherungen etwa mit Bankprodukten nicht oder nicht nachhaltig verfügbar sind.

5 Vor dem ordnungspolitischen Hintergrund der Subsidiarität sollen Exportkreditgarantien primär dort eingesetzt werden, wo keine adäquate privatwirtschaftliche Absicherung vorhanden ist (insurer of last resort). Der Subsidiaritätsgedanke, der auch in Ziff. 1.2 der für die Exportkreditgarantien erlassenen Richtlinien (→ Rn. 14) aufgenommen ist, spiegelt sich ua auch wider in dem Konzept der EU, sog. marktfähige Risiken der privaten Kreditversicherung zu überlassen (→ Rn. 25). Daraus, dass bestimmte Risiken auf übergeordneter Ebene als für eine staatliche Unterstützung (nicht) zulässig definiert werden, folgt jedoch nicht, dass eine systematische „Subsidiaritätsprüfung" im Einzelfall etwa durch Nachweis fehlender privater Risikovorsorgeangebote zu erfolgen hätte.

6 **3. Absicherung politischer und wirtschaftlicher Risiken.** Der Bund kann nicht alle im Exportgeschäft auftretenden Risiken absichern und beabsichtigt dies auch nicht. In erster Linie springt er dort ein, wo Risiken nicht in der Einflusssphäre des Exporteurs bzw. des Finanzierungsgebers liegen und diese sie nicht bzw. unzureichend bewerten oder steuern können, die Risiken für den Bund aber auch tragbar sind. Der Bund bietet weitreichenden Schutz gegen auslandsbezogene wirtschaftliche und politische Risiken, die bei der Abwicklung von Liefer- und Leistungsverträgen und deren Finanzierung entstehen. Dies erfolgt idR im Paket als „comprehensive cover". Nicht gedeckt werden hingegen zB Transportrisiken, Dokumentations-, Vertrags- oder Rechtsrisiken. Der Deckungsnehmer trägt auch im Rahmen einer Exportkreditgarantie die Verantwortung für die Vertragsgestaltung und die Rechtsbeständigkeit der zu deckenden Exportforderungen (→ Rn. 105 f.). Die gedeckten Risiken sind in den jeweils anwendbaren Allgemeinen Bedingungen als Schadenstatbestände abschließend aufgezählt bzw. in den Besonderen Bedingungen der Police (Gewährleistungserklärung) festgehalten.

7 Wichtige politische Risiken bei der Deckung der Export- oder Darlehensforderung sind ua:
- Zahlungsausfälle durch gesetzgeberische oder behördliche Maßnahmen, kriegerische Ereignisse, Aufruhr oder Revolution im Ausland,
- Schäden aus nicht durchführbarer Konvertierung oder Transferierung der in Landeswährung eingezahlten Beträge aufgrund von Beschränkungen des zwischenstaatlichen Zahlungsverkehrs,
- durch Abwertung entstehende Kursverluste aus bereits eingezahlten Landeswährungsbeträgen,

8 Zu den gedeckten wirtschaftlichen Risiken zählen insoweit ua:
- die länger anhaltende Nichtzahlung der Forderung (Protracted Default)
- Zahlungsausfälle aufgrund eines sog. qualifizierten Insolvenzschadenstatbestands wie Konkurs, amtlicher oder außeramtlicher Vergleich, erfolglose Zwangsvollstreckung und Zahlungseinstellung.

9 Der Deckungsnehmer trägt regelmäßig einen – von der Deckungsform und der Art des Risikos abhängigen – Selbstbehalt und bleibt so mit einem Eigenanteil an seinem Verlust beteiligt (→ Rn. 110).

10 **4. Geschäftsbesorgung durch Privatunternehmen für den Bund.** Der Bund hat die Geschäftsführung der Exportkreditgarantien einem Konsortium übertragen, das aus der Euler Hermes Deutschland AG und der PricewaterhouseCoopers AG WPG besteht, wobei Euler Hermes federführend ist. Dieses Mandatsgeschäft ist von dem privaten Versicherungsgeschäft von Euler Hermes getrennt. Die Mandatare bearbeiten auf Basis der von der Bundesregierung bestimmten Deckungspolitik und -praxis ua die Deckungsanträge, bereiten sie bis zur Entscheidungsfähigkeit auf und stellen die Gewährleistungserklärungen aus. Im Schadensfall führen sie das Entschädigungsverfahren durch und betreuen bei wirtschaftlichen Schäden den einzelfallbezogenen Regress bzw. die – idR bei politischen Schäden relevanten – internationalen Umschuldungsabkommen. Sie handeln im Auftrag und für Rechnung des Bundes, der aus der Übernahme einer Exportkreditgarantie unmittelbar berechtigt und verpflichtet wird (vgl. Ziff. 3.5 der Richtlinien und die Präambel der jeweiligen Allgemeinen Bedingungen).

Ansprechpartner für Exporteure und Banken ist Euler Hermes in Hamburg; ein bundesweites Netz von nur für die Exortkreditgarantien zuständigen Firmenberatern gewährleistet aber auch vor Ort Beratung und Hilfestellung bei der Ermittlung einer passenden Absicherungslösung. Kontaktadressen und Informationen über Deckungsmöglichkeiten und die Länderdeckungspolitik, aber auch die rechtlichen Grundlagen wie Richtlinien oder Allgemeine Bedingungen sind auf den Webseiten der Exportkreditgarantien erhältlich (www.agaportal.de). Die beiden anderen Förderinstrumente des Bundes, die Direktinvestitionsgarantien und die Ungebundenen Finanzkredite, sind dort ebenfalls vertreten.

II. Rahmenbedingungen für die Exportkreditgarantien

Ein umfassendes gesetzliches Regelwerk zu allen Einzelheiten der Übernahme von Exportkreditgarantien besteht nicht. Vielmehr wird der Rechtsrahmen – anders als bei privaten Kreditversicherungen (vgl. Abschnitt 26) – durch ein Zusammenspiel aus öffentlich-rechtlichen Vorschriften, internationalen Regelungen und zivilem Vertragsrecht bestimmt.

1. Nationaler Rechtsrahmen. a) Öffentlich-rechtliche Grundlagen. Die deutsche Finanzverfassung sieht in Art. 115 Abs. 1 GG vor, dass die Übernahme von Bürgschaften, Garantien oder sonstigen Gewährleistungen einer Ermächtigung durch Bundesgesetz bedarf. Dieser Gesetzesvorbehalt, den § 23 des Haushaltsgrundsätzegesetzes und § 39 der Bundeshaushaltsordnung wiederholen, wird durch das jährliche **Haushaltsgesetz** erfüllt: § 3 Abs. 1 Nr. 1 HG 2012 stellt dem Bundesministerium der Finanzen für die Exportkreditgarantien einen Ermächtigungsrahmen von EUR 135 Mrd. für Gewährleistungen im Zusammenhang mit förderungswürdigen oder im besonderen staatlichen Interesse der Bundesrepublik Deutschland liegenden Ausfuhren zur Verfügung. Der Bundeshaushaltsplan enthält ferner verbindliche Erläuterungen, zu welchen Zwecken und zu wessen Gunsten Exportkreditgarantien übernommen werden dürfen (Einzelplan 32, Kapitel 3208). Die Risiken, die mit der Übernahme von Exportkreditgarantien verbunden sind, werden im Bundeshaushalt als Eventualverpflichtung verbucht und der Ausnutzungsstand des Ermächtigungsrahmens vom Bundesamt für zentrale Dienste und offene Vermögensfragen kontrolliert. Einnahmen (zB aus Entgelten und Zinsen) und Ausgaben (va Entschädigungsleistungen) sind unmittelbar haushaltswirksam.

Untergesetzliche Verwaltungsvorschriften konkretisieren die haushaltsrechtlichen Vorgaben und regeln die Grundlagen für die Vergabe von Exportkreditgarantien. Es handelt sich dabei um die **Richtlinien für die Übernahme von Ausfuhrgewährleistungen** (in diesem Abschnitt „Richtlinien"), die das Bundesministerium für Wirtschaft und Technologie im Einvernehmen mit dem Bundesministerium der Finanzen, dem Bundesministerium für wirtschaftliche Zusammenarbeit und Entwicklung und dem Auswärtigen Amt festlegt.[2]

b) Anwendungsfall der Zweistufentheorie. Die Exportkreditgarantien sind Teil der Leistungsverwaltung der öffentlichen Hand. Die Richtlinien (Ziffer 5.3) greifen zur rechtlichen Einordnung des Antrags- und Entscheidungsverfahrens auf die verwaltungsrechtliche Zweistufentheorie zurück, nach der das – nach außen hin einheitliche – Verfahren in zwei

---

[2] Bundesanzeiger Nr. 59 vom 26.3.2001, S. 6077 f. mit nachfolgenden Änderungen. Aktuelle Fassung verfügbar unter www.agaportal.de. Vgl. auch Ziff. 1.1 des Kapitels 3208 des Bundeshaushaltsplans 2012.

2. Teil. Das Vertragsrecht des Exportgeschäfts

Abschnitte aufgespalten wird.[3] Auf der ersten öffentlich-rechtlichen Stufe wird über das „Ob" einer Deckung im Rahmen eines Verwaltungsverfahrens entschieden (Deckungszusage), für welches die Regelungen des VwVfG des Bundes gelten. Die als Verwaltungsakt des Bundesministeriums für Wirtschaft und Technologie zu qualifizierende Ermessenentscheidung über die Indeckungnahme schließt das Verwaltungsverfahren ab.

16 Der Exporteur hat keinen Rechtsanspruch auf Übernahme einer Deckung (vgl. auch deklaratorisch Ziffer 1.3 der Richtlinien), sondern lediglich einen Anspruch auf fehlerfreie Ausübung des Ermessens.[4] Im Falle einer ablehnenden Entscheidung könnte dieser in engen Grenzen ggf. über den Gleichbehandlungsgrundsatz aus Art. 3 GG, der zu einer gleichmäßigen und einheitlichen Verwaltungspraxis führen soll, und die Selbstbindung der Verwaltung zu einem Anspruch auf positive Entscheidung erstarken. Der Rechtsweg wäre infolge des Sitzes des federführenden Bundesministeriums für Wirtschaft und Technologie zum Verwaltungsgericht Berlin eröffnet. Es besteht aber auch die Möglichkeit, zuvor die Entscheidung im Wege einer form- und fristlosen Gegendarstellung (sog. Revision) überprüfen zu lassen.

17 **c) Ziviles Vertragsrecht.** Die Umsetzung der Deckungszusage, das „Wie", erfolgt auf der zweiten, zivilrechtlichen Stufe. Nach Ziff. 4.3.3 der Richtlinien vermittelt die endgültige Deckungszusage des Bundes einen Anspruch auf Abschluss eines Gewährleistungsvertrages. Diesen **Gewährleistungsvertrag** schließt der Bund mit dem Exporteur und/oder der Bank (Ziffer 5.1 der Richtlinien).

18 Rechtsstreitigkeiten aus dem Gewährleistungsvertrag müssten aufgrund der Gerichtsstandvereinbarung in den Allgemeinen bzw. Besonderen Bedingungen (vgl. § 22 AB G) vor den ordentlichen Gerichten in Hamburg ausgetragen werden. Der Rückgriff auf das privatrechtliche Instrumentarium hat insgesamt den Vorteil einer flexiblen und benutzerfreundlichen Reaktion auf die jeweilige Anforderung. In ihrer Anwendung bei den Exportkreditgarantien ist die Zweistufentheorie praxistauglich.[5] Der BGH hat zumindest die zivilrechtliche Ausgestaltung der Deckung nicht beanstandet.[6] Zudem „spürt" der Deckungsnehmer die formalrechtliche Trennung ohnehin nicht. Die Mitteilung der Verwaltungsentscheidung (Deckungszusage) erfolgt durch die Mandatare idR zeitgleich in einem Akt mit der Übersendung der Vertragsunterlagen (sog. Annahmeschreiben und/oder Gewährleistungserklärung).

19 Im Hinblick auf das Vertragsverhältnis, das zwischen Bund und dem Antragsteller nach einer Deckungsentscheidung zustande kommt, kann das Bundesministerium für Wirtschaft und Technologie im Einvernehmen mit dem Bundesministerium der Finanzen wiederkehrende Vertragsbestimmungen in sog. **Allgemeinen Bedingungen (AB)** regeln (Ziff. 5.3 der Richtlinien). Für die Hauptdeckungsformen (Forderungs- und Fabrikationsrisikodeckungen) sind in den AB[7] die wesentlichen Regelungselemente des Gewährleistungsvertrags zwischen dem Bund und dem Deckungsnehmer niedergelegt, auf die das Recht der Allgemeinen Geschäftsbedingungen Anwendung findet. Auf die AB wird bereits im Antragsformular zwecks Einbeziehung in den Gewährleistungsvertrag hingewiesen.[8]

20 Die AB enthalten in erster Linie Bestimmungen zum Zustandekommen des Gewährleistungsvertrags, zum Deckungsgegenstand, zum Haftungszeitraum, zu den gedeckten Risiken und Gewährleistungsfällen, zu Entschädigungsaspekten, Haftungsbefreiungsmöglichkei-

---

[3] Der BGH (Beschl. v. 7.11.1996, NJW 1997, 328) hat die Frage, ob die Zweistufentheorie anzuwenden ist, offen gelassen.
[4] So auch Scheibe/Moltrecht/*Scheibe*, Reg. E, Rn. 86; *Sellner/Külpmann* RIW 2003, 410, 412. Zur Durchsetzung des Anspruchs auf fehlerfreie Ermessensausübung s. *Scheibe*, in: Halm/Engelbrecht/Krahe, Rn. 88 f.
[5] Vgl. auch *Scheibe*, in: Scheibe/Moltrecht, Reg. B, Rn. 91.
[6] BGH NJW 1997, 328 f. Gegenstand des Verfahrens war ua der Rechtsweg für Rückforderung aus einer Exportkreditgarantie.
[7] Für diesen Abschnitt wird weitgehend auf die Regelungen der Allgemeinen Bedingungen für Lieferantenkreditdeckungen, AB (G), Stand April 2011, Bezug genommen, verfügbar bei www.agaportal.de.
[8] Vgl. OLG Hamburg Urt. v. 12.10.2007 – 1U 137/06.

ten des Bundes, zu Obliegenheiten des Deckungsnehmers und Rechtsfolgen ihrer Verletzung, nachträglichen Eingriffsmöglichkeiten des Bundes, Umschuldungen und Forderungsabtretungen, Entgeltfragen und zu Ausschlussfristen für Entschädigungen bei Ablehnungen sowie zum Gerichtsstand. Durch die AB wird der erforderliche Regelungsbedarf weitgehend abgedeckt. Zudem sind die Regelungen über alle Deckungsformen weit möglichst angeglichen, sofern die unterschiedlichen Situationen nicht eine Differenzierung erzwingen. Spezifische Regelungen können durch sog. Besondere Bedingungen in den Gewährleistungsvertrag aufgenommen werden. Die wiederkehrenden Klauseln für andere Deckungsformen, für welche keine AB vorhanden sind, werden idR als sog. Besondere Bedingungen Teil des Gewährleistungsvertrags und lehnen sich an die einschlägigen Regelungen der AB an.

Im Hinblick auf die Einordnung des Gewährleistungsvertrags in eine zivilrechtliche Kategorie werden unterschiedliche Auffassungen zu dessen Rechtsnatur vertreten.[9] Nach hM handelt es sich um einen Vertrag sui generis, der Elemente der Bürgschaft, des Garantie- und des Versicherungsvertrags aufnimmt.[10] In der Praxis ist die Rechtsnatur des Gewährleistungsvertrags von untergeordneter Bedeutung, zumal die (Allgemeinen) Bedingungen alle wesentlichen Aspekte der Vertragsbeziehung regeln.[11] Zu berücksichtigen ist, dass die Exportkreditgarantien keine Versicherung im Sinne des Versicherungsvertragsgesetzes (VVG) darstellen.[12] Im Zweifelsfall könnte jedoch im Rahmen der Vertragsauslegung oder der AGB-Kontrolle (§ 307 BGB) auf die genannten Vertragstypen oder die Wertungen des VVG zurückgegriffen werden. 21

2. Internationale Regeln und Kooperation. Alle Industrieländer und viele Entwicklungs- und Schwellenländer betreiben eine staatliche Unterstützung ihrer Außenwirtschaft mit unterschiedlichen Programmen, die von einer reinen „Versicherungslösung" wie bei den Exportkreditgarantien bis zur Gewährung der Exportfinanzierung selbst reichen. Die Rahmenbedingungen für das Hermesinstrumentarium sind daher auch durch internationale Harmonisierungsvorhaben und Vorgaben, Kooperationen und Informationsverfahren stark geprägt. Die jeweiligen Regelungen werden im Rahmen der Deckungspolitik und -praxis berücksichtigt. Die wichtigsten Organisationen, die sich mit den Fragen der Exportkreditversicherung beschäftigen, sind die OECD, die EU, die Berner Union und die WTO. 22

In der **Organisation für wirtschaftliche Zusammenarbeit und Entwicklung** werden wesentliche Vereinbarungen für die Exportkreditgarantien getroffen. Wichtige Arbeitsgruppen sind die Konsensus-, die Exportkredit-, die Konsultations-, die Prämien- und die Länderrisikogruppe. Die OECD-Mitgliedstaaten (mit Ausnahme von Chile, Island, Israel, Mexiko und der Türkei) haben weitgreifende Bedingungen für öffentlich unterstützte Exportkredite vereinbart. Der sog. OECD-Konsensus (Arrangement on Officially Supported Export Credits)[13] ist das bedeutendste internationale Regelwerk für die staatliche Exportförderung. Es dient dem Ziel, Wettbewerbsverfälschungen durch staatlich unterstützte Finanzierungen und Versicherungen zu verhindern und unter den Exportkreditversicherern ein gewisses „level playing field" zu schaffen. Es definiert ua die Voraussetzungen öffentlicher Unterstützung für sog. mittel-/langfristige Exportgeschäfte mit Kreditlaufzeiten ab zwei Jahren. Im Fokus liegen dabei Mindeststandards für die Zahlungsbedingungen des Export(finanzierungs)geschäfts (→ Rn. 85). Ferner werden Mindestprämiensätze für die Absicherung der Länder- und Käuferrisiken festgelegt (→ Rn. 89 ff.). Für bestimmte Industriesektoren (Flugzeuge, Schiffe, Kernkraftwerke sowie Erneuerbare Energien, Klimaschutz und Wasserprojekte) und Finanzierungsformen (Projektfinanzierungen) enthält der 23

---

[9] Vgl. Schimansky/Bunte/Lwowski/*Janus*, Rn. 30 ff. mwN; *ders.* ZVersWiss 2010, 335, 337; Scheibe/ Moltrecht/*Scheibe*, Reg. B, Rn. 169 ff. mwN.
[10] Vgl. Halm/Engelbrecht/Krahe/*Scheibe*, Rn. 4 mwN zur Literatur.
[11] So auch schon *v. Kageneck*, S. 50 f.; *v. Westphalen* ZIP 1986, 1497, 1498.
[12] So auch Schimansky/Bunte/Lwowski/*Janus* Rn. 32 ff.; *ders.* ZVersWiss 2010, 335, 337.
[13] Fassung vom 11.1.2013, TAD/PG(2013)1, verfügbar bei www.oecd.org.

2. Teil. Das Vertragsrecht des Exportgeschäfts

Konsensus spezifische Regelungen, die Verbesserungen und ein höheres Maß an Flexibilität bei den Finanzierungs- bzw. Deckungsbedingungen zulassen. Der OECD-Konsensus, Annexe und Sektorabkommen werden, wenn auch zeitlich zT deutlich nachgelagert, in EU-Recht überführt und sind daher für die EU-Mitgliedstaaten verbindlich.[14]

24 Ebenfalls sind auf OECD-Ebene mit der Recommendation of the Council on Common Approaches for Officially Supported Export Credits and Environmental and Social Due Diligence („The Common Approaches") einheitliche Verfahren und Anforderungen zur Berücksichtigung von Umwelt- und Sozialaspekten bei der Übernahme von Exportkreditgarantien vereinbart worden (→ Rn. 78 ff.).[15] Die OECD Council Recommendation on Bribery and Officially Supported Export Credits[16] dient ferner dem Ziel, auch im Anwendungsbereich der Exportkreditversicherung Korruptionspraktiken zu bekämpfen. Sie wurde entsprechend im Antrags- und Entschädigungsverfahren umgesetzt.

25 Auch die **Europäische Union** setzt Recht für den Bereich der Exportkreditgarantien. So dürfen staatliche Kreditversicherer in der EU Deckungen für Geschäfte mit einer kurzfristigen Risikolaufzeit in bestimmten Märkten grds. nicht mehr anbieten. Es wird davon ausgegangen, dass für diese sog. „marktfähigen Risiken" ein hinreichendes und nachhaltiges Angebot privater Kreditversicherungen besteht, sodass dieser Bereich dem privaten Markt vorbehalten werden soll. Die EU wendet dabei die beihilferechtlichen Vorschriften, jetzt Art. 107 und 108 AEUV, auf die staatliche Exportkreditversicherung mit dem Ziel an, Wettbewerbsverzerrungen im binnenmarktlichen Handel mit Kreditversicherungsdienstleistungen zu vermeiden. Dabei knüpft sie an länder- und risikolaufzeitbezogene Aspekte an: Staatliche Deckungen für politische und wirtschaftliche Risiken für öffentliche und nichtöffentliche Schuldner aus Liefergeschäften mit einer Fabrikations- und Kreditlaufzeit von weniger als zwei Jahren mit Schuldnern in EU- oder Kern-OECD-Ländern, den Ländern mit sog. marktfähigen Kreditversicherungsrisiken, sind demnach nicht mehr zulässig. Die neue Fassung der entsprechenden Mitteilung der Kommission, nach welcher die bereits 1997 begonnene Abgrenzung zwischen den vorbeschriebenen „marktfähigen" und „nicht marktfähigen" Risiken fortgeführt wird, ist zum 1.1.2013 in Kraft getreten und gilt bis Ende 2018.[17] Die Kommission kann auf Eigeninitiative oder auf Antrag von Ausnahmeregelungen Gebrauch machen und unter bestimmten Voraussetzungen einzelne Länder als vorübergehend nicht marktfähig einstufen.

26 Für den Bereich des mittel-/langfristigen Investitionsgütergeschäfts hat der Rat der EG 1998 eine Richtlinie erlassen.[18] Ziel war die Harmonisierung der wichtigsten Deckungsmerkmale, der deckungspolitischen Grundsätze und der Entgeltsysteme der europäischen Exportkreditagenturen. Geregelt werden auch die gegenseitigen Verpflichtungen der Mitgliedstaaten in Mitversicherungsfällen. Innerhalb der EU müssen Zulieferungen aus anderen Mitgliedstaaten in Höhe von bis zu 40 % ohne weiteres in die jeweilige Deckung einbezogen werden.

27 In der **Berner Union**, dem weltweiten Verband staatlicher und privater Exportkredit- und Investitionsversicherer, werden Informationen und Erfahrungen zu Länderrisiken und Absicherungstechniken ausgetauscht. Internationale Standards werden vor allem im Hinblick auf die nicht vom Konsensus erfassten kurzfristigen Zahlungsbedingungen vereinbart.

28 Die Exportkreditgarantien unterliegen dem Grundsatz der Eigenwirtschaftlichkeit, der auch in einem Subventionsabkommen der **Welthandelsorganisation** statuiert ist. Um aus

---

[14] Dazu sowie zu den Mitwirkungsrechten des Europäischen Parlaments s. *Moltrecht* EuZW 2012, 166.
[15] Fassung vom 28.6.2012, TAD/ECG(2012)5, verfügbar bei www.oecd.org.
[16] Fassung vom 18.12.2006, TD/ECG(2006)24, verfügbar bei www.oecd.org.
[17] Mitteilung der Kommission an die Mitgliedstaaten zur Anwendung der Artikel 107 und 108 des Vertrags über die Arbeitsweise der Europäischen Union auf die kurzfristige Exportkreditversicherung (2012/C 392/01), ABlEU C 392 vom 19.12.2012, S. 1 ff.
[18] Richtlinie 98/29/EG des Rates vom 7.5.1998 zur Harmonisierung der wichtigsten Bestimmungen über die Exportkreditversicherung zur Deckung mittel- und langfristiger Geschäfte, ABlEG L 148 vom 19.5.1998, S. 22 ff.

Sicht der WTO keine unzulässige Exportsubvention darzustellen, müssen sich staatliche Exportkreditversicherungen langfristig selbst tragen. Öffentlich unterstützte Exportsubventionen werden dann als zulässig angesehen, wenn sie die Regelungen zum Mindestzins des OECD-Konsensus einhalten (Anhang I, Artikel j) und k) des Agreement on Subsidies and Countervailing Measures). Die risikoorientierte Ausgestaltung der Hermesprämien bspw. dient dem Selbsttragungsansatz. Ob staatliche Exportkreditgarantien und damit auch Hermesdeckungen überhaupt als Subvention anzusehen sind, wird nicht einheitlich gesehen.[19] Die Diskussion darüber ist angesichts der mit dem Hermesinstrument bereits über einen langen Zeitraum erzielten jährlichen Überschüsse, die dem Bundeshaushalt unmittelbar zufließen, weitgehend verstummt.

Im Rahmen von **bilateralen Abkommen** arbeiten die Hermesdeckungen mit anderen Exportkreditagenturen zusammen, um der Internationalisierung der Beschaffungs- und Lieferstrukturen durch Parallel-, Mit- und Rückversicherungen entsprechen zu können (→ Rn. 74 ff.). **29**

3. Internationale Umschuldungsabkommen. Geraten Staaten in Zahlungsschwierigkeiten und müssen die Exportkreditversicherungen Entschädigungsleistungen (dann oft in hohem Umfang) erbringen, schließen sich auf Antrag des Schuldnerlands die Gläubigerländer zusammen, um über Umschuldungsmaßnahmen zu verhandeln. Dies geschieht ua für Handelsforderungen der staatlich versicherten Lieferanten im sog. Pariser Club. Die in dieser Gläubigerkonferenz getroffenen Vereinbarungen werden durch bilaterale staatliche Umschuldungsabkommen umgesetzt.[20] **30**

B. Absicherungsmöglichkeiten für Exporteure und Banken

Die Exportkreditgarantien bieten für die wesentlichen Stufen eines Ausfuhrgeschäfts eine Absicherungsmöglichkeit: Von der Bietungsgarantie über die Fabrikationsphase bis hin zum Risiko des Ausfalls der im Exportvertrag (Lieferantenkredit) oder Finanzierungsvertrags (meist Bestellerkredit) vereinbarten Zahlungen nach Versendung der Ware oder Durchführung der Leistung übernimmt der Bund weitreichenden Deckungsschutz vor den damit verbundenen finanziellen Risiken. Im Hinblick auf den Deckungsgegenstand wird unterschieden zwischen einer Forderungsdeckung, die als Kernstück der Exportkreditgarantien vor der Uneinbringlichkeit eines rechtsbeständigen Zahlungsanspruches aus dem Export- oder Finanzierungsvertrag schützt, einer Selbstkostendeckung in der Fabrikationsphase, einer Deckung für die Stellung von Garantien sowie einer Deckung von Sachwerten. **31**

So vielseitig wie die Exportgeschäfte, Zahlungsbedingungen und Finanzierungsmöglichkeiten sind, so variantenreich ist auch die Produktpalette. Im Fokus dabei steht der Bedarf des Exporteurs nach angemessener Risikovorsorge, um so letztlich sein Exportgeschäft zu ermöglichen. Aber auch Finanzierungsgeber können ihre an einen Export gebundenen Finanzierungen („gebundene Finanzkredite") beim Bund absichern. Die sich wandelnden Rahmenbedingungen und Absicherungsbedarfe werden im Rahmen der zahlreichen Geschäftskontakte, im Dialog mit Marktteilnehmern und Verbänden sowie im internationalen Informations- und Erfahrungsaustausch der Exportkreditagenturen aufgenommen und führen unter Berücksichtigung der nationalen und internationalen Gegebenheiten zu einer fortlaufenden Anpassung der Deckungsmöglichkeiten. **32**

Der Oberbegriff für eine Absicherung oder Deckung des Bundes ist heute Exportkreditgarantie. Die Richtlinien zeichnen dies insofern nicht nach, als sie noch auf den lange relevanten Begriff „Ausfuhrgewährleistungen" zurückgreifen. Die in Ziff. 1 der Richtlinien **33**

---

[19] Vgl. Halm/Engelbrecht/Krahe/*Scheibe*, Rn. 46 f. und Schimansky/Bunte/Lwowski/*Janus*, Rn. 18 ff. mwN.
[20] Vgl. Schimansky/Bunte/Lwowski/*Janus*, Rn. 116 ff.

enthaltene Unterscheidung zwischen „Ausfuhrgarantie" oder „Ausfuhrbürgschaft" war historisch bedingt; die Begrifflichkeiten hatten keinen Bezug zu den zivilrechtlichen Vertragstypen der Garantie und Bürgschaft (vgl. insoweit Rn. 21). Vielmehr sollte damit der Status des Schuldners berücksichtigt werden: Eine Deckung wurde als Ausfuhrgarantie, Finanzkreditgarantie etc. übernommen, wenn es sich um ein privatrechtlich organisiertes Unternehmen, als Ausfuhrbürgschaft etc. hingegen, wenn es sich bei dem Schuldner oder Garanten um den Staat, eine Gebietskörperschaft oder eine vergleichbare Institution handelt (vgl. Ziff. 1.1.1 der Richtlinien, Präambel der AB G).

34 Die Unterscheidung fand ihren Niederschlag in unterschiedlichen Bedingungswerken für „Garantien" und „Bürgschaften", die sich bei den Regelungen insbesondere in Bezug auf mögliche Schadenstatbestände, Selbstbeteiligungen, Mitteilungspflichten und Eingriffsrechte des Bundes unterschieden. Seit 2011 bestehen für Fabrikationsrisiko-, Lieferantenkredit- und Finanzkreditdeckungen nur noch einheitliche Allgemeine Bedingungen, die lediglich die weiterhin notwendigen Differenzierungen in Bezug auf den Schuldnerstatus aufweisen. Statt „Garantie" und „Bürgschaft" wird nunmehr, auch um etwaige Bezugnahmen auf diese zivilrechtlichen Institute zu vermeiden, der Begriff „Deckung" verwendet. Materiell haben sich durch die Zusammenlegung der Bedingungen keine Änderungen ergeben. Weiterhin ist für die – auch aus Gründen der Risikodifferenzierung erforderlichen – Abgrenzung relevant, ob direkt oder indirekt eine staatliche Haftung besteht und der Schuldner konkursfähig ist. Bei einem staatlichen Schuldner beschränkt sich der Deckungsschutz auf die politischen Schadenstatbestände, da ein Konkurs einer staatlichen Institution idR nicht möglich ist, wobei allerdings die Nichtzahlung einer staatlichen Institution als politisches Ereignis gewertet wird. Die Differenzierung hat ferner Auswirkungen auf die Prämienhöhe (→ Rn. 93 ff.).

I. Deckungsschutz für Exporteure

35 Die Absicherungsmöglichkeiten für Exporteure sind vielseitig. Sie orientieren sich daran, ob zu kurz- oder mittel-/langfristigen Zahlungsbedingungen geliefert wird, an einen oder mehrere Abnehmer bzw. einmalig oder wiederkehrend. Der Bund bietet Schutz für die anfallenden Selbstkosten in der Produktionsphase, vor dem Risiko des Zahlungsausfalls im Zeitraum nach Versand und sichert bzw. erleichtert über sog. Nebendeckungen zB die Stellung von Garantien. Sonderdeckungen für bestimmte Geschäftsstrukturen, Branchen oder Gegenstände runden das Programm ab.

36 **1. Fabrikationsrisikodeckung.** Mit der Fabrikationsrisikodeckung kann ein Exporteur seine Herstellungskosten für ein Exportgeschäft absichern für den Fall, dass eine Versendung aus politischen oder wirtschaftlichen Gründen seit Beginn der Fertigung unzumutbar, unmöglich oder unzulässig wird und die Produktion deshalb abgebrochen werden muss. Sie eignet sich insbesondere für Spezialanfertigungen, für die es keine anderweitigen Absatzmöglichkeiten gibt. Es gelten die Allgemeinen Bedingungen für Fabrikationsrisikodeckungen (AB FG). Gedeckt werden die Selbstkosten für die im Exportvertrag vereinbarten Lieferungen und Leistungen, maximal bis zum Auftragswert. Für die Ermittlung dieser Einzel- und Gemeinkosten wird auf die „Leitsätze für die Preisermittlung auf Grund von Selbstkosten" Bezug genommen. Nicht gedeckt sind der kalkulatorische Gewinn, das Deckungsentgelt und verbotene Aufwendungen.

37 Der Exporteur wird geschützt vor einem Produktionsabbruch
- wenn der Besteller insolvent wird
- wenn er sich vom Vertrag lossagt oder eine schwerwiegende Vertragsverletzung begeht
- augrund staatlicher Maßnahmen und kriegerischer Ereignisse
- aufgrund von in der Bundesrepublik geltender oder am Exportgeschäft beteiligter Drittländer erlassender Embargomaßnahmen

sowie der Nichtzahlung der Stornierungskosten bzw. der Teilvergütungsansprüche bei einer berechtigten Kündigung.

Der Haftungszeitraum der Fabrikationsrisikodeckung beginnt mit Inkrafttreten des Ausfuhrvertrags und endet spätestens mit Versendung. Die Fabrikationsrisikodeckung wird idR mit einer Lieferantenkreditdeckung kombiniert; sie kann aber auch isoliert übernommen werden, wenn das Ausfuhrrisiko hinreichend abgesichert ist (zB durch ein Akkreditiv). **38**

2. Lieferantenkreditdeckungen. Muss der Exporteur für die Begleichung seiner Exportforderung dem Schuldner ein Kreditziel einräumen, liegt in der Nomenklatur der Exportkreditgarantien ein Lieferantenkredit vor. Sie kommen isoliert regelmäßig bei Ausfuhrgeschäften mit kurzfristigen Laufzeiten oder kleinvolumigerem Geschäft vor. Lieferantenkreditdeckungen, die zu den Allgemeinen Bedingungen für Lieferantenkreditdeckungen (AB G) übernommen werden, schützen in der Phase nach Versand der Ware oder der Durchführung einer Leistung vor dem Risiko der Zahlungsunfähigkeit oder -unwilligkeit des ausländischen Schuldners. Hingegen muss der Exporteur selbst durch entsprechende Vertragsgestaltung und Geschäftsabwicklung gewährleisten, dass eine rechtsbeständige Forderung entstehen kann (§ 5 AB G, → Rn. 105 f.). **39**

Lieferantenkreditdeckungen sind in verschiedenen Ausprägungen im Hinblick auf die vereinbarten Kreditlaufzeiten oder den Lieferrhythmus erhältlich: Zum einen als Einzeldeckung für ein einzelnes Liefer- oder Leistungsgeschäft, zum anderen als Sammeldeckungen für die fortlaufende Belieferung eines oder mehrerer Kunden zu kurzfristigen Zahlungsbedingungen. Für Sammeldeckungen bestehen aufgrund der Vielzahl von Umsätzen Besonderheiten in Bezug auf Deckungssystem, Konditionen und Prämie. **40**

Lieferantenkreditdeckungen schützen vor Zahlungsausfall ua aufgrund **41**
- der Insolvenz des Bestellers,
- der bloßen Nichtzahlung der Forderung innerhalb von sechs Monaten nach Fälligkeit (Protracted Default),
- staatlicher Maßnahmen und kriegerischer Ereignisse,
- von in der Bundesrepublik geltender oder am Exportgeschäft beteiligter Drittländer erlassener Embargomaßnahmen,
- der Unmöglichkeit der Konvertierung und des Transfers bei Störungen des Zahlungsverkehrs

sowie vor Verlusten von Ansprüchen aus nicht möglicher Vertragserfüllung aus politischen Gründen oder vor dem Verlust der Ware vor Gefahrübergang infolge politischer Umstände. Ferner ist bei einem drohenden Schadensfall der Mindererlös bei einer im Einvernehmen mit dem Bund beschlossenen Verwertung der noch nicht versendeten Ware gedeckt.

Lieferantenkreditdeckungen können auch für eine – bilanzentlastende – Refinanzierung eingesetzt werden, insbesondere im Wege des regresslosen Forderungsverkaufs (Forfaitierung) oder aber als Sicherheit im Rahmen der Unternehmensfinanzierung.[21] Dafür werden neben der gedeckten Exportforderung die Eventualansprüche aus der Deckung an ein Kreditinstitut abgetreten (s. §§ 19 und 20 AB G sowie die ergänzenden Bestimmungen für Forderungsabtretungen, AB FAB). Für dieses ist die Lieferantenkreditdeckung insbesondere werthaltig, wenn es davon ausgehen kann, dass der Exporteur das Liefergeschäft ordnungsgemäß abwickelt und seinen Obliegenheiten aus der Hermesdeckung nachkommt. **42**

a) Einzeldeckung. Die Lieferantenkreditdeckung in Form einer Einzeldeckung sichert eine Exportforderung mit einem kurzfristigen oder mittel-/langfristigen Zahlungsziel aus einem einzelnen Geschäft. Die Deckung wird einmalig für einen festgelegten Betrag übernommen. Sie wird meist für Investitionsgüter- oder Anlagengeschäfte genutzt. Obgleich für diese Projekte mittel-/langfristige Zahlungsziele üblich sind, wird in bestimmten Ländern bisweilen auch nur zu kurzfristigen Kreditzielen kontrahiert. Die Einzeldeckung stellt eine der Hauptdeckungen bei den Exportkreditgarantien dar und kann mit einer Fabrikationsrisiko-, Finanzkredit- oder Nebendeckung kombiniert werden. **43**

---

[21] Zur Rolle der Hermesdeckungen als Finanzierungsbaustein sa *Bischoff/Klasen* RIW 2012, 769, 771 ff.

2. Teil. Das Vertragsrecht des Exportgeschäfts

44 Das Schaubild zeigt die vertraglichen Beziehungen bei einem bundesgedeckten Lieferantenkredit, welcher ggf. durch Verkauf der gedeckten Forderung unter Abtretung der Deckungsansprüche an ein Kreditinstitut zur Refinanzierung genutzt werden kann.

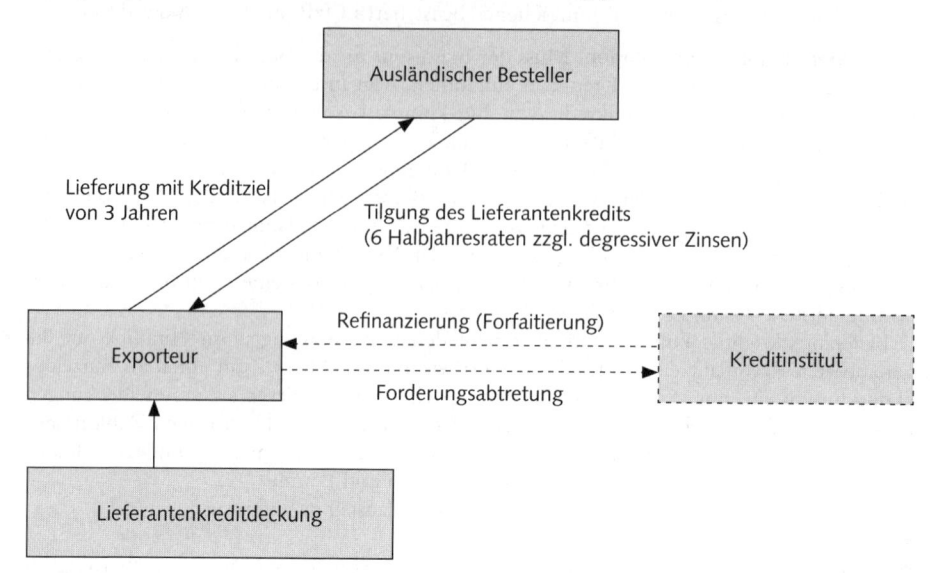

```
                    ┌─────────────────────────┐
                    │ Ausländischer Besteller │
                    └─────────────────────────┘
                        ↗                ↘
       Lieferung mit Kreditziel      Tilgung des Lieferantenkredits
       von 3 Jahren                  (6 Halbjahresraten zzgl. degressiver Zinsen)

  ┌───────────┐   Refinanzierung (Forfaitierung)   ┌───────────────┐
  │ Exporteur │ ◄─ ─ ─ ─ ─ ─ ─ ─ ─ ─ ─ ─ ─ ─ ─ ─ ─ │ Kreditinstitut│
  │           │    Forderungsabtretung             │               │
  └───────────┘ ─ ─ ─ ─ ─ ─ ─ ─ ─ ─ ─ ─ ─ ─ ─ ─ ─► └───────────────┘

  ┌─────────────────────────┐
  │ Lieferantenkreditdeckung│
  └─────────────────────────┘
```

45 Die Haftung des Bundes beginnt mit der Versendung der Ware (Verlust der Verfügungsgewalt) bzw. Erbringung der Leistung und endet mit vollständiger Erfüllung der gedeckten Forderungen (vgl. § 3 AB G). Ist ein Kreditinstitut eingeschaltet, welches das Exportgeschäft durch ein Darlehen an den ausländischen Besteller finanziert (gebundener Finanzkredit), erlischt die Lieferantenkreditdeckung durch Auszahlung aus dem Finanzkredit an den Exporteur.

46 **b) Sammeldeckungen für Exportgeschäfte zu kurzfristigen Zahlungsbedingungen.** Beliefert der Exporteur einen oder mehrere Abnehmer im Rahmen laufender Geschäftsbeziehungen wiederholt mit Waren zu kurzfristigen Zahlungsbedingungen, kann die Vielzahl von Forderungen durch Sammeldeckungen auf komfortable und kostengünstigere Weise abgesichert werden. Der Bund stellt dafür unter einem Rahmenvertrag einen bzw. mehrere Höchstbeträge, sog. Limite, zur Verfügung. Diese werden durch nachträgliche Meldung der aus getätigten Versendungen entstehenden Forderungen revolvierend ausgenutzt. Sie können in dem Maße, wie alte Forderungen bezahlt werden, wieder durch neue Umsätze belegt werden. Die Höhe eines Limits bemisst sich nach dem vom Exporteur erwarteten Außenstand innerhalb der einjährigen Vertragslaufzeit, wird aber bei Bedarf auf Antrag erhöht. Der Bund haftet für abgesicherte Forderungen auch dann, wenn die Deckung über das Vertragsjahr hinaus nicht verlängert wird. Für Schuldner in den sog. marktfähigen Ländern können keine kurzfristigen Deckungen übernommen werden (→ Rn. 25).

Es bestehen drei Formen von Sammeldeckungen für Exportgeschäfte mit kurzfristigen Zahlungsbedingungen:

47 **aa) Ausfuhr-Pauschal-Gewährleistung (APG).** Die APG ist ein Absicherungsprodukt für Lieferungen oder Leistungen an mehrere private oder öffentliche Schuldner in verschiedenen Ländern mit Kreditlaufzeiten bis zu einem Jahr. Von ihrer Systematik her ist sie vergleichbar mit Waren- oder Ausfuhrkreditversicherungen der privaten Assekuranz. Hersteller oder Handelsunternehmen erhalten Deckungsschutz für ihren gesamten Absatz etwa von Halbfertigwaren, Rohstoffen Konsum-, Agrar- oder auch standardisierten Investitionsgütern. Der Exporteur schließt zunächst einen Rahmenvertrag (Pauschalvertrag) mit dem

Abschnitt 27. Exportkreditgarantien der Bundesrepublik Deutschland

Bund. Dabei kann er den Umfang des Deckungsschutzes flexibel festlegen, indem er Länder selektiert und länderweise Forderungsarten in den Deckungsschutz einbezieht (Forderungen ausländischer Tochtergesellschaften, Forderungen gegen verbundene Unternehmen oder öffentliche Schuldner, akkreditivbesicherte Forderungen). Auch Leistungen können generell eingeschlossen werden. Der Entgeltsatz wird für die gesamte einjährige APG-Vertragslaufzeit vorab individuell festgelegt, jeweils für Kreditlaufzeiten bis zu sechs bzw. bis zu 12 Monaten. Er gilt einheitlich für jeden gedeckten Umsatz und richtet sich ua nach der Risikomischung. Insofern sind kurzfristige Länderrisiken, die vereinbarten Zahlungsbedingungen und verschiedene Vertragsabwicklungskriterien relevant. Berücksichtigt wird außerdem der jährliche Schadensverlauf des APG-Vertrags durch ein Bonus/Malus-System, sodass der Exporteur von einem Schadensfreiheitsrabatt profitieren kann. Für alle eingeschlossenen Schuldner muss der Exporteur ein Limit beantragen (Anbietungspflicht). Euler Hermes prüft die Bonität des Schuldners und teilt dem Exporteur in einer Deckungsbestätigung mit, ob und inwieweit ein Limit übernommen ist. Im Regelfall umfasst der Deckungsschutz alle wirtschaftlichen und politischen Risiken. Reicht jedoch die Bonität nicht aus, kann isolierte politische Deckung zur Verfügung gestellt werden. Die Umsätze, die mit den Schuldnern getätigt werden, sind monatlich über einen Online-Service von Euler Hermes, nur länderweise kumuliert, zu melden; auf sie wird der Entgeltsatz angewendet (Umsatzprämie). Weitere Kosten wie zB Prüfungsgebühren oder Steuern fallen nicht an.

bb) Ausfuhr-Pauschal-Gewährleistung-light (APG-light) für KMU. Die APG-light als „kleine Schwester" der APG ist konzipiert va für KMU mit deckungsfähigen Jahresumsätzen von zunächst unter einer Million Euro und einfach strukturierten Liefergeschäften mit bis zu vier Monaten Kreditlaufzeit. Sie zeichnet sich durch eine besonders leichte Handhabung und Verständlichkeit aus. Anstelle von Wahlrechten gibt es einen fest definierten Deckungsumfang. Der Exporteur muss für seinen gesamten Kundenstamm im Ausland, den er zu deckungsfähigen Zahlungsbedingungen beliefert, Deckungsschutz beantragen; ausgenommen sind lediglich die Schuldner in den „marktfähigen" Ländern. Garantiefall ist der Protracted Default, dh die Nichtzahlung innerhalb von sechs Monaten nach Fälligkeit. Der anfängliche Entgeltsatz liegt zurzeit für alle APG-light-Verträge einheitlich bei anfangs 0,80%, wird aber ebenfalls durch ein Bonus/Malus-System beeinflusst. 48

cc) Revolvierende Einzeldeckung für Einzelrisiken. Mit einer revolvierenden Einzeldeckung kann ein Exporteur wiederholte Lieferungen und Leistungen an einen einzelnen ausländischen Kunden zu Risikolaufzeiten von bis zu zwei Jahren absichern. Mangels Risikomischung fallen die Entgelte im Vergleich zur APG in der Regel höher aus und richten sich nach dem Grundansatz im OECD-Prämienmodell. 49

3. Vertragsgarantiedeckung. Häufig ist ein Exporteur verpflichtet, eine Garantie zur Absicherung eigener vertraglicher Verpflichtungen gegenüber dem ausländischen Besteller zu stellen. Solche Vertragsgarantien, auch als Avale, Gegen- oder Exporteurgarantien bezeichnet, werden von der (Haus-)Bank des Exporteurs oder einem Kautionsversicherer herausgelegt. Der Exporteur ist dem Risiko ausgesetzt, auch wenn er keinen Vertragsverstoß zu vertreten, dass der Besteller die Garantie zieht. Zwar zahlt zunächst die Bank die Garantiesumme, ihr ist der Exporteur jedoch zum Regress verpflichtet. 50

Die Vertragsgarantiedeckung des Bundes schützt den Exporteur vor Risiken aus der Stellung der im Ausfuhrgeschäft üblichen Garantien wie Bietungs-, Anzahlungs-, Liefer- oder Gewährleistungsgarantien. Der Deckungsschutz umfasst Verluste aus einer politisch bedingten oder widerrechtlichen Ziehung durch den Besteller. Entschädigt wird der in der Garantieurkunde festgelegte Garantiebetrag, wenn die Garantie 51

- rechtmäßig in Anspruch genommen wird, weil der Exporteur seine Verpflichtungen aus im Ausland liegenden politischen Gründen nicht erfüllen kann oder aufgrund eines in Deutschland geltenden Embargos die Durchführung des Vertrags unmöglich wird,
- aufgrund von im Ausland liegenden politischen Gründen widerrechtlich in Anspruch genommen wird,

2. Teil. Das Vertragsrecht des Exportgeschäfts

■ aus sonstigen Gründen widerrechtlich gezogen wird und der hieraus resultierende Rückzahlungsanspruch aus politischen oder wirtschaftlichen Gründen uneinbringlich wird.

52 Die Vertragsgarantiedeckung ist regelmäßig an eine Lieferantenkreditdeckung gekoppelt, es sei denn es liegen für die Exportforderung keine absicherbaren Risiken vor (zB bei einem bestätigten Akkreditiv).

53 **4. Avalgarantie.** Die Avalgarantie des Bundes erleichtert es dem Exporteur Vertragsgarantien beizubringen. Denn für deren Stellung verlangen Banken und Kautionsversicherer häufig Sicherheiten; nicht selten muss zB der gesamte Anzahlungsbetrag vom Exporteur hinterlegt werden. Dies führt zur Belastung seiner Kreditlinie und Liquiditätseinschränkungen. Die Avalgarantie des Bundes kann hier Abhilfe schaffen. Auf Antrag des Exporteurs übernimmt der Bund gegenüber der Bank eine garantiegleiche Deckung von bis zu 80% des Vertragsgarantiebetrags für den Fall, dass die Vertragsgarantie vom ausländischen Besteller – unabhängig vom Grund – gezogen wird. Die Bank wird dadurch in die Lage versetzt, in entsprechender Höhe auf liquiditätseinschränkende Sicherheiten zu verzichten und die Kreditlinie des Exporteurs frei zu halten. Im Schadensfall steht dem Bund in Höhe der Erstattungszahlung an die Bank ein Regressanspruch gegen den Exporteur zu, der grds. spätestens nach Ablauf von sechs Monaten geltend gemacht wird. Zum Zwecke der Risikoprüfung benötigt der Bund eine Selbstauskunft des Exporteurs mit Angaben zu den wirtschaftlichen Verhältnissen seines Unternehmens, dem Avalvolumen und seiner technischen Leistungsfähigkeit. Für die Übernahme der Avalgarantie fallen für den Exporteur keine gesonderten Kosten an. Der Bund erhält jedoch in Höhe seiner Risikoquote einen Anteil der von der Bank in Rechnung gestellten Avalprämie abzüglich einer Fronting-Gebühr in Höhe von 10% für ihren Bearbeitungsaufwand. Die Avalgarantie kann nur zusätzlich zu einer Vertragsgarantiedeckung übernommen werden.

54 **5. Ausprägungen der Lieferantenkreditdeckung und Sonderdeckungen.** Zur Begleitung komplexerer Geschäfte wie etwa sog. Strukturierter Finanzierungen oder Projektfinanzierungen, bei denen die Tragfähigkeit des Projekts im Vordergrund der Risikoprüfung steht und/oder besondere Sicherheitenstrukturen erforderlich sind, werden individuelle Lösungen auf Basis der herkömmlichen Deckungsformen erarbeitet. Für die typischen Risiken bei Baugeschäften im Ausland werden spezielle Bauleistungsdeckungen angeboten. Mit Beschlagnahmedeckungen werden der Einsatz von Baugeräten im Ausland sowie der Sachwert von Konsignations-, Messe- oder Zolllagerware vor politischen Risiken abgesichert. Den Besonderheiten des Flugzeuggeschäfts und dessen Finanzierung (asset-based-financing) wird ein besonderes Garantieprodukt des Bundes gerecht. Für die Absicherung von Dienstleistungen bestehen spezielle Allgemeine Bedingungen (AB L) auf Basis derjenigen für Lieferantenkreditdeckungen.

II. Deckungsschutz für Banken und Leasinggeber

55 Statt eines Lieferantenkredits kommt insbesondere zur Finanzierung von Investitionsgütergeschäften ein Bankendarlehen mit mittel-/langfristigen Zahlungszielen in Betracht. Für den Exporteur hat die Abwicklung über einen solchen Bestellerkredit den Vorteil, dass er sein Lieferangebot um eine Finanzierung (zu günstigen Konditionen) mit bilanzentlastender Wirkung erweitern kann, bei Lieferung bzw. Leistungserbringung oder ggf. sogar bereits in der Produktionsphase direkt aus dem Kredit bezahlt wird, ohne jedoch selbst mit dem Besteller in Kreditverhandlungen eintreten zu müssen. Mit einer Finanzkreditdeckung übernimmt der Bund die Risiken aus solchen an den Export gebundenen Finanzkrediten von nationalen oder internationalen Banken bzw. Sparkassen. Vier von fünf hermesgedeckten, mittel-/langfristigen Ausfuhrgeschäften werden auf diesem Wege finanziert. Die Finanzkreditdeckung stellt somit die bedeutendste Deckungsform im mittelfristigen Geschäft dar, wobei die Kombination aus Lieferanten- und Finanzkreditdeckung üblich ist. Unter-

schiedliche Abwicklungsstrukturen finden auch bei den Finanzkreditdeckungen durch entsprechende Sonderformen Berücksichtigung.

1. Finanzkreditdeckung. Mit einer Finanzkreditdeckung sichert der Bund einen einzelnen Finanzkredit ab, mit dem die Lieferung des deutschen Exporteurs finanziert wird.[22] Gedeckt werden die – von dem Liefergeschäft grundsätzlich abstrakte – Kreditforderung, die Kreditzinsen und die Finanzierungsnebenkosten. Die Haftung des Bundes beginnt mit der Auszahlung des Darlehens und endet mit Erfüllung der Darlehensforderung. Entweder wird der Kreditvertrag direkt zwischen der finanzierenden Bank und dem ausländischen Besteller geschlossen oder aber das Darlehen wird an eine ausländische Bank (meist Hausbank des Bestellers) herausgelegt, die es entsprechend für die lokale Finanzierung nutzt (Bank-zu-Bank-Kredit). Die Auszahlung aus dem Kredit erfolgt idR direkt an den Exporteur. Gedeckt wird das Risiko, dass der Darlehensrückzahlungsanspruch des Kreditinstituts gegen den ausländischen Schuldner aus politischen und wirtschaftlichen Gründen – entsprechend der Lieferantenkreditdeckung – ausfällt. Für kleinvolumigere Finanzierungen von jeweils 5 Mio. EUR wurde eine „Finanzkreditdeckung-express" eingeführt. 56

Der Exporteur wird in die Vertragsbeziehung des Bundes zur Bank insofern eingebunden, als er gegenüber dem Bund eine sog. Verpflichtungserklärung abgibt. Er übernimmt darin gewisse Informations-, Berichts und Mitwirkungspflichten und stellt den Bund von dessen Entschädigungspflicht gegenüber der Bank frei, insbesondere für den Fall, dass der ausländische Besteller die Darlehenszahlungen unter Berufung auf die mangelhafte Vertragserfüllung des Exporteurs verweigert oder dass der Exportvertrag durch strafbare Handlung, insbesondere Bestechung, herbeigeführt worden ist. Der Exporteur ist durch diese formularmäßige Verpflichtung gegenüber dem Bund letztlich so wie bei einer Lieferantenkreditdeckung gestellt. 57

Die Grundstruktur bei einem finanzkreditgedeckten Exportgeschäft sieht folgendermaßen aus: 58

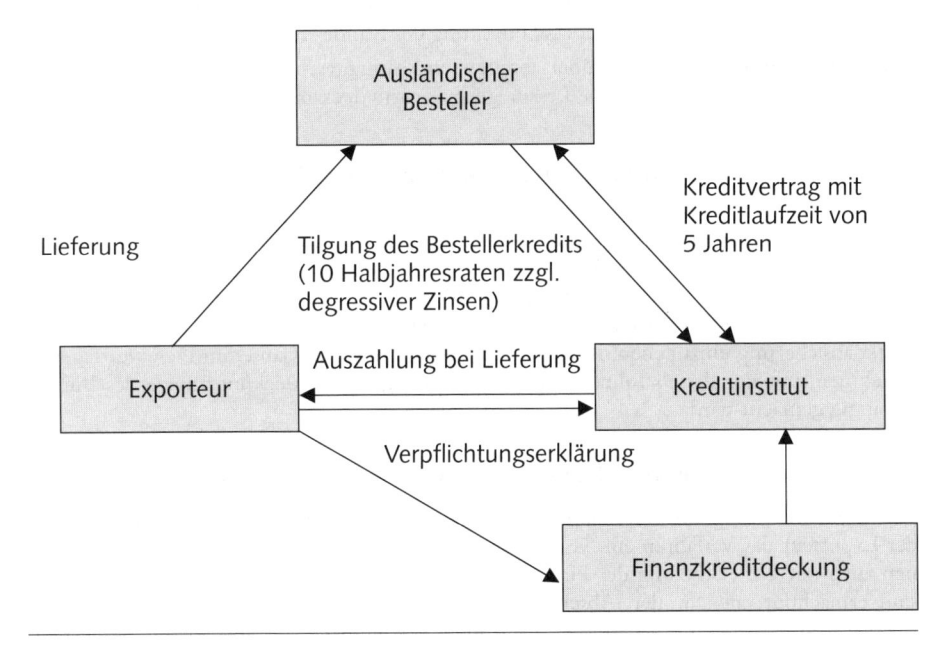

---

[22] Die Bank muss einen bundesgedeckten Finanzkredit nicht mit Eigenkapital unterlegen. Die Eigenkapitalvorschriften des Baseler Ausschusses für Bankenaufsicht (Basel II) und ihre Umsetzung in der deutschen Solvabilitätsverordnung (§§ 162 ff.) lassen eine Nullgewichtung des mit einer Finanzkreditdeckung abgesicherten Risikos zu. Zu den Auswirkungen von Basel III für hermesgedeckte Exportfinanzierungen vgl. *Bischoff/Klasen* RIW 2012, 769, 771.

59 **2. Rahmenkreditdeckung.** Legt die Bank mehrere Einzelkredite mit mittel-/langfristigem Rückzahlungsziel unter einem Rahmenkreditvertrag für einen einzelnen ausländischen Darlehensnehmer (Bank oder Besteller) heraus, stellt der Bund eine Rahmenkreditdeckung mit einem sich verbrauchenden Höchstbetrag zur Verfügung. Die Nutzung der Kostenvorteile durch die weniger aufwändige Abwicklung soll dazu beigetragen, dass auch kleinere Kredite von den Banken zur Verfügung gestellt werden.

60 **3. Revolvierende Finanzkreditdeckung.** Für Bestellerkredite mit Laufzeiten bis zu zwei Jahren zur Finanzierung einer laufenden Geschäftsbeziehung zu einem einzelnen ausländischen Kunden werden revolvierende Finanzkreditdeckungen angeboten. Darlehensnehmer kann der Besteller des zu finanzierenden Exportguts oder eine Bank sein.

61 **4. Verbriefungsgarantie.** Mit einer Verbriefungsgarantie des Bundes können sich Kreditinstitute, die eine Finanzkreditdeckung besitzen, am Kapitalmarkt unter Nutzung des hervorragenden Ratings des Bundes (AAA) refinanzieren. Gegenüber dem Refinanzierer übernimmt der Bund eine garantiegleiche Deckung für 100 % der angekauften Kreditforderung mit einer Zahlungsverpflichtung auf erstes Anfordern und verzichtet auf Einwendungen und Einreden, die ihm im Rahmen der Finanzkreditdeckung gegenüber der Bank, die den gebundenen Finanzkredit herausgelegt hat, normalerweise zustehen.

62 **5. Kreditgarantiedeckung.** Sofern ein Exportgeschäft durch Einschaltung einer lokalen Bank finanziert wird, die einen Kredit in Lokalwährung herauslegt, kann der Bund mit einer Kreditgarantiedeckung eine deutsche oder in der EU ansässige Bank absichern, die der lokalen Bank im Wege einer Garantiezusage das Ausfallrisiko abnimmt. Gegenstand der Kreditgarantiedeckung ist der Aufwendungsersatzanspruch der deckungsnehmenden Bank aus dem Garantievertrag, der entsteht, wenn die lokale Bank die Garantie in Anspruch nimmt.

63 **6. Akkreditivbestätigungsrisikodeckung.** Für Risiken aus der Bestätigung von Akkreditiven, die im Rahmen eines Ausfuhrgeschäfts als Zahlungsweg eingesetzt werden, können Banken eine Akkreditivbestätigungsrisikodeckung des Bundes erhalten.

64 **7. Leasingdeckung.** Bei grenzüberschreitenden Leasinggeschäften (Hersteller- oder indirektes Leasing) können inländische Leasinggeber Leasingdeckungen in Anspruch nehmen.

C. Antrags- und Entscheidungsverfahren

65 Zeichnet sich die Anbahnung eines Liefer- oder Leistungsgeschäfts ab und zieht der Exporteur die Absicherung seines Auslandsrisikos in Betracht, sollte er sich möglichst frühzeitig über Deckungsmöglichkeiten und Kosten zB im Internet informieren und sich ggf. bei den Mandataren beraten lassen. Um nicht eine Lieferverpflichtung ohne die erforderliche Risikoabsicherung einzugehen, ist es üblich, die sog. Hermes-Klausel im Liefervertrag aufzunehmen, mit der dessen Inkrafttreten von der endgültigen Deckungszusage des Bundes abhängig gemacht wird.

I. Antrag auf Übernahme einer Hermesdeckung

66 Mit einem Antrag auf Übernahme einer Exportkreditgarantien bei Euler Hermes leitet der Exporteur das Verfahren ein. Formulare stehen ua im Internet zur Verfügung und können auch mit Unterstützung der Firmenberater vor Ort ausgefüllt werden. Die Mandatare sind ermächtigt, alle für den Abschluss und die Abwicklung der Deckung betreffenden Erklärungen namens und im Auftrag des Bundes abzugeben und entgegenzunehmen (vgl. Ziff. 3.5.1 der Richtlinien sowie Präambel der AB). Ein Antrag muss grds. vor Beginn des Risikos für den Bund gestellt werden, dh bei Ausfuhrdeckungen vor Versand. Es empfiehlt sich ohnehin, frühzeitig die Deckung zu beantragen, um etwaige Bedingungen oder Anforderungen noch bei Verhandlungen des Liefer- und/oder Kreditvertrags berücksichtigen zu können. „Verspätete" Anträge können bei plausibler Begründung bearbeitet werden, sofern noch keine Gefahrerhöhung eingetreten ist. Die Mandatare nehmen die Bearbeitung auf Basis der im Antragsformular gemachten Angaben und begleitender Korrespondenz auf und prüfen, ob die Voraussetzungen für eine Deckungsübernahme (s. Rn. 70ff.) gegeben sind. Unklarheiten und offene Fragen werden mit dem Antragsteller geklärt und die erforderlichen Informationen eingeholt. Die Bearbeitung kann beschleunigt werden, wenn aussagekräftige Informationen zur Bonität des ausländischen Schuldners wie Bilanzen oder Auskünfte zur Verfügung gestellt werden. Zur Umsetzung der Maßnahmen zur Bekämpfung von Korruptionspraktiken ist eine formularmäßige Erklärung abzugeben, die notwendiger Bestandteil des Antrags ist.

Daten unterliegen als Betriebs- und Geschäftsgeheimnisse besonderem Schutz (§ 203 StGB, § 30 VwVfG). Um Transparenzanforderungen der Öffentlichkeit und der OECD-Regularien zu entsprechen, werden – mit Einwilligung der Antragsteller – bestimmte Projektinformationen im Internet veröffentlicht. Das Bundesministerium für Wirtschaft und Technologie ist zudem nach dem Informationsfreiheitsgesetz und dem Umweltinformationsgesetz informationspflichtige Stelle. **67**

II. Grundsätzliche Stellungnahme und endgültige Entscheidung

Damit Exporteur und Bank frühzeitig berücksichtigen können, ob sie eine Hermesdeckung für ihre noch (endgültig) zu verhandelnden Transaktion erhalten können, bietet der Bund an, zunächst eine **grundsätzliche Stellungnahme** abzugeben (sog. Grundsatzzusage, Ziff. 4.2 der Richtlinien). Damit erklärt der Bund, dass er eine Deckung zu dem beantragten Sachverhalt und ggf. unter welchen (zusätzlichen) Voraussetzungen (zB Sicherheiten oder bestimmte Anforderungen an Umweltaspekte) endgültig übernehmen wird, sobald Export- und/oder Finanzkreditvertrag finalisiert werden. Die Antragsteller erlangen dadurch Planungssicherheit, denn an diese als Zusicherung iSd § 38 VwVfG zu wertende Grundsatzzusage ist der Bund gebunden, es sei denn, nachträgliche erhebliche Änderungen der Sach- und Rechtslage führen dazu, dass er sie nicht abgegeben hätte oder aus rechtlichen Gründen nicht hätte abgeben dürfen (vgl. Ziff. 4.2 der Richtlinien). Die Grundsatzzusage wird zunächst in der Regel auf sechs Monate befristet und kann danach verlängert werden. **68**

Eine **endgültige Indeckungnahme** erfolgt, wenn Exporteur und/oder Finanzinstitut melden, dass die genannten Verträge abgeschlossen sind und Euler Hermes alle entscheidungserheblichen Informationen, ua zu etwaigen Bedingungen aus der Grundsatzzusage, vorliegen (vgl. Ziff. 4.3.1 der Richtlinien). Die endgültige Entscheidung übermitteln die Mandatare dem Antragsteller in Form eines von Euler Hermes ausgestellten Annahmeschreibens zusammen mit einem kurzen Deckblatt des Bundeswirtschaftsministeriums. Mit Zugang beim Exporteur bzw. Antragsteller kommt der sog. Gewährleistungsvertrag mit dem Bund auf Basis der jeweils einschlägigen Allgemeinen Bedingungen zustande. Regelmäßig wird dem Annahmeschreiben sogleich die Gewährleistungserklärung beigefügt, die im Sprachgebrauch auch als Deckungsurkunde oder Dokument bezeichnet wird. Darin sind im Sinne eines Versicherungsscheins insbesondere der der Entscheidung zugrunde liegende Sachverhalt, die Basiskonditionen sowie ggf. Besondere Bedingungen der Deckung, welche die Allgemeinen Bedingungen ergänzen oder abändern, dokumentiert. **69**

III. Wahrheitspflicht im Verfahren

Die Deckungsentscheidung beruht im Wesentlichen auf den vom Antragsteller gemachten Angaben. Entsprechend der auch bei Versicherungen üblichen Vorgehensweise erfolgt eine Prüfung von Vertragsunterlagen und Dokumenten sowohl im Hinblick auf die zu deckenden Forderungen als auch auf etwaige Sicherheiten im Antragsverfahren regelmäßig nicht. Zur Vermeidung unnötigen Verwaltungsaufwands geschieht dies erst in einem even- **70** tuellen Schadensfall. Der Antragsteller ist deshalb ausdrücklich zur Wahrheit im Antragsverfahren verpflichtet; falsche oder unvollständige Angaben stellen eine Obliegenheitsverletzung dar, die zum Ausschluss der Haftung des Bundes führen können, sofern sie die Deckungsentscheidung beeinflusst hätten und der Deckungsnehmer deren Unrichtigkeit oder Unvollständigkeit weder kannte noch kennen musste (vgl. §§ 15 Ziff. 1, 16 Abs. 1 AB G). Auch nach Übernahme der Deckung dürfen Abweichungen vom dokumentierten Sachverhalt nur mit Zustimmung des Bundes erfolgen; andernfalls kommt ebenfalls eine Haftungsbefreiung des Bundes in Betracht (vgl. § 15 Ziff. 2, 16 Abs. 3 AB G).

IV. Entscheidungszuständigkeiten

71 Auch wenn gegenüber dem Deckungsnehmer nur Euler Hermes auftritt, bestimmt die Bundesregierung die grundsätzliche Ausrichtung des Instrumentariums, beschließt die (Länder-)Deckungspolitik und entscheidet über Deckungsanträge. Deckungsentscheidungen trifft formal das Bundesministerium für Wirtschaft und Technologie; es muss sich aber mit dem Bundesministerium der Finanzen, dem Auswärtigen Amt und dem Bundesministerium für Wirtschaftliche Zusammenarbeit und Entwicklung abstimmen. Dies geschieht ua innerhalb eines Beratungsgremiums, dem Interministeriellen Ausschuss (IMA), der in vierwöchigem Rhythmus zusammentritt. In ihm sind neben Vertretern der vier Ministerien Sachverstände aus der Export- und Kreditwirtschaft sowie aus Verbänden vertreten, die ihre Expertise vor allem zur Risikolage, grundsätzlichen Themen und Produktfragen einbringen können. Stimmrecht besitzen sie aber nicht. An den Sitzungen nehmen die Mandatare teil und stellen die zu entscheidenden Geschäfte (Prüfungsberichte), Beschlussvorlagen und grundsätzlichen Themenstellungen vor. Der IMA hat angesichts der Vielzahl der Deckunganträge die Entscheidungsbefugnis zum einen an einen zurzeit wöchentlich tagenden „Kleinen Interministeriellen Ausschuss" (KLIMA), zum anderen an die Mandatare delegiert. Im Grundsatz entscheiden die Mandatare über Geschäfte mit Auftragswerten bis EUR 5 Mio., der KLIMA bis EUR 10 Mio. und darüber hinaus der IMA. Abweichend von dieser Grundsatzregelung ist einerseits zum Zweck der Verfahrensbeschleunigung die Ermächtigung der Mandatare unter bestimmten Voraussetzungen erweitert, andererseits behalten sich die Ministerien für spezielle Konstellationen eine Entscheidung in einem der beiden Ausschüsse vor, auch wenn eigentlich die Mandatare zuständig wären.

D. Materielle Voraussetzungen für die Deckungsübernahme

72 Die Richtlinien (Ziff. 2) enthalten vier grundlegende Entscheidungskriterien. Die Übernahme von Exportkreditgarantien kommt demnach nur in Betracht, wenn das zu deckende Exportgeschäft förderungswürdig und risikomäßig vertretbar ist. Bei der Beurteilung dieser beiden zentralen Anforderungen steht dem Bund ein weiter Ermessensspielraum unter Berücksichtigung der Umstände des Einzelfalls zu. Ferner müssen die vereinbarten Vertragsbedingungen im internationalen Handelsverkehr üblich sein und für die Risikoübernahme ausreichende Haushaltmittel zur Verfügung stehen.

I. Förderungswürdigkeit

73 Voraussetzung für die Übernahme einer Exportkreditgarantie ist die Förderungswürdigkeit des Exportgeschäfts oder ein besonderes staatliches Interesse des Bundes an der Durchführung des Exports. Die Richtlinien enthalten keine weitergehende positive Begriffsbestimmung, sondern beschreiben in erster Linie negativ-abgrenzend, was nicht förderungswürdig ist, namentlich, wenn „wichtige Interessen der Bundesrepublik der Durchführung des Exportgeschäfts entgegenstehen".

Auch wenn allein das Vorhandensein einer Ausfuhrgenehmigung oder eines sog. Nullbescheids des BAFA nicht automatisch zu der Annahme der Förderungswürdigkeit führt, gilt in der Praxis grds. zunächst jedes rechtmäßige Exportgeschäft als förderungswürdig, es sei denn, es gibt entgegenstehende Gründe oder Einschränkungen. Solche Einschränkungen können bspw. in der Warenart, dem Verwendungszweck oder der Einordnung als „sensitives Geschäft" mit Bezug zu einem kritischen Land, einer ausfuhrgenehmigungspflichtigen Ware und dem Status des Bestellers (zB militärischer Besteller) liegen. Anders herum kann bisweilen die Deckungsfähigkeit eines Geschäfts trotz schwach ausgeprägter risikomäßiger Vertretbarkeit aufgrund besonderer, im staatlichen Interesse liegender Aspekte wie zB Arbeitsplatzerhalt, struktur- oder regionalpolitische, entwicklungs- oder außenpolitische Gesichtspunkte erreicht werden. Umweltfreundliche Technologien können ebenfalls grdsl. als besonders förderungswürdig gelten.

Besondere Praxisrelevanz bei der Prüfung der Förderungswürdigkeit finden häufig folgende zwei Aspekte:

1. Ausländische Liefer- und Leistungsanteile. Ein wichtiger Aspekt der Förderungswürdigkeit betrifft die Frage, inwieweit ausländische Liefer- und Leistungsanteile in die Deckung einbezogen werden können, insbesondere vor dem Hintergrund einer zunehmend globalisierten Wirtschaft mit internationalen Beschaffungsstrukturen. Nach Ziff. 1.6 der Richtlinien sollen die zu liefernden Waren oder zu erbringenden Leistungen ihren Ursprung im Wesentlichen im Inland haben. Mit der Anknüpfung an den Warenursprung verfolgt der Bund eine eher formale Herangehensweise, während bisweilen einige andere Exportkreditagenturen bspw. ein „nationales Interesse" genügen lassen, um eine Aktivität des nationalen Exporteurs zu unterstützen. Solange ausländische Waren und Leistungen so in das vom deutschen Exporteur zu liefernde Exportgut eingehen, dass für dieses insgesamt ein deutsches Ursprungszeugnis erteilt wird oder werden könnte, kann die gesamte Lieferung des deutschen Exporteurs ohne weiteres vollständig gedeckt werden. Behalten die zugelieferten Waren jedoch ihren ausländischen Ursprung, gelten insofern bestimmte Beschränkungen für ihre Indeckungnahme durch den Bund. Allerdings stehen durch Risikoteilung mit anderen Exportkreditagenturen auch für solche Fälle Lösungen zur Verfügung. 74

Der Einschluss von Auslandsanteilen für Geschäfte mit kurzfristigen Zahlungsbedingungen (Einzel- oder revolvierende Lieferantenkreditdeckungen, APG und APG-light) erfolgt nach anderen Regeln: Insoweit sind, insbesondere bei sog. Transitware, 100% Auslandsanteil möglich (Ziff. 1.6 der Richtlinien). Geht es um Investitionsgüter, die zu kurzfristigen Zahlungsbedingungen geliefert werden, können Auslandsanteile bis zu 49% ohne nähere Begründung einbezogen werden, darüber hinaus im Rahmen einer Einzelfallbetrachtung unter Berücksichtigung von Förderungswürdigkeitsaspekten. 75

a) Einbeziehung ausländischer Lieferungen und Leistungen in die Hermesdeckung (Dreistufenmodell). Seit 2008 gilt bei den Exportkreditgarantien ein Dreistufensystem für die Einbeziehung von ausländischen Liefer- und Leistungsanteilen im Investitionsgüterbereich mit mittel-/langfristigen Zahlungszielen. Danach werden nicht-deutsche Lieferungen und Leistungen, dh solche, für die kein deutsches Warenursprungszeugnis vorhanden ist bzw. erhältlich wäre, bis zu 30% des gesamten Auftragswerts ohne nähere Begründung in die Hermesdeckung einbezogen (Sockelbetrag). Der Betrag kann durch lokale Kosten, dh solche, die auf Lieferungen aus oder Leistungen im Bestellerland entfallen, oder anderweitige Auslandsware/-lieferungen genutzt werden. Auf der zweiten Stufe kann der Auslandsanteil in bestimmten Fällen auf bis zu 49% des Auftragswerts erhöht werden: Zum einen, wenn es sich um Lieferungen von Tochtergesellschaften des Deckungsnehmers handelt, zum anderen, wenn Lieferungen aus der EU, Japan, der Schweiz, und Norwegen zu anderen Anteilen aus nicht privilegierten Ländern hinzukommen, ferner auch soweit die Höhe der Anzahlung über der OECD-Konsens-Mindestanforderung von 15% liegt oder eine betriebliche Notwendigkeit die erhöhte Indeckungnahme ausländischer Anteile rechtfertigt. Schließlich können auf der dritten Stufe ausländische Lieferungen und Leistungen, die den Anteil von 49% überschreiten, mit einer besonderen Einzelfallbegründung in die Hermesdeckung einbezogen werden. Zu beachten ist, dass in jeder Stufe der Anteil an sog. 76

örtlichen Kosten nicht über 23 % des Auftragswerts liegen darf; insoweit werden die Vorgaben des OECD-Konsensus umgesetzt.

77 **b) Zusammenarbeit mit anderen Exportkreditversicherern.** Kann der Bund im Einzelfall aus grundsätzlichen oder risikopolitischen Erwägungen heraus ein Geschäft nicht vollumfänglich in Deckung nehmen, bestehen im Rahmen von unterschiedlich intensiven Kooperationsvereinbarungen mit anderen Exportkreditagenturen Möglichkeiten, die Gesamtlieferung dennoch vollständig abzusichern.

78 Liefern Exporteure aus verschiedenen Ländern und generieren jeweils eigene Zahlungsansprüche gegen den ausländischen Besteller, zB im Rahmen eines offenen Konsortiums, kann jeder der Exporteure bei seiner nationalen Exportkreditversicherung eine Deckung beantragen. Die Zusammenarbeit der Exportkreditversicherer im Rahmen einer solchen **Parallelversicherung** beschränkt sich insofern allerdings auf den Informationsaustausch.

79 Schließt der (deutsche) Exporteur allein den Liefervertrag mit dem ausländischen Käufer, haben seine ausländischen Unterlieferanten keinen eigenen Zahlungsanspruch gegen den Käufer und sind die Zahlungsrisiken des deutschen Exporteurs auf sie durchgestellt (If-and-when-Basis), kommt eine **Mitversicherung** in Betracht. Die Hermesdeckung sichert dabei den deutschen Exporteur ab, die Exportkreditagentur des Unterlieferanten dessen Anteil. Im Außenverhältnis zum ausländischen Schuldner vertritt jedoch der Bund die Interessen aller Beteiligten und führt das Risiko- und Schadensmanagement gemeinsam mit dem deutschen Exporteur durch. Für ihn kann die Mitversicherung interessant sein, wenn die ausländische Kreditversicherung für den Unterlieferantenanteil kostengünstiger ist, sodass insgesamt wettbewerbsfähiger angeboten werden kann.

80 Liefert ein deutscher Exporteur unter Einbeziehung von Zulieferungen ausländischer Unterlieferanten, welche formal Auslandsware bleiben, und kann das Zahlungsrisiko nicht auf sie durchstellen, bietet das Rückversicherungsmodell die Möglichkeit, den gesamten Lieferumfang aus einer Hand abzusichern, auch wenn der ausländische Anteil zB aufgrund dessen Höhe oder aus generellen Risikoerwägungen eigentlich nicht in die Hermesdeckung unmittelbar einbezogen werden kann. Voraussetzung für den Bund als Erstversicherer ist, dass er für die jeweiligen ausländischen Lieferanteile bei der Exportkreditagentur, die für „ihren" nationalen Exporteur zuständig wäre, eine **Rückversicherung** beantragt und erhält. Der Exporteur hat es folglich nur mit einem einzigen Ansprechpartner zu tun (one-stop-shop), da die beteiligten Exportkreditagenturen miteinander im Hintergrund kommunizieren. Anders herum kann der Bund als Rückversicherer von anderen Exportkreditagenturen angefragt werden, um ihnen gegenüber den deutschen Anteil an einer Transaktion zu decken.[23]

81 **2. Umwelt- und Sozialaspekte der zu beliefernden Projekte.** Im Rahmen der Förderungswürdigkeit finden ökologische, soziale und entwicklungspolitische Aspekte besondere Beachtung. Die Bundesrepublik hat sich mit den in der Exportkreditgruppe der OECD vertretenen Staaten auf gemeinsame Herangehensweisen bei der Prüfung von Umwelt- und Sozialrisiken der ausländischen Projekte, zu denen die in Deckung zu nehmenden Lieferungen der Exporteure erfolgen, verständigt. Damit soll auch zur Schaffung von Wettbewerbsgleichheit beigetragen werden. Diese OECD-Umweltleitlinien werden in regelmäßigen Abständen überprüft und angepasst. Mit der Recommendation on Common Approaches for Officially Supported Export Credits and Environmental and Social Due Diligence (→ Rn. 24), ist 2012 eine revidierte Fassung der OECD-Umweltleitlinien in Kraft getreten. Die in den Common Approaches dargestellten Verfahrensregelungen und Anforderungen wendet die Bundesregierung auf die Vergabe von Hermesdeckungen an.[24]

82 Die nach den Common Approaches durchzuführende Umwelt- und Sozialprüfung im Rahmen des Antragsverfahrens bezieht sich auf projektbezogene Investitionsgüterlieferun-

---

[23] Ziffer 1.1 des Kapitels 3208 des Bundeshaushaltsplans 2012 sieht dies ausdrücklich vor.
[24] Zur Relevanz von (nationalen) Umweltleitlinien für die Deckungszusage vgl. *Sellner/Külpmann* RIW 2003, 410, 412 ff.

Abschnitt 27. Exportkreditgarantien der Bundesrepublik Deutschland

gen mit Kreditlaufzeiten ab zwei Jahren und einem deutschen Lieferanteil von zurzeit über EUR 15 Mio. Kernelemente des Verfahrens sind die Vorprüfung (screening), die Kategorisierung (classification), die eigentliche Prüfung (review) und ggf. die Überwachung (monitoring). Gemessen an den potenziellen Auswirkungen des konkreten Projektes im Ausland auf die Umwelt werden die Anträge in die Kategorien A, B oder C eingestuft. „A" umfasst diejenigen Geschäfte, mit denen voraussichtlich erhebliche Umweltauswirkungen einhergehen, während bei Kategorie-C-Geschäften kaum oder vernachlässigbar geringe Auswirkungen zu erwarten sind. Die Kategorisierung bestimmt maßgeblich die Prüfungsanforderungen und -tiefe. So erfordert ein Kategorie A Projekt beispielsweise die Vorlage und Prüfung eines Umwelt- und Sozialgutachtens sowie Vorabveröffentlichung von Informationen und des Gutachtens. Materiell ergeben sich die Anforderungen an die Projekte aus den in den Common Approaches referenzierten international anerkannten Standards. Dies sind insbesondere diejenigen der Weltbankgruppe (Worldbank Safeguard Policies und IFC Performance Standards). Informationen zu den Projekten der Kategorien A und B müssen der OECD als Teil des Peer Reviews gemeldet werden und werden bei den regelmäßigen Treffen der technischen Arbeitsgruppe, der sog. Practitioners der in der Exportkreditgruppe der OECD vertretenen Exportkreditagenturen, besprochen.

Außerhalb des Anwendungsbereichs der Common Approaches werden bei den Exportkreditgarantien kleinvolumigere Geschäfte oder solche zu kurzfristigen Laufzeiten einer – idR vereinfachten – Prüfung auf ihre Umweltauswirkungen unterzogen, wenn sie erkennbar mit besonderen Umweltrisiken verbunden sind, zB bei Betroffenheit besonders schützenswerter Gebiete oder in bestimmten sensiblen Sektoren (Risikoprüfung). **83**

II. Risikomäßige Vertretbarkeit

Das Exportgeschäft muss für den Bund risikomäßig vertretbar und eine „vernünftige Aussicht auf einen schadensfreien Verlauf" gerechtfertigt sein (Ziff. 2.2 der Richtlinien). Dies bezieht sich zum einen auf das allgemeine Länderrisiko, zum anderen auf die Bonität des Schuldners oder des Sicherheitengebers bzw. der Sicherheitenbewertung im einzelnen Fall. **84**

Die einzelfallbezogene Risikoprüfung hängt von der Art und dem Umfang des Geschäfts ab. Im Regelfall werden für das Standardgeschäft Bilanzen und Auskünfte des Bestellers oder des relevanten Garanten analysiert und bewertet sowie die Zahlungserfahrungen des Deckungsnehmers, des Bundes und anderer Exportkreditversicherer im internationalen Informationsaustausch berücksichtigt. Sofern Deckungen auf die Bonität bzw. Bilanz des ausländischen Bestellers selbst (Corporate-Risk-Basis) nicht in Frage kommen, können Kreditsicherheiten in Form von Personalsicherheiten wie Garantien von ausländischen Banken, Unternehmen oder Privatpersonen, Akkreditiven und Patronatserklärungen die notwendige wirtschaftliche Risikobasis für eine Deckungsentscheidung herstellen. Bisweilen können aber auch dingliche Sicherheiten ein Baustein für die Deckungsübernahme sein. Die Mandatare setzen sich uU mit der Geschäftskonstruktion, dem Finanzierungskonzept und der Werthaltigkeit der ggf. erforderlichen Besicherungsstruktur unter Beachtung der Exportgeschäftspraxis und länder- und rechtssystemspezifischer Rahmenbedingungen auseinander und passen diese erforderlichenfalls im Zusammenwirken mit dem Exporteur und den Banken an. Bei sog. Sprunginvestitionen, die für das ausländische Unternehmen eine besondere finanzielle Herausforderung darstellen, sind häufig Vorschaurechnungen erforderlich. **85**

Besondere Sicherheitenstrukturen kommen bei sog. Strukturierten Finanzierungen zum Tragen. Für den Spezialbereich der idR großvolumigeren Projektfinanzierungen, bei denen nicht die Bonität des Schuldners, sondern die Prüfung der Tragfähigkeit des – regelmäßig durch eine Einzweckgesellschaft realisierten – Investitionsvorhabens, aus dem die für die Betriebskosten und den Schuldendienst erforderlichen Erlöse generiert werden sollen, im Vordergrund steht, erfordern umfangreiche Analysen der wirtschaftlichen Tragfähigkeit, **86**

2. Teil. Das Vertragsrecht des Exportgeschäfts

der Finanzierung und der Risikoverteilung. Den besonderen Anforderungen bei den Projektfinanzierungen tragen entsprechende flexiblere Vorschriften des OECD-Konsensus, der ansonsten auch für Projektfinanzierungen gilt, bspw. zum Rückzahlungsprofil oder zur maximalen Kreditlaufzeit Rechnung (Art. 7, Annex X).

87 Das Länderrisiko spiegelt sich in der Länderdeckungspolitik wieder, die zusammengefasst ua auf den Internetseiten der Exportkreditgarantien veröffentlicht wird. Sofern es sich nicht um eine offene Beschlusslage ohne Einschränkungen handelt, begrenzen länderbezogene Steuerungsmaßnahmen wie zB quantitative Beschränkungen durch Plafonds, aber auch bestimmte Sicherheitenerfordernisse, die Fokussierung auf kurzfristige Zahlungsbedingungen, bestimmte Orientierungsgrößen oder besondere Anforderungen an die Bilanzen das Risiko für den Bund.

III. Üblichkeit der Vertragsbedingungen

88 Die Konditionen des Liefergeschäfts, insbesondere die Zahlungsbedingungen, müssen unter Berücksichtigung von Art und Umfang des Geschäfts mit im Außenhandel üblichen Vertragsbedingungen übereinstimmen (Ziff. 2.3 der Richtlinien). Insoweit sind die Vorgaben der Berner Union für das Kurzfristgeschäft und die Mindeststandards des OECD-Konsensus für mittel-/langfristige Kreditgeschäfte von Bedeutung. Zu letzteren zählen für konventionelle Exportgeschäfte ua:

- An- und Zwischenzahlungen müssen mindestens 15 % des Auftragswerts betragen; folglich können nur 85 % kreditiert werden.
- Die Kredittilgungen sollen in gleichen, aufeinander folgenden erfolgen, äußerstenfalls in Halbjahresraten, deren erste nicht später als sechs Monate nach dem „Starting Point", dh dem Beginn der Kreditlaufzeit (zB letzte wesentliche Lieferung, Betriebsbereitschaft), fällig ist.
- Zinszahlungen dürfen während der Kreditlaufzeit nicht kapitalisiert werden. Etwas anderes gilt für Bauzeitinsen.
- Kreditlaufzeiten sollen idR fünf Jahre nicht überschreiten; möglich sind aber bis zu 8,5, bei ärmeren Ländern iSd Weltbankeinstufung auch bis zu 10 Jahre.
- Lokale Kosten, dh Lieferungen und Leistungen aus dem Bestellerland, dürfen nur bis zu 30 % des Exportauftragswerts in die Deckung einbezogen werden. Im deutschen System ist dies in 23 % des Gesamtauftragswerts übersetzt worden.

Die OECD-Konsensusbedingungen haben eine herausragende Bedeutung für die Übernahme von Exportkreditgarantien. Bei beabsichtigten Abweichungen müssen die anderen OECD-Exportkreditversicherer informiert werden, können Stellung nehmen und ihren Exporteuren die gleichen Konditionen gewähren (matching).

IV. Haushaltsrecht

89 Exportkreditgarantien dürfen schließlich nicht übernommen werden, wenn der haushaltsrechtliche Ermächtigungsrahmen nicht ausreicht oder „mit hoher Wahrscheinlichkeit mit der Inanspruchnahme des Bundes gerechnet werden muss" (Nr. 5 der Verwaltungsvorschriften zu § 39 BHO) oder das Bundesministerium der Finanzen (aus anderen Gründen) nicht einwilligt (Ziff. 2.4 der Richtlinien).

E. Kosten der Exportkreditgarantien

90 Für eine Exportkreditgarantie fallen Kosten (Gebühren und Entgelte) an, die der Exporteur bei den Vertragsverhandlungen mit seinem Kunden zu berücksichtigen hat. Bei den Einzeldeckungen entstehen sie in Form von Bearbeitungsgebühren, die den Aufwand für die Bearbeitung abdecken sollen, und Deckungsentgelten, die sich am übernommenen wirtschaftlichen und politischen Risiko orientieren. Pauschaldeckungen (APG, APG-light)

bieten demgegenüber regelmäßig einen Kostenvorteil; für sie gelten spezifische Regeln. Als nicht-unternehmerische Leistung des Bundes sind Exportkreditgarantien nicht umsatzsteuerpflichtig. Auf die Entgelte, die der Bund vereinnahmt, fällt auch keine Versicherungssteuer an. Das Entgeltsystem ist transparent; die Berechnungsgrundlagen sind im Internet veröffentlicht,[25] wo auch ein Berechnungs-Tool zur Verfügung gestellt wird. Die Entgelte können nicht verhandelt werden. Für die auch im Fokus der des OECD-Konsensus stehenden Investitionsgüterlieferungen mit Zahlungszielen ab zwei Jahren wurde ein weiterer Schritt in Richtung Harmonisierung gemacht: Seit September 2011 gilt für die OECD Exportkreditagenturen insoweit ein neues Prämienmodell, das sich auf die Ermittlung der Risikoentgelte auswirkt. Die nachfolgenden Ausführungen zum Deckungsentgelt beziehen sich vornehmlich auf den betreffenden Bereich der Hermesdeckungen.

I. Bearbeitungsgebühren

Die Bearbeitungsgebühren hängen von der Höhe des zu deckenden Auftragswerts bzw. Kreditbetrags bei Forderungseinzeldeckungen, des beantragten Höchstbetrags bei revolvierenden Einzeldeckungen bzw. der Selbstkosten bei isolierten Fabrikationsdeckungen oder des Garantiebetrags bei isolierten Vertragsgarantiedeckungen ab. Sie sind nicht erstattungsfähig. Mit Aufnahme der Bearbeitung wird eine Antragsgebühr in Rechnung gestellt, die unabhängig davon zu zahlen ist, ob eine positive Deckungsentscheidung getroffen wird oder nicht. Sie ist gestaffelt und beträgt zB 100 Euro bei Auftragswerten bis 25.000 EUR oder 1.500 Euro bei Auftragswerten von mehr als 2,5 bis 5 Mio. EUR. Bei kombinierten Forderungsdeckungen fällt sie nur einmal an, berechnet auf den jeweils höheren Wert. Die Erteilung einer Grundsatzzusage ist mit der Antragsgebühr abgegolten, ebenso eine Verlängerung bis zu insgesamt einem Jahr; lediglich weitere Verlängerungen kosten 50% der Antragsgebühr. Bei endgültiger Indeckungnahme wird für die Erstellung der Deckungsurkunde eine geringfügige Ausfertigungsgebühr von 0,25‰ des Auftragswerts erhoben, mindestens 50 EUR, maximal 12.500 EUR. 91

II. Deckungsentgelt (Risikobedingtes Entgelt)

Eine bedeutende Rolle spielt das Deckungsentgelt, das aufgrund verschiedener risikobezogener Kriterien ermittelt wird. Für das Beispiel der Forderungsdeckungen (Lieferantenkredit-, Finanzkreditdeckung) gilt, dass dieses risikobedingte Entgelt als Prozentsatz auf den gedeckten Forderungsbetrag (idR der Auftragswert oder Kreditbetrag) ohne Zinsen berechnet wird (Entgeltsatz). Grundlage für die Berechnung sind in erster Linie das Länderrisiko einerseits und das individuelle wirtschaftliche Risiko des Bestellers oder Garanten und ggf. die Werthaltigkeit bestimmter Sicherheiten andererseits. Hinzu kommt die Risikolaufzeit des Geschäfts, die sich aus der Rückzahlungszeit des Kredits und ggf. der Vorlaufzeit, dh dem Zeitraum zwischen Lieferbeginn und Beginn der Kreditlaufzeit, zusammensetzt. Diese Risikofaktoren fließen in Formeln für Entgeltsätze ein, die auch die Höhe der Selbstbeteiligung berücksichtigen. 92

Die Teilnehmerstaaten des OECD-Konsensus haben sich auf die Festlegung von bestimmten Mindestentgeltsätzen verständigt. Das seit September 2011 geltende System bei Einzeldeckungen mit Risikolaufzeiten ab zwei Jahren sieht nicht mehr nur – bereits bislang schon harmonisierte – Länderkategorien und Mindestentgeltsätze für das Länderisiko vor. Vielmehr sind nunmehr auch im Hinblick auf die Einstufung des wirtschaftlichen Risikos (Käuferrisiko) einheitliche Kategorisierungsmaßstäbe vereinbart worden. Die damit einhergehende Angleichung der Mindestentgeltsätze einschließlich der Käuferrisiken soll ein weiterer Schritt zur Gewährleistung internationaler Wettbewerbsgleichheit sein. Tendenziell sind die Entgeltsätze im Vergleich zum vorherigen System für politische Risiken und beste wirtschaftliche Risiken niedriger und für schlechtere wirtschaftliche Risiken höher. 93

---

[25] Verzeichnis der Gebühren und Entgelte, Stand 1.9.2011, verfügbar bei www.agaportal.de.

2. Teil. Das Vertragsrecht des Exportgeschäfts

94 Nach dem System der Kombination von Länderrisiko- und Käuferkategorien werden bei den Exportkreditgarantien des Bundes alle Forderungsdeckungen bepreist, die für ein einzelnes Risiko übernommen werden (Einzeldeckungen). Dies gilt auch für die eigentlich nicht vom OECD-Modell erfassten Bereiche der kurzfristigen Einzel- und revolvierenden Einzeldeckungen; insoweit gelten indes eigenständige Formeln für die Ermittlung der Entgeltsätze. Für Fabrikationsrisikodeckungen werden Entgeltsätze angewendet, die auf den OECD-Länderkategorien und der Fabrikationsdauer sowie dem Umfang der gedeckten Risiken aufsetzen. Für Sonder- und Nebendeckungen gibt es spezifische Entgelte.

95 **1. Länderrisikomodell der OECD als Basis der Entgeltberechnung.** Im Hinblick auf das Länderrisiko, das für die Berechnung des Entgeltsatzes von grundlegender Bedeutung ist, ist die auf OECD-Ebene einheitliche Länderklassifizierung zu berücksichtigen. Es gibt acht Länderrisikokategorien. Die Hocheinkommensländer der OECD und der Eurozone werden automatisch der Kategorie 0 zugeordnet; die anderen Länder werden von den Länderrisikoexperten in Kategorien von 0 bis 7 eingestuft, wobei „1" für ein niedriges, „7" für ein hohes Risiko steht. Eine Einstufung in die Kategorie 0 kommt sehr selten vor. Bewertet wird dabei die Zahlungsfähigkeit eines Landes auf Basis von volkswirtschaftlichen Kennziffern und den Zahlungserfahrungen der OECD-Exportkreditagenturen, ggf. adjustiert durch risikopolitische Faktoren.

96 Grds. wird der Entgeltberechnung das Land zugrunde gelegt, in dem der Schuldner seinen Sitz hat. Eine bessere Länderkategorie kann ua angewendet werden, wenn eine qualitativ ausreichende Zahlungsgarantie aus einem – besser eingestuften – Drittland vereinbart wird (zB Akkreditive, Garantien auf erstes Anfordern). Eine Besserstellung bei der Forderungsdeckung ist auch möglich, wenn die Finanzierung durch internationale Finanzierungsinstitute wie beispielsweise der Weltbank oder der EIB erfolgt.

97 **2. Käuferkategorien für das wirtschaftliche Risiko.** Das individuelle Adress- und Transaktionsrisiko, das die Bonität des Käufers, der Bank oder des Garanten bzw. weitere mit der Deckung zusammenhängende Risikofaktoren erfassen soll, ist der zweite Faktor bei der Berechnung des Entgelts. Für Forderungsdeckungen mit einer Risikolaufzeit ab zwei Jahren sind die Käuferkategorien OECD-weit vereinheitlicht worden. Der Bund wendet die Käuferkategorien auch auf Forderungsdeckungen mit kürzeren Risikolaufzeiten entsprechend an.

98 Die Anzahl der Käuferkategorien ist abhängig von den Länderkategorien. Neben den Kategorien für staatliche Schuldner wie Zentralbank oder Finanzministerium (SOV) sowie sonstige staatliche Schuldner (SOV –) gibt es bis zu sechs Kategorien für private Schuldner (einschließlich Banken). Private Käufer und Banken werden – soweit vorhanden – unter Berücksichtigung der Bewertung international anerkannter Ratingagenturen, ohne dass diese automatisch übernommen werden, von der nationalen Exportkreditagentur eingestuft: Entsprechend einer Bonitätsanalyse werden die privaten Käufer den Käuferkategorien CC0 bis CC5 zugeordnet. Dabei ist CC0 die beste Kategorie für private Besteller, die eine ähnliche Bonität aufweisen wie ihr Stammland bzw. die entsprechende Zentralbank. Verfügt ein privater Käufer im Ausnahmefall über ein besseres externes Rating als das seines Stammlandes, ist eine Einstufung in die Kategorie SOV+ möglich.

99 Die Stellung bestimmter Sicherheiten (sog. credit enhancements) kann zu einem Abschlag auf den Käuferrisikoanteil des Entgelts führen. Die OECD sieht insofern insbesondere Pfandrechte und Hypotheken sowie die Abtretung von Erlösen und die Errichtung von Treuhandkonten (escrow accounts) als relevant an. Mit Ausnahme der Pfandrechte und Hypotheken sind die Sicherheiten untereinander kombinierbar, jedoch beträgt der maximale Abschlag auf den Käuferrisikoanteil des Entgelts 35%. Der Käuferrisikoanteil des Entgelts bestimmt sich aus der Differenz des jeweiligen Entgeltes für die Käuferkategorie in einer bestimmten Länderkategorie zu dem Entgelt für die entsprechende Zentralbank (SOV).

100 **3. Markttestverfahren.** Nach Art. 24c des OECD-Konsensus dürfen Entgelte staatlicher Exportkreditversicherer für Deckungen im Anwendungsbereich des OECD-Konsensus in

Abschnitt 27. Exportkreditgarantien der Bundesrepublik Deutschland

Ländern der Kategorie 0 ab einem Schwellenwert von 10 Mio. Sonderziehungsrechten die Prämien des privaten Marktes nicht unterbieten. Um die Marktkonformität von in den Anwendungsbereich des OECD-Konsensus fallenden Transaktionen zu belegen, stehen den Exportkreditagenturen unterschiedliche Verfahren zur Verfügung (Annex XIII des OECD-Konsensus). Ein Markttest ist darüber hinaus aufgrund beihilferechtlicher Anforderungen unabhängig vom Auftragswert für Geschäfte mit Bestellern und Garanten mit Sitz in der EU erforderlich.[26] Auch für die Länder der Kategorie 0 sowie EU-Länder wird mindestens ein Entgelt wie für einen vergleichbaren Käufer in der Länderkategorie 1 erhoben.

4. Zuschläge im Zusammenhang mit Fremdwährungen. Im Rahmen der Forderungsdeckungen übernimmt der Bund durch die Deckung von Kursverlusten nach Einzahlung von Beträgen zum Zwecke der Konvertierung (§ 4 Abs. 2 Ziff. 3 AB G) nur einen begrenzten Teil des Wechselkursrisikos. Sofern eine auf eine Fremdwährung lautende Export- oder Darlehensforderung in Deckung genommen wird, sind die Umrechnungsbestimmungen der Allgemeinen Bedingungen relevant: Nach § 12 Abs. 1 Ziff. 2 AB G erfolgt im Hinblick auf eine Entschädigung, die auf Basis des Euro-Referenzkurses der Europäischen Zentralbank erfolgt, eine Begrenzung auf den Umrechnungskurs, der der Entgeltfestsetzung zugrunde gelegt wurde (Entgeltkurs). Damit ist gewährleistet, dass der Bund keinen höheren Betrag entschädigen muss, als er der Berechnung des Entgelts zum Zeitpunkt der Deckungszusage zugrunde gelegt hat. Für eine derartige Indeckungnahme von Forderungen in Hartwährungen wird kein Zuschlag erhoben. 101

Die Exportforderung kann jedoch auch unter gewissem Ausschluss des Wechselkursrisikos für den Antragsteller für eine „harte" Fremdwährung wie bspw. US-Dollar, Britisches Pfund, Japanischer Yen versichert werden. Im Wege einer Besonderen Bedingung wird in diesem Fall die vorbeschriebene Deckelung des Entschädigungsbetrags aufgehoben. Entschädigt wird in Euro zum Tageskurs, wobei der Stichtag vor Risikobeginn festgelegt wird Für diese Deckung von **Fremdwährungsforderungen** fällt ein einheitlicher Zuschlag von 10% auf das Deckungsentgelt an. 102

Der Bund hat ferner für Geschäfte Deckungen übernommen, die in ausgewählten, im internationalen Handelsverkehr nicht üblichen, lokalen Währungen fakturiert und finanziert werden (bspw. südafrikanischer Rand, russischer Rubel, indische Rupie). Zur Abdeckung des erhöhten Kursrisikos bei der Entschädigung im Rahmen dieser sog. **Lokalwährungsdeckungen** wird ebenfalls ein zehnprozentiger Entgeltzuschlag erhoben. Zudem können mit einem weiteren Zuschlag die erhöhten Finanzierungskosten (Zinsen) berücksichtigt werden. 103

Ferner besteht die Möglichkeit, die Deckung selbst als sog. **Fremdwährungsgewährleistungsvertrag** nicht in Euro abzuwickeln, sondern in einer „harten" Fremdwährung, die auch für die Exportforderung vereinbart wird. Der Deckungsnehmer zahlt die Ausfertigungsgebühr und Entgelte, der Bund leistet etwaige Entschädigungszahlungen dann in dieser Währung. Auch für diesen Fall wird ein Aufschlag von 10% auf das Deckungsentgelt berechnet. 104

5. Fälligstellung und Erstattung des Entgelts. Das Deckungsentgelt wird zu Beginn des Deckungsverhältnisses fällig. Bei der Lieferanten- und Finanzkreditdeckung werden zunächst 25% des Entgelts mit Aushändigung der Deckungsurkunde (upfront) fällig, die restlichen 75% zu Liefer-/Leistungsbeginn. Beläuft sich der auf Basis des dokumentierten Auf- 105

---

[26] Das Erfordernis der Durchführung eines Markttests für Geschäfte mit Abnehmern/Kreditnehmern in EU-Ländern geht zurück auf eine Entscheidung der EU Kommission (K (2007), 4323 endg. vom 25.9. 2007) in einem Beihilfekontrollverfahren gegen die französische Exportkreditversicherung Coface (sog. TVO-Fall, s. Aufforderung der Kommission zur Abgabe einer Stellungnahme gemäß Artikel 88 Absatz 2 EGV, 2007/C 23/06, AB1EU C 23 vom 1.2.2007, S. 11 ff.; Klage gegen die Kommission (Rechtssache T-40/08), AB1EU C 107 26.4.2008, S. 26 f.). Danach schließe die Vereinbarkeit einer Exportkreditversicherung mit dem OECD Konsensus nicht ohne Weiteres den Beihilfecharakter aus. Dazu siehe *Moltrecht* EuZW 2007, 418; *ders.* in: Scheibe/Moltrecht, Reg. G, Rn. 380 ff.

tragswerts ermittelte Entgeltbetrag auf weniger als 500.000 EUR, wird er allerdings erst zu Liefer-/Leistungsbeginn in einer Summe fällig gestellt.

106 Bisweilen stellt sich im Laufe der Geschäftsabwicklung heraus, dass Inhalt und Umfang der Exportkreditgarantie geändert werden müssen und sich dadurch das gedeckte Risiko vermindert, zB weil sich der gedeckte Auftragswert ermäßigt. Stimmt der Bund dieser Änderung zu, kommt eine Erstattung des überzahlten Entgelts abzüglich einer geringfügigen Verwaltungskostenpauschale und uU einer Vorfälligkeitsgebühr in Höhe von 20%, insbesondere bei vorzeitigen Tilgungen des Kredits, in Betracht (vgl. § 18 Abs. 3 AB G).

F. Schadensfall

107 Die Exportkreditgarantien sind ein Förderinstrument. Die Bedingungen der Deckung und die Voraussetzungen für eine Entschädigung sind transparent. Sofern die Entschädigungsvoraussetzungen gegeben sind, kann daher damit gerechnet werden, dass nach Prüfung der eingereichten Unterlagen und weiterer notwendigen Informationen die Entschädigungsleistung erfolgt, vor dem Hintergrund des Haushaltsrechts aber auch nur dann. Bund und Deckungsnehmer haben das gemeinsame Interesse, den Eintritt eines Schadensfalls zu vermeiden bzw. einen bereits eingetretenen Schaden so gering wie möglich zu halten. So ist bspw. der Exporteur entsprechend verpflichtet, nach den Regeln der kaufmännischen Sorgfalt die dazu erforderlichen und geeigneten Maßnahmen zu treffen (Schadensverhütungs- und Schadensminderungspflichten nach § 15 Ziff. 6 AB G). Im Vorfeld eines Schadens sollte er möglichst frühzeitig Kontakt zu Euler Hermes aufnehmen, damit ein angemessenes Vorschadensmanagement durchgeführt werden kann. Gefahrerhöhende Umstände wie ein (ungewöhnlicher) Zahlungsverzug oder die Verschlechterung der Vermögenslage des Schuldners muss er unverzüglich melden (§ 15 Ziff. 4 AB G). Weitere Versendungen an den ausländischen Abnehmer können dann nur noch mit Zustimmung des Bundes erfolgen, soll der Versicherungsschutz nicht gefährdet werden. UU kann der in Zahlungsschwierigkeiten geratene Schuldner mit einer Streckung der Fälligkeiten (Prolongation) wieder in die Lage versetzt werden, den Schuldendienst zu begleichen. Der Bund kann sich an den Kosten für Maßnahmen der Rechtsverfolgung – ggf. auch bereits vor Entschädigung – beteiligen (§ 17 AB G).

I. Entschädigungsverfahren

108 Das Entschädigungsverfahren wird durch einen Antrag des Deckungsnehmers unter Verwendung entsprechender Formulare eingeleitet. Dieser kann zwar bereits nach Fälligkeit der Forderung gestellt werden; die Bearbeitung erfolgt allerdings erst nach Ablauf der schadensbegründenden Karenzfrist. Denn nicht selten zeigt sich zB, dass der Schuldner lediglich vorübergehende Zahlungsschwierigkeiten hat. Die Karenzfrist ist abhängig vom entsprechenden Schadenstatbestand und der Deckungsform: Beim Nichtzahlungsfall (Protracted Default) der Lieferantenkreditdeckung beträgt sie sechs, beim Konvertierungs- und Transferschadensfall drei, bei sonstigen politischen Risiken sechs Monate. Bei einer Insolvenz des Schuldners ist der Schadenstatbestand bereits mit Eröffnung des Insolvenzverfahrens gegeben; eine Karenzfrist gibt es hier ebenso wie bei den anderen qualifizierten wirtschaftlichen Schadenstatbeständen nicht. Entschädigt wird insoweit allerdings erst nach liefervertraglich vereinbarter Fälligkeit. Zu beachten ist, dass eine Entschädigung ausgeschlossen ist, wenn innerhalb von zwei Jahren ab jeweiliger Fälligkeit der gedeckten Forderung kein Entschädigungsantrag gestellt wird (vgl. § 3 Abs. 2 AB G). Diese materielle Ausschlussfrist[27] kann allerdings durch Meldung der Überfälligkeit oder des Standes der Einzugsmaßnahmen unterbrochen werden und beginnt dann erneut zu laufen.

---

[27] Halm/Engelbrecht/Krahe/*Scheibe*, Rn. 154.

II. Entschädigungsvoraussetzungen

Für eine Entschädigung ist va die Fälligkeit und Rechtsbeständigkeit der gedeckten Forderung, der Eintritt eines Gewährleistungsfalls (Schadenstatbestands) sowie die Vornahme hinreichender Maßnahmen zur Schadensminderung nachzuweisen (§§ 4, 5 und 15 Ziff. 6 AB G). 109

Die Rechtsbeständigkeit der gedeckten Forderung erfordert das Fehlen von rechtshindernden oder -vernichtenden Einwendungen sowie von Einreden. Sie steht insbesondere in Zweifel, wenn sich der ausländische Schuldner auf Gewährleistungsansprüche beruft. Eine Entschädigung kann dann erst geleistet werden, wenn sie hinreichend eindeutig geklärt ist. Dazu kann auch eine gerichtliche oder schiedsgerichtliche Klärung notwendig sein, wobei die Risiken des anwendbaren Rechts und des Gerichtsstands vom Exporteur zu tragen sind. Es kommt jedoch auf den einzelnen Fall an. Bisweilen können daher andere Nachweise wie eine aussagekräftige Dokumentation der Vertragsabwicklung, Abnahmeprotokolle oder -zertifikate bei der Bewertung der Stichhaltigkeit der vom Schuldner gemachten Einwendungen gegen die Exportforderung zu Rate gezogen werden. 110

Der Exporteur muss ferner nachweisen, dass ein Gewährleistungsfall eingetreten ist. In der Praxis liegt häufig die bloße Nichtzahlung durch den Schuldner vor. Insoweit ist es erforderlich, dass der Exporteur neben der sechsmonatigen Überfälligkeit der Forderung auch belegt, dass er die nach den Regeln der kaufmännischen Sorgfalt erforderlichen Maßnahmen zur Einziehung der gedeckten Forderung ergriffen hat. Beispiele hierfür sind die Beauftragung eines Inkassobüros oder eines Rechtsanwalts oder die Einschaltung einer Auslandshandelskammer. Ggf. kann die Schadensabteilung der Exportkreditgarantien entsprechende Kontaktadressen zur Verfügung stellen. Sofern bei der Übernahme der Bundesdeckung Personalsicherheiten wie zB Garantien dokumentiert wurden, kommt eine Entschädigung erst in Betracht, wenn und soweit ein Gewährleistungsfall auch für den Sicherheitengeber festgestellt werden kann. Dies gilt idR nicht für dingliche Sicherheiten. 111

Zur Wahrung des Entschädigungsanspruches müssen auch bestimmte, sich aus den Allgemeinen Bedingungen, aber auch etwaigen vertragsspezifischen Besonderen Bedingungen ergebenden Obliegenheiten eingehalten sein. Für die Bestimmung der dabei durch die Deckungsnehmer anzulegenden kaufmännischen bzw. banküblichen Sorgfaltspflicht sind die Umstände des Einzelfalls maßgebend, wobei zB auch die Gepflogenheiten des Bestellerlandes berücksichtigt werden. Im Hinblick auf die Einhaltung der banküblichen Sorgfaltspflicht bei Finanzkreditdeckungen ist nunmehr in den Allgemeinen Bedingungen ausdrücklich aufgenommen, dass die Bank sich vor Auszahlung aus dem Finanzkredit davon überzeugt hat, dass die dokumentierten Auszahlungsvoraussetzungen eingehalten sind und – durch dokumentären Nachweis – das Exportgeschäft auch tatsächlich durchgeführt worden ist (§§ 15 Ziff. 2 und 16 Abs. 3 AB FKG). 112

Den Nachweis der Entschädigungsvoraussetzungen führt der Exporteur anhand von einschlägigen Unterlagen. Bei einer Ausfuhrdeckung bzw. APG sind dies zB der Auftrag oder die Auftragsbestätigung, der Liefervertrag, die Bestätigung der Bank über die Gutschrift der Anzahlung, Versandpapiere, Rechnungen, das Kundenkonto, Mahnkorrespondenz und ggf. die Dokumente über die Eröffnung des Insolvenzverfahrens, etc. Bei einer Finanzkreditdeckung müsste die Bank bspw. zusätzlich den Kreditvertrag und den Zins- und Tilgungsplan einreichen. Für die Entschädigung im Rahmen einer Fabrikationsrisikodeckung ist ein von einem Wirtschaftsprüfer oder Sachverständigen erstelltes Gutachten über die entstandenen Selbstkosten erforderlich. 113

III. Auszahlung der Entschädigung

Liegen alle entscheidungserheblichen Unterlagen vor, wird bei Lieferantenkreditdeckungen innerhalb von zwei Monaten über den Entschädigungsanspruch entschieden und innerhalb eines Monats ab Bekanntgabe und Anerkennung der Schadenabrechnung die Ent- 114 schädigungssumme ausgezahlt, ggf. an den Zessionar, wenn der Entschädigungsanspruch abgetreten worden ist. Häufig wird in der Praxis nach dem Protracted Default entschädigt. Insofern genügt es grundsätzlich, wenn die Zahlung zum Fälligkeitstermin nicht eingeht; auf die eigentliche Ursache dafür kommt es grds. nicht an. Allerdings muss der Exporteur hinreichende Einziehungsbemühungen nachweisen und eine Karenzfrist von sechs Monaten abwarten, bevor entschädigt werden kann. Er sollte berücksichtigen, dass er für diesen Zeitraum zuzüglich der Bearbeitungszeit das Zinsausfallrisiko trägt, da Verzugszinsen nach Fälligkeit der gedeckten Forderung nicht deckungsfähig sind. Bei den qualifizierten wirtschaftlichen Schadensfällen kommt dagegen eine sofortige Entschädigung in Betracht. Bei Finanzkreditdeckungen verkürzen sich die Fristen auf einen Monat bzw. fünf Bankarbeitstage. Sie sind ohnehin Maximalfristen und werden regelmäßig nicht ausgenutzt.

115 Die Entschädigung erfolgt unter Abzug eines Selbstbehalts des Deckungsnehmers, der nach Risiko und Deckungsform variiert. Er liegt – abgesehen von besonderen Ausnahmefällen – im Hinblick auf

- Einzeldeckungen und revolvierende Einzeldeckungen bei 5% für politische und 15% für wirtschaftliche Risiken (inkl. Protracted Default),
- Ausfuhr-Pauschal-Gewährleistungen bei 5% für politische und 10% für wirtschaftliche Risiken (inkl. Protracted Default),
- Ausfuhr-Pauschal-Gewährleistungen-light generell bei 10%,
- Finanzkreditdeckungen für alle Risiken bei 5%,
- Fabrikationsrisikodeckungen für alle Risiken bei 5%,
- Vertragsgarantiedeckungen für alle Risiken bei 5%.

116 Mit Auszahlung der Entschädigung gehen die entschädigte Forderung, die Ansprüche auf Zinsen und Verzugszinsen für die Zeit nach Zahlung der Entschädigung sowie die Ansprüche aus etwaigen Versicherungen auf den Bund im Verhältnis seines Anteils am Ausfall der entschädigten Forderung über (§ 10 AB G). Der Deckungsnehmer bleibt daher regelmäßig mit dem seiner Selbstbeteiligung entsprechenden Teil Forderungsinhaber.

117 Auch nach Stellung des Entschädigungsantrags und Auszahlung der Entschädigung bleibt der Exporteur zur Rechtsverfolgung und Minderung des Schadens verpflichtet, wobei sich der Bund an den Kosten in Höhe des entschädigten Anteils beteiligt (§ 11 AB G). Unter Umständen bietet sich eine Verwertung des gelieferten Exportguts an; zuvor muss jedoch die Zustimmung des Bundes eingeholt werden und sichergestellt sein, dass nach Abzug der Kosten ein positiver Verwertungserlös zu erwarten ist.

118 Im Falle der Ablehnung eines Entschädigungsanspruchs wird eine Ausschlussfrist von sechs Monaten in Gang gesetzt, innerhalb derer eine Geltendmachung vor den ordentlichen Gerichten in Hamburg erfolgen müsste (§§ 21 und 22 ABG). Es besteht aber auch die Möglichkeit, die Entscheidung im Rahmen einer Revision überprüfen zu lassen,[28] wobei dies jedoch keine Auswirkung auf den Ablauf der Ausschlussfrist hat; der Bund wird allerdings der Fristverlängerung bei einer laufenden Revision zustimmen können.

---

[28] Vgl. Halm/Engelbrecht/Krahe/*Scheibe*, Rn. 166.

3. Teil. Exportwirtschaft (Ausfuhr, Zoll, Steuern)

10. Kapitel. Völker- und europäische Grundlagen des Exportrechts

Abschnitt 28. Der Rechtsrahmen der Welthandelsorganisation (WTO) und der Europäischen Union (EU) für den Export

Übersicht	Rn.
A. Die rechtliche Steuerung des globalen Exports durch das WTO-Recht und das Recht der EU	1
B. Gang der weiteren Überlegungen	5
C. WTO-Recht	7
I. Überblick über das WTO-Recht	7
1. Die Abkommen unter dem Dach der WTO	7
2. Aufgaben und Organisation der WTO	9
a) Aufgaben	9
b) Institutionelle Struktur der WTO	11
c) Beschlussfassung	14
3. Die Wirkung des WTO-Rechts im EU-Recht	15
4. Die Durchsetzbarkeit des WTO-Rechts	16
a) Das Streitbeilegungsverfahren	16
b) Die dezentrale Durchsetzung des WTO-Rechts durch die Privatwirtschaft	21
II. Der Rechtsrahmen der WTO für den Export	24
1. Die Regelungen über den Warenhandel im GATT	24
a) Import, Export und Transit von Waren	25
b) Inländergleichbehandlung	40
c) Allgemeine Ausnahmen	43
d) Die handelspolitischen Schutzinstrumente	45
2. Die Regelungen über Dienstleistungen im GATS	52
3. Die Regelungen über geistiges Eigentum im TRIPS	53
D. EU-Recht	54
I. Überblick über das EU-Recht	54
1. Das primäre Unionsrecht	55
a) Allgemeines	55
b) Ziele der EU und Instrumente ihrer Umsetzung	57
2. Das sekundäre Unionsrecht	62
3. Die Institutionen – Rat, Kommission, Gerichtshof und Parlament	68
II. Der Rechtsrahmen für Exporte innerhalb der EU	72
1. Der freie Warenverkehr	73
a) Das Verbot der Binnenzölle und Abgaben gleicher Wirkung	74
b) Das Verbot mengenmäßiger Beschränkungen und Maßnahmen gleicher Wirkung – Die Warenverkehrsfreiheit	75
2. Weitere Grundfreiheiten	78
3. Das europäische Wettbewerbsrecht	83
4. Rechtsschutz im Export innerhalb der EU	84
III. Der Rechtsrahmen für Exporte aus der EU in Drittstaaten	88
1. Der Grundsatz der Exportfreiheit	89
2. Zulässige Einschränkungen der Exportfreiheit	90
a) Die Dual-Use-Güter-Verordnung	91
b) Die Kulturgüter-Verordnung	92
c) Schutzmaßnahmen auf Grundlage der AusfuhrVO	93
d) Die Einschränkung der Ausfuhrfreiheit durch Wirtschaftssanktionen der EU	94
e) Harmonisierung der Exportkreditversicherungssysteme	95
IV. Der Rechtsrahmen für Importe aus Drittstaaten	96
1. Der Grundsatz der Einfuhrfreiheit	97

3. Teil. Exportwirtschaft (Ausfuhr, Zoll, Steuern)

	Rn.
2. Zulässige Einschränkungen der Einfuhrfreiheit	98
3. Zölle	100
4. Die gemeinsame Handelspolitik	102
V. Rechtsschutz im Außenhandel	104
E. Ausblick – Konsolidierung des Exportrechts als Herausforderung des internationalen und supranationalen Rechts	108

Literatur WTO: *Behrens,* Die private Durchsetzung von WTO-Recht, in: Nowak/Cremer (Hrsg.), Individualrechtsschutz in der EG und der WTO, 2002, 202; *Beise,* Die Welthandelsorganisation (WTO). Funktion, Status, Organisation, 2001; *Benedek,* Die Rechtsordnung des GATT aus völkerrechtlicher Sicht, 1990; *Berrisch/Kamann,* Die Handelshemmnisverordnung – Ein neues Mittel zur Öffnung von Exportmärkten, EuZW 1999, 101; *Boudreaux,* Globalization, 2008; *Bronckers,* Enforcing WTO Law through the EC Trade Barriers Regulation, 3 Int. TRL (1997), 76; *Bütler/Hauser,* The WTO Dispute Settlement System, Journal of Law, Economics and Organization 16 (1998), 503; *Busche/Stoll,* TRIPS, 2007; *Cottier,* Dispute Settlement in the World Trade Organization: Characteristics and Structural Implications for the European Union, CMLRev. 35 (1998), 325; *Brößkamp,* Meistbegünstigung und Gegenseitigkeit im GATT, 1990; *Ebner,* Streitbeilegung im Welthandelsrecht, 2005; *Ehlers/Wolffgang/Schröder,* Subventionen im WTO- und EG-Recht, 2007; *Ehlers/Terhechte/Wolffgang/Schröder* (Hrsg.), Aktuelle Entwicklungen des Rechtsschutzes und der Streitbeilegung im Außenwirtschaftsrecht, 2013; *Englisch,* Wettbewerbsgleichheit im grenzüberschreitenden Handel, 2008; *Gugerbauer,* Rechtsschutz im globalisierten Wirtschaftswettbewerb, 2005; *Hauser/Schanz,* Das neue GATT. Die Welthandelsordnung nach Abschluss der Uruguay-Runde, 2. Aufl. 1995; *Heidfeld,* Die dezentrale Durchsetzung des WTO-Rechts in der Europäischen Union, 2012; *Herrmann,* WTO, in: Terhechte (Hrsg.), Internationales Kartell- und Fusionskontrollverfahrensrecht, 2008, § 74; *ders./Weiß/Ohler,* Welthandelsrecht, 2. Aufl. 2007; *Hermes,* TRIPS im Gemeinschaftsrecht, 2002; *Hilf/Oeter* (Hrsg.), WTO-Recht. Rechtsordnung des Welthandels, 2. Aufl. 2010; *Hilpold,* Die EU im GATT/WTO-System, 2009; *Hoekman/Kostecki,* The Political Economy of the World Trading System, 3. Aufl. 2008; *Hohmann* (Hrsg.), Agreeing and Implementing the Doha Round, 2008; *Horn/Mavroidis* (Hrsg.), Legal and Economic Principles of World Trade Law, 2013; *Irwin/Mavroidis/Sykes,* The Genesis of the GATT, 2008; *Jackson,* World Trade and the Law of GATT, 1969; *ders.,* The World Trading System, 2. Aufl. 1997; *ders.,* Dispute Settlement and the WTO, 1 Journal of International Economic Law (1998), 1; *Jansen,* Die Durchführung von Entscheidungen des Streitschlichtungsorgans der Welthandelsorganisation, EuZW 2000, 577; *Krugman/Obstfeld/Melitz,* International Economics: Theory and Policy, 9. Aufl. 2011; *Lester/Mercurio/Davies,* World Trade Law, 2. Aufl. 2012; *Lou,* Anti-Dumping in the WTO, the EU and China, 2010; *Mavroidis,* Trade in Goods, 2. Aufl. 2013; *Naray,* Russia and the World Trade Organization, 2001; *Ohlhoff/Schloemann,* Durchsetzung internationaler Handelsregelungen durch Unternehmen und Verbände, RIW 1999, 649; *Petersmann,* Why Rational Choice Theory Requires a Multilevel Constitutional Approach to International Economic Law – The Case for Reforming the WTO's Enforcement Mechanism, Illinois Law Review 2008, 359; *Prieß/Berrisch,* WTO-Handbuch, 2003; *Schick,* Das Abkommen über technische Handelshemmnisse im Recht der WTO, 2004; *Senti,* WTO: System und Funktionsweise der Welthandelsordnung, 2000; *Shea,* The World Trade Organization Antidumping Agreement, 29 Journal of World Trade (1995), 1; *Shoyer,* Panel Selection in WTO Dispute Settlement Proceedings, 6 Journal of International Economic Law (2003), 203; *Siebold,* Die Welthandelsorganisation und die Europäische Gemeinschaft, 2003; *Stoiber,* Das Streitschlichtungsverfahren der Welthandelsorganisation, 2004; *Stoll/Schorkopf,* WTO – Welthandelsordnung und Welthandelsrecht, 2002; *dies.,* WTO – World Economic Order, World Trade Law, 2006; *Taubman/Wager/Watal* (Hrsg.), A Handbook on the WTO TRIPS Agreement, 2013; *Terhechte,* Einführung in das Wirtschaftsvölkerrecht, JuS 2004, 959 (Teil 1), 1052 (Teil 2); *ders.,* Vom „rights-based approach" zum „solution-based approach" in der WTO-Streitbeilegung? – das Beispiel des projektierten NTB-Resolution Mechanism, in: *Ehlers/Terhechte/Wolffgang/Schröder* (Hrsg.), Aktuelle Entwicklungen des Rechtsschutzes und der Streitbeilegung im Außenwirtschaftsrecht, 2013, S. 123; *Trebilcock/Howse,* The Regulation of International Trade, 4. Aufl. 2012; *VanGrasstek,* The History and Future of the WTO, 2013; *Weber,* WTO-Streitbeilegung und EuGH im Vergleich, 2007; *Weiss,* The General Agreement on Trade in Services 1994, CMLRev. 32 (1995), 1177; *ders.,* „Market Access" – Marktzugang im Europa- und Internationalen Handelsrecht, RIW 2006, 170.

Literatur EU: *Arnold/Meindl,* Außenhandelsrecht, in: Dauses (Hrsg.), Handbuch des EU-Wirtschaftsrechts, München, Loseblatt (Stand: 28. EL Mai 2011); *Behrens,* Die Konvergenz der wirtschaftlichen Freiheiten des EWG-Vertrages, EuR 1992, 145; *Berrisch/Kamann,* Die Handelshemmnisverordnung – Ein neues Mittel zur Öffnung von Exportmärkten, EuZW 1999, 101; *Bieneck* (Hrsg.), Handbuch des Außenwirtschaftsrechts, 2. Aufl. 2005; *von Bogdandy/Bast* (Hrsg.), Europäisches Verfassungsrecht, 2. Aufl. 2009; *Boysen/Oeter,* Außenwirtschaftsrecht, in: Schulze/Zuleeg/Kadelbach (Hrsg.), Europarecht. Handbuch für die deutsche Rechtspraxis, 2. Aufl. 2010, § 32; *Bryde,* Außenwirtschaftsrecht, in: Schmidt (Hrsg.), Öffentliches Wirtschaftsrecht, Besonderer Teil 2, 1996; *Bungenberg,* § 11 Europäisches Verwaltungsrecht und WTO-Rechts, § 31 Export- und Importkontrollverwaltungsrecht, in: Terhechte (Hrsg.), Verwaltungsrecht der Europäischen Union, 2011; *ders./Herrmann* (Hrsg.), Die gemeinsame Handelspolitik der Europäischen Union nach Lissabon, 2011; *Calliess/Ruffert* (Hrsg.), Kommentar zu EUV/AEUV, 4. Aufl. 2011; *Carstens,* Die Errichtung des gemeinsamen Marktes in der Europäischen Wirtschaftsgemeinschaft, Atomgemeinschaft und Gemeinschaft für Kohle und Stahl, ZaöRV 18 (1957), 459; *Cusack,* A Tale of two Treaties: an Assessment of the Euratom Treaty in Relation to the EC Treaty, CMLRev. 2003, 117; *Dougan,* The Treaty of Lisbon 2007: Winning minds, not hearts, CMLRev. 2008, 617; *Egger,* „Dual-Use"-Waren: Exportkontrolle und EG-Vertrag, 1996; *Ehlers* (Hrsg.), Europäische Grundrechte und Grundfreiheiten, 3. Aufl. 2009; *Epping,* Die Außenwirtschaftsfreiheit, 1998; *Frenz,* Handbuch Europarecht, Band 1: Europäische Grundfreiheiten, 2. Aufl. 2012; *Geiger/Khan/Kotzur,* EUV/AEUV Kommentar, 5. Aufl. 2010; *Govaere/Eeckhout,* On Dual Use Goods and Dualist Case Law: The Aimé Richardt Judgment on Export Controls, CMLRev. 1992, 941; *Grabitz/Hilf/Nettesheim* (Hrsg.), Das Recht der Europäischen Union, Band V, Teil E: Außenwirtschaftsrecht, München (Stand: 50. EL Mai 2013); *Gugerbauer,* Rechtsschutz im globalisierten Wirtschaftswettbewerb, 2005; *Hahn/Danieli,* You'll never walk alone: The European Union and Its Member States in the WTO, in: Bungenberg/Herrmann (Hrsg.), European Yearbook of International Economic Law, Special Issue: Common Commercial Policy after Lisbon, 2013, S. 49 ff.; *Hatje/Kindt,* Der Vertrag von Lissabon – Europa endlich in guter Verfassung?, NJW 2008, 1761; *ders./Terhechte* (Hrsg.), Das Binnenmarktziel in der Europäischen Verfassung, EuR-Beiheft 3/2004; *dies.* (Hrsg.), Unternehmen und Steuern in Europa, EuR-Beiheft 2/2006; *Herrmann,* in: Terhechte (Hrsg.), Verwaltungsrecht der Europäischen Union, 2011, § 30; *ders./Michl,* Grundzüge des europäischen Außenwirtschaftsrechts, ZeuS 2008, 81; *ders./Krenzler/Streinz* (Hrsg.), Außenwirtschaftspolitik der Europäischen Union nach dem Verfassungsvertrag, 2006; *Hohmann,* Angemessene Außenhandelsfreiheit im Vergleich, 2002; *ders./John* (Hrsg.), Kommentar zum Ausfuhrrecht, 2002; *ders.,* Handel mit Dual-Use-Gütern im Binnenmarkt: Konflikte zwischen nationalen Kontrollen und europäischer Warenverkehrsfreiheit, EWS 2000, 59; *Janik,* Sensitive Waren und Dienstleistungen im Lichte des europäischen Gemeinschaftsrechts, 1995; *Krenzler/Herrmann* (Hrsg.), EU-Außenwirtschafts- und Zollrecht, Loseblatt (Stand: April 2013); *Lange* (Hrsg.), Handbuch zum deutschen und europäischen Kartellrecht, 2. Aufl. 2006; *Luengo Hernandez de Madrid,* Regulation of Subsidies and State Aids in WTO and EC Law: Conflicts in International Trade Law, 2007; *Lux,* Europäisches Außenwirtschaftsrecht, ZfZ 1990, 194; *Marauhn,* Strategische Ausfuhrbeschränkungen gegenüber Drittstaaten im Lichte des Gemeinschaftsrechts, ZaöRV 54 (1994), 779; *Mayer,* Die Rückkehr der Europäischen Verfassung? Ein Leitfaden zum Vertrag von Lissabon, ZaöRV 2007, 1141; *ders.,* Die Warenverkehrsfreiheit in der Europäischen Gemeinschaft – eine Rekonstruktion, EuR 2003, 793; *Mestmäcker/Schweitzer,* Europäisches Wettbewerbsrecht, 2. Aufl. 2004; *Möllers,* Wirtschaftliche und finanzielle Sanktionen gegenüber Privatpersonen oder Organisationen ohne hinreichende Verbindung zu einem bestimmten Drittland, EuR 2006, 424; *Nicolaysen,* Europarecht II – Das Wirtschaftsrecht des Binnenmarkts, 1996; *Niedrist,* Präferenzabkommen im Europarecht und im Welthandelsrecht, 2009; *Nowak/Cremer* (Hrsg.), Individualrechtsschutz in der EG und der WTO, 2002; *Obwexer* (Hrsg.), Die Europäische Union im Völkerrecht, EuR-Beiheft 2/2012; *ders.,* Das Ende der Europäischen Gemeinschaft für Kohle und Stahl, EuZW 2002, 517; *Rabe,* Rechtsschutz im Außenwirtschaftsrecht der EG, EuR 1991, 236; *Ress,* Das Handelsembargo – völker-, europa- und außenwirtschaftsrechtliche Rahmenbedingungen, Praxis und Entschädigung, 2000; *Reuter,* Grenzen nationalen Exportkontrollrechts im Gemeinsamen Markt, RIW 1993, 88; *ders.,* Außenwirtschafts- und Exportkontrollrecht Deutschland/Europäische Union, 1995; *Schwarze* (Hrsg.), EU-Kommentar, 3. Aufl. 2012; *ders.,* Europäisches Verwaltungsrecht, 2. Aufl. 2005; *ders.,* Europäisches Wirtschaftsrecht, 2007; *ders.* (Hrsg.), Verfahren und Rechtsschutz im europäischen Wirtschaftsrecht, 2010; *ders./Hatje* (Hrsg.), Der Reformvertrag von Lissabon, EuR-Beiheft 1/2009; *Streinz,* Europarecht, 9. Aufl. 2012; *Terhechte* (Hrsg.), Internationales Kartell- und Fusionskontrollverfahrensrecht, 2008; *ders.,* Der Vorrang des Unionsrechts, JuS 2008, 403; *ders.,* Die ungeschriebenen Tatbestandsmerkmale des europäischen Wettbewerbsrechts, 2004; *ders.,* Der Vertrag von Lissabon: Grundlegende Verfassungsurkunde der europäischen Rechtsgemeinschaft oder technischer Änderungsvertrag?, EuR 2008, 143; *ders.,* Art. 351 AEUV, das Loyalitätsgebot und die Zukunft mitgliedstaatlicher Investitionsschutzverträge, in: Bungenberg/Griebel/Hindelang (Hrsg.), Internationaler Investitionsschutz und Europarecht, 2010, S. 139; *ders.,* Konstitutionalisierung und Normativität der europäischen Grundrechte, 2011; *ders.,* Verfassungsrechtliche Grenzen einer Weiterentwicklung der Gemeinsamen Handelspolitik, in Bungenberg/Herrmann (Hrsg.), Die Gemeinsame Handelspolitik nach Lissabon, 2011, S. 25; *Thies,* International Trade Disputes and EU Liability, 2013; *Weber,* Vom Verfassungsvertrag zum Vertrag von Lissabon, EuZW 2008, 7; *Witte,* Zollkodex Kommentar, 6. Aufl. 2013; *ders./Wolffgang,* Lehrbuch des Europäischen Zollrechts, 7. Aufl. 2012; *Wolfram,* Die mitgliedstaatlichen Verbotstatbestände der Binnenmarktfreiheiten, 2012.

A. Die rechtliche Steuerung des globalen Exports durch das WTO-Recht und das Recht der EU

Im Zuge der Globalisierung hat sich das Exportgeschäft dramatisch verändert. Waren- und Dienstleistungsströme sind in der heutigen Zeit meist weltumspannend, sodass die Exportwirtschaft fortlaufend mit der Herausforderung konfrontiert ist, in vollkommen unterschiedlichen rechtlichen Umfeldern agieren zu müssen. Dabei ist schon lange bekannt, dass divergierende Vorschriften über den Marktzugang und die unterschiedliche Behandlung ausländischer Waren auf heimischen Märkten ernst zu nehmende Probleme verursa-

3. Teil. Exportwirtschaft (Ausfuhr, Zoll, Steuern)

chen können. Folgerichtig sind sowohl auf der Ebene des internationalen Rechts mit dem WTO-Recht als auch auf der Ebene des supranationalen Rechts mit dem EU-Exportrecht rechtliche Rahmenbedingungen geschaffen worden, die die Regulierung des Exportgeschäfts in sichere Bahnen lenken sollen. Beide Regelungskomplexe sollen im Rahmen dieses Abschnitts näher behandelt werden (zum Gang der Überlegungen → Rn. 5).

2 In Bezug auf das Exportrecht resultiert aus einer Verbundperspektive auf das WTO-Recht und das Recht der EU eine Reihe von Vorteilen: Bekanntlich sind nicht nur die EU-Mitgliedstaaten jeweils Mitglieder der WTO, sondern auch die EU selbst. Angesichts der umfangreichen Kompetenzen der EU im Bereich der Gemeinsamen Handelspolitik (Art. 206f. AEUV) zeichnet sich sogar eine Entwicklung ab, dass die Mitgliedstaaten der EU nur noch wenig Einfluss und Beteiligungsrechte in der WTO geltend machen können.[1] Dies wird bisweilen kritisch gesehen.[2] Gleichwohl zeigt diese Entwicklung auch, dass sich das **„öffentliche" Exportrecht** zunehmend aus den nationalen Bahnen herausentwickelt und sich in international- und supranationalrechtlichen Strukturen ausbildet. Entsprechend ist die Bedeutung des deutschen Außenwirtschaftsrechts in den letzten Jahren beständig zurückgegangen während die des WTO-Rechts und des EU-Exportrechts gestiegen ist.

3 Vor diesem Hintergrund verkörpert die am 15. April 1994 gegründete **Welthandelsorganisation** (WTO – *World Trade Organization*) wie keine andere internationale Organisation den Versuch, internationale Regeln für den grenzüberschreitenden Handelsverkehr zu schaffen und durchzusetzen, die den globalisierten Handel mit seinen Risiken in berechenbarere Bahnen lenken sollen.[3] Auf Grund der Tatsache, dass sowohl Industrie- als auch Entwicklungsländer Mitglieder der WTO sind (derzeit hat die WTO 159 Mitglieder), hat sie (und damit auch das WTO-Recht) heute eine überragende Bedeutung für den internationalen Handelsverkehr und somit auch für den Export. Der nach langwierigen Verhandlungen erfolgte Beitritt Russlands im August 2012 zeigt, dass man es inzwischen mit einem weltweit einzigartigen Verbund zu tun hat, der einheitliche Regeln für seine Mitglieder bereithält.[4] Entsprechend werden heute über 95% des weltweiten Exports durch das WTO-Recht (mit-)gesteuert.

4 Hierbei ist die **Europäische Union (EU)** angesichts ihres Anteils am Welthandel von ca. 32% nach wie vor unangefochtener Exportweltmeister.[5] Die volkswirtschaftliche Bedeutung des Exports für die EU sowie der für ihn maßgeblichen rechtlichen Regelungen kann schon vor diesem Hintergrund gar nicht überschätzt werden. Dies gilt in einem besonderen Maße auch für die Bundesrepublik Deutschland, für die der Export in die anderen Mitgliedstaaten der EU und darüber hinaus in Drittstaaten außerhalb der EU als „Exportnation" nach wie vor eine überragende Rolle spielt.[6] Leitende Maxime des europäischen Rechtsrahmens für den Export ist die umfassende **Garantie von Freiheit**. Sei es in Form der Einfuhr- und Ausfuhrfreiheit aus dem bzw. in das Territorium der Union, oder sei es in Gestalt der Ein- und Ausfuhraktivitäten zwischen den Mitgliedstaaten der Union, die im Wesentlichen durch die Grundfreiheiten und das europäische Wettbewerbsrecht

---

[1] *Terhechte*, Art. 351 AEUV, das Loyalitätsgebot und die Zukunft mitgliedstaatlicher Investitionsschutzverträge, in: Bungenberg/Griebel/Hindelang (Hrsg.), Internationaler Investitionsschutz und Europarecht, 2010, S. 139 ff. (insbesondere S. 152 mwN).

[2] S. etwa BVerfG 123, 260 – Lissabon; eingehend dazu auch *Terhechte*, Verfassungsrechtliche Grenzen einer Weiterentwicklung der Gemeinsamen Handelspolitik, in: Bungenberg/Herrmann (Hrsg.), Die Gemeinsame Handelspolitik nach Lissabon, 2011, S. 25 ff.

[3] S. dazu *VanGrasstek*, The History and Future of the WTO, 2013; *Grossman/Horn*, in: ders./Mavroidis (Hrsg.), Why the WTO? An Introduction to the Economics of Trade Agreements, S. 9 ff.; *Göttsche*, in: Hilf/Oeter (Hrsg.), WTO-Recht, 2. Aufl. 2010, § 5 Rn. 1 ff.; Überblick auch bei *Terhechte*, Einführung in das Wirtschaftsvölkerrecht, JuS 2004, 959 ff.; *Bungenberg*, Europäisches Verwaltungsrecht und WTO-Recht, in: Terhechte (Hrsg.), Verwaltungsrecht der EU, § 11 Rn. 6 ff.

[4] Zur Mitgliedschaft Russlands in der WTO s. *Hilf*, in: Hilf/Oeter (Hrsg.), WTO-Recht, 2. Aufl. 2010, § 6 Rn. 53; *Naray*, Russia and the World Trade Organization, 2001.

[5] Eurostat-Angaben, Gesamtanteil der EU am weltweiten Warenim- und -export 2011.

[6] Zum Ganzen *Herrmann/Michl*, Grundzüge des europäischen Wirtschaftsrechts, ZEuS 2008, 81 ff. (83).

garantiert und abgesichert werden.⁷ Sowohl Beschränkungen des Exports in die Union bzw. aus der Union als auch des Exports innerhalb der Union müssen nach diesen unionsverfassungsrechtlichen Vorgaben stets Ausnahmecharakter tragen.⁸ Insbesondere die freiheitsorientierte Verfasstheit der Union nach innen sowie die überragende Bedeutung des Rechts im europäischen Integrationsprozess haben maßgeblich zum Erfolg der wirtschaftlichen Integration in der EU beigetragen. Das EU-Exportrecht steht in diesem Zusammenhang vor der Herausforderung, diese Freiheit auch weiterhin zu gewährleisten, gleichzeitig aber auch bestimmte Importe in die EU (also Exporte aus Drittstaaten) zu kontrollieren und ggf. zu unterbinden. Das EU-Exportrecht weist deshalb seit jeher eine innere Dimension (verkörpert etwa durch die Grundfreiheiten und das Wettbewerbsrecht) und eine äußere Dimension (verkörpert etwa durch die Zollpolitik oder die Gemeinsame Handelspolitik) auf.

B. Gang der weiteren Überlegungen

Im Folgenden wird zunächst ein allgemeiner Überblick über das **WTO-Recht** gegeben (→ Rn. 7). Einleitend werden die verschiedenen Abkommen unter dem Dach der WTO vorgestellt,⁹ um dann die Aufgaben der WTO und ihre institutionelle Struktur, ihr System der Streitbeilegung sowie ihr Verhältnis zur EU zu beleuchten.¹⁰ Anschließend wird insbesondere auf den Rechtsrahmen der WTO für den Export eingegangen, wobei der Güterexport im Vordergrund stehen wird.¹¹ Dagegen kann auf den internationalen Handel mit Dienstleistungen bzw. den Schutz des geistigen Eigentums im Rahmen der WTO nur kurz eingegangen werden.¹²   **5**

Die Darstellung des **EU-Rechts** (→ Rn. 54) konzentriert sich zunächst auf die heute maßgeblichen Verträge der Union (EUV und AEUV), das aus ihnen abgeleitete Recht sowie die europäischen Institutionen.¹³ Hiernach soll insbesondere auf den Rechtsrahmen der EU für Exporte innerhalb des Geltungsbereichs der Verträge und hier vor allem auf die Rolle der Zollunion, der Grundfreiheiten und des europäischen Wettbewerbsrechts näher eingegangen werden,¹⁴ um anschließend den unionalen Rechtsrahmen für Exporte aus der EU in Drittstaaten näher zu beleuchten, der maßgeblich durch das Prinzip der Ausfuhrfreiheit geprägt wird.¹⁵ In einem nächsten Schritt wird dann der Rechtsrahmen der EU für Importe in ihr Territorium erläutert, wobei Fragen der Einfuhrverordnung, des Zollrechts und der gemeinsamen Handelspolitik im Vordergrund stehen sollen.¹⁶ Schließlich wird noch auf Rechtsschutzfragen, die mit dem Außenhandel zusammenhängen, eingegangen.¹⁷   **6**

C. WTO-Recht

I. Überblick über das WTO-Recht

1. Die Abkommen unter dem Dach der WTO. Die WTO wurde mit dem Übereinkommen zur Errichtung der Welthandelsorganisation (ÜWTO – *Agreement Establishing the*   **7**

---

⁷ Dazu umfassend *Epping*, Die Außenwirtschaftsfreiheit, 1998, S. 560 ff.; *Hohmann*, Angemessene Außenhandelsfreiheit im Vergleich, 2002, S. 421 ff.
⁸ → Rn. 72.
⁹ → Rn. 7 ff.
¹⁰ → Rn. 9 ff.
¹¹ → Rn. 24 ff.
¹² → Rn. 52 ff.
¹³ → Rn. 54 ff.
¹⁴ → Rn. 72 ff.
¹⁵ → Rn. 88 ff.
¹⁶ → Rn. 98 ff.
¹⁷ → Rn. 104 ff.

World Trade Organization) gegründet, das am 1. Januar 1995 in Kraft getreten ist.[18] Hervorgegangen ist die WTO insbesondere aus dem Allgemeinen Zoll- und Handelsabkommen (GATT – *General Agreement on Tariffs and Trade*) aus dem Jahre 1947. Das GATT sollte ursprünglich ein Abkommen unter dem Dach der Internationalen Handelsorganisation (ITO – *International Trade Organization*) bilden, ist aber auf Grund des Scheiterns der ITO am Widerstand des US-Kongresses nach und nach als sog. de-facto Internationale Organisation behandelt worden.[19] Dieser Zustand war aber seit jeher unbefriedigend, insbesondere hinsichtlich der nur unvollkommenen institutionellen Struktur des GATT und den wenig ausgeformten Streitbeilegungsmechanismen. Diese Schwächen sollten mit der Gründung der WTO insgesamt überwunden werden. Zu den Abkommen unter dem Dach der WTO gehören heute neben dem GATT,[20] das Allgemeine Abkommen über den Handel mit Dienstleistungen (GATS – *General Agreements on Tariffs and Services*)[21] sowie das Abkommen über die handelsrelevanten Aspekte der Rechte des geistigen Eigentums (TRIPS – *Agreement on Trade-related Aspects of Intellectual Property Rights*).[22] Den institutionellen Überbau dieser Abkommen bilden das ÜWTO, die Vereinbarung über Regeln und Verfahren zur Beilegung von Streitigkeiten (DSU – *Dispute Settlement Understanding*)[23] sowie der Mechanismus zur Überprüfung der Handelspolitik.[24]

8 Das WTO-Recht unterscheidet grundsätzlich zwischen Abkommen, die für alle Mitglieder der WTO verbindlich sind (sog. **multilaterale Abkommen**),[25] wie zB das GATT, GATS und TRIPS, und solchen, die nur für die Mitglieder verbindlich sind, die sie ausdrücklich angenommen haben (sog. **plurilaterale Abkommen**),[26] wie etwa das Übereinkommen über das öffentliche Beschaffungswesen.[27] Rein zahlenmäßig spielen die plurilateralen Abkommen allerdings eine untergeordnete Rolle, was auch das Ziel der WTO, einen einheitlichen Rahmen für die Handelsbeziehungen ihrer Mitglieder zu schaffen, nachdrücklich unterstreicht. Die Bandbreite des Regelungsansatzes der WTO ist hierbei im Vergleich zum GATT von 1947 durchaus beeindruckend, da insbesondere auch die Bereiche Dienstleistungen und geistiges Eigentum aufgenommen wurden. In der Praxis, vor allem für das Exportrecht, sind jedoch nach wie vor die Regelungen über den Warenverkehr besonders wichtig.

9 **2. Aufgaben und Organisation der WTO. a) Aufgaben.** Aufgabe der WTO als internationale Organisation ist es, auf globaler Ebene einen einheitlichen institutionellen Rahmen für die **Wahrnehmung der Handelsbeziehungen** zwischen der Mehrheit aller Staaten zur Verfügung zu stellen.[28] Zudem soll sie die **Durchführung und die Verwaltung der verschiedenen Abkommen**[29] unter ihrem Dach erleichtern.[30] Darüber hinaus dient die WTO als **Verhandlungsforum** der einzelnen Mitgliedstaaten über ihre multilateralen Han-

---

[18] Abgedruckt in BGBl. 1994 II S. 1625; ABl. EG 1994, Nr. L 336/3.
[19] S. dazu *Neugärtner*, in: Hilf/Oeter (Hrsg.), WTO-Recht, 2. Aufl. 2010, § 3 Rn. 26 ff.; allgemein zum GATT auch *Benedek*, Die Rechtsordnung des GATT aus völkerrechtlicher Sicht, 1990; *Jackson*, Restructuring the GATT System, 1990.
[20] General Agreement on Tariffs and Trade – GATT, BGBl. 1951 II S. 173, ABl. EG 1994 Nr. L 336/11.
[21] General Agreement on Trade in Services – GATS, BGBl. 1994 II S. 1643, ABl. EG 1994 Nr. L 336/190.
[22] Agreement on Trade-related Aspects of Intellectual Property Rights – TRIPS, BGBl. 1994 II S. 1730, ABl. EG 1994 Nr. L 336/213.
[23] Dispute Settlement Understanding – DSU, BGBl. 1994 II S. 1749, ABl. EG 1994 Nr. L 336/234.
[24] Trade Policy Review Mechanism – TPRM, ABl. EG 1994 Nr. L 336/251.
[25] S. Art. II:2 ÜWTO.
[26] S. Art. II:3 ÜWTO.
[27] *Government Procurement Agreement* – GPA; dazu ausführlich *Kunnert*, WTO-Vergaberecht, 1998; *Bungenberg*, Vergaberecht im Wettbewerb der Systeme, 2008; *ders.*, in: Terhechte (Hrsg.), Internationales Kartell- und Fusionskontrollverfahrensrecht, § 89 Rn. 12 ff.
[28] Vgl. Art. II:1 ÜWTO.
[29] Rn. 24 ff.
[30] Art. III:1 ÜWTO.

delsbeziehungen und hat die Aufgabe, Streitigkeiten unter ihnen beizulegen.[31] Hierfür hat das DSU ein sehr differenziertes **Streitschlichtungsverfahren** etabliert.

Die Ziele, die sich die WTO gesetzt hat, gehen freilich über die reine Verwaltung der jeweiligen Abkommen weit hinaus. In der Präambel des ÜWTO wird zunächst die gemeinsame Grundlage der vertragschließenden Parteien betont, wonach die Handels- und Wirtschaftsbeziehungen der Mitgliedstaaten der WTO auf eine **Erhöhung des Lebensstandards,** auf die **Sicherung der Vollbeschäftigung** und eines hohen und ständig steigenden Umfangs des Realeinkommens, der wirksamen Nachfrage sowie der **Ausweitung der Produktion und des Handels** mit Waren und Dienstleistungen gerichtet sind.

b) Institutionelle Struktur der WTO. Oberstes Organ der WTO ist die alle zwei Jahre tagende **Ministerkonferenz,** die grundsätzlich die Aufgaben der WTO wahrnimmt.[32] Die Ministerkonferenzen wurden seit der Gründung der WTO immer wieder von den unterschiedlichen Interessen der Industrie- und Entwicklungsländer geprägt.[33] Das ÜWTO weist der Ministerkonferenz neben der Generalzuweisung des Art. IV:1 ÜWTO auch eine Reihe von speziellen Aufgaben zu; ihr sind praktisch **alle richtungsweisenden Entscheidungen** innerhalb der WTO vorbehalten. Von überragender Bedeutung ist ua. die Befugnis der Ministerkonferenz sog. **waiver** zu erteilen.[34] Waiver suspendieren ein Mitglied von der Einhaltung bestimmter aus dem ÜWTO oder den aus multilateralen Handelsübereinkommen resultierenden Pflichten. Es handelt sich also um Ausnahmegenehmigungen für ein bestimmtes Verhalten, das an sich das WTO-Recht verletzt. Auf Grund der Gefahr der Zersplitterung der Pflichten, die sich aus dem WTO-Recht ergeben, ist klar, dass nur das höchste Organ der WTO derartige Ausnahmen erteilen kann.[35]

Zwischen den Tagungen der Ministerkonferenz werden ihre Aufgaben von einem **Allgemeinen Rat** *(General Council)* der WTO wahrgenommen, in den alle Mitgliedstaaten einen Vertreter entsenden.[36] Er tritt immer dann zusammen, wenn dies zweckdienlich ist. Außerdem leitet er die für die verschiedenen Abkommen (GATT, GATS usw.) eingerichteten speziellen Räte[37], wie etwa den **Rat für den Handel mit Waren** und den **Rat für den Handel mit Dienstleistungen.**

Unterstützt werden die Ministerkonferenz und der Allgemeine Rat der WTO durch das **Sekretariat der WTO** mit Sitz in Genf (Schweiz), das von einem Generaldirektor geleitet wird.[38] Aufgabe des Sekretariats ist es ua, die Konferenzen und Verhandlungen im Rahmen der WTO vorzubereiten, allgemeine Dokumentationspflichten wahrzunehmen und Streitbeilegungsverfahren zu organisieren.[39]

c) Beschlussfassung. Beschlüsse werden im Rahmen der WTO grundsätzlich nach dem **Konsensprinzip** gefasst, dh ein Beschluss gilt dann als angenommen, wenn kein förmlicher Einspruch gegen den betreffenden Vorschlag eingelegt wird; es findet zunächst keine Abstimmung statt.[40] Lässt sich aber kein Konsens herstellen, dh es wurde ein Einspruch durch einen Mitgliedstaat eingelegt, so findet eine Abstimmung statt, bei der je nach Materie unterschiedliche Mehrheiten nötig sind.[41] Hierbei verfügt jedes Mitglied über eine Stimme, wobei die EU die Stimmrechte aller 28 Mitgliedstaaten ausübt.

---

[31] Art. III:3 ÜWTO.
[32] Art. IV:1 ÜWTO.
[33] Ausführlich zu den verschiedenen Ministerkonferenzen etwa *Tietje,* in: Prieß/Berrisch (Hrsg.), WTO-Handbuch, Abschnitt A. III. Rn. 19 f.
[34] Vgl. Art. IX:3 ÜWTO.
[35] Zu dem Verfahren der Erteilung eines *waivers* s. *Herrmann/Weiß/Ohler,* Welthandelsrecht, 2. Aufl. 2007, Rn. 743 ff.
[36] Art. IV:2 ÜWTO.
[37] Art. IV:5 ÜWTO.
[38] Vgl. Art. VI:1 ÜWTO.
[39] Ausführlich zur institutionellen Struktur der WTO etwa *Hilf,* in: Hilf/Oeter (Hrsg.), WTO-Recht, 2. Aufl. 2010, § 6; *Terhechte,* Einführung in das Wirtschaftsvölkerrecht, JuS 2005, 959 (960 f.).
[40] Art. IX: 1 ÜWTO.
[41] Art. IX und X ÜWTO.

3. Teil. Exportwirtschaft (Ausfuhr, Zoll, Steuern)

15   3. Die Wirkung des WTO-Rechts im EU-Recht. Aufgrund der weit reichenden Übertragung von Kompetenzen durch die Mitgliedstaaten auf die **Europäische Union** im Bereich der Handelspolitik, ist diese neben ihren Mitgliedstaaten selbst Mitglied der WTO.[42] Ursprünglich wurden die WTO-Abkommen von der EG und ihren Mitgliedstaaten als sog. gemischte Abkommen abgeschlossen, weil der EG wiederum keine ausschließliche Kompetenz für alle Bereiche der WTO-Abkommen zukam.[43] Dieser Umstand hat sich mit Inkrafttreten des Vertrags von Lissabon geändert, in dessen Zuge die EU eine ausschließliche Kompetenz für die gemeinsame Handelspolitik erhalten hat (Art. 3 Abs. 1 lit. e AEUV). Gem. Art. 216 Abs. 2 AEUV bildet das WTO-Recht als völkerrechtliches Abkommen einen integralen Bestandteil des Unionsrechts und ist für die Organe der EU sowie für ihre Mitgliedstaaten bindend.[44] Es steht somit im Rang zwischen EU-Primär- und Sekundärrecht. Der EuGH hat dennoch in ständiger Rechtsprechung die unmittelbare Anwendbarkeit sowohl des WTO-Vertragsrechts als auch der Entscheidungen der jeweiligen Streitschlichtungsinstanzen bislang stets abgelehnt. Nach diesem Ansatz können weder Einzelne noch die Mitgliedstaaten der EU unmittelbar aus dem WTO-Recht subjektive Rechte ableiten, die dann vor den nationalen Gerichten oder dem EuGH durchgesetzt werden könnten.[45] Hieraus folgt auch, dass das EU-Sekundärrecht nicht am Maßstab des WTO-Rechts überprüft werden kann. **Ausnahmen** von diesem Grundsatz macht der EuGH aber in zwei Fällen: 1. Wenn die EU eine bestimmte, im Rahmen der WTO übernommene Verpflichtung umsetzt[46] oder 2. wenn die fragliche Unionshandlung ausdrücklich auf spezielle Vorschriften der WTO-Abkommen verweist.[47] In diesen Fällen kann die Rechtmäßigkeit der jeweiligen Maßnahmen der EU anhand der WTO-Vorschriften überprüft werden. Daneben gilt der allgemeine Grundsatz der völkerrechtsfreundlichen Auslegung des Unionsrechts auch für die WTO-Abkommen.[48] Zudem überlässt es der EuGH den Mitgliedstaaten, über eine unmittelbare Anwendbarkeit zu entscheiden, soweit Bestimmungen des WTO-Rechts in die Zuständigkeit der Mitgliedstaaten fallen.[49]

16   4. Die Durchsetzbarkeit des WTO-Rechts. a) Das Streitbeilegungsverfahren. Durch das DSU-Abkommen wurde die als ineffizient erachtete Streitbeilegungskultur des GATT[50] in ein funktionierendes Rechtsschutzsystem transformiert, dessen Bedeutung stetig zunimmt.[51] Ziel des DSU ist die **Garantie von Sicherheit und Vorhersehbarkeit** im multilateralen Handelssystem (Art. 3.2 DSU). Die Verwirklichung dieser Ziele sollen zwei Instanzen sicherstellen: Einmal der **Dispute Settlement Body (DSB)** und der **Standing Appellate Body** als Revisionsinstanz. Der DSB ist im Wesentlichen genauso besetzt wie der Allgemeine Rat der WTO und zuständig für die Einsetzung der sog. **Panels.** Hierbei handelt es sich um eine Expertengruppe von mindestens drei Personen, die einen Bericht über den jeweiligen Streit-

---

[42] Eingehend dazu *Hahn/Danieli,* You'll never walk alone: The European Union and Its Member States in the WTO, in: Bungenberg/Herrmann (Hrsg.), European Yearbook of International Economic Law, Special Issue 1: Common Commercial Policy after Lisbon, 2013, S. 49 ff.; *Wölker,* Die Stellung der Europäischen Union in den Organen der Welthandelsorganisation, EuR-Beiheft 2/2012, 125 ff.; *Hilpold,* Die EU im GATT/WTO-System, 2009.
[43] Vgl. EuGH, Gutachten 1/94, WTO, Slg. 1994, I-5267; ausführlich auch *Siebold,* Die Welthandelsorganisation und die Europäische Gemeinschaft, 2003.
[44] Dazu *Terhechte,* in: Schwarze (Hrsg.), EU-Kommentar, 3. Aufl. 2012, Art. 216 AEUV Rn. 14 f.; *Ohler,* Die Bindung der Europäischen Union an das WTO-Recht, EuR-Beiheft 2/2012, 137.
[45] EuGH, Rs. C-149/96, Portugal/Rat, Slg. 1999, I-8395; EuGH, Rs. C-307/99, OGT Fruchthandelsgesellschaft, Slg. 2001, I-3159; EuGH, Rs. C-377/02, Leon van Parys, Slg. 2005, I-1465.
[46] EuGH, Rs. C-69/89, Nakajima, Slg. 1991, I-2069, Rn. 31.
[47] EuGH, Rs. 70/87, Fediol III, Slg. 1989, S. 1781, Rn. 19.
[48] EuGH, Rs. C-53/96, Hermès, Slg. 1998, I-3603, Rn. 28.
[49] EuGH, verb. Rs. C-300 und 392/98, Dior, Slg. 2000, I-11307, s. dazu am Beispiel des TRIPS unten Rn. 53.
[50] Vgl. Art. XXIII GATT 47.
[51] Zum Verfahren ausführlich *Cottier,* CMLRev. 35 (1998), 325; *Jackson,* Dispute Settlement and the WTO, 1 Journal of International Economic Law (1998), 329; *Ohlhoff,* in: Prieß/Berrisch (Hrsg.), WTO-Handbuch, Abschnitt C.I.2. Rn. 1 ff.; *Herrmann/Weiß/Ohler,* Welthandelsrecht, 2. Aufl. 2007, Rn. 250 ff.; *Terhechte,* Einführung in das Wirtschaftsvölkerrecht, JuS 2004, 959 ff. (960 f.).

fall anfertigt, der eine Schilderung des strittigen Sachverhalts und eine Entscheidungsempfehlung enthält; es wird für jeden dem DSB vorgetragenen Streitfall ein neues Panel eingesetzt.[52]

Das Streitbeilegungsverfahren ist durch **verschiedene Phasen** gekennzeichnet: Soweit ein Mitglied der Ansicht ist, dass das Verhalten eines anderen Mitglieds es in seinen durch das „Welthandelsrecht" zugesicherten Rechtspositionen beeinträchtigt, werden zunächst gegenseitige Verhandlungen aufgenommen (sog. **Konsultationsphase**). Es besteht grundsätzlich eine Pflicht des vermeintlich verletzenden Mitglieds, innerhalb von zehn Tagen auf die Anfrage des vermeintlich verletzten Mitgliedes zu reagieren und innerhalb von 30 Tagen Verhandlungen aufzunehmen; schon diese Vorgänge sind dem DSB anzuzeigen.[53] Scheitern diese vorgelagerten bilateralen Konsultationen, so kann die beschwerte Partei die **Einsetzung eines Panels** beantragen.[54] Das Panel hat hiernach sechs Monate Zeit, einen Bericht über den Fall anzufertigen.[55] Dieser Bericht wird dann dem DSB zur Annahme vorgelegt. Diese ergeht im sog. **negativen Konsens,** dh nur wenn sich alle Mitglieder darüber einig sind, dass der Bericht abgelehnt werden soll, gilt er als nicht angenommen.[56] Die unterlegene Partei kann gegen den Bericht ein **Rechtsmittel** beim **Appellate Body** einlegen, der indes nur noch über Rechtsfragen entscheidet.[57] Auch dessen Bericht muss vom DSB, wiederum im Wege des negativen Konsenses, angenommen werden. Geschieht dies, so sind die Parteien an seinen Inhalt unwiderruflich gebunden und müssen diesen gem. Art. 21.1 DSU unverzüglich umsetzen.[58]

17

Die **Umsetzung der Entscheidungen** wird vom DSB fortlaufend überprüft. Kommt es zwischen den Parteien zu einem Streit darüber, ob die unterlegene Partei den Bericht des DSB überhaupt bzw. vollständig umgesetzt hat, kann gem. Art. 21.5 DSU erneut ein Panel eingesetzt werden. Dieses soll möglichst in seiner ursprünglichen Zusammensetzung innerhalb von 90 Tagen zu dem neuen Streit über die Umsetzung einen Bericht erstellen. Dieser muss wiederum vom DSB angenommen werden, wobei die unterlegene Partei auch hier Revision beim Appellate Body einlegen kann. Das Verfahren nach Art. 21.5 DSU zur Überprüfung der Umsetzung hat **keinen Suspensiveffekt** hinsichtlich der gem. Art. 22 DSU ausgesetzten Zugeständnisse.[59]

18

Wird die Entscheidung von der unterlegenen Partei **nicht fristgerecht umgesetzt,** kann die obsiegende Partei beim DSB gem. Art. 22.2 DSU die Bewilligung der einseitigen **Aussetzung von Zugeständnissen** oder anderer Pflichten gegenüber der unterlegenen Partei gemäß den in Art. 22.3 DSU statuierten Grundsätzen beantragen. Der DSB gibt diesem Antrag innerhalb von 30 Tagen statt oder kann ihn im Wege des negativen Konsenses ablehnen. Nach Art. 22.3 DSU sollen zunächst Zugeständnisse auf demselben Sektor, in dem die Rechtsverletzung stattgefunden hat, ausgesetzt werden. Es ist aber auch die Aussetzung von Zugeständnissen aus anderen Sektoren des Übereinkommens und aus anderen Übereinkommen *(cross retaliation)* gem. Art. 22.3 lit. c DSU möglich. Bei einem Streit über den Umfang der Aussetzung von Zugeständnissen oder die Einhaltung der Verfahrensgrundsätze kann gem. Art. 22.6 DSU ein Panel eingesetzt werden. Diese Einsetzung hat einen Suspensiveffekt, dh, dass die Aussetzung der Zugeständnisse bis zur Annahme des Panelberichts auszubleiben hat.[60]

19

Die **praktische Bedeutung des WTO-Streitbeilegungsverfahrens** ist enorm. Alle Panelberichte wurden bisher vom DSB angenommen, was zeigt, dass die Umkehrung des

20

---

[52] S. zum Ganzen *Hilf/Salomon*, in: Hilf/Oeter (Hrsg.), WTO-Recht, 2. Aufl. 2010, § 7 Rn. 17 f.; *Shoyer*, Panel Selection in WTO Dispute Settlement Proceedings, 6 Journal of International Economic Law (2003), 203 ff.
[53] Zum Ganzen vgl. Art. 4 DSU.
[54] Art. 4.7, 4.3. aE und 5.3 DSU.
[55] Art. 12.8 DSU.
[56] Art. 16.4 DSU.
[57] Art. 17.6 DSU.
[58] Zu Fragen des Umsetzungszeitraums siehe Art. 21.3 DSU, s. zum Ablauf auch *Herrmann/Weiß/Ohler*, Welthandelsrecht, 2. Aufl. 2007, Rn. 312 ff.
[59] *Stoll/Schorkopf*, WTO, Rn. 502.
[60] Siehe insgesamt *Hilf*, in: ders./Oeter (Hrsg.), WTO-Recht, 2. Aufl. 2010, § 27 Rn. 53 ff.

3. Teil. Exportwirtschaft (Ausfuhr, Zoll, Steuern)

Konsensprinzips einen äußerst effektiven Mechanismus darstellt.[61] In den einzelnen Verfahren spielen mittlerweile Fragen des Zollabbaus eine untergeordnete Rolle. Dies hängt damit zusammen, dass auf diesem Gebiet große Erfolge erzielt wurden. Dagegen gab es eine Reihe von Fällen, die sich mit der Frage der **Gleichbehandlung** von ausländischen und einheimischen Waren beschäftigten. Von immer größerer Wichtigkeit sind auch Fragen sog. **Querschnittsgebiete** (Umweltschutz etc.).[62] So haben sich mehrere Panels mit Problemen beschäftigt, bei denen es um die Beschränkung des Handelsverkehrs aus Gründen des Gesundheits-, Umwelt- und Verbraucherschutzes ging.[63]

21 **b) Die dezentrale Durchsetzung des WTO-Rechts durch die Privatwirtschaft.** Die Privatwirtschaft, die heute in weitaus größerem Umfang als Staaten den internationalen Handelsverkehr prägt, hat oftmals ein Interesse an der Durchsetzung des WTO-Rechts: Die Handelsübereinkommen der WTO begünstigen sie insoweit, als dass sie die handelspolitischen Instrumente der Staaten regeln, mit denen diese wiederum die internationalen Wirtschaftsbeziehungen zwischen Privaten steuern. Dadurch sind gerade die privaten Akteure die eigentlichen Begünstigten des WTO-Rechts, auch wenn dieses nur die **Rechte und Pflichten der Vertragsparteien** regelt und sich die Begünstigung somit überwiegend als Rechtsreflex ergibt.[64] Das oben beschriebene WTO-Streitbeilegungsverfahren steht der Privatwirtschaft aber zur Durchsetzung ihrer Interessen nicht zur Verfügung; es kann nur von Mitgliedern der WTO eingeleitet werden. Damit ist die Privatwirtschaft, soweit sie gegen die betreffenden mit dem WTO-Recht unvereinbaren Handelshemmnisse vorgehen will, auf dezentrale, dh innerstaatliche, Durchsetzungsmechanismen angewiesen. Dabei ist zu unterscheiden, ob gegen Handelshemmnisse ihres Heimatstaates oder eines Drittstaates vorgegangen werden soll.

22 Geht es um die Beseitigung drittstaatlicher Handelshemmnisse, mithin um die Öffnung von Drittmärkten für exportorientierte Unternehmen, so haben insbesondere die Europäische Union und die Vereinigten Staaten in ihrem nationalen Recht Mechanismen entwickelt, die es der Privatwirtschaft erlauben, das Vorgehen ihres Heimatstaates gegen diese Handelshemmnisse zu beantragen. Dieses Vorgehen kann in die Einleitung eines WTO-Streitbeilegungsverfahrens münden. Die EG hat dazu am 22.12.1994 die Handelshemmnisverordnung[65] erlassen. Wie schon die Vorgängerverordnung[66] statuiert die Handelshemmnisverordnung ein Untersuchungsverfahren auf Antrag von Mitgliedstaaten, Wirtschaftsverbänden und Einzelunternehmen der EU, die Nachteile durch Handelshemmnisse von Drittstaaten befürchten. Anträge, die an die Europäische Kommission zu richten sind, können bei Verstößen gegen internationale Handelsregelungen, namentlich WTO-Recht, die sich entweder auf dem Markt der Union oder auf dem Markt eines Drittstaates auswirken und nachteilige Folgen für die Wirtschaft der EU haben, gestellt werden.[67] In den USA basiert das entsprechende Verfahren auf Section 301 US Trade Act 1974.[68]

---

[61] *Terhechte*, Einführung in das Wirtschaftsvölkerrecht, JuS 2004, 959 ff. (961).
[62] S. dazu die Beiträge in *Hilf/Oeter* (Hrsg.), WTO-Recht, 2. Aufl. 2010, §§ 25 ff.
[63] *US – Tuna from Canada*, GATT-Panel, BISD 29S/91; *US – Shrimp*, WT/DS 58/AB/R; *EC – Hormones*, WT/DS 26/AB/R; *EC – Asbestos*, WT/DS 135/AB/R; *China – Raw Materials*, WT/DS 394/AB/R.
[64] Vgl. *Heidfeld*, Die dezentrale Durchsetzung des WTO-Rechts in der Europäischen Union, 2012; *Behrens*, Die private Durchsetzung von WTO-Recht, in: Nowak/Cremer (Hrsg.), Individualrechtsschutz in der EG und der WTO, 2002, 202.
[65] VO (EG) Nr. 3286/94, ABl. EG 1994, Nr. L 349/71, zuletzt geändert durch VO (EG) Nr. 125/2008, ABl. EG 2008, Nr. L 40/1.
[66] VO (EWG) Nr. 2641/84, ABl. EG 1984, Nr. L 252/1.
[67] Ausführlich zur Handelshemmnisverordnung *Gugerbauer*, Rechtsschutz im globalisierten Wirtschaftswettbewerb, 2005; siehe auch *Bronckers*, Enforcing WTO Law through the EC Trade Barriers Regulation, 3 Int. TRL (1997), 76; *Ohlhoff/Schloemann*, Durchsetzung internationaler Handelsregelungen durch Unternehmen und Verbände, RIW 1999, 649; *Berrisch/Kamann*, Die Handelshemmnisverordnung – Ein neues Mittel zur Öffnung von Exportmärkten, EuZW 1999, 101; *Herrmann*, in: Terhechte (Hrsg.), Verwaltungsrecht der EU, § 30 Rn. 36 f.
[68] Siehe dazu *Kearns/Ohlhoff*, in: Prieß/Berrisch (Hrsg.), WTO-Handbuch, Abschnitt C. II. 2 Rn. 5 ff.

Abschnitt 28. Der Rechtsrahmen der WTO und der EU für den Export

Um sowohl gegen mit dem WTO-Recht unvereinbare Handelshemmnisse von Dritt- 23
staaten als auch solche ihres Heimatstaates vorzugehen, können Akteure der Privatwirtschaft auch vor den Gerichten dieser Staaten klagen. Problematisch ist allerdings, dass nahezu alle wichtigen WTO-Mitglieder grundsätzlich die unmittelbare Anwendbarkeit des WTO-Rechts nicht annehmen.[69] In der EU konnten sich deswegen beispielsweise im Streit um die gegen Bestimmungen des GATT verstoßende Bananenmarktverordnung deutsche Bananenimporteure nicht auf das GATT berufen, um gegen die Verordnung vorzugehen.[70] Allerdings ist im Rahmen der Nakajima-Ausnahme[71] eine Berufung auf WTO-Recht für die Privatwirtschaft aber dann möglich, wenn die EU eine bestimmte im Rahmen der WTO übernommene Verpflichtung umsetzt.[72] Auf der Grundlage dieser Rechtsprechung konnten beispielsweise Antidumpingverordnungen der EG am Maßstab des WTO-Antidumpingrechts überprüft werden.[73]

II. Der Rechtsrahmen der WTO für den Export

1. Die Regelungen über den Warenhandel im GATT. Das materielle Recht der WTO 24
zum Warenhandel ist überwiegend im GATT und den entsprechenden Zusatzabkommen niedergelegt. Das GATT regelt sowohl Maßnahmen der WTO-Mitglieder, die den Warenhandel betreffen und dementsprechend von den Zollbehörden eines Landes beim Grenzübertritt von Waren (Import, Export und Transit) angewendet werden, als auch innerstaatliche Maßnahmen, die sich auf den Marktzutritt bzw. den Absatz von importierten Waren auf den jeweiligen Märkten auswirken. Die wichtigsten materiellen Grundprinzipien sind hierbei der Grundsatz der Meistbegünstigung[74], das Verbot mengenmäßiger und sonstiger Beschränkungen[75] sowie die Bindung der Zollsätze nach Art. II GATT. Innerstaatliche Maßnahmen unterliegen dem Inländergleichbehandlungsgebot gem. Art. III GATT.[76] Zudem enthalten das GATT sowie seine Zusatzabkommen Regelungen hinsichtlich handelspolitischer Schutzinstrumente, welche es den WTO-Mitgliedern erlauben, Antidumping-, Ausgleichs- oder Schutzzölle auf Einfuhren zu erheben.

a) Import, Export und Transit von Waren. aa) Das Tariffs-only-Prinzip. Gem. Art. XI:1 25
GATT darf eine Vertragspartei außer Zöllen, Abgaben und sonstigen Belastungen bei der Einfuhr einer Ware aus dem Gebiet einer anderen Vertragspartei oder bei der Ausfuhr einer Ware oder ihrem Verkauf zwecks Ausfuhr in das Gebiet einer anderen Vertragspartei Verbote oder Beschränkungen, sei es in Form von Kontingenten, Einfuhr- oder Ausfuhrbewilligungen oder in Form von anderen Maßnahmen, weder erlassen noch beibehalten. Damit verbietet Art. XI:1 GATT im Gegensatz zu Zöllen, die zwar gem. Art. II GATT gesenkt, aber nicht völlig abgeschafft werden müssen, grundsätzlich mengenmäßige Beschränkungen und Quoten (zB sog. Einfuhrquoten). Die WTO-Mitglieder werden so verpflichtet, **nichttarifäre Handelshemmnisse** abzuschaffen; sie können diese aber gegebenenfalls durch Zölle ersetzen.[77] Das GATT erkennt somit im Grundsatz allein **Zölle** als legitimes staatliches Instrument zur unmittelbaren Beeinflussung der Warenströme an der Grenze an. Diese Beschränkung auf tarifäre Handelshemmnisse beruht auf der Annahme, dass Zölle vergleichsweise transparente und wenig handelsverzerrende Maßnahmen darstellen.

Neben den ausdrücklich genannten Kontingenten und Einfuhr- und Ausfuhrgenehmi- 26
gungen erstreckt sich Art. XI:1 GATT auch auf „andere Maßnahmen". Dieser Begriff wird

---

[69] Für die EU siehe oben Rn. 15; s. auch *Cascante*, Rechtsschutz von Privatrechtssubjekten, 2003; für die USA *Kearns/Ohlhoff*, in: Prieß/Berrisch (Hrsg.), WTO-Handbuch, Abschnitt C. II. 2 Rn. 1 ff.
[70] EuGH, Rs. C-307/99, OGT Fruchthandelsgesellschaft, Slg. 2001, I-3159.
[71] EuGH, Rs. C-69/89, Nakajima, Slg. 1991, I-2069, Rn. 31.
[72] → Rn. 15.
[73] Vgl. EuGH, Rs. C-76/00, P – Petrotub S. A. und Republica S.A, Slg. 2003, I-0079.
[74] Art. I GATT, siehe Rn. 30 ff.
[75] Art. XI GATT, siehe Rn. 25 ff.
[76] → Rn. 40 ff.
[77] Vgl. *Bender*, in: Hilf/Oeter (Hrsg.), WTO-Recht, 2. Aufl. 2010, § 10 Rn. 16 ff.

3. Teil. Exportwirtschaft (Ausfuhr, Zoll, Steuern)

in der Streitbeilegungspraxis weit ausgelegt, so dass Art. XI:1 GATT nicht nur ein Verbot mengenmäßiger Beschränkungen, sondern **aller handelsbeschränkenden Maßnahmen** beim Grenzübergang einer Ware statuiert. Anders als in der Europäischen Union erstreckt sich Art. XI:1 GATT dagegen nicht auch auf unterschiedslos auf in- und ausländische Produkte anwendbare Maßnahmen gleicher Wirkung wie mengenmäßige Beschränkungen.[78]

27 Zudem hat das GATT eine ganze Reihe von **Ausnahmen** von diesem Verbot niedergelegt, so beispielsweise in Art. XI:2 und XII GATT. Nach Art. XI:2a GATT greift das Verbot des Art. XI:1 GATT insbesondere dann nicht, wenn es um Ausfuhrverbote oder Ausfuhrbeschränkungen geht, die verhängt werden, um einen **kritischen Mangel an Lebensmitteln** oder anderen wichtigen Waren zu verhüten oder zu beheben. Die entsprechenden Maßnahmen dürfen jedoch nur vorübergehender Natur sein. Art. XI:2b und c GATT enthalten vergleichbare Ausnahmevorschriften für Normen und Vorschriften über die Sortierung, die Einteilung von Güteklassen und den Absatz von Waren (lit. b) bzw. für die Einfuhr von **Erzeugnissen der Landwirtschaft oder Fischerei**.[79] Zudem ermöglicht Art. XII GATT bestimmte Beschränkungen zum **Schutze der nationalen Zahlungsbilanzen**. Sowohl die Ausnahmen nach Art XI:2 GATT als auch die nach Art. XII GATT haben jedoch stets die **spezielle Meistbegünstigungsverpflichtung** des Art. XIII GATT zu beachten, aus der folgt, dass nach Art. XI:2 und Art. XII GATT zulässige mengenmäßige Beschränkungen nicht diskriminierend wirken dürfen.

28 Hinsichtlich nichttarifärer Maßnahmen enthält das WTO-Recht ferner Regelungen zu **technischen Handelshemmnissen**[80] und gesundheitspolizeilichen und pflanzenschutzrechtlichen Maßnahmen.[81] **Das Übereinkommen über technische Handelshemmnisse**[82] soll vermeiden, dass durch technische Vorschriften und Normen sowie Konformitätsbewertungsverfahren unnötige Hemmnisse für den Welthandel entstehen. Die WTO-Mitglieder haben aber das Recht, entsprechende Maßnahmen einzuführen, sofern diese einem legitimen Ziel wie dem Schutz von Sicherheit und Gesundheit oder der Umwelt dienen. Technische Vorschriften und Normen dürfen aber grundsätzlich nicht zu einer Diskriminierung zwischen inländischen Waren und vergleichbaren eingeführten Waren führen. Das **Übereinkommen über die Anwendung gesundheitspolizeilicher und pflanzenschutzrechtlicher Maßnahmen**[83] gilt dagegen für alle Maßnahmen, die zum Schutz des Lebens oder der Gesundheit von Menschen, Tieren und Pflanzen angewandt werden und die sich unmittelbar oder mittelbar auf den internationalen Handel auswirken können. Die WTO-Mitglieder haben hier das Recht, gesundheitspolizeiliche und pflanzenschutzrechtliche Maßnahmen zu treffen, die auf wissenschaftlichen Grundsätzen beruhen. Durch solche Maßnahmen darf es aber zu keiner Diskriminierung eingeführter Waren kommen.[84]

29 Schließlich enthält das GATT **Sonderregeln** für den Handel mit **landwirtschaftlichen Erzeugnissen**: So sieht Art. XI:2 lit. a bis c GATT zum einen Ausnahmen vom Verbot der mengenmäßigen Ein- und Ausfuhrbestimmungen vor[85], zum anderen gilt gem. Art. XVI:3 GATT lediglich ein **Vermeidungsgebot für Ausfuhrsubventionen** in diesem Bereich.[86]

30 **bb) Das Meistbegünstigungsprinzip.** Wenige Prinzipien der WTO haben bislang einen so großen Nutzen für das allgemeine Ziel der Liberalisierung der zwischenstaatlichen Handelsbeziehungen entfaltet wie das **Meistbegünstigungsprinzip** *(principle of most favoured*

---

[78] *Bender*, in: Hilf/Oeter (Hrsg.), WTO-Recht, 2. Aufl. 2010, § 10 Rn. 22.
[79] Ausführlich dazu *Bender*, in: Hilf/Oeter (Hrsg.), WTO-Recht, 2. Aufl. 2010, § 10 Rn. 23.
[80] Dazu ausführlich *Schick*, Das Abkommen über technische Handelshemmnisse im Recht der WTO, 2004.
[81] Dazu ausführlich *Kamann*, in: Prieß/Berrisch (Hrsg.), WTO-Handbuch, Abschnitt B.I. 3. Rn. 1 ff.
[82] *Agreement on Technical Barriers to Trade* – TBT, ABl. EG 1994 Nr. L 336/86.
[83] *Agreement on Sanitary and Phytosanitary Measures* – SPS, ABl. EG 1994 Nr. L 336/40.
[84] Ausführlich zum SPS *Herrmann/Weiß/Ohler*, Welthandelsrecht, 2. Aufl. 2007, Rn. 544 ff.
[85] → Rn. 27.
[86] Dazu *Prieß/Pitschas*, in: Prieß/Berrisch (Hrsg.), WTO-Handbuch, Abschnitt B.I. 2. Rn. 1 ff.

nation treatment).[87] Sein Inhalt ist in Art. I GATT legal definiert. Hiernach sind die WTO-Mitglieder verpflichtet, Vorteile, Vergünstigungen, Vorrechte oder Befreiungen, die einer anderen Vertragspartei für eine Ware gewährt werden, unverzüglich und bedingungslos für alle gleichartigen oder vergleichbaren Waren zu gewähren, die aus den Gebieten der anderen Vertragsparteien stammen oder für diese bestimmt sind. Diese Vorteile können insbesondere in niedrigeren Zöllen und der Verringerung von Belastungen aller Art bestehen. Das Meistbegünstigungsprinzip gelangt zur Anwendung, sofern diese Vorteile bei der Einfuhr oder Ausfuhr von gleichartigen oder vergleichbaren Waren gewährt werden.[88] Ähnliche Legaldefinitionen kann man auch im GATS für den Bereich der grenzüberschreitenden **Dienstleistungen** (Art. II GATS) und im TRIPS für den Bereich des **geistigen Eigentums** (Art. 4 TRIPS) finden. Im Kern sorgt dieses Prinzip dafür, dass alle WTO-Mitglieder in Bezug auf gewährte Privilegien gleichgestellt werden. Hier wird deutlich, dass das Prinzip ideengeschichtlich eng mit der Theorie der komparativen Kostenvorteile und dem Prinzip der Arbeitsteilung verwoben ist, denn die aus diesen Prinzipien resultierenden Vorteile sollen, soweit möglich, nicht durch künstliche Handelsschranken gemindert werden.

Der **Anwendungsbereich** des Meistbegünstigungsprinzips erstreckt sich auf alle nach Art. II GATT in den Zugeständnislisten gebundenen und ungebundenen Zölle und Zollgebühren, auf alle anderen Abgaben, die die Ein- oder Ausfuhr belasten, Maßnahmen zur Erhebung von Zollabgaben oder anderen Gebühren, die beim Grenzübertritt einer Ware erhoben werden. Zudem werden alle in Art. III:2, 4 GATT genannten tarifären und nichttarifären Maßnahmen erfasst (Art. I:1 GATT). Zwar verbietet Art. I GATT eine Ungleichbehandlung aufgrund des Ursprungs einer Ware, doch sind **Differenzierungen,** die an die Produkteigenschaften anknüpfen, zulässig. Führt jedoch eine an sich zulässige Ungleichbehandlung aufgrund der Produkteigenschaft zu einer de-facto-Diskriminierung aufgrund des Ursprungs, so ist auch diese verboten.[89] Somit begründet sowohl die de-jure-Diskriminierung als auch die de-facto-Diskriminierung einen Verstoß gegen das Meistbegünstigungsprinzip. 31

Zu beachten ist aber, dass das Meistbegünstigungsprinzip im Rahmen der WTO **nur auf ausländische Waren und Dienstleistungen** untereinander angewendet werden kann; eine Privilegierung inländischer Waren wird nicht erfasst. Ferner findet das Prinzip keine Anwendung auf Privilegien, die im Rahmen von Freihandelszonen oder einer Zollunion verabredet werden (zB im Rahmen der EU oder des MERCOSUR). Das Meistbegünstigungsprinzip soll nicht so wirken, dass die Fortentwicklung **regionaler Integrationsprojekte** gehemmt wird.[90] Indes ist die EU als Vertragspartner des GATT bei der Festlegung des Gemeinsamen Zolltarifs wiederum an das Prinzip gebunden. Ausnahmen gibt es ferner für Entwicklungsländer, die diesen durch verschiedene sog. *waiver* eingeräumt wurden.[91] 32

Das Meistbegünstigungsprinzip zeigt gleichzeitig auf, wie die Liberalisierung der Welthandelsordnung erreicht werden soll, denn weder das GATT noch das GATS oder das TRIPS enthalten Bestimmungen, die die Mitglieder direkt verpflichten, ihre nationalen Märkte zu öffnen. Vielmehr erfüllt das Meistbegünstigungsprinzip diese Funktion wesentlich effizienter und letztlich auch „geräuschärmer". 33

cc) Zölle. Überragendes Ziel der WTO ist es, Beschränkungen des Warenhandels nur noch durch Zölle zuzulassen. Als Zölle werden alle Abgaben auf Waren bezeichnet, die allein aufgrund des Grenzübergangs einer Ware nach einem in einem Zolltarif festgelegten 34

---

[87] Zum historischen Hintergrund s. *Niedrist*, Präferenzabkommen im Europarecht und im Welthandelsrecht, 2009, S. 38 ff.
[88] Zum Meistbegünstigungsprinzip ausführlich *Bender*, in: Hilf/Oeter (Hrsg.), WTO-Recht, 2. Aufl. 2010, § 10 Rn. 29 ff.
[89] Vgl. *Canada – Automotive Industry*, WT/DS 139, 142/AB/R.
[90] → Rn. 103.
[91] → Rn. 11.

Zollsatz erhoben werden.[92] Das WTO-Recht verbietet Zölle nicht, sondern erkennt diese im Gegensatz zu nichttarifären Handelshemmnissen als **legitime Maßnahme** an.[93] Aber auch Zölle können den internationalen Handel erheblich beschränken. Deshalb verpflichtet Art. XXVIII bis:1 GATT die Mitglieder, Zollverhandlungen zu führen, um eine **Senkung des allgemeinen Zollniveaus** zu erreichen.[94] Ergebnis dieser Zollverhandlungen sollen Zugeständnisse der einzelnen Mitglieder sein, die die Verpflichtung, für bestimmte Waren ein bestimmtes Zollniveau nicht zu überschreiten, enthalten. Die Zugeständnisse werden in länderspezifischen Listen der Zugeständnisse *(schedules of concessions)* zusammengefasst und sind gemäß Art. II:7 GATT integraler Bestandteil des GATT. Die in diesen Listen aufgeführten – gebundenen – Zollsätze stellen Maximalzollsätze dar, die nicht mehr überschritten, wohl aber unterschritten werden dürfen. Die in den länderspezifischen Listen aufgeführten Waren sind nicht nur von den Zöllen befreit, die den festgelegten Maximalzollsatz überschreiten, sondern grundsätzlich auch von allen neuen zollgleichen Abgaben.[95]

35 Grundsätzlich unterliegen Zölle und zollgleiche Abgaben der **Meistbegünstigungsverpflichtung** aus Art. I:1 GATT. Davon besteht allerdings gem. Art. XXIV:3 GATT für Freihandelszonen und Zollunionen eine Ausnahme: Die dortige Reduzierung bzw. Abschaffung der Binnenzölle muss nicht an dritte WTO-Mitglieder weitergegeben werden, soweit die in Art. XXIV GATT genannten Voraussetzungen eingehalten werden. Auch kann mit Hilfe der sog. **Ermächtigungsklausel** *(enabling clause)* Entwicklungsländern im Rahmen eines allgemeinen Präferenzsystems ein reduzierter Zollsatz eingeräumt werden.[96]

36 **dd) Ursprungsregeln.** Anhand von Ursprungsregeln wird einer Ware eine bestimmte Herkunft – ein Ursprung – zugewiesen. Diese Zuweisung ist gerade heutzutage wegen der internationalen Arbeitsteilung kompliziert, da Waren oftmals nur das Endprodukt einer Kette von Verarbeitungsprozessen sind, die in verschiedenen Ländern stattgefunden haben.[97] Dennoch ist eine solche Herkunftszuweisung wichtig, da erst anhand dieser Zuweisung Waren zolltariflich behandelt werden können, insbesondere hinsichtlich Einfuhrzöllen und Antidumpingzöllen. Auch dienen Ursprungsregeln der Unterscheidung von Waren, die aufgrund von Handelsabkommen mit niedrigen Zollsätzen importiert werden können, von solchen, die keinen privilegierenden Abkommen unterfallen. Ursprungsregeln sollten technische, objektive und damit letztlich unpolitische Regeln sein. In der Praxis werden sie aber häufig auch als Handelsinstrumente zur Durchsetzung einer bestimmten Handelspolitik benutzt.

37 Hinsichtlich Ursprungsregeln ist zwischen **nicht-präferentiellen und präferentiellen Regeln** zu unterscheiden: Nichtpräferentielle Ursprungsregeln gelten für Fälle, die keinem präferentiellen Handelsabkommen unterfallen, während die präferentiellen gerade für solche Abkommen gelten. Bei nichtpräferentiellen Ursprungsregeln kommt es darauf an, ob zur Herstellung einer Ware ausländische Erzeugnisse verwendet worden sind bzw. Be- oder Verarbeitungsprozesse außerhalb des Herstellungslandes stattgefunden haben. Sind zur Herstellung einer Ware keine ausländischen Erzeugnisse verwendet worden und fanden auch keine Be- oder Verarbeitungsprozesse im Ausland statt, so hat die Ware im Herstellungsland ihren Ursprung.[98] Ist dies nicht der Fall, so kommt das Kriterium der wesentlichen Be- und Verarbeitung *(substantial transformation)* zur Anwendung, welches aber großen Beurteilungsspielraum gewährt. Präferentielle Handelsabkommen enthalten dagegen oftmals spezielle Ur-

---

[92] S. dazu auch *Terhechte,* in: Schwarze (Hrsg.), EU-Kommentar, 3. Aufl. 2012, Art. 30 AEUV Rn. 7 ff.
[93] Vgl. Art. XI:1 GATT.
[94] Ausführlich *Puth/Stranz,* in: Hilf/Oeter (Hrsg.), WTO-Recht, 2. Aufl. 2010, § 11 Rn. 9 ff.
[95] Art. II:1 lit. b S. 2 GATT iVm der Vereinbarung zur Auslegung des Art. II:1 lit. b des GATT.
[96] *Herrmann/Weiß/Ohler,* Welthandelsrecht, 2. Aufl. 2007, Rn. 989 ff.
[97] Vgl. *Herrmann/Weiß/Ohler,* Welthandelsrecht, 2. Aufl. 2007, Rn. 424.
[98] *Wholly produced/wholly obtained*-Kriterium; vgl. *Puth/Stranz,* in: Hilf/Oeter (Hrsg.), WTO-Recht, 2. Aufl. 2010, § 11 Rn. 52.

sprungsregeln, um die Inanspruchnahme dieses privilegierenden Abkommens durch Drittstaaten zu verhindern.

Das WTO-Recht enthält im **Übereinkommen über Ursprungsregeln**[99] Bestimmungen zu Ursprungsregeln. Allerdings errichtet das Übereinkommen selbst noch kein international harmonisiertes Ursprungsregelsystem, sondern stellt lediglich einen rechtlichen Rahmen dar, innerhalb dessen ein solches ausgehandelt werden soll. Bis zur Erreichung dieses Ziels gelten aber bestimmte Übergangsvorschriften. Das ARO gilt lediglich für **nichtpräferentielle Ursprungsregeln**. Für Ursprungsregeln in Präferenzsystemen, und damit für ca. 50% des Welthandels, gibt das Übereinkommen nur einige Hinweise in seinem Anhang II. Ziel des Abkommens ist die **Harmonisierung der nationalen Ursprungsregeln**, welche unter Berücksichtigung der Ziele des Art. 9 ARO erfolgen soll. So soll für alle in Art. 1 ARO genannten Bereiche ein einheitliches Ursprungsregelsystem geschaffen werden, nach dem die nationalen Vorschriften über Ursprungsregeln ausgerichtet sein müssen. Hierzu verlangt Art. 9 ARO insbesondere, dass die Ursprungsregeln objektiv, verständlich und vorhersehbar sind und nicht als Mittel der Handelspolitik eingesetzt werden oder den Handel verzerren. 38

ee) Transitfreiheit. Gem. Art. V:2 GATT besteht **Durchfuhrfreiheit** durch das Gebiet jedes Vertragspartners für den Durchfuhrverkehr nach und von dem Gebiet der anderen Vertragsparteien bei Benutzung der für den internationalen Transit geeigneten Wege. Dabei kann jedoch jede Vertragspartei verlangen, dass die Durchfahrt beim zuständigen Zollamt angemeldet wird. Der Durchfuhrverkehr darf dadurch aber nicht unnötig verzögert werden. Zudem ist er von Zöllen ebenso wie von allen Durchfuhrabgaben oder anderen Steuern oder Abgaben mit Ausnahme der Abgaben, die den durch die Durchfuhr verursachten Verwaltungsausgaben und den Kosten der Dienstleistungen entsprechen, befreit (Art. V:3 GATT). Die Transitfreiheit gem. Art. V:2 GATT findet auf **Luftfahrzeuge,** die sich auf dem Durchflug befinden, **keine Anwendung**; jedoch ist sie auf den Durchgangsverkehr von Waren auf dem Luftwege (einschließlich Gepäck) anzuwenden (Art. VII GATT). 39

b) Inländergleichbehandlung. Das Prinzip der Inländergleichbehandlung *(principle of national treatment)* gem. Art. III GATT soll sicherstellen, dass Waren, die einmal auf einen ausländischen Markt gelangt sind, genau so behandelt werden wie gleichartige, substituierbare oder in direktem Wettbewerb stehende inländische Waren. Dahinter steckt die Erkenntnis, dass es wenig nützt, Zugang zu ausländischen Märkten zu bekommen, wenn der Vertrieb der Produkte wesentlich durch nationale Regelungen erschwert wird. 40

Das **Inländergleichbehandlungsgebot** setzt voraus, dass es sich um gleichartige *(like products)* oder substituierbare bzw. konkurrierende *(directly competitive/directly substitutable products)* Waren handelt. Gleichartige inländische und ausländische Waren unterfallen gem. Art. III:2 S. 1 GATT einem absoluten Diskriminierungsverbot, während gem. Art. III:2 S. 2 GATT für substituierbare bzw. konkurrierende Waren die Voraussetzungen des Art. III:1 GATT gelten.[100] Das Gebot der Inländergleichbehandlung erfasst alle eingeführten Produkte, soweit sie den Zoll passiert haben. Sein Anwendungsbereich umfasst demnach zunächst innerstaatliche fiskalische Maßnahmen: Auf eingeführte Waren dürfen somit weder direkt noch indirekt höhere Steuern oder Abgaben erhoben werden als auf vergleichbare inländische Waren (Art. III:2 GATT). Des Weiteren müssen auch alle Gesetze und sonstigen Vorschriften über den Verkauf, das Angebot, den Einkauf, Beförderung, Verteilung oder Verwendung von inländischen Waren so angewendet werden, dass eingeführte Waren nicht schlechter behandelt werden als inländische Waren. Schließlich sind auch inländische Mengenbeschränkungen, die festlegen, dass ein bestimmter Anteil der Waren aus inländischer Produktion stammen muss, untersagt (Art. III:1 GATT). Ebenso wie beim Meistbe- 41

---

[99] *Agreement on Rules of Origin* – ARO; dazu *Prieß*, in: Prieß/Berrisch (Hrsg.), WTO-Handbuch, Abschnitt B. I. 10. Rn. 1 ff.
[100] Dazu ausführlich *Bender*, in: Hilf/Oeter (Hrsg.), WTO-Recht, 2. Aufl. 2010, § 10 Rn. 53 ff.

günstigungsprinzip verbietet auch Art. III GATT sowohl de-jure- als auch de-facto-Diskriminierungen.

42 **Bereichsausnahmen** von Art. III GATT bestehen für **Kinofilme** (Art. III:10 GATT), das **öffentliche Beschaffungswesen** (Art. III:8 lit. a GATT) und **Subventionen** (Art. III:8 lit. b GATT).

43 **c) Allgemeine Ausnahmen.** Die Ausnahmeregelungen des GATT haben zum Ziel, den WTO-Mitgliedern einen gewissen Freiraum zum Schutze ihres *ordre public* zu erhalten.[101] Innerhalb dieses Freiraums sollen sie bedeutsame politische und soziale Ziele verfolgen können, auch wenn diese den WTO-Prinzipien und Regelungen zum Freihandel widersprechen. Systematisch betrachtet, handelt es sich bei den Ausnahmen um Rechtfertigungsgründe. Neben den allgemeinen Ausnahmen des Art. XX GATT und den sicherheitspolitischen Ausnahmen des Art. XXI GATT besteht die Möglichkeit, eine GATT-Verpflichtung durch sog. *waiver* gänzlich außer Kraft zu setzen.

44 Art. XX GATT enthält als Rechtfertigungsgründe **nichtökonomische Ziele,** die ein WTO-Mitglied verfolgen darf. Ihre Prüfung erfolgt in einem zweistufigen Test, der vom Appellate Body im Gasoline-Fall[102] entwickelt wurde: Als Erstes wird geprüft, ob die Maßnahme einem der unter Art. XX lit. a bis j GATT aufgeführten Ziele dient und die jeweiligen besonderen Voraussetzungen dieses Zieles erfüllt sind. Sodann müssen die gewählten Mittel den Anforderungen des **„chapeau"** standhalten.[103] Die als „chapeau" bezeichnete Regelung ist Ausdruck des völkerrechtlich anerkannten Prinzips von Treu und Glauben *(principle of good faith)* und qualifiziert die Zulässigkeit von Ausnahmen in zweifacher Hinsicht: Sie dürfen nicht so angewendet werden, dass sie zu einer willkürlichen oder ungerechtfertigten Diskriminierung zwischen Ländern führen *(arbitrary or unjustifiable discrimination).* Zudem dürfen sie nicht zu einer verschleierten Beschränkung des internationalen Handels *(disguised restriction on international trade)* führen.[104]

45 **d) Die handelspolitischen Schutzinstrumente.** Das WTO-Recht stellt neben den erwähnten allgemeinen Rechtsprinzipien auch einen konkreten Rechtsrahmen für die handelspolitischen Schutzinstrumente der Mitgliedstaaten zur Verfügung, an dem sich insbesondere **Anti-Dumpingmaßnahmen**[105] und **Subventionszahlungen**[106] zu messen haben. Dies gilt auch für alle weiteren, **allgemeinen Schutzmaßnahmen,** die theoretisch erlassen werden können.[107]

46 **aa) Dumping.** Dumping liegt vor, wenn der Ausfuhrpreis einer Ware niedriger ist als ihr Normalwert. Die Differenz zwischen gedumptem Ausfuhrpreis und Normalpreis wird Dumpingspanne genannt. Der Normalwert ist dabei der durchschnittliche Verkaufspreis im Ausfuhrstaat oder ein rechnerisch ermittelter Wert, der die Produktionskosten plus eine angemessene Gewinnspanne umfasst.[108]

47 Die Regelungen des WTO-Rechts zum Dumping finden sich in Art. VI:1 GATT und im **Antidumpingübereinkommen** *(Antidumping Agreement* – ADÜ). Das WTO-Recht verurteilt Dumping, sofern hieraus eine bedeutende Schädigung eines Wirtschaftszweiges im Exportmarkt resultiert. Die WTO-Mitglieder sind aber nicht verpflichtet, gegen derartige Geschäftspraktiken ihrer Exportunternehmen einzuschreiten. Verboten ist allerdings die gezielte Förderung von Exporten durch **Exportbeihilfen.**[109] Art. VI:2 GATT iVm dem ADÜ erlaubt zudem dem Importstaat, zum Ausgleich einen **Antidumpingzoll** zu

---

[101] Dazu *Feddersen,* Der ordre public in der WTO, 2002.
[102] *US-Gasoline,* Appellate Body, WT/DS 2/AB/R.
[103] Vgl. dazu die Entscheidung *US – Shrimp,* WT/DS 58/AB/R.
[104] Zum chapeau s. etwa *Herrmann/Weiß/Ohler,* Welthandelsrecht, 2. Aufl. 2007, Rn. 534 ff.
[105] → Rn. 46 f.
[106] → Rn. 48 f.
[107] → Rn. 51.
[108] S. *Terhechte,* in: Lachmayer/Bauer (Hrsg.), Praxiswörterbuch Europarecht, 2008, 32 f.
[109] Vgl. Art. 3.1 des Übereinkommens über Subventionen und Ausgleichsmaßnahmen.

erheben.[110] Die prozessualen wie materiellrechtlichen Voraussetzungen solcher Antidumpingzölle sind im ADÜ näher geregelt. Gemäß Art. 1 und Art. 18.1 ADÜ iVm Art. VI GATT darf ein Antidumpingzoll nur beim Vorliegen der in Art. VI GATT beschriebenen Umstände sowie nach einer Untersuchung gemäß dem ADÜ erhoben werden.[111] Materiellrechtliche Voraussetzung für die Verhängung eines Antidumpingzolls ist das Vorliegen von Dumping, die Schädigung eines heimischen Wirtschaftszweiges, der gleichartige Waren produziert, Kausalität zwischen Dumping und Schaden und das Interesse an der Verhängung des Antidumpingzolls.[112]

bb) Subventionen. Das WTO-Recht enthält in Art. XVI GATT und im **Übereinkommen über Subventionen und Ausgleichsmaßnahmen** (*Agreement on Subsidies and Countervailing Measures* – SCM) Regelungen über Subventionen.[113] Gem. Art. 1.1 SCM liegt eine Subvention dann vor, wenn eine Regierung, öffentliche Körperschaft oder ein beliehener Privater im Gebiet eines Mitglieds eine finanzielle Beihilfe durch den direkten oder potentiellen Transfer von Geldern, den Verzicht auf normalerweise zu entrichtende Abgaben oder durch die Bereitstellung von Waren oder Dienstleistungen, die nicht zur normalen Infrastruktur gehören, leistet oder irgendeine Form der Einkommens- oder Preisstützung iSd Art. XVI GATT besteht und dadurch ein Vorteil gewährt wird. Unterfällt eine staatliche Maßnahme diesem Subventionsbegriff, so muss, damit die Regelungen des SCM Anwendung finden, **Spezifität** gem. Art. 2 SCM vorliegen. Das Merkmal der Spezifität soll allgemein zugängliche Subventionen von solchen mit wettbewerbsverzerrenden Wirkungen trennen. Es ist zwischen der unwiderlegbaren Vermutung der Spezifität, etwa bei Exportsubventionen (Art. 2.3 iVm Art. 3 SCM), und der gesonderten Feststellung der Spezifität nach 2.1 SCM zu unterscheiden. 48

Das SCM unterscheidet zwischen verbotenen, anfechtbaren und erlaubten Subventionen. Anders als beispielsweise im Recht der EU besteht somit **kein umfassendes Verbot** jeder Subvention mit einer Beseitigungspflicht bei Verstoß. Verboten sind lediglich alle in Art. 3 SCM aufgeführten Subventionen, namentlich **Exportsubventionen.** Als anfechtbar gelten nach Art. 5, 6 SCM solche Subventionen, die spezifisch iSd Art. 2 SCM sind und nachteilige Auswirkungen auf die Interessen eines anderen WTO-Mitglieds haben. Erlaubt sind dagegen die in Art. 8 SCM aufgeführten Subventionen. 49

Gegen verbotene und anfechtbare Subventionen gibt es zwei **Vorgehensmöglichkeiten.** Zunächst können Mitglieder unter Benutzung des Streitbeilegungsverfahrens, wobei das SCM bestimmte Verfahrensmodifikationen enthält, vor der WTO die Entscheidung herbeiführen, dass ein anderes Mitglied Subventionen zurücknehmen muss. Zum anderen kann ein WTO-Mitglied auf Antrag aus der Privatwirtschaft im Wege seiner internen Antisubventionsvorschriften, die mit Art. 10 ff. SCM konform gehen müssen, autonom **Ausgleichszölle** auf subventionierte Importwaren verhängen.[114] 50

cc) Allgemeine Schutzmaßnahmen. Das Übereinkommen über Schutzmaßnahmen (*Agreement on Safeguards* – AoS) in Verbindung mit Art. XIX GATT stellt ein weiteres handelspolitisches Schutzinstrument dar, das den WTO-Mitgliedern erlaubt, **Schutzzölle auf** 51

---

[110] Zum Antidumpingrecht der EU siehe *Baule*, in: Krenzler/Hermann, EU Außenwirtschafts- und Zollrecht, AD-GVO, Rn. 1 ff.; *Boysen/Oeter*, in: Schulze/Zuleeg/Kadelbach (Hrsg.), Europarecht, 2. Aufl. 2010, § 32 Rn. 64 ff.
[111] Zum genauen Ablauf der Untersuchung siehe *Lou*, Anti-Dumping in the WTO, the EU and China, 2010, S. 53 ff.; *Herrmann*, in: Terhechte (Hrsg.), Internationales Kartell- und Fusionskontrollverfahrensrecht, § 74 Rn. 34 ff.
[112] Siehe insgesamt *Stoll/Schorkopf*, WTO, Rn. 340 ff.; *Shea*, The World Trade Organization Antidumping Agreement, 29 Journal of World Trade (1995), 1.
[113] Ausführlich dazu *Ehlers/Wolffgang/Schröder*, Subventionen im WTO- und EG-Recht, 2007; *Horlick*, A Personal History of the WTO Subsidies Agreement, 47 Journal of World Trade (2013), S. 447 ff.; *Luengo Hernandez de Madrid*, Regulation of Subsidies and State Aids in WTO and EC Law: Conflicts in International Trade Law, 2007, S. 35 ff.
[114] Vgl. zum Antisubventionsrecht der EU *Herrmann*, Das Verwaltungsrecht der handelspolitischen Schutzinstrumente, in: Terhechte (Hrsg.), Verwaltungsrecht der EU, § 30 Rn. 31 f.

3. Teil. Exportwirtschaft (Ausfuhr, Zoll, Steuern)

Einfuhren zu erheben. Diese Schutzzölle richten sich anders als Antidumping- oder Antisubventionszölle gegen rechtmäßige Handelspraktiken. Die materiellen Voraussetzungen für die Verhängung von Schutzzöllen sind gem. Art. 2 und 4 AoS der starke Anstieg von Importen, der zu einem ernsthaften Schaden bei einem inländischen Wirtschaftszweig führt. Der Anstieg der Importe muss dabei kausal für die Schädigung sein. Der Erlass von Schutzmaßnahmen setzt ein Untersuchungsverfahren gem. Art. 3 AoS voraus. Schutzmaßnahmen dürfen nur in dem Umfang (auch in zeitlicher Hinsicht) erlassen werden, der für die Beseitigung des Schadens notwendig ist. Im Gegensatz zu Antidumping- oder Antisubventionszöllen können bei Schutzmaßnahmen die betroffenen WTO-Mitglieder ihrerseits einen Ausgleich für die Handelsbeschränkung verlangen und – nach erfolgloser Durchführung von Konsultationen – Handelszugeständnisse aussetzen, die dem durch die Schutzmaßnahmen entstandenen Verlust entsprechen (Art. 8.2 AoS). Vorläufige Schutzmaßnahmen sind unter bestimmten engen Voraussetzungen nach Art. 6 AoS möglich.

52 **2. Die Regelungen über Dienstleistungen im GATS.** Das GATS stellt einen multilateralen Rechtsrahmen für den grenzüberschreitenden Dienstleistungshandel dar.[115] Sein Grundanliegen ist eine umfassende Liberalisierung des Handels mit Dienstleistungen, die mit einem ähnlichen Instrumentarium wie beim GATT realisiert werden soll. Geschützt wird „die Erbringung einer Dienstleistung" (Art. I:2 GATS), also die Produktion, der Vertrieb, die Vermarktung, der Verkauf und die Bereitstellung einer Dienstleistung (Art. XXVIII lit. b GATS). Die Regelungen des GATS unterscheiden zwischen Bereichen, für die die Mitglieder Liberalisierungszugeständnisse gemacht haben, und ungebundenen Bereichen. Zugeständnisse erfolgen dadurch, dass das jeweilige Mitglied in Listen (sog. *schedules*) die Dienstleistungssektoren und jeweiligen Tätigkeiten zusammenfasst, in denen es sich an die speziellen Regeln des GATS binden und damit seinen Markt öffnen will. Während in ungebundenen Bereichen grundsätzlich nur das allgemeine Meistbegünstigungsprinzip gilt (Art. II:1 GATS), kommt in den gebundenen Bereichen vor allem das Gebot der Inländergleichbehandlung und das Verbot der mengenmäßigen Beschränkungen hinzu (Art. XVI, XVII GATS).

53 **3. Die Regelungen über geistiges Eigentum im TRIPS.** Der Schutz des geistigen Eigentums ist im Übereinkommen über handelsbezogene Aspekte des geistigen Eigentums geregelt.[116] Das TRIPS umfasst den Schutz von Urheberrechten, Marken, geographischen Angaben, gewerblichen Mustern und Patenten. Im Gegensatz zu den anderen WTO-Abkommen sind Teile des TRIPS in Deutschland unmittelbar anwendbar.[117] Zudem kennt es Mechanismen, die helfen sollen, gewerbliche Schutzrechte effektiv durchzusetzen bzw. zu schützen (Art. 40ff. TRIPS). Das TRIPS kennt wie das GATT und GATS das **Gebot der Inländergleichbehandlung** und das **Meistbegünstigungsprinzip** (Art. 3 und Art. 4 TRIPS). Die inhaltlichen Anforderungen für den durch die WTO-Mitgliedstaaten zu gewährenden Schutz werden in den Art. 9–40 TRIPS aufgeführt. Art. 9–14 regeln Urheberrechte und verwandte Schutzrechte, Art. 15–21 den Schutz von Marken, Art. 22–24 Geographische Angaben, Art. 25 und 26 Gewerbliche Muster und Modelle, Art. 27–34 Patente und Art. 35–38 Topographien integrierter Schaltkreise. Der Ansatz des TRIPS ist also recht umfassend.[118]

---

[115] Siehe dazu ausführlich *Michaelis*, in: Hilf/Oeter (Hrsg.), WTO-Recht, 2. Aufl. 2010, § 20; *Herrmann/Weiß/Ohler*, Welthandelsrecht, 2. Aufl. 2007, Rn. 810ff.; *Weiss*, The General Agreement on Trade in Services 1994, CMLRev. 32 (1995), 1177.
[116] Dazu ausführlich *Busche/Stoll*, TRIPS, 2007; *Herrmann/Weiß/Ohler*, Welthandelsrecht, 2. Aufl. 2007, Rn. 906ff.; *Hermes*, TRIPS im Gemeinschaftsrecht, 2002.
[117] BGH, NJW 1999, 1953.
[118] Ausführlich dazu *Taubman/Wager/Watal* (Hrsg.), A Handbook on the WTO TRIPS Agreement, 2013.

D. EU-Recht

I. Überblick über das EU-Recht

Das EU-Recht zeichnet sich dadurch aus, dass weite Teile des Wirtschaftsrechts (und damit auch des Exportrechts) in den jeweiligen Gründungsverträgen vorgezeichnet sind. Insgesamt kommen der EU im Bereich des Exportrechts vergleichsweise umfangreiche Kompetenzen zu, die in vielen Bereichen zudem allein der Union zugewiesen sind (vgl. etwa Art. 3 AEUV). Zudem sind über die Jahre – nicht zuletzt durch die Lissabonner Reformen – stetige Aufwüchse zu beobachten, die den Schluss zulassen, dass das Exportrecht im europäischen Rechtsraum nahezu ausschließlich durch EU-Regeln geformt wird. Im Folgenden soll daher zunächst in groben Zügen ein Überblick über den allgemeinen Rahmen des Unionsrechts gegeben werden, um dann die speziellen Regeln des EU-Exportrechts näher zu beleuchten. 54

1. Das primäre Unionsrecht. a) Allgemeines. Ursprünglich war das europäische Exportrecht nahezu ausschließlich supranationales Gemeinschaftsrecht. Es war bis zum Lissabonner Vertrag hauptsächlich im Vertrag zur Gründung der **Europäischen Gemeinschaft** (EG)[119] und dem Vertrag zur Gründung der **Europäischen Atomgemeinschaft** (EURATOM bzw. EAG)[120] niedergelegt, die beide in ihren ursprünglichen Fassungen am 1. Januar 1958 in Kraft getreten sind. Schon einige Jahre zuvor hatten sich Italien, Frankreich, die Benelux-Staaten und Deutschland auf den Vertrag über die Gründung der **Europäischen Gemeinschaft für Kohle und Stahl** (EGKS)[121] einigen können. Dieser Vertrag trat am 23. Juli 1952 in Kraft. Er war aber in seiner Laufzeit gem. Art. 97 EGKSV auf 50 Jahre begrenzt und trat damit am 23. Juli 2002 außer Kraft. Die Sonderregelungen, die der EGKSV für die Bereiche Kohle und Stahl enthielt, sind gegenstandslos geworden und haben sich heute an den Vorgaben des EUV und AEUV zu orientieren.[122] Der EAG-Vertrag bleibt auch nach dem Vertrag von Lissabon weiterhin als ein eigenes Regime für den Bereich der Atom- und Nuklearwirtschaft bestehen, das für den Bereich des Exports innerhalb der EAG und auch für den Export von Kernmaterial aus der EAG einige Sonderregeln vorsieht.[123] Dem soll aber im Rahmen dieses Überblicks nicht weiter nachgegangen werden.[124] Der mit dem Vertrag von Maastricht im Jahre 1992 verabschiedete **Vertrag über die Europäische Union** (EU)[125] enthielt nur in Randbereichen Regelungen, die für das Exportrecht von Bedeutung waren. Dieser Vertrag wurde – wie alle Gründungsverträge – durch den Lissabonner Vertrag umfassend umgestaltet.[126] An die Stelle der suprana- 55

---

[119] BGBl. 1957 II S. 1253, zuletzt geändert durch die EU-Beitrittsakte 2005, ABl. EU 2005 Nr. L 157/203.
[120] BGBl. 1957 II S. 1014, zuletzt geändert durch EU-Beitrittsakte 2013 vom 9.12.2011, ABl. EU 2012 Nr. L 112/21.
[121] BGBl. 1952 II S. 447.
[122] Siehe dazu *Obwexer*, Das Ende der Europäischen Gemeinschaft für Kohle und Stahl, EuZW 2002, 517.
[123] Siehe etwa Art. 97 ff. EAGV über den Gemeinsamen Markt auf dem Kerngebiet.
[124] Zum Recht der EAG s. etwa *Cusack*, A Tale of two Treaties: an Assessment of the Euratom Treaty in Relation to the EC Treaty, CMLRev. 2003, 117; *Pelzer*, Grundlagen und Entwicklungen der Europäischen Atomgemeinschaft, in: Rengeling (Hrsg.), Handbuch zum europäischen und deutschen Umweltrecht, 2. Aufl. 2002, Band II/1, § 57.
[125] ABl. EU 1992 Nr. C 191/1 zuletzt geändert durch die EU-Beitrittsakte 2005, ABl. EU 2005 Nr. L 157/203.
[126] ABl. EU 2007 Nr. C 306/1, zuletzt geändert durch EU-Beitrittsakte 2013 vom 9.12.2011, ABl. EU 2012 Nr. L 112/21; zum Vertrag von Lissabon *Dougan*, The Treaty of Lisbon 2007: Winning minds, not hearts, CMLRev. 2008, 617; *Hatje/Kindt*, Der Vertrag von Lissabon – Europa endlich in guter Verfassung?, NJW 2008, 1761; *Schwarze/Hatje* (Hrsg.), Der Reformvertrag von Lissabon, EuR-Beiheft 1/2009; *Weber*, Vom Verfassungsvertrag zum Vertrag von Lissabon, EuZW 2008, 7; *Mayer*, Die Rückkehr der Europäischen Verfassung? Ein Leitfaden zum Vertrag von Lissabon, ZaöRV 2007, 1141; *Terhechte*, Der Vertrag von Lissabon: Grundlegende Verfassungsurkunde der europäischen Rechtsgemeinschaft oder technischer Änderungsvertrag?, EuR 2008, 143.

tionalen Europäischen Gemeinschaften (EG, EGKS, EAG), die von der intergouvernementalen Europäischen Union überdacht wurden, ist die Europäische Union mit eigener Rechtspersönlichkeit (Art. 47 EUV) getreten. Die frühere Unterscheidung zwischen dem supranationalen Recht und dem intergouvernementalen Recht ist heute nur noch für die auch weiterhin dem intergouvernementalen Modus unterworfene Gemeinsame Außen- und Sicherheitspolitik der Union (GASP) von Bedeutung. Für den Rechtsrahmen des EU-Exportrechts kann dieses allerdings bedeutsam werden, wenn der Bereich der unionalen Wirtschaftssanktionen tangiert wird (vgl. Art. 215 AEUV).[127]

56 Heute besteht das primäre Unionsrecht damit aus dem Vertrag über die Europäische Union (EUV), dem Vertrag über die Arbeitsweise der Europäischen Union (AEUV), sowie dem EURATOM-Vertrag. Hinzu treten die Charta der Grundrechte (vgl. Art. 6 EUV) sowie die diversen Protokolle und Erklärungen zu den jeweiligen Verträgen sowie die Beitrittsverträge. Das Verhältnis von EUV und AEUV ist hierbei in den Verträgen selbst geregelt. Gem. Art. 1 EUV iVm Art. 1 Abs. 2 AEUV sind die Verträge „rechtlich gleichrangig". Dies gilt auch für die Charta der Grundrechte (vgl. Art. 6 Abs. 1 EUV).[128]

57 **b) Ziele der EU und Instrumente ihrer Umsetzung.** Eines der Hauptziele der EU besteht gem. Art. 3 Abs. 3 EUV darin, einen Binnenmarkt zu errichten.[129] Der Begriff des **Binnenmarktes** ist weit zu verstehen und umfasst nicht nur entsprechend der Legaldefinition des Art. 26 Abs. 2 AEUV einen Raum ohne Binnengrenzen, in dem der freie Verkehr von Waren, Personen, Dienstleistungen und Kapital gewährleistet wird, sondern ist er in einem umfassenden Sinne als ein Wirtschaftsraum zu verstehen, in dem Verhältnisse geschaffen werden, die mit nationalen Märkten vergleichbar sind.[130] Die Vorteile dieser einheitlichen Marktstruktur liegen auf der Hand: Führten früher Handelsbeschränkungen wie Zölle oder mengenmäßige Beschränkungen zu stetigen Hemmnissen, so sorgt die Beseitigung dieser Barrieren für eine nahezu **optimale Ressourcenallokation.** Durch die später erfolgte Verknüpfung mit der einheitlichen Euro-Währung im Rahmen der **Wirtschafts- und Währungsunion** (WWU) fallen wirtschaftliche Risiken wie beispielsweise Wechselkursschwankungen weg. Insgesamt bilden der Binnenmarkt und die WWU damit das Grundgerüst für eine prosperierende europäische Wirtschaft, innerhalb derer eine möglichst weitgehende Verschmelzung der einzelnen nationalen Volkswirtschaften erfolgen soll.

58 Der EUV stellt eine Reihe von **Mitteln und Instrumenten** zur Erreichung dieses Ziels zur Verfügung. Der freie Wirtschaftsverkehr wird nach innen in erster Linie durch die Grundfreiheiten und das europäische Wettbewerbsrecht garantiert. Der Binnenmarkt weist aber auch eine „Außenkomponente" auf, denn die EU hat die ausschließliche Kompetenz für die gemeinsame Handelspolitik der Mitgliedstaaten im EU-Raum (Art. 3 Abs. 1 lit. e, Art. 206 f. AEUV), die eng mit der Schaffung einer Zollunion (Art. 28 ff. AEUV), insbesondere mit dem Gemeinsamen Außenzoll gem. Art. 31 AEUV verwoben ist. Der Gemeinsame Außenzoll hebt die EU gleichzeitig deutlich über die Organisationsform der „Freihandelszone" hinweg, in der nur Binnenzölle abgeschafft werden, aber kein gemeinsamer Außenzoll erhoben wird. Fasst man damit die entscheidenden Merkmale des Binnenmarktes zusammen, so kommt man auf die griffige Formel „Freiheit nach innen und Einheit nach außen".[131]

59 Durch die Vollendung der sog. dritten Stufe der **Währungsunion** und die Einführung des EURO als einheitliche europäische Währung am 1. Januar 1999 ist das Ziel der Wäh-

---

[127] → Rn. 94.

[128] *Terhechte,* Konstitutionalisierung und Normativität der europäischen Grundrechte, 2011, S. 65 ff.

[129] Dazu etwa *Terhechte,* in: Grabitz/Hilf/Nettesheim, Das Recht der EU, Art. 3 EUV Rn. 1 ff. (Loseblatt, Stand: EL 41 Juli 2010).

[130] Ausführlich zu diesem Konzept *Hatje,* Wirtschaftsverfassung, in: von Bogdandy/Bast (Hrsg.), Europäisches Verfassungsrecht, 2. Aufl. 2009, S. 801 ff.

[131] Vgl. *Carstens,* Die Errichtung des gemeinsamen Marktes in der Europäischen Wirtschaftsgemeinschaft, Atomgemeinschaft und Gemeinschaft für Kohle und Stahl, ZaöRV 18 (1957), 459 (460); *Ipsen,* Europäisches Gemeinschaftsrecht, 1972, S. 551.

rungsunion erreicht (s. Art. 119 Abs. 2 AEUV). Die Erleichterungen, die von einer einheitlichen Währung für die Exportwirtschaft innerhalb der EU ausgehen, können gar nicht überschätzt werden. Die Verwirklichung einer **„Wirtschaftsunion"** ist dagegen eine Daueraufgabe der europäischen Integration, die wahrscheinlich niemals vollendet werden kann, sondern stetiger Optimierung und Neuausrichtung bedarf.[132]

Im Laufe der Zeit wurden der EU durch ihre Mitgliedstaaten immer mehr Aufgaben zugewiesen, so dass es sich bei ihr nicht mehr nur um ein „Integrationsprojekt" auf wirtschaftlicher Ebene handelt, sondern um eine **„Wertegemeinschaft"**, die in nahezu allen Lebensbereichen Einfluss auf die Mitgliedstaaten ausübt (zB in der Umwelt-, Verbraucherschutz-, Gesundheits-, Kultur-, Verkehrs- und Industriepolitik). Dieser Prozess kennt zwei wesentliche Grundvoraussetzungen: Zum einen das Charakteristikum der Supranationalität, das die Europäische Union insgesamt unabhängiger von den Gründungsstaaten gemacht hat, und zum anderen die Tatsache, dass es sich bei der Union um eine sog. „Rechtsgemeinschaft" handelt, dh, dass Konflikte auf dem Boden des Rechts ausgetragen werden und die fortlaufende Schaffung von Recht den „Motor der europäischen Integration" verkörpert. **60**

Mit der Schaffung der Europäischen Union ist eine politische Flankierung der wirtschaftlichen Integration eingeleitet worden, die eine Gemeinsame Außen- und Sicherheitspolitik (GASP) und die Polizeiliche und Justizielle Zusammenarbeit in Strafsachen (PJZS) in einem „Raum der Sicherheit, der Freiheit und des Rechts" mit sich brachte. Der Vertrag von Lissabon hat die PJZS aus dem intergouvernementalen Bereich in den supranationalen übertragen.[133] **61**

2. Das sekundäre Unionsrecht. Die Europäische Union wird häufig als „Rechtsgemeinschaft" charakterisiert, was insbesondere darauf zurückgeht, dass sie ihre Integrationsfortschritte mittels rechtlich verbindlicher Handlungen erzielt.[134] Von besonderem Interesse ist hier das sog. sekundäre Unionsrecht, also die Rechtsakte, die auf der Grundlage des EUV/AEUV erlassen werden. Diese Handlungsformen führt der AEUV nicht abschließend in **Art. 288 AEUV** auf: Hier werden als Handlungsformen des Unionsrechts die Verordnung, die Richtlinie, der Beschluss sowie Stellungnahmen und Empfehlungen genannt.[135] **62**

Die **Verordnung** hat gem. Art. 288 Abs. 2 AEUV allgemeine Geltung. Sie ist in allen ihren Teilen verbindlich und gilt unmittelbar in jedem Mitgliedstaat. Aufgrund der eindeutigen vertraglichen Regelung, bedürfen Verordnungen der EU daher keiner Transformation in das mitgliedstaatliche Recht oder einer irgendwie gearteten Vollzugsanweisung durch mitgliedstaatliche Organe, sondern sind ohne weiteres in den Mitgliedstaaten geltendes Recht.[136] Aufgrund dieser Wirkungsweise kann die Verordnung auch als „europäisches Gesetz" bezeichnet werden. Der Begriff des Gesetzes wurde in den Vertrag aber nicht aufgenommen, weil das Recht vieler Mitgliedstaaten hierunter zumeist formell von den jeweiligen Parlamenten erlassene Rechtsakte verstehen und dem Europäischen Parlament eine solche umfassende Rechtsetzungsrolle ursprünglich nicht zukommen sollte.[137] Die „allgemeine Geltung" bedeutet nach der Rechtsprechung des EuGH, dass die VO auf objektiv bestimmte Sachverhalte anwendbar sind und Rechtswirkungen für allgemein und abstrakt umrissene Personengruppen zeitigen.[138] **63**

Die **Richtlinie** nach Art. 288 Abs. 3 AEUV ist ein an die Mitgliedstaaten gerichteter Rechtsakt, durch den diese verpflichtet werden, entsprechend dem Inhalt der Richtlinie **64**

---

[132] Vgl. dazu etwa *Hatje* (Hrsg.), Das Binnenmarktrecht als Daueraufgabe, EuR-Beiheft 1/2002.
[133] *Streinz/Ohler/Herrmann*, Der Vertrag von Lissabon, 3. Aufl. 2010, § 20.
[134] Dazu schon oben Rn. 60.
[135] Siehe dazu insgesamt *Bast*, Handlungsformen, in: von Bogdandy/Bast (Hrsg.), Europäisches Verfassungsrecht, 2. Aufl. 2009, S. 489 ff.
[136] *Geiger*, EUV/AEUV, Art. 288 AEUV Rn. 6 f.
[137] *Biervert*, in: Schwarze (Hrsg.), EU-Kommentar, 3. Aufl. 2012, Art. 288 AEUV Rn. 18.
[138] EuGH, Rs. 101/76, Koninklijke Scholten Honig/Rat u. Kommission, Slg. 1977, 797 Rn 20/22; *Biervert*, in: Schwarze (Hrsg.), EU-Kommentar, Art. 288 AEUV Rn. 19.

3. Teil. Exportwirtschaft (Ausfuhr, Zoll, Steuern)

tätig zu werden.[139] Adressat einer Richtlinie sind zunächst die Mitgliedstaaten der Union (in ihrer Gesamtheit), die die Pflicht trifft, die Richtlinie in nationales Recht umzusetzen; es handelt sich also um einen **transformationsbedürftigen Rechtsakt**. Eine lediglich an einige Mitgliedstaaten gerichtete Richtlinie ist nicht vom Wortlaut des Art. 288 Abs. 3 AEUV gedeckt.[140] Aufgrund der von Art. 288 Abs. 3 AEUV festgelegten Umsetzungsbedürftigkeit von Richtlinien, haben diese im Grundsatz keine unmittelbare Wirkung. Verbindlich ist nur die Erreichung des in der Richtlinie definierten Ziels, womit das von der Richtlinie bezweckte Ergebnis gemeint ist. Den Mitgliedstaaten bleibt aber die Wahl der Form und Mittel zur Erreichung des Ziels bei der Umsetzung von Richtlinien in das nationale Recht überlassen. Sie müssen aber so vorgehen, dass das vorgegebene Ergebnis tatsächlich erreicht wird. Insbesondere muss eine vollständige Anwendung der Richtlinien-Vorschriften hinreichend klar und bestimmt gewährleistet werden.[141] Richtlinien enthalten grundsätzlich eine Umsetzungsfrist. Vor Ablauf dieser Frist entfaltet die Richtlinie aber bereits insofern Rechtswirkungen, als die Mitgliedstaaten Rechtshandlungen zu unterlassen haben, die den angestrebten Erfolg vereiteln können.[142] Obwohl Richtlinien nur an die Mitgliedstaaten, nicht aber an den Einzelnen gerichtet sind, können ihre Vorschriften ausnahmsweise unmittelbare Wirkung in einem Mitgliedstaat haben. Der EuGH hat dies in ständiger Rechtsprechung für den Fall anerkannt, dass die Umsetzungsfrist verstrichen ist, die Richtlinie Einzelnen Rechte gewährt und die Vorschriften der Richtlinie „inhaltlich unbedingt" sowie „hinreichend genau" sind.[143]

65 Der **Beschluss** gem. Art. 288 Abs. 4 AEUV ist der verbindliche Rechtsakt des Unionsrechts für Einzelfälle und insofern etwa mit dem deutschen Verwaltungsakt vergleichbar. Er kann sowohl an Einzelne als auch an die Mitgliedstaaten gerichtet sein.[144]

66 **Empfehlungen und Stellungnahmen** nach Art. 288 Abs. 5 AEUV dienen überwiegend der Beurteilung einer gegenwärtigen Lage und legen dem Adressaten ein bestimmtes Verhalten nahe, ohne ihn jedoch rechtlich zu binden. Die Empfehlungen gehen in der Regel auf einen eigenen Entschluss des Unionsorgans zurück, während die Stellungnahmen als Reaktion auf eine fremde Initiative erfolgen.[145]

67 Rechtsakte im Bereich der GASP sind von den übrigen Rechtsakten der EU zu unterscheiden. Im Rahmen der GASP werden **gemeinsame Strategien** gem. Art. 26 Abs. 1 EUV, **gemeinsame Aktionen** gem. Art. 28 EUV (vgl. Art. 25 lit. b EUV) und **gemeinsame Standpunkte** nach Art. 29 EUV verwendet.[146] Für die Exportwirtschaft sind insbesondere die gemeinsamen Aktionen und gemeinsamen Standpunkte von Bedeutung, weil sie Voraussetzung für die Verhängung von Wirtschaftssanktionen gem. Art. 215 AEUV sind.[147]

68 **3. Die Institutionen – Rat, Kommission, Gerichtshof und Parlament.** Die EU verfügt über ein recht ausdifferenziertes institutionelles Gefüge, in dessen Zentrum zunächst der Rat der Europäischen Union, die Europäische Kommission und der Europäische Gerichtshof stehen. Der **Rat der Europäischen Union** ist das wichtigste Legislativorgan der EU (Art. 16 EUV, Art. 237 ff. AEUV). In ihm sind die Vertreter der Mitgliedstaaten auf Ministerebene versammelt.[148] Er ist nicht mit dem **Europäischen Rat** gem. Art. 15 EUV, Art. 235 f. AEUV zu verwechseln, der sich aus den Staats- und Regierungschefs der Mitgliedstaaten zusammensetzt und als ursprünglich einziges Organ der EU mit dem Reform-

---

[139] *Geiger,* EUV/AEUV, Art. 288 AEUV Rn. 10.
[140] *Biervert,* in: Schwarze (Hrsg.), EU-Kommentar, 3. Aufl. 2012, Art. 288 AEUV Rn. 24.
[141] EuGH, C-38/99, Kommission/Frankreich, Slg. 2003, I-14355, Rn. 83.
[142] *Ruffert,* in: Calliess/Ruffert (Hrsg.), EUV/AEUV, 4. Aufl. 2011, Art. 288 AEUV Rn. 47.
[143] EuGH, Rs. 41/74, Van Duyn/Home Office, Slg. 1974, 1349.
[144] *Ruffert,* in: Calliess/Ruffert (Hrsg.), EUV/AEUV, 4. Aufl. 2011, Art. 288 AEUV Rn. 117.
[145] *Biervert,* in: Schwarze (Hrsg.), EU-Kommentar, 3. Aufl. 2012, Art. 288 AEUV Rn. 35.
[146] *Terhechte,* in: Schwarze (Hrsg.), EU-Kommentar, 3. Aufl. 2012, Art. 24 EUV Rn. 1 ff.
[147] → Rn. 94.
[148] Zur exakten Zusammensetzung und Stimmengewichtung s. Art. 238 AEUV.

vertrag von Lissabon eine Positionsstärkung erfahren hat und nunmehr ein Organ der Europäischen Union ist. Die Europäische Kommission (Art. 17 EUV, Art. 244 ff. AEUV) ist in erster Linie das Exekutivorgan der EU und besteht aus einer Kommissarin bzw. einem Kommissar pro Mitgliedstaat (derzeit also noch 28). Sie ist als Exekutivorgan der EU zunächst im Verbund mit den Mitgliedstaaten für den Vollzug des Unionsrechts verantwortlich. Daneben spielt sie aber auch im Rechtsetzungsprozess eine wichtige Rolle, was in erster Linie auf ihr sog. **Initiativmonopol** zurückzuführen ist. Aufgrund dieses Monopols kann ohne einen Vorschlag der Kommission grundsätzlich kein Rechtsetzungsakt zustande kommen. Daneben verfügt die Kommission in einigen Sonderbereichen auch über Rechtsetzungskompetenzen.[149] Für den Bereich des Exportrechts spielt die Kommission schon deshalb eine hervorgehobene Rolle, weil sie darüber zu wachen hat, dass die Mitgliedstaaten die durch die Verträge gewährten Verkehrsfreiheiten respektieren. Darüber hinaus ist sie vorrangiger Ansprechpartner der Unternehmen im Bereich des Außenwirtschaftsrechts.[150]

Besondere Bedeutung im institutionellen Gefüge der EU und für die Konkretisierung **69** des materiellen Exportwirtschaftsrechts kommt dem **Europäischen Gerichtshof (EuGH)** zu. Er hat nach Art. 19 Abs. 1 EUV (Art. 251 ff. AEUV) die Aufgabe, im Rahmen seiner Zuständigkeiten die Wahrung des Rechts bei der Auslegung und Anwendung der Verträge zu sichern. Dem Gerichtshof ist seit 1989 das **Gericht erster Instanz (EuG)** beigeordnet, das insbesondere für die meisten Klagen natürlicher Personen zuständig ist (Art. 256 AEUV). Aufgrund der Verfasstheit der EU als „Rechtsgemeinschaft" kommt der rechtsprechenden Gewalt in der EU eine besondere Rolle zu. Streitigkeiten zwischen den Mitgliedstaaten bzw. zwischen der Union und den Mitgliedstaaten werden grundsätzlich auf dem Boden des Rechts ausgetragen. Dementsprechend verfügt das Unionsrecht über ein recht komplexes Prozessrecht mit verschiedenen Klagearten.

Aufgrund seiner zentralen Rolle ist es dem EuGH in der Vergangenheit immer wieder **70** gelungen, durch wegweisende Entscheidungen die europäische Rechtsordnung als Ganzes wesentlich zu prägen. Erst durch die im Wege der richterlichen Rechtsfortbildung entwickelten Grundsätze der unmittelbaren Anwendbarkeit und des Vorrangs[151], nach denen sich auch der Einzelne direkt auf das Unionsrecht berufen kann[152], konnte das Europarecht seine heutige Bedeutung erlangen. Die praktische Bedeutung der Judikatur des Gerichtshofs ist inzwischen überragend; dies gilt insbesondere für den Bereich des Wirtschaftsrechts.[153]

Mit dem zunehmenden Einfluss des **Europäischen Parlaments** (Art. 14 EUV, Art. 223 ff. **71** AEUV) zeichnet sich ein verstärkter Demokratisierungsprozess im Rahmen der EU ab, der jedoch die Bedeutung der Kommission und des Rats der Europäischen Union bislang mehr oder weniger unberührt lässt. Die sich abzeichnende Demokratisierung der EU und die Zuweisung weiterer bedeutsamer Politikbereiche zeigt, welche Wirkmacht die wirtschaftliche Integration der EU entfalten konnte.[154] Zu beachten ist hierbei allerdings, dass das Parlament in den meisten Rechtsgebieten, die für das Exportwirtschaftsrecht der Union von Bedeutung sind, nur eine untergeordnete Rolle spielt.

II. Der Rechtsrahmen für Exporte innerhalb der EU

Der Export innerhalb der EU ist maßgeblich durch eine weit reichende Einräumung **72** von Freiheit gekennzeichnet. Dementsprechend sind hier die Regelungen über den **freien Warenverkehr**[155] maßgeblich, nach denen Ein- und Ausfuhren im Binnenmarkt keinen

---

[149] Siehe etwa Art. 106 Abs. 3 AEUV.
[150] → Rn. 99.
[151] EuGH, Rs. 6/64, Costa/E. N. E. L., Slg. 1964, 1151.
[152] Dazu ausführlich *Terhechte,* Der Vorrang des Unionsrechts, JuS 2008, 403.
[153] Vgl. *Schwarze,* Europäisches Wirtschaftsrecht, Rn. 538 ff.
[154] S. dazu etwa die Beiträge in *Heinig/Terhechte* (Hrsg.), Postnationale Demokratie, Postdemokratie, Neoetatismus, 2013.
[155] → Rn. 73 ff.

3. Teil. Exportwirtschaft (Ausfuhr, Zoll, Steuern)

Zöllen oder sonstigen Beschränkungen unterworfen werden dürfen. Daneben können aber auch die anderen Grundfreiheiten[156] und das Wettbewerbsrecht[157] Bedeutung für Exporttätigkeiten entfalten. Diese Freiheitsgewährleistungen können in der Regel mittels effektiver Rechtsschutzinstrumente durchgesetzt werden, was vor allem für die in der Exportwirtschaft tätigen Unternehmen von besonderem Interesse ist.[158]

73 1. Der freie Warenverkehr. Der freie Warenverkehr innerhalb des Binnenmarktes wird zunächst durch die Zollunion garantiert, deren wesentliches Bauelement das Verbot von Binnenzöllen und Abgaben gleicher Wirkung ist, Art. 30 AEUV. Die Abschaffung sämtlicher Beschränkungen wird zudem durch das Verbot mengenmäßiger Beschränkungen und Maßnahmen gleicher Wirkung gem. Art. 34 f. AEUV sichergestellt.

74 a) Das Verbot der Binnenzölle und Abgaben gleicher Wirkung. Durch Art. 28 AEUV wird eine **Zollunion** errichtet, die sich auf den gesamten Warenaustausch erstreckt und zwischen den Mitgliedstaaten die Erhebung von Ein- und Ausfuhrzöllen sowie gem. Art. 30 AEUV auch Abgaben gleicher Wirkung verbietet.[159] Zudem wird ein **Gemeinsamer Zolltarif** gegenüber dritten Ländern eingeführt. Zölle spielen aufgrund dieser Vorschriften heute im Handel innerhalb der EU keine Rolle mehr, sondern nur noch beim Gemeinsamen Außenzoll der EU.[160] Auch sind seit Januar 1993 die Kontrollen des Warenverkehrs innerhalb des Binnenmarktes abgeschafft. Freilich können aber **Abgaben gleicher Wirkung** nach wie vor Probleme bereiten. Unter diesen Begriff fallen alle anlässlich des Grenzübergangs seitens der Mitgliedstaaten vorgenommenen oder veranlassten finanziellen Belastungen. Solche Abgaben sind ebenso wie Binnenzölle gem. Art. 28, 30 AEUV ausnahmslos verboten. Problematisch ist aber oftmals die Abgrenzung zu den gem. Art. 110 AEUV zulässigerweise anlässlich des Grenzübertritts erhobenen **inländischen Abgaben** auf Produkte aus anderen Mitgliedstaaten.[161] Der Unterschied besteht hier darin, dass die verbotenen Abgaben zollgleicher Wirkung ausschließlich auf das eingeführte Produkt als solches erhoben werden, während die zulässigen inländischen Abgaben gem. Art. 110 AEUV im Rahmen eines allgemeinen inländischen Abgabensystems nach objektiven Kriterien gleichermaßen auf in- und ausländische Produkte Anwendung finden oder dem Ausgleich der Abgabenbelastung in- und ausländischer Produkte dienen.[162]

75 b) Das Verbot mengenmäßiger Beschränkungen und Maßnahmen gleicher Wirkung – Die Warenverkehrsfreiheit. Zwar hat die Aufhebung der Zölle den Warenhandel innerhalb der Union, der einen großen Teil der Gesamtimporte und -exporte der Mitgliedstaaten ausmacht, stark begünstigt, doch können neben Zöllen auch andere Handelshemmnisse den freien Warenverkehr im Binnenmarkt beschränken (sog. **nichttarifäre Handelshemmnisse**). Um auch diese Beschränkungen abzubauen, sind gem. Art. 34, 35 AEUV mengenmäßige Einfuhr- und Ausfuhrbeschränkungen sowie alle Maßnahmen gleicher Wirkung zwischen den Mitgliedstaaten verboten.[163] Dieses Verbot ist unmittelbar anwendbar, dh der Einzelne kann sich hierauf vor nationalen Gerichten berufen. **Mengenmäßige Einfuhr- oder Ausfuhrbestimmungen** (zB Kontingente oder Quoten) kommen zwischen den Mitgliedstaaten praktisch nicht mehr vor, so dass nur noch **Maßnahmen gleicher Wirkung** im Bereich des Warenverkehrs von Bedeutung sind. Als Maßnahme glei-

---

[156] → Rn. 78 ff.
[157] → Rn. 83.
[158] → Rn. 84 ff.
[159] Ausführlich zur Zollunion *Herrmann/Michl*, Grundzüge des europäischen Wirtschaftsrechts, ZEuS 2008, 81 (94 ff.); *Terhechte*, in: Schwarze (Hrsg.), EU-Kommentar, 3. Aufl. 2012, Art. 28 AEUV Rn. 1 ff.; *Witte/Wolffgang*, Lehrbuch des Europäischen Zollrechts, 7. Aufl. 2012.
[160] → Rn. 100 ff.
[161] Dazu *Terhechte*, in: Schwarze (Hrsg.), EU-Kommentar, 3. Aufl. 2012, Art. 30 AEUV Rn. 21 ff.
[162] EuGH, Rs. 193/85, Co-Frutta/Amministrazione delle Finanze dello Stato, Slg. 1987, 2085 Rn. 14.
[163] Siehe dazu etwa *Mayer*, Die Warenverkehrsfreiheit im Europarecht – eine Rekonstruktion, EuR 2003, 793 ff.

cher Wirkung sieht der EuGH jede staatliche Handelsregelung an, die geeignet ist, den innerstaatlichen Handel unmittelbar oder mittelbar, tatsächlich oder potentiell zu behindern.[164] Den dadurch sehr weiten Anwendungsbereich der Warenverkehrsfreiheit, die sich letztlich von einem Diskriminierungsverbot hin zu einem **Beschränkungsverbot** entwickelt hat, schränkt der EuGH seit Anfang der 1990er Jahre durch die sog. Keck-Formel ein. Nach dieser Rechtsprechung muss zwischen sog. produktbezogenen und vertriebsbezogenen Modalitäten unterschieden werden: Nationale Bestimmungen, die bestimmte Facetten des Vertriebs eines Produkts beschränken oder verbieten und nicht unmittelbar oder mittelbar gegenüber ausländischen Produkten diskriminierend wirken, fallen nicht unter das Verbot des Art. 34 AEUV.[165] Ein Beispiel für solche vertriebsbezogenen Modalitäten sind Ladenöffnungszeiten oder Beschränkungen der Arbeitszeiten des Verkaufspersonals. Dagegen fallen produktbezogene Regelungen auch weiterhin unter das Verbot des Art. 34 AEUV.

Freilich sind Handelsbeschränkungen iSv Art. 34 AEUV nicht absolut verboten.[166] Solche Maßnahmen können in vielen Fällen durch die **Ausnahmevorschrift des Art. 36 AEUV** oder durch den ungeschriebenen Rechtfertigungsgrund der zwingenden Erfordernisse des Allgemeininteresses[167] gerechtfertigt werden, soweit sie dem Grundsatz der Verhältnismäßigkeit genügen.[168] Art. 36 AEUV nennt als Rechtfertigungsgründe für Einfuhr-, Ausfuhr- und Durchfuhrverbote oder -beschränkungen die öffentliche Sittlichkeit, Ordnung und Sicherheit, den Schutz der Gesundheit und des Lebens von Menschen, Tieren oder Pflanzen, den Schutz des nationalen Kulturguts oder den Schutz des gewerblichen und kommerziellen Eigentums. Als ungeschriebene Rechtfertigungsgründe, die allerdings nicht beim Vorliegen von unmittelbaren Diskriminierungen zum Zuge kommen, hat der EuGH bisher beispielsweise den Verbraucherschutz, die Lauterkeit des Handelsverkehrs wie auch den Schutz von Arbeitnehmern anerkannt. Auch können Unionsgrundrechte und mit Inkrafttreten der bislang rechtlich unverbindlichen Grundrechtecharta auch die darin statuierten Grundrechte Beschränkungen der Warenverkehrsfreiheit rechtfertigen.[169]

Aus der Warenverkehrsfreiheit ergibt sich für die Mitgliedstaaten auch die Verpflichtung, gegen **Behinderungen durch Private** einzuschreiten.[170] Ob die Warenverkehrsfreiheit darüber hinaus wie andere Grundfreiheiten[171] auch **unmittelbare Drittwirkung** in der Gestalt entfaltet, dass sie direkt gegenüber Privaten anwendbar ist, ist umstritten und bislang noch nicht eindeutig vom EuGH entschieden.[172] Die grundsätzlich auszumachende Konvergenz der Grundfreiheiten[173] spricht aber für eine solche Drittwirkung auch im Anwendungsbereich der Warenverkehrsfreiheit.

2. Weitere Grundfreiheiten. Der europäische Binnenmarkt zielt nicht nur auf einen unbeschränkten Warenaustausch zwischen den Mitgliedstaaten, sondern verfolgt einen umfassenden Ansatz der Verkehrsfreiheiten auch für **Dienstleistungen** (Art. 56 ff. AEUV), für die **Niederlassung** juristischer oder natürlicher Personen (Art. 49 ff. AEUV), für die **Freizügigkeit** der Arbeitnehmer (Art. 45 AEUV) sowie für den **Kapital- und Zahlungsver-**

---

[164] EuGH, Rs. 8/74, Dassonville, Slg. 1974, 837.
[165] EuGH, Rs. C-267/91, Keck, Slg. 1993, I-6097.
[166] S. *Wolfram,* Die mitgliedstaatlichen Verbotstatbestände der Binnenmarktfreiheiten, 2012, S. 103 ff.
[167] Vom EuGH erstmals in der Rs. 120/78, Cassis de Dijon, Slg. 1979, 649 entwickelt.
[168] Ausführlich zur sog. Cassis-Formel *Mayer,* Die Warenverkehrsfreiheit im Europarecht – eine Rekonstruktion, EuR 2003, 793, (797).
[169] Vgl. EuGH, Rs. C-112/00, Schmidberger, Slg. 2003, I-5659 und EuGH, Rs. C-36/02, Omega, Slg. 2004, I-9609.
[170] Vgl. EuGH, Rs. C-265/95, Kommission/Frankreich, Slg. 1997, I-6990 hinsichtlich der Untätigkeit französischer Behörden bei gewalttätigen Protesten französischer Landwirte gegen den Import von Agrarprodukten aus Spanien.
[171] Vgl. zB EuGH, Rs. C-415/93, Bosman, Slg. 1995, I-492 für die Arbeitnehmerfreizügigkeit und EuGH, Rs. C-341/05, Laval, Slg. 2007, I-11767 für die Dienstleistungsfreiheit.
[172] Vgl. *Becker,* in: Schwarze (Hrsg.), EU-Kommentar, 3. Aufl. 2012, Art. 34 Rn. 88 ff.
[173] Dazu *Behrens,* Die Konvergenz der wirtschaftlichen Freiheiten des EWG-Vertrages, EuR 1992, 145.

3. Teil. Exportwirtschaft (Ausfuhr, Zoll, Steuern)

kehr (Art. 63 AEUV).[174] Wie die Warenverkehrsfreiheit sind auch diese Grundfreiheiten unmittelbar anwendbar. Auch insoweit kommt der Rechtsdurchsetzung im Binnenmarkt eine überragende Bedeutung zu.

79 Die **Dienstleistungsfreiheit** (Art. 56 ff. AEUV) umfasst gem. Art. 57 Abs. 1 AEUV jede Leistung, die in der Regel gegen Entgelt erbracht wird, soweit sie nicht den Vorschriften über den freien Waren- und Kapitalverkehr und über die Freizügigkeit der Person unterliegt. In Abgrenzung zur Niederlassungsfreiheit kommt es auf die vorübergehende selbstständige Tätigkeit an. Der EuGH hat die Dienstleistungsfreiheit von einem Diskriminierungsverbot hin zu einem Beschränkungsverbot entwickelt.[175] Eine Beschränkung ist aber zulässig, wenn geschriebene oder ungeschriebene Rechtfertigungsgründe vorliegen.[176] Grundsätzlich umfasst die Dienstleistungsfreiheit auch den freien **Dienstleistungsexport**, dh die Mitgliedstaaten dürfen den Export von Dienstleistungen aus ihrem Territorium nicht beschränken, obwohl im Gegensatz zum freien Warenverkehr, in dessen Rahmen nach Art. 35 AEUV ein explizites Verbot für Beschränkungen des Warenexports gilt, ist das Verbot von Beschränkungen des Dienstleistungsexports nicht ausdrücklich in den EU-Verträgen geregelt. Der EuGH verlangt aber, dass sich Unternehmen auch gegenüber ihrem Sitzstaat bei der Erbringung von grenzüberschreitenden Dienstleistungen auf den freien Dienstleistungsverkehr berufen können.[177] Verboten sind somit vor allem jene Maßnahmen, die geeignet sind, spezifisch den Zugang von Dienstleistungen zum Markt eines anderen Mitgliedstaats zu behindern.[178]

80 Gem. Art. 49 AEUV sind Beschränkungen der **freien Niederlassung** von Staatsangehörigen eines Mitgliedstaats der EU im Hoheitsgebiet eines anderen Mitgliedstaats grundsätzlich verboten. Damit hat zunächst jeder EU-Bürger das Recht, sich in einem anderen Mitgliedstaat niederzulassen, wobei Art. 51 AEUV eine Ausnahme von diesem Grundsatz für Tätigkeiten enthält, die in einem Mitgliedstaat mit der Ausübung öffentlicher Gewalt verbunden sind. Art. 52 AEUV lässt zudem Ausnahmeregelungen der Mitgliedstaaten aus Gründen der öffentlichen Ordnung, Sicherheit oder Gesundheit zu. Nach Art. 54 AEUV erstreckt sich die Niederlassungsfreiheit auf nach den Rechtsvorschriften eines Mitgliedstaats gegründete **Gesellschaften,** die ihren satzungsmäßigen Sitz, ihre Hauptverwaltung oder ihre Hauptniederlassung innerhalb der Union haben. Die Niederlassungsfreiheit gewährt so insgesamt ein Aufenthaltsrecht für Selbstständige, einen Anspruch auf Inländergleichbehandlung sowie ein Beschränkungsverbot.[179]

81 Um die für die Marktintegration unerlässliche **Mobilität der Arbeitnehmer** sicherzustellen, verpflichtet der AEUV die Mitgliedstaaten, die Freizügigkeit der Arbeitnehmer innerhalb der EU schrittweise herzustellen (Art. 45 AEUV). Kern der Arbeitnehmerfreizügigkeit ist das Recht der EU-Ausländer, im Aufnahmemitgliedstaat unter gleichen Voraussetzungen wie Inländer eine Beschäftigung aufnehmen und ausüben zu dürfen (Art. 45 Abs. 2, 3 lit. c AEUV). Dieser beschäftigungsbezogene Inländergleichbehandlungsanspruch wurde in der Rechtsprechung des Gerichtshofs zu einem nahezu allumfassenden Diskriminierungsverbot zugunsten des ausländischen Arbeitnehmers ausgebaut.[180]

82 Gem. Art. 63 AEUV sind schließlich alle Beschränkungen des **Kapital- und Zahlungsverkehrs** verboten. Anders als die übrigen Grundfreiheiten umfasst sie auch den Verkehr mit Drittstaaten, was insbesondere für den Export in die Europäische Union eine Rolle spielt. Innerstaatliche Vorschriften, die zu einer Beschränkung des Kapital- und Zah-

---

[174] Ausführlich zu den Grundfreiheiten etwa *Ehlers* (Hrsg.), Europäische Grundrechte und Grundfreiheiten 3. Aufl. 2009; *Kingreen,* Grundfreiheiten, in: von Bogdandy/Bast (Hrsg.), Europäisches Verfassungsrecht, 2. Aufl. 2009, S. 705 ff.; *Pache,* in: Schulze/Zuleeg/Kadelbach (Hrsg.), Europarecht, 2. Aufl. 2010, § 10.
[175] Ausführlich dazu *Holoubek,* in: Schwarze (Hrsg.), EU-Kommentar, 3. Aufl. 2012, Art. 56/57 AEUV Rn. 69 ff.
[176] Siehe dazu EuGH, Rs. C-55/94, Gebhard, Slg. 1995, I-4165 Rn. 37 ff.
[177] EuGH, Rs. C-18/93, Corsica Ferries Italia, Slg. 1994, I-1783 Rn. 30.
[178] EuGH, Rs. C-384/93, Alpine Investments, Slg. 1995, I-1141 Rn. 38.
[179] Zum Ganzen *Frenz,* Handbuch Europarecht, Band 1: Europäische Grundfreiheiten, 2004, Rn. 1848 ff.
[180] *Frenz,* Handbuch Europarecht, Band 1: Europäische Grundfreiheiten, 2004, Rn. 1112 ff.

Abschnitt 28. Der Rechtsrahmen der WTO und der EU für den Export

lungsverkehrs führen und Geschäftsabläufe außerhalb der EU betreffen, sind ebenso verboten wie Vorschriften, die sich nur auf den Geschäftsverkehr innerhalb der EU auswirken.[181]

3. Das europäische Wettbewerbsrecht. Das europäische Wettbewerbsrecht ist in den Art. 101–109 AEUV sowie in einer Reihe von Verordnungen niedergelegt, die vornehmlich das Verfahren betreffen.[182] Aus der theoretischen Perspektive leuchtet es ein, dass die Schaffung eines Binnenmarktes, in dem staatliche Interventionen und Hemmnisse mittels der Grundfreiheiten auf ein Minimum reduziert werden sollen, nicht nur positive Seiten haben muss, sondern mitunter auch grenzüberschreitende Beschränkungen des Wettbewerbsprozesses durch Private erleichtert. Dem europäischen Wettbewerbsrecht kommt im Kontext der europäischen Integration die Funktion zu, diese Beschränkungen zu unterbinden und so ein funktionsfähiges, wettbewerblich verfasstes Wirtschaftssystem zu garantieren. Die Freiheit, die der europäische Binnenmarkt bietet, soll also – um es auf eine knappe Formel zu bringen – vor privaten und staatlichen Eingriffen in den Wettbewerb geschützt werden. Das Wettbewerbsrecht bildet so eine Funktionseinheit mit den Grundfreiheiten.[183] Dementsprechend enthält Art. 101 AEUV ein **allgemeines Kartellverbot,** nach dem wettbewerbsbeschränkende Maßnahmen zwischen Unternehmen und Unternehmensvereinigungen grundsätzlich verboten sind. Die unter das Verbot fallenden Vereinbarungen sind gem. Art. 101 Abs. 2 AEUV nichtig. Art. 101 Abs. 3 AEUV sieht schließlich unter bestimmten Voraussetzungen die Möglichkeit vor, Vereinbarungen, die „an sich" unter das Kartellverbot fallen, von diesem Verbot auszunehmen (Freistellung). Das entsprechende Kartellverfahren ist in der Kartellverfahrensverordnung[184] geregelt, in der insbesondere das System der Legalausnahme etabliert wurde.[185] Jedoch kann auch ein einzelnes Unternehmen, sofern es über eine gewisse Marktmacht verfügt, den Wettbewerb schädigen. Ein solches Verhalten soll Art. 102 AEUV **(Verbot des Missbrauchs einer marktbeherrschenden Stellung)** verhindern. Zudem kann ein Zusammenschluss (Fusion) von Unternehmen wettbewerbsbeschränkend wirken. Dementsprechend werden solche Zusammenschlüsse auf der Grundlage der Fusionskontrollverordnung[186] überprüft. Art. 106 AEUV ordnet die prinzipielle Gleichbehandlung von öffentlichen und privaten Unternehmen an, wobei es auch hier bestimmte Ausnahmen gibt. Schließlich verbietet Art. 107 AEUV den Mitgliedstaaten, durch **Beihilfen** (Subventionen) Einfluss auf den Wettbewerb zu nehmen; das in Art. 107 Abs. 1 AEUV statuierte Beihilfenverbot ist insbesondere im Zusammenhang mit der aktuellen Wirtschaftskrise und dem Problem der **Exportbeihilfen** von größtem Interesse. Hinsichtlich der Exportbeihilfen ist zu beachten, dass sie in Bezug auf Ausfuhren in andere Mitgliedstaaten bzw. in den EWR grundsätzlich mit dem Binnenmarkt unvereinbar sind.[187]

4. Rechtsschutz im Export innerhalb der EU. Werden private Akteure, namentlich exportorientierte Unternehmen, im Binnenmarkt seitens der Mitgliedstaaten in der Ausübung ihrer durch das Unionsrecht garantierten Freiheiten behindert, so steht ihnen in erster Linie **Rechtsschutz vor nationalen Gerichten** zur Verfügung. Diese haben das Unionsrecht, insbesondere die Grundfreiheiten, unmittelbar anzuwenden und ihm darüber hinaus Vorrang vor entgegenstehendem nationalem Recht einzuräumen. Für den Fall, dass die nationalen Gerichte Fragen hinsichtlich der Auslegung oder Gültigkeit von anzuwen-

83

84

---

[181] S. *Glaesner,* in: Schwarze (Hrsg.), EU-Kommentar, 3. Aufl. 2012, Art. 63 Rn. 1 ff. mwN.
[182] Ausführlich zum Wettbewerbsrecht siehe *Mestmäcker/Schweitzer,* Europäisches Wettbewerbsrecht, 2. Aufl. 2004.
[183] Ausführlich dazu *Nowak,* Das Binnenmarktziel im Lichte anderer Gemeinschaftsziele, EuR-Beiheft 3/2004, 57 (77).
[184] VO (EG) Nr. 1/2003, ABl. EU 2003 Nr. L 1/1.
[185] Ausführlich zum Verfahren s. *Weiß,* in Terhechte (Hrsg.), Internationales Kartell- und Fusionskontrollverfahrensrecht, 2008, § 72.
[186] VO (EG) Nr. 139/2004, ABl. EU 2004 Nr. L 24/1.
[187] EuGH Rs. 6/69, Frankreich/Kommission, Slg. 1969, 523; *Bär-Bouyssière,* in: Schwarze (Hrsg.), EU-Kommentar, 3. Aufl. 2012, Art. 107 AEUV Rn. 56.

dendem Unionsrecht haben, steht ihnen das **Vorabentscheidungsverfahren** gem. Art. 267 AEUV zur Verfügung, in dessen Rahmen sie Fragen über die Auslegung oder über die Gültigkeit sekundären EU-Rechts dem EuGH vorlegen können. Hierbei besteht in Bezug auf Gültigkeitsfragen eine Vorlagepflicht für alle nationalen Gerichte. Auslegungsfragen müssen dagegen ausschließlich letztinstanzliche nationale Gerichte vorlegen. Letztinstanzlich sind hierbei solche Gerichte, gegen deren Entscheidung kein Rechtsmittel mehr möglich ist. Alle anderen Gerichte haben gleichwohl das Recht, den EuGH anzurufen. Die Entscheidung des EuGH ist für das vorlegende Gericht verbindlich.[188]

85   Zudem kann im Falle der Verletzung einer unionsrechtlichen Norm durch einen Mitgliedstaat, durch die ein Schaden verursacht wird, ein entsprechender Schadensersatzanspruch gegen den betreffenden Mitgliedstaat geltend gemacht werden. Grundlage ist hier der durch den EuGH richterrechtlich geschaffene **unionsrechtliche Staatshaftungsanspruch**. Voraussetzung dafür ist, dass der Mitgliedstaat in hinreichend qualifizierter Weise gegen eine Unionsrechtsnorm, die dem Einzelnen subjektive Rechte verleiht, verstößt und dass zwischen diesem Verstoß und dem jeweiligen Schaden Kausalität besteht.[189]

86   Hindern dagegen Handlungen der Europäischen Union private Akteure an ihren Tätigkeiten im Binnenmarkt, so steht ihnen unter den Voraussetzungen des Art. 263 Abs. 4 AEUV die **Nichtigkeitsklage zum EuGH bzw. EuG** zur Verfügung.[190] Jede natürliche oder juristische Person kann hiernach gegen die an sie gerichteten **Entscheidungen** Klage erheben sowie gegen diejenigen Entscheidungen, die, obwohl sie als Verordnung oder als eine an eine andere Person gerichtete Entscheidung ergangen sind, sie unmittelbar und individuell betreffen.[191]

87   Gegen Handlungen von anderen Unternehmen, die gegen das Wettbewerbsrecht verstoßen (zB durch Kartellabsprachen oder durch das missbräuchliche Ausnutzen einer marktbeherrschenden Stellung), kann zum einen im Wege eines bürgerlichen Rechtsstreits[192] vorgegangen werden. Zudem kann die Einleitung eines Verwaltungsverfahrens bei der zuständigen Kartellbehörde beantragt werden.[193]

III. Der Rechtsrahmen für Exporte aus der EU in Drittstaaten

88   Ein weiteres Element des Rechtsrahmens der EU für den Export sind die Regelungen der EU über den Export in Drittstaaten. Diesbezüglich enthält das primäre Unionsrecht nur wenige Regelungen. Art. 35 AEUV, der Beschränkungen der Ausfuhr expressis verbis verbietet, ist nur im Wirtschaftsverkehr zwischen den Mitgliedstaaten anwendbar, nicht aber in Bezug auf den Export aus der EU. Doch auch hier legt das EU-Recht eine umfassende Freiheitsgarantie zugrunde: Aufgrund des Grundsatzes der sog. Ausfuhrfreiheit sind Beschränkungen des Exports aus der Europäischen Union nur unter engen Voraussetzungen möglich.

89   **1. Der Grundsatz der Exportfreiheit.** Der Grundsatz der Export- oder Ausfuhrfreiheit ist nicht ausdrücklich im primären Unionsrecht niedergelegt. Er ergibt sich zum einen aus Art. 206 AEUV, der ein Bekenntnis zu einer liberalen Handelspolitik widerspiegelt, und zum anderen aus diversen grundrechtlichen Verbürgungen auf Unionsebene wie insbesondere der Berufs-, Handels- und Gewerbefreiheit.[194] Sekundärrechtlich ist die Ausfuhrfrei-

---

[188] Zum Vorabentscheidungsverfahren etwa *Everling*, Das Vorabentscheidungsverfahren vor dem Gerichtshof der Europäischen Gemeinschaften, 1995; *Herrmann*, Die Reichweite der gemeinschaftsrechtlichen Vorlagepflicht in der neueren Rechtsprechung des EuGH, EuZW 2006, 231; *Sellmann/Augsberg*, Entwicklungstendenzen des Vorlageverfahrens nach Art. 234 EGV, DÖV 2006, 533.
[189] Vgl. EuGH, verb. Rs. C-6 und 9/90, Francovich, Slg. 1991, I-5357.
[190] Dazu *Schwarze*, in: Schwarze (Hrsg.), EU-Kommentar, 3. Aufl. 2012, Art. 263 AEUV Rn. 38 ff.
[191] Siehe dazu *Burgi*, in: Rengeling/Middele/Gellermann (Hrsg.), Handbuch des Rechtsschutzes in der Europäischen Union, 2. Aufl. 2003, § 7 Rn. 36 ff.
[192] Vgl. für Deutschland §§ 87 ff. GWB.
[193] Vgl. Art. 7 Abs. 1 VO (EG) 1/2003 und § 54 GWB.
[194] Dazu *Boysen/Oeter*, in: Schulze/Zuleeg/Kadelbach (Hrsg.), Europarecht, 2. Aufl. 2010, § 32 Rn. 38 ff.; *Hohmann*, in: Hohmann/John (Hrsg.), Ausfuhrrecht, Art. 1 AusfuhrVO Rn. 2; *Epping*, Die Außenwirtschaftsfreiheit, 1998, S. 572 ff.

heit dagegen ausdrücklich in Art. 1 VO (EG) Nr. 1061/2009 zur Festlegung einer gemeinsamen Ausfuhrregelung[195], der sog. **Ausfuhrverordnung** (im Folgenden AusfuhrVO), niedergelegt.[196] Nach Art. 1 der AusfuhrVO sind die Ausfuhren der Europäischen Gemeinschaft nach dritten Ländern frei, dh keinen mengenmäßigen Beschränkungen unterworfen. In diese Freiheit kann nach der AusfuhrVO durch die Gemeinschaft und die Mitgliedstaaten nur unter engen Voraussetzungen eingegriffen werden. Ausfuhr bedeutet dabei das Verbringen von Waren aus dem Gebiet der Union in Drittstaaten. Drittstaaten sind grundsätzlich alle Staaten, die nicht im Sinne von Art. 52 EUV, 355 AEUV Mitgliedstaaten der EU sind. Das Unionsrecht verbietet nicht nur mengenmäßige Beschränkungen der Ausfuhr, sondern ähnlich wie bei den Grundfreiheiten auch alle Maßnahmen gleicher Wirkung.[197]

2. Zulässige Einschränkungen der Exportfreiheit. Jedoch gilt die Exportfreiheit nicht ausnahmslos. Schon Art. 1 AusfuhrVO bestimmt, dass mengenmäßige Beschränkungen auf der Grundlage der Ausfuhrverordnung zulässig sind. Aus der allgemeinen Systematik der Verträge sowie der AusfuhrVO selbst ergibt sich damit folgendes Bild: Ausgenommen sind zunächst Waren, die dem EAG-Vertrag unterliegen, sowie sog. Dual-Use-Güter. Dies gilt auch für bestimmte Erdöle und Erdgase (Art. 9 AusfuhrVO), für Einschränkungen aus Gründen des nationalen ordre public (Art. 10 AusfuhrVO) sowie für die von den Marktorganisationen für landwirtschaftliche Güter erfassten Produkte (Art. 11 AusfuhrVO). Des Weiteren haben völkerrechtliche Verträge, die die EU mit Drittländern zur Beschränkung ihrer Ausfuhren oder zur Beseitigung mengenmäßiger Beschränkungen geschlossen hat, vorrangig Geltung gegenüber der Ausfuhrfreiheit. Ferner kann die Ausfuhrfreiheit durch unionsrechtliche Wirtschaftssanktionen iSd Art. 215 AEUV eingeschränkt werden.[198] 90

a) Die Dual-Use-Güter-Verordnung. Die Ausfuhrfreiheit wird durch die Verordnung über eine Gemeinschaftsregelung für die Kontrolle der Ausfuhr von Gütern und Technologien mit doppeltem Verwendungszweck[199] eingeschränkt.[200] Dual-Use-Güter sind Güter, einschließlich Datenverarbeitungsprogrammen und Technologien, die sowohl für zivile als auch für militärische Zwecke verwendet werden können.[201] Für den Export von Gütern mit doppeltem Verwendungszweck, die im Anhang der Verordnung aufgeführt sind, ist eine in der gesamten Europäischen Union gültige **Ausfuhrgenehmigung** notwendig. Die Genehmigung wird in Abhängigkeit von materiellen Gesichtspunkten wie Überlegungen der nationalen Außen- und Sicherheitspolitik und Aspekten der beabsichtigten Endverwendung erteilt (Art. 12 VO Nr. 428/2009). Für bestimmte Produktgruppen, die im Anhang der Dual-Use-Güter-Verordnung aufgeführt sind, wird eine allgemeine unionsweite Ausfuhrgenehmigung für Australien, Kanada, die USA, Japan, Norwegen, Neuseeland und die Schweiz erteilt. Alle anderen genehmigungspflichtigen Ausfuhren werden von den zuständigen **Behörden des Mitgliedstaates** genehmigt, in dem der Exporteur ansässig ist. Dabei müssen die Mitgliedstaaten die Verpflichtungen beachten, die sich aus den internationalen Nichtverbreitungsvereinbarungen sowie den Standpunkten der Europäischen Union, der OSZE oder der Vereinten Nationen ergeben. Für die Ausfuhr von Gütern mit doppeltem Verwendungszweck, die nicht im Anhang der Verordnung aufgeführt sind, ist die Vorlage einer Ausfuhrgenehmigung dann notwendig, wenn der Exporteur von den zuständi- 91

---

[195] VO (EG) Nr. 1061/2009, ABl. EU 2009 Nr. L 291/1 (kodifizierte Fassung) ersetzt die ursprüngliche VO (EWG) Nr. 2603/69, ABl. EWG 1969 Nr. L 324/1.
[196] Dazu *Ehlers/Pünder* in: Grabitz/Hilf (Hrsg.), Das Recht der Europäischen Union, Band V, E 15.
[197] EuGH, Rs. C-70/94, Werner, Slg. 1995, I-3189.
[198] Zum Ganzen *Hohmann*, in: Hohmann/John (Hrsg.), Ausfuhrrecht, Art. 1 AusfuhrVO Rn. 6 ff.; *Boysen/Oeter*, in: Schulze/Zuleeg/Kadelbach (Hrsg.), Europarecht, 2. Aufl. 2010, § 32 Rn. 91 ff.
[199] VO (EG) Nr. 428/2009, ABl. EU 2009 Nr. L 134/1 auch Dual-Use-Güter-Verordnung genannt; Neufassung der VO (EG) Nr. 1334/2000, ABl. EU 2000 Nr. L 159/1, die nunmehr aufgehoben ist, Art. 27 Abs. 1 VO (EG) Nr. 428/2009, dazu *Hölscher*, Die Neufassung der Dual-Use-Verordnung, RIW 2009, 524.
[200] Dazu *Karpenstein/Sack*, in: Hohmann/John (Hrsg.), Kommentar zum Ausfuhrrecht, S. 49 ff.
[201] Siehe Art. 2 VO (EG) Nr. 428/2009.

3. Teil. Exportwirtschaft (Ausfuhr, Zoll, Steuern)

gen Behörden darüber informiert wurde, dass die betreffenden Güter zur Entwicklung, Herstellung, Handhabung, Betrieb, Wartung, Lagerung, Ortung, Identifizierung oder Verbreitung von chemischen, biologischen oder nuklearen Waffen oder Trägersystemen solcher Waffen bestimmt sind oder dazu verwendet werden könnten.[202]

92 **b) Die Kulturgüter-Verordnung.** Auch Kulturgüter unterliegen gem. Art. 2 Abs. 1 der **Kulturgüter-Verordnung**[203] einer grundsätzlichen Genehmigungspflicht bei der Ausfuhr.[204] Im Gegensatz zu Dual-Use-Gütern besteht jedoch grundsätzlich ein **Genehmigungsanspruch** des jeweiligen Exporteurs, sofern nicht bestimmte Voraussetzungen – hauptsächlich nationale Rechtsvorschriften zum Schutze künstlerischer oder archäologischer Gegenstände – entgegenstehen.[205] Art. 1 der Verordnung verweist zur Definition des Begriffs Kulturgüter auf den Anhang, in dem diese erschöpfend aufgeführt sind. Art. 2 VO Nr. 116/2009 statuiert die Genehmigungspflicht und beschreibt das Verfahren der Genehmigung.

93 **c) Schutzmaßnahmen auf Grundlage der AusfuhrVO.** Des Weiteren kann die EU eine Reihe von sog. Schutzmaßnahmen gem. Art. 6 ff. AusfuhrVO ergreifen und die Ausfuhrfreiheit einschränken, sofern einer „durch einen Mangel an lebenswichtigen Gütern bedingten Krisenlage" entgegengewirkt werden muss oder „die Erfüllung der von der Gemeinschaft oder allen Mitgliedstaaten eingegangenen internationalen Verpflichtungen, insbesondere auf dem Gebiet des Handels mit Grundstoffen", ermöglicht werden muss.[206] Praktische Anwendung fanden diese Vorschriften bislang nur im Falle von Ausfuhrkontingenten für bestimmte Nichteisenmetalle.[207] Schutzmaßnahmen nach Art. 6 ff. AusfuhrVO unterliegen jedoch selbst wieder der Einschränkung, dass während ihres Andauerns nach Art. 8 AusfuhrVO Konsultationen im beratenden Ausschuss[208] stattfinden, um das Vorliegen der Krisenlage fortwährend zu überprüfen und die Schutzmaßnahmen so kurz wie möglich zu halten. Darüber hinaus unterliegt die Ausfuhrfreiheit gemäß Art. 10 AusfuhrVO einem Katalog von Rechtfertigungstatbeständen, der dem des Art. 36 AEUV entspricht.[209] Bei ihrem Vorliegen – als Ausnahmevorschrift ist Art. 10 AusfuhrVO grundsätzlich eng auszulegen – darf der betroffene Mitgliedstaat die Ausfuhrfreiheit beschränken, wobei die Beschränkungen wiederum dem Grundsatz der Verhältnismäßigkeit unterliegen.

94 **d) Die Einschränkung der Ausfuhrfreiheit durch Wirtschaftssanktionen der EU.** Nachdem der Charakter von Wirtschaftssanktionen der EU und damit auch deren Rechtsgrundlage lange Zeit umstritten waren, ist in Art. 215 AEUV (ex-Art. 301 EGV) nunmehr eine diesbezügliche Regelung enthalten.[210] Demnach kann in gemeinsamen Standpunkten oder gemeinsamen Aktionen, die nach Art. 28, 31 f. EUV einstimmig angenommen werden müssen, ein Tätigwerden der Europäischen Union vorgesehen werden, um die Wirtschafts- und Finanzbeziehungen zu Drittstaaten auszusetzen. Die erforderlichen Maßnahmen dazu werden dann vom Rat auf gemeinsamen Vorschlag des Hohen Vertreters der Union für Außen- und Sicherheitspolitik und der Kommission mit qualifizierter Mehrheit erlassen. In der Praxis wird hier eine sog. Embargo-VO erlassen, die grundsätzlich eine (zulässige) Ein-

---

[202] Ausführlich zum Ganzen *Basler,* EG-Dual-Use-VO, AW-Prax 1996, 268; *Hohmann,* Handel mit Dual-Use-Gütern im Binnenmarkt: Konflikte zwischen nationalen Kontrollen und europäischer Warenverkehrsfreiheit, EWS 2000, 59; *Karpenstein,* Europäisches Exportkontrollrecht für Dual-Use-Güter, 1998; *ders.,* Die neue Dual-use-Verordnung, EuZW 2000, 677.

[203] VO (EG) Nr. 116/2009, ABl. EG 2009 Nr. L 39/1 kodifizierte Fassung der ursprünglichen VO (EG) Nr. 3911/92, ABl. EG 1992 Nr. L 395/1.

[204] *Ehlers,* in: Grabitz/Hilf (Hrsg.), Das Recht der Europäischen Union, Band V, E 17; allgemein zum Kulturgüterschutz *Wendenburg,* Kulturgüterschutz im Gemeinschaftsrecht, ZEuP 2008, 577 ff.

[205] Art. 2 Abs. 2 UAbs. 3 VO Nr. 116/2009.

[206] Dazu *Hohmann/Karpenstein,* in: Hohmann/John (Hrsg.), Kommentar zum Ausfuhrrecht, Vor. Art. 6–9 AusfuhrVO Rn. 1 ff.

[207] Dazu *Hohmann/Karpenstein,* in: Hohmann/John (Hrsg.), Kommentar zum Ausfuhrrecht, Vor. Art. 6–9 AusfuhrVO Rn. 3.

[208] Siehe Art. 4 VO (EG) Nr. 1061/2009, ABl. EU 2009 Nr. L 291/1 (AusfuhrVO).

[209] → Rn. 76.

[210] Dazu *Cremer,* in: Calliess/Ruffert (Hrsg.), EUV/AEUV, 4. Aufl. 2011, Art. 215 AEUV Rn. 1.

schränkung der Außenhandelsfreiheit darstellen kann, etwa indem sie ein Verbot für die Ausfuhr von Gütern in ein bestimmtes Land vorsieht. Die jeweiligen VOen stützen sich direkt auf Art. 215 AEUV. Sofern es jedoch Maßnahmen zur Bekämpfung des Terrorismus sind, die sich auf den Kapital- und Zahlungsverkehr beziehen, gilt die Spezialvorschrift des Art. 75 AEUV.[211] Die mitunter schweren Folgen solcher Sanktionen haben in den letzten Jahren den EuGH immer wieder gefordert.

e) Harmonisierung der Exportkreditversicherungssysteme. Die einzelnen Mitgliedstaaten verfügen über eigene **Exportkreditversicherungsprogramme,** deren Bürgschaftsmodalitäten, in Rechnung gestellten Prämien und Deckungspolitiken deutlich voneinander abweichen und somit zu erheblichen Wettbewerbsverzerrungen innerhalb der EU führen können und somit den Export erheblich beeinflussen können. Diese Unterschiede können letztlich zu Lasten der Ausfuhrfreiheit gehen. Um diese Verzerrungen abzubauen, hat die EG die Richtlinie 98/29/EG zur Harmonisierung der wichtigsten Bestimmungen über die Exportkreditversicherung zur Deckung mittel- und langfristiger Geschäfte erlassen.[212] Anwendung findet die Richtlinie auf die Deckung von Geschäften hinsichtlich des Exports von Waren und/oder Dienstleistungen mit Ursprung in einem Mitgliedstaat, sofern diese Unterstützung mittelbar oder unmittelbar auf Rechnung oder mit Unterstützung eines oder mehrerer Mitgliedstaaten gewährt wird und die Risikolaufzeit, dh die Rückzahlungszeit einschließlich der Herstellungszeit, insgesamt mindestens zwei Jahre beträgt (Art. 1 Abs. 1 RL 98/29/EG). Sie gilt nicht für die Deckung von Bietungsgarantien, die Rückerstattung von Vorauszahlungen, die ordnungsgemäße Durchführung, die Einbehaltung oder für die Deckung von Risiken für Ausrüstung und Gerätschaften für öffentliche Arbeiten, die für die Durchführung des kommerziellen Auftrags verwendet werden (Art. 1 Abs. 2 RL 98/29/EG). Die Mitgliedstaaten stellen sicher, dass Versicherer, die mittelbar oder unmittelbar auf Rechnung oder mit Unterstützung eines Mitgliedstaates Deckung in Form von Exportkreditversicherungen oder -bürgschaften oder Refinanzierungskrediten gewähren, bei der Versicherung von Geschäften im Zusammenhang mit dem Export von Waren und/oder Dienstleistungen im Einklang mit den Bestimmungen der Richtlinie bzw. deren Anhang handeln, sofern diese Geschäfte auf Länder außerhalb der EU gerichtet sind und die Finanzierung durch Besteller- oder Lieferantenkredit oder Barzahlung vorgesehen ist (Art. 2 RL 98/29/EG). Der Anhang der Richtlinie enthält Grundsätze, die im Bereich der Exportkreditversicherung zu gelten haben, und zwar hinsichtlich Deckung (Kapitel I), geltenden Prämien (Kapitel II) und länderbezogener Deckungspolitik (Kapitel III). Zudem sind Notifizierungsregeln vorgesehen, die für eine größere Transparenz sorgen sollen (Kapitel IV).

IV. Der Rechtsrahmen für Importe aus Drittstaaten

Die EU garantiert ihren Unternehmen nicht nur die Freiheit, Waren frei auszuführen, sondern im Gegenzug auch Waren aus Drittländern frei von Beschränkungen einzuführen. Die Grenzen dieser Freiheit sind in der sog. Einfuhrverordnung niedergelegt.[213] Zudem spielen hier Zölle[214] sowie Schutzmaßnahmen auf der Grundlage der gemeinsamen Handelspolitik[215] eine große Rolle.

---

[211] Zum Ganzen bereits *Schneider,* Wirtschaftssanktionen 1999; *Zeleny,* Zur Verhängung von Wirtschaftssanktionen durch die EU, ZÖR 52 (1997), 197; *Cameron* (Hrsg.), EU Sanctions: Law and Policy Issues Concerning Restrictive Measures, 2013; *Ress,* Das Handelsembargo – völker-, europa- und außenwirtschaftsrechtliche Rahmenbedingungen, Praxis und Entschädigung, 2000; *Maruhn,* Strategische Ausfuhrbeschränkungen gegenüber Drittstaaten im Lichte des Gemeinschaftsrechts, ZaöRV 54 (1994), 779; *Möllers,* Wirtschaftliche und finanzielle Sanktionen gegenüber Privatpersonen oder Organisationen ohne hinreichende Verbindung zu einem bestimmten Drittland, EuR 2006, 424; *Terhechte/Schneider,* in: Grabitz/Hilf/Nettesheim (Hrsg.), Recht der EU, Art. 215 AEUV Rn. 1 ff.
[212] ABl. EG 1998 Nr. L 148/22 zuletzt geändert durch VO (EG) Nr. 806/2003, ABl. EU 2003 Nr. L 1221/10.
[213] → Rn. 98.
[214] → Rn. 100.
[215] → Rn. 102 f.

3. Teil. Exportwirtschaft (Ausfuhr, Zoll, Steuern)

97 **1. Der Grundsatz der Einfuhrfreiheit.** Für die Einfuhr von Waren aus Drittstaaten gilt der **Grundsatz der freien Einfuhr**.[216] Ausdrücklich niedergelegt ist dieser Grundsatz in Art. 1 Abs. 2 der **VO (EG) Nr. 260/2009 über die gemeinsame Einfuhrregelung**,[217] die ein gemeinsames Einfuhrregime der EU etabliert hat. Die primärrechtliche Verankerung dürfte sich indes wiederum aus der liberalen Grundhaltung der EU in Art. 206 AEUV in Verbindung mit diversen Unionsgrundrechten ergeben. Neben dem Grundsatz der freien Einfuhr legt die EinfuhrVO Verfahren fest, anhand derer die EU ggf. die erforderlichen Überwachungs- und Schutzmaßnahmen hinsichtlich von Einfuhren zur Wahrung ihrer Interessen anwenden kann. Die EinfuhrVO gilt grundsätzlich für alle Einfuhren von Waren mit Ursprung in Drittländern. Ausnahmen bestehen für Textilwaren[218], für die eine spezifische Einfuhrregelung gilt, und für Waren aus bestimmten Drittländern[219], für die ebenfalls eine spezifische gemeinsame Einfuhrregelung gilt.

98 **2. Zulässige Einschränkungen der Einfuhrfreiheit.** Obwohl die EinfuhrVO vom Grundsatz her die freie Einfuhr von Waren mit Ursprung in Drittländern vorschreibt, sieht sie die Möglichkeit etwaiger Schutzmaßnahmen vor, die im Einklang mit dem WTO-Übereinkommen über Schutzmaßnahmen erlassen werden können.[220] Die EinfuhrVO statuiert hierfür ein spezielles Konsultationsverfahren (Art. 3 und 4 der EinfuhrVO) zwischen der Kommission und den Mitgliedstaaten, in dem untersucht wird, ob Waren aus Drittstaaten Produzenten innerhalb der Gemeinschaft zu schädigen drohen. Ist dies der Fall, so können Überwachungsmaßnahmen, die die Einfuhren sowohl **statistischen Registrierungen** unterwerfen (Art. 11 EinfuhrVO) als auch von der **Vorlage eines Einfuhrdokuments** abhängig machen können (Art. 12 EinfuhrVO), festgelegt werden. Als eigentliche Schutzmaßnahme können Einfuhren auch echten **Genehmigungen** unterworfen werden (Art. 16 Abs. 1 lit. b EinfuhrVO), wobei es sich im Ergebnis um mengenmäßige Beschränkungen der Einfuhr durch Kontingente handelt. Für diese Kontingente ist materielle Voraussetzung, dass erhöhte Einfuhrmengen der konkreten Ware vorliegen und/oder dass dadurch Produzenten gleichartiger oder unmittelbar konkurrierender Waren bedeutsam geschädigt werden oder eine solche Schädigung zu entstehen droht. Gegenüber WTO-Mitgliedern sind gem. dem WTO-Übereinkommen über Schutzmaßnahmen Einfuhrbeschränkungen nur bei Vorliegen beider Voraussetzungen möglich, dh es muss eine erhöhte Einfuhrmenge und eine Schädigung vorliegen.

99 Zudem sehen die VO (EG) Nr. 1225/2009[221] und die VO (EG) Nr. 597/2009[222] zum **Schutz gegen** die **Einfuhr gedumpter oder subventionierter Waren** aus Drittstaaten die Möglichkeit zur Erhebung von Antidumping- oder Ausgleichszöllen vor. Diese Verordnungen beruhen auf dem Antidumpingübereinkommen und dem Übereinkommen über Subventionen und Ausgleichsmaßnahmen der WTO. Antidumping- oder Ausgleichs-

---

[216] Dazu *Boysen/Oeter*, in: Schulze/Zuleeg/Kadelbach (Hrsg.), Europarecht, 2. Aufl. 2010, § 32 Rn. 53 ff.
[217] VO (EG) Nr. 260/2009, ABl. EU 2009 Nr. L 84/1 kodifizierte Fassung der ursprünglichen VO (EG) Nr. 3285/94, ABl. EG 1994 Nr. L 349/53.
[218] VO (EG) 517/94 über die gemeinsame Regelung der Einfuhr von Textilwaren aus bestimmten Drittländern, ABl. EG 1994 Nr. L 67/1 zuletzt geändert durch VO (EU) 1260/2009, ABl. EU 2009 Nr. L 338/58; *Boysen/Oeter*, in: Schulze/Zuleeg/Kadelbach (Hrsg.), Europarecht, 2. Aufl. 2010, § 32 Rn. 56; *Bungenberg*, in: Terhechte (Hrsg.), Verwaltungsrecht der EU, § 31 Rn. 41.
[219] Siehe VO (EG) Nr. 625/2009, ABl. EU 2009 Nr. L 185/1 kodifizierte Fassung der VO (EG) Nr. 519/94, ABl. EG 1994 Nr. L 67/89; *Boysen/Oeter*, in: Schulze/Zuleeg/Kadelbach (Hrsg.), Europarecht, 2. Aufl. 2010, § 32 Rn. 57.
[220] Dazu *Jakob/Müller*, in: Grabitz/Hilf (Hrsg.), Das Recht der Europäischen Union, Band V, E 5.
[221] VO (EG) Nr. 1225/2009, ABl. EU 2009 Nr. L 343/51 kodifizierte Fassung der VO (EG) Nr. 384/96, ABl. EG 1996 Nr. L 56/1; *Baule*, in: Krenzler/Herrmann (Hrsg.), EU-Außenwirtschafts- und Zollrecht, AD-GVO Rn. 1 ff. (Loseblatt: GL 1 August 2012); *Herrmann/Michl*, Grundzüge des europäischen Wirtschaftsrechts, ZEuS 2008, 81, 129 ff.
[222] VO (EG) Nr. 597/2009, ABl. EU 2009, Nr. L 188/93 kodifizierte Fassung der VO (EG) Nr. 2026/97, ABl. EG 1997 Nr. L 288/1; *Lukas*, in: Krenzler/Herrmann (Hrsg.), EU-Außenwirtschafts- und Zollrecht, ASubv-GVO Rn. 1 ff. (Loseblatt: EL 2 April 2013); *Herrmann/Michl*, Grundzüge des europäischen Wirtschaftsrechts, ZEuS 2008, 81, 136.

zölle werden zunächst nach einem Überprüfungsverfahren vorläufig und befristet von der Kommission festgesetzt und dann vom Rat endgültig beschlossen.[223] Die Einleitung eines Untersuchungsverfahrens kann von Amts wegen vorgenommen oder von juristischen und natürlichen Personen, die im Namen eines Wirtschaftszweigs der EU handeln, der sich durch gedumpte oder subventionierte Importe aus Drittstaaten für geschädigt oder bedroht hält, bei der Kommission beantragt werden. Auch gegen andere unerlaubte Handelspraktiken seitens Drittstaaten können diese Personen gem. der Handelshemmnisverordnung[224] bei der Kommission die Einleitung eines Überprüfungsverfahrens beantragen.[225]

3. Zölle. Ein weiteres Instrument der Steuerung der Einfuhr sind Zölle, deren Verhängung 100 inzwischen in der ausschließlichen Kompetenz der EU liegt (Art. 3 lit. a AEUV). Nach Art. 28 AEUV umfasst die **Zollunion** den gesamten Warenaustausch der Mitgliedstaaten. Art. 31 AEUV ermächtigt dementsprechend zur Einführung eines **Gemeinsamen Zolltarifs (GZT),** also eines gemeinsamen Außenzolls, gegenüber Drittländern.[226] Grundlage des GZT ist die VO (EWG) Nr. 2658/87 über die zolltarifliche und statistische Nomenklatur sowie den Gemeinsamen Zolltarif.[227] Überschreiten Waren aus Drittstaaten die Grenze der Zollunion und soll ein Zoll erhoben werden, so wird dessen Höhe auf Grundlage der Einordnung dieser Ware nach ihrer Beschaffenheit in eine Position des GZT ermittelt. Den Positionen des GZT sind hierbei Zollsätze zugeordnet, die zumeist in Form von Wertzollsätzen bestehen und angeben, wie viel Prozent des Wertes der eingeführten Ware als Zoll zu erheben ist. Neben Wertzollsätzen gibt es noch sog. spezifische Zölle und Mischzölle.[228] In Ergänzung zu Abgabesätzen beinhaltet der GZT auch die **kombinierte Nomenklatur,** ein Verzeichnis, das die unterschiedlichen Warengruppen systematisch gliedert und so erst deren Zuordnung zu Zollsätzen ermöglicht, sowie den **TARIC,** mit dessen Hilfe gemeinschaftliche Maßnahmen, wie Zollaussetzungen oder -kontingente, erfasst werden.

Da die Anwendung des GZT eine gemeinschaftsweite Vereinheitlichung des Zoll- und 101 Verfahrensrechts erforderte, ist 1992 die als **Zollkodex** bekannte VO (EWG) Nr. 2913/92[229] erlassen worden, die das bis dahin in zahlreichen Verordnungen verstreute Zollrecht zusammengefasst hat.[230] Der Zollkodex definiert auch das einheitliche Zollgebiet, das im Wesentlichen aus der Gesamtheit der Hoheitsgebiete der Mitgliedstaaten besteht (mit einzelnen historisch bedingten Ausnahmen, wie zB Helgoland, aber inklusive in Europa gelegener Kleinstaaten wie Andorra und Monaco). Zudem beinhaltet der Zollkodex verfahrensrechtliche Regelungen über zollrechtliche Entscheidungen, Auskünfte und die zollamtliche Prüfung, die Bestimmung des Ursprungs und des Zollwerts von Waren, die Anmeldung von Waren vor ihrer Ankunft und die Zollschuld. Die Durchführungsvorschriften zum Zollkodex sind in der VO (EG) Nr. 2454/93[231] festgelegt.

4. Die gemeinsame Handelspolitik. Die gemeinsame Handelspolitik ist in Art. 3 Abs. 1 102 lit. c AEUV und Art. 206 ff. AEUV niedergelegt und behandelt im Kern die äußere Wirtschaftspolitik der Europäischen Union.[232] Der **Umfang der gemeinsamen Handelspoli-**

---

[223] Zum Antidumpingverfahren s. *Herrmann,* in: Terhechte (Hrsg.), Internationales Kartell- und Fusionskontrollverfahrensrecht, § 74 Rn. 32 ff.
[224] VO (EG) Nr. 3286/94, ABl. EG 1994 Nr. L 41/3 zuletzt geändert durch VO (EG) Nr. 125/2008, ABl. EU 2008 Nr. L 40/1.
[225] → Rn. 22.
[226] Dazu *Wolffgang,* in: Schulze/Zuleeg/Kadelbach (Hrsg.), Europarecht, 2. Aufl. 2010, § 33 Rn. 15 f.
[227] ABl. EG 1987 Nr. L 256/1 zuletzt geändert durch DuchfühungsVO (EG) Nr. 1113/2012, ABl. EU 2012 Nr. L 329/11.
[228] Zum Ganzen *Terhechte,* in: Schwarze (Hrsg.), EU-Kommentar, 3. Aufl. 2012, Art. 31 AEUV Rn. 9 f.
[229] ABl. EU 1992 Nr. L 302/1, zuletzt geändert durch VO (EU) Nr. 517/2013, ABl. EU 2013 Nr. L 158/1.
[230] Dazu *Witte,* Zollkodex Kommentar, 6. Aufl. 2013; *Witte/Wolffgang,* Lehrbuch des Europäischen Zollrechts, 7. Aufl. 2012.
[231] ABl. EG 1993 Nr. L 253/1 zuletzt geändert durch VO (EU) Nr. 519/2013, ABl. EU 2013 Nr. L 158/74.
[232] Dazu etwa *Bungenberg/Herrmann* (Hrsg.), Die gemeinsame Handelspolitik der Europäischen Union nach Lissabon, 2011; *Bungenberg,* Außenbeziehungen und Außenhandelspolitik, EuR-Beiheft 1/2009, 195 (202 ff.); *Herrmann,* Common Commercial Policy After Nice: Sisyphus Would Have Done a Better Job, CMLRev. 2002, 7; *Krenzler/Pitschas,* Die Gemeinsame Handelspolitik nach dem Entwurf des Europäischen

3. Teil. Exportwirtschaft (Ausfuhr, Zoll, Steuern)

tik erstreckt sich zunächst auf den Warenverkehr mit Drittstaaten, dessen Regelung unstreitig eine ausschließliche Zuständigkeit der EU darstellt.[233] Hinsichtlich des Agrarsektors gehören Abkommen mit Drittstaaten zur gemeinsamen Handelspolitik, während der Agraraußenhandel durch autonome Maßnahmen ausschließlich Art. 43 AEUV unterfällt. Erzeugung von und Handel mit Waffen, Munition und Kriegsmaterial sind gem. Art. 346 Abs. 1 AEUV einem besonderen Regelungsregime unterworfen, wobei für **Dual-Use-Güter** die entsprechende VO einschlägig ist.[234] Nachdem Dienstleistungen und Handelsaspekte des geistigen Eigentums zunächst nicht unter die gemeinsame Handelspolitik fielen, wurden sie durch den Vertrag von Nizza in diesen Bereich einbezogen, allerdings als gemischte Zuständigkeiten. Mit dem Inkrafttreten des Vertrags von Lissabon wurde die gesamte gemeinsame Handelspolitik einschließlich Dienstleistungen und handelsrelevanter Aspekte des geistigen Eigentums in die ausschließliche Zuständigkeit der EU überführt, Art. 207 Abs. 1 AEUV.

103 Als **Instrumente der gemeinsamen Handelspolitik** stehen zunächst autonome, also einseitig von der EU gesetzte, Maßnahmen zur Verfügung. Diese können neben Änderungen des Gemeinsamen Zolltarifs im Erlass von **Einfuhr- und Ausfuhrregelungen** sowie von **handelspolitischen Schutzmaßnahmen,** wie etwa Antidumpingzöllen etc., bestehen.[235] Zur Gestaltung ihrer Außenhandelspolitik kann die EU darüber hinaus im Rahmen der gemeinsamen Handelspolitik bi- und multilaterale Verträge mit Drittstaaten schließen. Der Abschluss dieser Verträge erfolgt durch den Rat gem. Art. 218 iVm Art. 207 Abs. 3 AEUV, nach Aushandlung durch die Kommission. Handelspolitische Verträge werden wie andere völkerrechtliche Verträge „integrierende Bestandteile der Gemeinschaftsrechtsordnung" und binden gem. Art. 216 Abs. 2 AEUV die Organe der Union und die Mitgliedstaaten. Soweit die Normen dieser Verträge als unmittelbar anwendbar (self-executing) angesehen werden, können sich auch Unionsbürger und Drittstaatsangehörige unmittelbar auf diese Normen berufen. Allerdings wird eine solche unmittelbare Anwendbarkeit gerade für das WTO-Recht in ständiger Rechtsprechung vom EuGH verneint.[236] **Ausfuhrbeihilfen** sind ebenfalls Teil der gemeinsamen Handelspolitik. Gem. Art. 207 Abs. 1 AEUV sollen dabei die nationalen Ausfuhrbeihilfensysteme nach einheitlichen Grundsätzen gestaltet. Problematisch bei solchen Exportsubventionen sind neben ihrer Vereinbarkeit mit dem WTO-Recht (namentlich dem Übereinkommen über Subventionen und Ausgleichsmaßnahmen) die Rückwirkungen auf den Binnenmarkt und damit ihre Vereinbarkeit mit dem EU-Beihilfenrecht, dessen Anwendbarkeit auf Exportsubventionen vom EuGH bejaht wird.[237] Schließlich sollen im Rahmen der gemeinsamen Handelspolitik auch **nationale Schutzmaßnahmen** einheitlich gestaltet werden.

V. Rechtsschutz im Außenhandel

104 Aufgrund der umfassenden Zuständigkeit der Union für den Außenhandel und des direkten Vollzugs der meisten Normen des europäischen Außenwirtschaftsrechts durch die Organe der EU wendet sich Rechtsschutz im Außenhandel in aller Regel gegen ihre Handlungen, womit automatisch die Unionsgerichtsbarkeit zuständig ist und nicht etwa die Gerichte der Mitgliedstaaten.[238]

Verfassungsvertrags – ein Schritt in die richtige Richtung, RIW 2005, 801; *Hahn,* in: Calliess/Ruffert (Hrsg.), EUV/AEUV, 4. Aufl. 2011, Art. 206 AEUV Rn. 1 ff.

[233] Dazu *Osteneck,* in: Schwarze (Hrsg.), EU-Kommentar, 3. Aufl. 2012, Art. 207 AEUV Rn. 3 ff.
[234] → Rn. 91.
[235] *Boysen/Oeter,* in: Schulze/Zuleeg/Kadelbach (Hrsg.), Europarecht, 2. Aufl. 2010, § 32 Rn. 63 ff.
[236] → Rn. 15.
[237] EuGH, Rs. C-142/87, Belgien/Kommission, Slg. 1990, I-959.
[238] Dazu ausführlich *Berrisch/Kamann,* in: Grabitz/Hilf (Hrsg.), Das Recht der Europäischen Union, Band V, E 10; *Boysen/Oeter,* in: Schulze/Zuleeg/Kadelbach (Hrsg.), Europarecht, 2. Aufl. 2010, § 32 Rn. 113 ff.; *Schwarze* (Hrsg.), Verfahren und Rechtsschutz im europäischen Wirtschaftsrecht, 2010; *Ehlers/Terhechte/Wolffgang/Schröder* (Hrsg.), Aktuelle Entwicklungen des Rechtsschutzes und der Streitbeilegung im Außenwirtschaftsrecht, 2013.

Abschnitt 28. Der Rechtsrahmen der WTO und der EU für den Export

Um gegen Einschränkungen der Ausfuhrfreiheit durch die EU vorzugehen, können Exporteure aus den Mitgliedstaaten und Importeure aus Drittstaaten zunächst einmal **Beschwerde bei der Kommission** einlegen.[239] Soweit ein Organ der EU oder eines Mitgliedstaats tatsächlich Bestimmungen des Unionsrechts verletzen sollte, ist die Einleitung eines **Vertragsverletzungsverfahrens** nach Art. 258 und Art. 259 AEUV durch die Kommission bzw. durch die Mitgliedstaaten denkbar. Zudem steht einzelnen natürlichen und juristischen Personen die **Nichtigkeitsklage** gem. Art. 263 Abs. 4 AEUV zur Verfügung. Klagegegenstand können dabei nur solche ausfuhrbeschränkenden Maßnahmen der Union sein, die als Beschluss gegenüber dem Kläger ergangen sind oder solche Entscheidungen, die, obwohl sie als Verordnung oder als eine an eine andere Person gerichteter Beschluss ergangen sind, den Kläger unmittelbar und individuell betreffen. Eine unmittelbare Betroffenheit ist aber dann zu verneinen, wenn die Union einen Mitgliedstaat lediglich ermächtigt, ausfuhrbeschränkende Maßnahmen zu erlassen; dann muss direkt vor **Gerichten der Mitgliedstaaten** geklagt werden. Der Ersatz von durch rechtswidrige Unionshandlungen entstandenen Schäden kann im Wege der **Amtshaftungsklage** gem. Art. 340 Abs. 2 AEUV geltend gemacht werden, soweit ein Organ der EU gehandelt hat. Rechtsschutz gegen Ausfuhrbeschränkungen durch Maßnahmen der Mitgliedstaaten ist grundsätzlich vor nationalen Gerichten zu suchen.

105

Hinsichtlich Einfuhrbeschränkungen besteht insbesondere im Antidumping- und Antisubventionsrecht sowie im Rahmen der **Handelshemmnisverordnung**[240] weitreichender Rechtsschutz für betroffene Ex- und Importeure sowie Unionsproduzenten. Hier bejaht der EuGH individuelles und unmittelbares Betroffensein für solche Personen, denen im Verfahren bestimmte Rechte, wie zB verschiedene Antrags- oder Anhörungsrechte, zustehen oder die sonst durch das Untersuchungsverfahren betroffen sind.[241] Im Bereich von sonstigen Einfuhrregelungen und Schutzmaßnahmen gem. der VO Nr. 3285/94 ist der Rechtsschutz dagegen beschränkt, da hier zumeist Maßnahmen mit allgemeiner Geltung vorliegen, die eine individuelle Klagebefugnis in der Regel ausschließen.

106

Im Unterschied zum Rechtsschutz im Binnenmarkt ist des Weiteren zu beachten, dass der Prüfungsmaßstab eingeschränkt sein kann: Handlungen der Union sind, wie bereits erwähnt, grundsätzlich nicht am WTO-Recht zu überprüfen.[242] Die gilt jedoch nicht für von der EU erhobene Antidumping- und Ausgleichszölle. Diese durch Verordnungen festgelegten Zölle können von natürlichen und juristischen Personen im Wege der Nichtigkeitsklage wegen Verstoßes gegen WTO-Recht angegriffen werden.[243]

107

E. Ausblick – Konsolidierung des Exportrechts als Herausforderung des internationalen und supranationalen Rechts

Durch das Stocken der sog. **Doha-Runde**[244] und den wenig voranbringenden Ergebnissen der letzten WTO-Ministerkonferenz von Bali wird momentan viel über die Zukunft der WTO diskutiert. Während die Apologeten einer stärker ausgeformten Welthandelsordnung eine Reformierung der institutionellen Struktur der WTO sowie die Einbeziehung weiterer Bereiche nachdrücklich einfordern, sind viele Staaten inzwischen recht skeptisch, was einen Ausbau der Zusammenarbeit unter dem Dach der WTO angeht. Für die **Exportwirtschaft** geht es künftig darum, eine konsequente Durchsetzung der WTO-

108

---

239 Dazu *Ehlers/Pünder*, in: Grabitz/Hilf (Hrsg.), Das Recht der Europäischen Union, Band V, E 15 Rn. 61 ff.
240 → Rn. 22; *Berrisch/Kamann*, Die Handelshemmnisverordnung – Ein neues Mittel zur Öffnung von Exportmärkten, EuZW 1999, 101.
241 *Nicolaysen*, Europarecht I, 2002, S. 371 ff.
242 → Rn. 15.
243 EuGH, Rs. C-69/89, Nakajima, Slg. 1991, I-2069.
244 Siehe dazu etwa *Hohmann* (Hrsg.), Agreeing and Implementing the Doha Round, 2007; *Herrmann/Weiß/Ohler*, Welthandelsrecht, 2. Aufl. 2007, Rn. 1116 ff.

Verpflichtungen der Staaten zu erreichen. Hier wird man aus europäischer Perspektive auch die Frage stellen müssen, ob das Verhältnis des EU-Rechts zum WTO-Recht nicht durch den EuGH neu justiert werden müsste. Insgesamt bleibt aber festzuhalten, dass die verschiedenen Rechtsprinzipien im Rahmen des GATT, des GATS und des TRIPS viele Hindernisse für den Export in Drittstaaten beseitigt haben. Durch das weitgehende Verbot nichttarifärer Handelsbeschränkungen und die erfolgreiche Senkung der Zollsätze auf unter 4% des Warenwerts ist es jedenfalls gelungen, eine Handelsordnung zu schaffen, die für die einzelnen Unternehmen recht transparente Regelungen bereithält. Insofern ist der aktuelle Trend, der auf eine **Rückkehr zu bilateralen Handelsabkommen** zu zielen scheint, eine ernsthafte Gefahr für eine übersichtliche und voraussehbare Rechtsordnung des Welthandels und damit letztlich auch für alle global agierenden Unternehmen.

109 Betrachtet man den **Rechtsrahmen der EU für den Export** im unionsinternen Handel so fällt auf, dass durch die Rechtsprechung des EuGH zu den Grundfreiheiten staatliche Interventionen auf ein Minimum beschränkt sind. Im Wesentlichen ist hier auf diverse Ausnahmebestimmungen und die immanenten Grenzen der Grundfreiheiten zu verweisen. Auch das Einfuhr- und Ausfuhrregime der Union in Bezug auf Drittstaaten ist diesem freiheitlich geprägten Ansatz verpflichtet. Seine Grenzen findet die so definierte „Exportfreiheit" in einer Reihe spezieller Verordnungen, beispielsweise der Dual-Use-Güter-VO. Ausnahmen sind aber im Wesentlichen nur befristet möglich, unterliegen einem straffen Verfahren und müssen dem Grundsatz der Verhältnismäßigkeit genügen. Letztlich offenbart sich hier ein liberales Profil, das seit der Gründung der EG unangetastet geblieben ist. Ob als Folge der globalen Finanz- und Staatsschuldenkrisen Einschränkungen dieser Freiheit zu gewärtigen sind, bleibt abzuwarten.

110 In gewisser Weise haben damit sowohl das WTO-Recht als auch das Recht der EU nach langen Erfolgsjahren mit erheblichen Schwierigkeiten zu kämpfen. Die Abkehr von tradierten Zielvorstellungen, die Relativierung der überkommenen Rechtsschutzkonzeptionen, die Rückkehr zu einem zur Wirtschaftsregulierung verpflichteten staatlichen Governance-Modell sind hierbei mögliche Szenarien, die auch das Exportrecht nicht unangetastet lassen werden. Ob sich etwa unter dem Dach der WTO der Nord-Süd-Konflikt, die Frage der staatlichen Subventionen oder die gesellschaftliche Neupositionierung zu ökologischen Fragestellungen unter dem vergleichsweise schlichten Paradigma der Marktöffnung und Meistbegünstigung abarbeiten lassen, ist zweifelhaft. Vielmehr wird dem internationalen und supranationalen Exportrecht aller Voraussicht nach ein komplexer Wandlungsprozess bevorstehen, in dessen Verlauf erhebliche Neuorientierungen notwendig werden könnten.

11. Kapitel. Zollrechtliche Aspekte des Exportgeschäfts

Abschnitt 29. Zollrecht, zollrechtliches Ausfuhrverfahren

Übersicht	Rn.
A. Die Bedeutung des Ausfuhrverfahrens	1
I. Zielsetzung und Anwendungsbereich	2
1. Zweck des Ausfuhrverfahrens	4
2. Gegenstand des Ausfuhrverfahrens	6
3. Ausnahmen	9
a) Verfahren der passiven Veredelung	10
b) Internes Versandverfahren	12
c) Statuserhaltende Beförderung	13
4. Verfahrensgrundsätze und gerichtlicher Rechtsschutz	15
II. Bei der Ausfuhr zu beachtende Vorschriften	19
III. Begriffsklärungen	24
1. Ausführer	25
a) Zugelassener Ausführer	27
b) Vertrauenswürdiger Ausführer	28
c) Ermächtigter Ausführer	29
2. Ausfuhr- und Ausgangszollstelle	30
B. Die Verfahrensarten	31
I. Normalverfahren	32
1. Überblick	32
2. Ausführer und Zollanmelder	34
3. Verfahrensablauf	38
a) Zuständigkeit und Aufgabenverteilung der Zollbehörden	40
b) Ausfuhranmeldung	53
c) Fristen und Fristerleichterungen	57
d) Summarische Ausgangsanmeldung	65
4. Praktische Durchführung: ATLAS und IAA-Plus	70
a) Ausfuhranmeldung mit ATLAS-Ausfuhr	71
b) Internet-Ausfuhranmeldung	83
II. Verfahrenserleichterungen/-befreiungen	87
1. Überblick	88
2. Anschreibeverfahren („zugelassener Ausführer")	90
3. Unvollständige Ausfuhranmeldung	101
4. Vereinfachtes Anmeldeverfahren	107
5. Ausfuhrverfahren für „vertrauenswürdige Ausführer"	110
6. Sonstige Erleichterungen	113
a) Mündliche und konkludente Ausfuhranmeldung	114
b) Kleinsendungen	116
c) Postverkehr	118
7. Exkurs: Nachträgliche Ausfuhranmeldung	120
III. Das Ausfuhrverfahren im Hamburger Hafen	122
C. Abgrenzung zu anderen Verfahren/Bestimmungen	124
I. Wiederausfuhr	125
II. Carnet ATA	129
III. Rückwaren	130
D. Sanktionen	131
E. Ausblick auf den Unionszollkodex	132

Literatur: *Dorsch,* Zollrecht, Loseblattsammlung, 139. EL 2013; *Focke,* Neues vereinfachtes Ausfuhrverfahren ab 1.7.2009, AW-Prax Sonderausgabe Software 2009, 16 ff.; *Hocke/Friedrich,* Außenwirtschaftsrecht, Ordner 1, 167. EL 2013; *Muth,* Automated Export System (AES)/Export Control System (ECS), AW-Prax Sonderausgabe Software 2009, 20 ff.; *Schwoon,* ATLAS Ausfuhr kommt!, AW-Prax Sonderausgabe Software 2009, 21 ff.; *Voigt,* Auswirkungen der Sicherheitsinitiative auf Aus- und Wiederausfuhr, AW-Prax 2007, 14 ff.; *Weerth,* Das Ausfuhrverfahren und die Wiederausfuhr nach der Zollkodex-DVO 2007 & 2009, ZfZ 2007, 113 ff.; *Weerth,* Das neue Ausfuhrverfahren, 2008; *Weerth,* Die Internet-Ausfuhranmeldung, AW-Prax 2007, 66 ff.; *Witte,* Zollkodex, Kommentar, 6. Aufl. 2013; *Witte,* Praxishandbuch Export- und Zollmanagement, Band 1, 14. EL 2010; *Witte/Wolffgang,* Lehrbuch des Europäischen Zollrechts, 6. Aufl. 2009.

3. Teil. Exportwirtschaft (Ausfuhr, Zoll, Steuern)

A. Die Bedeutung des Ausfuhrverfahrens

1   Das Ausfuhrverfahren gehört zu den Zollverfahren gemäß Art. 4 Nr. 16 ZK. Es ist unionsrechtlich im Zollkodex (ZK) und der Zollkodex-Durchführungsverordnung (ZK-DVO) geregelt. Für die stark exportorientierten Unternehmen in Deutschland ist das Ausfuhrverfahren von besonderer Bedeutung für die Abwicklung des Warenverkehrs.

I. Zielsetzung und Anwendungsbereich

2   Das Ausfuhrverfahren nach Art. 161 ZK soll dem in der Europäischen Union verwirklichten Binnenmarkt gerecht werden, indem ein einheitliches Ausfuhrverfahren für alle Mitgliedstaaten eingeführt wird. Es bewegt sich in besonderem Maße in einem pannungsfeld zwischen einem größtmöglichen Maß an Vereinfachungen einerseits, um die internationale Wettbewerbsfähigkeit europäischer Unternehmen sicherzustellen, und den notwendigen Vorkehrungen, um die Sicherheit des internationalen Handelsverkehrs zu gewährleisten, andererseits. Im Zuge der Änderungen durch die Sicherheitsinitiative der EU hat sich das Gewicht deutlich hin zu den Sicherheitsaspekten verlagert.

3   Die Vorschriften des Zollkodex gehen etwaig entgegenstehenden nationalen Vorschriften hinsichtlich der Ausfuhr vor, soweit sie nicht ausdrücklich einen Vorbehalt zugunsten nationaler Sonderbestimmungen enthalten (vgl. Art. 289 ZK-DVO für den Fall, dass der gesamte Ausfuhrvorgang auf dem Gebiet eines einzigen Mitgliedstaates vonstattengeht, → Rn. 97 ff.).

4   **1. Zweck des Ausfuhrverfahrens.** Der Zweck des Ausfuhrverfahrens besteht darin, die Einhaltung aller ausfuhrbezogenen Vorschriften zu gewährleisten und damit den Warenverkehr mit Drittstaaten zu überwachen. Art. 161 Abs. 1 UAbs. 2 ZK bestimmt, dass die Ausfuhr die Anwendung der handelspolitischen Maßnahmen und die Erfüllung der übrigen für die Waren geltenden Ausfuhrförmlichkeiten und gegebenenfalls die Erhebung der Ausfuhrabgaben erfasst. Aufgrund dessen sind alle für die zutreffende Erhebung eventueller Ausfuhrabgaben sowie für die Anwendung der Ausfuhrbestimmungen notwendigen Unterlagen den Zollbehörden gemäß Art. 62 Abs. 2 ZK, Art. 221 ZK-DVO vorzulegen. Diese haben das Recht, eine Zollbeschau vorzunehmen oder weitere Unterlagen zu verlangen (vgl. Art. 68 ZK, Art. 239 ff. ZK-DVO).

Schließlich dient das Ausfuhrverfahren auch statistischen Zwecken, da die durch das Verfahren ermittelten Daten in die Außenhandelsstatistik einbezogen werden.

5   Das Ausfuhrverfahren hat durch die Sicherheitsinitiative der EU (Verordnung (EG) Nr. 648/2005) erhebliche Änderungen erfahren. Dazu gehören vor allem folgende Punkte, auf die in der weiteren Bearbeitung ausführlich eingegangen wird:
- Vor jeder Ausfuhr ist eine Vorab-Ausfuhranzeige oder eine summarische Anmeldung abzugeben;
- es werden Fristen festgelegt, innerhalb derer die Ausfuhranmeldung oder die summarische Ausgangsanmeldung abzugeben sind;
- es ist ein zusätzlicher Datensatz festzulegen, der für eine hauptsächlich Sicherheitszwecken dienende Risikoanalyse relevant ist, und
- die Daten der Zollanmeldung werden vorab elektronisch von der Ausfuhrzollstelle an die Ausgangszollstelle übermittelt.

6   **2. Gegenstand des Ausfuhrverfahrens.** Das Ausfuhrverfahren kommt grundsätzlich in allen Fällen der **Ausfuhr von EU-Waren** aus dem Zollgebiet der EU zur Anwendung (siehe Art. 161 Abs. 1 UAbs. 1 ZK). Ausfuhr in diesem Sinne ist das „endgültige Verbringen". Der Begriff EU-Ware (bzw. im ZK noch Gemeinschaftsware) bezeichnet Waren, die gemäß Art. 23 ZK vollständig im Zollgebiet hergestellt oder gewonnen wurden oder von außerhalb des Zollgebiets kommen und in den zollrechtlich freien Verkehr überführt wurden oder aus solchen Waren hergestellte Waren (Art. 4 Nr. 7 ZK).

Abschnitt 29. Zollrecht, zollrechtliches Ausfuhrverfahren

Die Formulierung in Art. 161 Abs. 1 UAbs. 1 ZK – EU-Waren „können" ausgeführt werden – bedeutet nicht, dass es dem Ausführer freisteht, das Ausfuhrverfahren durchzuführen. Dies ergibt sich unmittelbar aus Art. 161 Abs. 2 ZK. Dort werden explizit die Verfahren aufgelistet, bei denen kein Ausfuhrverfahren notwendig ist (→ Rn. 9 ff.). Im Umkehrschluss folgt daraus eine Verpflichtung, in allen anderen Fällen die Ausfuhrwaren dem Ausfuhrverfahren zuzuführen.   7

Abzugrenzen ist das EU-rechtliche Ausfuhrverfahren für die Ausfuhr von Waren aus dem Zollgebiet der EU vom „Verbringen" von Waren aus dem deutschen Wirtschaftsgebiet, vgl. § 4 Abs. 2 Nr. 5 AWG, § 7 Abs. 1 AWV.[1] Das Zollgebiet der EU umfasst gemäß Art. 3 ZK im Wesentlichen das Gebiet der 27 EU-Mitgliedstaaten sowie des Fürstentums Monaco. Bestimmte Gebiete der Mitgliedstaaten werden indes vom Zollgebiet ausgeschlossen, darunter ua die Färöer, Grönland, Helgoland, Büsingen und die französischen überseeischen Gebiete. Die Verbringung von Waren aus einem Mitgliedstaat der EU in einen anderen Mitgliedstaat ist daher keine Ausfuhr iSd Zollkodex; davon ist nur das Verbringen außerhalb des Zollgebiets umfasst. Für Helgoland gilt insofern jedoch gemäß Art. 161 Abs. 3 ZK eine Sonderregelung: Waren, die aus dem Zollgebiet der EU nach Helgoland verbracht werden, unterliegen nicht dem Ausfuhrverfahren. Dieses findet aber ggf. bei einem sich anschließenden Export in Drittstaaten Anwendung.   8

3. Ausnahmen. Art. 161 Abs. 2 ZK normiert spezifische **Ausnahmen zum Ausfuhrverfahren.** Anknüpfungspunkt hierfür ist die Tatsache, dass Waren in diesen Fällen nur vorübergehend das EU-Zollgebiet verlassen, eventuell bestehende Ausfuhrbeschränkungen jedoch noch kontrolliert werden müssen, sofern dies nicht in anderen zollrechtlichen Verfahren gewährleistet wird. Art. 161 Abs. 2 ZK benennt drei Ausnahmen vom Ausfuhrverfahren: das Verfahren der passiven Veredelung (a)), das interne Versandverfahren (b)) und die Sonderregelung des Art. 164 ZK (c)). Andere Verfahren/zollrechtliche Bestimmungen, die vom Ausfuhrverfahren abzugrenzen sind, werden unten unter C. dargestellt (Rn. 109 ff.).   9

a) Verfahren der passiven Veredelung. Das Zollverfahren der **passiven Veredelung** gemäß Art. 4 Nr. 16 lit. g, 145 ZK kommt im Rahmen der internationalen Arbeitsteilung bei Herstellungsprozessen in verschiedenen Staaten zur Anwendung. Im Rahmen dieser Arbeitsteilung werden an EU-Waren Herstellungshandlungen in Drittländern vorgenommen. Insbesondere arbeitsintensive Vorgänge werden so in Drittländer verlagert, um das niedrigere Lohnniveau auszunutzen. Damit bei der (Wieder-)Einfuhr der veredelten Waren nicht die volle Zollbelastung zu tragen ist, sollte in diesen Fällen das Zollverfahren der passiven Veredelung in Anspruch genommen werden. Dabei wird berücksichtigt, dass in den veredelten Erzeugnissen Vorerzeugnisse aus dem Zollgebiet der EU enthalten sind und deshalb aus wirtschaftlichen Gründen von der vollen Zollbelastung Abstand genommen; es findet lediglich eine Differenz- oder Mehrwertverzollung statt.[2]   10

Waren, die im passiven Veredelungsverfahren ausgeführt werden, unterliegen den gleichen handelspolitischen Maßnahmen und ggf. der Erhebung von Ausfuhrabgaben wie Waren, die im Ausfuhrverfahren ausgeführt werden; es besteht nämlich keine Verpflichtung zur Wiedereinfuhr, so dass sichergestellt werden muss, dass auch die – isolierte – Ausfuhr zulässig ist. Der Verweis in Art. 145 Abs. 2 ZK, Art. 589 Abs. 1 ZK-DVO legt die entsprechende Anwendung der Ausfuhrvorschriften fest.   11

b) Internes Versandverfahren. Eine weitere Ausnahme von der Notwendigkeit des Ausfuhrverfahrens ist das **interne Versandverfahren** nach Art. 163 ZK. Dieses stellt gemäß Art. 4 Nr. 16 lit. b ZK ebenfalls ein eigenständiges Zollverfahren dar. Im internen Versandverfahren können EU-Waren zwischen zwei innerhalb des Zollgebiets der EU gelegenen Orten ohne Änderung ihres zollrechtlichen Status über das Gebiet eines Drittlandes   12

---

[1] *Witte/Wolffgang,* Europäisches Zollrecht, 254.
[2] Dazu Witte/*Witte,* Praxishandbuch, Teil 3 A 1.7.

befördert werden (zB von Deutschland nach Italien über die Schweiz). Die Waren verlassen das Zollgebiet nur vorübergehend, so dass der Zweck des Ausfuhrverfahrens, die Kontrolle der ausgehenden Güter, nicht eingreift. Das interne Versandverfahren unterliegt im Gegensatz zur passiven Veredelung auch nicht den im Ausfuhrverfahren vorgesehenen Förmlichkeiten.[3]

13 c) **Statuserhaltende Beförderung.** Schließlich ergibt sich eine Ausnahme aus der **Sonderregelung des Art. 164 ZK.** Die Bedingungen, unter denen EU-Waren zwischen zwei innerhalb des Zollgebiets der EU gelegenen Orten ohne Änderung ihres zollrechtlichen Status vorübergehend auch außerhalb dieses Zollgebiets befördert werden können, ohne einem Zollverfahren zu unterliegen, werden demnach in der ZK-DVO festgelegt. Es handelt sich hierbei um Fälle, bei denen es nicht der Eröffnung eines internen Versandverfahrens bedarf, aber gleichwohl eine zollamtliche Überwachung stattfindet.

14 Bei Transporten von Sammelsendungen im Luft- oder Seeweg wird mit einem Manifest der Status der EU-Waren durch Kennzeichnung der betreffenden Warenpositionen mit der Kurzbezeichnung „C" dokumentiert, ohne dass diese sich in einem Versandverfahren befinden. Wie die Waren im passiven Veredelungs- und internen Versandverfahren sind diese von der Überführung in das Ausfuhrverfahren ausgenommen.[4] Um den Verbleib der Waren, die bei einer etwaigen endgültigen Ausfuhr Verboten oder Beschränkungen unterliegen würden, im Zollgebiet der EU sicherzustellen, sind sie Gegenstand der zollamtlichen Überwachung durch Verwendung eines Kontrollexemplars T 5 gemäß Art. 912a bis 912g ZK-DVO (vgl. Art. 843 ZK-DVO).

15 **4. Verfahrensgrundsätze und gerichtlicher Rechtsschutz.** Da das Ausfuhrverfahren, wie aus Art. 4 Nr. 16 lit. h ZK ersichtlich, zu den Zollverfahren gehört, sind die **allgemeinen verfahrensrechtlichen Grundsätze des ZK** und der ZK-DVO anwendbar, ausgenommen etwaiger Sonderregelungen für das Ausfuhrverfahren (vgl. Art. 161, 162 ZK, Art. 279–289 ZK-DVO und Art. 787–795 ZK-DVO).

16 **Gerichtlicher Rechtsschutz** gegen Bescheide und sonstige Maßnahmen der Zollbehörden – auch wenn sie EU-Recht vollziehen – wird nach nationalem Recht gewährt.[5] Art. 243 ZK regelt lediglich, dass Rechtsbehelfe auf erster Stufe bei der Behörde und auf zweiter Stufe bei einer unabhängigen Instanz einzulegen sind. Rechtsbehelfe haben keine aufschiebende Wirkung; nach Art. 244 UAbs. 2 ZK kann bei begründeten Zweifeln an der Rechtmäßigkeit oder zur Vermeidung eines unersetzbaren Schadens ein Antrag auf Aussetzung der Vollziehung gestellt werden. Im Übrigen wird durch Art. 245 ZK die Ausgestaltung des Rechtsbehelfsverfahrens dem nationalen Gesetzgeber überlassen.

17 Da Zollrecht öffentliches Recht ist, handelt es sich bei zollrechtlichen Streitigkeiten um öffentlich-rechtliche Streitigkeiten nichtverfassungsrechtlicher Art iSd § 40 Abs. 1 S. 1 VwGO; jedoch sind fast alle Streitigkeiten den Finanzgerichten zugewiesen, § 40 Abs. 1 S. 1 Hs. 2 VwGO,[6] da Zölle Steuern im Sinne der Abgabenordnung sind, § 3 Abs. 3 AO; das Ausfuhrverfahren ist ein Zollverfahren. Deshalb sind die **Finanzgerichte** zuständig (vgl. § 33 Abs. 1 FGO), allerdings nur für die das Ausfuhrverfahren selbst betreffenden und die von den Zollbehörden inzident zu prüfenden Fragen, so zB bei der streitigen Frage nach der Annahme einer Ausfuhranmeldung ohne Ausfuhrgenehmigung oder der Einhaltung der Verbote und Beschränkungen (VuB).[7] Die gegenteilige Auffassung,[8] die eine Eröffnung des Finanzrechtswegs unter sehr viel engere Voraussetzungen stellte, ist nach Inkrafttreten des Zollkodex überholt. Sie verkennt zudem, dass es zu den Aufgaben der zuständigen Zollbehörde gehört, die Voraussetzungen für die Entgegennahme der (Ein-

---

[3] Dorsch/*Stübner,* Zollrecht, Art. 161 ZK, 24.
[4] Dorsch/*Stübner,* Zollrecht, Art. 161 ZK, 25.
[5] Witte/*Harings,* Praxishandbuch, Teil 3, D 1.2.
[6] Dorsch/*Rüsken,* Zollrecht, Art. 245 ZK, 20.
[7] Vgl. FG Baden-Württemberg, Urteil vom 24.5.2011, 11 K 5936/08; jüngst Thüringer FG, Beschluss vom 31.1.2013, 2 V 38/13.
[8] BFH Urt. v. 28.1.1986, VII R 37/85.

Abschnitt 29. Zollrecht, zollrechtliches Ausfuhrverfahren

fuhr-/Ausfuhr)Zollanmeldung zu prüfen; diese Prüfung unterliegt der Kontrolle durch die zuständigen Fachgerichte, die Finanzgerichte.

Ausfuhrgenehmigungen selbst sind beim Bundesamt für Wirtschaft und Ausfuhrkontrolle (BAFA) zu beantragen und ihre Erteilung richtet sich allein nach dem Außenwirtschaftsrecht. Dieses enthält keine abgabenrechtlichen Vorschriften iSd § 33 Abs. 2 FGO, sodass keine öffentlich-rechtliche Streitigkeit über Abgabenangelegenheiten nach § 33 Abs. 1 Nr. 1 FGO vorliegt. Besteht also Streit über die Frage, ob eine Ausfuhrgenehmigung nach dem Außenwirtschaftsgesetz zu erteilen ist (→ Rn. 19 ff.), handelt es sich iSd § 40 Abs. 1 VwGO um eine öffentlich-rechtliche Streitigkeit nichtverfassungsrechtlicher Art, die in die Zuständigkeit der Verwaltungsgerichte fällt. Wird hingegen im Zuge des Ausfuhrverfahrens das Erfordernis einer solchen Genehmigung Gegenstand der Auseinandersetzung, ist dies eine Vorfrage, die vom zuständigen Finanzgericht zu überprüfen ist.[9] Gleiches gilt für andere erforderliche Genehmigungen. 18

II. Bei der Ausfuhr zu beachtende Vorschriften

Gemäß Art. 161 Abs. 1 UAbs. 2 ZK umfasst die Ausfuhr die Anwendung der **handelspolitischen Maßnahmen,** die Erfüllung der übrigen für die Waren geltenden **Ausfuhrförmlichkeiten** und gegebenenfalls die Erhebung der **Ausfuhrabgaben**. Deswegen sind der Anmeldung alle für die zutreffende Erhebung der Ausfuhrabgaben sowie für die Anwendung der Ausfuhrbestimmungen auf die betreffende Ware notwendigen Unterlagen beizufügen (vgl. Art. 62 Abs. 2 ZK, Art. 221 ZK-DVO). Die zuständige Zollbehörde hat die Möglichkeit, vom Anmelder weitere Unterlagen zur Überprüfung anzufordern (Art. 68 lit. a ZK) oder eine Zollbeschau vorzunehmen (Art. 68 lit. b ZK). 19

Handelspolitische Maßnahmen nach der Legaldefinition in Art. 1 Nr. 7 ZK-DVO sind nichttarifäre Maßnahmen, die im Rahmen der gemeinsamen Handelspolitik durch Gemeinschaftsvorschriften über die Regelungen für die Ein- und Ausfuhr von Waren getroffen worden sind. Zu diesen zählen sicherheits- und außenpolitisch getroffene Embargovorschriften nach Art. 207 AEUV, wirtschaftspolitisch motivierte Beschränkungen wie zB mengenmäßige Kontingente oder Ausfuhrverbote bzw. -beschränkungen, insbesondere für Rüstungsgüter und Dual-Use-Waren sowie Abfälle (→ Abschnitt 37), aber auch der EU-rechtlich geregelte Kulturgüterschutz. 20

Die EU-rechtlich geregelten Verbote und Beschränkungen wie zB der Schutz der öffentlichen Ordnung, des menschlichen Lebens oder des Eigentums (siehe die Aufzählung in Art. 58 Abs. 2 ZK) fallen nicht unter die handelspolitischen Maßnahmen. Sie werden jedoch ebenfalls im Ausfuhrverfahren überprüft, da sie vom Begriff „**Förmlichkeiten für das übrige Ausfuhrverfahren**" erfasst werden. Dies betrifft etwa den Schutz vor Produkt- und Markenpiraterie oder lebensmittelrechtliche Kontrollen.[10] 21

Ebenfalls keine handelspolitischen Maßnahmen sind diejenigen nationalen Regelungen handelspolitischer Art, welche von den Mitgliedstaaten im Rahmen ihrer verbliebenen nationalen Zuständigkeit (Art. 346 AEUV) nach Maßgabe des innerstaatlichen Rechts getroffen werden.[11] Auch diese werden jedoch im Ausfuhrverfahren überprüft. Das deutsche Recht sieht in § 46 Abs. 4 AWG eine Zuständigkeitszuweisung an die Zollbehörden und über § 1 Abs. 3 ZollVG die Sicherung der Einhaltung aller Verbote und Beschränkungen vor. 22

Aufgrund des Exportinteresses der EU-Mitgliedstaaten ist die Erhebung von **Ausfuhrabgaben** selten. Lediglich im Agrarsektor bei einer Gefährdung der Versorgung der EU mit Nahrungsmitteln kommen Ausfuhrabgaben in Betracht.[12] 23

---

[9] Thüringer FG, Beschluss vom 31.1.2013, 2 V 38/13.
[10] Vgl. im Einzelnen Witte/*Henke*/*Rinnert*, Zollkodex Art. 58 Rn. 10 ff.
[11] Dorsch/*Stübner*, Zollrecht, Art. 161 ZK, 20.
[12] Witte/*Böhne*, Zollkodex, Art. 161 Rn. 11.

3. Teil. Exportwirtschaft (Ausfuhr, Zoll, Steuern)

III. Begriffsklärungen

24 Bevor der Ablauf des Ausfuhrverfahrens im Einzelnen dargestellt wird, sollen einige Begriffe vorab erläutert werden:

25 **1. Ausführer.** Gemäß Art. 788 Abs. 1 ZK-DVO gilt als Ausführer die Person, für deren Rechnung die Ausfuhranmeldung abgegeben wird und die zum Zeitpunkt der Annahme dieser Ausfuhranmeldung Eigentümer der Waren ist oder eine ähnliche Verfügungsberechtigung besitzt. Es kommt folglich nicht entscheidend auf die rechtliche Situation, sondern auf das tatsächliche Verhältnis zu der Sache an. Es ist ausreichend, wenn der Ausführer wie ein Eigentümer über die Sache verfügen kann („wirtschaftliches Eigentum"); Personen, die sich nur zeitweise im Besitz einer Ware befinden, etwa Spediteure oder Lagerhalter, können demnach nicht Ausführer sein. Ist nach der Definition in Art. 788 Abs. 1 ZK-DVO eine nicht in der EU ansässige Person als Ausführer anzusehen, gilt gemäß Art. 788 Abs. 2 ZK-DVO der in der EU ansässige Vertragspartner dieser Person als Ausführer. Der Ausführer ist dafür verantwortlich, dass alle Anforderungen an die Ausfuhr eingehalten werden. Er ist der Inhaber des Ausfuhrverfahrens (vgl. Art. 4 Nr. 21 ZK). Eine direkte oder indirekte Vertretung ist möglich (Art. 5 ZK).

26 Der zollrechtliche Ausführer ist nicht notwendig auch Ausführer im Sinne anderer Exportvorschriften. Art. 2 Abs. 1 lit. i der Verordnung (EG) Nr. 612/2009 (AusfuhrerstattungsVO) weist ausdrücklich auf mögliche Abweichungen zwischen dem zollrechtlichen und dem ausfuhrerstattungsrechtlichen Ausführer („die natürliche oder juristische Person, die Anspruch auf die Erstattung hat") hin. Entsprechendes gilt für die Bestimmung des Ausführers im Exportkontrollrecht: Art. 2 Nr. 3 der Verordnung (EG) Nr. 428/2009 (Dual-Use-Verordnung) stellt für die Bestimmung des Ausführers darauf ab, wer im Zeitpunkt der Entgegennahme der Ausfuhranmeldung Vertragspartner des drittländischen Empfängers ist und über die Versendung der Waren bestimmt; dies wird allerdings regelmäßig der „wirtschaftliche Eigentümer" sein.

27 **a) Zugelassener Ausführer.** Auf Antrag kann einem Ausführer die Bewilligung als „zugelassener Ausführer" (→ Rn. 81 ff.) erteilt werden. Damit ist eine bedeutsame Verfahrenserleichterung bei der Ausfuhr verbunden: Der Ausführer erhält die Möglichkeit, die Ausfuhrwaren durch Anschreibung in seiner Buchführung ohne vorherige Anzeige in das Ausfuhrverfahren zu überführen. Die Abgabe einer vollständigen Ausfuhranmeldung vor der Ausfuhr und insbesondere die Gestellung der Ausfuhrsendung am Amtsplatz der Zollstelle sind damit entbehrlich.

28 **b) Vertrauenswürdiger Ausführer.** Der Status des „vertrauenswürdigen Ausführers" (→ Rn. 97 ff.) ist in § 13 AWV geregelt: Der „vertrauenswürdige Ausführer" kann die gesamte Ausfuhr bei der Ausgangszollstelle abwickeln („einstufiges Ausfuhrverfahren"), wenn der Ausführer Gewähr für die Richtigkeit seiner Dokumentation bietet. Das Verfahren ist nur dann anwendbar, wenn Ausfuhren gänzlich innerhalb der Bundesrepublik Deutschland abgewickelt werden. Die Bewilligung wird auf Antrag erteilt; sie regelt die Einzelheiten des Verfahrens, insbesondere die Geltung für bestimmte Waren und einzelne Bestimmungsdrittländer.

29 **c) Ermächtigter Ausführer.** Im Unterschied zu den unter a) und b) dargestellten Ausführern ist mit dem Status als „ermächtigter Ausführer" keine Verfahrenserleichterung im Rahmen der Ausfuhr verbunden. Der Status des ermächtigten Ausführers spielt vielmehr im Präferenzrecht eine Rolle: Der ermächtigte Ausführer kann den Ursprungsnachweis für die Inanspruchnahme einer Präferenz unabhängig vom Wert der exportierten Waren mit einer Erklärung auf der Rechnung anstelle eines förmlichen Ursprungsnachweises erbringen.[13] Die Bewilligung wird auf Antrag erteilt; sie kann ebenfalls auf bestimmte Waren beschränkt werden.

---

[13] Vgl. Dorsch/*Harings,* Zollrecht, Art. 27 ZK, 71, 142.

Abschnitt 29. Zollrecht, zollrechtliches Ausfuhrverfahren

2. Ausfuhr- und Ausgangszollstelle. Ausfuhrzollstelle ist gemäß Art. 161 Abs. 5 ZK 30 in der Regel die Zollstelle, die für den Ort zuständig ist, an dem der Ausführer ansässig ist oder an dem die Waren zur Ausfuhr verpackt oder verladen werden. Bei dieser Zollstelle ist regelmäßig die Ausfuhranmeldung abzugeben (→ Rn. 40). Im Gegensatz dazu ist die **Ausgangszollstelle** die Zollstelle, die die Waren passieren, bevor sie das Zollgebiet verlassen. Die Ausgangszollstelle ist danach in der Regel eine Grenzzollstelle (vgl. Art. 793 Abs. 2 ZK-DVO).

B. Die Verfahrensarten

Bei den auf die Ausfuhr anzuwendenden Verfahren ist zu unterscheiden zwischen dem 31 sogenannten Normalverfahren (→ Rn. 29 ff.) und gesondert geregelten Verfahrenstypen, die Vereinfachungen beinhalten (→ Rn. 79 ff.). Seit dem 1. Juli 2009 besteht die **Pflicht zur Abgabe elektronischer Ausfuhranmeldungen** (Art. 787 Abs. 1 S. 2 ZK-DVO, → Rn. 65 ff.); für die Ausfuhr über den Hamburger Hafen kommt schließlich eine besondere Softwarelösung zum Einsatz (ZAPP, → Rn. 107 ff.).

I. Normalverfahren

1. Überblick. Der Zollkodex normiert in Art. 161 Abs. 4 und 5 ZK in Verbindung mit 32 den Art. 279 ff., 787 ff. ZK-DVO die wesentlichen für den Ablauf des Ausfuhrverfahrens geltenden Regeln. Diese werden ergänzt durch die allgemeinen Regeln für die Überführung von Waren in ein Zollverfahren (Art. 59 bis 78 ZK und Art. 198 bis 2531 ZK-DVO). Lediglich ergänzenden Charakter haben die nationalen Vorschriften der §§ 9 ff. AWV in den Bereichen, die noch nicht durch EU-Recht abgedeckt werden bzw. in denen es eine mitgliedstaatliche Regelung zulässt (vgl. Art. 289 ZK-DVO); Deutschland hat davon durch § 13 AWV Gebrauch gemacht (→ Rn. 97 ff.).

Seit dem 1. Juli 2009 wird das Ausfuhrverfahren ausschließlich elektronisch abgewickelt und darf nur noch in Ausnahmefällen papiergestützt erfolgen (→ Rn. 65 ff.).

Bei der Prüfung der Einhaltung der handelspolitischen Maßnahmen und der Einhaltung 33 der Ausfuhrförmlichkeiten verschiebt sich die Betrachtung vom Zollrecht zum Außenwirtschaftsrecht und dem sonstigen besonderen Verwaltungsrecht bzw. Strafrecht. So richten sich **Ausfuhrbeschränkungen** nach dem materiellen Außenwirtschaftsrecht, welches nur noch teilweise national geregelt ist.[14] Dies gilt vor allem für Dual-Use-Güter, dh Güter, die sowohl zivil als auch militärisch verwendbar sind (vgl. VO (EG) Nr. 428/2009; dazu *Bender*, Abschnitt 38). Das Verfahren für die Einholung der erforderlichen Genehmigungen ist nicht zollrechtlich geregelt, sondern in den jeweils einschlägigen besonderen Bestimmungen, insbesondere im AWG und der AWV. Antragsberechtigt ist regelmäßig nur der Ausführer.

2. Ausführer und Zollanmelder. Im Gegensatz zum **Ausführer** (→ Rn. 22 ff.) ist nach 34 Art. 4 Nr. 18 ZK **Anmelder** die Person, die im eigenen Namen eine Zollanmeldung abgibt oder in deren Namen eine Zollanmeldung abgegeben wird. Gemäß Art. 64 Abs. 1, Abs. 2 lit. b ZK kann die Ausfuhranmeldung von jeder in der EU ansässigen Person abgegeben werden, die in der Lage ist, eine Ware bei der zuständigen Zollstelle zu gestellen oder gestellen zu lassen. Ferner muss sie alle Unterlagen beibringen können, deren Vorlage im Ausfuhrverfahren vorgesehen ist.

Die zollrechtliche Ausfuhr bringt die Verpflichtung mit sich, die Ware in dem Zustand 35 auszuführen, in dem sie sich der Anmeldung zufolge befindet. Die Anmeldung muss somit nach Art. 64 Abs. 2 lit. a ZK auch von der Person, die die Verpflichtung trifft, bzw. auf deren Rechnung abgegeben werden; dies ist der Ausführer. Eine Vertretung nach Art. 5 ZK ist möglich.

---

[14] *Witte/Wolffgang,* Europäisches Zollrecht, 253.

36 Bezüglich der beteiligten Personen bestehen drei mögliche Konstellationen:
- Wird die Ausfuhranmeldung in eigenem Namen und für eigene Rechnung abgegeben, ist die handelnde Person sowohl Anmelder als auch Ausführer. Dies wird den Regelfall darstellen.
- Im Falle der **direkten Stellvertretung,** etwa durch Zollagenten oder Spediteure, tritt die handelnde Person in fremdem Namen und auf fremde Rechnung für eine andere Person auf. Die vertretene Person wird zugleich Anmelder und Ausführer.
- Nach Art. 5 Abs. 2 ZK besteht im Zollrecht die dem deutschen Recht fremde Möglichkeit der **indirekten Stellvertretung.** Nach Art. 64 Abs. 2 ZK kann die Ausfuhranmeldung auch auf Rechnung einer anderen Person abgegeben werden. Die Anmeldung kann also in eigenem Namen, aber auf fremde Rechnung erfolgen. In diesem Fall ist der indirekte Stellvertreter Anmelder, die vertretene Person hingegen allein Ausführer, da der Stellvertreter nicht die wirtschaftliche Verfügungsgewalt über die Ware hat.

37 Bedeutung erlangt diese Unterscheidung im Hinblick auf die Bestimmung der zuständigen Zollstelle (→ Rn. 40 ff.) und die Verpflichtungen, die Anmelder und Ausführer treffen. So ist eine evtl. erforderliche Ausfuhrgenehmigung immer vom Ausführer selbst zu beantragen und auf diesen auszustellen, da ihn die Verpflichtung zur Einhaltung außenwirtschaftsrechtlicher Bestimmungen trifft. Spediteure, Lagerhalter, Zollagenten etc. können nie Ausführer sein, wohl aber – im Falle indirekter Stellvertretung – Anmelder.

38 **3. Verfahrensablauf.** Das Ausfuhrverfahren wird in **zwei Verfahrensabschnitte** unterteilt. Am Verfahren sind zwei Zollstellen beteiligt, die **Ausfuhrzollstelle** und die **Ausgangszollstelle.** Das Ausfuhrverfahren beginnt idR bei der Ausfuhrzollstelle. Nach Art. 4 Nr. 4c ZK ist dies die Zollstelle, bei der die Förmlichkeiten, einschließlich angemessener Kontrollen auf der Basis einer Risikoanalyse, durchzuführen sind, damit die das Zollgebiet verlassenden Waren eine zollrechtliche Bestimmung erhalten. Dazu nimmt die Ausfuhrzollstelle im Normalverfahren die Ausfuhranmeldung entgegen, überprüft eine gegebenenfalls erforderliche Ausfuhrgenehmigung und überführt die Waren anschließend in das Ausfuhrverfahren.

39 In einem zweiten Schritt gelangen die Waren nun zur Ausgangszollstelle. Gemäß Art. 4 Nr. 4d ZK sind die Ausfuhrwaren bei der Ausgangszollstelle erneut zu gestellen und das Ausfuhr-Begleitdokument (ABD, → Rn. 71) vorzulegen, Art. 793 Abs. 1 ZK-DVO. Die Ausgangszollstelle ist für die Überwachung der konkreten Warenausfuhr verantwortlich und schließt das zweistufige Verfahren mit der Ausfuhr der Waren aus dem Zollgebiet ab.

40 **a) Zuständigkeit und Aufgabenverteilung der Zollbehörden.** Die Anmeldung zum Ausfuhrverfahren und dessen Eröffnung erfolgen bei der **Ausfuhrzollstelle.** Bevor die Waren ins Ausfuhrverfahren überführt werden können, müssen dort alle Förmlichkeiten erfüllt werden. Nach § 10 AWV prüft die Zollstelle die Zulässigkeit der Ausfuhr; nach dem Wortlaut der Bestimmung *kann* sie zu diesem Zweck von dem Ausführer oder dem Anmelder weitere Angaben und Beweismittel verlangen. § 10 AWV bezieht sich entgegen anderer Auffassung[15] ausschließlich auf Tatsachen und tatsächliche Erklärungen, wie sich aus den Begriffen „Angaben und Beweismittel" ergibt; die Vorschrift eröffnet *kein Ermessen*, über die Zulässigkeit der Ausfuhr zu entscheiden, sondern ist lediglich eine Befugnisnorm für weitere Sachaufklärung; die Entscheidung über die Zulässigkeit der Ausfuhr (§ 10 S. 1 AWV) ist eine gebundene Entscheidung, auf die ein Rechtsanspruch besteht, wenn kein gesetzliches Verbot eingreift. Ein Ermessen besteht jedoch hinsichtlich der Wahl weiterer Angaben und Beweismittel zum Zwecke der Zulässigkeitsprüfung.[16]

41 Die Ausfuhrzollstelle überprüft weiter die Ausfuhranmeldung auf Vollständigkeit sowie die Einhaltung etwaiger Ausfuhrverbote und die Beachtung aller außenwirtschaftsrechtlichen Bestimmungen, wie zB der Dual-Use-Verordnung. Sofern eine **Ausfuhrgenehmi-**

---

[15] Thüringer FG, Beschluss vom 31.1.2013, 2 V 38/13, unter Verweis auf Wolffgang/Simonsen/Tietje, AWR-Kommentar, § 10 AWV Rn. 3.
[16] Vgl. Hocke/Friedrich/*Friedrich,* Außenwirtschaftsrecht, § 10 AWV Rn. 7.

gung erforderlich ist, muss auch diese der Ausfuhrzollstelle vorgelegt werden, vgl. Art. 221 ZK-DVO und § 18 Abs. 2 AWV. Gleiches gilt für im Rahmen der gemeinsamen Marktorganisationen der EU erforderliche **Ausfuhrlizenzen.** Nur insoweit gelten auch diese als Beweismittel im Sinne des § 10 S. 2 AWV.

Beruft sich ein Ausführer auf die Genehmigungsfreiheit einer Ausfuhr, ist dies eine **42** Rechtsfrage, die durch die Ausfuhrzollstelle eigenständig zu prüfen ist – insofern findet § 10 AWV S. 2 AWV keine Anwendung.[17]

Anders als beim Einfuhrverfahren kann die Ausfuhranmeldung nicht bei jeder beliebigen **43** Zollstelle im Gebiet der EU abgegeben werden. Anderes gilt nur in **begründeten Ausnahmefällen,** Art. 791 ZK-DVO. Eine Konkretisierung, wann ein begründeter Fall vorliegt oder auszuschließen ist, findet sich in einer zwischen den Mitgliedstaaten abgestimmten Liste, welche diese Fälle jedoch nicht abschließend benennt (vgl. VSF A 0610(207), Anlage zu (207)). Ein begründeter Fall ist danach gegeben, wenn infolge unvorhersehbarer Umstände die Anwendung der Regelvorschriften vom Ausführer wirtschaftlich unvernünftige Anstrengungen verlangen würde. Wenn Waren zB an einen Bestimmungsort in der EU gesandt werden, nach der Abfahrt vom Beladeort jedoch infolge einer nicht vorhersehbaren Vertragsänderung ausgeführt werden müssen, so kann die Ausfuhranmeldung durch die Zollstelle angenommen werden, über die die Waren das Zollgebiet verlassen. Auch wenn sich die für die Kontrolle des Geschäftssitzes des Ausführers zuständige Zollstelle in einer solchen Entfernung vom Geschäftssitz und in einer solchen Richtung befindet, dass die Anwendung der regulären Vorschriften (Art. 161 Abs. 5 ZK) für den Ausführer unwirtschaftlich wäre, kann die Anmeldung von der ersten Zollstelle angenommen werden, die am Weg vom Geschäftssitz zu dem Ort liegt, an dem die Waren das Zollgebiet der EU verlassen.

Umgekehrt liegt ein begründeter Fall insbesondere dann *nicht* vor, wenn der Eintritt die- **44** ses Falles für den Exporteur vorhersehbar war oder er keine wirtschaftlich unvernünftigen Anstrengungen unternehmen muss, um die Formalitäten bei der regulären Zollstelle zu erfüllen. Insbesondere liegt kein begründeter Fall vor, wenn die zuständige Zollstelle zum Zeitpunkt der beabsichtigten Gestellung der Waren geschlossen ist, der Ausführer einen beträchtlichen finanziellen Vorteil hat, indem er die Ausfuhranmeldung in einem anderen Mitgliedstaat als dem seines Unternehmens vorlegt oder er in einem anderen Mitgliedstaat ansässig ist und die Waren über einen großen Teil des Zollgebiets der EU befördert werden. In derartigen Konstellationen „tragen die Kontrollen bezüglich der Einhaltung bestehender Verbote und Beschränkungen dem Ausnahmecharakter der Situation Rechnung" (Art. 791 Satz 2 ZK-DVO). Es soll mindestens eine stichprobenweise Beschaffenheitsbeschau durchgeführt werden.

Die **örtliche Zuständigkeit der Ausfuhrzollstelle** kann sich aus mehreren Umstän- **45** den ergeben. Sie kann sowohl aus dem Wohn- oder Firmensitz des Ausführers (Art. 161 Abs. 5 Satz 1 Alt. 1 ZK) als auch dem Ort des Verpackens oder Verladens (Art. 161 Abs. 5 Satz 1 2. Alt. ZK) resultieren. Dabei werden die Begriffe „Verpacken" und „Verladen" restriktiv ausgelegt, um die Zuständigkeit der Ausfuhrzollstelle nicht ins Belieben des Ausführers zu stellen. „Verladen" ist nach der – durchaus bestreitbaren – Auslegung durch die Zollverwaltung nur das *„werkmäßige Verladen von Waren, die nicht besonders verpackt werden"* (VSF A 0610(202)). Ähnliches gilt für das „Verpacken": Bei gewerblichen Verpackungsunternehmen ist Voraussetzung dafür, dass die Waren komplett verpackt oder in speziell für die Sendung gefertigte Kisten endverpackt werden. Nicht ausreichend sei das einfache Einladen in Container oder gar das Stapeln auf Paletten (VSF A 0610 (201)). Für **Logistikunternehmen** trifft daher in der Regel der Tatbestand des Verpackens oder Verladens nicht zu, so dass diese darauf bedacht sein müssen, die Ausfuhranmeldung an die Ausfuhrzollstelle am Sitz des Ausführers bzw. am Ort des Verpackens/Verladens zu richten und einen Antrag nach § 9 Abs. 2 AWV auf Gestellung außerhalb des Orts der Ausfuhrzollstelle zu richten.

---

[17] AA Thüringer FG, Beschluss vom 31.1.2013, 2 V 38/13.

46 Erfolgt die Ausfuhrlieferung durch einen **Subunternehmer,** kann gemäß Art. 789 ZK-DVO auch das für dieses Unternehmen zuständige Zollamt zur Ausfuhrzollstelle des Ausführers werden. Dies ist insbesondere dann der Fall, wenn der Ausführer die Waren erst noch bei einem Dritten beschafft und dieser die Waren direkt aus dem Zollgebiet der EU verbringen lässt. Der Subunternehmer kann hier oft nur eine unvollständige Anmeldung (→ Rn. 91 ff.) abgeben, da er etwa den Kaufpreis des Ausfuhrgeschäfts nicht kennt.

47 Die deutsche Regelung in **Art. 9 Abs. 1 AWV** schreibt vor, dass jede Ausfuhrsendung vom Anmelder unter Vorlage einer elektronischen Ausfuhranmeldung bei der Ausfuhrzollstelle zu gestellen ist. Gemäß Art. 4 Nr. 19 ZK erfordert die „Gestellung", dass sich die Waren bei der Zollstelle oder an einem anderen von den Zollbehörden bezeichneten oder zugelassenen Ort befinden müssen. Insofern ist nicht in allen Fällen ein Verbringen an den Amtsplatz erforderlich. Dies ergibt sich auch aus Art. 9 Abs. 2 AWV, der der Zollbehörde erlaubt, die Gestellung an einem anderen Ort im Bezirk der Ausfuhrzollstelle zuzulassen. Der Vordruck 0765 ist im Internet abrufbar (https://www.formulare-bfinv.de/ffw/content.do – Formulare A bis Z – Außenwirtschaft und Ausfuhrverfahren – 0765) und spätestens zwei Stunden vor Dienstschluss am Tag vor Beginn des Verpackens, bei offen zu verladenden Waren vor Beginn des Verladens, abzugeben, vgl. VSF A 0610 (301). Bei Vorliegen der Voraussetzungen und Gestellung der Waren nimmt die Ausfuhrzollstelle die Ausfuhranmeldung „unverzüglich" an (siehe Art. 63 ZK).

48 Nach Überlassung in das Ausfuhrverfahren kann der Transport zur Ausgangszollstelle in der Regel ohne jede weitere Förmlichkeit oder festgelegten Transportweg erfolgen. Allerdings können gemäß Art. 183 ZK die Zollbehörden den Transportweg und die Modalitäten festlegen. Die Waren unterliegen bis zu ihrem Ausgang aus dem Zollgebiet der EU der zollamtlichen Überwachung; folglich kann es bei Verstößen gegen Vorschriften zur Zollschuldentstehung nach den Art. 203, 204 ZK kommen. Für Dual-Use-Güter, deren Ausfuhr genehmigungspflichtig ist (dazu *Schwendinger/Bender,* Abschnitt 35, Rn. 3), sieht Art. 18 der Verordnung (EG) Nr. 428/2009 die entsprechende Anwendung der Vorschriften über das Kontrollexemplar T 5 vor.

49 Bei der **Ausgangszollstelle** endet das Ausfuhrverfahren. Gemäß Art. 793a Abs. 1 ZK-DVO obliegt ihr die Aufgabe, sich einerseits zu vergewissern, ob die gestellten Waren den angemeldeten Waren entsprechen und ob gegebenenfalls Verbote und Beschränkungen (Art. 58 Abs. 2 ZK) entgegenstehen und somit die außenwirtschaftsrechtliche Zulässigkeitsprüfung stattgefunden hat. Des Weiteren unterzieht sie die Ausfuhrwaren angemessenen Kontrollen auf Basis einer Risikoanalyse. Durch die Vorab-Ausfuhranzeige der Ausfuhrzollstelle gemäß Art. 796b ZK-DVO hat sie die Möglichkeit, Kontrollen bereits vor der eigentlichen Gestellung vornehmen zu können.[18]

50 Weiterhin überwacht sie den körperlichen Ausgang der Waren aus dem Zollgebiet, Art. 793a Abs. 1 UAbs. 1 S. 2 ZK-DVO. Mit der Nachricht „Ausgangsbestätigung/Kontrollergebnis", die sie an die Ausfuhrzollstelle übermittelt, ist das Verfahren bei der Ausgangszollstelle abgeschlossen. Die Beendigung des Verfahrens hingegen wird wiederum von der Ausgangszollstelle vorgenommen, die gem. Art. 796e Abs. 1 lit. a ZK-DVO dem Ausführer/Anmelder den Ausgang der Ware mitteilt.

51 Stellt die Ausgangszollstelle eine Mindermenge fest, so vermerkt sie dies auf dem vorgelegten Exemplar der Ausfuhranmeldung und unterrichtet die Ausfuhrzollstelle. Liegt eine Mehrmenge oder eine andere Warenbeschaffenheit vor, so untersagt sie deren Ausgang, bis die Ausfuhrförmlichkeiten für sie erfüllt worden sind und unterrichtet im Falle einer divergierenden Warenbeschaffenheit die Ausfuhrzollstelle (vgl. hierzu Art. 793a Abs. 5 ZK-DVO).

52 Die **örtliche Zuständigkeit der Ausgangszollstelle** ist in Art. 793 Abs. 2 Satz 1 DVO festgelegt. In der Regel ist dies die letzte Zollstelle vor dem Ausgang der Waren aus dem Zollgebiet der EU. Sonderregelungen bestehen für bestimmte Verkehrsformen wie zB

---

[18] Witte/*Böhne,* Praxishandbuch, Teil 3, A 2.2.2.

den Bahn-, Luft-, Post- oder Seeverkehr, siehe Art. 793 Abs. 2 lit. b ZK-DVO oder das Versandverfahren, wenn der Bestimmungsort in einem Drittland liegt. Im elektronischen Verfahren ATLAS-Ausfuhr wird die Zuständigkeit der ausgewählten Zollbehörde anhand der Postleitzahl im Rahmen einer Plausibilitätskontrolle festgestellt. Eine elektronische Ausfuhranmeldung kann dementsprechend von einer örtlich nicht zuständigen Ausfuhrzollstelle nicht bearbeitet werden.

b) Ausfuhranmeldung. Gemäß Art. 59 ZK sind alle Waren, die in ein Zollverfahren überführt werden sollen, zu dem betreffenden Verfahren anzumelden. Für das Ausfuhrverfahren folgt daraus die Notwendigkeit der **Ausfuhranmeldung**. 53

Die Ausfuhranmeldung ist nach Art. 182b Abs. 1 ZK mit Ausnahme der in der ZK-DVO festgelegten Fälle vor dem Verbringen der Waren aus dem Zollgebiet der EU **grundsätzlich bei der Ausfuhrzollstelle abzugeben**. Gemäß Art. 62 Abs. 2 ZK sind der Ausfuhranmeldung alle Unterlagen beizufügen, deren Vorlage zur Anwendung der Vorschriften über das Zollverfahren, zu dem Waren angemeldet werden, erforderlich ist. Dies sind alle für die zutreffende Erhebung der Ausfuhrabgaben sowie für die Anwendung der Ausfuhrbestimmungen auf die betreffende Ware notwendigen Unterlagen (vgl. Art. 221 Abs. 1 ZK-DVO). Insbesondere ist eine etwa erforderliche Ausfuhrgenehmigung in ATLAS zu melden (§ 18 Abs. 1, 2 AWV). 54

Der Zollkodex spricht allgemein von „Unterlagen", um den Kreis der gegebenenfalls notwendigen Unterlagen groß zu halten und den Behörden einen umfassenden Zugriff auf alle für das Ausfuhrverfahren etwaig notwendigen Daten zu ermöglichen.[19] Selbstverständlich muss ein Bezug zu den zu überprüfenden handelspolitischen Maßnahmen oder den einzuhaltenden Ausfuhrformalitäten bestehen. 55

Beim nunmehr überholten **schriftlichen Ausfuhrverfahren** mittels **Einheitspapiers** ist die Ausfuhranmeldung grundsätzlich mit Hilfe der Exemplare Nr. 1, 2 und 3 des Einheitspapiers in papiergestützter Form abzugeben (Art. 792 Abs. 1 ZK-DVO). Während Exemplar 1 im Rahmen der zollamtlichen Erfassung sowie Überwachung Verwendung findet, dient Exemplar 2 statistischen Zwecken. Exemplar 3 ist hingegen für den Anmelder/Ausführer bestimmt und ist gemäß Art. 793 Abs. 1 ZK-DVO bei der Ausgangszollstelle abzugeben. Die Abgabe der Ausfuhranmeldung mittels Einheitspapiers ist seit dem 1. Juli 2009 nur noch in den **Ausnahmefällen** gemäß Art. 787 Abs. 2 ZK-DVO bei Ausfall der EDV des Zolls oder des Anmelders möglich. 56

c) Fristen und Fristerleichterungen. Seit dem 1. Juli 2009 muss die Ausfuhranmeldung bei der Ausfuhrzollstelle bestimmte Fristen berücksichtigen, um die Durchführung einer Risikoanalyse zu ermöglichen. Die Dauer der jeweiligen Frist für die Abgabe der Zollanmeldung hängt vom Transportmittel und dem Transportgut ab und ist in Art. 592b ZK-DVO geregelt: 57
- Die Ausfuhranmeldung muss im Luftverkehr mindestens 30 Minuten vor dem Abflug von einem Flughafen im Zollgebiet der EU abgegeben werden;
- im Straßenverkehr beträgt die Frist mindestens eine Stunde;
- im Eisenbahn- und Binnenschifffahrtsverkehr mindestens zwei Stunden vor der Abfahrt bei der Ausgangszollstelle;
- im Seeverkehr wird weiter differenziert. So muss die Zollanmeldung bei **Containerfracht** mindestens 24 Stunden vor dem Verladen der Waren auf das Schiff, auf dem sie das Zollgebiet der EU verlassen, abgegeben werden, bei **Massen- und Stückgut** mindestens vier Stunden vor dem Auslaufen aus dem Hafen im Zollgebiet der EU.

Fristerleichterungen bestehen für Beförderungen zwischen dem Zollgebiet der EU einerseits und bestimmten spezifizierten Ländern (Grönland, Färöer, Ceuta, Melilla, Norwegen, Island sowie Häfen an Ostsee, Nordsee, Schwarzem Meer oder Mittelmeer oder allen Häfen Marokkos) andererseits sowie bei anderen Beförderungen als den zuletzt genannten 58

---

[19] *Weerth,* Ausfuhrverfahren, 55 f.

3. Teil. Exportwirtschaft (Ausfuhr, Zoll, Steuern)

zwischen den französischen überseeischen Departements, den Azoren, Madeira oder den Kanarischen Inseln und Gebieten außerhalb des Zollgebiets der EU bei einer Fahrtdauer von weniger als 24 Stunden.

59 Von Bedeutung dürfte in Ausnahmefällen die Regelung des Art. 592b Abs. 2 ZK-DVO sein. Diese bezieht sich auf die papiergestützte Abgabe der Zollanmeldung. Hiernach beträgt die Frist in diesen Fällen mindestens vier Stunden. Nach Abs. 3 der Vorschrift gilt dies nicht, wenn das EDV-System der Zollbehörden vorübergehend nicht funktioniert.

60 **Ausnahmen** der Fristenregelung ergeben sich aus Art. 592a ZK-DVO. Dieser listet eine Reihe von Waren und Fallgestaltungen auf, bei der auf die fristgerechte elektronische Ausfuhranmeldung verzichtet wird (Aufzählung lit. a bis j).

61 Schwierigkeiten bzgl. der Einhaltung der Frist werden im zweistufigen Ausfuhrverfahren nur selten aufkommen, da die Ausfuhrwaren ohnehin von der Ausfuhrzollstelle noch zur Ausgangszollstelle transportiert werden müssen.[20]

62 Für Fälle, in denen Ausfuhrwaren für die Beförderung aus dem Zollgebiet umgeladen werden (sogenannter **intermodaler Verkehr,** zB Containerverladungen von LKW auf Schiff) gilt nach Art. 592c Abs. 1 ZK-DVO die Frist für das Beförderungsmittel, das die EU verlässt.

63 Im **kombinierten Verkehr,** bei dem das die Grenze überschreitende aktive Beförderungsmittel nur ein anderes aktives Beförderungsmittel transportiert (zB Autozüge oder Autofähren), gilt nach Art. 592c Abs. 2 ZK-DVO ebenfalls die Frist, die für das die Grenze überschreitende aktive Beförderungsmittel Anwendung findet. Um Zeit zu sparen, können die Ausfuhrwaren bereits überlassen werden, sobald die Risikoanalyse durchgeführt ist und die Ergebnisse diese Überlassung erlauben (Art. 592e Abs. 2 ZK-DVO).

64 Die Nichteinhaltung der Frist macht die Ausfuhranmeldung nicht unwirksam. Eine **Fristverletzung** kann jedoch nach Art. 592f Abs. 2 ZK-DVO gemäß den mitgliedstaatlichen Vorschriften sanktioniert werden. Entsprechende Bestimmungen existieren in Deutschland derzeit nicht.

65 **d) Summarische Ausgangsanmeldung.** Erhalten Waren, die aus dem Zollgebiet verbracht werden, keine zollrechtliche Bestimmung, für die eine Zollanmeldung erforderlich ist, ist seit dem 1. Januar 2011 gemäß Art. 182c ZK eine summarische Anmeldung bei der **Ausgangszollstelle** abzugeben. Die summarische Ausgangsanmeldung ist in **Art. 182a bis 182d ZK, Art. 842a ff. ZK-DVO** geregelt.

66 Übermittelt wird die summarische Ausgangsanmeldung elektronisch. Nur in Ausnahmefällen kann diese papiergestützt erfolgen, vgl. Art. 182d Abs. 2 UAbs. 2 ZK. Abzugeben ist die summarische Anmeldung von der Person, die die Waren aus dem Zollgebiet der EU verbringt oder die die Verantwortung für die Beförderung der Waren aus dem Zollgebiet übernimmt, oder jeder Person, die in der Lage ist, die betreffenden Waren der zuständigen Zollbehörde zu gestellen oder sie ihr gestellen zu lassen, sowie von einem Vertreter dieser möglichen Personen (Art. 182d Abs. 3 ZK).

67 Für die summarische Ausgangsanmeldung sind ein gemeinsamer Datensatz und ein gemeinsames Format festgelegt worden, die für die beabsichtigte Risikoanalyse und die ordnungsgemäße Anwendung der Zollkontrollen erforderlich sind. Die erforderlichen Angaben ergeben sich aus Anhang 30A ZK-DVO (vgl. Art. 842b Abs. 1 ZK-DVO), der die Anforderungen an die Datensätze festlegt.

68 Die summarische Ausgangsanmeldung muss bei der Wiederausfuhr, für die keine Zollanmeldung erforderlich ist (Art. 841a ZK-DVO), und für Waren, die aus dem Zollgebiet verbracht werden sollen und für die keine Zollanmeldung vorliegt (Art. 842a ZK-DVO), abgegeben werden. Auch hier gelten durch eine Verweisung auf Art. 592a **Ausnahmen** von der Abgabe summarischer Ausgangsanmeldungen in den gleichen Fällen wie dem oben aufgeführten Fristenerfordernis für Ausfuhranmeldungen. Diese Ausnahmen werden durch weitere Fälle (Art. 842a Abs. IV lit. b bis f ZK-DVO) ergänzt.

---

[20] *Weerth,* Ausfuhrverfahren, 174.

Bei den seit dem 1. Juli 2009 verpflichtend abzugebenden elektronischen Ausfuhranmeldungen ist anzustreben, den Datensatz für die erforderliche Ausfuhranmeldung frühzeitig abzugeben, damit das Erfordernis der fristgerechten summarischen Ausgangsanmeldung gleichzeitig miterfüllt wird.[21]

4. Praktische Durchführung: ATLAS und IAA-Plus. Durch die Verordnung (EG) Nr. 1875/2006 wurde im Rahmen der Sicherheitsinitiative der EG die Verpflichtung zur Abgabe elektronischer Ausfuhranmeldungen eingeführt. Gemäß Art. 787 Abs. 1 S. 2 ZK-DVO in der ab 1. Juli 2009 geltenden Fassung sind Ausfuhranmeldungen bei der zuständigen Zollstelle mit Hilfe eines EDV-Verfahrens abzugeben; dies kann mittels ATLAS-Ausfuhr (→ Rn. 66 ff.) oder mittels der Internet-Ausfuhranmeldung (→ Rn. 75 ff.) geschehen. Papiergestützte Anmeldungen werden nur noch entgegengenommen, wenn die EDV entweder beim Zoll oder bei der Person, die die Ausfuhranmeldung abgibt, gestört ist, Art. 787 Abs. 2 ZK-DVO.

a) Ausfuhranmeldung mit ATLAS-Ausfuhr. Das Ausfuhrverfahren wird unter Nutzung des **EDV-Verfahrens ATLAS (= Automatisiertes Tarif- und Lokales Zoll-Abwicklungs-System)** durchgeführt. Dadurch soll bundesweit der kommerzielle Warenverkehr mit Drittländern umfassend EDV-technisch abgewickelt werden. Nachdem ATLAS-Einfuhr bereits seit vielen Jahren eingesetzt worden war, wurde es seit 1. August 2006 um das Ausfuhrverfahren in Form des Normalverfahrens, des Verfahrens mit unvollständiger Anmeldung und des Anschreibeverfahrens erweitert.

aa) Hintergrund und rechtlicher Rahmen. Rechtsgrundlagen für das elektronische Ausfuhrverfahren sind Art. 61 ZK und Art. 4a, 4b, 183, und 222–224 ZK-DVO. Der Rat der Europäischen Union entschloss sich mit Blick auf das kontinuierlich steigende Ausfuhrvolumen sowie einer allgemeinen Optimierung der Zusammenarbeit der Zollbehörden und Wirtschaftsteilnehmer der einzelnen Mitgliedsländer am 5. Dezember 2003 unter Mitwirkung der Mitgliedstaaten zur Schaffung eines vereinfachten, papierlosen Arbeitsumfeldes für Zoll und Handel (ABl. EU 2003 Nr. C 305, 1), welches maßgeblich für die Einführung des EDV-Projektes AES/ECS (Automated Export System/Export Control System) war. Die elektronische Meldung durch die Wirtschaftsteilnehmer gewährt dem Zoll die Möglichkeit einer vorab auf den konkreten Vorgang bezogenen Risikoanalyse. Die außenwirtschaftsrechtlichen Voraussetzungen können so wesentlich umfassender kontrolliert werden. Der Anmelder der Ausfuhren ist somit in Bezug auf seine übermittelten Daten in vollem Umfang überprüfbar.

Jeder Anmelder muss selbst die technischen Voraussetzungen für eine Teilnahme an ATLAS-Ausfuhr und die damit verbundene Möglichkeit der Datenübermittlung an den Zoll schaffen. Er benötigt dazu eine EORI-Kennnummer. Der Antrag auf Teilnahme an ATLAS ist bei der Koordinierungsstelle ATLAS in Karlsruhe unter Verwendung des Vordruckes 0874 zu stellen; dem Antragsteller wird für die Teilnahme an ATLAS eine Beteiligten-Identifizierungsnummer (BIN) zugeteilt.

bb) Der Verfahrensablauf. ATLAS-Ausfuhr besteht aus drei Verfahrensabschnitten:
- Überführung in das Ausfuhrverfahren
- Überwachung des Ausfuhrverfahrens
- Erledigung des Ausfuhrverfahrens.

Die **Überführung der Ware** in das Ausfuhrverfahren geschieht durch die elektronische Übermittlung der Ausfuhranmeldung an die Ausfuhrzollstelle durch den beteiligten Wirtschaftsteilnehmer (Teilnehmereingabe). Werden die Daten manuell durch die Ausfuhrzollstelle in das System eingegeben, spricht man von einer sog. Benutzereingabe. Nach einer Plausibilisierung der eingegebenen Daten erfolgt die (elektronische) Annahme der Ausfuhranmeldung durch den Zoll. Folgende Verfahren können über ATLAS-Ausfuhr abgebildet werden:

---

[21] *Weerth* ZfZ 2007, 113, 118.

3. Teil. Exportwirtschaft (Ausfuhr, Zoll, Steuern)

(1) Zweistufiges Normalverfahren (ohne Inanspruchnahme von Vereinfachungen)
(2) Zweistufiges Verfahren – unvollständige Ausfuhranmeldung
(3) Zweistufiges Verfahren mit Antrag auf Gestellung außerhalb des Amtsplatzes gemäß § 9 Abs. 2 AWV
(4) Zweistufiges Verfahren – unvollständige Anmeldung mit Antrag gemäß § 9 Abs. 2 AWV
(5) Zweistufiges Verfahren – zugelassener Ausführer
(6) Zweistufiges Verfahren – zugelassener Ausführer, unvollständige Ausfuhranmeldung
(7) Einstufiges Normalverfahren – begründeter Ausnahmefall gemäß Art. 791 ZK-DVO
(8) Einstufiges Normalverfahren – Wert bis einschließlich 3.000,00 EUR
(9) Einstufiges Verfahren – vertrauenswürdiger Ausführer nach § 13 AWV
(10) Einstufiges Verfahren – vertrauenswürdiger Ausführer, unvollständige Anmeldung
(11) Zweistufiges Normalverfahren mit Antrag auf Ausfuhrerstattung
(12) Zweistufiges Verfahren – unvollständige Anmeldung mit Antrag auf Ausfuhrerstattung
(13) Zweistufiges Normalverfahren mit Antrag auf Ausfuhrerstattung und Gestellung außerhalb des Amtsplatzes
(14) Zweistufiges Verfahren – unvollständige Anmeldung mit Antrag auf Ausfuhrerstattung und Gestellung außerhalb des Amtsplatzes
(15) Zweistufiges Normalverfahren zur Einlagerung mit Antrag auf Ausfuhrerstattung
(16) Zweistufiges Normalverfahren zur Einlagerung mit Antrag auf Ausfuhrerstattung und auf Gestellung außerhalb des Amtsplatzes

76 Erst nach der Annahme der Ausfuhranmeldung wird die Zulässigkeit der Ausfuhr überprüft. Kommt es im Rahmen der Prüfung zu keinerlei Beanstandungen, werden die Waren bei Teilnehmereingabe (Eingabe durch Anmelder selbst) durch Übermittlung einer elektronischen Überlassungsnachricht an den Anmelder überlassen und wird diesem das Ausfuhr-Begleitdokument in Form eines PDF-Dokuments zugeschickt. Bei Benutzereingabe durch einen Beamten der Zollbehörde selbst oder der Internet-Ausfuhranmeldung (→ Rn. 75 ff.) wird das Ausfuhr-Begleitdokument direkt ausgegeben. Ergibt die Überprüfung, dass die Ausfuhr nicht zulässig ist, wird die Ausfuhranmeldung für ungültig erklärt.

77 Im Zuge der Änderungen durch ATLAS-Ausfuhr wurde das Exemplar 3 des Einheitspapiers durch ein **Ausfuhr-Begleitdokument** (ABD) ersetzt, das eine 18-stellige **MRN (Movement Reference Number)** sowie einen **Barcode** enthält (ein Muster hierzu findet sich in Anhang 45g ZK-DVO).

78 Der elektronischen Ausfuhranmeldung kann auch im Rahmen von ATLAS-Ausfuhr ein Antrag gemäß § 9 Abs. 2 AWV auf Gestellung der Waren außerhalb des Amtsplatzes – zB am Sitz des Unternehmens – beigefügt werden. In diesem Antrag legt der Anmelder einen Ort und einen Zeitpunkt fest, an dem die Waren zur Ausfuhr verladen werden sollen. Dieses Verfahren ist allerdings kostenpflichtig. Ist eine Prüfung der Waren auf dem Firmengelände nach Ansicht der Ausfuhrzollstelle notwendig, entstehen Gebühren nach der Zollkostenverordnung.

79 Das Verfahren endet bei der Ausfuhrzollstelle mit Übermittlung einer **Vorab-Ausfuhranzeige** an die angemeldete Ausgangszollstelle.[22] Mit der Vorab-Ausfuhranzeige kann die Ausgangszollstelle vor Eintreffen der Waren eine Risikoanalyse durchführen. Dies ist der Übergang zum zweiten Verfahrensabschnitt in ATLAS-Ausfuhr, der **Überwachung des Ausfuhrverfahrens,** die mit Gestellung der Waren bei der Ausgangszollstelle einsetzt. Anhand des vorgelegten Ausfuhr-Begleitdokuments, welches nicht mit der Ware geführt werden muss, sondern nur der Ausgangszollstelle vorgelegt zu werden braucht, bzw. auf Grundlage der in ATLAS-Ausfuhr eingetragenen Daten der Vorab-Ausfuhranzeige, ist es der Ausgangszollstelle möglich, den körperlichen Ausgang der Waren aus dem Zollgebiet der EU zu überwachen. Durch die MRN können die Ausfuhrwaren eindeutig zugeordnet

---

[22] Dorsch/*Stübner*, Zollrecht, Art. 161 ZK, 52.

werden, so dass eine Kontrolle der angemeldeten und gestellten Waren auf Identität durchgeführt werden kann.[23]

Die Freigabe zur Ausfuhr erfolgt in Fällen der Teilnehmereingabe automatisiert, bei der Benutzereingabe durch manuelle Mitteilung. Die Ausfuhrzollstelle wird daraufhin automatisch über den Abschluss des Verfahrens bei der Ausgangszollstelle informiert (Ausgangsbestätigung/Kontrollergebnis). Für diese endet das Verfahren mit Erhalt der elektronischen Ausgangsbestätigung. Der Ausfuhrnachweis wird bei der elektronischen Anmeldung im zweistufigen Verfahren indes nicht mehr von der Ausgangszollstelle, sondern von der Ausfuhrzollstelle in Form eines PDF-Dokuments erteilt (Ausgangsvermerk). Bei Benutzereingabe oder Internet-Zollanmeldung erzeugt die Ausfuhrzollstelle auf Antrag des Ausführers oder Anmelders eine Druckausgabe mit Dienststempelabdruck und Unterschrift der Behörde. 80

Die Ausgangszollstelle teilt gemäß Art. 796d Abs. 2 ZK-DVO den Ausgang der Waren der Ausfuhrzollstelle elektronisch mit. Letztere bescheinigt dem ATLAS-Ausfuhr Anmelder mit Hilfe der „Ausfuhranzeige" (auch „Ausfuhrvermerk" genannt, ein PDF-Dokument) oder in der von ihr für diesen Zweck festgelegten Form die körperliche Ausfuhr (vgl. Art. 796e ZK-DVO). Damit ist der dritte Verfahrensabschnitt, die **Erledigung des Ausfuhrverfahrens,** erreicht. 81

Eine Ausfuhranmeldung wird nach Ablauf von 150 Tagen nach Überlassung für ungültig erklärt, wenn die Ausfuhrwaren das Zollgebiet nicht verlassen haben oder kein hinreichender Ausgangsnachweis vorgelegt werden kann (Art. 796e Abs. 2, 3 ZK-DVO). Ziel dieser Vorschrift soll es vor allem sein, das elektronische System vor „Datenmüll" zu schützen.[24] 82

b) Internet-Ausfuhranmeldung. Die Abgabe der **Internet-Ausfuhranmeldung** ist seit dem 1. September 2011 nur noch über die Software IAA-Plus möglich. Sie empfiehlt sich insbesondere für kleine und mittlere Unternehmen, die nur wenige Warenausfuhren anzumelden haben. Dasselbe gilt für Unternehmen, für die aus sonstigen Gründen eine eigene Einspeisung der Daten in ATLAS-Ausfuhr nicht wirtschaftlich ist. IAA-Plus wird kostenfrei zur Verfügung gestellt, es soll durch die Verpflichtung zur elektronischen Zollanmeldung gerade kein Unternehmen zum Erwerb einer (kostenpflichtigen) ATLAS-Software gezwungen werden. 83

Zur Verwendung der Internet-Ausfuhranmeldung sind lediglich ein aktueller Browser und eine Internetverbindung mit ausreichender Bandbreite erforderlich; ferner benötigt das Unternehmen eine EORI-Nummer und ein gültiges ELSTER-Zertifikat. 84

In der ursprünglichen Fassung IAA war es erforderlich, die Ausfuhranmeldung ausgedruckt und weiterhin handschriftlich unterschrieben mitsamt allen erforderlichen Unterlagen (zB Vorlage der Rechnungen, Frachtpapiere und gegebenenfalls einer Auskunft zur Güterliste oder Ausfuhrgenehmigung) bei der Ausfuhrzollstelle abzugeben. Das Verfahren bot sich daher vor allem für solche Unternehmen an, die in der Nähe der Ausfuhrzollstelle ansässig waren. Im Rahmen der IAA konnten zudem nicht alle Verfahrensarten und -vereinfachungen abgebildet werden. 85

Mit der IAA-Plus besteht nun die Möglichkeit, die Ausfuhr unter Inanspruchnahme aller wesentlichen Vereinfachungen (insbesondere „zugelassener Ausführer" (vgl. Rn. 27, 86) und unvollständige Anmeldung" (vgl. Rn. 75); **nicht:** „vertrauenswürdiger Ausführer" (vgl. Rn. 75) gemäß § 13 AWV und keine direkte Vertretung, wenn der Vertreter kein Subunternehmer ist) **vollständig papierlos** via Internet abzuwickeln. Es ist nicht mehr notwendig, die Ausfuhranmeldung auszudrucken, eigenhändig zu unterschreiben und bei der Ausfuhrzollstelle vorzulegen. Die Authentifizierung erfolgt über das Zertifikat von ELSTER, das die Finanzverwaltung bereits für die Abgabe der Steuererklärung via Internet nutzt. 86

---

[23] Dorsch/*Stübner,* Zollrecht, Art. 161 ZK, 53.
[24] *Voigt* AW-Prax 2007, 14, 17.

3. Teil. Exportwirtschaft (Ausfuhr, Zoll, Steuern)

II. Verfahrenserleichterungen/-befreiungen

87 Der dargestellte Ablauf des Normalverfahrens erfordert einen hohen personellen und logistischen Aufwand, der Unternehmen, die ständig Waren – möglicherweise stets die gleichen Waren in die gleichen Bestimmungsländer – exportieren, in unzumutbarer Weise belastet. Aus diesem Grund ist in der ZK-DVO von der in Art. 161 Abs. 5 ZK vorgesehenen Möglichkeit, Verfahrenserleichterungen und -befreiungen einzuführen, Gebrauch gemacht worden.

88 **1. Überblick.** Die durch **Art. 161 Abs. 5 Satz 2 ZK** ermöglichten Erleichterungen sehen insbesondere das Anschreibeverfahren (→ Rn. 81 ff.), die unvollständige Zollanmeldung (→ Rn. 91 ff.) sowie das vereinfachte Anmeldeverfahren (→ Rn. 94 ff.) vor, die die Förmlichkeiten bei der Ausfuhrzollstelle erleichtern. Daneben gibt es Erleichterungen für Kleinsendungen sowie – in Fällen geringer wirtschaftlicher Bedeutung oder bei nicht-kommerziellen Ausfuhren – die Möglichkeit der Abgabe einer mündlichen oder konkludenten Ausfuhranmeldung. Schließlich bestehen Erleichterungen im Postverkehr (→ Rn. 100 ff.).

89 Eine aufgrund der zollrechtlichen Ermächtigung im nationalen Außenwirtschaftsrecht gewährte Erleichterung bietet das einstufige Ausfuhrverfahren für „vertrauenswürdige Ausführer" gemäß § 13 AWV (→ Rn. 97 ff.).

90 **2. Anschreibeverfahren („zugelassener Ausführer").** Mit Bewilligung des **Anschreibeverfahrens** (Verfahren **„zugelassener Ausführer"**, geregelt in den Art. 76 Abs. 1 lit. c ZK, Art. 283 bis 287 ZK-DVO) können erhebliche Verfahrenserleichterungen in Anspruch genommen werden. Insbesondere ist es möglich, die Waren an anderen zugelassen Orten (zB den eigenen Geschäftsräumen) als an der Ausfuhrzollstelle zu gestellen. Die Person, der eine solche Bewilligung erteilt wird, wird als „zugelassener Ausführer" bezeichnet. Die wesentlichen Voraussetzungen für die Bewilligung ergeben sich aus den Art. 253a, 253c Abs. 1 UAbs. 2 iVm 14h, 14i und 14j ZK-DVO. Voraussetzung ist ua, dass der Ausführer als zuverlässig eingestuft wird, also die Gewähr für die künftige Einhaltung der Zollvorschriften bietet. Ob dies der Fall ist, wird in einer rückblickenden Betrachtung seiner zollrechtlichen Zuverlässigkeit ermittelt. Er darf keine schweren oder wiederholten Zuwiderhandlungen gegen **Zollvorschriften** begangen haben; Verstöße gegen sonstige Bestimmungen haben bei der Entscheidung außer Betracht zu bleiben.[25] Voraussetzung für die Bewilligung des Anschreibeverfahrens ist ferner die Möglichkeit einer wirksamen Überwachung der Buchführung und insbesondere die Möglichkeit einer nachträglichen Kontrolle sowie einer wirksamen Überwachung der Ausfuhrverbote und -beschränkungen. Die Überwachungsmöglichkeit ist dann gegeben, wenn Ausfuhranmeldungen und -begleitdokumente eindeutig zugeordnet werden können.[26]

91 Der zugelassene Ausführer muss die Waren, die von der Bewilligung umfasst werden, in seiner Buchführung anschreiben, um betriebsinterne Überprüfungen durch die Zollverwaltung zu ermöglichen.

92 Des Weiteren muss er die Ausfuhrstelle durch eine vereinfachte Ausfuhranmeldung vom Warenabgang benachrichtigen und ihr alle erforderlichen Unterlagen zur Verfügung stellen, damit diese sich von der Einhaltung der Vorschriften überzeugen kann, Art. 285 Abs. 1 ZK-DVO. In der Bewilligung kann vorgesehen werden, dass nicht für jeden einzelnen Abgang eine vereinfachte Ausfuhranmeldung erfolgen muss (Art. 285a Abs. 1 UAbs. 1 ZK-DVO). Die Zollbehörde legt fest, wie die Buchführung zur Erfassung der Warenausfuhren zu führen ist.

93 Das Verfahren muss weder regelmäßig in Anspruch genommen werden, noch ist eine Mindestanzahl an Ausfuhren nachzuweisen; bei geringer Anzahl an Ausfuhren ist jedoch das wirtschaftliche Bedürfnis zu begründen, warum eine Abwicklung im Normalverfahren

---

[25] Vgl. dazu Dorsch/*Harings*, Zollrecht, Art. 5a ZK Rn. 54 ff., zur gleichlautenden Voraussetzung für den AEO-Status in Art. 5a Abs. 2 ZK, 14h ZK-DVO.
[26] Witte/*Böhne*, Praxishandbuch, Teil 3, A 2.8.5.

nicht möglich ist.²⁷ Ist der Beteiligte AEO, so prüfen die Zollbehörden aller Mitgliedstaaten keine weiteren Voraussetzungen. Alle Zulässigkeitsvoraussetzungen, insbesondere die zollrechtliche Zuverlässigkeit und das Vorliegen einer geordneten Buchführung, gelten aufgrund des AEO-Status als erfüllt.

Nach Art. 789 ZK-DVO kann die Ausfuhranmeldung auch bei der Zollstelle abgegeben werden, die für den Ort zuständig ist, an dem der **Subunternehmer** seinen Sitz hat, wenn die Ausfuhrlieferung durch diesen erfolgt. **94**

Voraussetzung für die Inanspruchnahme des Anschreibeverfahrens ist die Stellung eines **Antrags** (für das Verfahren ATLAS-Ausfuhr abrufbar unter https://www.formulare-bfinv.de/ffw/action/invoke.do?id=0850IT) auf Bewilligung der Vereinfachung „zugelassener Ausführer" (vgl. Rn. 27, 86, 90) durch den Ausführer, Anmelder oder Subunternehmer und die **Erteilung einer förmlichen Bewilligung** durch das zuständige Hauptzollamt (vgl. Art. 283 ZK-DVO und § 12 AWV). Geht der Bewilligungsantrag dahin, dass Verpackungs- und Verladeorte auch in anderen Mitgliedstaaten zugelassen werden sollen, betrifft die Bewilligung Zollbehörden in verschiedenen Mitgliedstaaten (**„einzige Bewilligung"**). Dies erfordert ein Konsultationsverfahren zwischen den Zollverwaltungen der beteiligten Mitgliedstaaten, das in Deutschland über das Hauptzollamt Nürnberg – Arbeitsgebiet einzige Bewilligungen – durchgeführt wird. Das örtlich zuständige Hauptzollamt hat dazu die Entwürfe der Bewilligungen an das Hauptzollamt Nürnberg als Zentralstelle zu übermitteln, das die weitere Korrespondenz mit den anderen mitgliedstaatlichen Zollbehörden übernimmt. **95**

Bei Zuwiderhandlung gegen die Bewilligung bestehen gemäß Art. 253g ZK-DVO Widerrufsmöglichkeiten. Die Details des Anschreibeverfahrens werden in der Bewilligung geregelt (siehe Art. 287 ZK-DVO). Die Bewilligung bezieht sich in der Regel auf bestimmte Waren und ggf. auf genau bezeichnete Bestimmungsländer. In der betrieblichen Organisation ist sicherzustellen, dass diese Beschränkungen der Bewilligung im täglichen Ablauf beachtet werden. Probleme können vermieden werden, wenn durch entsprechende Antragstellung von Beginn an der Geltungsbereich der Bewilligung weit gefasst wird. **96**

Die Bewilligung ergeht grundsätzlich **unbefristet.**²⁸ Der Antrag auf Bewilligung ist mit dem Vordruck 0850 bzw. 0850IT für das ATLAS-Ausfuhr-Verfahren zu stellen. Beigefügt werden muss eine Kopie des Handelsregisterauszuges bzw. bei Kaufleuten eine Kopie des Gewerbescheins.²⁹ Für weitere Voraussetzungen siehe § 12 Abs. 1 AWV. Die Zollbehörde behält sich indes vor, nachträglich Auflagen, Änderungen oder Ergänzungen in die Bewilligung aufzunehmen. Der Inhaber der Bewilligung ist zudem verpflichtet, jede Änderung seiner Verhältnisse, die für die Bewilligung von Belang sind, anzugeben. Antragsberechtigt ist idR der Anmelder der Ausfuhrsendung. Es kann aber auch ein indirekter Vertreter des EU-fremden Ausführers, wie zB der Spediteur, das Verfahren beantragen und als Zollanmelder auftreten, sofern er einen unmittelbaren Zugriff auf die Finanzbuchhaltung des Ausführers hat.³⁰ **97**

Aus Art. 285 ZK-DVO folgt die Verpflichtung des zugelassenen Ausführers vor Abgang der Waren die Ausfuhrzollstelle durch Abgabe einer vereinfachten Ausfuhranmeldung nach Art. 282 ZK-DVO elektronisch vom Abgang der Waren zu benachrichtigen und den Zollbehörden alle für die Ausfuhr der Waren erforderlichen Unterlagen zur Verfügung zu stellen. Die Ausfuhranmeldung wird von ATLAS-Ausfuhr automatisiert angenommen und gegen die im System eingestellte Bewilligung geprüft.³¹ Anschließend erfolgt durch die IT-gestützte Zulässigkeitsprüfung grundsätzlich *innerhalb weniger Minuten* – auch außerhalb der Öffnungszeiten – die automatisierte Überlassung und Übermittlung des Ausfuhr-Begleitdokuments in Form einer PDF-Datei, die der Bewilligungsinhaber nun ausdrucken kann. **98**

---

27 Witte/*Böhne,* Praxishandbuch, Teil 3, A 2.8.5.
28 Witte/*Böhne,* Praxishandbuch, Teil 3, A 2.8.7.
29 *Weerth,* Ausfuhrverfahren, 66.
30 *Focke* AW-Prax Sonderausgabe Software 2009, 16, 17.
31 Witte/*Böhne,* Praxishandbuch, Teil 3, A 2.8.7.

3. Teil. Exportwirtschaft (Ausfuhr, Zoll, Steuern)

Es kann zu Verzögerungen kommen, wenn Regelungen der Bewilligung in Bezug auf ein Land oder für eine Warennummer bestehen oder die EDV-gestützte Voraabanalyse eine weitere Prüfung der Anmeldung erforderlich macht.[32] Anschließend teilt die Ausfuhrzollstelle der Ausgangszollstelle mittels **elektronischer Vorabausfuhranzeige** (vgl. Rn. 79) die anstehende Ausfuhrsendung mit. Diese elektronische Vorabausfuhranzeige versetzt die Ausgangszollstelle frühzeitig in die Lage, avisierte Ausfuhrsendungen risikoorientiert für zusätzliche Kontrollmaßnahmen auszuwählen (→ Rn. 47).

99   In der Bewilligung können indes auch **Wartezeiten** und **Auflagen** eingetragen werden. In dringenden Fällen empfiehlt es sich, das zuständige Zollamt telefonisch oder persönlich zu kontaktieren, um noch vor der automatischen eine manuelle Überlassung zu erhalten.

100   Der Zugelassene Ausführer muss nach Abgang der Waren eine **ergänzende Ausfuhranmeldung** bei seiner Ausfuhrzollstelle abgeben (Art. 287 Abs. 1, lit. e ZK-DVO). Elektronisch kann dies über ATLAS-Ausfuhr innerhalb von 30 Tagen nach Annahme der vereinfachten Ausfuhranmeldung erfolgen, siehe VSF A 0612 (401).[33] Nach Art. 285 Abs. 2 ZK-DVO ist es indes auch möglich, von vornherein anstatt einer vereinfachten Anmeldung gleich eine vollständige Anmeldung abzugeben, wodurch die Verpflichtung der Abgabe einer ergänzenden Anmeldung entfällt.

101   **3. Unvollständige Ausfuhranmeldung.** Als Vereinfachung des zweistufigen Verfahrens kann dem Ausführer im Einzelfall gestattet werden, **unvollständige Ausfuhranmeldungen** (Art. 76 Abs. 1 lit. a ZK, Art. 280, 281 ZK-DVO) abzugeben; die fehlenden Angaben sind später in einer ergänzenden Ausfuhranmeldung zu erklären. Gemäß Art. 280 Abs. 1 UAbs. 2 ZK-DVO müssen die Anmeldungen jedoch zwingend die nach Anhang 30A zur ZK-DVO für eine unvollständige Anmeldung erforderlichen Daten enthalten, damit eine Risikoanalyse durchgeführt werden kann. Einer vorherigen Bewilligung für einen bestimmten Zeitraum oder für bestimmte Waren bedarf es nicht.

102   Angewandt wird dieses Verfahren insbesondere, wenn bei Vermittlungs- oder Streckengeschäften oder der Einschaltung von Subunternehmern Geschäftsinterna, insbesondere der mit dem Empfänger vereinbarte Kaufpreis, dem Zollanmelder/Vertreter nicht offengelegt werden sollen.

103   Die Frage, welcher Datenkranz für die Ausfuhranmeldung verpflichtend bzw. optional ist, ergibt sich aus Anhang 30A der ZK-DVO. Die Ausfuhrzollstelle setzt dem Anmelder eine nach Art. 280 Abs. 2 iVm Art. 256 ZK-DVO bestimmte Frist, in der die Anmeldung zu vervollständigen, eine neue Anmeldung vorzulegen oder die im Zeitpunkt der Anmeldung fehlenden Unterlagen vorzulegen sind. Die Frist darf den Zeitraum eines Monats vom Zeitpunkt der Annahme der unvollständigen Ausfuhranmeldung nicht überschreiten. In Deutschland beträgt sie 30 Tage (siehe VSF A 0612 (400)).

104   Die ergänzenden Daten sind der Zollstelle, die in der unvollständigen Anmeldung bezeichnet wurde (Normalverfahren), oder der Zollstelle, die in der Bewilligung des „zugelassenen Ausführers" (vgl. Rn. 98) festgelegt wurde (bei Anschreibeverfahren, siehe oben 2. Rn. 81), nachzureichen.

105   Erfolgen mehrere unvollständige Anmeldungen, können – sofern der gesamte Ausfuhrvorgang in Deutschland erfolgt und die Waren in einer Ausfuhrsendung ausgeführt worden sind – diese in *einer* ergänzenden oder ersetzenden Ausfuhranmeldung zusammen vervollständigt werden.[34]

106   Nach Art. 281 Abs. 1 ZK-DVO kann auch ein Subunternehmer aus einem anderen Mitgliedstaat als der Ausführer die ergänzende Ausfuhranmeldung der bei der zuständigen Zollstelle des Ausführers nachreichen, sofern entsprechende Vereinbarungen zwischen den betreffenden Mitgliedstaaten getroffen wurden. Dies ist bisher nicht geschehen (VSF A 0612 (305)).

---

[32] *Focke*, AW-Prax Sonderausgabe Software 2009, 16.
[33] *Weerth*, Ausfuhrverfahren, 69.
[34] *Weerth*, Ausfuhrverfahren, 62.

4. Vereinfachtes Anmeldeverfahren. Das **vereinfachte Anmeldeverfahren** unter- 107
scheidet sich vom Verfahren der unvollständigen Zollanmeldung vor allem dadurch, dass es
einer **vorherigen förmlichen Bewilligung** durch die Zollbehörden bedarf (siehe Art. 282
Abs. 1 iVm Art. 261, 262 ZK-DVO). Das vereinfachte Anmeldeverfahren wird im IT-Verfahren ATLAS-Ausfuhr nicht als eigenständiges Verfahren abgebildet, und kann daher nicht
hierüber angemeldet und bewilligt werden. Entsprechend der Bewilligung können sodann
bei der Ausfuhr vereinfachte Ausfuhranmeldungen abgegeben werden, die nachträglich
durch ergänzende oder ersetzende Ausfuhranmeldungen vervollständigt werden. Die nachträglich abzugebenden Anmeldungen müssen nicht innerhalb der 10-Tagesfrist abgegeben
werden; sie können **globaler, periodischer oder zusammenfassender Art** sein, vgl.
Art. 253 Abs. 2 ZK-DVO. Die ergänzende Ausfuhranmeldung ist gemäß Art. 282 Abs. 2
UAbs. 2 iVm Art. 256 Abs. 1 ZK-DVO monatlich abzugeben. Wie beim Verfahren der
unvollständigen Ausfuhranmeldung kann der Anmelder die Angaben mehrerer unvollständiger Anmeldungen in *einer* ergänzenden oder ersetzenden Anmeldung zusammenfassen,
wenn der gesamte Ausfuhrvorgang in Deutschland erfolgt und die Waren in einer Ausfuhrsendung ausgeführt worden sind.[35]

Das Verfahren wird nur auf **Antrag** bewilligt (vgl. Art. 282 ZK-DVO iVm § 11 AWV). 108
Die Bewilligung wird erteilt, wenn der Antragsteller keine schweren oder wiederholten
Zuwiderhandlungen gegen die Zollvorschriften begangen hat und nicht nur gelegentlich
Waren in den zollrechtlich freien Verkehr überführt (vgl. Art. 253c ZK-DVO). Die Bewilligung enthält Form und Inhalt der vereinfachten und der ergänzenden Anmeldung. Des
Weiteren werden die Waren festgelegt, für die sie gilt. Der Ausführer muss unternehmensintern sicherstellen, dass die Vereinfachungen nur bei diesen Waren angewandt werden.

Das Anmeldeverfahren hat keine besondere wirtschaftliche Bedeutung, da auch hier wie 109
im Normalverfahren bzw. im Verfahren mit unvollständiger Ausfuhranmeldung Gestellung
und Anmeldung der Sendung bei der Ausfuhrzollstelle erforderlich sind.[36]

5. Ausfuhrverfahren für „vertrauenswürdige Ausführer". Art. 289 ZK-DVO ermög- 110
licht es den Mitgliedstaaten, über die oben aufgeführten, in der ZK-DVO enthaltenen,
Vereinfachungen hinaus weitere Vereinfachungen für ihr Gebiet vorzusehen, wenn der
gesamte Ausfuhrvorgang auf dem Gebiet eines einzigen Mitgliedstaats erfolgt und der Anmelder den Zollbehörden vor Warenausgang die für eine wirksame Risikoanalyse und die
Warenprüfung erforderlichen Angaben zur Verfügung stellt.

Von dieser Möglichkeit hat Deutschland in **§ 13 AWV** mit dem **einstufigen Ausfuhrverfahren für „vertrauenswürdige Ausführer"** Gebrauch gemacht.

Der gesamte Ausfuhrvorgang findet im einstufigen Ausfuhrverfahren an der Ausgangs- 111
zollstelle statt. Das Verfahren wird nur mit ATLAS-Ausfuhr umgesetzt und bedarf einer
Bewilligung, die den Umfang der Verfahrenserleichterung (Waren, Bestimmungsländer)
sowie die Details zum Verfahren regelt. Durch Abgabe einer vereinfachten elektronischen
Ausfuhranmeldung direkt bei der deutschen Ausgangszollstelle sind die Ausfuhrwaren anzumelden und zu gestellen. Eine ergänzende Anmeldung ist innerhalb von 30 Tagen nach
Annahme abzugeben. Der Bewilligungsinhaber muss alle nach Anhang 30A ZK-DVO erforderlichen Daten an die Ausgangszollstelle übermitteln. Im Gegensatz zum „zugelassenen
Ausführer" muss sich der „vertrauenswürdige Ausführer" (vgl. Rn. 89) an die Öffnungszeiten der Ausgangszollstelle halten.[37]

Anders als im Anschreibeverfahren erfolgt die Annahme der Ausfuhranmeldung nicht 112
automatisch, sondern manuell durch den Abfertigungsbeamten an der Ausgangszollstelle.
Der „vertrauenswürdige Ausführer" wird elektronisch über die Annahme der Ausfuhranmeldung bzw. bei Beanstandungen über die Anordnung von Kontrollmaßnahmen informiert. Der tatsächliche Ausgang der Ausfuhrwaren wird durch die Ausgangszollstelle über-

---

[35] *Weerth*, Ausfuhrverfahren, 65.
[36] Dorsch/*Stübner*, Zollrecht Art. 161 ZK, 41.
[37] *Focke* AW-Prax Sonderausgabe Software 2009, 16, 18.

3. Teil. Exportwirtschaft (Ausfuhr, Zoll, Steuern)

wacht und dem „vertrauenswürdigen Ausführer" mittels Ausgangsvermerks elektronisch mitgeteilt.

113 **6. Sonstige Erleichterungen.** Die sonstigen Erleichterungen betreffen insbesondere Kleinsendungen, nicht-kommerzielle Ausfuhren sowie Fälle geringer wirtschaftlicher Bedeutung. Schließlich bestehen Erleichterungen im Postverkehr.

114 **a) Mündliche und konkludente Ausfuhranmeldung.** In bestimmten wirtschaftlich weniger bedeutenden Fällen, insbesondere bei nicht-kommerziellen Waren im persönlichen Gepäck von Reisenden, kann die Ausfuhranmeldung auch in **mündlicher** oder **konkludenter Form** (durch schlüssiges Verhalten) abgegeben werden (Art. 226, 231 ZK-DVO). Die Zollbehörden können diese Erleichterung für weitere Waren von geringer wirtschaftlicher Bedeutung bewilligen.

115 Die Dienstvorschrift der Bundesfinanzverwaltung enthält einen umfangreichen Katalog mit Anwendungsfällen sowohl mündlicher als auch konkludenter Ausfuhranmeldungen (VSF A 0610 (331, 333)). Die Wertgrenze für die Zulässigkeit der mündlichen Zollanmeldung liegt derzeit bei **1.000,00 EUR**.

116 **b) Kleinsendungen.** Kleinsendungen, die keinen Verboten oder Beschränkungen unterliegen und deren Wert pro Sendung und Anmelder **3.000,00 EUR** nicht überschreitet, können direkt bei der Ausgangszollstelle angemeldet werden **(Art. 794 ZK-DVO)**. Keine Kleinsendung in diesem Sinne liegt vor, wenn eine größere Sendung aufgeteilt wird, um die Voraussetzungen des Art. 794 ZK-DVO durch jede einzelne Sendung zu erfüllen.

117 Des zweistufigen Verfahrens mit vorheriger Anmeldung bei der Ausfuhrzollstelle bedarf es somit nicht. Im einstufigen Verfahren prüft die Ausgangszollstelle die Zulässigkeit der Ausfuhr. Das Verfahren wird sowohl von ATLAS-Ausfuhr als auch von IAA-Plus abgebildet.

118 **c) Postverkehr.** Für Postsendungen gilt bei der Ausfuhr die Sonderregelung des Art. 237 Abs. 1B ZK-DVO. Danach gelten nicht ausfuhrabgabenpflichtige Postsendungen bei Übernahme durch die Post (in der Verordnung heißt es „Postbehörden") als angemeldet. Zugleich tritt im selben Zeitpunkt gemäß Abs. 3 die Fiktion der Gestellung, der Annahme der Ausfuhranmeldung sowie der Überlassung ein.

119 Die Vereinfachungen finden auf bestimmte kommerzielle Sendungen sowie solche Waren, die Verboten und Beschränkungen unterliegen oder für die Erstattungen beantragt werden, keine Anwendung (Art. 238, 235 ZK-DVO).

120 **7. Exkurs: Nachträgliche Ausfuhranmeldung.** Verlässt eine Ware das Zollgebiet der EU, ohne dass eine entsprechende Ausfuhranmeldung abgegeben wurde, so ist die Ausfuhranmeldung vom Ausführer nachträglich bei der Zollstelle abzugeben, die für den Ort zuständig ist, an dem er ansässig ist (vgl. Art. 795 ZK-DVO). Die nachträgliche Ausfuhranmeldung wird jedoch nur angenommen, wenn sie einen Verweis auf die summarische Ausgangsanmeldung sowie „ausreichende" Nachweise über Art und Menge der ausgeführten Waren und die Umstände der Ausfuhr enthält. Diese Nachweise hat der Ausführer zu erbringen.

121 Durch die nachträgliche Annahme der Ausfuhranmeldung werden die Verhängung von Sanktionen nach dem nationalen Recht und die Anwendung von Maßnahmen der gemeinsamen Agrarpolitik sowie der gemeinsamen Handelspolitik nicht ausgeschlossen, Art. 795 Abs. 2 ZK-DVO. Dadurch wird verhindert, dass sich ein Ausführer durch Abgabe einer nachträglichen Ausfuhranmeldung Vorteile sichert. Die Nichtabgabe einer Ausfuhranmeldung wird in Deutschland als Ordnungswidrigkeit gemäß §§ 33 Abs. 4 AWG, 70 Abs. 4 Nr. 1 AWV geahndet. Es kann eine Geldbuße bis zu 500.000 EUR verhängt werden (→ Rn. 115).

Abschnitt 29. Zollrecht, zollrechtliches Ausfuhrverfahren

III. Das Ausfuhrverfahren im Hamburger Hafen

Im „Hamburger Handbuch des Exportrechts" soll nicht versäumt werden, auf die Besonderheiten der Abwicklung des Ausfuhrverfahrens im Hamburger Hafen hinzuweisen, über den die Ausfuhr von Waren größtenteils erfolgt. 122

Bereits seit 1997 wird die Ausfuhr im Hamburger Hafen elektronisch durch das **ZAPP-System (Zoll Ausfuhr im Paperless Port)** unterstützt. ZAPP ist eine speziell auf den Hamburger Hafen zugeschnittene Softwarelösung für das elektronische Ausfuhrverfahren, deren Nutzung für alle Exporteure verbindlich ist. Bei diesem System handelt es sich um ein IT-Verfahren – vergleichbar mit der Bremer Hafentelematik (BHT) – für die elektronische Zollausfuhrüberwachung. Es dient dazu, transportrelevante Informationen und Dokumente elektronisch auszutauschen. Neben Importeuren, Exporteuren, Spediteuren, Reedern, Zollagenten etc. sind auch die am Exportverfahren beteiligten Behörden angeschlossen. Im Gegensatz zum „einfachen" ATLAS-Ausfuhr-Verfahren sieht ZAPP einen – von anderen Beteiligten isolierten – direkten Nachrichtenaustausch zwischen ZAPP und ATLAS-Ausfuhr vor. ZAPP bildet die Schnittstelle zwischen dem Gestellenden und ATLAS-Ausfuhr, sodass der Gestellende ausschließlich mit ZAPP kommuniziert. 123

C. Abgrenzung zu anderen Verfahren/Bestimmungen

Das Ausfuhrverfahren kommt (nur) bei der (endgültigen) Ausfuhr von EU-Waren zur Anwendung. Werden die Waren nur vorübergehend ausgeführt oder handelt es sich um Nicht-EU-Waren, kommen andere zollrechtliche Verfahren oder Bestimmungen zur Anwendung. 124

I. Wiederausfuhr

Bei den Waren, die der **Wiederausfuhr** nach Art. 182 Abs. 1, 1. Spiegelstrich ZK zugeführt werden, handelt es sich um Nicht-EU-Waren iSd Art. 4 Nr. 8 ZK. Die Wiederausfuhr ist eine von fünf möglichen zollrechtlichen Bestimmungen, die in Art. 4 Nr. 15 ZK benannt werden. Sie stellt also rein formal kein Zollverfahren nach Art. 4 Nr. 16 lit. h ZK wie das Ausfuhrverfahren dar. Es bestehen daher wesentliche Unterschiede zwischen Ausfuhr und Wiederausfuhr. 125

Die Zollbehörden sind nach Art. 182 Abs. 3 Satz 2 ZK befugt, die Wiederausfuhr zu untersagen, sollten die für den Warenausgang vorgesehenen Förmlichkeiten einschließlich der handelspolitischen Maßnahmen nicht eingehalten worden sein. Die handelspolitischen Maßnahmen entsprechen denen, die auch bei der Ausfuhr zur Anwendung kommen können (→ Rn. 17 ff.). Hier besteht jedoch im Unterschied zum regulären Ausfuhrverfahren die Möglichkeit, nach dem Ausschussverfahren in der ZK-DVO festzulegen, welche handelspolitischen Maßnahmen nicht angewandt werden sollen (Art. 182 Abs. 2 UAbs. 2 ZK); davon wurde bislang nicht Gebrauch gemacht. Der Grund für die Privilegierung liegt darin, dass die Waren – Nicht-EU-Waren – zu keinem Zeitpunkt in den Wirtschaftskreislauf der EU gelangt sind.[38] 126

Seit 1. Januar 2011 ist vor jeder Wiederausfuhr fristgerecht eine **elektronische summarische Anmeldung** zu übermitteln, Art. 842a ZK-DVO. Sofern die Waren in ein Zollverfahren mit wirtschaftlicher Bedeutung (vgl. Art. 84 Abs. 1 lit. b ZK: Zolllagerverfahren, aktive Veredelung, Umwandlung unter zollamtlicher Überwachung, vorübergehende Verwendung) überführt worden sind, ist eine elektronische Wiederausfuhranmeldung abzugeben und die Regelungen des Ausfuhrverfahrens gelten sinngemäß, Art. 182 Abs. 3 S. 3 ZK. 127

---

[38] *Weerth*, Ausfuhrverfahren, 94.

128 Für **Zuwiderhandlungen** gilt: Wird eine Anmeldung vorsätzlich oder fahrlässig nicht richtig abgegeben und dadurch eine zur Wiederausfuhr bestimmte Ware nicht ordnungsgemäß der zollrechtlichen Bestimmung der Wiederausfuhr zugeführt, so handelt es sich um eine Ordnungswidrigkeit (§ 33 AWG).

II. Carnet ATA

129 Im Carnet ATA-Verfahren (Admission Temporaire/Temporary Admission) können Waren – mit Ausnahme von Beförderungsmitteln – **vorübergehend** ohne Einfuhrabgaben und ohne Hinterlegung einer Sicherheit in Drittstaaten verbracht werden. Das Verfahren ist nach Art. 797 Abs. 1 lit. b ZK-DVO nur für **EU-Waren** zulässig. Das Carnet ATA dient in erster Linie der vorübergehenden abgabenfreien Einfuhr von Gebrauchsgütern im internationalen Handel und in international kultureller Tätigkeit (insbesondere bei **internationalen Handelsmessen**) und gilt für diejenigen Staaten, die dem **Carnet ATA-Übereinkommen** beigetreten sind (BGBl. II 1965, 948, geändert durch BGBl. II 1990, 1362; Verzeichnis der Mitgliedstaaten abgedruckt in VSF Z 1903, Anlage 3). Das Carnet ATA gilt gleichzeitig als Zollanmeldung, Bewilligung und Sicherheit. Einer zusätzlichen Ausfuhranmeldung bedarf es daher in diesem Falle nicht. Der bürgende Verband, bei dem man das Carnet ATA erhält, ist in Deutschland die Industrie- und Handelskammer. Die Förmlichkeiten bei der Ausfuhr sind Art. 797 Abs. 2 ZK-DVO zu entnehmen. Wenn eine Ware, die das Zollgebiet der EU mit Carnet ATA verlassen hat, nicht mehr zur Wiedereinfuhr bestimmt ist, ist der Ausfuhrzollstelle eine Ausfuhranmeldung vorzulegen, siehe Art. 798 ZK-DVO.

III. Rückwaren

130 Der Begriff der **Rückwaren** ist in Art. 185 Abs. 1 ZK geregelt. Er umfasst **EU-Waren**, die aus dem Zollgebiet der EU ausgeführt worden sind und innerhalb von drei Jahren wieder in dieses Zollgebiet eingeführt und dort in den zollrechtlich freien Verkehr überführt werden sollen. Hier sind schon bei der Ausfuhr Besonderheiten zu beachten, insbesondere kann bei der Ausfuhr unter Verwendung des Auskunftsblattes INF 3 ein förmlicher Nämlichkeitsnachweis beantragt werden. Geregelt ist das Verfahren für Rückwaren in den Art. 185 bis 187 ZK. Unbedingte Voraussetzung ist, dass nach Wiedereinfuhr der Waren diese zurück in den freien Verkehr übergeführt werden. Eine Befreiung von den Einfuhrabgaben erfolgt auf Antrag.

D. Sanktionen

131 Der geltende Zollkodex enthält keine Bestimmung, die die Nichteinhaltung zollrechtlicher Vorschriften und Förmlichkeiten einer Sanktionierung unterzieht. Es kann zum Entstehen einer Zollschuld nach Art. 202ff. ZK kommen, was häufig genug als finanzielle Sanktion empfunden wird; darüber hinausgehende Konsequenzen fordert der Zollkodex jedoch nicht. Allerdings enthält das deutsche Außenwirtschaftsrecht in den §§ 33ff. AWG Vorschriften, die auch zollrechtliche Verstöße sanktionieren. Gemäß § 33 Abs. 4 AWG iVm § 70 Abs. 4 und 5 AWV handelt ordnungswidrig, wer – vorsätzlich oder fahrlässig – eine Ausfuhranmeldung nicht oder nicht richtig abgibt oder genau bezeichnete Fehler bei der Inanspruchnahme von Verfahrensvereinfachungen macht. Zudem ist es gemäß § 70 Abs. 5 Nr. 8 AWV ordnungswidrig, die Ausfuhrzollstelle entgegen Art. 792a ZK-DVO nicht zu unterrichten, wenn zur Ausfuhr überlassene Waren das Zollgebiet nicht verlassen. Grund hierfür ist, dass durch die Nichtgestellung ein hoher Verwaltungsaufwand entsteht, weil der elektronische Ausfuhrvorgang dann nur manuell beendet werden kann.[39] Gemäß

---

[39] E-VSF.Nachrichten N 402011 Nr. 152 vom 19.7.2011.

§ 33 Abs. 5 Nr. 2 AWG iVm § 70 Abs. 6 AWV sind weitere Verstöße gegen Ausfuhrbestimmungen bußgeldbewehrt. Die Ordnungswidrigkeit kann gemäß § 33 Abs. 6 AWG mit einer Geldbuße von bis zu 500.000 EUR geahndet werden; bereits der Versuch kann geahndet werden, § 33 Abs. 7 AWG. Die Geldbuße kann gemäß § 30 OWiG auch gegen das Unternehmen festgesetzt werden.

Schließlich kann eine Gefährdung von Einfuhr- oder Ausfuhrabgaben iSd § 382 Abs. 1 Nr. 2 AO iVm § 30 Abs. 7 Nr. 3 ZollV vorliegen.

E. Ausblick auf den Unionszollkodex

Am 4. Juni 2008 wurde der Modernisierte Zollkodex (MZK) als Verordnung (EG) Nr. 450/2008 im Amtsblatt der EU (Nr. L 145/1) veröffentlicht. Er ist zwar gemäß Art. 187 MZK am zwanzigsten Tag nach seiner Veröffentlichung in Kraft getreten, doch sollte die Mehrzahl seiner Artikel – mit Ausnahme der Ermächtigungen zum Erlass von Durchführungsbestimmungen – erst Anwendung finden, sobald die noch zu verabschiedenden Durchführungsbestimmungen in Kraft treten. Zum Erlass der Durchführungsbestimmungen setzte sich die Kommission im MZK eine Frist bis zum 24. Juni 2013, Art. 188 Abs. 2 UAbs. 2 MZK. **132**

Noch vor Anwendung des MZK beschloss die Kommission eine vollständige Überarbeitung und nahm am 20.2.2012 den Vorschlag für eine Verordnung des Europäischen Parlaments und des Rates zur Festlegung des Zollkodex der Europäischen Union („Unionszollkodex (UZK)") an; der Zollkodex der Union ist sodann am 10.10.2013 im Amtsblatt der EU veröffentlicht worden (Nr. L 269/1). Der MZK, die Verordnung (EG) Nr. 450/2008, wird durch Art. 286 Abs. 1 UZK mit Wirkung ab 30. Oktober 2013 aufgehoben. Der UZK soll gemäß Art. 288 Abs. 2 ab 1. Juni 2016 gelten. **133**

Strukturell ändert der UZK am Ausfuhrverfahren nichts: Nach Art. 269 Abs. 1 UZK sind – wie nach Art. 161 Abs. 1 Satz 1 ZK – Unionswaren, die aus dem Zollgebiet verbracht werden sollen, in das Ausfuhrverfahren zu überführen.[40] Art. 269 Abs. 2 UZK nimmt bestimmte Unionswaren von der Anwendung des Ausfuhrverfahrens aus, insbesondere Waren, die sich in der passiven Veredelung oder in einem internen Versandverfahren befinden. Die bisherige Helgoland-Klausel aus Art. 161 ZK findet sich im UZK nicht mehr. Die beim Ausgang von Waren aus dem Zollgebiet (nicht beschränkt auf das Ausfuhrverfahren) anzuwendenden Formalitäten sind in Art. 267 UZK niedergelegt. Art. 268 UZK ermächtigt die Kommission insoweit zum Erlass von Durchführungsrechtsakten. Art. 267 Abs. 2 UZK legt fest, von welcher Person die Waren beim Ausgang gestellt werden müssen. Die Verpflichtung zur Abgabe einer obligatorischen Vorabanmeldung (Vorab-Ausfuhranzeige) ist in Art. 263 UZK geregelt. Die Vorabanmeldung erfolgt gemäß Art. 263 Abs. 3 entweder mittels Zollanmeldung – soweit in dem betreffenden Zollverfahren erforderlich –, Wiederausfuhranmeldung oder summarischer Ausgangsanmeldung gemäß Art. 271 UZK. Auch insoweit ist die Kommission zum Erlass von Durchführungsrechtsakten ermächtigt. **134**

---

[40] Die deutsche Sprachfassung der Verordnung spricht lediglich davon, die Waren „in die Ausfuhr" überzuführen, in der englischen Fassung wird allerdings – wie bisher – der Begriff „export procedure" verwendet ebenso wie in der französischen Sprachfassung der Begriff „le régime de l'exportation".

Abschnitt 30. Nichtpräferenzielles Ursprungsrecht

Übersicht

	Rn.
A. Abgrenzung des nichtpräferenziellen Ursprungs zu anderen Ursprungsbegriffen	1
I. Nichtpräferenzieller Ursprung	2
II. Präferenzieller Ursprung	4
III. Warenmarkierung „Made in …"	6
B. Bedeutung des nichtpräferenziellen Ursprungs	13
C. Multilaterale völkerrechtliche Regelungen	17
I. Weltzollorganisation	18
1. Ursprungsregeln	19
2. Ursprungsnachweise	22
II. GATT und Welthandelsorganisation	24
D. Rechtsgrundlagen des nichtpräferenziellen Ursprungsrechts in der Europäischen Union	28
I. Überblick über die Rechtsgrundlagen	28
II. Ursprungsregel: Vollständige Gewinnung oder Herstellung	34
III. Ursprungsregel: Letzte wesentliche Be- oder Verarbeitung	37
1. Voraussetzungen der Generalklausel des Artikels 24 Zollkodex	40
a) Letzte wesentliche Be- oder Verarbeitung	40
b) Eingerichtetes Unternehmen	41
c) Wirtschaftliche Rechtfertigung der Be- oder Verarbeitung	42
d) Neues Erzeugnis/bedeutende Herstellungsstufe	43
2. Durchführungsbestimmungen zu Artikel 24 Zollkodex	45
a) Spezielle Ursprungsregeln für Textilien und Textilwaren	46
b) Spezielle Ursprungsregeln für andere Waren	50
3. Interpretationsrichtlinien zur Anwendung des Artikels 24 Zollkodex	51
4. Ursprung von Zubehör, Ersatzteilen und Werkzeugausstattungen	53
a) Gleichzeitige Lieferung	56
b) Nachträgliche Lieferung	57
IV. Umgehungsklausel des Artikels 25 Zollkodex	59
V. Prüfungsschema für den nichtpräferenziellen Ursprung	61
E. Verbindliche Ursprungsauskünfte (vUA)	62
I. Einführung: Bedeutung der vUA	62
II. Rechtsgrundlagen und Antragsverfahren	64
1. Zuständige Behörden	65
2. Antrag auf Erteilung einer vUA	66
3. Rechtswirkung der vUA und Rechtsschutz	67
a) Rechtswirkung der vUA	67
b) Rechtsschutz	70
F. Nach dem EU-Zollrecht ausgestellte Ursprungszeugnisse	71
I. Der EG-Vordruck für Ursprungszeugnisse	72
II. Beantragung und Ausstellung von Ursprungszeugnissen	74
1. Zur Ausstellung von Ursprungszeugnissen berechtigte Stellen	74
2. Inhalt der Ursprungszeugnisse	76
3. Ursprungsnachweise	78
a) Nichtpräferenzielle Ursprungszeugnisse	79
b) Präferenznachweise	80
c) Sonstige Nachweise	83
4. Zusätzliche Angaben auf dem Ursprungszeugnis	84
III. Rechtscharakter von Ursprungszeugnissen und Rechtsschutz	85
G. Ursprungszeugnis-Formular Anhang 12 Zollkodex-DVO	87

Literatur: *Bachmann,* Art. 24 ZK und die Interpretationsrichtlinien der Kommission, AW-Prax 2/2008, 61 (Teil 1) und AW-Prax 3/2008,116 (Teil 2); *Bachmann,* Probleme des Ursprungsrechts, AW-Prax 1/2009, 8; *Dorsch,* Zollrecht, Kommentar (Loseblattsammlung, 140. EL 2013); *Gellert,* Nichtpräferenzieller Ursprung gemäß Artikel 24 ZK, AW-Prax 12/2007, 511; *Handelskammer Hamburg* (Hrsg.), Export-Nachschlagewerk „K und M" – Konsulats- und Mustervorschriften, 40. Aufl. 2013; *Lieber,* Nichtpräferenzieller Ursprung gem. Art. 24 ZK – FG Düsseldorf zu den Listenregeln der Europäischen Kommission, AW-Prax, 10/2007, 424; *Lieber,* Wesentliche Be- oder Verarbeitung gem. Art. 24 ZK – EuGH v. 10.12.2009 zu den Listenregeln der Europäischen Kommission, AW-Prax 2/2010, 55; *Lieber,* Ursprungsbegründende Be- oder Verarbeitung von

Abschnitt 30. Nichtpräferenzielles Ursprungsrecht

Stahlseilen der Pos. 7312 KN – BFH v. 30.3.2010 zu den Kriterien einer wesentlichen Be- oder Verarbeitung gem. Art. 24 ZK bei der Herstellung von Stahlseilen, AW-Prax 10/2010, 371; *Mendel Verlag,* Warenursprung und Präferenzen. Ein Leitfaden für Anwender (Loseblattsammlung, EL 8/2013, Ordner 1); *Mendel Verlag,* Begleitpapiere für Ausfuhrsendungen (Loseblattsammlung, EL 8/2013); *Schwarz/Wockenfoth,* Zollrecht, Kommentar (Loseblattsammlung, 71. EL 2013); *Witte,* Zollkodex, Kommentar, 6. Aufl. 2013; *Wolffgang/Simonsen/Tietje,* AWR-Kommentar, Kommentar für das gesamte Außenwirtschaftsrecht (Loseblattsammlung, 36. EL 2013), Band 2.

A. Abgrenzung des nichtpräferenziellen Ursprungs zu anderen Ursprungsbegriffen

Im internationalen Handel bezeichnet der Ursprung einer Ware deren wirtschaftliche „Staatszugehörigkeit". Der Zweck der Ursprungsbestimmung besteht darin, eine nach Ursprungsländern differenzierte Behandlung von Waren zu ermöglichen. Man unterscheidet hierbei zwischen dem nichtpräferenziellen und dem präferenziellen Ursprung. Beide Ursprungskonzepte haben im Außenhandel der Europäischen Union verschiedene Rechtsgrundlagen und Rechtsfolgen. Der nichtpräferenzielle Warenursprung ist Gegenstand dieses Abschnitts. Die Grundsätze des präferenziellen Ursprungs werden im Abschnitt 31 Präferenzrecht dargestellt. Der nichtpräferenzielle Ursprung ist darüber hinaus abzugrenzen von der Warenmarkierung „Made in …". 1

I. Nichtpräferenzieller Ursprung

Der **nichtpräferenzielle Ursprung** ist die Grundlage für die Anwendung von handelspolitischen Maßnahmen wie Antidumping- und Ausgleichszölle, Schutzmaßnahmen, mengenmäßige Einfuhrbeschränkungen sowie außenwirtschaftsrechtliche Handelsembargos. Daher wird auch vom **handelspolitischen Ursprung** gesprochen. Darüber hinaus kommt der nichtpräferenzielle Ursprung auch in weiteren Bereichen zur Anwendung, wie zB bei Zollkontingenten, Handelsstatistiken und öffentlichen Ausschreibungen. Auch die Gewährung von Ausfuhrerstattungen der Europäischen Union im Rahmen der Gemeinsamen Agrarpolitik (GAP) knüpft häufig am nichtpräferenziellen Warenursprung an. 2

Die Rechtsgrundlagen der Europäischen Union für den nichtpräferenziellen Ursprung ergeben sich aus dem Zollkodex (ZK)[1] sowie in den hierzu erlassenen Durchführungsbestimmungen (ZK-DVO).[2] Nach den nichtpräferenziellen Ursprungsregeln haben Waren in dem Land ihren Ursprung, in dem sie entweder vollständig gewonnen oder hergestellt wurden oder ihre letzte wesentliche Be- oder Verarbeitung erfahren haben. 3

II. Präferenzieller Ursprung

Der **präferenzielle Ursprung** einer Ware ist grundsätzlich die Voraussetzung für die Gewährung von Zollpräferenzen (Zollbegünstigungen bzw. Zollfreiheit) im Handel zwischen Ländern, die entsprechende Abkommen geschlossen haben. Einige Länder gewähren – insbesondere Entwicklungsländern – auch einseitig (autonom) Zollpräferenzen. Für den Erwerb der Präferenzursprungseigenschaft müssen die Waren die Voraussetzungen erfüllen, die in den **Ursprungsprotokollen** der jeweiligen Abkommen bzw. in den autonomen Präferenzregelungen festgelegt sind. Die präferenziellen Ursprungsregeln verlangen im Allgemeinen, dass die Waren in dem betreffenden Land vollständig gewonnen oder hergestellt bzw. einer ausreichenden Be- oder Verarbeitung unterzogen wurden. Für letzteres werden in der Regel für die einzelnen Positionen des Harmonisierten Systems konkrete Ur- 4

---

[1] VO (EWG) Nr. 2913/92 des Rates vom 12. Oktober 1992 zur Festlegung des Zollkodex der Gemeinschaften.
[2] VO (EWG) Nr. 2454/93 der Kommission vom 2. Juli 1993 mit Durchführungsvorschriften zu der VO (EWG) Nr. 2913/92 des Rates zur Festlegung des Zollkodex der Gemeinschaften.

sprungsregeln definiert. Die präferenziellen Ursprungsregeln unterscheiden sich häufig erheblich von nichtpräferenziellen Ursprungsregeln.

5   Die Europäische Union hat mit einer Vielzahl von Staaten oder Staatengruppen Abkommen über die gegenseitige oder auch einseitige Gewährung von Zollpräferenzen abgeschlossen. Beide Arten von Abkommen beruhen in der Regel auf der präferenziellen **Ursprungseigenschaft** der Waren, die in den Genuss von Zollvergünstigungen kommen sollen. Das Ursprungsprinzip gilt auch für das Schema allgemeiner Zollpräferenzen, in dessen Rahmen die Europäische Union zahlreichen Entwicklungsländern eine Vorzugsbehandlung gewährt. Von den bi- oder multilateralen Präferenzabkommen sowie den autonomen Präferenzen für Entwicklungsländer, die auf dem Ursprungsprinzip beruhen, sind die **Zollunionsabkommen** zu unterscheiden (zB zwischen der Europäischen Union und der Türkei). Voraussetzung für die Gewährung von Zollpräferenzen im Rahmen der Zollunion ist grundsätzlich nicht die Ursprungseigenschaft einer Ware, sondern deren **Freiverkehrseigenschaft**. Im Handel zwischen den betreffenden Ländern sind jedoch manche Waren von der Zollunion ausgenommen und können auf Basis des Ursprungsprinzips präferenzbegünstigt sein.

III. Warenmarkierung „Made in ..."

6   Der nichtpräferenzielle Ursprung ist ferner abzugrenzen von der **Warenmarkierung „Made in ..."**, die ihre Entstehung dem britischen „Merchandise Marks Act" aus dem Jahr 1887 verdankt. Mit der Einführung einer Herkunftskennzeichnung für Importwaren sollte die britische Wirtschaft vor ausländischer Konkurrenz geschützt werden, indem für Verbraucher die Herkunft von Waren erkennbar gemacht wurde. Dahinter stand die Vorstellung, dass der britische Verbraucher mit dem Ursprung einer Ware eine gewisse Qualitätsvorstellung verbindet und sich bei Kaufentscheidungen oftmals von einer derartigen Kennzeichnung leiten lässt. Das ursprüngliche protektionistische Ziel – insbesondere im Hinblick auf deutsche Produkte – wurde langfristig nicht erreicht. Gerade die exportorientierte deutsche Wirtschaft profitierte in der Zeit nach dem Zweiten Weltkrieg bis heute davon, dass das Label „Made in Germany" weltweit einen guten Ruf genießt.

7   Nachdem zahlreiche Länder die Pflicht zur Herkunftsmarkierungen von Waren in vergleichbarer Form übernommen hatten, wurde im **„Madrider Abkommen zur Unterdrückung falscher oder irreführender Herkunftsangaben"** vom 14. April 1891 eine internationale Vereinbarung getroffen, die auch heute noch Bestand hat.[3]

8   Artikel 1 Abs. 1 des Madrider Abkommens lautet:
„Jedes Erzeugnis, das eine falsche oder irreführende Angabe trägt, durch die eines der Länder, auf die dieses Abkommen Anwendung findet, oder ein in diesen Ländern befindlicher Ort unmittelbar oder mittelbar als Land oder Ort des Ursprungs angegeben ist, wird bei der Einfuhr in diese Länder beschlagnahmt."

9   Bei Exporten in andere Länder sollten deren Vorschriften zur Warenmarkierung berücksichtigt werden.[4] Die Konsequenzen fehlender vorgeschriebener Warenmarkierungen sind je nach Land unterschiedlich. Neben der Beschlagnahme nach Artikel 1 Abs. 1 des Madrider Abkommens sind auch andere Konsequenzen möglich, wie die Verhängung von Einfuhrverboten oder Geldbußen und/oder die Forderung nach nachträglicher Kennzeichnung.

---

[3] Das Abkommen wurde in seiner Lissaboner Fassung vom 31.10.1958 im BGBl. 1961 II Nr. 14 vom 30.3.1961 veröffentlicht. Es ist für die Bundesrepublik Deutschland am 1.6.1963 in Kraft getreten (Bek. v. 7. und 15.3.1963, BGBl. II S. 153, 1076).

[4] Das von der Handelskammer Hamburg herausgegebene Exportnachschlagewerk „K und M" informiert in den einzelnen Länderabschnitten darüber, ob das jeweilige Land Mitglied des Madrider Abkommens ist und ob eine Pflicht zur Ursprungskennzeichnung besteht.

Abschnitt 30. Nichtpräferenzielles Ursprungsrecht

Für den Warenverkehr innerhalb der Europäischen Union gibt es derzeit keine[5] Pflicht **10** zur Ursprungskennzeichnung.

In der Bundesrepublik Deutschland besteht derzeit – abgesehen von besonderen Vor- **11** schriften für einzelne Warengruppen (zB bei bestimmten Lebensmitteln) – keine generelle Pflicht zur Ursprungskennzeichnung. Die Markierung einer Ware mit dem Label „Made in Germany" ist freiwillig und erfolgt in eigener Verantwortung des Herstellers. Auch für Waren, die aus anderen Ländern importiert werden, besteht grundsätzlich keine Kennzeichnungspflicht. Neben dem Madrider Abkommen sind das **Gesetz gegen den unlauteren Wettbewerb (UWG)** sowie das **Markengesetz (MarkenG)** zu beachten. Das Markengesetz greift für Deutschland die Bestimmungen des Madrider Abkommens über geografische Herkunftsangaben auf, erläutert diese näher und legt die Folgen fest. Wer im geschäftlichen Verkehr falsche oder irreführende geografische Herkunftsangaben verwendet, kann auf Unterlassung in Anspruch genommen werden (§ 128 Abs. 1 MarkenG iVm § 13 Abs. 2 UWG), und ist bei vorsätzlicher oder fahrlässiger Zuwiderhandlung zum Ersatz des durch die Zuwiderhandlung entstandenen Schadens verpflichtet (§ 128 Abs. 2 MarkenG iVm § 13 Abs. 2 UWG). Bei Einfuhr, Ausfuhr oder Durchfuhr fehlerhaft gekennzeichneter Produkte droht die Beschlagnahme durch die Zollverwaltung zum Zweck der Beseitigung der widerrechtlichen Kennzeichnung (§ 151 MarkenG).

Die Regeln des nichtpräferenziellen Ursprungsrechts der Union können bei der Beur- **12** teilung der Zulässigkeit einer Ursprungsmarkierung eine Hilfe sein. So ist insbesondere bei vollständig gewonnenen oder hergestellten Waren davon auszugehen, dass die Angabe des Ursprungslandes als Warenmarkierung weder falsch noch irreführend ist. Für alle anderen Waren ist der nichtpräferenzielle Ursprung einer Ware nur als ein Indiz bei der Beurteilung der Zulässigkeit einer Warenmarkierung zu betrachten. Es kann nicht ausgeschlossen werden, dass im Einzelfall die zollrechtliche (Zollkodex, Zollkodex-DVO) und die wettbewerbsrechtliche Betrachtungsweise (UWG, MarkenG) zu unterschiedlichen Ergebnissen führen. Dies kann bei der Einfuhr von Waren in Drittländern zu Problemen führen. Weichen zB die Angaben zum nichtpräferenziellen Ursprung im Ursprungszeugnis und in der Handelsrechnung von der Warenmarkierung ab, dann droht die Beschlagnahme der Waren, da die Zollverwaltung des Einfuhrlandes Anlass zu berechtigten Zweifeln an der Richtigkeit der Ursprungsmarkierung haben dürfte.

B. Bedeutung des nichtpräferenziellen Ursprungs

Die Regeln des nichtpräferenziellen Warenursprungs beeinflussen den internationalen **13** Warenaustausch nachhaltig.[6] Ihre primäre Funktion besteht in der **Unterstützung handelspolitischer Maßnahmen,** und sie werden immer dann benötigt, wenn Länder zwischen Waren verschiedener Herstellerländer unterscheiden wollen, um bestimmten Ländern handelspolitische Vorteile zu gewähren oder diese ungünstiger zu behandeln als andere Länder. So ist der nichtpräferenzielle Ursprung insbesondere bei der Anwendung handelspolitischer Maßnahmen wie Antidumping- und Ausgleichszöllen, Schutzmaßnahmen und mengenmäßiger Einfuhrbeschränkungen von Bedeutung. Auch bei außenwirtschaftsrechtlichen Embargos kann eine Genehmigungspflicht oder ein Verbot vom Ursprung einer Ware abhängen. In der Praxis können handelspolitische Ziele dadurch umgesetzt werden, dass die Einfuhr einer Ware von der Vorlage eines nichtpräferenziellen **Ursprungszeugnisses** abhängig gemacht wird.

Einige Länder verlangen bei der Einfuhr grundsätzlich für alle Waren die Vorlage von **14** nichtpräferenziellen Ursprungszeugnissen. Andere machen die Zulässigkeit einer Einfuhr – vergleichbar mit den Einfuhrregelungen der Europäischen Union – nur bei Waren, die handelspolitischen Maßnahmen unterliegen, von der Vorlage eines Ursprungszeugnisses

---

[5] Siehe hierzu Witte/*Prieß* Vor Art. 22 Rn. 15 ff.
[6] Vgl. hierzu auch Warenursprung und Präferenzen Abschnitt 2.1.

abhängig. Das Fehlen eines geforderten Ursprungsnachweises bei der Einfuhr kann spätestens zum Zeitpunkt der Abgabe einer notwendigen Importdeklaration zu einem unüberwindlichen Importhindernis werden, durch das hohe Zusatzkosten entstehen können. Das von der Handelskammer Hamburg herausgegebene Exportnachschlagewerk *„K und M"* – *Konsulats- und Mustervorschriften* informiert in den einzelnen Länderabschnitten darüber, welche Länder bei der Einfuhr die Vorlage von Ursprungszeugnissen verlangen. Einige Länder – insbesondere im arabischen Raum – verlangen darüber hinaus, dass die von den zuständigen Stellen ausgestellten Ursprungszeugnisse von ihren Auslandsvertretungen in der Bundesrepublik Deutschland (Botschaften, Generalkonsulate, Konsulate) legalisiert werden müssen. Auch hierüber informieren die *„K und M"* der Handelskammer Hamburg.

15   Für Zwecke des Außenhandels kann es erforderlich sein, Ursprungszeugnisse auch für Warensendungen innerhalb des EU-Binnenmarktes oder in Drittländer, die bei der Einfuhr keine Ursprungszeugnisse verlangen, auszustellen. So kann eine Ware für den Käufer ein Vormaterial im weiteren Produktionsprozess darstellen, dessen Endprodukt bestimmten nichtpräferenziellen Ursprungsanforderungen genügen soll. Oder der Käufer beabsichtigt, die gelieferte Ware selbst weiter zu exportieren und benötigt hierfür einen Ursprungsnachweis, auf dessen Grundlage ein weiteres Ursprungszeugnis zur Vorlage im Bestimmungsland ausstellt werden soll.

16   Ursprungszeugnisse spielen auch eine wichtige Rolle, wenn bei Außenhandelsgeschäften die Finanzierung per Dokumenten-Akkreditiv vereinbart wird. Nichtpräferenzielle Ursprungszeugnisse gehören regelmäßig zu den in Akkreditivverträgen vereinbarten Dokumenten, die der Exporteur bei seiner Bank einreichen muss, um die Erfüllung seiner vertraglichen Pflichten nachzuweisen.

C. Multilaterale völkerrechtliche Regelungen

17   Für die Definition von Ursprungsregeln ist nach dem Internationalen Übereinkommen über die Vereinfachung von Zollförmlichkeiten[7] der jeweilige Einfuhrstaat zuständig. Neben dem Zollkodex und der Zollkodex-DVO enthalten auch einige multilaterale völkerrechtliche Vereinbarungen der Europäischen Union und/oder ihrer Mitgliedstaaten Regeln über den nichtpräferenziellen Warenursprung. Diese sind für die Organe der Europäischen Union bei der Rechtssetzung und Rechtsanwendung bindend.[8]

I. Weltzollorganisation

18   Bereits in den 70er Jahren des 20. Jh. wurden vom Brüsseler Zollrat – 1994 umbenannt in **Weltzollorganisation**[9] (World Customs Organization – WCO) – Empfehlungen zur Harmonisierung des nichtpräferenziellen Ursprungsrechts erarbeitet, die als drei Anlagen Bestandteile des von den Vertragsstaaten abgeschlossenen Übereinkommens zur Vereinfachung und Harmonisierung der Zollverfahren vom 18.5.1973 **(Kyoto-Konvention)**[10] geworden sind. Anlage D.1 beinhaltet Empfehlungen zur Ausgestaltung der materiellen Ursprungsregeln, Anlage D.2 betrifft die Ursprungsnachweise, und Anlage D.3 befasst sich mit der nachträglichen Kontrolle von Ursprungsnachweisen. Seit dem 3.2.2006 ist die „revidierte Kyoto-Konvention" in Kraft.[11]

19   **1. Ursprungsregeln.** In **Anlage D.1** der Kyoto-Konvention werden zwei Grundprinzipien für die Ausgestaltung von Ursprungsregeln festgelegt: das Kriterium der **vollständi-**

---

[7] RGBl. II 1925, 672.
[8] Vgl. im Folgenden Witte/*Prieß* Vor Art. 22 Rn. 23 ff. und Wolffgang/Simonsen/Tietje/*Wolffgang*/*Kirchhoff* Vorbemerkungen zu Art. 22–26 Rn. 3 ff.
[9] Internet: www.wcoomd.org.
[10] Veröffentlicht in ABl. EG Nr. L 100 vom 21.4.1975 und ABl. EG Nr. L 166 vom 4.7.1977.
[11] Vgl. hierzu Wolffgang/Simonsen/Tietje/*Ovie*/*Wolffgang* Einleitung Rn. 19 ff.

Abschnitt 30. Nichtpräferenzielles Ursprungsrecht

gen Erzeugung („wholly produced") in einem bestimmten Land, wenn nur ein Land als Ursprungsland in Frage kommt, und das Kriterium der **wesentlichen Be- oder Verarbeitung** („substantial transformation"), wenn zwei oder mehrere Länder an der Herstellung einer Ware beteiligt sind.

Das Kriterium der vollständigen Erzeugung, kommt hauptsächlich für Naturerzeugnisse und die ausschließlich aus diesen hergestellten Waren zum Tragen. Es schließt in der Regel Waren aus, die Teile oder Materialien ausländischen oder unbestimmten Ursprungs enthalten.[12] Anlage D.1 enthält eine Aufzählung entsprechender Ursprungsregeln. 20

Wenn eine Ware vollständig aus Rohstoffen hergestellt wird, die in demselben Land gewonnen wurden, ist die Bestimmung des Ursprungs vergleichsweise einfach. Sinkende Einfuhrzölle sowie abnehmende Transport- und Kommunikationskosten machen es für Unternehmen attraktiv, ihre Beschaffung zu internationalisieren und Rohstoffe und sonstige Vormaterialien aus anderen Ländern zu beziehen. Darüber hinaus nutzen Unternehmen zunehmend die Vorteile, die eine Verlagerung einzelner Fertigungsschritte oder der gesamten Produktion in Drittländer bieten können. In den meisten Fällen sind bei der Erzeugung einer Ware mehrere Länder beteiligt, sodass die Ursprungsregel der vollständigen Gewinnung oder Herstellung zunehmend an Bedeutung verliert. In diesen Fällen wird der Ursprung nach dem Kriterium der wesentlichen Be- oder Verarbeitung bestimmt. Manche Länder – wie zB die Europäische Union – belassen es im Grundsatz bei diesem abstrakten Ursprungskriterium, sodass den zuständigen Behörden ein erheblicher Beurteilungsspielraum verbleibt. Nach der Anlage D.1 der Kyoto-Konvention kann das Kriterium der letzten wesentlichen Be- oder Verarbeitung auf verschiedene Weise ausgedrückt werden: 21

- Beim Kriterium des **„Tarifsprungs"** wird angenommen, dass eine Ware ausreichend be- oder verarbeitet worden ist, wenn sie zu einer anderen Nummer einer systematischen Warennomenklatur gehört als die jeweils verwendeten Vormaterialien. Zu einer solchen allgemeinen Regel gehören in der Regel Ausnahmelisten, die die Fälle aufführen, in denen der Tarifsprung nicht ursprungsbegründend ist oder die Erfüllung zusätzlicher Bedingungen verlangt wird.
- **Listen mit Be- oder Verarbeitungsvorgängen** können detailliert diejenigen Be- oder Verarbeitungsvorgänge festlegen, die in einem bestimmten Land an Vormaterialien ohne Ursprungseigenschaft vorgenommen werden müssen, um den Erzeugnissen den Ursprung dieses Landes zu verleihen. Umgekehrt können auch Be- oder Verarbeitungsvorgänge definiert werden, die nicht als ursprungsbegründend angesehen werden.
- Bei der Bestimmung des Ursprungs nach der **„Methode des prozentualen Wertanteils"** ist der Wertzuwachs zu berücksichtigen, den die Be- oder Verarbeitung in einem Land bei einer Ware bewirkt hat. Erreicht oder übersteigt dieser Wertzuwachs einen gegebenen Prozentsatz, so gilt die Ware als Ursprungsware des Landes, in dem sie derart be- oder verarbeitet worden ist.

2. Ursprungsnachweise. Ob und in welcher Form bei der Einfuhr Ursprungsnachweise vorgelegt werden müssen, ergibt sich aus den jeweiligen zoll- und außenwirtschaftsrechtlichen Vorschriften des Landes, in das die Waren eingeführt werden sollen. Die Bestimmungen des Versendungslandes regeln hingegen, in welcher Form die zuständigen Behörden oder ermächtigten Stellen in die Ausstellung von Ursprungsnachweisen für Exportzwecke eingebunden sind. Die Kyoto-Konvention führt in **Anlage D.2** folgende Ursprungsnachweise auf: 22

- Eine **„Ursprungserklärung"** ist eine einfache Erklärung über den Ursprung von Waren, die vom Hersteller, Erzeuger, Lieferanten, Ausführer oder von einer anderen zuständigen Person in der Warenrechnung oder in einem anderen Dokument abgegeben wird;
- Eine **„Beglaubigte Ursprungserklärung"** ist eine Ursprungserklärung, die von einer vom Ausführer unabhängigen und dazu befugten Behörde oder Stelle bescheinigt ist;

---

[12] Einleitung zu Anlage D.1 der Kyoto-Konvention aaO.

- In einem **„Ursprungszeugnis"** wird von einer befugten Behörde oder Stelle auf einem bestimmten Vordruck bescheinigt, dass die in diesem Zeugnis aufgeführten Waren ihren Ursprung in einem bestimmten Land haben.

23 Die Handelskammer Hamburg informiert in ihrem Exportnachschlagewerk „K und M" darüber, welche Länder bei der Einfuhr welche Arten von Ursprungsnachweisen verlangen und ob Ursprungszeugnisse und andere bescheinigte Handelsdokumente (zB Handelsrechnung mit Ursprungserklärung) vor ihrer Vorlage im Drittland konsularisch legalisiert werden müssen. Weitere Informationsquellen hierzu sind zB die „*Begleitpapiere für Ausfuhrsendungen*" des Mendel-Verlages sowie die „Market Access Database" der EU-Kommission.[13]

II. GATT und Welthandelsorganisation

24 Die Kyoto-Konvention legt zwar die oben beschriebenen Grundprinzipien für die Ausgestaltung der materiellen Ursprungsregeln sowie verschiedene Methoden zu deren Anwendung fest. Die verschiedenen Länder machen jedoch in unterschiedlicher Weise Gebrauch von diesen Vorgaben, sodass weltweit erhebliche Unterschiede zwischen den Ursprungsregeln bestehen. Das Fehlen einheitlicher Ursprungsregeln erhöht die Transaktionskosten des internationalen Handels, sodass es wünschenswert erscheint, auf diesem Gebiet eine Harmonisierung zu erreichen.

25 Die WTO-Mitglieder haben sich in den multilateralen Verhandlungen der **Uruguay Runde** (1986–1994) auf eine Harmonisierung der nichtpräferenziellen Ursprungsregeln verständigt. Mit dem 1994 in Marrakesch unterzeichneten **Übereinkommen über Ursprungsregeln**[14] wurde ein entsprechendes Arbeitsprogramm aufgestellt, dessen Arbeiten noch nicht abgeschlossen sind. Bei den Verhandlungen über die Harmonisierung geht es darum, für jede Unterposition des Harmonisierten Systems eine Regel über die letzte wesentliche Be- oder Verarbeitung von verwendeten Vormaterialien ohne Ursprungseigenschaft aufzustellen. Ist diese Regel erfüllt, so wird dem Erzeugnis die Ursprungseigenschaft verliehen.

26 Artikel 1 des Übereinkommens über Ursprungsregeln stellt klar, dass Ursprungsregeln im Sinne des Übereinkommens alle Ursprungsregeln einschließen, die bei handelspolitischen Instrumenten verwendet werden, beispielsweise bei der Gewährung der Meistbegünstigungsbehandlung, der Erhebung von Antidumping- und Ausgleichszöllen, der Anwendung von Schutzmaßnahmen, der Anwendung von diskriminierenden mengenmäßigen Beschränkungen oder Zollkontingenten. Sie schließen auch Ursprungsregeln ein, die für das öffentliche Beschaffungswesen und für die Handelsstatistik herangezogen werden.

27 Auch die Europäische Union hat sich an diesem Harmonisierungsprogramm beteiligt und zu allen Warenpositionen des Harmonisierten Systems Stellung genommen. Diese Stellungnahmen betrachtet die EU-Kommission – außer bei Textilien des Abschnitts XI der Kombinierten Nomenklatur und einigen anderen Waren, für die bereits in der Zollkodex-DVO spezifische Ursprungsregeln festgelegt wurden – als Grundlage für die Auslegung des Kriteriums der letzten wesentlichen Be- oder Verarbeitung (→ Rn. 51).

D. Rechtsgrundlagen des nichtpräferenziellen Ursprungsrechts in der Europäischen Union

I. Überblick über die Rechtsgrundlagen

28 Die Bestimmungen des nichtpräferenziellen Ursprungsrechts sowie die formellen Anforderungen an die Form des Ursprungsnachweises sind Bestandteil des Zoll- und Außenwirtschaftsrechts eines jeden Landes. Die Europäische Union ist eine Zollunion mit einem

---

[13] http://madb.europa.eu.
[14] ABl. EG Nr. L 336 vom 23.12.1994, 144.

Abschnitt 30. Nichtpräferenzielles Ursprungsrecht

vollendeten Binnenmarkt und einem einheitlichen Zollrecht. Die Rechtsgrundlagen für den nichtpräferenziellen Ursprung im Zollrecht der Union sind
- die Artikel 22 bis 26 der Verordnung (EWG) Nr. 2913/92 des Rates zur Festlegung des **Zollkodex** der Gemeinschaften vom 12. Oktober 1992,
- sowie die Artikel 35 bis 65 und die Anhänge 9 bis 13 der Verordnung (EWG) Nr. 2454/93 der Kommission mit **Durchführungsvorschriften** zu der Verordnung (EWG) Nr. 2913/92 des Rates zur Festlegung des Zollkodex der Gemeinschaften vom 2. Juli 1993.

Der einführende **Artikel 22 ZK** bestimmt den Anwendungsbereich des nichtpräferenziellen Ursprungsrechts: **29**
- die Anwendung des Zolltarifs der Europäischen Gemeinschaften, mit Ausnahme der Maßnahmen nach Artikel 20 Absatz 3 Buchstaben d und e ZK;
- die Anwendung anderer als zolltariflicher Maßnahmen, die durch besondere Gemeinschaftsvorschriften für den Warenverkehr festgelegt worden sind;
- die Ausstellung von Ursprungszeugnissen.

Artikel 23 ZK enthält die Bestimmungen, nach denen Waren als vollständig in einem **30** Land gewonnen oder hergestellt gelten und daher ihren Ursprung in diesem Land haben. In **Artikel 24 ZK** ist festgelegt, wie der Ursprung bestimmt wird, wenn mehrere Länder an der Herstellung einer Ware beteiligt sind. Maßgeblich ist hier das Kriterium der letzten wesentlichen Be- oder Verarbeitung. Hierbei handelt es sich um eine allgemeine Regelung, auf die immer dann zurückgegriffen wird, wenn keine spezifischere Ursprungsregel Anwendung findet. Solche spezifischen Ursprungskriterien wurden in den **Artikeln 35 bis 40 ZK-DVO** für Textilien und eine Reihe anderer Waren festgelegt.

Artikel 25 ZK enthält eine Umgehungsklausel, die ausschließt, dass eine Be- oder Ver- **31** arbeitung als ursprungsbegründend angesehen wird, die ausschließlich zum Zweck des Ursprungserwerbs durchgeführt wurde. Auf diese Weise wird die Umgehung von Vorschriften verhindert, die nur für Waren aus bestimmten Ländern gelten.

Die **Artikel 41 bis 46 ZK-DVO** enthalten spezielle Ursprungsregeln für Zubehör, Er- **32** satzteile und Werkzeugausstattungen, die zur Standardausstattung von Geräten, Maschinen, Apparaten und Fahrzeugen gehören. Durch diese Regeln wird der Ursprungsnachweis für Unternehmen, die einen weltweiten Kundendienst anbieten, erheblich erleichtert. In den **Artikeln 47 bis 54 ZK-DVO** ist festgelegt, welche Voraussetzungen nichtpräferenzielle Ursprungszeugnisse erfüllen müssen, die bei der Einfuhr verlangt bzw. von den zuständigen Behörden oder ermächtigten Stellen der Mitgliedstaaten für Ausfuhrzwecke ausgestellt werden. Die **Artikel 55 bis 65 ZK-DVO** enthalten besondere Vorschriften über Ursprungszeugnisse für bestimmte landwirtschaftliche Erzeugnisse, für die besondere Einfuhrregelungen bestehen, sowie über die Zusammenarbeit der Verwaltungen in diesem Zusammenhang.

Im Zollrecht oder in anderen Rechtsvorschriften der Europäischen Union kann vorge- **33** sehen sein, dass der Ursprung von Waren durch die Vorlage einer Unterlage nachzuweisen ist. **Artikel 26 ZK** stellt klar, dass die Zollbehörden unbeschadet dieser Vorlage im Falle ernsthafter Zweifel weitere Beweismittel verlangen können, um sicherzustellen, dass die Angabe des Ursprungs tatsächlich den einschlägigen Regeln des EU-Ursprungsrechts entspricht.

II. Ursprungsregel: Vollständige Gewinnung oder Herstellung

Waren, die vollständig in einem Land gewonnen oder hergestellt werden, haben nach **34** Artikel 23 Abs. 1 ZK ihren Ursprung in diesem Land. Artikel 23 Abs. 2 ZK zählt abschließend alle Fälle auf, in denen ein Ursprungserwerb nach Artikel 23 ZK möglich ist.

Artikel 23 Zollkodex

(1) Ursprungswaren eines Landes sind Waren, die vollständig in diesem Land gewonnen und hergestellt worden sind.

(2) Vollständig in einem Land gewonnene oder hergestellte Waren sind:
a) mineralische Stoffe, die in diesem Land gewonnen worden sind;
b) pflanzliche Erzeugnisse, die in diesem Land geerntet worden sind;
c) lebende Tiere, die in diesem Land geboren oder ausgeschlüpft sind und die dort aufgezogen worden sind;
d) Erzeugnisse, die von in diesem Land gehaltenen lebenden Tieren gewonnen worden sind;
e) Jagdbeute und Fischfänge, die in diesem Land erzielt worden sind;
f) Erzeugnisse der Seefischerei und andere Meereserzeugnisse, die außerhalb des Küstenmeeres eines Landes von Schiffen aus gefangen worden sind, die in diesem Land ins Schiffsregister eingetragen oder angemeldet sind und die Flagge dieses Landes führen;
g) Waren, die an Bord von Fabrikschiffen aus unter Buchstabe f) genannten Erzeugnissen hergestellt worden sind, die ihren Ursprung in diesem Land haben, sofern die Fabrikschiffe in diesem Land ins Schiffsregister eingetragen oder angemeldet sind und die Flagge dieses Landes führen;
h) Erzeugnisse, die aus dem Meeresgrund oder Meeresuntergrund außerhalb des Küstenmeeres gewonnen worden sind, sofern dieses Land ausschließliche Nutzungsrechte für diesen Meeresgrund oder -untergrund besitzt;
i) Ausschuss und Abfälle, die bei Herstellungsvorgängen anfallen, und Altwaren, wenn sie in diesem Land gesammelt worden sind und nur zur Gewinnung von Rohstoffen verwendet werden können;
j) Waren, die in diesem Land ausschließlich aus den unter den Buchstaben a) bis i) genannten Waren oder ihren Folgeerzeugnissen jeglicher Herstellungsstufe hergestellt worden sind.
(3) Im Sinne des Absatzes 2 schließt der Begriff „Land" auch das Küstenmeer des betreffenden Landes ein.

35 Die Ursprungseigenschaft einer Ware ist immer auf ein bestimmtes Gebiet zu beziehen. Der Begriff „Land" im Sinne des Artikel 23 ZK ist nicht wörtlich im geografischen, staats- oder völkerrechtlichen Sinne zu verstehen, sondern ist gleichbedeutend mit dem Begriff „Zollgebiet". „Land" können sowohl die Europäische Union insgesamt als auch ein Mitgliedstaat oder ein Drittstaat sein.[15] Die Begriffe **„gewinnen"** und **„herstellen"** werden in Artikel 23 ZK nicht synonym verwendet. Die „Gewinnung" bezieht sich auf die Urproduktion, die die Erzeugung landwirtschaftlicher Produkte, die Jagd, die Fischerei sowie den Rohstoffabbau umfasst. „Hergestellt" werden Produkte durch an Vorprodukten vorgenommene Be- oder Verarbeitungsschritte, sodass die „Herstellung" sich auf die der Urproduktion folgenden Produktionsstufen bezieht. Die Abgrenzung dieser beiden Begriffe kann im Einzelfall schwierig sein. Für die Anwendung der Ursprungsregel ist sie jedoch entbehrlich, weil die Rechtsfolgen dieselben sind.

36 Voraussetzung für den Ursprungserwerb nach Artikel 23 ZK ist, dass die Waren „vollständig" im betreffenden Land gewonnen oder hergestellt werden. Zum einen müssen die Prozesse der Gewinnung und Herstellung ausschließlich im betreffenden Land stattfinden. Zum anderen dürfen keine Materialien verwendet werden, die ihren Ursprung in einem anderen Land haben. Der Zusatz selbst geringster Anteile mit Ursprung in einem anderen Land, schließt die Anwendbarkeit des Artikels 23 ZK aus.[16] Sind jedoch die Voraussetzungen eines der Buchstaben a bis j erfüllt, gilt die Ware als vollständig in diesem Land gewonnen oder hergestellt. Der Ursprung der bei der Produktion verwendeten Energiestoffe, Maschinen oder Werkzeuge ist unerheblich. Auf die einzelnen Fallgestaltungen des Artikels 23 Abs. 2 ZK soll an dieser Stelle nicht im Detail eingegangen werden. Hierzu sei auf die einschlägige Fachliteratur verwiesen.[17]

---

[15] Vgl. hierzu und im Folgenden Schwarz/Wockenfoth/*Friedrich* Art. 23 ZK Rn. 3 ff.; Dorsch/*Harings* Art. 23 ZK Rn. 4 ff.; Witte/*Prieß* Art. 23 ZK Rn. 1 ff.
[16] Schwarz/Wockenfoth/*Friedrich* Art. 23 ZK Rn. 6.
[17] ZB: Dorsch/*Harings* Art. 23 ZK Rn. 8 ff.; Warenursprung und Präferenzen Abschnitt 2.4.1; *Friedrich* in: Schwarz/Wockenfoth Art. 23 ZK Rn. 7 ff.; Witte/*Prieß* Art. 23 ZK Rn. 2 ff.; *Wolffgang/Kirchhoff* in: Wolffgang/Simonsen/Tietje Art. 23 Rn. 1 ff.

III. Ursprungsregel: Letzte wesentliche Be- oder Verarbeitung

Wie oben beschrieben begründet nur die vollständige Gewinnung oder Herstellung in einem Land den Ursprung nach Artikel 23 ZK. Die weltweite Arbeitsteilung führt jedoch häufig dazu, dass am gesamten Herstellungsprozess eines Produktes mehrere Unternehmen beteiligt sind, die ihre Produktionsstätten in verschiedenen Ländern haben. Selbst wenn der Herstellungsprozess in einem Betrieb stattfindet, werden in der Regel Vormaterialien – Rohstoffe, Zwischenprodukte, Fertigprodukte – eingesetzt, die ihren Ursprung in verschiedenen Ländern haben. In all diesen Fällen ist die Ursprungsregel des Artikels 23 ZK nicht anwendbar und der Ursprung ist gemäß Artikel 24 ZK zu ermitteln. 37

Artikel 24 Zollkodex
„Eine Ware, an deren Herstellung zwei oder mehrere Länder beteiligt waren, ist Ursprungsware des Landes, in dem sie der letzten wesentlichen und wirtschaftlich gerechtfertigten Be- oder Verarbeitung unterzogen worden ist, die in einem dazu eingerichteten Unternehmen vorgenommen worden ist und zur Herstellung eines neuen Erzeugnisses geführt hat oder eine bedeutende Herstellungsstufe darstellt."

In der Praxis erfolgt die Bestimmung des nichtpräferenziellen Ursprungs in den meisten Fällen auf Basis dieser abstrakten Generalklausel, bei deren Anwendung sowohl der zollrechtliche Status der eingesetzten Vormaterialien als auch die Eigentumsverhältnisse irrelevant sind. Bei der Ursprungsbestimmung kommt es nur auf die tatsächlichen Be- oder Verarbeitungsvorgänge an den jeweils eingesetzten Vormaterialien an. Artikel 24 ZK definiert vier kumulativ zu erfüllende Voraussetzungen, nach denen der nichtpräferenzielle Ursprung bestimmt wird. Das Ursprungsland ist das Land, 38

- in dem die Ware ihrer letzten wesentlichen Be- oder Verarbeitung unterzogen worden ist,
- die wirtschaftlich gerechtfertigt ist,
- die in einem dazu eingerichteten Unternehmen vorgenommen worden ist
- und zur Herstellung eines neuen Erzeugnisses geführt hat oder eine bedeutende Herstellungsstufe darstellt.

Im Folgenden werden nur einige Hinweise zur Interpretation dieser Tatbestandsmerkmale gegeben. Für eine Vertiefung sei auf die Fachliteratur verwiesen, die zum Teil auch Hinweise auf die Rechtsprechung des Europäischen Gerichtshofs gibt.[18] 39

1. Voraussetzungen der Generalklausel des Artikels 24 Zollkodex. a) Letzte wesentliche Be- oder Verarbeitung. Ausgehend von der Ware, deren Ursprung bestimmt werden soll, ist der letzte Be- oder Verarbeitungsschritt zu betrachten. Eine **Bearbeitung** ist dadurch charakterisiert, dass qualitativ auf eine Ware eingewirkt wird, diese jedoch gegenständlich erhalten bleibt (zB Färben von Gewebe). Es muss sich jedoch um einen echten Produktionsprozess handeln, der über solche Tätigkeiten hinaus geht, die als übliche Behandlungen gemäß Art. 531 und Anhang 72 Zollkodex-DVO im Zolllager zulässig sind.[19] Eine **Verarbeitung** geht über die Bearbeitung hinaus. Sie führt in der Regel zu einer Änderung der charakteristischen Merkmale einer Ware. Von einer Verarbeitung ist beispielsweise dann auszugehen, wenn mehrere Ausgangsstoffe so eingesetzt werden, dass ein neues Produkt entsteht.[20] Die Abgrenzung zwischen einer Bearbeitung und einer Verarbeitung kann im Einzelfall schwierig sein. Das gilt insbesondere in den Fällen, in denen Waren montiert oder zusammengesetzt werden. **Wesentlich** ist ein Produktionsprozess nur dann, wenn eine Ware nach ihrer Be- oder Verarbeitung besondere Eigenschaften besitzt und von einer spezifischen Beschaffenheit ist, die sie vor dem Herstellungsprozess nicht gehabt hat. Im Ergebnis ist somit grundsätzlich jeder Verarbeitungsprozess als wesentlich anzusehen.[21] 40

---

[18] Dorsch/Harings Art. 24. ZK; *Notz* Abschnitt 2.4.2; *Friedrich in Schwarz/Wockenfoth* Art. 24 ZK; Witte/Prieß Art. 24 ZK; *Wolffgang/Kirchhoff* in: Wolffgang/Simonsen/Tietje Art. 24 Rn. 1 ff.
[19] Witte/Prieß Art. 24 ZK Rn. 6.
[20] Dorsch/Harings Art. 24 ZK Rn. 9.
[21] Witte/Prieß Art. 24 ZK Rn. 9.

41 **b) Eingerichtetes Unternehmen.** Dieses Tatbestandsmerkmal stellt gewisse Qualitätsanforderungen an das be- oder verarbeitende Unternehmen. Es muss sich um einen eingerichteten Fachbetrieb handeln, der sowohl über das erforderliche Fachpersonal als auch über die für die Be- oder Verarbeitungsvorgänge notwendigen Maschinen verfügt. Die Anforderungen an die fachliche Qualifikation des Personals sowie die Erforderlichkeit des Maschineneinsatzes sind an der Komplexität der durchzuführenden Fertigungsschritte zu messen.[22]

42 **c) Wirtschaftliche Rechtfertigung der Be- oder Verarbeitung.** Die wirtschaftliche Rechtfertigung eines Be- oder Verarbeitungsprozesses darf immer dann unterstellt werden, wenn diese einen wirtschaftlichen Vorteil mit sich bringt, der nicht allein im Erwerb der Ursprungseigenschaft besteht. Dieses Tatbestandsmerkmal soll ausschließen, dass Be- oder Verarbeitungsgänge nur aus Gründen des Ursprungserwerbs vorgenommen werden, um Maßnahmen zu umgehen, die für Waren aus bestimmten Ursprungsländern gelten. Insofern besteht ein direkter Sachzusammenhang zwischen diesem Tatbestandsmerkmal und der Missbrauchsklausel des Artikels 25 Zollkodex (→ Rn. 59f.).

43 **d) Neues Erzeugnis/bedeutende Herstellungsstufe.** Ein **neues Erzeugnis** liegt nur dann vor, wenn es im Vergleich zu den bei der Be- oder Verarbeitung eingesetzten Ausgangsprodukten qualitativ erheblich verändert ist und eine objektive und tatsächliche Unterscheidung zu den Ausgangsprodukten möglich ist. Das neue Erzeugnis muss qualitativ erheblich verändert sein und darf nicht bloß eine andere Aufmachung im Hinblick auf seine Verwendung haben.[23] Die oben beschriebenen Kriterien des „Tarifsprungs" und des „Mindestwertzuwachses" sind nicht ausschlaggebend für die Herstellung eines neuen Erzeugnisses, sie können jedoch ein Indiz dafür sein.

44 Das Tatbestandsmerkmal der **bedeutenden Herstellungsstufe** ist dann von Bedeutung, wenn der Ursprung im Zwischenstadium eines mehrstufigen Produktionsprozesses bestimmt werden soll. Eine bedeutende Herstellungsstufe ist dann erreicht, wenn das Erzeugnis seinem endgültigen Verwendungszweck wesentlich angenähert ist, ohne diesen bereits vollständig erreicht zu haben. Auf dem Weg zum Fertigprodukt muss noch ein weiterer selbständiger Produktionsschritt erforderlich sein. Zu denken ist hier beispielsweise an ein durch Mischen verschiedener Vormaterialien hervorgegangenes Rohprodukt mit spezifischen, standardisierten Eigenschaften, das als Grundlage für die Herstellung eines Endprodukts dient.[24]

45 **2. Durchführungsbestimmungen zu Artikel 24 Zollkodex.** Die Anwendung des Artikels 24 ZK bereitet in der Praxis immer wieder Schwierigkeiten. Um eine einheitliche Anwendung der Generalklausel innerhalb der Europäischen Union zu gewährleisten, legen die Artikel 35 bis 40 sowie die Anhänge 9–11 ZK-DVO für zahlreiche Waren spezifische Ursprungsregeln fest, die die Generalklausel des Artikels 24 ZK konkretisieren. Es bestehen spezielle Ursprungsregeln für Spinnstoffe und Waren daraus des Abschnitts XI der Kombinierten Nomenklatur (Anhang 10) sowie für andere Waren (Anhang 11). Anhang 9 enthält Erläuterungen zur Anwendung der Regeln in den Anhängen 10 und 11. Bei der Festlegung dieser speziellen Ursprungsregeln ist die EU-Kommission aufgrund der Normenhierarchie an die Zielsetzungen des Artikels 24 Zollkodex gebunden. Die Ermessensausübung der Kommission unterliegt daher der Kontrolle durch den Europäischen Gerichtshof.[25]

46 **a) Spezielle Ursprungsregeln für Textilien und Textilwaren.** Für Textilien und Textilwaren des Abschnitts XI der Kombinierten Nomenklatur (KN) lautet die allgemeine Ursprungsregel, dass grundsätzlich solche Be- oder Verarbeitungen ursprungsverleihend sind, die zur Folge haben, dass die hergestellten Waren in eine andere Position der Kombinierten

---

[22] Warenursprung und Präferenzen Abschnitt 2.4.2.
[23] Witte/Prieß Art. 24 ZK Rn. 10; Dorsch/Harings Art. 24 ZK Rn. 16.
[24] Dorsch/Harings Art. 24 ZK Rn. 18.
[25] Witte/Prieß Art. 24 ZK Rn. 23.

Abschnitt 30. Nichtpräferenzielles Ursprungsrecht

Nomenklatur einzureihen sind als die Position, in der jedes der verwendeten Vormaterialien ohne Ursprungseigenschaft einzureihen ist (Art. 36 iVm Art. 37 Satz 1 ZK-DVO). Das Ursprungskriterium bei Textilien und Textilwaren ist somit grundsätzlich der „**Tarifsprung**" oder „**Positionswechsel**".

Für die im Anhang 10 der ZK-DVO genannten Textilwaren, gelten ausschließlich die in diesem Anhang beschriebenen Be- oder Verarbeitungen als ursprungsverleihend. Für diese Waren ist es unerheblich, ob ein „Positionswechsel" erfolgt oder nicht (Art. 36 iVm Art. 37 Abs. 2 ZK-DVO). Dieser Anhang ist in Verbindung zu lesen mit Anhang 9 der ZK-DVO, der Erläuterungen zur Anwendung des Anhangs 10 enthält. 47

Beispiel: Bekleidung und Bekleidungszubehör aus Gewirken und Gestricken des Kapitels 61 der Kombinierten Nomenklatur
Erfolgt das Herstellen durch Zusammennähen oder sonstiges Zusammenfügen von zwei oder mehr zugeschnittenen oder abgepassten gewirkten oder gestrickten Teilen, dann ist gemäß Anhang 10 „vollständiges Herstellen" ursprungsverleihend. Was unter „vollständigem Herstellen" zu verstehen ist, ergibt sich aus der einleitenden Bemerkung 7.2 in Anhang 9. Für andere Waren des Kapitels 61 gilt „Herstellen aus Garnen" als ursprungsverleihend.

Bestimmte Be- oder Verarbeitungsvorgänge reichen niemals aus, um einer hergestellten Textilware einen neuen Ursprung zu verleihen, selbst wenn das Kriterium des „Tarifsprungs" erfüllt ist. Diese auch als „**Minimalbehandlungen**" bezeichneten Vorgänge werden in Artikel 38 ZK-DVO aufgeführt. 48

Artikel 38 Zollkodex
Für die Anwendung des vorherigen Artikels gelten ohne Rücksicht darauf, ob ein Wechsel der Position stattfindet, folgende Be- oder Verarbeitungen stets als nicht ausreichend, um die Ursprungseigenschaft zu verleihen:
(a) Behandlungen, die dazu bestimmt sind, die Ware während des Transports oder der Lagerung in ihrem Zustand zu erhalten (Lüften, Ausbreiten, Trocknen, Entfernen verdorbener Teile und ähnliche Behandlungen);
(b) Einfaches Entstauben, Sieben, Aussondern, Einordnen, Sortieren (einschließlich des Zusammenstellens von Waren zu Sortimenten), Waschen, Zerschneiden;
(c) Auswechseln von Umschließungen, Teilen oder Zusammenstellen von Packstücken;
(d) Einfaches Abfüllen in Säcke, Etuis, Schachteln, Befestigen auf Brettchen usw. sowie alle anderen einfachen Behandlungen zur verkaufsmäßigen Aufmachung;
(e) Anbringen von Warenmarken, Etiketten oder anderen gleichartigen Unterscheidungszeichen auf den Waren selbst oder auf ihren Umschließungen;
(f) Einfaches Zusammenfügen von Teilen einer Ware zu einer vollständigen Ware;
(g) Zusammentreffen von zwei oder mehr der vorgenannten Behandlungen.

Artikel 38 ZK-DVO gilt zwar ausschließlich für Textilien und Textilwaren des Abschnitts XI der Kombinierten Nomenklatur. Der Rechtsgedanke der „Minimalbehandlung" kann aber auch zur Abgrenzung von ursprungsbegründenden und nicht ausreichenden Be- oder Verarbeitungsvorgängen an anderen Waren herangezogen werden.[26] Ausschlaggebend für die Einstufung einer Be- oder Verarbeitung als „Minimalbehandlung" ist, dass es sich um einen einfachen Vorgang handelt. Arbeiten, die nur von qualifizierten Fachkräften vorgenommen werden können oder die den Einsatz spezieller Maschinen erfordern, sprechen gegen die Annahme eines einfachen Vorgangs.[27] 49

b) Spezielle Ursprungsregeln für andere Waren. Nach Artikel 39 ZK-DVO gelten für die in Anhang 11 genannten Waren nur die dort aufgeführten Be- oder Verarbeitungen von Vormaterialien ohne Ursprungseigenschaft als ursprungsverleihend im Sinne von Artikel 24 ZK. Für einige Waren sind auch Be- oder Verarbeitungen genannt, die nicht ursprungsverleihend sind. Auch Anhang 11 ist in Verbindung zu lesen mit Anhang 9 ZK-DVO, der Erläuterungen zur Anwendung dieses Anhangs enthält. 50

---

[26] Witte/*Prieß* Art. 24 ZK Rn. 25.
[27] Dorsch/*Harings* Art. 24 ZK Rn. 32.

Olbrisch

3. Teil. Exportwirtschaft (Ausfuhr, Zoll, Steuern)

Beispiel: Fleisch von Rindern, frisch oder gekühlt, des KN-Codes 0201
Nach Anhang 11 ist „Schlachten nach einer Mast von mindestens drei Monaten" ursprungsverleihend. Sind diese Bedingungen nicht erfüllt, so hat das betreffende Fleisch (Schlachtnebenerzeugnis) seinen Ursprung in dem Land, im dem die Tiere, von dem es stammt, die längste Zeit gemästet oder aufgezogen worden sind.

Bei der Ursprungsbestimmung für andere Waren als Spinnstoffe und Waren daraus des Abschnitts XI der Kombinierten Nomenklatur, die nicht in Anhang 11 ZK-DVO aufgeführt sind, ist auf die Generalklausel des Artikels 24 ZK zurückzugreifen.

51 **3. Interpretationsrichtlinien zur Anwendung des Artikels 24 Zollkodex.** Um die Anwendungsschwierigkeiten des Artikels 24 ZK zu verringern und eine einheitliche Anwendung in der Europäischen Union sicherzustellen, hat die EU-Kommission **Interpretationsrichtlinien** entwickelt und **„Listenregeln"** für alle Warenpositionen der HS-Nomenklatur ins Internet eingestellt, für die in der Zollkodex-DVO keine spezifischen Ursprungsregeln festgelegt sind.[28] Diese „Listenregeln" beruhen auf den Stellungnahmen der EU-Kommission im Rahmen des Internationalen Programms zur Harmonisierung der nichtpräferenziellen Ursprungsregeln (→ Rn. 25ff.).

52 Bei den „Listenregeln" handelt es sich nicht um eine in den Mitgliedstaaten unmittelbar geltende Verordnung oder um eine verbindliche Richtlinie. Die nationalen Gerichte sowie der EuGH sind daher nicht daran gebunden. So stellt der EuGH in seinem Urteil vom 19.12.2009 fest, dass die von der Kommission aufgestellten „Listenregeln", auch wenn sie zur Bestimmung des nichtpräferenziellen Ursprungs von Waren beitragen, rechtlich nicht verbindlich sind. Jedoch könnten Gerichte der Mitgliedstaaten bei der Auslegung von Artikel 24 des Zollkodex auf Kriterien, die sich aus den „Listenregeln" ergeben, zurückgreifen, soweit diese Vorschrift dadurch nicht geändert werde.[29] Mit den „Listenregeln" zur Interpretation der Generalklausel des Artikels 24 Zollkodex sowie der hierzu ergangenen Rechtsprechung hat sich die deutsche Fachliteratur intensiv auseinandergesetzt.[30] Die Diskussion über die „Listenregeln" ist noch nicht abgeschlossen, da die EU-Kommission als Reaktion auf die oben zitierte Rechtsprechung des EuGH das Ziel verfolgt, verbindliche Ursprungsregeln für alle Waren der HS-Nomenklatur in das EU-Zollrecht aufzunehmen. Damit möchte Sie insbesondere Rechtssicherheit bei der Anwendung von Antidumping- und Ausgleichszöllen bei der Einfuhr schaffen.

53 **4. Ursprung von Zubehör, Ersatzteilen und Werkzeugausstattungen.** Zur Ausstattung von Fahrzeugen, Maschinen und sonstigen technischen Geräten und Apparaten gehören häufig Zubehör, Ersatzteile und Werkzeugausstattungen. Wäre deren Ursprung in allen Fällen nach den zuvor erläuterten Ursprungsregeln zu bestimmen, würde dies für einen Exporteur bei der Beantragung eines Ursprungszeugnisses einen sehr hohen Dokumentationsaufwand mit sich bringen. Der Ursprung jedes Zubehör- und Ersatzteils oder Werkzeugs müsste durch eine geeignete Unterlage nachgewiesen werden. Zur Erleichterung der Ursprungsbestimmung für Zubehör, Ersatzteile und Werkzeugausstattungen – und somit zur Senkung der Transaktionskosten des internationalen Handels – hat die Europäische Union mit den Artikeln 41 bis 46 der ZK-DVO spezielle Regelungen geschaffen. Hierbei ist zu unterscheiden, ob Zubehör, Ersatzteile oder Werkzeuge gleichzeitig mit der Hauptware oder zu einem späteren Zeitpunkt geliefert werden.

54 Unter **Zubehör** versteht man solche Waren, die den Funktionsumfang bzw. den Anwendungsbereich eines Fahrzeugs, einer Maschine oder eines sonstigen technischen Geräts erweitern. **Ersatzteile** hingegen dienen dem Ersatz von in einem Fahrzeug oder einer Maschine enthaltenen oder eingebauten Waren oder Teilen, die grundsätzlich einem ge-

---

[28] http://ec.europa.eu/taxation_customs/customs/customs_duties/rules_origin/non-preferential/article_410_de.htm.
[29] *EuGH* Urt. v. 10.12.2009, Heko Industrieerzeugnisse, C-260/08; Siehe hierzu auch *BFH* Urt. v. 30.3.2010, Az. VII R 18/07.
[30] Siehe zB *Bachmann* (AW-Prax 2/2008, 61; AW-Prax 3/2008, 116; AW-Prax 1/2009, 8), *Gellert* (AW-Prax 12/2007, 511), *Lieber* (AW-Prax 10/2007, 424; AW-Prax 2/2010, 55; AW-Prax 9/2010, 371).

wissen Verschleiß unterliegen. Diese werden bei Schadhaftigkeit durch Ersatzteile ausgetauscht, wodurch der Funktionszustand der Hauptware erhalten bleibt bzw. wiederhergestellt wird. Die Maschinen oder Fahrzeuge haben nach dem Einbau von Ersatzteilen keine neuen Funktionen oder Eigenschaften.[31]

Die Sonderregelungen finden nur Anwendung auf Zubehör, Ersatzteile sowie Werkzeugausstattungen, die zur normalen Ausstattung von Geräten, Maschinen, Apparaten und Fahrzeugen gehören, die als solche in den Abschnitten XVI, XVII und XVIII der Kombinierten Nomenklatur erfasst sind (Artikel 43 Buchst. a ZK-DVO). 55

a) Gleichzeitige Lieferung. Gleichzeitig mit der Hauptware gelieferten Teilen wird aufgrund der funktionellen Zugehörigkeit der Ursprung der Hauptware zuerkannt (Art. 41 Abs. 1 ZK-DVO). Unter gleichzeitiger Lieferung von zB Zubehör ist zu verstehen, dass Hauptware und Zubehör eine Warensendung bilden müssen. Darüber hinaus muss das Zubehör zur normalen Ausstattung der Hauptware gehören. Sonderzubehör fällt daher nicht unter diese Regelung. Eine Abgrenzung zwischen Sonderzubehör und normaler Ausstattung wird sich in vielen Fällen dadurch treffen lassen, dass Normalausrüstung im Preis der Hauptware enthalten ist.[32] Die Ursprungsfiktion findet grundsätzlich nur bei gleichzeitiger Lieferung von Zubehör usw. mit der Hauptware Anwendung. Bei der Beantragung eines Ursprungszeugnisses für gleichzeitig mit der Hauptware gelieferte Zubehör- und Ersatzteile oder Werkzeugausstattungen stellt die Ursprungsfindung nur auf die Hauptware ab. Im Regelfall wird der Ursprung in Anwendung des Art. 24 ZK aufgrund der letzten wesentlichen und wirtschaftlich gerechtfertigten Be- oder Verarbeitung zu bestimmen sein. Im Ursprungsnachweis/Ursprungszeugnis können Zubehör, Ersatzteile oder Werkzeugausstattung – wie auch in der zugehörigen Handelsrechnung – gesondert angeführt werden. 56

b) Nachträgliche Lieferung. Die spätere Lieferung von Ersatzteilen kann ursprungsrechtlich problematisch sein, da ein Ersatzteil für sich gesehen einen anderen Ursprung haben kann als die zu einem früheren Zeitpunkt gelieferte Hauptware und der Ursprung des Ersatzteils zum Zeitpunkt seiner Ausfuhr möglicherweise nicht ermittelt werden kann.[33] Zur Erleichterung eines weltweiten Kundendienstes mit Ersatzteilen kann nach Artikel 41 Abs. 2 ZK-DVO in Verbindung Artikel 42 ff. ZK-DVO unter folgenden Voraussetzungen mit der Fiktion gearbeitet werden, dass wesentliche Ersatzteile für bereits früher ausgeführte Geräte, Maschinen, Apparate und Fahrzeuge denselben Ursprung wie die betreffenden Hauptwaren haben: 57
- Die Geräte, Maschinen, Apparate oder Fahrzeuge müssen in den Abschnitten XVI, XVII oder XVIII der Kombinierten Nomenklatur (KN) erfasst sein.
- Es muss sich um „wesentliche Ersatzteile" handeln. Solche werden definiert als Teile, ohne die der Betrieb der früher in den zollrechtlich freien Verkehr überführten oder ausgeführten Hauptwaren nicht aufrecht erhalten werden kann, die charakteristisch für die Hauptwaren sind und zur normalen Instandhaltung und zum Ersatz von schadhaften oder unbrauchbar gewordenen Teilen gleicher Beschaffenheit bestimmt sind (Artikel 43 Buchst. b ZK-DVO).
- Der Ursprung wird nur fingiert, wenn dies nach den Vorschriften des Bestimmungslandes für die Einfuhr erforderlich ist (Artikel 42 1. Anstrich ZK-DVO).
- Die Verwendung der wesentlichen Ersatzteile hätte im Stadium der Herstellung der Hauptware nicht verhindert, dass die betreffenden Geräte, Maschinen, Apparate oder Fahrzeuge den Gemeinschaftsursprung oder den Ursprung des Herstellungslandes erwerben (Artikel 42 2. Anstrich ZK-DVO).
- Der Zusammenhang zwischen der Lieferung des wesentlichen Ersatzteils und der zu einem früheren Zeitpunkt gelieferten Hauptware muss aus einem Ursprungszeugnis erkennbar sein (Artikel 44 f. ZK-DVO). Wird für Exportzwecke bei den zuständigen Stel-

---

[31] Warenursprung und Präferenzen Abschnitt 2.4.3.
[32] *Friedrich* in: Schwarz/Wockenfoth Art. 24 ZK Rn. 94.
[33] Vgl. Witte/*Prieß* Art. 24 Rn. 32.

3. Teil. Exportwirtschaft (Ausfuhr, Zoll, Steuern)

len in der Union ein Ursprungszeugnis beantragt, so müssen dieses Zeugnis und der Antrag hierzu in Feld 6 eine Erklärung des Beteiligten enthalten, dass die darin aufgeführten Waren zur normalen Instandhaltung von früher ausgeführten Geräten, Apparaten oder Fahrzeugen bestimmt sind, und über diese Hauptwaren müssen genaue Angaben gemacht werden. Der Antragsteller muss, soweit möglich, Hinweise auf das Ursprungszeugnis (ausstellende Behörde, Nummer und Datum des Zeugnisses) geben, mit dem die Hauptwaren, für die die Ersatzteile bestimmt sind, ausgeführt wurden.

58 Diese zusätzlichen Angaben im Ursprungszeugnis ermöglichen es der Zollverwaltung im Bestimmungsland, einen Bezug zu einer Hauptware herzustellen, die bereits zu einem früheren Zeitpunkt zur Einfuhr abgefertigt wurde. Außerdem können zB im Zusammenhang mit warenspezifischen Kontrollmaßnahmen auftretende Zweifel an der Richtigkeit der Ursprungsangaben richtig eingeordnet werden, sodass es nicht zu Schwierigkeiten bei der Einfuhrabfertigung kommt[34]. Solche wären vorprogrammiert, wenn der im Ursprungszeugnis bescheinigte Ursprung abweichen würde von der Ursprungsangabe auf der Verpackung des Ersatzteils oder auf dem Ersatzteil selbst. Im Zweifel würde in einem solchen Fall die Beschlagnahme auf Grundlage des Madrider Abkommens zur Unterdrückung falscher Herkunftsangaben drohen (→ Rn. 7 ff.).

IV. Umgehungsklausel des Artikels 25 Zollkodex

59 Die vier kumulativ zu erfüllenden Voraussetzungen des Artikels 24 ZK werden ergänzt durch Artikel 25 ZK, der vorsieht, dass Be- oder Verarbeitungsvorgänge, die eine **Umgehung** gesetzlicher Bestimmungen bezwecken, die in der Union für Waren bestimmter Länder gelten (zB mengenmäßige Einfuhrbeschränkungen oder Antidumpingzölle), nicht ursprungsbegründend sind.[35]

Artikel 25 Zollkodex
„Eine Be- oder Verarbeitung, bei der festgestellt worden ist oder bei der die festgestellten Tatsachen die Vermutung rechtfertigen, dass sie nur die Umgehung von Bestimmungen bezweckt, die in der Gemeinschaft für Waren bestimmter Länder gelten, kann den so erzeugten Waren keinesfalls im Sinne des Artikel 24 die Eigenschaft von Ursprungswaren des Be- oder Verarbeitungslandes verleihen."

60 Diese Umgehungsklausel ist subsidiärer Natur und greift nur ein, wenn alle Voraussetzungen – bis auf die wirtschaftliche Rechtfertigung der Be- oder Verarbeitung – des Artikels 24 ZK erfüllt sind. Der Anwendungsbereich dieser Vorschrift ist begrenzt, weil kaum Fälle denkbar sind, in denen alle Tatbestandsmerkmale des Artikel 24 Zollkodex erfüllt sind und dennoch eine Umgehung dieser Vorschrift anzunehmen ist.[36] Außerdem hat diese Klausel durch die Einführung von speziellen Umgehungsklauseln im Antidumping- und Antisubventionsrecht an Bedeutung verloren.[37] Trotz ihres subsidiären Charakters sollte die Bedeutung der Umgehungsklausel nicht unterschätzt werden, da ihre Anwendung im Einzelfall für ein betroffenes Unternehmen existenzbedrohend sein kann. Wurde beispielsweise nach der Einführung eines Antidumpingzolls die Produktion der betroffenen Ware von dem Land, gegen das sich der Antidumpingzoll richtet, in ein anderes Land verlegt, so muss der Einführer im Zweifel nachweisen, dass die Vermeidung des Antidumpingzolls nicht der einzige Grund zur Verlagerung der Produktion war.

V. Prüfungsschema für den nichtpräferenziellen Ursprung

61 Bei der Bestimmung des nichtpräferenziellen Ursprungs einer Ware nach den Vorschriften des Zollkodex und der Zollkodex-DVO kann das nachfolgende Prüfungsschema ver-

---

[34] Warenursprung und Präferenzen Abschnitt 2.4.3.
[35] Witte/*Prieß* (Art. 25 ZK Rn. 1 ff.) und Dorsch/*Harings* (Art. 25 ZK Rn. 1 ff.) setzen sich ausführlich mit der Umgehungsklausel auseinander.
[36] Dorsch/*Harings* Art. 25 ZK Rn. 1.
[37] Witte/*Prieß* Art. 25 ZK Rn. 1.

Abschnitt 30. Nichtpräferenzielles Ursprungsrecht

wendet werden. Es trägt dem juristischen Grundsatz Rechnung, dass das speziellere Recht Vorrang vor dem allgemeinen Recht hat.

> **Prüfungsschema:**
> 1. Wurde die Ware vollständig in einem Land gewonnen oder hergestellt? Wenn ja, ist dieses Land gemäß Art. 23 ZK das Ursprungsland. Wenn zwei oder mehr Länder an der Herstellung beteiligt sind, dann ist der Ursprung nach Artikel 24 ZK zu bestimmen und die Prüfung bei 2. fortzusetzen.
> 2. In welchem Land fand der letzte Be- oder Verarbeitungsschritt statt?
> 3. Handelt es sich um Waren des Abschnitts XI der Kombinierten Nomenklatur (Spinnstoffe oder Waren daraus, Kapitel 50–63 des Zolltarifs), für die spezifische Ursprungskriterien gelten (Art. 35–38 iVm Anhang 10 ZK-DVO)? Hat ein Positionswechsel stattgefunden, wenn Anhang 10 ZK-DVO keine spezifische Ursprungsregeln für die Ware vorsieht? Handelt es sich um eine sog. „Minimalbehandlung" (Art. 38 ZK-DVO)?
> 4. Handelt es sich um andere Waren, für die spezifische Ursprungskriterien gelten (Art. 35 iVm Anhang 11 ZK-DVO)?
> 5. Wenn spezifische Ursprungsregeln nicht bestehen: Wurden die Voraussetzungen der Generalklausel des Artikels 24 ZK erfüllt?
>   - Ist die Be- oder Verarbeitung wesentlich?
>   - Ist die Be- oder Verarbeitung wirtschaftlich gerechtfertigt?
>   - Ist das Unternehmen für diesen Zweck eingerichtet?
>   - Stellt die Be- oder Verarbeitung eine bedeutende Herstellungsstufe dar oder führt sie zur Herstellung eines neuen Erzeugnisses?
> 6. Wenn die unter 3.–5. genannten Kriterien nicht in dem Land erfüllt wurden, in dem der letzte Be- oder Verarbeitungsschritt vorgenommen wurde: wurden die Kriterien in einem anderen Land erfüllt, in dem das Erzeugnis zuvor be- oder verarbeitet worden war?
> 7. Liegt eine Umgehung im Sinne des Artikels 25 ZK vor? Wenn nein, bleibt der nach den Ziffern 3. bis 5. festgestellte Ursprung bestehen. Wenn ja, bleibt dasjenige Land das Ursprungsland, in dem das Erzeugnis vor seiner Ausfuhr in das Land der Montage seine letzte wesentliche Be- oder Verarbeitung erfahren hat.

E. Verbindliche Ursprungsauskünfte (vUA)

I. Einführung: Bedeutung der vUA

Zum 1. Januar 1997 hat die Europäische Union das Institut der verbindlichen Ursprungsauskunft (vUA) eingeführt und damit die entsprechenden Vorgaben des WTO-Übereinkommens über Ursprungsregeln[38] umgesetzt. Bis dahin konnten Wirtschaftsbeteiligte lediglich unverbindliche Auskünfte gem. Artikel 11 ZK über die Anwendung des Zollrechts bei den zuständigen Zollbehörden beantragen. Die vUA begründet hingegen eine rechtliche Bindung aller Zollbehörden in der Europäischen Union hinsichtlich der Feststellung des Ursprungs von Waren. Die Regelungen über die vUA lehnen sich im Wesentlichen an das Institut der verbindlichen Zolltarifauskunft (vZTA) an und schaffen für die Wirtschaftsbeteiligten eine höhere Kalkulationssicherheit und einen besseren Vertrauensschutz.

Eine erteilte vUA befreit den Importeur jedoch nicht von der Notwendigkeit, bei der Einfuhr ein von einer zuständigen Stelle im jeweiligen Versendungsland ausgestelltes Ursprungszeugnis vorzulegen, falls dies nach Bestimmungen des EU-Zollrechts erforderlich ist. Auch entbindet eine erteilte vUA beispielsweise Hersteller oder Exporteure bei der Beantragung von Ursprungszeugnissen für Exportzwecke nicht vom Nachweis des Ursprungs von Vormaterialien bzw. von bezogenen Handelswaren durch geeignete Unterlagen. Die vUA ist vielmehr ein zusätzliches Instrument für den Fall, dass der Antragsteller eine über

---
[38] ABl. EG Nr. L 336 vom 23.12.1994.

3. Teil. Exportwirtschaft (Ausfuhr, Zoll, Steuern)

den Bezirk der für ihn zuständigen Zollstelle hinausgehende europaweit bindende Entscheidung wünscht. Das relativ starre Verfahren bei der Beantragung und Erteilung von verbindlichen Ursprungsauskünften bringt einem Unternehmen in der Regel nur dann Vorteile, wenn die Ursprungsentscheidung von anderen Institutionen in der Europäischen Union übernommen werden soll.

II. Rechtsgrundlagen und Antragsverfahren

64   Rechtsgrundlagen für die Beantragung und die Erteilung verbindlicher Ursprungsauskünfte sind die Artikel 12 ZK und die Artikel 5 bis 14 ZK-DVO. Eine vUA bezieht sich auf die Feststellung des nichtpräferenziellen Ursprungs nach Artikel 22 bis 26 Zollkodex sowie des präferenziellen Ursprungs nach Artikel 27 Zollkodex.

65   **1. Zuständige Behörden.** In der Bundesrepublik Deutschland sind die Zuständigkeiten für die Erteilung von vUA zwischen der Zollverwaltung einerseits und den Industrie- und Handelskammern andererseits geteilt (§ 6 Abs. 8 und 9 Zollverwaltungsgesetz). Die **Industrie- und Handelskammern** sind zuständig für die Feststellung des nichtpräferenziellen Ursprungs für Waren, die in der Europäischen Union vollständig gewonnen oder hergestellt oder be- oder verarbeitet werden. Dies gilt nicht für Waren, für die gemeinsame Marktorganisationen bestehen, nach denen die Gewährung von Leistungen (zB Ausfuhrerstattungen) vom nichtpräferenziellen Ursprung der Waren abhängt. Die **Zollverwaltung** erteilt vUA für Waren aller Kapitel des Zolltarifs im Hinblick auf den präferenziellen Ursprung sowie bezüglich des nichtpräferenziellen Ursprungs, sofern er für die Erfüllung zollrechtlicher Förmlichkeiten bei der Einfuhr und Ausfuhr von Bedeutung ist. Seit dem 1. Januar 2009 ist das Hauptzollamt Hannover, Waterloostraße 5, 30169 Hannover, die zentrale Stelle der Zollverwaltung für die Erteilung von vUA.

66   **2. Antrag auf Erteilung einer vUA.** Der Antrag auf Erteilung einer vUA ist schriftlich bei der zuständigen Zollbehörde (auch die IHKs gelten in diesem Zusammenhang als Zollbehörden) desjenigen EU-Mitgliedsstaats zu stellen, in dem die vUA verwendet werden soll oder in dem der Antragsteller ansässig ist (Artikel 6, Abs. 1 ZK-DVO). Für die Antragstellung ist kein besonderer Vordruck vorgeschrieben. Aus Vereinfachungsgründen wird jedoch in der Bundesrepublik Deutschland empfohlen, das von der Zollverwaltung zur Verfügung gestellte Muster „Antrag auf Erteilung einer verbindlichen Ursprungsauskunft" (Vordruck 0305) zu verwenden, das aus dem Formularcenter der Zollverwaltung im Internet heruntergeladen werden kann (www.zoll.de). Der Antrag muss die in Artikel 6 Abs. 3 ZK vorgeschriebenen Angaben enthalten. Wenn die Zollbehörden der Auffassung sind, dass die im Antrag gemachten Angaben nicht ausreichen, können sie vom Antragsteller noch weitere Angaben nachfordern. Nach Vorliegen aller für die Entscheidung notwendigen Angaben ist die Zollbehörde verpflichtet, die vUA innerhalb von 150 Tagen zu erteilen (Artikel 6 Abs. 4 ZK-DVO). Die Erteilung der vUA erfolgt gebührenfrei. Den Zollbehörden entstandene Auslagen können dem Antragsteller in Rechnung gestellt werden.

67   **3. Rechtswirkung der vUA und Rechtsschutz. a) Rechtswirkung der vUA.** Die vUA bindet die Zollbehörden in der Europäischen Union gegenüber dem Berechtigten hinsichtlich der Feststellung des Ursprungs der betreffenden Ware. Sie gilt nur für den in der Auskunft dargestellten Sachverhalt und für die in der Auskunft beschriebene Ware, sofern die Zollförmlichkeiten nach dem Zeitpunkt der vUA-Erteilung erfüllt werden (Artikel 12 Abs. 2 ZK). Ab dem Zeitpunkt ihrer Erteilung ist eine vUA drei Jahre lang gültig (Artikel 12 Abs. 4 ZK) und kann somit nicht rückwirkend verwendet werden.

68   Eine vUA wird zurückgenommen, wenn sie auf unrichtigen oder unvollständigen Angaben des Antragstellers beruht (Artikel 12 Abs. 4 ZK). In Artikel 12 Abs. 5 und 6 ZK werden weitere Fälle aufgelistet, in denen eine vUA abweichend von dem Grundsatz der dreijährigen Gültigkeit ungültig werden kann. So wird eine vUA zB ungültig, wenn sich die

angewendeten Rechtsgrundlagen ändern oder sie nicht mehr vereinbar ist mit einem Urteil des Europäischen Gerichtshofs oder auf internationaler Ebene mit dem in der Welthandelsorganisation (WTO) erarbeiteten Übereinkommen über Ursprungsregeln oder den Erläuterungen oder den zur Auslegung dieses Abkommens angenommenen Stellungnahmen über den Ursprung. Maßgeblich für den Zeitpunkt, zu dem eine vUA ungültig wird, ist das bei der Veröffentlichung der genannten Maßnahmen angegebene Datum bzw. bei auf internationaler Ebene erlassenen Maßnahmen das Datum, das in der im Amtsblatt der Europäischen Union veröffentlichen Kommissionsmitteilung angegeben ist. Eine vUA kann auch ohne Rechtsänderung für ungültig erklärt werden, wenn sie mit dem Recht auf Unionsebene oder internationaler Ebene nicht mehr vereinbar ist.

Wenn eine vUA aus Gründen ungültig wird, die der Berechtigte nicht zu vertreten hat, **69** dann genießt er unter bestimmten Voraussetzungen Vertrauensschutz für sechs weitere Monate, sofern er nachweisen kann, dass er vor der Veröffentlichung bzw. Inkenntnissetzung im Vertrauen auf die vUA rechtsverbindliche und endgültige Verträge zum Kauf oder Verkauf der betreffenden Waren geschlossen hat (Artikel 12 Abs. 6 ZK). Für Erzeugnisse, für die eine Einfuhr- oder eine Ausfuhrlizenz oder eine Vorausfestsetzungsbescheinigung bei der Feststellung von Zollförmlichkeiten vorgelegt wird, tritt der Gültigkeitszeitraum dieser Lizenz oder Bescheinigung an die Stelle des Sechsmonatszeitraums.

b) Rechtsschutz. Das Rechtsbehelfsverfahren im Zollrecht ist in den Artikeln 243–245 **70** ZK geregelt.[39] Nach Artikel 243 Abs. 1 UA 1 ZK kann jede Person einen Rechtsbehelf gegen die Entscheidungen der Zollbehörden auf dem Gebiet des Zollrechts einlegen, die sie unmittelbar und persönlich betreffen. Artikel 243 Abs. 1 UA 2 sieht die Möglichkeit vor, dass einen Rechtsbehelf eingelegen kann, wer bei den Zollbehörden eine Entscheidung auf dem Gebiet des Zollrechts beantragt hat und von der Zollbehörde innerhalb der Frist nach Artikel 6 Abs. 2 ZK keine Entscheidung erhalten hat. Artikel 243 Abs. 2 ZK sieht ausdrücklich die Möglichkeit eines zweistufigen Rechtsbehelfsverfahrens vor, dessen Einzelheiten nach Artikel 245 ZK von den Mitgliedstaaten erlassen werden. Hinsichtlich des Rechtsweges kommt es in der Bundesrepublik Deutschland darauf an, ob es sich bei den Zollbehörden um Bundes- oder Landesfinanzbehörden oder sonstige Behörden handelt. Geht es um Entscheidungen der Zollverwaltung als Bundesfinanzbehörde, dann ist der Finanzrechtsweg zu beschreiten. Bei Entscheidungen der Industrie- und Handelskammern ist hingegen der Verwaltungsrechtsweg gegeben. Bei **Untätigkeit** der deutschen Zollverwaltung im Zusammenhang mit der Erteilung einer vUA ist nach Artikel 243 Abs. 1 UA 2 ZK iVm § 347 Abs. 1 S. 2 AO Einspruch einzulegen, der gemäß § 355 Abs. 2 AO unbefristet ist. Wird über den Einspruch nicht innerhalb einer angemessenen Frist entschieden, kann nach § 46 Abs. 1 FGO Untätigkeitsklage vor dem Finanzgericht erhoben werden. Bei Untätigkeit einer Industrie- und Handelskammer ist ein außergerichtlicher Rechtsbehelf nicht vorgesehen, und es besteht die Möglichkeit zur Klage nach § 75 VwGO vor dem zuständigen Verwaltungsgericht. In der **Hauptsache** ist in der ersten Stufe gegen die Entscheidungen der Zollverwaltung Einspruch einzulegen, bevor in der zweiten Stufe Klage vor dem Finanzgericht erhoben werden kann. Gegen Entscheidungen einer Industrie- und Handelskammer muss zunächst Widerspruch gemäß § 69 VwGO erhoben werden, bevor eine Klage vor dem Verwaltungsgericht möglich ist.

F. Nach dem EU-Zollrecht ausgestellte Ursprungszeugnisse

Die formellen Anforderungen an die zu verwendenden Ursprungszeugnis-Formulare **71** sowie das Verfahren bei der Ausstellung von Ursprungszeugnissen sind in den Artikeln 48 bis 54 der ZK-DVO geregelt.

---

[39] Hinsichtlich der Einzelheiten wird auf die einschlägigen Kommentare verwiesen (zB: Witte/*Alexander* Art. 243 ff.; Dorsch/*Rüsken* Art. 243 ff.).

3. Teil. Exportwirtschaft (Ausfuhr, Zoll, Steuern)

I. Der EG-Vordruck für Ursprungszeugnisse

72 Gemäß Artikel 49 der ZK-DVO werden Ursprungszeugnisse auf schriftlichen Antrag des Beteiligten erteilt. Die von den zuständigen Behörden oder ermächtigten Stellen der Mitgliedstaaten der Europäischen Union für Ausfuhrzwecke ausgestellten Ursprungszeugnisse sowie die Anträge hierzu müssen auf Formblättern erstellt werden, die den Mustern in Anhang 12 der ZK-DVO entsprechen. In Deutschland hat das Bundesministerium der Finanzen von der nach Art. 50 Abs. 3 ZK-DVO bestehenden Möglichkeit Gebrauch gemacht, Fachverlagen die Lizenz zum Druck der Formulare zu erteilen. Auf jedem Formblatt des Ursprungszeugnisses muss auf diese Ermächtigung hingewiesen werden, und jedes Ursprungszeugnis muss den Namen und die Anschrift oder das Kennzeichen der Druckerei enthalten. Die Ursprungszeugnis-Formulare können in Deutschland sowohl im Formularfachhandel als auch bei den meisten Industrie- und Handelskammern erworben werden. Ein Formularsatz[40] besteht aus

- einem **Original,** dessen Vorderseite mit einer Seriennummer und einem bräunlich guillochierten Überdruck versehen ist, auf dem jede mechanisch oder chemisch vorgenommene Fälschung sichtbar wird,
- einem rosafarbenen **Antrag,** mit dem der Antragsteller die Ausstellung des Ursprungszeugnisses bei der zuständigen Stelle beantragt
- und ggf. einer oder mehrerer **Durchschriften,** die auf einem gelben Vordruck ausgestellt werden.

73 Für jede Warensendung darf nur ein Original-Ursprungszeugnis ausgestellt werden. Aus verschiedenen Gründen kann es im internationalen Handelsverkehr vorkommen, dass mehrere Exemplare eines Ursprungszeugnisses verlangt werden. So benötigen Banken im Zusammenhang mit der Zahlungsabwicklung per Dokumenten-Akkreditiv in der Regel eine oder mehrere Durchschriften, die mit dem Dienstsiegel der ausstellenden Stelle versehen sind. Kopien der ausgestellten Originale sind hierfür grundsätzlich nicht ausreichend. Gleiches gilt für die Botschaften, Generalkonsulate oder Konsulate anderer Länder, sofern dort eine Legalisierung der ausgestellten Ursprungszeugnisse beantragt wird. Auch einige Zollverwaltungen in Drittländern verlangen bei der Einfuhr neben der Vorlage des Original-Ursprungszeugnisses eine oder mehrere Durchschriften. Das Exportnachschlagewerk *„K und M"* der Handelskammer Hamburg sowie die *„Begleitpapiere für Ausfuhrsendungen"* des Mendel-Verlages informieren auch darüber, wie viele Durchschriften für Einfuhr- und Legalisierungszwecke in den jeweiligen Ländern benötigt werden.

II. Beantragung und Ausstellung von Ursprungszeugnissen

74 **1. Zur Ausstellung von Ursprungszeugnissen berechtigte Stellen.** In der Bundesrepublik Deutschland sind in erster Linie die Industrie- und Handelskammern (IHKs) für die Ausstellung von Ursprungszeugnissen zuständig.[41] Die Vollversammlungen der einzelnen IHKs haben Statuten als Satzungsrecht verabschiedet, aus dem sich weitere Modalitäten für die Ausstellung von Ursprungszeugnissen ergeben (zB die örtliche Zuständigkeit, Grundsätze bei der Ausstellung, Aufbewahrungsfristen, etc.). Als Ergänzung zu ihrem Statut hat jede IHK Richtlinien in Form einer Verwaltungsvorschrift erlassen, die die allgemeinen Vorschriften des Statuts für die Anwendung in der Praxis handhabbar machen. Um eine bundesweit einheitliche Praxis bei der Ausstellung von Ursprungszeugnissen zu gewährleisten, orientieren sich die IHKs an einem von der gesamten IHK-Organisation erarbeiteten **Musterstatut** sowie an einer **Musterrichtlinie.** Die Statuten und Richtlinien gelten nur im Zuständigkeitsbereich der jeweiligen IHK und können bei dieser eingesehen werden.

---

[40] Das Muster eines Formularsatzes ist am Ende dieses Abschnitts unter G. Ursprungszeugnis-Formular (→ Rn. 87) abgedruckt.
[41] Dieses Recht ergibt sich aus § 1 Abs. 3 des Gesetzes zur vorläufigen Regelung des Rechts der Industrie- und Handelskammern vom 18. Dezember 1956 (IHK-Gesetz).

Abschnitt 30. Nichtpräferenzielles Ursprungsrecht

Die IHKs sind nach geltendem Recht bezüglich der Ausstellung von Ursprungszeugnissen örtlich nur zuständig für ihren jeweiligen Bezirk. Das bedeutet, dass Antragsteller grundsätzlich nur bei derjenigen IHK Ursprungszeugnisse beantragen können, in deren Bezirk Sie ihren Sitz haben. Gewerbetreibende Unternehmen müssen daher mit Ihrer Hauptniederlassung, einer Zweigniederlassung oder einer Betriebsstätte Mitglied bei der jeweiligen IHK sein. Um in Ausnahmefällen im Interesse der Antragsteller flexibel sein zu können, dürfen IHKs auch für Antragsteller Ursprungszeugnisse ausstellen, die nicht in ihrem Bezirk ansässig sind. Nach dem Muster-Statut ist dies jedoch nur nach vorheriger Zustimmung der eigentlich örtlich zuständigen IHK zulässig.

Aufgrund der anerkannten Kompetenz der IHKs hinsichtlich der Ausstellung von Ursprungszeugnissen und anderer Bescheinigungen für den Außenwirtschaftsverkehr machen die folgenden Behörden und Stellen, die nach deutschem Recht ebenfalls zur Ausstellung von Ursprungszeugnissen berechtigt sind, in der Regel von ihrem Recht keinen Gebrauch: Zollverwaltung, Handwerkskammern[42] und Landwirtschaftskammern[43]. 75

2. Inhalt der Ursprungszeugnisse. Ein von den zuständigen Behörden oder ermächtigten Stellen der Mitgliedstaaten für den Exporthandel ausgestelltes Ursprungszeugnis muss nach Artikel 48 Abs. 2 iVm Art. 47 Buchstabe b Zollkodex-DVO alle Angaben enthalten, die zur Feststellung der Nämlichkeit der Waren erforderlich sind, auf die es sich bezieht, insbesondere: 76
- Anzahl, Art, Zeichen und Nummern der Packstücke,
- Beschaffenheit der Ware,
- Roh- und Reingewicht der Ware; diese Angaben können durch andere Angaben wie Anzahl oder Rauminhalt ersetzt werden, wenn die Ware während des Transports erheblichen Gewichtsveränderungen unterliegt oder wenn ihr Gewicht nicht ermittelt werden kann oder wenn die Feststellung der Nämlichkeit normalerweise durch diese Angaben gewährleistet ist;
- Name des Absenders;

In Feld 3 des Ursprungszeugnisses wird grundsätzlich bescheinigt, dass die Waren ihren Ursprung in der Europäischen Union[44] haben (Art. 48 (3) ZK-DVO). Dadurch kommt zum Ausdruck, dass es sich bei der Europäischen Union um eine Zollunion mit einem gemeinsamen Zollgebiet handelt. Einige Drittländer erkennen jedoch die Ursprungsangabe „Europäische Union" nicht an. Daher sieht die Zollkodex-DVO die Möglichkeit vor, auch den Warenursprung in einem Mitgliedstaat der Europäischen Union zu bescheinigen, sofern dies für das Exportgeschäft notwendig ist. Wenn die Voraussetzungen des Artikels 24 Zollkodex jedoch nur durch mehrere in verschiedenen Mitgliedstaaten ausgeführte Be- oder Verarbeitungsvorgänge erfüllt werden, darf nur der Ursprung in der Europäischen Union bescheinigt werden. Die Ausstellung von Ursprungszeugnissen für Waren, die ihren Ursprung nicht in der Europäischen Union haben (sog. **„Transitursprungszeugnisse"**), ist im EU-Zollrecht nicht ausdrücklich vorgesehen. Die IHKs stellen jedoch auch Ursprungszeugnisse für Drittlandswaren aus, was einer international üblichen Praxis entspricht. 77

3. Ursprungsnachweise. Bei der Beantragung eines Ursprungszeugnisses hat der Antragsteller den nichtpräferenziellen Ursprung der in dem Zeugnis aufgeführten Waren in geeigneter Weise zu belegen. Abhängig von seiner Position in der internationalen Lieferkette und vom jeweiligen Ursprungsland kommen unterschiedliche Arten von Ursprungsnachweisen in Betracht. Ergibt sich aus dem Antrag auf Ausstellung eines Ursprungszeug- 78

---

[42] Rechtsgrundlage ist § 91 Abs. 1 Nr. 12 des Gesetzes zur Ordnung des Handwerks (Handwerksordnung, HWO).
[43] Siehe landesrechtliche Vorschriften über die Errichtung von Landwirtschaftskammern.
[44] Aufgrund des am 1.12.2009 in Kraft getretenen Lissabon-Vertrags ist in nichtpräferenziellen Ursprungszeugnissen als Ursprungsland „Europäische Union" statt „Europäische Gemeinschaft" zu verwenden. Die Formularvordrucke bleiben bis zur Änderung des Anhangs 12 zur Zollkodex-DVO unverändert gültig.

nisses, dass die Waren **„im eigenen Betrieb in der BR Deutschland"** hergestellt wurden, so können die IHKs in der Regel aufgrund ihrer Kenntnis des Produktionsprogramms des Mitgliedsunternehmens den Ursprung „Europäische Union" oder „Bundesrepublik Deutschland (Europäische Union)" ohne weitere Nachweise bescheinigen. Waren gelten als im eigenen Betrieb in der Bundesrepublik (Hauptsitz, Zweigniederlassung, Betriebsstätte) hergestellt, wenn sie dort einer ursprungsbegründenden Be- oder Verarbeitung gemäß den Artikeln 23 und 24 Zollkodex sowie den entsprechenden Vorschriften der Zollkodex-DVO unterzogen wurden. In Zweifelsfällen können die IHKs weitere geeignete Nachweisunterlagen verlangen und sich den Herstellungsprozess im Betrieb des Antragstellers demonstrieren lassen. Ergibt sich aus dem Antrag oder ist der IHK bekannt, dass die Waren **„in einem anderen Betrieb"** hergestellt wurden, so müssen bei der Antragstellung Nachweise vorgelegt werden, aus denen sich der Ursprung der Waren zweifelsfrei ergibt. Dies gilt auch für Waren, die im eigenen Betrieb des Antragstellers in anderen Mitgliedstaaten der Europäischen Union sowie in Drittländern hergestellt wurden. Zur Prüfung der Richtigkeit der gemachten Angaben können die IHKs weitere mündliche oder schriftliche Auskünfte sowie die Einsichtnahme in die entsprechenden Geschäftsunterlagen des Antragstellers verlangen.

79 **a) Nichtpräferenzielle Ursprungszeugnisse.** Als Ursprungsnachweise kommen zunächst nichtpräferenzielle Ursprungszeugnisse in Betracht, die von anderen zur Ausstellung von Ursprungszeugnissen berechtigten Stellen ausgestellt wurden. Bei der Anerkennung von Ursprungszeugnissen, die in anderen Ländern ausgestellt wurden, orientieren sich die IHKs grundsätzlich an den Vorschriften, die auch für die Einfuhr in die Europäische Union gelten. Wenn der Ursprung von Waren bei der Einfuhr durch die Vorlage eines Ursprungszeugnisses nachzuweisen ist oder nachgewiesen wird, dann muss das Zeugnis von einer Behörde oder einer anderen vom Ausstellungsland dazu ermächtigten und zuverlässigen Stelle ausgestellt worden sein (Art. 47 Buchst. a ZK-DVO). Diese gemeinschaftsrechtliche Vorgabe wurde in § 38 Abs. 2 der Außenwirtschaftsverordnung (AWV) übernommen, wonach die zur Ausstellung von Ursprungszeugnissen berechtigten Stellen vom Bundesministerium für Wirtschaft und Technologie im Bundesanzeiger bekannt gegeben werden. Der aktuelle **Runderlass Außenwirtschaft Nr. 2/2014** vom 6. 3. 2014 über nichtpräferenzielle Ursprungszeugnisse bei der Wareneinfuhr wurde am 13. 3. 2014 im amtlichen Teil des Bundesanzeigers (BAnz AT 13. 3. 2014 B 1) veröffentlicht.[45] Wird eine Ware nicht unmittelbar aus ihrem Ursprungsland eingeführt, kann auch ein Ursprungszeugnis anerkannt werden, das von einer berechtigten Stelle des Versendungslandes ausgestellt wurde (§ 38 Abs. 2 AWV).

80 **b) Präferenznachweise.** Als Nachweise für den nichtpräferenziellen Warenursprung können die IHKs grundsätzlich auch **Präferenznachweise** anerkennen, die nach den in der Europäischen Union geltenden Vorschriften als Nachweise für Ursprungswaren der Europäische Union, eines ihrer Mitgliedstaaten oder eines anderen Staates oder Gebietes gelten. Mögliche Ursprungsnachweise sind daher die **Warenverkehrsbescheinigungen EUR.1 und EUR-MED,** die entsprechenden präferenziellen Ursprungserklärungen, sowie **Ursprungszeugnisse nach Formblatt A,** die in Ländern ausgestellt wurden, die Zollvergünstigungen im Rahmen des Schemas allgemeiner Zollpräferenzen der Europäischen Union für Entwicklungsländer (APS/GSP) erhalten. Außerdem kommen in der Europäischen Union ausgestellte **Lieferantenerklärungen für Waren mit Präferenzursprungseigenschaft** als Ursprungsnachweise in Betracht, sofern sie den Anforderungen der Verordnung (EG) Nr. 1207/2001 entsprechen. Dagegen sind in der Türkei ausgestellte Warenverkehrsbescheinigungen A.TR keine geeigneten Ursprungsnachweise, weil die Zollpräferenzen im Rahmen der Zollunion zwischen der Europäischen Union und der Türkei für Waren der gewerblichen Wirtschaft (ab Kap. 25 des Zolltarifs) nicht auf der Ursprungseigenschaft sondern auf der Freiverkehrseigenschaft einer Ware beruhen.

---

[45] Der Runderlass Außenwirtschaft Nr. 2/2014 ist auch auf der Internetseite der deutschen Zollverwaltung (www.zoll.de) einsehbar.

Abschnitt 30. Nichtpräferenzielles Ursprungsrecht

Problematisch bei der Anerkennung von Präferenznachweisen als Nachweise für den **81** nichtpräferenziellen Ursprung ist, dass präferenzieller und nichtpräferenzieller Ursprung einer Ware voneinander abweichen können.[46] Aufgrund unterschiedlicher Zielsetzungen der beiden Rechtsbereiche sind die Ursprungsregeln nicht identisch. Nach den nichtpräferenziellen Ursprungsregeln der Art. 23 ff. ZK kann für jede Ware ein Ursprung ermittelt werden. Das ist im präferenziellen Ursprungsrecht nicht der Fall. Erfüllt der Be- oder Verarbeitungsprozess einer Ware nicht die für sie geltende präferenzielle Ursprungsregel, so verfügt die Ware nicht über die präferenzielle Ursprungseigenschaft, und es darf kein Präferenznachweis ausgestellt werden. Bei der Einfuhrzollabfertigung im Präferenzpartnerland kommt in solchen Fällen der Drittlandszollsatz zur Anwendung. Das Fehlen eines präferenziellen Ursprungsnachweises wirkt sich grundsätzlich nicht auf die Zulässigkeit der Einfuhr aus.

Die präferenziellen Ursprungsregeln sind in der Regel schwerer zu erfüllen als die nicht- **82** präferenziellen. Daher kann man in der Praxis grundsätzlich davon ausgehen, dass eine Ware, die in einem bestimmten Land ihren präferenziellen Ursprung erlangt hat, dort auch ihren nichtpräferenziellen Ursprung hat. Umgekehrt gilt diese Vermutung nicht. Dieser Schluss ist jedoch nur dann zwingend, wenn die Ware ihren präferenziellen Ursprung „autonom", dh ohne Anwendung von Kumulierungsregeln, erworben hat.[47] Aus diesem Grund können IHKs bei der Ausstellung von Ursprungszeugnissen zB solche Präferenznachweise nicht als Ursprungsnachweise akzeptieren, aus denen hervor geht, dass der Ursprung unter Anwendung der Kumulierungsregeln des Paneuropa-Mittelmeer-Raums erlangt wurde. Erkennbar ist dies bei Warenverkehrsbescheinigungen EUR.MED, den entsprechenden präferenzielle Ursprungserklärungen und bei Lieferantenerklärungen für Waren mit Präferenzursprungseigenschaft nach der Verordnung (EG) Nr. 1207/2001 daran, dass „Kumulierung angewendet mit ..." angegeben wurde.

c) Sonstige Nachweise. Als **sonstige Nachweise** für den nichtpräferentiellen Warenur- **83** sprung können die IHKs Rechnungen, Lieferscheine und andere Geschäftspapiere von in der Europäischen Union ansässigen Herstellern anerkennen, wenn sie eindeutig erkennen lassen, dass die Waren in deren eigenen Betrieben in der Europäischen Union hergestellt wurden und ihren Ursprung in der Europäischen Union haben. Hiervon kann angesichts der weltweiten Arbeitsteilung im Zweifel nur noch dann ausgegangen werden, wenn die Geschäftspapiere eine ausdrückliche Hersteller- und Ursprungsangabe enthalten. Rechnungen oder sonstige Geschäftspapiere von Handelsunternehmen oder von drittländischen Herstellern können nach der IHK-Musterrichtlinie nur dann als Ursprungsnachweise anerkannt werden, wenn darin der Ursprung der Waren von einer zur Ausstellung von Ursprungszeugnissen berechtigten Stelle ausdrücklich bescheinigt wurde.

4. Zusätzliche Angaben auf dem Ursprungszeugnis. Je nach Bestimmungsland einer **84** Warensendung werden vom Importeur zusätzliche Angaben bzw. Erklärungen des Exporteurs auf dem Ursprungsformular verlangt. Die Notwendigkeit solcher Zusätze ergibt sich in der Regel aus den zoll- und außenwirtschaftlichen Regelungen der jeweiligen Drittländer.[48] Diese zusätzlichen Angaben und Erklärungen dürfen nur auf der Rückseite des Ursprungszeugnisses gemacht bzw. abgegeben werden, da im Feld 5 „Bemerkungen" auf der Vorderseite des Ursprungszeugnisses nur Hinweise wie zB die Rechnungsnummer, das Rechnungsdatum, die Akkreditiv-Nummer oder Hinweise auf nachträgliche Ausstellung zulässig sind. Die *„K und M – Konsulats- und Mustervorschriften"* der Handelskammer Hamburg sowie die *„Begleitpapiere für Ausfuhrsendungen"* des Mendel Verlages informieren über die diesbezüglichen besonderen Vorschriften in Drittländern, soweit diese bekannt sind.

---

[46] Vgl. im Folgenden *Bachmann*, Probleme des Ursprungsrechts, AW-Prax 1/2009, 11–13.
[47] *Bachmann*, Probleme des Ursprungsrechts, AW-Prax 1/2009, 13.
[48] Vgl. auch Warenursprung und Prüfungen Abschnitt 2.5.4.

3. Teil. Exportwirtschaft (Ausfuhr, Zoll, Steuern)

Beispiel: Vereinigte Arabische Emirate – Erklärung des Exporteurs auf der Rückseite des Ursprungszeugnisses

Auf der Rückseite des Ursprungszeugnisses ist vom Ausführer nachstehende rechtsverbindlich (lt. Handelsregister) zu unterschreibende Erklärung abzugeben (Beispiel für Waren der BR Deutschland)[49]:

„We hereby declare that the mentioned merchandise is being exported for our own account. The goods are of pure German origin. The goods were manufactured by … (Name und vollständige Adresse)."

Die zusätzlichen Angaben und Erklärungen auf der Rückseite des Ursprungszeugnisses dürfen nicht im Widerspruch zu den Angaben auf der Vorderseite stehen. Im Zweifel sollte die Zulässigkeit der vom Importeur verlangten Zusatzangaben vor der Beantragung eines Ursprungszeugnisses mit der zuständigen IHK geklärt werden.

III. Rechtscharakter von Ursprungszeugnissen und Rechtsschutz

85   Von den IHKs ausgestellte Ursprungszeugnisse sind nach deutschem Recht öffentliche Urkunden im Sinne des § 415 ZPO. Das Wesen einer öffentlichen Urkunde liegt darin, dass sie bis zum Nachweis des Gegenteils den vollen Beweis für die Richtigkeit des darin bezeugten Inhalts begründet. Als öffentliche Urkunden genießen Ursprungszeugnisse den Schutz des § 271 StGB. Mittelbare Falschbeurkundung begeht nach § 271 StGB, „wer bewirkt, dass Erklärungen, Verhandlungen oder Tatsachen, welche für Rechte oder Rechtsverhältnisse von Erheblichkeit sind, in öffentlichen Urkunden, Büchern, Dateien oder Registern als abgegeben oder geschehen beurkundet oder gespeichert werden, während sie überhaupt nicht oder in anderer Weise oder von einer Person in einer ihr nicht zustehenden Eigenschaft oder von einer anderen Person abgegeben oder geschehen sind, …" Die mittelbare Falschbeurkundung wird mit Freiheitsstrafe bis zu drei Jahren oder mit Geldstrafe bestraft.

86   Die Ausstellung eines Ursprungszeugnisses ist ein Verwaltungsakt. Es handelt sich dabei um eine zollrechtliche Entscheidung im Sinne des Art. 4 Nr. 5 ZK. Mit dieser Entscheidung wird eine rechtliche Feststellung dergestalt getroffen, dass die im Zeugnis aufgeführte Ware ihren Ursprung in einem bestimmten Land hat. Da die Feststellung auf Antrag eines Begünstigten getroffen wird, handelt es sich um einen begünstigenden Verwaltungsakt, der gemäß Art. 8 oder Art. 9 Abs. 1 ZK zurückgenommen bzw. widerrufen werden kann. Als Rechtsbehelf gegen die Ablehnung der Ausstellung eines Ursprungszeugnisses oder gegen die Rücknahme oder den Widerruf eines bereits ausgestellten Ursprungszeugnisses steht dem Antragsteller zunächst der Widerspruch (§ 69 VwGO) bei der zuständigen IHK zur Verfügung. Gegen die Widerspruchsentscheidung kann Klage beim zuständigen Verwaltungsgericht (§ 75 VwGO) erhoben werden.

---

[49] „K und M", Länderteil Vereinigte Arabische Emirate, S. 457.

Abschnitt 30. Nichtpräferenzielles Ursprungsrecht

G. Ursprungszeugnis-Formular Anhang 12 Zollkodex-DVO

Abschnitt 31. Präferenzrecht

Übersicht

	Rn.
A. Einführung	1
B. Materielles Warenursprungs- und Präferenzrecht	4
I. Einführung	4
1. Vertragliche Präferenzen	5
2. Allgemeines Präferenzsystem (APS)	7
3. Weitere autonome Präferenzen der EU	16
4. Regelungsort der Ursprungsregeln	17
5. Wichtige Präferenzabkommen	18
6. Grundsatz der strengen Relativität	20
7. Pan-Euro-Med-Zone	21
8. Diagonale Kumulierung	22
9. Verbindliche Ursprungsauskunft	24
II. Gewährung der Präferenz nur bei der Anmeldung zum zollrechtlichen freien Verkehr	25
III. Präferenzeigenschaften: Ursprung/Freiverkehr	28
IV. Präferenzberechtigte Waren/Materielle Ursprungsregeln	31
1. Einführung	31
2. Prüfungsschema zur Bestimmung des Präferenzursprungs bei ausreichender Be- oder Verarbeitung	34
3. Abkommensware	35
4. Minimalbehandlungen	36
5. Kumulierungsregeln	39
a) Kumulierung der Herstellungsländer	39
b) Kumulierung der Be- und Verarbeitungen	45
c) Zur eingeschränkten diagonalen Kumulierung in der Pan-Euro-Med-Zone	47
6. Verarbeitungsliste	50
a) Allgemeines	50
b) Listenregeln	57
c) Positionswechsel	58
d) Wertklausel	61
7. Sonstige Ursprungsregeln	65
a) Zubehör, Ersatzteile und Werkzeuge	65
b) Warenzusammenstellungen	66
c) Drawback-Verbot/Zollrückvergütungsverbot	67
V. Die vier Grundprinzipien des Präferenzrechts	71
1. Einleitung	71
2. Das Identitätsprinzip	72
a) Strikte physische Trennung von Vormaterialien mit und ohne Ursprung	72
b) Buchmäßige Trennung	73
3. Territorialitätsprinzip	75
4. Direktbeförderungsprinzip	77
5. Dokumentation- oder Nachweisprinzip	79
C. Formelles Ursprungsrecht	84
I. Struktur	84
II. Formen der Präferenznachweise	85
1. Freiverkehrspräferenz	85
2. Ursprungspräferenz	86
a) Regelfall	86
b) Registrierter Ausführer	87
c) EUR-MED	91
d) „Erklärung auf der Rechnung"/Ermächtigter Ausführer	94
3. Rechtsnatur der Präferenznachweise/Rechtsschutz	101
4. Lieferantenerklärungen	104
a) Definition/Rechtsnatur der Lieferantenerklärung	104
b) Nachträgliche Prüfung	108
c) Sechs Formen der Lieferantenerklärung	110
d) Formelle Richtigkeit	111
e) Pan-Euro-Med-Zone/Praxistipp	113
III. Ausstellung von Ursprungszeugnissen	115

Abschnitt 31. Präferenzrecht

	Rn.
IV. Vorlage und Anerkennung von Präferenznachweisen	117
1. Verfahren	117
2. Bindungswirkung des förmlichen Präferenznachweises	118
V. Nachträgliche Prüfung	123
1. Struktur	123
2. Rechtsfolgen der Prüfung	125
3. Vertragliche/autonome Präferenzen	127
4. Rechtsschutz	129
D. Zollschuldrechtliche Haftungsrisiken für den gemeinschaftsansässigen Einführer	131
I. Vorbemerkung	131
II. Nacherhebung nach Art. 220 Abs. 1 ZK	132
1. Grundsatz	132
2. Vertrauensschutz nach Art. 220 Abs. 2 lit. b UAbs. 2 ZK	133
III. Rechtsschutz	136
IV. Erstattung oder Erlass aus Billigkeitsgründen	138
1. Art. 239 Abs. 1, 1. Anstrich ZK iVm Art. 900 Abs. 1 lit. o DVO	138
2. Art. 239 Abs. 1, 2. Anstrich ZK iVm Art. 905 DVO	139
3. Rechtsschutz	141
E. Strafrechtliche Haftung	143
I. Vorbemerkungen zu den Steuerstraftaten	143
1. Ausfuhrfälle	143
2. Einfuhrfälle	145
II. Steuerhinterziehung, § 370 AO	146
1. Einfuhr	146
2. Ausfuhr	149
III. Besonders schwere Fälle der Zollhinterziehung, §§ 370 Abs. 3, 373 AO	151
IV. Leichtfertige Steuerverkürzung, § 378 AO/Steuergefährdung, § 379 AO	153
V. Urkundsdelikte, §§ 267, 271, 348 StGB	154
F. Zivilrechtliche Haftungsrisiken	155
I. Grundkonstellation	155
II. Zivilrechtliche Beurteilung der Lieferantenkette	156
1. Kaufvertrag Ausführer/Einführer	156
a) Grundsätzliches	156
b) Präferenzpapiere	157
c) Praxistipp	160
2. Kaufvertrag Ausführer/Lieferant	161
a) Anwendbares Recht	161
b) Sachmangel	162
c) Unrichtiges Präferenzpapier	163
III. Vertragsgestaltung	164
IV. Checkliste für den Ausführer	165

Literatur: *Bender/Möller/Retemeyer*, Zoll- und Verbrauchsteuerstrafrecht, Loseblatt; *Dorsch* (Hrsg. Rüsken), Kommentar zum Zollrecht-, Loseblatt; *Witte* (Hrsg.), Zollkodex, Kommentar, 5. Aufl. 2009; *Möller/Schumann*, Warenursprung und Präferenzen, Handbuch, 6. Aufl. 2011; *Notz*, Warenursprung und Präferenzen in der täglichen Praxis, Loseblatt; *Schlechtriem/Schwenzer*, Kommentar zum Einheitlichen UN-Kaufrecht – CISG –, 6. Aufl. 2013; *Wolffgang/Felderhoff*, Neue Entwicklungen in den EU-Präferenzmaßnahmen, AW-Prax 2011, 105 ff.

A. Einführung

Handelspräferenzen, also Ursprungs- und Freiverkehrspräferenzen vermitteln zolltarifli- **1** che Vorzugsbehandlungen für bestimmte Waren aus bestimmten begünstigten Ländern. Ein Preisfaktor im internationalen Warenverkehr ist die Abgabenbelastung bei der Einfuhr, die weltweit durch Zollpräferenzen vermindert, oft sogar auf Null reduziert werden kann. Laut dem Jahresbericht der Welthandelsorganisation (World Trade Report 2011) wird derzeit die Hälfte des Welthandels in den verschiedenen Präferenzräumen abgewickelt. Dabei ist ein WTO Mitgliedstaat durchschnittlich an 13 regionalen Handelsabkommen beteiligt. Der präferenzielle Marktzugang eröffnet damit Wege für die Gestaltung und Optimierung von Herstellungsprozessen und für die Wahl der Beschaffungs- und Absatzmärkte. So ermög-

3. Teil. Exportwirtschaft (Ausfuhr, Zoll, Steuern)

licht die genaue Kenntnis des Präferenzrechts einem gemeinschaftsansässigen Hersteller die Bestimmung des „optimalen" Produktionsstandortes: Der Verlust des Präferenzstatus kann per saldo teurer werden als die mit der Auslagerung der Produktion in einem Drittland verbundene Kostenersparnis.

2 Beispiel: Aufgrund des zum 31.12.2007 ausgelaufenen präferenziellen AKP-Cotonou-Abkommens hatte ein in Hongkong ansässiges, weltweit operierendes Textilunternehmen über 10 Jahre lang chinesisches Garn in die Freizonen von Kingston/Jamaika geliefert. Dort hat es daraus von dazu extra gegründeten Tochterunternehmen Fertigtextilien herstellen lassen, die dann mit präferentiellem Ursprung Jamaika (Warenverkehrsbescheinigung EUR.1) zum Nullsatz in die EU eingeführt wurden. Die Zollersparnis im Vergleich zu Einfuhren aus der VR China betrug rd. 12% (Normalsatz). Zudem waren Einfuhren von Textilien mit nicht-präferentiellem Ursprung Jamaika im Gegensatz zu solchen aus China nicht kontingentiert („Multifaserabkommen"). Hier haben beide Seiten gut verdient, sowohl die chinesische Unternehmensgruppe als auch die Textilimporteure in den Mitgliedstaaten der EU.

3 Das Präferenzrecht hat zweifellos – angesichts der hohen Zollsätze in vielen Ländern – nach wie vor einen hohen Stellenwert, wenngleich es allmählich höchstkomplex ist. In der WTO-Datenbank (www.wto.org – „regional trade agreements") sind mittlerweile 575 Abkommen notifiziert (Stand: 31. Juli 2013), die sich auch noch teilweise überlappen. Das materielle Präferenzrecht (Warenursprungs- und Präferenzrecht, WuP) soll hier nur aus seinen Grundprinzipien heraus dargestellt werden (B.). Das formelle Präferenzrecht wird unter C., zollschuldrechtliche Fragen unter D., strafrechtliche und zivilrechtliche Haftungsfragen unter E. und F. behandelt.

B. Materielles Warenursprungs- und Präferenzrecht

I. Einführung

4 Vgl. zu den Präferenzen der EU den Elektronischen Zolltarif (EZT), kostenlos abrufbar über die Homepage der deutschen Zollverwaltung (www.zoll.de); zu den Präferenzen der Drittstaaten vgl. die Datenbank der Europäischen Kommission „market access database" (http://madb.europa.eu/madb/indexPubli.htm, kostenfreier Zugang).

5 **1. Vertragliche Präferenzen.** Die EU vereinbart präferentielle Handelsregelungen aufgrund von Art. 27 lit. a iVm Art. 20 Abs. 3 lit. d und e ZK in völkerrechtlichen Abkommen mit Drittstaaten.

6 Die EU hat gegenüber fast 200 Ländern und Gebieten solche zollrechtlichen Handelsregelungen eingeführt. Aufgrund des am 1.7.2011 in Kraft getretenen Freihandelsabkommens mit Südkorea (ABl. L 127) sind lediglich die USA, Kanada, Australien, Japan, Neuseeland, Singapur und Hongkong von einer präferentiellen Behandlung seitens der EU ausgenommen. Es werden jedoch derzeit Freihandelsabkommen mit den USA, Japan und Kanada verhandelt. Mit Singapur sind die Verhandlungen bereits abgeschlossen, am 20.9.2013 wurde ein entsprechender Entwurf vorgelegt. Besonders erwähnt sei das Abkommen mit den karibischen Staaten CARIFORUM. Es ist das erste vollständige Wirtschaftspartnerschaftsabkommen (Economic Partnership Agreement – „EPA"), das mit einer Gruppe der vorherigen AKP-Staaten (Staaten Afrikas, des karibischen Raums und des Pazifischen Ozeans, sog. „Abkommen von Cotonou") geschlossen wurde.[1]

7 **2. Allgemeines Präferenzsystem (APS).** Präferentielle Handelsregelungen setzt die EU autonom gem. Art. 27 lit. b iVm Art. 20 Abs. 3 lit. e ZK insbesondere durch ihr Allgemeines Präferenzsystem (APS, englisch scheme of generalised tariff preferences, GSP).

8 Das APS dient seit 1971 der wirtschaftlichen und sozialen Entwicklung der Entwicklungsländer. Dazu hat der Rat aufgrund der Leitlinien zur Rolle des APS im Zehnjahres-

---

[1] Vgl. weiter *Felderhoff* Der Zoll-Profi 06/2012, 2 ff.

Abschnitt 31. Präferenzrecht

zeitraum 2006–2015 (KOM 2004/461 endg.) ein „Schema allgemeiner Zollpräferenzen für den Zeitraum vom 1. Januar 2009 bis 31. Dezember 2011" verabschiedet.[2] Dieses Schema wurde Ende 2011 durch die VO 512/2011 – ABl. L 145/28 bis zum 31.12.2013 verlängert.[3] Es besteht aus einer allgemeinen Präferenzregelung für solche Länder, die die Weltbank nicht als Länder mit hohem Einkommen eingestuft hat und die ihre Ausfuhren nicht ausreichend diversifiziert haben (Art. 6), aus einer Sonderregelung für Entwicklungsländer mit nachhaltiger Entwicklung und verantwortungsvoller Staatsführung (Art. 7 ff. APS+), nach der zusätzliche Zollpräferenzen gewährt werden, und aus einer Sonderregelung (Art. 11 f.) für die – von den Vereinten Nationen anerkannt – am wenigsten entwickelten Länder (englisch least developed countries – LDCs). Laut dem World Trade Report 2011 verursachte das APS mit den weiteren autonomen Präferenzen in 2007 Zollmindereinnahmen von 2,5 Mrd. Euro.

Das APS (Art. 66–97 DVO aF) ist mit VO Nr. 1063/2010 (ABl. L 307/1) materiell geändert worden, weil die APS Ursprungsregeln als zu komplex und zu restriktiv angesehen wurden und weil die Präferenzen für bestimmte Erzeugnisse, insbesondere diejenigen, die für die am wenigsten entwickelten Länder am wichtigsten sind, nur selten in Anspruch genommen wurden; Letzteres lag auch an den Ursprungsregeln, die nunmehr die Merkmale spezifischer Sektoren widerspiegeln sollen. Überdies ist ein System der registrierten Ausführer zum 1.1.2017 eingeführt worden; dazu hat jedes begünstigte Land ein elektronisches Verzeichnis registrierter Ausführer zu erstellen und es der Kommission durch seine zuständige Behörde zu übermitteln. Die VO Nr. 1063/2010 ist am 30.11.2010 in Kraft getreten und gilt gemäß Art. 3 ab dem 1.1.2011; einige in den Absätzen 3–5 genannte Bestimmungen gelten ab einem späteren Zeitpunkt bzw. können weiterhin angewendet werden.[4] 9

Ab dem 1. Januar 2014 gilt aufgrund der VO Nr. 978/2012 des Europäischen Parlaments und des Rates vom 25. Oktober 2012 über ein Schema allgemeiner Zollpräferenzen und zur Aufhebung der Verordnung (EU) Nr. 732/2008 des Rates, ABl. 2012 Nr. L 300/1, ein neues APS-Schema. Davon werden 87 Länder erfasst, also deutlich weniger als zuvor. Grund ist, die autonomen Präferenzen sollen gerade die Staaten erreichen, die keine anderen Möglichkeiten eines präferenzbegünstigten Marktzugangs haben. Eine vollständige Liste der begünstigten Länder findet sich in Anhang II der neuen Verordnung. 10

Ausgeschlossen werden insbesondere Staaten, mit denen Freihandelsabkommen bestehen: 11
- fast alle derzeitigen EPA-Staaten, also alle CARIFORUM-Länder, drei der derzeitigen ESA-Länder (Mauritius, Seychellen, Simbabwe) und Papua Neuguinea;
- mehrere MAR-Länder, nämlich Côte d'Ivoire, Ghana, Kamerun, Kenia, Namibia, Botsuana, Swasiland und die Fiji-Inseln. Für diese Länder gibt es dann keinen präferenziellen Marktzugang mehr.
- fast alle Euromed-Länder: Algerien, Ägypten, Jordanien, Marokko, Libanon und Tunesien;
- Mexiko;
- Südafrika.

Zudem werden solche Staaten ausgeschlossen, deren Wirtschaftsleistung ausreichend stark ist, also Saudi-Arabien, Kuwait, Bahrain, Katar, Oman, die Vereinigten Arabischen Emirate, Brunei Darussalam, Macao, Russland, Belarus, Kasachstan, Gabon, Libyen, Malaysia, Palau, Argentinien, Brasilien, Kuba, Uruguay und Venezuela. 12

Alle nicht begünstigten Länder finden sich immer noch in Anhang I der Verordnung, sodass eine erneute Gewährung von autonomen Präferenzen in Betracht kommt. Darüber hinaus können nach Art. 8 der VO Nr. 978/2012 für bestimmte Warenkreise in bestimmten weiterhin begünstigten Ländern die Zollpräferenzen auch ausgesetzt werden. Hiervon wur- 13

---

[2] VO Nr. 732/2008 – ABl. L 211/1; die VorgängerVO Nr. 980/2005 – ABl. L 169/1 galt bis zum 31.12. 2008, dazu *Dorsch/Lux* A 5.
[3] Vgl. dazu *Felderhoff* AW-Prax-Newsticker 2011, 115 f.
[4] Vgl. dazu *Felderhoff* Der Zoll-Profi 11/2011, 9 ff.

3. Teil. Exportwirtschaft (Ausfuhr, Zoll, Steuern)

de mit der VO Nr. 1213/2012 (ABl. L 348/11) Gebrauch gemacht, so dass bei mehreren Ländern (ua China, Ecuador, Indien) die Zollpräferenzen für bestimmte Waren entfallen.

14 Umfasst sind von den APS-Präferenzbegünstigungen nahezu alle Waren des Zolltarifs. Ein Verzeichnis der Waren, die durch die Reform neu aufgenommen werden, kann auf der Homepage der Generaldirektion Handel abgerufen werden (http://trade.ec.europa.eu/doclib/press/index.cfm?id=840; Übersicht über die neu aufgenommenen Produkte: http://trade.ec.europa.eu/doclib/docs/2012/october/tradoc_150026.pdf). Die wesentlichen Änderungen durch die APS-Reform sind auf der Informationsseite des deutschen Zolls zusammengefasst (http://www.zoll.de/DE/Fachthemen/Warenursprung-Praeferenzen/WuP_Meldungen/2013/wup_praeferenzsystem_2014.html).[5]

15 2011 wurden insgesamt APS-präferenzbegünstigte Importe im Wert von 87 Milliarden Euro in den freien Verkehr der EU überführt. Dies entspricht 5% aller EU-Importe und 11% aller Importe aus Entwicklungsländern.[6]

16 3. Weitere autonome Präferenzen der EU. Weitere autonome Präferenzen der Gemeinschaft gibt es für Andorra, den Kosovo, einen Großteil der früheren AKP-Staaten gemäß der Marktzugangsverordnung (MAR Nr. 1328/2007), der Republik Moldau („Moldawien"), Pakistan, Syrien und die Überseeischen Länder und Gebiete (ÜLG).

17 4. Regelungsort der Ursprungsregeln. Die präferentiellen Ursprungsregeln, die die Bestimmung des Begriffs der Ursprungserzeugnisse und die damit verbundenen Verfahren sowie die Methoden der Zusammenarbeit der Verwaltungen betreffen, sind für autonome Präferenzen in Art. 66–123 DVO inklusive den Anhängen 9–22 niedergelegt. Durch die VO Nr. 1063/2010 (ABl. L 307/1) hat die Kommission die Ursprungsregeln für das APS reformiert. Die Regelungen gelten ab dem 1. Januar 2011 für die Vorschriften zur Bestimmung des Ursprungs und ab dem 1. Januar 2017 für die Verfahren. Für vertragliche Präferenzen sind die Ursprungsregeln in den Ursprungskontrollen der völkerrechtlichen Präferenzabkommen zu finden.[7]

18 5. Wichtige Präferenzabkommen. Die wichtigsten Präferenzabkommen der EU sind:
EWR (Europäischer Wirtschaftsraum, Freihandelszone)
= Norwegen + Lichtenstein + Island
Vgl. dazu Felderhoff, Der Zoll-Profi, 06/2012, 2.
EFTA (European Free Trade Association, Freihandelszone)
= EWR + Schweiz
Paneuropäische Kumulationszone
= EWR + Schweiz + Türkei
Pan-Euro-Med Zone (Paneuropa-Mittelmeer Zone)
= Ägypten, Algerien, Israel, Jordanien, Libanon, Marokko, Syrien, Tunesien, Westjordanland und Gaza, Schweiz/Lichtenstein (bilden eine Zollunion), Norwegen, Island, Färöer, Türkei (auch für Kohle- und Stahlerzeugnisse und landwirtschaftliche Erzeugnisse); von den Mittelmeerländern fehlt nur Lybien.[8]
SAP-Kumulierung
= Türkei, Albanien, Bosnien-Herzegowina, Mazedonien, Montenegro und Serbien.

19 Andere wichtige Präferenzabkommen sind etwa:
CEFTA (Central European Free Trade Agreement)
= Albanien, Bosnien und Herzegowina, Mazedonien, Moldau, Kosovo, Montenegro, Serbien
Vgl. dazu *Felderhoff,* Der Zoll-Profi, 06/2012, 3.

---

[5] Weiterführende Informationen zum neuen APS: http://trade.ec.europa.eu/doclib/cfm/doclib_section.cfm?sec=160; zu den Änderung der ZK-DVO einschließlich der Ursprungsregeln, vgl. *Felderhoff* Der Zoll-Profi 10/2013, 5 f.; *Felderhoff* AW-Prax Newsticker 2013, 142 f.
[6] Vgl. dazu *Felderhoff* AW-Prax Newsticker 2011, 191 f.; *Felderhoff* AW-Prax Newsticker 2012, 232 f.
[7] Vgl. dazu auch die Dienstanweisung des BMF VSF Z 4212 sowie E-VSF N 52 2012 vom 30.10.2012.
[8] Vgl. dazu die Matrix der Europäischen Kommission vom 19.7.2013 (ABl. C 205/3).

Abschnitt 31. Präferenzrecht

NAFTA (North American Free Trade Arrangement)
= USA, Kanada, Mexiko

6. Grundsatz der strengen Relativität. Für die Feststellung des Präferenzstatus einer Ware gilt der Grundsatz der strengen Relativität der Präferenzbeziehungen. Danach ist die Präferenzberechtigung ausschließlich im Verhältnis zwischen den Beteiligten einer Präferenzzone (also der „Vertragspartner") zu bestimmen, also etwa nur zwischen den Partnern des jeweiligen bilateralen bzw. multilateralen völkerrechtlichen Präferenzabkommens; die faktische Übereinstimmung der Präferenzbedingungen einer Ware bzw. Vormaterialien in unterschiedlichen Präferenzzonen ist infolgedessen nicht entscheidend. 20

7. Pan-Euro-Med-Zone. Es gibt ab dem 1.1.2006 das noch im einzelnen weiter zu etablierende System der Paneuropa-Mittelmeer-Kumulierung (= Pan-Euro-Med-Zone). Dieses System stützt sich auf ein ganzes Netzwerk von Präferenzabkommen, deren Ursprungsprotokolle gleich lautende Ursprungsregeln beinhalten. 2003 haben sich die Vertragspartner auf ein Pan-Euro-Med-Protokoll geeinigt; es ist das Protokoll Nr. 4 zum Abkommen über die Ursprungsregeln gemäß dem Beschluss des gemeinsamen EWR-Ausschusses Nr. 136/2005 vom 21.10.2005 (ABl. L 321/1, Prot. Nr. 4, zuletzt geändert durch Beschluss des gemeinsamen EWR-Ausschusses vom 11.2.2011, Beschluss Nr. 4/2011, ABl. L 117/1); es wird im Folgenden der Darstellung zugrunde gelegt.[9] Die Gemeinschaft hat „*Erläuterungen zu den Ursprungsprotokollen Paneuropa-Mittelmeer*" veröffentlicht (ABl. 2007 C 83/1), die an die Stelle der bisherigen Erläuterungen zur paneuropäischen Ursprungskumulierung getreten sind (ABl. C 90 vom 31.3.1999 und ABl. C 49 vom 22.2.2002). Der bis dato aktuelle Stand der Umsetzungen ergibt sich aus der Mitteilung der Europäischen Kommission vom 19.7.2013 (ABl. C 205/3). Danach können die Ursprungsprotokolle, von einigen wenigen und wirtschaftlich nicht so bedeutenden Ländern abgesehen, allerdings nach jeweils unterschiedlichen Zeitpunkten angewandt werden. 21

8. Diagonale Kumulierung. Die diagonale Ursprungskumulierung ermöglicht es den teilnehmenden Staaten, ein Fertigerzeugnis präferenzbegünstigt in das Land einer Vertragspartei auszuführen, aus der keine Vormaterialien stammen. Voraussetzung ist jedoch, dass das Land der Endfertigung und das Endbestimmungsland mit allen am Erwerb der Ursprungseigenschaft beteiligten Ländern Freihandelsabkommen mit denselben Ursprungsregeln geschlossen haben. 22

Gemäß der obigen, von der Kommission sogenannten Matrix, ist eine diagonale Kumulierung bereits zwischen einer Vielzahl von Staaten möglich (ua Israel, Jordanien, Marokko, Algerien, den einzelnen EWR-Staaten, der EU, Schweiz, Türkei, Libanon, Syrien). 23

Diese Matrix ist jedoch nach wie vor stark lückenhaft. Für eine Vereinfachung des Handels zwischen den Pan-Euro-Med-Teilnehmern sollte insofern auch das regionale Übereinkommen über Pan-Europa-Mittelmeer-Präferenzursprungsregeln sorgen (sog. Pan-Euro-Med-Konvention; ABl. L 54/4 v. 26.2.2013), bei dem nunmehr nur auf ein einziges Ursprungsprotokoll Bezug genommen wird und dass die am Stabilisierungs- und Assoziierungsprozess (SAP) teilnehmenden westlichen Balkanstaaten mit einbezieht. Auch hier wird es jedoch noch dauern bis dies voll umgesetzt und eine flächendeckende Anwendung möglich ist.[10]

Dagegen ist im Rahmen der sog. SAP-Kumulierung zwischen den westlichen Balkanstaaten (Albanien, Bosnien-Herzegowina, Mazedonien, Montenegro, Serbien), der EU und der Türkei die Matrix zur diagonalen Kumulierung bereits vollständig (ABl. C 205/07 v. 19.7.2013), so dass der Handel unter Nutzung der diagonalen Kumulierung zwischen diesen Staaten uneingeschränkt möglich ist.

9. Verbindliche Ursprungsauskunft. Seit dem 1.1.1997 ist in Art. 12 ZK iVm Art. 5ff. DVO auch die verbindliche Ursprungsauskunft geregelt (vUA), die besonders im Stadium 24

---

[9] Vgl. dazu auch *Dorsch/Harings* A 6.
[10] Vgl. hierzu *Felderhoff* Der-Zollprofi 05/2013, 9.

der Projektplanung für den Wirtschaftsbeteiligten einen erheblichen Sicherheitsfaktor darstellen kann. Der Antrag auf Erteilung einer vUA ist schriftlich zu stellen; er muss alle Angaben enthalten, die zur Findung des Ursprungs erforderlich sind; insbesondere ist anzugeben, welche Ursprungsregel genau angewandt wurde und welcher Ursprung in Betracht gezogen wird (Art. 6 Abs. 3 B. DVO). Für den nichtpräferentiellen Ursprung (ohne Marktordnungswaren) ist die IHK zuständig, § 6 Abs. 9 Zollverwaltungsgesetz, für den präferentiellen Ursprung das HZA Hannover, Hackethalstraße 7, 30179 Hannover; es ist auch für den nichtpräferentiellen Ursprung zuständig, soweit er für die Erfüllung zollrechtlicher Förmlichkeiten bei der Einfuhr und Ausfuhr von Bedeutung ist, § 6 Abs. 8 Zollverwaltungsgesetz iVm § 25 Zollverordnung.

II. Gewährung der Präferenz nur bei der Anmeldung zum zollrechtlichen freien Verkehr

25 Die Zollpräferenz führt zu einer geringeren Besteuerung der Einfuhrware; darin liegt zugleich eine zulässige Ausnahme von dem Meistbegünstigungsgrundsatz des GATT 1994. Die Präferenz wird grundsätzlich auf vorhergehenden Antrag (Art. 20 Abs. 4, Satz 1 ZK) und nur eingeräumt, wenn die Ware ordnungsgemäß in den freien Verkehr übergeführt wird, Art. 79 ZK iVm Art. 201 Abs. 1 lit. a ZK. Die Präferenzgewährung ist zollrechtlich eine Vorzugsbehandlung, die dem Einführer nur im Rahmen einer Zollanmeldung bzw. eines Zollverfahrens gewährt werden kann. Entsteht die Zollschuld hingegen aufgrund von Unregelmäßigkeiten nach Art. 202 bis 205 ZK, entsteht sie stets nach dem normalen Drittlandszollsatz.[11]

26 Liegt dem Anmelder zum Zeitpunkt der beantragten Überführung der Waren in den freien Verkehr der erforderliche Präferenznachweis noch nicht vor, kann er eine unvollständige Zollanmeldung abgeben, um die Überlassung der Ware zu erreichen (Art. 253 Abs. 1, 254–259 ZK-DVO). Die Stellung des Antrags auf Einräumung einer Präferenz (Art. 21 Abs. 4 S. 2 ZK) ist ebenso wie die Vorlage des Präferenznachweises (Art. 256 DVO) auch nachträglich zulässig; äußerste zeitliche Grenze ist die Frist für den Erstattungsantrag nach Art. 236 ZK (es sei denn, die Zollpräferenz selbst ist kürzer befristet).[12]

27 Ist allerdings zu diesem (nachträglichen) Zeitpunkt die Präferenz nicht mehr anwendbar, ist die Ware zum Normalsatz zu verzollen.

III. Präferenzeigenschaften: Ursprung/Freiverkehr

28 Die Präferenzbehandlung ist entweder von der Freiverkehrs- oder der Ursprungseigenschaft der Ware abhängig. Das Freiverkehrsprinzip wird im Rahmen einer Zollunion angewandt, weil darin Zölle, mengenmäßige Bescheinigungen und Quoten aufgehoben sind und damit entscheidend ist, dass die Ware im Gebiet des Vertragspartners sich im zollrechtlich freien Verkehr befindet.

29 Wichtigstes Beispiel für das Freiverkehrsprinzip ist der Warenverkehr der EU mit der Türkei, soweit er nicht Agrarwaren und sogenannte EGKS-Waren betrifft; letztere sind Gegenstand von Freihandelsabkommen, für die wiederum das Ursprungsprinzip gilt.[13]

30 Das in den verschiedenen Präferenzräumen im Welthandel in aller Regel angewandte Ursprungsprinzip (etwa auch FTAA: Free Trade Agreement of the Americas, AFTA: Asean Free Trade Area) ist konkretisiert in teilweise hochkomplexen und schwierigen Ursprungsregeln. Die in den Ursprungsprotokollen enthaltenen Ursprungsregeln sind nach der Rechtsprechung des EuGH unmittelbar anwendbares Recht.[14] Das gilt auch für unbedingt und

---

[11] Vgl. EuGH v. 1.2.2001, C-66/99, ZfZ 2001, 121 ff. mAnm *Anton*.
[12] Vgl. EuGH v. 29.9.2001, C-253/99, Rn. 48, ZfZ 2001, 408, 410.
[13] Vgl. Beschluss Nr. 1/95 des Assoziationsrates EG-Türkei, ABl. 1996 L 35/1; vgl. ausführlich *Notz* Kapitel 3.
[14] EuGH v. 5.7.1994, C-432/92, Slg. 1994, I-3087, Rn. 22–27, ZfZ 1994, 303.

hinreichend klar gefasste Ursprungsregeln, die durch Beschluss von gemischten Ausschüssen oder Assozionsräten festgelegt werden, die aufgrund eines Präferenzabkommens zu dessen Verwaltung und seine ordnungsgemäße Durchführung eingesetzt sind.[15]

IV. Präferenzberechtigte Waren/Materielle Ursprungsregeln

1. Einführung. Der präferenzielle Ursprung kann entweder durch „vollständiges Gewinnen oder Herstellen" oder durch „ausreichende Be- oder Verarbeitung" erworben werden. Der erstere Ursprungserwerb kommt nur bei relativ einfacher Produktion insbesondere im landwirtschaftlichen Bereich in Betracht und ist Gegenstand kasuistischer Aufzählungen, zB in Art. 75 DVO; er ist weitgehend mit dem nichtpräferentiellen Ursprungserwerb gem. Art. 23 ZK vergleichbar. 31

Den größten Anwendungsbereich haben aber aufgrund der internationalen arbeitsteiligen Produktion die Bestimmungen zur ausreichenden Be- oder Verarbeitung. Sie sind für das APS in Art. 76 DVO iVm Anhang 13a geregelt, ansonsten in den Ursprungsprotokollen, vgl. Art. 5 Prot. Nr. 4 iVm Anhang I und II. Hier geht es stets um die Herstellung einer Ware aus Vormaterialien ohne EU-Ursprung, weil eine vollständige Erzeugung in einem solchen Fall ausscheidet. 32

Man könnte als dritte Fallgruppe auch den Ursprungserwerb durch Kumulation nennen; er wird herkömmlicherweise aber als Unterfall der ausreichenden Be- oder Verarbeitung angesehen. 33

2. Prüfungsschema zur Bestimmung des Präferenzursprungs bei ausreichender Be- oder Verarbeitung. Es gibt fünf allgemeine Kriterien zur Bestimmung des Präferenzursprungs, die zweckmäßigerweise in folgender Reihenfolge geprüft werden: 34
- Abkommensware
- Vollständige Erzeugung
- Minimalbehandlung
- Kumulierung
- Ausreichende Be- oder Verarbeitung/Verarbeitungslisten

3. Abkommensware. Die Frage, welche Ware Gegenstand einer Präferenzbehandlung werden kann, ergibt sich letztverbindlich ausschließlich aus der jeweiligen Präferenzvereinbarung. Grundsätzlich ist eine Abkommensware eine Ware der gewerblichen Wirtschaft (Kapitel 25–97 des Zolltarifs). Ausnahmen bestehen für landwirtschaftliche Verarbeitungserzeugnisse, erstattungsrechtlich sog. Nicht-Anhang I-Waren (vgl. etwa Protokoll Nr. 2 zum EWR-Abkommen (Caseine, Dextrine etc.)). Für landwirtschaftliche Erzeugnisse der Kapitel 1–24 HS sowie für sensible Waren wie Textilien und EGKS-Erzeugnisse existieren häufig Sonderregelungen. Die Frage, ob für die betreffende Ware im Bestimmungsdrittland ein Präferenzzollsatz gilt, ergibt sich aus dessen Zolltarif. Eine Hilfestellung bietet die sog. Market Access Database der Europäischen Kommission. 35

4. Minimalbehandlungen. Alle Präferenzregime sehen katalogisierte Regelungen darüber vor, welche Be- oder Verarbeitungen von Vormaterialien ohne Drittlandsursprung oder unbekannten Ursprungs als minimal – etwa Bügeln von Textilien, Färben von Zucker – und dementsprechend als nicht ursprungsbegründend eingestuft werden und deshalb auch nicht den Verarbeitungslisten unterliegen, vgl. etwa Art. 6 Abs. 1 Prot. Nr. 4; Art. 78 Abs. 1 DVO. Kann danach den hergestellten Waren die Ursprungseigenschaft nicht verliehen werden, nutzt es nichts, dass die Verarbeitung, etwa „einfaches Mischen" oder „einfaches Zusammenfügen", ausnahmsweise die Listenbedingungen doch erfüllt. 36

Bei der Feststellung, ob eine Minimalbehandlung vorliegt, ist eine Gesamtbetrachtung anzulegen, vgl. Art. 6 Abs. 2 Prot. Nr. 4, Art. 78 Abs. 3 DVO, wonach sämtliche in der Gemeinschaft erfolgten Be- oder Verarbeitungsvorgänge zu berücksichtigen sind. Eine Minimalbehandlung liegt somit nur vor, wenn die in der Gemeinschaft stattfindenden Her- 37

---

[15] EuGH v. 21.1.1993, Rs. 188/91, Slg. 1993, I-363, ZfZ 1993, 141.

3. Teil. Exportwirtschaft (Ausfuhr, Zoll, Steuern)

stellungsvorgänge insgesamt nicht über die aufgelisteten Minimalbehandlungen hinausgehen. Keine Minimalbehandlung liegt vor, wenn zur Herstellung einer Ware auch Vormaterialien mit Ursprung verwendet werden. Durch die VO 1063/2010 (ABl. L 307/1) wurde in Art. 78 Abs. 2 nun auch der Begriff der „einfachen" Be- oder Verarbeitung definiert. Demnach ist eine Behandlung als einfach zu qualifizieren, wenn dafür weder besondere Fertigkeiten noch speziell hergestellte oder dafür installierte Maschinen, Geräte oder Werkzeuge erforderlich sind.

38 Die Kataloge der aufgeführten Minimalbehandlungen sind nach Auffassung der Europäischen Kommission und des BMF abschließend;[16] diese Auffassung gibt indessen angesichts des enormen Tempos bei der Entwicklung der Herstellungsprozesse sowie der Be- und Verarbeitungstechniken wenig Sinn.

39 **5. Kumulierungsregeln. a) Kumulierung der Herstellungsländer.** Zollpräferenzen sollen nur Waren aus den jeweils begünstigten Ländern gewährt werden. Deshalb wird die Verwendung von Rohstoffen aus anderen Ländern begrenzt, und die wesentlichen Herstellungsvorgänge müssen in dem begünstigten Land vorgenommen werden. Zur Förderung der wirtschaftlichen Integration sind nun Bestimmungen erlassen worden, die es einem begünstigten Land ermöglichen, Vorerzeugnisse aus einem anderen begünstigten Land und/oder der Gemeinschaft zu verwenden.

40 Im Allgemeinen wird der Ursprung des Enderzeugnisses nach der „letzten Be- oder Verarbeitung" bestimmt, sofern diese über eine Minimalbehandlung hinausgeht. Wird die Ursprungsware in mehreren Ländern hergestellt, muss es Regeln geben, nach denen das Land des Ursprungs bestimmt werden kann. Bei der **bilateralen Kumulierung** zwischen zwei Präferenzpartnern (etwa EU/Israel) wird beispielsweise EU-Ware nach Israel versendet, die – dort ausreichend be- oder verarbeitet – als Ware israelischen Ursprungs in die EU unter Anwendung der für Israel geltenden Zollpräferenzen (re-)importiert wird.

41 Bei der **multilateralen/diagonalen** Kumulierung sind hingegen mindestens drei Länder beteiligt: das Land der Vormaterialien mit Ursprung, das Land der Endfertigung und das Endbestimmungsland.

42 **Beispiel:**
In Deutschland wird eine Spinnmaschine (HS-Position 8445) hergestellt, die in die Schweiz ausgeführt werden soll. Die Listenregel schreibt vor: „Herstellen, bei dem der Wert aller verwendeten Vormaterialien [ohne EG-Ursprungseigenschaft] 40 v. H. des Ab-Werk-Preises der hergestellten Ware nicht überschreitet". Der Ab-Werk-Preis der Spinnmaschine betrage 100.000 Euro. Bei der Herstellung der Maschine wurden Vormaterialien aus der VR China im Wert von 50.000 Euro verwendet. Damit sind die Ursprungsregeln für die Spinnmaschine nicht erfüllt und die Maschine hat keinen präferenziellen EU-Ursprung. Die Spinnmaschine kann bei der Einfuhr in die Schweiz also keine Zollvergünstigungen in Anspruch nehmen. Wären die Vormaterialien aus Marokko bezogen worden, wäre hingegen der Präferenzstatus erworben worden, weil die Schweiz Waren aus Marokko und der EU dieselben Zollvergünstigungen im Rahmen der Paneuropäischen Kumulierungszone einräumt.

43 Sind die Vormaterialien bei der multilateralen/diagonalen Kumulierung mit Ursprung in einem oder mehreren Ländern im Land der Endfertigung allerdings keiner Be- oder Verarbeitung unterzogen worden, die über die Minimalbehandlungen hinausgeht, so wird dem Enderzeugnis die Ursprungseigenschaft des Landes verliehen, das den höchsten Wert beigetragen hat. Zu diesem Zweck wird der im Land der Endfertigung erzielte Wertzuwachs – einschließlich des Wertes der in ausreichendem Maße be- oder verarbeiteten Vormaterialien mit Ursprungseigenschaft – mit dem Wert der Vormaterialien mit Ursprung in jedem der anderen Länder verglichen. Wird im Ausfuhrland keine Be- oder Verarbeitung vorgenommen, so behalten die Vormaterialien oder Erzeugnisse ihre Ursprungseigenschaft, wenn sie in eines der betreffenden Länder ausgeführt werden.

---

[16] Vgl. etwa *Röser/Bachmann* AW-Prax 1999, 103, 10; *Bachmann* AW-Prax 2009, 131 ff.

Abschnitt 31. Präferenzrecht

Eine **einseitige** (und multilaterale) **Kumulierung** besteht schließlich im Rahmen des APS, Art. 86 Abs. 1, Art. 67 Abs. 1 lit. h (sog. **regionale Kumulierung**).[17] Hierbei handelt es sich um eine Kumulierungsmöglichkeit, die es einseitig den APS-begünstigten Ländern oder Ländergruppen erlaubt, Waren mit Ursprung in der Gemeinschaft sowie eigene Ursprungswaren weiter zu be- oder verarbeiten und sodann präferenzbegünstigt in die Gemeinschaft zu exportieren; sie können aber nicht präferenzbegünstigt wieder in den APS-Staat reimportiert werden. Durch die VO 1063/2010 wurde im APS eine Möglichkeit der Regionalkumulierung für die MERCOSUR Staaten eingefügt, Art. 86 Abs. 1 lit. d. 44

b) Kumulierung der Be- und Verarbeitungen. Bei der **vollen Kumulierung** ist es möglich, die ausreichenden Be- oder Verarbeitungen nicht im Zollgebiet eines einzigen Landes vorzunehmen, sondern in dem von den Zollgebieten einer Ländergruppe gebildeten Raum (etwa EWR). Gem. Art. 2 Abs. 1 S. 2 Prot. Nr. 4 gilt: *„Für diese Zwecke gelten die Gebiete der Vertragsparteien, für die das Abkommen gilt, als ein Gebiet".* 45

Bei der **eingeschränkten Kumulierung** (Regelfall) ist ein solches Zusammenrechnen der Be- oder Verarbeitungsschritte nicht zulässig. Es muss bestimmt werden, in welchem Land die Vormaterialien den Ursprung erworben haben. Das ist grundsätzlich das Land der letzten ausreichenden Be- oder Verarbeitung. 46

c) Zur eingeschränkten diagonalen Kumulierung in der Pan-Euro-Med-Zone. Die Schaffung der diagonalen Ursprungskumulierung in der gesamten Pan-Euro-Med-Zone hat zur Voraussetzung, dass alle betroffenen Länder das Pan-Euro-Med-Protokoll verabschiedet haben. Da das nicht und auch nicht gleichzeitig der Fall ist (vgl. Mitteilung der Europäischen Kommission 19.7.2013 ABl. C 205), hat man sich zu folgendem Verfahren entschlossen: 47

Sobald mindestens drei Länder untereinander Präferenzabkommen abgeschlossen haben, deren Ursprungsprotokolle dem Pan-Euro-Med-Protokoll entsprechen, kann die Pan-Euro-Med-Kumulierung zwischen diesen Ländern angewendet werden. So kann das System der diagonalen Kumulierung zwischen einzelnen Ländern der Pan-Euro-Med-Zone Anwendung finden, ohne dass alle Länder alle Abkommen verabschiedet haben müssen. In unserem Beispiel (Spinnmaschine) müssten also Marokko, das Vormaterialien geliefert hat, die EU, in der die Spinnmaschine hergestellt wurde, und die Schweiz, in die die Maschine ausgeführt werden soll, untereinander Präferenzabkommen abgeschlossen haben, deren Ursprungsprotokolle dem Pan-Euro-Med-Protokoll entsprechen.

Die sich daraus ergebende Struktur unterschiedlicher Kumulierungsmöglichkeiten zwischen einzelnen Vertragsparteien dieser Zone wird als **variable Geometrie** bezeichnet. Die Europäische Kommission definiert sie in ihren „Erläuterungen" wie folgt: 48

> *„Die Kumulierung ist nur zulässig, wenn das Land der Endfertigung und das Endbestimmungsland mit allen am Erwerb der Ursprungseigenschaft beteiligten Ländern, dh mit den Ländern, in denen die verwendeten Vormaterialien ihren Ursprung haben, Freihandelsabkommen mit denselben Ursprungsregeln geschlossen haben. Vormaterialien mit Ursprung in einem Land, das keine Abkommen mit dem Land der Endfertigung und dem Endbestimmungsland geschlossen hat, sind als Vormaterialien ohne Ursprungseigenschaft zu behandeln."*

Eine Ware übrigens, die aufgrund einer vollen Kumulierung die Ursprungseigenschaft erworben hat, ist vom Handel in der Pan-Euro-Med Zone ausgeschlossen, weil dort eine eingeschränkte Kumulierung gilt (so die Kommission in ihren „Erläuterungen"). 49

6. Verarbeitungsliste. a) Allgemeines. Der EuGH (v. 23.2.1984, Rs. 93/83, Slg. 1984, 1995) hat zu dem Kriterium der nichtpräferenziellen Be- oder Verarbeitung im Zollkodex entschieden, 50

---

[17] Zur Anpassung der APS-Ursprungsregeln an das neue APS-Schema, vgl. *Felderhoff*, Der Zoll-Profi 10/2013, 5 f.; *Felderhoff* AW-Prax Newsticker 2013, 143.

3. Teil. Exportwirtschaft (Ausfuhr, Zoll, Steuern)

„dass die Bestimmung des Warenursprungs auf einer objektiven und tatsächlich feststellbaren Unterscheidung zwischen dem Ausgangserzeugnis und dem aus der Verarbeitung hervorgegangenen Erzeugnis beruhen muss, wobei wesentlich auf die spezifischen Beschaffenheitsmerkmale eines jeden dieser Erzeugnisse abzustellen ist; die Be- oder Verarbeitung muss eine erhebliche qualitative Veränderung des Ausgangserzeugnisses dergestalt bewirkt haben, dass das aus ihm hervorgegangene Erzeugnis besondere Eigenschaften besitzt und von einer Beschaffenheit ist, die es vor der Be- oder Verarbeitung nicht hatte".

51   Diese Definition wird im präferentiellen Ursprungsrecht ersetzt durch die sog. Verarbeitungslisten. Danach ist gem. Art. 5 Abs. 1 Prot. Nr. 4 (oder Art. 76 Abs. 1 DVO) im Sinne einer gesetzlichen Fiktion von einer ausreichenden Be- oder Verarbeitung von „Erzeugnissen" auszugehen, *„wenn die Bedingungen der Liste in Anhang II erfüllt sind"* *(Anhang 13a im Rahmen des APS).*

52   Die darin enthaltenen Listenregeln sind häufig strenger als die nichtpräferentiellen Ursprungsregeln (vgl. dazu EuGH v. 8.10.1986, Rs. 385/85, Slg. 1986, 2929, Rn. 7, ZfZ 1987, 112); sie sind verbindlich und gehen als Sonderregelungen den Ursprungsregeln des Zollkodex und seiner DVO vor; sie sind übrigens nicht zu verwechseln mit den unverbindlichen Listenregeln der Europäischen Kommission im nichtpräferentiellen Ursprungsrecht.[18]

53   Der Einstieg in die jeweilige Liste erfolgt immer mit der vierstelligen (in Spalte 1 genannten) HS-Position des Erzeugnisses, für das eine Präferenzberechtigung in Anspruch genommen werden soll. Spalte 2 enthält eine Warenbeschreibung, die immer dann genau zu beachten ist, wenn in Spalte 1 ein „ex" steht; „ex" bedeutet, dass nur die in Spalte 2 beschriebenen Waren von der HS-Position erfasst sind. Spalten 3 und 4 enthalten die Ursprungsregeln. Durch die VO 1063/2010 wurde im APS die vierte Spalte der Ursprungsliste abgeschafft. Die dritte Spalte ist indes an verschiedenen Stellen in die Unterspalten 3a und 3b aufgeteilt. Die Unterspalte 3a enthält nun abgeschwächte Wertschöpfungserfordernisse für die am wenigsten entwickelten Länder („Least developed countries", LDCs), Unterspalte 3b enthält die Regeln für die übrigen Entwicklungsländer.

54   Sog. **Toleranzregeln** (vgl. etwa Art. 5 Abs. 2 lit. a Prot. Nr. 4, Art. 79 Abs. 1 DVO) lassen regelmäßig eine Abweichung von den Regeln der Verarbeitungsliste zu, wenn – so die allgemeine Toleranzregel – die mitverwendeten Vormaterialien ohne Ursprung 10% (im Rahmen des APS nun 15%) des Ab-Werk-Preises des hergestellten Erzeugnisses nicht überschreiten.

55   Die Listenprüfung erstreckt sich nicht auf sog. **neutrale Elemente,** die physisch nicht in das Erzeugnis eingehen, wie die eingesetzte Energie oder Software, die eingesetzten Maschinen, Werkzeuge etc. (Art. 83 DVO, Art. 10 Prot. Nr. 4).

56   Die *„Einleitenden Bemerkungen zur Liste in Anhang II"* in Anhang I zum Prot. Nr. 4 erleichtern den Umgang mit der Verarbeitungsliste.

57   **b) Listenregeln.** Die Verarbeitungslisten enthalten die folgenden Arten von Ursprungsregeln:
- **Positionswechsel:** Änderung einer Ziffer der vierstelligen HS-Position des Vormaterials ohne Ursprung;
- **Doppelter Positionswechsel** im Textilsektor aufgrund der textilspezifischen Produktionsstufen;
- **Wertklauseln:** bei dem Wert der eingesetzten Vormaterialien ohne Ursprung darf eine bestimmte Wertgrenze nicht überschritten werden;
- Kombination aus Positionswechsel und Wertklauseln;
- **Alternative Ursprungsregeln:** Wahlmöglichkeit zwischen Grund- und Alternativregel;
- **Spezifische Herstellungsvorgänge:** ZB Herstellen von Stahldraht (7217) aus Rohblöcken (7206).

---

[18] Vgl. dazu EuGH v. 10.12.2009, C-260/08, Rn. 18 ff.

c) Positionswechsel. Das Ursprungskriterium „Positionswechsel" ist immer dann anzuwenden, wenn es in der Verarbeitungsliste heißt: *„Herstellen aus Vormaterialien jeder Position, ausgenommen aus Vormaterialien derselben Position wie die hergestellte Ware."* 58

Die EU-Präferenzursprungseigenschaft einer Ware setzt also zwingend einen Herstellungsvorgang in der EU voraus; eine reine Handelsware ohne Präferenzursprungseigenschaft in der EU, die ohne weitere Be- oder Verarbeitung weiterveräußert werden soll, kann infolgedessen als EU-Ursprungsware nicht exportiert werden. 59

Beim Positionswechsel sind nur diejenigen Vormaterialien zu betrachten, die in dieselbe Position des Harmonisierten Systems (HS) einzureihen sind wie die hergestellte Ware. Ist das bei einem Teil nicht der Fall, dann ist das Kriterium des Positionswechsels bereits erfüllt. Wird eine Ware ausschließlich aus Vormaterialien hergestellt, die alle in eine andere HS-Position einzureihen sind, dann ist das Ursprungskriterium Positionswechsel auch dann erfüllt, wenn alle Vormaterialien ohne nachgewiesenen EU-Ursprung sind. Für solche Vormaterialien ist auch keine Lieferantenerklärung erforderlich. Beim Positionswechsel muss der gesamte Warenbestand eingereiht werden, also auch die Materialien, die nicht im- oder exportiert werden sollen; insbesondere bei automatisierten Lösungen zur Ursprungsbestimmung muss folglich der gesamte Warenbestand tarifiert werden. 60

d) Wertklausel 61

Beispiel:
„Herstellen, bei dem der Wert aller verwendeten Vormaterialien 40 v. H. des Ab-Werk-Preises der hergestellten Ware nicht überschreitet."

Der Wert der eingesetzten Vormaterialien, die keinen nachgewiesenen Ursprung in der EU haben, ist zu ermitteln, um diese dann ins Verhältnis zu dem Ab-Werk-Preis zu setzen. Dabei ist als Wert der eingesetzten Vormaterialien ohne nachgewiesenen Ursprung der Zollwert zum Zeitpunkt der Einfuhr oder, wenn dieser nicht festgestellt werden kann, der erste feststellbare Preis in der Gemeinschaft anzusetzen. Wegen des Identitätsprinzips ist es jedoch erforderlich, dass die nämlichen Vormaterialien auch mit dem tatsächlichen Zollwert bzw. Einkaufspreis der Präferenzprüfung zugrunde gelegt wird. Problematisch ist es deshalb, die in den Warenwirtschaftssystemen hinterlegten Durchschnittspreise zugrunde zu legen, insbesondere bei automatisierter Abwicklung der Präferenzkalkulation. Hier sollte stets der Zoll eingeschaltet werden. 62

Mit der Reform der APS-Ursprungsregeln durch die VO Nr. 1063/2010 (ABl. L 307/1) ist es nun dennoch erlaubt, als Ab-Werk-Preis eine Durchschnittspreiskalkulation anzugeben, Art. 77 Abs. 1 UAbs. 2 DVO. Dies soll dazu führen, dass Kosten- und Wechselkursschwankungen vermieden werden. 63

Des Weiteren wird im APS durch die Neudefinition des Begriffs „Höchstanteil an Vormaterialien ohne Ursprungseigenschaft" für bestimmte Produkte das Gewicht von verwendeten Vormaterialien zugrunde gelegt, Art. 67 Abs. 1 lit. o DVO (vgl. zB Kapitel 4, Anhang). Dabei wird der Begriff des „Nettogewichts" in lit. p definiert. 64

7. Sonstige Ursprungsregeln. a) Zubehör, Ersatzteile und Werkzeuge. Für Zubehör, Ersatzteile und Werkzeuge gilt eine Ursprungsfiktion, vgl. Art. 81 DVO, Art. 8 Prot. Nr. 4 (zur Auslegung VSF Z 4213 Abs. 13, 14). Danach werden sie grundsätzlich mit den Maschinen, Geräten, Apparaten und Fahrzeugen als Einheit angesehen, wenn sie als Bestandteil der Normalausrüstung in deren Preis enthalten sind und als zu ihnen gehörig betrachtet und nicht gesondert in Rechnung gestellt werden. 65

b) Warenzusammenstellungen. Auch für Warenzusammenstellungen gilt eine Ursprungsfiktion, vgl. Art. 82 DVO, Art. 9 Prot. Nr. 4. Danach muss unter Berücksichtigung einer Toleranzklausel jeder Bestandteil der Warenzusammenstellung Ursprungserzeugnis der jeweiligen Präferenzzone sein. Der Begriff der Warenzusammenstellung bestimmt sich nach der AV 3 lit. b zum HS. Besteht für die Warenzusammenstellung allerdings eine eigene HS-Position, dann gelten die dafür maßgeblichen Ursprungskriterien. 66

3. Teil. Exportwirtschaft (Ausfuhr, Zoll, Steuern)

67 **c) Drawback-Verbot/Zollrückvergütungsverbot.** Das Drawback-Verbot ist das Verbot der Inanspruchnahme einer zweifachen Zollvergünstigung für Vormaterialien ohne Ursprungseigenschaft (einschließlich Umschließungen, Etiketten etc.); es ist in den meisten Präferenzabkommen niedergelegt, vgl. etwa Art. 14 Prot. Nr. 4. Es besagt, dass die bei der Herstellung eines Fertigerzeugnisses verwendeten Vormaterialien im Herstellungsland zum normalen Drittlandszollsatz verzollt worden sein müssen, wenn sie weder Ursprungserzeugnisse des Herstellungslandes sind noch eine Kumulierungsregel für sie eingreift. Ansonsten – bei zollfreier Einfuhr im Herstellungsland im Rahmen einer aktiven Veredelung (aV) – wäre es möglich, Vormaterialien nach Veredelung und Ursprungserwerb wieder auszuführen, um sie dann zum Präferenzzollsatz in einem Drittland einzuführen, sie unterlägen dann überhaupt keiner Zollbelastung.

68 **Beispiel:**
Ein Hersteller aus Marokko exportiert eine Ware in die EU, die auch aus zollfreien Vorerzeugnissen aus China hergestellt worden ist; ein deutscher Hersteller der gleichen Ware muss hingegen die chinesischen Vorerzeugnisse versteuern und hat dadurch einen Wettbewerbsnachteil.

69 Der Ausführer muss sich also zwischen der Zollfreiheit der Vormaterialien im Rahmen der aV und des Präferenzzollsatzes für das Veredelungserzeugnis entscheiden. Konsequenterweise sieht der Zollkodex für solche Waren einen Zollschuldentstehungstatbestand vor, für die nach aktiver Veredelung ein Präferenznachweis ausgestellt wird, Art. 216 ZK.

70 Eine andere Regelung, eine zweimalige Zollvergünstigung für die nämlichen Vormaterialien zu verhindern, kennen Art. 303 und 304 NAFTA, die nur den Differenzbetrag abschöpft.[19]

V. Die vier Grundprinzipien des Präferenzrechts

71 **1. Einleitung.** Das präferentielle Ursprungsrecht ist durch vier grundlegende Prinzipien gekennzeichnet: Das Identitätsprinzip, das Territorialitätsprinzip, das Direktbeförderungsprinzip und das Dokumentationsprinzip.

72 **2. Das Identitätsprinzip. a) Strikte physische Trennung von Vormaterialien mit und ohne Ursprung.** Das Identitätsprinzip besagt, dass für diejenige Ware, die präferenzbegünstigt eingeführt werden soll, die Ursprungseigenschaft nachgewiesen sein muss. Austausch oder Mischen selbst identischer Waren ist damit unzulässig, eine Ware unbekannten Ursprungs ist präferenzrechtlich eine Ware ohne Ursprung. Letztlich ist das Identitätsprinzip nichts anderes als das vom allgemeinen Zollrecht her bekannte Nämlichkeitsprinzip (Gegensatz: Äquivalenzprinzip). Damit gilt im Präferenzrecht die strikte physische Trennung der Vormaterialien mit und ohne Präferenzursprung.

73 **b) Buchmäßige Trennung.** Von diesem strikten Identitätsprinzip darf nach der Rechtsprechung des EuGH[20] nur dann abgewichen werden, wenn die Vertragspartner die sog. buchmäßige Trennung (im Zolllagerverfahren als gemeinsame Lagerung bekannt, Art. 534 Abs. 2 DVO) zugelassen haben, etwa in Art. 20 Prot. 4. Die bloß buchmäßige Trennung von Waren ermöglicht die gemeinsame Lagerung von Vorerzeugnissen mit und ohne Präferenzursprung, ohne dass die fehlende physische Identifizierung zum Verlust des Präferenzstatus aller Erzeugnisse führt. Bewilligt das Hauptzollamt gleichwohl eine rechtlich nicht vorgesehene buchmäßige Trennung, ist die Bewilligung nach der Rechtsprechung des EuGH (aaO) nicht nur rechtswidrig, sondern sogar nichtig (§ 125 AO; eine vorherige Bewilligung ist aber beispielsweise im NAFTA nicht erforderlich).

74 Mittlerweile ist in einer Vielzahl von Präferenzzonen hinsichtlich der Vorprodukte die buchmäßige Trennung zulässig.[21] Voraussetzung der vom Hauptzollamt zu bewilligenden

---

[19] Vgl. dazu *Pethke* RiW 1998, 128, 133.
[20] EuGH v. 14.5.1996, verb. Rs. C-153/94 und C-204/94 – „Faroe-Seefood", Slg. 1996, I-2465, Rn. 54, ZfZ 1997, 12.
[21] Vgl. VSF Z 4210 Abs. 1 iVm Abs. 22 ff.; so beispielsweise im NAFTA und im Freihandelsabkommen (FHA) EU-Mexiko, zur Kombination beider Systeme und zum doppelten Ausweis der Vormaterialien vgl. *Pethke* Der Zoll-Profi 08/2008, 5 ff.

buchmäßigen Trennung ist regelmäßig, dass die physische Trennung der Vorprodukte mit unzumutbaren Schwierigkeiten oder Kosten verbunden ist und die Vorerzeugnisse gleichartig und austauschbar sind.[22]

3. Territorialitätsprinzip. Das Territorialitätsprinzip ist eine Folge des Grundsatzes der strengen Relativität der Präferenzbeziehungen – nur innerhalb dieser soll es die vereinbarten Zollvergünstigungen geben – und bezieht demgemäß den Ursprungserwerb auf das Land der in Betracht kommenden Vertragspartei. Der Ursprung muss ohne Unterbrechung in dem Gebiet der Vertragspartei erworben werden, eine auch nur vorübergehende Ausfuhr einer Ursprungsware, beispielsweise in ein anderes Land der Paneuropäischen Freihandelszone (insoweit also Drittland) führt grundsätzlich zum Verlust der präferenziellen Ursprungseigenschaft, Art. 73 DVO, Art. 11 Prot. Nr. 4. Gewisse Ausnahmen von dem Territorialitätsprinzip lassen die Kumulierungsvorschriften und insbesondere die Toleranzklauseln zu, nach denen zur Förderung der arbeitsteiligen Produktion Produktionsprozesse außerhalb der Präferenzzone ursprungsunschädlich durchgeführt werden dürfen. 75

Beispiel: 76
H stellt in Hamburg Türschließer (HS-Position 8302) für die Schweiz her; die letzte Qualitätskontrolle wird aus Kostengründen nach Kroatien verlagert. Das Territorialitätsprinzip ist nicht eingehalten, es sei denn, die Wertsteigerung in Kroatien beträgt nicht mehr als 10 % des Ab-Werk-Preises der in die Schweiz ausgeführten Türschließer.

4. Direktbeförderungsprinzip. Das Direktbeförderungsprinzip (Art. 12 Prot. Nr. 4) wiederum ist Ausfluss des Territorialitätsprinzips, weil die Präferenzberechtigung davon abhängt, dass die präferenzbegünstigte Ware unmittelbar innerhalb der jeweiligen Präferenzzone oder im Durchgangsverkehr durch die Gebiete assoziierter Länder befördert wird. Ist dies aus geografischen Gründen nicht möglich, sehen die genannten Vorschriften eine Beförderung (einschließlich Umladung, vorübergehende Einlagerung und Erhaltungsmaßnahmen) durch nicht zur Präferenzzone gehörende Länder als unschädlich an, wenn die Erzeugnisse im Transitland unter zollamtlicher Überwachung geblieben und dort nicht in den Handel oder freien Verkehr gelangt sind. Das Vorliegen dieser Voraussetzungen ist durch beweiskräftige Unterlagen wie durchgehende Frachtpapiere oder zollamtliche Bescheinigungen nachzuweisen. Üblich ist in diesen Fällen auch die Vorlage eines Certificate of non-manipulation, das von den Zollbehörden des Transitlandes ausgestellt wird. Zulässig sind in diesem Rahmen auch geschäftliche Handlungen, wie die Neufakturierung einer Ware.[23] 77

Das Direktbeförderungsprinzip wurde im Rahmen der Reform der APS-Ursprungsregeln abgeschafft und durch eine Regel der Nämlichkeitssicherung ersetzt, Art. 74 DVO. 78

5. Dokumentation- oder Nachweisprinzip. Das Nachweisprinzip im Präferenzrecht schreibt eine von der Herstellung bis zur Ausfuhr lückenlose Dokumentation der Ursprungs- bzw. Freiverkehrseigenschaft derjenigen „identischen" Ware vor, für die eine Präferenzbehandlung bei der Einfuhr beansprucht wird, und zwar durch formalisierte Nachweise (EUR.1, EUR-MED, Formblatt A, „Erklärung auf der Rechnung, vgl. Art. 15 Abs. 1 Prot. Nr. 4, Art. 97v DVO). Letzteres hat in Deutschland zu der Annahme geführt, der formelle Präferenznachweis sei materiell-rechtliche Voraussetzung für die Gewährung der Vergünstigung und könne nicht durch andere Beweise der Ursprungseigenschaft ersetzt werden.[24] 79

Diese Auffassung von der materiell-rechtlichen Wirkung formalisierter Nachweise vertritt der BFH im Übrigen auch für erstattungsrechtliche Ausfuhr- und Einfuhrnachweise.[25] 80

---

[22] Vgl. dazu BFH v. 9.12.2010, VII R 32/09, ZfZ 2011, 154.
[23] EuGH v. 7.5.1986, Rs. 156/85, Slg. 1986, 1595, Rn. 9, ZfZ 1986, 366.
[24] BFH v. 27.9.1988, VII R 181/85, ZfZ 1989, 16, HFR 1989, 65; BFH v. 4.9.1990, VII R 27/89, BFH/NV 1991, 639.
[25] AA *Schrömbges/Uhlig/Reiche*, Praxishandbuch des Erstattungsrechts, 2006, T5 B.2.2.

81 Diese Auffassung, die wohl auf einer unzulässigen Vermischung von formellen Nachweisrecht und materiellem Recht beruht und den Verhältnismäßigkeitsgrundsatz nicht genügend beachtet, lässt sich aber aufgrund der neueren Rechtsprechung des EuGH nicht mehr aufrechterhalten.[26] Danach sind auch andere objektive Ursprungsbeweise ausreichend, wenn es dem Betroffenen bei Beachtung der objektiv gebotenen Sorgfalt subjektiv unmöglich war, die formellen Ursprungsnachweise beizubringen.[27] Denn der Zweck der präferentiellen Nachweissysteme – auch bei einseitig eingeräumten Präferenzen wie zB im APS – besteht allein in der Aufrechterhaltung der Einheitlichkeit und Sicherheit des jeweiligen Präferenzabkommens, also auf Grundsätzen der ordnungsgemäßen Verwaltung[28] beruht. Der Präferenznachweis ist danach eine formell-rechtliche, aber keine materielle Voraussetzung für die beanspruchte Präferenzbehandlung, so dass die Zollbehörde zwar die Vorlage der formalisierten Nachweise verlangen, aber bei Vorliegen einer besonderen Situation ausnahmsweise auch andere Beweise akzeptieren darf.

82 Präferenznachweise sind sowohl Ursprungszeugnisse, weil sie den Ursprung der Ware in dem Land belegen, in dem der Nachweis ausgestellt wurde. Sie sind aber auch Beweismittel für die korrekte Anwendung der jeweiligen Ursprungsregeln.[29] Die Änderung des in der Warenverkehrsbescheinigung angegebenen Bestimmungsstaats etc. (zB Feld 5 der EUR.1) entwertet deshalb auch den Präferenznachweis und führt zum Verlust des Präferenzanspruchs.[30]

83 Die von der Zollbehörde ausgestellte Warenverkehrsbescheinigung EUR.1 ist demgemäß *„eine Beweisurkunde über den färöischen Warenursprung"*[31] und damit eine öffentliche Urkunde iSd §§ 415, 418 ZPO[32]. Sie unterliegt damit auch dem Strafrechtsschutz der §§ 271, 348 StGB (Falschbeurkundung).

C. Formelles Ursprungsrecht

I. Struktur

84 Die Struktur des formellen Ursprungsrechts besteht darin, dass das präferenzbegünstigte Ausfuhrland den Präferenznachweis ausstellt, der Einführer die Ware unter Vorlage des Präferenznachweises zur Präferenzeinfuhr bei den Zollbehörden des Einfuhrstaates anmeldet und die Zollbehörden des Ausfuhrlandes die Richtigkeit der Angaben im Präferenznachweis bei der Einfuhr im Wege der Verwaltungszusammenarbeit letztverantwortlich prüfen. Präferenznachweise können nachträglich, als Duplikat und auf der Grundlage vorher ausgestellter Ursprungsnachweise ausgestellt werden (vgl. Art. 17, 18, 19 Prot. Nr. 4; Art. 97l Abs. 2, Abs. 4 DVO).

II. Formen der Präferenznachweise

85 **1. Freiverkehrspräferenz.** Für die Freiverkehrspräferenz ist Voraussetzung, dass sich die Ware im freien Verkehr des jeweiligen Vertragspartners befindet. Dieses Prinzip gilt insbesondere im Warenverkehr zwischen der EU und der Türkei: Förmliche Freiverkehrspräferenzen sind A. TR., TL, T2L, Ausfuhrbescheinigung EXP.

86 **2. Ursprungspräferenz. a) Regelfall.** Im Regelfall gilt die Ursprungspräferenz. Förmliche Ursprungsnachweise sind das Formblatt A im Rahmen des APS (Art. 97l Abs. 1, Art. 97n

---

[26] EuGH v. 7.12.1993, C-12/92, Slg. 1993, I-6381; v. 23.2.1995, C-334/93, Slg. 1995, I-319, Rn. 24, ZfZ 1995, 148.
[27] So zutreffend *Witte/Prieß* Art. 27 Rn. 40.
[28] Vgl. *Witte/Prieß* aaO; vgl. auch *Dorsch/Harings* A 6, EWR-Ursprung, Art. 15 Rn. 12 ff.
[29] EuGH v. 24.2.1994, C-368/92, Slg. 1994, I-605, Rn. 10, ZfZ 1994, 143.
[30] EuGH aaO Rn. 14.
[31] EuGH v. 14.5.1996, C-153/94 und C-204/94, Färöer Seafood, Slg. 1996, I-02465, Rn. 16.
[32] So auch *Dorsch/Harings* Art. 26 Rn. 3; aA unverständlicherweise *Witte/Prieß* Art. 27 Rn. 37.

Abs. 1 DVO), ansonsten die EUR.1 und die EUR-MED (vgl. Art. 15 Abs. 1 lit. a und lit. b Prot. Nr. 4) und – im vereinfachten Verfahren – die sog. Ursprungserklärung auf der Rechnung, die auch auf einem Lieferschein oder einem anderen nämlichkeitssichernden Handelspapier abgegeben werden darf (Art. 15 Abs. 1 lit. c; Art. 21 Abs. 1 Prot. Nr. 4; Art. 97k Abs. 1 lit. c, Art. 97m Abs. 1 DVO). Ein Verzicht auf die Vorlage förmlicher Präferenznachweise ist nur im nichtkommerziellen Postverkehr und im Reiseverkehr zulässig (vgl. etwa Art. 97q DVO, Art. 26 Prot. Nr. 4). Ursprungsnachweise sind nach Art. 23 Prot. Nr. 4 vier Monate (im APS 10 Monate, vgl. Art. 97k Abs. 5 DVO) gültig und sind grundsätzlich auch innerhalb dieser Frist den Zollbehörden des Einfuhrlandes vorzulegen.

b) Registrierter Ausführer. Durch die VO 1063/2010 wird die Präferenzbescheinigung 87
Formblatt A ab dem 1.1.2017 abgeschafft, (Übergangsfrist bis 1.1.2020 für Entwicklungsländer). Die Bescheinigung soll durch das System des registrierten Ausführers ersetzt werden, vgl. Art. 67 Abs. 1 lit. u iVm Art. 90–96 DVO.

Dabei war folgender Erwägungsgrund für die Reform maßgeblich, (Erwägnisgrund 17): 88

„At present, the authorities of beneficiary countries certify the origin of products and, where the declared origin proves to be incorrect, importers frequently do not have to pay duty because they acted in good faith and an error was made by the competent authorities. As a result, there is a loss to the European Unions' own resources and it is ultimately the European Union taxpayer who bears the burden. Since exporters are in the best position to know the origin of their products, it is appropriate to require that exporters directly provide their customers with statements on origin."

Danach ist nur noch ein im begünstigten Ausfuhrland bei den Behörden registrierter 89
Ausführer und nicht mehr eine nationale Behörde befugt, ein Ursprungszeugnis auszustellen. Problematisch erscheint in dieser Hinsicht, dass der Schutz des Vertrauens auf die Richtigkeit eines Ursprungszeugnisses ausgehöhlt, wenn nicht sogar abgeschafft wird (vgl. Art. 220 Abs. 2 lit. b UAbs. 2–5 ZK, der sich auf formelle Ursprungsnachweise bezieht). Zukünftig wird somit das Präferenzrisiko auf den Exporteur und Importeur abgewälzt, was, so die Wirtschaft, die Nutzung des APS wenig attraktiv machen könnte. Die Billigkeitsvorschrift des Art. 239 ZK dürfte hier wenig zur Risikominimierung des Wirtschaftsbeteiligten beitragen, weil das Risiko, dass Nachteile aus der Inanspruchnahme der Präferenz entstehen, aufgrund der Neuregelung derjenige tragen soll, der die Vorteile begehrt.

Bis zum 1.1.2017 gelten die alten Regeln über die Präferenznachweise übergangshalber 90
fort, Art. 97k bis 97w DVO nF.

c) EUR-MED. Waren, die ihren Ursprung unter Anwendung der Pan-Euro-Med-Kumulierung 91
erlangt haben, müssen in den jeweiligen Präferenznachweisen entsprechend gekennzeichnet werden, damit geprüft werden kann, ob zwischen allen an der Herstellung der Ware beteiligten Ländern und dem Bestimmungsland die Voraussetzungen für die Kumulierung erfüllt sind. Deshalb wurden zusätzlich zu den bisherigen Präferenznachweisen EUR.1 der „Erklärung auf der Rechnung" neue Präferenznachweise EUR-MED und die „Erklärung auf der Rechnung EUR-MED" eingeführt. Sie unterscheiden sich von den bisherigen Präferenznachweisen nur in einem Punkt: In den neuen Präferenznachweisen EUR-MED sind Angaben zur Anwendung der Kumulierung zwingend vorgeschrieben.

Der Vorteil des Präferenznachweises EUR-MED erweist sich generell in dem Fall, in 92
dem die Ware nicht im ersten Bestimmungsland verbleiben, sondern in ein anderes Land der Pan-Euro-Med-Zone wieder ausgeführt werden soll. Wurde die Ware mit einem klassischen Präferenznachweis in das erste Bestimmungsland ausgeführt, kann für die Wiederausfuhr in das zweite Bestimmungsland kein Präferenznachweis EUR-MED mehr ausgestellt werden. Ein Präferenzanspruch auch für das zweite Bestimmungsland besteht also nur, wenn die Ware sofort mit einem Präferenznachweis EUR-MED in das erste Bestimmungsland ausgeführt wurde.

Weitere Informationen zum Pan-Euro-Med-Protokoll und den Präferenznachweisen 93
EUR-MED enthalten die „Erläuterungen zu den Ursprungsprotokollen Paneuropa-Mittelmeer", die im Amtsblatt der EU Nr. C 83/1 vom 17.4.2007 veröffentlicht wurden.

3. Teil. Exportwirtschaft (Ausfuhr, Zoll, Steuern)

94 **d) „Erklärung auf der Rechnung"/Ermächtigter Ausführer.** Ursprungserklärungen sind formlose Präferenznachweise, die jeder Ausführer im Rahmen gewisser Wertgrenzen (nach Art. 21 Prot. Nr. 4 und Art. 97m Abs. 1 DVO bis zu 6.000,00 Euro je Sendung) und der ermächtigte Ausführer „ohne Rücksicht auf den Wert" (Art. 22 Prot. Nr. 4) in den meisten Präferenzsystemen ausstellen darf. Sie sind Erklärungen, die auf einer Rechnung, einem Lieferschein oder einem sonstigen Handelspapier abgegeben werden. In der Regel werden sie auf der Handelsrechnung abgegeben.

95 Grundlegende Voraussetzung zur Abgabe einer Ursprungserklärung ist die Präferenzursprungseigenschaft der bezeichneten Ware.

96 Ermächtigter Ausführer kann nur werden, wer „häufig unter das Abkommen fallende Erzeugnisse ausführt" und die „Gewähr für die Kontrolle der Ursprungseigenschaft der Erzeugnisse und der Erfüllung der übrigen Voraussetzungen dieses Protokolls" bietet. Der Status bedarf der Bewilligung durch das Hauptzollamt. Die mit der Bewilligung vorgesehene Vereinfachung besteht in der alleinigen, aber auch eigenverantwortlichen Ausstellung eines Präferenznachweises (anstelle der Zollbehörden). Hingegen ist die Nachweisführung nicht vereinfacht; alle für den Nachweis der Richtigkeit des Ursprungszeugnisses erforderlichen Belege bzw. Buchhaltungsunterlagen haben (innerhalb der Aufbewahrungsfrist) parat zu liegen. Der ermächtigte Ausführer kann auch das Normalverfahren wählen, das Vertrauensschutz und Bestandsschutz generiert und oft eine höhere Akzeptanz im Einfuhrland hat.[33]

97 Der Wortlaut der Ursprungserklärung ist im jeweiligen Abkommen vorgeschrieben, wobei sich in der Praxis die englische und spanische, ggf. auch die französische Version als praktikabel erwiesen haben. Der Text für den EWR, für die AKP-Staaten und im APS ist nachfolgend abgedruckt:

98 **aa) EWR. (1) Deutsche Fassung.** Der Ausführer (Ermächtigter Ausführer; Bewilligungs-Nr. ...) der Waren, auf die sich dieses Handelspapier bezieht, erklärt, dass diese Waren, soweit nicht anders angegeben, präferenzbegünstigte ... Ursprungswaren sind.

(2) Englische Fassung. The exporter of the products covered by this document (customs authorisation No ...) declares that, except where otherwise clearly indicated these products are of ... preferential origin.

(3) Französische Fassung. L'exportateur des produits couverts par le présent document [autorisation douanière no ...] déclare que, sauf indication claire du contraire, ces produits ont l'origine préférentielle ...

(4) Spanische Fassung. El exportador de los productos incluidos en el presente documento [autorización aduanera no ...] declara que, salvo indicación en sentido contrario, estos productos gozan de un origen preferencial ...

99 **bb) AKP-Staaten** (= Staaten, die unter die Regelung nach VO (EG) Nr. 1528/2007 fallen). **(1) Deutsche Fassung.** Der Ausführer (Ermächtigter Ausführer; Bewilligungs-Nr. ...) der Waren, auf die sich dieses Handelspapier bezieht, erklärt, dass diese Waren, soweit nicht anders angegeben, präferenzbegünstigte ... Ursprungswaren sind.

(2) Englische Fassung. The exporter of the products covered by this document (customs authorisation No ...) declares that, except where otherwise clearly indicated, these products are of ... preferential origin.

(3) Französische Fassung. L'exportateur des produits coverts par le présent document (autorisation douanière no ...), déclare que, sauf indication claire du contraire, ces produits ont l'origine préférentielle ...

(4) Spanische Fassung. El exportador de los productos incluidos en el presente documento (autorización aduanera no ...) declara que, salvo indicación en senti do contrario, estos productos gozan de un origen preferencial ...

---

[33] Vgl. zum ermächtigten Ausführer *Beckmann/Kastner/Schumann*, Präferenznachweis im vereinfachten Verfahren, 2006; *Alvez-Mesa/Merz* Der Zoll-Profi 01/2012, 1 f.; *Sieben* Der Zollprofi 05/2012, 6 ff.

cc) APS. Die Wortlaute der Rechnungserklärungen sind in Anhang 18 DVO vorgegeben. 100

(1) Englische Fassung. The exporter of the products covered by this document (customs authorization no ...) declares that, except where otherwise clearly indicated, these products are of ... preferential origin according to rules of origin of the Generalized System of Preferences of the European Community.

(2) Französische Fassung. L'exportateur des produits couverts par le présent document [autorisation douanière no ...] déclare que, sauf indication claire du contraire, ces produits ont l'origine préférentielle ... au sens de règles d'origine du système des préférences tarifaires généralisées de la Communauté européenne.

3. Rechtsnatur der Präferenznachweise/Rechtsschutz. Die Ausstellung des förmlichen 101 Präferenznachweises durch die deutsche Zollverwaltung ist eine rechtsfeststellende, begünstigende Entscheidung gem. Art. 4 Nr. 5 ZK. Lehnt die Zollbehörde die Ausstellung eines Präferenznachweises ab oder hebt sie ihn nachträglich auf, ist dagegen der Einspruch gem. Art. 243 ZK iVm § 347 AO und der Finanzrechtsweg gegeben.[34]

Die im vereinfachten Verfahren ausgestellten formlosen Präferenznachweise sollen hingegen 102 nach der Rechtsprechung des BFH reine Wissenserklärungen des Ausführers sein.[35] Das ist zweifelhaft, weil der ermächtigte Ausführer anstelle des Zollamts als sog. Beliehener Unternehmer agiert und insoweit zollamtliche Befugnisse ausübt und weil für die in diesem Rahmen ausgestellten formlosen Ursprungsnachweise ansonsten die gleichen Regeln gelten wie für die förmlichen Ursprungsnachweise, etwa über die Gültigkeitsdauer, über die Vorlage(-fristen) etc. Die zollamtliche Feststellung, der Ausführer habe zu Unrecht eine Ursprungserklärung abgegeben, soll nach dem Finanzgericht Hamburg[36] keine mit der Anfechtungsklage anfechtbare zollrechtliche Entscheidung iSd Art. 4 Nr. 5 ZK sein (zweifelhaft).

Der Sichtvermerk der Zollbehörde auf der im vereinfachten Verfahren ausgestellten Warenverkehrsbescheinigung 103 soll nach BFH aaO lediglich zum Ausdruck bringen, dass der Ausführer zum vereinfachten Verfahren zugelassen ist.

4. Lieferantenerklärungen. a) Definition/Rechtsnatur der Lieferantenerklärung. Art. 27 104 Abs. 1 und 2 Prot. Nr. 4 definiert die Lieferantenerklärung wie folgt:

„(1) Wird im Gebiet einer Vertragspartei eine Warenverkehrsbescheinigung EUR.1 oder eine Erklärung auf der Rechnung für Ursprungserzeugnisse ausgestellt bzw. ausgefertigt, bei deren Herstellung Waren aus dem Gebiet der anderen Vertragsparteien verwendet worden sind, die im EWR be- oder verarbeitet wurden, ohne die Präferenzursprungseigenschaft zu erwerben, so wird die für diese Waren nach Maßgabe dieses Artikels abgegebene Lieferantenerklärung berücksichtigt.

(2) Die Lieferantenerklärung nach Abs. 1 dient als Nachweis für die im EWR an den betreffenden Waren vorgenommene Be- oder Verarbeitung im Hinblick auf die Entscheidung, ob die Erzeugnisse, bei deren Herstellung diese Waren verwendet worden sind, als Ursprungserzeugnisse des EWR gelten können und die übrigen Voraussetzungen dieses Protokolls erfüllt sind."

Die Lieferantenerklärung ist Konsequenz des präferenzrechtlichen Nachweis- und Dokumentationsprinzips. 105 Ihr Anwendungsbereich bezieht sich grundsätzlich auf die Präferenzursprungsregeln der Gemeinschaft, also auf den Warenverkehr innerhalb der Gemeinschaft gem. VO Nr. 1207/2001 (ABl. L 165/1). Soweit allerdings in den Ursprungsprotokollen wie in Art. 27 Lieferantenerklärungen vorgesehen sind (neben dem EWR auch für den Warenverkehr mit Algerien, Marokko, Tunesien, den AKP-Staaten, den ÜLG, der Türkei (für Zollunionswaren)), gibt es sie auch für grenzüberschreitende Warenlieferungen mit Drittstaaten.

---

[34] BFH ZfZ 1988, 369.
[35] BFH v. 16.10.1986, VII R 122/83, ZfZ 1987, 47.
[36] FG Hamburg ZfZ 2002, 419.

3. Teil. Exportwirtschaft (Ausfuhr, Zoll, Steuern)

106 Eine Lieferantenerklärung wird als Nachweis über die eingesetzten Vormaterialien verwendet. Sie ist damit nicht selbst eine förmliche oder formlose Warenverkehrsbescheinigung, sondern vielmehr Vorpapier bzw. Voraussetzung dafür (vgl. VSF Z 4214). Infolgedessen ist sie nicht nur eine reine Wissenserklärung des Lieferanten,[37] sondern ein rechtlich formalisiertes Beweismittel, das eine Privatperson ausstellt.[38] Das kommt auch durch das Verwaltungsverfahren zur nachträglichen Prüfung von Lieferantenerklärungen zum Ausdruck, das etwa in Art. 34 Prot. Nr. 4 letztlich genauso geregelt ist wie das für Präferenznachweise in Art. 33.

107 Es gibt keine öffentlichrechtliche Verpflichtung des Lieferanten zur Ausstellung einer Lieferantenerklärung oder zur Abgabe eines Auskunftsblatts INF 4; der Ausführer hat einen Anspruch darauf nur, wenn er dies vertraglich vereinbart hat. Dabei trägt der Ausführer die Verantwortung für die Richtigkeit seiner Angaben gegenüber der Zollverwaltung und seinem drittländischen Kunden auch dann, wenn sie letztlich vom (Vor-)Lieferanten stammen und er sie nicht wirklich überprüfen kann; ein Fall höherer Gewalt liegt insoweit nie vor (vgl. auch die Dienstvorschrift Lieferantenerklärungen VSF Z 4214).

108 **b) Nachträgliche Prüfung.** Im Anwendungsbereich der VO Nr. 1207/2001 ist die nachträgliche Prüfung von Lieferantenerklärungen in Art. 6 (INF 4) und Art. 10 (Amtshilfe) geregelt. Nach Art. 6 kann stichprobenweise und eher auf „freiwilliger" Basis die Zollbehörde den Ausführer auffordern, sich von seinem in einem anderen Mitgliedstaat ansässigen Lieferanten ein Auskunftsblatt INF 4 zu beschaffen. Gelingt dies nicht fristgerecht, erfolgt eine Prüfung von Amts wegen bei den Behörden des Mitgliedstaates, in dem der Lieferant seinen Sitz hat, allerdings nur bei begründeten Zweifeln an der Echtheit oder Richtigkeit der Lieferantenerklärung. Fraglich ist, ob auch die „stichprobenweise" Prüfung einer Lieferantenerklärung von „begründeten Zweifeln" abhängt (so *Dorsch/Harings*, Art. 27 Rn. 72). Nach dem BMF sind die Zollstellen bei Zweifeln an der Echtheit oder Richtigkeit der Lieferantenerklärung berechtigt, vom Ausführer ein INF 4 zu verlangen (VSF N 07 2001 Abs. 30).

109 Fraglich ist aber, ob nachfolgend zitierte Verwaltungsvorschriften des BMF rechtmäßig ist:

> „Um die einzuhaltende Vorlagefrist für ein Auskunftsblatt INF 4 sicherzustellen, erinnere ich daran, dass hierfür maximal ein Zeitraum von sechs Monaten vorzusehen ist. Kann der Ausführer nach Ablauf dieser Frist kein Auskunftsblatt vorlegen, so ist die betreffende Lieferantenerklärung abzulehnen, es sei denn, außergewöhnliche Gründe bzw. Umstände rechtfertigen eine weitere Fristverlängerung, die vier Monate nicht übersteigen sollte."

110 **c) Sechs Formen der Lieferantenerklärung.** Es gibt die Lieferantenerklärung für Waren mit Ursprungseigenschaft, Art. 3, 5 Abs. 1 VO Nr. 1207/2001, und die für Waren ohne Ursprungseigenschaft, Art. 3, 5 Abs. 2 VO und die Lieferantenerklärung mit Kumulationsvermerk im Rahmen der Pan-Euro-Med-Zone (vgl. dazu VSF N 81 2006 v. 18.9.2006), jeweils auch als Langzeiterklärung, Art. 4 VO (max. 1 Jahr). Die Lieferantenerklärung für Waren ohne Ursprungseigenschaft bezieht sich auf in der EU durchgeführte Be- oder Verarbeitungsvorgänge, die noch nicht zum Ursprungserwerb geführt haben. Ein Vordruckzwang besteht nicht, nur der Wortlaut der Erklärungen ist in den vier Anhängen der VO Nr. 1207/2001 gem. Art. 5 zwingend vorgeschrieben.

111 **d) Formelle Richtigkeit.** Auch die formelle Richtigkeit einer Lieferantenerklärung ist für ihre Gültigkeit entscheidend. So muss jeder Abkommensstaat mit seiner Abkürzung genannt werden, Abkürzungen für Staatengruppen (COMA, MCH, MfB, SPgA etc.) sind unzulässig. Eine nach dem Wortlaut der VO Nr. 1207/2001 ausgestellte Lieferantenerklärung eines drittländischen Lieferanten (zB aus den USA, Kanada, Japan) ist ungültig, wenn und weil das Ursprungsland nicht über ein entsprechendes Abkommen mit der EU verfügt.

---

[37] So *Witte/Prieß* Art. 27 Rn. 32.
[38] So auch *Vögele* AW-Prax 2007, 52.

Grundsätzlich ist eine Lieferantenerklärung nach Art. 5 Abs. 3 VO handschriftlich zu unterzeichnen. Eine mit Datenverarbeitung erstellte Lieferantenerklärung ist jedoch auch ohne Unterschrift gültig, sofern sich der Lieferant gegenüber dem Käufer schriftlich zur Übernahme der vollen Haftung für jede Lieferantenerklärung verpflichtet hat und die verantwortliche Person namentlich genannt ist (sog. Verpflichtungserklärung). 112

e) Pan-Euro-Med-Zone/Praxistipp. Als Grundsatz gilt: Eine Ware, die in die Paneuropa-Mittelmeer-Kumulierung eingegangen ist, darf nur noch im Rahmen dieses Systems von Präferenznachweisen EUR-MED – und nicht mehr mit einer „klassischen" EUR.1 – gehandelt werden. Daraus folgt für die Lieferantenerklärung: 113

Im Fall der Ausstellung von Lieferantenerklärungen ohne Anwendung der Mittelmeer-Kumulierung ist der Vermerk „Kumulierung angewendet mit ..." rechtlich unnötig, weil er nur erforderlich ist, wenn der Ursprung durch eine Anwendung der Vorschriften im Rahmen der Paneuropa-Mittelmeer-Kumulierung begründet worden ist. Gleichwohl sollte aber zur Vermeidung von Nachfragen durch den Zoll das Kästchen mit der Bezeichnung „Keine Kumulierung angewendet" angekreuzt werden.[39] 114

III. Ausstellung von Ursprungszeugnissen

Präferenznachweise stellen die Zollbehörden der Mitgliedstaaten im ordentlichen Verfahren gem. Art. 47 ff. DVO aus. Erforderlich ist ein Antrag des Ausführers, die Verwendung eines Formblatts und die Vorlage aller für die Prüfung der Angaben nötigen Unterlagen. Dazu dienen vor allem Kalkulationsschemata, Stücklisten, Fertigungsvorschriften, Rezepturen, Eingangs- und Ausgangsrechnungen, Lieferantenerklärungen für Vormaterialien mit und ohne Ursprungseigenschaft und Warenverkehrsbescheinigungen. Es obliegt dem Ausführer nachzuweisen, dass die zur Ausfuhr bestimmten Waren die Voraussetzungen für die Ausstellung eines Präferenznachweises erfüllen; eine Verantwortlichkeit der Zollbehörden in diesem Zusammenhang besteht nicht. 115

Auf der Basis der genannten Ursprungsunterlagen hat der ermächtigte Ausführer das Recht, den Ursprung formlos durch bloße Erklärung auf einem Handelspapier (sog. „Erklärung auf der Rechnung") zu bescheinigen. Da diese Bescheinigung nach der Rechtsprechung des BFH kein Verwaltungsakt iSd § 118 AO bzw. § 35 VwVfG, also keine zollrechtliche Entscheidung iSd Art. 4 Nr. 5 ZK ist, erzeugt sie auch keine Bestandskraft und keinen Vertrauensschutz. 116

IV. Vorlage und Anerkennung von Präferenznachweisen

1. Verfahren. Für die präferenzbegünstigte Einfuhr ist neben der Anmeldung zur Überführung der Ware in den zollrechtlich freien Verkehr ein Antrag auf Präferenzgewährung erforderlich (Art. 20 Abs. 4 ZK). Präferenznachweise sind nach amtlichen Muster der Anmeldung beizufügen (Art. 218 Abs. 1 lit. c DVO). Bei Kleinsendungen und beim persönlichen Reisegepäck kann die Anmeldung und der Antrag auf Präferenzgewährung auch mündlich erfolgen (Art. 59, 61 lit. c ZK, Art. 225 DVO). Ein Antrag auf Einräumung einer Präferenz (Art. 20 Abs. 4 S. 2 ZK) kann – was im Allgemeinen übersehen wird – ebenso wie die Vorlage des Präferenznachweises (Art. 256 DVO) auch nachträglich im Erstattungsverfahren erfolgen, Art. 236 ZK iVm Art. 889, 890 DVO. 117

2. Bindungswirkung des förmlichen Präferenznachweises. Die Ausstellung des förmlichen Präferenznachweises durch die Zollbehörden der Gemeinschaft im ordentlichen Verfahren gem. Art. 47 ff. DVO ist – anders als die im vereinfachten Verfahren ausgestellten Ursprungserklärungen – eine rechtsfeststellende begünstigende Entscheidung iSv Art. 4 Nr. 5 ZK. Demgemäß kann dieses so eingeräumte Präferenzrecht nachträglich nur durch Rücknahme/Widerruf gem. Art. 8, 9 ZK durch die zuständigen Zollbehörden beseitigt 118

---

[39] Vgl. dazu auch *Bauer/Mendel*, Die neuen Lieferantenerklärungen, 4. Aufl. 2012.

3. Teil. Exportwirtschaft (Ausfuhr, Zoll, Steuern)

werden. Das setzt, was nicht selten übersehen wird, nicht nur einen Rücknahme- bzw. Widerrufsgrund (zB Täuschung über antragsrelevante Tatsachen) voraus, den die Zollbehörden darlegen und beweisen müssen; sie müssen aufgrund dessen auch den fraglichen Präferenznachweis iSd Art. 4 Nr. 5 aufheben. Die alleinige Existenz eines Rücknahmegrundes ändert nichts an dem Bestehen des Rechts auf die präferentielle Vorzugsbehandlung, gleichgültig, ob der förmliche Präferenznachweis eine materiell- oder formell-rechtliche Voraussetzung für die Gewährung der Vergünstigung ist.

119 Diese aus dem Zollkodex und der DVO resultierende Rechtslage dürfte auch für vertragliche Präferenzen gelten, die die Zollbehörden des drittländischen Ausfuhrstaates in einem vergleichbaren zollamtlichen Verfahren erstellen.

120 Bei Zweifeln an der Echtheit oder Richtigkeit des Präferenznachweises ist, um die Bindungswirkung des Präferenznachweises zu beseitigen, deshalb vorher ein Nachprüfungsverfahren zB gem. Art. 97t DVO oder Art. 33 Prot. Nr. 4 durchzuführen. Nur das entspricht auch der unter V. darzustellenden Rechtsprechung des EuGH.[40]

121 Die zT gegenteilige Auffassung deutscher Finanzgerichte, diese Bindungswirkung bestehe nicht, weil etwa auf Grund vorangegangener Überprüfungsverfahren in gleichgelagerten Fällen offensichtlich oder unstreitig sei, dass die betreffende Ware die bescheinigte Ursprungseigenschaft nicht habe oder der Präferenznachweis eine Fälschung sei,[41] ist mit den ursprungsrechtlichen Bestimmungen über die „nachträgliche Prüfung" von Warenverkehrsbescheinigungen zB in Art. 97t DVO unvereinbar; sie dürfte auch aufgrund der unter Rn. 73 dargestellten EuGH-Rechtsprechung überholt sein.

122 Allerdings kann in Zweifelsfällen die Ware bloß vorläufig abgefertigt werden, ggf. gegen Sicherheitsleistung (vgl. etwa Art. 33 Abs. 4 Prot. Nr. 4, Art. 97t Abs. 2 UAbs. 2 DVO).

V. Nachträgliche Prüfung

123 **1. Struktur.** Alle Präferenzsysteme sehen ein jedenfalls in der Struktur gleiches Nachprüfungsverfahren vor, wenn die Zollbehörden begründete Zweifel an der Echtheit oder Richtigkeit der Warenverkehrsbescheinigung haben. Dieses in Art. 97t DVO und in den Ursprungsprotokollen (etwa in Art. 33 Prot. Nr. 4) zu dem jeweiligen völkerrechtlichen Präferenzabkommen im Detail geregelte Verfahren der Nachprüfung von Präferenznachweisen setzt formal voraus, dass die die Warenverkehrsbescheinigung ausstellende Zollbehörde des Ausfuhrstaates entweder selbst von Amts wegen „stichprobenweise" oder auf Antrag der Zollbehörde des Einfuhrstaats bei „begründeten Zweifeln" die Nachprüfung durchführt. Dabei kann der Nachprüfungsantrag nach der Rechtsprechung des EuGH auch von OLAF gestellt werden.[42] Entscheidend ist aber immer, dass es sich hierbei um ein Verwaltungsverfahren der Zollbehörden des Ausfuhrstaates handelt. Der EuGH geht allerdings in seiner Entscheidung v. 15.12.2011 C-409/10 davon aus, dass es sich bei einer Gemeinschaftsmission von OLAF zur nachträglichen Prüfung von im Drittland ausgestellten Warenverkehrsbescheinigungen, um eine ordnungsgemäß durchgeführte Nachprüfung handeln kann, sofern die Zollbehörde des Ausfuhrstaats sich die Ermittlungsergebnisse von OLAF bloß zu eigen macht. Dabei wird der Begriff der Zollbehörden nicht funktionell verstanden; Zollbehörde soll danach vielmehr jede Person sein, die eine Zollbehörde nach innerstaatlichen Recht, sogar nur dem Anschein nach, vertreten darf.[43]

124 Das Antragsverfahren zur Überprüfung drittländischer Warenverkehrsbescheinigungen ist in Deutschland in VSF Z 4215 geregelt. Danach wendet sich das zuständige Hauptzollamt

---

[40] EuGH v. 12.7.1984, Rs. 218/83, Slg. 1984, 3105, Rn. 26–27, ZfZ 1985, 144; v. 5.7.1994, C-432/92, Slg. 1994, I-3087, Rn. 38–41, ZfZ 1994, 303; v. 9.2.2006, C-23/04 bis C-25/04, ZfZ 2006, 154; v. 9.3.2006, C-293/04, ZfZ 2006, 157; v. 25.2.2010, C-386/08, ZfZ 2010, 104; v. 15.12.2011, C-409/10, ZfZ 2012, 79.

[41] Vgl. BFH ZfZ 1998, 93; FG Baden-Württemberg ZfZ 1997, 199; FG München ZfZ 1990, 382.

[42] EuGH Urt. v. 9.2.2006, C-23/04-C25/04, ZfZ 2006, 154, Rn. 31; v. 14.11.2002, C-251/06, Slg. 2002, I-10433, Rn. 60, ZfZ 2003, 46.

[43] Ablehnend *Schrömbges* AW-Prax 2012, 276 mwN zu Rechtsprechung und Literatur.

Abschnitt 31. Präferenzrecht

bei Zweifeln an die in Münster ansässige Zentralstelle Ursprungsnachprüfung, die sich an die Zollbehörden des Ausfuhrlandes unter Angabe der Verdachtsgründe wendet. Davon ist der Importeur grundsätzlich zu unterrichten (Abs. 5, inländisches Nachprüfungsverfahren). Die Zollbehörden des Ausfuhrstaates führen daraufhin die nachträgliche Prüfung der Echtheit/Richtigkeit der von ihnen ausgestellten Warenverkehrsbescheinigung durch. Geht indessen innerhalb von zehn Monaten keine (ausreichende) Mitteilung ein, werden die Einfuhrabgaben nacherhoben (Abs. 6; Art. 33 Abs. 6 Prot. Nr. 4). Über die Mitteilung des Prüfungsergebnisses an die Zollbehörden des Einfuhrlandes wird der Ausführer unterrichtet (Abs. 15).

2. Rechtsfolgen der Prüfung. Ergebnis der nachträglichen Prüfung kann die Aufhebung 125 der fraglichen Warenverkehrsbescheinigung durch die zuständige Zollstelle des Ausfuhrstaates sein, die der Ausführer anfechten kann; ist die Aufhebung etwa der EUR.1 rechtskräftig, ist damit der Anspruch des Einführers auf Präferenzbehandlung erloschen.

Ergibt sich aus der Mitteilung des Prüfungsergebnisses der Zollbehörden des Ausfuhr- 126 landes aufgrund der Bezugnahme auf die jeweilige EUR.1, dass das fragliche Erzeugnis kein Ursprungserzeugnis ist oder sein Ursprung nicht festgestellt werden kann, oder ignorieren die Zollbehörden des Ausfuhrlandes den Nachprüfungsantrag des Einfuhrstaates, bleibt also auch insoweit die Ursprungsfrage offen, darf der antragstellende Einfuhrstaat – und zwar nur dann – die bei der Einfuhr vorgelegte und nach wie vor rechtlich existente EUR.1 als materiell unrichtig bzw. ungültig ansehen; in der EU ist dann der Weg zur Nacherhebung nach Art. 220 Abs. 1 ZK eröffnet, aber auch der zur Vertrauensschutzbestimmung des Art. 220 Abs. 2 lit. b ZK.[44]

3. Vertragliche/autonome Präferenzen. Diese strikte Bindung des Einfuhrstaates an die 127 vom Ausfuhrstaat vorgenommenen Beurteilungen und Maßnahmen folgt nach der Rechtsprechung des EuGH insbesondere aus der in den Präferenzabkommen geregelten Kompetenzverteilung zwischen Einfuhr- und Ausfuhrstaat. Fraglich ist deshalb, ob sie auch bei autonomen Präferenzen gilt, ob also auch der Bericht von OLAF über eine Gemeinschaftsmission Grundlage sein kann, fragliche EUR.1 als eine unrichtige Bescheinigung iSd Art. 220 Abs. 2 lit. b ZK einzustufen. Das wurde oft unter Berufung auf das Faroe Seafood-Urteil des EuGH[45] bejaht.[46] Diese Ansicht dürfte aber in dieser Allgemeinheit schon wegen des präferentiellrechtlichen Rechtsschutz- und Vertrauensschutzprinzips unzutreffend sein, die nicht nur bei vertraglichen, sondern auch bei autonomen Präferenzen gelten.[47]

Beispiel: 128
Die Zollbehörde E erkennt die von A ausgestellte Warenverkehrsbescheinigung (WVB) Formblatt A aufgrund eines OLAF-Berichtes nicht an. A bestätigt trotz der Ergebnisse der Gemeinschaftsmission die WVB, oder der drittländische Ausführer geht erfolgreich gerichtlich gegen die Aufhebung der WVB durch A vor. Der Rechtsfrieden, auch der zivilrechtliche, wäre erheblich gestört, wenn gleichwohl dem gemeinschaftsansässigen Importeur die Präferenzbehandlung versagt werden könnte; auch wäre ein Regressanspruch des Einführers gegen den Importeur in einem solchen Fall sehr fraglich.

4. Rechtsschutz. Gegen die Rücknahme/Widerruf der Präferenznachweise durch die 129 Zollbehörde ist der Einspruch gem. Art. 243 ZK iVm § 347 AO sowie der Finanzrechtsweg gegeben.[48]

Gegen die Mitteilung des Prüfungsergebnisses der deutschen Zollverwaltung an die an- 130 tragstellende Zollbehörde des Ausfuhrstaates ist die Unterlassungsklage zulässig.[49]

---

[44] Vgl. dazu EuGH v. 15.12.2011, C-409/10 und *Schrömbges* AW-Prax 2012, 276.
[45] EuGH v. 14.5.1996, C-153/94 und C-204/94, Slg. 1996, I-2465, Rn. 18 ff., ZfZ 1997, 12.
[46] So etwa *Witte/Prieß* Art. 27 Rn. 40; aA unter Berufung auf die gleiche Struktur der Nachprüfungsverfahren *Dorsch/Harings* Art. 27 Rn. 79.
[47] Vgl. dazu *Schrömbges* AW-Prax 2009, 89.
[48] Vgl. BFH ZfZ 1988, 369, 370.
[49] BFH ZfZ 1987, 47, 49.

3. Teil. Exportwirtschaft (Ausfuhr, Zoll, Steuern)

D. Zollschuldrechtliche Haftungsrisiken für den gemeinschaftsansässigen Einführer

I. Vorbemerkung

131   Zollschuldrechtliche Haftungsrisiken für den gemeinschaftsansässigen Exporteur gibt es nicht, weil die EU keine Ausfuhrzölle vorsieht. Allerdings kann das drittländische Einfuhrregime den Ausführer zivilrechtlich treffen, weil er seinem drittländischen Kunden Präferenzpapiere zur Verfügung stellt, die zur Ablehnung der beantragten Präferenzbehandlung führen oder diese nachträglich zunichte machen; dieses Thema wird unter F. behandelt.

II. Nacherhebung nach Art. 220 Abs. 1 ZK

132   **1. Grundsatz.** Legt der gemeinschaftsansässige Einführer eine Warenverkehrsbescheinigung vor, die der Ausfuhrstaat nachträglich aufhebt, oder die aufgrund der Vorschriften über die nachträgliche Prüfung als materiell unrichtig anzusehen ist, ist die Zollbehörde des betroffenen Mitgliedstaates nach Art. 220 Abs. 1 ZK verpflichtet, den geschuldeten Zoll (Differenz zwischen Normal- und Präferenzzollsatz) nachzuerheben.

133   **2. Vertrauensschutz nach Art. 220 Abs. 2 lit. b UAbs. 2 ZK.** Der Zollkodex hat in Art. 220 Abs. 2 lit. b UAbs. 2 ff. ZK eine eigene präferenzrechtliche Vertrauensschutzbestimmung aufgestellt, die großzügiger ist als die allgemeine nach UAbs. 1. Sie kann der Nacherhebung des Zolls entgegengehalten werden, entweder im Einspruchsverfahren nach § 347 AO oder im Erstattungs- und Erlassverfahren nach Art. 236 ZK (vgl. zum Rechtsschutzbedürfnis bei gleichzeitiger Verfolgung VSF Z 1102). Der Nacherhebung des Zolls steht nach der Rechtsprechung des EuGH (Faroe Seafood) nicht der Umstand entgegen, dass die Abgaben nicht mehr auf den Erwerber der eingeführten Erzeugnisse abgewälzt werden können und es sich um einen hohen Betrag handelt.

134   Im Einzelnen ist diese Vorschrift sehr kompliziert. Das Grundkonzept ist folgendes:
1. Die Zollbehörde des Ausfuhrstaates muss eine unrichtige Warenverkehrsbescheinigung ausgestellt haben; der Irrtum der Zollbehörden wird dann gesetzlich als nicht erkennbar fingiert (UAbs. 2).
2. Diese Fiktion des nicht erkennbaren Irrtums der Zollbehörden (nicht die Unrichtigkeit, UAbs. 2) erlischt (UAbs. 3), falls die Zollbehörde des Einfuhrstaates – idR aufgrund der ursprungsrechtlichen Mitteilung der Zollbehörden des Ausfuhrstaates oder aufgrund eines OLAF-Berichts – darlegt und nachweist, dass die Unrichtigkeit auf Falschangaben des drittländischen Ausführers beruht; von dieser Beweislast ist die Zollbehörde im Fall der Beweisvernichtung durch den drittländischen Ausführer ausnahmsweise befreit.[50] Ergibt sich aus der Mitteilung der Zollbehörden des Ausfuhrstaates nicht, dass die „unrichtige Bescheinigung" auf einer unrichtigen Darstellung der Fakten des Ausführers beruht, scheitert somit die Nacherhebung (so auch *Gellert*, ZfZ 2007, 296).
3. Die Irrtumsfiktion lebt trotz nachgewiesener Falschangaben des drittländischen Ausführers wieder auf, wenn die drittländische Zollbehörde leichtfertig die fragliche Warenverkehrsbescheinigung ausgestellt hat (UAbs. 3).
4. Gerade für den letztgenannten Fall muss der Einführer darlegen (UAbs. 4), dass er im Zeitpunkt der Einfuhr[51] gutgläubig war. Dabei ist der Einführer grundsätzlich nicht verpflichtet, der Ordnungsmäßigkeit der drittländischen Zollverwaltung zu misstrauen oder sich nach Herkunft und Zollstatus einzelner Warenbestandteile zu erkundigen.
Ein im Amtsblatt der EU veröffentlichter Warnhinweis der Europäischen Kommission macht den Einführer bösgläubig (UAbs. 5). Der Warnhinweis hat absolute Wirkung.[52]

---

[50] Vgl. EuGH v. 9.3.2006, C-293/04, ZfZ 2006, 157.
[51] So EuGH v. 8.10.2008, T-51/07, ZfZ 2008, 324; dazu in gewissem Widerspruch stehend BFH v. 24.4.2008, VII R 62/06, ZfZ 2008, 203.
[52] Vgl. EuGH vom 1.10.2009, C-552/08, ZfZ 2010, 12.

Verfallsdaten sind nicht vorgesehen.[53] Im Amtsblatt 2012 (C 332/1) hat die Europäische Kommission eine Liste von Warnhinweisen der Europäischen Kommission im Zollpräferenzrecht veröffentlicht.

5. Die präferentielle Vertrauensschutzregelung über die Fiktion des nichterkennbaren Irrtums hat allerdings zur Anwendungsvoraussetzung ein „System der administrativen Zusammenarbeit unter Beteiligung der Behörden eines Drittlands". Dieses wird nicht angewandt und Vertrauensschutz nach dieser Vorschrift wird nicht gewährt, wenn der vorgelegte Präferenznachweis nicht von den zuständigen Zollbehörden des Ausfuhrstaates stammt, was bei Ursprungserklärungen und bei Fälschungen der Fall ist, oder ein unrichtiger Präferenzursprung durch eigene Ermittlungen der Zollbehörden der Mitgliedstaaten oder OLAF oder durch sonstige Zollbehörden festgestellt wird, was beispielsweise bei der Verletzung des Direktbeförderungsprinzips in Betracht kommt.[54]

Dieser Vertrauensschutz ging der Europäischen Kommission offenbar zu weit, sie hat ihn durch VO Nr. 1063/2010 durch die Abschaffung des Präferenznachweises Formblatt A zum 1.1.2017 für das APS abgeschafft. **135**

III. Rechtsschutz

Gegen den Nacherhebungsbescheid gem. § 220 Abs. 1 ZK kann der Einführer Einspruch gem. Art. 243 ZK iVm § 347 AO einlegen und die Aussetzung der Vollziehung (AdV) beantragen, Art. 244 ZK. Auch hat er die Möglichkeit, das Erstattungs- und Erlassverfahren nach Art. 236 bis 239 ZK einzuleiten. Sind diese Rechtsbehelfe erfolglos, ist der Finanzrechtsweg eröffnet. **136**

Von diesen Rechtsbehelfsmöglichkeiten sollte der Einführer insbesondere dann Gebrauch machen, wenn der drittländische Ausführer gegen die Aufhebung der Warenverkehrsbescheinigung rechtsbehelfsmäßig vorgeht, oder die Warenverkehrsbescheinigung von der zuständigen Zollbehörde des Ausfuhrstaates nicht aufgehoben worden ist, aber die Zollbehörden der Mitgliedstaaten diese als materiell ungültig bzw. unrichtig ansehen, oder die Nacherhebung mit einem OLAF-Bericht oder sonst mit Erwägungen begründet ist, die der unter C. V. dargelegten Rechtslage widersprechen. **137**

IV. Erstattung oder Erlass aus Billigkeitsgründen

1. Art. 239 Abs. 1, 1. Anstrich ZK iVm Art. 900 Abs. 1 lit. o DVO. Die Präferenzbehandlung hat zur Voraussetzung die Zollschuldentstehung nach Art. 201 Abs. 1 lit. a ZK bei Überführung in den zollrechtlich freien Verkehr gem. Art. 79 ZK. Entsteht die Zollschuld hingegen wegen einer Unregelmäßigkeit nach Art. 202 bis 205 ZK, obwohl der Präferenznachweis vorliegt, kann die Versagung der Präferenzbehandlung gleichwohl unbillig sein. Diesen Fall regelt Art. 239 ZK iVm Art. 900 Abs. 1 lit. o DVO. **138**

2. Art. 239 Abs. 1, 2. Anstrich ZK iVm Art. 905 DVO. Die hier normierte allgemeine Billigkeitsklausel setzt eine „besondere Situation" voraus, die nicht auf betrügerische Absicht bzw. offensichtliche Fahrlässigkeit des Zollbeteiligten zurückzuführen ist. **139**

An die Sorgfaltspflichten stellt die Rechtsprechung hohe Anforderungen.[55] Danach gehören zum normalen Geschäftsrisiko fehlende, falsche oder gefälschte Präferenzpapiere, wogegen Vorsorgemaßnahmen, insbesondere auch vertraglicher Art, getroffen werden müssen.[56] Die fehlende oder auch nur mangelhafte vertragliche Absicherung gegen diese „normalen" Geschäftsrisiken wird in aller Regel als offensichtlich fahrlässig eingestuft. Auch die Anwendbarkeit der Vertrauensschutzbestimmung des Art. 220 Abs. 2 lit. b ZK, die eine **140**

---

[53] Vgl. dazu *Wolffgang* AW-Prax 2008, 81.
[54] Vgl. dazu auch *Witte/Alexander* Art. 220 Rn. 62 ff.
[55] Vgl. EuGH v. 11.11.1999, C-48/98, Slg. 1998, I-7877.
[56] Vgl. EuGH v. 17.7.1997, C-97/95, Rn. 95, ZfZ 1997, 372; FG Düsseldorf ZfZ 2004, 167.

3. Teil. Exportwirtschaft (Ausfuhr, Zoll, Steuern)

gleiche Zielrichtung wie die des Art. 239 ZK verfolgt,[57] kann von solchen vertraglichen Vorsorgemaßnahmen abhängen.

141 **3. Rechtsschutz.** Den Erlass- bzw. Erstattungsantrag nach Art. 239 ZK lehnt stets das Hauptzollamt ab, auch wenn die Europäische Kommission eingeschaltet war und gem. Art. 905 DVO selbst entschieden hat (immer ab einem Betrag von 500.000,00 Euro und mehr). Dagegen sind Einspruch und Klage beim Finanzgericht gegeben. Das nationale Gericht darf aber nicht selbst die Entscheidung des Hauptzollamtes aufheben, wenn deren Grundlage eine Entscheidung der Europäischen Kommission gem. Art. 907, 908 DVO ist; dann ist eine Vorabentscheidung des EuGH einzuholen.[58]

142 Alternativ oder parallel ist Nichtigkeitsklage gegen die ablehnende Entscheidung der Europäischen Kommission, die gem. Art. 907, 908 DVO dem betreffenden Mitgliedstaat, nicht jedoch unmittelbar dem betroffenen Antragsteller mitgeteilt wird, beim Gericht I. Instanz (EuG) innerhalb von zwei Monaten zulässig. Ist im Hinblick auf die ablehnende Entscheidung der Europäischen Kommission auch eine Klage bei einem nationalen Gericht rechtshängig, kann dieses das Verfahren bis zur Entscheidung über die Nichtigkeitsklage durch den EuG/EuGH aussetzen (oder den EuGH anrufen).

E. Strafrechtliche Haftung

I. Vorbemerkungen zu den Steuerstraftaten

143 **1. Ausfuhrfälle.** Fehler bei der Ausstellung einer Lieferantenerklärung oder einer Ursprungserklärung können „schnell" strafrechtliche Konsequenzen nach sich ziehen, wenn darin unzutreffende Angaben über den präferentiellen Ursprung der auszuführenden Ware gemacht werden. Eine unrichtige Lieferantenerklärung, die zu einem unrichtigen förmlichen oder formlosen Präferenznachweis führt, ist im Einfuhrstaat Grundlage einer Zollverkürzung. Dabei stellt § 370 Abs. 6 AO auch die Eingangsabgaben bestimmter anderer Länder unter deutschen Strafrechtsschutz. Solche Fälle oder Fälle, in denen deutsche Ausführer Warenverkehrsbescheinigungen zu Unrecht erhalten haben, werden häufig durch die Nachprüfungsersuchen ausländischer Zollverwaltungen bekannt.

144 In den meisten Fällen werden Drittlandswaren zu Unrecht als deutsche Ursprungserzeugnisse bezeichnet, oder es werden unrichtige Erklärungen über die Art der Bearbeitung oder die Wertverhältnisse der Einzelteile abgegeben und auf dieser Grundlage ein in Wahrheit nicht stattgefundener Tarifsprung behauptet. Nach den Ursprungsprotokollen (etwa Art. 36 Prot. Nr. 4) besteht in aller Regel eine Verpflichtung der Unterzeichnerstaaten, Sanktionen *„gegen jede Person"* zu *„verhängen, die ein Schriftstück mit sachlich falschen Angaben anfertigt oder anfertigen lässt, um die Präferenzbehandlung für ein Erzeugnis zu erlangen".*

145 **2. Einfuhrfälle.** Wird bei der Einfuhr in die Gemeinschaft eine materiell unrichtige Warenverkehrsbescheinigung vorgelegt, ist damit immer auch der objektive Tatbestand der Steuerhinterziehung gem. § 370 Abs. 1 AO gegeben.

II. Steuerhinterziehung, § 370 AO

146 **1. Einfuhr.** Die steuerwidrige Handlung des Täters im Sinne von § 370 Abs. 1 AO besteht in allen Fällen unrichtiger Angaben über die Voraussetzung einer Präferenzbehandlung darin, dass er unter Verletzung der Anmeldepflicht nach Art. 59 ZK, Art. 199 DVO der Zollbehörde über steuerlich erhebliche Tatsachen unrichtige Angaben macht. Denn mit der Überführung der Ware in den freien Verkehr entsteht die Zollschuld in der gesetzlichen Höhe, dh nach dem allgemeinen Zollsatz, wobei es gleichgültig ist, ob die vorgelegte Ursprungs-, Warenverkehrs- oder Statusbescheinigung eine falsche Urkunde im Sinne

---

[57] Vgl. EuGH v. 20.11.2008, C-375/07, ZfZ 2008, 321, Rn. 57 ff.
[58] EuGH v. 22.10.1987, Rs. 314/85, Slg. 1987, 4199; v. 20.11.2008, C-375/07, ZfZ 2008, 321, Rn. 67.

des § 267 StGB ist, dh nicht oder nicht in dieser Form von der darin bezeichneten ausländischen Zollbehörde ausgestellt ist oder bei der ausländischen Zollbehörde erschlichen oder durch Bestechung erlangt ist. Mit der Vorlage einer solchen unrichtigen Warenverkehrsbescheinigung bewirkt der Täter im Sinne von § 370 Abs. 4 AO, dass der Zoll entweder zu niedrig oder überhaupt nicht festgesetzt wird.

Subjektiv muss der Täter vorsätzlich handeln; er muss also wissen, dass seine Angaben über die Präferenzberechtigung unrichtig und die vorgelegten Urkunden zu deren Nachweis unzutreffend sind. Daran wird es indessen oft fehlen, weil die Lieferung präferenzberechtigter Waren vereinbart worden ist und die Waren von formell gültigen oder formell gültig aussehenden Ursprungszeugnissen begleitet sind. Begründete Zweifel an der Richtigkeit der Angaben im Ursprungszeugnis, die zur Nachprüfung führen (können) oder die in einem OLAF-Bericht als Schlussfolgerungen festgehalten sind,[59] sind kein Nachweis, dass auch der Straftatbestand in der Person des Anmelders, der solche Dokumente vorlegt, erfüllt ist; denn zumindest gilt der Grundsatz in dubio pro reo.[60] In solchen Fällen hat nur der ausländische Lieferer die Verkürzung vorsätzlich bewirkt, der zwar gemäß § 370 Abs. 7 AO nach deutschen Strafrecht bestraft werden kann, aber in der Regel für die deutschen Strafverfolgungsorgane unerreichbar ist, sofern er nicht in einem Mitgliedsstaat ansässig ist und mittels des Europäischen Haftbefehls ausgeliefert werden kann. Jedoch sind die ausländischen Zollbehörden (ebenso wie im umgekehrten Fall die deutschen) nach den Präferenzabkommen verpflichtet, gegen den Lieferanten unrichtiger Präferenzpapiere Sanktionen zu ergreifen.

Die mitgliedstaatlichen Zollverwaltungen nehmen in Fällen der geschilderten Art oft einen strafprozessualen Anfangsverdacht an, der zur Einleitung eines steuerstrafrechtlichen Ermittlungsverfahrens führt.

2. Ausfuhr. Derjenige, der unrichtige Präferenzpapiere von deutschen Behörden erschleicht oder erhält oder unrichtige Lieferantenerklärungen oder unrichtige Ursprungserklärungen ausstellt zwecks Verkürzung von Eingangsabgaben in einem Staat, der Waren mit Ursprung in der Bundesrepublik eine Präferenz gewährt und dessen Einfuhrabgaben unter § 370 Abs. 6 AO fallen, macht sich dadurch allein noch nicht strafbar; es liegt noch kein Versuch der Zollhinterziehung vor,[61] wohl aber eine Ordnungswidrigkeit nach § 379 Abs. 1 AO.

Die Tatbestandsverwirklichung auf Grund unrichtiger deutscher Präferenzpapiere vollzieht sich nach § 370 Abs. 6 AO zwar bei der ausländischen Zollbehörde, aber nach deutschem Strafrecht ohne Rücksicht darauf, ob der Straftatbestand der Zollhinterziehung nach dem Recht des betreffenden Staates vielleicht ganz anders aufgebaut ist. Demnach ist die Tat strafbar versucht, wenn die ausländische Zollbehörde in Staaten, in denen zwar nicht der Zollkodex gilt, aber eine vergleichbare Zollrechtslage gilt, die Zollanmeldung unter Vorlage des unrichtigen Präferenznachweises annimmt. Vollendet ist die Tat, wenn die ausländische Zollbehörde einen der Bekanntgabe eines Zollbescheides vergleichbaren Verwaltungsakt tätigt. Die Rolle des deutschen Ausführers wird bei einverständlichem Zusammenwirken mit dem ausländischen Abnehmer in der Regel als Beihilfe zu werten sein, jedoch kann er auch mittelbarer Alleintäter sein, wenn der ausländische Geschäftspartner von der mangelnden Präferenzberechtigung nichts wusste. Strafbar ist die Verkürzung der unter § 370 Abs. 6 AO fallenden ausländischen Abgaben unabhängig vom in – oder ausländischen Tatort.

III. Besonders schwere Fälle der Zollhinterziehung, § 370 Abs. 3, 373 AO

Nach § 370 Abs. 3 Nr. 1 AO liegt ein besonders schwerer Fall vor – Strafverschärfung: Freiheitsstrafe von sechs Monaten bis zu 10 Jahren –, wenn die Zollhinterziehung aus gro-

---

[59] Vgl. dazu *Schrömbges* AW-Prax 2006, 471; 2012, 276.
[60] Vgl. hierzu *Ferschl* RiW 1990, 386; *Duric* RiW 1990, 823.
[61] AA *Duric* aaO.

bem Eigennutz und in großem Ausmaß geschah. „Großes Ausmaß" liegt nach der Rechtsprechung des BGH (v. 22.7.2008, VI R 47/06) bereits bei einem Steuerschaden von über € 50.000,00 vor; liegt der Steuerschaden in sechsstelliger Höhe, kommt eine Geldstrafe nach BGH nur noch ausnahmsweise in Betracht, bei Hinterziehungsbeträgen in Millionenhöhe ist in aller Regel nur noch eine Freiheitsstrafe ohne Bewährung(!) schuldangemessen.

152 Diese Strafandrohung gilt auch für den neugefassten § 373 AO über die gewerbsmäßige Steuerhinterziehung, die auch die Hinterziehung der in § 370 Abs. 6 AO genannten ausländischen Eingangsabgaben und die Strafbarkeit auch bei ausländischem Tatort gem. § 370 Abs. 7 AO umfasst.[62]

IV. Leichtfertige Steuerverkürzung, § 378 AO/Steuergefährdung, § 379 AO

153 Beide Tatbestände begründen Ordnungswidrigkeiten. § 378 bestraft die grobfahrlässige Steuerhinterziehung iSd § 370 AO. Die Ausstellung falscher Präferenzpapiere kann eine Ordnungswidrigkeit nach § 379 AO sein. Das gilt auch für denjenigen, der sich unrichtige Präferenzpapiere beschafft, um mit deren Hilfe demnächst Waren als präferenzberechtigt einzuführen.

V. Urkundsdelikte, §§ 267, 271, 348 StGB

154 Alle Präferenznachweise erfüllen den Urkundsbegriff des § 267 StGB und unterliegen damit dem strafrechtlichen Echtheitsschutz. Nach herrschender Ansicht sind die förmlichen Präferenznachweise sogar öffentliche Urkunden iSd §§ 415, 417, 418 ZPO und unterfallen damit auch dem strafrechtlichen Wahrheitsschutz nach §§ 271, 348 StGB (Falschbeurkundung („mittelbare") „im Amt").

F. Zivilrechtliche Haftungsrisiken

I. Grundkonstellation

155 In der Praxis sind Fälle häufig, in denen unrichtige Lieferantenerklärungen – und darauf aufbauend – unrichtige Ursprungserklärungen bzw. Warenverkehrsbescheinigungen ausgestellt werden, was oft im Rahmen eines internationalen Nachprüfungsersuchen aufgedeckt wird. Folge ist dann regelmäßig, dass die Präferenzverzollung rückgängig gemacht und der normale Zoll nacherhoben wird. Der Einführer wird dann diesen Zollbetrag als Schadensersatz vom Ausführer herausverlangen, der dann seinerseits bei seinem Lieferanten Regress nehmen wird.

II. Zivilrechtliche Beurteilung der Lieferantenkette

156 **1. Kaufvertrag Ausführer/Einführer. a) Grundsätzliches.** Vorbehaltlich besonderer Vereinbarung gilt modo grosso, dass Exportverträge – aus EU-Sicht – regelmäßig dem UN-Kaufrecht (CISG) unterliegen, während das bei Importverträgen regelmäßig nur dann der Fall ist, wenn der Vertragspartner seinen Sitz in einem Vertragsstaat des UN-Übereinkommens hat. Das UN-Kaufrecht enthält keine ausdrückliche Regelung über die Verzollung und über die Pflicht zur Übergabe von Verzollungsunterlagen. Allerdings wird unter Verweis auf die Incoterms eine allgemeine Auslegungsregel des Inhalts angenommen, dass jede Vertragspartei diejenigen zollrechtlichen Pflichten zu erfüllen hat, die in seinem eigenen Land anfallen; danach hat der Ausführer die Ausfuhrzollförmlichkeiten, der Einführer die Einfuhrzollförmlichkeiten zu erledigen.[63] Diese Pflichten- und Kostenverteilung kann zwar

---

[62] Vgl. zur Neuregelung des Steuerstrafrechts *Bender* ZfZ 2008, 145.
[63] Vgl. Schlechtriem/*Huber*, UN-Kaufrecht, Art. 31 Rn. 89.

durch die Klauseln EXW und DDP ins Gegenteil verkehrt werden. Bei beiden Klauseln besteht aber die Pflicht, der anderen Partei die bei der Verzollung notwendigen Papiere zu beschaffen (vgl. Incoterm DDP, A. 2 und A. 6). Das steht in Übereinstimmung mit der Auffassung, dass nach dem Kaufvertrag, falls er keine ausdrückliche Regelung enthält, der Käufer die Nebenpflicht hat, die für die Verzollung benötigten Unterlagen zu beschaffen; dazu gehört auch ein nichtpräferentielles Ursprungszeugnis, wenn nur damit die Abfertigung zum zollrechtlich freien Verkehr erreicht werden kann.

b) Präferenzpapiere. Fraglich aber ist, ob eine Pflicht zur Übergabe von präferentiellen Dokumenten besteht. Eine solche Pflicht ist weder im UN-Kaufrecht noch im deutschen Recht vorgesehen. Nicht geregelt ist auch die Frage, ob eine Rügepflicht hinsichtlich der Vertragsgemäßheit der Präferenzpapiere besteht, ob also der Käufer innerhalb einer bestimmten Frist nicht nur vertragswidrige Ware, sondern auch vertragswidrige Dokumente rügen muss (eine Rügepflicht im deutschen Einfuhrhandel sieht § 22 der Geschäftsbedingungen des Warenvereins der Hamburger Börse e. V. vor). 157

Gleichwohl sollte der gemeinschaftsansässige Exporteur davon ausgehen, dass das Risiko der inhaltlichen Richtigkeit der übermittelten Präferenzpapiere in vollem Umfang bei ihm liegt, weil die Präferenzverzollung Kalkulationsgrundlage für seinen Vertragspartner, den Einführer sind und damit „das Geschäft steht und fällt". 158

Im Ergebnis wird der Ausführer den bei seinem drittländischen Kunden nacherhobenen Drittlandszoll als Schadensersatz an diesen zu bezahlen haben. 159

c) Praxistipp. Der gemeinschaftsansässige Importeur einer Präferenzware sollte – nicht nur zur Absicherung von Schadensersatz- und Gewährleistungsansprüchen, sondern auch mit Blick auf seine zollrechtlichen Sorgfaltspflichten gegenüber der Zollbehörde (Art. 220 Abs. 2 lit. b, 239 ZK) – die Pflicht zur Vorlage der Präferenzpapiere **und** den Präferenzstatus der Vertragsware als Eigenschaftsangabe vereinbaren,[64] wenn möglich sogar die „Zollfreiheit", was einer Garantie für die zollfreie Einfuhr gleichkommt. 160

2. Kaufvertrag Ausführer/Lieferant. a) Anwendbares Recht. Bei der Frage, ob der Ausführer den an den Einführer im Regresswege bezahlten Abgabenbetrag seinerseits im Regresswege auf seinen Lieferanten abwälzen kann, wird von der Anwendbarkeit des BGB ausgegangen. 161

b) Sachmangel. Nach § 434 Abs. 1 S. 1 BGB liegt ein Sachmangel vor, wenn der verkauften Ware die vereinbarte Beschaffenheit fehlt. Ist der Präferenzstatus nicht ausdrücklich vereinbart, kann er sich nur durch die Regeln des § 434 Abs. 1 S. 2 Nr. 1 o. Nr. 2 BGB oder im Wege der Auslegung des Kaufvertrages ergeben, was letztlich eine Frage des Einzelfalles ist. Dieser Anspruch verjährt zwei Jahre nach Übergabe des Kaufgegenstandes, § 438 Abs. 1 Nr. 3, Abs. 2 BGB. Diese kurze Verjährungsfrist ist problematisch, weil die Zollnacherhebung regelmäßig später erfolgt. Der oft vorgebrachte Einwand des Lieferanten, der Ausführer habe keinen Schaden, weil bei „richtigem Verhalten" er keine Lieferantenerklärung ausgestellt hätte und folglich ohnehin der normale Drittlandszoll zu bezahlen gewesen wäre, ist hingegen nicht stichhaltig, weil der drittländische Kunde des Ausführers den nacherhobenen Zoll auf seinen Abnehmer nicht mehr abwälzen kann.[65] 162

c) Unrichtiges Präferenzpapier. Daneben kann sich ein Schadensersatzanspruch aus der Übergabe eines vertragswidrigen Präferenzpapiers ergeben. 163

III. Vertragsgestaltung

Eine die geschilderten Haftungsrisiken abdeckende Vertragsgestaltung ist sinnvoll, wenn nicht sogar unerlässlich. Nach Auffassung des FG Düsseldorf handelt der Importeur (tendenziell) sogar grob fahrlässig, wenn er den Präferenzstatus nicht eindeutig vereinbart.[66] Die 164

---

[64] Vgl. dazu BGH NJW 1994, 2230.
[65] Vgl. BGH NJW 1994, 2230.
[66] FG Düsseldorf Urt. v. 26.11.2003, 4 K 2251/00 AO, ZfZ 2004, 167.

zollrechtlichen Erfordernisse und Gegebenheiten sollten bis hin zur Verjährung von Schadensersatzansprüchen einer vertraglichen Gestaltung zugeführt werden. Dabei sollte dem Lieferanten auch aufgegeben werden, neben der Warenbeschreibung die achtstellige Warennummer für Ausfuhrzwecke anzugeben, weil nur anhand dieser letztlich der Präferenzursprung geprüft werden kann. Im Akkreditiv sollte sich der Importeur die Möglichkeit einräumen lassen, die Kaufpreiszahlung zu verweigern, wenn kein ordnungsgemäßer Präferenznachweis übergeben wird.

IV. Checkliste für den Ausführer

165
1. Der Ausführer einer präferentiellen Handelsware sollte den Lieferanten direkt im Kaufvertrag oder in seinen AGB verpflichten, alle zoll- und präferenzrechtlichen Angaben genau zu prüfen und die für den Präferenzstatus erforderlichen Dokumente vorzulegen; das gilt auch für den Transit, wenn die Ware an einen Abnehmer im Ausfuhrland weiterveräußert werden soll.
2. Der Ausführer, der für seine Ausfuhrware Vormaterialien verwendet, sollte die Abgabe einer formell und materiell richtigen Lieferantenerklärung sowie die Vorlage des Auskunftsblatt INF 4 vertraglich vereinbaren.
3. Der Ausführer einer eigengefertigten Ware sollte bei Zweifeln am präferentiellen Ursprung eine verbindliche Ursprungsauskunft beim HZA Hannover einholen.
4. Der ermächtigte Ausführer hat darauf zu achten, dass er den im jeweiligen Präferenzabkommen vorgeschriebenen Wortlaut der Ursprungserklärung verwendet; er sollte die Ursprungserklärung nur abgeben, wenn er die Präferenzursprungseigenschaft selbst geprüft und durch aufbewahrungspflichtige Unterlagen belegen kann, sonst ist der Präferenznachweis zu versagen.
5. Der Ausführer sollte das Ergebnis einer jeden Präferenzkalkulation dokumentieren.
6. Der Ausführer sollte generell die Einhaltung der präferentiellen Ursprungsregeln durch den Lieferanten zum Gegenstand seiner AGB machen.

12. Kapitel. Die Steuern des Exportgeschäfts

Abschnitt 32. Umsatzsteuerliche Aspekte im Waren- und Dienstleistungsverkehrs

Übersicht

	Rn.
A. Allgemeines	1
B. Grundlagen der umsatzsteuerlichen Behandlung von grenzüberschreitenden Warenlieferungen	3
I. Lieferungen in das Drittlandsgebiet (Export)	6
1. Voraussetzungen für die Steuerbefreiung	11
a) Lieferant befördert oder versendet in das Drittlandsgebiet	12
b) Abnehmer befördert oder versendet in das Drittlandsgebiet	13
c) Besonderheiten beim Export von landwirtschaftlichen Erzeugnissen	17
2. Belegmäßiger Nachweis	18
a) Ausfuhrnachweis im Verfahren ATLAS-Ausfuhr	22
b) Ausfuhrnachweis außerhalb des Verfahrens ATLAS-Ausfuhr	33
c) Ersatzbelege	41
d) Besonderheiten in Versendungsfällen	46
e) Export von Kraftfahrzeugen	57
f) Ausfuhrnachweis in Bearbeitungs- und Verarbeitungsfällen	63
g) Buchnachweise	66
3. Besonderheiten bei Lieferungen im Zusammenhang mit den deutschen Freihäfen	74
a) Freihäfen als Inland oder Drittland	75
b) Steuerfreie Ausfuhrlieferungen im Zusammenhang mit Freihäfen	83
c) Anforderungen an den Belegnachweis	84
d) Sonderfälle bei Lieferungen im Freihafen	87
e) Besonderheiten beim Buchnachweis	90
f) Besonderheiten bei Umsätzen in den Gewässern und Watten zwischen der Hoheitsgrenze und der jeweiligen Strandlinie	92
4. Ausschluss der Steuerbefreiung bei der Ausrüstung und Versorgung bestimmter Beförderungsmittel	98
a) Materielle Besonderheiten	98
b) Besonderheiten beim Buchnachweis	103
5. Weitere Sonderfälle	105
a) Versendungen nach Grenzbahnhöfen oder Güterabfertigungsstellen	105
b) Postsendungen	106
c) Kurierdienste	108
d) Druckerzeugnisse	111
e) Ausfuhranmeldungen im Rahmen der einzigen Bewilligung	112
6. Rechnungsangaben	115
7. Rechnungen in ausländischen Währungen	116
II. Ausfuhrlieferungen im nichtkommerziellen Reiseverkehr	120
III. Innergemeinschaftliche Lieferungen	126
1. Umsatzsteuer-Identifikationsnummer des Abnehmers	127
2. Voraussetzungen für die Steuerfreiheit von innergemeinschaftlichen Lieferung	138
3. Rechnungsangaben	147
4. Rechnungen in ausländischen Währungen	149
5. Beleg- und buchmäßige Nachweise	154
a) Allgemeines	155
b) Gelangensbestätigung (§ 17a Abs. 2 UStDV)	157
c) Vereinfachungsregelungen	160
d) Alternative Nachweise (§ 17a Abs. 3 UStDV)	167
e) Andere Nachweisformen	186
f) Belegmäßiger Nachweis nach älterem Recht	188
6. Buchnachweis	195
7. Gutglaubensschutz	202
IV. Spezialfall: „Innergemeinschaftliches Dreiecksgeschäft"	210
1. Voraussetzungen	211

3. Teil. Exportwirtschaft (Ausfuhr, Zoll, Steuern)

	Rn.
2. Rechtsfolgen	213
3. Behandlung in anderen Mitgliedstaaten	214
V. Versandhandelsregelung	215
1. Voraussetzungen	216
a) Voraussetzungen auf Seiten des Leistenden	216
b) Voraussetzungen auf Seiten des Leistungsempfängers	220
2. Rechtsfolgen	221
3. Ausnahmen: Lieferung neuer Fahrzeuge und verbrauchsteuerpflichtiger Waren	225
4. Hintergrund der Regelung	227
VI. „Grenzüberschreitende" Werklieferungen – Lieferort	228
C. Grenzüberschreitende Dienstleistungen	229
I. Generelle Unterscheidung der Dienstleistungen nach Status des Empfängers	230
1. Business to Business (B2B)	231
a) Leistungsbezug durch eine Betriebsstätte	232
b) Nachweis für die Unternehmereigenschaft des Kunden	234
2. Business to Consumer (B2C)	237
II. Ausnahmeregelungen	239
1. Leistungen im Zusammenhang mit einem Grundstück	239
2. Dienstleistungen, die an den Tätigkeitsort gebunden sind	244

A. Allgemeines

1 Dieser Abschnitt bezieht sich im Wesentlichen auf Warenlieferungen, da nur Waren „exportiert" werden können. Dabei werden sowohl Lieferungen in das Drittland („Export" im eigentlichen Sinne, → Rn. 6ff.) als auch in das übrige Gemeinschaftsgebiet („innergemeinschaftliche Lieferung", → Rn. 126ff.) behandelt. Da allerdings im Umfeld der Warenlieferungen auch regelmäßig Dienstleistungen (umsatzsteuerlicher Terminus: sonstige Leistungen) vorkommen, etwa im Bereich After-Sale-Services, finden sich unter C. auch kurze Ausführungen zu sonstigen Leistungen, soweit sie hier regelmäßig relevant sind. Eine umfassende Darstellung muss leider aus Platzgründen unterbleiben.

2 Soweit im Folgenden der Umsatzsteuer-Anwendungserlass (UStAE) zitiert ist, bezieht sich dies auf die konsolidierte Fassung zum 6.1.2014, wie sie auf der Homepage des Bundesfinanzministeriums veröffentlicht wurde[1]. Bitte beachten Sie, dass alle seit dem Zeitpunkt der Veröffentlichung dieser konsolidierten Fassung veröffentlichten BMF-Schreiben zu umsatzsteuerrechtlichen Themen Einfluss auf den Inhalt des UStAE haben können.

B. Grundlagen der umsatzsteuerlichen Behandlung von grenzüberschreitenden Warenlieferungen

3 Entscheidend für die zutreffende umsatzsteuerrechtliche Beurteilung von Lieferungen ist immer und ausschließlich die Warenbewegung selbst, also von wo nach wo die Ware bewegt wird, und nicht (oder nur selten) auf die Nationalität der Beteiligten. Sofern die Ware das deutsche Inland nicht verlässt, liegt keine grenzüberschreitende Warenlieferung vor, so dass die nachfolgenden Ausführungen nicht zur Anwendung kommen.

4 Sofern ein Reihengeschäft (§ 3 Abs. 6 S. 5f., Abs. 7 S. 2 UStG) vorliegt, bei dem mehrere Beteiligte ein Umsatzgeschäft über den gleichen Liefergegenstand abschließen und die Ware direkt vom ersten an den letzten transportiert wird, ist die Steuerfreiheit als Export oder innergemeinschaftliche Lieferung nur für eine der Lieferungen in der Kette anwendbar, nämlich die sogenannte bewegte Lieferung. Das ist diejenige Lieferung in der Kette, der die Warenbewegung (Beförderung, Versendung) zuzurechnen ist. Nach derzeitigem Gesetzeswortlaut und der entsprechenden Verwaltungsauffassung[2] ist entscheidend, welcher

---

[1] http://www.bundesfinanzministerium.de/Web/DE/Themen/Steuern/Steuerarten/Umsatzsteuer/Umsatzsteuer_Anwendungserlass/umsatzsteuer_anwendungserlass.html.
[2] Vgl. Abschn. 3.14 UStAE.

Beteiligte am Reihengeschäft den Transport veranlasst hat, also die Rechnung vom Frachtführer erhält. Die potentiell steuerfreie Lieferung ist demnach
- im Falle der Transportbeauftragung durch den ersten in der Kette sein Ausgangsumsatz;
- im Falle der Transportbeauftragung durch den letzten in der Kette sein Eingangsumsatz;
- im Falle der Transportbeauftragung durch einen mittleren Unternehmer sein Eingangsumsatz, sofern er nicht nachweist, dass er als Lieferer und nicht als Abnehmer gehandelt hat.

Für letzteres können insbesondere die verwendeten Versandklauseln sowie die von den Beteiligten verwendeten USt-IdNrn. wichtige Indizien sein.

Nach der neueren Rechtsprechung des EuGH[3] sind für die Zukunft möglicherweise Änderungen hinsichtlich der Zuordnung der Steuerfreiheit in der Kette zu erwarten.

I. Lieferungen in das Drittlandsgebiet (Export)

Drittland ist nach Art. 5 Mehrwertsteuersytemrichtline (MwStSystRL) jenes Gebiet, das nicht zum Inland eines der (derzeit) 27 Mitgliedstaaten[4] gehört. Dies sind neben dem Hoheitsgebiet von Nicht-EU-Mitgliedstaaten folgende zum Zollgebiet der EU gehörende Gebiete (Art. 6 MwStSystRL):
- Berg Athos;
- Kanarische Inseln;
- französische überseeische Departements;
- Åland-Inseln;
- Kanalinseln.

Gleiches gilt für die folgenden nicht zum Zollgebiet der EU gehörenden Gebiete:
- Insel Helgoland;
- Gebiet von Büsingen;
- Ceuta;
- Melilla;
- Livigno;
- Campione d'Italia;
- der zum italienischen Gebiet gehörende Teil des Luganer Sees.

Über völkerrechtliche Verträge gehören dagegen folgende Gebiete nicht zum Drittland, obwohl sie völkerrechtlich eigentlich nicht zum Hoheitsgebiet eines Mitgliedstaats gehören (Art. 7 MwStSystRL):
- Fürstentum Monaco (Frankreich)
- Insel Man (Vereinigtes Königreich)
- Hoheitszonen des Vereinigten Königreichs Akrotiri und Dhekelia (Zypern).

Über die Vorgaben des EU-Rechts hinaus sind teilweise nach nationalem Recht noch weitere Gebiete aus dem Inland ausgenommen, so etwa nach § 1 Abs. 2 UStG die Freihäfen, die Gewässer und Watten zwischen der Hoheitsgrenze und der jeweiligen Strandlinie sowie die deutschen Schiffe und die deutschen Luftfahrzeuge in Gebieten, die zu keinem Zollgebiet gehören (→ Rn. 75). Diese nicht über das EU-Recht abgesicherten Ausnahmen führen gelegentlich zu Abgrenzungsproblemen.

Beispiel:
Aus der Sichtweise der übrigen EU-Mitgliedstaaten wäre eine Warenlieferung von einem Mitgliedstaat in einen deutschen Freihafen gerade kein Export, sondern eine innergemeinschaftliche Lieferung. Um das europäische Kontrollsystem MIAS an dieser Stelle nicht zu gefährden bestimmt § 1a Abs. 1 Nr. 1 UStG, das auch innergemeinschaftliche Erwerbe im Freihafen als solche zu besteuern sind, obwohl sie eigentlich nicht im deutschen Inland stattfinden.
→ Rn. 75

---

[3] EuGH Urt. v. 16.12.2010 – Rs. C-430/09 (Euro Tyre Holding BV), DStR 2011, S. 23.
[4] Vgl. hierzu Abschn. 1.10 UStAE.

3. Teil. Exportwirtschaft (Ausfuhr, Zoll, Steuern)

11 1. Voraussetzungen für die Steuerbefreiung. Die Anwendung dieser Steuerbefreiung ist teilweise davon abhängig, ob der leistende Unternehmer oder sein Abnehmer den Transport ausgeführt bzw. veranlasst hat (Beförderung bzw. Versendung), teilweise davon, ob die Lieferung in die Gebiete nach § 1 Abs. 3 UStG[5] (→ Rn. 75) erfolgt.

12 a) Lieferant befördert oder versendet in das Drittlandsgebiet. Befördert oder versendet der Lieferant (leistender Unternehmer) den Liefergegenstand in das Drittlandsgebiet mit Ausnahme der Gebiete nach § 1 Abs. 3 UStG, ist der Umsatz bei Vorliegen der entsprechenden buch- und belegmäßigen Nachweise (→ Rn. 18) ohne weitere Voraussetzungen steuerfrei (§ 6 Abs. 1 Nr. 1 UStG iVm § 4 Nr. 1 Buchst. a UStG).

13 b) Abnehmer befördert oder versendet in das Drittlandsgebiet. Erfolgt der Transport durch den Abnehmer selbst (Beförderung) oder auf seine Veranlassung durch einen fremden Dritten (Versendung), handelt es sich nur dann um eine steuerfreie Ausfuhrlieferung, wenn es sich um einen ausländischen Abnehmer handelt (§ 6 Abs. 1 Nr. 2 UStG iVm § 4 Nr. 1 Buchst. a UStG). Dies ist nach § 6 Abs. 2 UStG dann der Fall, wenn der Abnehmer entweder seinen Wohnort oder Sitz im Ausland (außerhalb der in § 1 Abs. 3 UStG genannte Gebiete) hat, oder eine ausländische Zweigniederlassung eines im Inland oder in den in § 1 Abs. 3 UStG bezeichneten Gebieten ansässigen Unternehmers ist, wenn sie das Umsatzgeschäft im eigenen Namen abgeschlossen hat[6].

14 Handelt es sich hiernach um einen inländischen Abnehmer, greift die Steuerbefreiung nicht, d.h. technisch handelt es sich zwar um eine Ausfuhrlieferung, die auch zollrechtlich als solche zu behandeln ist, diese löst aber dennoch Steuer zum jeweils anwendbaren Steuersatz (in der Regel derzeit 19%, möglicherweise aber auch 7%) aus. Dies kann insbesondere dann relevant sein, wenn die Ausfuhr im Wege eines Reihengeschäfts (Streckengeschäft, Dreiecksgeschäfts) erfolgt.

15 Fall:
DE1, DE2 (beide in Deutschland ansässig) und RU (in Russland ansässig) schließen Kaufverträge über eine Maschine im Wert von € 100.000,– dergestalt ab, dass RU die Maschine bei DE2 bestellt. Dieser bestellt die Maschine seinerseits bei DE1. Die Parteien vereinbaren, dass DE2 die Maschine bei DE1 mit eigenem LKW abholt und unmittelbar zu RU transportiert.

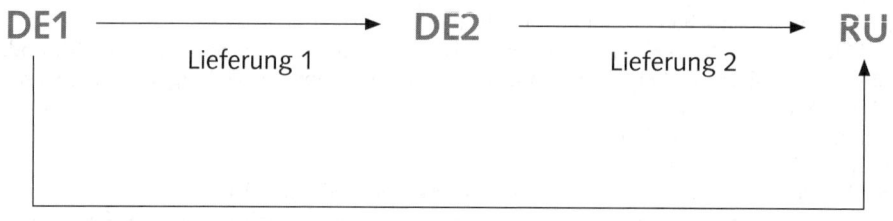

```
DE1 ─────────────► DE2 ─────────────► RU
      Lieferung 1         Lieferung 2    ▲
       │                                  │
       └──────────────────────────────────┘
                    Warenbewegung
```

Wie sind die Umsätze von DE1 und DE2 umsatzsteuerrechtlich zu behandeln?

Lösung:
Nach derzeitigem Verständnis[7] nach deutschem Recht handelt es sich um ein Reihengeschäft zwischen den Beteiligten. Es handelt sich um zwei Lieferungen (DE1 an DE2; DE2 an RU), die jeweils separat umsatzsteuerrechtlich zu würdigen sind; es erfolgt jedoch nur ein Warentransport, der einer dieser Lieferungen zuzuordnen ist (sogenannte bewegte Lieferung). Nur die bewegte Lieferung kann – sofern die übrigen Voraussetzungen vorliegen – die Steuerbefreiung für eine Ausfuhr in Anspruch nehmen, da im Rahmen dieser Lieferung der Grenzübertritt erfolgt.

---

[5] Freihäfen und in Gewässer und Watten zwischen der Hoheitsgrenze und der jeweiligen Strandlinie.
[6] Vgl. dazu auch Abschn. 6.3 UStAE.
[7] S. hierzu Abschnitt. 3.14 UStAE; ob diese Auffassung der Verwaltung auf längere Sicht Bestand haben kann muss bezweifelt werden, da sie nicht (mehr) der Auffassung des EuGH entspricht (vgl. hierzu EuGH Urt. v. 16.12.2010, C-430/09; Euro Tyre Holding BV). Hier sollte in der Zukunft die weitere Entwicklung genau beobachtet werden.

Abschnitt 32. Umsatzsteuerliche Aspekte im Waren- und Dienstleistungsverkehr

Da DE2 den Transport durchführt, ist die Warenbewegung grundsätzlich seinem Eingangsumsatz zuzuordnen (vgl. § 3 Abs. 6 S. 6 UStG). Folglich kommt nur für die Lieferung 1 die Anwendung der Steuerbefreiung für eine Ausfuhr in Betracht[8], sofern DE2 nicht beweist, dass er als Lieferer und nicht als Abnehmer aufgetreten ist[9]. Dennoch darf DE1 auch in diesem Fall den Umsatz an DE2 nicht als steuerfrei behandeln, da sein Kunde DE2 kein ausländischer Abnehmer ist.

Da die in Rechnung gestellte Umsatzsteuer im Regelfall für den Kunden als Vorsteuer abziehbar sein dürfte, entsteht hierdurch keine finanzielle Belastung durch eine definitive Belastung mit Umsatzsteuer. Ein finanzieller Schaden entsteht hier nur dann, wenn die Umsatzsteuerpflicht bei der Abrechnung nicht erkannt wird und die Finanzverwaltung die Steuer später im Rahmen einer Betriebsprüfung nachfordert. Hier fallen in der Regel Zinsen an, sofern der Kunde nicht mehr existent oder nicht kooperativ ist, muss die Umsatzsteuer aus dem in Rechnung gestellten Nettobetrag finanziert werden, läuft also voll gegen die Marge. 16

c) Besonderheiten beim Export von landwirtschaftlichen Erzeugnissen. Sofern landwirtschaftliche Erzeugnisse durch einen sogenannten pauschalierenden Landwirt (§ 24 UStG) exportiert werden, findet die Steuerbefreiung des § 4 Nr. 1 Buchst. a UStG generell keine Anwendung (§ 24 Abs. 1 S. 1 UStG). Insofern werden in diesen Fällen – trotz möglicherweise im Übrigen vorliegenden Voraussetzungen für eine Steuerfreiheit – Rechnungen unter Ausweis von Umsatzsteuer (zu einem Steuersatz von derzeit 5,5 oder 10,7 %, im Einzelfall auch 19 %) erstellt werden. 17

2. Belegmäßiger Nachweis. Der belegmäßige Nachweis für die Ausfuhr erfolgt in aller Regel über die entsprechenden Zolldokumente im Verfahren ATLAS-Ausfuhr. Dies ergibt sich aus §§ 9 bis 11 UStDV, die für die Form und den Inhalt des Ausfuhrnachweises seit 2012 Mussvorschriften enthalten. Diese Regelungen sind im Wesentlichen einheitlich für Versendungs- und Beförderungsfälle, so dass eine Unterscheidung insoweit entbehrlich ist. 18

Nur in besonders begründeten Einzelfällen kann der leistende Unternehmer den Ausfuhrnachweis auch abweichend von diesen Vorschriften führen. Dies wird in der Regel nur dann gelingen, wenn sich aus der Gesamtheit der Belege die Ausfuhr eindeutig und leicht nachprüfbar ergibt (§ 8 Abs. 1 S. 2 UStDV) und die buchmäßig nachzuweisenden Voraussetzungen eindeutig und leicht nachprüfbar aus der Buchführung zu ersehen sind (§ 13 Abs. 1 S. 2 UStDV). Die Voraussetzung „eindeutig und leicht nachprüfbar" sollte dabei sehr ernst genommen werden[10]. Die Finanzverwaltung stellt – teilweise mit Unterstützung des BFH[11] – bei der Nutzung von Steuerbefreiungen an den Nachweis der Berechtigung hierzu hohe Anforderungen[12]. Diese sind zwar im Laufe der Zeit teilweise durch die Rechtsprechung des EuGH relativiert worden[13]. Dennoch sollte zur Vermeidung von Streitfällen im Zweifel für den Regelfall ein möglichst klarer Nachweis angestrebt werden. Die zu erfüllenden Voraussetzungen unterscheiden sich in den Ausnahmefällen teilweise für Beförderungs- und Versendungslieferungen, sodass hier eine Unterscheidung erforderlich sein kann. 19

Darüber hinaus muss ein besonders begründeter Einzelfall vorliegen, was etwa bei Funktionsstörungen der elektronischen Systeme der Zollverwaltung gegeben ist. Auch hier muss 20

---

[8] Abschn. 3.14 Abs. 2 S. 3 UStAE.
[9] Vgl. hierzu Abschn. 3.14 Abs. 9 und 10 UStAE.
[10] Einen derartigen Fall definiert die Finanzverwaltung offenbar selbst in Abschn. 6.5 Abs. 5 UStAE, wonach Bescheide des Hauptzollamts Hamburg-Jonas über die Ausfuhrerstattung werden als Belege für den Ausfuhrnachweis anerkannt werden. Hier ersetzt das eine Verfahren der Zollverwaltung ein anderes Verfahren der Zollverwaltung.
[11] BFH Beschl. v. 5.2.2004 – V B 180/03, BFH/NV 2004 S. 988; teilweise Änderung der Rechtsprechung durch BFH Urt. v. 28.5.2009 – V R 23/08, BStBl. 2010 II S. 517.
[12] Vgl. BMF-Schreiben v. 25.6.2001, IV D 1 – S-7134 – 30/01, BStBl. 2001 I S. 411; v. 30.1.2008, IV A 6 – S-7131/07/0001; UR 2008 S. 398; v. 3.5.2010, IV D 3 – S-7134/07/10003, BStBl. 2010 I S. 499.
[13] EuGH Urt. v. 27.9.2007 – Rs. C-146/05 (Albert Collé), BStBl. 2009 II S. 78; EuGH Urt. v. 27.9.2012 – Rs. C-587/10 (Vogtländische Straßen-, Tief- und Rohrleitungsbau GmbH Rodewisch – VSTR), DStR 2012 S. 2014.

3. Teil. Exportwirtschaft (Ausfuhr, Zoll, Steuern)

davon ausgegangen werden, dass die Finanzverwaltung ein eher enges Verständnis davon haben wird, ob bzw. wann ein solcher besonders begründeter Einzelfall vorliegt. Die bloße Behauptung wird insofern nicht ausreichend sein. Auch wird die Finanzverwaltung umso genauer hinsehen, je mehr Fälle betroffen sind.

21 Des Weiteren müssen die Angaben in den Belegen für den Ausfuhrnachweis im Geltungsbereich des UStG nachprüfbar sein. Hierfür soll es allerdings genügen, wenn der Aussteller der Belege die Geschäftsunterlagen, auf denen die Angaben in den Belegen beruhen, dem Finanzamt auf Verlangen im Geltungsbereich der UStDV vorlegen kann. Die Ausfuhrbelege müssen sich mindestens während der 10-jährigen[14] Aufbewahrungsfrist im Besitz des Unternehmers befinden. Hierbei sind die allgemeinen Regelungen (GDPdU[15], GoBS[16]) zwingend zu beachten. Folglich darf ua kein „Medien-Bruch" erfolgen, so dass dem Grundsatz nach die Belege in der ursprünglichen Form aufzubewahren sind. Folglich reicht für die EDIFACT[17]-Nachricht aus ATLAS-Ausfuhr ein bloßes Ausdrucken und Ablegen des Ausdrucks nicht aus, die Nachricht selbst muss vielmehr revisionssicher archiviert werden.[18]

22 **a) Ausfuhrnachweis im Verfahren ATLAS-Ausfuhr.** Seit 1.7.2009 besteht EU-weit die Pflicht, relevante Vorgänge im elektronischen Ausfuhrverfahren zu melden[19], und zwar unabhängig vom Beförderungsweg (Straßen-, Luft-, See-, Post- und Bahnverkehr). Das IT-System der deutschen Zollverwaltung hierfür heißt ATLAS-Ausfuhr[20].

23 Die konkrete Abwicklung erfolgt folgendermaßen: Die Ausfuhrzollstelle (AfZSt) überführt die elektronisch angemeldeten Waren in das Ausfuhrverfahren und übermittelt der angegebenen Ausgangszollstelle (AgZSt) vorab die Angaben zum Ausfuhrvorgang[21]. Die Ausgangszollstelle kann, unabhängig davon, in welchem Mitgliedstaat sie sich befindet, über das europäische IT-System AES[22]/ECS[23] anhand der sogenannten Movement Reference Number[24] den Ausfuhrvorgang aufrufen und den körperlichen Ausgang der Waren aus dem Zollgebiet der Gemeinschaft überwachen. Dabei vergewissert sich die Ausgangszollstelle unter anderem darüber, dass die gestellten Waren den angemeldeten entsprechen. Die Anzeige des körperlichen Ausgangs der Waren zeigt die Ausfuhrzollstelle für alle elektronisch angemeldeten Waren der Ausgangszollstelle mit der Nachricht „Ausgangsbestätigung/Kontrollergebnis" unmittelbar an.

24 Der Nachrichtenaustausch zwischen den Teilnehmern und den Zolldienststellen erfolgt durch EDIFACT-Nachrichten. Deutsche Ausfuhrzollstellen erledigen den Ausfuhrvorgang auf Basis der von der Ausgangszollstelle übermittelten „Ausgangsbestätigung" dadurch, dass sie dem Ausführer/Anmelder elektronisch den „Ausgangsvermerk" (Artikel 796e ZK-DVO) als PDF-Dokument[25] übermitteln. Im „Ausgangsvermerk" werden die Daten der ursprünglichen Ausfuhranmeldung zusammengefasst und um die zusätzlichen Feststellungen und Ergebnisse der Ausgangszollstelle ergänzt. Für Zwecke des Zollrechts wird der

---

[14] Die Pläne zur Verkürzung dieser Aufbewahrungsfrist durch die ersten Entwürfe für ein Jahressteuergesetz 2013 haben sich nicht durchsetzen lassen.
[15] Grundsätze zum Datenzugriff und zur Prüfbarkeit digitaler Unterlagen (GDPdU) (§ 146 Abs. 5, § 147 Abs. 2, 5, 6, § 200 Abs. 1 AO und § 14 Abs. 4 UStG) – vgl. hierzu insbesondere BMF- Schreiben v. 16. Juli 2001 – IV D 2 – S 0316 – 136/01, BStBl. 2001 I S. 415, geändert durch das BMF-Schreiben v. 14. September 2012 – IV A 4 – S 0316/12/10 001 – (2012/0 831 628), BStBl. 2012 I S. 930.
[16] Grundsätze ordnungsmäßiger DV-gestützter Buchführungssysteme (GoBS) – vgl. hierzu insbes. Schreiben des Bundesministeriums der Finanzen an die obersten Finanzbehörden der Länder v. 7.11.1995 – IV A 8 – S 0316 – 52/95 – BStBl. 1995 I S. 738.
[17] EDIFACT steht für **E**lectronic **D**ata **I**nterchange **F**or **A**dministration, **C**ommerce and **T**ransport.
[18] Anders für den Fall der innergemeinschaftlichen Lieferung nun wohl Abschn. 6 a.4 Abs. 6 UStAE.
[19] Art. 787 ZK-DVO.
[20] ATLAS steht für **A**utomatisiertes **T**arif- und **L**okales Zoll-**A**bwicklungs-**S**ystem.
[21] Die Ausfuhrzollstelle (AfZSt) wird in der Regel das lokal zuständige Zollamt sein, im Gegensatz zur Ausgangszollstelle (AgZSt), bei der der Grenzübertritt erfolgt.
[22] AES steht für Automated Export System.
[23] ESC steht für Export Control System.
[24] MRN – Movement Reference Number – Art. 796c S. 3 ZK-DVO.
[25] Vgl. Anlage 1 zum BMF-Schreiben v. 3.5.2010, BStBl. 2010 I S. 499.

belegmäßige Nachweis der Ausfuhr sowohl in Beförderungs- als auch in Versendungsfällen durch den „Ausgangsvermerk" erbracht.

aa) Ausfuhr außerhalb des Gemeinschaftlichen Versandverfahren (gVV) oder des Versandverfahrens mit Carnet TIR. Im Regelfall erfolgt die Ausfuhranmeldung im EDV-gestützten Ausfuhrverfahren (ATLAS-Ausfuhr) auf elektronischem Weg. Der belegmäßige Nachweis **für umsatzsteuerrechtliche Zwecke** – sowohl in Versendungs-[26] als auch in Beförderungsfällen[27] – erfolgt mit dem durch die Ausfuhrzollstelle an den Anmelder/Ausführer per EDIFACT-Nachricht übermittelten PDF-Dokument „Ausgangsvermerk"[28]. 25

bb) Ausfuhr im gemeinschaftlichen Versandverfahren oder im Versandverfahren mit Carnet TIR. (1) Technische Abwicklung und regelmäßige umsatzsteuerrechtliche Nachweise. Das gemeinschaftliche Versandverfahren (gVV) dient der Erleichterung des innergemeinschaftlichen Warenverkehrs und der Erleichterung des Warenverkehrs zwischen EU-Mitgliedstaaten und den Drittstaaten Andorra und San Marino. Es ist zu unterscheiden vom gemeinsamen Versandverfahren (gV oder gemVV), das den Warenverkehr zwischen EU-Mitgliedstaaten und den EFTA-Ländern (Island, Norwegen und Schweiz einschl. Liechtenstein) erleichtert. 26

Das Carnet TIR ist das Zolldokument im entsprechenden zollrechtlichen Versandverfahren zur vorübergehenden Einfuhr bzw. dem Transit von Waren[29]. TIR steht für Transports Internationaux Routiers (deutsch: Internationaler Straßengütertransport). 27

Beide Verfahren werden im Wesentlichen einheitlich und grundsätzlich ohne Einschaltung der Grenzzollstellen abgewickelt. Die Waren sind der Abgangsstelle per Teilnehmernachricht (E_DEC_DAT/Versandanmeldung) oder Internetversandanmeldung über das System ATLAS-Versand anzumelden. Die Abgangsstelle überlässt – nach Prüfung der Anmeldung – die Waren in das gemeinschaftliche Versandverfahren und händigt dem Hauptverpflichteten ein Versandbegleitdokument (VBD) aus. Die Bestimmungsstelle leitet der Abgangsstelle nach Gestellung der Waren die Eingangsbestätigung und die Kontrollergebnisnachricht zu. Die Abgangsstelle schließt hierauf das Ausfuhrverfahren im Rahmen ihrer Eigenschaft als Ausgangszollstelle durch einen manuellen Datenabgleich ab. Bestehen auf Grund von Unstimmigkeiten in der Kontrollergebnisnachricht (oder Exemplar Nr. 5 des Einheitspapiers im gemeinschaftlichen Versandverfahren bzw. Bescheinigung über die Beendigung im Carnet TIR (Trennabschnitt)) der Bestimmungszollstelle Zweifel an der tatsächlich erfolgten Ausfuhr der Waren, kann der Ausfuhrnachweis für den entsprechenden Ausfuhrvorgang nur durch Alternativnachweise (zB einen Verzollungsbeleg aus dem Drittland) geführt werden. Die Teilnehmernachricht, die Internetversandanmeldung oder das VBD sind in diesem Zusammenhang nicht als Ausfuhrnachweise geeignet. 28

Die Ausfuhrbestätigung der Grenzzollstelle, die den Ausgang des Gegenstands aus dem Gemeinschaftsgebiet überwacht, oder der Abgangsstelle kann sich auf einem üblichen Geschäftsbeleg befinden, zB: 29
- Lieferschein,
- Rechnungsdurchschrift,
- Versandbegleitdokument oder
- Ausfuhranmeldung (Exemplar Nr. 3 des Einheitspapiers).

Es kann auch ein besonderer Beleg, der die Angaben des § 9 UStDV enthält, oder ein dem Geschäftsbeleg oder besonderen Beleg anzustempelnder Aufkleber verwendet werden.

---

[26] Vgl. Abschn. 3.12 Abs. 3 UStAE.
[27] Vgl. Abschn. 3.12 Abs. 2 UStAE.
[28] Vgl. Anlage 1 zum BMF-Schreiben v. 3.5.2010, BStBl. 2010 I S. 499.
[29] Rechtsgrundlage des TIR-Verfahrens ist das Übereinkommen über den internationalen Warentransport mit Carnet TIR v. 14. November 1975 mit derzeit 68 Vertragsstaaten, einschließlich der Mitgliedstaaten der EU.

3. Teil. Exportwirtschaft (Ausfuhr, Zoll, Steuern)

30 **(2) Umsatzsteuerrechtliche Nachweise in besonderen Fällen.** Bei einer Ausfuhr im gemeinschaftlichen Versandverfahren oder im Versandverfahren mit Carnet TIR ist die Ausfuhr nachzuweisen (§ 9 UStDV) durch das von der Ausfuhrzollstelle übermittelte oder erstellte Dokument „Ausgangsvermerk", wenn das EDV-gestützte Ausfuhrverfahren erst **nach** Eingang der Kontrollergebnisnachricht/des Rückscheins oder Trennabschnitts im Versandverfahren (Beendigung des Versandverfahrens) durch eine deutsche Abgangsstelle, die in diesen Fällen als Ausgangszollstelle handelt, beendet wurde.

31 Beginnen die Verfahren bei Ausfuhren im gemeinschaftlichen Versandverfahren oder im Versandverfahren mit Carnet TIR nicht bei einer Grenzzollstelle, wird die Ausfuhrbestätigung der Grenzzollstelle entweder durch

- eine Ausgangsbestätigung der Ausfuhrzollstelle bei einer Ausfuhr im EDV-gestützten Ausfuhrverfahren mit einem in Deutschland erzeugten Dokument „Ausgangsvermerk", oder
- eine Ausfuhrbestätigung (§ 9 Abs. 3 UStDV) der Abgangsstelle, die bei einer Ausfuhr im gemeinschaftlichen Versandverfahren nach Eingang der Kontrollergebnisnachricht/des Rückscheins oder Trennabschnitts erteilt wird

ersetzt. Die Ausfuhrbestätigung erhält in diesen Fällen mit folgendem Vermerk erteilt:
„*Ausgeführt mit Versandanmeldung MRN/mit Carnet TIR VAB-Nr. ... vom ...*"
Der Vermerk muss Ort, Datum, Unterschrift und Dienststempelabdruck enthalten.

32 Die Grenzzollstellen (Ausgangszollstellen) anderer EU-Mitgliedstaaten, die den Ausgang des Ausfuhrgegenstands aus dem Gemeinschaftsgebiet überwachend, bescheinigen im Ausfall- und Sicherheitskonzept (→ Rn. 33) **auf Antrag** den körperlichen Ausgang der Waren ebenfalls durch einen Vermerk auf der Rückseite des Exemplars Nr. 3 der Ausfuhranmeldung (= Exemplar Nr. 3 des Einheitspapiers).

33 **b) Ausfuhrnachweis außerhalb des Verfahrens ATLAS-Ausfuhr.** Von dem aus zollrechtlicher Sicht grundsätzlich zwingenden System des elektronischen Nachrichtenaustauschs sind Abweichungen nur zulässig, nämlich

- im Ausfall- und Sicherheitskonzept (erkennbar am Stempelabdruck „ECS/AES Notfallverfahren"), in dem das Exemplar Nr. 3 des Einheitspapiers, ein Handelsbeleg oder ein Verwaltungspapier als schriftliche Ausfuhranmeldung verwendet wird,
- in Fällen von geringer wirtschaftlicher Bedeutung bei der Ausfuhr mit mündlicher oder konkludenter Anmeldung, bei dem ggf. ein sonstiger handelsüblicher Beleg als Ausfuhranmeldung verwendet wird.

Nur noch in diesen Fällen wird die vom Ausführer/Anmelder vorgelegte Ausfuhranmeldung von der Ausgangszollstelle wie im früher vor der Umstellung auf das EDV-gestützte Verfahren üblichen Verfahren auf der Rückseite mit Dienststempelabdruck versehen.

34 Das Ausfuhrverfahren kann dann nicht automatisiert mit dem PDF-Dokument „Ausgangsvermerk" erledigt werden, wenn die Nachricht „Ausgangsbestätigung/Kontrollergebnis" der Ausgangszollstelle bei der Ausfuhrzollstelle nicht eingeht. Auf Grundlage des Gemeinschaftszollrechts erfolgt dann eine Überprüfung des Ausfuhrvorgangs (Artikel 796da und 796e ZK-DVO). Wird der Ausgang bestätigt durch die Recherchen der Ausgangszollstelle, erstellt die Ausfuhrzollstelle einen „Ausgangsvermerk", der per EDIFACT-Nachricht übermittelt wird. Legt dagegen der Anmelder/Ausführer einen sog. Alternativnachweis vor, erstellt die Ausfuhrzollstelle einen „Alternativ-Ausgangsvermerk"[30], der ebenfalls per EDIFACT-Nachricht übermittelt wird.

35 **aa) Ausfuhr außerhalb des Gemeinschaftlichen Versandverfahren (gVV) oder des Versandverfahrens mit Carnet TIR.** Hat der Unternehmer statt des Ausgangsvermerks einen von der Ausfuhrzollstelle erstellten „Alternativ-Ausgangsvermerk"[31], gilt dieser als Ausfuhrnachweis. Liegt dem Unternehmer weder ein „Ausgangsvermerk" noch ein „Alterna-

---

[30] Vgl. Anlage 2 zum BMF-Schreiben v. 3.5.2010, BStBl. 2010 I S. 499.
[31] Vgl. Anlage 2 zum BMF-Schreiben v. 3.5.2010, BStBl. 2010 I S. 499.

tiv-Ausgangsvermerk" vor, kann der Belegnachweis durch Ersatzbelege (→ Rn. 41) geführt werden.

Das Ausfuhrbegleitdokument (ABD) ist in der Regel nicht als Ausfuhrnachweis geeignet, weil es von der Ausgangszollstelle weder abgestempelt noch zurückgegeben wird. Ein nachträglich von einer ausländischen Grenzzollstelle abgestempeltes ABD ist dagegen als Ausfuhrnachweis geeignet. **36**

In den Fällen, in denen die Ausfuhranmeldung nicht im elektronischen Ausfuhrverfahren durchgeführt werden kann, weil dieses Verfahren etwa wegen Systemausfalls nicht zur Verfügung steht (sogenanntes Ausfall- und Sicherheitskonzept), wird das Exemplar Nr. 3 der Ausfuhranmeldung[32] als Nachweis der Beendigung des **zollrechtlichen** Ausfuhrverfahrens verwendet. Dieser Beleg wird nur dann auch **als Nachweis für Umsatzsteuerzwecke** anerkannt, wenn die Ausfuhrbestätigung durch einen Dienststempelabdruck der Grenzzollstelle mit Datum auf der Rückseite des Exemplars Nr. 3 der Ausfuhranmeldung angebracht ist. Zusätzlich muss dieser Beleg im Fall des Ausfallkonzepts außerdem den Stempelabdruck „ECS/AES Notfallverfahren" tragen, da im Ausfallkonzept stets alle anstelle einer elektronischen Ausfuhranmeldung verwendeten schriftlichen Ausfuhranmeldungen mit diesem Stempelabdruck versehen werden. **37**

Soweit die Ausfuhranmeldung nicht im elektronischen Ausfuhrverfahren erfolgt, weil sie rechtlich nicht vorgeschrieben ist, etwa **38**

- bei Ausfuhren mit mündlicher oder konkludenter Anmeldung in Fällen von geringer wirtschaftlicher Bedeutung, in der Regel bei Ausfuhranmeldungen bis zu einem Warenwert von € 1.000),

wird auf andere Weise als mit dem Exemplar Nr. 3 der Ausfuhranmeldung[33] der Ausgang der Ware überwacht. Hierfür kann etwa ein handelsüblicher Beleg (zB Frachtbrief, Rechnung, Lieferschein) verwendet werden. Dieser wird als Nachweis für Umsatzsteuerzwecke nur dann anerkannt, wenn die Ausfuhrbestätigung durch einen Dienststempelabdruck der Grenzzollstelle mit Datum auf der Rückseite angebracht ist. Zusätzlich müssen in jedem Fall Name und Anschrift des liefernden Unternehmers, die handelsübliche Bezeichnung und die Menge des ausgeführten Gegenstands, der Ort und der Tag der Ausfuhr sowie die Ausfuhrbestätigung der zuständigen Grenzzollstelle auf dem Beleg enthalten sein.

Die Mitwirkung der Grenzzollstelle außerhalb des EDV-gestützten Ausfuhrverfahrens erfolgt dadurch, dass die Grenzzollstelle die Angaben in dem vom Antragsteller vorgelegten Beleg prüft und **auf Antrag** den körperlichen Ausgang der Waren durch einen Vermerk bescheinigt. Dieser Vermerk erfolgt durch einen Dienststempelabdruck, der den Namen der Zollstelle und das Datum enthält. **39**

bb) Ausfuhr im gemeinschaftlichen Versandverfahren oder im Versandverfahren mit Carnet TIR. In den Fällen, in denen die Ausfuhranmeldung nicht im elektronischen Ausfuhrverfahren durchgeführt werden kann (etwa im Ausfall- und Sicherheitskonzept, wenn das elektronische System ausgefallen ist), ist wie folgt zu unterscheiden: sofern das Versandverfahren EDV-gestützt eröffnet wurde, ist die Ausfuhr durch eine Ausfuhrbestätigung der Abgangsstelle nachzuweisen, die bei einer Ausfuhr im Versandverfahren (gVV oder Carnet TIR) nach Eingang der Kontrollergebnisnachricht erteilt wird. Sofern das Versandverfahren (gVV oder Carnet TIR) nicht EDV-gestützt eröffnet wurde, wird die Ausfuhrbestätigung nach Eingang des Rückscheins (Exemplar Nr. 5 des Einheitspapiers im gVV) bzw. nach Eingang der Bescheinigung über die Beendigung im Carnet TIR (Trennabschnitt) erteilt, sofern sich aus letzterer die Ausfuhr ergibt. Zum Inhalt von gemeinschaftlichen Versandverfahren und Versandverfahren mit Carnet TIR → Rn. 26. **40**

c) Ersatzbelege. Ist der Nachweis der Ausfuhr durch Belege mit einer Bestätigung der Grenzzollstelle oder der Abgangsstelle nicht möglich oder nicht zumutbar, zB bei der Aus- **41**

---

[32] Exemplar Nr. 3 des Einheitspapiers – Einheitspapier Ausfuhr/Sicherheit, Zollvordruck 033025 oder Einheitspapier, Zollvordruck 0733 mit Sicherheitsdokument, Zollvordruck 033023.

[33] Exemplar Nr. 3 des Einheitspapiers.

fuhr von Gegenständen im Reiseverkehr, durch die Kurier- und Poststelle des Auswärtigen Amts oder durch Transportmittel der Bundeswehr oder der Stationierungstruppen, kann der Unternehmer den Ausfuhrnachweis auch durch andere Belege führen. Als Ersatzbelege können insbesondere Bescheinigungen amtlicher Stellen der Bundesrepublik Deutschland anerkannt werden, wobei für die Ausfuhr von Kraftfahrzeugen die entsprechenden Sonderregelungen nicht umgangen werden dürfen, → Rn. 57). Grundsätzlich werden folgende Belege anerkannt:
- Bescheinigungen des Auswärtigen Amts einschließlich der diplomatischen oder konsularischen Vertretungen der Bundesrepublik Deutschland im Bestimmungsland;
- Bescheinigungen der Bundeswehr einschließlich ihrer im Drittlandsgebiet stationierten Truppeneinheiten;
- Belege über die Verzollung oder Einfuhrbesteuerung durch außergemeinschaftliche Zollstellen oder beglaubigte Abschriften davon,
- Transportbelege der Stationierungstruppen, zB Militärfrachtbriefe, und
- Abwicklungsscheine.

42 Sofern die Nachweise in ausländischer Sprache vorliegen, werden sie grundsätzlich nur in Verbindung mit einer amtlich anerkannten Übersetzung anerkannt, lediglich bei Einfuhrverzollungsbelegen aus dem Drittlandsgebiet, die in englischer Sprache vorliegen, kann im Einzelfall auf eine amtliche Übersetzung verzichtet werden. Hierbei ist zu beachten, dass es sich insoweit um eine Ermessensentscheidung handelt, es besteht also keine Rechtspflicht, diese Dokumente anzuerkennen, wohl aber eine Pflicht zu einer ermessensfehlerfreien Entscheidung.

43 Da die Belege aber lediglich formelle Nachweise für die Anwendung der Steuerbefreiung sind und keine materielle Voraussetzung für deren Anwendung[34], dürfte es in jedem Fall hinreichend sein, eine Übersetzung erst zu dem Zeitpunkt anfertigen zu lassen, wenn die Finanzverwaltung nachfragt. Es sollte aber auch ohne die Übersetzung eine hinreichende Sicherheit über den Inhalt der Dokumente bestehen.

44 Zahlungsnachweise oder Rechnungen (Artikel 796da Abs. 4 Buchstabe b ZK-DVO) können in diesen Fällen grundsätzlich nicht als Nachweise anerkannt werden.

45 Auch in diesen Fällen gilt, dass die Ausnahmeregelungen eher sparsam eingesetzt werden sollten. In parallelen Fällen sind durchaus Anfragen der Finanzverwaltung bekannt, die einen Nachweis oder sogar Beweis dafür verlangten, dass Bestätigung der Grenzzollstelle oder der Abgangsstelle nicht möglich oder nicht zumutbar war. Dies wird in der Praxis daran scheitern, dass negative Tatsachen einem Beweis in keinem Fall zugänglich sind, die Diskussionen hierüber mit der Finanzverwaltung sind aber in jedem Fall zeitraubend.

46 **d) Besonderheiten in Versendungsfällen.** Grundsätzlich muss in Versendungsfällen der Ausfuhrnachweis, sofern die Ausfuhranmeldung auf elektronischem Weg (ATLAS-Ausfuhr) erfolgt, durch den „Ausgangsvermerk" bzw. „Alternativ-Ausgangsvermerk" geführt werden. Zu den oben (→ Rn. 22) geschilderten Grundsätzen ergeben sich insoweit keine Abweichungen.

47 Sofern die Ausfuhranmeldung nicht auf elektronischem Weg erfolgt muss der Ausfuhrnachweis durch Versendungsbelege oder durch sonstige handelsübliche Belege geführt werden. Versendungsbelege sind insbesondere
- Eisenbahnfrachtbrief,
- Luftfrachtbrief,
- Einlieferungsschein für im Postverkehr beförderte Sendungen[35],
- das zur Auftragserteilung an einen Kurierdienst gefertigte Dokument[36],
- das Konnossement,

---

[34] BFH Urt. v. 6.12.2007, V R 59/03, BStBl. 2009 II S. 57.
[35] Vgl. auch Abschn. 6.9 Abs. 5 UStAE sowie → Rn. 166.
[36] Vgl. auch Abschn. 6.9 Abs. 6 UStAE sowie → Rn. 164.

Abschnitt 32. Umsatzsteuerliche Aspekte im Waren- und Dienstleistungsverkehr

- der Ladeschein sowie
- deren Doppelstücke,

wenn sich aus ihnen die grenzüberschreitende Warenbewegung ergibt[37].

Sofern sich aus der Gesamtheit der Belege die Angaben nach § 10 Abs. 1 S. 1 Nr. 2 **48** UStDV eindeutig und leicht nachprüfbar ergeben, können die bei der Abwicklung eines Ausfuhrgeschäfts anfallenden Geschäftspapiere (zB Rechnungen, Auftragsschreiben, Lieferscheine oder deren Durchschriften, Kopien und Abschriften von Versendungsbelegen, Spediteur-Übernahmebescheinigungen, Frachtabrechnungen, sonstiger Schriftwechsel) als Ausfuhrnachweis in Verbindung mit anderen Belegen für umsatzsteuerrechtliche Zwecke anerkannt werden. Dies gilt auch, wenn die Belege anderen Empfängern erteilt worden sind, diese können die Belege mit einem Übertragungsvermerk versehen und an den Unternehmer, der die Lieferung bewirkt hat, zur Führung des Ausfuhrnachweises weiterleiten.

Frachtbriefe (zB CMR-Frachtbriefe) müssen dabei vom Absender als Auftraggeber des **49** Frachtführers, also dem Versender des Liefergegenstands, unterzeichnet sein (beim CMR-Frachtbrief in Feld 22, beim Eisenbahnfrachtbrief statt Unterschrift auch einen Stempelaufdruck oder einen maschinellen Bestätigungsvermerk), wobei sich der Auftraggeber von einem Dritten, etwa einem Lagerhalter, vertreten lassen kann. Die Berechtigung des Dritten, den Frachtbrief zu unterschreiben, muss lediglich glaubhaft gemacht werden, beispielsweise durch Vorlegen eines Lagervertrages. Eine Unterschrift des Spediteurs oder eines anderen Dritten, der in den Warentransport eingeschaltet ist, ist auf dem Frachtbrief nicht erforderlich[38].

Spediteure, Frachtführer oder Verfrachter, die mit der Beförderung oder Versendung des **50** Gegenstands in das Drittlandsgebiet beauftragt worden sind, sollen in diesen Fällen zusätzlich durch eine Ausfuhrbescheinigung nach vorgeschriebenem Muster dem Unternehmer die Ausfuhr nachweisen. Hierbei kann auf eine eigenhändige Unterschrift des Spediteurs verzichtet werden, wenn die für den Spediteur zuständige Landesfinanzbehörde die Verwendung des Unterschriftsstempels (Faksimile) oder einen Ausdruck des Namens der verantwortlichen Person genehmigt hat und auf der Bescheinigung auf die Genehmigungsverfügung der Landesfinanzbehörde unter Angabe von Datum und Aktenzeichen hingewiesen wird[39].

Im Ausfall- und Sicherheitskonzept kann der Unternehmer den umsatzsteuerrechtlichen **51** Ausfuhrnachweis anstelle der Ausfuhrbescheinigung des Spediteurs, Frachtführers oder Verfrachters auch mit dem Exemplar Nr. 3 des Einheitspapiers führen, wenn diese mit einem Ausfuhrvermerk der Ausgangszollstelle versehen sind (→ Rn. 33).

In den Fällen, in denen eine Ausfuhr elektronisch angemeldet worden, es dem Unter- **52** nehmer jedoch nicht möglich oder nicht zumutbar ist, den Ausfuhrnachweis mit dem „Ausgangsvermerk" oder dem „Alternativ-Ausgangsvermerk" zu führen, ermöglicht § 10 Abs. 3 UStDV den Nachweis der Ausfuhr mit folgenden Belegen nach § 10 Abs. 1 S. 1 Nr. 2 UStDV:

- Versendungsbeleg, insbesondere durch
  - einen vom Auftraggeber des Frachtführers unterzeichneten handelsrechtlichen Frachtbrief,
  - ein Konnossement,
  - einen Einlieferungsschein für im Postverkehr beförderte Sendungen oder
  - deren Doppelstücke, oder

---

[37] Die Finanzverwaltung hat gelegentlich die Auffassung vertreten, dass sich aus einem CMR-Frachtbrief im Gegensatz zu einem Frachtbrief nach HGB nur der Abschluss, nicht aber auch die Durchführung eines Frachtvertrages ergäbe. Soweit ersichtlich wird diese Auffassung aber nach mehreren Entscheidungen des BFH (BFH Urt. v. 17.2.2011 – V R 28/10, BFH/NV 2011 S. 1448; BFH Urt. v. 14.12.2011 – XI R 18/10, BFH/NV 2012 S. 1006; BFH Urt. v. 12.5.2009 – V R 65/06, BStBl. 2010 II S. 511) nicht mehr vertreten.
[38] Abschn. 6.7 Abs. 1a UStAE.
[39] Abschn. 6.7 Abs. 2 UStAE.

- mit einem anderen handelsüblichen Beleg als den vorgenannten Belegen, insbesondere mit einer Bescheinigung des beauftragten Spediteurs, mit folgenden Angaben:
  - Namen und Anschrift des Ausstellers des Belegs sowie das Ausstellungsdatum,
  - Namen und Anschrift des liefernden Unternehmers und des Auftraggebers der Versendung,
  - Menge und Art (handelsübliche Bezeichnung) des ausgeführten Gegenstands,
  - Ort und Tag der Ausfuhr oder Ort und Tag der Versendung des ausgeführten Gegenstands in das Drittlandsgebiet,
  - Empfänger des ausgeführten Gegenstands und den Bestimmungsort im Drittlandsgebiet,
  - eine Versicherung des Ausstellers des Belegs darüber, dass die Angaben im Beleg auf der Grundlage von Geschäftsunterlagen gemacht wurden, die im Gemeinschaftsgebiet nachprüfbar sind, sowie
  - die Unterschrift des Ausstellers des Belegs.

Zusätzlich muss die sogenannte Movement Reference Number[40] auf den Dokumenten enthalten sein (§ 10 Abs. 3 S. 2 UStDV). Ist auf dem Dokument eine unzutreffende MRN genannt, kann das Dokument korrigiert werden.

53 Die Regelung in § 10 Abs. 3 UStDV schafft eine Vereinfachung für diejenigen Fälle, in denen ein anderer als der liefernde Unternehmer die Ausfuhr elektronisch anmeldet und in den Fällen, in denen das Ausfuhrverfahren nach Ablauf von 150 Tagen zollrechtlich für ungültig erklärt worden ist, weil eine ordnungsgemäße Beendigung des Ausfuhrverfahrens nicht möglich war.

54 Nach § 10 Abs. 4 UStDV kann der Unternehmer sofern es ihm nicht möglich oder nicht zumutbar ist, den Ausfuhrnachweis mit den genannten Dokumenten zu führen, kann er die Ausfuhr wie in Beförderungsfällen nach § 9 Abs. 1 S. 1 Nr. 2 UStDV nachweisen, also bei durch einen Beleg mit folgenden Angaben:
- Namen und Anschrift des liefernden Unternehmers,
- Menge des ausgeführten Gegenstands und handelsübliche Bezeichnung,
- Ort und Tag der Ausfuhr sowie
- Ausfuhrbestätigung der Grenzzollstelle eines Mitgliedstaates, die den Ausgang des Gegenstands aus dem Gemeinschaftsgebiet überwacht.

55 Diese Regelung gibt eine Erleichterung insbesondere für diejenigen Fälle, in denen der selbständige Beauftragte die in § 10 Abs. 1 S. 1 Nr. 2 Buchst. b Doppelbuchst. ff UStDV vorgesehene Versicherung über die Nachprüfbarkeit seiner Angaben im Gemeinschaftsgebiet nicht abgeben kann, etwa weil er als Spediteur seinen Sitz im Drittlandsgebiet hat oder weil er eine Privatperson ist.

56 Auch in diesen Fällen gilt, dass die Ausnahmeregelungen eher sparsam eingesetzt werden sollten. Es sind durchaus Anfragen der Finanzverwaltung bekannt, die einen Nachweis oder sogar Beweis dafür verlangten, dass es nicht möglich oder nicht zumutbar war, den Ausfuhrnachweis mit den genannten Dokumenten zu führen. Da es sich insoweit um eine negative Tatsache handelt dürfte ein Beweis im strengen Sinne nicht möglich sein; es sollten aber zumindest Belege vorgehalten werden, die dies glaubhaft machen.

57 **e) Export von Kraftfahrzeugen.** Beim Export von für den Straßenverkehr zugelassenen Kraftfahrzeugen im Sinne der Fahrzeug-Zulassungsverordnung unterstellt die Finanzverwaltung offensichtlich ein besonders hohes Missbrauchspotential. Sie stellt daher für den Export von Kraftfahrzeugen besondere – aus dem Gesetz nicht ableitbare – Voraussetzungen auf[41]. Somit gelten sowohl beim Transport auf eigener Achse wie auch beim Transport mit Hilfe eines Beförderungsmittels neben den allgemeinen Vorschriften (→ Rn. 22) weitere Verschärfungen für den Buch-[42] und Belegnachweis. So müssen zunächst alle Doku-

---

[40] MRN – Movement Reference Number – Art. 796c S. 3 ZK-DVO.
[41] Abschn. 6.9 Abs. 11 UStAE.
[42] Abschn. 6.10 Abs. 5 UStAE.

mente die Fahrzeug-Identifikationsnummer[43] sowie die Nummer des Ausfuhrkennzeichens[44] ausweisen, sofern letzteres erteilt worden ist.

Wird das Fahrzeug **nicht** unter Verwendung eines Ausfuhrkennzeichens ausgeführt oder ist die Nummer des Ausfuhrkennzeichens nicht auf den Dokumenten vermerkt, ist zusätzlich erforderlich, weitere Dokumente vorzuhalten, um die Steuerbefreiung in Anspruch nehmen zu dürfen. Der Ausfuhrnachweis muss in diesen Fällen zusätzlich mit einer Bescheinigung über

- die Zulassung,
- die Verzollung **oder**
- die Einfuhrbesteuerung des Fahrzeugs

im Drittland geführt werden. Sofern die Originalbelege in ausländischer Sprache vorliegen, werden sie grundsätzlich nur in Verbindung mit einer amtlich anerkannten Übersetzung anerkannt, lediglich bei Einfuhrverzollungsbelegen aus dem Drittlandsgebiet, die in englischer Sprache vorliegen, kann im Einzelfall auf eine amtliche Übersetzung verzichtet werden. Hierbei ist zu beachten, dass es sich insoweit um eine Ermessensentscheidung handelt, es besteht also keine Rechtspflicht, diese Dokumente anzuerkennen, wohl aber eine Pflicht zu einer ermessensfehlerfreien Entscheidung.

Da die Belege aber lediglich formelle Nachweise für die Anwendung der Steuerbefreiung sind und keine materielle Voraussetzung für deren Anwendung[45], dürfte es in jedem Fall hinreichend sein, eine Übersetzung erst zu dem Zeitpunkt anfertigen zu lassen, wenn die Finanzverwaltung nachfragt. Es sollte aber auch ohne die Übersetzung eine hinreichende Sicherheit über den Inhalt der Dokumente bestehen.

Amtliche Stellen der Bundesrepublik Deutschland im Bestimmungsland dürfen keine Ausfuhrbestätigungen für Kraftfahrzeuge erteilen[46], eine Erleichterung auf diese Art und Weise scheidet daher in diesen Fällen (und im Gegensatz zu den oben → Rn. 41 beschriebenen Erleichterungen) aus.

Erfahrungsgemäß bestehen teilweise erhebliche Schwierigkeiten, den oben beschriebenen Vorgaben zu entsprechen. So kann im EDV-gestützten Verfahren teilweise die Nummer des Ausfuhrkennzeichens nicht in das Ausfuhrdokument eingetragen werden, wenn es sich um einen multimodalen Transport handelt, obwohl ein Ausfuhrkennzeichen erteilt worden ist. Die Erleichterungen für Fälle mit erteilten Ausfuhrkennzeichen sollte in diesen Fällen auf Grund des klaren Wortlauts nicht bzw. nur in Absprache mit der Finanzverwaltung angewendet werden, selbst wenn die Erteilung des Ausfuhrkennzeichens durch den entsprechenden Zulassungsschein nachgewiesen werden könnte.

Auch wenn Zweifel bestehen, ob diese Vorgaben nicht unverhältnismäßig sind[47], ist zur Vermeidung von Streit mit der Finanzverwaltung in allen Fällen des Exports von Kraftfahrzeugen wegen des von der Finanzverwaltung unterstellten Missbrauchspotentials insbesondere auf eine vollständige Dokumentation zu achten. Dies gilt unabhängig davon, ob es sich beim Export der Kraftfahrzeuge um das Haupt- oder ein Hilfsgeschäft (bspw. Abverkauf von Leasingfahrzeugen nach Beendigung des Leasings) des Unternehmens handelt.

f) Ausfuhrnachweis in Bearbeitungs- und Verarbeitungsfällen. Der Gegenstand der Lieferung kann durch einen oder mehrere Beauftragte vor der Ausfuhr sowohl im Inland als auch in einem anderen EU-Mitgliedstaat bearbeitet oder verarbeitet werden (vgl. zur Behandlung des Be- bzw. Verarbeitungsumsatzes § 7 UStG). Dabei kann es sich ausschließlich um Beauftragte des Abnehmers oder eines folgenden Abnehmers handeln, da anderen-

---

[43] § 59 Straßenverkehrs-Zulassungs-Ordnung (StVZO).
[44] § 19 Verordnung über die Zulassung von Fahrzeugen zum Straßenverkehr (Fahrzeugzulassungsverordnung – FZV).
[45] BFH Urt. v. 6.12.2007, V R 59/03, BStBl. 2009 II S. 57.
[46] Abschn. 6.9 Abs. 13 UStAE.
[47] Vgl. etwa *Jorczyk/Rüth*, UStB 2006, S. 103 zum parallelen Problem der Angabe von IMEI-Nummern beim Verkauf von Mobiltelefonen.

falls der bereits bearbeitete Gegenstand zum Lieferungsinhalt werden würde. Der Auftrag für die Bearbeitung oder Verarbeitung des Gegenstands der Lieferung kann von einem in- oder ausländischen Abnehmer erteilt werden.

64 In diesen Fällen muss der Beleg über den Ausfuhrnachweis zusätzlich die folgenden in § 11 Abs. 1 UStDV genannten zusätzlichen Angaben enthalten:
- Namen und Anschrift des Beauftragten,
- Menge und handelsübliche Bezeichnung des Gegenstands, der an den Beauftragten übergeben oder versendet wurde,
- Ort und Tag der Entgegennahme des Gegenstands durch den Beauftragten sowie
- Bezeichnung des Auftrags sowie die Bezeichnung der Bearbeitung oder Verarbeitung, die vom Beauftragten vorgenommen wurde.

65 Erfolgt eine Kettenbearbeitung bzw. -verarbeitung durch mehrere Beauftragte, hat der liefernde Unternehmer diese Angaben für jeden Beauftragten zu machen. Dies kann unter anderem so erfolgen, dass der Beauftragte des Abnehmers und/oder eines nachfolgenden Abnehmers
- den Beleg mit einem die zusätzlichen Angaben enthaltenden Übertragungsvermerk versieht
- zusätzlichen Angaben auf einem gesonderten Beleg macht, oder
- er auf Grund der bei ihm vorhandenen Geschäftsunterlagen, zB Versendungsbeleg, Ausfuhrbescheinigung des beauftragten Spediteurs oder Bestätigung der den Ausgang aus dem Gemeinschaftsgebiet überwachenden Grenzzollstelle, dem Unternehmer eine kombinierte Ausfuhr- und Bearbeitungsbescheinigung nach vorgeschriebenem Muster ausstellt.

In diesen Fällen muss aus den Belegen des Unternehmers ersichtlich sein, welcher Beauftragte welche konkrete Bearbeitung oder Verarbeitung vorgenommen hat. Dieser Nachweis ist möglich durch
- eine Ausfuhrbescheinigung des Beauftragten sowohl über die von ihm selbst vorgenommene Bearbeitung oder Verarbeitung als auch die Bearbeitung oder Verarbeitung nachfolgender Beauftragter einschließlich deren Namen und Anschrift
- gesonderte Bescheinigung der einzelnen Beauftragten über die verschiedenen Bearbeitungen oder Verarbeitungen.

66 **g) Buchnachweise.** Neben den Belegnachweisen sind die Voraussetzungen der Ausfuhr auch buchmäßig nachzuweisen (§ 6 Abs. 4 UStG und § 13 UStDV). Hierbei sind aufzuzeichnen:
- die Menge des Gegenstands der Lieferung oder die Art und den Umfang der Lohnveredelung sowie die handelsübliche Bezeichnung einschließlich der Fahrzeug-Identifikationsnummer bei Fahrzeugen im Sinne des § 1b Abs. 2 des Gesetzes,
- der Name und die Anschrift des Abnehmers oder Auftraggebers,
- der Tag der Lieferung oder der Lohnveredelung,
- das vereinbarte Entgelt oder bei der Besteuerung nach vereinnahmten Entgelten das vereinnahmte Entgelt und den Tag der Vereinnahmung,
- die Art und den Umfang einer Bearbeitung oder Verarbeitung vor der Ausfuhr (§ 6 Abs. 1 S. 2, § 7 Abs. 1 S. 2 des Gesetzes),
- der Tag der Ausfuhr sowie
- in den Fällen des § 9 Abs. 1 S. 1 Nummer 1, des § 10 Abs. 1 S. 1 Nummer 1 und des § 10 Abs. 3 die Movement Reference Number – MRN.

67 Der buchmäßige Nachweis muss grundsätzlich im Geltungsbereich des UStG geführt werden. Auf Antrag kann die Finanzverwaltung Unternehmern jedoch gestatten, die Aufzeichnungen über den buchmäßigen Nachweis im Ausland vorzunehmen und dort aufzubewahren. Dem Antrag ist aber nur stattzugeben, wenn die Unternehmer steuerlich zuverlässig sind, die erforderlichen Unterlagen den deutschen Finanzbehörden jederzeit auf Verlangen im Geltungsbereich des UStG vorgelegt werden und ohne die Führung der

Abschnitt 32. Umsatzsteuerliche Aspekte im Waren- und Dienstleistungsverkehr

Nachweise im Ausland der buchmäßige Nachweis in unverhältnismäßiger Weise erschwert würde. Entsprechende Bewilligungsbescheide sind unter einer entsprechenden Auflage und unter dem Vorbehalt des jederzeitigen Widerrufs zu erteilen[48].

Die erforderlichen Aufzeichnungen müssen laufend und unmittelbar nach Ausführung des jeweiligen Umsatzes vorgenommen werden, da die buchmäßig nachzuweisenden Voraussetzungen eindeutig und leicht nachprüfbar aus der Buchführung zu ersehen sein müssen (§ 13 Abs. 1 UStDV). **68**

„Laufend und unmittelbar" bedeutet, dass der buchmäßigen Nachweis der steuerfreien Ausfuhrlieferung (§ 6 Abs. 4 UStG in Verbindung mit § 13 UStDV) bis zu dem Zeitpunkt zu führen ist, zu dem die Umsatzsteuer-Voranmeldung für die Ausfuhrlieferung abzugeben ist. Fehlende oder fehlerhafte Aufzeichnungen eines rechtzeitig erbrachten Buchnachweises können bis zum Schluss der letzten mündlichen Verhandlung vor dem Finanzgericht nach den für Rechnungsberichtigungen geltenden Grundsätzen ergänzt oder berichtigt werden[49]. **69**

Wird der Buchnachweis weder rechtzeitig geführt noch in oben beschriebener Weise ergänzt oder berichtigt, kann die Ausfuhrlieferung gleichwohl steuerfrei sein, wenn auf Grund der objektiven Beweislage feststeht, dass die Voraussetzungen des § 6 Abs. 1 bis Abs. 3a UStG vorliegen[50]. **70**

Der Inhalt und der Umfang des buchmäßigen Nachweises ergibt sich aus § 13 Abs. 2 bis 7 UStDV (Mussvorschriften). Der Unternehmer kann den Nachweis aber in besonders begründeten Einzelfällen auch in anderer Weise führen. Dabei müssen die Voraussetzungen aber in jedem Fall eindeutig und leicht nachprüfbar aus der Buchführung zu ersehen sein. **71**

Bei der Aufzeichnung der Menge und der handelsüblichen Bezeichnung des Gegenstands der Lieferung sind Sammelbezeichnungen, zB Lebensmittel oder Textilien, in der Regel nicht ausreichend. Handelsübliche Sammelbezeichnungen, zB Baubeschläge, Büromöbel, Kurzwaren, Spirituosen, Tabakwaren, Waschmittel, sind ausreichend, nicht dagegen Bezeichnungen allgemeiner Art, die Gruppen verschiedener Gegenstände umfassen, zB Geschenkartikel, nicht aus. insofern gelten die allgemeinen Regeln, wie sie auch bei der Ausstellung von ordnungsgemäßen Rechnungen zu erfüllen sind. Fertigt die Ausgangszollstelle die Waren ab, so soll dies ein Beleg dafür sein, dass die Ausgangszollstelle anhand der Bezeichnung in der Lage war, die Abfertigung dieser Gegenstände zur Ausfuhr zu bestätigen und die Bezeichnung daher hinreichend genau war[51]. **72**

Aus der Aufzeichnung der Art und des Umfangs einer etwaigen Bearbeitung oder Verarbeitung vor der Ausfuhr sollen auch der Name und die Anschrift des mit der Bearbeitung oder Verarbeitung Beauftragten, die Bezeichnung des betreffenden Auftrags sowie die Menge und handelsübliche Bezeichnung des ausgeführten Gegenstands hervorgehen[52]. **73**

3. Besonderheiten bei Lieferungen im Zusammenhang mit den deutschen Freihäfen. Auch wenn die Freihäfen (eigentlich: Freizonen Typ I[53]) eine „aussterbende Spezies" sind[54] und seit dem 1.1.2013 lediglich die Freihäfen Bremerhaven und Cuxhaven verbleiben, lohnt sich wegen der zahlreichen umsatzsteuerrechtlichen Sonderregelungen ein Blick hierauf. Die gleichen Regelungen gelten für Umsätze, die in den Gewässern und Watten zwischen der Hoheitsgrenze und der jeweiligen Strandlinie bewirkt werden. Die nachfolgenden Aus- **74**

---

[48] Abschn. 6.10 Abs. 2 UStAE.
[49] BFH Urt. v. 28.5.2009, V R 23/08, BStBl. 2010 II S. 517.
[50] BFH Urt. v. 28.5.2009, V R 23/08, BStBl. 2010 II S. 517.
[51] Abschn. 6.11 Abs. 4 S. 5 f. UStAE.
[52] Abschn. 6.1 Abs. 5 UStAE; Abschn. 6.10 Abs. 5 UStAE.
[53] § 1 Abs. 1 ZollVG, Art. 167 Abs. 3 ZK iVm Art. 799 Buchst. a ZK-DVO; in Abgrenzung zu Freizonen des Kontrolltyps II (Deggendorf und Duisburg), die früher auch als Freihäfen bezeichnet wurden, aber bereits seit dem 1.1.2004 als Inland zu behandeln sind.
[54] Aufhebung des Freihafens Hamburg zum 1.1.2013 durch Gesetz zur Aufhebung des Freihafens Hamburg v. 24. Januar 2011, BGBl. I 2011, S. 50 v. 27. Januar 2011; vorher schon Aufhebung des Freihafens Bremen zum 1.1.2008 durch Gesetz über die Aufhebung des Freihafens Bremen (FrHfBremGrAufG) v. 6.12.2007, BGBl. I 2007 S. 2806.

führungen gelten daher für diese Umsätze entsprechend, allerdings mit den unten unter B.I.3.f genannten Besonderheiten.

75 **a) Freihäfen als Inland oder Drittland.** Der deutschen Umsatzbesteuerung unterliegen nach § 1 Abs. 1 Nr. 1 UStG ausschließlich solche Umsätze, die ihren Leistungsort im Inland haben. Inland im Sinne des UStG ist das Gebiet der Bundesrepublik Deutschland mit Ausnahme

- des Gebiets von Büsingen,
- der Insel Helgoland,
- der Freizonen des Kontrolltyps I (Freihäfen Bremerhaven, Cuxhaven und bis 31.12. 2012 Hamburg),
- der Gewässer und Watten zwischen der Hoheitsgrenze und der jeweiligen Strandlinie sowie
- der deutschen Schiffe und der deutschen Luftfahrzeuge in Gebieten, die zu keinem Zollgebiet gehören.
- Die Freihäfen gehören danach grundsätzlich zum Ausland, und da sie auch nicht zum Inland eines anderen Mitgliedstaates der EU gehören zum Drittland.

76 Nach § 1 Abs. 3 UStG gelten jedoch bestimmte Umsätze in den Freihäfen fiktiv als Umsätze im Inland:

- die Lieferungen und die innergemeinschaftlichen Erwerbe von Gegenständen, die zum Gebrauch oder Verbrauch in den bezeichneten Gebieten oder zur Ausrüstung oder Versorgung eines Beförderungsmittels bestimmt sind, wenn die Gegenstände
  - nicht für das Unternehmen des Abnehmers erworben werden, oder
  - vom Abnehmer ausschließlich oder zum Teil für eine nach § 4 Nr. 8 bis 27 steuerfreie Tätigkeit verwendet werden;
- die sonstigen Leistungen, die
  - nicht für das Unternehmen des Leistungsempfängers ausgeführt werden, oder
  - vom Leistungsempfänger ausschließlich oder zum Teil für eine nach § 4 Nr. 8 bis 27 steuerfreie Tätigkeit verwendet werden;
- die Lieferungen im Sinne des § 3 Abs. 1b und die sonstigen Leistungen im Sinne des § 3 Abs. 9a (unentgeltliche Wertabgaben);
- die Lieferungen von Gegenständen, die sich im Zeitpunkt der Lieferung
  - in einem zollamtlich bewilligten Freihafen-Veredelungsverkehr oder in einer zollamtlich besonders zugelassenen Freihafenlagerung oder
  - einfuhrumsatzsteuerrechtlich im freien Verkehr befinden;
- die sonstigen Leistungen, die im Rahmen eines Veredelungsverkehrs oder einer zollamtlich besonders zugelassenen Freihafenlagerung ausgeführt werden;
- der innergemeinschaftliche Erwerb eines neuen Fahrzeugs durch die in § 1a Abs. 3 und § 1b Abs. 1 genannten Erwerber.

77 Lieferungen und sonstige Leistungen an juristische Personen des öffentlichen Rechts sowie deren innergemeinschaftlicher Erwerb in den bezeichneten Gebieten sind als Umsätze im Sinne der ersten beiden Gliederungspunkte oben anzusehen. Diese Vermutung zugunsten einer Leistungserbringung an den hoheitlichen Bereich der juristischen Personen des öffentlichen Rechts und nicht für ihren (in aller Regel auch vorhandenen) unternehmerischen Bereich gilt, soweit der Unternehmer nicht anhand von Aufzeichnungen und Belegen, zB durch eine Bescheinigung des Abnehmers, das Gegenteil glaubhaft macht.

78 Sinn und Zweck aller oben genannten Regelungen ist es sicherzustellen, dass kein unversteuerter Letztverbrauch stattfindet sowie Steuerumgehungen zu vermeiden. Auch wenn diese Regelungen im Detail die Anwendung des UStGs nicht gerade erleichtern, weil es im Einzelfall zu nicht unerheblichen Abgrenzungsschwierigkeiten kommen kann, bestünde doch in allen Fällen ohne diese Regelung die Gefahr, dass der Leistungsort durch entsprechende Gestaltungen in den Freihafen verlegt werden würde und die entsprechenden Leistungen verbraucht werden, ohne versteuert zu werden.

Abschnitt 32. Umsatzsteuerliche Aspekte im Waren- und Dienstleistungsverkehr

Beispiele für Lieferungen, die nach § 1 Abs. 3 S. 1 Nr. 1 UStG als inländische Lieferungen gelten, sind etwa der Verkauf von Tabakwaren aus Automaten in den Freihäfen, Lieferungen von Schiffsausrüstungsgegenständen, Treibstoff und Proviant an private Schiffseigentümer zur Ausrüstung und Versorgung von Wassersportfahrzeugen, genauso wie etwa Abgabe von Kraftstoff an einer Tankstelle im Freihafen für Straßenfahrzeuge (PKW, LKW), die entweder privat oder zwar unternehmerisch, aber für solche Umsätze genutzt werden, die den Vorsteuerabzug ausschließen. 79

Fall: 80
Unternehmer U betreibt eine Tankstelle im Freihafen Bremerhaven. Er gibt Kraftstoffe ausschließlich an unternehmerische Kunden ab, was durch ein Tankkartensystem sichergestellt ist. Seine Kunden sind, mit Ausnahme einer Bank, alle zum vollen Vorsteuerabzug berechtigt.

Lösung:
Die Lieferungen vom Kraftstoff an die Bank gelten nach § 1 Abs. 3 S. 1 Nr. 1 UStG als im Inland erbracht und sind steuerbar und steuerpflichtig, da die Bank im Wesentlichen Ausgangsumsätze ausführt, die nach § 4 Nr. 8 UStG steuerbefreit sind und daher nach § 15 Abs. 2 UStG den Vorsteuerabzug ausschließen. Alle übrigen Lieferungen sind nicht im Inland erbracht und daher nicht steuerbar.

Beispiele für sonstige Leistungen, die nach § 1 Abs. 3 S. 1 Nr. 2 UStG als im Inland erbracht gelten sind etwa die Abgabe von Speisen und Getränken zum Verzehr an Ort und Stelle, Reparaturen an Wassersportfahrzeugen und ähnliches. 81

Eine weitere Regelung, die die Freihäfen fiktiv zum Inland macht, findest sich in § 1a Abs. 1 Nr. 1 UStG. Innergemeinschaftliche Erwerbe in den Gebieten nach § 1 Abs. 3 UStG (im Wesentlichen die deutschen Freihäfen) sind danach zu besteuern, obwohl sie nach den grundsätzlichen Regelungen nicht im Inland stattfinden. Aus der Sichtweise der übrigen EU-Mitgliedstaaten wäre eine Warenlieferung von einem Mitgliedstaat in einen deutschen Freihafen gerade kein Export, sondern eine innergemeinschaftliche Lieferung. Um das europäische Kontrollsystem (MIAS/VIES, → Rn. 127) an dieser Stelle nicht zu gefährden bestimmt § 1a Abs. 1 Nr. 1 UStG, das auch innergemeinschaftliche Erwerbe im Freihafen als solche zu besteuern sind, obwohl sie eigentlich nicht im deutschen Inland stattfinden. 82

b) Steuerfreie Ausfuhrlieferungen im Zusammenhang mit Freihäfen. Sofern Ausfuhrlieferungen über eine Freizone des Kontrolltyps I (Freihäfen Bremerhaven, Cuxhaven und bis 31.12.2012 Hamburg) erfolgen ist zu beachten, dass diese wegen der eingangs geschilderten Abweichung zwischen deutschem und europäischem Recht zollrechtlich durchaus zum Inland (Zollgebiet im Sinne des Art. 3 ZK) gehören, umsatzsteuerrechtlich aber in aller Regel (→ Rn. 75) Drittland sind. Folglich ist eine Lieferung in einen Freihafen aus umsatzsteuerrechtlicher Sicht zwar eine Ausfuhr, aus zollrechtlicher Sicht aber nicht. Da es kein eigenständiges umsatzsteuerrechtliches Ausfuhrverfahren gibt, sondern im Regelfall auf die Hilfe von zollrechtlichen Dokumenten zurückgegriffen wird, ergeben sich an dieser Stelle Friktionen. Wollte man hier das gleiche Maß an Sicherheit für die Steuerverwaltung erreichen, dass ein Gegenstand tatsächlich exportiert worden ist, dann kämen hier nur zusätzliche administrative (und damit auch: finanzielle) Hürden in Betracht. Daher bestehen die sogleich unter → Rn. 84 zu schildernden Erleichterungen beim Belegnachweis. 83

c) Anforderungen an den Belegnachweis. In Beförderungsfällen, bei denen der Unternehmer den Gegenstand der Lieferung in eine Freizone des Kontrolltyps I (Freihäfen Bremerhaven, Cuxhaven und bis 31.12.2012 Hamburg) befördert, ist die Beschaffung der Bestätigung bei den Zollämtern an der Freihafengrenze, die den Ausgang aus dem Gemeinschaftsgebiet überwachen, wegen der großen Anzahl der Beförderungsfälle nach Auffassung der Finanzverwaltung[55] nicht zumutbar. Als Ausfuhrnachweis kann deshalb ein Beleg anerkannt werden, der neben den nach § 9 Abs. 1 S. 1 Nr. 2 Buchst. a bis c UStDV erforderlichen Angaben, also 84

---

[55] Abschn. 6.6. Abs. 7 UStAE.

- den Namen und die Anschrift des liefernden Unternehmers,
- die Menge des ausgeführten Gegenstands und die handelsübliche Bezeichnung,
- den Ort und den Tag der Ausfuhr

folgendes enthält:
- einen Hinweis darauf, dass der Unternehmer den Gegenstand in eine Freizone des Kontrolltyps I befördert hat;
- eine Empfangsbestätigung des Abnehmers oder seines Beauftragten mit Datum, Unterschrift, Firmenstempel und Bezeichnung des Empfangsorts.

85 Als Belege kommen dabei alle handelsüblichen Belege in Betracht, insbesondere Lieferscheine, Kaiempfangsscheine oder Rechnungsdurchschriften. Die erforderlichen Angaben können, sofern sie nicht enthalten sind, entsprechend ergänzt werden. Alternativ können Hinweisen auf andere Belege erteilt werden, aus denen sich die notwendigen Angaben ergeben[56].

86 Diese Erleichterungen gelten allerdings ausschließlich in Beförderungs-, nicht dagegen in Versendungsfällen. Das liegt daran, dass die Finanzverwaltung an dieser Stelle eine Anpassung an das neue Recht und damit an das ATLAS-Ausfuhr-Verfahren unterlassen hat. Vor dessen Einführung konnte der Nachweis einer Versendungslieferung in den Freihafen unproblematisch etwa mit den typischen Speditionspapieren erfolgen, so dass eine Sonderregelung für den Freihafenfall insoweit nicht erforderlich war; es ergab sich in der Nachweisführung kein Unterschied zum Nicht-Freihafenfall. Nunmehr dürfte in Versendungsfällen in die Freihäfen (insbesondere wenn dort das Ziel und nicht nur eine Zwischenstation auf dem Weg in das übrige Drittland) ATLAS-Ausfuhr daran scheitern, dass zollrechtlich keine Ausfuhr vorliegt, die oben dargestellten Erleichterungen am klaren Wortlaut der Regelung im Umsatzsteuer-Anwendungserlass. Insofern kann nur auf die Regelungen zur Ausfuhr außerhalb von ATLAS-Ausfuhr verwiesen werden (→ Rn. 46 Besonderheiten in Versendungsfällen).

87 **d) Sonderfälle bei Lieferungen im Freihafen.** In einer Freizone des Kontrolltyps I (Freihäfen Bremerhaven, Cuxhaven und bis 31.12.2012 Hamburg) ausgeführte Lieferungen von Gegenständen, die Lieferungen von Gegenständen, die sich im Zeitpunkt der Lieferung
- in einem zollamtlich bewilligten Freihafen-Veredelungsverkehr,
- in einer zollamtlich besonders zugelassenen Freihafenlagerung oder
- einfuhrumsatzsteuerrechtlich im freien Verkehr befinden,

sind grundsätzlich als Lieferungen im Inland zu behandeln. Während die ersten beiden Verfahren als klar definierte Zollverfahren einen klaren und unmissverständlichen Anwendungsbereich haben, ist die Formulierung des dritten Falles zu weit geraten. Nach hM meint dies ausschließlich die Fälle der vorgeschobenen Zollstelle im Sinne von § 21 Abs. 2a UStG, Artikel 79 ZK[57].

88 Gelangen die Gegenstände, die sich im Zeitpunkt der Lieferung einfuhrumsatzsteuerrechtlich im freien Verkehr befinden (§ 1 Abs. 3 S. 1 Nr. 4 Buchstabe b UStG), bei Ausführung der Lieferungen in das Drittlandsgebiet außerhalb der in § 1 Abs. 3 UStG bezeichneten Gebiete, ist dies wie eine steuerfreie Ausfuhrlieferungen zu behandeln. Die Finanzverwaltung lässt es in diesen Fällen genügen, dass der Unternehmer die vorbezeichneten Voraussetzungen glaubhaft macht. Auch soll das Fehlen des buchmäßigen Nachweises ist in diesen Fällen zur Vermeidung von unbilligen Härten nicht zu beanstanden sein[58].

89 Diese Regelung gilt ausdrücklich nicht für die Fälle des Freihafen-Veredelungsverkehrs und der Freihafenlagerung (§ 1 Abs. 3 S. 1 Nr. 4 Buchstabe a UStG); sie ist hier auch nicht erforderlich, weil in diesen Fällen keine steuerbaren Lieferungen vorliegen[59]. Vielmehr wer-

---

[56] Abschn. 6.6. Abs. 7 UStAE.
[57] Abschn. 1.12 Abs. 4 UStAE; Rau/Dürrwächter/*Husmann* § 1 Rn. 1214; Rau/Dürrwächter/*Nieskens* § 21 Rn. 366.
[58] Abschn. 6.9 Abs. 1 UStAE.
[59] Abschn. 6.9 Abs. 1 UStAE; Abschn. 1.12 Abs. 3 UStAE.

e) Besonderheiten beim Buchnachweis. Befördert oder versendet der Unternehmer 90 oder der Abnehmer den Gegenstand der Lieferung in die in § 1 Abs. 3 UStG bezeichneten Gebiete, ist es zwingend, dass sich aus der Angabe des Berufs oder des Gewerbezweigs des Abnehmers dessen Unternehmereigenschaft sowie aus der Angabe des Erwerbszwecks des Abnehmers dessen Absicht, den Gegenstand für sein Unternehmen zu verwenden, ergeben. Erleichterungen ergeben sich lediglich bei Lieferungen, deren Gegenstände nach Art und/oder Menge nur zur Verwendung in dem Unternehmen des Abnehmers bestimmt sein können. Hier genügt neben der Aufzeichnung des Berufs oder Gewerbezweigs des Abnehmers die Angabe der Art und Menge der gelieferten Gegenstände. Alternativ kann in Zweifelsfällen der Erwerbszweck auch durch eine Bestätigung des Abnehmers nachgewiesen werden[60].

Bei Lieferungen an juristische Personen des öffentlichen Rechts geht die Finanzverwaltung[61] davon aus, dass die Lieferungen für deren hoheitlichen und nicht für deren unternehmerischen Bereich ausgeführt worden sind, sofern nicht der Unternehmer anhand von Aufzeichnungen und Belegen, zB durch eine Bescheinigung des Abnehmers, das Gegenteil nachweist. Ohne entsprechende Nachweise sind derartige Lieferungen also stets als steuerpflichtig zu behandeln. 91

f) Besonderheiten bei Umsätzen in den Gewässern und Watten zwischen der Hoheitsgrenze und der jeweiligen Strandlinie. Inland ist nach der Definition des § 1 Abs. 2 S. 1 UStG das „Gebiet der Bundesrepublik Deutschland mit Ausnahme (...) der Gewässer und Watten zwischen der Hoheitsgrenze und der jeweiligen Strandlinie (...)"; dies entspricht nicht Definition nach Art. 5 ff. MwStSystRL, die eine derartige Ausnahme nicht vorsehen. Der Begriff der Standlinie ist im deutschen Recht nicht explizit definiert, es sind daher die Regelungen des Seerechtübereinkommens (SRÜ)[62] heranzuziehen. Das Gebiet der Bundesrepublik Deutschland entspricht nicht dem Inlandsbegriff im Sinne des UStG, letzteres ist kleiner. Mit der Formulierung „Gewässer und Watten zwischen der Hoheitsgrenze und der jeweiligen Strandlinie" dürfte das sog. Küstenmeer gemeint sein[63]. Das Küstenmeer umfasst 12 Seemeilen, beginnend an der sog. Basislinie (Art 3 SRÜ); die äußere Grenze des Küstenmeeres ist gleichzeitig das Ende des Hoheitsgebietes. Die Basislinie stellt grundsätzlich nach Art 5 SRÜ die Niedrigwasserlinie (sog. normale Basislinie) dar. Die wichtigste Abweichung hiervon stellt die sogenannte gerade Basislinie nach Art 7 SRÜ dar. Weist die Küste tiefe Einbuchtungen und Einschnitte auf oder erstreckt sich eine Inselkette entlang der Küste in ihrer unmittelbaren Nähe, kann zur Festlegung der Basislinie, von der aus die Breite des Küstenmeers gemessen wird, die Methode der geraden Basislinien angewandt werden, die geeignete Punkte miteinander verbinden. Die landwärts der Basislinie des Küstenmeers gelegenen Gewässer gehören zu den inneren Gewässern des Staates (Art 8 SRÜ). 92

Die inneren Gewässer (auch maritime Eigengewässer genannt) sind die Gewässer an der Küste zwischen dem trockenen Land und der geraden Basislinie. Sie sind Inland im umsatzsteuerrechtlichen Sinne. 93

Dies bedeutet konkret für die Nordsee: 94
- Bezüglich der Nord- und Ostfriesischen Inseln verläuft die Basislinie (entsprechend Art. 8 SRÜ) an der seewärtigen Seite der Inseln;
- Bezüglich der Weser-Elbe-Mündungen, verläuft die Basislinie von Wangerooge in direkter Verbindung über Scharhörn Riff nach St. Peter-Böhl.

---

[60] Abschn. 6.10 Abs. 6 UStAE.
[61] Abschn. 6.10 Abs. 6 S. 4 UStAE.
[62] Seerechtsübereinkommen der Vereinten Nationen, ABl. EG L 179/4 v. 23.6.1998; http://eur-lex.europa.eu/LexUriServ/LexUriServ.do?uri=OJ:L:1998:179:0003:0134:DE:PDF.
[63] Rau/Dürrwächter/*Husmann* § 1 UStG Rn. 1176 ff.; Keller/Bustorff/*Raudszus* § 1 UStG Rn. 468.

95 Für die Ostsee bedeutet dies, dass die Basislinie auf der seewärtigen Seite von Fischland, Darß, Zingst, Hiddensee, Rügen und Usedom verläuft.

96 Die zwischen den Inseln liegende Wasserflächen werden ebenso wie die Mündungstrichter von Weser und Elbe durch gerade Basislinien überbrückt. Das Küstenmeer und somit das als umsatzsteuerrechtliches Ausland zu behandelnde Gebiet beginnt erst auf der Rückseite dieser Basislinie. Die davor gelagerten Gewässer stellen innere Gewässer und somit umsatzsteuerrechtliches Inland dar. Diese Abgrenzung ist insbesondere dann relevant, wenn entweder Lieferungen „auf hoher See" erfolgen sollen oder sonstige Leistungen mit Grundstücksbezug (§ 3a Abs. 3 Nr. 1 UStG) ausgeführt werden.

97 **Beispiel 1:**
Der in den USA ansässige U verkauft dem in Deutschland ansässigen DE einen Container, der sich auf dem Seeweg von den USA nach Deutschland befindet, „auf hoher See", um seine umsatzsteuerrechtliche Registrierungspflicht in Deutschland zu vermeiden. Diese Übereignung muss erfolgen, bevor das transportierende Schiff die Küstengewässer erreicht hat.

Beispiel 2:
Das deutsche Baggerunternehmen B verlegt im Auftrag des deutschen Kunden K eine Pipeline in der Ostsee auf einer vorgegebenen Route. Da auf ein bestimmtes Stück Land eingewirkt wird handelt es sich um grundstücksbezogene Umsätze im Sinne von § 3a Abs. 3 Nr. 1 UStG, die Ihren Leistungsort am jeweiligen Grundstück haben. Diese Umsätze sind solange nicht steuerbar, wie sie außerhalb der Küstengewässer stattfinden.

98 **4. Ausschluss der Steuerbefreiung bei der Ausrüstung und Versorgung bestimmter Beförderungsmittel. a) Materielle Besonderheiten.** Die Steuerbefreiung für Ausfuhrlieferungen ist bei der Lieferung eines Gegenstands, der zur Ausrüstung oder Versorgung von Beförderungsmittel bestimmt ist, die nicht für das Unternehmen des Leistungsempfängers genutzt werden, in verschiedenen Fällen ausgeschlossen. Dies ist insbesondere dann der Fall, wenn der ausländische Abnehmer – und nicht der Lieferer – den Liefergegenstand in das Drittlandsgebiet befördert oder versendet hat (§ 6 Abs. 3 UStG). Gleiches gilt in den Fällen, bei denen der Unternehmer den Gegenstand, der zur Ausrüstung oder Versorgung eines nichtunternehmerischen Beförderungsmittels, zB eines Sportbootes, bestimmt ist, in die in § 1 Abs. 3 UStG bezeichneten Gebiete befördert oder versendet hat (Fall des § 6 Abs. 1 S. 1 Nr. 3 Buchst. b UStG).

99 Zu den Gegenständen zur **Ausrüstung** eines privaten Kraftfahrzeugs gehören alle Kraftfahrzeugteile einschließlich Kraftfahrzeug-Ersatzteile und Kraftfahrzeug-Zubehörteile. Zu den Gegenständen zur **Versorgung** eines privaten Kraftfahrzeugs gehören Gegenstände, die zum Verbrauch in dem Kraftfahrzeug bestimmt sind, zB Treibstoff, Motoröl, Bremsflüssigkeit, Autowaschmittel und Autopflegemittel, Farben und Frostschutzmittel. Entsprechendes gilt für Liefergegenstände, die zur Ausrüstung oder Versorgung eines privaten Wasserfahrzeugs oder eines privaten Luftfahrzeugs bestimmt sind.

100 Da es für die Inanspruchnahme der Steuerbefreiung darauf ankommt, ob das jeweilige Beförderungsmittel unternehmerischen Zwecken des Kunden dient oder nicht, bestehen weitere Nachweispflichten, sofern die Steuerbefreiung in Anspruch genommen werden soll. Daher ist, sofern das Beförderungsmittel den Zwecken des Unternehmens des ausländischen Abnehmers dient, hat der Lieferer den Gewerbezweig oder Beruf des Abnehmers und den Verwendungszweck des Beförderungsmittels zusätzlich aufzuzeichnen[64].

101 Allerdings soll nach Auffassung der Finanzverwaltung die Ausnahmeregelung des § 6 Abs. 3 UStG nach ihrem Sinn und Zweck nur auf diejenigen Lieferungen Anwendung finden, bei denen die Gegenstände zur Ausrüstung oder Versorgung des eigenen Beförderungsmittels des Abnehmers oder des von ihm mitgeführten fremden Beförderungsmittels bestimmt sind. Folglich soll nur dann die Steuerbefreiung versagt werden, wenn Gegenstände unmittelbar für den Bedarf oder die Ausrüstung eines konkreten Beförderungsmittels geliefert werden, nicht dagegen, wenn sie abstrakt für die Nutzung in Beförderungs-

---

[64] Vgl. Abschn. 6.10 Abs. 7 UStAE.

Abschnitt 32. Umsatzsteuerliche Aspekte im Waren- und Dienstleistungsverkehr

mitteln bestimmt sind, etwa im Rahmen von Weiterlieferungen oder zur Verwendung in seinem Unternehmen, zB für Reparaturen. Die Lieferung von mehreren hundert Litern PKW-Motorenöl bleibt danach genauso steuerfrei (bei Vorliegen der übrigen Voraussetzungen) wie die Lieferung von 50 Scheibenwischerblättern für einen bestimmten Typ PKW. Dabei kommt es nicht darauf an, ob die Gegenstände in das Gebiete nach § 1 Abs. 3 UStG oder ins übrigen Drittland geliefert werden[65].

Dies kann allerdings im Ergebnis zu Verwerfungen führen, die den Kunden zum Teil **102** schwer zu erklären sind, wie das folgende Beispiel zeigt:

Fall:
Deutscher Unternehmer U ist Schiffsausrüster und erhält eine umfangreiche Bestellung aus einem arabischen Sultanat, die für die Ausrüstung einer der dortigen Staatsyachten bestimmt ist.
Die Lieferung wird
a) im Hafen Hamburg abgeholt;
b) im Hafen Hamburg in einen Container verpackt und von U in das arabische Sultanat versendet.

Lösung:
In der Variante a) ist die Steuerfreiheit nicht anwendbar, da das auszurüstende Schiff nicht unternehmerisch, sondern hoheitlich genutzt wird und der Kunde den Transport in das Drittland selbst vornimmt.
In der Variante b) handelt es sich um einen umsatzsteuerfreien Export, da U den Transport selbst veranlasst. Die Tatsache, dass die Ware zur Ausrüstung eines nichtunternehmerisch genutzten Beförderungsmittels bestimmt und geeignet ist, ist insoweit unbeachtlich.
Diese Differenzierung ist erfahrungsgemäß dem Kunden schwierig bis gar nicht zu vermitteln.

b) Besonderheiten beim Buchnachweis. Für den Buchnachweis sind neben denn all- **103** gemeinen Aufzeichnungspflichten nach § 13 Abs. 6 UStDV weiterhin aufzuzeichnen:
- der Gewerbezweig oder Beruf des ausländischen Abnehmers zum Nachweis der Unternehmereigenschaft des Abnehmers und
- der Zweck, dem das ausgerüstete oder versorgte Beförderungsmittel dient, zum Nachweis des unternehmerischen Verwendungszwecks.

Die bloße Angabe der Art des Beförderungsmittels ist dann ausreichend, wenn es seiner Art nach nur unternehmerischen Zwecken dienen kann; dies soll etwa bei Lastkraftwagen, Reiseomnibussen und Frachtschiffen der Fall sein[66].

Bei anderen Beförderungsmitteln wie zB Personenkraftwagen, Krafträdern, Sport- und **104** Vergnügungsbooten oder Sportflugzeugen, geht die Finanzverwaltung davon aus, dass diese ausschließlich nichtunternehmerischen Zwecken dienen, sofern nicht nach der Gesamtheit der bei dem Unternehmer befindlichen Unterlagen kein ernstlicher Zweifel daran besteht, dass das Beförderungsmittel den Zwecken des Unternehmens des Abnehmers dient. In diesen Fällen reicht auch eine Bescheinigung des Abnehmers über den Verwendungszweck des Beförderungsmittels mangels Nachprüfbarkeit in der Regel nicht aus[67].

5. Weitere Sonderfälle. a) Versendungen nach Grenzbahnhöfen oder Güterabferti- **105**
gungsstellen. Sofern Liefergegenstände von einem inländischen Ort nach einem Grenzbahnhof oder einer Güterabfertigungsstelle eines deutschen Eisenbahnunternehmens im Drittlandsgebiet versendet werden enthält Abschn. 6.9 Abs. 2 bis 4 UStAE Sonderregelungen zum Ausfuhrnachweis. Hier sollte im Einzelfall genau geprüft werden, ob die dort genannten Voraussetzungen erfüllt sind bzw. ob die konkreten Abfertigungsstellen tatsächlich im Drittland belegen sind.

b) Postsendungen. Erfolgt die Ausfuhr über Postsendungen und außerhalb des Verfah- **106** rens ATLAS-Ausfuhr sieht Abschn. 6.9 Abs. 5 UStAE Erleichterungen vor. Danach kann der Ausfuhrnachweis auf Versendungsbelegen (Einlieferungsbelegen mit Bescheinigung des

---
[65] Abschn. 6.4 Abs. 4 UStAE.
[66] Abschn. 6.10 Abs. 7 UStAE.
[67] Abschn. 6.10 Abs. 7 UStAE.

Postdienstleisters) bei eingeschriebenen Briefsendungen einschließlich eingeschriebener Päckchen, für Briefe mit Wertangabe und für gewöhnliche Briefe mit Nachnahme sowie Wertpakete und gewöhnliche Postpakete.

107 Wie oben (→ Rn. 33) dargestellt kommt im Ausfall- und Sicherheitskonzept das von der Ausfuhrzollstelle mit Dienststempelabdruck und von der Ausgangszollstelle mit einem Dienststempelabdruck, der den Namen der Zollstelle und das Datum enthält, versehene Exemplar Nr. 3 des Einheitspapiers (Ausfuhranmeldung) als Ausfuhrnachweis in Betracht, sofern nicht der Anmelder von der Vorlage einer schriftlichen Ausfuhranmeldung nach Artikel 237 und 238 der ZK-DVO befreit ist. Dies ist insbesondere der Fall bei

- bei Postsendungen (Briefsendungen und Postpakete), die zu kommerziellen Zwecken bestimmte Waren enthalten, bis zu einem Wert von 1.000 €;
- bei nichtausfuhrabgabenpflichtigen Postsendungen (Briefsendungen und Postpakete);
- bei Drucksachen im Sinne der postalischen Vorschriften.

Bei der Ausfuhr von Gegenständen in gewöhnlichen Briefen, für die eine Ausfuhranmeldung (Exemplar Nr. 3 des Einheitspapiers) oder eine Ausfuhrkontrollmeldung nicht erforderlich ist, kann der Ausfuhrnachweis auch durch leicht nachprüfbare innerbetriebliche Versendungsunterlagen in Verbindung mit den Aufzeichnungen in der Finanzbuchhaltung geführt werden.

108 **c) Kurierdienste.** Nach Abschn. 6.9 Abs. 6 UStAE bestehen für Kurierdienste ähnliche Erleichterungen wie für Postdienste, die ebenfalls nur außerhalb des Verfahrens ATLAS-Ausfuhr gelten. Daher sind entsprechende schriftliche Auftragserteilungen erforderlich, die den Angaben eines Posteinlieferungsscheins entsprechen. Kurierdienste sind Unternehmer, die adressierte Sendungen in einer Weise befördern, dass entweder einzelne nachgewiesene Sendungen im Interesse einer schnellen und zuverlässigen Beförderung auf dem Weg vom Absender zum Empfänger ständig begleitet werden und die Begleitperson die Möglichkeit hat, jederzeit auf die einzelne Sendung zuzugreifen und die erforderlichen Dispositionen zu treffen, oder eine Kontrolle des Sendungsverlaufs durch den Einsatz elektronischer Kontroll- und Steuerungssysteme jederzeit möglich ist (sog. tracking and tracing). Erforderliche Angaben sind dabei:

- Name und Anschrift des Ausstellers des Belegs;
- Name und Anschrift des Absenders;
- Name und Anschrift des Empfängers;
- handelsübliche Bezeichnung und Menge der beförderten Gegenstände;
- Wert der einzelnen beförderten Gegenstände;
- Tag der Einlieferung der beförderten Gegenstände beim Unternehmer.

109 Die Angaben zur handelsüblichen Bezeichnung, Menge und Wert der beförderten Gegenstände können durch Hinweis auf die Rechnung des Auftraggebers unter Angabe der Rechnungsnummer ersetzt werden, wenn auf dieser die Nummer des Versendungsbelegs angegeben ist. Zwingend erforderlich ist daher ein gegenseitiges Verweisen der entsprechenden Dokumente aufeinander, was in der Regel ein gleichzeitiges Ausstellen erforderlich machen dürfte.

110 Die Vereinfachung für das sog. tracking and tracing gilt nicht nur für Leistungen von Kurierdiensten, sondern wird entsprechend auch auf andere Transportunternehmen (insbesondere Spediteure/Frachtführer) ausgedehnt[68]. Zu beachten ist allerdings, dass erfahrungsgemäß nicht alle Belege, die unter der Bezeichnung tracking and tracing angeboten werden, den oben genannten Vorgaben entsprechen. Hier sollte also immer eine genaue Überprüfung stattfinden, ob der entsprechende Dienstleister alle wesentlichen Informationen in seine Dokumente aufnimmt.

111 **d) Druckerzeugnisse.** Für das Versenden von Druckerzeugnissen (insbesondere Bücher, Zeitungen, Zeitschriften) außerhalb des Verfahrens ATLAS-Ausfuhr ermöglicht die Fi-

---

[68] Abschn. 6.9 Abs. 6 S. 5 UStAE.

nanzverwaltung nach Abschn. 6.9 Abs. 7 bis 9 UStAE weitere Erleichterungen, da aufgrund der praktischen Abwicklung in diesen Fällen in der Regel keine Versendungsbelege vorhanden sind. Daher lässt die Finanzverwaltung leicht nachprüfbare innerbetriebliche Versendungsunterlagen in Verbindung mit den Aufzeichnungen in der Finanzbuchhaltung als Nachweis der Ausfuhr zu.

e) Ausfuhranmeldungen im Rahmen der einzigen Bewilligung. Mit der zentralisierten 112 Zollabwicklung im Rahmen der sogenannten einzigen Bewilligung[69] werden der Ort, an dem sich die Waren befinden und der Ort, an dem die Ausfuhranmeldung abgegeben wird, Mitgliedstaaten übergreifend entkoppelt. Damit kann ein Unternehmen, das von mehreren Warenorten in der EU seine Ausfuhren tätigt, die Ausfuhrsendung zentral in einem Mitgliedstaat anmelden, nämlich dort, wo sich seine Hauptbuchhaltung befindet. Dies ist gleichzeitig der Mitgliedstaat, in dessen EDV-gestütztem Ausfuhrsystem der elektronische Ausfuhrvorgang begonnen und erledigt wird, unabhängig davon, in welchem Mitgliedstaat sich die Waren im Anmeldezeitpunkt befanden.

Wird im Rahmen einer ausländischen einzigen Bewilligung auch in Deutschland befind- 113 liche Ware abgefertigt, kann im deutschen IT-System ATLAS-Ausfuhr von der für den Warenort zuständigen Ausfuhrzollstelle kein PDF-Dokument „Ausgangsvermerk" erzeugt werden. Die vom Unternehmer ausgedruckte und von der ausländischen Zolldienststelle erhaltene EDIFACT-Nachricht (ggf. auch PDF-Nachricht, sofern diese nach dem verwendeten System erstellt wird) über den körperlichen Ausgang der Waren ist in diesen Fällen der Beleg im Sinne des § 9 Abs. 1 UStDV oder des § 10 Abs. 1 UStDV und als Nachweis für die umsatzsteuerrechtliche Ausfuhr anzuerkennen. Der Unternehmer muss aber zusammen mit dem Ausdruck über Aufzeichnungen/Dokumentationen verfügen, dass er die Nachricht von der ausländischen Zolldienststelle erhalten hat, und die Verbindung der Nachricht mit der entsprechenden Ausfuhranmeldung bei der ausländischen Zolldienststelle aufzeichnen.

Sofern die Ausfuhranmeldung über eine „deutsche" einzige Bewilligung erfolgt, erhält 114 der Ausführer/Anmelder für alle Waren, die er über das deutsche IT-System ATLAS angemeldet hat, ein PDF-Dokument „Ausgangsvermerk". Dies gilt auch für die nicht in Deutschland befindlichen Waren. Ob und unter welchen Voraussetzungen dieser Nachweis von den ausländischen Finanzverwaltungen anerkannt wird, sollte vor dem Aufsetzen eines solchen Systems dort geklärt werden.

6. Rechnungsangaben. Eine Rechnung für einen Export muss nach § 14 Abs. 4 UStG 115 – soweit hier relevant – folgende Angaben enthalten:
- den vollständigen Namen und die vollständige Anschrift des leistenden Unternehmers und des Leistungsempfängers,
- die dem leistenden Unternehmer erteilte Steuernummer oder Umsatzsteuer-Identifikationsnummer,
- das Ausstellungsdatum,
- eine fortlaufende Nummer mit einer oder mehreren Zahlenreihen, die zur Identifizierung der Rechnung vom Rechnungsaussteller einmalig vergeben wird (Rechnungsnummer),
- die Menge und die Art (handelsübliche Bezeichnung) der gelieferten Gegenstände oder den Umfang und die Art der sonstigen Leistung
- den Zeitpunkt der Lieferung oder sonstigen Leistung oder bei Vorauszahlungen den Zeitpunkt der Vereinnahmung des Entgelts oder eines Teils des Entgelts, sofern der Zeitpunkt der Vereinnahmung feststeht und nicht mit dem Ausstellungsdatum der Rechnung übereinstimmt,
- das nach Steuersätzen und einzelnen Steuerbefreiungen aufgeschlüsselte Entgelt für die Lieferung oder sonstige Leistung (§ 10) sowie jede im Voraus vereinbarte Minderung des Entgelts, sofern sie nicht bereits im Entgelt berücksichtigt ist,

---

[69] Verordnung (EG) Nr. 1192/2008 der Kommission v. 17.11.2008, ABl. EU 2008 Nr. L 329 S. 1.

- den Hinweis darauf, dass für die Lieferung oder sonstige Leistung eine Steuerbefreiung gilt.

116 **7. Rechnungen in ausländischen Währungen.** Grundsätzlich können Rechnungen in beliebigen Sprachen und beliebiger Währung ausgestellt werden. Auch besteht nach deutschem Recht (im Gegensatz zu manchen Mitgliedstaaten) keine Pflicht zur Angabe von Bemessungsgrundlage oder Steuerbetrag in der Landeswährung. Nach § 16 Abs. 6 UStG sind in fremder Währung sind zur Berechnung der Steuer und der abziehbaren Vorsteuerbeträge auf Euro nach vom Bundesministerium der Finanzen monatlich bekannt gegebenen Durchschnittskursen umzurechnen, und zwar jeweils für den Monat, in dem die Leistung ausgeführt oder das Entgelt oder ein Teil des Entgelts vor Ausführung der Leistung (§ 13 Abs. 1 Nr. 1 Buchst. a S. 4 UStG) vereinnahmt wird. Kursänderungen zwischen der Ausführung der Leistung und der Vereinnahmung des Entgelts bleiben unberücksichtigt.

117 Sofern dem leistenden Unternehmer die Berechnung der Steuer nach vereinnahmten Entgelten im Sinne des § 20 UStG gestattet ist, so sind die Entgelte nach den Durchschnittskursen des Monats umzurechnen, in dem sie vereinnahmt werden.

118 Auf Antrag kann das Finanzamt die Umrechnung nach dem Tageskurs, der durch Bankmitteilung oder Kurszettel nachzuweisen ist, oder nach dem Durchschnittskurs des Monats vor Leistungsausführung bzw. Vereinnahmung des Entgelts gestatten.

119 Diese Vorgaben sind mit dem Inhalt von Art. 366 MwStSystRL nicht vollständig deckungsgleich, da danach die Umrechnung auf der Grundlage der Umrechnungskurse, die von der Europäischen Zentralbank für den betreffenden Tag oder, falls an diesem Tag keine Veröffentlichung erfolgt, für den nächsten Tag, an dem eine Veröffentlichung erfolgt, veröffentlicht werden, erfolgt. Da allerdings erfahrungsgemäß die Finanzämter auf Antrag auch die Verwendung der EZB-Kurse auf Antrag genehmigen, dürften sich aus dieser Abweichung im Ergebnis keine wesentlichen Schwierigkeiten ergeben.

II. Ausfuhrlieferungen im nichtkommerziellen Reiseverkehr

120 Eine Ausfuhrlieferung im nichtkommerziellen Reiseverkehr (häufig auch als Export über den Ladentisch bezeichnet) im Sinne des § 6 Abs. 3a UStG liegt dann vor, wenn der Gegenstand der Lieferung nicht für unternehmerische Zwecke erworben und durch den Abnehmer im persönlichen Reisegepäck ausgeführt wird. Eine umsatzsteuerfreie Ausfuhrlieferung liegt in diesen Fällen nur dann vor, wenn

- der Abnehmer seinen Wohnort oder Sitz im Drittlandsgebiet, ausgenommen Gebiete nach § 1 Abs. 3, hat und
- der Gegenstand der Lieferung vor Ablauf des dritten Kalendermonats, der auf den Monat der Lieferung folgt, ausgeführt wird.

121 „Persönliches Reisegepäck" im Sinne der Norm sind diejenigen Gegenstände, die der Abnehmer bei einem Grenzübertritt mit sich führt, zB das Handgepäck oder die in einem von ihm benutzten Fahrzeug befindlichen Gegenstände, sowie das anlässlich einer Reise aufgegebene Handgepäck[70]. Das Fahrzeug selbst sowie seine Bestandteile und sein Zubehör sind dagegen kein persönliches Reisegepäck. Eine Ausfuhr im Reiseverkehr ist nicht gegeben, wenn der Käufer die Ware durch einen Spediteur oder Frachtführer in ein Drittland versendet.

122 Die Steuerfreiheit kommt in diesen Fällen nur dann in Betracht, wenn die Verbringung des Liefergegenstands in das Drittlandsgebiet durch eine Ausfuhrbestätigung der den Ausgang des Gegenstands aus dem Gemeinschaftsgebiet überwachenden Grenzzollstelle eines EU-Mitgliedstaats (Ausgangszollstelle) nachgewiesen wird. Die Ausfuhrbestätigung erfolgt durch einen Sichtvermerk (Dienststempelabdruck der Ausgangszollstelle mit Namen der Zollstelle und Datum) der Ausgangszollstelle der Gemeinschaft auf der vorgelegten Rech-

---

[70] Abschn. 6.11 Abs. 1 S. 2 UStAE.

nung oder dem vorgelegten Ausfuhrbeleg[71]. Sofern sich aus dem Beleg eine Abfertigung des Liefergegenstands zur Ausfuhr durch die Ausgangszollstelle erkennen lässt, ist dieser Beleg ein hinreichender Nachweis. Dazu ist unter anderem die Angabe der handelsüblichen Bezeichnung und Menge des ausgeführten Gegenstandes erforderlich. Handelsübliche Sammelbezeichnungen, zB Baubeschläge, Büromöbel, Kurzwaren, Spirituosen, Tabakwaren, Waschmittel, sind ausreichend, nicht dagegen Bezeichnungen allgemeiner Art, die Gruppen verschiedener Gegenstände umfassen, zB Geschenkartikel, nicht aus. insofern gelten die allgemeinen Regeln, wie sie auch bei der Ausstellung von ordnungsgemäßen Rechnungen zu erfüllen sind. Fertigt die Ausgangszollstelle die Waren ab, so soll dies ein Beleg dafür sein, dass die Ausgangszollstelle anhand der Bezeichnung in der Lage war, die Abfertigung dieser Gegenstände zur Ausfuhr zu bestätigen und die Bezeichnung daher hinreichend genau war[72].

123 Die Einhaltung der Dreimonatsfrist für die Ausfuhr ist anhand von geeigneten Unterlagen nachzuweisen, in der Regel durch die Angaben auf dem Ausfuhrbeleg. Darüber hinaus muss der Status des Abnehmers als im Drittlandsgebiet (einschließlich Büsingen und Helgoland) nachgewiesen werden. Abschn. 6.11 Abs. 6 ff. UStAE macht dazu konkrete Vorgaben, insbesondere zum aufenthaltsrechtlichen Status. Hier sollte unbedingt darauf geachtet werden, solange einen Sicherheitseinbehalt in Höhe der gesetzlichen Umsatzsteuer vom Kunden einzubehalten, bis der entsprechende Nachweis erteilt ist bzw. vorliegt. Das ist neben der ausländischen Adresse auch ein entsprechender Nachweis der Ausgangszollstelle (§ 17 UStDV), dass die nach Angabe von Name und Adresse des Kunden auf dem Ausfuhrbeleg gemachten Angaben mit den Eintragungen in dem vorgelegten Pass oder sonstigen Grenzübertrittspapier desjenigen übereinstimmen, der den Gegenstand in das Drittlandsgebiet verbringt. Dies erfolgt auf einem entsprechenden Vordruck oder durch Stempelaufdruck auf der Rechnung.

124 Der erforderliche Buchnachweis (§ 13 UStDV) erfolgt regelmäßig ebenfalls durch die genannten Dokumente, die zur Buchhaltung genommen werden.

125 Bei der Rechnungsausstellung ist darüber hinaus zu beachten, dass die Gefahr besteht, dass die Rechnung nachträglich unrichtig wird im Sinne des § 14c Abs. 1 UStG, die auf der Rechnung ausgewiesene Steuer also weiterhin geschuldet wird, wenn bei Ausstellung der Rechnung noch nicht alle Voraussetzungen für die Steuerfreiheit vorliegen, nachträglich aber schon. Die Steuerschuldnerschaft nach § 14c Abs. 1 UStG tritt in den Fällen ein, wenn über eine Lieferung an einen Abnehmer aus einem Drittland eine Rechnung mit gesondertem Steuerausweis (§ 14 Abs. 4 UStG) bzw. eine Kleinbetragsrechnung im Sinne des § 33 UStDV (zB einen Kassenbon mit Angabe des Steuersatzes) erteilt[73]. Die Steuerschuldnerschaft bleibt bis zu einer wirksamen Rechnungsberichtigung bestehen, wenn nicht der ausländische Abnehmer die ursprüngliche Rechnung bzw. den ursprünglichen Kassenbon an den Unternehmer zurückgibt und dieser den zurückerhaltenen Beleg aufbewahrt.

III. Innergemeinschaftliche Lieferungen

126 Eine innergemeinschaftliche Lieferung erfordert zunächst, dass eine Warenbewegung von einem Mitgliedstaat in einen anderen Mitgliedstaat der EU erfolgt. Da sich die nachfolgenden Ausführungen auf deutsches Recht beziehen liegt eine innergemeinschaftliche Lieferung dann vor, wenn eine Lieferung von Deutschland in einen anderen Mitgliedstaat der EU erfolgt. Insofern ist ein Überblick über die Mitgliedstaaten der EU unabdingbar[74].

127 **1. Umsatzsteuer-Identifikationsnummer des Abnehmers.** Die Umsatzsteuer-Identifikationsnummer (USt-IdNr.) identifiziert denjenigen, dem sie erteilt worden ist, als Unter-

---

[71] Abschn. 6.11 Abs. 2 S. 2 UStAE.
[72] Abschn. 6.11 Abs. 4 S. 5 f. UStAE.
[73] Abschn. 14c.1 Abs. 8 UStAE.
[74] Siehe dazu http://europa.eu/about-eu/countries/index_de.htm sowie Abschn. 1.10 UStAE.

nehmer im Sinne des UStG[75]. Deutsche Unternehmer erhalten nach § 27a UStG ihre USt-IdNr. vom Bundeszentralamt für Steuern. Die Rechtsfolgen (also insbesondere die Steuerfreiheit bei innergemeinschaftlichen Lieferungen) treten aber nur ein, wenn derjenige, der sie verwendet, auch derjenige ist, dem die USt-IdNr. erteilt worden ist. Hierfür besteht auf europäischer Ebene ein Datenaustausch zwischen den Mitgliedstaaten[76] und in vielen Mitgliedstaaten lokale Abfragemöglichkeiten.

128   Das elektronische MwSt-Informationsaustauschsystem (MIAS, auf Englisch VIES = VAT Information Exchange System) stellt sicher, dass die Informationen aus den einzelnen Datenbanken der Mitgliedstaaten auch den Weg über die Grenze finden. MIAS ermöglicht es Unternehmen, sich die Gültigkeit der USt-IdNrn. ihrer Geschäftspartner bestätigen zu lassen, und den Steuerverwaltungen, den innergemeinschaftlichen Handel zu beobachten und auf etwaige Unregelmäßigkeiten hin zu überprüfen.

129   Die zuständige Stelle in jedem Mitgliedstaat, in Deutschland das Bundesamt für Finanzen, hat über das MIAS direkten Zugriff auf die Datenbanken, in denen die MwSt-Registrierungen anderer Mitgliedstaaten gespeichert sind.

130   Unternehmen, die eine Anfrage stellen, um zu erfahren, ob eine bestimmte USt-IdNr. gültig ist und/oder zu dem Namen oder der Anschrift eines Unternehmers gehört, erhalten über das Bundeszentralamt für Steuern (BZSt) (bzw. die nach nationalem Recht zuständige Stelle in den anderen Mitgliedstaaten) Zugang zu dem Prüfsystem für MwSt-Registrierungen, das eine der folgenden Antworten zurücksendet:

- USt-IdNr. gültig,
- USt-IdNr. ungültig,
- USt-IdNr. gehört zu dem angegebenen Namen/der angegebenen Anschrift,
- USt-IdNr. gehört nicht zu dem angegebenen Namen/der angegebenen Anschrift.

131   In den verschiedenen Mitgliedstaaten werden Anfragen von Unternehmen unterschiedlich abgewickelt: Teilweise ist eine Online-Abfrage möglich, um Unternehmern einen schnellen Zugang zu ermöglichen, während in anderen Mitgliedstaaten Verwaltungsstellen die eingehenden Anfragen telefonisch, per Post oder Fax beantworten.

132   Die Europäische Kommission unterhält eine Website[77], um die Zugangsmöglichkeiten für Steuerpflichtige zu verbessern, die innergemeinschaftliche Lieferungen bewirken und die USt-IdNr. ihrer Kunden prüfen möchten. Das Ziel der Website ist es, sofort verfügbare korrekte Informationen bereitzustellen. Jeder Benutzer, der eine Anfrage zu einer Umsatzsteuer-Identifikationsnummer (USt-IdNr.) in einem EU-Land stellt, erhält Antworten in Echtzeit. Hinweise und Warnmeldungen in allen 22 Amtssprachen der EU unterstützen den Benutzer beim Besuch der Website. Die Website ist für jedermann zugänglich und bietet ähnliche Funktionen für die nationalen Systeme.

133   Die Kommission übernimmt allerdings keine Verantwortung oder Haftung für den Inhalt der Website, da die Informationen aus den Datenbanken der Mitgliedstaaten stammen. Eine Kontrolle des Inhalts ist den Dienststellen der Kommission nicht möglich; für Vollständigkeit, Richtigkeit und Aktualität der nationalen Datenbanken sind ausschließlich die Mitgliedstaaten zuständig. Folglich begründen die Informationen auch keinen Anspruch auf Befreiung innergemeinschaftlicher Lieferungen von der Umsatzsteuer, sondern stellen lediglich eine Art Zwischeninformation dar.

---

[75] Teilweise werden auch Nichtunternehmer wie Unternehmer behandelt, sofern ihnen eine USt-IdNr. erteil worden ist und sie diese im Geschäftsverkehr verwenden. Insoweit wird in der Folge nicht unterschieden, da die eintretenden Rechtsfolgen identisch sind.

[76] S. hierzu auch Verordnung (EU) Nr. 904/2010 des Rates v. 7. Oktober 2010 über die Zusammenarbeit der Verwaltungsbehörden und die Betrugsbekämpfung auf dem Gebiet der Mehrwertsteuer, Amtsblatt Nr. L 268 v. 12/10/2010 S. 0001–0018, http://eur-lex.europa.eu/LexUriServ/LexUriServ.do?uri=CELEX:32010R0904:DE:HTML sowie vorher Verordnung (EG) Nr. 1798/2003 des Rates v. 7. Oktober 2003 über die Zusammenarbeit der Verwaltungsbehörden auf dem Gebiet der Mehrwertsteuer http://eur-lex.europa.eu/LexUriServ/LexUriServ.do?uri=CELEX:32003R1798:DE:HTML.

[77] http://ec.europa.eu/taxation_customs/vies/vieshome.do?locale=de.

Im Gegensatz zu dem einfachen Bestätigungsverfahren besteht die Möglichkeit, eine **134** qualifizierte Bestätigungsabfrage im Sinne des § 18e UStG für USt-IdNrn. aus allen Mitgliedstaaten mit Ausnahme von Deutschland einzuholen. Diese ist in schriftlicher Form (E-Mail, Fax, Brief) oder online[78] beim Bundeszentralamt für Steuern (BZSt) zu stellen. Für die Inanspruchnahme der Vertrauensschutzregelung bei innergemeinschaftlichen Lieferungen nach § 6a Abs. 4 UStG sowie als Nachweis, dass der Leistungsempfänger einer sonstigen Leistung ein im EU-Ausland ansässiger Unternehmer ist, sollte immer eine derartige qualifizierte Bestätigung eingeholt werden. Dies gilt insbesondere vor dem Hintergrund, dass manche EU-Mitgliedstaaten die Gültigkeit bzw. Ungültigkeit einer USt-IdNr. gern als eine Art Strafmaßnahme nutzen.

Beispiel: **135**
Der Spanische Kunde SP hat es in den letzten Monaten versäumt, seine Umsatzsteuer-Voranmeldungen einzureichen. Daher setzt die spanische Finanzverwaltung die USt-IdNr. von SP mit einer Rückwirkung von einem Jahr auf den Status „ungültig". Über MIAS erhält die deutsche Finanzverwaltung hiervon Kenntnis.
Hat der deutsche Lieferant DE in dem Zeitraum innergemeinschaftliche Lieferungen getätigt, aber die USt-IdNr. nicht qualifiziert überprüft, wird die deutsche Finanzverwaltung alle in diesem Zeitraum getätigten Lieferungen als steuerpflichtig behandeln, da ein Nachweis nicht erbracht worden ist, dass diese Lieferungen an einen ausländischen unternehmerischen Kunden erbracht worden sind.
Liegt dagegen eine positive qualifizierte Bestätigungsabfrage im Sinne des § 18e UStG für die USt-IdNr. des SP für die Zeit vor der rückwirkenden Änderung des Status vor, kann sich DE insoweit auf die Vertrauensschutzregelung des § 6a Abs. 4 UStG berufen.

Die Abfrageergebnisse werden beim Bundeszentralamt für Steuern registriert. Folglich **136** sind Vorgehensweisen wie ein „Herantasten" an eine gültige USt-IdNr. durch Ausprobieren verschiedener Zahlenkombinationen im Zweifel der Finanzverwaltung bekannt.

Unternehmern, die eine große Zahl von Kunden im EU-Ausland haben und diese im **137** Wege von innergemeinschaftlichen Lieferungen mit Waren versorgen kann nur empfohlen werden, sich mit Hilfe von bei verschiedenen Anbietern erhältlichen Abfrageprogrammen bei einer regelmäßigen Durchführung von qualifizierten Bestätigungsabfragen im Sinne des § 18e UStG helfen zu lassen, um so die Stammdaten und die Angaben für Zusammenfassende Meldung und Rechnungen (→ Rn. 147) auf einem aktuellen Stand zu halten und das Risiko einer Nachbelastung von Umsatzsteuer durch die Finanzverwaltung insoweit zu minimieren.

2. Voraussetzungen für die Steuerfreiheit von innergemeinschaftlichen Lieferung. **138**
Nach § 6a Abs. 1 UStG liegt eine innergemeinschaftliche Lieferung im Sinne des § 4 Nr. 1 Buchst. b UStG vor, wenn bei einer Lieferung

1. der Unternehmer oder der Abnehmer den Gegenstand der Lieferung in das übrige Gemeinschaftsgebiet befördert oder versendet hat;
2. der Abnehmer
   a) ein Unternehmer ist, der den Gegenstand der Lieferung für sein Unternehmen erworben hat,
   b) eine juristische Person ist, die nicht Unternehmer ist oder die den Gegenstand der Lieferung nicht für ihr Unternehmen erworben hat, oder
   c) in Fällen der Lieferung eines neuen Fahrzeugs auch jeder beliebige andere Erwerber ist
   und
3. der Erwerb des Gegenstands der Lieferung beim Abnehmer in einem anderen Mitgliedstaat den Vorschriften der Umsatzbesteuerung unterliegt.

Demnach müssen kumulativ verschiedene Kriterien erfüllt sein, um eine steuerfreie in- **139** nergemeinschaftliche Lieferung zu erreichen. Zum einen muss es sich um eine Warenliefe-

---
[78] http://evatr.bff-online.de/eVatR.

3. Teil. Exportwirtschaft (Ausfuhr, Zoll, Steuern)

rung handeln, sonstige Leistungen unterfallen einem anderen Regelungsregime (→ Rn. 229). Dies muss in einen anderen Mitgliedstaat der EU erfolgen, Lieferungen, die an einen Abnehmer innerhalb Deutschlands erfolgen, sind keine tauglichen Lieferungen, auch wenn der Kunde in einem anderen Mitgliedstaat ansässig ist. Der Liefergegenstand muss grundsätzlich das Inland der Bundesrepublik Deutschland physisch verlassen haben und physisch im übrigen Gemeinschaftsgebiet angekommen sein.

140 Die Finanzverwaltung sieht in der Erklärung eines innergemeinschaftlichen Erwerbs durch den Empfänger einer innergemeinschaftlichen Lieferung (Abnehmer) in seiner Mehrwertsteuererklärung im Bestimmungsmitgliedstaat lediglich ein zusätzliches Indiz dafür, dass der Liefergegenstand tatsächlich das Inland physisch verlassen hat. Ein maßgeblicher Anhaltspunkt für das Vorliegen einer innergemeinschaftlichen Lieferung soll dies jedoch nicht sein[79].

141 Der Unternehmer muss die Eigenschaft des Kunden als Unternehmer oder gleichgestellte Person (→ Rn. 127) sowie die Tatsache, dass der Gegenstand im anderen Mitgliedstaat einer Erwerbsbesteuerung unterliegt, durch Aufzeichnung der USt-IdNr. des Kunden nachweisen (→ Rn. 149).

142 Gleiches gilt nach § 6a Abs. 2 UStG für das innergemeinschaftliche Verbringen eines Gegenstands (§ 3 Abs. 1a UStG), bei dem der Unternehmer die Waren zu seiner eigenen Verfügung in einen anderen Mitgliedstaat verbringt. Der Unternehmer tritt hier gewissermaßen als sein eigener Kunde auf, indem er unter zwei verschiedenen USt-IdNrn. (einer deutschen und einer ausländischen) auftritt.

143 Die Steuerbefreiung für innergemeinschaftliche Lieferungen soll nach Auffassung der Finanzverwaltung gegenüber den Steuerbefreiungen nach § 4 Nr. 17, 19 oder 28 oder nach § 25c Abs. 1 und 2 UStG nachrangig sein[80]. Auf Umsätze von Kleinunternehmern, die nicht nach § 19 Abs. 2 UStG zur Besteuerung nach den allgemeinen Vorschriften des Umsatzsteuergesetzes optiert haben, auf Umsätze im Rahmen eines land- und forstwirtschaftlichen Betriebs, auf die die Durchschnittssätze nach § 24 UStG angewendet werden, und auf Umsätze, die der Differenzbesteuerung nach § 25a UStG unterliegen, findet die Steuerbefreiung nach § 4 Nr. 1 Buchstabe b, § 6a UStG keine Anwendung (vgl. § 19 Abs. 1 S. 4, § 24 Abs. 1 S. 2, § 25a Abs. 5 S. 2 und § 25a Abs. 7 Nr. 3 UStG).

144 Dagegen kommt es für die Unternehmereigenschaft des Abnehmers nicht darauf an, ob dieser etwa nach dem Recht des Empfangsmitgliedstaates um einen Kleinunternehmer, einen pauschalierenden Landwirt oder um einen Unternehmer handelt, der ausschließlich steuerfreie den Vorsteuerabzug ausschließende Umsätze ausführt. auch muss er kein im Ausland ansässiger Unternehmer sein, sondern kann auch im Inland ansässig sein[81]. Der Nachweis der Unternehmereigenschaft des Abnehmers erfolgt dadurch, dass dieser unter einer ihm von einem anderen Mitgliedstaat erteilten, im Zeitpunkt der Lieferung gültigen USt-IdNr. auftritt. Die Finanzverwaltung geht davon aus, dass die USt-IdNr. im Zeitpunkt des Umsatzes bereits gültig und nicht nur beantragt sein muss und dass insofern eine rückwirkende Heilung nicht möglich ist. Ob sich diese Auffassung vor dem Hintergrund der Rechtsprechung des EuGH[82] halten lässt, ist zumindest zweifelhaft.

145 Weitere Voraussetzung für das Vorliegen der Steuerbefreiung ist die sogenannte Erwerbsbesteuerung. Diese ist bei Lieferungen an „Vollunternehmer" (also nicht unter irgendwelche Sonderregelungen fallende Unternehmer) sowie bei der Lieferung von verbrauchsteuerpflichtigen Waren und neuen Fahrzeugen immer der Fall, bei der Lieferung an „Halbunternehmer" (Kleinunternehmer, Unternehmer, die ausschließlich steuerfreie den Vorsteuerabzug ausschließende Umsätze ausführen, pauschalierende Landwirte, nicht unternehmerische juristische Personen) erst beim Überschreiten der Erwerbsschwelle oder

---

[79] Abschn. 6a.1 Abs. 8 S. 3–4 UStAE.
[80] Abschn. 6a.1 Abs. 2a UStAE.
[81] Abschn. 6a.1 Abs. 11 UStAE.
[82] EuGH Urt. v. 6.9.2012 – Rs. C-273/11 (Mecsek-Gabona Kft), DStR 2012 S. 1917.

einer freiwilligen Besteuerung des Erwerbs der Fall. Der Nachweis für letzteres erfolgt über die Mitteilung der entsprechenden, im Zeitpunkt der Lieferung gültigen USt-IdNr.[83] Die tatsächliche Besteuerung des Erwerbs ist dagegen keine Voraussetzung für die Anwendung der Steuerfreiheit[84], da sie für den leistenden Unternehmer im Zweifel nicht überprüfbar ist.

Nach § 6a Abs. 1 S. 2 UStG kann der Gegenstand der Lieferung durch Beauftragte vor der Beförderung oder Versendung in das übrige Gemeinschaftsgebiet bearbeitet oder verarbeitet worden sein. Der Ort, an dem diese Leistungen tatsächlich erbracht werden, kann sich im Inland, im Drittland oder in einem anderen Mitgliedstaat mit Ausnahme des Bestimmungsmitgliedstaats befinden. Auftraggeber der Bearbeitungsleistung muss der Abnehmer oder (in Fällen von Reihengeschäften) ein folgender Abnehmer sein. Bei einer Beauftragung durch den liefernden Unternehmer oder (im Falle von Reihengeschäften) einen vorherigen Lieferer den Auftrag zur Be- oder Verarbeitung, ist die Ausführung dieses Auftrags ein der innergemeinschaftlichen Lieferung des Unternehmers vorgelagerter Umsatz. Gegenstand der Lieferung des Unternehmers ist dann der be- oder verarbeitete Gegenstand und nicht der Gegenstand in seinem ursprünglichen Zustand. **146**

3. Rechnungsangaben. Nach § 14a Abs. 3 UStG ist der leistende Unternehmer bei innergemeinschaftlichen Lieferungen zum Ausstellen von Rechnungen verpflichtet. Eine solche Rechnung muss nach § 14 Abs. 4 und § 14a Abs. 3 UStG – soweit hier relevant – folgende Angaben enthalten: **147**

- den vollständigen Namen und die vollständige Anschrift des leistenden Unternehmers und des Leistungsempfängers,
- die dem leistenden Unternehmer vom Bundeszentralamt für Steuern erteilte Umsatzsteuer-Identifikationsnummer sowie die Umsatzsteuer-Identifikationsnummer des Leistungsempfängers,
- das Ausstellungsdatum,
- eine fortlaufende Nummer mit einer oder mehreren Zahlenreihen, die zur Identifizierung der Rechnung vom Rechnungsaussteller einmalig vergeben wird (Rechnungsnummer),
- die Menge und die Art (handelsübliche Bezeichnung) der gelieferten Gegenstände oder den Umfang und die Art der sonstigen Leistung,
- den Zeitpunkt der Lieferung oder sonstigen Leistung oder bei Vorauszahlungen den Zeitpunkt der Vereinnahmung des Entgelts oder eines Teils des Entgelts, sofern der Zeitpunkt der Vereinnahmung feststeht und nicht mit dem Ausstellungsdatum der Rechnung übereinstimmt,
- das nach Steuersätzen und einzelnen Steuerbefreiungen aufgeschlüsselte Entgelt für die Lieferung oder sonstige Leistung (§ 10) sowie jede im Voraus vereinbarte Minderung des Entgelts, sofern sie nicht bereits im Entgelt berücksichtigt ist,
- den Hinweis darauf, dass für die Lieferung oder sonstige Leistung eine Steuerbefreiung gilt.

Seit dem 30.6.2013 müssen diese Rechnungen bis zum 15. Tag des Folgemonats gestellt werden[85]. Sofern die Rechnungslegung im Wege einer umsatzsteuerrechtlichen Gutschrift (§ 14 Abs. 2 S. 2 UStG) erfolgt, ist der Begriff „Gutschrift" anzugeben[86]. **148**

4. Rechnungen in ausländischen Währungen. Grundsätzlich können Rechnungen in beliebigen Sprachen und beliebiger Währung ausgestellt werden. Auch besteht nach deut- **149**

---

[83] BFH Beschl. v. 5.2.2004 – V B 180/03, BFH/NV 2004 S. 988; teilweise Änderung der Rechtsprechung durch BFH Urt. v. 28.5.2009 – V R 23/08, BStBl. 2010 II S. 517.
[84] Abschn. 6a.1 Abs. 18 S. 3 UStAE.
[85] § 14a Abs. 3 in der Fassung des Gesetzes zur Umsetzung der Amtshilferichtlinie sowie zur Änderung steuerlicher Vorschriften (Amtshilferichtlinie-Umsetzungsgesetz – AmtshilfeRLUmsG).
[86] § 14 Abs. 4 Nr. 10 in der Fassung des Gesetzes zur Umsetzung der Amtshilferichtlinie sowie zur Änderung steuerlicher Vorschriften (Amtshilferichtlinie-Umsetzungsgesetz – AmtshilfeRLUmsG).

schem Recht (im Gegensatz zu manchen Mitgliedstaaten) keine Pflicht zur Angabe von Bemessungsgrundlage oder Steuerbetrag in der Landeswährung. Nach § 16 Abs. 6 UStG sind in fremder Währung sind zur Berechnung der Steuer und der abziehbaren Vorsteuerbeträge auf Euro nach vom Bundesministerium der Finanzen monatlich bekannt gegebenen Durchschnittskursen umzurechnen, und zwar jeweils für den Monat, in dem die Leistung ausgeführt oder das Entgelt oder ein Teil des Entgelts vor Ausführung der Leistung (§ 13 Abs. 1 Nr. 1 Buchst. a S. 4 UStG) vereinnahmt wird. Kursänderungen zwischen der Ausführung der Leistung und der Vereinnahmung des Entgelts bleiben unberücksichtigt.

150 Sofern dem leistenden Unternehmer die Berechnung der Steuer nach vereinnahmten Entgelten im Sinne des § 20 UStG gestattet ist, so sind die Entgelte nach den Durchschnittskursen des Monats umzurechnen, in dem sie vereinnahmt werden.

151 Auf Antrag kann das Finanzamt die Umrechnung nach dem Tageskurs, der durch Bankmitteilung oder Kurszettel nachzuweisen ist, oder nach dem Durchschnittskurs des Monats vor Leistungsausführung bzw. Vereinnahmung des Entgelts gestatten.

152 Diese Vorgaben sind mit dem Inhalt von Art. 366 MwStSystRL nicht vollständig deckungsgleich, da danach die Umrechnung auf der Grundlage der Umrechnungskurse, die von der Europäischen Zentralbank für den betreffenden Tag oder, falls an diesem Tag keine Veröffentlichung erfolgt, für den nächsten Tag, an dem eine Veröffentlichung erfolgt, veröffentlicht werden, erfolgt. Da allerdings erfahrungsgemäß die Finanzämter auf Antrag auch die Verwendung der EZB-Kurse auf Antrag genehmigen, dürften sich aus dieser Abweichung im Ergebnis keine wesentlichen Schwierigkeiten ergeben.

153 Im Ergebnis kann allerdings die Verwendung verschiedener Umrechnungskurse dazu führen, dass die Angaben auf den verschiedenen Seiten des Geschäfts voneinander abweichen. bei hinreichend hohen Bemessungsgrundlagen und/oder großen Kursschwankungen können derartige Abweichungen zu Nachfragen der Finanzverwaltung führen, da diese Abweichungen den Finanzämtern durch das MIAS/VIES-Verfahren (→ Rn. 127) bekannt wird.

154 **5. Beleg- und buchmäßige Nachweise.** Die Buch- und Belegnachweise für innergemeinschaftliche Lieferungen unterlagen in den letzten Jahren einer besonderen Beachtung. Die Finanzverwaltung versuchte durch das Aufstellen immer schärferer Vorgaben (die allerdings in der Regel nicht veröffentlicht wurden, sondern intern und von Bundesland zu Bundesland unterschiedlich waren), einem vermuteten Missbrauch Herr zu werden. Die Rechtsprechung hat in verschiedenen Urteilen die Finanzverwaltung in ihre Schranken verwiesen[87]. Als Reaktion wurden mit Wirkung ab 1.1.2012 die Regelungen der Umsatzsteuer-Durchführungsverordnung neu gefasst, die die bisherigen Buchnachweise abschaffen und eine sogenannte Gelangensbestätigung als einzig mögliches Dokument ersetzen werden sollte. Auf massive Kritik der Wirtschaft und Beraterschaft wurden diese Regelungen zunächst durch BMF-Schreiben für vorerst nicht anwendbar erklärt, zum 1.1.2014 treten neue Regelungen in Kraft. Gleichzeitig wird mit § 74a Abs. 3 UStDV eine gesetzliche Grundlage für die weitere Anwendung der bis Ende 2011 geltenden Fassung von §§ 17a–c UStDV bis zum 30.9.2013 geschaffen, so dass die für die Rechtsprechung nicht verbindliche Übergangs- und Nichtbeanstandungsregelung aus den BMF-Schreiben nunmehr allgemeine Geltungswirkung erhält, allerdings nur bis zum 30.9.2013.

155 **a) Allgemeines.** Der Gesetzgeber bezieht sich für das Erfordernis einer Gelangensbestätigung oder ähnlicher Nachweise auf Artikel 131 MwStSystRL, der den Mitgliedstaaten für die Anwendung der Steuerbefreiungsvorschriften ermöglicht, Bedingungen zur Gewähr-

---

[87] BFH Urt. v. 7.12.2006 – V R 52/03, BFH/NV 2007 S. 634; BFH Urt. v. 12.5.2009 – V R 65/06, BStBl. 2010 II S. 511; BFH Urt. v. 14.12.2011 – XI R 32/09, BFH/NV 2012 S. 1004; BFH Urt. v. 15.7.2004 – V R 1/04, BFH/NV 2005 S. 81; BFH Urt. v. 6.12.2007 – V R 59/03, BStBl. 2009 II S. 57; BFH Urt. v. 17.2.2011 – V R 28/10, BFH/NV 2011 S. 1448; BFH Urt. v. 4.5.2011 – XI R 10/09, BFH/NV 2011 S. 1628.

leistung einer korrekten und einfachen Anwendung dieser Befreiungen und zur Verhinderung von Steuerhinterziehung, Steuerumgehung oder Missbrauch festzulegen. Dabei sind aber insgesamt die Regelungen des europäischen Rechts in der Auslegung durch die Rechtsprechung des EuGH zu beachten. Folglich könnten allzu scharfe Voraussetzungen im Ergebnis europarechtswidrig sein.

Im Ergebnis sind jedoch durch den Referentenentwurf zur Elften Verordnung zur Änderung der UStDV neben der Gelangensbestätigung auch alternative Nachweise möglich, so dass die Gesamtsituation insgesamt entspannter sein dürfte gegenüber der ursprünglich ab dem 1.1.2012 anwendbaren Fassung. Auch sind zahlreiche Vereinfachungen in den Gesetzestext aufgenommen worden. Die eigentliche Gelangensbestätigung ist nur noch ein Regelbeispiel für ein Dokument, das eindeutig und leicht nachprüfbar das Gelangen der Waren in einen anderen Mitgliedstaat ermöglicht. **156**

b) Gelangensbestätigung (§ 17a Abs. 2 UStDV). Nach dem Wortlaut in der Fassung des § 17a UStDV durch die Elfte Verordnung zur Änderung der UStDV sind folgende Angaben auf der Gelangensbestätigung erforderlich: **157**
- Name und Anschrift des Abnehmers;
- Menge und handelsübliche Bezeichnung des gelieferten Gegenstands – einschließlich Fahrzeug-Identifikationsnummer bei Fahrzeugen im Sinne des § 1b Abs. 2 UStG;
- Ort und Monat des Erhalts bzw. Ende der Beförderung im übrigen Gemeinschaftsgebiet;
- Ausstellungsdatum der Bestätigung;
- Unterschrift des Abnehmers eines von ihm zur Abnahme Beauftragten. Bei einer elektronischen Übermittlung der Gelangensbestätigung ist eine Unterschrift nicht erforderlich, sofern erkennbar ist, dass die elektronische Übermittlung im Verfügungsbereich des Abnehmers oder des Beauftragten begonnen hat.

Die Gelangensbestätigung kann als Sammelbestätigung ausgestellt werden. In der Sammelbestätigung können Umsätze aus bis zu einem Quartal zusammengefasst werden. Die Gelangensbestätigung kann in jeder die erforderlichen Angaben enthaltenden Form erbracht werden; sie kann auch aus mehreren Dokumenten bestehen, aus denen sich die geforderten Angaben insgesamt ergeben. **158**

Der liefernde Unternehmer, der die Steuerbefreiung in Anspruch nehmen will, muss über eine entsprechende Bestätigung verfügen. **159**

c) Vereinfachungsregelungen. aa) Unterschrift des Abnehmers oder eines von ihm zur Abnahme Beauftragten. Die Gelangensbestätigung kann auch von einem zur Abnahme Beauftragten unterschrieben werden. Dies können beispielsweise ein selbstständiger Lagerhalter, ein beauftragter Lohnveredler oder der tatsächlich letzte Abnehmer im Reihengeschäft sein. Sowohl auf Seiten des Abnehmers als auch eines von ihm zur Abnahme Beauftragten kann auch ein Arbeitnehmer unterzeichnen. Es bleibt aber unklar, wie in diesen Fällen der Nachweis geführt werden kann oder muss, dass derjenige, der die Unterschrift leistet, auch tatsächlich beauftragt war oder ein Arbeitnehmer des Abnehmers oder Beauftragten. Hier ist zu hoffen, dass ein entsprechendes BMF-Schreiben noch weitere Klarheit bringen wird. **160**

Der eingeschaltete selbstständige Spediteur ist niemand, der als „zur Abnahme Beauftragter" fungieren könnte. Dies würde auch die Vereinfachungsregeln des § 17 Abs. 3 UStDV nF unterlaufen. Hier könnte es sich in der Praxis als schwierig erweisen, wenn der beauftragte Spediteur gleichzeitig als Lagerhalter fungiert, in der einen Funktion also berechtigt wäre, in der anderen dagegen nicht. **161**

bb) Zusammengesetztes Dokument. Nach § 17a Abs. 2 S. 3 Hs. 2 UStDV muss die Gelangensbestätigung nicht aus einem Stück Papier (oder einer Datei, dazu gleich cc)) bestehen, sondern sich die erforderlichen Informationen können aus verschiedenen Informationsquellen speisen. Im Ergebnis wird hier wie bei zusammengesetzten Rechnungen im Sinne des § 31 Abs. 1 UStDV verlangt werden müssen, dass die verschiedenen Teildoku- **162**

3. Teil. Exportwirtschaft (Ausfuhr, Zoll, Steuern)

mente einen klaren Bezug aufeinander nehmen. Da § 17a Abs. 2 S. 3 Hs. 1 UStDV eine Erbringung der Gelangensbestätigung in jeder die erforderlichen Angaben enthaltenden Form ermöglicht, dürften im Ergebnis auch Mischformen möglich sein.

163 Die Gelangensbestätigung, die Unternehmer U von seinem Kunden im EU-Ausland in Papierform erhält, beinhaltet
- Name und Anschrift des Abnehmers,
- Ort und Monat des Erhalts im übrigen Gemeinschaftsgebiet,
- Ausstellungsdatum der Bestätigung,
- Unterschrift des Abnehmers,

aber keine Menge und handelsübliche Bezeichnung des gelieferten Gegenstands. Stattdessen verweist die Gelangensbestätigung auf eine Rechnung oder einen Lieferschein, die durch Angabe von Rechnungs-/Lieferscheinnummer und Datum hinreichend genau bezeichnet sind.

Gleiches gilt, wenn dieselbe Gelangensbestätigung per E-Mail erteilt wird und auf eine Papierrechnung Bezug nimmt.

164 **cc) Elektronische Gelangensbestätigung.** Wird die Gelangensbestätigung auf elektronischem Wege übermittelt, ist eine körperliche Unterschrift des Abnehmers bzw. seines zur Abnahme Beauftragten nicht erforderlich. Die elektronische Übermittlung muss dabei aber erkennbar im Verfügungsbereich des Abnehmers oder des Beauftragten begonnen haben (§ 17a Abs. 2 Buchst. e S. 2 UStDV). Das soll nach der Auffassung des BMF bei Übermittlung per E-Mail dann der Fall sein, wenn der E-Mail entnommen werden kann, dass sie aus dessen Verfügungsbereich abgesendet wurde.[88]

165 Diese Vereinfachung ist insgesamt sehr zu begrüßen, da sie den Teilnehmern am internationalen Warenverkehr die Möglichkeit einräumt, das für sie passende Verfahren aufzusetzen. In Betracht kommen hier E-Mail, Fax, Online-Portal etc. Bei der Übermittlung per E-Mail stellt sich aber doch die Frage, wie die Verwaltung damit umgehen wird, dass es offenbar technisch nicht besonders schwierig ist, sich fremder E-Mail-Adressen zu bedienen (wie angesichts zahlloser Spam-Mails ersichtlich ist, die angesichts ihres Inhalts wohl kaum vom angegebenen Absender kommen). Hier stellt sich die Frage, wie weit die Nachforschungspflichten eines Lieferanten gehen sollen. Angesichts der EuGH-Rechtsprechung[89] wird man hier gewisse Beschränkungen erwarten können.

166 **dd) Sammelbestätigung.** Nach § 17a Abs. 2 S. 2 UStDV kann die Gelangensbestätigung auch als Sammelbestätigung maximal pro Quartal ausgestellt werden. Dabei muss allerdings sichergestellt werden, dass erkennbar bleibt, in welchem Monat welche Gegenstände vom Kunden empfangen worden sind. Daher könnte sich entweder eine monatsweise Sammelbestätigung anbieten oder eine Zwei- oder Dreimonatsbestätigung, die dann aber die einzelnen Monate, etwa unter Angabe der entsprechenden Rechnungs- oder Lieferscheinnummer separat ausweist.

167 **d) Alternative Nachweise (§ 17a Abs. 3 UStDV).** § 17a Abs. 3 UStDV ermöglicht den Nachweis, dass der Liefergegenstand den Kunden im übrigen Gemeinschaftsgebiet erreicht hat, auch in anderer Form als einer Gelangensbestätigung. Hier ist zu unterscheiden zwischen Beförderungs- und Versendungsfällen und Versendung durch den Abnehmer oder den leistenden Unternehmer; die alternativen Nachweise sind jeweils ausschließlich für die genannten Fälle anwendbar.

168 **aa) Versendungsbeleg (Nr. 1 Buchst. a).** Alternativ ist ein Nachweis der innergemeinschaftlichen Lieferung auch durch einen Versendungsbeleg möglich. Dies sind nach dem Wortlaut insbesondere
- der handelsrechtlichen Frachtbrief, der vom Auftraggeber des Frachtführers unterzeichnet ist und die Unterschrift des Empfängers als Bestätigung des Erhalts des Gegenstands der Lieferung enthält,

---

[88] Abschn. 6a.4 Abs. 3.
[89] EuGH Urt. v. 27.9.2007, Rs. C-409/04 (Teleos), BStBl. 2009 II S. 70.

Abschnitt 32. Umsatzsteuerliche Aspekte im Waren- und Dienstleistungsverkehr

- ein Konnossement oder
- Doppelstücke des Frachtbriefs oder Konnossements.

Diese Aufzählung ist ausweislich des Wortlauts („insbesondere") nicht abschließend. Somit dürfte etwa der in der Praxis häufig zu findende CMR-Frachtbrief[90] ebenfalls ein hinreichendes Dokument sein, wenn die Felder 22 (Auftraggeber) und 24 (Warenempfänger) unterzeichnet sind.

Dieser Nachweis ist anwendbar bei der Versendung des Gegenstands der Lieferung **169** durch den Unternehmer oder den Abnehmer, also nicht bei Beförderung durch einen der Beteiligten selbst. Die Belege können auch als Sammelbestätigung, als zusammengesetzte Bestätigung und/oder in elektronischer Forma ausgestellt werden (→ Rn. 160).

bb) Anderer handelsüblichen Beleg (Nr. 1 Buchst. b). Der Nachweis kann auch durch **170** einen anderen handelsüblichen Beleg als den Versendungsbeleg nach Buchstabe a, insbesondere mit einer Bescheinigung des beauftragten Spediteurs, erbracht werden.[91] Die Bescheinigung muss dazu folgende Angaben enthalten:

- den Namen und die Anschrift des mit der Beförderung beauftragten Unternehmers sowie das Ausstellungsdatum,
- den Namen und die Anschrift des liefernden Unternehmers sowie des Auftraggebers der Versendung,
- die Menge des Gegenstands der Lieferung und dessen handelsübliche Bezeichnung,
- den Empfänger des Gegenstands der Lieferung und den Bestimmungsort im übrigen Gemeinschaftsgebiet,
- den Monat, in dem die Beförderung des Gegenstands der Lieferung im übrigen Gemeinschaftsgebiet geendet hat,
- eine Versicherung des mit der Beförderung beauftragten Unternehmers, dass die Angaben in dem Beleg auf Grund von Geschäftsunterlagen gemacht wurden, die im Gemeinschaftsgebiet nachprüfbar sind, sowie
- die Unterschrift des mit der Beförderung beauftragten Unternehmers.

Im Wesentlichen handelt es sich bei diesem Dokument um eine um den Monat der Be- **171** endigung der Beförderung ergänzte „weiße Spediteursbescheinigung"[92]. Diese kann auch elektronisch übermittelt werden; in diesem Fall ist die körperliche Unterschrift entbehrlich, sofern erkennbar ist, dass die elektronische Übermittlung im Verfügungsbereich des mit der Beförderung beauftragten Unternehmers begonnen hat. Hier stellen sich voraussichtlich die gleichen Fragestellungen wie oben (→ Rn. 164).

Dieser Nachweis ist anwendbar bei der Versendung des Gegenstands der Lieferung **172** durch den Unternehmer oder den Abnehmer, also nicht bei Beförderung durch einen der Beteiligten selbst. Die Belege können auch als Sammelbestätigung, als zusammengesetzte Bestätigung und/oder in elektronischer Forma ausgestellt werden (→ Rn. 160).

cc) Tracking und Tracing. Ein in der Praxis voraussichtlich häufig anzutreffende Verein- **173** fachungsverfahren dürfte für alle Fälle, in denen Post- oder Kurierdienste für den Transport sorgen, das sogenannte Tracking und Tracing sein. Erforderlich für den Nachweis ist eine schriftliche oder elektronische Auftragserteilung an den Frachtführer und ein von dem mit der Beförderung Beauftragten erstelltes Protokoll, das den Transport lückenlos bis zur Ablieferung beim Empfänger nachweist.

Abgesehen von der Frage, wie mit einem derartigen Protokoll der Nachweis der Lü- **174** ckenlosigkeit geführt werden kann, insbesondere wenn es möglicherweise zu Transportverzögerungen gekommen ist, sollte in diesen Fällen darauf geachtet werden, dass wenn der Frachtführer die Protokolle nur auf einem Portal zur Verfügung stellt, die Protokolle her-

---

[90] Internationale Vereinbarung über Beförderungsverträge auf Straßen (= CMR von franz. Convention relative au contrat de transport international de marchandises par route); vgl. http://www.transportrecht.org/dokumente/CMRdt.pdf.
[91] Vgl. hierzu BMF-Schreiben v. 16.9.2013 Anlage 5.
[92] BMF-Schreiben v. 1.8.1995, BStBl. 1995 I S. 404.

3. Teil. Exportwirtschaft (Ausfuhr, Zoll, Steuern)

untergeladen werden, um die Gefahr eines Datenverlustes zu minimieren. Darüber hinaus sollten derartigen – in der Regel elektronisch vorliegende Dokumente – immer revisionssicher abgespeichert werden um nachweisen zu können, dass diese unverändert vorliegen. Die Belege müssen sich mindestens während der 10-jährigen[93] Aufbewahrungsfrist im Besitz des Unternehmers befinden. Hierbei sind die allgemeinen Regelungen (GDPdU[94], GoBS[95]) zwingend zu beachten. Folglich darf ua kein „Medien-Bruch" erfolgen, so dass dem Grundsatz nach die Belege in der ursprünglichen Form aufzubewahren sind. Folglich reicht für ein bloßes Ausdrucken und Ablegen des Protokollausdrucks nicht aus, die Nachricht selbst sollte vielmehr revisionssicher archiviert werden.[96]

175 Dieser Nachweis ist anwendbar bei der Versendung des Gegenstands der Lieferung durch den Unternehmer oder den Abnehmer, also nicht bei Beförderung durch einen der Beteiligten selbst.

176 **dd) Posteinlieferungsschein.** Bei Postsendungen, in denen eine Belegnachweisführung durch Tracking und Tracing nicht möglich ist kann der Nachweis auch durch eine Empfangsbescheinigung eines Postdienstleisters über die Entgegennahme der an den Abnehmer adressierten Postsendung und den Nachweis über die Bezahlung der Lieferung geführt werden.

177 Dieser Nachweis ist anwendbar bei der Versendung des Gegenstands der Lieferung durch den Unternehmer oder den Abnehmer, also nicht bei Beförderung durch einen der Beteiligten selbst.

178 **ee) Spezielle Bescheinigung des beauftragten Spediteurs und Nachweis über die Entrichtung der Gegenleistung.** Anstelle einer Gelangensbestätigung nach Abs. 2 kann der Nachweis, dass die Ware in das übrige Gemeinschaftsgebiet gelangt ist, auch geführt werden durch einen Nachweis über die Entrichtung der Gegenleistung für die Lieferung des Gegenstands von einem Bankkonto des Abnehmers sowie durch eine Bescheinigung des beauftragten Spediteurs,[97] die folgende Angaben zu enthalten hat:
- den Namen und die Anschrift des mit der Beförderung beauftragten Unternehmers sowie das Ausstellungsdatum,
- den Namen und die Anschrift des liefernden Unternehmers sowie des Auftraggebers der Versendung,
- die Menge des Gegenstands der Lieferung und die handelsübliche Bezeichnung,
- den Empfänger des Gegenstands der Lieferung und den Bestimmungsort im übrigen Gemeinschaftsgebiet,
- eine Versicherung des mit der Beförderung beauftragten Unternehmers, den Gegenstand der Lieferung an den Bestimmungsort im übrigen Gemeinschaftsgebiet zu befördern, sowie
- die Unterschrift des mit der Beförderung beauftragten Unternehmers.

179 Dieser Nachweis ist anwendbar bei der Versendung des Gegenstands der Lieferung durch den Unternehmer, also nicht bei Beförderung durch den Unternehmer selbst oder in Abholfällen. Da die Gegenleistung von einem Bankkonto des Kunden überwiesen sein

---

[93] Die Pläne zur Verkürzung dieser Aufbewahrungsfrist durch die ersten Entwürfe für ein Jahressteuergesetz 2013 haben sich nicht durchsetzen lassen.
[94] Grundsätze zum Datenzugriff und zur Prüfbarkeit digitaler Unterlagen (GDPdU) (§ 146 Abs. 5, § 147 Abs. 2, 5, 6, § 200 Abs. 1 AO und § 14 Abs. 4 UStG) – vgl. hierzu insbesondere BMF-Schreiben v. 16.7. 2001 – IV D 2 – S 0316 – 136/01, BStBl. 2001 I S. 415, geändert durch das BMF-Schreiben v. 14.9.2012 – IV A 4 – S 0316/12/10001 – (2012/0831628), BStBl. 2012 I S. 930.
[95] Grundsätze ordnungsmäßiger DV-gestützter Buchführungssysteme (GoBS) – vgl. hierzu insbes. Schreiben des Bundesministeriums der Finanzen an die obersten Finanzbehörden der Länder v. 7.11.1995 – IV A 8 – S 0316 – 52/95 – BStBl. 1995 I S. 738.
[96] Nach Abschnitt 6a.4 Abs. 6 UStAE ist dies für Zwecke der Steuerfreiheit der innergemeinschaftlichen Lieferung nicht zwingend der Fall, die allgemeinen Regelungen zur ordnungsgemäßen Buchhaltung bleiben jedoch bestehen.
[97] Vgl. hierzu BMF-Schreiben v. 16.9.2013 Anlage 6.

muss scheidet diese Vereinfachung bei Bargeschäften aus. Die auszustellende Bescheinigung entspricht der bisher schon häufig anzutreffenden „weißen Spediteursbescheinigung"[98].

§ 17a Abs. 3 S. 4 UStDV schränkt die Anwendbarkeit dieser Vereinfachung jedoch wieder ein. Bestehen danach begründete Zweifel am Gelangen in das übrige Gemeinschaftsgebiet, ist der Nachweis in einer der anderen genannten Formen zu erbringen. Die Zweifel werden sicherlich bei entsprechenden Kontrollmitteilungen aus den anderen Mitgliedstaaten begründet sein. Insofern versteht die Finanzverwaltung dies offenbar als Einschränkung der Vertrauensschutzregelung des § 6a Abs. 4 UStG (→ Rn. 195). Insgesamt ist diese Nachweisform damit nur eine zweiter Klasse. Es dürfte daher eine Überlegung wert sein, diese nur als „Backup" zu nutzen und für den Regelfall andere Nachweisformen zu nutzen. 181

ff) Bei Beförderung im gemeinschaftlichen Versandverfahren durch Bestätigung der Abgangsstelle (Nr. 3). Bei einer Beförderung im gemeinschaftlichen Versandverfahren (→ Rn. 26) in das übrige Gemeinschaftsgebiet kann der Nachweis durch eine Bestätigung der Abgangsstelle über die innergemeinschaftliche Lieferung, die nach Eingang des Beendigungsnachweises für das Versandverfahren erteilt wird, erbracht werden, sofern sich daraus die Lieferung in das übrige Gemeinschaftsgebiet ergibt. 182

Dieser Nachweis ist anwendbar sowohl in Versendungs- wie auch in Beförderungsfällen.

gg) Verbrauchssteuerpflichtige Waren (Nr. 4). Bei der Lieferung verbrauchsteuerpflichtiger Waren bestehen zwei Möglichkeiten eines alternativen Nachweises. 183
- Erfolgt die Lieferung verbrauchsteuerpflichtiger Waren unter Steueraussetzung und Verwendung des IT-Verfahrens EMCS[99], kann der Nachweis durch die von der zuständigen Behörde des anderen Mitgliedstaats validierte EMCS-Eingangsmeldung erbracht werden
- Erfolgt die Lieferung verbrauchsteuerpflichtiger Waren des steuerrechtlich freien Verkehrs, wird der Nachweis durch die dritte Ausfertigung des vereinfachten Begleitdokuments, das dem zuständigen Hauptzollamt für Zwecke der Verbrauchsteuerentlastung vorzulegen ist, erbracht.

Dieser Nachweis ist sowohl in Versendungs- wie auch in Beförderungsfällen anwendbar. Da die Warenbewegung bereits unter zollamtlicher Überwachung erfolgt ist hier ein weiteres Verfahren für umsatzsteuerrechtliche Zwecke nicht erforderlich.

hh) Lieferung von Fahrzeugen. Bei der Lieferung von neuen Fahrzeugen im Sinne des § 1b UStG und einem vereinfachtem Belegnachweis nach obigen Maßgaben muss dieser Beleg immer die Fahrzeugidentifikationsnummer enthalten[100]. 184

Holt der Kunde ein Fahrzeug, für das eine Straßenverkehrszulassung erforderlich ist, selbst ab (Abholfall), so ist der Nachweis auch durch Zulassung **auf den Erwerber** im Bestimmungsmitgliedstaat (§ 17a Abs. 3 Nr. 5 UStDV) möglich. Der praktische Anwendungsbereich dieser Vereinfachung dürfte eher gering sein, weil erfahrungsgemäß der weitaus überwiegende Anteil der ausländischen Kunden in diesem Bereich die Fahrzeuge nicht auf sich selbst, sondern als Händler auf ihre jeweiligen Kunden zulassen wird. 185

e) Andere Nachweisformen. Nach der Gesetzesbegründung[101] soll – entsprechend der Rechtsprechung des EuGH[102] – die Steuerbefreiung für innergemeinschaftliche Lieferungen auch dann Anwendung finden, wenn das Vorliegen der Voraussetzungen auch ohne einen Belegnachweis eindeutig feststeht. Angesichts der Entstehungsgeschichte der Norm kann nicht davon ausgegangen werden, dass die Finanzverwaltung in dieser Hinsicht besonders großzügig sein wird. Insofern sollte keinesfalls ein Geschäftsmodell hierauf basiert werden. 186

---

[98] BMF-Schreiben v. 1.8.1995, BStBl. 1995 I S. 404.
[99] Excise Movement and Control System – EDV-gestütztes Beförderungs- und Kontrollsystem für verbrauchsteuerpflichtige Waren.
[100] Vgl. zu den parallelen Regelungen im Exportfall → Rn. 57.
[101] Vgl. zum Referentenentwurf http://www.bundesfinanzministerium.de/Content/DE/Gesetzestexte/Referentenentwuerfe/2012-10-12-11te-AendVO-USt.html, dort S. 10 unten.
[102] EuGH Urt. v. 27.9.2007, Rs. C-409/04 (Teleos), BStBl. 2009 II S. 70; EuGH Urt. v. 27.9.2007 – Rs. C-146/05 (Albert Collé), BStBl. 2009 II S. 78.

vielmehr sollte nur in ganz besonderen Ausnahmefällen, wenn aus besonderen Gründen die üblichen Belegnachweise nicht (mehr) vorhanden und auch nicht mehr zu beschaffen sind, diese Gesetzesbegründung als Abwehrstrategie verfolgt werden. Im Ergebnis werden diese Fälle im Zweifel streitig vor Gericht ausgetragen werden.

187 Denkbare Nachweisformen wären insoweit zB protokollierte Zeugenvernehmung oder mangelhafte Gelangensbestätigungen sowie Auskünfte ausländischer Finanzbehörden. Im Ergebnis besteht hier allerdings noch ein weiteres Risiko: nimmt der Unternehmer an, dass der erforderliche Nachweis der Steuerfreiheit nicht gelungen ist und rechnet er daher mit Umsatzsteuer ab, geht aber die Finanzverwaltung davon aus, dass die Voraussetzungen für die Steuerbefreiung vorliegen, so stellt sich die Frage nach dem Vorsteuerabzug des Leistungsempfängers. Da die auf der Rechnung ausgewiesen Umsatzsteuer dann eigentlich objektiv „zu Unrecht ausgewiesen" im Sinne des § 14c UStG wäre, dürfte der Vorsteuerabzug nach § 15 Abs. 1 Nr. 1 UStG eigentlich nicht bestehen. Dies ist im Hinblick auf Rechtssicherheit nicht gerade ein glückliches Ergebnis.

188 **f) Belegmäßiger Nachweis nach älterem Recht.** Bis zum 31.12.2011 konnte der Nachweis einer innergemeinschaftlichen Lieferung durch verschiedene Formen von Nachweise erfolgen. Die grundsätzlich seit dem 1.1.2012 anwendbare Gelangensbestätigung wurde durch zahlreiche Übergangs- bzw. Nichtbeanstandungsvorschriften[103] gewisser Maßen außer Kraft gesetzt, die bis dahin zulässigen Nachweise wurden übergangsweise (inzwischen letztmalig bis zum 31.12.2013) als weiterhin ausreichend erklärt.

189 Da der Gesetzgeber insoweit auch erkannt hat, dass eine Verlängerung der Anwendung der alten Rechtslage im Wege einer Verwaltungsvorschrift Probleme in Sachen Normenhierarchie und Gewaltenteilung aufwerfen kann (insbesondere fehlende Bindung der Rechtsprechung an die Verwaltungsauffassung) ist ein Nebeneinander von altem und neuen Recht in einer Übergangsvorschrift vorgesehen (§ 74a Abs. 3 UStDV, allerdings nur bis zum 30.9.2013).

190 In der Praxis war im Anwendungsbereich der alten Regelungen regelmäßig problematisch, dass die Finanzverwaltung die Kann-Vorschriften des § 17a UStDV aF regelmäßig als Muss-Vorschriften gelesen hat. Im Detail gab und gibt es immer wieder Streit zwischen Finanzverwaltung und Steuerpflichtigen, welche Art von Nachweis konkret erforderlich war.

191 In **Beförderungsfällen** (Transport der Waren durch den leistenden Unternehmer oder Abnehmers selbst bzw. durch Angestellte, nicht aber durch selbständige Dritte) sollte der Nachweis über die innergemeinschaftliche Lieferung geführt werden durch:
- das Doppel der Rechnung (§§ 14, 14a des Gesetzes),
- einen handelsüblichen Beleg, aus dem sich der Bestimmungsort ergibt, insbesondere Lieferschein,
- eine Empfangsbestätigung des Abnehmers oder seines Beauftragten sowie
- in den Fällen der Beförderung des Gegenstands durch den Abnehmer durch eine Versicherung des Abnehmers oder seines Beauftragten, den Gegenstand der Lieferung in das übrige Gemeinschaftsgebiet zu befördern.

Diese Regelungen sind teilweise kumulativ, teilweise alternativ zu verstehen. Die letzten beiden Voraussetzungen können nur so verstanden werden, dass sie jeweils alternativ, aber kumulativ mit den übrigen Voraussetzungen vorliegen müssen, da anderenfalls die letzte Voraussetzung insgesamt nicht sinnvoll sein kann.

192 In **Versendungsfällen** (Transport der Ware durch einen selbständigen Dritten, im Auftrag des leistenden Unternehmers oder des Abnehmers) sollte der Nachweis über die innergemeinschaftliche Lieferung geführt werden durch:
- das Doppel der Rechnung (§§ 14, 14a des Gesetzes) **und**
- einen Versendungsbeleg, insbesondere durch Frachtbrief, Konnossement, Posteinlieferungsschein oder deren Doppelstücke, **oder**

---

[103] Zuletzt BMF-Schreiben v. 1.6.2012; IV D 3 – S 7141/11/10003-06, BStBl. 2012 I S. 619 auf unbestimmte Zeit bis zum Ergehen einer neuen Regelung.

- durch einen sonstigen handelsüblichen Beleg, insbesondere durch eine Bescheinigung des beauftragten Spediteurs oder durch eine Versandbestätigung des Lieferers. Der sonstige Beleg soll enthalten:
  – den Namen und die Anschrift des Ausstellers sowie den Tag der Ausstellung,
  – den Namen und die Anschrift des Unternehmers sowie des Auftraggebers, wenn dieser nicht der Unternehmer ist,
  – die handelsübliche Bezeichnung und die Menge des ausgeführten Gegenstands,
  – den Ort und den Tag der Ausfuhr oder den Ort und den Tag der Versendung in das Drittlandsgebiet,
  – den Empfänger und den Bestimmungsort im Drittlandsgebiet,
  – eine Versicherung des Ausstellers, dass die Angaben in dem Beleg auf Grund von Geschäftsunterlagen gemacht wurden, die im Gemeinschaftsgebiet nachprüfbar sind,
  – die Unterschrift des Ausstellers.

Alternativ kann der Nachweis auch wie in Beförderungsfällen gemacht werden, wenn der Nachweis wie in Versendungsfällen dem Unternehmer nicht möglich oder nicht zumutbar ist. Hier verlangt die Finanzverwaltung teilweise einen Nachweis darüber, dass der Nachweis weder möglich noch zumutbar war. Da es sich insoweit um eine negative Tatsache handelt dürfte dieser Nachweis im strengeren Sinne unmöglich sein; eine verständliche Begründung sollte jedoch vorhanden sein. **193**

Die Finanzverwaltung hat in einem ausführlichen Schreiben[104] ihre Rechtsauffassungen zu den Regelungen dargelegt. Da es sich um überholte bzw. nur noch im Wege von Übergangsregelungen anwendbare Vorschriften handelt wird an dieser Stelle aus Platzgründen auf eine ausführlichere Darstellung verzichtet. **194**

6. Buchnachweis. Der Buchnachweis nach § 17c UStDV muss insgesamt eindeutig und leicht nachprüfbar den Nachweis zulassen, dass die Voraussetzungen für die Steuerbefreiung als innergemeinschaftliche Lieferung vorliegen. **195**

Aufzuzeichnen sind demnach: **196**
- Name und Anschrift des Abnehmers,
- ausländischen Umsatzsteuer-Identifikationsnummer des Abnehmers,
- Namen und Anschrift des Beauftragten des Abnehmers bei einer Lieferung, die im Einzelhandel oder in einer für den Einzelhandel gebräuchlichen Art und Weise erfolgt,
- Gewerbezweig oder Beruf des Abnehmers,
- Menge des Gegenstands der Lieferung und dessen handelsübliche Bezeichnung einschließlich der Fahrzeug-Identifikationsnummer bei Fahrzeugen im Sinne des § 1b Abs. 2 des Gesetzes,
- Tag der Lieferung,
- vereinbartes Entgelt oder bei der Besteuerung nach vereinnahmten Entgelten das vereinnahmte Entgelt und den Tag der Vereinnahmung,
- Art und Umfang einer Bearbeitung oder Verarbeitung vor der Beförderung oder der Versendung in das übrige Gemeinschaftsgebiet,
- Beförderung oder Versendung in das übrige Gemeinschaftsgebiet **und**
- Bestimmungsort im übrigen Gemeinschaftsgebiet.

Diese Regelungen sind kumulativ und seit der Änderung der UStDV zum 1.1.2012 Mussvorschriften. Teile dieser Informationen sind allerdings bereits auf anderen Dokumenten (bspw. Rechnungen) enthalten, so dass diese Informationen nicht erneut aufgezeichnet werden müssen; vielmehr ist es ausreichend, wenn die entsprechenden Dokumente zu Buchhaltung genommen werden. Die Aufzeichnungen müssen laufend und zeitnah geführt werden, lediglich nachlaufende Dokumente dürfen zu einer späteren Ergänzung genutzt **197**

---

[104] BMF-Schreiben IV D 3 – S 7141/08/10001 v. 5.5.2010, BStBl. 2010 I S. 508; http://www.bundesfinanzministerium.de/Content/DE/Downloads/BMF_Schreiben/Steuerarten/Umsatzsteuer/017_a.pdf?__blob=publicationFile&v=4.

werden. Laufend und zeitnah bedeutet im Zweifel innerhalb des Zeitraums, bis zu dem die entsprechende Umsatzsteuer-Voranmeldung abzugeben ist[105].

198 Darüber hinaus gehört zu den erforderlichen Voraussetzungen der Steuerbefreiung gehört auch die Unternehmereigenschaft des Abnehmers. Diese muss der liefernde Unternehmer nachweisen (§ 17c Abs. 1 UStDV in Verbindung mit § 6a Abs. 1 S. 1 Nr. 2 Buchstabe a UStG). Die Aufzeichnung der USt-IdNr. allein reicht hierfür nicht aus, weil sich aus ihr nicht ergibt, wer der tatsächliche Leistungsempfänger ist. Der Unternehmer muss daher die Identität des Abnehmers (bzw. dessen Vertretungsberechtigten), zB durch Vorlage des Kaufvertrags, nachweisen[106].

199 Nicht in jedem Fall (aber möglicherweise bei Zusammentreffen mit anderen Umständen) schädlich für die Anwendung der Steuerbefreiung ist
- die Feststellung, dass der Adressat einer Lieferung den Gegenstand nicht zur Ausführung entgeltlicher Umsätze verwendet hat,
- die Feststellung, der Empfänger der Lieferung habe die mit Hilfe der bezogenen Lieferungen ausgeführten Umsätze nicht versteuert, oder
- die Mitteilung eines anderen Mitgliedstaates, bei dem Abnehmer handele es sich um einen „missing trader"[107].

200 Unerheblich für die zutreffende Behandlung in Deutschland ist, ob der Abnehmer im Bestimmungsmitgliedstaat seine steuerlichen Pflichten ordnungsgemäß erfüllt hat. Die grundsätzlich Unternehmereigenschaft des Abnehmers und damit die Anwendung der Steuerbefreiung beim leistenden Unternehmer ist dadurch nicht gefährdet[108].

201 Grundsätzlich ist der Nachweis im Inland zu führen. Mit Zustimmung der Finanzverwaltung können die Aufzeichnungen allerdings auch im Ausland geführt werden. Hier sollte unbedingt darauf geachtet werden, dass diese Zustimmung rechtzeitig und im Voraus eingeholt wird. Die Finanzverwaltung wird dem zustimmen, wenn andernfalls der buchmäßige Nachweis in unverhältnismäßiger Weise erschwert würde und dass die erforderlichen Unterlagen den deutschen Finanzbehörden jederzeit auf Verlangen im Geltungsbereich der UStDV vorgelegt werden können. Der Bewilligungsbescheid wird unter einer entsprechenden Auflage und unter dem Vorbehalt jederzeitigen Widerrufs erteilt werde. Unter den Voraussetzungen des § 146 Abs. 2a und 2b AO kann die zuständige Finanzbehörde auf schriftlichen Antrag des Unternehmers bewilligen, dass die elektronischen Aufzeichnungen über den buchmäßigen Nachweis im Ausland geführt und aufbewahrt werden.[109]

202 **7. Gutglaubensschutz.** Nach § 6a Abs. 4 UStG besteht ein Gutglaubensschutz für die Fälle, in denen eine (innergemeinschaftliche) Lieferung als steuerfrei behandelt worden ist, obwohl die Voraussetzungen objektiv nicht vorlagen. Voraussetzung für die Anwendung des Gutglaubensschutzes ist, dass der Unternehmer auf Grund von Täuschungen durch den Abnehmer bei Beachtung der Sorgfalt eines ordentlichen Kaufmanns vom Vorliegen der Voraussetzungen für eine innergemeinschaftliche Lieferung ausgehen musste. In diesem Fall kann der Unternehmer die Lieferung weiterhin als steuerfrei behandeln[110], die Steuerschuldnerschaft geht auf den Abnehmer über.

203 Diese Regelung stellt aber in der Praxis eine bloß theoretische Möglichkeit dar, da die Finanzverwaltung und ihr folgend auch die Rechtsprechung[111] verlangen, dass zunächst alle Nachweispflichten nach §§ 17a ff. UStDV vollständig erfüllt hat. hierfür kommt es darauf

---

[105] Abschn. 6a.7 Abs. 8 UStAE.
[106] Abschn. 6a.7 Abs. 1 UStAE.
[107] Abschn. 6a.7 Abs. 3 UStAE.
[108] Abschn. 6a.7 Abs. 4 UStAE.
[109] Abschn. 6a.7 Abs. 7 UStAE.
[110] So die Formulierung im Gesetz; technisch ist dies wohl eher ein Fall des Übergangs der Steuerschuldnerschaft, so dass der leistende Unternehmer lediglich nicht Schuldner der entstehenden Steuer ist, die Steuerbefreiungsnorm aber gerade nicht greift.
[111] BFH Urt. v. 15.7.2004 – V R 1/04, BFH/NV 2005 S. 81; BFH Urt. v. 8.11.2007 – V R 71/05, BFH/NV 2008 S. 905.

an, dass die vom Unternehmer vorgelegten Nachweise (buch- und belegmäßig) eindeutig und schlüssig auf die Ausführung einer innergemeinschaftlichen Lieferung hindeuten und dass der Unternehmer bei der Nachweisführung – insbesondere mit Blick auf die Unrichtigkeit der Angaben – der Sorgfaltspflicht des ordentlichen Kaufmanns genügte und in gutem Glauben war. Mit anderen Worten: ergeben sich aus den Unterlagen Zweifel an der Richtigkeit der vom Kunden gemachten Angaben, ist nach Auffassung der Finanzverwaltung[112] bereits der Weg zum Gutglaubensschutz verwehrt. Gleiches gilt, wenn nicht alle erforderlichen Unterlagen für den buch- und belegmäßigen Nachweis vorhanden sind. In diesen Fällen verneinen Finanzverwaltung und Rechtsprechung kategorisch die Erfüllung der Sorgfaltspflichten eines ordentlichen Kaufmanns, da die Erfüllung des Beleg- und Buchnachweises zu den Sorgfaltspflichten eines ordentlichen Kaufmanns gehört[113]. Entscheidend ist hierbei allerdings die formelle Vollständigkeit, nicht aber auch die inhaltliche Richtigkeit der Beleg- und Buchangaben, da § 6a Abs. 4 S. 1 UStG das Vertrauen auf die Richtigkeit der Abnehmerangaben schützt[114].

„Abnehmer" im Sinne des § 6a Abs. 4 S. 2 UStG ist derjenige, der den Unternehmer durch **204** falsche Angaben getäuscht hat, also derjenige, der als vermeintlicher Erwerber aufgetreten ist. Dieser muss nicht zwingend mit der Person übereinstimmen, die im Beleg- und Buchnachweis des Unternehmers als Leistungsempfänger dokumentiert ist[115], da sich die Täuschung auch hierauf beziehen kann. Die Steuerfreiheit auf Seiten des liefernden Unternehmers scheitert nicht daran, dass eine Festsetzung der Steuer nach § 6a Abs. 4 S. 2 UStG gegen den Abnehmer nicht möglich ist, zB weil dieser sich dem Zugriff der Finanzbehörde entzogen hat.

Der gute Glaube im Sinne des § 6a Abs. 4 UStG bezieht sich nach der Rechtsprechung **205** allein auf unrichtige Angaben über die in § 6a Abs. 1 UStG bezeichneten Voraussetzungen für die Steuerfreiheit einer innergemeinschaftlichen Lieferung (Unternehmereigenschaft des Abnehmers, Verwendung des Lieferungsgegenstands für sein Unternehmen, körperliche Warenbewegung in den anderen Mitgliedstaat). Dagegen bezieht er sich nicht auch auf die Richtigkeit der nach § 6a Abs. 3 UStG in Verbindung mit §§ 17a ff. UStDV vom Unternehmer zu erfüllenden Nachweise[116].

Der Vertrauensschutz wird nicht gewährt, wenn die Unrichtigkeit einer USt-IdNr. er- **206** kennbar und der Unternehmer dies nicht erkannt hat (zB weil die qualifizierte Bestätigung nicht oder zu einem späteren Zeitpunkt als dem des Umsatzes durchgeführt wird), dies nach Auffassung der Finanzverwaltung[117] nicht der Sorgfaltspflicht eines ordentlichen Kaufmanns genügt. Dagegen kommt die Gewährung von Vertrauensschutz im Einzelfall dann in Betracht, wenn der Unternehmer eine unrichtige USt-IdNr. aufgezeichnet hat, dies jedoch auch bei Beachtung der Sorgfalt eines ordentlichen Kaufmanns nicht erkennen konnte (zB weil der Bestimmungsmitgliedstaat die USt-IdNr. des Abnehmers rückwirkend für ungültig erklärt hat). Allerdings trägt der Unternehmer die Feststellungslast dafür, dass er die Sorgfalt eines ordentlichen Kaufmanns beachtet hat[118].

In Abholfällen scheidet die Anwendung der Vertrauensschutzregelung bei Anwendung **207** des Rechtsstandes bis Oktober 2013 in den Fällen aus, in denen der Unternehmer nicht über eine schriftliche Versicherung des Abnehmers verfügt, den Gegenstand der Lieferung in einen anderen Mitgliedstaat befördern zu wollen[119].

Bei Bargeschäften werden von der Finanzverwaltung und der Rechtsprechung[120] beson- **208** ders strenge Maßstäbe angesetzt. Die Finanzverwaltung hält es in diesen Fällen für zumut-

---

[112] Abschn. 6a.8 Abs. 8 UStAE.
[113] Abschn. 6a.8 Abs. 5 UStAE.
[114] BFH Urt. v. 12.5.2011, V R 46/10, BStBl. 2010 II S. 957.
[115] Abschn. 6a.8 Abs. 2 UStAE.
[116] BFH Urt. v. 12.5.2011, V R 46/10, BStBl. 2011 II S. 957.
[117] Abschn. 6a.8 Abs. 6 UStAE.
[118] Abschn. 6a.8 Abs. 5 UStAE.
[119] Abschn. 6a.8 Abs. 5 UStAE.
[120] BFH Urt. v. 8.11.2007 – V R 71/05.

bar, dass sich der leistende Unternehmer über den Namen, die Anschrift des Abnehmers und ggf. über den Namen, die Anschrift und die Vertretungsmacht eines Vertreters des Abnehmers vergewissert und entsprechende Belege vorlegen kann. Bei Abholung durch einen Vertreter des (angeblichen) Kunden ist allein die qualifizierte Bestätigung der USt-IdNr. nach § 18e UStG (→ Rn. 127) nicht ausreichend, um den Sorgfaltspflichten eines ordentlichen Kaufmanns zu genügen[121].

209 Macht der Abnehmer in sich widersprüchliche oder unklare Angaben zu seiner Identität oder bei unklarer Sachlage in Fällen, in denen der liefernde Unternehmer diese Unklarheiten bzw. Widersprüchlichkeiten aus Unachtsamkeit gar nicht erkennt oder im Vertrauen auf diese Angaben die weitere Aufklärung unterlässt, scheidet ein Anwendung der Vertrauensschutzregelung aus; nach Auffassung der Finanzverwaltung besteht in diesen Fällen kein schutzwürdiges Vertrauen, da es an der Beachtung der Sorgfalt eines ordentlichen Kaufmanns fehlt.[122]

IV. Spezialfall: „Innergemeinschaftliches Dreiecksgeschäft"

210 Das innergemeinschaftliche Dreiecksgeschäft ist eine Sonderregelung für Reihengeschäfte in bestimmten Konstellationen[123]. Unter bestimmten Voraussetzungen können nach der Regelung im § 25b UStG und den parallelen Normen in den anderen Mitgliedstaaten Registrierungspflichten vermieden werden.

211 **1. Voraussetzungen.** Ein innergemeinschaftliches Dreiecksgeschäft liegt vor, wenn drei Unternehmer über denselben Gegenstand Umsatzgeschäfte abschließen und dieser Gegenstand unmittelbar vom ersten Lieferer an den letzten Abnehmer gelangt. Wie beim „normalen" Reihengeschäft darf dabei der Gegenstand nicht verändert werden und es muss ein durchgehender Transport vom Ersten zum Letzten erfolgen. Die Unternehmer müssen unter USt-IdNrn. aus verschiedenen Mitgliedstaaten auftreten, wobei der Erste und der Letzte zwingend unter den Nummern des Landes des Transportbeginns bzw. -endes auftreten müssen. Folglich muss die Waren auch von einem Mitgliedstaat in einen anderen befördert oder versendet werden, wobei dies nicht vom Letzten (dem letzten Abnehmer) veranlasst sein darf. Der erste Abnehmer (also der Mittlere) darf im Zielmitgliedstaat nicht ansässig sein und muss gegenüber beiden Geschäftspartnern die gleiche USt-IdNr. verwenden.

212 Die Regelung gilt entsprechend, wenn der letzte Abnehmer eine juristische Person ist, die nicht Unternehmer ist oder den Gegenstand nicht für ihr Unternehmen erwirbt und die in dem Mitgliedstaat für Zwecke der Umsatzsteuer erfasst ist, in dem sich der Gegenstand am Ende der Beförderung oder Versendung befindet.

213 **2. Rechtsfolgen.** Der innergemeinschaftliche Erwerb, den der erste Abnehmer (also der Mittlere) eigentlich im Zielmitgliedstaat zu erklären und zu versteuern hätte (mit der Folge einer Registrierungspflicht) gilt als besteuert, für die nachfolgende inländische Lieferung geht die Steuerschuldnerschaft auf den letzten Abnehmer über; dieser kann unter den allgemeinen Voraussetzungen den Vorsteuerabzug nach § 15 UStG gelten machen. Folglich muss sich der erste Abnehmer nicht im Zielmitgliedstaat umsatzsteuerlich registrieren lassen, die Rechnungen können beide ohne Umsatzsteuerausweis erteilt werden, und zwar
- die Rechnung zwischen dem ersten Lieferer und dem ersten Abnehmer als reguläre innergemeinschaftliche Lieferung unter Hinweis darauf;
- die Rechnung zwischen dem ersten Abnehmer und dem letzten Abnehmer unter Hinweis auf die Vereinfachungsregelung für innergemeinschaftliche Dreiecksgeschäfte (zB „triangulation simplification" oder „innergemeinschaftliches Dreiecksgeschäft").

214 **3. Behandlung in anderen Mitgliedstaaten.** Die obigen Ausführungen beschreiben die deutsche Rechtslage. Für deutsche Unternehmen, die „erster Abnehmer" sind, ist aller-

---

[121] Abschn. 6a.8 Abs. 7 UStAE.
[122] Abschn. 6a.8 Abs. 8 UStAE.
[123] Zu Reihengeschäften im Allgemeinen → Rn. 13.

dings im Wesentlichen die Rechtslage im Zielmitgliedstaat relevant, da ausschließlich für die letzte Lieferung die Vereinfachungsregel greifen kann. Hier muss bei einem Blick über die Grenzen festgestellt werden, dass zum Teil zusätzliche Voraussetzungen aufgestellt werden. So verweigern manche Mitgliedstaaten dann die Anwendung der Vereinfachungsregel, wenn der erste Abnehmer im Ausgangs- und/oder im Zielmitgliedstaat bereits aus anderen Gründen umsatzsteuerrechtlich registriert ist. Der Grund liegt darin, dass zum Einen die Vorgaben in der Mehrwertsteuer-Systemrichtlinie für die Behandlung von Reihengeschäften eher unscharf sind, zum Anderen wegen unterschiedlicher Behandlung von Reihengeschäften in den verschiedenen Mitgliedstaaten offenbar soweit kein Regelungsbedarf gesehen wurde. Wer also in der Praxis als mittlerer Unternehmer (erster Abnehmer) in eine derartigen Kette involviert und in anderen beteiligten Mitgliedstaaten umsatzsteuerrechtlich registriert ist, sollte sich unbedingt informieren, ob diese Registrierung möglicherweise nach dem Land des Zielstaates oder auch des Ausgangsstaates die Anwendung der Vereinfachungsregel verhindern kann.

VI. Versandhandelsregelung

Führt ein Versandhändler Lieferungen an Abnehmer in anderen Mitgliedstaaten aus, die entweder Nichtunternehmer sind oder entsprechend zu behandeln sind, führt dies im Regelfall zu einer Belastung dieses Umsatzes mit deutscher Umsatzsteuer. § 3c UStG sieht hierzu aber Ausnahmen vor. **215**

1. Voraussetzungen. a) Voraussetzungen auf Seiten des Leistenden. Der Leistende muss ein Unternehmer sein, der an seine Kunden liefert. Für sonstige Leistungen ist die Norm nicht anwendbar. Die Beförderung oder Versendung in den anderen Mitgliedstaat muss dabei der leistende Unternehmer veranlasst haben, auf Abholfälle ist die Sonderregelung ebenfalls nicht anwendbar. **216**

Der Lieferer muss die in dem jeweiligen Mitgliedstaat anwendbare Lieferschwelle entweder überschritten haben oder auf deren Anwendung – sofern nach dem Land des Zielstaates zulässig – verzichtet haben. Sowohl die Höhe der Lieferschwellen als auch die Möglichkeit des Verzichts auf die Anwendung ist in den verschiedenen Mitgliedstaaten sehr unterschiedlich geregelt. **217**

Die Lieferschwellen in den anderen Mitgliedstaaten betragen per Rechtsstand März 2012[124]: **218**

- Belgien: 35.000 €,
- Bulgarien: 70.000 BGN,
- Dänemark: 280.000 DKK,
- Estland: 35.151 €,
- Finnland: 35.000 €,
- Frankreich: 100.000 €,
- Griechenland: 35.000 €,
- Irland: 35.000 €,
- Italien: 35.000 €,
- Lettland: 24.000 LVL,
- Litauen: 125.000 LTL,
- Luxemburg: 100.000 €,
- Malta: 35.000 €,
- Niederlande: 100.000 €,
- Österreich: 35.000 €,
- Polen: 160.000 PLN,
- Portugal: 35.000 €,

---

[124] http://ec.europa.eu/taxation_customs/resources/documents/taxation/vat/traders/vat_community/vat_in_ec_annexi.pdf.

- Rumänien: 118.000 RON,
- Schweden: 320.000 SEK,
- Slowakei: 35.000 €,
- Slowenien: 35.000 €,
- Spanien: 35.000 €,
- Tschechien: 1.140.000 CZK,
- Ungarn: 8.800.000 HUF,
- Vereinigtes Königreich: 70.000 GBP,
- Zypern: 35.000 €.

219 Die Ermittlung der jeweiligen Lieferschwelle erfolgt auf Basis des Gesamtbetrag der Entgelte, der den Lieferungen im Sinne von § 3c UStG in einen EU-Mitgliedstaat zuzurechnen ist. Dementsprechend muss – sofern nicht zulässiger Weise freiwillig auf die Anwendung der Lieferschwelle verzichtet wird – jeweils pro Mitgliedstaat eine Überwachung erfolgen, ob die Lieferschwelle bereits überschritten ist oder nicht.

220 **b) Voraussetzungen auf Seiten des Leistungsempfängers.** Der Kunde muss ein Nichtunternehmer oder entsprechend zu behandelnder Unternehmer sein, der in einem anderen Mitgliedstaat ansässig ist. Dies sind zunächst Privatpersonen, aber auch andere Personen, bei denen die nach § 1a Abs. 3 UStG die tatbestandsmäßigen Voraussetzungen des innergemeinschaftlichen Erwerbs nicht erfüllt und die nicht für die Erwerbsbesteuerung optiert haben. Die Regelung gilt für Privatpersonen uneingeschränkt, für „Halbunternehmer" (Kleinunternehmer, Unternehmer, die ausschließlich steuerfreie den Vorsteuerabzug ausschließende Umsätze ausführen, pauschalierende Landwirte, nicht unternehmerische juristische Personen) nur innerhalb gewisser Grenzen. Sofern dieser halbunternehmerische Abnehmer die Erwerbsschwelle überschritten hat, wird er wie ein Vollunternehmer behandelt mit dem Ergebnis, dass die Sonderregelung für den Versandhandel nicht anwendbar ist, sondern eine „normale" innergemeinschaftliche Lieferung beim Leistenden und ein innergemeinschaftlicher Erwerb beim Leistungsempfänger vorliegen. Die Höhe der Erwerbsschwellen ist ebenfalls unterschiedlich in den anderen Mitgliedstaaten und betragen per Rechtsstand März 2012[125]:

- Belgien: 11.200 €,
- Bulgarien: 20.000 BGN,
- Dänemark: 80.000 DKK,
- Estland: 10.226 €,
- Finnland: 10.000 €,
- Frankreich: 10.000 €,
- Griechenland: 10.000 €,
- Irland: 41.000 €,
- Italien: 10.000 €,
- Lettland: 7.000 LVL,
- Litauen: 35.000 LTL,
- Luxemburg: 10.000 €,
- Malta: 10.000 €,
- Niederlande: 10.000 €,
- Österreich: 11.000 €,
- Polen: 50.000 PLN,
- Portugal: 10.000 €,
- Rumänien: 34.000 RON,
- Schweden: 90.000 SEK,
- Slowakei: 13.941 €,
- Slowenien: 10.000 €,

---

[125] http://ec.europa.eu/taxation_customs/resources/documents/taxation/vat/traders/vat_community/vat_in_ec_annexi.pdf.

Abschnitt 32. Umsatzsteuerliche Aspekte im Waren- und Dienstleistungsverkehr

- Spanien: 10.000 €,
- Tschechien: 326.000 CZK,
- Ungarn: 2.500.000 HUF,
- Vereinigtes Königreich: 70.000 GBP,
- Zypern: 10.251 €.

2. Rechtsfolgen. Abweichend von den Regelungen in § 3 Abs. 6 bis 8 UStG, die grundsätzlich bei einem Versandumsatz aus Deutschland einen Leistungsort in Deutschland vorsehen, ist die Lieferung bei Anwendung der Sonderregelung in dem EU-Mitgliedstaat als ausgeführt zu behandeln, in dem die Beförderung oder Versendung des Gegenstands endet. Die Verlagerung des Lieferorts nach § 3c Abs. 1 UStG tritt ein, sobald die Lieferschwelle im laufenden Kalenderjahr überschritten wird bzw. mit Verzicht auf deren Anwendung. Der Umsatz, der zur Überschreitung der Lieferschwelle führt, ist der erste in dem anderen Mitgliedstaat steuerbare Umsatz. 221

Dies führt zu einer Registrierungspflicht in dem anderen Mitgliedstaat, für die entsprechenden Umsätze ist dann die in dem jeweiligen Mitgliedstaat nach dem anwendbaren Steuersatz.[126] In Deutschland sind diese Umsätze dann nicht mehr steuerbar und lediglich als nicht steuerbare Umsätze in Umsatzsteuer-Voranmeldung und -Jahreserklärung zu erfassen. Bestehende Steuersatzdifferenzen sollten entsprechend berücksichtigt werden. 222

Beispiel: 223
Versandhändler DE liefert in der ersten Jahreshälfte 2013 an ungarische Privatkunden Waren im Wert von EUR 28.000 (rund 8.700.000 HUF) und hat dabei den deutschen Regelsteuersatz von 19 % in seine Berechnung mit einbezogen). Sobald er die Lieferschwelle von 8.800.000 HUF überschritten hat, sind sein Lieferungen der ungarischen Umsatzsteuer zu unterwerfen, und zwar im Zweifel zum dort geltenden Regelsteuersatz von 27 %. Die 8 %-Punkte Differenz im Steuersatz sollten bei der Preiskalkulation unbedingt berücksichtigt werden.

Vor dem Hintergrund des ansonsten sehr umfassenden Kontrollsystems MIAS innerhalb der EU (→ Rn. 127) ist es schon erstaunlich, dass der Gesetzgeber hier kein vorgeschaltet innergemeinschaftliches Verbringen mit anschließendem innergemeinschaftlichem Erwerb im Zielmitgliedstaat vorgesehen hat. So wäre eine Überprüfung, in welchem Mitgliedstaat die Ware verblieben und versteuert worden ist leicht möglich gewesen. Stattdessen „verschwindet" die – meist ja in Deutschland eingekaufte – Ware einfach und taucht ohne jegliche Verbindung in einer ausländischen Steuererklärung wieder auf. Sofern diese Umsätze einen gewissen Umfang annehmen, werden Nachfragen der Finanzverwaltung die Folge sein, warum den geltend gemachten Umsätzen keine steuerbaren Ausgangsumsätze gegenüber stehen. 224

3. Ausnahmen: Lieferung neuer Fahrzeuge und verbrauchsteuerpflichtiger Waren. Werden verbrauchsteuerpflichtige Waren geliefert, so bleiben diese Lieferungen bei der Ermittlung der Lieferschwelle unberücksichtigt. Erfolgen diese Lieferungen an Privatpersonen einem anderen EU-Mitgliedstaat, verlagert sich der Ort der Lieferung unabhängig von einer Lieferschwelle stets in den Bestimmungsmitgliedstaat. 225

Bei der Lieferung eines neuen Fahrzeugs kommt es auf die Eigenschaft des Abnehmers nicht an, so dass unabhängig von der Sonderregelung im Versandhandel eine innergemeinschaftliche Lieferung auf Seiten den Leistenden und ein innergemeinschaftlicher Erwerb (auch für einen Nichtunternehmer, vgl. § 1b UStG) vorliegt. Neue Fahrzeuge im Sinne des UStG liegen vor bei 226

- motorbetriebenen Landfahrzeugen mit einem Hubraum von mehr als 48 Kubikzentimetern oder einer Leistung von mehr als 7,2 Kilowatt, die nicht mehr als 6.000 Kilometer zurückgelegt haben oder deren erste Inbetriebnahme im Zeitpunkt des Erwerbs nicht mehr als sechs Monate zurückliegt;

---

[126] Vgl. hierzu die aktuelle Übersicht auf der Seite der EU-Kommission unter http://ec.europa.eu/taxation_customs/resources/documents/taxation/vat/how_vat_works/rates/vat_rates_de.pdf.

- Wasserfahrzeugen mit einer Länge von mehr als 7,5 Metern, die nicht mehr als 100 Betriebsstunden auf dem Wasser zurückgelegt haben oder deren erste Inbetriebnahme im Zeitpunkt des Erwerbs nicht mehr als drei Monate zurückliegt;
- Luftfahrzeugen, deren Starthöchstmasse mehr als 1.550 Kilogramm beträgt und die nicht länger als 40 Betriebsstunden genutzt worden sind oder deren erste Inbetriebnahme im Zeitpunkt des Erwerbs nicht mehr als drei Monate zurückliegt.

227 **4. Hintergrund der Regelung.** Sinn und Zweck der Regelung ist es sicherzustellen, dass es innerhalb des Binnenmarktes im Wesentlichen zu einer Anwendung des Bestimmungslandprinzips kommt, also eine Besteuerung des Endverbrauchs mit dem in dem jeweiligen Land anwendbaren Steuersatz. Um keine unnötige Bürokratie zu erzeugen hat man aber von einer Registrierungspflicht vom ersten Euro Umsatz an abgesehen und mittels Liefer- und Erwerbsschwellen von den Mitgliedstaaten beeinflussbare Größen eingezogen, unterhalb derer es bei der Besteuerung im Herkunftsland bleibt. Gleiches gilt auch für Abholfälle, die Mangels Überprüfbarkeit außen vor bleiben mussten.

VII. „Grenzüberschreitende" Werklieferungen – Lieferort

228 Bei Werklieferungen über die Grenze ist zu beachten, das – jedenfalls nach deutschem Recht – der Leistungsort dort liegt, wo das Werk vollendet wird, also im Regelfall dort, wo es final zusammengesetzt wird. Der Leistungsort ist demnach im Ausland, der Umsatz ist im Inland nicht steuerbar. Ob dies nach ausländischem Recht zu einer umsatzsteuerrechtlichen Registrierungspflicht für den leistenden Unternehmer im Zielland führt, oder ob wie nach deutschen Recht eine Umkehr der Steuerschuldnerschaft (Reverse Charge, § 13b Abs. 2 Nr. 1 UStG) greift, sollte für jedes betreffende Land im konkreten Fall geklärt werden. In Betracht kommt möglicherweise auch eine freiwillige Registrierung. Ratsam ist es, diese Prüfung rechtzeitig vor der Ausführung entsprechender Umsätze durchzuführen, da einige Länder (innerhalb der EU etwa Italien und Ungarn) zum Teil erhebliche Strafzahlungen für eine zu späte Registrierung und/oder die damit verbundene zu späte Anmeldung und/oder Zahlung verhängen. Weiterhin sollte auch geklärt werden, ob die jeweilige Leistung überhaupt unter eine mögliche Sonderregelung für Werklieferung fällt. Die Abgrenzung nach deutschem Recht[127] deckt sich jedenfalls nicht mit der anderer Mitgliedstaaten. Da die Mehrwertsteuer-Systemrichtlinie insoweit auch keine konkreten Vorgaben macht, dürfte die Behandlung von Werklieferungen zu einem der wenigen nicht harmonisierten Bereiche innerhalb des europäischen Mehrwertsteuerrechts gehören. Für Drittstaaten dürfte im Ergebnis Gleiches gelten, so dass für alle grenzüberschreitenden Werklieferungen eine besondere Vorsicht geboten ist.

C. Grenzüberschreitende Dienstleistungen

229 Wie eingangs unter A. dargestellt beschränkt sich die Darstellung der umsatzsteuerrechtlichen Behandlung von sonstigen Leistungen auf die für den Export relevanten Fälle. Eine umfassende Darstellung muss hier aus Platzgründen unterbleiben.

I. Generelle Unterscheidung der Dienstleistungen nach Status des Empfängers

230 Die seit 2010 geltenden Regelungen für unterscheiden für die Grundregel danach, ob der Leistungsempfänger ein Unternehmer im Sinne des Umsatzsteuergesetz ist oder nicht. Die Ausnahmeregelungen unterscheiden teilweise auch danach, teilweise aber auch nicht. Insofern ist jedenfalls für die Regelfälle die Kenntnis darüber, welchen Status der Kunde hat, entscheidend für die zutreffende umsatzsteuerrechtliche Einordnung.

---

[127] Abschn. 3.8 UStAE.

Abschnitt 32. Umsatzsteuerliche Aspekte im Waren- und Dienstleistungsverkehr

1. Business to Business (B2B). Nach der Grundregel im Leistungsaustausch zwischen 231 zwei Unternehmern liegt der Leistungsort grundsätzlich dort, wo der Leistungsempfänger ansässig ist (§ 3a Abs. 2 UStG). Wird die Leistung von einer Betriebsstätte bezogen, richtet sich der Leistungsort danach, wo diese belegen ist.

a) Leistungsbezug durch eine Betriebsstätte. Eine Betriebstätte im Sinne des UStG[128] 232 liegt vor, wenn eine feste Geschäftseinrichtung oder Anlage, die der Tätigkeit des Unternehmers dient, besteht. Diese Einrichtung oder Anlage kann nach Auffassung der Finanzverwaltung nur dann als Betriebstätte angesehen werden, wenn sie über einen ausreichenden Mindestbestand an Personal- und Sachmitteln verfügt, der für die Erbringung der betreffenden Dienstleistungen erforderlich ist. Außerdem muss die Einrichtung oder Anlage einen hinreichenden Grad an Beständigkeit sowie eine Struktur aufweisen, die von der personellen und technischen Ausstattung her eine autonome Erbringung der jeweiligen Dienstleistungen ermöglicht[129]. Eine solche beständige Struktur liegt zB vor, wenn die Einrichtung über eine Anzahl von Beschäftigten verfügt, von hier aus Verträge abgeschlossen werden können, Rechnungslegung und Aufzeichnungen dort erfolgen und Entscheidungen getroffen werden, zB über den Wareneinkauf. Ob es hierbei erforderlich ist, dass die Betriebsstätte auch tatsächlich Ausgangsleistungen erbringt, wie von der Finanzverwaltung häufig behauptet, oder ob die abstrakte Möglichkeit reicht, dass diese erbracht werden könnten, da entsprechende Struktur und Ausstattung vorhanden sind, ist bislang ungeklärt.

Hierbei ist zu beachten, dass die Betriebstättendefinition des UStG (bzw. des UStAE) 233 nicht identisch ist mit dem Betriebstättenbegriff nach anderen Rechtsgebieten, etwa nach Außensteuerrecht oder Abgabenordnung. Folglich kann es vorkommen, dass eine Betriebsstätte nach UStG vorliegt, nicht aber nach den anderen Rechtsgebieten, oder auch umgekehrt. Für Zwecke des Umsatzsteuerrechts ist ausschließlich der oben dargestellte Inhalt maßgeblich.

b) Nachweis für die Unternehmereigenschaft des Kunden. Die Unternehmereigen- 234 schaft von Kunden aus der EU lässt sich für den Unternehmer einfach nachweisen. Hat der Kunde eine USt-IdNr. und verwendet er diese bei der Bestellung, so kann der Lieferant davon ausgehen, dass der Kunde für seinen unternehmerischen Bereich bestellt. Eine Überprüfung, ob dies wirklich der Fall ist oder ob der Kunde möglicherweise für seinen nichtunternehmerischen Bereich (etwa als reine Finanzholding oder als juristische Person des öffentlichen Rechts für den hoheitlichen Bereich) die Leistung bezieht, ist weder möglich noch erforderlich.

Allerdings ist es dringend angeraten, die verwendete USt-IdNr. qualifiziert zu überprü- 235 fen (§ 18e UStG)[130], und zwar nach Vorstellung der Finanzverwaltung unmittelbar vor jedem einzelnen Umsatz. Sollte sich nämlich herausstellen, dass die verwendete USt-IdNr. nicht gültig ist oder nicht dem Kunden erteilt ist, dann wird die Finanzverwaltung davon ausgehen, dass die Leistung nicht an einen Unternehmer erbracht worden ist, so dass die B2C-Grundregel (→ Rn. 237) Anwendung findet. Da in diesem Fall im Zweifel deutsche Umsatzsteuer anfällt, diese aber vom Kunden nicht in Rechnung gestellt worden ist, läuft dies Steuer im Zweifel in voller Höhe gegen die Marge.

Die Unternehmereigenschaft von Drittlandskunden ist dagegen deutlich schwieriger 236 nachzuweisen. Da ein allgemeingültiger Nachweis wie die USt-IdNr. fehlt, kann der Nachweis nur indirekt angetreten werden. Der „beste" Nachweis ist insofern eine Unternehmerbescheinigung[131], die die Steuerverwaltung des Ansässigkeitsstaates des Kunden ausge-

---

[128] Abschn. 3a.1 Abs. 3 UStAE.
[129] EuGH Urteile v. 4.7.1985, Rs. 168/84, EuGHE S. 2251, v. 2.5.1996, C-231/94, EuGHE I S. 2395, v. 17.7.1997, C-190/95, EuGHE I S. 4383, und v. 20.2.1997, C-260/95, EuGHE I S. 1005.
[130] → Rn. 127 bei den innergemeinschaftlichen Lieferungen; die Online-Überprüfung erfolgt unter folgendem Link: http://evatr.bff-online.de/eVatR.
[131] Das Formular der Deutschen Finanzverwaltung hat die Bezeichnung USt 1 TN – Nachweis der Eintragung als Steuerpflichtiger (Unternehmer), ausländische Formulare wie etwa das Formular 6166

stellt hat. Allerdings dürfte in der Praxis ein solches Formular nicht immer verfügbar sein, entweder, weil der Kunde sich weigert, ein entsprechendes Formular zu besorgen, oder aus anderen Gründen, etwa weil es in dem entsprechenden Land keine Steuerverwaltung gibt, die ein derartiges Formular ausstellen könnte. In diesen Fällen sollten alle verfügbaren Indizien zusammengetragen werden die verfügbar sind, etwa Handelsregisterauszüge, Screenshots der Homepage des Kunden (aus denen eine Beschreibung der Geschäftstätigkeit ersichtlich ist), Darstellung von Wirtschaftsauskunfteien etc. Diese Liste ist nicht abschließend, entscheidend ist, dass ein den Sachverhalt eventuell überprüfender Betriebsprüfer den Eindruck vermittelt bekommt, dass es sich bei dem Kunden sicher um einen Unternehmer im Sinne des UStG handelt.

237 **2. Business to Consumer (B2C).** Nach der Grundregel im Leistungsaustausch zwischen zwei Unternehmern liegt der Leistungsort von sonstigen Leistungen, die nicht unter eine der Sonderregelungen fallen, grundsätzlich dort, wo der Leistende ansässig ist (§ 3a Abs. 1 UStG). Wird die Leistung von einer Betriebsstätte erbracht, richtet sich der Leistungsort danach, wo diese belegen ist.

238 Nach Auffassung der Finanzverwaltung handelt es sich hierbei auch um die Auffangnorm für alle Fälle, in denen der Nachweis der Unternehmereigenschaft (→ Rn. 231) nicht gelingt. Rechtsfolge bei einem in Deutschland ansässigen Leistenden ist somit immer, dass der Umsatz in Deutschland steuerbar und in der Regel mangels einer Steuerbefreiung auch steuerpflichtig ist. Sofern die Umsatzsteuer nicht vom Kunden vereinnahmt worden ist (etwa weil im Moment der Zahlung von einer im Inland nicht steuerbaren Leistung an einen unternehmerischen Kunden ausgegangen wurde), so läuft dies voll gegen die Marge.

II. Ausnahmeregelungen

239 **1. Leistungen im Zusammenhang mit einem Grundstück.** Der sicherlich häufigste Ausnahmefall, der für eine Festlegung des umsatzsteuerrechtlichen Leistungsortes dürften Leistungen im Zusammenhang mit einem Grundstück sein. Dieser Zusammenhang muss in einem engen Bezug auf ein **konkretes Grundstück,** nicht allgemein auf abstrakte Grundstücke bestehen. Die Ausnahme gilt gleichermaßen für Leistungen an Unternehmer wie auch an Nichtunternehmer. Der Leistungsort liegt in diesen Fällen dort, wo das Grundstück belegen ist.

240 Grundstück ist eine bestimmte Fläche der Erdoberfläche (inkl. des Meeresbodens) sowie seine wesentlichen Bestandteile (§ 94 BGB) und Scheinbestandteile (§ 95 BGB). Dies können beispielsweise sein[132]:
- Pflege der Grünflächen des Betriebsgrundstücks,
- Gebäudereinigung, Wartung der Heizungsanlage,
- Pflege und Wartung der Aufzugsanlagen.

241 Ein enger Zusammenhang mit einem Grundstück ist dann gegeben, wenn sich die sonstige Leistung nach den tatsächlichen Umständen überwiegend auf die Bebauung, Verwertung, Nutzung oder Unterhaltung des Grundstücks selbst bezieht.

242 Derartige Leistungen sind etwa
- die in § 4 Nr. 12 UStG der Art nach bezeichneten sonstigen Leistungen (§ 3a Abs. 3 Nr. 1 S. 2 UStG), auch nach Option zur Steuerpflicht nach § 9 UStG,
- Vermietung von Wohn- und Schlafräumen, die ein Unternehmer bereithält, um kurzfristig Fremde zu beherbergen,
- die Vermietung von Plätzen, um Fahrzeuge abzustellen,
- die Überlassung von Wasser- und Bootsliegeplätzen für Sportboote,[133]

---

der Steuerverwaltung der USA (http://www.irs.gov/Individuals/International-Taxpayers/Form-6166---Certification-of-U.S.-Tax-Residency) müssen einen identischen Inhalt haben.
[132] Abschn. 3a.3 Abs. 2 UStAE.
[133] BFH Urt. v. 8.10.1991, V R 46/88, BStBl. 1992 II S. 368.

- die Vermietung und Verpachtung von Maschinen und Vorrichtungen aller Art, die zu einer Betriebsanlage gehören, wenn sie wesentliche Bestandteile oder Scheinbestandteile eines Grundstücks sind,
- die sonstigen Leistungen im Zusammenhang mit der Veräußerung oder dem Erwerb von Grundstücken (§ 3a Abs. 3 Nr. 1 S. 2 Buchst. b UStG), wie etwa die sonstigen Leistungen der Grundstücksmakler und Grundstückssachverständigen sowie der Notare bei der Beurkundung von Grundstückskaufverträgen und anderen Verträgen, die auf die Veränderung von Rechten an einem Grundstück gerichtet sind und deshalb zwingend einer notariellen Beurkundung bedürfen, zB Bestellung einer Grundschuld,
- die sonstigen Leistungen, die der Erschließung von Grundstücken oder der Vorbereitung oder der Ausführung von Bauleistungen dienen (§ 3a Abs. 3 Nr. 1 S. 2 Buchst. c UStG), so zB die Leistungen der Architekten, Bauingenieure, Vermessungsingenieure, Bauträgergesellschaften, Sanierungsträger sowie der Unternehmer, die Abbruch- und Erdarbeiten ausführen,
- Leistungen zum Aufsuchen oder Gewinnen von Bodenschätzen,
- die Begutachtung von Grundstücken,
- die Einräumung dinglicher Rechte, zB dinglicher Nießbrauch, Dienstbarkeiten, Erbbaurechte, sowie sonstige Leistungen, die dabei ausgeführt werden, zB Beurkundungsleistungen eines Notars.
- die Vermittlung von Vermietungen von Grundstücken, nicht aber die Vermittlung der kurzfristigen Vermietung von Zimmern in Hotels, Gaststätten oder Pensionen, von Fremdenzimmern, Ferienwohnungen, Ferienhäusern und vergleichbaren Einrichtungen,[134]

Nicht in einem engen Zusammenhang mit einem Grundstück stehen dagegen[135]: **243**

- der Verkauf von Anteilen und die Vermittlung der Umsätze von Anteilen an Grundstücksgesellschaften;
- die Veröffentlichung von Immobilienanzeigen, zB durch Zeitungen;
- die Finanzierung und Finanzierungsberatung im Zusammenhang mit dem Erwerb eines Grundstücks und dessen Bebauung;
- die Rechts- und Steuerberatung in Grundstückssachen;
- Planung, Gestaltung sowie Aufbau, Umbau und Abbau von Ständen im Zusammenhang mit Messen und Ausstellungen[136].

2. Dienstleistungen, die an den Tätigkeitsort gebunden sind. Seit 2011 bzw. 2010 **244** sind

- kulturelle, künstlerische, wissenschaftliche, unterrichtende, sportliche, unterhaltende oder ähnliche Leistungen, wie Leistungen im Zusammenhang mit Messen und Ausstellungen, einschließlich der Leistungen der jeweiligen Veranstalter sowie die damit zusammenhängenden Tätigkeiten, die für die Ausübung der Leistungen unerlässlich sind (§ 3a Abs. 3 Nr. 3 Buchst. a UStG), und
- Arbeiten an beweglichen körperlichen Gegenständen und die Begutachtung dieser Gegenstände (§ 3a Abs. 3 Nr. 3 Buchst. c UStG)

nur noch dann am tatsächlichen Tätigkeitsort zu besteuern, wenn sie an einen nichtunternehmerischen Abnehmer erbracht werden. Ist der Abnehmer ein Unternehmer oder eine juristische Person, der eine USt-IdNr. erteilt worden ist, richtet sich die Leistungsortbestimmung nach § 3a Abs. 2 UStG (→ Rn. 231).

Die Abgabe von Speisen und Getränken zum Verzehr an Ort und Stelle (Restaurations- **245** leistung) hat ihren umsatzsteuerrechtlichen Leistungsort dagegen am Abgabeort (§ 3a Abs. 3 Nr. 3 Buchst. b UStG), wenn diese Abgabe nicht an Bord eines Schiffs, in einem Luftfahrzeug oder in einer Eisenbahn während einer Beförderung innerhalb des Gemeinschaftsgebiets erfolgt. In diesem Fall gilt nach § 3a UStG der Abgangsort als Leistungsort.

---

[134] BFH Urt. v. 8.9.2011, V R 42/10, BStBl. 2012 II S. 248.
[135] Vgl. Abschn. 3a.3 Abs. 10 UStAE.
[136] EuGH Urt. v. 27.10.2011, C-530/09, BStBl. 2012 II S. 160.

246 Gleiches wie bei Restaurationsumsätzen gilt seit 2011 für die Einräumung der Eintrittsberechtigung zu kulturellen, künstlerischen, wissenschaftlichen, unterrichtenden, sportlichen, unterhaltenden oder ähnlichen Veranstaltungen, wie Messen und Ausstellungen, sowie die damit zusammenhängenden sonstigen Leistungen. Diese sonstigen Leistungen Fallen, werden sie an einen Nichtunternehmer erbracht, unter die oben genannte Regel des § 3a Abs. 3 Nr. 3 Buchst. a UStG, werden sie dagegen an einen Unternehmer für dessen Unternehmen oder an eine nicht unternehmerisch tätige juristische Person, der eine Umsatzsteuer-Identifikationsnummer erteilt worden ist, erbracht, ist der Leistungsort nach § 3a Abs. 3 Nr. 5 UStG (ebenfalls) der Ort, an dem die Veranstaltung tatsächlich durchgeführt wird.

Abschnitt 33. Besondere Verbrauchsteuern

Übersicht

	Rn.
A. Allgemeines	1
I. Historie	1
II. Systematik	3
III. Rechtsvorschriften	5
B. Steuergegenstände	9
I. Biersteuergesetz (§ 1 Abs. 2)	12
II. Branntweinmonopolgesetz (§ 130 Abs. 2)	13
III. Kaffeesteuergesetz (§ 2 Nr. 2 f.)	14
IV. Energiesteuergesetz (§ 1 Abs. 2 und 3)	15
V. Schaumwein- und Zwischenerzeugnissegesetz (§ 1 Abs. 2, § 29 Abs. 2 und 32 Abs. 1)	16
VI. Tabaksteuergesetz	17
VII. Stromsteuergesetz (§ 1 Abs. 1)	18
C. Steuergebiete	19
D. Besteuerungssystematik	25
I. Steueraussetzungsverfahren	25
1. Steuerlagerverfahren	27
a) Herstellungsbetriebe	37
b) Lager für verbrauchsteuerpflichtige Waren	39
2. Steuerentstehung	41
a) Entnahme in den freien Verkehr	41
b) Herstellung außerhalb eines zugelassenen Herstellungsbetriebes	42
c) Unregelmäßigkeiten im Verkehr unter Steueraussetzung	43
d) Einfuhr ohne anschließendes Steueraussetzungsverfahren	46
II. Steuerbefreiungen	48
E. Ausfuhr und Verbringen von verbrauchsteuerpflichtigen Waren	50
I. Innergemeinschaftliches Verbringen verbrauchsteuerpflichtiger Waren	51
1. Innergemeinschaftlicher Versand unter Steueraussetzung	52
2. Sonderfälle	63
a) Streckengeschäfte gem. Energiesteuerrecht	63
b) Handel mit Wein	66
3. Innergemeinschaftlicher Versand versteuerter Waren	69
II. Ausfuhr verbrauchsteuerpflichtiger Waren	73
1. Ausfuhr unter Steueraussetzung	74
2. Ausfuhr versteuerter Waren	78

A. Allgemeines

I. Historie

Verbrauchsteuern werden schon seit dem Mittelalter erhoben. Wie der Name ausdrückt, erfolgt die Besteuerung auf bestimmte Verbrauchstatbestände. Die Waren, die mit diesen Steuern belegt wurden, haben sich im Laufe der Zeit zum Teil verändert. Von Anfang an wurden beispielsweise alkoholische Getränke besteuert. Auch die Besteuerung von Tabak und **Tabakwaren** erfolgt schon seit langer Zeit. Manche Verbrauchsteuern ergaben sich im Laufe der technologischen Entwicklung. Hier ist insbesondere die Besteuerung von Mineralölen zu nennen. Andere Verbrauchsteuern, wie zB die auf Salz und Zucker, sind zwischenzeitlich weggefallen. 1

Für die Schaffung des EU-Binnenmarktes zum 1.1.1993 war die Harmonisierung der Verbrauchsteuern eine wesentliche Voraussetzung.[1] Harmonisiert wurden die aufkommensstärksten Verbrauchsteuern, nämlich die auf Alkohol und alkoholische Getränke, Mineral- 2

---

[1] Vgl. *Witte*, Beck'sche Textausgaben Zölle und Verbrauchsteuern, EG-Verbrauchsteuerrecht, Einführung, Kennung, „Vor 200".

3. Teil. Exportwirtschaft (Ausfuhr, Zoll, Steuern)

öle und Tabakwaren. In den einzelnen EU-Mitgliedstaaten werden daneben teilweise national weitere Verbrauchsteuern erhoben. In Deutschland ist dies die Verbrauchsteuer auf Kaffee. Daneben ist noch die Sondersteuer auf Alkopops zu nennen.[2]

II. Systematik

3   Verbrauchsteuern gehören zu den so genannten **indirekten Steuern**. Der Begriff drückt aus, dass die Person, die die Steuer gegenüber dem Fiskus schuldet, eine andere ist, als diejenige, die die Steuerlast wirtschaftlich letztlich tragen muss. Indirekte Steuern werden, wenn sie entstanden sind, über den Preis an den Abnehmer der verbrauchsteuerpflichtigen Ware übergewälzt und weiterbelastet.

4   Die Belastung der Ware mit der Steuer soll aber vermieden werden, sofern bestimmte Tatbestände erfüllt werden, die eine **Steuerentstehung** nicht rechtfertigen. Aus diesem Grund kennt das Verbrauchsteuerrecht das **Steueraussetzungsverfahren**. Die Verbrauchsteuer entsteht demnach während des Produktions-, Lager- und Transportverfahrens nicht, sofern bestimmte Voraussetzungen erfüllt und Verfahren eingehalten werden.

III. Rechtsvorschriften

5   Die bereits angesprochene Schaffung des Binnenmarktes mit dem sich daraus ergebenden Harmonisierungserfordernis bezüglich der Verbrauchsteuern wurde in Form von Richtlinien umgesetzt. Im Gegensatz zu Verordnungen (der EU-weit einheitliche Zollkodex – VO (EG) Nr. 2913/92 – ist eine solche Verordnung), die unmittelbar in allen EU-Mitgliedstaaten unmittelbar anwendbares Recht sind, geben Richtlinien den Rahmen vor, innerhalb dessen die Mitgliedstaaten ihr nationales Recht schaffen müssen. Richtlinien bedürfen also der Umsetzung in nationales Recht.

6   Folgende Richtlinien wurden im Verbrauchsteuerrecht erlassen:
- Richtlinie 2008/118/EG des Rates vom 16.12.2008 (ABl. EU 2009 Nr. L 9 S.12; geändert durch RL Nr. 2010/12 (EU) vom 16.2.2010 (ABl. Nr. L 50 S. 1)): Systemrichtlinie über das allgemeine Verbrauchsteuersystem und zur Aufhebung der Richtlinie 92/12/EWG
- Richtlinien 92/83 vom 19.10.1992 (ABl. EG Nr. L 316 S. 21, ber. ABl. EG 1995 Nr. L 19 S. 52); geändert durch Beitrittsakte 2004 (ABl. EU 2003 Nr. L 236 S. 1/560) und Beitrittsakte (ABl. EU 2005 Nr. L 157 S. 1/263) zur Harmonisierung der Struktur der Verbrauchsteuern auf Alkohol und alkoholische Getränke
- Richtlinie 2011/64/EU vom 21.6.2011 (ABl. EU Nr. L 176 S. 24) über die Struktur und die Sätze der Verbrauchsteuern auf Tabakwaren
- Richtlinie (EG) 2003/96 vom 27.10.2003 (ABl. EU Nr. L 283 S. 51) zur Restrukturierung der gemeinschaftlichen Rahmenvorschriften zur Besteuerung von Energieerzeugnissen und elektrischem Strom
- Richtlinie (EWG) Nr. 92/84 vom 19.10.1992 (ABl. EG Nr. L 316 S. 29) über die Annäherung der Verbrauchsteuersätze auf Alkohol und alkoholhaltige Getränke

7   Neben diesen Richtlinien wurden Verordnungen zum EDV-gestützten Verfahren für die Beförderung verbrauchsteuerpflichtiger Waren unter Steueraussetzung geschaffen:
- VO (EG) Nr. 684/2009 vom 24.7.2009 (ABl. EU Nr. L 197 S. 24) zur Durchführung der Richtlinie 2008/118/EG des Rates in Bezug auf die EDV-gestützten Verfahren für die Beförderung verbrauchsteuerpflichtiger Waren unter Steueraussetzung
- VO (EWG) 3649/92 vom 17.12.1992 (ABl. EG Nr. L 369 S. 17) zur Festlegung der **Begleitdokumente** für das Beförderungsverfahren erlassen.

8   Wie bereits beschrieben, setzt die EU mit den Vorschriften – mit Ausnahme der beiden Verordnungen – den Rahmen, innerhalb dessen die Mitgliedstaaten ihre Gesetze erlassen müssen. In Deutschland sind folgende **Verbrauchsteuergesetze** in Kraft:

---

[2] Vgl. www.zoll.de.

- Biersteuergesetz vom 15.7.2009
- Gesetz über das Branntweinmonopol vom 8.4.1922
- Kaffeesteuergesetz vom 21.12.1992
- Energiesteuergesetz vom 15.7.2006
- Schaumwein- und Zwischenerzeugnissteuergesetz vom 15.7.2009
- Tabaksteuergesetz vom 15.7.2009
- Stromsteuergesetz vom 24.3.1999

Die Besteuerung von Strom und Kaffee erfolgt rein national, ist also EU-weit nicht harmonisiert.

B. Steuergegenstände

Die Definition der **Steuergegenstände** erfolgt regelmäßig in Anlehnung an die zolltarifliche Klassifizierung, dh deren Erfassung in der **Kombinierten Nomenklatur (KN)**. Kenntnisse über die Einreihung von Waren in die KN sind demnach unerlässlich, will ein Unternehmer entscheiden, ob eine Ware Steuergegenstand im Sinne eines Verbrauchsteuergesetzes ist oder nicht. Sofern Unklarheit herrschen sollte, ob eine Ware unter die Regelungen eines Verbrauchsteuergesetzes fällt, besteht die Möglichkeit, sich bei den Zollbehörden (Zolltechnische Prüfungs- und Lehranstalten) eine Auskunft über die **Klassifizierung** der Ware zu holen.

Einzige Ausnahme stellt das **Tabaksteuergesetz** dar, in dem die Steuergegenstände durch Beschreibung definiert werden.[3]

Grundsätzlich werden bestimmte Verwendungen von Fertigprodukten der Besteuerung unterworfen, dh Rohstoffe und -produkte werden allgemein nicht besteuert. Im Einzelnen ergibt sich hinsichtlich der Steuergegenstände folgendes:

I. Biersteuergesetz (§ 1 Abs. 2)

1. Bier der Pos. 2203 der KN
2. Mischungen von Bier der Pos. 2203 mit nichtalkoholischen Getränken, die der Pos. 2206 KN zuzuordnen sind.

II. Branntweinmonopolgesetz (§ 130 Abs. 2)

1. Waren der Pos. 2207 und 2208 KN mit einem Alkoholgehalt über 1,2% vol.
2. Waren der Pos. 2204, 2205 und 2206 KN mit einem Alkoholgehalt über 22% vol.
3. **branntweinhaltige Waren** (Erzeugnisse) – das sind alkoholhaltige Erzeugnisse, die nicht in Kap. 22 KN einzureihen sind und unter Verwendung von Branntwein hergestellt worden sind oder Branntwein enthalten und deren Alkoholgehalt höher als 1,2% vol. sind, bei nicht flüssigen Waren 1% mas ist
4. **Alkoholgemische** (BMF-Erlass III A2 – 2310-5/03 vom 25.11.2003).

III. Kaffeesteuergesetz (§ 2 Nr. 2 ff.)

1. **Kaffee** = **Röstkaffee** und **löslicher Kaffee**. Das gilt auch, wenn der Kaffee Beimischungen mit einem Anteil von weniger als 100 g je kg enthält.
2. Röstkaffee = gerösteter Kaffee, auch entkoffeiniert, aus Pos. 0901 KN
3. löslicher Kaffee = Auszüge, Essenzen und Konzentrate aus Kaffee, auch entkoffeiniert, aus Unterposition 2101 11 KN
4. **kaffeehaltige Waren**, die in das **Steuergebiet** verbracht werden. Kaffeehaltige Waren sind Erzeugnisse, die in einem Kilogramm 10 bis 900 Gramm Kaffee enthalten.

---

[3] Vgl. *Witte*, Beck'sche Textausgaben Zölle und Verbrauchsteuern, Nationale Verbrauchsteuervorschriften, Einführung, Kennung, „Vor 300".

3. Teil. Exportwirtschaft (Ausfuhr, Zoll, Steuern)

IV. Energiesteuergesetz (§ 1 Abs. 2 und 3)

15 1. Waren der Pos. 1507 bis 1518 KN, die dazu bestimmt sind, als Kraft- oder Heizstoff verwendet zu werden
2. Waren der Pos. 2701, 2702, 2704 – Kohle im Sinne § 1a S. 1 Nr. 13 – bis 2715 KN
3. Waren der Pos. 2901 und 2902 KN
4. Waren der Unterpos. 2905 1100 KN, die nicht von synthetischer Herkunft sind und dazu bestimmt sind, als Kraft- oder Heizstoff verwendet zu werden
5. Waren der Pos. 3403, 3811 und 3817 KN
6. Waren der Unterpos. 3824 9099 KN, die dazu bestimmt sind, als Kraft- oder Heizstoff verwendet zu werden.
7. andere als die genannten Waren (mit Ausnahme von Torf und Waren der Pos. 4401 4402 KN), die zur Verwendung als Kraftstoff oder als Zusatz oder Verlängerungsmittel von Kraftstoffen bestimmt sind oder als solche zum Verkauf angeboten und verwendet werden
8. andere als die genannten Waren (mit Ausnahme von Torf und Waren der Pos. 4401 4402 KN), ganz oder teilweise aus Kohlenwasserstoffen, die zur Verwendung als Heizstoff bestimmt sind oder als solche zum Verkauf angeboten oder verwendet werden.

V. Schaumwein- und Zwischenerzeugnissegesetz (§ 1 Abs. 2, § 29 Abs. 2 und 32 Abs. 1)

16 1. Schaumwein sind alle Getränke, die in Flaschen mit Schaumweinstopfen, der durch eine besondere Haltevorrichtung befestigt ist, enthalten sind oder
2. die bei + 20 Grad Celsius einen auf gelöstes Kohlendioxid zurückzuführenden Überdruck von 3 bar oder mehr aufweisen und die zu den nachfolgenden Positionen oder Unterpositionen der KN gehören:
3. Unterpos. 2204 10, 2204 2110, 2204 2910 und Pos. 2205, soweit sie einen ausschließlich durch Gärung entstandenen vorhandenen Alkoholgehalt von mehr als 1,2% vol. bis 15% vol. aufweisen
4. Unterpos. 2206 0091 und nicht von Nummer 3 erfasste Unterpos. 2204 10, 2204 2110, 2204 2910 sowie Pos. 2205, soweit sie einen vorhandenen Alkoholgehalt von mehr als 1,2% vol. bis 13% vol. aufweisen
5. Unterpos. 2206 0091 mit einem ausschließlich durch Gärung entstandenen vorhandenen Alkoholgehalt von mehr als 13% vol. bis 15% vol.
6. **Zwischenerzeugnisse** sind Erzeugnisse der Pos. 2204, 2205 und 2206 KN mit einem vorhandenen Alkoholgehalt von mehr als 1,2% vol. bis 22% vol., die nicht als Schaumwein besteuert werden oder als Wein gelten oder als Bier besteuert werden.
7. **Wein** im Sinne des Gesetzes sind die nicht der Schaumweinsteuer unterliegenden Erzeugnisse
   a) der Pos. 2204 und 2205 KN,
      – die einen vorhandenen Alkoholgehalt von mehr als 1,2% vol. bis 15% vol. aufweisen und der in den Fertigerzeugnissen enthaltene Alkohol ist ausschließlich durch Gärung entstanden
      – die einen vorhandenen Alkoholgehalt von mehr als 15% vol. bis 18% vol. aufweisen, ohne Anreicherung hergestellt wurden und deren in den Fertigerzeugnissen enthaltener Alkohol ausschließlich durch Gärung entstanden ist
   b) der Pos. 2204 und 2205 KN, die nicht vorstehend erfasst sind, sowie die Erzeugnisse der Pos. 2206 KN, die nicht als Bier besteuert werden und die einen vorhandenen Alkoholgehalt von mehr als 1,2% vol. bis 10% vol. aufweisen
   c) der Pos. 2206 KN, die nicht als Bier besteuert werden und die einen vorhandenen Alkoholgehalt von mehr als 10% vol. bis 15% vol. aufweisen, der ausschließlich durch Gärung entstanden ist.

Abschnitt 33. Besondere Verbrauchsteuern

Auf Wein wird in Deutschland keine Steuer erhoben. Beim innergemeinschaftlichen Verkehr unterliegt er aber besonderen Regeln (→ Rn. 68).

VI. Tabaksteuergesetz

Siehe Begriffsbestimmungen in § 1 Tabaksteuergesetz. 17

VII. Stromsteuergesetz (§ 1 Abs. 1)

Elektrischer Strom der Pos. 2716 KN. 18

C. Steuergebiete

Das Steuergebiet ist in den **deutschen Verbrauchsteuergesetzen** sehr klar und leicht verständlich definiert – es ist identisch mit dem Gebiet der Bundesrepublik Deutschland. Ausgenommen werden lediglich das Gebiet von Büsingen und die Insel Helgoland. 19

Daneben ist es wichtig, das **Verbrauchsteuergebiet der EG** zu kennen, denn für die Frage, wann ein Export im verbrauchsteuerrechtlichen Sinne vorliegt, muss klar sein, wann ein **innergemeinschaftliches Verbringen** vorliegt und wann ein Export in Länder außerhalb der EU. Grundsätzlich kann das Verbrauchsteuergebiet der EG mit dem Staatsgebiet gleich gesetzt werden. Allerdings gelten nachstehende Besonderheiten: 20

Zum Verbrauchsteuergebiet der EG zählen nicht: 21
- Die Alandinseln für die Republik Finnland.
- Die Insel Helgoland und das Gebiet Büsingen für die Bundesrepublik Deutschland.
- Die überseeischen Departements (Martinique, Guadeloupe, Réunion und Französisch-Guyana) für die Französische Republik.
- Livigno, Campione d'Italia und die italienischen Hoheitsgewässer des Luganer Sees für die Italienische Republik.
- Die Färöer Inseln und Grönland für das Königreich Dänemark.
- Der Berg Athos für die Republik Griechenland.
- Ceuta und Melilla und die Kanarischen Inseln für das Königreich Spanien.
- Die Kanalinseln für das Vereinigte Königreich Großbritannien und Nordirland.
- Die Anwendung des EG-Rechts ist im Bereich des türkisch besetzten nördlichen Teils der Insel Zypern ausgesetzt.

Die Sonderregeln führen dazu, dass Lieferungen in die vorgenannten Gebiete nicht den Regeln des innergemeinschaftlichen Verkehrs unterliegen, sondern als Exporte zu betrachten sind. 22

Folgende Gebiete werden als zum Verbrauchsteuergebiet gehörig betrachtet: 23
- Das Fürstentum Monaco zur Französischen Republik.
- Jungholz und Mittelberg zur Bundesrepublik Deutschland.
- Die Insel Man zum Vereinigten Königreich Großbritannien und Nordirland.
- San Marino zur Italienischen Republik.

Lieferungen in diese Gebiete sind daher verbrauchsteuerrechtlich als innergemeinschaftlich anzusehen. 24

D. Besteuerungssystematik

I. Steueraussetzungsverfahren

Wie oben bereits ausgeführt, eröffnet die Besteuerungssystematik die Möglichkeit, dass die Verbrauchsteuer zu einem sehr späten Zeitpunkt oder – zB bei Verbringen der Waren aus dem deutschen Verbrauchsteuergebiet – hier gar nicht entsteht. Der komplette **Herstellungs-, Lagerungs- und Beförderungsprozess** ist ohne Entstehung der Steuer im 25

3. Teil. Exportwirtschaft (Ausfuhr, Zoll, Steuern)

Zuge des sogenannten Steueraussetzungsverfahrens möglich (Ausnahmen bilden hier lediglich die Stromsteuer und die Erdgassteuer). „Dabei wird zwischen dem **Verkehr unter Steueraussetzung im Steuergebiet,** dem **Verkehr unter Steueraussetzung mit anderen Mitgliedstaaten** und der **Ausfuhr unter Steueraussetzung** unterschieden".[4]

26   Unter Steueraussetzung können den Verbrauchsteuern unterliegende Waren quasi „unversteuert" hergestellt, gelagert und bewegt (befördert) werden. Wegen der auf ihnen lastenden Abgaben unterliegen sie für den Zeitraum der Aussetzung aber einer steuerlichen Überwachung durch die Zollbehörden.

27   **1. Steuerlagerverfahren.** Der Produktions- und Großhandelsprozess mit verbrauchsteuerpflichtigen Waren wird über das Steuerlagerverfahren abgewickelt. „Steuerlager sind Orte, an denen verbrauchsteuerpflichtige Waren unter Steueraussetzung, also unversteuert, hergestellt, be- oder verarbeitet, gelagert, empfangen oder versandt werden dürfen".[5] Die Mehrzahl der Verbrauchsteuergesetze definiert einheitlich sowohl die Herstellungsbetriebe als auch die Lager als **Steuerlager** (vgl. zB § 5 Abs. 2 EnergieStG).

28   Die Verbrauchsteuergesetze enthalten regelmäßig auch Regelungen darüber, was als Herstellungsbetrieb und was als Lager im Sinne der Vorschriften anzusehen ist (vgl. zB §§ 6, 7 EnergieStG).

29   Wer ein Steuerlager nutzen möchte, bedarf der **Bewilligung** des für den Betrieb zuständigen Hauptzollamts. Voraussetzung für die Erteilung der Bewilligung ist vor allem die steuerliche Zuverlässigkeit des Antragstellers.

30   Unternehmen, die am Steuerlager- und am Steueraussetzungsverfahren teilnehmen wollen, erhalten vorab je eine **Verbrauchsteuernummer** zugeteilt. Seit dem 1.9.2008 wird dabei nicht pro Unternehmen nur eine Nummer erteilt. Jetzt erhält jedes Unternehmen je zugelassenem Verfahren eine separate Verbrauchsteuernummer zugeteilt Dies geschieht im Rahmen des jeweiligen Antragsverfahrens durch das zuständige Hauptzollamt. Auch Betriebsstätten eines Unternehmens werden nunmehr mit einer eigenen Nummer separat erfasst.

31   **Steuerlagerinhaber** dürfen verbrauchsteuerpflichtige Produkte (Rohstoffe ebenso wie Fertigwaren) unter Steueraussetzung von anderen Steuerlagerinhabern im Steuergebiet oder in der der EU beziehen. Ebenso ist dies im Anschluss an die Einfuhr aus Drittländern möglich. Wer Waren unter Steueraussetzung bezieht, hat diese unverzüglich in den in der **Bewilligung** festgelegten Büchern aufzuzeichnen.

32   Die Produktion ist also ebenso unter Steueraussetzung möglich, wie auch die Lagerung der aus der Produktion hervorgegangenen oder im Steueraussetzungsverfahren bezogenen Waren. Unternehmen, die verbrauchsteuerpflichtige Waren unter Steueraussetzung lagern wollen, können dies zeitlich unbegrenzt tun. Voraussetzung ist eine entsprechende Bewilligung, die vom Vorliegen eines wirtschaftlichen Bedürfnisses abhängig ist. Das wirtschaftliche Bedürfnis wird ua als gegeben akzeptiert bei Lagern, die dem Großhandel und dem Großhandelsvertrieb durch Hersteller dienen.

33   Der Antrag auf Bewilligung einer Lagerstätte muss insbesondere folgende Unterlagen enthalten:
- Beschreibung der Lagerstätten,
- Erklärung der zu lagernden Waren
- Angaben, ob gleichartige versteuerte Erzeugnisse gehandelt, gelagert oder verwendet werden sollen
- eine Darstellung der Mengenermittlung und Buchführung
- einen Handelsregisterauszug.

34   Die Herstellung unter Steueraussetzung unterliegt weitgehend identischen Regeln wie die Lagerung. Dementsprechend enthalten die von den Zollbehörden herausgegebenen Merkblätter für die Herstellung und Lagerung in den meisten Passagen gleichlautende Re-

---

[4] Vgl. *Witte,* Beck'sche Textausgaben Zölle und Verbrauchsteuern, „Vor 300".
[5] Vgl. www.zoll.de.

gelungen (vgl. zB Formblätter 1171 und 1173 für Herstellungsbetriebe bzw. Lager von Energieerzeugnissen).

Inhaber von Steuerlagern dürfen die in ihrer jeweiligen Bewilligung zugelassenen verbrauchsteuerpflichtigen Waren unter Steueraussetzung von Inhabern anderer Steuerlager im Steuergebiet oder in anderen Mitgliedstaaten beziehen.[6] Das Verfahren verläuft dabei analog demjenigen, das für den Versand unter Steueraussetzung gilt (→ Rn. 52). **35**

Auch der Bezug unter Steueraussetzung im Anschluss an die **Überführung in den zollrechtlich freien Verkehr** ist möglich. Die unter Steueraussetzung bezogenen Waren sind unverzüglich in das Steuerlager aufzunehmen und die Begleitdokumente den Vorschriften entsprechend zu behandeln. Darüber hinaus sind die aufgenommenen Waren in die entsprechenden Bücher (Lager- bzw. Herstellungsbuch) einzutragen. **36**

a) Herstellungsbetriebe. Wer verbrauchsteuerpflichtige Waren unter Steueraussetzung herstellen will, bedarf der **Bewilligung** vor Beginn der Herstellung. „Der Herstellungsbetrieb muss so eingerichtet sein, dass die mit der **Steueraufsicht** betrauten Amtsträger den Gang der Herstellung und den Verbleib der Erzeugnisse im Betrieb verfolgen können".[7] **37**

Wegen der erheblichen steuerlichen Bedeutung hat ein **Inhaber eines Herstellungsbetriebs** – wie auch jeder Unternehmer, der das System der Steueraussetzung nutzt – erhebliche und sehr weit reichende Pflichten gegenüber den Behörden zu erfüllen. Neben der entsprechenden Einrichtung des Betriebes sind vor allem auch buchhalterische und Anmeldepflichten zu nennen (vgl. beispielhaft § 15 EnergieStV). **38**

b) Lager für verbrauchsteuerpflichtige Waren. Auch wer verbrauchsteuerpflichtige Waren unter Steueraussetzung lagern will, bedarf der Erlaubnis. Hinsichtlich der Einrichtung des Lagers, das durch das zuständige Hauptzollamt abgenommen werden muss, gibt es sehr genaue Vorschriften (vgl. beispielhaft § 17 EnergieStV). **39**

Der **Lagerinhaber** unterliegt selbstverständlich auch der **Steueraufsicht**. Die Pflichten des Lagerinhabers sind ähnlich weitreichend wie die des **Inhabers eines Herstellungsbetriebes** und reichen von der Einrichtung des Lagers über die getrennte Lagerung verschiedener verbrauchsteuerpflichtiger Waren bis hin zu Aufzeichnungs- und Meldepflichten (vgl. zB §§ 17 und 19 EnergieStV). Welche Behandlungen im Einzelnen im Lager erlaubt sind, ist dem jeweiligen Gesetz und der Bewilligung zu entnehmen (vgl. zB § 20 EnergieStV). **40**

2. Steuerentstehung. a) Entnahme in den freien Verkehr. Wird eine verbrauchsteuerpflichtige Ware aus dem Steuerlager entfernt, ohne dass sich ein weiteres Steueraussetzungsverfahren anschließt, entsteht die Steuer. Ausnahme von diesem Grundsatz ist der Fall, dass sich eine Steuerbefreiung anschließt (vgl. beispielhaft §§ 25 ff. EnergieStG). **Steuerschuldner** ist in diesem Fall in der Regel der Steuerlagerinhaber. **41**

b) Herstellung außerhalb eines zugelassenen Herstellungsbetriebes. Wer verbrauchsteuerpflichtige Waren außerhalb eines bewilligten Herstellungsbetriebes herstellt, löst damit auch die **Steuerentstehung** aus. Steuerschuldner ist in diesem Fall der **Hersteller** (vgl. beispielhaft § 9 EnergieStG). **42**

c) Unregelmäßigkeiten im Verkehr unter Steueraussetzung. Werden verbrauchsteuerpflichtige Waren während der Beförderung unter Steueraussetzung dem Aussetzungsverfahren entzogen, entsteht die Verbrauchsteuer, es sei denn, dass sie nachweislich an Personen im Steuergebiet abgegeben worden sind, die zum Bezug unter Steueraussetzung berechtigt sind (vgl. zB § 14 EnergieStG). **43**

Ein Entziehen wäre beispielsweise gegeben, wenn die verbrauchsteuerpflichtigen Waren im Steueraussetzungsverfahren nicht oder nicht fristgerecht dem Empfänger gestellt werden. Steuerschuldner ist in diesen Fällen **44**

---

[6] Vgl. zB Tz. 3.1 der Merkblätter 1171 und 1173.
[7] Vgl. beispielhaft § 13 Abs. 1 EnergieStV und Vordruck 1171 „Merkblatt für Inhaber eines Herstellungsbetriebes für Energieerzeugnisse".

- der Steuerlagerinhaber
- der Anmelder für das Beförderungsverfahren
- der Empfänger im Steuergebiet
- der Beförderer oder Eigentümer oder
- der Entzieher.

45 Wer als Steuerschuldner oder Gesamtschuldner in Anspruch genommen wird, hängt vom Einzelfall ab und davon, in welcher Phase des Aussetzungsverfahrens die Steuer entstanden ist.

46 **d) Einfuhr ohne anschließendes Steueraussetzungsverfahren.** Werden **verbrauchsteuerpflichtige Waren** aus einem Drittland in die EU eingeführt, ohne dass sich an die **Überführung in den zoll- und steuerrechtlichen freien Verkehr** ein Steueraussetzungsverfahren anschließt, entsteht ebenfalls die Verbrauchsteuer. In diesem Fall richtet sich die Frage der Steuerschuldnerschaft nach den entsprechenden Regelungen des Zollkodex der EU (vgl. zB § 19 EnergieStG iVm Art.201 VO (EWG) 2913/92-ZollkodexVO).

47 In den Fällen der Buchstaben a–c hat der **Steuerschuldner** jeweils unverzüglich eine Steueranmeldung abzugeben und die Steuer darin selbst zu berechnen.

II. Steuerbefreiungen

48 Abhängig von der Art der verbrauchsteuerpflichtigen Ware enthalten die einzelnen Verbrauchsteuergesetze Steuerbefreiungstatbestände. Diese sind grundsätzlich verwendungsbezogene Befreiungen, die abhängig sind von der vorherigen **Bewilligung**. Die Waren, die zu **steuerbefreiten Zwecken** eingesetzt werden, befinden sich folglich nicht mehr im Steueraussetzungsverfahren, sondern unterlägen der Steuerpflicht, wenn sie nicht einem begünstigten Zweck zugeführt würden.

49 Dementsprechend entsteht die Steuer, wenn festgestellt wird, dass die Ware zweckwidrig, dh nicht für den begünstigten Zweck eingesetzt wurde. In diesen Fällen ist der **Erlaubnisinhaber** Steuerschuldner und hat unverzüglich eine **Steueranmeldung** abzugeben (vgl. beispielhaft § 30 EnergieStG).

E. Ausfuhr und Verbringen von verbrauchsteuerpflichtigen Waren

50 Wird allgemeinsprachlich vom Export von Waren gesprochen, so muss juristisch zwischen dem Verkehr mit anderen Staaten der Europäischen Union und der Ausfuhr in Länder außerhalb der EU unterschieden werden. Zudem ist zu differenzieren zwischen dem Versand versteuerter Waren und dem Verbringen bzw. der Ausfuhr unversteuerter Waren.

I. Innergemeinschaftliches Verbringen verbrauchsteuerpflichtiger Waren

51 Beim innergemeinschaftlichen Verkehr sind zunächst auch die Vorschriften des Umsatzsteuerrechts zu beachten. Diesbezüglich wird auf den vorstehenden → Abschnitt 32 verwiesen. Dabei muss unterschieden werden zwischen dem Versand unter Steueraussetzung und dem versteuerter Waren.

52 **1. Innergemeinschaftlicher Versand unter Steueraussetzung.** Werden verbrauchsteuerpflichtige Waren unter Steueraussetzung innergemeinschaftlich versandt, ist zwingend das elektronische Verfahren EMCS anzuwenden. Der Versand unter Steueraussetzung ist dabei nur an **Steuerlagerinhaber** oder an **Registrierte Empfänger** möglich.

53 Registrierte Empfänger sind Personen, denen von den Behörden eines anderen Mitgliedstaats die Bewilligung zum nicht nur gelegentlichen Bezug von verbrauchsteuerpflichtigen Waren unter Steueraussetzung erteilt worden ist. Der Registrierte Empfänger verfügt daher ebenso über eine **Verbrauchsteuernummer** wie der Steuerlagerinhaber.

54 Vor dem Hintergrund, dass eine Beförderung von Waren erfolgt, die mit Verbrauchsteuer belastet sind, aber unter Steueraussetzung stehen, muss eine zollamtliche Überwachung

Abschnitt 33. Besondere Verbrauchsteuern

gewährleistet sein. Das angewandte Verfahren ähnelt dem zollrechtlichen Versandverfahren (NCTS).

Vor der Inanspruchnahme des EMCS muss der Versender (Steuerlagerinhaber oder Registrierter Versender) Sicherheit leisten (vgl. zB § 11 Abs. 2 EnergieStG). Diese kann in Form der Einzelsicherheit je Verfahren geleistet werden, oder aber als Gesamtbürgschaft für mehrere Verfahren. 55

Für die Höhe der Gesamtbürgschaft sehen die Dienstvorschriften in Deutschland vor, dass der „52. Teil des Steuerwertes aller voraussichtlich in einem Jahr durchgeführten Beförderungen zugrunde gelegt" werden.[8] 56

Der Verlauf des Verfahrens ist in folgendem Schaubild dargestellt: 57

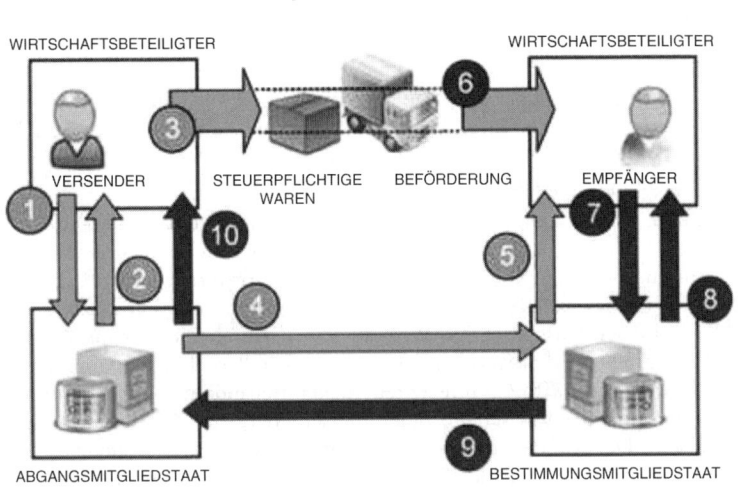

1. Der Versender legt das e-VD vor.
2. Der Abgangsmitgliedstaat erklärt das e-VD für gültig und sendet es an den Versender zurück (einschließlich Referenzcode).
3. Der Versender versendet die verbrauchsteuerpflichtigen Waren.
4. Der Abgangsmitgliedstaat übermittelt das e-VD an Bestimmungsmitgliedstaat.
5. Der Bestimmungsmitgliedstaat leitet das e-VD an den Empfänger weiter.
6. Die verbrauchsteuerpflichtigen Waren kommen am Bestimmungsort an.
7. Der Empfänger gibt eine Eingangsmeldung ab.
8. Der Bestimmungsmitgliedstaat erklärt die Eingangsmeldung für gültig und sendet sie an den Empfänger zurück.
9. Der Bestimmungsmitgliedstaat übermittelt die Eingangsmeldung an den Abgangsmitgliedstaat.
10. Der Abgangsmitgliedstaat leitet die Eingangsmeldung an den Versender weiter.

(Quelle: www.zoll.de)

Der Versender hat dem zuständigen Hauptzollamt den Entwurf des elektronischen Begleitdokuments (e-VD) zuzusenden. Die Bestätigung des e-VD erfolgt in Form der Rücksendung des e-VD nach Registrierung und Zuteilung eines eindeutigen Referenzcodes (ARC). Gleichzeitig erhält die Zollstelle des Warenempfängers (Steuerlagerinhaber oder Registrierter Empfänger) das e-VD. 58

Ein Ausdruck des e-VD, ein dieselben Daten enthaltendes Handelspapier oder ein Handelspapier, aus dem der Referenzcode hervorgeht, muss vom Beförderer mitgeführt werden. Bei Eintreffen der Ware sendet der Empfänger seiner Zollstelle eine Eingangsmel- 59

---

[8] Vgl. *Möhlenkamp/Milewski*, Kommentar EnergieStG/StromStG, zu § 11 EnergieStG, Rn. 13.

dung. Sofern die Zollstelle diese für gültig erklärt, sendet sie parallel die Eingangsmeldung bestätigt an den Warenempfänger und an das Hauptzollamt des Versenders. Das Hauptzollamt leitet die Meldung an den Versender weiter.

60 Die aus dem Steuerlager entfernten Waren sind unverzüglich als **Abgang** in der **steuerlichen Buchführung** zu erfassen. Zudem hat ein unverzüglicher Versand in den anderen Mitgliedstaat zu erfolgen. Der Versender trägt die Verantwortung dafür, dass der Versand ordnungsgemäß erfolgt. Kommt es zu Fehlern innerhalb des Steueraussetzungsverfahrens, wird der Versender so lange als Schuldner in Anspruch genommen, bis ein zugelassener Steuerlagerinhaber oder Berechtigter Empfänger den Empfang bestätigt hat.

61 Sofern der Nachweis nicht innerhalb von vier Monaten gelingt, dass die Steuergegenstände am Bestimmungsort angelangt, untergegangen oder auf Grund einer außerhalb des Steuergebiets eingetretenen Unregelmäßigkeit nicht am Bestimmungsort angelangt sind, erhebt das für den Versender zuständige Hauptzollamt bei diesem die Steuer.

62 Der Versender sollte sich über die Bezugsberechtigung des Kunden vergewissern. Hierzu dient die sogenannte **SEED-Datenbank** der deutschen Zollverwaltung. SEED steht für System of the Exchange of Excise Data. Sie dient dazu, dem Steuerlagerinhaber die Möglichkeit zu schaffen, die Empfangsberechtigung seines Kunden zu überprüfen.

63 **2. Sonderfälle. a) Streckengeschäfte gem. Energiesteuerrecht.** Unter Streckengeschäft versteht man im Energiesteuerrecht den Sonderfall des Versands unter Steueraussetzung, dass die verbrauchsteuerpflichtige Ware nicht körperlich vom Erwerber in sein Lager aufgenommen wird, sondern dieser „lediglich" als **Zwischenhändler** dient. Dieser Zwischenhändler verkauft die verbrauchsteuerpflichtige Ware an seinen Kunden weiter, und der Versender liefert die Ware direkt an den Kunden des Zwischenhändlers. Umsatzsteuerlich handelt es sich um ein **Reihengeschäft.** Zur umsatzsteuerlichen Behandlung → Abschnitt 32).

64 Der Lieferant und der Zwischenhändler müssen in dieser Konstellation Inhaber von Steuerlagern sein. Der Kunde kann Steuerlagerinhaber sein. Für das Steueraussetzungsverfahren ist dies aber nicht zwingend. Er könnte beispielsweise ebenso die Ware zur steuerfreien Verwendung beziehen. Die gesamte Lieferung erfolgt unter Steueraussetzung.

65 Mit der zivilrechtlichen Inbesitznahme durch den Zwischenhändler wird die Aufnahme in dessen Steuerlager fingiert. Zeitgleich gilt die Ware bereits wieder als aus dem Steuerlager des Zwischenhändlers entfernt. Die Steuer entsteht bzw. entstünde nur im Fall der Entnahme in den freien Verkehr durch den Kunden des Zwischenhändlers.

66 **b) Handel mit Wein.** Wein unterliegt im deutschen Verbrauchsteuergebiet zwar keiner Verbrauchsteuer. Dennoch ist er Gegenstand der Steueraufsicht im Verkehr mit anderen Mitgliedstaaten (§§ 32/33 SchaumwZwStG).

67 Gemäß § 33 Abs. 2 in Verbindung mit § 32 Abs. 2 Nr. 2 SchaumwZwStG bedürfen **Inhaber von Weinherstellungsbetrieben** und anderen Betrieben einer Erlaubnis, wenn sie Wein im innergemeinschaftlichen Steueraussetzungsverfahren an Steuerlager oder berechtigte Empfänger in anderen Mitgliedstaaten versenden wollen. Ausgenommen hiervon sind **„kleine Weinerzeuger"**, dh Herstellungsbetriebe mit einer durchschnittlichen Erzeugung von weniger als 1000 hl pro Weinwirtschaftsjahr. Diese erfüllen ihre Pflicht, indem sie dem zuständigen Hauptzollamt eine Anzeige senden und ihre durchschnittliche Weinerzeugung errechnet auf Basis der letzten drei Jahre mitteilen.

68 Wird Wein unter Steueraussetzung aus Deutschland versandt, gelten hinsichtlich Verfahrens dieselben Regelungen wie bei den anderen Steuergegenständen.

69 **3. Innergemeinschaftlicher Versand versteuerter Waren.** Sollen nachweislich versteuerte verbrauchsteuerpflichtige Waren innergemeinschaftlich zu gewerblichen Zwecken versandt werden, so ist das Vereinfachte Begleitdokument (VBD – Vordruck Nr. 2725) in dreifacher Ausfertigung zu verwenden. Alternativ kann auch hier ein Handelsdokument gleichen Inhalts verwendet werden. Dieses ist dann an gut sichtbarer Stelle mit dem Wortlaut „*Vereinfachtes Begleitdokument (verbrauchsteuerpflichtige Ware) zu verbrauchsteuerrechtlichen Kontrollzwecken*" zu kennzeichnen.

Der Lauf der einzelnen Exemplare ist in folgendem Schaubild dargestellt: **70**

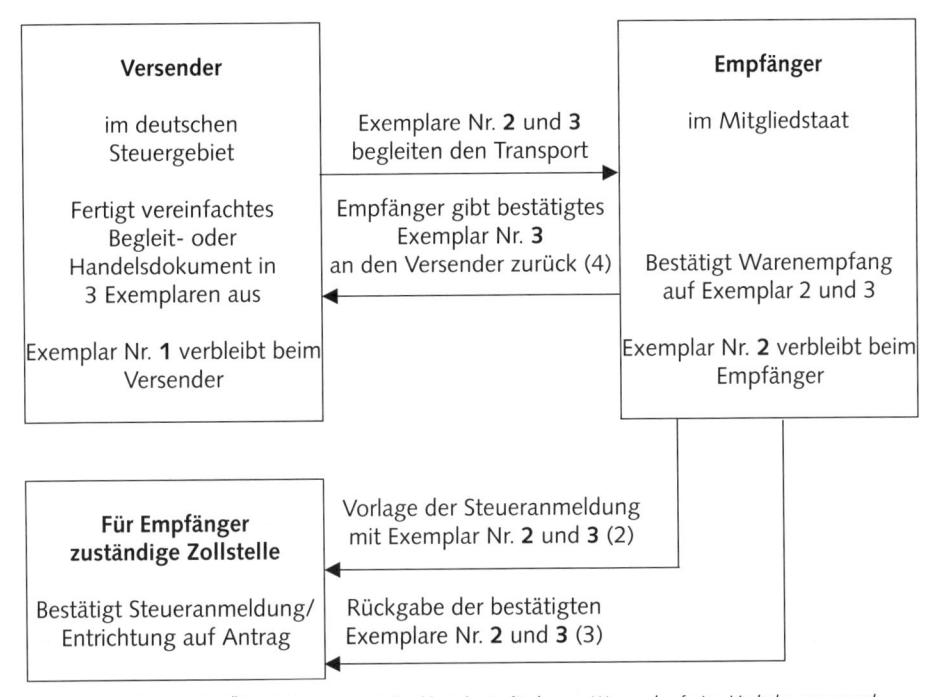

```
┌─────────────────────┐   Exemplare Nr. 2 und 3   ┌─────────────────────┐
│     Versender       │   begleiten den Transport │     Empfänger       │
│                     │ ────────────────────────▶ │                     │
│  im deutschen       │                           │  im Mitgliedstaat   │
│  Steuergebiet       │   Empfänger gibt          │                     │
│                     │   bestätigtes             │  Bestätigt          │
│  Fertigt vereinfachtes │ Exemplar Nr. 3         │  Warenempfang       │
│  Begleit- oder      │   an den Versender        │  auf Exemplar 2 und 3│
│  Handelsdokument in │   zurück (4)              │                     │
│  3 Exemplaren aus   │ ◀──────────────────────── │                     │
│                     │                           │  Exemplar Nr. 2     │
│  Exemplar Nr. 1     │                           │  verbleibt beim     │
│  verbleibt beim     │                           │  Empfänger          │
│  Versender          │                           │                     │
└─────────────────────┘                           └─────────────────────┘
                                                            │
                        Vorlage der Steueranmeldung         │
┌─────────────────────┐ mit Exemplar Nr. 2 und 3 (2)        │
│   Für Empfänger     │ ◀──────────────────────────────────┘
│ zuständige Zollstelle│
│                     │  Rückgabe der bestätigten
│ Bestätigt Steueran- │  Exemplare Nr. 2 und 3 (3)
│ meldung/Entrichtung │ ────────────────────────▶
│ auf Antrag          │
└─────────────────────┘
```

Schaubild: Schematische Übersicht zum Papierlauf bei der Beförderung Waren des freien Verkehrs zu gewerblichen Zwecken. (Quelle: www.zoll.de)

Der Versender hat das 1. Exemplar des VBD oder Handelsdokuments in seinem Betrieb **71** aufzubewahren. Exemplar 2 und 3 hat der Beförderer mitzuführen. Der Empfänger bestätigt den Erhalt der versteuerten Waren auf den Exemplaren 2 und 3 und reicht diese bei seiner zuständigen Behörde zusammen mit der Steueranmeldung ein. Die Zollstelle gibt die bestätigten Exemplare zurück, und der Empfänger der Ware sendet die 3. Ausfertigung an den Versender zurück. Dieser kann mit Hilfe dieser Dokumente die Steuerentlastung in Deutschland beantragen. So sieht § 46 EnergieStG iVm § 87 EnergieStV die Steuerentlastung beim Verbringen aus dem Steuergebiet vor. Entlastungsberechtigt ist derjenige, der die Ware aus dem Steuergebiet verbracht hat (zB § 46 Abs. 3 EnergieStG).

Die Entlastung ist beim zuständigen Hauptzollamt mit amtlich vorgeschriebenem Vor- **72** druck zu beantragen. Der Zeitraum, für den die Entlastung beantragt wird, kann wahlweise ein Kalendervierteljahr, -halb-, oder -jahr sein. In Einzelfällen kann das Hauptzollamt auch den Kalendermonat zulassen (vgl. § 87 Abs. 2 EnergieStV). Dem Entlastungsantrag ist selbstverständlich der Nachweis in Form des Exemplars Nr. 3 des VBD oder Handelsdokuments beizufügen.

II. Ausfuhr verbrauchsteuerpflichtiger Waren

Die Ausfuhr verbrauchsteuerpflichtiger Waren unterliegt den Regeln für das zoll- und **73** außenwirtschaftsrechtliche Ausfuhrverfahren. Hinsichtlich der hier zu beachtenden Regeln wird auf → Abschnitt 35 verwiesen.

1. Ausfuhr unter Steueraussetzung. Die Ausfuhr unter Steueraussetzung steht nur In- **74** habern von Steuerlagern offen. Die Ausfuhr kann unmittelbar oder über das Gebiet eines anderen Mitgliedstaats der Gemeinschaft erfolgen. Sollen verbrauchsteuerpflichtige Waren

3. Teil. Exportwirtschaft (Ausfuhr, Zoll, Steuern)

unter Steueraussetzung aus dem Verbrauchsteuergebiet der Gemeinschaft ausgeführt werden, so ist neben den zollrechtlich erforderlichen Dokumenten ein Begleitendes Verwaltungsdokument auszustellen.

75   Wie beim innergemeinschaftlichen Versand muss auch bei der Ausfuhr unter Steueraussetzung das Verfahren EMCS genutzt werden.

76   Analog dem Verfahren des Versands unter Steueraussetzung in einen anderen Mitgliedstaat muss der Versender sein e-VD an die zuständige Zollstelle senden. Nach Erhalt des bestätigten e-VD wird dieses dann in der Ausfuhranmeldung als Vorpapier „eAD" mit dem Referenzcode eingetragen. Zu beachten ist, dass der Versender nach Verbrauchsteuerrecht nicht mit Ausführer nach Zollrecht übereinstimmen muss. Das e-VD ist wie beim innergemeinschaftlichen Verbringen mitzuführen. Sobald der Ausgangsvermerk beim zuständigen Zollamt, das das e-VD bestätigt hat, eingetroffen ist, erteilt dieses dem Versender eine Ausfuhrmeldung. Das EMCS-Verfahren ist dann geschlossen.

77   Erfolgt die Ausfuhr nicht unmittelbar, sondern über einen anderen Mitgliedstaat der EU, so hat der Versender Sicherheit zu leisten. Hinsichtlich der Art und Höhe der Sicherheit wird auf die vorstehenden Ausführungen verwiesen.

78   **2. Ausfuhr versteuerter Waren.** Hinsichtlich der Ausfuhr versteuerter Waren ist zu beachten, dass eine Steuerentlastung nur in wenigen Fällen gewährt wird. So ist beispielsweise die Ausfuhr versteuerten Kaffees nicht unter Steuerentlastung möglich, während diese bei kaffeehaltigen Waren gewährt wird (vgl. § 21 Abs. 3 bzw. 4 KaffeeStG). Es muss daher im Einzelfall geprüft werden, ob die Steuerentlastung möglich ist. Wenn keine Steuerentlastung möglich ist, sind verbrauchsteuerrechtlich auch keine verfahrensrechtlichen Vorschriften einzuhalten. Die Vorschriften zoll- und außenwirtschaftsrechtlicher Art im Zusammenhang mit der Ausfuhr von Waren müssen selbstverständlich gleichwohl eingehalten werden (→ Abschnitt 35).

79   Nähere Informationen zum EMCS sind auf der Internetseite der Zollverwaltung unter www.zoll.de zu finden.

Abschnitt 34. Außensteuergesetz, DBAs, Mitarbeiterentsendung, internationale Steuerfragen

Übersicht	Rn.
A. Bedeutung des Internationalen Steuerrechts bei Outbound-Transaktionen	1
B. Grundlagen des Internationalen Steuerrechts	2
I. Nationales deutsches Steuerrecht	2
1. Ermittlung der ausländischen Einkünfte	7
2. Behandlung ausländischer Verluste	11
3. Vermeidung der Doppelbesteuerung durch Anrechnung oder Abzug	24
a) Anrechnung des § 34c Abs. 1 EStG als Grundfall	33
b) Alternatives Wahlrecht zum Abzug gem. § 34c Abs. 2 EStG	39
c) Sonstige Methoden gem. § 34c EStG	42
4. Sonstige Auswirkungen auf die Steuerbelastung	44
a) Auswirkungen auf den anzuwendenden Einkommensteuersatz	44
b) Besonderheiten bei der Körperschaftsteuer	47
c) Besonderheiten bei der Gewerbesteuer	48
d) Verfahrensrechtliche Aspekte	56
II. Abkommensrecht	58
1. Rechtsstellung eines DBA	61
2. Verhältnis der einzelnen Normen des DBA zueinander	65
3. Anwendung und Auslegung von DBA	68
4. Begriffsdefinitionen des OECD-Musterabkommens	74
5. Ausgewählte Einkunftsarten	100
a) Unternehmensgewinne gem. Art. 7 OECD-MA	100
b) Einkünfte aus Lizenzen gem. Art. 12 OECD-MA	105
c) Gewinne aus der Veräußerung von Vermögen gem. Art. 13 OECD-MA	106
d) Einkünfte aus unselbstständiger Arbeit gem. Art. 15 OECD-MA	107
III. Außensteuergesetz	108
1. Hinzurechnungsbesteuerung	109
2. Verrechnungspreisbestimmung gem. § 1 AStG	117
a) Grundlegendes	117
b) Die Verrechnungspreisbestimmung	123
c) Methoden zur Bestimmung von Verrechnungspreisen	130
d) Dokumentation und drohende Sanktionen bei deren Nichtbeachtung	138
C. Ausgewählte Planungs- und Gestaltungsüberlegungen	140
I. Wahl der Ausgestaltungsform des Auslandsengagements	141
1. Direktgeschäft	150
2. Betriebsstätte	152
3. Ergänzende Besonderheiten bei Personengesellschaften	155
4. Kapitalgesellschaft	158
II. Aspekte bei Personalentsendungen in international tätigen Unternehmen	161
1. Outbound Entsendung	162
2. Minimierung der Steuerkosten	168
3. Internationales Steuergefälle	174
4. Verrechnungspreise	176
D. Fazit	178

A. Bedeutung des Internationalen Steuerrechts bei Outbound-Transaktionen

Neben den umsatzsteuerlichen und sonstigen verkehrsteuerlichen Fragestellungen und Aspekten ist für inländische Unternehmen insbesondere die Frage der Ertragsbesteuerung im Ausland wie im Inland von besonderer Bedeutung. Unternehmen können hierbei durch die bewusste Wahl eines Standortes, von dem aus die Aktivität vorgenommen wird, steuerliche Vorteile erlangen und somit finanzwirtschaftliche – sowie Nachsteuerrendite-Vorteile erlangen. In diesen Fällen ist die Standort und Rechtsformwahl im Ausland durch **1**

3. Teil. Exportwirtschaft (Ausfuhr, Zoll, Steuern)

die steuerliche Vorteilhaftigkeit mitbestimmt. Aber auch Fälle, bei denen das inländische Unternehmen aus sonstigen betriebwirtschaftlichen, oftmals zwingenden kaufmännischen Gründen eine Tätigkeit in einem anderen Staat aufnimmt, sind durch steuerliche Belastungsunterschiede beeinflusst. So hat zum Beispiel jedes Unternehmen dafür Sorge zu tragen, dass ein und dasselbe Einkommen nicht in mehreren Staaten der Besteuerung unterliegt oder eine sich so ergebende Doppel- oder gar Mehrfachbesteuerung nicht durch entsprechende Maßnahmen vermieden wird. Aber auch die Frage der steuerlichen Abzugsfähigkeit von unstreitig entstandenen Betriebsausgaben ist keineswegs in allen Fällen sichergestellt, vielmehr kommt es im Internationalen Steuerrecht häufiger zu „vagabundierenden" Betriebsausgaben, die in keinem Land steuerlich abzugsfähig sind als zu „weißen Einkünften", also solchen, die in keinem Land besteuert werden. In den letzten Jahren sind als zusätzliches Problem die Fragen der Einkunftszurechnung zwischen verbundenen Unternehmen bzw. zwischen dem Stammhaus und ausländischen Niederlassungen in den Vordergrund der steuerlichen Überprüfung durch Finanzverwaltungen weltweit gerückt. Insbesondere die Umsetzung der EU-Amtshilfe-Richtlinie in deutsches Recht im Juni 2013 hat die administrativen Anforderungen gegenüber dem Steuerpflichtigen, aber auch die Ermittlungsmöglichkeiten der Finanzverwaltungen weltweit massiv vergrößert. Die hiermit verbundenen Dokumentationspflichten, aber auch die steuerlichen Anerkennungsrisiken belasten zunehmend Unternehmen mit grenzüberschreitenden Geschäftsaktivitäten. Eine Nichtbefolgung der Dokumentationspflichten kann im Einzelfall so dramatische Belastungsfolgen und Strafzahlungen nach sich ziehen, dass die zeitnahe Befolgung allen betroffenen Unternehmen dringend angeraten werden muss. Entsprechendes gilt auch für sonstige Erklärungspflichten, zB nach § 138 AO bei Begründung ausländischer Aktivitäten oder der Begründung von Beteiligungen an ausländischen Kapitalgesellschaften, aber auch für Steuereinbehaltungspflichten für ausländische Vergütungsgläubiger, wobei diese Themen nachfolgend nicht näher erläutert werden sollen.

B. Grundlagen des Internationalen Steuerrechts

I. Nationales deutsches Steuerrecht

2   Bei der internationalen Unternehmens- und Geschäftstätigkeit ist zwischen dem Inbound- und dem Outbound-Fall zu unterscheiden. Der Inbound-Fall ist dadurch charakterisiert, dass ein Steuerausländer im Inland tätig wird. Der Steuerausländer kann hierbei jedoch auch die ausländische Tochtergesellschaft eines Steuerinländers sein, doch sind in diesen Fällen weitere steuerliche Besonderheiten des Außensteuergesetzes zu beachten. Hingegen liegt ein Outbound-Fall vor, wenn ein Steuerinländer im Ausland einer Betätigung nachgeht. Als Steuerinländer werden Personen bezeichnet, die in Deutschland unbeschränkt steuerpflichtig sind. Hingegen unterliegen Steuerausländer entweder der beschränkten oder gar keiner Steuerpflicht im Inland. Der Begriff des Inlands umfasst den Geltungsbereich des Grundgesetzes sowie den Festlandsockel vor der Bundesrepublik Deutschland. Insbesondere bei Fragen der Nutzung von Meeresbodenschätzen oder Off-shore-Windparks ist die in den letzten Jahren vorgenommene Ausweitung des Inlandsbegriffs für den Umfang der Besteuerung von großer Bedeutung. Im Rahmen einer grenzüberschreitenden Betätigung stellt sich die Frage, ob im anderen Staat ein Anknüpfungspunkt für die dortige Besteuerung gegeben ist. Hierbei ist grundsätzlich zu unterscheiden zwischen:

3   ■ **der unbeschränkten Steuerpflicht:**
Sie ist regelmäßig im Verhältnis zu dem Staat gegeben, zu dem der Steuerpflichtige in einer besonders engen Beziehung steht. Hierbei werden personenbezogene Anknüpfungspunkte für die Besteuerung gewählt. Zugleich ist das Besteuerungsrecht dieses Staates – vorbehaltlich evtl. Einschränkungen infolge von Doppelbesteuerungsabkommen – umfassend, dh, es bezieht sich grundsätzlich auf die weltweit erzielten Einkünfte (im Be-

reich der Erbschaftsteuer: auf das weltweite Vermögen des Steuerpflichtigen). Der Staat, in dem die unbeschränkte Steuerpflicht besteht, ist grundsätzlich verpflichtet, bei natürlichen Personen Entlastungsmaßnahmen vorzusehen, die eine Besteuerung nach der wirtschaftlichen Leistungsfähigkeit gewährleisten sollen. Dies gilt zumindest insoweit, wie diesem Kriterium im Rahmen der Besteuerung Rechnung getragen wird.

- **der beschränkten Steuerpflicht:** 4
Sie ist dadurch charakterisiert, dass der Bezug zwischen einem Steuerpflichtigen und einem Staat nicht auf der Grundlage eines persönlichen Anknüpfungspunktes hergestellt wird, sondern infolge einer Verbindung zwischen dem Land und den Einkünften bzw. Einkunftsquellen (zB der Belegenheit einer Immobilie in einem Staat). Dabei ist die persönliche Verbindung des Steuerpflichtigen zum jeweiligen Staat weniger eng als im Fall der unbeschränkten Steuerpflicht. Deshalb erstreckt sich das Besteuerungsrecht dieses Staates nur auf solche Einkünfte, die innerhalb des eigenen Territoriums erzielt werden. Da davon ausgegangen wird, dass neben der beschränkten Steuerpflicht in diesem Staat in (zumindest) einem anderen Staat eine unbeschränkte Steuerpflicht besteht, kann eine Berücksichtigung der persönlichen Verhältnisse grundsätzlich entfallen. Deshalb wird auch vom objektsteuerartigen Charakter der beschränkten Steuerpflicht gesprochen. Damit soll zugleich gewährleistet werden, dass diese persönlichen Merkmale in mehr als einem Staat sich steuerlich auswirken und damit nicht gerechtfertigte steuerliche Begünstigungen entstehen.

Da im Bereich der Einkommen- und der Körperschaftsteuer unterschiedliche Anknüpfungspunkte für diese Steuerpflichten verwendet werden, wird hiernach differenziert. Ferner ist zu berücksichtigen, dass im Bereich der Einkommensteuer infolge des Abstellens auf die individuellen Verhältnisse des Steuerpflichtigen weitere Sonderformen hinzukommen können. Diese Unterscheidung erscheint deshalb sinnvoll zu sein, weil sehr viele inländische Unternehmen in der Rechtsform einer Personengesellschaft mit natürlichen Personen als Gesellschaftern organisiert sind und für diese Unternehmen generell das Einkommensteuerrecht zur Anwendung kommt und die Personengesellschaft nur als Objekt der Einkunftsermittlung fungiert und die festgestellten Einkünfte den jeweiligen Gesellschaftern in Abhängigkeit ihrer Beteiligung zugerechnet werden und von diesen unabhängig von einer tatsächlichen Ausschüttung der Gewinne im Zeitpunkt der Gewinn- und Steuerentstehung zu versteuern sind. In diesen Fällen potenziert sich die Zahl der grenzüberschreitenden Sachverhalten durch Multiplikation der Auslandsstandorte (Auslandbetriebsstätten) mit der Anzahl der Gesellschafter, der sogenannten Mitunternehmer der deutschen Personengesellschaft, da für jeden einzelnen Gesellschafter die Besteuerungsgrundlagen ermittelt werden müssen. Besonders problematisch wird es dann, wenn, wie dies bei einigen älteren Familienunternehmen in Deutschland der Fall ist, ein Teil der Gesellschafter nicht mehr in Deutschland ansässig ist sondern im Ausland und dann unterschiedliche DBA zwischen den Betriebsstätten und dem jeweiligen Wohnsitzstaat des Gesellschafters zu beachten sind. Diese können von den deutschen Abkommen zur Vermeidung der Doppelbesteuerung (DBA) abweichen. 5

Nachfolgend sollen dem Zweck der Veröffentlichung folgend, jedoch nur die sogenannten Outbound-Fälle behandelt werden.

Unter Outbound-Transaktionen[1] werden Geschäftsvorfälle verstanden, bei denen ein im Inland (hier: Deutschland) ansässiger Steuerpflichtiger eine Geschäftsaktivität im Ausland durchführt und hierbei einen Besteuerungstatbestand des anderen Staates verwirklicht und insoweit der dortigen Besteuerung unterliegt. Da gleichzeitig der im Inland ansässige Steuerpflichtige auch nach dem deutschen Einkommen- bzw. Körperschaftsteuerrecht unbeschränkt mit seinen Welteinkünften steuerpflichtig ist, kommt es hierbei regelmäßig zu Fällen der so genannten Doppelbesteuerung. Diese werden zur Belastung für die Steuer- 6

---

[1] Zur Definition und Beispielen für Gestaltungen siehe *Kaminski/Strunk*, Einfluss von Steuern auf unternehmerische Entscheidungen, 2012, S. 7 ff.

3. Teil. Exportwirtschaft (Ausfuhr, Zoll, Steuern)

pflichtigen, wenn nicht unilaterale Maßnahmen oder die noch im Folgenden zu erläuternden bilateralen Maßnahmen eines Doppelbesteuerungsabkommens diese mindern oder vollständig vermeiden. In den folgenden Ausführungen wird auf die sich hierbei ergebenden Besonderheiten für inländische Steuerpflichtige eingegangen, wobei neben den allgemeinen Grundsätzen auch die Maßnahmen zur Vermeidung der Doppelbesteuerung sowie die besonderen Aspekte bei der Berücksichtigung von Zwischengesellschaften in niedrig besteuernden Staaten im Sinne des Außensteuergesetzes beachtet werden müssen.

7 **1. Ermittlung der ausländischen Einkünfte.** Nach dem Welteinkommensprinzip des § 1 Abs. 1 EStG sowie § 1 Abs. 1 KStG unterliegen im Inland ansässigen Steuerpflichtigen mit allen Einkünften, unabhängig von der Belegenheit ihrer Quelle, im Inland der Besteuerung. Diese Besteuerung greift unabhängig davon, ob derselbe wirtschaftliche Tatbestand im Ausland ebenfalls zu einer der deutschen Einkommen- oder Körperschaftsteuer vergleichbaren Steuer herangezogen wird oder wurde.

8 Das Welteinkommensprinzip gilt auch für die Gewerbesteuer, die keineswegs als Territorialsteuer nur Einkünfte aus dem Inland erfasst. Vielmehr ist bei der Gewerbesteuer zu beachten, dass nur die Teile des Gewerbeertrages bei der Ermittlung des Gewerbeertrages unberücksichtigt bleiben, die einer im Ausland belegenen Betriebsstätte gemäß § 9 Nr. 3 GewStG zuzuordnen sind. Alle anderen Einkünfte, die nicht bereits bei der Ermittlung des zu versteuernden Einkommens nach dem Einkommen- oder Körperschaftsteuergesetz freizustellen sind, unterliegen auch der deutschen Gewerbesteuer.

9 Entsprechende Kürzungsvorschriften wie die für eine ausländische Betriebsstätte ergeben sich auch für qualifizierte Beteiligungen von mindestens 15% an einer ausländischen Kapitalgesellschaft gemäß § 9 Nr. 2 bzw. § 9 Nr. 7 GewStG. Beteiligungen an ausländischen Personengesellschaften sind gem. § 2 Nr. 2 GewStG unabhängig von der Beteiligungshöhe festgestellt. Hierbei ist zu beachten, dass diese Beteiligungsquote durch das Unternehmensteuerreformgesetz 2008 (vom 14.8.2007, BGBl. I 2007, 1912) von 10% auf 15% angehoben wurde. Diese neuen Sätze gelten erstmals seit dem Erhebungszeitraum 2008. Hinzu kommt, dass die ausländische Gesellschaft aktive Tätigkeiten im Sinne des § 8 AStG ausführen muss, damit die Steuerfreistellung gewährt wird. Letztere Voraussetzung gilt für ausländische Betriebsstätten jedoch nicht, so dass sich hieraus eine Vorteilhaftigkeit insoweit für die Betriebsstätte ergibt.

10 Während es im deutschen Einkommensteuerrecht keine Freistellungen für im Ausland erwirtschaftete Einkünfte gibt, sofern von der Steuerfreiheit von Dividenden und Veräußerungsgewinnen an Kapitalgesellschaftsanteilen gemäß § 3 Nr. 40 EStG einmal abgesehen wird, sieht § 8b Abs. 1 bzw. Abs. 2 KStG vor, dass Dividenden einer ausländischen Kapitalgesellschaft sowie die Veräußerungsgewinne aus einer solchen Kapitalbeteiligung nicht der deutschen Körperschaftsteuer unterliegen, sofern die Beteiligung mindestens 10% vom Beginn des Kalenderjahres der Ausschüttung betragen hat[2]. Zum Ausgleich der gemäß § 4 Abs. 4 EStG als Betriebsausgaben zulässigen Gewinnminderung der mit der ausländischen Beteiligung zusammenhängenden laufenden Aufwendungen ist gemäß § 8b Abs. 5 KStG ein Betrag von 5% der empfangenen Dividenden sowie des erzielten Veräußerungsgewinns (§ 8b Abs. 3 KStG) als nicht abziehbare Betriebsausgabe dem Gewinn der deutschen Kapitalgesellschaft hinzuzurechnen. Teilwertabschreibungen sowie Veräußerungsverluste sind gem. § 8b Abs. 2 KStG nicht steuermindernd geltend zu machen.

11 **2. Behandlung ausländischer Verluste.** Aufgrund des Welteinkommensprinzip des § 2 Abs. 1 EStG sind grundsätzlich alle positiven wie negativen Einkünfte bei der Ermittlung des zu versteuernden Einkommens zu berücksichtigen. Neben einigen, grundsätzlich zu beachtenden Verlustverrechnungsbeschränkungen des EStG, wie zB §§ 15a, 15b, 15 Abs. 4 EStG, sind im Verhältnis zum Ausland insbesondere die Regelungen des § 2a EStG sowie die Vorschriften des § 32b EStG zu beachten.

---

[2] Fassung aufgrund des Gesetzes zur Umsetzung der Amtshilferichtlinie sowie zur Änderung steuerlicher Vorschriften (Amtshilferichtlinie-Umsetzungsgesetz) vom 26.6.2013 (BGBl. I 1809) mWv 30.6.2013.

Abschnitt 34. Außensteuergesetz

Die Rechtsfolge des § 2a EStG ist die Einschränkung dieses generellen Verlustausgleichs bei Vorliegen negativer ausländischer Einkünfte. Ein Ausgleich oder eine Verrechnung inländischer negativer Einkünfte mit positiven ausländischen Einkünften ist in keinem Fall durch § 2a EStG eingeschränkt. Bei Vorliegen negativer ausländischer sind jedoch die Verlustausgleichsbeschränkungen zu beachten. Grundsätzlich bestimmt § 2a Abs. 1 EStG, das ausländische Verluste nur mit Gewinnen aus derselben Einkunftsart und aus demselben Staat ausgeglichen bzw. verrechnet werden dürfen. Die Rechtfertigung für diese Verlustverrechnungsbeschränkung wird nach herrschender Auffassung in der Erreichung wirtschaftspolitischer Ziele gesehen, da es als nicht erwünscht angesehen wird, Verluste aus bestimmten Auslandsinvestitionen durch sofortige Verlustverrechnungen im Inland zu begünstigen. Die Vorschrift verstößt nicht gegen die dt. Verfassung, doch bestehen erhebliche europarechtliche Bedenken gegen den Ausschluss der Verlustverrechnung bei Unternehmenstätigkeiten innerhalb der europäischen Gemeinschaft. Dies hat dazu geführt, dass mit Wirkung zum 1.1.2009 die Vorschrift nur noch bei Verlusten aus Drittstaaten zur Anwendung gelangt und eine Verlustberücksichtigung innerhalb der EU weitgehend unbeschränkt möglich ist. 12

Die Generalnorm der Verlustbeschränkung des § 2a Abs. 1 EStG wird jedoch durch § 2a Abs. 2 EStG dann eingeschränkt, wenn der Steuerpflichtige nachweist, dass die negativen Einkünfte aus einer gewerblichen Betriebsstätte im Ausland stammen, die ausschließlich oder fast ausschließlich die Herstellung oder Lieferung von Waren, außer Waffen, die Gewinnung von Bodenschätzen sowie die Bewirkung gewerblicher Leistungen zum Gegenstand hat. Weitere Ausnahmetatbestände machen die Anwendung der Vorschriften für die Steuerpflichtigen regelmäßig sehr schwierig und führen zum Ausschluss des Verlustes in vergleichsweise vielen Fällen. Um entsprechende steuerliche Nachteile des Unternehmens zu verhindern bedarf es daher einer exakten Planung der Auslandsaktivitäten. 13

In Fällen, in denen die Bundesrepublik Deutschland ein Abkommen zur Vermeidung der Doppelbesteuerung (DBA) mit dem anderen Staat abgeschlossen hat, in dem vorgesehen ist, dass es zu einer Freistellung der im Ausland erzielten Einkünfte kommt, ist eine Verlustberücksichtigung grundsätzlich über den so genannten (hier: negativen) Progressionsvorbehalt möglich. Sofern durch die Tatbestände des § 2a EStG auch ein solcher nicht möglich ist, kann der Verlust in gewisser Weise in Jahre vorgetragen werden, in denen aus der ausländischen Einkunftsquelle positive Einkünfte erzielt werden, die mglw. zu einer Erhöhung der Steuerbelastung führen würden, aber wegen der in der Vergangenheit erwirtschafteten Gewinne bei der Ermittlung des anzuwendenden Steuersatzes für die inländischen, steuerpflichtigen Einkünfte keinen Einfluss haben. 14

Die nachfolgenden Beispiele sollen die Wirkungsweise des § 2a EStG verdeutlichen. Es soll für die nachfolgenden Überlegungen davon ausgegangen werden, dass inländische natürliche Personen eine Betriebsstätte im Drittstaat unterhalten und hieraus negative ausländische Einkünfte erzielen. Im Einzelnen sind folgende Fallkonstellationen denkbar: 15

Fall 1: 16
- Die ausländische Betriebsstätte liegt in einem Drittstaat, mit dem kein DBA besteht, oder das DBA sieht keine Freistellung der ausländischen Einkünfte von der deutschen Besteuerung vor und die Verrechnung der Verluste ist nach § 2a Abs. 1 EStG beschränkt.

Fall 2:
- Die ausländische Betriebsstätte liegt in einem Drittstaat, mit dem kein DBA besteht, oder das DBA sieht keine Freistellung der ausländischen Einkünfte von der deutschen Besteuerung vor, aber die Verlustverrechnungsbeschränkung des § 2a Abs. 1 EStG wird durch die Tatbestandsvoraussetzungen des § 2a Abs. 2 EStG ausgeschlossen.

Fall 3:
- Die ausländische Betriebsstätte liegt in einem Drittstaat, mit dem ein DBA besteht, dass eine Freistellung der im Ausland erzielten Einkünfte von der deutschen Besteuerung für Unternehmensgewinne vorsieht, aber die Einkünfte unterliegen gem. § 2a Abs. 1 EStG im Inland der Verlustverrechnungsbeschränkung.

3. Teil. Exportwirtschaft (Ausfuhr, Zoll, Steuern)

Fall 4:
- Die ausländische Betriebsstätte liegt in einem Drittstaat, mit dem ein DBA besteht, dass eine Freistellung der im Ausland erzielten Einkünfte von der deutschen Besteuerung für Unternehmensgewinne, aber die Einkünfte unterliegen im Inland nicht der Verlustverrechnungsbeschränkung des § 2a Abs. 1 EStG, da die Tatbestandsvoraussetzungen des § 2a Abs. 2 EStG vorliegen.

17 Aufgrund der Rechtsprechung, der Verwaltungsauffassung als auch des Schrifttums ist als wohl gesichert anzusehen, dass negative Einkünfte bei Vorliegen des Besteuerungsrechtes im Ausland und Freistellung im Inland nicht das zu versteuernde Einkommen im Inland beeinflussen, aber den Steuersatz der inländischen Einkünfte mindern, der auf Grund des (hier negativen) Progressionsvorbehalts bis auf null sinken kann. Voraussetzung hierfür ist nur, dass der Verlustabzug nicht gesetzlich ausgeschlossen ist.

18 Ist der Sachverhalt so gestaltet, dass die natürlichen Personen mittels ihrer Beteiligung an einer doppelstöckigen Personengesellschaft eine unternehmerische Tätigkeit im Ausland ausüben, ergeben sich die nachfolgend dargestellten Steuerfolgen.

19 Im **Fall 1** ist § 15b sowie § 15a EStG nicht einschlägig, da nach übereinstimmender Auffassung in Literatur und Rechtsprechung die Anwendung der weitergehenden Verlustverrechnungsbeschränkung maßgeblich ist. Sind wie in Fall 1 die Voraussetzungen für eine Beschränkung der Verlustrechnung nach § 2a Abs. 1 EStG gegeben, bleibt für die Anwendung von § 15a und § 15b EStG kein Raum. Nach der ständigen Rechtsprechung des Bundesfinanzhofes schließt die Anwendung der Verlustverrechnungsbeschränkungen nach § 2a EStG auch einen negativen Progressionsvorbehalt nach § 32b EStG aus.

20 In **Fall 2 können** abweichend zu Fall 1 die negativen ausländischen Einkünfte gem. § 2a Abs. 2 EStG dem Grunde nach bei der Ermittlung des Gesamtbetrages der Einkünfte gem. § 2 Abs. 3 EStG berücksichtigt werden.

21 Ausfluss des Welteinkommensprinzips des § 2 Abs. 3 EStG ist es, dass die Einkünfte unabhängig von ihrer Zugehörigkeit zum In- oder der Ausland bei der Ermittlung des Gesamtbetrages der Einkünfte berücksichtigt werden. Bei der Ermittlung des Gesamtbetrages der Einkünfte sind alle Verlustverrechnungsbeschränkungen anzuwenden, bei denen nicht explizit eine Anwendung ausgeschlossen ist. Wie im Fall 1 gezeigt, wird der grenzüberschreitende Sachverhalt für steuerliche Zwecke wie ein Inlandsfall behandelt. Aus dieser Gleichstellung mit reinen Inlandsfällen muss meines Erachtens geschlossen werden, dass eine Verlustverrechnungsbeschränkung auch auf ausländische Einkünfte zur Anwendung gelangt. Für § 15a EStG ist der Rechtsprechung sowie der Kommentierung zu entnehmen, dass von mehreren Normen diejenigen zur Anwendung gelangt, die die weitergehenden Einschränkungen beinhaltet, so dass im Verhältnis von § 15a EStG zu § 2a EStG bei Vorliegen der Verlustverrechnungsbeschränkung aufgrund eines negativen Kapitalkontos kein Raum für eine Anwendung des § 2a EStG bleibt.

22 Nach übereinstimmender Auffassung im Schrifttum sind § 15 Abs. 4 EStG sowie § 2b EStG vorrangig vor der Anwendung des § 2a EStG zu prüfen, da hierin die weitergehenden Beschränkungsvorschriften liegen sollen. Im Ergebnis ist meines Erachtens jedoch festzuhalten, dass bei der Feststellung der berücksichtigungsfähigen negativen Einkünfte aus dem Ausland die bisher bekannten Verlustverrechnungsbeschränkungen **vorrangig zur Anwendung** kommen und insoweit kein Raum für eine Anwendung des § 2a EStG verbleibt.

23 Eine vom Gesetzgeber beabsichtigte unterschiedliche Behandlung von ausländischen negativen Einkünften auf der einen Seite und negativen inländischen Einkünften auf der anderen Seite kann dem Wortlaut des § 15a EStG, dem des § 15 Abs. 4 EStG oder dem des § 2b EStG nicht entnommen werden. Für eine entsprechende Auslegung anhand der Zwecksetzung der Regelungen gibt es ebenfalls keinen Hinweis. Entsprechendes gilt auch für § 15b EStG.

24 **3. Vermeidung der Doppelbesteuerung durch Anrechnung oder Abzug.** Eine den internationalen Handel und grenzüberschreitende Geschäftsaktivitäten gefährdende Situation

entsteht dann, wenn Steuerpflichtige in zwei oder mehreren Staaten wegen ein und desselben Steuergegenstandes einer gleichartigen Steuer für denselben Zeitraum unterliegen: der so genannten juristischen Doppelbesteuerung. Grundgedanke ist hierbei, dass Steuerpflichtige nicht von grenzüberschreitenden Sachverhalten abgehalten werden sollen, nur weil sie fürchten, mit den erzielten Einkünften einer höheren steuerlichen Belastung zu unterliegen, als wenn der Sachverhalt im höher besteuernden Staat stattgefunden hätte. Die Staaten haben hierfür vorgesehen, dass es entweder unilaterale Maßnahmen zur Vermeidung oder Milderung der Doppelbesteuerung gibt oder dass in bilateralen Abkommen, den DBA, entsprechende Regelungen und Maßnahmen vorgesehen sind. Von der juristischen Doppelbesteuerung, deren Vermeidung oder Milderung Ziel der §§ 34c f. EStG ist, zu unterscheiden ist die wirtschaftliche Doppelbesteuerung.

Diese liegt dann vor, wenn derselbe Wirtschaftsvorgang oder Vermögenswert, also die **25** Steuerobjekte in zwei oder mehreren Staaten, in demselben Zeitraum besteuert wird, ohne dass hierbei derselbe Steuerpflichtige betroffen ist. Als Beispiel möge die Besteuerung der Gewinne einer ausländischen Kapitalgesellschaft sowie die Besteuerung der Dividenden beim inländischen Anteilseigner gem. § 3 Nr. 40 EStG dienen. Ebenfalls von einer Doppelbesteuerung spricht man in den Fällen, in denen eine solche nicht tatsächlich eingetreten ist, aber aufgrund einer abstrakten Möglichkeit denkbar wäre. Gegenstand von Doppelbesteuerungsabkommen ist es, auch diese virtuelle Doppelbesteuerung zu vermeiden. In der Praxis können diese Fälle jedoch weitgehend vernachlässigt werden, wobei die Fälle einer doppelten Nichtbesteuerung im Fokus der Finanzverwaltungen der Länder stehen.

Das Entstehen einer Doppelbesteuerung ist Ausdruck des Aufeinandertreffens rechtlicher **26** Regelungen völkerrechtlich souveräner Staaten und stellt daher keinen Fehler oder Makel der internationalen Besteuerung dar. Es ist Aufgabe der Staaten, für die Vermeidung der Doppelbesteuerung zu sorgen.

Folgende Ursachen lassen sich für das Entstehen einer Doppelbesteuerung nennen: **27**
- Konkurrierende unbeschränkte Steuerpflicht: Jeder Staat besteuert dieselbe Person mit ihren gesamten Einkünften oder ihrem gesamten Vermögen, zB aufgrund unterschiedlicher Anknüpfungspunkte wie Wohnsitz oder Nationalität (Anwendungsbeispiel: US-Staatsbürger mit Wohnsitz in Hamburg).
- Beschränkte und unbeschränkte Steuerpflicht: Eine in einem Staat ansässige Person mit Einkünften aus dem anderen Staat wird in beiden Staaten zur Besteuerung herangezogen (Anwendungsbeispiel: US-Staatsbürger mit Wohnsitz in den USA besitzt eine vermietete Immobilie in Deutschland).
- Konkurrierende beschränkte Steuerpflicht: Eine Person ist in einem Drittstaat ansässig und bezieht Einkünfte, die aufgrund unterschiedlicher Ausprägungen des Quellensteuerprinzips in beiden Staaten der Besteuerung unterliegen (Anwendungsbeispiel: Ein US-Staatsbürger mit Wohnsitz in den USA erzielt aus einer Mietkaution für ein Gebäude in Italien von einem Mieter aus Frankreich Zinseinnahmen).
- Unterschiedliche Einkunftszurechnung: Eine Doppelbesteuerung entsteht auch dann, wenn die Staaten hinsichtlich der ihrem Staatsgebiet zuzuweisenden Einkunftsteile uneins sind. In diesen Fällen wird im Einzelfall mehr der Besteuerung zu Grunde gelegt als die tatsächlich erzielten Einkünfte.

Sofern eine Doppelbesteuerung dadurch eingetreten ist, dass sowohl der Quellenstaat die **28** dort erzielten Einkünfte der Besteuerung im Rahmen seiner beschränkten Steuerpflicht unterworfen hat und es auf Grund der unbeschränkten Steuerpflicht der im Inland ansässigen deutschen Kapitalgesellschaft oder des in Deutschland ansässigen Einzelunternehmers zu einer doppelten Besteuerung desselben Steuerobjektes durch denselben Steuerpflichtigen im selben Veranlagungszeitraum mit einer vergleichbaren Steuer kommt, müssen Maßnahmen ergriffen werden, um diese Doppelbesteuerung zu vermeiden oder zu mildern. Die Doppelbesteuerung wird regelmäßig in Fällen, in denen ein Abkommen zur Vermeidung der Doppelbesteuerung zwischen den betroffenen bzw. beteiligten Staaten besteht, durch das Abkommen selbst vermieden, indem entweder der Sitzstaat eine Freistellung der

3. Teil. Exportwirtschaft (Ausfuhr, Zoll, Steuern)

im Ausland erzielten Einkünfte vornimmt und insoweit auf sein ihm zustehendes Besteuerungsrecht verzichtet, oder dass eine Anrechnung der im Ausland gezahlten Steuern auf die inländische Steuerschuld vorgenommen wird, wobei regelmäßig ein Verweis hinsichtlich der anzuwendenden Regelungen und der zur Durchführung der steuerlichen Anrechnung auf das nationale Recht gegeben ist. Die §§ 34c und 34d EStG stellen dabei den nationalen Regelungsrahmen für die Anrechnung bzw. den Abzug ausländischer Steuern sowohl für natürliche Personen, die dem Einkommensteuergesetz unterliegen, als auch für Kapitalgesellschaften dar.

29 Der entsprechende Verweis der Anwendbarkeit auch für körperschaftssteuerliche Zwecke ergibt sich aus § 8 Abs. 1 KStG sowie den entsprechenden gesetzlichen Formulierungen des § 26 KStG. Grundsätzlich setzt die Anrechnung von ausländischen Steuern nach § 34c EStG die unbeschränkte Steuerpflicht der natürlichen Person bzw. Kapitalgesellschaft voraus. Dies erscheint sachgerecht zu sein, da entsprechend dem internationalen Grundsatz folgend dem Staat der unbeschränkten Steuerpflicht als dem Staat mit der engsten Bindung bzw. Beziehung zum Steuerpflichtigen sowie dem grundsätzlich unbeschränkten Besteuerungsrecht aller Einkünfte unabhängig vom Ort bzw. der Quelle die Verpflichtung zusteht, für eine Beseitigung oder zumindest Milderung der Doppelbesteuerung zu sorgen. Lediglich in den Fällen, in denen die Vermögensteile bzw. Einkünfte einer inländischen Betriebsstätte eines ausländischen, also beschränkt Steuerpflichtigen zuzurechnen sind, sieht § 50 EStG ebenfalls vor, dass insoweit eine Anrechnung der im Ausland gezahlten Steuern vorgenommen werden kann, um eine Belastung mit Drittstaatensteuern insoweit zu verhindern.

30 Eine weitere Besonderheit hinsichtlich des persönlichen Anwendungsbereiches ergibt sich regelmäßig bei Personengesellschaften, da diese auch für die Frage der Anrechnung ausländischer Steuer nicht selber Steuersubjekt sind, sondern nur die dahinter stehenden Gesellschafter bzw. Mitunternehmer. Daher kann es durchaus zu Fällen kommen, in denen eine im Ausland belegene Personengesellschaft mit inländischen unbeschränkt steuerpflichtigen Mitunternehmern eine Anrechnungsbegründung von ausländischen Steuern darstellt. Für Kapitalgesellschaften sieht § 26 Abs. 6 KStG vor, dass die Vorschriften des § 34c Abs. 1 Satz 2 und 3 EStG sowie die Abs. 2 bis 8 entsprechend anzuwenden sind. § 34c Abs. 1 EStG verlangt für die Anrechnung ausländischer Steuern keinen Antrag von Seiten des Steuerpflichtigen, sodass von Amts Seiten der Finanzverwaltung eine Berücksichtigung der anrechenbaren ausländischen Steuern vorzunehmen ist. Die Frage, ob jedoch eine Milderungsmaßnahme nach § 34c Abs. 1 oder Abs. 2 EStG vorzunehmen ist, muss durch den Steuerpflichtigen selbst bestimmt werden.

31 Zur Vermeidung der Doppelbesteuerung kann entweder die Freistellungsmethode oder die Anrechnungsmethode zur Anwendung gelangen, wobei Erstere – abgesehen von Freistellungen für Dividenden gem. § 8b KStG und Kürzungen bei der Gewerbesteuer – nur in Abkommensfällen für bestimmte Einkunftsarten greift. Dies ist darin begründet, dass im Gegensatz zur Anrechnungsmethode der Ansässigkeitsstaat als der Staat, der die Doppelbesteuerung deshalb zu vermeiden hat, weil er das unbeschränkte Besteuerungsrecht besitzt, keine Steuereinnahmen aus den im Ausland besteuerten Einkünften erhält. Dies kann im Einzelfall zur Vornahme von Steuergestaltungen führen, da hierdurch nicht nur eine Mehrbelastung des Steuerpflichtigen vermieden, sondern auch das niedrigere Steuerniveau des Quellenstaates ausgenutzt werden kann. Die Gewährung der endgültigen Steuerbelastung mit dem Niveau des Quellenstaates folgt hierbei dem Grundsatz der Wettbewerbsneutralität, um im Inland ansässigen Unternehmen nicht jede Chance zur Wettbewerbsfähigkeit auf ausländischen Märkten zu nehmen. Wäre nur die Vermeidung der Doppelbesteuerung das Ziel der Maßnahme, würde die Anrechnungsmethode im Idealfall diese Aufgabe lösen.

32 Die Vorschriften zur Anrechnung im Ausland gezahlter Steuern enthält § 34c EStG, wobei neben der direkten Anrechnungsmethode (§ 34c Abs. 1 EStG) auch die Abzugsmethode (als alternatives Wahlrecht gem. § 34c Abs. 2 EStG oder als amtseitige Vornahme gem.

§ 34c Abs. 3 EStG), die Pauschalierungsmethode (vgl. § 34c Abs. 5 EStG) oder der Erlass (vgl. § 34c Abs. 5 EStG) infrage kommen. Die Regelungen für die Einkommensteuer gelten über den Rechtsverweis in § 26 KStG für Kapitalgesellschaften gleichermaßen.

a) Anrechnung des § 34c Abs. 1 EStG als Grundfall. Voraussetzung für die Inanspruchnahme der Anrechnungsmöglichkeit ist grundsätzlich die unbeschränkte Steuerpflicht des Unternehmens (Ausnahmen ergeben sich für Betriebsstätteneinkünfte von beschränkt Steuerpflichtigen gem. § 50 Abs. 3 EStG). Als weitere Voraussetzung tritt hinzu, dass die ausländische Steuer der deutschen Einkommensteuer hinsichtlich ihres Wesens entspricht), festgesetzt, gezahlt und keinem weiteren Ermäßigungsanspruch mehr unterliegt und die Steuer in dem Staat erhoben wurde, aus dem die Einkünfte stammen. Zur Vornahme der Anrechnung bedarf es hierbei regelmäßig des Nachweises, dass die oben genannten Anforderungen erfüllt sind. Die Vorlage von Steuerbescheiden, die oftmals als Nachweis vorgebracht werden, ist bei Arbeitnehmern, die im Ausland der Lohnsteuer unterlagen, häufig nicht möglich. Im Wege der Beweisvorsorge sowie zur Vermeidung unerwarteter Schwierigkeiten sollten Mandanten auf die strikte Befolgung der Vorschriften hingewiesen werden. 33

Als weitere bedeutende Voraussetzung für die Vornahme der direkten Anrechnung gem. § 34c Abs. 1 EStG ist das Vorliegen ausländischer Einkünfte gem. § 34d EStG zu nennen. Grundsätzlich handelt es sich hierbei um alle sieben Einkunftsarten des § 2 Abs. 1 EStG, doch treten weitere Kriterien hinzu, die erfüllt sein müssen. Probleme ergeben sich zum Beispiel dann, wenn gewerbliche Einkünfte im Sinne des § 15 Abs. 2 EStG vorliegen, diese aber nicht einer ausländischen Betriebsstätte gem. § 34d Abs. 1 Nr. 2a EStG zuzurechnen sind. Zweck des § 34d EStG ist es, darüber hinaus nicht nur die ausländischen Einkünfte von den übrigen Einkünften abzugrenzen, sondern eine Zuordnung zu einem ausländischen Staat vorzunehmen, also zu entscheiden, welcher Staat für die Steueranrechnung bzw. den Steuerabzug als Quellen- bzw. Drittstaat anzusehen ist. 34

Die Ermittlung der ausländischen Einkünfte nach § 34d EStG erfolgt nach deutschen Gewinnermittlungsvorschriften, wobei die Frage, welche Einnahmen und Aufwendungen den ausländischen Einkünften zugeordnet werden können, davon abhängt, welcher Katalogziffer sie zuzurechnen sind. Hierbei ist es unerheblich, welche Aufwendungen bei einer Qualifikation nach inländischem Recht abzugsfähig wären. Diese Frage spielt in den Fällen eine Rolle, in denen infolge der isolierenden Betrachtungsweise eine Nebeneinkunftsart vorliegt, während bei inländischen Einkünften infolge der Subsidiarität (zB § 20 Abs. 3 EStG) zB gewerbliche Einkünfte gegeben wären. Die Rechtsprechung lässt nur den Abzug solcher Aufwendungen zu, die bei den Nebeneinkunftsarten abziehbar sind (vgl. BFH vom 9.4.1997, I R 178/94, BStBl. II 1997, 657). Dies gilt jedoch nicht für die Ermittlungsart (Gewinn- oder Überschusseinkunftsart). Hier ist ausschließlich die inländische Qualifikation entscheidend. Neben der Einkunftsqualifikation ist auch die Frage des Zeitpunktes der Steuerentstehung von Wichtigkeit. Werden beispielsweise Einkünfte im Ausland zu einem früheren Zeitpunkt als im Inland erfasst, stellt sich regelmäßig die Frage der Zulässigkeit der Anrechnung der ausländischen Steuern, da diese im Grundsatz nur im Jahr der Zahlung im Inland angerechnet werden können. Bei Konflikten hierüber ist aus deutscher Sicht stets der Zuflusszeitpunkt der Einkünfte nach deutschem Recht entscheidend, so dass auch Steuern aus Vorjahren ausnahmsweise in Deutschland angerechnet werden können. 35

Als problematisch erweist sich dabei in der Praxis häufig die Regelung zum Anrechnungshöchstbetrag. Gemäß § 34c Abs. 1 Satz 1 EStG ist eine Anrechnung nur insoweit möglich, wie deutsche Einkommensteuer auf die ausländischen Einkünfte entfällt. Hieraus folgt, dass, wenn die Steuerbelastung im Ausland höher ist, der übersteigende Betrag nicht im Inland berücksichtigt werden kann. Ein solcher so genannter Anrechnungsüberhang kann einerseits durch eine höhere Steuerbelastung im Ausland entstehen, die zB aus einem höheren Steuersatz im Ausland. Andererseits kann durch das Vorliegen von negativen Einkünften im Inland sowie die Abzugsfähigkeit von bestimmten Aufwendungen wie insbe- 36 sondere Sonderausgaben und außergewöhnlichen Belastungen im Inland eine niedrigere Steuerbelastung eintreten, als dies der im Ausland erhobenen Steuer entspricht.

37 Beispiel:
Die Einkünfte einer in einem Nicht-DBA-Staat belegenen ausländischen Betriebsstätte betragen 100. Das Ausland erhebt hierauf eine Steuer von 40 %, sodass ein ausländisches Betriebsstättenergebnis nach Steuern von 60 verbleibt. Im Inland werden Einkünfte aus Gewerbebetrieb in Höhe von 300 erzielt. Infolge des Welteinkommensprinzips sind die Einkünfte der ausländischen Betriebsstätte im Inland der Besteuerung zu unterwerfen, wobei die im Ausland gezahlte Einkommensteuer gem. § 12 Nr. 3 EStG nicht abzugsfähige Betriebsausgaben darstellt. Folglich sind die ausländischen Betriebsstätteneinkünfte mit den nach deutschen Gewinnermittlungsregelungen anzusetzendem Wert in die inländische Bemessungsgrundlage einzubeziehen. Dieser soll vorliegend 100 betragen. Wenn der Gesellschafter gleichzeitig noch negative Einkünfte aus Vermietung und Verpachtung in Höhe von 250 erzielt, beträgt der Gesamtbetrag der Einkünfte 150. Können ergänzend Vorsorgeaufwendungen wie insbesondere Sonderausgaben und außergewöhnliche Belastungen in Höhe von 30 berücksichtigt werden, beträgt das zu versteuernde Einkommen 120. Wird hierauf ein fiktiver Steuersatz von 35 % angewendet, so entsteht eine Gesamtsteuerbelastung von 42. Um nun den Anrechnungshöchstbetrag zu ermitteln, muss die inländische Einkommensteuer in das Verhältnis gesetzt werden zur Summe der ausländischen Einkünfte und der Summe der Einkünfte. Hieraus ergibt sich in dem vorstehenden Beispiel, dass die 42 in das Verhältnis von 100 zu 150 zu setzen sind. Damit erträgt der Anrechnungshöchstbetrag 28. Im vorstehenden Beispiel würde hieraus ein nicht nutzbarer Anrechnungsüberhang von 12 Punkten entstehen.

38 Das Entstehen von Anrechnungsüberhängen ist in der Praxis eher die Regel als eine seltene Ausnahme. In diesem Zusammenhang wird diskutiert, ob die Anwendung eines Anrechnungshöchstbetrages vor dem Hintergrund des Europarechts problematisch ist, aber bisher keine Entsprechung im deutschen Steuerrecht gefunden hat[3].

39 b) Alternatives Wahlrecht zum Abzug gem. § 34c Abs. 2 EStG. Aufgrund des Umstandes, dass eine Anrechnung der im Ausland gezahlten Steuern nur in dem Veranlagungszeitraum vorgenommen werden kann, in dem nach deutschen Einkunftsermittlungsvorschriften die ausländischen Einkünfte als zugeflossen gelten, kann es Fälle geben, bei denen die direkte Anrechnung keine Milderungswirkung entfalten kann. Ursache für diese Fälle sind so genannte Steuerüberhänge, also Situationen, in denen entweder Anrechnungsbeschränkungen in Form von Anrechnungsüberhängen, negative ausländische Einkünfte, negative inländische Einkünfte oder ein Gesamtbetrag der Einkünfte von null eine Anrechnung nicht möglich machen. Das folgende Beispiel soll die Kombination aus Quellensteuern, die auf den Bruttobetrag der Einnahmen erhoben werden und inländischer Einkommen-/Körperschaftsteuer auf die Nettogröße „Gewinn" aufzeigen.

40 Beispiel:
Ein im Inland ansässiges Unternehmen erwirbt ein Patent zum Preis von 1.000 und finanziert den Kauf ausschließlich mit Fremdkapital. Dem Unternehmen entstehen hierdurch Kosten von 80 per anno. Die Lizenzeinnahme aus dem Ausland beträgt 100, wobei eine Quellensteuer von 15 % erhoben wird. Da nach deutschen Einkunftsermittlungsgrundsätzen das deutsche Unternehmen nur einen Gewinn von 20 erwirtschaftet hat, ergibt sich hierauf eine kombinierte Körperschaft-/Gewerbesteuer von 30 %, so dass eine Steuerzahlung in Höhe von 6 ohne Anrechnung entstehen würde. Ungeachtet

---

[3] Siehe aber EuGH Urt. v. 28.2.2013 – C-168/11 Manfred Beker, Christa Beker/FA Heilbronn, wonach der Höchstbetrag für die Anrechnung der ausländischen Quellensteuer auf die inländische Einkommensteuer unter bestimmten Umständen Art. 63 AEUV entgegensteht. Wörtlich führt der EuGH aus: Art. 63 AEUV ist dahin auszulegen, dass er einer Regelung eines Mitgliedstaats entgegensteht, nach der im Rahmen eines Systems zur Minderung der Doppelbesteuerung bei unbeschränkt Steuerpflichtigen, die mit ausländischen Einkünften in dem Staat, aus dem die Einkünfte stammen, zu einer Steuer herangezogen werden, die der von dem genannten Mitgliedstaat erhobenen Einkommensteuer entspricht, die ausländische Steuer auf die Einkommensteuer in diesem Mitgliedstaat in der Weise angerechnet wird, dass der Betrag der Steuer, die auf das in dem Mitgliedstaat zu versteuernde Einkommen – einschließlich der ausländischen Einkünfte – zu entrichten ist, mit dem Quotienten multipliziert wird, der sich aus den ausländischen Einkünften und der Summe der Einkünfte ergibt, wobei in dem letztgenannten Betrag Sonderausgaben und außergewöhnliche Belastungen als Kosten der persönlichen Lebensführung sowie der personen- und familienbezogenen Umstände nicht berücksichtigt sind.

eines zu ermittelnden Anrechnungshöchstbetrages nach § 34c Abs. 1 S. 2 EStG entsteht ein Quellensteuerüberhang, da die deutsche Steuerzahlung 6 beträgt, das Finanzamt maximal 6 als ausländische Steuer auf die inländische Steuer anrechnen wird und die „zuviel" gezahlten 9 im Ausland nicht in Deutschland erstattet. Die sich hierbei tatsächlich ergebende Steuerbelastung auf den Gewinn von 20 ist somit 75 %. In Abhängigkeit von der Höhe der mit den Einnahmen in Zusammenhang stehenden Betriebsausgaben kann die Steuerbelastung sogar höher sein als die erzielten Einkünfte.

Die Konsequenz des alternativen Abzugs der ausländischen Steuern ist wirtschaftlich betrachtet eine Reduzierung des zu versteuernden Einkommens, sodass die Doppelbesteuerung in keinem Fall vollständig vermieden wird, sondern der Entlastungsbetrag sich berechnet als Steuerminderzahlung durch den Abzug der ausländischen Steuern. **41**

c) Sonstige Methoden gem. § 34c EStG. Von Amts wegen, also ohne eigenes Tätigwerden des Steuerpflichtigen, kommt der unter II. beschriebene Abzug zur Anwendung, wenn die ausländische Steuer nicht der deutschen Einkommensteuer entspricht oder die Auslandssteuern nicht für ausländische Einkünfte im Sinne des § 34d EStG gezahlt worden sind. Der Abzug der ausländischen Steuern erfolgt bei der Ermittlung der Einkünfte mit den bereits oben geschilderten Effekten. **42**

Eine Pauschalierung oder ein Erlass der ausländischen Steuern ist bei ausländischen Einkünften im Sinne des § 34d EStG dann möglich, wenn die Anrechnung oder der Abzug nach § 34c Abs. 1–3 EStG nicht zu sachgerechten Ergebnissen führt oder die aus gesamtwirtschaftlichen Gründen gewollte Vermeidung der Doppelbesteuerung nicht erreicht werden konnte. Nur in seltenen Fällen wird eine Pauschalierung oder ein Erlass gewährt, sodass die Hauptanwendungsfälle der Maßnahmen zur Vermeidung der Doppelbesteuerung die nach § 34c Abs. 1–3 EStG sind. **43**

4. Sonstige Auswirkungen auf die Steuerbelastung. a) Auswirkungen auf den anzuwendenden Einkommensteuersatz. Einkünfte im Sinne des § 2 EStG können grundsätzlich positiv wie negativ sein. Handelt es sich um ausländische Einkünfte, die von der deutschen Besteuerung nach den Vorschriften des zu beachtenden DBA freigestellt sind, wirken sich diese nur in Form eines negativen oder positiven Progressionsvorbehaltes bei der Ermittlung des anzuwendenden Steuersatzes für die inländischen und sonst steuerpflichtigen Einkünfte aus. Grundsätzlich kann nach Auffassung des BFH der anzuwendende Steuersatz hierbei bis auf Null sinken. Voraussetzung für den negativen Progressionsvorbehalt ist es nach Auffassung des BFH jedoch, dass der Verlustabzug nicht gesetzlich ausgeschlossen ist, wie dies zB durch § 2a Abs. 1 EStG, § 2b EStG, § 15 Abs. 4 EStG oder § 15a EStG der Fall ist. Der BFH führt in seiner Entscheidung vom 17.10.1990 aus, dass § 2a EStG sich somit – ebenso wie andere Verlustausgleichs-Beschränkungen des EStG – auch auf das Steuersatz-Einkommen auswirkt und deshalb grundsätzlich geeignet ist, den negativen Progressionsvorbehalt auszuschließen. **44**

Eine Beschränkung der ausländischen Verluste bei der Ermittlung des negativen Progressionsvorbehaltes kann auch durch ein DBA nicht verhindert werden, denn die Einbeziehung ausländischer Einkünfte in die Ermittlung des Steuersatz-Einkommens beruht auf dem deutschen Einkommensteuerrecht, das der Gesetzgeber ohne weiteres ändern kann. Der Progressionsvorbehalt des DBA gebietet diese Einbeziehung nicht, sondern lässt sie lediglich zu. **45**

Der negative wie positive Progressionsvorbehalt kommt jedoch nur bei natürlichen Personen zum tragen, da nur bei diesen eine Besteuerung nach der Leistungsfähigkeit vorgenommen werden soll, die regelmäßig auch die Höhe des anzuwendenden Steuersatzes betrifft. Aber auch bei natürlichen Personen kommt nur dann eine steuererhöhende Wirkung zur Geltung, wenn der Steuerpflichtige nicht bereits aufgrund seiner sonstigen inländischen Einkünfte in der so genannten oberen Proportionalzone ist. Im Einzelfall kann durch die Inanspruchnahme eines negativen Progressionsvorbehaltes ein steuerlicher Vorteil entstehen. Dies selbst dann, wenn positive Einkünfte in den Folgejahren grundsätzlich zu einer Erhöhung des anzuwendenden Steuersatzes führen würde. In der Vergangenheit wurden Gestaltungen unter Zuhilfenahme des negativen Progressionsvorbehaltes mit Gold und **46**

3. Teil. Exportwirtschaft (Ausfuhr, Zoll, Steuern)

sonstigen Formen von Umlaufvermögen durchgeführt, denen jedoch durch das Jahressteuergesetz 2013[4] weitgehend der Boden entzogen wurde. So ist beispielsweise bei einer Person, die durch einen negativen Progressionsvorbehalt einen Steuersatz von 0 für das laufende Jahr erzielen kann, ein negativer Effekt dann auszuschließen, wenn aufgrund der sonstigen positiven Einkünfte in den Folgejahren keine Steuererhöhung zum tragen kommt.

47 **b) Besonderheiten bei der Körperschaftsteuer.** Das Körperschaftsteuergesetz sieht seit der Ausweitung der §§ 8a und 8b KStG auf Inlandsfälle insoweit keine ergänzenden Besonderheiten für Outboundtransaktionen vor, die nicht bereits aufgrund der Generalverweisung des § 7 Abs. 1 KStG durch das Einkommensteuergesetz abgedeckt sind.

48 **c) Besonderheiten bei der Gewerbesteuer.** In den Fällen, in denen ein gewerbliches Unternehmen, welches im Inland ansässig ist, Geschäftsaktivitäten auch im Ausland vornimmt, stellt sich regelmäßig die Frage, ob dieses Unternehmen auch mit seinen im Ausland erzielten Einkünften der deutschen Gewerbesteuer unterliegt. Grundsätzlich ist festzustellen, dass die Gewerbesteuer, anders als regelmäßig in der Literatur verbreitet, keine Territorialsteuer ist, sondern die Einkünfte erfasst, die dem stehenden Gewerbebetrieb, der im Inland unterhalten wird, zugerechnet werden. Dies bedeutet nicht zwangsläufig, dass nur Einkünfte, deren Quelle im Inland belegen ist, der Gewerbesteuer unterliegen. So sind als Beispiel Lizenzeinkünfte zu nennen, die unstreitig auch ihre wirtschaftliche Ursache im Ausland haben, und möglicherweise im Ausland einer Quellensteuer unterlegen haben, die dem inländischen Gewerbebetrieb zuzurechnen sind, sofern das Patentrecht bzw. Urheberrecht der Betriebsstätte wirtschaftlich zuzurechnen ist. Insoweit sind die Einkünfte sowohl im Ausland der beschränkten Steuerpflicht als auch im Inland der unbeschränkten Steuerpflicht als auch der Gewerbesteuer zu unterwerfen.

49 Die Vorschriften zur Vermeidung einer Besteuerung von ausländischen Einkünften mit inländischer Gewerbesteuer können sich demnach nur ergeben, wenn eine der Kürzungsvorschriften des § 9 GewStG zum Tragen kommt oder bereits bei der Ermittlung des Gewerbeertrags im Sinne des § 7 GewStG eine Berücksichtigung von nach einem Doppelbesteuerungsabkommen frei gestellten Einkünften zu erfolgen hat.

50 Im Folgenden sollen beide Fälle kurz erläutert werden.

51 Gemäß § 7 GewStG ermittelt sich der Ertrag für gewerbesteuerliche Zwecke nach den einkommen- oder körperschaftsteuerlichen Vorschriften, sodass eine Befreiungsvorschrift nach § 8b KStG zB unmittelbar auch auf die Gewerbesteuer durchgreift, wenn Unternehmer eine Kapitalgesellschaft ist. Ist nach einem Abkommen zur Vermeidung der Doppelbesteuerung ein bestimmter Teil der Einkünfte, die aus dem Ausland erzielt werden im Inland von der Ertragbesteuerung freizustellen, so gilt dies regelmäßig auch für die Gewerbesteuer. Dieser Anwendungsfall ist vor allem dann gegeben, wenn bestimmte Einkünfte im Inland von der Besteuerung freigestellt werden, wie das zB bei ausländischem Grundbesitz, ausländischen Betriebsstätteneinkünften oder so genannten Schachteldividenden der Fall ist. Im Ergebnis bedeutet dies, dass in so genannten DBA-Fällen eine gewerbesteuerliche Erfassung meist dann ausscheidet, wenn auf Grund des Doppelbesteuerungsabkommens die Bundesrepublik Deutschland die im Ausland belegenen Einkünfte nicht besteuern darf oder für diese Einkünfte die Freistellung mit dem anderen Staat vereinbart hat.

52 Alternativ zu den Regelungen nach einem Doppelbesteuerungsabkommen und den unilateralen Regelungen zur Befreiung von Einkunftstatbeständen von der Besteuerung, wie zB § 8b KStG kommen noch Kürzungsvorschriften im Gewerbesteuergesetz selbst in Frage. Namentlich sind hier die folgenden Fälle zu nennen:

53 § 9 Nr. 7 GewStG:
Die Dividenden aus einer ausländischen Kapitalgesellschaft, also einer Kapitalgesellschaft, die weder Sitz noch Geschäftsleitung im Inland hat, sind gemäß § 9 Nr. 7 GewStG nicht der Gewerbesteuer zu unterwerfen, sofern die Beteiligung am Stammkapital der ausländi-

---

[4] Fassung aufgrund des Gesetzes zur Umsetzung der Amtshilferichtlinie sowie zur Änderung steuerlicher Vorschriften (Amtshilferichtlinie-Umsetzungsgesetz) vom 26.6.2013 (BGBl. I S. 1809) mWv 30.6.2013.

schen Gesellschaft mindestens 10% beträgt. Im Ergebnis kommt es damit auf den ersten Blick nicht zu einer Besteuerung der Dividenden aus einer Kapitalgesellschaft, da § 8b Abs. 1 KStG, der bereits bei der Ermittlung des Gewerbeertrages gem. § 7 GewStG zu berücksichtigen ist keine Voraussetzung einer Mindestbeteiligung kennt. Da aber § 8 Nr. 5 GewStG die zuvor nicht berücksichtigten Dividenden wieder hinzugerechnet werden müssen, sofern die Mindestbeteiligung des § 9 Nr. 7 GewStG nicht gegeben sind, bedeutet dies im Ergebnis eine gewerbesteuerliche Belastung aller Dividenden aus Beteiligungen, die weniger als 10% an einer Auslandsgesellschaft ausmachen.

§ 9 Nr. 2a GewStG: **54**
Entsprechendes gilt für die Beteiligungen an ausländischen Personengesellschaften. Da bei diesen eine anteilige Betriebsstätte im Ausland angenommen wird, sind die Einkünfte, die dem ausländischen Teil des stehenden Gewerbebetriebs im Inland zuzurechnen sind aus der Bemessungsgrundlage der Gewerbesteuerpflicht in Deutschland auszunehmen.

§ 9 Nr. 3 GewStG: **55**
Eine der wesentlichen Vorschriften, vor allem im Verhältnis zu so genannten Nicht-DBA-Staaten ist § 9 Nr. 3 GewStG. Hiernach werden Einkünfte, die einer ausländischen Betriebsstätte zuzurechnen sind, von der dt. Gewerbesteuer nicht erfasst. Aus gestalterischer Sicht bedeutet dies, dass aufgrund einer Begründung einer Betriebsstätte in ein Nicht-DBA-Staat die Versteuerung der stillen Reserven in den überführten Wirtschaftsgütern verhindert werden kann und gleichzeitig die gewerbesteuerliche Kürzung in Anspruch genommen werden kann. Probleme bei dieser Gestaltung bestehen allerdings hinsichtlich der Frage der tatsächlichen Zugehörigkeit von Vermögenswerten und Einkünften zu der ausländischen Betriebsstätte.

d) Verfahrensrechtliche Aspekte. Neben den noch zu behandelnden Dokumentations- **56** pflichten für Verrechnungspreise ist auf die Anzeige- und Mitwirkungspflichten inländischer Unternehmen bei ausländischen Geschäftsaktivitäten hinzuweisen. Gem. § 138 Abs. 2 AO haben inländische Steuerpflichtige die Gründung und den Erwerb von Betrieben und Betriebsstätten im Ausland, die Beteiligung an ausländischen Personengesellschaften sowie den Erwerb von Beteiligungen an Kapitalgesellschaften im Ausland bei der inländischen Finanzbehörde anzuzeigen. Die Nichteinhaltung dieser Anzeigepflicht stellt eine Ordnungswidrigkeit dar, die je Verstoß mit bis zu 5.000 EUR geahndet werden kann. Weitreichender ist jedoch die Befolgung der Verrechnungspreisdokumentationen, bei denen alle verbundenen Unternehmen, egal ob Personen- oder Kapitalgesellschaften im Ausland erfasst werden sollen. Erfolgt diese Erfassung nicht, liegt eine unvollständige Erklärung vor, die eine Steuerhinterziehung begründen kann, so dass aus der Sicht des Steuerpflichtigen besondere Vorsicht geboten ist.

Ganz generell sind weitere Regelungen zu beachten, wie beispielsweise die Benennung **57** von Gläubigern und Zahlungsempfängern, die insbesondere bei Personen im Ausland besonders schwierig sein kann. Gleichwohl ist an die Benennung die steuerliche Abzugsfähigkeit der Aufwendungen geknüpft, so dass dies eine erhebliche wirtschaftliche Bedeutung hat. Außerdem sind erweiterte Mitwirkungspflichten bei Auslandssachverhalten gem. § 90 Abs. 2 und 3 AO zu beachten, die bei Nichtbefolgung zu einer Umkehrung der Darlegungslast zu Lasten des Steuerpflichtigen führen.

II. Abkommensrecht

Doppelbesteuerungsabkommen sind völkerrechtliche Verträge, in denen die Besteue- **58** rungsrechte der Staaten bei den direkten Steuern aufgeteilt werden[5]. Die Hauptfunktion dieser Verträge liegt in der Vermeidung einer doppelten Erfassung des gleichen Steuerguts bei derselben Person („juristische Doppelbesteuerung"). Die Staaten sind aufgrund ihrer

---

[5] BMF vom 22.1.2013, IV B 2 – S 1301/07/10017 – 04, Stand der Doppelbesteuerungsabkommen und weiterer Abkommen im Steuerbereich sowie der Abkommensverhandlungen am 1. Januar 2013.

3. Teil. Exportwirtschaft (Ausfuhr, Zoll, Steuern)

Souveränität in der Ausgestaltung ihrer steuerlichen Regelungen frei. Hieraus folgt, dass bei einer grenzüberschreitenden Tätigkeit in mehreren Staaten Anknüpfungspunkte für die Besteuerung verwirklicht sein können. Es entsteht dann eine Doppelbesteuerung.

59 Ein zweiter – insbesondere für die Finanzverwaltungen wichtiger – Regelungsbereich liegt in verfahrensrechtlichen Regelungen. DBA enthalten regelmäßig Klauseln, die den Informations- und Auskunftsaustausch zwischen den Finanzverwaltungen regeln. Damit besteht die Möglichkeit, bei grenzüberschreitenden Sachverhalten in Abkommensfällen zusätzliche Informationen zu bekommen. Im Gegensatz zu den Fällen, in denen kein DBA vorliegt, ist die Finanzverwaltung nicht auf die freiwillige Mitwirkung des jeweils anderen Staates angewiesen, sondern es besteht gegen den anderen Vertragsstaat ein völkerrechtlicher Auskunftsanspruch.

60 In zunehmendem Maße rücken die Vermeidung einer doppelten Nichtbesteuerung und die Verhinderung von „Missbräuchen" in den Blickwinkel der Doppelbesteuerungsabkommen. Hierbei sollen solche Gestaltungen erfasst werden, die zu einer geringeren Steuerbelastung führen, als reine Inlandssachverhalte im höher besteuernden Staat. Damit wird sowohl der Zielsetzung der Sicherung des Haushaltsaufkommens der beteiligten Staaten Rechnung getragen, als auch den Anforderungen an eine Wettbewerbsneutralität der Besteuerung.

61 **1. Rechtsstellung eines DBA.** DBA haben gegenüber einfachen nationalen Gesetzen Vorrang. Ausschlaggebend hierfür ist, anders als dessen Wortlaut vermuten ließe, nicht § 2 AO. Vielmehr kann dieser als einfaches innerstaatliches Gesetz nicht die Hierarchie von unterschiedlichen gesetzlichen Regelungen festlegen. Allerdings ergibt sich aus Art. 59 Abs. 2 GG der Grundsatz, dass den Vorschriften aus völkerrechtlichen Verträgen Vorrang vor innerstaatlichen Gesetzen gebührt. Hieraus folgt, dass die Regelung des Abkommensrechts als höherrangig anzusehen ist. Hierbei handelt es sich nach der Zustimmung durch die zuständigen gesetzgebenden Körperschaften (Bundestag und Bundesrat) um unmittelbar für den Steuerpflichtigen geltendes Recht[6]. Dies schließt jedoch nicht aus, dass der Gesetzgeber in bestimmten Fällen bewusst und gezielt von den Regelungen des Abkommensrechts abweicht oder diese durch eine andere Regelung ersetzt. Diese Fälle sind von der Rechtsprechung jedoch an strenge Voraussetzungen geknüpft worden (vgl. BFH-Urt. v. 13.7.1994, I R 120/93, BStBl. II 1995, 129).

62 Auch wenn die Regelungen der DBA den innerstaatlichen Besteuerungsvorschriften Grenzen setzen, bedeutet dies für Zwecke der Anwendung des Abkommens nicht, dass eine Prüfung des Abkommensrechts vorrangig ist. Vielmehr wird in der Praxis regelmäßig zunächst die Steuerpflicht nach innerstaatlichem Recht geprüft[7].

63 Gem. Art. 59 Abs. 2 GG haben die Regelungen des Abkommensrechts den Rang eines Bundesgesetzes. Hieraus folgt, dass die unmittelbar zur Anwendung kommenden Vorschriften des EU-Rechts Vorrang vor den Regelungen des Abkommensrechts genießen. Folglich kommen die Regelungen der DBA mit den Mitgliedsstaaten nur insoweit zur Anwendung, wie dem keine Vorgaben des EU-Rechts entgegenstehen.

64 Die Mitgliedsstaaten der EU haben im Bereich der direkten Steuern eine sehr große Gestaltungsfreiheit, weil insoweit kein Harmonisierungsauftrag für die Organe der Union besteht. Gleichwohl können europarechtliche Probleme entstehen, wenn Diskriminierungen vorliegen. Dies ist der Fall, wenn unterschiedliche Vorschriften auf gleichartige Situationen oder dieselbe Vorschrift auf unterschiedliche Situationen angewandt werden. Eine solche Diskriminierung ist nur zulässig, wenn sie gerechtfertigt werden kann und verhältnismäßig ist. Bei den DBA kann eine solche Diskriminierung darin bestehen, dass eine im Abkommen vorgesehene Begünstigung nicht auch in vergleichbaren Situationen gewährt wird. Hier kann das EU-Recht zu einer Ausweitung der Regelungen zwingen.

---

[6] Vgl. Mössner/*Tillmanns*, Steuerrecht international tätiger Unternehmen, 4. Aufl. 2012, Rn. B 433.

[7] Vgl. *Mössner*, Zur Auslegung von Doppelbesteuerungsabkommen, in: FS Seidl-Hohenveldern, 1988, 403 ff., hier: 417.

2. Verhältnis der einzelnen Normen des DBA zueinander. Das OECD-MA ist in sieben Abschnitte gegliedert: 65
- Geltungsbereich des Abkommens (Art. 1–2 OECD-MA),
- Begriffsbestimmungen des Abkommens (Art. 3–5 OECD-MA),
- Zuweisung der Besteuerungsrechte an den Einkünften (Art. 6–21 OECD-MA),
- Zuweisung der Besteuerungsrechte am Vermögen (Art. 22 OECD-MA),
- Methoden zur Vermeidung der Doppelbesteuerung (Art. 23A bzw. 23B OECD-MA),
- Besondere Bestimmungen (Art. 24–29 OECD-MA),
- Schlussbestimmungen (Art. 30–31 OECD-MA).

Überschneidungen können sich hierbei im Verhältnis der einzelnen Einkunftsartikel zueinander ergeben. Denkbar ist, dass Einkünfte unter mehrere Einkunftsartikel fallen, so dass eine Aussage erforderlich ist, um diese grundsätzlich mögliche mehrfache Zuordnung zu beseitigen. Im innerstaatlichen deutschen Recht werden diese Fälle mit Hilfe der Subsidiaritätsklauseln gelöst (vgl. §§ 20 Abs. 3, § 21 Abs. 3, 22 Nr. 1 Satz 1, § 22 Nr. 2 iVm § 23 Abs. 2 und § 22 Nr. 3 Satz 1 EStG). 66

Die einzelnen Artikel des Abkommens enthalten hierzu entsprechende Regelungen. Einkünfte aus unbeweglichem Vermögen (Art. 6 OECD-MA) sind immer vorrangig vor allen anderen Einkunftsarten. Sofern Einkünfte unter Art. 10 (Dividenden), Art. 11 (Zinsen) oder Art. 12 (Lizenzen) und unter Art. 7 (Unternehmensgewinne) fallen, kommt der sog. Betriebsstättenvorgehalt zur Anwendung. Unter der Voraussetzung einer tatsächlichen Zugehörigkeit zur Betriebsstätte, werden die Einkünfte als Unternehmensgewinne qualifiziert. 67

3. Anwendung und Auslegung von DBA. Doppelbesteuerungsabkommen sind zunächst zwischenstaatliche Verträge, die nur die vertragsschließenden Staaten zu bestimmten Maßnahmen oder Unterlassungen verpflichten. Zwar kann der Steuerpflichtige keine unmittelbaren Rechte aus dem DBA herleiten, doch hat er einen Anspruch darauf, dass die ihn betreffende Finanzverwaltung sich abkommenskonform verhält und sofern der Gesetzgeber dies nicht durch Maßnahmen des Treaty Overriding ausdrücklich verneint hat, eine auslegungskonforme Anwendung des DBA vornimmt. 68

Das DBA findet nur insoweit Anwendung, als die Voraussetzungen des sachlichen, persönlichen und räumlichen Anwendungsbereiches, wie sie in den Art. 1, 2 und 3 OECD-MA bestimmt sind, vorliegen. Insoweit hat zunächst eine Prüfung des Anwendungsbereiches zu erfolgen. Eine unmittelbare Anwendung des OECD-MA auf grenzüberschreitende Steuersachverhalte ist nicht gegeben, da das Musterabkommen als Abkommensmuster nur die Grundlage für die individuell abzuschließenden DBA darstellt. Aber auch die nationalen DBA sind aus der Sicht der Steuerpflichtigen erst durch das Zustimmungsgesetz geltendes Recht. Dies schließt jedoch nicht aus, dass der Steuerpflichtige nicht unmittelbar einen Anspruch auf abkommenskonforme Besteuerung besitzt, wenn der nationale Gesetzgeber durch speziellere Vorschriften im Sinne des § 2 AO Regelungen erlassen hat, die dem Wortlaut des DBA widersprechen. Im Gegensatz zu Verordnungen der EU sowie umzusetzender Richtlinien der EU hat der Steuerpflichtige keinen Anspruch darauf, dass sich die Bundesrepublik Deutschland als Vertragsstaat gegenüber dem anderen Abkommensstaat vertragskonform verhält. 69

Die DBA stellen sowohl hinsichtlich der Begriffsinhalte als auch der Rechtsfolgen einen eigenständigen, von dem nationalen Steuerrecht losgelösten Rechtskreis dar, der grundsätzlich dazu führt, das Unklarheiten hinsichtlich des Begriffsinhaltes generell nicht unter Rückgriff auf das nationale Steuerrecht der beteiligten Staaten gelöst werden können, es sei denn dies ist ausdrücklich im DBA vorgesehen. 70

Im Schrifttum[8] wird zum Teil kontrovers diskutiert, welche Prüfungsreihenfolge bei grenzüberschreitenden Steuersachverhalten unter Vorliegen eines DBA anzuwenden ist. Da DBA im Sinne des Schrankenrechts nur bestehende nationale Besteuerungsrechte der Ver- 71

---

[8] Vgl. mit weiteren Nachweisen Vogel/Lehner/*Vogel*, DBA-Kommentar, Rn. 90 zur Einleitung, 5. Aufl. 2008.

tragsstaaten belässt oder beschränkt, ist Voraussetzung für die Anwendung eines DBA zunächst, ob überhaupt eine nationale Steuerpflicht in den Staaten gegeben ist. Nachdem diese Frage beantwortet ist, muss unseres Erachtens in einem zweiten Schritt geprüft werden, ob das nationale Besteuerungsrecht durch die Regelungen des DBA eingeschränkt wird. Insofern erscheint die Diskussion entbehrlich, da selbst aus Gründen der Praktikabilität keine allgemein gültige Vorgehensweise identifiziert wird. Typischerweise wird zunächst nach nationalem Recht geprüft, ob unbeschränkte oder beschränkte Steuerpflicht vorliegt, um dann in einem weiteren Schritt zu prüfen, in welchem anderen Staat auch eine unbeschränkte und/oder beschränkte Steuerpflicht vorliegt. Damit sind dann alle Besteuerungsansprüche der betroffenen Staaten hinsichtlich der jeweiligen Einkünfte ermittelt. In einem nächsten Schritt ist dann zu prüfen, in welchem der Staaten die Person für Abkommenszwecke ansässig ist. Anhand der dann anzuwendenden Regelungen des DBA ist zu bestimmen, inwieweit das nach nationalem Recht gegebene Besteuerungsrecht unter Berücksichtigung des DBA dem Staat verbleibt. Die Schlussprotokolle, sonstige Dokumente und Anlagen sind regelmäßig Bestandteil des DBA und haben die gleiche rechtliche Bedeutung wie der Abkommenstext selbst.

72 Die Auslegung von Doppelbesteuerungsabkommen folgt nach übereinstimmender Meinung im Schrifttum[9] den völkerrechtlichen Auslegungsgrundsätzen, die in Art. 31 ff. der Wiener Vertragsrechtskonvention (Im deutschen Schrifttum auch als Wiener Übereinkommen über das Recht der Verträge (WÜRV) zitiert.) kodifiziert sind. Im Einzelnen besagt die Konvention, dass ein Abkommen immer dann, wenn der Wortlaut keine eindeutige Entscheidung zulässt, nach dem Grundsatz von Treu und Glauben hinsichtlich des Ziels und Zweckes des DBA auszulegen sei (Art. 31 Abs. 1 WVK). Zur Ermittlung des Ziels des Abkommens sind alle Unterlagen aus den Verhandlungen heranzuziehen, die Hinweise auf die Absichten der Vertragspartner geben können und von einer der beiden Parteien erstellt und von der anderen Partei zur Kenntnis genommen wurde (Art. 31 Abs. 2 WVK). Zu berücksichtigen ist außerdem jede weitere Übereinkunft zwischen den Vertragsparteien über die Auslegung des Vertrages oder die Anwendung seiner Bestimmungen sowie jede nachträgliche allgemeine Übung bei der Anwendung und Durchführung des Abkommens Die Anwendung des WÜRV ergibt sich seit dem Inkrafttreten des deutschen Zustimmungsgesetzes am 20.8.1987[10] unmittelbar. Für die Zeit davor wird dies aus der Qualifikation des WÜRV als geltende Völkergewohnheitsrecht unterstellt.

73 Als weitere Auslegungshilfe sind nach Art. 32 WVK auch Unterlagen herangezogen werden, die von den Vertragsstaaten während der Verhandlungen erstellt wurden und Hinweise auf die Intension der Vertragsparteien geben können.

74 **4. Begriffsdefinitionen des OECD-Musterabkommens.** Die Art. 3 bis 5 des OECD-Musterabkommens und entsprechende Regelungen in den deutschen Doppelbesteuerungsabkommen beinhalten einige Definitionen für Begriffe, die im DBA Verwendung finden und für die ausdrücklich ein Verweis auf das nationale Recht der Anwenderstaaten nicht gelten soll. Die Regelungen des DBA stellen hierbei grundsätzlich einen eigenen Begriffs- und Rechtskreis dar, der trotz Verwendung derselben Begriffe nicht zwangsläufig dieselben Inhalte wie im nationalen Recht nach sich zieht. Ein Verweis auf das nationale Recht ergibt sich entweder aus Art. 3 Abs. 2 OECD-MA oder aus der Notwendigkeit heraus, Begriffe des DBA auszulegen. Nachfolgend wird beispielhaft anhand der Begriffe Person, Gesellschaft, Unternehmen und Betriebsstätte gezeigt, welche Unterschiede, aber auch Gemeinsamkeiten zum deutschen innerstaatlichen Recht bestehen.

§ 1 Person und Gesellschaft

75 Voraussetzung für die Anwendung eines Doppelbesteuerungsabkommens ist die Ansässigkeit von Personen in einem der beiden Vertragsstaaten und die Erzielung von Einkünf-

---

[9] Vgl. zB *Lang M.*, Einführung in das Recht der Doppelbesteuerungsabkommen, 2. Aufl. 2002, 43 ff. sowie Vogel/Lehner/*Vogel*, DBA-Kommentar, Rn. 95 ff. zur Einleitung, 5. Aufl. 2008.
[10] BGBl. II 1985, 927.

ten in dem anderen Staat. Der Begriff „Person" im Sinne des Art. 3 Abs. 1 Buchst. a OECD-MA umfasst eine natürliche Person, Gesellschaften und alle anderen Personenvereinigungen. Es ergeben sich keine Unterschiede in dem Begriff der natürlichen Person nach nationalem Steuerrecht und Abkommensrecht. Entsprechend verhält es sich bei einer Vielzahl von Fällen auch beim Begriff der Gesellschaften, mit dem nach Abkommensrecht juristische Personen oder Rechtsträger erfasst werden, die für die Besteuerung wie juristische Personen behandelt werden. In den Fällen, in denen anders als nach deutschem Steuerrecht einer Personengesellschaft im Ausland nicht der Status eines nicht steuerpflichtigen transparenten Gebildes zugestanden wird, sondern eine eigene Steuerrechtsfähigkeit zuerkannt wird, kommt es zu Qualifikationskonflikten. Die anderen Personenvereinigungen sind ähnlich der Definition des Körperschaftsteuergesetzes Stiftungen, Zweckvermögen, Vereine und sonstige Rechtsgebilde, aber regelmäßig nicht Personengesellschaften.

§ 2 Unternehmen

Da der Begriff des Unternehmens in den DBA nicht definiert ist, muss er nach herrschender Meinung im Schrifttum aus dem OECD-MA sowie ersatzweise anhand des innerstaatlichen Steuerrechts ausgelegt werden. Eine Definition findet sich im Schrifttum[11]. Diese umschreibt eine Unternehmenstätigkeit als „eine selbstständige, auf Erwerb gerichtete Tätigkeit, die sich einerseits gegen die landwirtschaftliche Urproduktion abgrenzt, andererseits gegen die künstlerischen, wissenschaftlichen oder eine wissenschaftliche Vorbildung erfordernden freien Berufe". Durch die Streichung des Art. 14 aF OECD-MA verbleibt nur noch die Abgrenzung zwischen unternehmerischer Tätigkeit sowie land- und forstwirtschaftlicher Tätigkeit, die typischerweise nach Art. 6 OECD-MA qualifiziert und besteuert wird. Für die Einordnung als Unternehmenstätigkeit ist damit unmittelbar auf die tatsächliche Ausübung bestimmter Tätigkeiten abzustellen, sodass zB die nach innerstaatlichem Recht herbeizuführende Qualifikation als gewerbliche Einkünfte durch das Rechtsinstitut zB der Betriebsaufspaltung oder der Möglichkeit der gewerblichen Prägung durch § 15 Abs. 3 Nr. 2 EStG für sich genommen nicht zu den Unternehmensgewinnen iSd Art. 7 Abs. 1 OECD-MA führt. *Vogel* (vgl. *Vogel* in: Vogel/Lehner, DBA-Kommentar, 5. Aufl. 2008, Art. 7 OECD-MA Rn. 26) ist zuzustimmen, wenn er Unternehmenstätigkeit iSd Art. 7 OECD-MA mit einer selbstständigen Erwerbstätigkeit, die nicht Nutzung unbeweglichen Vermögens iSd Art. 6 OECD-MA ist, beschreibt. Die Bestimmung erfolgt damit anders als im deutschen Einkommensteuerrecht nicht vorrangig anhand positiver Tatbestandsmerkmale, sondern vor allem anhand negativer Abgrenzung zur Vermögensverwaltung unbeweglichen Vermögens. 76

Für die Praxis ist jedoch diese allgemein gefasste Definition wenig hilfreich, sodass zur Bestimmung auf das nationale Recht verwiesen werden muss. Als Indizien sind die einkommensteuerlichen Anknüpfungspunkte für eine gewerbliche Tätigkeit iSd § 15 Abs. 2 EStG heranzuziehen, doch führen nach zutreffender Auffassung im Schrifttum auch einmalige Geschäftstransaktionen zur Unternehmenstätigkeit und damit zur Einbeziehung in den Art. 7 OECD-MA. Vgl. *Ferres,* Intertax 1991, S. 184 sowie die Entscheidung des High Court of Australia im Falle Thiel vs. FCT (21 ATR 531). 77

Meines Erachtens ist es für abkommensrechtliche Zwecke nicht erforderlich, dass alle Tatbestandsvoraussetzung kumulativ für das Vorliegen gewerblicher Einkünfte gem. § 15 Abs. 2 EStG erfüllt sind. Insbesondere die Negativabgrenzung der gewerblichen Einkünfte zu den Einkünften aus selbstständiger Arbeit gem. § 18 EStG ist seit der Einbeziehung des Art. 14 aF OECD-MA in den Art. 7 OECD-MA nicht mehr auf die Abkommensebene übertragbar. Gleichwohl dienen die Kriterien als wichtige Auslegungshilfen für die Begriffsbestimmung des Art. 7 Abs. 1 OECD-MA. 78

§ 3 Betriebsstätte

Art. 5 OECD-MA definiert die für die Zuweisung des Besteuerungsrechts bei Unternehmensgewinnen iSd Art. 7 OECD-MA erforderliche Betriebsstätte. Die Prüfung des 79

---

[11] Vgl. Vogel/Lehner/*Hemmelrath*, DBA-Kommentar, 5. Aufl. 2008, Art. 7 OECD-MA Rn. 23 sowie Strunk/Kaminski/Köhler/*Strunk/Kaminski,* AStG-/DBA-Kommentar, Art. 7 Rn. 21 ff. (September 2011).

3. Teil. Exportwirtschaft (Ausfuhr, Zoll, Steuern)

Vorliegens einer Betriebsstätte hat somit subsidiär im Anschluss an die Einkunftsqualifikation als Einkünfte aus Unternehmensgewinnen gem. Art. 7 OECD-MA zu erfolgen, um die Frage zu beantworten, welchem der beiden Vertragsstaaten ein Besteuerungsrecht zusteht. Sofern das Ergebnis der Prüfung das Nichtvorliegen einer Betriebsstätte im anderen Staat ist, verbleibt es beim Grundsatz der ausschließlichen Besteuerung im Ansässigkeitsstaat. Wegen der hierdurch herausragenden Bedeutung für die möglichen Einnahmen des Quellenstaates kommt der Definition des Art. 5 OECD-MA zur Betriebsstätte und der durch Art. 7 OECD-MA damit einhergehenden Zuweisung des Besteuerungsrechtes zum Belegenheitsstaat oder zu deren Versagung eine besondere Bedeutung zu, die in der Praxis zu einer Vielzahl von Auslegungs- und Definitionsproblemen geführt hat, die nicht zuletzt daraus resultieren, dass unterschiedliche, gegensätzliche Interessen zwischen Ansässigkeitsstaat und Belegenheitsstaat gegeben sind.

80 Für Abkommenszwecke dient der Begriff der Betriebsstätte dazu zu bestimmen, wann neben dem Ansässigkeitsstaat der andere – also der Quellenstaat – berechtigt ist, Unternehmensgewinne zu besteuern, und ob er dies in der Höhe beschränkt oder unbeschränkt tun darf. Nach Art. 7 OECD-MA kann ein Vertragsstaat die Gewinne eines Unternehmens besteuern, die dieses Unternehmen im anderen Vertragsstaat durch eine dort gelegene Betriebsstätte erzielt, und diese Gewinne der Betriebsstätte wirtschaftlich, funktional und tatsächlich zuzurechnen sind.

81 Die Aufgabe der Betriebsstättendefinition für das Abkommensrecht liegt in der Aufteilung der Besteuerungsrechte der Vertragsstaaten und insbesondere in der Aufteilung der Unternehmensgewinne sowie des Unternehmensvermögens gem. Art. 8 OECD-MA und Art. 22 Abs. 2 OECD-MA, der Zuordnung von Dividenden, Zinsen und Lizenzgebühren zu einer Betriebsstätte (vgl. Art. 10 Abs. 4 OECD-MA, Art. 11 Abs. 4 OECD-MA, Art. 12 Abs. 4 OECD-MA, dem sog. Betriebsstättenvorbehalt) sowie der Zuweisung des Besteuerungsrechts aus der Veräußerung von Betriebsstättenvermögen gem. Art. 13 Abs. 2 OECD-MA und für andere Einkünfte gem. Art. 21 Abs. 2 OECD-MA.

82 Die Betriebsstätte dient im Abkommensrecht als Konkretisierung der für erforderlich gehaltenen Schwelle der Anknüpfung an die Volkswirtschaft des anderen Staates, die eine Besteuerung in diesem Staat rechtfertigt. Das Abkommensrecht folgt dem Grundsatz, dass der Ansässigkeitsstaat iSd Art. 3 OECD-MA zumindest ein (wenn auch nicht ausschließliches) Besteuerungsrecht besitzt. Dementsprechend hat zunächst grundsätzlich eine Besteuerung im Ansässigkeitsstaat zu erfolgen. Für den Bereich der Unternehmensgewinne stellt das Vorliegen einer Betriebsstätte im anderen Staat die erforderliche Schwelle zur Besteuerung für diesen Staat dar. Diese massive Einschränkung des Besteuerungsrechtes des Quellenstaates hat nicht zuletzt durch die aktuellen Entwicklungen im Bereich des Electronic Business und der damit einhergehenden Nutzung des Internets dazu geführt, dass viele Staaten über eine Neuorientierung der Zuweisung von Besteuerungsrechten nachdenken. Erste Ansätze hierzu weist der OECD-Kommentar zu Art. 5 Rn. 4.1 bis 4.5 auf, aus dem ersichtlich wird, dass einzelne Staaten sich bemühen, die Betriebsstättendefinition auszuweiten, um aus der Sichtweise eines Quellenstaates häufiger ein Besteuerungsrecht zu erlangen, als ihnen das nach der bisherigen Interpretation zustehen würde. Aber auch in vielen anderen Fällen zeigen sich Bestrebungen, Betriebsstätten anzunehmen, die m. E. nur sehr schwierig unter die Tatbestandsvoraussetzungen des Art. 5 Abs. 1 OECD-MA subsumiert werden können.

83 Art. 5 Abs. 1 OECD-MA enthält zunächst eine allgemeine Definition der Betriebsstätte. Hiernach ist eine Betriebsstätte eine feste Geschäftseinrichtung, durch die die Tätigkeit eines Unternehmens ganz oder teilweise ausgeübt wird.

84 Art. 5 Abs. 2 OECD-MA erläutert den Begriff der festen Geschäftseinrichtung anhand einer beispielhaften, aber keineswegs abschließenden Aufzählung von betriebsstättenbegründenden Einrichtungen, wobei darauf hinzuweisen ist, dass die Tatbestandsvoraussetzungen des Art. 5 Abs. 1 OECD-MA in jedem Fall erfüllt sein müssen, damit die in Art. 5 Abs. 2 OECD-MA genannten Einrichtungen tatsächlich als Betriebsstätten qualifiziert werden können.

Art. 5 Abs. 3 OECD-MA nimmt Bezug auf die Besonderheiten bei Bauausführungen **85** und Montagen und legt fest, dass solche Tätigkeiten eine Betriebsstätte nur dann begründen, wenn sie eine bestimmte, festgelegte Dauer überschreiten. Im Gegensatz zu anderen Musterabkommen wie zB dem UN-Musterabkommen verbleibt jedoch eine Beschränkung der Anwendung des Art. 5 Abs. 3 OECD-MA auf Bauausführungen und Montagen und es findet keine Erweiterung auf sonstige weitere Dienstleistungen statt.

Von besonderer praktischer Bedeutung ist auch Art. 5 Abs. 4 OECD-MA, der einen **86** Ausnahmekatalog festschreibt, nach dem bestimmte Aktivitäten nicht zu einer Betriebsstättenbegründung führen, obwohl die Tatbestandsvoraussetzungen für eine feste Einrichtung iSd Art. 5 Abs. 1 OECD-MA eigentlich gegeben sind. Der sog. Negativkatalog bzw. Ausnahmekatalog beschreibt die Fälle, bei denen nach nationalem Recht eine Betriebsstätte zwar gegeben ist, aber nach Abkommensrecht dem Belegenheitsstaat kein Besteuerungsrecht zugewiesen werden kann, weil die Voraussetzungen für eine Betriebsstätte nach Art. 5 OECD-MA nicht gegeben sind.

Die Art. 5 Abs. 5 und 6 OECD-MA stellen die alternativ zu berücksichtigende Abwicklung von Geschäften mittels eines Vertreters in den Blickpunkt. Während in Art. 5 **87** Abs. 5 OECD-MA die Definition eines abhängigen Vertreters vorgenommen und erläutert wird, nach der auch dieser bzw. die Einschaltung eines solchen eine Betriebsstätte begründet, wenn er eine Vollmacht zum Abschluss von Verträgen hat und diese Vollmacht regelmäßig auch ausübt, stellt Art. 5 Abs. 6 OECD-MA klar, dass die Tätigkeit eines unabhängigen Vertreters grundsätzlich keine Betriebsstätte für das von ihm vertretene Unternehmen begründet. Als wichtige Einschränkung wird festgelegt, dass diese Rechtsfolge nur dann eintritt, wenn er seine Tätigkeit im Rahmen seiner ordentlichen Geschäftstätigkeit ausübt.

Art. 5 Abs. 7 OECD-MA legt fest, dass nur ein bestimmtes gesellschaftsrechtliches und **88** wirtschaftliches Verhältnis zu anderen Gesellschaften, wie dies typischerweise bei verbundenen Unternehmen und in Konzernen der Fall ist, keine Betriebsstätteneigenschaft begründet. So ist zB die Tochtergesellschaft einer ausländischen Muttergesellschaft nicht allein wegen der durch die Muttergesellschaft gegebenen gesellschaftsrechtlichen Beherrschung als Betriebsstätte des Mutterunternehmens im Inland anzusehen. Die Konsequenz hieraus ist, dass eine Besteuerung der inländischen Tochtergesellschaft gegeben ist, aber die Betriebsstätte im Inland für die ausländische Muttergesellschaft begründet wird. Das Verhältnis der einzelnen Tatbestandsvoraussetzungen untereinander ist innerhalb des Art. 5 OECD-MA eindeutig geregelt. So geht die Betriebsstättendefinition nach Art. 5 Abs. 1 OECD-MA der Prüfung nach Art. 5 Abs. 5 bzw. Abs. 6 OECD-MA vor, wie dies auch nach deutschem Steuerrecht regelmäßig der Fall ist, da die Subsidiarität der Einkunftsarten zueinander auch für das Verhältnis zwischen Betriebsstätte und ständigem Vertreter gilt und vorrangig eine Prüfung zu erfolgen hat, ob eine Betriebsstätte vorliegt und nicht inwieweit ein ständiger Vertreter ebenfalls gegeben ist. Ist das Vorliegen einer Betriebsstätte in allen Kriterien zu bejahen, ist in einem weiteren Schritt zu prüfen, ob die Ausnahmetatbestände des Art. 5 Abs. 4 OECD-MA vorliegen, die die Annahme einer Betriebsstätte versagen würden, um dann auf die Frage der Einkunftszurechnung gem. Art. 7 OECD-MA einzugehen. Bei vollständigem Vorliegen aller Tatbestandsvoraussetzungen des Art. 5 Abs. 1 OECD-MA erscheint die Prüfung der Vorschriften des Abs. 2 sowie Abs. 3 nicht notwendig bzw. nicht sachgerecht.

Zentrale Vorschrift des Art. 5 OECD-MA ist die Definition der Betriebsstätte als eine **89** feste Geschäftseinrichtung, die sich:

- in der Verfügungsmacht des Steuerpflichtigen befindet,
- ständig mit dem Erdboden des Territoriums des Quellstaates verbunden ist,
- dauerhaft genutzt wird und
- durch die die Tätigkeit des Unternehmens vorgenommen wird.

Wenngleich die Verfügungsmacht nicht explizit als Tatbestandsvoraussetzung in Art. 5 **90** Abs. 1 OECD-MA genannt wird, besteht im OECD-Kommentar zu Art. 5 Rn. 4 sowie in

3. Teil. Exportwirtschaft (Ausfuhr, Zoll, Steuern)

Rspr.[12] und Schrifttum[13] Einigkeit darüber, dass dies zwingende Voraussetzung für das Vorliegen einer Betriebsstätte ist.

91 Es müssen alle Tatbestandsvoraussetzungen kumulativ erfüllt sein, wobei Ausprägungen unterschiedlicher Intensität möglich sind. Es ist demnach grundsätzlich nicht statthaft, einzelne Tatbestände durch besondere Ausprägungen anderer Tatbestände zu substituieren.

92 Eine Geschäftseinrichtung ist gem. ständiger BFH-Rspr.[14] jeder körperliche Gegenstand und jede Zusammenfassung körperlicher Gegenstände, der/die geeignet ist, die Grundlage unternehmerischer Tätigkeiten zu sein[15]. Für das Vorliegen einer Betriebsstätte ist es nicht zwingend erforderlich, dass sich Personen in der Geschäftseinrichtung aufhalten, wenn diese für die Vornahme der Unternehmenstätigkeit insoweit nicht benötigt wird. Sofern jedoch Personal zur Durchführung der Tätigkeit erforderlich ist, kann eine Betriebsstätte nur dort angenommen werden, wo diese Personen regelmäßig tätig werden.

93 Gemäß Art. 5 Abs. 1 OECD-MA liegt eine Betriebsstätte im Sinne des DBA nur dann vor, wenn es sich um eine feste Geschäftseinrichtung handelt, mittels der die Tätigkeit eines Unternehmens ganz oder teilweise ausgeübt wird. Aufgrund dieser Tatsache wird die Verbindung zu Art. 7 OECD-MA hergestellt. Das Kriterium der festen Geschäftseinrichtung ist mit der deutschen nationalen Regelung des § 12 AO weitgehend identisch, sodass keine Abweichungen zwischen Abkommensrecht und nationalem Steuerrecht festzustellen sind.

94 **Beispiel:**
Eine mobile Reparaturwerkstatt kann zum kurzfristigen Einsatz im Quellenstaat herangezogen werden. Hierbei sind die in der Werkstatt befindlichen Gegenstände unstreitig als Geschäftseinrichtung zu definieren, begründen jedoch wegen des Fehlens der Dauerhaftigkeit und der örtlichen Fixierung keine Betriebsstätte iSd Art. 5 Abs. 1 OECD-MA.

95 Die feste Geschäftseinrichtung muss gem. Art. 5 Abs. 1 OECD-MA dauerhaft dem Unternehmen zur Verfügung stehen und der Tätigkeit des Unternehmens ganz oder teilweise zur Ausübung dienen. Der Begriff „dauerhaft" wird in der gesetzlichen Formulierung nicht genannt, sondern nur auf die Formulierung „fest" hingewiesen. Es besteht jedoch Einigkeit in der Kommentierung, dass unter dem Begriff der festen Geschäftseinrichtung zweierlei Aspekte zu behandeln sind: Neben der örtlichen Fixiertheit, also der Fixierung an einen geografisch bestimmbaren Ort einer der Vertragsstaaten, kommt es auch zu einer Dauerhaftigkeit im Sinne der zeitlichen Erfassung.

96 In Einzelfällen wird die Abgrenzung, ob eine dauerhafte Geschäftseinrichtung vorliegt oder nicht, schwierig sein, da erst im Nachhinein entschieden werden kann, ob die Geschäftseinrichtung auf Dauer unterhalten wurde. Demgegenüber sind Entscheidungen zum Zeitpunkt der Aufnahme der Geschäftsaktivitäten besonders schwierig. Zu Recht wird in der Literatur darauf verwiesen, dass bei der Frage, wann eine Anlage oder Einrichtung auf Dauer gegeben ist, auf die branchentypischen Gegebenheiten zu achten ist und die Gesamtumstände des Einzelfalls zu würdigen sind.

97 Die Geschäftseinrichtung muss einen Bezug zu einem bestimmten Punkt der Erdoberfläche besitzen[16]. Nicht erforderlich ist hingegen, dass die Einrichtung mittels Fundamenten fest mit dem Erdboden verbunden ist, sodass auch transportable Stände, wie sie typischerweise auf Wochenmärkten anzutreffen sind, Betriebsstätten begründen können[17].

98 Die Betriebsstätte muss außerdem der Tätigkeit eines Unternehmens dienen. Was als Unternehmen anzusehen ist, bestimmt sich nach § 2 Abs. 1 UStG. Demnach umfasst das Unternehmen die Gesamtheit der gewerblichen und beruflichen Tätigkeiten eines Unternehmers, wobei es nicht auf eine Gewinnerzielungsabsicht des Unternehmens ankommt.

---

[12] Vgl. BFH vom 19.9.1990, X R 44/89, BStBl. II 1991, 97.
[13] Beispielhaft Vogel/Lehner/*Görl*, 5. Aufl. 2008, Art. 5 OECD-MA Rn. 25 ff.
[14] Vgl. BFH vom 3.2.1993, I R 80–81/91, BStBl. II 1993, 462.
[15] So auch BGH vom 13.10.1994 5 StR 134/94, IStR 1995, 82.
[16] Vgl. BFH vom 9.10.1974 I R 128/73, BStBl. II 1975, 203; aber auch BVerwG vom 4.8.1993 11 C 36.93, BStBl. II 1994, 136.
[17] Vgl. BFH vom 8.3.1988 VIII R 270/81, BFH/NV 1988, 735.

Bei der Dienlichkeit handelt es sich nicht um eine unspezifische Förderung des Unternehmens, sondern um eine unmittelbare Dienlichkeit der Betriebsstätte.

Bestimmte Tätigkeiten bedeuten zwar nach nationalem Recht eine Betriebsstätte, nicht **99** aber nach den Regelungen der DBA. Dieser sog. Negativkatalog von Hilfs- oder Nebentätigkeiten verneint zwar nicht die Existenz einer Betriebsstätte nach nationalem Recht, sieht aber trotz des Vorliegens aller sonstigen Kriterien einer Betriebsstätte die materielle Rechtsfolge eines Besteuerungsrechts für den Nichtansässigkeitsstaat als nicht gegeben an, da es an der notwendigen engen Verbindung der Betriebsstätte zum Betriebsstättenstaat fehlt und somit eine Legitimation für die Besteuerung in diesem Staat nicht besteht. Art. 5 Abs. 4 OECD-MA ist eine „lex specialis"-Vorschrift zu den Ausführungen der vorhergehenden Absätze. Das OECD-MA stellt klar, dass als Hilfs- oder Nebentätigkeiten nicht nur die in Art. 5 Abs. 4 OECD-MA genannten Tätigkeiten gemeint sind, sondern alle Tätigkeiten, die hinsichtlich des konkreten Geschäftszweiges des Unternehmens als Hilfs- und Nebentätigkeiten zu qualifizieren sind. Als Anhaltspunkt für das Vorliegen von Nebentätigkeiten kann in den Fällen, in denen diesen Einnahmen zuzurechnen sind, auf das Verhältnis zu den Gesamteinnahmen abgestellt werden. Doch kann dies auch nur ein Indiz für die Beurteilung sein.

5. Ausgewählte Einkunftsarten. a) Unternehmensgewinne gem. Art. 7 OECD-MA. **100** Art. 7 OECD-MA „Unternehmensgewinne" beschäftigt sich mit einer der wesentlichen, wenn nicht der wesentlichen Einkunftsart. Wenngleich eine Begriffsidentität zwischen gewerblichen Einkünften iSd § 15 EStG und den Unternehmensgewinnen iSd Art. 7 OECD-MA nicht gegeben ist, sind die Parallelen jedoch unverkennbar, da auch nach deutschem Steuerrecht die gewerblichen Einkünfte den überwiegenden Teil der Einkünfte ausmachen.

Gewinne eines Unternehmens sollen gem. Art. 7 OECD-MA unabhängig von ihrer iso- **101** lierten Zurechnung zu bestimmten Einkunftsarten die Einkünfte sein, die ein Unternehmen im Rahmen seiner unternehmerischen Tätigkeiten erzielt. Die insoweit postulierte Subsidiarität der anderen Einkunftsarten unter die Einkunftsart Unternehmensgewinne, wie sie durch die Formulierung des Betriebsstättenvorbehaltes beispielhaft in Art. 10 Abs. 4 OECD-MA, in Art. 11 Abs. 4 OECD-MA sowie Art. 12 Abs. 3 OECD-MA gegeben ist, dokumentiert die Vorrangigkeit der Unternehmensgewinne, ähnlich dem Verhältnis im nationalen deutschen Steuerrecht zwischen den Gewinneinkunftsarten und den Überschusseinkunftsarten. Im Gegensatz zum nationalen deutschen Steuerrecht hat jedoch eine Abgrenzung nur hinsichtlich des Art. 6 OECD-MA, den Einkünften aus unbeweglichem Vermögen, zu erfolgen. Die Einkünfte aus Land- und Forstwirtschaft iSd §§ 13 ff. EStG fallen regelmäßig unter Art. 6 OECD-MA.

Sofern die ansässige Person eine gewerbliche Tätigkeit iSd § 15 Abs. 2 EStG ausführt, ist **102** regelmäßig davon auszugehen, dass auch Unternehmensgewinne iSd Art. 7 Abs. 1 OECD-MA vorliegen. Fraglich ist aber, ob eine rein vermögensverwaltende Personengesellschaft eine Unternehmenstätigkeit ausübt. Gemäß § 15 Abs. 3 Nr. 2 EStG ist eine gewerbliche Prägung durch die ausschließliche Vollhafterstellung einer Kapitalgesellschaft unabhängig von der Betätigung der Gesellschaft möglich. Aufgrund der Subsidiarität der Art. 10, 11 und 12 OECD-MA zu den Einkünften gem. Art. 7 OECD-MA wäre in diesen Fällen eine solche steuerliche Behandlung nicht sachgerecht, denn das Abkommensrecht stellt auf die tatsächliche Tätigkeit und nicht auf die rechtliche Qualifikation ab.

Bei Unternehmenstätigkeit handelt es sich somit in negativer Abgrenzung zu reinen **103** vermögensverwaltenden Tätigkeiten um eine Betätigung, die nachhaltig ausgeübt wird. Insoweit kommt es m. E. auch nicht auf das Vorliegen oder Nichtvorliegen einer Aktivitätsklausel an, wie viele DBA dies vorsehen, da bereits eine nur gewerblich geprägte Personengesellschaft nicht die Voraussetzung eines Unternehmens iSd Art. 7 OECD-MA erfüllt. Gleichwohl ist diese Beurteilung des Sachverhaltes nicht zwingend aus der wörtlichen Formulierung des Abkommenstextes zu entnehmen. Unbestritten ist die Behandlung der Einkünfte aus einer vermögensverwaltenden Tätigkeit einer Personengesellschaft nur in den

3. Teil. Exportwirtschaft (Ausfuhr, Zoll, Steuern)

Fällen, in denen die deutsche Abkommenspraxis in Art. 7 des nationalen DBA eine Formulierung gewählt hat, in der es heißt „Einkünfte aus Gewerbebetrieb" und nicht „Einkünfte aus Unternehmenstätigkeit", da im ersten Fall ein eindeutiger Rückgriff auf die Regelung des innerstaatlichen Rechts erfolgt und insoweit auch die vermögensverwaltende Tätigkeit einer gewerblich geprägten Personengesellschaft hierunter fallen würde und im letzterem Fall nicht. In der Neufassung des Art. 7 nach dem OECD-Musterabkommen 2010 sind weitergehende Informationen über die Einkunftszurechnung zwischen Betriebsstätten ein und desselben Unternehmens näher aufgelistet, wobei die Zurechnung der Einkünfte in Abhängigkeit von der Art der eingesetzten Vermögensgegenstände, der Art und dem Umfang der übernommenen Funktionen und der Art und dem Umfang der übernommenen Risiken abhängt.

104 Unternehmenseinkünfte, die einer Betriebsstätte zugewiesen werden, sind nach deutscher Abkommenspraxis im Ansässigkeitsstaat freizustellen. Die Feststellung, welche Einkünfte einer Betriebsstätte zuzurechnen sind, ist regelmäßig zwischen den Finanzverwaltungen untereinander, aber auch im Verhältnis zum Steuerpflichtigen streitig.

105 **b) Einkünfte aus Lizenzen gem. Art. 12 OECD-MA.** Gemäß Art. 12 Abs. 1 OECD-MA dürfen Lizenzgebühren, die aus einem Vertragsstaat stammen und an eine im anderen Vertragsstaat ansässige Person gezahlt werden, nur im anderen Staat besteuert werden, sofern diese Person der Nutzungsberechtigte ist. Dem Begriff der Einkünfte aus Lizenzen steht kein innerstaatlicher Einkunftsbegriff gegenüber, denn Lizenzen als Vergütungen jeder Art, die für die Benutzung oder für das Recht auf Benutzung von Urheberrechten von Patenten, Marken, Mustern oder Modellen oder für die Benutzung oder das Recht auf Benutzung gewerblicher Ausrüstungen oder für die Mitteilung gewerblicher kaufmännischer Erfahrungen gezahlt werden, sind nach deutschem Steuerrecht entweder der Einkunftsart Einkünfte aus Gewerbebetrieb, einer freiberuflichen Tätigkeit oder Einkünften aus Vermietung und Verpachtung zuzuordnen[18].

106 **c) Gewinne aus der Veräußerung von Vermögen gem. Art. 13 OECD-MA.** Die Gewinne aus der Veräußerung von Vermögen stellen abkommensrechtlich eine eigene Einkunftsart dar. Die Zuweisung des Besteuerungsrechts folgt hierbei der Behandlung der laufenden Einkünfte aus den Vermögenswerten. Gewinne aus unbeweglichem Vermögen werden nur im Belegenheitsstaat besteuert und Gewinne aus der Veräußerung von Betriebsstättenvermögen nur im Betriebsstättenstaat. Es werden Gewinne aus sonstigem Vermögen ausschließlich im Ansässigkeitsstaat des Steuerpflichtigen besteuert, wobei ein Quellensteuerrecht des anderen Staates im letzteren Fall nicht vorgesehen ist.

107 **d) Einkünfte aus unselbstständiger Arbeit gem. Art. 15 OECD-MA.** Obgleich bei Einkünften aus unselbstständiger Arbeit das Wohnsitzstaatsprinzip zur Anwendung kommt, führen die meisten Besteuerungsfälle zu einer Besteuerung im Tätigkeitsstaat und Freistellung im Wohnsitzstaat. Zu den Einkünften aus Art. 15 OECD-MA zählen Gehälter, Löhne und ähnliche Vergütungen sowie alle Einkünfte, wie sie auch nach § 19 EStG zu Einkünften aus nicht selbstständiger Arbeit nach nationalem Recht führen würden. Die Bestimmung des Tätigkeitsortes hat anhand der tatsächlichen Gegebenheiten zu erfolgen. Zu einer Wohnsitzbesteuerung kommt es dann, wenn der Arbeitnehmer sich nicht mehr als 183 Tage im anderen Staat im Rahmen seiner beruflichen Tätigkeit aufhält und die Vergütungen nicht von einem Arbeitgeber gezahlt werden, der im anderen Staat ansässig ist. Besonderheiten sind bei Geschäftsführern sowie bei weiteren Tätigkeiten zu beachten.

III. Außensteuergesetz

108 Das Außensteuergesetz dient dazu, den Besteuerungsanspruch Deutschlands sicherzustellen. Hierbei ist sowohl die sogenannte Hinzurechnungsbesteuerung als auch die Frage der Verrechnungspreisbestimmung zu nennen.

---

[18] Vgl. BFH Urteil vom 29.4.1970 I R 133/67, BStBl. II 1970, 762.

Abschnitt 34. Außensteuergesetz

1. Hinzurechnungsbesteuerung. Die Hinzurechnungsbesteuerung nach §§ 7–13 AStG   109
beinhaltet Regelungen zur Sicherung des deutschen Besteuerungsanspruchs bei grenzüberschreitenden Geschäftsaktivitäten von Inländern, die mittels zwischengeschalteter ausländischer Gesellschaften durchgeführt werden. Dem Zweck der Vorschriften folgend soll verhindert werden, dass ein inländischer Steuerpflichtiger, statt Einkünfte direkt zu beziehen und in Deutschland zu besteuern, Gesellschaften im niedriger besteuernden Ausland unterhält, in der die Einkünfte erzielt und besteuert werden. Die Rechtsfolge der Anwendung der Hinzurechnungsbesteuerung ist, dass dem hinter der zwischengeschalteten ausländischen Kapitalgesellschaft stehenden inländischen Gesellschafter die Einkünfte der Zwischengesellschaft als Einkünfte gem. § 20 Abs. 1 EStG zugerechnet werden und der ursprünglich angestrebte Steuerstundungsvorteil nicht zum Tragen kommt. Darüber hinaus beinhaltet die Hinzurechnungsbesteuerung neben der Versagung eines steuerlichen Liquiditätsvorteils auch noch eine Strafbesteuerung, denn auf die Hinzurechnungsbeträge, die behandelt werden wie Dividenden ist weder die Steuerbefreiung nach § 8b Abs. 1 KStG noch die anteilige Befreiung des § 3 Nr. 40 EStG oder der besondere Steuersatz für Kapitalerträge nach § 32d EStG anwendbar, sondern es erfolgt eine Besteuerung mit dem individuellen bzw. bei Kapitalgesellschaften regulären Steuersatz. Bei einer später erfolgenden Ausschüttung können die zuvor gezahlten Steuern vollständig angerechnet werden, so dass es zu keiner zusätzlichen Besteuerung bei Ausschüttung der Dividenden kommt.

Voraussetzung für die Anwendung der Hinzurechnungsbesteuerung ist grundsätzlich,   110
dass mehr als die Hälfte der Gesellschaftsanteile oder der Stimmrechte an der ausländischen Gesellschaft im Inland unbeschränkt oder erweitert beschränkt Steuerpflichtigen zugerechnet werden. Hierbei ist es unerheblich, ob die Gesellschafter nahestehend im Sinne des § 1 Abs. 2 AStG sind oder ob sie überhaupt Kenntnis voneinander haben. Auch eine beherrschende Position eines Gesellschafters ist nicht erforderlich, da es nur auf das Vorliegen einer „Inländerbeherrschung" insgesamt ankommt. Der Gesetzgeber unterstellt hinsichtlich der Anwendung der Hinzurechnungsbesteuerung offensichtlich den typischen Fall, dass ein oder mehrere inländische Steuerpflichtige die ausländische Gesellschaft beherrschen und mit dieser Gesellschaft die wirtschaftlichen wie steuerlichen Ziele verfolgen. Bei der Ermittlung der 50%-Grenze sind Treuhandverhältnisse zu berücksichtigen sowie Besonderheiten durch typisch und atypisch stille Beteiligungen sowie Nießbrauchsverhältnisse zu beachten. Bei Beteiligungen an Gesellschaften mit überwiegend Einkünften mit Kapitalanlagecharakter beträgt die zu beachtende Beteiligungshöhe 1%.

Die Hinzurechnungsbesteuerung soll jedoch nicht jede Aktivität im Ausland, die durch   111
ausländische Kapitalgesellschaften erbracht werden, erfassen. Daher sind zusätzliche sachliche Voraussetzungen und Anforderungen an die ausländische Gesellschaft geknüpft. Im Einzelnen sind dies gem. § 8 AStG die Folgenden:

- **Ausländische Gesellschaft:** Es muss sich bei dem Rechtssubjekt, das für die betreffen-   112
den Einkünfte als Zwischengesellschaft zu qualifizieren ist, um eine ausländische Gesellschaft handeln. Wegen der erforderlichen Abschirmwirkung zwischen Gesellschaft und Gesellschafter kommen für den Anwendungsbereich der Hinzurechnungsbesteuerung nur ausländische Rechtsgebilde infrage, die einer deutschen Kapitalgesellschaft entsprechen. Würde die ausländische Gesellschaft als Personengesellschaft oder Mitunternehmerschaft im deutschen Sinne anzusehen sein, würde eine Zurechnung der ausländischen Einkünfte zu den inländischen Gesellschaftern unmittelbar erfolgen, sodass eine Versteuerung mit dem inländischen Steuersatz die Folge wäre. In diesen Fällen wäre eine Missbrauchsvermeidungsvorschrift wie die des AStG nicht erforderlich.

- **Einkünfte aus passivem Erwerb:** Der Katalog des § 8 Abs. 1 AStG enthält in den   113
Nummern 1 bis 9 eine abschließende Aufzählung der „aktiven Tätigkeiten", die im Umkehrschluss eine Anwendung der Hinzurechnungsbesteuerung ausschließen. Solange eine von der ausländischen Gesellschaft erzielte Einkunftsart nur eines der im Katalog des § 8 Abs. 1 AStG aufgeführten Tätigkeitsmerkmale erfüllt, ist somit im Ergebnis eine Anwendung des § 7 Abs. 1 AStG ausgeschlossen. Bei den Einkünften aus passivem Er-

3. Teil. Exportwirtschaft (Ausfuhr, Zoll, Steuern)

werb ist eine Vielzahl von Ausnahmen und Rückausnahmen zu berücksichtigen. Beispielhaft soll auf zwei Problembereiche eingegangen werden: die Handelstätigkeit und die Einkünfte aus Vermietung und Verpachtung. Grundsätzlich sind Handelsaktivitäten als unschädliche, aktive Tätigkeit im Sinne der Hinzurechnungsbesteuerung anzusehen, doch erfährt dieser Grundsatz zwei wichtige Einschränkungen. Eine Handelstätigkeit ist dann nicht als aktive Tätigkeit im Sinne des § 8 Abs. 1 AStG anzusehen, wenn der Gesellschafter oder eine ihm nahestehende Person die gehandelten Güter oder Waren aus dem Geltungsbereich des AStG an die ausländische Zwischengesellschaft selbst liefert[19]. Dieser Umstand führt jedoch erst dann zur Qualifikation als passive Tätigkeit, wenn der Gesellschafter nicht nachweisen kann, dass die ausländische Gesellschaft einen für derartige Handelsgeschäfte in kaufmännischer Weise eingerichteten Geschäftsbetrieb unter Teilnahme am allgemeinen wirtschaftlichen Verkehr unterhält und die zur Vorbereitung, zum Abschluss und zur Ausführung der Geschäfte gehörenden Tätigkeiten ohne Mitwirkung eines solchen Steuerpflichtigen (des Gesellschafters oder einer ihm nahestehenden Person) ausübt. Erfasst werden sollen durch diese Regelung Einkaufs- und Verkaufsgesellschaften im Ausland, wenn deren Zwischenschaltung nur steuermotiviert ist. In der Praxis von besonderer Bedeutung ist die Bestimmung, wann eine schädliche Mitwirkung durch den Gesellschafter vorliegt. Während in der bisherigen Rechtsprechung[20] und Verwaltungspraxis (vgl. Rn. 81.4 des BMF-Anwendungsschreibens zum Außensteuergesetz davon ausgegangen wurde, dass es sich um eine fortlaufende Unterstützung durch den Gesellschafter in Form von regelmäßig wiederkehrenden Leistungen handelt, ist immer noch unklar, ob hierunter auch die einmalige Gewährung einer Leistung oder der Verkauf zu fremdüblichen Preisen eines Produktes fällt. Für die Praxis bedeutet dies, dass eine genaue Prüfung des Mitwirkungstatbestandes zu erfolgen hat. Völlig missverständlich erscheint die Formulierung des § 8 Abs. 1 Nr. 6 AStG, wonach die Erzielung von Einkünften aus Vermietung und Verpachtung nicht zu passiven Einkünften führt, da dies nur dann gilt, wenn die den Einkünften zu Grunde liegenden Vermögensvorteile selbst geschaffen wurden. Im Einzelnen gilt Folgendes: Verwertung eigener Forschungs- oder Entwicklungsarbeiten, die ohne schädliche Mitwirkung unternommen werden, Vermietung und Verpachtung von Grundbesitz, wenn die Einkünfte daraus bei unmittelbarem Bezug durch den Steuerpflichtigen aufgrund eines DBA steuerfrei wären, und Vermietung und Verpachtung beweglicher Sachen im Rahmen eines „qualifizierten Geschäftsbetriebes" (Hinsichtlich des Begriffs des „qualifizierten Geschäftsbetriebes" kann auf die entsprechenden Ausführungen zu § 8 Abs. 1 Nr. 4 AStG verwiesen werden.), ohne dass eine schädliche Mitwirkung vorliegt.

114 ■ **Niedrige Besteuerung:** Drittes Tatbestandsmerkmal für die Begründung einer ausländischen Zwischengesellschaft ist die niedrige Besteuerung. Eine niedrige Besteuerung im Sinne des § 8 Abs. 1 AStG ist gem. § 8 Abs. 3 AStG gegeben, wenn „die Einkünfte der ausländischen Gesellschaft einer Belastung durch Ertragsteuern von weniger als 25% unterliegen, ohne dass dies auf einem Ausgleich mit Einkünften aus anderen Quellen beruht oder, wenn die danach in Betracht zu ziehende Steuer nach dem Recht des betreffenden Staates um Steuern gemindert wird, die die Gesellschaft, von der die Einkünfte stammen, zu tragen hat." Es handelt sich hierbei anders als in § 2 AStG um eine individuelle Steuerbelastung, nicht um eine typisierte für Steuerpflichtige in dem anderen Staat. So können zum Beispiel Gesellschaften in „Hochsteuerländern" als Zwischengesellschaft anzusehen sein, weil ihre individuelle Steuerbelastung geringer als 25% ist, wie dies zum Beispiel durch Inanspruchnahme eines Schachtelprivilegs oder der indirekten Steueranrechnung geschehen kann (Hingegen bleibt eine niedrige Besteuerung im Ausland aufgrund eines Verlustabzugs, -vortrags oder -rücktrags unberücksichtigt).

---

[19] Vgl. im Einzelnen Rn. 8.1.4.1 des BMF-Anwendungsschreibens zum Außensteuergesetz (BMF-Schreiben vom 14.5.2004 IV B 4 – A 1340 – 11/04, BStBl. I 2004 Sondernummer 1).
[20] Vgl. BFH vom 1.7.1992 I R 6/92, BStBl. II 1993, 222.

Sofern eine Zwischengesellschaft im Sinne des § 7 AStG gegeben ist, werden die von **115** dieser Gesellschaft erwirtschafteten Gewinne, ungeachtet einer Besteuerung im Sitzstaat der Gesellschaft, nach deutschem Steuerrecht den deutschen Gesellschaftern als eigene Einkünfte hinzugerechnet. Hierbei kommt es jedoch nicht zu einer identischen Einkünftszurechnung, die sich an der originären Tätigkeit der Kapitalgesellschaft orientiert, sondern zu einer Erfassung als Einkünfte aus Kapitalvermögen gem. § 20 Abs. 1 Ziffer 1 EStG bzw. zu Einkünften aus Gewerbebetrieb, wenn der Hinzurechnungsbetrag dem Gesellschafter im Rahmen seines Gewerbebetriebes zuzurechnen ist. Die Einkünfte gelten unmittelbar nach Ablauf des maßgebenden Wirtschaftsjahres der ausländischen Gesellschaft als zugeflossen. Eine Steuerbefreiung gem. § 3 Nr. 40 EStG, oder § 32d EStG oder § 8b Abs. 1 KStG kommt jedoch für diesen Hinzurechnungsbetrag nicht zum Tragen, sodass insoweit eine Art „Strafbesteuerung" eintritt.

Der Hinzurechnungsbetrag unterliegt gem. § 10 Abs. 2 Satz 2 iVm § 21 Abs. 7 Satz 4 **116** Nr. 2 AStG auch der Gewerbesteuer. In den Fällen, in denen mit dem Ansässigkeitsstaat der Zwischengesellschaft ein Doppelbesteuerungsabkommen vereinbart ist, das die Freistellung der Dividendeneinkünfte vorsehen würde, sofern eine Ausschüttung von der Zwischengesellschaft erfolgt, ist zu beachten, dass seit dem VZ 2003 die Anwendung einer solchen Befreiungsvorschrift anders als in der Vergangenheit nicht mehr auf den Hinzurechnungsbetrag in gleicher Weise anwendbar ist. Sind die Voraussetzungen der Hinzurechnungsbesteuerung erfüllt, wird die Doppelbesteuerung nicht über die Freistellung, sondern nur noch über die Anrechnung vermieden. Im Ergebnis führt dies dazu, dass die – auch in der Vergangenheit seltenen – Fälle der Freistellung der Dividendeneinkünfte und der Hinzurechnungsbeträge ohne Erfüllen der Aktivitätsklausel nicht mehr genutzt werden können. Der Gesetzgeber hat auf Kritik seitens des EuGH inzwischen reagiert und die Regelungen – unter bestimmten Voraussetzungen – in den EU- und EWR-Fällen suspendiert[21].

2. Verrechnungspreisbestimmung gem. § 1 AStG. a) Grundlegendes. Bei der interna- **117** tionalen Einkunftsabgrenzung geht es um die Frage, welche Einkünfte (bzw. welche Wirtschaftsgüter) von welchem Staat besteuert werden dürfen. Die Steuerpflichtigen haben ein Interesse daran, Gewinne möglichst in solchen Staaten entstehen zu lassen, in denen diese einer geringen Besteuerung unterliegen. Andererseits will jeder Staat aus Gründen der Sicherung seines Haushaltsaufkommens vermeiden, dass Einkünfte von den Steuerpflichtigen verlagert werden können. Vor diesem Hintergrund gibt es einen Interessenkonflikt zwischen den Beteiligten, der dadurch gelöst werden soll, dass ein Rückgriff auf den Fremdvergleichsgrundsatz (sog. dealing at arm's length-Prinzip) erfolgt. Danach ist grundsätzlich jedem Unternehmen (bzw. Unternehmensteil) der Gewinn zuzuweisen, den es unter vergleichbaren Bedingungen bei einem Geschäft mit fremden Dritten hätte erzielen können (vgl. Art. 9 Abs. 1 und Art. 7 Abs. 2 OECD-MA).

Lange Zeit war umstritten, ob § 1 AStG auch für Personengesellschaften und Betriebs- **118** stätten zur Anwendung gelangt. Durch Gesetzesänderung vom 26.6.2013 mit Wirkung zum Veranlagungszeitraum 2013 ist die Frage dahingehend entschieden, dass eine vollständige Einbeziehung in § 1 AStG gegeben ist, sodass im Ergebnis alle Gesellschaftsformen gleichbehandelt werden.

Auch die bisher offene Frage, ob beim Fehlen schuldrechtlicher Verträge (typischerweise **119** bei Lieferungs- und Leistungsbeziehungen zwischen Betriebsstätten) eine Anwendung ausgeschlossen ist, ergab sich eine gesetzliche Änderung und vollständige Einbeziehung dieser Transaktionen in § 1 AStG.

Ausgangspunkt der Gewinnabgrenzung zwischen international verbundenen Kapitalge- **120** sellschaften ist der Fremdvergleichsgrundsatz. Dieser sieht vor, dass die Einkünfte zwischen verbundenen Kapitalgesellschaften so zu bemessen sind, wie sie zwischen fremden Dritten unter vergleichbaren Bedingungen entstanden wären. Damit soll eine Beeinflussung von

---

[21] § 8 Abs. 2 AStG.

3. Teil. Exportwirtschaft (Ausfuhr, Zoll, Steuern)

Entgelten innerhalb des Konzerns oder von anderen Liefer- und Leistungsbedingungen infolge der konzerninternen Einflussnahme verhindert werden. Die Gesellschaft soll so gestellt werden, als gäbe es keine Beeinträchtigung durch das Gesellschaftsverhältnis.

121 Eine solche Vorgehensweise erweist sich von ihrer theoretischen Konzeption her als vergleichsweise einfach und führt dazu, dass jeder der beteiligten Staaten exakt so gestellt wird, als gäbe es keine Einflussnahme infolge der gesellschaftsrechtlichen Verbundenheit zwischen den einzelnen Gesellschaften. Aus Sicht der Praxis ist mit einem solchen Ansatz jedoch eine Fülle von Zweifelsfragen und insbesondere praktischen Anwendungsproblemen verbunden. Diese liegen regelmäßig darin, dass für bestimmte Transaktionen Vergleichspreise nur mit außergewöhnlich großen Schwierigkeiten bestimmt werden können oder bestimmte Liefer- oder Leistungsbeziehungen zwischen konzernfremden Gesellschaften nicht erfolgen. So wird zum Beispiel bestimmtes Know-how ausschließlich innerhalb von Konzerngesellschaften lizenziert, jedoch nicht an fremde Dritte weitergegeben, weil hierin eine besondere Marktchance liegt, die das Unternehmen fremden Dritten in vergleichbaren Situationen gar nicht überlassen hätte, sondern diese selbst oder ggf. durch die Errichtung eigener Tochtergesellschaften verwertet hätte.

122 Aus steuerplanerischer Sicht erweisen sich Verrechnungspreiskorrekturen durch eine Finanzverwaltung regelmäßig deshalb als besonders problematisch, weil hiermit keine Rückwirkungen für die Verrechnungspreise im jeweils anderen Staat verbunden sind. Zwar enthält Art. 9 Abs. 2 OECD-MA eine Regelung, die eine korrespondierende Gewinnberichtigung vorsieht, doch wurde diese Vorgabe bisher nur in wenige deutsche DBA übernommen. Ferner besteht nach Auffassung der OECD nur dann eine Verpflichtung zu einer korrespondierenden Gewinnberichtigung, wenn die beteiligten Finanzverwaltungen einhellig der Auffassung sind, dass seitens der korrigierenden Finanzverwaltung eine zutreffende Bestimmung des Fremdvergleichspreises erfolgt ist. Bestehen hierüber unterschiedliche Meinungen – etwa wenn die andere Finanzverwaltung den bisherigen Preis für den zutreffenden Fremdvergleichspreis hält –, besteht keine Pflicht zur korrespondierenden Gewinnberichtigung.

123 **b) Die Verrechnungspreisbestimmung.** In den letzten Jahren hat sich die so genannte Funktionsanalyse immer mehr durchgesetzt und wurde 2013 auch in das dt. AStG aufgenommen. Teilweise wird auch von einer Funktions- und Risikoanalyse gesprochen. Im Folgenden wird der Begriff Funktionsanalyse verwendet. Ausschlaggebend hierfür ist, dass davon auszugehen ist, dass das Risiko ebenfalls eine Funktion darstellt, die entsprechend zugeordnet werden kann. Damit handelt es sich um Bestandteile, die in der Funktionsanalyse ohnehin schon enthalten sind. Gleichwohl kommt den Risiken bei der Funktionsanalyse besondere Bedeutung zu, ebenso wie dem Kapitaleinsatz und den verwendeten (materiellen und immateriellen) Wirtschaftsgütern.

124 Bei der Funktionsanalyse handelt es sich nicht um eine eigenständige Methode zur Bestimmung von Verrechnungspreisen, sondern um eine vorgelagerte Überlegung, die einerseits zur Beurteilung dienen soll, welche Verrechnungspreismethode als geeignet angesehen werden könnte und andererseits Hilfestellung für die konkrete Ausgestaltung der jeweils anzuwendenden Methode liefern kann.

125 Ausgangspunkt einer Funktionsanalyse ist die Überlegung, dass die Gesellschaften, die einen besonders großen Beitrag zu einer Leistung oder einer Lieferung erbringen, hierfür auch in besonderer Weise am Erfolg beteiligt sein müssen. Hieraus folgt, dass diejenigen, die vergleichsweise unbedeutende Funktionen erbringen, einen nur geringen Anteil am Gewinnpotenzial aus einem Geschäft zugewiesen bekommen. Gleichwohl ist dieses Gewinnpotenzial unabhängig vom Erfolg des Gesamtgeschäftes. Hingegen werden die hohen Gewinne oder Verluste, die aus einem Geschäft resultieren, denjenigen zugeordnet, die dieses Geschäft im Wesentlichen verwirklicht haben. Hierbei kommt der Bereitstellung von immateriellen Wirtschaftsgütern, den übernommenen Risiken und dem Kapitaleinsatz besondere Bedeutung zu. Im Ergebnis muss eine Verbindung aufgezeigt werden zwischen

den Beeinträchtigungsmöglichkeiten und den Leistungsbeiträgen einerseits und dem Gewinnpotenzial andererseits.

Beispiel: 126
Ein international tätiger Konzern setzt eine ausländische Tochtergesellschaft als so genannten Lohnfertiger ein. Dieser ist im Wesentlichen dadurch charakterisiert, dass er von den Risiken, die mit seiner Tätigkeit verbunden sind, weitestgehend entbunden wird. Dies gilt insbesondere für Produktions- und Haftungsrisiken, die mit dem Produkt verbunden sind, das Produktions-Know-how von der Muttergesellschaft zur Verfügung gestellt wird und weil dieser Gesellschaft das Absatzrisiko genommen wird, indem die Muttergesellschaft garantiert, die gesamte Produktion der Tochtergesellschaft zu übernehmen. In einem solchen Fall zeigt sich deutlich, dass die wesentlichen Faktoren von der Muttergesellschaft getragen werden: Sie stellt das Produktions-Know-how zur Verfügung und sie trägt die wesentlichen wirtschaftlichen Risiken dieser Aktivität. Die Produktionsgesellschaft hingegen hat allenfalls Ineffizienzen im Rahmen ihrer Produktion zu verantworten. Sofern die Muttergesellschaft sich noch verpflichtet, die benötigten Rohstoffe und Vorprodukte der Tochtergesellschaft zur Verfügung zu stellen, ist deren Risiko sehr, sehr gering.

Hieraus folgt für Zwecke der Verrechnungspreisbestimmung, dass der Produktionstochtergesellschaft auch nur ein sehr geringes Gewinnpotenzial zugewiesen werden kann. Diese Gesellschaft würde regelmäßig nach Maßgabe der Kostenaufschlagsmethode vergütet, wobei der Kostenaufschlag idR einen Gewinn ermöglichen muss. Lediglich eigene Ineffizienzen wären von der Tochtergesellschaft wirtschaftlich zu verkraften. Selbst wenn die Muttergesellschaft sehr hohe Gewinne aus dem Vertrieb dieser Leistungen erzielt, stehen diese nicht der Produktionstochtergesellschaft zu und würden zu keiner veränderten Vergütung dieser Gesellschaft führen. Vielmehr stehen hieraus resultierende Vor- oder Nachteile allein der Muttergesellschaft zu, weil sie die wesentlichen (ggf. sogar alle) Risiken trägt. 127

Stellt sich heraus, dass entgegen den ursprünglichen Erwartungen die Muttergesellschaft aus dem Vertrieb der Produkte keinen Gewinn erzielen kann, so bleibt es bei der bisherigen Marge für die Tochter und die Produktionsgesellschaft erzielt hieraus unverändert einen Gewinn. Lassen sich jedoch die Produkte außergewöhnlich gut verkaufen, und führt dies zu sehr hohen Gewinnen der Muttergesellschaft, bleibt es dennoch bei der Kostenaufschlagsmethode für die Tochtergesellschaft und auch der Gewinnzuschlagssatz bleibt unverändert. Es zeigt sich, dass die Marge der Tochtergesellschaft zwar konstant, aber vergleichsweise gering ist. Der wirtschaftliche Erfolg oder Misserfolg aus dem Verkauf steht im Ergebnis der Muttergesellschaft zu und muss auch von dieser getragen werden. Hingegen lässt sich eine andere Verteilung der Einkünfte dadurch erreichen, dass eine Umstrukturierung der Funktionsverteilung erfolgt. 128

Es kann nicht allgemein gültig gesagt werden, welcher Funktion im Rahmen der Funktionsanalyse welche Bedeutung beizumessen ist. Dies ist vielmehr von den jeweiligen Verhältnissen des Einzelfalls abhängig. Grundsätzlich lassen sich jedoch die Funktionen Leitung, Beschaffung, Produktion, Transport, Vertrieb, Forschung und Entwicklung, Finanzierung, Investition und Verwaltung unterscheiden. Je nach Art des Produktes und Strukturierung des Konzerns kann auf jedem dieser drei Bereiche der Schwerpunkt liegen, sodass die Funktionsanalyse eine Gewichtung der jeweiligen Bedeutung der einzelnen Funktionen ermöglichen muss. Auf dieser Grundlage ist zu entscheiden, mithilfe welcher Methode die einzelnen Gesellschaften ihre Preise zu ermitteln haben und zum Beispiel in welcher Höhe ein Gewinnaufschlag grundsätzlich als angemessen anzusehen ist. 129

c) Methoden zur Bestimmung von Verrechnungspreisen. Hinsichtlich der Standardmethoden sind zu unterscheiden: 130

aa) Die Preisvergleichsmethode (comparable uncontrolled price method). Leitidee der Preisvergleichsmethode ist ein Rückgriff auf tatsächliche Preise, die der Steuerpflichtige mit unverbundenen, also fremden Dritten vereinbart hat. Ausgangspunkt ist hierbei die Überlegung, dass unter vergleichbaren Bedingungen die Geschäfte zwischen verbundenen Unternehmen und fremden Dritten zu den gleichen Konditionen (insbesondere Preisen) erfolgen müssen, wenn es gelingt, die bestehenden Unterschiede und den Einfluss infolge der Kon- 131

3. Teil. Exportwirtschaft (Ausfuhr, Zoll, Steuern)

zernverbundenheit zu beseitigen. Vor diesem Hintergrund wird für solche Produkte, die auch gegenüber fremden Dritten veräußert werden bzw. Leistungen, die gegenüber Dritten erbracht werden, versucht, aus diesen Preisen einen Rückschluss auf den Fremdvergleichspreis für das konzerninterne Geschäft zu ermitteln. Hierbei kann die Bestimmung von Fremdvergleichspreisen sowohl im Rahmen eines internen als auch eines externen Fremdvergleichs erfolgen. Beim internen Vergleich werden Transaktionen des gleichen Steuerpflichtigen betrachtet, während bei einem externen Vergleich die Daten eines anderen Steuerpflichtigen, wie insbesondere allgemein zugängliche Preise (speziell Marktpreise), verwendet werden. Das Problem dieser Methode besteht darin, dass häufig vergleichbare Leistungen nicht gegenüber fremden Dritten erbracht werden, sodass ein Rückgriff auf interne Verrechnungspreise scheitert und auf die Preise zwischen fremden Dritten nicht zurückgegriffen werden kann, weil vergleichbare Leistungen zwischen Dritten nicht erbracht werden oder aber weil solche Leistungsbeziehungen zwar bestehen, aber die vereinbarten Bedingungen hinreichend genau nicht bekannt sind. Hierbei ist zu berücksichtigen, dass nicht nur eine Kenntnis der jeweiligen Verrechnungspreise erforderlich ist, sondern auch sämtliche Liefer- und Leistungsbedingungen verglichen werden müssten, um eine tatsächliche Vergleichbarkeit herzustellen. Dies gilt in besonderer Weise für Garantien und Zahlungsbedingungen sowie evtl. vertragliche Nebenleistungen.

132 bb) Die Wiederverkaufspreismethode (resale price method) (vgl. Rn. 2.2.3 Verwaltungsgrundsätze und Rn. 2.14 ff. OECD-Guidelines). Die Wiederverkaufspreismethode geht davon aus, dass zwischen verbundenen Unternehmen eine Liefer- oder Leistungsbeziehung besteht und diese Leistung kurze Zeit später an einen fremden Dritten weitergegeben wird. Der Preis, der dabei gegenüber dem fremden Dritten erzielt wird, ist eindeutig ein Fremdvergleichspreis und nicht durch die Konzernverbundenheit beeinträchtigt. Folglich ist zumindest hinsichtlich dieses Preises eine Objektivierung gegeben. Auf der Grundlage dieses Preises erfolgt eine Rückrechnung auf den konzerninternen Verrechnungspreis für die vorhergehende Lieferung bzw. Leistung. Dies geschieht in der Weise, dass eine Marge der verkaufenden Gesellschaft zugewiesen wird und der Verkaufspreis gegenüber fremden Dritten abzüglich dieser Marge den konzerninternen Verrechnungspreis darstellt. Hierbei muss die Marge zwei Funktionen erfüllen: Erstens muss sie der vertreibenden Gesellschaft ein angemessenes Äquivalent für die von ihr getragenen Aufwendungen (also die erbrachten Leistungen) gewähren. Dabei kann es sich insbesondere um Werbeleistungen, Verpackung, Service usw. handeln. Zweitens muss die Marge so gestaltet werden, dass in Abhängigkeit von der Funktionsanalyse der Vertriebstochter ein angemessener Gewinn verbleibt. Ausschlaggebend hierfür ist, dass unter fremden Dritten Produkte nur dann in das Sortiment aufgenommen werden, wenn hierfür eine angemessene Marge verbleibt. Wie hoch diese Marge ist, wird durch die Funktionsanalyse bestimmt, wobei davon auszugehen ist, dass zumindest mittelfristig eine kapitalmarktorientierte Verzinsung des eingesetzten Kapitals erreicht werden muss. Andernfalls wäre es für einen ordentlichen und gewissenhaften Geschäftsleiter sinnvoll, sein Kapital nicht in dem Unternehmen zu investieren, sondern am Kapitalmarkt anzulegen.

Diese Methode wird insbesondere zur Preisermittlung bei Vertriebstochtergesellschaften und anderen funktionsschwachen Gesellschaften herangezogen. Sie geht davon aus, dass kurzfristig eine Weiterveräußerung erfolgt, sodass sie nur dann anwendbar ist, wenn tatsächlich eine solche Leistungsabgabe gegenüber fremden Dritten vorgenommen wird. In den letzten Jahren wird verstärkt versucht, die als fremdüblich anzusehende Marge mithilfe von Datenbankanalysen zu bestimmen, indem zum Beispiel bei vergleichbaren Unternehmen geprüft wird, wie groß die jeweilige Marge dieser Gesellschaften ist. Der Beweiswert einer solchen Vorgehensweise ist offen, allerdings hat der BFH die Tatsacheninstanz gezwungen, diese Analyse eingehend zu würdigen.[22]

---

[22] Vgl. BFH vom 17.10.2001 I R 103/00, BStBl. II 2004, 171, BFHE 197 S. 68.

cc) **Die Kostenaufschlagsmethode (cost plus method)** (vgl. Rn. 2.2.4 Verwaltungs- **133** grundsätze und Rn. 2.32 ff. OECD-Guidelines). Die Kostenaufschlagsmethode basiert auf den Kosten für die Erbringung einer Lieferung oder Leistung. Diese werden dann „um betriebs- oder branchenübliche Gewinnaufschläge erhöht". Leitidee dieser Methode ist es letztlich, eine simulierte Kalkulation vorzunehmen, indem gefragt wird, wie bei einer kostenorientierten Preisermittlung gegenüber fremden Dritten und innerhalb des Konzerns eine Leistungsverrechnung erfolgen würde. Zentrales Problem dieser Methode ist regelmäßig die Bestimmung des Gewinnaufschlages, während sich die Kosten – abgesehen von zum Teil schwierigen Zuordnungsproblemen im Bereich der Gemeinkosten im Detail – häufig in weiten Teilen relativ einfach lösen lassen. Zur Bestimmung des Gewinnaufschlages erfolgt ein Rückgriff auf die Funktionsanalyse. Damit soll gewährleistet werden, dass die jeweilige Gesellschaft entsprechend der von ihr übernommenen Funktionen und den eingesetzten Mitteln (insbesondere Kapital und immaterielle Wirtschaftsgüter) adäquat vergütet wird. Hierbei ist zu berücksichtigen, dass ein allgemeiner Richtwert für die Höhe des Gewinnaufschlages nicht benannt werden kann, sondern diese Frage sehr stark vom Einzelfall abhängig ist. Die früher von der Finanzverwaltung sehr häufig als Richtwert genannte Größe von 5 bis 10% ist heute als zu undifferenziert anzusehen und wird in der Betriebsprüfungspraxis nicht mehr ohne weiteres anerkannt. Der Nachteil dieser Methode ist nicht nur eine gewisse Kollision mit dem Fremdvergleichsgrundsatz, weil gegenüber fremden Dritten die entstehenden Kosten häufig nicht von entscheidender Bedeutung sind, sondern auf Marktpreise abgestellt wird. Außerdem führt die Kostenaufschlagsmethode dazu, dass Ineffizienzen bei der Leistungserstellung vollständig an den Auftraggeber weiterbelastet werden können. Diese werden im Rahmen der Ermittlung der Kosten mit in die Verrechnungspreise einkalkuliert. Unter fremden Dritten ist es jedoch keinesfalls selbstverständlich, dass eine solche Vorgehensweise erfolgt. Vielmehr würde in vielen Fällen eine Orientierung ausschließlich an Marktpreisen erfolgen, die möglicherweise deutlich unter oder deutlich über den tatsächlichen Kosten zuzüglich eines Gewinnaufschlages liegen. Insofern kommt es zu einer Kollision mit dem Fremdvergleichsgrundsatz. Ferner bestehen nicht unerhebliche Schwierigkeiten bei der Bestimmung des Aufschlagsatzes. Diese lassen sich nur bedingt lösen, etwa indem für vergleichbare Geschäfte gegenüber fremden Dritten ermittelt wird, wie hoch die Gewinnaufschlagsätze bei vergleichbaren Transaktionen wären. Dies kann erfolgen, indem für entsprechende Produkte, für die Marktpreise bestehen, eine simulierte Anwendung der Kostenaufschlagsmethode vorgenommen wird, um bestimmen zu können, wie hoch die Gewinnaufschlagsätze sein müssen.

dd) **Aktuellere Ansätze.** In den letzten Jahren ist in vermehrtem Umfang, insbesondere **134** in den USA, Kritik an den Standardmethoden der Verrechnungspreisbestimmung aufgekommen. Diese richtet sich sowohl gegen die methodischen Probleme dieser Ansätze als auch gegen ihre Ergebnisse. Vor diesem Hintergrund wurden neue Ansätze entwickelt, die zunächst in den USA dann aber auch immer stärker auf internationaler Ebene Verwendung finden.

In der internationalen Staatenpraxis gibt es heute unverändert sehr unterschiedliche Einstellungen zu diesen Methoden. Während sie in einigen Staaten die Rolle von Standardmethoden erlangt haben, sieht die OECD in ihnen „methods of last resort" (vgl. Rn. 3.50 OECD-Guidelines), die nur in Ausnahmefällen zur Anwendung kommen sollen, und auch nur dann, wenn ihre spezifischen Voraussetzungen erfüllt sind.

Als wesentliche Methoden sind zu nennen:

Die **Gewinnaufteilungsmethode** (Profit split method) (vgl. OECD-Guidelines, **135** Chap. III, B., i).

Der Profit-Split geht von dem Gewinn des Gesamtkonzerns aus, der aus der Produktion eines Gutes oder dem Erbringen einer Leistung entstanden ist. Dieses produktbezogene Konzernbetriebsergebnis ist auf die an der Leistungserstellung beteiligten Konzernunternehmen aufzuteilen. Der Aufteilungsschlüssel richtet sich für die beteiligten Konzernun-

3. Teil. Exportwirtschaft (Ausfuhr, Zoll, Steuern)

ternehmen unter Berücksichtigung des Kapitaleinsatzes und der übernommenen Risiken nach der Funktionsanalyse. Dabei wird versucht, auf der Grundlage dieser Analyse eine Gewinnaufteilung vorzunehmen, wie sie fremde Dritte vorgenommen hätten.

136 Die **Netto-Margen-Methode** (Transactional net margin method) (vgl. OECD-Guidelines, Chap. III, B., ii).

Die Transactional Net Margin Method (TNMM) stellt eine Kompromisslösung zwischen den Staaten dar, die eine Bestimmung oder zumindest Verprobung von Verrechnungspreisen ausschließlich auf der Grundlage der Höhe des Gewinns zulassen wollen, und den Staaten, die einen solchen Ansatz ablehnen. Ihre Grundidee liegt darin, dass die sog. Nettogewinnspanne zu einer bestimmten betriebswirtschaftlichen Größe in das Verhältnis gesetzt wird und dann ein Vergleich der Spannen bei konzerninternen Geschäften mit solchen gegenüber fremden Dritten erfolgt. Mögliche Bezugsgröße können die Kosten, der Umsatz oder das eingesetzte Kapital sein (vgl. Rn. 3.26 der OECD-Guidelines).

137 Die deutsche Finanzverwaltung lässt unter den in Rn. 3.4.10.3 der Verwaltungsgrundsätze-Verfahren[23] genannten Voraussetzungen eine Anwendung dieser Methoden zu, wobei diese nachrangig gegenüber den Standardmethoden sind. Folglich können sie nicht verwendet werden, wenn eine Preisbestimmung mithilfe der unter 1. genannten Ansätze erfolgen kann.

138 **d) Dokumentation und drohende Sanktionen bei deren Nichtbeachtung.** § 90 AO wurde um eine Spezialvorschrift ergänzt, die besondere Dokumentationsvorschriften für Verrechnungspreise beinhaltet. Bisher hatte § 90 Abs. 1 AO die Mitwirkungspflichten bei Inlandssachverhalten und § 90 Abs. 2 AO die so genannten erweiterten Mitwirkungspflichten bei Auslandssachverhalten zum Gegenstand (vgl. zu diesen Pflichten zB *Schaumburg*, Internationales Steuerrecht, 2. Aufl., Köln 1998, Rn. 19.6 ff. mwN). Durch das StVerGAbG (vom 16.5.2003, BGBl. I 2003, 660) wurde ein dritter Regelungsbereich geschaffen, der ausschließlich für grenzüberschreitende konzerninterne Geschäftsbeziehungen und für die grenzüberschreitende Gewinnabgrenzung zwischen Stammhaus und Betriebsstätte gilt. Dabei stellt § 90 Abs. 3 Satz 1 AO ausdrücklich klar, dass diese Verpflichtung ausschließlich dann gilt, wenn es sich um Vorgänge mit Auslandsbezug handelt. Hingegen werden reine Inlandssachverhalte von dieser Vorschrift nicht erfasst.

139 Der Gesetzgeber hat im § 162 AO – der im Übrigen die Schätzung regelt – in den Absätzen 3 und 4 Zuschläge für den Fall vorgesehen, dass der Steuerpflichtige seinen Dokumentationsverpflichtungen nach § 90 Abs. 3 AO nicht genügt. Diese Sanktionen sehen im Wesentlichen vor, dass gemäß § 162 Abs. 3 AO von einer widerlegbaren Vermutung der Einkunftsminderung durch die Finanzverwaltung ausgegangen werden kann. Damit kommt es faktisch zu einer Umkehr der Beweislast, indem der Steuerpflichtige nunmehr nachweisen muss, dass trotz Nichtvorliegen einer Verrechnungspreisdokumentation die Verrechnungspreise angemessen waren.

C. Ausgewählte Planungs- und Gestaltungsüberlegungen

140 Im Folgenden sollen einige Gestaltungsmöglichkeiten beim Gang in das Ausland näher betrachtet werden. Dabei zielen die folgenden Überlegungen ausschließlich darauf ab, eine grundlegende Analyse der Vorteilhaftigkeit durchzuführen. Unabhängig davon ist im jeweiligen Einzelfall zu prüfen, inwieweit eine solche Gestaltung sinnvoll ist und ob ggf. Besonderheiten des Einzelfalls (insbesondere abweichende Regelungen in den beteiligten Staaten) dazu führen, dass eine abweichende Beurteilung geboten ist. Ferner ist zu prüfen, inwieweit die unterstellten Voraussetzungen im vorliegenden Fall gegeben sind. Die Überlegungen beziehen sich auf folgende Bereiche:
Wahl der Ausgestaltungsform des Auslandsengagements und
Personalentsendungen.

---

[23] BMF-Schreiben vom 12.4.2005, BStBl. I 2005, 569.

Abschnitt 34. Außensteuergesetz

I. Wahl der Ausgestaltungsform des Auslandsengagements

Die zivilrechtlichen Regelungen geben die Bedingungen für die Ausgestaltung der Geschäftsaktivitäten vor. Im Rahmen der hierbei bestehenden Möglichkeiten kann ein Unternehmen frei wählen, in welcher Ausgestaltungsform es seinen Geschäftsaktivitäten nachgeht. Bei der Wahl zwischen den Alternativen spielt eine Reihe von Faktoren eine Rolle. Hier sind insbesondere die Frage der Dauerhaftigkeit der ausgeübten Tätigkeit, der Umfang des Geschäftsvolumens, Haftungsrisiken, ggf. bestehende Besonderheiten im Ausland, wie zB das Erfordernis eines ausländischen Mehrheitsgesellschafters als Bedingung für eine staatliche Genehmigung des Unternehmens, der Finanzbedarf, eventuelle Publizitäts- und Offenlegungspflichten sowie die steuerliche Belastung von Bedeutung. Es zeigt sich, dass die Wahl der Ausgestaltungsform der Geschäftsaktivität idR nicht alleine aus steuerlichen Gründen erfolgt. Vielmehr kann es nichtsteuerliche Erwägungen geben, die zu einer bestimmten Ausprägungsform führen. 141

Gleichwohl ist zu berücksichtigen, dass infolge der eintretenden Steuerbelastung aus Sicht eines Investors die aus einer Investition erlangte Nachsteuerrendite wesentlich bestimmt wird. Hieraus folgt, dass sich die Frage stellt, inwieweit eine Minimierung der steuerlichen Belastung erreicht werden kann. Es ist denkbar, bewusst solche Strukturen zu errichten, die steuerlich zu einer niedrigen Belastung führen. Andererseits ist vorstellbar, dass aus nichtsteuerlichen Gründen bestimmte Strukturen notwendig sind und sich die Frage stellt, wie diese möglichst steuergünstig errichtet werden können. Dies kann zB durch die Wahl von „Mischformen" geschehen, bei denen versucht wird, die jeweiligen Vorteile unterschiedlicher Ausprägungsformen miteinander zu kombinieren. 142

Grundsätzlich lassen sich vier unterschiedliche Formen zur Gestaltung der Geschäftsaktivitäten unterscheiden: 143

- das so genannte **Direktgeschäft:** Dieses ist dadurch gekennzeichnet, dass die Geschäftsaktivitäten auf dem ausländischen Markt aus dem Inland heraus erfolgen und im Ausland kein Anknüpfungspunkt für die dortige Besteuerung geschaffen wird. Hieraus folgt, dass im Ausland keine Steuerpflicht begründet wird und der Sachverhalt ausschließlich nach Maßgabe der Besteuerungsregelungen des Ansässigkeitsstaates des Unternehmens zu würdigen ist. Im Ergebnis handelt es sich um ein rein inländisches Geschäft, bei dem die Besonderheit besteht, dass der Abnehmer im Ausland ansässig ist. Hierbei können sich insbesondere im Bereich der Umsatzsteuer und ggf. im Rahmen des Zollrechtes Besonderheiten ergeben. Aus ertragsteuerlicher Sicht entstehen die gleichen Konsequenzen, wie bei Geschäftsbeziehungen mit Inländern, sofern davon ausgegangen wird, dass auch nach den steuerlichen Vorschriften des anderen Staates kein Anknüpfungspunkt für die Besteuerung geschaffen wurde. 144

- die Errichtung einer **Betriebsstätte:** Eine Betriebsstätte ist dadurch gekennzeichnet, dass es sich um eine feste Geschäftseinrichtung oder Anlage handelt, die der Tätigkeit eines Unternehmens dient. Der praktische und für die Praxis daher bedeutende Vorteil von Betriebsstätten besteht darin, dass sich diese regelmäßig sehr einfach errichten lassen. Häufig werden sie jedoch auch von einem Steuerpflichtigen begründet, ohne dass diesem bewusst ist, dass eine solche besteht. Insbesondere gibt es keine spezifischen Gründungsanforderungen, sodass die Errichtung mit geringen Transaktionskosten erfolgen kann. In einigen Staaten ist lediglich eine Registrierung erforderlich, in anderen wird ausschließlich auf die tatsächlichen Verhältnisse abgestellt. Insbesondere in den Fällen, wo der Steuerpflichtige nicht sicher ist, in welchem Umfang er bestimmte Geschäftsaktivitäten im Ausland entfaltet, kann eine solche einfache und ggf. auch relativ schnell wieder zu beseitigende Struktur sinnvoll sein. Allerdings bedeutet dies nicht, dass Betriebsstätten für einen befristeten Zeitraum angelegt sein müssen. Vielmehr handelt es sich hierbei um eine dauerhaft mögliche Ausprägungsform. Aus steuerlicher Sicht führt eine Betriebsstätte zur beschränkten Steuerpflicht des Unternehmers bzw. des Unternehmens im jeweiligen Betriebsstättenstaat. Die Bedeutung von Betriebsstätten in Län- 145 dern der Europäischen Union wird sicherlich durch die Frage der Verlustnutzung im Ausland anhand der aktuellen EuGH-Entscheidungen, wie zB C-414/06 Lidl/Belgium[24], sowie im Nachgang hierzu BFH v. 17.7.2008[25] an Bedeutung zunehmen.

146 ■ die Errichtung einer **Personengesellschaft:** Im internationalen Kontext sind Personengesellschaften bei weitem nicht so stark vertreten, wie dies in der Bundesrepublik Deutschland der Fall ist. Allerdings besteht die Möglichkeit zur Errichtung solcher Strukturen in sehr vielen Staaten. Sie sind dadurch gekennzeichnet, dass regelmäßig zumindest ein Gesellschafter der voll umfänglichen Haftung unterliegt. Hinsichtlich der steuerlichen Behandlung von Personengesellschaften sind unterschiedliche Möglichkeiten zu berücksichtigen: Während es eine Reihe von Staaten gibt, die die Personengesellschaft als solche als Steuersubjekt betrachten, folgen andere dem Transparenzprinzip und unterwerfen die Gewinne der Personengesellschaft beim Gesellschafter der Besteuerung. In Abhängigkeit von diesen Vorgaben des nationalen Rechts des Tätigkeitsstaats, kommt es entweder zu einer unbeschränkten Steuerpflicht der Personengesellschaft als solcher oder zur Steuerpflicht des Gesellschafters mit dem anteilig auf ihn entfallenden Gewinn aus der Personengesellschaft. Dies führt regelmäßig zur beschränkten Steuerpflicht des Gesellschafters. Im Bereich der Doppelbesteuerungsabkommen gilt eine Gesellschaft nur dann als abkommensberechtigte Person, wenn sie in einem der Vertragsstaaten der unbeschränkten Steuerpflicht unterliegt. Hieraus folgt, dass zumindest in den Fällen, in denen dem Mitunternehmerkonzept gefolgt wird, keine Abkommensberechtigung der Personengesellschaft als solcher gegeben ist. Folglich ist für Zwecke des Abkommensrechts auf die an der Personengesellschaft beteiligten Gesellschafter abzustellen. Nach allgemeinem Verständnis wird die Betriebsstätte einer Personengesellschaft für Zwecke des Abkommensrechts als Betriebsstätte des einzelnen Gesellschafters betrachtet, die diesem gewerbliche Einkünfte vermittelt. Zu beachten ist, dass einige Staaten Mischformen, wie sie bei uns etwa in der Rechtsform der GmbH & Co. KG sehr gebräuchlich sind, nicht zulassen oder da sie dem Transparenzprinzip der Mitunternehmerschaften nicht folgen, diese als Abkommensperson ansehen.

147 ■ die Errichtung einer **Kapitalgesellschaft:** Eine Kapitalgesellschaft ist dadurch gekennzeichnet, dass im Ausland ein selbstständiger Rechtsträger errichtet wird, der seinerseits Träger von Rechten und Pflichten sein kann. In Abhängigkeit von den gesellschaftsrechtlichen Vorgaben im jeweiligen Staat sind mehr oder weniger umfangreiche Gründungsanforderungen zu erfüllen. Dies gilt zB für die Mindestkapitalaufbringung oder für staatliche Genehmigungserfordernisse. Aus steuerlicher Sicht handelt es sich bei der ausländischen Kapitalgesellschaft um ein selbstständiges Steuersubjekt, das als solches im Ausland der unbeschränkten Steuerpflicht unterliegt. Zugleich ist Charakteristikum, dass eine Abschottungswirkung zwischen Gesellschaft und Gesellschafter erfolgt, sodass Gewinne auf Ebene der Kapitalgesellschaft grundsätzlich nicht zu einer sofortigen Auswirkung beim Gesellschafter führen. Vielmehr geschieht dies erst dann, wenn die Kapitalgesellschaft Ausschüttungen beschließt (Etwas anderes gilt, wenn die Regelungen über die so genannte Hinzurechnungsbesteuerung gem. §§ 7 ff. AStG einschlägig sind.). Bei Kapitalgesellschaften handelt es sich regelmäßig um abkommensberechtigte Personen im Sinne des DBA, sodass sich die Kapitalgesellschaft unmittelbar auf die Regelungen des Doppelbesteuerungsabkommens berufen kann, wobei dies jedoch nicht bedeutend, dass die Kapitalgesellschaft gegenüber der deutschen oder der ausländischen Finanzverwaltung einen Anspruch darauf hat, wie nach den Abkommensregeln besteuert zu werden.

148 Wie die obigen Ausführungen zeigen, lassen sich in Abhängigkeit vom Grad der rechtlichen Verselbstständigung vier unterschiedliche Ausprägungsformen unterscheiden. Aus steuerlicher Sicht ist wichtig, dass das Direktgeschäft zu den gleichen steuerlichen Folgen wie ein reiner Inlandssachverhalt führt. Ferner ist zu berücksichtigen, dass Personengesell-

---

[24] ABl. EU 2008, Nr. C 171.
[25] I R 82/04, IStR 2008 S. 1869.

schaften in Abhängigkeit von den Regelungen des nationalen Rechts des Tätigkeitsstaates entweder nach Maßgabe der Grundsätze für Betriebsstätten oder für Kapitalgesellschaften besteuert werden. Insoweit lassen sie sich grundsätzlich auf die beiden anderen Fälle zurückführen.

Bei Überlegungen zur Strukturierung der ausländischen Geschäftsaktivitäten erfolgt im Weiteren eine Einschränkung auf ausschließlich steuerliche Faktoren. 149

1. Direktgeschäft. Wird ein Direktgeschäft im Ausland durchgeführt, so entstehen die Besteuerungskonsequenzen ausschließlich im Inland. Hieraus folgt, dass aufgrund des in Deutschland geltenden Welteinkommensprinzips für unbeschränkt Steuerpflichtige auch die ausländischen Einkünfte der deutschen Besteuerung unterliegen. Im Gegenzug sind alle Aufwendungen, die im Zusammenhang mit diesem Geschäft entstehen, in Deutschland als Betriebsausgaben abzugsfähig, sofern dem nicht besondere Abzugsverbote (wie zB die in § 4 Abs. 5 EStG genannten) entgegenstehen (vgl. zB *Strunk/Kaminski,* Steuerliche Gewinnermittlung bei Unternehmen, Kriftel 2002, S. 201 ff.). Hieraus folgt unter Belastungsgesichtspunkten, dass diese Einkünfte der deutschen Einkommen- bzw. Körperschaftsteuer (jeweils zuzüglich Solidaritätszuschlag) und der Gewerbesteuer unterliegen. Zwar gilt bei der Gewerbesteuer das Inlandsprinzip (vgl. § 2 Abs. 1 Satz 1 GewStG), nachdem der Gewerbesteuer jeder stehende Gewerbebetrieb unterliegt, „... soweit er im Inland betrieben wird". Dies führt jedoch nicht dazu, dass alle außerhalb Deutschlands erzielten Einkünfte für Zwecke der Gewerbesteuer zu kürzen sind, sondern dies erfolgt nur, wenn die Voraussetzungen für eine Kürzung nach § 9 GewStG gegeben sind. Dies ist in den Fällen des Direktgeschäfts nicht gegeben, sodass die entstehenden Betriebseinnahmen und Betriebsausgaben auch für die Gewerbesteuer bedeutsam sind. 150

Im Einzelfall kann nicht ausgeschlossen werden, dass im Ausland Quellen- oder andere Steuern auf einzelne Einkünfte erhoben werden. Dies ist der Fall, wenn das Ausland die Lieferung von Waren oder das Erbringen von Dienstleistungen im Rahmen einer so genannten Liefergewinnbesteuerung erfasst. Diese unterstellt auf Grundlage des Umsatzes einen bestimmten Mindestgewinn, der einer – regelmäßig nicht widerlegbaren – pauschalen Besteuerung unterliegt. In einem solchen Fall ist nach Maßgabe der unilateralen, deutschen Maßnahmen zur Vermeidung der Doppelbesteuerung zu prüfen, inwieweit im Inland eine Berücksichtigung der im Ausland gezahlten Steuern erfolgen kann. Dabei ist auch zu prüfen, inwieweit das Abkommensrecht möglicherweise der Besteuerung im Ausland Grenzen setzt. 151

2. Betriebsstätte. Wenn im Ausland eine Betriebsstätte begründet wird, ist zunächst zu fragen, ob sowohl nach deutschem als auch nach ausländischem Recht eine Betriebsstätte besteht. Dies lässt sich nur in Abhängigkeit von der jeweiligen Ausgestaltung der Tätigkeit im Einzelfall beantworten. Ferner ist zu berücksichtigen, dass in den einzelnen Staaten teilweise unterschiedliche Anknüpfungspunkte für eine Betriebsstätte bestehen. Unabhängig davon unterliegen die im Ausland erzielten Einkünfte infolge des Welteinkommensprinzips unverändert in Deutschland der Besteuerung. Als Besonderheit ist § 9 Nr. 3 GewStG zu beachten. Danach ist der Gewerbeertrag um den Teil zu kürzen, der auf nicht im Inland belegene Betriebsstätten entfällt. Folglich unterliegen diese Einkünfte nur der Einkommensteuer. Hieraus folgt, dass auch im Rahmen der „Anrechnung" der Gewerbesteuer auf die Einkommensteuer Belastungsunterschiede entstehen. Diese resultieren daraus, dass für Zwecke des § 35 EStG auf den Gewerbesteuermessbetrag abzustellen ist. Durch die Kürzung wird insoweit dieser Messbetrag verringert, sodass daraus mittelbar auch ein niedriger Anrechnungsbetrag entsteht. Zu beachten ist hierbei, dass die Kürzung für Zwecke der Gewerbesteuer unabhängig von Aktivitätsvoraussetzungen zu erfolgen hat. Für die Frage, ob eine Betriebsstätte vorliegt, ist dabei ausschließlich auf die Definition im § 12 AO abzustellen (folglich kommt die Kürzung auch dann zur Anwendung, wenn zwar die Kriterien des § 12 AO erfüllt sind, nicht aber die des Art. 5 OECD-MA). 152

3. Teil. Exportwirtschaft (Ausfuhr, Zoll, Steuern)

153　Besteht zwischen der Bundesrepublik Deutschland und dem ausländischen Betriebsstättenstaat ein Doppelbesteuerungsabkommen ist zunächst zu prüfen, ob auch nach Maßgabe der Definition dieses Abkommens eine Betriebsstätte gegeben ist. Diese Frage kann nur auf Grundlage des Wortlautes des jeweiligen Abkommens entschieden werden. Hierbei ist zu beachten, dass in der deutschen Abkommenspraxis vergleichsweise häufig von den Vorgaben des Art. 5 OECD-MA abgewichen wird, wobei dies regelmäßig nicht die Definition einer Betriebsstätte im Sinne des Art. 5 Abs. 1 OECD-MA betrifft, die regelmäßig weitgehend identisch ist mit der Definition des § 12 AO, sondern um die Tatbestände, die dennoch das Vorliegen einer Betriebsstätte verneinen.

154　Gemäß Art. 5 Abs. 1 OECD-MA wird eine Betriebsstätte als eine feste Geschäftseinrichtung definiert „durch die die Geschäftstätigkeit eines Unternehmens ganz oder teilweise ausgeübt wird". In Abs. 2 werden beispielhaft Fälle der Betriebsstätten genannt und in Abs. 3 wird die Dauer, ab der eine Bau- und Montagetätigkeit eine Betriebsstätte begründet, mit mehr als 12 Monaten definiert. Außerdem gibt es in Art. 5 Abs. 4 OECD-MA eine Aufzählung von Fällen, in denen keine Betriebsstätte gegeben ist, weil es sich ausschließlich um hilfs- oder vorbereitende Tätigkeiten handelt. Für die folgenden Überlegungen wird davon ausgegangen, dass durch das Auslandsengagement sowohl eine Betriebsstätte im Sinne von § 12 AO, der entsprechenden Definition nach dem Recht des Betriebsstättenstaats, als auch nach Maßgabe des Abkommensrechts begründet wird.

155　**3. Ergänzende Besonderheiten bei Personengesellschaften.** Wenn im Ausland eine Personengesellschaft errichtet wird, stellt sich zunächst die Frage, wie diese nach ausländischem Recht zu behandeln ist. Denkbar ist, dass das Ausland ebenfalls dem Mitunternehmerkonzept folgt. Alternativ wäre auch vorstellbar, dass im Ausland eine eigenständige Steuerpflicht für „Personengesellschaften" besteht, die entweder in Form einer eigenständigen Personengesellschaftsteuer oder der Körperschaftsteuerpflicht ausgestaltet ist. Im zuletzt genannten Fall gelten die Regelungen für Kapitalgesellschaften entsprechend. Für die weiteren Überlegungen wird davon ausgegangen, dass im Ausland eine transparente Betrachtungsweise erfolgt.

156　Im Nicht-DBA-Fall kommt es zur beschränkten Steuerpflicht, entweder des inländischen Gesellschafters oder der inländischen Kapitalgesellschaft als Gesellschafter der Personengesellschaft. Insoweit bestehen keine Abweichungen gegenüber dem Nicht-DBA-Fall. Allerdings ist zu beachten, dass ggf. im Ausland weitere Gesellschafter an der Personengesellschaft beteiligt sind, sodass möglicherweise ergänzende Besonderheiten zu berücksichtigen sind.

157　Im DBA-Fall erfolgt eine Freistellung in Deutschland für die Einkünfte der ausländischen Personengesellschaft als Betriebsstätteneinkünfte des inländischen Gesellschafters. Dies gilt zumindest insoweit, wie es sich um Unternehmensgewinne im Sinne des Art. 7 OECD-MA handelt. Folglich bedarf es der Ausübung einer gewerblichen Betätigung durch die Gesellschaft im Ausland. Die unterschiedlichen Besteuerungskonsequenzen für Einzelunternehmen und Kapitalgesellschaften als Gesellschafter von Personengesellschaften gelten auch hier, weil die Kapitalgesellschaft selbstständig abkommensberechtigte Person ist.

158　**4. Kapitalgesellschaft.** Mit der Errichtung einer ausländischen Kapitalgesellschaft wird im Ausland die unbeschränkte Körperschaftsteuerpflicht begründet. Ergänzend ist zu prüfen, inwieweit ggf. zusätzliche Anknüpfungspunkte für eine weite Steuerpflicht bestehen. Dies kann zB hinsichtlich regionaler Steuern, vergleichbar der deutschen Gewerbesteuer, der Fall sein. Die Besteuerung der Kapitalgesellschaft im Ausland richtet sich nach den dort geltenden Regelungen. Dies gilt namentlich für die Vorschriften über die Einkommensermittlung und die Höhe der Steuersätze. Diese Regelungen sind regelmäßig unabhängig davon, wer Gesellschafter der Kapitalgesellschaft ist. Folglich ergeben sich auf Ebene der Gesellschaft keine Unterschiede in Abhängigkeit davon, ob Gesellschafter ein inländisches Einzelunternehmen oder eine inländische Kapitalgesellschaft ist. Entscheidend hierfür ist die Eigenschaft der Kapitalgesellschaft als selbstständiges Steuersubjekt. Evtl. aus Drittstaaten stammende Einkünfte unterliegen der unbeschränkten Steuerpflicht im Staat der Kapitalgesellschaft.

Die Ausgestaltungsform „Betriebsstätte" erweist sich sowohl für Personen- als auch für ausländische Kapitalgesellschaften als vorteilhaft. Entscheidend hierfür ist, dass bei Wahl der ausländischen Kapitalgesellschaft stets zusätzlich eine Belastung mit Quellensteuern eintritt. Diese kann zwar bei den Gesellschaftern der inländischen Personengesellschaft angerechnet werden, doch ist zu berücksichtigen, dass diese Einkünfte in Deutschland nicht nach Abkommensrecht steuerfrei sind. Vielmehr hat Deutschland ein Besteuerungsrecht, das auch wahrgenommen wird. Als Maßnahme zur Vermeidung der Doppelbesteuerung erfolgt lediglich die Anrechnung der ausländischen Quellensteuer im Rahmen der allgemeinen Grenzen. Diese ist möglich, weil es sich hierbei um eine Steuerschuld des inländischen Gesellschafters handelt, sodass die Steuersubjektidentität gegeben ist. Ferner ist zu beachten, dass im Fall der ausländischen Betriebsstätte die Betriebsstättenfreistellung nach Abkommensrecht bereits auf Ebene des Gesellschafters zur Anwendung kommt, während diese bei einer inländischen Kapitalgesellschaft zwar auf Ebene der Gesellschaft zu einer Steuerfreiheit führt. Wird jedoch eine Weiterausschüttung an den inländischen Gesellschafter vorgenommen, erfolgt eine erneute Besteuerung im Rahmen des Halbeinkünfteverfahrens. Werden Gewinne auf Ebene der inländischen Kapitalgesellschaft thesauriert, führt lediglich die Betriebsausgabenpauschale des § 8b Abs. 5 KStG zu einem steuerlichen Nachteil für die Kapitalgesellschaftsalternative. **159**

Wird berücksichtigt, dass die Körperschaftsteuersätze regelmäßig niedriger sind als diejenigen für natürliche Personen, entsteht im Fall der Kapitalgesellschaft zunächst ein Vorteil, der sich jedoch durch die Dividendenbesteuerung beim Gesellschafter in einen Nachteil umwandelt. In den Fällen des Einzelunternehmens mit Betriebsstättenfreistellung unterliegen die Gewinne aus der Betriebsstätte nur in Höhe der ausländischen Steuerbelastung – ggf. ergänzt um zusätzliche Belastungen infolge des Progressionsvorbehaltes – der Besteuerung. Dies ist ein deutlicher steuerlicher Vorteil, wenn im Ausland eine niedrige Besteuerung gegeben ist. Damit besteht die Möglichkeit einer niedrigeren Steuerbelastung, als diese bei einem reinen Inlandsinvestment entstanden wäre. **160**

II. Aspekte bei Personalentsendungen in international tätigen Unternehmen

Die zunehmende Internationalisierung erfordert nicht nur den Transfer von materiellen und immateriellen Wirtschaftsgütern, sondern auch die Übertragung von Arbeitskräften in das entsprechende Ausland, um neue Technologien oder Organisationsformen im Ausland etablieren zu können. Die zumeist zeitweilige Tätigkeit von Mitarbeitern des inländischen Stammhauses bzw. der inländischen Muttergesellschaft für ausländische Unternehmensteile oder Konzerngesellschaften führt zu einer Vielzahl von Aspekten, die zu beachten sind. Bei den steuerlichen Aspekten sind insbesondere folgende Themen zu beachten: **161**
- das Steuerrecht des Entsendestaates
- das Steuerrecht des Aufnahmestaates
- Doppelbesteuerungsabkommen
- Europarecht
- Steuerliche Situation von Familienangehörigen
- Steuerliche Situation der aufnehmenden Gesellschaft bzw. Betriebsstätte
- Steuerliche Situation des abgebenden Unternehmens.

1. Outbound Entsendung. Bei einer Outbound Entsendung in ein Nicht DBA Staat ist davon auszugehen, dass der Mitarbeiter regelmäßig dann seine Ansässigkeit in Deutschland aufgibt, wenn sein Lebensmittelpunkt nicht mehr Deutschland ist. Die Aufgabe der Ansässigkeit führt zur beschränkten Steuerpflicht nur bei Ausübung oder Verwertung der Tätigkeit im Inland, zB bei einer Beschäftigung im Ausland wie im Inland. Hinsichtlich der beschränkten Steuerpflicht im Inland ist insbesondere darauf zu achten, dass Geschäftsfüh- **162**

3. Teil. Exportwirtschaft (Ausfuhr, Zoll, Steuern)

rer, Vorstände sowie Prokuristen von inländischen Gesellschaften immer auch nach § 49 Abs. 1 Nr. 4 Buchst. c EStG im Inland beschränkt steuerpflichtig sind.

163 Bei einem Wegzug in ein Niedrigsteuerland im Sinne des § 2 AStG kann es zu einer erweiterten beschränkten Steuerpflicht mit entsprechenden Nachteilen für den Arbeitnehmer kommen. Ebenfalls zu beachten und leider oftmals übersehen ist die Frage des Vorliegens der Wegzugsbesteuerung gem. § 6 AStG, die nicht nur für den Arbeitnehmer selbst, sondern auch für die mitreisenden Familienangehörigen zu beachten ist.

164 Behält der Mitarbeiter seinen gewöhnlichen Aufenthalt bzw. seinen Wohnsitz im Inland ist er weiterhin unbeschränkt steuerpflichtig. Er begründet außerdem regelmäßig eine beschränkte und/oder unbeschränkte Steuerpflicht im Ausland, so dass die Vermeidung der Doppelbesteuerung und die Bestimmung der Ansässigkeit nach Abkommensrecht eine wichtige, zu beantwortende Frage darstellt. Die Vermeidung der Doppelbesteuerung erfolgt entweder über eine Freistellung oder eine Anrechnung, der im Ausland gezahlten Steuern. Besonders zu beachten ist hierbei der Auslandstätigkeitserlass[26].

165 In Ergänzung bzw. Abweichung zu den Nicht-DBA-Fällen gilt in DBA Fällen bei Aufrechterhaltung der Ansässigkeit in Deutschland das Folgende. Die Grundregel des Art. 15 OECD-MA besagt Arbeitsortprinzip, dh die Besteuerung findet im Staat der physischen Arbeitsausübung statt, wobei die Steuerfreistellung unter Progressionsvorbehalt erfolgt und nationale Rückfallklausel, wie zB § 50d Abs. 8 EStG zu beachten sind. Die ebenfalls vorhandenen Sonderregeln für Vergütungen von Aufsichtsräten und Auszubildenden sind im vorliegenden Fall regelmäßig nicht einschlägig. Abweichend von dieser Grundregel hat der Wohnsitzstaat das Besteuerungsrecht, wenn

- der Auslandsaufenthalt nicht mehr als 183 Tage andauert, und
- Vergütungen von einem AG oder für einen AG gezahlt werden, der nicht in dem anderen Staat ansässig ist, und
- Vergütungen nicht von einer Betriebsstätte getragen werden, die der AG im anderen Staat hat.

166 Einige DBA's kennen besondere Grenzgängerregelungen, die das Besteuerungsrecht beim Wohnsitzstaat in jedem Fall belassen, wie dies zB in den DBA mit Frankreich, Österreich und der Schweiz der Fall ist. Diese kommen jedoch nur dann zur Anwendung wenn eine tägliche Rückkehr zum Wohnort erfolgt und der Wohnort nicht weiter als eine bestimmte Kilometerdistanz von der Grenze entfernt ist.

167 Bei der Aufgabe der Ansässigkeit entfällt die unbeschränkte Steuerpflicht. Auf den Verwertungstatbestand kommt es nach den Regelungen des DBA nicht an, da dort ausschließlich auf die Ausübung der Tätigkeit abgestellt wird.

168 **2. Minimierung der Steuerkosten.** Die Minimierung der Steuerkosten ist grundsätzlich durch entsprechende Maßnahmen möglich, bedarf jedoch einer genauer Überprüfung im Einzelfall und einer fortlaufenden Prüfung der steuerlichen Rahmenbedingungen im In- und Ausland. Bei sogenannten Fringe Benefits, also der Gewährung von Zusatzleistungen neben dem Barlohn (zB Schulzuschüsse, Pkw, zinslose Darlehen, Mietzuschüsse, Umzugskosten, Sprachkurse, etc.) ist zu beachten, dass diese in Deutschland steuerpflichtig sind, wenn sie den AN bereichern. In Deutschland aber steuerfrei sind, wenn sie ganz überwiegend im eigenbetrieblichen Interesse des AG liegen. Gegebenenfalls kommt es auch zu einer Pauschalversteuerung oder teilweise Steuerfreiheit. Eine Steuerplanung ist dadurch möglich, indem ermittelt wird, welche Zusatzleistungen vom AN im Ausland steuergünstig bezogen werden können.

169 Beim Split Payroll ist die Grundidee die Aufteilung des Gesamtgehaltes auf mehrere Arbeitsverhältnisse mit in- und ausländischen AG. Hierbei ist insbesondere die Erzielung von Progressionsvorteilen durch Nutzung der 183-Tage-Regel möglich. Zur Erlangung sind jedoch zusätzliche Voraussetzungen zu erfüllen bzw. zusätzlicher Aufwand zu berücksichtigen, wie zB eine weitergehende Abstimmung mit den Finanzverwaltungen, ein schriftli-

---

[26] BMF vom 31.10.1983, BStBl. I, 470 zugleich Anhang 7 zu LStR 2005.

cher Arbeitsvertrag mit ausländischem AG, eine tatsächliche Tätigkeit im Ausland, die Dokumentation über die Tätigkeit für den ausländischen AG und die Verhältnismäßigkeit der ausländischen Vergütung sowie keine Rückbelastung zum deutschen AG.

Ebenfalls recht populär und auch sinnvoll sind Stock Options. Hierbei hat die Behandlung in Deutschland folgende Konsequenzen. Es handelt sich um Einkünfte aus nichtselbständiger Arbeit, wenn die Gewährung durch das Dienstverhältnis veranlasst ist. Bei handelbaren Optionen kommt es zu einer Besteuerung im Einräumungszeitpunkt und bei allen anderen Optionen zur Besteuerung im Ausübungszeitpunkt. Eine Steuerplanung ist möglich beim Import/Export von Optionen, wenn AN nach Einräumung umzieht. In diesen Fällen kommt es zumeist zu einer Besteuerung zum Zeitpunkt der Ausübung, wobei der Ort der Ansässigkeit zu diesem Zeitpunkt vergleichsweise leicht gestalt- und bestimmbar ist. Die konkreten Besteuerungskonsequenzen sind abhängig vom Bestehen eines DBA, dem Besteuerungszeitpunkt in beiden Staaten, der Einkunftsqualifikation in beiden Staaten sowie der Zuordnung der Option zu Einkünften aus nichtselbständiger Arbeit. Die OECD sieht eine Aufteilung des Optionsgewinns nach Dauer der Tätigkeit vor, demgegenüber geht die dt. Rechtsprechung von einer zeitanteiligen Besteuerung bei Tätigkeit in mehreren Staaten aus. **170**

Bei sogenannten deferred compensations ist die Grundidee, eine Verlagerung von Gehaltsbezügen in die Zeit des Ruhestandes des Arbeitnehmers zu verlagern, um somit zumeist Progressionsvorteile zu erzielen, aber auch um eine zusätzliche Alterssicherung aus unversteuerten oder gering versteuerten Einkommen zu schaffen. Das hierzu mögliche Planungsspektrum ist durch den Übergang zur nachgelagerten Besteuerung eingeschränkt (ist auch Ansatz der OECD und der Europäischen Kommission) worden. Da sowohl Minderbesteuerungen wie auch Doppelbesteuerungen möglich sind, bedarf es einer entsprechenden Einzelfallprüfung. **171**

Ein Gestaltungsinstrument zur Minimierung der Steuerlasten kann auch die Gewährung von Abfindungen sein. Die Behandlung nach dem jeweiligen DBA ist abhängig vom Grund der Zahlung. Dient die Abfindung ganz oder teilweise der Versorgung oder wird eine Pension ersetzt oder handelt es sich um eine Entschädigung für den Verlust des Arbeitsplatzes, erfolgt die Besteuerung im Wohnsitzstaat. Dient die Abfindung der Lohnnachzahlung oder wird sie nur anlässlich der Auflösung des Arbeitsverhältnisses gewährt, erfolgt eine Besteuerung im Tätigkeitsstaat, wobei ggf. eine zeitanteilige Aufteilung zu berücksichtigen ist. **172**

Es sind jedoch neue Entwicklungen im Abkommensrecht sowie dem nationalen deutschen Steuerrecht zu berücksichtigen. Nach dem nationalen deutschen Steuerrecht ist eine Steuerpflicht bei Abfindungen, die für Auflösung eines Dienstverhältnisses gezahlt werden und soweit die zuvor bezogenen Einkünfte einer inländischen Besteuerung unterlegen haben auch bei beschränkt Steuerpflichtigen gegeben. Für das Abkommensrecht hat die Bundesrepublik Deutschland mit Ländern, wie der Schweiz, Niederlande oder Belgien entsprechende Vereinbarungen getroffen, nach denen das Steuerrecht für diese Einkünfte auch dem bisherigen Tätigkeitsstaat zusteht. **173**

3. Internationales Steuergefälle. Bei Gehaltsvereinbarungen wird regelmäßig auch das in- und ausländische Steuersystem und das sich daraus ergebende Belastungsniveau Einfluss auf die Ausgestaltung der Verträge haben. Zu berücksichtigen ist insbesondere, dass in- und ausländische Steuersysteme sich nach Bemessungsgrundlagen und Tarif unterscheiden und das das Steuerniveau des Gastlandes bei Entsendung zu berücksichtigen ist, da für AN nur der Nettobezug entscheidend ist. Entsprechende Vereinbarungen sollen die Interessen der Arbeitnehmer sicherstellen. Man unterscheidet generell zwei Formen von Steuerausgleichsrechnungen: **174**

tax equalization: echter Steuerausgleich, dh AN wird so gestellt, als habe er die Arbeit im Inland ausgeübt **175**

tax protection: Schutz vor Mehrsteuern, jedoch werden Steuervorteile durch niedriges Steuerniveau dem AN zugute geschrieben (Bsp.: sog. Nettolohnvereinbarung, dh das inländische Nettogehalt wird als Bemessungsgrundlage für ausländisches Bruttogehalt zugrunde gelegt, so dass AN sein Nettogehalt aufrecht erhält).

176 **4. Verrechnungspreise.** Bei der Personalentsendung ist auch zu prüfen, ob die für die Entsendung vereinbarten Entgelte fremdüblich sind und ob durch die Entsendung eine Funktionsverlagerung stattgefunden hat. Entsendungskosten müssen nach dem Prinzip der wirtschaftlichen Veranlassung aufgeteilt werden, wobei Über- oder Unterbelastungen durch das entsendende Unternehmen zu Gewinnanpassungen führt. Entscheidendes Kriterium für die Zuordnung der Kosten ist die eigenbetriebliche Veranlassung der Personalentsendung. Nach Verwaltungsgrundsätzen – Arbeitnehmerentsendung geht die Finanzverwaltung in der Regel davon aus, dass AN im Interesse und für Rechnung des aufnehmenden Unternehmens tätig werden. Aus verfahrensrechtlicher Sicht ist auf umfangreiche Dokumentationspflichten hinzuweisen sowie auf die häufig vorkommende Schätzung des Kostenverteilungsschlüssels.

177 Durch die Änderung des § 1 AStG im Hinblick auf Funktionsverlagerungen ist festzustellen, dass die Personalentsendung alleine keine Funktionsverlagerung darstellt, solange lediglich eine Dienstleistung an das aufnehmende Unternehmen erbracht wird, die fremdüblich entgolten wird. Eine Verlagerung soll nach Auffassung der Finanzverwaltung aber ggf. vorliegen, wenn entsandtes Personal seinen Zuständigkeitsbereich aus entsendendem Unternehmen mitnimmt und nach Entsendung im aufnehmenden Unternehmen die gleiche Tätigkeit ausübt (Folge: Besteuerung des Gewinnpotenzials).

D. Fazit

178 Wie die vorstehenden Überlegungen beispielhaft haben deutlich werden lassen zeigt sich, dass einerseits zwar erhebliche Gestaltungsmöglichkeiten bestehen, andererseits diese jedoch eine sehr eingehende Analyse der individuellen Verhältnisse im In- und im Ausland sowie der bilateralen Regelungen voraussetzen. Hierbei zeigt sich, dass gerade aufgrund der intensiven Aktivität des Gesetzgebers eine systematische Steuerplanung in immer geringerem Umfang möglich wird. Entscheidend hierfür ist nicht nur, dass sich die wirtschaftlichen Rahmenbedingungen dramatisch ändern sondern auch, dass eine immer hektischere Gesetzgebung erfolgt. So wird insbesondere immer weniger Rücksicht auf bisher allgemein anerkannte Besteuerungsprinzipien genommen und damit das Risiko für entsprechende Gestaltungen erhöht. Selbstverständlich sollte sein, dass entsprechende Strukturen zunächst aufgrund betriebswirtschaftlicher Vorteilhaftigkeitsüberlegungen vorgenommen werden und steuerlichen Aspekten allenfalls ein zusätzlicher Nutzen beigemessen wird.

13. Kapitel. Exportkontrolle und Compliance

Abschnitt 35. Exportbeschränkungen für Dual-Use-Güter, Embargos und Sanktionen

Übersicht

	Rn.
A. Zweck und Gegenstand von Exportbeschränkungen	1
B. Handelsbeschränkungen für Dual-Use-Güter	2
I. Anwendbares Recht	2
1. Dual-Use-Verordnung	3
2. Deutsches Recht (AWG, AWV, Ausfuhrliste)	5
II. Genehmigungsvorbehalte	7
III. Ausfuhr gelisteter Güter	9
1. Die Güterlisten	10
2. Struktur der Güterlisten	12
3. Wie erkenne ich die Listung eines Guts?	18
IV. Ausfuhr nicht gelisteter Güter	20
1. Fallgruppen der Dual-Use-VO	21
2. Zivile kerntechnische Nutzung (§ 9 Abs. 1 AWV)	22
3. Gemeinsame Voraussetzung: Unterrichtung vom Verwendungszweck und Mitteilungspflicht	23
V. Verbringung innerhalb der EU	24
1. Gelistete Güter	25
2. Nicht gelistete Güter	27
VI. Vermittlungsgeschäfte	28
VII. Technische Unterstützung	31
C. Embargos und Sanktionen	37
I. Länderbezogene Embargos	38
II. Personenbezogene Sanktionen	44
1. Maßnahmen gegen das Al-Qaida-Netzwerk	45
2. Maßnahmen angesichts der Lage in Afghanistan	56
3. Maßnahmen gegen sonstige Terrorverdächtige	57
4. Praktischer Umgang mit den Sanktionslisten	58
III. Insbesondere: Iran-Embargo	63
1. Anwendungsbereich der Iran-Embargo-VO	65
2. Güterbezogene Beschränkungen	68
a) Ausfuhrverbote und -beschränkungen	68
b) Personen- oder verwendungsbezogener Bezugspunkt der Beschränkungen	71
c) Einfuhr-, Erwerbs- und Beförderungsverbote	74
d) Akzessorische Dienstleistungs- und Finanzierungsverbote	75
e) Bestandteile und Ersatzteile	76
f) Güterbezogener Altvertragsschutz	79
3. Personenbezogene Beschränkungen	80
4. Beschränkungen für Geldtransfers und Finanzdienstleistungen	81
a) Geldtransfers unter Beteiligung iranischer Banken	82
b) Geldtransfers von/an iranische/n Personen, Organisationen oder Einrichtungen	83
c) Adressat der Melde- und Genehmigungspflichten	84
d) Praxisrelevante Einzelfragen zum Zahlungsverkehr	89
e) Melde- und Genehmigungsverfahren	96
5. Sonstige Beschränkungen	100
a) Versicherungsverbote	100
b) Finanzierungsbeschränkungen für bestimmte Unternehmen	102
c) Verkehrsbeschränkungen	103
d) Umgehungsverbot	104
e) Erfüllungsverbot	105
6. Iran-Menschenrechts-VO	106
7. Teilaussetzung des Iran-Embargos	106a
IV. Zivilrechtliche Ansprüche des Vertragspartners	107
1. Vertragsschluss während eines Embargos	108
2. Vertragsschluss vor Einführung eines Embargos	109

3. Teil. Exportwirtschaft (Ausfuhr, Zoll, Steuern)

	Rn.
D. Exkurs: US-(Re-)Exportkontrolle	113
I. Dual-Use-Güter	115
1. US-Waren	116
2. US-Inhalt in ausländischen Waren	117
II. Embargos	118
III. Personenlisten	119
IV. Kollision mit deutschem/europäischem Recht	120

Literatur: *Ahmad,* Außenwirtschafts-Compliance für Dienstleister, AW-Prax 2012, 365; *ders.,* Neue Medien und Exportkontrolle, AW-Prax 2012, 230; *ders./Hohmann,* Extraterritoriale Wirkungen des deutsch-europäischen Exportrechts, AW-Prax 2009, 229; *v. Arnauld,* Der Weg zu einem „Solange I ½" – Die Umsetzung der gezielten UN-Sanktionen durch die EU nach Einrichtung der UN-Ombudsstelle – europäische oder globale rule of law?, EuR 2013, 236; *ders.,* UN-Sanktionen und gemeinschaftsrechtlicher Rechtsschutz, AVR 2006, 201; *BAFA* (Hrsg.), HADDEX, Handbuch der deutschen Exportkontrolle, Loseblattsammlung (97. EL, Stand: Dez. 2013); *dass.,* Praxis der Exportkontrolle, 2. Aufl., 2011; *Bender,* Exportkontrolle und Terrorismusbekämpfung: Auswirkungen auf privatrechtliche Verträge, in: Graf/Paschke (Hrsg.), Brennpunkt Exportrecht, 2010, 43; *Bieneck* (Hrsg.), Handbuch des Außenwirtschaftsrechts, 2. Auflage, 2005; *Bittner,* Die Auswirkungen des Irak-Embargos für Warenlieferungsverträge: Zivilrechtliche Folgen von Handelsbeschränkungen, RIW 1994, 458; *Burkert-Basler,* Das neue Iran-Embargo, AW-Prax 2011, 9; *Dahme,* Terrorismusbekämpfung durch Wirtschaftssanktionen, 2007; *Drees/Weiß/Möllenhoff,* Zoll & Export 2014, 2014; *Ehlers/Wolffgang/Lechleitner* (Hrsg.), Risikomanagement im Exportkontrollrecht, 2004; *Gellert* (Hrsg.), Sicherheit und Freihandel, 2011; *Gericke,* Iran-Embargo – Vorlage an den EuGH, AW-Prax 2012, 213; *Gundel,* Rechtsschutz des Einzelnen gegen die Umsetzung von „smart sanctions" des UN-Sicherheitsrats durch die EU, JA 2009, 477; *Haellmigk,* Neue Sanktionen gegen Syrien, AW-Prax 2012, 121; *ders./Vulin,* Richtig vorbereitet durch die Außenwirtschaftsprüfung – Was sollten Unternehmen beachten?, AW-Prax 2013, 240; *dies.,* Syrien, EU-Sanktionen die Luftfahrtindustrie, AW-Prax 2013, 79; *Harings,* Aufhebung der Irak-Sanktionen, ExportManager 1/2011, 18; *ders.,* EU-Sanktionen gegen nordafrikanische Staaten, ExportManager 4/2011, 18; *ders.,* Personenbezogene Embargos beachten!, ExportManager 2/2010, 18; *ders./Niestedt,* German Experiences with the new EU Sanctions Guidelines, WorldECR, Ausgabe 25.9.2013, 16; *ders./Scheel,* Begründungsqualität getestet – EuG erklärt Listung eines Unternehmens für nichtig!, AW-Prax 2013, 126; *dies.,* Das mittelbare Bereitstellungsverbot im Embargorecht der EU – eine Inhalts- und Schrankenbestimmung am Beispiel des Iran-Embargos, RdTW 2013, 185; *ders./Schwendinger,* Führt der Weg in den Iran über die Türkei?, ExportManager 9/2010, 19; *dies.,* Verschärfung der EU-Embargos: Iran und Syrien, ExportManager 9/2012, 16; *Heinisch,* Compliance mit EU-Sanktionen in der Versicherungswirtschaft, CCZ 2012, 102; *Hehlmann/Sachs,* Sanktionslistenprüfung in Unternehmen, EuZW 2012, 527; *Hermesmeier/Beyer,* Die Novellierung der Dual-use-Verordnung (EG) Nr. 1334/2000, AW-Prax 2008, 151; *Hocke/Friedrich* (Hrsg.), Außenwirtschaftsrecht, Loseblattsammlung (174. EL, Stand: März 2014); *Hohmann,* Die AWG-Novelle 2012, AW-Prax 2012, 3; *ders.,* Die Bedeutung neuer EG-Rechtstexte für die Exportkontrolle, AW-Prax 2010, 21; *ders.,* Neufassung des EU-Iran-Embargos, AW-Prax 2012, 227; *ders./John* (Hrsg.), Ausfuhrrecht, 2002; *ders./Hagemann,* EU-Iran-Embargo: Neue Lieferverbote und Zivilrecht, Exportmanager 2013, 19; *Jakobs/Decker-Schümann,* Exportkontrolle – Entwicklung und Perspektiven: Zollrechtliche Ausfuhrüberwachung, einschließlich der Umsetzung der Sicherheitsinitiative, AW-Prax 2008, 245; *John* (Hrsg.)/*Schnägelberger/von der Burg,* 100 Antworten auf typische Fragen im Exportgeschäft, 2011; *Kämmerer,* Die Urteile „Kadi" und „Yusuf" des EuGH und ihre Folgen, EuR Beiheft 1/2008, 65; *Karpenstein/Kottmann,* Verordnung (EG) Nr. 428/2009 des Rates über eine Gemeinschaftsregelung für die Kontrolle der Ausfuhr, der Verbringung, der Vermittlung und der Durchfuhr von Gütern mit doppeltem Verwendungszweck, in: Krenzler/Herrmann (Hrsg.), EU-Außenwirtschafts- und Zollrecht (3. EL, Stand: Okt. 2013), Kap. 31; *Kirsch,* Mitarbeiter-Screenings zur Terrorbekämpfung zulässig? Eine Zwickmühle zwischen AWG und Datenschutzvorschriften, ZD 2012, 519; *Kollmann,* Das „Gesetz zur Modernisierung des Außenwirtschaftsrechts", AW-Prax 2013, 267; *dies.,* Die Novellierung der Außenwirtschaftsverordnung, AW-Prax 2013, 381; *Kotzur,* Eine Bewährungsprobe für die Europäische Grundrechtsgemeinschaft – Zur Entscheidung des EuG in der Rs. Yusuf u. a. gegen Rat, EuGRZ 2005, 592; *Kreuder,* „Personalscreening" für AEO-Zertifizierung datenschutzrechtlich unzulässig, AW-Prax 2010, 19; *Landry/Harings,* Zoll- und Außenhandelsrecht, in: Kilian/Heussen (Hrsg.), Computerrechts-Handbuch 2008; *Lutz,* Überblick über die neue Iran-Embargo-Verordnung, AW-Prax 2010, 461; *Lux,* in: Dorsch, Zollrecht-Kommentar, Band 4, C.5, Dual-Use-VO, Loseblattsammlung (145. EL, Stand: Dez. 2013); *ders./Scheel,* Rechtsschutz bei abgelehnter Ausfuhranmeldung wegen fehlender Genehmigung, AW-Prax 2013, 227; *Maschmann,* Compliance versus Datenschutz, NZA-Beil. 2012, 50, 54 f.; *Möllenhoff,* Beauftragung und Verantwortung, AW-Prax 2013, 307; *ders./Ovie,* Mitarbeiterscreening aufgrund Embargolisten?, AW-Prax 2010, 136; *Monreal,* Rechtsprobleme der Ausfuhrliste, AW-Prax 2001, 154, 234, 354, 473; *Neumann,* Internationale Handelsembargos und privatrechtliche Verträge, 2001; *Niestedt,* Iran-Sanktionen erschweren Finanzierungen, ExportManager 6/2010, 14; *ders.,* Systematische Darstellung von Embargo- und Sanktionsmaßnahmen, in: Krenzler/Herrmann (Hrsg.), EU-Außenwirtschafts- und Zollrecht (3. EL, Stand: Okt. 2013), Kap. 50; *ders./Henninger,* Terrorismuslisten-Screening ist zulässig, ExportManager 7/2012, 20; *ders./Trennt,* Das neue Außenwirtschaftsrecht, BB 2013, 2115; *v. Portatius,* Die novellierte Dual-use-Verordnung (EG) Nr. 428/2009, AW-Prax 2009, 283;

Abschnitt 35. Exportbeschränkungen für Dual-Use-Güter, Embargos und Sanktionen

Pottmeyer, Terrorismuslisten und Datenschutz, AW-Prax 2010, 43; *ders.,* Noch einmal: Mitarbeiterscreening gegen Terrorismuslisten, AW-Prax 2011, 279; *Prieß/Thoms,* Die Praxis des EU-Sanktionsrechts, ZfZ 2013, 155; *Puschke* (Hrsg.)/*Hohmann,* Basiswissen Sanktionslisten, 2. Aufl., 2011; *Rensmann,* Extraterritoriale Exportkontrolle und Völkerrecht, AW-Prax 2011, 155; *Ress,* Das Handelsembargo, 2000; *Richter/Lutz,* Überblick über die neuen Iran-Sanktionen, AW-Prax 2009, 3; *Ricke,* Präventive Maßnahmen bei der Ausfuhr von Gütern, 2011; *Rieß,* Wären die Antiterrorlisten grundrechtswidrig?, AW-Prax 2008, 248; *Roeder/Buhr,* Die unterschätzte Pflicht zum Terroristenscreening von Mitarbeitern, BB 2011, 1333; *Schaefer,* Die nationale Kompetenz zur Ausfuhrkontrolle nach Art. 133 EG, 2009; *Schlarmann/Spiegel,* Terror und kein Ende – Konsequenzen der EG-Verordnungen zur Bekämpfung des internationalen Terrorismus für in Deutschland tätige Unternehmen, NJW 2007, 870; *Schneider,* Wirtschaftssanktionen, 1999; *Schöppner,* Das Dilemma der mittelbaren Bereitstellungsverbote, AW-Prax 2013, 207; *ders.,* Wirtschaftssanktionen durch Bereitstellungsverbote, 2013; *Schulte,* Der Schutz individueller Rechte gegen Terrorlisten, 2010; *Schwendinger,* Die neuen Iran-Sanktionen, AW-Prax 2013, 37; *ders.,* European Union Export Controls (chapter 37) in: Kritzler ua, International Contract Manual (im Erscheinen); *ders.,* Krim-Krise: EU und USA beschließen Sanktionen, ExportManager 2/2014, 5; *ders.,* „Level playing field" beim mittelbaren Bereitstellungsverbot, AW-Prax 2013, 103; *ders.,* Neue EU-Leitlinien für die „mittelbare Bereitstellung", ExportManager 2/2013, 15; *ders.,* Neue EU-Verordnung zum EU-Iran-Embargo, ExportManager 3/2012, 16; *ders.,* Teilaussetzung des Iran-Embargos, ExportManager 1/2014, 17; *ders./Trennt,* Embargorechtliche „Landkarte" des Nahen Ostens, ExportManager 4/2014, 23; *dies.,* Ukraine-Krise: Sanktionen gegen Russland, ExportManager 3/2014, 21; *Tervooren,* Der Ausführerbegriff in der Exportkontrolle, 2007; *Thoms,* Die neuen Sanktionen gegen Libyen, AW-Prax 2011, 121; *Voigtländer/Haellmigk,* Technologietransfer im Außenwirtschaftsrecht, AW-Prax 2011, 208; *Vorpeil,* Akkreditiv und Embargo, ExportManager 2/2012, 184; *Wandt,* Versicherungsverbote im Rahmen von Embargomaßnahmen, VersR 2013, 257; *Weith/Wegner/Ehrlich,* Grundzüge der Exportkontrolle, 2006; *Werder/Kießler,* Brokering-Kontrollen in der novellierten Dual-use-Verordnung, AW-Prax 2009, 285; *Witte,* Mitarbeiterüberprüfung beim AEO, AW-Prax 2011, 276; *ders.,* Sicherheitsprüfung beim AEO, AW-Prax 2012, 388; *Wolffgang,* Die Verzahnung von Exportkontroll- und Zollrecht, AW-Prax 2010, 180; *ders.,* Terrorismusbekämpfung durch Wirtschaftssanktionen, AW-Prax 2008, 251; *ders./Simonsen* (Hrsg.), AWR-Kommentar. Kommentar für das gesamte Außenwirtschaftsrecht, Loseblattsammlung (38. EL, Stand: Nov. 2013); *siehe auch Literatur zu Abschnitt 36.*

A. Zweck und Gegenstand von Exportbeschränkungen

Das deutsche und das europäische Recht enthalten den Grundsatz, dass der Außenhandel frei von behördlichen Beschränkungen möglich sein muss (§ 1 AWG, Art. 1 Verordnung [EG] 1061/2009[1]). Dieser **Grundsatz der Außenwirtschaftsfreiheit** erfährt jedoch vielfältige Durchbrechungen, indem der Warenexport aus verschiedenen nicht-ökonomischen Gründen **Beschränkungen oder Verboten** unterworfen ist. Anhand ihres Zweckes lassen sich Exportbeschränkungen in zwei Gruppen einteilen: Zum einen gibt es die **sicherheitspolitischen Exportbeschränkungen,** die schlagwortartig mit dem Begriff „Exportkontrolle" umschrieben werden. Hierunter fallen die Handelsbeschränkungen für Güter mit doppeltem Verwendungszweck, dh solche, die sowohl zivil als auch militärisch genutzt werden können (Dual-Use-Güter, zur Definition dieses Begriffs → Rn. 9). Daneben finden sich besondere Exportbeschränkungen für Waffen und Rüstungsgüter (→ Abschnitt 37 Rn. 1 ff.). Ergänzt werden diese Vorschriften durch länderbezogene Embargos (→ Rn. 38 ff.) sowie seit den Anschlägen in den USA vom 11. September 2001 vermehrt Verbote und Beschränkungen beim geschäftlichen Kontakt zu bestimmten Personen, Gruppen oder Unternehmen (personenbezogene Sanktionen → Rn. 44 ff.). Zum anderen gibt es zahlreiche weitere **nicht-ökonomische Handelsbeschränkungen,** die meist gesundheits- oder umweltpolitisch motiviert sind. Neben dem Kulturgüterschutz sind hier insbesondere Beschränkungen des grenzüberschreitenden Handels mit Abfällen und bestimmten Chemikalien zu nennen (→ Abschnitt 37 Rn. 12 ff.). Daneben können auch grenzüberschreitende **Dienstleistungen** oder **Finanztransaktionen** beschränkt werden. Es ist also nicht ausreichend, ausschließlich nach Beschränkungen von Warenbewegungen zu forschen; es muss das gesamte Transaktionsumfeld im Auge behalten werden.

1

---

[1] ABl. 2009 L 291/1; ferner wird die Außenwirtschaftsfreiheit durch das EU-Primärrecht (insbesondere die EU-Grundrechte) und durch das deutsche Verfassungsrecht (namentlich durch die Berufsfreiheit des Art. 12 Abs. 1 GG und – soweit eine nicht-kommerzielle Ausfuhr betroffen ist – durch die allgemeine Handlungsfreiheit des Art. 2 Abs. 1 GG) geschützt.

B. Handelsbeschränkungen für Dual-Use-Güter

I. Anwendbares Recht

2 Bei der Frage, ob eine Ausfuhr genehmigungspflichtig ist, ist vorrangig EU-Recht zu berücksichtigen (1.). Weist dies Lücken auf, sind auch deutsche Vorschriften zu beachten, die ansonsten wegen des Vorrangs des EU-Rechts verdrängt werden (2.). Neben dem deutschen und europäischen Exportkontrollrecht kann im Übrigen bei vielen Wirtschaftstransaktionen auch das sehr weitreichende US-(Re-)Exportkontrollrecht zu beachten sein (→ Rn. 113 ff.).

3 **1. Dual-Use-Verordnung.** Die zentralen Vorschriften des Dual-Use-Rechts finden sich in der **Verordnung (EG) Nr. 428/2009** vom 5.5.2009 über eine Gemeinschaftsregelung für die Kontrolle der Ausfuhr, der Verbringung, der Vermittlung und der Durchfuhr von Gütern mit doppeltem Verwendungszweck (Dual-Use-VO oder DUV).[2] Hierin sind die wesentlichen Genehmigungspflichten enthalten. Die Güter, deren Ausfuhr bzw. Verbringung genehmigungspflichtig ist, sind in **den Anhängen I und IV** der Dual-Use-VO aufgeführt, die in periodischen Abständen neu gefasst **werden**.[3] Daneben enthält die Verordnung insbesondere Vorschriften über die Arten der Genehmigungen, das Genehmigungsverfahren (→ Abschnitt 36 Rn. 2 ff.), die Zusammenarbeit der Mitgliedstaaten, das Zollverfahren sowie über Register- und Aufzeichnungspflichten der Ausführer.

4 Mit der Dual-Use-VO setzen die EU und ihre Mitgliedstaaten internationale Verpflichtungen um. Mit einheitlichen Standards für ein Ausfuhrkontrollsystem wird das Dual-Use-Recht weitgehend vereinheitlicht, so dass der Warenverkehr innerhalb des Binnenmarktes weniger durch Kontrollen beeinträchtigt wird.[4] Die Dual-Use-VO harmonisiert das Exportkontrollrecht der Mitgliedstaaten jedoch nicht vollständig.[5] Die Art. 4 Abs. 8, 8 Abs. 1 und 22 Abs. 2 DUV erlauben es den Mitgliedstaaten, zusätzliche Genehmigungspflichten für Dual-Use-Güter festzulegen. Deutschland hat hiervon Gebrauch gemacht.[6] Daneben sind die Mitgliedstaaten verpflichtet, durch nationale Rechtsetzungsmaßnahmen die Überwachung von Ausfuhren von Dual-Use-Gütern sicherzustellen[7] (Art. 21 DUV) und bei Verstößen gegen die Dual-Use-VO Sanktionen[8] festzulegen (Art. 24 DUV), die in den verschiedenen Mitgliedstaaten jeweils unterschiedlich ausgestaltet sein können. Darüber hinaus besteht – wie bei jedem EU-Rechtsakt – in der Praxis das Problem, dass dieselbe Vorschrift der Dual-Use-VO von den Verwaltungen in den 28 Mitgliedstaaten nicht immer einheitlich ausgelegt wird.

5 **2. Deutsches Recht (AWG, AWV, Ausfuhrliste).** Ergänzt wird die Dual-Use-VO in vielerlei Hinsicht vom deutschen **Außenwirtschaftsgesetz** (AWG) sowie dessen Ausführungsverordnung – der **Außenwirtschaftsverordnung** (AWV). Das novellierte AWG ist am **1.9.2013**[9] zeitgleich mit der ebenfalls neu gefassten AWV in Kraft getreten.[10] Die nachfolgenden Ausführungen beziehen sich auf die aktuelle Rechtslage, gehen im gebotenen Umfang auch auf die zuvor gültigen Bestimmungen ein.[11]

---

[2] 2009 L 134/1.
[3] Zuletzt durch Verordnung (EU) Nr. 388/2012 vom 19.4.2012, ABl. 2012 L 129/12.
[4] Vgl. *Lux*, in: Dorsch, Einführung, Rn. 12 f.
[5] Vgl. *Karpenstein/Sack*, in: Hohmann/John, EG-Dual-Use-VO von 1994, Einl., Rn. 1.
[6] Vgl. §§ 8, 9, 11 AWV (vgl. §§ 5, 5c–d, 7 AWV aF) und die Ausfuhrliste.
[7] Vgl. insbesondere § 23 AWG (Einholung von Auskünften und Betriebsprüfungen).
[8] Vgl. §§ 17–22 AWG, §§ 80 ff. AWV.
[9] Die §§ 4, 5 und 11 des neuen AWG sind bereits am 14.6.2013 in Kraft getreten.
[10] Vgl. Gesetz zur Modernisierung des Außenwirtschaftsrechts v. 6.6.2013, BGBl. I 2013, 1482, und AWV v. 2.8.2013, BGBl. I 2013, 2865, sowie den zugehörigen Runderlass Außenwirtschaft Nr. 5/2013 des Bundesministeriums für Wirtschaft und Technologie zur Erläuterung der VO zur Neufassung der AWV, BAnz AT v. 5.8.2013 B1, S. 1; vgl. auch *Kollmann* AW-Prax 2013, 267, 381; *Niestadt/Trennt* BB 2013, 2115.
[11] Soweit auf Bestimmungen der zuvor gültigen Fassungen des AWG und der AWV eingegangen wird, werden diese mit dem Zusatz „aF" (alte Fassung) versehen.

Abschnitt 35. Exportbeschränkungen für Dual-Use-Güter, Embargos und Sanktionen

Konkretisiert werden diese Vorschriften durch **Runderlasse** und **Bekanntmachungen** 6
der zuständigen Bundesministerien, die konkrete Handlungsanweisungen für die Behörden
darstellen. Soweit sie die Arbeit des Bundesamts für Wirtschaft und Ausfuhrkontrolle
(BAFA) betreffen, sind sie auf seiner Homepage abrufbar.

II. Genehmigungsvorbehalte

Das Exportkontrollrecht stellt eine Vielzahl von **Ausfuhren** unter den Vorbehalt, dass 7
der Ausführer zunächst eine behördliche Genehmigung beantragen muss. Diese Genehmigungspflicht kann anknüpfen an die Art der Güter, ihren Verwendungszweck, das Bestimmungsland sowie ihren Endabnehmer. Dual-Use-Güter, die in den Güterlisten enthalten sind, dürfen nur nach vorheriger Genehmigung ausgeführt werden (→ Rn. 9 ff.). Daneben enthalten sowohl die Dual-Use-VO als auch die AWV mehrere Vorschriften, mit denen Lücken in den Listen, die aufgrund des teilweise sehr schnellen technischen Fortschritts zwangsläufig entstehen, geschlossen werden. Diese Generalklauseln stellen sicher, dass die Ausfuhr auch dann genehmigungsbedürftig ist, wenn die Güter nicht gelistet sind, sofern entweder deren Verwendungszweck oder der Empfänger der Lieferung bedenklich sind (→ Rn. 20 ff.). Schließlich kann auch die **Verbringung** bestimmter Rüstungsgüter in einen anderen Mitgliedstaat der EU einer Genehmigung bedürfen (Art. 22 DUV, § 11 AWV). Dies ist insbesondere bei besonders sensiblen Gütern der Fall, die potentiell Vorprodukte für Massenvernichtungswaffen sein können (→ Rn. 24 ff.).

Schlagwortartig lassen sich die Sachverhalte, für die Genehmigungspflichten (oder ande- 8
re Exportbeschränkungen) bestehen können, mit folgenden vier Fragen (die sog. „4 W"
der Exportkontrolle) erfassen:
- Was wird exportiert?
- Wohin wird exportiert?
- Wer ist Vertragspartner/Endverwender?
- Warum wird ausgeführt (Verwendungszweck)?

III. Ausfuhr gelisteter Güter

Güter mit doppeltem Verwendungszweck (**„Dual-Use-Güter"**) werden definiert als 9
„Güter, einschließlich Datenverarbeitungsprogramme und Technologie, die sowohl für
zivile als auch für militärische Zwecke verwendet werden können; darin eingeschlossen sind
alle Waren, die sowohl für nichtexplosive Zwecke als auch für jedwede Form der Unterstützung bei der Herstellung von Kernwaffen oder sonstigen Kernsprengkörpern verwendet
werden können" (Art. 2 Nr. 1 DUV). Da diese Definition in der Praxis nur schwer zu
handhaben ist, knüpft die Genehmigungspflicht nicht an die abstrakte Begriffsbildung an,
sondern an konkrete Produktgruppen. So ist die (in Art. 2 Nr. 2 DUV und § 2 Abs. 3
AWG definierte) Ausfuhr von Gütern, die in Anhängen zur DUV und der AWV – sog.
Güterlisten – aufgeführt („gelistet") sind, nur nach vorheriger Genehmigung zulässig
(Art. 3 Abs. 1 DUV, § 8 Abs. 1 AWV). Diese Genehmigungspflicht gilt grundsätzlich für
alle Staaten außerhalb der EU. Lediglich die durch das nationale Recht bestimmten Sonderpositionen der Ausfuhrliste gelten nur für die Ausfuhr in bestimmte Länder.

1. Die Güterlisten. Die gelisteten **Dual-Use-Güter,** deren Ausfuhr genehmigungs- 10
pflichtig ist, finden sich im **Anhang I DUV.** Daneben gibt es die Anlage 1 zur AWV, die
als **Ausfuhrliste** (AL) bezeichnet wird.[12] Bis zur Novellierung der AWV wurden in dessen

---
[12] Die Ausfuhrliste und Anhang I DUV werden nachfolgend auch als „Güterlisten" bezeichnet. Mit VO (EU) Nr. 599/2014 vom 16. April 2014, ABl. 2014 L173/79, haben der Rat und das Europäische Parlament die Befugnis zur Aktualisierung der Anhänge I und II DUV der Kommission (zunächst für fünf Jahre) übertragen. Die Kommission erhält damit die Möglichkeit, sowohl die Güterliste des Anhang I eigenständig zu aktualisieren, als auch als risikoarm eingestufte Bestimmungsziele aus Anhang II zu streichen, soweit aus einer Veränderung der Umstände ersichtlich wird, dass keine erleichterten Ausfuhrgeschäfte für ein Bestim-

3. Teil. Exportwirtschaft (Ausfuhr, Zoll, Steuern)

Teil I Abschnitt C aF zum einen alle in Anhang I DUV gelisteten Güter erneut aufgeführt.[13] Zum anderen enthielt die Ausfuhrliste nationale Sonderpositionen (erkennbar an den 900er-Nummern). Mit der AWV-Novelle wird Anhang I DUV nicht mehr ins deutsche Recht „kopiert". Der neue Teil I Abschnitt B – vormals Abschnitt C – enthält nur noch die deutschen Sonderpositionen.

Beispiel:
Nummer 9A992 lit. b: Lastkraftwagen mit drei Achsen oder mehr und mit einem zulässigen Gesamtgewicht von mehr als 20 t, wenn Käufer- oder Bestimmungsland Iran oder Syrien ist.

11 Darüber hinaus enthält Teil I der Ausfuhrliste einen Abschnitt A, der **Waffen, Munition und Rüstungsmaterial** aufführt, deren Export ebenfalls genehmigungspflichtig ist. Da diese Güterliste nicht EU-rechtlich vorgegeben ist, können die Mitgliedstaaten die Ausfuhr dieser Waren selbst regulieren (→ Abschnitt 37 Rn. 10).

12 **2. Struktur der Güterlisten.** Anhang I DUV und Teil I Abschnitt B AL sind jeweils in zehn Kategorien eingeteilt. Hieraus ergeben sich Hunderte einzelner Positionen, die sich durch detaillierte Leistungsbeschreibungen auszeichnen. Die **Kategorien** lauten (Beispiele in Klammern):

Kat. 0: Kerntechnische Materialien, Anlagen und Ausrüstungen
(Kernreaktoren, spaltbare Materialien)
Kat. 1: Besondere Werkstoffe und Materialien und zugehörige Ausrüstung
(Metalle, Legierungen, Chemikalien, insb. mit toxischer Wirkung, ferner Krankheitserreger in Form von Viren oder Bakterien)
Kat. 2: Werkstoffbearbeitung
(Werkzeugmaschinen, Pressen, Drückmaschinen)
Kat. 3: Allgemeine Elektronik
(Güter und Bauteile aus dem Bereich der Elektronik, die bestimmte Anforderungen erfüllen, zB eine besonders hohe Rechenleistung oder Einsetzbarkeit unter extremen Bedingungen)
Kat. 4: Rechner
(Computer und verwandte Geräte mit besonderer Leistungsfähigkeit oder Verschlüsselungstechnik)
Kat. 5: Telekommunikation und Informationssicherheit
(Geräte der Telekommunikation, die sich durch ihre besondere Leistungskraft oder Widerstandsfähigkeit auszeichnen; Geräte mit Kryptotechnik)
Kat. 6: Sensoren und Laser
(Marine-Akustiksysteme, Optische Sensoren)
Kat. 7: Luftfahrtelektronik und Navigation
(Linearbeschleunigungsmesser, Kreisel)
Kat. 8: Meeres- und Schiffstechnik
(bestimmte Tauch- und Überwasserfahrzeuge)
Kat. 9: Luftfahrt, Raumfahrt und Antriebe
(Schiffsgasturbinen, Trägerraketen)

13 Diese zehn Kategorien sind jeweils wiederum in verschiedene **Gattungen** unterteilt, nämlich (A) Systeme, Ausrüstung und Bestandteile, (B) Prüf-, Test- und Herstellungseinrichtungen, (C) Werkstoffe und Materialien, (D) Datenverarbeitungsprogramme (Software) und (E) Technologie. Bei den Gattungen A bis C handelt es sich um „Waren". Sie werden definiert als bewegliche Sachen, die Gegenstand des Handelsverkehrs sein können (§ 2 Abs. 22 AWG). Der Begriff erfasst nur körperliche Gegenstände (und Elektrizität), nicht

---

mungsziel mehr genehmigt werden sollen. Rat und Parlament bekommen jedoch die Möglichkeit, unmittelbar nach Erlass eines delegierten Rechtsakts, der die Anhänge aktualisiert, der Änderung zu widersprechen. Die Kommission ist dann verpflichtet, den Rechtsakt umgehend aufzuheben. Vgl. allgemein zur Dual-Use-VO und den Güterlisten *Karpenstein/Kottmann*, in: Krenzler/Herrmann, Kap. 31.

[13] Vgl. zu Hintergrund und Kritik dieser Regelungstechnik *Lux*, in: Dorsch, Einführung, Rn. 20.

jedoch Software oder Technologie, die den Gattungen D und E angehören.[14] Im Folgenden werden einige problematische Gattungsbegriffe erläutert.

Unter den Begriff der „**Waren**" (Gattungen A bis C) fallen auch **Bestandteile** und **Zubehör**. Ob ein Gut Bestandteil oder nur Zubehör eines gelisteten Gutes ist, ist von Bedeutung, wenn eine Güterposition nur Bestandteile erfasst. Zubehör ist nur dann genehmigungspflichtig, wenn es ausdrücklich in den Güterlisten genannt ist. Bestandteile unterliegen dahingegen nach Nr. 2 der Allgemeinen Anmerkung zu Anhang I DUV auch dann der Genehmigungspflicht, wenn sie als Hauptelement eines nichtgelisteten Gutes ausgeführt werden, jedoch leicht ausgebaut und für andere Zwecke verwendet werden können, Für die Beurteilung der Eigenschaft als Hauptelement werden Menge, Wert, eingesetztes technologisches Know-How sowie andere besondere Bedingungen berücksichtigt. 14

Diese „Bestandteilregelung" (vgl. hierzu auch im Zusammenhang mit dem Iran-Embargo → Rn. 76 ff.) wird ergänzt durch das von der Rechtsprechung entwickelte „**Prinzip der leichten Herrichtbarkeit**"[15]. Ihm liegt der Gedanke zugrunde, dass die Exportkontrolle nicht durch leicht rückgängig zu machende Maßnahmen umgangen werden darf. Danach finden die Kontrollvorschriften auch Anwendung, wenn ein Gut in Einzelteile zerlegt ausgeführt wird, vom Empfänger aber leicht zu einem ausfuhrgenehmigungspflichtigen Gut wieder zusammengesetzt werden kann. Weiterhin ist die Ausfuhr von Gütern erfasst, die erst nach der Ausfuhr durch Aufhebung einer technischen Sperre ihr volles Potential entfalten können.[16] Dasselbe gilt, wenn ein unvollständiger Bausatz ausgeführt wird, dessen fehlende Teile nicht unter das Exportkontrollrecht fallen, aber ohne besonderes technisches Wissen ergänzt und zum Endprodukt zusammengesetzt werden können. Wenn das in Einzelteile zerlegte oder vorübergehend veränderte Gut dem Empfänger einsatzbereit zur Verfügung steht, bleibt es auch beim Fehlen einfacher Teile nach dem Wortsinn noch dasselbe Produkt.[17] Die Ausfuhr ist daher auch in diesem Fall genehmigungspflichtig.[18] 15

Software sind die in Gattung D der Güterlisten als solche bezeichneten Güter. Nicht erfasst sind nach der Allgemeinen Software-Anmerkung (ASA) allgemein zugängliche Waren (public domain-Software) oder Ware, die frei erhältlich ist und im Einzelhandel ohne Einschränkungen veräußert wird. Darüber hinaus wird nach der Kryptotechnik-Anmerkung (Anmerkung 3 zu Kategorie 5 Teil 2 des Anhangs I DUV) bestimmte Software mit Verschlüsselungstechnik ausgenommen. 16

Genehmigungspflichtig ist nach der Allgemeinen Technologie-Anmerkung (ATA) zu Anhang I DUV auch die Ausfuhr einer gelisteten **Technologie** (Gattung E). Voraussetzung ist, dass für die Herstellung, Entwicklung oder Verwendung eines Dual-Use-Gutes spezifisches technisches Wissen unverzichtbar ist. Derartige Technologie bleibt auch dann erfasst, wenn sie auch für nicht-gelistete Güter eingesetzt werden kann. Ausgenommen hiervon sind einzig Technologien, die das unbedingt notwendige Minimum für Aufbau, Betrieb, Wartung und Reparatur nicht-gelisteter Güter und solcher Güter darstellen, deren Ausfuhr genehmigt wurde. Ebenfalls freigestellt sind allgemein zugängliche Informationen, wissenschaftliche Grundlagenforschung und die für Patentanmeldungen erforderlichen Informationen. 17

3. Wie erkenne ich die Listung eines Guts?. Für viele Ausführer ist es sehr schwer herauszufinden, ob ein Gut gelistet ist. Hierfür sind allein die technischen Merkmale der Ware 18

---

[14] Demgegenüber ist der Begriff der „Güter" weiter, der Waren einschließlich Software und Technologie erfasst (§ 2 Abs. 13 AWG).
[15] *BGH* NStZ 1996, 137, 139; Hocke/*Friedrich,* vor § 5 AWV, Rn. 50.
[16] *Monreal* AW-Prax 2001, 354.
[17] „Einsatzbereit" ist ein Gut in diesem Sinne insbesondere dann, wenn die Einzelteile oder das vorübergehend veränderte Gut mit allgemein gebräuchlichen Werkzeugen ohne großen Aufwand wieder zusammengesetzt bzw. wieder in den Ausgangszustand versetzt werden kann. *BGH* NStZ 1996, 137, 139; Hocke/*Friedrich,* Vor § 5 AWV, Rn. 50 f.
[18] Vertiefend siehe *Monreal* AW-Prax 2001, 354 ff.

maßgeblich. Der Verwendungszweck und der Empfänger bleiben – mit Ausnahme der deutschen Sonderpositionen (→ Rn. 10) – außer Betracht. Voraussetzung der richtigen Einreihung ist eine genaue Produktkenntnis. Nur so können die einschlägigen Güterlistenpositionen identifiziert werden. Um dies zu gewährleisten, sollten verantwortliche Mitarbeiter im Umgang mit den Listen und deren konkreten Inhalten geschult werden. Darüber hinaus ist zu empfehlen, Verträge mit Zulieferern und Abnehmern auch mit Blick auf etwaige Informationspflichten auszugestalten (→ Abschnitt 36 Rn. 81 ff.). Insbesondere mit Blick auf die rechtliche Verantwortlichkeit des letztlich ausführenden Unternehmens ist es erforderlich, eine strenge innerbetriebliche Exportkontrolle zu etablieren, damit Risiken frühzeitig erkannt und durch Vertragsgestaltung und Zusammenarbeit mit den zuständigen Behörden minimiert werden (→ Abschnitt 36 Rn. 68 ff.).

19 Eine Arbeitshilfe, um die Listung eines Gutes festzustellen, ist das **Umschlüsselungsverzeichnis,** welches das BAFA auf seiner Internetseite zur Verfügung stellt. Es ist nach statistischen Warennummern (= KN-Code) gegliedert, die jeder Ausführer regelmäßig zur Hand hat, weil er sie für die Ausfuhranmeldung (→ Abschnitt 36 Rn. 20) benötigt. Den Warennummern werden die entsprechenden Güterlistenpositionen gegenüber gestellt, denen ein Gut mit der jeweiligen statistischen Warennummer unterfallen könnte. Taucht eine Warennummer nicht auf, ist dies ein wichtiges Indiz dafür, dass das Gut auch nicht gelistet ist. Eine weitere Möglichkeit, die Listung eines Gutes zu bestimmen, ist die die Einholung einer **Auskunft zur Güterliste (AzG)** (→ Abschnitt 36 Rn. 41).

IV. Ausfuhr nicht gelisteter Güter

20 Auch für die Ausfuhr von Gütern, die nicht von den Güterlisten erfasst sind, kann eine Ausfuhrgenehmigung erforderlich sein. Dies ist jedoch nur der Fall, wenn der Ausführer Kenntnis von einer kritischen Verwendung der Güter hat und die Ware in ein bestimmtes Land ausgeführt werden soll. Die maßgeblichen Vorschriften sind Art. 4 DUV sowie § 9 AWV.[19] Diese Vorschriften werden häufig als „**Catch-all-Klauseln**" oder Auffang- bzw. Generalklauseln bezeichnet.

21 **1. Fallgruppen der Dual-Use-VO.** Nach Art. 4 Abs. 1 DUV ist die Ausfuhr von nicht gelisteten Dual-Use-Gütern genehmigungspflichtig, wenn sie zur Verwendung im Zusammenhang mit der Entwicklung, Herstellung, Handhabung, dem Betrieb, der Wartung, Lagerung, Ortung, Identifizierung oder Verbreitung von **ABC-Waffen** oder **Flugkörpern** für derartige Waffen bestimmt sind oder sein können. Die Ausfuhr solcher Güter bedarf auch einer Genehmigung, wenn gegen das Käufer- oder Bestimmungsland ein **Waffenembargo** verhängt wurde und die Güter ganz oder teilweise für eine militärische Endverwendung bestimmt sind oder bestimmt sein könnten (Art. 4 Abs. 2 DUV). Art. 4 Abs. 3 DUV sieht schließlich vor, dass die Ausfuhr nicht gelisteter Dual-Use-Güter genehmigungsbedürftig ist, wenn diese dazu bestimmt sind oder sein können, in Drittstaaten in ein **militärisches Gut eingebaut** zu werden, dass zuvor **illegal aus der EU ausgeführt** wurde. Voraussetzung ist, dass das militärische Gut in der nationalen Militärliste (→ Abschnitt 37 Rn. 6) aufgeführt ist.

22 **2. Zivile kerntechnische Nutzung (§ 9 Abs. 1 AWV).** Daneben besteht – oberhalb einer Wertfreigrenze von 5.000 EUR[20] (§ 9 Abs. 3 Nr. 2 AWV) – eine nationale Genehmigungspflicht gem. § 9 Abs. 1 AWV (§ 5d Abs. 1 AWV aF). Danach ist die Ausfuhr von nicht gelisteten Gütern genehmigungspflichtig, die für die Errichtung, den Betrieb oder den Einbau in eine Anlage für kerntechnische Zwecke bestimmt sind, sofern das Käufer- oder Bestimmungsland Algerien, Irak, Iran, Israel, Jordanien, Libyen, Nordkorea, Pakistan oder Syrien ist. Diese Vorschrift ergänzt Art. 4 Abs. 1 DUV (→ Rn. 21) insofern, als er

---

[19] Mit der Novellierung der AWV entfielen die Ausfuhrbeschränkungen für Länder der Länderliste K, die zuletzt nur Kuba enthielt, mangels praktischer Relevanz (§ 5c AWG aF).
[20] Bis zum Inkrafttreten der neuen AWV galt noch eine Wertfreigrenze von 2.500 EUR.

sich nicht auf atomare Waffen, sondern auf den **zivilen kerntechnischen Bereich** bezieht. Sinn dieses Genehmigungsvorbehalts ist es, die Ausfuhr jeder Form von Nukleartechnik in Staaten zu begrenzen, die (potentielle) neue Atommächte sind.

3. Gemeinsame Voraussetzung: Unterrichtung vom Verwendungszweck und Mitteilungspflicht. Die Genehmigungsvorbehalte nach Art. 4 DUV und § 9 Abs. 1 AWV treffen den Ausführer nur dann, wenn er vom BAFA über die besondere Bestimmung der Güter **unterrichtet** worden ist. Dies muss nicht gegenüber jedem einzelnen Unternehmen gesondert erfolgen. Erfährt der Ausführer aus privaten Quellen von der kritischen Endverwendung, löst dies zwar keine Genehmigungspflicht aus.[21] Dieses Wissen verpflichtet den Ausführer aber, den Sachverhalt dem BAFA **mitzuteilen** (Art. 4 Abs. 4 Hs. 1 DUV; § 9 Abs. 2 S. 1 AWV).[22] Das BAFA entscheidet dann, ob die Ausfuhr genehmigungspflichtig ist. Die Ware darf bis zu dieser Entscheidung nicht ausgeführt werden. Der Ausführer muss das BAFA nur dann informieren, wenn er positive, also tatsächliche Kenntnis hat, dass die Güter für eine in Art. 4 Abs. 1 bis 3 DUV oder § 9 Abs. 1 AWV genannte Endverwendung bestimmt sind. Die Kenntnis von der bloßen Möglichkeit einer solchen Verwendung reicht ebenso wenig aus wie das Kennenmüssen – also die fahrlässige Unkenntnis – der tatsächlichen Verwendung.[23] Den Ausführer trifft keine Pflicht, genauere Nachforschungen anzustellen; er darf sich offensichtlichen Fakten aber auch nicht verschließen. So kann er sich nicht auf seine Unkenntnis berufen, wenn er eine geradezu auf der Hand liegende Kenntnisnahmemöglichkeit nicht wahrgenommen hat und jeder andere unter denselben Umständen die Kenntnis erlangt hätte.

V. Verbringung innerhalb der EU

Ausfuhren in andere EU-Staaten (Verbringung) sind – als Ausnahme von der Warenverkehrsfreiheit – in bestimmten Fällen genehmigungsbedürftig.

1. Gelistete Güter. Nach Art. 22 Abs. 1 DUV ist die innergemeinschaftliche Verbringung für alle Güter genehmigungspflichtig, die in **Anhang IV DUV** aufgeführt sind. Dieser Anhang listet einige bereits in Anhang I DUV aufgeführte Güter auf, die als besonders sensibel eingestuft werden.[24]

Beispiel:
Güter der Tarn(Stealth)-Technologie, bestimmte Sprengstoffe, akustische Ortungssysteme, Verschlüsselungstechnologie, Steuerungssysteme für Flugkörper, Raketenantriebssysteme, bestimmte Güter aus dem Chemiewaffenbereich, kerntechnische Materialien und Anlagen.

Nach § 11 Abs. 2 AWV ist zusätzlich die Verbringung eines in den deutschen Sonderpositionen (→ Rn. 10) gelisteten Gutes genehmigungspflichtig, wenn der Verbringer davon Kenntnis hat, dass das endgültige Bestimmungsziel außerhalb der EU liegt, das andere EU-Land also nur eine **Zwischenstation** ist. Eine solche Verbringungsgenehmigung erfasst nur die Beförderung in das EU-Zwischenzielland. Für die nachfolgende Ausfuhr aus diesem Mitgliedstaat in den Drittstaat muss der Empfänger dort eine Ausfuhrgenehmigung nach dortigem Recht beantragen.

2. Nicht gelistete Güter. Die Verbringung von nicht gelisteten Gütern, die in der EU verbleiben sollen, ist nie genehmigungspflichtig. Soll sich allerdings an ihre Verbringung eine Ausfuhr in ein Drittland anschließen, besteht nach § 11 Abs. 3 AWV eine Genehmigungspflicht, wenn das endgültige Bestimmungsziel außerhalb der EU liegt und der

---

[21] *BAFA*, HADDEX, Band 1, Rn. 237; *Fehn,* in: Hohmann/John, Art. 4 EG-Dual-Use-VO von 1994, Rn. 25.
[22] *BAFA*, HADDEX, Band 1, Rn. 238; Hocke/*Friedrich* Art. 4 DUV Rn. 20 f.
[23] Vgl. *Pietsch*, in: Wolffgang/Simonsen, Band 1, Dual-Use-VO, Art. 4, Rn. 50; *BAFA*, HADDEX, Band 1, Rn. 238.
[24] Dazu *Simonsen* AW-Prax 2000, 312, 318.

Verbringer vom BAFA unterrichtet worden ist, dass Umstände vorliegen, die dazu führen, dass eine Direktausfuhr in dieses Land der Genehmigungspflicht nach § 9 Abs. 1 AWV unterfiele (→ Rn. 22f.). Kennt der Verbringer die in § 11 Abs. 4 AWV genannten Umstände, muss er das BAFA unterrichten. Es entscheidet sodann, ob die Verbringung genehmigungspflichtig ist. Das Gut darf bis dahin nicht verbracht werden.

VI. Vermittlungsgeschäfte

28   Neben der Ausfuhr von Gütern bedürfen auch bestimmte Handels- und Vermittlungsgeschäfte (Brokering) nach Art. 5 DUV, §§ 46, 47 AWV der Genehmigung. Unter „Vermittlungstätigkeiten" versteht man gem. Art. 2 Nr. 5 DUV die Aushandlung oder das Herbeiführen von Transaktionen zum Kauf, zum Verkauf oder zur Lieferung von Dual-Use-Gütern von einem Drittland in ein anderes Drittland, oder den Verkauf oder Kauf von Dual-Use-Gütern, die sich in Drittländern befinden, zwecks Verbringung in ein anderes Drittland, wobei die ausschließliche Erbringung von Hilfsleistungen (Beförderung, Finanzdienstleistungen, Versicherung oder Rückversicherung oder allgemeine Werbung oder Verkaufsförderung) von dieser Definition nicht erfasst ist. Die Vermittlung von Gütern, die in Anhang I DUV gelistet sind, ist nach Art. 5 Abs. 1 S. 1 DUV genehmigungspflichtig, wenn der Vermittler vom BAFA darüber unterrichtet wurde, dass die betreffenden Güter für einen der in Art. 4 Abs. 1 DUV genannten kritischen Verwendungszwecke (→ Rn. 21) bestimmt sind oder bestimmt sein können. Ist eine solche Bestimmung dem Vermittler anderweitig bekannt, so hat er das BAFA davon zu unterrichten; dieses entscheidet dann, ob die Erbringung dieser Vermittlungstätigkeiten genehmigungspflichtig ist (Art. 5 Abs. 1 S. 2 DUV).

29   Daneben sieht das deutsche Recht in den §§ 46, 47 AWV Genehmigungs- und Informationspflichten im Zusammenhang mit Handels- und Vermittlungsgeschäften vor. § 46 AWV betrifft die Güter, die von Teil I Abschnitt A der Ausfuhrliste erfasst werden (Waffen, Munition und weitere Rüstungsgüter, → Abschnitt 37 Rn. 10).[25]

30   Nach Art. 2 Nr. 6 DUV ist ein „Vermittler" nur jemand, der in der EU ansässig oder niedergelassen ist und **aus der EU** heraus Vermittlungstätigkeiten bezüglich des Gebiets eines Drittlandes durchführt. Darüber hinaus erstreckt § 47 AWV die Genehmigungspflicht auf Vermittlungsgeschäfte, die Deutsche mit Wohnsitz oder gewöhnlichem Aufenthalt oder juristische Personen mit Sitz oder Ort der Leitung im Inland **in einem Drittland** vornehmen, sofern das Käufer- oder Bestimmungsland ein Embargo-Land[26] oder Gegenstand des Geschäfts bestimmte Kriegswaffen sind (§ 47 Abs. 1 Nr. 1 bis 4 AWV) oder der Deutsche vom BAFA darüber unterrichtet wurde, dass die betreffenden Güter für einen der in Art. 4 Abs. 1 DUV genannten kritischen Verwendungszwecke (→ Rn. 21) bestimmt sind oder bestimmt sein können.

VII. Technische Unterstützung

31   In der **Dual-Use-VO** findet sich – anders als in den EU-Embargoverordnungen (→ Rn. 75, 78) – zwar kein Verbot „technischer Hilfe". Allerdings ist „technische Unterstützung" eine Erscheinungsform von „Technologie" im Sinne der Verordnung, für die gem. Art. 3 Abs. 1 iVm Anhang I DUV eine Genehmigungspflicht besteht. Die Begriffsbestimmung in Anhang I lautet für alle Kategorien:

---

[25] §§ 41, 41a AWV wurden mangels praktischer Relevanz im Zuge der Novellierung des AWV ersatzlos gestrichen. Sie enthielte Genehmigungsvorbehalte für die Vermittlung von Gütern, die von den deutschen Sonderpositionen des obsoleten Teil I Abschnitt C AL (§ 41 AWV aF) umfasst waren, und für Güter des Anhangs IV DUV, die in ein Embargoland im Sinne von Art. 4 Abs. 2 DUV ausgeführt werden sollten.
[26] § 42 AWV aF umfasste zudem noch die Länder der Länderliste K. Außerdem beschränkte sich der persönliche Anwendungsbereich des § 42 AWV aF auf gebietsansässige Deutsche.

Abschnitt 35. Exportbeschränkungen für Dual-Use-Güter, Embargos und Sanktionen

> „Technologie" (ATA NTA 0 bis 9) (technology): spezifisches technisches Wissen, das für die „Entwicklung", „Herstellung" oder „Verwendung" eines Produkts nötig ist. Das technische Wissen wird in der Form von „technischen Unterlagen" oder „technischer Unterstützung" verkörpert. [...]
> Anmerkung 2: ‚Technische Unterstützung' (technical assistance): kann verschiedenartig sein, z. B. Unterweisung, Vermittlung von Fertigkeiten, Schulung, Arbeitshilfe, Beratungsdienste, und kann auch die Weitergabe von ‚technischen Unterlagen' einbeziehen.

Demnach werden die „technische Unterstützung" und der Begriff der „technischen Hilfe", der auch in EU-Embargoverordnungen verwendet wird, letztlich gleichgesetzt[27] und als „Verkörperung" technischen Wissens angesehen, die in verschiedener Form vorliegen kann. Insoweit ist die Terminologie der Dual-Use-VO irreführend, denn es handelt sich bei der technischen Unterstützung letztlich um einen Transfer von **unverkörpertem** Wissen. Die Exportkontrolle von **verkörpertem** Wissen folgt, anders als die technischer Unterstützung, den gleichen Regeln, die für die Ausfuhr „normaler" (physischer) Güter gelten.[28] 32

Die technische Unterstützung ist im EU-Recht nur bruchstückhaft geregelt.[29] In Deutschland wird diese Lücke durch **§§ 49 bis 52 AWV** gefüllt, die eigenständige Genehmigungs- und Unterrichtungspflichten für die Erbringung von technischer Unterstützung vorsehen. Hieran ist bei jeder Warenausfuhr zu denken, zB wenn der Liefervertrag eine Personaleinweisung umfasst. Besondere Befreiungen von der Genehmigungsbedürftigkeit sind in § 53 AWV vorgesehen (zB die erstmalige Herstellung der Betriebsbereitschaft von Gütern, deren Ausfuhr oder Verbringung genehmigt worden ist, Nr. 4). 33

Die §§ 49 bis 52 AWV gelten für deutsche Staatsangehörige und juristische Personen und Personengesellschaften mit Sitz oder Ort der Leitung im Inland[30]. Der Begriff „technische Unterstützung" wird in § 2 Abs. 16 AWG definiert: 34

> *Technische Unterstützung ist jede technische Unterstützung in Verbindung mit der Reparatur, der Entwicklung, der Herstellung, der Montage, der Erprobung, der Wartung oder jeder anderen technischen Dienstleistung. Technische Unterstützung kann in Form von Unterweisung, Ausbildung, Weitergabe von praktischen Kenntnissen oder Fähigkeiten oder in Form von Beratungsleistungen erfolgen. Sie umfasst auch mündliche, fernmündliche oder elektronische Formen der Unterstützung.*

Eine Genehmigungspflicht besteht insbesondere dann, wenn sich die technische Unterstützung auf **Massenvernichtungswaffen,** Flugkörper oder kerntechnische Anlagen bezieht. Ferner gilt sie für jede technische Unterstützung im Zusammenhang mit einer **militärischen Endverwendung** in einem **Embargo-Land** (→ Rn. 38ff.). 35

Das Verhältnis der Begriffe der „technischen Unterstützung" (bzw. der „technischen Hilfe" → Rn. 75, 78) und der „technischen Dienstleistungen" ist dogmatisch unklar und kann in der Praxis erhebliche Probleme bereiten. Zum einen ist schon fraglich, ob nur die eigentliche Unterstützungshandlung (zB Unterweisung, Schulung) oder auch deren Bezugsobjekt – nämlich die technische Dienstleistung selbst, für die Unterstützung geleistet wird (zB Reparatur oder Montage) – vom Tatbestand der technischen Unterstützung erfasst wird. Der Gesetzeswortlaut scheint gegen letzteres zu sprechen. Während die Unterstützung/Hilfe ausweislich der aufgezählten Beispiele offenbar einen Know-how-Transfer im Sinne einer Übertragung spezifischen technischen Wissens voraussetzt, ist dies bei der 36

---

[27] Vgl. zur Ausfuhr von Technologie, technischer Unterstützung und dem Verhältnis dieser Begriffe zueinander auch *BAFA*, Technologietransfer und Non-Proliferation (Stand: Juli 2013), 10 ff., 20 ff., 27.
[28] Diese Gleichstellung ergibt sich aus § 2 Abs. 13 AWG. Danach sind Güter gerade nicht nur (physische) Waren, sondern auch Technologie in Form technischer Unterlagen. Vgl. in diesem Sinne auch *Voigtländer/Haellmigk*, AW-Prax 2011, 208 f. (→ Abschnitt 36 Rn. 37).
[29] Vgl. Gemeinsame Aktion des Rates vom 22.6.2000 betreffend die Kontrolle von technischer Unterstützung in Bezug auf bestimmte militärische Endverwendungen, ABl. 2000 L 159/216.
[30] §§ 45 bis 45c AWV aF galten für Gebietsansässige und gem. § 45d AWV aF auch für Deutsche, die nicht gebietsansässig waren. Diese Regelung wurde mit der Novellierung aufgegeben. Der nunmehr geregelte Anwendungsbereich trägt dem Prinzip Rechnung, dass Sachverhalte auf fremdem Staatsgebiet nur dann Gegenstand deutscher Regelungen sein können, solange der Handelnde entweder Deutscher ist oder seinen Sitz oder Ort der Leitung in Deutschland hat.

bloßen technischen Dienstleistung nicht zwingend der Fall.[31] Letztere setzt zwar regelmäßig besonderes (technisches) Wissen voraus, geht aber nicht notwendig mit einem Wissenstransfer an den Dienstleistungsempfänger einher.

C. Embargos und Sanktionen

37   Die europäischen Rechtsvorschriften für Embargos und Sanktionen sind komplex und häufigen Modifikationen unterworfen. Sie konfrontieren Unternehmen, die im Außenhandel tätig sind, regelmäßig mit einer Vielzahl von ungeklärten Rechtsfragen. Die Vielschichtigkeit der rechtlichen Probleme ist zum einen auf den komplizierten völkerrechtlichen und supranationalen Rechtsrahmen und dessen teilweise unterschiedliche Handhabung in den einzelnen Mitgliedstaaten der EU zurückzuführen. Zum anderen ergibt sie sich aus dem weiten Anwendungsbereich der zugrundeliegenden EU-Verordnungen, die mit verschiedenen rechtlichen Instrumenten in die unterschiedlichsten Bereiche des Wirtschaftslebens eingreifen[32]. Embargos und Sanktionen bedienen sich je nach ihrer Ausgestaltung und politischen Zielsetzung höchst unterschiedlicher Handelsbeschränkungen, die von bloßen Meldepflichten über Genehmigungsvorbehalte bis zu Verboten reichen. Sie erfassen neben dem Güterhandel die technische Hilfe oder die Beschränkung von Finanztransaktionen sowie personenbezogene Beschränkungen, für die in Deutschland nicht nur das BAFA, sondern ua auch die Deutsche Bundesbank zuständig sind.[33] Listen der im Embargobereich im Einzelnen zuständigen Behörden sind (unter „Embargos") auf der Homepage des Bundesministeriums für Wirtschaft und Technologie (BMWi) abrufbar:

www.bmwi.de/DE/Themen/Aussenwirtschaft/aussenwirtschaftsrecht.html

Neben **länderbezogenen Embargos** gibt es **personenbezogene Sanktionen**,[34] die insbesondere im Zuge der internationalen Terrorismusbekämpfung erlassen wurden. Sie beziehen sich nicht nur auf den Güteraustausch, sondern verbieten regelmäßig jeden geschäftlichen Kontakt mit diesen Personen.

I. Länderbezogene Embargos

38   Embargos werden aus außen- oder sicherheitspolitischen Gründen angeordnet und beschränken die Außenwirtschaftsfreiheit (→ Rn. 1) im Hinblick auf den Außenhandel mit bestimmten Staaten. Häufig werden sie zunächst durch Resolutionen des Sicherheitsrates der Vereinten Nationen (UN) initiiert (zT aber auch durch Beschlüsse der Organisation für Sicherheit und Zusammenarbeit in Europa – OSZE). Die Umsetzung der UN-Sicherheitsratsresolutionen erfolgt für die EU-Mitgliedstaaten im Wege von Gemeinsamen Standpunkten auf dem Gebiet der Gemeinsamen Außen- und Sicherheitspolitik (GASP)[35]. In deren Rahmen kann der Rat der EU allerdings auch eigene Embargomaßnahmen verhängen, die nicht auf UN-Resolutionen beruhen (sog. EU-autonome Sanktionen). Die GASP-Beschlüsse des Rates sind lediglich für die EU-Mitgliedstaaten verbindlich, dh sie

---

[31] So auch *Voigtländer/Haellmigk*, AW-Prax 2011, 208, 209.
[32] Vgl. *Prieß/Thoms* ZfZ 2013, 155, 156.
[33] Das BAFA setzt Embargos und Sanktionen administrativ um, soweit sie Güter, technische Hilfe und wirtschaftliche Ressourcen betreffen. Die administrative Umsetzung betreffend Gelder, Finanzmittel und Finanzhilfe fällt in die Zuständigkeit der Bundesbank (→ Abschnitt 36 Rn. 4).
[34] Die hier getroffene terminologische Unterscheidung zwischen „länderbezogenen Embargos" und „personenbezogene Sanktionen" erscheint zweckmäßig, ist jedoch nicht allgemeingültig, zumal es insoweit an völkerrechtlich anerkannten Begriffsdefinitionen fehlt. Sowohl der Begriff „Embargo" als auch der Begriff „Sanktionen" werden mitunter länderbezogen und/oder personenbezogen verwendet. Teilweise werden in diesem Zusammenhang sämtliche außenwirtschaftsrechtliche Beschränkungen generell unter den Begriff „Wirtschaftssanktionen" subsumiert.
[35] Nach Art. 29 S. 1 EUV erlässt der Rat einstimmig (Art. 31 EUV) Beschlüsse, in denen der Standpunkt der Union zu einer bestimmten Frage geografischer oder thematischer Art bestimmt wird.

Abschnitt 35. Exportbeschränkungen für Dual-Use-Güter, Embargos und Sanktionen

gelten nicht unmittelbar für die Bürger und Unternehmen in den Mitgliedstaaten. Hierzu bedürfen sie noch einer weiteren Konkretisierung und Umsetzung durch unmittelbar geltende EU-Verordnungen[36] oder durch nationale Rechtsakte. Dabei kann es durchaus zu Divergenzen hinsichtlich anderer nationaler Embargo-Regime kommen, da die Umsetzung der UN-Sicherheitsratsresolutionen innerhalb der internationalen Gemeinschaft nicht immer einheitlich erfolgt. Auch auf Unionsebene können Abweichungen zwischen den Mitgliedstaaten insoweit bestehen, als diese die EU-Verordnungen teilweise unterschiedlich auslegen und anwenden, was zu erheblichen Rechtsunsicherheiten für international tätige Unternehmen führen kann[37].

Neben der Ausfuhr können die Embargo-Regelungen ua auch bereits den Vertragsabschluss bzw. die Vertragserfüllung, die Durchfuhr, Einfuhr oder Beförderung bestimmter Güter, die Erbringung von Dienstleistungen oder den Kapital- und Zahlungsverkehr betreffen. Auch Beschränkungen im Hinblick auf bestimmte Personen aus dem Embargostaat sind denkbar. Grundsätzlich muss bei jeder wirtschaftlichen Interaktion im Zusammenhang mit einem Embargoland sehr sorgfältig geprüft werden, ob die Güter und die geplante Handlung bzw. das Rechtsgeschäft von den Embargoregelungen umfasst sind. Die allgemeinen Dual-Use-Vorschriften (→ Rn. 3 ff.) bleiben daneben parallel anwendbar. **39**

Je nach Art und Umfang der außenwirtschaftsrechtlichen Beschränkungen können drei Embargoarten unterschieden werden: **Totalembargos** sind regelmäßig umfassende Verbote im Außenhandelsverkehr, die allerdings zumeist Ausnahmen für humanitäre Zwecke zulassen. Hierzu ist das nach dem Zweiten Golfkrieg 1990 verhängte und inzwischen aufgehobene Irak-Embargo zu zählen. Derzeit ist kein EU-Totalembargo in Kraft. Demgegenüber haben **Teilembargos** eine begrenzte, von Fall zu Fall variierende Reichweite und beinhalten Beschränkungen, die lediglich für bestimmte Wirtschaftsbereiche bzw. Tätigkeiten gelten. Alle derzeit in der EU in Kraft befindlichen Embargos sind solche Teilembargos. Eine Untergruppe der Teilembargos bilden die **Waffenembargos,** die Beschränkungen bzw. Verbote für die Lieferung von Waffen, Munition und sonstigen Rüstungsmaterialien enthalten (→ Abschnitt 37 Rn. 11). **40**

Zuletzt[38] waren Teilembargos gegenüber den folgenden Staaten in Kraft, die den Außenhandel oder Investitionstätigkeit mit den betroffenen Ländern oder Personen(gruppen) in diesen Ländern in verschiedenem Umfang einschränken: Ägypten, Armenien, Aserbaidschan, Birma/Myanmar[39], China[40], Demokratische Republik Kongo (ex-Zaire), Elfenbeinküste (Côte d'Ivoire), Eritrea, Guinea, Guinea-Bissau, Haiti, Irak, Iran, Ex-Jugoslawien, Libanon, Liberia, Libyen, Moldau, Nordkorea, Sierra Leone, Simbabwe, Somalia, Sudan/Südsudan, Syrien, Tunesien, Ukraine/Maßnahmen zum Schutz der territorialen Integrität der Ukraine (insb. gegen Russland), Weißrussland (Belarus), Zentralafrikanische Republik.[41] **41**

---

[36] Nach Art. 215 AEUV kann der Rat auf Grundlage des Beschlusses des Rates mit qualifizierter Mehrheit auf gemeinsamen Vorschlag des Hohen Vertreters der Union für Außen- und Sicherheitspolitik und der Kommission die erforderlichen Maßnahmen zur Aussetzung, Einschränkung oder vollständigen Einstellung der Wirtschafts- und Finanzbeziehungen zu Drittländern sowie restriktive Maßnahmen gegen natürliche oder juristische Personen, Gruppierungen oder nicht-staatlichen Einheiten erlassen. Die Maßnahmen ergehen durch den Rat im Bereich der gemeinsamen Handelspolitik sowie des Kapitalverkehrs, vgl. *Geiger,* in: Geiger/Khan/Kotzur, EUV/AEUV, 5. Aufl. 2010, Art. 39 EUV Rn. 2.
[37] Vgl. *Prieß/Thoms* ZfZ 2013, 155, 156.
[38] Vgl. *BAFA,* Übersicht über die länderbezogenen Embargos (Stand 17.4.2014).
[39] Die Beschränkungen wurden mit Verordnung (EU) Nr. 409/2012 vom 14.5.2012 weitestgehend ausgesetzt. Weiterhin zu beachten sind das Waffenembargo nach § 74 Abs. 1 Nr. 2 AWV und die Beschränkungen im Zusammenhang mit der Ausfuhr, der Lieferung und dem Verkauf von Gütern der sog. Internen Repression. Die bislang grundlegende VO (EG) Nr. 194/2008 wurde durch die VO (EU) Nr. 401/2013 vollständig ersetzt.
[40] Waffenembargo (Erklärung des Europäischen Rates vom 27.6.1989); kein Embargoland iSv Art. 4 Abs. 2 DUV.
[41] Die Embargos gegen Haiti (VO (EWG) Nr. 1608/93 vom 24.6.1993) und das ehemalige Jugoslawien (ICTY) wurde mittlerweile ausgesetzt. Für beide Staaten/Regionen gilt jedoch nach wie vor ein Erfüllungsverbot (VO (EG) Nr. 1264/1994 für Haiti und VO (EG) Nr. 1733/94 für ICTY).

42 Obwohl Embargos länderbezogen formuliert sind, enthalten sie teilweise (mitunter sogar ausschließlich) personenbezogene Sanktionen, durch die die wirtschaftliche Interaktion mit bestimmten Personen verboten wird. Jüngste Beispiele sind die (bislang lediglich personenbezogenen) Maßnahmen der EU gegen russische und ukrainische Personen bzw. Einrichtungen im Zusammenhang mit der **Ukraine-Krise** (bzw. Krim-Krise).[42]

43 Aufgrund der häufigen Änderungen der Embargos sollte vor der Ausfuhr (bzw. vor jeder sonstigen Handlung mit Außenhandelsbezug) auf der **Internetseite des BAFA** der jeweils aktuelle Stand der Embargos abgefragt werden. Hierbei handelt es sich freilich – ebenso wie bei den übrigen dort abrufbaren Informationen – lediglich um Hilfs- bzw. Arbeitsmittel: Letztendlich verbindlich sind ausschließlich die im EU-Amtsblatt bzw. im Bundesanzeiger veröffentlichten Rechtstexte.

II. Personenbezogene Sanktionen

44 Unter anderem auf der Grundlage der Resolution 1267 (1999) des UN-Sicherheitsrates hat die EU Verordnungen erlassen, die der Bekämpfung des Terrorismus dienen. Diese sog. **(Anti-)Terrorismusverordnungen** beschränken sich nicht auf den Außenhandel mit bestimmten Ländern oder Waren, sondern sie sind personenbezogen und länderunabhängig. Sie enthalten Listen mit Namen von bestimmten Personen, Gruppen, Organisationen, Unternehmen und Einrichtungen. Diesen „gelisteten" Personen dürfen insbesondere weder unmittelbar noch mittelbar Gelder (finanzielle Vermögenswerte und Vorteile jeder Art) oder wirtschaftliche Ressourcen (sonstige Vermögenswerte jeder Art) zur Verfügung gestellt werden. Um diese Verbote zu befolgen, sollte jeder Geschäftspartner vor Vertragsschluss identifiziert werden.[43] Die Ausdehnung des Verbots auf sämtliche wirtschaftlichen Ressourcen führt insbesondere dazu, dass jede direkte oder indirekte Lieferung von werthaltigen Gütern an die in den Namenslisten aufgeführten Adressaten verboten ist. Es spielt also keine Rolle, ob es sich um Rüstungsgüter, Dual-Use-Güter oder rein zivile Waren handelt.

45 **1. Maßnahmen gegen das Al-Qaida-Netzwerk.** Die Verordnung (EG) Nr. 881/2002 vom 27.5.2002[44] enthält restriktive Maßnahmen gegen bestimmte Personen und Organisationen, die mit dem Al-Qaida-Netzwerk in Verbindung stehen. Die Grundlage dieser Verordnung ist die Resolution 1390 (2002) des UN-Sicherheitsrates vom 16.1.2002. Sie erfasst Personen, Organisationen und Vereinigungen, die in der Namensliste des UN-Sanktionsausschusses enthalten sind. In die VO 881/2002 werden diese Änderungen im Wege von Änderungs- bzw. Durchführungsverordnungen übernommen, wobei sich die Umsetzung in die Länge ziehen kann.

46 Rechtlich verbindlich für die Wirtschaftsteilnehmer in der EU ist nur die Listung von natürlichen und juristischen Personen, Organisationen, Einrichtungen und Vereinigungen in den EU-Sanktionslisten (und nicht schon die UN-Listung). Gegen die Listung in den EU-Sanktionslisten können die Betroffenen **Rechtsschutz** vor dem Gericht der Europäischen Union (EuG) bzw. in der Rechtsmittelinstanz vor dem Europäischen Gerichtshof (EuGH) suchen und sind hiermit in vielen Fällen erfolgreich gewesen.[45]

---

[42] VO (EU) Nr. 208/2014 vom 5.3.2014 über restriktive Maßnahmen gegen bestimmte Personen, Organisationen und Einrichtungen angesichts der Lage in der Ukraine, ABl. 2014 L 66/1, zuletzt geändert durch VO (EU) Nr. 381/2014 vom 14.4.2014, ABl. 2014 L 111/33, sowie die VO(EU) Nr. 269/2014 vom 17.3.2014 über restriktive Maßnahmen angesichts von Handlungen, die die territoriale Unversehrtheit, Souveränität und Unabhängigkeit der Ukraine untergraben oder bedrohen, ABl. 2014 L 78/6, zuletzt geändert durch VO (EU) Nr. 783/2014 vom 18.7.2014, ABl. 2014 L 214/2; vgl. ausführlich *Schwendinger* ExportManager 2/2014, 5; *ders./Trennt* ExportManager 3/2014, 21.

[43] Vgl. *Rieß* AW-Prax 2008, 248, 249.

[44] ABl. 2002 L 139/9, zuletzt geändert durch VO (EU) Nr. 439/2013 vom 10.4.2014, ABl. 2014 L 108/52.

[45] Vgl. EuGH 18.7.2013, verb. Rs.C-584/10 P, C-593/10 P und C-595/10 P, Kommission u. a./Kadi (noch nicht in der amtl. Slg.); EuGH 28.5.2013, Rs. C-239/12 P, Abdulbasit Abdulrahim (noch nicht in der amtl. Slg); EuG 29.1.2013, Rs. T-496/10, Bank Mellat (noch nicht in der amtl. Slg), noch nicht rechtskräftig (Rechtsmittel anhängig beim EuGH unter dem Az. C-176/13 P); EuG 5.12.2012, Rs. T-421/11, Quali-

Zunächst wird gem. Art. 2 Abs. 1 VO 881/2002 das **Vermögen** der gelisteten Personen **47** eingefroren (dh die Verwendung von Geldern und wirtschaftlichen Ressourcen wird verhindert, insbesondere durch Sperrung ihrer in der EU befindlichen Bankkonten).[46] Für das Ausfuhrgeschäft ist jedoch vor allem von praktischer Bedeutung, dass den in der Namensliste genannten Personen keine Gelder oder wirtschaftlichen Ressourcen zur Verfügung gestellt bzw. bereitgestellt werden dürfen (Art. 2 Abs. 2 VO 881/2002). Neben der Zahlung von Geld fallen alle Arten von Handelsgütern unter dieses sog. **Bereitstellungsverbot**. Dokumente, die einen Vermögenswert verkörpern oder Rechte an Waren oder Forderungen verbriefen, dürfen den gelisteten Personen ebenfalls nicht überlassen werden. Auch die Erbringung von Dienstleistungen kann unter das Bereitstellungsverbot fallen, jedoch ist hierbei im Einzelfall je nach der Art der Dienstleistung zu differenzieren: Stellt die Dienstleistung keinen Vermögenswert dar und fällt damit nicht unter den Begriff der wirtschaftlichen Ressourcen, kann ihre Erbringung gegenüber gelisteten Personen durchaus erlaubt sein.[47] Entsprechende Bereitstellungsverbote sehen auch die anderen Terrorismusverordnungen und zahlreiche länderbezogene EU-Embargoverordnungen vor, zB Art. 23 Abs. 3 der Iran-Embargoverordnung (EU) Nr. 267/2012.

Verboten ist hiernach nicht nur das unmittelbare, sondern auch das mittelbare Bereitstellen von Vermögenswerten zugunsten einer gelisteten Person. Letzteres liegt dann vor, wenn die Zuwendung nicht direkt an die gelistete Person, sondern an einen Dritten erfolgt, aber letztlich der gelisteten Person zugute kommt. Dieses sog. **mittelbare Bereitstellungsverbot** war schon mehrfach Gegenstand deutscher[48] und europäischer[49] Gerichtsentscheidungen, ohne dass dessen Reichweite bislang praxistauglich geklärt werden konnte.[50] Besonders problematisch sind insofern zB Warenlieferungen an ein nicht gelistetes Unternehmen, das von einer gelisteten Muttergesellschaft kontrolliert wird. Das BMWi und das BAFA hatten in derartigen Fällen in jahrelanger gefestigter Verwaltungspraxis eine mittelbare Bereitstellung bejaht und allein auf das formale Kriterium der Eigentümerstellung bzw. gesellschaftsrechtliche Kontrolle (entweder durch 50 % oder mehr der Geschäftsanteile oder durch besondere Beherrschungsrechte eines Minderheitsgesellschafters) abgestellt.[51] Da sich jedoch herausstellte, dass andere EU-Mitgliedstaaten im Vergleich zu dieser strengen Auslegung einen wesentlich liberaleren Ansatz verfolgten[52], wurde im Rat der EU daraufhin nach einem Kompromiss gesucht.

---

test FZE (noch nicht in der amtl. Slg) mit Anm. *Harings/Scheel* AW-Prax 2013, 126; vgl. auch *Gundel* JA 2009, 477.

[46] Das OLG Hamburg hat mit Urt. v. 30.5.2012, WM 2012, 1243, im Wege einer einstweiligen Verfügung eine Hamburger Bank verpflichtet, das (von der Bank unter Hinweis auf die Listung gekündigte) Girokonto eines gelisteten Unternehmens vorläufig fortzuführen. Das nach der einschlägigen Embargoverordnung vorgesehene „Einfrieren" von Geldern bedeute, dass ein unkontrollierter Kapitalfluss betroffener Unternehmen verhindert werde, nicht aber, dass ihre Bankkonten gekündigt werden müssten. Nach den von den Parteien vereinbarten AGB sei die Bank im Falle einer Kündigung verpflichtet, den berechtigten Belangen des Kunden Rechnung zu tragen und nicht zur Unzeit zu kündigen.

[47] So ist nach der bisherigen Praxis der zuständigen deutschen Behörden zB bei bestimmten Dienstleistungen (Klassifizierungs- und Zertifizierungstätigkeiten) der Charakter einer wirtschaftlichen Ressource verneint worden.

[48] Vgl. BGH Beschl. v. 4.1.2013, StB 14/12 (BeckRS 2013, 01450); BGH NJW 2010, 2370; OLG Hamburg Urt. v. 24.6.2011, 13 U 83/11 (BeckRS 2011, 16888) ua.

[49] Vgl. EuGH 21.12.2011, Rs. C-72/11, Afrasiabi (noch nicht in der amtl. Slg); EuGH 29.6.2010, Rs. C-550/09, E und F, 2010 I-6213; EuGH 29.4.2010, Rs. C-340/08, M ua/HM Treasury, Slg. 2010 I-3913; EuGH 3.9.2008, verb. Rs. C-402/05 P und C-415/05 P, Yassin Abdullah Kadi ua, Slg. 2008 I-6351; EuGH 11.10.2007, Rs. C-117/06, Möllendorf ua, Slg. 2007 I-8361; EuG 9.7.2009, verb. Rs. T-246/08 und 332/08, Melli Bank plc, Slg. 2009 II-2629; ua.

[50] Vgl. *Schwendinger* AW-Prax 2013, 103; *ders.* ExportManager 2/2013, 15; *Harings/Scheel* RdTW 2013, 185; *Schöppner* AW-Prax 2013, 207.

[51] Vgl. *BAFA*, Merkblatt zum Außenwirtschaftsverkehr mit dem Iran (Stand: 4.7.2012), 16.

[52] Die italienischen Behörden gingen demgegenüber noch strenger vor als die deutschen und nahmen eine Kontrolle bereits bei einem Anteil von mind. 25 % der Stimmrechte plus eine Stimme an. Das italienische Schatzamt stützte sich dabei auf Art. 3 Nr. 6 lit. a i der Richtlinie 2005/60/EG des Europäischen Parlaments und des Rates; vgl. *Heinisch* CCZ 2012, 102, 104; *Prieß/Thoms* ZfZ 2013, 155, 160.

49 Nach langen Diskussionen im Rat der EU haben sich die Mitgliedstaaten schließlich in der ersten Jahreshälfte 2013 auf gemeinsame Auslegungsgrundsätze zum mittelbaren Bereitstellungsverbot geeinigt.[53] Diese werden in die „Leitlinien zur Umsetzung und Evaluierung restriktiver Maßnahmen (Sanktionen) im Rahmen der Gemeinsamen Außen- und Sicherheitspolitik der EU"[54] (sog. **Sanktionsleitlinien**) aufgenommen, die als *soft law* bei der Auslegung des mittelbaren Bereitstellungsverbots von Bedeutung sind. Freilich werden die bestehenden Sanktions- und Embargoverordnungen durch diese Leitlinien weder inhaltlich geändert noch rechtsverbindlich konkretisiert. Gleichwohl kommt ihnen als Ausdruck des Willens und Verständnisses des Verordnungsgebers bei der Auslegung des EU-Sekundärrechts erhebliche praktische Relevanz zu. Zusammenfassend geht aus ihnen insbesondere hervor, dass der oben dargestellte Ansatz, der für eine mittelbare Bereitstellung allein auf die (in den Leitlinien im Einzelnen näher definierten) Kontroll- bzw. Eigentumsverhältnisse zwischen gelisteter und nicht gelisteter Gesellschaft abstellt, lediglich „im Grundsatz" beibehalten wird. Dieser formal-abstrakte Grundsatz kann künftig jedoch durch eine auf den konkreten Einzelfall abstellende (im Ermessen der zuständigen Behörde stehende) Risikoanalyse durchbrochen werden, bei der ua die folgenden – nicht abschließenden – Kriterien zu berücksichtigen sind:

> a) das Datum und die Art der vertraglichen Bindungen zwischen den betreffenden Organisationen (z. B. Verträge betreffend Verkauf, Kauf oder Vertrieb);
> b) die Relevanz des Tätigkeitsbereichs der nicht gelisteten Organisation für die gelistete Organisation;
> c) die Eigenschaften der zur Verfügung gestellten Gelder oder wirtschaftlichen Ressourcen, einschließlich ihrer möglichen praktischen Verwendung durch eine gelistete Organisation und der Unkompliziertheit eines Transfers an eine gelistete Organisation.

50 Eine bloße **Gewinnabführung** von der nicht gelisteten Tochter- an die gelistete Muttergesellschaft reicht jedenfalls nach Ansicht des Rates nicht aus, um bei einer Güterlieferung an die Tochter- eine mittelbare Bereitstellung an die Muttergesellschaft zu bejahen. Ferner stellt der Rat klar, dass eine mittelbare Bereitstellung von Geldern oder wirtschaftlichen Ressourcen an gelistete Personen auch deren Zurverfügungstellung an Personen oder Organisationen umfassen kann, die nicht im Eigentum oder unter der Kontrolle von gelisteten Organisationen stehen. Trotz einiger Klarstellungen, die die neuen Leitlinien hinsichtlich der Handhabung des mittelbaren Bereitstellungsverbots enthalten, lassen sie im Ergebnis **viele Rechtsfragen offen** und werfen sogar neue auf.[55]

51 Schwierigkeiten bei der Auslegung der Reichweite des mittelbaren Bereitstellungsverbots ergeben sich beim **Zahlungsverkehr mit gelisteten Banken:** Unterhält zB ein EU-Lieferant Geschäftsbeziehungen mit einem nicht-gelisteten iranischen Abnehmer, stellt sich die Frage, ob das EU-Unternehmen gegen das mittelbare Bereitstellungsverbot verstößt, wenn der iranische Kunde im Gegenzug für eine Lieferung nicht-gelisteter Güter eine gelistete iranische Bank mit der Abwicklung der Überweisung beauftragt und an diese Bankgebühren entrichtet. Die besseren Argumente dürften im Ergebnis dafür sprechen, dass es sich bei der Zahlung der Bankgebühren um einen rein inneriranischen Vorgang handelt, die regelmäßig nicht der dem EU-Unternehmen zuzurechnen Sphäre anzusehen ist.[56]

52 Ähnlich dürfte es sich verhalten, wenn beispielsweise ein technischer Dienstleister aus der EU von einem russischen Exporteur eingeschaltet wird, um nicht-gelistete Güter zu inspizieren, die an einen nicht-gelisteten Empfänger in Syrien geliefert werden und mit einem von diesem (regelmäßig gegen Zahlung einer Gebühr) bei der gelisteten Commercial Bank

---

[53] *Rat der EU*, Dok. Nr. 5993/13 und 9068/13.
[54] *Rat der EU*, Dok. Nr. 11205/12.
[55] Hierzu ausführlich *Schwendinger* AW-Prax 2013, 103, 105 f.
[56] So auch *Prieß/Thoms* ZfZ 2013, 155, 160 f., die sich auf ein ihnen vorliegendes Schreiben der Deutschen Bundesbank vom 5.6.2013 beziehen, in dem von der Bundesbank ebenfalls diese Auffassung vertreten werden soll.

of Syria eröffneten Dokumentenakkreditiv bezahlt werden sollen. Auch wenn der russische Exporteur das (von dem EU-Unternehmen ausgestellte) Inspektionszertifikat (neben anderen Dokumenten) bei der das **Akkreditiv** avisierenden russischen Korrespondenzbank vorlegt, um damit die Zahlung an sich selbst auszulösen, dürfte mit dem gesamten Vorgang keine dem EU-Unternehmen zurechenbare mittelbare Bereitstellung wirtschaftlicher Ressourcen an die gelistete syrische Akkreditivbank verbunden sein.

Ausnahmen von den vorgenannten Sanktionen der VO 881/2002 sind nur in engen Grenzen zulässig (Art. 2 lit. a). Dies betrifft zum Beispiel Vermögenswerte für bestimmte Grundausgaben, etwa für die Bezahlung von Nahrungsmitteln oder Miete. Eine Ausnahme muss behördlich genehmigt werden. Hierfür ist in Deutschland das BAFA zuständig, das die Entscheidung im Einvernehmen mit dem UN-Sanktionsausschuss trifft. 53

Zudem enthält die VO 881/2002 ein Verbot, das sich auf **technische Beratung, Hilfe und Ausbildung im Zusammenhang mit militärischen Aktivitäten** erstreckt (Art. 3). Auch jede Form von **Umgehung** der vorgenannten Beschränkungen der VO 881/2002 ist verboten (Art. 4 Abs. 1). Informationen darüber, dass die Bestimmungen der Verordnung umgangen werden oder wurden, sind gem. Art. 4 Abs. 2 den zuständigen nationalen Behörden der Mitgliedstaaten und der Kommission zu übermitteln (**„Denuntiationspflicht"**). 54

Art. 6 enthält eine **Haftungserleichterung** im privatrechtlichen Verkehr für vermeintlich rechtmäßiges Handeln, das in Wahrheit nicht von der VO 881/2002 gedeckt ist: Diejenigen, die im guten Glauben, im Einklang mit der Verordnung zu handeln, Gelder oder wirtschaftliche Ressourcen einfrieren oder ihre Bereitstellung ablehnen, können hierfür nicht haftbar gemacht werden, es sei denn, es ist nachgewiesen, dass das Einfrieren oder Zurückhalten der Gelder oder wirtschaftlichen Ressourcen auf Fahrlässigkeit beruht. 55

2. Maßnahmen angesichts der Lage in Afghanistan. Die restriktiven Maßnahmen gegen bestimmte Personen, Gruppen, Unternehmen und Einrichtungen angesichts der Lage in Afghanistan beruhen auf der UN-Sicherheitsratsresolution 1988 (2011), die im Rahmen der Verordnung (EU) Nr. 753/2011 vom 1.8.2011[57] umgesetzt wurde. Durch die VO 753/2011 wurde ein Teil der vorher durch die VO 881/2002 sanktionierten Personen einem gesonderten Regime unterworfen. Dadurch wird nunmehr zwischen Personen, die dem Al-Qaida-Netzwerk zuzurechnen sind und weiterhin der VO 881/2002 unterfallen, und den Angehörigen bzw. Anhängern der Taliban, die den Regelungen der VO 753/2011 unterliegen, differenziert. Allerdings ähneln sich die Vorschriften, so dass im Wesentlichen auf das oben zur VO 881/2002 Ausgeführte verwiesen werden kann: Auch die VO 753/2011 enthält ua eine Vorschrift für das Einfrieren von Vermögen gelisteter Personen (Art. 3 Abs. 1) und ein Bereitstellungsverbot (Art. 3 Abs. 2). Ausnahmen sind auch hier nur in engen Grenzen möglich (Art. 5). Ferner sieht die Verordnung ein Verbot technischer Hilfe im Zusammenhang mit Militärgütern (Art. 2 lit. a) und ein Umgehungsverbot (Art. 3 Abs. 3, Art. 2 lit. b) vor. 56

3. Maßnahmen gegen sonstige Terrorverdächtige. Die Verordnung (EG) Nr. 2580/2001 vom 27.12.2001[58] enthält restriktive Maßnahmen gegen sonstige, nicht von den oben (→ Rn. 45–56) genannten Beschränkungen erfassten terrorverdächtigen Personen und Organisationen. Die Verordnung geht zurück auf die Resolution 1373 (2001) des UN-Sicherheitsrates. Auch insoweit gilt das oben (→ Rn. 45ff.) zur VO 881/2002 Gesagte weitgehend entsprechend. 57

4. Praktischer Umgang mit den Sanktionslisten. Auch wenn es für die meisten am Ausfuhrgeschäft Beteiligten (Ausführer, Spediteure, Agenten, Banken) auf den ersten Blick 58

---

[57] ABl. 2011 L 199/1, zuletzt geändert durch VO (EU) Nr. 263/2014 vom 14.3.2014, ABl. 2014 L 76/11.
[58] ABl. 2001 L 344/70, zuletzt geändert durch VO (EU) Nr. 125/2014 vom 10.2.2014, ABl. 2014 L 40/9.

fernliegend erscheinen mag, mit den Personen, die auf den Terrorlisten genannt sind, in Kontakt zu geraten, so ist es doch nicht ausgeschlossen. Käme es etwa zu einem Verstoß gegen das Bereitstellungsverbot, wären die **Straf- oder bußgeldrechtlichen Folgen** empfindlich (→ Abschnitt 36 Rn. 42 ff.) und das Medienecho verheerend. Das Risiko eines Verstoßes ist insbesondere deshalb nicht unbeachtlich, weil sich auf den Listen auch Personen, Gesellschaften und Organisationen befinden, deren Namen man nicht sofort mit dem meist islamistisch geprägten Terrorismus in Verbindung bringen würde. So finden sich auf den Listen etwa natürliche Personen mit deutschen Namen (zB „Daniel Martin Schneider") oder in Deutschland niedergelassene Gesellschaften (zB „NHL Nordland GmbH").

59 Außerdem erstrecken sich die Sanktionen grds. nicht nur auf den Warenempfänger, sondern können auch **alle** sonstigen **bei der Abwicklung eines Geschäfts einbezogenen Personen** erfassen, wie Spediteure, Mittelsmänner oder Banken, deren Auswahl nicht immer im Einflussbereich des Ausführers liegt.

60 Die EU unterhält eine Datenbank, die sämtliche Personen, Organisationen und Vereinigungen auflistet, gegen die finanzielle Sanktionen im Rahmen der Antiterrorismus-Verordnungen und sonstiger Embargomaßnahmen angeordnet wurden. Diese **„konsolidierte Liste"** ist im Internet unter folgender Adresse abrufbar:

http://eeas.europa.eu/cfsp/sanctions/consol-list_en.htm

Auch hierbei handelt es sich lediglich um ein Arbeitsmittel, das von der Kommission zur Verfügung gestellt wird, für dessen Richtigkeit und Aktualität sie jedoch keine Haftung übernimmt. Letztlich verbindlich sind ausschließlich die im EU-Amtsblatt veröffentlichten Namenslisten.

61 Eine mit diesen Listen einhergehende praktische Schwierigkeit liegt darin, dass keine phonetische Suche möglich ist. Dies ist gerade bei arabischen Namen, deren Schreibweise in lateinischen Buchstaben stark variieren kann, ein Nachteil, der eine genaue Überprüfung erschwert. Letztlich führt daher in der Praxis kaum ein Weg an einer **professionellen Prüfsoftware** mit phonetischem Namensabgleich vorbei, deren Datenbestand mit den jeweils aktuellen Namen gespeist wird.

62 Abschließend sei darauf hingewiesen, dass das Bereitstellungsverbot grundsätzlich auch gegenüber den eigenen Mitarbeitern eines Unternehmens greifen kann. Viele Unternehmen sind daher dazu übergegangen, ihre Angestellten anhand der Sanktionslisten zu überprüfen. Insbesondere dieses sog. **Screening des Personals** ist datenschutzrechtlich sehr umstritten.[59] Von den Kritikern wird die Vereinbarkeit des massenhaften und anlasslosen Datenabgleichs mit dem Bundesdatenschutzgesetz (BDSG) mangels hinreichender Rechtsgrundlage in Zweifel gezogen. Der Bundesfinanzhof (BFH) hat sich in diesem Streit in jüngerer Zeit eindeutig positioniert und teilt die datenschutzrechtlichen Bedenken im Ergebnis nicht: Die Erteilung eines AEO-Zertifikats[60] darf nach Ansicht des BFH von den Hauptzollämtern von der Bedingung abhängig gemacht werden, dass das den AEO-Status begehrende Unternehmen in sicherheitsrelevanten Bereichen tätige Bedienstete einer Sicherheitsüberprüfung anhand der sog. Terrorismuslisten unterzieht.[61] Dieses Urteil dürfte für mehr Rechtssicherheit sorgen, die datenschutzrechtlichen Bedenkenträger allerdings wohl nicht zum Verstummen bringen wird. Letztlich wäre eine eindeutige gesetzliche Re-

---

[59] Vgl. insb. *Hehlmann/Sachs* EuZW 2012, 527; *Kirsch* ZD 2012, 519; *Kreuder* AW-Prax 2010, 97; *Maschmann* NZA-Beil. 2012, 50, 54 f.; *Möllenhoff/Ovie* AW-Prax 2010, 136; *Niestedt/Henninger* ExportManager 7/2012, 20; *Pottmeyer* AW-Prax 2010, 43; *ders.* AW-Prax 2011, 279; *Roeder/Buhr* BB 2011, 1333; *Witte* AW-Prax 2011, 276; *ders.* AW-Prax 2012, 388.

[60] Unternehmen, die den Status eines zugelassenen Wirtschaftsbeteiligten (Authorized Economic Operator – AEO) erwerben, kommen so in den Genuss zollrechtlicher Vereinfachungen.

[61] BFH Urt. v. 19.6.2012 – VII R 43/11 (BeckRS 2012, 95804); Vorinstanz: FG Düsseldorf vom 1.6.2011 4 K 3063/10 Z, ZfZ 2011, Beilage 4, 49.

gelung wünschenswert, wie sie – zumindest für das Mitarbeiter-Screening – auch der Bundesdatenschutzbeauftragte fordert.[62]

III. Insbesondere: Iran-Embargo

Da der Iran noch immer ein wichtiger Handelspartner der Bundesrepublik ist, hat das Iran-Embargo in der Praxis eine besondere Bedeutung, zumal die Iran-bezogenen Aktivitäten deutscher Unternehmen insbesondere in den USA, deren Iran-Embargo teilweise weitgehender ist als das der EU, argwöhnisch beäugt werden.[63] Das Iran-Embargo dürfte nicht nur das wirtschaftlich bedeutsamste länderbezogene EU-Embargo sein, es ist auch das umfassendste, so dass sich hieran die wesentlichen embargotypischen Regelungsmechanismen besonders gut aufzeigen lassen. 63

Hintergrund des Iran-Embargos ist die Forderung der internationalen Staatengemeinschaft an den Iran, die Anreicherung und Wiederaufarbeitung von Uran auszusetzen, bis das Vertrauen in seine ausschließlich friedliche Nutzung der Kernenergie wiederhergestellt ist. Auch hier erfolgte die Umsetzung der zugrundeliegenden UN-Resolutionen[64] auf europäischer Ebene durch GASP-Beschlüsse, die durch unmittelbar geltende EU-Verordnungen konkretisiert werden. Zusätzlich führte die EU weitergehende Sanktionen ein, die zuvor im UN-Sicherheitsrat keinen Konsens gefunden hatten. Während das EU-Embargo ursprünglich auf den sog. proliferationsrelevanten[65] Bereich beschränkt war, wurde es in der Folgezeit sukzessive auf andere Bereiche der iranischen Wirtschaft ausgeweitet (insbesondere den Erdöl-, Erdgas und Petrochemie-Sektor), um den wirtschaftlichen Druck auf das iranische Regime zu erhöhen. Der Großteil der unmittelbar geltenden Vorschriften zum Iran-Embargo ist in der Verordnung (EU) Nr. 267/2012 vom 23.3.2012[66] über restriktive Maßnahmen gegen Iran und zur Aufhebung der Verordnung (EU) Nr. 961/2010[67] (Iran-Embargo-VO oder VO 267/2012) niedergelegt (hierzu 1. bis 5.). Diese wird ergänzt durch das separate Regelungsregime[68] der Verordnung (EU) Nr. 359/2011 vom 12.4. 2011[69] über restriktive Maßnahmen gegen bestimmte Personen, Organisationen und Einrichtungen angesichts der Lage in Iran (Iran-Menschenrechts-VO) (hierzu 6.). Schließlich ist auf die am 20.1.2014[70] wirksam gewordene Teilaussetzung des Iran-Embargos einzugehen (hierzu 7.). 64

1. Anwendungsbereich der Iran-Embargo-VO. Der Anwendungsbereich der Iran-Embargo-VO wird – wie bei anderen Embargoverordnungen – durch eine Kombination des Territorialitäts- und Personalprinzips bestimmt. Sie gilt nach Art. 49 65

---

[62] So auch *Niestedt/Henninger* ExportManager 7/2012, 20, 22, die aus dem BFH-Urteil überdies folgern, dass auch der Listenabgleich von Kunden- und Lieferantendaten (auf der Rechtsgrundlage des § 28 BDSG) als zulässig anzusehen sein dürfte.

[63] Vgl. zB die „Germany Campaign" auf der Homepage der US-amerikanischen Gruppierung „United Against Nuclear Iran", deren öffentlichkeitswirksame politische Kampagne ua gegen deutsche, im Iran-Handel tätige Unternehmen gerichtet sind: www.unitedagainstnucleariran.com/germany.

[64] Vgl. UN-Sicherheitsratsresolutionen 1696 v. 31.7.2006, 1737 v. 23.12.2006, 1747 v. 24.3.2007, 1803 v. 3.3.2008, 1929 v. 9.6.2010.

[65] Als Proliferation bezeichnet man die Weiterverbreitung ua von atomaren Waffensystemen bzw. der zu ihrer Herstellung verwendeten Produkte, einschließlich des dafür erforderlichen Know-hows, sowie von entsprechenden Waffenträgersystemen.

[66] ABl. 2012 L 88/1, zuletzt geändert durch VO (EU) Nr. 397/2014 vom 16.4.2014, ABl. 2014 L 119/1.

[67] Bei der VO 961/2010 handelt es sich um die zuvor gültige Iran-Embargo-VO, die wiederum die davor in Kraft befindliche Iran-Embargo-VO (EG) Nr. 423/2007 abgelöst hatte.

[68] Warum der Verordnungsgeber bei der Novellierung der Iran-Embargo-VO im März 2012, lediglich die VO 961/2010 aufhob und die Chance ungenutzt ließ, sämtliche (also auch die in der VO 359/2011 gesondert geregelten) Iran-Sanktionen in einem konsolidierten Rechtsakt (nämlich der VO 267/2012) zusammenzufassen, erschließt sich dem kritischen Betrachter nicht recht, vgl. *Schwendinger* ExportManager 3/2012, 16.

[69] ABl. 2011 L 100/1, zuletzt geändert durch VO (EU) Nr. 371/2014 vom 10.4.2014, ABl. 2014 L 109/9.

[70] Vgl. VO (EU) Nr. 42/2014 vom 20.1.2014, ABl. 2014 L 15/18 (berichtigt durch ABl. 2014 L 19/7).

3. Teil. Exportwirtschaft (Ausfuhr, Zoll, Steuern)

- im Gebiet der EU einschließlich ihres Luftraumes,
- an Bord der Luftfahrzeuge und Schiffe, die der Hoheitsgewalt der Mitgliedstaaten unterliegen,
- für Staatsangehörige eines Mitgliedstaats innerhalb und außerhalb des Gebietes der EU,
- für die nach dem Recht eines Mitgliedstaates gegründeten oder eingetragenen juristischen Person, Organisation und Einrichtungen sowie
- für alle juristischen Personen, Organisationen und Einrichtungen in Bezug auf Geschäfte, die ganz oder teilweise in der EU getätigt werden.

66 Hieraus ergibt sich, dass zwar auch nichteuropäische Unternehmen, die zum Beispiel von einer europäischen Niederlassung aus technische Hilfe für einen iranischen Kunden bereitstellen, von den Embargovorschriften erfasst werden. Hingegen scheinen die **in Drittstaaten ansässigen selbständigen Tochtergesellschaften** von europäischen Unternehmen nicht automatisch vom Anwendungsbereich der Verordnung erfasst zu werden. Diese Feststellung bedarf freilich insoweit der Einschränkung, als der Anwendungsbereich der Verordnung eröffnet ist, wenn Tochtergesellschaften mit europäischen Geschäftsführern besetzt sind, für die als Staatsangehörige eines EU-Mitgliedstaats die Iran-Embargo-VO auch außerhalb des Unionsgebietes gilt. Äußerste Grenze ist insoweit sicherlich das in der Iran-Embargo-VO niedergelegte Umgehungsverbot (→ Rn. 104), so dass Aufträge jedenfalls nicht von dem EU-Mutterunternehmen zielgerichtet auf seine Tochtergesellschaften in Drittländern, die nicht vom Anwendungsbereich der Verordnung erfasst werden, umgeleitet werden dürfen. Sofern die drittländische Tochtergesellschaft jedoch völlig unabhängig von der europäischen Muttergesellschaft agiert und ihr operatives Geschäft ohne jegliche (operative) Einflussnahme oder Hilfestellung der Muttergesellschaft führt, dürfte der Anwendungsbereich der Iran-Embargo-VO nicht eröffnet sein. Darüber hinaus lässt sich der Verordnung auch keine Verantwortlichkeit der EU-Muttergesellschaft dahingehend entnehmen, die Geschäftstätigkeit ihrer außereuropäischen Tochtergesellschaften durch regelmäßiges Reporting bzw. Statusinformationen zu kontrollieren oder gar Irangeschäfte unabhängig agierender Tochtergesellschaften gezielt zu unterbinden.[71]

67 Im Ergebnis bleiben hinsichtlich des Anwendungsbereichs der Iran-Embargo-VO Fragen offen; insbesondere im Hinblick auf Geschäfte, die „teilweise" in der EU getätigt werden, bestehen **Rechtsunsicherheiten**.[72] Wenn beispielsweise zwei drittländische Unternehmen ihre Vertragsverhandlungen auch nur zum Teil in einem Berliner Hotel abhalten, ist das später getätigte Geschäft dann schon als „teilweise" in der EU getätigt anzusehen? Dieses Beispiel zeigt, dass der Anwendungsbereich der Iran-Embargo-VO stets genau geprüft und im Zweifel zur Vermeidung von Rechtsrisiken von einer extensiven Auslegung ausgegangen werden sollte.

68 **2. Güterbezogene Beschränkungen. a) Ausfuhrverbote und -beschränkungen.** Neben einem umfassenden Waffenembargo[73] bestehen güterbezogene **Verbote** des Verkaufs, der Lieferung, der Weitergabe oder der Ausfuhr für bestimmte (gelistete) Güter.

Hierbei handelt es sich um:

- die meisten Dual-Use-Güter (Art. 2 Abs. 1 und 2, **Anhang I**[74])

---

[71] Vgl. *Harings/Schwendinger* ExportManager 9/2010, 19.
[72] Kritisch insoweit auch *Prieß/Thoms* ZfZ 2013, 155, 157.
[73] Mit dem Gemeinsamen Standpunkt vom 23.4.2007 wurde der Gemeinsame Standpunkt 2007/246/GASP geändert und ein umfassendes Waffenembargo gegen Iran beschlossen. Dieser Rechtsakt wurde durch den Beschluss 2010/413/GASP vom 26.7.2010 ersetzt. Das Waffenembargo betrifft Waffen, Munition und Rüstungsgüter jeglicher Art. Die Umsetzung in nationales Recht erfolgte durch §§ 74ff. AWV.
[74] Der Anhang I der VO 267/2012 umfasst mit wenigen Ausnahmen alle Güter und Technologien des Anhangs I der Dual-Use-VO. Während ihre Ausfuhr nach der Dual-Use-VO lediglich einer Genehmigungspflicht unterliegt, unterwirft sie die VO 267/2012 einem Verbot. Für die von diesem Verbot ausgenommenen Güter gilt weiter die Genehmigungspflicht nach Art. 3 DUV.

Abschnitt 35. Exportbeschränkungen für Dual-Use-Güter, Embargos und Sanktionen

- bestimmte sonstige proliferationsrelevante Güter (Art. 2 Abs. 1 und 3, **Anhang II**[75])
- Schlüsselausrüstung und -technologie für die Öl- und Gasindustrie[76] sowie für die petrochemische Industrie im Iran (Art. 8, **Anhang VI und VIa**)
- Marine-Schlüsselausrüstung und -technologie[77] (Art. 10a, **Anhang VIb**)
- Gold, Edelmetalle und Diamanten (Art. 15 Abs. 1 lit. a, **Anhang VII; derzeit ausgesetzt** gem. Art. 15 Abs. 3 in Bezug auf die in **Anhang XII** genannten Waren → Rn. 106a)
- Software für die Integration bestimmter industrieller Prozesse (Art. 10d, **Anhang VIIa**[78])
- Grafit, Rohmetalle und Metallhalberzeugnisse[79] (Art. 15a, **Anhang VIIb**)
- auf die iranische Landeswährung lautende neu gedruckte bzw. geprägte oder noch nicht ausgegebene Banknoten und Münzen (Art. 16)

Eine **Ausnahmegenehmigung vom Verbot des Art. 2 Abs. 1** kann gem. Art. 7 **69** auch für Güter erteilt werden, die in den Anhängen I oder II gelistet sind, vorausgesetzt, sie dienen Nahrungszwecken, landwirtschaftlichen, medizinischen oder humanitären Zwecken oder wurden vom Sanktionsausschuss des UN-Sicherheitsrats (vgl. Art. 1 lit. q) als unbedenklich eingestuft.

Eine **Genehmigungspflicht** besteht für bestimmte nuklearrelevante Güter (Art. 3, **An- 70 hang III**). Sie betrifft diejenigen Güter, die nicht von den Anhängen I und II erfasst sind, aber dennoch ua zu Tätigkeiten im Zusammenhang mit Anreicherung, Wiederaufbereitung oder Schwerwasser bzw. mit der Entwicklung von Trägersystemen für Kernwaffen beitragen könnten.

b) Personen- oder verwendungsbezogener Bezugspunkt der Beschränkungen. Die Ver- **71** bote und Genehmigungspflichten beschränken sich nicht auf Ausfuhren mit dem Bestimmungsland Iran. Sie beziehen sich regelmäßig[80] auf Verkauf, Lieferung, Weitergabe oder Ausfuhr von gelisteten Gütern **„unmittelbar oder mittelbar an iranische Personen, Organisationen oder Einrichtungen oder zur Verwendung in Iran"**. Dies bedeutet, dass die Verbote und Genehmigungspflichten hinsichtlich gelisteter Güter unabhängig davon greifen, in welchem Land sich die iranische Person, die Empfänger des Gutes ist, befindet. Dies gilt also beispielsweise auch für Lieferungen an eine iranische Person innerhalb Deutschlands.

Der Begriff **„iranische Person, Organisation oder Einrichtung"** ist in Art. 1 lit. o **72** definiert und umfasst

i) den iranischen Staat und seine Behörden,

ii) jede natürliche Person mit Aufenthaltsort oder Wohnsitz in Iran,

iii) jede juristische Person, Organisation oder Einrichtung mit Sitz in Iran,

iv) jede juristische Person, Organisation oder Einrichtung innerhalb oder außerhalb Irans, die sich im Eigentum oder unter der direkten oder indirekten Kontrolle einer oder mehrerer der vorgenannten Personen oder Einrichtungen befinden.

Für den **„Aufenthaltsort oder Wohnsitz"** einer natürlichen Person im vorgenannten **73** Sinne ist auf den gewöhnlichen Lebensmittelpunkt abzustellen. Dieser wird üblicherweise

---

[75] Diese Güter sind keine Dual-Use Güter im Sinne der Dual-Use-VO, können aber ebenfalls zur Entwicklung von Kernwaffen bzw. Trägertechnologie verwendet werden und sind daher als eigene Gruppe in Anhang II gelistet.

[76] Dh Exploration und Förderung von Erdöl und Erdgas, Raffination, Verflüssigung von Erdgas.

[77] Für den Bau, die Instandhaltung oder die Umrüstung von Schiffen einschließlich Ausrüstung und Technologie für den Bau von Öltankschiffen (Art. 10a Abs. 2).

[78] In Anhang VIIa ist Software für die Integration industrieller Prozesse aufgeführt, die für unter der direkten oder indirekten Kontrolle des Korps der Islamischen Revolutionsgarde stehende Branchen relevant ist oder die für das Nuklear- oder Militärprogramm Irans oder sein Programm für ballistische Raketen relevant ist (Art. 10d Abs. 2).

[79] Dies betrifft Aluminium und Stahl.

[80] Ausnahmen bilden insoweit zB das Verbot des Art. 16 (betreffend Münzen und Banknoten), das nur für Lieferungen etc. unmittelbar oder mittelbar an die iranische Zentralbank oder zu ihren Gunsten gilt, und das Verbot des Art. 15 Abs. 1 lit. a (betreffend Gold, Edelmetalle und Diamanten), das sich auf unmittelbare oder mittelbare Lieferungen etc. an die iranische Regierung, ihre öffentlichen Einrichtungen, Unternehmen und Agenturen sowie jegliche Personen, Organisationen oder Einrichtungen, die in ihrem Namen oder auf ihre Anweisung handeln oder unter ihrer Kontrolle stehen, bezieht.

3. Teil. Exportwirtschaft (Ausfuhr, Zoll, Steuern)

durch den gewöhnlichen Aufenthaltsort bestimmt. Dafür ist der Wohnsitz ein Indiz. Dabei ist die **Staatsangehörigkeit unerheblich:** So ist ein deutscher Staatsbürger, der die vorgenannten Kriterien erfüllt, als „iranische Person" anzusehen. Umgekehrt ist ein in Deutschland lebender iranischer Staatsbürger ohne Aufenthaltsort oder Wohnsitz in Iran keine iranische Person im Sinne der VO 267/2012. Ferner ist zB eine deutsche GmbH oder eine in der EU oder in einem Drittland ansässige rechtlich **selbständige juristische Person** als „iranische Person" aufzufassen, wenn sie im Eigentum oder unter der Kontrolle von iranischen Personen, Organisationen oder Einrichtungen steht. Hinsichtlich des **Eigentums und der Kontrolle** ist auf die (im Einzelfall widerleglichen) Kriterien in den bereits erwähnten Sanktionsleitlinien (→ Rn. 49 ff.) abzustellen. Rechtlich **unselbstständige Niederlassungen,** die eine juristische Person mit Sitz in der EU im Iran unterhält, fallen – anders als rechtlich selbststständige Tochtergesellschaften – demgegenüber nicht unter Art. 1 lit. o iii.

74 **c) Einfuhr-, Erwerbs- und Beförderungsverbote.** Zusätzlich zu den Einfuhr- und Beförderungsverboten des Art. 4 für Güter der Anhänge I und II bestehen Einfuhr-, Erwerbs- und Beförderungsverbote für

- Rohöl und Erdölerzeugnisse[81] (Art. 11, **Anhang IV;** das Beförderungsverbot des Art. 11 Abs. 1 lit. c für Rohöl oder Erdölerzeugnisse, bei denen es sich um Ursprungserzeugnisse Irans handelt oder die aus Iran in ein anderes Land ausgeführt werden, ist derzeit **ausgesetzt** gem. Art. 11 Abs. 3 in Bezug auf die in **Anhang XI** genannten Erzeugnisse → Rn. 106a),
- petrochemische Erzeugnisse (Art. 13, **Anhang V;** derzeit **ausgesetzt** gem. Art. 13 Abs. 3 → Rn. 106a),
- Erdgas (Art. 14a, **Anhang IVa**) und
- Gold, Edelmetalle und Diamanten (Art. 15 Abs. 1 lit. b, **Anhang VII;** derzeit **ausgesetzt** gem. Art. 15 Abs. 3 in Bezug auf die in **Anhang XII** genannten Waren → Rn. 106a).

75 **d) Akzessorische Dienstleistungs- und Finanzierungsverbote.** Mit diesen güterbezogenen Verboten geht regelmäßig ein Verbot der Bereitstellung von **technischer Hilfe** (Art. 1 lit. r → Rn. 31 ff., 78), **Vermittlungsdiensten** (Brokering, Art. 1 lit. b oder **Finanzmitteln bzw. Finanzhilfen** im Zusammenhang mit den vorgenannten, gelisteten Gütern einher (vgl. Art. 5 Abs. 1, 9, 10b, 10e, 11 Abs. 1 lit. d,[82] 13 Abs. 1 lit. d,[83] 14a Abs. 1 lit. c, 15 Abs. 1 lit. c,[84] 15b). Parallel zur Genehmigungspflicht zur Ausfuhr von Gütern und Technologien, die in Anhang III gelistet sind, ist auch die Bereitstellung von technischer Hilfe, Vermittlungsdiensten oder Finanzmitteln bzw. -hilfe hierfür unter einen Genehmigungsvorbehalt gestellt (Art. 5 Abs. 2), wobei in den Fällen des Art. 5 Abs. 3 keine Genehmigung erteilt werden darf.

76 **e) Bestandteile und Ersatzteile.** Für die Beantwortung der Frage, ob Bestandteile oder Ersatzteile gelistet sind, verweist die Iran-Embargo-VO auf die allgemeinen Anmerkungen zu Anhang I der EG-Dual-Use-Verordnung. Von Bedeutung ist insbesondere die sog. „Bestandteilregelung" der Nr. 2 der Allgemeinen Anmerkungen zu Anhang I der Dual-Use-VO (→ Rn. 14 f.). Sie bewirkt, dass größere Anlagen, die einen gelisteten **Bestandteil** enthalten, im Einzelfall nicht notwendigerweise einer Handelsbeschränkung unterliegen müssen, wenn das gelistete Bauteil nicht das Hauptelement des auszuführenden Gutes ist.[85]

---

[81] Zu dem speziellen Problem der Verarbeitungserzeugnisse, die aus iranischem Rohöl oder aus iranischen Erdölerzeugnissen in Drittstaaten außerhalb der EU hergestellt wurden, vgl. *Prieß/Thoms* ZfZ 2013, 155, 158 f.
[82] Das Verbot nach Art. 11 Abs. 1 lit. d gilt hinsichtlich der Bereitstellung von Finanzmitteln bzw. -hilfe fort; es ist jedoch derzeit ausgesetzt, soweit es die Bereitstellung von (Rück-)Versicherungen (→ Rn. 101) im Zusammenhang mit der Einfuhr, dem Erwerb oder der Beförderung von in Anhang XI genannten Erzeugnissen betrifft (→ Rn. 106a).
[83] Derzeit ausgesetzt gem. Art. 13 Abs. 3 (→ Rn. 106a).
[84] Derzeit ausgesetzt gem. Art. 15 Abs. 3 in Bezug auf die in Anhang XII genannten Waren (→ Rn. 106a).
[85] Vgl. *BAFA*, Merkblatt zum Außenwirtschaftsverkehr mit dem Iran (Stand: 4.7.2012), 9, 12.

Einigkeit besteht ferner unter den Exportkontrollbehörden der Mitgliedstaaten, dass die **77** separate Lieferung von nicht-gelisteten **Ersatzteilen** für die erstmalige Inbetriebnahme eines gelisteten Gutes nur dann verboten ist, wenn diese Ersatzteile selbst in den entsprechenden Anhängen gelistet sind.[86] Wurde hingegen die Anlage bereits komplett geliefert und in Betrieb genommen, beurteilen die mitgliedstaatlichen Behörden eine spätere Lieferung von Ersatzteilen nicht einheitlich. Während manche Mitgliedstaaten unter Berufung auf den Wortlaut der Iran-Embargo-VO die betreffenden Verbote eng auslegen mit der Folge, dass auch die spätere Lieferung von Ersatzteile nur dann verboten ist, wenn diese selbst in den entsprechenden Anhängen explizit aufgeführt sind,[87] vertritt das BAFA[88] – unter Hinweis auf den Schutzzweck der Iran-Embargo-VO – eine weite Verbotsauslegung: Wird ein Ersatzteil, Zubehör oder vergleichbares Gut wissentlich und vorsätzlich mit dem Ziel in den Iran geliefert, die Funktionsfähigkeit eines gelisteten Gutes wieder herzustellen, zu erhalten oder zu verbessern, so sei die Lieferung dieses nicht-gelisteten Guts ebenfalls verboten.

Dieses Verbot ergebe sich aus dem **Umgehungsverbot** des Art. 41 iVm dem **Verbot** **78** **technischer Hilfe** gem. Art. 5 Abs. 1 lit. b und Art. 9 lit. a der Iran-Embargo-VO. Zwar sei die Lieferung von Ersatzteilen für gelistete Güter keine technische Hilfe im Sinne von Art. 1 lit. r, weil diese grundsätzlich nur technische Dienstleistungen wie etwa Reparaturen erfasse. Im Ergebnis trage aber die Lieferung eines Ersatzteiles wie die Reparatur eines gelisteten Gutes zu der Wiederherstellung der Funktionsfähigkeit eines gelisteten Gutes bei. Dies stehe im Gegensatz zum Schutzzweck der Iran-Embargo-VO, der die Unterbindung aller Handlungen erfordere, die die Funktionsfähigkeit verbotener Güter unterstützen. Der Europäischen Kommission sind diese divergierenden Auslegungen bekannt, sie hat sich hierzu jedoch bislang nicht äußern wollen.[89] Dieser Zustand ist unbefriedigend, da er zu Wettbewerbsverzerrungen zwischen den Exporteuren in den verschiedenen Mitgliedstaaten führt. Es wäre wünschenswert, wenn die Mitgliedstaaten auf der Ebene des Rates der EU, ggf. durch eine Anpassung der Sanktionsleitlinien (→ Rn. 49 ff.), zu einer einheitlichen Auslegung finden könnten. Dabei dürften die besseren Argumente für eine enge Auslegung sprechen: Diese findet ihre Stütze im Wortlaut der Iran-Embargo-VO und entspricht den – auch als allgemeine Grundsätze des Unionsrechts geschützten – Prinzipien der Rechtssicherheit und Bestimmtheit, die es nahelegen, nur gelistete Güter als von den Beschränkungen der Iran-Embargo-VO erfasst anzusehen.[90] Hingegen ist die teleologisch begründete erweiternde Auslegung des BAFA weder mit den vorgenannten Grundsätzen noch mit dem Normwortlaut in Einklang zu bringen. Überdies erscheint sie inkonsequent, denn mit seiner Argumentation müsste das BAFA auch die Lieferung von nicht-gelisteten Ersatzteilen für die erstmalige Inbetriebnahme eines gelisteten Gutes untersagen, was es jedoch nicht tut. In praktischer Hinsicht sollten sich deutsche Unternehmen (bis zu einer etwaigen Klärung dieser Auslegungsfrage durch den Rat oder die zuständigen Gerichte) an die weite Auslegung der deutschen Behörden halten. Selbständig agierende Tochtergesellschaften in anderen Mitgliedstaaten könnten demgegenüber zwar von einer engeren Auslegung der dortigen Behörden profitieren; jedoch besteht dann die Gefahr, dass deren Handlungen der deutschen Muttergesellschaft uU zugerechnet werden könnten, wenn diese eine hinreichende Kontrolle über die verbundenen Unternehmen ausübt.[91]

f) Güterbezogener Altvertragsschutz. Mit der Verschärfung des Iran-Embargos durch **79** die Verordnung (EU) Nr. 1263/2012 vom 21.12.2012 wurde die praktisch bedeutsame und zuvor zeitlich unbegrenzt mögliche Erfüllung von (vor bestimmten Stichtagen geschlosse-

---

[86] *Prieß/Thoms* ZfZ 2013, 155, 157.
[87] *Prieß/Thoms* ZfZ 2013, 155, 157.
[88] Vgl. *BAFA*, Merkblatt zum Außenwirtschaftsverkehr mit dem Iran (Stand: 4.7.2012), 12.
[89] So *Prieß/Thoms* ZfZ 2013, 155, 158.
[90] Ebenso *Prieß/Thoms* ZfZ 2013, 155, 158 mwN.
[91] Vgl. *Ahmad/Hohmann* AW-Prax 2009, 229, 230 f.; *Prieß/Thoms* ZfZ 2013, 155, 158; *Harings/Schwendinger* ExportManager 9/2010, 19.

nen) Altverträgen im Zusammenhang mit gelisteter Schlüsselausrüstung und -technologie der Öl- und Gasindustrie und der petrochemischen Industrie generell befristet (Art. 10 Abs. 1 lit. a und lit. b). Diese Verträge konnten nur noch bis zum 15.4.2013 erfüllt werden. Die Erbringung technischer Hilfe ist in bestimmten Konstellationen allerdings weiterhin zulässig (Art. 10 Abs. 1 lit. d).[92] Ähnliche, auf dem Gedanken der Vertrauens- bzw. Bestandsschutzes basierende Altvertragsklauseln mit unterschiedlicher zeitlicher Deckelung sahen auch andere güterbezogene Verbotsvorschriften vor.[93] Diese befristeten Regelungen sind jedoch inzwischen ausgelaufen, so dass Altvertragsschutz nunmehr nur noch in vereinzelten Ausnahmefällen besteht (vgl. Art. 12 Abs. 1 lit. b).[94]

80 **3. Personenbezogene Beschränkungen.** Die personenbezogenen Beschränkungen sind in Art. 23 ff. geregelt. Sie treffen Personen, Organisationen und Einrichtungen, die in den **Anhängen VIII und IX** der VO 267/2012 gelistet sind. Ihnen gegenüber gilt zum einen ein **Bereitstellungsverbot** (Art. 23 Abs. 3), und zum anderen werden ihre **Gelder und wirtschaftliche Ressourcen eingefroren** (Art. 23 Abs. 1 und 2). Insoweit gelten die obigen Ausführungen entsprechend (→ Rn. 44 ff.). In Art. 24 bis 29 sind **Ausnahmeregelungen** vorgesehen.[95] Gelistet sind zB die staatliche National Iranian Oil Company (NIOC) und viele ihrer Tochtergesellschaften sowie iranische Banken.

81 **4. Beschränkungen für Geldtransfers und Finanzdienstleistungen.** Neben bestimmten Beschränkungen für Finanzdienstleistungen (Art. 33 und 34) und dem Versicherungsverbot (→ Rn. 100 f.) betrifft Kapitel V der Iran-Embargo-VO insbesondere die Kontrolle des Zahlungsverkehrs. Durch die VO 1263/2012 wurde die Kontrolle von Geldtransfers weiter verschärft. Zu unterscheiden ist zwischen Geldtransfers unter Beteiligung iranischer Finanz- und Kreditinstitute (Art. 30) und Transfers an oder von iranische/n Personen, Organisationen oder Einrichtungen (Art. 30a).

> **Merke:**
> Für die Umsetzung der Finanzsanktionen nach der Iran-Embargo-VO ist in Deutschland die Deutsche Bundesbank zuständig (→ Abschnitt 36 Rn. 4), die auf ihrer Homepage ua ein Merkblatt zu den Genehmigungsverfahren nach Art. 30 und 30a der Iran-Embargo-VO veröffentlicht hat.[96]

82 **a) Geldtransfers unter Beteiligung iranischer Banken.** Verboten sind grundsätzlich sämtliche Transaktionen zwischen Finanz- und Kreditinstituten, die in den Anwendungsbereich des Art. 49 fallen, auf der einen Seite und iranischen Banken und Finanzinstituten (und deren Zweigstellen und Tochtergesellschaften oder sonstigen von iranischen Personen kontrollierten Finanzunternehmen) auf der anderen Seite (Art. 30 Abs. 1). Bestimmte Geldtransfers können allerdings genehmigt werden oder sind ohne Genehmigung zulässig (Art. 30 Abs. 2). Hierzu zählen ua Transaktionen in Verbindung mit einem bestimmten Handelsvertrag, die nicht nach der Iran-Embargo Verordnung verboten sind. Für die Genehmigung der Geldtransfers gelten bestimmte Schwellenwerte (Art. 30 Abs. 3, die durch die VO (EU) Nr. 42/2014 vom 20.1.2014 nunmehr auf das Zehnfache angehoben wurden (→ Rn. 106a)). Genehmigungspflichtig und -fähig sind hiernach Geldtransfers betreffend Lebensmittel, Gesundheitsleistungen, medizinische Ausrüstung oder für landwirtschaftliche oder humanitäre Zwecke ab einem Betrag von 1.000.000 EUR (zuvor 100.000 EUR) und Transfers betreffend persönliche Gelder/Heimatüberweisungen ab einem Betrag von

---

[92] Vgl. Art. 6, 10, 10c, 10f, 12 Abs. 1 lit. a, 14, 15c.
[93] Vgl. *Schwendinger* AW-Prax 2013, 37, 38.
[94] Anders als die vorgenannten güterbezogenen Altvertragsklauseln sieht das Versicherungsverbot des Art. 35 einen zeitlich unbegrenzten Altvertragsschutz für vor dem 27.10.2010 geschlossene Versicherungs- und Rückversicherungsvereinbarungen vor, verbietet jedoch deren Verlängerung oder Erneuerung, Art. 35 Abs. 4.
[95] Vgl. ua den durch die VO (EU) Nr. 42/2014 vom 20.1.2014 neu eingefügten Art. 28b (→ Rn. 106a).
[96] Vgl. Bundesbank, Merkblatt, Genehmigungsverfahren nach Art. 30/30a der Verordnung (EU) Nr. 267/2012 des Rates vom 23. März 2012, Stand Feb. 2014 (Bundesbank-Merkblatt), abrufbar unter: www.bundesbank.de/Redaktion/DE/Standardartikel/Service/Finanzsanktionen/Laender/iran.html.

400.000 EUR (zuvor 40.000 EUR), außerdem sonstige Transfers gem. Art. 30 Abs. 2 lit. c bis f ab einem Betrag von 100.000 EUR (zuvor 10.000 EUR). Sofern ein Geldtransfer von mindestens 10.000 EUR nicht der Genehmigungspflicht unterliegt, ist – nach wie vor – eine vorherige Meldung abzugeben.

b) Geldtransfers von/an iranische/n Personen, Organisationen oder Einrichtungen. 83
Für nicht hiervon erfasste Geldtransfers (also solche, die nicht über ein iranisches Finanzinstitut erfolgen) an oder von eine/r iranische/n Person, Organisation oder Einrichtung gelten die Schwellenwerte für Melde- und Genehmigungspflichten des Art. 30a, die in Deutschland gegenüber der Bundesbank zu erfüllen sind. Auch diese Schwellenwerte wurden durch die VO (EU) Nr. 42/2014 auf das Zehnfache angehoben (→ Rn. 106a). Danach müssen gem. Art. 30a lit. c Geldtransfers vorher genehmigt werden, wenn sie mindestens 400.000 EUR (zuvor 40.000 EUR) betragen. Transfers niedrigerer Beträge oder solche im humanitären Bereich bedürfen zwar keiner Genehmigung, unterliegen ab einem Betrag von 10.000 EUR aber nach wie vor einer Meldepflicht.

c) Adressat der Melde- und Genehmigungspflichten. Geldtransfers sind zum einen 84
Transaktionen über einen Zahlungsverkehrsdienstleister **auf elektronischem Weg** gem. Art. 1 lit. t i. Dazu zählen ua Barüberweisungen über einen Zahlungsverkehrsdienstleister sowie Bareinzahlungen oder Barauszahlungen auf ein oder von einem bei einem Zahlungsverkehrsdienstleister geführten Konto. Erfasst sind zum anderen Transaktionen **auf nichtelektronischem Weg** ohne Einschaltung eines Zahlungsverkehrsdienstleisters gem. Art. 1 lit. t ii. Hierunter fallen Bargeld, Schecks oder sog. „Buchführungsanweisungen", die mit dem Ziel abgewickelt werden, einem Begünstigten einen Geldbetrag zur Verfügung zu stellen (**insbesondere die Verrechnung** von Forderungen bzw. Verbindlichkeiten gegenüber iranischen Personen[97]). **Adressat der Melde- und Genehmigungspflichten** sind bei elektronischen Geldtransfers gem. Art. 30 Abs. 5, 30a Abs. 3 grundsätzlich die Zahlungsverkehrsdienstleister des Auftraggebers oder des Begünstigten der Zahlung. Wenn allerdings der an sich verpflichtete Zahlungsverkehrsdienstleister nicht in den Anwendungsbereich des Art. 49 der Iran-Embargo-VO (→ Rn. 65 ff.) fällt, trifft die Pflicht ausnahmsweise den Auftraggeber oder Begünstigten selbst (Art. 30 Abs. 5 UAbs. 3, Art. 30a Abs. 3 lit. a iii und vi).[98] Bei nichtelektronischen Geldtransfers ist Adressat der Melde- und Genehmigungspflichten bei Geldtransfers an eine iranische Person der Zahlungspflichtige bzw. bei Geldtransfers von einer iranischen Person der Begünstigte (Art. 30a Abs. 3 lit. b i und ii).

Für die Frage, in welchen Fällen die Pflicht besteht, vor Gutschrift/Entgegennahme bzw. 85
Ausführung der Zahlung eine Genehmigung einzuholen bzw. Meldung abzugeben, ist der **Maßstab des Art. 42 Abs. 2 Iran-Embargo-VO** heranzuziehen. Danach muss der Verpflichtete von den die Pflicht begründenden Tatsachen (insbesondere Beteiligung eines iranischen Kredit-/Finanzinstituts bzw. einer iranischen Person, Organisation oder Einrichtung) Kenntnis haben oder zumindest Grund zur Annahme haben, dass solche Tatsachen vorliegen.

Derartige Gründe/Kenntnisse werden in vielen Fällen weder bei dem deutschen Zah- 86
lungsempfänger noch bei seiner deutschen Bank vorhanden sein, wenn die Zahlung im Wege einer sog. „Zahlungskette" (→ Rn. 89 f.) über verschiedene zwischengeschaltete

---

[97] Hierunter fiele zB auch eine Gutschrift, die ein EU-Unternehmen etwa bei einem Kommissionsgeschäft einem iranischen Unternehmen auf einem internen Konto gutschreibt, vgl. *Prieß/Thoms* ZfZ 2013, 155, 162.

[98] Folgende Sonderregelung besteht zudem gem. Art. 30a Abs. 3 lit. a vii für Vermittler: Fallen in Bezug auf einen Transfer an/von eine/r iranische/n Person weder der Auftraggeber noch der Begünstigte noch ihre jeweiligen Zahlungsverkehrsdienstleister unter die Iran-Embargo-VO, tritt jedoch ein hierunter fallender Zahlungsverkehrsdienstleister als Vermittler auf, so muss dieser die Verpflichtung zur Meldung bzw. Beantragung einer Genehmigung erfüllen, wenn er weiß oder Grund zu der Annahme hat, dass es sich um einen Transfer an/von eine/r iranische/n Person handelt.

Personen in verschiedenen Ländern mit unterschiedlichen Zahlungsverkehrsdienstleistern erfolgt. Die deutsche Bank wird die iranische Herkunft regelmäßig gar nicht erkennen können, da die ihr vorliegenden SWIFT-Informationen nur den letzten (außerhalb des Irans niedergelassenen) Auftraggeber ausweisen. Der deutsche Zahlungsempfänger wird idR erst nach Abgleich der in der Überweisung genannten Rechnungsnummern erkennen können, dass der Geldtransfer von seinem iranischen Kunden stammt.

87 Jedoch besteht keine embargorechtliche Verpflichtung des **deutschen Zahlungsempfängers,** den iranischen Kunden vorher anzuweisen, jede Überweisung vorher anzukündigen oder seine deutsche Bank über den Iran-Bezug zu informieren, damit diese ihrer Melde- bzw. Genehmigungspflicht nachkommen kann (allerdings kann sich eine solche Verpflichtung gegenüber der Bank privatrechtlich – ausdrücklich oder konkludent – aus dem Kontoführungsvertrag ergeben).[99]

88 Allerdings ist eine **deutsche Bank** nach Auffassung der Bundesbank verpflichtet, die Meldung bzw. den Genehmigungsantrag nachzuholen, wenn sie den Iran-Bezug nachträglich erkennt und ggf. die Buchung der Gutschrift rückgängig zu machen, sofern sich bei einer solchen nachträglichen Antragstellung herausstellen sollte, dass eine Genehmigung nicht erteilt werden kann.[100] Diese – von der Bundesbank aus dem Sinn- und Zweck (Transparenz bei iranbezogenen Geldtransfers) der Art. 30 ff. hergeleitete – Pflicht der Bank zu einer nachträglichen Meldung/Antragstellung ist allerdings mit dem Wortlaut der Iran-Embargo-VO nicht in Einklang zu bringen. Denn Art. 30, 30a sprechen ausdrücklich nur von einer „vorherigen" Meldung/Genehmigung. Ist eine solche unterblieben, liegt ein objektiver Verstoß vor (welcher der Bank freilich subjektiv nicht vorwerfbar ist), der auch durch eine nachträgliche Meldung/Antragstellung nicht geheilt werden kann.

89 **d) Praxisrelevante Einzelfragen zum Zahlungsverkehr.** Nach Art. 30b Abs. 2 greifen die Melde- und Genehmigungspflichten auch bei **„offensichtlich zusammenhängenden Vorgängen".** Hierunter fällt gem. Art. 30b Abs. 2 lit. a zum einen das **Stückeln von Zahlungen,** dh eine Reihe von aufeinander folgenden Transfers, die zwar nicht einzeln, aber zusammen die festgelegten Schwellenwerte überschreiten. Bei der Beurteilung, ob es sich um einen melde- oder genehmigungspflichtigen Vorgang handelt, ist auf die Summe aller Zahlungsbeträge (Auftragswert) abzustellen. Ein Melde- bzw. Genehmigungsantrag ist jedoch nicht nur einmalig, sondern für jeden einzelnen aufeinander folgenden Geldtransfer einzureichen. Zum anderen fällt hierunter gem. Art. 30b Abs. 2 lit. b auch eine **Kette von Transfers** unter Beteiligung verschiedener Zahlungsverkehrsdienstleister oder natürlicher oder juristischer Personen, die eine einzige Verpflichtung zu einem Geldtransfer bewirkt.

90 Hierunter fallen die oben (→ Rn. 86) bereits angesprochenen Geldtransfers von/an eine/r iranische/n Person **über im eigenen Namen handelnde Mittelsmänner,** die regelmäßig als zusammenhängende Vorgänge eines einheitlichen Geldtransfers zu werten sind. Abzugrenzen sind diese Fälle von den **echten Dreiecksgeschäften:** Bestehen Vertragsbeziehungen alleine zwischen einem Unternehmen in der EU und einem Unternehmen in einem Drittstaat einerseits und zwischen diesem Drittstaatsunternehmen und einem Unternehmen in Iran andererseits, fallen die Zahlungen, die von dem Drittstaatsunternehmen an das EU-Unternehmen fließen, grundsätzlich nicht unter Art. 30a Iran-Embargo-VO. Denn in dieser Situation ist das Drittstaatsunternehmen ein **echter Zwischenhändler,** der Ware im eigenen Namen kauft und (regelmäßig unter Aufschlag einer Gewinnspanne) weiterverkauft und mithin ein eigenes wirtschaftliches Interesse an der Durchführung des Geschäfts hat, so dass dieser Transfer nicht Teil einer Kette von Transfers ist, mit denen „eine einzige Verpflichtung zu einem Geldtransfer" bewirkt wird. Dies gilt allerdings nicht **für Umgehungskonstruktionen,** in denen durch die Abwicklung „über

---

[99] Ebenso *Prieß/Thoms* ZfZ 2013, 155, 162 unter Berufung auf ein Schreiben der Bundesbank.
[100] *Prieß/Thoms* ZfZ 2013, 155, 162 unter Berufung auf ein Schreiben der Bundesbank; vgl. in diesem Sinne nun auch das neugefasste Bundesbank-Merkblatt, S. 4.

das Dreieck" bzw. den Einsatz eines „**Strohmanns**", der kein eigenes wirtschaftliches Interesse an der Durchführung des Geschäfts hat, ein Iran-Bezug lediglich verschleiert werden soll.[101]

Auch **Geldtransfers, die auf Weisung einer iranischen Person an einen Dritten geleistet werden** und das Ziel haben, eine Verbindlichkeit gegenüber einer iranischen Person durch Leistung an den Dritten zu begleichen, unterliegen der Genehmigungs- bzw. Meldepflicht. Im Verhältnis des Auftraggebers zur iranischen Person können diese analog einer Buchführungsanweisung (Verrechnung) als nichtelektronische Geldtransfers behandelt werden, wobei die Genehmigungspflicht gem. Art. 30a Abs. 3 lit. b i den Auftraggeber trifft. Sofern auch der begünstigte Dritte der Iran-Embargo-VO unterliegt, ist er gem. Art. 30a Abs. 3 lit. b ii ebenfalls genehmigungspflichtig, weil die ihm gegenüber erfolgte Zahlung dazu dient, eine ihm gegenüber bestehende Verbindlichkeit einer iranischen Person (auf nichtelektronischem Wege) zu erfüllen. Die ggf. doppelte Genehmigungspflicht ist dadurch gerechtfertigt, dass der einzelnen Zahlung zwei unterschiedliche Geschäfte zugrunde liegen. Allerdings ist in solchen Fällen *keine* Genehmigung für nichtelektronische Geldtransfers gem. Art. 30a Abs. 3 lit. b i bzw. ii vom Auftraggeber bzw. vom Begünstigten zu beantragen, wenn der eingeschaltete Zahlungsverkehrsdienstleister bereits eine entsprechende Genehmigung beantragt hat (was freilich voraussetzt, dass ihm bei dieser mittelbaren Zahlungsweise der Iranbezug des zugrundeliegenden elektronischen Geldtransfers überhaupt bekannt ist). Diese Geldtransfers sind mithin im praktischen Ergebnis als „indirekte" Geldtransfers nach Auffassung der Bundesbank wohl gleichzusetzen mit den bereits oben angesprochenen Geldtransfers über im eigenen Namen handelnde Mittelsmänner (→ Rn. 90).[102]

Wenn ein deutsches Unternehmen zwecks **Forderungseinziehung** gegenüber seinem iranischen Kunden (etwa durch Einzugsermächtigung oder Forderungsabtretung) ein Drittunternehmen in der EU einschaltet, ist nur die Bank des Drittunternehmens, bei dem die Überweisung eingeht, nach Art. 30a Abs. 3 lit. a ii Adressat der Melde- und Genehmigungspflicht. Für die Weiterüberweisung an das deutsche Unternehmen ist keine weitere Meldung oder Genehmigung erforderlich. Ist mehr als ein Zahlungsverkehrsdienstleister an einer Reihe zusammenhängender Geldtransfers beteiligt, so ist bei den Transfers innerhalb der EU gem. Art. 30a Abs. 3 lit. a viii auf die erteilte Genehmigung Bezug zu nehmen.[103]

Durchgeleitete Zahlungen, dh Geldtransfers von/an eine/r iranische/n Person, die ein Zahlungsverkehrsdienstleister lediglich durchleitet, sind für diesen grundsätzlich nicht genehmigungspflichtig. Eine Genehmigungspflicht in Bezug auf solche Geldtransfers besteht für den durchleitenden Zahlungsverkehrsdienstleister nach Art. 30a Abs. 3 lit. a vii allerdings, wenn weder der Auftraggeber noch der Begünstigte, noch deren jeweilige Zahlungsverkehrsdienstleister in den Anwendungsbereich des Art. 49 fallen.[104]

Das sog. **„Hawala-Banking",** das im Zusammenhang mit Iran-Geschäften häufig zum Einsatz kommt, ist ein weltweit funktionierendes informelles Überweisungssystem, das seine Wurzeln in der mittelalterlichen Handelsgesellschaft des Vorderen und Mittleren Orients hat und in seiner Funktionsweise mit internationalen Express-Überweisungsdiensten (wie Western Union oder MoneyGram) vergleichbar ist. Es basiert im Wesentlichen auf Vertrauen und funktioniert über die Einschaltung unabhängiger Mittelmänner, die einen schnellen, vertraulichen und kostengünstigen Transfer ermöglicht. Embargorechtlich unterliegt das Hawala-Finanzsystem keinen Besonderheiten, es greifen hier dieselben Melde- und Genehmigungspflichten wie bei herkömmlichen Geldtransfers.[105]

Praktisch sehen sich im Iran-Handel tätige Unternehmen ua mit dem Problem konfrontiert, dass sich zahlreiche **europäische (Groß-)Banken** aus der Abwicklung des Zah-

---

[101] Vgl. zum Ganzen das Bundesbank-Merkblatt, S. 6.
[102] Vgl. Bundesbank-Merkblatt, S. 6; vgl. auch – insoweit noch differenzierter – die vorherige Fassung des Bundesbank-Merkblattes (Stand April 2013), S. 5.
[103] *Prieß/Thoms* ZfZ 2013, 155, 163.
[104] Bundesbank-Merkblatt, S. 4.
[105] *Prieß/Thoms* ZfZ 2013, 155, 163.

lungsverkehrs mit Iran-Bezug **aus geschäftspolitischen (nicht aus rechtlichen) Gründen zurückgezogen** haben. Die betroffenen Unternehmen suchen daher regelmäßig nach neuen Wegen, den Zahlungsverkehr rechtskonform und praktisch umsetzbar abzuwickeln. Einen möglichen Ausweg kann hier die Einschaltung kleinerer Banken und Sparkassen bieten, die in einigen Fällen nach wie vor bereit sind, legalen Iran-bezogenen Zahlungsverkehr abzuwickeln.

96 **e) Melde- und Genehmigungsverfahren.** Das **Antrags- und Meldeformulare** können von der oben angegebenen Homepage der Bundesbank (→ Rn. 81) heruntergeladen werden. Derjenige, der Adressat der Genehmigungspflicht (→ Rn. 84f.) ist, hat grds. den Antrag bei der Bundesbank zu stellen. Genehmigungsanträge können **auch von einem Dritten im Namen des Zahlungsverkehrsdienstleisters** als dessen Beauftragter gestellt werden (vgl. zB Art. 30a Abs. 3 lit. a i). Dieser Dritte ist dann auch Adressat des Genehmigungsbescheides. Regelmäßig beauftragen Banken ihre Kunden damit, die Anträge im Hinblick auf für diese bestimmte Zahlungen aus dem Iran zu stellen. Der Antrag muss **Angaben zum Hintergrund des Geldtransfers** enthalten. Er sieht eine Erklärung des Antragstellers vor, dass keine gelisteten Personen oder Einrichtungen an der Transaktion oder der zugrunde liegenden Lieferung beteiligt sind. Sollte dies gleichwohl der Fall sein, ist die Beteiligung darzulegen. Bei **Geldtransfers in Bezug auf Warenlieferungen oder Dienstleistungen** sind zudem insbesondere Rechnungen zum Warengeschäft und – sofern vorhanden – Genehmigungs- oder Nullbescheide des BAFA und/oder Zolldokumente sowie die Warennummer des Warenverzeichnisses für die Außenhandelsstatistik des Statistischen Bundesamtes anzugeben bzw. beizufügen. Bei **nichtelektronischen Geldtransfers** im Rahmen einer Verrechnung sind grundsätzlich alle Unterlagen zu den der Verrechnung zugrunde liegenden Geschäften (zB bei Provisionsgutschriften die Provisionsabrechnung einschließlich der Angaben/Unterlagen zu den der Abrechnung zugrunde liegenden vermittelten Warengeschäfte bzw. Dienstleistungen) sowie Erläuterungen zum Verrechnungsvorgang vorzulegen.[106]

97 Die Entscheidung über den Genehmigungsantrag nach Art. 30a muss innerhalb von vier Wochen fallen, Art. 30b Abs. 4 S. 1. Entscheidet die Bundesbank nicht innerhalb dieser Frist, gilt die Genehmigung als erteilt, sofern sie die Frist nicht wegen weiterer Prüfung unterbricht. Für die Entscheidung über einen Genehmigungsantrag nach Art. 30 sind weder eine Bearbeitungsfrist noch eine **Genehmigungsfiktion** vorgesehen. Nach **Art. 30b Abs. 3** ist die Genehmigung von der Bundesbank zu verweigern, wenn sie hinreichende Gründe zu der Annahme hat, dass der Geldtransfer *selbst* gegen die Iran-Embargo-VO verstoßen könnte. Darüber hinaus soll es nach ihrer (den Wortlaut des Art. 30b Abs. 3 etwas überspannenden) Auffassung für die Genehmigungsverweigerung auch ausreichen, dass der Transfer lediglich *im Zusammenhang* mit einem Verstoß gegen Verbote oder Verpflichtungen nach der Iran-Embargo-VO steht.[107]

98 Zu verweigern ist die Genehmigung vor diesem Hintergrund nach der gefestigten Praxis der Bundesbank insbesondere für Geldtransfers in Bezug auf **Güter,** deren Verkauf, Lieferung, Weitergabe, Ausfuhr oder Einfuhr nach der Iran-Embargo-VO **verboten** bzw. **genehmigungspflichtig** ist (und im Einzelfall keine Genehmigung vorliegt). Das Gleiche gilt in Bezug auf **verbotene Kredite, Darlehen und Investitionen nach Art. 17 ff.** (→ Rn. 102) der Iran-Embargo-VO. Eine Genehmigung kann außerdem nicht erteilt werden, wenn der Geldtransfer zu einer **verbotenen Bereitstellung** von Geldern **nach Art. 23 Abs. 3** (→ Rn. 80) führen würde oder mit einer verbotenen Bereitstellung von wirtschaftlichen Ressourcen im Zusammenhang steht (zB Bezahlung einer Lieferung, die unter Verstoß gegen das Bereitstellungsverbot erfolgte). Ein Genehmigungsantrag nach Art. 30 bzw. 30a ist jedoch nicht erforderlich, wenn ein Fall der og Ausnahmeregelungen

---

[106] Bundesbank-Merkblatt, S. 9.
[107] Vgl. Bundesbank-Merkblatt, S. 7.

(→ Rn. 80) vorliegt, dh bei einem Geldtransfer nach Art. 29 (Zahlung auf ein embargorechtlich eingefrorenes Konto) oder wenn bereits eine Genehmigung nach Art. 24, 25, 26, 27, 28, oder 28a erteilt worden ist (Art. 30b Abs. 1).[108]

Bestimmte elektronische Geldtransfers (Geldeingang unmittelbar aus dem Iran oder von einem in Deutschland belegenen Konto einer iranischen Person an Begünstigte in Deutschland) in Bezug auf bereits erfolgte Ausfuhren von Gütern, die bei einer deutschen Ausfuhrzollstelle elektronisch zur Ausfuhr angemeldet sowie überlassen wurden und deren Ausgang bei einer EU-Ausgangszollstelle überwacht wurde, werden durch eine **Allgemeine Genehmigung** der Bundesbank genehmigt, die im Bundesanzeiger bekannt gemacht wurde. Diese Geldtransfers sind jedoch meldepflichtig.[109] **99**

5. Sonstige Beschränkungen. a) Versicherungsverbote. Versicherungsfragen spielen im Exportgeschäft eine bedeutende Rolle (→ Abschnitte 21, 22, 23, 24, 26). Zu beachten ist vor diesem Hintergrund das in **Art. 35** geregelte **allgemeine Versicherungsverbot.** Nach dieser Vorschrift ist es ua verboten, Versicherungen (Art. 1 lit. n) oder Rückversicherungen (Art. 1 lit. p) **bereitzustellen** oder zu **vermitteln** für **100**
a) den Iran oder seine Regierung und seine öffentlichen Einrichtungen, Unternehmen und Agenturen,
b) iranische Personen, Organisationen oder Einrichtungen, die keine natürlichen Personen sind, oder
c) natürliche oder juristische Personen, Organisationen oder Einrichtungen, wenn sie im Namen oder auf Anweisung einer unter lit. a oder b genannten juristischen Person, Organisation oder Einrichtung handeln.

Der Anwendungsbereich dieses Verbotes ist sehr weit und seine Auslegung und Anwendung mit zahlreichen Unsicherheiten sowie schwierigen zivilrechtlichen Folgefragen verbunden.[110] **Ausnahmen** zu diesem Verbot bestehen zum Beispiel in Bezug auf die Bereitstellung von Pflicht- oder Haftpflichtversicherungen und im Hinblick auf Privatleute mit Ausnahme der in den Anhängen VIII und IX gelisteten Personen, die dem Bereitstellungsverbot des Art. 23 Abs. 3 unterliegen.

Daneben finden sich in der Iran-Embargo-VO zahlreiche **spezielle Versicherungsverbote und -beschränkungen** im Zusammenhang mit bestimmten Gütern. So ist es nach **Art. 5 Abs. 1 lit. c verboten,** für iranische Personen, Organisationen oder Einrichtungen oder zur Verwendung im Iran unmittelbar oder mittelbar Finanzmittel oder Finanzhilfe, insbesondere in Form von Zuschüssen, Darlehen und **Ausfuhrkreditversicherungen,**[111] für den Verkauf, die Lieferung, die Weitergabe oder die Ausfuhr von in der **Gemeinsamen Militärgüterliste** oder in **Anhang I oder II** aufgeführten Gütern und Technologien oder für die Erbringung von damit verbundener **technischer Hilfe** bereitzustellen. **Art. 5 Abs. 2 lit. b** enthält ein entsprechendes **Genehmigungserfordernis** für **Ausfuhrkreditversicherungen,** im Zusammenhang mit den in **Anhang III** aufgeführten Gütern und Technologien oder für die Erbringung von damit verbundener **technischer Hilfe. Art. 11 Abs. 1 lit. d** untersagt es, unmittelbar oder mittelbar Finanzmittel oder Finanzhilfe, einschließlich Finanzderivaten, sowie Versicherungen und Rückversicherungen im Zusammenhang mit der Einfuhr, dem Erwerb oder der Beförderung von **Rohöl und Erdölerzeugnissen, die iranischen Ursprungs sind oder aus Iran eingeführt wurden,** bereitzustellen.[112] **Art. 13 Abs. 1 lit. d** enthält ein entsprechendes Verbot für **petroche- 101**

---

[108] Bundesbank-Merkblatt, S. 7, 8f.
[109] Bundesbank-Merkblatt, S. 10 und Anlage 2.
[110] Vgl. weiterführend *Wandt* VersR 2012, 257 mwN; *Heinisch* CCZ 2012, 102 mwN; *Prieß/Thoms* ZfZ 2013, 155, 163 ff. mwN.
[111] Ein entsprechendes Verbot findet sich auch in Art. 1a lit. c) der Iran-Menschenrechts-VO im Hinblick auf die in Anhang III gelisteten Güter der internen Repression (→ Rn. 106).
[112] Derzeit ausgesetzt, soweit das Verbot die Bereitstellung von (Rück-)Versicherungen im Zusammenhang mit der Einfuhr, dem Erwerb oder der Beförderung von in Anhang XI genannten Erzeugnissen betrifft (→ Rn. 106a).

mische Erzeugnisse.[113] Nach **Art. 14a Abs. 1 lit. c** ist überdies verboten, unmittelbar oder mittelbar Vermittlungsdienste, Finanzmittel oder Finanzhilfe, einschließlich Finanzderivaten, sowie **Versicherungen und Rückversicherungen und Vermittlungsdienste für Versicherungen und Rückversicherungen** anzubieten im Zusammenhang mit dem Erwerb, der Beförderung oder der Einfuhr in die EU von **Erdgas**, bei dem es sich um ein Ursprungserzeugnis Irans handelt oder das aus Iran ausgeführt worden ist, sowie im Zusammenhang mit Tauschgeschäften mit derartigem Erdgas.

102   **b) Finanzierungsbeschränkungen für bestimmte Unternehmen.** Die Iran-Embargo-VO verbietet **Investitionen** (Gewährung von Krediten bzw. Darlehen, Erwerb oder Ausweitung von Unternehmensbeteiligungen, Gründung von Joint Ventures) im Hinblick auf Unternehmen im Iran, die in der Rüstungsindustrie oder in der Herstellung von in Anhang I und II aufgeführten Gütern und Technologien tätig sind. Verboten sind auch Finanzierungen von und Investitionen in Unternehmen, die im Bereich der Exploration oder Förderung von Erdöl und Erdgas, der Raffination oder der Verflüssigung von Erdgas oder in der petrochemischen Industrie aktiv sind. Investitionen in Unternehmen in Iran, welche die in Anhang III aufgeführten Gütern und Technologien herstellen, sind genehmigungspflichtig (Art. 17, 18). Ausnahmen sind in Art. 19 bis 21 vorgesehen.

103   **c) Verkehrsbeschränkungen.** Die vorgenannten Beschränkungen werden durch sogenannte Verkehrsbeschränkungen (Kapitel VI der Iran-Embargo-VO) ergänzt. In diesem Rahmen regelt Art. 36, dass den zuständigen Zollbehörden **Vorabinformationen über alle Waren,** welche aus dem EU-Zollgebiet in den Iran verbracht werden oder aus dem Iran in das EU-Zollgebiet eingeführt werden, übermittelt werden müssen. Art. 37 untersagt unter bestimmten Voraussetzungen die die Erbringung von **Bunker-, Versorgungs- oder Wartungsdiensten bzw. technischen Diensten** für im Eigentum oder unter der Kontrolle von iranischen Personen stehende **Schiffe und Frachtflugzeuge.** Nach Art. 37a ist die Erbringung insbesondere von **Klassifikationsdiensten jeder Art und anderen Dienstleistungen** für Öltank- und Frachtschiffe, die unter iranischer Flagge fahren oder im Eigentum von iranischen Personen, Organisationen oder Einrichtungen stehen oder von diesen gechartert werden oder unmittelbar oder mittelbar von diesen betrieben werden, verboten. Gemäß Art. 37b ist es grds. verboten, iranischen Personen **Schiffe, die für die Beförderung oder Lagerung von Öl oder petrochemischen Erzeugnissen konstruiert sind, zur Verfügung zu stellen.** Dieses Verbot gilt des Weiteren grds. auch in Bezug auf alle anderen Nutzer derartiger Schiffe, es sei denn, der Anbieter hat geeignete Maßnahmen ergriffen, die eine Verwendung des Schiffes zur Beförderung oder Lagerung von iranischem Öl oder iranischen petrochemischen Erzeugnissen verhindern. Allerdings ist das **Verbot des Art. 37b** derzeit **ausgesetzt** (→ Rn. 106a).

104   **d) Umgehungsverbot.** Verboten ist auch die wissentliche und vorsätzliche Teilnahme an Aktivitäten, deren Zweck oder Wirkung die Umgehung der in Art. 41 enumerativ aufgeführten Beschränkungen ist.

105   **e) Erfüllungsverbot.** Art. 38 Abs. 1 untersagt die Erfüllung von Ansprüchen im Zusammenhang mit Verträgen und Transaktionen, deren Erfüllung bzw. Durchführung von den mit der Iran-Embargo-VO verhängten Maßnahmen „unmittelbar oder mittelbar, ganz oder teilweise betroffen ist, einschließlich Schadensersatzansprüchen und ähnlichen Ansprüchen, wie etwa Entschädigungsansprüche oder Garantieansprüche, vor allem Ansprüche auf Verlängerung oder Zahlung einer insbesondere finanziellen Garantie oder Gegengarantie in jeglicher Form". Dieses Erfüllungsverbot (→ Rn. 108, 111) greift, wenn derartige Sekundäransprüche geltend gemacht werden von
- in den Anhängen VIII und IX gelisteten Personen, Organisationen oder Einrichtungen;
- sonstigen iranischen Personen, Organisationen oder Einrichtungen;

---

[113] Derzeit ausgesetzt gem. Art. 13 Abs. 3 (→ Rn. 106a).

Abschnitt 35. Exportbeschränkungen für Dual-Use-Güter, Embargos und Sanktionen

- oder sonstigen Personen, Organisationen und Einrichtungen, die über eine der vorgenannten Personen, Organisationen oder Einrichtungen oder in deren Namen handeln.

Die Erfüllung eines Vertrags oder die Durchführung einer Transaktion gilt nach Art. 38 Abs. 2 als von den mit der Iran-Embargo-VO verhängten Maßnahmen betroffen, wenn das Bestehen oder der Inhalt des Anspruchs unmittelbar oder mittelbar auf diese Maßnahmen zurückgeht.

6. Iran-Menschenrechts-VO. Mit der Verordnung (EU) Nr. 264/2012 vom 23.3.2012 **106** wurde die Verordnung (EU) Nr. 359/2011 – die sogenannte Iran-Menschenrechts-VO – um Beschränkungen des Handels mit Gütern erweitert, die für die **Überwachung des Internets oder das Abhören des Telefonverkehrs** verwendet werden können. Diese Beschränkungen sehen vor, das der Verkauf, die Lieferung, die Weitergabe oder die Ausfuhr der in **Anhang IV** genannten Güter in den Iran einer vorherigen Genehmigung des BAFA bedürfen (Art. 1b). Gleichermaßen bedürfen auch die Erbringung von **technischer Hilfe** und **Vermittlungsdiensten** sowie die Bereitstellung von **Finanzmitteln oder Finanzhilfen** im Zusammenhang mit diesen Gütern einer vorherigen Genehmigung. Darüber hinaus ist es – unabhängig von den in Anhang IV gelisteten Gütern – genehmigungspflichtig, für die Regierung Irans, dessen öffentliche Einrichtungen, Unternehmen und Agenturen oder Personen oder Organisationen, die in ihrem Namen oder auf ihre Weisung handeln, zu ihrem unmittelbaren oder mittelbaren Nutzen **Dienstleistungen zum Abhören oder zur Überwachung des Telefonverkehrs oder des Internets** zu erbringen (Art. 1c). Des Weiteren wurde das zuvor in der Verordnung (EU) Nr. 961/2010 enthaltene Verbot der Ausfuhr von **Gütern zur internen Repression** der iranischen Bevölkerung (zB Schutzausrüstung, Bandstacheldraht etc.) aus systematischen Gründen in die Iran-Menschenrechts-VO verlagert. Gemäß Art. 1a dieser Verordnung ist der Verkauf, die Lieferung, die Weitergabe oder die Ausfuhr derartiger Güter verboten. Die betroffenen Güter sind in **Anhang III** aufgeführt. Die in Art. 2 angeordneten Finanzsanktionen gegen in **Anhang I gelistete Personen,** die für schwere Menschenrechtsverletzungen im Iran verantwortlich sind, betreffen das **Einfrieren des Vermögens** dieser Personen ein und ein **Bereitstellungsverbot** hinsichtlich dieses Personenkreises. Insofern kann auf die obigen Ausführungen (→ Rn. 47 ff.) verwiesen werden.

7. Teilaussetzung des Iran-Embargos. Der am 24.11.2013 zwischen der sogenannten **106a** E3/EU+3-Gruppe (die einflussreichsten EU-Staaten Vereinigtes Königreich, Frankreich und Deutschland + China, Russland, USA) und dem Iran in Genf vereinbarte gemeinsame Aktionsplan („Joint Plan of Action")[114] ist mit Wirkung ab 20.1.2014 in der EU umgesetzt worden. Damit ist nach Jahren kontinuierlicher Verschärfungen des Iran-Embargos zum ersten Mal eine Lockerung der Sanktionen – wenn auch zunächst zeitlich begrenzt – erfolgt.[115] Voraussetzung hierfür waren freilich verschiedene Zugeständnisse des Iran bei seinem Atomprogramm. Die vom Rat der EU verabschiedete VO (EU) Nr. 42/2014 vom 20.1.2014[116] sieht (in Umsetzung des Ratsbeschlusses 2014/21/GASP[117] vom selben Tage) entsprechend den Vorgaben des „Joint Plan of Action" vor, für die – inzwischen verlängerte – Dauer von zunächst sechs Monaten[118] die bestehenden Sanktionen hinsichtlich einzelner Regelungen (→ Rn. 64, 68, 74f., 80, 82f., 101, 103) der Iran-Embargo-VO zu lockern. Im Einzelnen sind folgende Erleichterungen in Kraft getreten:

---

[114] Abrufbar unter: http://eeas.europa.eu/statements/docs/2013/131124_03_en.pdf.
[115] Dazu *Schwendinger*, ExportManager 1/2014, 17.
[116] ABl. 2014 L 15/18 (berichtigt durch ABl. 2014 L 19/7).
[117] ABl. 2014 L 15/22.
[118] Ausweislich der Erwägungsgründe 2 und 3 der VO (EU) Nr. 42/2014 gelten die Lockerungen im Einklang mit dem „Joint Plan of Action" zunächst nur für eine Dauer von sechs Monaten und können im gegenseitigen Einvernehmen verlängert werden. Allerdings sieht die VO (EU) Nr. 42/2014 keine formelle Befristung der Erleichterungen bzw. ein „automatisches" Wiederinkrafttreten der vorherigen Rechtslage vor (dh dazu müsste der Verordnungsgeber erneut tätig werden und die Iran-Embargo-VO ändern; bis dahin gelten die Erleichterungen fort). Im Beschluss 2014/480/GASP vom 21.7.2014, ABl. L 215/4, ist eine Verlängerung der Teilaussetzung bis zum 24.11.2014 vorgesehen.

- Teilweise Aussetzung des Beförderungs- und (Rück-)Versicherungsverbotes für iranisches Rohöl und Erdölerzeugnisse (Art. 11 Abs. 3 und 4 i. V. m. Anhang XI[119]),
- Aussetzung der Restriktionen hinsichtlich der Einfuhr, des Erwerbs oder der Beförderung iranischer petrochemischer Produkte einschließlich diesbezüglicher Dienstleistungen wie Finanzierung, Versicherung, etc. (Art. 13 Abs. 3),
- Teilweise Aussetzung des Handelsverbots mit Gold und Edelmetallen (Art. 15 Abs. 3 i. V. m. Anhang XII[120]),
- Aussetzung des Verbots Schiffe, die für die Beförderung oder Lagerung von Öl und petrochemischen Erzeugnissen konstruiert sind, zur Verfügung zu stellen (Art. 37b Abs. 3),
- Anhebung der bestehenden Schwellenwerte für Genehmigungen im Rahmen der Finanzrestriktionen auf das Zehnfache (Art. 30 Abs. 3, 30a Abs. 1); dies bedeutet etwa, dass gem. Art. 30a Zahlungen an eine iranische Person unterhalb des Schwellenwertes von 400.000 EUR (zuvor: 40.000 EUR) nicht mehr genehmigungspflichtig sind. Derartige Zahlungen sind der Bundesbank jedoch nach wie vor schriftlich vorher zu melden, soweit der insofern fortgeltende Schwellenwert von 10.000 EUR erreicht bzw. überschritten wird. Zudem gelten die erhöhten Schwellenwerte nach Auslegung der Bundesbank nur für Geldtransfers ab dem 20.1.2014 (also dem Inkrafttreten der Änderungsverordnung Nr. 42/2014 mit Veröffentlichung im Amtsblatt der EU); für die Zeit davor, bleibt es bei den bisherigen Schwellenwerten.
- Abweichend von Art. 23 Abs. 2 und 3 können nunmehr die zuständigen nationalen Behörden ausnahmsweise unter bestimmten Voraussetzungen die Freigabe oder Bereitstellung von Geldern oder wirtschaftlichen Ressourcen zugunsten des gelisteten iranischen Ministeriums für Erdöl genehmigen, wenn sie festgestellt haben, dass diese erforderlich sind für die Erfüllung von Verträgen über die Einfuhr oder den Erwerb iranischer petrochemischer Erzeugnisse (Art. 28b).

Die vorgenannten Erleichterungen lassen die übrigen Regelungsbereiche des Iran-Embargos unberührt. Ob diese ersten Lockerungen über den 24.11.2014 hinaus nochmals verlängert werden und dann ggf. weitere Handelserleichterungen folgen oder aber die Aussetzung des Iran-Embargos beendet und letzteres künftig ggf. sogar noch verschärft wird, hängt wesentlich vom weiteren Gang der Verhandlungen zwischen dem Iran und der E3/EU+3-Gruppe ab. Es bleibt insbesondere abzuwarten, ob der Iran seine Zusagen einhält und die Verhandlungspartner auf diplomatischem Wege die angestrebte Gesamtlösung des Konflikts um das iranische Nuklearprogramm erreichen können.

IV. Zivilrechtliche Ansprüche des Vertragspartners

107   Embargos und Sanktionen wirken sich auf zivilrechtliche Verträge im Außenwirtschaftsverkehr aus. Für die Parteien stellt sich insbesondere die Frage nach dem rechtlichen Schicksal eines Vertrages, der von einem Embargo betroffen ist. Für den Ausführer ist vor allem von Belang, ob er trotz Ausfuhrverbots seine Leistung erbringen muss, für den Abnehmer, ob er die Leistung einfordern kann und im Gegenzug zahlen muss. Sind diese Primärpflichten erloschen, so könnten Sekundäransprüche bestehen, also Schadensersatz- und Garantieansprüche (zu den zivilrechtlichen Folgen im Falle eines Genehmigungserfordernisses → Abschnitt 36 Rn. 81 ff.). Im deutschen Recht hängen die Folgen davon ob, ob die Sanktion vor oder nach Vertragsschluss verhängt wurde. Abgesehen von einzelnen Normen[121] ist deutsches Recht jedoch nur dann anwendbar, wenn für die Verträge deut-

---

[119] Erdöl und Öl aus bituminösen Mineralien, roh (HS-Code 270900).
[120] Silber, Gold(plattierungen), Platin(plattierungen), Abfälle und Schrott von Edelmetallen oder -plattierungen (HS-Codes 7106, 7108 bis 7112).
[121] Normen, die unabhängig vom gewählten Rechtsregime anwendbar sind, werden als universell anwendbar bezeichnet. Hierzu gehören § 134 BGB und § 15 AWG (§ 31 AWG aF). Das deutsche Leistungsstörungsrecht hingegen (siehe die hier vertretene Auffassung zur Anwendung auf Verträge, die von Embargos betroffen sind → Rn. 111), gilt lediglich, wenn deutsches Recht Anwendung findet.

Abschnitt 35. Exportbeschränkungen für Dual-Use-Güter, Embargos und Sanktionen

sches Recht gilt. Die Vertragsparteien können dies per Rechtswahlklausel in den Verträgen regeln. In den folgenden Ausführungen wird davon ausgegangen, dass deutsches Recht anwendbar ist. Ist eine deutsche Rechtsnorm universell anwendbar, das heißt unabhängig vom gewählten Rechtsregime, wird darauf explizit hingewiesen.

> **Merke:**
> Unter gewissen Voraussetzungen sind Verträge während einer festgelegten Übergangszeit vom Anwendungsbereich der Sanktionsmaßnahmen ausgenommen. Solchen Altvertragsschutz enthält zB auch die Iran-Embargo-VO (EU) Nr. 267/2012, ua in den Art. 6, 10, 12 und 14 (→ Rn. 79).

1. Vertragsschluss während eines Embargos. Besteht schon bei Vertragsschluss eine Verbotsnorm gegen die der Vertrag verstößt, ist dieser nichtig (§ 134 BGB)[122]. Der vertragliche Primäranspruch ist somit nicht entstanden. Folglich können auch keine Sekundäransprüche geltend gemacht werden. Garantien, die hinsichtlich der Möglichkeit der Durchführung des Vertrags übernommen wurden, sind dahingegen nicht nichtig. Ihre Geltendmachung wird jedoch zumindest im Anwendungsbereich der Iran-Embargo-VO durch das Erfüllungsverbot des Art. 38 Abs. 1 VO 267/2012 ausgeschlossen (→ Rn. 105). **108**

2. Vertragsschluss vor Einführung eines Embargos. Wird der Vertrag geschlossen, bevor ein Embargo in Kraft tritt, ist der Vertrag nicht nichtig gem. § 134 BGB, da zum Zeitpunkt des Vertragsschlusses kein gesetzliches Verbot durch ein Embargo bestand.[123] Mit Wirksamwerden eines Ausfuhrverbots ist die **Erfüllung** der Leistungspflicht jedoch wegen rechtlicher Unmöglichkeit (§ 275 Abs. 1 BGB)[124] ausgeschlossen, weil es dem Schuldner gegenüber seinem Vertragspartner nicht zugemutet werden darf, die Ware unter Verstoß gegen ein Embargo auszuführen. Als Folge des Wegfalls der Leistungspflicht entfällt die Zahlungspflicht des Gläubigers gem. § 326 Abs. 1 BGB. **109**

Da ein Embargo nur bis zum Erreichen des damit verfolgten politischen Ziels verhängt wird, führt es grundsätzlich nur zur **vorübergehenden Unmöglichkeit.** Wenn es einer Partei jedoch nicht mehr zuzumuten ist, auf das Embargoende zu warten, wird die vorübergehende zur **endgültigen Unmöglichkeit.** Ob dies der Fall ist, hängt von den Umständen des Einzelfalls, insbesondere der Absehbarkeit des Embargoendes[125], und dem Parteiwillen ab[126]. Ist die Leistungspflicht einmal dauerhaft erloschen, kann sie nicht wieder aufleben. Wird die Erfüllung eines Vertrages unmöglich, kann der Gläubiger vom Vertrag zurücktreten.[127] **110**

> **Merke:**
> Rechtsunsicherheiten beim Umschlagen von vorübergehender in endgültige Unmöglichkeit und hinsichtlich des Bestehens von Rücktrittsrechten sollten im Exportvertrag beseitigt werden (siehe zu zivilrechtlichen Gestaltungsmöglichkeiten auch → Abschnitt 36 Rn. 81 ff.).

Sekundäransprüche jeglicher Art sind im Anwendungsbereich der Iran-Embargo-VO durch das Erfüllungsverbot gem. Art. 38 Abs. 1 VO 267/2012 ausgeschlossen (→ Rn. 105). Diese Vorschrift verbietet insbesondere die Erfüllung von Schadensersatzforderungen oder **111**

---

[122] Ausführlich *Mankowski*, in: Wolffgang/Simonsen (Hrsg.), Stand: 35. EL, 2013, § 31 Rn. 28 ff.; *Hohmann/Hagemann* Exportmanager 2013, 19; *Hocke/Friedrich* § 31 AWG Rn. 9; *Landry*, in: FS Graf v. Westphalen, 453, 464; *Richter/Lutz* AW-Prax 2009, 3, 5; vgl. ausführlich *Neumann*, Internationale Handelsembargos und privatrechtliche Verträge, 221 ff.
[123] Vgl. *Neumann*, Internationale Handelsembargos und privatrechtliche Verträge, 276 ff.
[124] Vgl. *Grüneberg*, in: Palandt, BGB, 73. Auflage 2014, § 275 Rn. 16; *Bittner* RIW 1994, 458, 460.
[125] Für folgende Embargos und andere Ereignisse wurde eine Absehbarkeit verneint: Irak (VO (EWG) Nr. 2340/90), Iran (1980) und Süd-Rhodesien (1965/66), vgl. *Bittner* RIW 1994, 458, 462; *Lindemeyer* RIW 1981, 10, 21. Neben Embargos werden auch politische Umwälzungen oder Kriege als Ereignisse angesehen, deren Ende nicht vorhersehbar ist; so zB die Iranische Revolution 1978, *BGH* NJW 1982, 1458.
[126] Vgl. *Bittner* RIW 1994, 458, 463 ff.
[127] Zu den Voraussetzungen des Rücktritts bei vorübergehender Unmöglichkeit siehe *Ernst*, in: Münchener Kommentar zum BGB, 6. Auflage 2012, § 275 Rn. 143 ff.

3. Teil. Exportwirtschaft (Ausfuhr, Zoll, Steuern)

Garantieansprüchen, die von Vertragspartnern deshalb geltend gemacht werden, weil das Iran-Embargo die Durchführung eines Vertrags unmöglich macht.[128] Für andere Embargos, die kein solches Erfüllungsverbot beinhalten, bleibt es bei den allgemeinen Ansprüchen aus dem Leistungsstörungsrecht. Da die Parteien die Verhängung des Embargos in aller Regel nicht verschulden, kommen im letztgenannten Fall einzig Ansprüche auf Rückabwicklung des Vertrags und Ansprüche auf Schadensersatz auf Grund eines vorvertraglichen Schuldverhältnisses (sog. Culpa in Contrahendo) in Betracht. Letzteres wäre denkbar, wenn die Verhängung des Embargos absehbar ist, wobei dann immer ein Mitverschulden des Vertragspartners in Betracht kommt, der sich über die politische Lage hätte informieren können.

112 Prüfungsschema für Exportgeschäfte
1. Greift ein Exportverbot ein? Ein Verbot kann in Embargovorschriften oder den Antiterrorismusverordnungen enthalten sein; weitere Verbote bestehen für bestimmte Waffen (→ Abschnitt 37 Rn. 1).
2. Wenn kein Verbot eingreift: Ist die Ausfuhr genehmigungspflichtig? Hierzu muss festgestellt werden, ob die Ware gelistet ist.
3. Ist die Ware gelistet, muss grundsätzlich ein Einzelgenehmigungsantrag gestellt werden, es sei denn, es greift eine Verfahrenserleichterung ein (→ Abschnitt 36 Rn. 23 ff.).
4. Wenn die Ware nicht gelistet ist: Besteht eine verwendungsabhängige Genehmigungspflicht?
5. Verbringung innerhalb der EU: Ist die Ware in Anhang IV DUV gelistet, besteht die Pflicht zur Einholung einer Verbringungsgenehmigung.
6. Bei der Verbringung von nicht gelisteten Dual-Use-Gütern in einen anderen Mitgliedstaat besteht eine Genehmigungspflicht nur, wenn die Ware von dort aus der Union ausgeführt werden soll und für den Fall eines Direktexports aus Deutschland eine verwendungsabhängige Exportbeschränkung eingreifen würde.
7. Greifen sonstige Beschränkungen (zB Dienstleistungs- oder Finanzierungsbeschränkungen, Versicherungsverbote, Melde- und Genehmigungspflichten für Geldtransfers)?

D. Exkurs: US-(Re-)Exportkontrolle

Literatur: *Ahmad*, Aktuelle Entwicklungen bei den Embargos der EU und USA, AW-Prax 2012, 129; *Bachem-Niedermeier*, Das US-(Re)Exportkontrollrecht – Zentrale Themen aus deutscher Sicht, AW-Prax 2011, 165; *BAFA*, Grundzüge des US-Exportkontrollrechts, in: HADDEX, Handbuch der deutschen Exportkontrolle, Loseblattsammlung, Band 1, Teil 12; *Böer* (Hrsg.)/*Groba*/*Hohmann*, Praxis der US-(Re-)Exportkontrolle, 3. Aufl. 2014; *Burkert*, Geschäfte mit dem Iran. Erforderliche Maßnahmen bei der Beschäftigung von US-Mitarbeitern, AW-Prax 2008, 294; *Burkert-Basler*, US-Reexportrecht: Was muss ein deutscher Reexporteur zu seinem Schutz beachten?, AW-Prax 2009, 13; *Forwick*, Extraterritoriale US-amerikanische Exportkontrollen, 1993; *Harings*, Exportkontrollrecht: US-Restriktionen beachten, ExportManager 1/2010, 14; *ders.*, Privatrechtliche Durchsetzung von US-Embargos?, ExportManager 7/2011, 17; *ders.*/*Henninger*, Neue Ausweitung des US-Sanktionsregimes für Iran, ExportManager 1/2012, 16; *Hohmann*, Export Control Reform USA (alias ITAR-/EAR-Reform 2013), AW-Prax 2013, 214; *Merz*, Einführung in die US-(Re-)Exportkontrolle, in: Witte (Hrsg.), Praxishandbuch Export- und Zollmanagement, Loseblattsammlung (32. EL, Stand: April 2014) Band 2, Teil 5 C; *Niestedt*, Ausweitung von US-Sanktionen gegen den Iran, ExportManager 3/2010, 19; *Schmitz*, Auswirkungen der Exportkontrollrechts-Reform in den USA auf die deutsche Außenwirtschaft, AW-Prax 2011, 236; *Wolf*, US-export control system: Guidelines and recent reform efforts, AW-Prax 2011, 159.

113 Als wäre die Beachtung des deutschen und europäischen Exportkontrollrechts noch nicht genug, so müssen deutsche Exporteure bei der Ausfuhr aus der EU in einen Drittstaat unter Umständen auch die (Re-)Exportvorschriften anderer Länder beachten, wenn diese – wie das Recht der USA – **extraterritoriale Wirkung** beanspruchen. Voraussetzung für die Anwendung des US-(Re-)Exportkontrollrechts ist weder, dass der deutsche Ausführer die Ware aus den USA exportiert, noch dass das exportierende Unternehmen dort seinen

---
[128] Vgl. *Ellenberger*, in: Palandt, BGB, 73. Auflage 2014, § 134 Rn. 18; siehe auch *Richter/Lutz* AW-Prax 2009, 3, 4 f.

Sitz hat. Ausreichend ist vielmehr, dass ein **US-Produkt** – sei es auch zwischenzeitlich Bestandteil eines anderen Produkts geworden – weiter exportiert wird.[129]

Auch wenn die Einhaltung von Exportkontrollvorschriften anderer Staaten nicht Gegenstand einer Außenwirtschaftsprüfung nach § 23 Abs. 2 AWG ist und somit keinen Einfluss auf Zuverlässigkeit eines Unternehmens hat und auch in Deutschland keine straf- oder bußgeldrechtlichen Konsequenzen haben kann, sollten doch alle Unternehmen, die mit den USA oder mit US-Bürgern handeln oder arbeiten, der möglicherweise anwendbaren US-Regeln wenigstens im Ansatz Gewahr sein. Bei Verletzung dieser Vorschriften drohen nämlich neben empfindlichen Geld- oder Haftstrafen für die verantwortlichen Personen auch der Eintrag in einer sog. Denied Persons List, der dazu führt, dass man vom US-Geschäft praktisch ausgeschlossen ist. 114

I. Dual-Use-Güter

Das US-Recht kann anwendbar sein bei US-Produkten, aber auch bei ausländischen (zB deutschen) Produkten, die einen bestimmten Anteil von US-Waren enthalten. 115

1. US-Waren. Das US-Exportkontrollrecht ist immer anwendbar, wenn eine US-Ware ausgeführt werden soll. Im Grundsatz sind die Dual-Use-Listen der EU und der USA ähnlich, so dass eine Listung nach EU-Recht einen guten Anhaltspunkt für die Listung nach US-Recht gibt; Klarheit kann jedoch nur eine genaue Prüfung bringen. Wenn ein deutscher Ausführer also ein Produkt aus den USA einkauft und feststellt, dass es nach den Güterlisten exportgenehmigungspflichtig ist, sollte auch die Genehmigungspflicht des Re-Exports nach US-Recht geprüft werden. 116

2. US-Inhalt in ausländischen Waren. Praktische Schwierigkeiten ergeben sich dadurch, dass das US-Exportkontrollrecht unter bestimmten Umständen auch dann anwendbar ist, wenn ein ausländisches Gut bestimmte US-Komponenten enthält. Grundsätzlich gilt hier ein **Schwellenwert** von 25 % gelistetem US-Inhalt; für die Embargostaaten Kuba, Iran, Sudan und Syrien reichen 10 % aus. Wenn eine ausländische Ware also US-Ursprungswaren unterhalb des Schwellenwerts enthält, ist das US-Recht nicht anwendbar. Unabhängig vom Erreichen des Schwellenwertes sind bestimmte gelistete sensible Produkte, wie Hochleistungscomputer, Kryptotechnik-Technologie (nicht: Software mit Kryptotechnikfunktion), Flugkontrollsysteme und bestimmte Flugzeuge ausfuhrgenehmigungspflichtig. Ebenfalls unabhängig vom Erreichen des Schwellenwerts muss beim Einbau von gelisteter US-Software oder Technologie in ausländische **Technologie** immer der zuständigen US-Behörde die beabsichtigte Ausfuhr mitgeteilt werden. Damit sollen die US-Behörden in die Lage versetzt werden, die Einhaltung des Schwellenwerts nachzuvollziehen. Technologie wird definiert als spezifische Information zur Entwicklung, Produktion oder Nutzung eines Produkts. 117

II. Embargos

Die USA unterhalten teilweise deutlich weiter reichende Embargos als die EU. So besteht ein vollständiges Handelsverbot mit dem Iran, Kuba, Syrien und dem Sudan sowie umfassende Handelsverbote im Hinblick auf Ausfuhren nach Nordkorea. Sofern ein deutsches Unternehmen US-Bürger beschäftigt, muss es darauf achten, dass diese nicht an Transaktionen mit Embargoländern beteiligt sind, da diese sich hierdurch nach US-Recht strafbar machen können.[130] 118

---

[129] Beispiele für Re-Export bei *Merz*, in: Witte, Teil 5 C.1.2.
[130] Hierzu allgemein *Niestedt*, in: Krenzler/Herrmann, Kap. 50 Rn. 61 ff. und ausführlich im Hinblick auf das Iran-Embargo: *Burkert* AW-Prax 2008, 294.

III. Personenlisten

119 Außerdem gibt es umfangreiche Listen von Personen und Organisationen, mit denen man keine Geschäfte machen darf. Diese Listen unterscheiden sich von den Listen in der EU nicht nur im Hinblick auf die genannten Personen. Sie werden auch von verschiedenen Behörden erstellt, was die manuelle Überprüfung eines Geschäftspartners sehr mühsam macht. Abhilfe kann hier nur eine Compliance-Software verschaffen, die auch die US-Listen überprüft.

IV. Kollision mit deutschem/europäischem Recht

120 Besondere Schwierigkeiten beim Ausfuhrgeschäft treten auf, wenn das US-Recht eine Handlung gebietet, die das deutsche oder europäische Recht untersagt. Soweit das US-Exportrecht extraterritoriale Geltung beansprucht, müssen deutsche Exporteure diese Regelungen – aus Sicht des US-Rechts – beachten.[131] Manche US-Exportvorschriften, insbesondere die (seinerzeitigen) weitreichenden Embargovorschriften gegen Kuba, Iran oder Libyen, stießen innerhalb der EU auf Vorbehalte. Die EU hat daher die Verordnung (EG) Nr. 2271/96 zum Schutz vor den Auswirkungen der extraterritorialen Anwendung von einem Drittland erlassener Rechtsakte sowie von darauf beruhenden oder sich daraus ergebenden Maßnahmen (sog. **Blocking-VO**) erlassen. Sie führt ausländische Gesetze auf, die innerhalb der EU nicht befolgt werden dürfen.[132] Damit steht der Exporteur vor einem Dilemma: Verstößt er gegen US-Recht, muss er dort mit Sanktionen rechnen. Befolgt er es, verletzt er EU-Recht. In der Praxis scheinen die US-Behörden im Anwendungsbereich der EU-Verordnung nicht auf der extraterritorialen Wirkung der eigenen Gesetze zu beharren.[133]

121 Ein spezielles Problem stellen sog. **Boykotterklärungen** dar, die unter Bezugnahme auf drittländisches Recht (zB das US-Recht) von einem deutschen Ausführer verlangt werden. Danach soll der Exporteur erklären, in fremden Ländern verhängte Boykottmaßnahmen gegen andere Staaten zu befolgen, beispielsweise das US-Exportkontrollrecht umfassend einzuhalten, keine Handelsbeziehungen zu einem gewissen Land oder dort ansässigen Personen zu pflegen oder keine Waren, die Bestandteile aus einem gewissen Land enthalten, auszuführen. Nach deutschem Recht (**§ 7 AWV**[134]) dürfen solche Erklärungen, durch die sich ein Inländer an Embargos und Sanktionen beteiligt, die von einem fremden Staat – zB den USA – verhängt wurden, nicht abgegeben werden, soweit sich Deutschland hieran nicht beteiligt. Ein Zuwiderhandeln wird als Ordnungswidrigkeit mit einem Bußgeld bis zu 500.000 EUR geahndet (vgl. § 19 Abs. 3 Nr. 1 lit. a, Abs. 6 AWG, § 80 Abs. 1 Nr. 1 AWV).

---

[131] Deutsche Gerichte wenden US-Recht jedoch nicht an. US-Recht kann lediglich über Generalnormen wie §§ 138, 311 und 826 BGB berücksichtigt werden; OLG Frankfurt ZIP 2011, 1354, 1355 mwN.
[132] ABl. 1996 L 309/1, zuletzt geändert durch VO (EG) Nr. 807/2003 vom 14.4.2003. Der Anhang der Verordnung wurde nicht parallel zu der Reform des US-amerikanischen Exportkontrollrechts angepasst, so dass fraglich ist, inwiefern sie heute noch von Bedeutung ist.
[133] Vgl. OLG Frankfurt/M ZIP 2011, 1354, 1357.
[134] Siehe zur Auslegung des § 4a AWV aF (nunmehr § 7 AWV) die Runderlasse des BMWi 31/92 (BAnz. Nr. 177 v. 19.9.1992, S. 7849) und 27/92 (BAnz. Nr. 139 v. 29.7.1992, S. 6142).

Abschnitt 36. Genehmigungsverfahren, Straf- und Bußgeldvorschriften, innerbetriebliche Exportkontrolle und Vertragsgestaltung

Übersicht	Rn.
A. Genehmigungsverfahren	2
I. Beteiligte Behörden	2
II. Ausfuhr von Gütern	6
1. Arten der Genehmigung	6
2. Standardfall: Einzelgenehmigung für Dual-Use-Güter	7
a) Antragsunterlagen	8
b) Zuverlässigkeit des Ausführers	13
c) Benennung eines Ausfuhrverantwortlichen	14
d) Genehmigungserteilung	15
e) Ausfuhrverfahren	20
3. Varianten der Einzelgenehmigung	23
4. Allgemeine Genehmigungen	25
III. Durchfuhr von Gütern	33
IV. Vermittlungstätigkeiten	34
V. Technische Unterstützung	37
VI. Aufzeichnungs- und Aufbewahrungspflichten	38
VII. Besondere Bescheidformen	40
B. Straf- und Bußgeldvorschriften	42
1. Straftaten	45
a) Alte Rechtslage	45
b) Neue Rechtslage	49
2. Ordnungswidrigkeiten	53
a) Alte Rechtslage	53
b) Neue Rechtslage	54
3. Einziehung und (erweiterter) Verfall	55
a) Einziehung	56
b) (Erweiterter) Verfall	58
4. Weitere Bußgeldrisiken	62
a) Geldbuße gegen die Unternehmensleitung	63
b) Geldbußen gegen das Unternehmen	64
5. Selbstanzeige	66
C. Innerbetriebliche Exportkontrolle (Compliance)	68
I. Der Ausfuhrverantwortliche	70
1. Stellung im Unternehmen	71
2. Bestellung gegenüber dem BAFA	72
3. Pflichten des Ausfuhrverantwortlichen	73
4. Straf- und bußgeldrechtliche Verantwortung	78
II. Dokumentationspflichten	80
D. Vertragsgestaltung	81
I. Verträge mit Lieferanten oder Zulieferern	82
II. Verträge mit Abnehmern	84
III. Verträge bei Lieferungen in Embargo-Länder	88
IV. Verträge im Vermittlungsverhältnis (Brokering)	89

Literatur: *BAFA,* Zusammenarbeit zwischen Verwaltung und Wirtschaft, AW-Prax 2004, 387; *Barowski,* Allgemeine Genehmigungen, AW-Prax 2009, 292; *Bender,* Exportkontrolle und Terrorismusbekämpfung: Auswirkungen auf privatrechtliche Verträge, in: Graf/Paschke (Hrsg.), Brennpunkt Exportrecht, 2010, S. 43; *v. Bernstorff,* Compliance im Außenhandel, AW-Prax 2013, 93, 127; *ders.,* Verantwortung im Auslandgeschäft, AW-Prax 2012, 73, 110, 149; *ders.,* Verantwortung und Haftung im Auslandsgeschäft, 2011; *ders.,* Vertragsgestaltung im Auslandsgeschäft, 7. Aufl. 2013; *Beutel,* Compliance in der Exportkontrolle, AW-Prax 2009, 299; *ders./Richter,* Aktuelle Entwicklungen im Bereich der innerbetrieblichen Exportkontrollsysteme (ICP), AW-Prax 2010, 190; *Burkert-Basler/Dreyer,* Exportkontrolle und Vertragsgestaltung, AW-Prax 2009, 319, 362; *Haellmigk,* Compliance beim Export: Innerbetriebliche Exportkontrolle, AW-Prax 2012, 83; *ders./Vulin,* Chancen und Risiken der Selbstanzeige im Außenwirtschaftsrecht, AW-Prax 2013, 176; *Harksen/Merz,* Verantwortlichkeiten im Ausfuhrverfahren und in der Exportkontrolle, in: Witte (Hrsg.), Praxishandbuch Export- und Zollmanagement, Loseblattsammlung, Band 1, Teil 1 F (32. EL, Stand: April 2014); *Hoh-*

mann, Die AWG-Novelle 2012, AW-Prax 2013, 3; *ders.,* Würdigung und Kritik der neuen Allgemeingenehmigungen, AW-Prax 2009, 322; *Kistner,* Straftaten im Außenwirtschaftsgesetz, 2008; *A. Krause,* Novelle des AWG – die neue „Selbst(kontroll)anzeige", ExportManager, 5/2013, 22; *D. Krause/Prieß,* Die bußgeldbefreiende Selbstanzeige bei fahrlässigen Verstößen im neuen Außenwirtschaftsrecht (§ 22 IV AWG n. F.), NStZ 2013, 688; *Landry,* Exportkontrolle und Terrorismusbekämpfung: Auswirkung auf Verträge, in: Grenzow/Grunewald/Schulte/Nölke (Hrsg.), Festschrift für Friedrich Graf von Westphalen, 2010, S. 453; *Merz,* § 33 – Compliance im Außenwirtschaftsrecht, in: Hauschka (Hrsg.), Corporate Compliance 2. Aufl. 2010; *ders./Felderhoff,* Compliance im Außenwirtschaftsrecht, AW-Prax 2012, 317; *Morweiser,* Unternehmensrisiken im Außenwirtschaftsstrafrecht, AW-Prax 2004, 175; *Niestedt,* Klarstellung zur Selbstanzeige nach dem AWG, ExportManager 2/2014, 16; *Pelz/Hofschneider,* Die Selbstanzeige im neuen Außenwirtschaftsrecht, AW-Prax 2013, 173; *Pottmeyer,* AWG-Modernisierungsgesetz und Strafbarkeit nach dem KWKG, AW-Prax 2013, 237; *ders.,* Der Ausfuhrverantwortliche, 5. Aufl. 2014; *ders./Merz,* Die Organisation der Exportkontrolle, in: Witte (Hrsg.), Praxishandbuch Export- und Zollmanagement, Loseblattsammlung, Band 2, Teil 5 (32. EL, Stand: April 2014); *Prieß/Arend,* Absolvo vos, Die Selbstanzeige im Außenwirtschaftsrecht, AW-Prax 2013, 71; *ders./Thoms,* Der Ausfuhrverantwortliche im Großunternehmen, AW-Prax 2013, 110; *Puschke,* Die Compliance-Fibel, 2005; *Ricke,* Anordnung des Verfalls bei einer Außenwirtschaftsstraftat, AW-Prax 2012, 242; *ders.,* Weniger ist manchmal mehr, AW-Prax 2011, 404; *Sachs/Krebs,* Quid pro Quo – Compliance gegen Verfahrensprivilegien, CCZ 2013, 12; *dies.,* Anforderungen an ein außenwirtschaftliches Compliance-Programm und seine Ausgestaltung in der Praxis, CCZ 2013, 60; *Sayeed,* Die verfassungsrechtliche Herleitung des Klarheitsgebots und seine Anwendung am Beispiel des § 34 AWG, 2010; *Schäfer,* Bestimmtheitsgrundsatz im Strafrecht versus Exportkontrollpolitik, AW-Prax 2012, 204; *Schlegel/Cammerer,* in: Umnuß (Hrsg.), Corporate Compliance Checklisten, 2. Aufl. 2012; *Walter,* Das neue Außenwirtschaftsgesetz 2013, RIW 2013, 205; *Weith,* Die exportkontrollrechtliche Ausfuhrgenehmigung unter Berücksichtigung von Gemeinschaftsverwaltungsrecht und Aspekten der Gefahrenprävention, 2009; *Wermelt/Tervooren,* Exportkontroll-Compliance, Innerbetriebliche Exportkontrollsysteme und IDW PS 980, CCZ 2013, 81; *Wolffgang,* Offenlegungsprivileg im Außenwirtschaftsrecht belohnt Complianceprogramme, Der Betrieb 12/2013, 1; siehe auch Literatur zu Abschnitt 35.

1 Das exportkontrollrechtliche Genehmigungsverfahren wird von der **Verordnung (EG) Nr. 428/2009** vom 5.5.2009 über eine Gemeinschaftsregelung für die Kontrolle der Ausfuhr, der Verbringung, der Vermittlung und der Durchfuhr von Gütern mit doppeltem Verwendungszweck (Dual-Use-VO oder DUV)[1] sowie dem **Außenwirtschaftsgesetz** (AWG) und der **Außenwirtschaftsverordnung** (AWV) geregelt. Das AWG und die AWV wurden mit **Wirkung zum 1.9.2013 novelliert.**[2] Die nachfolgenden Ausführungen beziehen sich auf die aktuelle Rechtslage, gehen in gebotenem Umfang aber auch auf die zuvor gültigen Bestimmungen ein.[3]

A. Genehmigungsverfahren

I. Beteiligte Behörden

2 Für die Kontrolle der Ausfuhr und Durchfuhr von Gütern sowie ua die Kontrolle von Vermittlungstätigkeiten ist das **Bundesamt für Wirtschaft und Ausfuhrkontrolle (BAFA)** in Eschborn bei Frankfurt zuständig. Das BAFA ist eine Bundesoberbehörde im Geschäftsbereich des Bundesministeriums für Wirtschaft und Energie (BMWi).

> Das BAFA hat einen umfangreichen Internetauftritt unter **www.bafa.de**. Hier können die wesentlichen Vorschriften eingesehen und Merkblätter sowie Vorlagen heruntergeladen werden. Außerdem besteht die Möglichkeit nach einmaliger Registrierung, bei der lediglich die Identität des Unternehmens geprüft wird, Anträge online zu stellen oder den Verfahrensstand eines Genehmigungsantrags abzufragen.

---

[1] ABl. 2009 L 134/1, zuletzt geändert durch VO (EU) Nr. 388/2012 v. 19. 4. 2012, ABl. 2012 L 129/12.

[2] Vgl. Gesetz zur Modernisierung des Außenwirtschaftsrechts v. 6.6.2013, BGBl. I 2013, 1482 (die §§ 4, 5 und 11 des neuen AWG sind bereits am 14.6.2013 in Kraft getreten), und AWV v. 2.8.2013, BGBl. I 2013, 2865, sowie den zugehörigen Runderlass Außenwirtschaft Nr. 5/2013 des BMWi zur Erläuterung der VO zur Neufassung der AWV, BAnz AT v. 5.8.2013 B1, S. 1; vgl. auch *Niestedt/Trennt* BB 2013, 2115; *Kollmann* AW-Prax 2013, 267, 381.

[3] Soweit im Folgenden auf Bestimmungen der zuvor gültigen Fassungen des AWG und der AWV eingegangen wird, werden diese mit dem Zusatz „aF" (alte Fassung) versehen.

Abschnitt 36. Genehmigungsverfahren, Straf- und Bußgeldvorschriften

Das BAFA ist nach § 13 Abs. 1 AWG insbesondere für die Genehmigung von Ausfuhren 3
von Dual-Use-Gütern, einschließlich Dual-Use-Technologie (Art. 3 und Art. 4 DUV) und
Vermittlungstätigkeiten (Art. 5 DUV) zuständig, sofern der Ausführer oder Vermittler in
Deutschland niedergelassen ist. Bei Unternehmen mit Niederlassungen in mehreren Mitgliedstaaten ist maßgeblich, in welchem Staat das Unternehmen seinen Hauptsitz hat (Art. 9
Abs. 2 DUV). Unerheblich ist, wo sich das auszuführende Gut befindet. Soll dagegen eine
innergemeinschaftliche Verbringung (Art. 22 Abs. 3 DUV) beantragt werden oder ein Gut
durch das Gebiet eines Mitgliedstaates durchgeführt werden oder beruht die Genehmigungspflicht auf Bestimmungen der AWV,[4] ist das BAFA nur dann für die Erteilung der Genehmigung zuständig, wenn sich die Güter im Inland befinden bzw. durch dieses durchgeführt werden sollen. Auch für die Genehmigung technischer Unterstützung ist das BAFA
zuständig. Gleiches gilt für Genehmigungen, die auf Embargobestimmungen zurückgehen.

Für **Finanzsanktionen,** dh Beschränkungen des Kapital- und Zahlungsverkehrs (→ Abschnitt 35 Rn. 37, 47ff., 81ff.), ist nach § 13 Abs. 2 Nr. 1 AWG die **Deutsche Bundesbank** zuständig, die in München ein Servicezentrum Finanzsanktionen eingerichtet hat. 4

> Auf der Homepage des Servicezentrums Finanzsanktionen der Bundesbank finden sich Informationen zu Beschränkungen des Kapital- und Zahlungsverkehrs: www.bundesank.de/Navigation/DE/Service/Finanzsanktionen/finanzsanktionen.html

Besondere Zuständigkeiten des **BMWi** sowie anderer Bundesbehörden ergeben sich aus
§ 13 Abs. 2 Nr. 2 bis 5 AWG (Abschnitt 37 Rn. 7).

Sollen Güter ausgeführt werden, muss grundsätzlich eine Ausfuhranmeldung beim 5
Zoll abgegeben werden (vgl. zum zollrechtlichen Ausfuhrverfahren → Abschnitt 29 insb.
Rn. 40ff., 53ff.). Soweit es um die Einhaltung der Exportbeschränkungen geht – und nicht
um die eigentlichen Zollformalitäten – überprüft der Zoll, ob entsprechende Genehmigungen vorliegen bzw. notwendig sind (vgl. Art. 58 Abs. 2 Zollkodex). Der Zoll ist in diesen
Fällen jedoch nur ausführendes Organ; sachlich zuständig bleiben die oben genannten Fachbehörden.

II. Ausfuhr von Gütern

1. Arten der Genehmigung. Art. 9 Abs. 2 iVm Art. 2 Nr. 8 bis 11 DUV sieht als mögliche Formen der Genehmigung für die Ausfuhr von Gütern (dh Waren, Software und
Technologie[5]) die Einzel-, Global- oder Allgemeingenehmigung vor. Die Einzelgenehmigung erlaubt die Lieferung eines Gutes oder mehrerer Güter aufgrund eines Auftrages an
einen Empfänger (→ Rn. 7ff.). Die Globalgenehmigung – in Deutschland Sammelgenehmigung genannt – ermöglicht die Ausfuhr an verschiedene, vordefinierte Empfänger
(→ Rn. 24). Die Allgemeine Genehmigung erlaubt generell die Ausfuhr bestimmter Güter
ohne die Notwendigkeit, eine Einzelgenehmigung beantragen zu müssen (→ Rn. 25ff.). 6

2. Standardfall: Einzelgenehmigung für Dual-Use-Güter. Der Standardfall ist die Beantragung einer Genehmigung für eine bestimmte Ausfuhr an einen bestimmten Empfänger,
bevor das Gut zur Ausfuhr angemeldet wird. Das Antragsverfahren ist für Ausfuhr- oder
Verbringungsgenehmigung grundsätzlich identisch.[6] 7

a) Antragsunterlagen. Der Antrag auf Erteilung einer Ausfuhr- bzw. Verbringungsgenehmigung muss auf einem Vordruck gestellt werden. Ihm sind bestimmte Ergänzungsblätter beizufügen. Für manche Güterkategorien wie Werkzeug- und Koordinatenmessmaschinen haben die Fachreferate zusätzliche Fragebögen erstellt. Die Antragstellung erfolgt
entweder papierbasiert oder online nach vorheriger Registrierung über das ELAN-K2-Portal 8

---

[4] Mit der Novellierung der AWV entfielen manche dieser nationalen Sonderregelungen bzw. wurden in ihrem Anwendungsbereich eingeschränkt (zB §§ 5c, 7 Abs. 2 und 3, 41, 41a AWV aF).
[5] Vgl. Art. 2 Nr. 1 DUV, § 2 Abs. 13 und 22 AWG.
[6] Hocke/*Friedrich* Art. 22 DUV Rn. 16ff.

des BAFA. Der Zugang zu dem Portal befindet sich auf dessen Homepage unter: https://elan1.bafa.bund.de/bafa-portal/content/login.xhtml. Eine Anbindung an firmeninterne Softwaresysteme ist möglich und wird vom BAFA bei der Realisierung unterstützt. Das BAFA hält auf seiner Homepage eine Ausfüllanleitung sowohl für **ELAN-K2** als auch für die Vordrucke bereit. Um den Prozess zu beschleunigen, insbesondere die Abwicklung etwaiger Rückfragen durch die Behörde, empfiehlt das BAFA die Nutzung des ELAN-K2-Portals.

9   Dem Antrag müssen alle **technischen Unterlagen** beigefügt werden, die nötig sind, um zu klären, ob die Güter den Güterlisten unterfallen. Dabei ist zu berücksichtigen, dass die Anträge von technisch sachverständigen Mitarbeitern des BAFA bearbeitet werden, so dass ein gewisses Fachwissen vorausgesetzt werden kann.

10   Soweit die auszuführenden Güter in Teil I der Ausfuhrliste (AL) genannt sind, muss dem Antrag – bis auf die vorübergehende Ausfuhr oder bei Unterschreitung von Wertgrenzen – ein Nachweis über den Endverbleib beigefügt werden (Art. 9 Abs. 2 UAbs. 3 S. 2 DUV, § 21 Abs. 2 AWV). Ein solches **Endverbleibsdokument** muss Angaben über Endempfänger und Zweck der Ausfuhr enthalten. Neben privaten Endverbleibsdokumenten, die durch den Vertragspartner bzw. den Endempfänger auszustellen sind, gibt es **amtliche Nachweise,** die von der empfangenden staatlichen Stelle auszufüllen sind. Darüber hinaus gibt es Internationale Einfuhrbescheinigungen (International Import Certificate – IC), die von bestimmten beauftragten staatlichen Stellen ausgestellt werden (§ 21 Abs. 3 AWV).

11   Grundsätzlich ist die Verwendung der **privaten Endverbleibserklärung** des Endempfängers empfehlenswert, da diese in der Praxis leichter zu beschaffen ist als amtliche Belege. Es sollten immer die Vordrucke des BAFA verwendet und so weit wie möglich vorausgefüllt werden. Da die Ausstellung des Endverbleibsnachweises beim Empfänger nicht immer im Einflussbereich des Ausführers liegt, sollte so früh wie möglich auf dessen Ausstellung hingewirkt werden, da eine Antragstellung beim BAFA ohne diesen Nachweis nicht möglich ist. Bereits im Ausfuhrvertrag sollte der Abnehmer zur Kooperation verpflichtet werden (→ Rn. 85).

12   Damit der Antrag schnell bearbeitet werden kann, sollte die Erklärung eine umfassende und nachvollziehbare **Darstellung der Gründe** für die Ausfuhr enthalten. Wird ein Kunde erstmals beliefert, sollten dem Antrag Informationen über dieses Unternehmen (zB ein Firmenprofil) beigefügt werden. Sofern sich dies nicht von selbst ergibt, sollte auch die geplante Verwendung des auszuführenden Gutes plausibel gemacht werden.

Bei den Anforderungen an die Plausibilisierung des Endverbleibs kommt es auch auf das **Zielland** an. Besonders bei der Ausfuhr in Embargoländer sowie die in der „Catch-all"-Vorschrift des § 9 AWV (§ 5d AWV aF)[7] genannten Länder Algerien, Irak, Iran, Israel, Jordanien, Libyen, Nordkorea, Pakistan sowie Syrien wird das BAFA besonders genau prüfen, ob die Erklärung über die geplante Endverwendung plausibel ist. Deshalb sollten bei Ausfuhren in diese Länder von vornherein besonders umfassende Angaben über den Endempfänger und die geplante Endverwendung gemacht werden.

13   **b) Zuverlässigkeit des Ausführers.** Allgemeine Voraussetzung für die Erteilung einer Ausfuhrgenehmigung ist die Zuverlässigkeit des Antragstellers (§ 8 Abs. 2 AWG). Er ist unzuverlässig, wenn er die Einhaltung der Vorschriften im Exportkontrollrecht nicht gewährleistet. Dies ist insbesondere dann anzunehmen, wenn er gegen Genehmigungspflichten verstoßen hat. Außerdem kann sich die Unzuverlässigkeit aus Verstößen gegen andere Pflichten im Exportkontrollrecht, wie die Erfüllung von Auflagen, Meldepflichten, Aufbewahrungs- oder Hinweispflichten, sowie Vorschriften aus anderen Rechtsgebieten, wie dem Waffen-, Zoll-, Gewerbe- oder Strafrecht, ergeben.[8]

---

[7] Der § 5c AWV aF (Genehmigungspflicht für nicht gelistete Güter bei Anhaltspunkten für militärische Verwendung in K-Ländern) und somit die Länderliste K, die lediglich Kuba enthielt, sind mit der Novellierung der AWV entfallen.

[8] Für Details vgl. die Bekanntmachung des BMWi über Endverbleibsdokumente nach § 17 Abs. 2 AWV v. 12.2.2002; *BAFA*, Haddex Band 1, Rn. 375.

Abschnitt 36. Genehmigungsverfahren, Straf- und Bußgeldvorschriften

Die Zuverlässigkeit muss bei der Antragstellung nur belegt werden, wenn das BAFA sie anzweifelt. Sie kann im Bedarfsfalle etwa durch beanstandungslose Berichte über eine Außenwirtschaftsprüfung (§ 23 AWG) oder durch die Dokumentation der innerbetrieblichen Exportkontrolle nachgewiesen werden. Da unzuverlässige Ausführer genehmigungspflichtige Güter nicht ausführen dürfen, und damit insoweit vom Außenhandel abgeschnitten sind, sollte jedes Unternehmen vermeiden, auch nur den Schein der Unzuverlässigkeit zu erzeugen, und entsprechende vorbeugende Compliance-Maßnahmen ergreifen (→ Rn. 68 ff.).

c) Benennung eines Ausfuhrverantwortlichen. Weitere Voraussetzung für die Erteilung einer Exportgenehmigung ist die Bestellung eines Ausfuhrverantwortlichen beim Ausführer (→ Rn. 70 ff.), der in dem Antrag genannt werden muss. 14

d) Genehmigungserteilung. Selbst wenn der Ausführer alle oben genannten Voraussetzungen erfüllt hat, steht die Genehmigungserteilung im **außenpolitischen Ermessen** des BAFA (§ 4 AWG). Das Risiko der Versagung aus außenpolitischen Gründen ist umso höher, je größer die Wahrscheinlichkeit ist, dass das betreffende Gut auch für militärische Zwecke verwendet wird, und je instabiler die politische Situation des potentiellen Empfangsstaats ist. 15

Art. 12 DUV nennt die wesentlichen **ermessensleitenden Gesichtspunkte.** Danach sind zu berücksichtigen: 16

- die Einhaltung internationaler Bindungen und Verpflichtungen, die aus den verschiedenen internationalen Nichtverbreitungsregimes und Ausfuhrkontrollvereinbarungen entspringen;
- Sanktionen der EU, der OSZE oder des UN-Sicherheitsrats;
- Überlegungen der nationalen Außen- und Sicherheitspolitik;
- Überlegungen über die beabsichtigte Endverwendung und die Gefahr einer Umlenkung.

Daneben wird ein besonderes Augenmerk auf die **geplante Endverwendung** der Güter gerichtet (→ Rn. 10 ff.). Je plausibler sie dargelegt wird, desto eher wird ein positiver Bescheid ergehen.

Die Entscheidung, ob eine Genehmigung erteilt wird, ist letztlich in hohem Maße politischer Natur. Um die außenpolitische Handlungsfähigkeit des Staates nicht zu gefährden, sind derartige Entscheidungen daher **gerichtlich nur eingeschränkt überprüfbar.**[9] Die Gerichte sind mithin grundsätzlich darauf beschränkt zu prüfen, ob ein Verstoß gegen den Gleichheitssatz (Art. 3 GG) oder eine offensichtlich willkürliche Entscheidung unter Berücksichtigung sachfremder Kriterien vorliegt.[10] 17

Grundsätzlich sollte von einer **einmonatigen Bearbeitungszeit** ausgegangen werden, sofern vollständige Unterlagen eingereicht wurden. Abhängig von der technischen und/oder rechtlichen Komplexität der Angelegenheit, außenpolitischen Sensibilität der Ausfuhr und dem Antragsaufkommen kann dieser Zeitraum auch deutlich überschritten werden. Zu Verzögerungen kommt es immer, wenn das BAFA nach seinen internen Leitlinien verpflichtet ist, sich mit den zuständigen Bundesministerien, insbesondere dem Auswärtigen Amt, abzustimmen. Es gibt dann zwei Verfahren: Für Güter, die im konventionellen Rüstungsbereich eingesetzt werden könnten, findet ein schriftliches Verfahren statt, in dem das BAFA bzw. das BMWi das Auswärtige Amt um Stellungnahme bittet. Da es hierfür keine verbindlichen Fristen gibt, ist die Dauer dieses Verfahrens nicht absehbar. Bei Gütern, die proliferationsrelevant sind, dh im Zusammenhang mit ABC-Waffen stehen könnten, wird der sog. Ausfuhrausschuss befasst. Dieses interministerielle Gremium, das 14-tägig tagt, ist 18

---

[9] *BVerfG* NJW 1992, 2624; *VG Frankfurt a.M.* Urt. v. 29.11.2012, 1 K 675/12.F, BeckRS 2013, 45620; *VG Frankfurt a.M.* Urt. v. 14.5.2009, 1 K 2533/08.F, 1 K 233/08, BeckRS 2009, 34816.
[10] Vgl. *VG Frankfurt a.M.* Urt. v. 8.5.2003, 1 E 3273; siehe auch *Ott* AW-Prax 2003, 353; *Hocke/Friedrich* § 3 AWG Rn. 20. Vgl. weiterführend zum Rechtsschutz im Außenwirtschaftsrecht die Beiträge in dem vom Zentrum für Außenwirtschaftsrecht (ZAR) herausgegebenen Tagungsband des 17. Außenwirtschaftsrechtstags 2012 (iE).

mit Vertretern des BAFA, des BMWi, des Auswärtigen Amtes und des Bundesnachrichtendienstes besetzt und berät über die Zulässigkeit dieser besonders sensiblen Ausfuhren.

19 Drei Monate nach Einreichung des Antrags auf Erteilung einer Genehmigung kann **Untätigkeitsklage** gegen die Bundesrepublik Deutschland, vertreten durch das BAFA, beim zuständigen Verwaltungsgericht Frankfurt/M. erhoben werden, wenn nicht besondere Umstände vorliegen (§ 75 VwGO, Art. 9 Abs. 3 DUV). Solche besonderen Umstände können bei außenwirtschaftsrechtlichen Sachverhalten insbesondere in der Komplexität des Sachverhalts begründet sein.[11]

> Die von der zuständigen Behörde eines Mitgliedstaates erteilte Genehmigung ist in der gesamten EU gültig (vgl. Art. 9 Abs. 2 UAbs. 2 DUV).

20 **e) Ausfuhrverfahren.** Die Ausfuhr findet im Rahmen eines zollrechtlichen Ausfuhrverfahrens statt (→ Abschnitt 29), dessen Voraussetzungen durch die §§ 12 ff. AWV modifiziert werden. Der Ausführer hat – sofern eine Genehmigungspflicht besteht – insbesondere den Nachweis zu erbringen, dass die Ausfuhr der Güter ordnungsgemäß genehmigt wurde (Art. 16 Abs. 1 DUV). Dies geschieht grundsätzlich durch Vorlage der Ausfuhrgenehmigung; Ausnahmen sind bei einer elektronischen Ausfuhranmeldung möglich (§ 23 AWV).

21 Verfügt der Ausführer über einen „Null-Bescheid" oder über eine Auskunft zur Güterliste (→ Rn. 40 f.), kann er hierdurch den Nachweis erbringen, dass die Ausfuhr ohne Genehmigung erfolgen darf. In der Praxis gehen die Zollbehörden insbesondere bei Ausfuhren in Embargoländer (→ Abschnitt 35 Rn. 38 ff.) zunehmend dazu über, regelmäßig „Null-Bescheide" von den Exporteuren zu verlangen. Dies widerspricht dem Grundsatz der Außenwirtschaftsfreiheit (→ Abschnitt 35 Rn. 1), da der Ausführer hierdurch praktisch gezwungen ist, auch für genehmigungsfreie Ausfuhren einen Antrag beim BAFA zu stellen.

22 Das Ausfuhrverfahren kann von jedem Mitgliedstaat ausgesetzt werden, wenn Grund zur Annahme besteht, dass bei der Erteilung der Genehmigung sachdienliche Informationen nicht berücksichtigt wurden oder sich die Lage seit Erteilung der Genehmigung wesentlich verschlechtert hat (Art. 16 Abs. 3 DUV). In diesem Fall benachrichtigt die Zollstelle die Behörde, die die Genehmigung ausgestellt hat. Diese entscheidet innerhalb von zehn Tagen, in Ausnahmefällen innerhalb von 30 Tagen, ob die Genehmigung aufrechterhalten, geändert oder aufgehoben wird (Art. 16 Abs. 4 iVm Art. 13 Abs. 1 DUV). Entscheidet die Genehmigungsbehörde nicht innerhalb der Frist, so sind die Güter zur Ausfuhr freizugeben.

23 **3. Varianten der Einzelgenehmigung.** Eine Sonderform der Einzelgenehmigung stellt die **Höchstbetragsgenehmigung** dar. Diese erlaubt Lieferungen aufgrund mehrerer Aufträge, zB aufgrund eines Rahmenvertrags, an einen Empfänger bis zu dem in der Genehmigung genannten Höchstbetrag. Bei dem Höchstbetrag kann es sich beispielsweise um den voraussichtlichen Jahresumsatz handeln.[12]

24 Die **Sammelgenehmigung** (SG; Art. 9 Abs. 2 DUV, § 4 AWV) erlaubt bestimmten zuverlässigen Ausführern die Ausfuhr bestimmter Güter(gruppen) an verschiedene zuverlässige Empfänger. Um eine SG zu erhalten, muss der Ausführer dem BAFA mitteilen, welche Art von Gütern in welche Zielländer geliefert werden sollen. Daneben muss er insbesondere die Person des Ausfuhrverantwortlichen, die Anzahl der im letzten Jahr beantragten SG angeben sowie die betriebsinterne Sicherung des Exportkontrollrechts darlegen. Die Genehmigung kann grundsätzlich nur erteilt werden, wenn der Antragsteller im vergangenen Jahr mindestens 50 Einzelausfuhrgenehmigungen beantragt hat oder in Zukunft eine erhebliche Erhöhung der Anträge zu erwarten ist. Art. 12 Abs. 2 DUV nennt die innerbetriebliche Exportkontrolle (→ Rn. 68 ff.) explizit als Kriterium, der neben den o. g.

---

[11] Hocke/*Friedrich* Art. 9 DUV Rn. 18; Art. 10 DUV Rn. 16.
[12] *BAFA*, Haddex, Band 1, Rn. 560 ff.

ermessensleitenden Gesichtspunkten des Art. 12 Abs. 1 DUV (→ Rn. 16) bei der Bewertung eines Antrags zu berücksichtigen ist. Die SG wird für zwei Jahre erteilt und kann um denselben Zeitraum verlängert werden. Sie wird mit einem Widerrufsvorbehalt versehen und kann Nebenbestimmungen enthalten.[13]

4. Allgemeine Genehmigungen. Ausnahmsweise braucht man für die Ausfuhr eines gelisteten Guts keine Einzelgenehmigung, wenn eine Allgemeine Genehmigung (AGG) die konkrete Ausfuhr legalisiert. Ist eine AGG anwendbar, kann die Ausfuhr – unter Einhaltung bestimmter Verfahrens- und Dokumentationspflichten – ohne vorherige Einzelgenehmigung erfolgen. Durch diese erhebliche Verfahrenserleichterung wird ein potentiell langwieriges Antragsverfahren vermieden.

Die Kehrseite dieser Verfahrenserleichterung ist, dass der Ausführer mit der rechtlichen Bewertung, ob eine AGG anwendbar ist, allein gelassen wird. Solange die konkreten Ausfuhren nicht im Rahmen einer Außenwirtschaftsprüfung überprüft worden sind, hat er keine Garantie dafür, dass die Ausfuhr rechtmäßig erfolgte. Im Zweifel sollten sich Ausführer daher an das BAFA wenden, um die Anwendbarkeit einer AGG abzuklären. In jedem Fall sollte die innerbetriebliche Entscheidungsfindung, ob eine AGG genutzt wird oder ein Einzelantrag gestellt wird, hinreichend dokumentiert werden.

Eine AGG ist im Hinblick auf die anwendbaren Güter und Exportländer beschränkt. Daneben gibt es Ausschlüsse etwa für die Lieferung an staatliche Stellen oder Exporte im Zusammenhang mit Embargostaaten oder ABC-Waffen.

Soll ein gelistetes Gut nach **Norwegen,** in die **Schweiz** (einschließlich Liechtenstein), die **USA, Kanada, Japan, Australien** oder **Neuseeland** ausgeführt werden, ist an die Allgemeine Ausfuhrgenehmigung der Union Nr. EU001 (AGG EU001) zu denken (Art. 9 DUV iVm Anhang IIa). Es muss sich um die Ausfuhr eines Guts nach Anhang I DUV handeln. Ausschlüsse bestehen nur für einzelne besonders sensible Güter nach Anhang Ig DUV. Die Nebenbestimmungen unter Teil 3 des Anhangs sind insbesondere mit Blick auf erweiterte Meldepflichten zu beachten.

Bei Ausfuhren nach **Argentinien, Kroatien,**[14] **Island, Südafrika, Südkorea** oder die **Türkei** kommt die AGG EU002 in Betracht (Art. 9 DUV iVm Anhang IIb), wenn es sich um Güter nach Teil 1 des Anhangs IIb handelt. Auch hier gilt es die Nebenbestimmungen in Teil 3 zu beachten.

Werden Güter nach **Ersatz** oder **Instandsetzung** wieder ausgeführt, ist an die AGG EU003 zu denken (Art. 9 DUV iVm Anhang IIc). Es sind alle Güter erfasst, die nicht nach Teil 1 Nr. 2 des Anhangs II c) ausgeschlossen werden. Diese müssen zuvor schon einmal mit Genehmigung ausgeführt worden sein und innerhalb von fünf Jahren nach Erteilung der ursprünglichen Ausfuhrgenehmigung in das Bestimmungsland (Teil 2) aus- oder wiederausgeführt werden. Auf die Nebenbestimmungen in Teil 3 sei hingewiesen.

EU004, EU005 und EU006 enthalten des Weiteren Allgemeine Genehmigungen für die Ausfuhr zum Zweck einer **Messe** oder einer **Ausstellung** (Anhang IId), Güter zur **Telekommunikation** (Anhang IIe) oder **Chemikalien** (Anhang IIf). Jede dieser AGGen legen die Bestimmungsziele in dem jeweiligen Teil 2 des Anhangs fest. Wiederum sind die besonderen Nebenbestimmungen zu beachten. So gilt insbesondere bei EU004, dass die Güter 120 Tage nach Ausfuhr vollständig und unverändert wieder in die EU eingeführt werden müssen.

Neben die ausdrücklich geregelten Anforderungen für die AGGen tritt eine **Registrierungspflicht** bei der erstmaligen Inanspruchnahme der AGG und eine Meldepflicht für jegliche auf Grund der AGG ausgeführten Güter. Die Registrierung hat vor der oder zumindest bis spätestens 30 Tage nach der Ausfuhr zu erfolgen und kann online über das von

---

[13] Für weitere Einzelheiten der Antragsstellung siehe den Runderlass des BMWi, Runderlass Außenwirtschaft Nr. 10/2003, BAnz Nr. 107 v. 12.6.2003.
[14] Seit dem Beitritt Kroatiens zur EU am 1.7.2013 kann es sich bei der Lieferung dorthin nur noch um eine Verbringung handeln.

3. Teil. Exportwirtschaft (Ausfuhr, Zoll, Steuern)

der BAFA zur Verfügung gestellte Programm ELAN-K2 vorgenommen werden. Eine papierbasierte Anmeldung ist nicht mehr möglich. Bei Nutzung der AGGen EU003, EU004 und EU005 sind zusätzlich die Nummer der ursprünglichen Ausfuhrgenehmigung (EU003), das Ausfuhr- und Wiederausfuhrdatum (EU004) oder der Verwendungszweck (EU005) anzugeben.[15]

32   Neben den sich direkt aus dem EU-Recht ergebenden – und deshalb vorrangigen – vorstehend dargestellten AGG EU001 bis EU006 gibt es in Deutschland weitere **nationale AGGen** für bestimmte Produkte und Produktgruppen. Besonders interessant dürften die AGG für **Computer** und verwandte Geräte (AGG 10) sowie für **Telekommunikation** und **Informationssicherheit** (AGG 16) sein. Auf die AGG 20 betreffend **Handels- und Vermittlungsgeschäfte** wird unten eingegangen (→ Rn. 35). In Reaktion auf die jüngsten politischen Ereignisse in **Ägypten, Russland, Thailand,** der **Ukraine** und **Venezuela** können Ausfuhren in diese Staaten mit Wirkung zum **1.4.2014** nicht mehr von den Erleichterungen der AGG 9, 12, 13 und 16 profitieren.[16]

III. Durchfuhr von Gütern

33   Für die Durchfuhr von nichtgemeinschaftlichen Gütern durch das Bundesgebiet (Transit) gilt gem. Art. 6 DUV kein allgemeiner Genehmigungsvorbehalt. Den zuständigen Zollstellen obliegt es jedoch, bei Verdacht auf Güter, die für Massenvernichtungswaffen oder Trägersysteme verwendet werden könnten, die Durchfuhr zu stoppen und das BAFA zu unterrichten. Diesem wiederum fällt die Aufgabe zu, über ein Verbot oder eine Genehmigungspflicht im konkreten Einzelfall zu entscheiden (§ 44 AWV). Welche Dokumente der Durchführer dem BAFA zu übermitteln hat, ist sodann im Einzelfall zu bestimmen. Die Durchfuhr von Gütern wird von der zuständigen Zollstelle nicht freigegeben, solange eine Entscheidung des BAFA noch aussteht.

IV. Vermittlungstätigkeiten

34   Für genehmigungspflichtige Vermittlungstätigkeiten (Brokering, → Abschnitt 35 Rn. 28 ff., 60) erteilt die Behörde gem. Art. 10 Abs. 1 DUV eine Genehmigung, die eine vorgegebene Menge an Gütern umfasst, die zwischen zwei oder mehr Drittländern verbracht wird. Eine derartige Genehmigung, die nur die Vermittlung, nicht jedoch die darauf bezogene Ausfuhr legalisiert, erfolgt auftrags- und empfängerbezogen und wird als Einzelgenehmigung erteilt. Das Antragsverfahren (ELAN-K2/papierbasiert → Rn. 7 ff.) und die Wirkung der Genehmigung entsprechen dem Verfahren für die Ausfuhr von Gütern. Hinsichtlich der Bearbeitungsdauer und -frist (Art. 10 Abs. 3 DUV) kann ebenfalls auf die obigen Ausführungen verwiesen werden.

35   Für Vermittlungstätigkeiten besteht die Möglichkeit, eine unternehmens- und personenbezogene **Pauschal-/Globalgenehmigung** beim BAFA zu beantragen. Diese gilt für die Vermittlung der in der Genehmigung genannten Güter zwischen den in der Genehmigung genannten Unternehmen. Als weitere Verfahrenserleichterung ermöglicht die AGG 20 eine Handels- oder Vermittlungstätigkeit ohne Genehmigung, wenn die auszuführenden Güter in Teil I Abschnitt A der AL aufgeführt sind und das Käufer- und Bestimmungsland in Teil 2 des Anhangs IIa der DUV genannt ist.

36   Der Vermittler muss der Behörde bei der Anmeldung alle erforderlichen Informationen übermitteln, die sie für die Prüfung der Genehmigungsvoraussetzungen benötigt. Hierzu zählen insbesondere der **genaue Standort** und eine **Beschreibung der Güter,** einschließlich technischer Unterlagen und Angaben zur Endverwendung, sowie die betreffende **Menge,** die an der Transportaktion **beteiligten Personen,** das **Bestimmungsland**

---

[15] Für weitere Einzelheiten zu Allgemeinen Genehmigungen siehe Merkblätter des *BAFA* zu Allgemeinen Genehmigung, abrufbar unter http://www.ausfuhrkontrolle.info.
[16] BAFA, Aktueller Hinweis vom 31.3.2014, abrufbar unter www.bafa.de.

sowie **Name und Standort des Endverwenders** in diesem Bestimmungsland (Art. 10 Abs. 2 DUV). Insbesondere der Standort des Gutes, der Endverwender und dessen genauer Standort müssen unzweideutig angegeben werden (Art. 10 Abs. 1 DUV). Das BAFA kann jedoch weitere Informationen anfordern, soweit diese entscheidungserheblich sind.[17] Anders als bei der Ausfuhr muss der Vermittler der Behörde keinen Ausfuhrverantwortlichen anzeigen. Vielmehr kann jeder dazu ermächtigte Mitarbeiter des Unternehmens den Antrag unterzeichnen.

V. Technische Unterstützung

Die Ausfuhr von Software oder Technologie (Art. 2 Nr. 2 iii) DUV), also verkörpertem 37 Wissen, unterfällt den gleichen verfahrensrechtlichen Anforderungen wie die Ausfuhr von Waren, da es sich jeweils um „Güter" iSv Art. 2 Nr. 1 DUV, § 2 Abs. 13 AWG handelt (→ Rn. 6 ff.). Technische Unterstützung (§ 2 Abs. 16 AWG), also die nicht verkörperte Wissensweitergabe, unterliegt den Beschränkungen der **§§ 46 ff. AWV**[18] (→ Abschnitt 35 Rn. 31 ff.). Für das konkrete Genehmigungsverfahren gibt es keine besonderen Regelungen. Bei der Unterrichtung an das BAFA sollten jedoch detaillierte Angaben über die Art und das Objekt der technischen Unterstützung und über Ort und Form des Wissenstransfers enthalten sein. Das BAFA empfiehlt die Verwendung der Formulare, die auch der Anmeldung einer Güterausfuhr dienen.[19] Parallel zu Vermittlungsgeschäften muss auch hier dem BAFA kein Ausfuhrverantwortlicher benannt werden. Verfahrenserleichterungen, wie AGGen und Wertfreigrenzen können nicht in Anspruch genommen werden.

VI. Aufzeichnungs- und Aufbewahrungspflichten

Jeder Ausführer muss Register oder Aufzeichnungen über seine Ausfuhren führen. Neben die handels-, steuer- und bilanzrechtlichen Aufbewahrungspflichten tritt die Pflicht, insbesondere Geschäftspapiere und Genehmigungsbescheide aufzubewahren (Art. 20 Abs. 1 DUV bzw. Art. 22 Abs. 8 DUV für innergemeinschaftliche Verbringungen). Diese hat er auf Verlangen der zuständigen Behörden vorzulegen (§ 23 AWG). Die Aufzeichnungen müssen insbesondere Rechnungen, Ladungsverzeichnisse, Beförderungs- oder sonstige Versandpapiere enthalten.[20] Sie sind bis mindestens drei Jahre nach Ende des Ausfuhrjahres aufzubewahren (Art. 20 Abs. 3 DUV). Genehmigungsbescheide müssen mindestens fünf Jahre nach Ablauf der Gültigkeit aufbewahrt werden (§ 6 Abs. 1 AWV). 38

Auch Vermittler im Sinne des Art. 5 DUV treffen Aufzeichnungs- und Aufbewahrungspflichten für den Zeitraum des Vermittlungsgeschäfts (Art. 20 Abs. 2 DUV). Sie müssen insbesondere die Güter bezeichnen, für die sie Vermittlungstätigkeiten erbracht haben, und Aufzeichnungen über den Zeitraum der Tätigkeit, die Bestimmungsziele und die Länder, auf die sich die Tätigkeit erstreckt hat, anfertigen und aufbewahren. 39

VII. Besondere Bescheidformen

Kommt das BAFA bei der Prüfung des Antrags zu dem Ergebnis, dass für das beantragte 40 Exportgeschäft keine Genehmigung erforderlich ist, teilt sie dies dem Ausführer in einem **„Null-Bescheid"** mit. Der Name rührt daher, dass die „0" die fehlende Genehmigungspflicht codiert. Dieser Bescheid trifft hinsichtlich der konkret beantragten Ausfuhr bzw.

---

[17] Für weitere Einzelheiten siehe *BAFA*, Haddex Band 1, Rn. 568 ff.; *BAFA*, Merkblatt zu Handels- und Vermittlungsgeschäften (Stand 1.3.2007); Hocke/*Friedrich* Art. 10 DUV Rn. 7 ff.
[18] Diese Normen entsprechen den §§ 45 ff. AWV aF. Der Anwendungsbereich wurde lediglich auf deutsche Staatsangehörige und Unternehmen beschränkt, die ihren Sitz oder ihren Ort der Leitung in Deutschland haben.
[19] Hierzu ausführlich Merkblatt des *BAFA* zu Technologietransfer und Non-Proliferation (Stand April 2011), abrufbar auf www.ausfuhrkontrolle.info.
[20] Weiterführend *BAFA*, Haddex, Band 1, Rn. 650 ff.

Verbringung die verbindliche Aussage, dass für die beantragte Ausfuhr keine Genehmigung notwendig ist.

Im Zweifel sollte ein Genehmigungsantrag gestellt werden; ergeht ein „Null-Bescheid" hat der Ausführer die amtliche Bestätigung, dass die Ausfuhr genehmigungsfrei ist und keinem Verbot unterliegt. Ansonsten besteht bis zur nächsten Außenwirtschaftsprüfung die Unsicherheit, dass die Behörde zu einer anderen Einschätzung kommt. Auf die problematische Praxis vieler Ausfuhrzollstellen im Hinblick auf die Vorlage von „Null-Bescheiden" wurde bereits hingewiesen (→ Rn. 21).

41   Jeder Ausführer muss selbst dafür sorgen, dass das Exportkontrollrecht eingehalten wird. Mitunter ist es jedoch schwierig herauszufinden, ob eine Ware tatsächlich gelistet ist. Um rechtliche Klarheit zu erhalten, kann er einen Antrag auf **„Auskunft zur Güterliste"** (AzG) stellen. Sie enthält (lediglich) die Feststellung, dass eine bestimmte Ware nicht von der Ausfuhrliste bzw. den Anlagen zur DUV erfasst wird. Die Ausfuhr dieses Gutes unterliegt daher nicht der listenbezogenen Genehmigungspflicht (Art. 3 DUV bzw. § 8 AWV). Die AzG trifft jedoch keine Aussage über die Genehmigungspflichtigkeit einer konkreten Ausfuhr, die sich – auch wenn die Ware nicht gelistet ist – aus der besonderen Endverwendung der Ware oder der Versendung in ein Embargoland ergeben kann (zB Art. 4 DUV oder § 9 AWV). Die AzG dient als Beweismittel zur Vorlage bei der Ausfuhrzollstelle. Da sie sich nicht auf eine konkrete Ausfuhr bezieht, kann sie während ihrer Gültigkeit bei allen Ausfuhren des Gutes, auf das sich die AzG bezieht, vorgelegt werden. Sie ist für ein Jahr gültig und kann auf Antrag um jeweils ein weiteres Jahr verlängert werden.

B. Straf- und Bußgeldvorschriften

42   Bei außenwirtschaftsrechtlichen Verstößen drohen den betroffenen Unternehmen und handelnden Personen **erhebliche Konsequenzen** (vgl. allgemein zu Risiken im Exportgeschäft → Abschnitt 25). Neben die möglichen **außerrechtlichen Folgen** (ua Imageschaden durch negative Medienberichterstattung, Verlust von Kunden und Marktanteilen) können **rechtliche Sanktionen** treten, zu denen neben der Entziehung zollrechtlicher Erleichterungen (zB des AEO-Status[21]) und diversen verwaltungsrechtlichen Sanktionen[22] insbesondere die straf- und bußgeldrechtliche Ahndung gehören.

43   Verstöße gegen die dargestellten Genehmigungspflichten können als Straftaten mit Geld- oder Freiheitsstrafen (1.) oder zumindest als Ordnungswidrigkeiten mit empfindlichen Geldbußen (2.) geahndet werden. Daneben kann Einziehung oder Verfall von Vermögenswerten treten (3.). Neben der Haftung des jeweils Handelnden kann zusätzlich das Unternehmen oder die Geschäftsleitung wegen Aufsichtspflichtverletzung mit einem Bußgeld belegt werden (4.). In gewissen Fällen besteht mit der nunmehr vom Gesetzgeber neu geschaffenen Möglichkeit der Selbstanzeige ein Weg, einer Verfolgung wegen bestimmter fahrlässig begangener Ordnungswidrigkeiten zu entgehen (5.).

44   Die Novellierung des AWG hat nicht unerhebliche Auswirkungen auf die Straf- und Bußgeldvorschriften. Der neue Teil 3 des AWG enthält im Vergleich zur alten Rechtslage sowohl Verschärfungen als auch Abmilderungen der Strafbestimmungen. Ob Taten nach altem oder neuem Recht geahndet werden, kann entscheidend für die Strafbarkeit bzw. das Strafmaß sein. Unproblematisch ist die Behandlung von **Taten, die nach In-Kraft-Treten des neuen AWG am 1.9.2013 begangen wurden.** Diese richten sich nach neuem Recht. **Taten, die vor diesem Datum begangen wurden, jedoch erst danach geahndet werden,** können indes je nach Lage des Falles entweder altem oder neuem Recht unterfallen. Gem. § 2 Abs. 3 StGB bzw. § 4 Abs. 3 OWiG richtet sich die Strafbarkeit bzw. ordnungswidrigkeitenrechtliche Verantwortlichkeit grundsätzlich nach dem jeweils milde-

---

[21] Unternehmen, die den Status eines zugelassenen Wirtschaftsbeteiligten (Authorized Economic Operator – AEO) erwerben, kommen so in den Genuss zollrechtlicher Vereinfachungen.
[22] Vgl. hierzu im Einzelnen *Pottmeyer*, Der Ausfuhrverantwortliche, S. 192 ff.

ren Gesetz, wenn das Gesetz, das bei der Beendigung der Tat galt, vor der „Entscheidung"[23] geändert wurde. Welches Gesetz das mildere ist, muss durch einen Vergleich von alter und neuer Rechtslage unter Berücksichtigung der im jeweiligen Einzelfall einschlägigen Strafandrohung, ggf. auch von Qualifizierungstatbeständen, ermittelt werden.[24] Etwas anderes gilt nur bei einem sog. „Zeitgesetz" (§ 2 Abs. 4 StGB, § 4 Abs. 4 OWiG).[25] Denn ein solches Zeitgesetz ist – sofern es nichts anderes bestimmt – auf Taten, die während seiner Geltung begangen wurden, auch dann anzuwenden, wenn es zwischenzeitlich außer Kraft getreten ist. Bei den Straf- und Bußgeldnormen des AWG handelt es sich um sog. „Blankettnormen", die lediglich Art und Maß der zu verhängenden straf- oder bußgeldrechtlichen Sanktionen festlegen und im Übrigen bestimmen, dass diese denjenigen treffen, der die Tatbestandsvoraussetzungen von dort genannten „Ausfüllungsvorschriften" (zB EU-Embargoverordnungen) erfüllt. Inwieweit Blankettnormen und/oder ihre Ausfüllungsvorschriften Zeitgesetze sind, ist eine schwierige Frage, die für jeden Einzelfall einer gesonderter Prüfung bedarf, welche sich auf die konkret betroffene Vorschrift zu richten hat.[26] Zumindest bei Embargovorschriften dürfte diese Frage wohl zu bejahen sein, andererseits wird man wohl nicht sämtliche Vorschriften des AWG als Zeitgesetze ansehen können.[27] Im Ergebnis festzuhalten bleibt jedenfalls hinsichtlich der hier interessierenden Novellierung der Straf- und Bußgeldbestimmungen, dass für eine geraume Übergangszeit bei jedem einzelnen Vorwurf genau zu prüfen sein wird, ob altes oder neues Recht anwendbar ist, sofern der Verstoß vor dem 1.9.2013 begangen wurde.[28] Vor diesem Hintergrund wird im Folgenden neben der neuen auch kurz die bisherige Rechtslage dargestellt.

1. Straftaten. a) Alte Rechtslage. Nach § 34 Abs. 1 AWG aF wird mit Freiheitsstrafe bis 45 zu fünf Jahren oder mit Geldstrafe bestraft, wer ohne Genehmigung die in Abschnitt A aufgeführten Güter oder bestimmter der in Abschnitt C des Teils I der Ausfuhrliste gelisteten Güter ausführt oder verbringt. Hiervon umfasst ist freilich nicht nur die Ausfuhr von Waren, sondern auch von Software und Technologie.[29] Die Begehung ist auch dann strafbar, wenn Güter aus anderen EU-Mitgliedstaaten ausgeführt werden, solange der Ausführer im Wirtschaftsgebiet der Bundesrepublik Deutschland niedergelassen ist (§ 34 Abs. 1 S. 2 AWG aF).

Auch die Verbote der Antiterrorismus-Verordnungen sind gem. § 34 Abs. 4 AWG aF iVm 46 § 70a AWV aF mit sechs Monaten bis zu fünf Jahren Haft strafbewehrt. Gleiches gilt für einen Verstoß gegen unmittelbar geltende länderbezogene EU-Embargoverordnungen (→ Abschnitt 35 Rn. 38 ff.). Zudem schlägt eine bloße Ordnungswidrigkeit nach § 33 Abs. 1 bis 4 AWG aF (→ Rn. 53) in eine Straftat um, wenn sie die Qualifikation des § 34 Abs. 2 AWG aF erfüllt, dh geeignet ist, die äußere Sicherheit der Bundesrepublik, das friedliche Zusammenleben der Völker oder die auswärtigen Beziehungen der Bundesrepublik erheblich zu gefährden.

Alle beschriebenen Taten sind auch in **versuchter** (§ 34 Abs. 5 AWG aF) oder in **fahr-** 47 **lässiger** Begehung strafbar, wobei sich das Strafmaß bei Fahrlässigkeit auf Freiheitsstrafe bis

---

[23] Als „Entscheidung" in diesem Sinne ist die auf die Tat bezogene letztinstanzliche strafgerichtliche Entscheidung anzusehen.
[24] *BGH* Beschl. v. 15.10.2013, StB 16/13 juris Rn. 24.
[25] Ein „Zeitgesetz" im Sinne des § 2 Abs. 4 StGB ist ein Gesetz, dessen Außer-Kraft-Treten eindeutig durch Angabe eines bestimmten Zeitpunktes oder Ereignisses angeordnet ist (Zeitgesetz ieS) oder seinem Inhalt nach nur für zeitbedingte Verhältnisse gedacht ist, wie zB sich verändernde wirtschaftliche Verhältnisse (Zeitgesetz iwS).
[26] Vgl. hierzu weiterführend *BGH* wistra 1998, 306; *OLG Karlsruhe* NJW 1968, 1581; *Rogall*, in: Karlsruher Kommentar zum OWiG, 3. Aufl. 2006, § 4 Rn. 35 ff., insb. Rn. 38; Achenbach/Ransiek/Röhrig, Handbuch des Wirtschaftsstrafrechts, 3. Aufl. 2011, IV 3 A, Rn. 2 ff.; *Fischer*, StGB, 61. Aufl. 2014, § 2 Rn. 13 ff.; Erbs/Kohlhaas/*Diemer*, Strafrechtliche Nebengesetze (197. EL, Stand: Febr. 2014), § 33 AWG, Rn. 37, § 34 AWG, Rn. 3, 51; für eine Position der nationalen Ausfuhrliste offengelassen von *BGH* Beschl. v. 15.10.2013, StB 16/13 juris Rn. 22.
[27] So *Pelz/Hofschneider* AW-Prax 2013, 173, 175.
[28] Vgl. in diesem Sinne auch (hinsichtlich einer früheren Novellierung des AWG) Erbs/Kohlhaas/*Diemer*, Strafrechtliche Nebengesetze (197. EL, Stand: Febr. 2014), § 33 AWG Rn. 37, § 34 AWG Rn. 3.
[29] Vgl. Wolffgang/Simonsen/Tietje/*Morweiser*, Band 2, § 34 Abs. 1 Rn. 28 ff.

zu drei Jahren oder Geldstrafe reduziert (§ 34 Abs. 7 AWG aF). Ein Versuch ist schon dann anzunehmen, wenn die Ware zur Abfertigung an die Ausgangszollstelle gesandt wird.

48 Das **Strafmaß** wird auf eine Mindeststrafe von nicht unter zwei Jahren erhöht, wenn die verbotenen bzw. genehmigungsbedüftigen, aber ohne Genehmigung erfolgten Ausfuhren gewerbsmäßig durchgeführt werden (§ 34 Abs. 6 Nr. 2 AWG aF). Diese Strafschärfung dürfte bei den meisten gewerbsmäßig am Außenhandel teilnehmenden Personen erfüllt sein. Darüber hinaus wird mit Freiheitsstrafe nicht unter zwei Jahren bestraft, wer die Voraussetzungen des § 34 Abs. 6 Nr. 1, 3 oder 4 AWG aF erfüllt, also zB eine in § 34 Abs. 4 AWG aF genannte Handlung durchführt, die die äußere Sicherheit der Bundesrepublik, das friedliche Zusammenleben der Völker oder die auswärtigen Beziehungen der Bundesrepublik erheblich zu gefährden geeignet ist (§ 34 Abs. 6 Nr. 4 AWG aF).

49 **b) Neue Rechtslage.** Nach Inkrafttreten des neuen AWG zum 1. 9. 2013 finden sich die Straf- und Bußgeldvorschriften in Teil 3 (§§ 17 ff.) des AWG. Die Straftatbestände gelten unabhängig vom Begehungsort der Straftat und unabhängig vom Belegenheitsort der Ware, wenn der Täter Deutscher ist (§§ 17 Abs. 7, 18 Abs. 10 AWG).

Die §§ 17–19 AWG sind nachvollziehbar aufgebaut und folgen im Wesentlichen **zwei Gliederungsgedanken:**

- Erstens wird nach der **Bedeutung der zugrundeliegenden Pflicht** differenziert: Verstöße gegen Waffenembargos (also besonders schwere Pflichtverletzungen) werden als Verbrechen gem. § 17 AWG angesehen (→ Rn. 50), Verstöße gegen materielle Verbote und Genehmigungspflichten (also weniger schwerwiegende Verstöße) sind als Vergehen gem. § 18 AWG (→ Rn. 51 f.) zu bestrafen, während Verstöße gegen sonstige (formelle) Pflichten (also verhältnismäßig leichte Verstöße) nur noch als Ordnungswidrigkeit gem. § 19 AWG geahndet werden (→ Rn. 54).

- Zweitens hat sich der Gesetzgeber dazu entschlossen, die Strafbarkeit bei Verstößen gegen das Außenwirtschaftsrecht künftig stärker am **Grad der Vorwerfbarkeit** auszurichten. Die (einfache) Fahrlässigkeit wird grundsätzlich nicht mehr als strafwürdig erachtet, sondern nur noch als bloße Ordnungswidrigkeit (eine Ausnahme gilt insoweit für qualifiziert fahrlässige – dh leichtfertige – Verstöße gegen bestehende Waffenembargos gem. § 17 Abs. 5 AWG, die als Straftat zu ahnden sind). Vorsätzliche Verstöße sind hingegen grundsätzlich als Straftat zu bewerten; dieser Grundsatz gilt zumindest für Verstöße gegen wesentliche außenwirtschaftsrechtliche Verbote und Genehmigungsvorbehalte (Ausnahme: Einige vorsätzliche Verstöße, die der Gesetzgeber als nicht schwerwiegend ansieht, werden weiterhin als Ordnungswidrigkeit geahndet → Rn. 54). Mit der Regelung, fahrlässige Verstöße grundsätzlich nur noch als Ordnungswidrigkeit zu verfolgen, berücksichtigt der Gesetzgeber, dass bei der „Abwicklung von außenwirtschaftsrechtlich relevanten Vorgängen [...] im Einzelfall Arbeitsfehler unterlaufen [können], selbst wenn die Handelnden grundsätzlich rechtstreu sind und Vorkehrungen zur Vermeidung von Verstößen getroffen wurden."[30] Bloße fahrlässige Arbeitsverstöße werden mithin entkriminalisiert (sind aber freilich nicht folgenlos → Rn. 54).

Außerdem wurden ua § 34 Abs. 2 und Abs. 6 Nr. 4 AWG aF (→ Rn. 46, 48), also die Qualifikationen auf Grund der Eignung zur erheblichen Gefährdung für außenwirtschaftlich hohe Rechtsgüter, ersatzlos gestrichen. Insbesondere letzteres ist zu begrüßen. Der Gefährdungstatbestand des § 34 Absatz 2 AWG aF wurde von der Rechtsprechung ohnehin – zu Recht – sehr kritisch gesehen.[31] Die gleichen Überlegungen gelten für den ebenfalls aufgehobenen § 34 Abs. 6 Nr. 4 AWG aF.

---

[30] „Entwurf eines Gesetzes zur Modernisierung des Außenwirtschaftsrechts", BT-Drs. 17/1127 S. 25; Anmerkung zu Teil 3.

[31] So sei insbesondere § 34 Abs. 2 Nr. 3 AWG aF kritisch zu bewerten, da das Merkmal einer erheblichen Gefährdung der auswärtigen Beziehungen der Bundesrepublik sich trotz der damit gegebenen Konzentration auf die staatliche Ebene auf eine praktisch nicht überschaubare Vielfalt von Beziehungen erstrecke. Seine Verwendung sei deshalb verfassungsrechtlich mit Blick auf das Bestimmtheitsgebot des Artikels 103

aa) Waffenembargoverstöße als Verbrechen (§ 17 AWG). Der Abs. 1 des § 17 AWG 50
stellt einen Blankett-Tatbestand für nationale Waffenembargos (Teil I Abschnitt A der AL)
dar, die der Durchführung einer vom UN-Sicherheitsrat oder dem Rat der EU beschlossenen Embargomaßnahme dienen. Er soll eine schnelle Strafbarkeitsanpassung ermöglichen.
Gegenüber der Vorgängernorm[32] wird jedoch auf eine Differenzierung nach Ausfuhrverboten und sonstigen Verboten verzichtet und der Strafrahmen auf ein bis zehn Jahre Freiheitsstrafe – also Verbrechensniveau (§ 12 Abs. 1 StGB) – erheblich angehoben. In minderschweren Fällen reduziert sich die Haftstrafe auf drei Monate bis fünf Jahre (§ 17 Abs. 4 AWG).
Liegen die Voraussetzungen des § 17 Abs. 2 AWG vor, handelt der Täter also in den Fällen
des § 17 Abs. 1 AWG für einen fremden Geheimdienst, gewerbsmäßig **oder** als Mitglied
einer Bande, wird er mit Freiheitsstrafe nicht unter einem Jahr bestraft. Handelt der Täter in
den Fällen des § 17 Abs. 1 AWG als Mitglied einer Bande **und** gewerbsmäßig (doppelte
Qualifizierung), droht Haft nicht unter zwei Jahren (§ 17 Abs. 3 AWG). Eine Ausnahme von
dem Grundsatz, dass fahrlässige Verstöße gegen das Außenwirtschaftsrecht nur noch als Ordnungswidrigkeit zu ahnden sind, gilt für **leichtfertige Verstöße gegen Waffenembargos,**
die gem. § 17 Abs. 5 AWG mit Freiheitsstrafe bis zu drei Jahren oder Geldstrafe bestraft werden. „Leichtfertigkeit" ist eine qualifizierte Form der Fahrlässigkeit, bei der der Täter die sich
ihm aufdrängende Möglichkeit der Tatbestandsverwirklichung aus besonderem Leichtsinn
oder besonderer Gleichgültigkeit außer Acht gelassen hat.

bb) Sonstige strafwürdige Verstöße als Vergehen (§ 18 AWG). Der § 18 AWG betrifft 51
sonstige strafwürdige außenwirtschaftsrechtliche Verstöße, die lediglich als Vergehen (§ 12
Abs. 2 StGB) geahndet werden (nach § 18 Abs. 1 Nr. 1 und Nr. 2 AWG mit Freiheitsstrafen
von drei Monaten bis zu fünf Jahren). Auch hierbei handelt es sich um Blankettnormen mit
„dynamischen" Verweisungen insbesondere auf europäische Ausfüllungsvorschriften. In § 18
AWG werden vorsätzliche Verstöße gegen Verbote oder Genehmigungspflichten nach der
DUV (§ 18 Abs. 5 AWG) oder Europäischen Embargo- und Sanktions-Verordnungen (§ 18
Abs. 1 AWG) oder Bestimmungen der AWV (§ 18 Abs. 2 AWG) unter Strafe gestellt, die
zuvor zum Teil gem. § 33 AWG a. F. lediglich als Ordnungswidrigkeit geahndet wurden.

> Nicht mehr mit Strafe bedroht sind hingegen die in den EU-Embargo- und Sanktionsverordnungen
> regelmäßig niedergelegten **Umgehungsverbote** (→ Abschnitt 35 Rn. 104). Angesichts der fehlenden
> Bestimmtheit der Umgehungsverbote und der daraus resultierenden Ungewissheit der Unternehmen,
> welche Handlungen konkret untersagt sind, wird diese Änderung in der Literatur zu Recht begrüßt.[33]
> Allerdings bleibt die Umgehung als solche freilich nach wie vor verboten, so dass ein Rechtsgeschäft,
> das auf die Umgehung eines bestehenden Embargos abzielt, grundsätzlich nach § 134 BGB nichtig ist
> (→ Abschnitt 35 Rn. 108). Außerdem besteht die Gefahr, dass Umgehungskonstruktionen strafrechtlich
> als Mittäterschaft, Anstiftung oder Beihilfe zu strafbewehrten Verstößen gegen die Verbote und Genehmigungsvorbehalte der EU-Embargo- und Sanktions-Verordnungen qualifiziert werden könnten.

Auch der **Versuch** der Begehung ist strafbar (§ 18 Abs. 6 AWG). Die Absätze 7 und 8
normieren Qualifikationen gleich denen des § 17 Abs. 2 und 3 AWG.

> Hervorzuheben ist an dieser Stelle nochmals die für Exporteure praktisch sehr relevante Qualifikation
> der **„Gewerbsmäßigkeit"** (→ Rn. 50): Denn für Straftaten, die im Zusammenhang mit unternehmerischer Tätigkeit stehen, kann sich der Strafrahmen schnell erhöhen, sofern der Täter gewerbsmäßig
> handelt. Dann ist die Tat als Verbrechen mit der Mindeststrafe von einem Jahr zu qualifizieren. Gewerbsmäßiges Handeln liegt vor, wenn der Täter sich durch wiederholte Begehung der Tat eine fortlaufende Einnahmequelle von einiger Dauer und einigem Umfang erschließen will. Vor dem Hintergrund,
> dass unternehmerische Tätigkeit im Regelfall darauf abzielt, Einnahmen zu erwirtschaften, besteht das
> erhöhte Risiko des Vorwurfs des gewerbsmäßigen Handelns in einem etwaigen Strafverfahren.

Abs. 2 GG in hohem Maße problematisch, vgl. *BGH* Beschl. v. 13.1.2009, AK 20/08, NJW 2009, 1681,
1682 Rn. 13.
[32] § 34 Abs. 4 Nr. 1 und Abs. 6 Nr. 3 AWG aF.
[33] *Niestedt/Trennt* BB 2013, 2115, 2117.

Nach Abs. 9 steht die Nutzung einer erwirkten oder **erschlichenen Genehmigung** einem Handeln ohne Genehmigung gleich. Neu ist auch, dass in Abs. 11 ein persönlicher Strafausschließungsgrund für Personen enthalten ist, die bis zwei Werktage nach Bekanntmachung ohne Kenntnis vom Verbot oder Genehmigungserfordernis handelten.[34] Diese Zwei-Tages-„**Schonfrist**" ist für die Unternehmen aber nur eine geringe Erleichterung, denn die Frist ist sehr kurz bemessen – was in der Literatur zu Recht kritisiert wird.[35]

52 Weil die Novellierung des AWG die Strafbarkeit vorsätzlicher Verstöße gegen außenwirtschaftliche Verbote oder Genehmigungserfordernisse erweitert hat (insoweit ist neben der oben erwähnten generellen Entkriminalisierung für fahrlässige Arbeitsverstöße, an anderer Stelle durchaus eine gewisse Kriminalisierungstendenz des Gesetzgebers festzustellen), ist exportierenden Unternehmen zu raten, interne Ausfuhrkontrollen umso strenger durchzuführen (→ Rn. 68 ff.). Übergänge von bewusster Fahrlässigkeit zu bedingtem Vorsatz sind fließend.[36] Fehlt es an einer wirksamen betriebsinternen Ausfuhrkontrolle, kann den zuständigen Mitarbeitern womöglich bedingter Vorsatz vorgeworfen werden. Ist eine solche Ausfuhrkontrolle indes vorhanden, lässt die Gesetzesbegründung des neuen AWG darauf schließen, dass eher von Fahrlässigkeit auszugehen sein dürfte.[37]

Da eine EU-Embargoverordnung nicht mehr im Bundesanzeiger veröffentlicht werden muss, um strafbegründende Wirkung zu entfalten (so noch § 34 Abs. 4 AWG aF), sondern die Veröffentlichung im Amtsblatt der EU ausreichend ist (§ 18 Abs. 1 Nr. 2 AWG), muss nunmehr (auch vor dem Hintergrund der kurzen zweitägigen „Schonfrist" des § 18 Abs. 11 AWG → Rn. 51) täglich das Amtsblatt auf Neuerungen untersucht werden, da EU-Verordnungen grundsätzlich am Tag ihrer Veröffentlichung in Kraft treten.[38] Das Amtsblatt ist einsehbar unter: http://eur-lex.europa.eu/.[39] Zudem empfiehlt es sich, bereits im Vorfeld das EU-Rechtsetzungsverfahren aufmerksam zu verfolgen.

53 **2. Ordnungswidrigkeiten. a) Alte Rechtslage.** Vorsätzliche und fahrlässige Verstöße und der Versuch eines Verstoßes gegen die DUV oder Embargovorschriften, die vor dem 1.9.2013 begangen wurden und nicht gem. § 34 AWG aF strafbar sind, werden als Ordnungswidrigkeit nach § 33 AWG aF behandelt und mit bis zu 500.000 EUR Bußgeld geahndet.

54 **b) Neue Rechtslage.** Während die novellierten Straftatbestände in §§ 17 und 18 AWG grundsätzlich (mit Ausnahme leichtfertiger Verstöße gegen Waffenembargos gem. § 17 Abs. 5 AWG → Rn. 49 f.) nur noch vorsätzliche Handlungen unter Strafe stellen, werden fahrlässige Verstöße als Ordnungswidrigkeiten von § 19 AWG erfasst. § 19 AWG ersetzt § 33 AWG aF und passt ihn an die Neuordnung der Strafbewehrungen von Verstößen gegen das Außenwirtschaftsrecht an. In seinem Kernbestand bleibt der Bußgeldtatbestand des § 33 AWG aF bestehen, er wird jedoch um Handlungen erweitert, die bisher in der AWV bußgeldbewehrt wurden. § 19 Absatz 1 AWG nF sieht eine Bußgeldbewehrung für die fahrlässige Verwirklichung der von § 18 Absatz 1 bis 5 AWG erfassten Verstöße gegen **materielle Verbote und Genehmigungspflichten** vor. In § 19 Abs. 2–5 (iVm §§ 81 f. AWV) sind darüber hinaus weitere Bußgeldtatbestände im Hinblick auf **sonstige (formelle) Pflichten** erfasst. Bei Verstößen gegen diese sonstigen Pflichten ist neben fahrlässigem auch vorsätzliches Handeln als Ordnungswidrigkeit zu ahnden (vgl. § 19 Abs. 3 bis Abs. 5 AWG). Hierzu zählen nach § 19 Abs. 5 AWG insbesondere Verstöße gegen Informations-, Anmelde-, Aufzeichnungs- und Unterrichtungspflichten aus EU-Embargovorschriften. Die

---

[34] Für weitere Informationen siehe Gesetzesbegründung zum neuen AWG, BT-Drs. 17/11127 v. 22.10. 2012, S. 25 ff.; *Haellmigk/Vulin* AW-Prax 2013, 176 ff.
[35] Vgl. zB *Niestedt/Trennt* BB 2013, 2115, 2118.
[36] Vor diesem Hintergrund kritisch zur neuen Rechtslage *Hohmann* AW-Prax 2013, 3, 5; *Walter* RIW 2013, 205, 208.
[37] BT-Drs. 17/11127 v. 22.10.2012, S. 25; *Walter* RIW 2013, 208.
[38] Näheres hierzu *Walter* RIW 2013, 205 ff.
[39] Durch die Verordnung (EU) Nr. 216/2013 (ABl. 2013 L 69/1) ist die elektronische Fassung seit dem 1.7.2013 rechtsverbindlich.

Unterscheidung zwischen materiellen und sonstigen (formellen) Pflichten ist auch bedeutsam für die vom Gesetzgeber neu geschaffene Möglichkeit der Selbstanzeige nach § 22 Abs. 4 AWG (→ Rn. 66 f.), die nur für fahrlässige Verstöße gegen formelle Pflichten iSv § 19 Abs. 2 bis 5 AWG gilt, nicht aber für fahrlässige materielle Verstöße iSv § 19 Abs. 1 AWG (und auch nicht für Straftaten oder vorsätzliche Ordnungswidrigkeiten). Der Versuch einer Ordnungswidrigkeit wird nicht mehr geahndet; der zugrunde liegende Unrechtsgehalt des Versuchs einer Ordnungswidrigkeit erschien dem Gesetzgeber nicht hinreichend, um eine Bußgeldbewehrung weiterhin erforderlich zu machen.[40] Geldbußen können nach § 19 Abs. 6 AWG, wie zuvor auch, bis zu einer Höhe von 500.000 EUR erhoben werden.

3. Einziehung und (erweiterter) Verfall. Als weitere Konsequenzen der Tat kommen 55 auch Einziehung und (erweiterter) Verfall in Betracht. Die Einziehung betrifft – vereinfacht ausgedrückt – die zur Tatbegehung verwendeten Gegenstände (dh die Güter), der Verfall das aus der Tat Erlangte (dh den Kaufpreis).

a) Einziehung. Sowohl bei Ordnungswidrigkeiten als auch bei Straftaten können Gegen- 56 stände, auf die sich die Tat bezieht, sowie Gegenstände, die zur Tatbegehung gebraucht wurden oder bestimmt gewesen waren, eingezogen werden. Damit kann – etwa wenn die Tat lediglich versucht blieb oder wenn die deutschen Behörden der illegal ausgeführten Ware ansonsten habhaft werden können – die Ware eingezogen werden. Ist sie nicht mehr vorhanden, kann stattdessen ein Geldbetrag bis zur Höhe ihres Wertes eingezogen werden (§ 74c StGB).

Die Einziehung kann nicht nur gegenüber dem Täter, sondern unter bestimmten Um- 57 ständen auch gegenüber dem von ihm vertretenen Unternehmen (§ 75 StGB) angeordnet werden. Sie kann sogar gegenüber Dritten angeordnet werden, wenn diese zumindest leichtfertig dazu beigetragen haben, dass eine Sache Mittel der Tat oder ihrer Vorbereitung geworden ist oder die Gegenstände in Kenntnis der Umstände, die die Einziehung zugelassen hätten, in verwerflicher Weise erworben haben (§ 20 Abs. 2 AWG iVm § 74a StGB und 23 OWiG; sog. erweiterte Voraussetzungen der Einziehung).

b) (Erweiterter) Verfall. Der einfache Verfall betrifft nur das aus der Tat Erlangte (§ 73 58 StGB, 29a OWiG).[41] Für den erweiterten Verfall (§ 73d StGB) genügt es, dass die Umstände die Annahme rechtfertigen, dass die Gegenstände für rechtswidrige Taten oder aus ihnen erlangt sind. Weil § 20 Abs. 3 AWG auf § 73d StGB verweist, ist bei gewerbs- oder bandenmäßiger Begehung einer Straftat nach §§ 17 Abs. 2 und 3, 18 Abs. 7 und 8 AWG (→ Rn. 50 f.) zwingend insbesondere der aus dem illegalen Exportgeschäft getätigte Erlös für verfallen zu erklären. Gemäß § 73 Abs. 3 StGB richtet sich die Anordnung des Verfalls nicht gegen den Täter, sondern gegen einen Dritten, falls der Täter für diesen gehandelt und dieser etwas erlangt hat. Auf diese Weise werden in der Regel bei Verstößen gegen außenwirtschaftsrechtliche Vorschriften Unternehmen Adressaten einer Verfallanordnung sein.[42]

Die Höhe des Verfalls richtet sich nach dem so genannten **Bruttoprinzip.** Danach hat 59 der Täter bzw. das Unternehmen alles herauszugeben, was aus der Tat oder durch die Tat erlangt wurde. Aufwendungen, die beim Unternehmen in diesem Zusammenhang angefallen sind, sind nicht abzugsfähig. Für verfallen erklärt wird folglich nicht nur der Gewinn, sondern grundsätzlich der **gesamte Erlös,** der dem Unternehmen zB aus einem Kaufgeschäft zufließt. Verfassungsrechtlich ist das Bruttoprinzip nicht zu beanstanden.[43]

Die jüngere BGH-Rechtsprechung hat allerdings – richtigerweise – einer allzu ausufern- 60 den Handhabung des Bruttoprinzips einen Riegel vorgeschoben: Demnach ist zu differen-

---

[40] BT-Drs. 17/11127 v. 22.10.2012, S. 29.
[41] „Erlangt" ist hierbei jeder unmittelbare und zumindest zeitweilige Vermögenszuwachs, über den der Täter faktische Verfügungsgewalt ausübt (§ 73 Abs. 1 StGB, § 29a OWiG) oder aber jeder mittelbare Vermögenszuwachs, wenn er von § 73 Abs. 2 StGB erfasst ist.
[42] Wolffgang/Simonsen/Tietje/*Monveiser,* AWR-Kommentar, Band 2, § 36 AWG Rn. 26.
[43] Vgl. nur *BVerfG* NJW 2004, 2073; *BGH* NJW 2002, 3339; *BGH* NJW 2012, 1159.

zieren, ob eine ohne Genehmigung durchgeführte genehmigungspflichtige Ausfuhr grundsätzlich materiell genehmigungsfähig gewesen wäre oder nicht. Wenn nicht, gilt uneingeschränkt das oben Ausgeführte. Hat hingegen der Täter gelistete Güter, deren Ausfuhr genehmigungspflichtig ist (→ Abschnitt 35 Rn. 9 ff.), ohne die erforderliche Genehmigung ausgeführt, hätte diese jedoch (wenn ein entsprechender Antrag gestellt worden wäre) vom BAFA erteilt werden müssen, so ist laut BGH nicht der gesamte für die Güter eingenommene Kaufpreis das iSd § 73 Abs. 1 S. 1 StGB „aus der Tat Erlangte"; vielmehr sind dies lediglich die durch das Unterbleiben des Genehmigungsverfahrens **ersparten Aufwendungen**.[44]

61 Die Anordnung des Verfalls ist ausgeschlossen, wenn gegen das Unternehmen bereits gemäß § 30 OWiG eine Geldbuße festgesetzt worden ist (§ 30 Abs. 5 OWiG; → Rn. 64f.). Die Vorteile einer solchen Geldbuße gegenüber der Verfallanordnung liegen darin, dass erstere der Höhe nach beschränkt ist und bei ihrer Festsetzung die Umstände des Einzelfalls, insbesondere der individuelle Schuldvorwurf, berücksichtigt werden. Außerdem kann der erweiterte Verfall erhebliche wirtschaftliche Folgen nach sich ziehen, die mitunter sogar die Insolvenz bedeuten, da er auch gegebenenfalls reinvestierten Gewinn beinhaltet und der Höhe nach nicht begrenzt ist.[45]

62 **4. Weitere Bußgeldrisiken.** Straf- und bußgeldrechtlich verantwortlich ist zunächst jeder, der das illegale Geschäft selbst vornimmt, aber auch derjenige, der es veranlasst, ermöglicht oder unterstützt. Unter Umständen kann auch das Unterlassen zu straf- oder bußgeldrechtlichen Konsequenzen führen. Neben dieser persönlichen Verantwortung der unmittelbar Beteiligten kommen auch Geldbußen gegen das Unternehmen selbst oder die Geschäftsleitung wegen Aufsichtspflichtverletzungen in Betracht.

63 **a) Geldbuße gegen die Unternehmensleitung.** Gegen die Unternehmensleitung kann eine Geldbuße nach § 130 OWiG verhängt werden. Hiernach können bei Aufsichtspflichtverletzungen von Unternehmensverantwortlichen, insbesondere Geschäftsführern, Geldbußen festgesetzt werden. Diese Sanktionen werden häufig durch die zuständigen Hauptzollämter nach Beanstandungen bei Außenwirtschaftsprüfungen verhängt. Um dem Vorwurf der Aufsichtspflichtverletzung zu entgehen, müssen alle innerbetrieblichen Organisations- und Aufsichtsmaßnahmen der Geschäftsleitung, insbesondere des Ausfuhrverantwortlichen, sorgfältig dokumentiert werden. Letztlich ist es eines der Hauptziele der innerbetrieblichen Exportkontrolle, dem Vorwurf des Organisationsverschuldens oder der Aufsichtspflichtverletzung zu entgehen (→ Rn. 68 ff.).

64 **b) Geldbußen gegen das Unternehmen.** Neben der handelnden (natürlichen) Person kann auch das Unternehmen nach § 30 OWiG mit einem Bußgeld belegt werden, wenn eine vertretungsberechtigte Person eine Pflicht verletzt hat, die das Unternehmen zu erfüllen verpflichtet ist. Die Geldbuße kann bis zu **zehn Millionen Euro** betragen (§ 30 Abs. 2 OWiG). Voraussetzung für die Verhängung der Geldbuße gegen das Unternehmen ist, dass

- eine in leitender Stellung verantwortlich handelnde Person (zB ein Vorstandsmitglied oder ein Geschäftsführer) eine Straftat oder Ordnungswidrigkeit begangen hat und
- durch die Tat entweder Pflichten, die das Unternehmen treffen, verletzt worden sind, oder das Unternehmen bereichert worden ist bzw. bereichert werden sollte (§ 30 Abs. 1 OWiG).

Es muss also einem Leitungsorgan ein Fehlverhalten nachgewiesen werden; die Identität des Mitarbeiters, der in der konkreten Situation die Ausfuhr abgewickelt hat, muss dabei nicht bekannt sein.

65 Besondere praktische Bedeutung hat das **selbständige Verfahren** nach § 30 Abs. 4 OWiG. Danach kann eine Geldbuße auch dann gegen das Unternehmen festgesetzt wer-

---

[44] BGH NJW 2012, 1159.
[45] Näher hierzu *Morweiser* AW-Prax 2004, 175.

den, wenn wegen der Tat ein Verfahren gegen den mutmaßlichen Täter nicht eingeleitet oder eingestellt wurde. Ob das Leitungsorgan tatsächlich eine Straftat oder Ordnungswidrigkeit begangen hat, wird im Rahmen des selbständigen Verfahrens gegen das Unternehmen geprüft.

5. Selbstanzeige. Im Zuge der Novellierung des AWG wurde im Außenwirtschaftsrecht mit § 22 Abs. 4 AWG erstmals die Möglichkeit geschaffen, sich durch Selbstanzeige der Ahndung eines Verstoßes zu entziehen. Diese Vorschrift erinnert an die seit langem bestehende Selbstanzeige im Steuerstrafrecht, weist dieser gegenüber jedoch wesentliche Unterschiede auf.[46] Die Möglichkeit der Selbstanzeige besteht nicht für Straftaten iSv §§ 17, 18 AWG und Ordnungswidrigkeiten gem. § 19 Abs. 1 AWG, sondern nur für fahrlässig begangene Ordnungswidrigkeiten im Sinne des § 19 Abs. 3[47] bis 5 AWG. Hierunter fallen verschiedene Verfahrens- und Formfehlern (zB in Form von Nicht-, Falsch-, Fehlmeldungen/-gestellungen, Offenlegungs- und Unterrichtungsfehlern).[48] Freiwillige Selbstanzeigen über den Anwendungsbereich der Norm hinaus, wie sie auch vor dem Inkrafttreten des neuen § 22 Abs. 4 AWG praktiziert wurden, verlieren deswegen jedoch nicht an Relevanz. Eine solche Selbstanzeige kann auch weiterhin von der Behörde im Rahmen von Ermittlungen Berücksichtigung finden und zu einer Verfahrenseinstellung führen (vgl. § 22 Abs. 4 S. 3 AWG iVm § 47 OWiG) oder zumindest strafmildernd berücksichtigt werden.[49] 66

Voraussetzungen für das Unterbleiben der Verfolgung durch Selbstanzeige (§ 22 Abs. 4 AWG):
- Fahrlässige Begehung eines Verstoßes im Sinne des § 19 Abs. 2 bis 5 AWG
- Aufdeckung dieses Verstoßes im Wege der Eigenkontrolle
- Anzeige des Verstoßes bei der zuständigen Behörde
- Freiwilligkeit der Selbstanzeige, das heißt, der Verstoß darf nicht bereits Gegenstand von behördlichen Ermittlungen sein (§ 22 Abs. 4 S. 2 AWG)
- Nachweis „angemessener Maßnahmen" zur Verhinderung eines Verstoßes „aus gleichem Grund".

Im Detail warfen (und werfen) die Voraussetzungen der Selbstanzeige, die erst spät ins Gesetzgebungsverfahren eingebracht wurde, mannigfache Auslegungsfragen auf.[50] Das **Bundesfinanzministerium** hat durch den **Erlass vom 12. Februar 2014**[51], der für die Zollbehörden verbindlich ist, zahlreiche Unklarheiten beseitigt. Danach ist die Selbstanzeige auch auf Verstöße anwendbar, die vor dem 1. September 2013 begangen wurden.[52] Die Aufdeckung geschieht selbst dann „im Wege der Eigenkontrolle", wenn sie durch vom Unternehmen beauftragte Dritte (zB Wirtschaftsprüfer, Steuerberater) erfolgt, sofern die Selbstanzeige Folge eines unternehmensinternen Entscheidungsprozesses ist.[53] Die Voraussetzung, dass das Unternehmen „angemessene Maßnahmen zur Verhinderung eines Verstoßes aus gleichem Grund" trifft, soll weit ausgelegt werden. So müssen Maßnahmen (insbesondere Anpassung der IT-Systeme oder Personalschulungen) im Zeitpunkt der Selbstanzeige nicht zwingend bereits umgesetzt sein; ausreichend kann es sein, dass sie „kurzfristig beabsichtigt" sind.[54] Ausschlossen soll die Selbstanzeige nach § 22 Abs. 4 S. 2 67

---

[46] Teilweise wird daher in der Literatur eine terminologische Unterscheidung vorgeschlagen, um Missverständnisse im Hinblick auf die Steuerselbstanzeige zu vermeiden. So spricht zB *Krause*, ExportManager 5/2013, 22, 24, von „Selbstkontrollanzeige"; *Wolffgang*, Der Betrieb 12/2013, 1, verwendet hingegen den Begriff „Offenlegungsprivileg".
[47] Der Verweis in § 22 Abs. 4 AWG auch auf § 19 Abs. 2 AWG ist gegenstandslos, weil § 19 Abs. 2 – mangels ausdrücklicher Anordnung (§ 10 OWiG) – nur vorsätzlich verwirklicht werden kann.
[48] *Krause*, ExportManager 5/2013, 22 ff.; *Prieß/Arend* AW-Prax 2013, 71 ff.
[49] *Haellmigk/Vulin* AW-Prax 2013, 176, 177.
[50] Siehe nur *Krause* ExportManager 5/2013, 22; *Haellmigk/Vulin* AW-Prax 2013, 176; *Niestedt/Trennt* BB 2013, 2115; *Pelz/Hofschneider* AW-Prax 2013, 173; *Prieß/Arend* AW-Prax 2013, 71; *Walter* RIW 2013, 205.
[51] BMF, III B 3 – A 0303/11/10003, Erlass zu Auslegungsfragen im Zusammenhang mit der sanktionsbefreienden Selbstanzeige nach § 22 Abs. 4 AWG; weiterführend *Niestedt* ExportManager 2/2014, 16.
[52] Ziff. IV. des Erlasses; so schon *Prieß/Arend* AW-Prax 2013, 71, 72; zweifelnd noch *Pelz/Hofschneider* AW-Prax 2013, 173, 175.
[53] Ziff. I. des Erlasses; vgl. *Krause*, ExportManager 5/2013, 22.
[54] Ziff. I. des Erlasses; siehe noch *Krause* ExportManager 5/2013, 22, 23.

AWG sein, wenn genau wegen der angezeigten Verstöße bereits Ermittlungen laufen; Ermittlungen wegen anderer Zuwiderhandlungen sind unschädlich. In Übereinstimmung mit dem (steuer)strafprozessualen Ermittlungsbegriff (vgl. § 397 Abs. 1 AO) steht die Ankündigung einer Außenwirtschaftsprüfung der Selbstanzeige nicht im Wege.[55] Einstweilen geklärt ist ferner, dass die wirksame Selbstanzeige ein „Ahndungshindernis" für den angezeigten Verstoß darstellt.[56] Daher erstreckt sich ihre sanktionsbefreiende Wirkung auch auf die Verletzung von Aufsichtspflichten (§ 130 OWiG) und die Unternehmensgeldbuße (§ 30 OWiG).

Zu beachten ist weiterhin, dass sich das Instrument der Selbstanzeige durch seine Inanspruchnahme „verbraucht" und mithin nicht mehr für künftige vergleichbare Verstöße angewandt werden kann, die durch die Einführung „angemessener" Compliance-Maßnahmen gerade verhindert werden sollen. Unternehmen sollten vor der Selbstanzeige eine umfassende interne Revision vornehmen. Dadurch wird insbesondere der Gefahr vorgebeugt, dass im Rahmen etwaiger (weitere) Ermittlungen der Behörde auf Grund der Selbstanzeige weitere Verstöße aus gleichem Grund aufgedeckt werden. Dies würde eine Selbstanzeige bezüglich dieser Verstöße ausschließen und womöglich weitere Verfahren auslösen. Darüber hinaus bereitet die interne Revision die Maßnahmen vor, die zur Verbesserung und Optimierung hinsichtlich der innerbetrieblichen Exportkontrolle (→ Rn. 68 ff.) ergriffen werden müssen, damit die Selbstanzeige den gewünschten Erfolg erzielt.[57]

C. Innerbetriebliche Exportkontrolle (Compliance)

68 Jeder Betrieb sollte intern so organisiert sein, dass das Risiko minimiert wird, gegen Exportkontrollvorschriften zu verstoßen. Für die SG ist ein innerbetriebliches Exportkontrollsystem eine Erteilungsvoraussetzung (→ Rn. 24). Auch mit Blick auf die durch die AWG-Novelle neu entstandene Möglichkeit der Selbstanzeige (→ Rn. 66f.) ist ein betriebsinternes Exportkontrollsystem zu empfehlen. Hierbei gibt es keine gesetzlichen Anforderungen daran, wie die innerbetriebliche Exportkontrolle organisiert sein muss. Die einzige gesetzliche Vorgabe ist, dass es im Ergebnis nicht zu Verstößen gegen das Außenwirtschaftsrecht kommen darf – wie dieses Ziel erreicht wird, bleibt dem Unternehmen überlassen. Art und Umfang des Exportkontrollsystems sollten sich ua an Art, Größe und Organisation des Unternehmens, dem Produktportfolio, der geografischen Präsenz sowie Verdachtsfällen in der Vergangenheit orientieren.[58]

69 Jedenfalls gibt es eine faktische (nicht gesetzliche) „Pflicht", einen sog. Ausfuhrverantwortlichen zu bestellen, sofern ein Unternehmen Anträge auf Ausfuhrgenehmigungen stellen will (→ Rn. 73). Bei der Organisation der innerbetrieblichen Ausfuhrkontrolle nimmt der Ausfuhrverantwortliche daher eine zentrale Position ein (dazu I.). Daneben bestehen umfangreiche Dokumentationspflichten bezüglich der exportkontrollrelevanten innerbetrieblichen Abläufe sowie der Dokumente, die zu einem Ausfuhrvorgang gehören (dazu II.).

> Das BAFA gibt ein Merkblatt heraus, das die Thematik der innerbetrieblichen Exportkontrolle aufgreift und Lösungen für Unternehmen vorschlägt. Dieses Merkblatt zu „Internal Compliance Programmes – ICP" kann auf www.ausfuhrkontrolle.info abgerufen werden.

---

[55] Ziff. II. des Erlasses.
[56] Ziff. III. des Erlasses; zur Frage, ob die Vorschrift als „Verfahrenshindernis" oder als „Strafaufhebungsgrund" zu qualifizieren ist: *Pelz/Hofschneider* AW-Prax 2013, 173, 175; *Krause* ExportManager 5/2013, 22, 23 f.; *Prieß/Arend* AW-Prax 2013, 71, 72 f.; *Walter* RIW 2013, 205 ff.; *Niestedt/Trennt* BB 2013, 2115, 2119.
[57] Näher hierzu und mit Erläuterungen bzgl. der zu ergreifenden Maßnahmen *Haellmigk/Vulin* AW-Prax 2013, 176 ff.; *Pelz/Hofschneider* AW-Prax 2013, 173 ff.
[58] Vgl. zu den Compliance-Pflichten des Vorstands einer AG nach dem Aktiengesetz *LG München I* NZG 2014, 345, 347.

I. Der Ausfuhrverantwortliche

Dem Ausfuhrverantwortlichen kommt im Unternehmen die zentrale Bedeutung beim Export zu. Er ist betriebsintern und gegenüber den Behörden in besonderer Weise für die Einhaltung der Exportkontrollvorschriften verantwortlich. Ohne seine Bestellung erteilt das BAFA grds keine Ausfuhrgenehmigung (→ Rn. 14). **70**

1. Stellung im Unternehmen. Der Ausfuhrverantwortliche muss je nach Rechtsform Mitglied der Geschäftsführung oder des Vorstands oder vertretungsbefugter Gesellschafter sein. Er sollte möglichst nicht gleichzeitig für den Vertrieb zuständig sein und nicht unter dem Druck stehen, bestimmte Umsatzziele erreichen zu müssen, da ansonsten ein Zielkonflikt entsteht. In einem Konzern muss für jede juristische Person im Konzern ein eigener Ausfuhrverantwortlicher benannt werden. Der Ausfuhrverantwortliche ist für alle exportkontrollrechtlichen Fragen letztlich rechtlich verantwortlich, kann diese Aufgabe aber innerbetrieblich beliebig auf kompetente Mitarbeiter delegieren. Diese Mitarbeiter müssen direkt zum Ausfuhrverantwortlichen berichten können und in der Lage sein, die Ausfuhr einer Ware aufzuhalten, bis eine Entscheidung der Geschäftsführung vorliegt. Eine derartige Delegation befreit jedoch nicht von der rechtlichen Verantwortlichkeit.[59] Die mit der Exportkontrolle befassten Mitarbeiter können in einer eigenen Exportkontrollabteilung (→ Rn. 74) zusammengefasst sein; sie können aber auch zB der Zoll- oder Compliance-Abteilung angehören.[60] **71**

2. Bestellung gegenüber dem BAFA. Der Ausfuhrverantwortliche ist mittels der vorgesehenen Formblätter schriftlich gegenüber dem BAFA anzuzeigen. Ggf. muss auch die Delegation des Rechts zur Beantragung von Ausfuhrgenehmigungen dem BAFA mitgeteilt werden. Das Formular zur Benennung eines Verantwortlichen ist auf der Homepage des BAFA zu finden. Derart benannte Verantwortliche müssen wiederum die Übernahme der außenwirtschaftlichen Verantwortung anhand eines Formulars erklären. Diese Erklärung muss jährlich wiederholt werden. **72**

3. Pflichten des Ausfuhrverantwortlichen. Die Pflichten des Ausfuhrverantwortlichen und die Folgen seiner Unzuverlässigkeit sind in den „Grundsätze[n] der Bundesregierung zur Prüfung der Zuverlässigkeit von Exporteuren von Kriegswaffen und rüstungsrelevanten Gütern" vom 25.7.2001[61] (Grundsätze) niedergelegt. Trotz des martialisch klingenden Titels gelten sie nicht nur für die Ausfuhr von Waffen, sondern auch für den Export aller gelisteter Dual-Use-Güter.[62] **73**

Bei den Grundsätzen handelt es sich um Verwaltungsvorschriften, die sich in erster Linie an die zuständigen Behörden richten und nur mittelbar Außenwirkung hinsichtlich der betroffenen Unternehmen und Einzelpersonen entfalten. Dass es keine gesetzliche Regelung des Ausfuhrverantwortlichen gibt, sondern lediglich eine derartige „Regelung" im Erlasswege, ist zu Recht kritisiert worden angesichts des grundrechtsrelevanten Bereichs (Freiheit der Berufsausübung gem. Art. 12 GG), in dem sich die Grundsätze bewegen. An dieser Situation hat bedauerlicherweise auch die jüngste Novellierung von AWG und AWV (→ Rn. 1) nichts geändert. Wenn hier also im Zusammenhang mit dem Ausfuhrverantwortlichen von „Müssen" oder „Pflichten" etc. die Rede ist, bedeutet dies nicht etwa, dass Unternehmen rechtlich verpflichtet werden können, einen Ausfuhrverantwortlichen zu bestellen, denn hierfür fehlt es an einer gesetzlichen Grundlage. Es bedeutet lediglich: Die

---

[59] Hauschka/Merz § 33 Rn. 56.
[60] Beispiele für die Ansiedlung der Exportkontrolle in der Unternehmensstruktur finden sich in *BAFA*, Praxis der Exportkontrolle, S. 113 ff.; *Pottmeyer*, Der Ausfuhrverantwortliche, S. 82 ff.
[61] BAnz Nr. 148 v. 10.8.2001, S. 17177 f.; vgl. auch Bekanntmachung des BMWi v. 1.8.2001, BAnz Nr. 149 v. 11.8.2001, S. 17281 und Bekanntmachung des *BAFA* v. 6.8.2001, BAnz Nr. 149 v. 11.8.2001, S. 17295.
[62] *BAFA*, Haddex, Band 1, Rn. 346; siehe auch weiterführend *BAFA* AW-Prax 2004, 387 f.; Hauschka/Merz § 33 Rn. 60 ff.; *Prieß/Thoms* AW-Prax 2013, 110.

3. Teil. Exportwirtschaft (Ausfuhr, Zoll, Steuern)

zuständigen Behörden weigern sich faktisch, Ausfuhrgenehmigungen zu erteilen, wenn kein Ausfuhrverantwortlicher bestellt wurde. So wird ein mittelbarer (und unter dem Gesichtspunkt der grundrechtlich geschützten Außenwirtschaftsfreiheit bedenklicher) Zwang auf die Unternehmen ausgeübt, einen Ausfuhrverantwortlichen zu benennen.[63]

74 Der Ausfuhrverantwortliche ist dafür verantwortlich, dass das ausführende Unternehmen seiner **Organisationspflicht** nachkommt, dh die Exportkontrollvorschriften innerhalb der betrieblichen Organisation berücksichtigt werden. Dafür kann eine zentrale Koordinierungsstelle für die betriebsinterne Exportkontrolle eingerichtet werden, die über ausreichende Informations- und Weisungsrechte gegenüber allen Mitarbeitern verfügt, die am Exportgeschäft beteiligt sind. Eine solche **Exportkontrollstelle** oder (wenn es sich um eine einzelne Person handelt) ein **Exportkontrollbeauftragter** handelt als „verlängerter Arm" der Geschäftsführung, vertritt den Ausfuhrverantwortlichen und sollte neben ihm im Organigramm des Unternehmens ausgewiesen werden. Empfehlenswert ist zur Vermeidung von Interessenskonflikten, die Exportkontrollstelle möglichst als unabhängige Stabsstelle auszugestalten, die über ein direktes Berichtsrecht und eine direkte Berichtspflicht gegenüber dem Ausfuhrverantwortlichen verfügt. In vielen Unternehmen wird der Exportkontrollbeauftragte in der Logistik, der Rechtsabteilung oder im Controlling platziert, was sich in der Praxis bewährt hat (nicht ratsam ist hingegen aus den bereits dargelegten Gründen zB eine Anbindung an die Vertriebsabteilung → Rn. 71). Insbesondere ist ein „Stopp-Recht" empfehlenswert, das die Exportkontrollstelle ermächtigt, Export auch gegen den Willen der Verkaufsabteilung bis zur Entscheidung durch den Ausfuhrverantwortlichen anzuhalten.[64]

75 Der Ausfuhrverantwortliche muss neben der vorgenannten Aufbauorganisation für eine funktionierende Ablauforganisation sorgen, die in einer betriebsinternen Verfahrensanweisung niedergelegt sein sollte. So müssen betriebliche Anweisungen vorliegen, aus denen hervorgeht, wie genehmigungsbedürftige Exportvorhaben identifiziert und die hierfür notwendigen behördlichen Anträge gestellt werden. Es bietet sich zudem an, neben der Erstellung eines Ablaufplans und konkreter Handlungsanweisungen die betriebsinterne Exportkontrolle auch durch ein EDV-System zu unterstützen (zB mit zwingenden Prüfschritten oder automatischen Erinnerungsfunktionen). Zudem sollte dafür Sorge getragen werden, dass die Exportkontrolle zum frühestmöglichen Zeitpunkt in die jeweiligen Betriebsabläufe eingebunden wird (schon vor Vertragsabschluss bzw. der Planung und Produktion eines Gutes).

76 Weiter muss der Ausfuhrverantwortliche **überwachen,** ob seine Organisationsanweisungen von den Mitarbeitern auch tatsächlich umgesetzt werden. Auch diese Überwachungspflicht kann delegiert werden. Er muss jedoch stichprobenartig selbst überprüfen, inwieweit seine Vorgaben eingehalten werden. Ein Verstoß gegen diese Überwachungspflicht kann zu hohen Bußgeldern oder gar zu strafrechtlichen Konsequenzen führen (→ Rn. 78 f.). Um eine nachvollziehbare Kontrolle der Wahrnehmung dieser Pflicht zu gewährleisten, sollten die Maßnahmen dokumentiert werden. Daneben hat er bei der Auswahl der Mitarbeiter darauf zu achten, dass sie ausreichend zuverlässig und qualifiziert sind **(Personalauswahlpflicht).**

77 Schließlich muss der Ausfuhrverantwortliche die **Weiterbildung und Information** der Mitarbeiter organisieren, die im Rahmen der Exportkontrolle tätig sind. Hierzu muss er ihnen ermöglichen, regelmäßig an firmeneigenen oder externen Fortbildungsveranstaltungen teilzunehmen, um so einen hohen und aktuellen Qualifikationsstand zu sichern. In diesem Zusammenhang muss er sicherstellen, dass geeignete Arbeitshilfen, insbesondere aktuelle Texte der einschlägigen Bestimmungen, zur Verfügung gehalten werden bzw. durch geeignete Software abrufbar sind. Er hat darauf zu achten, dass seine Mitarbeiter sich über die aktuellen Entwicklungen des Exportkontrollrechts informieren. Dies kann ua durch regelmäßige Lektüre des Amtsblatts der EU, des Bundesgesetzblatts, des Bundesanzeigers und der Bekanntmachungen des BAFA geschehen. Das BAFA verschickt regelmä-

---

[63] Vgl. zum Ganzen *Pottmeyer*, Der Ausfuhrverantwortliche, S. 51.
[64] Vgl. *BAFA*, Praxis der Exportkontrolle, S. 113 ff., 172 f.

ßig einen E-Mail-Newsletter, mit dem man automatisch (allerdings mitunter erst mit erheblicher zeitlicher Verzögerung) über Rechtsänderungen informiert wird.

4. Straf- und bußgeldrechtliche Verantwortung. Die Rechtsfigur des Ausfuhrverantwortlichen wurde ua geschaffen, weil in der Vergangenheit die Unternehmensleitung häufig für deliktische Handlungen im Exportbereich (→ Rn. 42 ff.) nicht haftbar gemacht werden konnte, da sie sich darauf berufen konnte, dass Mitarbeiter auf den unteren Ebenen des Unternehmens die Taten begangen hätten und sie von Missständen nichts gewusst habe.[65] Der Ausfuhrverantwortliche haftet allerdings nicht für jeden Verstoß gegen Exportkontrollvorschriften, der in seinem Unternehmen begangen wird. Seine unmittelbare strafrechtliche Haftung greift zunächst dann ein, wenn er **selbst** die Tat durch eigenes Handeln begangen hat. Daneben kann er sich strafbar machen, wenn er einen Dritten angewiesen hat, eine Handlung vorzunehmen, die gegen Exportkontrollvorschriften verstößt. Ist der jeweilige Sachbearbeiter gutgläubig, so begeht der Ausfuhrverantwortliche die Straftat als mittelbarer Täter. 78

Schließlich kommt eine Haftung des Ausfuhrverantwortlichen in Betracht, wenn er die Tat zwar nicht selbst begangen oder einen anderen zu ihrer Begehung angewiesen hat, er jedoch weiß oder hätte wissen müssen, dass in seinem Unternehmen gegen ausfuhrrechtliche Vorschriften verstoßen worden ist, und er dennoch dagegen keine adäquaten Maßnahmen ergriffen hat.[66] Die Verfolgung des Ausfuhrverantwortlichen in solchen Fällen beruht darauf, dass er es zumindest fahrlässig unterlassen hat, einen Verstoß zu verhindern, obwohl er aufgrund seiner Organisations-, Personalauswahl-, Weiterbildungs- und Überwachungspflichten hierzu verpflichtet gewesen wäre. 79

II. Dokumentationspflichten

Ist das Exportkontrollrecht auf die Ausfuhr eines Guts anwendbar oder könnte es anwendbar sein, müssen alle relevanten Geschäftsunterlagen aufbewahrt werden. Hinsichtlich der umfangreichen, einzuhaltenden Dokumentations- und Aufbewahrungspflichten kann auf die obigen Ausführungen verwiesen werden (→ Rn. 38 f.). 80

> Sämtliche Organisations- und Verfahrensanweisungen im Unternehmen, insbesondere die Delegation zum Stellen von Ausfuhranträgen, müssen innerbetrieblich schriftlich niedergelegt sein und sollten im Falle einer Außenwirtschaftsprüfung dem Prüfer vorgelegt werden können.

D. Vertragsgestaltung

Von hoher praktischer Bedeutung im Zusammenhang mit der Exportkontrolle ist auch die Gestaltung der zivilrechtlichen Verträge mit Zulieferern und Abnehmern (vgl. allgemein zur Vertragsgestaltung bei Exportgeschäften → Abschnitte 3–6). Damit der Ausführer, Durchführer oder Vermittler das Exportkontrollrecht einhalten kann, muss er die auszuführende Ware und den Endabnehmer genau kennen. Sofern er die Wertschöpfungskette nicht selbst vollständig kontrolliert, ist er hierzu auf Informationen angewiesen, die er nur von Zulieferern und Kunden erlangen kann. Um die nötige Kooperation mit diesen Geschäftspartnern sicherzustellen und um sich gegen Haftungsrisiken abzusichern, müssen die zivilrechtlichen Verträge mit den Zulieferern einerseits und den Kunden andererseits die Exportkontrolle berücksichtigen. Dabei wird es letztlich eine Frage der eigenen Verhandlungsstärke sein, inwieweit es möglich ist, Klauseln, die eine günstige Risikoverteilung sicherstellen, gegenüber dem Vertragspartner durchzusetzen. Im Hinblick auf den möglichen Streitfall sollte man bei der Gestaltung der Verträge stets an Streitbeilegungsklauseln, Gerichts- und Schiedsvereinbarungen denken (hierzu ausführlich → Abschnitte 40 ff.). Der- 81

---

[65] *Pottmeyer,* Der Ausfuhrverantwortliche, S. 39 f.
[66] *Pottmeyer,* Der Ausfuhrverantwortliche, S. 190.

artige Verträge können zudem Rechtswahlklauseln enthalten, die den Vertrag ggf. einem besonderen ausländischen Rechtsregime oder dem UN-Kaufrecht unterstellen (→ Abschnitt 6 Rn. 3 ff.). Die folgenden Ausführungen betreffen in erster Linie Fälle, in denen die geschlossenen Verträge deutschem Recht unterfallen.

I. Verträge mit Lieferanten oder Zulieferern

82 Nur selten wird der Ausführer die Ware (vollständig) hergestellt haben. Auch wenn er kein reines Handelshaus ist, wird er häufig Komponenten einer Exportware von Dritten zukaufen. Um sich der Expertise der Lieferanten bezüglich der von diesen hergestellten Komponenten zu bedienen, sollte schon in den Lieferverträgen sichergestellt sein, dass sich die Zulieferer verpflichten, alle erforderlichen Informationen über die gelieferten Waren zur Verfügung zu stellen, damit der Ausführer die Anwendbarkeit des Exportkontrollrechts prüfen kann. Weitergehend kann der Zulieferer verpflichtet werden, die Listung eines Gutes bzw. dessen Fehlen zuzusichern.[67] Die Durchsetzbarkeit derartiger Klauseln hängt von der jeweiligen Verhandlungsmacht des Ausführers ab. Zu beachten ist hierbei jedoch, dass letztlich der Ausführer gegenüber den Behörden allein verantwortlich ist.

> Wird ein Dual-Use-Gut innergemeinschaftlich verbracht, ergibt sich eine Pflicht des Absenders zur Mitteilung, dass die Ware genehmigungspflichtig ist, direkt aus der Dual-Use-VO (Art. 22 Abs. 10 DUV).

83 Auch für den Fall, dass sich die Erwartung einer genehmigungsfreien Ausfuhr als falsch herausstellt, oder, dass der Vertragspartner im Drittland auf Grund zu langer Wartezeiten vom Vertrag Abstand nimmt, sollte vorgesorgt werden. Eine fehlende Ausfuhrgenehmigungspflicht könnten die Vertragspartner zur Geschäftsgrundlage erheben und somit flexibel den Vertrag anpassen, sollte die Ausfuhr doch genehmigungspflichtig sein. Für den Fall, dass der Abnehmer im Drittland zurücktritt, ist die Vereinbarung eines vertraglichen Rücktrittsrechts des Ausführers gegenüber seinem Lieferanten anzuraten. Ansonsten könnte es im schlimmsten Fall vorkommen, dass der Exporteur von seinem Lieferanten ein unverkäufliches Gut abnehmen muss.[68]

II. Verträge mit Abnehmern

84 Auch die Verträge mit den Abnehmern sollten die Exportkontrolle mitberücksichtigen. Ausgangspunkt der Vertragsbeziehungen mit dem Abnehmer der Ware ist **§ 15 Abs. 1 S. 1 AWG,** dem zufolge ein Rechtsgeschäft, das ohne die erforderliche (Ausfuhr-)Genehmigung vorgenommen wird, **schwebend unwirksam** ist. Es wird wirksam, wenn die Genehmigung erteilt worden ist (§ 15 Abs. 1 S. 2 AWG) oder die Genehmigungspflicht nachträglich entfällt. Diese – öffentlich-rechtlich vorgegebene – schwebende Unwirksamkeit gilt unabhängig davon, ob die Parteien durch vertragliche Rechtswahlklausel die Anwendung eines anderen Rechtsregimes beschlossen haben.

85 Zwar kann der Abnehmer während der Schwebezeit noch nicht Lieferung und der Verkäufer noch nicht vollständige Zahlung des Kaufpreises verlangen. Doch treffen insbesondere den Abnehmer aus Treu und Glauben (§ 242 BGB) bestimmte Mitwirkungspflichten,[69] die zur Absicherung ausdrücklich vertraglich festgeschrieben werden sollten. So sollte etwa der Abnehmer verpflichtet werden, alle für die Antragstellung notwendigen Informationen, etwa über den Endverwender, zu übermitteln und bei der Beschaffung eines Endverbleibsdokuments (→ Rn. 10 ff.) zu kooperieren. Nicht von der schwebenden Unwirk-

---

[67] Dies sollte stets in Form einer Beschaffenheitsklausel erfolgen, um einer AGB-Kontrolle anhand der §§ 307 ff. BGB zu entgehen, vgl. *Landry*, in: FS Graf v. Westphalen, 453, 460; *Burkert-Basler/Dreyer* AW-Prax 2009, 320.
[68] *Landry*, in: FS Graf v. Westphalen, 453, 460.
[69] Wolffgang/Simonsen/Tietje/*Mankowski*, Band 1, § 31 Rn. 20 ff.

samkeit betroffen sind auch sonstige Pflichten, mit denen die Erfüllung nicht vorweg genommen wird, wie in der Praxis wichtige Anzahlungspflichten des Abnehmers.[70]

Wird die Ausfuhrgenehmigung bestandskräftig verweigert, wird der Vertrag endgültig unwirksam. Die Rückabwicklung erfolgt über das Bereicherungsrecht (§§ 812 ff. BGB). Wechselseitige Schadensersatzansprüche wegen Nichterfüllung der Leistungspflichten aus dem Vertrag sind damit grundsätzlich ausgeschlossen. Diese Rechtsfolge wird auch nicht dadurch geändert, dass die Genehmigung später doch erteilt wird.[71] **86**

Vorsorgen sollte der Ausführer auch für den Fall, dass es bei der Antragstellung zu Verzögerungen kommt. Zur Vermeidung von Schadensersatzansprüchen wegen Lieferverzugs sollte bspw. ein Liefertermin unter den Vorbehalt gestellt werden, dass eine Exportgenehmigung nicht erforderlich ist oder rasch erteilt wird. Zieht sich das Antragsverfahren zu lange hin, sollte sich der Ausführer ein **vertragliches Rücktrittsrecht** einräumen lassen.[72] Im Hinblick auf die verwendungsbezogenen Genehmigungspflichten (→ Abschnitt 35 Rn. 20 ff.) sollte der Verwendungszweck der Ware vertraglich geregelt werden.[73] **87**

III. Verträge bei Lieferungen in Embargo-Länder

Die vorstehenden Fragen stellen sich im Übrigen nicht nur bei Ausfuhren, die nach der Dual-Use-VO genehmigungspflichtig sind, sondern sinngemäß auch bei Ausfuhren in Embargo-Länder. Auch die Embargo-Verordnungen sehen Genehmigungspflichten und Ausfuhrverbote vor, was zu besonderen zivilrechtlichen Problemen zwischen den Parteien eines Liefervertrags führen kann (→ Abschnitt 35 Rn. 107 ff., insbesondere zu zivilrechtlichen Fragen hinsichtlich einer möglichen Nichtigkeit des Vertrags nach § 134 BGB bei Verstoß gegen ein Verbotsgesetz). Daher sollte man auch bei solchen Lieferungen vertragliche Vorsorge treffen, insbesondere für den Fall, dass nach dem Vertragsschluss eine Embargoverschärfung eintritt, die (etwa durch Listung des zu liefernden Guts) dazu führt, dass eine zuvor zulässige Lieferung nunmehr verboten ist. Gleiches gilt beispielsweise für Fälle, in denen ein beantragter „Null-Bescheid" (→ Rn. 40) nicht erteilt wird oder sich das Antragsverfahren unzumutbar in die Länge zieht. **88**

IV. Verträge im Vermittlungsverhältnis (Brokering)

Ein Vermittler befindet sich angesichts der ihm auferlegten Informationspflichten (→ Rn. 36) in einer mit der Ausfuhr vergleichbaren Situation. Allerdings wird es ihm gewöhnlich noch schwerer fallen, die notwendigen Informationen selbst zu beschaffen, da er in keiner Weise in die Herstellung der Güter oder den eigentlichen Ausfuhrvorgang eingebunden ist, also keinen direkten Kontakt zu den vermittelten Gütern hat. Die Aufnahme von Mitwirkungspflichten in Vermittlungsverträge ist somit im Interesse des Vermittlers unbedingt anzuraten. **89**

---

[70] Wolffgang/Simonsen/Tietje/*Mankowski*, Band 1, § 31 Rn. 22; *Landry*, in: FS Graf v. Westphalen, 453, S. 466.

[71] Vgl. Bamberger/Roth/*Unberath* Beck'scher Online-Kommentar BGB (Stand: 1.3.2011), § 275 Rn. 31; MüKoBGB/*Ernst*, 6. Aufl. 2012, § 275 BGB Rn. 66; *Landry*, in: FS Graf v. Westphalen, 453, 466.

[72] Wolffgang/Simonsen/Tietje/*Mankowski*, Band 1, § 31 Rn. 38 ff.

[73] Zum Ganzen, auch mit weiteren Vorschlägen für die Gestaltung vgl. Graf/Paschke/*Bender* S. 43 ff.; *Landry*, in: FS Graf v. Westphalen, 453, 464 ff.; *v. Bernstorff*, Vertragsgestaltung im Auslandsgeschäft, passim.

Abschnitt 37. Exportbeschränkungen für Waffen, Chemikalien und Abfälle

Übersicht

	Rn.
A. Waffen	1
I. Kriegswaffen	1
1. ABC-Waffen	2
2. Konventionelle Kriegswaffen	5
II. Sonstige Waffen, Munition und Rüstungsmaterial nach Teil I Abschnitt A AL	10
III. Waffenembargos	11
B. Chemikalien	12
I. Notifizierungsverfahren	14
II. Exportverbote	18
III. Bußgelder und Straftaten	19
C. Abfälle	20
I. Verbringung innerhalb der EU	22
1. PIC-Verfahren	23
2. Informations- und Rücknahmepflichten	25
II. Ausfuhr in Drittstaaten	27
1. Abfälle zur Beseitigung	27
2. Abfälle zur Verwertung	28
III. Zuständigkeit	32
IV. Bußgelder und Straftaten	33

A. Waffen

Literatur: *Bieneck* (Hrsg.), Handbuch des Außenwirtschaftsrechts mit Kriegswaffenkontrollrecht, 2. Aufl. 2005; *Hohmann/John* (Hrsg.), Ausfuhrrecht, 2002; *Rat der EU,* Dreizehnter Jahresbericht gemäß Artikel 8 Absatz 2 des Gemeinsamen Standpunkts 2008/944/GASP des Rates betreffend gemeinsame Regeln für die Kontrolle der Ausfuhr von Militärtechnologie und Militärgütern ABl. 2011 C 382/1; *Wolffgang/Simonsen/Tietje* (Hrsg.), AWR-Kommentar. Kommentar für das gesamte Außenwirtschaftsrecht.

I. Kriegswaffen

1   Für die Ausfuhr von Kriegswaffen aus Deutschland gelten besonders strenge Regeln, die die Außenwirtschaftsfreiheit erheblich einschränken; gleichwohl ist Deutschland einer der weltweit größten Rüstungsexporteure. Nach Art. 26 Abs. 2 GG dürfen zur Kriegsführung bestimmte Waffen nur mit Genehmigung der Bundesregierung hergestellt, befördert und in Verkehr gebracht werden. Das Nähere regelt das **Kriegswaffenkontrollgesetz** (KWKG). Darüber hinaus finden sich Vorschriften für (Kriegs-)Waffen im Ausführungsgesetz zum Chemiewaffenübereinkommen, dem Außenwirtschaftsgesetz (AWG) und der Außenwirtschaftsverordnung (AWV).

2   **1. ABC-Waffen.** In Umsetzung internationaler Verpflichtungen ist der Umgang mit atomaren, biologischen und chemischen Waffen **(ABC-Waffen) verboten.** Die §§ 17, 18 KWKG untersagen ABC-Waffen zu entwickeln, herzustellen, mit ihnen Handel zu treiben, sie ein- oder auszuführen oder sonst die tatsächliche Gewalt über sie auszuüben. Ein ebenso umfassendes Verbot gilt nach § 18a KWKG für **Antipersonenminen** und **Streumunition.**

3   In Umsetzung des Chemiewaffenübereinkommens (CWÜ), einem internationalen Abrüstungs- und Rüstungskontrollvertrag, hat die Bundesrepublik im deutschen Ausführungsgesetz[1] ein **Produktions- und Exportverbot** für **chemische Waffen** verhängt. Darüber hinaus müssen zur effektiven Durchsetzung dieses umfassenden Verbots Chemikalien, die

---

[1] BGBl. I 1996, 1954.

Abschnitt 37. Exportbeschränkungen für Waffen, Chemikalien und Abfälle

Grundstoffe für Chemiewaffen sein können, überwacht werden. Diese Stoffe finden teilweise eine breite zivile Verwendung zB als Flammhemmer oder in der Textilveredelung. Verarbeitet ein Unternehmen diese Grundstoffe in bedeutender Menge, unterliegen sie Melde- und Inspektionspflichten. Außerdem gibt es Handelsbeschränkungen. Verstöße sind straf- und bußgeldbewehrt.

> Chemikalien, aus denen Chemiewaffen hergestellt werden können, können Ausfuhrbeschränkungen unterliegen.

Die genannten Handelsbeschränkungen gelten für alle Chemikalien, die in den drei **Anhängen** der **Ausführungsverordnung** zum CWÜ (CWÜV) aufgeführt sind. Die Anhänge sortieren Chemikalien und deren Ausgangsstoffe anhand ihrer Toxizität. Zuständig für eine Genehmigung ist das **BAFA**. Auf dessen Internetseite sind auch die erfassten Chemikalien recherchierbar. 4

2. Konventionelle Kriegswaffen. Vorschriften für konventionelle Kriegswaffen finden sich im KWKG, das den gesamten Umgang mit Kriegswaffen von der Herstellung bis zur Ausfuhr unter einen Genehmigungsvorbehalt stellt. Ergänzt werden sie durch den **Gemeinsamen Standpunkt 2008/944/GASP** des Rates betreffend gemeinsame Regeln für die Kontrolle der Ausfuhr von Militärtechnologie und Militärgütern,[2] der zu einer europaweiten Harmonisierung der Rüstungsexportpraxis beitragen soll. 5

Als **Kriegswaffen** gelten nach § 1 KWKG alle zur Kriegsführung bestimmten Gegenstände, Stoffe und Organismen, die in der als **Kriegswaffenliste** (KWL) – einer Anlage zum KWKG – aufgeführt sind. Die dortige Aufzählung, die auch für wesentliche Bestandteile gilt, ist abschließend. Anders als bei Dual-Use-Gütern gibt es keine verwendungsbezogenen Genehmigungspflichten von nichtgelisteten Kriegswaffen nach dem KWKG. Auf EU-Ebene wird regelmäßig die **Gemeinsame Militärgüterliste der EU**[3] herausgegeben. Sie ist jedoch – anders als die Listen der Dual-Use-Verordnung – für die Ausführer nicht verbindlich. 6

> Neben einer Genehmigungspflicht nach dem KWKG ist stets zu prüfen, ob die auszuführende Kriegswaffe auch von Teil I Abschnitt A der Ausfuhrliste erfasst ist. In diesem Fall ist eine weitere Genehmigung nach § 8 Abs. 1 Nr. 1 AWV nötig (→ Rn. 10).

Neben Herstellung, Erwerb und Transport innerhalb Deutschlands (§§ 2, 3 Abs. 1 KWKG) ist nach § 3 Abs. 3 KWKG die **Ausfuhr genehmigungspflichtig.** Da die EU keine Rechtsetzungskompetenz für die Regulierung des Handels mit Kriegswaffen hat, gilt jede grenzüberschreitende Beförderung – auch innerhalb der EU – als genehmigungspflichtige Ausfuhr iSd KWKG. Auch bei Kriegswaffen ist – wie bei Dual-Use-Gütern (→ Abschnitt 36 Rn. 7ff.) – grundsätzlich eine **Einzelgenehmigung** einzuholen. Verfahrenserleichterungen sind im Vergleich zu Dual-Use-Gütern nur wenige vorgesehen. Es gibt die Dauergenehmigung und die Allgemeine Genehmigung für bestimmte Transporte innerhalb von NATO-Staaten, nicht dagegen die Sammelausfuhrgenehmigung. Zuständig für Anträge ist das **Bundeswirtschaftsministerium** (§ 11 Abs. 2 KWKG iVm § 1 Abs. 1 Nr. 4 1. KWKG-Durchführungsverordnung). Das Verfahren ist in der 2. KWKG-Durchführungsverordnung geregelt. Formblätter werden nicht verwendet. Die Anforderungen an den Nachweis der Genehmigungsvoraussetzungen sind wegen der außenpolitischen Sensibilität von Rüstungsexporten strenger als bei Dual-Use-Gütern. 7

Wegen der besonderen außenpolitischen Brisanz besteht **kein Anspruch** auf Erteilung einer Ausfuhrgenehmigung (§ 6 Abs. 1 KWKG). Das der Bundesregierung eröffnete Ermessen wird zum einen durch normierte Versagungsgründe gesteuert. Ein fakultativer **Ver-** 8

---

[2] ABl. 2008 L 335/99.
[3] Zuletzt vom 27.2.2012, ABl. 2012 C 85/1.

3. Teil. Exportwirtschaft (Ausfuhr, Zoll, Steuern)

sagungsgrund (§ 6 Abs. 2 KWKG) liegt insbesondere vor, wenn die Ausfuhr dem Interesse der Bundesrepublik an der Aufrechterhaltung guter Beziehungen zu anderen Ländern zuwiderlaufen würde. Ein zwingender Versagungsgrund (§ 6 Abs. 3 KWKG) ist erfüllt, wenn die Waffen zu einer friedenstörenden Handlung (zB Angriffskrieg) verwendet werden könnten, die Ausfuhr gegen völkerrechtliche Verpflichtungen der Bundesrepublik verstoßen würde oder der Ausführer nicht zuverlässig ist. Hierbei sind die „Grundsätze der Bundesregierung zur Prüfung der Zuverlässigkeit von Exporteuren von Kriegswaffen und rüstungsrelevanten Gütern" (→ Abschnitt 36 Rn. 73) zu beachten. Die Ermessensausübung wird darüber hinaus gelenkt durch die **„Politischen Grundsätze der Bundesregierung für den Export von Kriegswaffen und sonstigen Rüstungsgütern"** vom 19.1.2000 sowie den in Art. 2 und 5 des Gemeinsamen Standpunkts 2008/944/GASP genannten Kriterien.

> Auch die **Aufzeichnungspflichten** sind bei Kriegswaffen gegenüber Dual-Use-Gütern verschärft. Wer Kriegswaffen befördern lässt oder selbst befördert, hat ein Kriegswaffenbuch zu führen, um den Verbleib der Kriegswaffen im Detail nachzuweisen (§ 12 KWKG).

9 Verstöße gegen das KWKG werden **straf- und bußgeldrechtlich** geahndet. Vorsätzliche Verstöße gegen das Umgangsverbot mit ABC-Waffen oder Antipersonenminen werden als Verbrechen mit einer Freiheitsstrafe von bis zu fünf Jahren bestraft (§§ 19, 20, 20a KWKG). Genauso wird bestraft, wer **vorsätzlich** Kriegswaffen ohne die erforderliche Genehmigung ein-, aus- oder durchführt (§ 22a Abs. 1 Nr. 4 KWKG); die fahrlässige Erfüllung dieses Tatbestands ist dagegen nur eine Ordnungswidrigkeit (§§ 22a Abs. 4, 22b Abs. 2 KWKG). Darüber hinaus stellen insbesondere Verstöße gegen Meldepflichten Ordnungswidrigkeiten dar (zB § 22b Abs. 1 KWKG). Für Unternehmen und die Geschäftsleitung gelten darüber hinaus die §§ 30, 130 OWiG (→ Abschnitt 36, Rn. 63 ff.).

II. Sonstige Waffen, Munition und Rüstungsmaterial nach Teil I Abschnitt A AL

10 Eine Genehmigungspflicht für die Ausfuhr von Waffen kann nach § 8 Abs. 1 Nr. 1 AWV bestehen, der alle in Teil I Abschnitt A AL genannten Waffen, Munition und sonstiges Rüstungsmaterial einer Ausfuhrgenehmigungspflicht unterwirft.

Beispiel:
Jagdwaffen, sofern sie über ein Magazin für mehr als drei Patronen verfügen.[4]

Die KWL und Abschnitt A von Teil I AL enthalten **nicht deckungsgleiche Schnittmengen.** So können in der KWL genannte Waffen auch in Abschnitt A genannt sein. In diesem Fall bedarf es sowohl einer Genehmigung nach dem KWKG (→ Rn. 7) als auch einer nach § 8 Abs. 1 Nr. 1 AWG. Das Genehmigungsverfahren nach § 8 Abs. 1 Nr. 1 AWG folgt weitgehend dem für Dual-Use-Güter (→ Abschnitt 36 Rn. 6 ff.), so dass – anders als bei Kriegswaffen – das BAFA zuständig ist.

III. Waffenembargos

11 Auch Waffenembargos schränken die Ausfuhr von (Kriegs-)Waffen ein. Hierbei ist zu beachten, dass gegen manche Staaten ausschließlich Waffenembargos verhängt worden sind. Sie enthalten Beschränkungen und Verbote für die Lieferung von Waffen, Munition und sonstigen Rüstungsmaterialien, die in Teil I Abschnitt A der AL aufgelistet sind, sowie darauf bezogene Handels- und Vermittlungsgeschäfte (§§ 74–76 AWV). Daneben beziehen sie sich in der Regel auch auf paramilitärische Ausrüstung sowie die damit zusammenhängende technische Unterstützung. Waffenembargos gelten für folgende Staaten (Stand: 30.10.2013):

---

[4] Anmerkung zu Unternummer 0001a bis 000d Teil I A AL.

Abschnitt 37. Exportbeschränkungen für Waffen, Chemikalien und Abfälle

- Armenien
- Aserbaidschan
- VR China
- Elfenbeinküste
- Eritrea
- Guinea
- DR Kongo (ex-Zaire)

- Irak
- Iran
- Libanon
- Liberia
- Libyen
- Myanmar
- Nordkorea

- Simbabwe
- Somalia
- Sudan
- Südsudan
- Syrien
- Weißrussland (Belarus)

Aufgrund der häufigen Änderungen der Embargos sollte vor der Ausfuhr auf der **Internetseite des BAFA** der jeweils aktuelle Stand der Embargos abgefragt werden.[5]

B. Chemikalien

Literatur: *Bender*, Domestically Prohibited Goods. WTO-rechtliche Handlungsspielräume bei der Regulierung des Handels mit im Exportland verbotenen Gütern zum Umwelt- und Verbraucherschutz, 2006; *Europäische Kommission*, Technische Leitlinien für die Durchführung der Verordnung (EG) Nr. 689/2008, ABl. 2011 C 65/1; *Fluck*, Die Aus- und Einfuhr gefährlicher Chemikalien nach dem Rotterdamer Übereinkommen und der Verordnung (EG) Nr. 304/2003, Stoffrecht 2005, 13; *Langlet*, Prior informed consent and hazardous trade. Regulating trade in hazardous goods at the intersection of sovereignty, free trade and environmental protection, 2009.

Deutschland ist ein bedeutender Standort der chemischen Industrie, die ein Zugpferd der Exportwirtschaft ist. Im Jahr 2011 führten deutsche Unternehmen chemische Erzeugnisse im Wert von zirka **150 Mrd. EUR** aus, davon 40% (zirka 60 Mrd. EUR) in Staaten außerhalb der EU.[6] **12**

Der sichere Umgang mit Chemikalien erfordert staatliche Regulierung, die stark vom EU-Recht geprägt ist.[7] Manche der exportierten Chemikalien bergen besondere Risiken für Mensch und Umwelt. Ihre Verwendung ist daher teilweise in der EU verboten oder strengen Beschränkungen unterworfen. Viele Importstaaten, darunter Entwicklungs- oder Schwellenländer, haben nicht die staatlichen Mittel oder das nötige Wissen, um den sicheren Umgang mit (eingeführten) Chemikalien zu gewährleisten. Diesem Problemkreis haben sich zwei völkerrechtliche Verträge angenommen. Im Jahr 2004 traten das **Rotterdamer Übereinkommen über das Verfahren der vorherigen Zustimmung nach Inkenntnissetzung** *(prior informed consent – PIC)*, das ein PIC-Verfahren etabliert (→ Rn. 16), und das **Stockholmer Übereinkommen über persistente organische Schadstoffe** (POPs-Übereinkommen), mit dem Produktion und Handel einer Reihe von besonders gefährlichen Chemikalien verboten werden, in Kraft. Auf diesen Verträgen aufbauend hat die EU den Handel mit bestimmten gefährlichen Chemikalien zunächst in der **Verordnung (EG) Nr. 689/2008 über die Aus- und Einfuhr gefährlicher Chemikalien** reguliert.[8] Am **1.3.2014** wurde diese Verordnung durch die **Verordnung (EU) Nr. 649/2012 über die Aus- und Einfuhr gefährlicher Chemikalien**[9] abgelöst. Mit der Novellierung wird die Verordnung an die Neuerungen des EU-Chemikalienrechts (**REACH- und CLP-Verordnungen**)[10] angepasst. Die wesentliche Verfahrensänderung liegt darin, dass die Zuständigkeit für die Durchführung der Notifizierungsverfahren von der Kommission auf die durch die REACH-Verordnung geschaffene **Europäische Chemikalienagentur** übergeht. **13**

---

[5] Siehe zuletzt: *BAFA*, Übersicht über die Länder bezogenen Embargos vom 30.10.2013.
[6] *VCI*, Chemiewirtschaft in Zahlen 2012, Tab. 41, 42.
[7] Einen Überblick über das deutsche und europäische Chemikalienrecht bieten *Becker/Tiedemann*, Chemikalienrecht, 2011; *Meßerschmidt*, S. 905 ff.; weiterführend *Rengeling*, Europäisches Stoffrecht, 2009.
[8] ABl. 2008 L 204/1. Ursprünglich hatte die EU die Verordnung (EG) Nr. 304/2003 (ABl. EG 2003 L 63/1) erlassen. Nachdem diese Verordnung durch den EuGH für nichtig erklärt worden war (Urt. v. 10.1.2006, Rs. C-178/03), wurde die heute geltende Verordnung erlassen, die sich weitgehend mit der Vorgängerverordnung deckt.
[9] ABl. 2012 L 201/60. Im Folgenden genannte Artikel und Anhänge ohne weitere Bezeichnung sind solche dieser Verordnung.
[10] VO (EG) Nr. 1907/2006; VO (EG) Nr. 1272/2008.

3. Teil. Exportwirtschaft (Ausfuhr, Zoll, Steuern)

I. Notifizierungsverfahren

14 Die Notifizierungsverfahren gelten für alle in Anhang I aufgeführten zirka 200 Stoffe. Es handelt sich um bestimmte innerhalb der EU verbotene oder strengen Beschränkungen unterliegende Chemikalien und gefährliche Pflanzenschutz- und Schädlingsbekämpfungsmittel (vgl. Art. 2 Abs. 1).

> Die Stoffe sind in der *Europäischen Datenbank Export-Import gefährlicher Chemikalien* (EDEXIM) recherchierbar (http://edexim.jrc.ec.europa.eu/searchChemical.php).

15 Die Ausfuhr von Stoffen, die in Anhang I Teil 1 genannt sind, in Staaten außerhalb der EU (Drittstaaten) ist grundsätzlich nur nach einer Notifikation zulässig (Art. 7 Abs. 2 UAbs. 2, 3). Dies bedeutet, dass der Ausführer vor der ersten Ausfuhr eines jeden Kalenderjahres der zuständigen nationalen Behörde (DNA) im Verfahren nach Art. 8 detaillierte Informationen über den auszuführenden Stoff zur Verfügung stellt und die Kommission dem einführenden Land die beabsichtigte Ausfuhr mitteilt (Ausfuhrnotifikation). Die Ausfuhr darf erfolgen, wenn die Notifikation alle erforderlichen Angaben enthält. Anders als beim PIC-Verfahren – dazu sogleich – ist die Zustimmung des Einfuhrlandes keine Voraussetzung für die Rechtmäßigkeit der Ausfuhr.

16 Für die in Anhang I Teil 2 oder Teil 3 aufgeführten Stoffe muss das **PIC-Verfahren** durchgeführt werden. Danach ist die Ausfuhr grds. nur zulässig, wenn der Einfuhrstaat der Einfuhr ausdrücklich zustimmt (Art. 14 Abs. 6 UAbs. 1). Bei der Ausfuhr von Stoffen nach Anhang I Teil 2 in OECD-Staaten bedarf es keiner ausdrücklichen Zustimmung, wenn die Stoffe dort lizenziert, registriert oder zugelassen sind (Art. 14 Abs. 6 UAbs. 2).[11] Im Einzelfall kann die Ausfuhr auch ohne ausdrückliche Zustimmung erfolgen, wenn der Ausführer nachweisen kann, dass die Chemikalie in den letzten fünf Jahren bereits ins Zielland ausgeführt wurde und dort verkehrsfähig ist (Art. 14 Abs. 7). Die Chemikalien müssen grundsätzlich zur Zeit der Ausfuhr noch sechs Monate haltbar sein (Art. 14 Abs. 10) und den EU-rechtlichen Verpackungsvorschriften entsprechen (Art. 17 Abs. 1). Pestizide müssen mit Informationen zur Lagerung versehen sein (Art. 14 Abs. 11). Zusätzlich sind Ausführer verpflichtet die Menge der in Anhang I genannten Stoffe, die im vorausgegangenen Kalenderjahr exportiert wurde, zu melden (Art. 10).

17 In Deutschland ist die DNA für Industriechemikalien und Biozide die Bundesanstalt für Arbeitsschutz und Arbeitsmedizin (BAuA), Bundesstelle Chemikalien/Zulassung Biozide (www.baua.de), und für Pestizide das Bundesamt für Verbraucherschutz und Lebensmittelsicherheit (BVL), Abteilung Pflanzenschutzmittel (www.bvl.bund.de).

II. Exportverbote

18 In Art. 15 Abs. 2 iVm Anhang V wird der Export von zehn dem POPs-Übereinkommen unterstehenden persistenten organischen Schadstoffen und von quecksilberhaltiger Seife verboten.

III. Bußgelder und Straftaten

19 Mit Wirkung zum **1.5.2013** wurde das Chemikalienstrafrecht durch die Chemikalien-Sanktionsverordnung (ChemSanktionsV)[12] erheblich ausgeweitet. Im Hinblick auf die Verordnung (EG) Nr. 689/2008 stellen nach § 7 ChemSanktionsV iVm § 27 Abs. 1 bis 4

---

[11] Flussdiagramme zum Verfahrensablauf finden sich in der *Mitteilung der Kommission*, ABl. 2011 C 65/1 (45 ff.).
[12] Art. 1 der Verordnung zur Neuordnung der Straf- und Bußgeldvorschriften bei Zuwiderhandlungen gegen EG- oder EU-Verordnungen auf dem Gebiet der Chemikaliensicherheit vom 24.4.2013 (BGBl. I 2013, 944); Kritisch hierzu Deutscher Anwaltverein, Stellungnahme Nr. 23/2013 (http://anwaltverein.de/interessenvertretung/stellungnahmen+23).

ChemG Verstöße gegen das Exportverbot (→ Rn. 18) und das PIC-Verfahren (→ Rn. 14 ff.) eine **Straftat** dar, die mit Freiheitsstrafe bis zwei Jahren oder – bei einer vorsätzlichen Gefährdungstat nach § 27 Abs. 2 ChemG – bis zu fünf Jahren geahndet werden. Der Versuch ist genauso strafbar wie die fahrlässige Begehung (§ 27 Abs. 3, 4 ChemG). Als **Ordnungswidrigkeiten** werden die elf in § 8 ChemSanktionsV aufgeführten Verstöße gegen die Verordnung (EG) Nr. 689/2008 verfolgt. Hierbei handelt es sich im Wesentlichen um die Missachtung von Informations- und Berichtspflichten. Geahndet wird auch die Ausfuhr von Pestiziden später als sechs Monate vor deren Verfallsdatum (Nr. 5). Bei Verletzung dieser Normen kann eine Geldbuße von bis zu 50.000 EUR verhängt werden (§ 26 Abs. 1 Nr. 11, Abs. 2 ChemG). Solange die ChemSanktionsV die **Verordnung (EU) Nr. 649/2012** nicht ausdrücklich nennt, sind Verstöße gegen sie nicht sanktionsbewehrt. Zwar gelten nach Art. 30 Abs. 2 Bezugnahmen auf die Verordnung (EG) Nr. 689/2008 als Verweise auf die Verordnung (EU) Nr. 649/2012. Dies kann jedoch nur für Verweise innerhalb des Unionsrechts gelten und keine sanktionsbegründende (deutsche) Rechtsverordnung iSv §§ 26 Abs. 1 Nr. 11 S. 2, 27 Abs. 1 Nr. 3 S. 2 ChemG, die die Zustimmung des Bundesrats erfordert, ersetzen.

C. Abfälle

Literatur: *Kampf,* Abfallrecht, in: Witte (Hrsg.), Praxishandbuch Export- und Zollmanagement, Teil 6 C; *LAGA,* Vollzugshilfe zur Abfallverbringung, Juli 2012 (www.laga-online.de); *Meßerschmidt,* Europäisches Umweltrecht, 2011, S. 891; *Oexle/Epiney/Breuer,* EG-Abfallverbringungsverordnung, 2010; *Wuttke/Baehr,* Praxishandbuch zur grenzüberschreitenden Abfallverbringung, 2. Aufl. 2008.

Deutschland exportierte 2011 ca. 2 Mio. Tonnen zustimmungspflichtige Abfälle.[13] Der zentrale Rechtsakt für die Kontrolle der grenzüberschreitenden Verbringung von Abfällen innerhalb der EU und der Ausfuhr aus der EU ist die **Verordnung (EG) Nr. 1013/2006**.[14] Sie dient der Umsetzung des Basler Übereinkommens über die Kontrolle der grenzüberschreitenden Verbringung gefährlicher Abfälle und ihrer Entsorgung[15] sowie des OECD-Beschlusses C(2001)107 endg. zur Änderung des Beschlusses C(92)39 endg. über die Überwachung der grenzüberschreitenden Verbringung von Abfällen zur Verwertung (OECD-Beschluss), der wiederum seine Grundlage in Art. 11 Basler Übereinkommen findet. Ergänzt wird die Verordnung durch das **Abfallverbringungsgesetz** (AbfVerbrG). Die Verordnung gilt grundsätzlich für alle Abfälle (Art. 1 Abs. 2), mit Ausnahme der in Art. 1 Abs. 3 genannten Sonderfälle. Zur Festlegung des Anwendungsbereichs verweist Art. 2 Nr. 1 auf den **Abfallbegriff** der Richtlinie 2008/98/EG über Abfälle und zur Aufhebung bestimmter Richtlinien.[16] Nach Art. 3 Nr. 1 jener Richtlinie ist Abfall jeder Stoff oder Gegenstand, dessen sich sein Besitzer entledigt, entledigen will oder entledigen muss.[17] Die Verordnung richtet sich an alle Personen, die die Ausfuhr beabsichtigen, dh insbesondere Erzeuger, Einsammler, Makler oder Händler (Art. 2 Nr. 9–13).

Die Pflichten der Exporteure sind abhängig von der Gefährlichkeit des Abfalls, dem Verbringungsort sowie dem Zweck der Verbringung (Beseitigung oder Verwertung). Im Hinblick auf die Verwertung von Abfällen wird der Abfall abhängig von der Gefährlichkeit in eine „grüne Liste" (Anhang III), eine „gelbe Liste" (Anhang IV) und eine „rote Liste" (Anhang V) unterteilt.

---

[13] www.umweltbundesamt.de/abfallwirtschaft/abfallstatistik/basel.htm (Stand: Dezember 2012).
[14] ABl. 2006 L 190/1. Im Folgenden genannte Artikel und Anhänge ohne weitere Bezeichnung sind solche dieser Verordnung.
[15] BGBl. II 1994, 2704; nachfolgend: Basler Übereinkommen.
[16] ABl. 2008 L 312/3. Sie hat die Abfallrahmenrichtlinie 2006/12/EG ersetzt.
[17] Weiterführend Oexle/Epiney/Breuer/*Epiney* Art. 2 Rn. 1 ff.

3. Teil. Exportwirtschaft (Ausfuhr, Zoll, Steuern)

I. Verbringung innerhalb der EU

22 In Abweichung von der Grundregel des freien Warenverkehrs ist der Handel mit Abfällen innerhalb der EU erheblichen Kontrollen unterworfen, um die Grundsätze der Entsorgungsnähe, der Entsorgungsautarkie und des Vorrangs der Verwertung zu verwirklichen. Bei den Anforderungen an die Notifizierungspflichten wird nicht zwischen Abfällen zur Beseitigung und solchen zur Verwertung unterschieden. Für bestimmte weniger gefährliche Abfälle, die zur Verwertung bestimmt sind, gelten lediglich Informationspflichten.

23 **1. PIC-Verfahren.** Die Verbringung sämtlicher Abfälle zur Beseitigung innerhalb der EU unterliegt einem PIC-Verfahren (Art. 3 Abs. 1 Buchst. a, → Rn. 16). Sie darf erst erfolgen, wenn der Ein- (und ggf. Durchfuhr-)staat zugestimmt hat. Dies gilt auch für zur Verwertung bestimmte Abfälle, sofern sie insbesondere in der „gelben Liste" (Anhangs IV) aufgeführt sind, die wiederum auf Anhänge des Basler Übereinkommens verweist (Art. 3 Abs. 1 Buchst. b).

Beispiel:
Haushaltsabfälle und metall- oder chemikalienhaltige Abfälle.

24 Das PIC-Verfahren läuft wie folgt ab: Derjenige, der die Verbringung beabsichtigt (Notifizierender, Art. 2 Nr. 15), meldet dies der zuständigen Behörde am Versandort (Art. 4 Abs. 1). Diese unter Verwendung eines Vordrucks (Anhang IA) und eines Begleitformulars (Anhang IB) durchzuführende Notifikation muss alle in Art. 4 genannten Angaben über den Abfall enthalten. Es muss ein Entsorgungsvertrag vorgelegt werden (Art. 4 Nr. 4, Art. 5). Der Notifizierende muss Sicherheit leisten (Art. 6). Die zuständige Behörde am Versandort übermittelt die Notifikation an die zuständige Behörde am Bestimmungsort und ggf. im Transitland (Art. 7 Abs. 1). Die Behörden am Bestimmungsort, Versandort (und ggf. in den Durchfuhrstaaten) müssen binnen 30 Tagen nach Absendung einer Empfangsbestätigung an den Ausführer entscheiden, ob die Einfuhr – eventuell unter Auflagen – genehmigt oder verweigert wird (Art. 9 Abs. 1). Eine stillschweigende Genehmigung ist nur bei der Behörde des Durchfuhrstaats vorgesehen. Die Behörden des Versand- und des Bestimmungsorts müssen ausdrücklich zustimmen (Art. 9 Abs. 1 UAbs. 2). Die Zustimmung erlischt ein Jahr nach Erteilung (Art. 9 Abs. 4, Abs. 5). Die Verbringung darf erst und solange erfolgen, wie die Genehmigungen gültig sind.

25 **2. Informations- und Rücknahmepflichten.** Die Verbringung von zur Verwertung bestimmten Abfälle von mehr als 20 kg, die nicht dem PIC-Verfahren unterfallen, unterliegt den Informationspflichten nach Art. 18, wenn sie in der „grünen Liste" (Anhang III) aufgeführt sind (Art. 3 Abs. 2).

Beispiel:
Abfälle und Schrott aus bestimmten Metallen, Glas, Keramik, Kunststoff und Felle, Altkleider und Lumpen.

26 Danach muss bei der Verbringung ein Begleitdokument nach Anhang VII mitgeführt werden und ein Entsorgungsvertrag vorliegen, der eine Rücknahmepflicht für den Fall enthält, dass die Verbringung fehlschlägt (Art. 18 Abs. 2). Der Versender muss den Abfall zurück nehmen, wenn die Entsorgung oder Verwertung nicht wie vorgesehen abgeschlossen werden kann (Art. 22 ff.). Die Kosten des Rücktransports und der umweltgerechten Beseitigung hat grds. der Notifizierende zu tragen (Art. 23 Abs. 1, Art. 2 Nr. 15).

II. Ausfuhr in Drittstaaten

27 **1. Abfälle zur Beseitigung.** Die Ausfuhr von zur Beseitigung bestimmten Abfällen in Drittstaaten ist **grundsätzlich verboten** (Art. 34 Abs. 1). Eine Ausnahme gilt für Ausfuhren in die EFTA-Staaten (Island, Liechtenstein, Norwegen, Schweiz, Art. 34 Abs. 2). Hierbei ist dann jedoch – unter bestimmten Anpassungen (Art. 35 Abs. 2) – das PIC-Verfahren

Abschnitt 37. Exportbeschränkungen für Waffen, Chemikalien und Abfälle

(→ Rn. 23) zu beachten (Art. 35 Abs. 1). Eine Rückausnahme gilt jedoch, dh die Ausfuhr ist auch in einen EFTA-Staaten verboten, wenn er seinerseits die Einfuhr verbietet (Art. 34 Abs. 3 Buchst. a) – was bisher nicht der Fall ist[18] – oder die Versandortsbehörde Grund zu der Annahme hat, dass die Abfälle dort nicht umweltgerecht entsorgt werden (Art. 34 Abs. 3 Buchst. b).

2. Abfälle zur Verwertung. Beim Export von Abfällen zur Verwertung ist zwischen 28 Staaten zu unterscheiden, die den OECD-Beschluss (→ Rn. 20) anwenden (Umsetzungsstaaten), und solchen, die dies nicht tun (Nicht-Umsetzungsstaaten).

Für den Export in Umsetzungsstaaten gilt für Abfälle, die in den Anhängen III, III A, 29 III B, IV und IV A genannt sind, das **PIC-Verfahren** nach Art. 3 ff. (Art. 38 Abs. 1). Es sind allerdings die in Art. 38 Abs. 2–7 niedergelegten Modifizierungen zu beachten.

Art. 36 Abs. 1 **verbietet den Export** bestimmter Abfälle zum Zwecke der Verwertung 30 in Nicht-Umsetzungsstaaten. Es setzt eine Entscheidung der Vertragsparteien des Basler Übereinkommens um. Ziel dieser Vorschrift ist es, Mülltourismus unter dem Deckmantel des Recycling unmöglich zu machen. Verboten ist insbesondere die Ausfuhr von **Abfällen** iSd Anhangs V, wenn sie **gefährlich** sind. Ausnahmen sind in Art. 36 Abs. 3 geregelt.

Beispiel:
Bergbau-, Industrie-, Verbrennungs-, Bau- oder Medizinabfälle.

Darüber hinaus ist die Ausfuhr aller in Anhang V Teil 3 aufgeführten Abfälle (Haushalts- und Metallabfälle) sowie von Abfällen, die der Empfängerstaat als gefährlich notifiziert oder deren Einfuhr er verboten hat, untersagt.

Im Hinblick auf die Ausfuhr von **„grünen Abfällen"** iSd Anhänge III oder III A in 31 Nicht-Umsetzungsstaaten hat die Kommission bei diesen angefragt, ob sie die Abfälle gar nicht, unter Einhaltung des strengen PIC-Verfahrens nach Art. 35, 3 ff. (→ Rn. 27) oder ohne jede Beschränkung einführen wollen (Art. 37 Abs. 1). Die Antworten sind in den Verordnungen (EG) Nr. 1418/2007 und Nr. 740/2008[19] festgehalten. So können sich auch für „grüne Abfälle" Exportverbote ergeben.

III. Zuständigkeit

Gemäß § 14 Abs. 1 S. 2 AbfVerbrG ist für die Ausfuhrnotifikation die Behörde des 32 Bundeslandes zuständig, in dem die Beförderung der Abfälle beginnen soll oder beginnt.

Eine Liste der in Deutschland zuständigen Behörden ist auf der Internetseite des Umweltbundesamts unter www.umweltdaten.de/abfallwirtschaft/gav/Genehmigungsbehoerden.pdf abrufbar.

IV. Bußgelder und Straftaten

Die illegale Verbringung von Abfällen wird von **§ 326 StGB** sanktioniert, der Freiheits- 33 strafe bis zu fünf Jahren vorsieht. Diese Vorschrift stellt die Ausfuhr bestimmter gefährlicher Abfälle ohne vorherige Genehmigung unter Strafe. Insbesondere werden Gifte und Erreger von gemeingefährlichen Krankheiten, krebserzeugende, fruchtschädigende oder erbgutverändernde, explosionsgefährliche, selbstentzündliche oder radioaktive Substanzen genannt. Daneben werden auch Stoffe erfasst, die Gewässer, Luft oder Boden verunreinigen bzw. einen Tier- oder Pflanzenbestand gefährden können.

§ 18 AbfVerbrG behandelt andere Formen der illegalen Verbringung von Abfällen als 34 Ordnungswidrigkeiten, die mit Geldbußen von bis zu 100.000 EUR geahndet werden. Verstöße gegen die Verordnung (EG) Nr. 1013/2006 werden in der **Abfallverbringungs-bußgeld-Verordnung**[20] (§ 18 Abs. 1 Nr. 18 AbfVerbrG) geregelt.

---

[18] *LAGA*, Ziff. 4.1.1.
[19] ABl. 2007 L 316/6; 2008 L 201/36.
[20] Zuletzt geändert am 12.9.2012, BGBl. I 2012, 2016.

Abschnitt 38. Antikorruptionsregeln

Übersicht

	Rn.
A. Einleitung	1
B. Grundlagen der Korruptionsstrafbarkeit	5
I. Straftaten im Amt	6
1. Amtsträgereigenschaft	8
2. „Vorteile" als Tatobjekt	9
a) Vorteile des Amtsträgers	10
b) Vorteile für Dritte	11
3. Tathandlungen	13
4. Die (sog.) Unrechtsvereinbarung	17
a) Vorteilsannahme, Vorteilsgewährung	20
b) Bestechlichkeit, Bestechung	22
5. Besonders schwere Fälle	29
6. Minder schwerer Fall	33
II. Straftaten im Wettbewerb	34
1. Zuwendung von Vorteilen	37
2. Rechtsstellung des Empfängers	40
3. Strafbarkeitsvoraussetzungen	42
4. Besonders schwere Fälle (§ 300 StGB)	45
5. Verjährungsregelungen	46
III. Häufige Begleitdelikte	48
1. Untreue, § 266 StGB	49
2. Wettbewerbsbeschränkende Absprachen bei Ausschreibungen, § 298 StGB	54
3. Geldwäsche, § 261 StGB	58
4. Urkundsdelikte	61
a) Urkundenfälschung, § 267 StGB	61
b) Falschbeurkundung, § 271 StGB	62
5. Steuervergehen, § 370 AO	64
IV. Anwendbarkeit des deutschen Strafrechts auf Fälle mit Auslandsbezug	66
1. § 5 StGB	67
2. § 6 StGB	68
3. § 7 StGB	69
C. Internationale Vorgaben	70
I. Protokoll vom 27.9.1996	71
II. OECD-Übereinkommen vom 17.12.1997	72
III. Verordnung Nr. 2988/95 des Rates vom 18.12.1995	74
IV. Strafrechtsübereinkommen über Korruption	75
V. EU-Bestechungsübereinkommen	76
VI. Resolution der Generalversammlung der Vereinten Nationen	77
D. Umsetzung internationaler Vorgaben in deutsches Recht	80
I. EUBestG	81
II. IntBestG	84
III. § 299 Abs. 3 StGB	92
IV. § 14 StGB	93
V. § 46b StGB	95
E. Umgang mit Situationen in sog. Graubereichen	98
I. „Facilitation (expediting) payments"	99
II. Sozialadäquanz	102
III. Corporate Governance	103
1. DCGK	104
2. Compliance	106
a) Ethik-Kodizes	107
b) Garantenpflicht bei Übernahme eines Pflichtenkreises	109
3. Whistleblowing	111
F. Möglichkeiten der Erkenntnisgewinnung	118
I. Mitteilungspflichten	119
II. Durchbrechung des Steuergeheimnisses	120
III. Verdachtsbegründung bei den Ermittlungsbehörden	125

Abschnitt 38. Antikorruptionsregeln

	Rn.
G. Weitere Konsequenzen	127
I. Berufsrechtliche Folgen	127
1. Bekleidung öffentlicher Ämter, Wählbarkeit	128
2. Berufsverbot	129
II. Verfall	130
III. Zivilrechtliche Folgen	135
1. Kündigung	136
2. Herausgabe des Erlangten	137
IV. Mögliche Folgen für betroffene Unternehmen	138
1. Unternehmensgeldbuße	138
2. Schadensersatz	140

Literatur: *Böhm,* Das neue Europäische Haftbefehlsgesetz, NJW 2006, 2592 ff.; *BMJ/BMWi,* „Korruption vermeiden" Hinweise für deutsche Unternehmen, die im Ausland tätig sind (http://www.bmwi.de); *Bussmann/Salvenmoser,* Internationale Studie zur Wirtschaftskriminalität, NStZ 2006, 203 ff. = CCZ 2008, 192 ff.; *Dann,* Erleichterungs- und Beschleunigungszahlungen im Ausland – kein Fall des IntBestG?, wistra 2008, 41, 46 mwN; *DIHK/ICC Deutschland,* „Korruption bekämpfen" – Ein ICC-Verhaltenskodex für die Wirtschaft, Stand November 2008; *Dörrbecker/Stammler,* OECD Anti-Korruptionskonvention: Folgerungen aus der Evaluierung Deutschlands – Auswirkungen auf die Compliance im Unternehmen, Der Betrieb 2011, 1093 ff.; *Günter Gehl* (Hrsg.), Korruption: Krebsgeschwür der demokratischen Gesellschaft; 2004; *Moosmayer,* Zehn Thesen zu Compliance, NJW 2012, 3013–3017; *Nagel,* Entwicklung und Effektivität internationaler Maßnahmen zur Korruptionsbekämpfung (Diss. 2007); *Rönnau,* Wirtschaftskorruption, in: Achenbach/Ransiek (Hrsg.): Handbuch Wirtschaftsstrafrecht, 3. Aufl. 2012, 3. Teil, 2. Kapitel; *Schlösser/Dörfler,* Strafrechtliche Folgen eines Verstoßes gegen den Deutschen Corporate Governance Kodex", wistra 2007, 3 ff.; *Schuster/Rübenstahl,* Probleme des internationalen Korruptionsstrafrechts, wistra 2008, 201; *Stolpe,* Internationale Vorgaben zur Korruptionsbekämpfung, eine Übersicht, in Kriminalistik 2004, S. 292 ff.; *Theile,* Strafbarkeitsrisiken der Unternehmensführung aufgrund rechtswidriger Mitarbeiterpraktiken, wistra 2010, 457 ff.; *Tinkl,* Strafbarkeit der Bestechung nach dem EUBestG und dem IntBestG, wistra 2006, 126 ff.; *Wabnitz/Janofski,* Handbuch des Wirtschaftsstrafrechts, 3. Aufl. 2007, Kap. 2 und 3; *Wolf,* Die Modernisierung des deutschen Antikorruptionsstrafrechts durch internationale Vorgaben, NJW 2006, 2735 ff.; *Willenbruch,* Wieddekind (Hrsg.) Kompaktkommentar Vergaberecht, 17. Los: Korruption, Bearb.: Gädigk, 2. Aufl. 2010.

A. Einleitung

Korruption, ein Begriff, der im Strafgesetzbuch nicht als solcher definiert ist, gehört **1** zum Bereich der Wirtschaftskriminalität. Denn Verhaltensweisen, die diesem Begriff unterfallen, zielen auf eine Verbesserung der Situation gegenüber Mitbewerbern ab und führen zu einer Verzerrung des Wettbewerbs. Damit einhergehend wird einer Monopolisierung Vorschub geleistet, die wiederum zu einer Erhöhung der Preise führt und zudem zu einer Gefahr von Qualitätseinbußen führt. Allgemein ist unter Korruption zu verstehen die Einflussnahme von außen auf öffentlich Bedienstete, Abgeordnete oder Angestellte im Privatbereich auf der Geberseite bzw. der Missbrauch einer amtlichen/geschäftlichen Funktion auf der Seite des (potentiellen) Nehmers. Es geht dabei um eine einvernehmliche Verabredung zwischen den vorgenannten Personen und Außenstehenden mit dem Ziel, sich oder anderen Vorteile zu verschaffen.[1]

Im Zuge der Globalisierung der Wirtschaft sind es nicht nur große Konzerne, sondern **2** zunehmend auch mittelständische und kleinere Unternehmen, die ihre geschäftlichen Aktivitäten auch in das Ausland erstrecken. Dort herrschen zum Teil andere Regeln und Kulturen, insbesondere was die „Unterstützung" der Bereitschaft zu Vertragsabschlüssen angeht. Oft sind es direkte Forderungen der potentiellen Vertragspartner, oft wird die Einschaltung jeweils eines nationalen Vermittlers oder Beraters verlangt, der bezahlt werden soll und will.

Nach dem Wahrnehmungsindex von Transparency International (CPI) rangiert Deutsch- **3** land für 2012 auf Platz 13 von 176 befragten Ländern.[2] Dabei ist zu berücksichtigen, dass Korruption massive Schäden verursacht: allein „der deutschen Wirtschaft entstehen durch

---

[1] Vgl. BKA Bd. 33, Vahlenkamp/Knauß: Korruption – hinnehmen oder handeln?, 1997, S. 20.
[2] www.transparency.de/Corruptions-perception-Index2.2193.0 html.

3. Teil. Exportwirtschaft (Ausfuhr, Zoll, Steuern)

Wirtschaftskriminalität jährlich Schäden in Höhe von ca. 125–150 Mrd. Euro".[3] Wirtschaftsstraftaten verursachen 57% aller Schäden aus Straftaten, machen aber nur 1,3% aller Straftaten aus. Die mittelständischen Unternehmen beziffern die finanziellen Verluste durch Wirtschaftskriminalität mit 11%. Dabei wird davon ausgegangen, dass nahezu jedes zweite Unternehmen Opfer von Wirtschaftskriminalität wird. 13% der Straftaten sollen dabei auf den Bereich der Korruptionsdelikte entfallen.[4] Das mag nicht viel sein, muss aber auch im Verhältnis zu dem nach außen dadurch entstehenden Imageschaden im Fall der Entdeckung beachtet werden. Aus diesem Grunde ist es geboten, unabhängig von Fallstatistiken ein Augenmerk auf diese Straftaten, dh auf ihre Verhinderung zu richten.

4   Korruption im Ausland ist bezogen auf den europäischen Bereich seit 1997, im internationalen Geschäftsverkehr seit 1999 auch nach deutschem Recht strafbar.

Beginnend mit dem Jahressteuergesetz 1996, erweitert 1999 und schließlich 2002[5] wurde die Möglichkeit abgeschafft, im Ausland gezahlte Schmiergelder als Betriebsausgaben Gewinn mindernd von der Steuer abzusetzen. Dieses war immer wieder kritisiert worden, dennoch wird entgegengehalten, dass in vielen ausländischen Staaten ohne Schmiergelder keine Verträge oder Geschäfte abgeschlossen werden könnten. Zwar titelt die Veröffentlichung von Transparency International zum BPI (Bribe-Payers-Index), mit dem die Bereitschaft von Unternehmen, sich im Ausland Vorteile durch Zahlung von Bestechungsgeldern zu verschaffen, hinterfragt wird, dass kein Rückgang der Bereitschaft deutscher Unternehmen, im Ausland zu bestechen, festzustellen sei.[6] Andererseits stand Deutschland nach dem am 9.12.2008 veröffentlichten BPI 2008 zufolge als starkes Exportland von 22 aufgeführten Nationen immerhin an fünftbester Stelle.

Korruption kann aber aus Gründen des Wettbewerbs kein probates Mittel für Bestechungshandlungen sein, denn Korruption verzerrt den Wettbewerb und schafft Monopole, die letztlich auch zu Mehrkosten und höheren Preisen führen. Immerhin sind die Staaten, die als am korruptesten gelten, auch diejenigen, die wirtschaftlich nicht gut dastehen.

B. Grundlagen der Korruptionsstrafbarkeit

5   Die Strafvorschriften des deutschen Strafgesetzbuches, die die Korruptionsdelikte betreffen, sind spiegelbildlich ausgestaltet, dh, Geber und Nehmer, oft auch bezeichnet als aktive und passive Bestecher, können sich gleichfalls strafbar machen. Geht allerdings die andere Seite auf ein Angebot (des möglichen Gebers) oder ein Fordern (des bestechlichen Amtsträgers oder Mitarbeiters) nicht ein, macht sich nur derjenige strafbar, der entsprechend agiert hat, soweit der Tatbestand für ihn erfüllt ist.

I. Straftaten im Amt

6   Im 30. Abschnitt des Strafgesetzbuches sind die sog. Straftaten im Amt aufgeführt. Geschütztes Rechtsgut der Tatbestände ist das Vertrauen der Allgemeinheit in die Unbeeinflussbarkeit und Sachlichkeit der öffentlichen Verwaltung,[7] was bedeutet, dass die Strafbarkeit weit vor verlagert ist und es nicht darauf ankommt, ob letztlich Gelder fließen oder die erstrebten Geschäfte zustande kommen. Dabei unterscheidet das deutsche Strafgesetzbuch die Straftaten der Vorteilsannahme und Bestechlichkeit von Amtsträgern und der Vorteilsgewährung und der Bestechung gegenüber Amtsträgern (→ Rn. 8 ff.).

---

[3] Aus dem Bericht des Bundesverbandes der dt. Detektive, 2004.
[4] Vgl. Studien PWC, DIE ZEIT 2005, 29, vom 14.7.2005; *Bussmann/Salvenmoser* NStZ 2006, 203, 204 = CCZ 2008, 192; Studie veröffentlicht 24.9./18.10.2012 zu Transport- und Logistikunternehmen, www.pwc.de.
[5] Vgl. BStBl. 2002, Teil I, 1031 ff.
[6] www.transparency.org, BPI 2012.
[7] Vgl. *Fischer* StGB, 60. Aufl. 2012, § 331 Rn. 3.

Die Tatbestände sind ausgestaltet als „abstrakte Gefährdungsdelikte". Es soll einem bewussten Handeln von Amtsträgern begegnet werden, mit dem ein böser Anschein möglicher „Käuflichkeit" erweckt wird.[8] Das bedeutet, dass es auf Bereicherung des Nehmers oder Entreicherung des Gebers nicht ankommt; der Bestechende braucht keine finanzielle Einbuße zu erleiden.[9] Bereits Maßnahmen der Klimapflege sollen erfasst werden, dh es genügt, wenn das Verhalten des Vorteilsgebers daraus ausgerichtet ist, generelles Wohlwollen auf künftige Fachentscheidungen herbeizuführen.[10] 7

1. Amtsträgereigenschaft. Die Definition, wer Amtsträger oder für den öffentlichen Dienst besonders Verpflichteter ist, befindet sich im allgemeinen Teil, hier § 11 Abs. 1 Nr. 2 StGB für den Amtsträger und § 11 Abs. 2 Nr. 4 StGB für den „für den öffentlichen Dienst besonders Verpflichteten". Nach § 11 Abs. 2 Nr. 2 StGB sind Amtsträger zum einen Beamte oder Richter (a), ferner Personen, die in einem sonstigen öff.-rechtl. Amtsverhältnis stehen (b) oder – unabhängig von der Organisationsform – sonst zur Wahrnehmung öffentlicher Aufgaben bestellt sind (c). 8

Die Einordnung, wer Amtsträger ist, hat sich im Zuge fortschreitender Privatisierungen und sog. „Outsourcing" nicht gerade erleichtert. Im Wesentlichen ist im Rahmen einer sog. Gesamtwürdigung darauf abzustellen, ob sich die Stelle als sog. „verlängerter" Arm des Staates darstellt, ob eine staatliche Steuerung stattfindet, oder ob durch Satzungen sogar ein staatlicher Anschluss- und Benutzungszwang besteht.[11] Wenn sich die Stelle im Wettbewerb mit anderen Unternehmen befindet oder wenn der Private eine Sperrminorität innehat, spricht dies gegen eine öffentliche Stelle und gegen eine Amtsträgereigenschaft der Mitarbeiter.

Für Mitarbeiter, die für sich nicht als Amtsträger gelten, die aber den besonderen Pflichten unterstellt werden sollen, wie Sekretärinnen, aber auch eingeschaltete Sachverständige, greifen die amtlichen Organisationen verstärkt auf das Instrument der Verpflichtung zurück. Grundlage ist das Gesetz über die förmliche Verpflichtung nicht beamteter Personen (Verpflichtungsgesetz), das die förmlichen Abläufe regelt.[12] Hiermit wird auch im Sinne der Prävention von Korruption gewirkt.

2. „Vorteile" als Tatobjekt. Allen Tatbeständen ist gemeinsam, dass bei den Taten „Vorteile" als Tatobjekt im Spiel sind. 9

a) Vorteile des Amtsträgers. Unter einem Vorteil ist jede Leistung zu verstehen, auf die der Amtsträger keinen Anspruch hat und die ihn oder einen Dritten in seiner wirtschaftlichen, rechtlichen oder auch nur persönlichen Lage objektiv besser stellt.[13] Besser gestellt wird der Amtsträger vor allem durch materielle Zuwendungen. Zu nennen sind insoweit neben Barzahlungen Sachzuwendungen jeder Art, aber auch Einladungen oder Überlassungen von Gegenständen. Ein Vorteil kann auch bereits darin liegen, dass der Amtsträger, ohne einen Anspruch auf Kontrahierung zu haben, einen Vertrag abschließt, der Leistungen an den Amtsträger zur Folge hat, mögen diese auch in einem angemessenen Verhältnis zu den aufgrund dieses Vertrages von ihm geschuldeten Leistungen stehen.[14] Auch Verträge über die Übertragung einer entgeltlichen Nebentätigkeit,[15] selbst wenn sie nicht überhöht, sondern nur angemessen bezahlt wird, sind Vorteile im Sinne des Tatbestandes. Denn es gibt keinen Rechtsanspruch darauf, dass mittels Übertragung der Nebentätigkeit ermöglicht wird, durch den Einsatz der Arbeitskraft Nebeneinkünfte zu erzielen.[16] 10

Auch als Provisionszahlungen deklarierte Zuwendungen können Vorteile darstellen.

---

[8] Vgl. BGHR StGB § 331 Anwendungsbereich 2; NJW 2007, 3446, 3448; NStZ 2005, 335.
[9] Vgl. *BGH* NStZ 1987, 326–328, NJW 2001, 2558, 2559 mwN.
[10] Vgl. *BGH* NJW 2004, 3569, 3571; *BGH* NJW 2008, 216, 217; BGH, 1 StR 260/08, Rn. 30.
[11] Vgl. ua *BGH* NJW 2004, 693 ff., *BGH* wistra 2006, 391 ff. mwN; *BGH* wistra 2007, 17 ff.
[12] Vgl. BGBl. 1974 I, 469, 547, III 453-17, ÄndG v. 15.8.1974 (BGBl. I 1942).
[13] Std. Rspr., vgl. nur BGHSt 47, 295, 304; *BGH* NStZ 2008, 216, 217; NStZ-RR 2007, 309, 310.
[14] Vgl. *HansOLG Hamburg* StV 2001, 277, 279 mit Verweis auf BGHSt 31, 264, 280.
[15] Vgl. BGH 5 StR 168/04, NStZ 2005, 334 f.
[16] Vgl. *BGH* wistra 2007, 422–424, StV 2007, 637 ff.; *BGH* NStZ 2008, 216 ff.

3. Teil. Exportwirtschaft (Ausfuhr, Zoll, Steuern)

Als Vorteile zählen auch Eintrittskarten für regulär entgeltpflichtige Veranstaltungen, da solche Karten einen Vermögenswert haben.[17] Die Korruptionsdelikte sind keine Vermögensdelikte (→ Rn. 7), daher kommt es für die Strafbarkeit als solche nicht darauf an, welchen Wert der Vorteil hat. (Zu geringwertigen, „üblichen" Vorteilen → Rn. 12, 102.) Aus diesem Grunde ist es nur folgerichtig, dass es irrelevant ist, ob der Amtsträger die Vorteile auch anderweitig hätte erhalten können.[18]

11 **b) Vorteile für Dritte.** Vorteile für Dritte sind seit 1997 in allen Korruptionstatbeständen erfasst. Das hat zur Folge, dass es auf eine Eigennützigkeit des Empfängers nicht (mehr) ankommt. Dritter im Sinne der Tatbestände kann neben nahestehenden Personen auch die Anstellungskörperschaft[19] oder das Unternehmen selbst sein.[20] Von Bedeutung ist in diesem Zusammenhang, dass aufgrund dieser Erweiterungen auch Zuwendungen an eigens gegründete Fördervereine als Vorteile im Sinne der Tatbestände gewertet werden können,[21] vor allem wenn sie sich als bloße Durchlaufstation für Zuwendungen, insbes. Geldbeträge darstellen. Gleiches kann ggf. auch für sog. Sponsoringverträge gelten.

12 Die Höhe des Vorteils ist dabei zunächst unerheblich.[22] Lediglich in Fällen der Sozialadäquanz, dh bei geringwertigen Leistungen, die der Höflichkeit oder Gefälligkeit entsprechen und als gewohnheitsrechtlich anerkannt gelten, soll keine Anwendung der Straftatbestände erfolgen.[23] Wegen der Genehmigungsmöglichkeiten in § 331 Abs. 3 StGB für nicht geforderte Vorteile und entsprechend in § 333 Abs. 3 StGB bleibt aber nur ein nur schmaler Anwendungsbereich (→ Rn. 102). Und in Fällen der Pflichtwidrigkeit entfällt dieses Merkmal ohnehin.

Bei Genehmigung entfällt unter den Voraussetzungen der § 331 Abs. 3, § 333 Abs. 3 StGB die Strafbarkeit, allerdings nicht, wenn der Vorteil zuvor gefordert wurde. Die Genehmigung muss aber tatsächlich eingeholt werden; die bloße Genehmigungsfähigkeit allein ist nicht ausreichend. Dies ergibt sich bereits aus der Formulierung des Gesetzestextes, der eine vorherige Genehmigung durch die zuständige Behörde oder die nachträgliche unverzügliche Anzeige und Genehmigung voraussetzt.

13 **3. Tathandlungen.** Als Tathandlungen sind allen Delikten gemeinsam:
bei der Vorteilsannahme (§ 331 StGB) und der Bestechlichkeit (§ 332 StGB) das Fordern, Sich-Versprechen Lassen oder Annehmen eines Vorteils,
bei der Vorteilsgewährung (§ 333 StGB) und der Bestechung (§ 334 StGB) sind die spiegelbildlich ausgestalteten Tathandlungen das Anbieten, Versprechen oder Gewähren von Vorteilen.

Mit der Verwirklichung einer dieser Tathandlungen ist die Tat vollendet, unabhängig davon, ob die in Aussicht genommene Gegenleistung erbracht wurde. Denn die Vornahme der Diensthandlung gehört nicht zum Tatbestand.[24]

14 Anbieten und Fordern setzen das Zustandekommen einer (Unrechts-)Vereinbarung (dazu s. Rn. 17 ff.) nicht voraus. Es ist ausreichend, wenn die Erklärung darauf abzielt und von der anderen Seite auch in dem entsprechenden Sinne verstanden wird.[25] Ein Anbieten ist nicht nach zivilrechtlichen Grundsätzen zu beurteilen, sondern liegt schon vor, wenn der Täter dem Amtsträger die Leistung eines Vorteils für eine Dienstausübung in Aussicht stellt. Diese Erklärung kann in die Form einer Frage gestellt sein und bedarf auch keiner Angabe einer Höhe des angebotenen Vorteils.[26]

---

[17] Vgl. *BGH* NJW 2008, 3580 ff. Ls. 3 („EnBW"), MüKo/*Korte* StGB § 331 Rn. 62.
[18] Vgl. *BGH* aaO, Rn. 18.
[19] Vgl. *OLG Köln* NStZ 2001, 35 f.; *Fischer* § 331 Rn. 14.
[20] Vgl. *Fischer* § 299 Rn. 11.
[21] Vgl. *BGH* NStZ 2006, 628, 630.
[22] Vgl. *HansOLG Hamburg* StV 2001, 288 ff., 289.
[23] Vgl. *HansOLG Hamburg* StV 2001, 277, 287.
[24] Vgl. BGHSt 47, 22, 25 mwN; *BGH* NStZ 2005, 214 ff.; *Fischer* § 331 Rn. 10.
[25] Vgl. *BGH* wistra 2006, 344–347 = NStZ 2006, 628 ff.
[26] Vgl. *HansOLG Hamburg* aaO.

Sich Versprechen lassen meint die ausdrückliche oder stillschweigende Annahme eines **15**
Angebots,[27] Versprechen ist demzufolge umgekehrt die verbindliche Zusage der späteren
Leistung eines Vorteils. Ob es dazu kommt, ist unbeachtlich.

Die Tathandlungen der Annahme und des Gewährens verstehen sich von selbst. Hier **16**
geht es um den tatsächlichen Empfang des Vorteils, gleichgültig ob für sich selbst oder
zwecks Weitergabe an einen Dritten. Es reicht insoweit aber auch aus, wenn der Dritte den
Vorteil unmittelbar erhält. Die Tathandlungen stehen üblicherweise unabhängig nebeneinander; andererseits stellt sich die spätere Annahme eines zB geforderten Vorteils als tatbestandliche Einheit und damit nur eine Tat dar.[28]

4. Die (sog.) Unrechtsvereinbarung. Der Vorteilsbegriff als solcher ist wie dargestellt **17**
weit und zunächst relativ wertneutral zu definieren. Wesentlich für den Bestechungstatbestand ist die – ausdrücklich oder konkludent getroffene – Unrechtsvereinbarung, in der
Amtsträger und Vorteilsgeber sich über die Gewährung eines Vorteils an den Empfänger als
Gegenleistung für eine von ihm vorzunehmende oder vorgenommene Diensthandlung
einig werden.[29] Der Begriff der „Unrechtsvereinbarung" ist insoweit missverständlich, als er
eine Pflichtwidrigkeit des Amtsträgers nicht voraussetzt; gemeint ist allgemein eine Verknüpfung im Sinne eines Äquivalenz- bzw. Gegenseitigkeitsverhältnisses.[30] An die Bestimmtheit
der in Aussicht genommenen Diensthandlung brauchen dabei keine überspannten Anforderungen gestellt werden.

Eine solche Verknüpfung wird in praktischen Fällen immer wieder mit neutralisierenden **18**
Erklärungen wegzudiskutieren versucht. Da regelmäßig klare, objektive Beweise für unlautere oder auf eindeutige Beeinflussung zielende Absprachen fehlen, hat die Rechtsprechung
Kriterien entwickelt, anhand derer auf eine solche Unrechtsvereinbarung geschlossen werden kann. Es bedarf der Auswertung von Indizien im Rahmen einer einzelfallbezogenen
Betrachtung, die die Gesamtumstände des Einzelfalles ebenso wie die Interessenlagen berücksichtigt.[31]

Notwendig ist immer eine Gesamtschau aller Indizien.[32] Es reicht aus, wenn Vorteilsgeber **19**
und Vorteilsnehmer sich bei der Gewährung und Annahme des Vorteils für ein künftiges dienstliches Verhalten über die Art der vergüteten Dienste einig sind, auch wenn sie
keine genauen Vorstellungen davon haben, wann, bei welcher Gelegenheit und in welcher
Weise der Amtsträger die Unrechtsvereinbarung einlösen will. Geschütztes Rechtsgut ist
das Vertrauen der Öffentlichkeit in die Sachlichkeit und Unbeeinflussbarkeit öffentlichen
Handelns; bereits der böse Anschein möglicher Käuflichkeit soll vermieden werden.[33] Daher sind jene Beziehungsverhältnisse erlaubt, die die Regeln befolgen, die zumindest auch
der Vermeidung des Anscheins der Käuflichkeit dienen. Verboten sind danach insbesondere
Zuwendungen, die sich außerhalb solcher Regeln bewegen, die intransparent sind oder die
im Rahmen von Austauschbeziehungen ausschließlich dem privaten Nutzen des Empfängers oder ihm nahe stehender Personen dienen.[34]

a) Vorteilsannahme, Vorteilsgewährung. Die Tatbestände der Vorteilsannahme (§ 331 **20**
StGB) und der Vorteilsgewährung (§ 333 StGB) setzen voraus, dass die genannten Tathandlungen sich auf die dienstliche Tätigkeit beziehen: „für die Dienstausübung". Eine
Pflichtwidrigkeit oder Verstöße sind also nicht Voraussetzung.

Eine derartig weite und frühe Strafbarkeit ist indes nicht in allen Staaten strafbewehrt.
Spiegelbildlich werden mit § 331 StGB der Amtsträger und in § 333 StGB die Vorteilsgewährung durch Jedermann gegenüber Amtsträgern unter Strafe gestellt. Mit dem Korrup-

---

[27] Vgl. *Fischer* § 331 Rn. 19.
[28] Vgl. *Fischer* § 331 Rn. 30.
[29] Vgl. *BGH* 1 StR 173/94, 28. 4. 1994, NStE Nr. 2 zu § 334 StGB.
[30] Vgl. *HansOLG Hamburg* StV 2001, 277 ff., 281.
[31] Vgl. *KG* NStZ-RR 2008, 373.
[32] Vgl. *BGH* wie Fn. 17.
[33] Vgl. *BGH* 1 StR 491/04 vom 15.6.2004, www.jurisweb.de; *Fischer* § 331 Rn. 3.
[34] Vgl. *KG* NSTZ-RR aaO.

tionsbekämpfungsgesetz von 1997 hat der Gesetzgeber die Voraussetzungen insoweit gelockert, dass nicht mehr eine bestimmte Diensthandlung Ziel der Zuwendungen sein muss, ein gewisser Bezug muss aber bestehen, was bereits aus der Formulierung „für" erkennbar ist. Ob ein solcher Bezug vorliegt, ist eine Einzelfallfrage und unterliegt einer Gesamtbetrachtung. Als mögliche Indizien haben dabei in die Würdigung neben der Plausibilität einer anderen Zielsetzung namentlich die Stellung des Amtsträgers und die Beziehung des Vorteilsgebers zu dessen dienstlichen Aufgaben (dienstliche Berührungspunkte),[35] die Vorgehensweise bei dem Angebot, dem Versprechen oder dem Gewähren von Vorteilen (Heimlichkeit oder Transparenz) sowie die Art, der Wert und die Zahl solcher Vorteile einzufließen.[36] Darauf hinzuweisen ist jedoch, dass Heimlichkeit für die Verwirklichung des Tatbestandes nicht Voraussetzung ist.[37] Gerade bei der Ermöglichung von Nebentätigkeiten ist zu prüfen, ob diese jedenfalls auch allgemein damit verknüpft wird, dass der Amtsträger eine bestimmte Position inne hat und damit allgemein im Sinne eines Gegenseitigkeitsverhältnisses mit der Dienstausübung verknüpft wird.[38]

21 Anders ausgedrückt: „Die einvernehmlich ins Auge gefassten Diensthandlungen brauchen daher ihrem sachlichen Gehalt nach nur in groben Umrissen erkennbar und festgelegt sein". Es genügt, wenn der Amtsträger innerhalb eines bestimmten Pflichtenkreises tätig werden soll.[39] Andererseits muss die Zielrichtung schon auf eine künftige oder vergangene Tätigkeit des Amtsträgers gerichtet sein.[40] Ob der Amtsträger später diesen Teil der Unrechtsvereinbarung tatsächlich einlöst oder nicht, ist für die Erfüllung des Tatbestandes ohne Bedeutung.[41]

22 **b) Bestechlichkeit, Bestechung.** Die Tatbestände der Bestechlichkeit (§ 332 StGB) und der Bestechung (§ 334 StGB) sind einschlägig, wenn die Bestechungshandlung auf eine pflichtwidrige Diensthandlung des Amtsträgers, oder auf eine Diensthandlung, bei der der Vorteil „in die Waagschale des Ermessens" gelegt wird, bezogen wird. Die Pflichtwidrigkeit der Diensthandlung kann sich darstellen als Verstoß gegen Gesetze oder sonstige Rechtsvorschriften; dies gilt besonders, wenn die verbotene Handlung auch die Merkmale einer strafbaren Handlung erfüllt. Generell stellt sich der Missbrauch der amtlichen Stellung als Pflichtwidrigkeit dar. Eine Pflichtwidrigkeit kann sich auch bereits daraus ergeben, dass der Amtsträger sachwidrige Erwägungen in den Entscheidungsprozess einfließen lässt.[42] Der Pflichtwidrigkeit einer Diensthandlung steht gleich, wenn der bestechliche Amtsträger sich dem anderen gegenüber bereit gezeigt hat (§ 332 Abs. 3 StGB),

1. bei der Handlung seine Pflichten zu verletzen, oder
2. soweit die Handlung in seinem Ermessen steht, sich bei der Ausübung des Ermessens durch den Vorteil beeinflussen zu lassen.

23 Diese Formulierung deutet auf künftige Entscheidungen hin. Dabei ist aber zu berücksichtigen, dass gerade in Fällen des gestreckten korruptiven Zusammenwirkens es auf der Hand liegt, dass Vorteile nicht nur im Hinblick auf bereits abgeschlossene (pflichtwidrige) Diensthandlungen gewährt werden, sondern zugleich auch, um weitere gleichartige Pflichtwidrigkeiten des Amtsträgers zu befördern.[43] Nach § 334 Abs. 3 StGB liegt eine Bestechung auch vor, wenn der Vorteil als Gegenleistung für eine künftige Handlung angeboten, versprochen oder gewährt wird, und wenn der andere zu bestimmen versucht wird, soweit die Handlung in seinem Ermessen steht, sich bei der Ausübung des Ermessens beeinflussen

---

[35] Vgl. dazu bereits *BGH* StV 1994, 82, 84.
[36] Vgl. *BGH* wie Fn. 17 Ls. 3.
[37] Vgl. *BGH* wistra 2006, S. 344–347 = NStZ 2006, 628, 630.
[38] Vgl. *BGH* wistra 2007, 422–424 = StV 2007, 637 ff.; *BGH* NStZ 2008, 216 ff.
[39] *BGH* wie vor mit Verweis auf BGHSt. 32, 290, 291.
[40] Vgl. *BGH* wie Fn. 15, Rn. 30 mit Verweis auf *BGH* NJW 2005, 3011, 3012.
[41] Vgl. oben Fn. 24.
[42] Vgl. *BGH* NJW 2002, 2257.
[43] Vgl. *BGH* NStZ-RR, 2008, 13, 14 = wistra 2007, 222 ff. mit Verweis auf BGHSt 47, 263.

zu lassen. Bereits die Formulierung zeigt, dass es nicht darauf ankommt, ob der Amtsträger später tatsächlich sachgerecht entscheidet oder nicht.

In Fällen der Ermessenbeeinflussung kommt es nicht auf das verwaltungsrechtliche Ermessen, sondern nur darauf an, ob der Amtsträger die Wahl zwischen mehreren, durchaus rechtmäßigen Handlungsalternativen oder Entscheidungsvarianten hat und sich durch Schmiergeldzahlungen in der Auswahl oder auch zeitlichen Abfolge beeinflussbar zeigt.[44] Ermessen in diesem Sinne meint nach der Systematik und dem Sinn und Zweck der Vorschrift also lediglich das Vorhandensein mehrerer rechtmäßiger Entscheidungsvarianten, unter denen der Amtsträger die Wahl hat. Die Position des Ermessensamtsträgers setzt demnach das Vorhandensein mindestens zweier rechtmäßiger sachlicher Handlungsalternativen voraus, zwischen denen der Amtsträger innerhalb eines Spielraums pflichtgemäßen Ermessens zu entscheiden hat.[45]

Das Sich-Bereit-Zeigen kann ausdrücklich oder (praktisch überwiegend) stillschweigend erfolgen. Und es kommt auch nicht darauf an, dass der Amtsträger der letztlich Entscheidende ist; auch vorbereitende Tätigkeiten sind relevant: Ein Amtsträger ohne eigene Entscheidungszuständigkeit erfüllt den Tatbestand der Bestechlichkeit, wenn er sich als fachlicher Zuarbeiter durch Schmiergeldzahlungen bei der Vorbereitung einer Ermessensentscheidung beeinflussen lässt ...".[46] Bei zurückliegenden wie bei zukünftigen Ermessensentscheidungen gleichermaßen handelt der Täter daher nicht nur dann pflichtwidrig, wenn er sachwidrig, also unter Ermessensmissbrauch oder Ermessensüberschreitung handelt, sondern schon dann, wenn er sich bei seiner Entscheidung von dem Vorteil beeinflussen lässt, selbst wenn sie innerhalb seines Entscheidungsspielraums liegt.[47] Ob der Täter sich in diesem Prozess insgeheim vorbehält, später sachgerecht zu verfahren, ist unerheblich. Entscheidend ist der nach außen erweckte Eindruck.[48] In derartigen Fällen entfällt dann das meist einhergehende Vergehen der Untreue, § 266 StGB (→ Rn. 49).

Als gewichtige Indizien für einen solchen Eindruck bewertet die Rechtsprechung dabei insbesondere die Höhe des Vorteils oder die ausschließlich eigennützige Verwendung. Bei Nebentätigkeiten soll auch eine Rolle spielen, ob die Nebentätigkeit angemeldet oder verheimlicht wird.

Wegen der Schwierigkeiten des Nachweises der vorstehend dargestellten Zusammenhänge und Beziehungen ist oft schwer vorhersehbar, ob die meist neutralisierenden Erklärungen überzeugen oder nicht. Die Rechtsprechung hat allerdings wiederholt deutlich gemacht, dass überspannte Anforderungen an die für eine Verurteilung erforderliche Gewissheit nicht gestellt werden dürfen.[49]

Die Begriffe „für die Dienstausübung" oder „als Gegenleistung für eine pflichtwidrige Diensthandlung" setzen aber nicht voraus, dass jeweils ein aktives Tun des anderen Teils Gegenstand der Vereinbarung sein muss. Gemäß § 336 StGB steht der Vornahme einer Diensthandlung ... im Sinne der §§ 331 bis 335 StGB das Unterlassen der Handlung gleich. Dabei ist zu bedenken, dass das durch einen Vorteil veranlasste Unterlassen einer pflichtgemäßen dienstlichen Handlung regelmäßig einen Verstoß gegen Dienstpflichten darstellen dürfte und damit als Bestechlichkeit oder Bestechung zu bewerten sein dürfte.[50]

5. Besonders schwere Fälle. Für besonders schwere Fälle der Bestechlichkeit und Bestechung (vgl. § 335 StGB) ordnet der Gesetzgeber eine erhöhte Mindeststrafe an. Besonders schwere Fälle sind insbesondere die Fälle (§ 335 Abs. 2 StGB), in denen

---

[44] Vgl. *BGH* wie vor.
[45] Vgl. bereits *BGH* 5 StR 70/06 vom 26.10.2006, zitiert nach jurisweb und wie vor; *Fischer* § 334 Rn. 4, § 332 Rn. 6.
[46] Vgl. *BGH* NJW 2002, 2257 ff.
[47] Vgl. BGHSt 15, 238, 249 u. BGHSt 48, 44 ff.
[48] *BGH* NStZ 2003, 158 ff.; *BGH* wistra 2007, 222 f.
[49] Vgl. *BGH* wistra 2008, 218, 219 mit Verweis auf *BGH* NStZ 2007, 115 mwN.
[50] So auch *Fischer* § 336.

3. Teil. Exportwirtschaft (Ausfuhr, Zoll, Steuern)

1. die Tat sich auf einen Vorteil großen Ausmaßes bezieht,
2. der Täter fortgesetzt Vorteile annimmt, die er als Gegenleistung dafür gefordert hat, dass er eine Diensthandlung künftig vornehme, oder
3. der Täter gewerbsmäßig oder als Mitglied einer Bande handelt, die sich zur fortgesetzten Begehung solcher Taten verbunden hat.

30 Die dafür in jedem Einzelfall verwirkte Strafe beläuft sich auf einen Rahmen zwischen 1 Jahr und 10 Jahren. Die besonders schweren Fälle sind als Regelbeispiele ausgestaltet. Trotz der Mindeststrafe von einem Jahr bleibt es bei der Ausgestaltung der Delikte als Vergehen (§ 12 Abs. 3 StGB). Zu beachten ist, dass der Vorteil großen Ausmaßes bereits ab einer Höhe von € 10.000 greift.[51] Es kommt insoweit auch nicht auf die persönlichen Verhältnisse von Geber oder Nehmer an.

31 Die Ziffer 2 betrifft ausschließlich den Amtsträger und bezieht sich auf Fälle der sog. strukturellen Korruption, also auf länger andauernde Beziehungsverhältnisse. In derartigen Fällen ist für den Geber aber zu beachten, dass regelmäßig die Alternative der Nr. 3 in der Form eines gewerbsmäßigen Handelns vorliegen dürfte.

32 Als gewerbsmäßiges Handeln wird ein Verhalten angesehen, bei dem der Täter sich eine Einnahmequelle von einigem Umfang und einiger Dauer verschaffen will.[52] Bei Korruptionsdelikten reicht es für die Gewerbsmäßigkeit insoweit aus, wenn sich der Täter mittelbar eine Einnahmequelle verschaffen will.[53] Das bedeutet, dass ein Bestecher gewerbsmäßig handeln kann, wenn er aus dem durch die Tat erlangten Auftrag später Einnahmen und Gewinnen erzielen will.

Bandenmäßige Begehung setzt grundsätzlich den Zusammenschluss von mindestens 3 Personen voraus. In Bezug auf Korruptionsdelikte ist dazu klargestellt worden, dass es auch ausreicht, wenn ein bestechlicher Amtsträger und Vorteilszuwendende sich zusammentun und der Amtsträger insoweit innerhalb der Organisation steht.[54]

33 **6. Minder schwerer Fall.** Die Grundtatbestände der §§ 332, 334 StGB beinhalten die Möglichkeit des Wegfalls der Mindeststrafen bei Vorliegen eines minder schweren Falles. Feste Vorgaben gibt es allerdings nicht. Für die Annahme minder schwerer Fälle kommt es auf die Gesamtumstände des Einzelfalles an. Diese können sich ergeben aus der nicht großen Höhe der Vorteile, der untergeordneten Stellung des Täters oder aus dem Umstand, ob es überhaupt zu einer Diensthandlung gekommen ist oder hätte kommen können. Auch der Grad der Dienstpflichtverletzung kann eine Rolle spielen.[55] Es wird auch immer wieder der zeitliche Abstand zwischen Begehung und Ahndung der Taten als Argument genannt. Hierbei ist aber zu berücksichtigen, dass Wirtschaftsdelikte schwierig aufzuklären sind und sich daher naturgemäß die Ermittlungen langwieriger gestalten. Aus diesem Grunde wurde eine Verzögerung von 2 Jahren als nicht zwingend erheblich strafmildernd angesehen.[56]

II. Straftaten im Wettbewerb

34 Die Vorschriften der §§ 299 ff. StGB schützen den freien Wettbewerb. Ausgestaltet sind auch diese Tatbestände als sog. abstrakte Gefährdungsdelikte, dh geschützt ist der potentielle Wettbewerb. Das bedeutet, dass weder Täuschung noch der Eintritt eines Vermögensvorteils in Folge der Bevorzugung Voraussetzung der Bestrafung ist; es ist ebenfalls völlig unerheblich, ob tatsächlich eine Bevorzugung eingetreten ist. Dabei steht die Üblichkeit von Schmiergeldzahlungen in bestimmten Branchen der Unlauterkeit nicht entgegen.[57]

---

[51] Vgl. *Fischer* § 335 Rn. 6.
[52] Vgl. *Fischer* vor § 52, Rn. 62.
[53] Vgl. *BGH* wistra 1999, 465.
[54] Vgl. *BGH* 1 StR 522/12, zitiert nach jurisweb; MüKoStGB/*Korte* § 335 Rn. 16.
[55] Vgl. *BGH* 5 StR 393/01, DuD 2003, 243–244.
[56] Vgl. *BGH* wistra 2007, 145.
[57] Vgl. *Fischer* § 299 Rn. 16.

Bereits das Reichsgericht hatte zu § 12 UWG aF (die ursprüngliche Vorgängervorschrift **35** zu § 299 StGB) entschieden, dass es reicht, dass der Bestechende mit der Möglichkeit des Wettbewerbs anderer gerechnet hat.[58]

Nicht nur konkrete Wettbewerbsverzerrungen sind erfasst; es geht um einen weiterge- **36** henden Schutz des Wettbewerbs:[59] „weit gefasster Schutzzweck der Norm". Bereits in der Entscheidung aus 1999 hatte der BGH auf eine künftige „angemessene kriminalpolitische Ahndung aufgrund der Verschärfung der Strafrahmen" hingewiesen. Die Überleitung der Straftatbestände in das StGB und die Anpassung dokumentieren neben der Einhaltung der internationalen Vorgaben auch, dass Korruption in der Privatwirtschaft ebenfalls als schädlich und stärker strafbegründend zu bewerten ist.

Die nachfolgend dargestellten Tathandlungen gelten gemäß § 299 Abs. 3 StGB auch im ausländischen Wettbewerb.

1. Zuwendung von Vorteilen. § 299 StGB bestraft die (beabsichtigte) Zuwendung im **37** o. g. Sinne von Vorteilen (→ Rn. 9 ff.) an Angestellte oder Beauftragte eines geschäftlichen Betriebes mit dem Ziel er künftigen unlauteren Bevorzugung bei dem Bezug von Waren oder gewerblichen Leistungen.

Wie bei den Straftaten im Amt besteht die Tathandlung (→ Rn. 13 ff.) bei der Bestechlichkeit im geschäftlichen Verkehr (§ 299 Abs. 1 StGB) im Fordern, sich Versprechen lassen oder Annehmen eines Vorteils, bei der Bestechung im geschäftlichen Verkehr (§ 299 Abs. 2 StGB) im Anbieten, Versprechen oder Gewähren.

Bevorzugung bedeutet die sachfremde Entscheidung zwischen mindestens zwei Bewer- **38** bern, setzt also Wettbewerb und Benachteiligung eines Konkurrenten voraus.[60] Weder ein konkreter Konkurrent noch eine konkrete Benachteiligung sind erforderlich. „... Es genügt, wenn die zum Zwecke des Wettbewerbs vorgenommenen Handlungen nach der Vorstellung des Täters geeignet sind, seine eigene Bevorzugung oder die eines Dritten im Wettbewerb zu veranlassen. Dabei bedarf es nicht der Vorstellung eines bestimmten verletzten Mitbewerbers.[61] Insbesondere die Zielrichtung der „künftigen unlauteren Bevorzugung" bereitet im Ermittlungsverfahren oftmals Schwierigkeiten. Von einer solchen Unlauterkeit ist aber in Fällen der eigennützigen Vereinnahmung von Provisionen oder „kickbacks" durch Mitarbeiter bei der Auftragsvergabe oder dem Abschluss von Verträgen regelmäßig auszugehen. Denn solche Sondervorteile dienen regelmäßig der unlauteren Bevorzugung des Zahlenden gegenüber anderen möglichen Vertragspartnern. Gewichtige Indizien, aber nicht zwingend, sind in solchen Fällen oft der Verzicht auf Einholung von Vergleichsangeboten oder – preisen oder eine auffällige „Bindung" an bestimmte Vertragspartner. Eine Pflichtwidrigkeit gegenüber dem Geschäftsherrn ist nicht Voraussetzung. Vom Tatbestand erfasst können also auch Handlungen sein, die aus Sicht der Geschäftsleitung eher positiv im Sinne eine Umsatzförderung bewertet werden.[62]

Die Anforderungen an die Existenz von Mitbewerbern sollen zwar einerseits nicht über- **39** zogen werden, andererseits wird in der Rechtsprechung gelegentlich auch darauf abgestellt, dass es überhaupt wenigstens einen anderen Konkurrenten gebe.[63] Auch im sog. Fall „Siemens" hat der BGH ausgeführt,[64] dass § 299 StGB in dem entschiedenen Fall schon deshalb nicht eingreife, weil mangels Beteiligung deutscher Mitbewerber an einer Vergabe im Ausland eine Benachteiligung deutscher Mitbewerber nicht stattgefunden habe.[65] Diese Argumentation lässt befürchten, dass insoweit das Merkmal der abstrakten zugunsten einer

---

[58] Vgl. bei BGHSt 10, 358, 368.
[59] Vgl. *BGH* NJW 1999, 800, 802; *BGH* NJW 2004, 3129, 3133 = StV 2004, 648 ff.
[60] Vgl. *BGH* StV 2003, 559 ff. = wistra 2003, 385.
[61] Vgl. *BGH* 5 StR 489/02 vom 18.6.2003, StV 2003, 559 ff. = wistra 2003, 385, 386.
[62] Vgl. *Fischer* § 299 Rn. 18.
[63] *BGH* 5 StR 506/06 vom 18.4.2007, Rn. 10 in www.jurisweb.de mit Verweis auf BGHR StGB § 299 Abs. 2 Geschäftl. Verkehr 1 mwN.
[64] Vgl. *BGH* NJW 2009, 89, 93, Rn. 50 f.
[65] Zustimmend *Ransiek* NJW 2009, 89, 95.

konkreten Gefährdung aufgegeben und verschoben wird. Denn auch die Verhinderung eines potentiellen Wettbewerbs oder der Ausschluss potentieller Konkurrenten kann zu einer Verzerrung des Wettbewerbs führen.

40 **2. Rechtsstellung des Empfängers.** Da Alleininhaber von geschäftlichen Betrieben nicht erfasst sind, ist die Aufklärung der Rechtsstellung des Empfängers im Betrieb erforderlich. Die Angestellteneigenschaft ergibt sich üblicherweise aus Arbeitsverträgen oÄ. Da es sich bei diesen Tatbeständen aber nicht um Vermögensdelikte handelt, ist auf die Rechtsform des Unternehmens und die Stellung des Täters darin zu achten. So können auch geschäftsführende Alleingesellschafter einer GmbH als taugliche Täter des § 299 StGB angesehen werden.[66]

41 Beauftragter kann auch eine Person sein, die sonst berechtigt ist, auf Entscheidungen im Betrieb Einfluss zu nehmen.[67] Erforderlich ist aber ein Handeln „im geschäftlichen Verkehr". Es kommt jeweils auf die Umstände des Einzelfalles an, ob und inwieweit der Beauftragte auch (ggf. nur Entscheidungen vorbereitenden) Einfluss auf geschäftliche Entscheidungen nehmen kann. In Betracht kommen auch freie Berufe oder sonstige Berater. Ein Berater, der mit dem Lieferanten ohne Wissen der beratenen Firma eine Provision für Lieferungen an die beratene Firma für sich vereinbart, verstößt gegen § 299 StGB.[68]

42 **3. Strafbarkeitsvoraussetzungen.** Seit 1997 ist § 299 StGB ausgestaltet als sog. relatives Antragsdelikt, dh grundsätzlich ist ein Strafantrag des Verletzten (§ 77 StGB) erforderlich. Als Verletzte sind insbesondere alle Mitbewerber oder der Geschäftsherr anzusehen. Daneben können „jeder der in § 8 Abs. 3 Nr. 1, 2 und 4 UWG bezeichneten Gewerbetreibenden, Verbände oder Kammern" diesen Strafantrag stellen (vgl. § 301 Abs. 2 StGB). Insoweit wären gemäß § 8 Nr. 4 UWG auch Industrie- und Handelskammern oder die Handwerkskammern berechtigt, einen Strafantrag zu stellen. Verbände im Sinne des § 8 Abs. 3 Nr. 2 UWG sind rechtsfähige Verbände zur Förderung wirtschaftlicher Interessen.

43 Die Staatsanwaltschaft kann das besondere öffentliche Interesse an der Strafverfolgung aber auch von sich aus bejahen (§ 301 Abs. 1 StGB). Das „besondere öffentliche Interesse" ist insbes. zu bejahen bei einem Handeln im Zusammenwirken mit Amtsträgern, Taten bei Bezug zu Betrieben im Eigentum der öffentlichen Hand, erheblichem Schaden (auch Gefahr), aber auch bei zureichenden Anhaltspunkten, dass ein Antragsberechtigter aus Furcht vor wirtschaftlichen oder beruflichen Nachteilen einen Strafantrag nicht stellt (vgl. Nr. 242a RiStBV). Die genannte Verwaltungsvorschrift ordnet ferner an, dass bei besonders schweren Fällen nur ausnahmsweise das besondere öffentliche Interesse an der Strafverfolgung verneint werden darf (Abs. 2).

44 Für die Bestrafung ist der Nachweis eines Vorsatzes erforderlich. Es genügt, wenn die zum Zwecke des Wettbewerbs vorgenommenen Handlungen nach der Vorstellung des Täters geeignet sind, seine eigene Bevorzugung oder die eines Dritten im Wettbewerb zu veranlassen. Dabei bedarf es nicht der Vorstellung eines bestimmten verletzten Mitbewerbers.[69]

45 **4. Besonders schwere Fälle (§ 300 StGB).** Diese sind ähnlich ausgestaltet wie bei den Straftaten im Amt.[70] Besonders schwere Fälle liegen vor, wenn sich die Tat auf einen Vorteil großen Ausmaßes bezieht oder eine gewerbs- oder bandenmäßige Vorgehensweise vorliegt. Als Vorteil besonders großen Ausmaßes sind bereits Zahlungen ab 5.000 € bewertet worden; jedenfalls Zahlungen von 10.000 € erfüllen das Tatbestandsmerkmal.[71] Es kommt darauf an, ob der Wert des erlangten oder erstrebten Vorteils den Durchschnittswert der

---

[66] Vgl. *Fischer* § 299 Rn. 10.
[67] Vgl. *BGH NJW* 2006, 3290–3298.
[68] Vgl. bereits *OLG Karlsruhe* 19 U 53/98 vom 19.3.1999, BB 2000, 635–636.
[69] → Fn. 61.
[70] → Rn. 29 ff. zu § 335 StGB.
[71] Vgl. *Fischer* § 299 Rn. 4.

erlangbaren Vorteile erheblich überschreitet.[72] Für Gewerbsmäßigkeit ist ausreichend, dass die Tat(en) mittelbar zu zusätzlichen Einnahmen dienen.[73]

Vor allem bei andauernden korruptiven Verbindungen ist dieses Regelbeispiel üblicherweise erfüllt.

5. Verjährungsregelungen. Alle Straftatbestände betreffend die Korruptionsdelikte sind als Vergehen (§ 12 Abs. 2 StGB) ausgestaltet; dies gilt auch für die besonders schweren Fälle (vgl. § 12 Abs. 3, 78 Abs. 4 StGB). Das bedeutet, dass sowohl die Straftaten im Amt als auch die Wettbewerbdelikte mit ihren Strafrahmen bis zu drei Jahren (§§ 299, 331, 333 StGB) bzw. 5 Jahren (§§ 300, 332, 334 StGB) nach Ablauf von fünf Jahren (§ 78 Abs. 1, Abs. 3 Nr. 4 StGB) nicht mehr verfolgt werden können. Allerdings ist dabei auf den Zeitpunkt der Beendigung der Tat abzustellen (§ 78a Satz 1 StGB). Diese tritt auch bei den Korruptionsdelikten erst mit dem letzten Teilakt ein. Werden Bestechung und Bestechlichkeit also in der Form begangen, dass der Bestechende zunächst den Vorteil gewährt und der Bestechliche sodann die Diensthandlung vornimmt, so beginnt die Verjährung beider Straftaten erst mit der Vornahme der Diensthandlung.[74] Folgt die Zuwendung der Vorteile der Diensthandlung nach, gilt dies entsprechend, und zwar unabhängig davon, ob die Amtsträgereigenschaft vor der letzten Zahlung endete.[75] Wird die Diensthandlung tatsächlich nicht vorgenommen, ist entscheidend, welche Vorstellungen die Beteiligten hatten. Wenn sich allerdings die Forderung oder das Versprechen als „fehlgeschlagen" erwiesen haben, beginnt die Frist ab diesem Zeitpunkt zu laufen.[76]

Die Frist kann, ggf. auch mehrmals, unterbrochen und bis zu maximal der doppelten Zeit verlängert werden (§ 78 Abs. 3 Satz 1 und 2 StGB). Mögliche Unterbrechungsmaßnahmen, die die Verjährungsfrist neu zum Laufen bringen, sind (vgl. § 78c Abs. 1 StGB) insbesondere die erste Vernehmung des Beschuldigten, die Bekanntgabe, dass gegen ihn das Ermittlungsverfahren eingeleitet ist, oder die Anordnung der Vernehmung oder Bekanntgabe (Nr. 1), jede richterliche Beschlagnahme- oder Durchsuchungsanordnung und richterliche Entscheidungen, welche diese aufrechterhalten (Nr. 4), Haftbefehl, Unterbringungsbefehl, Vorführungsbefehl oder richterliche Entscheidungen, die diese aufrechterhalten (Nr. 5), die Erhebung der öffentlichen Klage (Nr. 6), die Eröffnung der Hauptverhandlung (Nr. 7), jede Anberaumung einer Hauptverhandlung (Nr. 8), Strafbefehl oder eine andere dem Urteil entsprechende Entscheidung (Nr. 9), aber auch jedes richterliche Ersuchen, eine Untersuchungshandlung im Ausland vorzunehmen (Nr. 12). Erfasst sind hier Rechtshilfeersuchen an ausländische Behörden.[77]

III. Häufige Begleitdelikte

Korruptionsdelikte werden meistens nicht isoliert begangen. Im Zusammenhang mit Korruption stehende Straftaten sind insbesondere die Straftatbestände der Erpressung (§ 253 StGB), meist im Zusammenhang mit der Forderung von Vorteilen in Verbindung mit der In-Aussicht-Stellung empfindlicher Einbußen im Falle des Nichteingehens auf die Forderung, des Betruges (§ 263 StGB), des Subventionsbetruges (§ 264 StGB), des Verrats von Dienst-, Geschäfts- oder Betriebsgeheimnissen (§§ 201 ff. StGB, § 17 UWG), aber auch Urkundenfälschung (§ 267 StGB) oder mittelbare Falschbeurkundung (§ 271 StGB) sowie Falschbeurkundung im Amt (§ 348 StGB). Vor allem Steuerdelikte (§ 370 AO) wegen Nichtangabe der Schmiergelder als sonstige Einkünfte (§ 22 EStG) oder aufgrund unberechtigten Betriebsausgabenabzugs (§ 4 Abs. 5 Nr. 10 EStG) spielen eine große Rolle.

---

[72] Vgl. *Fischer* § 299 Rn. 4.
[73] Vgl. *BGH* wistra 1999, 465; *BGH* wistra 2008, 379; *Fischer* § 299 Rn. 5.
[74] Vgl. *BGH* NJW 2008, 3076, 3079 = wistra 2008, 377, 378.
[75] Vgl. *BGH* 1 StR 633/10 vom 6.9.2011, zitiert nach www.jurisweb.de.
[76] Vgl. *BGH* wie Fn. 74; *Fischer* § 331 Rn. 30.
[77] Vgl. *BGH* NStZ 1986, 313; *Fischer* § 78c Rn. 22.

3. Teil. Exportwirtschaft (Ausfuhr, Zoll, Steuern)

1. Untreue, § 266 StGB. Die Pflichtwidrigkeit von Diensthandlungen bei den Korruptionstatbeständen geht üblicherweise einher mit der Verwirklichung des Tatbestandes der Untreue, § 266 StGB. Tathandlung ist der Missbrauch von rechtlichen Handlungsmöglichkeiten oder der Bruch der Vermögensbetreuungspflichten mit der Folge einer Schädigung des Vermögens des Geschäftsherrn. Wegen der Weite des Tatbestandes wird immer wieder Kritik geübt. Allerdings hat das BVerfG entschieden, dass der Tatbestand mit dem Bestimmtheitsgebot des Art. 103 GG unter Berücksichtigung der Rechtsprechung zu vereinbaren ist.[78] So sind durch die Rechtsprechung klarstellende Entscheidungen zu den Gesichtspunkten der Pflichtwidrigkeit sowie den Voraussetzungen für die Annahme eines Vermögensschadens getroffen worden. Ein wesentliches Kriterium ist, wenn die Dispositionsfähigkeit des Haushaltsgesetzgebers in schwerwiegender Weise beeinträchtigt wird. Auch die vorschriftswidrige Begründung einer Verpflichtung, die nicht zwingend ist und bei der eigenes Ermessen an Stelle der zuständigen Institution ausgeübt wird, wird regelmäßig als schädigend angesehen. Vor allem die Zahlung sog. „kick-backs", also Rückvergütungen aus zunächst erbrachten Leistungen, die oft als sog. Provisionen getarnt werden, erfüllen ebenfalls regelmäßig den Tatbestand der Untreue.[79] Ein Verstoß gegen die Treuepflicht kann auch vorliegen bei Verstößen gegen haushaltsrechtliche Prinzipien.[80]

Nicht nur im öffentlichen Bereich, auch im Bereich der Privatwirtschaft können Verhaltensweisen den Verdacht der Untreue auslösen. In mittlerweile mehreren Entscheidungen hat der BGH bestätigt, dass die Bildung sog. „schwarzer Kassen" regelmäßig zu einem Nachteil im Sinne des § 266 StGB führt, weil der Gesellschaft ohne wirksame Einwilligung Vermögenswerte entzogen werden.[81] Das Einverständnis erfordert auch die Einbeziehung der und Billigung durch die Minderheitsgesellschafter.[82]

Untreue kann auch gegeben sein, wenn die pflichtwidrige Handlung zu einem Vermögensschaden oder -gefährdung geführt hat, weil sie zweckwidrig oder sonst dem betreuten Vermögen nachteilig war.[83] In den Entscheidungen ist wohl im Hinblick auf immer wieder vorgebrachte Einlassungen auch klargestellt worden, dass es auf die Absicht, das Geld im wirtschaftlichen Interesse des Treugebers zu verwenden, nicht ankommt. Der Zweck heiligt nicht die Mittel. Eigene Zweckmäßigkeitserwägungen des Täters sind ebenso unerheblich[84] wie die nur vage Aussicht, zugunsten des Unternehmens einen Gewinn zu erzielen. Das kann auch der Fall sein, wenn Vermögenswerte einer abhängigen GmbH ungesichert im Konzern angelegt werden, so dass bei einem Verlust die Erfüllung von Verbindlichkeiten der GmbH oder ihre Existenz gefährdet wäre.[85] Der Feststellung eines Schadens steht dabei nicht entgegen, dass die pflichtwidrige Handlung und die Schadensentstehung inhaltlich und zeitlich zusammen fallen.[86]

Bei Schmiergeldzahlungen liegt der Schaden mindestens in deren Höhe,[87] denn es ist davon auszugehen, dass diese Zahlungen auf den Preis aufgeschlagen werden, also ein regulärer Preis durch die um die Zuwendungen ermäßigte Summe zu erzielen gewesen wäre und daher insoweit günstiger hätte abgeschlossen werden können.[88] Darüber hinaus kann ein Schaden aber auch darin liegen, dass generell die durch Schmiergeldzahlungen bewirkte Verzerrung des Wettbewerbs zu einer Erhöhung der im regulären Wettbewerb erzielbaren Preise führt.[89]

---

[78] Vgl. *BVerfG* Beschl. vom 23.6.2010, 2 BvR 2559/08 ua, zitiert nach jurisweb.
[79] Vgl. *BGH* NJW 2005, 300, 305.
[80] Vgl. *BGH* StV 2003, 448.
[81] Vgl. BGHSt 40, 287, 294; BGHSt 51, 51, 100; *BGH* NJW 2009 89, 91, BGHSt 52, 323; vgl. auch *Fischer* § 266 Rn. 130.
[82] Vgl. *BGH* wistra 2011, 106.
[83] Vgl. *BGH* wistra 2001, 146, 148.
[84] Vgl. *BGH* NJW 2009, 89, 92.
[85] Vgl. *BGH* NStZ 2004, 559.
[86] Vgl. *BGH* wie Fn. 84.
[87] Vgl. BGHSt 47, 295, 298.
[88] Vgl. *BGH* wistra 2001, 296; *BGH* aaO und BGHSt 50, 299 ff., Ls 2.
[89] Vgl. *BGH* NStZ 2002, 524.

An den Nachweis der inneren Tatseite sind hohe Anforderungen zu stellen: der Täter muss sich der Pflichtwidrigkeit seines Tuns und des dadurch bewirkten Vermögensnachteils bewusst sein.[90]

Der Gesetzgeber hat die Mindeststrafdrohung in besonders schweren Fällen durch Verweis auf die Vorschriften des Betrugstatbestandes auf 6 Monate erhöht. Ein besonders schwerer Fall liegt u. a. vor: 53

bei Missbrauch der Befugnisse oder Stellung als Amtsträger (§ 266 Abs. 2, § 263 Abs. 3 Nr. 4 StGB), also regelmäßig bei Fehlverhalten oder Pflichtverstößen von Amtsträgern, aber auch bei gewerbs- oder bandenmäßiger Vorgehensweise (§ 263 Abs. 3 Nr. 1 StGB, → Rn. 20) oder wenn ein Vermögensverlust besonders großen Ausmaßes herbei geführt wird (§ 263 Abs. 3 Nr. 3 StGB). Bei diesem Deliktsbereich soll die Regelgrenze bei ca. 50.000 € anzusetzen sein.[91]

2. Wettbewerbsbeschränkende Absprachen bei Ausschreibungen, § 298 StGB. Ein typisches Begleitdelikt ist auch § 298 StGB: wettbewerbsbeschränkende Absprachen bei Ausschreibungen. Gerade in Verfahren über Vergaben werden im Zusammenhang mit Korruptionstaten auch Bemühungen unternommen, die Bewerberlage auszuloten und sich gegenüber diesen in eine bessere Position zu setzen. Neben Schmiergeldzahlungen an Personen, die in den Vergaben tätig sind, kommt es oft auch zu horizontalen Absprachen zwischen den verschiedenen Bewerbern. Erforderlich für die Verwirklichung des Tatbestandes ist eine rechtswidrige, also gegen das GWB oder Art. 81 EG-Vertrag verstoßende Absprache. 54

§ 298 StGB wurde 1997 in das StGB eingefügt und ist gegenüber dem Betrugstatbestand, der den konkreten Nachweis eines Schadens und damit die Ermittlung eines Wettbewerbspreises voraussetzt, weiter gefasst. Seit der Neufassung des § 1 GWB sind auch sog. vertikale Absprachen vom Tatbestand umfasst; also auch der Veranstalter kann beteiligt sein.[92] Bestraft wird bereits die Abgabe eines abgesprochenen Angebots. Ob es angenommen wird, ist für die Strafbarkeit unerheblich. Heimlichkeit ist ansonsten nicht Voraussetzung.[93] 55

Weitere Voraussetzung ist, dass das Angebot bei einer Ausschreibung (§ 298 Abs. 1 StGB) oder einer freihändigen Vergabe, der ein Teilnehmerwettbewerb vorausgegangen ist (§ 298 Abs. 2 StGB), abgegeben wird. Auch in den letztgenannten Fällen enthält die Angebotsabgabe regelmäßig die schlüssige (konkludente) Erklärung, dass dieses Angebot ohne vorherige Preisabsprache zustande gekommen ist.[94] 56

§ 298 Abs. 3 StGB sieht eine Straflosigkeit bei tätiger Reue vor, wenn also durch freiwillige und rechtzeitige Offenlegung der Absprache die Annahme eines solchen Angebots verhindert wird. 57

3. Geldwäsche, § 261 StGB. Die Korruptionstatbestände sind als taugliche Vortaten in den Katalog aufgenommen (§ 261 Abs. 1 Nr. 2a StGB). Dies erlaubt die Ermittlungen gegen außen stehende Personen, die zu einer Verschleierung der Herkunft oder des Verbleibs der Schmiergelder beitragen. Die Tathandlungen der Geldwäsche sind vielfältig: neben dem Verbergen oder der Verschleierung der Herkunft der aus den Taten erlangten „Gegenstände" kommen auch Handlungen, die das Sicherstellen, Auffinden oder den Verfall etc. vereiteln oder gefährden, in Betracht. Wegen der vorverlagerten Strafbarkeit der Bestechungs- und Bestechlichkeitsdelikte kommen Personen, die an der Verwertung der Vorteile beteiligt sind, oft aber eher als Mittäter (§ 25 Abs. 2 StGB) oder als Teilnehmer (§ 27 StGB) dieser Straftaten in Betracht. Dies setzt allerdings voraus, dass es sich um die Beteiligung an einer nach deutschem Recht strafbaren Tat handelt.[95] Im Falle einer Tatbe- 58

---

[90] Vgl. *BGH* wistra 2003, 463.
[91] Vgl. BGHSt 48, 360.
[92] Vgl. *BGH* 2 StR 154/12 vom 25.7.2012, zitiert nach jurisweb.
[93] → Fn. 92.
[94] Vgl. *BGH* StV 2001, 514.
[95] Vgl. *BGH* NJW 2009, 1617 f., StV 2009, 415 ff.

3. Teil. Exportwirtschaft (Ausfuhr, Zoll, Steuern)

teiligung scheidet eine Strafverfolgung wegen des Verdachts der Geldwäsche aus (§ 261 Abs. 9, letzter Satz StGB) Ist das Korruptionsdelikt allerdings beendet, kommt eine Verfolgung in Betracht.[96]

59 So kann zB das Einzahlen von Schmiergeldern auf einem Drittkonto je nach Lage des Einzelfalles entweder als Tatbeitrag zum Korruptionsdelikt oder als Geldwäsche bewertet werden.

Wird also das Konto in Deutschland durch eine Angehörige eines ausländischen Amtsträgers zu dessen Gunsten für die Entgegennahme des Bestechungsgeldes benutzt, fehlt es an einer strafbaren Beihilfe zu dessen (Bestechlichkeits-)Tat, da nach dem IntBestG nur der Tatbestand der Bestechung für Auslandstaten anwendbar ist.[97] Der BGH hat insoweit eine Verurteilung wegen Geldwäsche bestätigt und gleichzeitig klargestellt, dass bei der Bestechung nach § 334 StGB als Vortat auch das Bestechungsgeld, das der Bestechende zahlt, aus der Tat herrührt.[98]

60 Mit dem am 21.8.2008 in Kraft getretenen Geldwäschebekämpfungsergänzungsgesetz[99] wurden als weitere Vortaten in den Katalog (vgl. § 261 Abs. 1 Nr. 4 StGB) auch die Strafvorschriften über mittelbare Falschbeurkundung (§ 271 StGB) und Falschbeurkundung im Amt (§ 348 StGB) aufgenommen. Auch die gewerbsmäßige, täterschaftlich begangene Untreue kann eine taugliche Vortat für die Geldwäsche sein, vgl. § 261 Abs. 1 Nr. 4a StGB.[100] Das gilt dann auch für die in § 261 Abs. 1 Nr. 4a ebenfalls genannten weiteren Tatbestände, die als typische Begleitdelikte für Korruption vorkommen, dh § 253 StGB (Erpressung) in Fällen des Forderns eines Vorteils, § 263 StGB (Betrug), § 264 StGB (Subventionsbetrug) § 267 StGB (Urkundenfälschung), soweit diese gewerbsmäßig begangen worden sind.

61 **4. Urkundsdelikte. a) Urkundenfälschung, § 267 StGB.** Auch Urkundenfälschung (§ 267 StGB) ist ein Vergehen, das öfter mit Korruptionsdelikten einhergeht. Dabei muss aber stets unterschieden werden, ob es sich um lediglich inhaltlich falsche, oft Scheinbelege handelt. Diese sind steuerlich von Bedeutung, erfüllen für sich aber nicht bereits den Tatbestand der Urkundenfälschung. Dieser setzt als Täuschung im Rechtsverkehr eine Täuschung über den Aussteller voraus. In Betracht kommen diese Delikte daher immer dann, wenn vorhandene Kontrakte nachträglich verfälscht oder unter unzutreffenden Ausstellerangaben Belege für die Buchhaltung hergestellt werden.

62 **b) Falschbeurkundung, § 271 StGB.** Weit häufiger korrespondieren Korruptionsdelikte indes mit den Vergehen der mittelbaren Falschbeurkundung (§ 271 StGB) oder Falschbeurkundung im Amt (§ 348 StGB). Eine mittelbare Falschbeurkundung begeht nach § 271 Abs. 1 StGB, „wer bewirkt, dass Erklärungen, Verhandlungen oder Tatsachen, die für Rechte oder Rechtsverhältnisse von Erheblichkeit sind, in öffentlichen Urkunden, Büchern, Dateien oder Register als abgegeben oder geschehen bekundet oder gespeichert werden, während sie überhaupt nicht oder in anderer Weise oder von einer anderen Person abgegeben oder geschehen sind, …"

63 § 348 StGB bestraft Amtsträger, der, „zur Aufnahme öffentlicher Urkunden befugt, innerhalb seiner Zuständigkeit eine rechtlich erhebliche Tatsache falsch beurkundet oder in öffentliche Register, Bücher oder Dateien falsch einträgt oder eingibt". Andere Personen, die nicht befugte Urkundsbeamte sind, kommen als Anstifter (§ 26 StGB) oder Gehilfen (§ 27 StGB) in Betracht,[101] vor allem wenn Amtsträger und Außenstehende kollusiv zusammenwirken,[102] was gerade bei Korruptionsdelikten der Fall sein dürfte. Als öffentliche Urkunden kommen dabei Unterlagen mit einer „Beweiskraft für und gegen jedermann" in

---

[96] Vgl. *Fischer* § 27 Rn. 6.
[97] → Rn. 85, 86.
[98] Vgl. *BGH* wie Fn. 95, Rn. 11, 13–15.
[99] Vgl. BGBl. I 2008, 1690 ff.
[100] Vgl. *BGH* wistra 2008, 424.
[101] Vgl. *Fischer* § 348 StGB Rn. 2.
[102] Vgl. *Fischer* § 271 Rn. 12.

Betracht. Lediglich als Beispiele seien hier genannt Eichstempel oder von Zollbeamten abgestempelte SMGS-Frachtbriefe.[103]

5. Steuervergehen, § 370 AO. Erhaltene Vorteile unterliegen als sonstige Einkünfte gem. § 22 Nr. 3 EStG der Erklärungspflicht (vgl. auch § 40 AO)[104]. Zwar ist niemand verpflichtet, sich selbst zu belasten (vgl. § 55 StPO), der Erklärungspflicht ist aber nachzukommen und ihr wird deshalb dadurch Genüge getan, dass die Einkünfte jedenfalls betragsmäßig offengelegt werde, ohne dass die genaue Einkunftsquelle im steuerlichen Verfahren preisgegeben werden muss.[105] 64

Umgekehrt ist es nicht zulässig, Vorteilszuwendungen oder Schmiergeldzahlungen als Betriebsausgaben den Gewinn mindernd in Jahresabschlüssen, Gewinn- und Verlustrechnungen oder Steuererklärungen anzugeben (§ 4 Abs. 5 S. 1 Nr. 10 S. 1 EStG). Wird gegen diese Vorgaben verstoßen, können Vergehen nach § 370 AO in Betracht kommen. Der Grundtatbestand des § 370 Abs. 1 AO ahndet die unrichtige oder unvollständige Deklaration mit der Folge der Steuerverkürzung oder der Erlangung ungerechtfertigter Steuervorteile mit Freiheitsstrafe bis zu fünf Jahren oder mit Geldstrafe. Als besonders schwere Fälle mit einer Mindeststrafe von sechs Monaten gelten nach § 370 Abs. 3 AO ua Sachverhalte, wenn der Täter „die Mithilfe eines Amtsträgers oder europäischen Amtsträgers ausnutzt, der seine Befugnisse oder seine Stellung missbraucht (Nr. 3). 65

IV. Anwendbarkeit des deutschen Strafrechts auf Fälle mit Auslandsbezug

Strafverfolgung und Bestrafung ist grundsätzlich eine nationale Angelegenheit. Dabei gilt grundsätzlich das Tatortprinzip, dh dort wo der Täter gehandelt hat (§ 9 StGB), ist das jeweils geltende Strafrecht anzuwenden (§ 3 StGB). Das bedeutet für Handlungen auch im internationalen Geschäftsverkehr, dass Aktivitäten, die von Deutschland ausgehen, grundsätzlich auch nach deutschem Recht zu beurteilen sind. Da deutsche Strafgesetze üblicherweise aber deutsche Rechtsgüter schützen, bedarf es weiterer Prüfungen, ob und inwieweit eine Strafbarkeit nach deutschem Recht zu begründen ist. Ausgenommen sind Tatbestände, die nur spezifisch inländische Rechtsgüter, oder ausländische Strafvorschriften, die nur ein entsprechendes ausländisches Rechtsgut schützen.[106] Denn üblicherweise schützt das jeweils nationale Strafrecht die Integrität der nationalen Amtsträger (§§ 331 ff. StGB in Verbindung mit § 11 Nr. 2 StGB), und bei der Korruption im Geschäftsverkehr (§ 299 StGB) den nationalen Wettbewerb, siehe aber § 299 Abs. 3 StGB.[107] 66

1. § 5 StGB. Nach § 5 StGB – Auslandstaten gegen inländische Rechtsgüter – greift das deutsche Strafrecht auch für im Ausland begangene Taten ua in folgenden Fällen: 67

...

- Nr. 7: Verletzung von Betriebs- oder Geschäftsgeheimnissen eines im räumlichen Geltungsbereichs des Gesetzes liegenden Betriebs, eines Unternehmens, das dort seinen Sitz hat, oder eines Unternehmens mit Sitz im Ausland, das von einem Unternehmen mit Sitz im räumlichen Geltungsbereich dieses Gesetzes abhängig ist und mit diesem einen Konzern bildet,
- Nr. 12: Taten, die ein deutscher Amtsträger oder für den öffentlichen Dienst besonders Verpflichteter während eines dienstlichen Aufenthalts oder in Beziehung auf den Dienst begeht,
- Nr. 13: Taten, die ein Ausländer als Amtsträger oder für den öffentlichen Dienst besonders Verpflichteter begeht,
- Nr. 14: Taten, die jemand gegen einen Amtsträger, einen für den öffentlichen Dienst besonders Verpflichteten oder einen Soldaten der Bundeswehr während der Ausübung ihres Dienstes oder in Beziehung auf ihren Dienst begeht.
- Nr. 14a: Abgeordnetenbestechung (§ 108e), wenn der Täter zur Zeit der Tat Deutscher ist oder die Tat gegenüber einem Deutschen begangen wird.

---

[103] Vgl. *OLG Rostock* NStZ-RR 2004, 172.
[104] Vgl. *BGH* StV 2006, 126, 131.
[105] Vgl. *BGH* StV 2006, 126, 131, 132 mwN.
[106] Vgl. *Fischer* § 7 Rn. 7.
[107] Vgl. *BGH* NJW 2009, 89, 93.

68 **2. § 6 StGB.** Nach § 6 StGB „Auslandstaten gegen international geschützte Rechtsgüter" gilt das deutsche Strafrecht, unabhängig vom Recht des Tatorts, ua für folgende Taten, die im Ausland begangen werden:

...
- 8. Subventionsbetrug (§ 264);
- 9. Taten, die auf Grund eines für die Bundesrepublik Deutschland verbindlichen zwischenstaatlichen Abkommens auch dann zu verfolgen sind, wenn sie im Ausland begangen werden.

Rahmenbeschlüsse der EU sind allerdings nicht derartige bindende Abkommen, sondern es bedarf einer gesetzgeberischen Umsetzung in den jeweiligen Ländern.[108]

69 **3. § 7 StGB.** § 7 StGB regelt die Geltung für Auslandstaten in anderen Fällen, die im Ausland gegen einen Deutschen begangen werden,

wenn die Tat am Tatort mit Strafe bedroht ist oder der Tatort keiner Strafgewalt unterliegt (Abs. 1).

Nach Abs. 2 gilt das deutsche Strafrecht für andere Taten, die im Ausland begangen werden,

wenn die Tat am Tatort mit Strafe bedroht ist oder der Tatort keiner Strafgewalt unterliegt, und wenn der Täter
1. zur Zeit der Tat Deutscher war oder es nach der Tat geworden ist oder
2. zur Zeit der Tat Ausländer war, im Inland betroffen und, obwohl das Auslieferungsgesetz nach der Art der seine Auslieferung zuließe, nicht ausgeliefert wird, weil ein Auslieferungsersuchen innerhalb angemessener Frist nicht gestellt oder abgelehnt wird oder die Auslieferung nicht ausführbar ist.

Für Korruptionssachverhalte haben diese Vorschriften große praktische Bedeutung bisher nicht erlangt.

C. Internationale Vorgaben

70 Korruption stellt in Zeiten internationalen geschäftlichen Verkehrs kein auf das Land beschränktes Phänomen dar, sondern findet international statt. Im internationalen Geschäftsverkehr sind dabei zahlreiche Übereinkommen und Verträge mit Auswirkungen auf das hiesige Rechtssystem zu beachten.

I. Protokoll vom 27.9.1996

71 Das Protokoll vom 27.9.1996 zum Übereinkommen über den Schutz der europäischen Gemeinschaft verpflichtet die Mitgliedstaaten, die aktive und passive Bestechung aus einem EU-Mitgliedstaat, die aktive und passive Bestechung von Gemeinschaftsbeamten als Bestechung zu qualifizieren, wenn sie auf pflichtwidrige Diensthandlungen bezogen sind und die finanziellen Interessen der Gemeinschaft geschädigt werden können. Dieses Übereinkommen ist laut Bericht der EU-Kommission von sieben Mitgliedstaaten, darunter Deutschland, bisher nicht vollständig umgesetzt worden.[109]

II. OECD-Übereinkommen vom 17.12.1997

72 Das OECD-Übereinkommen vom 17.12.1997 über die Bestechung ausländischer Amtsträger im Internationalen Geschäftsverkehr ist von 37 Staaten ratifiziert und in nationales Recht umgesetzt worden. Neben den 30 OECD-Mitgliedstaaten haben auch Argentinien, Brasilien, Bulgarien, Chile, Estland, Slowenien und Südafrika das Übereinkommen unterzeichnet.[110] Die Regeln gelten damit auch in Ländern, die gemeinhin als besonders kor-

---

[108] Vgl. auch *Schuster/Rübenstahl* wistra 2008, 201, 206.
[109] Vgl. beck aktuell, Meldung vom 19.2.2008, www.beck.de.
[110] Vgl. OECD Policy Brief, September 2008, Tabelle 1; www.oecd.org/bookshop.

ruptionsanfällig gelten und über die stets argumentiert wird, dass ohne Zahlungen kein Einstieg in Geschäfte oder Verträge zu schaffen sei.

Mit der Umsetzung wird die Bestechung und Bestechlichkeit unter (Kriminal-)Strafe gestellt. Dabei sollen alle Formen der Korruption unter Strafe gestellt werden: sowohl Einzelpersonen als auch die Gesellschaften können zur Verantwortung gezogen werden, es kommt nicht darauf an, ob der Empfänger oder ein Dritter, der auch eine Einrichtung wie die Gesellschaft oder eine Partei sein kann, letztlich profitieren, und wesentlich nach dem Übereinkommen ist auch, dass die Strafbarkeit auch eingreift, wenn die Tat durch einen Dritten, oft bezeichnet als Berater oder Vermittler, begangen wird.

Schwierig ist oft die Definition, ob es sich bei dem ausländischen Verhandlungspartner **73** um einen ausländischen Amtsträger handelt. Nach der Definition soll ein autonomer Amtsträgerbegriff ohne Rückgriff auf das Recht des jeweiligen Landes zugrunde gelegt werden. So ist gleichgültig, ob es sich bei der Anstellungskörperschaft um eine gesetzgeberische, verwaltungsrechtliche oder justizielle Einrichtung handelt, es kommt auch nicht darauf an, ob die Personen benannt oder gewählt wurde. Erfasst sind alle Personen, die für einen ausländischen Staat oder eine öffentliche internationale Organisation tätig werden. Öffentliche Unternehmen im Sinne des OECD-Übereinkommens sind ungeachtet der Rechtsform dann anzunehmen, wenn sie von der öffentlichen Hand unmittelbar oder mittelbar beherrscht werden.[111]

Neben der Verhängung von Kriminalstrafen verlangt die Konvention von den Staaten, dass Schmiergelder nicht von der Steuer abgesetzt werden dürfen, dass die Buchführung offen und transparent ist und dass angemessene Maßnahmen zur Prävention und Repression in öffentlichen Einrichtungen geschaffen werden. Um Bagatellfälle auszugrenzen, sollen kleinere Zahlungen, durch die ein rechtmäßiger Amtsbetrieb hergestellt werden soll, als tolerierbar gelten (→ Rn. 99).

III. Verordnung Nr. 2988/95 des Rates vom 18.12.1995

Auf europäischer Ebene ist als Basis bedeutsam insbesondere die Verordnung Nr. 2988/ **74** 95 des Rates vom 18.12.1995 über den Schutz der finanziellen Interessen der Europäischen Gemeinschaften. Die Gemeinsame Maßnahme der EU betreffend die Bestechung im privaten Sektor in Verbindung mit dem Bericht der Kommission an den Rat gem. Art. 9 des Rahmenbeschlusses 2003/568/JI des Rates,[112] die ua auf die Annahme des OECD-Übereinkommens sowie auf die Strafrechtskonvention zur Korruption verweist, enthält die Verpflichtung zur Strafdrohung gegenüber Personen, die für ein Unternehmen im privaten Sektor tätig sind und die ausländischen Amtsträgern oder Amtsträgern einer internationalen Organisation Vorteile anbieten, versprechen oder gewähren, soweit diese Zuwendungen auf pflichtwidrige Handlungen der Bestochenen gerichtet sind. Daneben sind als Forderungen an die Staaten enthalten, angemessene Sanktionen sowie die Anordnungen von Berufsverboten vorzusehen, die Verantwortlichkeit juristischer Personen zu regeln und entsprechende Zuständigkeitsregelungen zu schaffen.

IV. Strafrechtsübereinkommen über Korruption

Das Strafrechtsübereinkommen des Europarates über Korruption[113] verpflichtet die Staa- **75** ten zur Bestrafung aktiver und passive Bestechung von Amtsträgern, internationalen Beamten und Abgeordneten sowie Richtern, aber auch im privaten Sektor, ferner in- und ausländischer sowie internationaler Richter und Beamten internationaler Gerichtshöfe. Was praktische Bedeutung schon deshalb erlangen kann, da in Hamburg der Sitz des Interna-

---

[111] Vgl. MüKoStGB/*Korte* § 334 Rn. 9 mit Verweis auf Erläuterung 14 zum OECD-Übereinkommen.
[112] Vgl. Rahmenbeschluss 2003/568/JI des Rates vom 22. Juli 2003, vgl. Amtsblatt der Europäischen Union, 2003, (ABl.) L 192/54 vom 31.7.2003.
[113] Vgl. ETS No. 173; vgl. www.coe.int/greco.

tionalen Seegerichtshofes ist. Über die Korruptionsdelikte im engeren Sinne sollen aber auch Taten des aktiven und passiven Handels mit Einflüssen, Geldwäschetaten und Buchführungsdelikte im Zusammenhang mit Bestechungsdelikten unter Strafe gestellt werden. Ein wichtiger Gesichtspunkt dieses Übereinkommens ist auch die Forderung nach einer Verantwortlichkeit der juristischen Person (Art. 18) und des Schutzes der Zeugen und Hinweisgeber (Art. 22).

V. EU-Bestechungsübereinkommen

76   Das EU-Bestechungsübereinkommen, das in Deutschland seit 28.9.2005 in Kraft ist,[114] erfasst ebenfalls die Strafbarkeit von Taten im privaten Sektor. Weiter wurde dadurch die Basis geschaffen für die Regelung, dass Auslandstaten vor allem dann zu verfolgen sein sollen, wenn eigene Staatsangehörige nicht ausgeliefert werden. Diese Vorgaben sollen in §§ 5 ff. StGB umgesetzt werden.[115]

VI. Resolution der Generalversammlung der Vereinten Nationen

77   Aufgrund von Resolutionen der Generalversammlung der Vereinten Nationen sollte ein umfassendes Übereinkommen zur weltweiten Eindämmung der Korruption geschaffen werden. Ein dafür eingesetzter Ausschuss hat dazu einen insgesamt 80 Artikel umfassenden Entwurf erarbeitet. Am 11. und 12. Dezember 2003 fand in Mexiko die Beratung über den Entwurf dieses Übereinkommens zur weltweiten Eindämmung von Korruption, statt. Die Bundesregierung hat diesem Übereinkommen zugestimmt. Es wird aber erst in Kraft treten, wenn es von insgesamt 30 Staaten ratifiziert ist.[116] Die Ratifizierung – auch in Deutschland – steht aus.

78   Dieses UN-Übereinkommen gegen Korruption vom 17.10.2003 fordert die Staaten auf, wirksame Maßnahmen gegen Korruption auch im privaten Sektor sowohl im präventiven als auch repressiven Bereich zu treffen und abschreckende zivil-, verwaltungs- und auch strafrechtliche Sanktionen vorzusehen (Art. 12, 21), insbes. wenn letztere im Rahmen wirtschaftlicher, finanzieller oder geschäftlicher Tätigkeit vorsätzlich begangen werden. Auch der Schutz von Hinweisgebern ist in dem Übereinkommen erfasst.

79   Aber es ist davon auszugehen, dass auch in weiteren ausländischen Staaten, die nicht Mitglieder der o. g. Organisationen oder durch völkerrechtliche Erklärungen den Übereinkommen beigetreten sind, grundsätzlich die Zahlung von Schmiergeldern oder sonstige korruptive Verhaltensweisen strafrechtlich geahndet werden. Selbst Staaten, die nicht ohne weiteres als Demokratien gelten, haben für Korruption zum Teil drastische Strafen in ihren Gesetzen vorgesehen.

D. Umsetzung internationaler Vorgaben in deutsches Recht

80   Gemäß Bericht der Kommission an den Rat vom 18.6.2007[117] hat Deutschland die Vorgaben des Rahmenbeschlusses insbes. zur Bestrafung juristischer Personen und bzgl. § 299 StGB nur teilweise umgesetzt. Das EUBestG und das IntBestG stellen aber bereits Umsetzungen der genannten Übereinkommen dar.

I. EUBestG

81   Das Gesetz zu dem Protokoll vom 27. September zum Übereinkommen über den Schutz der finanziellen Interessen der Europäischen Gemeinschaften (EU-Bestechungsgesetz – EUBestG) vom 10.9.1998[118] regelt in Art. 2 § 1:

---

[114] Vgl. BGBl. 2002 II 2727, BGBl. 2006 II 954–963.
[115] Vgl. BT-Drs. 16/ 6558 v. 4.10.2007.
[116] Vgl. http://www.unodc.org/crime_cicp_committee_corruption_session_4.html.
[117] Vgl. KOM 2007, 328.
[118] Vgl. BGBl. II 2340, BGBl. 2004 I 1763.

Abschnitt 38. Antikorruptionsregeln

(1) Für die Anwendung der §§ 332, 334 bis 336, 338 des Strafgesetzbuches auf eine Bestechungshandlung oder Dienstleistung stehen gleich:
1. ...
2. einem sonstigen Amtsträger
   a) ein Amtsträger eines anderen Mitgliedstaats der Europäischen Union, soweit seine Stellung eines Amtsträger im Sinne des § 11 Abs. 1 Nr. 2 des Strafgesetzbuches entspricht,
   b) ein Gemeinschaftsbeamter im Sinne des Artikels 1 des Protokolls vom 27. September 1996 zum Übereinkommen über den Schutz der finanziellen Interessen der Europäischen Gemeinschaften;
   c) ein Mitglied der Kommissionen und des Rechnungshofes der Europäischen Gemeinschaften

(2) Für die Anwendung
1. ...
2. § 370 Abs. 3 S. 2 Nr. 2 und 3 der Abgabenordnung ...
steht einem Amtsträger ein in Abs. 1 Nr. 2 Buchstabe b bezeichneter Gemeinschaftsbeamter und ein Mitglied der Europäischen Kommission der europäischen Gemeinschaften gleich.

Damit sind die Anwendbarkeit der Tatbestände der Bestechlichkeit und Bestechung **82** (§§ 332, 334 bis 336 StGB) in Bezug auf künftige dienstliche oder richterliche Handlungen durch Gleichstellung ausländischer Richter, Amtsträger einschl. der Mitglieder der Europäischen Kommission und des europäischen Rechnungshofes mit Amtsträgern nach deutschem Recht gemäß § 11 Abs. 1 Nr. 2 StGB (vgl. Art. 2 § 1 EUBestG) erfasst.

Auf das Erfordernis der Tatortzuständigkeit wurde dabei im Interesse einer effizienten **83** Bekämpfung der internationalen Korruption verzichtet. So gilt das deutsche Strafrecht auch für Bestechungs- und Bestechlichkeitstaten, die im Ausland begangen werden („unabhängig vom Recht des Tatorts"), wenn der Täter zur Zeit der Tat Deutscher war (vgl. Art. 2 § 2 Nr. 1a EUBestG) oder als Ausländer Amtsträger im Sinne der § 11 Abs. 1 Nr. 2 StGB ist (vgl. Art. 2 § 2 Nr. 1b, aa EUBestG) oder als Gemeinschaftsbeamter ... einer Einrichtung der EU angehört (vgl. Art. 2 § 2 Nr. 1b, bb EUBestG), aber auch wenn die Tat gegenüber einem deutschen Richter, einem deutschen sonstigen Amtsträger oder einer gleichgestellten Person begangen wird (vgl. Art. 2 § 2 Nr. 2 EUBestG). Hier wird darauf abgestellt, ob die Stellung des Amtsträgers in einem anderen Mitgliedstaat der EU der Stellung des Amtsträgers im Sinne des § 11 Abs. 2 Nr. 2 StGB[119] entspricht.

II. IntBestG

Das Gesetz zu dem Übereinkommen vom 17.12.1997 über die Bekämpfung der Beste- **84** chung ausländischer Amtsträger im internationalen Geschäftsverkehr (Gesetz zur Bekämpfung internationaler Bestechung – IntBestG) in Umsetzung des Übereinkommens der OECD zur Bekämpfung der Korruption ist in Deutschland seit Februar 1999 in Kraft. Das IntBestG ermöglicht unter Gleichstellung von ausländischen mit inländischen Amtsträgern (Art. 2 § 1 IntBestG) die Anwendung des Tatbestandes der Bestechung (§ 334 StGB) nach deutschem Recht auf Bestechungstaten von Deutschen im Ausland.

Danach macht sich, unabhängig vom Recht des Tatortes, wegen Bestechung nach dem **85** o. g. Tatbestand strafbar, wer als Deutscher im Ausland (Art. 2 § 3 IntBestG) einen Amtsträger eines ausländischen Staates oder eine sonst vom Staat mit dessen Aufgaben beauftragte Person oder einen ausländischen Abgeordneten besticht, um sich einen Auftrag oder einen unbilligen Vorteil im internationalen geschäftlichen Verkehr zu verschaffen oder zu sichern.

Art. 2 Durchführungsbestimmungen § 1 Gleichstellung von ausländischen mit inländischen Amtsträgern bei Bestechungshandlungen lautet:

„Für die Anwendung des § 334 des Strafgesetzbuches, auch in Verbindung mit dessen §§ 335, 336, 338 Abs. 2, auf eine Bestechung, die sich auf eine künftige richterliche Handlung oder Dienstandlung

---

[119] → Rn. 8, siehe auch *BGH* NJW 2009, 89, 95.

bezieht, und die begangen wird, um sich oder einem Dritten einen Auftrag oder einen unbilligen Vorteil im internationalen geschäftlichen Verkehr zu verschaffen oder zu sichern, stehen gleich:

...

2. einem sonstigen Amtsträger
   a) ein Amtsträger eines ausländischen Staates,
   b) eine Person, die beauftragt ist, bei einer oder für eine Behörde eines ausländischen Staates, für ein öffentliches Unternehmen mit Sitz im Ausland oder sonst öffentliche Aufgaben für einen ausländischen Staat wahrzunehmen,
   c) ein Amtsträger und ein sonstiger Bediensteter einer internationalen Organisation und eine mit der Wahrnehmung ihrer Aufgaben beauftragten Person;
3. ..."

86 Mit dieser Regelung wurde die Anwendbarkeit des Tatbestandes der Bestechung (§ 334 StGB) auf Taten gegenüber ausländischen Amtsträgern erweitert. Die Frage, welcher Amtsträgerbegriff Anwendung finden soll, ist zunächst vom Landgericht Darmstadt im Urteil vom 14.5.2007 beantwortet worden, dass dieser losgelöst von den Definitionen Deutschlands, aber auch des Empfängerlandes der Bestechungszahlung zu bestimmen sei. Abgestellt wird auf die Grundlagen der Tätigkeit, dh darauf, ob normale wirtschaftliche Tätigkeit ausgeübt wird, ob öffentliche Subventionen oder sonstige Vorrechte gewährt werden. Der BGH[120] hat in der zu dem Fall „Siemens" am 29.8.2008 ergangenen Entscheidung erneut klargestellt, dass die Definition nicht der des § 11 Abs. 2 StGB oder des nationalen Rechts des beteiligten Staates entspricht. Unter Bezugnahme auf die Definition des Amtsträgerbegriffs des OECD-Übereinkommens in Art. 1 Abs. 4 (→ Rn. 73) wurde eine einschränkende Auslegung vorgenommen. Nach der Bewertung des BGH ist Amtsträger „eine Person, die in einem anderen Staat durch Ernennung oder Wahl ein Amt im Bereich der ... Verwaltung ... innehat.[121]

87 Die Auslegung des Begriffs ist auf der Basis des OECD-Übereinkommens und der dazu verabschiedeten „Erläuterungen zu dem Übereinkommen über die Bekämpfung der Bestechung ausländischer Amtsträger im internationalen Geschäftsverkehr, angenommen von der Verhandlungskonferenz am 21.11.1997"[122], vorzunehmen.

88 Maßgebend sind Art. 1 Abs. 4 Buchst. a sowie Nr. 14, 15 der Erläuterungen zu dem Übereinkommen. Der Begriff ist deutlich weiter auszulegen als nach deutschem Recht.[123] Danach gilt: „ein Angestellter eines öffentlichen Unternehmens gilt als eine Person, die öffentliche Aufgaben wahrnimmt, sofern nicht das Unternehmen in dem betreffenden Markt auf einer normalen wirtschaftlichen Grundlage tätig ist, dh auf einer Grundlage, die der eines privatwirtschaftlichen Unternehmens ohne begünstigende Subventionen oder sonstige Vorrechte im wesentlichen gleichkommt".[124] Neben der Klarstellung, ob es sich um ein öffentliches Unternehmen handelt, wird also vorausgesetzt, dass die handelnden Personen „mit der Wahrnehmung öffentlicher Aufgaben betraut" sind.[125] Auf dieser Basis ist zu berücksichtigen, ob das Unternehmen unabhängig von der Rechtsform von der öffentlichen Hand unmittelbar oder mittelbar beherrscht wird.[126] Dagegen spricht, wenn das Unternehmen im Wettbewerb mit anderen Unternehmen tätig ist und ohne bevorzugende Subventionen oder andere Vorrechte auskommen muss.[127] Ohne Rückgriff auf das ausländische Recht und die dort bestehenden Organisationsstrukturen ist eine Zuordnung allerdings danach auch nicht möglich.[128]

---

[120] Vgl. *BGH* NJW 2009, 89, 94.
[121] Vgl. *BGH* NJW 2009, aaO mwN.
[122] Vgl. BT-Drs. 13/10 428, vom 20.4.1998.
[123] Vgl. MüKoStGB/*Korte* § 334 Rn. 6, 7.
[124] *LG Darmstadt* 712 Js 5213/04–9 KLs, S. 60, www.jurisweb.de.
[125] Vgl. *BGH* NJW 2009, 89, 95.
[126] Vgl. dazu auch *Schuster/Rübenstahl* wistra 2008, 201, 204.
[127] Vgl. *BGH* NJW 2009, 89, 94 f.
[128] Vgl. MüKoStGB/*Korte* aaO.

Ergänzend zu den Schwierigkeiten der Definition des Amtsträgers wird aus der Praxis **89** gelegentlich auf die Problematik hingewiesen, dass nach dem Wortlaut lediglich künftige Abschlüsse, nicht aber Zahlungen (Provisionen, Kommissionen) für bereits durchgeführte Geschäfte erfasst seien: ... „um sich ... zu verschaffen ...". Hier gilt es, das gesamte Beziehungsgeflecht, also auch die Ursprünge der Vereinbarungen sowie die Intention mit Blick auf weitere Geschäftsbeziehungen zu hinterfragen.[129]

Die Abgeordnetenbestechung in Deutschland ist gemäß § 108e StGB nur unter engen **90** Voraussetzungen unter Strafe gestellt.[130] Zuwendungen an einen Abgeordneten zum Zweck allgemeiner Klimapflege sind – anders als bei Amtsträgern – nicht erfasst; erforderlich ist die Zielrichtung der Beeinflussung bei der Stimmabgabe.

Weitergehend als die in Deutschland geltende Rechtslage wird gem. Art. 2 § 2 des Int- **91** BestG auch die Bestechung ausländischer Abgeordneter bestraft, die auf die künftige Vornahme oder Unterlassung einer mit seinem Mandant zusammenhängender Aufgaben abzielt, wenn sie in der Absicht erfolgt, sich oder einem Dritten einen Auftrag oder einen unbilligen Vorteil im internationalen geschäftlichen Verkehr zu verschaffen oder zu sichern. Nach Art. 2 § 2 Abs. 2 IntBestG ist bereits der Versuch strafbar. Das bedeutet, dass trotz der weitgehenden Strafbarkeit zB bereits bei einem Angebot oder einem Fordern ein unmittelbares Ansetzen im Sinne der Tatbestandserfüllung schon dann vorliegt, wenn eine entsprechende Äußerung abgegeben wird, ohne dass es auf einen Zugang beim Anderen ankommt. Es bedarf aber einer äußeren, die Sphäre des Täters überschreitenden Kundgabehandlung.[131]

III. § 299 Abs. 3 StGB

Seit August 2002 ist schließlich durch Einfügung des Absatzes 3 in § 299 StGB „klarge- **92** stellt", dass die Bestechung im ausländischen Wettbewerb ebenfalls dem Tatbestand des § 299 StGB unterfällt. Das heißt, die Vorschrift soll den Wettbewerb generell, also weltweit schützen. Seit wann damit auch der ausländische Wettbewerb durch das deutsche Strafrecht geschützt ist, war lange Zeit umstritten. Unter Bezugnahme auf die im Gesetzgebungsverfahren erläuterte „Klarstellung" (s. o.) wurde argumentiert, dass auch vor August 2008 im Ausland erfolgte Bestechungshandlungen dem Tatbestand unterfallen würden. Der Bundesgerichtshof hat mit Urteil vom 29.8.2008[132] das Urteil des Landgericht Darmstadt vom 14.5.2007[133] insoweit aufgehoben und ausgeführt, dass Schmiergeldzahlungen im ausländischen Wettbewerb, durch die deutsche Wettbewerber nicht benachteiligt wurden, im Zeitraum bis Januar 2002 von § 299 Abs. 2 StGB aF nicht erfasst gewesen seien.[134] Die Fragestellung dürfte sich im Hinblick auf die für diese Taten laufende fünfjährige Verjährungsfrist (§ 299 StGB iVm § 78 Abs. 3 Nr. 4 StGB) erledigt haben, da nunmehr überwiegend Taten, die vor dem Zeitpunkt des Inkrafttretens des Absatzes 3 begangen wurden, nicht mehr verfolgt werden können.

IV. § 14 StGB

Soweit die Übereinkommen verlangen, dass auch Handeln von eingeschalteten Vermitt- **93** lern oder Vertretern („intermediaries") erfasst sein soll, ist auf § 14 des Strafgesetzbuches zu verweisen. Dadurch wird der Anwendungsbereich bestimmter Vorschriften, die auf eine besondere Stellung des Normadressaten verweist, auf die als Vertreter handelnden Personen erweitert. Nach Abs. 1 gilt die Pflichtenerweiterung für vertretungsberechtigte Organe einer juristischen Person (Nr. 1) oder für Handelnde als vertretungsberechtigter Gesellschaf-

---

[129] Vgl. dazu auch *BGH* StV 2007, 358, 359.
[130] Vgl. dazu auch *BGH* wistra 2008, 218 f.
[131] Vgl. *Fischer* § 331 Rn. 30a.
[132] NJW 2009, 89, 93 f.
[133] → Rn. 86.
[134] Vgl. *BGH* aaO, Rn. 50 ff.

ter einer rechtsfähigen Personengesellschaft (Nr. 2) oder als gesetzlicher Vertreter eines anderen (Nr. 3). Nach Abs. 2 werden Gesetze, die aufgrund besonderer persönlicher Merkmale eine Strafbarkeit begründen, auch auf Personen angewandt, die vom Inhaber des Betriebs mit der Leitung (Nr. 1) oder sonst ausdrücklich beauftragt sind, in eigener Verantwortung Aufgaben wahrzunehmen, die dem Inhaber des Betriebes obliegen (Nr. 2). Die Vorschriften stehen auch in Zusammenhang mit § 30 Abs. 1 und Abs. 4 OWiG (→ Rn. 138).

94 Auf der Grundlage dieser Gesichtspunkte ist insbesondere für die Einschaltung von Beratern oÄ zur Unterstützung bei der Erlangung von Aufträgen oder Verträgen im Ausland zu beachten, dass sich nach dem IntBestG Art. 2 § 3 nur Deutsche wegen Auslandstaten strafbar machen können. Die deutschen Vertragspartner des Beraters kommen aber durchaus als Anstifter (§ 26 StGB) oder Gehilfen (§ 27 StGB) in die Gefahr einer strafrechtlichen Verantwortung. Und innerhalb des eigenen Unternehmens kann wegen der Gefahr von Regressen pp. auch nicht eingewendet werden, dass der Beratervertrag zu sog. äußerlich neutralen berufsüblichen Verhaltensweisen gehöre und man ja nicht wissen könne, wie der Berater im Ausland agiere. Weiß der „Hilfeleistende" nicht, wie der von ihm geleistete Beitrag vom Haupttäter verwendet wird, und hält er es lediglich für möglich, dass eine Straftat begangen wird, ist sein Handeln regelmäßig keine strafbare Beihilfe. Anders aber, wenn das Risiko strafbaren Verhaltens des Unterstützten derart hoch ist, dass davon auszugehen ist, dass sich der Hintermann die Förderung des erkennbar tatgeneigten Täters angelegen sein ließ; denn alle Einzelheiten der geförderten Tat müssen nicht bekannt sein.[135]

V. § 46b StGB

95 Bisher nicht umfassend umgesetzt wurden Vorgaben betreffend eines verbesserten Schutzes von Zeugen und Hinweisgebern. Gerade in Korruptionssachverhalten scheuen diejenigen Personen, die zur Aufklärung beitragen könnten, sich an Vorgesetzte, zuständige Stellen oder gar die Strafverfolgungsbehörden zu wenden. Denn sie haben in jeder Hinsicht Nachteile zu befürchten. Sei es, dass sie als Beteiligte an solchen Sachverhalten selbst in der Gefahr strafrechtlicher Verfolgung und sonstiger Folgerungen stehen, sei es, dass sie allgemein Nachteile seitens der Täter oder deren Vorgesetzten für sich selbst befürchten.

96 Seit 1.9.2009 ist mit dem Gesetz zur Änderung der Strafzumessung bei Aufklärungs- und Präventionshilfe § 46b StGB eingefügt worden. Die Regelung erlaubt für Täter, die einer schweren Straftat verdächtig sind, die Milderung oder ggf. sogar das Absehen von Strafe in Fällen, in denen „eine Tat nach § 100a Abs. 2 StPO", also auch Korruptionsstraftaten (vgl. § 100a Abs. 2r, t), aufgedeckt werden konnte. Die Angaben sind vor Eröffnung eines Hauptverfahrens zu machen, § 46b Abs. 3 StGB. In Fällen von falscher Verdächtigung ist eine erhöhte Strafdrohung vorgesehen (vgl. § 164 Abs. 3 StGB).

97 Regelungen zum Schutz sonstiger Hinweisgeber stehen aus. Zu entsprechenden Gesetzesentwürfen der SPD[136] und der Fraktion Die Linke[137] wurde seitens des Ausschusses für Arbeit und Soziales jüngst als Beschlussempfehlung die Ablehnung vorgeschlagen.[138] Insoweit ist den Schutz von Hinweisgebern betreffend nach wie vor lediglich auf die Rechtsprechung zurück zu greifen (→ Rn. 114 ff.). § 46b StGB wurde inzwischen dahingehend geändert, dass die Angaben sich auf Zusammenhangstaten zu erstrecken haben.[139]

---

[135] Vgl. dazu *BGH* wistra 2006, 137, 143; *Fischer* § 27 Rn. 2a, 8.
[136] Vgl. BT-Drs. 17/8567.
[137] Vgl. BT-Drs. 17/6492.
[138] Vgl. BT-Drs. 17/12577 vom 28.2.2013.
[139] BT-Drs. 17/12732.

Abschnitt 38. Antikorruptionsregeln

E. Umgang mit Situationen in sog. Graubereichen

In Korruptionssachverhalten sind immer wieder Neutralisierungstendenzen festzustellen, **98** das Entdeckungsrisiko ist gering, es wird auf übliche Verhaltensweisen und die Notwendigkeit gesellschaftlicher, höflicher Kontakte hingewiesen. Wie ausgeführt, wird immer wieder geltend gemacht, dass ohne Zahlungen in vielen Ländern „gar nichts gehe". Demgegenüber muss festgehalten werden, dass 37 Staaten die OECD-Konvention unterzeichnet haben und sich damit ebenfalls verpflichtet haben, Korruption zu bekämpfen. Es ist zu spät, erst nach aufgedeckten Skandalen Maßnahmen zu ergreifen. „Es darf nicht von vornherein argumentiert werden, dass in bestimmten Ländern Aufträge nicht ohne Schmiergelder hereingeholt werden können. In solchen Fällen muss man Aufträge auch mal fahren lassen. Den Auftraggebern muss klar werden: Ohne Schmiergeld sind die Projekte billiger und besser.[140]

I. „Facilitation (expediting) payments"

„Facilitation (expediting) payments" sind von der OECD definiert als Zahlungen zur **99** Erleichterung in fremden Staaten, um amtliche Aktivitäten überhaupt zu ermöglichen, die nicht als Korruption gelten.[141] In Nr. 9 der Erläuterungen zum OECD-Abkommen ist ausdrücklich niedergelegt, dass „kleinere Zahlungen zur Erleichterung" keine Zahlungen im Sinne des Absatzes 1 darstellen sollen, wenn durch sie der Amtsträger zur Wahrnehmung seiner Aufgaben veranlasst werden soll.[142] Daraus folgt bereits, dass es sich niemals um Zahlungen für auch im Ausland pflichtwidrige Handlungen handeln kann,[143] sondern dass es lediglich darum geht, Verhaltensweisen durchzusetzen, auf die ohnehin ein Anspruch besteht. Hier bietet sich ein Verweis an auf die u.g. Ausführungen zur Sozialadäquanz bzw. zur Genehmigung.

Die Problematik liegt hier in der Definition dessen, was kleinere Zahlungen sind und in **100** der Abgrenzung, wo die pflichtgemäße Dienstausübung endet und Dienstpflichtverstöße vorliegen.

In der Vorauflage war an dieser Stelle bereits auf die Problematiken und Schwierigkeiten der Auslegung hingewiesen worden. Es gilt zu beachten, dass der Anwendungsbereich des § 334 Abs. 3 StGB auch „Ermessensbeeinflussungen" erfassen kann.[144] Die working group on bribery der OECD hat nun in dem Report über die Phase 3 – Evaluation Deutschlands, der im März 2011 verabschiedet wurde, eine klare Definition dessen, was eine „kleinere" Zahlung sein soll und wie Angemessenheit erreicht werden kann, eingefordert.

Wie in der Vorauflage angeregt, hat auch die OECD in dem o.g. Report Deutschland ge- **101** beten, Unternehmen darin zu bestärken, solche „Beschleunigungszahlungen" zu verbieten oder im Gebrauch dieses Instruments einzuschränken.[145] Eine gewisse Hilfestellung im Vorgehen im Ausland mag hier der Flyer des BMJ/BMWi „Korruption vermeiden"[146] bieten.

II. Sozialadäquanz

Der Begriff der „Sozialadäquanz", also des sozial Angemessenen, wird im Bereich der **102** Korruptionsdelinquenz immer wieder bemüht, um Verhaltensweisen als üblich und angemessen zu rechtfertigen. Hier ist hervorzuheben, dass die Üblichkeit von Schmiergeldzahlungen in bestimmten Bereichen der Strafbarkeit nicht entgegensteht.[147] Unerheblich in diesem Zusammenhang ist auch die für die steuerliche Absetzbarkeit bestehende Wertgrenze für

---

[140] Vgl. Hamburger Abendblatt vom 19.12.2008, Interview Theo Waigel.
[141] Vgl. dazu *Korte* wistra 1999, 81, 87.
[142] Vgl. BT-Drs. 13/14028, 9 ff., 23 ff.
[143] Vgl. auch MüKoStGB/*Korte* § 334 Rn. 16.
[144] Vgl. oben Rn. 24 ff.; vgl. auch *Dörrbecker/Stammler* DB 2011, 1096.
[145] Vgl. www.orcd.org/dataoecd/5/45/47416623.pdf; vgl. auch *Dörrbecker/Stammler* DB 2011, 1095.
[146] Vgl. Literaturhinweise.
[147] Vgl. *Fischer* § 299 Rn. 16.

Geschenke oder sonstige Zuwendungen. Wegen der Genehmigungsmöglichkeiten im Bereich der Tatbestände der Vorteilsannahme (§ 331 Abs. 3 StGB) und der Vorteilsgewährung (§ 333 Abs. 3 StGB) soll ohnehin dafür nur ein kleiner Anwendungsbereich verbleiben.[148] Entgegen aller Neutralisierungstendenzen können ... „allenfalls gewohnheitsmäßig anerkannte, relativ geringwertige Aufmerksamkeiten aus gegebenen Anlässen vom Tatbestand ausgenommen werden".[149] Um die recht unbestimmten Begriffe der Geringwertigkeit oder Üblichkeit besser definieren zu können, sind sowohl in öffentlichen Institutionen als auch privaten Unternehmen zunehmend interne klarstellende Regularien aufgestellt worden, die den Mitarbeitern eine Hilfestellung im Umgang mit Zuwendungen geben sollen.[150]

III. Corporate Governance

103   Eine aktive Anti-Korruptionsstrategie und konkrete Maßnahmen der Schulung und Sensibilisierung werden daher immer wichtiger.

In vielen Geschäftsbereichen wird noch immer darauf abgestellt, dass bestimmte Kontakte und Gefälligkeiten üblich und keinesfalls geeignet seien, irgendeine Beeinflussung zu erreichen. Diese Bewertung ist aber je nach Position des außen stehenden Betrachters durchaus sehr differenziert zu beurteilen. Ein mittelständischer Betrieb verfügt beispielsweise nicht über die Mittel wie ein größeres Unternehmen, seine Kunden in VIP-Lounges von Stadien oder zu gesellschaftlichen Ereignissen- zu denken wäre an große Segelereignisse oder jährlich wiederkehrende Volksfeste oder evtl. auch Premieren von Kultur- oder sonstigen Veranstaltungen – einzuladen.

104   **1. DCGK.** Der deutsche Corporate Governance Kodex (DCGK) betrifft in erster Linie börsennotierte Unternehmen. Er wird aber auch für nicht börsennotierte Gesellschaften immer wichtiger.[151] In Nr. 4.3.2 des DCGK heißt es: „Vorstandsmitglieder und Mitarbeiter dürfen im Zusammenhang mit ihrer Tätigkeit weder für sich noch für andere Personen von Dritten Zuwendungen oder sonstige Vorteile fordern oder annehmen oder Dritten ungerechtfertigte Vorteile gewähren".[152] Auch wenn der Kodex nicht unmittelbar in Arbeitsverträge oder dergleichen einfließt, was aber zukünftig der Klarheit halber wünschenswert wäre, bedarf es innerhalb der Unternehmen einer klaren Transparenz. Eindeutige Verhaltensrichtlinien für die Mitarbeiter, die diesen einen Rahmen für den Umgang mit Geschäftspartnern oder Kunden geben und den Bereich des „Üblichen" oder Vertretbaren abdecken,[153] tragen zur Klarstellung bei, was „ungerechtfertigt" bzw. „angemessen" oder „üblich" ist. Derartige Regeln bieten den Mitarbeitern im übrigen Handlungssicherheit. Auf der anderen Seite würden derartige Regeln helfen, eindeutig ein pflichtwidriges und damit ggf. auch untreuerelevantes Verhalten zu definieren und Handlungsalternativen zu begründen.[154]

105   Für Handlungen von Agenten, Vermittlern oder sog. Intermediaries (→ Rn. 93) empfehlen die ICC-Richtlinien[155] ua, dass die Zahlung von Schmiergeldern ausdrücklich verboten und nur für tatsächlich erbrachte Dienstleistungen gezahlt werde, ferner auch, dass die Agenten auch Teile der Zahlungen nicht als Schmiergeld weiterleiten dürften. Bisher dokumentieren allerdings immer noch zahlreiche Vermittlungs- oder Agentenverträge, dass diese gezielt zur Anbahnung von Verträgen eingesetzt und nach Erfolg bezahlt werden, was eine Umgehung der Richtlinien geradezu voraussetzt.

106   **2. Compliance.** Der Begriff der „Compliance" bedeutet lediglich die Sicherstellung der Einhaltung bestimmter Rechtsvorschriften oder Unternehmensvorgaben. Unter dem Be-

---

[148] Vgl. HansOLG Hamburg StV 2001, 284, 287.
[149] Vgl. BGH NStZ 2005, 334 ff. mit Verweis auf BGH NJW 2003, 763, 765.
[150] Vgl. auch DIHK/ICC Verhaltenskodex „Korruption bekämpfen", → Rn. 103 ff.
[151] Vgl. Schlösser/Dörfler wistra 2007, 326.
[152] Vgl. www.corporate-governance-code.de.
[153] Vgl. DIHK/ICC, S. 2.
[154] Dazu siehe auch BGH NJW 2009, 89, 91, vgl. oben Rn. 32, 33; vgl. auch Schlösser/Dörfler aaO, 328 mit Verweis auf Schünemann NStZ 2006, 196, 198 f.
[155] Vgl. bei Bussmann/Salvenmoser NStZ 2006, 203, 207.

griff „Compliance" erfährt seit einigen Jahren die Schaffung von klaren Verhaltensrichtlinien und die Beauftragung von Wirtschaftsprüfern oder Rechtsanwälten als Unternehmensanwälten einen richtigen Aufschwung. Insofern und aufgrund von Einflüssen aus Amerika für dort börsennotierte Unternehmen wird aber insbesondere für internationale Konzerne dieses Thema immer wichtiger. Jedoch wird nicht jedes mittelständische Unternehmen in der Lage sein, eigens eine Abteilung für „Compliance" einzurichten.

a) Ethik-Kodizes. Die Einrichtung von Compliance- oder Ethik-Kodizes werden zunehmend in Unternehmen eingesetzt, auch um das Image in der Öffentlichkeit zu verbessern.[156] Dem noch 2008 attestierten Nachholbedarf in deutschen Unternehmen[157] wurde mit zahlreichen Compliance- und Präventionseinrichtungen fast exzessiv nachgekommen. Der IDW PS 980 gibt Leitlinien für die Einrichtung und Prüfung von Compliance Management Systemen vor. Von Bedeutung ist dabei aber, dass diese Kodizes nicht nur auf dem Papier stehen dürfen, sondern durch entsprechende Vorbildfunktion der Vorgesetzten sowie durch entsprechende Schulungen auch tatsächlich gelebt werden.[158] Denn auch in dem der Entscheidung des BGH vom 29.8.2008 zugrunde liegenden Fall[159] hatte es bereits Compliance – Richtlinien und Anpassungen in Arbeitsverträgen betr. Verbot der Zahlung von Schmiergeldern gegeben. 107

Gerade im Umgang mit Geschenken oder Einladungen gilt es, stets zu beachten, dass im Umgang mit Amtsträgern sowohl im In- als im Ausland engere Regeln als in der Privatwirtschaft gelten. Daher muss man sich im eigenverantwortlichen und professionellen Umgang miteinander nicht „erkenntlich" zeigen. Für Geschäftspartner ist zu bedenken, dass jedenfalls auch insoweit Transparenz hilfreich ist, um den Anschein von Käuflichkeit oder Beeinflussung zu vermeiden. Zahlreiche Firmen haben aus diesem Grund für die Mitarbeiter mittlerweile klare Verhaltensrichtlinien aufgestellt, die Bestandteil der Arbeitsverträge sind. Weihnachtspräsente an Privatadressen sind überwiegend nicht gestattet. Manche Firmen haben in die Arbeitsverträge Klauseln eingearbeitet, die die Annahme von Provisionen, Spenden oder wie immer diese genannt werden, mit Androhung der Kündigung verbieten. 108

b) Garantenpflicht bei Übernahme eines Pflichtenkreises. Eine heftige Diskussion hat die BGH-Entscheidung betr. die Bejahung einer Garantenpflicht für den Leiter einer Innenrevision einer Anstalt des öffentlichen Rechts, betrügerische Abrechnungen zu unterbinden, auch für Compliance-Verantwortliche ausgelöst. Denn in der Entscheidung[160] ist auch dargelegt, dass „durch die Übernahme eines Pflichtenkreises eine rechtliche Einstandspflicht im Sinne des § 13 Abs. 1 StGB begründet werde[161] und dass „die Übernahme entsprechender Überwachungs- und Schutzpflichten ... auch durch einen Dienstvertrag erfolgen (kann). Neben der Übertragung von Pflichten muss für auch eine Garantenstellung im strafrechtlichen Sinne regelmäßig ein besonderes Vertrauensverhältnis, das den Übertragenden gerade dazu veranlasst, dem Verpflichteten besondere Schutzpflichten zu überantworten, hinzutreten".[162] 109

In der Entscheidung ist nämlich weiter ausgeführt: „Derartige Beauftragte wird regelmäßig strafrechtlich eine Garantenpflicht im Sinne des § 13 Abs. 1 StGB treffen, solche im Zusammenhang mit der Tätigkeit des Unternehmens stehende Straftaten von Unternehmensangehörigen zu verhindern. Dies ist die notwendige Kehrseite ihrer gegenüber der Unternehmensleitung übernommenen Pflicht, Rechtsverstöße und insbesondere Straftaten zu unterbinden".[163] Damit bekommt die Notwendigkeit einer effizienten und nicht 110

---

[156] Vgl. *Bussmann/Salvenmoser* CCZ 2008, 192, 193.
[157] Vgl. wie vor.
[158] Vgl. *Mengel* aaO, 87; *Moosmayer* NJW 2012, 3013 ff.
[159] Vgl auch oben: *BGH* NJW 2009, 89 ff.
[160] Vgl. *BGH* NJW 2009, 3173–3176.
[161] → Rn. 23.
[162] → Rn. 25 mit Verweis auf BGHSt 46, 196, 202 f.; 39, 392, 399.
[163] Vgl. *BGH* aaO, Rn. 27; *Kraft/Winkler* CCZ 2009, 29, 32.

nur papiermäßig vorhandenen Compliance eine zunehmende Bedeutung für Unternehmen.[164] Hervorzuheben ist indes, dass sich diese Pflichten nur auf betriebsbezogene Einstandspflichten erstreckt.

111 **3. Whistleblowing.** Ein wesentlicher Gesichtspunkt von Compliance-Programmen ist der Umgang mit Hinweisgebern. Transparency International hat bereits 2002 in einer Stellungnahme zum 3. Bericht der Konferenz der Innenministerinnen und Innenminister (IMK) kritisiert, dass das Thema „whistleblowing" nicht ausreichend angesprochen worden sei. Es wurde gefordert, dass „Hinweise von Mitarbeitern auf Verdacht von Straftaten ... als Verpflichtung angesehen und gefördert, ja eingefordert werden" müssten.[165] Tatsächlich ist der Umgang mit diesen Personen in der Praxis aber nach wie vor schwierig, denn oft sind es die leistungsstarken und engagierten Mitarbeiter, gegen die Korruptionsvorwürfe erhoben werden; und selbstverständlich bedarf es einer Prüfung des Gehalts der Anschuldigung. Hier ist eine größt- mögliche Objektivität und Neutralität einzufordern. Da es um die Prüfung von Sachverhalten geht, sind überwiegend die Compliance-Stellen als (interne) Anlaufstellen zuständig.

112 Mehr und mehr wird aber auch in mittelständischen Betrieben dazu übergegangen, whistleblower- hotlines oder besondere – meist externe – Anlaufstellen zu schaffen. Die Einrichtung dieser Institutionen führt nach wie vor oft zu datenschutz- und arbeitsrechtlichen Problemen.[166] Insbesondere Mitbestimmungsrechte spielen dabei immer wieder eine Rolle.[167] Externe Ombudsstellen haben den Vorteil, dass sie als vertrauenswürdig angesehen werden und dadurch die Bereitschaft zur Meldung verdächtiger Sachverhalte gestärkt wird.[168] Gerade Rechtsanwälte sind wegen ihrer anwaltschaftlichen Schweigepflicht geeignete Anlaufstellen, weil sie ggf. nicht nur gegenüber staatlichen Stellen, sondern auch gegenüber dem Unternehmen die Anonymität des Hinweisgebers aufrechterhalten können.

113 Zahlreiche Firmen verfügen inzwischen über solche externen Ombudsstellen. In Hamburg wurde darüber hinaus eine sog. „Vertrauensstelle" der Wirtschaft eingerichtet. Diese von der Wirtschaft und der Vereinigung eines ehrbaren Kaufmannes unterstützte Stelle wird über den Verein „pro honore e. V."[169] unterhalten, für die ein Rechtsanwalt Hinweise entgegen nimmt und in vertrauensvoller Zusammenarbeit mit dem Hinweisgeber prüft, aufbereitet und ggf. sodann in Absprache mit dem Hinweisgeber den Strafverfolgungsbehörden anzeigt.

114 Die Anzeige von Straftaten, also auch Korruptionssachverhalten, stellt keine Verletzung von Geschäfts- oder Betriebsgeheimnissen dar.[170] Denn an der Geheimhaltung ... strafbarer Geheimnisse besteht kein berechtigtes Interesse. Ihre Offenbarung ist nicht strafbar, zumal wenn vorherige Vorstellungen bei der Geschäftsleitung erfolglos waren. In diesen Fällen fehlt es nach überwiegender Meinung bereits an dem Merkmal des „unbefugten Mitteilens". Unbefugt heißt nicht ohne Einwilligung, sondern ohne Rechtfertigung. Und die Erstattung einer Anzeige wegen begründeten Verdachts von Straftaten kann im Sinne der Einheitlichkeit der Rechtsordnung nicht unberechtigt sein. Des Rückgriffs auf die Regelung des rechtfertigenden Notstands nach § 34 StGB bedarf es daher nicht.

115 Grundsätzlich kann die in der Anzeigeerstattung liegende Wahrnehmung staatsbürgerlicher Rechte im Strafverfahren regelmäßig nicht zu einer Verletzung der arbeitsvertraglichen Pflichten führen und eine deswegen erklärte Kündigung sozial rechtfertigen. Mit dem Rechtsstaatsprinzip ist es regelmäßig unvereinbar, wenn eine Anzeige und Aussage im Ermittlungsverfahren zu zivilrechtlichen Nachteilen für den anzeigenden Arbeitnehmer bzw. Zeugen führen würde, selbst wenn sich die Behauptung nach behördlicher Prüfung als

---

[164] AA *Theile* wistra 2010, 457 ff.
[165] Quelle: Presseerklärung von Transparency International zum 3. Bericht der IMK.
[166] Vgl. *Mengel* CCZ 2008, 85, 88 f.
[167] Vgl. *BAG* Pressemitteilung Nr. 58/08, CCZ 5/ 2008, VII.
[168] Vgl. auch *Schimmelpfennig* CCZ 2008, 161, 162.
[169] Vgl. www.prohonore.de: Vertrauensstelle, info@pro-honore.de.
[170] Vgl. *Erbs-Kohlhaas*, 149. ErgLfg., UWG, § 17 Rn. 11.

unrichtig oder nicht aufklärbar erweist, es sei denn, er hat wissentlich unwahre oder leichtfertig falsche Angaben gemacht.[171] In diese Richtung zielt auch die Entscheidung des EGMR[172] zum whistleblowing, in der es auf der Basis des Art. 10 MRK um die Abwägung zwischen Unternehmens- und Allgemeininteresse ging und letzterem der Vorzug gegeben wurde.

Aus diesen Gründen ist für Hinweisgeber oder Zeugen auch keine Verfolgung wegen Beleidigung (§ 185 StGB) oder übler Nachrede(§ 186 StGB) zu befürchten, denn die nicht bewusst falsche Behauptung einer strafbaren Handlung stellt sich als Wahrnehmung berechtigter Interessen dar und fällt unter § 193 StGB, wenn die Strafanzeige nicht mit bewusst oder leichtfertig unwahren Angaben erhärtet wird.[173] **116**

Andererseits verlangt die Rechtsprechung schon eine gewisse Zivilcourage, denn eine Kündigung kann nicht nur bei wissentlich oder leichtfertig falschen Anzeigen, sondern auch aus anderen Umständen gerechtfertigt sein. Im entschiedenen Fall hatte der Arbeitnehmer die Anzeige anonym erstattet, was als nicht dem Art. 5 GG unterfallend gewürdigt wurde.[174] **117**

Stellt sich allerdings heraus, dass Vorwürfe bewusst zu Unrecht erhoben wurden, muss darauf ebenso konsequent reagiert werden. Das Gesetz bestraft die falsche Verdächtigung in § 164 StGB mit Geldstrafe oder Freiheitsstrafe. In Betracht kommt auch eine Kostentragungspflicht des Anzeigenden (§ 469 StPO).

F. Möglichkeiten der Erkenntnisgewinnung

Das Entdeckungsrisiko für illegitime Zahlungen im Ausland steigt. **118**

I. Mitteilungspflichten

Neben verstärkten Vorgaben und Kontrollen innerhalb der Unternehmen gewinnt innerhalb der Betriebsprüfungen die Vorschrift über Mitteilungspflichten nach § 4 Abs. 5 S. 1 Nr. 10 EStG mehr und mehr an Gewicht. Nach Satz 2 und 3 haben die Finanzbehörden gegenüber den Strafverfolgungsbehörden und umgekehrt die Strafverfolgungsbehörden den Finanzbehörden bei Verdacht von Korruptionsstraftaten Mitteilung zu machen. Die Mitteilungspflicht besteht sowohl in Fällen des Verdachts von Straftaten im Amt (Vorteilsgewährung, Bestechung) als auch nach § 299 StGB (Bestechlichkeit und Bestechung im geschäftlichen Verkehr) sowie unabhängig davon, ob möglicherweise Strafverfolgungsverjährung eingetreten ist oder ein strafrechtliches Verwertungsverbot besteht. Denn die Prüfung, ob ein strafrechtlicher Anfangsverdacht vorliegt, obliegt den Strafverfolgungsbehörden.[175] Aktuell wird eine Diskussion darüber geführt, ob dies nur gelten soll für Geber, die Betriebsausgaben unzulässig geltend machen (wollen). Begründet wird diese Ansicht damit, dass die Vorschrift in der Regelung über die Minderung der Betriebsausgaben bzw. das Verbot der Gewinn mindernden Geltendmachung enthalten ist. Die Frage ist nach wie vor strittig und wird von den Strafverfolgungsbehörden überwiegend anders beantwortet als aus dem Bereich der Finanzbehörden. Gleichwohl ist festzustellen, dass zunehmend Meldungen aus dem Bereich der Betriebsprüfungen erstattet werden. Das Problembewusstsein der Betriebsprüfer ist im Lauf der Jahre gestiegen. Es haben sich Erfahrungen zu bestimmten Indikatoren hierfür entwickelt. Auffällig sind als Positionen stets hohe Provisionen oder Kommissionen, aber auch – insbesondere pauschale – Beratungskosten können ins Visier geraten. **119**

---

[171] Vgl. *BAG* NJW 2004, 1547 ff., 1549; vgl. auch *BAG* Urt. v. 7.12.2006, Az. 2 AZR 400/05.
[172] Vom 21.7.2011, Az. 2827/08, zitiert nach jurisweb.
[173] Vgl. *OLG Köln* NJW 1997, 1247, 1248; *Fischer* § 193 Rn. 32.
[174] Vgl. *BAG* aaO.
[175] Vgl. *BFH* wistra 2008, 434, 435; = BB 2008, 2218 ff.; *FinG Baden-Württemberg* EFG 2008, 760 ff.

II. Durchbrechung des Steuergeheimnisses

120 Daneben kann das Steuergeheimnis in den Fällen des § 30 AO durchbrochen werden. Eine Offenbarungsbefugnis besteht nach Nr. § 30 Abs. 4 Nr. 2 AO, wenn sie durch das Gesetz ausdrücklich zugelassen ist. Hier ist an die o.g. Fälle des § 4 Abs. 5 S. 1 Nr. 10 EStG zu denken. Bei Vorliegen eines „zwingenden öffentlichen Interesses" können im Steuerverfahren erlangte Erkenntnisse offenbart werden. Ein zwingendes öffentliches Interesse liegt nach § 30 Abs. 4 Nr. 5b AO vor bei Wirtschaftsstraftaten, die „nach ihrer Begehungsweise oder wegen des Umfangs des durch sie verursachten Schadens geeignet sind, die wirtschaftliche Ordnung zu zerstören oder das Vertrauen der Allgemeinheit auf die Redlichkeit des geschäftlichen Verkehrs oder auf die ordnungsgemäße Arbeit der Behörden und der öffentlichen Einrichtungen erheblich zu erschüttern". Die letztgenannten Erwägungen entsprechen im Wesentlichen den durch die o.g. Straftatbestände der §§ 299, 300 StGB bzw. §§ 332, 334, 335 StGB geschützten Rechtsgüter, woraus geschlossen werden kann, dass bei Korruptionsdelikten eine Offenbarungsbefugnis besteht. Innerhalb der Literatur wird auf verschiedene Kriterien abgestellt, etwa nach der Höhe des Schadens, des Maßes der Pflichtwidrigkeit und der Art des Vorgehens oder auf die Frage, ob eine Zuständigkeit der Wirtschaftsstrafkammer nach § 74c GVG begründet wäre.[176]

121 In der Rechtsprechung wird demgegenüber differenziert. Soweit bei Straftaten im Amt vertreten wird, dass das öffentliche Interesse in derartigen Fällen stets zu bejahen sei, wird ergänzend darauf abgestellt, dass es eine Durchbrechung des Steuergeheimnisses nur bei schwerwiegenden Straftaten in Betracht kommt.[177] Jedenfalls bei den Vergehen der Bestechlichkeit (§ 332 StGB) und der Bestechung (§ 334 StGB) kann dies allerdings nicht zweifelhaft sein.[178] Denn bei diesen Taten handelt es sich um derartige schwerwiegende Straftaten. Das folgt zum einen daraus, dass diese Tatbestände jeweils mit einer im Mindestmaß erhöhten Strafe bedroht werden, nämlich 6 Monate bei der Bestechlichkeit und drei Monate Freiheitsstrafe bei der Bestechung. Die Mindeststrafe bei den besonders schweren Fällen (§ 335 StGB) beträgt sogar ein Jahr Freiheitsstrafe.

122 Die Tatbestände jedenfalls der besonders schweren Fälle gemäß §§ 300, 335 StGB sind im Katalog der Vortaten für die Überwachung der Telekommunikation (§ 100a Abs. 2r, t StPO) und für § 335 StGB der akustischen Wohnraumüberwachung (§ 100c Abs. 2m StPO) sowie der Geldwäsche (§ 261 Abs. 1 Nr. 2a StGB) enthalten. Auch im Gesetz über den Europäischen Haftbefehl, das die erleichterte Auslieferung – auch eigener Staatsangehöriger – innerhalb Europas bei bestimmten Tatbeständen ermöglicht, sind die Korruptionstatbestände enthalten.

123 Die Finanzbehörden legen die Vorschrift wegen der Formulierung „erheblich" eng und auf den Einzelfall bezogen eher restriktiv aus.

124 Gegen die Durchbrechung des Steuergeheimnisses wird vielfach argumentiert, dass § 393 Abs. 2 S. 1 AO wegen der Mitwirkungspflichten der Betroffenen im Steuerverfahren ein Verwertungsverbot für andere als Steuerstraftaten statuiert und eine Ausnahme, wie sie § 393 Abs. 2 S. 2 AO in Fällen des zwingendes öffentlichen Interesses erlaubt, verfassungswidrig sei.[179] Wegen der Definition des Begriffs „zwingendes öffentliches Interesse" ist die Frage für die Aufdeckung von Korruptionsdelikten von Bedeutung. Allerdings hat das BVerfG ohne abschließende Entscheidung hervorgehoben, dass eine verfassungskonforme Auslegung möglich sei und es auf die Kenntniserlangung in einem Strafverfahren ankomme.[180]

---

[176] Vgl. zur Übersicht *LG Göttingen* wistra 2008, 231, 232.
[177] Vgl. *OLG Hamm* wistra 2008, 277, 278 mwV.
[178] Vgl. auch *OLG Hamm* wie vor.
[179] Vgl. *LG Göttingen* wistra 2008, aaO.
[180] Vgl. *BVerfG* wistra 2010, 341 ff., Rn. 41 f.

III. Verdachtsbegründung bei den Ermittlungsbehörden

Grundsätzlich werden strafrechtliche Ermittlungen erst eingeleitet, wenn zureichende tatsächliche Anhaltspunkte für verfolgbare Straftaten vorliegen, also ein Anfangsverdacht besteht (§ 152 Abs. 2 StPO). In Fällen, in denen ein Verdacht einer Straftat vorliegt, sind die Strafverfolgungsbehörden dann allerdings auch verpflichtet, Ermittlungen aufzunehmen und den Sachverhalt zu erforschen (Legalitätsprinzip). Korruptionsdelikte haben aber keine typischen anzeigebereiten Opfer, so dass das Dunkelfeld auch für die Ermittlungsbehörden sehr groß ist. Selbst Personen, die über Korruptionssachverhalte Auskunft geben könnten, wollen nicht als die „Verräter" oder Denunzianten dastehen. Da es sich damit um ein sog. Kontrolldelikt handelt, werden neben den zu I. und II. vorstehend dargelegten Erkenntnisquellen auch anonyme Anzeigen zum Anlass genommen, über sog. „Vorermittlungen" zu prüfen, ob ein Anfangsverdacht vorliegt. 125

Neben den üblichen in Schriftform erstatteten anonymen Anzeigen werden zunehmend internetgestützte Anzeigenportale eingerichtet, die es den Personen ermöglichen, durch Einrichtung eines anonymisierten Postfaches Angaben zu machen, aber auch für Rückfragen zur Verfügung zu stehen. Daneben haben bundesweit fast alle auf Korruptionsermittlungen spezialisierte Stellen der Kriminalpolizeien Telefonhotlines, teilweise mit kostenfreien 0800-Nummern eingerichtet. 126

G. Weitere Konsequenzen

I. Berufsrechtliche Folgen

Sowohl bei Korruptionsdelikten als auch bei Steuervergehen müssen die verantwortlichen Täter mit berufsrechtlichen Folgen rechnen. 127

1. Bekleidung öffentlicher Ämter, Wählbarkeit. § 45 Abs. 2 StGB erlaubt die Aberkennung der Fähigkeit, öffentliche Ämter zu bekleiden oder Rechte aus öffentlichen Wahlen zu erlangen, wenn auf die genannte Vorschrift verwiesen wird. Dies ist der Fall durch die Regelung des § 358 StGB, der bei einer Verurteilung von mindestens sechs Monaten bei ua Taten nach §§ 332 (Bestechlichkeit), 335 (Bestechlichkeit und Bestechung in einem besonders schweren Fall) oder 357 (Verleitung eines Untergebenen zu einer Straftat – im Amt) die Anordnung ermöglicht. Auch wenn der Täter wegen Teilnahme an den genannten Delikten verurteilt wird, kann die Nebenfolge angeordnet werden; auf seine Stellung als Amtsträger kommt es also nicht an.[181] § 375 der AO verweist bei Verhängung von Freiheitsstrafen von mindestens einem Jahr wegen ua Steuerhinterziehung auf die Vorschrift des § 45 Abs. 2 StGB. 128

2. Berufsverbot. § 70 StGB regelt die Anordnung des Berufsverbots von einem bis zu fünf Jahren, wenn Personen wegen rechtswidriger Taten verurteilt werden, die sie unter Missbrauch des Berufs oder Gewerbes oder unter grober Verletzung der mit ihnen verbundenen Pflichten begangen haben. Voraussetzung ist hier, dass die Gesamtwürdigung die Gefahr erkennen lässt, dass bei weiterer Ausübung des Berufs, Berufszweiges, des Gewerbes oder Gewerbezweiges weitere erhebliche Taten der bezeichneten Art begangen werden. Es ist allerdings zuzugeben, dass die genannten Vorschriften in der strafgerichtlichen Praxis bei Korruptionsdelikten bisher keine allzu große Bedeutung finden. 129

II. Verfall

Als Nebenfolge der Straftaten soll das Gericht den Verfall des aus der Tat Erlangten anordnen, denn die Begehung von Straftaten soll sich wirtschaftlich nicht lohnen.[182] Der Ver- 130

---

[181] Vgl. *Fischer* § 358.
[182] Vgl. *BGH* StV 2002, 601 ff. = NJW 2002, 3303 f.

3. Teil. Exportwirtschaft (Ausfuhr, Zoll, Steuern)

fall ist keine Strafe, sondern eine Maßnahme eigener Art.[183] Die Höhe des Verfalls beeinflusst daher die Bemessung der Strafe grundsätzlich nicht.[184] Beim Verfall ist zu beachten, dass der Wert des Erlangten maßgeblich ist. Das ist beim Empfänger üblicherweise das erhaltene Schmiergeld. Beim Geber ist die Lage schwieriger (→ Rn. 133).

131 Der Verfall ist ausgeschlossen, wenn dem Verletzten aus der Tat ein Anspruch erwachsen ist, dessen Erfüllung dem Täter oder Teilnehmer den Wert des aus der Tat Erlangten entziehen würde (§ 73 Abs. 1 Satz 2 StGB). Hierfür ist nicht entscheidend, ob der Anspruch tatsächlich geltend gemacht wird, sondern ob er rechtlich existent ist.[185] Allerdings findet § 73 Abs. 1 Satz 2 StGB keine Anwendung, wenn der Verletzte auf Schadensersatzforderungen verzichtet hat oder wenn die Schadensersatzansprüche verjährt sind.[186]

132 Der Staat ist wegen des Rechtsguts der Korruptionsdelikte als abstraktes Gefährdungsdelikt insoweit üblicherweise nicht Verletzter, so dass gegen den bestechlichen Amtsträger der Verfall angeordnet werden kann.[187] Auch bei dem Geber kann das Erlangte abgeschöpft werden.

133 Als Erlangtes gilt nur der wirtschaftliche Wert des unmittelbar Erlangten.[188] Bei Abschluss eines Vertrages ist dies jedenfalls der daraus begründete Honoraranspruch.[189] Bei Bestechung ist dies der gesamte wirtschaftliche Wert des Auftrags im Zeitpunkt des Vertragsschlusses, nicht nur der vereinbarte Werklohn.[190] Wenn der Wert des „Erlangten" schwer zu ermitteln ist, kann jedenfalls die Höhe des gezahlten Bestechungslohnes einen Anhalt geben.

134 Lediglich bei „unbilliger Härte" (vgl. § 73c StGB) kann von einem Verfallsausspruch abgesehen werden. Die Anordnung des Verfalls ist auch ausgeschlossen, wenn eine Geldbuße nach § 30 Abs. 4 OWiG verhängt wird (vgl. § 30 Abs. 5 OWiG).[191]

III. Zivilrechtliche Folgen

135 Bei Korruptionsdelikten müssen Täter sich nicht nur auf Sanktionen mit Straf- und Bußgeldcharakter, sondern auch auf zivilrechtliche Folgen einrichten.

136 **1. Kündigung.** Der bestechende oder bestechliche Mitarbeiter wird grundsätzlich mit einer Kündigung rechnen müssen. Wenn der Verdacht einer schweren Straftat wie Bestechlichkeit im geschäftlichen Verkehr in einem besonders schweren Fall gemäß §§ 299 Abs. 1, 300 Nr. 1 StGB besteht, ist sogar eine fristlose Kündigung gerechtfertigt.[192] Auf die Dauer der Betriebszugehörigkeit kommt es dann nicht an.

Ein Arbeitnehmer verstößt in grobem Maße gegen seine Treuepflichten, wenn er von einem Dritten Schmiergeld annimmt. Das gilt selbst dann, wenn er seine arbeitsvertraglichen Pflichten ansonsten korrekt erfüllt.[193]

137 **2. Herausgabe des Erlangten.** Der Mitarbeiter hat die erlangten Schmiergelder, soweit sie nicht für verfallen erklärt werden (§ 73 StGB), an seinen Dienstherrn auszukehren.[194] Jedenfalls im geschäftlichen Bereich, also in Fällen der Bestechlichkeit im geschäftlichen Verkehr (§ 299 StGB), hat der Geschäftsherr gegen seinen bestechlichen Arbeitnehmer

---

[183] Vgl. BFHE 192, 64, 71; mAnm *Goos* zu *Schl.-Holst.* OLG wistra 2001, 313, 315.
[184] Vgl. *BGH* NJW 2002, 2257 ff.
[185] Vgl. *Schl.-Holst.* OLG wistra 2001, 312, 313.
[186] Vgl. *BGH* wistra 2006, 380 mAnm *Paul* wistra 2007, 343.
[187] Vgl. *BGH* wistra 2010, 439.
[188] Vgl. *BGH* NJW 2002, 2257, 2259 f. mAnm *Odenthal* wistra 2002, 338; *BGH* NStZ 2006, 334, 335.
[189] Vgl. *ThürOLG* StV 2005, 90, 91.
[190] Vgl. *BGH* wistra 2006, 96–104, Ls. 3, Rn. 51 ff.
[191] Vgl. *BGH* NStZ-RR 2008, 13, 15; vgl. unten Rn. 138.
[192] Vgl. *LAG München* 3 Sa 695/06 vom 14.12.2006, Rn. 58, www.jurisweb.de.
[193] Vgl. *LAG Schleswig-Holstein* 3 Sa 285/00, vom 10.10.2000 s. www.jurisweb.de.
[194] Vgl. *BVerwG* NJW 2000, 3658, ebenso NJW 2002, 1968.

einen Anspruch auf Herausgabe des Erlangten nach §§ 687 Abs. 2, 667 BGB, jedenfalls soweit der Täter es noch im Besitz hat,[195] so dass ein Verfallsanspruch wegen § 73 Abs. 1 S. 2 StGB insoweit ausgeschlossen ist.[196]

IV. Mögliche Folgen für betroffene Unternehmen

1. Unternehmensgeldbuße. Nach vielen Jahren geringer praktischer Relevanz ist die Unternehmensgeldbuße nach § 30 Abs. 4 OWiG zunehmend in das Blickfeld auch strafrechtlicher Ermittlungen geraten. Neben strafrechtlichen Konsequenzen für die Mitarbeiter müssen die Unternehmen auch mit dieser Folge rechnen. Mehr und mehr, vor allem aufgrund der internationalen Forderungen nach einem Unternehmens„strafrecht"[197] gewinnt die Verbandsgeldbuße, § 30 Abs. 4 OWiG, an Bedeutung. § 30 Abs. 2 Nr. 1 OWiG droht im Fall einer vorsätzlichen Straftat eines der in Abs. 1 genannten Organe, Vorstände oder Vorstandsmitglieder, vertretungsberechtigten Gesellschaftern, Generalbevollmächtigter oder sonstigen leitenden Personen aus juristischen Personen oder diesen gleichgestellten Personenvereinigungen seit 30.6.2013 eine Geldbuße von bis zu 10 Mio. Euro an. Die Geldbuße kann in Fällen, in denen ein Verfahren nicht eingeleitet oder eingestellt oder sonst von Strafe abgesehen wird, auch selbständig festgesetzt werden (§ 30 Abs. 4 Satz 1 OWiG). Die Höhe der Geldbuße ist dabei auch danach zu bemessen, wie der Umfang der Vorwerfbarkeit der Handlung des Verantwortlichen zu beurteilen ist.[198] Der durch die Tat erlangte Vorteil spielt unter Berücksichtigung der Situation der Juristischen Person dabei eine wesentliche Rolle und umfasst auch weitere Vorteile am Markt infolge der Tat, da die Buße höher als der bloße Vorteil sein soll. So hat das LG Düsseldorf mit Beschluss vom 21.11.2011 eine Geldbuße iHv € 149.000,00 Mio., bestehend aus Sanktion iHv € 1 Mio. und Abschöpfung des wirtschaftlichen Vorteils iHv € 148.000,00 verhängt (§§ 30 Abs. 1, Abs. 2 S. 1 Nr. 1, Abs. 3, 17 Abs. 4 OWiG).[199]

138

Die Beteiligung der Verantwortlichen der Juristischen Person oder der Personenvereinigung erfolgt durch Anordnung der Nebenbeteiligung gemäß § 444 StPO, der auf weitere Vorschriften des Abschnitts über das Verfahren bei Einziehungen[200] verweist. Insoweit besteht für die Staatsanwaltschaft ebenfalls ein Strafverfolgungszwang.[201] Die Verjährungsfrist der mit der Straftat verbundenen Ordnungswidrigkeit bemisst sich nach der für die Strafverfolgung geltenden Frist.[202]

139

2. Schadensersatz. Wenn Verträge oder Aufträge infolge von Korruptionstaten zustande kommen, können gegen den bestechlichen Mitarbeiter auch insoweit Schadensersatzforderungen gem. § 823 Abs. 2 BGB geltend gemacht werden.[203] Auch Rückabwicklungen der Kontrakte drohen. Es wird nämlich auch vertreten, dass durch Bestechlichkeit erlangte Verträge, die sich schädigend auf das Vermögen des Unternehmens auswirken, nichtig im Sinne des § 138 BGB seien.[204] Daneben riskieren die Unternehmen zunehmend, mit Vertragsstrafen belegt zu werden und von weiteren Aufträgen/Vergaben ausgeschlossen zu werden (black lists).

140

---

[195] Vgl. *BGH* II ZR 217/99, NJW 2002, Heft 27, S. VIII.
[196] Vgl. *BGH* wistra 2008, 262, BGHSt 31, 207, 210.
[197] Vgl. Bericht der Kommission an den Rat, KOM (2007) 328, S. 8, 11, www.oecd.org: Report der OECD über die Evaluierung Deutschlands in der 3. Phase vom 17.3.2011, Rn. 68; *Kutschaty,* Pressemitteilung v. 15.5.2013.
[198] Vgl. *BGH* NStZ-RR 2008, 13,15; *Göhler* OWiG, 16. Aufl. 2012, § 30 Rn. 36a.
[199] Vgl. NZWiSt 2013, Heft 1, Aktuell, Az. 10 Kls 14/11.
[200] Vgl. StPO sechstes Buch, 3. Abschnitt; §§ 431, 432ff., 435 Abs. 2 und 3 Nr. 1, 436 Abs. 2 und 4, 437 Abs. 1–3, 438 Abs. 1 StPO.
[201] Vgl. *Meyer-Goßner* StPO, 55. Aufl. 2012, § 444 Rn. 5.
[202] Vgl. *BGH* NJW 2001, 1436, 1437.
[203] Vgl. ua *BGH* NJW 2009, 89, 92, 93.
[204] Vgl. Nachweise bei *BGH* StV 2006, 126, 131.

14. Kapitel. Rechtsfragen der Marktordnung

Abschnitt 39. Ausfuhrerstattungen

Übersicht

	Rn.
A. Einführung	1
I. Zweck einer Ausfuhrerstattung	1
II. Die Erstattungsbürokratie	5
III. Rechtsgrundlagen	9
1. Verfassungsrechtliche Grundlage	9
2. Grundverordnung des Rates	10
3. Horizontale Durchführungsverordnungen der Europäischen Kommission	12
4. Festsetzungsverordnungen der Europäischen Kommission	16
5. Nationale Durchführungsvorschriften	19
IV. Objektive Einstandspflicht des Ausführers/Beweislast	22
B. Warenbezogene Voraussetzungen für die Erstattungsfähigkeit landwirtschaftlicher Erzeugnisse	25
I. Allgemeines	25
II. Tarifierung/Erstattungsnomenklatur	26
1. Kombinierte Nomenklatur/Erstattungsnomenklatur	26
2. Marktordnungswarenliste	30
3. Rechtsfolgen der Angabe eines falschen Erstattungscodes	32
III. Gemeinschaftsursprung	35
1. Ursprungsbegriff	35
2. Das erstattungsrechtliche Ursprungskriterium	36
a) Anhang I-Waren	37
b) Nicht-Anhang I-Ware	38
c) Erstattungsfähige Grund- und Verarbeitungserzeugnisse	39
3. Erklärung und Nachweis des Ursprungs	40
IV. Gesunde und handelsübliche Qualität	44
1. Zweck	44
2. Legaldefinition	45
a) Wortlaut des Art. 28 AEVO	45
b) Praxis	46
3. Rechtsfolge einer unrichtigen Angabe der gesunden und handelsüblichen Qualität	49
V. Nicht-Anhang I-Waren	50
1. Allgemeines	50
2. Herstellererklärung	53
3. Verwendungsnachweis	54
4. Analyseverfahren	55
5. Budgetlizenz/Erstattungsbescheinigung	56
C. Nicht warenbezogene Voraussetzungen für die Erstattungsfähigkeit	57
I. Allgemeines	57
II. Ausfuhrbezogene Erstattungsvoraussetzungen	60
1. Grundlegendes	60
2. Die Ausfuhranmeldung für Erstattungszwecke	61
3. Ausfuhrlizenz/Vorausfestsetzung der Erstattung	64
a) Grundsatz der Abhängigkeit des Erstattungsanspruches von der Ausfuhrlizenz	64
b) Ausnahmen von der Lizenzpflicht	67
c) Erstattungssatz	68
d) Nichteinhaltung der Bestimmung	69
e) Lizenzsicherheit/Freigabe	70
4. Der Begriff der Ausfuhr	71
a) Tatsächliche Ausfuhr	71
b) Fiktion der Ausfuhr	74
c) Vorübergehende Ausfuhr	75
d) Zulässigkeit der Ausfuhr	76
5. Ausfuhr in unverändertem Zustand	78
6. Ausfuhrnachweis	79

Abschnitt 39. Ausfuhrerstattungen

	Rn.
III. Einfuhrbezogene Erstattungsvoraussetzungen	81
1. Der Begriff der Einfuhr	81
a) Allgemeines	81
b) „Betreffendes Drittland"	83
c) Vermarktung im Drittland	86
d) Einfuhr durch Abfertigung zur aktiven Veredelung	87
e) Einfuhr in unverändertem Zustand	88
2. Differenzierung des Erstattungssatzes	89
3. Ankunftsnachweise	90
a) Primärnachweise	90
b) Sekundärnachweise	91
4. Das Beförderungspapier	92
a) Einleitung	92
b) Von der Europäischen Kommission akzeptierte Beförderungspapiere	93
c) Von der Europäischen Kommission nicht akzeptierte Beförderungspapiere	94
5. Selbstabholungsfälle	95
D. Die praktische Abwicklung des Ausfuhrverfahrens	99
I. Vorbemerkungen	99
II. Zuständige Ausfuhrzollstelle für Marktordnungswaren	103
III. Das Vorausanmeldeverfahren für Marktordnungswaren	104
IV. Die Tätigkeit der Ausgangszollstelle	106
E. Erstattungsverfahren	108
I. Einleitung	108
II. Die Zahlung der Ausfuhrerstattung im Normalfall	109
1. Rechtsgrundlagen	109
2. Antragsteller	111
3. Erstattungsunterlagen im Normalfall	112
4. Einfuhrnachweis im Missbrauchsfall	113
5. Die allgemeine Missbrauchsklausel	116
a) Objektiver Tatbestand	118
b) Subjektiver Tatbestand	119
c) Beweislast	120
6. Vorlagefrist für die im Zahlungsverfahren einzureichenden Unterlagen	121
a) Zwölfmonatsfrist	121
b) Nachfrist von sechs Monaten	124
c) Fristverlängerung durch höhere Gewalt	126
d) Fristverlängerung auf Antrag	128
e) Folgen der Fristversäumnis	135
f) Beweislast	136
7. Die Verfahren bei fehlenden Dokumenten	138
F. Rückforderungsverfahren, Art. 49 AEVO	142
I. Einleitung	142
II. Rückforderungstatbestand	143
1. Allgemeines	143
2. Rückforderung bei zweifelhaftem Einfuhrnachweis	144
a) Die Missbrauchsklausel des Art. 27 Abs. 4 AEVO	144
b) Zur Frage des anormalen Handelsgeschäfts	145
c) Präferenzbedingte Erstattungskarusselle	146
3. Erstattungsmissbrauch nach Art. 4 Abs. 3 VO Nr. 2988/95	147
4. Grundsatz der Dritthaftung	148
III. Rechtsfolgen	150
IV. Vertrauensschutz nach Art. 49 Abs. 4 lit. a AEVO	151
1. Gesetzestext	151
2. Fehler der Behörden	153
3. Erkennbarkeit des Irrtums für den Ausführer	155
4. Guter Glauben des Ausführers	158
V. Verjährung des Rückforderungsanspruches	160
G. Sanktionsverfahren	163
I. Sanktionen nach Art. 48 AEVO	163
1. Gesetzeswortlaut	163
a) Artikel 48	163
b) Abschließende Regelung des Art. 48 Abs. 4 AEVO	164
c) Versuchte Ausfuhr	165
d) Beweislast	166

3. Teil. Exportwirtschaft (Ausfuhr, Zoll, Steuern)

	Rn.
2. Berechnung der Sanktion	167
3. Sanktionierung einer „falschen" Rechtsansicht	170
4. Sanktionierung von Verfahrensvorschriften	171
5. Rechtsnatur der Sanktionen	172
a) Rechtsnatur der 50 %-Sanktion	172
b) Rechtsnatur der 200 %-Sanktion	173
6. Verhältnis zu anderen Vorschriften	174
a) Rückforderung gem. Art. 51 AEVO	174
b) Erstattungskürzungen nach Art. 47 AEVO	175
c) Keine Sanktion in bestimmten Sonderfällen	176
d) Keine Sanktion bei einer Abweichung von Ausfuhranmeldung und Lizenz	177
e) Keine Sanktion in Bagatellfällen	178
f) Nationale Sanktionen	179
II. Schwarze Liste	181
1. Rechtsgrundlage	181
2. Anwendungsvoraussetzung: Tatvorwurf „Begehung einer Unregelmäßigkeit"	182
3. Der Maßnahmenkatalog	183
4. Rechtsbehelfe	185

Literatur: *Dorsch* (Hrsg. Rüsken), Kommentar zum Zollrecht, (Loseblatt); *Schrömbges,* Europäische Ausfuhrfinanzierung – Wegweiser durch die Bürokratie, 1997; *Schrömbges/Uhlig/Reiche,* Praxishandbuch Erstattungsrecht, 2006.

A. Einführung

I. Zweck einer Ausfuhrerstattung

1   Ausfuhrerstattungen dienen der Förderung der Ausfuhr von Agrarprodukten sowie daraus hergestellten (industriellen) Verarbeitungserzeugnissen. Sie sind keine zollrechtlichen Vergünstigungen, sondern wesentlicher Teil der europäischen Marktorganisationen, mit deren Hilfe die Union die gemeinsamen Agrarmärkte reguliert. Davon gab es 21 bis zur Ratsverordnung über die gemeinsame Organisation der Agrarmärkte, der Verordnung über die einheitliche oder einzige GMO vom 22.10.2007 (VO Nr. 1234/2007, ABl. L 299/1), die, ohne Inhaltliches nennenswert zu ändern, Vereinfachungseffekte erzielen soll. Diese Marktorganisationen, die ein differenziertes System der Preisstützung für die verschiedenen Sektoren entwickelt haben, *„um die Märkte zu stabilisieren und der landwirtschaftlichen Bevölkerung einen angemessenen Lebensstandard zu sichern"* (so Erwägungsgrund 10), haben zu einem künstlich hohen Preisniveau geführt, das oft über dem auf den Weltmärkten liegt. Ausfuhren von Agrarerzeugnissen ohne Ausfuhrerstattungen sind deshalb wirtschaftlich sinnlos, soweit dieses Preisgefälle besteht und sich auf den Wettbewerb auswirkt.

2   Kapitel III („Handel mit Drittländern") der einzigen GMO regelt für alle Marktorganisationen das Ausfuhrregime, das insbesondere aus Ausfuhrerstattungen und Ausfuhrlizenzen besteht. Art. 162 Abs. 1 lit. a der einzigen GMO enthält die Ermächtigungsgrundlage für die Gewährung einer Ausfuhrerstattung für Getreide, Reis, Zucker, Rindfleisch, Milch und Milcherzeugnisse, Schweinefleisch, Eier und Geflügelfleisch, *„um die Ausfuhr"* dieser Erzeugnisse auf dem Weltmarkt *„zu ermöglichen";* dabei soll der Unterschied zwischen den Weltmarkt- und Gemeinschaftspreisen *„durch eine Erstattung bei der Ausfuhr ausgeglichen werden."*

3   Ausfuhrerstattungen haben infolgedessen einen dreifachen Zweck: Sie sollen – wie die Binnenmarkt-Interventionen der Gemeinschaft – die durch die Marktorganisationen entstandenen Überschüsse auf den gemeinsamen Agrarmärkten durch Ausfuhr abbauen **(Entlastungsfunktion)** und den Außenhandel mit Agrarerzeugnissen in die Lage versetzen, überhaupt mit seinen Produkten auf den verschiedenen Weltmärkten präsent zu sein **(Wettbewerbsfunktion);** zudem erstatten sie dem Ausführer den Teil des Kaufpreises zurück, der als staatliche Preissubvention in ihm enthalten ist **(Ausgleichsfunktion).**

Die oft diskutierte und wegen der Risikoabgrenzung Union/Ausführer praktisch erhebliche Frage, ob eine Ausfuhrerstattung ihrer Rechtsnatur nach eine Subvention ist, ist nach wie vor umstritten. Sicherlich ist sie eine landwirtschaftliche Ausfuhrsubvention nach WTO-Recht, aber wohl kein „verlorener Zuschuss" für den Ausführer, was BFH und BGH entgegen vielfach vertretener Auffassung bislang noch immer annehmen.[1]   4

II. Die Erstattungsbürokratie

Die Gemeinsame Agrarpolitik (GAP) und damit das Marktordnungsrecht liegt – wie das Zollrecht – in der ausschließlichen Zuständigkeit der Union. Allerdings nehmen an dem Gesetzgebungsverfahren im Erstattungsrecht (Verordnungen des Rates und der Europäischen Kommission, kein Richtlinienrecht) die Mitgliedstaaten teil, in Deutschland das insoweit federführende Bundesministerium für Ernährung, Landwirtschaft und Verbraucherschutz (BMELV) und das BMF (Referat III B 3).   5

Die Durchführung des Erstattungsrechts ist hingegen ausschließlich Aufgabe der Mitgliedstaaten, in Deutschland und Österreich der Zollverwaltung, in den Niederlanden etwa der Ernährungsverwaltung.   6

Trotzdem beeinflusst die Europäische Kommission, insbesondere im Rahmen des Rechnungsabschlussverfahrens des EGFL nach der Finanzierungsverordnung Nr. 1234/2007 (ABl. L 299/1) die Anwendung des Erstattungsrechts durch die Mitgliedstaaten nicht unerheblich. Der Europäische Garantiefond Landwirtschaft (EGFL) gehört zur Generaldirektion Landwirtschaft der Europäischen Kommission und prüft jedes Jahr, ob der jeweilige Mitgliedstaat das Erstattungsrecht ordnungsgemäß angewendet, insbesondere die Erstattungsgelder ordnungsgemäß verauslagt hat. Ist das nicht der Fall, übernimmt der EGFL die Finanzierung nicht – je nach Fallgestaltung – entweder pauschal (etwa bei Kontrolldefiziten) oder im Hinblick auf einen konkreten Erstattungsbescheid; Folge ist, dass der nationale Haushalt, in Deutschland der des BMELV, in Österreich der des BMF, dann die Finanzierung zu tragen hat (sog. Anlastung).   7

Eine Ausfuhrerstattung wird über zwei miteinander verzahnte Verwaltungsverfahren gewährt. Die Ausfuhrerstattung setzt die Ausfuhr der Erstattungsware voraus, für die das zweistufige Zollverfahren des Zollkodex und der DVO gilt, das allerdings erstattungsrechtlich modifiziert ist. Auf der 1. Stufe prüft die Ausfuhrzollstelle die Zulässigkeit der Ausfuhr, auf der 2. Stufe nimmt die Ausgangszollstelle eine Substitutionskontrolle vor. Das eigentliche Erstattungs- bzw. Zahlungsverfahren wird auf der Basis dieses zollrechtlichen/erstattungsrechtlichen Ausfuhrverfahrens über die nationale Zahl- bzw. Erstattungsstelle der Europäischen Kommission, in Deutschland ausschließlich über das Hauptzollamt Hamburg-Jonas, in Österreich ausschließlich über das Zollamt Salzburg abgewickelt. Übergeordnete Aufsichtsbehörden sind die Bundesfinanzdirektion (BFD) Südwest mit Sitz in Nürnberg und die Zollabteilung des BMF mit Sitz in Bonn, in Österreich das BMF in Wien. Die Ausfuhrlizenzen (mit Vorausfestsetzung der Ausfuhrerstattung) erteilt die nationale Lizenzstelle, in Deutschland die Bundesanstalt für Ernährung und Landwirtschaft in Bonn (BLE).   8

III. Rechtsgrundlagen

1. Verfassungsrechtliche Grundlage. Die verfassungsrechtliche Grundlage des Marktordnungsrechts ist in Art. 38 bis 44 des Vertrages über die Arbeitsweise der Europäischen Union (AEUV) geregelt (vormals Art. 32 bis 38 EGV).   9

2. Grundverordnung des Rates. Die 21 Marktorganisationen, früher in sog. 21 Grundverordnungen des Rates und nunmehr in der einheitlichen bzw. einzigen GMO enthalten, regeln den Markt für sog. Anhang I-Waren des AEUV; das sind landwirtschaftliche Erzeugnisse in unverändertem bzw. gering bearbeitetem Zustand. Diese 21 Erzeugnisse (bzw.   10

---

[1] Vgl. dazu sowie zur Rechtsprechung des EuGH ausführlich *Schrömbges* wistra 2009, 249 ff.

3. Teil. Exportwirtschaft (Ausfuhr, Zoll, Steuern)

Erzeugnisgruppen) sind Marktordnungswaren. Für acht davon sieht Art. 162 Abs. 1 GMO dem Grundsatz nach Ausfuhrerstattungen vor.

11   Nicht-Anhang I-Waren (auch NA I-Waren) sind diejenigen landwirtschaftlichen Erzeugnisse, die nach ihrer (industriellen) Verarbeitung zu Nicht-Anhang I-Waren geworden sind; auch für diese landwirtschaftlichen Verarbeitungserzeugnisse (Süßwaren, alkoholische Getränke, Pharmazeutika etc.), die keine Marktordnungswaren sind, sieht die GMO prinzipiell Ausfuhrerstattungen vor, Art. 162 Abs. 1 lit. b iVm Anhänge XX und XXI.

12   **3. Horizontale Durchführungsverordnungen der Europäischen Kommission.** Die wichtigste Durchführungsverordnung ist die VO Nr. 612/2009 (ABl. L 186/1) über gemeinsame Durchführungsvorschriften für Ausfuhrerstattungen bei landwirtschaftlichen Erzeugnissen, die aus Gründen der Klarheit die mehrfach geänderte Vorgängerverordnung VO Nr. 800/1999 (ABl. L 102/11) – AEVO – aufgehoben und ersetzt hat; sie ist gewissermaßen das Grundgesetz des Erstattungsrechts.

13   Die zweite maßgebliche horizontale Durchführungsverordnung gilt für alle Nicht-Anhang I-Waren, es ist die NA I-VO, die die VO Nr. 1216/2009 (ABl. L 328/10) über die Handelsregelung für bestimmte aus landwirtschaftlichen Erzeugnissen hergestellte Waren zur Grundlage hat; die Vorgängerverordnung war die VO Nr. 1043/2005 (ABl. L 172/24). Sie ist mittlerweile durch die VO Nr. 578/2010 (ABl. L 171/1) wieder geändert worden.

14   Für die Nahrungsmittelhilfe gilt die VO Nr. 2298/2001 (ABl. L 308/16).

15   Die Durchführung der Warenkontrolle bei der Ausfuhr von Erstattungswaren regelt die VO Nr. 1276/2008 (ABl. L 339/53), zuletzt geändert durch die VO Nr. 996/2011 (ABl. L 264/25), die im Zusammenspiel mit der AEVO das zollrechtliche Ausfuhrverfahren für Erstattungszwecke modifiziert.

16   **4. Festsetzungsverordnungen der Europäischen Kommission.** Die Kommission setzt in sog. Festsetzungsverordnungen – bezogen auf den tariflichen Produktcode der Erstattungserzeugnisse (in den Festsetzungsverordnungen als Erzeugniscode bezeichnet) – Ausfuhrerstattungssätze fest, die sich oft, teilweise sogar monatlich ändern. Dabei berücksichtigt die Kommission gem. Art. 164 Abs. 3 GMO alle marktpolitisch relevanten Faktoren, zu denen zB gehören:

17   Lage und voraussichtliche Entwicklung der Preise und der verfügbaren Mengen auf dem Markt der Gemeinschaft und der Preise im internationalen Handel, Vermarktungskosten und Kosten für den Transport von Märkten der Gemeinschaft zu den Ausfuhrhäfen oder sonstigen Ausfuhrorten der Gemeinschaft sowie Heranführungskosten zum Bestimmungsland, Nachfrage auf dem Markt der Gemeinschaft.

18   Die Festsetzung einer Ausfuhrerstattung kann auch im Wege der Ausschreibung erfolgen (auch Tenderverfahren genannt); in diesem Fall sind die Ausfuhrerstattungsanträge bei der BLE zu stellen, über die die Europäische Kommission im jeweiligen Verwaltungsausschuss entscheidet (vgl. etwa VO Nr. 619/2008, ABl. L 168/20).

19   **5. Nationale Durchführungsvorschriften.** Zu den nationalen Durchführungsverordnungen gehören insbesondere das Gesetz zur Durchführung der Gemeinsamen Marktorganisationen und der Direktzahlungen (= MOG, BGBl. I S. 178 vom 14.2.2003, VSF M 03 10) und die nationale Ausfuhrerstattungsverordnung (= nat. AEVO, BGBl. I S. 766 vom 24.5. 1996, VSF M 35 60).

20   Wichtig sind auch die nationalen Verwaltungsvorschriften des BMF, insbesondere die Dienstvorschrift zum Ausfuhrerstattungsrecht (= ErstDV ATLAS, E-VSF M 35 65), und für NA I-Waren die Herstellererklärungsdatei-Dienstvorschrift (= HEDDV, E-VSF M 35 68) und die Dienstvorschrift zur Berechnung der Ausfuhrerstattungen für NA I-Waren (E-VSF M 80 18).

21   Sämtliche relevanten Marktordnungsvorschriften zur Ausfuhr finden sich in den E-VSF unter der Kennung M.

IV. Objektive Einstandspflicht des Ausführers/Beweislast

Der Ausführer, also die Person, die die Anmeldung für Erstattungszwecke abgibt (Art. 2 Abs. 1 lit. i AEVO),[2] garantiert damit nach der Rechtsprechung des EuGH (v. 11.7.2002, C-210/00, Slg. 2002, I-6453, Rn. 41; v. 1.12.2005, C-309/04, Slg. 2005, I-10349, Rn. 31), dass unabhängig von seinem subjektiven Vermögen die Erstattungsvoraussetzungen (von wem auch immer) erfüllt sind. Selbst wenn ihm das aufgrund höherer Gewalt oder aufgrund von Drittverschulden oder gutgläubig nicht gelingt, entsteht der Erstattungsanspruch nach Art. 3 AEVO nicht. Diese objektive Einstandspflicht wird mit der objektiven Natur der Erstattungsvoraussetzungen begründet, die sich auf Menge, Art, Beschaffenheit und geographischer Bestimmung der Erstattungsware beziehen (so Erwägungsgrund 57 zur AEVO). Aus dieser objektiven Einstandspflicht hat(te) der BFH[3] in ständiger Rechtsprechung gefolgert, dass es Vertrauensschutz im Erstattungsrecht, insbesondere im Rückforderungsverfahren, nur ganz ausnahmsweise geben könne. Diese Auffassung ist offensichtlich verfehlt und mit der neueren EuGH-Rechtsprechung, insbesondere zum Grundsatz der ordnungsgemäßen Verwaltung unvereinbar.[4]

Der EuGH hat aus dieser erstattungsrechtlichen Garantiehaftung die Zulässigkeit der verschuldensunabhängigen objektiven Sanktion nach Art. 48 Abs. 1 AEVO gefolgert.[5]

Aus der objektiven Einstandspflicht folgt auch, dass der Ausführer im Zahlungsverfahren die Beweislast hat, also die Erstattungsvoraussetzungen darzulegen und zu beweisen hat.[6]

B. Warenbezogene Voraussetzungen für die Erstattungsfähigkeit landwirtschaftlicher Erzeugnisse

I. Allgemeines

Der Warenkreis der Erstattungserzeugnisse ergibt sich zuallererst aus den Festsetzungsverordnungen und der Erstattungsnomenklatur. Das so ermittelte Erzeugnis muss dann prinzipiell aus der Gemeinschaft stammen und von gesunder und handelsüblicher Qualität sein.

II. Tarifierung/Erstattungsnomenklatur

1. Kombinierte Nomenklatur/Erstattungsnomenklatur. Die EU hat mit Anhang I der VO Nr. 2658/87 (ABl. L 256/1, VSF ZT 02 04) die Kombinierte Nomenklatur (KN) geschaffen. Sie ist ein sämtliche Waren umfassendes Verzeichnis, das die Pflichten des Internationalen Übereinkommens über das Harmonisierte System zur Bezeichnung und Codierung von Waren vom 14.6.1983 (ABl. L 198/3, VSF ZT 01 02, sog. HS-Übereinkommen) übernimmt. Es ist sowohl Grundlage des Zolltarifs als auch der Außenhandelsstatistik der EU, aber auch der Erstattungsnomenklatur.

Die KN reicht für Erstattungszwecke nicht aus. Die EU hat deshalb mit VO Nr. 3846/87 (ABl. L 366/1) eine *„Nomenklatur der landwirtschaftlichen Erzeugnisse für Ausfuhrerstattungen"* (sog. Erstattungsnomenklatur) eingeführt und dabei zusätzliche Unterteilungen bzw. eine weitere Untergliederung geschaffen, die für jedes erstattungsbegünstigte Erzeugnis einen Produktcode festlegt. Dieser besteht aus der Unterposition der Kombinierten Nomenklatur, dem Taric-Code (durchgängig „9") und einem Erstattungscode. Unter dem Taric-Code versteht man eine zusätzliche Untergliederung der Kombinierten Nomenkla-

---

[2] Vgl. zu den vom BFH hervorgerufenen Irritationen *Schoenfeld* AW-Prax 2012, 405 ff.
[3] Etwa ZfZ 2007, 158.
[4] Vgl. dazu *Schrömbges* AW-Prax 2007, 339.
[5] So ausdrücklich zuletzt EuGH v. 24.4.2008, C-143/07, ZfZ 2008, 158, Rn. 19.
[6] Vgl. EuGH v. 11.7.2002, C-210/00, Slg. 2002, I-6453, Rn. 41; v. 13.3.2008, C-96/06, ZfZ 2008, 106, Rn. 30 ff.; BFH v. 12.2.2008, VI R 26/05, ZfZ 2008, 161, 162.

3. Teil. Exportwirtschaft (Ausfuhr, Zoll, Steuern)

tur, um Besonderheiten (zollrechtliche Maßnahmen wie Kontingente und Plafonds) zu erfassen, für die das 8-stellige Warenverzeichnis der KN nicht ausreicht.

28 **Beispiel:**

	KN	Taric	Produktcode
Fleisch von Hausschweinen, gefroren ohne Knochen,	ex 0203 19 55		
Kotelettstränge	0203 19 55	9	110
Bäuche	0203 19 55	9	310

29   Die Erstattungsnomenklatur wird am 1. Januar jedes Jahres in ihrer aktuell gültigen Fassung im Amtsblatt der EU veröffentlicht; sie gilt nicht für NA I-Waren.

30   **2. Marktordnungswarenliste.** Alle erstattungsbegünstigten Erzeugnisse einschließlich der NA I-Waren, für die besondere Vergünstigungen oder Abgaben vorgesehen werden können, sind in der Liste der Marktordnungswaren aufgeführt. Die Listennummern dieser sog. Marktordnungswarenliste (MO-Warenliste, MO-WL, VSF M 80 10) entsprechen dem „Produktcode" der Erstattungsnomenklatur oder dem „Erzeugniscode" der Festsetzungsverordnungen. Alle drei Begriffe werden unter dem Begriff „Erstattungscode" zusammengefasst. Die Marktordnungswarenliste lässt bei den einzelnen Listennummern außerdem durch ein „+" erkennen, ob für das betreffende Erzeugnis eine Ausfuhrerstattung auch vorgesehen ist. Dahinter kann sich allerdings auch ein Ausfuhrerstattungssatz „0" verbergen. Den Erstattungssatz erfährt man aus der Festsetzungsverordnung. Außerdem stellt die Marktordnungswarenliste mit dem „+" nur auf die Tagessätze der Ausfuhrerstattungen ab. Enthält die Marktordnungswarenliste ein „–", bleibt gleichwohl die Inanspruchnahme einer Vorausfestsetzung der Ausfuhrerstattung möglich.

31   Die Marktordnungswarenliste als nationale Verwaltungsvorschrift ist trotz ihrer großen praktischen Bedeutung rechtlich unverbindlich.

32   **3. Rechtsfolgen der Angabe eines falschen Erstattungscodes.** Der Ausführer muss in seiner Ausfuhranmeldung für Erstattungszwecke den zuvor bestimmten 12-stelligen Erstattungscode angeben. Diese Angabe ist aber nach Prüfung und Annahme der Ausfuhranmeldung durch die Ausfuhrzollstelle zollrechtlich nahezu nicht mehr korrigierbar.

33   Konsequenz dieser Rechtslage ist, dass die Angabe eines falschen Codes grundsätzlich zum Verlust des Erstattungsanspruchs führt.

34   Fraglich ist, ob die Angabe eines falschen Codes trotz richtiger Warenbeschreibung auch den Erlass eines Sanktionsbescheids gem. Art. 48 Abs. 1 AEVO nach sich zieht. Die Europäische Kommission und in der Folge das Hauptzollamt Hamburg-Jonas bejahen dies und behandeln die Angabe eines falschen Codes als warenbezogene Falschdeklaration und bestrafen dies nach Art. 48 Abs. 1 lit. a AEVO regelmäßig mit 50% der beantragten Erstattung.

III. Gemeinschaftsursprung

35   **1. Ursprungsbegriff.** Erstattungsvoraussetzung ist grundsätzlich, dass die Erstattungsware ihren Ursprung in der Gemeinschaft hat **und** diese sich im freien Verkehr befindet; ausnahmsweise reicht auch allein die Freiverkehrseigenschaft.

Dabei verweist Art. 12 Abs. 2 AEVO für den Ursprungsbegriff auf den nichtpräferentiellen Ursprung gem. Art. 23 und 24 ZK iVm Art. 35–65 DVO. Landwirtschaftliche Erzeugnisse, die aus Mischungen von Vormaterialien mit und ohne Gemeinschaftsursprung hergestellt worden sind, haben nach Art. 12 Abs. 2 UAbs. 2 AEVO keinen erstattungsrechtlichen Ursprung.

36   **2. Das erstattungsrechtliche Ursprungskriterium.** Die Frage ist, ob Ursprung und freier Verkehr oder nur freier Verkehr für die Ausfuhrware nachzuweisen sind, regelten bis zur Einführung der VO Nr. 1234/2007 (einzige GMO) die 21 Marktorganisationen jeweils unterschiedlich. Durch VO Nr. 499/2008 (ABl. L 149) hat die EU-Kommission Art. 11

Abschnitt 39. Ausfuhrerstattungen

AEVO aF neu gefasst und damit eine einheitliche Regelung für alle Sektoren geschaffen. Die neue AEVO, VO Nr. 612/2009 führt diese Regelung in Art. 12 fort. Danach gilt:

a) Anhang I-Waren. Eine Ausfuhrerstattung wird nur gewährt, wenn die Ausfuhrware 37 Ursprungsware der Gemeinschaft ist **und** sich dort im freien Verkehr befindet. Davon ausgenommen ist Zucker, der sich bei seiner Ausfuhr in unverarbeiteter oder verarbeiteter Form weiterhin nur im freien Verkehr der Gemeinschaft befinden muss.

b) Nicht-Anhang I-Ware. Für die Nicht-Anhang I-Ware als Ausfuhrware ist unverändert 38 (vgl. Art. 1 Abs. 2 der VO Nr. 578/2010) der Gemeinschaftsursprung nachzuweisen.

Anders als bei Anhang I-Waren (vgl. Art. 12 Abs. 2 AEVO) gilt das auch, wenn die in den freien Verkehr übergeführte drittländische Nicht-Anhang I-Ware zur Herstellung einer anderen Nicht-Anhang I-Ware eingesetzt wurde. Eine wesentliche Be- oder Verarbeitung iSv Art. 24 ZK reicht nicht.

c) Erstattungsfähige Grund- und Verarbeitungserzeugnisse. Für die zur Herstellung 39 von Nicht-Anhang I-Waren eingesetzten erstattungsfähigen landwirtschaftlichen Grund- und Verarbeitungserzeugnisse ergeben sich mit der Neufassung des Art. 11 AEVO (nun Art. 12 AEVO) eine Reihe von Änderungen, die in dem BMF-Erlass v. 26.11.2008, III B 3 M – 3500/07/0002 (E-VSF N 64 2008 v. 3.12.2008) geregelt sind.

3. Erklärung und Nachweis des Ursprungs. Die Ursprungserklärung für die Ausfuhrwa- 40 re ist auf der Ausfuhranmeldung für Erstattungszwecke (Vordruck 0763 in Feld 34) abzugeben, die im Ausfuhr- und im Erstattungsverfahren auf ihre Schlüssigkeit hin überprüft wird.

Der Ursprungsnachweis ist im Erstattungsrecht – anders als etwa im Präferenzrecht – 41 nicht formalisiert. Behördliche Ursprungsurkunden sind das Ursprungszeugnis der IHK, insbesondere aber das Gesundheitszeugnis bzw. das Veterinärzertifikat, das nach der Rechtsprechung des Finanzgerichts Hamburg (v. 20.12.2004, IV 52/03) möglicherweise sogar *„vollen Beweis der in ihr bezeugten Tatsachen begründet, mit der Folge ... dass ein Gegenbeweis gemäß § 418 Abs. 2 ZPO nur durch den Beweis der Unrichtigkeit der in ihr bezeugten Tatsachen geführt werden kann"*.

Die „wirkliche" Prüfung des Ursprungs erfolgt erst nachträglich nach der VO Nr. 4045/ 42 89 (ABl. L 388/18) bzw. nach der VO Nr. 485/2008 (ABl. L 143/1) im Rahmen einer Außenprüfung. Dabei ist der dem Ausführer grundsätzlich obliegende Nachweis des Gemeinschaftsursprungs streng warenbezogen zu führen (BFH v. 13.10.1994, VII R 21/ 94, ZfZ 1995, 111). Es ist deshalb wichtig, die Ursprungsunterlagen – etwa Lieferscheine, Bestellungen, Auftragsbestätigungen, Rechnungen, Warenbestandsverzeichnisse, Warenausgangskontrollen, Pack- und Wiegelisten – sechs Jahre aufzubewahren (vgl. § 13 nat. AEVO).

Nach der mittlerweile ständigen Rechtsprechung des Finanzgerichts Hamburg hat die 43 Erstattungsstelle grundsätzlich die Beweislast dafür, dass die Voraussetzungen des Rückforderungsanspruchs gegeben sind. Ob dies auch für den Ursprung gilt, ist zwar noch nicht endgültig entschieden,[7] dürfte aber angesichts der nachträglichen Prüfung des Ursprungs zu verneinen sein.

IV. Gesunde und handelsübliche Qualität

1. Zweck. Das Erstattungskriterium der gesunden und handelsüblichen Qualität ist eine 44 allgemeine und objektive Mindestanforderung an die Qualität eines jeden Erstattungserzeugnisses. Verständlich wird diese Erstattungsvoraussetzung am besten vor dem Hintergrund der Entlastungsfunktion einer jeden Ausfuhrerstattung. Die EU will sich der Überschussprodukte u.a. durch Export aus der Gemeinschaft entledigen. Das macht nur Sinn, wenn sie auch auf den Agrarmärkten der Gemeinschaft üblicherweise gehandelt werden.

---

[7] Vgl. dazu *Schoenfeld* ZfZ 2005, 74.

3. Teil. Exportwirtschaft (Ausfuhr, Zoll, Steuern)

Hat der Markt selbst sie ausgesondert, weil sie überspitzt formuliert „Schrott" sind, erübrigt sich die Bereitstellung von finanziellen Mitteln, um ihren Export zu ermöglichen. Letztlich ist das Kriterium der gesunden und handelsüblichen Qualität also eine Maßnahme der Missbrauchsabwehr, denn die Verwendung von Ausfuhrerstattungen für Waren, die keinen legalen Zugang zum Binnenmarkt haben, wäre in der Tat ein missbräuchlicher Umgang mit Gemeinschaftsgeldern.

45 **2. Legaldefinition. a) Wortlaut des Art. 28 AEVO.** Art. 28 AEVO definiert die gesunde und handelsübliche Qualität wie folgt:

„(1) Eine Ausfuhrerstattung wird nicht gewährt, wenn die Erzeugnisse am Tag der Annahme der Ausfuhranmeldung nicht von gesunder und handelsüblicher Qualität sind.
Die Erzeugnisse entsprechen der Anforderung von Unterabs. 1, wenn sie im Gebiet der Gemeinschaft unter normalen Bedingungen und der im Erstattungsantrag aufgeführten Bezeichnung vermarktet werden und, falls diese Erzeugnisse zur menschlichen Ernährung bestimmt sind, ihre Verwendung zu diesem Zweck aufgrund ihrer Eigenschaften oder ihres Zustands nicht ausgeschlossen oder wesentlich eingeschränkt ist.
Die Übereinstimmung der Erzeugnisse mit den Anforderungen von Unterabs. 1 muss gemäß den in der Gemeinschaft geltenden Normen und Gepflogenheiten geprüft werden.
Die Erstattung wird jedoch auch gewährt, wenn die ausgeführten Erzeugnisse im Bestimmungsland besonderen obligatorischen Bedingungen, insbesondere Gesundheits- oder Hygienebedingungen unterliegen, die von den in der Gemeinschaft geltenden Normen und Gepflogenheiten abweichen. In diesem Fall muss der Ausführer auf Verlangen der zuständigen Behörde nachweisen, dass die Erzeugnisse diesen in dem betreffenden Bestimmungsland obligatorischen Bedingungen entsprechen.
Zusätzlich können für bestimmte Erzeugnisse Sonderbestimmungen erlassen werden.
(2) War ein Erzeugnis beim Verlassen des Zollgebiets der Gemeinschaft von gesunder und handelsüblicher Qualität, so wird außer im Fall der Anwendung von Art. 27 der gemäß Art. 25 Abs. 2 berechnete Teil der Erstattung gewährt. Dieser Betrag wird jedoch nicht gezahlt, wenn es Beweise gibt,
– dass das Erzeugnis nicht mehr von gesunder und handelsüblicher Qualität ist, weil es einen latent vorhandenen und später sichtbar werdenden Mangel aufweist;
– dass das Erzeugnis nicht an den Endverbraucher verkauft werden konnte, weil sein Verfallsdatum zu nahe am Datum der Ausfuhr lag.
Gibt es Beweise, dass das Erzeugnis vor Erfüllung der Zollförmlichkeiten zur Einfuhr in einem Drittland nicht mehr von gesunder und handelsüblicher Qualität ist, so wird der differenzierte Teil der Erstattung nicht gezahlt.
(3) Eine Ausfuhrerstattung wird nicht gewährt, wenn die Erzeugnisse die nach dem Gemeinschaftsrecht zulässigen Radioaktivitätshöchstwerte überschreiten. Die Höchstwerte, die auf die infolge des Unfalls im Kernkraftwerk Tschernobyl kontaminierten Erzeugnisse unabhängig von ihrem Ursprung anzuwenden sind, sind die mit Art. 2 Abs. 2 der Verordnung (EG) Nr. 733/2008 des Rates festgesetzten Werte."

46 **b) Praxis.** Der Begriff der gesunden und handelsüblichen Qualität wirft trotz umfangreicher Rechtsprechung nach wie vor viele Fragen auf (vgl. dazu PHER T2 B.2.). Das liegt nicht zuletzt daran, dass es unterschiedliche Auffassungen darüber gibt, was „normal" ist, was es heißt, dass die Erstattungserzeugnisse so beschaffen sein müssen, dass sie unter normalen Verhältnissen vermarktet werden können. Dabei sind nicht alle Erzeugnisse handelsüblich, die „gesund" sind; das Kriterium der handelsüblichen Qualität ist ein zusätzliches Kriterium, wenngleich ein Erzeugnis, das alle lebensmittelrechtlichen Anforderungen erfüllt, in der Regel auch von handelsüblicher Qualität ist. Eine Ausnahme besteht etwa bei leukosebefallenen Rindern; sie sind zwar gesund, aber als Zuchttiere nicht handelsüblich.

47 Auf eine Kurzformel gebracht war ein Erstattungserzeugnis nach der Rechtsprechung grosso modo immer dann von gesunder und handelsüblicher Qualität, wenn es, so wie es objektiv beschaffen ist, in der Gemeinschaft verkehrsfähig ist, also insbesondere nicht gegen das Lebensmittel- und Veterinärrecht der Gemeinschaft verstößt.[8]

---

[8] Vgl. EuGH v. 9.10.1973, Rs. 12/73, Slg. 1973, 963; v. 7.9.2006, C-353/04, ZfZ 2006, 349.

Abschnitt 39. Ausfuhrerstattungen

Hingegen ist die neue Rechtsprechung des BFH nicht mehr verständlich, wonach jeder Verstoß gegen eine lebensmittelrechtliche Vorschrift erstattungsschädlich sein soll, unabhängig davon, ob er sich auf die Beschaffenheit der nämlichen Ware ausgewirkt hat.[9] Der BFH versteht das Ausfuhrerstattungsrecht mittlerweile als eine Art Polizei- und Ordnungsrecht und verkennt seinen Charakter als eine Maßnahme zur Förderung des Außenhandels mit landwirtschaftlichen Erzeugnissen. Es ist deshalb zu hoffen, dass das FG Hamburg die Gelegenheit nutzt, die BFH-Rechtsprechung auf den Prüfstand des EuGH gem. Art. 267 AEUV zu stellen. 48

3. Rechtsfolge einer unrichtigen Angabe der gesunden und handelsüblichen Qualität. 49
Die gesunde und handelsübliche Qualität erklärt der Ausführer nach der Rechtsprechung des EuGH (v. 1.12.2005, C-309/04, Slg. 2005, I-10349, Rn. 32, 35) implizit in der Ausfuhranmeldung für Erstattungszwecke mit (es gibt kein Feld dafür im Vordruck). Ist die Angabe falsch, wird entweder keine Ausfuhrerstattung gezahlt oder diese zurückgefordert (Art. 49 Abs. 1 AEVO) **und** eine Sanktion nach Art. 48 Abs. 1 AEVO verhängt, die 200 % der beantragten Erstattung bei Vorsatz, sonst 50 % beträgt.

V. Nicht-Anhang I-Waren

1. Allgemeines. Die NA I-VO Nr. 578/2010 beinhaltet ein besonderes und technisch schwieriges Erstattungsrecht. Eine praktische Handlungsanleitung vermittelt neben der HEDDV insbesondere Teil 7 des „Praxishandbuch Erstattungsrecht". 50

Gegenstand der Ausfuhrerstattung in diesem Bereich sind nicht wie bei Anhang I-Waren die Fertigwaren selbst, sondern die Mengen an landwirtschaftlichen Erzeugnissen, die zur Herstellung einer erstattungsbegünstigten NA I-Ware verwendet worden sind; das sind landwirtschaftliche Grunderzeugnisse, wie Mais, Zucker, Butter etc., landwirtschaftliche Verarbeitungserzeugnisse, wie etwa Glucosesirup, und die gleichgestellten Erzeugnisse des Art. 3 Abs. 1 NA I-VO, für die jeweils besondere (Berechnungs-)Regeln gelten. 51

Diese Besonderheiten der NA I-Erstattungen bedingen auch die beiden wesentlichen speziellen Erstattungsvoraussetzungen in diesem Bereich, die Abgabe einer Herstellererklärung und die Erbringung des Verwendungsnachweises. 52

2. Herstellererklärung. Da es für die Erstattung auf die Herstellung der Erstattungsware ankommt, ist die Abgabe einer Herstellererklärung grundsätzlich Erstattungsvoraussetzung, Art. 10 Abs. 3 NA I-VO. Diese Herstellererklärung ist neben der erstattungsrechtlichen Ausfuhranmeldung erforderlich. 53

3. Verwendungsnachweis. Die Herstellererklärung muss auf ihre Richtigkeit hin überprüft werden. Dazu ist die Kenntnis des gesamten Produktionsprozesses erforderlich. Darum muss der gesamte Produktionsprozess grundsätzlich offen gelegt und dokumentiert werden. Grundsätzlich anhand dieser produktionsbezogenen Unterlagen hat der Erstattungsbeteiligte den Nachweis zu führen, dass er die in der Herstellererklärung angegebenen Mengen auch tatsächlich zur Herstellung der (konkret) ausgeführten NA I-Ware verwendet hat. Der Verwendungsnachweis ist in der HEDDV des BMF ausführlich geregelt. 54

4. Analyseverfahren. Für Waren, die im Anhang IV der NA I-VO genannt sind, ist hingegen Grundlage der Ausfuhrerstattung eine chemische Analyse des Anteils an erstattungsfähigen Erzeugnissen durch den Dienstsitz Wissenschaft und Technik des Bildungs- und Wissenschaftszentrums, der Bundesfinanzverwaltung (BWZ). Hier ist für die Gewährung der Erstattung lediglich ein Antrag erforderlich, dass die Erstattung nach Anhang IV begehrt wird; die örtlich zuständige Zollstelle hat dann repräsentative Proben zu ziehen, die der BWZ untersucht. Das Untersuchungszeugnis wird dem Hauptzollamt Hamburg-Jonas übersandt und ist dann zusammen mit der erstattungsrechtlichen Ausfuhranmeldung Grundlage für die Gewährung der Ausfuhrerstattung. 55

---

[9] Vgl. BFH v. 26.1.2012, VII R 24/10, BFH/NV 2012, S. 1198 Nr. 7.

3. Teil. Exportwirtschaft (Ausfuhr, Zoll, Steuern)

56 **5. Budgetlizenz/Erstattungsbescheinigung.** Die Ausfuhrerstattung für Nicht-Anhang I-Waren hängt seit dem 1. März 2000 zusätzlich von einer so genannten Budgetlizenz oder Erstattungsbescheinigung ab, die die BLE gegen Leistung einer Sicherheit (im Milchbereich von 15% der beantragten Erstattungssumme) erteilt und auf der das Hauptzollamt Hamburg-Jonas den Erstattungsbetrag abschreibt. Ausgenommen von dieser neuen Form der (Wert-)Lizenzierung sind Klein-Ausführer sowie GATT-konforme Nahrungsmittelhilfslieferungen. Die Erstattungsbescheinigungen stehen in engem Zusammenhang mit der aktiven Veredelung, die bei Überschreiten des Budgets als Alternative in Betracht kommt.[10]

C. Nicht warenbezogene Voraussetzungen für die Erstattungsfähigkeit

I. Allgemeines

57 Ausfuhr aus der Gemeinschaft und Einfuhr im Drittland auf Grundlage einer Ausfuhrlizenz sind die zentralen nicht warenbezogenen Erstattungsvoraussetzungen.

58 Ist die *„Ausfuhrerstattung für die gesamte Gemeinschaft gleich"* (Art. 164 Abs. 1 Satz 1 GMO), spricht man von einheitlicher Erstattung, die nur noch selten vorkommt. Bei der einheitlichen oder nichtdifferenzierten Erstattung ist nach Art. 167 Abs. 6 lit. a GMO iVm Art. 3, 1. Anstrich AEVO nachzuweisen, *„dass die Erzeugnisse aus der Gemeinschaft ausgeführt worden sind."*

59 Wird hingegen, wie in der Regel, die Ausfuhrerstattung *„je nach Zielbestimmung unterschiedlich festgesetzt"* (Art. 164 Abs. 1 Satz 2 GMO), liegt eine differenzierte Erstattung vor; der Ausführer muss daneben nach Art. 167 Abs. 6 lit. b GMO iVm Art. 3, 2. Anstrich AEVO auch nachweisen, *„dass die Erzeugnisse, die in der Lizenz angegebene Bestimmung oder eine andere Bestimmung erreicht haben, für die eine Erstattung festgesetzt worden war."*

II. Ausfuhrbezogene Erstattungsvoraussetzungen

60 **1. Grundlegendes.** Die ausfuhrbezogenen Erstattungsvoraussetzungen sind:
1. ein erstattungsfähiges Erzeugnis (siehe B.),
2. die von der Ausfuhrzollstelle angenommene Ausfuhranmeldung für Erstattungszwecke,
3. eine der Ausfuhranmeldung entsprechende Ausfuhrlizenz
   (mit Vorausfestsetzungen der Erstattung), bei NA I-Waren eine Erstattungsbescheinigung,
4. die Ausfuhr des Erstattungserzeugnisses aus dem Zollgebiet der Gemeinschaft 60 Tage nach Annahme der Ausfuhranmeldung (bei Lieferung an ein Vorratslager 30 Tage),
5. Ausfuhrnachweis, dh grundsätzlich Sichtvermerk der Ausgangszollstelle
   – bei Direktexporten und gleichgestellten Lieferungen grundsätzlich auf der angenommenen Ausfuhranmeldung für Erstattungszwecke,
   – bei indirekten Ausfuhren und gleichgestellten Lieferungen über andere Mitgliedstaaten der Sichtvermerk auf dem angenommenen Kontrollexemplar KE T 5,
6. kein außenwirtschaftsrechtliches Ausfuhrverbot (etwa Embargo),
7. die zollamtliche Zulassung von Veränderungen des Erstattungserzeugnisses nach Annahme der Ausfuhranmeldung für Erstattungszwecke und ggf. des KE T 5,
8. bei NA I-Waren zusätzlich eine Herstellererklärung oder ein Analysegutachten der BWZ.

Liegen diese Voraussetzungen vor, ist der Anspruch auf eine einheitliche Erstattung entstanden.

61 **2. Die Ausfuhranmeldung für Erstattungszwecke.** Grundlegend für jeden Erstattungsanspruch ist gem. Art. 5 Abs. 1 AEVO die *„Ausfuhranmeldung ..., aus der hervorgeht, dass eine Erstattung beantragt wird."* Dazu dient der Vordruck 0763.

---

[10] Vgl. dazu *Schrömbges/Dörmann* ZfZ 2000, 16.

Abschnitt 39. Ausfuhrerstattungen

Die erstattungsrechtliche Ausfuhranmeldung ist einerseits der Ausgangspunkt der Zoll- 62
kontrolle, dh des erstattungsrechtlichen Ausfuhrverfahrens. Anderseits ist die von der
Ausfuhrzollstelle geprüfte und angenommene Ausfuhranmeldung Erstattungsantrag und
Bemessungsgrundlage für das von der Zahl- bzw. Erstattungsstelle durchzuführende Zahlungsverfahren.

Der Tag der Annahme der Ausfuhranmeldung durch die Ausfuhrzollstelle fixiert insbe- 63
sondere

a) den Tag der Ausfuhr (Art. 5 Abs. 1 AEVO);
b) Menge, Art und Beschaffenheit des ausgeführten Erzeugnisses (Art. 5 Abs. 2 lit. c AEVO);
c) den anzuwendenden Erstattungssatz oder bei einer Vorausfestsetzung des Erstattungssatzes den Tag, an dem die Ausfuhrlizenz bzw. die Vorausfestsetzungsbescheinigung gültig sein muss (Art. 5 Abs. 2 lit. a und lit. b iVm Art. 4 AEVO), wenn nicht im Rahmen vereinfachter Verfahren ein besonderer Tag Anwendung findet (Art. 6 AEVO);
d) eine etwaige Anpassung des im Voraus festgesetzten Erstattungssatzes, Art. 2 Abs. 1 lit. a AEVO;
e) den Beginn der 60-tägigen Ausfuhrfrist (Art. 7 Abs. 1 UAbs. 1 AEVO) oder der 30-tägigen Frist für Lieferungen auf ein Vorratslager (Art. 37 Abs. 1 AEVO);
f) den Beginn der 12-monatigen Einfuhrfrist (Art. 16 Abs. 1 AEVO);
g) den Beginn der Frist für die Vorlage von Erstattungsunterlagen (Art. 46 Abs. 2 AEVO).

3. Ausfuhrlizenz/Vorausfestsetzung der Erstattung. a) Grundsatz der Abhängigkeit 64
des Erstattungsanspruches von der Ausfuhrlizenz. Nach Art. 4 Abs. 1 AEVO iVm Art. 7
Abs. 2 der neuen Lizenz VO Nr. 376/2008 (ABl. L 114/3); zuletzt geändert durch die
Durchführungsverordnung Nr. 418/2012 (ABl. L 130/1) ist der Erstattungsanspruch
grundsätzlich von einer Ausfuhrlizenz mit Vorausfestsetzung der Erstattung abhängig. Eine
Vorausfestsetzungsbescheinigung ist erforderlich, wenn ein Erzeugnis nicht ohnehin lizenzpflichtig ist.

Art. 4 Abs. 1 AEVO verknüpft also den Erstattungsanspruch mit der Ausfuhrlizenz bzw. 65
der Vorausfestsetzungsbescheinigung, die beide von der BLE gegen Hinterlegung einer
Sicherheit (im Milchsektor von 15% der beantragten Erstattungssumme) erteilt werden; es
gilt der Erstattungssatz am Tag der Beantragung der Lizenz. Mit der Ausfuhranmeldung ist
folglich auch die erforderliche Ausfuhrlizenz der Ausfuhrzollstelle im Original vorzulegen,
ohne die die Ausfuhranmeldung nicht angenommen wird. Das bedeutet auch, dass Ausführer und Lizenzinhaber identisch sein müssen.

Hat ein Außenhandelsunternehmen keine erstattungsrechtliche Ausfuhrlizenz, ist es zu- 66
lässig, über die erstattungsrechtliche Ausfuhrlizenz eines anderen Unternehmens das Geschäft abzuwickeln. Der Lizenzübernehmer ist dann erstattungsrechtlich Ausführer, der
(wirtschaftliche) Eigentümer der Ware ist zollrechtlich Ausführer.

b) Ausnahmen von der Lizenzpflicht. Der Grundsatz der Abhängigkeit des Erstattungs- 67
anspruches von der Ausfuhrlizenz kennt nur wirtschaftlich nicht ins Gewicht fallende Ausnahmen (vgl. dazu PHER, T 4 A. 6.2); im NA I-Recht gilt dieser Grundsatz nicht (aber
Budgetlizenz).

c) Erstattungssatz. Die Höhe der Ausfuhrerstattung bemisst sich nach dem von der 68
Kommission im Verordnungswege festgesetzten Erstattungssatz. Anzuwenden ist der Erstattungssatz, der an dem Tag gilt, an dem die Ausfuhranmeldung für Erstattungszwecke von
der Ausfuhrzollstelle rechtswirksam angenommen wird (Art. 5 Abs. 2 lit. a und b AEVO).
Das gilt nicht, wenn die Ausfuhrerstattung im Voraus festgesetzt wird, was mittlerweile der
Regelfall ist. In diesem Fall ist der Erstattungssatz anzuwenden, der an dem Tag gilt, an
dem die für die Vorausfestsetzung des Erstattungssatzes erforderliche Ausfuhrlizenz beantragt wird (vgl. zB Art. 1 Abs. 1 der VO Nr. 174/1999, VSF M 05 49). Die Ausfuhrlizenz
muss an dem Tag, an dem die Ausfuhrzollstelle die Ausfuhranmeldung für Erstattungszwecke annimmt, gültig sein. Dieser Tag ist auch maßgebend für die anzuwendenden Anpas-

3. Teil. Exportwirtschaft (Ausfuhr, Zoll, Steuern)

sungen und Berichtigungen eines im Voraus festgesetzten Erstattungssatzes (vgl. Art. 14 der VO Nr. 1342/2003, E-VSF M 05 39). Im vereinfachten Verfahren nach Art. 6 AEVO (regelmäßige Ausfuhren in geringen Mengen) kann festgelegt werden, dass für den Erstattungssatz und im Fall einer Vorausfestsetzung des Erstattungssatzes für die anzuwendende Anpassung und Berichtigung des Erstattungssatzes der letzte Tag des Ausfuhrmonats maßgebend ist. Wird der Erstattungssatz im Ausschreibungsverfahren festgesetzt, wird er in der Lizenz angegeben (vgl. zB Art. 2 und 3 der VO Nr. 1342/2003, E-VSF M 05 39).

69 **d) Nichteinhaltung der Bestimmung.** Bei einer Vorausfestsetzung der Erstattung ist in Feld 7 der Ausfuhrlizenz bzw. der Vorausfestsetzungsbescheinigung das Bestimmungsdrittland anzugeben, Art. 13 Abs. 2 LizenzVO Nr. 376/2008. Das Bestimmungsland oder Bestimmungsgebiet werden durch diese Angabe nicht bindend. Schreibt eine Gemeinschaftsregelung die Angabe des Bestimmungslandes verbindlich vor, so ist in Feld 7 das Kästchen „ja" anzukreuzen. Wird eine Ausfuhrlizenz in Falle einer Ausschreibung beantragt, verpflichtet die Lizenz in jedem Fall zur Ausfuhr in das betreffende Land oder die betreffende Bestimmung (Merkblatt über Lizenzen Abschn. III Feld 7, VSF N 48 2005 Nr. 206, S. 21). Wird die verbindliche/unverbindliche Bestimmung nicht eingehalten, wird dies nach Art. 26 Abs. 5/25 Abs. 3 AEVO bebußt.

70 **e) Lizenzsicherheit/Freigabe.** Die Ausfuhrlizenz berechtigt und verpflichtet dazu, das lizensierte Erzeugnis innerhalb der Gültigkeitsdauer auszuführen, Art 7 Abs. 1 UAbs. 1 LizenzVO Nr. 376/2008; diese Pflicht ist gem. Art. 7 Abs. 1 UAbs 2 LizenzVO eine Hauptpflicht entsprechend Art. 20 der SicherheitenVO Nr. 2220/85 (ABl. L 205/5; E-VSF M 03 60). Mit der Erteilung der Ausfuhrlizenz ist eine Lizenzsicherheit zu leisten, Art. 14 Abs. 2 LizenzVO. Diese Sicherheit verfällt, wenn die Ausfuhrverpflichtung nicht erfüllt wird, Art. 30 ff. LizenzVO iVm Art. 22 Abs. 1 VO Nr. 2220/85.

71 **4. Der Begriff der Ausfuhr. a) Tatsächliche Ausfuhr.** Nach Art. 3, 1. Anstrich AEVO entsteht der Anspruch auf eine einheitliche Erstattung *„beim Verlassen des Zollgebiets der Gemeinschaft, wenn für alle Drittländer ein einheitlicher Erstattungssatz gilt."*

72 Art. 2 Abs. 1 lit. g AEVO definiert den Begriff der Ausfuhr präziser wie folgt: *„Die Erfüllung der Ausfuhrzollförmlichkeiten, gefolgt durch das Verlassen des Zollgebiets der Gemeinschaft durch die Erzeugnisse."*

73 Mit dem Verweis auf die Ausfuhrzollförmlichkeiten ist das erstattungsrechtlich modifizierte Ausfuhrverfahren des ZK und der DVO gemeint.

74 **b) Fiktion der Ausfuhr.** Von der tatsächlichen Ausfuhr ist die rechtliche Fiktion der Ausfuhr nach Art. 5 Abs. 1 AEVO zu unterscheiden, wonach der Tag der Annahme der Ausfuhranmeldung für Erstattungszwecke der Tag der Ausfuhr ist. Diese rechtliche Fiktion soll eine eindeutige und sichere Grundlage für die Bemessung der Ausfuhrerstattung und den Lauf von Fristen vermitteln; die angenommene Anmeldung für Erstattungszwecke gilt im Übrigen auch als lizenzrechtlicher Ausfuhrnachweis, Art. 30 lit. b LizenzVO Nr. 376/2008.

75 **c) Vorübergehende Ausfuhr.** Nach Art. 10 AEVO dürfen Erstattungserzeugnisse, sei es aus transportbedingten Gründen oder sei es, weil die Einfuhr im ursprünglichen Bestimmungsdrittland verweigert wurde, 28 Tage nach der Ausfuhrabfertigung (sog. vorübergehende Ausfuhr) in einem oder mehreren Häfen der Gemeinschaft bei Ausfuhren auf dem Seewege zur Umladung, bei anderen Beförderungsarten zur Durchfuhr im Zollgebiet der Gemeinschaft verbleiben; in Fällen höherer Gewalt kann die Frist länger sein.

76 **d) Zulässigkeit der Ausfuhr.** Die Ausfuhr von Erstattungserzeugnissen ist in außenwirtschaftsrechtlicher Hinsicht uneingeschränkt zulässig, soweit keine Lizenzpflicht besteht. Die einer Lizenzpflicht unterliegenden Erzeugnisse sind in Sp. 2 der „Warenliste Ausfuhr für die Zolldienststellen" (VSF A 06 90) mit einem „L" gekennzeichnet (Art. 41 LizenzDV, VSF M 05 70). Soweit der Erstattungsanspruch von einer Vorausfestsetzung der Erstattung in einer Ausfuhrlizenz abhängig ist (Art. 4 Abs. 1 AEVO), ist grundsätzlich sichergestellt,

dass Ausfuhrerstattungen nur für Erstattungserzeugnisse gewährt werden, für die eine Ausfuhrlizenz erteilt wurde.

Im Übrigen kann die Zulässigkeit der Ausfuhr insbesondere bei außenwirtschaftsrechtlichen Embargos problematisch werden.[11]

5. Ausfuhr in unverändertem Zustand. Die Erstattungsware ist so, wie sie bei der Ausfuhrzollstelle angemeldet worden ist, auszuführen, Art. 7 Abs. 1 AEVO. Dazu dient das Kriterium „unveränderter Zustand." Dem Erfordernis einer Ausfuhr in unverändertem Zustand steht nicht entgegen:

a) das Einfrieren der Erstattungserzeugnisse (Art. 7 Abs. 3 UAbs. 1 AEVO);

b) das Umpacken oder Umfüllen der Erstattungserzeugnisse unter zollamtlicher Überwachung, wenn diese Vorgänge nicht zu einer Einreihung der Erzeugnisse in eine andere Unterposition der Erstattungsnomenklatur oder zu einer Einreihung der Ware in eine andere Unterposition der Kombinierten Nomenklatur führen (Art. 7 Abs. 3 UAbs. 2 AEVO);

c) das Anbringen von Etiketten unter der gleichen Voraussetzung wie zu b) (Art. 7 Abs. 3 UAbs. 4 AEVO).

6. Ausfuhrnachweis. In Deutschland ist bei Direktausfuhren gem. § 4 nat. AEVO für den Ausfuhrnachweis die Ausgangsbestätigung der Ausgangszollstelle in der Ausfuhranmeldung für Erstattungszwecke erforderlich, bei indirekten Ausfuhren über andere Mitgliedstaaten die Ausgangsbestätigung auf dem Kontrollexemplar T 5 gem. Art. 8 AEVO. § 4 nat. AEVO war nach der ständigen Rechtsprechung des BFH[12] ausnahmslos anzuwenden, obwohl das europäische Erstattungsrecht den Ausfuhrnachweis bei Direktausfuhren im Gegensatz zum Einfuhrnachweis nicht formalisiert hat. Der EuGH (v. 28.6.2007, C-1/06, ZfZ 2007, 213) hat dementsprechend festgestellt, dass auch aus Gründen der Verhältnismäßigkeit gleichwertige Unterlagen zulässig sind.

Zum Ausfuhrnachweis bei der Ausfuhr gleichgestellten Lieferungen und Sonderfällen, vgl. PHER T 4 A. 7.2.

III. Einfuhrbezogene Erstattungsvoraussetzungen

1. Der Begriff der Einfuhr. a) Allgemeines. Anders als der Begriff der Ausfuhr (vgl. Art. 3, 5 AEVO) ist der Begriff der Einfuhr nicht legaldefiniert. Es gibt lediglich eine gesetzliche Marktzugangsfiktion in Art. 16 Abs. 3 AEVO, wonach mit Überführung der Erstattungsware in den zollrechtlich freien Verkehr „*in dem betreffenden Drittland*" dieses „*als eingeführt*" „*gilt*". Dazu sind nach Art. 17 Abs. 1 AEVO sog. Primärnachweise, also das drittländische Verzollungsdokument (Einheitspapier) bzw. eine Einfuhrbescheinigung einer zugelassenen Kontroll- und Überwachungsgesellschaft (KÜG) oder hilfsweise nach Art. 17 Abs. 2 AEVO sog. Sekundärnachweise über die Ankunft der Ware im Drittland der Erstattungsstelle vorzulegen.

Rein begrifflich lässt sich daher feststellen, dass unter Einfuhr im erstattungsrechtlichen Sinne das tatsächliche Verbringen der Erstattungsware auf den Markt des betreffenden Drittlands zu verstehen ist, sie muss also im Drittland angekommen sein, um dort vermarktet zu werden.[13]

b) „Betreffendes Drittland". Die Frage, was das betreffende Drittland ist, richtet sich nach der Ausfuhrlizenz bzw. nach dem beanspruchten Erstattungssatz. Ist das in der Ausfuhrlizenz angegebene Bestimmungsland verbindlich, was bei Ausschreibungen stets der Fall ist (vgl. VSF N 48 2005 Nr. 206, S. 21), ist nur dieses das betreffende Drittland. Ist hingegen die Bestimmungslandangabe in Feld 7 der Ausfuhrlizenz, wie regelmäßig, unver-

---

[11] Vgl. dazu *Schrömbges* ZfZ 2003, 326 ff.
[12] Vgl. etwa Urt. v. 30.3.2004, VII R 27/03, ZfZ 2005, 20; dazu ausführlich *Schrömbges/Schrader* ZfZ 2005, 2 ff., 38 ff.
[13] Vgl. etwa EuGH v. 21.7.2005, C-515/03, ZfZ 2005, 306, Rn. 38.

3. Teil. Exportwirtschaft (Ausfuhr, Zoll, Steuern)

bindlich, muss die Erstattungsware in ein Bestimmungsland der gleichen Erstattungszone verbracht werden, für das der beantragte differenzierte Erstattungssatz gilt. Die früher vertretene formalistische Auffassung, auch hier müsse das in Feld 7 genannte Bestimmungsland bzw. -gebiet erreicht werden, ist heute wohl überholt, weil sie vom Zweck des differenzierten Erstattungssystems nicht gefordert wird. Dieser besteht nach der Rechtsprechung des EuGH[14] in folgendem:

84 „Sodann hat das System differenzierter Ausfuhrerstattungen nach ständiger Rechtsprechung das Ziel, die Märkte der in Betracht kommenden Drittländer für den Gemeinschaftsexport zu erschließen oder zu erhalten; mit der Differenzierung des Erstattungsbetrags soll den Besonderheiten der jeweiligen Einfuhrmärkte, auf denen die Gemeinschaft eine Rolle spielen will, Rechnung getragen werden".

85 Es ist also zulässig, dass die Erstattungsware nicht in dem in der Ausfuhrlizenz angegebenen Bestimmungsland, sondern in einem anderen Land der gleichen Erstattungszone zum zollrechtlich freien Verkehr abgefertigt wird.[15]

86 **c) Vermarktung im Drittland.** Nicht erforderlich ist, dass über die Ankunft der Erstattungsware im Drittland hinaus ihre Vermarktung nachgewiesen wird (sog. Vermarktungstheorie[16]). Eine bestimmte Verwendung im betreffenden Drittland ist erstattungsrechtlich nicht vorgeschrieben.

87 **d) Einfuhr durch Abfertigung zur aktiven Veredelung.** Jahrelang war strittig, ob erstattungsrechtlich eine Einfuhr auch dann gegeben ist, wenn die Erstattungsware nicht in den zollrechtlich freien Verkehr, sondern „bloß" in die aktive Veredelung übergeführt worden ist. Fast alles spricht für die Auffassung des Generalanwalts Alber (EuGHE 2000, I-8840, Rn. 56 ff.) und der österreichischen Erstattungsstelle, dem Zollamt Salzburg, jedenfalls die Frage für den Fall zu bejahen, in dem die Veredelung zu einem Ursprungserwerb in dem betreffenden Drittland gem. Art. 24 ZK geführt hat; denn dann ist die Gemeinschaftsware rechtlich nicht mehr existent, aus ihr ist eine neue, drittländische Ware hergestellt, sie ist also sogar iSd Vermarktungstheorie vermarktet worden. Der EuGH hat jedoch mit Urteil vom 19.1.2012, C-392/10 (Suiker Unie), entschieden, dass eine aktive Veredelung unter keinen Umständen eine erstattungsrechtliche Einfuhr beinhalte, weil das Zollverfahren der aktiven Veredelung die Wiederausfuhr der eingeführten Ware voraussetze. Dieses Argument ist schon deshalb unsinnig, weil die eingeführte (nämliche) Ware aufgrund des drittländischen Ursprungserwerbs unmöglich wiederausgeführt werden kann; im Übrigen besteht die Vermarktung einer Ware in ihrem Konsum und ihrer Produktion.[17]

88 **e) Einfuhr in unverändertem Zustand.** Die Erstattungsware muss grundsätzlich so, wie sie zur Ausfuhr abgefertigt worden ist, im Drittland eingeführt werden (Art. 16 Abs. 1 AEVO). Nach Art. 16 Abs. 2 AEVO sind jedoch gewisse Behandlungen zulässig, wie Etikettieren, Einfrieren etc.

89 **2. Differenzierung des Erstattungssatzes.** Differenziert ist eine Erstattung, wenn je nach Bestimmungsland unterschiedliche Erstattungssätze im Sinne des Art. 15 iVm Art. 2 Abs. 1 UA lit. e AEVO für das exportierte Erzeugnis vorgesehen sind. Dabei führt bereits die Nichtfestsetzung einer Erstattung gegenüber nur einem Drittland bereits zu einer differenzierten Erstattung im Sinne der gerade genannten Artikel.

90 **3. Ankunftsnachweise. a) Primärnachweise.** Die Vorlage der Primärnachweise nach Art. 17 Abs. 1 AEVO ist erforderlich, damit die Marktzugangsfiktion des Art. 16 Abs. 3 AEVO ausgelöst wird. Bei den Primärnachweisen handelt es sich entweder um das Original des jeweiligen Zolldokuments oder eine beglaubigte Durchschrift oder Fotokopie dieses

---

[14] Urt. v. 16.12.1999, C-74/98, ZfZ 2000, 86, Rn. 27.
[15] Vgl. dazu auch EuGH v. 11.1.2007, C-279/05, ZfZ 2007, 50.
[16] Vgl. dazu BFH v. 2.2.1999, VII R 5/98, ZfZ 1999, 242 ff., dazu und zu der EuGH-Rechtsprechung *Schrömbges* ZfZ 2003, 326.
[17] Gleichwohl dem EuGH beipflichtend *Schoenfeld* AW-Prax 2012, 311.

Abschnitt 39. Ausfuhrerstattungen

Dokuments oder um eine Bescheinigung über die Entladung und Einfuhr einer zugelassenen internationalen Kontroll- und Überwachungsgesellschaft (KÜG).

b) Sekundärnachweise. Falls der Ausführer trotz geeigneter Schritte einen der vorgenannten Einfuhrnachweise nicht erhalten kann oder falls Zweifel an der Echtheit oder an der Richtigkeit des vorgelegten Primärnachweises bestehen, kann der Ankunftsnachweis auch durch Sekundärnachweise nach Art. 17 Abs. 2 AEVO erbracht werden. Diese sind: 91

a) „die Kopie oder Abschrift einer Entladebescheinigung, die von dem Drittland, für das die Erstattung vorgesehen ist, ausgestellt oder abgezeichnet wurde;
b) die Entladebescheinigung, die von einer im Bestimmungsland ansässigen oder dafür zuständigen amtlichen Stelle eines Mitgliedsstaats gemäß den Anforderungen und entsprechend dem Muster in Anhang X ausgestellt wurde und aus der ferner hervorgeht, dass das Erzeugnis den Entladungsort verlassen hat oder zumindest ihres Wissens nicht Gegenstand einer späteren Verladung im Hinblick auf eine Wiederausfuhr war;
c) die Entladungsbescheinigung ausgestellt von einer internationalen Kontroll- und Überwachungsgesellschaft, gemäß den Vorschriften in Anhang VIII Kapitel III unter Verwendung des Musters in Anhang XI ausgestellt wurde und aus der hervorgeht, dass das Erzeugnis den Entladungsort verlassen hat oder zumindest ihres Wissens nicht Gegenstand einer späteren Verladung im Hinblick auf eine Wiederausfuhr war;
d) eine von einem in der Gemeinschaft ansässigen zugelassenen Makler ausgestellte Bankunterlage, aus der hervorgeht, dass die der betreffenden Ausfuhr entsprechende Zahlung im Fall eines der in Anhang XII genannten Drittländer dem bei dem zugelassenen Makler geführten Kontos des Ausführers gutgeschrieben worden ist;
e) die Bestätigung der Übernahme durch eine amtliche Stelle des betreffenden Drittlandes im Fall eines Ankaufs durch dieses Land oder eine seiner amtlichen Stellen oder im Fall einer Nahrungsmittelhilfemaßnahme;
f) im Fall einer Nahrungsmittelhilfemaßnahme die Bestätigung der Übernahme, ausgestellt von einer internationalen Organisation oder einer vom Ausfuhrmitgliedstaat anerkannten humanitären Organisation;
g) die Bestätigung der Übernahme durch eine Stelle des Drittlandes, von der Ausschreibungen für die Anwendung von Artikel 47 der Verordnung (EWG) Nr. 376/2008 akzeptiert werden können, im Fall eines Ankaufs durch diese Stelle."

4. Das Beförderungspapier. a) Einleitung. Nach Art. 17 Abs. 3 AEVO *„hat der Ausführer in allen Fällen eine Durchschrift oder Fotokopie des Beförderungspapiers vorzulegen."* Zweck der Vorschrift über die Vorlage des Beförderungspapiers ist, die Nämlichkeit der ausgeführten und der im Drittland eingeführten Erstattungsware sicherzustellen, quasi als Ersatz für ein zollrechtliches Versandpapier, das es für die Strecke EU-Außengrenze/Bestimmungsdrittland nicht gibt.[18] 92

b) Von der Europäischen Kommission akzeptierte Beförderungspapiere
(1) **Internationaler Frachtbrief** 93
CMR oder von Ausfuhrmitgliedstaaten als gleichwertig anerkanntes Dokument. Dazu gehören:
- Begleitpapier für die Beförderung im Straßengüterverkehr
- FCR (Übernahmebescheinigung)
- FCT (Beförderungsschein); dem CMR gleichwertiges Dokument.
- Frachtliste
(2) **Carnet TIR**
(3) **Bescheinigung des Transportunternehmens**
- darüber, dass die Waren von seinem Unternehmen mit einem bestimmten Fahrzeug (amtliches Kennzeichen des Fahrzeugs) befördert worden sind, sofern im Zollpapier, das als Nachweis dafür dient, dass die Waren das Zollgebiet der Gemeinschaft verlassen haben, das amtliche Kennzeichen des Fahrzeugs verzeichnet ist.

---

[18] Vgl. dazu ausführlich *Uhlig*, in: Beförderungen – Präferenzen – Trade Facilitation, Tagungsband des 14. Europäischen Zollrechtstag des EFA 2002 in Basel.

- in den Vorschriften des Ausfuhrmitgliedstaates vorgesehene Unterlage oder Genehmigung für die Beförderung mit Lastkraftwagen.
- Im Falle einer Beförderung auf der Straße entweder durch den Erstattungsempfänger oder durch den Käufer.

(4) **Formular 302** für Lieferungen an Streitkräfte
(5) **Versandpapier T1**
für Warensendungen nach den EFTA-Ländern (Island, Norwegen, Liechtenstein und Schweiz)
(6) **HATA Dokumente** (Konnossement der Internationalen Förderation der Spediteurorganisationen)
(7) **Konnossement für den kombinierten Güterverkehr** (Combiconbill, von der BIMCO im Januar 1981 eingeführt)
(8) **Andere Konnossemente** für den kombinierten Verkehr, von einer Seeschifffahrtsgesellschaft oder einer Gruppe von Seeschifffahrtsgesellschaften ausgestellt.
(9) **Dokument TM – CCI** (kombinierter Verkehr, Vorschriften der Internationalen Handelskammer)
(10) **Internationaler Expressbrief TIEx** (Internationaler Frachtbrief CIM/Internationaler Frachtbrief SMGS)
(11) **Frachtbrief für die Stückgutbeförderung** (im Schienen- bzw. Straßengüterverkehr), von einer Zweigstelle der niederländischen Eisenbahngesellschaft ausgestellt.
(12) **Übergabeschein** (von Beförderungsunternehmen im Auftrag der Eisenbahnverwaltung durchgeführte Großbehältertransporte)
(13) **Konnossement (Bill of Lading),** Durchkonnossement, Konnossement für den Von-Haus-zu-Haus-Verkehr
(14) **Frachtbrief für den Containerverkehr** (full bill of lading)
(15) **Stückgutempfangsschein** (Parcel receipt), vom Verfrachter anstelle eines Konnossements ausgestellt
(16) **Flussfrachtbrief,** Binnenkonnossement, Rhein-Manifest
(17) **Luftfrachtbrief**
(18) **Seefrachtbrief**

c) Von der Europäischen Kommission nicht akzeptierte Beförderungspapiere

94 1. EUR 1-Warenverkehrsbescheinigung
2. Von der örtlichen Zollstelle bestätigte Rechnung des Beförderers
3. Versandschein (Certificate of shipment)

95 **5. Selbstabholungsfälle.** Unter Selbstabholungsfällen versteht man, dass der drittländische Abnehmer entweder durch einen von ihm eingeschalteten Spediteur oder selbst aufgrund eines eigenen Fuhrparks die Erstattungsware beim Ausführer abholt. Aufgrund der Kostensituation im Transportgewerbe werden diese Fälle immer häufiger, sind sogar mittlerweile die Regel, während das Erstattungsrecht bislang davon ausgeht, dass der Ausführer die Erstattungsware transportiert bzw. transportieren lässt. Erstellt in solchen Fällen der Ausführer etwa einen CMR-Frachtbrief, liegt dem weder ein (von ihm abgeschlossener) Frachtvertrag zugrunde noch belegt er in einem strikten Sinne die Beförderung in ein Drittland. Gleichwohl akzeptiert etwa die österreichische Erstattungsstelle (ZA Salzburg) ein solches Papier als Beförderungsnachweis iSd Art. 17 Abs. 3 AEVO, wenn und weil kein vernünftiger Zweifel besteht, dass die dementsprechend vorgesehene Beförderung auch stattgefunden hat.

96 Nach der neuen Rechtsprechung des BFH[19] setzt ein Beförderungspapier iSd Erstattungsrechts stets einen gültigen Frachtvertrag voraus, obgleich er in Selbstabholungsfällen nicht immer vorliegt. Liegt er vor, ist danach Beförderungspapier der vom drittländischen Abnehmer ausgestellte Frachtbrief bzw. der vom Ausführer ausgestellte Frachtbrief, wenn

---

[19] Etwa v. 8.8.2006, VII R 20/05, ZfZ 2007, 17.

der drittländische Abnehmer darauf den Empfang der Lieferung quittiert. Diese Rechtsprechung zu Art. 17 Abs. 3 AEVO ist wirklichkeitsfremd und überzogen; aus diesem Grund hat das BMF das HZA Hamburg-Jonas angewiesen, diese Rechtsprechung des BFH nicht anzuwenden.

Der BFH (aaO) verlangt weiter, dass alle Felder des Beförderungspapiers ausgefüllt sind, **97** auch die zum Frachtführer. Das Finanzgericht Hamburg[20] folgt dieser BFH-Rechtsprechung nicht; danach sind im CMR-Frachtbrief nur die Felder auszufüllen, die für die Nämlichkeit der Transportware von Bedeutung sind; personenbezogene Angaben gehören dazu nicht.

Der CMR-Frachtbrief spielt auch bei der Steuerfreiheit einer innergemeinschaftlichen **98** Lieferung als Versendungsbeleg (Beweisurkunde) eine große Rolle. Hier nimmt der BFH eine ganz andere, wirtschaftsfreundliche Position ein,[21] wonach die fehlende Unterschrift des Auftraggebers und Frachtführers unschädlich ist.

D. Die praktische Abwicklung des Ausfuhrverfahrens

I. Vorbemerkungen

Alle Gemeinschaftswaren, also auch Marktordnungs-Waren, die aus der Gemeinschaft **99** ausgeführt werden, sind in das zollrechtliche Ausfuhrverfahren zu überführen, Art. 161 ZK, 279–289; 786–796 ZK-DVO. Davon gibt es nur 3 Ausnahmen gem. Art. 161 Abs. 2 ZK, nämlich bei der vorübergehenden Ausfuhr aufgrund einer passiven Veredelung oder innerhalb eines internen Versandverfahrens T2 oder innerhalb einer überwachten Beförderung mittels eines Kontrollexemplars KE-T 5.

Die Zollregeln werden im Erstattungsrecht ergänzt bzw. modifiziert durch die AEVO **100** und die marktordnungsrechtliche Kontrollverordnung Nr. 1276/2008, so dass in gewisser Weise zwei Ausfuhrverfahren parallel geschaltet sind. So gibt es stets zwei Ausfuhranmeldungen, die zollrechtliche (Vordruck 0733) und die erstattungsrechtliche (Vordruck 0763). Die Ausgangsbestätigung auf der Rückseite des Exemplars Nr. 3 der zollrechtlichen Ausfuhranmeldung dient als Ausfuhrnachweis für Umsatzsteuerzwecke, die auf der erstattungsrechtlichen Ausfuhranmeldung grundsätzlich als Ausfuhrnachweis für Erstattungszwecke gem. § 4 S. 1 nat. AEVO für Direktexporte. Bei der Ausfuhr über EFTA-Staaten ist zudem aus zollrechtlichen Gründen das gemeinsame Versandverfahren T1 anzuwenden.

Das erstattungsrechtliche Ausfuhrverfahren ist dem Zahlungsverfahren bei der Erstat- **101** tungs- bzw. Zahlstelle vorgeschaltet und dient letzteren gewissermaßen als Grundlage.

Im Folgenden werden nur die marktordnungsrechtlichen Besonderheiten des Ausfuhr- **102** verfahrens dargestellt.

II. Zuständige Ausfuhrzollstelle für Marktordnungswaren

Ausfuhrzollstelle ist nach Art. 161 Abs. 5 S. 1 ZK iVm Art. 790 DVO, Art. 5 Abs. 7 lit. a **103** AEVO iVm Art. 2 lit. c VO Nr. 1276/2008 die Zollstelle, *„die für den Ort zuständig ist, an dem der Ausführer ansässig ist oder die Waren verpackt oder verladen werden"*. Wenn dieser Ort aus verwaltungstechnischen Gründen nicht passt, ist dies die Zollstelle, in deren Amtsbezirk der Ausführer seinen Hauptgeschäftssitz hat, Art. 5 Abs. 7 lit. a AEVO iVm § 2 Abs. 2 nat. AEVO. Die Ausfuhrzollstelle prüft die Zulässigkeit der Ausfuhr auf der Basis eines marktordnungsrechtlichen Risikomanagements, Art. 6, 11 VO Nr. 1276/2008, und insbesondere auch die Richtigkeit des angegebenen Erstattungscodes sowie die gesunde und handelsübliche Qualität; dazu kann sie repräsentative Proben zur Untersuchung durch die BWZ entnehmen, vgl. Art. 5 VO Nr. 1276/2008.

---

[20] Etwa Urteil v. 19.2.2008, 4 K 39/05, ZfZ 2008, Beilage 2, 28 ff.
[21] Vgl. Urteil v. 17.2.2011, V R 28/10, BFHE 233, 331.

III. Das Vorausanmeldeverfahren für Marktordnungswaren

104 Gem. Art. 5 Abs. 7 UAbs. 1 lit. b AEVO ist die erstattungsrechtlich zuständige Ausfuhrzollstelle aus Gründen einer wirksamen Risikostrategie – in Deutschland geschieht dies nach dem Verfahren ARGUS[22] – von der beabsichtigten Ausfuhr unter Angabe der voraussichtlichen Verladedauer grundsätzlich mindestens 24 Stunden vor Beginn der Verladung zu unterrichten.

105 Die Abgabe summarischer Eingangsmeldungen ist nach Art. 36 lit. a ZK möglich. Summarische Ausgangsmeldungen können nach Art. 842 lit. a DVO eingereicht werden.

IV. Die Tätigkeit der Ausgangszollstelle

106 Die Aufgabe der Ausgangszollstelle nach Art. 793 DVO iVm Art. 2 lit. c 7 ff. VO Nr. 1276/2008 ist im Wesentlichen die Durchführung einer Substitutionskontrolle.

107 Die Substitutionskontrolle ist eine Sichtkontrolle. Wenn durch Sichtkontrolle eine Übereinstimmung mit den Angaben in der Ausfuhranmeldung nicht festgestellt werden kann, hat die Ausgangszollstelle das Recht, Proben zu entnehmen und durch die BWZ untersuchen zu lassen. Stellt die Ausgangszollstelle anhand der Angaben in der Ausfuhranmeldung fest, dass die Ware nicht vollständig oder unverändert gestellt worden ist, lehnt sie die Bestätigung des Ausgangs ab (rechtsbehelfsfähiger Verwaltungsakt). Ansonsten übersendet sie das Original der Ausfuhranmeldung für Erstattungszwecke an das HZA Hamburg-Jonas. Mit der ordnungsgemäß erledigten Ausfuhranmeldung für Erstattungszwecke wird dem HZA Hamburg-Jonas nachgewiesen, dass die beschriebene Marktordnungsware aus dem Zollgebiet der Gemeinschaft ausgeführt worden ist. Das erstattungsrechtliche Ausfuhrverfahren im Einzelnen ist abgehandelt in Teil 3 des PHER.

E. Erstattungsverfahren

I. Einleitung

108 Unter Erstattungsverfahren sind die Verfahren zu verstehen, die die Auszahlung der Ausfuhrerstattung an den Ausführer durch die Zahl- bzw. Erstattungsstelle regeln, in Deutschland durch das HZA Hamburg-Jonas, in Österreich durch das ZA Salzburg. Es gibt zwei Erstattungsverfahren, nämlich das Zahlungsverfahren, Art. 46 und 47 AEVO, und das Vorauszahlungsverfahren, Art. 31 und 32 AEVO, in dem die Zahlstelle gegen Leistung einer Sicherheit die beantragte Ausfuhrerstattung zwar im Voraus bezahlt, das aber keinen Vertrauensschutz für den Ausführer zur Verfügung stellt. Das frühere in Art. 26 bis 35 AEVO geregelte Vorfinanzierungsverfahren (Erstattungslagerung und Erstattungsveredelung) ist mit VO Nr. 1713/2006 (ABl. L 321/11) abgeschafft worden.

II. Die Zahlung der Ausfuhrerstattung im Normalfall

109 **1. Rechtsgrundlagen.** Rechtsgrundlage für die Zahlung der Erstattung ist gemeinschaftsrechtlich im Wesentlichen die AEVO, aber auch ZK und DVO. Auf nationaler Ebene sind in Deutschland folgende Gesetze bzw. Verordnungen zu beachten: MOG, nat. AEVO, das Verwaltungsverfahrensgesetz des Bundes (VwVfG) und die Abgabenordnung (AO).

110 Die Verfahrensvoraussetzungen für die Zahlung der Erstattung sind unbestritten kompliziert (vgl. dazu ausführlich Teil 5 des PHER). Ferner ist unstrittig, dass § 25 VwVfG im Zahlungsverfahren gilt, wonach die Behörde zur Beratung und Auskunft verpflichtet ist. Gleichwohl meint der BFH, das HZA Hamburg-Jonas habe keine vor der Rückforderung

---

[22] Vgl. dazu Schrömbges/Bahr/Neumann ZfZ 1996, 362 ff.

Abschnitt 39. Ausfuhrerstattungen

schützende Hinweispflicht; diese Auffassung wird vom FG Hamburg nicht geteilt (vgl. dazu PHER TB B.1.4). Die BFH-Rechtsprechung widerspricht der EuGH-Rechtsprechung zum Grundsatz der ordnungsgemäßen Verwaltung, wonach Fehler des Erstattungsbeteiligten diesem nicht angelastet werden dürfen, wenn sie auf ein Fehlverhalten der Verwaltung zurückzuführen sind.[23]

2. Antragsteller. Antragsteller ist der in der Ausfuhranmeldung angegebene Anmelder; er ist der erstattungsrechtliche Ausführer, auch wenn er falsch bezeichnet ist.[24] Ist dieser im Feld 2 angegebene erstattungsrechtliche Ausführer nicht der Lizenzinhaber, entsteht der Erstattungsanspruch nicht. **111**

3. Erstattungsunterlagen im Normalfall. Für die Zahlung der Erstattung müssen im Normalfall bei der nationalen Zahlstelle folgende Unterlagen vorliegen: **112**
- die angenommene Ausfuhranmeldung für Erstattungszwecke,
- der Ausfuhrnachweis,
- bei differenzierter Erstattung: der Einfuhrnachweis (also Ankunftsnachweis und Beförderungspapier),
- die Ausfuhrlizenz,
- bei NA I-Waren die Erstattungsbescheinigung und die Herstellererklärung bzw. das Analysegutachten der BWZ.

Der in Deutschland früher übliche „Antrag AE" ist 2008 abgeschafft worden.

4. Einfuhrnachweis im Missbrauchsfall. Kann sich die Erstattungsstelle aufgrund der Primär- und Sekundärnachweise von der Einfuhr im Drittland nicht überzeugen, kann sie nach Art. 27 Abs. 1 UAbs. 4 AEVO **113**

„zusätzliche Beweise verlangen, mit denen ihr gegenüber nachgewiesen werden kann, dass das Erzeugnis tatsächlich in dem einführenden Drittland vermarktet oder einer wesentlichen Be- oder Verarbeitung im Sinne von Art. 24 der Verordnung (EWG) Nr. 2913/92 unterzogen worden ist."

Diese Aufforderung ist ein rechtsbehelfsfähiger Verwaltungsakt.

Für die Vorlage dieser zusätzlichen Beweise (Zollbelege, Frachtbriefe etc.) können zusätzliche Fristen eingeräumt werden. Legt der Ausführer gleichwohl die angeforderten zusätzlichen Beweise nicht vor, lehnt die Zahlstelle die beantragte Erstattung ab. Diese beiden Maßnahmen nach Art. 27 Abs. 1 AEVO sind gem. Art. 27 Abs. 4 Satz 1 AEVO nur vor der Auszahlung der Erstattung zulässig. **114**

Die materiellen von der Erstattungsstelle darzulegenden und zu belegenden Voraussetzungen für ein Einschreiten der erstattungsrechtlichen Missbrauchsklausel des Art. 27 Abs. 1 UAbs. 1 AEVO sind: der Verdacht der Nichterreichung der Bestimmung, abstrakte oder konkrete Gefahr der Wiedereinfuhr. **115**

5. Die allgemeine Missbrauchsklausel. Nach der Rechtsprechung des EuGH (v. 27.7. 2005, C-515/03, Slg. 2005, I-7355, Rn. 39), kann ein Erstattungsmissbrauch auch dann vorliegen, wenn die Voraussetzungen der Missbrauchsklausel des Art. 27 AEVO nicht erfüllt sind. Dieser Missbrauchstatbestand, der sowohl im Zahlungs- als auch im Rückforderungsverfahren zu prüfen ist, ist heute von der Missbrauchsklausel des Art. 4 Abs. 3 VO Nr. 2988/95 (ABl. L 312/1) abgedeckt. **116**

Die allgemeine Missbrauchsklausel, deren Anwendung stets einen Missbrauch rechtlicher Gestaltungsmöglichkeiten durch den Ausführer voraussetzt, hat zwei materielle und eine verfahrensmäßige Voraussetzung. **117**

a) Objektiver Tatbestand. Zunächst muss eine Gesamtwürdigung der objektiven Umstände ergeben, dass trotz formaler Einhaltung der gemeinschaftsrechtlichen Bedingungen, also einschließlich der Bedingungen des Art. 27 AEVO, das Ziel der Regelung nicht erreicht wurde. **118**

---

[23] Vgl. dazu *Schrömbges* AW-Prax 2007, 339.
[24] So BFH v. 12.2.2008, VII R 26/05, ZfZ 2008, 160; vgl. aber *Schoenfeld* AW-Prax 2012, 427.

119 **b) Subjektiver Tatbestand.** Als subjektives Element kommt die Absicht, also das zielgerichtete Wissen und Wollen hinzu, sich einen gemeinschaftsrechtlich vorgesehenen Vorteil dadurch zu verschaffen, dass die entsprechenden Voraussetzungen willkürlich geschaffen werden. Dies kann zB durch das kollusive Zusammenwirken zwischen dem in der Gemeinschaft ansässigen Ausführer und dem Einführer der Ware im Drittland nachgewiesen werden.

120 **c) Beweislast.** Die Erstattungsstelle hat die objektive und subjektive Tatbestandsvoraussetzung nachzuweisen. Für die Beweiserbringung gilt nationales Recht, soweit die Wirksamkeit des Gemeinschaftsrechts dadurch nicht beeinträchtigt wird.

121 **6. Vorlagefrist für die im Zahlungsverfahren einzureichenden Unterlagen. a) Zwölfmonatsfrist.** Die Unterlagen für die Zahlung der Erstattung oder die Freigabe der Sicherheit sind nach Art. 46 Abs. 2 AEVO, außer im Fall höherer Gewalt, innerhalb von zwölf Monaten nach dem Tag der Annahme der Ausfuhranmeldung einzureichen. Die Frist gilt nach der Rechtsprechung auch für die Vorlage anderer gleichwertiger Unterlagen und der Duplikate der Originalausfuhrnachweise (bestätigtes KE T 5 bzw. bestätigte Ausfuhranmeldung).

122 Die Fristenberechnung erfolgt nach Art. 3 VO Nr. 1182/1971 (ABl. L 124/1). Der Tag der Annahme der Ausfuhranmeldung wird bei der Berechnung der Frist nicht mitgerechnet.

123 Die Zwölfmonatsfrist des Art. 46 Abs. 2 UAbs. 1 AEVO gilt nicht nur für die Vorlage von Unterlagen, sondern auch für verschiedene wichtige Anträge, nämlich für den Antrag auf Anerkennung anderer gleichwertiger Unterlagen (Art. 46 Abs. 3 UAbs. 1, Abs. 5 AEVO), den Antrag auf Fristverlängerung für die Vorlage gleichwertiger Unterlagen (Art. 46 Abs. 3 UAbs. 4 iVm Art. 46 Abs. 4 und 5 AEVO) und den Antrag auf Fristverlängerung für die Vorlage der Einfuhrdokumente (Art. 46 Abs. 4 AEVO).

124 **b) Nachfrist von sechs Monaten.** Wird die Zwölfmonatsfrist versäumt, die Zahlungsunterlagen jedoch binnen einer weiteren Nachfrist von sechs Monaten vorgelegt, so wird nach Art. 47 Abs. 2 UAbs. 1 AEVO eine reduzierte Erstattung in Höhe von 85% der Erstattung gezahlt, die bei Einhaltung der Zwölfmonatsfrist gezahlt worden wäre. Dasselbe gilt, wenn der Antrag auf Anerkennung gleichwertiger Unterlagen und/oder der Fristverlängerungsantrag erst in der Nachfrist gestellt wird, Art. 46 Abs. 5 Satz 2 AEVO.

125 In der Praxis wird hinsichtlich der Nachfrist von sechs Monaten und der normalen Vorlagefrist von zwölf Monaten auch von der „Achtzehnmonatsfrist" gesprochen. Das ist nicht ganz korrekt, weil die Nachfrist von sechs Monaten sich nicht unbedingt unmittelbar an die normale Vorlagefrist, sondern ebenso an etwaige Verlängerungsfristen anschließt.

126 **c) Fristverlängerung durch höhere Gewalt.** Nach Art. 46 Abs. 2 UAbs. 1 AEVO sind die erforderlichen Zahlungsunterlagen innerhalb der Zwölfmonatsfrist „außer im Fall höherer Gewalt" einzureichen. Solange die höhere Gewalt andauert, läuft die Frist nicht. Nach Beendigung der höheren Gewalt beginnt nach dem Auslegungsvermerk Nr. 4 der Kommission zu Art. 46 Abs. 2 AEVO (VSF N 46 2002) eine angemessene Frist zur Nachreichung der erforderlichen Unterlagen, die zwölf Monate nicht überschreiten darf.

127 Die Zwölfmonatsfrist verlängert sich im Fall höherer Gewalt automatisch von Gesetzes wegen, es bedarf also nicht eines gesonderten Antrags des Ausführers auf Anerkennung, dass ein Fall höherer Gewalt vorliegt. Der Ausführer muss aber von sich aus die Umstände, die die „höhere Gewalt" begründen, substantiiert vortragen und ggf. beweisen.

128 **d) Fristverlängerung auf Antrag.** Die Zwölfmonatsfrist des Art. 46 Abs. 2 UAbs. 1 AEVO kann ausschließlich in drei Fällen auf Antrag verlängert werden; bei diesen drei Fällen geht es um

- den Ausfuhrnachweis in Form anerkannter gleichwertiger Unterlagen, wenn diese Unterlagen nicht rechtzeitig vorgelegt werden können, Art. 46 Abs. 3 UAbs. 1 und 4 und Abs. 4 AEVO, und
- den Einfuhrnachweis bei nicht rechtzeitiger Vorlage der Dokumente des Art. 17 AEVO.

- Nach der Rechtsprechung kann in einem dritten Fall, nämlich bei verzögerlicher Duplikatserteilung, die Frist auf Antrag verlängert werden.

Eine Fristverlängerung auf Antrag für die Vorlage der Originalausfuhrdokumente gibt es nicht. Wenn der Originalausfuhrnachweis nicht nach Ablauf von drei Monaten beim HZA Hamburg-Jonas vorliegt, muss der Ausführer das Duplikatsverfahren bzw. das Verfahren auf Anerkennung anderer gleichwertiger Unterlagen einleiten, selbst wenn der fehlende Rücklauf auf einer unzulänglichen Arbeitsweise der Verwaltung beruht. Dabei obliegt es ihm, den Rücklauf des bestätigten KE T 5 bzw. der bestätigten Ausfuhranmeldung aktiv zu überwachen. **129**

Die sechsmonatige Nachfrist des Art. 47 Abs. 2 UAbs. 1 AEVO kann nicht verlängert werden. **130**

Voraussetzung für die Fristverlängerung ist formal, dass ein gesonderter Antrag gestellt wird, der innerhalb der Zwölfmonatsfrist gestellt werden muss, Art. 46 Abs. 5 Satz 1 AEVO; wird dieser Antrag innerhalb der weiteren Nachfrist von sechs Monaten gestellt, so werden 85% der Erstattung gezahlt. **131**

Materielle Voraussetzung der Fristverlängerung nach Art. 46 Abs. 4 AEVO ist, *„dass der Ausführer alles in seiner Macht Stehende für ihre fristgerechte Beschaffung und Vorlage unternommen hat"*. Dabei ist nach der Rechtsprechung des EuGH[25] die Dauer der Fristverlängerung nicht begrenzt: **132**

> „Es ist Sache der zuständigen nationalen Behörden, die Dauer dieser Verlängerung nach Maßgabe der besonderen Umstände jedes Einzelfalls festzulegen, wobei insbesondere die Bemühungen des Ausführers, der eine Fristverlängerung beantragt, die Art der objektiven Schwierigkeiten, denen er gegenübersteht, und der Zeitraum, der bei vernünftiger Betrachtung zur Überwindung dieser Schwierigkeiten erforderlich ist, zu berücksichtigen sind." **133**

Einen strikten Rechtsanspruch auf eine bestimmte Fristverlängerung hat der Ausführer nicht, die Gewährung der Fristverlängerung ist in das Ermessen der Behörde gestellt, das gerichtlich aber nachprüfbar ist.[26] **134**

e) Folgen der Fristversäumnis. Wird die Zwölfmonatsfrist überschritten, so wird nach Verwaltungsauffassung die Ausfuhrerstattung um 15% gekürzt, wird auch die weitere Nachfrist von sechs Monaten nicht eingehalten, geht danach die Ausfuhrerstattung gänzlich verloren, Art. 47 Abs. 2 AEVO.[27] **135**

f) Beweislast. Bleibt letztlich offen, ob eine erforderliche Zahlungsunterlage rechtzeitig bei der Zahlstelle vorgelegen hat, geht das zu Lasten des Ausführers, dh der Erstattungsanspruch ist verfristet mit der Folge der Kürzung bzw. des Verlustes der Ausfuhrerstattung. **136**

Ist der Originalausfuhrnachweis über das Verlassen des Zollgebiets der Gemeinschaft – also das bestätigte KE T 5 oder die bestätigte erstattungsrechtliche Ausfuhranmeldung – nicht binnen drei Monaten vom Tage seiner Ausstellung an zur Erstattungs- bzw. Zahlstelle zurückgelangt (vgl. Art. 46 Abs. 3 AEVO), dann ist der Ausfuhrnachweis grundsätzlich nicht geführt. Steht jedoch fest, dass die Ausgangszollstelle die bestätigte erstattungsrechtliche Ausfuhranmeldung bzw. das bestätigte KE T 5 zur Post gegeben hat, aber diese Papiere beim HZA Hamburg-Jonas nicht aufzufinden sind, dürfte das HZA die Beweislast dafür haben, dass sie nicht angekommen sind. Kann das HZA diesen Beweis nicht erbringen, ist davon auszugehen, dass diese Papiere in den Herrschaftsbereich des HZA gelangt sind; der Ausfuhrnachweis ist in einem solchen Fall erbracht. **137**

7. Die Verfahren bei fehlenden Dokumenten. Ist der grundsätzlich vorgesehene Ausfuhrnachweis nicht geführt, hat der Ausführer drei Möglichkeiten, den Ausfuhrnachweis doch noch zu erbringen: **138**

---

[25] EuGH v. 19.6.2003, C-467/01, Slg. 2003, I-6471, Rn. 49.
[26] Vgl. EuGH aaO Rn. 64.
[27] Vgl. zu abweichenden Meinungen Teil 5 B.1.5.

3. Teil. Exportwirtschaft (Ausfuhr, Zoll, Steuern)

(1) Er kann veranlassen, dass der Originalausfuhrnachweis nachträglich dem HZA vorgelegt wird, wenn das möglich ist.

Beispiel:
Die Nachforschung, warum das Original nicht zum HZA gelangt ist, ergibt, dass es bei der Ausgangszollstelle versehentlich nicht abgesandt worden ist. Auf Veranlassung des Ausführers wird das Original nunmehr dem HZA vorgelegt.

(2) Der Ausführer kann das Duplikatsverfahren einleiten, Art. 912f Abs. 2 DVO.

(3) Der Ausführer kann das Anerkennungsverfahren nach Art. 46 Abs. 3 AEVO einleiten.

139 In den ersten drei Monaten seit Ausstellung des KE T 5 bzw. seit Annahme der erstattungsrechtlichen Ausfuhranmeldung kann der Ausfuhrnachweis ausschließlich durch Vorlage des Originalausfuhrdokuments geführt werden. Danach steht es dem Ausführer frei, den Nachweis auch im Duplikats- oder Anerkennungsverfahren zu führen.[28]

140 Das Duplikat ist nach Neufassung der ErStDV durch das BMF keine gleichwertige Unterlage (anders die aktuelle Rechtsprechung des BFH). Die Duplikatserteilung fällt deshalb nicht in den Anwendungsbereich des Art. 46 Abs. 3 AEVO (gleichwertige Unterlagen).

141 Die Frist zur Vorlage des Ausfuhrnachweises in Gestalt eines Duplikats oder einer gleichwertigen Unterlage kann in einem gesonderten Verfahren verlängert werden. Dasselbe gilt für die Frist zur Vorlage des Einfuhrnachweises.

F. Rückforderungsverfahren, Art. 49 AEVO

I. Einleitung

142 Bis vor kurzem war es Ansicht des BFH: *„die Ausfuhrerstattung ist zurückzufordern, wenn der Klägerin (dem Ausführer) kein Anspruch auf Ausfuhrerstattung zusteht".*[29] Das folgert der BFH aus der objektiven Einstandspflicht des Ausführers (vgl. A. IV.). Diese Ansicht war schon immer unvertretbar,[30] was bereits die 1999 erlassene neue AEVO und der EuGH (v. 21.6.2007, C-428/05, Slg. 2007, I-5069, Rn. 25, ZfZ 2007, 193) mit Blick auf den Grundsatz der ordnungsgemäßen Verwaltung in letzter Zeit eindrucksvoll klargestellt haben. Das Rückforderungsverfahren gem. Art. 49 AEVO folgt eigenen Regeln, die explizit Bestands- und Vertrauensschutz vorsehen. Aus der neueren EuGH-Rechtsprechung folgert das FG Hamburg, dass die Erstattungs- bzw. Zahlstelle im Rückforderungsverfahren grundsätzlich die Beweislast hat;[31] § 11 MOG und § 16 nat. AEVO, die abweichende Beweislastregeln enthalten, gelten nicht (so ausdrücklich FG Hamburg aaO). Demgegenüber führt der BFH den Vertrauensschutz in seiner neueren Rechtsprechung in irritierenden Wortfassaden, hinter denen wenig Sachkompetenz zu wohnen scheint, gegen Null (vgl. Beschluss v. 23.10.2012, VII R 9/10). Es sei den Ausführern empfohlen, Ausfuhrerstattungen in anderen Mitgliedstaaten zu ziehen, in denen eine dem Sinn und Zweck einer Ausfuhrerstattung entsprechende Erstattungspraxis vorherrscht.

II. Rückforderungstatbestand

143 **1. Allgemeines.** Rückforderungstatbestand ist rein objektiv, dass die Ausfuhrerstattung dem Ausführer im Widerspruch zu gemeinschaftsrechtlichen Vorschriften, auch verfahrensrechtlicher Art, gewährt worden ist. Allerdings: Die Vorlagefristen gelten nur im Zahlungsverfahren, nicht aber auch im Rückforderungsverfahren.[32] Wenn also einmal die Ausfuhrerstattung endgültig gewährt worden ist, dann kann die Rückforderung der Ausfuhrerstat-

---

[28] Näher dazu *Reiche* AW-Prax 2006, 34.
[29] Etwa Vorlagebeschluss zur Sanktion v. 7.9.2011, VII R 45/10, ZfZ 2011, 328.
[30] So zu Recht *Reiche* AW-Prax 2011, 243.
[31] Vgl. Urt. v. 28.2.2008, 4 K 48/07, ZfZ 2008, Beilage 2, S. 32, *Schoenfeld* ZfZ 2005, 74.
[32] Vgl. EuGH v. 21.6.2007, C-428/05, Slg. 2007, I-5069.

tung nicht mit dem Argument begründet werden, der Ausführer habe die Vorlagefristen des Art. 46 Abs. 2, 47 Abs. 2 AEVO nicht eingehalten.

2. Rückforderung bei zweifelhaftem Einfuhrnachweis. a) Die Missbrauchsklausel des Art. 27 Abs. 4 AEVO. Stellt sich im Nachhinein heraus, dass der Einfuhrnachweis doch nicht erbracht ist, gilt Art. 27 Abs. 4 UAbs. 2 AEVO. Diese Vorschrift normiert eine Rückzahlungspflicht in vier Fällen, deren Voraussetzungen die Erstattungsstelle darzulegen und zu beweisen hat: **144**

a) Zerstörung oder Beschädigung des Erzeugnisses vor der Vermarktung oder der wesentlichen Be- oder Verarbeitung gem. Art. 24 ZK im Drittland. Dies gilt nicht, wenn der Ausführer nachweist, dass die Ausfuhr unter solchen wirtschaftlichen Bedingungen erfolgt ist, dass das Erzeugnis unbeschadet der Bestimmungen über die gesunde und handelsübliche Qualität gem. Art. 28 Abs. 2 UAbs. 2 AEVO nach vernünftigem Ermessen in einem Drittland hätte vermarktet werden können.

b) Vorhandensein des Erzeugnisses in einem Drittland in einem Nichterhebungsverfahren 12 Monate nach dem Tag der Ausfuhr aus der Gemeinschaft, ohne in einem Drittland einer wesentlichen Be- oder Verarbeitung gem. Art. 24 ZK unterzogen worden zu sein, und wenn die Ausfuhr nicht im Rahmen eines normalen Handelsgeschäftes lag.

c) Einfuhr des ausgeführten Erzeugnisses in die Gemeinschaft, ohne einer wesentlichen Be- oder Verarbeitung gem. Art. 24 ZK unterzogen worden zu sein, und wenn die nicht-präferenzierte Einfuhrabgabe niedriger ist als die gewährte Erstattung und die Ausfuhr nicht im Rahmen eines normalen Handelsgeschäfts erfolgt ist.

d) Wiedereinfuhr der ausgeführten im Anhang XV genannten Erzeugnisse nach einer Be- oder Verarbeitung, die nicht den Grad des Art. 24 ZK erreicht hat, und bei denen eine präferentielle Einfuhrabgabe angewandt wird.

Der BFH misst hingegen dieser Vorschrift ohne jede Begründung keine Bedeutung zu (Beschluss v. 23.10.2012, VII R 9/10), seine rein ergebnisorientierten Überlegungen sind unvertretbar.

b) Zur Frage des anormalen Handelsgeschäfts. Als „nicht normales Handelsgeschäft" gemäß den Buchstaben b) und c) ist nach Erwägungsgrund 27 AEVO ein solches Geschäft anzusehen, das kein wirtschaftliches Ziel und lediglich den Zweck verfolgt, einen von der Gemeinschaft finanzierten wirtschaftlichen Vorteil zu erlangen. Das bedeutet, dass die Voraussetzungen für ein Handelsgeschäft künstlich geschaffen wurden. Kein normales Handelsgeschäft liegt zB vor, wenn der Ausfuhrerstattungsbetrag den Herstellerbetrag überschreitet oder Erzeugnisse ausgeführt werden, die zwar den tariflichen Kriterien der Erstattungsnomenklatur entsprechen, für die aber wegen ihrer atypischen Beschaffenheit kein echter Markt besteht. **145**

c) Präferenzbedingte Erstattungskarusselle. Die Erwägungsgründe der VO Nr. 313/97 (ABl. L 51/31), mit der Art. 15 Abs. 2 in die VO Nr. 3665/87 eingefügt wurde und die insoweit Vorläuferbestimmung zu Art. 27 AEVO ist, bringen am besten zum Ausdruck, welcher Hintergrund Erstattungskarussellen zugrunde liegt: **146**

„Diese Gefahr besteht, wenn die genannten Maßnahmen Erzeugnisse betreffen, die erstattungsfähig sind, aber – im Rahmen eines Präferenzabkommens oder einer Ratsentscheidung – ohne wesentliche Be- oder Verarbeitung in einem Drittland mit einem verringerten oder auf Null festgesetzten Zoll wieder in die Gemeinschaft eingeführt werden."

Im Wesentlichen geht es um die Abwehr einer unberechtigten Kumulation von Zollpräferenzen und Ausfuhrerstattungen.[33]

3. Erstattungsmissbrauch nach Art. 4 Abs. 3 VO Nr. 2988/95. Die allgemeine Missbrauchsklausel ist nicht nur – wie unter E. II.5. dargestellt – im Zahlungsverfahren, sondern auch im Rückforderungsverfahren anwendbar. **147**

---

[33] Vgl. dazu ausführlich auch *Schrömbges* EuZW 2000, 554.

148 **4. Grundsatz der Dritthaftung.** Nach Art. 49 Abs. 4 UAbs. 2 AEVO haftet der Ausführer auch für „*Handlungen Dritter, die direkt oder indirekt die für die Zahlung der Erstattung erforderlichen Förmlichkeiten betreffen.*"

149 Damit ist der marktordnungsrechtliche Grundsatz der Dritthaftung nunmehr ausdrücklich im Erstattungsrecht normiert. Er besagt, dass sich der Ausführer das Fehlverhalten Dritter wie sein eigenes zurechnen lassen muss. Der eigene gute Glaube hilft also nicht weiter, wenn ein Dritter bösgläubig war. Dritte sind grundsätzlich alle Vertragspartner des Ausführers, also insbesondere Vorlieferanten, Spediteure, drittländischer Abnehmer. Dritter im Sinne dieser Vorschrift ist auch die KÜG, was allerdings angesichts ihrer behördenähnlichen Stellung (sog. Beliehener Unternehmer) rechtsstaatlich fraglich sein dürfte.

III. Rechtsfolgen

150 Rechtsfolge ist grundsätzlich die Rückerstattung des Erstattungsbetrages. Bei Abtretung des Erstattungsanspruches betrifft die Rückzahlungspflicht nach Art. 49 Abs. 1 UAbs. 6 AEVO auch die vorfinanzierende Bank (Übernehmer). Der Rückerstattungsanspruch der Erstattungsstelle ist gem. Art. 49 Abs. 1 AEVO iVm § 14 MOG vom Zeitpunkt der Gewährung der Erstattung an zu verzinsen. Der Zinsanspruch entsteht nicht, wenn die Erstattung aufgrund eines Irrtums der Erstattungsstelle gewährt worden ist, aber Vertrauensschutzgründe der Rückzahlungspflicht nach Art. 49 Abs. 4 AEVO nicht entgegenstehen.

IV. Vertrauensschutz nach Art. 49 Abs. 4 lit. a AEVO

151 **1. Gesetzestext.** Nach dieser Vorschrift ist Vertrauensschutz zu gewähren, wenn die Ausfuhrerstattung

„infolge eines Fehlers der zuständigen Behörden, der Mitgliedstaaten selbst oder einer anderen betroffenen Behörde erfolgt ist, dieser Fehler vom Ausführer nicht erkannt werden konnte und er bei der Gewährung der Ausfuhrerstattung in gutem Glauben gehandelt hat."

Die Erstattungsvorauszahlung gemäß Art. 31 und 32 AEVO unterfällt dieser Vertrauensschutzregelung nicht, Art. 49 Abs. 4 UAbs. 3 AEVO.

152 Diese Vorschrift hat ihr Vorbild in Art. 220 Abs. 2 lit. b ZK. Es liegt deshalb nahe, die umfangreiche Rechtsprechung und Literatur zu dieser zoll-rechtlichen Vorschrift auch hier sinngemäß entsprechend den Besonderheiten des Erstattungsrechts heranzuziehen.

153 **2. Fehler der Behörden.** Der „Fehler" der Behörde wird mit dem Irrtum im Sinne des Art. 220 Abs. 2 lit. b ZK gleichzusetzen sein. Dieser liegt nach ständiger Rechtsprechung des EuGH und nach der Dienstanweisung des BMF (VSF Z 1111 Abs. 8) nur in Fällen des sog. aktiven Irrtums vor, also wenn die Zollbehörde die Angaben in der Zollanmeldung tatsächlich prüft und nicht etwa wie angemeldet annimmt. Davon wird immer im Sinne einer tatsächlichen Vermutung auszugehen sein, weil die Erstattungsstelle zu einer nachhaltigen Prüfung der Erstattungsvoraussetzungen verpflichtet ist, Art. 46 AEVO.

154 Als andere „zuständige Behörden" als die Erstattungsstelle, die mit der Gewährung der Ausfuhrerstattung zu tun haben, kämen etwa Ausfuhr- und Ausgangszollstelle, die Bundesfinanzdirektion (BFD) Südwest in Nürnberg, das Bundesministerium der Finanzen in Bonn, die Zolltechnischen Prüf- und Lehranstalten, die Industrie- und Handelskammern (Ursprungszeugnisse) und Veterinärdienststellen (gesunde und handelsübliche Qualität) in Betracht.[34]

155 **3. Erkennbarkeit des Irrtums für den Ausführer.** Nach ständiger Rechtsprechung des EuGH kommt es insoweit auf eine konkrete Beurteilung aller Umstände des Einzelfalls an, bei der namentlich die Art des Irrtums (Rechtslage einfach oder verwickelt), die Erfahrung

---

[34] Vgl. dazu FG Hamburg v. 8.9.2008, 4 K 147/06, ZfZ 2009, Beilage 1, S. 10.

Abschnitt 39. Ausfuhrerstattungen

des Ausführers (bereits gewerbsmäßig im Erstattungsgeschäft tätig) und die Sorgfalt des Ausführers (vor allem Informationspflicht über das geltende Recht im Amtsblatt der EU) zu berücksichtigen sind. Dazu kann er Hilfe in Anspruch nehmen, etwa bei den Zolldienststellen, dem BMF, den Verbänden oder kundigen Rechtsanwälten.[35]

Die Erstattungsstelle, besetzt mit Beamten, die sich ausschließlich mit dem Erstattungsrecht befassen, hat gegenüber jedem Ausführer, insbesondere gegenüber einem mittelständisch strukturierten Unternehmen einen deutlichen Wissensvorsprung. Hinzu kommt, dass insbesondere die deutsche Erstattungsstelle die Erstattungsvoraussetzungen überaus sorgfältig monatelang prüft. Kommt die Erstattungsstelle dann zu dem Ergebnis, dass die von ihr nachhaltig geprüften Erstattungsvoraussetzungen vorliegen, darf der Ausführer grundsätzlich davon ausgehen, dass diesen Experten kein Fehler unterlaufen ist. Er ist keinesfalls verpflichtet, den Erstattungsbescheid oder den Vorauszahlungsbescheid auf seine rechtliche Richtigkeit hin zu überprüfen. Das wird man angesichts der Rechtsprechung des EuGH nur dann anders bewerten dürfen, wenn die Zahlstelle eine eindeutige Rechtslage völlig verkennt, was nur äußerst selten vorkommen dürfte. **156**

Bei zweifelhaften Tarifierungs- und Ursprungsfragen sollte jedoch eine verbindliche Auskunft gem. Art. 12 ZK eingeholt werden. **157**

4. Guter Glauben des Ausführers. Der gute Glaube des Ausführers hängt weitgehend von dem Kriterium ab, ob der Ausführer den Fehler der Behörde bei der Gewährung der Ausfuhrerstattung erkennen konnte und ob er selbst sorgfältig die Erstattungsvoraussetzungen und die Zuverlässigkeit von ihm eingeschalteter Dritter geprüft hat, was er möglichst auch dokumentieren sollte. Insoweit muss er sich auch darüber vergewissern, dass seine Vertragspartner sorgfältig arbeiten. **158**

Empfehlenswert ist ein erstattungsrechtliches Risikomanagement, das Fehlerquellen im Betrieb identifiziert und Vermeidungsstrategien zur Verfügung stellt. **159**

V. Verjährung des Rückforderungsanspruches

Nach Art. 49 Abs. 4 lit. b AEVO verjährt der Rückforderungsanspruch nach vier Jahren, wenn zwischen der Bekanntgabe des Erstattungsbescheides bzw. des Bescheides über die Freigabe der Vorauszahlungssicherheit und der Mitteilung, *„dass die Zahlung zu Unrecht erfolgt war, mehr als vier Jahre vergangen sind"*. Letztere Bekanntgabe ist in aller Regel die Bekanntgabe des Rückforderungsbescheids gemäß §§ 42, 43 VwVfG durch die Erstattungsstelle. **160**

Die Verjährung nach dieser Vorschrift soll allerdings nur dann eintreten, *„wenn der Begünstigte in gutem Glauben gehandelt hat"*. War der Ausführer bösgläubig, verjährt der Rückforderungsanspruch nach Art. 3 Abs. 1 VO Nr. 2988/95, also vier Jahre ab Begehung der Unregelmäßigkeit.[36] Hier liegt ein gewisser Wertungswiderspruch vor, weil die Verjährungsfrist für den bösgläubigen Ausführer günstiger ist; denn die Begehung der Unregelmäßigkeit liegt stets vor der Bekanntgabe des rechtswidrigen Erstattungsbescheids. **161**

Die Verjährungsfrist in diesem Fall hat zu einem bemerkenswerten „Theaterstück" geführt. Zweimal ist der EuGH hier eingeschaltet worden, weil der BFH zunächst eine dreißigjährige Verjährungsfrist, dann eine nach eigenem Gutdünken annehmen wollte, dem sich das FG Hamburg in bemerkenswerter Weise zu Recht widersetzt hat. Schlussakt war ein öffentliches „Jammerlied" des Berichterstatters des BFH Rüsken über die respektloses Vorgehensweise des FG Hamburg.[37] **162**

---

[35] Vgl. dazu *Witte/Alexander* Art. 220 Rn. 24 ff.
[36] Vgl. EuGH v. 24.6.2004, C-278/02, Slg. 2004, I-6171; v. 5.5.2011, C-201 und 202/10, ZfZ 2011, 180 ff.; vgl. dazu auch *Krüger* ZfZ 2008, 244.
[37] *Rüsken* ZfZ 2011, 86 ff., 183 ff.; vgl. dazu auch *Schrömbges* AW-Prax 2010, 265 ff.

3. Teil. Exportwirtschaft (Ausfuhr, Zoll, Steuern)

G. Sanktionsverfahren

I. Sanktionen nach Art. 48 AEVO

163 **1. Gesetzeswortlaut. a) Artikel 48.** Artikel 48 Abs. 1 bis 4 hat folgenden Wortlaut:

„(1) Wird festgestellt, dass ein Ausführer eine höhere als die ihm zustehende Ausfuhrerstattung beantragt hat, so entspricht die für die betreffende Ausfuhr zu zahlende Erstattung der für die tatsächliche Ausfuhr geltenden Erstattung, vermindert um einen Betrag in Höhe

a) des halben Unterschieds zwischen der beantragten Erstattung und der für die tatsächliche Ausfuhr geltenden Erstattung,

b) des doppelten Unterschieds zwischen der beantragten und der geltenden Erstattung, wenn der Ausführer vorsätzlich falsche Angaben gemacht hat.

(2) Wird festgestellt, dass der Satz der Ausfuhrerstattung gemäß Artikel 9 nicht angegeben wurde, so gilt unbeschadet von Artikel 9 Unterabsatz 2 ein Satz von null. Ist der ausgehend von gemäß Artikel 9 vorgelegten Informationen berechnete Betrag der Ausfuhrerstattung niedriger als der geltende Satz, so entspricht die für die betreffende Ausfuhr zu leistende Erstattung der für die tatsächliche Ausfuhr geltenden Erstattung, abzüglich eines Betrags in Höhe von

a) 10 % der Differenz zwischen der berechneten Erstattung und der für die tatsächliche Ausfuhr geltenden Erstattung, wenn die Differenz 1.000 EUR übersteigt;

b) 100 % der Differenz zwischen der berechneten Erstattung und der für die tatsächliche Ausfuhr geltenden Erstattung, wenn der Ausführer angegeben hat, dass die Erstattungen 1.000 EUR nicht übersteigen, und die tatsächlich geltende Erstattung 10.000 EUR übersteigt;

c) 200 % der Differenz zwischen der berechneten Erstattung und der geltenden Erstattung, wenn der Ausführer vorsätzlich falsche Angaben gemacht hat.

Unterabsatz 1 ist nicht anzuwenden, wenn der Ausführer den zuständigen Behörden glaubhaft nachweist, dass die in dem genannten Unterabsatz beschriebenen Situation auf höhere Gewalt oder auf einen offensichtlichen Irrtum zurückzuführen ist oder gegebenenfalls auf korrekten Angaben über frühere Zahlungen basierte.

Unterabsatz 1 ist nicht anzuwenden, wenn nach Maßgabe des Absatzes 1 Sanktionen erfolgen, die auf den gleichen Elementen wie bei der Festsetzung des Anspruchs auf Ausfuhrerstattungen beruhen.

(3) Als beantragte Erstattung gilt der Betrag, der anhand der Angaben gemäß Artikel 5 berechnet wird. Richtet sich die Höhe der Erstattung nach der jeweiligen Bestimmung, so ist der differenzierte Teil der Erstattung anhand der gemäß Artikel 46 übermittelten Angaben über Menge, Gewicht und Bestimmung zu berechnen.

(4) Die in Absatz 1 Buchstabe a) genannte Sanktion entfällt:

a) im Fall höherer Gewalt;

b) in Ausnahmefällen, in denen der Ausführer die zuständigen Behörden unverzüglich, nachdem er festgestellt hat, dass er eine zu hohe Erstattung beantragt hat, von sich aus schriftlich unterrichtet, es sei denn, die zuständigen Behörden haben dem Ausführer mitgeteilt, dass sie beabsichtigen, seinen Antrag zu prüfen, oder der Ausführer hat anderweitig von dieser Absicht Kenntnis erlangt oder die zuständigen Behörden haben bereits festgestellt, dass die beantragte Erstattung nicht zutrifft;

c) im Fall eines offensichtlichen, von der zuständigen Behörde anerkannten Irrtums im Zusammenhang mit der beantragten Erstattung;

d) wenn die beantragte Erstattung der Verordnung (EG) Nr. 1043/2005, insbesondere Art. 10 entspricht und auf Basis des Durchschnitts der in einem bestimmten Zeitraum verwendeten Mengen berechnet wurde;

e) im Fall einer Korrektur des Gewichts insoweit, als der Unterschied auf unterschiedlichen Wiegemethoden beruht."

164 **b) Abschließende Regelung des Art. 48 Abs. 4 AEVO.** Die in Absatz 4 genannten fünf Fälle, in denen die sog. 50%-Sanktion entfällt, sind abschließend (vgl. EuGH v. 14.4.2005, C-385/03, Slg. 2005, I-2997, Rn. 32; v. 24.4.2008, C-143/07, Slg. 2008, I-3171, Rn. 36).

165 **c) Versuchte Ausfuhr.** Art. 48 Abs. 6 S. 1 AEVO stellt die nicht erfolgte, also die versuchte und die vollendete Ausfuhr gleich, weil der Ausführer in einem solchen Fall den Betrag zu zahlen hat, *„den er zu zahlen hätte, wenn die Ausfuhr erfolgt wäre."* Versucht in diesem Sinne ist die Ausfuhr mit Annahme der erstattungsrechtlichen Ausfuhranmeldung.

d) Beweislast. Die Zahl- bzw. die Erstattungsstelle hat die Voraussetzungen für die Verhängung der Sanktion darzulegen und zu beweisen. **166**

2. Berechnung der Sanktion. Als beantragte Erstattung gilt grundsätzlich der Betrag, der **167** sich aufgrund der Angaben in der Ausfuhranmeldung für Erstattungszwecke errechnet. Basis für die Berechnung beider Sanktionen ist der Unterschied dieser Erstattung zu der dem Ausführer geschuldeten Erstattung.

Beispiel 1: **168**
Beantragte Erstattung	100 EUR
Zustehende Erstattung	0 EUR
Differenz	100 EUR
a) Sanktion 50%	50 EUR
b) Sanktion 200%	200 EUR

Richtet sich die Höhe der Erstattung nach einem verbindlich vorgegebenen Bestimmungsland, so ist die Sanktion bei einer Abweichung von diesem Bestimmungsland, Fälle höherer Gewalt ausgenommen, anhand der gem. Art. 46 AEVO übermittelten Angaben über Menge, Gewicht und Bestimmung auf der Basis des differenzierten Teils der Erstattung zu berechnen (Art. 548 Abs. 3 AEVO).

Beispiel 2: **169**
Differenzierter Erstattungssatz	80 EUR
Niedrigster Erstattungssatz	50 EUR
Differenz	30 EUR
Davon 20%	6 EUR
50 – 6 =	44 EUR
Differenzierter Teil der Erstattung:	
80 – 44 =	36 EUR

Davon sind 50% bzw. 200% als Sanktion zu berechnen. Die Sanktionen betragen somit 18 EUR (Art. 48 Abs. 1 lit. a AEVO) bzw. 72 EUR (Art. 48 Abs. 1 lit. b AEVO); die Erstattungen belaufen sich demzufolge auf 32 EUR bzw. auf minus 36 EUR, d. h. im zweiten Fall hat der Ausführer den sog. Negativbetrag von 36 EUR zu zahlen (Art. 51 Abs. 5 AEVO).

Wurde die Erstattung im Voraus festgesetzt, wird die Sanktion auf der Grundlage der Erstattungssätze vom Tag der Einreichung des Lizenzantrages berechnet, Art. 48 Abs. 12 AEVO. Die Sanktion wird ohne Berücksichtigung des Verlustes der Erstattung gem. Art. 4 Abs. 1 AEVO (keine Erstattung wegen fehlender Vorausfestsetzung) oder der Verringerung der Erstattung gem. Art. 4 Abs. 2 AEVO (wegen Abweichung vom Erzeugniscode) oder der Verringerung der Erstattung gem. Art. 25 Abs. 3 AEVO (wegen Nichteinhaltung einer nicht verbindlichen Bestimmung) berechnet. Die im Voraus festgesetzten Sätze werden erforderlichenfalls noch angepasst.

3. Sanktionierung einer „falschen" Rechtsansicht. Streitig ist, ob der Ausführer, der in **170** der Ausfuhranmeldung den maßgeblichen Sachverhalt richtig und vollständig angibt, auch dann befragt werden darf, wenn sein Erstattungsantrag auf einer Rechtsansicht basiert, die von der Verwaltung nicht geteilt wird. Das FG Hamburg meint, eine solche Sanktion sei von der Rechtsprechung des EuGH gedeckt und infolgedessen rechtmäßig.[38] Der EuGH (Urt. v. 6.12.2012, C-562/11, SEPA) hat nunmehr entschieden, dass allein entscheidend sei, ob eine Ausfuhrerstattung zu hoch beantragt worden ist, unabhängig davon, ob sie auf falschen oder unvollständigen Tatsachen oder einer Rechtsansicht beruht.

4. Sanktionierung von Verfahrensvorschriften. Streitig ist zudem die Frage, ob durch **171** die Vorschrift nur die Angabe unwahrer oder unrichtiger Tatsachen oder auch die Verletzung von Verfahrensvorschriften sanktioniert werden soll. Ersteres ist aufgrund des Wortlauts und Sinn und Zweck der Vorschrift vorzugswürdig. Die Richtigkeitsgewähr, die der Ausführer mit seinem Erstattungsantrag übernimmt, bezieht sich ausschließlich auf seine Angaben zur Berechnung der Ausfuhrerstattung, also auf das Erzeugnis und seine tatsächli-

---

[38] Vgl. dazu kritisch *Reiche* AW-Prax 2011, 243 ff.

3. Teil. Exportwirtschaft (Ausfuhr, Zoll, Steuern)

che Bestimmung. Der Ausführer übernimmt eine Garantieerklärung dafür, dass seine Ausfuhrware den erstattungsrechtlichen Erfordernissen entspricht, demgemäß richtig und vollständig ist. Stellt sich also – ggf. erst im Nachhinein heraus, dass seine Angaben in der Ausfuhranmeldung richtig waren, ist diesem genüge getan. Es liegt kein sanktionswürdiges Verhalten vor. Diese Frage liegt (betreffend Art. 51 AEVO aF) gegenwärtig dem EuGH zur Entscheidung vor (Rs. C-334/13; Vorlagebeschluss des BFH v. 14.6.2013, VII R 67/11).

172 **5. Rechtsnatur der Sanktionen. a) Rechtsnatur der 50%-Sanktion.** Die Sanktion ist Ausdruck der objektiven Einstandspflicht des Ausführers, seiner erstattungsrechtlichen Garantiehaftung. Daraus folgert der EuGH (v. 11.7.2002, C-210/00, Slg. 2002, I-6453) zu der gleich lautenden Vorgängerbestimmung des Art. 11 Abs. 1 UAbs. 1 lit. a VO Nr. 3665/87, die Sanktion habe keinen verwaltungsstrafrechtlichen Charakter. Als Letzter in der Kette habe der Ausführer sicherzustellen, dass die Erstattungsvoraussetzungen erfüllt seien. Halte er diese Garantie nicht ein, sei er unmissverständlich dazu anzuhalten. Das sei Erstattungsrecht, kein Verwaltungsstrafrecht (zweifelhaft).

173 **b) Rechtsnatur der 200%-Sanktion.** Ungeklärt ist bislang in der EuGH-Rechtsprechung, welche Rechtsnatur die Sanktion nach Art. 48 Abs. 1 lit. b AEVO hat. Nach Ansicht des EuGH (v. 24.4.2008, C-143/07, Slg. 2008, I-3171, Rn. 17) *„steigt ... im Falle einer vorsätzlichen Handlung nur der Betrag der Sanktion ..."* Wäre dem „nur" so, wäre auch die 200%-Sanktion reines Erstattungsrecht, ein befremdliches Ergebnis, wenn man bedenkt, dass regelmäßig auch der allgemeine Missbrauchstatbestand der Unregelmäßigkeiten VO Nr. 2988/95, ein Subventionsbetrug nach § 264 StGB bzw. eine Steuerhinterziehung in Österreich gegeben ist, wenn die Voraussetzungen des Art. 48 Abs. 1 lit. b AEVO erfüllt sind (in Österreich ist eine Ausfuhrerstattung kraft Gesetzes eine Steuer, obwohl sie ihrer Rechtsnatur nach das Gegenteil ist, nämlich eine landwirtschaftliche Subvention.)

174 **6. Verhältnis zu anderen Vorschriften. a) Rückforderung gem. Art. 51 AEVO.** Die Sanktionsvorschrift greift in das Zahlungsverfahren ein und bestimmt, dass die beantragte Erstattung „vermindert" wird; sie ordnet nicht an, dass die zurückgeforderte Erstattung um 50% oder 200% erhöht wird. Sanktion nach Art. 48 AEVO (= Sanktion iSd Art. 5 VO Nr. 2988/95) und Rückforderung nach Art. 49 AEVO (= Maßnahme iSd Art. 4 VO Nr. 2988/95) sind zwei voneinander unabhängige Rechtsfolgen der Begehung einer Unregelmäßigkeit iSd Art. 1 VO Nr. 2988/95 (so auch EuGH v. 6.4.2006, C-274/04, Slg. 2006, I-3269).

Beispiel:
Der Ausführer geht – wie der Zoll – in gutem Glauben davon aus, dass der von ihm exportierte Käse Gemeinschaftsursprung hat, was aber nicht der Fall ist, wie sich viele Jahre später herausstellt. Hier hat der Ausführer objektiv eine Erstattungsvoraussetzung in der Ausfuhranmeldung falsch angegeben, was die Sanktion auslöst. Die Rückforderung scheitert aber am Vertrauensschutz.

175 **b) Erstattungskürzungen nach Art. 47 AEVO.** Art. 47 AEVO sieht Erstattungskürzungen vor, wenn bis auf eine Überschreitung der nachstehend genannten Fristen alle sonstigen zum Nachweis des Erstattungsanspruches vorgesehenen Bedingungen eingehalten sind:
- 60-Tage-Frist für die Ausfuhr aus dem Zollgebiet der Gemeinschaft (Art. 7 Abs. 1 AEVO);
- 12-Monats-Frist für die Einfuhr in ein Bestimmungsdrittland (Art. 16 Abs. 1 AEVO);
- 30-Tage-Frist für Lieferungen auf ein Vorratslager (Art. 37 Abs. 1 AEVO);
- Nachweisfrist des Art. 46 Abs. 2 und 4 AEVO;
- 60-Tage-Frist für die Durchführung der Ausfuhr gleichgestellter Lieferungen.

Ist die beantragte Erstattung nur wegen der vorgenannten Erstattungskürzungen höher als die geltende Erstattung, wird keine Sanktion angewandt (Art. 48 Abs. 8 AEVO).

176 **c) Keine Sanktion in bestimmten Sonderfällen.** Art. 48 Abs. 8 AEVO normiert:

„Ist die beantragte Erstattung nur wegen Anwendung von Art. 4 Abs. 2, Art. 25 Abs. 3 und/oder Art. 47 höher als die geltende Erstattung, so werden keine Sanktionen angewandt."

d) Keine Sanktion bei einer Abweichung von Ausfuhranmeldung und Lizenz. Nach 177
Art. 48 Abs. 11 AEVO wird keine Sanktion verhängt, wenn das in der Ausfuhranmeldung
angegebene Erzeugnis nicht den Angaben in der Lizenz entspricht; in diesem Fall wird
(nur) keine Erstattung gewährt.

e) Keine Sanktion in Bagatellfällen. Da die deutsche Zahlstelle die Bagatellfallregelung 178
des Art. 48 Abs. 10 AEVO (Ausfuhrerstattung höchstens EUR 100) anwendet, ist es Verwaltungspraxis, auch in diesen Fällen auf eine Sanktion zu verzichten.

f) Nationale Sanktionen. Nach Art. 48 Abs. 9 AEVO sind die Sanktionen nach Art. 48 179
Abs. 1 AEVO neben den Sanktionen anzuwenden, die das jeweilige nationale Recht vorsieht. Das bedeutet, dass eine Bestrafung wegen Subventionsbetrug nach § 264 StGB nichts
daran ändert, dass auch noch die Sanktionen nach Art. 48 Abs. 1 AEVO verhängt werden
dürfen.

Fraglich ist, ob dies auch für die 200%-Sanktion gelten darf, die sich strukturell von dem 180
Straftatbestand des § 264 StGB nicht unterscheidet.

II. Schwarze Liste

1. Rechtsgrundlage. Das mit der „Schwarzen Liste" installierte Identifikations- und 181
Mitteilungssystem ist normiert in:
- VO (EG) Nr. 745/96 des Rates vom 22.6.1995 über Vorkehrungen gegenüber bestimmten Begünstigungen der vom EGFL, Abteilung Garantie, finanzierten Maßnahmen (iF VO) (ABl. L 145/1).
- VO (EG) Nr. 745/96 der Kommission vom 24.4.1996 zur Durchführung der Verordnung (EG) Nr. 1469/95 des Rates über Vorkehrungen gegenüber bestimmten Begünstigungen der vom EGFL, Abteilung Garantie, finanzierten Maßnahmen (i. F. DVO) (ABl. L 102/15).
- VO (EG, Euratom) Nr. 2988/95 des Rates vom 18.12.1995 über den Schutz der finanziellen Interessen der Europäischen Gemeinschaften (ABl. L 312/1).
- Richtlinie 95/46 EG des Europäischen Parlaments und des Rates vom 24.10.1995 zum Schutz natürlicher Personen bei der Verarbeitung personenbezogener Daten und zum freien Datenverkehr (i. F. RL) (ABl. L 281/31).

2. Anwendungsvoraussetzung: Tatvorwurf „Begehung einer Unregelmäßigkeit". Nur 182
solche Marktbeteiligte, hier Ausführer, werden von dem Identifikations- und Mitteilungssystem erfasst, die eine Unregelmäßigkeit begangen haben oder begangen haben könnten.
Dieser Tatvorwurf ist bis ins Einzelne geregelt. Die Mitgliedstaaten wenden das Identifikations- und Mitteilungssystem der „Schwarzen Liste" an, wenn folgende Voraussetzungen
vorliegen:
- Verstoß gegen eine Gemeinschaftsvorschrift, Art. 2 Abs. 1 DVO,
- in den in Art. 1 Abs. 1 VO genannten Bereichen (finanzierte Ausschreibungen, Ausfuhrerstattungen und Verkäufe von verbilligten Interventionserzeugnissen),
- zum Nachteil des EGFL, Abteilung Garantie, Art. 1 Abs. 1 VO, Art. 1 Abs. 1 DVO,
- in Höhe von mindestens € 100.000 jährlich, Art. 2 Abs. 1 VO,
- gerechnet ab dem Tag der Vollendung der ersten Unregelmäßigkeit, Art. 2 Abs. 2 DVO,
- durch positives Tun oder Unterlassung, Art. 1 Abs. 1 DVO,
- vorsätzlich oder grob fahrlässig – nach den einzelstaatlichen Begriffsbestimmungen, Art. 1 Abs. 5 DVO,
- durch einen „Marktbeteiligten A"
  „Marktbeteiligte A" sind solche natürlichen oder juristischen Personen, die gemäß einer bestands- bzw. rechtskräftigen Entscheidung einer Verwaltungsbehörde oder eines Gerichts vorsätzlich oder grob fahrlässig eine Unregelmäßigkeit hinsichtlich der einschlägigen Gemeinschaftsvorschriften begangen und dadurch zu Unrecht einen finanziellen Vorteil erlangt oder zu erlangen versucht haben, Art. 1 Abs. 2 lit. a VO iVm Art. 1 Abs. 3 lit. a DVO, oder

- durch einen „Marktbeteiligten B"
  „Marktbeteiligte B" sind solche natürlichen oder juristischen Personen, die aufgrund einer ersten amtlichen oder gerichtlichen Feststellung der Begehung einer Unregelmäßigkeit verdächtigt sind, Art. 1 Abs. 2 lit. b VO iVm Art. 1 Abs. 2 und 3 lit. b DVO, oder
- durch Teilnehmer und Garanten iSd Art. 1 Abs. 4 DVO iVm Art. 7 VO Nr. 2988/95.
- Diese Unregelmäßigkeit kann vollendet oder versucht begangen werden, wobei auch diese Unterscheidung nach den einschlägigen einzelstaatlichen Bestimmungen vorzunehmen ist, Art. 1 Abs. 5 DVO.

183 **3. Der Maßnahmenkatalog.** Die Identifizierung eines Marktbeteiligten als unzuverlässig besteht in der Anordnung verschiedener, nach dem „Risiko der Unzuverlässigkeit" gestufter Identifikationsmaßnahmen gem. Art. 3 Abs. 1 VO:
1. **Stufe:** Verstärkte Kontrolle der Geschäfte;
2. **Stufe:** Aussetzung der Zahlungen sowie ggf. Aussetzung der Freigabe der diesbezüglichen Sicherheit;
3. **Stufe:** Ausschluss aus dem Beihilfesystem des EGFL, hier des Erstattungssystems für sechs Monate bis höchstens fünf Jahre.

Die Maßnahmen auf der 1. und 2. Stufe dürfen kumuliert oder alternativ, Maßnahmen auf der 3. Stufe hingegen nur gegen Marktbeteiligte A angewendet werden.

184 Für den Marktbeteiligten B, dessen Daten aufgrund einer ersten Bewertung in das Identifikations- und Mitteilungssystem eingegeben werden, existiert eine besondere „Streichungsvorschrift". Nach Art. 7 Abs. 1 DVO werden Marktbeteiligte B aus der „Schwarzen Liste" gestrichen „*und die ihnen gegenüber getroffenen Maßnahmen unverzüglich aufgehoben, sobald sich die erste Bewertung gemäß Art. 1 Abs. 2 als unbegründet herausstellt.*"

185 **4. Rechtsbehelfe.** Nach Auffassung der Rechtsprechung ist die Anordnung verstärkter Kontrollen kein Verwaltungsakt, sondern ein Verwaltungsinterium, das der Ausführer nicht angreifen kann; selbst ein Akteneinsichtsrecht wird dem Ausführer verweigert. Hingegen stehen dem Ausführer gegen die Maßnahmen auf den Stufen 2. und 3. die üblichen Rechtsbehelfe zur Verfügung (Einspruch, finanzgerichtliche Klage, Aussetzung der Vollziehung).[39]

---

[39] Vgl. dazu *Schrömbges* ZfZ 1998, 403.

4. Teil. Streitbeilegung

15. Kapitel. Grundlagen der außergerichtlichen und gerichtlichen Streitbeilegung

Abschnitt 40. Einführung in die Schiedsgerichtsbarkeit, Mediation und weitere Konfliktlösungsverfahren

Übersicht	Rn.
A. Einleitung	1
B. Streitbeilegungsklauseln in Verträgen	2
C. Die Wahl des geeigneten Verfahrens	5
D. Schiedsgerichtsbarkeit	11
I. Klassische Anwendungsfälle der Schiedsgerichtsbarkeit	11
II. Grundlagen	12
1. Begriff und Charakteristika	12
2. Ablauf eines Schiedsverfahrens	14
III. Vor- und Nachteile der Schiedsgerichtsbarkeit	15
1. Vorteile	16
2. Nachteile	21
3. Kosten	26
E. Mediation	28
I. Klassische Anwendungsfälle der Mediation	28
II. Grundlagen	30
1. Begriff und Charakteristika	30
2. Ablauf einer Mediation	32
3. Der Weg in die Mediation	34
III. Vor- und Nachteile der Mediation	36
1. Vorteile der Mediation	37
2. Nachteile der Mediation	38
F. Weitere Streitbeilegungsverfahren	40
I. Einleitung	40
II. Verfahrensarten	41
1. Schiedsgutachten	42
2. Qualitätsarbitrage	46
3. Schlichtung	48
4. Weitere Verfahren	51

Literatur: *American Arbitration Association (AAA)* (Hrsg.), Dispute-Wise Business Management. Improving Economic and Non-Economic Outcomes in Managing Business Conflicts, 2006; *American Arbitration Association/Fidal* (Hrsg.), Dispute-Wise Business Management. Improving Economic and Non-Economic Outcomes in Managing Business Conflicts, 2009; *American Arbitration Association,* Mini-Trial: Involving Senior Management. Practical Guidelines and Steps for Getting Started, 2005; *Abramson,* Mediation Representation, 2011; *Aschenbrenner,* in: Von den Erwartungen der Unternehmen an Begleitanwälte im Konfliktmanagement, Bucerius Center on the Legal Profession, Taylor Wessing (Hrsg.), 2013; *Eidenmüller,* Vertrags- und Verfahrensrecht der Wirtschaftsmediation, 2001; *Bühring-Uhle,* Arbitration and Mediation in International Business, 2006; *Glasl,* Konfliktmanagement: Ein Handbuch für Führungskräfte, Beraterinnen und Berater, 10. Aufl. 2011; *Greger/Stubbe,* Schiedsgutachten – Außergerichtliche Streitbeilegung durch Drittentscheidungen, 2007; *Handelskammer Hamburg* (Hrsg.), Schiedsgerichtsbarkeit und Wirtschaftsmediation in Hamburg, 2007; *Lachmann,* Handbuch für die Schiedsgerichtspraxis, 3. Aufl. 2008; *Mnookin/Kornhauser,* Bargaining in the Shadow of the Law: The Case of Divorce, The Yale Law Journal, Vol. 88, No. 5, Dispute Resolution (Apr. 1979), pp. 950–997; *PricewaterhouseCoopers/Europa-Universität Viadrina Frankfurt (Oder)* (Hrsg.): Commercial Dispute Resolution. Konfliktbearbeitungsverfahren im Vergleich (Autoren: Stephan Breidenbach, Ulla Gläßer, Michael Hammes, Lars Kirchhoff, Claudia Nestler), 2005; *PricewaterhouseCoopers/Europa-Universität Viadrina Frankfurt (Oder)* (Hrsg.): Praxis des Konfliktmanagements deutscher Unter-

4. Teil. Streitbeilegung

nehmen. Ergebnisse einer qualitativen Folgestudie zu „Commercial Dispute Resolution. Konfliktbearbeitungsverfahren im Vergleich" (Autoren: Elke Kampherm, Stefan Kraus, Anna Wellmann). 2007; *Sachs,* Praktische Durchführung des Schiedsgutachtenverfahrens und Besonderheiten bei internationalen Verfahren, in: Schriftenreihe der DIS, Band 21, 2007, 15 ff.; *Sander/Goldberg,* Fitting the Forum to the Fuss: A Userfriendly Guide to Selecting an ADR Procedure, Negotiation Journal, Volume 10, Issue 1, pages 49–68, January 1994; *Schröder,* An International Place of Arbitration and Conciliation, in: Hamburger Beiträge zur Schiedsgerichtsbarkeit; FS für Ottoarndt Glossner zum 70. Geburtstag, 1994, 317 ff.; *Schwab/Walter,* Schiedsgerichtsbarkeit – Kommentar, 7. Aufl. 2005; *Schütze,* Schiedsgericht und Schiedsverfahren, 4. Aufl. 2007.

A. Einleitung[1]

1   Bereits bei Vertragsverhandlungen aller Art sollten die Parteien in Betracht ziehen, wie sie Streitigkeiten, die sie von ihrer regulären Geschäftstätigkeit abhalten, vorbeugen oder diese jedenfalls effizient lösen können. Zur Konfliktprävention trägt zunächst eine sorgfältige Aushandlung und Formulierung des Vertrages unter Adressierung der neuralgischen Punkte bei. Aus den USA ist in dieser Hinsicht das Verfahren der „deal mediation" bekannt, bei dem ein neutraler Dritter die Vertragsverhandlungen leitet. Zentral ist bereits bei Vertragsverhandlungen der Einbezug einer geeigneten Streitbeilegungsklausel in den Vertrag. Im Konfliktfall aus Vertrag oder auch aus Delikt stellt sich sodann für die Parteien die Frage, mit welchem Verfahren sie die Streitigkeit wirtschaftlich sinnvoll lösen können. Die Schiedsgerichtsbarkeit und die Mediation werden im Folgenden näher, weitere Streitbeilegungsverfahren im Überblick vorgestellt. Zunächst wird jedoch ein Blick auf sinnvolle Streitbeilegungsklauseln geworfen und die Wahl des geeigneten Streitbeilegungsverfahrens in eine Phasenbetrachtung eingeordnet.

B. Streitbeilegungsklauseln in Verträgen

2   Streitbeilegungsklauseln in Verträgen stellen eine Möglichkeit dar, sich bereits vor Entstehung eines Konflikts auf das Vorgehen im Streitfall zu einigen. Darüber hinaus können die Parteien auch eine selbstständige, vom Vertrag unabhängige, Abrede vor oder nach Entstehung eines Konflikts treffen, wie dieser (gegebenenfalls) gelöst werden soll.[2] Eine Regelung vor Konfliktentstehung empfiehlt sich, da Konflikte häufig mit einer steigenden Eskalation verbunden sind.[3] Je größer die Eskalation, desto schwieriger die Einigung auch auf marginale Punkte, wie zB den Ort des Verfahrens. Es ist daher hilfreich, die Regelung vor Konfliktentstehung detailliert zu gestalten (insbesondere Art des Verfahrens/gestufte Verfahren, Zahl der Dritten, Sprache, Recht, Ort, Fristenregelung).

3   Die Streitbeilegungsklausel kann auf die Verfahrensordnung einer Institution verweisen oder davon unabhängig eigene Regelungen treffen (institutionelles versus ad-hoc Verfahren). Die gewählte Institution begleitet das jeweilige Verfahren organisatorisch. Beide Vorgehensweisen haben Vor- und Nachteile. Ad-hoc Verfahren sind häufig günstiger, dafür ist der eigene Aufwand, gerade zu Beginn des Verfahrens, meist höher. Vom zeitlichen Umfang unterscheiden sich die Verfahren nicht generell. Für Parteien mit wenig Erfahrung in dem gewählten Verfahren bietet es sich an, den (allerdings stark differierenden) Service der jeweiligen Institution in Anspruch zu nehmen. Stellvertretend für die Vielzahl an existierenden Institutionen seien hier die Deutsche Institution für Schiedsgerichtsbarkeit e.V. (DIS), die Internationale Handelskammer in Paris (ICC) sowie die Schiedsgerichte, Schlichtungs- und Mediationsstellen und das „Deutsch-Französische Mediationscentrum" der Handelskammer Hamburg genannt. Diese und andere Institutionen stellen auch Musterklauseln für Verträge zur Verfügung.

---

[1] Dieser Abschnitt beruht auf den Texten der Vorauflage, welche von *Petra Sandvoß* verfasst wurden.
[2] *Eidenmüller* S. 8.
[3] Siehe die Eskalationsstufen nach *Glasl* S. 233 ff.

Abschnitt 40. Einführung in die Schiedsgerichtsbarkeit

Die Musterklausel der ICC für ein gestuftes Verfahren mit Fristenregelung lautet: **4**

„Die Parteien vereinbaren, im Falle aller Streitigkeiten, die sich aus oder in Zusammenhang mit dem vorliegenden Vertrag ergeben, ein Streitbeilegungsverfahren nach den ICC-ADR-Regeln durchzuführen. Wird die Streitigkeit nicht innerhalb einer Frist von 45 Tagen ab dem Tag des Einreichens des Antrags auf Durchführung eines ICC-ADR-Verfahrens oder innerhalb einer anderen, von den Parteien schriftlich vereinbarten Frist im Einklang mit den ICC-ADR-Regeln beigelegt, wird die Streitigkeit nach der Schiedsgerichtsordnung der ICC von einem oder mehreren gemäß dieser Ordnung ernannten Schiedsrichtern endgültig entschieden."

C. Die Wahl des geeigneten Verfahrens

Die Wahl des für den Konflikt geeigneten Verfahrens nach Konfliktentstehung ist komplex und hängt von diversen Faktoren ab. Dazu zählen die Ziele der Parteien (zB Kostenkontrolle), die zentralen Verfahrensinteressen (zB Liquidität sichern), die Ursachen des Konflikts, also die Antwort auf die Frage, warum bislang keine Einigung erzielt wurde,[4] sowie die Vor- und Nachteile des jeweiligen Verfahrens.[5] Die Verfahrenswahl ist Teil eines umfassenderen Ablaufs, der in folgende Phasen aufgeteilt werden kann (Bild): **5**

Phasenbetrachtung **6**

Prävention → **Konfliktbehandlung**

Prävention → Analyse des Falles → Verfahrenswahl → Wahl des Dritten → Durchführung des Verfahrens → Vollstreckung

Eine sorgfältige Analyse des Falles umfasst neben der rechtlichen und steuerlichen Bewertung eine Risikoanalyse, sowie eine Evaluation der Konfliktdynamik und der Interessen aller Beteiligten. Sie kann durch Werkzeuge wie zB das Corporate Early Case Assessment Toolkit des International Institute for Conflict Prevention & Resolution (CPR), USA, unterstützt werden. **7**

Basierend auf einer solchen profunden Analyse, den in der Praxis sich manifestierenden Vor- und Nachteilen der verschiedenen Verfahren und der Vertragsklausel (so vorhanden), sollten eine fundierte Verfahrenswahl vorgenommen und die nächsten Schritte mit der anderen Partei vereinbart werden. Die Konfliktmanagementordnung der DIS bietet einen Rahmen für die Wahl des Verfahrens mit Unterstützung eines neutralen Dritten (des sog. Konfliktmanagers). **8**

Sofern keine Verhandlung und kein staatliches Gerichtsverfahren durchgeführt werden, muss sodann der neutrale Dritte bestimmt werden. Schließlich wird das gewählte Verfahren durchgeführt und der erlangte Titel muss gegebenenfalls vollstreckt werden. **9**

Die Parteien müssen in jeder Phase entscheiden, inwieweit sie externen (Rechts-)Rat einholen. Anwaltszwang besteht nach § 78 ZPO nur in Verfahren vor Land- und Oberlandesgerichten und dem BGH. Viele Unternehmen ziehen daher erst dann Rechtsanwälte hinzu, wenn ein Gerichtsverfahren zu führen ist. Die Analyse, die Wahl des Verfahrens und die Wahl des Dritten führen die Unternehmensjuristen überwiegend selbst durch. Auch **10**

---

[4] Siehe *Sander/Goldberg; Abramson* S. 132 ff.
[5] Siehe auch www.dispute-resolution-hamburg.com.

verhandeln sie zunächst oft ohne Einschaltung von Anwälten.[6] Bei Schiedsverfahren vor den sogenannten Warenschiedsgerichten in Hamburg wird nach wie vor ebenfalls häufig ohne Rechtsanwälte vorgegangen. Heutzutage kommt es aber bei Schiedsverfahren regelmäßig auf rechtliche Aspekte an, so dass sich die Parteien meist anwaltlich vertreten lassen – und ganz überwiegend Juristen als Schiedsrichter benennen. In Wirtschaftsmediationen werden ebenfalls oft Anwälte mit einbezogen.

D. Schiedsgerichtsbarkeit

I. Klassische Anwendungsfälle der Schiedsgerichtsbarkeit

11   Schiedsverfahren eignen sich insbesondere für diese **Fallkonstellationen:**
- internationale Geschäftsbeziehungen ua wegen der Vollstreckbarkeit von Entscheidungen und der Möglichkeit, Gespräche auf „neutralem Boden" zu führen
- Verträge, deren Inhalte im Streitfall von Personen mit besonderer Fach-, Sprach- oder Rechtskenntnis entschieden werden sollen
- bei Verfahrenssituationen, die nicht-öffentlich und vertraulich gehalten werden sollen.

II. Grundlagen

12   **1. Begriff und Charakteristika.** Schiedsgerichtsverfahren, auch Schiedsverfahren genannt, haben eine lange Tradition und sind weltweit als Streitbeilegungsverfahren anerkannt. Gerade um Konflikte in Handels- und Wirtschaftsstreitigkeiten zu lösen, wird häufig auf diese Art von privaten Gerichten zurückgegriffen. Die dafür einschlägigen dt. Verfahrensvorschriften finden sich im 10. Buch der ZPO, §§ 1025 ff. (Eine Besprechung der Rechtsgrundlagen ist im → Abschnitt 42 enthalten. Eine Übersicht über die Schiedsgerichtsbarkeit in anderen ausgewählten Ländern findet sich in den Abschnitten 45 bis 48).

13   Schiedsgerichte sind Gerichte aus einem oder mehreren Schiedsrichtern, denen die Entscheidung bürgerlicher Rechtsstreitigkeiten an Stelle staatlicher Gerichte durch private Willenserklärung übertragen wird.[7] Die Parteien vereinbaren also, dass sie im Konfliktfall einen oder mehrere private Schiedsrichter diese Streitfrage abschließend und verbindlich entscheiden lassen. Diese Vereinbarung unterliegt Formvorschriften (→ Abschnitt 42, Rn. 22). Bei Schiedsverfahren zur Klärung exportrechtlicher Streitigkeiten zwischen oder mit Kaufleuten bzw. Unternehmen ist die Schiedsfähigkeit in der Regel gegeben (→ Abschnitt 42, Rn. 17).

14   **2. Ablauf eines Schiedsverfahrens.** Ein Schiedsverfahren ähnelt im Ablauf (→ Abschnitt 44) grob einem staatlichen Gerichtsverfahren, ist aber weniger förmlich und flexibler: Die Parteien fertigen normalerweise Klageschriften, Klageerwiderungen und weitere Schriftsätze an, in denen sie ihre Sicht der Dinge schildern. Üblicherweise findet auch eine, gelegentlich mehrere, mündliche Verhandlung(en) statt. Auch Beweisaufnahmen können durchgeführt werden. Das Verfahren endet entweder mit einem Vergleich oder mit einem Schiedsspruch. Dieser ist für die Parteien verbindlich und hat für diese die gleichen Wirkungen wie ein staatliches Gerichtsurteil, er ist national und auch international vollstreckbar (→ Abschnitte 50 und 51). Gleiches gilt für in einem Schiedsverfahren erzielte Vergleiche, die hierzu in der Form eines „Schiedsspruchs mit vereinbartem Wortlaut" verfasst werden. Selbstverständlich gelten auch im Schiedsverfahren wesentliche Verfahrensgrundsätze wie das Fairnessgebot, der Gleichbehandlungsgrundsatz und der Anspruch auf rechtliches Gehör jeder Partei (→ Abschnitt 43).

---

[6] *Aschenbrenner*, in: Von den Erwartungen der Unternehmen an Begleitanwälte im Konfliktmanagement, Bucerius Center on the Legal Profession.
[7] *Schwab/Walter* S. 1.

III. Vor- und Nachteile der Schiedsgerichtsbarkeit

Die Abwägung der Vor- und Nachteile des jeweiligen Verfahrens gehört zu einer profunden Verfahrenswahl (s. o.). Im Folgenden werden die Kriterien für Schiedsverfahren in der notwendigen Kürze dargestellt.

1. Vorteile
- Vollstreckbarkeit (nahezu weltweit)
- Nichtöffentlichkeit des Verfahrens
- Kein Instanzenzug
- Zeiteffizienz im Vergleich zu Gerichtsverfahren
- Parteiautonomie
  - Freie Auswahl der Schiedsrichter (mit besonderer Fachkunde), des anwendbaren Sachrechts, der Sprache, des Ortes, etc.
  - Prozessuale Flexibilität

Die nahezu weltweite Vollstreckbarkeit von Schiedssprüchen (dies beinhaltet in Form eines Schiedsspruchs mit vereinbartem Wortlaut abgefasste Vergleiche) ist durch das New Yorker Übereinkommen (UNÜ, → Abschnitt 50, Rn. 64) gewährleistet und ein klarer Vorteil der Schiedsgerichtsbarkeit. Deutsche Gerichtsurteile und nach einer Mediation erlangte Titel sind außerhalb der Europäischen Union hingegen ohne ein bestehendes bilaterales internationales Abkommen schwer zu vollstrecken.

Anders als Verhandlungen vor vielen staatlichen – auch den deutschen Gerichten – sind Schiedsgerichtsverhandlungen wie Mediationsverhandlungen nicht öffentlich, Unbeteiligte können also nicht teilnehmen. Das alleine führt aber noch nicht zur Vertraulichkeit des Verfahrens. Ist diese gewollt, müssen die Parteien unbedingt auf eine diesbezügliche Vereinbarung dringen. Teilweise beinhalten institutionelle Schiedsverfahrensordnungen schon Vertraulichkeitsregelungen. Dabei ist genau darauf zu achten, welche Personen daran gebunden werden.

Ein Schiedsverfahren endet nach nur einer Instanz, und zwar entweder formlos durch Klagerücknahme oder durch Vergleich oder durch Schiedsspruch. Die Aufhebung eines Schiedsspruchs ist nur in den seltenen Fällen möglich, in denen wesentliche Verfahrensregeln oder Grundprinzipien der deutschen Rechtsordnung verletzt wurden.[8] Dadurch sind Schiedsverfahren häufig schneller als Gerichtsverfahren, die mehrere Instanzen durchlaufen. Schiedsverfahren beim Schiedsgericht der Handelskammer Hamburg sind nach Aussage der Handelskammer (2013) im Schnitt nach 8 Monaten endgültig und rechtsverbindlich abgeschlossen. Bei komplexen Rechts- und Sachfragen muss aber auch hier von längeren Verfahrensdauern ausgegangen werden.

Als Ausdruck der Parteiautonomie können die Parteien große Teile des Schiedsverfahrens selbst bestimmen. Oben wurde bereits kurz auf den Ablauf eingegangen. Das deutsche Schiedsverfahrensrecht hat nur wenige Paragrafen (§§ 1025–1066 ZPO) und längst nicht alle sind zwingendes Recht, können also vertraglich abbedungen werden. Die Parteien können die Schiedsrichter (im Einklang mit der ggf. gewählten Schiedsordnung einer Institution), das anwendbare Recht, die Verfahrenssprache und den Schiedsort (hiernach wird grds. das Verfahrensrecht bestimmt) sowie den Verhandlungsort frei wählen. Bei einem Konflikt zwischen einem deutschen und einem asiatischen Unternehmen ist es also möglich, Englisch als Verfahrenssprache und einen Verfahrensort in einem der beiden Länder oder auch in einem Drittstaat zu vereinbaren. Das kann Übersetzungs- und Reisekosten sparen. Somit ist das Schiedsverfahren flexibler als ein Gerichtsverfahren, jedoch weitaus strukturierter als ein Mediationsverfahren.

---

[8] Vgl. Handelskammer S. 17.

2. Nachteile

21
- Fehlen einer einheitlichen Spruchpraxis
- Keine Präzedenzwirkung
- Eingeschränkte Anfechtbarkeit des Schiedsspruchs
- Risiko der Parteilichkeit der Schiedsrichter
- Kein Einbezug von Dritten ohne deren Zustimmung

22 In der Tat kann sich – anders als bei Gericht – keine einheitliche Spruchpraxis eines Schiedsgerichts bilden. Dies liegt in der Besonderheit der Schiedsgerichtsbarkeit begründet. Schiedssprüche haben auch keine Präzedenzwirkung, wie ggf. staatliche Gerichtsurteile in Fragen grundsätzlicher Bedeutung.

23 In der eingeschränkten Möglichkeit der Aufhebung eines Schiedsspruchs liegt einerseits das Risiko, dass man mit dem Ergebnis des Schiedsverfahrens leben muss, es also grundsätzlich nicht zur Überprüfung an eine höhere Instanz verwiesen werden kann. Andererseits ist das Fehlen von Berufungs- und/oder Revisionsinstanzen eine Stärke im Hinblick auf die Verfahrensdauer und die Kosten des Verfahrens. Der hohe Grad an freiwilliger Befolgung von Schiedssprüchen durch die Parteien zeigt ebenfalls, dass die schiedsrichterliche Entscheidung eine hohe Akzeptanz genießt.

24 Die Sorge vor der Parteilichkeit von Schiedsrichtern ist in der Regel unbegründet. Bei institutionellen Schiedsverfahren wird die Unparteilichkeit und Unabhängigkeit der Schiedsrichter bereits im Vorfeld geprüft. Bei Zweifeln sollte die jeweilige Partei die lückenlose Offenlegung der Beziehungen zur benennenden Partei verlangen und notfalls ein Ablehnungsverfahren anstrengen.

25 Schließlich bietet die Schiedsgerichtsbarkeit anders als das Gerichtsverfahren (§§ 59 ff. ZPO) keine Möglichkeit, Dritte gegen ihren Willen an dem Verfahren zu beteiligen.[9] Auch hat das Schiedsgericht keine direkte Zwangsgewalt gegenüber den Parteien. Es ist jedoch in der Lage, Säumnis- bzw. Verzögerungstaktiken einer verfahrensunwilligen Partei durch Fortsetzung des Verfahrens wirksam entgegen zu treten (siehe § 1048 Abs. 2, § 1048 Abs. 3 ZPO) und kann auch das staatliche Gericht um Unterstützung bitten (siehe § 1050 ZPO).

26 **3. Kosten.** Die Kosten eines Schiedsverfahrens[10] stellen ein ambivalentes Merkmal der Schiedsgerichtsbarkeit dar. Wegen des Fortfalls des Instanzenzuges kann sich ein Schiedsverfahren als kostengünstiger als ein staatliches Gerichtsverfahren (in 2. oder gar 3. Instanz) erweisen. Verglichen mit einem erstinstanzlichen Urteil ist das Schiedsverfahren jedoch idR teurer. Der bedeutendste Kostenfaktor sind beim Schiedsverfahren die Kosten der anwaltlichen Vertretung und meist nicht die Honorare der Schiedsrichter oder die Verwaltungskosten der Institution. Neben dem Anwaltshonorar müssen vor allem folgende Kosten einkalkuliert werden:
- Die Honorare der Schiedsrichter und ggf. die Gebühren der Schiedsgerichtsinstitution (→ Abschnitte 42 und 43);
- die Auslagen der Parteien, wie bspw. Personal-, Reise und Übernachtungskosten;
- die Auslagen der Schiedsrichter und Anwälte, wie Reise- oder Übernachtungskosten;
- sonstige Kosten, zB für Sachverständige, Dolmetscher, Protokollführer etc.

Die DIS stellt einen „Gebührenrechner" für DIS-Schiedsverfahren im Internet bereit; die Internetseite www.was-kostet-ein-konflikt.de vergleicht die Kosten von Gerichts-, Schiedsgerichts- und Mediationsverfahren.

27 Nach Abwägung der zentralen Vor- und Nachteile im konkreten Fall ist letztendlich manchmal auch ein „weicher" Faktor von entscheidendem Vorteil: Erhebt eine Seite Klage vor einem staatlichen Gericht, empfindet der Geschäftspartner das vielfach als Affront. Die Einleitung eines vertraulichen Schiedsverfahrens erhöht deshalb die Chance, sich gütlich zu einigen. Dieses „kleine Detail" sorgt nicht selten dafür, dass doch noch eine Einigung zustande kommt und die Parteien ihre Zusammenarbeit fortsetzen.

---

[9] Handelskammer S. 47.
[10] Vgl. ausführlich *Lachmann*, Kap. 22, Kap. 3, Rn. 162 ff.

E. Mediation

I. Klassische Anwendungsfälle der Mediation

Typischerweise wird gesagt, dass sich Mediation in Fällen eigne, in denen eine Geschäftsbeziehung besteht, die erhalten bleiben soll. Zudem sei Mediation sinnvoll, wenn auch Emotionen der Beteiligten im Raum stehen. Solche typischen Anwendungsfälle sind zB Streitigkeiten unter Gesellschaftern, in Familienunternehmen, bei Nachfolgeregelungen, im Rahmen von Arbeitsverhältnissen oder bei auf Dauer angelegten Vertragsbeziehungen.[11] Von großen Unternehmen wird zum Teil gesagt, Mediation sei ungeeignet für die Lösung ihrer Streitigkeiten (zB im Anlagenbau, bei Großprojekten, im Aktienrecht, im Handelsvertreterrecht), da es hier um eine nüchterne Durchdringung der Rechtslage und nicht um persönliche Befindlichkeiten ginge. Mediation ist häufig auch nicht von der Unternehmensphilosophie getragen.[12] Anders jedoch die Auffassung der im „Round Table Mediation und Konfliktmanagement der deutschen Wirtschaft" zusammengeschlossenen Unternehmen (www.rtmkm.de).

28

Grundsätzlich kann eine Mediation auch in der Wirtschaft bei allen Arten von Streitigkeiten Nutzen bringend zur Anwendung kommen. Je früher sie durchgeführt wird, desto höher sind die Erfolgsaussichten. Gleichzeitig ist sie kein Allheilmittel. Grundvoraussetzung ist jedenfalls die Einigungsbereitschaft der Beteiligten. Bestenfalls werden daher von den Parteien die Vor- und Nachteile auf Basis einer sorgfältigen Analyse (zu den Phasen s. o.) abgewogen, die Einigungsbereitschaft der anderen Seite eruiert und durch eine klar formulierte Streitbeilegungsklausel im Vertrag (mit Fristenregelung) Vorsorge gegen ein taktisches Vorgehen der anderen Seite (zB Verschleppung) getroffen.

29

II. Grundlagen

1. Begriff und Charakteristika. Seit dem 26. Juli 2012 hat Deutschland ein Mediationsgesetz, welches in Umsetzung der Richtlinie 2008/52/EG erlassen wurde. In § 1 des Gesetzes wird Mediation als ein „vertrauliches und strukturiertes Verfahren, bei dem Parteien mithilfe eines oder mehrerer Mediatoren freiwillig und eigenverantwortlich eine einvernehmliche Beilegung ihres Konflikts anstreben", definiert. Ein Mediator ist nach dem Gesetz „eine unabhängige und neutrale Person ohne Entscheidungsbefugnis, die die Parteien durch die Mediation führt".

30

Die wesentlichen inhaltlichen Unterschiede des Mediationsverfahrens zum (Schieds-) Gerichtsverfahren sind, dass der Mediator keine Entscheidungs- oder Zwangsgewalt hat, sondern „die Kommunikation der Parteien fördert" (§ 3 MediationsG). Allein die Parteien sind für das Ergebnis verantwortlich. Je nach persönlichem Stil des Mediators[13] macht dieser Einigungsvorschläge oder nicht (und handelt damit im ersten Fall eher wie ein Schlichter, s. u.). Des Weiteren verhandeln die Parteien in einer Mediation „im Schatten des Rechts" – wie es Mnookin und Kornhauser in ihrem Aufsatz aus dem Jahr 1979 nannten[14] – anstatt allein auf Basis des Rechts. Mit anderen Worten ist damit Folgendes gemeint: Recht spielt eine wichtige Rolle, jedoch nicht die primäre. Neben der Analyse der Rechtslage und den Erfolgsaussichten einer Klage spielen auch nichtjuristische Kriterien für die Lösungsfindung eine Rolle. Dazu zählen insbesondere die sogenannten *Interessen* der Beteiligten. Hiermit sind die Beweggründe oder auch Motive gemeint, auf Basis derer die Beteiligten ihre jeweiligen Ansichten und rechtlichen Positionen gründen. Dazu zählen finanzielle, wirtschaftliche, persönliche und auf das Verfahren bezogene Interessen. Zudem

31

---

[11] Handelskammer S. 37.
[12] *Aschenbrenner,* in: Von den Erwartungen der Unternehmen an Begleitanwälte im Konfliktmanagement, Bucerius Center on the Legal Profession.
[13] *Abramson* S. 99 ff.
[14] *Bargaining in the Shadow of the Law.*

zeichnet sich die Mediation dadurch aus, dass die Beteiligten auch nichtjustiziable Aspekte zum Bestandteil der Einigung machen können (der Klassiker in Verfahren zwischen Bürgern ist hier die Entschuldigung; im Bereich der Wirtschaftsmediation könnte es zB eine gemeinsame Presseerklärung sein). Schließlich ist die Mediation dadurch charakterisiert, dass sie nach den Ursachen und den wirklichen Themen der Auseinandersetzung fragt statt (Rechts-)Positionen zu verhandeln. Sie möchte sicherstellen, dass die für die Lösung aufzuwendenden Ressourcen (Zeit, Geld, Nerven usw.) auf die tatsächlichen Punkte und nicht auf Nebenschauplätze verwendet werden.

32   **2. Ablauf einer Mediation.** Im Hinblick auf das Verfahren unterscheidet sich die Mediation von einem (Schieds-)Gerichtsverfahren dadurch, dass der Ablauf sehr flexibel und gesetzlich nicht geregelt ist. Vielmehr hält das Gesetz in § 2 lediglich einige Eckdaten des Verfahrens fest, wie zB die Pflicht des Mediators sich zu vergewissern, ob die Parteien den Ablauf des Mediationsverfahrens verstanden haben und die Möglichkeit, getrennte Gespräche (im englischsprachigen Raum „caucus" genannt) zu führen. Zudem kann eine Mediation als ein freiwilliges Verfahren jederzeit von jedem Beteiligten beendet werden (siehe § 2 Abs. 5 MediationsG). Die Freiheit der Verfahrensgestaltung kennzeichnet zwar auch das Schiedsverfahren: Das 10. Buch der ZPO enthält nur wenige Vorgaben, und die Parteien wählen hier auch ihr eigenes Regelwerk. Im Unterschied zur Mediation ist der Ablauf in der Praxis jedoch weitaus strukturierter, und der Schriftverkehr spielt eine viel größere Rolle (s. o.). In § 4 MediationsG ist eine Verschwiegenheitspflicht postuliert, die jedoch nur den Mediator und seine Hilfspersonen umfasst. Ergänzende vertragliche Regelungen sind daher unbedingt zu empfehlen, um die Vertraulichkeit zu sichern.

33   Der Mediator führt die Parteien durch das Verfahren, dessen Ablauf im Kern immer gleich[15] ist (Phasenmodell):
- **Einführung in das Verfahren:** Hier werden unter anderem Gesprächsregeln vereinbart.
- **Darstellen der Konfliktthemen:** Jeder Betroffene schildert seine Sicht der Dinge und die konkreten Streitpunkte werden herausgearbeitet.
- **Klärung der Interessen:** Die Interessen und Bedürfnisse der Parteien werden herausgearbeitet.
- **Erarbeiten von Lösungen:** Auf dieser Basis erarbeiten die Parteien Lösungsmöglichkeiten und suchen die Interessengerechteste aus.
- **Verbindliche Vereinbarung:** Die Parteien halten die Lösung, ggf. nach anwaltlicher Überprüfung, vertraglich fest.

Führt die Mediation zu keiner Einigung, kann sich ein gerichtliches oder schiedsgerichtliches Verfahren anschließen. Einige Schiedsgerichtsinstitutionen bieten neben Schiedsgerichten auch Mediations- und Schlichtungsstellen an.

34   **3. Der Weg in die Mediation.** Ein Mediationsverfahren kann vor und nach Anhängigkeit eines Gerichtsverfahrens durchgeführt werden. Bei Beschreitung des Gerichtsweges soll die Klageschrift nunmehr die Angabe enthalten, ob ein Streitbeilegungsversuch unternommen wurde, § 253 Abs. 3 Nr. 1 ZPO. Das Gericht kann nach § 278 Abs. 5 ZPO die Parteien für Einigungsversuche an einen „nicht entscheidungsbefugten Richter (Güterichter) verweisen". Aus der Gesetzesbegründung ergibt sich, dass dies nur mit deren Einverständnis möglich ist.[16] Dieser kann eine Mediation durchführen. Nach § 278a Abs. 1 ZPO kann das Gericht den Parteien auch eine außergerichtliche Mediation vorschlagen. Zudem können die Parteien während eines laufenden Prozesses selbst entscheiden, eine außergerichtliche Mediation durchzuführen. Sie sollten dies dem Gericht anzeigen, welches nach § 278a Abs. 2 ZPO das Ruhen des Verfahrens anordnet. Nach § 203 BGB ist während der Verhandlung über den Anspruch oder die den Anspruch begründenden Umstände die Ver-

---

[15] Handelskammer S. 36.
[16] BT-Drs. 17/8058, 21.

jährung gehemmt. Dabei ist jedoch bei Durchführung einer Mediation darauf zu achten, dass zwischen den Parteien Beginn und Ende der Verhandlungen genau festgelegt werden.

Das Mediatoren-Honorar ist grds. frei verhandelbar. Normalerweise wird auf Stundenbasis abgerechnet und die Parteien teilen sich die Kosten. Bei Wirtschaftsmediatoren sind anwaltsübliche Stundensätze gängig. Bei der Suche nach Informationen oder nach qualifizierten Wirtschaftsmediatoren unterstützen zB viele IHKs und AHKs sowie die DIS und ICC die Unternehmen (www.dihk.de; www.ahk.de, www.dis-arb.de, www.iccwbo.org).

III. Vor- und Nachteile der Mediation

Auf die Komplexität der Verfahrenswahl wurde bereits oben eingegangen. Wichtiger Baustein der Wahl ist die Abwägung der Vor- und Nachteile des jeweiligen Verfahrens. Die wesentlichen Punkte werden hier im Überblick dargestellt und sollten für den Einzelfall genau analysiert werden.

1. Vorteile der Mediation
- Zeit- und Kosteneffizienz
- Nichtöffentlichkeit des Verfahrens
- Maßgeschneiderte Lösungen („win-win"-Effekte, Interessenorientierung)
- Parteiautonomie (Parteien gestalten die Einigung)
- Prozessuale Flexibilität

2. Nachteile der Mediation
- Sie liefert keinen Präzedenzfall (wie ggf. staatliche Gerichtsurteile in Fragen grundsätzlicher Bedeutung)
- Der Verfahrensablauf ist nicht gesetzlich geregelt
- Sie setzt Einigungsbereitschaft voraus
- Die internationale Vollstreckbarkeit gestaltet sich im Vergleich zu Schiedsurteilen schwierig.

Insgesamt kann festgehalten werden, dass Mediation ein kostengünstiges und schnelles Verfahren mit Potenzial für eine einvernehmliche und langfristige Lösung ist. Außergerichtliche Wirtschaftsmediationen können in 1–2 Tagen zu einer endgültigen Einigung führen, gerichtsintern werden für eine Mediation teilweise nur bis zu 5 Stunden veranschlagt. Laut eines Unternehmensvertreters ist der „einzige Nachteil von Mediation, dass es sich in der Praxis noch nicht durchgesetzt hat".[17]

F. Weitere Streitbeilegungsverfahren

I. Einleitung

Neben Mediations- und Schiedsgerichtsverfahren gibt es eine Vielzahl weiterer Möglichkeiten, Auseinandersetzungen ohne Hilfe staatlicher Gerichte beizulegen. Allgemein reicht das Spektrum der Verfahren von Verhandlung (ohne Dritten), über Mediation, Schlichtung, Schiedsgutachten, zu Schiedsverfahren und Gerichtsverfahren (um nur die wichtigsten Verfahren zu nennen). Die Autonomie der Parteien ist bei der Verhandlung am größten und beim Gerichtsverfahren am geringsten, die Rolle des Rechts ist in der Wichtigkeit genau umgekehrt (vgl. *Bühring-Uhle,* S. 134). Die in Deutschland häufig benutzte Umschreibung „außergerichtliche Streitbelegung" orientiert sich an dem englischen Oberbegriff ADR – Alternative Dispute Resolution. Der Begriff wird unterschiedlich verstanden (vgl. *Greger/Stubbe* mwN, § 1 B. I. 2., Rn. 18ff.): Zum Teil sind damit alle Konfliktlösungsverfahren gemeint, die neben der staatlichen Gerichtsbarkeit existieren, also auch Schiedsgerichtsverfahren. Die in Deutschland wohl hM grenzt staatliche und Schiedsge-

---

[17] *Aschenbrenner,* in: Von den Erwartungen der Unternehmen an Begleitanwälte im Konfliktmanagement, Bucerius Center on the Legal Profession.

4. Teil. Streitbeilegung

richtsverfahren von den übrigen Verfahrensarten ab. Wieder andere verstehen unter ADR nur die Mediation. In den USA zählt man dazu zum Teil sogar die direkten Verhandlungen zwischen den Parteien. In Deutschland hingegen sind damit nur Konfliktlösungsinstrumente neben der (Schieds-)Gerichtsbarkeit gemeint, in denen neutrale Ditte zur Streitbeilegung hinzugezogen werden. Für den Praktiker ist der Streit letztlich unerheblich, es ist nur wichtig, mit seinem Vertragspartner abzuklären, was er unter dem jeweiligen Begriff versteht – und dies bereits bei der Verhandlung über eine Streitbeilegungsklausel!

II. Verfahrensarten

41 Allen nachstehend vorgestellten Verfahren ist gemein, dass sie dazu dienen sollen, Konflikte möglichst schnell, unkompliziert und kostengünstig beizulegen. Sie alle beruhen auf freiwilliger Vereinbarung der Parteien. Das heißt, die Parteien müssen gesprächsbereit sein und Interesse an einer außergerichtlichen Einigung haben. Einen guten Überblick über die Praxis von Unternehmen in Deutschland, Amerika und Frankreich liefern die zitierten Studien.[18]

42 **1. Schiedsgutachten.** Beim Schiedsgutachten geht es nach herrschender Meinung um die verbindliche Begutachtung einzelner Tatbestandsmerkmale oder Elemente, die für die Entscheidung von Bedeutung sind. In Abgrenzung zu Schiedsverfahren geht es hingegen nicht um die erschöpfende vollstreckungsfähige Entscheidung eines Rechtsstreits anstelle eines staatlichen Gerichts.[19] Das Schiedsgutachten ähnelt in seiner klassischen Ausprägung (§§ 317 ff. BGB analog) dem klassischen gerichtlichen Sachverständigengutachten. Der Vorteil ist, dass der Streit ebenso fachkompetent, aber ohne Gerichtskosten durch einen selbst ausgewählten Sachverständigen begutachtet wird.[20]

43 Schiedsgutachtenklauseln sind weit verbreitet. Schiedsgutachter werden bspw. eingeschaltet, wenn es zum Streit über Baumängel, die Wertermittlung eines Gesellschaftsvermögens oder eines Unternehmens, den Verkehrswert eines Grundstücks oder einer Ware kommt. Auch die Angemessenheit eines Beraterhonorars oder einer angemessenen Miete eines gewerblichen Objektes kann so verbindlich geklärt werden.[21]

44 Sofern eine Schiedsgutachtenklausel vereinbart werden soll, ist es wichtig darauf zu achten, dass eine seriöse und neutrale Stelle den Gutachter benennt, wenn sich die Parteien nicht auf eine Person einigen können. Man kann bspw. in die entsprechende Klausel aufnehmen, dass eine der 80 IHKs im Streitfall einen öffentlich bestellten und vereidigten Sachverständigen als Gutachter benennen soll. Damit ist gewährleistet, dass ein kompetenter, neutraler Dritter das Gutachten erstellt.

45 Im internationalen Geschäftsverkehr wird das Institut des Schiedsgutachtens, so es denn in der fremden Rechtsordnung überhaupt existiert, zum Teil anders verstanden als in Deutschland. Die Schiedsgerichtsbarkeit ist hingegen weitgehend harmonisiert, die nationalen Gesetze sind sich meist ähnlich.[22]

46 **2. Qualitätsarbitrage.** Die Qualitätsarbitrage ist ein besonderer Fall des Schiedsgutachtens. Es ist insbesondere an den deutschen Seehandelsplätzen Hamburg und Bremen gebräuchlich.[23] Wie ihr Name schon sagt, ist es ein Verfahren zur Feststellung etwaiger Qualitätsmängel. Zum Teil geht es auch um Abweichungen von der vertragsgemäß vereinbarten Eigenschaft einer Ware, was nicht zwingend ein Mangel sein muss, oder um die

---

[18] *American Arbitration Association (AAA)*, Dispute-Wise Business Management. Improving Economic and Non-Economic Outcomes in Managing Business Conflicts, 2006 und 2009; *Aschenbrenner*, in: Von den Erwartungen der Unternehmen an Begleitanwälte im Konfliktmanagement; PricewaterhouseCoopers/Europa-Universität Viadrina Frankfurt (Oder) (Hrsg.): Studienreihe Commercial Dispute Resolution.
[19] *Schwab/Walter* S. 7 f.
[20] *Greger/Stubbe* Vorwort; Palandt § 317 BGB.
[21] Vgl. u. a. *Schwab/Walter* S. 8.
[22] Vgl. *Sachs* S. 23.
[23] *Schwab/Walter* S. 16.

Bestimmung des Minderwertes. Über diese Frage entscheidet dann ein Sachverständiger, üblicherweise ein anerkannter Branchenfachmann, oder ein Gremium solcher Fachleute innerhalb kürzester Zeit. So kann das Verderben einer Ware verhindert werden oder die im Hafen angelandete Ware kann kurzfristig begutachtet und weiter verkauft werden. Die getroffene Feststellung des oder der Experten ist für beide Parteien grds. verbindlich.[24]

Üblicherweise werden für das Verfahren die dafür herausgegebenen Regeln der jeweiligen Branchenverbände vereinbart. So haben in Hamburg bspw. der Deutsche Kaffeeverband e. V., der Verband der Getreidehändler der Hamburger Börse e. V. oder der Warenverein der Hamburger Börse e. V. entsprechende Verfahrensvorschriften herausgegeben. Häufig wird neben einer Qualitätsarbitrage- auch eine Schiedsgerichtsklausel unterzeichnet, die für alle Konflikte die Entscheidung der eigenen Branchenschiedsgerichte vorsieht, so dass Streitigkeiten dieser Branche nur selten vor staatlichen Gerichten enden. 47

3. Schlichtung. In Deutschland sind Schlichtungsstellen häufig für Streitigkeiten zwischen Verbrauchern und Unternehmen eingerichtet worden, zB der Ombudsmann im Banken- und Versicherungswesen.[25] Schlichtungen werden aber auch häufig für Wirtschaftskonflikte vereinbart. Auch dieses Verfahren beruht grds. auf freiwilliger Vereinbarung und setzt die Gesprächsbereitschaft der Parteien voraus. Der Schlichter hat – anders als ein (Schieds-)Richter – keine Entscheidungs- oder Zwangsgewalt und wirkt ähnlich wie ein Mediator auf eine Einigung der Parteien hin. Sollte das scheitern, unterbreitet er den Parteien einen Einigungsvorschlag (Handelskammer, S. 40). Anders als ein Mediator wird er nötigenfalls zum „Streit-Entscheider". Sein Vorschlag ist aber grds. unverbindlich. Nichts desto trotz genügt häufig die Einschätzung eines kompetenten, neutralen Dritten, um den Streit zu befrieden. Das Honorar ist frei verhandelbar. 48

Es gibt nur in Einzelfällen gesetzlichen Regelungen, die das Verfahren betreffen. Viele Branchenverbände oder Institutionen, wie auch die IHKs und AHKs, bieten Schlichtungsstellen an, schlagen Schlichter vor und stellen zum Teil auch Verfahrensordnungen bereit. Einige Schiedsgerichtsinstitutionen bieten neben Schiedsgerichten auch Schlichtungsstellen an. Im Jahr 1987 wurde das Beijing-Hamburg Conciliation Centre von der Handelskammer Hamburg gegründet, um Konflikte zwischen deutschen und chinesischen Unternehmern zu schlichten. Die chinesische Auslandshandelskammer hat mit dem Beijing Conciliation Centre ein entsprechendes Zentrum in Peking eröffnet.[26] Die beiden Handelskammern arbeiten zusammen und stellen Schlichterlisten und eine Verfahrensordnung bereit (s. auch www.hk24.de/schlichtung). 49

Eine Sonderform der Schlichtung stellt die sog. Early Neutral Evaluation dar. Ein nicht mit Entscheidungsgewalt ausgestatteter Dritter unterbreitet bereits im Frühstadium der Entwicklung eines Streits einen neutralen Lösungsansatz. 50

4. Weitere Verfahren. Es gibt im In- und Ausland weitere Verfahrensarten, wie zB Dispute Boards, Mini-trial oder Med-Arb. Die Terminologien sind hier zuweilen verwirrend. Für den Praktiker ist wiederum lediglich entscheidend, mit dem Vertragspartner abzuklären, was unter den Begriffen verstanden wird. 51

Dispute Boards können nach den ICC Dispute Board Regeln sowohl ein Dispute Adjudication Board (DAB), ein Dispute Review Board (DRB) oder eine kombinierte Form sein. Dispute Boards werden häufig bereits zu Beginn von längerfristigen Vertragsbeziehungen projektbegleitend zur Konfliktprävention (oft in der Baubranche) oder erst im Konfliktfall gebildet. Im Falle von Uneinigkeiten steht das Dispute Board den Parteien mit Empfehlungen (DRB) oder mit bindenden Entscheidungen (DAB) zur Verfügung. Die Entscheidung des (der) Schlichter(s) ist vorläufig bindend bis ein (Schieds-)Gericht abweichend entscheidet. Wird nicht auf institutionelle Regelungen zurückgegriffen, müssen die Verfahrensregeln von den Parteien vereinbart werden. 52

---

[24] Siehe ausführlich *Schröder* S. 319 f.
[25] *Greger/Stubbe* § 4 A Rn. 285–286 mit weiteren Beispielen.
[26] Handelskammer S. 41; *Schröder* S. 328.

53 An einem Mini-trial nehmen nach der Beschreibung der American Arbitration Association (AAA)[27] Vertreter beider Unternehmen teil, welche ihre Standpunkte einem Gremium – bestehend aus einem Neutralen und der Geschäftsleitung beider Unternehmen – vortragen. Häufig nehmen Rechtsanwälte teil. Wird keine Einigung gefunden, kann der Neutrale ein Mediationsverfahren einleiten oder eine unverbindliche Stellungnahme zu den Erfolgsaussichten beider Seiten im Rahmen eines Prozesses abgeben.

54 Med-Arb ist die Abkürzung für Mediation-Arbitration. Es besteht aus zwei Stufen: Wenn das Mediationsverfahren nicht zur Einigung führt, schließt sich ein Schiedsverfahren an.[28]

---

[27] *AAA*, Mini Trial.
[28] *Lachmann* Rn. 90 f.

16. Kapitel. Staatliche Gerichtsbarkeit

Abschnitt 41. Internationale Zuständigkeit inländischer Gerichte

Übersicht	Rn.
A. Einleitung	1
B. Gerichtsstandsvereinbarungen	5
I. Grundlagen	5
II. Art. 23 EuGVVO/LugÜ	7
1. Anwendungsbereich	8
2. Wirksamkeit	11
a) Allgemeine Wirksamkeitsvoraussetzungen und Reichweite	11
b) Form	18
3. Rechtsfolgen	25
III. §§ 38, 40 ZPO	26
1. Allgemeine Wirksamkeitsvoraussetzungen und Reichweite	26
2. Kaufmännischer Rechtsverkehr	28
3. Nichtkaufmännischer Rechtsverkehr	29
C. Gesetzliche Zuständigkeiten	30
I. Grundlagen	30
II. Allgemeiner Gerichtsstand	32
III. Gerichtsstand des Vertrags- bzw. Erfüllungsorts	33
IV. Gerichtsstand der unerlaubten Handlung	37
V. Gerichtsstände der Belegenheit	38
VI. Vermögensgerichtsstand	39
VII. Weitere besondere Gerichtsstände	40
VIII. Wahl des Gerichtsstands	43
D. Rügelose Einlassung	44
E. Berücksichtigung ausländischer Rechtshängigkeit	47
F. Zuständigkeit staatlicher Gerichte bei Schiedsverfahren	48
G. Praktische Hinweise	54
I. Abschluss einer ausdrücklichen Gerichtsstandsvereinbarung	54
II. Wahl eines staatlichen Gerichts in Deutschland	55
III. Empfehlungen für das Drafting	56
1. Gleichlauf zwischen anwendbarem Recht und Gerichtsstand	57
2. Regelung der internationalen und örtlichen Zuständigkeit	58
3. Ausdrücklicher Ausschluss der Vorschriften des internationalen Privatrechts	59
4. Ausdrücklicher Ausschluss des UN-Kaufrechts bei Kaufverträgen oder gemischten Verträgen mit kaufrechtlichen Elementen (sofern deutsches Kaufrecht nach §§ 433 ff. BGB gewollt ist)	60
IV. Modell-Gerichtsstandsklauseln	61

Literatur: *Baumbach/Lauterbach/Albers/Hartmann,* ZPO, 71. Aufl. 2013; *Bläsi,* Das Haager Übereinkommen über Gerichtsstandsvereinbarungen, 1. Aufl. 2010; *Eichel,* AGB-Gerichtsstandsklauseln im deutschamerikanischen Handelsverkehr, 1. Aufl. 2007; *Geimer,* Internationales Zivilprozessrecht, 6. Aufl. 2009; Münchener Kommentar zur Zivilprozessordnung, 4. Aufl. 2013, Band 3; *Saenger,* ZPO, 5. Aufl. 2013; *Schack,* Internationales Zivilverfahrensrecht, 5. Aufl. 2010; *Staudinger,* Internationales Vertragsrecht 2, Neubearbeitung, 2011; *Steinbrück,* Die Unterstützung ausländischer Schiedsverfahren durch staatliche Gerichte, 1. Aufl. 2009; *Thomas/Putzo,* ZPO, 34. Aufl. 2013; *Weller,* Ordre-public-Kontrolle internationaler Gerichtsstandsvereinbarungen im autonomen Zuständigkeitsrecht, 2005; *Zöller,* ZPO, 30. Aufl. 2014.

A. Einleitung

Rechtsstreitigkeiten im Rahmen von Exportgeschäften werden, wenn die Parteien 1 nicht die Zuständigkeit von Schiedsgerichten oder eine andere Form der außergerichtlichen Streitbeilegung (Alternative Dispute Resolution, ADR) vereinbaren, vor staatlichen

4. Teil. Streitbeilegung

Gerichten ausgetragen. In der Praxis unterliegen cross-border Geschäfte aufgrund von Parteivereinbarungen oftmals der Schiedsgerichtsbarkeit und zunehmend auch anderen ADR-Streitbeilegungsmethoden wie zB der Wirtschaftsmediation oder, insbesondere im Baugeschäft, der Adjudikation. Dies gilt vornehmlich für großvolumige, meist komplexe Transaktionen (zB im internationalen Anlagenbau, bei M&A Transaktionen und Vertriebsgeschäften) sowie für den Geschäftsverkehr mit Ländern außerhalb der westlichen Hemisphäre, in denen ein deutscher Exporteur die dortige Justiz und spätere Vollstreckbarkeit seiner Forderung schlecht einschätzen kann oder sie als schlecht einschätzt, zB wegen fehlender bilateraler Vollstreckungsabkommen wie im Geschäftsverkehr Deutschland-Russland oder Deutschland-China.[1] Bei internationalen Streitigkeiten bildet die Schiedsgerichtsbarkeit daher die Regel und die inländische staatliche Gerichtsbarkeit die Ausnahme. Von diesem Grundsatz gibt es zwei besonders erwähnenswerte Ausnahmen: während die Hauptverträge und wichtigsten Subunternehmerverträge aus den oben beispielhaft genannten Exportgeschäftsverhältnissen meist der internationalen Schiedsgerichtsbarkeit unterstellt werden, unterliegen Rechtsstreitigkeiten im Zulieferergeschäft häufig inländischen staatlichen Gerichten. Eine weitere ausnahmsweise Zuständigkeit inländischer staatlicher Gerichte für internationale Streitigkeiten besteht ferner bei Bankgeschäften. Hier haben sich die Schiedsgerichtsbarkeit oder andere alternative Streitbeilegungsmethoden bisher nicht durchgesetzt. Es bestehen jedoch seit Januar 2012 auch hier neuere Bestrebungen, insbesondere bei komplexen internationalen Finanztransaktionen, die Anwendung neuer Schieds- und Mediationsregeln, die als „truly international" gelten, zu fördern[2].

2 Vor den inländischen staatlichen Gerichten ist die internationale Zuständigkeit eine Prozessvoraussetzung, die erfüllt sein muss, damit ein inländisches staatliches Gericht sachlich über ein Klagebegehren verhandeln und entscheiden kann. Die internationale Zuständigkeit bestimmt, ob inländische Gerichte in ihrer Gesamtheit für die Entscheidung zuständig sind und unterscheidet sich insofern von der örtlichen Zuständigkeit, die das von dem Kläger konkret angerufene Gericht betrifft.[3] Für die Parteien eines Exportgeschäfts wird die internationale Zuständigkeit inländischer (deutscher) Gerichte relevant, wenn Störungen in ihrem Rechtsgeschäft auftreten. Aus Sicht des im Inland ansässigen Exporteurs liegt eine Störung zB vor, wenn er für seine ins Ausland gelieferten Waren, Dienst- oder Werkleistungen die vereinbarte Vergütung nicht, nicht vollständig oder verspätet erhält; umgekehrt liegt für den ausländischen Geschäftspartner eine Störung vor, wenn er zB die bestellten Waren, Dienst- oder Werkleistungen verspätet und/oder im mangelhaften Zustand erhält.

3 Die Parteien können die internationale Zuständigkeit durch Gerichtsstandsvereinbarungen regeln (→ B.). Fehlt es an einer wirksamen Gerichtsstandsvereinbarung, greifen die gesetzlichen internationalen Zuständigkeiten ein (→ C.). Die internationale Zuständigkeit des angerufenen Gerichts kann sich ferner aus der rügelosen Verhandlung des Beklagten ergeben (→ D.). Ein international zuständiges inländisches Gericht kann an der Sachentscheidung jedoch gehindert sein, wenn der Rechtsstreit bei einem ausländischen Gericht rechtshängig ist (→ E.). Eine Entscheidungszuständigkeit inländischer Gerichte kann sich auch im Rahmen von Schiedsverfahren ergeben (→ F.).

---

[1] Zur Anerkennung und Vollstreckung von Titeln staatlicher Gerichte, → Ausführungen in Abschnitt 50 Rn. 12 ff. Zu den bestehenden multi- und binationalen Staatenübereinkommen zur Anerkennung und Vollstreckung, → Abschnitt 50 Rn. 43 ff.; weitere Länder, aus denen Titel staatlicher Gerichte mangels verbürgter Gegenseitigkeit nicht anerkannt werden, sind in → Abschnitt 50 Rn. 60 aufgeführt (zB Indien, Saudi-Arabien, Südafrika, Thailand, Ukraine, Vereinigte Arabische Emirate etc.).

[2] Für Näheres zu der am 16. Januar 2012 in Den Haag neu gegründeten internationalen Schiedsinstitution P.R.I.M.E. (Panel of Recognized International Market Experts in Finance) und zu den P.R.I.M.E.-Finance Arbitration Rules wird auf die offizielle website verwiesen, abrufbar unter: www.primefinancedisputes.org. Ob und inwieweit sich die Schieds- und Mediationsregeln in der Bankgeschäftspraxis durchsetzen werden, bleibt noch abzuwarten.

[3] *Schack*, Internationales Zivilverfahrensrecht, 5. Aufl. 2010, Rn. 217.

Die internationale Zuständigkeit inländischer Gerichte folgt hingegen nicht allein aus dem Umstand, dass in der Sache deutsches Recht gilt (kein forum legis).[4] Umgekehrt beschränkt sich die internationale Zuständigkeit der inländischen Gerichte auch nicht auf Rechtsstreitigkeiten, die nach inländischem Sachrecht zu entscheiden sind.[5] Aus Sicht eines deutschen Exporteurs sollte das international zuständige Gericht sein eigenes Sachrecht anwenden. Es empfiehlt sich daher aus Gründen der Vorhersehbarkeit, Effizienz und Minimierung des Prozess(kosten)risikos nicht nur ausdrücklich einen Gerichtsstand zu vereinbaren, sondern auch vertraglich einen Gleichlauf mit dem anwendbaren Sachrecht sicherzustellen (→ G.).

4

B. Gerichtsstandsvereinbarungen

I. Grundlagen

Die Gerichtsstandsvereinbarung ist im Verhältnis zum materiell-rechtlichen Hauptvertrag – ebenso wie die Schiedsvereinbarung (§ 1040 Abs. 1 S. 2 ZPO) – rechtlich selbständig; die gesetzliche Vermutung einer Gesamtnichtigkeit auch der Gerichtsstandsvereinbarung im Fall der Teilnichtigkeit einer einzelnen Klausel des Hauptvertrags nach § 139 BGB greift nicht ein.[6] Durch eine Gerichtsstandsvereinbarung können die Parteien eine vom Gesetz nicht eröffnete internationale Zuständigkeit begründen (Prorogation) und/oder eine gesetzliche internationale Zuständigkeit inländischer Gerichte abbedingen (Derogation).[7] Die Zulässigkeit und Wirkung einer vor dem Prozess (zB in Allgemeinen Geschäftsbedingungen) getroffenen internationalen Gerichtsstandsvereinbarung beurteilen sich nach deutschem Prozessrecht (lex fori), das Zustandekommen dieser Vereinbarung richtet sich hingegen nach deutschem oder ausländischem bürgerlichen Recht, das nach den Regeln des internationalen Privatrechts anwendbar ist (lex causae).[8] Bei einer Gerichtsstandsvereinbarung, auf die Art. 23 EuGVVO[9]/LugÜ[10] anwendbar ist, gilt dies allerdings nur für Voraussetzungen, die in dieser Bestimmung nicht ausdrücklich geregelt sind; im Übrigen bestimmen sich die Anforderungen nach dem autonomen Recht der Verordnung.[11]

5

Bei Abschluss einer Gerichtsstandsvereinbarung ist jede Partei an einem möglichst nahe gelegenen Gericht interessiert, bei dem es keine sprachlichen oder räumlichen Zugangshindernisse gibt. Beide Parteien sind weiter an einem sach- und beweisnahen Gerichtsstand interessiert, weil hier eine etwa erforderliche Sachverhaltsaufklärung im Wege der Beweisaufnahme (zB Ladung am Gerichtsstand ansässiger Zeugen, Inaugenscheinnahme am Gerichtsstand) eine sachlich richtige Entscheidung fördert und Kosten spart. Ebenso sind grundsätzlich beide Parteien an der Vorhersehbarkeit des Gerichtsstandes interessiert, der nicht erst in einem mehrstufigen Instanzenzug ermittelt werden muss. Aus dem Vollstreckungsinteresse des Klägers folgt für diesen schließlich ein gewichtiges Interesse an einem Gerichtsstand, an dem sich vollstreckungstaugliches Vermögen des Beklagten befindet. Ein

6

---

[4] Geimer, Internationales Zivilprozessrecht, 6. Aufl. 2009, Rn. 1041; Schack, Internationales Zivilverfahrensrecht, 5. Aufl. 2010, Rn. 246; vgl. auch generell zum Fehlen eines forum legis im internationalen Zuständigkeitsrecht, Weller, S. 171 ff.

[5] Geimer, Internationales Zivilprozessrecht, 6. Aufl. 2009, Rn. 1064.

[6] Geimer, Internationales Zivilprozessrecht, 6. Aufl. 2009, Rn. 1674a; OLG München, Urt. v. 20.7.1994 – 3 U 2861/94.

[7] Staudinger/Hausmann, Internationales Vertragsrecht 2, Neubearbeitung 2011, IntVertrVerfR, Rn. 228.

[8] BGH BGHZ 59, 23, 27; BGH BGHZ 49, 384, 386 f.

[9] Verordnung (EG) Nr. 44/2001 des Rates über die gerichtliche Zuständigkeit und die Anerkennung und Vollstreckung von Entscheidungen in Zivil- und Handelssachen vom 22. 12. 2000 (ABl. 2001 Nr. L 12, ber. ABl. L 307 und ABl. 2010 Nr. L 328), zuletzt geändert durch Art. 80 Satz 1 ÄndVO (EU) 1215/2012 vom 12. 12. 2012 (ABl. Nr. L 351 Satz 1).

[10] Übereinkommen über die gerichtliche Zuständigkeit und die Anerkennung und Vollstreckung von Entscheidungen in Zivil- und Handelssachen vom 30. 10. 2007 (ABl. 2009 Nr. L 147, ber. ABl. 2011 Nr. L 115).

[11] BGH NJW 2007, 2036, 2037.

4. Teil. Streitbeilegung

vollstreckungsnaher Gerichtsstand kann insoweit ein Anerkennungs- und Vollstreckbarerklärungsverfahren vermeiden.[12] Zumindest wird der Kläger an der Zuständigkeit eines Gerichts interessiert sein, dessen Entscheidungen problemlos dort anerkannt werden, wo sich mutmaßlich vollstreckungstaugliches Vermögen des Beklagten befindet. Diese teils gegenläufigen, teils gleichlaufenden Interessen der Parteien können im Rahmen einer Gerichtsstandsvereinbarung berücksichtigt werden („forum planning").[13] Die Voraussetzungen für eine wirksame Gerichtsstandsvereinbarung richten sich danach, ob der Anwendungsbereich der EuGVVO bzw. des LugÜ eröffnet ist oder ob autonomes deutsches Recht (§§ 38, 40 ZPO) zur Anwendung kommt.

II. Art. 23 EuGVVO/LugÜ

7   Im Anwendungsbereich des Art. 23 EuGVVO wird nationales Prozessrecht verdrängt (Anwendungsvorrang des Europarechts), so dass nationale Prorogations- oder Derogationsverbote und insbesondere eine Überprüfung von Gerichtsstandsvereinbarungen auf einen hinreichenden Bezug der Parteien zum gewählten Gericht (forum non conveniens) nicht zulässig sind.[14] Für den inhaltsgleichen Art. 23 LugÜ geht der BGH von einem entsprechenden Anwendungsvorrang aus.[15] Sofern die Parteien nichts anderes vereinbart haben, ist ein prorogiertes Gericht ausschließlich zuständig (Art. 23 Abs. 1 S. 2 EuGVVO/LugÜ) und die allgemeinen Zuständigkeitsregeln der Art. 2 ff. EuGVVO/LugÜ bleiben ausgeschlossen.[16] Art. 23 EuGVVO/LugÜ regelt dabei neben der internationalen zugleich die örtliche Zuständigkeit, wenn in der Gerichtsstandsvereinbarung ein konkretes Inlandsgericht genannt ist.[17] Anderenfalls bestimmt sich die örtliche Zuständigkeit nach dem inländischen Prozessrecht.

8   **1. Anwendungsbereich.** Art. 23 EuGVVO/LugÜ ist anwendbar, wenn mindestens eine Vertragspartei zum Zeitpunkt der Vereinbarung ihren (Wohn-)Sitz (vgl. hierzu Art. 59, 60 EuGVVO/LugÜ) in einem Mitgliedstaat hat und wenn vereinbart ist, dass ein Gericht oder die Gerichte eines Mitgliedstaats über eine bereits entstandene Rechtsstreitigkeit oder über eine künftige aus einem bestimmten Rechtsverhältnis entspringende Rechtsstreitigkeit entscheiden sollen. Fehlt eine dieser Voraussetzungen, bestimmt sich die Zulässigkeit einer Gerichtsstandsvereinbarung nach nationalem Recht, zB §§ 38, 40 ZPO.[18] Anders als § 38 ZPO unterscheidet Art. 23 EuGVVO/LugÜ nicht zwischen Kaufleuten und Nichtkaufleuten. Prorogationsbefugt sind vielmehr alle natürlichen und juristischen Personen. Anders als § 40 Abs. 2 Nr. 1 ZPO beschränkt Art. 23 EuGVVO/LugÜ die Zulässigkeit von Gerichtsstandsvereinbarungen auch nicht auf bestimmte Arten von Rechtsstreitigkeiten. Für Gerichtsstandsvereinbarungen in Versicherungs- und Verbrauchersachen sowie bei Streitigkeiten aus individuellen Arbeitsverträgen bestehen besondere Wirksamkeitsvoraussetzungen nach Art. 23 Abs. 5 EuGVVO/LugÜ iVm Art. 13, 17 und 21 EuGVVO/LugÜ. Eine weitere immanente Anwendungsvoraussetzung des Art. 23 EuGVVO/LugÜ ist ein Gemeinschaftsbezug.[19] Hierbei sind folgende Fallgruppen zu unterscheiden:
- Gerichtsstandsvereinbarungen zwischen Vertragsparteien mit (Wohn-)Sitz in verschiedenen Mitgliedstaaten (ein Italiener und ein Franzose vereinbaren die Zuständigkeit der schweizerischen Gerichte)
- Gerichtsstandsvereinbarungen zwischen Vertragsparteien mit (Wohn-)Sitz in demselben Mitgliedstaat (zwei Deutsche vereinbaren die Zuständigkeit der deutschen oder niederländischen Gerichte)

---

[12] *Schack*, Internationales Zivilverfahrensrecht, 5. Aufl. 2010, Rn. 243.
[13] Vgl. das praktische Beispiel unten unter G.
[14] *EuGH* WM 1999, 1187, 1193 (Castelleti/Trumpy).
[15] *BGH* VersR 2013, 73, 74.
[16] Saenger/*Dörner* ZPO, 5. Aufl. 2013, Art. 23 EuGVVO, Rn. 2.
[17] *Schack*, Internationales Zivilverfahrensrecht, 5. Aufl. 2010, Rn. 526.
[18] *EuGH* NJW 2001, 501, 502.
[19] MüKoZPO/*Gottwald*, 4. Aufl. 2013, Art. 23 EuGVVO, Rn. 4; *Saenger* ZZP 110 (1997), 477, 479.

Abschnitt 41. Internationale Zuständigkeit inländischer Gerichte

- Gerichtsstandsvereinbarungen zwischen einer in einem Mitgliedstaat und einer in einem Drittstaat ansässigen Vertragspartei (ein Engländer und ein Amerikaner vereinbaren die Zuständigkeit der englischen oder der amerikanischen Gerichte)
- Gerichtsstandsvereinbarungen zwischen Vertragsparteien mit (Wohn-)Sitz in Drittstaaten (zwei Amerikaner vereinbaren die Zuständigkeit der deutschen Gerichte).

In der erstgenannten Fallgruppe ist der Anwendungsbereich des Art. 23 EuGVVO/ LugÜ unproblematisch eröffnet, das entsprechende nationale Prozessrecht unanwendbar. In der zweiten Fallgruppe scheiden die sog. reinen Inlandsfälle (zwei Deutsche vereinbaren die Zuständigkeit der deutschen Gerichte) nach überwiegender Ansicht mangels ausreichenden Gemeinschaftsbezugs aus dem Anwendungsbereich des Art. 23 EuGVVO/LugÜ aus, das entsprechende nationale Prozessrecht (zB §§ 38, 40 ZPO) ist anwendbar.[20] Der geforderte Gemeinschaftsbezug kann jedoch nach überwiegender Ansicht durch die Wahl der Gerichte eines anderen Mitgliedsstaats hergestellt werden (zwei Deutsche vereinbaren die Zuständigkeit der niederländischen Gerichte).[21] In der dritten Fallgruppe ist der Anwendungsbereich des Art. 23 EuGVVO/LugÜ nach überwiegender Ansicht eröffnet, wenn die Parteien die Zuständigkeit der Gerichte eines Mitgliedsstaats vereinbaren (ein Engländer und ein Amerikaner vereinbaren die Zuständigkeit der englischen Gerichte), nicht aber wenn die Zuständigkeit der Gericht eines Drittstaats vereinbart wird (ein Engländer und ein Amerikaner vereinbaren die Zuständigkeit der amerikanischen Gerichte).[22] Im letztgenannten Fall wenden die deutschen Gerichte ihr Prozessrecht an (§§ 38, 40 ZPO). In der vierten Fallgruppe ist Art. 23 EuGVVO/LugÜ ebenfalls nicht anwendbar und es gilt nationales Prozessrecht. Allerdings können in diesem Fall nach Art. 23 Abs. 3 EuGVVO/LugÜ die Gerichte der anderen Vertragsstaaten nicht entscheiden, es sei denn, das vereinbarte Gericht (in der Fallgruppe die deutschen Gerichte) hat sich rechtskräftig für unzuständig erklärt. Art. 23 Abs. 3 EuGVVO/LugÜ sperrt danach den Zugang zu den Gerichten der anderen Vertragsstaaten, obwohl diese nach ihrem eigenen Prozessrecht möglicherweise international zuständig wären.[23]

Der (Wohn-)Sitz einer Partei in einem Mitgliedstaat als Anwendungsvoraussetzung für Art. 23 EuGVVO/LugÜ muss nur bei Abschluss der Gerichtsstandsvereinbarung bzw. spätestens bei Erlass der gerichtlichen Entscheidung gegeben sein.[24]

2. Wirksamkeit. a) Allgemeine Wirksamkeitsvoraussetzungen und Reichweite. Eine Gerichtsstandsvereinbarung setzt eine entsprechende Einigung der Parteien voraus. Ob Art. 23 EuGVVO/LugÜ auch das Zustandekommen regelt, ist umstritten.[25] Die Kriterien sind jedenfalls dann dem nach dem internationalen Privatrecht zu ermittelnden Sachrecht zu entnehmen, wenn eine ausdrückliche Regelung in der EuGVVO fehlt (zB für die Voraussetzungen einer wirksamen Stellvertretung oder Anfechtung wegen Willensmängeln).[26] Zu den weiteren Wirksamkeitsvoraussetzungen nach Art. 23 EuGVVO/LugÜ gehört, dass sich die Vereinbarung auf ein bereits entstandenes oder ein bestimmtes künftiges Rechtsverhältnis bezieht und dass keine ausschließliche Zuständigkeit eines anderen Gerichts gegeben ist (Art. 23 Abs. 1 S. 1, Abs. 5 EuGVVO).

Gerichtsstandsvereinbarungen auf den Gebieten der Versicherungs- und Verbrauchersachen und bei Streitigkeiten aus individuellen Arbeitsverträgen müssen darüber hinaus den besonderen Wirksamkeitserfordernissen des Art. 23 Abs. 5 EuGVVO/LugÜ iVm Art. 13, 17 und 21 EuGVVO/LugÜ genügen.

Das in Bezug genommene Rechtsverhältnis ist in der Gerichtsstandsvereinbarung hinreichend bestimmt, wenn Gegenstand der Rechtsstreitigkeit der Vertrag ist, der auch die Ge-

---

[20] *Schack*, Internationales Zivilverfahrensrecht, 5. Aufl. 2010, Rn. 527.
[21] *Geimer*, Internationales Zivilprozessrecht, 6. Aufl. 2009, Rn. 1646; aA *OLG Hamm* IPRax 1999, 244, 246.
[22] Thomas/Putzo/*Hüßtege* ZPO, 34. Aufl. 2013, Art. 23 EuGVVO, Rn. 2.
[23] Saenger/*Dörner* ZPO, 5. Aufl. 2013, Art. 23 EuGVVO, Rn. 7.
[24] Thomas/Putzo/*Hüßtege* ZPO, 34. Aufl. 2013, Art. 23 EuGVVO, Rn. 19.
[25] Vgl. Thomas/Putzo/*Hüßtege* ZPO, 34. Aufl. 2013, Art. 23 EuGVVO, Rn. 4.
[26] *BGH* NJW 2007, 2036, 2037.

richtsstandsklausel enthält.[27] Gleichwohl ist die Gerichtsstandsvereinbarung im Verhältnis zu dem Hauptvertrag selbständig. Bei wirksamer Zuständigkeitsvereinbarung kann das vereinbarte Gericht daher über die Wirksamkeit bzw. Unwirksamkeit des Hauptvertrags entscheiden und umgekehrt muss sich das abbedungene Gericht einer Entscheidung hierüber enthalten.[28]

14 Auch das zuständige Gericht muss in der Gerichtsstandsvereinbarung hinreichend bestimmt sein. Hierfür reicht es aus, dass ein zuständiges Gericht anhand objektiver Kriterien (Wohnsitz einer Partei, Erfüllungsort des Vertrags) bestimmt werden kann. Die Angabe eines konkreten Gerichts ist hingegen nicht notwendig. Eine weitergehende Missbrauchskontrolle der Gerichtsstandsvereinbarung am Maßstab nationaler Rechtsvorschriften (zB §§ 138, 242, 307 BGB) ist nicht zulässig.[29]

15 Gegenüber Verbrauchern ist eine Gerichtsstandsvereinbarung allerdings nach EU-Recht in der Regel missbräuchlich, wenn der Zugang zum Rechtsschutz erschwert ist; dies ist innerstaatlich von Amts wegen zu beachten.[30]

16 Die Reichweite einer Gerichtsstandsvereinbarung ist durch Auslegung zu ermitteln. Sofern die Parteien nichts anderes vereinbart haben, ist das vereinbarte Gericht bzw. sind die vereinbarten Gerichte ausschließlich zuständig (Art. 23 Abs. 1 S. 2 EuGVVO/LugÜ).

17 Ist in einer Gerichtsstandsvereinbarung ein konkretes Gericht genannt, ist damit neben der internationalen zugleich die örtliche Zuständigkeit vereinbart. Ist nur allgemein die Zuständigkeit der Gerichte eines Mitgliedsstaats vereinbart, bestimmt sich die örtliche Zuständigkeit nach dem nationalen Prozessrecht des Gerichtsorts (zB nach §§ 12ff. ZPO).[31]

18 **b) Form.** Besondere Formerfordernisse für die Gerichtsstandsvereinbarung stellt Art. 23 Abs. 1 S. 3 lit. a–c, Abs. 2 EuGVVO/LugÜ auf. Die Formerfordernisse sind EuGVVO-autonom zu bestimmen und verdrängen (auch die strengeren) Formbestimmungen des nationalen Rechts.[32]

19 Die Schriftform des Art. 23 Abs. 1 S. 3a 1. Alt. EuGVVO/LugÜ ist gewahrt, wenn beide Parteien ihre auf den Vertragsabschluss gerichteten Erklärungen unterschreiben. Das kann – abweichend von § 126 Abs. 2 BGB – auch in getrennten Schriftstücken erfolgen, sofern aus ihnen die inhaltliche Übereinstimmung beider Erklärungen hinreichend deutlich hervorgeht.[33] Allerdings müssen beide Vertragsparteien den Vertragstext, der die Gerichtsstandsvereinbarung enthält, unterschrieben haben.[34]

20 Elektronische Übermittlungen, die zwar keine (Original-)Unterschrift, aber eine dauerhafte Aufzeichnung der Vereinbarung ermöglichen (E-Mail, Telefax), sind nach Art. 23 Abs. 2 EuGVVO/LugÜ ausreichend. Bei Vertragsschluss im Internet ist die erforderliche Reproduzierbarkeit der Vereinbarung nur dann gegeben, wenn der vollständige Bildschirmtext ausdruckbar ist.[35]

21 **aa) Allgemeine Geschäftsbedingungen.** Die Schriftform kann auch durch eine Bezugnahme auf Allgemeine Geschäftsbedingungen (AGB), die dem Vertragspartner bei Vertragsschluss vorliegen müssen, erfüllt werden; dies stellt die häufigste Form der Gerichtsstandsklauselpraxis im kaufmännischen Verkehr dar.[36] Der Abdruck einer Gerichtsstandsklausel auf Rechnungen oder Auftragsbestätigungen reicht hingegen nicht aus.[37] Ob die

---

[27] Saenger/*Dörner* ZPO, 5. Aufl. 2013, Art. 23 EuGVVO, Rn. 20.
[28] *Geimer*, Internationales Zivilprozessrecht, 6. Aufl. 2009, Rn. 1674.
[29] *EuGH* WM 1999, 1187, 1193 (Castelleti/Trumpy).
[30] *EuGH* NJW 2009, 2367, 2369.
[31] Saenger/*Dörner* ZPO, 5. Aufl. 2013, Rn. 26.
[32] *Schack*, Internationales Zivilverfahrensrecht, 5. Auflage 2010, Rn. 536.
[33] *BGH* NJW 2001, 1371
[34] Thomas/Putzo/*Hüßtege* ZPO, 34. Aufl. 2013, Art. 23 EuGVVO, Rn. 8.
[35] MüKoZPO/*Gottwald*, 4. Aufl. 2013, Art. 23 EuGVVO, Rn. 40.
[36] Dies am Beispiel des deutsch-amerikanischen Geschäftsverkehrs eingehend untersuchend: *Eichel*, AGB-Gerichtsstandsklauseln im deutsch-amerikanischen Handelsverkehr, 1. Aufl. 2007.
[37] *BGH* NJW-RR 2004, 1292, 1293.

AGB wirksam in den Vertrag einbezogen worden sind, richtet sich nicht nach §§ 305 Abs. 2, 305c Abs. 2 BGB, sondern unmittelbar nach Art. 23 Abs. 1 EuGVVO/LugÜ).[38]

Das Schriftformerfordernis ist insoweit gewahrt, wenn in dem unterschriebenen Vertragstext auf AGB Bezug genommen wird, die auf der Rückseite des Vertragstextes abgedruckt sind und in denen die Gerichtsstandsvereinbarung steht.[39] Eine ausdrückliche Bezugnahme auf die Gerichtsstandsklausel selbst ist nicht erforderlich. Das Schriftformerfordernis ist hingegen auch im kaufmännischen Geschäftsverkehr nicht gewahrt, wenn zwar auf die AGB hingewiesen wird, diese aber nicht beigefügt sind und im Übrigen nur auf die Einsichtsmöglichkeit in den Geschäftsräumen oder im Internet verwiesen wird.[40] Ob Art. 23 EuGVVO/LugÜ grundsätzlich einen gesonderten Hinweis in der abweichenden Verhandlungs- und Vertragssprache auf eine in einer fremdsprachigen AGB enthaltene Gerichtsstandsklausel fordert bzw. ob die AGB in der Verhandlungssprache verfasst sein müssen, wird in der Rechtsprechung nicht einheitlich beurteilt.[41] Der sicherste Weg besteht insoweit darin, Verhandlungs-, Vertrags- und AGB-Sprache zu synchronisieren. **22**

Ist die Schriftform des Art. 23 Abs. 1 S. 3a 1. Alt. EuGVVO/LugÜ nicht gewahrt, ist weiter zu prüfen, ob eine mündliche Vereinbarung mit schriftlicher Bestätigung mindestens einer Partei nach Art. 23 Abs. 1 S. 3a 2. Alt. EuGVVO/LugÜ (Halbschriftlichkeit) gegeben ist. Hierfür muss eine zumindest konkludente mündliche Einigung über die Gerichtsstandsklausel erzielt worden sein, die von mindestens einer Partei in der Form des Art. 23 Abs. 1 S. 3a 1. Alt. EuGVVO/LugÜ schriftlich bestätigt wird. **23**

bb) Internationaler Handelsbrauch. Eine Gerichtsstandsvereinbarung ist ferner nach Art. 23 Abs. 1 S. 3b EuGVVO/LugÜ formwirksam, wenn die gewählte Form den zwischen den Parteien entstandenen Gepflogenheiten im Sinne einer tatsächlichen Übung entspricht. Auch diese Formerleichterung setzt jedoch eine Einigung voraus, für die der Abdruck einer Gerichtsstandsklausel auf einer Rechnung oder einer Auftragsbestätigung nicht ausreicht.[42] Eine Gerichtsstandsvereinbarung ist schließlich auch dann formwirksam nach Art. 23 Abs. 1 S. 3c EuGVVO/LugÜ, wenn sie in einer Form geschlossen wurde, die einem internationalen Handelsbrauch entspricht. Handelsbräuche binden vorrangig Kaufleute, so dass die Regelung nur im kaufmännischen Verkehr gilt. Eine formelle Kaufmannseigenschaft ist hierfür allerdings nicht erforderlich, sondern es reicht aus, dass das Rechtsgeschäft gewerblichen und nicht privaten Zwecken dient.[43] Eine Einigung der Parteien über eine Gerichtsstandsklausel wird nach dieser Regelung vermutet, wenn ihr Verhalten einem Handelsbrauch in dem Bereich des internationalen Handelsverkehrs entspricht, in dem die Parteien tätig sind, und wenn ihnen dieser Handelsbrauch bekannt ist oder als ihnen bekannt angesehen werden muss.[44] Ein Handelsbrauch besteht nach dem autonomen Verständnis des Art. 23 Abs. 1 S. 3c EuGVVO/LugÜ in einem Geschäftszweig dann, wenn die dort tätigen Kaufleute bei Abschluss bestimmter Verträge ein bestimmtes Verhalten praktizieren.[45] Die einzuhaltende Form richtet sich ausschließlich nach dem ermittelten Handelsbrauch, der nur am Wohnsitz einer Vertragspartei bestehen muss.[46] Die andere Partei wird durch die Erfordernisse der Kenntnis bzw. des Kennenmüssens sowie der Branchenüblichkeit geschützt. Im Rahmen eines mündlich geschlossenen Vertrags kann danach eine Gerichtsstandsvereinbarung auch in der Weise getroffen werden, dass eine Vertragspartei auf ein ihr von der anderen Partei übersandtes kaufmännisches Bestätigungsschreiben, das einen vorgedruckten Hinweis auf den Gerichtsstand enthält, nicht reagiert **24**

---

[38] OLG Celle NJW-RR 2004, 575, 576.
[39] OLG Hamm NJW-RR 1995, 188, 189.
[40] OLG Celle NJW-RR 2010, 136, 137.
[41] Vgl. Thomas/Putzo/*Hüßtege* ZPO, 34. Aufl. 2013, Art. 23 EuGVVO, Rn. 8 mwN.
[42] BGH NJW-RR 2004, 1292, 1293.
[43] Dörner/*Saenger* ZPO, 5. Aufl. 2013, Art. 23 EuGVVO, Rn. 40.
[44] *EuGH* EuZW 1999, 441, 442.
[45] *EuGH* EuZW 1999, 441, 443.
[46] Thomas/Putzo/*Hüßtege* ZPO, 34. Aufl. 2013, Art. 23 EuGVVO, Rn. 12.

oder wiederholt Rechnungen, die einen solchen Hinweis enthalten, bezahlt (Vereinbarung durch Schweigen auf ein kaufmännisches Bestätigungsschreiben.[47]

25 **3. Rechtsfolgen.** Die nach Art. 23 EuGVVO/LugÜ begründete Zuständigkeit ist als Prozessvoraussetzung von Amts wegen zu prüfen, wenn der Beklagte in der mündlichen Verhandlung nicht erscheint (Art. 26 Abs. 1 EuGVVO/LugÜ) bzw. erscheint und die internationale Zuständigkeit rügt.[48] Ist der Beklagte in der mündlichen Verhandlung säumig, erklärt sich das Gericht von Amts wegen für unzuständig, wenn seine Zuständigkeit nach der EuGVVO/LugÜ nicht gegeben ist. Der Beklagte braucht also nicht zu erscheinen, um nur die fehlende (internationale) Zuständigkeit des Gerichts zu rügen. Erscheint der Beklagte und verhandelt rügelos zur Sache, kann die internationale Zuständigkeit des Gerichts auch nach Art. 24 EuGVVO/LugÜ begründet werden.[49] Das nach Art. 23 EuGVVO/LugÜ zuständige Gericht ist im Zweifel ausschließlich zuständig, konkurrierende Zuständigkeitsnormen (Art. 2 ff. EuGVVO/LugÜ) werden verdrängt. Die Zuständigkeit des vereinbarten Gerichts erstreckt sich im Zweifel auf einstweilige Rechtsschutzverfahren (vgl. auch Art. 31 EuGVVO/LugÜ).[50]

III. §§ 38, 40 ZPO

26 **1. Allgemeine Wirksamkeitsvoraussetzungen und Reichweite.** Ist der Anwendungsbereich des Art. 23 EuGVVO/LugÜ nicht eröffnet, weil – für das Exportgeschäft relevant – die im Inland oder Ausland ansässigen Vertragsparteien einen Gerichtsstand in einem Drittstaat oder die im Ausland ansässigen Vertragsparteien die (internationale) Zuständigkeit der deutschen Gerichte oder eines Drittstaates vereinbart haben, beurteilen die deutschen Gerichte die Zulässigkeit und Wirksamkeit entsprechender Gerichtsstandsvereinbarung (gegebenenfalls nur im Rahmen von Vorfragen) nach §§ 38, 40 ZPO. Ob die vereinbarte Zuständigkeit fakultativ ist und damit neben bestehende Gerichtsstände tritt oder ausschließlich ist und damit bestehende Zuständigkeiten verdrängt, ist der gegebenenfalls auszulegenden Gerichtsstandsvereinbarung zu entnehmen. Im Prozess prüft das angerufene Gericht seine (internationale) Zuständigkeit aufgrund einer Gerichtsstandsvereinbarung nach §§ 38, 40 ZPO auf entsprechenden Vortrag von Amts wegen. Ist der Beklagte säumig, greift für das Vorbringen des Klägers zu einer solchen Gerichtsstandsvereinbarung die Geständnisfiktion des § 331 Abs. 1 S. 1 ZPO nicht (§ 331 Abs. 1 S. 2 ZPO), dh der Abschluss dieser Vereinbarung ist nachzuweisen (§ 335 Abs. 1 Nr. 1 ZPO).

27 § 38 ZPO unterscheidet vier Fallgruppen von Gerichtsstandsvereinbarungen. Für alle Fallgruppen setzt § 40 Abs. 1 ZPO voraus, dass die Vereinbarung sich auf ein bestimmtes Rechtsverhältnis bezieht und ihr ein zumindest bestimmbares Gericht zu entnehmen ist. In allen Fallgruppen ist eine Gerichtsstandsvereinbarung ferner unzulässig, wenn der Rechtsstreit – im Exportgeschäft wenig relevant – nichtvermögensrechtliche Ansprüche betrifft, die den Amtsgerichten streitwertunabhängig zugewiesen sind (§ 40 Abs. 2 Nr. 1 ZPO) oder für die Klage ein ausschließlicher Gerichtsstand begründet ist.

28 **2. Kaufmännischer Rechtsverkehr.** In persönlicher Hinsicht beschränkt § 38 Abs. 1 ZPO die Zulässigkeit von Gerichtsstandsvereinbarungen auf Kaufleute, juristische Personen des öffentlichen Rechts und öffentlich-rechtliche Sondervermögen. Zwischen diesen Parteien ist eine Gerichtsstandsvereinbarung formfrei möglich. Nach § 38 Abs. 2 S. 1 ZPO können demgegenüber alle natürlichen und juristischen Personen eine Gerichtsstandsvereinbarung abschließen, wenn nur mindestens eine Vertragspartei ihren (Wohn-)Sitz nicht im Inland hat (internationale Prorogation). Die Vereinbarung muss allerdings die Form des § 38 Abs. 2 S. 2 ZPO einhalten, dh schriftlich abgeschlossen oder, falls sie mündlich getroffen wird, schriftlich bestätigt werden. Für die Form gilt allein § 38 ZPO, auch wenn das

---

[47] *EuGH* NJW 1997, 1431, 1432.
[48] *Geimer,* Internationales Zivilprozessrecht, 6. Aufl. 2009, Rn. 1817.
[49] Vgl. dazu unten D.
[50] Thomas/Putzo/*Hüßtege* ZPO, 34. Aufl. 2013, Art. 23 EuGVVO, Rn. 25.

auf den Hauptvertrag anwendbare Recht für diesen keine oder eine strengere Form verlangt.[51] Die Regelung ist Art. 23 EuGVVO/LugÜ nachgebildet.[52] Dessen Anforderungen an die Schriftform bzw. die halbe Schriftlichkeit gelten entsprechend. Ebenso wie im Anwendungsbereich des Art. 23 EuGVVO/LugÜ ist auch im Anwendungsbereich des § 38 ZPO die Schriftform – abweichend von § 126 Abs. 2 BGB – auch dann gewahrt, wenn die Erklärungen in getrennten Schriftstücken enthalten sind.[53] Der Schriftform genügt ferner die Bezugnahme in dem von beiden Parteien unterzeichneten Vertragstext auf die mitabgedruckten, beigefügten oder vorher ausgehändigten AGB, nicht jedoch die einseitige Bezugnahme auf AGB in Bestätigungsschreiben, Lieferscheinen und Rechnungen.[54] Teilweise wird befürwortet, internationale Gerichtsstandsvereinbarungen auch unter Kaufleuten der Schriftform des § 38 Abs. 2 S. 2 ZPO zu unterwerfen.[55] Dies widerspricht jedoch dem eindeutigen Wortlaut und der Systematik des § 38 Abs. 1 und 2 ZPO und ist daher für das geltende Recht abzulehnen.[56]

3. Nichtkaufmännischer Rechtsverkehr. Eine Gerichtsstandsvereinbarung im nichtkaufmännischen Verkehr ist im Übrigen nur zulässig, wenn sie ausdrücklich und schriftlich gemäß § 38 Abs. 3 Nr. 1 ZPO nach dem Entstehen der Streitigkeit (Verbraucherprorogation) oder gemäß § 38 Abs. 3 Nr. 2 ZPO für den Fall geschlossen wird, dass die im Klageweg in Anspruch zu nehmende Partei nach Vertragsschluss ihren Wohnsitz oder gewöhnlichen Aufenthaltsort aus dem Geltungsbereich der ZPO verlegt oder ihr Wohnsitz oder gewöhnlicher Aufenthalt im Zeitpunkt der Klageerhebung nicht bekannt ist (subsidiäre Prorogation). 29

C. Gesetzliche Zuständigkeiten

I. Grundlagen

Haben die Parteien keine (wirksame) Gerichtsstandsvereinbarung getroffen, greifen die gesetzlichen Zuständigkeiten ein. Ausführliche Kataloge von Entscheidungszuständigkeiten enthalten insbesondere die in den Mitgliedstaaten der Europäischen Union geltenden Art. 2 ff. EuGVVO, die im Rahmen ihres Anwendungsbereichs den nationalen Vorschriften vorgehen, die in den Mitgliedstaaten der Europäischen Union, Dänemark, Schweiz, Norwegen und Island (nicht aber in Liechtenstein) geltenden entsprechenden Zuständigkeitsvorschriften des LugÜ (Luganer Abkommen) und die §§ 12 ff. ZPO. Die deutschen Gerichtsstandsvorschriften sind grundsätzlich doppelfunktional, dh sie legen neben der internationalen zugleich die örtliche Zuständigkeit der inländischen Gerichte fest.[57] Die internationale Zuständigkeit eines deutschen Gerichts wird danach regelmäßig durch dessen örtliche Zuständigkeit indiziert.[58] Spezielle Zuständigkeitsvorschriften enthalten ferner Art. 3 EuInsVO[59] für Insolvenzverfahren, Art. 31 Abs. 1 CMR[60] für den Straßengüterverkehr, Art. 57 CIV und Art. 46 CIM für den Eisenbahnverkehr,[61] Art. 33 des Montrealer 30

---

[51] *Schack,* Internationales Zivilverfahrensrecht, 5. Aufl. 2010, Rn. 501.
[52] Zöller/*Vollkommer* ZPO, 30. Aufl. 2014, § 38 Rn. 27.
[53] Thomas/Putzo/*Hüßtege* ZPO, 34. Aufl. 2013, § 38 Rn. 15.
[54] Zöller/*Vollkommer* ZPO, 30. Aufl. 2014, § 38 Rn. 27.
[55] OLG *Nürnberg* NJW 1985, 1296.
[56] *Schack,* Internationales Zivilverfahrensrecht, 5. Aufl. 2010, Rn. 502.
[57] *BGH* NJW 1999, 1395, 1396.
[58] *BGH* BGHZ 115, 90, 91.
[59] Verordnung (EG) Nr. 1346/2000 des Rates vom 29.5.2000 über Insolvenzverfahren (ABl. 2000 Nr. L 160), zuletzt geändert durch Art. 2 ÄndVO (EU) 583/2011 vom 9.6.2011 (ABl. 2011 Nr. L 160).
[60] Übereinkommen über den Beförderungsvertrag im internationalen Straßengüterverkehr vom 19.5.1956 (CMR – Convention relative au contrat de transport international de marchandises par route), abrufbar unter www.transportrecht.org.
[61] Übereinkommen über den internationalen Eisenbahnverkehr vom 9.5.1980, Anhang A – Einheitliche Rechtsvorschriften für den Vertrag über die internationalen Eisenbahnbeförderung von Personen (CIV – Règles uniformes concernant le contrat de transport international ferroviare des voyageurs) und Anhang B – Einheitliche Rechtsvorschriften für den Vertrag über die internationalen Eisenbahnbeförderung von Gütern

Übereinkommens für den Luftverkehr[62] und Art. 34 Abs. 2 der Revidierten Rheinschifffahrtsakte.[63]

31 Im Anwendungsbereich der EuGVVO/LugÜ ist der Rückgriff auf nationale Zuständigkeitsvorschriften über die internationale Zuständigkeit ausgeschlossen (vgl. Art. 3 Abs. 1 und 2 EuGVVO/LugÜ). Im Verfahren des einstweiligen Rechtsschutzes bleiben die nationalen Zuständigkeitsvorschriften hingegen anwendbar und zwar sowohl hinsichtlich der internationalen wie der örtliche Zuständigkeit. Art. 31 EuGVVO/LugÜ geht als Sonderregelungen den Art. 2 ff. EuGVVO/LugÜ vor.[64]

II. Allgemeiner Gerichtsstand

32 Der allgemeine (internationale) Gerichtsstand des Beklagten, an dem alle Klagen gegen ihn zu erheben sind, sofern kein anderer ausschließlicher Gerichtsstand begründet ist, wird durch seinen (Wohn-)Sitz bestimmt. Die Zuständigkeitsbestimmungen der EuGVVO/LugÜ und der §§ 12 ff. ZPO verfolgen dabei die gleichen Prinzipien. Für natürliche Personen ergibt sich die Wohnsitzzuständigkeit aus Art. 2 Abs. 1 EuGVVO/LugÜ bzw. §§ 12, 13 ZPO. Das Anknüpfungsmerkmal „Wohnsitz" ist außerhalb des Anwendungsbereichs der EuGVVO/LugÜ nach inländischem Recht, dh den §§ 7 ff. BGB zu bestimmen. Auf das jeweilige inländische Recht verweist auch Art. 59 Abs. 1 EuGVVO/LugÜ. Für juristische Personen und sonstige Personenvereinigungen und Vermögensmassen, die verklagt werden können, ergibt sich die (Wohn-)Sitzzuständigkeit ebenfalls aus Art. 2 Abs. 1 EuGVVO/LugÜ bzw. § 17 ZPO. Außerhalb des Anwendungsbereichs der EuGVVO/LugÜ ist auf den Satzungssitz und subsidiär auf den Verwaltungssitz (den tatsächlichen Sitz der Hauptverwaltung) abzustellen (§ 17 Abs. 1 S. 1 und 2 ZPO).[65] Daneben kann auch der Gesellschaftsvertrag bzw. die Satzung einen zusätzlichen allgemeinen Gerichtsstand regeln (§ 17 Abs. 3 ZPO). Im Geltungsbereich der EuGVVO/LugÜ ist der Sitz von Gesellschaften und juristischen Personen hingegen autonom definiert. Er befindet sich alternativ an dem satzungsmäßigen Sitz, dem Ort der Hauptverwaltung oder der Hauptniederlassung (Art. 60 EuGVVO).

III. Gerichtsstand des Vertrags- bzw. Erfüllungsorts

33 Bei Vertragsstreitigkeiten (gerade im Exportgeschäft) müssen die Vertragsparteien bei Vertragsabschluss mit einer festen, von einem späteren Wohnsitz- bzw. Geschäftssitzwechsel unabhängigen Gerichtszuständigkeit rechnen können. Dem dienen die besonderen Gerichtsstände des Vertrags bzw. des Erfüllungsorts in Art. 5 Nr 1 EuGVVO/LugÜ bzw. § 29 ZPO. Für Versicherungs-, Verbraucher- und Arbeitsverträge enthalten die Art. 8 bis 21 EuGVVO vorrangige Sonderregelungen.

34 Art. 5 Nr. 1 EuGVVO/LugÜ begründet nach seinem Wortlaut einen Gerichtsstand nur in einem anderen Mitgliedstaat als demjenigen, in dem der Beklagte seinen (Wohn-)Sitz hat. Befindet sich der Erfüllungsort nicht in einem Mitgliedstaat oder liegt der Erfüllungsort in dem Wohnsitzstaat des Beklagten, bleibt es daher bei dem allgemeinen Gerichtsstand des Art. 2 EuGVVO/LugÜ oder einem konkurrierenden Gerichtsstand nach Art. 5 ff. EuGVVO. Sachlich greift Art. 5 Nr. 1 EuGVVO/LugÜ ein, wenn ein Vertrag oder Ansprüche aus einem Vertrag den Gegenstand des Verfahrens bilden. Der Begriff des Vertrags ist autonom nach europaweit einheitlichen Maßstäben auszulegen.[66] Vertragliche Ansprüche

---

(CIM – Règles uniformes concernant le contrat de transport international ferroviare des marchandises), abrufbar unter www.otif.org.

[62] Übereinkommen zur Vereinheitlichung bestimmter Vorschriften über die Beförderung im internationalen Luftverkehr vom 28.5.1999, abrufbar unter www.transportrecht.org.

[63] Revidierte Rheinschifffahrtsakte vom 17.10.1868 in der Fassung vom 20.11.1963, abrufbar unter www.ccr-zkr.org.

[64] Saenger/*Dörner* ZPO, 5. Aufl. 2013, Art. 3 EuGVVO, Rn. 3.

[65] Zöller/*Vollkommer* ZPO, 30. Aufl. 2014, § 17 Rn. 9 f.

[66] *EuGH* NJW 2002, 3159; *BGH* NJW 2009, 2606, 2607.

liegen danach jedenfalls dann vor, wenn eine Partei gegenüber einer anderen freiwillig eine Verpflichtung eingegangen ist.[67] Die vertraglichen Beziehungen müssen zwischen den Parteien des Rechtsstreits bestehen. Der Empfänger von Waren kann daher zB gegen den transportierenden Reeder nicht in dem Gerichtsstand des Art. 5 Abs. 1 EuGVVO/LugÜ klagen, wenn zwischen beiden kein Vertrag besteht und der Reeder auch in dem Konnossement (Seeladeschein/Bill of Lading) keine vertraglichen Verpflichtungen gegenüber dem Empfänger übernommen bzw. das Konnossement für den Seetransport nicht ausgestellt hat.[68] Trägt der Kläger den Vertragsabschluss schlüssig vor, können auch Rechtsstreitigkeiten über das Zustandekommen des Vertrags in dem Gerichtsstand des Art. 5 Abs. 1 EuGVVO/LugÜ ausgetragen werden.[69] Ob konkurrierende Deliktsansprüche in dem Gerichtsstand des Art. 5 Nr. 1 EuGVVO/LugÜ geltend gemacht werden können, ist umstritten.[70] Für den umgekehrten Fall hat der EuGH entschieden, dass konkurrierende vertragliche Ansprüche in dem Gerichtsstand der unerlaubten Handlung (Art. 5 Nr. 3 EuGVVO/LugÜ) nicht geltend gemacht werden können.[71]

Eine autonome Spezialregelung des Erfüllungsorts enthält Art. 5 Nr. 1 lit. b EuGVVO/ **35** LugÜ für den Verkauf beweglicher Sachen (Ort in einem Mitgliedstaat, an dem die Kaufsache nach dem Vertrag geliefert worden ist oder hätte geliefert werden müssen) und die Erbringung von Dienstleistungen (Ort in einem Mitgliedstaat, an dem die Dienstleistung erbracht worden ist oder hätte erbracht werden müssen). Greift diese Spezialregelung nicht ein, verweist Art. 5 Nr. 1 lit. c EuGVVO/LugÜ auf die Ausgangsregelung in lit. a zurück. Der maßgebende Ort ist dann nach dem Recht zu bestimmen, das nach dem internationalen Privatrecht des mit dem Rechtsstreit befassten Gerichts für die streitige Verpflichtung berufen wird (Tessili-Regel).[72] Im Anwendungsbereich des Art. 5 Nr. 1 lit. a EuGVVO/LugÜ legen vorrangig die Vertragsparteien den Erfüllungsort durch Vereinbarung fest. Diese Erfüllungsortvereinbarung geht etwaigen gesetzlich festgelegten Erfüllungsorten vor. Ihr Zustandekommen und Wirksamkeit richten sich nach dem Recht, das nach dem internationalen Privatrecht des angerufenen Gerichts auf den Vertrag anwendbar ist, sofern kein vorrangig eingreifendes autonomes Recht zu beachten ist.[73] Die für Gerichtsstandsvereinbarungen vorgeschriebene Form des Art. 23 EuGVVO gilt insofern nur im Fall der abstrakten, eine Gerichtsstandsvereinbarung verschleiernden Erfüllungsortvereinbarung, die keinen Bezug zu dem Vertragsgegenstand hat.[74]

Außerhalb des Anwendungsbereichs des Art. 5 Nr. 1 EuGVVO/LugÜ, wenn zB der Er- **36** füllungsort nicht in einem Mitgliedstaat liegt und auch kein anderer Gerichtsstand nach der EuGVVO/LugÜ begründet ist, kann sich die internationale Zuständigkeit an dem Gerichtsstand des Erfüllungsorts aus § 29 ZPO ergeben. Ob der Erfüllungsort nach der Rom I-VO[75] oder autonom (unter Rückgriff auf die Grundgedanken des § 269 BGB) zu bestimmen ist, ist umstritten.[76] Im Übrigen begründet eine Erfüllungsortvereinbarung die Zuständigkeit nur, wenn die Vertragsparteien Kaufleute, juristische Personen des öffentlichen Rechts oder öffentlich-rechtliche Sondervermögen sind (§ 29 Abs. 2 ZPO), damit die restriktiven Voraussetzungen für Gerichtsstandsvereinbarungen nach § 38 ZPO nicht umgangen werden können.

---

[67] *EuGH* EuZW 1999, 59, 60.
[68] *EuGH* EuZW 1999, 59, 60.
[69] Saenger/*Dörner* ZPO, 5. Aufl. 2013, Art. 5 EuGVVO, Rn. 7.
[70] Vgl die Nachweise bei Thomas/Putzo/*Hüßtege* ZPO, 34. Aufl. 2013, Rn. 3.
[71] *EuGH* NJW 1988, 3088, 3089.
[72] *EuGH* NJW 1977, 491, 492f.
[73] Saenger/*Dörner* ZPO, 5. Aufl. 2013, Art. 5 EuGVVO, Rn. 13.
[74] *EuGH* NJW 1997, 1431, 1432f.
[75] Verordnung (EG) Nr. 593/2008 des Europäischen Parlaments und des Rates vom 17.6.2008 über das auf vertragliche Schuldverhältnisse anzuwendende Recht (Rom I).
[76] *Schack*, Internationales Zivilverfahrensrecht, 5. Aufl. 2010, Rn. 300f.

IV. Gerichtsstand der unerlaubten Handlung

37 Für die unerlaubte Handlung ist typisch, dass der Betroffene unvorhergesehen von jemandem geschädigt wird, der möglicherweise weit entfernt seinen (Wohn-)Sitz hat. Im Exportgeschäft ist dieser Gerichtsstand insbesondere relevant für grenzüberschreitende Produkthaftungsfälle, Wettbewerbsverletzungen, Internetdelikte und Vermögensdelikte. Dem Schutz des Betroffenen dienen die besonderen (internationalen) Gerichtsstände der Art. 5 Nr. 3 EuGVVO/LugÜ und § 32 ZPO.[77] Der Begriff der unerlaubten oder dieser gleichgestellten Handlung im Sinne des Art. 5 Nr. 3 EuGVVO/LugÜ ist autonom auszulegen und umfasst alle Klagen, mit denen eine Schadenshaftung des Beklagten geltend gemacht wird, die nicht an einen Vertrag gemäß Art. 5 Nr. 1 EuGVVO/LugÜ anknüpft.[78] Die Zuständigkeitsregelung ist insbesondere auf Ansprüche aus Delikt, Gefährdungshaftung, Umweltbeeinträchtigung, Produkthaftung, Kartellverstößen, unlauterem Wettbewerb und der Verletzung von Immaterialgüterrechten (Marken, Patenten) anwendbar.[79] Der EuGH hat ferner mit Urteil vom 18.7.2013 den Begriff der unerlaubten Handlung im Sinne des Art. 5 Nr. 3 EuGVVO dahingehend ausgelegt, dass er auch Klagen erfasst, die von einem Gläubiger einer (Aktien-)Gesellschaft erhoben werden, um zum einen ein Mitglied des Verwaltungsrats und zum anderen einen Anteilseigner der Gesellschaft für deren Verbindlichkeiten haftbar zu machen, weil sie es zugelassen haben, dass die Gesellschaft ihren Geschäftsbetrieb weiterführt, obwohl sie unterkapitalisiert war und einem Liquidationsverfahren unterworfen werden musste.[80] Die unerlaubte Handlung ist überall dort begangen, wo sich ein wesentlicher Teil des Tatbestands, sei es der Handlung oder der Rechtsverletzung zugetragen hat. Soweit die Tatbestandsmerkmale nicht alle an demselben, sondern an verschiedenen Orten verwirklicht werden, besteht eine Deliktszuständigkeit wahlweise am Handlungsort oder am Erfolgsort (Ort des Primärschadens).[81] Orte, an denen (nur mittelbare) Vermögensfolgeschäden (Schadensort) eingetreten sind, genügen nicht.[82] Mit seinem genannten Urteil vom 18.7.2013 hat der EuGH zudem entschieden, dass der Ort der unerlaubten Handlung im Sinne des Art. 5 Nr. 3 EuGVO dahingehend auszulegen ist, das dieser Ort bei bei Klagen, mit denen ein Mitglied des Verwaltungsrats und ein Anteilseigner einer (Aktien-)Gesellschaft für deren Verbindlichkeiten haftbar gemacht werden sollen, an dem Ort belegen ist, an dem sich der Geschäftsbetrieb und die damit verbundene finanzielle Lage befinden.[83] Bei der deliktischen Produkthaftung sind die Tatorte zB der Herstellungsort und der Unfallort.[84] Ist deutsches Deliktsrecht anwendbar, muss der Kläger zum Beleg der internationalen Zuständigkeit schlüssig darlegen, dass nach deutschem Recht eine unerlaubte Handlung vorliegt und im Inland begangen wurde.[85] Dem Art. 5 Nr. 3 EuGVVO/LugÜ entspricht § 32 ZPO. Zwischen verschiedenen Gerichtsständen am Handlungs- und Erfolgsort hat der Kläger grundsätzlich die freie Wahl (forum shopping).[86]

V. Gerichtsstände der Belegenheit

38 Der Sach- und Vollstreckungsnähe dienen verschiedene Gerichtsstände der Belegenheit. Im Anwendungsbereich der EuGVVO/LugÜ begründet der Belegenheitsort der unbeweglichen Sache die ausschließliche internationale Zuständigkeit für dingliche Klagen sowie

---

[77] Besondere Gerichtsstände der unerlaubten Handlung sind darüber hinaus in den oben unter C. I. genannten internationalen Abkommen enthalten.
[78] *EuGH* NJW 2005, 811, 812.
[79] Thomas/Putzo/*Hüßtege* ZPO, 34. Aufl. 2013, Art. 5 EuGVVO, Rn. 17a.
[80] *EuGH* EuZW 2013, 703, 705 (ÖFAB).
[81] *EuGH* NJW 2009, 3501, 3502.
[82] Zöller/*Vollkommer* ZPO, 30. Aufl. 2014, § 32 Rn. 3.
[83] EuZW 2013, 703, 707 (ÖFAB).
[84] *Schack*, Internationales Zivilverfahrensrecht, 5. Aufl. 2010, Rn. 341.
[85] BGH NJW 1987, 592, 594.
[86] Vgl. dazu → C. VIII.

Miet- und Pachtklagen, die unbewegliche Sachen betreffen (Art. 22 Nr. 1 EuGVVO/ LugÜ). Eine entsprechende Regelung enthält § 24 ZPO für dingliche Rechte an inländischen unbeweglichen Gegenständen. Um Gerichtsstände der Belegenheit im weiteren Sinne handelt es sich auch bei Art. 22 Nr. 3 EuGVVO/LugÜ (Klagen über die Gültigkeit von Registereintragungen am Registerort) und bei Art. 22 Nr. 4 EuGVVO/LugÜ (Klagen über die Eintragung oder die Gültigkeit von Patenten oder anderen registrierungsbedürftigen gewerblichen Schutzrechten am Registerort). Die ausschließlichen Gerichtsstände können weder durch eine Gerichtsstandsvereinbarung noch durch eine rügelose Einlassung abbedungen werden.

VI. Vermögensgerichtsstand

Einen exorbitanten (international nicht anerkannten) Gerichtsstand begründet § 23 ZPO mit dem besonderen Gerichtsstand des Vermögens.[87] Für Klagen wegen vermögensrechtlicher Ansprüche gegen eine Person, die im Inland keinen Wohnsitz hat, ist danach das Gericht zuständig, in dessen Bezirk sich Vermögen derselben oder der mit der Klage in Anspruch genommene Gegenstand befindet (§ 23 S. 1 ZPO). Der Gerichtsstand ermöglicht die Rechtsverfolgung gegen Ausländer im Inland. Neben der Vermögensbelegenheit im Inland wird für das Anerkenntnisverfahren als weiteres ungeschriebenes Merkmal ein hinreichender Inlandsbezug des Rechtsstreits gefordert.[88] Kläger können sowohl Inländer als auch Ausländer sein, Beklagte alle natürlichen oder juristischen Personen bzw. passiv parteifähige Personenvereinigungen, die im Inland keinen (Wohn-)Sitz im Sinne der §§ 13, 17 ZPO haben.[89] Im Anwendungsbereich der EuGVVO/LugÜ scheidet § 23 ZPO für Klagen gegenüber Personen, die ihren (Wohn-)Sitz oder einen (Wohn-)Sitz von mehreren in einem Mitgliedstaat haben aus (Art. 3 Abs. 2 EuGVVO/LugÜ iVm Anhang I).[90] Nur im einstweiligen Verfügungsverfahren bleibt die Vorschrift nach Art. 31 EuGVVO/LugÜ anwendbar. Der Vermögensgerichtsstand setzt – vom Kläger darzulegen und zu beweisen – voraus, dass sich im Zeitpunkt der Klageerhebung Vermögen des im Inland wohnsitzlosen Beklagten im Gerichtsbezirk befindet und der Rechtsstreit hinreichenden Inlandsbezug aufweist (zB inländischer Wohn- oder Geschäftssitz bzw. dauerhafter Aufenthalt des Klägers im Inland).[91] Auch geringwertige und/oder unpfändbare Vermögensgegenstände sollen nach umstrittener Ansicht zur Begründung der internationalen Zuständigkeit ausreichen.[92]

VII. Weitere besondere Gerichtsstände

Einen weiteren im Exportgeschäft relevanten Gerichtsstand bildet der Gerichtsstand der Niederlassung nach Art. 5 Nr. 5 EuGVVO/LugÜ, § 21 ZPO. Da nach Art. 2, 60 Abs. 1 lit. c EuGVVO/LugÜ die Hauptniederlassung einen allgemeinen Gerichtsstand begründet, fallen unter Art. 5 Nr. 5 EuGVVO/LugÜ nur sonstige Niederlassungen (Zweigniederlassung, Agentur). Diese müssen jedoch einen Mittelpunkt geschäftlicher Tätigkeit bilden, der auf Dauer als Außenstelle eines Stammhauses hervortritt.[93] Bei der Niederlassung im Sinne des § 21 ZPO kann es sich demgegenüber auch um die Hauptniederlassung handeln, da sich der allgemeine Gerichtsstand am Satzungssitz des Unternehmens befindet. Die Gerichtsstände der Art. 5 Nr. 5 EuGVVO/LugÜ, § 21 ZPO sind für alle Streitigkeiten eröffnet, die unabhängig vom Erfüllungsort einen Bezug zu der Niederlassung haben, also auch für deliktische Ansprüche, die mit der Geschäftstätigkeit verbunden sind.[94]

---

[87] Baumbach/Lauterbach/Albers/*Hartmann* ZPO, 71. Aufl. 2013, Rn. 3.
[88] *BGH* BGHZ 115, 90, 94; aA Baumbach/Lauterbach/Albers/*Hartmann* ZPO, 71. Aufl. 2013, Rn. 16.
[89] Zöller/*Vollkommer* ZPO, 30. Aufl. 2014, § 23 Rn. 3.
[90] *BGH* BGHZ 115, 90, 95.
[91] Zöller/*Vollkommer* ZPO, 30. Aufl. 2014, § 23 Rn. 6.
[92] *BGH* BGHZ 115, 90, 93.
[93] MüKoZPO/*Gottwald*, 4. Aufl. 2013, Art. 5 EuGVVO, Rn. 74.
[94] *Schack*, Internationales Zivilverfahrensrecht, 5. Aufl. 2010, Rn. 362.

41 Über die Zulässigkeit und den Bestand von Zwangsvollstreckungsmaßnahmen und damit Hoheitsakten können nur die Gerichte des Vollstreckungsstaats urteilen. Art. 22 Nr. 5 EuGVVO/LugÜ verweist daher für seinen Anwendungsbereich auf die entsprechende Zuständigkeit der mitgliedstaatlichen Gerichte. In Deutschland regelt insoweit § 802 ZPO die ausschließliche Zuständigkeit für die Klagen bzw. Rechtsbehelfe in der Zwangsvollstreckung nach §§ 766, 767, 771 ZPO.

42 Art. 6 Nr. 1 EuGVVO/LugÜ regelt einen dem deutschen Zivilprozessrecht nicht bekannten besonderen Gerichtsstand der Streitgenossenschaft. Die Vorschrift über die gerichtliche Bestimmung des für mehrere Streitgenossen zuständigen Gerichts in § 36 Abs. 1 Nr. 3 ZPO begründet keine selbständige internationale Zuständigkeit, sondern setzt die internationale Zuständigkeit für jeden Streitgenossen voraus.[95] Für die Anwendung des Art. 6 Nr. 1 EuGVVO/LugÜ muss jeder Beklagte in einem Mitgliedstaat wohnen. Zwischen den Klagen gegen die verschiedenen Beklagten muss ferner ein Zusammenhang bestehen, der eine gemeinsame Entscheidung geboten erscheinen lässt, um widersprüchliche Entscheidungen zu vermeiden.

VIII. Wahl des Gerichtsstands

43 Unter mehreren international zuständigen Gerichten kann der Kläger grundsätzlich frei wählen. Er wird dabei den Beklagten vor dem Gericht desjenigen Staates verklagen, dessen internationales Privatrecht das Recht zur Anwendung beruft, nach dessen Sachrecht die Klage den größten Erfolg verspricht (forum shopping).[96] Hiergegen kann sich der Beklagte nicht mit einer Klage gegen den Kläger auf Unterlassung bzw. Rücknahme der vor dem unerwünschten Gericht erhobenen Klage verteidigen, da es nach überwiegender Ansicht für eine derartige „antisuit injunction" in aller Regel an dem erforderlichen materiellrechtlichen Unterlassungsanspruch fehlt.[97] Auch die Vereinbarung eines ausschließlichen Gerichtsstands beinhaltet keine materiellrechtliche klagbare Verpflichtung, nur am vereinbarten Gericht zu klagen.[98] Nach allgemeinen prozessualen Grundsätzen kann der Beklagte gegen den Kläger des ausländischen Verfahrens jedoch im Inland (präventiv) eine negative Feststellungsklage erheben.[99] Jedoch ist fraglich, ob das ausländische Gericht den Einwand früherer inländischer Rechtshängigkeit beachtet.[100]

D. Rügelose Einlassung

44 Die internationale Zuständigkeit eines an sich unzuständigen Gerichts kann auch durch rügelose Einlassung begründet werden. Im Anwendungsbereich der EuGVVO/LugÜ bestimmen sich die Voraussetzungen nach Art. 24 EuGVVO/LugÜ. Wegen der systematischen Stellung des Art. 24 EuGVVO/LugÜ im 7. Abschnitt gemeinsam mit der Regelung über die Gerichtsstandsvereinbarung wird gefordert, dass zumindest eine Partei entsprechend Art. 23 Abs. 1 S. 1 EuGVVO/LugÜ ihren Wohnsitz in einem Mitgliedstaat hat.[101]

45 Nach der EuGVVO/LugÜ wird die internationale Zuständigkeit nur geprüft, wenn der Beklagte an dem Verfahren nicht teilnimmt und nur im Hinblick darauf, ob ein ausschließlicher Gerichtsstand begründet ist. Im Übrigen muss der Beklagte die fehlende internationale Zulässigkeit rügen, um eine unerwünschte Zuständigkeitsbegründung durch rügeloses

---

[95] *BGH* NJW 1980, 2646.
[96] Zöller/*Geimer*, ZPO, 30. Aufl. 2014, IZPR, Rn. 58.
[97] *Geimer*, Internationales Zivilprozessrecht, 6. Aufl. 2009, Rn. 1717.
[98] *Schack*, Internationales Zivilprozessrecht, 5. Aufl., 2010, Rn. 260.
[99] *Geimer*, Internationales Zivilprozessrecht, 6. Aufl. 2009, Rn. 1119.
[100] Vgl. hierzu unten E.
[101] MüKoZPO/*Gottwald*, 4. Aufl. 2013, Art. 24 EuGVVO, Rn. 4; nach dem BGH ist die Vorschrift nur anwendbar, wenn der Beklagte seinen Wohnsitz in einem Mitgliedstaat hat, vgl. *BGH* BGHZ 134, 127, 133.

Einlassen zu verhindern. Einlassung ist dabei jede Verteidigungshandlung, die unmittelbar auf eine Klageabweisung gerichtet ist. Neben Einreden zur Hauptsache führen – anders als im Anwendungsbereich des § 39 ZPO – auch Einreden des Beklagten zum Verfahren zu einer Einlassung und begründen eine Zuständigkeit des angerufenen Gerichts.[102] Ausgenommen bleibt hiervon die Einrede des Beklagten zur fehlenden internationalen Zuständigkeit (Art. 24 S. 1 EuGVVO). Im Fall einer Widerklage des Beklagten (Art. 6 Nr. 3 EuGVVO) gilt die Regelung auch für die rügelose Einlassung des Klägers.

Außerhalb des Anwendungsbereichs des Art. 24 EuGVVO/LugÜ gilt für die Begründung der internationalen Zuständigkeit durch rügelose Verhandlung § 39 ZPO. Erklärungen zur Zulässigkeit der Klage und/oder sonstigen Verfahrensfragen genügen ebenso wenig wie Vergleichsverhandlungen, um hiernach die (internationale) Zuständigkeit zu begründen. Erforderlich, aber auch ausreichend ist ein Antrag, der darauf abzielt, die Klage als unbegründet abzuweisen. Die Rüge der fehlenden internationalen Zuständigkeit kann auch noch in der mündlichen Verhandlung erhoben werden.[103] **46**

E. Berücksichtigung ausländischer Rechtshängigkeit

Im Anwendungsbereich der EuGVVO/LugÜ gilt für die Berücksichtigung einer ausländischen Rechtshängigkeit im inländischen Prozess vorrangig Art. 27 EuGVVO/LugÜ. Werden danach bei Gerichten verschiedener Mitgliedstaaten Klagen wegen desselben Anspruchs zwischen denselben Parteien anhängig gemacht, so setzt das später angerufene Gericht das Verfahren von Amts wegen aus, bis die Zuständigkeit des zuerst angerufenen Gerichts (vgl. hierzu Art. 30 EuGVVO/LugÜ) feststeht (Art. 27 Abs. 1 EuGVVO/LugÜ). Sobald die Zuständigkeit des zuerst angerufenen Gerichts feststeht, erklärt sich das später angerufene Gericht zugunsten dieses Gerichts für unzuständig (Art. 27 Abs. 2 EuGVVO/LugÜ) und kann die Klage abweisen. Auf eine (positive) Anerkennungsprognose hinsichtlich der Entscheidungen des Erstgerichts kommt es nicht an, da die Mitgliedstaaten ihre Entscheidungen grundsätzlich ipso iure wechselseitig anerkennen (Art. 33 EuGVVO/LugÜ). Außerhalb des Anwendungsbereichs der EuGVVO/LugÜ ist der Einwand der Rechtshängigkeit eines Prozesses vor einem ausländischen Gericht (§ 261 Abs. 3 Nr. 1 ZPO) grundsätzlich dann von Amts wegen zu beachten, wenn mit der Anerkennung der vom ausländischen Gericht zu fällenden Entscheidung voraussichtlich zu rechnen ist.[104] Das Prozesshindernis der anderweitigen ausländischen Rechtshängigkeit muss dabei nicht zwingend zur Prozessabweisung führen, sondern kann bei Unsicherheit der Anerkennungsprognose analog § 148 ZPO eine Aussetzung bis zur rechtskräftigen Beendigung des Parallelprozesses rechtfertigen.[105] **47**

Die Regelung des Art. 27 EuGVVO/LugÜ ermöglicht Missbrauch in der Form, dass ein potenzieller Beklagter durch Erhebung einer negativen Feststellungsklage im EU-Ausland eine gegen ihn erwartete Zahlungsklage blockiert. Derartige sog. Torpedo-Klagen sind gehäuft im Bereich gewerblicher Schutzrechte zu verzeichnen. Mit einer Torpedo-Klage versucht der potenzielle Beklagte, sich die in einigen Mitgliedstaaten (zB Italien, Belgien) bestehende längere Verfahrensdauer nutzbar zu machen. Auch wenn in diesen Mitgliedstaaten keine Gerichtszuständigkeit begründet ist, muss der Gläubiger mit der Rechtsverfolgung warten, bis das angerufene Gericht rechtskräftig über seine fehlende Zuständigkeit entschieden hat.[106] Diese Zeit kann der Schuldner nutzen, um zB sein Vermögen zu verschleiern oder seinen Wohnsitz zu wechseln. Um diese Missbrauchsmöglichkeit zumindest im Bereich von Gerichtsstandsvereinbarungen einzugrenzen, hat der europäische

---

[102] Thomas/Putzo/*Hüßtege* ZPO, 34. Aufl. 2013, Art. 24 EuGVVO, Rn. 3.
[103] *BGH* NJW 1997, 397, 399.
[104] *BGH* NJW 2001, 524, 525.
[105] Zöller/*Geimer* ZPO, 30. Aufl. 2014, IZPR, Rn. 99.
[106] Vgl. *LG Düsseldorf* GRUR-RR 2009, 402, 404 („Italienischer Torpedo").

4. Teil. Streitbeilegung

Gesetzgeber die EuGVVO mit Wirkung ab dem 10.1.2015 teilweise neugefasst.[107] Haben die Parteien danach eine Gerichtsstandsvereinbarung abgeschlossen, so hat das zuerst angerufene Gericht sein Verfahren so lange auszusetzen, bis das auf der Grundlage der Gerichtsstandsvereinbarung angerufene Gericht erklärt hat, dass es gemäß der Vereinbarung nicht zuständig sei (Art. 29 Abs. 2, 31 Abs. 2, 25 EuGVVO). Außerhalb von Gerichtsstandsvereinbarungen bleiben Torpedo-Klagen danach möglich.

F. Zuständigkeit staatlicher Gerichte bei Schiedsverfahren

48   Eine weitere besondere Zuständigkeit inländischer staatlicher Gerichte ergibt sich aus ihrer Unterstützungsfunktion für private Schiedsverfahren,[108] die bei cross-border-Transaktionen vornehmlich vereinbart werden. Zur Schiedsgerichtsbarkeit als Regel und inländischen staatlichen Gerichtsbarkeit als Ausnahme bei internationalen Streitigkeiten, vgl. bereits Ausführungen unter A, Rn. 1. In Deutschland, das als schiedsfreundlich gilt, ist die Rolle staatlicher Gerichte im Rahmen von Schiedsverfahren zwar gesetzlich eng begrenzt, aber nicht entbehrlich. Grundsätzlich ist es staatlichen Gerichten nicht gestattet, außer in den in § 1026 ZPO eng umgrenzten Fällen in ein Schiedsverfahren einzugreifen.

49   Zunächst begründet § 1062 ZPO eine Zuständigkeit des am Schiedsort belegenen Oberlandesgerichts (OLG), sofern kein bestimmtes anderes OLG in der Schiedsvereinbarung bezeichnet ist: (1) für die Feststellung der Zulässigkeit bzw. Unzulässigkeit eines Schiedsverfahrens (§ 1032 Abs. 2 ZPO); sowie (2) für sämtliche Fragen zur Konstituierung des Schiedsgerichts, dh die Benennung eines oder mehrerer Schiedsrichter (§ 1034 Abs. 2 ZPO), die Bestellung eines Schiedsrichters bei fehlender Parteivereinbarung (§ 1035 Abs. 3 ZPO), die Ablehnung eines Schiedsrichters (§ 1037 Abs. 3 ZPO) und die Amtsbeendigung eines Schiedsrichters (§ 1038 Abs. 1 S. 1 ZPO).

50   Ferner sind staatliche Gerichte für Fragen zuständig, die Umstände betreffen, bei denen ein Schiedsgericht mangels staatlicher Hoheitsgewalt nicht befugt ist, Zwangsmaßnahmen durchzuführen; damit sind insbesondere: (1) die Ladung und Vernehmung von Sachverständigen; (2) Einholung von Behördenauskünften und Aussagegenehmigungen; oder (3) andere Unterstützungsmaßnahmen für die Durchführung einer Beweisaufnahme oder die Vornahme sonstiger richterlicher Handlungen gemeint (§ 1050 ZPO). Zuständig hierfür ist das Amtsgericht (AG), in dessen Bezirk die richterliche Handlung vorzunehmen ist (§ 1062 Abs. 4 ZPO).

51   Die Hürden für die Aufhebung von Schiedssprüchen, die in aller Regel endgültig und verbindlich sind, liegen sehr hoch und in der Praxis kommt es kaum vor, dass ein staatliches Gericht einen Schiedsspruch aufhebt. Für die Aufhebung eines Schiedsspruchs regelt § 1059 ZPO die Zuständigkeit des OLG am Schiedsort, sofern kein anderes OLG vereinbart ist. Die Aufhebungsgründe sind in § 1059 Abs. 2 ZPO spezifiert und betreffen außergewöhnliche Fälle, in denen zB (1) der Streitgegenstand nicht schiedsfähig war; oder (2) die Anerkennung und Vollstreckung des Schiedspruchs zu einem ordre public Verstoß führt; oder, wenn eine Schiedspartei begründen kann, dass zB (1) eine Partei nicht schiedsfähig war; oder (2) die Schiedsvereinbarung ungültig ist; oder (3) eine Partei von der Schiedsrichterbestellung nicht in Kenntnis gesetzt worden ist oder aus anderem Grund ihre Angriffs- und Verteidigungsmöglichkeiten nicht hat geltend machen können; oder (4) der Schiedsspruch eine Streitigkeit betrifft, die nicht Gegenstand der Schiedsabrede war; oder (5) das Schiedsgericht nicht ordnungsgemäß konstituiert wurde, was sich auf den Schiedsspruch zudem ausgewirkt hat.

52   Staatliche Gerichte, namentlich das OLG am Schiedsort, sind zudem für die Vollstreckbarerklärung inländischer und ausländischer Schiedssprüche zuständig (§§ 1060, 1061 Abs. 1 ZPO).

---

[107] Verordnung (EU) 1215/2012 vom 12.12.2012 (ABl. Nr. L 351 Satz 1).
[108] Zur Vertiefung: *Steinbrück*, Die Unterstützung ausländischer Schiedsverfahren durch staatliche Gerichte, 1. Aufl. 2007.

Schließlich besteht eine praktische Relevanz für die Zuständigkeit staatlicher Gerichte für das vieldiskutierte Thema der Maßnahmen des einstweiligen Rechtsschutzes in Schiedsverfahren. Zuständig für vorläufige oder sichernde Maßnahmen in Bezug auf den Streitgegenstand des schiedsrichterlichen Verfahrens (vgl. § 1033 ZPO) ist das Gericht der Hauptsache, dh das Landgericht (LG) bei Streitwerten über EUR 5.000,00 oder bei geringeren Streitwerten das AG am Ort des Schiedsvefahrens (§ 919 ZPO). Auch das Schiedsgericht kann vorläufige oder sichernde Maßnahmen anordnen (§ 1041 Abs. 1 ZPO), für deren Vollziehung das am Schiedsort zuständige OLG zuständig ist (§ 1041 Abs. 2 ZPO). 53

G. Praktische Hinweise

I. Abschluss einer ausdrücklichen Gerichtsstandsvereinbarung

Die in Abschnitt C. im Einzelnen geschilderte gesetzliche Rechtslage, die bei einer fehlenden bzw. unwirksamen Gerichtsstandsvereinbarung gilt, ermöglicht einem Kläger in aller Regel – wenn nicht ausnahmsweise ein ausschließlicher Gerichtsstand besteht – aus einer Vielzahl von besonderen Gerichtsständen und dem allgemeinen Gerichtsstand einen auszuwählen, der für den Kläger möglichst günstig ist (forum shopping).[109] Wie bereits eingangs erwähnt, sollten die Parteien jedoch aus Gründen der Vorhersehbarkeit, Effizienz und Minimierung des Prozess(kosten)risikos eine ausdrückliche und – nach den in Abschnitt B ausführlich beschriebenen Vorgaben – möglichst wirksame Gerichtsstandsvereinbarung abschließen (vorausgesetzt, dass eine außergerichtliche alternative Streitbeilegungsmethode, insbesondere die internationale Schiedsgerichtsbarkeit, im Einzelfall nicht sachgerechter ist). 54

II. Wahl eines staatlichen Gerichts in Deutschland

Manches spricht, nicht nur aus Sicht des deutschen Exporteurs, sondern auch des ausländischen Geschäftspartners dafür, eine Gerichtsstandsvereinbarung zugunsten eines staatlichen Gerichts in Deutschland abzuschließen. Der Rechtsstandort Deutschland hat eine gut funktionierende Justiz, die als neutral, kostengünstig und – je nach Streitgegenstand – im weltweiten Vergleich auch als fachkompetent und schnell gilt. Unliebsame Eigenarten, die zu besonders langen Verfahrensdauern und Kosten führen, wie sie insbesondere aus dem angloamerikanischen Rechtskreis bekannt sind (zB voluminöse document productions, pre-trial discoveries mit außergerichtlichen despositions und interrogatories oder sehr ausführlichen Hauptverhandlungen), sind hierzulande unbekannt und können so vermieden werden. Sofern es sich bei dem Exportland um ein Land handelt, in dem die deutsche Entscheidung auch anerkannt wird und vollstreckt werden kann (zB ist dies bei deutschen Entscheidungen in Russland, und umgekehrt, nicht der Fall),[110] erscheint die Wahl eines deutschen Gerichtsstands aus Sicht eines deutschen Exporteurs grundsätzlich vorzugswürdig. 55

III. Empfehlungen für das Drafting

Sofern die Wahl zugunsten einer Vereinbarung staatlicher Gerichtsbarkeit fällt, sollten beim Drafting einer Gerichtsstandsklausel folgende Punkte beachtet werden: 56

1. Gleichlauf zwischen anwendbarem Recht und Gerichtsstand. Die Gerichtsstandsvereinbarung ist, wie oben ausgeführt, eine vom Hauptvertrag losgelöste Vereinbarung, deren Wirksamkeit nicht von dem Hauptvertrag abhängt. Gleichwohl wird bei der Formulierung der Gerichtsstandsklausel empfohlen, die Wahl des Gerichtsstands mit der Wahl des auf den 57

---

[109] Zur Wahlmöglichkeiten, vgl. insbesondere auch Ausführungen unter C. VIII.
[110] Zur Anerkennung und Vollstreckung von deutschen Titeln im Ausland, vgl. auch → Abschnitt 51.

Hauptvertrag anwendbaren Rechts zu verknüpfen, um einen Gleichlauf zu erzielen. Ansonsten hätte es zur Folge, dass ein Richter ausländisches Recht anwenden muss, das er – in Abweichung des Grundsatzes iura novit curia – nicht kennen, aber gleichwohl (kostspielig und aufwendig) im Wege von Rechtsgutachten wie eine Tatsache ermitteln muss.

58 2. Regelung der internationalen und örtlichen Zuständigkeit. Es handelt sich bei der internationalen und örtlichen Zuständigkeit um zwei verschiedene Prozessvoraussetzungen – die eine bestimmt die Zuständigkeit inländischer Gerichte in ihrer Gesamtheit (internationale Zuständigkeit) und die andere das konkrete, vom Kläger anzurufende Gericht (örtliche Zuständigkeit). Gleichwohl sind diese beiden Prozessvoraussetzungen verwandt und aus Gründen der Klarstellung empfiehlt sich eine Vereinbarung auch über die örtliche Zuständigkeit, denn die örtliche Zuständigkeit indiziert die internationale Zuständigkeit.

59 3. Ausdrücklicher Ausschluss der Vorschriften des internationalen Privatrechts. Bei der Rechtswahlklausel ist zudem darauf zu achten, dass die Anwendung der Vorschriften zum internationalen Privatrecht ausgeschlossen ist; ansonsten kann das Kollisionsrecht des Gerichtsstands im Wege von Weiterverweisungen (renvoi) auf die Anwendung eines anderen Rechts als des gewünschten Sachrechts führen. Dies kann entweder ausdrücklich (zB „unter Ausschluss der Vorschriften des Internationalen Privatrechts") oder konkludent (zB „deutsches materielles Sachrecht") erfolgen – ersteres ist aus Gründen der Klarstellung vorzuziehen.

60 4. Ausdrücklicher Ausschluss des UN-Kaufrechts bei Kaufverträgen oder gemischten Verträgen mit kaufrechtlichen Elementen (sofern deutsches Kaufrecht nach §§ 433 ff. BGB gewollt ist). Vertragliche Rechtswahlklauseln zugunsten eines CISG[111]-Staates wie ua Deutschland (zB „Dieser Vertrag unterliegt deutschem Recht.") beinhalten gleichzeitig auch eine Wahl des UN-Kaufrechts. Denn dieses vereinheitlichte Kaufrecht ist ein integraler Teil des nationalen Rechts jedes CISG-Staates. Deswegen ist ebenso eine Formulierung, die ausdrücklich nur auf das anwendbare Sachrecht verweist (zB „Dieser Vertrag unterliegt deutschem materiellen Sachrecht.") auch nicht ausreichend, um das UN-Kaufrecht wirksam nach Art. 6 CISG auszuschließen. In den Fällen, in denen die Vertragsparteien einen Ausschluss des UN-Kaufrechts der Sache nach wollen (zB weil die deutschen Regelungen und die Rechtsprechung zum deutschen Kaufvertragsrecht nach §§ 433 ff. BGB für die Vertragspartei vertrauter, vorhersehbarer und dadurch risikoärmer ist), sollte das UN-Kaufrecht ausdrücklich ausgeschlossen werden. Relevant ist diese Frage bei Kaufverträgen oder anderen gemischten Verträgen, bei denen es zur Anwendung des Kaufrechts kommt oder kommen kann (zB Werklieferungsvertrag, Kaufvertrag mit Montageverpflichtung oder andere gemischte Verträge mit kaufrechtlichen Elementen); bei anderen Verträgen, auf die das Kaufrecht keine Anwendung findet, schadet ein solcher Ausschluss zwar nicht, sollte jedoch vermieden werden.

IV. Modell-Gerichtsstandsklauseln

61 Für einen Exportkaufvertrag ergeben sich daraus folgende Formulierungsvorschläge für eine kombinierte Gerichtsstands- und Rechtswahlklausel – jeweils auf Deutsch und Englisch:

Beispiel 1: Kombinierte Gerichtsstands- und Rechtswahlklausel mit ausschließlichem Gerichtsstand

Anwendbares Recht und Gerichtsstand

Dieser Vertrag unterliegt dem Recht der Bundesrepublik Deutschland mit Ausnahme des UN-Kaufrechts (UN Convention on Contracts for the International Sale of Goods, CISG) und unter Ausschluss der Vorschriften zum Internationalen Privatrecht.

---

[111] CISG = Convention on the International Sales of Goods oder Übereinkommen der Vereinten Nationen über Verträge über den internationalen Warenkauf, kurz: „UN-Kaufrecht", vom 11.4.1980 (BGBl. 1989 II 588), das auf der Wiener Konferenz final abgestimmt und unterzeichnet wurde und deswegen auch „Wiener Kaufrecht" genannt wird; Ratifikation durch die BRD am 1. Januar 1991 (Bekanntmachung vom 23. Oktober 1990) sowie die DDR am 1. März 1990.

Abschnitt 41. Internationale Zuständigkeit inländischer Gerichte

Ausschließlicher Gerichtsstand für alle sich aus oder im Zusammenhang mit dem Vertragsverhältnis unmittelbar oder mittelbar ergebenden Rechtsstreitigkeiten ist Hamburg, Deutschland.

Applicable Law and Jurisdiction

This Contract shall be governed by the laws of the Federal Republic of Germany excluding the provisions of the United Nations Convention on the International Sales of Goods (CISG) and excluding rules and provisions governing conflict of laws.

The exclusive place of jurisdiction for any disputes directly or indirectly arising out of and from the contractual relationship shall be Hamburg, Germany.

Beispiel 2: Kombinierte Rechtswahl- und Gerichtsstandsklausel mit Wahlmöglichkeiten 62 für den Verkäufer hinsichtlich der Gerichtsstände (verkäuferfreundlich)

Anwendbares Recht und Gerichtsstand

(1) Dieser Vertrag unterliegt dem Recht der Bundesrepublik Deutschland mit Ausnahme des UN-Kaufrechts (UN Convention on Contracts for the International Sale of Goods, CISG) und unter Ausschluss der Vorschriften zum Internationalen Privatrecht.

(2) Für alle Streitigkeiten aus und im Zusammenhang mit diesem Vertrag sind, unbeschadet des Absatzes 3 dieser Bestimmung, die Gerichte am Gerichtsstand Hamburg, Deutschland örtlich und international zuständig.

(3) Abweichend von dem vorstehenden Absatz 2 ist der Verkäufer berechtigt, den Käufer an seinem allgemeinen Gerichtsstand oder an jedem anderen nach inländischen oder ausländischen Rechtsvorschriften eingreifenden Gerichtsstand zu verklagen.

Applicable Law and Jurisdiction

(1) This Contract shall be governed by the laws of the Federal Republic of Germany excluding the provisions of the United Nations Convention on the International Sales of Goods (CISG) and excluding rules and provisions governing conflict of laws.

(2) For any disputes arising out of or from this Contract, the courts of Hamburg, Germany shall, without prejudice to para. 3 of this provision, have local and international jurisdiction.

(3) Notwithstanding para. 2 of this provision, the Seller shall be entitled to bring a claim at the principle place of business of the Buyer or before any other court competent according to any national or foreign law.

Diese Vorschläge sind nicht allgemeingültig und ersetzen keine Rechtsberatung. Für das Drafting sollte stets ein fachkundiger Rechtsanwalt hinzugezogen werden.

17. Kapitel. Schiedsgerichtsbarkeit

Abschnitt 42. Rechtsgrundlagen und Schiedsvereinbarungen

Übersicht

	Rn.
A. Rechtsgrundlagen	1
I. Schiedsvereinbarungen	4
II. Schiedsordnungen von Institutionen	5
III. Internationale Staatsverträge	10
IV. Nationale Gesetze, insbesondere §§ 1025 ff. ZPO	11
V. Handelsbräuche	14
B. Schiedsvereinbarung	16
I. Rechtsnatur der Schiedsvereinbarung	16
II. Schiedsfähigkeit	17
III. Wirkung der Schiedsvereinbarung	18
IV. Form der Schiedsvereinbarung	22
1. Voraussetzungen nach autonomem deutschen Recht	23
2. Voraussetzungen nach der UNÜ 1958	27
V. Die inhaltliche Gestaltung der Schiedsvereinbarung	28
1. Notwendige Inhalte einer Schiedsvereinbarung	29
2. Alphabet der Inhalte einer Schiedsvereinbarung	38

Literatur: *Baumbach/Lauterbach/Albers/Hartmann*, Zivilprozessordnung, 71. Aufl. 2013; *Breßler/Korte/Kröger/Rollin/von Bodenhausen*, Pathologische Schiedsklauseln – Beispiele aus der Beratungspraxis, IHR 2008, 89 ff.; *Hamann/Lennarz*, Sieben Regeln für eine schnelle, einfache und gute Schiedsklausel, BB 2007, 1009 ff.; *Hanefeld/Wittinghofer*, Schiedsklauseln in Allgemeinen Geschäftsbedingungen, SchiedsVZ 2007, 41 ff.; *König*, Zur Bestimmung des Schiedsvertragsstatuts bei fehlender Gesetzesgrundlage nach Inkrafttreten der Rom-I-Verordnung, SchiedsVZ 2012, 129; *Korte*, Die Hamburger freundschaftliche Arbitrage – Ein Überblick anlässlich des 100-jährigen Jubiläums des § 20 der Platzusancen für den Hamburgischen Warenhandel, SchiedsVZ 2004, 240; *Lachmann*, Handbuch für die Schiedsgerichtspraxis, 3. Aufl. 2008; *Lachmann*, Klippen für die Schiedsvereinbarung, SchiedsVZ 2003, 28 ff.; *Lachmann/Lachmann*, Schiedsvereinbarungen im Praxistest, BB 2000, 1633 ff.; *Schmidt-Ahrendts/Höttler*, Anwendbares Recht bei Schiedsverfahren mit Sitz in Deutschland, SchiedsVZ 2011, 267; *Schütze*, Schiedsgericht und Schiedsverfahren, 5. Aufl. 2012; *Schwab/Walter*, Schiedsgerichtsbarkeit, 7. Aufl. 2005; *Zöller*, Zivilprozessordnung, 29. Aufl. 2012.

A. Rechtsgrundlagen

1 Wer mit Schiedsverfahren zu tun hat – sei es, dass eine Schiedsvereinbarung getroffen, sei es, dass ein streitiges Verfahren vor einem Schiedsgericht geführt werden soll – muss zunächst die Rechtsgrundlagen feststellen, weil von diesen abhängt, welche Rechte und Pflichten die am Verfahren beteiligten Personen haben und nach welchen Regeln ein Schiedsverfahren abläuft.

2 Die wichtigste Rechtsquelle des Verfahrens ist die Schiedsvereinbarung. Sonstige Rechtsquellen sind va in Bezug genommene Schiedsordnungen, etwa einschlägige internationale Staatsverträge, nationale Gesetze (wie etwa die deutsche ZPO) und gegebenenfalls Handelsbräuche.

3 Diese anderen Rechtsquellen stellen teilweise nur Reserveordnungen zur Verfügung, auf die zurückgegriffen werden kann, wenn die Parteien nichts Abweichendes geregelt haben. Gesetze enthalten teilweise aber auch unnachgiebiges Recht, von dem die Parteien nicht abweichen können. Auch die Schiedsordnungen der die Schiedsverfahren administrierenden Organisationen stehen nur teilweise zur Disposition der Parteien. Daher müssen bei Verhandlung und Abfassung von Schiedsvereinbarung ebenso wie bei der Führung von Schiedsverfahren auch diese Rechtsquellen im Blick behalten werden.

Abschnitt 42. Rechtsgrundlagen und Schiedsvereinbarungen

I. Schiedsvereinbarungen

Die wichtigste Rechtsgrundlage für das Schiedsverfahren ist die zwischen den Parteien getroffene Schiedsvereinbarung. Sie stellt die Weichen in Richtung Schiedsverfahren. Gibt es keine (wirksame) Vereinbarung, bleibt es (vom wenig relevanten Sonderfall des § 1066 ZPO abgesehen) bei der alleinigen Zuständigkeit der staatlichen Gerichte, über Zivilrechtsstreitigkeiten zu entscheiden. Die Schiedsvereinbarung wird aufgrund ihrer Bedeutung in diesem Abschnitt unter B. ausführlich behandelt. **4**

II. Schiedsordnungen von Institutionen

Schiedsverfahren können entweder von den Parteien und Schiedsrichtern selbst administriert werden, ohne dass auf die Schiedsordnung einer Institution zurückgegriffen wird. In diesem Fall spricht man von ad-hoc-Schiedsgerichtsbarkeit. **5**

Oder aber die Parteien vereinbaren, dass die Streitigkeit von einem Schiedsgericht entschieden wird, das dauerhaft von einer Institution (etwa der Deutschen Institution für Schiedsgerichtsbarkeit (DIS) oder der Handelskammer Hamburg) unterhalten wird, die dann auch die Administration der Verfahren übernimmt. Man spricht dann von institutioneller Schiedsgerichtsbarkeit. **6**

Die institutionellen Schiedsgerichte halten für die von ihnen verwalteten Schiedsverfahren Schiedsordnungen bereit, die Einzelheiten des Verfahrens festlegen. Diese Schiedsordnungen können bei den Institutionen angefordert und regelmäßig auch über das Internet eingesehen werden. Typischerweise finden sich in den Schiedsordnungen ua Regelungen zu folgenden Themen: Klageeinreichung, Ernennung und Ablehnung von Schiedsrichtern, Verfahrensablauf, Erlass des Schiedsspruchs, Kosten. **7**

Mitunter gibt es zudem ergänzende Regelungen, die die Parteien vereinbaren können, aber nicht müssen. Ein interessantes und attraktives Beispiel hierfür sind die in 2008 neu geschaffenen „Ergänzenden Regeln für beschleunigte Verfahren" der DIS, die insbesondere durch die Verkürzung von Fristen eine Beschleunigung und damit deutliche Abkürzung der Verfahren bezwecken. Sie finden (anders als zB bei ähnlichen Regeln des Schiedsgerichts der ICC (International Chamber of Commerce)) nur Anwendung, wenn die Parteien sich darauf verständigen. **8**

Die Schiedsordnungen lassen den Parteien regelmäßig Spielräume für Ergänzungen und Abweichungen, etwa zur Anzahl der Schiedsrichter. Bevor die Parteien in ihrer Schiedsvereinbarung allerdings von einer Schiedsordnung in einer nicht ausdrücklich zugelassenen Weise abweichen, sollten sie zuvor Rücksprache mit der Institution halten, ob man dort bereit ist, dies mitzutragen. **9**

III. Internationale Staatsverträge

Auch internationale Staatsverträge sind gegebenenfalls zu beachtende Rechtsquellen. Hier ist vor allem das wichtige New Yorker Übereinkommen über die Anerkennung und Vollstreckung ausländischer Schiedssprüche von 1958 (UNÜ 1958) zu nennen, dem inzwischen mehr als 140 Staaten beigetreten sind. Die dort aufgestellten Regelungen sind zu beachten, damit die Anerkennung und Vollstreckung eines Schiedsspruchs im Ausland gewährleistet wird. Zur direkten Anwendung kommt das UNÜ 1958 zwar nur im Anerkennungs- und Vollstreckungsverfahren. Da aber schon bei Schiedsvereinbarung und auch im laufenden Verfahren bedacht werden sollte, dass das Ergebnis des Schiedsverfahrens – der Schiedsspruch – eines Tages ggf. vollstreckt werden muss, dürfen dessen Inhalte vorher nicht ausgeblendet werden. Aus dem UNÜ 1958 resultierende Erfordernisse werden jeweils im inhaltlichen Kontext des entsprechenden Abschnittes thematisiert. Weitere wichtige Staatsverträge sind das Europäische Übereinkommen über die internationale Handelsschiedsgerichtsbarkeit von 1964, das Genfer Protokoll über die Schiedsklauseln von 1923 **10** und das Genfer Abkommen zur Vollstreckung ausländischer Schiedssprüche von 1927, die jeweils nur im Hinblick auf einen kleineren Kreis an Unterzeichnerstaaten gelten. Darüber hinaus gibt es einige bilaterale Staatsverträge[1].

IV. Nationale Gesetze, insbesondere §§ 1025 ff. ZPO

11 Auch die nationalen Gesetze sind Rechtsgrundlagen des Schiedswesens. Zu beachten ist, dass sich die rechtliche Beurteilung der Schiedsvereinbarung und des Schiedsverfahrens uU nach einem anderen Recht richten können als der Hauptvertrag. Nicht selten wird also etwa englisches materielles Recht, aber im Hinblick auf die Schiedsvereinbarung und das Schiedsverfahren deutsches Recht anwendbar sein.

12 Für das Schieds*verfahren* ist, wenn der Schiedsort in Deutschland liegt, nach § 1025 Abs. 1 ZPO zwingend[2] deutsches Schiedsverfahrensrecht anzuwenden, andernfalls das ausländische Recht des Schiedsortes (mit wenigen Ausnahmen: § 1025 Abs. 2 ZPO). Die Bestimmung des Schiedsortes in der Schiedsvereinbarung ist daher von erheblicher Bedeutung (→ Rn. 55). Ist deutsches Schiedsverfahrensrecht anwendbar, müssen Parteien, Parteivertreter und Schiedsrichter das 10. Buch der ZPO (§§ 1025–1066 ZPO) beachten. Viele der darin enthaltenen Bestimmungen sind nur als Reserveordnung zu verstehen, die Regelungen für den Fall treffen, dass Parteien und Schiedsrichter bestimmte Fragen nicht geregelt haben. Allerdings gibt es Bestimmungen, von denen nicht abgewichen werden kann.

13 Wenn die Parteien für die Schieds*vereinbarung* keine abweichende Regelung getroffen haben, wird mit guten Gründen vertreten, dass im Zweifel von einer stillschweigenden Vereinbarung auszugehen ist, dass auch insofern das Recht des Schiedsortes maßgeblich ist[3]. Ist ein Parteiwillen nicht ermittelbar, ist wohl jedenfalls seit Inkrafttreten der Rom-I-Verordnung in entsprechender Anwendung des § 1059 Abs. 2 Nr. 1a ZPO das Recht am Schiedsort anwendbar[4]. Für Altfälle unter Geltung des EGBGB allerdings hat der BGH in 2011 noch entschieden, dass das allgemeine Kollisionsrecht des EGBGB maßgeblich sei und damit das Statut des Hauptvertrages, mit dem die Schiedsvereinbarung regelmäßig die engste Verbindung aufweise[5]. Gegen eine Übertragung dieser Rechtsprechung auf Neufälle spricht, dass Art. 1 Abs. 2 lit. e Rom-I-VO die Anwendung auf Schiedsvereinbarungen explizit ausnimmt. Bis der BGH zu einem Neufall entschieden hat, ist allerdings das letzte Wort noch nicht gesprochen.

V. Handelsbräuche

14 Gegebenenfalls können auch Handelsbräuche eine Rechtsquelle für ein Schiedsverfahren sein. Aufgrund der gesetzlich in § 1031 ZPO aufgestellten Formerfordernisse kommt allerdings eine mündliche oder gar stillschweigende Schiedsvereinbarung auch bei Bestehen eines Handelsbrauchs nicht in Betracht[6].

15 Ein prominentes Beispiel sind die handelsbräuchlichen Regelungen über die „Hamburger freundschaftliche Arbitrage", dem früher wichtigsten deutschen Schiedsverfahren. Dabei handelt es sich um ergänzende Regelungen für ad-hoc-Schiedsverfahren (also solche, bei denen das Verfahren nicht durch eine Institution organisiert wird), die aber nur dann Anwendung finden, wenn die Parteien dies vereinbaren. § 20 der Platzusancen für den Hamburgischen Warenhandel enthält eine schriftliche Fixierung dieser Regelungen. Dass

---

[1] Ein Überblick über die Staatsverträge und die Mitgliedsstaaten findet sich bei *Schwab/Walter* S. 362 ff.
[2] Zöller/*Geimer* § 1025 Rn. 3.
[3] Zöller/*Geimer* § 1025 Rn. 9 und Rn. 12. Dies ist aber nicht unstreitig (*OLG München* RIW 1990, 585, 586, stellt auf das Statut des Hauptvertrages ab; *Baumbach/Lauterbach/Albers/Hartmann* § 1029 Rn. 11, sieht dies als einen von mehreren Anhaltspunkten an.
[4] Eingehend hierzu *Schmidt-Ahrendts/Höttler* SchiedsVZ 2011, 267, 272 ff.; *König* SchiedsVZ 2012, 129, 131.
[5] *BGH* SchiedsVZ 2011, 46, 49.
[6] Hierzu und zu der Thematik insgesamt *Lachmann* Rn. 322 ff.

der 1958 zuletzt angepasste Text noch das heutige Verständnis und den Inhalt des Handelsbrauches zutreffend wiedergibt, ist allerdings zu bezweifeln, was insbesondere im Hinblick auf die Anzahl der Schiedsrichter eine Rolle spielt[7].

B. Schiedsvereinbarung

I. Rechtsnatur der Schiedsvereinbarung

Die Rechtsnatur der Schiedsvereinbarung ist umstritten. Nach Auffassung des BGH handelt es sich um einen materiellrechtlichen Vertrag über einen prozessrechtlichen Gegenstand[8]. Die Bedeutung der dogmatischen Einordnung ist allerdings begrenzt. 16

II. Schiedsfähigkeit

Nur solche Rechtsstreitigkeiten können der Entscheidung eines Schiedsgerichts unterstellt werden, die objektiv schiedsfähig sind. Je nach anwendbarem Recht können zB bestimmte Börsentermingeschäfte, Ehe- und Kindschaftssachen als nicht objektiv schiedsfähig anzusehen sein. Zudem müssen die Parteien subjektiv schiedsfähig, dh persönlich rechtlich in der Lage sein, Schiedsvereinbarungen zu treffen. Diese Fähigkeit folgt grundsätzlich aus der Rechts- bzw. Geschäftsfähigkeit. Bei Exportgeschäften spielt jedenfalls die objektive Schiedsfähigkeit regelmäßig keine Rolle, weshalb an dieser Stelle auf weitere Ausführungen verzichtet wird. Auch die subjektive Schiedsfähigkeit wird nur in seltenen Fällen ein Problem darstellen[9]. 17

III. Wirkung der Schiedsvereinbarung

Die Schiedsvereinbarung führt dazu, dass ein auftretender Streit vor dem Schiedsgericht zu führen ist. Die Parteien sind materiellrechtlich verpflichtet, alles zu tun, um die Durchführung des Schiedsverfahrens und das Zustandekommen des Schiedsspruchs zu ermöglichen und zu fördern[10]. Dazu gehört auch die Pflicht, einen Prozesskostenvorschuss an die Schiedsrichter zu leisten[11]. 18

Erhebt gleichwohl eine der Parteien eine Klage vor einem staatlichen Gericht, so steht der anderen Partei das Recht zu, in dem staatlichen Verfahren die prozesshindernde Einrede der Schiedsvereinbarung zu erheben. Vergleichbare Regelungen enthalten alle nationalen Rechte der Vertragsstaaten des UNÜ 1958 und der anderen oben in → Rn. 10 genannten Staatsverträge. Wird etwa in Deutschland vom Käufer die Klage gegen den Exporteur erhoben, muss das angerufene deutsche Gericht die Klage abweisen, wenn der verklagte Exporteur berechtigtermaßen und noch vor Beginn der mündlichen Verhandlung zur Hauptsache rügt, dass eine Schiedsvereinbarung bestehe. Dies folgt aus § 1032 Abs. 1 ZPO, einer Norm, die vom deutschen Gericht auch dann anzuwenden ist, wenn der Schiedsort im Ausland liegt[12]. 19

Allerdings schließt eine Schiedsvereinbarung im Anwendungsbereich des § 1032 ZPO nicht aus, dass ein staatliches Gericht Maßnahmen des einstweiligen Rechtsschutzes (Arrest oder einstweilige Verfügung) anordnet. Insofern geht das deutsche Recht von einer Doppelzuständigkeit aus. Im Verfahren des einstweiligen Rechtsschutzes ist die Erhebung der Schiedseinrede daher unzulässig[13]. 20

---

[7] Eingehend *Korte* SchiedsVZ 2004, 240, → Rn. 42.
[8] BGHZ 23, 198, 200; BGHZ 40, 320, 322; aA ua *Schwab/Walter* S. 65: Prozessvertrag.
[9] Weiterführend, auch zur Frage des anwendbaren Rechts: *Schwab/Walter* S. 385 ff. zur objektiven Schiedsfähigkeit und S. 393 ff. zur subjektiven Schiedsfähigkeit.
[10] BGHZ 23, 198, 200; *Schütze* S. 80 Rn. 242.
[11] *Schwab/Walter* S. 60.
[12] Streitig, in diesem Sinne: *Schütze* S. 80 Rn. 241; aA *Schwab/Walter* S. 52.
[13] *Schwab/Walter* S. 55.

21 Der Schiedseinrede kann ggf. die Gegeneinrede des Rechtsmissbrauchs entgegengehalten werden, wenn sich die Partei in Widerspruch zu ihrem früheren Verhalten setzt[14]. Rechtsmissbräuchlich handelt etwa, wer selbst in einem vorhergehenden Schiedsverfahren die Zuständigkeit der staatlichen Gerichte geltend gemacht hat[15]. Rechtsmissbräuchlich agiert auch, wer die Schiedseinrede erhebt, ohne über die für die Durchführung des Verfahrens notwendigen Mittel zu verfügen[16].

IV. Form der Schiedsvereinbarung

22 Für die Wirksamkeit einer Schiedsvereinbarung ist die Einhaltung einer bestimmten Form notwendig, § 1031 ZPO. Diese Vorschrift ist anwendbar, wenn der Ort des schiedsrichterlichen Verfahrens in Deutschland liegt, § 1025 Abs. 1 BGB. Liegt der Ort des schiedsrichterlichen Verfahrens dagegen im Ausland, ist diese Vorschrift unanwendbar. Stattdessen sind dann vor allem das UNÜ 1958 oder bei deren Anwendbarkeit die anderen oben in → Rn. 10 genannten Staatsverträge zu beachten.

23 **1. Voraussetzungen nach autonomem deutschen Recht.** Liegt der Ort des schiedsrichterlichen Verfahrens in Deutschland, ist also § 1031 ZPO anwendbar. Die Vorschrift unterscheidet zwischen Schiedsvereinbarungen, an denen private Verbraucher beteiligt sind und solchen ohne Verbraucherbeteiligung. Für vor dem 1.1.1998 abgeschlossene Schiedsvereinbarungen ist die damals geltende, von den nachstehenden Ausführungen abweichende, Rechtlage maßgeblich. Nach neuem Recht gilt:

24 Ist der Kunde des Exporteurs ein privater Verbraucher, bedarf die Schiedsvereinbarung für ihre Wirksamkeit der vollen Schriftform, § 1031 Abs. 5 ZPO. Die Vereinbarung muss in einer von beiden Parteien unterzeichneten Urkunde enthalten sein. Brief-, Telefax- oder E-Mail-Wechsel genügt nicht. Andere Vereinbarungen als solche, die sich auf das Schiedsverfahren beziehen, darf die Urkunde nicht enthalten, sonst ist die Schiedsabrede unwirksam. Durch Allgemeine Verkaufsbedingungen etwa, die als solche eine Vielzahl von weiteren Regelungen enthalten, können daher keine wirksamen Schiedsvereinbarungen mit privaten Verbrauchern geschlossen werden[17]. Die AGB-Qualität als solche ist allerdings nicht problematisch. Wenn der Klauselverwender standardmäßig eine nicht im Einzelfall ausgehandelte, gesonderte Schiedsvereinbarung mit dem Verbraucher trifft, ist diese wirksam, ohne dass es auf ein besonderes Interesse des Verwenders daran ankäme[18].

25 Im rein unternehmerischen Verkehr gelten weniger strenge Regeln. Nach § 1031 Abs. 1 ZPO muss die Schiedsvereinbarung grundsätzlich in einem von den Parteien unterzeichneten Schriftstück oder in zwischen den Parteien gewechselter Korrespondenz enthalten sein. Nach § 1031 Abs. 2 ZPO ist aber auch ausreichend, wenn die Schiedsvereinbarung in einem kaufmännischen Bestätigungsschreiben enthalten ist (das freilich nur von wenigen Rechtsordnungen neben der deutschen anerkannt wird[19]). § 1031 Abs. 3 ZPO lässt es zudem ausreichen, wenn in einem den Formerfordernissen entsprechenden, Vertrag auf ein Schriftstück Bezug genommen wird, das eine Schiedsvereinbarung enthält. Dies lässt insbesondere zu, dass Schiedsklauseln in Allgemeinen Verkaufsbedingungen wirksam werden, auf die zB im Angebot Bezug genommen wird. Nach herrschender Meinung ist dabei ein gesonderter Hinweis auf die Schiedsklausel nicht erforderlich[20]. Der Vertragspartner muss allerdings die Möglichkeit der Kenntnisnahme der Schiedsvereinbarung haben[21].

---

[14] *BGH* NJW-RR 2009, 1582.
[15] *Schütze* S. 80 Rn. 239.
[16] *Schütze* S. 80 Rn. 239; *Schwab/Walter* S. 51.
[17] *Schütze* S. 73 Rn. 216.
[18] BGHZ 162, 9 = EWiR 2005, 367 (mAnm *Korte*).
[19] Vgl. *Schütze* S. 74 Rn. 221.
[20] ZB Zöller/*Geimer* § 1031 Rn. 9; *Hanefeld/Wittinghofer* SchiedsVZ 2005, 219.
[21] *Hanefeld/Wittinghofer* aaO.

Ein Verstoß gegen das Schriftformgebot hat die Unwirksamkeit der Schiedsabrede zur Folge[22]. 26

2. Voraussetzungen nach der UNÜ 1958. Im Anwendungsbereich der UNÜ 1958 gehen die darin enthaltenen Formvorschriften allerdings strengeren nationalen Regelungen vor[23]. Art. II UNÜ 1958 verlangt eine schriftliche Vereinbarung und definiert diese in seinem Absatz 2 in einem weiteren Sinne als § 1031 ZPO[24]. 27

V. Die inhaltliche Gestaltung der Schiedsvereinbarung

Parteien messen Schiedsvereinbarungen, die zumeist bei Abschluss eines Vertrages geschlossen werden, häufig wenig Bedeutung zu und sind bei ihrer Abfassung nachlässig. Dies kann zu irreparablen Fehlern führen. Stellt sich zB im Laufe eines Schiedsverfahrens heraus, dass die Schiedsvereinbarung wegen eines Fehlers unwirksam ist, muss das Schiedsgericht die Schiedsklage abweisen, wenn der Beklagte sich auf das Verfahren nicht eingelassen hat. In diesem Fall muss dann der Kläger erneut Klage einreichen, diesmal vor dem zuständigen staatlichen Gericht. Gegebenenfalls ist aber inzwischen Verjährung eingetreten oder der Beklagte ist insolvent geworden. Fehler bei der Abfassung der Schiedsvereinbarung können daher nicht nur Zeitverlust und unnötige Verfahrenskosten nach sich ziehen, sondern auch zum Verlust einer an sich berechtigten Forderung führen. 28

1. Notwendige Inhalte einer Schiedsvereinbarung. Durch eine Schiedsvereinbarung bestimmen die Parteien, dass eine bzw. alle Streitigkeiten aus einem bestimmten Rechtsverhältnis durch ein Schiedsgericht entschieden werden sollen, § 1029 Abs. 1 ZPO. 29

Entscheidend ist zum einen, dass das Rechtsverhältnis und die daraus resultierenden Streitigkeiten klar bezeichnet werden. Dies ist zumeist keine Schwierigkeit. Ist die Schiedsvereinbarung in einem Kaufvertrag enthalten, wird sich diese zumeist nur auf Streitigkeiten beziehen sollen, die sich aus dem Kaufvertrag oder über seine Gültigkeit ergeben. Ist die Schiedsvereinbarung in einem Rahmenliefervertrag oder auch einem Vertragshändlervertrag enthalten, wird es regelmäßig sinnvoll sein, dass diese sowohl den Rahmenliefer- bzw. Vertragshändlervertrag als auch die unter seiner Geltung geschlossenen Einzelverträge erfasst, so dass entsprechend eine erweiterte Formulierung gewählt werden sollte. 30

Weiter muss Klarheit darüber bestehen, dass das anzurufende Gremium Entscheidungskompetenz haben soll und nicht etwa nur einen Vergleichsvorschlag erarbeiten oder sonst darauf hinwirken soll, dass die Parteien sich gütlich einigen. Denn sonst mag eine Schlichtungs- oder Mediationsregelung vorliegen, nicht aber eine Schiedsvereinbarung (zur Abgrenzung → Abschnitt 40). 31

Schließlich ist Eindeutigkeit darüber erforderlich, welches Schiedsgericht anzurufen ist, falls ein institutionelles Schiedsgericht (im Gegensatz zu einem ad-hoc zu bildenden Schiedsgericht) entscheiden soll. Wer eine solche Vereinbarung formuliert, sollte unbedingt die exakte Bezeichnung der Institution verwenden. Erfahrungen aus der Praxis zeigen, dass dies leider nicht immer beherzigt wird[25]. 32

Dringend zu empfehlen ist, die Mustervereinbarungen der Schiedsinstitutionen als Vorlage zu nehmen und von diesen nur wohlüberlegt abzuweichen. Eine Ergänzung um jedenfalls den Schiedsort ist aber zu empfehlen (→ Rn. 55). 33

Die Musterschiedsklausel der DIS lautet: *„Alle Streitigkeiten, die sich im Zusammenhang mit dem Vertrag (... Bezeichnung des Vertrages ...) oder über seine Gültigkeit ergeben, werden nach der Schiedsgerichtsordnung der Deutschen Institution für Schiedsgerichtsbarkeit e.V. (DIS) unter Ausschluss des ordentlichen Rechtsweges endgültig entschieden."* Die englische Fassung lautet: *„All disputes arising in connection with the contract (... description of the contract ...) or its validity shall* 34

---

[22] *Schwab/Walter* S. 389.
[23] *Zöller/Geimer* § 1031 Rn. 4.
[24] Vgl. *Schwab/Walter* S. 388 ff.
[25] *Breßler/Korte/Kröger/Rollin/von Bodenhausen* IHR 2008, 89, 95 ff.

4. Teil. Streitbeilegung

be finally settled in accordance with the Arbitration Rules of the German Institution of Arbitration e. V. (DIS) without recourse to the ordinary courts of law."

35 Unter www.dis-arb.de/scho/ können im Internet weitere Übersetzungen dieser Klausel in verschiedenen Sprachen aufgerufen werden.

36 Die Mustervereinbarung des Schiedsgerichts der Handelskammer Hamburg ist vom Wortlaut her nahezu identisch. Sie lautet: *„Alle Streitigkeiten, die sich in Zusammenhang mit diesem Vertrag (genaue Bezeichnung des Vertrages) oder über seine Gültigkeit ergeben, werden durch das Schiedsgericht der Handelskammer Hamburg unter Ausschluss der ordentlichen Gerichte endgültig entschieden."*

37 Wer sich für ein ad-hoc-Schiedsgericht entscheidet, muss etwas mehr Aufwand bei der Abfassung der Schiedsvereinbarung betreiben und vor allem die nachfolgend unter Ziff. 2 dargestellten Hinweise beachten. Eine Minimalfassung, die entsprechend ergänzt werden sollte, kann in Anlehnung an die DIS-Schiedsklausel lauten: *„Alle Streitigkeiten, die sich im Zusammenhang mit dem Vertrag (... Bezeichnung des Vertrages ...) oder über seine Gültigkeit ergeben, werden durch ein nach den Regeln der deutschen Zivilprozessordnung gebildetes Schiedsgericht unter Ausschluss des ordentlichen Rechtsweges endgültig entschieden."*

38 **2. Alphabet der Inhalte einer Schiedsvereinbarung.** Nachfolgend werden in alphabetischer Reihenfolge mögliche Elemente einer Schiedsvereinbarung aufgeführt und knapp kommentiert.

39 **Abweichungen von Schiedsordnungen:** Die Schiedsordnungen der Institutionen sehen regelmäßig ausdrücklich vor, dass die Parteien von bestimmten Regelungen abweichen können, etwa zur Anzahl der Schiedsrichter. Soweit sich die Parteien im Rahmen dieser Vorgaben halten, ist dies im Hinblick auf das Verhältnis zur Schiedsinstitution unproblematisch. Weitergehende Abweichungen sollten nur nach vorheriger Rücksprache mit der jeweiligen Institution vorgenommen werden. Denn es ist zu bedenken, dass die Parteien mit dieser im Fall, dass deren Dienst in Anspruch genommen werden soll, einen Vertrag abschließen müssen. Weicht die Schiedsvereinbarung von dem ab, was die Schiedsordnung vorsieht, kann es je nach den Umständen des Einzelfalles dazu kommen, dass die Institution ablehnt, das Verfahren anzunehmen.

40 **Anzahl der Schiedsrichter:** Bei Anwendung der deutschen ZPO besteht das Schiedsgericht grundsätzlich aus drei Schiedsrichtern, § 1034 Abs. 1 ZPO. Da die Tätigkeit dieser drei Schiedsrichter entlohnt werden muss, führt dies bei Streitigkeiten mit einem überschaubaren Gegenstandswert mitunter zu unverhältnismäßig hohen Kosten. Viele Schiedsordnungen der Institutionen tragen dem Rechnung und sehen vor, dass bis zu einer bestimmten Grenze ein Einzelschiedsrichter zu entscheiden hat (etwa § 2.1 des Regulativs des Schiedsgerichts der Handelskammer Hamburg). Darüber hinaus gestatten die Schiedsordnungen den Parteien regelmäßig, Vereinbarungen über die Anzahl zu treffen (etwa Art. 12.2 der Schiedsgerichtsordnung des ICC, Art. 12 der Schiedsordnung des Internationalen Schiedsgerichts der Wirtschaftskammer Österreich, Rule. 6.1 der Schiedsgerichtsordnung des Singapore International Arbitration Centre oder § 2.1 des Regulativs des Schiedsgerichts der Handelskammer Hamburg).

41 Geht die Schiedsvereinbarung von einem ad-hoc-Verfahren aus, sollten die Parteien erwägen, in der Schiedsvereinbarung eine Regelung zu treffen, wonach bei Unterschreiten eines bestimmten Gegenstandswertes (zB € 100.000) ein Einzelschiedsrichter zu entscheiden hat. Idealerweise sollte dabei auch geregelt werden, ob sich die Anzahl der Schiedsrichter bei Erhebung einer Widerklage oder späterer Klageerweiterung über den Schwellenwert hinaus erhöht oder nicht.

42 Entscheiden sich die Parteien für ein Verfahren nach der Hamburger freundschaftlichen Arbitrage (ein ad-hoc-Verfahren mit einigen handelsbräuchlichen Besonderheiten) sollte in der Vereinbarung ausdrücklich die Anzahl der Schiedsrichter festgelegt werden. Denn § 20 der Platzusancen für den Hamburgischen Warenhandel (PlU.), wo die Einzelheiten des Handelsbrauchs festgehalten sind, geht davon aus, dass zwei Schiedsrichter zu entscheiden

Abschnitt 42. Rechtsgrundlagen und Schiedsvereinbarungen

haben und nur dann ein Obmann hinzugezogen werden soll, wenn sich die beiden parteibenannten Schiedsrichter nicht einigen können. Das mag zwar eine sinnvolle Regelung sein. Es ist aber davon auszugehen, dass der Text der PlU. inzwischen handelsbräuchlich überholt ist und tatsächlich von vornherein drei Schiedsrichter zu entscheiden haben[26], so dass der Verzicht auf eine klarstellende Regelung dazu führen kann, dass angesichts der Divergenz zwischen dem Text der PlU. und der Rechtslage später Streit über die „richtige" Anzahl der Schiedsrichter aufkommen kann.

Berufung gegen Schiedsspruch: Gegen einen Schiedsspruch besteht grundsätzlich 43 nicht die Möglichkeit der Berufung. Nur wenige Schiedsordnungen sehen etwas anderes vor (zB die des Schiedsgerichts des Warenvereins der Hamburger Börse). Eine abweichende Schiedsvereinbarung, die vorsieht, dass ein dann aus anderen Schiedsrichtern bestehendes Oberschiedsgericht den Schiedsspruch der ersten Instanz überprüft, ist denkbar, im Regelfall aber wohl nicht sinnvoll, da die Parteien es in der Hand haben, schon in der ersten Instanz die für den speziellen Fall qualifiziertesten Schiedsrichter auszuwählen.

Nach deutschem Zivilverfahrensrecht nicht möglich ist eine Regelung, nach der ein 44 staatliches Gericht über die Richtigkeit des Schiedsspruches zu entscheiden hat[27].

Beschleunigte Verfahren: Manche Institutionen sehen Regeln über beschleunigte 45 Verfahren vor. Bei Schiedsverfahren nach der ICC-Schiedsordnung gilt insofern ein „Opt-out-Verfahren": Wählen die Parteien in ihrer Schiedsvereinbarung die Eilschiedsverfahren nicht ab, kommen diese unter bestimmten Voraussetzungen zum Einsatz. Dies gilt allerdings nur für Schiedsvereinbarungen, die ab dem 1.1.2012 getroffen wurden. Häufiger enthalten die Regularien der Schiedsinstitutionen Regeln über Eilverfahren, die nur zur Anwendung kommen, wenn die Parteien dies ausdrücklich vereinbaren. Ein Beispiel sind die „Ergänzenden Regeln für Beschleunigte Verfahren" der DIS. Entscheiden sich die Parteien hierfür, sind regelmäßig die Fristen verkürzt, die die Schiedsordnung für den Regelfall anordnet. Abzuraten ist von Regelungen, nach denen das Schiedsgericht innerhalb einer bestimmten Frist zu entscheiden hat und nach deren Ablauf das Schiedsrichteramt erlischt. Solche Gestaltungen können dazu führen, dass eine der Parteien versucht, das Verfahren zu verzögern und so einen vorhersehbar negativen Schiedsspruch zu verhindern[28].

Billigkeitsentscheidung: Gemäß § 1051 Abs. 3 ZPO können die Parteien das Schieds- 46 gericht ausdrücklich dazu ermächtigen, nach Billigkeit statt nach den materiellrechtlichen Regelungen des an sich anzuwendenden Rechts zu entscheiden. Hier ist natürlich Vorsicht geboten. Wenn das altrömische Sprichwort „Vor Gericht und auf hoher See sind wir allein in Gottes Hand" berechtigt ist, dann hier. Sinnvoll kann eine solche Ermächtigung vor allem dann sein, wenn die Parteien nach Entstehen des Streits feststellen, dass der zu entscheidende Fall nicht oder nicht mit angemessenem Aufwand sachlich und juristisch aufgeklärt werden kann. Vor Auftreten einer Streitigkeit sollte von einer solchen Regelung Abstand genommen werden. In AGB wäre sie überraschend und damit nach § 305c BGB unwirksam. Daneben bedeutete eine solche AGB-Klausel auch eine unangemessene Benachteiligung entgegen Treu und Glauben gemäß § 307 BGB mit ebenfalls der Folge der Unwirksamkeit[29].

Honorierung der Schiedsrichter: Schiedsrichter sind für ihre Tätigkeit zu honorieren. 47 Die Schiedsordnungen der Institutionen bestimmen, nach welchen Regeln das Honorar zu berechnen ist. Im Bereich der institutionellen Schiedsgerichtsbarkeit sind daher keine Regelungen erforderlich. Bei ad-hoc-Verfahren sind Vereinbarungen zur Honorarhöhe und zu den zu leistenden Kostenvorschüssen dagegen sinnvoll. Andernfalls kann es zu Beginn eines Verfahrens ggf. zu Problemen kommen, wenn zB der Beklagte das Verfahren dadurch zu torpedieren versucht, dass er sich einer angemessenen Honorierungsabrede verweigert.

---

[26] Eingehend *Korte* SchiedsVZ 2004, 240, 243.
[27] *BGH* ZIP 1981, 1097, 1099; *Lachmann* SchiedsVZ 2003, 29.
[28] Hierzu *Lachmann* SchiedsVZ 2003, 28, 32.
[29] *Hanefeld/Wittingshofer* SchiedsVZ 2005, 217, 226, im Ergebnis ebenso *Lachmann/Lachmann* BB 2000, 1633, 1640.

Üblich sind Anlehnungen an die Honorarregulungen einer Schiedsinstitution (die dann ausdrücklich zu benennen ist) oder an die Regelungen des RVG über die Honorierung von Rechtsanwälten in Berufungsverfahren, wobei im letzteren Fall jedenfalls der Obmann regelmäßig einen Aufschlag von 15–20% erhält. Eine klare Regelung wäre auch: „Die Vergütung der Schiedsrichter richtet sich nach den Empfehlungen des Deutschen Anwaltsvereins und des Deutschen Richterbunds für eine Vereinbarung über Schiedsrichtervergütung". Diese Empfehlung ist abgedruckt zB bei *Lachmann* (2008), S. 1165. Sie geht ua davon aus, dass der Obmann oder Einzelschiedsrichter für jeden Gebührentatbestand eine RVG-Gebühr nach einem Satz von 2,0 und die beisitzenden Schiedsrichter die Gebühren eines in zweiter Instanz tätigen Anwalts erhalten.

48 **Institution, Auswahl der:** Für die Wahl der Institution sind verschiedene Aspekte zu berücksichtigen, etwa die Akzeptanz beim Vertragspartner und die Kosten, die je nach Institution sehr unterschiedlich hoch ausfallen können. In den → Abschnitten 45–49 werden verschiedene Institutionen vorgestellt.

49 **Kombination mehrerer Schiedsordnungen:** Dringend davor zu warnen ist, Regelungen zu treffen, in denen ein Schiedsgericht die Schiedsordnung eines anderen Schiedsgerichts anzuwenden hat. Solche Regelungen werden mitunter als Kompromiss gewählt, können aber zu massiven Schwierigkeiten führen, weil die Regelungen der beiden Schiedsordnungen mitunter nicht ganz in Einklang zu bringen sind. Eine obstruktionswillige beklagte Partei mag dies ausnutzen, um die Durchführung des Verfahrens zu erschweren.

50 **Qualifizierung der Schiedsrichter:** Grundsätzlich unproblematisch sind Regelungen, die bestimmte Qualifikationen für die Schiedsrichter verlangen. So sind insbesondere Regelungen üblich, die für alle Schiedsrichter oder den Vorsitzenden eine abgeschlossene juristische Ausbildung verlangen (auf die „Befähigung zum Richteramt" sollte in internationalen Verträgen wegen der unterschiedlichen Ausbildungssysteme nicht abgestellt werden). Für den Obmann oder Einzelschiedsrichter ist dies sicher auch sinnvoll. Ob dies auch für die beiden anderen Schiedsrichter gilt, ist allerdings zweifelhaft. Schließlich besteht einer der Vorteile des Schiedsverfahrens darin, dass Fachleute aus der Branche oder mit besonderem technischen Sachverstand in das Entscheidungsgremium eingesetzt werden können. Regelungen, die dies von vornherein unmöglich machen, bedeuten einen Verzicht auf die sich hieraus ggf. ergebenden (auch: Kosten-)Vorteile.

51 Auswahlkriterien sollten nicht diskriminierend wirken. Der English Court of Appeal entschied in 2011, dass eine Schiedsvereinbarung, die eine bestimmte Religionszugehörigkeit als Voraussetzung für das Schiedsrichteramt vorsah, diskriminierend und unwirksam sei (Jivraj v. Hashwani). Die Entscheidung wurde zwar mittlerweile vom Supreme Court aufgehoben. Es ist aber nicht auszuschließen, dass tatsächlich oder vermeintlich diskriminierend wirkende oder empfundene Schiedsvereinbarungen Probleme bereiten. Es ist daher empfehlenswert, auf Regelungen zu verzichten, die etwa eine bestimmte Nationalität oder Religion als Qualifizierungsvoraussetzung vorsehen.

52 Problematisch sind Regelungen, die einer der Parteien ein faktisches Übergewicht bei der Auswahl der Schiedsrichter geben bzw. die Wahlmöglichkeiten der anderen Seite unangemessen einengen. Zu denken ist etwa an eine Klausel, nach der die Schiedsrichter Mitglieder eines Vereins sein müssen, dem nur der Klauselverwender angehört. In einem solchen Fall hat die benachteiligte Partei den Rechtsbehelf des § 1034 Abs. 2 ZPO.

53 **Rechtswahl:** Die Parteien sind grundsätzlich frei, zu entscheiden, welches Recht anzuwenden ist. Sinnvoll sind zunächst Regelungen über das materielle Recht (also etwa beim Export nach Portugal, ob deutsches oder portugiesisches Kaufrecht gelten soll und ob das UN-Kaufrecht anzuwenden sein soll oder nicht, → Abschnitt 3 Rn. 74 ff.). Das Recht des Schieds*verfahrens* dagegen steht nicht direkt zur Disposition der Parteien; es richtet sich nach dem Ort des Verfahrens. Da dieser aber von den Parteien bestimmt werden kann, ist mittelbar auch insofern eine Rechtswahl möglich.

54 **Übergewicht einer Partei bei Besetzung des Schiedsgerichts:** Regelungen, die einer Partei bei Besetzung des Schiedsgerichts ein Übergewicht geben, sind überaus prob-

lematisch. Man denke hier an den Fall, dass eine Schiedsvereinbarung vorsieht, dass eine der Parteien berechtigt sein soll, den einzigen Schiedsrichter zu benennen oder diese Person dort gar schon benannt ist. Nach deutschem Recht ist eine derartige Regelung nicht unwirksam. Allerdings kann der Betroffene binnen einer Frist von zwei Wochen nach Bekanntgabe der Besetzung des Schiedsgerichts eine hiervon abweichende Besetzung beim zuständigen staatlichen Gericht verlangen, § 1034 Abs. 2 ZPO. Diese Regelung geht der des § 138 BGB und auch des § 307 BGB[30] vor. Auch wenn derartige Regelungen nicht unwirksam sind, sind sie doch im internationalen Kontext gefährlich und nicht empfehlenswert, weil die Vollstreckbarkeit im Ausland fraglich erscheint.

Verfahrens- und Sitzungsort: Die Parteien sind frei, den Verfahrensort (= Schiedsort) 55 in der Schiedsvereinbarung zu bestimmen. Sie sollten dies auch tun. Der Verfahrensort hat ausschließlich rechtliche Bedeutung[31]. Aus ihm folgen insbesondere die Anwendung des nationalen Verfahrensrechts (§ 1025 Abs. 1 ZPO), die Abgrenzung, ob ein nationaler oder internationaler Schiedsspruch vorliegt (§ 1061 Abs. 1 ZPO) und welches staatliche Gericht für bestimmte Handlungen örtlich zuständig ist (§ 1062 ZPO). Auch ist der Verfahrensort ein wichtiges Indiz für die Frage des anwendbaren materiellen Rechts, wenn keine abweichende Regelung getroffen wurde. Die Festlegung eines bestimmten Verfahrensortes bedeutet dagegen nicht, dass dort auch tatsächlich die Sitzungen stattfinden müssten. Dies wiederum kann anders geregelt bzw. gehandhabt werden[32].

Verfahrenssprache: Regelungen über die Verfahrenssprache können und sollten getroffen werden. Möglich sind auch mehrere gleichberechtigte Verfahrenssprachen, so dass etwa beide Parteien in der jeweils eigenen Sprache vortragen können. 56

Wahl zwischen Schiedsgericht und staatlichem Gericht: In der Schiedsvereinbarung kann geregelt werden, dass ein Wahlrecht besteht, ein bestimmtes Schiedsgericht oder ein staatliches Gericht (oder auch ein anderes Schiedsgericht) anzurufen[33]. Nach deutschem Recht ist es auch in AGB nicht zu beanstanden, wenn sich dabei eine der Parteien vorbehält, das Wahlrecht auszuüben. Bei der Klauselgestaltung ist dann allerdings besondere Sorgfalt und Zurückhaltung geboten: Soll das Wahlrecht etwa dem Exporteur auch dann zustehen, wenn er in der Rolle des Beklagten ist, muss in der Vereinbarung geregelt sein, dass das Wahlrecht auf Aufforderung des Käufers schon vorgerichtlich ausgeübt wird. Andernfalls hätte es der Exporteur in der Hand, die gegen ihn eingereichte Klage jeweils dadurch ins Leere laufen zu lassen, dass er sich für das nicht angerufene Gremium entscheidet. Dies würde eine unangemessene Benachteiligung entgegen Treu und Glauben bedeuten. Eine AGB-Klausel, die dem nicht Rechnung trägt, wäre daher nach § 307 BGB unwirksam[34]. Am ausländischen Sitz des Importeurs mag strengeres Recht gelten, das eine etwaige spätere Vollstreckung vor Ort erschweren oder unmöglich machen kann. Vor Aufnahme einer solchen Klausel in einen internationalen Vertrag sollte dies daher geprüft werden. 57

---

[30] So nun *BGH* SchiedsVZ 2007, 163, 164.
[31] *Lachmann* S. 348 f.
[32] *Lachmann* S. 348.
[33] *BGH* BB 1992, 229; *OLG Bremen* EWiR 2007, 415 (mAnm *Korte*).
[34] *BGH* NJW 1999, 282; *Breßler/Korte/Kröger/Rollin/von Bodenhausen* IHR 2008, 89, 92.

Abschnitt 43. Verfahrensgrundsätze

Übersicht

	Rn.
A. Einleitung	1
B. Der Anspruch auf rechtliches Gehör	2
I. Informationspflicht des Schiedsgerichts	5
II. Gelegenheit der Parteien zur Stellungnahme	7
III. Berücksichtigung des Parteivortrages	9
IV. Weitere Konkretisierungen des Anspruchs auf rechtliches Gehör	10
V. Möglichkeiten des Verzichts und der Einschränkung des Anspruchs auf rechtliches Gehör	14
C. Anwaltliche Vertretung	15
D. Der Dispositionsgrundsatz	17
E. Objektivität der Schiedsrichter	19
F. Anspruch auf mündliche Verhandlung	22
G. Wahrheitspflicht der Parteien	26
H. Anspruch auf eine Entscheidung nach rechtlichen Regeln	27
I. Kostenregelung	30
J. Rechtsfolge bei Verstößen gegen die Verfahrensgrundsätze	33

Literatur: *Aden,* Internationale Handelsschiedsgerichtsbarkeit, 2. Aufl. 2003; *Berger,* Internationale Wirtschaftsschiedsgerichtsbarkeit, 1992; *Böckstiegel/Kröll/Nacimiento,* Arbitration in Germany, 2007; *Bösch,* Einstweiliger Rechtsschutz in der internationalen Handelsschiedsgerichtsbarkeit, 1989; *Bösch,* Provisional Remedies in International Commercial Arbitration, 1994; *Derains/Schwarz,* A Guide to the ICC Rules of Arbitration, 2. Aufl. 2005; *Kreindler/Schäfer/Wolf,* Schiedsgerichtsbarkeit – Kompendium für die Praxis, 2006; *Lachmann,* Handbuch für die Schiedsgerichtsbarkeit, 3. Aufl. 2008; *Lionnet/Lionnet,* Handbuch der internationalen und nationalen Schiedsgerichtsbarkeit, 3. Aufl. 2005; Münchener Kommentar zur Zivilprozessordnung, Band 3, 3. Aufl. 2008; *Schlosser,* Das Recht der internationalen privaten Schiedsgerichtsbarkeit, 2. Aufl. 1989; *Schütze,* Schiedsgericht und Schiedsverfahren, 5. Aufl. 2012; *Schütze,* Institutionelle Schiedsgerichtsbarkeit, 2. Aufl. 2011; *Schütze/Tscherning/Wais,* Handbuch des Schiedsverfahrens, 2. Aufl. 1990; *Schwab/Walter,* Schiedsgerichtsbarkeit – Kommentar, 7. Aufl. 2005; *Torggler,* Praxishandbuch Schiedsgerichtsbarkeit, 2007; *Wirth,* Ihr Zeuge, Herr Rechtsanwalt!, SchiedsVZ 2003, S. 9 ff.; *Zöller,* Kommentar zur Zivilprozessordnung, 29. Aufl. 2012.

A. Einleitung

1 Die Vereinbarung eines Schiedsverfahrens stellt häufig einen Kompromiss zwischen Handelspartnern aus verschiedenen Ländern dar. Keine der beiden Parteien will sich der innerstaatlichen Rechtsordnung und der oft unwägbaren Gerichtsbarkeit aussetzen, die im Herkunftsstaat des anderen bestehen. Im Rahmen eines Schiedsverfahrens ist das Interesse der klägerischen Partei erstens darauf gerichtet, einen für sie vorteilhaften Schiedsspruch zu erlangen. Zweitens wird sie am Sitz ihres ausländischen Handelspartners diesen Schiedsspruch für vollstreckbar erklären wollen. Dazu müssen aber im Schiedsverfahren gewisse Verfahrensgrundsätze beachtet werden. Verfahrensgrundsätze sind die Regeln, anhand derer ein Schiedsgericht zu einem Schiedsspruch zu gelangen hat. Bei Nichtbeachtung dieser Verfahrensgrundsätze ist die Ausfertigung eines vollstreckungsfähigen Titels vom zuständigen Gericht des Vollstreckungsstaates nach den internationalen Abkommen über die Anerkennung und Vollstreckung ausländischer Schiedssprüche zu verweigern. Maßgebliches internationales Übereinkommen in diesem Bereich ist das NYÜ 1958. Das NYÜ 1958 ist mit Abstand die wichtigste internationale Vereinbarung über die Anerkennung und Vollstreckung ausländischer Schiedssprüche. Mit derzeit 147 Vertragsstaaten gehören ihm nahezu alle Länder an, die im grenzüberschreitenden Handel von Bedeutung sind. Neben dem NYÜ 1958 gibt es weitere internationale Abkommen, wie das Genfer Abkommen zur Vollstreckung ausländischer Schiedssprüche (nachfolgend **„Genfer Abkommen"**) oder

das Europäische Übereinkommen über die internationale Handelsschiedsgerichtsbarkeit (nachfolgend „**EU-Übereinkommen**") sowie verschiedene bilaterale Verträge zwischen einzelnen Staaten, die die Anerkennung und Vollstreckung ausländischer Schiedssprüche regeln. Zu beachten ist, dass die Verfahrensgrundsätze, deren Gewährleistung von diesen internationalen Abkommen gefordert werden, sich in vielerlei Hinsicht grundlegend von den Verfahrensgrundsätzen unterscheiden, die in einem deutschen Zivilverfahren vor einem staatlichen Gericht gelten.

B. Der Anspruch auf rechtliches Gehör

Der **Anspruch auf rechtliches Gehör** ist der wichtigste Verfahrensgrundsatz im Schiedsverfahren. Die drei grundlegenden Elemente des Anspruchs auf rechtliches Gehör im Schiedsverfahren sind die Verpflichtung des Schiedsgerichts, **2**

- seiner **Informationspflicht** zu genügen, indem es den Parteien die Sachverhaltselemente, die es seinem Schiedsspruch zugrunde legen wird, so rechtzeitig bekannt gibt, dass sie sich dazu äußern können,
- den Parteien die Gelegenheit zu geben, sowohl in tatsächlicher als auch in rechtlicher Hinsicht zu dem dem Schiedsspruch zugrundeliegenden Sachverhalt **Stellung zu nehmen**,
- die Ausführungen der Parteien in tatsächlicher und rechtlicher Hinsicht zur **Kenntnis zu nehmen** sowie diese in **Erwägung zu ziehen,** es sei denn, die Ausführungen müssen oder können nach der geltenden Schiedsverfahrensordnung ausnahmsweise unberücksichtigt bleiben.[1]

Daneben konkretisiert sich der Anspruch auf rechtliches Gehör auch in weiteren Verfahrensgrundsätzen (→ Rn. 10). Die Behauptung, dass im Schiedsverfahren eine Verletzung des Anspruchs auf rechtliches Gehör stattgefunden hat, stellt die häufigste Einwendung dar, die vor dem zuständigen Gericht gegen die Vollstreckungserklärung eines ausländischen Schiedsspruches geltend gemacht wird. Auch vor deutschen Gerichten ist die Geltendmachung der Verletzung des Anspruchs auf rechtliches Gehör der häufigste Aufhebungsgrund für einen Schiedsspruch. Im Interesse eines vollstreckungsfähigen Schiedsspruches empfiehlt es sich daher, der Gewährleistung des Anspruchs auf rechtliches Gehör im Schiedsverfahren besondere Aufmerksamkeit zu schenken. Auch wenn das Schiedsgericht und die klägerische Partei eine rasche Entscheidung erreichen wollen und sich der Eindruck aufdrängt, dass die beklagte Partei versucht, das Schiedsverfahren zu verschleppen, so sollte der beklagten Partei im Interesse eines vollstreckungsfähigen Schiedsgerichtsspruches rechtliches Gehör lieber einmal zu viel, als einmal zu wenig gewährt werden.

Der Anspruch auf rechtliches Gehör ist in Art. 103 Abs. 1 GG und in Art. 6 Abs. 1 EMRK sowie in Art. 10 der Charta der UN verankert. Er ist ein grundrechtsgleiches Recht und stellt wenigstens in seiner Mindestausprägung einen Weltrechtssatz dar. Der BGH bezeichnet den Anspruch auf rechtliches Gehör in st. Rspr. auch als den rechtsstaatlichen Grundpfeiler des Schiedsverfahrens.[2] **3**

Im Folgenden wird – orientiert an den Anforderungen der deutschen Rechtsordnung – dargestellt, wie sich die grundlegenden Elemente des Anspruchs auf rechtliches Gehör in einem Schiedsverfahren auswirken. Die Anforderungen, die in anderen Rechtsordnungen an den Anspruch auf rechtliches Gehör gestellt werden, sind oft nicht so stark ausgeprägt wie in der deutschen Rechtsordnung. Falls das Schiedsverfahren daher nicht nach deutschem Recht erfolgt und das Schiedsurteil in einem Staat anerkannt und vollstreckt werden soll, dessen Rechtsordnung geringere Anforderungen an den Anspruch auf rechtliches Ge- **4**

---

[1] *Lachmann,* Handbuch für die Schiedsgerichtsbarkeit, 3. Aufl. 2008, Rn. 1299; *Schütze,* Schiedsgericht und Schiedsverfahren, 5. Aufl. 2012, Rn. 292 f.; *Schütze/Tscherning/Wais,* Handbuch des Schiedsverfahrens, 2. Aufl. 1990, Rn. 325 ff.
[2] Vgl. nur BGHZ 96, 40, 47.

hör stellt, können sich bei der Verfahrensgestaltung Spielräume ergeben. Diese Spielräume sollten allerdings nur mit Hilfe eines sachkundigen Rechtsbeistandes ausgenutzt werden. Zu beachten ist immer, dass im Schiedsverfahren jedenfalls die Mindeststandards gewährleistet werden, die im Vollstreckungsstaat an die Einhaltung des Anspruchs auf rechtliches Gehör gestellt werden.

I. Informationspflicht des Schiedsgerichts

5   Die **Informationspflicht des Schiedsgerichts** bedeutet, dass sowohl die klägerische als auch die beklagte Partei denselben Informationsstand haben müssen. Tatsachen und Beweisergebnisse, die eine Partei nicht erhalten hat, dürfen vom Schiedsgericht nicht verwendet werden. Das Gebot der Offenlegung von Tatsachen betrifft grundsätzlich auch **Betriebsgeheimnisse.** Daher ist es im Regelfall nicht möglich, Betriebsgeheimnisse nur dem Schiedsgericht mitzuteilen, sie aber der gegnerischen Partei vorzuenthalten. Eine Ausnahme hiervon kann jedoch dann gemacht werden, wenn „eine Partei ein erhebliches rechtliches Interesse an der Geheimhaltung bestimmter innerbetrieblicher Informationen hat und dem Prozessgegner aus der Verwertung der geheim gehaltenen Tatsachen keine unzumutbaren Nachteile erwachsen".[3]

6   Die Informationspflicht umfasst auch die Verpflichtung des Schiedsgerichts, eigene Tatsachenkenntnisse, die es der Entscheidung zugrunde legt, vorher in das Verfahren einzuführen. Diese **Hinweispflicht** des Schiedsgerichts erstreckt sich jedoch nicht auf seine Rechtsauffassung. Das Schiedsgericht muss jedoch einen Hinweis auf seine geänderte Rechtsauffassung geben, wenn es den Parteien bereits seine Rechtsauffassung mitgeteilt hatte und diese nun zwischenzeitlich geändert hat. Eine Hinweispflicht des Schiedsgerichts auf seine Rechtsauffassung kann auch dann gegeben sein, wenn diese auf die Parteien besonders überraschend wirken würde, da die Parteien objektiv mit einer solchen Rechtsauffassung nicht rechnen mussten. Das Schiedsgericht hat aber in beiden Fällen nur dann eine Hinweispflicht auf seine Rechtsauffassung, wenn ohne einen solchen Hinweis die Parteien Angriffs- und Verteidigungsmittel nicht vorbringen würden.[4]

II. Gelegenheit der Parteien zur Stellungnahme

7   Die Informationspflicht des Schiedsgerichts würde leerlaufen, wenn den Parteien nicht Gelegenheit gegeben werden müsste, zu allen Tatsachen und Beweisergebnissen, die das Schiedsgericht seiner Entscheidung zugrunde legt, rechtzeitig Stellung zu nehmen. Eine rechtzeitige Stellungnahme ist den Parteien nur möglich, wenn ihnen hierfür eine **ausreichende Frist** eingeräumt wurde. Die Länge der vom Schiedsgericht zu setzenden angemessenen Frist orientiert sich nicht an den entsprechenden Fristen der staatlichen Zivilgerichtsbarkeit. Maßgeblich ist statt dessen der Zeitraum, den die Parteien unter Berücksichtigung der Schwierigkeit und des Umfanges des Falles benötigen, um die notwendigen Informationen einzuholen, die erforderlichen Überlegungen anzustellen und sinnvolle Ausführungen machen zu können. Im Zweifel werden die vom Schiedsgericht gesetzten Fristen daher länger sein, als die doch sehr knapp bemessenen Fristen aus der ZPO. Das Schiedsgericht kann, wenn es angemessene Fristen gesetzt hat, verspätetes Vorbringen **präkludieren,** dh unberücksichtigt lassen. Voraussetzung für die Zurückweisung wegen Verspätung ist aber immer, dass die Parteien oder ihr Verfahrensbevollmächtigter die Verspätung zu verschulden haben und die Berücksichtigung des verspäteten Parteivorbringens zu einer Verfahrensverzögerung führen würde. Das Schiedsgericht muss im begründeten Fall auch einer Fristverlängerung zustimmen.[5]

---

[3] *BGH* NJW 1996, 391.
[4] *Lachmann,* Handbuch für die Schiedsgerichtsbarkeit, 3. Aufl. 2008, Rn. 1321 ff.
[5] *Lachmann,* Handbuch für die Schiedsgerichtsbarkeit, 3. Aufl. 2008, Rn. 4542.

Einige Schiedsverfahrensordnungen ermöglichen die Teilnahme juristischer Berater an den Beratungen des Schiedsgerichts. Dies kann insbesondere dann einen Verstoß gegen den Anspruch auf rechtliches Gehör darstellen, wenn diese juristischen Berater die Sachverhaltsfeststellung oder die rechtliche Würdigung entscheidend beeinflussen. Die Parteien haben dann nämlich keine Gelegenheit, zu den Beiträgen der Berater Stellung zu nehmen. Falls das Schiedsgericht daher rechtliche oder tatsächliche Informationen benötigt, so sollte hierfür die mündliche Verhandlung genutzt werden.[6]

III. Berücksichtigung des Parteivortrages

Auch die Verpflichtung des Schiedsgerichts, den Parteien Gelegenheit zur Stellungnahme zu geben, würde leerlaufen, wenn das Schiedsgericht die tatsächlichen und rechtlichen Ausführungen der Parteien nicht wenigstens in Erwägung ziehen müsste. Deshalb muss das Schiedsgericht, in einem mehrköpfigen Schiedsgericht alle Schiedsrichter, den Vortrag der Parteien geistig verarbeiten und sich eine umfängliche Aktenkenntnis aneignen.[7] Die Verpflichtung geht aber nicht so weit, dass jedes Argument gewürdigt werden muss. Ausreichend ist es, wenn auf die wichtigsten Punkte des Parteivorbringens eingegangen wird. Ob das Parteivorbringen auch in der **Entscheidungsbegründung** berücksichtigt werden muss und ob ein Schiedsspruch überhaupt eine Entscheidungsbegründung enthalten muss, um anerkannt zu werden, wird in den Rechtsordnungen der verschiedenen Staaten unterschiedlich geregelt. Es empfiehlt sich daher eine genaue vorherige Prüfung der Anforderungen, die im Vollstreckungsstaat an die Begründungspflicht und den Umfang der Begründung ausländischer Schiedssprüche gestellt werden. Die meisten Schiedsverfahrensordnungen geben den Parteien die Möglichkeit, auf eine Entscheidungsbegründung zu verzichten. Hiervon wird in der Praxis aber selten Gebrauch gemacht, da die Parteien anderenfalls nicht die tatsächliche und rechtliche Auffassung des Schiedsgerichts mit ihrer vorher erarbeiteten Position vergleichen können. Außerdem droht bei Bestehen einer Haftpflichtversicherung der Verlust von Ansprüchen, wenn das Schiedsurteil keine Entscheidungsbegründung enthält. Zudem kann die Verletzung von Verfahrensgrundsätzen besser belegt werden, wenn der Schiedsspruch eine Entscheidungsbegründung enthält.[8] Aus diesen Gründen sollte in der Schiedsvereinbarung dem Schiedsgericht auferlegt werden, dass der Schiedsspruch auch eine Entscheidungsbegründung enthalten muss. Auch hinsichtlich des Umfangs der Begründungspflicht sollten dem Schiedsgericht Vorgaben gemacht werden.

IV. Weitere Konkretisierungen des Anspruchs auf rechtliches Gehör

Der Anspruch auf rechtliches Gehör konkretisiert sich außerdem in den Anforderungen, die an die **Beweisaufnahme** im Schiedsverfahren gestellt werden, sowie in dem **Gleichbehandlungsgebot** und dem **Grundsatz der Unmittelbarkeit**.

Hinsichtlich der **Beweisaufnahme** wirkt sich der Anspruch auf rechtliches Gehör so aus, dass den Parteien die Gelegenheit gegeben werden muss, an einer Beweisaufnahme mitzuwirken und zu deren Ergebnis Stellung zu nehmen. Hinsichtlich der Ausgestaltung des Beweisverfahrens sind die Parteien relativ frei. So kann der Vortrag der Parteien, zum Beispiel auf bestimmte Beweismittel, beschränkt werden.[9] Fehlt eine Parteivereinbarung, so entscheidet das Schiedsgericht über das Beweisverfahren. Aufgrund der Möglichkeit der Ausgestaltung des Beweisverfahrens durch die Parteien oder durch das Schiedsgericht selbst, ist das Schiedsgericht wesentlich freier bei der Beweiserhebung als staatliche Zivilgerichte.

---

[6] AA *Lachmann*, Handbuch für die Schiedsgerichtsbarkeit, 3. Aufl. 2008, Rn. 2669 ff.
[7] *Lachmann*, Handbuch für die Schiedsgerichtsbarkeit, 3. Aufl. 2008, Rn. 1337 f.
[8] *Lionnet/Lionnet*, Handbuch der internationalen und nationalen Schiedsgerichtsbarkeit, 3. Aufl. 2008, S. 387.
[9] *Aden*, Internationale Handelsschiedsgerichtsbarkeit, 2. Aufl. 2003, S. 250.

Deshalb ist es im Schiedsverfahren auch möglich, das im Common-Law-Verfahrensrecht übliche **Pre-Trial-Discovery-Verfahren** auszuschließen. Unter „Pre-Trial Discovery" versteht man das Recht, umfassenden Zugang zu allen relevanten Akten der gegnerischen Partei zu erhalten.[10] Dieses Verfahren ist nicht nur regelmäßig sehr kostspielig, sondern kann sich auch sonst als außerordentlich nachteilig erweisen. Deshalb sollte bereits in der Schiedsvereinbarung die Möglichkeit eines solchen Pre-Trial-Discovery-Verfahrens ausgeschlossen werden. In der Regel werden sich die Parteien im Übrigen auf eine Tatsachenermittlung nach den Regeln der IBA einigen. Diese Regeln stellen einen Kompromiss zwischen dem restriktiven, kontinentaleuropäischen System und den weitgehenden Auskunftsansprüchen des US-amerikanischen Rechts dar.[11]

12 Das **Gleichbehandlungsgebot** stellt insofern eine Konkretisierung des Anspruchs auf rechtliches Gehör dar, als dass jede Partei ausreichend Gelegenheit zur Stellungnahme erhalten muss. Darüber hinaus ist es aufgrund des Art. 18 UNCITRAL-Modellgesetz Bestandteil der Schiedsverfahrensordnungen zahlreicher Staaten (vgl. nur § 1042 Abs. 1 Satz 1 ZPO). Das Gleichbehandlungsgebot bedeutet, dass eine Partei nicht schlechter behandelt werden darf als die andere. Das gilt sowohl in formeller als auch in materieller Hinsicht.[12] In formeller Hinsicht wirkt sich das Gleichbehandlungsgebot etwa so aus, dass beiden Parteien grundsätzlich die gleichen Fristen zu gewähren sind oder auch dass ein Gutachten der einen Partei ausführlich vom Schiedsgericht zur Kenntnis genommen werden muss, wenn es dies bereits mit dem Gutachten der anderen Partei getan hat. Dieses formale Gleichbehandlungsgebot wird um materielle Gerechtigkeitserwägungen ergänzt. So können die Ausgangsbedingungen für beide Parteien unterschiedlich sein. Identische Fristen werden zB in einem Entwicklungs- oder Schwellenland oftmals schwerer einzuhalten sein, als in Deutschland. Eine formale Gleichbehandlung kann sich also materiell ungerecht auswirken. Dies wird das Schiedsgericht bei seinen Beschlüssen bedenken müssen.[13]

13 Der Anspruch auf rechtliches Gehör konkretisiert sich auch im **Grundsatz der Unmittelbarkeit**. Mit der Ausnahme der Beweisaufnahme vor dem ersuchten oder beauftragten Richter muss sich bei einem mehrköpfigen Schiedsgericht daher das gesamte Schiedsgericht einen persönlichen Eindruck bei der Beweisaufnahme und den Stellungnahmen der Parteien verschaffen.

V. Möglichkeiten des Verzichts und der Einschränkung des Anspruchs auf rechtliches Gehör

14 Aufgrund der fundamentalen Bedeutung dieses Verfahrensgrundsatzes ist ein vorheriger Verzicht der Parteien auf rechtliches Gehör unwirksam. Für die Parteien besteht aber keine Pflicht zur Wahrnehmung des Anspruchs auf rechtliches Gehör. Der Anspruch auf rechtliches Gehör kann auch eingeschränkt werden, entweder durch eine vertragliche Vereinbarung der Parteien oder durch das Schiedsgericht aufgrund der ihm eingeräumten Gestaltungsfreiheit. Von allen Verfahrensgrundsätzen ist er jedoch derjenige, der im geringsten Maße abbedungen werden kann.[14]

C. Anwaltliche Vertretung

15 Der Verfahrensgrundsatz, dass die Parteien grundsätzlich einen Anspruch auf **anwaltliche Vertretung** haben, stellt eine weitere Konkretisierung des Anspruchs auf rechtliches

---

[10] *Wirth*, Ihr Zeuge, Herr Rechtsanwalt!, SchiedsVZ 2003, S. 9, 11.
[11] IBA Rules on the Taking of Evidence in International Commercial Arbitration, Neufassung vom 29.5.2010.
[12] MüKoZPO/*Münch*, 3. Aufl. 2008, § 1042 Rn. 19 f.
[13] *Böckstiegel/Kröll/Nacimiento*, Arbitration in Germany, 2007, S. 280.
[14] *Schlosser*, Das Recht der internationalen privaten Schiedsgerichtsbarkeit, 2. Aufl. 1989, Rn. 836.

Gehör dar. So gewährleisten auch viele staatliche Verfahrensordnungen[15] und Schiedsgerichtsordnungen das Recht der Parteien auf anwaltliche Vertretung. Die Parteien können dann in ihrer Schiedsvereinbarung die Möglichkeit einer anwaltlichen Vertretung nicht ausschließen. Da häufig die Rechtswahrung der Parteien davon abhängt, dass sie durch Rechtsanwälte vertreten werden, kann es einen Verstoß gegen den Anspruch auf rechtliches Gehör darstellen, falls der Kreis der zugelassenen Rechtsanwälte nach der anwendbaren Schiedsverfahrensordnung oder durch Anordnung des Schiedsgerichts unangemessen beschränkt oder gar ausgeschlossen wird.[16] Dies gilt jedoch nicht, wenn diese Einschränkung aufgrund der mangelnden Komplexität des Schiedsverfahrens gerechtfertigt ist und beide Parteien nicht anwaltlich vertreten sind. Durch die von den meisten Schiedsordnungen gewährleistete Möglichkeit der freien Anwaltswahl können die Parteien oftmals auch ausländische Rechtsanwälte ihres Vertrauens beauftragen. Dies ist vor staatlichen Zivilgerichten im Regelfall nicht möglich. Jedoch besteht in Schiedsverfahren, die in Schwellenländern stattfinden, eine zunehmende Tendenz, dass vor Schiedsgerichten, wohl auch aus Gründen des Konkurrenzschutzes, nur einheimische Rechtsanwälte zugelassen werden. Dennoch sollte in der Schiedsvereinbarung stets die Möglichkeit festgeschrieben werden, sich von ausländischen Rechtsanwälten vertreten zu lassen.

Zudem besteht im Schiedsverfahren **kein Anwaltszwang.** Viele Schiedsverfahrensordnungen enthalten die Möglichkeit der Parteien, sich nicht nur durch Rechtsanwälte, sondern auch durch beliebige andere Personen als Verfahrensbevollmächtigte vertreten zu lassen oder sich auch selber zu vertreten. Anders ist dies in den meisten Verfahren vor den staatlichen Gerichten. Der Möglichkeit, durch den Verzicht auf einen Anwalt Kosten zu sparen, stehen aber auch erhebliche „Prozessrisiken" entgegen. So ist es nicht selbstverständlich, dass in einem Schiedsgericht die gleiche professionelle Organisation und Routine herrscht, die von einem staatlichen Zivilgericht erwartet werden kann. Außerdem können im regelmäßig nur einstufigen Schiedsverfahren etwaige gemachte Fehler nicht mehr im Instanzenzug „ausgebügelt" werden. Auch aus diesen Gründen verzichten die Parteien in der Praxis üblicherweise auf eine solche „Kostenersparnis" und lassen sich im Schiedsverfahren anwaltlich vertreten. Den Parteien steht es auch frei, sich von beliebig vielen Rechtsanwälten vertreten zu lassen. Die Anzahl der Rechtsanwälte, von denen sie sich in einer mündlichen Verhandlung vertreten lassen können, kann vom Schiedsgericht aber beschränkt werden, wenn hierdurch ersichtlich das Verfahren verschleppt oder anderer Missbrauch betrieben werden soll.[17] 16

D. Der Dispositionsgrundsatz

Der Dispositionsgrundsatz ist im Schiedsverfahren wesentlich stärker ausgeprägt als im staatlichen Zivilverfahren. Aus dem Dispositionsgrundsatz folgt, dass das Schiedsgericht im Schiedsverfahren nur dann die Kompetenz hat, über eine Sache zu entscheiden, wenn ihm diese durch Vereinbarung zwischen den Parteien zugewiesen wurde. Das Schiedsverfahren kann einer Partei, anders als im staatlichen Zivilverfahren, nicht einseitig aufgezwungen werden. Durch die Schiedsvereinbarung entscheiden die Parteien darüber, ob eine Verfahrenseinleitung überhaupt möglich ist. In dieser wird auch der Streitgegenstand festgelegt, über den verhandelt und entschieden wird. Über den festgelegten Streitgegenstand muss das Schiedsgericht vollständig entscheiden und darf grundsätzlich nur das Beantragte zusprechen und keine darüber hinausgehenden Entscheidungen treffen. 17

Der **Beibringungsgrundsatz** ist ein Ausfluss des Dispositionsgrundsatzes. Er besagt, dass die Parteien alle relevanten Tatsachen vorbringen müssen, auf deren Grundlage das Gericht dann seine Entscheidung fällt. Der Beibringungsgrundsatz gilt sowohl im deutschen 18

---

[15] Vgl. nur § 1042 Abs. 2 ZPO.
[16] *Schlosser*, Das Recht der internationalen privaten Schiedsgerichtsbarkeit, 2. Aufl. 1989, Rn. 664.
[17] *Lachmann*, Handbuch für die Schiedsgerichtsbarkeit, 3. Aufl. 2008, Rn. 1613.

Zivilverfahren als auch im besonders starken Maße in den vom common law geprägten Rechtsordnungen. In vielen Schiedsverfahrensordnungen gilt der Beibringungsgrundsatz jedoch nicht. Diese Schiedsverfahrensordnungen sehen stattdessen einen **„beschränkten Untersuchungsgrundsatz"** vor.[18] Das Schiedsgericht darf dann auch eigene Ermittlungen anstellen und ist in seiner Beweisaufnahme nicht an die Anträge der Parteien gebunden. In Schiedsverfahrensordnungen aus dem common law-Raum ist das Schiedsgericht in der Beweisaufnahme hingegen wesentlich stärker von den Beweisanträgen der Parteien abhängig.

E. Objektivität der Schiedsrichter

19   Inwieweit die Schiedsrichter zur Objektivität verpflichtet sind, richtet sich nach der Schiedsverfahrensordnung, die dem Schiedsverfahren zugrunde liegt. Generell muss jedoch davon ausgegangen werden, dass an die Unparteilichkeit und Unabhängigkeit der Schiedsrichter nicht immer die gleichen Anforderungen gestellt werden können, die in vielen Staaten von einem staatlichen Richter erwartet werden. Im deutschen Recht gilt der Grundsatz der **Unparteilichkeit der Schiedsrichter.** Auch zahlreiche institutionelle Schiedsordnungen wie die ICC Rules of Arbitration enthalten diesen Verfahrensgrundsatz und sehen einen Ablehnungsgrund für einen Schiedsrichter vor, falls dessen Unparteilichkeit nicht gegeben ist.[19] Eine gewisse Parteiorientiertheit wird der von einer Partei benannte Richter, der sich als Dienstleister auf dem Markt anbietet, nie ganz abstreifen können. Dies wird jedoch dadurch kompensiert, dass im Fall der Parteibenennung der Schiedsrichter beide Parteien dieses Recht ausnutzen können und zudem oft eine dritte Person von einer neutralen Stelle benannt wird. In der Realität erweist ein parteiischer Schiedsrichter „seiner" Partei auch keinen wahren Dienst, da er sich bei den beiden übrigen Schiedsrichtern, insbesondere dem Vorsitzenden, disqualifiziert und überstimmt wird. Wann eine Unparteilichkeit der Schiedsrichter nicht mehr als gewährleistet angesehen werden kann, entscheidet im Einzelfall die dem Schiedsverfahren zugrundeliegende Rechtsordnung. Grundsätzlich wird die Unparteilichkeit eines Schiedsrichters aber nicht gegeben sein, wenn zwischen diesem und einer Partei in jüngerer Zeit eine enge und erhebliche geschäftliche Beziehung bestand.[20]

20   Anders kann dies jedoch sein, wenn Grundlage des Schiedsverfahrens eine Schiedsverfahrensordnung aus dem common law Rechtsraum, insbesondere aus den USA, ist. Viele dieser Schiedsverfahrensordnungen unterscheiden zwischen „neutralen" und „parteibenannten" Schiedsrichtern und stören sich nicht an einem offensichtlich parteiischen Schiedsrichter bzw. stellen an dessen Unparteilichkeit geringere Anforderungen.[21] Auf diese Eigenart gilt es sich also einzustellen.

21   Ein besonders hoher Anspruch an die schiedsrichterliche Objektivität gilt für einen Einzelschiedsrichter oder für den Vorsitzenden eines mehrköpfigen Schiedsgerichts, meist eines Dreier-Schiedsgerichts. Kommen die Parteien aus unterschiedlichen Staaten, empfiehlt es sich, solche Schiedsrichter aus Drittstaaten zu benennen.[22] Zur weiteren Sicherstellung ihrer Objektivität sollte in der Schiedsvereinbarung festgelegt werden, dass Einzelschiedsrichter oder vorsitzende Schiedsrichter von einer neutralen Stelle, etwa einer Industrie- und Handelskammer, einer Außenhandelskammer, einem Gerichtspräsidenten, einer institutionellen Schiedsorganisation oder im Fall des vorsitzenden Schiedsrichters einvernehmlich von den beiden parteibenannten Schiedsrichtern benannt werden. Die beiden letzten Fälle sind in den institutionellen Schiedsverfahrensordnungen teilweise geregelt.[23]

---

[18] Vgl. nur Art. 20 Abs. 1 ICC Rules of Arbitration, § 1042 Abs. 4 ZPO.
[19] Vgl. Art. 11 Abs. 1 ICC Rules of Arbitration.
[20] *Derains/Schwartz,* A Guide to the ICC Rules of Arbitration, 2. Aufl. 2005, S. 120.
[21] *Schlosser,* Das Recht der internationalen privaten Schiedsgerichtsbarkeit, 2. Aufl. 1989, Rn. 519 ff.; *Schütze,* Institutionelle Schiedsgerichtsbarkeit, 2. Aufl. 2011, S. 654 ff.
[22] *Kreindler/Schäfer/Wolf,* Schiedsgerichtsbarkeit – Kompendium für die Praxis, 2006, Rn. 510.
[23] Vgl. § 12.2 DIS Schiedsgerichtsordnung.

F. Anspruch auf mündliche Verhandlung

Anders als in der deutschen staatlichen Gerichtsbarkeit und den Zivilprozessordnungen der meisten Staaten muss den Parteien im Schiedsverfahren grundsätzlich keine Gelegenheit zur Stellungnahme in einer mündlichen Verhandlung gegeben werden. Der **Mündlichkeitsgrundsatz** gilt im Schiedsverfahren nämlich nur eingeschränkt. Mündlich verhandeln muss das Schiedsgericht daher nur, wenn dies das anwendbare staatliche oder institutionelle Verfahrensrecht vorschreibt oder die Parteien dies vereinbaren.[24] Die meisten Schiedsverfahrensordnungen sehen eine mündliche Verhandlung zumindest auf Antrag der Parteien vor. Stellt eine Partei einen entsprechenden Antrag, muss das Schiedsgericht diesem grundsätzlich entsprechen. Bei der Entscheidung über eine mündliche Verhandlung lässt sich das Schiedsgericht davon leiten, ob es in Bezug auf den Sachverhalt noch Aufklärungsbedarf sieht, ob es sich um ein komplexes Verfahren handelt und auch davon, ob es noch eine gütliche Einigung zwischen den Parteien für möglich hält.

22

Das dem Schiedsgericht zustehende Ermessen, das ihm ggf. in Bezug auf das Ansetzen einer mündlichen Verhandlung eingeräumt ist, wird aber regelmäßig vom Anspruch auf rechtliches Gehör beschränkt, da der Mündlichkeitsgrundsatz eine Konkretisierung des Anspruchs auf rechtliches Gehör darstellt. In der Praxis findet in den meisten Schiedsverfahren eine mündliche Verhandlung statt. Das Schiedsgericht wird nur dann von einer mündlichen Verhandlung absehen, wenn klar ist, dass diese lediglich zu einem überflüssigen Kosten- und Zeitaufwand führen wird.[25] Obwohl das Schiedsgericht, auch ohne eine entsprechende Regelung, nur ein sehr eingeschränktes Ermessen in Bezug auf das Nichtansetzen einer mündlichen Verhandlung hat, sollte die Möglichkeit einer mündlichen Verhandlung bereits in der Schiedsvereinbarung festgehalten werden.

23

Falls eine mündliche Verhandlung durchgeführt wird, ist diese grundsätzlich nur **parteiöffentlich.** Parteiöffentlich bedeutet, dass nur die Personen, die für beide Seiten erschienen sind, an der mündlichen Verhandlung teilnehmen dürfen. Falls eine Partei sich gegen die Anwesenheit bestimmter Personen ausspricht, muss das Schiedsgericht, ggf. unter Beachtung des Anspruches der Parteien auf anwaltliche Vertretung, hierüber nach pflichtgemäßem Ermessen entscheiden. Das Schiedsgericht wird aber auf Antrag einer Partei dritte Personen, etwa Vertreter unbeteiligter Unternehmen, ausschließen. Anders als im Verfahren vor dem staatlichen Zivilgericht gilt der Öffentlichkeitsgrundsatz im Schiedsverfahren also nicht.[26] Auch wenn der Ausschluss der Öffentlichkeit in der Schiedsverfahrensordnung nicht ausdrücklich vorgesehen ist oder dieser von den Parteien nicht ausdrücklich vereinbart wurde, so gilt die Nichtöffentlichkeit des Schiedsverfahrens als ein Grundprinzip, es sei denn, die Parteien hätten etwas anders vereinbart.

24

Die **Vertraulichkeit** ist daher in einem Schiedsverfahren in einem weit größeren Maße gewährleistet, als dies vor einem staatlichen Zivilgericht der Fall ist. Die Vertraulichkeit des Schiedsverfahrens geht aber nicht so weit, dass die Parteien eine Geheimhaltungspflicht über Informationen aus dem Schiedsverfahren und dessen Ergebnis treffen würde. Verschiedene Schiedsverfahrensordnungen sehen aber eine solche Verschwiegenheitsverpflichtung der Parteien vor. Sie kann auch individuell vereinbart werden. In beiden Fällen empfiehlt es sich, die Verschwiegenheitsverpflichtung mit einer Vertragsstrafe zu versehen. Eine andere Möglichkeit zu ihrer Durchsetzung besteht nämlich nicht. Eine Geheimhaltungspflicht trifft aber das Schiedsgericht. Dies gilt auch ohne entsprechende schiedsverfahrensrechtliche oder vertragliche Regelung. Die Geheimhaltungspflicht des Schiedsgerichts umfasst die Einleitung, den Ablauf und das Ergebnis des Schiedsverfahrens sowie die Beratung des Schiedsgerichts.[27] Es ist den Parteien jedoch möglich, das Schiedsgericht ganz oder teilweise von seiner Geheimhaltungspflicht zu entbinden.

25

---

[24] *Schwab/Walter*, Schiedsgerichtsbarkeit – Kommentar, 7. Aufl. 2005, S. 145f.
[25] *Lachmann*, Handbuch für die Schiedsgerichtsbarkeit, 3. Aufl. 2008, Rn. 4544.
[26] *Bösch*, Einstweiliger Rechtsschutz in der internationalen Handelsschiedsgerichtsbarkeit, 1989, S. 3.
[27] *Schwab/Walter*, Schiedsgerichtsbarkeit – Kommentar, 7. Aufl. 2005, S. 179.

G. Wahrheitspflicht der Parteien

26 Die in der deutschen Rechtsordnung in § 138 ZPO niedergelegte Wahrheitspflicht der Parteien ist nur in den wenigsten Schiedsordnungen verankert. Im Kern stellt die Wahrheitspflicht aber einen „Weltrechtssatz" dar.[28] Die **Wahrheitspflicht** bedeutet, dass die Parteien nicht bewusst unwahre Tatsachen behaupten dürfen. Inwieweit Tatsachen aber verschwiegen werden dürfen, hängt von der jeweils anwendbaren Schiedsverfahrensordnung ab. In den einzelnen Rechtsordnungen ist dies oft sehr unterschiedlich geregelt. Der Verstoß einer Partei gegen ihre Wahrheitspflicht berechtigt die andere Partei jedoch nicht zur Kündigung der Schiedsvereinbarung. Auch sonst ist die Wahrheitspflicht im Schiedsverfahren nicht mittels Sanktionen durchsetzbar. Falls die gegnerische Partei daher gegen ihre Wahrheitspflicht verstößt, bleibt nur die Möglichkeit, darauf zu drängen, dass das Schiedsgericht das unwahre Vorbringen nicht berücksichtigt, bzw. das unwahre Vorbringen der gegnerischen Partei im Vollstreckungsstaat als Vollstreckungshindernis geltend zu machen.

H. Anspruch auf eine Entscheidung nach rechtlichen Regeln

27 Die Entscheidung des Schiedsgerichts darf nicht „aus der Luft gegriffen sein". Das heißt, dass das Schiedsgericht in seinem Schiedsspruch rechtliche Regeln auf einen für wahr erkannten Sachverhalt anzuwenden hat. Welches **materielle Recht** hierbei zur Anwendung kommt, richtet sich nach der Vereinbarung der Parteien.[29] Die Parteien können sowohl die Gesamtrechtsordnung eines Staates als auch nur bestimmte Rechtsvorschriften wählen. Es steht ihnen auch frei, sich für das UN-Kaufrecht zu entscheiden. Haben die Parteien eines internationalen Schiedsverfahrens kein materielles Recht vereinbart, so wird das anwendbare Recht vom Schiedsgericht ermittelt und bestimmt. Ein deutsches Schiedsgericht entscheidet sich dabei für das Recht, mit dem die Streitsache am engsten zusammenhängt.[30] In den meisten ausländischen Schiedsverfahrensordnungen wird das Schiedsgericht das anwendbare materielle Recht anhand der Kollisionsnormen des Internationalen Privatrechts (IPR) bestimmen, die es für einschlägig hält.[31] Hinsichtlich der Wahl des materiellen Rechts sind die Parteien im Schiedsverfahren freier als vor staatlichen Zivilgerichten. Zwar können die Parteien auch in einem Verfahren vor einem staatlichen Gericht die Anwendung eines bestimmten materiellen Rechts vereinbaren. Hierbei sind sie aber von dem diesbezüglichen Gestaltungsspielraum abhängig, den ihnen die jeweilige Rechtsordnung gewährt. Außerdem können sie im Ergebnis doch nicht ausschließen, dass das staatliche Gericht das ihm vertraute nationale Recht anwendet. Die Möglichkeit der Parteien, sich von der Anwendung nationalen Rechts zu befreien, ist im Schiedsverfahren also größer.

28 Die Parteien können auch vereinbaren, dass das Schiedsgericht nicht nach materiellem Recht, sondern nach **Billigkeitserwägungen** entscheidet. Eine solche Vereinbarung kann vorteilhaft sein, da Billigkeitsentscheidungen flexibler auf den Einzelfall angepasst werden können.[32] Von einer solchen Vereinbarung ist jedoch abzuraten, da eine Entscheidung nach Billigkeitserwägungen eine Erfolgsprognose des Schiedsverfahrens schwierig macht und falls eine entsprechende Haftpflichtversicherung besteht, diese die Freistellung verweigern könnte.

29 Letztendlich empfiehlt es sich für den deutschen Exporteur – vorbehaltlich dem Ergebnis einer proaktiven rechtsvergleichenden Betrachtung in wichtigen Fällen – möglichst die **Anwendung materiellen deutschen Rechts** zu vereinbaren. Soweit das nicht durch-

---

[28] *Aden*, Internationale Handelsschiedsgerichtsbarkeit, 2. Aufl. 2003, S. 129.
[29] *Bösch*, Provisional Remedies in International Commercial Arbitration, 1994, S. 6 f.
[30] Vgl. 1051 Abs. 2 ZPO.
[31] *Schwab/Walter*, Schiedsgerichtsbarkeit – Kommentar, 7. Aufl. 2005, S. 452 ff.
[32] *Berger*, Internationale Wirtschaftsschiedsgerichtsbarkeit, 1992, S. 393.

setzbar ist, sollte auf das Recht eines neutralen Drittstaates, insbesondere auf das der Schweiz, zurückgegriffen werden. Eindeutig abzuraten ist davon, sich auf das Recht des ausländischen Handelspartners als anwendbares materielles Recht einzulassen. Zu häufig wirkt sich dieser „Heimvorteil" des Vertragspartners nachteilig auf die eigenen Interessen aus.

I. Kostenregelung

Über die Kosten des Schiedsverfahrens hat das Schiedsgericht im Schiedsspruch zu entscheiden, falls die Parteien nichts anderes vereinbart haben. Denn die Vermutung spricht dafür, dass die Parteien sich über die Kosten nicht noch gesondert vor den staatlichen Gerichten auseinandersetzen wollen.[33] Nach den Kostenregelungsgrundsätzen der ZPO hat der Verlierer eines Rechtsstreites nicht nur die Verfahrenskosten, sondern auch die Kosten der Parteien zu tragen. Bei einem „gemischt ausfallenden" Urteil sind die Kosten anteilig zu tragen. Eine solche generelle Kostentragungspflicht besteht im Schiedsverfahren nicht. Gerade in Schiedsverfahrensordnungen aus dem common law Rechtsraum steht es sehr stark im Ermessen des Schiedsgerichts, ob der unterlegenen Partei die Kosten auferlegt werden. Vielfach muss auch die obsiegende Partei ihre eigenen Kosten tragen.[34] Möglich ist es aber, in der Schiedsvereinbarung eine genaue Regelung über die Kostentragungspflicht der unterlegenen Partei vorzunehmen. Dies ist auch empfehlenswert, wenn davon auszugehen ist, dass die eigene Seite sich vertragstreu verhalten wird. 30

In den einzelnen Schiedsverfahrensordnungen unterscheiden sich zudem die Regelungen über die Berechnungen der Verfahrenskosten (Schiedsrichterhonorare und Verwaltungskosten). Einige Schiedsverfahrensordnungen bemessen diese anhand des Streitwertes nach festen Tabellen. Dies hat den Vorteil, dass das Prozesskostenrisiko vor Einleiten des Schiedsverfahrens relativ genau eingeschätzt werden kann. In anderen Schiedsverfahrensordnungen wird anhand des Stundenaufwandes abgerechnet. Dies macht eine Einschätzung des Prozesskostenrisikos zwar nicht möglich, dafür ergeben sich deutliche Kostenersparnisse falls das Schiedsverfahren zügig beendet werden kann. Wieder andere Schiedsverfahrensordnungen stellen die Höhe der Verfahrenskosten in das Ermessen des Schiedsgerichts, das sich hierbei allerdings vom Streitwert leiten lassen soll. 31

Die Kostenregelungsgrundsätze im Schiedsverfahren unterscheiden sich auch noch in einem weiteren Punkt von denen, die vor staatlichen Zivilgerichten gelten. So muss vor staatlichen Gerichten jene Partei die Kosten der Instanz auslegen, die sie anruft, und kann sie dann von der unterlegenen Partei erstattet bekommen. Im Schiedsverfahren ist es hingegen üblich, dass beide Parteien das Schiedsgericht vorfinanzieren. Die alleinige Vorfinanzierung durch eine Partei würde auch Zweifel an der Unabhängigkeit des Schiedsgerichts wecken.[35] 32

J. Rechtsfolge bei Verstößen gegen die Verfahrensgrundsätze

Die Anerkennung und Vollstreckung von Schiedssprüchen ist in den folgenden Abschnitten ausführlich geregelt. An dieser Stelle soll aber bereits dargelegt werden, welche **Anerkennungshindernisse** geltend gemacht werden können, falls im vorangegangenen Schiedsverfahren einer der oben erläuterten Verfahrensgrundsätze verletzt wurde. Die Anerkennungshindernisse sind in den internationalen Übereinkommen über die Anerkennung 33

---

[33] *Lionnet/Lionnet,* Handbuch der internationalen und nationalen Schiedsgerichtsbarkeit, 3. Aufl. 2005, S. 538.
[34] *Lionnet/Lionnet,* Handbuch der internationalen und nationalen Schiedsgerichtsbarkeit, 3. Aufl. 2005, S. 551.
[35] *Torggler,* Praxishandbuch Schiedsgerichtsbarkeit, 2007, S. 129.

und Vollstreckung ausländischer Schiedssprüche niedergelegt. Falls die unterliegende Partei das Vorliegen eines solchen Anerkennungshindernisses beweisen kann, wird das zuständige Gericht im Vollstreckungsstaat die Anerkennung und Vollstreckungsausfertigung des ausländischen Schiedsspruches verweigern. Die oft erheblichen Kosten und Mühen, die in das Schiedsverfahren eingeflossen sind, haben sich dann als keine sinnvolle Investition erwiesen. Diese Gefahr besteht umso mehr, als gegen die beklagte Partei regelmäßig in ihrem Heimatstaat vollstreckt werden wird und es nicht ganz ausgeschlossen werden kann, dass sie vor dem zuständigen Gericht einen gewissen „Heimvorteil" genießt. Gleichzeitig kann die Verletzung einer dieser Verfahrensgrundsätze einen Aufhebungsgrund für deutsche Schiedssprüche nach § 1059 ZPO bedeuten. Die Aufhebungsgründe für Schiedssprüche des § 1059 ZPO entsprechen weitgehend den Anerkennungshindernissen des Art. V NYÜ 1958. Zu beachten ist immer, dass Anerkennungshindernisse und Aufhebungsgründe im Vollstreckungsverfahren nur geltend gemacht werden können, wenn diese nicht schon **präkludiert** sind. Das ist regelmäßig der Fall, wenn diese im vorausgegangenen Schiedsverfahren hätten geltend gemacht werden können.

34 Im NYÜ 1958 sind die Anerkennungshindernisse in Art. V NYÜ 1958 geregelt. Nach Art. V Abs. 1 lit. b NYÜ 1958 ist die Anerkennung und Vollstreckung ausländischer Schiedssprüche zu verweigern, wenn der Anspruch auf **rechtliches Gehör** verletzt wurde. Auch Art. IX Abs. 1 lit. b EU-Übereinkommen und Art. 2 Abs. 1 des Genfer Abkommens enthalten ein solches Anerkennungshindernis. Zudem besteht nach § 1059 Abs. 2 Nr. 2 lit. b ZPO ein Aufhebungsgrund für einen Schiedsspruch für den Fall, dass im Schiedsverfahren der Anspruch auf rechtliches Gehör verletzt wurde.[36] Unter die Verletzung des Anspruchs auf rechtliches Gehör fällt es jeweils auch, wenn der Anspruch der Parteien auf **anwaltliche Vertretung** oder der **Mündlichkeitsgrundsatz** verletzt wurde, da beide Verfahrensgrundsätze Konkretisierungen des Anspruchs auf rechtliches Gehör darstellen.

35 Falls der **Dispositionsgrundsatz** im vorausgegangenen Schiedsverfahren nicht beachtet wurde, stellt dies ein Anerkennungshindernis nach Art. V Abs. 1 lit. c NYÜ 1958 dar, da nach dieser Vorschrift das Schiedsgericht innerhalb seiner Zuständigkeitsgrenzen entschieden haben muss. Seine Zuständigkeitsgrenze überschreitet das Schiedsgericht aber, wenn es über etwas entschieden hat, dass die Parteien ihm nicht zugewiesen haben. Die Parteien haben dann nämlich ein Rechtsverhältnis, über das das Schiedsgericht entschieden hat, außerhalb von dessen „Disposition" gestellt.

36 Auch bei der **Verletzung der übrigen Verfahrensgrundsätze** besteht durch Art. V Abs. 1 lit. d NYÜ 1958 die Möglichkeit, ein Anerkennungshindernis gegen einen ausländischen Schiedsspruch geltend zu machen. Diese Vorschrift sieht ein Anerkennungshindernis für den Fall vor, dass gegen die Verfahrensregeln aus der Schiedsverfahrensordnung verstoßen wurde. Die Verfahrensregeln der Schiedsverfahrensordnung bestimmen sich aus der Parteivereinbarung oder, falls eine solche nicht geschlossen wurde, aus dem Schiedsverfahrensrecht des Landes, in dem das Schiedsverfahren stattgefunden hat. Nicht hierunter fällt aber ein Verstoß gegen Verfahrensregeln, die sich das Schiedsgericht selber gegeben hat. Durch dieses Anerkennungshindernis wird die Korrektheit des Schiedsspruches in einer sehr weitreichenden Form kontrolliert. Jeder Verfahrensverstoß, dessen Rüge nicht präkludiert ist, stellt ein Anerkennungshindernis dar. § 1059 Abs. 2 Nr. 1 lit. d ZPO enthält einen ähnlichen Aufhebungsgrund für in Deutschland ergangene Schiedssprüche, der aber eine Kausalität zwischen Verfahrensverstoß und dem Ausgang des Schiedsspruches voraussetzt.

37 Zur Bestimmung der Verfahrensgrundsätze, deren Verletzung ein Verstoß gegen Verfahrensregeln darstellt, ist auf die dem Schiedsverfahren zugrunde liegende Schiedsverfahrensordnung zurückzugreifen. Es kann aber davon ausgegangen werden, dass bestimmte Verfahrensgrundsätze – auch wenn diese nicht vereinbart oder explizit in der Schiedsverfahrensordnung vorgeschrieben wurden – in jedem Schiedsverfahren gelten. Dazu gehören

---

[36] *Zöller*, Kommentar zur Zivilprozessordnung, 29. Aufl. 2012, § 1059 Rn. 40.

die **Objektivität der Schiedsrichter,** jedenfalls der nicht parteibenannten, die **Parteiöffentlichkeit** und **Vertraulichkeit** des Schiedsverfahrens sowie die **Wahrheitspflicht** der Parteien. Diese Verfahrensgrundsätze werden in den jeweiligen Schiedsverfahrensordnungen in einem unterschiedlichen Maße gewährleistet. Gewisse Mindeststandards gelten aber für alle Schiedsverfahrensordnungen. Falls also gegen die Mindeststandards der betreffenden Schiedsverfahrensordnung im vorangegangenen Schiedsverfahren verstoßen wurde und dieser Verstoß nicht präkludiert ist, liegt ein Anerkennungshindernis nach Art. V Abs. 1 lit. d NYÜ 1958 vor.

Auch bei einer Verletzung des Anspruchs auf **rechtliches Gehör** kann das Anerkennungshindernis des Art. V Abs. 1 lit. d NYÜ 1958 geltend gemacht werden. Dies gilt auch für die Konkretisierungen dieses Verfahrensgrundsatzes, zB in der Form des Anspruchs auf **anwaltliche Vertretung** oder des **Mündlichkeitsgrundsatzes.** Der lit. b schützt den Anspruch auf rechtliches Gehör regelmäßig nur in einem Mindeststandard, der im Vollstreckungsstaat für unabdingbar gehalten wird. Durch den lit. d wird hingegen die Ausprägung des Anspruchs auf rechtliches Gehör geschützt, die die einschlägige Schiedsverfahrensordnung gewährleistet. Falls daher diese Schiedsverfahrensordnung höhere Anforderungen an die Einhaltung des Anspruchs auf rechtliches Gehör stellt, als die Mindeststandards, die im Vollstreckungsstaat gelten, greift zwar nicht das Anerkennungshindernis des lit. b ein, es kann aber immer noch das Anerkennungshindernis des lit. d geltend gemacht werden. 38

Außerdem sieht der Art. V Abs. 2 lit. b NYÜ 1958 die Möglichkeit vor, ein Anerkennungshindernis geltend zu machen, falls ein Verstoß gegen den **„ordre public"** vorliegt. Unter „ordre public" ist das Grundlegende der inländischen Wertvorstellungen zu verstehen. Insbesondere Verstöße gegen die Verfahrensgrundsätze des Anspruches auf **rechtliches Gehör** und der **Objektivität der Schiedsrichter** können aufgrund des „ordre public"-Vorbehaltes geltend gemacht werden, allerdings nur im Falle besonders schwerer Verletzungen mit Aussicht auf Erfolg. Einen entsprechenden Aufhebungsgrund für in Deutschland ergangene Schiedssprüche, die den „ordre public"-Vorbehalt verletzen, enthält § 1059 Abs. 2 Nr. 2 lit. b ZPO. 39

Fazit: Als Fazit kann daher festgehalten werden, dass Schiedsverfahren rechtsstaatliche Verfahren sind, bei denen die Möglichkeit der Verweigerung der Vollstreckung besteht, wenn gegen die aufgezeigten Prinzipien verstoßen worden ist. 40

Abschnitt 44. Verfahrensablauf

Übersicht

	Rn.
A. Einleitung	1
B. Beginn des Verfahrens und Bildung des Schiedsgerichts	3
I. Beginn des Verfahrens	5
II. Bildung eines Dreier-Schiedsgerichts	6
III. Berufung eines Einzelschiedsrichters	8
IV. Parteienmehrheiten	9
V. Auswahl der Schiedsrichter	10
VI. Ablehnung von Schiedsrichtern	13
VII. Untätigkeit oder Verhinderung eines Schiedsrichters	16
VIII. Schiedsrichtervertrag	17
IX. Rolle der Schiedsgerichtsinstitutionen	23
C. Verfahren vor dem Schiedsgericht	24
I. Allgemeines	24
II. Entscheidung über die Zuständigkeit des Schiedsgerichts	25
III. Einstweiliger Rechtsschutz	29
1. Einstweiliger Rechtsschutz auf Anordnung des Schiedsgerichts	30
2. Direkte Anrufung eines staatlichen Gerichts für den einstweilige Rechtsschutz	31
IV. Säumnisverfahren	32
D. Abschluss des Verfahrens	33
I. Schiedsspruch	33
II. Vergleich („Schiedsspruch mit vereinbartem Wortlaut")	35
III. Sonstige Verfahrensbeendigungen	37
IV. Kostenentscheidung und Abrechnung	38
E. Rechtsbehelf gegen einen Schiedsspruch („Aufhebungsantrag")	39
F. Vollstreckungsverfahren	46

A. Einleitung

1 Schiedsgerichtsverfahren sollen zu einer endgültigen und verbindlichen Streitentscheidung führen. Daher ist wie bei einem Verfahren der staatlichen Gerichte ein klar geregelter und fairer Verfahrensablauf unabdingbar. Mehrere der im Folgenden im Zusammenhang zu schildernden Punkte werden auch in den Abschnitten 45 bis 47 sowie 55 und 56 speziell angesprochen. Dieser Abschnitt soll eine zusammenfassende Darstellung des Verfahrensablaufs für die kaufmännische und anwaltliche Praxis bieten. Auf eine vertiefte Darstellung rechtswissenschaftlicher Streitigkeiten in Detailpunkten wird daher bewusst verzichtet.

2 Das Verfahren eines Schiedsgerichts unterliegt weitgehend der einvernehmlichen Gestaltung durch die Parteien. Auch die Verfahrensordnungen der verschiedenen Schiedsgerichtsinstitutionen weichen in vielen Details voneinander ab. Der Übersichtlichkeit halber orientiert sich die folgende Darstellung daher am gesetzlichen Grundmuster der deutschen Zivilprozessordnung (ZPO). Diese wiederum basiert weitgehend auf dem Modellgesetz der United Nations Commission on International Trade Law UNCITRAL vom 21. Juni 1985, das eine Empfehlung an die nationalen Gesetzgeber darstellt und von derzeit 66 Staaten übernommen wurde, zB neben Deutschland auch Russland, Japan und einige Staaten der USA[1]. Ergänzend werden die Schiedsgerichtsordnungen der Deutschen Institution für Schiedsgerichtsbarkeit (DIS)[2], der Handelskammer Hamburg (HKHH)[3] und der Interna-

---

[1] Website der UNCITRAL, www.uncitral.org/uncitral/en/uncitral_texts/arbitration/1985Model_arbitration_status.html

[2] Website der DIS, www.dis-arb.de/de/16/regeln/dis-schiedsgerichtsordnung-98-id2

[3] Website der Handelskammer Hamburg, www.hk24.de/recht_und_steuern/schiedsgerichtemediation schlichtung/Schiedsgericht/schiedsgericht_handelskammer/regulativ_handelskammer/363992/regulativ. html.

tionalen Handelskammer (ICC)[4] herangezogen. Näher zum Verhältnis der ZPO zu den Schiedsordnungen → Abschnitt 42.

B. Beginn des Verfahrens und Bildung des Schiedsgerichts

Schiedsgerichte sind keine ständigen Einrichtungen wie die staatlichen Gerichte mit beamteten Richtern. Die Schiedsrichter werden vielmehr für jeden Einzelfall von den Parteien berufen. Dies muss zu Beginn des Verfahrens geschehen. 3

Nach § 1034 ZPO und nach allen ersichtlichen internationalen gesetzlichen Verfahrensregelungen sowie Verfahrensordnungen der Schiedsgerichtsinstitutionen ist die Zusammensetzung eines Schiedsgerichts aus drei Personen der Regelfall. Abweichungen hiervon, insbesondere die Einsetzung eines Einzelschiedsrichters, müssen gesondert entweder in der Schiedsvereinbarung oder in einer von den Parteien vereinbarten Schiedsordnung geregelt sein, → Abschnitt 42. 4

I. Beginn des Verfahrens

Der formale Beginn eines Schiedsgerichtsverfahrens ist nach § 1044 ZPO der Tag, an dem der Beklagte den Antrag, die Streitigkeit einem Schiedsgericht vorzulegen, empfangen hat. Dieser Antrag muss die Bezeichnung der Parteien, die Angabe des Streitgegenstands und einen Hinweis auf die Schiedsvereinbarung enthalten. Dieser Mindestinhalt wird in der Praxis sinnvollerweise dadurch ergänzt, dass vertiefende Angaben zum Sachverhalt und zum Streitwert gemacht werden und, soweit erforderlich und bereits bekannt, Beweismittel genannt werden. Vor allem aber empfiehlt es sich, bereits in diesem ersten Schriftsatz an die Beklagtenseite die Benennung des Schiedsrichters der Klägerseite vorzunehmen. Soweit sinnvoll, können auch Angaben zur Verfahrenssprache und zum anwendbaren materiellen Recht erfolgen. Diese etwas weitere Fassung der Klageschrift findet sich auch in § 6 DIS, § 10 HKHH und Art. 4 ICC. Bei den genannten Schiedsordnungen ist auch abweichend von der ZPO nicht der Eingang beim Beklagten, sondern beim Sekretariat der Schiedsgerichtsorganisation entscheidend. Der Zeitpunkt des Verfahrensbeginns ist u.a. für die Hemmung der Verjährung ausschlaggebend. 5

II. Bildung eines Dreier-Schiedsgerichts

Bei einem Dreier-Schiedsgericht bestellt gemäß § 1035 Abs. 3 ZPO jede Partei einen Schiedsrichter. Dann bestellen diese beiden Schiedsrichter gemeinsam einen Vorsitzenden. Der vorsitzende Schiedsrichter hat regelmäßig die Aufgabe, das Verfahren zu organisieren („Administration") und die mündliche Verhandlung zu leiten. Ein besonderes Stimmrecht hat er bei der Entscheidungsfindung jedoch in der Regel nicht. Entscheidend für das Verständnis des Amts der Schiedsrichter ist, dass alle Schiedsrichter, auch die direkt durch die Parteien bestellten, dem Grundsatz der Unparteilichkeit unterliegen[5]. Kein Schiedsrichter ist „Interessenwahrer seiner Partei". Dies gilt uneingeschränkt in deutschem Rechtsraum, zu den internationalen Rahmenbedingungen → Abschnitt 43. 6

Die Parteien haben gemäß § 1035 Abs. 3 ZPO nach Erhalt einer Aufforderung der Gegenpartei einen Monat Zeit, ihre Schiedsrichter zu bestellen. Die Bestellung des Schiedsrichters der Klägerseite erfolgt in der Praxis regelmäßig in der Klageschrift. Die Benennungsfrist hat daher vor allem Bedeutung für die Schiedsrichterbenennung der beklagten Partei. Die Monatsfrist findet sich auch in den meisten Schiedsgerichtsordnungen. Verstreicht diese Frist ergebnislos, kann die Gegenseite gemäß §§ 1035 Abs. 3/1062 Abs. 1 7

---

[4] Website der ICC, http://www.iccwbo.org/products-and-services/arbitration-and-adr/arbitration/icc-rules-of-arbitration/
[5] Ausdrücklich zB Art. 11, Absatz 1 ICC.

4. Teil. Streitbeilegung

Ziffer 1 ZPO durch das örtlich zuständige Oberlandesgericht einen Schiedsrichter berufen lassen. Hierfür wird häufig der vielleicht etwas negativ klingende Begriff des „Zwangsschiedsrichters" verwendet. Nach den Verfahrensordnungen der verschiedenen Schiedsgerichtsinstitutionen wird in der Regel eine Instanz der Schiedsgerichtsinstitution tätig, bei der Handelskammer Hamburg zum Beispiel deren Präses. Sinngemäß gilt dieses Verfahren auch für den Fall, dass die von den Parteien ernannten Schiedsrichter sich nicht auf einen Vorsitzenden einigen können. Insgesamt ist also sichergestellt, dass das Schiedsgericht auch bei Passivität einer Seite zuverlässig gebildet werden kann.

III. Berufung eines Einzelschiedsrichters

8 Soweit das Schiedsgericht aufgrund einer Parteivereinbarung oder einer Schiedsgerichtsordnung nur aus einem einzelnen Schiedsrichter besteht, wird dieser von beiden Parteien einvernehmlich berufen. Kann eine Einigung nicht erzielt werden oder verweigert sich eine Partei, kann wiederum nach Ablauf einer Monatsfrist auf Antrag einer Partei eine Bestellung durch das Oberlandesgericht oder eine sonstige, von den Parteien vereinbarte oder nach einer Schiedsordnung vorgesehene Stelle vorgenommen werden.

IV. Parteienmehrheiten

9 Eine Sondersituation ergibt sich, wenn auf Seiten der Kläger oder der Beklagten mehrere Parteien beteiligt sind, etwa als Gesellschafter oder als Konsortialpartner. In diesen Fällen kann nicht etwa jede beteiligte Partei einen Schiedsrichter ernennen. Vielmehr muss sich die betreffende Seite auf einen gemeinsamen Schiedsrichter einigen. Die meisten Schiedsgerichtsordnungen regeln für den Fall, dass dies nicht gelingt, die Bestellung eines Schiedsrichters durch die betreffende Organisation.

V. Auswahl der Schiedsrichter

10 Grundsätzlich können die Parteien jedermann zum Schiedsrichter berufen. Diese hohe persönliche Flexibilität gilt als ein besonderer Vorzug der Schiedsgerichtsbarkeit, da auf diese Weise auch Kaufleute und Fachexperten, die keine Volljuristen sind, als Schiedsrichter eingesetzt werden können. Allerdings können die Parteien von diesem Grundsatz abweichen und bestimmte Voraussetzungen festlegen, → Abschnitt 42. Im Prinzip ist es sogar möglich, schon bei Vertragsschluss bestimmte Personen als Schiedsrichter festzulegen. Von solchen Regelungen ist jedoch abzuraten, da nicht feststeht, ob die betreffenden Personen im Streitfall zur Verfügung stehen oder gewillt sind, das Amt anzunehmen.

11 Die weitgehende Flexibilität der Schiedsrichterauswahl führt anderseits auch häufig zu Unsicherheiten der Parteien. Die Schiedsrichter müssen objektiv sein und sind beiden Parteien gleichermaßen verpflichtet. Daher verbietet es sich, etwa den ständigen Rechtsanwalt einer Partei als Schiedsrichter zu benennen. Gleichzeitig ist die Markttransparenz eher gering. Anhaltspunkte für die Auswahl erfahrener Schiedsrichter ergeben sich allenfalls aus einigen einschlägigen Publikationen oder aus Schiedsrichterlisten, die einige Schiedsorganisationen führen. In gewissem Umfang können Industrie- und Handelskammern oder Rechtsanwaltskammern bzw. Anwaltvereine Hilfestellung geben. Vielfach wird auch der eigene Rechtsanwalt, der die Partei im Verfahren vertritt, entsprechende Informationen haben. Durchaus üblich ist es, staatliche Richter als Schiedsrichter einzusetzen. Soweit sich diese noch im aktiven Dienst befinden, ist allerdings auf § 40 des Deutschen Richtergesetzes hinzuweisen. Aktive staatliche Richter benötigen für die Tätigkeit als Schiedsrichter eine Nebentätigkeitsgenehmigung. Diese dürfen sie nur dann erhalten, wenn sie entweder von beiden Parteien gemeinsam benannt worden sind oder aber von einer unabhängigen Stelle berufen werden. In der Praxis werden daher aktive staatliche Richter ganz überwiegend als vorsitzende Schiedsrichter oder als Einzelschiedsrichter tätig.

Bei der Auswahl des vorsitzenden Schiedsrichters oder Einzelschiedsrichters sollte berücksichtigt werden, dass diesem die formale Verfahrensleitung und in der Regel auch die Protokollierung von Verhandlungen und die Erstellung von Entscheidungsentwürfen obliegt. Da Schiedsgerichte normalerweise keine Geschäftsstellen wie staatliche Gerichte haben, können gerade in internationalen Verfahren praktische Aufgaben, etwa die Zustellung von Schriftstücken in eher entlegenen Regionen oder die Organisation von Verhandlungsterminen, sehr betreuungsintensiv sein. Vorsitzende Schiedsrichter oder Einzelschiedsrichter sollten also möglichst schiedserfahren sein und über ein entsprechendes Zeitbudget verfügen. Einige Schiedsgerichtsinstitutionen entlasten das Schiedsgericht von diesen administrativen Aufgaben. Bei den Verfahren der Handelskammer Hamburg übernimmt die Handelskammer die gesamte Administration von Anfang bis Ende des Verfahrens, sodass sich die Schiedsrichter ganz auf die Rechtsfindung konzentrieren können. 12

VI. Ablehnung von Schiedsrichtern

In § 1036 ZPO und im Ergebnis mit vergleichbarem Inhalt in den üblichen Schiedsgerichtsordnungen (zB § 18 DIS, § 7 HKHH, Art. 11 ICC) ist festgelegt, dass Schiedsrichter abgelehnt werden können, wenn sie entweder eine von den Parteien definierte Voraussetzung nicht erfüllen oder wenn ihre Unparteilichkeit nicht gewährleistet ist. Regelt also die Schiedsvereinbarung etwa, dass ein Schiedsrichter eine bestimmte technische oder juristische Qualifikation haben muss und fehlt diese, kann er von der Gegenseite abgelehnt werden. Eine wesentlich größere praktische Rolle spielt die Ablehnung aufgrund von berechtigten Zweifeln an der Unparteilichkeit oder Unabhängigkeit eines Schiedsrichters. Hierzu gibt es eine Vielzahl von gerichtlichen Entscheidungen[6]. Häufige Fallkonstellationen sind etwa ein Anwalt, der eine Partei bereits mehrfach vertreten hat, oder ein Geschäftspartner einer Partei. Da dieser Ablehnungsgrund international teilweise recht weit gefasst wird, empfiehlt es sich für jeden Schiedsrichter dringend, alle Umstände, die insoweit von Bedeutung sein könnten, schnellst möglich offen zu legen. 13

Die benennende Partei selbst kann „ihren" Schiedsrichter nach der Benennung nur dann ablehnen, wenn ihr die entsprechenden Umstände zum Zeitpunkt der Benennung nicht klar waren. Ab Benennung eines Schiedsrichters oder späterer Bekanntgabe eines einschlägigen Umstands läuft gemäß § 1037 Absatz 2 ZPO eine Frist von zwei Wochen für die potentiell benachteiligte Partei, binnen derer sie ein Ablehnungsverfahren in Gang setzten kann. Eine Zwei-Wochen-Frist legen auch die Verfahrensordnungen der DIS und der HKHH fest. Art. 14 Absatz 2 ICC geht von einer 30-Tages-Frist aus. 14

Nach § 1037 Absatz 2 ZPO entscheidet über den Ablehnungsantrag zunächst das Schiedsgericht unter Beteiligung des angegriffenen Schiedsrichters. Wird dem Ablehnungsantrag nicht entsprochen, kann die betroffene Partei innerhalb eines Monats eine endgültige Entscheidung bei einem staatlichen Gericht beantragen. Wenn ein Schiedsrichter erfolgreich abgelehnt wird, wird ein Ersatzschiedsrichter nach denselben Regelungen wie bei der Erstbestellung berufen. Die Schiedsgerichtsinstitutionen sehen in der Regel etwas abweichende Verfahren vor. Beim Schiedsgericht der Handelskammer Hamburg entscheidet im ersten Verfahrenszug die Handelskammer anstelle des Schiedsgerichts, in zweiter Linie bei Ablehnung des Antrags durch die Handelskammer das Hanseatische Oberlandesgericht in Hamburg. 15

VII. Untätigkeit oder Verhinderung eines Schiedsrichters

Bleibt ein Schiedsrichter untätig oder erweist er sich aus sonstigen Gründen als außerstande seine Aufgaben zu erfüllen, können ihn die Parteien einvernehmlich abberufen. Kommt eine entsprechende Einigung der Parteien nicht zustande, kann gemäß § 1038 16

---

[6] *Baumbach/Lauterbach/Albers/Hartmann*, Zivilprozessordnung, 68. Aufl. 2010, § 1036 Rn. 10.

4. Teil. Streitbeilegung

ZPO jede Partei eine Abberufung durch ein staatliches Gericht verlangen. Nach der Abberufung wird ein Ersatzschiedsrichter bestellt.

VIII. Schiedsrichtervertrag

17 Schiedsrichter sind durch die Parteien eingesetzte Richter. Daher sind die Rechtsbeziehungen zwischen Schiedsrichtern und Parteien privat-rechtlicher und nicht hoheitlicher Natur. Die Vertragsbeziehung lässt sich grob als Dienstvertrag oder als Geschäftsbesorgungsvertrag, jeweils mit einigen Besonderheiten, charakterisieren und beginnt mit der Bestellung eines Schiedsrichters, die häufig mündlich erfolgt. Eine schriftliche Fixierung ist vor allem bei ad-hoc-Verfahren sinnvoll, aber auch dort nicht zwingend erforderlich. Eine detaillierte gesetzliche Regelung gibt es im deutschen, und soweit ersichtlich, im internationalen Recht nicht[7].

18 Die wesentliche Leistung der Schiedsrichter ist die Durchführung des Verfahrens nach den gesetzlichen und sonstigen von den Parteien vorgegebenen Regeln. Nicht geschuldet ist dagegen ein bestimmtes Ergebnis. Insbesondere ist nicht zwingend eine Entscheidung des Streitfalls geschuldet, da sich die Parteien auch freiwillig vergleichen können oder aber das Verfahren aus sonstigen Gründen ergebnislos beenden können. Zu den Nebenpflichten gehört u. a. die Geheimhaltungspflicht.

19 Die Parteien schulden den Schiedsrichtern ein Honorar sowie Aufwendungsersatz (letzteres im Zweifel über § 670 BGB[8]). Die Schiedsgerichtsinstitutionen haben Honorarordnungen, die die Höhe regeln. Bei ad-hoc-Verfahren müssen die Parteien mit den Schiedsrichtern entsprechende Vereinbarungen treffen, → Abschnitt 42. Schiedsrichterhonorare unterliegen der Umsatzsteuer[9]. Die Parteien haften als Gesamtschuldner gem. §§ 427, 421 BGB.

20 Die Verfahrensordnungen der Schiedsgerichtsorganisationen sehen durchweg vor, dass die Parteien eine Sicherheitsleistung für die Verfahrenskosten zu stellen haben. Teilweise wird diese Sicherheitsleistung bei Klageerhebung in voller Höhe vom Kläger angefordert (zB § 13 HKHH und Hamburger Warenschiedsgerichte), teilweise werden beide Parteien zu einer Vorschussleistung herangezogen. Bei letzterer Konstellation ergibt sich häufig das Problem, dass die Beklagtenseite nicht zahlungswillig ist. In diesem Fall muss der Kläger dann nachträglich die ausgefallene Sicherheitsleistung der Beklagten erbringen. Die Stellung der Sicherheitsleistung allein durch den Kläger wird teilweise in der Literatur theoretisch problematisiert[10]. In der Praxis jedenfalls der Hamburger Schiedsgerichte sind – soweit ersichtlich – keine Fälle bekannt, wo diese Praxis zu durchschlagenden Beanstandungen geführt hätte, zumal auch bei den staatlichen Gerichten der Gebührenvorschuss stets vom Kläger eingezogen wird.

21 Die Haftung der Schiedsrichter beschränkt sich im Wesentlichen auf Fehler bei der Verfahrensbetreuung, etwa bei einer vorsätzlichen Verschleppung des Verfahrens. Bei der Urteilsfindung greift eine Haftung jedenfalls nach deutschem Recht allenfalls bei vorsätzlichen Straftaten, insbes. Bestechlichkeit, analog zum Spruchprivileg staatlicher Richter gem. § 839 Absatz 2 BGB[11]. Kein Haftungstatbestand ist die Aufhebung einer schiedsgerichtlichen Entscheidung durch ein staatliches Gericht im Aufhebungs- oder Vollstreckungsverfahren.

22 Der Schiedsrichtervertrag endet nicht schon etwa mit der Abfassung einer Entscheidung, sondern erst mit der vollständigen Abwicklung aller Formalien, insbesondere der Abrechnung von Sicherheitsleistungen. Schiedsrichter können nach § 1039 ZPO jederzeit von ihrem Amt zurücktreten. International ist diese Freiheit der Schiedsrichter teilweise etwas

---

[7] Zu den Details vgl. *Lachmann,* Handbuch für die Schiedsgerichtspraxis, 3. Aufl. 2008, Rn. 4106 ff.
[8] *Lachmann* Rn. 4242.
[9] Ausführlich hierzu *Risse/Meyer-Burow* SchiedsVZ 2009, 326 ff.
[10] → Abschnitt 43, aA und richtig *Lachmann* Rn. 4251 unter Hinweis auf § 421 BGB.
[11] *Schwab/Walter,* Schiedsgerichtsbarkeit, 7. Aufl. 2005, Kap. 12, Rn. 9.

eingeschränkt. Ein Rücktritt zur Unzeit, der offensichtlich zu einer Schädigung der Parteien führt, kann jedoch auch nach deutschem Recht zu Regressansprüchen führen. Praktisch sind die Konstellationen jedoch wenig relevant.

IX. Rolle der Schiedsgerichtsinstitutionen

Schiedsgerichtsinstitutionen bieten ihre Organisationsleistungen in unterschiedlicher 23
Tiefe an. Für ihre Verfahrensunterstützung erhalten die Schiedsgerichtsorganisationen ein in den einzelnen Verfahrensordnungen geregeltes Entgelt. Überwiegend erfolgt eine Betreuung der Parteien vor allem bei der Einleitung des Verfahrens und der Benennung der Schiedsrichter. Sind die Schiedsrichter benannt („Konstituierung des Schiedsgerichts"), übernehmen diese das Verfahren. Für die Hamburger Warenschiedsgerichte und das Schiedsgericht der Handelskammer Hamburg ist es hingegen typisch, dass die Institutionen auch nach Konstituierung des Schiedsgerichts das Verfahren betreuen. So regelt § 4 HKHH, dass der Justitiar der Handelskammer am gesamten Verfahren in beratender Funktion beteiligt ist und dass ihm die Administration des Verfahrens gemäß den Anordnungen des Vorsitzenden des Schiedsgerichts obliegt. Die Handelskammer wird insoweit also ähnlich einer Geschäftsstelle für das Schiedsgericht tätig. Den Schiedsrichtern stehen außerdem über den Justitiar sämtliche Recherche- und Erkenntnismöglichkeiten der Handelskammer zur Verfügung. Die Entscheidungsfindung obliegt in vollem Umfang dem Schiedsgericht.

C. Verfahren vor dem Schiedsgericht

I. Allgemeines

Das schiedsgerichtliche Verfahren kann nach dem gemeinsamen Willen der Parteien und 24
in dem dadurch gesetzten Rahmen vom Schiedsgericht grundsätzlich freier gestaltet werden als staatliche Gerichtsverfahren. Allerdings müssen einige Kerngrundsätze eines rechtsstaatlichen Verfahrens berücksichtigt werden, → insoweit Abschnitte 42 und 43. In der Praxis üblich ist zunächst eine Darstellung des Sachverhalts für das Schiedsgericht durch Schriftsätze beider Parteien, ggf. unter Benennung von Beweisen. Darauf folgt in der Regel eine mündliche Verhandlung. Näheres, insbesondere zum Beweisverfahren → Abschnitt 43, zur Nichtöffentlichkeit → Abschnitt 40 und Abschnitt 43. Sollen Zeugen vernommen werden, die sich weigern, zur Verhandlung zu erscheinen, kann ein staatliches Gericht gem. § 1050 ZPO auf Antrag die Vernehmung durchführen. Die Verfahrenssprache kann weitestgehend frei durch die Parteien, ansonsten durch das Schiedsgericht, gewählt werden, → Abschnitt 42. Einige Verfahrensordnungen der Schiedsorganisationen enthalten ebenfalls einschlägige Regelungen. Zum Verfahrensort → Abschnitt 42. Wie im staatlichen Gerichtsverfahren ist es auch vor dem Schiedsgericht möglich, Ansprüche der Beklagten im Wege einer Widerklage geltend zu machen, sofern die Schiedsvereinbarung den geltend gemachten Sachverhalt abdeckt. Die Einbeziehung Dritter, die nicht in der Schiedsvereinbarung aufgeführt sind, ist jedoch anders als im staatlichen Gerichtsverfahren (insbes. Streitverkündung gem. §§ 72 ff. ZPO) ohne deren Einverständnis weitestgehend ausgeschlossen. Dies kann etwa bei Lieferketten zu Problemen führen[12].

II. Entscheidung über die Zuständigkeit des Schiedsgerichts

Nach § 1040 ZPO ist das Schiedsgericht zur Entscheidung über die eigene Zuständig- 25
keit befugt. Hält eine Partei das Schiedsgericht für unzuständig, ist diese Rüge spätestens mit der Klagebeantwortung vorzubringen. Später ist die Rüge nur dann noch zulässig, wenn die Partei die Verspätung genügend entschuldigt. Die Entscheidung des Schiedsge-

---

[12] Zu Einzelfällen aus dem Gesellschaftsrecht oder bei Rechtsnachfolge vgl. *Lachmann* Rn. 501 ff.

richts über seine Zuständigkeit kann durch die staatliche Gerichtsbarkeit überprüft werden. Das Schiedsgericht kann einen Zwischenentscheid zur Zuständigkeit gemäß § 1040 Absatz 3 ZPO erlassen. Bejaht das Schiedsgericht seine Zuständigkeit, kann dagegen binnen eines Monats das Oberlandesgericht, das in der Schiedsvereinbarung bezeichnet ist, bzw. bei Fehlen einer Vereinbarung das für den Ort des Schiedsverfahrens zuständige Oberlandesgericht, angerufen werden. Erlässt das Schiedsgericht keinen Zwischenbescheid, kann eine eventuelle Unzuständigkeit als schwerer formaler Mangel des Schiedsverfahrens im Aufhebungs- oder Vollstreckungsverfahren gemäß §§ 1059 Absatz 2 Ziffer 1c/1060 ZPO (mit gleichem Ergebnis auch in allen ersichtlichen nationalen Gesetzen anderer Länder) geltend gemacht werden.

26 Bei Zweifeln über die Zuständigkeit eines Schiedsgerichts, insbesondere im Hinblick auf die Wirksamkeit der Schiedsklausel, kann gemäß § 1032 Absatz 2 ZPO bis zu Bildung des Schiedsgerichts auch ein Antrag auf Feststellung der Zulässigkeit oder Unzulässigkeit eines Schiedsgerichtsverfahrens an die staatlichen Gerichte gestellt werden. Zuständig ist gemäß § 1062 Absatz 1 Ziffer 2 ZPO das Oberlandesgericht, das in der angegriffenen Schiedsklausel bezeichnet ist, bzw. in dessen Bezirk der Ort des schiedsrichterlichen Verfahrens liegen würde.

27 Ferner kann die Zuständigkeit eines Schiedsgerichts auch mittelbar in einem staatlichen Gerichtsverfahren überprüft werden, wenn dort Klage über einen Sachverhalt erhoben wird, zu dem eine Schiedsvereinbarung besteht, § 1032 Absatz 1 ZPO. Lässt sich die Beklagtenseite auf das Verfahren vor dem staatlichen Gericht ein, ist die Schiedsklausel auf jeden Fall obsolet. Rügt die Beklagte die Zuständigkeit des staatlichen Gerichts unter Bezugnahme auf die Schiedsklausel, prüft das staatliche Gericht die Wirksamkeit dieser Schiedsklausel. Hält das staatliche Gericht die Schiedsklausel für wirksam, weist das Gericht die Klage als unzulässig ab. Die Klägerin muss dann das in der Schiedsvereinbarung bezeichnete Schiedsgericht anrufen, die Kosten für das Verfahren vor dem staatlichen Gericht werden in aller Regel ihr zur Last fallen.

28 Diese Fallkonstellationen sind in der Praxis vor allem dann von Bedeutung, wenn die Schiedsvereinbarungen falsch oder unklar getroffen werden, → Abschnitt 42.

III. Einstweiliger Rechtsschutz

29 Ein Bedürfnis nach Eilmaßnahmen kann in Schiedsgerichtsverfahren genau wie in Verfahren vor staatlichen Gerichten bestehen. Anders als staatliche Gerichte haben jedoch Schiedsgerichte keine hoheitliche Gewalt, um derartige Maßnahmen direkt gegenüber Dritten durchzusetzen, etwa gegenüber einer Bank bei der vorläufigen Sicherstellung von Geldern eines Schuldners. Daher sehen die ZPO, und mit vergleichbarem Ergebnis auch die Schiedsordnungen von DIS, ICC und HKHH, zwei Wege für Maßnahmen des einstweiligen Rechtsschutzes vor.

30 **1. Einstweiliger Rechtsschutz auf Anordnung des Schiedsgerichts.** Nach § 1041 ZPO, vgl. auch § 20 DIS, § 18 HKHH und Art. 28 Absatz 1 ICC, kann das Schiedsgericht auf Antrag einer Partei vorläufige oder sichernde Maßnahmen anordnen. Der beantragenden Partei kann eine angemessene Sicherheitsleistung auferlegt werden. Die Durchsetzung solcher Maßnahmen muss jedoch in einem zweiten Schritt durch ein staatliches Gericht angeordnet werden[13]. Dabei findet eine weitgehende Überprüfung der schiedsgerichtlichen Anordnung durch das staatliche Gericht statt. Zuständig ist gemäß § 1062 Absatz 1 Ziffer 3 ZPO das Oberlandesgericht, das in der Schiedsvereinbarung bezeichnet ist, bzw. bei Fehlen einer Vereinbarung das für den Ort des Schiedsverfahrens zuständige Oberlandesgericht.

31 **2. Direkte Anrufung eines staatlichen Gerichts für den einstweilige Rechtsschutz.** Gemäß § 1033 ZPO, mit vergleichbarem Ergebnis § 20 Absatz 2 DIS, §§ 18/17 Absatz 1 HKHH in Verbindung mit § 1033 ZPO sowie Art. 28 Absatz 2 ICC, kann vor oder nach

---

[13] Vgl. zB *Baumbach/Lauterbach/Albers/Hartmann* § 1041 Rn. 4.

Beginn eines Schiedsverfahrens jede Partei auch direkt ohne Einbindung des Schiedsgerichts ein staatliches Gericht zur Erlangung einstweiligen Rechtsschutzes anrufen. Vor Konstituierung des Schiedsgerichts ist dieser Weg logischerweise zwingend. Nach Konstituierung des Schiedsgerichts mag sich in vielen Fällen durch die direkte Anrufung des staatlichen Gerichts eine Zeitersparnis ergeben, da die Überprüfung durch die staatliche Gerichtsbarkeit wie oben dargestellt ohnehin erforderlich ist. Die Zuständigkeit des staatlichen Gerichts richtet sich nach den allgemeinen Vorschriften der ZPO. In der Regel ist also nicht das Oberlandesgericht gemäß § 1062 ZPO zuständig, sondern je nach Streitwert das Amtsgericht oder Landgericht, das für die Hauptsache zuständig wäre, §§ 919, 937, 943 ZPO.

IV. Säumnisverfahren

Gerade bei internationalen Verfahren sind Konstellationen nicht selten, in denen sich die **32** beklagte Partei im Ausland in Sicherheit wähnt und keinerlei Reaktion auf die Einleitung und Durchführung eines Schiedsverfahrens erkennen lässt. In solchen Situationen und bei anderen Fällen mangelnder prozessualer Beteiligung kann gemäß § 1048 ZPO bzw. in vergleichbarer Weise § 30 DIS, § 21 HKHH und nicht ganz identisch, aber vom Ergebnis her in dieselbe Richtung Art. 26. Absatz 2 ICC, ohne Mitwirkung der säumigen Partei entschieden werden. Wird eine Säumnis der Beklagten nicht genügend entschuldigt, kann das Schiedsgericht nach Aktenlage bzw. den vorliegenden Erkenntnissen aus der mündlichen Verhandlung entscheiden, die auch alleine mit dem Kläger durchgeführt werden kann, wenn die Beklagte unentschuldigt fernbleibt. Anders als im staatlichen Gerichtsverfahren der ZPO wird jedoch das Vorbringen des Klägers nicht als zugestanden betrachtet. Das Schiedsgericht kann also das klägerische Vorbringen durchaus intensiv überprüfen. Die Entscheidung des Gerichts ist dann aber endgültig und nicht etwa mit einem einfachen Wiederspruch angreifbar wie ein Erstes Versäumnisurteil nach der deutschen ZPO. Die Folgen der Säumnis sind also im Schiedsverfahren für die Beklagte schwerwiegender als im deutschen staatlichen Gerichtsverfahren. Die Entscheidung des Schiedsgerichts kann dann nur noch mit der sehr eingeschränkten Überprüfung durch die staatlichen Gerichte im Aufhebungs- oder Vollstreckungsverfahren angegriffen werden.

D. Abschluss des Verfahrens

I. Schiedsspruch

Das „Urteil" eines Schiedsgerichts wird in der ZPO und den Schiedsordnungen von DIS, **33** HKHH und ICC (deutsche Übersetzung) als „Schiedsspruch" bezeichnet. Der Schiedsspruch ist gemäß § 1054 ZPO und den genannten Verfahrensordnungen schriftlich zu erlassen sowie vom Schiedsgericht zu unterschreiben und zu begründen, sofern die Parteien nicht auf eine Begründung verzichten. Zur Erforderlichkeit einer Begründung → auch Abschnitt 43. Der Schiedsspruch hat gemäß § 1055 ZPO die Wirkung eines rechtskräftigen gerichtlichen Urteils unter den Parteien, inhaltlich identisch auch § 38 DIS und § 24 Absatz 7 HKHH.

Das Schiedsgericht entscheidet mehrheitlich. Der Vorsitzende hat kein Sonderstimm- **34** recht. Verweigert sich ein Schiedsrichter der Abstimmung, kann ohne ihn entschieden werden. Allerdings muss in diesen Fällen den Parteien vor Erlass des Schiedsspruchs mitgeteilt werden, dass die mitwirkenden Schiedsrichter beabsichtigen, ohne den sich verweigernden Schiedsrichter zu entscheiden. Eine etwas andere Regelung enthält Art. 31 ICC. Dort ist festgehalten, dass bei Nichtzustandekommen einer Stimmenmehrheit der Vorsitzende allein entscheidet. Derartige Konstellationen sind in der Praxis selten.

II. Vergleich („Schiedsspruch mit vereinbartem Wortlaut")

35 Die Beendigung eines Schiedsverfahrens durch einen gütlichen Vergleich zwischen den Parteien, oft auch durch das Schiedsgericht moderiert, ist in der Praxis häufig. Entsprechend dem deutschen Rollenverständnis des Schiedsgerichts enthalten die Schiedsordnungen der DIS und der HKHH sogar die ausdrückliche Formulierung, dass das Schiedsgericht in jeder Lage des Verfahrens auf eine einvernehmliche Beilegung des Streits hinwirken soll. Nach angelsächsischem Verständnis ist dies etwas anders, daher findet sich auch im Regulativ der ICC keine so weit gehende Formulierung.

36 § 1053 der ZPO enthält die gesetzliche Regelung des schiedsgerichtlichen Vergleichs. Formal ergeht auch bei einem Vergleich ein Spruch des Schiedsgerichts. Allerdings handelt es sich dabei um einen sogenannten „Schiedsspruch mit vereinbartem Wortlaut", der auf Antrag beider Parteien ergeht, sofern der Inhalt nicht gegen fundamentale Grundsätze der Rechtsordnung (ordre public) verstößt. Im Unterschied zu einem streitigen Schiedsspruch ist ein Schiedsspruch mit vereinbartem Wortlaut in der Regel nicht zu begründen. Die Wirkung eines Schiedsspruchs mit vereinbartem Wortlaut ist identisch mit derjenigen eines streitigen Schiedsspruchs. Insbesondere hat ein Schiedsspruch mit vereinbartem Wortlaut bei der Vollstreckung den gleichen Stellenwert, auch international. In der praktischen Durchsetzbarkeit zeigt sich in der Regel, dass Schiedssprüche mit vereinbartem Wortlaut auch bei einem nachträglichen Gesinnungswechsel einer Partei im Aufhebungs- oder Vollstreckungsverfahren kaum angreifbar sind, da sie konsensual zustande gekommen sind und somit nur noch nachträglich erkennbare Verfahrensfehler gerügt werden können.

III. Sonstige Verfahrensbeendigungen

37 Neben den unter I. und II. geschilderten, in der Praxis wesentlichen Beendigungsformen können Schiedsverfahren auch aus anderen Gründen enden. Ein Hauptfall ist die Rücknahme der Klage, manchmal auch aufgrund eines Vergleichs der Parteien außerhalb des Schiedsverfahrens. Eine andere Variante sind Fälle, in denen die Parteien das Verfahren nicht weiter betreiben. In der Praxis sind all diese Konstellationen, abgesehen von der Klagerücknahme, nicht sehr häufig. Liegt ein solcher Beendigungsgrund vor, endet das Verfahren durch Beschluss des Schiedsgerichts.

IV. Kostenentscheidung und Abrechnung

38 Das Schiedsgericht entscheidet regelmäßig in seinem Spruch über die Aufteilung der Verfahrenskosten. Auch Vergleiche, die Grundlage für Schiedssprüche mit vereinbartem Wortlaut sind, enthalten in der Regel entsprechende Passagen. Soweit die Kosten der Höhe nach, etwa aufgrund von Auslagen für Sachverständige etc., zum Zeitpunkt der Entscheidung oder des Vergleichs noch nicht feststehen, werden diese zu einem späteren Zeitpunkt durch das Schiedsgericht betragsmäßig festgesetzt. Sobald alle Kostenaspekte endgültig feststehen, wird das Verfahren abgerechnet. Überschüssige Beträge aus der Sicherheitsleistung werden zurückerstattet.

E. Rechtsbehelf gegen einen Schiedsspruch („Aufhebungsantrag")

39 Schiedsgerichtliche Verfahren sehen mit einigen wenigen Ausnahmen etwa in der Hamburger Warenschiedsgerichtsbarkeit grundsätzlich keine zweite Instanz vor. Diese Straffung ist ein wesentliches Merkmal des Schiedsverfahrens. Gleichwohl gibt es in der deutschen ZPO für besonders grobe Problemkonstellationen einen Rechtsbehelf, den sogenannten Aufhebungsantrag gemäß § 1059 ZPO. Dieser entspricht dem unter Rn. 2 erwähnten UNCITRAL-Modellgesetz und ist damit international üblich. Soweit ersichtlich werden

auch in denjenigen nationalen Verfahrensgesetzen, die etwas abweichende Strukturen vom UNCITRAL-Modellgesetz haben, jedenfalls im Ergebnis ähnliche Regelungen getroffen.

Zuständig für das Aufhebungsverfahren ist in Deutschland gemäß § 1062 Absatz 1 Ziffer 4 ZPO in der Regel das in der Schiedsvereinbarung bezeichnete oder für den Ort des schiedsrichterlichen Verfahrens zuständige Oberlandesgericht. Sonderfälle der örtlichen Zuständigkeit regelt § 1062 Absatz 2 ZPO. Der Aufhebungsantrag muss gemäß § 1059 Absatz 3 ZPO innerhalb einer Frist von drei Monaten ab dem Tag, an dem der Antragsteller den Schiedsspruch empfangen hat, bei Gericht eingereicht werden. Abweichende Vereinbarungen der Parteien sind möglich. 40

Ein Aufhebungsantrag ist nur in wenigen Ausnahmefällen begründet. Es gibt formelle und materielle Aufhebungsgründe. 41

Ein wesentlicher formeller Aufhebungsgrund ist die Unwirksamkeit der Schiedsvereinbarung und damit verbunden die Unzuständigkeit des Schiedsgerichts. Unterfälle zu dieser Konstellation sind die mangelnde Rechtsfähigkeit einer Partei oder die mangelnde Schiedsfähigkeit einer Streitigkeit, zu letzterem → Abschnitt 42, Rn. 17. Eine etwas andere Fallgruppe liegt vor, wenn eine Streitigkeit rein sachlich nicht unter eine ansonsten gültige Schiedsklausel fällt. Die Aufhebung aufgrund einer Unzuständigkeit des Schiedsgerichts ist jedoch ausgeschlossen, wenn im Schiedsverfahren die Rüge nach § 1040 Absatz 2 ZPO ohne Entschuldigung versäumt wurde[14]. 42

In der Praxis deutlich am wichtigsten sind Fallkonstellationen, die bei grundsätzlich wirksamer Schiedsklausel eine entscheidungserhebliche Verletzung wesentlicher Verfahrensgrundsätze zu Lasten der Partei, die den Aufhebungsantrag stellt, beinhalten, insbesondere des rechtlichen Gehörs, → Abschnitt 43. 43

Auf den materiellen Inhalt eines Schiedsspruchs stellt hingegen der Aufhebungsgrund des Verstoßes gegen die öffentliche Ordnung (ordre public) ab, § 1059 Absatz 2 Ziffer 2b ZPO. Hierbei handelt es sich zB um sittenwidrige Inhalte eines Schiedsspruchs. Ein anderes Beispiel sind Verstöße gegen grundlegende Rechtsprinzipien. So kann etwa ein nach deutschem Recht ergangener Schiedsspruch aufgehoben werden, wenn darin eine Partei zu einem Schadensersatz mit Strafcharakter nach angelsächsischem Recht (punitive damages) verurteilt würde. Diese Fallkonstellationen sind in der Praxis eher selten. 44

Wird einem Aufhebungsantrag stattgegeben, kann das Oberlandesgericht nicht etwa selbst in der Sache entscheiden. Die Aufhebung des Schiedsspruchs hat vielmehr zur Folge, dass die Schiedsvereinbarung wieder auflebt und dass das Schiedsverfahren neu durchgeführt werden muss. Auf Antrag einer Partei kann in geeigneten Fällen die Sache auch an das Schiedsgericht zurückverwiesen werden, das den angegriffenen Spruch erlassen hat. Das Schiedsgericht muss dann unter Berücksichtigung der rechtlichen Hinweise des Oberlandesgerichts erneut entscheiden. Liegt überhaupt keine wirksame Schiedsvereinbarung vor, ist eine neue Klage vor den staatlichen Gerichten zu erheben. 45

F. Vollstreckungsverfahren

Um Schiedssprüche vollstrecken zu können, bedarf es einer zusätzlichen Überprüfung durch die staatlichen Gerichte. Für die Vollstreckung deutscher Schiedssprüche in Deutschland gilt § 1060 ZPO. Danach ist die Zwangsvollstreckung zulässig, wenn der Schiedsspruch für vollstreckbar erklärt wird. Zur Vollstreckung ausländischer Schiedssprüche gemäß § 1061 ZPO → Abschnitt 50. 46

Die Vollstreckbarkeitserklärung für deutsche Schiedssprüche ist gemäß § 1062 Absatz 1 Ziffer 4 ZPO beim örtlich zuständigen Oberlandesgericht zu beantragen. 47

Der Antrag ist gemäß § 1060 Absatz 2 ZPO abzulehnen, wenn einer der unter den → Rn. 41 bis 44 genannten Aufhebungsgründe vorliegt. Allerdings ist dabei zu berück- 48

---

[14] Vgl. *Baumbach/Lauterbach/Albers/Hartmann* § 1040 Rn. 3 aE.

sichtigen, dass die in → Rn. 42 und 43 genannten formalen Aufhebungsgründe (mit Ausnahme der mangelnden Schiedsfähigkeit) ausgeschlossen sind, wenn der Antragsgegner keinen Aufhebungsantrag gemäß § 1059 ZPO innerhalb der dort vorgesehenen 3-Monatsfrist gestellt hat.

18. Kapitel. Ausgewählte Schiedsgerichte

Abschnitt 45. Schiedsgerichte in Deutschland und Westeuropa

Übersicht	Rn.
Einleitung	1
A. Schiedsgerichtsbarkeit in Deutschland	6
I. Schiedsgerichtsbarkeit in Hamburg	7
1. Das Schiedsgericht der Handelskammer Hamburg	8
a) Musterschiedsklausel	9
b) Auswahl von Schiedsrichtern	11
c) Besonderheiten des Verfahrens	12
d) Kosten des Verfahrens der Handelskammer Hamburg	13
2. Logistikschiedsgericht an der Handelskammer Hamburg	14
3. Hamburger Warenschiedsgerichte	15
4. Hamburger freundschaftliche Arbitrage	17
5. Seeschiedsgerichte	18
II. Die Deutsche Institution für Schiedsgerichtsbarkeit (DIS)	19
1. Musterschiedsklausel der DIS	20
2. Bildung des Schiedsgerichts	22
3. Besonderheiten des DIS-Verfahrens	23
4. Kosten des DIS-Verfahrens	24
B. Schiedsgerichtsbarkeit in Österreich	25
I. Musterschiedsklausel der VIAC	26
II. Bildung des Schiedsgerichts	28
III. Besonderheiten des VIAC-Verfahrens	29
IV. Kosten des VIAC-Verfahrens	30
C. Schiedsgerichtsbarkeit in der Schweiz	31
I. Musterschiedsklausel der SCAI	34
II. Bildung des Schiedsgerichts	35
III. Besonderheiten des SCAI-Verfahrens	38
IV. Kosten des SCAI-Verfahrens	39
D. Schiedsgerichtsbarkeit in Italien	40
I. Musterschiedsklausel der CAM	41
II. Bildung des Schiedsgerichts	43
III. Besonderheiten des CAM-Verfahrens	45
IV. Kosten des CAM-Verfahrens	46
E. Schiedsgerichtsbarkeit in Frankreich	47
I. Centre de Médiation et d'Arbitrage (CMAP)	49
II. Musterschiedsklausel des CMAP	50
III. Bildung des Schiedsgerichts	51
IV. Besonderheiten des CMAP-Verfahrens	52
V. Kosten des CMAP Verfahrens	53
F. Schiedsgerichtsbarkeit in Belgien	54
I. Musterschiedsklausel des CEPANI	56
II. Bildung des Schiedsgerichts	58
III. Besonderheiten des CEPANI-Verfahrens	60
IV. Kosten des CEPANI-Verfahrens	61
G. Schiedsgerichtsbarkeit in den Niederlanden	62
I. Musterschiedsklausel des NAI	63
II. Bildung des Schiedsgerichts	65
III. Besonderheiten des Verfahrens	67
IV. Kosten des NAI-Verfahrens	68
H. Schiedsgerichtsbarkeit in Großbritannien	69
I. Schiedsgerichtsbarkeit in Dänemark	71
I. Musterschiedsklausel des DIA	72
II. Bildung des Schiedsgerichts	73
III. Besonderheiten des DIA-Verfahrens	77
IV. Kosten des DIA-Verfahrens	78

4. Teil. Streitbeilegung

	Rn.
J. Schiedsgerichtsbarkeit in Schweden	79
I. Musterschiedsklausel der SCC	80
II. Bildung des Schiedsgerichts	81
III. Besonderheiten des Verfahrens	83
IV. Kosten des SCC-Schiedsverfahrens	84
K. Übersicht	85

Literatur: *Berger, Kellerhals*, International and Domestic Arbitration in Switzerland, 2. Aufl. 2010; *Brunner*, The Swiss Rules of International Arbitration: An Overview for Prospective Users, SchiedsVZ 2010, S. 243 ff.; *Demeyere, Verbist*, Das neue belgische Schiedsverfahrensgesetz von 2013, SchiedsVZ 2013, S. 310 ff.; *Ehle, Jahnel*, Revision der Swiss Rules – erhöhte Effizienz und Flexibilität, SchiedsVZ 2012, S. 169 ff.; *Fry, Greenberg, Mazza*, The Secretariat's Guide to ICC Arbitration, 2012; *Habegger*, The Revised Swiss Rules of International Arbitration, in: Müller/Rigozzi (Hrsg.), New Developments in International Commercial Arbitration 2012, S. 29–46; *Hóber, Foerster*, Die neue Schiedsordnung der Stockholmer Handelskammer, SchiedsVZ 2007, S. 206 ff.; *Kerr, Robinson, Smit, Thomas*, Comparison of International Arbitration Rules, 2008, 3rd edition; *Ketilbjørn, Hertz*, Danish Arbitration Act 2005; *Korte*, Die Hamburger freundschaftliche Arbitrage – ein Überblick anlässlich des 100-jährigen Jubiläums des § 20 Platzusancen für den hamburgischen Warenhandel, SchiedsVZ 2004, S. 240 ff.; *Kratzsch*, Nederlands Arbitrage Instituut (NAI), SchiedsVZ 2007, S. 262 ff.; *Kreindler, Schäfer, Wolf*, Schiedsgerichtsbarkeit – Kompendium für die Praxis, 2006; *Kühner*, Das neue französische Schiedsrecht, SchiedsVZ 2011, S. 125 ff.; *Nedden/Herzberg*, Praxiskommentar ICC-SchO/DIS-SchO, 2014; *Schröder*, An International Place of Arbitration and Conciliation, in: Hamburger Beiträge zur Schiedsgerichtsbarkeit, Festschrift für Ottoarndt Glossner zum 70. Geburtstag, 1994, S. 317–332; Handelskammer Hamburg (Hrsg.): Schiedsgerichtsbarkeit und Wirtschaftsmediation in Hamburg, 2007, S. 15 ff.; *Schütze*, Institutionelle Schiedsgerichtsbarkeit, Kommentar, 2011, 2. Auflage; *Shaughnessy*, Pre-arbitral Urgent Relief: The New SCC Emergency Arbitrator Rules, Journal of International Arbitration 27(4) (2010), S. 337–360; *Söderlund*, Vergleichender Überblick zur Schiedsgerichtsbarkeit in Deutschland, England Russland und Schweden, SchiedsVZ 2004, S. 130 ff.; *Trappe*, Maritime Schiedsgerichtsbarkeit, in: Hamburger Beiträge zur Schiedsgerichtsbarkeit, Festschrift für Ottoarndt Glossner zum 70. Geburtstag, 1994, S. 459–476; *Vogl*, Schiedsgerichtsbarkeit im Mittelmeerraum, SchiedsVZ 2010, S. 32 ff.; *Wegen, Esin, Shore*, Materials on International Arbitration, 2007.

Einleitung

1   Die Handelsschiedsgerichtsbarkeit ist in Westeuropa fester Portfoliobestandteil zur Beilegung wirtschaftsrechtlicher Streitigkeiten. Neben ad hoc Schiedsverfahren bieten eine ganze Reihe – weltweit – anerkannter Schiedsinstitutionen Regelwerke und die Administrierung der Verfahren – wenn auch in unterschiedlichem Umfang und divergierender Intensität – an. Die einzelnen Staaten haben zwar eigene Schiedsverfahrensrechte. Diese orientieren sich jedoch ganz überwiegend am UNCITRAL Modellgesetz über die internationale Handelsschiedsgerichtsbarkeit von 1985 bzw. haben es übernommen. Zudem gilt das New Yorker Übereinkommen über die Anerkennung und Vollstreckung ausländischer Schiedssprüche aus dem Jahr 1958 als zentrale rechtliche Grundlage des internationalen Schiedsrechts auf völkerrechtlicher Ebene.

2   Die Schiedsgerichtsbarkeit hat in den vergangenen Jahren, sowohl in Bezug auf ihre Popularität als auch auf die Fallzahlen, durchweg beachtliche Zuwächse erlebt.[1] Einerseits wurde die Schiedsgerichtsbarkeit schon als Opfer ihres eigenen Erfolges gesehen. Andererseits bemüht man sich jedoch in jüngster Zeit, durch Modernisierung und Optimierung der Regelwerke – insbesondere unter Zeit- und Kostengesichtspunkten – der zunehmenden Inanspruchnahme wie auch der größer werdenden Komplexität der Verfahren Herr zu werden. Gleichzeitig bringt der Erfolg der Schiedsgerichtsbarkeit immer neue Anbieter hervor, die teilweise nur national und lokal, oft aber auch international für ihr Angebot – Verfahrensordnungen wie Administrierung – werben. Ob die angepriesene Qualität und Vorzüge dann der Realität entsprechen, werden nur langfristige Erfahrungen in der Anwendung und Praxis zeigen können. Daneben bieten vielfach auch Handels- oder Außenhandelskammern eigene Schiedsverfahrensordnungen an. In Anbetracht dessen beschrän-

---

[1] Beispielhaft sind hier die Zuwächse bei ICC-Schiedsverfahren: Während im Jahr 2007 noch 599 neue Schiedsklagen eingereicht wurden, waren es 2011 bereits 796; vgl. *Fry, Greenberg, Mazza*, Rn. 3–81.

ken sich die vorliegenden Ausführungen auf diejenigen Schiedsinstitutionen in Westeuropa, die sich ihr festes (überregionales) Standbein und ihren guten Ruf bereits nachhaltig erworben haben. Zudem ist es aufgrund der Diversifizierung des Angebots in den vergangenen Jahren kaum möglich, einen vollständigen und seriösen Überblick über alle Anbieter zu geben.

Während auf die allgemeinen Eigenheiten und Vorteile der Schiedsgerichtsbarkeit näher in → Abschnitt 40 eingegangen wird, werden im Folgenden die Regelwerke verschiedener namhafter, vorrangig nationaler Schiedsinstitutionen kurz vorgestellt und deren Besonderheiten näher beleuchtet. Denn der Grad der Administrierung durch die Institution, die Flexibilität der jeweiligen Schiedsordnung sowie die Kosten der verschiedenen Anbieter sind bei der Wahl des Regelwerkes, auf welches sich die betreffenden Parteien einigen, in Abhängigkeit zur individuellen Fallgestaltung zu berücksichtigen. So kann die Vereinbarung einer Schiedsklausel mit Bezug auf eine national oder gar lokal ansässige Schiedsinstitution zwar Vorteile wie zum Beispiel die Vertrautheit mit dem Regelwerk oder der vorherrschenden Sprache in der Institution bieten. Ob dies dem anderen – unter Umständen ausländischen Vertragspartner – immer vermittelbar ist, ist jedoch fraglich. Hier dürfte die Wahl häufig auf einen Anbieter in einem Drittstaat fallen, also eine Institution, die sich für alle Vertragsparteien gleichermaßen (nationalitäts-)neutral darstellt.

Alle im Folgenden besprochenen Schiedsverfahrensanbieter veröffentlichen Musterschiedsklauseln, die als Ausgangspunkt für eine gegebenenfalls zu individualisierende und zu ergänzende Schiedsvereinbarung zwischen den Vertragspartnern dienen sollten. Beim Verfassen von Schiedsklauseln kann nicht nachdrücklich genug vor allzu großer Kreativität gewarnt werden. Denn was beim Entwerfen als besonders „wasserdicht", schlau oder umfassend gemeint ist, entpuppt sich im Falle einer Streitigkeit allzu oft als nicht praktikabel oder widersprüchlich bzw. zweideutig. Dies hat zur Folge, dass eine Partei Zuständigkeitseinwände geltend macht oder die entsprechende Klausel schlichtweg nichtig ist, so dass sich die Parteien letztlich vor staatlichen Gerichten wiederfinden.

Nimmt man also die jeweiligen Musterklauseln als Ausgangspunkt der Vertrags- bzw. Klauselgestaltung, sollte ein besonderes Augenmerk darauf gerichtet werden, welche Mechanismen die jeweilige Verfahrensordnung unter anderem zur Konstituierung des Schiedsgerichts (inklusive Anzahl und Auswahl der Schiedsrichter), zum Schiedsort, zur Verfahrenssprache, zum anwendbaren materiellen Recht sowie ggf. zu Mehrparteienverfahren vorsieht. In Abhängigkeit davon ist es ratsam, diese Punkte in der Schiedsabrede individualisiert festzulegen oder abzuändern. Zwar ist daran zu erinnern, dass – bei übereinstimmendem Parteiwillen – auch zu Beginn oder während eines Schiedsverfahrens verschiedene verfahrensspezifische Details noch geändert und angepasst werden können. Oft lässt sich jedoch eine zeitliche Verzögerung im konkreten Streitfall vermeiden, wenn bestimmte Verfahrensfragen wie das anwendbare Recht oder die Verfahrenssprache schon in der Schiedsklausel geregelt sind.

A. Schiedsgerichtsbarkeit in Deutschland

In Deutschland regelt das 10. Buch der Zivilprozessordnung (ZPO), das in seiner jetzigen Form 1998 in Kraft trat, nationale wie internationale Schiedsverfahren. Die Vorschriften orientieren sich am Vorbild des UNCITRAL Modellgesetzes über die internationale Handelsschiedsgerichtsbarkeit von 1985.

I. Schiedsgerichtsbarkeit in Hamburg

Hamburg hat als Schiedsgerichtsort eine lange Tradition und stellt sich heute als moderner, serviceorientierter *Dispute Resolution Venue* dar, der über ein eigenes Serviceportal im Internet verfügt (http://www.dispute-resolution-hamburg.com/), über das auch Schieds-

4. Teil. Streitbeilegung

verfahrensexperten, dh Anwälte und Schiedsrichter zu finden sind. Seine Ursprünge gehen in das 18. Jahrhundert zurück, als bei der Commerzdeputation, der späteren Handelskammer Hamburg, das sogenannte „parere" eingerichtet wurde. Dabei erstellte im Konfliktfall ein angesehener Kaufmann ein Gutachten, welches den ggf. streitigen Sachverhalt und die entsprechenden Handelsbräuche zusammenfasste. Später wurde dessen endgültige Bindungswirkung eingeführt und somit das Schiedsgutachten geboren. Mitte des 19. Jahrhunderts wurden durch Kaufleute die Hamburger Warenvereine gegründet, die als eine Art von „Branchen-Vertretung" eigene Schiedsgerichte etablierten.[2] Diese Warenvereine sind zum Teil noch heute sehr aktiv und unterhalten nach wie vor eigene Schiedsgerichte.

8   **1. Das Schiedsgericht der Handelskammer Hamburg.**[3] Die Ursprünge des Schiedsgerichts der Handelskammer Hamburg gehen in das Jahr 1884 zurück. Seit dem Jahr 1893 kann es für Wirtschaftskonflikte aller Art und aus allen Branchen vereinbart werden.[4] In weit mehr als der Hälfte der Fälle ist heute mindestens eine ausländische Partei involviert. Neben Schiedsverfahren nach dem Regulativ des Schiedsgerichts der Handelskammer Hamburg, zuletzt geändert am 12. Dezember 2003, bietet die Handelskammer Hamburg auch Mediations- und Schlichtungsverfahren an, die mit einem Schiedsverfahren kombiniert werden können und auf das Verfahren beim Schiedsgericht der Handelskammer Hamburg abgestimmt sind. Erwähnenswert ist auch das im Jahr 2006 gegründete Deutsch-Französische Mediationscentrum, das besonders für den grenzüberschreitenden Handel im deutsch-französischen Raum zugeschnitten ist. Träger sind die Handelskammer Hamburg und das Centre de Médiation et d'Arbitrage in Paris, bei denen sich jeweils eine Geschäftsstelle befindet. Es kann also zum Beispiel zunächst eine Mediation beim Deutsch-Französischen Mediationscentrum oder ein Schlichtungsverfahren vor dem Beijing-Hamburg Conciliation Centre eingeleitet werden. Sollten diese Verfahren scheitern, kann sich ohne Verzögerung ein Schiedsverfahren anschließen.

9   **a) Musterschiedsklausel**

„Alle Streitigkeiten, die sich in Zusammenhang mit diesem Vertrag (genaue Bezeichnung des Vertrages) oder über seine Gültigkeit ergeben, werden durch das Schiedsgericht der Handelskammer Hamburg unter Ausschluss der ordentlichen Gerichte endgültig entschieden. Auf den Inhalt des Rechtsstreits ist ... Recht anzuwenden."

10   Sofern die Parteien nichts anderes vereinbaren, ist das materielle Recht des Staates anzuwenden, mit dem der Gegenstand des Verfahrens die engste Verbindung aufweist (§ 16.2 des Regulativs). Handelsbräuche sind zu berücksichtigen. Der Verfahrensort ist dann Hamburg (§ 19 des Regulativs) und Verfahrenssprache ist Deutsch (§ 15 des Regulativs).

11   **b) Auswahl von Schiedsrichtern.** Ohne anderslautende Vereinbarung der Parteien entscheidet bei einem Streitwert bis 25.000 Euro ein Einzelschiedsrichter, den die Parteien gemeinsam auswählen können (§§ 2.1, 3.1 des Regulativs). Bei höheren Streitwerten ernennt jede Partei jeweils einen Schiedsrichter, und diese ernennen dann den Vorsitzenden. Ernennt eine Partei keinen Schiedsrichter oder besteht kein Konsens über die Person des Einzelschiedsrichters oder des Vorsitzenden, bestellt diesen kurzfristig der Präsident der Handelskammer Hamburg (§§ 2.2, 2.4, 2.5 des Regulativs).

c) Besonderheiten des Verfahrens

12   ▪ Am gesamten Verfahren nimmt der Justitiar der Handelskammer Hamburg teil. Er hat kein Stimmrecht bei Entscheidungen des Schiedsgerichts. Seine Aufgabe ist es vielmehr, das Schiedsgericht mit den Recherchemöglichkeiten der Handelskammer Hamburg, etwa bei der Bewertung von Handelsusancen, zu unterstützen. Der Justitiar administriert

---

[2] Vgl. *Schröder* S. 317 f.
[3] Der Autor bedankt sich bei Petra Sandvoss, stv. Geschäftsführerin Geschäftsbereich Recht & Fair Play der Handelskammer Hamburg, für ihre wertvollen Hinweise und umfangreiche Vorarbeit in der Vorauflage.
[4] *Schröder* S. 318.

Abschnitt 45. Schiedsgerichte in Deutschland und Westeuropa

das Verfahren und entlastet das Schiedsgericht von organisatorischen Aufgaben (§ 4 des Regulativs).
- Die Handelskammer Hamburg stellt ihre repräsentativen Räumlichkeiten und die technische Infrastruktur zur Verfügung.
- Eine Schiedsspruchsammlung, die auch auf der Homepage der Handelskammer Hamburg verfügbar ist, bietet Einblick in die Verfahrens- und Entscheidungspraxis. Die Parteien haben der anonymisierten Veröffentlichung der Sprüche zugestimmt.
- Alle beteiligten Personen sind verpflichtet, Stillschweigen über das Verfahren zu wahren.

d) Kosten des Verfahrens der Handelskammer Hamburg. Die Schiedsrichterhonorare 13 und die Kosten der Handelskammer Hamburg richten sich nach dem Streitwert (http://hk24.de/gebuehrenrechner). Das Schiedsgericht entscheidet, welche Partei oder in welchem Verhältnis die Parteien die Gesamtkosten zu tragen haben. Der Prozessausgang wird im Rahmen der Ermessensentscheidung grundsätzlich berücksichtigt.

2. Logistikschiedsgericht an der Handelskammer Hamburg. Das Logistikschiedsgericht 14 an der Handelskammer Hamburg wurde im Jahr 2006 auf Wunsch von und mit verschiedenen Partnern aus der Branche entwickelt. Es empfiehlt sich zur Beilegung von Streitigkeiten zwischen oder mit Unternehmen aus der Logistikbranche. Das Schiedsgericht greift auf die bewährten Regeln des Schiedsgerichts der Handelskammer Hamburg zurück, enthält aber deutlich verkürzte Fristen für die Benennung der Schiedsrichter. Außerdem können alle Fristen, die das Schiedsgericht festsetzt, auf eine Woche verkürzt werden. Eine Schiedsrichterliste, die Musterklausel, ein Kostenrechner und weitere Informationen finden sich im Internet (www.hk24.de/logistikschiedsgericht).

3. Hamburger Warenschiedsgerichte. Hamburg verfügt bereits seit dem vorletzten Jahr- 15 hundert über mehrere Warenschiedsgerichte. Diese sind bei den sogenannten Warenvereinen angesiedelt, die die Interessen von Unternehmen ihrer jeweiligen Branchen vertreten und eigene Schiedsgerichte anbieten. Sie stellen üblicherweise Verfahrensordnungen für Qualitätsarbitrage- und Schiedsverfahren zur Verfügung. Die aktivsten Schiedsgerichte sind die der folgenden Warenvereine:

a) Warenverein der Hamburger Börse e. V.
b) Verein der Getreidehändler der Hamburger Börse e. V.
c) Deutscher Kaffeeverband e. V.
d) Deutscher Verband des Großhandels mit Ölen, Fetten und Ölrohstoffen e. V. (GROFOR)

Allen ist gemein, dass als Schiedsrichter grundsätzlich erfahrene Kaufleute aus der Bran- 16 che tätig werden. Üblicherweise administriert ein Justiziar des Verbandes (beim Kaffeeverband der Justiziar der Handelskammer Hamburg) die Verfahren und nimmt an den mündlichen Verhandlungen teil. Die unter a), b) und d) genannten Warenvereine stellen sogenannte Oberschiedsgerichte zur Verfügung. Es kommt jedoch nur selten vor, dass eine Berufung eingeleitet wird.

4. Hamburger freundschaftliche Arbitrage. Hierbei handelt es sich um eine Sonder- 17 form eines ad hoc Schiedsverfahrens. Die Parteien und die Schiedsrichter administrieren das Verfahren also selbst. Anwendung finden die Vorschriften des 10. Buchs der ZPO bis auf die in „§ 20 der Platzusancen für den hamburgischen Warenhandel" geltenden Sonderregeln (www.hk24.de/schiedsgerichte) für die Bestellung der Schiedsrichter.[5]

5. Seeschiedsgerichte. Die im Jahr 1983 gegründete German Maritime Arbitration As- 18 sociation (GMAA) mit Sitz in Hamburg bietet ein ad hoc Schiedsgericht, für das die GMAA besondere Verfahrensregeln zur Verfügung stellt.[6] Die aktuelle GMAA Schiedsgerichtsord-

---

[5] *Schröder* S. 319; vgl. ausführlich *Korte* SchiedsVZ 2004, 240 ff.
[6] Vgl. *Trappe* S. 460 ff.

4. Teil. Streitbeilegung

nung ist seit dem 1. Januar 2013 in Kraft. Daneben existiert das deutsche Seeschiedsgericht, das 1913 gegründet wurde.[7]

II. Die Deutsche Institution für Schiedsgerichtsbarkeit (DIS)

19   Die Deutsche Institution für Schiedsgerichtsbarkeit e.V. (DIS) ist die wichtigste und größte deutsche Schiedsinstitution, die in ihrer heutigen Form seit 1992 existiert. Sitz ihrer Hauptgeschäftsstelle ist Köln. Weitere Geschäftsstellen befinden sich zudem in München und seit 2012 auch in Berlin. Die aktuelle Schiedsgerichtsordnung der DIS stammt aus dem Jahr 1998, die Kostentabelle datiert aus dem Jahr 2005. Hinzu kamen im Jahr 2008 Ergänzende Regeln für beschleunigte Verfahren (ERBV) sowie 2009 Ergänzende Regeln für gesellschaftsrechtliche Streitigkeiten (ERGeS).

1. Musterschiedsklausel der DIS

20   „Alle Streitigkeiten, die sich im Zusammenhang mit diesem Vertrag oder über seine Gültigkeit ergeben, werden nach der Schiedsgerichtsordnung der Deutschen Institution für Schiedsgerichtsbarkeit e. V. (DIS) unter Ausschluss des ordentlichen Rechtsweges endgültig entschieden."

21   Neben der Musterklausel empfiehlt die DIS, vor allem bei internationalen Verfahren, folgende klassischen Ergänzungen:
- Der Ort des Schiedsverfahrens ist …
- Die Anzahl der Schiedsrichter beträgt…
- Die Sprache des Schiedsverfahrens ist …
- Das anwendbare materielle Recht ist …

Zudem sieht die DIS besondere, leicht abgeänderte Musterklauseln für ein beschleunigtes oder gesellschaftsrechtliches Verfahren vor.

22   **2. Bildung des Schiedsgerichts.** Sofern die Parteien nichts anderes vereinbart haben, wird ein Dreier-Schiedsgericht gebildet (§ 3 DIS-SchO). Die Schiedsrichter sind durch die Parteien grundsätzlich frei wählbar (§ 2.1 DIS-SchO). Die DIS macht auf Wunsch Vorschläge für mögliche Schiedsrichter. Der Vorsitzende ist gem. § 12.2 DIS-SchO grundsätzlich von den Mitschiedsrichtern zu benennen. Die Bestellung von Schiedsrichtern erfolgt durch den Generalsekretär oder den Ernennungsausschuss der DIS (§ 17 DIS-SchO), nachdem die vorgeschlagenen Personen ihre Annahmeerklärung abgegeben sowie Angaben zu ihrer Unparteilichkeit und Unabhängigkeit gemacht haben (§§ 15, 16 DIS-SchO).

3. Besonderheiten des DIS-Verfahrens

23
- Der Vorsitzende oder Einzelschiedsrichter muss – sofern die Parteien nichts Gegenteiliges bestimmt haben – ein Jurist sein (§ 2.2 DIS-SchO).
- Ist der Schiedsort nicht vereinbart, legt das Schiedsgericht diesen fest (§ 21.1 DIS-SchO).
- Das Schiedsgericht soll gemäß § 32.1 DIS-SchO in jeder Lage des Verfahrens auf eine einvernehmliche Beilegung des Streits oder einzelner Streitpunkte hinwirken.
- Durch § 43.1 DIS-SchO wird eine über die bloße Nichtöffentlichkeit des Verfahrens hinausgehende Vertraulichkeit gesichert.
- Schiedssprüche werden den Parteien gemäß § 36.2 DIS-SchO durch die DIS zugestellt, von ihr allerdings vorher nicht geprüft oder genehmigt.

24   **4. Kosten des DIS-Verfahrens.** Die Kosten für ein DIS-Schiedsverfahren richten sich entsprechend der Kostentabelle nach dem Streitwert und beinhalten einerseits die DIS-Bearbeitungsgebühr sowie andererseits die Honorare und Auslagen der Schiedsrichter. Endet das Verfahren vorzeitig, kann das Schiedsgericht nach billigem Ermessen gem. § 40.3 DIS-SchO sein Honorar ermäßigen. Im Übrigen entscheidet das Schiedsgericht per Schiedsspruch, welche Partei die Kosten zu tragen hat (§ 35 DIS-SchO). Ein Kostenrechner steht

---

[7] Vgl. insgesamt Handelskammer Hamburg, S. 27–29.

im Internet unter http://www.dis-arb.de/de/22/gebuehrenrechner/uebersicht-id0 zur Verfügung.

B. Schiedsgerichtsbarkeit in Österreich

Die aktuelle Zivilprozessordnung enthält im vierten Abschnitt in den §§ 577 ff. ein stark am UNCITRAL Modellgesetz orientiertes Schiedsverfahrensrecht, welches für Verfahren gilt, die nach dem 30. Juni 2006 eingeleitet wurden. Die bekannteste Schiedsinstitution ist das Internationale Schiedsgericht der Wirtschaftskammer Österreich (Vienna International Arbitral Centre – VIAC). Die aktuelle Schiedsordnung der VIAC datiert vom 1. Juli 2013. **25**

I. Musterschiedsklausel der VIAC

„Alle Streitigkeiten oder Ansprüche, die sich aus oder im Zusammenhang mit diesem Vertrag ergeben, einschließlich Streitigkeiten über dessen Verletzung, Auflösung oder Nichtigkeit, werden nach der Schiedsordnung des VIAC (Wiener Regeln) von einem oder drei gemäß diesen Regeln ernannten Schiedsrichtern endgültig entschieden." **26**

Zweckmäßige ergänzende und empfohlene Vereinbarungen sind die Anwendung der Regelungen über das beschleunigte Verfahren, die Anzahl der Schiedsrichter, den Schiedsort, das anwendbare materielle Recht (unter Beachtung der Anwendbarkeit des UN-Übereinkommens über den Internationalen Warenkauf von 1980) und die Verfahrenssprache. **27**

II. Bildung des Schiedsgerichts

Das Schiedsgericht besteht aus einem Einzelschiedsrichter oder aus drei Schiedsrichtern (Art. 17.1 VIAC-SchO). Wenn sich die Parteien über die Anzahl der Schiedsrichter nicht einigen, entscheidet nach Art. 18.2 VIAC-SchO das Präsidium. Die Parteien dürfen ihren Schiedsrichter frei wählen (Art. 16.1 VIAC-SchO). Mehrere Kläger oder Beklagte haben jeweils gemeinsam einen Schiedsrichter zu benennen (Art. 18.4 VIAC-SchO). Nach Art. 19.1 VIAC-SchO bestätigt der Generalsekretär den jeweils benannten Schiedsrichter; ggf. entscheidet das Präsidium über die Bestätigung des Schiedsrichters. Sollten die Parteien innerhalb einer bestimmten Frist keine Vorschläge für etwaige Schiedsrichter machen, werden die Schiedsrichter durch das Präsidium des VIAC bestellt (Art. 18.3 VIAC-SchO). **28**

III. Besonderheiten des VIAC-Verfahrens

- Die VIAC-SchO findet keine Anwendung auf rein nationale Schiedsverfahren (Art. 1.3 VIAC-SchO). **29**
- Die Verfahrensbindung und die Möglichkeit der Einbeziehung Dritter (Beitritt wie auch Streitverkündung) in Schiedsverfahren nach der VIAC-SchO sind in Art. 14 und 15 VIAC-SchO geregelt und sind vergleichsweise weitreichend. Im laufenden Schiedsverfahren entscheidet über den Antrag einer Partei das Schiedsgericht.
- Kommt eine Stimmenmehrheit hinsichtlich eines Schiedsspruchs oder einer sonstigen Entscheidung nicht zustande, so entscheidet der Vorsitzende des Schiedsgerichts alleine (Art. 35.1 VIAC-SchO).
- Das Präsidium und der Generalsekretär sind berechtigt, Zusammenfassungen oder Auszüge aus Schiedssprüchen in anonymisierter Form zu veröffentlichen, wenn die Parteien nicht widersprechen (Art. 41.2 VIAC-SchO).
- Art. 45 regelt die Voraussetzungen für die Durchführung eines beschleunigten Verfahrens.

4. Teil. Streitbeilegung

IV. Kosten des VIAC-Verfahrens

30 Sofern die Parteien nichts anderes vereinbart haben, entscheidet das Schiedsgericht über die Kostentragung nach freiem Ermessen (Art. 37 VIAC-SchO). Der Generalsekretär setzt den Kostenvorschuss fest, der vor Übergabe der Unterlagen des Falles an das Schiedsgericht von den Parteien zu zahlen ist (Art. 42.1 VIAC-SchO). Die Zusammensetzung der Kosten, die streitwertabhängig sind, ergibt sich aus Art. 44 VIAC-SchO. Ein Kostenrechner findet sich unter http://www.viac.eu/.

C. Schiedsgerichtsbarkeit in der Schweiz

31 Zum 1. Januar 2011 ist in der Schweiz ein einheitliches Recht für rein nationale Schiedsverfahren in Kraft getreten. Nachdem bis dahin das Konkordat für Schiedsverfahrensrecht von 1969 galt, regeln nunmehr die Artt. 353–399 der schweizerischen Zivilprozessordnung kantonübergreifend Schiedsverfahren, die keinerlei Auslandsbezug aufweisen. Parteien eines rein nationalen Sachverhalts können jedoch auch die Anwendung des internationalen Schiedsverfahrensrechts vereinbaren. Dieses ist in Kapitel 12 des seit 1987 geltenden Gesetzes zum Internationalen Privatrecht geregelt. Ähnlich wie im deutschen Recht orientiert sich das Schweizer internationale Schiedsverfahrensrecht stark am UN-CITRAL Modellgesetz.

32 Im Bereich der institutionellen Schiedsregeln ersetzen seit 2004 die vereinheitlichten Schiedsregeln der Schweizer Handelskammern (Basel, Bern, Genf, Neuchâtel (seit 2008), Ticino, Vaud und Zürich) die bis dahin geltenden Schiedsregeln der jeweils einzelnen Handelskammern. Diese vereinheitlichte Regelung beruhte auf den UNCITRAL Arbitration Rules von 1976. Die aktuelle Version der sogenannten Schweizer Regeln/Swiss Rules ist seit dem 1. Juni 2012 in Kraft. Diese Überarbeitung führte auch zur Gründung der unabhängigen Schiedsinstitution der Schweizer Handelskammern (Swiss Chambers Arbitration Institution – SCAI).

33 Daneben hat in der Schweiz der Court of Arbitration for Sport (CAS) seinen Sitz (Lausanne). Der CAS bietet in Fällen sportbezogener Streitigkeiten eine schiedsgerichtliche Lösung durch ein Schiedsgericht bestehend aus einem oder drei Schiedsrichtern. Zur Streitbeilegung stehen verschiedene Regelwerke zur Verfügung. Dabei besteht nicht nur die Möglichkeit einer erstinstanzlichen Streitbeilegung durch den CAS. Der CAS ist auch als Rechtsmittelinstanz tätig – nämlich dann, wenn eine Partei des Schiedsverfahrens gegen eine erstinstanzliche Entscheidung des DIS-Sportgerichts vorgehen will.

I. Musterschiedsklausel der SCAI

34 „Alle Streitigkeiten, Meinungsverschiedenheiten oder Ansprüche aus oder im Zusammenhang mit diesem Vertrag, einschließlich über dessen Gültigkeit, Ungültigkeit, Verletzung oder Auflösung, sind durch ein Schiedsverfahren gemäß der Internationalen Schweizerischen Schiedsordnung der Swiss Chambers' Arbitration Institution zu entscheiden. Es gilt die zur Zeit der Zustellung der Einleitungsanzeige in Kraft stehende Fassung der Schiedsordnung.
Das Schiedsgericht soll aus ... („einem", „drei", „einem oder drei") Mitglieder(n) bestehen; Der Sitz des Schiedsverfahrens ist ... (Ort in der Schweiz, es sei denn, die Parteien einigen sich auf einen Sitz in einem anderen Land); Die Sprache des Schiedsverfahrens ist ... (gewünschte Sprache einfügen)."

II. Bildung des Schiedsgerichts

35 Das Schiedsgericht besteht grundsätzlich aus 1 oder 3 Schiedsrichtern (Art. 6 SCAI-SchO). In Ermangelung einer Absprache zwischen den Beteiligten des Verfahrens entscheidet ein Einzelschiedsrichter, soweit dies mit den Umständen des Falles, insbesondere dem Streitwert, vereinbar ist (Art. 6.2 SCAI-SchO).

Abschnitt 45. Schiedsgerichte in Deutschland und Westeuropa

Die Wahl der Schiedsrichter ist grundsätzlich frei, muss aber vom Gerichtshof der SCAI bestätigt werden (Art. 5.1 SCAI-SchO). Die SCAI kann den/die Schiedsrichter ablehnen und unter Umständen eigene benennen (Art. 5.2 lit. (b) SCAI-SchO). 36

Die Parteien bestimmen entweder den Einzelschiedsrichter gemeinsam oder jeweils einen Mitschiedsrichter, welche wiederum den Vorsitzenden bestimmen. Bei Mehrparteienstreitigkeiten bestimmen beide Seiten jeweils gemeinsam ihren Schiedsrichter. 37

III. Besonderheiten des SCAI-Verfahrens

- Für den Fall, dass das Schiedsgericht nach der SCAI-SchO nicht wirksam bestellt werden kann, hat der Gerichtshof nach Art. 5.3 SCAI-SchO sämtliche Befugnisse, eine wirksame Bestellung herbeizuführen. 38
- Art. 4.1 SCAI-SchO regelt die Voraussetzungen, die vorliegen müssen, damit zwei oder mehr Verfahren miteinander verbunden werden.
- Nach Art. 4.2 SCAI-SchO entscheidet das Schiedsgericht über den Beitritt einer dritten Partei in ein laufendes Schiedsverfahren oder die Ausdehnung eines laufenden Schiedsverfahrens auf eine dritte Partei, sofern dies von einer der bereits beteiligten Parteien begehrt wird.
- Wenn der Streitwert unter CHF 1.000.000 (eine Million Schweizer Franken) liegt, finden nach Art. 6.4 SCAI-SchO die Regeln für das beschleunigte Verfahren (Art. 42 SCAI-SchO) Anwendung. In diesem Fall soll der Schiedsspruch innerhalb von sechs Monaten, nachdem das Schiedsgericht die Akten erhalten hat, ergehen.
- Nach Art. 44.3 SCAI-SchO kann ein Schiedsspruch entgegen dem Grundsatz der Geheimhaltung (Art. 44.1 und 44.2 SCAI-SchO) unter drei Voraussetzungen veröffentlicht werden: eine Anfrage zur Veröffentlichung an das Sekretariat der SCAI, alle Hinweise auf die Parteien und deren Namen sind zu entfernen sowie kein Widerspruch der Parteien gegen die Veröffentlichung des Schiedsspruches.

IV. Kosten des SCAI-Verfahrens

Die Kosten des Verfahrens richten sich nach dem Streitwert, werden vom Schiedsgericht am Ende des Verfahrens ermittelt und im Schiedsspruch festgelegt (Art. 38(a), 39, 40.3 und 40.5 SCAI-SchO). Sie setzen sich u. a. aus der Einschreibegebühr, den Schiedsrichterhonoraren und den Verwaltungskosten zusammen (Art. 38 SCAI-SchO). Ein unverbindlicher Kostenrechner ist im Internet unter https://www.swissarbitration.org/sa/en/costs.php verfügbar. 39

D. Schiedsgerichtsbarkeit in Italien

Die Regeln zum italienischen Schiedsverfahren finden sich im 4. Buch der Zivilprozessordnung, die im Jahr 2006 geändert wurde. Der bekannteste Schiedsverfahrensanbieter ist die Schiedskammer in Mailand (Camera Arbitrale Milano – CAM). Sie ist der Handelskammer in Mailand angegliedert. Die derzeitigen CAM-Schiedsverfahrensregeln sind seit dem 1. Januar 2010 in Kraft. 40

I. Musterschiedsklausel der CAM

„Alle Streitigkeiten, die sich aus oder in Zusammenhang mit dem vorliegenden Vertrag ergeben, werden durch ein Schiedsverfahren gemäß der Schiedsordnung der Schiedskammer Mailand von einem Einzelschiedsrichter/von drei Schiedsrichtern, der/die gemäß dieser Schiedsordnung zu ernennen ist/sind, entschieden." 41

Die CAM weist darauf hin, dass es sich lediglich um eine Standardklausel handelt, die den Besonderheiten des Falles angepasst werden sollte. Hierzu bietet die Kammer aus- 42 drücklich ihre Hilfe an. Ferner empfiehlt sie Ergänzungen hinsichtlich des anwendbaren Sachrechts, des Ortes und der Sprache.

II. Bildung des Schiedsgerichts

43 Die Parteien benennen die Schiedsrichter grundsätzlich nach einem von ihnen selbst festgelegten Verfahren (Art. 14.1 CAM-SchO). Anderenfalls erfolgt die Ernennung der Schiedsrichter nach der CAM-SchO.

44 Die Anzahl der Schiedsrichter bestimmen die Parteien (Art. 13.1 CAM-SchO). Sie sollte jedoch ungerade sein, wenn die Parteien nicht ausdrücklich etwas anderes festgelegt haben (Art. 13.3 CAM-SchO). Sollte keine Vereinbarung unter den Parteien bestehen, entscheidet ein Einzelschiedsrichter, soweit dies sinnvoll erscheint (Art. 13.2 CAM-SchO). Der *Arbitral Council* ernennt den Einzelschiedsrichter bzw. den Vorsitzenden (Art. 14.2, 14.4 lit. b CAM-SchO).

III. Besonderheiten des CAM-Verfahrens

45
- Art. 1.2 CAM-SchO regelt ausdrücklich, dass die Regeln der CAM-SchO auch dann Anwendung finden, wenn eine Partei Schiedsklage nach der CAM-SchO erhebt, obwohl sich die Parteien bislang nicht auf die Anwendung der CAM-SchO oder ein Schiedsverfahren überhaupt geeinigt haben und die andere Partei diesem Vorschlag der Streitbeilegung durch eine persönlich unterschriebene Erklärung zustimmt.
- Das Schiedsgericht soll in jedem Fall Handelsbräuche berücksichtigen (Art. 3.4 CAM-SchO).
- Die Nationalität des Einzelschiedsrichters oder des Vorsitzenden soll nicht mit der einer Partei übereinstimmen, es sei denn, die Parteien vereinbaren dies ausdrücklich (Art. 14.5 CAM-SchO).
- Art. 21.2 CAM-SchO bestimmt, dass die Konstitution des Schiedsgerichts in einem schriftlichen Sitzungsprotokoll festgehalten werden soll, welches die einzelnen Schiedsrichter datieren und unterzeichnen und das weitere Schritte und Zeitvorgaben zur Durchführung des Verfahrens enthält.
- Der Schiedsspruch wird vom Sekretariat der CAM hinsichtlich aller formellen Vorgaben geprüft (Art. 30.4 CAM-SchO).
- Die Frist zur Erlassung des Schiedsspruches beträgt sechs Monate nach Konstituierung des Schiedsgerichts und wird streng gehandhabt.

IV. Kosten des CAM-Verfahrens

46 Die Kosten, sowohl betreffend die CAM als auch die Schiedsrichter, richten sich nach dem Streitwert des Verfahrens (Art. 35 CAM-SchO). Annex A der CAM-SchO legt Kriterien für die Streitwertfestsetzung fest. Über die Kosten entscheidet nach Art. 36.1 CAM-SchO der *Arbitral Council*, bevor der Schiedsspruch erlassen ist. Über die Kostenentscheidung informiert der *Arbitral Council* das Schiedsgericht, welches diese Entscheidung in den Schiedsspruch übernimmt. Auf der Homepage der CAM steht ein Kostenrechner zur Verfügung.

E. Schiedsgerichtsbarkeit in Frankreich

47 Das französische Schiedsverfahrensrecht, das nach einer Reform in seiner jetzigen Fassung am 1. Mai 2011 in Kraft trat, befindet sich im 4. Buch des französischen Code de Procédure Civil (CPC) und unterscheidet grundsätzlich zwischen internen (Artikel 1442 bis 1503 CPC) und internationalen Schiedsverfahren (Artikel 1504 bis 1526). Es spiegelt die schiedsfreundliche Rechtsprechung der französischen Gerichte wieder. Zudem beschäf-

tigen sich die Artikel 2059 ff. des Code Civil mit Fragen der Schiedsfähigkeit im Rahmen interner Schiedsverfahren. Im Code de la Consommation finden sich ebenfalls Hinweise zur Schiedsfähigkeit bei Verträgen ohne Auslandsbezug, an denen ein Verbraucher beteiligt ist.[8]

Unter den zahlreichen in Frankreich angesiedelten Schiedsgerichtsinstitutionen befindet sich zunächst der Internationale Schiedsgerichtshof der Internationalen Handelskammer (ICC). Der ICC Schiedsgerichtshof in Paris stellt die wohl bekannteste und namhafteste internationale Schiedsinstitution der Welt dar. Die Schiedsordnung der ICC wurde jüngst überarbeitet und ist in ihrer neuesten Fassung seit dem 1. Januar 2012 in Kraft (vgl. *Nedden/Herzberg* sowie → Abschnitt 49). 48

I. Centre de Médiation et d'Arbitrage (CMAP)

Neben der ICC ist das 1995 von der Pariser Industrie- und Handelskammer gegründete Centre de Médiation et d'Arbitrage (CMAP), ebenfalls mit Sitz in Paris, zu nennen. Das CMAP ist neben der Handelskammer Hamburg ebenfalls Träger des bereits erwähnten Deutsch-Französischen Mediationscentrums. Die Schiedsordnung des CMAP trat in ihrer gegenwärtigen Form am 1. März 2012 in Kraft. 49

II. Musterschiedsklausel des CMAP

„All disputes arising out of or in connection with the validity, interpretation, performance, non-performance or termination of this Contract shall be submitted to arbitration under the CMAP (Centre for Mediation and Arbitration of Paris, Paris Chamber of Commerce and Industry – 39, avenue Franklin D. Roosevelt, 75008 Paris) Rules of Arbitration to which the parties undertake to adhere." 50

III. Bildung des Schiedsgerichts

Die CMAP Musterschiedsklausel lässt die Anzahl der Schiedsrichter offen. Findet keine diesbezügliche Einigung der Parteien statt, legt die Commission d'arbitrage des CMAP die Anzahl fest. Die Anzahl der Schiedsrichter muss gemäß Art. 11 CMAP-SchO immer ungerade sein. Falls ein Dreierschiedsgericht zu bilden ist, kann jede Seite einen Mitschiedsrichter benennen. Der Vorsitzende wird durch die Commission d'arbitrage des CMAP bestellt (Art. 12.1 CMAP-SchO). Gleiches gilt auch, wenn das Verfahren vor einem Einzelschiedsrichter stattfindet. 51

IV. Besonderheiten des CMAP-Verfahrens

- Sofern keine anderweitige Vereinbarung vorliegt, ist der Schiedsort Paris (Art. 17.1 CMAP-SchO). 52
- Es obliegt dem Schiedsgericht, mit den Parteien ein den ICC Terms of Reference (Schiedsauftrag) ähnliches Dokument zu erstellen, das von allen Beteiligten zu unterzeichnen ist (Art. 18.2 CMAP-SchO).
- Das Verfahren ist, wenn nicht anders vereinbart, vertraulich (Art. 18.4 CMAP-SchO).
- Die CMAP-SchO sieht explizit vor, dass es gegen prozessleitende Verfügungen keine Rechtsbehelfe gibt.
- Bevor ein Schiedsspruch den Parteien zugestellt wird, ist er durch das Schiedsgericht im Entwurf der Commission d'arbitrage des CMAP vorzulegen, die jedwede Anmerkungen zum Schiedsspruch gegenüber dem Schiedsgericht machen kann (Art. 23.2 CMAP-SchO).
- Die CMAP-SchO weist auf die Möglichkeit eines beschleunigten Verfahrens, eines Tribunal arbitral préconstitué, das – vergleichbar mit einem Dispute Board – für eine Dauer

---

[8] Vgl. Art. L 132-1 Code de Consommation.

4. Teil. Streitbeilegung

von zwei Jahren konstituiert wird, sowie einer Mediation hin. Letztere wird vorgeschlagen durch das CMAP oder das Schiedsgericht.

V. Kosten des CMAP Verfahrens

53 Der Vorschuss auf die Verwaltungsgebühren und die Schiedsrichterhonorare wird vom CMAP Generalsekretär festgelegt und richten sich nach der CMAP Kostentabelle, die in Abhängigkeit vom Streitwert steht. Die Schiedsrichterhonorare bewegen sich dabei zwischen festgelegten Minimum- und Maximumbeträgen. Die Commission d'arbitrage legt die endgültigen Verfahrenskosten im Zusammenhang mit dem Endschiedsspruch fest. Das Schiedsgericht entscheidet über die Allokation zwischen den Parteien.

F. Schiedsgerichtsbarkeit in Belgien

54 Das belgische Schiedsverfahrensrecht stammt aus dem Jahr 1972 und wurde zuletzt mit Wirkung zum 1. September 2013 überarbeitet bzw. ergänzt. Die bekannteste belgische Schiedsgerichtsinstitution ist das Belgische Centre for Arbitration and Mediation (CEPANI).

55 CEPANI-Schiedsverfahren werden schon vor dem eigentlichen Verfahrensbeginn nach dem Streitwert unterteilt und verschiedenen Verfahren und Regelwerken zugewiesen. Section 2 der CEPANI-SchO gilt ausdrücklich für Streitigkeiten von geringerem finanziellen Interesse und findet Anwendung, wenn der Streitwert für Klage und ggf. Widerklage zusammen 25.000 Euro nicht übersteigt (Sec. 2 Art. 3.1 CEPANI-SchO). Die aktuelle Schiedsordnung sowohl für Verfahren mit einem Streitwert über 25.000 Euro als auch darunter ist seit dem 1. Januar 2013 in Kraft.

I. Musterschiedsklausel des CEPANI

56 „Alle aus oder in Zusammenhang mit dem gegenwärtigen Vertrag sich ergebenden Streitigkeiten werden nach der Schiedsgerichtsordnung des CEPANI von einem oder mehreren gemäß dieser Ordnung ernannten Schiedsrichtern endgültig entschieden."

57 Das CEPANI empfiehlt die klassischen Ergänzungen wie Anzahl der Schiedsrichter, Ort, Sprache und das anwendbare Sachrecht. Wenn am Schiedsverfahren keine Partei beteiligt ist, die iSd Art. 1719 des belgischen Gerichtsgesetzbuchs Code Judiciaire als belgische Partei gilt, kann noch folgende Ergänzung vorgenommen werden: „Die Parteien schließen ausdrücklich jede Aufhebungsklage gegen den Schiedsspruch aus."

II. Bildung des Schiedsgerichts

58 Die Parteien des Verfahrens wählen ihre Schiedsrichter im Grundsatz frei aus (Sec. 1 Art. 15 CEPANI-SchO). Die Schiedsrichter werden nur im Ausnahmefall durch das CEPANI ernannt, in jedem Falle aber durch dieses bestätigt (Sec. 1 Art. 15.1 CEPANI-SchO).

59 Das Schiedsgericht besteht aus einem Einzelschiedsrichter oder einem Dreierschiedsgericht (Sec. 1 Art. 15.2, 15.3 CEPANI-SchO). Die Parteien bestimmen in einem Verfahren mit drei Schiedsrichtern zunächst jeweils einen der Mitschiedsrichter (Sec. 1 Art. 15.3 CEPANI-SchO). In einem Mehrparteienverfahren müssen beide Seiten jeweils einstimmig einen Schiedsrichter ernennen. Der Vorsitzende wird in Ermangelung einer Parteivereinbarung durch den Ernennungsausschuss oder den Präsidenten des CEPANI ernannt (Sec. 1 Art. 15.3 para. 2 CEPANI-SchO). Im Falle einer fehlenden Parteivereinbarung entscheidet, wenn dem nichts entgegensteht, ein Einzelschiedsrichter (Sec. 1 Art. 15.4 CEPANI-SchO). Diesen können die Parteien gemeinsam bestimmen. Anderenfalls wird der Einzelschiedsrichter wie der Vorsitzende eines Dreierschiedsgerichts durch den Ernennungsaus-

schuss oder den Präsidenten des CEPANI festgelegt. Die Frist zur Einlegung eventueller Vorbehalte gegen einzelne Schiedsrichter beträgt einen Monat.

III. Besonderheiten des CEPANI-Verfahrens

- Die Überprüfung des Schiedsspruchs durch das CEPANI ist nur rudimentär und bezieht sich hauptsächlich auf die Einhaltung formaler Anforderungen.
- Im regulären Schiedsverfahren soll der Schiedsspruch innerhalb von sechs Monaten nach Erteilung des Auftrags an das Schiedsgericht erlassen werden (Sec. 1 Art. 28.1 CEPANI-SchO).
- Es finden automatisch gesonderte, beschleunigende Regeln Anwendung, soweit der Streitwert weniger als 25.000 € beträgt.
- Der Schiedsspruch soll im beschleunigten Verfahren 21 Tage nach dem letzten Schriftsatz bzw. der letzten mündlichen Verhandlung ergehen (Sec. 2 Art. 21.1 CEPANI-SchO).

IV. Kosten des CEPANI-Verfahrens

Zunächst muss mit der Schiedsklage eine Vorauszahlung von 500 Euro eingehen (Schedule I, 2). Die weiteren Kosten richten sich nach einer Tabelle, die sich wiederum am Streitwert orientiert und Obergrenzen für die Schiedsrichterhonorare vorsieht. Hinzu kommen die Kosten weitere administrative Dienstleistungen, deren Berechnung in den Schiedsregeln erläutert wird. Alle Kosten bestimmt das Sekretariat des CEPANI. Ein Prozesskostenrechner steht auf http://www.cepani.be/en/arbitrage.aspx zur Verfügung.

G. Schiedsgerichtsbarkeit in den Niederlanden

Das aktuelle Schiedsverfahrensrecht der Niederlande wurde zuletzt 1986 unter Berücksichtigung des UNCITRAL Modellgesetztes überarbeitet und befindet sich in den Artikeln 1020–1076 des Zivilprozessgesetzes. Das wichtigste Schiedsgericht ist das des 1949 gegründeten Niederländischen Schiedsgerichtsinstituts (Nederlands Arbitrage Instituut – NAI). Die derzeitig gültigen Schiedsregeln des NAI stammen aus dem Jahre 2010.

I. Musterschiedsklausel des NAI

„Alle aus dem gegenwärtigen Vertrag oder aus näheren Vereinbarungen, welche daraus folgen, sich ergebende Streitigkeiten werden endgültig entschieden nach der Schiedsgerichtsordnung des Niederländischen Instituts für Schiedsgerichtswesen (Nederlands Arbitrage Instituut)."

Zusätzlich sollte wiederum Anzahl der Schiedsrichter, Ort, Sprache und das anwendbare Recht festgelegt werden. Zudem ist es unter Umständen ratsam, die Verbindung mit einem anderen in den Niederlanden anhängigen Schiedsverfahren gemäß Art. 1046 des niederländischen Zivilprozessgesetzes auszuschließen. Ebenso ist zu überlegen, ob das in der NAI-SchO vorgesehene Listenverfahren zur Benennung von Schiedsrichtern ausgeschlossen oder abgewandelt werden sollte.

II. Bildung des Schiedsgerichts

Es gilt das Listenverfahren, an dem sich die Parteien orientieren müssen, sofern sie nichts anderes vereinbart haben (Art. 13 NAI-SchO). Das NAI schickt den Parteien dementsprechend eine Liste potentieller Kandidaten für den jeweiligen Fall, aus denen sie ihren Schiedsrichter wählen können, zu. Die Bestätigung und eigentliche Ernennung erfolgt im Anschluss durch die Verwaltung des NAI (Art. 15 NAI-SchO).

Sollte es keine Parteivereinbarung geben, liegt es im Ermessen des NAI, die Anzahl der Schiedsrichter unter Berücksichtigung der Interessen der Parteien und der Umstände des

Falles zu bestimmen. In einem solchen Fall schickt das NAI den Parteien Listen, auf denen sie jeweils unerwünschte Schiedsrichter streichen können. Aus den Übrigen wählt das NAI dann – je nach Fall – 1 oder 3 Schiedsrichter aus. Der Vorsitzende wird von den Mitschiedsrichtern bestimmt.

III. Besonderheiten des Verfahrens

67
- Nach Art. 3.2 NAI-SchO kann das Schiedsgericht einen bindenden Hinweis erlassen, wenn es der Ansicht ist, dass die Streitigkeit ganz oder teilweise nicht durch ein Schiedsverfahren entschieden werden kann.
- Bei der Auswahl der Schiedsrichter sind die Parteien durch das Listenverfahren stark eingeschränkt (Art. 14 NAI-SchO).
- Nur auf Antrag der Parteien muss ein Einzelschiedsrichter bzw. der Vorsitzende eine andere Nationalität als die Parteien haben (Art. 16.2, 16.3 NAI-SchO).
- In nationalen Schiedsverfahren entscheidet das Schiedsgericht gemäß Art. 45.1 NAI-SchO als amiable compositeur.
- In nationalen Schiedsverfahren sind Sondervoten gemäß Art. 48.4 NAI-SchO nicht gestattet.
- Gemäß Art. 55 NAI-SchO sind alle Beteiligten zur Vertraulichkeit verpflichtet. Allerdings muss der – anonymisierten – Veröffentlichung des Schiedsspruchs pro-aktiv innerhalb eines Monats nach Erhalt des Schiedsspruchs widersprochen werden.
- Ein beschleunigtes Verfahren kann vor, mit oder nach dem eigentlichen Verfahrensbeginn beantragt werden.

IV. Kosten des NAI-Verfahrens

68 Die Kosten für ein NAI-Verfahren setzen sich aus den Verwaltungskosten, die sich nach einer Gebührentabelle richten, sowie den Schiedsrichterhonoraren und Auslagen der Schiedsrichter zusammen. Zu den Schiedsrichterhonoraren gibt es keine detaillierten Regelungen; diese werden vielmehr vom NAI nach Rücksprache mit dem Schiedsgericht festgelegt (Art. 58 NAI-SchO). Über die Verteilung der Kosten entscheidet grundsätzlich das Schiedsgericht.

H. Schiedsgerichtsbarkeit in Großbritannien

69 Das aktuelle Schiedsverfahrensrecht für England, Wales und Nordirland stammt aus dem Jahr 1996. Das UNCITRAL Modellgesetz wurde hierbei nicht übernommen, die grundlegenden Ansätze allerdings beachtet. Die wichtigste Schiedsinstitution ist der in London ansässige London Court of International Arbitration (LCIA) (vgl. hierzu ausführlich Abschnitt 49). London ist auch beliebter Schiedsort für Maritime Arbitration, die allerdings weitgehend als ad hoc Verfahren stattfinden.

70 Ferner gibt es wie auch in Hamburg eine Reihe von Schiedsinstitutionen, die sich im Laufe der Zeit für spezielle Wirtschaftszweige herausgebildet haben. Zu nennen sind hier unter anderem:

a) Insurance and Reinsurance Arbitration Society (ARIAS (UK)),
b) Grain & Feed Trade Association (GAFTA),
c) Federation of Oils, Seeds & Fats Associations (FOSFA),
d) London Metal Exchange (LME).

Daneben ist in London das 1915 gegründete Chartered Institute of Arbitrators ansässig, welches sich insbesondere in der Ausbildung und weltweiten Vernetzung von Schiedsrichtern engagiert.

I. Schiedsgerichtsbarkeit in Dänemark

Das Schiedsverfahrensrecht in Dänemark richtet sich nach dem dänischen Schiedsverfahrensgesetz vom 24. Juni 2005. Neben dem branchenspezifischen Danish Building and Construction Arbitration Board ist das Voldgiftsinstituttet (the Danish Institute of Arbitration – DIA) der wichtigste und renommierteste Anbieter. Es hat seinen Sitz in Kopenhagen. Die aktuelle Schiedsordnung trat am 1. Mai 2013 in Kraft. 71

I. Musterschiedsklausel des DIA

„Alle Streitigkeiten, die sich aus oder im Zusammenhang mit diesem Vertrag ergeben, einschließlich aller Streitigkeiten hinsichtlich seiner Entstehung, Gültigkeit oder Beendigung, sind durch ein Schiedsverfahren, administriert durch das dänische Schiedsinstitut, nach den zum Zeitpunkt der Einleitung des Schiedsverfahrens jeweils gültigen Vorschriften des dänischen Schiedsinstituts zu entscheiden." 72

II. Bildung des Schiedsgerichts

Das Schiedsgericht besteht aus 1 oder 3 Schiedsrichtern. Wenn die Parteien nichts anderes vereinbart haben, entscheidet ein Einzelschiedsrichter (Art. 10.1 DIA-SchO). Aufgrund der Komplexität und Schwierigkeit der Streitigkeit kann das *Chairman's Committee* (bestehend aus dem Vorstandsvorsitzenden und seinem Vertreter) nach Anhörung der Parteien entscheiden, dass das Schiedsgericht aus drei Schiedsrichtern bestehen soll. 73

Grundsätzlich steht es den Parteien frei, den Einzelschiedsrichter gemeinsam zu benennen (Art. 11.2 DIA-SchO), dessen Nominierung und Bestätigung übernimmt allerdings das DIA, nachdem es die Meinung der Parteien gehört hat (Art. 11.1 DIA-SchO). 74

Wenn ein Dreierschiedsgericht den Fall entscheiden soll, so benennt jede Partei einen Schiedsrichter und beide zusammen den Vorsitzenden des Schiedsgerichts (Art. 11.3 DIA-SchO). Mehrere Kläger oder mehrere Beklagte wählen jeweils gemeinsam einen Schiedsrichter aus. Können sie sich nicht auf einen Schiedsrichter einigen, so wählt das *Chairman's Committee* alle Mitglieder des Schiedsgerichts aus (Art. 11.6 DIA-SchO). 75

Für den Fall, dass sich die Parteien nicht auf einen Einzelschiedsrichter oder den Vorsitzenden einigen können, ernennt das *Chairman's Committee* den jeweiligen Schiedsrichter (Art. 11.8 DIA-SchO). 76

III. Besonderheiten des DIA-Verfahrens

- Der Vorsitzende des Schiedsgerichts muss einen juristischen Abschluss vorweisen (Art. 10.2 DIA-SchO). Die weiteren Schiedsrichter dürfen auf Wunsch der Parteien anderweitig qualifiziert sein. 77
- Der Vorsitzende muss bei einem internationalen Verfahren in einem anderen Land ansässig sein, als die Parteien und die anderen Schiedsrichter, sofern nichts anderes vereinbart ist (Art. 11.7 DIA-SchO).
- Der Schiedsspruch wird durch das DIA geprüft und genehmigt (Art. 28 DIA-SchO).
- In Appendix 2 und 3 der DIA-SchO finden sich Regelungen für eine Beweissicherung sowie einstweilige Anordnungen/Verfügungen für den Zeitraum vor der Konstituierung des Schiedsgerichts.

IV. Kosten des DIA-Verfahrens

Die Registrierungsgebühr beträgt DKK 1.300 und wird nicht erstattet (Art. 5 DIA-SchO). Über die Höhe der Kosten entscheidet das Sekretariat des DIA (Art. 25.4 DIA-SchO). Die Verteilung der Kosten übernimmt das Schiedsgericht und soll sich dabei am Obsiegen orientieren (Art. 25.1 und 25.3 DIA-SchO). Die Honorare und Gebühren des DIA sowie der Schiedsrichter richten sich nach Appendix 1 der DIA-SchO. Im Internet gibt es unter http://www.voldgiftsinstituttet.dk/en/Menu/Costs einen Kostenrechner. 78

4. Teil. Streitbeilegung

J. Schiedsgerichtsbarkeit in Schweden

79 Schweden verfügt über eine lange Schiedsgerichtstradition, die bis ins Jahr 1356 zurückreicht. Das aktuelle schwedische Schiedsverfahrensrecht, das sich sowohl auf nationale wie internationale Schiedsverfahren bezieht, stammt aus dem Jahr 1999. Hierbei hat sich der schwedische Gesetzgeber zwar am UNCITRAL Modellgesetz orientiert, dieses aber nicht vollständig übernommen. Die wichtigste Schiedsinstitution ist das Schiedsgerichtsinstitut der Stockholmer Handelskammer (SCC), das im Jahr 1917 gegründet wurde. Die derzeit gültige Schiedsordnung der CC datiert aus dem Jahr 2010. Daneben bietet die SCC Regeln für ein Beschleunigtes Verfahren, für Mediationsverfahren sowie für Streitigkeiten aus der Versicherungsbranche an. Die SCC wird traditionell häufig von Parteien aus der Russischen Föderation als zuständige Schiedsinstitution vereinbart, wenn ein neutrales, in einem Drittstaat ansässiges Schiedsgericht gewünscht wird.

I. Musterschiedsklausel der SCC

80 „Alle Streitigkeiten, Meinungsverschiedenheiten oder Forderungen, die aus oder im Zusammenhang mit diesem Vertrag, seiner Verletzung, Beendigung oder Ungültigkeit entstehen, werden endgültig durch ein Schiedsgerichtsverfahren gemäß der Schiedsgerichtsordnung des Schiedsgerichtsinstituts der Stockholmer Handelskammer entschieden."

Die SCC empfiehlt die klassischen Ergänzungen wie Ort, Sprache, materielles Recht und Anzahl der Schiedsrichter.

II. Bildung des Schiedsgerichts

81 Die Parteien sind in der Wahl ihrer Schiedsrichter vollkommen frei. Es gibt weder eine Liste, noch lehnt die SCC die Vorschläge ohne triftigen Grund ab. Sollten die Parteien allerdings zu keinem Ergebnis kommen, bestimmt die SCC nach dem in §§ 12 ff. SCC-SchO vorgesehenen Verfahren die Schiedsrichter.

82 Das Schiedsgericht besteht aus beliebig vielen Schiedsrichtern, solange eine ungerade Zahl vorliegt (§ 13.3 SCC-SchO). Hierbei ernennen die Parteien jeweils dieselbe Anzahl von Schiedsrichtern. Der Vorsitzende wird allerdings von der SCC bestimmt. Bei fehlender Vereinbarung entscheidet ein Schiedsgericht bestehend aus drei Schiedsrichtern (§ 12 SCC-SchO).

III. Besonderheiten des Verfahrens

83
- Der Vorstand der SCC kann von den Parteien verlangen, ihre Schriftsätze zu ergänzen (§ 6 SCC-SchO).
- Die Nationalität des Vorsitzenden oder Einzelschiedsrichters darf in Verfahren mit Parteien unterschiedlicher Nationalitäten grundsätzlich nicht die Nationalität einer der Parteien haben (§ 13.5 SCC-SchO).
- Das Schiedsgericht hat gemäß § 23 SCC-SchO einen Zeitplan zu erstellen, nach dem das Verfahren ablaufen soll.
- Dem Schiedsgericht steht es frei, bei Nichtbefolgen von Anordnungen angemessene Rückschlüsse aus dem Verhalten der betreffenden Partei zu ziehen (§ 30.3 SCC-SchO).
- Ein Notschiedsrichter kann auf Antrag der Parteien gemäß Anhang II zur SCC-SchO bis zur Konstituierung des eigentlichen Schiedsgerichts ernannt werden.[9]
- Gemäß § 39.2 SCC-SchO muss das Schiedsgericht bei Verfahren, die ohne ein Endurteil enden, die Beendigung gleichwohl in einem Urteil festhalten.

---

[9] Vgl. für Einzelheiten: *Shaughnessy* S. 337 ff.

- Die in § 46 SCC-SchO geregelte Pflicht zur Vertraulichkeit richtet sich nur an die SCC und das Schiedsgericht. Hinsichtlich etwaiger Pflichten der Parteien muss also eine zusätzliche Abrede getroffen werden.
- Die SCC bietet separate Regeln für beschleunigte Verfahren an.

IV. Kosten des SCC-Schiedsverfahrens

Die Antragsgebühr eines SCC-Schiedsverfahrens beträgt 1.875 Euro (inkl. MwSt.). Hinzu kommen die Verwaltungskosten, die Schiedsrichterhonorare und eventuelle Sonderleistungen etwa für den Notfallschiedsrichter. Diese richten sich nach festgelegten Tabellen, die sich wiederum weitgehend am Streitwert orientieren. Festgelegt werden die Kosten durch den Vorstand der SCC. Über die Verteilung entscheidet aber das Schiedsgericht selbst. Ein Kostenrechner steht unter http://www.sccinstitute.com/skiljeforfarande-2/how-much-is-it-1.aspx zur Verfügung. 84

K. Übersicht: Schiedsinstitutionen in Westeuropa

85

Staat	Schiedsgerichte/Informationen	Internetadresse
Deutschland	1. Deutsche Institution für Schiedsgerichtsbarkeit (DIS) 2. Schiedsgericht der Handelskammer Hamburg 3. Hamburger freundschaftliche Arbitrage 4. Deutscher Kaffeeverband e. V. 5. Logistikschiedsgericht an der Handelskammer Hamburg 6. Verein der Getreidehändler der Hamburger Börse e. V. 7. Warenverein der Hamburger Börse e. V. 8. Deutscher Verband des Großhandels mit Ölen, Fetten und Ölrohstoffen e. V. 9. German Maritime Arbitration Association (GMAA)	1. http://www.dis-arb.de 2. http://www.hk24.de/schiedsgerichte 3. s. o. 4. s. o. 5. http://www.hk24.de/logistik-schiedsgericht 6. http://www.vdg-ev.de/ 7. http://www.waren-verein.de/ 8. http://www.grofor.de 9. http://www.gmaa.de/
Österreich	Internationales Schiedsgericht der Wirtschaftskammer Österreich	http://www.viac.eu/de/
Schweiz	Schiedsgericht der Schweizer Handels- und Industriekammern	http://www.sccam.org/sa/en/
Italien	Camera Arbitrale Milano	http://www.camera-arbitrale.it/
Frankreich	1. Internationaler Schiedsgerichtshof der Internationalen Handelskammer 2. Pariser Mediations- und Schiedszentrum (CMAP) 3. Schiedszentrum der Deutsch-Französischen Industrie- und Handelskammer Paris	1. http://www.iccwbo.org/court/arbitration 2. http://www.cmap.fr/ 3. http://www.francoallemand.com
Belgien	Belgisches Zentrum für Schiedsgerichtsbarkeit und Mediation	http://www.cepina.be/EN/
Niederlande	Niederländisches Institut für Schiedsgerichtswesen	http://www.nai-nl.org/english/
Großbritannien	1. London Court of International Arbitration (LCIA)	1. http://www.lcia.org/

4. Teil. Streitbeilegung

Staat	Schiedsgerichte/Informationen	Internetadresse
	2. Chartered Institute of Arbitrators (CIArb)	2. http://www.ciarb.org/
	3. Insurance and Reinsurance Arbitration Society (ARIAS UK)	3. http://www.arias.org.uk/
	4. Grain & Feed Trade Association (GAFTA)	4. http://www.gafta.com/
	5. Federation of Oils, Seeds & Fats Associations (FOSFA)	5. http://www.fosfa.org/
	6. London Metal Exchange (LME)	6. http://www.lme.com/
Dänemark	Dänisches Schiedsinstitut	http://www.voldgiftsinstituttet.dk/de
Schweden	Schiedsgerichtsinstitut der Stockholmer Handelskammer	http://www.sccinstitute.se/uk/Home/

Abschnitt 46. Schiedsgerichte in Osteuropa und Russland

Übersicht

	Rn.
A. Stand des Schiedsverfahrensrechts	1
I. Historie	1
II. Aktuell geltendes Recht	4
B. Führende Schiedsinstitutionen	7
I. Schiedsinstitutionen	7
II. Ad hoc-Schiedsverfahren	8
III. Nutzungshäufigkeit	11
C. Musterschiedsklauseln	16
I. Institutionelle Schiedsklauseln	16
II. Ad hoc Schiedsklauseln	19
D. Auswahl von Schiedsrichtern	21
I. Institutionelle Benennungsregeln	21
1. Allgemeines	21
2. Benennungsregeln des MKAS	22
3. Schiedsrichterliste des MKAS	26
II. Auswahl und Benennung von ad hoc-Schiedsrichtern	27
E. Besonderheiten des Verfahrens im Vergleich zu deutschen Schiedsverfahren	28
I. Internationale/nationale Schiedsverfahren	29
II. Schiedsfähigkeit	31
III. Vorläufiger Rechtsschutz bei staatlichen Gerichten	32
IV. Anhängigkeit der Schiedsklage	34
F. Kosten des Verfahrens	35
G. Vollstreckbarkeit von Schiedssprüchen	38
I. Allgemeines	39
II. Formerfordernisse	41
III. Öffentliche Ordnung	43

Literatur: *Komarov*, International Commercial Arbitration at the Chamber of Commerce and Industry of the Russian Federation, Yearbook Commercial Arbitration 2006, 456 ff.; *Komarov/Barth*, Die neue Schiedsordnung des Internationalen Handelsschiedsgerichts bei der Handels- und Industriekammer der Russischen Föderation (MKAS), SchiedsVZ 2007, 89 ff.; *Kurzynsky-Singer/Davydenko*, Materiellrechtlicher Ordre Public bei der Anerkennung und Vollstreckbarerklärung von schiedsgerichtlichen Urteilen in der Russischen Föderation – eine Rechtsprechungsanalyse, SchiedsVZ 2010, 203 ff.; *Plagemann*, Voraussetzungen und Folgen gerichtlicher und außergerichtlicher Streitbeilegung in Russland, WiRO 2011, 334 ff.; *Marenkov*, Zur Anerkennung und Vollstreckung von ausländischen Schiedssprüchen in Russland – zugleich Anmerkung zur Entscheidung des Obersten Wirtschaftsgericht Russlands vom 2.2.2010 zur Vollstreckbarerklärung eines DIS-Schiedsspruchs, SchiedsVZ 2011, 136 ff.

A. Stand des Schiedsverfahrensrechts

I. Historie

Die internationale Schiedsgerichtsbarkeit hat in den Handelsbeziehungen zu den Staaten Osteuropas seit jeher einen hohen Rang eingenommen. Denn im Gegensatz zu ausländischen Schiedssprüchen waren die Urteile der staatlichen Gerichte mangels Vollstreckungsabkommen im Verhältnis zu den Staaten Osteuropas häufig wechselseitig nicht im Ausland vollstreckbar. 1

Dies gilt mit Bezug auf Russland nach wie vor, so dass beispielsweise ein Urteil der deutschen staatlichen Gerichte in Russland grundsätzlich nicht vollstreckbar ist. Ebenso fehlt es grundsätzlich an der Vollstreckbarkeit von Urteilen der staatlichen russischen Gerichte in Deutschland.[1] Allerdings hat das Oberste Wirtschaftsgericht Russlands in einer 2

---

[1] So beispielsweise OLG Hamburg vom 28.10.2004, Az.: 6 U 89/04, Mitteilungen der Deutsch-Russischen Juristenvereinigung e. V. Nr. 28–29/2006 S. 48 ff. (zugänglich unter: www.vdrw.de/Mitteilungshefte).

4. Teil. Streitbeilegung

Entscheidung vom 7. Dezember 2009 erstmals höchstrichterlich ein Gerichtsurteil – der staatlichen Gerichte in den Niederlanden – in Russland auf der Grundlage der ungeschriebenen Voraussetzung der Verbürgung der Gegenseitigkeit anerkannt und für vollstreckbar erklärt.[2] Da die Verbürgung der Gegenseitigkeit als Voraussetzung für die Anerkennung eines ausländischen Gerichtsurteils (vgl. zum deutschen Recht § 328 Abs. 1 Nr. 5 ZPO) jedoch im Verhältnis zu den jeweils betroffenen Ländern stets gesondert zu prüfen und festzustellen ist, lassen sich aus dieser Entscheidung keine direkten Auswirkungen auf die entsprechende Situation im Verhältnis zwischen Deutschland und Russland ableiten.

3   In vielen anderen Ländern Osteuropas ist die Vollstreckungssituation jedoch heute schon deswegen anders, weil diese nun als Mitglied der Europäischen Union an die europarechtlichen Regelungen über die Vollstreckbarkeit von Urteilen der jeweiligen staatlichen Gerichte in den anderen Mitgliedstaaten gebunden sind (vgl. VO (EG) Nr 44/2001 (EuGVVO).

II. Aktuell geltendes Recht

4   In allen Staaten Osteuropas einschließlich Russland gilt das UNÜ 1958 als zentrale rechtliche Grundlage des internationalen Schiedsrechts auf völkerrechtlicher Ebene.

5   Die meisten Staaten Osteuropas sind auch dem Europäischen Übereinkommen über die internationale Handelsschiedsgerichtsbarkeit vom 21. April 1961 (nachfolgend: Genfer Konvention) beigetreten. Dies gilt insbesondere für Russland. Demgegenüber sind unter anderem Estland und Litauen dem Übereinkommen nicht beigetreten. Allerdings haben Estland im Jahr 2006 und Litauen bereits im Jahr 1996 ein auf der Grundlage des UNCITRAL-Modellgesetzes über die internationale Handelsschiedsgerichtsbarkeit beruhendes nationales Schiedsrecht in Kraft gesetzt, so dass auch das Schiedsrecht in diesen Ländern grundsätzlich an internationalen Standards orientiert ist.

6   Mit Bezug auf Russland ist zudem besonders auf das föderale „Gesetz über die internationale Handelsschiedsgerichtsbarkeit" vom 7. Juli 1993 hinzuweisen. Dieses Gesetz orientiert sich weitgehend am Wortlaut des UNCITRAL-Modellgesetzes über die internationale Handelsschiedsgerichtsbarkeit und bildet die gesetzliche Grundlage für die Durchführung internationaler Schiedsverfahren in Russland. Es gilt sowohl für internationale institutionelle Schiedsverfahren als auch für internationale ad hoc-Schiedsverfahren mit einem Schiedsort in Russland und enthält zudem Regelungen über die Anerkennung und Vollstreckung internationaler Schiedssprüche in Russland. Diese finden auch auf internationale Schiedsverfahren mit einem Schiedsort außerhalb Russlands Anwendung und entsprechen inhaltlich den Vorgaben des auch in Russland geltenden UNÜ 1958. Ergänzende Regelungen sind in der russischen Arbitrageprozessordnung vom 24. Juli 2002 enthalten. Dies gilt insbesondere für die Aufhebung, Anerkennung und Vollstreckbarerklärung von internationalen Schiedssprüchen. Ferner ist in Russland das Gesetz über Schiedsgerichte vom 24. Juli 2002 zu beachten, das jedoch keine Anwendung auf die Tätigkeit internationaler Schiedsgerichte (in Russland) findet, sondern die innerstaatliche Schiedsgerichtsbarkeit in Russland regelt.

B. Führende Schiedsinstitutionen

I. Schiedsinstitutionen

7   In den osteuropäischen Staaten existiert heute eine Vielzahl von Schiedsinstitutionen. Insbesondere sind regelmäßig institutionelle Schiedsgerichte bei den Industrie- und Handelskammern der jeweiligen osteuropäischen Länder angegliedert. Informationen zu diesen

---

[2] Rentpool BV/OOO Podjomnye Technologii, Az.: VAS – 13688/09; vgl. auch *Marenkov*, Aktuelle Entwicklungen im russischen Wirtschaftsrecht, RIW 2011, 497, 506.

II. Ad hoc-Schiedsverfahren

Zu ad hoc-Schiedsverfahren ist in Art. IV (1)b) der Genfer Konvention (→ Rn. 4) geregelt, dass es den Parteien einer Schiedsvereinbarung freisteht, ihre Streitigkeiten einem ad hoc-Schiedsgericht zu unterwerfen. In den Staaten, in denen die Genfer Konvention Anwendung findet, ist also auch gewährleistet, dass ad hoc-Schiedsverfahren im Bereich der internationalen Handelsschiedsgerichtsbarkeit zulässig sind. **8**

Die Genfer Konvention regelt dabei nicht abschließend, welche Regelungen die Vertragsparteien zum Zwecke der Durchführung von ad hoc-Schiedsverfahren treffen können. Vielmehr wird lediglich festgestellt, dass hierzu insbesondere die folgenden (besonders wichtigen) Regelungen zulässig sind: (1) Die Bestellung der Schiedsrichter oder die Bestimmung eines Verfahrens, wie die Schiedsrichter bei Entstehen einer Streitigkeit im Einzelnen bestellt werden. (2) Die Bestimmung des Ortes, an dem das ad hoc-Schiedsverfahren durchgeführt werden soll. (3) Die Festlegung der von den Schiedsrichtern einzuhaltenden Verfahrensregeln. Über diese Regelungen hinaus verbleibt den Vertragsparteien nach der Genfer Konvention also ein breiter Spielraum zur Ausgestaltung von ad hoc-Schiedsverfahren. **9**

Ad hoc-Schiedsverfahren sind insbesondere auch in Russland zulässig. Auf sie findet in Russland das „Gesetz über die internationale Handelsschiedsgerichtsbarkeit" vom 7. Juli 1993 genauso Anwendung wie auf institutionelle Schiedsverfahren (vgl. die Definition zu Schiedsverfahren im Sinne des Gesetzes in Art. 2 des Gesetzes). **10**

III. Nutzungshäufigkeit

Im Rahmen internationaler Verträge mit Bezug zu osteuropäischen Staaten wird trotz der in Osteuropa heute vorhandenen Schiedsinstitutionen regelmäßig die Zuständigkeit westeuropäischer oder anderer international bekannter Schiedsinstitutionen vereinbart. **11**

Dabei kommt der „Schiedsinstitution bei der Stockholmer Handelskammer" (SCC-Institut, vgl. www.sccinstitute.com) im Ost-West-Handel traditionell eine große Bedeutung zu, die in den letzten Jahren aber abgenommen hat. Auch das „Internationale Schiedsgericht der Wirtschaftskammer Österreich" (mit seinen „Wiener Regeln" als Schiedsordnung, vgl. www.wko.at/arbitration) wurde in der Vergangenheit im Bereich des Ost-West-Handels häufig als zuständige Schiedsinstitution vereinbart, was auch heute noch der Fall zu sein scheint. Im internationalen Vergleich dürften die im Ost-West-Handel früher kaum relevanten Schiedsinstitutionen des „Internationalen Schiedsgerichtshofs bei der Internationalen Handelskammer in Paris" (ICC, vgl. www.iccarbitration.org) und des „London Court of International Arbitration" (LCIA, vgl. www.lcia.org) demgegenüber an Bedeutung in diesem Bereich gewonnen haben. **12**

Insbesondere soweit deutsche Unternehmen an den Verträgen beteiligt sind, kommen auch deutsche Schiedsinstitutionen deutlich zunehmend zum Tragen. Dies gilt zunächst für die „Deutsche Institution für Schiedsgerichtsbarkeit" (DIS, vgl. www.dis-arb.de), aber auch für andere deutsche Schiedsinstitutionen, die für internationale Schiedsverfahren im Bereich des Ost-West-Handels geeignet sind, wie etwa das „Schiedsgericht der Handelskammer Hamburg" (vgl. www.hk24.de). **13**

Im Vergleich der osteuropäischen Schiedsinstitutionen nimmt der MKAS in Moskau (www.tpprf-mkac.ru) eine nach Bedeutung und Tradition herausgehobene Stellung ein. Der MKAS ist auch in Russland die führende Schiedsinstitution. Im Jahr 2011 wurden beim MKAS 252 neue Schiedsklagen anhängig gemacht. Davon entfielen 17 Fälle auf Verfahren mit Beteiligung einer deutschen Partei. **14**

4. Teil. Streitbeilegung

15   Obwohl ad hoc-Schiedsverfahren in Osteuropa und insbesondere Russland grundsätzlich zulässig sind, kommen sie in der Praxis nicht häufig vor. Im Bereich des Schiedsrechts steht in dieser Region die institutionelle Schiedsgerichtsbarkeit klar im Vordergrund.

C. Musterschiedsklauseln

I. Institutionelle Schiedsklauseln

16   Alle namhaften Schiedsinstitutionen stellen Formulierungsvorschläge für Schiedsklauseln über die Durchführung von Schiedsverfahren bei der jeweiligen Schiedsinstitution zur Verfügung. Diese Musterschiedsklauseln werden auch auf der Internetseite der jeweiligen Schiedsinstitution veröffentlicht. Beispielhaft soll hier die Musterschiedsklausel des russischen MKAS in Moskau wiedergegeben werden, die lautet:

17   „Alle Streitigkeiten, Meinungsverschiedenheiten oder Ansprüche, die sich aus diesem Vertrag (dieser Vereinbarung) oder im Zusammenhang damit ergeben, darunter betreffend seine (ihre) Erfüllung, Verletzung, Erlöschen oder Ungültigkeit, unterliegen der Entscheidung durch das Internationale Handelsschiedsgericht bei der Handels- und Industriekammer der Russischen Föderation nach seiner Schiedsgerichtsordnung."

18   Dabei ist mit Bezug auf Russland besonders zu beachten, dass der Begriff 20 „Arbitragegericht" nach russischem Verständnis die Gerichte der staatlichen russischen Gerichtsbarkeit bezeichnet, die im Wesentlichen für die Entscheidung über wirtschaftsrechtliche Streitigkeiten zuständig sind. Deswegen sollte dieser Begriff in deutschsprachigen Schiedsklauseln mit Russlandbezug nicht verwendet und auf eine exakte Bezeichnung der zuständigen Schiedsinstitution in der Schiedsklausel geachtet werden. Ansonsten könnte die Mehrdeutigkeit der Formulierung in der Schiedsklausel dazu führen, dass die Zuständigkeit des Schiedsgerichts im Streitfall verneint wird. Wenn dies im Verfahren über die Anerkennung und Vollstreckung eines Schiedsspruchs vor den staatlichen russischen Gerichten geschieht, könnte daran auch die Vollstreckung des Schiedsspruchs in Russland scheitern.

II. Ad hoc Schiedsklauseln

19   Schiedsklauseln für ad hoc-Schiedsverfahren unterliegen grundsätzlich denselben Anforderungen wie institutionelle Schiedsklauseln. Mit Bezug auf Russland müssen ad hoc-Schiedsklauseln damit insbesondere ebenfalls den in Art. 7 des „Gesetzes über die internationale Handelsschiedsgerichtsbarkeit" vom 7. Juli 1993 geregelten Anforderungen an die Schriftform entsprechen.

20   Auch Schiedsverfahren nach den Schiedsregeln der UNCITRAL werden allgemein als ad hoc-Schiedsverfahren angesehen. Dabei können die Aufgaben der in der UNCITRAL-Schiedsordnung vorgesehenen „Ernennenden Stelle" in Russland vom MKAS wahrgenommen werden. Der MKAS schlägt dazu auf seiner Internetseite ergänzend auch eine Musterschiedsklausel vor.

D. Auswahl von Schiedsrichtern

I. Institutionelle Benennungsregeln

21   **1. Allgemeines.** Das Verfahren zur Ernennung von Schiedsrichtern ist in den Schiedsordnungen der jeweiligen Schiedsinstitution geregelt. Der gängigen Praxis internationaler Schiedsgerichte entsprechend lassen auch die relevanten Schiedsinstitutionen aus Osteuropa die Entscheidung des Rechtsstreits durch einen oder drei Schiedsrichter zu. Unterschiede existieren dabei insbesondere hinsichtlich des Verfahrens zur Ernennung der jeweiligen Schiedsrichter und der Frage, wie das Schiedsgericht zu besetzen ist, wenn die Vertragsparteien die Anzahl der Schiedsrichter in der Schiedsvereinbarung nicht geregelt haben.

2. Benennungsregeln des MKAS. Beispielhaft werden nachfolgend die Ernennungsregeln für Schiedsrichter nach der Schiedsordnung des russischen MKAS (nachfolgend: SchiedsO-MKAS) als führende Schiedsinstitution in Russland dargestellt. 22

Fehlt eine Vereinbarung der Vertragsparteien über die Anzahl der Schiedsrichter wird das Schiedsgericht nach § 17 (2) SchiedsO-MKAS aus drei Schiedsrichtern gebildet, wenn das Präsidium des MKAS nicht insbesondere unter Berücksichtigung der Schwierigkeit der Sache und des Streitwerts (bei in der Regel nicht mehr als USD 25.000) beschließt, den Rechtsstreit einem Einzelschiedsrichter zuzuweisen. Obwohl diese Entscheidung im Ermessen des Präsidiums des MKAS liegt, wird in der Regel davon auszugehen sein, dass die Schiedsgerichte des MKAS mit drei Schiedsrichtern besetzt sind, wenn von den Vertragsparteien nichts anderes vereinbart ist. 23

Wird das Schiedsgericht durch drei Schiedsrichter gebildet, benennt zunächst jede Partei einen Schiedsrichter und jeweils einen Ersatzschiedsrichter (§ 17 (3), (5) SchiedsO-MKAS). Die von den Parteien benannten Schiedsrichter müssen dabei weder in der Schiedsrichterliste des MKAS aufgeführt sein noch ist erforderlich, dass die Schiedsrichter russische Staatsbürger sind. Der Vorsitzende des Schiedsgerichts wird (ebenfalls zusammen mit einem Ersatzschiedsrichter) sodann vom Präsidium des MKAS aus der Schiedsrichterliste des MKAS ausgewählt (§ 17 (7) SchiedsO-MKAS). 24

Wird der Rechtsstreit durch einen Einzelschiedsrichter entschieden, so werden dieser Einzelschiedsrichter und sein Ersatzschiedsrichter ebenfalls vom Präsidium des MKAS aus der Schiedsrichterliste des MKAS ausgewählt. 25

3. Schiedsrichterliste des MKAS. Der MKAS führt eine Schiedsrichterliste, die von der Handels- und Industriekammer Russlands (auf Vorschlag des Präsidiums des MKAS) jeweils für einen Zeitraum von fünf Jahren bestätigt wird. Die aktuelle Schiedsrichterliste ist auf der Internetseite des MKAS veröffentlicht. Für die Aufnahme in die Schiedsrichterliste ist es nicht erforderlich, die russische Staatsbürgerschaft zu besitzen, die russische Sprache zu beherrschen oder über eine Ausbildung im russischen Recht zu verfügen. Dies trägt dem Umstand Rechnung, dass Schiedsverfahren beim MKAS auch in anderen Sprachen – zB in deutscher Sprache – und auf der Grundlage ausländischen Rechts geführt werden können. 26

II. Auswahl und Benennung von ad hoc-Schiedsrichtern

Die Auswahl und das Verfahren zur Benennung von ad hoc Schiedsrichten kann von den Vertragsparteien grundsätzlich frei vereinbart werden (soweit nicht gegen zwingende gesetzliche Vorgaben verstoßen wird). Da ad hoc Schiedsverfahren in Osteuropa und Russland nur ausnahmsweise vorkommen, beschränkt sich die vorliegende Darstellung auf den Hinweis, dass die Genfer Konvention in Art. IV (2) und (3) Mechanismen zur Schiedsrichterbestellung und Gestaltung des Verfahrens in ad hoc Schiedsverfahren für den Fall vorsieht, dass hierüber keine Einigung der Parteien erzielt wird. 27

E. Besonderheiten des Verfahrens im Vergleich zu deutschen Schiedsverfahren

Die folgenden Ausführungen vergleichen das deutsche Schiedsrecht mit der Rechtslage in Russland als mit Abstand wichtigsten Handelspartner Deutschlands im Rahmen der hier betrachteten Staaten. 28

I. Internationale/nationale Schiedsverfahren

Im Gegensatz zum deutschen Schiedsrecht wird im russischen Recht grundsätzlich zwischen internationalen und nationalen Schiedsverfahren unterschieden und beide Verfahrensarten unterliegen insgesamt unterschiedlichen gesetzlichen Regelungen (vgl. auch Zif- 29 fer A. II). Für die Anwendbarkeit des russischen Gesetzes über die internationale Handelsschiedsgerichtsbarkeit ist danach ebenso wie für die Zulässigkeit von Schiedsverfahren beim MKAS (entsprechend dessen Schiedsordnung) ein internationaler Rechtsstreit erforderlich.

30 Der Begriff eines internationalen Rechtsstreits in diesem Sinne wird weit verstanden und erfasst im Wesentlichen zwei Fallgruppen. Zunächst fallen hierunter zivilrechtliche Streitigkeiten auf dem Gebiet des internationalen Wirtschaftsverkehrs, wobei zumindest eine der Parteien ihren Sitz außerhalb Russlands haben muss. Zudem gehören hierzu Streitigkeiten zwischen Unternehmen, von denen zumindest eine Partei eine ausländische Kapitalbeteiligung aufweist. Hierzu werden auch Streitigkeiten zwischen den Anteilseignern des oder der beteiligten Unternehmen gerechnet.

II. Schiedsfähigkeit

31 Grundsätzlich sind alle zivilrechtlichen Streitigkeiten nach russischem Recht objektiv schiedsfähig. In bestimmten Bereichen bestehen aber Unklarheiten. So wurden insbesondere Streitigkeiten über Rechte an (russischen) Immobilien teilweise als nicht schiedsfähig angesehen. In seiner Entscheidung vom 26. Mai 2011 hat das russische Verfassungsgericht nunmehr jedoch festgestellt, dass auch immobilienrechtliche Streitigkeiten in Russland grundsätzlich schiedsfähig sind.[3]

III. Vorläufiger Rechtsschutz bei staatlichen Gerichten

32 Ebenso wie im deutschen Recht nach § 1033 ZPO besteht auch in Russland die Möglichkeit, dass die staatlichen russischen Gerichte während der Dauer eines Schiedsverfahrens vorläufige oder sichernde Maßnahmen in Bezug auf den Streitgegenstand des Schiedsverfahrens anordnen. Dies gilt insbesondere für die vorläufige Sicherstellung von Vermögensgegenständen zur Vermeidung einer Vollstreckungsvereitelung. Darüber hinaus hat das Oberste Wirtschaftsgericht Russland in einer Entscheidung vom 20. April 2010 festgestellt, dass die staatlichen russischen Gerichte im Rahmen des vorläufigen Rechtsschutzes auch Maßnahmen zur Unterstützung ausländischer Schiedsverfahren anordnen können.[4]

33 Voraussetzung für derartige Anordnungen ist grundsätzlich, dass die Durchsetzung eines späteren Schiedsspruchs ohne die Anordnung schwieriger oder unmöglich wäre und der Antragsteller ohne die Anordnung gewichtigere Nachteile erleiden würde als der Antragsgegner durch die Anordnung. Allerdings werden an den Nachweis dieser Voraussetzungen eher strenge Anforderungen gestellt.

IV. Anhängigkeit der Schiedsklage

34 Eine Besonderheit besteht nach der Schiedsordnung des MKAS bei der Regelung über den Zeitpunkt für die Anhängigkeit der Schiedsklage. Denn nach § 14 (1) SchiedsO-MKAS gilt die Schiedsklage erst mit dem Eingang der Zahlung der Registrierungsgebühr beim MKAS als eingereicht (die Registrierungsgebühr beträgt bei einem in ausländischer Währung angegebenen Streitwert des Verfahrens USD 1.000,– und bei einem in Rubeln angegebenen Streitwert RUB 30.000,–). Wenn der Zeitpunkt der Anhängigkeit der Schiedsklage daher – zB aufgrund drohender Verjährung – wichtig sein sollte, ist sicherzustellen, dass die Registrierungsgebühr unmittelbar zusammen mit der Einreichung der Schiedsklage beim MKAS eingezahlt wird.

---

[3] Vgl. hierzu auch die Kurzbesprechung in den Mitteilungen der Deutsch-Russischen Juristenvereinigung e. V. Nr. 51–52/2011, S. 54 ff.
[4] Edimax Ltd./Cigirinskij, Az.: 17095/09; vgl. auch *Marenkov*, Aktuelle Entwicklungen im russischen Wirtschaftsrecht, RIW 2011, 497, 506.

F. Kosten des Verfahrens

Angaben zu den Kosten der Schiedsverfahren bei den jeweiligen Schiedsinstitutionen finden sich in der Regel auf deren Internetseiten. Dies gilt auch für den MKAS in Russland. 35

Nach § 14 (2) SchiedsO-MKAS ist der Kläger bei Einreichung der Schiedsklage verpflichtet, die Schiedsgebühr vorschussweise in voller Höhe an den MKAS zu zahlen. Die Schiedsgebühr deckt sowohl die Verwaltungskosten des MKAS für die Administrierung des Schiedsverfahrens als auch die Vergütung der Schiedsrichter ab. 36

Die in der Gebühren- und Kostenordnung des MKAS festgelegten Honorare der Schiedsrichter sind deutlich geringer als nach den Schiedsordnungen der in Westeuropa bedeutenden Schiedsordnungen (zB in Verfahren der ICC). Dies muss für die Parteien des Schiedsverfahrens nicht nur vorteilhaft sein. Denn hieraus kann sich in komplexen und umfangreichen Rechtsstreitigkeiten im Einzelfall möglicherweise eine als nicht adäquat empfundene Schiedsrichtervergütung ergeben, die das Finden geeigneter Schiedsrichter erschweren kann, auch wenn § 3 (4) der Gebühren- und Kostenordnung des MKAS in solchen Fällen eine Erhöhung der Schiedsgebühren erlaubt. 37

G. Vollstreckbarkeit von Schiedssprüchen

Auch hier beschränkt sich die Darstellung auf die Situation in Russland als mit Abstand wichtigsten Handelspartner Deutschlands im Rahmen der hier betrachteten Staaten. 38

I. Allgemeines

Internationale Schiedssprüche werden in Russland grundsätzlich vollstreckt. Die Anerkennung und Vollstreckung internationaler Schiedssprüche darf in Russland nur aus den – engen – Gründen verweigert werden, die in der UNÜ 1958 vorgesehen sind. Die für diese Verfahren zuständigen staatlichen russischen Gerichte haben in den letzten Jahren zudem deutlich an Erfahrung bei der Anwendung dieser Regelungen gewonnen. Dies gilt insbesondere für die Gerichte der Moskauer Region sowie der nordwestlichen Region mit St. Petersburg. 39

Trotzdem kann es in Verfahren über die Vollstreckbarerklärung internationaler Schiedssprüche in Russland insbesondere zu strengen Anforderungen an Formvoraussetzungen und eine in der Tendenz eher weite Auslegung des Rechtsbegriffs der öffentlichen Ordnung durch die russischen Gerichte kommen. 40

II. Formerfordernisse

Den Vorgaben des UNÜ 1958 entsprechend muss die eine Vollstreckbarerklärung des Schiedsspruchs begehrende Partei in dem darauf bezogenen Verfahren vor den staatlichen russischen Gerichten unter anderem das Original oder eine beglaubigte Kopie der Schiedsvereinbarung vorlegen. Es ist daher bereits bei Abschluss des Vertrages (mit der Schiedsvereinbarung) zu empfehlen, auf einer Originalausfertigung des Vertrages zu bestehen. Denn wenn diese im Anerkennungsverfahren nicht zumindest als beglaubigte Abschrift vorgelegt werden kann, könnte das Vorhandensein bzw. die Wirksamkeit einer Schiedsvereinbarung und deswegen die Vollstreckbarerklärung des Schiedsspruchs verneint werden. 41

Nicht selten wird die Wirksamkeit der Schiedsvereinbarung in Anerkennungsverfahren auch unter anderen formalen Gesichtspunkten in Frage gestellt, wie beispielsweise der Identität der Parteien bei Ungenauigkeiten der Firmen- und Adressangaben in dem der Schiedsvereinbarung zugrunde liegenden Vertrag oder der Bevollmächtigung der den Vertrag unterzeichnenden Personen oder auch des Fehlens möglicherweise gesellschaftsrecht- 42 lich nach russischem Recht erforderlicher Zustimmungen. Um solchen Einwänden vorzubeugen ist bereits bei Abschluss des Vertrages zu empfehlen, auf eine exakt richtige Bezeichnung der Parteien in der Vereinbarung zu achten und auf der Vorlage von Originalvollmachten hinsichtlich der den Vertrag unterzeichnenden Personen sowie auf Nachweisen über die Beachtung etwaiger Zustimmungserfordernisse zu bestehen.

III. Öffentliche Ordnung

43   Nach dem UNÜ 1958 kann die Vollstreckbarerklärung eines Schiedsspruchs insbesondere abgelehnt werden, wenn diese in dem Vollstreckungsland einen Verstoß gegen die öffentliche Ordnung darstellen würde. Der Begriff der öffentlichen Ordnung wird dabei international eng interpretiert und lässt insbesondere keine vollständige rechtliche Kontrolle nach der Rechtsordnung des Vollstreckungslandes zu. Vielmehr rechtfertigt nur eine Verletzung von Kernbestimmungen des nationalen Rechts eine Versagung der Vollstreckung. Die russischen Gerichte neigten jedoch in der Vergangenheit teilweise zu einem ausdehnenden Verständnis von Verstößen gegen die Kernbestimmungen des russischen Rechts und damit des Begriffes der öffentlichen Ordnung als Grund zur Versagung einer Vollstreckung aus Schiedssprüchen in Russland.

Abschnitt 47. Schiedsgerichte in Asien, insbesondere China

Übersicht	Rn.
A. Stand des Schiedsverfahrensrechts	1
I. Historie	1
II. Aktuell geltendes Recht	8
1. China	8
2. Hongkong	9
3. Singapur	10
4. Südkorea	11
5. Japan	12
B. Führende Schiedsinstitutionen und Statistiken	13
I. Schiedsinstitutionen	13
1. China International Economic and Trade Arbitration Commission – CIETAC	13
2. Hong Kong International Arbitration Centre – HKIAC	14
3. Singapore International Arbitration Centre – SIAC	15
4. Korean Commercial Arbitration Board – KCAB	16
5. Japan Commercial Arbitration Association – JCAA	17
II. Ad hoc Schiedsverfahren	18
III. Nutzungshäufigkeit	19
C. Musterschiedsklauseln	20
I. Institutionelle Schiedsklauseln	20
1. CIETAC	22
2. HKIAC	23
3. SIAC	24
4. KCAB	25
5. JCAA	26
II. Ad hoc Schiedsklauseln	27
D. Auswahl von Schiedsrichtern	28
I. Institutionelle Benennungsregeln	28
II. Auswahl und Benennung von ad hoc Schiedsrichtern	29
E. Besonderheiten des Verfahrens im Vergleich zu deutschen Schiedsverfahren	30
I. Verfahrensordnung	31
II. Vollständigkeit der Schiedsklage	32
III. Kompetenz-Kompetenz	33
IV. Kompetenz-Rügen	34
V. Schiedsrichterbestellung	35
VI. Zahl der Schiedsrichter	36
VII. Nationalität der Schiedsrichter	37
VIII. Abberufung/Ersetzung von Schiedsrichtern	38
IX. Verfahrensbevollmächtigte	39
X. Verhandlungsgrundsatz	41
XI. Verfahrenssprache	42
XII. Zeitplan	43
XIII. „Memorandum of Issues"	44
XIV. Einstweiliger Rechtschutz	45
XV. Beweismittel	46
XVI. Rechtswahl	47
XVII. Überprüfung des Entscheidungsentwurfes	48
XVIII. Interpretation des Schiedsspruches	49
XIX. Haftungsausschluss	50
F. Kosten des Verfahrens	51
I. Kosten der Schiedsinstitution	51
II. Kosten des Schiedsgerichts	52
III. Kostenübersicht	53
G. Vollstreckbarkeit von Schiedssprüchen im In- und Ausland	54
I. Vollstreckbarkeit nach UNÜ 1958	54
II. Bi- und multilaterale Abkommen	55
III. Besonderheiten in China	56

4. Teil. Streitbeilegung

Literatur: *Baker & McKenzie,* The Baker & McKenzie International Arbitration Yearbook 2011–2012, JurisNet 2012; *Barth,* Vereinbarung einer Schiedskommission als Wirksamkeitsvoraussetzung der Schiedsklausel – Zur Nichtanerkennung eines chinesischen ICC-Schiedsspruchs in Deutschland, SchiedsVZ 2007, 300 ff.; *Glatter,* Neue Regeln über Internationale Schiedsgerichtsbarkeit in der Volksrepublik China, RIW Beilage 2 zu Heft 6/1996, 11 ff.; *Haig/Tseng,* Japan's Arbitration Law, SchiedsVZ 2008, 270 ff.; *Hantke,* China ist anders: Neue ICC-Schiedsklausel, SchiedsVZ 2007, 36 ff.; *ders.,* China ist anders: Teil II, SchiedsVZ 2008, 254 ff.; *Harpole,* International Arbitration in the People's Republic of China Under the New Arbitration Law, The ICC International Court of Arbitration Bulletin Vo. 6/no.1 – May 1995, S. 19 ff.; *Klötzel,* Singapore International Arbitration Centre, SchiedsVZ 2003, 274 ff.; *Kniprath,* Die Schiedsgerichtsbarkeit der Chinese International Economic and Trade Arbitration Commission (CIETAC), 1. Aufl. 2004; *ders.,* Neue Schiedsordnung der Chinese International Economic and Trade Arbitration Commission (CIETAC), SchiedsVZ 2005, 197 ff.; *Lachmann,* Handbuch für die Schiedsgerichtspraxis, 3. Aufl. 2008; *Li,* The Preservation of Evidence in China's International Commercial Arbitration, ZChinR 2005, 218 ff.; *Lionnet/Lionnet,* Handbuch der internationalen und nationalen Schiedsgerichtsbarkeit, 3. Aufl. 2005; *Maklu,* Chinese Arbitration – A Selection of Pitfalls, Antwerpen 2009; *Moser,* Business Disputes in China, Juris Publishing, 2007; *ders.,* Arbitration in Asia, 2. Aufl. 2009, Juris Net, LLC; *Rauscher/Wax/Wenzel* (Hrsg.), Münchener Kommentar zur Zivilprozessordnung, 3. Aufl. 2008; *Schütze* (Hrsg.), Institutionelle Schiedsgerichtsbarkeit, 2. Aufl. 2011; *Stein/Jonas,* Zivilprozessordnung, 22. Aufl. 2002; *Trappe,* Zur Schiedsgerichtsbarkeit der CIETAC, SchiedsVZ 2006, 258 ff.; *Tao,* Arbitration Law and Practice in China, 2008; *Tevini,* Besonderheiten des chinesischen Schiedsverfahrensrechts, SchiedsVZ 2010, 25 ff.; *Wang Sheng Chang,* Resolving Disputes Through Arbitration in Mainland China, 2003, Law Press; *Wegen/Barth,* Schiedsgerichtsordnung des Singapore International Arbitration Centre (SIAC), SchiedsVZ 2008, Beilage Nr. 1 zu Heft 2/2008; *Weigand,* Practitioner's Handbook on International Commercial Arbitration, 2. Aufl. 2009 Oxford University Press; *Yu/Neelmeier,* CIETAC Arbitration Rules 2012 – Another Move Forward, SchiedsVZ 2012, 134 ff.

A. Stand des Schiedsverfahrensrechts

I. Historie

1   Schiedsgerichtsbarkeit in Deutschland geht bis auf das römische Recht zurück und ist 1877 in der Civilprozessordnung erstmals einheitlich kodifiziert worden. In der Zivilprozessordnung von 1898 wurden die wesentlichen Regeln im 10. Buch festgelegt. Nach jahrelangen Reformbestrebungen und einer zunehmenden Internationalisierung des Schiedsgerichtswesens wurde mit der Reform vom 30.12.1997 das 10. Buch der Zivilprozessordnung mit den Vorschriften über das Schiedsverfahren vollständig neu gefasst.[1]

2   Entsprechend dieser Entwicklung in Deutschland hat die Schiedsgerichtsbarkeit auch in Asien in den letzten 50 Jahren erheblich an Bedeutung gewonnen.

3   In China war bis ins 20. Jahrhundert der vorherrschende Mechanismus der Streitbeilegung die Schlichtung. Erst mit Gründung der Volksrepublik beginnt die Geschichte der Schiedsgerichtsbarkeit.[2] Seither hat die Schiedsgerichtsbarkeit in China einen rasanten Aufschwung genommen.

4   In Hong Kong wurde 1985 das Hong Kong International Arbitration Centre auf private Initiative gegründet. Heute wird es zwar von der Regierung sowie von Vertretern der Wirtschaft unterstützt, ist aber als company limited by guarantee von diesen unabhängig.

5   In Singapur existierte zunächst ab 1981 das Singapore Institute of Arbitrators, aus dem in 1991 das Singapore International Arbitration Centre hervor ging. Singapur ist heute ein im asiatischen Raum anerkanntes und häufig gewähltes Schiedszentrum.[3]

6   Schiedsgerichtsbarkeit gibt es in Korea bereits seit dem 14. Jahrhundert. Sie gewann aber in Handelsstreitigkeiten erst nach dem 2. Weltkrieg an Bedeutung. Der koreanische Arbitration Act wurde 1966 erlassen.

7   In Japan wurde zwar bereits 1890 ein Schiedsgesetz beschlossen. In der Praxis spielte jedoch lange Zeit das Schiedsgerichtswesen keine bedeutende Rolle und bleibt auch heute in der Zahl seiner Verfahren deutlich hinter Schiedsinstitutionen aus anderen asiatischen Ländern zurück.

---

[1] Vgl. zur Rechtsgeschichte MüKoZPO/*Münch* Vor § 1025 Rn. 97 ff.
[2] *Kniprath* S. 20.
[3] *Klötzel* SchiedsVZ 2003, 274, 275.

II. Aktuell geltendes Recht

1. China. China ratifizierte das UNÜ 1958 am 22.1.1987. Grundlage des chinesischen Schiedswesens ist das Arbitration Law vom 31.8.1994.[4] Als Besonderheiten sind hervorzuheben: 8

a) China erlaubt national nur die Tätigkeit von institutionellen Schiedsgerichten. Ad hoc Schiedsverfahren sind nicht zugelassen.[5]

b) Es ist unklar, ob Schiedssprüche ausländischer Schiedsinstitutionen, die im Rahmen eines innerhalb Chinas durchgeführten Schiedsverfahrens ergehen, in China anerkannt werden. Dies gilt auch für in China durchgeführte Verfahren vor dem ICC.[6] Vorsorglich sollte daher im Falle der Vereinbarung einer ausländischen Schiedsinstitution kein Verfahrensort innerhalb Chinas vorgesehen werden.

2. Hongkong. Hong Kong basiert trotz der Rückgabe an die Volksrepublik China am 1.7.1997, wo es nun als „Special Administrative Region" geführt wird, noch heute als ehemalige britische Kronkolonie in weiten Teilen auf dem Common Law („One country, two systems"). So fußt auch das Schiedsrecht auf dem English Arbitration Act von 1950 in seiner heutigen Fassung von 1996. Die Hong Kong Arbitration Ordinance Chapter 341 of the Laws of Hong Kong idF von 1997 ist heute die Grundlage für das Schiedsrecht in Hong Kong. Für die Anerkennung ausländischer Schiedssprüche in Hong Kong sowie von Schiedssprüchen aus Hong Kong im Ausland gilt das UNÜ 1958. Die wechselseitige Anerkennung von Schiedssprüchen zwischen China und Hong Kong ist seit dem Abkommen zwischen der Regierung Hong Kong und dem Obersten Volksgericht vom 21.6.1999 gewährleistet.[7] 9

3. Singapur. Singapur ratifizierte das UNÜ 1958 am 21.8.1986. Das Schiedsrecht hat seine gesetzliche Basis im International Arbitration Act von 1994.[8] Dieser findet allerdings ohne ausdrückliche Vereinbarung keine Anwendung, wenn beide Parteien ihren Sitz in Singapur haben. Dies gilt auch bei singapurischen Tochtergesellschaften ausländischer Unternehmen.[9] In diesen Fällen ist der Arbitration Act von 2002 anwendbar. Auch Singapur steht trotz zahlreicher eigenständiger Rechtsentwicklungen in der Rechtstradition des Common Law. 10

4. Südkorea. Südkorea ratifizierte das UNÜ 1958 am 8.2.1973. Am 31.12.1999 wurde der koreanische Arbitration Act vollständig neu gefasst.[10] 11

5. Japan. Japan ratifizierte das UNÜ 1958 am 20.6.1961. Mit dem Arbitration Law wurde das Schiedsrecht in Japan grundlegend modernisiert. Es trat im März 2004 in Kraft.[11] 12

B. Führende Schiedsinstitutionen und Statistiken

I. Schiedsinstitutionen

1. China International Economic and Trade Arbitration Commission – CIETAC. CIETAC wurde unter der Bezeichnung „Außenhandelsschiedskommission" als Unterorganisa- 13

---

[4] Abgedruckt bei *Kniprath* S. 217 ff.
[5] *Schütze-Stricker-Kellerer/Moser* S. 452; *Hantke* SchiedsVZ 2007, 36, 37.
[6] KG SchiedsVZ 2007, 100 ff.; *Barth,* SchiedsVZ 2007, 300 ff.; *Schütze-Stricker-Kellerer/Moser* S. 452; *Hantke* SchiedsVZ 2007, 36, 37.
[7] Abzurufen unter http://www.legislation.gov.hk/intracountry/eng/index.htm.
[8] Abzurufen unter http://www.nadr.co.uk/articles/published/arbitration/Singapore%20Int%20Arb%20Act.pdf.
[9] *Klötzel* SchiedsVZ 2003, 274, 275.
[10] Abzurufen unter http://www.kcab.or.kr.
[11] Abzurufen unter http://www.kantei.go.jp/foreign/policy/sihou/arbitrationlaw.pdf.

4. Teil. Streitbeilegung

tion der Chinesischen Kommission zur Förderung des internationalen Handels (CCPIT) am 6.5.1954 gegründet. Nach mehreren Änderungen trägt CIETAC nun ihren heutigen Namen.[12] Ihre Schiedsregeln wurden mehrfach, zuletzt mit Wirkung ab 1.5.2012 überarbeitet.[13] CIETAC verfügt über Sub-Commissions in Tianjin, Chongqin und (seit Herbst 2012) in Hongkong. Die weiteren Sub-Commissions in Shanghai und Shenzhen haben sich in 2012 für unabhängig erklärt. CIETAC und diese Sub-Commissions streiten sich über die Wirksamkeit dieser Unabhängigkeitserklärungen, wie der website von CIETAC zu entnehmen ist. CIETAC hat bei nach seiner Schiedsordnung durchgeführten Verfahren eine ausgesprochen starke Position und Einflussmöglichkeiten auf das Verfahren.[14] Gemessen an der Zahl ihrer Verfahren zählt CIETAC heute zu den größten Schiedsinstitutionen der Welt. Eine Schiedsklausel zugunsten der CIETAC findet sich in allen Formularverträgen chinesischer Unternehmen.

14 **2. Hong Kong International Arbitration Centre – HKIAC.** HKIAC wurde 1985 als company limited by guarantee gegründet.[15] Grundlage des Schiedsrechts in Hong Kong ist die Arbitration Ordinance vom 30.6.1997.[16] HKIAC hat seine Schiedsgerichtsordnung mit Wirkung vom 1.9.2008 revidiert.[17] Eine weitere Überarbeitung tritt zum 1.11.2013 in Kraft.

15 **3. Singapore International Arbitration Centre – SIAC.** SIAC wurde am 9.3.1990 als Teil der Singapore Academy of Law gegründet, von der sie am 1.4.2003 unabhängig wurde, und nahm seine Tätigkeit am 1.7.1991 auf. Heute steht hinter der SIAC die Singapore Business Federation.[18] Die SIAC Schiedsgerichtsordnung gilt in der aktuellen Fassung vom 1.7.2010.[19] Eine weitere Überarbeitung tritt zum 1.4.2013 in Kraft.

16 **4. Korean Commercial Arbitration Board – KCAB.** KCAB wurde 1966 gegründet und unterhält Büros in Seoul und Pusan. Im gleichen Jahre wurde der koreanische Arbitration Act erlassen.[20] Seine Schiedsordnung trat in der aktuellen Fassung am 1.9.2011 in Kraft.[21]

17 **5. Japan Commercial Arbitration Association – JCAA.** JCAA wurde 1950 als Bestandteil der Japan Chamber of Commerce gegründet, von der sie bereits 1953 unabhängig wurde. Das japanische Arbitration Law trat am 1.3.2004 in Kraft.[22] Die Schiedsordnung wurde per 1.1.2008 neu gefasst.[23]

II. Ad hoc Schiedsverfahren

18 Ad hoc Schiedsverfahren sind in Asien nicht verbreitet. In China sind ad hoc Schiedsverfahren sogar unzulässig.[24] Dennoch werden Schiedssprüche, die in ausländischen ad hoc Schiedsverfahren ergangen sind, im Allgemeinen anerkannt und vollstreckt.[25]

III. Nutzungshäufigkeit

19 Alle betrachteten Schiedsinstitutionen publizieren statistisches Material über die bei ihnen geführten Schiedsverfahren. Die Angaben bestehen meist aus internationalen sowie

---

[12] http://www.cietac.org.cn.
[13] Die Vorgängerregeln vom 1.5.2005 auszugsweise kommentiert in Schütze-*Stricker-Kellerer/Moser* S. 447 ff.
[14] Vgl. im Einzelnen *Kniprath*, Neue Schiedsordnung der Chinese International Economic and Trade Arbitration Commission (CIETAC), SchiedsVZ 2005, 197, 198 f.
[15] http://www.hkiac.org.
[16] Abzurufen unter http://www.legislation.gov.hk/eng/home.htm.
[17] Abzurufen unter http://www.hkiac.org/HKIAC/HKIAC_English/main.html.
[18] http://www.siac.org.sg.
[19] http://www.siac.org.sg/index.php?option=com_content&view=article&id=210&Itemid=130.
[20] Abzurufen unter http://www.kcab.or.kr/jsp/kcab_eng/law/law_01.jsp.
[21] Abzurufen unter http://www.kcab.or.kr.
[22] Abzurufen unter http://www.jcaa.or.jp/e/arbitration-e/kisoku-e/kaiketsu-e/civil.html.
[23] Abzurufen unter (http://www.jcaa.or.jp).
[24] Schütze-*Stricker-Kellerer/Moser* S. 452.
[25] So ausdrücklich für China: Schütze-*Stricker-Kellerer/Moser* S. 452.

nationalen Verfahren. Aus der nachfolgenden Tabelle ist ersichtlich, dass CIETAC in der Zahl der Verfahren die bei weitem führende Schiedsinstitution ist, gefolgt von HKIAC und SIAC. KCAB und JCAA folgen mit großem Abstand:

	2002	2003	2004	2005	2006	2007	2008	2009	2010	2011
CIETAC	684	709	850	979	981	1.118	1.097	1.329	1.382	1.282
HKIAC	320	287	280	281	394	448	602	429	291	275
SIAC	114	100	129	103	119	119	99	160	198	188
KCAB	47	38	46	53	47	59	47	78	52	>200
JCAA	9	14	21	11	11	15	12	18	27	N/A

(Quellen: http://www.hkiac.org; www.cietac.org.cn; www.kcab.or.kr; www.jcaa.or.jp; www.siac.org.sg)

C. Musterschiedsklauseln

I. Institutionelle Schiedsklauseln

Auf die Formulierung von Schiedsklausel sollte große Sorgfalt verwandt werden. Die meisten Schiedsordnungen eröffnen die Möglichkeit, die empfohlene Standard-Schiedsklausel um Regelungen über die Verfahrenssprache, die Anzahl und Auswahl der Schiedsrichter, deren Qualifikation und/oder Nationalität sowie den Ort des Schiedsverfahrens zu erweitern. Oft werden sie auch kombiniert mit Rechtswahlklauseln. **20**

Von den verschiedenen Schiedsinstitutionen werden die folgenden Standardschiedsklauseln empfohlen: **21**

1. CIETAC. „Any dispute arising from or in connection with this Contract shall be submitted to China International Economic and Trade Arbitration Commission (CIETAC) for arbitration which shall be conducted in accordance with the CIETAC's arbitration rules in effect at the time of applying for arbitration. The arbitral award is final and binding upon both parties."[26] **22**

2. HKIAC. „Any dispute, controversy or claim arising out of or relating to this contract, including the validity, invalidity, breach or termination thereof, shall be settled by arbitration in Hong Kong under the Hong Kong International Arbitration Centre Administered Arbitration Rules in force when the Notice of Arbitration is submitted in accordance with these Rules. The number of arbitrators shall be ... *(one or three)*. The arbitration proceedings shall be conducted in ... *(insert language)*."[27] **23**

3. SIAC. „Any dispute arising out of or in connection with this contract, including any question regarding its existence, validity or termination, shall be referred to and finally resolved by arbitration in Singapore in accordance with the Arbitration Rules of the Singapore International Arbitration Centre („SIAC Rules") for the time being in force, which rules are deemed to be incorporated by reference in this clause. The Tribunal shall consist of ...* arbitrator(s). **24**
The language of the arbitration shall be ..."[28]

4. KCAB. „Any disputes arising out of or in connection with this contract shall be finally settled by arbitration in Seoul in accordance with the International Arbitration Rules of the Korean Commercial Arbitration Board. The number of arbitrators shall be [one/three] The seat, or legal place, of arbitral proceedings shall be [city/country] The language to be used in the arbitral proceedings shall be [language]"[29] **25**

---

[26] http://www.cietac.org.cn.
[27] http://www.hkiac.org.
[28] http://www.siac.org.sg.
[29] http://www.kcab.or.kr.

26 **5. JCAA.** „All disputes, controversies or differences which may arise between the parties hereto, out of or in relation to or in connection with this Agreement shall be finally settled by arbitration in (name of city) in accordance with the Commercial Arbitration Rules of the Japan Commercial Arbitration Association."[30]

II. Ad hoc Schiedsklauseln

27 Da ad hoc Schiedsverfahren in Asien nicht verbreitet sind (→ Rn. 18), empfiehlt sich nicht die Vereinbarung eines nach asiatischem Recht durchzuführenden ad hoc Schiedsverfahrens.

D. Auswahl von Schiedsrichtern

I. Institutionelle Benennungsregeln

28 1. Alle hier genannten Schiedsinstitutionen führen eine eigene Liste mit Schiedsrichtern, welche die Schiedsinstitution für qualifiziert hält. Allerdings können idR auch nicht gelistete Personen von den Parteien zu Schiedsrichtern bestellt werden. Bei CIETAC bedarf allerdings ein von den Parteien benannter Schiedsrichter der Bestätigung der CIETAC, sofern der Schiedsrichter nicht auf der Schiedsrichterliste der CIETAC steht, Art. 24 Abs. 2 CIETAC Rules.
2. Die meisten Schiedsordnungen sehen im Grundsatz vor, dass die Parteien einen Einzelschiedsrichter einvernehmlich ernennen können. Bei Drei-Personen-Schiedsgerichten benennen die Parteien je einen Schiedsrichter, die sich meist ihrerseits auf einen dritten Schiedsrichter einigen sollen. Kommt eine Einigung über den Einzelschiedsrichter oder den dritten Schiedsrichter nicht zustande, so wird der Einzelschiedsrichter bzw. der dritte Schiedsrichter von der Schiedsinstitution ernannt.
3. Bei SIAC und HKIAC bedarf die Benennung jedes Schiedsrichters durch die Parteien jedoch der Bestätigung durch die Schiedsinstitution Art. 6.3 SIAC Rules.

II. Auswahl und Benennung von ad hoc Schiedsrichtern

29 Da ad hoc Schiedsverfahren in Asien nicht verbreitet bzw. sogar unzulässig sind, gibt es weder die Notwendigkeit noch beachtliche Regeln zur Benennung von ad hoc Schiedsrichtern.

E. Besonderheiten des Verfahrens im Vergleich zu deutschen Schiedsverfahren

30 In den oben näher dargestellten Schiedsordnungen sind folgende Besonderheiten besonders hervorzuheben:

I. Verfahrensordnung

31 Alle Schiedsinstitutionen verfügen über eine eigene Schiedsordnung.

II. Vollständigkeit der Schiedsklage

32 Bei der CIETAC entscheidet diese schon vor Bildung des Schiedsgerichts, ob die Schiedsklage vollständig ist und fordert ggf. deren Ergänzung.

---

[30] http://www.jcaa.or.jp.

III. Kompetenz-Kompetenz

Die Kompetenz-Kompetenz, dh die Befugnis, über die eigene Zuständigkeit zu entscheiden, gewähren vier Schiedsordnungen den Schiedsgerichten. Bei der CIETAC entscheidet darüber jedoch die Schiedsinstitution, Art. 6 CIETAC Rules. **33**

IV. Kompetenz-Rügen

Sie sind nach allen Schiedsordnungen unverzüglich, idR in der Klagerwiderung vorzubringen. Bei der CIETAC sind sie unverzüglich, Art. 10 CIETAC Rules, jedenfalls aber vor der ersten mündlichen Verhandlung zu bringen, Art. 6.4 CIETAC Rules. **34**

V. Schiedsrichterbestellung

Alle Schiedsordnungen geben der Parteibestimmung Vorrang. Bei SIAC und HKIAC bedarf jedoch jede Schiedsrichterbestellung der Genehmigung durch die Institution. Bei CIETAC ist eine solche Genehmigung bei Bestellung von Schiedsrichtern von außerhalb der Schiedsrichterliste erforderlich, Art. 24.1 CIETAC Rules. **35**

VI. Zahl der Schiedsrichter

Bei KCAB und JCAA sind drei Schiedsrichter nur bei Vereinbarung der Parteien oder bei Zustimmung durch die Schiedsorganisation vorgesehen. **36**

VII. Nationalität der Schiedsrichter

HKIAC, KCAB und JCAA erwähnen (wie UNCITRAL und § 1035 Abs. 5 S. 2 ZPO) als eines der Auswahlkriterien für von der Organisation zu bestellende Schiedsrichter, ob deren Nationalität von derjenigen der Parteien verschieden sein sollte. In den neuen Rules der CIETAC ist nun ebenfalls die Staatsangehörigkeit (der Parteien) als Bestellungskriterium eines Schiedsrichters genannt, Art. 28 CIETAC Rules. **37**

VIII. Abberufung/Ersetzung von Schiedsrichtern

Dieses Recht steht entsprechend dem Bestellungsrecht subsidiär stets der Schiedsinstitution zu. Bei CIETAC kann eine Abberufung auch von Amts wegen, zB bei Überschreitung der Bearbeitungsfrist erfolgen, Art. 31.1 CIETAC Rules. **38**

IX. Verfahrensbevollmächtigte

Die meisten Schiedsordnungen lassen eine Parteivertretung durch jedermann, insbesondere auch durch ausländische Rechtsanwälte zu. **39**

In China gibt es Einschränkungen. Nach dem Berufsrecht der in China niedergelassenen ausländischen Rechtsanwälte dürfen sich diese nicht mit chinesischen Rechtsangelegenheiten befassen. Es wird daher die Auffassung vertreten, dass ausländische Rechtsanwälte auch in einem Verfahren vor der CIETAC, in dem chinesisches Recht zur Anwendung kommt, nur in Begleitung chinesischer Rechtsanwälte auftreten dürften. Diese Auffassung vermag hingegen nicht den Widerspruch zu erklären, dass ausländische Rechtsanwälte als Schiedsrichter der CIETAC zugelassen sind und in dieser Eigenschaft ggf. nicht nur eine Auffassung zum chinesischen Recht äußern, sondern dessen Inhalt sogar verbindlich feststellen können. Die vorgenannte Beschränkung dürfte aus diesem Grund jedenfalls für nicht in China zugelassene Rechtsanwälte (auch wenn sie einer Sozietät mit Niederlassung in China angehören) nicht zutreffen, zumal diese Rechtsanwälte dem chinesischen Zulassungsrecht nicht unterliegen. Keinen Beschränkungen unterliegen hingegen sonstige natürliche Personen chinesischer oder ausländischer Nationalität. Diese dürfen nämlich uneingeschränkt nach Art. 20 CIETAC Rules eine Partei des Schiedsverfahrens vertreten. **40**

4. Teil. Streitbeilegung

X. Verhandlungsgrundsatz

41 Die meisten Schiedsordnungen gehen vom Verhandlungsgrundsatz aus, wonach die Parteien den ihnen günstigen Sachvortrag und die dafür erforderlichen Beweise liefern müssen. CIETAC billigt dem Schiedsgericht wahlweise auch den Untersuchungsgrundsatz zu, wonach das Schiedsgericht auch von sich aus den Sachverhalt ermitteln und Beweise erheben darf, Art. 33.3 CIETAC Rules. Bemerkenswert ist der Umstand, dass die Anwesenheit der Parteien bei solchen Beweiserhebungen im Ermessen des Schiedsgerichts steht, Art. 41.2 CIETAC Rules. Auch JCAA lässt den Untersuchungsgrundsatz bei der Beweiserhebung zu.

XI. Verfahrenssprache

42 IdR überlassen die Schiedsordnungen den Schiedsgerichten das gegenüber einer etwaigen Parteivereinbarung subsidiäre Recht, die Verfahrenssprache zu bestimmen. Bei CIETAC kann bei Fehlen einer Parteivereinbarung nunmehr von CIETAC auch eine andere als die chinesische Sprache bestimmt werden, Art. 71.1 CIETAC Rules.

XII. Zeitplan

43 KCAB und JCAA sehen die frühzeitige Erstellung eines Zeitplanes durch das Schiedsgericht vor. CIETAC kennt gar eine Frist von 6 Monaten ab Konstituierung des Schiedsgerichts, innerhalb derer der Schiedsspruch gefällt werden muss, Art. 46.1 CIETAC Rules. Sie kann auf Antrag des Schiedsgerichts von der CIETAC verlängert werden, Art. 46.2 CIETAC Rules.

XIII. „Memorandum of Issues"

44 Bei SIAC soll das Schiedsgericht zu Verfahrensbeginn mit den Parteien Einigkeit über diejenigen Gesichtspunkte erzielen, die es für wesentlich hält. Stimmt eine Partei nicht zu, entscheidet hierüber SIAC.

XIV. Einstweiliger Rechtschutz

45 Während SIAC, KCAB und JCAA auch einstweiligen Rechtsschutz durch die Schiedsgerichte zulassen (SIAC sogar zur Vermögenssicherstellung und zur Sicherheitsleistung), verweisen andere Schiedsordnungen daneben auch noch auf die Zivilgerichte (HKIAC und CIETAC).

XV. Beweismittel

46 Alle Verfahrensordnungen gewähren die üblichen Beweismitteln einschließlich der Bestellung von Sachverständigen. SIAC eröffnet dem Schiedsgericht die ausdrückliche Möglichkeit, auch schriftliche Zeugenaussagen zuzulassen.

XVI. Rechtswahl

47 Vorbehaltlich einer ausdrücklichen Rechtswahl der Parteien, entscheidet das Schiedsgericht nach den Regeln des Internationalen Privatrechts über das anwendbare materielle Recht. Bei KCAB kann das Schiedsgericht jedoch auch dasjenige Recht anwenden, das es für „angemessen" hält.

XVII. Überprüfung des Entscheidungsentwurfes

48 Bei CIETAC und bei SIAC ist der Entscheidungsentwurf vom Schiedsgericht der Schiedsorganisation zur Prüfung vorzulegen, die jeweils Anregungen dazu geben kann. Bei SIAC

kann ein Schiedsspruch nicht ergehen, solange SIAC nicht der Form des Schiedsspruches zugestimmt hat.

XVIII. Interpretation des Schiedsspruches

Bei JCAA und HKIAC kann eine Partei beim Schiedsgericht eine Interpretation des bereits erlassenen Schiedsspruches beantragen. **49**

XIX. Haftungsausschluss

HKIAC, SIAC, KCAB und JCAA sehen einen ausdrücklichen Haftungsausschluss bei Fahrlässigkeit der Schiedsgerichte oder der Schiedsinstitution vor, JCAA allerdings nur für leichte Fahrlässigkeit. **50**

F. Kosten des Verfahrens

I. Kosten der Schiedsinstitution

Sämtliche hier genannten Schiedsinstitutionen verfügen über streitwertbasierte Kostenordnungen, anhand derer sie die Administration des Verfahrens berechnen. IdR wird zusätzlich eine Registrierungsgebühr erhoben. **51**

II. Kosten des Schiedsgerichts

Die meisten der hier genannten Schiedsordnungen geben zusätzlich zu den Administrierungsgebühren auch die Vergütungen für die Schiedsrichter vor. **52**

1. Bei CIETAC sind die Schiedsrichtergebühren in den Verfahrensgebühren enthalten. Allerdings enthält die Gebührentabelle keine klare Regelung über die Vergütung ausländischer Schiedsrichter. Die Gebührentabelle sieht insoweit eine reine Kostenerstattung vor. In der Praxis wird jedoch auch ein Honorar festgesetzt, das höher sein kann als die Vergütung der inländischen Schiedsrichter.
2. In Hong Kong bleibt die Vergütungsvereinbarung der Schiedsrichter den Parteien und den Schiedsrichtern vorbehalten. Sie ist üblicherweise zeitbezogen. Die Parteien können auf eine Honorartabelle der HKIAC zurückgreifen.
3. In Korea ist die Schiedsrichtervergütung zeitbezogen zwischen USD 250 und USD 500. Die Gesamtvergütung, die vom Streitwert abhängt, wird vom Sekretariat innerhalb einer vorgegebenen Spanne festgesetzt.
4. Eine Sonderrolle nimmt die JCAA ein, da sie eine zeitbezogene Schiedsrichtervergütung nach billigem Ermessen festsetzt, die idR Stundensätze zwischen JPY 30.000 und JPY 80.000 vorsieht.

III. Kostenübersicht

Eine näherungsweise Übersicht über die Gesamtkosten eines Schiedsverfahrens mit jeweils drei Schiedsrichtern ergibt folgende Werte: **53**

	100.000 €	500.000 €	2.000.000 €	5.000.000 €
CIETAC[1]	5.200 €	16.702 €	36.208 €	66.208 €
HKIAC[1,2]	33.215 €	86.649 €	151.874 €	206.842 €
SIAC[1]	31.608 €	94.757 €	186.700 €	270.544 €
KCAB[1,2]	10.671 €	43.087 €	75.436 €	160.204 €
JCAA[1,2]	29.071 €	73.027 €	146.648 €	264.067 €

[1] Umgerechnet mit Wechselkursen vom 2.1.2013
[2] Höchstbetrag

G. Vollstreckbarkeit von Schiedssprüchen im In- und Ausland

I. Vollstreckbarkeit nach UNÜ 1958

54 § 1061 Abs. 1 Satz 1 ZPO verweist wegen der Anerkennung und Vollstreckung ausländischer Schiedssprüche auf das UNÜ 1958. Die meisten asiatischen Staaten haben das UNÜ 1958 ratifiziert, so dass die Anerkennung und Vollstreckung ausländischer Schiedssprüchen in diesen Ländern ebenfalls eine vertraute Rechtsgrundlage hat. Es handelt sich im Wesentlichen um: Bangladesch, China, Indien, Indonesien, Japan, Kambodscha, Laos, Malaysia, Mongolei, Pakistan, Philippinen, Südkorea, Singapur, Thailand und Vietnam.

II. Bi- und multilaterale Abkommen

55 Gemäß § 1061 Abs. 1 Satz 2 ZPO bleiben die Vorschriften in anderen Staatsverträgen über die Anerkennung und Vollstreckung ausländischer Schiedssprüche unberührt.[31]

Bi- oder multilaterale Abkommen zwischen der Bundesrepublik Deutschland und asiatischen Staaten existieren jedoch nicht.[32]

III. Besonderheiten in China

56 Zur Gewährleistung der rechtskonformen Anerkennung und Vollstreckung ausländischer Schiedssprüche hat das Oberste Volksgericht der Volksrepublik China zwei bedeutende, die Instanzgerichte bindende Anweisungen erteilt.[33] Nach der Mitteilung vom 28.8.1995 müssen die Instanzgerichte vor einer beabsichtigten Ablehnung der Anerkennung und Vollstreckung eines ausländischen Schiedsspruches zunächst die Zustimmung des Obersten Volksgerichts einholen.[34] Die Mitteilung vom 23.4.1998 verpflichtet die Instanzgerichte entsprechend bei der beabsichtigten Aufhebung eines chinesischen Schiedsspruches.[35]

---

[31] Die wichtigsten bi- und multilateralen Abkommen listet Stein/Jonas-*Schlosser* Anhang § 1061 Rn. 163 ff. auf.

[32] Ausnahme: Genfer Abkommen zwischen Deutschland und Myanmar, vgl. MüKoZPO/*Adolphsen* § 1061 Anhang 4 Rn. 1.

[33] Abgedruckt bei *Kniprath* S. 265 f. und 273.

[34] AaO S. 273.

[35] AaO S. 265 f.

Abschnitt 48. Schiedsgerichte in Nordamerika

Übersicht

	Rn.
A. Stand des Schiedsverfahrensrechts	1
I. Historie	1
II. Aktuell geltendes Recht	2
III. Anstehende Gesetzgebungsreformen	3
B. Führende Schiedsinstitutionen und Statistiken	5
I. Schiedsinstitutionen	5
II. Ad-hoc-Schiedsverfahren	8
III. Nutzungshäufigkeit	9
C. Musterschiedsklauseln	11
I. Institutionelle Schiedsklauseln	11
II. Ad-hoc-Schiedsklauseln	14
D. Auswahl von Schiedsrichtern	15
I. Institutionelle Benennungsregeln	17
II. Auswahl und Benennung von Ad-hoc-Schiedsrichtern	18
E. Besonderheiten des Verfahrens im Vergleich zu deutschen Schiedsverfahren	20
F. Kosten des Verfahrens	32
G. Vollstreckbarkeit von Schiedssprüchen im In- und Ausland	34

Literatur: AAA (ICDR), Guide to drafting international dispute resolution clauses;[1] *Born*, International Arbitration and Forum Selection Agreements: Drafting and Enforcing, 3. Aufl. 2010; *Born*, International Arbitration 2009; *Rutledge/Kent/Henel*, Country Report United States, in: Weigand (Hrsg.) Practitioner's Handbook on International Arbitration, 2. Aufl. 2009; *Rutledge*, Arbitration and the Constitution, 2012; *Coe*, International Commercial Arbitration: American Principles and Practice in a Global Context, 1997; *Tief*, Discovery und Informationspflichten der Parteien in der Internationalen Schiedsgerichtsbarkeit: Ein deutsch-amerikanischer Vergleich, 2000; *Rivkin/Friedman*, United States, in: Arbitration World, Institutional and jurisdictional comparisons, 4. Aufl. 2012; *Smit/Mistelis*, The Roster of International Arbitrators, 2. Aufl. 2012; *Gusy/Hosking/Schwarz*, A Guide to the ICDR International Arbitration Rules, 2011.

A. Stand des Schiedsverfahrensrechts

I. Historie

Obwohl die Vereinigten Staaten auf eine lange Geschichte internationaler Schiedsverfahrenspraxis zurückblicken, haben solche Verfahren erst in jüngerer Zeit rechtliche Anerkennung erlangt. Noch bis Anfang des 20. Jahrhunderts waren Schiedsvereinbarungen vor staatlichen Gerichten nur schwer durchsetzbar. Sie galten in der Regel als nichtig, weil die Derogation der staatlichen Gerichtsbarkeit als Verstoß gegen die öffentliche Ordnung angesehen wurde. Lediglich nachträglich vereinbarte Schiedsverträge wurden von den Gerichten gelegentlich anerkannt. Erst nachdem im Jahre 1925 der *Federal Arbitration Act* (FAA) in Kraft trat und dadurch Schiedsverfahren erstmalig auf eine gesetzliche Grundlage gestellt wurden, nahmen die staatlichen Gerichte zunehmend eine schiedsfreundliche Haltung ein. Der FAA ermöglichte die gerichtliche Durchsetzung sowohl von Schiedsvereinbarungen als auch von Schiedssprüchen.[2] Für nationale wie auch für internationale Schiedsverfahren stellt er bis heute die wesentliche Rechtsgrundlage dar.[3] Im Jahr 1970 ratifizierten die Vereinigten Staaten die Convention on the Recognition and Enforcement of Foreign Arbitral Awards vom 10. Juni 1958 (New York Convention). Heute stoßen nationale und internationale Schiedsverfahren in den Vereinigten Staaten auf große Unterstützung. Mit Aus-

1

---

[1] Abrufbar unter: http://www.adr.org/cs/groups/international/documents/document/mdaw/mdax/~edisp/adrstg_002539.pdf.
[2] 9 U.S.C. §§ 2, 10.
[3] 9 U.S.C. § 1 ff.

nahme der zur Implementierung der New York und der Inter-American Convention on International Commercial Arbitration von 1975 (Panama Convention) erforderlichen Änderungen besteht der FAA im Wesentlichen in der Gestalt fort, in der er 1925 in Kraft getreten ist. Die Entwicklung des Schiedsverfahrensrechts der Vereinigten Staaten hat sich mehr durch richterliche Rechtsfortbildung *(case law)* als durch Legislativakte vollzogen.

II. Aktuell geltendes Recht

2   Rechtsgrundlagen internationaler Schiedsverfahren in den Vereinigten Staaten sind der FAA und die dazu ergangenen Gerichtsentscheidungen. Daneben sollten die Verfahrensbeteiligten noch einige weitere Rechtsquellen im Blick behalten. Die Vereinigten Staaten haben mehrere völkerrechtliche Verträge wie die New York und die Panama Convention unterzeichnet. Neben dem FAA als Bundesgesetz dürfen außerdem die jeweiligen Schiedsverfahrensgesetze der 50 Bundesstaaten nicht außer Acht gelassen werden. Die meisten dieser Gesetze sind einem Modellgesetz nachgebildet, dem *Revised Uniform Arbitration Act*.[4] Einige Staaten haben daneben spezielle Gesetze für internationale Schiedsverfahren erlassen, die wiederum zum Großteil auf dem UNCITRAL Model Law basieren. Anders als das Schiedsverfahrensrecht vieler anderer Länder trennen der FAA und die Rechtsprechung in den Vereinigten Staaten nicht streng zwischen nationalen und internationalen Schiedsverfahren. Beide Verfahren richten sich in der Regel nach Chapter I des FAA. Das zu internationalen Verfahren ergangene *case law* gilt grundsätzlich auch für nationale Verfahren und umgekehrt. Chapter II und III des FAA integrieren für internationale Verfahren die New York Convention und interamerikanische Abkommen in das US-Bundesrecht.

III. Anstehende Gesetzgebungsreformen

3   Zwei aktuelle Entwicklungen sind zurzeit von besonderem Interesse. Zum einen ist der *Arbitration Fairness Act of 2012* Gegenstand eines Gesetzgebungsvorhabens. Der Erlass dieses Gesetzes wäre die wohl bedeutsamste Reform des Schiedsverfahrensrechts der Vereinigten Staaten seit Einführung des FAA. Obwohl der größte Teil des *Arbitration Fairness Act of 2012* direkt nur nationale Schiedsverfahren betrifft, könnte er auch das Recht der internationalen Schiedsverfahren beeinflussen, so zum Beispiel die Frage der Kompetenz-Kompetenz.[5] Kern des *Arbitration Fairness Act of 2012* ist die Änderung des Schiedsverfahrensrechts dahingehend, dass für arbeitsrechtliche, verbraucherrechtliche und „civil rights"-Streitigkeiten die staatliche Gerichtsbarkeit nicht mehr im Vorhinein zugunsten von Schiedsverfahren ausgeschlossen werden können soll.

4   Die zweite interessante Entwicklung betrifft ein von einer Gruppe von Praktikern und Wissenschaftlern unter Federführung des American Law Institute (ALI) vorbereitetes *Restatement* des Rechts der Internationalen Schiedsverfahren. Ziel eines *Restatements* ist es, die Rechtsprechung in einem Rechtsgebiet zusammenzufassen sowie, soweit erforderlich, der Lösung von Meinungsverschiedenheiten über einzelne Rechtsfragen zwischen den verschiedenen Gerichten zu dienen. *Restatements* werden von den Gerichten oft herangezogen und als Quelle des US-amerikanischen Rechts zitiert. Dieses Projekt verspricht daher einen nicht geringen Einfluss auf das Schiedsverfahrensrecht der Vereinigten Staaten zu nehmen. Ein erster vorläufiger Entwurf wurde im Jahr 2010 verabschiedet und im Jahre 2012 durch einen weiteren Entwurf ergänzt. Der aktuelle Stand des Verfahrens ist abrufbar auf der Website des ALI.[6]

---

[4] Abrufbar unter http://www.uniformlaws.org/shared/docs/arbitration/arbitration_final_00.pdf.
[5] Arbitration Fairness Act, § 3.
[6] Abrufbar unter: http://www.ali.org/index.cfm?fuseaction=projects.proj_ip&projectid=20.

Abschnitt 48. Schiedsgerichte in Nordamerika

B. Führende Schiedsinstitutionen und Statistiken

I. Schiedsinstitutionen

Die Vereinigten Staaten dienen regelmäßig als Schiedsort für Schiedsverfahren nach verschiedenen international akzeptierten institutionellen Schiedsverfahrensregeln wie zum Beispiel den ICC-Schiedsregeln. Zu den großen inländischen Schiedsinstitutionen gehören die *American Arbitration Association* (AAA) mit dem *International Centre for Dispute Resolution* (ICDR), die *Judicial Arbitration and Mediation Services Inc.* (JAMS) und das *International Institute for Conflict Prevention and Resolution* (CPR). Neben internationalen Verfahrensregeln stellen diese Institutionen oft auch branchenspezifische Regeln zur Verfügung, die beispielsweise für das Bau- oder Versicherungswesen speziell auf die Bedürfnisse der Parteien zugeschnitten sind.

Einen besonderen Aspekt der institutionellen Schiedsverfahren in den Vereinigten Staaten stellen Verfahren auf dem Gebiet des Wertpapierhandels dar. Viele Schiedsverfahren in diesem Bereich, insbesondere auch investitions- sowie arbeitsrechtliche Verfahren, finden unter der Aufsicht der *Financial Industry Regulatory Authority* (FINRA) statt. Die FINRA wurde im Jahr 2007 gegründet. Unter ihr wurden die Streitschlichtungsfunktionen der großen amerikanischen Wertpapierbörsen (NYSE, NASDAQ) zusammengefasst. Anders als die meisten anderen Schiedsinstitutionen steht die FINRA unter staatlicher Aufsicht durch die *Securities and Exchange Commission* (SEC), der allgemeinen Aufsichtsbehörde für den Wertpapierhandel. Im Übrigen verfährt die FINRA wie andere Schiedsinstitutionen auch nach ihren eigenen – von der SEC gebilligten – Verfahrensregeln, hält eigene Listen von Schiedsrichtern vor und verfügt über eine eigene Schiedsspruchsammlung.

Die Adressen der wichtigsten Schiedsinstitutionen lauten:

American Arbitration Association (AAA)
Corporate Headquaters
1633 Broadway, 10th Floor
New York, NY 10019
http://www.adr.org/drs

Judicial Arbitration and Mediation Services (JAMS)
Home Office
1920 Main Street, Suite 300
Irvine, CA 92614
http://www.jamsadr.com

International Institute for Conflict
Prevention and Resolution (CPR)
575 Lexington Avenue, 21st Floor
New York, NY 10022
http://www.cpradr.org

II. Ad-hoc-Schiedsverfahren

Auch Ad-hoc-Schiedsverfahren, beispielsweise nach den UNCITRAL-Schiedsregeln, sind in den USA keine Seltenheit. Für die Wahl der Schiedsrichter kann auf verschiedene öffentlich zugängliche Schiedsrichterdatenbanken zurückgegriffen werden. Eine Auswahl findet sich unten.[7]

---

[7] → Rn. 18.

III. Nutzungshäufigkeit

9 Neben der hohen Zahl an Verfahren, die in den Vereinigten Staaten im Jahr vor staatlichen Gerichten geführt werden, erscheint die Anzahl der jährlich in den USA geführten Schiedsverfahren gering. Im Jahr 2011 wurden über 290.000 neue Fälle vor den Bundesgerichten und im Jahr 2010 mehr als sieben Millionen neue Fälle vor den Gerichten der einzelnen Staaten anhängig gemacht.[8] Im Gegensatz dazu wurden im Jahr 2011 weniger als 300.000 Schiedsverfahren in den Vereinigten Staaten registriert.

10 Nur ein Bruchteil dieser jährlich in den USA stattfindenden Schiedsverfahren kann als internationale Verfahren bezeichnet werden. Im Jahr 2011 waren von 187.596 bei der AAA als größter Schiedsinstitution anhängigen Schiedsverfahren nur 994 internationaler Natur. Bei der JAMS wurden im Jahr 2007 2.020 Schiedsklagen eingereicht. An nur 21 dieser Verfahren waren Parteien oder Schiedsrichter beteiligt, die ihren Wohnsitz außerhalb der USA hatten. Von den 4.729 bei der FINRA im Jahr 2011 anhängigen Verfahren waren nahezu alle nationale Schiedsverfahren.

C. Musterschiedsklauseln

I. Institutionelle Schiedsklauseln

11 Schiedsinstitutionen stellen in der Regel Musterschiedsklauseln zur Verfügung. Die AAA (ICDR) empfiehlt folgende Musterschiedsklausel für ICDR-Schiedsverfahren:

„Any controversy or claim arising out of or relating to this contract, or the breach thereof, shall be determined by arbitration administered by the International Centre for Dispute Resolution in accordance with its International Arbitration Rules."

12 Daneben sollten die Parteien die Zahl der Schiedsrichter festlegen („The number of arbitrators shall be (one or three)"), den Schiedsort bestimmen („The place of arbitration shall be (city and/or country)") und eine Regelung über die Verfahrenssprache treffen („The language(s) of the arbitration shall be ..."). Eine umfassende Anleitung zur Formulierung von Schiedsvereinbarungen stellt die AAA (ICDR) mit ihrem Leitfaden *Guide to drafting international dispute resolution clauses* bereit.[9]

13 Die Musterschiedsklausel der JAMS für internationale Schiedsverfahren lautet:

„Any dispute, controversy or claim arising out of or relating to this contract, including the formation, interpretation, breach or termination thereof, including whether the claims asserted are arbitrable, will be referred to and finally determined by arbitration in accordance with the JAMS International Arbitration Rules. The Tribunal will consist of [three arbitrators/a sole arbitrator]. The place of arbitration will be [location]. The language to be used in the arbitral proceedings will be [language]. Judgment upon the award rendered by the arbitrator(s) may be entered by any court having jurisdiction thereof."

II. Ad-hoc-Schiedsklauseln

14 Eine Ad-hoc-Schiedsklausel kann wie folgt formuliert werden:

„Any controversy or claim arising out of or in connection with this Agreement, including whether the claims asserted are arbitrable, shall be settled by arbitration. The place of arbitration shall be .... The language to be used in the arbitral proceedings shall be ... The number of arbitrators shall be (one or three)."

D. Auswahl von Schiedsrichtern

15 Das US-amerikanische Recht macht den Parteien keine Vorgaben hinsichtlich der Anzahl und Qualifikation der gewählten Schiedsrichter. Die Parteien können sowohl Juristen

---

[8] Angegeben sind jeweils die jüngsten Statistiken.
[9] Abrufbar unter: http://www.adr.org/si.asp?id=4945.13.

als auch Nichtjuristen als Schiedsrichter wählen. Einzelschiedsrichter können ebenso eingesetzt werden wie Mehr-Personen-Schiedsgerichte. Ungewöhnlich, aber gleichwohl zulässig, ist die Bestimmung einer geraden Anzahl an Schiedsrichtern. Hat ein Gericht Schiedsrichter in internationalen Schiedsverfahren zu bestimmen,[10] so wird es in der Regel einen Einzelschiedsrichter benennen, wenn die Parteien sich nicht über die Zahl der Schiedsrichter geeinigt haben.[11] Bestimmen die Parteien ein Verfahren für die Benennung oder Einsetzung der Schiedsrichter, so soll diesen Vorgaben auch von einem Gericht, das den oder die Schiedsrichter zu bestimmen hat, soweit wie möglich Folge geleistet werden.[12]

Ist ein Dreierschiedsgericht vereinbart oder sehen die vereinbarten Schiedsregeln ein solches Schiedsgericht vor, so benennt in der Regel jede Partei einen Schiedsrichter. Die parteibenannten Schiedsrichter einigen sich sodann auf einen Vorsitzenden. Es ist allgemein anerkannt, dass alle Schiedsrichter zur Unabhängigkeit und Unparteilichkeit verpflichtet sind. Dies ist nun auch im *AAA/ABA Code of Ethics for Arbitrators* festgehalten.[13] Auch institutionelle Schiedsregeln enthalten entsprechende Bestimmungen.[14]

I. Institutionelle Benennungsregeln

Die wichtigsten institutionellen Schiedsordnungen sehen für internationale Verfahren wahlweise einen Einzelschiedsrichter oder ein Dreierschiedsgericht vor.[15] In der Praxis werden von den führenden Schiedsinstitutionen in internationalen Verfahren allerdings regelmäßig Dreierschiedsgerichte eingesetzt, wenn das Verfahren nicht von nur ganz geringer wirtschaftlicher Bedeutung ist. Einige institutionelle Schiedsregeln sehen spezifische Anforderungen an die Qualifikation der Schiedsrichter vor. Nach den AAA (ICDR) International Arbitration Rules werden Schiedsrichter von der AAA (ICDR) direkt ernannt, wenn die Parteien kein Benennungsverfahren festgelegt haben.[16] Nach einer Reihe anderer in den Vereinigten Staaten häufig verwendeter Schiedsregeln wird zur Bestimmung ein Verfahren angewandt, nach dem beiden Parteien zunächst eine identische Liste möglicher Schiedsrichter zugesandt wird. Die Parteien haben dann Gelegenheit, für sie nicht akzeptable Kandidaten von der Liste zu streichen und die übrigen nach Präferenz zu ordnen. Die Schiedsinstitution wählt unter den auf beiden Listen verbleibenden Schiedsrichtern denjenigen mit der höchsten Platznummer. Ist auf den Listen kein gemeinsamer Kandidat verblieben, wählt die Institution den Schiedsrichter in der Regel direkt und unabhängig von den auf der Liste genannten Kandidaten.[17]

II. Auswahl und Benennung von Ad-hoc-Schiedsrichtern

Auch für Ad-hoc-Schiedsverfahren sind in der Regel Einzelschiedsrichter oder Dreierschiedsgerichte vorgesehen. Haben die Parteien eines internationalen Schiedsverfahrens ein Benennungsverfahren festgelegt, so können die staatlichen Gerichte nach FAA § 206 den oder die Schiedsrichter nach diesem Verfahren bestimmen, wenn es zwischen den Parteien bei der Konstituierung des Schiedsgerichts zu Unstimmigkeiten kommt. Nicht abschließend geklärt ist die Frage der gerichtlichen Bestimmbarkeit von Schiedsrichtern in internationalen Verfahren, wenn eine entsprechende Parteivereinbarung über das Benennungsverfahren fehlt. Die meisten US-Gerichte, die sich mit der Frage zu beschäftigen hatten, sind

---

[10] FAA § 206.
[11] FAA § 5.
[12] FAA § 5.
[13] Der Code wird gemeinsam von der AAA und der American Bar Association herausgegeben und ist nicht bindend.
[14] Vgl. zum die Beispiel AAA (ICDR) International Rules, Art. 7 JAMS International Arbitration Rules, Art. 8.1.
[15] Vgl. zB AAA (ICDR) International Rules, Art. 5; CPR International Rules, Rule 5.
[16] AAA (ICDR) International Rules, Art. 6.
[17] Vgl. zB JAMS International Arbitration Rules, Art. 7.5.

4. Teil. Streitbeilegung

zu dem Schluss gekommen, dass auch in diesem Fall nach FAA § 206 vorzugehen ist. Im Ergebnis nicht anders wird zum Teil auch angenommen, dass die Besetzung des Schiedsgerichts nach dem ursprünglich für inländische Verfahren geltenden FAA § 5 bestimmt werden kann.

19   Öffentlich zugängliche Schiedsrichterdatenbanken stellen das CPR[18] sowie die JAMS[19] bereit. Außerdem gibt es zahlreiche Verzeichnisse, die Schiedsrichter aufführen und bewerten. Zu ihnen gehören *Chambers USA*,[20] *Expert Guides: Experts in Commercial Arbitration*,[21] *Dispute Resolution Directory*[22] sowie *The Roster of International Arbitrators*.[23]

E. Besonderheiten des Verfahrens im Vergleich zu deutschen Schiedsverfahren

20   In den USA gibt es hinsichtlich der Ausgestaltung des Verfahrens wenig rechtliche Vorgaben. Geregelt sind lediglich Kernprinzipien wie die Garantie eines rechtsstaatlichen Verfahrens.

21   Inländische wie internationale Schiedsverfahren mit Sitz in den USA oder unter der Leitung von Schiedsrichtern mit US-amerikanischem Hintergrund sind in der Regel stark durch das *common law* geprägt. Grundlegende Unterschiede bestehen mit dem im *common law* üblichen *discovery*-Verfahren zum Beispiel hinsichtlich der Beweisbeschaffung. Die Rolle des Schiedsrichters ist im *common law* eher die eines Überwachers, der die Wahrung des Verfahrensrechts sichern soll *(adversarial system)*, während er nach deutschem Verständnis das Verfahren aktiv leitet und Aufklärung betreibt *(inquisitorial system)*. Zeugen werden in erster Linie von den Parteien befragt, und zwar von der sie benennenden Partei zuerst, während die Zeugenvernehmung im deutsch-rechtlich geprägten Verfahren traditionell vom Schiedsrichter vorgenommen wird. Auch Gutachten werden im *adversarial system* vorwiegend von den Parteien in Auftrag gegeben, während im *inquisitorial system* für gewöhnlich der Schiedsrichter Gutachten einholt und Parteigutachten einen geringen Beweiswert haben. Nach dem Prozessverständnis des *common law* wird im Wesentlichen mündlich vorgetragen, während der Vortrag im deutschen Verfahren beginnend mit einer ausführlichen Klageschrift überwiegend schriftsätzlich erfolgt.

22   Hinsichtlich des in Schiedsverfahren anwendbaren Rechts weist das US-amerikanische gegenüber dem deutschen Schiedsverfahrensrecht zunächst keine Besonderheiten auf. Das materielle Recht ergibt sich aus einer entsprechenden Parteivereinbarung oder wird von den Schiedsrichtern bestimmt. Das anwendbare Prozessrecht ist vorbehaltlich anderweitiger Parteivereinbarung das Recht des Schiedsorts *(lex loci arbitri)*. Die Anwendung dieser Grundsätze bereitet dann Probleme, wenn die Unterscheidung zwischen materiellem und prozessualem Recht nicht eindeutig zu treffen ist. Dieses Problem ist im US-Recht insbesondere bei Verjährungsfragen anzutreffen, die sowohl materiell-rechtliche als auch prozessuale Aspekte aufweisen. Hinsichtlich der Rechtswahl wird aber davon ausgegangen, dass Verjährungsfragen nach dem anwendbaren Prozessrecht zu entscheiden sind.[24]

23   Anders als im deutschen Recht können die Parteien unter dem FAA die Ablehnung eines Schiedsrichters erst nach Erlass des Schiedsspruchs im Aufhebungsverfahren gerichtlich geltend machen. Nach FAA § 10 kann ein Schiedsspruch aufgehoben werden, wenn in der Person eines Schiedsrichters erwiesenermaßen Parteilichkeit oder Korruption vorlag.

24   Nach geltendem Recht kann sich jede Person, die die Fähigkeit hat, Verträge abzuschließen, einer Schiedsklausel unterwerfen. Diese auf den Supreme Court zurückzufüh-

---

[18] Abrufbar unter: www.cpradr.com.
[19] Abrufbar unter: www.jamsadr.com.
[20] Abrufbar unter: www.chambersandpartners.com/usa.
[21] Veröffentlicht von Legal Media Group. Abrufbar unter: www.expertguides.com.
[22] Veröffentlicht von Martindale Hubbell. Abrufbar unter: www.dispute.martindale.com/index.php.
[23] *Smit/Mistelis*, The Roster of International Arbitrators, 2. Aufl. 2012.
[24] Restatement (Second) of Conflict of Laws, § 142.

rende schiedsverfahrensfreundliche Grundhaltung würde durch Inkrafttreten des *Arbitration Fairness Act of 2012* geschwächt. Im Vorhinein getroffene Schiedsvereinbarungen in arbeitsrechtlichen, verbraucherrechtlichen und „civil rights"-Streitigkeiten wären hiernach unwirksam und nicht durchsetzbar.

Werden Schiedsklauseln durch Allgemeine Geschäftsbedingungen in den Hauptvertrag eingeführt, so sind sie vor US-Gerichten durchsetzbar, wenn der Unterschreibende nach objektiven Maßstäben damit rechnen musste, dass der Hauptvertrag der Schiedsklausel unterfällt. In bestimmten Branchen, wie zB in der Baubranche, ist eine Schiedsklausel in Allgemeinen Geschäftsbedingungen dann wirksam vereinbart, wenn die Einbeziehung von Allgemeinen Geschäftsbedingungen in den Vertrag branchenüblich ist. In der Transportbranche sind nach der Rechtsprechung Schiedsklauseln in Frachtbriefen nur wirksam vereinbart, wenn der Name der Partei im Frachtbrief ausdrücklich genannt ist. **25**

Da die US-Gerichte zur Frage der Kompetenz-Kompetenz von Schiedsgerichten zum Teil eine vergleichsweise restriktive Auffassung vertreten, ist es sinnvoll, in der Schiedsvereinbarung eine Regelung darüber zu treffen, ob Zuständigkeitsfragen vom Schiedsgericht oder von einem staatlichen Gericht vorab zu entscheiden sind. Die Musterschiedsklauseln der großen Schiedsinstitutionen sind in der Regel so formuliert, dass sie gerichtlich nicht angreifbar sind. **26**

Zum Zwecke der Tatsachenfeststellung gewährt das US-amerikanische Recht dem Schiedsgericht einen weiten Ermessensspielraum hinsichtlich der Anordnung von Dokumentenvorlage *(disclosure)* sowie der Würdigung und Verwertbarkeit von Beweismitteln. Der FAA gewährt Schiedsgerichten mit Schiedsort in den USA weitgehende Rechtsmacht, die Vorlage von Dokumenten anzuordnen, und zwar auch von dritten Personen. Nach FAA § 7 kann das Schiedsgericht die Anwesenheit von Personen einschließlich Außenstehender bei der Schiedsverhandlung anordnen, soweit die betroffenen Personen ihren Wohnsitz in den USA haben. Die entsprechenden Anordnungen zur Sicherstellung der Anwesenheit von Zeugen und der Vorlage beweiserheblicher Dokumente sind vor den US-Gerichten durchsetzbar. Dabei ist die Rechtsmacht der US-Gerichte geografisch begrenzt.[25] **27**

Die in US-Gerichtsverfahren typischen *Depositions* sind in den USA zwar auch in inländischen Schiedsverfahren üblich, kommen in internationalen Schiedsverfahren hingegen selten vor. *Depositions* sind eidliche Zeugenaussagen, die vor der eigentlichen Verhandlung getätigt und später im Verfahren verwertet werden. Die AAA (ICDR) warnt in ihren *Guidelines for Arbitrators Concerning Exchanges of Information* davor, dass *Depositions,* wie sie sich in US-Gerichtsverfahren entwickelt haben, für internationale Schiedsverfahren keine sachdienliche Methode zur Tatsachenfeststellung seien.[26] **28**

Zum Teil fordern die Gerichte zur Bindung der Parteien an einen Schiedsspruch und zu dessen Vollstreckbarkeit eine sogenannte entry-of-judgment-provision, in der die Parteien schon im Rahmen der Schiedsvereinbarung die Verbindlichkeit des Schiedsspruches erklären. **29**

Vor US-Zivilgerichten gilt anders als im deutschen Recht nicht der Grundsatz der Kostentragung durch den Unterlegenen. Vielmehr tragen beide Parteien unabhängig vom Ausgang des Verfahrens ihre Kosten selbst *(American rule)*. Zwar sehen die in den USA gängigen Schiedsregeln ausdrücklich vor, dass das Schiedsgericht die Befugnis hat, im Rahmen des Schiedsspruchs auch über die Kosten, einschließlich der der Parteien zu entscheiden.[27] Der *American rule* entsprechend neigen Gerichte in den USA dennoch zuweilen dazu, Schiedsgerichten die Zuständigkeit für die Entscheidung über die Frage der Kostenverteilung abzusprechen, wenn die Parteien diese nicht ausdrücklich vereinbart haben. Da Ge- **30**

---

[25] Federal Rules of Civil Procedure, Rule 45.
[26] AAA (ICDR) *Guidelines for Arbitrators Concerning Exchanges of Information,* abrufbar unter: http://www.adr.org/aaa/ShowPDF.doc=ADRSTG_002579.
[27] Vgl. zB AAA Commercial Arbitration Rules, Art. 43 lit. c.

richte und Schiedsgerichte in internationalen Schiedsverfahren zweifelsfrei nicht an Kostenregelungen des US-Prozessrechts gebunden sind, sind entsprechende Entscheidungen zwar rechtlich angreifbar. Es empfiehlt sich aber dennoch, das Schiedsgericht in der Schiedsvereinbarung ausdrücklich zur Entscheidung über die Kosten zu ermächtigen.

31   Andererseits können die Parteien auch ausdrücklich vertraglich vereinbaren, dass jede Partei ihre Kosten selbst zu tragen hat, und die Entscheidungsmacht des Schiedsgerichts hinsichtlich der Kostenverteilung entsprechend beschränken. Entscheidet das Schiedsgericht trotz einer solchen Vereinbarung über die Verteilung der Anwaltskosten, so kann dies ein Grund zur Verweigerung der Vollstreckbarerklärung sein.

F. Kosten des Verfahrens

32   Die Verteilung der Kosten des Schiedsverfahrens ist in den USA nicht gesetzlich geregelt. Jedoch enthalten die gängigen Schiedsregeln sowohl für Ad-hoc- wie auch für institutionelle Schiedsverfahren detaillierte Regelungen über Höhe und Verteilung der Kosten, einschließlich Verwaltungskosten, Gebühren der Schiedsrichter und Kosten der Parteien.[28]

33   Das Schiedsgericht kann von der Partei, die das Verfahren eingeleitet hat, einen angemessenen Vorschuss und während des Verfahrens von beiden Parteien weitere Kostenvorschüsse verlangen. Weigern sich die Parteien, diesen Vorschuss zu leisten, kann das Schiedsgericht das Verfahren suspendieren oder sogar einstellen. Ebenso kann das Schiedsgericht die Ausfertigung des Schiedsspruchs verweigern, wenn nach Abschluss des Verfahrens die vom Vorschuss nicht gedeckten Kosten nicht gezahlt werden. Da dies die obsiegende Partei zur Übernahme der gesamten Kosten zwingt, sollte für diesen Fall ein entsprechender Regressanspruch beantragt werden. Möglich, wenn auch bisher richterrechtlich nicht ausdrücklich anerkannt, ist es auch, dass die klagende Partei einen Teilschiedsspruch nur über die Vorschusspflicht der beklagten Partei beantragt und vorab erhält.

G. Vollstreckbarkeit von Schiedssprüchen im In- und Ausland

34   Inländische und ausländische Schiedssprüche sind in den USA nicht automatisch vollstreckbar, sondern bedürfen einer gerichtlichen Vollstreckbarkeitserklärung. Für die Anerkennung und Vollstreckbarkeit internationaler Schiedssprüche gelten in den USA verschiedene multilaterale Abkommen. Insbesondere sind die USA Unterzeichner der New York Convention von 1958 und der Convention on the Settlement of Investment Disputes between States and Nationals of other States (ICSID Convention) von 1965. Die New York Convention ist von den USA überschießend umgesetzt worden. So ist in den USA die Verpflichtung zur Anerkennung und Vollstreckung nicht nach dem Territorialprinzip auf Schiedssprüche beschränkt, die außerhalb der USA ergangen sind. Ausreichend ist es vielmehr, wenn das Schiedsverfahren einen sonstigen Auslandsbezug hat, weil zB eine ausländische Partei beteiligt ist, die geschuldete Leistung im Ausland zu erbringen ist oder Rechte an im Ausland belegenden Immobilien Streitgegenstand sind.

35   In der Rechtsprechung zur Vollstreckung internationaler Schiedssprüche spiegelt sich die Schiedsfreundlichkeit US-amerikanischer Gerichte wider. Der U.S. Supreme Court betont in seinen Urteilen die Bedeutung von Schiedsverfahren für einen funktionierenden internationalen Handel. Es ist daher grundsätzlich nicht einfach, die Vollstreckung eines internationalen Schiedsspruchs vor einem Bundesgericht erfolgreich anzugreifen. Streitig ist die Frage, ob ein internationaler Schiedsspruch auch dann in den USA vollstreckt werden kann, wenn er im Herkunftsland bereits aufgehoben wurde. Von den Gerichten wird dies teilweise positiv beantwortet.

---

[28] Zur Zuständigkeit des Schiedsgerichts für die Kostenentscheidung siehe soeben.

Checkliste

Die Schiedsklausel sollte nach Möglichkeit eine Einigung der Parteien über den Schiedsort, die Zahl der Schiedsrichter sowie über die Verfahrenssprache enthalten (→ Rn. 11f.).

Bei der Vereinbarung eines Ad-hoc-Schiedsverfahrens sollte ein Verfahren festgelegt werden, nach dem Schiedsrichter bestimmt werden, wenn eine diesbezügliche Einigung der Parteien scheitert (→ Rn. 14f.).

Die Parteien sollten eine ausdrückliche Regelung über die Kompetenz des Schiedsgerichts zur Entscheidung über Kostenfragen treffen sowie darüber, welchem Recht diese Entscheidung folgen soll (→ Rn. 30f.).

Die Frage, ob das Schiedsgericht über seine eigene Zuständigkeit entscheiden kann (Kompetenz-Kompetenz), wird von US-Gerichten nicht einheitlich bejaht. Es ist daher sinnvoll, in der Schiedsklausel die Kompetenz des Schiedsgerichts für die Entscheidung über die eigene Zuständigkeit klar zu stellen, zB durch die Formulierung *„Any controversy or claim arising out of or in connection with this Agreement,* **including whether the claims asserted are arbitrable,** ..." (→ Rn. 26).

Für arbeitsrechtliche, verbraucherrechtliche und „civil rights" Streitigkeiten sollte die Entwicklung des Gesetzgebungsverfahrens zum *Arbitration Fairness Act* verfolgt werden. Nach dem bisherigen Gesetzgebungsvorhaben könnte die staatliche Gerichtsbarkeit für diese Streitigkeiten nicht mehr im Vorfeld zugunsten der Schiedsgerichtsbarkeit ausgeschlossen werden (→ Rn. 3, 24).

Das Schiedsgericht hat in der Regel ein weites Ermessen, die Vorlage von Dokumenten anzuordnen *(disclosure)*. Die Parteien sollten sich im Voraus darüber bewusst sein, dass diese Rechtsmacht weiter als nach deutschem Verfahrensrecht ausgestaltet ist und eventuell eine einschränkende Vereinbarung treffen (→ Rn. 24).

Abschnitt 49. Internationale Schiedsgerichte

Übersicht

	Rn.
A. Gegenstand der internationalen Schiedsgerichtsbarkeit	2
I. Abgrenzung zwischen internationaler privater Schiedsgerichtsbarkeit und völkerrechtlicher Schiedsgerichtsbarkeit	6
II. Häufige Streitgegenstände bei Exportgeschäften	13
III. Internationalität von Schiedsgerichtsbarkeit	17
IV. Gründe für die Verwendung von (inter-)nationalen Schiedsordnungen und deren Regelungsgegenstand	23
B. Internationale institutionelle Schiedsgerichtsbarkeit	29
I. Supranationale Schiedsinstitutionen und deren internationalen Schiedsordnungen	34
1. ICC Schiedsgerichtshof/ICC Schiedsgerichtsordnung	34
a) ICC Schiedsgerichtshof	34
b) Besonderheiten der ICC Schiedsgerichtsordnung	37
c) Verfahrensdauer	40
d) Kosten und Honorare	41
e) Statistik	43
f) Offiziell empfohlene Standardschiedsklausel	44
g) Kontaktdaten und Internetseite	50
h) Weiterführende Literatur	51
2. WIPO Arbitration and Mediation Center/WIPO Arbitration Rules	52
a) WIPO Arbitration and Mediation Center	52
b) Besonderheiten der WIPO Arbitration Rules	53
c) Verfahrensdauer	56
d) Kosten und Honorare	57
e) Statistik	58
f) Offiziell empfohlene Standardschiedsklauseln	59
g) Kontaktdaten und Internetseite	63
h) Weiterführende Literatur	64
3. Weltbank – International Centre for the Settlement of Investment Disputes (ICSID)/ICSID Arbitration Rules	65
4. Sonderfall: Permanent Court of Arbitration (PCA)	66
II. Nationale Schiedsinstitutionen und deren nationalen bzw. internationalen Schiedsordnungen	67
1. Deutsche Institution für Schiedsgerichtsbarkeit (DIS)/DIS-Schiedsgerichtsordnung	68
2. Schweizerische Handelskammern/Swiss Rules	69
3. London Court of Arbitration (LCIA)/LCIA	70
4. Stockholmer Handelskammer/SCC Rules	71
5. Internationales Handelsschiedsgericht (MKAS) bei der Handels- und Industriekammer der Russischen Föderation/MKAS-Schiedsordnung	72
6. China International Economic and Trade Arbitration Commission (CIETAC)/CIETAC Arbitration Rules	73
7. American Arbitration Association (AAA)/AAA International Arbitration Rules	74
C. Internationale ad hoc Schiedsgerichtsbarkeit	75
I. United Nations Commission on International Trade Law (UNCITRAL)	76
II. Besonderheiten der UNCITRAL-Schiedsgerichtsordnung	77
1. Besonderheiten für das Schiedsverfahren	78
2. Hohe Akzeptanz der UNICTRAL-Schiedsgerichtsordnung	83
3. Rechtsquellen zur Auslegung der UNICTRAL-Schiedsgerichtsordnung	84
a) Iran-United States Claims Tribunal	85
b) Beilegung von internationalen Investitionsstreitigkeiten	86
4. Verfahrensdauer	87
5. Empfehlungen und Notes der UNICTRAL	88
III. Kosten	89
IV. Offiziell empfohlene Standardschiedsklausel	90
V. Kontaktdaten und Internetseite	92
VI. Weiterführende Literatur	93
D. Branchenspezifische internationale Schiedsgerichtsbarkeit	94
I. Warenhandelsschiedsgerichtsbarkeit	95
1. Grain & Feed Trade Association (GAFTA)/GAFTA Arbitration Rules	95
2. Sonstige Warenhandelsschiedsgerichte	98

Abschnitt 49. Internationale Schiedsgerichte

	Rn.
II. Maritime Schiedsgerichtsbarkeit	100
1. London Maritime Arbitration Association (LMAA)/LMAA Terms	100
2. Society of Maritime Arbitrators (SMA) / SMA Arbitration Rules	102
3. German Maritime Arbitration Association (GMAA)/GMAA Rules	104
III. Schiedsgerichtsbarkeit im Energiesektor: Streitbeilegung nach dem Energy Charter Treaty (ECT)	106
IV. Schiedsgerichtsbarkeit bei Finanzgeschäften: P. R. I. M. E. Finance Arbitration Rules	110
E. Ergänzende Schiedsverfahrensregeln: IBA Rules on the Taking of Evidence in Arbitral Proceedings	111

Literatur: *Ambrose/Maxwell,* London Maritime Arbitration, 2009; *Ashford,* The IBA Rules on the Taking of Evidence in International Arbitration, 1. Aufl. 2013; *van den Berg,* The New York Arbitration Convention and State Immunity in: Böckstiegel, Acts of State and Arbitration, 1997, S. 41 ff.; *Born,* International Arbitration, 2012; *Caron,* The UNCITRAL Arbitration Rules, 2. Aufl. 2013; *Celli/ Benz,* Arbitration and Intellectual Property, European Business Organization Law Review 2003, S. 385 ff.; *Frick,* Arbitration and Complex International Contracts, 2001; *Frost,* Schiedsgerichtsbarkeit im Bereich des geistigen Eigentums nach deutschem und US-amerikanischen Schiedsrecht, 2001; *van Hof,* Commentary on the UNCITRAL Arbitration Rules, 1991; *Kaboth,* Das Schlichtungs- und Schiedsverfahren der Weltorganisation für geistiges Eigentum (WIPO), 2000; *Kronke/Melis/Schnyder* (Hrsg.), Handbuch internationales Wirtschaftsrecht, 2005; *Kuner,* Die neuen Schiedsregeln der WIPO, RIW 1995, 965 ff.; *Langkeit,* Staatenimmunität und Schiedsgerichtsbarkeit, 1989; *Lionnet/Lionnet,* Handbuch der internationalen und nationalen Schiedsgerichtsbarkeit, 3. Aufl. 2005; *Maurer,* Lex Maritima – Grundzüge eines transnationalen Seehandelsrechts, 2012; *Lord,* Dispute Resolution on the High Seas, Ocean & Coastal L.J. 2002, 71 ff.; *Morrissey/Graves,* International Sales Law and Arbitration, 2008; *Moses,* The principles and practice of international commercial arbitration, 2. Aufl. 2012; *Müller/Rigozzi* (Hrsg.), New developments in International Commercial Arbitration 2012, 2012; *Park,* Arbitration of international business disputes, 2. Aufl. 2012; *Rieckhoff,* Deutsche Seeschiedsgerichtsbarkeit unter der GMAA, 2006; *Sanders,* The Work of UNCITRAL on Arbitration and Conciliation, 2. Aufl. 2004; *Schlosser,* Das Recht der internationalen privaten Schiedsgerichtsbarkeit, 2. Aufl. 1989; *Schmitthoff,* The Law and Practice of International Trade, 12. Aufl. 2012; *Schroeder,* Die lex mercatoria arbitralis, 2007; *Schütze* (Hrsg.), Institutional Arbitration, Article-by-Article Commentary, 2013; *ders.,* Das internationale Zivilprozessrecht in der ZPO, 2. Aufl. 2011; *ders.,* Schiedsgericht und Schiedsverfahren, 4. Aufl. 2007; *Tassios,* Choosing the Appropriate Venue: Maritime Arbitration in London or New York, J. Int'l Arb. 2004, 355 ff.; *Trappe,* Maritime Schiedsgerichtsbarkeit in: Plantey (Hrsg.), Festschrift für Otto Arndt Glossner, 1994, S. 459 ff.; *WIPO* (Hrsg.), Arbitration and Mediation Rules, WIPO Publikation Nr. 446; *Zuberbühler,* IBA rules of evidence: commentary on the IBA rules on the taking of evidence in international arbitration, 2012.

1 Verträge des Exportgeschäfts beinhalten regelmäßig Schiedsklauseln, die eine Zuständigkeit staatlicher Gerichte zugunsten internationaler Schiedsgerichte derogieren. Ziel dieses Beitrags ist es, den Gegenstand der internationalen Schiedsgerichtsbarkeit zu konkretisieren (→ A.) und die bei internationalen Sachverhalten am häufigsten verwendeten Schiedsverfahrensregeln vorzustellen; dazu gehören Schiedsgerichtsordnungen für institutionelle Schiedsgerichtsbarkeit (→ B.) und für ad hoc Schiedsgerichtsbarkeit (→ C.), aber auch besondere Schiedsverfahrensregeln für bestimmte Branchen (→ D.) oder bestimmte verfahrensrechtliche Themen wie das Beweisrecht (→ E.).

A. Gegenstand der internationalen Schiedsgerichtsbarkeit

2 Ist von „Internationaler Schiedsgerichtsbarkeit" die Rede, beinhaltet dies begrifflich zweierlei Elemente: zum einen geht es um die „Schiedsgerichtsbarkeit" als eine Alternative zur staatlichen Gerichtsbarkeit und zum anderen um deren „Internationalität", die bei der privaten Schiedsgerichtsbarkeit anders zu verstehen ist als bei der meist weniger bekannten öffentlich-rechtlichen bzw. völkerrechtlichen Schiedsgerichtsbarkeit.

3 Zunächst zum Begriff der „Schiedsgerichtsbarkeit". Die Parteien eines Rechtsstreits können unter bestimmten Voraussetzungen auf ihr verfassungsrechtlich garantiertes Recht auf einen gesetzlichen Richter verzichten und Streitigkeiten statt vor staatlichen Gerichten alternativ vor Schiedsgerichten austragen (sog. alternative Streitbeilegung). In beiden Fällen entscheidet ein unbeteiligter Dritter über den Streitgegenstand. Eine derartige Vereinbarung zugunsten eines Schiedsgerichts beruht entweder auf einem privatrechtlichen Vertrag zwischen den Parteien des Rechtsstreits selber (sog. Schiedsvertrag, Schiedsvereinbarung, Schiedsabrede oder Schiedsklausel) – dann handelt es sich um sog. private Schiedsgerichtsbarkeit. Oder, was in der allgemeinen Diskussion meist weniger Beachtung findet, die Vereinbarung besteht in einem öffentlich-rechtlichen Vertrag zwischen verschiedenen Trägern öffentlich-rechtlicher Gewalt (zB die Verwaltung oder Staaten) oder zwischen einem Träger öffentlich-rechtlicher Gewalt und einem Privaten – dann handelt es sich um sog. öffentlich-rechtliche Schiedsgerichtsbarkeit. Hier wird die staatliche Gerichtsbarkeit durch einen öffentlich-rechtlichen Vertrag derogiert, der nicht zwischen den Parteien des Rechtsstreits selbst geschlossen wird, sondern auf einer übergeordneten Ebene (zB auf Staatenebene) geschlossen worden ist, aber für die (ua privaten) Parteien des Rechtsstreits Wirksamkeit entfaltet.

4   Im internationalen Kontext spricht man im ersten Fall auch von internationaler Wirtschaftsschiedsgerichtsbarkeit oder von internationaler Handelsschiedsgerichtsbarkeit (*engl.* international commercial arbitration) – häufig ist bei Verwendung des Begriffs „internationale Schiedsgerichtsbarkeit" nur diese Art der Schiedsgerichtsbarkeit gemeint; die weniger verbreitete öffentlich-rechtliche Schiedsgerichtsbarkeit wird bei internationalen Sachverhalten völkerrechtliche Schiedsgerichtsbarkeit genannt – am bekanntesten davon ist die internationale Investitionsschiedsgerichtsbarkeit (zB ICSID Schiedsgerichtsbarkeit).[1]

5   Um zu klären, was Gegenstand der „internationalen Schiedsgerichtsbarkeit" ist, wird im Folgenden zunächst abgegrenzt, wie sich die internationale Handelsschiedsgerichtsbarkeit von der völkerrechtlichen Schiedsgerichtsbarkeit unterscheidet (→ I). So dann wird ausgeführt, welche Streitgegenstände typischerweise in internationalen Schiedsverfahren verhandelt werden (→ II). Vor dem Hintergrund und in Abgrenzung zur nationalen Schiedsgerichtsbarkeit erscheint zudem erklärungsbedürftig, was unter der „Internationalität" von Schiedsgerichtsbarkeit zu verstehen ist; denn anders als bei der Gerichtsbarkeit kann die Schiedsgerichtsbarkeit als „truly international" bezeichnet werden (→ III). Schließlich wird, bevor in den folgenden Abschnitten konkret auf eine bestimmte Auswahl von Schiedsverfahrensregeln eingegangen wird, zunächst allgemein erläutert, warum es überhaupt Schiedsgerichtsordnungen für internationale Streitigkeiten bedarf und welche Aspekte eines Schiedsverfahrens sie meist regeln (→ IV).

I. Abgrenzung zwischen internationaler privater Schiedsgerichtsbarkeit und völkerrechtlicher Schiedsgerichtsbarkeit

6   Für die Abgrenzung zwischen internationaler privater Schiedsgerichtsbarkeit und völkerrechtlicher Schiedsgerichtsbarkeit kommt es auf die Verfahrensparteien bzw. die Vertragspartner des zugrundeliegenden Exportgeschäfts an, dh ob es sich um ein b2b- oder ein b2g-Geschäft[2] handelt.

7   Bei der internationalen privaten Schiedsgerichtsbarkeit kommen die Parteien des Schiedsverfahrens aus unterschiedlichen Ländern. Solchen Schiedsverfahren liegt ein b2b-Exportgeschäft zugrunde.

8   Parteien der völkerrechtlichen Schiedsgerichtsbarkeit hingegen sind Staaten bzw. Staaten gleichgestellten Parteien wie etwa staatliche Untereinheiten und juristische Personen des öffentlichen Rechts (Körperschaften, Anstalten, Stiftungen) oder internationale Regierungsorganisationen, wie zB die World Trade Organization (WTO). Staatlich kontrollierte Parteien werden Staaten regelmäßig gleichgestellt. Während traditionellerweise nur Verfahren zwischen zwei Staaten zur völkerrechtlichen Schiedsgerichtsbarkeit zählten, gibt es heute eine Vielzahl „hybrider" Schiedsverfahren zwischen Staaten und ausländischen Privatrechtssubjekten (meist Unternehmen), die zu einer Gemengelage privatrechtlicher und

---

[1] Näheres zur Investitionsschiedsgerichtsbarkeit unter Rn. 65 sowie → Abschnitt 52.
[2] Zur Differenzierung zwischen b2b- und b2g-Geschäften, vgl. bereits Abschnitt 4 → Rn. 88–89.

völkerrechtlicher Elemente führt. Im Einklang mit dieser jüngeren Entwicklung, können b2g-Exportgeschäfte Gegenstand völkerrechtlicher Schiedsgerichtsbarkeit sein.

Am ICC Schiedsgerichtshof, der wichtigsten Schiedsinstitution in der Praxis des internationalen Wirtschaftsverkehrs, waren im Jahr 2012 in 9,9% der Fälle mindestens eine der Parteien ein Staat bzw. eine staatengleiche Partei.[3]

> **Sonderproblem: Staatenimmunität:**
> Ist der Vertragspartner des Exporteurs ein Staat (oder eine einem Staat gleichgestellte Partei), können besondere rechtliche Probleme auftreten. So kann sich ein Staat auf sein internes Recht (zB Genehmigungserfordernisse, Vertretungsregeln etc.) und auf seine Staatenimmunität berufen. Allein durch die Unterzeichnung einer Schiedsvereinbarung verzichtet ein Staat nicht ohne Weiteres auf Immunität. Rechtlich ist dabei zwischen der Jurisdiktionsimmunität, dh dem Bestehen bzw. Nichtbestehen von Rechtsprechungsgewalt über einen Staat im Erkenntnisverfahren und der Vollstreckungsimmunität, dh der Zulässigkeit bzw. Unzulässigkeit von Zwangsvollstreckungsmaßnahmen gegen einen Staat zu unterschieden.

Nach heutiger Ansicht, nach der Immunität nicht mehr absolut, sondern restriktiv zu verstehen ist, impliziert ein Schiedsvertrag einen Immunitätsverzicht hinsichtlich der Jurisdiktionsimmunität für nichthoheitliches, privatrechtliches Handeln eines Staates *(acta iure gestionis)*, das von seinem hoheitlichen Handeln abzugrenzen ist *(acta iure imperii)*; streitig ist indes die territoriale Reichweite eines solchen Verzichts.[4]

Demgegenüber wird die Frage, ob sich ein Staat mit Hilfe seiner Immunität der Zwangsvollstreckung aus einem Schiedsspruch entziehen kann – ansonsten wäre ein mühsam erstrittener Schiedsspruch nur ein „Titel für die Pinnwand" –, differenzierter beurteilt. Es hängt von der jeweils maßgeblichen, teils sehr unterschiedlichen Staatenpraxis ab. Für eine umfassende Darstellung von Staatenimmunität in der Schiedsgerichtsbarkeit wird auf weiterführende Literatur verwiesen.[5]

II. Häufige Streitgegenstände bei Exportgeschäften

Gegenstand von internationalen Schiedsverfahren können grundsätzlich Streitigkeiten in allen Regelungsbereichen von Exportverträgen sein.[6] Rechtstatsächlich ist indes allerdings zu beobachten, dass manche Bereiche ausgenommen sind.[7]

Während früher eher kleinere, kaufrechtliche Streitigkeiten aus dem Bereich des Warenhandels verhandelt wurden, liegen internationalen Schiedsverfahren heutzutage immer häufiger komplexe internationale (Langzeit-)Projekte zugrunde, die eine Vielzahl von Rechtsgebieten und unterschiedliche Rechtsordnungen betreffen. Mit dieser Veränderung, die auf die technische, soziale und politische Entwicklung der zunehmend globalisierten Welt zurückzuführen ist, geht eine Zunahme der wirtschaftlichen Bedeutung und die Anzahl der anhängig gemachten Schiedsverfahren einher. Beispielsweise sind am ICC Schiedsgerichtshof im Jahr 2012 insgesamt 759 Schiedsverfahren anhängig gemacht worden, bei denen Parteien aus 137 verschiedenen Staaten beteiligt waren; in 76,2% der Fälle war der Streitwert höher als 1 Mio. US Dollar.[8] Grund für die zunehmende Komplexität von Schiedsverfahren und deren zunehmend steigenden Streitwerte sind die modernen Vertragsformen.[9]

---

[3] Statistischer Bericht 2012 des ICC Court of Arbitration, abrufbar unter: www.iccwbo.org/Products-and-Services/Arbitration-and-ADR/Arbitration/Introduction-to-ICC-Arbitration/Statistics/.
[4] Vgl. ausführliche Darstellung bei *Langkeit* S. 204 ff.
[5] *van der Berg* S. 41 ff.; *Langkeit* aaO.
[6] Zu den Regelungsbereichen, → Abschnitt 1 Rn. 248–271.
[7] Vgl. → Rn. 16.
[8] Statistischer Bericht 2012 des ICC Court of Arbitration, abrufbar unter: www.iccwbo.org/Products-and-Services/Arbitration-and-ADR/Arbitration/Introduction-to-ICC-Arbitration/Statistics/.
[9] *Frick* S. 143 ff., 265 ff.

15 Häufige Streitgegenstände sind:
- M&A- bzw. post M&A-Transaktionen;
- Internationale Bau-, Anlagenbau- und Infrastrukturprojekte;
- Lieferverträge über Waren oder Dienstleistungen;
- Joint Venture-, Management-, Kooperations- und Franchiseverträge;
- Investitionsstreitigkeiten;
- Technologietransferverträge;
- Lizenz- und Know-how Verträge.

16 Signifikante Ausnahme bilden Streitigkeiten im Bereich International Finance. Banken ziehen die staatliche Gerichtsbarkeit vor, der Gerichtsstand ist dann oft London oder New York. Ob sich diese Praxis angesichts des Anfang 2012 neu gegründeten internationalen Schiedsinstituts P.R.I.M.E. Finance in Zukunft ändert wird, bleibt abzuwarten.[10]

III. Internationalität von Schiedsgerichtsbarkeit

17 Zunächst kann bei der Schiedsgerichtsbarkeit – anders als bei der staatlichen Gerichtsbarkeit – überhaupt von einer internationalen Schiedsgerichtsbarkeit gesprochen werden. Für private Streitigkeiten mit Auslandsberührung gibt es keine internationale staatliche Gerichtsbarkeit; in solchen Fällen werden nationale Gerichte angerufen, die ihr nationales Prozessrecht – meist ergänzt durch besondere auslandsbezogene Vorschriften (zB Ausländersicherheit, §§ 110 bis 113 ZPO) – anwenden. Zur Vertiefung des internationalen Zivilprozessrechts aus deutscher Sicht wird auf weiterführende Literatur verwiesen.[11]

18 In der Schiedsgerichtsbarkeit hingegen gibt es keine Regelung, die den Ort eines Schiedsverfahrens (Schiedsort) vorschreibt, insbesondere muss ein solcher Ort nicht mit dem gesetzlichen Gerichtsstand einer Partei übereinstimmen. Häufig wird zwischen zwei Parteien verschiedener Nationalität ein „neutraler" Ort gewählt (zB in der Schweiz) und das Schiedsgericht wird zudem bevorzugt anational besetzt, dh Staatsangehörigkeit und Wohnsitz der Schiedsrichter sind losgelöst vom Schiedsort; aus diesem Grund – und weil als Anforderung an die „Internationalität" oft nur die Beteiligung von Parteien aus zwei verschiedenen Ländern ausreicht – kann von „internationaler" Schiedsgerichtsbarkeit gesprochen werden.

19 Während das völkerrechtliche Schiedsverfahren gänzlich vom nationalen Recht losgelöst und damit uneingeschränkt „international" ist, gilt dies nur eingeschränkt für private internationale Schiedsverfahren. Für letztere bleiben die nationalen Gesetze des Schiedsorts grundsätzlich bedeutsam. Dies bezieht sich insbesondere auf die speziell für die internationale Schiedsgerichtsbarkeit geschaffenen nationalen Schiedsgesetze, die weltweit ganz überwiegend nach dem Vorbild des UNCITRAL Modellgesetzes von 1985 gestaltet wurden und detaillierte (dispositive und zwingende) Verfahrensregelungen enthalten, die weit über die Regelung bloßer Verfahrensgrundrechte (zB der Gewährung rechtlichen Gehörs) hinausgehen – diese nationalen Regelungen gelten falls die Parteien keine bzw. nur lückenhafte eigene Verfahrensregeln getroffen haben. Im deutschen Recht sind die speziellen Schiedsverfahrenregeln in 10. Buch der ZPO (§§ 1025 ff. ZPO) geregelt. Für Näheres zu den von den Parteien gewählten Verfahrensregeln durch Verweisung auf eine Schiedsinstitution bzw. die Wahl der UNICTRAL-Schiedsgerichtsordnung für ad hoc Schiedsgerichtsbarkeit wird auf die Ausführungen in Rn. 23 f. und für Näheres zum UNCITRAL Modellgesetz auf weiterführende Literatur[12] verwiesen.

20 Eine weitere Einschränkung der „Internationalität" von privaten internationalen Schiedsverfahren ergibt sich daraus, dass solche Schiedssprüche durchaus eine „Nationalität" haben, nämlich die des Schiedsorts. Auf diese kommt es bei der Aufhebung des Schiedsspruchs

---

[10] Näheres zur P.R.I.M.E. Finance Arbitration, die zum 1.2.2012 eingeführt wurde, vgl. auch Rn. 110.
[11] Kronke/Melis/Schnyder/*Grolimund* S. 1828 bis 1859.
[12] Vgl. *Lionnet* S. 117 ff.

durch nationale Gerichte sowie bei der Anerkennung und Vollstreckung des Schiedsspruches an, denn inländische Schiedssprüche unterliegen regelmäßig anderen Bestimmungen als ausländischen.[13]

Zur Klarstellung sei angemerkt, dass der Schiedsort – oder auch genannt Sitz des Schiedsgerichts – abzugrenzen ist vom (rechtlich irrelevanten) Sitz der Schiedsinstitution, sofern institutionelle Schiedsgerichtsbarkeit gewählt wurde. Zudem kann auch an einem anderen Ort als am Schiedsort verhandelt werden, zB kann eine Beweisaufnahme an einem anderen Ort stattfinden, weil dort besonders viele Zeuge verfügbar sind – der (rechtlich ebenso irrelevante) Verhandlungsort ist daher nicht zwingend identisch mit dem Schiedsort. **21**

Heutzutage gibt es wegen der Zufälligkeit der Sitzanknüpfung, die den Bedürfnissen des globalen Handels nicht gerecht wird, verstärkt Denationalisierungstendenzen mit dem Ziel, vom nationalen (Schiedsverfahrens-)Recht losgelöste Schiedsverfahren durchzuführen, die zu einem anationalen Schiedsspruch führen („anational" = ohne Nationalität; synonym ua auch: delokalisiert, de- oder entnationalisiert, transnational, supranational). In der heutigen Rechtswirklichkeit ist dies jedoch nur für das völkerrechtliche Schiedsverfahren umgesetzt (zB bei ICSID-Schiedsverfahren[14]), bei privaten internationalen Schiedsverfahren hingegen bleibt es bei der (eingeschränkten) Maßgeblichkeit nationalen Rechts. Für letztere wirkt jedoch die weltweite Umsetzung des UNCITRAL Modellgesetzes deregulierend hinsichtlich des Erkenntnisverfahrens;[15] hinsichtlich des Anerkennungs- und Vollstreckungsverfahrens wird auf die Ausführungen zum New Yorker Übereinkommen[16] und weiterführende Literatur[17] verwiesen. **22**

IV. Gründe für die Verwendung von (inter-)nationalen Schiedsordnungen und deren Regelungsgegenstand

Bei der institutionellen Schiedsgerichtsbarkeit wird – anders als bei der sich dadurch unterscheidenden ad hoc Schiedsgerichtsbarkeit – die Schiedsgerichtsordnung einer Institution durch Verweisung in die Schiedsvereinbarung inkorporiert. Diese Schiedsgerichtsordnungen ergänzen jeweils den meist knappen Inhalt der Schiedsvereinbarung. **23**

Bei der ad hoc Schiedsgerichtsbarkeit müssten die Parteien umfangreiche vertragliche Regelungen (zB im zugrundeliegenden Exportvertrag) treffen bzw. sich nach dem anwendbaren nationalen Schiedsgesetz richten. In der Praxis werden daher oft die bereits „vorformulierten" und sehr detaillierten internationalen Schiedsverfahrensregeln der UNCITRAL verwendet.[18] **24**

Die Regelungsgegenstände von (inter-) nationalen Schiedsordnungen für internationale Schiedsverfahren sind meist sehr umfangreich, weil es grundsätzlich im Interesse der Parteien und des Schiedsgerichts liegt, ein internationales Schiedsverfahren durch eigene Parteivereinbarungen so weit wie möglich vom nationalen Prozessrecht zu lösen. Der Ort des Schiedsverfahrens ist oft in einem „neutralen" Drittstaat,[19] dessen Verfahrensrecht oftmals weder die Parteien noch die Schiedsrichter kennen (allerdings relativiert durch die zunehmende Deregulierung der Schiedsgerichtsbarkeit, insbesondere durch die weltweite Umsetzung des UNCITRAL-Modellgesetzes[20]). **25**

Aus denselben praktischen Erwägungen, weswegen in Exportverträgen fast immer AGB verwendet werden,[21] können Parteien durch Bezugnahme auf ein bereits bestehendes – **26**

---

[13] Vgl. auch → Abschnitte 50 und 51.
[14] Näheres zur Investitionsschiedsgerichtsbarkeit unter Rn. 65 sowie Abschnitt 52.
[15] Vgl. auch → Rn. 19.
[16] → Abschnitt 50 Rn. 65 ff. und Abschnitt 51 Rn. 21.
[17] *Rensmann*, Anationale Schiedssprüche, 1997, S. 40 ff. und 70 ff.
[18] Näheres zu der UNCITRAL Schiedsgerichtsordnung unter Rn. 75 ff.
[19] So bereits → Rn. 21.
[20] Vgl. bereits → Rn. 22.
[21] Zur Rationalisierungsfunktion vgl. bereits → Abschnitt 4 Rn. 2.

4. Teil. Streitbeilegung

aber anders als bei AGB: neutrales (und nicht einseitig gestelltes) – Regelwerk, umfassende eigene Verfahrensregeln vereinbaren. Bei Verwendung der empfohlenen Musterklauseln ist dies mit geringem Aufwand verbunden und bedarf auch keiner besonderen Fachkenntnis.

27 Folge der Vereinbarung eigener (Schiedsverfahrens-)Regelungen ist, dass – wie bei der Vereinbarung von AGB – die dispositiven Regelungen des ansonsten geltenden nationalen (Schieds-)Rechts verdrängt werden. Dadurch können die Parteien neue, im Gesetz nicht vorgesehene Gerichtsstände begründen, die zuständigen (Schieds-)Richter – nach Fachkenntnis, Nationalität und ggf. Ruf und Persönlichkeit – selber wählen, neue bzw. in der deutschen Gerichtsbarkeit nicht bekannte, aber im Einzelfall zweckmäßige Verfahrensmethoden anwenden (zB *witness conferences*, bei der eine Vielzahl von Zeugen gleichzeitig zu einem Beweisthema vernommen werden) oder andere Parteivereinbarungen für das Verfahren treffen. Deswegen könnte man auch die internationale private Schiedsgerichtsbarkeit – wie das AGB-rechtliche System – als *private government system* bezeichnen, da das Verfahrensrecht inhaltlich weitgehend autonom vom staatlichen Recht geregelt wird.[22] Das staatliche Korrektiv zur Gewährleistung von Verfahrensgrundrechten – das funktionale Pendant zum AGB-Recht – sind im Schiedsverfahrensrecht die Schiedsgesetze mit ihren zwingenden Vorschriften.

28 In Schiedsordnungen werden meist folgende Punkte geregelt, auf die anschließend anhand von ausgewählten Beispielen eingegangen wird:
- Bildung des Schiedsgerichts bzw. Ersetzung von Schiedsrichtern;
- Verfahrensregelungen für das Erkenntnisverfahren einschließlich zur Beendigung des Erkenntnisverfahrens (insbesondere Schiedsspruch);
- Kosten des Schiedsverfahrens (Schiedsrichterkosten und bei institutioneller Schiedsgerichtsbarkeit ggf. Verwaltungskosten).

Zusätzlich wird im folgenden Teil B[23] auf die Nutzungshäufigkeit der jeweiligen Schiedsordnungen eingegangen und die jeweils offiziell empfohlenen Musterklauseln vorgestellt.

B. Internationale institutionelle Schiedsgerichtsbarkeit

29 Weltweit gibt es eine Vielzahl von internationalen Streitschlichtungsinstitutionen, deren Anzahl stetig zunimmt. Für den internationalen Welthandel besonders bedeutsam – und daher sei an dieser Stelle darauf hingewiesen, auch wenn es sich nicht um ein schiedsrechtliches Verfahren handelt – ist die wirtschaftsvölkerrechtliche Streitbeilegung in der WTO durch das Dispute Settlement Body (DSB) nach den Streitbeilegungsregeln im Dispute Settlement Understanding (DSU). Die folgende Darstellung beschränkt sich auf die großen etablierten Schiedsinstitutionen.

30 Formales Unterscheidungskriterium zwischen diesen ist, ob es sich um eine supranationale oder eine nationale Schiedsinstitution handelt.

31 Supranationale Schiedsinstitutionen (von lateinisch *supra*, „über", und *natio*, „Volk" bzw. „Staat") widmen sich ausschließlich der internationalen Schiedsgerichtsbarkeit nach ihren eigenen internationalen Verfahrensregeln. Die wichtigste und größte supranationale Schiedsinstitution ist der ICC Schiedsgerichtshof.[24] Für Schiedsverfahren im Bereich des gewerblichen Rechtsschutzes ist die Schiedsinstitution der World Intellectual Property Organization (WIPO)[25] führend. Zuständig für die Beilegung von Investitionsstreitigkeiten privater Investoren mit einem ausländischen Staat ist das International Centre for the Settlement of Investment Disputes (ICSID).[26] Einen Sonderfall einer supranationalen

---

[22] Zum Begriff „private government system", vgl. bereits Abschnitt 4 Rn. 4.
[23] → Rn. 29 ff.
[24] Vgl. dazu → Rn. 34 ff.
[25] Vgl. dazu → Rn. 52 ff.
[26] Dazu → Rn. 65.

Schiedsinstitution begründet der Permanent Court of Arbitration (PCA).[27] Näheres zu diesen supranationalen Schiedsinstitutionen und deren Verfahrensregeln wird in Teil B I (→ Rn. 34 ff.) ausgeführt.

Nationale Schiedsinstitutionen administrieren nicht nur nationale, sondern – und deswegen hier relevant – zusätzlich oder teils ausschließlich internationale Schiedsverfahren. Diese Verfahren werden entweder durch eine einzige Schiedsordnung oder – je nach Verfahrensart (national oder international) – durch unterschiedliche Schiedsordnungen geregelt. Beispielsweise administriert die bedeutendste deutsche Schiedsinstitution, die Deutsche Institution für Schiedsgerichtsbarkeit (DIS), nationale und internationale Schiedsverfahren gleichermaßen nach der DIS-Schiedsgerichtsordnung.[28] Die American Arbitration Association (AAA) hingegen administriert die hier für das Exportgeschäft relevanten internationalen Schiedsverfahren nach ihren International Dispute Resolution Procedures;[29] nationale Schiedsverfahren dagegen werden – je nach Branche – nach unterschiedlichen Schiedsregeln administriert, zB werden auf nationale Handelsstreitigkeiten die Commercial Arbitration Rules and Mediation Procedures angewendet, während bei nationalen Streitigkeiten im Anlagenbau nach den Construction Industry Arbitration Rules and Mediation Procedures verfahren wird. Ein Überblick über die wichtigsten nationalen Schiedsinstitutionen wird in Teil B II gegeben; eine Auswahl der bekanntesten nationalen Schiedsinstitutionen wird ausführlich in den Abschnitten 45 bis 48 vorgestellt.

Darüber hinaus bestehen – meist aus historischen Gründen – für bestimmte Industriebereiche spezielle nationale und internationale Schiedsinstitutionen, auf die – nur exemplarisch und daher ohne Anspruch auf Vollständigkeit – in Teil C I und II eingegangen wird. Hierzu zählen die traditionellen Warenhandelsschiedsgerichte, die früher die typischen Schiedsverfahren darstellten, heute aber speziell auf den Warenhandel mit natürlichen Produkten, meist Agrarprodukten (Getreide, Kaffee etc.) ausgerichtet sind.[30] Ferner gibt es im Seehandel spezielle Vereinigungen, wie vor allem die London Maritime Arbitration Association (LMAA)[31] und die Society of Maritme Arbitrators (SMA)[32] sowie – diesen Schiedsinstitutionen nachgebildet – in Deutschland auch die German Maritime Arbitration Association (GMAA),[33] die sich der maritimen Schiedsgerichtsbarkeit widmen.

I. Supranationale Schiedsinstitutionen und deren internationalen Schiedsordnungen

1. ICC Schiedsgerichtshof/ICC Schiedsgerichtsordnung. a) ICC Schiedsgerichtshof.

Der seit 1923 bestehende ICC Schiedsgerichtshof ist Teil der Internationalen Handelskammer (ICC); letztere ist ein ausschließlich von Privaten aus Industrie und Wirtschaft getragener Interessenverband der Weltwirtschaft mit weltweit über 7.000 Mitgliedern und nicht etwa – wie der Name vermuten lassen könnte – eine zwischenstaatliche Industrie- und Handelskammer.

Dem ICC Schiedsgerichtshof gehören der Präsident, mehrere Vizepräsidenten und über 100 Mitglieder aus etwa 90 unterschiedlichen Nationen an – allesamt erfahrene Schiedsrechtler. Sämtliche Kontakte der Schiedsparteien zum Schiedsgerichtshof laufen über das Sekretariat. Dort arbeiten rund 80 Juristen aus verschiedensten Jurisdiktionen. Zur Organisation des ICC Schiedsgerichtshofs wird zur Vertiefung auf die der ICC Schiedsgerichtsordnung beigefügte Satzung in Anhang I und die Geschäftsordnung in Anhang II verwiesen.[34]

---

[27] Dazu → Rn. 66.
[28] Näheres unter → Rn. 68 und → Abschnitt 45 Rn. 19 ff.
[29] Näheres unter → Rn. 74 und → Abschnitt 48 Rn. 5.
[30] Dazu → Rn. 95 ff.
[31] Dazu → Rn. 100 f.
[32] Dazu → Rn. 102 f.
[33] Dazu → Rn. 104 f.
[34] Auf der offiziellen website des ICC Schiedsgerichtshofs abrufbar unter: www.iccwbo.org/WorkArea/DownloadAsset.aspx?id=2 147 489 111.

36 Der Schiedsgerichtshof ist kein Schiedsgericht. Er trifft keine Entscheidungen in der Sache – diese trifft allein das Schiedsgericht, das für jedes Verfahren neu konstituiert wird. Aufgabe des Schiedsgerichtshofs ist vielmehr – ua mit Hilfe von administrativen Verfügungen – für die ordnungsgemäße Anwendung der ICC Schiedsgerichtsordnung zu sorgen.[35]

37 **b) Besonderheiten der ICC Schiedsgerichtsordnung.** Die aktuelle Fassung der ICC Schiedsgerichtsordnung (kurz: ICC SchO) ist von 2012.[36]

38 Ein Charakteristikum – und oft Vorbild für andere Schiedsverfahren, deren Verfahren grundsätzlich frei gestaltet werden kann – ist, dass die Parteien einen schriftlichen Schiedsauftrag *(Terms of Reference)* aufsetzen müssen, in dem der konkrete Umfang des Streitstoffs zu definieren ist;[37] damit wird die Entscheidungskompetenz des Schiedsgerichts begrenzt.

39 Besonders am ICC Verfahren ist die besondere Rolle des Schiedsgerichtshofs und dessen Sekretariat. Im Gegensatz zu anderen Schiedsinstitutionen begleitet die ICC das Schiedsverfahren während des gesamten Verfahrensablaufs sehr eng. So überwacht der Schiedsgerichtshof die Einhaltung von Verfahrensschritten und des Verfahrenskalenders: eine Besonderheit der neuen ICC Schiedsgerichtsordnung von 2012 ist zB die Einberufung einer Verfahrensmanagementkonferenz, um die Parteien zu möglichen Verfahrensmaßnahmen anzuhören; während oder nach dieser Konferenz erstellt das Schiedsgericht einen Verfahrenskalender.[38] Der Schiedsgerichtshof wickelt zudem den gesamten Zahlungsverkehr ab, dh fordert Vorschüsse ein, legt Verwaltungskosten und Honorare fest oder berechnet Prozesszinsen von Geldforderungen.[39] Als Besonderheit ist ferner die formale – und teilweise auch inhaltliche – Überprüfung des Schiedsspruchs durch den Schiedsgerichtshof *(scrutiny of the award by the court)* hervorzuheben.[40]

40 **c) Verfahrensdauer.** Für den Erlass des Schiedsspruchs ist zwar eine Frist von 6 Monaten nach Unterzeichnung des Schiedsauftrags vorgeschrieben,[41] diese kurze Frist kann und wird allerdings regelmäßig durch den Schiedsgerichtshof verlängert. In der Praxis dauern ICC Verfahren mindestens 1 Jahr, meist länger. Auf Wunsch können die Parteien die in der SchO vorgesehenen Fristen verkürzen und dadurch ein beschleunigtes Verfahren durchführen.[42]

41 **d) Kosten und Honorare.** Die Kostengrundentscheidung erfolgt im Schiedsspruch.[43] Wie die Kosten zu verteilen sind, ist in der genannten Vorschrift zwar nicht vorgeschrieben, in der Praxis erfolgt dies jedoch meist – aber nicht zwingend – nach dem Verhältnis der Obsiegensquote.

42 Die Höhe der Kosten und Honorare richtet sich nach dem Streitwert und ergeben sich aus Art. 36, 37 ICC SchO sowie aus Anhang III der ICC SchO.[44] Die Tabellen in diesem Anhang III sehen Mindest- und Höchstbeträge vor. Innerhalb dieser Spanne setzt der Schiedsgerichtshof unter Berücksichtigung des Aufwands, der Verfahrensdauer und des Schwierigkeitsgrads nach seinem Ermessen die Verwaltungskosten und Schiedsrichterhonorare fest. Zudem überprüft er die Angemessenheit der Auslagen der Schiedsrichter (zB für Reise- und Übernachtungskosten, Miete von Besprechungs- und Verhandlungsräumen, Kosten für die Erstellung von Wortmitschriften der Verhandlungen). Einer ersten Orientierung dient der Online-Kostenrechner der ICC.[45]

---

[35] Näheres zu seinen besonderen Aufgaben, → Rn. 39.
[36] Im Internet abrufbar unter: www.iccwbo.org/Products-and-Services/Arbitration-and-ADR/Arbitration/icc-rules-of-arbitration/.
[37] Art. 23 ICC SchO.
[38] Art. 24 ICC SchO.
[39] Art. 36, 37 ICC SchO.
[40] Art. 33 ICC SchO.
[41] Art. 30 Abs. 1 ICC SchO.
[42] Art. 38 Abs. 1 ICC SchO.
[43] Art. 37 Abs. 3 SchO.
[44] Vgl. Link zur ICC SchO nebst Anhängen in Fn. 44.
[45] Im Internet abrufbar unter: www.iccwbo.org/products-and-services/arbitration-and-adr/arbitration/cost-and-payment/cost-calculator/.

Abschnitt 49. Internationale Schiedsgerichte

e) Statistik. Nach dem offiziellen statistischen Bericht der ICC[46] wurden 2012 insgesamt 759 neue Schiedsverfahren anhängig gemacht. Davon stammten die 2036 Parteien aus 137 verschiedenen Ländern und die Schiedsrichter aus 76 verschiedenen Ländern. Die Orte von ICC Schiedsverfahren befanden sich dabei in 59 verschiedenen Ländern. 43

f) Offiziell empfohlene Standardschiedsklausel. Die ICC empfiehlt die Verwendung der Standardschiedsklauseln, die auf ihrer Internetseite in verschiedensten Sprachen publiziert sind. Für ICC Schiedsverfahren mit China (Festland) werden andere als die unten aufgeführten Schiedsklauseln empfohlen.[47] 44

Englische Version: 45

„All disputes arising out of or in connection with the present contract shall be finally settled under the Rules of Arbitration of the International Chamber of Commerce by [*one or more*] arbitrator[s] appointed in accordance with the said Rules."

Deutsche Version: 46

„Alle aus oder in Zusammenhang mit dem gegenwärtigen Vertrag sich ergebenden Streitigkeiten werden nach der Schiedsgerichtsordnung der Internationalen Handelskammer von [*einem oder mehreren*] gemäß dieser Ordnung ernannten Schiedsrichtern endgültig entschieden."

Bei Wahl der von der ICC offiziell empfohlenen Standardschiedsklauseln, gelten automatisch auch die 2012 neu in die ICC SchO eingeführten Regelungen zum Emergency Arbitrator. Wenn dies von den Schiedsparteien nicht gewünscht sein sollte, sollte dies nach Empfehlung des ICC Schiedsgerichtshofs durch folgende Ergänzung ausdrücklich ausgeschlossen werden: 47

„The Emergency Arbitrator Provisions shall not apply."

Die oben zitierte Standardschiedsklausel sollte nach offizieller Empfehlung des ICC Schiedsgerichtshofs zudem um folgende Angaben ergänzt werden: 48
- anwendbares nationales (Vertrags-)Recht;
- Anzahl der Schiedsrichter;
- Ort des Schiedsverfahrens;
- Verfahrenssprache.

Formulierungsvorschlag: 49

„The dispute, controversy or claim shall be decided in accordance with the law of [*specify jurisdiction*]. The arbitral tribunal shall consist of [*three arbitrators*]/[*a sole arbitrator*]. The place of arbitration shall be [*specify place*]. The language to be used in the arbitral proceedings shall be [*specify language*]."

g) Kontaktdaten und Internetseite
Secretariat of the ICC International Court of Arbitration 50
38, Cours Albert 1er
F-75008 Paris
Tel.: +33-1-49 53 29 05
Fax: +33-1-49 53 29 33
E-Mail: arb@iccwbo.org
Internetseite: www.iccwbo.org/

h) Weiterführende Literatur. Besonders empfohlen: Internetseite des ICC Schiedsgerichtshofs (→ Rn. 50). In deutscher Sprache, auch wenn dort die Vorfassung (ICC Schiedsgerichtsordnung von1998) behandelt wird: Kronke/Melis/Schnyder/*Baier*, Handbuch in- 51

---

[46] Statistischer Bericht 2012 des ICC Court of Arbitration, abrufbar unter: www.iccwbo.org/Products-and-Services/Arbitration-and-ADR/Arbitration/Introduction-to-ICC-Arbitration/Statistics/.
[47] Die Standardschiedsgerichtsklauseln sind auf der offiziellen website des ICC Schiedsgerichtshofs abgedruckt, abrufbar unter: www.iccwbo.org/products-and-services/arbitration-and-adr/arbitration/standard-icc-arbitration-clauses/.

4. Teil. Streitbeilegung

ternationales Wirtschaftsrecht, 2005, S. 1925 bis 1947; *Lionnet/Lionnet,* Handbuch der internationalen und nationalen Schiedsgerichtsbarkeit, 3. Auflage, 2005, S. 489 bis 506. Empfohlen für den juristisch nicht vorgebildeten Leser, obwohl zur Vorfassung (ICC Schiedsgerichtsordnung von 1998): *Schäfer/Verbist/Imhoos,* ICC Arbitration in Practice, 2005.

52 **2. WIPO Arbitration and Mediation Center/WIPO Arbitration Rules. a) WIPO Arbitration and Mediation Center.** Für den Bereich des gewerblichen Rechtsschutzes besteht seit 1994 ein sehr aktives internationales Schieds- und Mediationszentrum bei der WIPO (**W**orld **I**ntellectual **P**roperty **O**rganization), das WIPO Arbitration and Mediation Center (kurz: WIPO Center). WIPO, eine völkerrechtliche Organisation mit Sitz in Genf, der derzeit 186 Mitgliedstaaten angehören,[48] fördert den Schutz des geistigen Eigentums.[49] Die administrative Rolle des WIPO Centers ist in Schiedsverfahren eher zurückgenommen. Es spielt v. a. in der Anfangsphase bis zur Konstituierung des Schiedsgerichts eine wichtige Rolle.

53 **b) Besonderheiten der WIPO Arbitration Rules.** Die WIPO Arbitration Rules (kurz: WAR), zuletzt überarbeitet 2002, sind ungewöhnlich ausführlich. Sie eröffnen den Parteien ein großes Maß an Parteiautonomie. Dementsprechend ist auch die Wahl der Schiedsrichter frei, soweit der Vorsitzende oder Einzelschiedsrichter nicht die Nationalität einer Partei hat. Bei fehlender Einigung der Parteien springt das WIPO Center als ernennende Stelle im Wege eines sog. „Listenverfahrens" ein.[50]

54 Eine weitere Besonderheit der WAR besteht in der weitreichenden Einräumung von Ermessensentscheidungen des Schiedsgerichts: bei fehlender Parteivereinbarung bestimmt das Schiedsgericht das anzuwendende materielle Recht nach eigenem Ermessen;[51] genauso kann es das Verfahren so führen wie es dies für angemessen hält,[52] soweit es nicht zwingenden Bestimmungen des anwendbaren Schiedsgesetzes zuwiderläuft. Schließlich kann der Vorsitzende alleine entscheiden, wenn das Schiedsgericht zu keiner Mehrheitsentscheidung kommt.[53]

55 Auf die Möglichkeit eines beschleunigten Verfahrens nach den WIPO Expedited Arbitration Rules (WEAR) von 1994 wird hingewiesen.[54]

56 **c) Verfahrensdauer.** Der Schiedsspruch ist grundsätzlich innerhalb von 12 Monaten nach Zustellung der Klageerwiderung zu erlassen,[55] im beschleunigten Verfahren innerhalb von 3 Monaten.[56] Das WIPO Center überwacht die Einhaltung der Fristen.

57 **d) Kosten und Honorare.** Die Kosten und Honorare werden nach dem gleichen Prinzip bestimmt wie bei der ICC Schiedsgerichtsbarkeit.[57] Die Kostengrundentscheidung mit der Kostentragungspflicht ergeht im Schiedsspruch,[58] nur dass diese hier ausdrücklich im Verhältnis der Obsiegensquote verteilt werden kann.[59] Die Höhe der Schiedsrichterhonorare setzt das WIPO Center an Hand von Kostentabellen fest, die streitwertabhängige Mindest- und Höchstbeträge vorsehen;[60] in beschleunigten Verfahren hingegen gelten feste Pau-

---

[48] Zum aktuellen Mitgliedstand, vgl. Angaben der WIPO auf der offiziellen Website, abrufbar unter: www.wipo.int./about-wipo/en/.
[49] Näheres zur Organisation des WIPO Centers, vgl. *Frost,* S. 215f; zu seinen Aufgaben, vgl. Kronke/Melis/Schnyder/*Wichard,* S. 1986 Rn. 747.
[50] Art. 19b WAR.
[51] Art. 59a WAR.
[52] Art. 38a WAR.
[53] Art. 61 WAR.
[54] Zu einem bloßen Entwurf von WIPO Online Expedited Arbitration Rules (WOLEAR) von 1998, vgl. *Kaboth,* S. 182 ff.
[55] Art. 63a WAR.
[56] Art. 56a WEAR.
[57] Vgl. bereits Rn. 41, 42.
[58] Art. 71c WAR.
[59] Art. 72 WAR.
[60] Art. 69 WAR.

schalbeträge. Solche gelten auch für die Bestimmung der Verwaltungskosten – diesbezüglich unterscheidet sich die Kostenfestung von der ICC. Die Gebührentabellen in ihrer aktuellen Fassung von 2002 finden sich auf der Internetseite des WIPO Centers.[61]

e) Statistik. Das WIPO Center wird für eine erst 19 Jahre alte Schiedsinstitution stark frequentiert.[62] Streitgegenstand waren ua Patentrechtsverletzungen, Lizenzvereinbarungen, Vertriebsverträge für pharmazeutische Produkte, Joint Venture Agreements und – in dieser Hinsicht ist das WIPO Center mittlerweile führend – Domain Namens-Streitigkeiten. Letztere werden statistisch separat erfasst; 26.014 Verfahren wurden bisher insgesamt geführt, davon waren es 2884 Verfahren im Jahr 2012 – Statistiken über alle Fälle seit Entstehung des WIPO Centers sind auf der Internetseite veröffentlicht.[63]

58

f) Offiziell empfohlene Standardschiedsklauseln. Für die Formulierung der Schiedsklausel differenziert die WIPO danach, ob die Streitigkeit noch bevorsteht (so zum Zeitpunkt des Vertragsschlusses die Regel) oder bereits entstanden ist.

59

Zukünftige Streitigkeit:

60

„Any dispute, controversy or claim arising under, out of or relating to this contract and any subsequent amendments of this contract, including, without limitation, its formation, validity, binding effect, interpretation, performance, breach or termination, as well as non-contractual claims, shall be referred to and finally determined by arbitration in accordance with the WIPO Arbitration Rules. The arbitral tribunal shall consist of [three arbitrators]/[a sole arbitrator]. The place of arbitration shall be [specify place]. The language to be used in the arbitral proceedings shall be [specify language]. The dispute, controversy or claim shall be decided in accordance with the law of [specify jurisdiction]."

Bereits entstandene Streitigkeit:

61

„We, the undersigned parties, hereby agree that the following dispute shall be referred to and finally determined by arbitration in accordance with the WIPO Arbitration Rules: [brief description of the dispute] The arbitral tribunal shall consist of [three arbitrators] [a sole arbitrator]. The place of arbitration shall be [specify place]. The language to be used in the arbitral proceedings shall be [specify language]. The dispute shall be decided in accordance with the law of [specify jurisdiction]."

Die Schiedsklauseln sind veröffentlicht in WIPO Publikation Nr. 446 sowie auf der offiziellen website der WIPO abrufbar unter: www.wipo.int.

62

g) Kontaktdaten und Internetseite
WIPO Arbitration and Mediation Center
34, chemin des Colombettes
PO Box 18
CH-1211 Geneva 20
Tel.: +41-22-3 38 82 47 oder: 08 00 88 85 49
Fax: +41-22-7 40 37 00 oder: 08 00 88 85 50
E-Mail: arbiter.mail@wipo.int
Internetseite: http://www.wipo.int

63

h) Weiterführende Literatur. Ausführliche Darstellung des WIPO Deputy Directors in deutscher Sprache: Kronke/Melis/Schnyder/*Wichard*, Handbuch internationales Wirtschaftsrecht, 2005, S. 1985 bis 2012. Zur Einführung in deutscher Sprache: *Frost*, Schiedsgerichtsbarkeit im Bereich des geistigen Eigentums nach deutschem und US-amerikanischen Schiedsrecht, 2001, S. 213 bis 222. Zur Vertiefung: *Celli/Benz*, Arbitration and Intellectual Property, European Business Organization Law Review 2003; *Kaboth*, Das Schlichtungs- und Schiedsverfahren der Weltorganisation für geistiges Eigentum (WIPO), 2000; *Kuner*, Die neuen Schiedsregeln der WIPO, RIW 1995, 965 ff.

64

---

[61] Abrufbar unter: http://www.wipo.int/amc/en/arbitration/fees/.
[62] Gründung des WIPO Centers im Jahr 1994.
[63] Abrufbar unter: www.wipo.int/amc/en/arbitration/filing/index.html.

4. Teil. Streitbeilegung

65 **3. Weltbank – International Centre for the Settlement of Investment Disputes (ICSID)/ICSID Arbitration Rules.** Während die beiden zuvor vorgestellten internationalen Schiedsinstitutionen Verfahren der internationalen privaten Schiedsgerichtsbarkeit administrieren, widmet sich das International Centre for the Settlement of Investment Disputes (ICSID) unter Anwendung seiner supranationalen ICSID Arbitration Rules der völkerrechtlichen bzw. gemischten Schiedsgerichtsbarkeit.[64] Für eine ausführliche Darstellung des Erkenntnisverfahrens wird auf die Ausführungen in Abschnitt 52 Rn. 56 ff. sowie für Näheres zum Vollstreckungsverfahren auf Abschnitt 50 Rn. 73 ff. verwiesen.

66 **4. Sonderfall: Permanent Court of Arbitration (PCA).** Als Sonderfall gilt der Permanent Court of Arbitration (PCA), da er für die exportrelevante Schiedsgerichtsbarkeit nur insoweit bedeutsam ist als sein Generalsekretär *(Secretary General)* als ernennende Stelle *(appointing authority)* für die UNICTRAL-Schiedsgerichtsordnung fungiert.[65] Der PCA ist eine völkerrechtliche Organisation, die 1899 durch die Internationale Friedenskonferenz in Den Haag geschaffen wurde um Streitigkeiten zwischen Staaten durch Schiedsgerichte zu regeln. Seinen Sitz hat der PCA – wie der Internationale Gerichtshof (IGH) und das bekannteste internationale ad hoc „Schiedsgericht",[66] das Iran United States Claims Tribunals – im Friedenspalast in Den Haag.[67]

II. Nationale Schiedsinstitutionen und deren nationalen bzw. internationalen Schiedsordnungen

67 Nationale Schiedsinstitutionen sind Gegenstand der Abschnitte 45 bis 48. An dieser Stelle wird lediglich eine enge Auswahl der nationalen Schiedsinstitutionen getroffen, die aus deutscher Sicht am bedeutendsten für die Administrierung internationaler privater Schiedsverfahren sind. Die nationalen Schiedsinstitutionen lassen sich in folgende drei Gruppen einteilen:[68]

1. Gruppe: Administrierung von ausschließlich internationalen Schiedsverfahren nach einer internationalen Schiedsordnung[69];
2. Gruppe: Administrierung von nationalen und internationale Schiedsverfahren nach jeweils unterschiedlichen Schiedsordnungen;
3. Gruppe: Administrierung von nationalen und internationalen Schiedsverfahren nach einer einzigen Schiedsordnung.

68 **1. Deutsche Institution für Schiedsgerichtsbarkeit (DIS)/DIS-Schiedsgerichtsordnung.** Die 1920 gegründete Deutsche Institution für Schiedsgerichtsbarkeit (DIS) e. V. administriert nationale und internationale Schiedsverfahren nach denselben Verfahrensordnungen, der DIS-Schiedsgerichtsordnung von 1998 und den neuen ergänzenden Regeln für beschleunigte Verfahren von 2008; die Kosten des Schiedsverfahrens werden auf Grundlage einer Kostentabelle (Anlage zu § 40 Abs. 5 DIS-Schiedsgerichtsordnung) bemessen, die seit 2005 gültig ist. Damit gehört die DIS der 3. Gruppe an.[70]

69 **2. Schweizerische Handelskammern/Swiss Rules.** Die erst 2004 aus ursprünglich sechs verschiedenen lokalen Handelskammern errichtete gesamtschweizerische Schiedsinstitution administriert ausschließlich internationale Schiedsverfahren mit Schiedsort in der Schweiz nach ihren Swiss Rules, zuletzt überarbeitet im Jahr 2012 (1. Gruppe).[71]

---

[64] Zu den Begriffen → Rn. 6 ff.
[65] Art. 6 Abs. 2 S. 2 und Art. 7 Abs. 2 lit. a S. 1 UNCITRAL-SchO, vgl. dazu Rn. 79.
[66] „Schiedsgericht" in Anführungsstrichen, da es kein „Schiedsgericht" im rechtlichen Sinne ist, vgl. dazu auch Fn. 94.
[67] Näheres zum PCA auf der offiziellen website abrufbar unter: www.pca-cpa.org/showpage.asp?pag_id=363.
[68] So auch *Lionnet*, S. 486.
[69] Vgl. die supranationalen Institutionen in Teil B I in Rn. 34 ff.
[70] Für Näheres → Abschnitt 45 Rn. 19 ff.
[71] → Abschnitt 45 Rn. 31.

3. London Court of Arbitration (LCIA)/LCIA. Der London Court of International Ar- 70
bitration (LCIA), der seit seiner gesellschaftsrechtlichen Neuorganisation 1986 eine unabhängige internationale Schiedsinstitution ist, administriert nationale, aber überwiegend internationale Streitigkeiten nach den LCIA Arbitration Rules, die zuletzt 1998 überarbeitet wurden (3. Gruppe).

4. Stockholmer Handelskammer/SCC Rules. Die Stockholmer Handelskammer (Stock- 71
holm Chamber of Commerce, SCC), administriert nationale und internationale Schiedsverfahren, letztere vornehmlich im Zusammenhang mit Ost-West-Geschäften, nach ein und denselben Verfahrensordnungen, ua nach den SCC Rules, die zuletzt 2010 überarbeitet wurden (3. Gruppe).[72]

5. Internationales Handelsschiedsgericht (MKAS) bei der Handels- und Industriekam- 72
mer der Russischen Föderation/MKAS-Schiedsordnung. Das 1932 gegründete Internationale Handelsschiedsgericht (MKAS, **M**ezhdunarodnyj **K**ommercheskij **A**rbitrzhnyj **S**ud) als organisatorisch gesonderte und in ihrer Tätigkeit unabhängige Einrichtung der russischen Handels- und Industriekammer hat seit 2006 eine Schiedsordnung ausschließlich für internationale Schiedsverfahren (1. Gruppe).[73]

6. China International Economic and Trade Arbitration Commission (CIETAC)/CIETAC 73
Arbitration Rules. Monopolstellung für internationale Schiedsverfahren in China – zumal ad hoc Schiedsgerichtsbarkeit nicht anerkannt ist – hat die China International Economic and Trade Arbitration Commission (CIETAC), die mit ihren zuletzt 2012 überarbeiteten CIETAC Arbitration Rules ausschließlich internationale Schiedsverfahren administriert (1. Gruppe).[74]

7. American Arbitration Association (AAA)/AAA International Arbitration Rules. Als 74
einziges Mitglied der 2. Gruppe administriert die größte amerikanische Schiedsinstitution, die American Arbitration Association (AAA), schwerpunktmäßig nationale Schiedsverfahren, für die eine Vielzahl von branchenspezifischen nationalen Schiedsordnungen zur Verfügung stehen. Internationale Schiedsverfahren richten sich nach den International Dispute Resolution Procedures, die zuletzt 2009 überarbeitet wurden.[75]

C. Internationale ad hoc Schiedsgerichtsbarkeit

Der Inbegriff der Schiedsregeln für die ad hoc Schiedsgerichtsbarkeit, dh Schiedsverfah- 75
ren ohne institutionelle Unterstützung, ist die im Folgenden vorgestellte Schiedsordnung: die UNCITRAL-Schiedsgerichtsordnung.

I. United Nations Commission on International Trade Law (UNCITRAL)

Die United Nations Commission on International Trade Law (UNCITRAL) hat die 76
UNICTRAL-Schiedsgerichtsordnung (UNCITRAL-SchO) erarbeitet und 1976 verabschiedet. Die UN Generalversammlung hat daraufhin den weltweiten Gebrauch dieser Schiedsordnung für Streitigkeiten aus internationalen Wirtschaftsbeziehungen empfohlen.[76]

II. Besonderheiten der UNCITRAL-Schiedsgerichtsordnung

Die ursprüngliche Fassung der UNCITRAL-SchO von 1976 wird auch heute noch un- 77
verändert verwendet. Nicht zu verwechseln ist sie mit dem UNCITRAL Modellgesetz von

---

[72] Für Näheres → Abschnitt 45 Rn. 45 ff.
[73] Näheres → Abschnitt 46.
[74] → Abschnitt 47 Rn. 13, 22.
[75] Für Einzelheiten, → Abschnitt 48 Rn. 5.
[76] Resolution 31/98, United Nations, document E/ECE/625/Rev.1; E/ECE/TRADE 81/Rev.1, 20. Januar 1966.

1985, die für nationale Gesetzgeber – mit sehr hoher Akzeptanz weltweit – als Grundlage für nationale Schiedsgesetze verwendet wird.⁷⁷

78 **1. Besonderheiten für das Schiedsverfahren.** Die UNCITRAL SchO ist eine universelle, international einsatzfähige Schiedsordnung, die – da sie bezeichnenderweise von einer internationalen Organisation erarbeitet wurde – nicht in einer bestimmten Rechtsordnung verwurzelt ist. Als ad hoc Schiedsordnung regelt sie die Schiedsgerichtsbarkeit losgelöst von jeglicher Schiedsinstitution. Die UNCITRAL ist keine Schiedsinstitution und administriert keine Schiedsverfahren.

79 Mangels fester Anbindung zu einer Schiedsinstitution, muss die Vereinbarung der UNCITRAL SchO mit der Vereinbarung über eine ernennende Stelle *(appointing authority)* verknüpft werden – anderenfalls kann ein Schiedsverfahren in der entscheidenden Anfangsphase, dh während der Konstituierung des Schiedsgerichts, schnell ins Stocken geraten. Einigen sich die Parteien nicht auf eine ernennende Stelle, so wird im Zweifel der Generalsekretär des PCA dafür zuständig, eine solche zu bestimmen.⁷⁸

80 Können sich die Parteien nicht auf einen gemeinsamen Schiedsort einigen, besteht hinsichtlich dessen Bestimmung die Besonderheit, dass das Schiedsgericht diesen selber festlegen kann;⁷⁹ eine administrierende Schiedsinstitution, die diese Aufgabe ansonsten übernehmen würde, fehlt und die ernennende Stelle hat diesbezüglich keine Kompetenzen.

81 Einigen sich die Parteien nicht auf eine einheitliche Verfahrenssprache, kann das Schiedsgericht auch hier eine Bestimmung treffen.⁸⁰

82 Hinsichtlich der Ernennung der Schiedsrichter, regelt die UNCITRAL SchO keine Besonderheiten.

83 **2. Hohe Akzeptanz der UNICTRAL-Schiedsgerichtsordnung.** Die UNCITRAL SchO ist seit mehr als 37 Jahren nicht nur die mit Abstand am meisten verwendete ad hoc Schiedsgerichtsordnung, sondern war auch Modell für eine Vielzahl von institutionellen Schiedsgerichtsordnungen, zB für die der Inter-American Commercial Arbitration Commission (IACAC), des Hong Kong International Arbitration Centers und des Kuala Lumpur Regional Centres for International Commercial Arbitration oder auch für eine der Schiedsordnungen des PCA.

84 **3. Rechtsquellen zur Auslegung der UNICTRAL-Schiedsgerichtsordnung.** Durch die hohe Verbreitung der UNCITRAL SchO,⁸¹ gibt es für diese Schiedsgerichtsordnung – anders bei anderen Schiedsordnungen – eine Vielzahl von zugänglichen Rechtsquellen zur Auslegung der Verfahrensregeln.

85 **a) Iran-United States Claims Tribunal.** Die wichtigste Rechtsquelle hierfür ist das 1982 auf Grundlage des US-iranischen Geiselbefreiungsabkommens konstituierte Iran-United States Claims Tribunal, das nach dem Einfrieren der wirtschaftlichen Beziehungen zwischen den beiden Staaten im Jahr 1979, die gegenseitig erhobenen Forderungen prüfte und dabei die UNCITRAL SchO – wenn auch in abgewandelter Form – als Verfahrensordnung anwendete und zudem – für Schiedsverfahren ungewöhnlich – sämtliche Schiedssprüche publizierte.⁸²

86 **b) Beilegung von internationalen Investitionsstreitigkeiten.** Darüber hinaus wird die UNCITRAL SchO auffallend oft als Verfahrensordnung für internationale Investitionsstreitigkeiten verwendet. Nach Statistiken der UNCTAD (**U**nited **N**ations **C**onference on **T**ra-

---

⁷⁷ → Rn. 19, 22.
⁷⁸ → Rn. 66.
⁷⁹ Art. 16 Abs. 2 UNICTRAL SchO.
⁸⁰ Art. 17 Abs. 1 UNICTRAL SchO.
⁸¹ Vgl. bereits Rn. 83.
⁸² Zum historischen Hintergrund, der zur Entstehung dieses als „Schiedsgericht" bezeichneten Spruchkörpers führte, vgl. *van Hof*, S. 1 f. Ein „Schiedsgericht" im rechtlichen Sinne war es indes nicht, da diese Form der Streitbeilegung für die Beteiligten zwingend war und nicht – wie in der Schiedsgerichtsbarkeit typisch – auf freiwilliger Basis beruhte (vgl. auch *Schlosser*, Rn. 14 und 17; *van Hof*, S. 6).

de **a**nd **D**evelopment) aus dem Jahr 2005, einem ständigen Organ der UN Generalversammlung, bestehen weltweit 2392 bilaterale Investments Treaties (BITs) – die meisten davon regeln ein Schiedsverfahren nach der UNCITRAL SchO.[83] Auch die Investitionsstreitigkeiten der NAFTA nach Kapitel 11, die Beilegung energierechtlicher Streitigkeiten nach dem Energy Charter Treaty[84] und der Streitbeilegungsmechanismus des ASEAN Regional Investment Agreements richten sich nach der UNICTRAL SchO. Dies schafft eine Vielzahl weiterer Rechtsquellen zur Auslegung der UNCITRAL SchO.

4. Verfahrensdauer. Ein Nachteil der UNCITRAL-Schiedsgerichtsordnung ist das Fehlen von Bestimmungen zur Verfahrensdauer (anders zB die ICC SchO[85] und die WAR[86]). 87

5. Empfehlungen und Notes der UNICTRAL. Ergänzend wird auf die Empfehlungen der UNCITRAL zur Auslegung ihrer Schiedsordnung hingewiesen: die UNCITRAL Notes on Organizing Arbitral Proceedings von 1996 und die Recommendations to assist arbitral institutions and other interested bodies with regard to arbitrations under the UNCITRAL Arbitration Rules von 1982. Für die Vollstreckung aus UNCITRAL Schiedssprüchen hat die UNICTRAL eine Empfehlung zur Auslegung von Art. II Abs. 2 und Art. VII Abs. 1 NYÜ veröffentlicht.[87] 88

III. Kosten

Primär sollen die Kostenregelungen der ernennenden Stelle[88] angewendet werden. Ist die ernennende Stelle keine Schiedsinstitution mit eigener Kostenordnung, bestimmt das Schiedsgericht selbst über sein Honorar[89] – dies wird meist als grundsätzlicher Nachteil der ad hoc Schiedsgerichtsbarkeit kritisiert.[90] Die Kostentragungspflicht der Parteien richtet sich ausdrücklich im Verhältnis zu deren Obsiegen bzw. Unterliegen.[91] Neben dem eigenen Honorar kann das Schiedsgericht optional, dh nach seinem Ermessen, auch die Kosten der Parteien[92] sowie etwaige Verwaltungskosten, die allenfalls beim PCA[93] oder bei der ernennenden Stelle entstehen können[94] zum Gegenstand der Kostenentscheidung machen. 89

IV. Offiziell empfohlene Standardschiedsklausel

Die UNCITRAL empfiehlt die Verwendung der folgenden Musterklausel: 90

„Jede Streitigkeit, Meinungsverschiedenheit der jeder Anspruch, die sich aus diesem Vertrag ergeben oder sich auf diesen Vertrag, seine Verletzung, seine Auflösung oder seine Nichtigkeit beziehen, sind durch ein Schiedsverfahren nach der UNCITRAL-Schiedsgerichtsordnung in ihrer derzeit geltenden Fassung zu regeln."

Die Parteien können, wenn sie es wünschen, folgende ergänzende Angaben machen: 91

a) Die Ernennende Stelle ist [...] *(Name der Institution oder Person)*;
b) Die Anzahl der Schiedsrichter beträgt [...] *(einer oder drei)*;
c) Der Ort des Schiedsverfahrens ist [...] *(Stadt oder Land)*;
d) Die im Schiedsverfahren zu verwendende(n) Sprache(n) ist (sind) [...]

---

[83] Vgl. Research Note, Recent Developments in International Investment Agreements, United Nations Conference on Trade and Development, UNCTAD/WEB/ITE/2005/1, 30. August 2005.
[84] → Rn. 106 ff.
[85] → Rn. 37.
[86] → Rn. 52.
[87] Sämtliche Dokumente sind auf der offiziellen website der UNICTRAL verfügbar, abrufbar unter: http://www.uncitral.org/uncitral/en/uncitral_texts/arbitration.html.
[88] Art. 39 Abs. 2 UNICTRAL-SchO.
[89] Art. 38 lit. a UNICTRAL SchO.
[90] Vgl. dazu *Bernstein/Tackaberry/Marriott/Wood*, S. 549, Rn. 10–54 f.
[91] Art. 40 Abs. 1 UNICTRAL SchO.
[92] Vgl. Art. 38 lit. e UNICTRAL SchO.
[93] → Rn. 62.
[94] Vgl. 38 lit. f UNICTRAL SchO.

4. Teil. Streitbeilegung

Der Text der Musterklausel kann beim UNCITRAL Sekretariat angefordert und auf der Internetseite eingesehen werden (→ Rn. 92).

V. Kontaktdaten und Internetseite

92 UNCITRAL Sekretariat
P. O. Box 500
A-1400 Wien
Tel.: +43-1-2 60 60 40 61
Fax: +43-1-1 60 60 58 13
E-Mail: uncitral@uncitral.org
Internetseite: http://www.uncitral.org

VI. Weiterführende Literatur

93   Offizielle Internetseite der UNCITRAL abrufbar unter: www.uncitral.org; der Verfasser der Schiedsgerichtsordnung: *Sanders,* The Work of UNCITRAL on Arbitration and Conciliation, 2. Aufl. 2004. Einführung und Kommentierung in deutscher Sprache: Kronke/ Melis/Schnyder/*Melis,* Handbuch internationales Wirtschaftsrecht, 2005, S. 1892 bis 1924 Rn. 258 bis 349. Kommentierungen in englischer Sprache: *Caron/Caplan/Pellonpää,* The UNCITRAL Arbitration Rules, 2. Aufl. 2013; *van Hof,* Commentary on the UNCITRAL Arbitration Rules, 1991.

D. Branchenspezifische internationale Schiedsgerichtsbarkeit

94   Branchenspezifische Schiedsgerichtsbarkeit gibt es vornehmlich aus historischen Gründen. Städte mit maritimer Wirtschaft wie Hamburg, London und New York, die zudem durch einen kolonialen Hintergrund geprägt wurden, haben schon früh Handelsbeziehungen zur Außenwelt unterhalten und Schiedsinstitutionen mit eigenen Schiedsordnungen hervorgebracht, die heute noch bestehen. Aus diesem Grund sind diese Städte heute noch Zentren für die Warenhandelsschiedsgerichtsbarkeit (→ I) und die maritime Schiedsgerichtsbarkeit (→ II).

Aber auch heutzutage werden neue branchenspezifische Regeln und Verfahren zur Streitbeilegung entwickelt, um den besonderen Anforderungen der Moderne gerecht zu werden. Diesem Umstand tragen der neuere Streitbeilegungsmechanismus des Energy Charter Treaty (→ III) sowie das erst Anfang 2012 neu gegründete internationale Schiedsinstitut P. R. I. M. E. Finance Rechnung (→ IV).

I. Warenhandelsschiedsgerichtsbarkeit

95   **1. Grain & Feed Trade Association (GAFTA)/GAFTA Arbitration Rules.** Im internationalen Warenhandel ist die institutionelle Warenschiedsgerichtsbarkeit der Grain & Feed Trade Association (GAFTA) mit Sitz in London am bedeutendsten. Die GAFTA ist eine internationale Vereinigung von Getreide- und Futtermittelhändlern, die in der heutigen Form zwar erst seit 1971 besteht, aber über 135-jährige Wurzeln verfügt, die auf das Jahr 1878 zurückzuführen sind, als die London Corn Trade Association (LCTA) gegründet wurde.

96   Die GAFTA administriert als Schiedsinstitution Schiedsverfahren nach:

1. den GAFTA Arbitration Rules („GAFTA Form No. 125"), zuletzt überarbeitet am 1.4. 2012 – den Standardverfahrensregeln;

2. den GAFTA Simple Dispute Arbitration Rules & Agreement („GAFTA Form No. 126"), – den Verfahrensregeln für beschleunigte Verfahren; sowie
3. den GAFTA Arbitration Rules for Use with Charter Parties or other forms of maritime transport („GAFTA Form No. 127") – den Schiedsverfahrensregeln für Charter- oder andere maritime Transportverträge.

Die für diesen speziellen Warenhandel anwendbaren Schiedsordnungen zeichnen sich **97** durch eine in der Schiedsgerichtsbarkeit seltene 2. Instanz aus. Zudem dienen die detailliert ausgearbeiteten GAFTA Regelungen oft als Vorbild für andere Warenhandelsschiedsgerichtsordnungen. Signifikant – auch für die übrigen Warenhandelsschiedsgerichte – ist, dass nicht nur Juristen, sondern insbesondere Kaufleute aus der einschlägigen Branche als Schiedsrichter fungieren. Zur Vertiefung wird auf die Informationen auf der offiziellen Website der GAFTA verwiesen.[95]

2. Sonstige Warenhandelsschiedsgerichte. Teils seit der Kolonialzeit bestehen eine **98** Vielzahl weiterer Warenhandelsschiedsgerichte mit Sitz in London, wie zB das Schiedsinstitut der Federation of Oil, Seeds and Fats Association Limited (FOSFA),[96] der Federation of Cocoa Commerce (FCC),[97] der beiden Zuckerverbände Sugar Association of London (SAL)[98] und der Refined Sugar Association (RSA),[99] der London Rice Brokers Association (LRBA)[100] oder der neue London Arbitration Service der British Coffee Association (BCA) mit neuen Schiedsregeln gültig seit dem 1.2.2012 (New London Arbitration Rules)[101] – um die wichtigsten Beispiele neben der GAFTA zu erwähnen.

Erwähnenswert ist in diesem Zusammenhang eine deutsche Schiedsinstitution mit Sitz **99** in Hamburg: das seit 1900 bestehende Schiedsgericht des Waren-Vereins der Hamburger Börse e.V. („Waren-Verein"). Der Waren-Verein hat eigene Geschäftsbedingungen, für Schiedsverfahren gilt eine eigene Schiedsgerichtsordnung und für Qualitätsarbitragen, bei es um die Feststellung der Beschaffenheit von Waren durch Sachverständigengutachten geht, gilt eine eigene Verfahrensordnung für Sachverständige; alle drei Dokumente wurden zuletzt am 1.3.2011 überarbeitet.[102]

II. Maritime Schiedsgerichtsbarkeit

1. London Maritime Arbitration Association (LMAA)/LMAA Terms. Eines der Zentren **100** für die maritime Schiedsgerichtsbarkeit weltweit ist London. Dort ist auch der Sitz der seit 1960 bestehenden London Maritime Arbitration Association (LMAA). Es gibt vier Arten von LMAA Schiedsverfahren, die jeweils unterschiedlichen Schiedsverfahrensregeln unterliegen:
1. die LMAA Small Claims Procedure (SCP) in der aktuellsten Fassung von 2012[103] für einfache Sachverhalte mit Streitwerten unter USD 50.000, die ohne Beweisaufnahmen

---

[95] Abrufbar unter: www.gafta.org.
[96] Näheres zum Schiedsinstitut und den Schiedsregeln auf der offiziellen website der FOFSA abrufbar unter: www.fosfa.org/?pgc=74&mod=5&mnu=.
[97] Näheres zum Schiedsinstitut und den Schiedsregeln auf der offiziellen website der FCC abrufbar unter: www.cocoafederation.com/arbitration/index.jsp.
[98] Näheres zum Schiedsinstitut und den Schiedsregeln auf der offiziellen website der SAL abrufbar unter: www.sugarassociation.co.uk/sal/arbitration.htm.
[99] Näheres zum Schiedsinstitut und den Schiedsregeln auf der offiziellen website der RSA abrufbar unter: www.sugarassociation.co.uk/rsa/arbitration.htm.
[100] Näheres zum Schiedsinstitut und den Schiedsregeln auf der offiziellen website der LRBA abrufbar unter: www.lrba.co.uk/what.php.
[101] Näheres zum Schiedsinstitut und den Schiedsregeln auf der offiziellen website der BCA abrufbar unter: www.britishcoffeeassociation.org/about-us/london-arbitration-service.
[102] Abrufbar unter: www.waren-verein.de/de/geschaeftsbedingungen-verfahrensordnung-fuer-sachverstaendige-stand-01.03.2011.
[103] Die LMAA Small Claims Procedure, gültig ab 1.1.2012 ist auf der offiziellen website der LMAA abrufbar unter: www.lmaa.org.uk/uploads/documents/2012SCP.pdf.

auskommen und von einem Einzelschiedsrichter für einen Festpreis von GBP 2.500 entschieden werden können;
2. die LMAA Fast and Low Cost Arbitration (FALCA) in der aktuellsten Fassung von 1996[104] für etwas anspruchsvollere Streitigkeiten als nach den SCP für Streitwerte zwischen USD 50.000 bis USD 250.000, die durch einen Einzelschiedsrichter innerhalb von 8 Monaten nach dessen Ernennung entschieden werden sollen – diese FALCA-Regeln haben sich indes in der Praxis nicht durchgesetzt;
3. die LMAA Intermediate Claims Procedure (ICP), die erstmals 2009 eingeführt wurden und nun in der aktuellsten Fassung von 2012 gelten,[105] für maritime Streitigkeiten mit Streitwerten zwischen USD 100.000 bis USD 400.000, die von einem regulären Dreier-Schiedsgericht entschieden werden – es handelt sich um ein gegenüber den LMAA Terms, den Standardverfahrensregeln der LMAA, beschleunigtes Verfahren, das strengeren Zeitlimitierungen, Kostendeckelungen und einer eingeschränkteren Überprüfbarkeit unterliegt; sowie
4. die LMAA Terms in der letzten Fassung von 2012.[106] Das sind die institutionellen Standardverfahrensregeln der LMAA für ein Dreier-Schiedsgericht ohne die zeitlichen und inhaltlichen Einschränkungen des beschleunigten Verfahrens der LMAA ICP Schiedsregeln.

101 Zur Vertiefung wird auf Informationen der offiziellen Internetseite der LMAA[107] sowie weiterführende Literatur verwiesen: *Ambrose/Maxwell*, London Maritime Arbitration, 2009; *Maurer*, Lex Maritima – Grundzüge eines transnationalen Seehandelsrechts, 2012, S. 128–131.

102 **2. Society of Maritime Arbitrators (SMA)/SMA Arbitration Rules.** Die Schiedsinstitution, die nach der LMAA weltweit die zweitmeisten maritimen Schiedsverfahren administriert – pro Jahr werden rund 500 Fälle bearbeitet und rund 50 Entscheidungen gefällt[108] – ist die 1963 gegründete Society of Maritime Arbitrators (SMA) mit Sitz in New York. Die SMA als Schiedsgerichtsinstitution administriert Schiedsverfahren nach eigenen Schiedsverfahrensregeln, den SMA Maritime Arbitration Rules, zuletzt überarbeitet 2003,[109] bzw. nach den SMA Shortened Arbitration Procedure für beschleunigte Verfahren, zuletzt überarbeitet 2010.[110] Der Hauptunterschied zur LMAA ist, dass ausschließlich Nicht-Juristen als Schiedsrichter zugelassen sind; vielmehr kommt es für eine Eignung als SMA Schiedsrichter auf einschlägige kaufmännische Praxiserfahrung in der Schifffahrtsbranche als „commercial men" an.

103 Zur Vertiefung wird auf Informationen der offiziellen Internetseite der SMA[111] sowie weiterführende Literatur verwiesen: *Lord*, Dispute Resolution on the High Seas, Ocean & Coastal L.J. 2002, 71 ff.; *Tassios*, Choosing the Appropriate Venue: Maritime Arbitration in London or New York, J. Int'l Arb. 2004, 355 ff.

104 **3. German Maritime Arbitration Association (GMAA)/GMAA Rules.** Anlässlich starker Kritik an der Effektivität und der Kosten der Seeschiedsgerichtsverfahren in London und

---

[104] Die LMAA Fast and Low Cost Arbitration (FALCA) Rules von 1996 sowie eine Kommentierung der 22 Rules („Commentary on the LMAA FALCA Rules") sind auf der offiziellen website der LMAA abrufbar unter: www.lmaa.org.uk/uploads/documents/FALCA-Terms.pdf.
[105] Die LMAA Intermediate Claims Procedure, gültig ab 1.1.2012 ist auf der offiziellen website der LMAA abrufbar unter: www.lmaa.org.uk/uploads/documents/2012ICP.pdf.
[106] Die LMAA Terms, gültig ab 1.1.2012 sind auf der offiziellen website der LMAA abrufbar unter: www.lmaa.org.uk/uploads/documents/2012Terms.pdf.
[107] Abrufbar unter: www.lmaa.org.
[108] Die SMA bietet einen SMA Award Service (Hard Copy Subscription Service) an, dh gegen einen Jahresbeitrag von USD 595,00 können sämtliche Entscheidungen (SMA Awards) abonniert werden, vgl. dazu Informationen auf der offiziellen website abrufbar unter: www.smany.org/sma/smaaward.html. Anders als die LMAA, GMAA oder andere Schiedsinstitutionen, veröffentlicht die SMA sämtliche Entscheidungen, nach eigenen Angaben der SMA wurden bisher rund 4000 Awards veröffentlicht.
[109] Abrufbar unter: www.smany.org/sma/about6-1.html.
[110] Abrufbar unter: www.smany.org/sma/about6-2.html.
[111] Abrufbar unter: www.smany.org.

New York, gründeten Schiffahrtskaufleute und im Seerecht spezialisierte Anwälte aus Hamburg und Bremen 1983 die German Maritime Arbitration Association (GMAA). Die GMAA hat eigene Schiedsverfahrensregeln, die Schiedsgerichtsordnung der GMAA in der aktuellsten Fassung von 2013,[112] und eine im Vergleich zur LMAA und SMA günstige Gebührenordnung, die GMAA-Regeln für die Vergütung des Schiedsgerichts[113]; ein online verfügbarer Gebührenrechner ermöglicht es, die Schiedsgerichtskosten zu berechnen.[114] Ein danach abgewickeltes Schiedsverfahren ist ein ad hoc Schiedsgericht, die GMAA ist – anders als die LMAA oder die SMA – keine Schiedsinstitution. Dementsprechend werden Schiedsrichter grundsätzlich auch nicht von der GMAA ernannt; vielmehr steht es den Parteien frei Schiedsrichter zu bestimmen, die nicht Mitglied der GMAA sind.

Zur Vertiefung wird auf Informationen der offiziellen Internetseite der GMAA[115] sowie auf weiterführende Literatur verwiesen: *Wölper*, Maritime Arbitration in Germany, 2007; *Rieckhoff*, Deutsche Seeschiedsgerichtsbarkeit unter der GMAA Schiedsordnung in vergleichender Betrachtung englischer Seeschiedsgerichtsbarkeit unter dem LMAA Reglement, 2006; *Trappe*, Maritime Schiedsgerichtsbarkeit, in: Plantey (Hrsg.), FS für Otto Arndt Glossner, 1994, 459 ff.

105

III. Schiedsgerichtsbarkeit im Energiesektor: Streitbeilegung nach dem Energy Charter Treaty (ECT)

Ein neueres Instrument zur Beilegung von energierechtlichen Streitigkeiten zwischen Investoren und ihren Gastländern enthält der Energy Charter Treaty (ECT) von 1994,[116] der 1998 in Kraft getreten ist. Es bestand das Bedürfnis internationale Investitionen im Energiesektor abzusichern, da dieses Geschäftsfeld durch Faktoren wie Politik, nationale Sicherheit, Privatisierung und Umweltschutz besonderen Unwägbarkeiten unterliegt. Zudem ist ein rechtliches Vorgehen privater Investoren gegen einen ausländischen Staat grundsätzlich schwerer als gegen eine private Partei.[117]

106

Der ECT stellt einen rechtlichen Rahmen für die dauerhafte wirtschaftliche Kooperation im Energiesektor dar und ist dabei das erste bindende multilaterale Investitionsschutzabkommen. Es ist mittlerweile in 51 Staaten in Europa – ua auch in Deutschland –, Zentralasien, Australien und in Japan sowie von der Europäischen Gemeinschaft und der Euratom ratifiziert worden; weitere 36 Staaten und internationale Organisationen haben Beobachterstatus.[118]

107

Die Regelungen des ECT zur internationalen Streitbeilegung kombinieren alternative Mechanismen wie internationale Konsultations-, Mediations- und Schiedsverfahren. Je nachdem, wer am Streit beteiligt ist und was streitgegenständlich, gibt es unterschiedliche Verfahren. Natürliche oder juristische Personen, wie Exporteure, können aus dem ECT im direkten Verhältnis von Investor zu Vertragsstaat (Gastland, in das der Investor investiert) Verletzungen von Verpflichtungen geltend machen; bei älteren BITs war dies nur auf diplomatischem Weg möglich. Wenn eine zunächst angestrebte gütliche Einigung fehlgeschlagen ist, kann für eine Streitbeilegung nach dem ECT zwischen drei Schiedsverfahrensarten gewählt werden:

108

---

[112] Die Schiedsgerichtsordnung der GMAA (Ausgabe 2013, gültig ab 1.1.2013) ist auf der offiziellen website der GMAA abrufbar unter: www.gmaa.de/de/regeln/schiedsverfahren.

[113] Die derzeit aktuellste, seit 1.1.2012 gültige Version ist auf der offiziellen website der GMAA abrufbar unter: www.gmaa.de/de/gebuehren/gebuehrenordnung.

[114] Der Gebührenrechner der GMAA ist auf der offiziellen website der GMAA abrufbar unter: www.gmaa.de/de/gebuehren/gebuehrenrechner.

[115] Abrufbar unter: www.gmaa.de.

[116] Energy Charter Treaty abrufbar unter: www.encharter.org/fileadmin/user_upload/Publications/GE.pdf.

[117] So bereits → Rn. 8, 10 ff.

[118] Der Ratifizierungsstand ist im Internet abrufbar unter: www.encharter.org/index.php?id=61&L=0.

4. Teil. Streitbeilegung

- ICSID Schiedsverfahren;[119]
- ad hoc Schiedsverfahren nach der UNCITRAL SchO;[120]
- Schiedsverfahren unter Anwendung der SCC Rules.[121]

109 In den bisher verhandelten 33 Verfahren wurde 20 Mal ein ICSID Schiedsverfahren, 7 Mal ein SCC Schiedsverfahren und 6 Mal ein ad hoc Schiedsverfahren unter Anwendung der UNCITRAL SchO gewählt.[122] Erwähnenswert ist schließlich, dass der ECT die grundsätzliche Vollstreckbarkeit der aufgrund des ECT ergangenen Schiedssprüche gewährleistet, ohne dass es einer vorherigen Anerkennung bedarf.[123]

IV. Schiedsgerichtsbarkeit bei Finanzgeschäften: P.R.I.M.E. Finance Arbitration Rules

110 Ein erst Anfang 2012 neu gegründetes internationales Schiedsinstitut zur Beilegung von Finanzstreitigkeiten ist der Panel of Registered International Market Experts in Finance (P.R.I.M.E. Finance) mit Sitz im Friedenspalast in Den Haag.[124] Für Streitigkeiten über internationale Finanzgeschäfte hat sich die internationale private Schiedsgerichtsbarkeit bisher – trotz diverser Fürsprecher aus der Wissenschaft[125] – nicht in der Praxis durchgesetzt. Regelmäßig werden solche Streitigkeiten vor staatlichen Gerichten, bevorzugt in London und New York, ausgetragen. In internationalen Kreditverträgen zwischen Banken und Privaten[126] sind Schiedsklauseln unüblich. Dies wird mit der ablehnenden Haltung der Banken und anderen Finanzinstitutionen gegenüber der Schiedsgerichtsbarkeit begründet.[127] Mit diesem neuen Schiedsinstitut, das von rund 80 Vertretern aus Justiz, Finanzbehörden und der Bankenwirtschaft gegründet wurde, soll dies geändert werden. Die P.R.I.M.E. Finance Arbitration Rules vom 16.1.2012[128] basieren auf den UNCITRAL Arbitration Rules in der Fassung von 2010 und enthalten einige Ergänzungen bezüglich Emergency Arbitration und beschleunigte Verfahren. Erst die Praxis der nächsten Jahre und Jahrzehnte wird zeigen, ob sich diese neue internationale Schiedsinstitution für Finanzstreitigkeiten durchsetzen wird.

E. Ergänzende Schiedsverfahrensregeln: IBA Rules on the Taking of Evidence in Arbitral Proceedings

111 Zusätzlich zu den in Teil B,[129] Teil C[130] und Teil D[131] beispielhaft aufgeführten Schiedsordnungen können die Schiedsparteien ergänzende Schiedsregeln zur Regelung einzelner Verfahrensfragen vereinbaren. Erwähnenswert aufgrund ihrer hohen Akzeptanz und Relevanz in der internationalen Schiedspraxis sind in diesem Zusammenhang die IBA Rules on

---

[119] → Rn. 65 und Abschnitt 52 Rn. 56 ff.
[120] → Rn. 76 ff.
[121] → Rn. 71.
[122] Der Status der bereits verhandelten und noch anhängigen Streitverfahren wird auf der website der ECT regelmäßig aktualisiert und ist im Internet abrufbar unter: www.encharter.org/index.php?id=213&L.
[123] Art. 26 Abs. 8 ECT.
[124] Näheres zu diesem neuen Schiedsinstitut auf der offiziellen website abrufbar unter: www.primefinancedisputes.org/index.php/about-us.html.
[125] Stellvertretend für einige: *Berger*, Schiedsgerichtsbarkeit in Finanz- und Kapitalmarkttransaktionen, 2008, 1 ff.
[126] Bei Staaten als Kreditnehmern hingegen wird häufig internationale Schiedsgerichtsbarkeit gewählt; zur Vertiefung, vgl. *Kröll*, Schiedsverfahren bei Finanzgeschäften – Mehr Chancen als Risikien, ZBB 1999, 367 ff.
[127] So *Affaki*, A banker's approach to arbitration, in: Kaufmann-Kohler/Frossard (Hrsg.), Arbitration in Banking and Financial Matters, 2003, 63.
[128] Abrufbar unter: www.primefinancedisputes.org/images/pdf/arbitration%20rules%20-%20prime%20format%20-.pdf.
[129] → Rn. 29 ff.
[130] → Rn. 75 ff.
[131] → Rn. 94 ff.

Abschnitt 49. Internationale Schiedsgerichte

the Taking of Evidence in Arbitral Proceedings (IBA Evidence Rules). Die Erstfassung aus dem Jahr 1999 wurde 2010 überarbeitet.[132]

Eine international zusammengesetzte Arbeitsgruppe der International Bar Association (IBA) – eine weltweite Anwaltsvereinigung, die sich ua die Weiterentwicklung des internationalen Rechts zum Ziel gesetzt hat – hat diese IBA Evidence Rules erarbeitet. Nach allgemeiner Ansicht spiegeln sie den Stand der internationalen Schiedspraxis hinsichtlich der Durchführung von Beweisaufnahmen in internationalen Schiedsverfahren wieder (*best practice*-Regeln). Dort gibt es Entwicklungen, Beweisregeln anzuwenden, die als eine Art Mittelweg sowohl kontinentaleuropäischen als auch angloamerikanischen Prozessgepflogenheiten entsprechen. Damit entwickelt die internationale Schiedsgerichtsbarkeit, die durch ihre Delokalisation und eingeschränkte Überprüfbarkeit ihrer Entscheidungen durch staatliche Gerichte dem Schiedsgericht und den Parteien viel Freiraum bei der Verfahrensgestaltung lässt, transnationale Verfahrensgrundsätze und trägt so mittelbar zur verfahrensrechtlichen Rechtsharmonisierung und Rechtsangleichung bei.[133] Die in den IBA Evidence Rules wiedergespiegelte internationale Schiedspraxis zum beweisrechtlichen Schiedsverfahrensrechts kann als *lex mercatoria arbitralis* bezeichnet werden.[134] **112**

Eine Einbeziehung dieser modernen Beweisverfahrensregeln kann – nicht nur wenn sich eine kontinentaleuropäische Partei einer angloamerikanischen Partei gegenübersieht oder umgekehrt – empfehlenswert sein. Eine dahingehende Vereinbarung müssen die Parteien dabei nicht schon in der Schiedsvereinbarung selbst treffen, die meist in dem Hauptvertrag des Exportgeschäfts enthalten ist, sie kann auch zu einem späteren Zeitpunkt, zB in den Terms of Reference,[135] erfolgen. **113**

Zur Vertiefung wird folgende Literatur empfohlen: *Ashford,* The IBA Rules on the Taking of Evidence in International Arbitration, 2013; *Zuberbühler,* IBA rules of evidence: commentary on the IBA rules on the taking of evidence in international arbitration, 2012. **114**

---

[132] Die aktuelle Fassung der IBA Rules on the Taking of Evidence vom 29.5.2010 sowie die Vorversion aus dem Jahr 1999 sind in verschiedenen Sprachen auf der website der IBA verfügbar und abrufbar unter: www.ibanet.org/Search/Default.aspx?q=iba%20rules%20on%20the%20taking%20of%20evidence.

[133] Zur Funktion der internationalen Schiedsgerichtsbarkeit als Motor für die Prozessrechtsvereinheitlichung auch *Wagner,* Europäisches Beweisrecht: Prozessrechtsvereinheitlichung durch Schiedsgerichte, ZEuP 2001, 441–514.

[134] Zu diesem Begriff („lex mercatoria arbitralis") vgl. *Schroeder,* Die lex mercatoria arbitralis, 2007.

[135] → Rn. 38.

19. Kapitel. Vollstreckung außergerichtlicher und gerichtlicher Titel

Abschnitt 50. Anerkennung und Vollstreckung (ausländischer Titel) in anderen Staaten

Übersicht

	Rn.
A. Einführung	1
B. Titel von staatlichen Gerichten	12
I. Titel aus europäischen Mitgliedstaaten sowie Staaten des Lugano-Übereinkommens	13
1. Rechtsquellen	13
2. Anerkennung und Vollstreckung nach der EuGVVO	18
a) Anwendungsbereich der EuGVVO	19
b) Anerkennung nach der EuGVVO	20
c) Vollstreckbarerklärung nach der EuGVVO	22
3. Vollstreckung eines europäischen Vollstreckungstitels für unbestrittene Forderungen nach der EuVTVO	29
4. Vollstreckung eines europäischen Zahlungsbefehls nach der EuMahnVO	33
5. Vollstreckung eines Titels über geringfügige Forderungen nach der EuBagatellVO	38
II. Sonstige ausländische Titel	42
1. Rechtsquellen	42
2. Multi- und bilaterale Staatenübereinkommen zur Anerkennung und Vollstreckung	43
a) Multilaterale Übereinkommen	43
b) Bilaterale Übereinkommen	46
3. Autonomes deutsches Recht	54
C. Titel ausländischer Schiedsgerichte	62
I. Rechtsquellen	64
1. Anerkennung und Vollstreckung nach UN-Übereinkommen	65
a) Anwendungsbereich	65
b) Verfahren der Vollstreckbarerklärung	68
2. Anerkennung und Vollstreckung nach EU-Übereinkommen	71
3. Anerkennung und Vollstreckung nach Weltbank-Übereinkommen	73
4. Anerkennung und Vollstreckung nach bilateralen Übereinkommen	76
5. Verhältnis der Übereinkommen zueinander	77

Literatur: *Baur/Stürner/Bruns*, Zwangsvollstreckungsrecht, 13. Aufl. 2006, §§ 55–57; *Geimer/Schütze*, Internationaler Rechtsverkehr in Zivil- und Handelssachen, Loseblattsammlung; *Geimer*, Internationales Zivilprozessrecht, 6. Aufl. 2009; *Hasselblatt/Sternal*, Beck'sches Formularbuch Zwangsvollstreckung, 2008, Abschnitt Q; *Kropholler*, Europäisches Zivilprozessrecht, 9. Aufl. 2011; *Lachmann*, Handbuch für die Schiedsgerichtspraxis, 3. Aufl. 2008; *Musielak*, ZPO, 9. Aufl. 2012; *Pohl*, Die Neufassung der EuGVVO – im Spannungsfeld zwischen Vertrauen und Kontrolle, IPRax 2013, 109 ff.; *Rauscher*, Europäisches Zivilprozess- und Kollisionsrecht, Bearbeitung 2011; *Riedel*, Grenzüberschreitende Zwangsvollstreckung, 2. Aufl. 2012; *Schütze*, Rechtsverfolgung im Ausland, 4. Aufl. 2009; *Schütze/Tscherning/Wais*, Handbuch des Schiedsverfahrens, 2. Aufl. 1990; *Schwab/Walter*, Schiedsgerichtsbarkeit, 7. Aufl. 2005; *Stein/Jonas*, ZPO, 22. Aufl. 2011; *Zöller*, ZPO, 29. Aufl. 2012.

A. Einführung

1 Für die internationale Rechtsverfolgung ist die Frage der Vollstreckbarkeit eines Titels im In- oder Ausland von entscheidender Bedeutung. Ein in dem Land, in dem das Schuldnervermögen liegt, nicht vollstreckbarer Titel ist wertlos. In diesem Kapitel soll daher ein praktischer Überblick über die wichtigsten Regelungen und Schritte gegeben werden, die erforderlich sind, um aus ausländischen Titeln in Deutschland (→ Abschnitt 50) und deutschen Titeln im Ausland (→ Abschnitt 51) zu vollstrecken.

2 Mit den Fragen der Anerkennung und Vollstreckbarkeit sollte man sich aber nicht erst beschäftigen, wenn man einen Titel erstritten hat. Bereits bevor man in einem Fall mit in-

ternationaler Rechtsberührung ein staatliches Gericht oder ein Schiedsgericht anruft, sind die Vollstreckungsmöglichkeiten aus dem angestrebten Titel zu prüfen. Stehen mehrere Gerichtsstände zur Wahl, ist vor den Gerichten des Landes zu klagen (sog. Erlassstaat), die auch in dem Land Vollstreckbarkeit versprechen, in dem das Schuldnervermögen liegt (sog. Anerkennungs- bzw. Vollstreckungsstaat).

Auch empfiehlt es sich, bereits bei Abschluss des Vertrages und der Aushandlung der Gerichtsstandsvereinbarung an die spätere Vollstreckbarkeit zu denken. Wird man wahrscheinlich in der Klägerrolle sein, ist ein Land als Gerichtsstand zu vereinbaren, dessen Titel sich voraussichtlich in dem Land vollstrecken lassen werden, in dem das Schuldnervermögen liegt. Dies ist aus deutscher Sicht innerhalb der Europäischen Union vergleichsweise leicht der Fall. Drängt die Gegenseite auf einen außereuropäischen Gerichtsstand, so ist die voraussichtliche Vollstreckbarkeit kritisch zu prüfen. Fällt die Vollstreckbarkeitsprognose für den staatlichen Titel negativ aus, ist gegebenenfalls auf den Abschluss einer Schiedsvereinbarung zu drängen, die auf Basis des UN-Übereinkommens über die Anerkennung und Vollstreckung ausländischer Schiedssprüche vom 10. Juni 1958 (BGBl. 1961 II, 121) eine gegenüber einem staatlichen Titel bessere internationale Vollstreckbarkeit versprechen kann. 3

Ausländische Titel selbst sind als solche in Deutschland grundsätzlich keine Basis für eine Zwangsvollstreckung. Sie bedürfen zumeist einer Vollstreckbarerklärung durch ein inländisches Gericht. Erst nachdem sie die Vollstreckbarkeit eigens verliehen bekommen haben, kann die Vollstreckung in Deutschland beginnen. 4

Begrifflich werden die Anerkennung und die Vollstreckung ausländischer Titel unterschieden. Während die Anerkennung automatisch erfolgt, bedarf es zur Vollstreckung der formellen Vollstreckbarerklärung. Die Anerkennung ist denknotwendige Voraussetzung für die Vollstreckung ausländischer Urteile. Die Frage, ob ein ausländischer Titel anzuerkennen ist, wird in der Praxis zumeist nicht abstrakt, sondern erst im Rahmen des mit rechtlichem Gehör für die Gegenseite verbundenen Verfahrens zur Vollstreckbarerklärung ausländischer Titel (sog. Exequaturverfahren; § 722 ZPO) geprüft. 5

Das Erfordernis einer Vollstreckbarerklärung kann aufgrund europarechtlicher Regelungen entfallen (sog. Europäischer Vollstreckungstitel). Hierdurch ist es möglich, im Rahmen eines einfachen Klauselverfahrens, ohne dass die Gegenseite erneut rechtliches Gehör erhält, die Vollstreckbarkeit eines ausländischen Titels zu erreichen. Im Interesse des Handels auf innereuropäischer Ebene wird das Exequaturverfahren vollständig mit dem Inkrafttreten der Neufassung der EuGVVO[1] abgeschafft. 6

Die zu prüfenden Fragen, die sich im Zusammenhang mit der Anerkennung und Vollstreckung von Titeln stellen, führen in die Spezialgebiete des inter-nationalen Privat- und Prozessrechts. Es gilt, eine Vielzahl von nationalen und internationalen Gesetzen, Verordnungen und Verträgen zu beachten. Dabei gilt das grundsätzlich das Günstigkeitsprinzip. Dh eine Anerkennung und Vollstreckung kann jeweils auf die günstigste anwendbare Rechtsquelle gestützt werden. 7

Nach dem Territorialitätsprinzip kann jeder Staat lediglich Zwangsmaßnahmen innerhalb seines eigenen Staatsgebiets durchführen. Ein deutsches Gericht hat also keine Rechtsmacht, auf im Ausland liegendes Vermögen eines Schuldners zuzugreifen. 8

---

[1] VO (EU) Nr. 1215/2012 v. 12.12.2012 über die gerichtliche Zuständigkeit und die Anerkennung und Vollstreckung von Entscheidungen in Zivil- und Handelssachen (Neufassung), ABl. EU 2012 L 351/1, die am 10.1.2015 in Kraft treten und die VO (EG) Nr. 44/2001 v. 22.12.2000, ABl. EG 2001 L 12/1 ersetzen wird; vgl. Art. 66 iVm Art. 81 der Neufassung. Die bedeutendsten Änderungen sind: Ein Gerichtsurteil aus einem EU-Mitgliedstaat kann in einem anderen EU-Mitgliedstaat ohne besondere Vollstreckbarerklärung vollstreckt werden – das sog. Exequaturverfahren entfällt (vgl. Art. 39 nF). Gerichtsstandsvereinbarungen werden gestärkt, indem Verzögerungstaktiken (insbesondere durch sog. Torpedo-Klagen) unterbunden werden; nach der neuen EuGVVO entscheidet nicht mehr stets das zuerst angerufene, sondern das in einer Gerichtsstandsvereinbarung vereinbarte Gericht (vgl. Art. 31 Abs. 2 und 3 nF). Gerichte der EU-Mitgliedstaaten können das Verfahren aussetzen, wenn bereits ein Verfahren vor dem Gericht eines Drittstaates anhängig ist, das denselben Anspruch betrifft (Art. 33 nF) oder mit dem ein Zusammenhang besteht (Art. 34 nF). Näher *Pohl*, IPRax 2013, 109 ff.

9 Ferner gilt das Lex fori-Prinzip. Danach legt jeder Staat im Rahmen seiner Hoheitsgewalt selbst die Regeln fest, nach denen eine Zwangsvollstreckung durchgeführt werden kann. Eine ausländische Entscheidung wird, wenn sie für vollstreckbar erklärt worden ist, wie eine inländische Entscheidung nach inländischen Regeln (der lex fori) vollstreckt.

10 Daher gelten für die Vollstreckung von inländischen oder ausländischen Titeln gegenüber in Deutschland liegendem Vermögen von Ausländern keine Besonderheiten. Gegen im Inland wohnende Ausländer wird – als Folge des Lex fori-Prinzips – nach den gleichen Grundsätzen wie gegen Inländer vollstreckt. Verzieht der Ausländer unbekannt, ist neben einer Einwohnermeldeamtsanfrage eine Anfrage beim Bundesverwaltungsamt im Ausländerzentralregister zu empfehlen (http://www.bva.bund.de).

11 Im Folgenden wird systematisch zwischen Vollstreckungstiteln ausländischer staatlicher Gerichte (→ Rn. 12 ff.) und Titel ausländischer Schiedsgerichte (→ Rn. 62 ff.) unterschieden.

B. Titel von staatlichen Gerichten

12 Bei den Titeln von staatlichen Gerichten ist für die Anerkennung und Vollstreckung nach der Herkunft des Titels danach zu differenzieren, ob es sich um einen Titel aus EU-Mitgliedstaaten und Staaten des Lugano-Übereinkommens (Island, Norwegen und die Schweiz; → Rn. 13 ff.) oder sonstigen Staaten handelt (→ Rn. 42 ff.).

I. Titel aus europäischen Mitgliedstaaten sowie Staaten des Lugano-Übereinkommens

13 **1. Rechtsquellen.** Zentrale Rechtsquelle für Titel aus der Europäischen Union ist als unmittelbar geltendes sekundäres Gemeinschaftsrecht die Verordnung (EG) Nr. 44/2001 des Rates vom 22. Dezember 2000 über die gerichtliche Zuständigkeit und die Anerkennung und Vollstreckung von Entscheidungen in Zivil- und Handelssachen (EuGVVO; auch Brüssel I-VO genannt). Die EuGVVO hat inzwischen eine Neufassung erfahren, die allerdings noch nicht in Kraft getreten ist und deswegen der nachfolgenden Darstellung nicht zugrunde gelegt wird.[2] Ergänzende nationale deutsche Regelungen finden sich in dem Gesetz zur Ausführung zwischenstaatlicher Verträge und zur Durchführung von Verordnungen der Europäischen Gemeinschaft auf dem Gebiet der Anerkennung und Vollstreckung in Zivil- und Handelssachen (Anerkennungs- und Vollstreckungsausführungsgesetz – AVAG).

14 Darüber hinaus gibt es eine Verordnung über Ehesachen (EU-EheVO 2003; auch Brüssel IIa-VO genannt), die im Hinblick auf das Exportwirtschaftsrecht jedoch keine Bedeutung hat. Für das Exportwirtschaftsrecht wird indes die Verordnung (EG) Nr. 805/2004 des Europäischen Parlaments und des Rates vom 21. April 2004 zur Einführung eines Europäischen Vollstreckungstitels für unbestrittene Forderungen (EuVTVO) immer größere Bedeutung erlangen. Innerhalb ihres Anwendungsbereichs bedarf es keiner Vollstreckbarerklärung mehr. Ferner ist zur schnellen grenzüberschreitenden Forderungsrealisierung die Verordnung (EG) Nr. 1896/2006 des Europäischen Parlaments und des Rates vom 12. Dezember 2006 zur Einführung eines Europäischen Mahnverfahrens (EuMahnVO) geschaffen worden, die seit dem 12. Dezember 2008 gilt. Seit 1. Januar 2009 ist überdies die Verordnung (EG) Nr. 861/2007 des Europäischen Parlaments und des Rates vom 11. Juli 2007, zur Einführung eines Europäischen Verfahrens für geringfügige Forderungen (EuBagatellVO) in Kraft getreten.

15 An multilateralen Verträgen ist das Brüsseler Übereinkommen über die gerichtliche Zuständigkeit und die Vollstreckung gerichtlicher Entscheidungen in Zivil- und Handelssa-

---

[2] Vgl. zur Neufassung die VO (EU) Nr. 1215/2012, die am 10.1.2015 in Kraft treten wird; vgl. dazu auch die vorherige Fn.

Abschnitt 50. Anerkennung und Vollstreckung (ausländischer Titel) in anderen Staaten

chen vom 21. September 1968 (EuGVÜ) zu nennen. Dabei handelt es sich um den Vorläufer der EuGVVO, der noch für die Vollstreckung aus älteren Titeln Bedeutung haben kann.

Ferner ist das Lugano-Übereinkommen über die gerichtliche Zuständigkeit und die Vollstreckung gerichtlicher Entscheidungen in Zivil- und Handelssachen (LugÜ) vom 16. September 1988 anzuführen, das für die Handelsbeziehungen mit den nicht zur EU gehörenden EFTA-Staaten (Island, Norwegen und die Schweiz; allerdings nicht Liechtenstein) gilt und weitgehend dem EuGVÜ entspricht. Die im Folgenden gemachten Ausführungen zur EuGVVO gelten daher im Wesentlichen entsprechend für das LugÜ. Eine Neufassung des LugÜ, die die Änderungen vom EuGVÜ zur EuGVVO reflektiert, ist bereits fertiggestellt, muss jedoch noch von den einzelnen Mitgliedstaaten in Kraft gesetzt werden. 16

Eine weitere Besonderheit ist hinsichtlich Dänemark zu beachten. Dort gilt die EuGVVO erst seit dem 1. Juli 2007. Die übrigen Verordnungen, welche die Anerkennung und Vollstreckung auf europäischer Ebene erleichtern (EuVTVO, EuBagatellVO und EuMahnVO), sind allerdings in Dänemark noch nicht in Kraft getreten. 17

2. Anerkennung und Vollstreckung nach der EuGVVO. Die EuGVVO regelt die Vollstreckbarkeit von Titeln aus EU-Staaten. Es bedarf nach dieser Verordnung einer Vollstreckbarerklärung im Vollstreckungsstaat. Die Erfahrung zeigt, dass die Vollstreckung von Entscheidungen aus EU-Mitgliedstaaten auf keine nennenswerten Probleme stößt und eine Vollstreckbarerklärung innerhalb weniger Wochen erlangt werden kann. Noch einfacher gestaltet sich die Vollstreckung bei unbestrittenen Titeln nach der EuVTVO (dazu unter 3.), dem europäischen Zahlungsbefehl nach der EuMahnVO (dazu unter 4.) und Titeln über geringfügige Forderungen nach der EuBagtellVO (dazu unter 5.). 18

a) Anwendungsbereich der EuGVVO. Die EuGVVO gilt für die Anerkennung und Vollstreckung von Titeln in Zivil- oder Handelssachen aus den EU-Mitgliedstaaten. Keine Anwendung findet die EuGVVO auf Steuer- und Zollsachen oder verwaltungsrechtliche Angelegenheiten, Familien- und Erbsachen, Insolvenzverfahren und den Bereich der Schiedsgerichtsbarkeit. 19

b) Anerkennung nach der EuGVVO. Entscheidungen (definiert in Art. 32 EuGVVO) aus den Mitgliedstaaten werden automatisch (ipso jure) anerkannt (Art. 33 EuGVVO). Es bedarf also keines formellen Verfahrens über die Anerkennung. Die materiellen Versagungsgründe für eine Anerkennung sind in den Art. 34 und 35 Abs. 1 EuGVVO genannt. Die wichtigsten Anerkennungshindernisse sind danach: 20

- Keine Verfahrenseinlassung nach nichtordnungsgemäßer Verfahrenseinleitung (Voraussetzung ist, dass der Beklagte keine Möglichkeit hatte, im Ursprungsstaat einen Rechtsbehelf einzulegen)
- Unvereinbarkeit mit im Vollstreckungsstaat ergangener Entscheidung in gleicher Sache
- Nichtbeachtung einer ausschließlichen Zuständigkeit (grundsätzlich hat der Verstoß gegen Zuständigkeitsvorschriften keine Bedeutung; etwas anderes gilt jedoch bei bestimmten ausschließlichen Zuständigkeiten, insbesondere in Versicherungs- und Verbrauchersachen, und den in Art. 22 EuGVVO genannten ausschließlichen Zuständigkeiten)
- Verstoß gegen die öffentliche Ordnung (ordre public) im Vollstreckungsstaat (es muss sich hierbei um offensichtlich untragbare Verstöße gegen das inländische deutsche Recht handeln; solche Fälle sind auf europäischer Ebene selten; zB wenn der Titel betrügerisch erschlichen wurde)

Die bloße Fehlerhaftigkeit oder Ungesetzlichkeit der Entscheidung hindert die Anerkennung indessen nicht. 21

c) Vollstreckbarerklärung nach der EuGVVO. Die Erteilung der Vollstreckbarerklärung nach einem entsprechenden Antrag erfolgt ohne Prüfung der vorgenannten Anerkennungshindernisse. Diese werden erst aufgrund eines Rechtsbehelfs geprüft. Anders ist dies nach dem EuGVÜ und dem LugÜ, wonach die Anerkennungshindernisse bereits von dem 22 über die Anerkennung entscheidenden Gericht zu prüfen sind. Sonderregeln für öffentliche Urkunden und gerichtliche Vergleiche finden sich in den Art. 57 und 58 EuGVVO.

23 Sachlich zuständig für die Vollstreckbarerklärung ist der Vorsitzende einer Kammer des Landgerichts (Art. 39 EuGVVO iVm Anhang II EUGVVO). Die örtliche Zuständigkeit bestimmt sich nach dem Wohnsitz des Schuldners oder, wenn es einen solchen nicht gibt, dem Ort der Vollstreckung (Art. 39 Abs. 2 EuGVVO; § 3 Abs. 2 AVAG). Der Sitz einer Gesellschaft steht dem Wohnsitz gleich (§ 3 Abs. 2 S. 2 AVAG). Um die örtliche Zuständigkeit des Gerichts am Ort der Vollstreckung zu etablieren, muss schlüssig dargelegt werden, dass sich im Bezirk des angerufenen Gerichts Vermögen des Schuldners befindet, das dem Vollstreckungszugriff unterworfen ist.

24 Der Antragsteller hat gem. Art. 53 EUGVVO dem Gericht die Ausfertigung der Entscheidung und eine Bescheinigung der Vollstreckbarkeit im Erststaat (Art. 54 Abs. 1 EuGVVO; Formblatt in Anhang V EuGVVO) vorzulegen. Eine beglaubigte Übersetzung von Ausfertigung und Bescheinigung ist nur auf Verlangen des Gerichts einzureichen (Art. 55 Abs. 2 EUGVVO). Der Ausfertigung des Titels sollen zwei Kopien beigefügt werden (§ 4 Abs. 4 AVAG).

Musterantrag zur Vollstreckbarerklärung nach der EuGVVO

An das Landgericht [Ort]

In Sachen [Antragsteller] ./. [Antragsgegner] wird beantragt,

den vollstreckbaren Titel des [Gerichts] vom [Datum] mit Aktenzeichen [Nummer] dadurch zur Zwangsvollstreckung zuzulassen, dass er mit der Vollstreckungsklausel versehen wird.

Zur Begründung wird auf die beigefügten Urkunden (Ausfertigung der Entscheidung und Vollstreckbarkeitsbescheinigung) und die Verordnung (EG) Nr. 44/2001 des Rates vom 22. Dezember 2000 über die gerichtliche Zuständigkeit und die Anerkennung und Vollstreckung von Entscheidungen in Zivil- und Handelssachen Bezug genommen.

Unterschrift

25 Das Gericht entscheidet über die Vollstreckbarerklärung unverzüglich und ohne Anhörung des Schuldners (Art. 41 S. 2 EuGVVO; § 6 Abs. 1 AVAG). Lediglich die Förmlichkeiten werden geprüft (Ausfertigung und Bescheinigung). Dem Schuldner wird die Vollstreckbarerklärung unverzüglich zugestellt (Art. 42 Abs. 2 EuGVVO). Die Vollstreckung selbst erfolgt nach dem nationalen Recht des Vollstreckungsstaates (Art. 40 Abs. 1 EuGVVO).

26 Für das Verfahren über die Erteilung einer Vollstreckungsklausel entsteht eine gerichtliche Gebühr nach Nr. 1510 KV GKG in Höhe von € 200. Der Rechtsanwalt erhält eine wertabhängige 1,3 Verfahrensgebühr nach Nr. 3100 VV RVG. Es besteht jedoch im ersten Rechtszug kein Anwaltszwang (§§ 6 Abs. 3, 4 Abs. 2 AVAG iVm § 78 Abs. 5 ZPO); dh der Antrag muss nicht von einem Rechtsanwalt eingereicht werden.

27 Der Antragsteller (bei Versagung) als auch der Schuldner (bei Erteilung) können gegen die Entscheidung über den Antrag auf Vollstreckbarerklärung einen Rechtsbehelf einlegen. Die Frist für den Schuldner beträgt einen Monat ab Zustellung bzw. zwei Monate für den Fall der Zustellung in einem anderen Mitgliedstaat (Art. 43 Abs. 5 EuGVVO). Der Rechtsbehelf des Antragstellers ist indes an keine Frist gebunden. Rechtsbehelf ist in Deutschland die Beschwerde zum Oberlandesgericht (Art. 43 Abs. 1, 2; Anhang 3 EuGVVO iVm § 11 Abs. 1, 2 AVAG).

28 Mit dem Rechtsbehelf können lediglich die Anerkennungshindernisse aus Art. 34, 35 EuGVVO geltend gemacht werden. Eine Nachprüfung der ausländischen Entscheidung in der Sache selbst ist indes unzulässig (Art. 45 Abs. 2 EuGVVO). Die Ablehnungsgründe sind in Art. 34, 35 EuGVVO abschließend aufgelistet (*EuGH* NJW 2011, 3506; *BGH* NJW 2012, 2663). Die Vollstreckbarerklärung wird nicht deswegen aufgehoben, weil ma-

Abschnitt 50. Anerkennung und Vollstreckung (ausländischer Titel) in anderen Staaten

teriell-rechtliche Einwendungen entgegenstehen, etwa weil der Schuldner zwischenzeitlich gezahlt oder aufgerechnet hat. § 12 des Ausführungs- und Vollstreckungsausführungsgesetzes ist EU-rechtswidrig und insoweit unanwendbar. Der Schuldner kann inhaltliche Einwendungen nur im Ursprungsstaat oder im Vollstreckungsstaat geltend machen. Gegen die Entscheidung, die über den Rechtsbehelf nach Art. 43 EuGVVO ergangen ist, kann ein weiterer Rechtsbehelf im Rahmen von Art. 44 iVm Anhang IV EUGVVO und §§ 15, 16 AVAG eingelegt werden. Es handelt sich in Deutschland um die Rechtsbeschwerde zum Bundesgerichtshof.

3. Vollstreckung eines europäischen Vollstreckungstitels für unbestrittene Forderungen nach der EuVTVO. Im Fall einer (vorläufig) vollstreckbaren Entscheidung über unbestrittene Geldforderungen, die auf einen bestimmten Betrag lauten und einredefrei sind (Art. 4 Nr. 2 EuVTVO) bedarf es lediglich einer Bestätigung als europäischer Vollstreckungstitel (vgl. ergänzend §§ 1079–1086 ZPO). Das Erfordernis eines eigenen Vollstreckbarerklärungsverfahrens in dem Land, in dem aus dem Titel vollstreckt werden soll, entfällt (Art. 5 EuVTVO). Dadurch wird die Vollstreckung im Vergleich zur EuGVVO, die daneben anwendbar bleibt, beschleunigt und vereinfacht. Als unbestritten gelten (Art. 3 Abs. 1 EuVTVO): 29

- ausdrücklich vor Gericht anerkannte (Anerkenntnisurteil),
- in einem Prozessvergleich erfasste,
- in einem Vollstreckungsbescheid,
- in einem Versäumnisurteil und
- in einer öffentlichen Urkunde (insb. notarielle Vollstreckunterwerfung)

titulierte Forderungen.

Auf einem Formblatt (Art. 9 Abs. 1 EuVTVO; Anhang I) muss der betreffende Titel als europäischer Vollstreckungstitel vom Gericht des Ursprungsstaats bestätigt werden. Aus einem europäischen Vollstreckungstitel kann in Deutschland unmittelbar vollstreckt werden, ohne dass es einer deutschen Vollstreckungsklausel bedarf (§ 1082 ZPO). 30

Der deutschen Vollstreckungsbehörde ist der ausländische Titel samt Bestätigung als europäischer Vollstreckungstitel in Form der amtlichen Abschrift, die vom Urkundsbeamten unterschrieben und mit dem Gerichtssiegel versehen wird, vorzulegen (Art. 20 Abs. 2a, b EuVTVO). Sofern auf dem Formblatt über Namen und Zahlen und das Ankreuzen von Kästchen hinaus individuelle Angaben ergänzt wurden, ist eine beglaubigte Übersetzung der Bestätigung als europäischer Vollstreckungstitel in die deutsche Sprache erforderlich (§ 1083 ZPO; Art. 20 Abs. 2c EuVTVO). 31

Die Vollstreckung kann gemäß Art. 21 EuVTVO lediglich verweigert werden, wenn die als europäischer Vollstreckungstitel bestätigte Entscheidung mit einer zeitlich früher liegenden Entscheidung unvereinbar ist. Ferner hat der Schuldner die Möglichkeit die Aussetzung oder Beschränkung der Vollstreckung zu beantragen, wenn er im Ursprungsstaat einen Rechtsbehelf gegen die als europäischer Vollstreckungstitel bestätigte Entscheidung eingelegt hat oder die Berichtigung oder den Widerruf der Bestätigung als europäischer Vollstreckungstitel beantragt hat (Art. 23 EuVTVO). Ein Verstoß gegen den ordre public oder das rechtliche Gehör kann nicht gerügt werden. Zuständig für Anträge auf Verweigerung, Aussetzung oder Beschränkung der Zwangsvollstreckung ist das örtlich zuständige Amtsgericht als Vollstreckungsgericht (§ 1084 ZPO). 32

4. Vollstreckung eines europäischen Zahlungsbefehls nach der EuMahnVO. Ein Gläubiger einer Geldforderung kann mittels des europäischen Mahnverfahrens schnell und kostengünstig einen Titel erlangen, wenn der Schuldner die Forderung voraussichtlich nicht bestreiten wird. Während die EuVTVO das Verfahren zur Erlangung eines Titels dem nationalen Recht überlässt, enthält die EuMahnVO einheitliche Bestimmungen über ein europäisches Mahnverfahren (vgl. ergänzend §§ 1087–1096 ZPO). 33

Der Gläubiger kann gem. Art. 7 EuMahnVO auf einem Standardformular bei dem Gericht eines europäischen Mitgliedstaats (in Deutschland ist gem. § 1087 ZPO das AG Wed- 34 ding zuständig) den Erlass eines Zahlungsbefehls beantragen. Aus dem Zahlungsbefehl kann unmittelbar im europäischen Ausland vollstreckt werden, ohne dass es eines Exequaturverfahrens bedarf (§ 1093 ZPO). Daneben besteht auch weiterhin die Möglichkeit der Vollstreckung eines auf Basis eines nationalen Mahnbescheids erlassenen nationalen Vollstreckungsbescheids nach der EuVTVO.

35 Voraussetzung für die Anwendbarkeit der EuMahnVO ist, dass es sich um eine grenzüberschreitende Rechtssache in Zivil- und Handelssachen handelt, bei der mindestens eine der Parteien ihren Wohnsitz oder gewöhnlichen Aufenthalt in einem anderen als dem befassten Mitgliedstaat hat. Ferner muss es sich um die Beitreibung einer bezifferten Geldforderung in Zusammenhang mit einem Vertrag handeln.

36 Erhebt der Schuldner gegen den ihm zugestellten europäischen Zahlungsbefehl innerhalb einer Frist von 30 Tagen keinen Einspruch (Art. 16 EuMahnVO), wird der Zahlungsbefehl für vollstreckbar erklärt (Art. 18 EuMahnVO). Vorteilhaft für Gläubiger im Vergleich zum deutschen Mahnverfahren ist, dass der Schuldner nur eine Möglichkeit hat, Einwendungen gegen den Zahlungsbefehl zu erheben (einstufiges Verfahren im Gegensatz zum gewöhnlichen deutschen Verfahren über den Erlass eines Mahnbescheids und den anschließenden Erlass eines Vollstreckungsbescheids).

37 Die Zwangsvollstreckung aus einem europäischen Zahlungsbefehl in Deutschland erfolgt nach deutschem Recht und unter den gleichen Bedingungen wie eine deutsche Entscheidung (Art. 21 Abs. 1 EuMahnVO). Gem. Art. 21 Abs. 2 EuMahnVO sind zur Vollstreckung eine Ausfertigung des vom Ursprungsgericht für vollstreckbar erklärten europäischen Zahlungsbefehls und ggf. eine beglaubigte Übersetzung ins Deutsche (§ 1094 ZPO) vorzulegen. Im Übrigen entsprechen die Bestimmungen denen zum Europäischen Vollstreckungstitel.

38 **5. Vollstreckung eines Titels über geringfügige Forderungen nach der Eu-BagatellVO.** Das Vorgehen nach der EuBagatellVO ist bei der Rechtsverfolgung streitiger geringfügiger Forderungen im gemeinsamen europäischen Rechtsraum zu empfehlen. Auf diese Weise können grenzüberschreitende Rechtsstreitigkeiten in Bagatellfällen schnell und kostengünstig entschieden werden. Im Obsiegensfall kann man aus dem Titel innerhalb Europas unmittelbar vollstrecken, ohne dass es eines Exequaturverfahrens bedarf (vgl. ergänzend §§ 1097–1109 ZPO).

39 Die EuBagatellVO ist gem. Art. 2 EuBagatellVO anwendbar in Zivil- und Handelssachen, sofern der Streitwert der Klage ohne Zinsen, Kosten und Auslagen bei Eingang der Klage 2.000,– Euro nicht überschreitet. Weitere Voraussetzung ist, dass das Verfahren grenzüberschreitend gem. Art. 3 Abs. 1 EuBagatellVO ist. Hierzu muss mindestens eine der Parteien ihren Wohnsitz oder gewöhnlichen Aufenthalt in einem anderen Mitgliedstaat haben.

40 Die Verfahrenseinleitung und die Erwiderung erfolgen durch standardisierte Formulare. Das Verfahren wird schriftlich geführt. Zu einer mündlichen Verhandlung kommt es nur, wenn das Gericht sie für notwendig erachtet. Dadurch werden Reisekosten vermieden. Zudem bedarf es keiner Einschaltung eines Rechtsanwalts.

41 Die Entscheidung ist ohne Sicherheitsleistung vollstreckbar (§ 1105 ZPO). Zur Einleitung der Zwangsvollstreckung sind gem. Art. 21 Abs. 2 EuBagatellVO eine Ausfertigung des Urteils, eine Ausfertigung der Bestätigung der Vollstreckbarkeit im Ursprungsstaat und, falls erforderlich, eine beglaubigte Übersetzung der Bestätigung ins Deutsche vorzulegen (§ 1108 ZPO).

II. Sonstige ausländische Titel

42 **1. Rechtsquellen.** Rechtsquellen für die Anerkennung und Vollstreckung sonstiger Titel, dh solcher Titel staatlicher Gerichte, die nicht in EU-Mitgliedstaaten oder Staaten des Lugano-Übereinkommens ergangen sind, sind multi- und bilaterale Staatenübereinkommen (→ Rn. 43) und das autonome deutsche Recht (→ Rn. 54) zur Anerkennung und Vollstreckung ausländischer Titel.

2. Multi- und bilaterale Staatenübereinkommen zur Anerkennung und Vollstreckung. 43
a) Multilaterale Übereinkommen. Nach allgemeinen Völkerrechtsgrundsätzen besteht keine Pflicht, ausländische gerichtliche Entscheidungen im Inland anzuerkennen und/oder zu vollstrecken. Etwas anderes gilt dann, wenn Völkerverträge, dh multi- oder bilaterale Verträge bestehen.

Es besteht eine Fülle von multilateralen Übereinkommen, die (unter anderem) Anerkennungs- und Vollstreckungsregelungen für Entscheidungen auf Spezialgebieten enthalten. Im Exportgeschäft von Relevanz ist die von der Bundesrepublik Deutschland gezeichnete 44
- Revidierte Rheinschiffahrtsakte vom 17. Oktober 1868 (auch „Mannheimer Akte" genannt) sowie der Vertrag über die Schiffbarmachung der Mosel vom 27. Oktober 1956 betreffend Entscheidungen der Rhein- und Moselschiffahrtsgerichte,
- das Übereinkommen über den internationalen Eisenbahnverkehr (COTIF) vom 9. Mai 1980, und
- das Übereinkommen über den Beförderungsvertrag im internationalen Straßengüterverkehr (CMR) vom 19. Mai 1956.

Die Haager Konferenz für Internationales Privatrecht (HccH) war bestrebt, ein „Welt- 45
Vollstreckungsübereinkommen" zu schaffen. Letztlich wurde jedoch klar, dass sich für ein derart umfassendes Übereinkommen (vorerst) kein Konsens findet. Allerdings gelang es der HccH, ein Übereinkommen über ausschließliche Gerichtsstandsvereinbarungen zu verabschieden (The Convention of 30 June 2005 on Choice of Court Agreements). Inhalt dieses Übereinkommens ist, dass Gerichte eines Unterzeichnerstaates ihre Zuständigkeit zur Entscheidung von Streitigkeiten nicht ablehnen dürfen, sofern die Verfahrensparteien eine ausschließliche Gerichtsstandsvereinbarung im Sinne der von dem Übereinkommen vorgegebenen Definition getroffen haben. Gerichte anderer Staaten sind nicht zur Entscheidung befugt und müssen sich für unzuständig erklären. Entscheidungen, die von einem nach der ausschließlichen Gerichtsstandsvereinbarung zuständigen Gericht erlassen wurden, müssen von den weiteren Unterzeichnerstaaten des Übereinkommens anerkannt und vollstreckt werden, sofern nicht im Einzelnen geregelte Ausnahmen vorliegen. Das Übereinkommen befindet sich derzeit im Ratifizierungsprozess. Eine Ratifizierung, die Voraussetzung für seine Wirksamkeit ist, ist bisher durch Mexiko erfolgt. Es wird erwartet, dass auch die Europäische Gemeinschaft und die USA eine Ratifizierung vornehmen werden. Unter anderem Argentinien, Australien und Kanada arbeiten an einer solchen (vgl. zum jeweils aktuellen Stand der Ratifizierung die Homepage der Haager Konferenz unter: http://www.hcch.net).

b) Bilaterale Übereinkommen. Neben den multilateralen Übereinkommen bestehen 46
derzeit mit Wirkung gegenüber der Bundesrepublik bilaterale Übereinkommen zur Anerkennung und Vollstreckung mit Belgien, Griechenland, Israel, Italien, Niederlande, Norwegen, Österreich, Schweiz, Spanien, Tunesien und dem Vereinigten Königreich.

Diese Übereinkommen werden allerdings für die EU-Mitgliedsstaaten und die Lugano- 47
Staaten untereinander weitgehend von den vorrangigen EuG-VÜ/LugÜ bzw. der EuGV-VO überlagert. Die bilateralen Abkommen finden nur insoweit Anwendung, wie die von ihnen erfassten Rechtsgebiete nicht unter das EuGVÜ/LugÜ oder die EuGVVO fallen. Dies ist derzeit für die in Art. 1 Abs. 2 lit. a, c und d EuGVÜ/LugÜ/EuGVVO genannten Rechtsgebiete der Fall. Anwendung finden die bilateralen Übereinkommen folglich in Angelegenheiten
- des Personenstandes, der Rechts- und Handlungsfähigkeit sowie der gesetzlichen Vertretung natürlicher Personen, der Güter-stände und des Erbrechts,
- der sozialen Sicherheit, was insbesondere Leistungen bei Krankheit und Mutterschaft, Invalidität, Alter, Leistungen an Hinterbliebene usw. umfasst,
- der Schiedsgerichtsbarkeit (→ Abschnitt 50, B).

Für die Anerkennung und Vollstreckung tunesischer Titel in der Bundesrepublik findet 48
der deutsch-tunesische Vertrag über Rechtsschutz und Rechtshilfe, die Anerkennung und

Vollstreckung gerichtlicher Entscheidungen in Zivil- und Handelssachen sowie über die Handelsschiedsgerichtsbarkeit vom 19. Juli 1966 Anwendung. Ergänzende Regelungen finden sich in dem mit Datum vom 29. April 1969 erlassenen Gesetz zur Ausführung des deutsch-tunesischen Vertrages.

49 Vertrag und Ausführungsgesetz sehen vor, dass einer Vollstreckung die Vollstreckbarerklärung durch den Vollstreckungsstaat vorauszugehen hat. Den Antrag auf Vollstreckbarerklärung kann jede Person stellen, die in dem Erlassstaat Rechte aus der Entscheidung herleiten kann. Die Zuständigkeit zur Entscheidung über den Antrag auf Vollstreckbarerklärung ist – unabhängig vom Streitwert – an das Landgericht, in dessen Bezirk der Schuldner seinen Wohnsitz hat oder in der die Zwangsvollstreckung durchgeführt werden soll, zu richten; unter mehreren Gerichten hat die die Vollstreckung betreibende Partei die Wahl. Dem Antrag auf Vollstreckbarerklärung sind
- eine Ausfertigung der Entscheidung,
- eine Urkunde, aus der sich ergibt, dass die Entscheidung im Erlassstaat vollstreckbar ist,
- eine Urkunde, aus der sich ergibt, dass die Entscheidung nach dem Recht des Erlassstaates rechtskräftig ist,
- sofern sich der Beklagte auf das Verfahren, in dem die Entscheidung erlassen wurde, nicht eingelassen hat, eine Urschrift oder beglaubigte Abschrift der Urkunde, aus der sich ergibt, dass die den Rechtsstreit einleitende Klage, Vorladung oder ein anderes der Einleitung des Verfahrens dienendes Schriftstück dem Beklagten nach dem Recht des Erlassstaates oder nach der in Art. 8 bis 16 des Vertrages vorgesehene Weise zugestellt wurde, und
- eine als richtig bescheinigte Übersetzung der vorbezeichneten Urkunde in die deutsche Sprache

beizufügen. Das Vollstreckungsgericht hat die Entscheidung nicht auf inhaltliche Richtigkeit zu überprüfen. Für vor einem tunesischen Gericht geschlossene Vergleiche gilt Vorstehendes entsprechend.

50 Die Anerkennung und Vollstreckung israelischer Titel in der Bundesrepublik richtet sich nach dem Vertrag zwischen der Bundesrepublik Deutschland und dem Staat Israel über die gegenseitige Anerkennung und Vollstreckung gerichtlicher Entscheidungen in Zivil- und Handelssachen (deutsch-israelischer Vertrag). Ergänzende Regelungen enthält das Gesetz zur Ausführung zwischenstaatlicher Verträge und zur Durchführung von Verordnungen und Abkommen der Europäischen Gemeinschaft auf dem Gebiet der Anerkennung und Vollstreckung in Zivil- und Handelssachen.

51 Den Antrag, die Zwangsvollstreckung zuzulassen, kann jede Person stellen, die in dem Erlassstaat berechtigt ist, Rechte aus der Entscheidung geltend zu machen. Der Antrag ist – unabhängig vom Streitwert – an das Landgericht zu richten, in dessen Bezirk der Schuldner seinen Wohnsitz und, bei Fehlen eines solchen, Vermögen hat oder die Zwangsvollstreckung durchgeführt werden soll. Dem Antrag auf Zulassung der Zwangsvollstreckung ist
- eine im Erlassstaat beglaubigte Abschrift der Entscheidung,
- ein Nachweis, dass die Entscheidung im Erlassstaat rechtskräftig ist,
- ein Nachweis, dass die Entscheidung nach dem Recht des Erlassstaates vollstreckbar ist,
- der Nachweis der Berechtigung des Antragstellers, wenn dieser nicht der in der Entscheidung benannte Gläubiger ist,
- die Urschrift oder eine beglaubigte Abschrift der Zustellungsurkunde oder einer anderen Urkunde, aus der sich ergibt, dass die Entscheidung der Partei, gegen die die Zwangsvollstreckung betrieben werden soll, zugestellt wurde, und
- eine als richtig bescheinigte Übersetzung der vorbezeichneten Urkunde in die deutsche Sprache

beizufügen. Das Vollstreckungsgericht hat die Entscheidung nicht auf inhaltliche Richtigkeit zu überprüfen. Der Schuldner kann in dem Vollstreckungsverfahren solche Einwendungen geltend machen, die erst nach Erlass der Entscheidung entstanden sind.

Abschnitt 50. Anerkennung und Vollstreckung (ausländischer Titel) in anderen Staaten

Entscheidungen, die noch nicht rechtskräftig sind, werden in entsprechender Weise zur Zwangsvollstreckung zugelassen. Allerdings darf das Vollstreckungsgericht nur solche Vollstreckungsmaßnahmen anordnen, die der Sicherung, nicht aber der Befriedigung des Gläubigers dienen. 52

Die Anerkennung und Zulassung zur Zwangsvollstreckung kann von dem angerufenen Vollstreckungsgericht abgelehnt werden, wenn seit Rechtskraft der Entscheidung 25 Jahre vergangen sind. Die Zulassung zur Anerkennung ist zwingend abzulehnen, wenn Gründe vorliegen, die die Anerkennung der Entscheidung ausschließen (→ Abschnitt 51, A. II. 6.). Für vor einem israelischen Gericht geschlossene Vergleiche gilt Vorstehendes entsprechend. 53

3. Autonomes deutsches Recht. Die Anerkennung und Vollstreckbarerklärung ausländischer Titel aus Staaten, mit denen die Bundesrepublik Deutschland kein multi- oder bilaterales Übereinkommen geschlossen hat, erfolgt entsprechend der §§ 328, 722, 723 ZPO nach autonomen deutschem Recht. 54

Der Vollstreckung hat eine gerichtliche Prüfung von Anerkennungsfähigkeit und Zulässigkeit der Erteilung einer Vollstreckbarerklärung voranzugehen. Die Prüfung erfolgt in einem Verfahren, und zwar in der Weise, dass die Anerkennungsfähigkeit im Rahmen der Prüfung des Erlasses eines Vollsteckungsurteils inzident mit überprüft wird. Die Vollstreckbarerklärung wird durch Urteil ausgesprochen. 55

Musterantrag für die Beantragung des Erlasses eines Vollstreckungsurteils nach §§ 722, 723 ZPO

An das [Amts-/Landgericht [Ort]]

In Sachen

des [Bezeichnung des Klägers/der Klägerin, Anschrift, ggf. Vertretungsorgane]

– Klägers/Klägerin –

gegen

[Bezeichnung Beklagter, Anschrift, ggf. Vertretungsorgane]

– Beklagte(r) –

beantragen wir,
das unter dem Aktenzeichen [Aktenzeichen] ergangene Urteil [oder an-derweitige Entscheidung] des [Erlass-Gericht] vom [Erlass-Datum], mit dem der/die Beklagte(n) verurteilt wurde(n), [konkrete Urteilsformel], für vollstreckbar zu erklären.

Begründung:

(…)

Unterschrift

Dem Antrag ist eine beglaubigte Kopie der ausländischen Entscheidung beizufügen. Sofern die ausländische Entscheidung eine Verurteilung zur Zahlung ausspricht, hat der Antrag auf Erlass des Vollstreckungsurteils auf die ausgeurteilte Fremdwährung zu lauten; eine Umrechnung in Euro erfolgt nicht. 56

Die sachliche Zuständigkeit für den Erlass des Vollstreckungsurteils liegt, je nach Höhe des Streitwertes, beim Amts- oder das Landgericht. Das Amtsgericht entscheidet bei Streitwerten, die die Summe von 5.000,00 Euro nicht überschreiten. Bei höheren Streitwerten liegt die sachliche Zuständigkeit beim Landgericht. Die örtliche Zuständigkeit des Gerichts ergibt sich aus den allgemeinen Vorschriften über die Gerichtszuständigkeit (§§ 13 bis 19 ZPO) oder, sofern danach ein Gerichtsstand nicht eröffnet ist, nach § 23 ZPO, wonach das Gericht zuständig ist, in dessen Bezirk sich Vermögen des/der Beklagten oder der mit der Klage in Anspruch genommene Gegenstand befindet. 57

Voraussetzung für den Erlass des Vollstreckungsurteils ist, dass die ausländische Entscheidung nach den Regeln des Erlassstaates rechtskräftig ist. Des Weiteren muss sie einen voll- 58 streckungsfähigen Inhalt haben. Das ist der Fall bei Entscheidungen, die den/die Beklagte(n) zu einer Leistung verurteilen, dh insbesondere zur Zahlung oder Herausgabe von Gegenständen uÄ verpflichten. Nicht vollstreckungsfähig sind dagegen Feststellungs- und Gestaltungsurteile.

59 Darüber hinaus muss die ausländische Entscheidung anerkennungsfähig sein. Dies ist der Fall bei
- juristischen Entscheidungen, die nach einem
- geordneten Verfahren
- endgültig
- über eine Streitigkeit zwischen Parteien
- in Zivil- und Handelssachen

ergehen. Nicht anerkennungsfähig sind dementsprechend insbesondere (mangels juristischer Entscheidung) Urkunden und Vergleiche, (mangels Endgültigkeit) einstweilige Verfügungen sowie (mangels Vorliegen einer Zivil- und Handelssache) Entscheidungen von Sonder-, Straf- oder Verwaltungsgerichten. Schließlich darf kein Anerkennungsausschluss bestehen. Ein solcher ist gegeben, wenn
- das Erlassgericht zum Erlass der Entscheidung international nicht zuständig war, dh, wenn die Streitigkeit von einem Gericht eines anderen Staates hätte entschieden werden müssen, und/oder
- sich der/die Beklagte nicht auf das ausländische Verfahren eingelassen hat, sich in dem inländischen Verfahren hierauf beruft und ihm ein das ausländische Verfahren einleitende Schriftstück nicht so rechtzeitig zugestellt worden ist, dass er sich verteidigen konnte, und/oder
- die ausländische Entscheidung mit einer im Inland erlassenen oder einer anzuerkennenden zuvor ergangenen ausländischen Entscheidung oder das ihm zugrunde liegende Verfahren mit einem zuvor im Inland rechtshängig gewordenen Verfahren unvereinbar ist, und/oder
- die Anerkennung der Entscheidung mit wesentlichen Grundsätzen des deutschen Rechts offensichtlich unvereinbar ist (Verstoß gegen den ordre public), und/oder
- die Gegenseitigkeit nicht verbürgt ist, dh deutsche Gerichtsentscheidungen in dem Erlassstaat nicht vollstreckt werden können.

60 Die Verbürgung der Gegenseitigkeit ist in den im Folgenden aufgeführten 20 Staaten, bei denen es sich neben den EU- und Lugano-Staaten um die wichtigsten Außenhandelspartner (Im- und Export) Deutschlands handelt (Statistisches Bundesamt, Außenhandel, Rangfolge der Außenhandelspartner der Bundesrepublik Deutschland 2012, Wiesbaden 2013) wie folgt zu beurteilen:
- Australien – Gegenseitigkeit verbürgt innerhalb 6 Jahren nach Erlass.
- Brasilien – Gegenseitigkeit verbürgt.
- Volksrepublik China – Gegenseitigkeit theoretisch verbürgt. Eine praktisch erfolgreiche Anerkennung und Vollstreckung eines deutschen Urteils in der Volksrepublik China ist bislang nicht bekannt geworden.
- Hongkong – Gegenseitigkeit verbürgt.
- Indien – Gegenseitigkeit nicht verbürgt.
- Japan – Gegenseitigkeit verbürgt.
- Kanada – Gegenseitigkeit verbürgt.
- Malaysia – Gegenseitigkeit verbürgt.
- Mexiko – Gegenseitigkeit verbürgt.
- Korea (Republik) – Gegenseitigkeit verbürgt.
- Russland – Gegenseitigkeit nicht verbürgt.
- Saudi-Arabien – Gegenseitigkeit nicht verbürgt.
- Singapur – Gegenseitigkeit verbürgt.
- Südafrika – Gegenseitigkeit nicht verbürgt.
- Taiwan – Gegenseitigkeit verbürgt.

Abschnitt 50. Anerkennung und Vollstreckung (ausländischer Titel) in anderen Staaten

- Thailand – Gegenseitigkeit nicht verbürgt.
- Türkei – Gegenseitigkeit verbürgt.
- Ukraine – Gegenseitigkeit nicht verbürgt.
- USA – Es existiert keine einheitliche Rechtslage; die Verbürgung der Gegenseitigkeit ist abhängig von der Rechtslage in dem jeweiligen Bundesstaat, in dem vollstreckt werden soll.
- Vereinigte Arabische Emirate – Gegenseitigkeit nicht verbürgt.

Das Vollstreckungsurteil wird erlassen, sofern die Voraussetzungen für die Anerkennung und Vollstreckbarkeit vorliegen. Es erfolgt keine Prüfung der ausländischen Entscheidung auf ihre inhaltliche Richtigkeit. Gegen das Vollstreckungsurteil sind die Rechtsmittel nach den allgemeinen Regelungen der Zivilprozessordnung, dh insbesondere Berufung, Revision und, bei Versäumnisurteilen, Einspruch möglich. Aus dem Urteil findet die Zwangsvollstreckung in gleicher Weise wie aus Urteilen, die von einem deutschen Gericht erlassen wurden, statt. 61

C. Titel ausländischer Schiedsgerichte

Schiedssprüche ausländischer Schiedsgerichte in Zivil- und Handelssachen bedürfen, ebenso wie Entscheidungen ausländischer staatlicher Gerichte, der Anerkennung und der Verleihung der Vollstreckbarkeit, um in der Bundesrepublik vollstreckt werden zu können. 62

Die Anerkennung erfolgt ipso jure, dh ohne Durchführung eines gesonderten Verfahrens, sofern die Anerkennungsvoraussetzungen gegeben sind. Das bedeutet, dass dessen Wirkungen im Inland anerkannt werden, sobald der Schiedsspruch nach dem ihm zugrunde liegenden Recht verbindlich geworden ist. Die Verleihung der Vollstreckbarkeit erfolgt dagegen in einem gesonderten Verfahren. 63

I. Rechtsquellen

§§ 1025 Abs. 4, 1061 ZPO regeln, dass sich die Anerkennung und Vollstreckung ausländischer Schiedssprüche nach dem UN-Übereinkommen über die Anerkennung und Vollstreckung ausländischer Schiedssprüche vom 10. Juni 1958 (BGBl. 1961 II S. 121) („UN-Übereinkommen", → Rn. 65) richtet. Die Vorschriften anderer Staatsverträge über die Anerkennung und Vollstreckung von Schiedssprüchen bleiben dabei unberührt. Andere Staatsverträge in Sinne dieser Regelung sind in Zivil- und Handelssachen insbesondere das Europäische Übereinkommen über die Handelsschiedsgerichtsbarkeit (BGBl. 1965 II S. 107) („EU-Übereinkommen", → Rn. 71), das Übereinkommen über die Beilegung von Investitionsstreitigkeiten vom 18. März 1965 („Weltbank-Übereinkommen") (hierzu unter 3.) sowie von der Bundesrepublik gezeichnete bilaterale Übereinkommen (hierzu unter 4.). Da die Übereinkommen nebeneinander Gültigkeit entfalten und teilweise sich überschneidende Regelungsbereiche aufweisen, ist im jeweiligen Einzelfall zu prüfen, in welchem Verhältnis diese zueinander stehen (→ Rn. 77). 64

1. Anerkennung und Vollstreckung nach UN-Übereinkommen. a) Anwendungsbereich. Das UN-Übereinkommen findet auf die Anerkennung und Vollstreckung von Schiedssprüchen Anwendung, die in Rechtsstreitigkeiten zwischen natürlichen oder juristischen Personen in dem Hoheitsgebiet eines anderen Staates als desjenigen ergangen sind, in dem die Anerkennung und Vollstreckung beantragt wird. Es wendet sich damit an Exequaturrichter (Vollstreckungsrichter); es enthält keine Vorschriften zu dem von den Schiedsrichtern im Schiedsverfahren selbst anzuwendenden Recht. 65

Das UN-Übereinkommen gilt mit Wirkung für und gegen die Bundesrepublik in allen Mitgliedsstaaten der Europäischen Union. Es ist ferner in den folgenden Staaten mit Wirkung für und gegen die Bundesrepublik wirksam geworden (Angaben beschränkt auf die 20 Staaten, bei denen es sich neben den EU- und Lugano-Staaten um die wichtigsten Au- 66

4. Teil. Streitbeilegung

ßenhandelspartner (Im- und Export) Deutschlands handelt (Statistisches Bundesamt, Außenhandel, Rangfolge der Außenhandelspartner der Bundesrepublik Deutschland 2012, Wiesbaden 2013):

- Australien – Wirksam seit 24. Juni 1975.
- Brasilien – Wirksam seit 5. September 2002.
- Volksrepublik China – Wirksam seit 22. April 1987 mit Wirkungserstreckung auf Hongkong seit dem 1. Juli 1997 mit Einschränkung der Anwendbarkeit auf Handelssachen iSd nationalen Rechts.
- Hongkong – Nicht wirksam.
- Indien – Wirksam seit 11. Oktober 1960 mit Einschränkung der Anwendbarkeit auf Handelssachen iSd nationalen Rechts.
- Japan – Wirksam seit 18. September 1961.
- Kanada – Wirksam seit 10. August 1986 mit Einschränkung der Anwendbarkeit auf Handelssachen iSd nationalen Rechts mit Ausnahme der Provinz Quebec, in der diese Einschränkung nicht gilt.
- Malaysia – Wirksam seit 3. Februar 1986 mit Einschränkung der Anwendbarkeit auf Handelssachen iSd nationalen Rechts.
- Mexiko – Wirksam seit 13. Juli 1971.
- Korea (Republik) – Wirksam seit 9. Mai 1973 mit Einschränkung der Anwendbarkeit auf Handelssachen iSd nationalen Rechts.
- Russland – Wirksam seit 22. September 1960.
- Saudi-Arabien – Wirksam seit 18. Juli 1994.
- Singapur – Wirksam seit 19. November 1986.
- Südafrika – Wirksam seit 1. August 1976.
- Taiwan – Nicht wirksam.
- Thailand – Wirksam seit 21. Dezember 1959.
- Türkei – Wirksam seit 30. September 1992 mit Einschränkung der Anwendbarkeit auf Handelssachen iSd nationalen Rechts.
- Ukraine – Wirksam seit 8. Januar 1961.
- USA – Wirksam seit 29. Dezember 1970 mit der Einschränkung Anwendbarkeit auf Handelssachen iSd nationalen Rechts.
- Vereinigte Arabische Emirate – Wirksam seit 19. November 2006.

67 Eine Liste der derzeit 143 Unterzeichnerstaaten (Stand 1. Januar 2009) mit jeweiligem Beitrittsdatum und den ggf. erklärten Einschränkungen findet sich auf der Web-Site der United Nations Commission on International Trade Law (UNCITRAL) unter http://www.uncitral.org.

68 **b) Verfahren der Vollstreckbarerklärung.** Die Vollstreckbarerklärung erfolgt in einem gesonderten Verfahren. Die Zuständigkeit hierfür liegt bei dem Oberlandesgericht, in dessen Bezirk der Antragsgegner seinen Sitz oder gewöhnlichen Aufenthalt hat oder sich Vermögen des Antragsgegners oder der mit der Schiedsklage in Anspruch genommene oder von den Vollstreckungsmaßnahmen betroffene Gegenstand befindet. Sofern bei diesen Gerichten keine Zuständigkeit zu begründen ist, besteht die Zuständigkeit beim Kammergericht in Berlin.

69 Mit dem Antrag auf Vollstreckbarerklärung ist nach dem UN-Übereinkommen
- eine beglaubigte Urschrift des Schiedsspruches oder eine Abschrift dieses, deren Übereinstimmung mit der Urschrift beglaubigt ist,
- die Urschrift der Schiedsvereinbarung oder eine Abschrift, deren Übereinstimmung mit der Urschrift beglaubigt ist, und
- sofern Schiedsspruch und/oder Schiedsvereinbarung nicht in deutscher Sprache abgefasst ist, eine Übersetzung der vorbezeichneten Urkunden von einem beeidigten Übersetzer oder einem diplomatischen oder konsularischen Vertreter

vorzulegen.

Abschnitt 50. Anerkennung und Vollstreckung (ausländischer Titel) in anderen Staaten

Ein Ablehnungsgrund für die Erteilung der Vollstreckbarerklärung besteht, wenn der **70** Antragsgegner den Beweis erbringt, dass
- die Schiedsvereinbarung nach dem Recht des Landes, in dem der Schiedsspruch ergangen ist, unwirksam ist, oder
- er von der Bestellung des Schiedsgerichts oder von dem schiedsgerichtlichen Verfahren nicht gehörig in Kenntnis gesetzt wurde oder er aus einem anderen Grund seine Angriffs- oder Verteidigungsmittel nicht hat geltend machen können, oder
- der Schiedsspruch eine Streitigkeit betrifft, die nicht unter die Schiedsvereinbarung fällt oder es Entscheidungen enthält, die die Grenzen der Schiedsvereinbarung überschreiten, wobei in letzterem Fall eine teilweise Vollstreckbarerklärung möglich ist, oder
- die Bildung des Schiedsgerichts oder das schiedsrichterliche Verfahren der Schiedsvereinbarung oder mangels einer solchen Vereinbarung dem Recht des Landes, in dem das schiedsrichterliche Verfahren stattfand, nicht entsprach, oder
- der Schiedsspruch noch nicht wirksam oder seine Wirksamkeit von einer zuständigen Behörde des Landes, in dem oder nach dessen Recht er ergangen ist, einstweilen gehemmt wurde, oder
- das deutsche Vollstreckungsgericht feststellt, dass der Streitgegenstand nicht schiedsfähig war oder der öffentlichen Ordnung (ordre public) widersprechen würde. Der Verstoß gegen die öffentliche Ordnung kann sowohl darin liegen, dass das Schiedsverfahren gravierende Fehler aufwies oder die Anerkennung des Ergebnisses des Schiedsspruches mit wesentlichen Grundsätzen deutschen Rechts nicht zu vereinbaren wäre.

2. Anerkennung und Vollstreckung nach EU-Übereinkommen. Das EU-Übereinkom- **71** men gilt für und gegen die Bundesrepublik im Hinblick auf folgende Staaten:
- Albanien,
- Aserbaidschan,
- Belarus,
- Belgien,
- Bosnien-Herzegowina,
- Bulgarien,
- Burkina-Faso/Obervolta,
- Dänemark,
- Frankreich,
- Italien,
- Kasachstan,
- Kroatien,
- Kuba,
- Lettland,
- Luxemburg,
- Mazedonien,
- Republik Moldau,
- Österreich,
- Polen,
- Rumänien,
- Russische Föderation,
- Slowakei,
- Slowenien,
- Spanien,
- Tschechische Republik,
- Türkei
- Ukraine und
- Ungarn.

4. Teil. Streitbeilegung

72   Das Übereinkommen ist zustande gekommen aufgrund des Wunsches einiger Staaten, das UN-Übereinkommen zu ergänzen. Insbesondere sollte die Bildung des Schiedsgerichtes und das schiedsrichterliche Verfahren sowie die Aufhebung eines Schiedsspruches und seine Folgen festgelegt werden. Es sieht daher, anders als das UN-Übereinkommen, im Wesentlichen Regelungen zu Schiedsvereinbarungen, dem Schiedsverfahren und Schiedssprüchen vor. Zur Anerkennung und Vollstreckung von Schiedssprüchen trifft es nur wenige Aussagen. Es sieht insbesondere keine Regelung zum Verfahren über die Vollstreckbarerklärung von Schiedssprüchen vor. Zur Anerkennung und Vollstreckung regelt Art. IX, dass diese nur dann zu versagen ist, wenn der Schiedsspruch in dem Staat oder nach dessen Recht, in dem er ergangen ist, aufgehoben wurde und die Aufhebung darauf beruhte, dass
- die Parteien keine gültige Schiedsvereinbarung geschlossen haben, oder
- die Partei, die die Aufhebung des Schiedsspruches begehrt, von der Bestellung des Schiedsgerichts oder dem schiedsrichterlichen Verfahren nicht ordnungsgemäß in Kenntnis gesetzt worden oder aus einem anderen Grund ihre Angriffs- oder Verteidigungsmittel nicht hat geltend machen können, oder
- der Schiedsspruch eine Streitigkeit betrifft, die in der Schiedsabrede nicht erwähnt ist oder nicht unter die Bestimmungen der Schiedsklausel fällt, oder er eine Entscheidung enthält, die die Grenzen der Schiedsklausel überschreiten, oder
- die Bildung des Schiedsgerichts oder das schiedsrichterliche Verfahren nicht der Vereinbarung der Parteien oder, mangels einer solchen Vereinbarung, den Bestimmungen des Art. IV des Übereinkommens entsprach.

73   **3. Anerkennung und Vollstreckung nach Weltbank-Übereinkommen.** Das Übereinkommen zur Beilegung von Investitionsstreitigkeiten (Weltbank-Übereinkommen) regelt die schiedsgerichtliche Konfliktlösung bei Streitigkeiten zwischen Staaten und privaten ausländischen Investoren über Investitionen. Die Bundesrepublik Deutschland ist dem Übereinkommen durch das Gesetz zu dem Übereinkommen vom 18. März 1965 zur Beilegung von Investitionsstreitigkeiten zwischen Staaten und Angehöriger anderer Staaten vom 25. Februar 1969 beigetreten (BGBl. 1969 II, 369).

74   Gemäß diesem Übereinkommen erfolgt eine Streitbeilegung auf Antrag einer der Parteien durch ein Schiedsgericht bei dem aufgrund des Übereinkommens errichteten Internationalen Zentrum zur Beilegung von Investitionsstreitigkeiten (International Centre for Settlement of Investment Disputes – ICSID). Voraussetzung ist, dass beide Parteien schriftlich eingewilligt haben, die Streitigkeit dem ICSID zu unterbreiten. Der Streit muss im Zusammenhang mit einer Investition, dh
- einer Anlage oder Einbringung von Geld oder sonstigen wirtschaftlichen Werten
- zur Gewinnung, Herstellung oder Verbreitung von Gütern im Investitionsland
- die auf Dauer oder einen erheblichen Zeitraum
- ohne direkte Gegenleistung im Sinne eines Austauschverhältnisses

erfolgt ist, entstanden sein. Streitgegenstand sind nicht ausschließlich Zivil- und Handelssachen; vielmehr entscheidet ein Schiedsgericht des ICSID auch über hiervon abweichende Streitgegenstände, beispielsweise über öffentlich-rechtliche Streitigkeiten wie Enteignungen.

75   Die Vollstreckung eines aufgrund des Übereinkommens ergangenen Schiedsspruches in der Bundesrepublik Deutschland setzt voraus, dass die Zwangsvollstreckung gerichtlich festgestellt ist. Auf das Verfahren über den Antrag, die Zulässigkeit der Zwangsvollstreckung festzustellen, sind die Vorschriften der Zivilprozessordnung über das Verfahren bei der Vollstreckbarerklärung inländischer Schiedssprüche, dh die §§ 1060, 1062 ff. ZPO, entsprechend anzuwenden.

76   **4. Anerkennung und Vollstreckung nach bilateralen Übereinkommen.** Zusätzlich zu multilateralen Übereinkommen hat die Bundesrepublik Deutschland verschiedene bilaterale Übereinkommen gezeichnet, die Regelungen zur Anerkennung und Vollstreckung von ausländischen Schiedssprüchen enthalten. Derartige Übereinkommen bestehen mit:

Abschnitt 50. Anerkennung und Vollstreckung (ausländischer Titel) in anderen Staaten

- Belgien (Abkommen über die gegenseitige Anerkennung und Vollstreckung von gerichtlichen Entscheidungen, Schiedssprüchen und öffentlichen Urkunden in Zivil- und Handelssachen, BGBl. 1959 II, 765),
- Griechenland (Vertrag über die gegenseitige Anerkennung und Vollstreckung von gerichtlichen Entscheidungen, Vergleichen und Urkunden in Zivil- und Handelssachen, BGBl. 1963 II, 109),
- Israel (Vertrag über die gegenseitige Anerkennung und Vollstreckung gerichtlicher Entscheidungen in Zivil- und Handelssachen, BGBl. 1980 II, 925),
- Italien (Vertrag über die Anerkennung und Vollstreckung gerichtlicher Entscheidungen in Zivil- und Handelssachen, RGBl, 1937 II, 145),
- Niederlande (Vertrag über die gegenseitige Anerkennung und Vollstreckung gerichtlicher Entscheidungen und anderer Schuldtitel in Zivil- und Handelssachen, BGBl. 1965 II, 26),
- Norwegen (Vertrag über die gegenseitige Anerkennung und Vollstreckung gerichtlicher Entscheidungen und anderer Schuldtitel in Zivil- und Handelssachen, BGBl. 1981 II, 341),
- Österreich (Vertrag über die gegenseitige Anerkennung und Vollstreckung von gerichtlichen Entscheidungen, Vergleichen und öffentlichen Urkunden in Zivil- und Handelssachen, BGBl. 1960 II, 1245),
- Sowjetunion (Abkommen über Allgemeine Fragen des Handels und der Seeschifffahrt, BGBl. 1959 II, 221; gilt fort für: Georgien, Kasachstan, Kirgistan und die Russische Föderation),
- Schweiz (Vertrag über die gegenseitige Ankerkennung und Vollstreckung von gerichtlichen Entscheidungen und Schiedssprüchen in Zivil- und Handelssachen, RGBl. 1939 II, 1065),
- Tunesien (Vertrag über Rechtsschutz und Rechtshilfe, die Anerkennung und Vollstreckung gerichtlicher Entscheidungen in Zivil- und Handelssachen sowie über die Handelsschiedsgerichtsbarkeit, BGBl. 1969 II, 889),
- Vereinigte Staaten von Amerika (Freundschafts-, Handels- und Schifffahrtvertrag, BGBl. 1956 II, 487).

5. Verhältnis der Übereinkommen zueinander. In Anbetracht der diversen multi- und 77
bilateralen Übereinkommen sowie des autonomen deutschen Rechts zur Anerkennung und Vollstreckung ausländischer Schiedssprüche bedarf es im konkreten Einzelfall der Prüfung, welche dieser Übereinkommen Anwendung finden und, sofern es sich um zwei oder mehr Übereinkommen mit sich überschneidenden Regelungsbereichen handelt, in welchem Verhältnis diese zueinander stehen.

Das Verhältnis des deutschen Rechts zum UN-Übereinkommen bestimmt sich nach 78
dessen Art. VII. Danach nehmen die Bestimmungen des Übereinkommens keiner der Parteien das Recht, sich auf einen Schiedsspruch nach Maßgabe des innerstaatlichen Rechts oder der Verträge des Landes, in dem der Schiedsspruch geltend gemacht wird, zu berufen. In dieser Regelung wird ein Günstigkeitsprinzip gesehen. Die Partei, die die Anerkennung und Vollstreckbarerklärung beantragt, soll sich wahlweise auf die Anwendbarkeit des UN-Übereinkommen oder des nationalen Rechts, je nachdem, welches für sie günstiger ist, berufen können. Da allerdings §§ 1061 ff. ZPO auf das UN-Übereinkommen als anwendbares Recht verweisen und selbst nahezu keine abweichenden Regelungen enthalten, hat das Günstigkeitsprinzip im Verhältnis zum deutschen Recht kaum Relevanz. Lediglich § 1064 ZPO sieht im Vergleich zum UN-Übereinkommen Erleichterungen vor. Danach genügt es, wenn der Antragsteller eine (nicht beglaubigte) Urschrift des Schiedsspruches oder eine beglaubigte Abschrift vorlegt. Die Beglaubigung kann zudem von dem für das Verfahren bevollmächtigten Rechtsanwalt vorgenommen werden.

Hinsichtlich des Verhältnisses des UN-Übereinkommens zu bilateralen Übereinkommen 79
ist zu differenzieren zwischen bilateralen Übereinkommen, die vor und solchen, die nach

Inkrafttreten des UN-Übereinkommens wirksam geworden sind. Früher in Kraft getretene Übereinkommen bleiben nach Art. VII des UN-Übereinkommens unberührt. Zudem gilt auch im Hinblick auf sie das Wahlrecht für eine Anwendung des UN-Übereinkommens oder des betreffenden bilateralen Übereinkommens nach dem Günstigkeitsprinzip. Später in Kraft getretene Übereinkommen genießen grundsätzlich Vorrang (lex posterior derogat legi priori). Etwas anderes gilt nur dann, wenn diese ihrerseits eine Öffnungsklausel enthalten.

80 Für neben dem UN-Übereinkommen bestehende multilaterale Übereinkommen gilt das vorstehend Gesagte sinngemäß.

Abschnitt 51. Anerkennung und Vollstreckung (deutscher Titel) in anderen Staaten

Übersicht

	Rn.
A. Titel von staatlichen Gerichten	1
I. Europäische Mitgliedstaaten sowie Staaten des Lugano-Übereinkommens	2
1. EuGVVO	3
2. EuVTVO	4
3. EuBagatellVO	5
II. Andere Staaten	6
1. Australien	8
2. Brasilien	9
3. Volksrepublik China	10
4. Hongkong	11
5. Indien	12
6. Israel	13
7. Japan	14
8. Kanada	15
9. Malaysia	16
10. Mexiko	17
11. Korea (Republik)	18
12. Russische Föderation	19
13. Saudi-Arabien	20
14. Singapur	21
15. Südafrika	22
16. Taiwan	23
17. Türkei	24
18. Ukraine	25
19. USA	26
20. Vereinigte Arabische Emirate	27
B. Titel von Schiedsgerichten	28

A. Titel von staatlichen Gerichten

1 Bei der Vollstreckung von Titeln staatlicher deutscher Gerichte ist zwischen der Vollstreckung in europäischen Mitgliedstaaten sowie Staaten des Lugano-Übereinkommens einerseits (dazu unter I.) und in sonstigen Staaten andererseits (dazu unter II.) zu differenzieren.

I. Europäische Mitgliedstaaten sowie Staaten des Lugano-Übereinkommens

2 Hinsichtlich der Vollstreckung deutscher Titel in europäischen Mitgliedstaaten sowie Staaten des Lugano-Übereinkommens gelten die Ausführungen in → Abschnitt 50 B I entsprechend. Die betreffenden Anträge für die Vollstreckbarerklärung oder Klauselerteilung sind jeweils in dem ausländischen Vollstreckungsstaat zu stellen. In Deutschland sind jedoch Vorbereitungen für die spätere Vollstreckbarerklärung oder Klauselerteilung durchzuführen. Dabei sollen die folgenden Muster helfen.

3 **1. EuGVVO.** Zur Erlangung einer Vollstreckbarerklärung für einen deutschen Titel im EU-Ausland ist eine Bescheinigung der Vollstreckbarkeit nach Art. 54 Abs. 1 EuGVVO zu beantragen:

Musterantrag für die Erteilung einer Bescheinigung der Vollstreckbarkeit im Erststaat nach Art. 54 Abs. 1 EuGVVO

An das [Amts/Land]gericht [Ort]

In Sachen [Antragsteller] ./. [Antragsgegner] wird beantragt,

4. Teil. Streitbeilegung

für das Urteil vom [Datum] mit Aktenzeichen [Nummer] eine Bescheinigung über die Vollstreckbarkeit im Erststaat gem. Art. 54 Abs. 1 EuGVVO; Formblatt in Anhang IV EuGVVO auszustellen.

Unterschrift

4 **2. EuVTVO.** Zur Vollstreckung eines deutschen Titels für unbestrittene Forderungen im EU-Ausland ist eine Bestätigung als europäischer Vollstreckungstitel nach Art. 9 EuVTVO bei dem gem. § 1079 ZPO zuständigen Gericht zu beantragen:

Musterantrag auf Erteilung einer Bestätigung als europäischer Vollstreckungstitel

An das [Amts/Land]gericht [Ort]

In Sachen [Antragsteller] ./. [Antragsgegner] wird beantragt,

[für das Versäumnisurteil/den Vollstreckungsbescheid/den Prozessvergleich/das Anerkenntnisurteil] vom [Datum] mit Aktenzeichen [Nummer] die Bestätigung als europäischer Vollstreckungstitel gem. Art. 9 EuVTVO auszustellen.

Unterschrift

5 **3. EuBagatellVO.** Gem. Art. 20 EuBagatellVO ist für die Vollstreckung im Ausland eine Vollstreckbarkeitsbestätigung in Deutschland bei dem Gericht, dem die Anfertigung des Titels obliegt (§ 1106 ZPO), zu beantragen:

Musterantrag auf Erteilung einer Bestätigung gem. Art. 20 EuBagatellVO

An das Amtsgericht [Ort]

In Sachen [Antragsteller] ./. [Antragsgegner] wird beantragt,

für das Urteil vom [Datum] mit dem Aktenzeichen [Nummer] die Bestätigung der Vollstreckbarkeit gem. Art. 20 EuBagatellVO zu erteilen.

Unterschrift

II. Andere Staaten

6 Mit Staaten, die nicht unter die EuGVVO oder das Lugano-Übereinkommen fallen, besteht zumeist kein die Anerkennung und Vollstreckung erleichterndes Vollstreckungsabkommen.[3] Daher muss im Ausland noch einmal ein vollständiges Exequaturverfahren durchgeführt werden. In vielen Staaten ist eine Anerkennung und Vollstreckung eines deutschen Urteils möglich, falls die Gegenseitigkeit tatsächlich verbürgt ist und keine im Einzelnen aufgeführten Rechtsverstöße vorliegen. Die Gegenseitigkeitsverbürgung wird häufig angenommen, so dass deutsche auf Geldzahlung gerichtete Zivilurteile insgesamt gute Chancen haben, in zahlreichen Ländern durchgesetzt zu werden.

7 Aufgrund fehlenden Raums zur Darstellung können im Folgenden nicht alle Staaten dieser Welt behandelt werden. Es wurden 20 Staaten ausgewählt, die neben den EU- und Lugano-Staaten die wichtigsten Außenhandelspartner (Export) Deutschlands darstellen.[4] Hilfestellung geben überdies die Botschaften und Außenhandelskammern, die zumeist Informationsblätter auf ihren Internetseiten bereithalten. Es wird empfohlen, einen Rechtsanwalt in dem jeweiligen Vollstreckungsstaat, möglichst an dem Ort, an dem vollstreckt werden soll, zu konsultieren. Vor der Mandatierung sollte die Vergütung besprochen und in einer Mandatsvereinbarung fixiert werden.

8 **1. Australien.** Auf Zahlung einer bestimmten Geldsumme lautende, bindende deutsche Urteile müssen vor der Vollstreckung in Australien beim *Supreme Court* des jeweiligen

---

[3] → Abschnitt 50, B. II.
[4] *Statistisches Bundesamt*, Außenhandel, Rangfolge der Außenhandelspartner der Bundesrepublik Deutschland 2011. Darstellungen zu einigen weiteren Ländern finden sich in *Geimer/Schütze*.

Abschnitt 51. Anerkennung und Vollstreckung (deutscher Titel) in anderen Staaten

australischen Bundesstaats registriert werden *(Registration)*. Es bestehen hierzu Regelungen im *Foreign Judgement Act*. Das Erfordernis der Gegenseitigkeit der Anerkennung wird für Urteile von deutschen *Superior Courts* (ab Landgericht) als gegeben angesehen. Die Registrierung kann nur innerhalb von 6 Jahren nach der letztinstanzlichen Entscheidung beantragt werden. Ob amtsgerichtliche Entscheidungen (bis zu einem Streitwert von EUR 5.000) nicht vollstreckt werden können, ist umstritten. Die Deutsch-Australische Handelskammer geht davon aus, dass eine Vollstreckung nicht möglich ist (vgl. Deutsch-Australische *Handelskammer,* Rechtsverfolgung im Verhältnis Australien-Deutschland, 2006). Anderer Auffassung, nämlich dass auf Grundlage von Common Law vollstreckt werden könne, ist *Hopfgarten* in: Geimer/Schütze.

2. Brasilien. Deutsche Urteile müssen durch das Höhere brasilianische Bundesgericht *(Superior Tribunal de Justiça)* bestätigt werden. Eine Gegenseitigkeitsverbürgung der Urteilsanerkennung wird nicht verlangt. Das deutsche Gericht muss nach brasilianischem Recht international zuständig gewesen sein. Rechtliches Gehör muss gewährt worden sein, was bei Versäumnisurteilen und einstweiligen Verfügungen problematisch sein kann, da diese häufig ohne eine vorherige Stellungnahme durch die Gegenseite ergehen. Ferner muss die Entscheidung rechtskräftig und nach deutschem Recht vollstreckbar sein. Das Urteil darf auch nicht gegen die Souveränität, die guten Sitten oder den *ordre public* verstoßen.[5] 9

3. Volksrepublik China. Eine praktisch erfolgreiche Anerkennung und Vollstreckung eines deutschen Urteils in China ist bislang nicht bekannt geworden. Theoretische Voraussetzung für die Anerkennung und Vollstreckbarerklärung von deutschen Urteilen ist, dass eine ausschließliche chinesische Zuständigkeit nicht verletzt worden sein darf, die deutsche Entscheidung rechtskräftig ist, kein Verstoß gegen den *ordre public* vorliegt und die tatsächliche Verbürgung der Gegenseitigkeit angenommen wird.[6] 10

4. Hongkong. Deutsche Urteile müssen gemäß der Hongkonger *Foreign Judgements (Reciprocal Enforcement) Ordinance* vollstreckt werden. Voraussetzung für die erfolgreiche Vollstreckung ist unter anderem das Vorliegen eines rechtskräftigen Urteils auf Zahlung eines Geldbetrages.[7] An der Vollstreckungsmöglichkeit soll sich auch durch die Übergabe Hongkongs von der britischen Kronkolonie an die Volksrepublik China nichts geändert haben. 11

5. Indien. Zur Anerkennung eines deutschen Urteils bedarf es einer Klage vor einem indischen Gericht *(action upon a foreign judgement)*. Dabei wird unter anderem geprüft, ob es sich um ein endgültiges Urteil handelt, das deutsche Gericht nach indischem Recht international zuständig war, ein Verstoß gegen elementare Grundsätze indischen Rechts vorliegt und rechtliches Gehör gewährt worden ist. Eine Vollstreckung kann nur innerhalb von drei Jahren ab Verkündung des deutschen Urteils erfolgen.[8] 12

6. Israel. Zwischen Deutschland und Israel besteht ein Staatsvertrag über die gegenseitige Anerkennung und Vollstreckung gerichtlicher Entscheidungen in Zivil- und Handelssachen (BGBl. 1980 II S. 925). Rechtskräftige Entscheidungen (auch Vergleiche, aber keine einstweilige Verfügungen) auf diesen Rechtsgebieten werden anerkannt, sofern kein Versagungsgrund besteht. Hierzu darf kein *ordre public*-Verstoß vorliegen, das Urteil nicht betrügerisch erwirkt worden sein, kein entsprechendes früheres Verfahren eingeleitet worden sein oder Hoheitsrechte oder die Sicherheit Israels bedroht sein. Für den Fall, dass sich der Beklagte nicht auf das deutsche Verfahren eingelassen hat, muss die Klagzustellung nach- 13

---

[5] Vgl. Geimer/Schütze/*Samtleben,* Erglfg. 34, Brasilien; *Die Botschaft und die Generalkonsulate der Bundesrepublik Deutschland in Brasilien,* Merkblatt, Forderungen: Durchsetzung von zivilrechtlichen Ansprüchen in Brasilien, 2006.
[6] Vgl. *Czernich* RIW 1995, S. 650 f.; Geimer/Schütze/*Schütze/Wu,* Erglfg. 31, China (Volksrepublik); Botschaft der *Bundesrepublik Deutschland* Peking, Merkblatt über Rechtsverfolgung und Rechtsdurchsetzung in Zivil- und Handelssachen, 2012.
[7] Vgl. Germany Trade & Invest GmbH, Merkblatt „Recht Kompakt: Hongkong, SVR", 2011.
[8] Vgl. Geimer/Schütze/*Otto,* Erglfg. 38, Indien.

gewiesen werden (Urkundsbeweis), was oftmals nicht gelingt. Ausschließlich zuständig für den Antrag, die Zwangsvollstreckung zuzulassen, ist der District Court in Jerusalem.[9]

14   **7. Japan.** Deutsche Zivilurteile werden in Japan für vollstreckbar erklärt, wenn es sich um eine Zivil- oder Handelssache handelt, das Erstgericht nach japanischem Recht international zuständig war, durch eine ordnungsgemäße Zustellung rechtliches Gehör gesichert war und kein Verstoß gegen den *ordre public* vorliegt. Die Gegenseitigkeit muss ferner verbürgt sein, was im Verhältnis zu Deutschland bejaht wird.[10]

15   **8. Kanada.** In den meisten kanadischen Provinzen muss auf Grundlage des ausländischen Urteils nach *common law*-Regeln auf einen kanadischen Titel geklagt werden *(enforcement by action)*. In Britisch Columbia ist eine einfachere Vollstreckbarerklärung ausländischer Urteile im Wege der Registrierung *(enforcement upon registration)* möglich. Das deutsche Gericht muss nach kanadischem internationalen Zivilprozessrecht zuständig gewesen sein, das auf Zahlung eines Geldbetrages lautende Urteil muss in Deutschland endgültig und vollstreckbar sein, die Vollstreckung darf nicht gegen den kanadischen *ordre public* verstoßen, das Urteil darf nicht betrügerisch erlangt worden sein und es darf kein Widerspruch gegen die natürliche Gerechtigkeit vorliegen.[11]

16   **9. Malaysia.** Deutsche Zivilurteile können im Wege einer *action upon the foreign judgement* nach *common law*-Grundsätzen für vollstreckbar erklärt werden. Es muss sich hierzu um eine Zivil- oder Handelssache handeln. Das deutsche Gericht muss international zuständig gewesen sein. Das deutsche Urteil muss endgültig sein; Rechtskraft wird nicht gefordert. Die Entscheidung muss auf einen bestimmten Geldbetrag lauten. Das Urteil darf ferner nicht arglistig erschlichen worden sein, nicht mit der natürlichen Gerechtigkeit unvereinbar sein und nicht gegen den *ordre public* verstoßen.[12]

17   **10. Mexiko.** Voraussetzung für die Vollstreckbarerklärung ist, dass das deutsche Urteil nicht auf Grund einer dinglichen Klage ergangen ist, das deutsche Gericht nach mexikanischem Recht international zuständig war, rechtliches Gehör gesichert war, das Urteil in Deutschland rechtskräftig ist, kein früheres Verfahren in Mexiko in gleicher Sache eingeleitet worden ist, kein Verstoß gegen den *ordre public* vorliegt und nicht bewiesen worden ist (Beweislastumkehr), dass es an einer Gegenseitigkeitsverbürgung fehlt.[13]

18   **11. Korea (Republik).** Ein rechtskräftiges Urteil eines deutschen Gerichts wird anerkannt, wenn das deutsche Gericht nach koreanischem Recht zuständig gewesen wäre, das rechtliche Gehör gewahrt wurde, die Anerkennung nicht gegen den koreanischen *ordre public* verstoßen würde und die Gegenseitigkeit (wird für Deutschland angenommen) verbürgt ist.[14]

19   **12. Russische Föderation.** Die Anerkennung und Vollstreckung deutscher Gerichtsentscheidungen in Russland ist in der Praxis bisher daran gescheitert, dass es an einer staatsvertraglich verbürgten Gegenseitigkeit fehlt, die in Russland Vollstreckbarkeitsvoraussetzung ist. Eine solche staatsvertragliche Regelung besteht lediglich für Kostenentscheidungen und im Rahmen des CMR. Vgl. *Botschaft der Bundesrepublik Deutschland Moskau*, Merkblatt Rechtsberatung und -verfolgung in der Russischen Föderation, 2007; *Trunk/Jarkov*, in: Gei-

---

[9] → Abschnitt 50, B. II. 2.b); Stein/Jonas-*Münzberg* § 723 Rn. 154 ff.

[10] Vgl. Geimer/Schütze/*Petersen-Padberg*, Erglfg. 33, Japan; *Menkhaus*, in: Botschaft der Bundesrepublik Deutschland Tokyo, Rechtsverfolgung in Zivil- und Handelssachen in Japan, 2002.

[11] Vgl. *Tepper*, Festschrift Sandrock 1995, S. 89–104; Geimer/Schütze/*Bachmann*, Erglfg. 27, Kanada; *Deutsch-Kanadische Industrie- und Handelskammer*, Anerkennung und Zwangsvollstreckung von deutschen Entscheidungen in Kanada, 2006.

[12] Vgl. Geimer/Schütze/*Schütze*, Erglfg. 32, Malaysia; *Botschaft der Bundesrepublik Deutschland Kuala Lumpur*, Rechtsanwaltsliste 2012.

[13] Vgl. Geimer/Schütze/*von Sachsen Gessaphe*, Erglfg. 25, Mexiko; *Botschaft der Bundesrepublik Deutschland Mexico*, Merkblatt Rechtsverfolgung in Zivil- und Handelssachen in Mexiko, 2010.

[14] Vgl. Geimer/Schütze/*Stiller/Schleicher*, Erglfg. 25, Korea; *Botschaft der Bundesrepublik Deutschland Seoul*, Merkblatt zur Rechtsberatung und Rechtsverfolgung in Zivil- und Handelssachen in der Republik Korea, 2008.

Abschnitt 51. Anerkennung und Vollstreckung (deutscher Titel) in anderen Staaten

mer/*Schütze* [2012], Erglfg. 27, Russland. Zwischenzeitlich haben Gerichte der Russischen Föderation Entscheidungen anderer EU-Staaten für vollstreckbar erklärt, obwohl auch dort kein Staatsvertrag besteht. Derzeit ist nicht absehbar, ob entsprechende Entscheidungen zu Urteilen deutscher Gerichte ergehen werden, was eine vollständige Abkehr von der bisherigen Anerkennungs- und Vollstreckungspraxis darstellen würde.

13. Saudi-Arabien. Die Anerkennung deutscher Urteile wird voraussichtlich nicht erfolgen, da eine staatsvertragliche Verbürgung der Gegenseitigkeit gefordert wird und es an einem solchen Staatsvertrag mit Deutschland fehlt. Von dem weiteren Anerkennungshindernis eines Verstoßes gegen islamisches Recht wären vor allem Ansprüche auf Zinszahlung, Ansprüche auf entgangenen Gewinn und abgetretene Forderungen betroffen.[15]

14. Singapur. Eine Anerkennung und Vollstreckbarerklärung deutscher Urteile kann nach *common law*-Grundsätzen im Wege einer *action upon the foreign judgement* zum *High Court* erfolgen, ohne dass Gegenseitigkeit gefordert wird. Voraussetzung ist aber, dass es sich um eine Zivil- oder Handelssache handelt, das deutsche Gericht international zuständig war, die Entscheidung endgültig ist (keine Rechtskraft erforderlich), die Verurteilung auf Zahlung geht, keine Arglist vorliegt, die Entscheidung mit der natürlichen Gerechtigkeit nicht unvereinbar ist und kein *ordre public*-Verstoß vorliegt.[16]

15. Südafrika. Da ein Abkommen mit Deutschland nicht besteht, kommt eine Anerkennung nach *Roman-Dutch common law* in Betracht, ohne dass Gegenseitigkeit gefordert wird. Voraussetzung hierfür ist die Zuständigkeit des deutschen Gerichts nach südafrikanischem Recht, die Endgültigkeit des Urteils und der Umstand, dass das Urteil nicht gegen den *ordre public* verstößt. Problematisch kann eine Vollstreckung deutscher Titel sein, sofern diese unter den *Protection of Business Act* fallen. Davon können insbesondere deutsche Titel im Zusammenhang mit bestimmten Wirtschaftsbereichen (Import, Export, Bergbau etc.) erfasst sein, die dann nur mit der Zustimmung des zuständigen Ministers vollstreckbar sind.[17]

16. Taiwan. Voraussetzung für die Vollstreckung ist das Vorliegen eines rechtskräftigen deutschen Zivilurteils. Das deutsche Gericht muss nach dem taiwanesischen Recht zuständig gewesen sein. Es muss eine ordnungsgemäße Zustellung erfolgt sein. Es darf kein Verstoß gegen die guten Sitten oder die öffentliche Ordnung vorliegen. Zudem muss die Gegenseitigkeit der Anerkennung von Gerichtsentscheidung verbürgt sein. Ob dies der Fall ist, kann mangels entsprechender praktischer Erfahrungen nicht mit abschließender Sicherheit beurteilt werden. Das Schrifttum ist allerdings optimistisch.[18]

17. Türkei. Deutsche Urteile werden in der Türkei grundsätzlich für vollstreckbar erklärt, da faktische Gegenseitigkeit der Urteilsanerkennung angenommen wird. Erforderlich ist, dass es sich um eine Zivil- oder Handelssache handelt, das Urteil Rechtskraft im Erststaat erlangt hat, keine ausschließliche Zuständigkeit türkischer Gerichte bestand, eine ordnungsgemäße Ladung erfolgte und kein Verstoß gegen den türkischen *ordre public* vorliegt.[19]

18. Ukraine. Die Anerkennung und Vollstreckung ausländischer Urteile ist davon abhängig, dass die Gegenseitigkeit der Anerkennung in einem gegenseitigen völkerrechtlichen Vertrag verbürgt ist. Da ein solcher Vertrag zwischen der Ukraine und Deutschland nicht existiert, ist eine Vollstreckung aus einem deutschen Urteil in der Ukraine voraussichtlich unmöglich.[20]

19. USA. Die meisten Bundesstaaten haben auf Basis des *Uniform Foreign Money Recognition Acts* gesetzliche Regelungen über die Vollstreckbarkeit von ausländischen Urteilen auf

---

[15] Vgl. *Krüger* IPrax 2005, 386–389; Geimer/Schütze/*Haberbeck/Bälz*, Erglfg. 30, Saudi-Arabien.
[16] Vgl. Geimer/Schütze/*Schütze*, Erglfg. 31.
[17] Vgl. Geimer/Schütze/*Doser*, Erglfg. 29, Südafrika.
[18] Vgl. Geimer/Schütze/*Etgen*, Erglfg. 18, China (Taiwan) und *Etgen* RIW 1995, 205.
[19] Vgl. Geimer/Schütze/*Schütze/Esin*, Erglfg. 30, Türkei.
[20] Vgl. Geimer/Schütze/*Solotych*, Erglfg. 24.

Geldzahlungen erlassen. Fehlt eine solche Regelung, kommt eine Vollstreckbarerklärung nach *common law* insbesondere auf Basis der *comity doctrine* in Betracht. Geprüft werden unter anderem die Gewährleistung von Verfahrensgarantien (insbesondere rechtliches Gehör) und die Zuständigkeit des deutschen Gerichts.[21]

27   **20. Vereinigte Arabische Emirate.** Voraussetzung für die Anerkennung eines ausländischen Urteils in den Vereinigten Arabischen Emiraten ist, dass die Gegenseitigkeit der Anerkennung vertraglich verbürgt ist. Hieran fehlt es im Verhältnis zu Deutschland. Ferner darf keine internationale Zuständigkeit der Gerichte der Vereinigten Arabischen Emirate bestanden haben. Eine solche ist aber bereits dann anzunehmen, wenn ein Staatsangehöriger der Vereinigten Arabischen Emirate verklagt wird. Vor diesem Hintergrund erscheint die praktische Durchsetzung eines deutschen Urteils in den Vereinigten Arabischen Emiraten unmöglich.[22]

B. Titel von Schiedsgerichten

28   Hinsichtlich der Anerkennung und Vollstreckung deutscher Schiedssprüche im Ausland gilt grundsätzlich das unter → Abschnitt 50 C., Gesagte entsprechend. **Schiedssprüche deutscher Schiedsgerichte** in Zivil- und Handelssachen bedürfen, ebenso wie Entscheidungen deutscher staatlicher Gerichte, der Anerkennung und Verleihung der Vollstreckbarkeit, um im Ausland vollstreckt werden zu können.

29   Ob und unter welchen Voraussetzungen eine Anerkennung und Vollstreckung erfolgt, regelt sich nach den in dem Vollstreckungsstaat im Verhältnis zur Bundesrepublik Deutschland bestehenden bilateralen und multilateralen Übereinkommen, insbesondere dem **UN-Übereinkommen über die Anerkennung und Vollstreckung ausländischer Schiedssprüche** und den bilateralen Staatsverträgen der Bundesrepublik Deutschland mit Belgien, Griechenland, Israel, Italien, Niederlande, Norwegen, Österreich, Schweiz, (ehemalige) Sowjetunion, Tunesien und Vereinigte Staaten von Amerika. In Ermangelung solcher Übereinkommen entscheidet über die Anerkennung und Vollstreckung das autonome Recht des Vollstreckungsstaates.[23]

30   Festzustellen ist allerdings, dass eine Vollstreckung in der Praxis, je nachdem, in welchem Staat sie erfolgen soll, nicht selten trotz Bestehens eindeutiger Regelungen in Staatsverträgen nur nach Überwindung von Hindernissen und/oder mit zeitlicher Verzögerung möglich ist. Vor diesem Hintergrund, sowie im Hinblick auf die im Vollstreckungsstaat einzuhaltenden Verfahrensabläufe, ist es empfehlenswert, ggf. einen Rechtsanwalt, möglichst am Ort, an dem vollstreckt werden soll, zu konsultieren.

---

[21] Vgl. Geimer/Schütze/*Schütze,* Erglfg. 36, USA.
[22] Vgl. *Krüger* IPrax 2001, 376 f. und 2005, 472; Geimer/Schütze/*Bälz,* Erglfg. 31, Vereinigte Arabische Emirate.
[23] Vgl. zur Anerkennung und Vollstreckung nach bilateralen und multilateralen Übereinkommen → Abschnitt 50 C. I. 1 ff.; eine Darstellung zur Rechtslage für eine Vielzahl von Staaten, mit denen die Bundesrepublik keine Staatsverträge hat, enthält *Schütze/Tscherning/Wais.*

5. Teil. Anhang

20. Kapitel. Exportgeschäfte und Direktinvestitionen

Abschnitt 52. Schutz von Vermögenswerten im Ausland

Übersicht	Rn.
A. Einführung	1
B. Investitionsschutz als Schutz gegen politische Risiken	10
I. Politische Risiken: hoheitliche Beeinträchtigung ausländischer Investitionen	11
II. Ursachen politischer Risiken	13
III. Typische Erscheinungsformen des politischen Risikos	19
1. Enteignung und Verstaatlichung	20
2. Regulatorisches Handeln	21
3. Vertragsbruch bzw. -kündigung	24
4. Widersprüchliches und intransparentes Handeln	26
5. Unruhen und Bürgerkrieg	27
6. Währungsrisiken	28
IV. Inadäquanz eines nicht-völkerrechtlichen Rechtsschutzes	29
C. Schutz durch Investitionsschutzabkommen	33
I. Geographische Reichweite des Schutzes	34
II. Was ist als Investition geschützt?	36
III. Wer ist als Investor geschützt?	39
IV. Wie funktioniert der Schutz?	42
1. Schutzstandard	42
2. Der Staat als Einheit	48
3. Beilegung von Streitigkeiten durch Schiedsverfahren	51
D. Das International Centre for the Settlement of Investment Disputes (ICSID)	54
I. Was ist das ICSID	54
II. Besonderheiten eines ICSID-Verfahrens	57
III. Voraussetzungen eines Verfahrens	60
IV. Verfahrensort, -dauer und -kosten	63

Literatur: *Griebel*, Internationales Investitionsrecht, 2008; *Hauschka/Schramke*, Bauprojekte im Ausland – Durchsetzung des Ansprüche des Bauunternehmers gegen den Staat vor ICSID-Schiedsgerichten, Baurecht 2005, 1550–1560; *Wegen/Raible*, Unterschätzt die deutsche Wirtschaft die Wirksamkeit des völkerrechtlichen Investitionsschutzes?, SchiedsVZ 2006, 225–236; *Happ/Rubins*, Digest of ICSID Awards and Decisions 1974–2002 (2013); *Happ/Rubins*, Digest of ICSID Awards and Decisions 2003–2007 (2009); GTAI, „Hilfe ich werde enteignet!" – Abkommen schützen Auslandsinvestitionen, online unter www.gtai.de.

A. Einführung[1]

Thema dieses Abschnitts ist der Schutz von Vermögenswerten deutscher Unternehmen im Ausland gegen politische Risiken. Nicht wenige deutsche Gesellschaften haben Tochtergesellschaften im Ausland gegründet, über die der lokale Markt erschlossen wird. Andere Vermögenswertekönnen zB Geschäftsgeheimnisse, Warenzeichen oder Urheberrechte sein, sowie Patente, die für den Export wichtig sind. **1**

Wie sollten Sie reagieren, wenn die Vermögenswerte Ihres Unternehmens im Ausland durch politisch motiviertes Handeln ausländischer Behörden beeinträchtigt werden? Was machen Sie zB, wenn der ausländische Staat unter vorgeschobenen Gründen Ihre ausländi- **2**

---

[1] Ich danke *Frau Anna Bashkova* für Ihre Hilfe bei der Bearbeitung dieses Manuskriptes.

5. Teil. Anhang

sche Tochtergesellschaft schließt, langfristige Lieferverträge kündigt, Sie gerade wegen Ihrer Eigenschaft als deutsches Unternehmen von Ausschreibungen ausschließt oder lokale Konkurrenten bevorzugt, über Nacht plötzlich Sonderwirtschaftszonen oder Freihandelszonen mit Steuerbefreiung aufhebt oder die in einem Joint Venture mit der einer staatlichen Gesellschaft eingebrachten Geschäftsgeheimnisse kopiert, und vom Staat verwendet werden?

3   Rechtsschutz vor den staatlichen Gerichten des ausländischen Staates zu suchen, ist nicht immer eine Option. Zum einen ist die in Deutschland als selbstverständlich angesehene Unabhängigkeit, Neutralität und Unbestechlichkeit der Justiz keineswegs in allen Ländern der Welt gesichert. Zum anderen wenden staatliche Gerichte staatliches Recht an, was es dem Staat im Vorfeld eines Streits ermöglicht, sein eigenes Handeln für rechtmäßig zu erklären.

4   Eine Schiedsvereinbarung mit dem ausländischen Staat ist nur dann eine Alternative, wenn Ihr Unternehmen mit dem Staat überhaupt einen Vertrag geschlossen hat. Sie sind ferner nur dann hilfreich, wenn der Streit auf einer Vertragsverletzung durch den Staat beruht. Liegt das staatliche Handeln aber zB in einer Gesetzesänderung, wie zB einer Aufhebung von Freihandelszonen, liegt in der Regel keine Vertragsverletzung vor. Nur selten sehen Verträge eine sog. Stabilisierungsklausel vor, mit der das anwendbare Recht auf den Zeitpunkt des Vertragsschlusses eingefroren werden kann.

5   Noch vor 30 Jahren waren das alle Optionen, die Ihnen zur Verfügung standen. Zwar hätten Sie sich auch an die Bundesregierung wenden können mit der Bitte, dass Ihr Fall auf diplomatischer Ebene verhandelt wird. Selbst wenn die Bundesregierung jedoch willens gewesen wäre, diplomatische oder rechtliche Schritte einzuleiten, war unklar, ob das Erfolg versprochen hätte. Heute stellt sich die Situation erfreulicherweise anders dar. Deutschland hat mit 131 Staaten weltweit Investitionsschutzabkommen abgeschlossen. Diese Verträge schützen Investitionen, also Vermögenswerte, eines Unternehmens aus einem Abkommensstaat (zB Deutschland) im Gebiet des anderen Abkommensstaates (zB Indien oder China) gegen verschiedene Formen des politischen Risikos. Der Staat ist ua verpflichtet, deutsche Unternehmen nicht zu diskriminieren, fair und gerecht sowie nicht willkürlich zu behandeln und bei staatlichen Maßnahmen, die einer Enteignung darstellen oder wirtschaftlich einer Enteignung gleichkommen, eine Entschädigung in Höhe des vollen Marktwerts des Vermögenswerts zu zahlen.

6   Verletzt der Staat diese Verpflichtungen Ihnen gegenüber, können Sie Schadensersatz vor einem internationalen Schiedsgericht wie zB dem *International Center for Settlement of Investment Disputes* (ICSID) verlangen[2]. Diese Möglichkeit steht nicht nur auf Papier, sondern hat erhebliche praktische Relevanz. Weltweit gibt es ca. 2.500 Investitionsschutzabkommen, deren Mehrzahl direkte Staat-Investor-Schiedsverfahren erlaubt. Momentan sind ca. 120 Schiedsverfahren vor dem ICSID anhängig. Jedes Jahr werden ca. 30 neue Klagen eingereicht. In etwa der Hälfte der Fälle einigen sich Staat und Investor nach kurzer Zeit und schließen einen Vergleich. Eine Vollstreckung von ICSID-Schiedssprüchen ist regelmäßig nicht erforderlich, auch wenn mit der Zahl der Schiedsverfahren die Zahl der Fälle steigt, in denen Staaten sich gegen die Vollstreckung wehren. Die meisten Staaten befolgen Schiedssprüche weiterhin freiwillig.

7   Die in den letzten Jahren ergangenen Schiedssprüche in ICSID-Verfahren haben den potentiell weiten Anwendungsbereich auch der deutschen Investitionsschutzverträge deutlich gemacht. So haben zahlreiche Schiedsgerichte zB übereinstimmend entschieden, dass

---

[2] Zur Streitbeilegung mittels eines ICSID-Schiedsverfahrens siehe in diesem Abschnitt unter „D" Rn. 55 ff. Weitere mögliche institutionalisierte Schiedsgerichte wären: der Internationale Schiedsgerichtshof der Internationalen Handelskammer in Paris (*International Chamber of Commerce,* ICC), die Deutsche Institution für Schiedsgerichtsbarkeit (DIS), der Internationale Schiedsgerichtshof London (*London Court of International Arbitration,* LCIA) und das Schiedsgericht der Stockholmer Handelskammer (*Stockholm Chamber of Commerce,* SCC). Zur aktuellen Entwicklung in Investor-Staat-Schiedsverfahren, siehe Recent Developments in Investor-State Dispute Settlement (ISDS), IIA Issue Note No. 1 (Stand: Mai 2013), abrufbar unter <http://unctad.org/en/PublicationsLibrary/webdiaepcb2013d3_en.pdf>.

die Verpflichtung zur „fairen und gerechten Behandlung" den Staat auch verpflichtet, gegenüber dem ausländischen Investor jederzeit transparent und vorhersehbar zu handeln: berechtigte Erwartungen des Investors, die dieser bei Vornahme seiner Investition hatte, dürfen nicht enttäuscht werden. Berechtigte Erwartungen müssen sich aus objektiven Umständen wie zB eindeutigen Versprechen der Regierung gegenüber dem ausländischen Investor oder klaren gesetzlichen Regelungen ergeben. Als geschützte Investitionen wurden ua nicht nur Gesellschaftsanteile oder Rohstoffkonzessionen, sondern auch Verträge zum Bau von Infrastruktureinrichtungen wie Straßen oder Kraftwerke angesehen.

Diese Rechtsschutzmöglichkeit gewinnt nicht erst im Streitfall an Bedeutung. Vielmehr sollten Sie bereits bei der Strukturierung Ihres Auslandsprojektes prüfen, ob ein Investitionsschutzabkommen besteht. Diese vorbeugende Prüfung und ggf. Optimierung der Projektstruktur minimiert das politische Risiko Ihrer Investition und stellt Ihnen im Streitfall effektiven Rechtsschutz zur Verfügung. Wenn Sie als Unternehmer im Ausland Probleme mit behördlichem Handeln haben, sollten Sie frühzeitig prüfen, ob Ihnen Rechtsschutz unter einem Investitionsschutzabkommen zusteht. Zum einen kann unüberlegtes Handeln vor staatlichen Gerichten zum Verlust der Klagebefugnis unter dem Investitionsschutzabkommen führen. Zum anderen lässt sich unter dem „Schatten" eines drohenden Investitionsschiedsverfahrens eine Einigung, die man stets einem Verfahren vorziehen sollte, leichter erreichen. Oftmals bestehen die Probleme nämlich nicht mit dem Zentralstaat, sondern mit lokalen Behörden und erfährt die Zentralregierung erst durch die Androhung eines Verfahrens von dem Problem. Verhandlungen fallen dann leichter. **8**

Im Folgenden wird zunächst (→ Rn. 10ff.) ein Überblick über typische Risiken gegeben, denen deutsche Vermögenswerte im Ausland ausgesetzt, bevor (→ Rn. 35ff.) der Schutz erläutert wird, den Vermögenswerte deutscher Unternehmer im Ausland durch Investitionsschutzabkommen genießen. Anschließend wird (→ Rn. 56ff.) die Streitbeilegung mittels eines ICSID-Schiedsverfahrens näher erläutert. **9**

B. Investitionsschutz als Schutz gegen politische Risiken

Zentraler Begriff dieses Abschnitts ist der Begriff des **politischen Risikos.** Ohne politische Risiken in einem ausländischen Staat, für den hiernach der Begriff „Gaststaat" verwendet werden soll, bestände keine Notwendigkeit, Investitionen im Gaststaat dagegen zu schützen. Nachfolgend werden typische Ursachen und Formen politischer Risiken erklärt sowie erläutert, wieso der Rechtsschutz durch das staatliche Recht des Gaststaates unzureichend sein kann. **10**

I. Politische Risiken: hoheitliche Beeinträchtigung ausländischer Investitionen

Auslandsinvestitionen sind naturgemäß mit Risiken verbunden. Ein Unternehmen investiert Geld in der Erwartung, einen Gewinn zu erzielen. Bestimmte Faktoren können die Gewinnchancen minimieren oder ganz zunichte machen. Geologische Risiken können zB bei Rohstoff- oder Tiefbauprojekte auftreten: es werden keine Rohstoffe entdeckt, die erwarteten Reserven sind geringer als erwartet oder schwierige Bodenverhältnisse lassen sie Kosten ansteigen. Wirtschaftliche Risiken sind mit jeder wirtschaftlichen Tätigkeit verbunden: Wettbewerber können ein vergleichbares Produkt günstiger anbieten, oder fehlende Nachfrage führt dazu, dass Erträge einbrechen und ggf. Insolvenz droht. Geologische und wirtschaftliche Risiken lassen sich, richtige Vorbereitung vorausgesetzt, einigermaßen vernünftig planen und einschätzen. Sie können aber auch bei jedem Projekt auftreten. **11**

Bei einer Auslandsinvestition folgen zusätzliche Risiken aus der Tatsache, dass die Investition in einem ausländischen Staat stattfindet und damit den rechtlichen und politischen Rahmenbedingungen dieses Staates ausgesetzt ist. Begrifflich ist das politische Risiko vom Länderrisiko zu unterscheiden. Das Länderrisiko bezeichnet das im internationalen Handel **12** bestehende Risiko, dass ein Land Forderungen, zB aus einem Warenverkauf, nicht begleicht. Das politische Risiko bezeichnet hingegen die Möglichkeit, dass eine Investition durch staatliches Handeln (oder Unterlassen) beeinträchtigt oder vernichtet wird, und geht über die Nichterfüllung einer Forderung weit hinaus. Grund hierfür ist, dass eine Investition – im Gegensatz zum Handel – in der Regel mit der Verlagerung von Vermögenswerten in den Gaststaat einhergeht und der Gewinn erst über eine längere Zeitspanne zustande kommen soll. Staaten können die Profitabilität einer Investition auf vielfältige Weise beeinträchtigen: ein Staat kann die Vermögenswerte des Investors verstaatlichen, Steuern erhöhen, wichtige Genehmigungen widerrufen, das Geschäftsfeld verbieten oder den Transfer von Gewinnen in den Heimatstaat des Investors verbieten (was die Bedienung von zur Finanzierung aufgenommener Kredite schwierig bis unmöglich macht). Diese Risiken gehen auf die Ausübung politischer Gewalt zurück und werden daher zusammenfassend als politische Risiken bezeichnet.

II. Ursachen politischer Risiken

13   Die Ursachen für politische Risiken sind vielfältig. Bei größeren Auslandsprojekten, zB im Rohstoff- oder Infrastruktursektor, kann das sog. „Geiselproblem" Ursache politischer Risiken werden. Es kennzeichnet einen Wandel der Verhandlungspositionen zwischen Staat und Investor, der langfristig angelegten Verträgen immanent ist. Die frühzeitige Festschreibung der vertraglichen Regelungen bedroht die Stabilität des Projektvertrages in zweierlei Hinsicht. Zum einen kann der Zeitablauf dazu führen, dass mit beginnendem Erfolg anfängliche Risiken des Projekts vergessen werden und die vertraglichen Regelungen unausgewogen erscheinen. Das anfängliche Risiko des Investors, der ja erhebliche Kosten für die Suche aufbringen musste, schwindet im Bewusstsein der Regierung, und die Gewinne scheinen überhöht. Zum anderen können sich die im Vertrag prognostizierten geologischen und wirtschaftlichen Faktoren in einer für den Investor günstigen Weise ändern (zB steigende Rohstoffpreise), was zu einer Störung des vertraglichen Gleichgewichts führt. Pocht der Staat auf Neuverhandlungen und kommen diese nicht zustande oder scheitern, besteht die Gefahr, dass der Staat einseitig den Vertrag ändert (zB durch Gesetz) oder das Projekt sogar vollständig selber übernimmt.

14   Ein Beispiel hierfür sind die durch den bis Ende 2008 hohen Ölpreis verursachten Auseinandersetzungen zwischen den Regierungen von Bolivien und Ecuador und ausländischen Ölkonzernen. Nachdem von den Staaten gewünschte Neuverhandlungen scheiterten, hat Bolivien die Erdölindustrie verstaatlicht und Ecuador die Verträge mit einigen ausländischen Ölkonzernen einseitig gekündigt.[3]

15   Neben dem Geiselproblem, das nur bei größeren Projekten auftaucht, ist regelmäßig eine institutionelle, rechtliche und politische Instabilität des Gaststaates die Ursache. In den Wachstumsmärkten Osteuropas, Zentralasiens und Lateinamerikas kann schon ein Regierungswechsel mit einem fundamentalen Wechsel in der Wirtschaftspolitik verbunden sein, der frühere Investitionen gefährdet. Aber auch OECD-Länder sind davor nicht gefeit. Ein Beispiel ist die Kürzung von Subventionen für erneuerbare Energien, zB in Spanien oder der Tschechischen Republik. Dies hat viele Investoren, die in Vertrauen auf zwanzigjährige garantierte Einspeisetarife investiert hatten, unerwartet getroffen. Entsprechende Klagen wurden inzwischen eingeleitet[4].

---

[3] Siehe *Burlington Resources Inc. v. Republic of Ecuador*, ICSID Case No. ARB/08/5 und *Repsol YPF Ecuador, S. A. and others v. Republic of Ecuador and Empresa Estatal Petróleos del Ecuador (PetroEcuador)*, ICSID Case No. ARB/08/10. Siehe auch *Michael Likosky*, „Contracting and regulatory issues in the oil and gas and metallic minerals industries", Transnational Corporations, Vol. 18, No. 1, abrufbar unter <http://unctad.org/en/docs/diaeiia20097a1_en.pdf>.

[4] Siehe hierzu *Clemmie Spalton*, „Solar investors cast cloud over the Czech Republic", Global Arbitration Review vom 17. Mai 2013, abrufbar unter <http://globalarbitrationreview.com/news/article/31589/solar-investors-cast-cloud-czech-republic/>.

Abschnitt 52. Schutz von Vermögenswerten im Ausland

Darüber hinaus gelten in Deutschland für selbstverständlich gehaltene Prinzipien wie der Rechtsstaat und die Unabhängigkeit und Unbestechlichkeit der Justiz nicht überall in der Welt in gleichem Maße. Korruption, Vetternwirtschaft und staatliche Willkür kommen nicht nur in Zentralasien oder Afrika, sondern auch in neuen EU-Staaten und/oder Beitrittskandidaten vor. Manchmal aber auch in den alten EU-Staaten. 16

Anhaltspunkte dafür, wie hoch das allgemeine politische Risiko eines potentiellen Gaststaates ist, lassen sich zunächst aus der Rechtsordnung des Staates gewinnen: gibt es zB spezielle Gesetze zur Förderung von Auslandsinvestitionen? Maßgeblich ist letztlich aber immer die Umsetzung vor Ort, die besten Gesetze nützen nichts, wenn sie nicht oder falsch angewendet werden und Gerichte für die Partei entscheiden, die mehr für das Urteil zahlt. Frei verfügbare Quellen im Internet geben hierüber Aufschluss. Die NGO (nongovernmental organization) Transparency International führt eine nach oben offene Rangliste, auf der die Staaten nach dem Maß der Korruption geordnet sind[5]. Die *Weltbank* führt eine eigene Studie durch, in der die Rahmenbedingungen für Unternehmen in 155 Staaten der Welt verglichen werden. Untersucht wird zB wie einfach es ist, ein Unternehmen zu gründen, Arbeitnehmer einzustellen, Steuern zu zahlen und Rechtsansprüche gerichtlich durchzusetzen. Aus dem Rang eines jeweiligen Staates lassen sich Anhaltspunkte für das Maß politischen Risikos gewinnen[6]. Eine Risikoeinschätzung für das dem politischen Risiko verwandte Länderrisiko für die meisten Länder der Welt findet man auf den Webseiten der Auslandsgeschäftsabsicherung der Bundesrepublik Deutschland[7]. Die Risikobewertung reicht von 1 (gut) bis 7 (schlecht). Eine der besten Quellen, die allerdings auch kostenpflichtig ist, ist der Country Risk Service der *Economist Intelligence Unit*. Für mehr als 100 Staaten werden vierteljährlich Berichte erstellt, die neben einer allgemeinen Analyse des politischen Risikos, zB aufgrund von Krieg oder sozialen Unruhen, Kreditrisiken und Risiken der Investitionen in bestimmte Wirtschaftssektoren aufführen[8]. 17

Diese Quellen können jedoch nicht mehr als allgemeine Informationen liefern. Darüber hinaus sollten Sie stets den Rat erfahrener Fachleute – sowohl im Gaststaat als auch in Deutschland – heranziehen. 18

III. Typische Erscheinungsformen des politischen Risikos

Politische Risiken können, wenn sie sich realisieren, in vielfältigen Formen auftreten. Es gibt jedoch bestimmte Risikoformen, die immer wieder auftreten und gegen die in Investitionsschutzabkommen speziell Schutz geschaffen wurde. 19

1. Enteignung und Verstaatlichung. Das „klassische" politische Risiko ist die direkte Enteignung in Form einer Verstaatlichung der Investition. In den sechziger und siebziger Jahren des letzten Jahrhunderts kam es in den öl- und rohstoffexportierenden Staaten Afrikas und des mittleren Ostens zu einer Welle von Verstaatlichungen. Die Enteignungen in Libyen und im Iran (nach der Revolution 1979) haben zu einigen der bekanntesten Auseinandersetzungen zwischen Staaten und ausländischen Investoren geführt. Um zB die tausenden Fälle von angeblichen Enteignungen US-amerikanischer Staatsbürger im Iran effizient beizulegen, einigten sich Iran und die USA 1981 auf die Gründung eines ständigen Schiedsgerichts, des *Iran-US Claims Tribunal,* dem sämtliche Streitigkeiten zur Erledigung übertragen wurden[9]. Die Begriffe „Enteignung", „Verstaatlichung" bzw. „Nationalisierung" bezeichnen nur unterschiedliche Formen des Entzugs der Investition. Eine Verstaatlichung bzw. Nationalisierung liegt vor, wenn ganze Industriezweige in staatliches Eigentum überführt werden. Das Risiko einer direkten staatlichen Enteignung ist zwar heutzu- 20

---

[5] Die aktuelle Rangliste ist zu finden unter <http:// www.transparency.org/>.
[6] Entsprechende Informationen sind zu finden unter <www.doingbusiness.org>.
[7] Abrufbar unter <http://www.agaportal.de/pages/aga/deckungspolitik/laenderklassifizierung.html>.
[8] Diese Berichte sind abrufbar unter <http://www.eiu.com/index.asp>.
[9] Zu detaillierten Informationen zur Tätigkeit des *Iran-US Claims Tribunals,* siehe <http://www.iusct.net/>.

tage in den meisten Ländern außerhalb Europas gering, jedoch immer noch existent. Das zeigt das bereits erwähnte Beispiel Boliviens, wo durch Dekret des Präsidenten die Ölindustrie verstaatlicht wurde.

21 **2. Regulatorisches Handeln.** Wesentlich höher ist das Risiko einer indirekten oder schleichenden Enteignung durch staatliche regulatorische Maßnahmen. Eine indirekte Enteignung bzw. enteignungsgleiche Maßnahme liegt vor, wenn staatliche Maßnahmen in ihrer Wirkung einer Enteignung des Investors gleichkommen.

Beispiel:
Die Max Meier Müllbeseitigungs GmbH & Co. KG baut in einem osteuropäischen Staat im Rahmen eines PPP-Projektes eine Müllverbrennungsanlage auf. Verweigert der Staat nach Fertigstellung der Anlage die Betriebsgenehmigung (oder zB den Antransport des Mülls) kann dies wirtschaftlich einer Enteignung gleichkommen.

Eine Enteignung wird als „schleichend" bezeichnet, wenn die staatlichen Maßnahmen erst in ihrer Gesamtheit über einen längeren Zeitraum einer Enteignung gleichkommen[10].

22 Durch Veränderungen der gesetzlichen Rahmenbedingungen kann ein Staat – ohne den Eigentumstitel des Investors anzurühren – die Investition wirtschaftlich schwer beeinträchtigen oder sogar wertlos machen. Der Staat kann zB neue Steuern einführen, die eine Fortführung des Geschäfts wirtschaftlich sinnlos machen, kann Umweltgesetze einführen, durch die die bisher gefertigten Produkte verboten werden oder durch Absenkung staatlich regulierter Tarife, zB im Strom-, Gas- oder Telekommunikationssektor oder bei Mautstraßen, die auf einen konstanten Cash Flow ausgerichtete Finanzierung eines Projekts zerstören.

23 Die mögliche Vielfalt schädlichen staatlichen Handels ist praktisch unbegrenzt. Nicht jedes staatliche Handeln, das eine Investition beeinträchtigt, stellt jedoch ein politisches Risiko dar. Die Regulierung und Beschränkung menschlichen Handelns, zB das Verbot neuer Produkte oder der Widerruf einer Betriebsgenehmigung, ist Wesenskern staatlichen Handelns. Aktuell eine der umstrittensten Fragen im Investitionsschutzrecht ist, wie legitimes und notwendiges staatliches Handeln von einer Enteignung abzugrenzen ist[11].

24 **3. Vertragsbruch bzw. -kündigung.** Selten, aber nicht ausgeschlossen, ist, dass die Investition auf der Grundlage eines Vertrages mit dem ausländischen Staat stattfindet. Bei größeren Auslandsinvestitionen, zB im Infrastrukturbereich, finden die Investitionen sogar in der Regel nur auf der Grundlage eines solchen Vertrages statt. In diesem Vertrag werden die wirtschaftlichen und rechtlichen Rahmenbedingungen für die Investition festgeschrieben. Erfüllt der Staat diesen Vertrag nicht, kann dies für ein Unternehmen ähnlich schwerwiegende Auswirkungen wie eine Enteignung haben.

25 Dass ein Vertragspartner den Vertrag nicht erfüllt, ist jedoch ein allgemeines wirtschaftliches Risiko und allen Verträgen zu Eigen. Das besondere Risiko, mit dem Staat einen Vertrag abzuschließen, ergibt sich aus seiner besonderen Stellung als Staat: er kann den Vertrag durch Gesetz oder Dekret aufheben, dem Investor den Rechtsweg zu staatlichen Gerichten versperren oder die Rechtslage, die dem Vertrag bei seinem Abschluss zugrunde lag, zu seinen Gunsten ändern[12].

26 **4. Widersprüchliches und intransparentes Handeln.** Selbst wenn der Staat nicht aktiv durch Enteignung oder Veränderung der Rechtslage einen ausländischen Investor schädigen will, kann ein erhebliches Risiko darin liegen, dass die Rahmenbedingungen und Mo-

---

[10] Siehe hierzu *A. Newcombe/L. Paradell,* Law and Practice of investment treaties: Standards of treatment, Kluwer Law International, 2009, S. 343–344; *C. Schreuer,* The Concept of Expropriation Under the ECT and Other Investment Protection Treaties, TDM 3 (2005).

[11] Siehe zum Thema *Happ/Rubins,* Digest of ICSID Awards and Decisions 2003–2007, Oxford University Press, 2009, S. 351–353; *V. Yu/F. Marshall,* „Investors' Obligations and Host State Policy Space", Background document for the 2nd Annual Forum for Developing Country Investment Negotiators, Marrakesch/Marokko, 2.–4. November 2008, abrufbar unter <http://www.iisd.org/pdf/2008/dci_inv_obligations.pdf>.

[12] Vgl. *A. Newcombe/L. Paradell,* Law and Practice of investment treaties: Standards of treatment, Kluwer Law International, 2009, S. 98.

tive staatlichen Handelns unklar sind. Zwar wird ein sorgfältiger Investor im Vorfeld die rechtlichen Rahmenbedingungen seines geplanten Projekts überprüfen. Dies nützt ihm aber wenig, wenn diese Rahmenbedingungen nicht vollständig bekannt sind, oder verschiedene Behörden und Instanzen des Staates widersprüchlich handeln und so Erwartungen des Investors enttäuschen.

Beispiel:
Im *Metalclad-Verfahren*[13] wollte der US-amerikanische Investor eine Mülldeponie in Mexiko betreiben. Bundes- und Kommunalbehörden in Mexiko waren unterschiedlicher Auffassung, ob eine kommunale Baugenehmigung notwendig sei oder nicht. Obwohl ihm die Bundesbehörden mehrmals zugesichert hatten, eine kommunale Genehmigung sei nicht notwendig, wurde Metalclad von den lokalen Behörden letztlich das Betreiben der Mülldeponie wegen dieser fehlenden Genehmigung verboten.

5. Unruhen und Bürgerkrieg. In einigen Schwellen- und Entwicklungsländern, insbesondere in Afrika, besteht das Risiko, dass durch Unruhen oder Bürgerkriege Fabriken oder Plantagen besetzt oder zerstört werden. Dieses Risiko wird traditionell zum politischen Risiko gezählt, obgleich es nicht immer unter der Kontrolle des ausländischen Staates steht. Für Schäden durch Rebellen, Brandstifter und Demonstranten kann ein Staat daher nur begrenzt einstehen. 27

6. Währungsrisiken. Investitionen in Schwellen- und Entwicklungsländern, die über eine nicht frei konvertierbare Währung verfügen, sind besonders anfällig für Währungsrisiken. Die Finanzierung der Investition ist üblicherweise auf der Annahme aufgebaut, dass im Gaststaat erzielte Gewinne in ‚harte Währung' umgetauscht und nach Hause überwiesen werden, um Kredite zu bedienen. Werden Umtausch und Überweisung erschwert oder gar unmöglich gemacht, kann das dieselben Auswirkungen wie eine Enteignung haben. 28

Beispiel:
Anschaulich zeigt sich das am Beispiel *Argentiniens*, gegen das ca. 40 Schiedsverfahren vor dem ICSID anhängig waren. Im Zuge der Wirtschaftskrise 2001–2002 fror Argentinien die Tarife für Strom-, Gas- und Abwasserversorgung ein und gab gleichzeitig die auf 1:1 festgesetzte Bindung des Peso an den US-Dollar auf. Für zahlreiche ausländische Investoren im Versorgungssektor, der in den 1990–2000 umfassend privatisiert worden war, hatte das schwerwiegende Auswirkungen.

IV. Inadäquanz eines nicht-völkerrechtlichen Rechtsschutzes

Realisieren sich politische Risiken, stellt sich für einen geschädigten ausländischen Investor die Frage, ob und wie man Rechtsschutz erlangen kann. 29

Politische Risiken können, müssen aber nicht einen Verstoß gegen das nationale Recht des Gaststaates bedeuten. Oftmals gehen politische Risiken wie zB eine Enteignung oder regulatorisches Handeln auf staatliches Recht zurück. Das staatliche Recht des Gaststaates kann daher nur einen begrenzten Schutz gegenüber politischen Risiken bieten. Ob der Rechtsschutz vor nationalen Gerichten effektiv ist, richtet sich vor allem nach zwei Faktoren: 30

1. in welchem Land Sie staatliche Gerichte anrufen müssen. Unabhängigkeit und vor allem Unbestechlichkeit der Justiz sind schon in vielen Ländern Osteuropas nicht garantiert. In krisengeschüttelten Ländern Zentral- und Südasiens, Afrikas sowie Lateinamerikas kann es erst recht fraglich sein, ob die Gerichte unabhängig und selbstbewusst genug sind, um politischen Druck der Regierung, die getroffenen Maßnahmen für rechtmäßig zu erklären, zu widerstehen. Ein faires Verfahren ist dort nicht immer gesichert: „There is little use in going to law with the devil while the court is held in hell".[14]

---

[13] *Metalclad Corporation v. United Mexican States,* ICSID Case No. ARB(AF)/97/1, Schiedsspruch vom 30. August 2000.
[14] *Humphrey O'Sullivan,* The Diary of an Irish Countryman, 6. Januar 1831, in W. Park, Arbitration of International Business Disputes: Studies in Law and Practice, Oxford, 2006, S. 423.

2. gegen welche Maßnahmen Sie sich wehren wollen und müssen. Staatliche Gerichte wenden staatliches Recht an. Hat der Staat aber neue, für Ihr Unternehmen nachteilige Gesetze erlassen, per Gesetz Ihre ausländische Tochtergesellschaft enteignet oder durch staatlichen Erlass Ihren Vertrag aufgehoben, kann das Handeln aus der Sicht staatlichen Rechts rechtmäßig sein. Ob das staatliche Handeln gegen ggf. anwendbare Verfassungsvorschriften verstößt, und diese Verletzungen von Ihnen überhaupt vor einem Gericht gerügt werden können, ist eine andere Frage.

31 Haben Sie mit dem Staat einen Vertrag geschlossen und enthält dieser eine Schiedsklausel, können Sie statt der staatlichen Gerichte das vereinbarte Schiedsgericht anrufen. Die Streitbeilegung im internationalen Handel, und insbesondere die internationale Wirtschaftsschiedsgerichtsbarkeit, wird ausführlich in den → Abschnitten 42–49 erläutert

32 Vertragliche Schiedsvereinbarungen sind jedoch nur bedingt geeignet, Ihnen Rechtsschutz gegen politische Risiken zu bieten. Erstens wird der Staat nur dann durch eine vertragliche Schiedsklausel gebunden, wenn der Vertrag mit ihm selbst geschlossen wurde. Das kann insbesondere dann fraglich sein, wenn der Vertrag mit einer unterstaatlichen Körperschaft, die eigene Rechtspersönlichkeit besitzt, oder einem staatseigenen Unternehmen geschlossen wurde. Zweitens kann ein vertraglich vereinbartes Schiedsgericht nur in begrenztem Rahmen Rechtsschutz gewähren, wenn es zB um Enteignungen und regulatorische Maßnahmen geht. Denn das Schiedsgericht kann nur auf der Basis des anwendbaren Rechts darüber urteilen, ob die staatliche Vertragspartei den ihr obliegenden Verpflichtungen aus dem Vertrag nachgekommen ist oder nicht. Im Regelfall wird der mit dem Staat geschlossene Vertrag aber das Recht des Gaststaates für anwendbar erklären. Ein externer Regelungsmaßstab, an dem die Rechtmäßigkeit einer Enteignung gemessen werden kann, fehlt dann.

C. Schutz durch Investitionsschutzabkommen

33 Schutz gegen politische Risiken bieten völkerrechtliche Investitionsschutzabkommen, die die Bundesrepublik Deutschland, aber auch andere westliche Staaten, seit 1959 abgeschlossen haben. Die Abkommen der Bundesrepublik Deutschland verwenden dabei den Begriff „Kapitalanlage" anstelle des international üblichen Begriffs „Investition", ohne dass dies einen inhaltlichen Unterschied macht.

I. Geographische Reichweite des Schutzes

34 Deutschland hat 1959 mit Pakistan das erste Investitionsschutzabkommen überhaupt abgeschlossen. Per 27.4.2012 waren 131 Abkommen in Kraft und weitere 8 Verträge unterzeichnet. Die Webseite des Bundeswirtschaftsministeriums bietet eine Liste (mit BGBl.-Fundstellen), die vierteljährlich aktualisiert wird[15]. Betrachtet man eine Weltkarte, zeigt sich, dass – mit Ausnahme von Lateinamerika und den OECD-Staaten – alle wesentlichen Exportregionen der Welt und fast alle Risikostaaten abgedeckt sind:

35 Deutschland ist darüber hinaus Vertragsstaat des multilateralen **Energiechartavertrages,** der in allen Mitgliedstaaten der EU, Osteuropas und den Nachfolgestaaten der Sowjetunion gilt und Investitionen im Energiesektor schützt.

II. Was ist als Investition geschützt?

36 Grundsätzlich unterscheiden sich ältere Abkommen der Bundesrepublik Deutschland (1959–1990) und neuere Abkommen (ab 1990) dadurch, dass die älteren Abkommen nur

---

[15] Diese Übersicht ist abrufbar unter <http://www.bmwi.de/BMWi/Redaktion/PDF/B/bilaterale-investitionsfoerderungs-und-schutzvertraege-IFV,property=pdf,bereich=bmwi2012,sprache=de,rwb=true.pdf> (Stand: 27. April 2012).

Abschnitt 52. Schutz von Vermögenswerten im Ausland

bestimmte Formen von „Kapitalanlagen" schützen, während die neueren Abkommen alle Arten von „Vermögenswerten" schützen. Durch individuell verhandelt Zusatzprotokolle wird aber oftmals der Anwendungsbereich eingeschränkt oder erweitert.

Gemäß Artikel 1 Abs. 1 des deutschen Muster-Investitionsschutzabkommens von 2009[16] gelten als geschützte Investitionen **37**

„**Vermögenswerte jeder Art, die von Investoren des einen Vertragsstaats direkt oder indirekt im Hoheitsgebiet des anderen Vertragsstaates angelegt werden.**"

Die Investitionsschutzabkommen enthalten eine nicht abschließende, beispielhafte Liste von Vermögenswerten, die als Investition geschützt sind. Dazu gehören:
- Eigentum an beweglichen und unbeweglichen Sachen,
- Anteilsrechte und Beteiligungen
- Vertragliche Ansprüche
- Rechte des geistigen Eigentums (zB Marken und Patente)
- Handelsnamen, Betriebs- und Geschäftsgeheimnisse, Knowhow
- Öffentlich-rechtliche Konzessionen einschließlich Aufsuchungs- und Gewinnungskonzessionen für natürliche Ressourcen.

Einfache **Exportgeschäfte** werden regelmäßig nicht als Investition geschützt. Viel hängt **38** aber von den Umständen des Einzelfalls ab. So wurde zB im Verfahren *Petrobart/Kirgisien*[17] der Kaufpreisanspruch für die Lieferung von Gas als Investition gewertet, ebenso in *SGS/Pakistan*[18] und *SGS/Philippinen*[19] die Durchführung von Pre-Shipment Inspektionen. Geht ein Export mit zusätzlichen Leistungen einher, wie zB langfristigen Service-Verträgen sowie evtl. einer Finanzierung der Lieferung, und findet die exportierte Ware Verwendung in „klassischen Investitionen" wie zB Kraftwerken oder Fabriken, ist es durchaus möglich, dass eine Investition angenommen wird. Verfügt ein Unternehmen über Tochtergesellschaften oder Niederlassungen im Ausland, stellen diese sowieso eine Investition dar. Durch den Schutz von Knowhow und geistigem Eigentum sollte es daher auch möglich sein, bei Joint-Ventures mit ausländischen Geschäftspartnern, zB in China, die eingebrachten Vermögenswerte gegen staatliches Handeln zu schützen.

III. Wer ist als Investor geschützt?

Mit Investitionsschutzabkommen schützen die Vertragsstaaten Vermögenswerte ihrer **39** Staatsangehörigen im anderen Vertragsstaat. Nur wer als „Investor" iSd Abkommens gilt, kann sich auf das Abkommen berufen und den Schutz in Anspruch nehmen. Staatsangehörige können sowohl juristische Personen als auch natürliche Personen sein.

Der deutsche Muster-Investitionsschutzvertrag legt fest, dass „Investoren" **40**
- deutsche Staatsbürger sowie EG-Bürger sind, die ihren ständigen Wohnsitz in Deutschland haben; und
- juristische Personen, Handelsgesellschaften sowie sonstige Gesellschaften und Vereinigungen, die nach deutschem Recht oder dem Recht eines EG-Mitgliedstaates gegründet wurden und in Deutschland in ein Register eingetragen sind oder als Betriebsstätte Niederlassungsfreiheit nach EU-Recht genießt;

die Eigentümer, Inhaber oder Teilhaber einer Kapitalanlage sind.

Nicht eindeutig ist, ob ein Investor unmittelbarer Eigentümer, Inhaber oder Teilhaber **41** sein muss oder ob auch eine mittelbarer Eigentümer-, Inhaber- oder Teilhaberstellung genügt. In der Praxis kann das relevant werden, wenn Auslandsprojekte aus steuerlichen Gründen über Holdinggesellschaften in Niedrigsteuerländern strukturiert werden. Während ins-

---

[16] Deutscher Mustervertrag 2009, abrufbar unter <http://www.hjr-verlag.de/imperia/md/content/hjr/produktinfo/cfmueller/978-3-8114-9610/9783811496101_sonstige_informationen_90.pdf>.
[17] *Petrobart Limited v. The Kyrgyz Republic*, SCC Case No. 126/2003.
[18] *SGS Société Générale de Surveillance S. A. v. Islamic Republic of Pakistan*, ICSID Case No. ARB/01/13.
[19] *SGS Société Générale de Surveillance S. A. v. Republic of the Philippines*, ICSID Case No. ARB/02/6.

besondere amerikanische Investitionsschutzabkommen ausdrücklich auch mittelbar gehaltene Investitionen schützen, fehlt in den deutschen Abkommen eine ausdrückliche Regelung. Im Schiedsverfahren *Sedelmayer v. Russland*[20] hat das Schiedsgericht dennoch entschieden, das die Existenz einer zwischengeschalteten Holding in den USA nicht den Schutz des deutschen Investitionsschutzabkommens ausschloss.

IV. Wie funktioniert der Schutz?

42 **1. Schutzstandard.** Alle modernen Investitionsschutzabkommen enthalten einen vergleichbaren Schutzstandard, der auf die typischen politischen Risiken zugeschnitten ist.

43 Staaten ist es verboten, Investitionen von Investoren des anderen Staates direkt oder indirekt zu **enteignen,** ohne eine volle Entschädigung, die üblicherweise nach dem Marktwert berechnet wird, zu zahlen. Nach ganz überwiegender Ansicht in Literatur und Rechtsprechung erfasst dies grundsätzlich auch indirekte Enteignungen durch regulatorischen Handeln, also zB durch Maßnahmen zum Umweltschutz. Die Abgrenzung zwischen legitimer Regulierung und entschädigungspflichtiger Enteignung kann jedoch im Einzelfall schwierig sein.

44 Die Vertragsparteien sind ferner verpflichtet, Investoren **billig und gerecht** („fair and equitable") zu behandeln. Rechtsprechung und Literatur legen diese Verpflichtung, die sich in fast allen modernen Investitionsschutzabkommen findet, so aus, dass die „berechtigten Erwartungen" von Investoren, die sie bei Vornahme der Investition haben, geschützt werden. Berechtigte Erwartungen entstehen zB durch ausdrückliche gesetzliche oder behördliche Zusagen.[21] Verletzt der Staat dann, zB durch eine Rechtsänderung, diese berechtigten Erwartungen, können Investoren Schadensersatz verlangen.

45 Deutsche Unternehmen dürfen nicht gegenüber Unternehmen aus Drittstaaten oder einheimischen Unternehmen **diskriminiert** werden. Das kann zum Beispiel relevant werden, wenn Schiffe eines deutschen Unternehmens erst später oder zu schlechteren Bedingungen als Schiffe einheimischer Unternehmer entladen werden oder Tochtergesellschaften bzw. Niederlassungen deutscher Unternehmen bei öffentlichen Ausschreibungen benachteiligt werden.

46 Der Vertragsparteien werden darüber hinaus verpflichtet, gegenüber einem Investor der anderen Partei (also zB einem deutschen Unternehmen) oder seiner Investition (also zB dem einheimischen Tochterunternehmen) eingegangene Verpflichtungen einzuhalten. Die entsprechenden Klauseln werden als „Schirmklausel" (umbrella clause) bezeichnet.

47 Diese Verpflichtungen berechtigen unmittelbar und direkt den geschützten Investor, vergleichbar einem Vertrag zu Gunsten Dritter im deutschen Recht. Obwohl der Investor nicht Partei des Abkommens ist – und auch nicht sein kann, da nur Staaten völkerrechtliche Abkommen schließen – kann er sich gegenüber dem Staat auf das Abkommen berufen, Verletzungen in eigenem Namen geltend machen und Schadensersatz fordern.

48 **2. Der Staat als Einheit.** Die Verpflichtungen eines Investitionsschutzabkommens verpflichten den **Staat als Einheit** und damit Gesetzgebung, Verwaltung und Rechtsprechung. Sowohl der Erlass neuer Gesetze durch das Parlament als auch die Anwendung bestehender Gesetze durch die Behörden oder die Entscheidung eines bestimmten Falls durch die Gerichte können gegen ein Investitionsschutzabkommen verstoßen.

49 Ferner ist der Staat völkerrechtlich für das Handeln von Teilstaaten, Ländern und Gemeinden verantwortlich. Die innerstaatliche Macht- und Kompetenzverteilung ist unerheblich. Somit kann auch das Handeln eines Bürgermeisters zu Schadensersatzansprüchen gegen den Staat führen.

---

[20] Mr. Franz Sedelmayer v. The Russian Federation, SCC, Schiedsspruch vom 7. Juli 1998, abrufbar unter <http://ita.law.uvic.ca/documents/investment_sedelmayer_v_ru.pdf>.

[21] Siehe hierzu *A. Newcombe/L. Paradell,* Law and practice of investment treaties: Standards of treatment, Kluwer Law International, 2009, S. 279–289.

Beurteilungsmaßstab für die Rechtmäßigkeit des staatlichen Handelns sind allein die Bestimmungen des Investitionsschutzabkommens, nationales Recht ist zweitrangig. Der Staat kann daher nicht sein Handeln selber legitimieren. Auch rechtmäßiges staatliches Handeln kann gegen das Investitionsschutzabkommen verstoßen. Gleichzeitig ist Handeln, das nach nationalem Recht rechtswidrig ist, nicht automatisch ein Verstoß gegen das Investitionsschutzabkommen. 50

3. Beilegung von Streitigkeiten durch Schiedsverfahren. Ihren „Biss" erhalten die Investitionsschutzabkommen dadurch, dass sie ein Angebot des Staates zum Abschluss einer **Schiedsvereinbarung** enthalten. Ist ein durch das Abkommen geschütztes Unternehmen der Ansicht, dass der Gaststaat ihm gegenüber das Abkommen verletzt hat, ist das Unternehmen nicht darauf angewiesen, die Gerichte des Gaststaates anzurufen. Vielmehr kann das Unternehmen direkt und unmittelbar diese Verletzung dem Gaststaat gegenüber rügen und eine gütliche Beilegung verlangen. Kann binnen sechs Monaten keine Einigung erzielt werden, kann das Unternehmen das Angebot annehmen und unmittelbar und direkt ein Schiedsverfahren gegen den Staat einleiten. 51

Üblicherweise verweisen die Streitbeilegungsklauseln den Investor auf ein Schiedsverfahren des *International Centre for the Settlement of Investment Disputes* (ICSID[22]) in Washington. Manche Abkommen enthalten Klauseln, die dem Investor die Wahl zwischen einem ICSID-Verfahren, einem sog. Ad-hoc Verfahren nach den UNCITRAL-Regeln oder einem Verfahren nach den Regeln des Schiedsinstituts der Stockholmer Handelskammer geben. 52

Schon die sechsmonatige Verhandlungsphase kann zu einer Beilegung des Streits führen. Zweck dieser Phase ist es, dem Staat die Möglichkeit zu geben, den Sachverhalt aufzuarbeiten und selbst eine Lösung vorzuschlagen. Oftmals ist Quelle des Streits nicht ein neues Gesetz, sondern das Handeln regionaler oder lokaler Behörden, das dem Staat selbst unbekannt ist. Die Erfahrung zeigt auch, dass viele Staaten die Einleitung eines Investitionsschiedsverfahrens vermeiden wollen. Unter dem „Schatten" eines drohenden Schiedsverfahrens begegnen sich Investor und Staat auch eher als Gleichrangige, was eine Einigung fördert. 53

D. Das International Centre for the Settlement of Investment Disputes (ICSID)

I. Was ist das ICSID

Das *International Centre for the Settlement of Investment Disputes* (ICSID) ist eine internationale Organisation mit Sitz in Washington, D.C. Das ICSID wurde durch einen völkerrechtlichen Vertrag, die *Convention for the Settlement of Disputes between States and Nationals of Other States* von 1965 (die „ICSID Konvention"), gegründet und hat 149 Mitgliedstaaten weltweit[23]. 54

Das ICSID wurde gegründet, um für Streitigkeiten zwischen Staaten und ausländischen Investoren ein neutrales Forum zu bieten. Es verhandelt nicht selbst die Schiedsfälle, sondern stellt, ähnlich wie die Internationale Handelskammer ICC, eine Schiedsordnung sowie administrative Unterstützung zur Verfügung. Es kann daher mit einer auf Investitionsstreitigkeiten spezialisierten ICC verglichen werden. 55

Streitigkeiten, die vor einem ICSID-Schiedsgericht anhängig gemacht werden, werden in eine Liste anhängiger Fälle auf der ICSID-Webseite veröffentlicht. Darüberhinaus werden die Schiedssprüche, bei denen die Parteien der vollständigen Veröffentlichung zugestimmt haben, auf der Webseite veröffentlicht. 56

---

[22] Siehe dazu die Webseite des ICSID unter <http://icsid.worldbank.org>.
[23] Ratifikationsstatus abrufbar unter <https://icsid.worldbank.org/ICSID/FrontServlet?requestType=CasesRH&actionVal=ShowHome&pageName=MemberStates_Home>.

5. Teil. Anhang

II. Besonderheiten eines ICSID-Verfahrens

57 „Normale" Schiedsverfahren unterliegen der Kontrolle der Gerichte – und des Rechts – des Staates, in dem das Schiedsverfahren stattfindet. Für ICSID-Schiedsverfahren gilt dies nicht, sie sind „denationalisiert". Maßgebliche Rechtsordnung für ICSID-Schiedsverfahren ist allein die ICSID-Konvention. Diese Denationalisierung zeigt sich insbesondere daran, dass staatliche Gerichte einen ICSID-Schiedsspruch nicht aufheben können. Die ICSID-Konvention stellt selbst einen internen Aufhebungsmechanismus zur Verfügung, den unterlegene Parteien einsetzen können. Der Maßstab für eine Aufhebung eines Schiedsspruchs ist jedoch vergleichbar dem der New Yorker Konvention (→ Abschnitt 44).

58 Zusammen mit der vereinfachten Vollstreckbarkeit sorgt die Denationalisierung dafür, dass ICSID-Schiedssprüche weltweit auf einfache Art und Weise durchgesetzt werden können. Alle 149 Vertragsstaaten der ICSID-Konvention sind verpflichtet, ICSID-Schiedssprüche wie letztinstanzliche Urteile durchzusetzen. Ausreichend ist ein Antrag an das nach nationalem Recht zuständige Gericht – in Deutschland wäre es ein Oberlandesgericht. Zwar können sich unterlegene Staaten gegen die Vollstreckung auf ihre staatliche Immunität berufen. Allerdings entsteht nur selten die Notwendigkeit, einen Schiedsspruch zu vollstrecken. Es sind nur wenige Fälle (von über 279 erledigten Verfahren) bekannt, in denen der siegreiche Investor vollstrecken musste. Unterlegene Staaten erfüllen im Regelfall ihre Zahlungsverpflichtungen freiwillig.

59 ICSID-Verfahren haben darüberhinaus eine außerordentlich hohe Vergleichsquote. Überprüft man die auf der ICSID-Webseite veröffentlichte Liste erledigter Verfahren[24], stellt man fest, dass ca. 40% durch Vergleich der Parteien enden. Bedenkt man noch, dass zahlreiche Streitigkeiten bereits vor Einberufung eines ICSID-Schiedsgerichts gütlich beigelegt werden, spricht dies für die Eignung von ICSID-Schiedsverfahren als Streitbeilegungsmechanismus.

III. Voraussetzungen eines Verfahrens

60 Voraussetzung für ein ICSID-Schiedsverfahren – wie für jedes andere Schiedsverfahren – ist eine Schiedsvereinbarung. Als das ICSID gegründet wurde, ging man noch davon aus, dass zwischen Investor und Staat im Regelfall ein Vertrag besteht, in den eine ausdrückliche ICSID-Schiedsklausel aufgenommen werden kann.

61 Ausdrückliche Schiedsvereinbarungen bestehen jedoch nur in den seltensten Fällen. Wie bereits ausgeführt, enthalten Investitionsschutzabkommen daher eine Streitbeilegungsklausel, die ein unbedingtes und unwiderrufliches Angebot beider Staaten enthalten, Meinungsverschiedenheiten mit einem Investor des jeweils anderen Vertragsstaates durch ein Schiedsverfahren beizulegen. In der Rechtsprechung der ICSID-Schiedsgerichte ist unbestritten, dass der Investor dieses Angebot durch Klagerhebung annehmen kann und so eine Schiedsvereinbarung zustande kommt.

62 Darüber hinaus müssen die Voraussetzungen von Artikel 25 der ICSID-Konvention erfüllt sein: es muss sich um eine rechtliche Streitigkeit handeln, die direkt aus einer Investition erwächst. In der Schiedspraxis problematisch ist vornehmlich der Begriff der Investition, der in der Konvention nicht definiert wird. Grundsätzlich gilt die Parteivereinbarung – und damit der Begriff der Investition, wie er sich aus dem Investitionsschutzabkommen ergibt. Allerdings haben Schiedsgerichte eigenständige Kriterien entwickelt, die ein Vorhaben erfüllen muss, um als „Investition" im Sinne der ICSID-Konvention zu gelten. Diese Kriterien können im Einzelfall dazu führen, dass Vermögenswerte, die nach dem Investitionsschutzabkommen als „Investition" gelten, nicht als „Investition" im Sinne der ICSID-Konvention anerkannt werden.

---

[24] Die aktuelle Liste der erledigten Verfahren ist abrufbar unter <https://icsid.worldbank.org/ICSID/FrontServlet?requestType=GenCaseDtlsRH&actionVal=ListConcluded>.

IV. Verfahrensort, -dauer und -kosten

63 Das ICSID hat seinen Sitz in Washington, D.C. Dort finden auch die Verfahren statt. Die Verfahren können aber auch an jedem anderen Ort stattfinden, wenn das ICSID mit der jeweiligen Institution ein Abkommen geschlossen hat. Dazu gehören zB der Ständige Schiedsgerichtshof (PCA) in Den Haag oder das Frankfurt International Arbitration Centre (FIAC) in Frankfurt am Main.

64 ICSID-Schiedsverfahren haben eine durchschnittliche Dauer von 2–4 Jahren bis zu einem endgültigen Schiedsspruch, wenn keine vorherige Einigung gibt. Die Kosten können erheblich sein. Schiedsrichter erhalten eine Vergütung von US$ 3.000,– pro Tag, an dem sie am Verfahren arbeiten. Einschließlich Sachverständigen- und Anwaltskosten können schnell Verfahrenskosten von über 500.000 EUR zustande kommen, die auch bei einem Obsiegen – anders als vor Staatsgerichte – nicht automatisch erstattet werden. Die Einleitung eines ICSID-Verfahrens rechtfertigt sich daher nur bei höheren Streitwerten und sollte sorgfältig überlegt werden. Man sollte kein Verfahren einleiten, von dem man nicht überzeugt ist, es gewinnen zu können.

Sachverzeichnis

Die fetten Zahlen bezeichnen die Abschnitte, die mageren Zahlen die Randnummern

Abänderungsvorbehaltsklauseln **4** 162
ABC-Waffen **35** 21; **37** 2
Abfälle **37** 20 ff.
Abfallverbringungsgesetz 2; **37**
Abgeordnete **38** 1, 39, 52, 54
Abholklausel **21** 41
Abladegeschäft **15** 23
Ablehnung **44** 13
Ablieferungsort **21** 51
Abmahnung **1** 87
Abruf **3** 18
Absender **18** 15 f.; **19** 50, 70
Absenderklausel **21** 43
Absichtserklärungen **1** 119
Absprachen **38** 33
abstrakte Gefährdungsdelikte **38** 5, 22
Abstraktionsprinzip **13** 36, 151, 228
Abtretungsverbote **4** 157
Abwehrklauseln **4** 160
Abweichende Vereinbarungen **14** 12, 68 ff.
Abwicklungsklauseln **4** 161
Abzugsfranchise **21** 76
Acceptation **13** 55
Ad hoc Schiedsgerichtsbarkeit **49** 75 ff.
– Iran-United States Claims Tribunal **49** 85
– UNCITRAL Schiedsgerichtsordnung *siehe dort*
Ad hoc Schiedsklauseln **46** 19
Ad hoc Schiedsverfahren **46** 8; **47** 18
Administration **44** 6
ADS **4** 68, 69, 114
ADSp **4** 60 f., 61, 114, 138; **14** 9, 57, 76, 97, 123 ff.
AEO (Authorized Economic Operator) **35** 62; **36** 42
Afghanistan **35** 56
AGB – Kontrolle **22** 14 22
AGB Web-Seite **9** 43
AGB-Pfandrecht **13** 147
Ägypten **35** 41
Akkreditiv **12** 133 ff.; **22** 43; **27** 38, 63, 96
– Übertragung **12** 274
Algerien **35** 22
Allgefahrendeckung **21** 27

Allgemeine Beförderungsbedingungen **18** 21 f.
Allgemeine Beförderungsbedingungen für den internationalen Eisenbahngüterverkehr **4** 64
Allgemeine Deutsche Seeversicherungsbedingungen, ADS **21** 22 ff.; **22** 18
Allgemeine Einkaufsbedingungen **4** 28
Allgemeine Genehmigung **36** 25 ff.
Allgemeine Geschäftsbedingungen **3** 5; **19** 11, 18, 42; **27** 19 ff.
– AGB-Banken, AGB-Sparkassen **4** 58
– AGB-Kontrolle **14** 109 ff., 127 ff., 130
– Allgemeine Lieferbedingungen **4** 32
– Allgemeine Verkaufs- und Einkaufsbedingungen **4** 32
– Auftragsbestätigung **4** 29, 111
– Aushandeln **4** 22 f.
– Begriff **4** 10 ff.
– blue-pencil-test **4** 155
– Branchenüblichkeit **4** 112
– Einbeziehung **4** 84, 95 ff., 104 ff.
– Einkaufs- und Verkaufs-AGB **4** 26
– Eisenbahntransport **4** 64
– Exportkaufvertrag **4** 92
– IETA-Rahmenvertrag **4** 53
– Im- und Export-AGB **4** 26
– Individualvereinbarung **4** 2, 22 ff.
– Inhaltskontrolle **4** 3 ff., 132, 134 ff., 143 ff.
– IPR **4** 77
– Katalog **4** 29
– knock-out rule **4** 130
– Kollision einander widersprechender AGB, battle of forms **4** 129 ff.
– Lieferschein **4** 29
– Logistik-AGB **4** 63
– Luftfrachtbrief **4** 65
– Mindestvertragsdauer **4** 19
– pauschalierter Schadensersatz, liquidates damages **4** 6, 17
– Preisliste **4** 29
– private government system **4** 4
– Rationalisierungsfunktion **4** 2; **49** 26
– Reform deutsches AGB-Recht **4** 5 f., 75

Sachverzeichnis

- Standortnachteil Deutschland **4** 5
- Theorie des letzten Wortes **4** 131
- vorformuliert **4** 11 ff., 25

Allgemeine Verkaufsbedingungen 4 28

Allgemeinen Deutschen Spediteurbedingungen (ADSp) 14 3, 21

Allgemeines Eisenbahngesetz, AEG 17 8

Allgemeines Präferenzsystem (APS) 31 7 ff.

Al-Qaida 35 45

Alternative Streitbeilegung 49 1, 3

Altvertragsschutz 35 79

American Arbitration Association, AAA 49 5, 32, 74

Amtsträger 38 6, 44, 45, 50 f., 53, 69

Anbieten 38 10 f.

Anbietungspflicht 26 103

An-Bord-Vermerk 15 42

Angestellter 38 24

Angstklausel 13 41

Ankunftsklauseln 21 44

Anlagen zum Vertrag 3 89

Anlassrechtsprechung 13 188

Anmeldepflicht 26 20

Annahme eines Vorteils 38 10 f.

Annahmeklauseln 4 163

Antipersonenminen 37 2

Anwaltsauswahl 2 109

Anwartschaftsberechtigter, Anwartschaftsrecht 13 80, 83, 125, 126

Anweisungsfälle 35 84

Anwendungsbereich 13 91, 131, 140

Anzeige 13 38, 55, 56, 57, 61, 62, 66, 149, 154, 174

Appointing Authority, ernennende Stelle 49 66, 79 f.

Arbeitskampfklauseln 4 165

Argentinien 36 28

Armenien 35 41; **37** 11

ASEAN Regional Investment Agreement 49 86

Aserbaidschan 35 41; **37** 11

ATLAS 39 101

ATLAS-Ausfuhr 32 22 ff.

Aufbewahren 14 14, 83

Aufhebung eines Kreditlimits 26 122

Aufhebungsantrag 44 39

Aufrechnung 14 157

Aufrechnung 27 14 27

Aufrechnungsverbote 4 167

Aufsichts-/Überwachungspflicht 36 63, 76

Auftragsbestätigung 4 109

Auftragsrecht 13 184, 195

Aufwendungen 1 163

Aufwendungsersatz 14 24, 89
- pauschaliert **14** 41

Aufwendungsersatz 6 14 6

Aufwendungsersatzes, pauschaliert 8 14 8

Aufzeichnungs- und Aufbewahrungspflicht 36 38 f.; **37** 8

Ausfuhranmeldung
- ATLAS-Ausfuhr **29** 70 ff.
- Internet-Ausfuhranmeldung **29** 83 ff.

Ausführer 29 24 ff., 34
- direkte Stellvertretung **29** 36
- ermächtigter – **29** 29
- indirekte Stellvertretung **29** 36
- vertrauenswürdiger – **29** 28
- zugelassener – **29** 27

Ausfuhrgenehmigung
- Allgemeine Genehmigung **36** 25 ff.
- Arten **36** 6 ff.
- Bearbeitungszeit Einzelgenehmigung **36** 19
- Erteilung **36** 7 ff.
- Höchstebetragsgenehmigung **36** 15
- Null-Bescheid **36** 23
- Sammelausfuhrgenehmigung **36** 40
- Zuständigkeit **36** 24

Ausfuhrgewährleistungen 27 3; **29** 1 ff.

Ausfuhrkreditversicherung 26 8 ff.
- Anbietungspflicht **26** 103
- Anmeldepflicht **26** 21
- Aufhebung Kreditlimit **26** 122
- Beendigung Versicherungsschutz **26** 120 ff.
- Beginn Versicherungsschutz **26** 79
- Einzelpolice **26** 23
- Entschädigung **26** 118
- Fabrikationsrisiko **26** 60
- fruchtlose Zwangsvollstreckung **26** 94
- Gegenstand der Ausfuhrkreditversicherung **26** 32 ff.
- gesetzliche Grundlagen **26** 10
- Informationspflichten **26** 113
- Insolvenz **26** 91
- laufende Versicherung **26** 11
- Nichtzahlungstatbestand **26** 84
- Obliegenheitsverletzung **26** 115
- politisches Risiko **26** 98
- Prämienzahlungspflicht **26** 108
- Qualität der Forderung **26** 32
- Saldenmeldung **26** 106

- Umsatzmeldung **26** 106
- unbenannte Versicherung **26** 56
- Versicherungsfall **26** 83
- Versicherungssumme **26** 66
- vertragliche Grundlagen **26** 31

Ausfuhrliste 35 5, 10

Ausfuhrregime, erstattungsrechtliches 39 8
- AEVO **39** 12
- ausfuhrbezogene Erstattungsvoraussetzungen **39** 25 ff., 57 ff.
- einfuhrbezogene Erstattungsvoraussetzungen **39** 81 ff.
- Erstattungsnomenklatur **28** 27
- Erzeugniscode **39** 27
- Festsetzungsverordnungen **39** 16
- Marktordnungswaren **39** 30
- Produktcode **39** 27
- Rechnungsabschlussverfahren des EGFL **39** 7

Ausfuhrrisiken
- Fabrikationsrisiko **29** 26 ff.
- Rechtsbeständigkeit der Forderung **29** 31, 107, 108
- Waährungsrisiken **29** 98 ff.

Ausführungsvertrag 14 3, 8, 16

Ausfuhrverantwortlicher 36 14, 63, 70 ff.

Ausfuhrverbote *siehe Exportverbote*

Ausfuhrverfahren, erstattungsrechtliches 39 99

Ausfuhrwarenkreditversicherung 26 8

Aushandeln 4 23; **14** 12, 70

Auskunft zur Güterliste 35 19; **36** 41

Auskunftserteilung 21 70

Ausländische Rechtshängigkeit 41 47

Ausländische Titel
- Anerkennung **50** 1 ff.
- Vollstreckung **50** 1 ff.

Ausländischer Rechtsanwalt
- Instruktion **2** 110

Auslandstaten 38 38 ff., 46 ff., 50, 52, 55, 57

Ausschlussfrist 18 76 ff.

Ausschreibungen 38 33

Außenprüfung/Außenwirtschaftsprüfung 35 114; **36** 63, 66, 80

Außenwirtschaftrecht 1 181

Außenwirtschaftsförderung 27 1 ff.

Außenwirtschaftsfreiheit 35 1

Außenwirtschaftsverordnung, AWV 35 5; **36** 1

Außenwirtschaftsgesetz, AWG 35 5; **36** 1

Australien 36 27

Auswahlverschulden 14 8, 10, 40, 54

Auswärtiges Amt 36 18

Avalgarantie 27 50 f., 53

b2b-Geschäft 1 274; **4** 74, 88; **49** 6 f.

b2c-Geschäft 1 275; **4** 90

b2g-Geschäft 1 283; **4** 74, 89; **49** 6 ff.

BAFA 35 19, 23, 37, 43, 48, 77; **36** 2, 72; **37** 4, 11

Banken 35 80, 82, 95

Bankgarantie, ICC 4 56

Bartergeschäft 7 23 ff.

Beauftragter 38 24

Begleitpapier 19 49, 90

Beitragskalkulation 21 83

Belarus 35 41

Berater 38 24, 44, 56 f., 66

Bereitstellungsverbot 35 47 ff., 80

Berner Union 27 22, 27

Berufsverbot 38 45, 70

Beschaffenheit 3 37, 52, 55

Besitzkonstitut 13 123

besonderes öffentliches Interesse 38 25

besonders schwere Fälle 38 20, 32, 36

best practice-Regeln 49 112

Bestandteile 35 14, 76

Bestätigungsklauseln 4 168

Bestätigungsschreiben 1 93, 105
- kaufmännisches – **4** 107

Bestechung 38 16, 43, 45 f., 50, 52, 54, 69

Bestimmter Transport 21 18

Bestimmtheitsgrundsatz 13 38, 123, 127, 153

Betreibsstätte 34 80, 155, 158

Betriebsgeheimnis 38 65

Betriebsstätte Server 9 118

Bevorzugung 38 23

Beweisaufnahme 49 21, 111 ff.

Beweisurkunde 13 203

Bezugsvertrag 1 292

Bietungsgarantie 27 31

Bilateral Investment Treaty, BIT 49 86, 108

BIMCO 4 67; **15** 37

BIMCO-Vertragsmuster 4 2, 67
- NYPE **4** 67
- POOLCON **4** 67
- WINDTIME **4** 67

Binnenkonnossement 19 15, 26, 33, 75

Binnenschifffahrtsgesetz, BinSchG
  19 16, 31, 88
Binnenschifffahrtssachen 19 105
Binnenwasserstraße 19 4
Blankoindossament 13 41
Blocking-VO 35 120
Bolivien 52 4
Börsen- oder Marktpreis 21 72
Boykotterklärungen 35 121
branchenüblich 14 22, 124, 126, 129
Brokering *siehe Vermittlungsgeschäfte*
Bruttoprinzip 36 59 f.
Budapester Übereinkommen *siehe* CMNI
Bundesamt für Verbraucherschutz und Lebensmittelsicherheit 37 17
Bundesanstalt für Arbeitsschutz und Arbeitsmedizin 37 17
Bundeswirtschaftsministerium 35 48; 36 2, 4; 37 7
Bürgschaft 4 170; 13 177 ff.; 27 33
– Akzessorietät 13 187, 190, 196, 204, 206
– bürgerlich-rechtliche – 13 198
– erlöschen 13 190
– auf erstes Anfordern 13 191
– handelsrechtliche – 13 198
– international 13 192 ff.
– selbstschuldnerisch 13 196
Bußgelder 36 42 ff.; 37 9, 19, 33

Camera Arbitrale Milano, CAM 45 40
Carriage and Insurance pay to/CIP 21 43
Catch-all-Klauseln 35 20; 36 12
Centre de Médiation et d'Arbitrage, CMAP 45 49
Centre for Arbitration and Mediation, CEPANI 45 54
CFR 5 69
Charge 13 115, 173
Charterparty 15 11, 37
Chartervertrag 19 32
Chattel Mortgage 13 145, 171
Chemiewaffenübereinkommen 37 3
Chemikalien 36 30; 37 12 ff.
China 35 41; 37 11
CIF 5 71; 15 24
CIM 17 23
CISG 1 188; 3 77
CLNI 19 58
Cloud-Computing 9 101
CLP-Verordnung 37 13
CMNI 19 4, 9, 20, 62

Code Civil 1 239
Code Civil (CC) 13 54, 101
Code civil francais 4 80, 116, 148 f.
Code de Commerce 1 237
Compliance 1 15; 38 63
– exportkontrollrechtliche – 36 67, 68 ff.
Consideration 13 62, 201
Consideration-Lehre 13 203
Containerklausel 15 78
Corporate Governance 38 62 ff.
Cost and Freight/CFR 21 43
Costs, Insurance, Freigt/CIF 21 43
Countertrade 7 56 ff.
Court of Arbitration for Sport, CAS 45 33
CPT 5 75
CRINE Contracts 4 47
Culpa in contrahendo 2 55
culpa in contrahendo 4 147

Datenschutz 9 97
Dauerlieferungsvertrag 1 292
Deckungsgrenze 13 128
Deckungsverhältnis 13 182, 184
Deeskalationsklausel 2 131
Deliktsrecht 1 173
Delivered at Place/DAP 21 44
Delivered at Terminal/DAT 21 44
Delivered Duty Paid/DDP 21 44
Demurrage 3 42; 15 9
Denationalisierung 49 22
Denuntiationspflicht 35 54
Deutsche Bundesbank 35 37, 81; 36 4
Deutsche Institution für Schiedsgerichtsbarkeit, DIS 45 19; 49 19 ff., 32, 68
Deutsche Titel
– Anerkennung 51 1 ff.
– Vollstreckung 51 1 ff.
Deviation 22 48
Devisengenehmigung 13 207, 212, 219
Dienstausübung 38 15, 19
Diensthandlung 38 15 f., 19, 52
dinglich 13 30, 31, 96, 98, 118, 123, 133, 152, 158, 161, 221, 224
Direktgeschäft 34 146, 153
DIS 44 2
Disclaimer 9 78, 90
Dispache 19 55
Dispatch Money 15 9
Dokumentation 2 123, 136
Dokumentation(spflicht) 36 38 f., 76, 80

Sachverzeichnis

Dokumentenakkreditiv **12** 138; **30** 16, 73
Dokumentenakkreditive, ICC *siehe* UCP 600
Dokumentengeschäft **9** 7
Dokumenteninkasso, ICC **4** 57
Dokumentenstatut **13** 136, 137
Doppelbesteuerung
– Maßnahmen zur Vermeidung **34** 32
– Ursachen **34** 28
Doppelbesteuerungsabkommen **34** 59
– Auslegung **34** 72
– Begriffsdefinitionen **34** 75
Doppelfunktionalität der Gerichtsstandsregeln **41** 30
Doppellegitimation **19** 76
Doppelrechtsstellung **14** 7, 32
Dreiecksgeschäfte **35** 90
Dreier-Schiedsgericht **44** 6
Drittschadensliquidation **15** 30
DTV-Güter 2000/2001 **21** 23
DTV-Güter 2000/2004 **4** 70
DTV-Güterversicherungsbedingungen **4** 70
Dual-Use-Güter
– Definition **35** 9, 115 ff.
– gelistete – **35** 9 ff.
– nicht gelistete – **35** 20 ff.
Dual-Use-Verordnung **28** 91; **35** 3 ff.
Dumping **28** 46 ff.
Durchfuhr **36** 33

ECE **1** 266
ECE-Lieferbedingungen **4** 38
Ecuador **52** 4
EFET Master Agreement **4** 51
EFET-Rahmenverträge **4** 51
E-Government **9** 8
Eigentum
– sachenrechtlich aufschiebend bedingtes **13** 77, 80
Eigentumsübergang **3** 44
Eigentumsübertragung
– abweichend **13** 117
Eigentumsvorbehalt **3** 48; **4** 132, 171, 173 ff.
– Abtretung **13** 20, 77
– Ausland **13** 101, 105 ff., 174, 220
– einfacher – **13** 89, 112, 113
– erweiterter – **13** 82, 103, 114
– fehlgeschlagen **13** 126
– nachgeschalteter – **13** 83
– restriktiver – **13** 99

– Übereignung **13** 125, 126, 131
– verlängerter – **13** 39, 84, 85, 103, 115, 127
– verlängerter durch Sicherungsabtretung **13** 86, 99
Einbeziehen in den Vertrag **14** 22, 128
Einheitliche Richtlinien für auf Anforderung zahlbarer Garantien **13** 206
Einheitliche Richtlinien für Vertragsgarantien **13** 206
Einheitsrecht **4** 140; **6** 9, 18, 22
Einkaufsbedingungen **4** 175
Einlagerer **14** 15 f., 80, 83, 86 ff., 89 ff., 96 ff.
Einreden und Einwendungen **13** 18, 189, 191, 202
Einstweiliger Rechtsschutz **41** 25, 31, 39; **44** 29
Einzelgefahrendeckung **21** 32
Einzelpolice **26** 23
Einzelschiedsrichter **44** 4
Einziehung **36** 56
Eisenbahninfrastruktur-Benutzungsverordnung, EIBV **17** 8
Eisenbahnmonopol **17** 4
Eisenbahn-Seeverkehr **17** 68
ELAN-K2 **36** 8, 31, 34
elektronische ERA **9** 7
Elektronische Rechnung **9** 119
Elektronische Signatur **9** 73, 119
Elektronisches Akkreditiv **12** 142
Elfenbeinküste **35** 41; **37** 11
E-Mail-Kommunikation **9** 24
Embargo **27** 37; **30** 13; **35** 35; **36** 12
– Arten **35** 37
– Iranembargo **35** 63 ff.
– Nichtigkeit des Vertrages **35** 107; **36** 88
– Teilembargo **35** 40
– Totalembargo **35** 40
– Waffenembargo **35** 40; **37** 11
– zivilrechtliche Ansprüche **35** 107 ff.; **36** 88
Emergency Arbitrator **49** 47, 110
Empfänger **18** 17 ff.; **19** 52, 67, 74, 99
Endempfänger **36** 16, 85
Endverbleib **36** 10 ff., 85
Endverbleibsdokumente **36** 86, 92
Energiechartavertrag **52** 9
Energie-Charta-Vetrag **1** 215
Energieexport **1** 261
Energy Charter Treaty **49** 106 ff., 108

Sachverzeichnis

Enteignung
– indirekte – **52** 5
Entsendung 34 164
Equitable Assignment 13 59, 62
Erfüllungsgarantie 3 36
Erfüllungsverbot 35 105, 108
Erhaltungsklauseln 4 177
ERI 522 4 57
Eritrea 35 41; **37** 11
Ermessen 38 17
Ersatzansprüche gegen Dritte 21 79
Ersatzteile 35 76; **36** 29
Ersetzungsklauseln 4 178
Erstattungsbescheinigung 39 56
Erstattungsfähigkeit 39 57 ff.
– differenzierte Erstattung **39** 59
– einheitliche Erstattung **39** 57
Erstattungsverfahren 39 108 ff.
Erstattungszone 39 36
Etikettierung 3 41
EU 27 22, 25
EU-Amtshilfe-Richtlinie 34 1
EUBestG 38 50
EuGH 35 46
EuGVO 13 75
Europäische Chemikalienagentur 37 13
Europäische Richtlinie zur Bekämpfung des Zahlungsverzuges im Geschäftsverkehr 13 89, 224
Europäische Union
– Institutionen **28** 68 ff.
europäisches Wettbewerbsrecht 28 83 ff.
Export
– von Anlagen **1** 264
– von Dienstleistungen **1** 252
Exportbeschränkungen
– Prüfungsschema **35** 112
– Verbringung **35** 3, 6, 24 ff., 27
– Zweck **35** 1
Exportfinanzierung 27 2 ff.
– Bestellerkredit(deckung) **27** 31 f., 55 ff.
– Lieferantenkredit(deckung) **27** 31, 39 ff.
– Projektfinanzierung **27** 54
Exportförderung 27 1 ff.
Exportgenehmigung siehe Ausfuhrgenehmigung
Exportkaufvertrag 1 5; **4** 32
Exportkontrollbeauftragter/-stelle 36 71, 74
Exportkontrolle 2 35; **36** 24, 52, 68 ff.
– Brokergeschäfte **2** 37
– Dual-Use-Güter **2** 36

– Re-Export **2** 40
– US-Exportkontrollrecht **2** 40
Exportkreditagentur 27 1 ff., 77 ff.
Exportkreditgarantien 27 1 ff., 31 ff.
Exportkreditversicherung 27 1 ff., 31 ff.
Exportrecht 13 150, 156
Exportverbote
– für Abfälle **37** 27 ff.
– Ausfuhren in den Iran **35** 63 ff.
– für Chemikalien **37** 18
Exportvertrag 1 5
Extraterritoriale Wirkung 35 113
EXW 5 46

Fabrikationsrisiko 26 60
facilitation payments 38 44, 60
Factoring 1 201
– echtes **13** 36, 39, 48
– unechtes **13** 36, 48
Fahrplanbindung 17 14
FAS 5 60
FBL-FIATA – Multimodal Bill of Lading 14 18
FCA 5 54
FCR-FIATA Forwarder's Certificate of Receipt (Spediteur-Übernahmebescheinigung) 14 20
FCT-FIATA Forwarder's Certificate of Transport (Spediteur-Transportbescheinigung) 14 20
feste Geschäftseinrichtung 34 96
FIATA 4 66; **14** 18, 106
FIATA Forwarder's Certificate of Receipt, FCR 14 114 ff.
FIATA Forwarder's Certificate of Transport, FCT 14 118 ff.
FIATA Multimodal Transport Bill of Lading, FBL 4 66; **14** 105 ff.; **20** 119
FIATA Spediteursdokumente 14 105 ff.
FIATA Warehouse Receipt, FWR 14 117
FIATA-Spediteursdokument 14 18
FIDIC 1 267
FIDIC-Vertragsmuster 4 2, 26 ff., 42 ff., 42, 48
Fiktion des Zugangs 4 180
Fiktion von Erklärungen 4 179
Finanzgeschäfte 49 110
Finanzierung 13 194
Finanzierungsvorbehalt 2 55
Finanzsanktionen 35 81 ff.
Finanzsicherheitenrichtlinie 13 131, 158, 224

Finanztransaktionen **35** 1, 82
Fixkostenspediteur 17 27; **19** 7
Fixkosten-Spedition 14 4, 6 f., 9, 14, 29, 38 ff., 47, 52
Floating Charge 13 173
Flugkörper 35 21
FOB 5 64; **15** 23
Force Majeure 2 27; **3** 65
Fordern eines Vorteils 38 2, 10 f.
Forderungen 13 167
– inkonnexe **14** 62, 64, 94, 158
– konnexe **14** 62, 64, 67, 94, 158
Forderungen, inkonnexe 14 11
Forderungen, konnexe 14 11
Forderungsabtretung 13 20, 21, 33 ff.
Forderungseinziehung 35 92
Forderungsstatut 13 49, 51, 72
Forfaitierung 27 3, 42, 44
Formklauseln 4 181
Formvorschriften 9 14; **13** 38, 75, 141, 211
Forum Shopping 41 37, 43
Frachtbrief 16 26 ff.; **19** 37, 73
– Beweiskraft **17** 16
Frachtcharter 19 32
Frachtführer 14 3, 4, 11, 13, 28, 40
– ausführender – **19** 44, 92, 93, 97, 106
– ausführender **20** 65
– Haftung **16** 32 ff.
– Police **24** 56
Frachtführerhaftung des Spediteurs 14 9, 28 ff., 37, 49, 111
Frachtkosten 5 33
Free Alongside Ship/FAS 21 42
Free Carrier/FCA 21 42
Free on Board/FOB 21 39
Freizeichnung 10 56
Freizeichnungsklauseln 4 182
Fremdnützigkeit 14 4, 7, 9, 13, 31, 37, 45, 150
Fremdwährungsforderungen 27 101 ff.
Fristsetzung 4 183
für den öffentlichen Dienst besonders Verpflichteter 38 6
FWR-FIATA Warehouse Receipt (Spediteur–Lagerschein) 14 20

GAFTA, Grain & Feed Trade Association 49 95
Garantie 12 22 ff.; **13** 205, 206, 208; **27** 33
– Auszahlung **12** 100 ff.
– Einwendungsausschluss **12** 30 ff.
– Erscheinungsformen **12** 24
– Funktion **12** 22
– Garantievertrag **12** 50 ff.
– Inanspruchnahme **12** 86 ff.
– indirekte – **12** 71
– Inhalt **12** 41 ff.
– Rechtscharakter **12** 25
Garantiebedingungen 4 184
GATS 9 3
GATT 9 3; **28** 24
Gattungssachen 13 164
Gebrauchsmuster 10 11
Gefahrtragung 1 269
Gefahrübergang 3 44
Gegenakkreditiv 12 140
Gegenleistung (Consideration) 13 62, 201
Gehilfenhaftung 18 71 f.
Geldwäsche 2 34; **38** 34, 46, 58
– know-your-customer-Prinzip **2** 34
– Off-shore-Vertragspartner **2** 34
Gemeinsame Militärgüterliste 37 6
Gemeinsame Organisation der Agrarmärkte 39 1
Gemeinschaftliches Versandverfahren 32 25 ff.
Gemeinschaftsgeschmacksmuster 10 20
Gemeinschaftsmarke 10 15
Gemischte oder zusammengesetzte Verträge 14 18
gemischter Vertrag 14 18
Genehmigung 38 5, 61
Generalpolice 21 15
Geologische Risiken 52 3
Gepflogenheiten 4 98
Gerichtsstand 3 78; **13** 75, 207, 212, 219; **14** 49, 73
– antisuit injunction **41** 43
– Arbeitsvertrag **41** 33
– Beförderungsvertrag **14** 49, 73
– für Beförderungsverträge **14** 9
– Belegenheit **41** 38
– CIM **41** 30
– CIV **41** 30
– CMR **41** 30
– Erfüllungsort **41** 14, 33, 35
– Kaufmann **41** 36
– Lagervertrag **14** 17, 101
– Montrealer Übereinkommen **41** 30
– Niederlassung **41** 40
– Produkthaftung **41** 37

Sachverzeichnis

- Rheinschifffahrtsakte **41** 33
- Rom I-VO **41** 36
- Streitgenossenschaft **41** 42
- Tessili-Regel **41** 35
- unerlaubte Handlung **41** 37
- Vermögen **41** 39
- Versicherungsvertrag **41** 33
- Wettbewerbsverletzung **41** 37

Gerichtsstandsklauseln 4 185
Gerichtsstandsvereinbarung 2 78, 81, 89 ff.; **41** 3, 5 ff., 8, 9
- Allgemeine Geschäftsbedingungen **41** 21, 28
- Anwendungsvorrang des Europarechts **41** 7
- Auftragsbestätigung **41** 21, 24, 28
- Derogation **41** 5, 7
- E-Mail **41** 20
- Form der – **41** 18, 24, 28
- forum legis **41** 4
- forum planning **41** 6
- Gesamtnichtigkeit **41** 5
- Handelsbrauch **41** 24
- Inlandsfall **41** 9
- Internet **41** 20, 22
- Kaufmann **41** 8, 22, 24, 28
- kaufmännisches Bestätigungsschreiben **41** 24
- lex fori, lex causae **41** 5
- Missbrauchskontrolle der – **41** 14
- Prorogation **41** 5, 7
- Rechnung **41** 21, 24
- rügelose Einlassung **41** 3, 25, 44 f.
- Sitz, Wohnsitz **41** 8, 10, 14, 24, 32, 39, 44
- Telefax **41** 20
- Verbraucher **41** 12, 15, 29

Gerichtstand 14 13
German Maritim Arbitration Association 49 33, 104 f.
Gesährleistung 3 52
Gesamtnichtigkeit 4 152, 157
Gesamtschuldner 13 210
Geschäftsbesorgungsspediteur 14 9, 40, 50
Geschäftsbesorgungsvertrag 14 6, 7 ff., 19, 26, 52, 72, 150
Geschäftsgeheimnis 38 65
Geschäftspartner 2 13
- Change-of-Control-Regelung **2** 17
- Konzerngesellschaften **2** 17
- Vertretungsverhältnisse **2** 16

Geschmacksmuster 10 19

Gesetz gegen den unlauteren Wettbewerb, UWG 30 11
Gewähren eines Vorteils 38 11
Gewährleistungsausschluss 10 56
Gewährleistungsvertrag 27 17 ff.
Gewerbesteuer 34 10
Gewerbliche Schutzrechte 2 23
Gewerblicher Rechtsschutz 10 5 ff.
Gewerbsmäßigkeit 36 50 f.; **38** 20, 27, 34
Gewichtsbezeichnungsgesetz 19 51
Gewinnaufteilungsmethode 34 137
Gewinninteresse 21 34
Globalgenehmigung 36 35
Government Procurement Agreement 1 285
Gremienvorbehalt 2 55
Grenzbeschlagnahme 10 45
Grid Trade Master Agreement 4 53
Große Havarei 19 53, 101
Großreederei 22 55
Großrisiken 26 11
Großrisiko 21 11
Grundstoffe 37 3
Guinea 35 41; **37** 11
Guinea-Bissau 35 41
Güter 21 9
Güter am Ablieferungsort 21 51
Güterlisten 35 10
- Erkennen der Listung **35** 18
- Umschlüsselungsverzeichnis **35** 19
- Untergliederungen **35** 12

Güterschäden 18 32 ff.
Güterumschlag 20 30
gutgläubig 14 11, 64
Gutgläubiger Erwerb 13 102, 103, 118, 125, 126

Haager Übereinkommen vom 13.12.2002 13 156
Haager-Regeln 15 1, 59, 64, 74, 98
Haftung 14 9, 29; **21** 37
- des Einlagerers **14** 17, 98
- des Lagerhalters **14** 17, 97
- aus dem Lagervertrag **14** 17, 97
- des Spediteurs **14** 9, 49 ff.
- des Spediteurs aus Pflichtverletzung ohne Verlust/Beschädigung des Gutes **14** 9, 52
- des Spediteurs aus Verlust oder Beschädigung **14** 9, 49
- des Spediteurs für andere **14** 10, 59
- des Versenders **14** 11, 60

Haftungsausschluss 1 169; **4** 186
Haftungsbefreiungen 18 37 f.

Haftungsbeschränkungen **18** 41 ff.;
  19 58, 87, 103
Haftungserleichterung **35** 55
Haftungserweiterung **4** 189
Haftungshöchstbetrag **19** 35
Haftungszeitraum **18** 34 ff.
Haiti **35** 41
Hamburger freundschaftliche
  Arbitrage **45** 17
Hamburger Warenschiedsgerichte
  45 15
Handelsbrauch **4** 99, 112, 114, 123,
  142 ff., 169 ff.; **5** 178 ff.; *siehe Incoterms* **5**
Handelskammer Hamburg **44** 2
Handelsklauseln **5** 1, 1 ff.
– AGB **5** 7 ff., 100
– Auslegung **5** 10 ff.
– Bedingungen der Bremer Baumwoll-
  börse **5** 6
– Befreiungs- oder Freizeichnungsklauseln
  5 137 ff.
– Geschäftsbedingungen des Waren-Vereins
  Hamburger Börse e. V. **5** 6
– lex mercatoria **5** 7, 20
– rechtlicher Charakter **5** 7 ff.
– Zahlungsklauseln **5** 108 ff.
Handelsregister **1** 117
Handelssanktion **49** 12
Handelsschiedsgerichtsbarkeit **49** 4
Handelswert **21** 72
Handlingkosten **5** 36
Handlungsvollmacht **1** 115
Harmonisiertes System **30** 4, 27
Hauptlauf **14** 8, 44
Hauptschuld **13** 180, 183, 190, 196, 200,
  204, 206
Haus zu Haus-Deckung **21** 13, 49
Haushaltsgesetz **27** 13, 89
Havarie-Grosse-Regeln IVR **19** 57
Havariekommissar **21** 69
Hawala-Banking **35** 94
Hemmung der Verjährung **14** 13, 72
Herausgabe des Erlangten **38** 137
Herkunftslandprinzip **9** 12, 16, 76, 89,
  104, 112
Hermesbürgschaften **25** 12
Hermes-Deckung **13** 177
Hermesdeckungen **27** 1 ff.
Hermes-Klausel **27** 65
Hermes-Versicherung **2** 96
Himalaya-Klausel **15** 81
Hinweis- und Informationspflichten
  9 50

Hinweisgeber **38** 46, 58, 64 f., 69, 111,
  119
Hinzurechnungsbesteuerung **34** 110 ff.
Höchstbetrag **19** 83
Höchstbetragsgenehmigung **36** 23
Höchstversicherungswert **21** 73
Höhere Gewalt **2** 27; **3** 65
Hong Kong International Arbitration
  Center **49** 83
Honorarordnung **44** 19
Huckepack-Verkehr **20** 8
Hyperlink **9** 80
Hypothecation **13** 172

IATA **4** 65
IATA Cargo Agent **18** 11
IATA-Beförderungsbedingungen **4** 65
IBA Rules on the Taking of Evidence
  in Arbitral Proceedings **49** 111 ff.
ICC **1** 186; **4** 71; **5** 1, 15 ff.; **44** 2
ICSID **52** 2, 13
– Art. 25 ICSID-Konvention **52** 14
– Denationalisierung **52** 13
– Schiedsort **52** 15
– Verfahrensdauer **52** 15
– Vergleichsquote **52** 14
– Vollstreckbarkeit von Schiedssprüchen
  52 14
– Webseite **52** 13
ICSID Schiedsgerichtsbarkeit **49** 22, 31,
  65, 108; **50** 73 ff.; **52** 56 ff.
– Anerkennungs- und Vollstreckungs-
  verfahren **50** 73 ff.
– Energy Charter Treaty *siehe dort*
– Erkenntnisverfahren **52** 56 ff.
IETA-Rahmenvertrag **4** 53
Impressum **9** 33, 34
Inbesitznahme **13** 57, 143
Incoterms **3** 38; **4** 37; **5** 2 f., 3, 15 ff.
– Absendeklauseln, C-Klauseln **5** 68
– Allgemeine Geschäftsbedingungen
  5 8 f., 100
– Ankunftsklauseln, D-Klauseln **5** 81
– Auslegung **5** 15, 22, 102 ff.
– Beförderung der Ware **5** 23, 49, 54 ff.
– Binnenschifftransport **5** 95 ff.
– CFR **5** 17, 42, 64, 69 ff., 72
– CIF **5** 17, 42, 64, 72 ff.
– CIP **5** 42, 78 ff.
– CPT **5** 42, 75 ff.
– DAF **5** 85
– DAP **5** 42, 85 ff.
– DAT **5** 42, 82 ff.

- DDP **5** 42, 88 f.
- DEQ **5** 16
- DES **5** 85
- Eigentumsübergang **5** 40
- Einbeziehung in den Vertrag **5** 26 ff.
- Einpunktklauseln **5** 64, 68, 91 f.
- Elektronische Datenkommunikation **5** 64
- essentialia negotii **5** 41
- Exportfreimachung **5** 64, 75, 82, 105 f.
- EXW **5** 42, 46 ff.
- FAS **5** 16, 42, 60 ff.
- Fassungen **5** 3, 16 f., 21, 44
- FCA **5** 16, 42, 54 ff., 64
- FOB **5** 16 ff., 42, 55, 64 ff.
- FOB verstaut **5** 19
- Frachtkosten **5** 33, 72, 75, 82, 85, 92 ff., 105 ff.
- Gefahrübergang **5** 22, 40, 64, 68, 75, 82, 85, 93, 107
- Haftung **5** 40
- Handelsbrauch **5** 14, 20, 28, 100
- Handlingkosten **5** 36
- Kalkulation **5** 31 ff.
- Kettengeschäft (string sales) **5** 17, 64
- Konnossement **5** 64, 99 f.
- Krankschwenk-Fall **5** 17, 64
- Lieferort **5** 42, 96, 101, 107
- räumlicher Anwendungsbereich **5** 26 f.
- Regelungsgegenstand **5** 22 ff.
- Schiffsklauseln **5** 55, 60, 96 ff.
- schwimmende Ware **5** 17, 64, 69
- Seetransport **5** 95 ff.
- Strafzölle **5** 38
- Übergabeklauseln, F-Klauseln **5** 53 ff.
- Versicherung **5** 23, 34, 72 ff., 78, 82, 85, 105 f.
- Zweipunktklauseln **5** 68, 93

Individualvereinbarungen 4 22
Industrie- und Handelskammer 44 11
Information über die Ware 14 5, 22
Informationspflichten 37 25
Inhaberpapier 15 41
Inkasso 12 1 ff.
Innerer Verderb 21 59
Insolvenz 27 8, 34
insolvenzrechtliche Problematiken 13 39, 129
Instandsetzung 36 29
Institute Cargo Clauses (ICC) 21 24 f.
Institute Cargo Clauses, ICC siehe Internationale Handelskammer

Institutionelle Schiedsgerichtsbarkeit
- American Arbitration Association *siehe dort*
- China International Economic and Trade Arbitration Commission, CIETAC **49** 73
- Deutsche Institution für Schiedsgerichtsbarkeit *siehe dort*
- German Maritim Arbitration Association **49** 104 f.
- ICC Schiedsgerichtsbarkeit **49** 34 ff.
- ICSID Schiedsgerichtsbarkeit *siehe dort*
- London Court of Arbitration, LCIA **49** 70
- MKAS, Russisches Handelsschiedsgericht **49** 72
- Permanent Court of Arbitration, PCA *siehe dort*
- P. R. I. M. E. Finance *siehe dort*
- Schweizerische Handelskammern **49** 69
- Stockholmer Handelskammer **49** 71 f.
- WIPO Schiedsgerichtsbarkeit **49** 52 ff.

IntBestG 38 51, 60, 70 ff., 84
Integralfranchise 21 77
Inter-American Commercial Arbitration Commission, IACAC 49 83
Interesse 21 6
Interessenwahrungspflicht 14 16, 92
Intermodaler Verkehr 29 62
Internationale Handelskammer, ICC 4 71; **45** 48
Internationale Markenregistrierung 10 16
Internationale Zuständigkeit 41 3, 5 ff., 30 ff.
Internationaler Gerichtshof, IGH 49 66
Internationales Privatrecht
- Internationales Schuldvertragsrecht **6** 4 f.

Investitionen 35 98
Investitionsgüterkreditversicherung 26 142, 142 ff.
- Beendigung des Versicherungsschutzes **26** 161
- Beginn Versicherungsschutz **26** 153
- Entschädigung **26** 158
- Gegenstand der IKV **26** 145
- Pflichten des VN **26** 155
- Rechtsgrundlagen **26** 144
- Versicherungsfall **26** 154

Investitionsschutzabkommen
- persönlicher Anwendungsbereich **52** 10

Investitionsschutzverträge
– Politische Risiken
– – billige und gerechte Behandlung **52** 11
– – Enteignung **52** 11
– – indirekte Investition **52** 11
– – Investor **52** 10
– – Schiedsklausel **52** 12
– – Schiedsvereinbarung **52** 14
– – Schirmklausel **52** 12
– – Stabilisierungsklausel **52** 1
– – völkerrechtliche Verantwortlichkeit **52** 12
Investitionsstreitigkeiten 49 31, 65, 86
Irak 35 22, 41; **37** 11
Iran 35 22, 41, 63 ff.; **37** 11
Iran-Embargo 35 63 ff.
– Anwendungsbereich **35** 65 ff.
– güterbezogene Beschränkungen **35** 68 ff.
– personenbezogene Beschränkungen **35** 80
– Geldtransfers und Finanzdienstleistungen **35** 81 ff.
– sonstige Beschränkungen **35** 100 ff.
– Iran-Menschenrechts-Verordnung **35** 106
– Teilaussetzung des Iran-Embargos **35** 106a
Iran-United States Claims Tribunal 49 66, 85
ISDA Master Agreement 4 52
ISDA-Rahmenverträge 4 52
Island 36 28
Israel 35 22
IVTB 19 18
IWF 1 212

Jagdwaffen 37 10
Japan 36 27
Jordanien 35 22
Jugoslawien 35 41
Juristische Personen 38 45 f., **49**, 56, 75, 93, 138

Kabotage 19 14
Kalkulationskosten 5 37
Kanada 36 27
Kardinalpflichten 14 27
– des Einlagerers **14** 15
– des Lagerhalters **14** 14
Kardinalspflichten 14 84
– des Einlagerers **14** 89
– des Lagerhalters **14** 13, 97, 130, 160
Kaskoversicherung 21 20

Kaufgegenstand 3 27
Kaufmännisches Bestätigungsschreiben 4 109, 125
Kaufvertrag 13 183, 193
– schuldrechtlich unbedingter **13** 79
Kennzeichenschutz 10 13
Kennzeichnung 14 5, 16, 21, 98
Kennzeichnungsfunktion 21 61
Kerntechnik 35 22, 64
Klimapflege 38 5, 54
Know-How-Schutz 2 21
Kollisionsrisiken 22 3
Kombinierte Transportversicherung 21 13
Kombinierter Verkehr 17 13; **19** 6; **29** 63
Kongo 35 41; **37** 11
Konkurs 27 8, 34
Konnossement 12 176; **19** 33, 67, 73
– Bedingungem **4** 110
Kontroll- und Überwachungsgesellschaft (KÜG) 39 81, 89
Konventionalstrafe 3 69
Konventionen 38 70 ff.
Korruption 27 24; **38** 38
– Bekämpfung **2** 29
– Commission Agreement **2** 33
– Compliance **2** 31
Kostenaufschlagsmethode 34 135
Kostenentscheidung 44 38
Kostenklausel 5 117
Kreditprüfung 26 66
Kreditsicherheiten 29 88, 108
Kreditversicherung 26 1
Kreditvertrag 13 151, 183
Kriegsklausel 21 58
Kriegswaffenkontrollgesetz 37 1
Kriegswaffenliste 37 6
Krim(-Krise) 35 42
Kronzeugenregelung 38 95
Kuala Lumpur Regional Centres for International Commercial Arbitration 49 83
Kumulierungsregeln 31 39 ff.
– bilaterale Kumulierung **31** 40
– diagonale Kumulierung **31** 22, 47
– eingeschränkte Kumulierung **31** 46
– einseitige Kumulierung **31** 44
– multilaterale Kumulierung **31** 40
Kundenforen 9 87
Kündigung 1 87; **38** 65, 73, 136
Kündigungsfrist 14 16, 95
Künftiges Interesse 21 34

Sachverzeichnis

Laden 19 70
Ladeschein 19 33
Ladezeit 3 42
Ladungstüchtigkeit 15 65
Lagerhalter 14 92 ff.
Lagerhalter, Rechte und Pflichten 14 16
Lagern 14 14, 83
Lagerschein 14 17, 96 ff.
Lagerung 21 52
– verfügte – **14** 79
– verkehrsbedingte – **14** 79
Lagervertrag 4 190; **14** 13, 74 ff.
Länderliste K 35 20
Länderrisiko 52 3
Landschäden 19 79
Laufzeitklausel 4 191
Leasing 27 64
Legal Assignment 13 59, 60, 62
Legal Opinion 13 71, 76, 119, 146, 207, 212, 218, 219
Legislative Guide on Secured Transactions 13 90, 157
Leistungsbestimmungsrecht 4 192
Leistungsfristklausel 4 193
Leistungsverweigerungsklausel 4 194
Letter of Indemnity 22 47
Letter of Intent 1 120
lex mercatoria 5 7
lex mercatoria arbitralis 49 112
lex rei sitae 1 179; **13** 28, 32, 94, 100, 133, 146, 161, 218, 221, 223
Libanon 35 41; **37** 11
Liberia 35 41; **37** 11
Libyen 35 22, 41; **37** 11
Lieferanten 36 82 f.
Lieferfrist 19 72
Lieferung 3 38
Liefervertrag 4 32
Liegegeld 3 42; **19** 48
Lizenz
– ausschließliche – **11** 24
– einfach – **11** 22 f.
– fehlerhafte – **11** 33 ff.
– Unterlizenz **11** 25 f.
Lizenzeinkünfte 34 106
Lizenzgegenstand 11 8 ff.
– Geschmacksmuster **11** 14
– Know-how **11** 17
– Marken-/Patentrecht **11** 13
– Patente und Gebrauchsmuster **11** 15 f.
– Software **11** 11 f.
– Urheberrecht **11** 9 f.

Lizenzierung 11 18 ff.
Lizenzrechte im Export 11 1 ff.
Lizenzvertrag 11 18 ff.
LOGIC-Vertragsmuster 4 47 ff., 47
Logistik 14 13, 74, 81
Logistik-AGB 4 36; **14** 14, 21, 82, 124
Logistik-Schiedsgericht der Handelkammer Hamburg 45 14
Logistikvertrag 14 3, 6, 9
Loi Dailly 13 56
London Coourt of International Arbitration, LCIA 45 69
London Maritim Association 49 33, 100 ff.
Löschen 19 70
Lückenschließung 1 134
Luftbeförderungsvertrag 18 5 ff.
Luftfahrt-Güterversicherung 23 8 ff.
Luftfrachtbrief 18 23 ff.
Luftfrachtersatzverkehr 18 59 ff.
Luftfrachtführer 18 10 ff.
– ausführender **18** 13 f.
– Fixkostenspediteur **18** 11
– Haftung **18** 32 ff.
– Versicherungspflicht **18** 11 ff.

Madrider Abkommen zur Unterdrückung falscher oder irreführender Herkunftsangaben 30 7, 9, 11, 58
Mahnung 4 195
Mangelgewährleistung 1 270
Mängelhaftung 3 51, 59
Maritime Schiedsgerichtsbarkeit 49 33, 100 ff.
– German Maritim Arbitration Association *siehe dort*
– London Maritim Association *siehe dort*
– Society of Maritim Arbitrators **49** 33, 102 f.
maritime terms 3 42
Markengesetz, MarkenG 10 13 ff.; **30** 11
Markierungsvertrag 13 127
Marktortprinzip 9 76
Markttest 27 100
Maßstab zur Angemessenheit 14 23
Mediation 40 28 ff.
– Ablauf **40** 32
– Begriff **40** 30
– Nachteile **40** 38
– Vorteile **40** 37
Mehrwertversicherung 21 35
Meistbegünstigungsprinzip 28 30 ff.

Sachverzeichnis

Memorandum of Understanding 2 56
Menschenrechts-VO 35 106
Mietcharter 19 32
MIGA 1 216
Militärgüter 35 21, 35
Minder schwere Fälle 38 33
minder schwerer Fall 38 21
Mitteilungspflicht 35 23, 82
Mitteilungspflichten 38 66, 119
Mitverschulden 14 28, 50, 60, 98, 143, 152, 167
– des Versenders 14 56
Mitverschulden des Versenders 14 10
Mitverursachung 18 39 f.
Modell-Gerichtsstandsklausel 41 61
Moldau 35 41
Montrealer Übereinkommen 18 1 ff.
Multimodalfrachtvertrag 20 24
Multimodal-Ladeschein 20 106
Multimodaltransport 21 45
Multi-State-Verstöße 9 10
Munition 37 10 ff.
Musterexportvertrag 3 92
Myanmar/Birma 35 41; 37 11

Nacherfüllung 1 167
Nachfolgende Verfrachter 15 21
Nachlauf 14 8, 44, 45
NAFTA, Kapitel 11 49 86
Nautisches Verschulden 15 64, 98; 19 11, 81
Nebenleistungen 3 28
NEC-Vertragsmuster 4 46, 48
Nederlands Arbitrage Instituut, NAI 45 62
Neuseeland 36 27
New Yorker Übereinkommen 49 22, 88; 50 65 ff.; 51 21
Nichtberechtigter 13 126
Nichterfüllung 1 152, 156
Nichtpräferenzielles Ursprungsrecht
– handelspolitische Maßnahmen 30 13
– IHK-Musterrichtlinie 30 74
– IHK-Musterstatut 30 74
– Interpretationsrichtlinien 30 51
– Kyoto-Konvention 30 18, 24
– Listenregeln 30 51 f.
– Minimalbehandlungen 30 48 f.
– Positionswechsel 30 4, 6, 47
– Tarifsprung 30 21, 43, 46, 48
– Transitursprungszeugnisse 30 77
– Übereinkommen über Ursprungsregeln 30 25 f.
– Umgehung 30 59 ff.
– Ursprungserklärung 30 22
– Ursprungsnachweise 30 22, 78 ff.
– Ursprungsregeln 30 3, 12, 19 ff.
– Ursprungszeugnis 30 13 ff., 22, 29, 71 ff.
– Verbindliche Ursprungsauskunft (vUA) 30 62 ff.
– Vollständige Gewinnung oder Herstellung 30 34 ff.
– Wesentliche Be- oder Verarbeitung 30 19, 21, 37 ff.
Nichtzahlungstatbestand 26 84
Non Disclosure Agreement 2 51
Nordkorea 35 22, 41; 37 11
Norwegen 36 27
Notifizierungsverfahren 37 13 ff.
Null-Bescheid 36 21, 40 f.
Nutzungsrecht
– inhaltliche Beschränkung 11 31 f.
– räumliche Beschränkung 11 28
– zeitliche Beschränkung 11 29 f.
NVOCC 15 32, 47

Obhut 18 34 ff.
Obhut des Spediteurs 14 9, 49
Obhutshaftung 19 35, 78
objektive Anknüpfung
– engste Verbindung 6 18
– vertragscharakteristische Leistung 6 18
objektive Risikobeschränkung 26 121
Objektiver Risikoauschluss 21 61
Obliegenheiten 21 64 ff.
OECD 27 22 ff., 88, 93 ff.
OECD-Beschluss 37 20, 28
offenes Zolllager (OZL) 14 5
öffentliches Register 13 66, 115, 166
offshore Windparks 34 2
Online-Werbung 9 77, 79
Option 1 132
Orderpapier 15 39
ordre public 13 25, 74, 207, 212, 219
Ordre public 44 36
ORGALIME-Lieferbedingungen 4 39
Organisation der Beförderung 14 4, 7, 14, 34, 38
Organisationspflicht/-verschulden 36 63, 74 f., 79
OTC-Handel 4 50

P & I-Versicherung 21 12
Päambel 3 24
Pakistan 35 22

Sachverzeichnis

Parteiautonomie 6 8
- Einschränkungen 6 8, 22
- Vorrang 6 8

Parteienbezeichnung 3 21

Patronatserklärung hart 13 214, 217, 218

Patronatserklärung weich 13 214, 215

Perfection 13 57

Permanent Court of Arbitration, PCA 49 66, 98

Personenkreis 21 7

Pfandgut Übergabe 13 165

Pfandrecht 13 20, 142, 147 ff.; 14 11, 27, 62 ff., 158
- besitzloses – 13 163 ff.
- Konten und/oder Depots 13 148
- des Lagerhalters 14 16, 94
- des Spediteurs 14 11, 62 ff.

Pfandregister 13 165

Pflichtangaben Internet 9 18

Pflichtverletzung 1 155

Pflichtwidrigkeit 38 16, 30, 45, 67

PICC 1 202

Pledge 13 169, 171

Politische Risiken
- Unruhen und Bürgerkrieg 52 7
- Vertragsbruch 52 6
- Währungsrisiken 52 7
- widersprüchliches Handeln 52 6

Politisches Risiko 26 98
- Enteignung 52 5

Pönale 3 69

Post 1 255

Präferentieller Ursprung 31 31 ff.

Präferentielles Ursprungsrecht 31 1 ff.
- Abkommensware 31 35
- Allgemeines Zollpräferenzsystem (APS) 31 7 ff.
- Buchmäßige Trennung 31 73
- Direktbeförderungsprinzip 31 77
- Dokumentations- und Nachweisprinzip 31 79
- Drawback-Verbot 31 67
- Erstattung/Erlass aus Billigkeitsgründen 31 138 ff.
- Formelles Ursprungsrecht 31 84 ff.
- Freiverkehrseigenschaft, Ursprungseigenschaft 31 28 f.
- Freiverkehrspräferenz 31 1, 85
- Gewährung der Präferenz 31 25
- Grundsatz der strengen Relativität 31 20
- Handelspräferenz 31 1
- Identitätsprinzip 31 72

- Kumulierungsregeln 31 39 ff.
- Materielle Ursprungsregeln 31 31 ff.
- Minimalbehandlungen 31 36 ff.
- Nacherhebung/Vertrauensschutz 31 132 ff.
- Präferenzabkommen *siehe dort*
- Präferenzieller Marktzugang 31 1
- Territorialitätsprinzip 31 75
- Ursprungsbestimmung bei ausreichender Be- oder Verarbeitung 31 34 ff.
- Ursprungspräferenz 31 1, 86 ff.
- Ursprungszeugnisse 31 84 ff.
- Verarbeitungslisten 31 50 ff.
- Verbindliche Ursprungsauskunft (vuA) 31 24
- Vertragliche Präferenzen 31 5 f.
- Warenzusammenstellungen 31 66
- Zivilrechtliche Haftungsrisiken 31 155 ff.
- Zolltarifliche Vorzugsbehandlung 31 1

Präferenzabkommen 31 18 ff.
- CEFTA 31 19
- EFTA 31 18
- EWR 31 18
- NAFTA 31 19
- Pan-Euro-Med Zone 31 18, 21, 47
- Pan-europäische Kumulationszone 31 18

Präferenzielles Ursprungsrecht
- Lieferantenerklärung 30 80
- Präferenzieller Ursprung 30 1, 4
- Präferenznachweise 30 80 ff.
- Ursprungsprotokoll 30 4
- Ursprungszeugnis nach Formblatt A 30 80
- Warenverkehrsbescheinigung A.TR 30 80
- Warenverkehrsbescheinigung EUR.1 30 80
- Warenverkehrsbescheinigung EUR.MED 30 80
- Zollpräferenzen 30 5
- Zollunion 30 5, 28

Präferenznachweise 31 85 ff.
- Bindungswirkung förmlicher Nachweise 31 118 ff.
- ermächtigter Ausführer 31 94 ff.
- EUR-MED 31 91 ff.
- Freiverkehrspräferenz 31 85
- Lieferantenerklärung 31 104 ff.
- Nachträgliche Prüfung 31 123 ff.
- Rechtsnatur/Rechtsschutz 31 101 f.
- registrierter Ausführer 31 87 ff.
- Ursprungspräferenz 31 86

Sachverzeichnis

Präferenzrechtlicher Vertrauensschutz **31** 132 ff.
Prämienschuldner 21 82
Preis- und Zahlungsklauseln 3 29
Preisänderungsklausel 4 196
Preisangaben 9 85
Preisanpassung 3 13
Preisgefahr 15 59
Preisgleitklauseln 3 13
Preisvergleichsmethode 34 133
P. R. I. M. E. Finance 49 110
Principles of International Commercial Contracts 1 25, 202
Prinzip der leichten Herrichtbarkeit 35 15
Prior informed consent (PIC)-Grundsatz 37 13, 16, 23 f., 29
Privatautonomie 13 24, 28
– Abschlussfreiheit **4** 33
– Gestaltungsfreiheit **4** 33
private Ausfuhrkreditversicherungen 25 13
Private government system 4 4; **49** 27
Privatrecht 1 92
Produkthaftung 3 64; **9** 110
Produkthaftungsgesetz 1 175, 177
Produkthaftungsrecht 1 173
Prokura 1 114
Protection and Indemnity Versicherung 22 2, 34 ff.
Protracted default 26 34
Prozessrechtsvereinheitlichung 49 112

Qualitätsangaben 3 12
Qualitätsarbitrage 40 46; **49** 99
Qualitätssicherungsvereinbarungen 3 56; **4** 197

Rahmenvertrag 1 289; **3** 5
– Kündigung **3** 19
– Verzugsregelung **3** 17
Ratenlieferungsvertrag 1 293
Raumsicherungsübereignungsvertrag 13 127
REACH-Verordnung 37 13
Recht
– akzessorisches – **13** 153, 204, 211
– beschränkt dingliches – **13** 131, 158, 161, 224
– deutsches – **13** 72, 75, 207, 212, 218, 219

Rechte 13 148, 154
Rechtsangleichung 49 112
Rechtsgrundlagen des Schiedsverfahrens 42 1 ff.
– Europäisches Übereinkommen über internationale Handelsschiedsgerichtsbarkeit **42** 10
– Handelsbräuche **42** 14 f.
– Rechtswahl **42** 53
– Schiedsordnungen **42** 32 ff., 39
– Schiedsvereinbarungen **42** 16 ff.
– Staatsverträge **42** 10
– UNÜ 1958 **42** 10, 19, 22, 27
Rechtsgutachten (Legal Opinion) 13 119
Rechtsharmonisierung 49 112
Rechtsmangel 3 53
Rechtsschein 13 144, 146, 228
Rechtsverfolgungsrisiken 2 89
Rechtsvermutung 6 18 ff.
– Abweichung **6** 19 ff.
– Ausweichklauseln **6** 19 f.
– Grundprinzipien **6** 18
– Widerlegbarkeit **6** 19
Rechtswahl 1 20; **3** 74; **13** 72; **20** 56
– durch Allgemeine Geschäftsbedingungen **6** 14
– ausdrückliche **6** 12, 18, 25
– Auslegung **6** 11
– und außervertragliche Schuldverhältnisse (Rom II-VO) **6** 7, 28
– Bedeutung **6** 5
– Binnenmarktklausel **6** 24
– „bootstrap principle **6** 9
– und culpa in contrahendo (nach ROM II-VO) **6** 8, 28
– Dynamik **6** 12
– fehlende **6** 18, 21
– Freiheit der **6** 8
– fremdes Recht **6** 8
– Gestaltungsspielraum **6** 6
– Grenzen der **6** 21
– Heimatrecht **6** 5 f.
– Indizien einer **6** 15
– Inlandssachverhalte und **6** 23
– Kollisionsrecht und **6** 11
– konkludente **6** 15
– Kosten **6** 6
– nachträgliche **6** 17
– neutrales Recht **6** 6, 8 f., 14
– nichtstaatlichen Rechts **6** 24
– Rahmenvertrag (Framework Agreement) **6** 17

1189

Sachverzeichnis

- Rechtsquellen **6** 7
- und Risk Management **6** 6
- als Sachnormverweisung **6** 10
- bei Schiedsverfahren **6** 26
- stillschweigende **6** 15, 17
- Teilrechtswahl **6** 17
- Transaktionskosten **6** 6
- Umfang **6** 9
- bei Vertragsabschluss ab dem **6** 7
- bei Vertragsabschluss bis **6** 7, 21, 23
- Verweisungsvertrag **6** 9
- Wirksamkeit **6** 9
- und zwingendes Recht **6** 22

Rechtswahlklausel 4 198; **6** 5, 25
- bedingte/optionale (floating choice of law clause) **6** 28
- einfache (choice of law clause) **6** 25
- erweiterte **6** 28
- Modell- (model choice of law clause) **6** 26
- Stabilisierungsklausel (stabilisation clause) **6** 12
- Versteinerungsklausel (freezing clause) **6** 12, 27

Re-Exportkontrolle 35 113 ff.
Registereintragung 13 97
Registrierung 13 51, 56, 57, 58, 66, 143
Regulatorisches Handeln 52
Reiseversicherung 21 20
Rekta-Papier 15 40
Rembours 12 273
Rezeptungshaftung 15 60
Rheinschifffahrtsgericht 19 107
Rheinschifffahrtsobergericht 19 107
Rheinschifffahrtssachen 19 106
richterliche Inhaltskontrolle 14 23, 130
Ringtausch 7 16 ff.
Risiken
- Fabrikationsrisiko **27** 19, 34, 36
- marktfähige – **27** 5, 25
- politische – **25** 7; **27** 6 f., 84 ff.
- rechtliche – **25** 6
- Sachrisiko **27** 54
- wirtschaftliche – **25** 2; **27** 6, 8, 97 ff.
- Zahlungsausfall **27** 2, 6 ff., 31, 41

Risikoanalyse 21 23
Risikominimierung 10 49 ff.
Rom II-VO 6 7
Rom I-VO 6 7
ROM I-VO 13 159
Rom I-VO
- sachlicher Anwendungsbereich **6** 22

Ro/Ro-Verkehr 20 8

Rotterdamer Übereinkommen 37 13
Rückforderungsprozess 13 191
Rückgriffsansprüche 15 113
Rücknahmepflicht 37 25
Rücktritt 1 165
Rücktrittsrecht 36 87
Rückzahlungsgarantie 3 36
Rundfunk 1 255
Russland 35 41 f.

Sachen 13 164
Sachenrecht 1 178; **13** 27 ff., 80
Sachgemeinschaften 13 164
Sachmangel 3 52
Sachnormverweisung 6 10
Sachverhalt abgeschlossener 13 30, 134
Sachverhalt offen 13 22, 29, 31
Sachversicherung 21 11
Saldenmeldung 26 106
Sale of Goods Act 1979 13 109
Salvatorische Klausel 3 84; **4** 156, 200
Sammelausfuhrgenehmigung 36 24
Sammelladung 14 8 f., 14, 43 ff.
Sammellagerung 14 15, 88
Sanktionen 29 131 ff.
- finanzbezogene **35** 81 ff.
- Leitlinien **35** 49
- personenbezogene **35** 37, 44 ff., 80, 119
- praktischer Umgang **35** 58 ff.

Sanktionsverfahren, erstattungsrechtliches 39 168 ff.
Säumnisverfahren 44 32
Schaden 38 31
Schadensanzeige 18 73 ff.; **20** 69
Schadensersatz 38 14
Schadensort
- bekannter – **20** 41
- unbekannter – **20** 39

Schadenspauschalierungsklausel 4 201
Schadensversicherung 21 6
Schiedsabrede 49 3
Schiedsfähigkeit 44 42
Schiedsgericht
- Konstituierung **44** 23
- Zuständigkeit **44** 25

Schiedsgericht der Handelskammer Hamburg 45 8
Schiedsgerichtsbarkeit 40 11 ff.; **49** 2 ff.
- Ablauf **40** 14
- Ad-hoc-Schiedsverfahren **42** 5
- Administrierte Schiedsverfahren **42** 6 ff.
- Anspruch auf Entscheidung nach rechtlichen Regeln **43** 27 ff.

Sachverzeichnis

- Anwaltliche Vertretung **43** 15 f.
- Asien **47** 1 ff.
- Begriff **40** 12
- China **47** 1 ff.
- Dispositionsgrundsatz **43** 17 f.
- Hamburger freundschaftliche Arbitrage **42** 15, 42
- Institutionelle Schiedsverfahren **42** 6 ff.
- Kosten **40** 26
- Kostenregelung **43** 30 ff.
- mündliche Verhandlung **43** 22 ff.
- Nachteile **40** 21
- Nordamerika **48** 1 ff.
- Objektivität der Schiedsrichter **43** 19 f.
- öffentlich-rechtliche Schiedsgerichtsbarkeit **49** 4, 6 ff.
- Osteuropa **46** 1 ff.
- private Schiedsgerichtsbarkeit **49** 4, 6 f.
- Rechtliches Gehör **43** 2 ff.
- Rechtsgrundlagen **42** 1 ff.
- Russland **46** 1 ff.
- Schiedsfähigkeit **42** 17
- Verfahrensgrundsätze **43** 1 ff.
- Verstöße **43** 33 ff.
- völkerrechtliche Schiedsgerichtsbarkeit **49** 4, 8 ff.
- Vorteile **40** 16
- Wahrheitspflichten **43** 26

Schiedsgerichtsinstitut der Stockholmer Handelskammer, SCC 45 79
Schiedsgerichtsklausel 3 78
Schiedsgerichtsverfahren 44 5
Schiedsgutachten 40 42
Schiedsgutachtenklausel 4 203
Schiedsinstitution 49 30 ff.
- nationale – **49** 67 ff.
- supranationale – **49** 31, 34 ff.

Schiedsklausel 4 204; **44** 26; **49** 3
Schiedsordnung 44 4
Schiedsordnungen 42 32 f., 39
- Abweichungen von der Schiedsordnung **42** 39
- Administrierte Schiedsverfahren **42** 6 ff.
- Hamburger freundschaftliche Arbitrage **42** 15, 42
- Institutionelle Schiedsverfahren **42** 6 ff.
- Kombination mehrerer Schiedsordnungen **42** 49
- Schiedsfähigkeit **42** 17

Schiedsort 49 18 ff., 21 f.
Schiedsrichter 44 5
- Haftung **44** 21

Schiedsrichterliste 44 11
Schiedsrichtervertrag 44 17
Schiedsspruch 44 33
Schiedssprüche
- Berufung gegen – **42** 43 f.
- Billigkeitsentscheidung **42** 46

Schiedsvereinbarung 42 16 ff.; **44** 4; **49** 3
- AGB-mäßige – **42** 24 f., 46
- Einrede der **42** 19
- Form der **42** 22 ff.
- Mustervereinbarung (ad-hoc Schiedsgerichtsbarkeit) **42** 37
- Mustervereinbarung (institutionelle Schiedsgerichtsbarkeit) **42** 33 ff.
- notwendige Inhalte **42** 29 ff.
- Rechtsnatur **42** 16
- Rechtswahl **42** 53
- Übergewicht bei Besetzung des Schiedsgerichts **42** 54
- Wahl zwischen Schiedsgericht und staatlichem Gericht **42** 57
- Wirkung **42** 18 ff.

Schiedsverfahren 18 81 ff.; **41** 3, 48
- anationales – **49** 22
- Anzahl der Schiedsrichter **42** 40 ff.
- Berufung **42** 43 f.
- Beschleunigte Verfahren **42** 45
- Billigkeitsentscheidung **42** 46
- delokalisiertes – **49** 22
- denationalisiertes – **49** 22
- entnationalisiertes – **49** 22
- Honorierung der Schiedsrichter **42** 47
- hybrides – **49** 8
- internationales – **49** 5 ff., 17 ff.
- Schiedsort **42** 55
- supranationales – **49** 19, 22, 31
- transnationales – **49** 22
- Verfahrensmanagementkonferenz **49** 39
- Verfahrenssprache **42** 56
- witness conference **49** 27

Schiedsverfahrenskosten 49 28, 41, 57, 89, 104
Schiedsvertrag 49 3
Schifffahrtsgericht 19 105
Schifffahrtsobergericht 19 105
Schlechterfüllung 1 152, 157
Schlichtung 40 48
Schnittstellenkontrolle 14 25, 146
Schriftform 1 110; **3** 82; **9** 47; **13** 186, 201
Schriftformklausel 4 205
Schuldbeitritt
- deutsch **13** 210
- international anerkannt **13** 212

Sachverzeichnis

Schuldmitübernahme 13 209
– vertraglich **13** 210
Schuldrechtlich 13 36, 79, 122, 151
Schuldübernahme
– befreiend **13** 211
– kumulativ **13** 209
Schutzlandprinzip 9 89
Schutzrechte
– gewerbliche **3** 72
Schweigen 1 102; **4** 102
Schweigen als rechtliches Nullum 4 102
Schweiz 36 27
Schwellenwert 35 117
Security interest 13 57, 105, 107, 142, 168
Seekaskoversicherung 22 2
Seeschiedsgerichte 45 18
Seetüchtigkeit 15 65
Selbstanzeige 36 66 f.
Selbstbehalt 27 9, 110
Selbstbehalte 21 75 ff.
Selbsteintritt
– des Spediteurs **14** 31
– unechter – **14** 37
Selbsteintritt des Spediteurs 14 6
Selbsteintritt, unechter 14 7
Selbstkosten 27 31, 35 f.
Selektives Vertriebssystem 9 107
Separathaftungsklausel 22 32
sich versprechen lassen eines Vorteils 38 10 f.
Sich-Bereit-Zeigen 38 17
Sicherheit
– atypisch **13** 214
– Internetdomains **13** 148
– Kommanditanteil **13** 148
– Marken-/Patentrecht **13** 148
– Mitgliedschaft **13** 148
Sicherheit des Schiffs 19 70
Sicherheitenwert 13 125
Sicherheitsleistung 44 20
Sicherungsklausel 4 206
Sicherungsübereignung 13 121 ff., 149
– dokumentär **13** 130, 136
– treuhänderische – **13** 139
– verlängerte – **13** 128
Sicherungsvertrag 13 108
Sicherungszweck 13 188
Sierra Leone 35 41
Signification 13 55
Simbabwe 35 41; **37** 11
Software 35 16, 68
Softwareentwicklung 1 260

Softwareverträge 1 259
Solawechsel 13 41
Somalia 35 41; **37** 11
Sozialadäquanz 38 5, 60 f.
Spedition zu festen Kosten 14 7, 38 ff.
Speditionsversicherung 24 28
Speditionsvertrag 14 3 f., 3, 7 ff.
Sperrpapier 15 57
Sprache
– Informationspflicht **2** 66
– Original-Rechtsbegriffe **2** 67
– Schiedsklausel **2** 68
– Vorrang einer – **2** 65
Sprache Web-Seite 9 33, 61
Staatenimmunität 49 10 ff.
– acta iure gestionis **49** 11
– acta iure imperii **49** 11
– Immunitätsverzicht **49** 11
– Jurisdiktionsimmunität **49** 11
– Vollstreckungsimmunität **49** 12
Staatsbahn 17 4
Standby Letter of Credit 12 139
ständige Vertreter 34 88, 89
Statutenwechsel 13 29, 96
– qualifizierter – **13** 31
– schlichter – **13** 30
Stellvertretung 1 111
Steuerabzug 34 40
Steuergeheimnis 38 12, 67
Steuerpflicht
– beschränkte – **34** 4
– unbeschränkte – **34** 3
Steuervergehen 38 36, 64
Stockholmer Übereinkommen 37 13
Stopp-Recht 36 74
Störerhaftung 9 80
Strafantrag 38 25
Strafklausel 4 207
Straftaten 36 42 ff., 78; **37** 9, 19, 33 f.
Strafverfolgungszwang 38 125
Strafzölle 5 38
Straßburger Übereinkommen 19 58
Straßengüterbeförderung 16 12 ff.
Straßentransport
– Haftungsordnungen **16** 5 ff.
– Ordnungsrahmen **16** 3
Streikklausel 4 208
Streitbeilegungsklausel 40 2 ff.
Streitverkündung 44 24
Streitwert 44 5
Strohmann 35 90
Subjektiver Risikoausschluss 21 60
Südafrika 36 28

Sudan 35 41; 37 11
Südkorea 36 28
Summarische Ausgangsmeldung 29 65 ff.
Supranationale Schiedsgerichtsbarkeit 49 31
Swiss Chambers Arbitration Institute, SCAI 45 32
Swiss Rules 49 69
Syrien 35 22, 41; 37 11

Tausch 7 12 ff.
Technische Hilfe 35 31, 54, 78, 82
Technische Unterstützung 35 31 ff.; 36 37
Technologie 35 17
Teilnichtigkeit 4 152
Teilrechtswahl 6 17
– Dépeçage (Spaltung des Vertragsstatuts) 6 17
Teilstrecke 20 29
Teilstreckenrecht 20 33, 51, 97
Teilverzichtsklausel dingliche 13 39
Telekommunikation 1 255; 36 30, 32
Telemedien 9 13
Terms of Reference 49 38, 113
Territorialität 10 33 ff.
Terroristenlisten 35 58
Totalverlust 21 30
Trade Terms 5 2
Traditionsfunktion 13 130
Traditionspapier 14 11, 63, 96, 108
Transit 10 42 f.; siehe Durchfuhr
Transport 3 38
Transportgefahr 21 11, 37
Transportmittel 21 8
Transportmodalitäten 2 20
Transportversicherungsbedingungen 21 21
Transportversicherungskosten 5 34
Transshipment 3 40
TTB 19 19
Tunesien 35 41

Übergabe 13 152, 165
Übergabesurrogat 13 152
UCC 13 57, 104
UCP 600 4 55, 114
Ukraine(-Krise) 35 41 f.
Umgehungsverbot 35 56, 66, 78, 104; 36 51
Umlageprinzip 22 10
Umsatzsteuer 9 116; 32 1 ff.; 44 19

Umsatzsteueridentifikationsnummer 9 31
Umschlag 14 5, 14, 18, 78, 84
Umschlagsbetriebe 15 33
Umschlüsselungsverzeichnis 35 19
Umschuldungsabkommen 27 30
Umweltaspekte 27 24, 81 ff.
Umweltbundesamt 37 32
Unabhängigkeit 44 13
UNCITRAL 1 186; 9 3; 44 2; 49 76
– Empfehlungen und Notes der – 49 88
– Modellgesetz 49 19, 22
– Schiedsgerichtsordnung siehe dort
UNCITRAL Schiedsgerichtsordnung 49 24, 77 ff., 108
– Energy Charter Treaty siehe dort
UNCITRAL-Modell-Gesetz 13 131
UNCITRAL-Übereinkommen über die Forderungsabtretung 13 46, 90
Unfair Contract Term Act 4 81, 150
ungewöhnliche Gewichte 14 5, 22
UNIDROIT 1 186
UNIDROIT-Konventionsentwurf über harmonisierte sachen-rechtliche Regeln 13 156
UNIDROIT-Übereinkommen von Ottawa über das Internationale Factoring 13 45
Uniform Commercial Code, UCC 4 82, 151
Uniform Commercial Code (UCC) 13 57
Unionszollkodex 29 132 ff.
UN-Kaufrecht 3 77; 4 77, 93 ff.; 9 41; 13 87
UN-Kaufrechtsübereinkommen 1 188
Unlautere Bevorzugung 38 23
Unparteilichkeit 44 6
Unrechtsvereinbarung 38 14, 17 ff., 24 f., 38
Unsicherheit 13 64, 120, 146, 207, 212, 219
UN-Sicherheitsrat 35 38, 44 f., 56 f., 64, 69
Unterlassen 38 19
Unternehmensgeldbuße 38 56, 72, 75
Unternehmensgewinne 34 101
Untersuchungs- und Rügepflicht 3 46
Untreue 38 17, 30, 49, 75
up-/crossstream-Sicherheit 13 184
URDG 758 4 56
Urheberrechte 10 21
Urkundenfälschung 38 61
Urkundsdelikte 38 35

Ursprungsbegriff, erstattungsrechtlicher 39 35
Ursprungserklärung, erstattungsrechtliche 39 40
- Nachweis des Gemeinschaftsursprungs 39 41
Ursprungsregeln 39 36 ff.
USA 35 113 ff.; 36 27
US-(Re)-Exportkontrolle 35 113 ff.

VBGL 14 4, 9, 14, 21, 76, 81
VBW 19 18
Verbraucherschutz 14 12, 68 ff.
Verbringung 35 3, 6, 24 ff., 27; 36 3
Vereinbarung privatschriftliche 13 166
Verfall 36 58 ff.; 38 71 f., 74, 130 ff.
verfügte Lagerung 14 14
Verfügungsgeschäft 13 37, 48, 94 ff., 133 ff., 161
Vergleich 44 35
Verjährung 38 28, 46, 75
- Lagervertrag 14 17, 99
- Speditionsvertrag 14 12, 72
Verkaufsbedingungen 4 209
verkehrsbedingte Lagerung 14 14
Verkehrsbeschränkungen 35 103
Verkehrshaftungsversicherung 21 12; 24 1 ff.
Verkehrsträger 21 12
Verkehrsüblichkeit 14 22, 129
Verklarungsverfahren 19 102
Verladen 17 43
Verletzte 38 38
Verlustausgleich 34 13 ff.
Vermittelnde Lösung 13 97
Vermittlungsgeschäfte 35 28 ff., 75; 36 32, 34 ff., 89
Vermögen einfrieren 35 44
Vermögensfolgeschäden 21 62
Verordnung 19 48
Verpacken 17 42
Verpackung 3 38; 14 5, 16 ff., 21, 28, 52, 56, 60, 92, 98, 137, 145
Verpackungsmangel 21 60 f.
Verpflichtung schuldrechtliche 13 196
Verpflichtungsgeschäft 13 36, 48, 92, 160
Verpflichtungsgesetz 38 6
Verrechnungspreisbestimmung 34 118 ff.
Versendungskauf 13 32
Versichertes Transportrisiko 21 37

Versicherung 3 45; 27 1 ff.
- laufende - 26 13
- unbenannte - 26 56
Versicherung für fremde Rechnung 21 80 ff.
Versicherungsbeiträge 21 75
Versicherungsprämie 21 84; 24 150
Versicherungssumme 21 18
Versicherungsverbote 35 100
Versicherungsvertragsgesetz 27 21
Versicherungswert 21 72 f.
Verspätungsschäden 1 162; 18 66 ff.
Versprechen eines Vorteils 38 10 f.
Versteinerungsklausel 2 74
Vertrag
- gemischt 14 6, 36, 42, 77
Vertrag einseitig verpflichtender 13 179
vertraglicher Schwerpunkt 14 14, 18, 77, 103
Vertragsabschluss 2 114
Vertragsanbahnung 1 277; 2 1
Vertragsänderungen 2 138
Vertragsauslegung 1 134
- contra proferentem Regel 2 97
- ergänzende 1 139
Vertragsbedingungen 4 10
- vorformulierte - 4 11
Vertragsbedingungen für den Güterkraftverkehrs-, Speditions- und Logistikunternehmer„ (VBGL) 14 14
Vertragsbeendigung 1 77
Vertragsbruchtheorie 13 39
Vertragsdokumente 3 34
Vertragsdurchführungsorganisation 2 130
Vertragsentwurf 2 60, 102, 104
Vertragsfreiheit 1 107
Vertragsgarantie 27 50
Vertragsgeschichte 2 97
Vertragsgestaltung 36 81 ff.
- mit Abnehmern 36 84 ff.
- mit Lieferanten und Zulieferern 36 82 f.
- bei Lieferungen in Embargo-Länder 35 108 ff.; 36 88
- Rechtswahlklauseln 36 81
- Streitbeilegungsklauseln 36 81
- im Vermittlungsverhältnis (Brokering) 36 89
Vertragsklauseln 3 20
Vertragsmanagement 2 2
- after sales trouble 2 42
- aktives - 2 133

Sachverzeichnis

- Aufgabenmatrix **2** 12
- Budgetplanung **2** 41
- Compliance **2** 3, 28
- Fristen **2** 134
- interne Organisation **2** 8
- mehrerer Exportverträge **2** 140
- Vertragscontrolling **2** 139
- Zeitplanung **2** 44

Vertragsprinzip 13 110, 117
Vertragsschluss online 9 36, 58
Vertragssprache 2 64
Vertragsstrafe 3 68
Vertragsstrafeklausel 4 214
Vertragsunterzeichnung 2 125
- Paraphierung **2** 126
- Zahl der Ausfertigungen **2** 127

Vertragsvorbereitung 2 45
- Abgrenzung zwischen Rechtsordnungen **2** 77
- Absichtserklärung **2** 55, 61
- anwendbares Recht **2** 70
- Begrifflichkeiten im Vertrag **2** 64
- Dokumentation **2** 97
- Einheitsrecht **2** 71, 80
- fremdes Recht **2** 70
- Gerichtsstand **2** 89
- Kaufrechtswahl **2** 70
- Kompetenzregelung **2** 140
- Kulturelle Besonderheiten **2** 116
- Kundenbeziehung **2** 119
- laufende Geschäftsbeziehung **2** 57
- materielles Einheitsrecht **2** 80
- mehrere Rechtsordnungen **2** 77
- neutrales Recht **2** 79
- Rechtswahl **2** 79
- Risikomanagement **2** 92
- Schnittstellen zwischen den Teams **2** 112
- Teamauswahl **2** 94
- technische Risiken **2** 18
- Verhandlungsdruck **2** 128

Vertraulichkeitsvereinbarung 2 51
Vertretungsberechtigung 9 22
Vertretungsmacht 1 112
Verwahrungsvertrag 14 14, 77, 84
Verwaltungsverfahrensgesetz 27 15, 67
Verwendungseignung 3 52
Verwendungsnachweis, erstattungsrechtlicher 39 54
Verwendungszweck 35 23
Verzinsung 14 6, 27
Verzögerung der Reise 21 59
Verzollung 14 1, 5, 19, 74

Vetrag
- zusammengesetzt **14** 102 ff.

Vetragsgestaltung 1 15
Vetrauensschuldverhältnis 1 145
Vienna International Arbitral Centre, VIAC 45 25
Visby-Regeln 15 1; **22** 28
Voldgiftsinstituttet (Danish Institute for Arbitration), DIA 45 71
Vollmacht 1 114
Vollständigkeitsklausel 4 217
Vollstreckbarkeit 2 89
Vollstreckung 3 81; **44** 36
Vorauszahlungsklausel 22 15
Vorlauf 14 8, 44, 45
Vorschuss 14 6, 24 ff., 156
Vorsorgeversicherung 24 98 ff.
Vorteil 38 9 ff., 34, 84
Vorteil großen Ausmaßes 38 20, 27
Vorteile 38 7, 52
Vorteile für Dritte 38 8
Vorteilsannahme 38 15
Vorteilsgewährung 38 15
Vorvertrag 1 127; **2** 55, 56

Waffen 35 11
- ABC-Waffen **37** 2
- Exportbeschränkungen **37** 1 ff.
- Kriegswaffen **37** 5
- Waffenembargos **35** 21; **37** 11

Ware verarbeiten 13 113
Warenbegleitpapiere 14 5, 22, 23
Warenexport 1 248
Warenhandelsschiedsgerichtsbarkeit 49 33, 95 ff.
- British Coffee Association **49** 98
- Federation of Cocoa Commerce, FCC **49** 98
- Federation of Oil, Seeds and Fats Association Limited, FOFSA **49** 98
- GAFTA, Grain & Feed Trade Associatio *siehe dort*
- London Rice Brokers Association, LRBA **49** 98
- Sugar Association London **49** 98
- Warenverein der Hamburger Börse e. V. **49** 99

Warenkreditversicherung 27 3 f.
Warenlager 13 127, 166
Warensachstatut 13 136, 138
Warenverkehrsfreiheit 28 73 ff.
Warschauer Abkommen 18 3, 87 ff.
Wechsel des Vertragspartners 4 218

Wegfall der Geschäftsgrundlage 1 83
weiße Einkünfte 34 1
Weißrussland 37 11
Weisungsrecht 19 74
Weltzollorganisation 30 18
Werbe-Mails 9 82
Wertdeklaration 18 47 ff.
Wertersatz 19 82
Wertpapier-Rechtsstatut 13 137
Wertpapier-Sachstatut 13 137
Wettbewerb 38 22, 34 ff., 53, 55, 85
wettbewerbsbeschränkende 38 54
wettbewerbsbeschränkende Absprachen bei Ausschreibungen 38 33
whistleblowing 38 119
Wiederverkaufspreismethode 34 134
Wirtschafts-Identifikationsnummer 9 31
Wirtschaftsschiedsgerichtsbarkeit 49 4
WTO 1 210; **27** 22, 28
– Aufgaben **28** 9 f.
– Organisation **28** 11 ff.
WTO Dispute Settlement Body, DSB 49 29
WTO-Recht 28 7 ff.

Zahlungsaufschub 13 19, 77, 178
Zahlungsbedingungen 27 23, 88
Zahlungskette 35 86 f.
Zahlungsklausel 5 117
Zahlungsmodalitäten 2 19
Zahlungsunfähigkeit 21 57; **26** 128
Zahlungsverhalten 26 113
Zahlungsverzug 21 57
Zahlungsverzugsrichtlinie 13 118, 224
Zentralafrikanische Republik 35 41
Zentralkommission für Rheinschifffahrt 19 107
ZGB 1 242
Zollanmelder 29 34

Zölle 28 34 ff., 100 f.
Zollgebiet 30 35
Zollrechtliches Ausfuhrverfahren
– Ausfuhranmeldung **29** 53 ff.
– Ausnahmen **29** 9
– Fristen **29** 57 ff.
– Rechtsgrundlagen **29** 19 ff.
– Rechtsschutz **29** 16 ff.
– Sanktionen **29** 131
– Verfahrensablauf **29** 38 ff.
– Verfahrensarten **29** 31 ff.
– Verfahrenserleichterungen **29** 87 ff., 107
– Vorabausfuhranzeige **29** 98
– Ziele **29** 1 ff.
– Zuständigkeit **29** 40 ff.
Zollunion 1 207
Zollverfahren 36 5, 20 ff.
– internes Versandverfahren **29** 12
– passive Veredelung **29** 10 f.
– Statuserhaltende Beförderung **29** 13
Zollwert 5 35
ZPO 44 2
Zubehör 35 14
Zubringertransport 20 18 f.
Zubringerverkehr 18 57 f.
Zugangsbestätigung 9 66
Zulieferer 36 82 f.
Zurückbehaltungsrecht 14 11, 102 ff.
zusammengesetzter Vertrag 14 18
Zusatzsicherheit 13 175
Zustellungsbevollmächtigte 13 76, 207, 212, 219
Zuverlässigkeit 36 13
Zwangsschiedsrichter 44 7
Zweistufentheorie 27 15 ff.
Zwingendes nationales Recht 2 86
Zwingendes Recht 6 22
– Binnenmarktklausel **6** 24
– Inlandssachverhalte **6** 23
– zwingendes staatliches Recht **6** 23
– zwingendes Unionsrecht **6** 24